Martis/Winkhart
Arzthaftungsrecht Fallgruppenkommentar

Arzthaftungs-recht

Fallgruppenkommentar

von

Rüdiger Martis
Rechtsanwalt, Schwäbisch Gmünd

Kanzlei Rechtsanwälte
Martis Maier Roman-Josse

und

Martina Winkhart-Martis
Rechtsanwältin, Sindelfingen

Kanzlei Rechtsanwälte
Ratajczak & Partner

2. Auflage

2007

Verlag
Dr. Otto Schmidt
Köln

Bibliografische Information Der Deutschen Nationalbibliothek

Die Deutsche Nationalbibliothek verzeichnet diese Publikation
in der Deutschen Nationalbibliografie; detaillierte bibliografische
Daten sind im Internet über <http://www.d-nb.de> abrufbar

Verlag Dr. Otto Schmidt KG
Gustav-Heinemann-Ufer 58, 50968 Köln
Tel.: 02 21/9 37 38-01, Fax 02 21/9 37 38-9 43
e-mail: info@otto-schmidt.de
www.otto-schmidt.de

ISBN: 978-3-504-18050-8

Das verwendete Papier ist aus chlorfrei gebleichten Rohstoffen hergestellt,
holz- und säurefrei, alterungsbeständig und umweltfreundlich

Umschlaggestaltung: Jan P. Lichtenford, Mettmann

Satz: ICS, Bergisch Gladbach

Druck und Verarbeitung: Bercker, Kevelaer

Printed in Germany

Unseren Eltern und Freunden

Vorwort

Das nunmehr in der zweiten Auflage vorliegende Werk wendet sich vor allem an Rechtsanwälte, die im Arzthaftungsrecht tätig sind oder werden wollen, aber auch an hiermit befasste Richter und Schadenssachbearbeiter der Haftpflichtversicherungen und Kliniken.

Als praxiserfahrene, seit vielen Jahren ausschließlich bzw. mit Tätigkeitsschwerpunkt auf dem Gebiet des Arzthaftungsrechts tätige Anwälte, haben wir uns besonders um eine übersichtliche, sowohl mit einem alphabetischen als auch mit einem umfassenden systematischen Inhalts- und einem nun erweiterten Stichwortverzeichnis versehene, hoch aktuelle und nun trotz des größeren Formates von 569 auf 954 Seiten angewachsene Darstellung des Arzthaftungsrechts bemüht. Wir haben versucht, die Interessen und an uns herangetragenen Wünsche der Patientenanwälte ebenso wie diejenigen der Vertreter und Versicherer der Behandlungsseite zu berücksichtigen.

Motiviert durch die freundlichen, durchweg positiven Besprechungen der ersten Auflage in juristischen, aber auch medizinischen Zeitschriften, für die wir uns an dieser Stelle herzlich bedanken wollen, wurden wir auf der eifrigen Suche nach neuen BGH- und teilweise unveröffentlichten OLG-Entscheidungen aus den Jahren 2002 bis 2006 mehr als 500 mal fündig.

Die bis Oktober 2006 erschienenen Neuauflagen der arzthaftungsrechtlichen Literatur, etwa *Geiß/Greiner* (5. Aufl. 2006), *Steffen/Pauge* (10. Aufl. 2006) und *Frahm/Nixdorf* (3. Aufl. 2005), wie auch anderer wichtiger Werke, wurden berücksichtigt und eingearbeitet.

Besonders ausführlich und mit jeweils vorangestellter, das schnellere Auffinden ermöglichender detaillierter Einzelübersicht wurden Rechtsprechung und Literatur zur ärztlichen Aufklärung, zu den Dokumentationspflichten, zum „groben Behandlungsfehler" und der immer häufiger entscheidungserheblich werdenden „unterlassenen Befunderhebung" mit der problematischen Abgrenzung zum Diagnosefehler dargestellt.

Anhand der hierzu ergangenen Rechtsprechung mussten auch die Kapitel „Berufung", „Gemeinschaftspraxis" und „Therapiefehler" (hier insbesondere zur Haftung des Zahnarztes) wesentlich erweitert werden. Aus aktuellem Anlass wurde auch das neue Kapitel „Sturz im Pflegeheim und im Krankenhaus" mit umfangreicher Wiedergabe der vorliegenden, meist „pflegeheimfreundlichen" Rechtsprechung eingefügt.

Die Muster der einem aktuellen, rechtskräftig entschiedenen Fall nachgebildeten und mit weiteren Problemen „angereicherten" Klage/Klageerwiderung, bieten dem Leser einen Anhaltspunkt zur Umsetzung des hier vermittelten Wissens in die Praxis.

Dem Wunsch einiger Kolleginnen und Kollegen, auch Aktenzeichen und Tag der Verkündung der vorliegenden Entscheidungen zu zitieren, sind wir für die seit dem Jahr 2000 ergangenen Urteile und Beschlüsse gerne nachgekommen.

Vorwort

Wir bedanken uns an dieser Stelle bei Frau Jana Franz für die Betreuung des Manuskripts sowie Herrn Donnerbauer und allen weiteren mit der Gestellung des Werkes befassten Mitarbeitern des Verlages für die stets unkomplizierte, produktive Zusammenarbeit!

Zur Vorbereitung der nächsten Auflage wären wir unseren Lesern für die Zusendung neuer, unveröffentlichter OLG- und LG-Entscheidungen, Anregungen und konstruktiver Kritik wiederum sehr dankbar!

Schwäbisch Gmünd/Sindelfingen, im Dezember 2006   Rüdiger Martis
Martina Winkhart-Martis

Alphabetisches Verzeichnis

	Seite
Vorwort	VII
Systematisches Verzeichnis	XI
Literaturverzeichnis	XXXV
Allgemeine Geschäftsbedingungen	1
Ambulanz	14
Anfängereingriffe, Anfängeroperationen	17
Anscheinsbeweis	28
Arbeitsteilung	41
Arztvertrag	62
Aufklärung	76
Befundsicherungspflicht	305
Behandlungsfehler	307
Berufung	334
Beweislast	383
Beweislastumkehr	388
Beweisverfahren, selbständiges	393
Diagnosefehler	408
Dokumentationspflicht	426
Einsicht in Krankenunterlagen	446
Einzelrichter	454
Feststellungsinteresse	457
Früherkennung, fehlerhafte pränatale Diagnostik	463
Gemeinschaftspraxis	472
Genetische Beratung	484
Grobe Behandlungsfehler	492
Kausalität	614
Klage (Muster)	625
Klageerwiderung (Muster)	641
Krankenhausverträge	650
Mitverschulden des Patienten	670
Nichterkennen einer Schwangerschaft	675

Alphabetisches Verzeichnis

Seite

Parteivernehmung 676

Rückerstattung des Honorars 680

Sachverständigenbeweis 684

Schwangerschaftsabbruch, fehlerhafter 715

Sterilisation, fehlerhafte 734

Sturz im Pflegeheim und im Krankenhaus 744

Substantiierung der Klage/Schlüssigkeit 760

Suizidgefährdete Patienten 765

Therapiefehler 768

Unterlassene Befunderhebung 804

Verjährung 849

Voll beherrschbare Risiken 892

Stichwortverzeichnis 909

Systematisches Verzeichnis

1. Teil: Behandlungsverhältnisse

Seite

Arztvertrag 62

  I. Rechtsnatur des Arztvertrages 62
    1. Allgemeines – Arztvertrag als Dienstvertrag 62
    2. Dienstvertrag zwischen Zahnarzt und Patient 63
    3. Werkvertrag zwischen Zahnarzt und Zahntechniker 65
    4. Anfertigung und Einpassung von Gliederprothesen 66
    5. Kosmetische Operationen 66
    6. Sterilisationsvertrag 67

  II. Privatpatienten 67
    1. Vertragsabschluss mit dem Patienten 67
    2. Mitverpflichtung des Ehepartners (§ 1357 BGB) 68
    3. Vertrag zugunsten Dritter (§ 328 BGB) 69
    4. Notfälle und Behandlung Geschäftsunfähiger 69
    5. Stationäre Behandlungsverhältnisse 71

  III. Kassenpatienten 71
    1. Ambulante vertragsärztliche Versorgung 71
    2. Stationäre Behandlungsverhältnisse 73

  IV. Öffentlich-Rechtliche Behandlungsverhältnisse 74
    1. Tätigkeit des Notarztes im Rahmen des Rettungsdienstes 74
    2. Durchgangsarzt 75
    3. Truppen-, Amts- und Anstaltsärzte 75

Krankenhausverträge 650

  I. Totaler (einheitlicher) Krankenhausvertrag 651
    1. Begriff; vertragliche Beziehungen 651
    2. Haftung 652
      a) Haftung des Krankenhausträgers 652
      b) Haftung des behandelnden Arztes 654
      c) Haftung des beamteten Arztes 654

  II. Totaler Krankenhausvertrag mit Arztzusatzvertrag 657
    1. Begriff; vertragliche Beziehungen 657
      a) Krankenhausvertrag mit Arztzusatzvertrag 657
      b) Chefarztambulanz 658
    2. Haftung 658
      a) Haftung des Krankenhausträgers 658
      b) Haftung des liquidationsberechtigten Arztes 659
      c) Haftung des beamteten Arztes 661

Seite

III. Gespaltener Krankenhausvertrag; Belegarztvertrag 662
   1. Begriff; vertragliche Beziehungen 662
      a) Belegarztvertrag 662
      b) Liquidationsberechtigter Krankenhausarzt 664
   2. Haftung 664
      a) Haftung des Krankenhausträgers 664
      b) Haftung des Belegarztes 666
      c) Gesamtschuldnerische Haftung 668
      d) Haftung der Beleghebamme 669
      e) Haftung des beamteten Arztes 669

Ambulanz 14

   I. Chefarzt-Ambulanz 14

   II. Krankenhaus-Ambulanz 16

Gemeinschaftspraxis 472

   I. Begriff 473
     1. Gemeinschaftspraxis 473
     2. Praxisgemeinschaft 473

   II. Rechtsform 474
     1. Gemeinschaftspraxis 474
     2. Partnerschaftsgesellschaft 475
     3. Praxisgemeinschaft 475

   III. Haftung 476
     1. Gemeinschaftspraxis 476
      a) Gesamtschuldnerische Haftung 476
      b) Entsprechende Anwendung des § 31 BGB 476
      c) Entsprechende Anwendung der §§ 128, 130 HGB 478
      d) Entsprechende Anwendung des § 28 HGB 481
      e) Urlaubsvertreter und Mitarbeiter des Arztes 482
     2. Partnerschaftsgesellschaft 483
     3. Praxisgemeinschaft 484

Allgemeine Geschäftsbedingungen 1

   I. Einbeziehung in den Arzt- oder Krankenhausvertrag 1
     1. Einverständnis- und Einbeziehungsklauseln 1
     2. Einbeziehung Dritter 2

   II. Wahlleistungs- und Selbstzahlerklauseln 3
     1. Begründung eigener Zahlungspflicht 3
     2. Honorarvereinbarungen 5

Seite

   3. Unterrichtung des Patienten über die Kosten ärztlicher
      Wahlleistungen 6
   4. Gebührensatz 7
   5. Stellvertreterklausel 8

III. Haftungsausschluss und Haftungsbeschränkung 9
   1. Haftungsbeschränkung bei Körper- und Gesundheitsschäden
      der Patienten 9
   2. Haftungsbeschränkung für eingebrachte Sachen 10
   3. Anmeldefristen für Haftungsansprüche 10
   4. Haftungsausschluss beim „gespaltenen Krankenhaus-
      vertrag" 11
   5. Haftungsausschluss beim „totalen Krankenhausvertrag mit
      Arztzusatzvertrag" 11

IV. Aufklärungsklauseln 12

V. Einsicht in Krankenunterlagen 13

Einsicht in Krankenunterlagen 446

   I. Vorprozessuales Einsichtsrecht 446

  II. Einschränkungen 447

 III. Art der Einsichtnahme 449

 IV. Kein allgemeiner Auskunftsanspruch des Patienten 450

  V. Einsichtsrecht nach dem Tod des Patienten 451

 VI. Prozessuales Einsichtsrecht 452

VII. Befugnis der Krankenkassen zur Einsichtnahme in Patienten-
     unterlagen 453

Rückerstattung des Honorars 680

   I. Honoraranspruch bei Behandlungsfehlern 680

  II. Honoraranspruch bei Aufklärungsfehlern 683

2. Teil: Behandlungsfehler und Beweislast

Behandlungsfehler (Übersicht) 307

   I. Vertragliche und deliktische Sorgfaltspflichten; ärztlicher
     Sorgfaltsmaßstab 307
   1. Vertragliche und deliktische Sorgfaltspflichten 307

XIII

Seite

2. Übernahmeverschulden 309
3. Einholung eines Sachverständigengutachtens 309

II. Maßgebender Zeitpunkt 310

III. Leitlinien und Richtlinie 311
1. Leitlinien 311
2. Richtlinien 318

IV. Soll-Standard 320

V. Fallgruppen ärztlicher Behandlungs- und Organisationsfehler 321
1. Diagnosefehler 321
2. Unterlassene Befunderhebung 322
3. Therapiefehler 322
4. Therapeutische Aufklärung (Sicherungsaufklärung) 323
5. Übernahmeverschulden 324
6. Organisationsfehler 326
7. Verkehrssicherungspflichten 330
8. Koordinationsfehler; Arbeitsteilung 332

VI. Kausalität 332

Diagnosefehler 408

I. Grundlagen 408
1. Begriff des Diagnoseirrtums 408
2. Abgrenzung zur unterlassenen und verzögerten Befunderhebung . 411
3. Der Patient darf nicht in unnötige Ängste versetzt werden 413

II. Als grobe Behandlungsfehler gewertete Diagnosefehler 413

III. Als einfache Behandlungsfehler gewertete Diagnosefehler 416
1. Verkennung oder Fehldeutung von Symptomen 417
2. Diagnose beruht auf der Unterlassung von Befunderhebungen ... 419
3. Überprüfung einer Arbeitsdiagnose im weiteren Verlauf
unterlassen 421

IV. Nicht als Behandlungsfehler gedeuteter Diagnoseirrtum 422

Therapiefehler 768

I. Wahl und Durchführung einer konkreten Therapie 768

II. Fallgruppen einfacher Behandlungsfehler 769
1. Bereich Chirurgie/Orthopädie 770
2. Bereich Gynäkologie, vor- und nachgeburtliche Betreuung 782
3. Bereich Innere Medizin/Urologie 788
4. Bereich HNO/Augenheilkunde 790
5. Bereich Allgemeinmedizin 791

Seite

   6. Bereich Radiologie 793
   7. Bereich Anästhesie 794
   8. Bereich Zahnmedizin 797

Arbeitsteilung 41

  I. Horizontale Arbeitsteilung 41
    1. Begriff 41
    2. Vertrauensgrundsatz 42
      a) Ärzte unterschiedlicher Fachgebiete 42
      b) Ärzte des gleichen Fachgebiets 43
    3. Pflichten des hinzugezogenen Arztes 44
    4. Pflichten des überweisenden Arztes 49
    5. Verantwortungsbereiche im Rahmen einer Operation 52
      a) Verantwortungsbereich des Anästhesisten 52
      b) Verantwortungsbereich des Operateurs 53
    6. Zeitliche Nachfolge 54
    7. Zurechnungszusammenhang; fortbestehende Haftung des
      Erstbehandlers 55

  II. Vertikale Arbeitsteilung 57
    1. Begriff 57
    2. Übertragung auf Assistenzärzte; Fehler des Assistenzarztes 57
    3. Übertragung auf Hebammen, Fehler des Belegarztes 58
    4. Übertragung auf Krankenpflegepersonal 61

Sturz im Pflegeheim und im Krankenhaus 744

  I. Grundlagen 744
    1. Abwägung aller Umstände des Einzelfalles 744
    2. Genehmigung des Vormundschaftsgerichts 745
    3. Beweislastumkehr gem. § 282 BGB a.F. (= § 280 I 2 BGB n. F.) 747
    4. Entscheidungen des BGH vom 28. 4. 2005 (NJW 2005, 1937)
      und vom 14. 7. 2005 (NJW 2005, 2613) 748

  II. Einzelfälle 750
    1. Verletzung der Verkehrssicherungspflicht verneint 750
    2. Verletzung der Verkehrssicherungspflicht bejaht 757

Suizidgefährdete Patienten 765

  I. Sicherungspflicht bei akuter Suizidgefahr 765

  II. Entscheidungs- und Ermessensspielraum 767

Schwangerschaftsabbruch, fehlerhafter 715

  I. Grundlagen: „Kind als Schaden" 715

Seite

II. Fehlerhafter Schwangerschaftsabbruch nach medizinischer
Indikation und sog. „Notlagenindikation" 722

III. Schutzzweck des Behandlungsvertrages 724
1. Notlagenindikation nach § 218 a II Nr. 3 StGB a. F. 724
2. Embryopathische Indikation nach § 218 a II Nr. 1 StGB a. F. 725
3. Medizinische Indikation nach § 218 a I Nr. 2 StGB a. F.
(= § 218 a II StGB n. F.) 726
4. Kriminologische Indikation nach § 218 a II Nr. 2 StGB a. F.
(= § 218 a III StGB n. F.) 727
5. Exkurs: Fehlerhafte Sterilisation 727
6. Exkurs: Fehlerhafte genetische Beratung 727

IV. Anspruchsinhaber 728

V. Umfang des Anspruchs 728
1. Medizinische Indikation nach § 218 a I Nr. 2 StGB a. F. 728
2. Notlagenindikation nach § 218 a II Nr. 3 StGB a. F. 729
3. Embryopathische Indikation nach § 218 a II Nr. 1 StGB a. F. 730
4. Kriminologische Indikation nach § 218 a II Nr. 2 StGB a. F. 730

VI. Entfallen bzw. Nichtbestehen eines Anspruchs 731
1. Notlage weggefallen 731
2. Erneuter Eingriff 732
3. Adoptionsfreigabe 732
4. Tod der Eltern 732

VII. Schmerzensgeldanspruch der Mutter 732

Früherkennung, fehlerhafte pränatale Diagnostik 463

I. Grundlagen 463

II. Behandlungsfehler 465
1. Therapeutische Sicherungsaufklärung 465
2. Therapie- und Organisationsfehler 467
3. Genetische Fehlberatung 468
4. Nichterkennen einer Schwangerschaft 468

III. Beweislast 468
1. Beweislast der Patientin 468
2. Beweislast des Arztes 469

IV. Kausalität und Zurechnungszusammenhang 469
1. Kausalität, Zurechnungszusammenhang 469
2. Schutzbereich des Vertrages 470

V. Umfang des Anspruchs 471
1. Unterhalt 471

Seite

2. Verdienstausfall 471
3. Schmerzensgeld 472

Nichterkennen einer Schwangerschaft 675

I. Fehlerhafte Verkennung der Schwangerschaft 675

II. Schutzzweck des Behandlungsvertrages 675

Sterilisation, fehlerhafte 734

I. Grundlagen 734

II. Behandlungsfehler 735
1. Therapeutische Sicherungsaufklärung 735
2. Therapie- und sonstige Behandlungsfehler 737

III. Beweislast 738
1. Beweislast des Arztes 738
2. Beweislast des Patienten 738

IV. Zurechnungszusammenhang 739

V. Schutzbereich des Behandlungsvertrages 739

VI. Umfang des Anspruchs 741
1. Unterhalt 741
2. Verdienstausfall 742
3. Beerdigungskosten 743
4. Schmerzensgeld 743
5. Mitverschulden 743

Genetische Beratung 484

I. Grundlagen 485

II. Behandlungsfehler 485

III. Beweislast 487
1. Beweislast der Eltern 487
2. Beweislast des Arztes 487

IV. Kausalität und Zurechnungszusammenhang 487
1. Schutzzweck des Behandlungsvertrages 487
2. Rechtmäßigkeit eines Schwangerschaftsabbruchs 489
3. Eigene genetische Fehlanlagen des Kindes 490
4. Mehrlingsgeburt nach Hormonbehandlung 490

V. Umfang des Anspruchs 490
1. Unterhalt 490

Seite

  2. Verdienstausfall 491
  3. Schmerzensgeld 491

Kausalität 614

  I. Grundsatz; Beweislast 614
  II. Haftungsbegründende und haftungsausfüllende Kausalität 615
    1. Haftungsbegründende Kausalität 615
    2. Haftungsausfüllende Kausalität 618
  III. Zurechnungszusammenhang 621
    1. Mitursächlichkeit 621
    2. Verursachungsvermutung (§ 830 I 2 BGB) 621
    3. Vorschäden; Reserveursache 622
    4. Rechtmäßiges Alternativverhalten 622
    5. Fehler des vor- und nachbehandelnden Arztes 623
    6. Herausforderungs-Fälle 624

Beweislast 383

  I. Beweislast bei Behandlungsfehlern 383
    1. Beweislast des Patienten 383
    2. Verschuldensvermutung der §§ 282 BGB a. F., 280 I 2 BGB n. F. 384
    3. Haftungsbegründende und haftungsausfüllende Kausalität 385

  II. Beweislast bei Aufklärungsfehlern 386
    1. Beweislast der Behandlungsseite 386
    2. Beweislast des Patienten 387

Beweislastumkehr 388

  I. Grundsatz; haftungsbegründende und haftungsausfüllende
    Kausalität 388

  II. Beweiserleichterungen und Beweislastumkehr 389
    1. Vorliegen eines „groben Behandlungsfehlers" 389
    2. Unterlassene Befunderhebung 390
    3. Anscheinsbeweis 391
    4. Voll beherrschbare Risiken 391
    5. Anfängereingriffe, Anfängeroperationen 391
    6. Dokumentationsmängel 392
    7. Verstoß gegen Leitlinien oder Richtlinien 393

Anscheinsbeweis 28

  I. Begriff und Funktion des Anscheinsbeweises 28
  II. Fallgruppen 30

Seite

1. Anscheinsbeweis bejaht 30
2. Anscheinsbeweis verneint 35

Voll beherrschbare Risiken 892

I. Begriff; Beweislastumkehr 892
  1. Voll beherrschbarer Gefahrenbereich 892
  2. Beweislastverteilung; §§ 282 BGB a. F., 280 I 2 BGB n. F. 893

II. Fallgruppen 896
  1. Medizinische Geräte und Materialien 896
  2. Lagerungsschäden 900
  3. Pflegedienste; Sturz des Patienten 902
  4. Infektionen 905

Anfängereingriffe, Anfängeroperationen 17

I. Anfängereingriff als Behandlungsfehler 17

II. Sicherstellung des Facharztstandards 18

III. Beweiserleichterungen bei Anfängereingriffen 19

IV. Fachaufsicht und Kontrolle durch Facharzt 21

V. Aufklärung durch Anfänger und bei Anfängereingriffen 22
  1. Aufklärung des Patienten durch Berufsanfänger 22
  2. Keine Aufklärungspflicht über die Beteiligung eines Berufs-
    anfängers 23

VI. Dokumentationspflicht bei Anfängereingriffen 23

VII. Eigenhaftung des Assistenzarztes bzw. Berufsanfängers 24

VIII. Einzelfälle 25

Dokumentationspflicht 426

I. Zweck, Inhalt und Umfang der Dokumentationspflicht 426

II. Einzelne dokumentationspflichtige Maßnahmen 428

III. Routinemaßnahmen, negative Befunde und Anfängereingriffe 433
  1. Routinemaßnahmen 433
  2. Anfängereingriffe 435
  3. Negative Befunde 435

IV. Beweiserleichterungen und Beweislastumkehr 436
  1. Vermutung des Unterbleibens der nicht dokumentierten
    Maßnahme 436
  2. Verlust der Krankenunterlagen und Dauer der Aufbewahrung . . . 439

Seite

3. Beweislastumkehr hinsichtlich des Kausalzusammenhangs 440
4. Zeitpunkt der Dokumentation 442

V. Dokumentationsmangel als Behandlungsfehler;
Dokumentation zum Zweck der Beweisbeschaffung 442
1. Dokumentationsmangel als Behandlungsfehler 442
2. Beweiserleichterung als Dokumentationszweck 443

VI. EDV-Dokumentation 443

Grobe Behandlungsfehler 492

I. Grundlagen und Bedeutung 494
1. Beweislast des Patienten; haftungsbegründende und
haftungsausfüllende Kausalität 494
a) Haftungsbegründende Kausalität 494
b) Haftungsausfüllende Kausalität 496
2. Generelle Beweislastumkehr bei Vorliegen eines „groben
Behandlungsfehlers" 498

II. Vorliegen eines groben Behandlungsfehlers 500
1. Definition 500
2. Beurteilung des Behandlungsfehlers als „grob" 502
3. Gesamtbetrachtung bzw. „Gesamtschau" 504

III. Generelle Eignung, Mitursächlichkeit, Teilkausalität 507
1. Generelle Eignung zur Herbeiführung des Primärschadens 507
2. Mitursächlichkeit; Teilkausalität 509
a) Mitursächlichkeit 509
b) Teilkausalität 510
c) Mitursächlichkeit zusammen mit anderen Ursachen
nicht äußerst unwahrscheinlich 511

IV. Ausschluss der Beweislastumkehr 513
1. Kausalzusammenhang „äußerst unwahrscheinlich" 513
2. Behandlungsvereitelung durch den Patienten 518
3. Überwiegende Mitverursachung durch den Patienten 519
4. Risikospektrum für den Patienten nicht verändert 519
5. Fehlender Schutzzweck- oder Rechtswidrigkeitszusammenhang; persönliche Reichweite der Beweislastumkehr 520
6. Schwerwiegendes Versäumnis ist entschuldigt 522

V. Fallgruppen des „groben Behandlungsfehlers" 522
1. Fundamentaler Diagnosefehler 522
2. Nichterhebung von Diagnose- und Kontrollbefunden 524
3. Grobe Therapiefehler 526
4. Grobe Organisationsfehler 526
5. Unterlassene oder fehlerhafte Sicherungsaufklärung
(therapeutische Aufklärung) 526

Seite

VI. Fundamentale Diagnosefehler 527
   1. Grundlagen 527
   2. Fundamentale Diagnosefehler bejaht 528
   3. Fundamentale Diagnosefehler verneint 531

VII. Nichterhebung von Diagnose- und Kontrollbefunden 537
   1. Chirurgie/Orthopädie 538
   2. Gynäkologie und Neonatologie 545
   3. Innere Medizin/Urologie 551
   4. Augenheilkunde 553
   5. HNO 553
   6. Allgemeinmedizin 554
   7. Radiologie 556
   8. Neurologie 556
   9. Zahnmedizin 556

VIII. Grobe Therapiefehler 557
   1. Chirurgie/Orthopädie 557
   2. Gynäkologie und Neonatologie 572
   3. Innere Medizin/Urologie 587
   4. HNO und Augenheilkunde 591
   5. Allgemein- und Kinderarzt 593
   6. Notarzt 598
   7. Radiologie 600
   8. Anästhesie 600
   9. Zahnmedizin 601
   10. Fehlende und mangelhafte Desinfektion 604

IX. Grobe Organisationsfehler 606

X. Unterlassene therapeutische Aufklärung
   (Sicherungsaufklärung) 611

Unterlassene Befunderhebung 804

  I. Nichterhebung von Diagnose- und Kontrollbefunden als
    grober Behandlungsfehler 805

  II. Nichterhebung von Diagnose- und Kontrollbefunden als
    einfacher Behandlungsfehler 807

  III. Abgrenzung zum Diagnoseirrtum 809

  IV. Voraussetzungen der Beweislastumkehr in der Fallgruppe
    der „unterlassenen Befunderhebung" 814
    1. Unterlassung der Erhebung oder der Sicherung
      medizinisch zweifelsfrei gebotener Diagnose- oder
      Kontrollbefunde 815

Seite

   2. Bei entsprechender Erhebung wäre ein positives Befundergebnis
     hinreichend wahrscheinlich gewesen 816
   3. Es hätte sich ein so deutlicher und gravierender Befund ergeben,
     dass sich dessen Verkennung als fundamental oder die
     Nichtreaktion auf den Befund als grob fehlerhaft darstellen
     müsste 820
   4. Kausalzusammenhang nicht „äußerst unwahrscheinlich" 821

  V. Fallbeispiele 824
   1. Beweislastumkehr bejaht 824
   2. Beweislastumkehr verneint 837

 VI. Unterlassene Befundsicherung 845

VII. Unterlassene Befundumsetzung 847

Befundsicherungspflicht 305

  I. Sicherstellung der Befunde 305

 II. Beweiserleichterung und Beweislastumkehr 306

Mitverschulden des Patienten 670

  I. Mitverschulden bei mangelhafter therapeutischer Beratung 670
   1. Nichtbefolgung von Therapie- und Kontrollanweisungen 670
   2. Nichtbeachtung der Hinweise des Arzneimittelherstellers
     im Beipackzettel 672
   3. Unterlassene oder unzureichende Nachfrage 672
   4. Wunschgemäße Anwendung einer kontraindizierten
     Therapie 673

 II. Kein grober Behandlungsfehler 673

III. Mitverschulden bei ärztlicher Aufklärung 674

IV. Verstoß gegen die Schadensminderungspflicht 674

3. Teil: Aufklärungsfehler

Aufklärung (mit Detailübersicht) 76

  I. Grundlagen 81
   1. Allgemeines 81
   2. Selbstbestimmungsaufklärung 86
     a) Behandlungsaufklärung 87
     b) Risikoaufklärung 89
     c) Verlaufsaufklärung 90
     d) Diagnoseaufklärung 91

Seite

3. Sicherungsaufklärung (Therapeutische Aufklärung)   92
   a) Begriff   92
   b) Unterlassene Sicherungsaufklärung als Behandlungsfehler . . .   94
   c) Einzelfälle   97
      (1) Hinweis auf die Dringlichkeit des Eingriffs;
          Behandlungsverweigerung   97
      (2) Erforderliche Klinikeinweisung   98
      (3) Notwendigkeit von Kontrolluntersuchungen   99
      (4) Unterlassener Hinweis auf weitere Untersuchungen;
          notwendige Probeexzision bei Krebsverdacht   100
      (5) Einbestellung bei nachträglicher Kenntnis von
          gravierendem Untersuchungsbefund;
          nachträgliche Sicherungsaufklärung   101
      (6) Notfallbehandlung und Notwendigkeit einer
          Nachbehandlung   101
      (7) Erforderlichkeit einer Korrektur- oder Nachoperation . . .   102
      (8) Hinweis auf die weitere Lebensführung   102
      (9) Hinweis auf einen Prothesenwechsel   102
     (10) Hinweis auf mehrere zur Wahl stehende
          therapeutische Verfahren   102
     (11) Keine Aufklärung über mögliche, nicht gebotene
          Maßnahmen (Antibiotika-Prophylaxe, CT, MRT)   104
     (12) Ansteckungsgefahr und Schutzimpfung   104
     (13) Sterilisation und Misserfolgsquote   105
     (14) Voraussetzungen eines Schwangerschaftsabbruchs   106
     (15) Aufklärung über die Alternative einer Schnitt-
          entbindung   107
     (16) Negativer Rhesusfaktor, Fruchtwasseruntersuchung   107
     (17) Hinweis eines vielfach aus kosmetischen Gründen
          voroperierten Patienten auf psychologische Behandlung . .   107
     (18) Medikation, Hinweis auf Nebenwirkungen   107
     (19) Hinweis auf verbliebenes Bohrerstück im Knochen   109
     (20) Zahnersatz mit parodontal beeinträchtigtem Zahn   110
     (21) Möglichkeit einer Samenspende vor Chemotherapie   110
4. Wirtschaftliche Aufklärung   110
   a) Gesetzlich krankenversicherte Patienten   111
   b) Privat krankenversicherte Patienten   112
   c) Zahnmedizinische Behandlung   114
   d) Aufklärung über die Möglichkeit einer nicht vom gesetzlichen
     Krankenversicherer zu erstattenden Behandlung   116
   e) Kosmetische Operationen   116
5. Hinweis auf eigene Behandlungsfehler   117

II. Art und Umfang der Aufklärung   118
   1. Aufklärung „im Großen und Ganzen"   118
   2. Allgemeine Operationsrisiken   123

Seite

3. Diagnostische Absicherung; keine unnötige Belastung des
   Patienten 125
4. Keine Verharmlosung 126
5. Fehlende Dringlichkeit 128
6. Operation bzw. Eingriff nur relativ indiziert 130
7. Kosmetische Operationen 131
8. Misserfolgsrisiko und herabgesetzte Erfolgsaussicht 134
9. Seltene Risiken 137
   (1) Impfschäden 138
   (2) Nervverletzungen bei einer Zahnbehandlung 139
   (3) Nervverletzungen und Querschnittslähmung 142
   (4) Risiken einer Angiographie 143
   (5) Risiken einer Myelographie 143
   (6) Erblindung 143
   (7) Komplikationen bei operativer Entfernung der
       Gebärmutter (Hysterektomie) 144
   (8) Nebenwirkungen von Medikamenten 144
   (9) Blutspende 145
   (10) Inkontinenz 145
   (11) Hodenatrophie (Rückbildung des Hodengewebes
        mit Vertilitätsstörungen) 145
   (12) Nierenverlust, Nachoperation 145
   (13) Verkürzungs- und Verlängerungsosteotomie,
        Plattenbruch 146
   (14) Sudeck-Dystrophie 147
   (15) Infektionen, Injektionen 147
   (16) Langer Heilungsverlauf 148
10. Außenseiter- und Neulandmethoden, kontraindizierte
    Eingriffe 148
11. Behandlungsalternativen 151
    a) Wahl der richtigen Behandlungsmethode 151
    b) Echte Behandlungsalternativen 156
       (1) Konservative oder operative Methode 160
       (2) Zuwarten als ernsthafte Alternative 166
       (3) Operation statt konservativer Methode 167
       (4) Linderung von Beschwerden durch umfangreicheren
           Eingriff 167
       (5) Strumaoperation (Schilddrüsenoperation) 168
       (6) Unterschiedliche diagnostische oder therapeutische
           Verfahren 169
       (7) Prostataoperation 169
       (8) Unterschiedliche Methoden bei kosmetischen
           Operationen 169
       (9) Neuland-Methode (z.B. „Robodoc") 170
       (10) Punktion statt operativer Resektion einer Zyste 170

Seite

(11) Nervenschonende, intraoperative Abklärung statt
radikaler Tumorentfernung 170
(12) Anästhesie 171
(13) Gallensteinoperationen 171
(14) Bildung und Verwendung von Eigenblutkonserven;
HIV-Infektion 171
(15) Kaiserschnitt statt vaginaler Entbindung 172
(16) Entbindung mit Geburtszange, Saugglocke oder
Kaiserschnitt 178
(17) Zahnbehandlung, Wurzelspitzenresektion 178
(18) Materialwechsel bei der zahnärztlichen Versorgung . . . 179
(19) Zahnersatz, Implantate 179
c) Nicht echte Behandlungsalternative, keine Aufklärungs-
pflicht 180
(1) Konservative und operative Versorgung von Knochen-
brüchen 183
(2) Schultergelenkssprengung 184
(3) Korrektur des Mittelfußes und der Zehenfehlstellung . . 185
(4) Hüftgelenkoperationen 185
(5) Implantation einer Knieendoprothese 185
(6) Einzelne Behandlungstechniken bzw. Behandlungs-
schritte 185
(7) Operationsverfahren bei Hallux valgus 186
(8) Oberschenkeltrümmerfraktur 186
(9) Verwendung verschiedener Materialkombinationen
bei einer Totalendoprothese 186
(10) Krampfaderoperation 186
(11) Amputationsverletzungen 187
(12) Unterlassen einer prophylaktischen Heparinisierung
bzw. einer Antibiotikaprophylaxe 187
(13) Nichterstellung eines Computertomogramms 187
(14) Verzicht auf Gipsverband 188
(15) Nahtmaterial 188
(16) Netzversorgung einer Primärhernie 188
(17) Zugang bei Tumor- und Bandscheibenoperationen 188
(18) Zugang zur Implantation einer Hüftendoprothese 188
(19) Gallenoperation/Cholezystektomie 188
(20) Schnittführung beim Übergang von der Laparoskopie
zur Laparotomie 189
(21) Blinddarmoperation 189
(22) Magenoperation 189
(23) Helicobacter pylori 190
(24) Operationsmethode bei Bauchspeicheldrüsen-
entzündung 190

Seite

(25) ERCP (endoskopische retrograde Cholangio- und
Pankreatographie) 190
(26) Leberresektion 190
(27) Sterilisationsverfahren 191
(28) Kaiserschnitt oder vaginale Geburt – keine Aufklärungs-
pflicht 191
(29) Hysterektomie (Gebärmutterentfernung) 194
d) Signifikant kleineres Risiko 194
e) Krankenhaus mit besserer Ausstattung 195
f) Fehlende Aufklärung unschädlich 196
III. Rechtzeitigkeit der Aufklärung 197
1. Grundsatz 197
2. Kleinere und risikoarme Eingriffe 199
a) Ambulante Eingriffe 199
b) Diagnostische Eingriffe 200
c) Stationäre Behandlung 201
3. Schwierige und risikoreiche Eingriffe 202
4. Notfalloperationen 204
5. Intraoperative Erweiterungen 204
6. Entbindungsmethoden 206
7. Kausalität und hypothetische Einwilligung 207
IV. Aufklärungspflichtiger und Aufklärungsadressat; Entbehrlichkeit
der Aufklärung 209
1. Aufklärungspflichtiger 209
a) Vertikale Arbeitsteilung 211
b) Horizontale Arbeitsteilung 213
2. Aufklärungsadressat 216
a) Erwachsene 216
b) Minderjährige 217
c) Psychisch Kranke und sonstige Geschäftsunfähige;
Abbruch lebenserhaltender Maßnahmen 219
d) Ausländische bzw. schlecht deutsch sprechende Patienten 222
3. Entbehrlichkeit, Entfallen der Aufklärungsbedürftigkeit 225
V. Mutmaßliche und hypothetische Einwilligung; Entscheidungs-
konflikt des Patienten 226
1. Mutmaßliche Einwilligung 226
2. Hypothetische Einwilligung und hypothetischer Kausalverlauf . . 228
a) Hypothetische Einwilligung 228
b) Hypothetischer Kausalverlauf 229
3. Ernsthafter Entscheidungskonflikt 230
a) Ernsthafter Entscheidungskonflikt bejaht 236
(1) Nur relativ indizierte Angiographie 236
(2) Koronarangiographie und Herzkatheteruntersuchung 236

Seite

(3) Myelographie (Röntgenkontrastdarstellung des
Wirbelkanals) 236
(4) Schilddrüsenoperation 236
(5) Entfernung eines zystischen Knotens
(hier: Kropfoperation) 237
(6) Operation statt konservativer Behandlung eines Bruchs .. 237
(7) Erhöhtes Risiko bei Vaginalgeburt 238
(8) Grauer Star-Operation 238
(9) Keratektomie zur Behandlung extremer Kurzsichtigkeit . 238
(10) Hepatitis-Infektion nach Verabreichung eines
Medikaments 238
(11) Kniepunktion 238
(12) Punktion statt Operation 239
(13) Lysebehandlung 239
(14) Nervschädigungen bei Bauchoperation 239
(15) Strahlentherapie 240
(16) Prostata-Laserverfahren 240
(17) Infektionsrisiko bei Verabreichung kortisonhaltiger
Spritzen 240
(18) Heilende Therapie bei seltener Krankheit 240
(19) Sorge vor Komplikationen aus Vorerkrankungen 240
(20) Nervschäden bei Zahnextraktionen 241
(21) Kieferfraktur und Kieferknochenmarkentzündung 242
(22) Prothetische Versorgung 242
b) Ernsthafter Entscheidungskonflikt verneint 243
(1) Drängen des Patienten, starker Leidensdruck;
Lähmungserscheinungen 244
(2) Aufschieben des Eingriffs bzw. weiteres Zuwarten 245
(3) Aneurysmaoperation, Nervschädigungen 246
(4) Strahlentherapie, Querschnittlähmung 246
(5) Kropfoperation, Aufklärung über andere schwerwiegende Risiken erfolgt 247
(6) Vorausgegangene, ähnliche Eingriffe, intraartikuläre
Injektionen 247
(7) Eintritt eines größeren Schadens 247
(8) Knieendoprothese und Versteifung eines Gelenks
als Alternative 248
(9) Verschiedene Operationsmethoden bei Hallux-valgus ... 248
(10) Absetzen einer Medikation 248
(11) Absetzen einer Dialyse 249
(12) Eigenblutspende 249
(13) Routineimpfung 249
(14) Einbringung eines Venenkatheders 250
(15) Coloskopie/Darmperforation 250
(16) Potenzverlust nach Krebsoperation 250

Seite

(17) Verschlechterungsrisiko 250
(18) Unterlassene Risiko- oder Anästhesieaufklärung
vor einer Blinddarmoperation 251
(19) Sectio statt vaginaler Entbindung; genetische Beratung .. 251
(20) Ablehnung eines Kaiserschnitts 251
(21) Gebärmutterperforation 251
(22) Risiko der Gebärmutterentfernung nach Abrasio/
Kürettage, Behandlung in Universitätsklinik statt im
Kreiskrankenhaus 252
(23) Sterilisation 252
(24) Zahnbehandlung; Ablehnung einer Leitungsanästhesie.................................. 252

VI. Kausalität für den Schaden, Reserveursache und Zurechnungszusammenhang.. 253
1. Schadensursächlichkeit 253
2. Fehlende Grundaufklärung; Zurechnungszusammenhang 255
a) Fehlende oder mangelhafte Grundaufklärung 255
b) Zurechnungszusammenhang bei fehlender Grundaufklärung . 257
c) Tragweite und Stoßrichtung des Eingriffs 259
d) Abweichende Ansichten 260
e) Zusammenfassung der Zurechnungsproblematik 261
3. Hypothetischer Kausalverlauf; Reserveursache 261

VII. Beweislast für die Durchführung der Aufklärung 263
1. Beweislast der Behandlungsseite 263
2. Beweislast des Patienten 266

VIII. Aufklärungsgespräch, Dokumentation und „ständige Aufklärungsübung"... 267
1. Keine überzogenen Anforderungen; „im Zweifel ist dem Arzt zu
glauben" 267
2. Parteivernehmung und Parteianhörung 268
3. Dokumentation der Aufklärung 270
4. Ständige Aufklärungsübung („immer so") 273

IX. Einzelfälle in alphabetischer Reihenfolge (siehe dort) 275

4. Teil: Verjährung

Verjährung 849

A. Bis zum 31. 12. 2001 geltendes, teilweise fortwirkendes Recht 850

I. Übersicht über die wesentlichen Änderungen 850
1. Regelverjährung drei Jahre 850
2. Beginn der Verjährung 850

Seite

3. Höchstfrist 30 Jahre 851
4. Neubeginn und Hemmung 851
5. Anwendbarkeit des alten und des neuen Rechts 851

II. Verjährungsfristen nach altem Recht 852
1. 30-jährige Verjährungsfrist 852
2. Dreijährige Verjährungsfrist 853
3. Vierjährige Verjährungsfrist 853

III. Beginn der Verjährung 854
1. Behandlungsfehler 854
   a) Kenntnis der Abweichung vom ärztlichen Standard 856
   b) Kenntnis von der Person des Schädigers 857
   c) Keine Informationspflicht; grob fahrlässige Unkenntnis 858
   d) Zutreffende rechtliche oder medizinische Würdigung
      unerheblich 860
   e) Wissensvertreter 861
2. Aufklärungsfehler 863
   a) Kenntnis von der Notwendigkeit der Aufklärung 863
   b) Erkundigungspflicht zum Umfang der Aufklärungs-
      bedürftigkeit 863
3. Wissenszurechnung bei Behörden, Krankenkassen u.a. 864

IV. Kenntnis des Schadens; Schadenseinheit 865
1. Schadenseinheit 865
2. Spätfolgen 866

V. Verzicht auf die Einrede der Verjährung 869
1. Zulässigkeit des Verzichts 869
2. Stillschweigender Verjährungsverzicht 870

VI. Hemmung der Verjährung 871
1. Führung von Verhandlungen 871
2. Wirkung der Hemmung 873
3. Ende der Hemmung 873
   a) Verweigerung der Fortsetzung der Verhandlung 873
   b) „Einschlafen" der Verhandlungen 874
4. Einreichung eines Prozesskostenhilfeantrages 875

VII. Unterbrechung der Verjährung 876
1. Wirkung der Unterbrechung 876
2. Einreichung einer Klage 876
3. Anerkenntnishandlungen 879

B. Ab dem 1. 1. 2002 geltendes Recht 880

I. Verjährungsfristen 880
1. Regelverjährung 880
2. Sonderregelungen 881

Seite

II. Beginn der Verjährung 881
   1. Kenntnis bzw. grob fahrlässige Unkenntnis
     (§ 199 I BGB n.F.) 881
     a) Jahresschluss 881
     b) Positive Kenntnis 882
     c) Grob fahrlässige Unkenntnis 882
   2. Höchstfristen (§ 199 II, III BGB n. F.) 884
     a) § 199 II BGB n. F. 884
     b) § 199 III BGB n. F. 885
   3. Beginn der Verjährung von festgestellten Ansprüchen
     (§ 201 BGB n. F.) 885
   4. Beginn anderer Verjährungsfristen (§ 200 BGB n. F.) 886

III. Neubeginn der Verjährung 886
   1. Unterbrechung und Neubeginn 886
   2. Überleitungsrecht 886

IV. Hemmung der Verjährung 886
   1. Hemmung durch Rechtsverfolgung (§ 204 BGB n. F.) 886
     a) Hemmungstatbestände (§ 204 I BGB) 887
     b) Ende der Hemmung (§ 204 II BGB) 887
   2. Hemmung durch Verhandlungen (§ 203 BGB) 889
   3. Weitere Hemmungstatbestände 889

V. Verlängerung und Verkürzung der Verjährung 889

VI. Rechtsfolgen der Verjährung 889

VII. Anwendbarkeit des neuen Verjährungsrechts; Überleitungs-
vorschriften 890

5. Teil: Prozessuales

Substantiierung der Klage/Schlüssigkeit 760

  I. Substantiierungsanforderungen 761
     1. „Maßvolle und verständige Anforderungen" an den Vortrag
       der Patientenseite 761
     2. Auskunftsanspruch des Patienten 763

  II. Amtsermittlung einzelner Elemente 763

  III. Vorlage der Behandlungsunterlagen 764

  IV. Rechtskraft eines Vorprozesses 765

Klage (Muster) 625

Seite

Klageerwiderung (Muster) 641

Feststellungsinteresse 457

I. Möglichkeit eines Schadenseintritts 457

II. Vorrang der Leistungsklage 459

III. Negative Feststellungsklage 461

IV. Schriftliches Anerkenntnis 462

Einzelrichter 454

I. Rechtslage bis zum 31. 12. 2001 454

II. Rechtslage seit dem 1. 1. 2002 454

Parteivernehmung 676

I. Parteivernehmung auf Antrag einer Partei 676

II. Parteivernehmung von Amts wegen 677
   1. Gewisse Wahrscheinlichkeit der Richtigkeit der Partei-
     behauptung 677
   2. Erweiternde Auslegung des § 448 ZPO 678
   3. Parteivernehmung des Arztes 679

Sachverständigenbeweis 684

I. Einholung eines Sachverständigengutachtens 685
   1. Ermittlung des Sorgfaltsmaßstabes 685
   2. Auswahl des Sachverständigen aus dem einschlägigen Fachgebiet . 686
   3. Körperliche Untersuchung des Patienten 689

II. Verwertung bereits vorliegender Gutachten 690
   1. Gutachten aus vorangegangenem Verfahren 690
   2. Privatgutachten einer Partei 691
   3. Gutachtliche Äußerungen eines sachverständigen Zeugen 692

III. Stellungnahme der Parteien und mündliche Anhörung des
    Sachverständigen 692
   1. Antrag auf mündliche Anhörung 692
   2. Anhörung von Amts wegen 694
   3. Stellungnahme der Parteien 695

IV. Aufklärung von Widersprüchen 695
   1. Aufklärungspflicht des Gerichts 695
   2. Beauftragung eines weiteren Sachverständigen 697

Seite

3. Auseinandersetzung mit einem Privatgutachten 697
4. Prüfungsumfang des Berufungsgerichts 698
5. Vervollständigung des Gutachtens in der Berufungsinstanz 700

V. Äußerungen des Sachverständigen zu nicht vorgetragenen
Behandlungsfehlern 701

VI. Ablehnung des Sachverständigen wegen Befangenheit 702
1. Grundsatz 702
2. Ablehnung wegen Befangenheit bejaht 702
3. Ablehnung wegen Befangenheit verneint 707
4. Rechtzeitige Stellung des Ablehnungsantrages 709
5. Folgen der Ablehnung 711

VII. Haftung des gerichtlichen Sachverständigen 711
1. Gesetzliche Neuregelung 711
2. Bisherige Rechtslage 712
3. Inhalt der Vorschrift 713

Beweisverfahren, selbständiges 393

I. Zulässigkeit des selbständigen Beweisverfahrens 394
1. Bestehen eines rechtlichen Interesses des Antragstellers 394
2. Zulässigkeit in Arzthaftungssachen 395
3. Nachträgliche Anhängigkeit der Hauptsache 398

II. Beendigung und Wirkung des selbständigen Beweisverfahrens 398
1. Hemmung der Verjährung 398
2. Beendigung des selbständigen Beweisverfahrens 399
3. Verwertung im Hauptsachenprozess 400

III. Zulässigkeit von Gegenanträgen und der Streitverkündung 400
1. Gegenanträge 400
2. Streitverkündung 401

IV. Ladung des Sachverständigen zur Erläuterung des Gutachtens 401
1. Einseitiger Parteiantrag 401
2. Zurückweisung verspäteter Anträge und Einwendungen 402

V. Kostenentscheidung 403
1. Beschluss nach § 494 a ZPO 403
2. Entsprechende Anwendung des § 269 III ZPO 406
3. Entsprechende Anwendung des § 91 a ZPO 408

Berufung 334

I. Übersicht 334

II. Zulässigkeit der Berufung 338

Seite

1. Statthaftigkeit der Berufung 338
   a) Berufungsfähige erstinstanzliche Urteile 338
   b) Wert des Beschwerdegegenstandes 338
2. Berufungseinlegung 339
   a) Berufungsfrist 339
   b) Inhalt der Berufungsschrift 340
3. Berufungsbegründungsfrist 340
   a) Verlängerung der Berufungsbegründungsfrist 341
   b) Berufungsbegründungsfrist bei Prozesskostenhilfe 342
4. Inhalt der Berufungsbegründung 343
   a) Berufungsanträge (§ 520 III 2 Nr. 1 ZPO) 343
   b) Entscheidungsrelevante Rechtsverletzung
      (§ 520 III 2 Nr. 2 ZPO) 344
   c) Bezeichnung der Anhaltspunkte für die Unrichtigkeit
      der Tatsachenfeststellungen (§ 520 III 2 Nr. 3 ZPO) 346
   d) Bezeichnung der neuen Angriffs- und Verteidigungsmittel
      (§ 520 III 2 Nr. 4 ZPO) 353

III. Zulassung neuer Angriffs- und Verteidigungsmittel 354
   1. Erstinstanzlich übersehene Gesichtspunkte
      (§§ 531 II 1 Nr. 1, 139 ZPO) 354
   2. Verfahrensfehler des erstinstanzlichen Gerichts
      (§§ 531 II 1 Nr. 2, 139 ZPO) 356
   3. Fehlende Nachlässigkeit (§ 531 II 1 Nr. 3 ZPO) 360
      a) Einfache Fahrlässigkeit 360
      b) Einwendungen und Einreden; Verjährung 361
      c) Gegenbeweise (z.B. Privatgutachten) und Aufklärungsrüge . . . 362
      d) Neuer Vortrag unstreitiger Tatsachen in der Berufungs-
         instanz 369
      e) Sanktion und Entscheidung 370

IV. Ausschluss zurückgewiesener Angriffs- und Verteidigungsmittel . . . 371
   1. Verspätet vorgebrachte Angriffs- und Verteidigungsmittel
      in erster und zweiter Instanz (§§ 531 I, 530 ZPO) 371
   2. Überprüfung der erstinstanzlichen Zurückweisung bzw. Nicht-
      zulassung; Vorliegen der Voraussetzungen des § 296 I ZPO 371
   3. Zurückweisung nach § 296 II ZPO 378

V. Entscheidung des Berufungsgerichts 379
   1. Verwerfung der unzulässigen Berufung 379
      a) Verwerfung nach § 522 I ZPO 379
      b) Verwerfung nach § 522 II ZPO 380
   2. Zurückweisung der unbegründeten Berufung 382
   3. Änderung des angefochtenen Urteils 383

Literaturverzeichnis

Baumbach/Lauterbach/ Albers/Hartmann	Zivilprozessordnung, Kommentar, 64. Aufl. 2006 (zit.: B/L/A/H)
Bergmann	Die Arzthaftung, Leitfaden für Ärzte und Juristen, 2. Aufl. 2003 (zit.: Bergmann)
Dauner-Lieb/Heidel/ Lepa/Ring	Schuldrecht, Erläuterungen der Neuregelungen zum Verjährungsrecht, Schuldrecht und Mietrecht, Kommentar (zit.: D-L/H/L/R)
Dierkes (u.a.)	dtv – Wörterbuch Medizin, 2000 (zit.: Dierkes)
Ehlers/Broglie	Arzthaftungsrecht, 3. Aufl. 2005 (zit.: E/B)
Frahm/Nixdorf	Arzthaftungsrecht, 3. Aufl. 2005 (zit.: F/N)
Gehrlein	Leitfaden zur Arzthaftpflicht, 1. Aufl. 2001 (zit.: Gehrlein)
Geiß/Greiner	Arzthaftpflichtrecht, 5. Aufl. 2006 (zit.: G/G, 5. Aufl.)
Graf von Westphalen	Vertragsrecht und AGB-Klauselwerke; Freizeichnungsklauseln bei leichter Fahrlässigkeit, Stand März 2005, bearbeitet von F. Graf von Westphalen; Vertragsabschlußklauseln, Stand März 2005, bearbeitet von F. Graf von Westphalen; Krankenhausaufnahmevertrag, Stand Mai 2004, bearbeitet von Prof. Dr. Thüsing (zit.: von Westphalen-Bearbeiter)
Grub	Schadensersatzansprüche bei Geburt eines behinderten Kindes nach fehlerhafter Pränataldiagnostik in der Schwangerschaft, Dissertation, Freiburg 2006 (zit.: Grub)
Hacks/Ring/Böhm	ADAC-Schmerzensgeldtabelle, 26. Aufl. 2006 (zit.: H/R/B)
Katzenmeier	Arzthaftungsrecht, 2002 (zit.: Katzenmeier)
Küppersbusch	Ersatzansprüche bei Personenschäden, 8. Aufl. 2004 (zit.: Küppersbusch)
Laufs/Uhlenbruck	Handbuch des Arztrechts, 3. Aufl. 2003 (zit.: L/U)
Musielak	Zivilprozessordnung, 5. Aufl. 2007 (zit.: Musielak-Bearbeiter)

Münchener Kommentar	Kommentar zum Bürgerlichen Gesetzbuch, Band 5 (§§ 705–853 BGB), 3. Aufl. 1997 (zit.: Müko-Bearbeiter)
Oehler	Zahnmedizinischer Standard in der Rechtsprechung, 2003 (zit.: Oehler)
Palandt	Bürgerliches Gesetzbuch, Kommentar, 66. Aufl. 2007 (zit.: Palandt-Bearbeiter)
Pschyrembel	Klinisches Wörterbuch, 259. Aufl. 2002 (zit.: Pschyrembel)
Quaas/Zuck	Medizinrecht, 1. Aufl. 2005 (zit.: Q/Z)
Ratajczak/ Stegers (Schriftleitung)	Risiko Aufklärung, Schriftenreihe Medizinrecht (Springer-Verlag), 2001 (zit.: R/S I)
Ratajczak/ Stegers (Schriftleitung)	„Waffen-Gleichheit", Das Recht in der Arzthaftung, Schriftenreihe Medizinrecht 2002 (zit.: R/S II)
Ratajczak/ Stegers (Schriftleitung)	Leitlinien, Richtlinien und Gesetz, Schriftenreihe Medizinrecht 2003 (zit.: R/S III)
Ratajczak/ Stegers (Schriftleitung)	Ärztliche Behandlung an der Grenze des Lebens, Schriftenreihe Medizinrecht 2004 (zit.: R/S IV)
Ratajczak/ Stegers (Schriftleitung)	Globalisierung in der Medizin, Schriftenreihe Medizinrecht 2005 (zit.: R/S V)
Ratajczak/ Stegers (Schriftleitung)	Arzthaftungsrecht – Rechtspraxis und Perspektiven, Schriftenreihe Medizinrecht 2006 (zit.: R/S VI)
Rehborn	Arzt-Patient-Krankenhaus, Beck-Rechtsberater im dtv, 3. Aufl. 2000 (zit.: Rehborn)
Schnapp/Wigge	Handbuch des Vertragsarztrechts, 2. Aufl. 2006 (zit.: S/W)
Slizyk	Beck'sche Schmerzensgeldtabelle, 5. Aufl. 2006 (zit.: Slizyk)
Steffen/Pauge	Arzthaftungsrecht, 10. Aufl. 2006 (zit.: S/Pa), vormals Steffen/Dressler, 9. Aufl. 2002 (zit.: S/D)
Stegers/Hansis/ Alberts/Scheuch	Der Sachverständigenbeweis im Arzthaftungsrecht, 1. Aufl. 2002 (zit.: S/H/A/S)
Ulmer/Brandner/Hensen	Kommentar zu den §§ 305–310 und zum Unterlassungsklagengesetz, 10. Aufl. 2006 (zit.: U/B/H-Bearbeiter)
Wolf/Horn/Lindacher	AGB-Gesetz, Kommentar, 4. Aufl. 1999 (zit.: W/H/L-Bearbeiter)
Zöller	Zivilprozessordnung, Kommentar, 26. Aufl. 2007 (zit.: Zöller-Bearbeiter)

Stichworte in alphabetischer Reihenfolge

Allgemeine Geschäftsbedingungen

Vgl. auch → *Arztvertrag*; → *Krankenhausverträge*; → *Einsicht in Krankenunterlagen*

I. Einbeziehung in den Arzt- oder Krankenhausvertrag
  1. Einverständnis- und Einbeziehungsklauseln
  2. Einbeziehung Dritter
II. Wahlleistungs- und Selbstzahlerklauseln
  1. Begründung eigener Zahlungspflicht
  2. Honorarvereinbarungen
  3. Unterrichtung des Patienten über die Kosten ärztlicher Wahlleistungen
  4. Gebührensatz
  5. Stellvertreterklausel
III. Haftungsausschluss und Haftungsbeschränkungen
  1. Haftungsbeschränkungen bei Körper- und Gesundheitsschäden des Patienten
  2. Haftungsbeschränkung für eingebrachte Sachen
  3. Anmeldefristen für Haftungsansprüche
  4. Haftungsausschluss beim „gespaltenen Krankenhausvertrag"
  5. Haftungsausschluss beim „totalen Krankenhausvertrag mit Arztzusatzvertrag"
IV. Aufklärungsklauseln
V. Einsicht in Krankenunterlagen

I. Einbeziehung in den Arzt- oder Krankenhausvertrag

1. Einverständnis- und Einbeziehungsklauseln

Beschränkt sich eine Bestätigungsklausel darauf, dass der Patient erklärt, „mit der Geltung der AGB/AVB einverstanden zu sein", so verstößt diese Klausel nicht gegen §§ 305 I Nr. 2, II, 309 Nr. 12, 307 I, II BGB, vormals §§ 2 I Nr. 2, 11 Nr. 15, 9 I, II AGBG (von Westphalen, Vertragsrecht, Stand März 2005, „Vertragsabschlussklauseln", Rz. 45; von Westphalen-Thüsing, Vertragsrecht, „Krankenhausaufnahmevertrag", Stand Mai 2004, Rz. 8, 9; W/H/L, § 2 AGBG Rz. 44).

Eine **formularmäßige Erklärung** des Patienten bzw. Kunden, in der dieser bestätigt, von den AGB des Verwenders **Kenntnis** genommen zu haben und mit deren Geltung **einverstanden** zu sein, unterliegt nicht der Inhaltskontrolle nach §§ 9 ff. AGBG bzw. (ab dem 1. 1. 2002) §§ 307 ff. BGB n.F., sofern sich die formularmäßige Erklärung darauf beschränkt, die für die Einbeziehung gem. § 2 AGBG bzw. §§ 305 II, 310 III BGB n.F. erforderlichen Tatsachen zu bestätigen (von Westphalen, Vertragsrecht, Stand März 2005, „Vertragsabschlussklauseln", Rz. 44, 45; von Westphalen-Thüsing, Vertragsrecht, Stand Mai 2004, „Krankenhausaufnahmevertrag", Rz. 8; W/H/L, § 2 AGBG Rz. 44).

Gem. § 11 Nr. 15 b AGBG bzw. § 309 Nr. 12 b BGB n.F. **unwirksam** sind jedoch Bestätigungsklauseln, die dahin lauten, der Kunde habe „**vom Inhalt der AGB/**

1

AVB Kenntnis genommen" oder sei „auf die Geltung der AGB/AVB hingewiesen" worden. Denn diese Klausel ändert die Beweislast zum Nachteil des Kunden bzw. Krankenhausbenutzers (von Westphalen, Vertragsrecht, Stand März 2005, „Vertragsabschlussklauseln", Rz. 46; von Westphalen-Thüsing, Vertragsrecht, Stand Mai 2004, „Krankenhausaufnahmevertrag", Rz. 8 mit Hinweis auf BGH NJW 1990, 761, 765; U/B/H-Christensen, Anh. § 310 BGB Rz. 480 a. E.).

Gegen § 309 Nr. 12 bBGB n. F. bzw. § 307 I BGB n. F. verstoßen auch Klauseln, wonach der Kunde „die **Aushändigung** der AGB/des Vertragsexemplars **bestätigt"** (OLG Hamm NJW-RR 1992, 444, 445; von Westphalen, Vertragsrecht, Stand März 2005, „Vertragsabschlussklauseln", Rz. 47) bzw. die AGB/AVB mit der Inanspruchnahme von Leistungen verbindlich werden oder der Patient auf die Einbeziehungsvoraussetzungen verzichtet (OLG Düsseldorf NJW 1988, 884; U/B/H-Christensen, Anh. § 310 BGB Rz. 480 a. E.).

An einer zur Unwirksamkeit der Klausel gem. § 309 Nr. 12 bBGB führenden Beweislastverschiebung fehlt es allerdings dann, wenn sich aus sonstigen Umständen, etwa der erforderlichen Unterschrift des Kunden, ableiten lässt, dass der Inhalt der Bestätigungsklausel lediglich deklaratorische Bedeutung im Hinblick auf § 305 II BGB besitzen soll (von Westphalen, Vertragsrecht, Stand März 2005, „Vertragsabschlussklauseln" Rz. 46; auch W/H/L § 2 AGBG Rz. 44). Eine Klausel, wonach die AGB mit der Inanspruchnahme oder Gewährung von Leistungen verbindlich werden oder in der auf eine **Vorlage zur Kenntnisnahme** (§ 2 I Nr. 2 AGBG bzw. § 305 II Nr. 2 BGB n. F.) **verzichtet** wird, ist gleichfalls unwirksam (OLG Düsseldorf NJW-RR 1988, 884, 886; W/H/L, § 9 Rz. K 22; von Westphalen-Thüsing, Vertragsrecht, Stand Mai 2004, „Krankenhausaufnahmevertrag" Rz. 9).

Für eine wirksame Einbeziehung reicht auch ein Hinweis auf die Geltung der AGB/AVB nach erfolgter Aufnahme des Patienten in ein Krankenhaus regelmäßig nicht aus. Ebenso wenig kann sein **Verweilen als Zustimmung** zur Geltung der AGB/AVB des Krankenhauses gedeutet werden, jedenfalls wenn ihm ein Verlassen des Krankenhauses nicht zumutbar ist (W/H/L, § 9 AGBG Rz. K 22; von Westphalen, Vertragsrecht, Stand Mai 2004, „Krankenhausaufnahmevertrag" Rz. 9).

2. Einbeziehung Dritter

Gesetzliche Vertreter und Begleitpersonen des Patienten können ohne ausdrückliche und gesonderte eigene Erklärung i.S.d. § 309 Nr. 11 a BGB nicht in den Vertrag mit seinen Pflichten einbezogen, insbesondere nicht zur **Übernahme der gesamtschuldnerischen Haftung** wegen zukünftiger Behandlungspositionen verpflichtet werden (OLG Düsseldorf NJW 1991, 2352; W/H/L, § 9 AGBG Rz. K 22; von Westphalen, Vertragsrecht, Stand Mai 2004, „Krankenhausaufnahmevertrag" Rz. 10: Verstoß gegen § 309 Nr. 11 a, 305 c I BGB; U/B/H-Christensen, Anh. § 310 BGB Rz. 484 a. E.).

Unzulässig ist auch eine Bestätigung der Begleitperson in AGB, zur Verpflichtung des Patienten (mit der möglichen Haftung aus § 179 BGB) bevollmächtigt zu sein (LG Düsseldorf NJW 1995, 3062; U/B/H-Christensen, Anh. § 310 BGB Rz. 484 a. E.).

II. Wahlleistungs- und Selbstzahlerklauseln

1. Begründung eigener Zahlungspflicht

Eine vom Kassenpatienten als Selbstzahler übernommene Zahlungspflicht für Wahlleistungen, d.h. soweit die Krankenkasse die Kosten nicht trägt, ist wirksam, wenn der Patient hierauf vor Inanspruchnahme der Leistung **deutlich erkennbar** – also etwa durch **Fettdruck, Einrahmung** etc. – hingewiesen wird (BGH NJW 1990, 761, 766; OLG Köln, Beschl. v. 21. 3. 2003 – 5 W 72/01, NJW-RR 2003, 1699, 1700 = VersR 2004, 651, 652 = OLGR 2003, 225, 226; U/B/H-Christensen, Anh. § 310 BGB Rz. 481; W/H/L, § 9 AGBG Rz. K 23 a. E.). Eine Klausel, worin sich der Patient

„für den Fall, dass keine Kostenübernahmeerklärung eines Sozialleistungsträgers, eines sonstigen öffentlich-rechtlichen Kostenträgers oder einer privaten Krankenversicherung vorgelegt wird oder die vorgelegte Kostenübernahmeerklärung nicht die Kosten aller in Anspruch genommenen Leistungen abdeckt"

selbst zur Zahlung des Entgelts für die Krankenhausleistungen verpflichtet, ist nach Auffassung des OLG Saarbrücken (Urt. v. 12. 4. 2000 – 1 U 477/99–191, NJW 2001, 1798, 1799) dann nicht gem. § 305 c I BGB n. F. überraschend, wenn der Patient, wie er weiß, weder gesetzlich krankenversichert noch sozialhilfeberechtigt ist. Der Patient muss dann damit rechnen, dass der Krankenhausträger ihn mangels sonstiger Rückgriffsmöglichkeiten persönlich in Anspruch nimmt (OLG Saarbrücken NJW 2001, 1798, 1799).

Das OLG Köln (Beschl. v. 21. 3. 2003 – 5 W 72/01, NJW-RR 2003, 1699, 1701 = VersR 2004, 651, 653 = OLGR 2003, 225, 226) lässt es offen, ob eine formularmäßige Übernahmeerklärung nicht bereits dann gegen § 305 c I BGB verstößt, weil der Patient in einem Aufnahmeformular nicht unbedingt mit einer Kostenübernahmeerklärung rechnen muss. Jedenfalls werde die Klausel wegen ihres **überraschenden Charakters** gem. § 305 c I BGB dann **nicht Vertragsbestandteil** des Aufnahmevertrages, wenn der Patient krankenversichert ist und von einer Übernahme der Kosten durch die Krankenkasse ausgehen kann (OLG Köln, Beschl. v. 21. 3. 2003 – 5 W 72/01, NJW-RR 2003, 1699, 1701 = VersR 2004, 651, 653; ebenso: OLG Bremen, Urt. v. 23. 10. 1990 – 3 U 73/90; auch OLG Saarbrücken, Urt. v. 12. 4. 2000 – 1 U 477/99–191, NJW 2001, 1798, 1799 bei gesetzlich versicherten Patienten).

Unabhängig von einem Verstoß gegen § 305 c I BGB hält eine Kostenübernahmeklausel, worin sich der Patient im Aufnahmeformular verpflichtet,

„unter **Übernahme der gesamtschuldnerischen Haftung** alle durch die Behandlung nach den jeweils geltenden Tarifen entstandenen Kosten zu tragen, soweit sie nicht durch eine Krankenkasse oder einen anderen Sozialleistungs- oder Kostenträger übernommen",

einer Inhaltskontrolle nach § 307 I, II Nr. 2 BGB nicht stand (OLG Köln, Beschl. v. 21. 3. 2003 – 5 W 72/01, NJW-RR 2003, 1699, 1701 = VersR 2004, 651, 653 = OLGR 2003, 225, 226; ebenso: OLG Hamburg, Urt. v. 20. 3. 2002 – 1 U 62/01, MDR 2002, 1301, 1302 = OLGR 2002, 314, 316; von Westphalen, Vertragsrecht, Stand Mai 2004, „Krankenhausaufnahmevertrag" Rz. 24).

Denn die Klausel erweckt den Eindruck, dass der Patient in jedem Fall schon dann persönlich für die Kosten eintreten muss, wenn eine Krankenkasse oder ein Sozialhilfeträger sich – möglicherweise zu Unrecht – weigert, die Kosten zu übernehmen. Der Krankenhausträger ist aber in zweifelhaften Fällen gehalten, die Ansprüche zunächst gegen die Kasse oder den Sozialhilfeträger durchzusetzen (OLG Köln, Beschl. v. 21. 3. 2003 – 5 W 72/01, NJW-RR 2003, 1699, 1701 = VersR 2004, 651, 653).

Gem. § 305 c I BGB überraschend ist auch die formularmäßige Verknüpfung von Erklärungen des **gesetzlich krankenversicherten Patienten** in der Aufnahmeerklärung mit einer gleichzeitigen Anerkennung einer zusätzlichen Zahlungsverpflichtung gegenüber den Chefärzten des jeweiligen Krankenhauses. Regelmäßig ist nicht davon auszugehen, dass ein Patient ohne gesonderte Erklärung, etwa durch Ankreuzen des Wunsches nach **„Chefarztbehandlung"**, solche zusätzlich zu vergütenden Sonderleistungen wünscht (vgl. von Westphalen, Vertragsrecht, Stand Mai 2004, „Krankenhausaufnahmevertrag" Rz. 25).

Nach § 307 II Nr. 1 BGB unwirksam ist auch eine Klausel, wonach eine Vereinbarung über wahlärztliche Leistungen sich auf **„alle an der Behandlung des Patienten beteiligten Ärzte des Krankenhauses"** erstreckt. Denn damit schuldet der Patient die Vergütung für Wahlleistungen ohne Rücksicht darauf, ob er vom Chefarzt, dessen Stellvertreter oder einem beliebigen sonstigen Krankenhausarzt behandelt wird (OLG Stuttgart OLGR 2002, 153, 155; LG Hamburg NJW 2001, 3415, 3416 zur „Vertreterklausel"; LG Konstanz, Urt. v. 9. 10. 2002 – 2 O 58/02, VersR 2003, 867, 868: Abbedingung der persönlichen Leistungserbringung durch AGB unzulässig; LG Mosbach, Urt. v. 30. 7. 2002 – 1 S 144/01, VersR 2003, 870 zur „Vertreterklausel"; Meyer VersR 2003, 869 zur „Vertreterklausel"; von Westphalen, Vertragsrecht, Stand Mai 2004, „Krankenhausaufnahmevertrag" Rz. 26, 27; Einzelheiten s.u. II.4).

Haben der Krankenhausträger und der Patient die gemeinsame Vorstellung, dass eine gesetzliche Krankenversicherung besteht, die die Kosten des Krankenhausaufenthalts des Patienten bzw. des Kindes des Patienten übernimmt, und stellt sich dies nachfolgend als Irrtum heraus, dann fehlt dem zwischen dem Krankenhausträger und dem Patienten geschlossenen Behandlungsvertrag nach einer aktuellen Entscheidung des BGH (Urt. v. 28. 4. 2005 – III ZR 351/04, NJW 2005, 2069 = VersR 2005, 947) die Geschäftsgrundlage. Die beim **Fehlen der Geschäftsgrundlage** gebotene Anpassung des Behandlungsvertrages führt dann dazu, dass der Krankenhausträger die nach Maßgabe der §§ 10 ff. BPflV zu ermittelnde Vergütung für die allgemeinen Krankenhausleistungen vom Patienten selbst – im entschiedenen Fall von der Mutter des minderjährigen Patienten – verlangen kann (BGH, Urt. v. 28. 4. 2005 – III ZR 351/04, NJW 2005, 2069, 2071 = VersR 2005, 947, 948).

Unwirksam ist auch die Wahlleistungsentgeltregelung eines Krankenhauses, wonach bei Unterbringung in einem Ein- oder Zweibettzimmer sowohl für den Aufnahmetag als auch für den **Entlassungs- oder Verlegungstag das volle Zusatzentgelt** zu bezahlen ist (BGH, Beschl. v. 31. 10. 2002 – III ZR 60/02, MDR 2003, 143).

2. Honorarvereinbarungen

Formularmäßige Vereinbarungen über ärztliche Honorare mit oder ohne Krankenhausbehandlung bedürfen der Unterzeichnung des Patienten in einem **gesonderten Schriftstück**, in dem keine anderen Erklärungen aufgenommen werden dürfen, vgl. § 2 II GOÄ (von Westphalen-Thüsing, Vertragsrecht, Stand Mai 2004, „Krankenhausaufnahmevertrag" Rz. 20; W/H/L, § 9 AGBG Rz. K 26).

Eine Abweichung von den Vorschriften der GOÄ unterliegt der Inhaltskontrolle nach dem AGBG bzw. den §§ 307 ff. BGB n. F.

Der BGH (Urt. v. 23. 3. 2006 – III ZR 223/05, ZGS 2006, 165) hat entschieden, dass ein Arzt auch bei der privaten Abrechnung medizinisch nicht indizierter kosmetischer Operationen an die Bestimmungen der GOÄ (bzw. GOZ) gebunden ist. Einen höheren Betrag kann der Arzt danach nur im engen Rahmen einer explizit geschlossenen und den Formerfordernissen des § 2 II GOÄ genügenden, individuellen schriftlichen Vereinbarung verlangen. In dem vom BGH entschiedenen Fall hatte der Arzt von der Patientin einen Pauschalpreis von 9.500 Euro für eine Brustverkleinerung verlangt, ohne eine solche individuelle Vereinbarung abzuschließen.

Wird die Klinik jedoch in der Rechtsform einer GmbH, AG o.a. geführt, greifen die nur für Liquidationen durch einen Arzt geltenden §§ 1 ff. GOÄ nicht ein (BGH a.a.O.).

Die Passage

„Die Höhe der Gebühr richtet sich entsprechend § 5 II GOZ insbesondere nach der voraussichtlichen Schwierigkeit und dem voraussichtlichen Zeitaufwand für einzelne Leistungen"

ist kein unzulässiger Zusatz, der gem. § 2 II 3 GOZ ohne weiteres zur Unwirksamkeit der Vereinbarung führt (OLG Düsseldorf, Urt. v. 21. 3. 2002 – 8 U 76/01, NJW-RR 2003, 123, 124). Nach Auffassung des OLG Düsseldorf (Urt. v. 21. 3. 2002 – 8 U 118/01, NJW-RR 2003, 152 = OLGR 2003, 375, 376) führt auch die im Abdruck der Vereinbarung enthaltene Bestätigung, wonach der Patient eine Abschrift der Vereinbarung erhalten hat, nicht gem. § 2 II 3 GOZ zur Unwirksamkeit der Vereinbarung. Allerdings ist diese Klausel gem. § 309 Nr. 12 bBGB unwirksam (von Westphalen, Vertragsrecht, Stand März 2005, „Vertragsabschlussklauseln" Rz. 46; von Westphalen-Thüsing, Stand Mai 2004, „Krankenhausaufnahmevertrag" Rz. 8).

Die Gebührenordnung für Ärzte (GOÄ) bzw. die Gebührenordnung für Zahnärzte (GOZ) müssen grundsätzlich nicht – wie etwa die VOB/B – dem Patienten ausgehändigt werden, da es sich bei der GOÄ/GOZ um eine amtliche Gebührenordnung i. S. einer Rechtsverordnung handelt (von Westphalen-Thüsing, Stand Mai 2004, „Krankenhausaufnahmevertrag" Rz. 21; W/H/L § 9 AGBG Rz. K 26).

Bei der Vereinbarung von Wahlleistungen in einem Krankenhaus sieht jedoch § 22 II 1 Hs. 2 BPflV eine Unterrichtungspflicht des Krankenhausträgers über die Entgelte der Wahlleistungen vor. Hieraus folgt auch die Pflicht, bei wahlärztlichen Leistungen dem Patienten die GOÄ/GOZ auszuhändigen (LG Duisburg MedR 2001, 213, 214; von Westphalen-Thüsing, Stand Mai 2004, „Kranken-hausaufnahmevertrag" Rz. 21; Miebach/Patt NJW 2000, 3377, 3378).

3. Unterrichtung des Patienten über die Kosten ärztlicher Wahlleistungen

Der BGH hat sich in mehreren Urteilen mit der Pflicht des Krankenhauses, den Patienten vor Abschluss einer Wahlleistungsvereinbarung (insbesondere Chefarzt-behandlung u.a.) über die Entgelte und den Inhalt der wahlärztlichen Leistungen zu informieren, auseinandergesetzt. Danach sind folgende Anforderungen an die **in § 22 II 1 Hs. 2 BPflV normierte Unterrichtungspflicht** zu stellen (BGH, Urt. v. 4. 11. 2004 – III ZR 201/04, NJW-RR 2005, 419, 420 = VersR 2005, 121, 122 = MDR 2005, 381; Urt. v. 22. 7. 2004 – III ZR 355/03, NJW-RR 2004, 1428 = VersR 2005, 120 = MDR 2004, 1229; Urt. v. 8. 1. 2004 – III ZR 375/02, NJW 2004, 686, 687 = MDR 2004, 433, 434 = MedR 2004, 442, 443; Urt. v. 27. 11. 2003 – III ZR 37/03, NJW 2004, 684, 686 = VersR 2004, 1005, 1007 = MDR 2004, 435 = MedR 2004, 264, 266):

– Kurze Charakterisierung des Inhalts wahlärztlicher Leistungen, wobei zum Ausdruck kommen muss, dass hierdurch ohne Rücksicht auf Art und Schwere der Erkrankung die persönliche Behandlung durch die liquidations-berechtigten Ärzte sichergestellt werden soll, verbunden mit dem Hinweis darauf, dass der Patient auch ohne Abschluss einer Wahlleistungsvereinba-rung die medizinisch notwendige Versorgung durch hinreichend qualifizierte Ärzte erhält.

– Eine kurze Erläuterung der Preisermittlung für ärztliche Leistungen nach der GOZ bzw. GOÄ (Leistungsbeschreibung anhand der Nummern des Gebüh-renverzeichnisses, Bedeutung von Punktzahl und Punktwert sowie die Mög-lichkeit, den Gebührensatz je nach der Schwierigkeit und dem Zeitaufwand zu erhöhen) und der Hinweis auf die Gebührenminderung nach § 6a GOÄ (BGH, Urt. v. 27. 11. 2003 – III ZR 37/03, NJW 2004, 684, 686). Im Urt. v. 8. 1. 2004 (III ZR 375/02, NJW 2004, 686, 688 = MedR 2004, 442, 444) hat der BGH die fehlende Verweisung auf § 6a GOÄ, wonach die Gebühren der behan-delnden Ärzte bei stationären und teilstationären Leistungen um 15 % zu mindern sind, allerdings für unschädlich gehalten. In der Entscheidung vom 4. 11. 2004 (III ZR 201/04, NJW-RR 2005, 419) hat der BGH nochmals klarge-stellt, dass es nicht erforderlich ist, dem Patienten unter Hinweis auf die mutmaßlich in Ansatz zu bringenden Nummern der GOÄ bzw. GOZ detail-liert und auf den Einzelfall dargestellt die Höhe der voraussichtlich entste-henden Arztkosten, etwa in Form eines Kostenvoranschlags, mitzuteilen.

– Ein Hinweis darauf, dass die Vereinbarung wahlärztlicher Leistungen eine erhebliche finanzielle Mehrbelastung zur Folge haben kann.

– Ein Hinweis darauf, dass sich bei der Inanspruchnahme wahlärztlicher Leis-tungen die Vereinbarung zwingend auf alle an der Behandlung des Patienten beteiligten liquidationsberechtigten Ärzte erstreckt (vgl. § 22 III 1 BPflV).

– Ein Hinweis darauf, dass die GOÄ bzw. GOZ auf Wunsch eingesehen werden kann; die ungefragte Vorlage der Gesetzestexte ist jedoch nicht zwingend.

Damit hat der BGH den bis dato vertretenen abweichenden Auffassungen eine Absage erteilt. Nach der weitestgehenden Auffassung war die Wahlleistungsvereinbarung nur dann wirksam, wenn der Patient unter Nennung der in Ansatz zu bringenden Nummern der GOÄ auch über die Höhe der voraussichtlich entstehenden Arztkosten informiert worden ist, wobei entsprechend den Anforderungen eines Kostenvoranschlags nach § 650 BGB zumindest eine im Wesentlichen zutreffende Angabe verlangt wurde (OLG Jena VersR 2002, 1499, 1500; LG Dortmund VersR 2002, 1033, 1034; LG Duisburg MedR 2001, 213, 214; auch OLG Düsseldorf VersR 1999, 496, 497).

Die für die Krankenhausträger günstigste Auffassung hielt es für ausreichend, wenn der Patient darauf hingewiesen wurde, dass die Abrechnung des selbst liquidierenden Chefarztes nach der GOÄ bzw. GOZ erfolgt; im Übrigen wurde es von dieser Auffassung als Sache des Patienten angesehen, bei Bedarf die Vorlage des Textes der GOÄ bzw. GOZ zu erbitten oder sich diese selbst zu beschaffen (OLG Köln NJW-RR 1999, 228, 229; Biermann/Ulsenheimer/Weißauer MedR 2000, 107, 108 f.; Haberstroh VersR 1999, 8, 13 f.).

Genügt die Wahlleistungsvereinbarung den Anforderungen des BGH nicht, so steht der Behandlungsseite kein bzw. **kein über das gesetzliche Honorar hinausgehender Vergütungsanspruch** aus § 612 II BGB für die im Zusammenhang mit der stationären Behandlung des Patienten erbrachten Leistungen zu; auch ein Bereicherungsanspruch aus § 812 I BGB scheidet dann aus (BGH, Urt. v. 22. 7. 2004 – III ZR 355/03, NJW-RR 2004, 1428, 1429 = VersR 2005, 120, 121; Urt. v. 27. 11. 2003 – III ZR 37/03, NJW 2004, 684, 686 = VersR 2004, 1005, 1007 = MDR 2004, 435).

Die Instanzrechtsprechung hat sich den Ausführungen des BGH angeschlossen (vgl. etwa LG Hanau, Urt. v. 23. 4. 2004 – 2 S 283/03, MedR 2005, 360).

4. Gebührensatz

Nach § 5 I GOÄ bemisst sich die Höhe der einzelnen Gebühren nach dem 1-fachen bis 3,5-fachen des Gebührensatzes. Eine **Überschreitung des 2,3-fachen Steigerungssatzes** ist grundsätzlich nur zulässig, wenn dies durch **Besonderheiten** der Bemessungskriterien aus § 5 II 1 GOÄ zu rechtfertigen ist (von Westphalen-Thüsing, Stand Mai 2004, „Krankenhausaufnahmevertrag" Rz. 19, 21). Die in AGB vereinbarte Überschreitung des Honorarrahmens der GOÄ oder der GOZ ist insbesondere dann gem. § 9 II Nr. 1 AGBG bzw. § 307 II Nr. 1 BGB n. F. unwirksam, wenn nur ein Rahmen bestimmt ist und dem Arzt die Festsetzung des Honorars überlassen wird (BGH NJW 1998, 1789) oder die Vereinbarung eine Abrechnung sämtlicher Leistungen mit dem 5-fachen oder 3,5-fachen Satz zulässt (von Westphalen-Thüsing, Stand Mai 2004, „Krankenhausaufnahmevertrag" Rz. 21 a. E.).

Das BVerfG (Beschl. v. 25. 10. 2004 – 1 BvR 1437/02, NJW 2005, 1036) hält es zwar für verfassungsrechtlich unbedenklich, dass nach der Rspr. des BGH (NJW 1992, 746) eine Überschreitung des Gebührenrahmens des § 5 GOZ in AGB nicht möglich ist, hierfür vielmehr eine schriftliche Individualvereinbarung gefordert wird. Allerdings würden die von der Rspr. gestellten Anforderungen an die tatbestandlichen Voraussetzungen einer Individualvereinbarung bei Überschreitung des Gebührenrahmens der GOZ (gleiches gilt auch für die GOÄ) dem Maßstab des Art. 12 I GG nicht gerecht werden, wenn die Verwendung vorformulierter Vertragstexte nur bei einem „Aushandeln" der Gebührensätze erlaubt ist und der Zahnarzt (bzw. Arzt) zudem noch beweisen muss, dass Verhandlungen stattgefunden haben. Danach ist es nicht grundsätzlich ausgeschlossen, dass ein Arzt oder Zahnarzt mit dem Patienten in einer Individualvereinbarung die Abrechnung seiner Leistungen zu einem **über das 3,5-fache hinausgehenden Satz** vereinbart (BVerfG, Beschl. v. 25. 10. 2004 – 1 BvR 1437/ 02, NJW 2005, 1036, 1038).

Wird ein von § 5 GOÄ nicht gedeckter Gebührensatz vereinbart, muss der Patient allerdings darauf hingewiesen werden, dass der zum Ansatz gebrachte Gebührensatz möglicherweise **nicht vom (privaten) Krankenversicherer getragen** wird (OLG Hamburg NJW 1997, 2937; W/H/L, § 9 AGBG Rz. K 26; vgl. hierzu *Wirtschaftliche Aufklärung*, S. 110).

Kann der Patient nicht erkennen, ob die Gebührenregelung von den Vorschriften der GOÄ abweicht, ist diese wegen Verstoßes gegen das **Transparenzgebot** gem. § 9 I AGBG bzw. (ab dem 1. 1. 2002) nach § 307 I 2 BGB n. F. unwirksam (W/H/L, § 9 AGBG Rz. K 26; vgl. auch von Westphalen, Vertragsrecht, Stand März 2005, „Transparenzgebot" Rz. 10, 11, 20).

Die Belastung des **Patienten** mit dem **Nachweis**, bei Inanspruchnahme von Wahlleistungen über die Entgelte und die Berechnung der beantragten Wahlleistungen unterrichtet worden zu sein, **verstößt gegen § 11 Nr. 15 b AGBG bzw. § 309 Nr. 12 b BGB n. F.** (BGH NJW 1990, 761; S/Pa, Rz. 17; von Westphalen, Vertragsrecht, Stand März 2005, „Vertragsabschlussklauseln" Rz. 46, von Westphalen-Thüsing, Stand Mai 2004, „Krankenhausaufnahmevertrag" Rz. 8, 9; s.o.).

5. Stellvertreterklausel

Die aufgrund einer Wahlleistungsvereinbarung bestehende Verpflichtung zur **höchstpersönlichen Leistungserbringung** verlangt insbesondere die **persönliche Durchführung einer Operation**, da es dem Patienten um die Person des Operateurs und nicht lediglich um die stationäre Behandlung geht (OLG Köln, Beschl. v. 24. 11. 2003 – 5 U 107/03, NJW-RR 2004, 1136, 1137; LG Marburg VersR 2001, 1565; LG Aachen VersR 2002, 195; Meyer VersR 2003, 869).

Eine Klausel in einem **Zusatzvertrag**, wonach die Aufgaben des Chefarztes von dessen **Stellvertreter** übernommen werden, ist nur dann nicht nach § 309 Nr. 10 BGB zu beanstanden, wenn die Identität des Stellvertreters ohne weiteres zu ermitteln ist und wenn die Verhinderungsfälle ausreichend normiert sind (W/ H/L, § 9 AGBG Rz. K 28; von Westphalen-Thüsing, Stand Mai 2004, „Krankenhausaufnahmevertrag" Rz. 26; auch Biermann/Ulsenheimer/Weißauer NJW 2001, 3366, 3368 f.; a.A. Miebach/Patt NJW 2000, 3377, 3383: überraschende Klausel; abweichend U/B/H-Christensen, Anh. § 310 BGB Rz. 482 a. E.: Klausel über die Liquidation des Chefarzthonorars durch dessen „ständigen Vertreter" unwirksam, wenn sie den Fall einer bei Vertragsabschluß vorhersehbaren Verhinderung des Chefarztes nicht umfasst).

Insbesondere ist die Vereinbarung einer Vertretung für den Fall einer **plötzlichen und unvorhersehbaren Verhinderung** in AGB zulässig und verstößt nicht gegen § 308 Nr. 4 bzw. § 305 c I BGB (OLG Karlsruhe, NJW 1987, 1489; LG Marburg VersR 2001, 1565; Spickhoff NJW 2002, 1758, 1761; a.A. Meyer VersR 2003, 869 und Patt MedR 2002, 413).

Der Arzt hat das Vorliegen einer solchen Verhinderung jedoch darzulegen und zu beweisen (LG Marburg VersR 2001, 1565). Ist bei Aufnahme des Patienten abzusehen, dass sich der Chefarzt in Urlaub befindet und der überwiegende Teil der Behandlung dem Stellvertreter überlassen wird, muss der Patient hierauf hingewiesen werden (OLG Düsseldorf NJW 1995, 2421).

Eine wahlärztliche Vereinbarung, die gestattet, dass eine Vereinbarung sich **auf alle an der Behandlung des Patienten beteiligten Ärzte des Krankenhauses** erstrecken darf, ist bereits gem. § 22 III BPflV unwirksam (LG Konstanz, Urt. v. 9. 10. 2002 – 2 O 58/02, VersR 2003, 867, 868; zust. U/B/H-Christensen, Anh. § 310 BGB Rz. 482 a. E.). Auch eine Klausel in einer Vereinbarung über wahlärztliche Leistungen, nach der für den Fall der Abwesenheit des leitenden liquidationsberechtigten Arztes dessen **Aufgaben generell auf den Stellvertreter übertragen** werden, ist gem. § 308 Nr. 4 bzw. gem. § 305 c I BGB unwirksam (OLG Karlsruhe, NJW 1987, 1489: § 3 AGBG bzw. § 305 c I; OLG Hamm NJW 1995, 794: § 309 Nr. 10; OLG Stuttgart OLGR 2002, 153: § 308 Nr. 4; LG Aachen VersR 2002, 195, 196: wird nicht Vertragsinhalt; LG Hamburg NJW 2001, 3415, 3416: §§ 308 Nr. 4 und 305 c I; LG Konstanz, Urt. v. 9.10. 2002 – 2 O 58/02; VersR 2003, 867, 868: § 305 I bzw. § 22 III BPflV; LG Mosbach, Urt. v. 30. 7. 2002 – 1 S 144/01, VersR 2003, 870: § 308 Nr. 4 BGB; Meyer VersR 2003, 869: §§ 308 Nr. 4 und 305 c I; U/B/H-Christensen, Anh. § 310 BGB Rz. 482: §§ 308 Nr. 4, 307 II Nr. 2; von Westphalen-Thüsing, Stand Mai 2004, „Krankenhausaufnahmevertrag" Rz. 26: §§ 305 c I, 308 Nr. 4, ggf. auch § 309 Nr. 10; W/H/L § 9 AGBG Rz. K 28: § 10 Nr. 4 AGBG bzw. § 308 Nr. 4).

So verstößt die folgende, häufig verwendete Klausel gegen § 10 Nr. 4 AGBG bzw. § 308 Nr. 4 BGB (OLG Stuttgart OLGR 2002, 153; LG Mosbach, Urt. v. 30. 7. 2002 – 1 S 144/01, VersR 2003, 870):

„Im Verhinderungsfall übernimmt die Aufgabe des leitenden Arztes sein Stellvertreter."

Die „Stellvertreterklausel" greift nach Ansicht des LG Aachen (VersR 2002, 195) ohne Rücksicht auf die Wirksamkeit ihrer Vereinbarung schon deshalb nicht ein, wenn bereits bei Vertragsabschluss sicher feststeht, dass der Wahlarzt die geschuldete Leistung nicht erbringen kann.

III. Haftungsausschluss und Haftungsbeschränkungen

1. Haftungsbeschränkungen bei Körper- und Gesundheitsschäden des Patienten

Eine Haftungsfreizeichnung in Arzt- oder Krankenhausverträgen auf **Vorsatz und grobe Fahrlässigkeit verstieß** unter der Geltung des AGBG gegen dessen

§ 11 Nr. 7 und § 9 II Nr. 1 AGBG (S/Pa, Rz. 21, 22; W/H/L, § 9 AGBG Rz. K 29; Palandt-Heinrichs, 61. Aufl. 2002, § 9 AGBG Rz. 29, 30, 40–49, 100; **zu §§ 309 Nr. 7 a, 307 II Nr. 2 n. F.**: U/B/H-Christensen, Anh. § 310 BGB Rz. 484; von Westphalen-Thüsing, Stand Mai 2004, „Krankenhausaufnahmevertrag" Rz. 39; von Westphalen, Vertragsrecht, Stand März 2005, „Freizeichnungsklauseln" Rz. 20, 21, 25, 28, 29, 34, 36, 38).

Ihre Unwirksamkeit – auch für leicht fahrlässige Pflichtverletzungen i.S.d. §§ 280 I, 823 I BGB – ergibt sich für die ab dem 1. 1. 2002 geschlossenen Verträge nunmehr aus **§ 309 Nr. 7 a BGB n. F.** Danach ist ein Ausschluss oder eine Begrenzung der Haftung für Schäden aus der Verletzung des Lebens, des Körpers oder der Gesundheit, die auf einer fahrlässigen Pflichtverletzung des Verwenders, eines gesetzlichen Vertreters oder Erfüllungsgehilfen des Verwenders beruht, unwirksam (vgl. hierzu von Westphalen, NJW 2002, 12, 21 ff.; von Westphalen-Thüsing, Stand Mai 2004, „Krankenhausaufnahmevertrag" Rz. 39 und von Westphalen, Vertragsrecht, Stand März 2005, „Freizeichnungsklauseln" Rz. 20 ff., 28 ff., 38; U/B/H-Christensen, Anh. § 310 BGB Rz. 484 und § 309 Nr. 7 a BGB Rz. 23 ff.).

In Arzt- oder Krankenhausverträgen war auch unter der Geltung der §§ 9 II, 10 Nr. 7 AGBG eine Haftungsfreizeichnung für leichte Fahrlässigkeit generell unwirksam, soweit es die für die Erhaltung von Leben und Gesundheit erforderlichen Behandlungs- und Aufklärungspflichten betraf (OLG Stuttgart NJW 1979, 2355; OLG Köln VersR 1989, 372; W/H/L, § 9 AGBG Rz. K 29; S/Pa, Rz. 21, 22).

Insoweit war und ist auch ein zwischen dem Arzt und dem Patienten **individuell vereinbarter Haftungsausschluss** gem. §§ 138, 242 BGB **nichtig** (Gehrlein, Rz. A 38). Insbesondere ist auch ein Haftungsausschluss kraft konkludenten Verhaltens unwirksam (OLG Stuttgart NJW 1979, 2355, 2356: Anwendung der §§ 138, 242; Gehrlein Rz. A 38).

2. Haftungsbeschränkung für eingebrachte Sachen

Für vom Patienten eingebrachte Sachen, die in dessen Obhut bleiben, sowie für Fahrzeuge des Patienten, die auf dem Krankenhausgrundstück oder auf einem vom Krankenhaus bereitgestellten Parkplatz abgestellt werden, kann die Haftung des Krankenhausträgers **wirksam** auf „**leichte Fahrlässigkeit**" beschränkt werden (BGH NJW 1990, 761, 764; U/B/H-Christensen Anh. § 310 BGB Rz. 481, 484; W/H/L, § 9 AGBG Rz. K 29; von Westphalen-Thüsing, Stand Mai 2004, „Krankenhausaufnahmevertrag" Rz. 40). Eine entsprechende Klausel ist vom Wortlaut des § 309 Nr. 7 b BGB n. F. gedeckt. Demgegenüber sind Klauseln, die die Haftung des Krankenhausträgers für Schäden bei der Reinigung, Desinfektion und Endwendung eingebrachter Sachen auf **Vorsatz und grobe Fahrlässigkeit** beschränken, gem. § 9 II Nr. 2 AGBG bzw. § 307 II Nr. 2 BGB n. F. **unwirksam** (BGH NJW 1990, 761, 765).

3. Anmeldefristen für Haftungsansprüche

Eine Ausschlussfrist, wonach Ansprüche des Patienten wegen Verlustes oder der Beschädigung von Geld oder Wertsachen, die von der Verwaltung verwahrt werden, innerhalb von drei Monaten nach Erlangung der Kenntnis von dem Verlust oder der Beschädigung schriftlich geltend gemacht werden müssen, ist nach h.M. noch angemessen und damit nicht gem. § 307 I, II unwirksam (von Westphalen-Thüsing, Stand Mai 2004, „Krankenhausaufnahmevertrag" Rz. 40; auch U/B/H-Christensen, Anh. § 310 BGB Rz. 481; a.A. noch von Westphalen, Stand Oktober 1996, „Krankenhausaufnahmevertrag" Rz. 35: Verstoß gegen § 9 I AGBG).

Allerdings darf die Frist nach dem Wortlaut der Klausel frühestens mit der Entlassung des Patienten aus dem Krankenhaus zu laufen beginnen (U/B/H-Christensen, Anh. § 310 BGB Rz. 481). Kann die 12-Wochen-Frist nach der „kundenfeindlichsten Auslegung" bereits während des stationären Aufenthalts ablaufen, ist die Klausel unwirksam (BGH NJW 1990, 761; U/B/H a.a.O.).

4. Haftungsausschluss beim „gespaltenen Krankenhausvertrag"

Während sich der Krankenhausträger beim „totalen Krankenhausvertrag" (→ *Krankenhausverträge*, S. 650 ff.) verpflichtet, alle für die stationäre Behandlung erforderlichen Leistungen einschließlich der ärztlichen Versorgung zu erbringen, beschränkt sich der Vertrag beim „gespaltenen Krankenhausvertrag" auf die Unterbringung, Verpflegung und pflegerische Versorgung des Patienten (vgl. Gehrlein, Rz. A 20, 24, 25).

Hauptanwendungsfall des „gespaltenen" Krankenhausvertrages ist der Vertrag mit einem freiberuflich tätigen „Belegarzt". Beim „gespaltenen Krankenhausvertrag" trifft das Krankenhaus **grundsätzlich keine Haftung für** die eigentliche ärztliche Leistung des **Belegarztes**. Ein Haftungsausschluss für dessen ärztliche Leistungen einschließlich von diesem herangezogenen ärztlichen Hilfspersonal ist deshalb grundsätzlich nicht zu beanstanden, weil es nach der Vertragsgestaltung bereits an einer Pflicht des Krankenhausträgers zur Erbringung ärztlicher Leistungen fehlt (OLG Düsseldorf NJW-RR 1988, 884; W/H/L, § 9 AGBG Rz. K 29; von Westphalen-Thüsing, Stand Mai 2004, „Krankenhausaufnahmevertrag" Rz. 38; vgl. hierzu → *Krankenhausverträge*, S. 664 ff.).

Betrifft der Haftungsausschluss ausschließlich Fehler des selbst liquidierenden Arztes, so liegt auch grundsätzlich kein Verstoß gegen § 9 AGBG bzw. § 307 I, II BGB n. F. vor (BGH NJW 1993, 779, 780; OLG Koblenz NJW 1998, 3425; U/B/H-Christensen, Anh. § 310 BGB Rz. 484; von Westphalen-Thüsing, Stand Mai 2004, „Krankenhausaufnahmevertrag" Rz. 38). Der Krankenhausträger kann sich aber auch beim „gespaltenen Krankenhausvertrag" **nicht** wirksam **von ihn treffenden Organisationspflichten freizeichnen** (OLG Stuttgart NJW 1993, 2384, 1387; W/H/L a. a. O.).

5. Haftungsausschluss beim „totalen Krankenhausvertrag mit Arztzusatzvertrag"

Beim totalen Krankenhausvertrag mit Arztzusatzvertrag verpflichtet sich der Krankenhausträger ebenfalls zur umfassenden Leistungserbringung einschließlich des ärztlichen Bereichs. Daneben schließt der Patient einen weiteren Vertrag mit dem behandelnden (Chef-)Arzt (Gehrlein, Rz. A 20, 31, 33 und → *Krankenhausverträge*, S. 657 ff.).

Wird abweichend vom Regelfall des „totalen Krankenhausvertrages mit Arztzusatzvertrag" in AGB vereinbart, dass die **ärztlichen Leistungen nur von den liquidationsberechtigten Ärzten geschuldet** werden, so muss dem Patienten bei Vertragsabschluss **hinreichend verdeutlicht** werden, dass der Krankenhausträger für Behandlungsfehler der selbst liquidierenden Ärzte nicht haftet und der Patient sich insoweit lediglich an den liquidationsberechtigten Arzt halten kann (BGH NJW 1993, 779, 780).

Dabei reicht es nicht aus, wenn der Patient auf diese Einschränkungen seiner Rechtsstellungen lediglich in umfangreichen Formularbedingungen hingewiesen wird. Vielmehr ist es erforderlich, dass er auf den **Haftungsausschluss** für privatärztliche Wahlleistungen entweder in **gesonderter mündlicher Erklärung** hingewiesen oder die Klarstellung innerhalb des noch durch die Unterschrift des Patienten gedeckten Vertragstextes vorgenommen wird (BGH NJW 1993, 779, 780; OLG Koblenz NJW 1998, 3425).

Ein Haftungsausschluss ist auch dann **nicht überraschend** i.S.d. § 305 c I BGB, wenn der Patient einen **gesonderten Bogen**, überschrieben mit „Vereinbarung zum Haftungsausschluss" unterzeichnet, der inhaltlich den Haftungsausschluss für selbst liquidierende Ärzte klarstellt (OLG Koblenz NJW 1998, 3425). Der verantwortlich bleibende Klinikträger kann die Haftung für den selbst liquidierenden Chefarzt bzw. dessen Vertreter sowie auf die von diesem hinzugezogenen Ärzte als dessen Erfüllungs- und Verrichtungsgehilfen in AGB grundsätzlich wirksam ausschließen. Im Hinblick auf § 305 c I BGB muss dem Patienten jedoch vor Unterzeichnung des Krankenhausaufnahmevertrages hinreichend klar verdeutlicht werden, dass der **Krankenhausträger nicht Schuldner der ärztlichen Leistungen** ist und er dem Patienten nicht für etwaige ärztliche Fehlleistungen haftet (BGH VersR 1993, 481; S/Pa, Rz. 22, Gehrlein, Rz. A 34, 37).

Der Hinweis muss **innerhalb des noch durch die Unterschrift des Patienten gedeckten Vertragstextes**, nicht lediglich in den „Aufnahmebedingungen" enthalten sein (BGH VersR 1993, 481; S/Pa, Rz. 22) und **drucktechnisch besonders hervorgehoben** werden (W/H/L, § 9 AGBG Rz. K 21). Eine danach wirksame Haftungsfreistellung erstreckt sich auch auf Fehler von Ärzten anderer Gebietsbezeichnung, die von dem selbst liquidierenden Chefarzt hinzugezogen werden (OLG Koblenz NJW 1998, 3425; Gehrlein, Rz. B 37) sowie auf die vom selbst liquidierenden Arzt zugezogene Assistenten seines eigenen Fachs, die nicht zur Erbringung mit dem Krankenhausträger vereinbarter ärztlicher Leistungen verpflichtet sind (Gehrlein, Rz. A 33, 34; G/G, 5. Aufl., Rz. A 51).

IV. Aufklärungsklauseln

Eine **AGB-Klausel**, wonach der Patient durch seine Unterschrift bestätigt, dass er umfassend und ordnungsgemäß **über die Risiken eines Eingriffs aufgeklärt** worden ist, ist gem. § 11 Nr. 15 b AGBG bzw. § 309 Nr. 12 bBGB n. F. **unwirksam** (W/H/L, § 9 AGBG Rz. K 31; von Westphalen-Thüsing, Stand Mai 2004, „Krankenhausaufnahmevertrag" Rz. 29; U/B/H-Christensen, Anh. § 310 BGB Rz. 483).

Kann einer schriftlichen Aufklärungsbestätigung nur die Wirkung zufallen, dass überhaupt ein Aufklärungsgespräch stattgefunden hat, ohne die Vermutung dessen Vollständigkeit und Ordnungsgemäßheit zu fingieren, so ist sie nicht nach § 309 Nr. 12 BGB n. F. unwirksam, da sie nur ein ohnehin von der Rechtsprechung angenommenes Indiz wiedergibt, das bereits aus der Unterschrift als solcher folgt (W/H/L, § 9 AGBG Rz. K 31; von Westphalen a. a. O.; zur Indizwirkung vgl. auch G/G, 5. Aufl., Rz. C 88, 134, 135).

V. Einsicht in Krankenunterlagen

Vgl. auch → *Einsicht in Krankenunterlagen*, S. 446 ff.

Der Patient hat gegenüber Arzt und Krankenhaus grundsätzlich – auch außerhalb eines Rechtsstreits – Anspruch auf Einsicht in die ihn betreffenden Krankenunterlagen, soweit sie Aufzeichnungen über objektive physische Befunde und Berichte über Behandlungsmaßnahmen (Medikation, Operation usw.) betreffen (BGH NJW 1983, 328; Gehrlein, NJW 2001, 2773).

Zum **vorprozessualen Einsichtsrecht** des Patienten gehört, dass die einzusehenden **Unterlagen verständlich**, insbesondere lesbar und nachvollziehbar sind (L/U, § 60 Rz. 6).

Der Arzt bzw. das Krankenhaus ist verpflichtet, dem Patienten gegen **Kostenerstattung** die Behandlungsunterlagen in Kopie oder in maschineller Ausfertigung herauszugeben und zu versichern, dass die herausgegebenen Unterlagen vollständig sind (L/U, § 60 Rz. 6; AG Hagen NJW-RR 1998, 262). Ein Anspruch des Patienten auf Zusendung der Krankenunterlagen (LG Dortmund NJW 2001, 2806: nur Bereithaltung von Kopien) oder Aufschlüsselung der Kürzel für medizinische Fachausdrücke besteht jedoch nicht (LG Dortmund NJW-RR 1998, 261).

Der Anspruch folgt aus § 810 BGB bzw. dem Behandlungsvertrag (Gehrlein, NJW 2001, 2773), der Anspruch auf Einsicht in die Röntgenaufnahmen aus § 29 der RöntgenVO (W/H/L, § 9 AGBG Rz. K 32). Dabei hat der Patient das Recht, die Vorlage der Originalaufnahmen an einen von ihm beauftragten Rechtsanwalt zu verlangen (OLG München NJW 2001, 2806).

Eine **wesentliche Beeinträchtigung** dieser Rechte des Patienten in AGB ist gem. § 9 II Nr. 1 AGBG bzw. § 307 II Nr. 1 BGB n. F. **unwirksam** (von Westphalen-Thüsing, Stand Mai 2004, „Krankenhausaufnahmevertrag" Rz. 37; W/H/L, § 9 AGBG Rz. K 32; U/B/H-Christensen, Anh. § 310 BGB Rz. 483).

Ambulanz

Vgl. → *Arztvertrag;* → *Krankenhausverträge;* → *Gemeinschaftspraxis*

I. Chefarzt-Ambulanz

Der Kassenpatient, der zur ambulanten (nicht: stationären) Behandlung in ein Krankenhaus überwiesen wird, tritt **nur zu dem die Ambulanz kraft kassenärztlicher Zulassung gem. §§ 95, 116 SGB V betreibenden Chefarzt** in vertragliche Beziehungen. Dies gilt auch dann, wenn die Überweisung des Hausarztes auf das Krankenhaus lautet und die Behandlung in der Krankenhausambulanz von einem nachgeordneten Krankenhausarzt durchgeführt wird (BGH, Urt. v. 31. 1. 2006 – VI ZR 66/05, NJW-RR 2006, 811, 812 = VersR 2006, 791, 792 = GesR 2006, 269, 270; Urt. v. 20. 12. 2005 – VI ZR 180/04, NJW 2006, 767 = VersR 2006, 409, 410 = GesR 2006, 178, 179; OLG Düsseldorf, Urt. v. 30. 1. 2003 – 8 U 192/01, GesR 2003, 272).

In einem solchen Fall ist – auch der beamtete – Chefarzt dem Patienten sowohl vertraglich als auch deliktsrechtlich nach §§ 823, 831 BGB verantwortlich (BGH, NJW 1993, 784, 785 = MDR 1993, 425 = VersR 1993, 357; OLG Düsseldorf, Urt. v. 30. 1. 2003 – 8 U 192/01, GesR 2003, 272).

Auch der Umstand, dass der Krankenhausträger eine unzulässige Praxis der Behandlung von überwiesenen Kassenpatienten durch nachgeordnete Ärzte des Krankenhauses organisatorisch ermöglicht und geduldet hat, führt grundsätzlich nicht zu seiner vertraglichen Mithaftung aus dem Behandlungsvertrag zwischen dem beteiligten Chefarzt und dem in seine Ambulanz überwiesenen Kassenpatienten. Letzterer bleibt Patient des zur Beteiligung an der kassenärztlichen Versorgung zugelassenen Chefarztes, und nur für diesen rechnet die Krankenkasse über die kassenärztliche Vereinigung (KV) ab (BGH, Urt. v. 20. 12. 2005 – VI ZR 180/04, NJW 2006, 767 = VersR 2006, 409, 410).

Lautet die Überweisung des Hausarztes jedoch auf das Krankenhaus und wird der Patient in der dort eingerichteten **Krankenhaus- oder Institutsambulanz** behandelt (BGH, Urt. v. 20. 12. 2005 – VI ZR 180/04, NJW 2006, 767 = VersR 2006, 409, 410 = GesR 2006, 178, 179; OLG Düsseldorf, Urt. v. 30. 1. 2003 – 8 U 192/01, GesR 2003, 272; auch OLG Düsseldorf VersR 1992, 493 und VersR 1986, 893, 894) oder wird der Patient zur stationären Behandlung im Krankenhaus aufgenommen, weil der die Ambulanz betreibende Chefarzt oder der aufnehmende Krankenhausarzt die **stationäre Behandlung für erforderlich hält** (OLG Düsseldorf, Urt. v. 30. 1. 2003 – 8 U 192/01, GesR 2003, 272 f.) bzw. hält der leitende Arzt die Behandlung nicht für erforderlich und entlässt den Patienten (OLG Düsseldorf, VersR 1992, 493; F/N Rz. 17 a. E.), so sind Vertragsbeziehungen ausschließlich mit dem Krankenhausträger zustande gekommen.

Auch ein **Privatpatient**, der sich im Krankenhaus ambulant behandeln lässt, tritt grundsätzlich **nur in vertragliche Beziehungen** zu dem **Chefarzt**, der die

Ambulanz betreibt und entsprechend seiner Abrede mit dem Krankenhausträger liquidationsberechtigt ist (BGH, Urt. v. 31. 1. 2006 – VI ZR 66/05, VersR 2006, 791, 792 = NJW-RR 2006, 811, 812; G/G, 5. Aufl., Rz. A 18, A 19; Gehrlein, Rz. A 11). Dies gilt auch dann, wenn die Behandlung in Abwesenheit des liquidationsberechtigten Chefarztes von dessen Vertreter übernommen wird (BGH VersR 1993, 357: Krebsvorsorgeuntersuchung in der Institutsambulanz; VersR 1990, 522; MDR 1989, 149; VersR 1988, 1270; G/G, 5. Aufl., Rz. A 19).

Kommt es in der ambulanten Krankenversorgung zu einer ausschließlichen Vertragsbeziehung zwischen Patient und Chefarzt, haftet Letzterer – vertraglich gem. § 280 I BGB n. F. und deliktisch gem. § 823 I BGB – allein (L/U, § 98 Rz. 21; F/N, Rz. 18, 50; G/G, 5. Aufl., Rz. A 18, 27, 72, 83).

Handelt es sich bei dem **Chefarzt** oder dessen Vertreter um einen **Beamten**, so haftet er für Schäden aus Versäumnissen einer ambulanten Behandlung aus § 823 I BGB **ohne** die Verweisungsmöglichkeit des **§ 839 I 2 BGB** (BGH, NJW 1993, 784 = MDR 1993, 425 = VersR 1993, 357; OLG Düsseldorf, Urt. v. 30. 1. 2003 – 8 U 192/01, GesR 2003, 727, Baxhenrich, VersR 2004, 1565; G/G, 5. Aufl., Rz. A 76, 83; Gehrlein, Rz. A 58).

Die beamteten, nachgeordneten Ärzte können sich demgegenüber auf das Verweisungsprivileg des § 839 I 2 BGB berufen (Gehrlein, Rz. 58; G/G, 5. Aufl., Rz. A 77, A 84).

Von dem oben dargestellten Grundsatz der **alleinigen Haftung** des Chefarztes bei ambulanter Behandlung ist zunächst eine **Ausnahme** für den Fall zu machen, dass die ambulante Behandlung der **Vorbereitung** einer **stationären Aufnahme** dient, die Entscheidung später zugunsten einer stationären Aufnahme fällt und diese dann auch stattfindet. In einem solchen Fall stellt sich auch die Aufklärung sachlich als Teil der stationären Behandlung dar und ist deshalb haftungsrechtlich wie diese zu beurteilen (OLG Stuttgart OLGR 2000, 132 bei Privatpatient; auch OLG Köln, Urt. v. 23. 10. 2002 – 5 U 4/02, VersR 2004, 1181, 1182 = OLGR 2003, 20, 22 mit ablehnender Anm. Baxhenrich, VersR 2004, 1565 f.; zustimmend Rehborn, MDR 2000, 1101, 1102).

Das Krankenhaus kann auch im Rahmen einer **Notfallbehandlung** selbst Vertragspartner werden, wenn kein selbst liquidationsberechtigter Chefarzt zur Verfügung steht (BGH, NJW 1989, 769; NJW 1987, 2289, 2290; F/N, Rz. 17 a. E. unter Hinweis auf § 76 I 2 SGB V).

Der Krankenhausträger haftet auch dann selbst, wenn er es zulässt, dass ambulante Operationen durch nicht oder nicht mehr nach § 116 SGB V ermächtigte Krankenhausärzte durchgeführt werden. Denn der gesetzlich versicherte Patient darf aufgrund der §§ 115 b, 116 SGB V davon ausgehen, dass es einen sozialrechtlich befugten Behandler für die Durchführung der ambulanten Operationen gibt, nämlich entweder das Krankenhaus („Krankenhausambulanz") oder einen ermächtigten Krankenhausarzt („Chefarztambulanz"), so dass eine **Unklarheit darüber, ob er vertragsärztliche Leistungen oder Krankenhausleistungen** in Anspruch genommen hat, haftungsrechtlich nicht zu seinen Lasten gehen dürfen. In solchen Fällen muss dem Patienten jedenfalls der Krankenhausträger aufgrund eines Organisationsverschuldens nach § 823 I BGB als Haftender zur Verfügung stehen (BGH, Urt. v. 20. 12. 2005 – VI ZR 180/04, NJW 2006, 767, 768 = VersR 2006, 409, 410/411 = GesR 2006, 178, 180).

II. Krankenhaus-Ambulanz

Wird die Ambulanz vom Klinikträger als **Institutsambulanz, poliklinische Institutsambulanz einer Hochschule, als allgemein-klinische Ambulanz oder als Notfallambulanz** (vgl. §§ 95 I, IV, 115 a, 115 b, 116–119 SGB V) betrieben, so kommt ein Behandlungsvertrag nur mit dem Krankenhausträger zustande, der für Fehlbehandlungen über §§ 280 I BGB n. F., 278 BGB vertraglich und gem. §§ 823, 831, 31, 89 BGB deliktisch einzustehen hat (BGH, Urt. v. 20. 12. 2005 – VI ZR 180/04, NJW 2006, 767 f. = VersR 2006, 409, 410; OLG Düsseldorf, Urt. v. 30. 1. 2003 – 8 U 192/01, GesR 2003, 272; G/G, 5. Aufl., Rz. A 20, 73; Gehrlein, Rz. A 12; Rehborn, MDR 2000, 1101, 1102).

Seit dem 1. 1. 1993 ist die ambulante operative Versorgung von gesetzlich versicherten Patienten nicht mehr in erster Linie Aufgabe der zugelassenen Vertragsärzte. Vielmehr soll nach der Intension des Gesetzgebers und der neuen rechtlichen Ausgestaltung die ambulante Operation als Krankenhausleistung in Verantwortung des Krankenhausträgers gegenüber der vertragsärztlichen Ermächtigung des einzelnen Krankenhausarztes den Regelfall darstellen. Dem gemäß ist für die Zulassung eines Krankenhausarztes zur ambulanten Operation nach § 116 SGB V kein Raum, wenn die Leistungen, die Gegenstand der Ermächtigung sein sollen, bereits vom Krankenhaus auf der Grundlage des § 115 b SGB V angeboten und erbracht werden (BGH, Urt. v. 20. 12. 2005 – VI ZR 180/04, NJW 2006, 767, 768 = VersR 2006, 409, 410).

Der **Krankenhausträger wird dann selbst Vertragspartner** des Patienten, ohne dass es einer Ermächtigung zur Teilnahme an der kassenärztlichen Versorgung gem. §§ 95 I, 116 SGB V bedarf (F/N, Rz. 18; S/Pa, Rz. 60, 61, 62).

Soweit der Krankenhausträger selbst Vertragspartner wird, können sich tätig gewordene, beamtete Ärzte gem. § 839 I 2 BGB auf dessen vorrangige Inanspruchnahme berufen (BGH NJW 1993, 784; G/G, 5. Aufl., Rz. A 79, 84).

Kommt es zu einem Behandlungs- oder Aufklärungsfehler und sind keine anderen sozialrechtlich als für die Behandlung befugt anzusehenden Ärzte zu ermitteln, hat der Krankenhausträger hierfür zumindest aufgrund eines **Organisationsverschuldens** nach § 823 I BGB einzustehen, da er es zugelassen hat, dass ambulante Operationen durch nicht oder nicht mehr nach § 116 SGB V ermächtigte angestellte Krankenhausärzte durchgeführt werden (BGH, Urt. v. 20. 12. 2005 – VI ZR 180/04, NJW 2006, 767, 768 = VersR 2006, 409, 411).

Anfängereingriffe, Anfängeroperationen

Vgl. auch → *Beweislastumkehr;* → *Voll beherrschbare Risiken;* → *Dokumentationspflicht*

I. Anfängereingriff als Behandlungsfehler
II. Sicherstellung des Facharztstandards
III. Beweiserleichterungen bei Anfängereingriffen
IV. Fachaufsicht und Kontrolle durch Facharzt
V. Aufklärung durch Anfänger und bei Anfängereingriffen
  1. Aufklärung des Patienten durch Berufsanfänger

  2. Keine Aufklärungspflicht über die Beteiligung eines Berufsanfängers
VI. Dokumentationspflicht bei Anfängereingriffen
VII. Eigenhaftung des Assistenzarztes bzw. Berufsanfängers
VIII. Einzelfälle

I. Anfängereingriff als Behandlungsfehler

Die Übertragung einer selbständig durchzuführenden Operation auf einen hierfür noch **nicht ausreichend qualifizierten Assistenzarzt** stellt einen **Behandlungsfehler** dar, der im Falle der Schädigung des Patienten Schadensersatzansprüche gegen den Krankenhausträger, die für die Zuteilung der Operation verantwortlichen Ärzte und u. U. gegen den operierenden Arzt selbst wegen eines Übernahmeverschuldens auslösen kann (BGH NJW 1993, 2989 = MDR 1993, 955; NJW 1984, 655 = VersR 1984, 60 = MDR 1984, 218; OLG München, Urt. v. 30. 12. 2004 – 1 U 2357/04, OLGR 2005, 880: AiP versäumt die Abnahme eines Abstrichs zur Erregerbestimmung eines Keims; Urt. v. 31. 1. 2002 – 1 U 3145/01, OLGR 2003, 101: schwierige Operation unter Fachaufsicht; OLG Oldenburg, Urt. v. 10. 4. 2001 – 5 U 88/00, OLGR 2002, 150, 152: fehlerhafte Entscheidung eines Assistenzarztes; Katzenmeier MedR 2004, 34, 38 f.; F/N Rz. 77, 79, 144; Gehrlein, Rz. B 134; L/U, § 101 Rz. 15, § 102 Rz. 4; S/Pa, Rz. 253, 254 a).

Die in Rechtsstreitigkeiten über Anfängeroperationen entwickelten Grundsätze gelten in gleicher Weise **auch** für **Anfängernarkosen** (BGH NJW 1993, 2989). Erleidet der Patient bei einer Anfängeroperation bzw. einer Anfängernarkose einen Gesundheitsschaden, so besteht ein **Indiz** dafür, dass die **unzureichende Qualifikation des Arztes hierfür ursächlich** geworden ist (BGH NJW 1992, 1560; NJW 1993, 2989, 2990; OLG München, Urt. v. 30. 12. 2004 – 1 U 2357/04, OLGR 2005, 880; OLG Oldenburg, Urt. v. 10. 4. 2001 – 5 U 88/00, OLGR 2002, 150: Vermutung von Behandlungsseite zu entkräften; Katzenmeier MedR 2004, 34, 38; F/N Rz. 144).

In einem etwaigen Schadensersatzprozess tragen sowohl der Krankenhausträger als auch der für die Übertragung der Operationsaufsicht auf den Nichtfacharzt verantwortliche Arzt und der aufsichtsführende Arzt selbst die **Darlegungs- und Beweislast** dafür, dass die eingetretene Komplikation nicht auf der geringen

17

Erfahrung und Übung des noch nicht ausreichend qualifizierten Operateurs bzw. nicht auf der mangelnden Erfahrung des Aufsichtsführenden beruht (BGH NJW 1992, 1560 = VersR 1992, 745 = MDR 1992, 749; auch BGH NJW 1993, 2989 = MDR 1993, 955; F/N Rz. 144; Deutsch NJW 2000, 1745, 1748 f.; Katzenmeier MedR 2004, 34, 39).

II. Sicherstellung des Facharztstandards

Sowohl im Krankenhaus als auch in einer Facharztpraxis muss durchgehend eine Behandlung nach dem jeweiligen Facharztstandard sichergestellt sein. Dabei kommt es im haftungsrechtlichen Sinn jedoch nicht auf die formelle Anerkennung als Facharzt (Arzt mit Gebietsbezeichnung), sondern in erster Linie auf die im Rahmen der bisherigen Ausbildung und Tätigkeit von dem in Ausbildung befindlichen Arzt gesammelten Kenntnisse, Erfahrungen und Fähigkeiten an (BGH NJW 1978, 584; OLG München, Urt. v. 21. 3. 2002 – 1 U 5064/01, OLGR 2003, 285, 286; F/N Rz. 76).

Grundsätzlich wird der **Facharztstandard** während einer Operation im Regelfall dadurch sichergestellt, dass der Facharzt selbst operiert oder den Operateur überwacht (BGH NJW 1984, 655 = VersR 1984, 60: FA für Chirurgie muss eingriffsbereit sein; OLG München, Urt. v. 21. 3. 2002 – 1 U 5064/01, OLGR 2003, 285, 286; OLG München, Urt. v. 31. 1. 2002 – 1 U 3145/01, OLGR 2003, 101: schwierige HNO-Operation unter FA-Aufsicht; F/N Rz. 76, 77, 79, 144). So darf einem noch in Ausbildung befindlichen hinreichend qualifizierten Assistenzarzt **unter Aufsicht auch die Durchführung schwieriger Operationen übertragen** werden, da er ansonsten sein Ausbildungsziel nicht erreichen kann (OLG München, Urt. v. 31. 1. 2002 – 1 U 3145/01, OLGR 2003, 101: schwierige HNO-Operation durch Assistenzarzt). Auch eine Harnleitersteinentfernung ist einem Assistenzarzt im dritten urologischen Ausbildungsjahr, hierbei jedoch unter Aufsicht, erlaubt (OLG Koblenz NJW 1991, 2967).

Auf die Anwesenheit eines aufsichtsführenden Facharztes kann nur verzichtet werden, wenn der auszubildende Arzt aufgrund seines Könnens und der gesammelten Kenntnisse selbst die Gewähr für die Einhaltung des fachärztlichen Standards bietet (OLG München, Urt. v. 21. 3. 2002 – 1 U 5064/01, OLGR 2003, 285, 286; OLG Karlsruhe VersR 1991, 1177: Narkose bei einer Leistungsbruchoperation; OLG Oldenburg VersR 2002, 1028: Geburtsleitung im letzten Weiterbildungsjahr; OLG Zweibrücken VersR 1997, 1103: Assistenzarzt im fünften Weiterbildungsjahr als Geburtshelfer; S/Pa, Rz. 248).

Wird eine Operation von einem noch in der Facharztausbildung stehenden Arzt – hier einem **Gynäkologen im fünften Ausbildungsjahr** – ausgeführt, so ist der Umstand, dass die Ausbildung noch nicht ganz abgeschlossen ist, **kein Indiz für die Ursächlichkeit** für die aus der Operation resultierenden Komplikationen, wenn festgestellt werden kann, dass der Operateur die wissenschaftlichen und technischen Voraussetzungen für die Durchführung der Operation in einer den fachärztlichen Standard gewährleistenden Weise beherrscht (OLG Oldenburg

VersR 1994, 180; auch OLG Koblenz, Urt. v. 18. 5. 2006 – 5 U 330/02, NJW-RR 2006, 1172, 1174: kein Indiz für das Vorliegen eines Behandlungsfehlers, wenn das Mc-Roberts-Manöver mißlingt). Unter diesen Voraussetzungen ist die **permanente Anwesenheit eines Facharztes** bei der Operation **nicht zwingend geboten** (OLG Oldenburg VersR 1994, 180).

Fehlen Anhaltspunkte für ein makrosomes Kind, erfordert die Geburtsleitung nicht die unmittelbare Anwesenheit eines Facharztes, wenn der Assistenzarzt einen genügenden Ausbildungsstand und hinreichende praktische Erfahrungen hat. Dies ist nicht dadurch in Frage gestellt, dass die weitere Entwicklung des Kindes durch das Mc-Roberts-Manöver misslingt (OLG Koblenz, Urt. v. 18. 5. 2006 – 5 U 330/02, NJW-RR 2006, 1172, 1174).

Eine Assistenzärztin, die sechs Monate vor der Facharztprüfung steht, ist nach Durchführung von 300 Geburten, darunter 30 durch Vakuumextraktionen, zur selbständigen Durchführung einer Geburt bei einem zu erwartenden Geburtsgewicht unter 4000 g ausreichend qualifiziert (OLG Stuttgart OLGR 2001, 394, 395; auch OLG Oldenburg, Urt. v. 18. 9. 2001 – 5 U 81/97, VersR 2002, 1028, 1029: Geburtsleitung kurz vor der FA-Anerkennung).

Wirkt sich der Anfängerstatus danach nicht auf die Behandlung aus, so ist er haftungsrechtlich irrelevant (BGH NJW 1991, 1539; OLG Oldenburg, Urt. v. 10. 4. 2001 – 5 U 88/00, OLGR 2002, 150, 151 f.: Assistenzarzt hat nach Feststellung des Sachverständigen unverzüglich adäquat und situationsangepasst gehandelt).

Es ist auch nicht zu beanstanden, dass bei einer bevorstehenden Geburt, bei der sich zunächst keine Risikokonstellation abzeichnet, eine **erfahrene Hebamme die Geburtsleitung übernimmt** und die mitanwesende unerfahrene Assistenzärztin, die bis dahin noch keine Geburt eigenverantwortlich geleitet hat, die Hebamme lediglich unterstützt. Bei einer derartigen Rollenverteilung bestehen Anhaltspunkte für Behandlungsfehler der helfenden Assistenzärztin nur dann, wenn für diese Fehler der Hebamme erkennbar werden und die Ärztin daraufhin hätte handeln müssen, etwa durch frühzeitige Heranziehung des Facharztes, oder wenn die Assistenzärztin bei ihren Unterstützungsmaßnahmen selbst einen Fehler begeht (OLG Stuttgart, Urt. v. 8. 7. 2003 – 1 U 104/02, GesR 2004, 224 = OLG 2004, 239).

Wir umgekehrt ein Facharzt bei der Geburt tätig, trifft die ihm assistierende Hebamme nur dann eine „Remonstrationspflicht", wenn die beabsichtigte Behandlung – für die Hebamme erkennbar – grob fehlerhaft ist und die damit einhergehenden Gefahren vermeidbar und gravierend sind (BGH, Urt. v. 7. 12. 2004 – VI ZR 212/03, VersR 2005, 408, 411 = NJW 2005, 888, 891; nachfolgend OLG Hamm, Urt. v. 16. 1. 2006 – 3 U 207/02, VersR 2006, 512, 514).

III. Beweiserleichterungen bei Anfängereingriffen

Beweiserleichterungen zu Gunsten des Patienten kommen in den Fällen des fehlerhaften, unbeaufsichtigten Einsatzes eines Arztes in Weiterbildung oder in

Ausbildung zur Anwendung (BGH NJW 1998, 2736). Hierzu gehören Ärzte im Praktikum (OLG Dresden, Urt. v. 11. 7. 2002 – 4 U 574/02, GesR 2003, 157, 159 zur Aufklärung; OLG Düsseldorf VersR 2001, 460; OLG München, Urt. v. 30. 12. 2004 – 1 U 2357/04, OLGR 2005, 880; OLG Schleswig NJW 1997, 3098; L/U, § 90 Rz. 52), Medizinstudenten im *„praktischen Jahr"* (*„PJ"*; vgl. L/U, § 101 Rz. 20), für eine selbständig durchzuführende Operation noch nicht ausreichend qualifizierte Assistenzärzte (BGH NJW 1984, 655 = VersR 1984, 60 für den Bereich den Chirurgie; OLG München, Urt. v. 30. 12. 2004 – 1 U 2357/04, OLGR 2005, 880: AiP unterlässt Erregerbestimmung; OLG München, Urt. v. 31. 1. 2002 – 1 U 3145/01, OLGR 2003, 101: schwierige HNO-Operation durch Assistenzarzt; OLG Oldenburg, Urt. v. 10. 4. 2001 – 5 U 88/00, OLGR 2002, 150, 152: Assistenzarzt der Gynäkologie), in der Weiterbildung zum Facharzt für Anästhesie stehende Assistenzärzte, die noch nicht über ausreichende Erfahrungen über die mit dem konkreten Eingriff verbundenen Risiken verfügen (BGH NJW 1993, 2989; OLG Zweibrücken VersR 1988, 165), nicht jedoch eine im zweiten Jahr ihrer Weiterbildung zur Fachärztin für Gynäkologie stehende Ärztin, die im nächtlichen Bereitschaftsdienst der geburtshilflichen Abteilung einer Klinik eingesetzt wird (BGH NJW 1998, 2736, 2737) oder eine unerfahrene Assistenzärztin, die einer Hebamme mit 16-jähriger Berufserfahrung bei einer zunächst ohne Risikofaktoren begonnenen Geburt assistiert (OLG Stuttgart, Urt. v. 8. 7. 2003 – 1 U 104/02, GesR 2004, 224 = OLGR 2004, 239).

Die **Beweislast**, dass das Misslingen einer vom Assistenzarzt selbständig durchgeführten Operation (BGH NJW 1984, 655 = VersR 1984, 60; OLG München, Urt. v. 30. 12. 2004 – 1 U 2357/04, OLGR 2005, 880), einer ohne unmittelbare Aufsicht eines Facharztes durchgeführten Intubationsnarkose (BGH NJW 1993, 2989; auch OLG Zweibrücken VersR 1988, 165), eines eigenverantwortlich geleiteten Geburtsvorganges (OLG Düsseldorf VersR 2001, 460; OLG Oldenburg, Urt. v. 10. 4. 2001 – 5 U 88/00, OLGR 2002, 150, 152: im entschiedenen Fall hatte sich die fehlende Qualifikation nicht in der Schädigung des Patienten ausgewirkt), der von einem Arzt im Praktikum durchgeführte Behandlung einer postoperativen Infektion am Fuß (OLG München, Urt. v. 30. 12. 2004 – 1 U 2357/04, OLGR 2005, 880: Unterlassen der Erregerbestimmung durch AiP) oder einer Extraktion eines tief liegenden, verlagerten Weisheitszahns (OLG Oldenburg VersR 1998, 1381) **nicht auf der mangelnden Erfahrung oder Übung des nicht ausreichend qualifizierten Assistenzarztes** beruht, trägt der **Krankenhausträger** bzw. der für die Zuteilung des ohne Fachaufsicht durchgeführten Eingriffs **verantwortliche Arzt** (vgl. BGH VersR 1993, 1231, 1233: Krankenhausträger hat „die Vermutung der Kausalität der Unerfahrenheit für den Schadenseintritt zu entkräften"; OLG Oldenburg, Urt. v. 10. 4. 2001 – 5 U 88/00, OLGR 2002, 150; OLG München, Urt. v. 30. 12. 2004 – 1 U 2357/04, OLGR 2005, 880; Katzenmeier MedR 2004, 34, 38 f.; S/Pa, Rz. 260: Behandlungsseite hat die Vermutung zu entkräften, dass sich die fehlende Qualifikation nicht in der Schädigung des Patienten ausgewirkt hat; Rz. 260; F/N, Rz. 77 ff., 144).

Anders als beim voll beherrschbaren Risikobereich (→ *Voll beherrschbare Risiken*, S. 892) beziehen sich die zu Gunsten des Patienten eingreifenden Beweiserleichterungen also nicht auf die Frage des Vorliegens eines Behandlungsfehlers, denn dieser liegt bereits in der organisatorischen Fehlentscheidung für den selbständigen Einsatz des Berufsanfängers (BGH VersR 1985, 1043, 1044: falsche bzw. fehlende Stellenbesetzung als Organisationsfehler; F/N, Rz. 144; Gehrlein, Rz. B 134; aber S/Pa, Rz. 258: Patient muss nachweisen, dass der Einsatz des Assistenzarztes ein Fehler war).

IV. Fachaufsicht und Kontrolle durch Facharzt

Bei einer „Anfängeroperation" bzw. einem „Anfängereingriff" durch einen noch nicht ausreichend qualifizierten Assistenzarzt muss die **ständige Eingriffsbereitschaft und Eingriffsfähigkeit des aufsichtsführenden Facharztes**, regelmäßig des Chef- oder Oberarztes, gewährleistet sein (BGH NJW 1984, 655 = VersR 1984, 60; OLG Düsseldorf VersR 1985, 169; OLG München, Urt. v. 30. 12. 2004 – 1 U 2357/04, OLGR 2005, 880: FA muss jeden Operationsschritt beobachtend verfolgen und jederzeit korrigierend eingreifen können; Urt. v. 31. 1. 2002 – 1 U 3145/01, OLG 2003, 101: schwierige HNO-Operation unter Aufsicht eines Facharztes; OLG Oldenburg VersR 1998, 1380, 1381 = MDR 1998, 47; OLG Stuttgart VersR 1990, 858; L/U, § 101 Rz. 16 und § 102 Rz. 5; F/N, Rz. 78, 79).

Operiert der Auszubildende selbst, muss grundsätzlich durchgängig die Anwesenheit und Eingriffsbereitschaft sowie die Korrekturmöglichkeit bei sich anbahnenden, schadensträchtigen Fehlleistungen durch eine Assistenz des aufsichtsführenden erfahrenen Facharztes gegeben sein, solange nicht feststeht, dass der Auszubildende die Operation auch praktisch beherrscht (OLG München, Urt. v. 30. 12. 2004 – 1 U 2357/04, OLGR 2005, 880: FA muss jederzeit korrigierend eingreifen können; OLG Oldenburg MDR 1998, 47) oder **irgendwelche Zweifel** an dem erforderlichen Ausbildungsstand des Assistenzarztes bestehen können (BGH NJW 1992, 1560 = VersR 1992, 745 = MDR 1992, 749; F/N, Rz. 79).

Einem noch in Ausbildung befindlichen hinreichend qualifizierten Assistenzarzt darf aber die Durchführung schwieriger Operationen übertragen werden, da dieser ansonsten sein Ausbildungsziel nicht erreichen kann, wenn der Facharztstandard durch die Überwachung seitens eines Facharztes sichergestellt wird (OLG München, Urt. v. 31. 1. 2002 – 1 U 3145/01, OLGR 2003, 101).

Auch bei der Nachbehandlung nach einem Eingriff muss der Facharztstandard bei der Behandlung einer postoperativen Infektion gewährleistet sein (OLG München, Urt. v. 30. 12. 2004 – 1 U 2357/04, OLGR 2005, 880).

Auf dem Gebiet der **Anästhesie** muss der überwachende Facharzt **nicht unbedingt in unmittelbarer Nähe** eingriffsbereit sein (F/N, Rz. 78). Zwischen dem noch unerfahrenen Anästhesisten und dem in einem benachbarten Operationssaal (o. a.) tätigen Fachanästhesisten muss aber zumindest **Blick- und Rufkontakt** bestehen (BGH VersR 1983, 244, 245; NJW 1993, 2989, 2990 = VersR 1993, 1231, 1232 = MDR 1993, 955).

Wird während der Operation eine Umlagerung erforderlich, wird das damit verbundene Narkoserisiko durch den möglichen Rufkontakt zum aufsichtsführenden Facharzt nicht aufgefangen (BGH NJW 1993, 2989 = VersR 1993, 1231: FA muss Ordnungsmäßigkeit der Narkose nach der Umlagerung überprüfen).

Im **geburtshilflich-gynäkologischen Bereich kann eine Rufbereitschaft** des Chef- oder Oberarztes zu Hause **ausreichen** (BGH NJW 1994, 3008 = VersR 1994, 1303 = MDR 1994, 1088; F/N, Rz. 77 a. E.). Auch wenn der Einsatz einer im zweiten Jahr ihrer Weiterbildung zur Fachärztin zur Gynäkologie stehenden Assistenzärztin im Nachtdienst an sich nicht fehlerhaft ist, muss gewährleistet sein, dass sofort ein **erfahrener Facharzt hinzugezogen** werden und sich unverzüglich einfinden kann (BGH NJW 1998, 2736, 2737 = VersR 1998, 634 = MDR 1998, 535; auch NJW 1994, 3008, 3009 = MDR 1994, 1088).

Ohne Beaufsichtigung durch einen Facharzt darf ein unerfahrener Assistenzarzt in alleiniger Zuständigkeit nicht über die Behandlung einer komplizierten Gelenkverletzung entscheiden (OLG Düsseldorf VersR 1985, 169). Vielmehr ist der Chefarzt bzw. Oberarzt verpflichtet, die Diagnose und eingeleitete Therapie eines in der Facharztausbildung stehenden Arztes, der den Patienten ärztlich versorgt oder die Eingangsdiagnose gestellt hat, zu überprüfen (BGH NJW 1987, 1479).

Der **Krankenhausträger**, der eine Überwachung von Behandlungsmaßnahmen von Ärzten ohne abgeschlossene Fachausbildung nicht gewährleistet, begeht einen **Organisationsfehler** (OLG Stuttgart VersR 1990, 858; auch BGH VersR 1985, 1043, 1044 = NJW 1985, 2189, 2190: fehlende FA-Stellenbesetzung als Organisationsfehler; BGH, Urt. v. 7. 12. 2004 – VI ZR 212/03, NJW 2005, 888, 890 zum Organisationsverschulden beim Einsatz eines ungeeigneten Belegarztes; Katzenmeier MedR 2004, 34, 38). Er ist auch verpflichtet, die **interne Ablauforganisation** durch generelle Richtlinien und Weisungen so zu **regeln**, dass in jeder Behandlungsphase der **Facharzt-Standard** verfügbar ist, der die fehlerfreie Behandlung und Überwachung sicherstellt (BGH VersR 1985, 1043, 1044; F/N, Rz. 82 a. E.).

V. Aufklärung durch Anfänger und bei Anfängereingriffen

1. Aufklärung des Patienten durch Berufsanfänger

Einem **Arzt in Ausbildung** darf die Selbstbestimmungsaufklärung des Patienten dann übertragen werden, wenn er aufgrund seines **Ausbildungstandes** in der Lage ist, die konkret beim Patienten vorliegende Erkrankung und die erforderliche Behandlung zu beurteilen (OLG Dresden, Urt. v. 11. 7. 2002 – 4 U 574/02, GesR 2003, 157, 159) oder wenn der Inhalt der Aufklärung zuvor mit dem Oberarzt oder dem Stationsarzt besprochen wurde (OLG München, Urt. v. 21. 3. 2002 – 1 U 5064/01, OLGR 2003, 285; vgl. die Einzelheiten bei → *Aufklärung*, S. 210 ff.).

Gegen die Durchführung des Aufklärungsgesprächs vor einem nicht zu schwierigen Eingriff durch einen bereits **zwanzig Monate in der Facharztausbildung** befindlichen Mediziner bestehen keine Bedenken (OLG Dresden, Urt. v. 11. 7. 2002 – 4 U 574/02, GesR 2003, 157, 159).

Allerdings ist auch der Arzt, der nur die Aufklärung und damit einen Teil der ärztlichen Behandlung übernommen hat, dafür verantwortlich, dass die Einwilligung des Patienten in den Eingriff wirksam ist; auch der „nur" aufklärende Assistenz- oder Facharzt haftet deshalb für die Folgen eines bei fehlender, unvollständiger oder unwirksamer Aufklärung rechtswidrig durchgeführten Eingriffs (OLG Karlsruhe, Urt. v. 8. 12. 2004 – 7 U 163/03, GesR 2005, 165, 166 im Anschluss an BGH VersR 1981, 456, 457 = NJW 1980, 1905 = MDR 1980, 836).

Für die Rechtmäßigkeit einer Operation haben daneben aber auch die Ärzte einzustehen, die das Aufklärungsgespräch nicht selbst geführt, aber den Eingriff durchgeführt haben (OLG Karlsruhe, Urt. v. 8. 12. 2004 – 7 U 163/03, GesR 2005, 165, 166; NJW-RR 1998, 459, 461 = VersR 1998, 718, 719). Nimmt der Assistenzarzt, ohne die Aufklärung selbst durchzuführen, lediglich weisungsgebunden unter Leitung des Chef- oder Oberarztes an der Operation teil, so ist er zu eigenständigen Nachforschungen über das Vorliegen einer wirksamen Einwilligung nicht verpflichtet, sofern er nicht konkrete Anhaltspunkte hat, dass die Einwilligung fehlt oder unwirksam sein könnte (OLG Karlsruhe, Urt. v. 24. 5. 2006 – 7 U 242/05, OLGR 2006, 617, 619).

2. Keine Aufklärungspflicht über die Beteiligung eines Berufsanfängers

Der Patient muss, da bei Aufsicht durch einen Facharzt der Facharztstandard gewährleistet ist, grundsätzlich **nicht darüber aufgeklärt** werden, dass ein noch **in Ausbildung befindlicher Arzt operiert** (OLG München, Urt. v. 31. 1. 2002 – 1 U 3145/01, OLGR 2003, 101; F/N Rz. 186; S/Pa Rz. 254).

Wird ein Anfängereingriff ohne oder nur unter unzureichender Fachaufsicht durchgeführt, ist der Patient durch die Haftung und die eingreifende Beweiserleichterung für Behandlungsfehler ausreichend geschützt (F/N Rz. 168, S/Pa, Rz. 254; vgl. auch BGH VersR 1992, 358 und VersR 1985, 736). Handelt es sich allerdings um die Vornahme eines **schwerwiegenden Eingriffs mit erheblichen Risiken**, wird eine Verpflichtung der Behandlungsseite, den Patienten über die Beteiligung eines Berufsanfängers als Operateur hinzuweisen, teilweise bejaht (OLG Düsseldorf, VersR 1987, 161, 163; F/N Rz. 186).

VI. Dokumentationspflicht bei Anfängereingriffen

Selbständige Operationen und Eingriffe des erst in der Facharztausbildung stehenden Arztes müssen **exakt dokumentiert** werden, auch wenn es sich lediglich um so genannte „Routineeingriffe" handelt und der ausführende Assistenzarzt keine Komplikationen beobachtet hat (BGH MDR 1986, 220 = NJW 1985, 2193, 2194 = VersR 1985, 782, 784; OLG München, Urt. v. 30. 12. 2004 – 1 U 2357/04, OLGR 2005, 880; OLG Düsseldorf VersR 1991, 1138; S/Pa, Rz. 256, 461; F/N, Rz. 128).

Ein **Verstoß** gegen die Dokumentationspflicht führt zur **Vermutung**, dass die zu dokumentierende Maßnahme unterblieben ist (G/G, 5. Aufl., Rz. B 247, B 206;

vgl. → *Dokumentationspflicht*, S. 426 ff.) und ausnahmsweise auch zu Beweiserleichterungen hinsichtlich des Kausalzusammenhangs zwischen einem möglichen Behandlungsfehler und dem Eintritt des Primärschadens, wenn der indizierte Behandlungsfehler als „grob" zu beurteilen wäre (vgl. S/Pa, Rz. 555, 558; → *Dokumentationspflicht*, S. 440 f.).

VII. Eigenhaftung des Assistenzarztes bzw. Berufsanfängers

Ein in einem Krankenhaus tätiger und am Anfang seiner Berufsausbildung stehender Assistenzarzt, dem kein grober Diagnose- oder Behandlungsfehler vorgeworfen werden kann, haftet bei ungeklärtem Kausalverlauf nicht unter dem Gesichtspunkt eines Übernahmeverschuldens bei der Diagnosefindung, wenn feststeht, dass der von ihm hinzugezogene Chef- oder Oberarzt gleichfalls nicht die richtige Diagnose gestellt haben würde (OLG Düsseldorf NJW 1986, 790).

Ein Assistenzarzt, der vom Chef- oder Oberarzt angewiesen wird, eine bestimmte Behandlungsmethode durchzuführen, hat dieser Anweisung i. d. R. Folge zu leisten und darf sich grundsätzlich auf die **Richtigkeit der von dem Facharzt getroffenen Entscheidung verlassen** (OLG Düsseldorf, Urt. v. 13. 2. 2003 – 8 U 41/02, VersR 2005, 230; auch OLG Düsseldorf VersR 1991, 1412; OLG Hamm, VersR 1998, 104; OLG Köln, VersR 1993, 1157; OLG München, VersR 1993, 1400; OLG Zweibrücken, VersR 1997, 833 und VersR 2000, 728; vgl. hierzu → *Arbeitsteilung*, S. 41 ff.).

Sofern nicht für ihn erkennbare Umstände hervortreten, die ein solches Vertrauen nicht als gerechtfertigt erscheinen lassen, kann sich der Assistenzarzt auf die vom Chefarzt gestellte Indikation zur Operation (OLG Düsseldorf VersR 1991, 1412), die vom Chefarzt getroffene Entscheidung zur Durchführung einer konservativen Therapie anstatt eines operativen Eingriffs (OLG Düsseldorf, Urt. v. 13. 2. 2003 – 8 U 41/02, VersR 2005, 230), auf eine vom Oberarzt gebilligte Diagnose (OLG München VersR 1993, 1400; S/Pa, Rz. 254 a), das mit dem Chef- oder Oberarzt abgesprochene Procedere (OLG Köln VersR 1993, 1157; OLG Zweibrücken VersR 1997, 833; OLG Hamm, VersR 1998, 104; S/Pa, Rz. 254 a), die vom Chefarzt bei der Leitung einer Geburt, bei der er/sie lediglich assistiert, angeordneten Maßnahmen (OLG Zweibrücken, Urt. v. 20. 10. 1998 – 5 U 50/97, VersR 2000, 728) sowie die vom Krankenhausträger bzw. dem verantwortlichen Chefarzt getroffenen organisatorischen Vorsorgemaßnahmen für den Fall, dass seine Fähigkeiten nicht ausreichen, verlassen (BGH VersR 1994, 1303 = NJW 1994, 3008, 3009).

Er ist haftungsrechtlich aber dann **selbst verantwortlich**, wenn er sich weisungsgemäß auf den selbständigen Eingriff eingelassen hat, obwohl er aufgrund der bei ihm nach seinem Ausbildungsstand vorauszusetzenden Kenntnisse und Erfahrungen hiergegen **Bedenken hätte haben und eine Gefährdung des Patienten hätte voraussehen müssen** (BGH NJW 1984, 655 = MDR 1984, 218) bzw. sich dem Assistenzarzt nach den bei ihm vorauszusetzenden Fähigkeiten und Kenntnissen Bedenken gegen die Sachgemäßheit des von dem Facharzt angeordneten Vorgehens hätten aufdrängen müssen (OLG Düsseldorf, Urt. v. 13. 2.

2003 – 8 U 41/02, VersR 2005, 230; im entschiedenen Fall verneint). Muss er nach diesen Maßstäben Bedenken gegen seinen selbständigen Einsatz haben, insbesondere, weil er an einem Eingriff der angeordneten Art selbst noch nicht teilgenommen hat, so hat er diese zum Ausdruck zu bringen und notfalls die Durchführung der Operation ohne Aufsicht abzulehnen (BGH NJW 1984, 655, 657; F/N, Rz. 80).

Im Fall der Beteiligung an einer falschen oder unvollständigen Aufklärung des Patienten haftet der aufklärende Fach- oder Assistenzarzt selbst neben dem die Aufklärung durchführenden Operateur (OLG Karlsruhe, Urt. v. 8. 12. 2004 – 7 U 163/03, GesR 2005, 165, 166 im Anschluss an BGH VersR 1981, 456, 457 = MDR 1980, 836; s.o.; OLG Karlsruhe, Urt. v. 24. 5. 2006 – 7 U 242/05, OLGR 2006, 617, 619: nicht jedoch, wenn er lediglich bei der Operation assistiert).

VIII. Einzelfälle

▷ *Anfängernarkose*

Verfügt ein in der Weiterbildung zum Facharzt für Anästhesie stehender Assistenzarzt noch nicht über ausreichende Erfahrungen über etwaige Risiken, die sich für eine **Intubationsnarkose** aus der intraoperativ notwendigen Umlagerung des Patienten von der sitzenden Position in die Rückenlage ergeben können, so darf er jedenfalls während der Operationsphase die Narkose nicht ohne unmittelbare Aufsicht eines Facharztes führen. Die Rufbereitschaft und die Anwesenheit in einem benachbarten Operationssaal genügt dann nicht (BGH VersR 1993, 1231, 1233 = NJW 1993, 2989; auch OLG Zweibrücken VersR 1988, 165).

▷ *Appendektomie*

Führt ein noch nicht ausreichend qualifizierter Assistenzarzt selbständig eine **Appendektomie (Blinddarmoperation)** durch und kommt es danach zu einer Nahtinsuffizienz bzw. zur Bildung von Harnröhren- und Blasenfisteln, so hat der Krankenhausträger zu beweisen, dass die eingetretene Komplikation nicht auf der geringen Erfahrung und Übung des Operateurs bzw. der mangelnden Erfahrung des Aufsichtsführenden beruht (BGH VersR 1992, 1560 = NJW 1992, 1560; BGH VersR 1985, 782, 783 = NJW 1985, 2193, 2194).

▷ *Antibiotische Behandlung einer postoperativen Infektion*

Die für einen chirurgischen Eingriff aufgestellten Grundsätze, wonach ein Berufsanfänger nur unter unmittelbarer Aufsicht eines erfahrenen Facharztes eingesetzt werden darf, der jeden Operationsschritt beobachtend verfolgt und jederzeit korrigierend einzugreifen in der Lage ist (BGH MDR 1984, 218 = NJW 1984, 655; MDR 1992, 749 = NJW 1992, 1560; OLG München, Urt. v. 30. 12. 2004 – 1 U 2357/04, OLGR 2005, 880) gelten auch bei der Behandlung einer postoperativen Infektion bzw. eines entsprechenden Verdachts hierauf.

So hat die Behandlungsseite die Vermutung zu entkräften, dass sich die fehlende Qualifikation eines Arztes im Praktikum (AiP) nicht in der Schädigung des Patienten ausgewirkt hat, ohne dass es insoweit eines groben Versäumnisses bedarf (vgl. OLG Oldenburg, Urt. v. 10. 4. 2001 – 5 U 88/00, OLGR 2002, 150; ebenso bereits BGH VersR 1993, 1231, 1233), wenn es der AiP bei der Behandlung einer postoperativen Infektion des Patienten unterlässt, einen **Abstrich zur Bestimmung des Erregers zu entnehmen und eine Antibiose einzuleiten** (OLG München, Urt. v. 30. 12. 2004 – 1 U 2357/04, OLGR 2005, 880). Unabhängig davon stellt das Unterlassen der Gabe eines Breitbandantibiotikums bei der Behandlung einer Infektion vor der Durchführung der Erregerbestimmung einen groben Behandlungsfehler dar (OLG München a. a. O.).

▷ *Ausreichende Kenntnisse und Erfahrungen des Assistenzarztes*

Die Überwachung durch einen Facharzt ist nicht erforderlich, wenn der in Ausbildung stehende Arzt aufgrund seiner theoretischen Kenntnisse und seiner praktischen Erfahrung die **erforderliche Qualifikation für einen Eingriff besitzt** (OLG Düsseldorf NJW 1994, 1598; OLG Karlsruhe VersR 1991, 1177; OLG Koblenz , Urt. v. 18. 5. 2006 – 5 U 330/02 und NJW 1991, 2967; OLG München, Urt. v. 21. 3. 2002 – 1 U 5064/01, OLGR 2003, 285; OLG Oldenburg, Urt. v. 18. 9. 2001 = 5 U 81/97, VersR 2002, 1028, 1029; NJW-RR 1999, 1327; VersR 1994, 180; OLG Zweibrücken VersR 1997, 1103).

So ist einem Assistenzarzt im dritten urologischen Ausbildungsjahr eine **Harnleitersteinentfernung in Anwesenheit des Chefarztes** erlaubt (OLG Koblenz NJW 1991, 2967), einem **im fünften Ausbildungsjahr** zum Facharzt für Gynäkologie stehenden Arzt, der den fachärztlichen Standard gewährleistet, ein auch **umfangreicherer gynäkologischer Eingriff**, selbst wenn der Chef- oder Oberarzt bei der Operation nicht permanent anwesend ist (OLG Oldenburg VersR 1994, 180) und einem Assistenzarzt mit hinreichenden praktischen und theoretischen Erfahrungen auch ohne unmittelbare Anwesenheit eines Facharztes die **Leitung einer ex-ante nicht problematisch erscheinenden Geburt** (OLG Koblenz, Urt. v. 18. 5. 2006 – 5 U 330/02, NJW-RR 2006, 1172, 1174).

Eine **Leistenbruchoperation** darf einem in Facharztausbildung befindlichen Arzt dann überlassen werden, wenn der operative Eingriff in **Anwesenheit** eines **Oberarztes** erfolgt, der das Vorgehen des operierenden Arztes überwacht und überprüft (OLG Karlsruhe VersR 1991, 1177). Das Legen eines **Zentralvenenkatheders** durch einen Assistenzarzt gibt für sich genommen keinen Anlass für Beweiserleichterungen nach den Grundsätzen der Anfängeroperation (OLG Oldenburg NJW-RR 1999, 1327).

▷ *Hüftgelenksoperation*

Operiert der Assistenzarzt selbst, muss grundsätzlich und durchgängig die Anwesenheit und Einsatzbereitschaft sowie die Korrekturmöglichkeit durch einen aufsichtsführenden, erfahrenen Facharzt gewährleistet sein, solange nicht feststeht, dass der Auszubildende die Operation auch praktisch beherrscht (OLG Oldenburg VersR 1998, 1380). Kommt es bei einer vom Assistenzarzt selbständig durchgeführten **Hüftgelenksoperation zu einer**

Verletzung der Femoralarterie und des Nervus femoralis, so hat der Krankenhausträger zu beweisen, dass dies weder auf der mangelnden Qualifikation noch einer Verletzung der Organisations- und Aufsichtspflicht beruht (OLG Oldenburg VersR 1998, 1380). Der **Entlastungsbeweis** – auch gem. § 831 BGB – ist mit dem bloßen Hinweis, der Berufsanfänger habe bereits **zwölf Hüftgelenksoperationen fehlerfrei** durchgeführt, allein nicht zu führen (OLG Oldenburg VersR 1998, 1380; S/Pa, Rz. 259: § 831 gilt auch für die Qualifikationsfrage).

▷ *Lymphdrüsenexstirpation durch Assistenzarzt*

Ein noch nicht qualifizierter Assistenzarzt darf eigenverantwortlich keine Operation vornehmen, bei der sich sein **geringerer Ausbildungsstand risikoerhöhend** auswirkt.

Der Anfänger ist bei Operationen, für die seine praktischen Fähigkeiten oder theoretischen Kenntnisse nicht ausreichen, stets von einem qualifizierten Facharzt zu überwachen. Kommt es bei einer **erstmaligen Lymphdrüsenexstirpation** durch einen nicht ausreichend qualifizierten Assistenzarzt zu einer bei derartigen Operationen nicht ungewöhnlichen **Schädigung des Nervus accessorius** mit der Folge, dass die Patientin den rechten Arm nicht mehr über die Horizontale heben kann, so hat der Krankenhausträger zu beweisen, dass diese Gesundheitsschädigung nicht auf der mangelnden Qualifikation beruht (BGH NJW 1984, 655 = VersR 1984, 60 = MDR 1984, 218). Ein Oberarzt, der als Facharzt für Chirurgie die Assistenz bei einer Lymphknotenexstirpation im Halsbereich übernimmt, hat sich vor dem Eingriff darüber zu vergewissern, dass der für die Operation eingeteilte, in der Weiterbildung zum Arzt für Chirurgie stehende Arzt, der den Eingriff erstmals vornimmt, über die notwendigen Kenntnisse der Operationstechnik, die Risiken des Eingriffs und der zur Vermeidung von Komplikationen, etwa der Verletzung des Nervus accessorius zu beachtenden Regeln verfügt (OLG Düsseldorf VersR 1994, 352).

▷ *Übernahme einer Entbindung – Vertrauen des Assistenzarztes in organisatorische Vorkehrungen der Klinik*

Auch der in Weiterbildung zum Gynäkologen stehende Arzt ist, wenn er eigenverantwortlich eine Geburt übernimmt, dafür verantwortlich, dass für die Geburt der Facharzt-Standard gewährleistet ist, auf den Mutter und Kind Anspruch haben. Im Hinblick auf seine Eigenhaftung kann er aber grundsätzlich darauf **vertrauen**, dass die für seinen Einsatz und dessen Organisation verantwortlichen Entscheidungsträger auch für den Fall von Komplikationen – mit denen zu rechnen ist und zu deren Beherrschung, wie sie wissen müssen, seine Fähigkeiten nicht ausreichen – **organisatorisch die erforderliche Vorsorge getroffen** haben. Dies gilt nur dann nicht, wenn für den Assistenzarzt erkennbare Umstände hervortreten, die ein solches Vertrauen als nicht gerechtfertigt erscheinen lassen (BGH NJW 1994, 3008 = MDR 1994, 1088; auch OLG Düsseldorf, Urt. v. 13. 2. 2003 – 8 U 41/02, VersR 2005, 230).

27

Einer Ärztin im Praktikum darf die eigenverantwortliche Beaufsichtigung einer geburtshilflichen Abteilung jedoch dann nicht übertragen werden, wenn ihr die Maßnahmen zur **Beseitigung einer Schulterdystokie** weder theoretisch noch praktisch vertraut sind (OLG Düsseldorf VersR 2001, 460). Hat die Assistenzärztin bereits 300 Geburten durchgeführt, ist eine sechs Monate vor der Facharztprüfung stehende Assistenzärztin für die Durchführung einer Geburt bei einem zu erwartenden Geburtsgewicht unter 4000 g ohne besondere Risikofaktoren ausreichend qualifiziert (OLG Stuttgart OLGR 2001, 394, 395; auch OLG Oldenburg, Urt. v. 18. 9. 2001 – 5 U 81/97, VersR 2002, 1028: Geburtsleitung im letzten FA-Ausbildungsjahr).

Es ist auch nicht zu beanstanden, wenn bei einer bevorstehenden Geburt, bei der sich zunächst keine Risikokonstellation abzeichnet, eine **erfahrene Hebamme die Geburtsleitung übernimmt** und die anwesende, unerfahrene Assistenzärztin, die bis dahin eigenverantwortlich keine Geburt geleitet hat, die Hebamme lediglich unterstützt. Bei einer derartigen Rollenverteilung bestehen Anhaltspunkte für Behandlungsfehler der Assistenzärztin nur dann, wenn sie bei ihren Unterstützungshandlungen selbst Fehler begeht oder für sie Fehler der Herbamme erkennbar werden, worauf mit der frühzeitigeren Heranziehung des zuständigen Facharztes reagiert werden musste (OLG Stuttgart, Urt. v. 8. 7. 2003 – 1 U 104/02, GesR 2004, 224 = OLGR 2004, 239).

Anscheinsbeweis

Vgl. auch → *Beweislast;* → *Beweislastumkehr;* → *Voll beherrschbare Risiken;* → *Grobe Behandlungsfehler;* → *Anfängereingriffe, Anfängeroperationen*

I. Begriff und Funktion des Anscheinsbeweises
II. Fallgruppen

1. Anscheinsbeweis bejaht
2. Anscheinsbeweis verneint

I. Begriff und Funktion des Anscheinsbeweises

Bei typischen Geschehensabläufen kann sich die Beweislast für den Patienten durch den ihm zugute kommenden Beweis des ersten Anscheins mildern (vgl. BGH, Urt. v. 14. 6. 2005 – VI ZR 179/04, VersR 2005, 1238 = MDR 2005, 1347; L/U, § 108 Rz. 1; S/Pa Rz. 495 ff.).

Der Beweis des ersten Anscheins greift bei typischen Geschehensabläufen ein, also in Fällen in denen **ein bestimmter Tatbestand nach der Lebenserfahrung auf eine bestimmte Ursache für den Eintritt eines bestimmten Erfolges hinweist** (BGH, Urt. v. 14. 6. 2005 – VI ZR 179/04, VersR 2005, 1238 = MDR 2005, 1347; Urt. v. 5. 4. 2006 – VIII ZR 283/05, ZGS 2006, 167 = NJW 2006, 2262, 2263; OLG Stuttgart, OLGR 2001, 326).

Dabei bedeutet die Typizität nicht, dass die Ursächlichkeit einer bestimmten Tatsache für einen bestimmten Erfolg bei allen Sachverhalten dieser Fallgruppe notwendigerweise immer vorhanden ist; sie muss aber so häufig gegeben sein, dass die Wahrscheinlichkeit, einen solchen Fall vor sich zu haben, sehr groß ist (BGH, Urt. v. 5. 4. 2006 – VIII ZR 283/05, NJW 2006, 2262, 2263).

Einen allgemeinen Erfahrungssatz, nach dem eine seltene Komplikation auf einen ärztlichen Fehler zurückgeht, gibt es jedoch nicht (BGH MDR 1992, 749; OLG Hamburg, Urt. v. 22. 2. 2002 – 1 U 35/00, MDR 2002, 1315; OLG Jena, Urt. v. 18. 5. 2005 – 4 U 641/04, GesR 2005, 556, 557; OLG Stuttgart, OLGR 2001, 324, 326). Mit Hilfe des Anscheinsbeweises kann von einem feststehenden bzw. unstreitigen Behandlungsfehler als Ursache für den eingetretenen Primärschaden, aber auch umgekehrt von einem eingetretenen Primärschaden auf das Vorliegen eines Behandlungsfehlers geschlossen werden (Gehrlein, Rz. B 118).

Kommt ein Anscheinsbeweis in Betracht, so hat der Patient lediglich einen Umstand oder Lebenssachverhalt darzutun, der nach der allgemeinen Lebenserfahrung auf das schadensursächliche Verschulden des Arztes hindeutet (L/U, § 108 Rz. 1).

Es liegt dann an der Behandlungsseite, konkrete Tatsachen vorzutragen und im Bestreitensfalle gem. § 286 ZPO zur Überzeugung des Tatrichters zu beweisen, aus denen auf die **ernsthafte Möglichkeit eines atypischen Geschehensablaufs** bzw. einer anderen Schadensursache geschlossen werden kann, um damit den Anscheinsbeweis zu erschüttern (BGH NJW 1997, 1853, 1854; OLG Zweibrücken OLGR 2000, 386, 388; G/G, 5. Aufl., Rz. B 231 a. E.). Der bloße Hinweis auf Geschehensabläufe, nach denen der Schaden auch die Folge einer anderen Ursache sein kann oder die bloße Darlegung der theoretischen Möglichkeit eines anderen Verlaufs genügt dabei nicht (F/N Rz. 148; G/G, 5. Aufl., Rz. B 231 a. E.). So hat die Behandlungsseite etwa nach einer HIV-Infektion des Patienten durch kontaminiertes Blut oder einer Hepatitisinfektion darzulegen, **welche andere Infektionsquelle konkret in Betracht** kam; der Hinweis auf eine theoretisch mögliche andere Ursache genügt nicht (BGH, Urt. v. 14. 6. 2006 – VI ZR 179/04, VersR 2005, 1238, 1239; VersR 1997, 835, 836).

Gelingt der Behandlungsseite dieser Nachweis, so verbleibt es bei der Grundregel, wonach der Patient das Vorliegen eines Behandlungsfehlers und dessen Kausalität zum eingetretenen Primärschaden beweisen muss (G/G, 5. Aufl., Rz. B 231; L/U, § 108 Rz. 1).

Dem Anscheinsbeweis kommt in Arzthaftungsprozessen nur eine **geringe Bedeutung** zu, weil wegen der Verschiedenartigkeit der Abläufe im menschlichen Organismus und dessen oft nicht vorhersehbaren individuellen Reaktionen häufig keine typischen Verlaufstypizitäten festgestellt werden können (Gehrlein, Rz. B 118; F/N, Rz. 148).

II. Fallgruppen

1. Anscheinsbeweis bejaht

▷ *Durchriss des Afterschließmuskels*

Ein Anscheinsbeweis für das Vorliegen eines schuldhaften Behandlungsfehlers wird auch bejaht, wenn es im Rahmen einer Episiotomie (Scheiden-Dammschnitt, d. h. Dammdurchtrennung zur Verhütung eines Dammrisses oder zur Erleichterung einer Geburt) zum An- oder Durchriss des Afterschließmuskels kommt (BGH VersR 1978, 542; E/B, Rz. 525).

▷ *HIV-Infektion, Eigenblutspende*

Wird einem Patienten, der zu keiner HIV-gefährdeten Risikogruppe gehört und auch durch die Art seiner Lebensführung keiner gesteigerten HIV-Infektionsgefahr ausgesetzt ist, **kontaminiertes Blut eines Spenders** übertragen, der an AIDS erkrankt ist und wird bei ihm und bei anderen Empfängern dieses Blutes später eine AIDS-Infektion festgestellt, so spricht ein Anscheinsbeweis dafür, dass er vor der Bluttransfusion noch nicht HIV-infiziert war und ihm das HIV erst mit der Transfusion übertragen wurde (BGH, Urt. v. 14. 6. 2005 – VI ZR 179/04, VersR 2005, 1238 = MDR 2005, 1347; VersR 1991, 816, 817 = NJW 1991, 1948 = MDR 1991, 728; Katzenmeier, NJW 2005, 3391, 3392). Erkrankt auch der Ehegatte des Blutempfängers an AIDS, so spricht der Anscheinsbeweis auch dafür, dass er von dem Blutempfänger angesteckt worden ist (BGH, Urt. v. 14. 6. 2005 – VI ZR 179/04, VersR 2005, 1238, 1239; VersR 1991, 816, 817 = NJW 1991, 1948; Katzenmeier, NJW 2005, 3391, 3393).

Dagegen kommt ein Anscheinsbeweis nicht in Betracht, wenn nicht feststeht, dass die verabreichten Blutspenden von einem infizierten Blutspender stammen (OLG Düsseldorf NJW 1996, 1599 und VersR 1998, 103; OLG Hamm NJW-RR 1997, 219: Spender und Konserve nicht nachweisbar infiziert; OLG Koblenz NJW-RR 1998, 167; LG Nürnberg/Fürth VersR 1998, 461, 462) oder wenn der Patient zu einer Risikogruppe gehört (BGH, Urt. v. 14. 6. 2005 – VI ZR 179/04, VersR 2005, 1238, 1239 = MDR 2005, 1347; VersR 1991, 816, 817 = NJW 1991, 1948, 1949; KG VersR 1992, 316: Patientin an Lues vorerkrankt, Spender nicht; Bender, VersR 1998, 463; s. u.).

Trägt der Patient bzw. dessen in den Schutzzweck des Behandlungsvertrages einbezogener Ehegatte vor, die dem Patienten verabreichte Charge sei HIV-kontaminiert gewesen, genügt ein bloßes prozessuales Bestreiten dieses Vorbringens durch die Behandlungsseite nicht.

Der Krankenhausträger muss dann zumindest die Nummer der verabreichten Charge näher darlegen, damit der über keine anderen Informationsmöglichkeiten verfügende Patient bzw. dessen in den Schutzzweck des Behandlungsvertrages einbezogener Ehegatte Indizien vortragen kann, aus denen sich eine Kontaminierung der verabreichten Charge des Blutes ergibt. Die Chargennummer würde Klarheit über die Frage des Herstellungsdatums und damit die Art der Virusinaktivierung erbringen. Die Substantiierungslast wird dem

Krankenhausträger ungeachtet der Tatsache zugewiesen, dass er das Blutprodukt nicht selbst hergestellt hat (BGH, Urt. v. 14. 6. 2005 – VI ZR 179/04, VersR 2005, 1238, 1239 = MDR 2005, 1347; Katzenmeier, NJW 2005, 3391, 3392).

Die Patienten sind aber über das Risiko einer Infektion mit Hepatitis oder AIDS bei der Transfusion von Fremdblut aufzuklären und auf die **Möglichkeit einer Eigenblutspende** als Alternative zur Transfusion hinzuweisen, wenn eine intra- oder postoperative Bluttransfusion ernsthaft in Betracht kommen kann (BGH NJW 1992, 743 – vgl. → *Aufklärung* (Einzelfälle), S. 275). Ist eine Aufklärung über die Gefahr einer HIV-Infektion bei der Verabreichung von Blutprodukten nicht möglich, etwa weil der verunfallte Patient nicht ansprechbar ist, so ist er jedenfalls nachträglich auf die Gefahr hinzuweisen. Im Rahmen der „nachträglichen Sicherungsaufklärung" (therapeutische Aufklärung) ist ihm zu einem **HIV-Test zu raten** (BGH, Urt. v. 14. 6. 2005 – VI ZR 179/04, VersR 2005, 1238, 1240 = MDR 2005, 1347, 1348; zustimmend Katzenmeier, NJW 2005, 3391, 3393).

Denn der postoperative Hinweis auf die Möglichkeit einer HIV-Infektion eröffnet dem Patienten zwar nicht mehr die Möglichkeit der Entscheidung über eine Verringerung oder Vermeidung des Infektionsrisikos, etwa durch eine Eigenblutspende. Der Hinweis im Nachgang zu der erfolgten Transfusion und angeratener HIV-Test hätten ihn jedoch bei positivem Befund zu (Selbst-)Schutzmaßnahmen veranlasst, insbesondere zu einer antiretroviralen Therapie, die Leiden mindert und das Leben verlängert (Katzenmeier, NJW 2005, 3391, 3393; zur Eigenblutspende Deutsch, JZ 1992, 423 und Lippert, VersR 1992, 790 sowie Weißauer/Opderbecke, MedR 1992, 307).

Auch insoweit ist ein im Behandlungszeitpunkt noch nicht bekannter Ehepartner des Patienten in den Schutzbereich der Pflicht zur nachträglichen Sicherungsaufklärung einbezogen (BGH, Urt. v. 14. 6. 2005 – VI ZR 179/04, VersR 2005, 1238, 1340; Katzenmeier, NJW 2005, 3391, 3393).

Der BGH hat die Frage, wie weit der Schutzbereich der Pflicht zur nachträglichen Sicherungsaufklärung reicht, insbesondere ob nicht letztlich jeder Dritte hierunter fällt, offengelassen (vgl. Katzenmeier, NJW 2005, 3391, 3393). Einem einmaligen oder gelegentlichen Sexualpartner des Patienten wird der Kausalitätsnachweis jedoch nur selten gelingen, da stets andere Infektionswege zur Überzeugung des Gerichts ausgeschlossen werden müssen (Katzenmeier, NJW 2005, 3391, 3393).

▷ *Hochfrequenzchirurgiegerät*

Kommt es bei der Anwendung eines Hochfrequenzchirurgiegerätes bei Patienten zu **endogenen Verbrennungen**, ist nach den Grundsätzen des Anscheinsbeweises davon auszugehen, dass dem Arzt ein schuldhafter Behandlungsfehler zur Last fällt (OLG Saarbrücken VersR 1991, 1289). Bei derartigen Sachverhalten ist auch eine Verschuldensvermutung aus dem Gesichtspunkt des → *voll beherrschbaren Risikos* (S. 892 ff.) zu denken, wenn die Schädigung aus einem Bereich stammt, dessen Gefahren ärztlicherseits voll ausgeschlossen werden können und müssen (S/Pa, Rz. 500, 501; OLG Hamm NJW 1999, 1787 zum Elektrokauter; OLG Jena, Urt. v. 12. 7. 2006 – 4 U 705/05, OLGR 2006, 799, 800: Bestrahlung mit überhöhter Röntgendosis).

▷ *Infektionen, Injektionen und mangelhafte Desinfektion*

Eine Kniegelenkspunktion muss vom Arzt unter **hochsterilen Bedingungen** durchgeführt werden. Hierzu gehört eine so genannte chirurgische Handdesinfektion. Versäumt der Arzt dies und kommt es anschließend zu einer Infektion des Kniegelenks, so trifft den Arzt die Beweislast für das Fehlen eines Ursachenzusammenhangs (OLG Schleswig MDR 1989, 1099).

Der Beweis des ersten Anscheins spricht für das Vorliegen eines Behandlungsfehlers und dessen Kausalität für den Eintritt des Primärschadens, wenn ein Verstoß gegen die Regeln der Desinfektion festgestellt werden kann (OLG Düsseldorf NJW-RR 1998, 170; OLG Koblenz, Urt. v. 22. 6. 2006 – 5 U 1711/05, OLGR 2006, 913, 914; OLG Schleswig MDR 1989, 1099), eine **Injektion in einem bereits entzündeten Bereich** gesetzt worden ist (OLG Hamm VersR 1988, 807; OLG Düsseldorf VersR 1991, 1136: Injektion in Reizknie bei anderweitig vorhandener eitriger Wunde), eine falsche Injektionsstelle, falsche Einstichrichtung (OLG Düsseldorf VersR 1994, 241) oder eine **falsche Injektionstechnik und/oder falsche Einstichrichtung** (OLG Düsseldorf VersR 1988, 38 und VersR 1984, 241; OLG Bremen VersR 1990, 1151) gewählt worden ist.

Kommt es nach einer Injektion zu einem Spritzenabszess und steht fest, dass in der Arztpraxis gravierende Hygienemängel bestanden, etwa das völlige Fehlen von Hygieneplänen, die Nichterteilung mündlicher Hygieneanweisungen über längere Zeit, die Lagerung von Desinfektionsmitteln außerhalb der Originalbehältnisse, die Verwendung von Flächendesinfektionsmitteln mit einer längeren Einwirkungszeit zur Handdesinfektion mit kurzer Einwirkung, hat der Arzt zu beweisen, dass eine beim Patienten aufgetretene Staphylokokken-Infektion auch bei Beachtung der maßgeblichen Hygieneregeln eingetreten wäre (OLG Koblenz, Urt. v. 22. 6. 2006 – 5 U 1711/05, OLGR 2006, 913, 914).

Ohne zwingende Indikation muss eine Punktion des Kniegelenks unterbleiben, wenn die Gefahr besteht, dass es zu einer exogenen Keimverlagerung von einer eitrigen Wunde in das vom Einstich betroffene Gelenk kommen kann. Ein **enger zeitlicher Zusammenhang** von jedenfalls zwei Tagen zwischen einem Einstich in das Gelenk und dem Ausbruch der Entzündung rechtfertigt es, bei der Prüfung der Kausalität zwischen dem ärztlichen Vorgehen und der Schädigung die Grundsätze des Anscheinsbeweises anzuwenden (OLG Düsseldorf VersR 1991, 1136). Dies gilt jedenfalls dann, wenn der Stich in das Knie ohne zwingende Indikation und ohne die Sicherstellung gründlicher Desinfektion trotz eiternder Wunde erfolgt ist (OLG Düsseldorf VersR 1991, 1136, 1138).

Andererseits gibt es keinen gesicherten, einen Anscheinsbeweis begründenden Erfahrungssatz, wonach eine Injektion in oder neben das Kniegelenk nur dann zu einer Entzündung führt, wenn der die Injektion Ausführende die Einstichstelle vorher nicht gründlich gereinigt und/oder sterilisiert hat (OLG Oldenburg, Urt. v. 7. 3. 1986 – 6 U 224/85; OLG Hamm, Urt. v. 26. 8. 1998 – 3 U 201/97).

Ein Behandlungsfehler liegt vor, wenn der Arzt ohne zwingenden Grund 13 Stunden nach einem Bruch des Sprunggelenks in die Schwellung hineinoperiert. In diesem Fall spricht der Beweis des ersten Anscheins für die Ursächlichkeit der in die Schwellung vorgenommenen Injektion für eine beim Patienten auftretende Infektion mit anschließender Versteifung des Sprunggelenks (OLG Hamm VersR 1988, 807; L/U, § 108 Rz. 4).

Tritt nach der Injektion eines **gefäßtoxischen Medikaments** in den Gesäßmuskel eine ausgeprägte, aseptische Gewebsnekrose auf, spricht der Anscheinsbeweis für eine falsche Spritztechnik (OLG Düsseldorf VersR 1988, 38; auch VersR 1984, 241; L/U, § 108 Rz. 5).

Lässt ein an **Hepatitis B** erkrankter **Zahnarzt** bei der Zahnbehandlung seine teilweise rissigen Hände ungeschützt und erkranken mehrere Patienten an dieser Krankheit, so liegt es an dem Arzt, die ernsthafte Möglichkeit eines atypischen Geschehensablaufs darzulegen und zu beweisen, um einer Haftung für den eingetretenen Gesundheitsschaden zu entgehen (OLG Köln MedR 1986, 200; L/U, § 108 Rz. 4; einschränkend aber OLG Oldenburg MedR 1991, 203; vgl. zur Hepatitis-Infektion auch OLG Brandenburg, Urt. v. 14. 7. 1999 – 1 U 68/98, NJW 2000, 1500 und OLG Celle, NJW-RR 1997, 1456 = VersR 1998, 1023 sowie Müko-Wagner, § 823 BGB Rz. 731).

▷ *Lagerungsschaden*

Kommt es im Zusammenhang mit einer Hüftgelenksoperation zu einer Armplexusparese, so kommt ein Anscheinsbeweis für das Vorliegen eines Behandlungsfehlers und dessen Kausalität für den Eintritt eines typischen „Lagerungsschadens" in Frage, wenn die **Lagerung während der Operation in einer besonderen Stellung** („Häschenstellung") erfolgt ist (OLG Hamm VersR 1998, 1243). Daneben kommt eine Verschuldensvermutung aus dem Gesichtspunkt des → *„voll beherrschbaren Risikos"* (S. 900 ff.) in Betracht (S/Pa, Rz. 500, 508; G/G, 5. Aufl., Rz. B 244).

▷ *Nervschädigung durch rotierendes Instrument*

Wird der Nervus lingualis bei der Extraktion eines Weisheitszahns primär durch ein rotierendes Instrument (Lindemannfräse o. ä.) geschädigt, so spricht ein Anscheinsbeweis für das Verschulden des Zahnarztes (OLG Stuttgart VersR 1999, 1018). Gleiches gilt, wenn dem Zahnarzt bei einer Wurzelbehandlung die zum Zahnnerv geführte Nadel entgleitet (OLG Nürnberg bei E/B, Rz. 525).

▷ *Perforation der Gallenblase und der Darmwand*

Kommt es bei einer **Leberbiopsie** (hier als Leberblindpunktion) zur Perforation der Gallenblase, so spricht der Beweis des ersten Anscheins für ein Verschulden des Arztes (OLG Celle VersR 1976, 1178; u. E. zu weitgehend). Dagegen spricht bei einer Darmperforation bei Durchführung einer Darmspiegelung kein Anscheinsbeweis für das Vorliegen eines Behandlungsfehlers (OLG Oldenburg VersR 1994, 54).

▷ *Schädigung des Nachbarzahns bei Zahnextraktion*

Wird beim wiederholten Versuch der Extraktion eines Weisheitszahns mittels eines Hebelinstruments, bei der ein erheblicher knöcherner Widerstand zu erwarten war, der Nachbarzahn zerstört, so spricht dies prima facie für eine zu große und damit fehlerhafte Kraftentfaltung des Zahnarztes (OLG Köln VersR 1992, 1475).

▷ *Sturz im Pflegeheim*

Dass ein Sturz eines Heimbewohners im Bereich des Heims auf eine Pflichtverletzung des Heimträgers oder des Pflegepersonals zurückzuführen ist, muss grundsätzlich der Geschädigte bzw. dessen Krankenversicherer, auf den Schadensersatzansprüche übergegangen sind, beweisen.

Soweit sich der Unfall bei einer konkreten Pflege-, Betreuungs-, Bewegungs- oder Transportmaßnahme, d. h. „unter den Augen" des Pflegepersonals, ereignet hat, können Beweiserleichterungen zugunsten des Geschädigten bis hin zu einer Beweislastumkehr unter dem Gesichtspunkt des „*voll beherrschbaren Risikos*" eingreifen (OLG Hamm, Urt. v. 18. 10. 2005 – 24 U 13/05, OLGR 2006, 569; KG, Urt. v. 20. 1. 2005 – 20 U 401/01, VersR 2006, 1366, 1367; OLG Zweibrücken, Urt. v. 1. 6. 2006 – 4 U 68/05, NJW-RR 2006, 1254, 1255; vgl. hierzu → *Sturz im Pflegeheim und im Krankenhaus*, S. 744 ff.).

Wenn die gesteigerte, erfolgsbezogene Obhutspflicht darauf gerichtet ist, den Heimbewohner bei dessen Tätigkeiten vor einem Unfall zu schützen, und es dennoch zu einem Sturz kommt, kann eine Beweiserleichterung unterhalb der Schwelle der Beweislastumkehr in Form des Anscheinsbeweises eingreifen.

Dies ist etwa dann der Fall, wenn die Heimbewohnerin nicht selbständig gehen und stehen kann, weshalb zum Toilettengang der Einsatz von zwei Pflegekräften festgelegt worden war, die Bewohnerin dennoch nur von einer Pflegekraft betreut wird und im Bereich von Bad/Toilette während einer kurzen Unaufmerksamkeit der Pflegekraft zu Fall kommt (OLG Hamm, Urt. v. 18. 10. 2005 – 24 U 13/05, OLGR 2006, 569, 570).

▷ *Zurücklassen von Fremdkörpern*

Beim Zurücklassen von Fremdkörpern in einer Operationswunde spricht ein Anscheinsbeweis für das Vorliegen eines Behandlungsfehlers, wenn nicht festgestellt werden kann, dass die üblichen und notwendigen Sorgfaltsanforderungen, etwa die Sicherung des Drainagestreifens vor dem Absinken in die Operationswunde bei einem Scheidendammschnitt, gewahrt worden sind (OLG Köln VersR 1990, 1244).

2. Anscheinsbeweis verneint

▷ *Arterieneinriss nach Kaiserschnitt*

Reißt bei Durchführung eines Kaiserschnitts in Querlage des Kindes die Arteria uterina ein, kann hieraus allein nicht auf einen ärztlichen Behandlungsfehler geschlossen werden. Eine dadurch bedingte Fruchtwasserembolie kann bei einer Schnittentbindung nicht durch besondere Maßnahmen verhindert werden, wenn der Einriss der Arterie regelrecht versorgt worden ist (OLG Stuttgart VersR 1989, 632).

▷ *Darmperforation*

Kommt es im Rahmen einer Darmspiegelung zu einer Darmperforation, rechtfertigt dies allein nicht den Schluss auf einen Behandlungsfehler (OLG Oldenburg VersR 1994, 54).

▷ *Dekubitusschäden (Hautverfärbungen/Liegegeschwüre)*

Dekubitusschäden im Anschluss an eine Herzklappenimplantation am offenen Herzen begründen keinen Anscheinsbeweis für einen fehlerhaften Einsatz eines bei der Operation verwendeten Hochfrequenzchirurgiegerätes (OLG Zweibrücken VersR 1997, 1281).

Allerdings greift ein **Anscheinsbeweis** sogar für das Vorliegen eines groben Pflege- bzw. Behandlungsfehlers ein, wenn der liegende Patient einen **Dekubitus IV. Grades** erleidet (OLG Köln N JW-RR 2000, 1267 = VersR 2000, 767).

▷ *Entstehung einer Diszitis (Entzündung eines Zwischenwirbels oder einer Bandscheibe)*

Eine Diszitis im Zusammenhang mit einer Bandscheibenoperation weist nicht auf einen ärztlichen oder einen Hygienefehler hin. Jedoch kann eine zeitliche Verzögerung der Keimbestimmung um etwa drei Wochen einen Behandlungsfehler darstellen (OLG Hamm VersR 1999, 845).

▷ *Gefäßverletzungen*

Eine Gefäßverletzung durch eine eingeführte Nadel oder einen Trokar (Instrument zur Entleerung von Flüssigkeit aus Körperhöhlen) stellt eine typische, seltene, bekannte Komplikation einer Laparoskopie (Bauchspiegelung mit Laparoskop) dar, die auch bei aller Sorgfalt nicht vermieden werden kann. Die Verletzung eines Gefäßes indiziert kein fehlerhaftes Vorgehen des Arztes (OLG Zweibrücken VersR 2002, 317, 318).

▷ *Hirnstamminfarkt nach Gefäßeinriss*

Wenn bei einer zeitlichen Latenz von 24 Stunden zwischen einer Mobilisationsbehandlung, im entschiedenen Fall einer physiotherapeutischen Manualtherapie zur Lösung einer HWS-Blockade durch einen Orthopäden, und dem Eintritt eines Hirnstamminfarkts andere Ursachen, etwa normale Alltagsbewegungen des Patienten, für eine mögliche Vertebraldisektion (Einriss bzw. Spaltung der linksseitigen Arteria vertebralis, die durch den sechsten bis

ersten Halswirbel bis in die Schädelhöhle verläuft), die als Folge der physiotherapeutischen Maßnahmen für den Eintritt des Hirnstamminfarkts infrage
kommen, nicht ausgeschlossen werden können, scheidet eine Beweiserleichterung aus dem Gesichtspunkt des Anscheinsbeweises zugunsten des Patienten aus, weil es in einem solchen Fall keinen typischen Lebenssachverhalt
gibt (OLG Jena, Urt. v. 18. 5. 2005 – 4 U 641/04, GesR 2005, 556, 557).

▷ *Harnröhrenschlitzung, Harnleiterverletzung*

Die Verletzung des Harnleiters bei der Entfernung eines Harnleitersteins mittels der so genannten Zeiss'schen Schlinge begründet keinen Anscheinsbeweis für ein fehlerhaftes Vorgehen des Arztes (OLG Hamm VersR 1989, 480).
Auch der Umstand, dass es bei einer Harnröhrenschlitzung zu einer Arterienverletzung kommt, lässt noch nicht auf ein fehlerhaftes Vorgehen des Chirurgen schließen (OLG Hamm VersR 1999, 452: Risiko ist aufklärungspflichtig).

▷ *HIV- und Hepatitis-Infektionen*

Die Grundsätze des Prima-facie-Beweises rechtfertigen Beweiserleichterungen nur dann zu Gunsten des klagenden Patienten für den Nachweis des
Kausalzusammenhangs zwischen einer HIV-Infektion und einer vorangegangenen Bluttransfusion, wenn **feststeht**, dass der Patient **mit der Blutkonserve
eines infizierten Spenders versorgt** worden ist (BGH, Urt. v. 14. 6. 2005 – VI
ZR 179/04, VersR 2005, 1238 f. = MDR 2005, 1347; OLG Düsseldorf VersR
1998, 103; VersR 1996, 377, 378; VersR 1996, 1240; OLG Hamm, VersR 1995,
709; NJW-RR 1997, 219; LG Nürnberg-Fürth VersR 1998, 461, 462).

Ein Anscheinsbeweis ist nicht allein aufgrund der vorgenommenen Transfu-
sionsbehandlung anzunehmen (OLG Düsseldorf NJW 1996, 1599 = VersR
1996, 1240: nicht infizierter Spender bekannt; VersR 1996, 377: Spender
unbekannt; OLG Hamm NJW-RR 1997, 219: Spender unbekannt, Blutkonserve nicht nachweisbar HIV-positiv; KG VersR 1992, 316: Spender bekannt,
Vorerkrankung des Patienten an Lues; OLG Koblenz NJW-RR 1998, 167:
Kein Anspruch gegen das Bundesgesundheitsamt, wenn Infektionszeit unbekannt).

Regelmäßig wird der Patientenseite der ihr obliegende Nachweis für die
Transfusion einer kontaminierten Blutkonserve nicht gelingen; auch andere
Beweiserleichterungen greifen i. d. R. nicht ein (zusammenfassend Hecker/
Weimann VersR 1997, 532). Kann durch einen Test nur in 61 % aller Fälle
eine Infizierung vermieden werden, so ist nicht davon auszugehen, dass die
Anwendung des Testverfahrens die Erkrankung des Betroffenen sicher vermieden hätte; Beweiserleichterungen nach den Grundsätzen des Anscheinsbeweises greifen dann nicht ein (OLG Karlsruhe, Urt. v. 1. 8. 2001 – 7 U 86/
99, OLGR 2002, 170).

Hat der Patient bzw. dessen in den Schutzzweck des Behandlungsvertrages
einbezogener, nach der Behandlung an HIV erkrankter Ehegatte vorgetragen,
die dem Patienten verabreichte Charge PPSB sei HIV-kontaminiert gewesen,
muss die Behandlungsseite aus dem Gesichtspunkt der „sekundären Darle-

gungslast" zumindest die Nummer der verabreichten Charge nennen (BGH, Urt. v. 14. 6. 2005 – VI ZR 179/04, VersR 2005, 1238, 1239; zustimmend Katzenmeier, NJW 2005, 3391, 3392).

▷ *Hodentorsion*

Zwei Stunden nach der Entlassung aus dem Krankenhaus erkennbar gewordene Symptome einer Hodentorsion erlauben allein nicht den Schluss auf vorangegangene Versäumnisse bei der Behandlung geklagter Unterbauchschmerzen (OLG Oldenburg NJW-RR 2000, 241).

▷ *Horner-Syndrom* (Lidsenkung, Pupillenverengung und Zurücksinken des Augapfels infolge einer Lähmung der Augenmuskulatur) und *Schulterdystokie* (Reiz- oder Ausfallerscheinung der Spinalnervenwurzeln des Halsbereichs)

Kommt es bei einer vaginalen Entbindung bzw. einer Vakuumextraktion zu einem Horner-Syndrom (OLG Schleswig VersR 1997, 831) oder einer Schulterdystokie (OLG Zweibrücken VersR 1997, 1103), so spricht der Beweis des ersten Anscheins nicht für einen Behandlungsfehler der bei der Entbindung beteiligten Ärzte.

▷ *Impfschaden*

Es gibt keinen Anscheinsbeweis für einen Kausalzusammenhang zwischen einer Zeckenschutzimpfung und der nachfolgenden Gesundheitsbeschädigung des Patienten (OLG München VersR 1997, 314; S/Pa, Rz. 497, 497 a).

▷ *Infektionen, Injektionen*

Kommt es nach einer intraartikulären Injektion in dem betroffenen Gelenk zu einer Infektion, so kann nicht ohne weiteres auf ein Versäumnis des verantwortlichen Arztes geschlossen werden. Beweiserleichterungen können zu Gunsten des Patienten jedoch dann gerechtfertigt sein, wenn feststeht, dass der Arzt die zu fordernden Desinfektionsmaßnahmen nicht beachtet hat (s. o.; OLG Düsseldorf VersR 1998, 1242: Anscheinsbeweis bei Infektion nach intraartikulärer verneint; OLG Düsseldorf VersR 1991, 1136 und OLG Schleswig MDR 1989, 1099: erforderliche Desinfektionsmaßnahmen unterlassen; OLG Koblenz, Urt. v. 22. 6. 2006 – 5 U 1711/05, OLGR 2006, 913, 914; unstreitige gravierende Hygienemängel; OLG Hamburg, Urt. v. 22. 2. 2002 – 1 U 35/00, MDR 2002, 1315: Durchführung von Desinfektionsmaßnahmen vor dem Eingriff aber nicht dokumentationspflichtig; OLG Hamm VersR 2000, 323 und OLG Oldenburg VersR 1987, 390: kein Anscheinsbeweis bei Infektion nach Punktion bzw. Injektion ins Knie; OLG Oldenburg NJW-RR 1999, 1327: kein Anscheinsbeweis nach Punktionsversuch im Halsbereich; G/G, 5. Aufl., Rz. B 236).

Auch bei **engem zeitlichen Zusammenhang** zwischen der Injektion und dem Auftreten eines Spritzenabszesses spricht **kein Anscheinsbeweis** für eine mangelhafte Desinfektion, wenn nicht festgestellt wird, dass der Arzt die zu fordernden Desinfektionsmaßnahmen nicht beachtet hat (OLG Köln VersR 1998, 1026; auch OLG Koblenz, Urt. v. 22. 6. 2006 = 5 U 1711/05, OLGR

2006, 913, 914: Kein „voll beherrschbares Risiko"; Rehborn, MDR 1999, 1169, 1173).

Kommt es nach einer Punktion des Kniegelenks zu einer Infektion, kann nicht prima facie auf eine mangelnde Asepsis geschlossen werden (OLG Hamm VersR 2000, 323). Treten in einer Arztpraxis nach Injektionen bei mehreren Patienten Infektionen auf, so führt dieser Umstand allein noch nicht zu einem Anscheinsbeweis für das Vorliegen eines Arztfehlers bzw. eines ärztlichen Verschuldens (OLG München VersR 1986, 496; L/U, § 108 Rz. 6).

Werden die vor und nach Einlage eines Cerclage-Pessars zur Senkung des Infektionsrisikos gebotenen mikroskopischen Untersuchungen der Scheidenflora unterlassen, ist ohne weitere Umstände i. d. R. weder ein Anscheinsbeweis noch eine Beweiserleichterung aus dem Gesichtspunkt eines groben Behandlungsfehlers oder einer unterlassenen Befunderhebung dafür gegeben, dass die Unterlassung ursächlich für eine eingetretene Infektion war (OLG Braunschweig VersR 2000, 454, 455; OLG Hamburg MDR 2002, 1315 zur Wundinfektion).

Gerät bei einer Valium-Injektion in der Tabatiere (Grübchen zwischen den zum Daumen gehörenden Sehnen), die intravenös zu erfolgen hat, das Injektionsgut versehentlich in die Speichenschlagader, so kann daraus allein regelmäßig noch nicht auf einen schuldhaften Behandlungsfehler des Arztes geschlossen werden. Äußert der Patient während der Injektion Schmerzen und sind starke Schmerzen sowie ihr Verlauf zu den Fingern hin ein Anzeichen für das Anstechen einer Arterie, so hat der Arzt den Patienten jedoch in dieser Hinsicht zu befragen, bevor er die begonnene Injektion fortsetzt (BGH NJW 1989, 771 = VersR 1989, 514).

Das Auftreten einer durch Stäbchenbakterien verursachten bakteriellen Wundinfektion lässt für sich genommen nicht auf einen Behandlungsfehler schließen, weil weder die menschliche Haut präoperativ mit Sicherheit keimfrei gemacht werden kann noch sich eine Besiedelung der Operationswunde durch Raumkeime sicher vermeiden lässt (OLG Hamburg, Urt. v. 22. 2. 2002 – 1 U 35/00, MDR 2002, 1315).

Eine Umkehrung der Beweislast zugunsten des für einen Behandlungsfehler an sich beweispflichtigen Patienten lässt sich auch nicht daraus herleiten, dass die Durchführung von Desinfektionsmaßnahmen vor dem Eingriff im Operationsbericht nicht dokumentiert worden ist. Denn die Dokumentation einer solchen Maßnahme ist medizinisch nicht erforderlich und daher auch aus Rechtsgründen nicht geboten (OLG Hamburg, Urt. v. 22. 2. 2002 – 1 U 35/00, OLGR 2002, 1315).

▷ *Lagerungsfehler*

Tritt im Zusammenhang mit einer Operation der Lendenwirbelsäule in so genannter „Häschenstellung" ein Massenprolaps (Bandscheibenvorfall) im Bereich der Halswirbelsäule auf, greift kein Anscheinsbeweis für das Vorliegen eines Behandlungsfehlers und die Kausalität zwischen der Lagerung in Häschenstellung und dem Vorfall ein (OLG Düsseldorf VersR 1992, 1230).

▷ *Morbus Sudeck*

Die Entstehung einer Sudeck'schen Erkrankung (i. d. R. schmerzhafte, sekundäre, u. U. mit Restschäden ausheilende Gewebsschädigung meist am Arm oder an der Hand) im Verlauf einer konservativen Behandlung einer Radiusfraktur des linken Handgelenks kann schicksalhaft bedingt sein und deutet für sich genommen nicht auf haftungsbegründende ärztliche Versäumnisse hin (OLG Oldenburg NJW-RR 1999, 178; ebenso OLG Düsseldorf VersR 1989, 705).

▷ *Nahtinsuffizienz*

Auch bei einer Nahtinsuffizienz bzw. Nahtdeheszenz spricht kein Anscheinsbeweis für einen Behandlungsfehler (OLG Stuttgart OLGR 2001, 324, 326).

▷ *Nervschädigung bei Leitungsanästhesie*

Aus der Schädigung des Nervus lingualis infolge einer zur Extraktion eines Weisheitszahnes eingeleiteten Leitungsanästhesie kann nicht im Wege des Anscheinsbeweises auf einen Behandlungsfehler geschlossen werden (OLG Stuttgart VersR 1999, 1500 = NJW-RR 1999, 751, 752; auch OLG Jena, Urt. v. 26. 4. 2006 – 4 U 416/05, OLGR 2006, 710, 712; vgl. hierzu S. 139, 296). Gleiches gilt bei der Schädigung des Nervus alveolaris bei Vornahme einer Zahnextraktion (OLG Hamburg VersR 1989, 1297).

▷ *Prostatabiopsie*

Die diagnostizierte Verhärtung der Prostata mit Verdacht auf ein Karzinom indiziert eine Gewebeentnahme. Kommt es mehrere Wochen nach Durchführung der Prostatabiopsie (Entnahme von Prostatagewebe) zu einer Prostatitis (bakterielle Entzündung der Prostata), so kommt ein Anscheinsbeweis für den Ursachenzusammenhang mit der Durchführung der Gewebeentnahme nicht in Betracht (OLG Oldenburg VersR 1997, 318).

▷ *Punktion der Halsvene*

Wird im Rahmen einer Operation beim Punktieren der Halsvene und beim Legen eines Venenkatheders ein Nerv geschädigt, so reicht dieser Umstand alleine nicht für die Annahme eines Behandlungsfehlers aus (OLG Stuttgart VersR 1988, 1137; L/U, § 108 Rz. 6).

▷ *Schilddrüsenoperationen*

Kommt es bei operativer Entfernung eines zystisch veränderten und knotischen Teils eines Schilddrüsenlappens zu einer Schädigung des Nervus vagus, welche eine Stimmbandlähmung zur Folge hat, so liegt hierin die Verwirklichung eines außergewöhnlichen Risikos, woraus allein nicht auf die Unachtsamkeit oder Ungeschicklichkeit des Chirurgen geschlossen werden kann. Auch wenn der Chirurg die Nervenenden in üblicher Weise mittels mikrochirurgischer Nervennaht zusammenfügt, liegt hierin kein Behandlungsfehler (OLG Düsseldorf VersR 1989, 291). Bei operativen Eingriffen an der Schilddrüse muss aber über die möglichen Verletzungen des Nervus reccurens und

39

über die mit der Verletzung verbundenen Folgen, insbesondere auf die Möglichkeit bleibender Heiserkeit und auf einen völligen Verlust der Stimme, **aufgeklärt** werden (OLG Düsseldorf VersR 1989, 291; VersR 1989, 191).

Die aufgrund der Schilddrüsenresektion eingetretene beidseitige **Parese des Nervus reccurens** begründet keinen Anscheinsbeweis für einen ärztlichen Fehler bei der Operation (OLG Braunschweig VersR 2000, 636, 637; OLG Düsseldorf VersR 1989, 191; VersR 1989, 703; OLG Köln NJW-RR 1999, 675).

▷ *Schlüsselbeinbruch nach vaginaler Entbindung*

Kommt ein Kind nach vaginaler Entbindung mit Hämatomen oder einem Schlüsselbeinbruch zur Welt, kann hieraus nicht der Schluss auf ein ärztliches Fehlverhalten gezogen werden (BGH NJW 1986, 2886; Gehrlein, Rz. B 119).

▷ *Sterilisation, Rekanalisation*

Der Eintritt einer **ungewollten Schwangerschaft nach einer Sterilisation** (Tubenligatur) erlaubt für sich nach den Regeln des Anscheinsbeweises noch keinen Schluss auf ein fehlerhaftes Vorgehen des Arztes (OLG Düsseldorf, Urt. v. 14. 12. 2000 – 8 U 5/00, NJW-RR 2001, 959 = VersR 2001, 1117; VersR 1992, 751; VersR 1987, 412; OLG Hamm VersR 1987, 1146; OLG Oldenburg, Urt v. 3. 11. 1998 – 5 U 67/98, VersR 2000, 59, 60 = NJW-RR 2000, 240, 241; LG Aachen VersR 1989, 633; G/G, 5. Aufl., Rz. B 234).

Zeigt ein Eileiter zwei Jahre nach einer Sterilisation bei sorgfältiger makroskopischer Betrachtung keine Anzeichen einer vorangegangenen Durchtrennung, so spricht der Beweis des ersten Anscheins jedoch dafür, dass dieser Eileiter nicht durchtrennt worden ist (LG Aachen VersR 1989, 633). Kommt es Monate oder Jahre nach einer Sterilisation zur Rekanalisation der Eileiter (Wiederherstellung der Zeugungsfähigkeit) bzw. zu einer erneuten Schwangerschaft, so lässt dies jedoch nicht den Schluss auf ein ärztliches Fehlverhalten zu (OLG Düsseldorf VersR 2001, 1117, 1118; NJW-RR 2001, 959: Schwangerschaft nach fünf Jahren; OLG Oldenburg, Urt v. 3. 11. 1998 – 5 U 67/98, VersR 2000, 59, 60).

▷ *Tonsillektomie („Mandeloperation", Ausschälung der Gaumenmandel und Abtragung am Zungengrund)*

Erleidet der Patient in engem zeitlichen Zusammenhang mit der Vornahme einer Tonsillektomie den Verlust des Geschmacksempfindens, kann hieraus allein nicht auf das Vorliegen eines Behandlungsfehlers geschlossen werden (OLG Düsseldorf VersR 1988, 742; OLG Stuttgart VersR 1993, 608; S/Pa, Rz. 497; G/G, 5. Aufl., Rz. B 233).

▷ *Venenkathederteile*

Bleibt nach einer schwierigen Herzoperation ein Teil des Venenkatheders in einer Arterie zurück, so spricht dies nicht prima facie für einen Behandlungsfehler (OLG Celle VersR 1990, 50). Das Zurückbleiben von Operationswerkzeugen kann unter dem Gesichtspunkt des „voll beherrschbaren Risikos" aber für die Vermutung eines verschuldeten Behandlungsfehlers in Betracht kommen (BGH VersR 1981, 462 und OLG Köln VersR 1988, 140 beim Zurücklassen eines Tupfers).

▷ *Verwechslung von Blutproben*

An einem typischen Geschehensablauf, der nach der allgemeinen Lebenserfahrung auf eine bestimmte Schadensursache hinweist, fehlt es, wenn in einer von zwei Arztpraxen eine Blutprobe verwechselt wird, aber nicht festgestellt werden kann, in welcher (BGH NJW 1989, 2943; Gehrlein, Rz. B 119).

▷ *Wiederaufleben einer Osteomyelitis*

Das Wiederaufleben einer bis zur Entlassung des Patienten aus stationärer Behandlung nach den Laborwerten abgeklungenen chronischen Osteomyelitis (Knochenmarkentzündung, i. d. R. durch Keimeinschleppung entstanden) deutet nicht im Wege des Anscheinsbeweises auf einen Behandlungsfehler hin (OLG Oldenburg VersR 1999, 761).

Zu Beweiserleichterungen bzw. zur Beweislastumkehr kann es auch in den Fallgruppen des → *voll beherrschbaren Risikos* (S. 892 ff.), des → *groben Behandlungsfehlers* (S. 492 ff.), bei Verletzung der → *Dokumentationspflicht* (S. 426 ff.) und → *Anfängereingriffen* (S. 17 ff.) kommen.

Arbeitsteilung

Vgl. → *Behandlungsfehler;* → *Gemeinschaftspraxis;* → *Kausalität*

I. Horizontale Arbeitsteilung
  1. Begriff
  2. Vertrauensgrundsatz
    a) Ärzte unterschiedlicher Fachgebiete
    b) Ärzte des gleichen Fachgebiets
  3. Pflichten des hinzugezogenen Arztes
  4. Pflichten des überweisenden Arztes
  5. Verantwortungsbereiche im Rahmen einer Operation
    a) Verantwortungsbereich des Anästhesisten
    b) Verantwortungsbereich des Operateurs

  6. Zeitliche Nachfolge
  7. Zurechnungszusammenhang; fortbestehende Haftung des Erstbehandlers
II. Vertikale Arbeitsteilung
  1. Begriff
  2. Übertragung auf Assistenzärzte; Fehler des Assistenzarztes
  3. Übertragung auf Hebammen; Fehler des Belegarztes
  4. Übertragung auf Krankenpflegepersonal

I. Horizontale Arbeitsteilung

1. Begriff

Zur Organisationspflicht eines niedergelassenen Arztes gehört es, einen Patienten, dessen Behandlung in das Gebiet eines anderen Facharztes fällt oder von ihm aufgrund eigener, begrenzter persönlicher Fähigkeiten bzw. unzureichender Ausstattung nicht übernommen werden kann, an einen anderen Facharzt oder in ein Krankenhaus zu überweisen. Auch der in einem Krankenhaus tätige Arzt hat bei sich andeutender Überschreitung der Grenzen seines Fachwissens einen Konsiliararzt, d. h. einen Arzt einer anderen Fachabteilung des Krankenhauses bzw. einen niedergelassenen Facharzt hinzuzuziehen oder die Überweisung des Patienten in die entsprechende Fachabteilung des Krankenhauses bzw. einer Spezialklinik zu veranlassen.

Man spricht in diesen Fällen von einer „horizontalen Arbeitsteilung ". Dabei geht es in haftungsrechtlicher Sicht um die **Entlastung des einen und die Belastung des anderen Arztes**, wobei bei Fehlen einer klaren Abgrenzung der Verantwortungsbereiche zwischen dem überweisenden und dem hinzugezogenen Arzt eine Haftung beider Behandler als **Gesamtschuldner** in Betracht kommt (OLG Düsseldorf, Urt. v. 19. 10. 2000 – 8 U 183/99, VersR 2002, 1151: Haftung des chirurgisch tätigen Gynäkologen und des Anästhesisten bei unterlassener bzw. fehlerhafter postoperativer Überwachung; OLG Frankfurt, Urt. v. 11. 3. 2004 – 3 U 89/03, NJW-RR 2004, 1333, 1334: Krankenhausarzt unterlässt die Anordnung zu engmaschigen Kontrolluntersuchungen, nachbehandelnder Facharzt nimmt diese nicht vor; KG, Urt. v. 13. 11. 2003 – 20 U 111/02, GesR 2004, 136: Vor- und Nachbehandler übersehen Fraktur; OLG Koblenz, Beschl. v. 14. 4. 2005 – 5 U 1610/04, NJW-RR 2005, 1111: gesamtschuldnerische Haftung aus § 830 I 2 BGB, wenn unklar ist, welcher Operateur den Darm perforiert hat; OLG Köln, Urt. v. 16. 12. 2002 – 5 U 166/01, NJW-RR 2003, 1031 = OLGR 2003, 334, 335: Haftung des behandelnden Unfallchirurgen und des konsiliarisch hinzugezogenen Neurologen bei fehlender Eindeutigkeit der Diagnose; Deutsch, NJW 2000, 1745, 1746; G/G, 5. Aufl., Rz. B 115, 123, 128; Gehrlein, Rz. B 54 ff.; S/Pa, Rz. 223, 234).

2. Vertrauensgrundsatz

a) Ärzte unterschiedlicher Fachgebiete

Bei der **horizontalen Arbeitsteilung** (z. B. Chirurg – Anästhesist, Gynäkologe – Pathologe, Hausarzt – Radiologe, Anästhesist – Augenarzt) gilt der Vertrauensgrundsatz. Jeder Arzt hat denjenigen Gefahren zu begegnen, die in seinem Aufgabenbereich entstehen. Solange **keine offensichtlichen Qualifikationsmängel** vorliegen oder der Arzt Fehlleistungen des hinzugezogenen Kollegen des anderen Fachbereichs **erkennt bzw. wegen Evidenz hätte erkennen müssen**, kann er davon ausgehen, dass der Kollege des anderen Fachgebiets seine Aufgaben mit der gebotenen Sorgfalt erfüllt, **ohne** dass insoweit eine gegenseitige **Überwachungspflicht** besteht (BGH, Urt. v. 28. 5. 2002 – VI ZR 42/01, MedR 2003, 169: anders bei ernsten Zweifeln an der Richtigkeit der Diagnose bzw. Behandlung, offenbarem Versehen oder ins Auge springenden Unrichtigkeiten; BGH NJW 1999, 1779, 1780; OLG Celle, Urt. v. 26. 3. 2001 – 1 U 63/99, NJW-RR 2002, 314, 315: bei sich ergebenden Bedenken aber Verpflichtung zur Rückfrage; OLG Düsseldorf, Urt. v. 27. 3. 2003 – 8 U 83/02, NJW-RR 2004, 22: nur bei vorhandenen Anhaltspunkten, aus denen sich Zweifel an der Diagnose hätten ergeben müssen; OLG Hamburg, OLGR 1996, 56; OLG Hamm, Urt. v. 26. 5. 2004 – 3 U 127/02, MedR 2005, 471, 473: anders bei Anhaltspunkten für ein fehlerhaftes Vorgehen des Kollegen; OLGR 1994, 145; OLG Jena, Urt. v. 18. 5. 2005 – 4 U 641/04, NJW-RR 2006, 135; Beschl. v. 15. 1. 2004 – 4 U 836/03, OLGR 2004, 140, 141 = GesR 2004, 180, 181: nur wenn konkrete Anhaltspunkte Zweifel an der Diagnose des Kollegen begründen müssen; OLG Naumburg, Urt. v. 14. 9. 2004 – 1 U 97/03, VersR 2005, 1401, 1402: nur bei Qualifikationsmängeln oder evidenten Fehlleistungen; keine gegenseitige Überwachungspflicht).

Im Allgemeinen kann sich ein hinzugezogener Arzt darauf verlassen, dass der überweisende Arzt den Patienten entsprechend dem Standard **aus dessen Fachgebiet ordnungsgemäß untersucht und behandelt** hat (BGH MDR 1994, 993) und die Indikation für die Durchführung der erbetenen Untersuchung geprüft bzw. richtig gestellt hat (BGH MDR 1994, 993; OLG Düsseldorf, Urt. v. 27. 3. 2003 – 8 U 83/02, NJW-RR 2004, 22: Gynäkologe/Pathologe; OLG Hamm, Urt. v. 26. 5. 2004 – 3 U 127/02, MedR 2005, 471, 472: Gynäkologe/Radiologe; OLG Jena, Urt. v. 18. 5. 2005 – 4 U 641/04, NJW-RR 2006, 135: Orthopäde/Physiotherapeut; Beschl. v. 15. 1. 2004 – 4 U 836/03, OLGR 2004, 140, 141 = GesR 2004, 180, 181: Augenarzt/Operateur; OLG Naumburg, Urt. v. 14. 9. 2004 – 1 U 97/03, VersR 2005, 1401, 1402 = MedR 2005, 232, 233: Chirurg/Anästhesist; OLG Stuttgart, Urt v. 20. 6. 2000 – 14 U 73/98, VersR 2002, 98, 99 = OLGR 2002, 5, 6; NJW-RR 2001, 960, 961; G/G, 5. Aufl., Rz. B 116, 128; S/Pa, Rz. 235, 236).

b) Ärzte des gleichen Fachgebiets

Die Grundsätze der horizontalen Arbeitsteilung finden jedoch grundsätzlich keine Anwendung, wenn zwei **Ärzte des gleichen Fachgebiets** nacheinander behandeln. In einem solchen Fall ist der **Nachbehandler gehalten, sich von der Richtigkeit der Diagnose des Vorbehandlers zu vergewissern** (KG, Urt. v. 13. 11. 2003 – 20 U 111/02, GesR 2004, 136; auch OLG Frankfurt, Urt. v. 11. 3. 2004 – 3 U 89/03, NJW-RR 2004, 1333, 1334: urologischer Belegarzt/niedergelassener Urologe; S/Pa, Rz. 243; teilw. abweichend OLG Jena, Beschl. v. 15. 1. 2001 – 4 U 836/03, GesR 2004, 180, 181 = OLGR 2004, 140, 141: operierender Augenarzt muss sich an den vom niedergelassenen Augenarzt erteilten Auftrag halten).

So hat der Chirurg oder Orthopäde bei bloßer zeitlicher Nachfolge der Behandlung etwa die übersandten **Röntgenaufnahmen selbst anzusehen** und die Diagnose sowie die Therapiewahl des zuvor tätigen Orthopäden bzw. Unfallchirurgen eigenverantwortlich zu überprüfen. Versäumnisse der eigenen Befunderhebung bzw. Befundüberprüfung, etwa das Nichterkennen einer Bruchlinie auf zwei Röntgenbildern, können zur Haftung des nachbehandelnden Arztes führen (KG, Urt. v. 13. 11. 2003 – 20 U 111/02, GesR 2004, 136, 137: Beweislastumkehr wegen „unterlassener Befunderhebung" bejaht, vgl. hierzu S. 824 f.).

Gleiches gilt natürlich, wenn es ein Facharzt, etwa ein Internist, unterlässt, eine **notwendige Untersuchung durch den Facharzt eines anderen Fachgebiets**, etwa eines Radiologen, herbeizuführen, die wahrscheinlich zur Entdeckung einer behandlungsbedürftigen Krankheit geführt hätte (OLG Koblenz, Urt. v.

26. 8. 2003 – 3 U 1840/00, NJW-RR 2004, 106: Beweislastumkehr wegen → *unterlassener Befunderhebung* bejaht, vgl. S. 829 f.).

Unterlässt der (hier: urologische) Belegarzt im Rahmen eines Klinikaufenthalts die gebotene therapeutische Aufklärung (Sicherungsaufklärung) des Patienten über die **Notwendigkeit engmaschiger Kontrolluntersuchungen** und nimmt der weiterbehandelnde niedergelassene (hier: urologische) Facharzt diese behandlungsfehlerhaft nicht vor, so haften beide Ärzte für die hierdurch verursachten Gesundheitsschäden des Patienten als Gesamtschuldner (OLG Frankfurt, Urt. v. 11. 3. 2004 – 3 U 89/03, NJW-RR 2004, 1333: Im entschiedenen Fall waren die Ärzte personenidentisch).

Andererseits kann sich nach Auffassung des OLG Jena (Beschl. v. 15. 1. 2004 – 4 U 836/03, GesR 2004, 180, 181 = OLGR 2004, 140, 141) der auf Augenoperationen spezialisierte Augenarzt darauf verlassen, dass der überweisende Facharzt für Augenheilkunde die gebotenen Befunde erhoben und die zutreffende Überweisung zur „Kataraktoperation " ausgestellt hat. Als Arzt, an den der Patient zur Durchführung eines konkret bestimmten Eingriffs überwiesen worden war, ist er nicht zur umfassenden Beratung und Behandlung verpflichtet, sofern keine Anhaltspunkte vorliegen, aufgrund derer sich Zweifel an der Diagnose des Erstbehandlers aufdrängen müssen.

Nach Ansicht von Steffen/Pauge (S/Pa, 10. Aufl. 2006, Rz. 243; ebenso OLG Naumburg VersR 1998, 983) hat der nachfolgende Arzt desselben Fachgebiets Diagnose- und Therapiewahl eigenverantwortlich zu überprüfen. Allerdings kann auf die Wiederholung belastender Diagnoseeingriffe verzichtet werden, wenn zuverlässige Aufzeichnungen über frühere Untersuchungen vorliegen (S/Pa, Rz. 243) oder eine weitere Diagnostik den Patienten übermäßig belasten würde (G/G, 5. Aufl., Rz. B 133).

3. Pflichten des hinzugezogenen Arztes

Der übernehmende Facharzt muss jedoch prüfen, ob der **Auftrag richtig gestellt** ist und dem angegebenen Krankheitsbild entspricht (BGH NJW 1994, 797; OLG Stuttgart VersR 2002, 98, 100). Etwaigen **Zweifeln an der Richtigkeit** der ihm übermittelten Diagnose und **Bedenken zum Stellenwert** der von ihm erbetenen Untersuchung muss er nachgehen (BGH, Urt. v. 28. 5. 2002 – VI ZR 42/01, MedR 2003, 169; OLG Celle, Urt. v. 26. 3. 2001 – 1 U 63/99, NJW-RR 2002, 314, 315; OLG Düsseldorf, Urt. v. 27. 3. 2003 – 8 U 83/02, NJW-RR 2004, 22; OLG Hamm VersR 2002, 98: ggf. Empfehlung weiterer Kontrollen; OLG Naumburg, Urt. v. 14. 9. 2004 – 1 U 97/03, VersR 2005, 1401, 1402; OLG Stuttgart VersR 2002, 98, 100; G/G, 5. Aufl., Rz. B 125, 134).

Hat der hinzugezogene Facharzt aufgrund bestimmter Anhaltspunkte **Zweifel an der Richtigkeit der Diagnose** zur Indikationsstellung (BGH MDR 1994, 993 = NJW 1994, 797; OLG Celle, Urt. v. 26. 3. 2001 – 1 U 63/99, NJW-RR 2002, 314, 315; OLG Naumburg, Urt. v. 14. 9. 2004 – 1 U 97/03, VersR 2005, 1401, 1402: oder müssen sich die Zweifel aufdrängen) bzw. **Zweifel an den bislang erhobenen Befunden**, insbesondere, wenn diese im Hinblick auf den bisherigen Krankheitsverlauf eindeutig lückenhaft sind oder gar nicht zum Krankheitsbild passen (OLG Naumburg VersR 1998, 983), hat er den überweisenden Arzt in einem **Arztbrief** umgehend von seinem Verdacht zu verständigen oder die notwendige Abklärung nach Rücksprache mit dem überweisenden Arzt selbst vorzunehmen (BGH, Urt. v. 28. 5. 2002 – VI ZR 42/01, VersR 2002, 1026 = MedR 2003, 169: Rücksprache mit dem Kollegen und Erörterung mit dem Patienten; OLG Celle, Urt. v. 26. 3. 2001 – 1 U 63/99, NJW-RR 2002, 314, 315: Rückfragen, Hinweis auf Bedenken; Gehrlein, Rz. B 60, 116 a. E., 127, 130).

Wenn sich gravierende Zweifel an einem Therapievorschlag aufdrängen, sollte der Nachbehandler telefonisch Rücksprache mit dem überweisenden Arzt halten. Lässt sich die Frage auf diesem Weg nicht klären, sollte er **dokumentieren**, dass er erfolglos Kontakt aufzunehmen versucht hat und ein weiterer Aufschub nicht vertretbar war (vgl. Riemer, Deutsche Medizinische Wochenschrift 2005, 2160).

So muss der zur Spülung der Tränenwege eines Patienten hinzugezogene Klinikarzt den überweisenden Augenarzt über einen **Glaukomverdacht** mit der Notwendigkeit der **Überprüfung des Augeninnendrucks** in Kenntnis setzen (BGH NJW 1994, 797; S/Pa, Rz. 240).

Eine mit der Vorsorgeuntersuchung eines neugeborenen Kindes beauftragte, frei praktizierende Kinderärztin kann nicht darauf vertrauen, dass der die Mutter und das Kind betreuende Gynäkologe eine **Hyperbilirubinämie (Gelbverfärbung – vermehrter Gehalt des Blutes an Bilirubin)** bereits abgeklärt hat (BGH NJW 1992, 2962; S/Pa, Rz. 240).

Der als Konsiliararzt **hinzugezogene Kinderarzt** darf sich, wenn er für eine ausreichende Intubation des Neugeborenen keine ausreichenden Kenntnisse und Erfahrungen besitzt, nicht mit einer Maskenbeatmung begnügen, sondern muss dafür sorgen, dass ein kompetenter Krankenhausarzt herbeigerufen wird. In der unterlassenen oder – im entschiedenen Fall um 40 Minuten – verzögerten Hinzuziehung eines kompetenten Arztes zur Sicherstellung der vitalen Funktionen ist ein grober Behandlungsfehler zu sehen (OLG Stuttgart VersR 2001, 1560, 1563).

Erkennt ein Arzt, der anhand der Fruchtwasserprobe einer Schwangeren eine Chromosomenanalyse durchführt, um die Gefahr eines **Down-Syndroms (Mongolismus)** auszuschließen, dass seine negative Analyse keine abschließende Beurteilung ermöglicht, so hat er den vorbehandelnden Arzt hierauf hinzuweisen (OLG Celle, Urt. v. 26. 3. 2001 – 1 U 63/99, NJW-RR 2002, 314: zumal die Mutter im entschiedenen Fall bereits ein mongoloides Kind geboren hatte).

Ein Facharzt für Orthopädie darf sich nicht ungeprüft mit der von einem Krankenhaus nach Untersuchung durch eine Assistenzärztin übermittelten Diagnose „Infekt mit Fistel " und dem Behandlungsvorschlag „antibiotische Therapie " zufrieden geben, wenn er selbst außer einer Schwellung und Schmerzhaftigkeit **Zeichen für eine Knochenentzündung (Ostitis)** festgestellt hatte (BGH, Urt. v. 28. 5. 2002 – VI ZR 42/01, VersR 2002, 1026 = MedR 2003, 169: vom BGH zur Klärung des Vorliegens eines „groben Behandlungsfehlers " an das OLG Karlsruhe zurückverwiesen).

Stellt die neurologische Abteilung eines Krankenhauses wegen einer Salmonelleninfektion die Überweisung eines Patienten zur Gewebeentnahme zunächst zurück, so dürfen die Ärzte der Neurochirurgie bei der später erneut erfolgten Vorstellung des Patienten zur Gewebeentnahme jedoch darauf vertrauen, dass die **Fortdauer der Infektion zuvor ausgeschlossen** worden ist (OLG Oldenburg, VersR 1999, 452 = MedR 1999, 36).

Erfolgt die Überweisung einer Patientin ausschließlich zur Durchführung einer bestimmten Untersuchung, etwa seitens des behandelnden Gynäkologen zu einer **Mammographie beim Radiologen**, so ist der die Untersuchung durchführende Radiologe nicht zur umfassenden Beratung und Behandlung der Patientin verpflichtet (OLG Hamm, Urt. v. 26. 5. 2004 – 3 U 127/02, MedR 2005, 471; Urt. v. 14. 6. 2000 – 3 U 202/99, VersR 2002, 98, 99: Keine Biopsie bei negativer Mammographie; OLG Jena, Beschl. v. 15. 1. 2004 – 4 U 836/03, GesR 2004, 180, 181 = OLGR 2004, 140, 141; auch OLG Oldenburg, VersR 1999, 452, 453 und OLG Celle, VersR 1990, 1012, 1013). So besteht bei negativem Tastbefund und negativer Mammografie keine Pflicht des beauftragten Radiologen zum Ausschluss eines malignen Geschehens durch Anfertigung einer Biopsie (OLG Hamm, Urt. v. 14. 6. 2000 – 3 U 202/99, VersR 2002, 98, 99; S/Pa, Rz. 242).

Überweist ein Gynäkologe die Patientin an den Radiologen ausschließlich zur Durchführung einer Mammographie, so ist der **Radiologe** nicht zur umfassenden Beratung und Behandlung der Patientin verpflichtet (OLG Hamm, Urt. v. 26. 5. 2004 – 3 U 127/02, MedR 2005, 471, 473). Eine Kontrolle des überweisenden Gynäkologen durch den Radiologen ist auch in einem solchen Fall nur erforderlich, wenn sich Anhaltspunkte für ein fehlerhaftes Vorgehen des Gynäkologen ergeben (OLG Hamm a. a. O.).

Liegen derartige Anhaltspunkte nicht vor, ist der **Radiologe** grundsätzlich nicht verpflichtet, der Patientin unmittelbar seine Erkenntnisse zu übermitteln, selbst wenn das (nur) dem Gynäkologen mitgeteilte Ergebnis der radiologischen Untersuchung einen „suspekt-karzinomverdächtigen Bezirk " in der rechten Brust der Patientin ergibt und der Radiologe im Arztbrief zur weiteren sicheren Abklärung dringend zu einer Ultraschalluntersuchung bzw. zu weiteren diagnostischen Maßnahmen rät (OLG Hamm, Urt. v. 26. 5. 2004 – 3 U 127/02, MedR 2005, 471, 473: entgegen den Ausführungen des gynäkologischen Sachverständigen, der zur Annahme eines groben Behandlungsfehlers tendierte). Im entschiedenen Fall hatte der in erster Instanz hinzugezogene gynäkologische Gutachter die Auffassung vertreten, in einer lebensbedrohlichen Situation halte er den Radiologen für verpflichtet, der Patientin unmittelbar seine Erkenntnisse zu übermitteln. Das OLG Hamm folgte dem insoweit „fachfremden " Gutachter nicht und schloss sich der – im Ergebnis gegenteiligen – Auffassung eines radiologischen Sachverständigen an.

Im Rahmen der „horizontalen Arbeitsteilung " muss auch ein hinzugezogener **Physiotherapeut** grundsätzlich keine eigene Anamnese durchführen und keine eigenen Befunde erheben, die über den konkreten Überweisungsauftrag des Orthopäden bzw. Chirurgen hinausgehen. Vielmehr kann sich auch der Physiotherapeut darauf verlassen, dass dies bereits in ausreichender Weise durch den verordnenden Facharzt geschehen ist (OLG Jena, Urt. v. 18. 5. 2005 – 4 U 641/ 04, NJW-RR 2006, 135).

Ohne Einwilligung des überweisenden Arztes darf der hinzugezogene Arzt **eigenmächtig keine weiter gehenden Untersuchungs- oder Behandlungsmaß- nahmen** durchführen, denn damit würde er in die Behandlung des vom Patienten gewählten Arztes eingreifen (OLG Jena, Beschl. v. 15. 1. 2004 – 4 U 836/03, GesR 2004, 180, 181; OLG Oldenburg, VersR 1999, 452, 453; G/G, 5. Aufl., Rz. B 130; Gehrlein, Rz. B 61).

Andererseits kann er sich nicht darauf berufen, für zusätzliche, vom Überweisungsauftrag nicht gedeckte Leistungen **keine Gebühren liquidieren** zu können. Denn die ärztlichen Pflichten hängen nicht vom bestehenden Budget und den Gebührenregelungen ab, sondern ergeben sich aus dem ärztlichen Selbstverständnis und den Schutzinteressen des Patienten (BGH NJW 1994, 797 = MDR 1994, 993; G/G, 5. Aufl., Rz. B 131).

Überweist der Hausarzt einen Patienten ohne Äußerung eines bestimmten Krankheitsverdachts an einen Facharzt, darf sich dieser auf die **Durchführung der angeordneten Untersuchung beschränken** (OLG Hamm, Urt. v. 26. 5. 2004 – 3 U 127/02, MedR 2005, 471, 473; OLG Jena, Beschl. v. 15. 1. 2004 – 4 U 836/03, GesR 2004, 180, 181 = OLGR 2004, 140, 141: Durchführung der indizierten Operation; OLG Stuttgart NJW-RR 2001, 960; Urt. v. 20. 6. 2000 – 14 U 73/98, VersR 2002, 98; Rehborn, MDR 2002, 1281, 1283).

Überweist der Hausarzt einen Patienten etwa an einen **Radiologen** zur Anfertigung eines CT des Kopfes mit der Angabe „intracranieller Prozess " (Abklärung eines Hirndrucks bzw. einer Blutung innerhalb der Schädelhöhle) weiter, so ist der Radiologe nicht verpflichtet, statt eines nativen CT (Leeraufnahme) ein Kontrastmittel-CT (zur Darstellung von Hohlräumen) zu fertigen, wenn das gefertigte native CT keinen ungewöhnlichen Befund ergibt (OLG Stuttgart, Urt. v. 20. 6. 2006 – 14 U 73/98, VersR 2002, 98, 99). In derartigen Fällen kommt zwar eine Nachfrage des Radiologen beim überweisenden Arzt in Betracht; eine dahin gehende Verpflichtung besteht angesichts der in der Praxis sehr großen Zahl allgemein gefasster Untersuchungsaufträge wie dem vorliegenden nicht.

Der **Radiologe** muss den überweisenden Hausarzt auch **nicht von einem eigenen, möglichen Verdacht verständigen** und ist auch nicht verpflichtet, von sich aus oder nach zu veranlassender Erweiterung des Auftrags durch den überweisenden Arzt eine Kontrastmitteluntersuchung des Schädels vorzunehmen, wenn der Patient nicht beweisen kann, dass er dem Radiologen von **Symptomen** wie schlechtes Hörvermögen, ständige Schwindelgefühle und Ohrgeräusche berichtet hat, die auf einen Tumor im inneren Gehörgang (Acusticus-Neurinom) hindeuten (OLG Stuttgart VersR 2002, 98, 99).

Der zur Abklärung eines unklaren Beschwerdebildes **konsiliarisch hinzugezogene Neurologe** hat kraft eigener Fachkompetenz alle auf neurologischem Fachgebiet liegenden differenzial-diagnostisch naheliegenden Erkrankungen auszuschließen und sämtliche ggf. nötigen, weiteren Befunderhebungen zu veranlassen, mindestens jedoch vorzuschlagen, wenn nach den bisher erhobenen

Befunden die **Ursächlichkeit nicht geklärt** ist (OLG Köln, Urt. v. 16. 12. 2002 – 5 U 166/01, NJW-RR 2003, 1031 = OLGR 2003, 334; OLG Stuttgart, Urt. v. 27. 6. 2000 – 14 U 8/00, OLGR 2002, 116, 118).

Wird ihm eine Patientin mit Kopfschmerzen, Zuckungen im linken Arm und linken Bein nach vorbekannter Beinvenenthrombose und EPH-Gestose zur Untersuchung überwiesen und hält der Neurologe nach bei ihm erhobenen, nicht eindeutigen Befunden die Überweisung an einen Radiologen zur Durchführung einer Kernspinthomographie für erforderlich, muss diese **Weiterüberweisung mit einer präzisen Fragestellung** versehen werden (OLG Stuttgart, Urt. v. 27. 6. 2000 – 14 U 8/00, OLGR 2002, 116, 118).

Der konsiliarisch hinzugezogene **Neurologe** muss dabei auch sicherstellen, dass ihm das Ergebnis der Kernspinthomographie mitgeteilt wird, da bei unauffälligem MRT zum Ausschluss einer Sinusvenenthrombose der Patientin, die differenzial-diagnostisch auch vom Neurologen zu erwägen ist, eine Angiographie notwendig wird. Unterlässt es der Neurologe, diese weiter gehenden Befunderhebungen zu veranlassen, kommt eine Beweislastumkehr aus dem Gesichtspunkt der „unterlassenen Befunderhebung" in Betracht (OLG Stuttgart, Urt. v. 27. 6. 2000 – 14 U 8/00, OLGR 2002, 116, 119 f.; u. E. im Vergleich zu den o.g. genannten Entscheidungen zu weitgehend; vgl. auch OLG Koblenz, Urt. v. 26. 8. 2003 – 3 U 1840/00, NJW-RR 2004, 106 zur Haftung eines Internisten, der die weitere Abklärung durch einen Radiologen unterlässt; vgl. hierzu → *unterlassene Befunderhebung*, S. 804 ff.).

Werden die notwendigen Befunderhebungen, etwa die weitere Abklärung mittels CT oder MRT durch einen zusätzlich hinzugezogenen Radiologen weder vom **überweisenden Chirurgen noch vom konsiliarisch hinzugezogenen Neurologen** veranlasst, kommt eine Haftung beider Ärzte als **Gesamtschuldner** in Betracht (OLG Köln, Urt. v. 16. 12. 2002 – 5 U 166/01, NJW-RR 2003, 1031, 1032 = OLGR 2003, 334, 335). Denn die Veranlassung der Abklärung durch ein CT oder MRT ist sowohl Sache des behandelnden Chirurgen als auch des Neurologen (OLG Köln, a. a. O.).

Im Übrigen kann der Vertrauensgrundsatz in derartigen Fällen den **überweisenden Arzt** dann nicht entlasten, wenn der hinzugezogene **Konsiliararzt keine eindeutige Diagnose** treffen kann (OLG Köln, Urt. v. 16. 12. 2002 – 5 U 166/01, NJW-RR 2003, 1031 = OLGR 2003, 334, 335: Chirurg/Neurologe; BGH, Urt. v. 28. 5. 2002 – VI ZR 42/01, MedR 2003, 169: Orthopäde/Krankenhausarzt).

Ergibt sich das **besondere Behandlungsrisiko** erst aus der **Kombination der beidseitigen Maßnahmen** beim Zusammenwirken mehrerer Ärzte im Rahmen der horizontalen Arbeitsteilung, bedarf es zum Schutz des Patienten einer Koordination der beabsichtigten Maßnahmen, um Risiken auszuschließen, die sich aus der Unverträglichkeit der von den beteiligten Fachrichtungen vorgesehenen Methoden oder Instrumente ergeben können (BGH MDR 1999, 546; S/Pa, Rz. 240, 241: für Koordinationsfehler haften alle Beteiligten; s. u.).

4. Pflichten des überweisenden Arztes

Mit der Überweisung an ein Krankenhaus oder einen entsprechenden Facharzt geht die Verantwortung für den Patienten vom überweisenden Hausarzt auf den Nachbehandler über. Der **Überweisende** hat dem nachbehandelnden Arzt jedoch den medizinischen Grund der Überweisung und etwaige, für eine Nachbehandlung relevante Besonderheiten mitzuteilen (OLG Frankfurt, Urt. v. 11. 3. 2004 – 3 U 89/03, NJW-RR 2004, 1333, 1334; OLG Köln NJW-RR 1994, 861; G/G, 5. Aufl., Rz. B 120; Gehrlein, Rz. B 65).

So muss der Nachbehandler auf die **Notwendigkeit engmaschiger Kontrolluntersuchungen** des Patienten hingewiesen werden (OLG Frankfurt, Urt. v. 11. 3. 2004 – 3 U 89/03, NJW-RR 2004, 1333). Ist er nicht in der Lage, einen erforderlichen Eingriff selbst vorzunehmen, etwa bei Verdacht auf Hodentorsion eine sofortige operative Freilegung des Hodens durchzuführen, muss er den Patienten **notfallmäßig weiterverlegen**. Die Zuweisung an einen niedergelassenen Urologen, der schon mangels Ausstattung die Operation nicht selbst durchführen kann, genügt nicht. Für dadurch eingetretene Verzögerungen hat der überweisende Arzt einzustehen (OLG Köln, Urt. v. 23. 1. 2002 – 5 U 85/01, VersR 2003, 860, 861 = OLGR 2003, 45, 46).

Ein niedergelassener Arzt, der einen Patienten zu weiterer Diagnostik in ein Krankenhaus überwiesen hat, darf die Ergebnisse der ihm in personeller und apparativer Ausstattung überlegenen Klinik bei der Weiterbehandlung des Patienten nach Rückkehr aus dem Krankenhaus zugrunde legen, wenn sich ihm **keine Zweifel an der Richtigkeit des dortigen diagnostischen oder therapeutischen Vorgehens aufdrängen** müssen. Er braucht auch die Gründe der dort gewählten – eingeschränkten – Diagnostik nicht von sich aus zu erforschen, sondern kann den Arztbrief abwarten, wenn das Beschwerdebild dies erlaubt (OLG Köln NJW-RR 1993, 1440; vgl. auch Riemer, Deutsche Medizinische Wochenschrift 2005, 2160).

Ein **Hausarzt** darf sich auf ein **Krankenhaus der Maximalversorgung regelmäßig verlassen** (OLG Hamm VersR 1998, 323), zumal der nachbehandelnde Haus- oder Facharzt nach dem Abschluss der dortigen Behandlung vom Krankenhausarzt über den Entlassungsbefund, die sich hieraus für eine **erforderliche Nachbehandlung** ergebenden therapeutischen Konsequenzen und Besonderheiten hingewiesen werden muss (OLG Frankfurt, Urt. v. 11. 3. 2004 – 3 U 89/03, NJW-RR 2004, 1333, 1334; auch Gehrlein, Rz. B 64).

Andererseits kommt eine Haftung des weiterbehandelnden Hausarztes für fehlerhafte Befunde dann in Betracht, wenn er erkennt oder trotz beschränkter Einsicht in das Behandlungsgeschehen erkennen muss, dass **gewichtige Bedenken** gegen das diagnostische oder therapeutische Vorgehen des hinzugezogenen (Konsiliar-)Arztes bestehen (BGH NJW 1989, 1536; OLG Koblenz, Urt. v. 26. 8. 2003 – 3 U 1840/00, NJW-RR 2004, 106: überweisender Facharzt hätte nach seinem Ausbildungsstand Fehlleistung erkennen müssen; OLG Naumburg, Urt. v. 14. 9. 2004 – 1 U 97/03, VersR 2005, 1401, 1402: Fehlleistung hätte wegen Evidenz erkannt werden müssen; S/Pa, Rz. 238; G/G, 5. Aufl., Rz. B 122) oder er aufgrund seiner Ausbildung, Erfahrung und Kenntnisse **Zweifel an der Richtigkeit der Diagnosgtik des Krankenhauses**, an das er den Patienten überwiesen hatte, haben musste (OLG Karlsruhe OLGR 2001, 412, 413; OLG Koblenz, Urt. v. 26. 8. 2003 – 3 U 1840/00, NJW-RR 2004, 106 und VersR 1992, 752; auch BGH, Urt. v. 28. 5. 2002 – VI ZR 42/01, VersR 2002, 1026 = MedR 2003, 169: Krankenhaus/Facharzt für Orthopädie).

Dies gilt insbesondere, wenn die erhobenen Befunde im Hinblick auf den bisherigen Krankheitsverlauf **eindeutig lückenhaft** sind oder gar nicht zum Krankheitsbild passen (OLG Naumburg VersR 1998, 983; auch OLG Düsseldorf VersR 1997, 1358: Histologie mit dem vorliegenden Sichtbefund unvereinbar).

Der Hausarzt bzw. weiterbehandelnde Facharzt haftet etwa dann selbst, wenn er knapp zwei Jahre lang der Medikationsempfehlung einer Fachklinik folgt, ohne dem sich aufdrängenden **Verdacht** einer **Medikamentenvergiftung** nach aufgetretenen Krampfanfällen mit zeitweiser Bewusstlosigkeit, Seh- und Sprachstörungen des Patienten nachzugehen (OLG Koblenz VersR 1992, 752; S/Pa, Rz. 238).

Ein Facharzt für Orthopädie muss **Zweifel** an der Richtigkeit einer von ihm veranlassten Behandlung im Krankenhaus haben, wenn er selbst Zeichen für eine Entzündung des Knochens (Ostitis) festgestellt und deshalb die Überweisung dorthin veranlasst hatte, dort aber von einer Assistenzärztin ein „Infekt mit Fistel " mit der Empfehlung einer antibiotischen Therapie diagnostiziert wird (BGH, Urt. v. 28. 5. 2002 – VI ZR 42/01, VersR 2002, 1026 = MedR 2003, 169: zur Feststellung eines „groben Behandlungsfehlers " an das Berufungsgericht zurückverwiesen).

Auch ein **überweisender Facharzt für Gynäkologie** darf grundsätzlich auf die Fachkunde und Sorgfalt eines in seinem Verantwortungsbereich arbeitenden Spezialisten, etwa eines Radiologen oder Pathologen, vertrauen (OLG Hamm MedR 1999, 35; BGH NJW 1999, 2731).

Diagnostiziert ein niedergelassener **Pathologe** anhand des ihm vom Gynäkologen übersandten Gewebematerials ein **Mammakarzinom** und veranlasst der beauftragende Gynäkologe daraufhin einen chirurgischen Eingriff und/oder eine Chemotherapie nebst einer Strahlenbehandlung der Patientin, so kann der Gynäkologe für die **Fehldiagnose des Pathologen** nicht verantwortlich gemacht werden (OLG Düsseldorf, Urt. v. 27. 3. 2003 – 8 U 83/02, NJW-RR 2004, 22; OLG Hamm MedR 1999, 35; Deutsch, NJW 2000, 1745, 1746).

Zieht der Operateur (Chirurg bzw. Gynäkologe) eine **Fachärztin für Pathologie** hinzu, ist sich diese dann hinsichtlich der Beurteilung des vorgefundenen Befundes unsicher und erfolgt daraufhin die weitere Beurteilung durch den habilitierten **Direktor des Instituts für Pathologie** eines Universitätsklinikums, kann sich der Operateur auch dann auf die Richtigkeit des grundsätzlich sachkompetenteren Ordinarius verlassen, wenn die zunächst befragte Pathologin mitteilt, dass sie dessen Meinung nicht teilt. Die aufgrund der Beurteilung durch den Institutsdirektor getroffene Entscheidung des Operateurs zur sofortigen Nachoperation erweist sich auch dann nicht als fehlerhaft (OLG Düsseldorf, Urt. v. 27. 3. 2003 – 8 U 83/02, NJW-RR 2004, 22).

Beauftragt der behandelnde Arzt, etwa ein Gynäkologe, ein **pathologisches Institut** mit der histologischen Untersuchung von Gewebeproben, so bedient er sich des Pathologen nicht zur Erfüllung seiner gegenüber dem Patienten bestehenden ärztlichen Pflichten und ist deshalb auch **nicht gem. § 278 BGB für dessen Verschulden verantwortlich** (BGH NJW 1999, 2731). Mit der Inanspruchnahme des Arztes, an den der Patient überwiesen worden ist, kommt nach h. M. ein **neuer Behandlungsvertrag** zwischen diesem und dem Patienten, der dabei durch den überweisenden Arzt vertreten wird, zustande (BGHZ 100, 363, 367; BGH VersR 1994, 102, 103; NJW 1999, 2731, 2733; kritisch F/N, Rz. 14).

Der behandelnde Arzt kann in einem solchen Fall jedoch aus eigenem Verschulden haften, wenn er seinerseits geschuldete und gebotene diagnostische Maßnahmen unterlässt (BGH NJW 1999, 2731; OLG Frankfurt, Urt. v. 11. 3. 2004 – 3 U 89/03, NJW-RR 2004, 1333: Empfehlung von Kontrolluntersuchungen durch den Krankenhausarzt, Durchführung der Kontrolluntersuchungen – auch ohne Empfehlung – durch den niedergelassenen Facharzt).

Ergibt die vom **Pathologen im Rahmen der Krebsvorsorge** mit hierauf beschränkter Fragestellung erhobene Untersuchung keine Anhaltspunkte für eine **Schwangerschaft** einer 46-jährigen Patientin, so ist der Gynäkologe verpflichtet, **eigene, ergänzende diagnostische Maßnahmen**, nämlich eine ergänzende Blutuntersuchung zur Bestimmung der Beta-HCG-Konzentration oder eine Wiederholung des Schwangerschaftstests mit frischem Morgenurin durchzuführen (BGH NJW 1999, 2731, 2733). Hätte ein solcher, ergänzend zu erhebender Befund mit hinreichender Wahrscheinlichkeit im weiteren Verlauf zu einem aus medizinischer Sicht reaktionspflichtigen Ergebnis, nämlich dem Vorliegen einer „Trisomie 21" (zu erwartendes mongoloides Kind) geführt, greift für die Kausalität zwischen dem Behandlungsfehler des Gynäkologen und dem Eintritt des Primärschadens, dem entstehenden Unterhaltsschaden für das Kind nach nicht rechtzeitig durchgeführtem Schwangerschaftsabbruch eine Beweislastumkehr ein (BGH NJW 1999, 2731, 2734; zur → *unterlassenen Befunderhebung* siehe dort [S. 804 ff.]; zur Früherkennung einer genetischen Schädigung der Leibesfrucht → *Früherkennung, fehlerhafte pränatale Diagnostik* [S. 463 ff.], → *Genetische Beratung* [S. 484 ff.]).

Überantwortet der hinzugezogene Facharzt bzw. das Krankenhaus den Patienten nach Abschluss der Behandlung dem überweisenden Hausarzt zurück, so kann sich der rücküberweisende Facharzt darauf verlassen, dass der **Hausarzt den im Arztbrief dokumentierten Empfehlungen folgt** und die hieraus ersichtlichen therapeutischen bzw. diagnostischen Maßnahmen veranlasst (OLG Celle VersR 1998, 1419; G/G, 5. Aufl., Rz. B 131).

Zur Abklärung eines **Thromboseverdachts** war im Jahr 1995 eine Duplexsonografie vor einer Phlebographie indiziert, weil es sich um eine nicht invasive und damit schonendere Methode handelte. Die Entscheidung, ob bei negativem Ergebnis der vom Hausarzt oder chirurgischen Facharzt veranlassten, von einem Internisten durchgeführten **Sonografie zusätzlich eine Phlebographie** erfolgen soll, obliegt **dem überweisenden Arzt** und nicht dem Arzt (hier: Internist), der die Sonografie durchführt (OLG Stuttgart, Urt. v. 4. 4. 2000 – 14 U 31/ 99, OLGR 2002, 5).

5. Verantwortungsbereiche im Rahmen einer Operation

a) Verantwortungsbereich des Anästhesisten

Im Rahmen einer Operation ist der **Anästhesist für folgende Maßnahmen alleinverantwortlich**:

▷ Die Beurteilung der Narkosefähigkeit des Patienten (OLG Köln VersR 1990, 1242; vgl. hierzu S. 794 ff. „Therapiefehler "),

▷ die Entscheidung über das Anlegen einer Kanüle, deren Durchführung und Kontrolle (BGH NJW 1984, 1400),

▷ die richtige Dosierung des Hypnotikums (OLG Naumburg, Urt. v. 14. 9. 2004 – 1 U 97/03, VersR 2005, 1401, 1402),

▷ die Erhebung der zur Aufrechterhaltung der vitalen Funktionen und der Narkosefähigkeit erforderlichen Befunde (BGH NJW 1987, 2293; Gehrlein, Rz. B 57, 58) und die Aufrechterhaltung der vitalen Funktionen des Patienten und deren Überwachung während der Operation, wozu auch die Verabreichung der zur Substituierung von NNR-Hormonen (Insuffizienz der Nebennieren) benötigten Medikamente (hier: Cortisol-Präparat Ultra-Corten) gehören (BGH NJW 1991, 1539 = VersR 1991, 694),

▷ die Erkennung und Behandlung spezifischer Anästhesiekomplikationen (OLG Düsseldorf VersR 2002, 1151, 1152),

▷ die Lagerung zur Verabreichung des Anästetikums und die intraoperative Kontrolle der Lagerung des Patienten, etwa in „Häschenstellung " (BGH NJW 1984, 1403 = VersR 1984, 386),

▷ die vorbeugende Kontrolle eingesetzter Infusionsschläuche und Verweilkanülen in der operativen und in der postnarkotischen Phase bis zur Wiedererlangung der Schutzreflexe des Patienten und bis zu dessen Verlegung in die Krankenstation (BGH NJW 1984, 1400 = VersR 1984, 355),

▷ die Sicherstellung, dass der Patient nach der Narkose aufwacht und seine Vitalfunktionen wiedererlangen kann (OLG Düsseldorf, Urt. v. 19. 10. 2002 – 8 U 183/99, VersR 2002, 1151, 1152),

▷ die postoperative Kontrolle der Kreislauf- und Atmungsstabilität (BGH VersR 1989, 1296, 1297 = NJW 1990, 759, 760; OLG Naumburg, Urt. v. 14. 9. 2004 – 1 U 97/03, VersR 2005, 1401, 1402) und die Medikation zum Ausgleich eines Corticoidmangels eines Morbus-Addison-Patienten (BGH NJW 1991, 1539).

Die Verantwortung des Anästhesisten nach Abschluss der Operation und Beendigung der Extubation endet nicht, solange die Nachwirkungen der Narkose in der postoperativen Phase anhalten und dabei die Gefahr unerwünschter Nachwirkungen der Narkose bestehen (BGH NJW 1990, 759). So bleibt der **Anästhesist bis zum Abklingen der Narkosewirkungen verantwortlich**, wenn er den

Patienten zwei Stunden nach dem Abschluss einer Magenoperation wegen einer Atemdepression behandelt und die Nachwirkungen von dessen Sauerstoffunterversorgung nicht bis zum Abklingen der Narkosewirkungen beobachtet (BGH NJW 1990, 759 = VersR 1989, 1296).

Dagegen ist der Anästhesist, der für die Narkose **erforderliche Befunde nicht erhoben** hat, ohne dass dies zu einer Schädigung des Patienten bei der Anästhesie führte, für eine Leberschädigung des Patienten durch Versäumnisse des Operateurs oder anderer Ärzte, die ihrerseits therapeutisch gebotene Befunde gleicher Art nicht erhoben haben, nicht haftbar zu machen (BGH NJW 1987, 2293; L/U, § 101 Rz. 6).

Hat sich der Zustand der Patientin nach einem gynäkologischen Eingriff zunächst normalisiert und drohen ihr **keine unmittelbar mit der Narkose zusammenhängenden Komplikationen** mehr, so ist wegen des Risikos einer Nachblutung oder einer Verletzung sonstiger Organe ausschließlich der operierende Gynäkologe zuständig (OLG Düsseldorf, Urt. v. 19. 10. 2000 – 8 U 183/99, VersR 2002, 1151, 1152).

Im Übrigen obliegt die postoperative Überwachung des Patienten nach einer ambulanten Laparoskopie nach Auffassung des OLG Düsseldorf (Urt. v. 19. 10. 2000 – 8 U 183/99, VersR 2002, 1151, 1152) **sowohl dem chirurgisch tätigen Gynäkologen als auch dem für die Narkose zuständigen Anästhesisten.**

b) Verantwortungsbereich des Operateurs

Der **Operateur** ist insbesondere verantwortlich für

▷ die Operationsfähigkeit des Patienten und die **allgemeine Wundinfektionsprophylaxe** (OLG Köln VersR 1990, 1242),

▷ die Überprüfung der Lagerung, z. B. der „**Häschenstellung** " zu Beginn des **Eingriffs** (BGH NJW 1984, 1403; G/G, 5. Aufl., Rz. B 136),

▷ die postoperative Nachsorge und therapeutische Nachbehandlung nach dem Abklingen der Narkosewirkungen und erfolgter Übergabe des Patienten auf die Krankenstation, insbesondere die Abklärung des Verdachts einer Sepsis nach Durchführung eines Kaiserschnitts (BGH NJW 1987, 2293; OLG Naumburg, Urt. v. 14. 9. 2004 – 1 U 97/03, VersR 2005, 1401, 1402: nicht jedoch für die postoperative Kontrolle der Kreislauf- und Atmungsstabilität, s. o.; G/G, 5. Aufl., Rz. B 136),

▷ die Nachschau nach einer Handoperation in axillärer Plexusblockade (OLG Düsseldorf VersR 1987, 487; S/Pa, Rz. 234).

Beim Zusammenwirken mehrerer Ärzte im Rahmen der Ausführung einer Operation bedarf es zum Schutz des Patienten einer **Koordination** zwischen dem Anästhesisten einerseits und dem Operateur (Chirurg, Orthopäde, Gynäkologe, Augenarzt etc.) andererseits, um Risiken auszuschließen, die sich aus der Unverträglichkeit der von den beteiligten Fachrichtungen vorgesehenen Methoden oder Instrumente ergeben können (BGH MDR 1999, 546 = NJW 1999, 1779; auch OLG Koblenz, Urt. v. 20. 7. 2006 – 5 U 47/06, GesR 2006, 519).

Für **Koordinationsmängel** und Organisationsfehler bei der Abgrenzung der Verantwortungsbereiche haften die kooperierenden Ärzte dem Patienten als **Gesamtschuldner** (BGH NJW 1999, 1779, 1781; OLG Stuttgart VersR 1995, 1353; VersR 1994, 1114; OLG Koblenz, Urt. v. 20. 7. 2006 – 5 U 47/06, GesR 2006, 519: EKG weder vom Operateur noch vom Anästhesisten ausgewertet; S/Pa, Rz. 240, 240 a). Der oben dargestellte Vertrauensgrundsatz gilt nämlich nur in solchen Konstellationen, in denen es um Gefahren geht, die **ausschließlich dem Aufgabenbereich eines der beteiligten Ärzte zugeordnet** sind, nicht jedoch, wenn eine Schädigung des Patienten gerade daraus entstehen kann, dass die von den beteiligten Ärzten angewendeten Maßnahmen jeweils für sich genommen beanstandungsfrei sind und sich das besondere Risiko erst aus der Kombination der beiderseitigen Maßnahmen ergibt (BGH NJW 1999, 1779, 1780 = MDR 1999, 546). Wird zum Beispiel bei einer Schieloperation einer Patientin vom **Anästhesisten** im Rahmen der Ketanest-Narkose reiner Sauerstoff in hoher Konzentration über einen am Kinn befestigten Schlauch zugeführt, während der **operierende Augenarzt** zum Stillen von Blutungen im Gesichtsbereich einen Thermokauter einsetzt, und kommt es während des Kauterns zu einer heftigen Flammenentwicklung, bei der die Patientin schwer verletzt wird, so haften der Augenarzt und der Anästhesist für den in der mangelnden Abstimmung und Koordination der angewandten Methoden bzw. eingesetzten Geräte liegenden Behandlungsfehler als Gesamtschuldner (BGH NJW 1999, 1779, 1780).

Wird im Zusammenhang mit der Durchführung einer Operation ein **Radiologe hinzugezogen**, so darf der **Chirurg** auf dessen Befundauswertung vertrauen (OLG Düsseldorf VersR 1989, 191). Demgegenüber kann sich der Radiologe darauf verlassen, dass der überweisende Arzt die Indikationsprüfung der Diagnosemaßnahme fehlerfrei durchgeführt hat (OLG Stuttgart VersR 1991, 1060; OLG Düsseldorf VersR 1984, 643: Indikationsstellung für Angiographie durch Neurologen; OLG Hamm, Urt. v. 26. 5. 2004 – 3 U 127/02, MedR 2005, 471, 473: Überweisung (nur) zur Durchführung einer Mammographie).

6. Zeitliche Nachfolge

Bei zeitlich nachfolgender **Behandlung wegen desselben Leidens** bzw. von **Ärzten desselben Fachs** hat der Erstbehandler den nachfolgenden Arzt in einem Arztbrief über die getroffenen therapeutischen und diagnostischen Maßnahmen, den Entlassungsbefund und die seiner Meinung nach **bestehenden therapeutischen Konsequenzen zu unterrichten** (Gehrlein, Rz. B 74). Der nachbehandelnde Arzt kann im Allgemeinen zwar darauf vertrauen, dass der Erstbehandler den Patienten in dessen Verantwortungsbereich sorgfältig und ordnungsgemäß untersucht und behandelt sowie eine zutreffende Indikation, Diagnose und Therapiewahl veranlasst hat (OLG Oldenburg MedR 1999, 36; OLG Jena, Beschl. v. 15. 1. 2004 – 4 U 836/03, OLGR 2004, 140, 141 = GesR 2004, 180, 181 bei Überweisung des niedergelassenen Augenarztes an einen operativ tätigen Augenarzt; S/Pa, Rz. 243; Gehrlein, B 74).

Allerdings hat der **nachfolgende Arzt bei bloßer zeitlicher Nachfolge von Ärzten des gleichen Fachgebiets die Diagnose und die Therapiewahl des Vorbehandlers**

eigenverantwortlich zu überprüfen (KG, Urt. v. 13. 11. 2003 – 20 U 111/02, GesR 2004, 136, 137; OLG Naumburg VersR 1998, 983; S/Pa, Rz. 243 und G/G, 5. Aufl., Rz. B 133: ggf. Wiederholuhng nicht belastender Diagnostik).

Hatte der Patient einen Unfall erlitten, so muss der in zeitlicher Nachfolge nachbehandelnde Chirurg oder Orthopäde sich die zuvor gefertigten **Röntgenaufnahmen selbst genau ansehen** und die Diagnose des vorbehandelnden Chirurgen insbesondere dann überprüfen, wenn auch nach mehreren Wochen keine Besserung der Beschwerden eingetreten ist (KG, Urt. v. 13. 11. 2003 – 20 U 111/02, GesR 2004, 136, 137).

Erforderlichenfalls muss der nachbehandelnde Chirurg oder Orthopäde **weitere Röntgenaufnahmen**, ggf. Röntgen-Schichtaufnahmen und Funktionsaufnahmen durchführen bzw. veranlassen. Unterlässt er diese weiteren diagnostischen Maßnahmen, kommt eine Beweislastumkehr aus dem Gesichtspunkt der „unterlassenen Befunderhebung" in Betracht (vgl. KG, Urt. v. 13. 11. 2003 – 20 U 111/02, GesR 2004, 136, 137; vgl. hierzu → *unterlassene Befunderhebung*, S. 824 ff.).

Der „**Vertrauensgrundsatz**" vermag den weiter behandelnden Arzt auch dann **nicht zu entlasten**, wenn er erkennt oder erkennen muss, dass **ernsthafte Zweifel** an den erhobenen Befunden bestehen, insbesondere, wenn diese im Hinblick auf den bisherigen Krankheitsverlauf **eindeutig lückenhaft** sind oder gar nicht zum Krankheitsbild passen (OLG Naumburg VersR 1998, 983). Dies gilt etwa dann, wenn die vom vorbehandelnden Arzt getroffene Diagnose eines „Schlaganfalls" zu keinem Zeitpunkt nahe lag und nach den neurologischen Befunden vielmehr eine Reihe von Hirnerkrankungen in Betracht kam, so dass es sich bereits für den Vorbehandler als zwingende Notwendigkeit dargestellt hätte, eine Computertomographie bzw. eine Kernspin-Aufnahme anzufertigen (OLG Naumburg VersR 1998, 983).

7. Zurechnungszusammenhang; fortbestehende Haftung des Erstbehandlers

Der vor- bzw. erstbehandelnde Arzt ist haftungsrechtlich **auch für Behandlungsfehler des Nachbehandlers verantwortlich** (BGH, Urt. v. 6. 5. 2003 – VI ZR 259/02, NJW 2003, 2311, 2314 = VersR 2003, 1128, 1130 = MedR 2004, 51, 53 = MDR 2003, 989, 990; NJW 1999, 2731; NJW 1989, 767, 768; OLG Brandenburg, Urt. v. 8. 4. 2003 – 1 U 26/00, VersR 2004, 1050, 1053; OLG Köln, Urt. v. 12. 1. 2005 – 5 U 96/03, OLGR 2005, 159, 160; Urt. v. 23. 1. 2002 – 5 U 85/01, VersR 2003, 860, 861; VersR 1994, 987 OLG München, Urt. v. 27. 3. 2003 – 1 U 4449/02, VersR 2005, 89 = OLGR 2004, 266; VersR 1997, 577; S/Pa, Rz. 244).

Der **Zurechnungszusammenhang entfällt** nur dann (vgl. hierzu → *Kausalität*, S. 621 ff.), wenn die Nachbehandlung einer Krankheit oder Komplikation in **keinem inneren Zusammenhang** mit therapeutischen oder diagnostischen Maßnahmen des Erstbehandlers steht oder wenn der die Zweitschädigung herbeiführende Arzt **in außergewöhnlich hohem Maße die an ein gewissenhaftes ärztliches Verhalten zu stellenden Anforderungen außer Acht gelassen** und derart gegen alle ärztlichen Regeln und Erfahrungen verstoßen hat, dass der eingetretene Schaden seinem Handeln haftungsrechtlich-wertend allein zugerechnet werden muss (BGH, Urt. v. 6. 5. 2003 – VI ZR 259/02, NJW 2003, 2311, 2314 = VersR 2003, 1128, 1130 = MedR 2004, 51, 53; NJW 1989, 767, 768 = MDR 1989, 150; OLG Brandenburg, Urt. v. 8. 4. 2003 – 1 U 26/00, VersR 2004, 1050, 1053 und OLG Hamm, VersR 1992, 610, 611: völlig ungewöhnliches, unsachgemäßes Verhalten; OLG Köln, Urt. v. 12. 1. 2005 – 5 U 96/03, OLGR 2005, 159, 160; Urt. v. 23. 1. 2002 – 5 U 85/01, VersR 2003, 860, 861; VersR 1994, 987; OLG München, Urt. v. 27. 3. 2003 – 1 U 4449/02, VersR 2005, 89 = OLGR 2004, 266; VersR 1997, 577; OLG Oldenburg VersR 1998, 1110, 1111; OLG Saarbrücken OLGR 2000, 139, 143 = VersR 2000, 1241, 1244; G/G, 5. Aufl., Rz. B 191; Gehrlein, Rz. B 77, B 108: **Versagen im oberen Bereich des groben Behandlungsfehlers**; S/Pa, Rz. 244, 245; Zugehör NJW 2003, 3225, 3227 und 3229 zur Anwaltshaftung: keine Zurechnung bei schlechterdings unverständlicher bzw. schlechthin unvertretbarer Pflichtverletzung des zweitbeauftragten Anwalts).

Danach können dem Erstbehandler auch unter dieser Schwelle liegende → *grobe Behandlungsfehler* (S. 492 ff.) **des Zweitbehandlers zugerechnet** werden (OLG Hamm VersR 1992, 610, 612; OLG Köln VersR 1994, 987, 989; OLG Oldenburg VersR 1998, 1110, 1111; OLG Saarbrücken VersR 2000, 1241; Walter, VersR 2003, 1132; S/Pa, Rz. 245; G/G, 5. Aufl., Rz. B 191).

Wird aufgrund des **Behandlungsfehlers des erstbehandelnden Gynäkologen** ein weiterer Eingriff erforderlich, bei dem der Patientin (auch) der Uterus entfernt wird, so hat der Erstbehandler hierfür auch dann einzustehen, wenn die Uterusentfernung der Patientin **vom Nachbehandler fehlerhaft angeraten** worden ist oder ihm **im Rahmen der Folgeoperation ein Fehler unterläuft** (BGH, Urt. v. 6. 5. 2003 – VI ZR 259/02, VersR 2003, 1128, 1130 = NJW 2003, 2311, 2313).

Verzögert der Erstbehandler (hier: ein Internist) schuldhaft **die notfallmäßige Weiterverlegung** des Patienten zur Durchführung einer dringend indizierten Operation (hier: operative Freilegung des Hodens bei Verdacht auf Hodentorsion) um mehr als vier Stunden, so hat er auch für die in der chirurgischen Abteilung der **nachbehandelnden Klinik eingetretene weitere, schuldhafte Verzögerung** von ca. zwei Stunden einzustehen. Der dort aufgrund eines unverständlichen Organisationsfehlers verspätete Beginn der Operation erfüllt das Kriterium des völlig ungewöhnlichen unsachgemäßen Verhaltens, aufgrund dessen der eingetretene Schaden des Patienten haftungsrechtlich-wertend allein der nachbehandelnden Klinik zugerechnet werden müsste, noch nicht (OLG Köln, Urt. v. 13. 1. 2002 – 5 U 85/01, VersR 2003, 860, 861 = OLGR 2003, 45, 46).

Allerdings kann sich der Patient nicht auf eine Beweislastumkehr für den Nachweis der haftungsausfüllenden Kausalität des Behandlungsfehlers des vorbehandelnden Arztes berufen (S/Pa, Rz. 245).

Steht die Mitursächlichkeit seines Fehlers für den eingetretenen Primärschaden (Anwendung des § 286 ZPO, vgl. hierzu S. 615 ff., 494 f.) fest, so kommt eine gesamtschuldnerische Haftung des Vor- und Nachbehandlers in Betracht.

Kann eine Mitursächlichkeit nicht festgestellt werden und greift zulasten des Vorbehandlers auch keine Beweislastumkehr, etwa aus dem Gesichtspunkt des

→ *groben Behandlungsfehlers* oder der → *unterlassenen Befunderhebung* ein, scheidet dessen Haftung aus.

II. Vertikale Arbeitsteilung

Vgl. auch → *Anfängereingriffe, Anfängeroperationen*

1. Begriff

Bei der vertikalen Arbeitsteilung geht es um die haftungsrechtliche Problematik, welche Aufgaben von einem Chefarzt, Oberarzt oder sonstigen Facharzt auf Assistenzärzte, Krankenschwestern und Krankenpfleger übertragen werden können, in welchem Umfang **Kontrollen des nachgeordneten ärztlichen und nichtärztlichen Dienstes erforderlich** sind und inwieweit sich nachgeordnetes ärztliches und nichtärztliches Personal auf die Organisation und die Anordnungen der vorgesetzten Ärzte verlassen können (G/G, 5. Aufl., Rz. B 137, 139, 140; S/Pa, Rz. 223–233; Rz. 223 ff.; Gehrlein, Rz. B 70 ff.; vgl. BGH, Urt. v. 7. 12. 2004 – VI ZR 212/03, NJW 2005, 888 = VersR 2005, 408 und OLG Karlsruhe, Urt. v. 16. 5. 2001 – 7 U 46/99, VersR 2003, 116: Belegkrankenhaus/Belegarzt/ Hebamme; OLG Karlsruhe, Urt. v. 13. 10. 2004 – 7 U 122/03, VersR 2005, 1587 = NJW-RR 2005, 107 = GesR 2005, 115: Organisationspflicht eines Belegkrankenhauses/Beleghebamme; OLG Düsseldorf, Urt. v. 13. 2. 2003 – 8 U 41/02, VersR 2005, 230; OLG Stuttgart, Urt. v. 8. 7. 2003 – 1 U 104/02, OLGR 2004, 239: Assistenzärztin/Hebamme).

2. Übertragung auf Assistenzärzte; Fehler des Assistenzarztes

Die Übertragung einer selbständig durchzuführenden Operation auf einen dafür **nicht ausreichend qualifizierten Assistenzarzt** (BGH NJW 1984, 655; NJW 1992, 1560; Katzenmeier, MedR 2004, 34, 38; F/N Rz. 77, 79; G/G, 5. Aufl., Rz. B 139; S/Pa, Rz. 246, 251, 254 a), einer Intubationsnarkose bei einer intraoperativ notwendig werdenden Umlagerung des Patienten (BGH MDR 1993, 955) oder die eigenverantwortliche Übernahme einer Geburt durch einen jeweils nicht ausreichend qualifizierten Assistenzarzt (BGH, VersR 1994, 1303 = MedR 1994, 490; OLG Stuttgart, Urt. v. 8. 7. 2003 – 1 U 104/02, OLGR 2004, 239 = GesR 2004, 224: beim Auftreten von Komplikationen Heranziehung des Facharztes erforderlich) stellt einen **Behandlungsfehler** in der Form eines **Organisationsfehlers** dar (zu weiteren Einzelheiten vgl. → *Anfängereingriffe, Anfängeroperationen* [S. 22, 26]).

Dem nicht ausreichend qualifizierten Assistenzarzt kann jedoch nur dann der Vorwurf eines Behandlungsfehlers gemacht werden, wenn er nach den bei ihm vorauszusetzenden Kenntnissen und Erfahrungen gegen die Übernahme eines selbständig durchzuführenden Eingriffs **Bedenken hätte haben und eine Gefährdung des Patienten hätte voraussehen müssen** (BGH NJW 1984, 655; OLG Düsseldorf, Urt. v. 13. 2. 2003 – 8 U 41/02, VersR 2005, 230: wenn sich dem Assistenzarzt Bedenken hätten aufdrängen müssen).

Sofern nicht für ihn erkennbare Umstände hervortreten, die ein solches Vertrauen nicht als gerechtfertigt erscheinen lassen, kann sich der Assistenzarzt in die vom Chef- oder Oberarzt gestellte Indikation zur Operation (OLG Düsseldorf VersR 1991, 1412), die Entscheidung des Chef- oder Oberarztes, eine Fraktur konservativ zu therapieren (OLG Düsseldorf, Urt. v. 13. 2. 2003 – 8 U 41/02, VersR 2005, 230), in eine vom Oberarzt gebilligte Diagnose (OLG München VersR 1993, 1400; OLG Köln VersR 1993, 1157), in eine mit dem Oberarzt abgesprochene Vorgehensweise (OLG Düsseldorf, Urt. v. 13. 2. 2003 – 8 U 41/02, VersR 2005, 230; OLG Hamm VersR 1998, 104; OLG Köln VersR 1993, 1157; OLG Zweibrücken VersR 1997, 833) sowie in die vom Krankenhausträger bzw. vom verantwortlichen Chefarzt getroffenen organisatorischen Vorsorgemaßnahmen für den Fall, dass seine Fähigkeiten nicht ausreichen, verlassen (BGH VersR 1994, 1303 = NJW 1994, 3008 = MDR 1994, 1088).

Ein in Ausbildung befindlicher Assistenzarzt ist für einen – möglichen – Behandlungsfehler während einer Operation nicht verantwortlich, wenn er ohne Aufsicht und Anleitung eines (Fach-)Oberarztes operiert und **keine Anhaltspunkte für ein voreiliges oder eigenmächtiges Handeln des Assistenzarztes** vorliegen (BGH VersR 1997, 833).

Auch eine Stationsärztin, die dem gynäkologischen Chef- oder Oberarzt bei der Leitung einer Geburt lediglich **begleitend assistiert**, haftet nicht für eine bei der Geburt eingetretene Schädigung des Kindes (OLG Zweibrücken VersR 2000, 728).

Es ist auch nicht zu beanstanden und begründet weder eine Haftung der Assistenzärztin und der Hebamme noch der Klinik, dass bei einer bevorstehenden Geburt, bei der sich zunächst keine Risikokonstellation abzeichnet, eine **erfahrene Hebamme die Geburtsleitung übernimmt** und die mitanwesende unerfahrene Assistenzärztin, die noch keine Geburt eigenverantwortlich geleitet hat, die Hebamme lediglich unterstützt. Bei einer derartigen Rollenverteilung bestehen Anhaltspunkte für Behandlungsfehler der helfenden Assistenzärztin nur dann, wenn **Fehler der Hebamme erkennbar** werden und es die Ärztin unterlässt, unverzüglich einen Facharzt heranzuziehen oder wenn der Assistenzärztin bei ihren Unterstützungsmaßnahmen selbst ein Behandlungsfehler unterläuft (OLG Stuttgart, Urt. v. 8. 7. 2003 – 1 U 104/02, OLGR 2004, 239 = GesR 2004, 224).

3. Übertragung auf Hebammen; Fehler des Belegarztes

Für Behandlungsfehler anlässlich eines Geburtsvorgangs haftet der Krankenhausträger für eine bei ihm angestellte Hebamme und der bei ihm angestellten Ärzte über § 278 BGB. Handelt es sich um Belegkrankenhaus, so haftet dessen Träger für Fehler der bei ihm beschäftigten Hebamme nur solange, als die **Hebamme quasi eigenverantwortlich und ohne die Leitung des Belegarztes tätig** ist. Wird die vor der Entbindung stehende Patientin von der Hebamme oder anderem nichtärztlichen Personal überwacht, muss das Krankenhaus für Fehler der Hebamme und Krankenschwestern einstehen (OLG Karlsruhe, Urt. v. 16. 5. 2001 – 7 U 46/99, VersR 2003, 116, 118; Urt. v. 13. 10. 2004 – 7 U 122/03, VersR 2005, 1587 = OLGR 2005, 40, 41).

Für **Fehler des Belegarztes**, die diesem bei der Erbringung der nur von ihm selbst geschuldeten ärztlichen Leistungen (OLG Karlsruhe, Urt. v. 16. 5. 2001 – 7 U 46/99, VersR 2003, 116, 118; Urt. v. 13. 10. 2004 – 7 U 122/03, VersR 2005, 1587) oder **die der Hebamme nach der Übernahme der Geburtsleitung durch den Belegarzt** (BGH, Urt. v. 7. 12. 2004 – VI ZR 212/03, NJW 2005, 888, 890 = VersR 2005, 408, 409 f.; NJW 2000, 2737, 2738 = VersR 2000, 1146, 1147; NJW 1995, 1611, 1612 = VersR 1995, 706, 707; OLG Karlsruhe, Urt. v. 16. 5. 2001 – 7 U 46/99, VersR 2003, 116, 118; Urt. v. 13. 10. 2004 – 7 U 122/03, VersR 2005, 1587, 1588 = NJW-RR 2005, 107; OLG Koblenz, Urt. v. 26. 7. 2000 – 1 U 1606/98, VersR 2001, 897, 898; OLG Stuttgart VersR 2002, 235), insbesondere **ab dem Beginn der Leitung der Geburt** (BGH NJW 1995, 1611, 1612; OLG Koblenz, Urt. v. 26. 7. 2000 – 1 U 1606/98, VersR 2001, 897, 898; OLG Stuttgart VersR 2002, 235), der **Vornahme der Eingangsuntersuchung durch den Belegarzt** (BGH NJW 1995, 1611, 1612; OLG Celle, VersR 1999, 486; OLG Karlsruhe, Urt. v. 13. 10. 2004 – 7 U 122/03, NJW-RR 2005, 107, 108 = VersR 2005, 1587, 1588: Auffälligkeiten im CTG), der Erteilung einer **Weisung einer Hebamme, ein weiteres CTG schreiben zu lassen** und ihm zu berichten, wenn dieses Anlass zur Besorgnis gebe (OLG Karlsruhe, Urt. v. 16. 5. 2001 – 7 U 46/99, VersR 2003, 116, 118) unterlaufen, **haftet das Belegkrankenhaus nicht.**

Betreut die Hebamme die Geburt nach Übernahme der Behandlung durch einen Belegarzt, untersteht sie hierbei dem **Weisungs- und Direktionsrecht des Belegarztes** und ist deshalb ab diesem Zeitpunkt dessen Erfüllungs- und Verrichtungsgehilfin, vor diesem Zeitpunkt diejenige des Krankenhausträgers (OLG Celle VersR 1999, 486; OLG Karlsruhe, Urt. v. 13. 10. 2004 – 7 U 122/03, VersR 2005, 1587 = NJW-RR 2005, 107; OLG Stuttgart MedR 2001, 311, 314; VersR 2002, 235, 238; auch BGH NJW 1995, 1611).

Sobald ein approbierter **Arzt in die Geburtssituation hineintritt**, übernimmt dieser die Verantwortung, so etwa auch für die unrichtige Beurteilung eines bereits geschriebenen CTG, die weisungswidrige Verzögerung der Durchführung eines weiteren CTG durch die Hebamme (OLG Karlsruhe, Urt. v. 16. 5. 2001 – 7 U 46/99, VersR 2003, 116, 118) und die Verabreichung von wehenfördernden Mitteln bei ohnehin bestehender problematischer Versorgungslage des Kindes o. a. (OLG Koblenz, Urt. v. 26. 7. 2000 – 1 U 1606/98, VersR 2001, 897, 899). Selbst wenn das Belegkrankenhaus verpflichtet ist, die geburtshilfliche Belegabteilung so zu organisieren, dass die Einhaltung einer EE-Zeit von zwanzig Minuten gewährleistet ist, trifft den Krankenhausträger keine Haftung, wenn der **Belegarzt nach Übernahme der Geburt** die Entscheidung zur Sectio fälschlicherweise nicht trifft (OLG Karlsruhe, Urt. v. 13. 10. 2004 – 7 U 122/03, VersR 2005, 1587, 1588 = NJW-RR 2005, 107, 108 = OLGR 2005, 40, 41; vgl. aber OLG Hamm, Urt. v. 16. 1. 2006 – 3 U 207/02, VersR 2006, 353, 355 = MedR 2006, 236, 238: Remonstrationspflicht der Hebamme bei ihr erkennbaren groben Fehlern des Belegarztes).

Hat der Belegarzt die Geburtsleitung übernommen, so stellt es einen diesem, bei angestellten Ärzten dem Krankenhausträger zuzurechnenden **Organisationsfehler** dar, wenn die **CTG-Überwachung** durch eine **Nachtschwester** (BGH NJW

1996, 2429, 2430) bzw. die **CTG-Auswertung durch eine Hebamme** erfolgt (OLG Oldenburg VersR 1997, 1236; OLG Karlsruhe, Urt. v. 16. 5. 2001 – 7 U 46/99, VersR 2003, 116, 118: unrichtige Beurteilung oder weisungswidrige Verzögerung des CTG) oder wenn die **Hebamme versucht, eine Schulterdystokie (,,Hängenbleiben der Schulter ")** beim Geburtsvorgang zu lösen (OLG Stuttgart NJW 1994, 1114) bzw. eine Hebamme die Geburtsleitung bei einer – für sie erkennbaren – Risikogeburt durchführt (OLG Oldenburg VersR 1992, 453; OLG Hamm VersR 1991, 228: Hebamme zieht bei Risikogeburt keinen Fach-/Oberarzt heran; OLG München VersR 1991, 586: bei Herztonabfall keinen Facharzt gerufen).

Allerdings ist es nicht zu beanstanden und begründet weder eine Haftung der Hebamme noch der Assistenzärztin oder des Krankenhauses, wenn bei einer bevorstehenden Geburt, bei der sich **zunächst keine Risikokonstellation** abzeichnet, eine **erfahrene Hebamme die Geburtsleitung übernimmt** und die anwesende unerfahrene Assistenzärztin, die selbst noch keine Geburt geleitet hat, die Hebamme dabei lediglich unterstützt. Bei einer derartigen Rollenverteilung bestehen Anhaltspunkte für Behandlungsfehler der helfenden Assistenzärztin nur dann, wenn sie bei ihren Unterstützungsmaßnahmen selbst einen Fehler begeht oder Fehler der Hebamme erkennbar werden, denen etwa durch die unverzügliche Heranziehung des Facharztes zu begegnen ist (OLG Stuttgart, Urt. v. 8. 7. 2003 – 1 U 104/02, OLGR 2004, 239 = GesR 2004, 224). Wenn bei einer derartigen Rollenverteilung während der Geburt eine Schulterdystokie auftritt, der Facharzt auch schon informiert und herbeigerufen ist, hat die unerfahrene Assistenzärztin der erfahrenen Hebamme den Vortritt bei weiteren bis zum Eintreffen des Facharztes erforderlichen geburtshilflichen Maßnahmen zu lassen (OLG Stuttgart, Urt. v. 8. 7. 2003 – 1 U 104/02, OLGR 2004, 239 = GesR 2004, 224).

Auch wenn eine geburtshilflich tätige Hebamme **ab der Übernahme der Behandlung durch den Arzt** dessen Weisungen unterworfen und insoweit von einer eigenen Verantwortung grundsätzlich befreit ist, ist sie verpflichtet, beim Auftreten von Regelwidrigkeiten einen Arzt hinzuzuziehen (BGH, Urt. v. 7. 12. 2004 – VI ZR 212/03, NJW 2005, 888, 890 = VersR 2005, 408, 410). Müssen sich der Hebamme – oder anderen dem Krankenhausträger gem. § 278 BGB zuzurechnenden Personen – **Bedenken gegen die Sachgemäßheit** des vom Facharzt angeordneten bzw. durchgeführten Vorgehens aufdrängen (vgl. OLG Düsseldorf, Urt. v. 13. 2. 2003 – 8 U 41/02, VersR 2005, 230 zum Assistenzarzt; BGH, Urt. v. 7. 12. 2004 – VI ZR 212/03, VersR 2005, 408, 410), insbesondere wenn die vom Belegarzt durchgeführte Behandlung grob fehlerhaft ist und die damit einhergehenden Gefahren für die Mutter bzw. das Kind vermeidbar und gravierend sind (BGH, Urt. v. 7. 12. 2004 – VI ZR 212/03, VersR 2005, 408, 410 = NJW 2005, 888, 891 und nachfolgend OLG Hamm, Urt. v. 16. 1. 2006 = 3 U 207/02, VersR 2006, 353 = MedR 2006, 236: der Sachverständige hatte das Verhalten des Belegarztes im entschiedenen Fall als ,,Reißen eines Verrückten über 65 Minuten " bezeichnet), besteht eine **Remonstrationspflicht,** d. h. es muss der (Beleg-)Arzt dann auf die bestehenden Bedenken hingewiesen, ggf. die Klinikleitung eingeschaltet werden.

Eine Haftung des Belegkrankenhauses wegen eines **Organisationsverschuldens** kann sich auch dann ergeben, wenn die geburtshilfliche Belegabteilung für eine bereits erkennbare Problemgeburt **nicht entsprechend ausgestattet** ist und der werdenden Mutter deshalb nicht zur Verlegung geraten wird (BGH, Urt. v. 7. 12. 2004 – VI ZR 212/03, NJW 2005, 888, 890 = VersR 2005, 408, 410 und nachfolgend OLG Hamm a. a. O.) oder die Angaben im Prospekt des Belegkrankenhauses für die Patientin die Annahme nahe legen, dass sie bei und nach der Aufnahme ähnlich wie in einem Krankenhaus der Grund- oder Regelversorgung eine umfassende Unterstützung bei der Geburt unter Berücksichtigung aller nach dem medizinischen Standard gebotenen Maßnahmen erwarten und davon ausgehen darf, der Betreiber der Geburtshauses treffe hierfür alle notwendigen organisatorischen Maßnahmen und werde insbesondere die erforderlichen Räume, Instrumente und Apparate vorhalten sowie das benötigte Personal – einschließlich der Ärzte und Hebammen – bereitstellen.

Dies ist etwa dann der Fall, wenn der Betreiber des Geburtshauses im Prospekt damit wirbt, das Team der Hebammen werde durch rasch verfügbare Ärzte ergänzt, Notfälle würden in hauseigenen Operationsräumen behandelt werden und diese Angaben ausdrücklich oder konkludent Inhalt des Aufnahmevertrages geworden sind (BGH, Urt. v. 7. 12. 2004 – VI ZR 212/03, VersR 2005, 408, 409 = NJW 2005, 891, 892; OLG Hamm a. a. O.).

4. Übertragung auf Krankenpflegepersonal

Auch die Übertragung von den Ärzten vorbehaltenen Behandlungsaufgaben auf Krankenschwestern bzw. Krankenpfleger stellt einen Behandlungsfehler dar, wenn keine entsprechende Anweisung, Anleitung und Kontrolle erfolgt.

Dem **Arzt** vorbehalten sind etwa die Vornahme **intravenöser Injektionen eines Röntgenkontrastmittels** (Gehrlein, Rz. B 73), das Anlegen von **Bluttransfusionen** und der Wechsel von **Blutkonserven** (S/Pa, Rz. 229), die Anweisung zur Prophylaxe gegen Liegegeschwüre (BGH NJW 1988, 762; NJW 1986, 2365) und zur Ruhigstellung eines Beines (BGH NJW 1999, 863; Gehrlein, Rz. B 72), die Anordnung zum Festzurren eines erregten Patienten (OLG Köln VersR 1993, 1487), zur Entkoppelung eines Katheders (BGH NJW 1984, 1400), oder zur Einstellung eines Wehentropfs (OLG Stuttgart VersR 1993, 1358) und die Überwachung einer kritischen Aufwachphase (OLG Düsseldorf VersR 1987, 489: durch Anästhesisten).

Ob und welche **Injektionen** vom **Pflegepersonal** verabreicht werden dürfen, wird **nicht einheitlich** beantwortet. Intramuskuläre Injektionen dürfen nicht durch Krankenpflegehelfer und -helferinnen gesetzt werden, weil Applikationsfehler zu schwerwiegenden Schäden wie Lähmungen und Spritzenabszessen führen können (BGH NJW 1979, 1935: durch Krankenpflegehelferin; OLG Köln VersR 1988, 44: durch Aushilfspfleger).

Die Durchführung sowohl von **subkutanen und intravenösen als auch intramuskulären Injektionen einschließlich von Injektionen bei liegendem Infussionssystem und der Blutentnahme zur Gewinnung von Kapillar- und Venenblut durch Krankenschwestern und Krankenpfleger** mit den hierfür erforderlichen Kenntnissen und Erfahrungen ist nach h. M. jedoch **zulässig**, wenn der Eingriff nicht im Einzelfall wegen besonderer Schwierigkeiten oder bestehender Gefahren die Vornahme durch den Arzt erforderlich macht (S/Pa, Rz. 228).

So wurde die Vornahme einer intravenösen Injektion durch eine erfahrene Krankenschwester im Beisein des Arztes nicht als Behandlungsfehler angesehen (BGH NJW 1981, 628; L/U, § 101 Rz. 11).

Der **Krankenhausträger** ist jedoch stets verpflichtet, das **Pflegepersonal** entsprechend dem Grad ihrer erwiesenen Zuverlässigkeit zu überwachen bzw. durch die eingesetzten Ärzte **überwachen zu lassen** und die schnelle Erreichbarkeit eines eingriffsbereiten Arztes zu gewährleisten (L/U, § 101 Rz. 12).

Der Krankenhausträger hat **auch** die **nichtärztlichen Mitarbeiter** fachgerecht auszuwählen, die Erteilung der erforderlichen Anweisungen sowie die Überwachung im Rahmen der vertikalen Arbeitsteilung Chefarzt – Assistenzarzt – Pflegepersonal und klare Regelungen für die jeweiligen Verantwortungsbereiche sicherzustellen (G/G, 5. Aufl., Rz. B 30; S/Pa, Rz. 223, 231, 233).

Arztvertrag

Vgl. auch → *Allgemeine Geschäftsbedingungen*; →*Krankenhausverträge*; → *Gemeinschaftspraxis*; → *Ambulanz*

I. Rechtsnatur des Arztvertrages
  1. Allgemeines – Arztvertrag als
    Dienstvertrag
  2. Dienstvertrag zwischen Zahnarzt
    und Patient
  3. Werkvertrag zwischen Zahnarzt
    und Zahntechniker
  4. Anfertigung und Einpassung von
    Gliederprothesen
  5. Kosmetische Operationen
  6. Sterilisationsvertrag
II. Privatpatienten
  1. Vertragsabschluss mit dem
    Patienten
  2. Mitverpflichtung des Ehepartners
    (§ 1357 BGB)

  3. Vertrag zugunsten Dritter
    (§ 328 BGB)
  4. Notfälle und Behandlung Geschäfts-
    unfähiger
  5. Stationäre Behandlungsverhältnisse
III. Kassenpatienten
  1. Ambulante vertragsärztliche
    Versorgung
  2. Stationäre Behandlungsverhältnisse
IV. Öffentlich-rechtliche Behandlungsverhältnisse
  1. Tätigkeit des Notarztes im Rahmen
    des Rettungsdienstes
  2. Durchgangsarzt
  3. Truppen,- Amts- und Anstaltsärzte

I. Rechtsnatur des Arztvertrages

1. Allgemeines – Arztvertrag als Dienstvertrag

Der Behandlungsvertrag ist nach h. M. ein **Dienst- und kein Werkvertrag**. Denn der Arzt schuldet lediglich eine Dienstleistung, aber keinen Heil- oder Behandlungserfolg (BGH MDR 1975, 310 = NJW 1975, 305 = VersR 1975, 347; OLG Brandenburg, Urt. v. 5. 4. 2005 – 1 U 34/04, OLGR 2005, 489, 492; Urt. v. 8. 11.

2000 – 1 U 6/99, VersR 2001, 1241, 1242; OLG Düsseldorf, VersR 1985, 456, 457; OLG Frankfurt, Urt. v. 17. 2. 2005 – 26 U 56/04, NJW-RR 2005, 701, 702 = MedR 2005, 604, 605; Urt. v. 17. 10. 2003 – 2 U 210/00, GesR 2004, 103; OLG Hamburg, Beschl. v. 29. 12. 2005 – 1 W 85/05, MDR 2006, 873 = OLGR 2006, 120, 121; Urt. v. 25. 11. 2005 – 1 U 6/05, OLGR 2006, 128; Urt. v. 22. 12. 2000 – 1 U 41/00, MDR 2001, 799 = OLGR 2001, 179; OLG Karlsruhe VersR 1996, 62; OLG Koblenz, NJW-RR 1994, 52, 53 = VersR 1993, 1486; OLG Köln, VersR 1988, 1049; MedR 1994, 198, 199; 1486; OLG Oldenburg, NJW-RR 1996, 1267, 1268, VersR 1997, 1493; VersR 1997, 60; OLG Zweibrücken, NJW 1983, 2094; Deutsch/ Spickhoff Rz. 85 ff.; L/U, § 39 Rz. 10; G/G, 5. Aufl., Rz. A 4; Gehrlein, Rz. A 4; Rehborn, MDR 1999, 1169, 1170; Schinnenburg, MedR 2000, 185, 186; Spindler/ Rieckers, JuS 2004, 272, 273; S/Pa, Rz. 8; von Ziegner, MDR 2001, 1088, 1089).

Der Arzt verpflichtet sich vertraglich nur, dafür einzustehen, dass er den vertraglich geschuldeten Eingriff **fachgerecht** durchführt (L/U, § 39 Rz. 10 a. E.). Er muss diejenigen Maßnahmen ergreifen, die von einem gewissenhaften und aufmerksamen Arzt aus berufsfachlicher Sicht seines Fachbereichs vorausgesetzt und erwartet werden (OLG Saarbrücken NJW-RR 2001, 671, 672); er hat dem Patienten eine dem anerkannten und gesicherten Stand der medizinischen Wissenschaft zum Zeitpunkt der Versorgung entsprechende Behandlung in Diagnose und Therapie sowie eine umfassende Behandlungs- und Risikoaufklärung zuteil werden zu lassen (Gehrlein, Rz. A 4; G/G, 5. Aufl., Rz. A 5). Dem Dienstvertrag können dabei zugleich auch **werkvertragliche Elemente** innewohnen, so etwa bei der prothetischen Zahnbehandlung und der Fertigung und Einpassung von Zahnkronen.

2. Dienstvertrag zwischen Zahnarzt und Patient

Grundsätzlich ist der Vertrag sowohl eines Privatpatienten als auch eines Kassenpatienten (vgl. von Ziegner, MDR 2001, 1089 und 1092) mit dem Zahnarzt als **Dienstvertrag** nach §§ 611 ff. BGB einzuordnen (BGH NJW 1975, 305 = MDR 1975, 310; OLG Brandenburg, Urt. v. 5. 4. 2005 – 1 U 34/04, OLGR 2005, 489, 492; Urt. v. 8. 11. 2000 – 1 U 6/99, VersR 2001, 1241, 1242; OLG Frankfurt, Urt. v. 17. 2. 2005 – 26 U 56/04, NJW-RR 2005, 701, 702 = MedR 2005, 604, 605; Urt. v. 17. 10. 2003 – 2 U 210/00, GesR 2004, 103; OLG Koblenz NJW-RR 1994, 52; OLG Köln, MedR 1994, 198, 199; OLG München VersR 1994, 862; OLG Oldenburg VersR 1997, 60 und VersR 1997, 1493; OLG Zweibrücken OLGR 2002, 170 = MedR 2002, 201; NJW 1983, 2094).

Dem **Dienstvertragsrecht** sind insbesondere die **Extraktion von Zähnen, Zystenoperationen, die präprothetische Chirurgie, Zahnreimplantationen, die Behandlung von Kieferbrüchen, die Einpassung von Zahnkronen und die zahnprothetische Versorgung** zu unterstellen (OLG Brandenburg, Urt. v. 5. 4. 2005 – 1 U 34/04, OLGR 2005, 489, 492 und OLG Frankfurt, Urt. v. 17. 10. 2003 – 2 U 210/00, GesR 2004, 103 sowie OLG Koblenz NJW-RR 1994, 52, 53: zahnprothetische Behandlung).

Bei einer prothetischen Zahnbehandlung, der Einpassung von Kronen u. dgl. haben die geschuldeten werkvertraglichen Leistungen, also die medizinische

Technik, gegenüber der dienstvertraglichen Leistung des Zahnarztes nur untergeordnete Bedeutung (BGH MDR 1975, 310; OLG Brandenburg, Urt. v. 5. 4. 2005 – 1 U 34/04, OLGR 2005, 489, 492; OLG Frankfurt, Urt. v. 17. 2. 2005 – 26 U 56/04, NJW-RR 2005, 701, 702 = MedR 2005, 604, 605; Urt. v. 17. 10. 2003 – 2 U 210/00, GesR 2004, 103; OLG Koblenz NJW-RR 1994, 52; OLG Köln MedR 1994, 197; OLG München OLGR 1998, 306: für Planung und Einpassung der Prothese; OLG Oldenburg VersR 1997, 60; L/U, § 39 Rz. 18, 19, 20; von Ziegner, MDR 2001, 1088, 1089; a. A. OLG Karlsruhe NJW 1967, 1512: **Werklieferungsvertrag**; LG Hannover NJW 1980, 1340: Überkronen von Zähnen sowie Anfertigung und Einsetzen von Prothesen als Werkvertrag).

Lediglich soweit es um **rein zahnlabortechnische Verarbeitungsfehler** geht, gilt das werkvertragliche Gewährleistungsrecht (OLG Frankfurt, Urt. v. 17. 2. 2005 – 26 U 56/04, MedR 2005, 604, 605; Urt. v. 17. 10. 2003 – 2 U 210/00, GesR 2004, 103; OLG Zweibrücken OLGR 2002, 170; siehe unten S. 65).

Mit der Eingliederung des von einem fremden Zahnlabor hergestellten Zahnersatzes in Erfüllung seines Dienstvertrages gegenüber Patienten nimmt der Zahnarzt die **werkvertragliche Leistung des Zahntechnikers** ab (OLG Frankfurt, Urt. v. 17. 2. 2005 – 26 U 56/04, MedR 2005, 604, 605; OLG Düsseldorf, NJW-RR 1992, 1202, 1203).

Da der **Zahnarzt** die Passgenauigkeit, insbesondere den einwandfreien und schmerzfreien Sitz des Zahnersatzes, gefertigter Kronen u. a. nicht immer auf Anhieb herbeiführen kann, räumt ihm die h. M. eine den §§ 627, 628 BGB ansonsten fremde, dem **Nacherfüllungsanspruch** des § 635 I BGB n. F. gleichkommende Korrekturmöglichkeit an Zähnen und Zahnersatz ein (OLG Düsseldorf, Urt. v. 12. 6. 1986 – 8 U 279/84, MDR 1986, 933; Schinnenburg, MedR 2000, 185, 186; von Ziegner, MDR 2001, 1088, 1090; auch Schellenberg, VersR 2005, 1620, 1622: Verstoß des Patienten gegen § 254 II BGB).

U. E. sind in Ermangelung einer Regelungslücke nicht die §§ 634 bis 638 BGB n. F., sondern die §§ 280, 281, 286, 323, 326 BGB n. F. direkt oder entsprechend anzuwenden, so dass der Patient vor der Geltendmachung von Schadensersatzansprüchen bzw. des Rücktritts gem. § 281 I 1 bzw. 323 I BGB n. F. eine angemessene Frist zur Nacherfüllung setzen muss, sofern die Fristsetzung nicht gem. §§ 281 II, 323 II BGB n. F. im Einzelfall entbehrlich ist.

Der Vergütungsanspruch des Zahnarztes entfällt nicht bereits dann nach § 628 I 2 BGB, wenn die Prothese, eine Krone o. a. nicht sogleich einwandfrei sitzt und der Patient sofort –; auch konkludent –; das Behandlungsverhältnis kündigt (OLG Düsseldorf und Schinnenburg a. a. O.) oder die Behandlung vor der endgültigen Eingliederung des Zahnersatzes abbricht (OLG Hamm bei von Ziegner, MDR 2001, 1090).

Ein **Wegfall des Interesses gem. § 628 I 2 BGB** und damit des Vergütungsanspruchs wird jedoch bejaht, wenn das Arbeitsergebnis des Arztes **völlig unbrauchbar** und eine **Nachbesserung nicht möglich oder dem Patienten nicht zumutbar** ist (OLG Düsseldorf bei von Ziegner, MDR 2001, 1090; OLG Hamburg, Urt. v. 25. 11. 2005 – 1 U 6/05, OLGR 2006, 128, 130: **Zahnersatz**

unbrauchbar, Prothese vollständig funktionsunfähig; OLG Hamburg, Beschl. v. 29. 12. 2005 – 1 W 85/05, MDR 2006, 873: wenn die Indikation zu Unrecht angenommen wurde und das Interesse des Patienten an der Behandlung daher von vornherein nicht bestand; OLG Köln, Urt. v. 27. 11. 2002 – 5 U 101/02, GesR 2003, 85: wertlose zahnprothetische Versorgung, die ersetzt werden muss; OLG Nürnberg, Urt. v. 16. 7. 2004 – 5 U 2383/03, NJW-RR 2004, 1543, 1544 = OLGR 2004, 373, 375: nur wenn Dienstleistung unbrauchbar, im entschiedenen Fall aber verneint; OLG Stuttgart, Urt. v. 17. 4. 2001 – 14 U 74/00, OLGR 2002, 172 = VersR 2002, 1286: gewählte Art der zahnärztlichen Versorgung erweist sich als unbrauchbar; OLG Zweibrücken, Urt. v. 20. 11. 2001 – 5 U 20/01, OLGR 2002, 170, 171: Dienstleistung wertlos bzw. unbrauchbar), die **Schlechterfüllung qualitativ einer Nichterfüllung des Behandlungsvertrages gleichkommt** (OLG Saarbrücken, Urt. v. 21. 4. 1999 – 1 U 615/98–; 112, OLGR 2000, 401; Gehrlein, Rz. A 19), **Nachbesserungsversuche mehrmals fehlgeschlagen** (OLG München VersR 1994, 862; von Ziegner, MDR 2001, 1088, 1090) oder dem Patienten **im Einzelfall nicht zumutbar** sind (OLG Hamburg, Urt. v. 22. 12. 2000 – 1 U 41/00, MDR 2001, 799; Rehborn, MDR 2001, 1148, 1154 m. w. N.; von Ziegner a. a. O. OLG Koblenz, Urt. v. 12. 6. 2006 – 12 U 315/05, NJW-RR 2006, 1358, 1361 zum Anwaltsvertrag: wenn die geleisteten Dienste für den Mandanten keinen Wert (mehr) haben, andernfalls Aufrechnung mit Anspruch aus § 280 BGB). Dies entspricht im Wesentlichen den **Kriterien aus §§ 637 II, 281 II, 323 II, 326 n. F.**

Wird der Zahnersatz jedoch **im Eigenlabor des Zahnarztes** hergestellt, so kommt hinsichtlich der technischen Anfertigung des Zahnersatzes neben dem Dienstvertrag betreffend die Planung und Einpassung der Prothese **ein Werkvertrag** zustande (OLG Brandenburg, Urt. v. 5. 4. 2005 – 1 U 34/04, OLGR 2005, 489, 492; OLG Zweibrücken, Urt. v. 20. 11. 2001 – 5 U 20/01, OLGR 2002, 170, 171 f.: zahnlabortechnische Verarbeitungsfehler; auch OLG München OLGR 1998, 306 ff.; Schinnenburg, MedR 2000, 185, 186; von Ziegner, MDR 2001, 1088, 1089).

3. Werkvertrag zwischen Zahnarzt und Zahntechniker

Dagegen unterliegt das **Vertragsverhältnis** zwischen dem **Zahnarzt und dem Zahntechniker** dem Werkvertragsrecht (OLG Brandenburg, Urt. v. 5. 4. 2005 – 1 U 34/04, OLGR 2005, 489, 492; OLG Frankfurt, Urt. v. 17. 2. 2005 – 26 56/04, NJW-RR 2005, 701, 702 = MedR 2005, 604, 605; Schinnenburg, MedR 2000, 185, 186; von Ziegner, MDR 2001, 1088, 1089). Mit der Eingliederung der Prothese, des Implantats, der Krone o. a. beim Patienten nimmt der Zahnarzt die Werkleistung des (externen) Zahntechnikers ab (OLG Frankfurt, Urt. v. 17. 2. 2005 – 26 U 56/04, NJW-RR 2005, 701, 702). Dem Zahnarzt steht bei Mängeln der Werkleistung gem. §§ 634 Nr. 1, 635 BGB n. F. primär ein **Nacherfüllungsanspruch gegen den Zahntechniker** zu. Der Zahntechniker kann als Werkunternehmer – anders als ein Verkäufer (§ 439 I BGB n. F.) – nach eigener Wahl den Mangel beseitigen oder ein neues Werk herstellen (§ 635 I BGB n. F.).

Sind die Voraussetzungen der §§ 634 Nr. 2, 637 BGB n. F. gegeben, steht dem Zahnarzt gegen den Zahntechniker bzw. das Labor ein **Selbstvornahmerecht** bzw. ein **Vorschussanspruch** zu, unter den Voraussetzungen der §§ 634 Nr. 3,

638 BGB n. F. ein Minderungsanspruch, der §§ 634 Nr. 3, 636, 323, 326 V BGB n. F. ein Rücktrittsrecht und der §§ 634 Nr. 4, 636, 280, 281, 283 BGB n. F. ein Schadensersatzanspruch. Dieser Werkvertrag des Zahnarztes mit dem Zahntechniker entfaltet keine Schutzwirkungen (§ 328 I BGB analog) zugunsten des Patienten (Schinnenburg, MedR 2000, 185, 186).

4. Anfertigung und Einpassung von Gliederprothesen

Der auf prothetische Behandlung gerichtete Vertrag, etwa zur Anfertigung und Anpassung einer Beinprothese, ist grundsätzlich als **Dienstvertrag** einzuordnen, allerdings **mit werkvertraglichen Elementen**. Bis auf die technische Anfertigung der Prothese, die allein dem Werkvertragsrecht unterliegt, gehören die auf die prothetische Versorgung gerichteten orthopädischen Leistungen als Dienste „höherer Art" i. S. d. § 627 I, 628 I BGB zur Heilbehandlung. Daraus schuldet der Arzt dem Patienten regelmäßig nur die sachgerechte Behandlung, keinesfalls aber den gewünschten Erfolg (KG VersR 1996, 62).

5. Kosmetische Operationen

Auch der Vertrag über die Durchführung einer kosmetischen Operation („Schönheitsoperation") ist nach einhelliger Ansicht ein **Dienstvertrag** (OLG Celle NJW 1987, 2304; OLG Hamburg, Urt. v. 22. 12. 2000 – 1 U 41/00, OLGR 2001, 179 = MDR 2001, 799; Urt. v. 29. 12. 2005 – 1 W 85/05, MDR 2006, 873 = OLGR 2006, 120, 121; OLG Koblenz, NJW-RR 1994, 52, 53; OLG Köln, Urt. v. 27. 11. 2002 – 5 U 101/02, GesR 2003, 85; VersR 1998, 1510; MDR 1988, 317; L/ U, § 39 Rz. 31, 34; Rehborn, MDR 2001, 1148, 1154).

Auch hier will der Arzt regelmäßig nicht für den Erfolg seiner Leistung einstehen. Im Zweifel ist auch eine Erklärung des Arztes, ein bestimmter Erfolg werde eintreten, nicht als Angebot zum Abschluss eines Werkvertrages anzusehen (L/U, § 39 Rz. 31, 32). Hat der Arzt den kosmetischen Eingriff lege artis durchgeführt, steht dem Arzt die Vergütung grundsätzlich auch dann zu, wenn der beabsichtigte Erfolg ausbleibt (L/U, § 39 Rz. 34; vgl. hierzu → *Rückerstattung des Honorars*, S. 680 ff.).

Das Interesse des Patienten i. S. d. § 628 I 2 BGB – und damit auch der **Vergütungsanspruch des Arztes** – entfällt nach einer Ansicht bereits, wenn der **Eingriff ohne vorangegangene oder nach unzureichender Aufklärung** erfolgt und zu einer Schädigung des Patienten führt (OLG Düsseldorf, Urt. v. 20. 3. 2003 – 8 U 18/02, VersR 2003, 1579, 1580 = NJW-RR 2003, 1331, 1332 = GesR 2003, 236, 238: Rückerstattung des Honorars bei rechtswidrigem, im Ergebnis erfolglosem Eingriff; OLG Saarbrücken OLGR 2000, 401; Gehrlein, Rz. A 19; einschränkend: OLG München VersR 1996, 233, 234; Rehborn, MDR 2001, 1148, 1154; F/ N, Rz. 237), bzw. dann, wenn der **mit der rechtswidrigen Operation bezweckte Erfolg nicht eintritt** (OLG Düsseldorf, Urt. v. 20. 3. 2003 – 8 U 18/02, GesR 2003, 236, 238; Rehborn a. a. O.). Nach überwiegender Auffassung kommt die Rückzahlung der geleisteten Vergütung – ohne dass es hierzu einer Aufrechnung mit Schadensersatzansprüchen bedarf – nur dann in Betracht, wenn die erbrachte ärztliche Leistung für den Patienten **von vornherein nutzlos** ist (OLG

Hamburg, Beschl. v. 29. 12. 2005 – 1 W 85/05, OLGR 2006, 120, 121: ungeeignete Methode, Eingriff von vornherein aussichtslos bzw. nutzlos; OLG Nürnberg, Urt. v. 16. 7. 2004 – 5 U 2383/03, OLGR 2004, 373, 375 = NJW-RR 2004, 1543, 1544: Dienstleistung unbrauchbar; OLG Frankfurt OLGR 1995, 134; OLG Koblenz NJW-RR 1994, 52) bzw. die Schlechterfüllung **praktisch einer Nichterfüllung des Behandlungsvertrages gleichkommt** (Gehrlein, 2. Aufl., Rz. A 19) oder es sich für den Patienten wegen eines Behandlungsfehlers des Operateurs als **unmöglich oder unzumutbar** erweist, das bei ordnungsgemäßer Durchführung des Eingriffs zu erwartende Ergebnis durch neuerliche operative Maßnahmen herbeizuführen (OLG Hamburg, Urt. v. 22. 12. 2000 – 1 U 41/00, OLGR 2001, 179 = MDR 2001, 799; vgl. → *Rückerstattung des Honorars*, S. 680 ff.).

Die Kosten einer medizinisch notwendigen Operation zur Korrektur einer wegen eines Behandlungsfehlers vorwerfbar misslungenen kosmetischen Operation sind vom Arzt zu ersetzen. Wegen dieser Kosten besteht allerdings eine Zweckbindung. **Fiktive Kosten sind grundsätzlich nicht erstattungsfähig** (BGH MDR 1986, 486 = NJW 1986, 1538; OLG Düsseldorf, Urt. v. 1. 8. 2002 – 8 U 195/01, OLGR 2003, 251, 252; NJW-RR 1991, 1308; OLG Hamburg, Beschl. v. 29. 12. 2005 – 1 W 85/05, OLGR 2006, 120, 121; OLG Köln, Urt. v. 12. 1. 2005 – 5 U 96/03, GesR 2005, 266, 267; VersR 2000, 1021 = OLGR 2000, 170 f.; VersR 1998, 1510; OLG München, Beschl. v. 1. 2. 2006 – 1 U 4756/05, OLGR 2006, 431, 432).

Allerdings kann der Patient die Kosten einer **noch nicht durchgeführten ärztlichen Behandlung** ausnahmsweise dann erfolgreich mit der Leistungsklage geltend machen, wenn er seine Absicht, die aufgrund des Behandlungsfehlers erforderliche Nachbehandlung alsbald durchführen zu lassen, nachweist (BGH NJW 1986, 1538 = MDR 1986, 486; OLG München, Beschl. v. 1. 2. 2006 – 1 U 4756/05, OLGR 2006, 431, 432: im entschiedenen Fall verneint) oder wenn der entsprechende Vortrag von der Behandlungsseite nicht bestritten wird (OLG Hamburg, Beschl. v. 29. 12. 2005 – 1 W 85/05, OLGR 2006, 120, 121).

6. Sterilisationsvertrag

Der mit dem Arzt abgeschlossene Vertrag über die Durchführung einer freiwilligen Sterilisation ist unabhängig vom Vorliegen einer besonderen Indikationslage grundsätzlich wirksam und gleichfalls als **Dienstvertrag** einzuordnen (BGH, NJW 1980, 1452, 1453; Deutsch/Spickhoff Rz. 64; L/U, § 39 Rz. 36, 38, 42; Spindler/Rieckers, JuS 2004, 272, 273). Gleiches gilt hinsichtlich eines Vertrages über die Durchführung einer Kastration oder einer operativen Geschlechtsumwandlung (L/U, § 39 Rz. 43, 44).

II. Privatpatienten

1. Vertragsabschluss mit dem Patienten

Der Behandlungsvertrag kommt regelmäßig dadurch zustande, dass sich der Patient in die Behandlung des Arztes begibt und der Arzt die Behandlung übernimmt (F/N Rz. 6, 7, 11, 41; G/G, 5. Aufl., Rz. A 2; L/U, § 41 Rz. 10). Ein Vertragsverhältnis kann auch durch die Erteilung telefonischer Ratschläge auf ausdrückliche Anfrage des Patienten begründet werden (L/U, § 41 Rz. 10, 11 und § 52 Rz. 3). Begibt sich der Patient unter Hinweis auf das **Bestehen einer privaten Krankenversicherung** in die Praxis des Arztes und weist er nicht auf eine bestehende Kassenmitgliedschaft bzw. Sozialhilfeberechtigung hin, so gibt er dadurch zu erkennen, dass er den Willen hat, als Selbstzahler untersucht und behandelt zu werden (L/U, § 41 Rz. 10; OLG Saarbrücken NJW 2001, 1798 zum Honoraranspruch eines Krankenhauses; vgl. zu den Einzelheiten → *Allgemeine Geschäftsbedingungen*, S. 3 ff.).

Sein Honorar kann der Arzt beim Privatpatienten in den von der **GOÄ** und **GOZ** (dort jeweils § 2 I) gezogenen Grenzen berechnen (vgl. hierzu → *Allgemeine Geschäftsbedingungen*, S. 5 ff.).

2. Mitverpflichtung des Ehepartners (§ 1357 BGB)

Neben dem die Behandlung in Anspruch nehmenden Patienten haftet auch dessen mit ihm zusammenlebender Ehegatte gem. § 1357 BGB für die Behandlungskosten, wenn sich Art und Kosten der Behandlung im Lebenszuschnitt der Familie halten, wie er nach außen in Erscheinung tritt (BGH NJW 1985, 1394; NJW 1992, 909; S/Pa, Rz. 10, 11; G/G, 5. Aufl., Rz. A 102).

Maßgeblich für die Mitverpflichtung ist also, wie zum Beispiel die Ehefrau bei Abschluss des Arztvertrages die wirtschaftlichen Verhältnisse darstellt bzw. wie sie dabei auftritt (L/U, § 40 Rz. 23) und inwieweit für die Behandlungskosten durch das Eintreten einer privaten oder gesetzlichen Krankenversicherung Deckung besteht (BGH, Urt. v. 28. 4. 2005 – III ZR 351/04, NJW 2005, 2069 = VersR 2005, 947; G/G, 5. Aufl., Rz. A 102).

Auch die Vereinbarung von Wahlleistungen im Krankenhaus wird von § 1357 BGB erfasst, wenn die Leistungen dem Lebensbedarf und Lebenszuschnitt der Familie (§§ 1360, 1360 a BGB) entsprechen (BGH NJW 1992, 909), nicht dagegen Krankenhauszusatzleistungen wie z. B. Einbettzimmer (L/U, § 40 Rz. 29).

Der **Eintritt einer privaten Krankenversicherung** oder **gesetzlichen Krankenkasse schließt die Mitverpflichtung** des anderen Ehegatten jedoch **grundsätzlich** aus (BGH NJW 1992, 909; L/U, § 40 Rz. 23).

Aus den vom Patienten nachzuweisenden Umständen des Einzelfalls kann sich jedoch auch ergeben, dass er den Behandlungsvertrag nur im Namen seines Ehegatten abschließen wollte und allein dieser Honorarschuldner werden sollte (OLG Köln VersR 1994, 107; S/Pa, Rz. 12; a. A. L/U, § 40 Rz. 23, Fn. 54: Die Kenntnis des Arztes, dass lediglich der Ehegatte des Patienten krankenversichert ist, reicht für eine Alleinhaftung des versicherten Ehegatten nicht aus).

Für den Ausschluss der Eigenhaftung des Patienten sind aber sehr deutliche Umstände zu verlangen (OLG Hamm VersR 1997, 1360; S/Pa, Rz. 12). Ein nichtehelicher Lebensgefährte, der seine Partnerin in ein Krankenhaus begleitet, wird nicht dadurch zum Kostenschuldner, dass er eine ihm vorgelegte, aber ihrem Inhalt nach als Kostenzusage des Patienten konzipierte Verpflichtungserklärung unterzeichnet (OLG Saarbrücken NJW 1998, 828; Gehrlein, Rz. A 6; S/Pa, Rz. 12; vgl. hierzu → *Allgemeine Geschäftsbedingungen*, S. 3).

Bei **besonders kostspieligen oder sachlich nicht gebotenen ärztlichen Behandlungsmaßnahmen**, etwa bei Inanspruchnahme ärztlicher Wahlleistungen, Unterbringung im Einbettzimmer, einem speziellen, über den Kassenrichtlinien liegenden Zahnersatz o. a. greift § 1357 BGB nur dann ein, wenn sich die Ehegatten – für den Arzt erkennbar – über die Durchführung der Behandlung zuvor abgestimmt haben (BGH NJW 1992, 909; NJW 1985, 1394; G/G, 5. Aufl., Rz. A 103; S/Pa, Rz. 10).

Der Ehegatte eines Patienten ist nicht gem. § 1357 BGB zur Zahlung der Behandlungskosten verpflichtet, wenn die Kosten einer – auch medizinisch indizierten, unaufschiebbaren – ärztlichen Behandlung des Ehegatten die wirtschaftlichen Verhältnisse und finanziellen Möglichkeiten der Familie **überschreiten** (OLG Saarbrücken NJW 2001, 1798, 1799; L/U, § 40 Rz. 23, 29; Gehrlein, Rz. A 5).

3. Vertrag zugunsten Dritter (§ 328 BGB)

Bei der ärztlichen **Behandlung eines Kindes** schließen die Eltern regelmäßig als alleinige Honorarschuldner mit den Ärzten einen **echten Vertrag zugunsten Dritter** (§ 328 BGB) ab, der dem Minderjährigen einen eigenen Anspruch auf Durchführung einer fachgerechten Behandlung vermittelt (BGH NJW 1989, 1538; F/N Rz. 6; Gehrlein, Rz. A 5; G/G, 5. Aufl., Rz. A 93, 94; L/U, § 40 Rz. 24).

Auch in diesem Rahmen kann § 1357 BGB eingreifen, wenn der Vertrag nur von einem Elternteil abgeschlossen worden ist (Gehrlein, Rz. A 5). Bei Verträgen über eine **Entbindung**, die **Sterilisation** eines Ehegatten oder der Behandlung einer Schwangeren wird dagegen ein **Vertrag mit Schutzwirkung** zugunsten des ungeborenen Kindes bzw. des auf den Erfolg der Sterilisation vertrauenden anderen Ehegatten angenommen (BGHZ 86, 240, 247; G/G, 5. Aufl., Rz. A 93, 94, B 166; L/U, § 40 Rz. 24; Reinhart, VersR 2001, 1081, 1084 und 1087 m. w. N.).

Dabei wird das **ungeborene Kind** bzw. der andere Ehegatte **nicht selbst Vertragspartei**. Jedoch können die Eltern eines durch die Behandlung geschädigten Kindes berechtigt sein, den **Mehraufwand für die Pflege und Versorgung des Kindes** als eigenen Schaden geltend zu machen (BGH, Urt. v. 14. 11. 2006 – VI ZR 48/06 und Urt. v. 18. 6. 2002 – VI ZR 136/01, NJW 2002, 2626, 2627; OLG Düsseldorf VersR 1999, 232; VersR 2001, 1559; G/G, 5. Aufl., Rz. B 175, 176, 185; Grub, 2006, S. 182, 186; Müller, VPräsBGH, NJW 2003, 697, 706; S/Pa, Rz. 13; **a. A.** Reinhart, VersR 2001, 1081, 1086 m. w. N.; Deutsch, NJW 2003, 26; Spickhoff, NJW 2002, 1758, 1764; Müko-Wagner, § 823 BGB Rz. 90; Erman-Schiemann, § 823 BGB Rz. 22: jeweils eigener Anspruch des Kindes bejaht; vgl. hierzu → *Schwangerschaftsabbruch, fehlerhafter* [S. 732], → *Sterilisation, fehlerhafte* [S. 743] und → *Genetische Beratung* [S. 491]).

4. Notfälle und Behandlung Geschäftsunfähiger

Bei der Behandlung bewusstloser und geschäftsunfähiger Patienten ergibt sich der Vergütungsanspruch des Arztes oder Krankenhauses aus **Geschäftsführung**

ohne Auftrag (§§ 677, 683, 670 BGB), soweit es nicht zum Abschluss eines Arztvertrags durch die gesetzlichen Vertreter (Eltern, Betreuer, Pfleger u. a.) gekommen ist (KG, Urt. v. 8. 8. 2005 – 20 U 125/04, OLGR 2006, 648, 649; L/U, § 40 Rz. 8, 12, 14; F/N Rz. 30; Gehrlein, Rz. A 17). Die Haftungsbeschränkung des § 680 BGB findet jedoch vor dem Hintergrund der ärztlichen Berufsausübung keine Anwendung (F/N Rz. 30; S/Pa, Rz. 65; L/U, § 40 Rz. 12). Allerdings greift die Haftungsbeschränkung des § 680 BGB auf Vorsatz und grobe Fahrlässigkeit dann ein, wenn der die Nothilfe leistende Arzt zufällig an einer Unfallstelle anwesend und selbst kein Notfallmediziner ist (OLG München, Urt. v. 6. 4. 2006 – 1 U 4142/05, NJW 2006, 1883, 1885: Der zufällig anwesende Gynäkologe diagnostizierte irrtümlich den Tod durch Ertrinken).

Im Rahmen der §§ 677, 683 BGB muss die Behandlung jedoch auf vital oder absolut indizierte Maßnahmen beschränkt bleiben; nur relativ indizierte Eingriffe müssen der späteren Entschließung des Patienten überlassen werden (Gehrlein, Rz. A 17; F/N Rz. 30, 106; vgl. hierzu → *Aufklärung* [Echte Behandlungsalternativen], S. 204].

Schließt der Patient nach Wiedererlangung des Bewusstseins bzw. Wiederherstellung der Geschäftsfähigkeit einen Arztvertrag mit ex-nunc-Wirkung ab, gelten für die Zeit ab Vertragsabschluss die allgemeinen vertraglichen Vorschriften sowie die Regelungen der GOZ bzw. GOÄ (L/U, § 40 Rz. 15, 16; abweichend F/N Rz. 30: nach dem Abklingen der Gefahrenlage kann der Vertragsabschluss als nachgeholt oder die Zustimmung des Patienten als nachträglich erteilt angesehen werden).

Ist der Patient ansprechbar, kommt auch in Notfällen ein Behandlungsvertrag zustande (Gehrlein, Rz. A 18). Schließt ein Minderjähriger einen Arztvertrag ohne die erforderliche Einwilligung seiner Eltern ab, so hängt die Wirksamkeit des Vertrages von der Genehmigung gem. § 108 I BGB ab. Möglich ist auch, dass der Minderjährige als Bote des gesetzlichen Vertreters dessen Willenserklärungen übermittelt und zwischen dem Arzt und den Eltern ein Vertag zugunsten des Minderjährigen (§ 328 BGB) zustande kommt (L/U, § 40 Rz. 8, 17). Wird die Minderjährige oder aus anderen Gründen geschäftsunfähige Patientin notfallmäßig in ein Krankenhaus verlegt, etwa zur Vornahme einer Not-Sectio oder nach einem Unfall, ergibt sich die Einstandspflicht der Eltern für die Kosten der ärztlichen Behandlung des nicht volljährigen Kindes aus §§ 677, 683, 670, 1835 III BGB (KG, Urt. v. 8. 8. 2005 – 20 U 125/04, OLGR 2006, 648, 649: Kosten in Höhe von 26 000,00 Euro im Zusammenhang mit einer Not-Sectio).

Das Krankenhaus führt durch seine ärztlichen und nichtärztlichen Mitarbeiter ein Geschäft der Eltern (§ 677 BGB). Denn die gesetzliche Unterhaltspflicht der §§ 1601 ff. BGB beinhaltet auch das Verschaffen ärztlicher Heilbehandlung auf Kosten des Unterhaltsverpflichteten. Der Fremdgeschäftsführungswille der Mitarbeiter des Krankenhauses ist bei einem hier vorliegenden „auch-fremden" Geschäft zu vermuten. Im Übrigen würde selbst bei Vorliegen eines Eigengeschäfts, etwa aufgrund eines Vertrages, neben dem auch objektiv fremden Geschäft die Vermutung greifen, dass der Handelnde auch das fremde Geschäft mitbesorgen will (KG, Urt. v. 8. 8. 2005 – 20 U 125/04, OLGR 2006, 648, 649

mit Hinweis auf BGH, Urt. v. 21. 10. 2003 – X ZR 66/01, MDR 2004, 386 =
NJW-RR 2004, 81, 82 und BGH, MDR 2000, 76 sowie MDR 1999, 357).

Die Geschäftsführung in Form der erbrachten Behandlungsmaßnahmen ist
ohne weiteres berechtigt, ein abweichender Wille der Eltern wäre gem. § 679
BGB unbeachtlich. Gem. §§ 670, 1835 III BGB ist die übliche Vergütung als Auf-
wendungsersatz zu erstatten (KG, Urt. v. 8. 8. 2005 – 20 U 125/04, OLGR 2006,
648, 649).

5. Stationäre Behandlungsverhältnisse

Auch bei der Aufnahme des Patienten in die stationäre Behandlung eines Krankenhauses kommt es zum Abschluss privatrechtlicher Verträge zwischen dem
Krankenhausträger und dem Privatpatienten oder dem Kassenpatienten (G/G,
5. Aufl., Rz. A 22, 23).

Man unterscheidet **drei typische Gestaltungsformen** (vgl. G/G, 5. Aufl.,
Rz. A 26 ff., 31 ff., 34 ff., 49 ff., 66 f., 68 ff., 71 ff., 74 ff., 85 ff.; Gehrlein, 5. Aufl.,
Rz. A 20 ff., 24 ff., 31 ff., 46 ff., 53 ff.; F/N, Rz. 18, 20 ff., 50 ff.; S/Pa, Rz. 23 ff.,
52 ff., 80 ff.):

▷ **den totalen Krankenhausvertrag,**

▷ **den totalen Krankenhausvertrag mit Arztzusatzvertrag,**

▷ **den gespaltenen Krankenhausvertrag.**

Wegen der Einzelheiten wird auf das Kapitel → *Krankenhausverträge* (S. 650 ff.)
verwiesen.

III. Kassenpatienten

1. Ambulante vertragsärztliche Versorgung

Die ambulante vertragsärztliche Versorgung des Kassenpatienten vollzieht sich
auf der Grundlage eines privatrechtlichen Vertrages mit dem Vertragsarzt, der
bereits durch die Übernahme der Behandlung und nicht erst mit der Aushändigung des Krankenscheins wirksam wird (Gehrlein, Rz. A 7; G/G, 5. Aufl.,
Rz. A 9 ff., 18, 19, 22 ff.; S/Pa, Rz. 48). Insoweit gelten die obigen Ausführungen
entsprechend.

Zwischen dem Patienten, dem Vertragsarzt, der Krankenkasse und der Kassenärztlichen Vereinigung (KV) besteht eine **Viererbeziehung**, die auf privatrechtlicher Ebene durch den Abschluss des Behandlungsvertrages zwischen dem
Patienten und dem zur Kasse zugelassenen Vertragsarzt, daneben auf öffentlich-
rechtlicher Ebene in den sozialrechtlichen Rechtsbeziehungen des Vertragsarztes, der Kasse und der KV geregelt sind (G/G, 5. Aufl., Rz. A 11; Gehrlein,
Rz. A 8; S/Pa, Rz. 52: bei stationärer oder teilstationärer Behandlung „auf dem
Weg zur rechtlichen **Viererbeziehung**"; vgl. BGH, Urt. v. 20. 12. 2005 –; VI ZR
180/04, NJW 2006, 767, 768 = VersR 2006, 409, 410 f. zur Chefarzt- und Institutsambulanz; BGH, Urt. v. 31. 1. 2006 – VI ZR 66/05, VersR 2006, 791, 792 = NJW-
RR 2006, 811, 812 zum totalen Krankenhausvertrag und dem Arztzusatzvertrag).

Die gesetzliche Krankenkasse ist dem Patienten als Krankenkassenmitglied sowie dessen Familienangehörigen (vgl. § 10 SGB V) aus dem **öffentlich-rechtlichen Versicherungsverhältnis** nach dem Regelmodell der Sachleistung zur ärztlichen Versorgung verpflichtet (§§ 2, 11, 27 ff. SGB V). Die Kasse erfüllt diese Verpflichtung durch öffentlich-rechtliche Gesamtverträge ihrer Verbände mit der jeweiligen KV (§§ 82, 83 SGB V). In diesen Verträgen wird der Leistungsrahmen konkretisiert und die Gesamtvergütung festgelegt (§ 85 SGB V). Der von der jeweiligen KV zugelassene Vertragsarzt steht zu dieser in einem öffentlich-rechtlichen Mitgliedsverhältnis (§ 95 III SGB V). Diese öffentlich-rechtliche Verpflichtung verpflichtet den Vertragsarzt, den festgelegten Leistungsrahmen einzuhalten und verschafft ihm einen Honoraranspruch gegen die jeweilige KV (§§ 82 II, 85 IV SGB V; vgl. G/G, 5. Aufl., Rz. A 11).

Demgegenüber tritt der Kassenpatient zum Vertragsarzt oder Vertragszahnarzt, den er grundsätzlich frei unter den zur Kasse zugelassenen Ärzten wählen kann, in **privatrechtliche Beziehungen** (§ 76 IV SGB V; vgl. von Ziegner, MDR 2001, 1088, 1092 zur zahnärztlichen Behandlung). Da der Patient mit Übernahme der Behandlung Vertragspartei des Arztes wird, hat er Haftungsansprüche gegen diesen vor den Zivilgerichten geltend zu machen, während sich der Honoraranspruch des Vertragsarztes unmittelbar gegen die KV richtet und vor dem zuständigen Sozialgericht eingeklagt werden muss (vgl. G/G, 5. Aufl., Rz. A 9, 11; Gehrlein, Rz. A 8, 9; S/Pa Rz. 48 b, 55; auch BGH NJW 1999, 858 zum Anspruch gegen die KV; BGH NJW 2000, 3429 = VersR 2000, 999 zur Zuständigkeit der Sozialgerichte).

Seit dem 1. 7. 1997 kann der Kassenpatient auch die Kostenerstattung bis zur Grenze desjenigen Betrages wählen, den die Kasse aus den Verträgen mit der KV als Sachleistung an den Vertragsarzt zu erbringen hätte, vgl. § 13 II SGB V (S/Pa, Rz. 48 b, 49; G/G, 5. Aufl., Rz. A 13). Seit dem 1. 1. 1999 ist diese Kostenerstattungsregelung grundsätzlich auf freiwillige Mitglieder der Kasse beschränkt, vgl. § 13 II 1 SGB V (G/G, 5. Aufl., Rz. A 13).

Wählt der Kassenpatient die Kostenerstattung durch seine gesetzliche Krankenkasse nach § 13 II SGB V, kann der Arzt vom Patienten die Leistung nach GOÄ bzw. GOZ vergütet verlangen (G/G, 5. Aufl., Rz. A 13; S/Pa, Rz. 50).

Das Honorar ist jedoch auf diejenige Vergütung, die die gesetzliche Krankenkasse bei Erbringung als Sachleistung zu tragen hätte, begrenzt (G/G, 5. Aufl., Rz. A 13; ebenso noch Steffen/Dressler, 4. Aufl., Rz. 50).

Außer nach Wahl der Kostenerstattung durch den Patienten kann der Vertragsarzt sein **Honorar unmittelbar gegenüber dem Patienten** geltend machen, **wenn bereits vor Beginn der Behandlung feststeht**, dass die **Krankenkasse** für die Behandlung **nicht eintrittspflichtig** ist (BGH NJW 2000, 3429; OLG Schleswig NJW 1993, 2996) oder der Patient weder gesetzlich krankenversichert noch sozialhilfeberechtigt ist (OLG Saarbrücken NJW 2001, 1798 zum Honoraranspruch des Krankenhauses; Gehrlein, Rz. A 10; zu den Einzelheiten vgl. → *Allgemeine Geschäftsbedingungen*, S. 3 f.).

2. Stationäre Behandlungsverhältnisse

Auch die stationäre Krankenhausbehandlung erfolgt auf der Basis eines privatrechtlichen Behandlungsvertrages mit dem Patienten (vgl. hierzu → *Krankenhausverträge* S. 650 ff.). Die stationäre Krankenhauspflege ist im Ansatz entsprechend der ambulanten vertragsärztlichen Versorgung geregelt.

Der Patient und seine gesetzliche Krankenkasse stehen in einem öffentlich-rechtlichen Versicherungsverhältnis (§§ 2, 5 ff., 107 ff., 112 SGB V). Die Krankenkassen sind in öffentlich-rechtlichen Rahmenverträgen ihrer Landesverbände, die auch die Abrechnung der Behandlungskosten festlegen, mit den zur Krankenhauspflege zugelassenen Krankenhäusern verbunden (§§ 108, 109 SGB V). Zwischen dem Patienten und dem Krankenhausträger werden privatrechtliche Verträge geschlossen; die frühere Annahme eines Vertragsabschlusses zwischen der Krankenkasse und dem Krankenhausträger zugunsten des Kassenpatienten (§ 328 BGB) ist aufgrund der Gesetze zur Strukturreform im Gesundheitswesen überholt (G/G, 5. Aufl., Rz. A 23, 24; S/Pa, Rz. 52, 53; Gehrlein, Rz. A 21).

Die **Honorarforderung des Krankenhausträgers gegenüber der Krankenkasse** ist auch hier vor den **Sozialgerichten** geltend zu machen (BGH NJW 2000, 3429; Gehrlein, Rz. A 21; S/Pa, Rz. 55), während Ansprüche des **Patienten** wegen eines Behandlungs- oder Aufklärungsfehlers vor den **Zivilgerichten** einzuklagen sind.

Der gesetzlich krankenversicherte Patient, der sich aufgrund einer kassenärztlichen Einweisung in ein Krankenhaus begibt, darf grundsätzlich darauf vertrauen, nicht mit den Kosten der Behandlung belastet zu werden (OLG Saarbrücken NJW 2001, 1798, 1799; OLG Köln VersR 1987, 792; vgl. hierzu → *Allgemeine Geschäftsbedingungen*, S. 3 f.).

Bleibt der Patient jedoch im Krankenhaus, obwohl er über das **Ende der Kostenübernahme** durch seine Krankenkasse wegen Wegfalls der Behandlungsbedürftigkeit oder wegen Fehlens einer hinreichenden Erfolgsaussicht für die Behandlung und Pflege **informiert** wurde, so kommt zwischen ihm und dem Krankenhausträger ein separater Vertrag über die weitere stationäre Aufnahme und Betreuung zu den üblichen Pflegesätzen zustande (BGH, Urt. v. 9. 5. 2000 – VI ZR 173/99, NJW 2000, 3429 = VersR 2000, 999; G/G, 5. Aufl., Rz. A 24).

Ist der Patient weder gesetzlich krankenversichert noch sozialhilfeberechtigt, so scheidet eine Überleitung der Honorarforderung des Krankenhausträgers gegenüber der Krankenkasse bzw. dem Sozialhilfeträger natürlich aus. Auch in diesem Fall bleibt der Patient selbst vertraglicher Kostenschuldner (OLG Saarbrücken NJW 2001, 1798; zu den Einzelheiten, insbesondere überraschenden Klauseln in Kostenübernahmeerklärungen u. a. vgl. → *Allgemeine Geschäftsbedingungen*, S. 3 f.).

Allerdings darf sich der Krankenhausträger beim Vorliegen gegenteiliger Verdachtsmomente nicht auf die bloße Angabe des Patienten, er sei gesetzlich versichert, verlassen, sondern muss ggf. Rückfragen halten (OLG Köln VersR 2004, 651).

Ein Direktanspruch des Arztes bzw. Krankenhauses gegen den Kassenpatienten scheidet auch aus, wenn der zuständige **Sozialhilfeträger** die **Kostenübernahme zu Unrecht verweigert**. In diesem Fall ergibt sich der Anspruch des Krankenhausträgers aus § 121 BSHG mit den Grundsätzen einer öffentlich-rechtlichen G. o. A. (§§ 677, 683, 670 BGB analog; vgl. OLG Zweibrücken NJW-RR 1999, 1070; G/G, Rz. A 24 a. E.).

Zur Differenzierung zwischen den drei typischen Gestaltungsformen des Krankenhausvertrages, des totalen Krankenhausvertrages, des totalen Krankenhausvertrages mit Arztzusatzvertrag und des gespaltenen Krankenhausvertrages vgl. → *Krankenhausverträge*, S. 650.

IV. Öffentlich-rechtliche Behandlungsverhältnisse

1. Tätigkeit des Notarztes im Rahmen des Rettungsdienstes

Nach nunmehr geänderter Rspr. des BGH (BGH, Urt. v. 9. 1. 2003 – III ZR 217/01, VersR 2003, 732, 733 = NJW 2003, 1184, 1185 = GesR 2003, 201, 204; Urt. v. 16. 9. 2004 – III ZR 346/03, NJW 2005, 429, 431 = VersR 2005, 688, 690) ist in mehreren Bundesländern die **Tätigkeit des Notarztes im Rahmen des Rettungsdienstes** – anders als der hiervon zu unterscheidende vertragsärztliche Bereitschafts- oder Notfalldienst für ansonsten sprechstundenfreie Zeiten (vgl. F/N Rz. 4) – im Verhältnis zum Notfallpatienten **nach Amtshaftungsgrundsätzen zu beurteilen**.

Dies gilt etwa für **Bayern** unter Geltung des Bayerischen Rettungsdienstgesetzes v. 10. 8. 1990 i. d. F. der Bekanntmachung v. 8. 1. 1998 (BGH, Urt. v. 9. 1. 2003 – III ZR 217/01, VersR 2003, 732, 734 = NJW 2003, 1184, 1185 = GesR 2003, 201, 202; Urt. v. 16. 9. 2003 – III ZR 346/03, NJW 2005, 429, 430 f. = VersR 2005, 688, 689 f.), für **Nordrhein-Westfalen** unter Geltung des dortigen Rettungsdienstgesetzes v. 26. 11. 1994 i. d. F. v. 25. 11. 2001 (OLG Köln DVBl. 2001, 1776; Petry, GesR 2003, 205), für **Schleswig-Holstein** unter Geltung des dortigen Rettungsdienstgesetzes v. 29. 11. 1991 i. d. F. v. 16. 4. 2002 (Petry, GesR 2003, 205), für **Mecklenburg-Vorpommern** unter Geltung des dortigen Rettungsdienstgesetzes (Petry a.a.O.), für **Rheinland-Pfalz** (OLG Zweibrücken OLGR 2001, 288; G/G, 5. Aufl., Rz. A 88), **nicht** jedoch für **Baden-Württemberg** (OLG Stuttgart NJW 2004, 2987; G/G, 5. Aufl., Rz. A 88: bislang privatrechtlich organisiert).

Auch in anderen Bundesländern ist § 839 BGB einschlägig, wenn und soweit die Wahrnehmung der rettungsdienstlichen Aufgaben sich nach den dortigen Vorschriften als hoheitliche Betätigung darstellt und der Notarzt im Rahmen seiner Notarzttätigkeit nicht mehr dem Geschäfts- und Wirkungskreis des Krankenhausträgers unterfällt, wovon regelmäßig auszugehen ist (BGH, Urt. v. 16. 9. 2004 – III ZR 346/03, NJW 2005, 429, 431/432).

Petry (GesR 2003, 205 f.) stellt zutreffend darauf ab, ob der Rettungsdienst öffentlich-rechtlich organisiert ist, wofür folgende Gesichtspunkte sprechen:

Der Rettungsdienst nimmt Pflichtaufgaben zur Erfüllung nach Weisung wahr, für die Leistungen werden Gebühren nach einer Gebührensatzung festgesetzt, Träger des Rettungsdienstes ist das Land, ein Landkreis oder eine kreisfreie Stadt, der seine hoheitlichen Aufgaben durch öffentlich-rechtlichen Vertrag auch auf Hilfsorganisationen und juristische Personen des öffentlichen Rechts ganz oder teilweise übertragen kann.

Die Vorschriften des SGB V stehen dem nicht (mehr) entgegen, da nach § 75 I 2 SGB V i. d. F. des zweiten GKV-Neuordnungsgesetzes vom 23. 6. 1997 die Sicherstellung der vertragsärztlichen Versorgung in Fällen des Notdienstes nur (noch) die vertragsärztliche Versorgung zu den sprechstundenfreien Zeiten (Notfalldienst), nicht (mehr) die notärztliche Versorgung im Rahmen des Rettungsdienstes (Notarztdienst) umfasst. Dies ist auch dann nicht anders zu beurteilen, wenn der Landesgesetzgeber – wie in Bayern – von der durch § 75 I 2 SGB V eröffneten Möglichkeit, die notärztliche Versorgung im Rahmen des Rettungsdienstes (wieder) zum Gegenstand der vertragsärztlichen Versorgung zu machen, Gebrauch gemacht hat (BGH, Urt. v. 9. 1. 2003 – III ZR 217/01, NJW 2003, 1184 = VersR 2003, 732).

Nach Auffassung von Lippert (VersR 2004, 839, 842) ist die Übertragung der Ergebnisse der BGH-Urteile v. 9. 1. 2003 und 16. 9. 2004 auf die Rechtslage in anderen Bundesländern fraglich, weil die Rechtslage dort teilweise erheblich differieren würde. Allein die Zugehörigkeit des Rettungswesens zum Bereich der staatlichen Daseinsvorsorge rechtfertige es nicht, hieraus zu folgern, dass diese Leistung auch öffentlich-rechtlich erbracht werden müsste.

2. Durchgangsarzt

Auch Durchgangsärzte, i. d. R. erfahrene Fachärzte der Chirurgie oder Orthopädie, die von den Trägern der gesetzlichen Unfallversicherung durch öffentlich-rechtlichen Bescheid als solche bestellt worden sind, handeln bei ihrer Entscheidung über das Ob und Wie der notwendigen Heilmaßnahmen und bei den für ihre Entscheidung erforderlichen vorbereitenden Untersuchungen des Verletzten öffentlich-rechtlich. Bei hierbei auftretenden Behandlungsfehlern haftet die zuständige Berufsgenossenschaft über Art. 34 GG i. V. m. § 839 BGB (F/N Rz. 5). Übernimmt der D-Arzt die anschließende Heilbehandlung selbst, wird (erst) hierdurch ein zivilrechtliches Behandlungsverhältnis begründet (BGH, NJW 1994, 2417 = VersR 1994, 1195; NJW 1989, 767 = VersR 1988, 1273; F/N Rz. 5 a. E.; G/G, 5.Aufl., Rz. A 88).

3. Truppen-, Amts- und Anstaltsärzte

Auch die Truppenärzte der Bundeswehr, die zur Behandlung von Strafgefangenen oder Untersuchungsgefangenen beauftragten Anstaltsärzte, Amtsärzte und die von den Gesundheitsbehörden eingeschalteten Impfärzte bei Durchführung einer staatlichen Schutzimpfung handeln öffentlich-rechtlich mit der Folge der subsidiären Haftung nach § 839 I 2 BGB (F/N Rz. 4; G/G, 5. Aufl., Rz. A 88; auch BGH, Urt. v. 20. 7. 2000 – III ZR 64/99, VwersR 2001, 1108: Ärzte der Gesundheits- oder Versorgungsämter; BGH VersR 1978, 252: Vertrauensarzt von LVA und Knappschaft; BGH VersR 1961, 184: Amtsarzt bei einer Untersuchung im Auftrag des Arbeitsamts).

Aufklärung

I. Grundlagen
  1. Allgemeines
  2. Selbstbestimmungsaufklärung
    a) Behandlungsaufklärung
    b) Risikoaufklärung
    c) Verlaufsaufklärung
    d) Diagnoseaufklärung
  3. Sicherungsaufklärung
    (Therapeutische Aufklärung)
    a) Begriff
    b) Unterlassene Sicherungs-
       aufklärung als Behandlungs-
       fehler
    c) Einzelfälle
      (1) Hinweis auf die Dringlich-
          keit des Eingriffs;
          Behandlungsverweigerung
      (2) Erforderliche Klinik-
          einweisung
      (3) Notwendigkeit von
          Kontrolluntersuchungen
      (4) Unterlassener Hinweis auf
          weitere Untersuchungen;
          notwendige Probeexzision
          bei Krebsverdacht
      (5) Einbestellung bei nachträg-
          licher Kenntnis von gravie-
          rendem Untersuchungs-
          befund; nachträgliche
          Sicherungsaufklärung
      (6) Notfallbehandlung und
          Notwendigkeit einer
          Nachbehandlung
      (7) Erforderlichkeit einer
          Korrektur- oder Nach-
          operation
      (8) Hinweis auf die weitere
          Lebensführung
      (9) Hinweis auf einen
          Prothesenwechsel
      (10) Hinweis auf mehrere zur
           Wahl stehende therapeu-
           tische Verfahren
      (11) Keine Aufklärung über
           mögliche, nicht gebotene
           Maßnahmen (Antibiotika-
           Prophylaxe, CT, MRT)
      (12) Ansteckungsgefahr und
           Schutzimpfung
      (13) Sterilisation und Miss-
           erfolgsquote
      (14) Voraussetzungen
           eines Schwangerschafts-
           abbruchs
      (15) Aufklärung über die Alter-
           native einer
           Schnittentbindung
      (16) Negativer Rhesusfaktor,
           Fruchtwasseruntersuchung
      (17) Hinweis eines vielfach aus
           kosmetischen Gründen
           voroperierten Patienten auf
           psychologische Behandlung
      (18) Medikation, Hinweis auf
           Nebenwirkungen
      (19) Hinweis auf verblie-
           benes Bohrerstück im
           Knochen
      (20) Zahnersatz bei parodontal
           beeinträchtigtem Zahn
      (21) Möglichkeit einer
           Samenspende vor Chemo-
           therapie
  4. Wirtschaftliche Aufklärung
    a) Gesetzlich krankenversicherte
       Patienten
    b) Privat krankenversicherte
       Patienten
    c) Zahnmedizinische Behandlung
    d) Aufklärung über die Möglichkeit
       einer nicht vom gesetzlichen
       Krankenversicherer zu erstatten-
       den Behandlung
    e) Kosmetische Operation
  5. Hinweis auf eigene Behandlungs-
     fehler
II. Art und Umfang der Aufklärung
  1. Aufklärung „im Großen und
     Ganzen"
  2. Allgemeine Operationsrisiken

3. Diagnostische Absicherung; keine unnötige Belastung des Patienten
4. Keine „Verharmlosung"
5. Fehlende Dringlichkeit
6. Operation bzw. Eingriff nur relativ indiziert
7. Kosmetische Operationen
8. Misserfolgsrisiko und herabgesetzte Erfolgsaussicht
9. Seltene Risiken
   (1) Impfschäden
   (2) Nervverletzungen bei einer Zahnbehandlung
       aa) Schädigung des Nervus lingualis
       bb) Schädigung des Nervus alveolaris
       cc) Kieferbruch
       dd) Knochenmarksentzündungen
   (3) Nervverletzungen und Querschnittslähmung
   (4) Risiken einer Angiographie
   (5) Risiken einer Myelographie
   (6) Erblindung
   (7) Komplikationen bei operativer Entfernung der Gebärmutter (Hysterektomie)
   (8) Nebenwirkungen von Medikamenten
   (9) Blutspende
   (10) Inkontinenz
   (11) Hodenatrophie (Rückbildung des Hodengewebes mit Fertilitätsstörungen)
   (12) Nierenverlust, Nachoperation
   (13) Verkürzungs- und Verlängerungsosteotomie, Plattenbruch
   (14) Sudeck-Distrophie
   (15) Infektionen, Injektionen
   (16) Langer Heilungsverlauf
10. Außenseiter- und Neulandmethoden, kontraindizierte Eingriffe
11. Behandlungsalternativen
    a) Wahl der richtigen Behandlungsmethode
    b) Echte Behandlungsalternativen
       (1) Konservative oder operative Methode
       (2) Zuwarten als ernsthafte Alternative
       (3) Operation statt konservativer Methode
       (4) Linderung von Beschwerden durch umfangreicheren Eingriff
       (5) Strumaoperation (Schilddrüsenoperation)
       (6) Unterschiedliche diagnostische oder therapeutische Verfahren
       (7) Prostataoperation
       (8) Unterschiedliche Methoden bei kosmetischen Operationen
       (9) Neuland-Methode (z.B. „Robodoc")
       (10) Punktion statt operativer Resektion einer Zyste
       (11) Nervenschonende, intraoperative Abklärung statt radikaler Tumorentfernung
       (12) Anästhesie
       (13) Gallensteinoperationen
       (14) Bildung und Verwendung von Eigenblutkonserven; HIV-Infektion
       (15) Kaiserschnitt statt vaginaler Entbindung
       (16) Entbindung mit Geburtszange, Saugglocke oder Kaiserschnitt
       (17) Zahnbehandlung, Wurzelspitzenresektion
       (18) Materialwechsel bei der zahnärztlichen Versorgung
       (19) Zahnersatz, Implantate
    c) Nicht echte Behandlungsalternative; keine Aufklärungspflicht
       (1) Konservative und operative Versorgung von Knochenbrüchen
       (2) Schultergelenkssprengung
       (3) Korrektur des Mittelfußes und der Zehenfehlstellung
       (4) Hüftgelenkoperationen
       (5) Implantation einer Knieendoprothese
       (6) Einzelne Behandlungstechniken bzw. Behandlungsschritte

(7) Operationsverfahren bei Hallux valgus
(8) Oberschenkeltrümmerfraktur
(9) Verwendung verschiedener Materialkombinationen bei einer Totalendoprothese
(10) Krampfaderoperation
(11) Amputationsverletzungen
(12) Unterlassen einer prophylaktischen Heparinisierung bzw. einer Antibiotikaprophylaxe
(13) Nichterstellung eines Computertomogramms
(14) Verzicht auf Gipsverband
(15) Nahtmaterial
(16) Netzversorgung einer Primärhernie
(17) Zugang bei Tumor-und Bandscheibenoperationen
(18) Zugang zur Implantation einer Hüftendoprothese
(19) Gallenoperation/Cholezystektomie
(20) Schnittführung beim Übergang von der Laparoskopie zur Laparotomie
(21) Blinddarmoperation
(22) Magenoperation
(23) Helicobacter pylori
(24) Operationsmethode bei Bauchspeicheldrüsenentzündung
(25) ERCP (endoskopische retrograde Cholangio- und Pankreatographie)
(26) Leberresektion
(27) Sterilisationsverfahren
(28) Kaiserschnitt oder vaginale Geburt – keine Aufklärungspflicht
(29) Hysterektomie (Gebärmutterentfernung)
d) Signifikant kleineres Risiko
e) Krankenhaus mit besserer Ausstattung
f) Fehlende Aufklärung unschädlich
III. Rechtzeitigkeit der Aufklärung
1. Grundsatz
2. Kleinere und risikoarme Eingriffe

a) Ambulante Eingriffe
b) Diagnostische Eingriffe
c) Stationäre Behandlung
3. Schwierige und risikoreiche Eingriffe
4. Notfalloperationen
5. Intraoperative Erweiterungen
6. Entbindungsmethoden
7. Kausalität und hypothetische Einwilligung
IV. Aufklärungspflichtiger und Aufklärungsadressat; Entbehrlichkeit der Aufklärung
1. Aufklärungspflichtiger
a) Vertikale Arbeitsteilung
b) Horizontale Arbeitsteilung
2. Aufklärungsadressat
a) Erwachsene
b) Minderjährige
c) Psychisch Kranke und sonstige Geschäftsunfähige; Abbruch lebenserhaltender Maßnahmen
d) Ausländische bzw. schlecht deutsch sprechende Patienten
3. Entbehrlichkeit/Entfallen der Aufklärungsbedürftigkeit
V. Mutmaßliche und hypothetische Einwilligung; Entscheidungskonflikt des Patienten
1. Mutmaßliche Einwilligung
2. Hypothetische Einwilligung und hypothetischer Kausalverlauf
a) Hypothetische Einwilligung
b) Hypothetischer Kausalverlauf
3. Ernsthafter Entscheidungskonflikt
a) Ernsthafter Entscheidungskonflikt bejaht
(1) Nur relativ indizierte Angiographie
(2) Koronarangiographie und Herzkatheteruntersuchung
(3) Myelograhpie (Röntgenkontrastdarstellung des Wirbelkanals)
(4) Schilddrüsenoperation
(5) Entfernung eines zystischen Knotens (hier: Kropfoperation)
(6) Operation statt konservativer Behandlung eines Bruchs

(7) Erhöhtes Risiko bei Vaginalgeburt

(8) Grauer Star-Operation

(9) Keratektomie zur Behandlung extremer Kurzsichtigkeit

(10) Hepatitis-Infektion nach Verabreichung eines Medikaments

(11) Kniepunktion

(12) Punktion statt Operation

(13) Lysebehandlung

(14) Nervschädigungen bei Bauchoperation

(15) Strahlentherapie

(16) Prostata-Laserverfahren

(17) Infektionsrisiko bei Verabreichung kortisonhaltiger Spritzen

(18) Heilende Therapie bei seltener Krankheit

(19) Sorge vor Komplikationen aus Vorerkrankungen

(20) Nervschäden bei Zahnextraktion

(21) Kieferfraktur und Kieferknochenmarkentzündung

(22) Prothetische Versorgung

b) Ernsthafter Entscheidungskonflikt verneint

   (1) Drängen des Patienten, starker Leidensdruck; Lähmungserscheinungen

   (2) Aufschieben des Eingriffs bzw. weiteres Zuwarten

   (3) Aneurysmaoperation, Nervschädigungen

   (4) Strahlentherapie, Querschnittlähmung

   (5) Kropfoperation; Aufklärung über andere schwerwiegendere Risiken erfolgt

   (6) Vorausgegangene, ähnliche Eingriffe; intraartikuläre Injektionen

   (7) Eintritt eines größeren Schadens

   (8) Knieendoprothese und Versteifung eines Gelenks als Alternative

   (9) Verschiedene Operationsmethoden bei Hallux-valgus

(10) Absetzen einer Medikation

(11) Absetzen einer Dialyse

(12) Eigenblutspende

(13) Routineimpfung

(14) Einbringung eines Venenkatheders

(15) Coloskopie/Darmperforation

(16) Potenzverlust nach Krebsoperation

(17) Verschlechterungsrisiko

(18) Unterlassene Risiko- oder Anästhesieaufklärung vor einer Blinddarmoperation

(19) Sectio statt vaginaler Entbindung; genetische Beratung

(20) Ablehnung eines Kaiserschnitts

(21) Gebärmutterperforation

(22) Risiko der Gebärmutterentfernung nach Abrasio/Kürettage; Behandlung in Universitätsklinik statt im Kreiskrankenhaus

(23) Sterilisation

(24) Zahnbehandlung; Ablehnung einer Leitungsanästhesie

VI. Kausalität für den Schaden, Reserveursache und Zurechnungszusammenhang

  1. Schadensursächlichkeit

  2. Fehlende Grundaufklärung, Zurechnungszusammenhang

    a) Fehlende oder mangelhafte Grundaufklärung

    b) Zurechnungszusammenhang bei fehlender Grundaufklärung

    c) Tragweite und Stoßrichtung des Eingriffs

    d) Abweichende Ansichten

    e) Zusammenfassung der Zurechnungsproblematik

  3. Hypothetischer Kausalverlauf, Reserveursache

VII. Beweislast für die Durchführung der Aufklärung

  1. Beweislast der Behandlungsseite

  2. Beweislast des Patienten

VIII. Aufklärungsgespräch, Dokumentation und „ständige Aufklärungsübung"
  1. Keine überzogenen Anforderungen; „im Zweifel ist dem Arzt zu glauben"
  2. Parteivernehmung und Parteianhörung
  3. Dokumentation der Aufklärung
  4. Ständige Aufklärungsübung („immer-so")
IX. Einzelfälle in alphabetischer Reihenfolge
  A.
  1. Abbruch der Therapie
  2. Aids
  3. Amalgam
  4. Anästhesie
  5. Analfistel
  6. Anastomoseninsuffizienz
  7. Angiographie
  8. Antibiotikaprophylaxe
  9. Anus praeter
  10. Appendektomie
  11. Arterienverletzung
  12. Arthroskopie
  B.
  13. Bandscheibenoperation/ Bandscheibenvorfall
  14. Blutspende/Eigenblut
  15. Brustwirbeloperation
  C.
  16. Chirotherapie
  17. Computertomogramm
  D.
  18. Dammschnitt (Episiotomie)
  19. Diagnosemitteilung, fehlerhafte
  20. Dickdarmoperation
  21. Diskographie (Röntgenkontrastdarstellung einer Bandscheibe)
  E.
  22. Epilepsieanfälle
  23. ERCP
  G.
  24. Gallenoperation/Gallensteinleiden
  25. Gebärmutter
  H.
  26. Handgelenksverletzung
  27. Hallux valgus
  28. Harninkontinenz
  29. Hodenatrophie
  30. Hornhaut/Hyperopiekorrektur
  31. Hüftgelenksoperation
  32. Hygiene
  33. Hysterektomie
  I.
  34. Impfung
  35. Infektionen
  36. Injektionen
  K.
  37. Kardiale Erkrankung
  38. Knieoperation
  L.
  39. Linderung von Beschwerden
  40. Lipomentfernung
  41. Lymphknotenexstirpation
  M.
  42. Markierungsmöglichkeit
  N.
  43. Nachträgliche Befunde
  44. Nebenwirkungen eines Medikaments
  45. Nervschädigungen
    a) Bandscheibenoperation
    b) Bestrahlung, Plexuslähmung
    c) Nervschädigungen bei Hüft- und Knieoperationen
    d) Querschnittlähmung
    e) Sehnervschädigung
    f) Strumaresektion
    g) Verletzung des Nervus accessorius
    h) Zahnnerven; Kieferbruch
  46. Nierenbeckenplastik; Nierenfunktionsstörung
  P.
  47. Plattenbruch
  R.
  48. Rektoskopie
  49. Rektumkarzinom
  S.
  50. Samenspende
  51. Schwellung mit „Hamsterwangen" nach Zahnextraktion
  52. Sectio
  53. Siebbeineingriffe
  54. Sterilisation
  55. Strumaoperation
  56. Sudeck-Syndrom
  T.
  57. Thromboseprophylaxe
  58. Tokolyse

W.
59. Weigerung des Patienten
Z.
60. Zahnarzt (vgl. bereits *Nervschädigungen*)
   a) Allergische Reaktion auf Füllstoff
   b) Alternativen zur Versorgung mit Zahnersatz
   c) Amalgam (s. o.)
   d) Eingliederung/Einzementierung

   e) Infektionen
   f) Kieferfrakturen
   g) Materialwechsel
   h) Medikation
   i) Parodontitis
   k) Sanierung
   l) Totalextraktion
   m) Zahnbehandlungskosten
   n) Zuwarten als Alternative
   o) Zurücklassen von Metallteilen

I. Grundlagen

1. Allgemeines

Als Ausfluss seines grundgesetzlich garantierten Rechts auf **Menschenwürde** und körperliche Unversehrtheit (Art. 1, 2 II GG) ist der Patient über die mit einem medizinischen Eingriff verbundenen Risiken ordnungsgemäß aufzuklären, um unter Wahrung seiner Entscheidungsfreiheit wirksam in den Eingriff einwilligen zu können (vgl. BVerfG, Beschl. v. 18. 11. 2004 – 1 BvR 2315/04, NJW 2005, 1103, 1104 = MDR 2005, 559, 560; OLG Brandenburg NJW-RR 2000, 398, 399).

Aus dem Behandlungsvertrag ergibt sich für den Arzt sowohl die Verpflichtung zur Untersuchung und Behandlung des Patienten als auch zur Unterrichtung über dessen Leiden und den voraussichtlichen Verlauf bei behandelter und unbehandelter Form (BVerfG, Beschl. v. 18. 11. 2004 – 1 BvR 2315/04, NJW 2005, 1103, 1104 = MDR 2005, 559; auch BGH, Urt. v. 15. 3. 2005 – VI ZR 313/03, VersR 2005, 836 = NJW 2005, 1718).

So ist der Arzt zur Wahrung des Selbstbestimmungsrechts und der personalen Würde des Patienten (vgl. Art. 1 I GG i.V.m. Art. 2 I GG; BVerfG, Beschl. v. 18. 11. 2004 – 1 BvR 2315/04, NJW 2005, 1103, 1104 = MDR 2005, 559, 560) etwa nicht nur dazu verpflichtet, den Patienten davon in Kenntnis zu setzen, dass ein konservativ versorgter Bruch in Fehlstellung zu verheilen droht, sondern auch davon, dass eine bei Fortsetzung der konservativen Behandlung drohende Funktionseinschränkung des Handgelenks durch eine (unblutige) Reposition oder durch eine primäre operative Neueinrichtung des Bruchs vermieden werden könnte (BGH, Urt. v. 15. 3. 2005 – VI ZR 313/03, NJW 2005, 1718, 1719 = VersR 2005, 836 unter Bezugnahme auf BVerfG a. a. O.).

Anknüpfungspunkt einer **bislang auf „p. V. V."** gestützten, **seit dem 1. 1. 2002 in § 280 I BGB** normierten **vertraglichen Haftung** des Arztes wegen „Pflichtverletzung" oder einer unverändert auf §§ 823 I, II, 831 I, 839 I BGB beruhenden deliktischen Haftung des Arztes für Aufklärungsfehler, also die unterlassene, unvollständige oder falsche Aufklärung ist der Grundsatz, dass die Zustimmung des

Patienten ihrerseits als Wirksamkeitsbedingung eine hinreichende ärztliche Selbstbestimmungsaufklärung voraussetzt (BGH VersR 1990, 1010, 1011; OLG Brandenburg NJW-RR 2000, 398, 399; OLG Koblenz, Urt. v. 29. 11. 2001 – 5 U 1382/00, VersR 2003, 1313, 1314; OLG Nürnberg, Urt. v. 16. 7. 2004 – 5 U 2383/03, NJW-RR 2004, 1543; G/G, 5. Aufl. 2006, Rz. C 2; F/N, 3. Aufl. 2005, Rz. 167).

Bei der Selbstbestimmungsaufklärung geht es um die Frage, inwieweit der ärztliche Eingriff von einer durch Aufklärung getragenen **Einwilligung** des Patienten gedeckt sein muss, um rechtmäßig zu sein (L/U, § 61 Rz. 1; Gehrlein VersR 2004, 1488, 1495; Gehrlein, Rz. C 3, 4; G/G, 5. Aufl., Rz. C 1; S/Pa Rz. 321, 322; Wussow, VersR 2002, 1338 und Gründel, NJW 2002, 2987, 2989: Teilweise auch als „Eingriffsaufklärung" bezeichnet).

Nach gefestigter Rechtsprechung erfüllt auch der gebotene, fachgerecht ausgeführte ärztliche Heileingriff diagnostischer wie auch therapeutischer Art den **Tatbestand der Körperverletzung** i. S. d. §§ 823 I BGB, 223 I, 224 I StGB. Das Fehlen einer Einwilligung des Patienten bzw. deren Unwirksamkeit stellt daher eine Verletzung des Behandlungsvertrages dar und begründet eine Haftung des Arztes sowohl aus § 280 I als auch aus §§ 823 I, II, 839 I (BGH NJW 1980, 1905; OLG Düsseldorf, Urt. v. 20. 3. 2003 – 8 U 18/02, NJW-RR 2003, 1331, 1332; F/N Rz. 167; E/B Rz. 841; S/Pa, Rz. 321; Gehrlein, Rz. C 3; kritisch hierzu L/U, § 63 Rz. 2 ff. und § 68 Rz. 22: „Verfehltes Leitbild" der Rechtsprechung und Giebel/Wienke/Sauerborn/Edelmann/Menningen/Dievenich, NJW 2001, 863 ff., 867 mit einem vermittelnden Lösungsvorschlag).

Die Haftung des Arztes ist bei fehlender Einwilligung des Patienten dem Grunde nach auch dann begründet, wenn er den Eingriff an sich völlig fehlerfrei und kunstgerecht ausführt (BGH NJW 1989, 1538; OLG Koblenz, NJW-RR 2002, 816, 819; Gehrlein, Rz. C 3; F/N, Rz. 167; zur Frage der Kausalität und des Zurechnungszusammenhangs: unten S. 253 ff.; zuletzt OLG Koblenz, Urt. v. 24. 6. 2004 – 5 U 331/04, MedR 2004, 501 = GesR 2004, 411; OLG Koblenz, Urt. v. 7. 8. 2003 – 5 U 1284/02, MedR 2004, 690 – überflüssige, nicht von der Einwilligung getragene Operationserweiterung, die zu keinem abgrenzbaren Nachteil geführt hat; OLG Karlsruhe, Beschl. v. 17. 2. 2003 – 7 U 156/02, GesR 2003, 239 – Patient muss beweisen, dass der Schaden durch den nicht von der Einwilligung gedeckten Teil des Eingriffs verursacht wurde; Rehborn, MDR 2002, 1281, 1284). Selbst wenn nachträgliche Befunde eine Indikation für den medizinischen Eingriff, der ohne wirksame Einwilligung durchgeführt wurde, ergeben, rechtfertigt dieser Umstand die durchgeführte Maßnahme nicht. Dies verbietet die Wahrung der persönlichen Entscheidungsfreiheit des Patienten, die nicht begrenzt werden darf durch das, was aus ärztlicher Sicht oder objektiv erforderlich und sinnvoll wäre (BGH, Urt. v. 18. 3. 2003 – VI ZR 266/02, NJW 2003, 1862 = MDR 2003, 806).

Die ärztliche Aufklärung soll es dem Patienten ermöglichen, Art, Bedeutung, Ablauf und Folgen eines Eingriffs zwar nicht in allen Einzelheiten, aber doch in den Grundzügen zu verstehen. Er soll zu einer informierten Risikoabwägung in der Lage sein.

In diesem Rahmen ist er über den ärztlichen Befund, die Art, Tragweite, Schwere, den voraussichtlichen Verlauf und mögliche Folgen des geplanten Eingriffs sowie über die Art und die konkrete Wahrscheinlichkeit der verschiedenen Risiken im Verhältnis zu den entsprechenden Heilungschancen, über mögliche andere Behandlungsweisen und über die ohne den Eingriff zu erwartenden Risiken einer Verschlechterung des Gesundheitszustandes zu unterrichten, wobei eine vitale oder absolute Indikation nur die Eindringlichkeit und Genauigkeit der Aufklärung beeinflussen kann (so z. B. OLG Düsseldorf VersR 1987, 161, 162; OLG Brandenburg NJW-RR 2000, 398, 399; L/U, § 66 Rz. 4 und § 68 Rz. 12, 16; Gehrlein, Rz. C 7, 18, 26, 41).

Dem Patienten müssen nicht alle denkbaren medizinischen Risiken exakt oder in allen erdenklichen Erscheinungsformen dargestellt werden (OLG Nürnberg, Urt. v. 16. 7. 2004 – 5 U 2383/03, NJW-RR 2004, 1543 = OLGR 2004, 373, 374; OLG Oldenburg, Urt. v. 11. 7. 2000 – 5 U 38/00; OLG Schleswig, Urt. v. 29. 10. 2004 – 4 U 16/04, OLGR 2005, 24, 25; OLG Zweibrücken, Urt. v. 11. 10. 2005 – 5 U 10/05, OLGR 2006, 154, 155; G/G, 5. Aufl., Rz. C 24, C 86, C 90; S/Pa, Rz. 329). Im Allgemeinen ist es ausreichend, wenn der Patient zum Zwecke der Wahrung seines Selbstbestimmungsrechts über die mit der ordnungsgemäßen Durchführung des Eingriffs verbundenen **spezifischen Risiken „im Großen und Ganzen"** aufgeklärt wird. Diese gebotene „Grundaufklärung" muss dem Patienten einen **zutreffenden allgemeinen Eindruck von der Schwere des Eingriffs und der Art der Belastungen** vermitteln, die für seine körperliche Integrität und seine Lebensführung möglicherweise zu befürchten sind und ihm eine zutreffende Vorstellung darüber vermitteln, wie ihm nach medizinischer Erfahrung durch den Eingriff geholfen werden kann und welche Erfolgsaussichten damit verbunden sind (BGH, Urt. v. 14. 3. 2006 – VI ZR 279/04, VersR 2006, 838, 839; Urt. v. 13. 6. 2006 – VI ZR 323/04, VersR 2006, 1073, 1074; Urt. v. 15. 2. 2000 – VI ZR 48/99, NJW 2000, 1784 = MDR 2000, 701; Urt. v. 12. 3. 1991 – VI ZR 232/90, NJW 1991, 2346, 2347 = MDR 1991, 845; OLG Brandenburg, Urt. v. 1. 9. 1999 – 1 U 3/99, OLG-Report 2000, 70, 71 = NJW-RR 2000, 398, 399; OLG Düsseldorf NJW-RR 2003, 1331, 1332: hohe Anforderungen an die „Grundaufklärung" bei medizinisch nicht indizierten Eingriffen; OLG Hamm, Urt. v. 14. 10. 1992 – 3 U 94/92, OLGR 1993, 117; OLG Karlsruhe, Urt. v. 11. 12. 2002 – 7 U 146/01, OLGR 2003, 334; OLG München, Urt. v. 20. 3. 2003 – 1 U 4853/02, OLGR 2004, 126; OLG Saarbrücken, Urt. v. 10. 5. 2000 – 1 U 576/98 – 105, OLGR 2000, 401, 403; OLG Schleswig, Urt. v. 29. 10. 2004 – 4 U 16/04, OLGR 2005, 24, 25: es müssen nicht alle denkbaren Formen spezifischer Risiken dargestellt werden; OLG Zweibrücken, Urt. v. 11. 10. 2005 – 5 U 10/05, OLGR 2006, 154, 155 und 156: zutreffende Darstellung der „Stoßrichtung" der Risiken genügt; Urt. v. 19. 10. 2004 – 5 U 6/04, NJW 2005, 74, 75 = GesR 2005, 23, 24: Schriftlicher Hinweis i.d.R. nicht ausreichend; OLG Zweibrücken, OLGR 2003, 130, 131; F/N, Rz. 177; Gehrlein, Rz. C 18, 41, 83; G/G, 5. Aufl., Rz. C 86, C 94; Müller, VPräsBGH, GesR 2004, 257, 263; S/Pa, Rz. 329, 394; Stöhr, RiBGH, GesR 2006, 145, 148).

Regelmäßig genügt die Verdeutlichung und **zutreffende Darstellung der „Stoßrichtung" der möglichen Risiken** (OLG Düsseldorf, Urt. v. 19. 11. 1998 – 8

U 66/98; OLG Nürnberg, Urt. v. 16. 7. 2004 – 5 U 2383/03, NJW-RR 2004, 1543 = OLGR 2004, 373, 374; OLG Stuttgart, Urt. v. 1. 7. 1997 – 14 U 54/96; OLG Zweibrücken, Urt. v. 11. 10. 2005 – 5 U 10/05, OLGR 2006, 154, 155; S/Pa, Rz. 394), d. h. dem Patienten muss zumindest ein **„zutreffendes, allgemeines Bild"** von der **Schwere und Richtung des konkreten Risikospektrums** vermittelt werden (BGH VersR 1993, 102; OLG Düsseldorf NJW-RR 2003, 88, 89 und OLG Naumburg, Beschl. vom 5. 8. 2004 – 1 W 27/03: „Allgemeines Bild von der Schwere und der Richtung des konkreten Risikospektrums des Eingriffs"; OLG Frankfurt, Urt. v. 14. 1. 2003 – 8 U 135/01, VersR 2004, 1053, 1054: „Allgemeine, ungefähre Vorstellung vom Ausmaß der Gefahren und der Häufigkeit einer Komplikation"; OLG Hamm, NJW-RR 2001, 666; OLG Karlsruhe, Urt. v. 28. 11. 2001 – 7 U 114/99, OLGR 2002, 407: Vermittlung des „allgemeinen Bildes" genügt beim Bestehen besonderer Risiken jedoch nicht; OLG Nürnberg, Urt. v. 16. 7. 2004 – 5 U 2383/03, NJW-RR 2004, 1543; OLG Zweibrücken, Urt. v. 11. 10. 2005 – 5 U 10/05, OLGR 2006, 154, 156: „zutreffendes allgemeines Bild vom Schweregrad und der Tragweite des Eingriffs und von Richtung und Gewicht der Eingriffsrisiken"; Stöhr GesR 2006, 145, 148).

Eine mindestens erforderliche Grundaufklärung ist in aller Regel nur dann erfolgt, wenn der Patient auch einen Hinweis auf das **schwerste möglicherweise in Betracht kommende Risiko** erhalten hat (OLG Nürnberg, Urt. v. 16. 7. 2004 – 5 U 2383/03, NJW-RR 2004, 1543 = OLGR 2004, 373, 374).

Der Patient ist auch über die **Mortalitätsrate**, Funktionsbeeinträchtigungen wichtiger Organe, die Möglichkeit einer Inkontinenz oder die Erforderlichkeit eines künstlichen Darmausgangs, Störungen des Bewegungsapparats, Dauerschmerzen, entstehende, verunstaltende Narben sowie möglicherweise notwendig werdende Nachoperationen ins Bild zu setzen (Gehrlein, Rz. C 7, 27; S/Pa, Rz. 330).

Über mögliche und typische Schadensfolgen einer Behandlung braucht indessen dann nicht aufgeklärt zu werden, wenn sie nur in entfernt seltenen Fällen auftreten und anzunehmen ist, dass sie für den Entschluss, in die Behandlung einzuwilligen, bei einem verständigen Patienten nicht ernsthaft ins Gewicht fallen (OLG Koblenz NJW 1999, 3419, 3420) oder bei denen es sich um eine ausgesprochene „Rarität" handelt (OLG Bremen, Urt. v. 14. 3. 2000 – 3 U 38/98, OLGR 2000, 403, 405: „Rarität"; OLG Celle, Urt. v. 24. 9. 2001 – 1 U 70/00, VersR 2003, 859, 860 = OLGR 2002, 29, 30: Aufklärung über nicht spezifische und nur äußerst selten auftretende Komplikationen nicht erforderlich; LG Bremen, Urt. v. 20. 12. 2001 – 6 O 2653/00, VersR 2003, 1581: Keine Aufklärung über ein Abszessrisiko in einer Größenordnung von 1 : 10000; vgl. aber S. 137 ff. *Seltene Risiken*). Über die **statistische Häufigkeit eines Risikos bzw. die genauen Prozentzahlen** über dessen Verwirklichung muss regelmäßig **nicht aufgeklärt** werden (OLG Frankfurt, Urt. v. 14. 1. 2003 – 8 U 135/01, VersR 2004, 1053, 1054; OLG Karlsruhe, Urt. v. 23. 6. 2004 – 7 U 228/02, OLGR 2004, 520, 521; OLG Nürnberg OLGR 2001, 177; F/N Rz. 181 und S/Pa Rz. 332: Risikostatistiken für die Beurteilung der Aufklärung nur von geringem Wert).

Allerdings muss auch über **seltene Risiken** aufgeklärt werden, wenn sie bei ihrer Realisierung die **Lebensführung des Patienten schwer belasten** und trotz ihrer Seltenheit für den Eingriff spezifisch, für den Laien aber überraschend sind (BGH, Urt. v. 14. 3. 2006 – VI ZR 279/04, VersR 2006, 838, 840; Urt. v. 15. 2. 2000 – VI ZR 48/99, VersR 2000, 725, 726 = NJW 2000, 1784, 1785; VersR 1996, 330, 331; VersR 1996, 1239, 1240 = MDR 1996, 1015; OLG Celle, Urt. v. 24. 9. 2001 – 1 U 70/00, VersR 2003, 859, 860 = OLGR 2002, 29, 30; OLG Karlsruhe, Urt. v. 28. 11. 2001 – 7 U 114/99, OLGR 2002, 407: erhöhte Gefahr von Nervschädigungen nach Voroperation; OLG Koblenz, Urt. v. 1. 4. 2004 – 5 U 844/03, MedR 2004, 501: Verschlimmerung nach OP; Urt. v. 13. 5. 2004 – 5 U 41/03, VersR 2005, 118, 119 = MedR 2004, 502, 503; OLG Nürnberg, Urt. v. 16. 7. 2004 – 5 U 2383/03, NJW-RR 2004, 1543 = OLGR 2004, 373, 374; OLG Zweibrücken, Urt. v. 19. 10. 2004 – 5 U 6/04, NJW 2005, 74, 75, bestätigt von BGH, Urt. v. 14. 3. 2006 – VI ZR 279/04: dauerhafte Nervschädigung bei Blutabnahme/Blutspende; Koyuncu GesR 2005, 289, 291; Stöhr, RiBGH, GesR 2006, 145, 148; S/Pa, Rz. 333–370).

Der Arzt muss vor einem Eingriff aber natürlich nur über eingriffsspezifische Risiken aufklären, die ihm bekannt sind oder bekannt sein müssen (OLG Stuttgart, OLGR 2002, 249). Auch über eine etwaige nachteilige **Wirkung eines Medikaments**, etwa eines Tokolytikums im Rahmen einer Geburt muss nicht aufgeklärt werden, wenn in der Medizin die Schädigungsmöglichkeit zwar diskutiert wurde, aber eine nachteilige Wirkung des Medikaments in der medizinischen Wissenschaft nicht ernsthaft in Betracht gezogen wurde (OLG Stuttgart, Urt. v. 26. 2. 2002 – 14 U 47/01, OLGR 2002, 446; LG Aachen, Urt. v. 26. 10. 2005 – 11 O 543/03, MedR 2006, 361 zum erforderlichen Hinweis auf erhebliche Nebenwirkungen bei intensivpflichtigen Patientenen; vgl. zur Patienteninformation über Arzneimittel: Stöhr, RiBGH, GesR 2006, 145 – 149). Von einem Arzt kann nicht in jedem Fall verlangt werden, dass er alle medizinischen Veröffentlichungen alsbald kennt und beachtet (BGH NJW 1991, 1535, 1537; OLG Stuttgart OLGR 2002, 249, 251).

Auf mögliche **Behandlungsalternativen** muss der Arzt nur dann hinweisen, wenn im konkreten Fall für eine medizinisch sinnvolle und indizierte Therapie mehrere Behandlungsmethoden zur Verfügung stehen, die zu jeweils unterschiedlichen Belastungen des Patienten führen oder unterschiedliche Risiken und Erfolgschancen bieten, weil der Patient in diesen Fällen selbst prüfen können muss, was er an Belastungen und Gefahren im Hinblick auf möglicherweise unterschiedliche Erfolgschancen auf sich nehmen will; im Übrigen bleibt die Wahl der Behandlungsmethode allein **Sache des Arztes** (BGH VersR 2005, 22; Urt. v. 22. 2. 2000 – VI ZR 100/99, MDR 2000, 700, 701 = VersR 2000, 725, 726; NJW 1998, 1784; NJW 1998, 2734; VersR 1993, 703, 704 f.; OLG Bremen VersR 1998, 1240 = OLGR 1998, 141; OLG Hamburg, Beschl. v. 29. 12. 2005 – 1 W 85/05, OLGR 2006, 120; OLG Hamm, Urt. v. 5. 11. 2003 – 3 U 102/03, OLGR 2004, 162, 163; Urt. v. 1. 12. 2003 – 3 U 128/03, OLGR 2004, 131, 132; VersR 1998, 1548 – 1549; VersR 1997, 1403; OLG Karlsruhe, Urt. v. 8. 2. 2004 – 7 U 163/03, OLGR 2005, 189, 191 = NJW 2005, 798, 799; Urt. v.26. 11. 2003 – 7 U 63/02, OLGR 2004, 323, 325; Urt. v. 26. 6. 2002 – 7 U 4/00, MedR 2003, 229, 230; Urt. v. 9. 10. 2002 – 7 U 107/00, OLGR 2003, 233, 234 und Urt. v. 10. 7. 2002 – 7 U 159/01, OLGR 2002, 392, 393: **wesentlich** unterschiedliche Belastungen des Patienten oder **wesentlich** unterschiedliche Risiken und Erfolgschancen erforderlich; OLG Köln, Urt. v. 1. 6. 2005 – 5 U 91/03, VersR 2006, 124, 25; Urt. v. 16. 3. 2005 – 5 U 63/03, VersR 2005, 1147, 1148; VersR 1999, 1484 und 1498; VersR 1997, 1534; OLG Naumburg, Urt. v. 6. 6. 2005 – 1 U 7/05, MDR 2006, 333 = OLGR 2005, 859; Urt. v. 23. 8. 2004 – 1 U 18/04, GesR 2004, 494, 495 = OLGR 2004, 404; Urt. v. 5. 4. 2004 – 1 U 105/03, VersR 2004, 1469; OLG Nürnberg, Urt. v. 6. 11. 2000 – 5 U 2333/00, VersR 2002, 580; OLG Saarbrücken, Urt. v. 17. 4. 2002 – 1 U 612/01 – 139, OLGR 2002, 223, 224; OLG Stuttgart, Urt. v. 12. 7. 2005 – 1 U 25/05, NJW-RR 2005, 1389 = OLGR 2005, 10 = GesR 2005, 465; OLG Zwei-brücken VersR 1997, 1103; Rehborn MDR 2004, 371, 374; G/G, 5. Aufl., Rz. C 22, 29; S/Pa Rz. 381, 384; F/N Rz. 185; vgl. hierzu unten S. 151 ff.).

Die Aufklärungspflicht erstreckt sich nach h. M. jedoch **nicht auf Behandlungs-fehler**, die dem Arzt unterlaufen können. Insoweit ist ein hinreichender Schutz des Patienten durch die Verpflichtung des Arztes zu sachgerechter Behandlung gegeben (BGH, Urt. v. 7. 12. 2004 – VI ZR 212/03, VersR 2005, 408 = NJW 2005, 888; VersR 1992, 358 = NJW 1992, 1558;VersR 1985, 736 = NJW 1985, 2193; OLG Karlsruhe OLGR 2001, 449; OLG München VersR 1997, 1281; Bergmann/ Müller MedR 2005, 650, 657; G/G, 5. Aufl., Rz. C 12). Nach anderer Ansicht muss jedenfalls der Krankenhausträger den Patienten über die nicht dem gewöhnlichen Standard entsprechende Qualifikation des zum Einsatz kommen-den, behandelnden Arztes sowie auf das Vorliegen eines Behandlungsfehlers hinweisen (Hart, MedR 1999, 47, 48 m. w. N.; auch Terbille/Schmitz-Herscheidt NJW 2000, 1749 f.).

Auch auf die **Beteiligung eines „Arztanfängers"** muss nicht hingewiesen werden. Insoweit wird der Patient gleichfalls durch die Verpflichtung des Arztes, den Ein-griff lege artis vorzunehmen sowie gewisse Beweiserleichterungen (vgl. → *Anfän-gereingriffe, Anfängeroperationen*) geschützt (BGH VersR 1984, 60, 61 = NJW 1984, 655; OLG Braunschweig NJW-RR 2000, 238; OLG Düsseldorf VersR 1987, 161, 163; OLG Stuttgart VersR 1995, 1353; G/G, 5. Aufl., Rz. C 14, B 208; S/Pa, Rz. 254, 384).

Selbst bei einem **„groben" Aufklärungsfehler** – den die Terminologie im Arzt-haftungsrecht nicht kennt – kommen dem Patienten keine Beweiserleichterun-gen zugute (OLG Hamburg VersR 2000, 190, 191; OLG Hamm VersR 1995, 709, 710; F/N, Rz. 209; G/G, 5. Aufl., Rz. C 130, C 149 a. E.). Dies ist nur bei groben Behandlungsfehlern möglich (vgl. → *Grobe Behandlungsfehler* [S. 492 ff.] und die Übersicht zur → *Beweislastumkehr* [S. 388 ff.]).

Zu beachten ist allerdings, dass eine Verletzung der Pflicht des behandelnden Arztes zur therapeutischen Aufklärung (Sicherungsaufklärung) nicht unter die Kategorie des „Aufklärungsfehlers" fällt und im Einzelfall als „grober Behand-lungsfehler" (siehe dort) zu werten sein kann (BGH, Urt. v. 16. 11. 2004 – VI ZR 328/03, NJW 2005, 427, 428 = VersR 2005, 228, 229; Rinke VersR 2005, 1150).

2. Selbstbestimmungsaufklärung

Die Selbstbestimmungsaufklärung schafft die Voraussetzungen für eine recht-fertigende Einwilligung. Der Patient muss **im Großen und Ganzen** (s. o.) erfah-ren, welche Krankheit vorliegt, welcher Eingriff geplant ist, wie dringlich er ist, wie er abläuft und welche Nebenwirkungen und Risiken damit verbunden sind. Grundsätzlich hat vor jeder diagnostischen oder therapeutischen Maßnahme eine solche Aufklärung zu erfolgen (BGH, Urt. v. 15. 3. 2005 – VI ZR 313/03, NJW 2005, 1718 = VersR 2005, 836; OLG Koblenz, Urt. v. 29. 11. 2001 – 5 U 1382/00, VersR 2003, 1313, 1314; Gehrlein VersR 2004, 1488, 1495).

Überwiegend wird die „Selbstbestimmungsaufklärung" als **Oberbegriff für die Verlaufs- und die Risikoaufklärung** (BGH, Urt.v. 15. 3. 2005-VI ZR 313/03, NJW 2005, 1718 = VersR 2005, 836: in Abgrenzung zur „Sicherungsaufklärung"; OLG Koblenz, Urt. v. 29. 11. 2001 – 5 U 1382/00, VersR 2003, 1313, 1314; Koyuncu GesR 2005, 289, 290; Gehrlein VersR 2004, 1488, 1495) bzw. für die Risikoaufklärung, Diagnose- und Verlaufsaufklärung (L/U § 63 Rz. 11; E/B Rz. 871, 873, 876, 877; Wussow VersR 2002, 1337, 1338 f.) angesehen. Koyuncu (GesR 2005, 289, 290) präzisiert, die „Selbstbestimmungsaufklärung" setze sich aus der krankheitsbezogenen „Verlaufsaufklärung" und der eingriffsbezogenen „Risikoaufklärung" zusammen. Die Verlaufsaufklärung solle den Patienten vor Beginn der Behandlung über seinen Zustand und seine Handlungsoptionen informieren, während die Risikoaufklärung auf die Darstellung der Risiken und Gefahren des geplanten Eingriffs abziele.

Teilweise wird die Selbstbestimmungsaufklärung ohne – in der Praxis nicht erforderliche – Differenzierung als Eingriffsaufklärung (S/Pa, Rz. 323, 325a, 326; Gründel, NJW 2002, 2987, 2989 und Wussow, VersR 2002, 1337, 1338) oder Behandlungsaufklärung (G/G, 5. Aufl., Rz. C 18) umschrieben.

a) Behandlungsaufklärung

Der Begriff „Behandlungsaufklärung" besagt, dass zunächst überhaupt über den ins Auge gefassten Eingriff aufzuklären ist. Dies beinhaltet die Erläuterung der Art der konkreten Behandlung (konservative Methode, Operation, Bestrahlung), die Erläuterung der Tragweite des Eingriffs (wie z. B. die Funktionsbeeinträchtigung eines wichtigen Organs, Dauerschmerzen, Belastungen für die künftige Lebensführung), der Hinweis auf vorhersehbare Operationserweiterungen und auf typische Weise erforderliche Nachoperationen (G/G, 5. Aufl., Rz. C 19, C 20).

Hierzu gehört auch die Aufklärung über Behandlungsalternativen, wenn im konkreten Fall eine echte Alternative mit gleichwertigen Chancen, aber andersartigen Risiken besteht, etwa die Fortsetzung einer konservativen Behandlung anstatt einer Operation (BGH NJW 1986, 780; OLG Düsseldorf, Urt. v. 13. 2. 2003 – 8 U 41/02, VersR 2005, 230; OLG Hamm VersR 1993, 102; OLG Naumburg, Urt. v. 6. 6. 2005 – 1 U 7/05, OLGR 2005, 859 = MDR 2005, 333; S/Pa, Rz. 381; G/G, 5. Aufl., Rz. 22, 23, 29; L/U, § 63 Rz. 21 u. § 64 Rz. 5, 6: Dort zur Fallgruppe der „Verlaufsaufklärung" gezählt).

Teilweise überschneiden sich die Begriffe der „Behandlungsaufklärung", der „Verlaufsaufklärung" und der „Risikoaufklärung" (vgl. OLG Koblenz, Urt. v. 29. 11. 2001 – 5 U 1382/00, VersR 2003, 1313, 1314: Verlaufsaufklärung und Risikoaufklärung als Unterfall der Selbstbestimmungsaufklärung; Koyuncu GesR 2005, 289, 290, s.o.; E/B Rz. 871, 873, 876, 877: Diagnose-, Verlaufs- und

Risikoaufklärung als Unterfall der Selbstbestimmungsaufklärung; L/U § 63 Rz. 21 und § 64 Rz. 5, 6), ohne dass sich hierdurch Konsequenzen für die Praxis ergeben würden.

Hiervon abzugrenzen ist jedoch der Begriff der „Sicherungsaufklärung" (therapeutische Aufklärung), da sich insoweit insbesondere bei der Beweislastverteilung Unterschiede ergeben (siehe unten S. 92 ff.).

Über **einzelne Behandlungstechniken, Art und Anzahl der verwandten Instrumente und deren Anwendung oder verschiedene Operationsmethoden** muss jedoch grundsätzlich nicht aufgeklärt werden (OLG Bamberg, Urt. v. 11. 11. 2002 – 4 U 99/02, OLGR 2003, 300: kein Hinweis auf beabsichtigte vertikale oder horizontale Schnittführung; OLG Karlsruhe, Urt. v. 10. 2. 2002 – 7 U 159/ 01, OLGR 2002, 392: Möglichkeit der Verwendung verschiedener Materialkombinationen bei einer Totalendoprothese; OLG Karlsruhe, Urt. v. 26. 6. 2002 – 7 U 4/00, MedR 2003, 229 und OLG Oldenburg VersR 1998, 1285: verschiedene Operationsverfahren bei Hallux-valgus-OP; OLG Köln VersR 1998, 243: Verzicht auf Ruhigstellung des operierten Beins bei Thromboserisiko; OLG München, Urt. v. 29. 11. 2001 – 1 U 2554/01, OLGR 2002, 419: kein Hinweis auf unterschiedliche, hinsichtlich Chancen und Risiken im Wesentlichen gleichwertige Zugangsmöglichkeiten zum OP-Gebiet; OLG Oldenburg NJW-RR 1997, 1384: verwandte Instrumente und Operationstechnik; OLG Oldenburg VersR 1997, 978: Operationstechnik Zugang dorsal oder transthorakal bei Bandscheiben-OP; OLG Stuttgart, Urt. v. 2. 4. 2002 – 1 U 7/02, OLGR 2003, 19: kein Hinweis erforderlich, dass vor einer Disektomie statt eines Palacos-Dübels ein Eigeninterponat verwendet werden kann; vgl. aber auch OLG Hamburg, Beschl. v. 29. 12. 2005 – 1 W 85/05, OLGR 2006, 120: Längs- und / oder Querschnitt bei Bauchstraffung bei unterschiedlichen Erfolgsaussichten aufklärungspflichtig; OLG München, Urt. v. 28. 11. 2002 – 1 U 1973/00, OLGR 2003, 400: vor Materialwechsel von Gold auf Palladium bei zahnärztlicher Versorgung ist aufzuklären; OLG Stuttgart, Urt. v. 12. 7. 2005 – 1 U 25/05, NJW-RR 2005, 1389 = GesR 2005, 465: der Patient ist darauf hinzuweisen, dass bei einer Zahnimplantatbehandlung statt des Knochenersatzmaterials aus Rinderknochen die Verwendung von transplantiertem Beckenknochen in Betracht kommt).

Ist ausdrücklich vereinbart, dass ein **bestimmter Arzt** die vorgesehene Operation durchführen soll, so bezieht sich die Einwilligung des Patienten nur auf diesen Arzt (OLG Celle NJW 1982, 2129 = VersR 1982, 46 bei verbindlicher Zusage; OLG München NJW-RR 1991, 989; NJW 1984, 1412 bei verbindlicher Zusage; G/G, 5. Aufl., Rz. C 15). Nimmt ohne das Einverständnis des Patienten ein anderer Arzt den Eingriff vor, so wird in dessen Selbstbestimmungsrecht eingegriffen, der Eingriff ist **allein deshalb rechtswidrig** (OLG Celle NJW 1982, 2129 und OLG Karlsruhe NJW 1987, 1489 sowie OLG München NJW 1984, 1412 jeweils bei verbindlicher Zusage; OLG Hamburg VersR 1999, 316: Durchführung einer ambulanten Operation durch Vertreter; Gehrlein, Rz. C 11; G/G, 5. Aufl., Rz. C 15; differenzierend S/Pa, Rz. 392: Patient ist von Substitution rechtzeitig zu unterrichten; ohne verbindliche Zusage erstreckt sich die Einwilligung auch auf einen Arzt).

Sucht der Patient z. B. auf Anraten seines Zahnarztes einen bestimmten Kieferchirurgen zur Vornahme einer Weisheitszahnextraktion auf, so ist seine Einverständniserklärung dahin zu verstehen, dass er nur in den Eingriff durch den Praxisinhaber, nicht jedoch einen Praxisvertreter einwilligt (OLG Hamburg MDR 1998, 906 = VersR 1999, 316).

Wurde ein „totaler Krankenhausvertrag" (→ *Krankenhausverträge*, S. 650 ff.) abgeschlossen, so hat der Patient ohne verbindliche Zusage jedoch keinen Anspruch auf die Behandlung durch einen bestimmten Arzt (Gehrlein, Rz. C 11; G/G, 5. Aufl., Rz. C 15; S/Pa, Rz. 392).

b) Risikoaufklärung

Die Risikoaufklärung muss dem Patienten einen Überblick über die mit dem Eingriff verbundenen Gefahren verschaffen. Damit sind dauerhafte oder vorübergehende nachteilige Folgen eines Eingriffs gemeint, die sich auch bei Anwendung der gebotenen Sorgfalt nicht mit Gewissheit ausschließen lassen (OLG Koblenz, Urt. v. 29. 11. 2001 – 5 U 1382/00, VersR 2003, 1313, 1314; OLG Koblenz NJW-RR 2002, 816, 817; Gehrlein VersR 2004, 1488, 1495; Koyuncu GesR 2005, 289, 290; G/G, 5. Aufl., Rz. C 41, C 49; E/B Rz. 877).

Ferner ist der Patient mit Art und Schwere des Eingriffs vertraut zu machen. Dabei genügt es, wenn dem Patienten ein **allgemeines Bild von der Schwere und Richtung des konkreten Risikospektrums** (s.o.) vermittelt wird (OLG Düsseldorf, Urt. v. 21. 3. 2002 – 8 U 117/01, NJW-RR 2003, 89; OLG Naumburg, OLGR 2005, 5; OLG Nürnberg, Urt. v. 16. 7. 2004 – 5 U 2383/03, NJW-RR 2004, 1543; OLG Zweibrücken, Urt.v. 11. 10. 2005 – 5 U 10/05, OLGR 2006, 154, 155 und 156; Gehrlein VersR 2004, 1488, 1495; Stöhr, GesR 2006, 145, 148; S/Pa Rz. 329, 394: „Stoßrichtung").

Dabei ist nach h. L. über Risiken, die mit der Eigenart eines Eingriffs spezifisch verbunden sind (typische Risiken) unabhängig von der Komplikationsdichte aufzuklären. Bei anderen Risiken (atypische Risiken) ist die Aufklärung nach einer in der Literatur vertretenen Ansicht abhängig von der Komplikationsrate (L/U, § 64 Rz. 3).

Die Rspr. stellt in erster Linie auf das Risiko ab, das dem Eingriff typischerweise oder auch nur mittelbar anhaftet, auf die Schwere der Schadensfolge für die **weitere Lebensführung des Patienten** im Fall einer Risikoverwirklichung, auf die spezifische Situation des Patienten und die Dringlichkeit des Eingriffs, jedoch erst sekundär auf die nicht zuverlässig zu bestimmende Komplikationsdichte (BGH NJW 1996, 779; VersR 1996, 330, 331; NJW 1994, 793; MedR 1983, 23, 25; OLG Karlsruhe Urt. v. 23. 6. 2004 – 7 U 228/02, OLGR 2004, 520, 521; OLGR 2002, 407; OLG Zweibrücken, Urt. v. 19. 10. 2005 – 5 U 6/04, NJW 2005, 74, 75; S/Pa Rz. 330, 333; G/G, 5. Aufl., Rz. 42, 43, 49).

Ohne entsprechende Nachfrage des Patienten muss der Arzt die **statistische Häufigkeit** von Komplikationen bzw. genaue Prozentzahlen über die Möglichkeit der Verwirklichung des Behandlungsrisikos nicht angeben (OLG Karlsruhe, Urt. v. 23. 6. 2004 – 7 U 228/02, OLGR 2004, 520, 521; OLG Frankfurt, Urt. v.

14. 1. 2003 – 8 U 135/01, VersR 2004, 1053, 1054 zu den genauen Prozentzahlen; S/Pa, Rz. 332).

Auch über seltene Risiken mit einer Komplikationsdichte von weniger als 1 %, ja sogar bei weniger als 0,1 % hat der Arzt **aufzuklären, wenn sie im Falle ihrer Verwirklichung** das Leben des Patienten **schwer belasten** und trotz ihrer Seltenheit für den Eingriff spezifisch, für den Laien jedoch überraschend sind (BGH NJW 1994, 793: Im Promillebereich; VersR 1972, 153: **0,1 %-0,05 %**; OLG Brandenburg NJW-RR 2000, 398, 399: **0,7 %**; OLG Bremen VersR 1991, 425 und OLG Stuttgart NJW-RR 1999, 751: **1:400000**; OLG Düsseldorf VersR 1989, 290 sowie OLG Köln *NJW-RR 1992, 984*: Unter **0,1 %**; OLG Hamm NJW 1993, 1538: **0,02 %**; OLG Koblenz NJW 1990, 1540 und VersR 1989, 629: Unter **1 %**; OLG Stuttgart NJW-RR 1999, 751, 752: unter **0,1 %**; OLG Stuttgart VersR 1986, 581, 582: **0,25 %** bzw. **0,05 %**; OLG Zweibrücken, Urt. v. 19. 10. 2004 – 5 U 6/04, NJW 2005, 74, 75, bestätigt von BGH, Urt. v. 14. 3. 2006 – VI ZR 279/04, VersR 2006, 838, 839: **1 : 25000** bei Möglichkeit bleibender erheblicher Körperschäden; Deutsch VersR 2003, 801, 803 f. zu Impfrisiken; zu den Einzelheiten s. u. S. 138 ff.).

c) Verlaufsaufklärung

Überwiegend wird eine Abgrenzung zwischen der Risikoaufklärung und der Verlaufsaufklärung vorgenommen, ohne dass sich im Ergebnis Unterschiede in den Rechtsfolgen einer unterlassenen oder fehlerhaften Aufklärung ergeben würden. Das OLG Koblenz (Urt. v. 29. 11. 2001 – 5 U 1382/00, VersR 2003, 1313, 1314; NJW-RR 2002, 816, 817; zustimmend Gehrlein VersR 2004, 1488, 1495; ebenso Koyuncu GesR 2005, 289, 290, s.o.) sieht die **„Verlaufsaufklärung" als Unterfall der „Selbstbestimmungsaufklärung"**.

Sie erstreckt sich nach dessen Ansicht auf Art, Umfang und Durchführung des Eingriffs. Der Patient müsse wissen, was mit ihm geschehen soll und auf welche Weise der Eingriff vorgenommen wird. Dem Aufklärungsempfänger ist, sofern er nicht auf solche Erläuterung ausdrücklich verzichtet hat, der beabsichtigte Eingriff in einer seinem Verständnisvermögen angepassten Weise so zu erläutern, dass er, wenn auch nur „im Großen und Ganzen", weiß, worin er einwilligt (OLG Koblenz, Urt. v. 29. 11. 2001 – 5 U 1382/00; VersR 2003, 1313, 1314).

Nach Auffassung von Laufs (L/U, § 64 Rz. 16–19) gehören zur Verlaufsaufklärung die voraussichtlichen oder möglichen Folgen der Behandlung, etwa der voraussichtliche Verlauf der Erkrankung ohne Zustimmung zu dem vorgesehenen Eingriff (L/U, § 63 Rz. 16), sichere und mögliche Folgen des Eingriffs wie der Verlust eines amputierten Gliedes, die Funktionseinbuße eines Organs, die Versagerquote, das Misserfolgsrisiko, sichtbare Narben, Dauerschmerzen, Folgeoperationen und sonstige Belastungen für die künftige Lebensführung (Gehrlein, Rz. C 26; L/U, § 63 Rz. 18).

So hat der Arzt den Patienten darauf hinzuweisen, dass es bei der Operation eines **Hirntumors** möglicherweise zu **Schädigungen der Gesichtsnerven** kommen kann (BGH NJW 1980, 1901; Gehrlein, Rz. C 26) und bei der Behandlung eines Trümmerbruchs des Schienbeins die Haut in einer bestimmten Länge aufgeschnitten wird und zur Ausrichtung der Knochenteile Scheiben und Schrauben eingesetzt werden (BGH NJW 1987, 2121; Gehrlein, Rz. C 27 a. E.).

Greiner (G/G, 5. Aufl., Rz. C 84 mit Hinweisen auf die Rspr.) versteht unter der „Verlaufsaufklärung" eine Aufklärungspflicht hinsichtlich der **Schmerzhaftigkeit** in den Fällen, in denen eine Untersuchungs- und Behandlungsmaßnahme mit erheblichen Schmerzen für den Patienten verbunden ist und spricht sich gegen eine damit verbundene Zersplitterung der Aufklärungsrisiken zwischen der Behandlungs- und Risikoaufklärung einerseits und der Verlaufsaufklärung andererseits aus.

d) Diagnoseaufklärung

Diagnoseaufklärung bedeutet **Information** des Patienten **über den medizinischen Befund und die sich hieraus ergebenden Prognosen** (BVerfG, Beschl. v. 18. 11. 2004 – 1 BvR 2315/04, NJW 2005, 1103, 1104 = MDR 2005, 559, 560; G/G, 5. Aufl., Rz. C 82; L/U, § 63 Rz. 13; Wussow, VersR 2002, 1337, 1338 f.). Der Patient ist mündlich, in Einzelfällen (z.B. Schwerhörigkeit) auch schriftlich über sein Leiden, die Diagnose und den Verlauf bei unbehandelter und behandelter Form zu unterrichten (BVerfG, Beschl. v. 18. 11. 2004 – 1 BvR 2315/04, MDR 2005, 559, 560).

So muss etwa der behandelnde Unfallchirurg den Patienten davon in Kenntnis setzen, dass ein von ihm versorgter Bruch in Fehlstellung zu verheilen droht (BGH, Urt. v. 15. 3. 2005-VI ZR 313/03, NJW 2005, 1718, 1719 = VersR 2005, 836, 837).

Soweit der Befund für die Selbstbestimmungs- oder Sicherungsaufklärung nicht von Bedeutung ist, muss er vom Arzt nur dann offenbart werden, wenn der Patient ausdrücklich danach fragt oder die Entscheidung des Patienten für den Arzt erkennbar von der Mitteilung solcher Befunde abhängt (G/G, 5. Aufl., Rz. C 82).

Würde das Leben oder die Gesundheit des Patienten ernsthaft gefährdet, ist die Aufklärung kontraindiziert (Gehrlein, Rz. C 15; L/U, § 63 Rz. 13, 14). Bei psychisch kranken Patienten ist eine besonders schonende Information und Beratung unumgänglich (Gründel, NJW 2002, 2987, 2990).

Bei schweren Krankheitsbildern und negativer Prognose braucht der Arzt die Diagnose nicht voll zu eröffnen, selbst wenn keine Kontraindikation vorliegt (L/U, § 63 Rz. 13; differenzierend E/B Rz. 873, 874: Patient muss über Diagnose informiert werden, Arzt kann abgeschwächte Ausdrucksweise verwenden). Hier steht der Arzt in einem Spannungsfeld. Er ist einerseits verpflichtet, den Patienten etwa über eine Krebsdiagnose zu informieren, wenn nur so die Einwilligung in die Behandlung, etwa eine Chemo- und Strahlentherapie erlangt werden kann (E/B Rz. 874) oder sich die Folgen der Verwirklichung eines Eingriffsrisikos besonders gravierend auf die weitere Lebensführung des Patienten auswirken würden. Auf der anderen Seite muss er bedenken, dass der Patient durch die Aufklärung vor der Operation bzw. dem Eingriff nicht in „Angst und Schrecken" versetzt werden soll (OLG Oldenburg VersR 1990, 742; OLG Köln

MedR 1998, 184 f.; LG Cottbus, Urt. v. 1. 10. 2003 – 3 O 115/03, MedR 2004, 231, 232).

Die Mitteilung von auf **ungesicherter Befundgrundlage** beruhender Verdachtsdiagnosen darf – und muss bei einem bloßen Verdacht einer lebensbedrohenden Krankheit – unterbleiben (OLG Frankfurt VersR 1996, 101 = NJW-RR 1995, 1048; OLG Köln NJW 1987, 2936; OLG Stuttgart VersR 1988, 695; G/G, 5. Aufl., Rz. C 82).

Unterliegt der Arzt einem (nicht groben/fundamentalen) **Diagnosefehler** und klärt er den Patienten deshalb objektiv falsch oder unvollständig über die Risiken der gewählten Therapie und der möglichen alternativen Behandlungsmöglichkeiten auf, stellt sich dies als bloße Folge eines haftungsrechtlich irrelevanten (einfachen) Diagnoseirrtums dar. In einem solchen Fall ist die objektiv fehlerhafte Behandlungs- und Risikoaufklärung kein Anknüpfungspunkt für eine Haftung (G/G, 5. Aufl., Rz. C 24 mit Hinweis auf OLG Köln VersR 1998, 243 und VersR 1999, 98; zuletzt OLG Köln, Urt. v. 20. 7. 2005 – 5 U 200/04, NJW 2006, 69, 70; vgl. hierzu S. 809 ff.).

3. Sicherungsaufklärung (Therapeutische Aufklärung)

a) Begriff

Als „Sicherungsaufklärung" oder „therapeutische Aufklärung" wird – oft missverständlich – der Umstand umschrieben, dass der Arzt verpflichtet ist, seinen Patienten nicht nur zu behandeln, sondern ihn auch über **alle Umstände zu informieren, die zur Sicherung des Heilungserfolgs und zu einem therapiegerechten Verhalten und zur Vermeidung möglicher Selbstgefährdungen** des Patienten erforderlich sind (BGH, Urt. v. 14. 9. 2004 – VI ZR 186/03, NJW 2004, 3703, 3704 = VersR 2005, 227, 228; Urt. v. 15. 3. 2005 – VI ZR 289/03, NJW 2005, 1716 = VersR 2005, 834; Gehrlein, Rz. B 45; Rehborn, MDR 2000, 1101, 1103; Stöhr, RiBGH, GesR 2006, 145, 146; S/Pa, Rz. 325, 574 ff.).

Regelmäßig setzt die **therapeutische Aufklärung** erst **nach Vornahme des Eingriffs** bzw. der sonstigen ärztlichen Behandlungsmaßnahme ein (Gehrlein, Rz. B 45). Mit einer „Aufklärung" im rechtstechnischen Sinne, worunter die Behandlungs-, Risiko- und Verlaufsaufklärung fallen (s. o.), hat die „therapeutische Aufklärung" nichts zu tun (Rehborn, MDR 2000, 1101, 1103).

So handelt es sich bei dem Hinweis an die werdende Mutter, der bei Vorliegen gewichtiger Gründe erforderlich ist, statt einer vaginalen Geburt komme eine primäre Schnittentbindung (sectio) in Betracht, nicht um einen Fall der Sicherungs- oder therapeutischen Aufklärung, also der ärztlichen Beratung über ein therapierichtiges Verhalten zur Sicherstellung des Behandlungserfolges und zur Vermeidung möglicher Selbstgefährdungen, sondern um einen Fall der **Eingriffs- oder Risikoaufklärung** (BGH, Urt. v. 14. 9. 2004 – VI ZR 186/03, NJW 2004, 3703, 3704 = VersR 2005, 227, 228; OLG Frankfurt, Urt. v. 24. 1. 2006 – 8 U 102/05, NJW-RR 2006, 1171, 1172).

Auch die Empfehlung einer Medikation mit aggressiven bzw. nicht ungefährlichen Arzneimitteln, etwa eine östrogen- bzw. gestagenhaltige „Pille" zur Regulierung von Menstruationsbeschwerden, stellt nach Ansicht des BGH einen „ärztlichen Eingriff" im weiteren Sinne dar und fällt nicht nur (siehe sogleich) unter die bloße Beratung über ein therapierichtiges Verhalten (therapeutische Aufklärung), so dass die Einwilligung der Patientin in die Behandlung mit dem Medikament unwirksam ist, wenn sie nicht unabhängig von den Warnhinweisen in der Packungsbeilage im Rahmen einer – zur Beweislast des Arztes stehenden – **„Eingriffsaufklärung" über deren gefährliche Nebenwirkungen**, hier das erhöhte Risiko eines Herzinfarkts oder Schlaganfalls, aufgeklärt worden ist (BGH, Urt. v. 15. 3. 2005 –VI ZR 289/03, VersR 2005, 1716, 1717 = VersR 2005, 834, 835; Koyuncu GesR 2005, 289, 291).

Nach Mitteilung von Stöhr (GesR 2006, 145, 148), Mitglied des VI. Zivilsenats des BGH, ist dem Urteil des BGH v. 15. 3. 2005 (VI ZR 289/03, VersR 2005, 834, 835) auch die Grundaussage zu entnehmen, bei unterlassener Aufklärung über die möglichen schwerwiegenden Nebenwirkungen eines Medikaments komme auch die Verletzung der **Pflicht zur therapeutischen Aufklärung**, hier insbesondere zur Vermeidung einer möglichen Selbstgefährdung der Patientin, in Betracht. Im entschiedenen Fall hatte die – mit der Rüge der unterlassenen Eingriffsaufklärung erfolgreiche – Revision der Patientin die Feststellungen des Berufungsgerichts, sie hätte den Beweis der unzureichenden Sicherheitsaufklärung nicht erbracht, nicht angegriffen.

Die Sicherungsaufklärung kann sich demnach im Einzelfall mit der Selbstbestimmungsaufklärung, deren Vornahme von der Behandlungsseite zu beweisen ist, **überschneiden**. Dies ist also z. B. dann möglich, wenn die therapeutische Aufklärung den Hinweis auf eine den Patienten belastende Behandlung beinhaltet (G/G, 5. Aufl., Rz. B 97) oder dessen Selbstgefährdung durch die Einnahme eines Medikaments mit schwerwiegenden Nebenwirkungen vermieden werden soll (Stöhr GesR 2006, 145, 148; siehe auch S. 103, 109).

Nach zutreffender Ansicht des OLG Nürnberg (Urt. v. 6. 11. 2000 – 5 U 2333/ 00, VersR 2002, 580 = MedR 2001, 577) erfordert die Entscheidung des Arztes für eine konservative Behandlungsmethode, die keinen Eingriff in die körperliche Unversehrtheit darstellt, keine – der Beweislast des Arztes unterfallende – Eingriffsaufklärung, sondern im Rahmen der Sicherungsaufklärung den Hinweis an den Patienten auf ein operatives Vorgehen als bestehende, ernsthafte Behandlungsalternative, falls beide Methoden einigermaßen gleichwertige Heilungschancen bieten, jedoch unterschiedliche Risiken bestehen.

Durch die konservative Behandlung wird nach bislang herrschender Ansicht – auch bei der Behandlung eines Bruchs – nicht in die körperliche Integrität des Patienten eingegriffen (OLG Dresden, Urt. v. 23. 10. 2003 – 4 U 980/03, NJW 2004, 298, 299 = GesR 2004, 22, 23: offengelassen, ob dem Patienten die Beweislast für den unterlassenen Hinweis auf eine bestehende Behandlungsalternative obliegt).

Ohne dies zu problematisieren, vertritt der BGH (Urt. v. 15. 3. 2005 – VI ZR 313/03, NJW 2005, 1718, 1719 = VersR 2005, 836, 837; grds. zustimmend Koyuncu GesR 2005, 289, 293/295, der bei eindeutigem Hinweis in der Packungsbeilage jedoch ein Mitverschulden der Patientin bejaht) nunmehr die

Ansicht, dass ein Chirurg den Patienten nicht nur im Rahmen der „Diagnoseaufklärung" davon in Kenntnis zu setzen hat, ein von ihm konservativ versorgter Bruch drohe in Fehlstellung zu verheilen, sondern im Rahmen der vom BGH angenommenen „**Selbstbestimmungs- oder Risikoaufklärung**" auch davon, dass eine bei Fortsetzung der konservativen Behandlung drohende Funktionseinschränkung des betroffenen Gelenks möglicherweise durch eine erneute (unblutige) Reposition oder durch eine primäre operative Neueinrichtung des Bruchs vermieden werden könne. Hier handle es sich um medizinisch indizierte und übliche Behandlungsmethoden, die gegenüber der Fortsetzung der konservativen Therapie **wesentlich unterschiedliche Risiken und Erfolgschancen** aufweisen. In einem derartigen Fall besteht eine „echte Wahlmöglichkeit" für den Patienten, so dass diesem nach vollständiger ärztlicher Aufklärung die Entscheidung überlassen werden muss, auf welchem Wege die Behandlung erfolgen soll und auf welches Risiko er sich einlassen will (BGH, Urt. v. 15. 3. 2005 – VI ZR 313/05, NJW 2005, 1718 = VersR 2005, 836; auch BGH NJW 1988, 763; NJW 1988, 765 = VersR 1988, 190, 191).

Demgegenüber hat das OLG Naumburg (Urt. v. 6. 6. 2005 – 1 U 7/05, OLGR 2005, 859 = MDR 2005, 333) ausgeführt, die Möglichkeit einer operativen Therapie stelle für den Patienten keine aufklärungspflichtige Alternative dar, wenn die konservative Behandlung einer Handgelenksverletzung die gleichen oder nahezu gleichen Erfolgschancen hat und sie weitaus üblicher als die operative Versorgung ist.

b) Unterlassene Sicherungsaufklärung als Behandlungsfehler

Versäumnisse im Bereich der **therapeutischen Aufklärung** sind keine Aufklärungsfehler, sondern **Behandlungsfehler** mit den für diese geltenden beweisrechtlichen Folgen. Der **Patient hat also grundsätzlich den Beweis zu führen**, dass ein – medizinisch erforderlicher – therapeutischer Hinweis nicht erteilt wurde und es dadurch bei ihm zum Eintritt eines Schadens gekommen ist (BGH, Urt. v. 14. 9. 2004 – VI ZR 186/03, NJW 2004, 3703, 3704 = VersR 2005, 227, 228; auch Urt. v. 15. 3. 2005 – VI ZR 313/03, NJW 2005, 1718 = VersR 2005, 836 und Urt. v. 15. 3. 2005 – VI ZR 289/03, NJW 2005, 1716 = VersR 2005, 834; Urt. v. 14. 6. 2005 – VI ZR 179/04, VersR 2005, 1238, 1239 zur nachträglichen Sicherungsaufklärung über die Gefahr einer HIV-Infektion; OLG Hamm, Urt. v. 14. 7. 2003 – 3 U 128/02, VersR 2005, 837; Urt. v. 21. 2. 2001 – 3 U 125/00, VersR 2002, 1562, 1563; OLG Karlsruhe, Urt. v. 25. 1. 2006 – 7 U 36/05, OLGR 2006, 339; Urt. v. 11. 4. 2002 – 7 U 171/00, OLGR 2002, 394; OLGR 2002, 392; OLG Koblenz VersR 2001, 111; OLG Köln NJW-RR 2001, 91 und NJW-RR 2001, 92, 93; OLG Nürnberg, Urt. v. 27. 5. 2002 – 5 U 4225/00, VersR 2003, 1444, 1445; MedR 2001, 577; OLG Oldenburg, NJW-RR 2000, 240, 241; OLG Zweibrücken, MedR 2000, 540; F/N, Rz. 100, 110; G/G, 5. Aufl., Rz. B 95, B 285; Müller, VPräsBGH GesR 2004, 257, 262; Rehborn, MDR 2000, 1101, 1103 und 1107; Rinke VersR 2005, 1150; Stöhr, RiBGH, GesR 2006, 145, 146; S/Pa, Rz. 325, 574).

Ist die Verletzung der Pflicht des behandelnden Arztes zur **therapeutischen Aufklärung** (Sicherungsaufklärung) im Einzelfall **als grober Behandlungsfehler** zu qualifizieren (vgl. hierzu S. 611 ff.), führt dies regelmäßig zu einer Umkehr der objektiven Beweislast für den ursächlichen Zusammenhang zwischen dem Behandlungsfehler in der Form der unterlassenen therapeutischen Aufklärung und dem Gesundheitsschaden (Primärschaden), wenn der Fehler generell geeignet ist, den eingetretenen Schaden zu verursachen (BGH, Urt. v. 16. 11. 2004 – VI ZR 328/03, NJW 2005, 427, 428 = VersR 2005, 228, 229 zur Sicherungsaufklärung; Urt. v. 27. 4. 2004 – VI ZR 34/03, NJW 2004, 2011, 2013 = VersR 2004, 909, 911 zur generellen Umkehr der Beweislast bei Vorliegen eines groben Behandlungsfehlers; OLG Karlsruhe, Urt. v. 25. 1. 2006 – 7 U 36/05, OLGR 2006, 339, 340: unterlassener Hinweis auf erforderliche Netzhautuntersuchung; OLG Köln VersR 2002, 1285, 1286; OLG Nürnberg, Urt. v. 27. 5. 2002 – 5 U 4225/00, VersR 2003, 1444, 1445: unterlassener Hinweis auf alternative Behandlungsmöglichkeit als grober Behandlungsfehler; Rinke VersR 2005, 1150 zur Sicherungsaufklärung über weiterhin indizierte konservative Maßnahmen; Gehrlein, Rz. B 45; S/Pa, Rz. 577 a).

Liegt kein Fall der Beweislastumkehr, etwa bei Vorliegen eines „groben Behandlungsfehlers" oder der Voraussetzungen einer „unterlassenen Befunderhebung" (vgl. hierzu S. 804 ff.) vor, trägt der Patient grundsätzlich die **Beweislast** dafür, dass er zu einer aus medizinischer Sicht erforderlichen Nachuntersuchung nicht einbestellt worden ist und er nicht unter Erläuterung des Risikos einer Außerachtlassung des Termins zur Wiedervorstellung darauf aufmerksam gemacht worden sei, der Nachuntersuchungstermin habe erhebliche Bedeutung für seine Gesundheit (OLG Hamm, Urt. v. 14. 7. 2003 – 3 U 128/02, VersR 2005, 837 mit NA-Beschluss des BGH v. 9. 3. 2004 – VI ZR 269/03).

Allerdings ist es Aufgabe der Behandlungsseite, eventuelle Hinweise anlässlich der Vereinbarung einer Wiedervorstellung des Patienten vorzutragen und im Bestreitensfalle – etwa anhand seiner Aufzeichnungen in den Behandlungsunterlagen – zu beweisen (OLG Hamm, Urt. v. 14. 7. 2003 – 3 U 128/02, VersR 2005, 837; OLG Bamberg, Urt. v. 4. 7. 2005 – 4 U 126/03, VersR 2005, 1292, 1293).

Aus medizinischen Gründen **aufzeichnungspflichtige Maßnahmen müssen dokumentiert werden** (OLG Bamberg, Urt. v. 4. 7. 2005 – 4 U 126/03, VersR 2005, 1292, 1293 = MDR 2006, 206 und OLG Zweibrücken, Urt. v. 20. 8. 2002 – 5 U 25/01, OLGR 2003, 92: Ablehnung einer dringend erforderlichen Untersuchung; OLG Hamburg, Urt. v. 20. 12. 2002 – 1 U 34/02, OLGR 2003, 336, 337: Abschlussuntersuchung, wenn Eingriff nicht ganz unproblematisch verlaufen ist; OLG Karlsruhe, Urt. v. 25. 1. 2006 – 7 U 36/05, OLGR 2006, 339, 340: Hinweis auf die Erforderlichkeit einer Netzhautuntersuchung; OLG Koblenz, Urt. v. 15. 1. 2004 – 5 U 1145/03, VersR 2004, 1323, 1324; OLG Jena, Urt. v. 18. 5. 2005 – 4 U 641/04, GesR 2005, 556, 558 = NJW-RR 2006, 135 LS; zu den Einzelheiten vgl. → „Dokumentationspflicht", S. 426 ff.).

Sind diagnostische oder therapeutische Maßnahmen trotz medizinischer Erforderlichkeit hierzu nicht dokumentiert und kann deren Vornahme von der Behandlungsseite auch nicht in sonstiger Weise bewiesen werden, können dem Patienten Beweiserleichterungen zugute kommen (vgl. OLG Bamberg, Urt. v.

4. 7. 2005–4 U 126/03, VersR 2005, 1292, 1293; OLG Düsseldorf, Urt. v. 15. 7. 2004 – I – 8 U 35/03, OLGR 2005, 707, 709; OLG Karlsruhe, Urt. v. 25. 1. 2006 – 7 U 36/05, OLGR 2006, 339, 340; OLG Koblenz, Urt. v. 15. 1. 2004 – 5 U 1145/ 03, VersR 2004, 1323, 1324 und die Nachweise auf S. 436). Aus der Tatsache der Nichtdokumentation einer aus medizinischen Gründen aufzeichnungspflichtigen Maßnahme kann das Gericht bis zum Beweis des Gegenteils durch die Behandlungsseite darauf schließen, dass die Maßnahme unterblieben ist (BGH VersR 1999, 190, 191; VersR 1995, 706; OLG Bamberg, Urt. v. 4. 7. 2005 – 4 U 126/03, VersR 2005, 1292, 1293; OLG Düsseldorf, Urt. v. 15. 7. 2004 – I – 8 U 35/03, OLGR 2005, 707, 709; OLG Karlsruhe, Urt. v. 25. 1. 2006 – 7 U 36/05, OLGR 2006, 339, 340; OLG Jena, Urt. v.18. 5. 2005 – 4 U 641/04, GesR 2005, 556, 558; vgl. hierzu S. 436 f.).

Auch wenn der Arzt geltend macht, eine an sich medizinisch gebotene, unstreitig oder nachgewiesenermaßen unterbliebene Sicherungsaufklärung sei aus bestimmten Gründen nicht notwendig gewesen, beruft er sich auf einen **Ausnahmetatbestand**, für dessen Vorliegen er dann darlegungs- und beweispflichtig ist (OLG Köln NJW-RR 2001, 92).

Steht fest, dass die **Sicherungsaufklärung nicht oder nur unvollständig erfolgt** ist, so muss an sich der **Patient** auf entsprechenden Vortrag der Behandlungsseite zur hypothetischen Einwilligung darlegen und beweisen, dass er bei vollständiger und zutreffender Aufklärung dieser auch **Folge geleistet** und sich dementsprechend verhalten bzw. die empfohlenen Maßnahmen ergriffen hätte und der ihm aufgrund der Unterlassung entstandene Primärschaden dann vermieden worden wäre (BGH NJW 1987, 705; OLG Karlsruhe, Urt. v. 10. 7. 2002 – 7 U 159/01, OLGR 2002, 392, 393; OLG Celle VersR 1986, 554; G/G, 5. Aufl., Rz. B 224).

Regelmäßig spricht jedoch eine **tatsächliche Vermutung** bzw. der Beweis des ersten Anscheins dafür, dass sich der **Patient** entsprechend einer ihm erteilten Sicherungsaufklärung **„aufklärungsrichtig" verhalten** hätte (BGH VersR 1989, 186; VersR 1989, 700, 702; VersR 1994, 305, 307; OLG Hamm NJW 2002, 307 = VersR 2001, 895; OLG Köln VersR 1992, 1231; VersR 2002, 1285, 1286; OLG Saarbrücken, Urt. v. 30. 6. 2004 – 1 U 386/02–92, OLGR 2005, 5, 9; OLG Stuttgart VersR 1986, 979; OLG Zweibrücken, Urt. v. 15. 12. 1998 – 5 U 10/96, NJW-RR 2000, 235, 237; G/G, 5. Aufl., Rz. B 173, B 225).

Diese Vermutung wird nicht etwa durch den Hinweis ausgeräumt, ein an Krebs erkrankter, „austherapierter" Patient hätte jede nur denkbare Chance ergriffen, auch wenn er pflichtgemäß über die hohen, nicht von der Krankenkasse zu übernehmenden Kosten einer Behandlung aufgeklärt worden wäre, die praktisch wirkungslos sein musste (OLG Hamm NJW 2002, 307, 308).

Es liegt dann an der Behandlungsseite, den Beweis zu führen, dass sich die fehlende oder unvollständige Sicherungsaufklärung auf die Entstehung des Primärschadens nicht ausgewirkt bzw. sich der Patient nicht „aufklärungsrichtig" verhalten hätte (BGH NJW 1986, 776; NJW 1987, 707 = VersR 1986, 1121; OLG Köln VersR 1992, 1231, 1232; OLG Düsseldorf VersR 1986, 659; G/G, 5. Aufl.,

Rz. B 225, 226; Gehrlein, Rz. B 53; F/N Rz. 151: Arzt muss beweisen, dass ein aufklärungsrichtiges Verhalten des Patienten nicht zu erwarten gewesen wäre).

c) Einzelfälle

(1) Hinweis auf die Dringlichkeit des Eingriffs; Behandlungsverweigerung

Den Arzt trifft die Verpflichtung, den Patienten auf mögliche, dem Laien nicht ohne weiteres bekannte Gefahren hinzuweisen. Im Falle der Erforderlichkeit eines operativen Eingriffs hat er dem Patienten diesen in der gebotenen Form **eindringlich** nahe zu legen (OLG Schleswig, Urt. v. 8. 6. 2001 – 4 U 28/00, NJW 2002, 227 = VersR 2001, 1516, 1517). Er muss den Patienten vor **Gefahren warnen, die durch das Unterlassen der ärztlichen Behandlung**, etwa der Erforderlichkeit einer sofortigen Herzkathederuntersuchung in der nächstgelegenen Klinik, entstehen können (BGH NJW 1991, 1541 = MDR 1991, 730; OLG Bamberg, Urt. v. 4. 7. 2005 – 4 U 126/03, VersR 2005, 1292, 1293; Gehrlein, Rz. B 47; F/N Rz. 100, 103).

Hat der Patient eine vorgesehene Nachuntersuchung in der Ambulanz nicht abgewartet und das Krankenhaus verlassen, ohne über die Folgen seiner Handlungsweise belehrt worden zu sein, so kann der Arzt verpflichtet sein, ihn **erneut einzubestellen** und ihn über das Erfordernis sowie die Dringlichkeit gebotener Therapiemaßnahmen aufzuklären (BGH MDR 1991, 730). Dabei trägt der **Patient die Beweislast** sowohl dafür, dass er zu einer aus medizinischer Sicht erforderlichen Nachuntersuchung nicht ordnungsgemäß einbestellt als auch nicht darauf aufmerksam gemacht worden ist, der Nachuntersuchungstermin habe erhebliche Bedeutung für seine Gesundheit und müsse deshalb wahrgenommen werden (OLG Hamm, Urt. v. 14. 7. 2003 – 3 U 128/02, VersR 2005, 837 mit NA-Beschluss BGH v. 9. 3. 2004 – VI ZR 269/03).

Die **Weigerung des Patienten**, einen Eingriff oder eine sonstige Behandlung durchführen zu lassen, ist rechtlich aber nur beachtlich, wenn der Arzt den Patienten auf dessen Dringlichkeit hingewiesen hat (BGH NJW 1997, 3090, 3091 = MDR 1997, 940 = VersR 1997, 1357, 1358; OLG Bamberg, Urt. v. 4. 7. 2005 – 4 U 126/03, VersR 2005, 1292, 1293 = MDR 2006, 206; OLG Düsseldorf, Urt. v. 21. 7. 2005 – I-8 U 33/05, VersR 2006, 841, 842; F/N Rz. 104, 129, 151; Gehrlein, Rz. B 47; S/Pa, Rz. 499 b; zur Beweislast s.o.). Die Erteilung entsprechender Hinweise steht zur Beweislast der Behandlungsseite (OLG Hamm, Urt. v. 14. 7. 2003 – 3 U 128/02, VersR 2005, 837 mit NA-Beschluss des BGH).

Verlässt ein **psychisch kranker Patient** gegen ärztlichen Rat die Klinik, so hat der behandelnde Arzt für die Folgen haftungsrechtlich nicht einzustehen, wenn er den Patienten deutlich auf die Folgen seines Tuns hingewiesen hat (OLG Düsseldorf VersR 1997, 1402; auch BGH VersR 1987, 1091 = NJW 1987, 2300).

Der Arzt handelt auch nicht schuldhaft, wenn er auf **dringenden Wunsch der Eltern** einer Entlassung des Kindes aus der Klinik zustimmt, sofern er eine lebensbedrohliche Gefährdung des Kindes ausschließen kann, die Eltern eindringlich auf die damit verbundenen Risiken hinweist, ihnen die erforderlichen therapeutischen Ratschläge erteilt und sich hinreichend sicher sein kann, dass sich die Eltern sachgerecht verhalten werden (OLG Köln VersR 1987, 1250).

Einerseits muss der Patient über allgemein bekannte, ihm drohende Verläufe nicht aufgeklärt werden. So drängt sich selbst für den medizinischen Laien bei einer schweren Entzündung eines Fingers ohne ärztlichen Hinweis auf, dass die weitere Ausbreitung des Entzündungsherdes bei Nichtdurchführung der vom Arzt angeratenen Operation zu einer Blutvergiftung und dauerhaften Schädigung des angegriffenen Körperteils und der Gesundheit des Patienten führen kann (OLG Schleswig, VersR 2001, 1516, 1517 = NJW 2002, 227).

Andererseits ist der die Behandlung abbrechende Patient eindringlich auf die Folgen der Fristversäumung hinzuweisen, wenn nach dem Scheitern einer konservativen Therapie zur Behandlung einer Fraktur o. Ä. nur eine innerhalb von 10 bis 12 Wochen durchzuführende Operation den Behandlungserfolg herbeiführen kann (BGH NJW 1987, 705; Gehrlein, Rz. B 47; F/N Rz. 104).

Eine **Behandlungsverweigerung** durch den Patienten ist im Krankenblatt **zu dokumentieren** (BGH NJW 1998, 1782; OLG Bamberg, Urt. v. 4. 7. 2005 – 4 U 126/03, VersR 2005, 1292, 1293; Gehrlein, Rz. B 52; F/N Rz. 129; G/G, 5. Aufl., Rz. B 220; S/Pa, Rz. 458 a. E., 499 b). So muss bei Verlassen der Klinik gegen ärztlichen Rat festgehalten werden, dass der Patient auf die mit einem Behandlungsabbruch einhergehenden Risiken hingewiesen worden ist (BGH NJW 1987, 2300 = VersR 1987, 1091; OLG Bamberg a. a. O.; F/N, Rz. 129). Die Weigerung, sich einer vom Arzt für medizinisch notwendig gehaltenen Röntgen- oder Herzkathederuntersuchung zu unterziehen, ist ebenfalls zu vermerken (BGH NJW 1987, 1482: Röntgenuntersuchung; OLG Bamberg, Urt. v. 4. 7. 2005 – 4 U 126/03, VersR 2005, 1292, 1293: Herzkathederuntersuchung in der nächstgelegenen Klinik).

Eine **mangelnde Dokumentation** kann nach Ansicht des BGH zu Beweiserleichterungen bis zur **Beweislastumkehr** zugunsten des Patienten führen (BGH NJW 1997, 3090 = MDR 1997, 940; VersR 1995, 706 = NJW 1995, 1611; NJW 1987, 2300 = VersR 1987, 1091; OLG Bamberg, Urt. v. 4. 7. 2005 – 4 U 126/03, VersR 2005, 1292, 1293; F/N Rz. 129; G/G, 5. Aufl., Rz. B 220; s. o. und S. 440 ff.). Allerdings kann der Arzt den Nachweis der Durchführung des Beratungsgesprächs, der Therapiemaßnahme u.a. auch außerhalb der Krankenunterlagen im Weg des **Zeugenbeweises** führen (BGH NJW 1984, 1403 = VersR 1984, 354, 355 = MDR 1984, 658, 660; NJW 1995, 1618 = VersR 1995, 539; OLG Karlsruhe, Urt. v. 25. 1. 2006 – 7 U 36/05, OLGR 2006, 339, 340; F/N Rz. 130; hierzu S. 438 f.).

Nach von der h.M. abweichenden Auffassung des OLG Schleswig (VersR 2001, 1516, 1517 = NJW 2002, 227; ebenso F/N, Rz. 129) trägt der Arzt für eine behauptete Behandlungsverweigerung unabhängig von etwaigen Dokumentationsversäumnissen die Beweislast. Denn die Behandlungsverweigerung fällt in den Bereich des Mitverschuldens (vgl. hierzu → *Mitverschulden* des Patienten, S. 670 ff.). Hierfür trägt derjenige die Beweislast, der das Mitverschulden behauptet.

(2) Erforderliche Klinikeinweisung

Wird eine Klinikeinweisung oder Weiterbehandlung in einem Krankenhaus erforderlich, so hat der Arzt den Patienten hierauf hinzuweisen (BGH NJW 1986, 2367: bei deutlicher Symptomatik; OLG Bamberg, Urt. v. 4. 7. 2005 – 4

U 126/03, VersR 2005, 1292, 1293: sofortige Herzkathederuntersuchung bei sich aufdrängendem Verdacht auf Herzinfarkt; OLG Celle VersR 1985, 346 bei Verdacht auf Herzinfarkt; OLG Celle VersR 1988, 159 bei Verdacht auf Hodentorsion; G/G, 5. Aufl., Rz. B 99; zur Dokumentationspflicht s.o. und S. 426 ff.).

Weisen Veränderungen im EKG sowie die geschilderte Beschwerdesymtomatik auf die Gefahr eines unmittelbar bevorstehenden Herzinfarkts hin, so stellt es sogar einen groben Behandlungsfehler (vgl. hierzu S. 554 f.) dar, wenn es der (Allgemein-)Arzt unterlässt, den Patienten zu einer Herzkathederuntersuchung in eine Klinik einzuweisen (OLG Bamberg, Urt. v. 4. 7. 2005 – 4 U 126/03, VersR 2005, 1292).

(3) Notwendigkeit von Kontrolluntersuchungen

Zur ordnungsgemäßen Behandlung eines Muskelfaserrisses in der Wade gehört neben der Ausgabe von Verhaltensmaßregeln der in den Krankenunterlagen zu dokumentierende Hinweis auf die Notwendigkeit von Kontrolluntersuchungen, um der Gefahr einer Venenthrombose begegnen zu können. Die Unterlassung dieses Hinweises stellt sogar einen groben Behandlungsfehler dar (OLG Oldenburg VersR 1994, 1478; Bergmann/Kienzle, VersR 1999, 282, 283).

Ergibt eine CT-Untersuchung den Verdacht auf einen Substanzdefekt oder ein arteriovenöses Angiom (geschwulstartige Gefäßneubildung, hier im Gehirn), ist die weitere Abklärung mittels Angio-MRT (Angio-Magnet-Resonanz-Tomographie) geboten. Unterlässt der Behandler diese Untersuchung bzw. den Hinweis an den Patienten auf die gebotene Abklärung, liegt ein „grober Behandlungsfehler" vor (OLG Köln, VersR 2002, 1285).

Als „**groben Behandlungsfehler**" in der Form einer unterlassenen therapeutischen Aufklärung hat der BGH (BGH, Urt. v. 16. 11. 2004 – VI ZR 238/03, VersR 2005, 228, 229 = NJW 2005, 427, 428; auch OLG Karlsruhe, Urt. v. 25. 1. 2006 – 7 U 36/05, OLGR 2006, 339 = GesR 2006, 211) es angesehen, dass ein Augenarzt den Patienten nach Abschluss einer Notfalluntersuchung nicht darauf hingewiesen hat, er müsse bei Fortschreiten der Symptome – im entschiedenen Fall dem Auftreten von „Lichtblitzen" im Auge – sofort einen Augenarzt aufsuchen.

Der Arzt ist danach grundsätzlich verpflichtet, dem Patienten seine Erkenntnisse ebenso wie einen Verdacht eines gravierenden Krankheitsbildes bekannt geben (BGH, Urt. v. 16. 11. 2004 – VI ZR 238/03, VersR 2005, 228, 229: therapeutische Aufklärung in der Form der Diagnoseaufklärung).

Die Verletzung der Pflicht zur therapeutischen Aufklärung (Sicherungsaufklärung), die als grober Behandlungsfehler zu werten ist, führt nach der neueren Rspr. stets zu einer Beweislastumkehr für den ursächlichen Zusammenhang zwischen dem Behandlungsfehler und dem Gesundheitsschaden (Primärschaden) des Patienten, wenn der Fehler generell geeignet ist, den eingetretenen Schaden zu verursachen (BGH, Urt. v. 16. 11. 2004 – VI ZR 238/03, VersR 2005, 228, 229 = NJW 2005, 427; BGH, Urt. v. 27. 4. 2004 – VI ZR 34/03, VersR 2004, 909).

Auch das OLG Karlsruhe (Urt. v. 25. 1. 2006 – 7 U 36/05, OLGR 2006, 339 = GesR 2006, 211 f.) geht davon aus, dass ein Allgemeinmediziner dem Patienten im Rahmen der therapeutischen Aufklärung eindringlich vor Augen führen werden muss, welche Folgen die Nichtdurchführung der angeratenen Maßnahme hat bzw. haben kann. Das **Unterlassen des – zu dokumentierenden – Hinweises auf die Notwendigkeit einer Netzhautuntersuchung** spätestens innerhalb von 48 Stunden wegen des Verdachts auf eine akute Glaskörperabhebung kann danach – wie in dem vom BGH am 16. 11. 2004 entschiedenen Fall – einen groben Behandlungsfehler darstellen. Allerdings kommt eine Beweislastumkehr dann nicht in Betracht, wenn der grobe Behandlungsfehler beim konkreten Geschehen **nicht geeignet** war, den eingetretenen Schaden zu verursachen. Dies ist dann der Fall, wenn die durch den falschen oder unterlassenen Rat des Arztes eingetretene Verzögerung von zwei bis drei Tagen nach Auffassung des vom Gericht bestellten Sachverständigen ohne Bedeutung für eine maßgebliche Netzhautablösung war (OLG Karlsruhe, Urt. v. 25. 1. 2006 – 7 U 36/05, OLGR 2006, 339, 341; u. E. auf der Stufe „äußerst unwahrscheinlich" zu lösen).

Ein Krankenhausarzt (hier: Gynäkologe), der eine Patientin aufgrund einer Überweisung wegen eines konkreten Krankheitsgeschehens behandelt, etwa in den Bereich der Gynäkologie fallende Beschwerden, ist nicht zur therapeutischen Aufklärung über die Möglichkeit und Zweckmäßigkeit prophylaktischer invasiver Krebsvorsorgeuntersuchungen, z.B. die Durchführung einer Darmspiegelung, verpflichtet. Ohne konkrete Verdachtsgründe ist der Krankenhausarzt (hier: Gynäkologe) auch nicht verpflichtet, die Patientin an einen Gastroenterologen bzw. Internisten weiter zu überweisen (OLG Naumburg, Urt. v. 25. 5. 2005 – 1 U 59/03, OLGR 2005, 900, 903).

(4) Unterlassener Hinweis auf weitere Untersuchungen bzw. notwendige Probeexzision bei Krebsverdacht

Bei Verdacht auf einen seltenen, gefährlichen Tumor ist der Patient selbst, nicht nur dessen Angehöriger, über die Dringlichkeit weiterer Untersuchungen zu unterrichten (BGH NJW 1989, 2318).

Ein Gynäkologe ist verpflichtet, eine Patientin mit familiärer Krebsvorbelastung nach Auswertung eines Mammographiebefundes eindringlich darauf hinzuweisen, dass in der Brust erkennbare Knoten wegen der im Vergleich zum Vorbefund deutlichen Wachstumstendenz krebsverdächtig sind, deshalb eine histologische Abklärung in Form einer Probeexzision erforderlich ist und sich bei Unterbleiben dieser Maßnahme mittel- oder langfristig eine veritable Krebserkrankung mit dem möglichen Befall anderer Organe herausbilden werde oder könne (OLG Köln, NJW-RR 2001, 92, 93).

Der fehlerhafte Hinweis, es liege ein abklärungsbedürftiger, weil krebsverdächtiger radiologischer Befund vor, ist als **„grober Behandlungsfehler"** mit der Folge einer Beweislastumkehr für den eingetretenen Primärschaden wie z. B. die Entbehrlichkeit einer nachfolgenden Bestrahlung zu werten (OLG Köln NJW-RR 2001, 92, 93).

(5) Einbestellung bei nachträglicher Kenntnis von gravierendem Untersuchungsbefund; nachträgliche Sicherungsaufklärung

Erhält der Arzt nach Erhalt entsprechender Laborwerte nachträglich Kenntnis von einem gravierenden Untersuchungsbefund, etwa das Misslingen eines Schwangerschaftsabbruchs oder das Vorliegen einer Krebserkrankung, so hat er den Patienten umgehend einzubestellen, selbst wenn er ihm zuvor aus anderen Gründen eine Wiedervorstellung empfohlen hatte (BGH NJW 1985, 2749; NJW 1987, 705: Tumorverdacht; Gehrlein, Rz. B 48 a. E.).

Ist eine Aufklärung über die Gefahr einer HIV-Infektion bei der Verabreichung von Blutprodukten nicht möglich, so ist der Patient jedenfalls nachträglich hierüber aufzuklären und ihm zu einem HIV-Test zu raten (BGH, Urt. v. 14. 6. 2005 – VI ZR 179/04, VersR 2005, 1238, 1239 – auch zum Anscheinsbeweis; zustimmend Katzenmeier NJW 2005, 3391, 3393). Auch der dem Arzt zum Behandlungszeitpunkt noch nicht bekannte Ehepartner ist in den Schutzbereich dieser nachträglichen Pflicht zur Sicherungsaufklärung einbezogen (BGH VersR 2005, 1238, 1240).

(6) Notfallbehandlung und Notwendigkeit einer Nachbehandlung

Ein Zahnarzt ist im Rahmen einer Notfallbehandlung nur verpflichtet, durch geeignete Behandlungsmaßnahmen die Krankheitssymptome wirksam zu bekämpfen und insbesondere die Schmerzfreiheit des Patienten wieder herzustellen. So ist die Anfertigung einer Röntgenaufnahme bei einer Notfallbehandlung nur erforderlich, wenn die Diagnostik nicht eindeutig ist. Wurzelkanäle müssen bei einer Notfallbehandlung nicht gefüllt werden (OLG Köln NJW-RR 2001, 91). Der Patient muss jedoch über die Notwendigkeit einer Nachbehandlung, etwa die Abfüllung eines Wurzelkanals, aufgeklärt werden. Der Beweis, dass der Arzt die erforderliche therapeutische Sicherheitsaufklärung unterlassen hat, obliegt dem Patienten (OLG Köln NJW-RR 2001, 91 und NJW-RR 2001, 92).

Ein vom Patienten zu beweisender Behandlungsfehler liegt auch vor, wenn der Arzt ihn nicht über die notwendigen Behandlungen und Maßnahmen zur rechtzeitigen Einleitung einer sachgerechten Nachbehandlung aufklärt. So muss der Patient darauf hingewiesen werden, dass Kopfschmerzen, die nach einer Spinalanästhesie auftreten, anästhesiologisch therapiert werden müssen (OLG Stuttgart VersR 1995, 1353).

Im Einzelfall kann das Unterlassen der erforderlichen therapeutischen Aufklärung (Sicherungsaufklärung) einen „groben Behandlungsfehler" darstellen. Dann hat die Behandlungsseite zu beweisen, dass der Behandlungsfehler für den Eintritt des Körper- bzw. Gesundheitsschadens („Primärschaden") nicht kausal geworden ist (s.o.; BGH, Urt. v. 16. 11. 2004 – VI ZR 238/03, VersR 2005, 228, 229 = NJW 2005, 427, 428; Rinke VersR 2005, 1150; G/G, 5. Aufl., Rz. B 285, 257).

(7) Erforderlichkeit einer Korrektur- oder Nachoperation

Weist das Bein nach Operation einer Unterschenkelfraktur einen **Drehfehler** auf, muss der Patient über die Erforderlichkeit einer Korrekturoperation aufgeklärt werden (BGH NJW 1991, 748; Gehrlein, Rz. B 47).

Auf die Folgen der Versäumung einer Frist von maximal 12 Wochen zur Durchführung einer Operation ist der die Behandlung abbrechende Patient eindringlich hinzuweisen (BGH NJW 1987, 705).

Nach der Durchführung einer Polypektomie (endoskopische Entfernung von Polypen, hier im Darm) ist der Patient auf eine durch Therapiekomplikationen entstandene nahe liegende Möglichkeit einer sich nachträglich ausbildenden Darmperforation hinzuweisen und darauf aufmerksam zu machen, dass in diesem Falle eine frühestmögliche Operation der günstigste Weg zur Begrenzung und Behebung der Schadensauswirkungen ist (OLG Koblenz VersR 2001, 111).

(8) Hinweis auf die weitere Lebensführung

Besteht der Verdacht auf eine ernsthafte Herzerkrankung des Patienten, muss ein Hinweis auf Konsequenzen für die weitere Lebensführung erfolgen (OLG Köln VersR 1992, 1231).

(9) Hinweis auf einen Prothesenwechsel

Die Frage, ob ein Arzt (Chirurg oder Orthopäde) zu einem Hinweis auf einen Prothesenwechsel verpflichtet ist, ist keine Frage der Erforderlichkeit einer Eingriffsaufklärung. Auch hier handelt es sich um einen Fall der therapeutischen Aufklärung.

Über die Möglichkeit der **Verwendung verschiedener Materialkombinationen** bei einer Totalendoprothese (TEP) muss der Arzt nach Auffassung des OLG Karlsruhe jedoch nicht von sich aus aufklären, denn dabei handelt es sich nicht um Behandlungsalternativen mit jeweils wesentlich unterschiedlichen Belastungen des Patienten oder wesentlich unterschiedlichen Risiken und Erfolgschancen (OLG Karlsruhe, Urt. v. 10. 7. 2002 – 7 U 159/01, OLGR 2002, 392, 393).

Die Materialkombination Keramik/Polyäthylen bietet nach Auffassung des sachverständig beratenen OLG Karlsruhe gegenüber der Materialkombination Metall/Polyäthylen keine besonders ins Gewicht fallenden Vorteile. Einem geringfügig besseren Abriebverhalten steht ein höheres Sprengungsrisiko bei der Materialpaarung Keramik/Polyäthylen gegenüber (OLG Karlsruhe, Urt. v. 10. 7. 2002 – 7 U 159/01, OLGR 2002, 392, 393).

(10) Hinweis auf mehrere zur Wahl stehende therapeutische Verfahren

Unterlässt der Arzt die ihm unabhängig von der Häufigkeit der vorliegenden Erkrankung obliegende Pflicht, den Patienten über **mehrere zur Wahl stehende diagnostische und/oder therapeutische Verfahren** im Rahmen der „Sicherungsaufklärung" zu informieren und das Für und Wider mit ihm abzuwägen, wenn jeweils unterschiedliche Risiken für den Patienten entstehen können und der Patient eine echte Wahlmöglichkeit hat, und kommt es deshalb nicht zur gebotenen Heilbehandlung, sondern zur Fortdauer oder Verschlimmerung der durch die Grunderkrankung bedingten Gesundheitsschäden, macht sich der Arzt wegen eines Behandlungsfehlers bzw. im Einzelfall groben Behandlungsfehlers gegenüber dem Patienten schadensersatzpflichtig (OLG Nürnberg, Urt. v. 27. 5. 2002 – 5 U 4225/00, VersR 2003, 1444, 1445: Sicherungsaufklärung; auch BGH, Urt. v. 15. 3. 2005- VI ZR 313/03, VersR 2005, 836 = NJW 2005, 1718: Risikoaufklärung; G/G, 5. Aufl., Rz. B 97 und Stöhr, RiBGH, GesR 2006, 145, 148: Überschneidung von Sicherungs- und Risikoaufklärung möglich; vgl. auch S. 93, 109).

Das Vorliegen eines **„groben Behandlungsfehlers"** wird etwa angenommen, wenn der Patient an einer – auch seltenen – Krankheit leidet und dem Arzt bekannt ist oder im Hinblick auf die bereits erfolgte Veröffentlichung in einschlägigen Lehrbüchern bekannt sein müsste, dass ein für seinen Patienten ernsthaft in Betracht kommendes anderes therapeutisches Verfahren (hier: Knochenmarktransplantation bei Morbus Farquhar, FHL) als Heilungschance in Betracht kommt, der Arzt aber dennoch eine konservative Behandlung einleitet bzw. fortsetzt (OLG Nürnberg, Urt. v. 27. 5. 2002 – 5 U 4225/00, VersR 2003, 1444, 1445; NA-Beschluss BGH v. 5. 11. 2002 – VI ZR 202/02).

Es würde auch grundsätzlich nicht genügen, nur die möglichen Nachteile des alternativ in Betracht kommenden Eingriffs bzw. der alternativ in Betracht kommenden Therapiemethode zu schildern. Vielmehr ist der Patient bei Bestehen einer ernsthaften zur Wahl stehenden diagnostischen oder therapeutischen Alternative – ebenso wie bei der Eingriffsaufklärung (vgl. hierzu unten S. 151 ff.) – darauf hinzuweisen, welche Chancen und welche Risiken mit der alternativen Methode verbunden sein können, und zwar sowohl im Hinblick auf eine vollständige als auch eine zumindest teilweise Heilung (KG, Urt. v. 15. 12. 2003 – 20 U 105/02, NJW-RR 2004, 458 zur Sicherungsaufklärung; BGH, Urt. v. 15. 3. 2005-VI ZR 313/03, NJW 2005, 1718, 1719 = VersR 2005, 836, 837 zur Risikoaufklärung). So hat der behandelnde Chirurg den Patienten nach der Versorgung eines Knochenbruchs nicht nur davon in Kenntnis zu setzen, dass der Bruch in Fehlstellung zu Verheilen droht (sog. „Diagnoseaufklärung"), sondern auch davon, dass eine bei Fortsetzung der vom Arzt gewählten **konservativen Behandlung drohende Funktionseinschränkung** des (Hand-) Gelenks möglicherweise durch eine erneute (unblutige) Reposition oder durch eine primäre operative Neueinrichtung des Bruchs vermieden werden kann (BGH, Urt. v. 15. 3. 2005 – VI ZR 313/03, NJW 2005, 1718, 1719 = VersR 2005, 836, 837). Obwohl die Fortsetzung der konservativen Behandlung keinen aufklärungspflichtigen „Eingriff" darstellt, meint der BGH, es gehe in einem derartigen Fall nicht (bzw. nach Auffassung von Stöhr, GesR 2006, 145, 148 nicht nur) um das Unterlassen einer zur Beweislast des Patienten stehenden therapeutischen Aufklärung (Sicherungsaufklärung), sondern um die dem Patienten geschuldete und zur Beweislast des Arztes stehende „Selbstbestimmungsaufklärung oder Risikoaufklärung" über das Bestehen einer ernsthaften Behandlungsalternative (vgl. hierzu S. 167).

(11) Keine Aufklärung über mögliche, nicht gebotene Maßnahmen (Antibiotika-Prophylaxe, CT, MRT)

Bei Nichtbestehen einer Indikation für eine **Antibiotika-Prophylaxe** muss der Patient weder im Rahmen der Sicherungs- noch im Rahmen der Eingriffsaufklärung darüber aufgeklärt werden, dass sie ungeachtet dessen vorgenommen werden könnte (OLG Düsseldorf, Urt. v. 21. 3. 2002 – 8 U 172/01, NJW-RR 2003, 88 = OLGR 2003, 390; auch OLG Hamm, Urt. v. 26. 1. 2004 – 3 U 157/03, GesR 2004, 181).

Ist die Antibiotika-Prophylaxe aus medizinischen Gründen nicht geboten, muss der Patient auch über das Für und Wider einer solchen Prophylaxe nicht aufgeklärt werden (OLG Hamm, Urt. v. 26. 1. 2004 – 3 U 157/03, GesR 2004, 181).

Gleiches gilt, wenn die **Erstellung eines CT, eines MRT** o.a. nach durchschnittlichem ärztlichem Standard nicht geboten ist; der Patient muss dann nicht befragt werden, ob ein CT, MRT o.a. angefertigt werden soll, auch wenn dies von einem überdurchschnittlich sorgfältigen und gewissenhaften Arzt angeordnet worden wäre (OLG Nürnberg, Urt. v. 6. 11. 2000 – 5 U 1116/00, OLGR 2002, 66).

(12) Ansteckungsgefahr und Schutzimpfung

Im Rahmen eines Klinikaufenthalts muss der Arzt den Patienten auf die von einem Mitpatienten ausgehende Ansteckungsgefahr hinweisen (BGH NJW 1994, 3012; Gehrlein, Rz. B 48).

Bei einer schwerwiegenden Krankheit wie z. B. Hepatitis C ist eine Aufklärung der nächsten Angehörigen nach Auffassung des OLG München (Urt. v. 18. 12. 1997 – 1 U 5625/95) allenfalls dann geboten, wenn der Patient aufgrund seiner geistigen Fähigkeiten nicht in der Lage ist, die Tragweite der Erkrankung und deren Bedeutung für das Umfeld, insbesondere hinsichtlich der Ansteckungsgefahr richtig einzuschätzen oder nicht gewährleistet ist, dass der Patient die gebotenen Schutzmaßnahmen selbst durchführt.

Die therapeutische **Aufklärung naher Angehöriger** kann im Übrigen, soweit sie ohne Einwilligung des Patienten zulässig ist, regelmäßig **nicht das direkte Gespräch** zwischen Arzt und Patienten **ersetzen** (BGH NJW 1989, 2381).

Bei der Durchführung einer **staatlichen Schutzimpfung** gegen Kinderlähmung unter Verwendung von Lebendviren trifft den Impfarzt die Beratungspflicht, den Geimpften bzw. die für ihn Sorgeberechtigten auf das erhöhte Ansteckungsrisiko für gefährdete Kontaktpersonen hinzuweisen (BGH MDR 1995, 585; NJW 1994, 3012; KG MedR 1997, 76; Deutsch VersR 2003, 801, 805; zur Aufklärungspflicht bei Polio-Impfungen BGH VersR 2000, 725, 727 = NJW 2000, 1784, 1786).

Anders als dem Impfarzt ist dem Patienten im Allgemeinen nicht bekannt, dass er nach einer Polio-Schluckimpfung für eine ganze Weile nicht mit gefährdeten Personen zusammenkommen darf (Deutsch VersR 2003, 801, 805).

Die Unterlassung der therapeutischen Aufklärung über die Risiken einer Impfung kann deshalb auch Schadensersatzansprüche von in den Schutzbereich des

Behandlungsvertrages einbezogener Dritter auslösen (BGH VersR 2000, 725, 727; VersR 1994, 1228, 1229).

Darüber hinaus ist der Impfarzt nach den vom BGH (BGH VersR 1994, 1228, 1229/1230) aufgestellten Grundsätzen dem Drittinfizierten auch dann haftbar, wenn ihm die Nichtimpfung eines Patienten vorzuwerfen ist, etwa weil er die Möglichkeit bewusst nicht erwähnt oder dem Patienten bzw. dessen Eltern sogar von der Impfung abgeraten hat und sich der Patient ansteckt und im weiteren Verlauf noch einen anderen gleichfalls infiziert (so Deutsch VersR 2003, 801, 805; u. E. dürfte die Kausalität aber kaum nachzuweisen sein!).

(13) Sterilisation und Misserfolgsquote

Nach einer Sterilisation mittels Durchtrennung der Samenleiter muss der Patient über die bestehende **Misserfolgsquote und die Notwendigkeit regelmäßiger Nachuntersuchungen (Anfertigung von Spermiogrammen)** aufgeklärt werden, wobei das Unterbleiben einer ordnungsgemäßen Aufklärung bei Fehlschlagen der Sterilisation vom Patienten zu beweisen ist (BGH VersR 1995, 1099; OLG Oldenburg, Urt. v. 3. 11. 1998 – 5 U 67/98, NJW-RR 2000, 240, 241; OLG Düsseldorf, NJW-RR 2001, 959, 960; OLG Hamm, Urt. v. 21. 2. 2001 – 3 U 125/00, VersR 2002, 1562, 1563; OLG Karlsruhe, Urt. v. 11. 4. 2002 – 7 U 171/00, OLGR 2002, 394; G/G, 5. Aufl., Rz. B 96, 104; S/Pa, Rz. 325, 327, 576). Dieser Beweis kann dem Patienten regelmäßig nicht gelingen, wenn der Arzt den Patienten bzw. die Patientin darüber aufgeklärt oder zumindest in seinen Behandlungsunterlagen dokumentiert hat, dass es „in seltenen Ausnahmefällen zur späteren Empfängnis" kommen kann (OLG Karlsruhe, Urt. v. 11. 4. 2002 – 7 U 171/00, OLGR 2002, 394; OLG Hamm, Urt. v. 21. 2. 2001 – 3 U 125/00, VersR 2002, 1562, 1563: Übergabe eines Formulars an den Patienten).

Nach einer Ansicht kann es jedoch als Beweisanzeichen für die Nichterfüllung der Nebenpflicht des Arztes zur Erteilung der Sicherungsaufklärung dienen, wenn sich der Arzt den – angeblich erteilten – Hinweis auf die Versagerquote bei einer Sterilisation nicht schriftlich bestätigen lässt (OLG Zweibrücken, Urt. v. 15. 12. 1998 – 5 U 10/96, NJW-RR 2000, 235, 236).

Nach anderer Auffassung soll es genügen, bei einer komplikationslos verlaufenden Vasektomie den bloßen Umstand der Resektion und des Verschlusses der Samenleiterenden zu dokumentieren (OLG Oldenburg, Urt. v. 3. 11. 1998 – 5 U 67/98, NJW-RR 2000, 240).

Generell muss nach einer Vasoresektion (Entfernung eines 2–3 cm langen Stücks des Samenleiters) über das Risiko einer **Spätrekanalisation** und über das **Versagerrisiko** informiert werden (OLG Hamm VersR 1993, 484: Spätrekanalisation; OLG Düsseldorf VersR 1992, 317 und OLG Hamm VersR 2002, 1563 sowie OLG Karlsruhe, Urt. v. 11. 4. 2004 – 7 U 171/00, OLGR 2002, 394: Versagerrisiko; S/Pa, Rz. 325, 327; G/G, 5. Aufl., Rz. B 102, 104). Auch bei Durchführung einer Tubensterilisation bzw. Tubenligatur (Unterbrechung der Eileiter) einer Patientin ist das bestehende, wenngleich mit 0,5 % bis 2 % geringe Versagerrisiko aufklärungsbedürftig (OLG Düsseldorf NJW-RR 2001, 959; VersR 1992, 751; OLG Koblenz VersR 1994, 371: Versagerrisiko; OLG Köln VersR

1995, 967 und OLG Karlsruhe, Urt. v. 11. 4. 2002 – 7 U 171/00, OLGR 2002, 394: Anspruch in den entschiedenen Fällen verneint).

Der Arzt hat über die verbleibende **Möglichkeit einer Schwangerschaft trotz durchgeführter Sterilisation** zu informieren, weil die Patientin nur dadurch in die Lage versetzt wird zu beurteilen, ob sie und ihr Partner sich mit der hohen Sicherheitsquote begnügen oder aus besonderer Vorsicht zusätzliche Verhütungsmaßnahmen anwenden wollen. Dieser Beratungspflicht wird er nur gerecht, wenn er dafür sorgt, dass die Information in einer Weise erfolgt, bei der er nach den Umständen sicher sein kann, dass sich die Patientin des konkreten Versagerrisikos bewusst geworden ist (OLG Karlsruhe, Urt. v. 11. 4. 2002 – 7 U 171/00, OLGR 2002, 394: Anspruch im konkreten Fall wegen dokumentierter Aufklärung verneint).

Hat der Arzt der Patientin erklärt, auch bei kunstgerechter Durchführung des Eingriffes könne in einem bis vier von tausend Fällen eine Schwangerschaft eintreten, ist er nicht verpflichtet, die Patientin nachträglich über die sich nach neuerem Erkenntnisstand ergebende, ungünstigere Quote von bis zu 1,8 % zu unterrichten (OLG Düsseldorf, Urt. v. 14. 12. 2000 – 8 U 5/00, NJW-RR 2001, 959, 960 = VersR 2001, 1117, 1118).

Hat der Operateur auf einer Seite wegen dort vorhandener starker Verwachsungen auf die vorgesehene Tubenresektion verzichtet, so hat er die Patientin auf das deshalb verbliebene Risiko einer unerwünschten Schwangerschaft hinzuweisen (OLG Düsseldorf VersR 1995, 542).

Nach Auffassung des OLG München (Urt. v. 14. 2. 2002 – 1 U 3495/01, GesR 2003, 239, 241; abl. Kern GesR 2003, 242: Überforderung der Aufklärung) muss der behandelnde Arzt der (im entschiedenen Fall 23-jährigen, türkischen) Patientin auch die möglichen psychischen Belastungen in Folge der Unfruchtbarkeit vor Augen führen, andernfalls sei die erteilte Einwilligung zur Sterilisation unwirksam.

(14) Voraussetzungen eines Schwangerschaftsabbruchs
(siehe auch S. 715 ff.)

Vgl. hierzu → *Sterilisation, fehlerhafte* (S. 734 ff.), → *Schwangerschaftsabbruch, fehlerhafter* (S. 715 ff.), → *Genetische Beratung* (S. 484 ff.)

Nach einem Eingriff zum Abbruch einer Zwillingsschwangerschaft schulden Krankenhaus und nachbehandelnder Gynäkologe der Patientin den deutlichen Hinweis, dass wegen des Risikos des Fortbestandes der Schwangerschaft eine Nachkontrolle dringend erforderlich ist (OLG Oldenburg VersR 1997, 193 = NJW 1996, 2432).

Die Patientin muss auch darüber unterrichtet werden, sich bei einem nachträglich auftretenden Hinweis auf den Misserfolg eines durchgeführten Schwangerschaftsabbruchs umgehend wieder vorzustellen, um dieser ggf. die Möglichkeit zur Wiederholung des Abbruchsversuchs zu eröffnen (BGH VersR 1985, 1068 = MDR 1986, 41; F/N Rz. 103).

Ist streitig, ob der Arzt über die Voraussetzungen und das Bestehen der Möglichkeit eines Schwangerschaftsabbruchs nicht bzw. nur ungenügend beraten und aufgeklärt hat, so trägt die Patientin hierfür die Beweislast (OLG Zweibrücken MedR 2000, 540).

(15) Aufklärung über die Alternative einer Schnittentbindung

Drohen bei einer Entbindung für das Kind ernst zu nehmende Gefahren und sprechen daher im Interesse des Kindes gewichtige Gründe für eine Schnittentbindung, ist die Mutter grundsätzlich über die bestehende Alternative, die Vor- und Nachteile einer primären Schnittentbindung aufzuklären (vgl. hierzu S. 172 ff.).

Entgegen der gelegentlichen Annahme mancher Instanzgerichte handelt es sich dabei jedoch nicht um einen Fall der Sicherheits- oder therapeutischen Aufklärung, sondern um eine Frage der Eingriffs- oder Risikoaufklärung, wobei die Beweislast für die Erfüllung dieser Aufklärungspflicht beim Arzt liegt (BGH, Urt. v. 14. 9. 2004 – VI ZR 186/03, NJW 2004, 3703, 3704 = VersR 2005, 227, 228; OLG Frankfurt, Urt. v. 24. 1. 2006 – 8 U 102/05, NJW-RR 2006, 1171, 1172).

(16) Negativer Rhesusfaktor, Fruchtwasseruntersuchung

Nach der Geburt eines Kindes mit negativem Rhesusfaktor muss die Mutter mit positivem Rhesusfaktor über das Risiko von **Antikörperbildung** und die damit verbundenen Gefahren für eine nachfolgende Schwangerschaft hingewiesen werden (BGH NJW 1989, 2320). Eine 39-jährige werdende Mutter muss über die Möglichkeit der Fruchtwasseruntersuchung (Amniozentese) informiert werden (OLG München VersR 1988, 523).

(17) Hinweis eines vielfach aus kosmetischen Gründen voroperierten Patienten auf psychologische Behandlung

Bei einem vielfach aus kosmetischen Gründen voroperierten Patienten hat ein plastischer Chirurg die Möglichkeit einer psychisch-neurotischen Fehlhaltung in Betracht zu ziehen und den Patienten entsprechend zu beraten. Gibt der Patient allerdings in einem Vorgespräch an, er habe sich erst zwei oder drei Korrektureingriffen unterzogen, ist nicht ohne weiteres von einer unvernünftigen Fixierung auf das äußere Erscheinungsbild auszugehen (OLG Düsseldorf, Urt. v. 19. 10. 2000 – 8 U 116/99, VersR 2001, 1380).

(18) Medikation, Hinweis auf Nebenwirkungen

Die Medikation verpflichtet den Arzt dazu, den Patienten über Dosis, Unverträglichkeiten und Nebenwirkungen eines verordneten Medikaments ins Bild zu setzen (L/U, § 62 Rz. 8; Gehrlein, Rz. B 49). Hierzu gehören etwa die mit der Wirkung des Medikaments auf den Kreislauf verbundene **Sturzgefahr** (OLG Köln VersR 1996, 1278) und die **eingeschränkte Fahrtauglichkeit** nach der Verabreichung von Augentropfen, Herz-Kreislauf-Medikamenten o. Ä. (L/U, § 62 Rz. 14; Gehrlein, Rz. B 49).

Ist der Patient nach einer ambulanten Behandlung, etwa einer Magen- oder Darmspiegelung, noch so stark sediert, dass seine Tauglichkeit für den Straßenverkehr erheblich eingeschränkt ist, ist der Arzt verpflichtet, etwa durch Einrichtung geeigneter und vom Pflegepersonal überwachter Räume oder in sonst geeigneter Form sicherzustellen, dass sich der Patient nicht vorzeitig entfernt (BGH, Urt. v. 8. 4. 2003 – VI ZR 265/02, NJW 2003, 2309 = VersR 2003, 1126; S/ Pa, Rz. 215, 325, 507 b; F/N Rz. 103; vgl. hierzu S. 326, 545, 610).

Verschreibt eine Gynäkologin ihrer Patientin ein **östrogen- und gestagenhaltiges Antikonzeptionsmittel („Pille")** zur Regulierung der Menstruationsbeschwerden, muss sie die Patientin auch dann in geeigneter Weise darauf hinweisen, dass das Medikament bei Raucherinnen das erhebliche **Risiko eines Herzinfarkts oder Schlaganfalls** in sich birgt, selbst wenn dieses Risiko in der dem Medikament beigefügten Gebrauchsinformation – „bei Raucherinnen ein erhöhtes Risiko an zum Teil schwerwiegenden Folgen von Gefäßveränderungen (z. B. Herzinfarkt oder Schlaganfall)" beschrieben ist (BGH, Urt. v. 15. 3. 2005 – VI ZR 289/03, NJW 2005, 1716 = VersR 2005, 834 mit grds. zustimmender Anmerkung Koyuncu GesR 2005, 289, 293; Stöhr, RiBGH, GesR 2006, 145, 148 f.).

Nach Ansicht des BGH stellt auch die Medikation mit aggressiven bzw. nicht ungefährlichen Arzneimitteln – wie vorliegend einer „Pille" – einen „**ärztlichen Eingriff** im weiteren Sinne" dar, so dass die Einwilligung des Patienten in die Behandlung unwirksam ist, wenn er nicht über dessen gefährliche Nebenwirkungen aufgeklärt worden ist (BGH, Urt. v. 15. 3. 2005 – VI ZR 289/03, NJW 2005, 1716, 1717 = VersR 2005, 834, 835; auch OLG Hamm VersR 1989, 195; OLG Düseldorf OLGR 2003, 387, 389; S/Pa, Rz. 400 a; a.A. LG Dortmund MedR 2003, 331, 332).

Es handle sich hier nicht (nur) um die – zur Beweislast des Patienten stehende – Verletzung einer Pflicht zur therapeutischen Aufklärung (Sicherungsaufklärung), sondern um einen „Fall der Eingriffs- oder Risikoaufklärung", um es dem Patienten zu ermöglichen, sein Selbstbestimmungsrecht auszuüben (BGH, Urt. v. 15. 3. 2005 – VI ZR 289/03, NJW 2005, 1716 f. = VersR 2005, 834 f.).

Kommen derart schwere Nebenwirkungen wie etwa ein Herzinfarkt oder ein Schlaganfall, der sich im entschiedenen Fall bei der Patientin realisiert hatte, in Betracht, reicht nach Ansicht des BGH der in der Packungsbeilage erteilte Warnhinweis des Pharmaherstellers nicht aus. Vielmehr muss die Patientin primär vom verordnenden Arzt eine allgemeine Vorstellung von den spezifischen Risiken der Medikation vermittelt werden, die „dem Eingriff" anhaften und bei ihrer Verwirklichung die Lebensführung der Patientin stark belasten (BGH a.a.O.).

Regelmäßig kann sich der Arzt zwar auf den Inhalt des vom Hersteller beigefügten **Beipackzettels** verlassen (so etwa OLG Saarbrücken OLG-Report 1999, 5; Gehrlein, Rz. B 49), nach Auffassung des BGH jedoch nicht darauf, dass die Patientin bzw. der Patient die Hinweise auf der Gebrauchsinformation des Medikaments tatsächlich zur Kenntnis genommen hat (BGH, Urt. v. 15. 3. 2005 – VI ZR 289/03, NJW 2005, 1716, 1718).

Greiner (G/G, 5. Aufl., Rz. B 97) und Stöhr (GesR 2006, 145, 148), Mitglieder des VI. Zivilsenats des BGH, weisen ergänzend darauf hin, dass in einem derartigen, vom BGH entschiedenen Fall „zudem eine Verletzung der Pflicht zur Sicherungs- oder therapeutischen Aufklärung in Betracht" kommt, die sich dann mit der Verpflichtung zur Eingriffsaufklärung überschneidet, soweit es um die Vermeidung möglicher Selbstgefährdungen der Patientin geht.

Koyuncu (GesR 2005, 289, 293) stimmt dem BGH im Grundsatz zu. Dem Arzt sei es aber auch gestattet, den Patienten nach „im Großen und Ganzen" erteilter „Grundaufklärung" über die schwerwiegendsten Risiken auf die ergänzende Lektüre der Packungsbeilage zu verweisen (Koyuncu GesR 2005, 289, 293 und 295 mit Hinweis auf LG Dortmund, Urt. v. 6. 10. 1999 – 17 O 10/98, MedR 2000, 331, 332 und Deutsch/Spickhoff Rz. 208). Letztere sei als schriftliche Aufklärung des pharmazeutischen Unternehmers anzusehen. Allerdings treffe die Patientin, die einen in der Packungsbeilage enthaltenen deutlichen Hinweis nicht beachte, ein Mitverschulden (Koyuncu GesR 2005, 289, 295).

Es kann daher nur jedem Gynäkologen und Hausarzt empfohlen werden, einen derartigen Hinweis in den Behandlungsunterlagen **zu dokumentieren!**

Bei beabsichtigter Therapie mit wissenschaftlich umstrittenen Arzneimitteln muss dem Patienten nicht nur das typische Risiko derartiger Mittel mitgeteilt werden, sondern auch der Umstand, dass deren Wirksamkeit nicht gesichert bzw. nicht voll anerkannt ist (OLG München, Urt. v. 29. 4. 1993 – 1 U 5466/92; Oehler, 2003, S. 160).

(19) Hinweis auf verbliebenes Bohrerstück im Knochen

Regelmäßig liegt zwar kein Behandlungsfehler vor, wenn bei der Operation einer Fraktur ein abgebrochenes Metallteil einer Bohrerspitze im Knochen verbleibt (OLG München, Urt. v. 10. 1. 2002 – 1 U 2373/01, OLGR 2002, 257; OLG Stuttgart, Urt. v. 2. 2. 1989 – 14 U 20/88; OLG Oldenburg, Urt. v. 20. 12. 1994 – 5 U 157/94; Oehler, 2003, S. 215, 227).

Der Patient ist über das **Verbleiben eines Bohrerstücks im Knochen** bzw. eines sonstigen Metallteils im Körper jedoch **aufzuklären**, um den Zeitraum, innerhalb dessen beim Patienten Beschwerden eintreten oder eintreten können, zu verkürzen (OLG München, Urt. v. 10. 1. 2002 1 U 2373/01, OLGR 2002, 257; OLG Oldenburg a. a. O.; OLG Stuttgart a. a. O. = AHRS I 3110/33).

Verschweigt der Arzt dem Patienten, dass bei einer Operation eine Bohrerspitze abgebrochen und im Knochen verblieben ist, kann hierin sogar ein **grober Behandlungsfehler** liegen, weil der Patient auf diese Information für die Nachbehandlung angewiesen ist (OLG Stuttgart a. a. O.). Zur Gewinnung entsprechender Erkenntnisse hat der Arzt postoperative Röntgenaufnahmen sorgsam auszuwerten. Unterbleibt dies und kann die erforderliche Sicherheitsaufklärung deshalb nicht erfolgen, kann ein Schmerzensgeld in der Größenordnung von 2000 Euro gerechtfertigt sein (OLG München, Urt. v. 10. 1. 2002 – 1 U 2373/01, OLGR 2002, 257, 258 = VersR 2002, 985, 986).

(20) Zahnersatz mit parodontal beeinträchtigtem Zahn

Der Versuch, einen **parodontal stark beeinträchtigten**, jedoch seit längerer Zeit **beschwerdefreien Zahn zu erhalten und in eine prothetische Versorgung einzubeziehen**, ist zahnmedizinisch vertretbar, wenn die Vor- und Nachteile dieses Vorgehens und die Alternativen (z.B. Durchführung einer Wurzelspitzenresektion an dem Zahn oder anderweitige Befestigungsmöglichkeiten) mit dem Patienten besprochen worden sind und dieser bereit ist, das Risiko später auftretender Beschwerden an dem Zahn zu tragen. Behauptet der Zahnarzt substantiiert, dass er ein solches Gespräch mit dem Patienten geführt hat, muss der für das Vorliegen eines Behandlungsfehlers beweispflichtige **Patient diese Behauptung widerlegen**. Sind die Angaben des immer wieder unter Beschwerden an anderen Zähnen leidenden Patienten, dass er sich ohne Vorgespräch über den parodontalen Zustand seines Gebisses einer umfangreichen Zahnsanierung unterzogen haben will, nicht glaubhaft, kommen ihm wegen der unterbliebenen Dokumentation des Gesprächs keine Beweiserleichterungen zugute (OLG Düsseldorf, Urt. v. 20. 10. 2005 – I – 8 U 109/03, OLGR 2006, 427, 428).

(21) Möglichkeit einer Samenspende vor Chemotherapie

Vor Beginn einer Chemotherapie bei einem männlichen Patienten wegen eines Hodentumors, welche die **Unfruchtbarkeit des Patienten** zur Folge haben kann, muss der behandelnde Arzt ihn auf die Möglichkeit der Erhaltung der externen Zeugungsfähigkeit durch Abgabe einer Samenspende hinweisen (OLG Frankfurt, Urt. v. 26. 4. 2002 – 25 U 120/01, OLGR 2002, 183 = MDR 2002, 1192). Sieht der Patient wegen der fehlenden oder fehlerhaften Aufklärung von einer solchen Samenspende ab und führt die Chemotherapie später tatsächlich zu seiner Unfruchtbarkeit, so stellt dieser Verlust der Zeugungsfähigkeit eine vom Arzt verschuldete Körper- und Gesundheitsverletzung dar (OLG Frankfurt, Urt. v. 26. 4. 2002 – 25 U 120/01, OLGR 2002, 183).

4. Wirtschaftliche Aufklärung

Ein Arzt hat den Patienten auch über die wirtschaftlichen Folgen der vorgeschlagenen Behandlung aufzuklären, wenn und soweit er diese besser beurteilen kann als der Patient (Schelling MedR 2004, 422, 427; Stöhr MedR 2004, 156, 159). Bei der Pflicht zur wirtschaftlichen Aufklärung handelt es sich um eine **vertragliche Nebenpflicht**. Die Beweislast, dass eine etwa gebotene wirtschaftliche Aufklärung nicht erfolgt ist, obliegt dabei dem Patienten (OLG Stuttgart, Urt. v. 9. 4. 2002 – 14 U 90/01, VersR 2003, 462, 463 = OLGR 2002, 350, 351; Urt. v. 16. 2. 2004 – 1 U 71/01, OLGR 2003, 91, 94; Schelling MedR 2004, 422, 426; Stöhr MedR 2004, 156, 160; von Ziegner MDR 2001, 1088, 1091).

Bei der Frage, ob und in welchem Umfang der Arzt zur „wirtschaftlichen Aufklärung" des Patienten verpflichtet ist, wird überwiegend danach differenziert, ob der Patient gesetzlich oder privat krankenversichert ist, wobei sich bei der zahnmedizinischen Behandlung und kosmetischen Operationen, die grundsätzlich nicht vom Versicherungsschutz eines privaten oder gesetzlichen Krankenversicherers erfasst sind, Besonderheiten ergeben können.

a) Gesetzlich krankenversicherte Patienten

Behandelt der Arzt einen Kassenpatienten, ist er regelmäßig darüber im Bild, welche Heilbehandlungskosten ihm von der Kassenärztlichen Vereinigung (KV) unproblematisch erstattet werden und welche nicht, da er die Abrechnungen mit der Krankenkasse laufend selbst vornimmt (Schelling MedR 2004, 422, 423; Michalski VersR 1997, 137, 144; vgl. § 30 VI S. 6 SGB V).

Wegen des bestehenden Leistungsgeflechts zwischen Vertragsarzt, KV, Krankenkasse und Kassenpatient stellt die Kostenübernahme zugunsten des Kassenpatienten grundsätzlich die Regel dar, so dass der gesetzlich versicherte Patient – abgesehen von der Praxisgebühr und Zuzahlungen bei Heilmitteln – nicht zur Zahlung einer Vergütung an den Arzt verpflichtet ist (Schelling MedR 2004, 422, 423; Schinnenburg MedR 2000, 185, 187; Michalski VersR 1997, 137, 144). Der Kassenpatient erwartet grundsätzlich eine Behandlung nach den Regeln der kassenärztlichen Versorgung und geht i. d. R. davon aus, keine Zuzahlungen zu schulden (vgl. OLG Stuttgart, Urt. v. 9. 4. 2002 – 14 U 90/01, VersR 2003, 462, 463; Urt. v. 16. 4. 2002 – 1 U 71/01, OLGR 2002, 92, 94; Schelling MedR 2004, 422, 424).

Weiß also der Arzt, dass eine bestimmte ärztliche Behandlung von der gesetzlichen Krankenkasse nicht oder nur unter bestimmten, fraglich vorliegenden Voraussetzungen bezahlt wird, hat er deshalb den Patienten vor Abschluss des Behandlungsvertrages bzw. vor Durchführung der vorgesehenen Behandlung darauf hinzuweisen (OLG Stuttgart, Urt. v. 9. 4. 2002 – 14 U 90/01, VersR 2003, 462, 463; OLG Köln, Urt. v. 23. 3. 2005 – 5 U 144/04, MedR 2005, 601 = VersR 2005, 1589 zur Implantatbehandlung; auch Schelling MedR 2004, 422, 424 und Stöhr MedR 2004, 156, 159).

Grundsätzlich ist es als ausreichend anzusehen, wenn der behandelnde Arzt dem Patienten erklärt, dessen Krankenkasse werde möglicherweise die Kosten der beabsichtigten bzw. gewünschten Behandlung nicht übernehmen (OLG Stuttgart, Urt. v. 16. 4. 2002 – 1 U 71/01, OLGR 2002, 91, 94). Ist eine Therapie sowohl stationär als auch ambulant medizinisch sinnvoll und praktikabel, so ist sowohl der gesetzlich krankenversicherte als auch der privat versicherte Patient über die ernsthaft in Betracht kommenden Behandlungsalternativen einschließlich der wirtschaftlichen Folgen aufzuklären (AG Pforzheim, Urt. v. 7. 5. 2002 – 8 C 221/01, MedR 2003, 234; zustimmend Schelling MedR 2004, 422, 423; grundsätzlich auch LG Karlsruhe, Urt. v. 15. 7. 2005 – 5 S 124/04, NJW-RR 2005, 1690, 1691 = VersR 2006, 1217, 1218), jedenfalls wenn der Arzt den Umständen nach begründete Zweifel haben muss, ob der (im entschiedenen Fall private) Krankenversicherer des Patienten die Behandlung im Krankenhaus als notwendig ansehen und die Kosten hierfür übernehmen wird (BGH NJW 1983, 2630; KG VersR 2000, 89; LG Karlsruhe, Urt. v. 15. 7. 2005 – 5 S 124/04, NJW-RR 2005, 1690, 1691; OLG Köln, Urt. v. 23. 3. 2005 – 5 U 144/04, OLGR 2005, 601 und Rehborn MDR 2000, 1101, 1103: begründete Zweifel bei Zahnbehandlung).

So hat der Arzt, der dem Patienten zu einer **stationären konservativen Behandlung einer Hüftgelenksarthrose** rät, obwohl diese auch ambulant behandelt werden könnte, darauf hinzuweisen, dass die private Krankenversicherung die durch die stationäre Aufnahme bedingten Mehrkosten voraussichtlich nicht erstatten wird (BGH NJW 1983, 2630; Terbille/Schmitz-Herscheidt, NJW 2000, 1749, 1754; insoweit ablehnend Schelling MedR 2004, 422, 429).

Bietet der Arzt einem **Krebspatienten** im letzten Stadium der Krankheit eine teure Therapie an, deren Wirksamkeit wissenschaftlich nicht erwiesen ist und deren Kosten von den Krankenkassen in aller Regel nicht übernommen werden, muss er den Patienten **unmissverständlich darüber belehren**, dass er die Therapie voraussichtlich **selbst zu bezahlen** haben wird. Bei unterbliebener Aufklärung kann der Patient im Wege des Schadensersatzes vom Arzt Freistellung von den Kosten verlangen (OLG Hamm MDR 1994, 1187 und VersR 2001, 895, 896).

Der Arzt muss den Patienten auch darauf hinweisen, dass der Erfolg einer ausschließlichen **naturheilkundlichen Behandlung** und die Erstattung der Behandlungskosten durch den privaten oder gesetzlichen Krankenversicherer zweifelhaft sind (OLG Stuttgart, Urt. v. 16. 4. 2002 – 1 U 71/01, OLGR 2003, 91, 92).

Die Pflicht zur wirtschaftlichen Aufklärung wird von einem **Zahnarzt** grundsätzlich durch Fertigung eines Heil- und Kostenplans erfüllt, den der Patient vor Aufnahme einer umfangreichen Behandlung abwarten und an dem er sich wegen der Kostenfrage orientieren kann (Stöhr MedR 2004, 156, 159).

Ist es für einen Zahnarzt jedoch erkennbar zweifelhaft, ob eine Behandlung von der Kasse als medizinisch notwendig angesehen wird oder nicht, muss er den Patienten darauf hinweisen, dass die in Aussicht genommene Behandlung möglicherweise vom Krankenversicherer nicht als notwendig anerkannt werden könnte und der Versicherer dementsprechend die Kosten der zahnärztlichen Behandlung voraussichtlich nicht erstattet wird (KG VersR 2000, 89; OLG Stuttgart OLGR 2002, 350, 351; OLG Köln, Urt. v. 23. 3. 2005 – 5 U 144/04, OLGR 2005, 601, 602 zur umfangreichen Implantatbehandlung; Stöhr MedR 2004, 156, 159; zu den Einzelheiten bei zahnärztlicher Behandlung siehe unten S. 114 f.).

Auch wenn der Patient die Verpflichtung eingegangen ist, von der Krankenkasse nicht übernommene bzw. nicht zu übernehmende Pflege- und Behandlungskosten selbst zu tragen, ist er von einer Ablehnung der Kostenübernahme zu informieren und auf die Möglichkeit, ggf. einen **Kostenübernahmeantrag** nach dem BSHG zu stellen, hinzuweisen (OLG Frankfurt, Urt. v. 27. 5. 2004 – 3 U 82/03, MDR 2004, 1401 = NJW-RR 2004, 1608).

b) Privat krankenversicherte Patienten

Gegenüber privat krankenversicherten Patienten nimmt der Arzt die Liquidation selbst vor. Die Frage einer Erstattung der Kosten durch die private Krankenversicherung (PKV) berührt ausschließlich das Vertragsverhältnis zwischen dem Patienten und der Versicherung, nicht hingegen zwischen Arzt und Patienten (Schelling MedR 2004, 422, 424). Die vertraglichen Ausgestaltungsmöglichkeiten in der PKV sind so mannigfaltig, dass es dem Arzt nicht zugemutet werden kann, sich die Versicherungsbedingungen aushändigen zu lassen und zu prüfen, ob alle Kosten auslösenden medizinischen Maßnahmen vom vereinbarten Umfang der Kostenerstattung abgedeckt werden (Schelling MedR 2004, 422, 424; ebenso von Ziegner MDR 2001, 1088 f.).

Eine entsprechende Aufklärungspflicht des Arztes gegenüber dem privat krankenversicherten Patienten wird aber dann angenommen, wenn der Arzt positiv weiß, dass die PKV oder Beihilfe die **Erstattung der Behandlungskosten verweigern oder zumindest Probleme bereiten** wird. Hiervon ist etwa auszugehen, wenn die PKV des Patienten dem Arzt oder Zahnarzt gegenüber schon vor Beginn der Behandlung Zweifel an der medizinischen Notwendigkeit der Heilbehandlung geäußert hat (KG, Urt. v. 21. 9. 1999 – VersR 2000, 89 bei zweifelhafter Kostenübernahme; Schelling MedR 2004, 422, 424; auch Rehborn MDR 2000, 1101, 1103).

Für eine Kenntnis des Arztes spricht auch, wenn er **mit bestimmten Behandlungsarten** und Krankenversicherungen **wiederholt zu tun** und die PKV bereits in früheren Fällen darauf hingewiesen hat, dass die Kosten des beabsichtigten Verfahrens nicht übernommen werden können (vgl. LG Düsseldorf MedR 1986, 208 bei alternativem Verfahren der Ozon-Sauerstoff-Eigenbluttransfusion; Schelling MedR 2004, 422, 424).

Eine Aufklärungspflicht des Arztes ist auch dann zu bejahen, wenn es für den Arzt oder Zahnarzt erkennbar **zweifelhaft** ist, ob eine Behandlung als **medizinisch notwendig** angesehen wird oder nicht (KG VersR 2000, 89; auch BGH VersR 1983, 443 = MedR 1983, 109; AG Pforzheim, Urt. v. 7. 5. 2002 – 8 C 221/ 01, MedR 2003, 234: Hinweispflicht, wenn „für den Arzt erkennbar zweifelhaft"; auch LG Karlsruhe, Urt. v. 15. 7. 2005 – 5 S 124/04, VersR 2006, 1217, 1218 = NJW-RR 2005, 1690; Stöhr MedR 2004, 156, 159; Schelling MedR 2004, 422, 424 und 425).

So muss der Arzt den Patienten etwa bei der Anwendung alternativer Methoden wie einer **Ozon-Sauerstoff-Eigenbluttransfusion** darauf hinweisen, dass diese vom privaten Krankenversicherer regelmäßig nicht ersetzt wird (LG Düsseldorf MedR 1986, 208; Schelling MedR 2004, 422, 424; kritisch hierzu L/U § 65 Rz. 17). Gleiches gilt etwa, wenn der Arzt weiß, dass die Erstattung der Kosten einer naturheilkundlichen Behandlung durch den Krankenversicherer (OLG Stuttgart, Urt. v. 16. 4. 2002 – 1 U 71/01, OLGR 2003, 91, 92), der sechswöchigen stationären Behandlung einer einfachen Arthrose (BGH NJW 1983, 2630, 2631; Schelling MedR 2004, 422, 425) oder einer stationär durchgeführten Abmagerungskur (LG Köln VersR 1983, 960) zumindest zweifelhaft ist.

Zweifel an der Erstattungsfähigkeit durch die PKV müssen sich dem Arzt auch bei der Anwendung anderer, wissenschaftlich nicht allgemein anerkannter Untersuchungs- oder Behandlungsmethoden aufdrängen (OLG Frankfurt VersR 1988, 733; Terbille/Schmitz-Herscheidt, NJW 2000, 1749, 1754). Allerdings ist zu beachten, dass der BGH (NJW 1993, 2369) die einen Ausschluss der Kostentragungspflicht für wissenschaftlich nicht allgemein anerkannte Untersuchungs- oder Behandlungsmethoden enthaltende Klausel der privaten Krankenversicherer in § 5 I f MBKK für unwirksam erklärt hat (Verstoß gegen § 9 I, II AGBG, ab dem 1. 1. 2002 § 307 I, II BGB n. F.).

Eine Aufklärungspflicht des Arztes oder Zahnarztes gegenüber dem privat versicherten Patienten wird auch bejaht, wenn dieser routinemäßig eine Honorarvereinbarung abschließt und ihm bekannt ist, dass das vereinbarte, über den üblichen Satz hinausgehende Honorar regelmäßig von der PKV oder der Beihilfestelle nicht ersetzt wird, etwa weil der höhere Betrag den 2,3- bzw. 3,5-fachen Satz überschreitet oder hierfür keine ausreichende Begründung gegeben wird (Stöhr MedR 2004, 156, 160).

Im Prozess zwischen dem Arzt bzw. Krankenhaus und dem Patienten, der Schadensersatzansprüche wegen unterlassener „wirtschaftlicher" Aufklärung geltend macht, wird nicht geprüft, ob die ablehnende Praxis des (privaten) Krankenversicherers in derartigen Fällen berechtigt und die vorgeschlagene bzw. durchgeführte Behandlung tatsächlich als nicht notwendige Behandlung im Sinne der Krankenversicherungsbedingungen (§ 1 II MB/KK) anzusehen ist; allein die dem Arzt bekannte Nichtanerkennungspraxis der PKV genügt, um ihn zur Aufklärung zu verpflichten (LG Karlsruhe, Urt. v. 15. 7. 2005 – 5 S 124/04, NJW-RR 2005, 1690 = VersR 2006, 1217).

Der Patient kann den **Schadensersatz wegen unterlassener „wirtschaftlicher"** **Aufklärung** nach Ansicht des LG Karlsruhe (Berufungskammer, Urt. v. 15. 7. 2005 – 5 S 124/04, NJW-RR 2005, 1690, 1691) aber nur dann mit Erfolg geltend machen, wenn er für den Fall des Bestehens der Kostenerstattungspflicht der PKV den **möglichen Erstattungsanspruch** gegen den Versicherer an den Arzt bzw. den Krankenhausträgen **abtritt** (§ 255 analog).

Enthalten die Krankenversicherungsbedingungen – üblicherweise – ein Abtretungsverbot (vgl. § 6 VI MB/KK), kann der Patient mit dem Schadensersatzanspruch erst dann durchdringen, wenn er eine Erklärung der PKV vorlegt, wonach diese auf das Abtretungsverbot in diesem Fall verzichtet. Hierzu ist der Krankenversicherer in einem solchen Fall gem. § 242 verpflichtet (LG Karlsruhe, Urt. v. 15. 7. 2005 – 5 S 124/04, NJW-RR 2005, 1690, 1692 = VersR 2006, 1217, 1218).

c) Zahnmedizinische Behandlung

Wenngleich i. d. R. kein Bedürfnis einer Aufklärung über die Kosten einer allgemeinmedizinischen Behandlung besteht, da diese i. d. R. von der privaten oder gesetzlichen Krankenkasse getragen werden, ist dies nach h. L. bei einer zahn- und kieferprothetischen Behandlung anders (Schinnenburg MedR 2000, 185, 187; Schelling MedR 2003, 422, 428; Hart MedR 1999, 47, 50).

Aus §§ 29, 30 III SGB V (Schinnenburg MedR 2000, 185, 187) bzw. aus § 73 V 3 SBG V (Hart MedR 1999, 47, 50; ablehnend Schelling MedR 2004, 422, 428), wonach die Patienten bei diesen Behandlungen einen Teil der Kosten zu tragen haben und eine Versorgung wählen können, die über den für gesetzlich Versicherte vorgesehenen Standard hinausgeht, leitet die h. L. eine Hinweispflicht des Zahnarztes zur Aufklärung über die entstandenen Kosten und bestehenden Behandlungsalternativen ab.

Der Zahnarzt muss den Patienten nach h.M. auch auf die Möglichkeit hinweisen, ganz oder teilweise auf eigene Kosten eine zahnprothetische Versorgung zu wählen, die über den für gesetzlich Versicherte vorgesehenen Standard hinaus-geht. Nur dann könne der mündige Patient aus dem ganzen Repertoire moderner Medizin auswählen und sei nicht auf den Katalog der gesetzlichen Krankenversicherung beschränkt (OLG Köln, Urt. v. 23. 3. 2005 – 5 U 144/04, OLGR 2005, 601 = VersR 2005, 1589: Kosten einer beabsichtigten, umfangreichen Implantatbehandlung; Schelling MedR 2004, 422, 428; Schinnenburg MedR 2000, 185, 187; auch Rinke/Balser VersR 2001, 423, 424 f. und F/N Rz. 185).

Erklärt der Zahnarzt dem Patienten, der Privatversicherer werde die Kosten einer beabsichtigten umfangreichen Implantatbehandlung erstatten und beginnt er die Behandlung vor Eingang einer Kostenübernahmezusage, obwohl er weiß, dass der Heil- und Kostenplan zur Prüfung eingereicht worden ist, so hat er die nachfolgend vom Versicherer nicht übernommenen Kosten zu tragen. Allerdings muss sich der Patient ein hälftiges Mitverschulden anrechnen lassen, wenn er den beantragten Bescheid des Krankenversicherers nicht abwartet (OLG Köln, Urt. v. 23. 3. 2005 – 5 U 144/04, OLGR 2005, 601 = VersR 2005, 1589).

Ein Zahnarzt ist aber nicht verpflichtet, den Patienten auf die Möglichkeit des Abschlusses einer privaten Zusatzversicherung oder gar des Wechsels zu einer PKV hinzuweisen, zumal es für den Abschluss einer solchen Versicherung in diesem Zeitpunkt meist zu spät sein wird (Schelling MedR 2004, 422, 428; Pflüger MedR 2000, 6, 9).

Kommen zur zahnärztlichen Versorgung einer Zahnlücke mehrere Alternativen des Zahnersatzes, etwa eine viergliedrige Brücke, Implantat getragene Einzelbrücken oder eine herausnehmbare Prothese in Betracht, die aus ex-ante-Sicht des Zahnarztes eine gleichwertige Versorgungschance bieten, aber insbesondere eine deutlich unterschiedliche Beanspruchung des Patienten durch die Behandlung zur Folge haben, so hat der Zahnarzt seinen Patienten über diese Behandlungsalternativen aufzuklären und die Therapiewahl unter Berücksichtigung der subjektiven Gründe des Patienten vorzunehmen (OLG Naumburg, Urt. v. 5. 4. 2004 – 1 U 105/03, VersR 2004, 1460).

Dem gegenüber hat das OLG Düsseldorf (OLG Düsseldorf, Urt. v. 20. 5. 1999 – 8 U 181/99, NJW-RR 2000, 906; zustimmend Stöhr MedR 2004, 156, 159; a.A. Schinnenburg MedR 2000, 185, 187) entschieden, es gehöre nicht zu den Nebenpflichten eines Zahnarztes, vor einer prothetischen Behandlung zu prüfen, ob seine Leistungen von einer privaten Krankenversicherung seines Patienten getragen werden. Der Zahnarzt wäre auch nicht gehalten, einen Kassenpatienten bei jeder einzelnen Maßnahme über eine alternative und teure privatärztliche Behandlung aufzuklären (LG Aachen VersR 2000, 1374).

Die wirtschaftliche Beratungspflicht des Zahnarztes gehört danach allenfalls zu den Neben- und Schutzpflichten des Beratervertrages, die nicht überspannt werden dürfen (OLG Köln NJW 1987, 2304; einschränkend zugunsten des Zahnarztes auch S/Pa Rz. 328 b, 385).

Mohr (MedR 2001, 38, 39) bejaht eine Aufklärungspflicht des Zahnarztes dahingehend, dass der Patient angehalten werden muss, seinen Versicherungsschutz

– insbesondere einer privaten Zusatzversicherung – selbst zu prüfen. Die Prüfung des Versicherungsschutzes ist auch danach nicht Sache des Arztes.

d) Aufklärung über die Möglichkeit einer nicht vom gesetzlichen Krankenversicherer zu erstattenden Behandlung

Nach bislang vertretener Ansicht ist ein Kassenpatient nicht auf die fehlende Erstattungsfähigkeit der Kosten der von ihm gewünschten privatärztlichen Behandlung (OLG Hamm NJW-RR 1991, 1141, 1142) oder über eine Behandlungsalternative hinzuweisen, die von der gesetzlichen Krankenversicherung aus ihrem Leistungskatalog ausgeklammert worden ist und ihm daher nur als Selbstzahler zur Verfügung steht (S/Pa Rz. 328 b, 385).

Ein Teil der Literatur befürwortet eine Hinweispflicht des Arztes. Danach muss es dem Patienten ermöglicht werden, mit einer Kostenübernahme dafür zu sorgen, dass ein bestimmtes Heilverfahren auch bei ihm angewendet wird (Hart MedR 1999, 47, 49; Rumler-Detzel VersR 1998, 546, 547; Laufs § 65 Rz. 17; zur Hinweispflicht des Zahnarztes s. o. c.).

Nach u. E. zutreffender, vermittelnder Ansicht von Schelling (MedR 2004, 422, 428) würde die Begründung einer derartigen Aufklärungsverpflichtung zu einer erheblichen Verunsicherung aller Beteiligten führen. Um die Gefahr einer exorbitanten Ausdehnung der Aufklärungspflicht, welche auf ärztlicher Seite zu einer neuen Dimension zeitlicher Belastung führen würde, entgegenzuwirken, muss die Aufklärungspflicht auf diejenigen Fälle beschränkt werden, in denen der Patient ein schützenswertes Interesse an einer entsprechenden Information durch den Arzt hat.

In Anknüpfung an die Grundsätze zur Aufklärungspflicht bei Bestehen ernsthafter Behandlungsalternativen (vgl. hierzu S. 156 ff.) ist eine Verpflichtung des Arztes, auf die Möglichkeit und Finanzierbarkeit einer von der Krankenversicherung nicht zu übernehmenden Heilmethode hinzuweisen, nur dann anzunehmen, wenn es sich um eine „echte Behandlungsalternative", d. h. um Verfahren oder Methoden mit deutlich geringeren Risiken oder Belastungen und/oder besseren Erfolgsaussichten handelt (Schelling MedR 2004, 422, 428).

e) Kosmetische Operation

Vor einer kosmetischen Operation muss der behandelnde Arzt die Patientin bzw. den Patienten jedoch unmissverständlich darauf aufmerksam machen, dass die Krankenkasse möglicherweise die Operationskosten nicht tragen werde.

Dies gilt auch und gerade dann, wenn das Krankenhaus die Patientin einen Aufnahmeantrag unterzeichnen lässt, durch welchen sie zusagt, die Krankenhauskosten selbst zu tragen, sofern sie nicht von dritter Seite übernommen werden sollten (LG Bremen NJW 1991, 2353; zustimmend OLG Stuttgart, Urt. v. 9. 4. 2004 – 14 U 90/01, OLGR 2002, 350, 351 = VersR 2003, 462, 463; L/U, § 65 Rz. 18). Dagegen besteht auch bei kosmetischen Operationen keine Aufklärungspflicht, wenn der Patient weiß, dass die gesetzliche Krankenkasse die Behandlung nicht bezahlt. Hiervon ist etwa bei einer Fettabsaugung und Narbenkorrektur auszugehen (OLG Stuttgart, Urt. v. 9. 4. 2002 – 14 U 90/01, VersR 2003, 462, 463).

5. Hinweis auf eigene Behandlungsfehler

Nach Auffassung von Terbille und Schmitz-Herscheidt (NJW 2000, 1749, 1755 f.) trifft den Arzt auch eine **Nebenpflicht, konkrete Fragen des Patienten nach einem Behandlungsfehler wahrheitsgemäß zu beantworten**. Selbst ungefragt müsse er den Patienten aufgrund seiner wirtschaftlichen Aufklärungspflicht auf einen Behandlungsfehler hinweisen, wenn er weiß oder wissen muss, dass aufgrund des Behandlungsfehlers eine Folgebehandlung des Patienten erforderlich ist oder wird, die für diesen mit eigenen finanziellen Aufwendungen verbunden sein kann. Darüber hinaus ergebe sich – in entsprechender Anwendung der Rechtsprechungsgrundsätze zur Anwaltshaftung – eine **generelle Fehleroffenbarungspflicht** des Arztes aus der allgemeinen Leistungstreuepflicht.

Die ganz überwiegende Ansicht **lehnt eine rechtliche Verpflichtung des Arztes zur Anzeige und Offenbarung ärztlicher Behandlungsfehler ab** (BGH NJW 1984, 661, 662; auch BGH NJW 1992, 1558 = VersR 1992, 358: keine Aufklärung über möglicherweise auftretende Behandlungsfehler; OLG Hamm NJW 1985, 685; L/U, § 22 Rz. 9; § 65 Rz. 15; § 100 Rz. 33; F/N Rz. 166; Solbach, JA 1986, 419, 420 f.; Taupitz, NJW 1992, 713, 715 ff.; Weidinger MedR 2004, 289, 292).

Eine Parallele zur Anwaltshaftung kann schon deshalb nicht gezogen werden, weil dessen Fehler regelmäßig ohne strafrechtliche Folgen bleiben; der Arzt kann nicht verpflichtet sein, sich durch die Offenbarung eines Behandlungsfehlers Strafverfolgungsmaßnahmen auszusetzen (L/U, § 65 Rz. 15; F/N Rz. 166; Weidinger MedR 2004, 289, 292; hiergegen Terbille/Schmitz-Herscheidt, NJW 2000, 1749, 1751: Beweisverwertungsverbot).

Eine Hinweispflicht besteht nur dann, wenn sich im Einzelfall aus dem Behandlungsfehler resultierende, weiter gehende Folgen ergeben können (L/U, § 65 Rz. 15) bzw. das gesundheitliche Wohl des Patienten die Mitteilung erfordert, etwa um weitere medizinische Maßnahmen zu ermöglichen (L/U, § 100 Rz. 33; enger Taupitz, NJW 1992, 713, 719: vor geplantem, weiteren Eingriff). Denn kein Arzt darf sehenden Auges eine Gefährdung seines Patienten hinnehmen (BGH VersR 1989, 186, 188; Terbille/Schmitz-Herscheidt, NJW 2000, 1749, 1750 und 1753). In solchen Fällen schuldet der Arzt dem Patienten im Rahmen der therapeutischen Aufklärung jedoch nur die wahrheitsgemäße Tatsacheninformation über dessen Zustand und die Beratung über die weitere sachgerechte Behandlung, nicht aber unaufgefordert den Hinweis, dass der bestehende Zustand bei fehlerfreiem Verhalten des Arztes vermeidbar gewesen wäre (Terbille/Schmitz-Herscheidt, NJW 2000, 1749, 1753; Taupitz, NJW 1992, 713, 715).

Wird er vom Patienten konkret nach einem Behandlungsfehler befragt, so wird ihm von der h. L. **kein „Recht zur Lüge"** zugestanden (L/U, § 22 Rz. 9; Terbille/Schmitz-Herscheidt, NJW 2000, 1749, 1752). Der Arzt handelt jedoch nicht treuwidrig, wenn er die Tatsachen nicht verschweigt, aber ein schuldhaftes Fehlverhalten abstreitet (BGH NJW 1984, 661, 662; OLG Hamm NJW 1985, 685).

II. Art und Umfang der Aufklärung

1. Aufklärung „im Großen und Ganzen"

Eine den ärztlichen Heileingriff rechtfertigende Einwilligung des Patienten setzt voraus, dass er über den Verlauf des Eingriffs, seine Erfolgsaussichten, seine Risiken und mögliche echte Behandlungsalternativen mit gleichwertigen Chancen, aber andersartigen Risiken und Gefahren **im Großen und Ganzen" aufgeklärt** worden ist (BGH, Urt. v. 14. 3. 2006 – VI ZR 279/04, VersR 2006, 838, 839; Urt. v. 13. 6. 2006 – VI ZR 323/04, VersR 2006, 1073, 1074 = NJW 2006, 2477, 2478 = GesR 2006, 411, 412: „im Großen und Ganzen über Chancen und Risiken der Behandlung"; Urt. v. 15. 2. 2000 – VI ZR 48/99, VersR 2000, 725, 726 = MDR 2000, 701; VersR 1991, 777; VersR 1992, 960 961 = NJW 1992, 2351, 2352; VersR 1992, 238; OLG Frankfurt, Urt. v. 14. 1. 2003 – 8 U 135/01, VersR 2004, 1053, 1054: „Allgemeine Vorstellung über die mit dem Eingriff verbundenen Gefahren"; OLG Karlsruhe, Urt. v. 11. 12. 2002 – 7 U 146/01, OLGR 2003, 334: „Im Großen und Ganzen", insbesondere über die Erfolgsaussichten; Urt. v. 28. 11. 2001 – 7 U 114/99, OLGR 2002, 407: „Allgemeines Bild über die mit dem Eingriff verbundenen Risiken"; OLGR 2001, 449, 450; OLG Koblenz NJW 1999, 3419, 3420; OLG Naumburg, Beschl. v. 5. 8. 2004 – 1 W 27/03, OLGR 2005, 5: „Allgemeines Bild von der Schwere des Eingriffs"; Urt. v. 23. 8. 2004 – 1 U 18/04, GesR 2004, 494, 495: „Im Großen und Ganzen"; OLG Nürnberg, Urt. v. 16. 7. 2004 – 5 U 2383/03, NJW-RR 2004, 1543 = OLGR 2004, 373, 374: „Allgemeines Bild von der Schwere und Richtung des Risikospektrums, schwerstes in Betracht kommendes Risiko aber zu erwähnen"; OLG Oldenburg VersR 1997, 192 und VersR 2000, 362; OLG Schleswig, Urt. v. 29. 10. 2004 – 4 U 16/04, OLGR 2005, 24, 25: „Im Großen und Ganzen, d.h. über die wesentlichen und auch für den einzelnen Patienten spezifischen Risiken "; OLG Zweibrücken, Urt. v. 19. 10. 2004 – 5 U 6/04, NJW 2005, 74, 75, bestätigt von BGH, Urt. v. 14. 3. 2006 – VI ZR 279/04: „Im Großen und Ganzen", exakte medizinische Beschreibung der Risiken nicht erforderlich; Urt. v. 11. 10. 2005 – 5 U 10/05, OLGR 2006, 154, 155: „Im Großen und Ganzen", Vermittlung eines allgemeinen Bildes von der Schwere und Richtung des Risikospektrums; Bergmann/Müller MedR 2005, 650, 654; F/N Rz. 177, 178; Gehrlein, Rz. C 7, 18, 41; G/G, 5. Aufl., Rz. C 86, 90, 91; L/U, § 66 Rz. 4 und § 63 Rz. 16; S/Pa, Rz. 394, 329; Stöhr, GesR 2006, 145, 148).

Dabei müssen dem Patienten die möglichen Risiken nicht medizinisch exakt und in allen denkbaren Erscheinungsformen dargestellt werden; es genügt, wenn dem Patienten ein **allgemeines Bild von der Schwere und Richtung des Risikospektrums** dargelegt, ihm die **„Stoßrichtung" der Risiken verdeutlicht** wird (BGH, Urt. v. 14. 3. 2006 – VI ZR 279/04, VersR 2006, 838, 839; VersR 1991, 777; OLG Düsseldorf, Urt. v. 21. 3. 2002 – 8 U 172/01, NJW-RR 2003, 88, 89: „Allgemeines Bild von der Schwere und Richtung des konkreten Risikospektrums"; OLG Frankfurt, Urt. v. 14. 1. 2003 – 8 U 135/01, VersR 2004, 1053, 1054: „Allgemeine Vorstellung, genaue Prozentzahlen nicht anzugeben"; OLG Hamm VersR 1999, 452 und NJW-RR 2001, 666; OLG Karlsruhe, Urt. v. 28. 11. 2001 – 7 U 114/99, OLGR 2002, 407: „Allgemeines Bild"; OLG Naumburg, Beschl. v. 5. 8. 2004 – 1 W 27/03, OLGR 2005, 5: „Allgemeines Bild"; OLG

Nürnberg, Urt. v. 16. 7. 2004 – 5 U 2383/03, NJW-RR 2004, 1543 = OLGR 2004, 373, 374: „Allgemeines Bild", „Stoßrichtung in Dimension des mit der Operation verbundenen Risikos"; OLG Oldenburg VersR 1991, 1242 und VersR 1990, 742: „Stoßrichtung" genügt; OLG Stuttgart, Urt. v. 18. 1. 2000 – 14 U 60/99; OLG Zweibrücken, Urt. v. 11. 10. 2005 – 5 U 10/05, OLGR 2005, 154, 156: „zutreffendes allgemeines Bild von Schweregrad und Tragweite des Eingriffs sowie von Richtung und Gewicht der Eingriffsrisiken"; G/G, 5. Aufl., Rz. C 85, 86; S/Pa, Rz. 329, 394; Stöhr, GesR 2006, 145, 148).

So bedarf der Patient, der über seine Erkrankung und den Verlauf der geplanten Operation informiert ist und der auch Kenntnis von der ungefähren Größenordnung des Misserfolgsrisikos erhalten hat, für seine selbstbestimmte Entscheidung über die Einwilligung zur Operation nicht der Erläuterung, aus welchen medizinischen Gründen im Einzelnen der Eingriff möglicherweise nicht zum Erfolg führt (BGH NJW 1990, 2929).

Ist der Patient über das **Risiko eines Schlaganfalls** aufgeklärt worden, bedarf es keiner weiteren Hinweise auf thromboembolische Risiken außerhalb des zentralen Nervensystems (OLG Oldenburg VersR 1991, 1242).

Das Risiko einer Arterienverletzung im Rahmen einer Harnröhrenoperation ist bei der Aufklärung mit dem Hinweis auf die Gefahr von **Blutungen und inneren Verletzungen** hinreichend beschrieben (OLG Hamm VersR 1999, 452).

Ist der Patient vor einer **Bandscheibenoperation** über das Narkoserisiko, die Gefahr intra- oder postoperativer Blutungen, die Möglichkeit des Auftretens einer Liquorzyste, die Gefahr von Lähmungen oder Bewegungsstörungen auch bleibender Art und über eventuelle Wundheilungsstörungen belehrt worden, bedarf es nicht zusätzlich der Erwähnung des Risikos einer schmerzhaften Bandscheibenwirbelentzündung (OLG Oldenburg VersR 1990, 742; vgl. zur ausreichenden Risikoaufklärung bei einer Bandscheibenoperation auch OLG Hamm VersR 1993, 102).

Insbesondere muss über das Risiko einer **Spondylodiszitis** (Entzündung des Bandscheibenraumes und der angrenzenden Wirbelknochen) sowie einer **Spondylitis** (Wirbelentzündung) als Unterfall einer von der Aufklärung erfassten „Infektion" *nicht* gesondert aufgeklärt werden (OLG Dresden, Urt. v. 28. 2. 2002, VersR 2003, 1257; zustimmend Bergmann/Müller MedR 2005, 650, 654). Jedoch muss dem Patienten die Tragweite dieses Risikos „im Großen und Ganzen" erläutert werden, wobei es ausreicht, wenn das **schwerste möglicherweise in Betracht kommende Risiko dargestellt wird** (OLG Dresden, Urt. v. 28. 2. 2002, VersR 2003, 1257; OLG Nürnberg, Urt. v. 16. 7. 2004 – 5 U 2383/03, OLGR 2004, 373, 374). Danach reicht es aus, wenn der Patient vor einer relativ indizierten Bandscheibenoperation auf das „Risiko von Lähmungen bis zur Querschnittlähmung" aufgeklärt worden ist und es anschließend zu einer Spondylodiszitis oder Spondylitis kommt (OLG Dresden, Urt. v. 28. 2. 2002, VersR 2003, 1257; Bergmann/Müller MedR 2005, 650, 654). Gleiches gilt, wenn der Patient auf das Risiko „schwerwiegender dauerhafter Lähmungen" hingewiesen wurde und sich eine Kaudalähmung (Lähmung der Beine mit Blasen- und Mastdarmstörung) einstellt (BGH NJW 1991, 2346, S/Pa, Rz. 394).

119

Hat der Arzt im Rahmen des Aufklärungsgesprächs nur auf das „persistierende Beschwerdebild", die bestehenden Schmerzen der Patientin nach einem **Bandscheibenvorfall** abgehoben, und wird bei der Patientin dadurch der Eindruck hervorgerufen, schlimmstenfalls könne wohl nur der zuvor bestehende Zustand verbleiben, so stellt dies eine unzulässige Verharmlosung der tatsächlichen, sich später realisierenden Risiken einer Spondylodiszitis bzw. Spondylitis dar (OLG Dresden, Urt. v. 28. 2. 2002, VersR 2003, 1257; Bergmann/Müller MedR 2005, 650, 654).

Wird der Patient vor einer **Kniegelenksoperation** auf das Risiko einer möglicherweise erforderlich werdenden Amputation hingewiesen, ist ein zusätzlicher **Hinweis auf Nervschädigungen entbehrlich** (OLG Düsseldorf VersR 1987, 1138).

Auf die Möglichkeit, dass ein **Nervschaden** in ganz vereinzelten Fällen auch mit starken, therapieresistenten Schmerzen verbunden sein kann, muss eine Patientin ungefragt nicht hingewiesen werden (OLG Stuttgart, Urt. v. 18. 1. 2000 – 14 U 60/99).

Der Hinweis auf die Risiken bei der **Exstirpation eines Halslymphknotens**, insbesondere einer **Schädigung des Nervus accessorius**, betrifft einen zumindest mit der tatsächlich durchgeführten Entfernung eines Lipoms im Halsbereich annähernd vergleichbaren Sachverhalt (OLG Zweibrücken, Urt. v. 11. 10. 2005 – 5 U 10/05, OLGR 2006, 154, 155).

Das Risiko, nach einer Operation unter **ständigen, chronischen Schmerzen** zu leiden, ist mit dem Hinweis „selten kann die **Durchtrennung von Nervenästen** zu Taubheitsgefühlen und stärkeren Schmerzen in der Leistengegend führen, eine Schmerzbehandlung kann erforderlich werden" ausreichend umschrieben (OLG Stuttgart, Urt. v. 1. 1. 1997 – 14 U 54/96; vgl. aber BGH, Urt. v. 14. 3. 2006 – VI ZR 279/04, VersR 2006, 838, 840, s. u.).

Der Hinweis auf eine eingriffsbedingte, **fortschreitende Arthrose** umfasst das Risiko der Verstärkung bestehender Schmerzen (BGH VersR 2000, 1282).

Die Aufklärung über eine **mögliche Schmerzverstärkung** nach Durchführung einer Operation zur Behebung eines Karpaltunnel-Syndroms beinhaltet das Risiko der Entstehung eines Sudeck-Syndroms (BGH NJW 1994, 3010; s. u. S. 147).

Der allgemeine Hinweis auf eine „**Nervenläsion**" und deren Folgen wie Taubheitsgefühl und Schmerzempfinden stellt eine zureichende Risikoaufklärung bei nachfolgender Schädigung des Nervus ilioinguinalis im Rahmen der Operation einer Unfall bedingten **Unterschenkeltrümmerfraktur** (Plattenosteosynthese mit homologer Spongiosaplastik) dar (OLG Saarbrücken, Urt. v. 15. 3. 1989 – 1 U 145/87).

Der Hinweis auf das Risiko von Nervverletzungen bei der operativen Versorgung eines **Oberarm-Stückbruchs** mit Verrenkung des Oberarmkopfes umfasst auch die Gefahr einer Arm-Plexus-Läsion (neurologische Ausfälle im Schultergürtel-Armbereich; OLG Hamm, Urt. v. 17. 5. 1999 – 3 U 141/98).

Es liegt auch kein Aufklärungsfehler vor, wenn der Patient nach einer unfallbedingten Verletzung der linken Hand über die Risiken einer operativen **Reposi-**

tion des Daumensattelgelenks aufgeklärt wird, tatsächlich dann aber intraoperativ eine Luxation des Daumengrundgelenks erkannt und behandelt wird (OLG Schleswig, Urt. v. 23. 1. 2004 – 4 U 97/02, OLGR 2005, 272).

Mit dem Hinweis auf „**Infektionen/Wundheilungsstörungen**" wird der Schwere und „Stoßrichtung" des konkreten Risikospektrums im Hinblick auf eine **Infektion** mit dem Keim Staphylococcus aureus Genüge getan (OLG Düsseldorf, Urt. v. 19. 11. 1998 – 8 U 66/98).

Durch den Hinweis auf „Wundheilungsstörungen" vor einer Magenreduktionsplastik bei einem **260 kg schweren Patienten** wird nach Ansicht des OLG Oldenburg (Urt. v. 11. 7. 2000 – 5 U 38/00) auch das Risiko eines „**Platzbauches**" (Aufreißen der Operationswunde wegen einer bestehenden Bauchdeckenlücke) als **Maximalvariante** einer Wundheilungsstörung ausreichend umschrieben.

Der formularmäßige Hinweis auf „**entzündliche Reaktionen**" wird als hinreichende Aufklärung über mögliche Organveränderungen durch eine Bestrahlung angesehen (BGH VersR 1992, 238, 240). So wird etwa das Risiko einer **Perikarditis (Herzbeutelentzündung)** vom Hinweis auf das Risiko von Organ- oder Hautveränderungen nach durchgeführter Bestrahlung wegen Lymphdrüsenkrebs umfasst (BGH VersR 1992, 238).

Bei der Unterrichtung über eine laparoskopische **Entfernung einer Ovarialzyste nebst Eierstock und Eileiter** am Tag des ambulanten Eingriffs ist über das Risiko eines Narbenbruchs nicht besonders aufzuklären, wenn auf die Risiken von Verletzungen und Veränderungen im Darm- und Bauchdeckenbereich hingewiesen wurde (OLG Oldenburg VersR 1998, 769).

Ist bei einer erweiterten Gebärmutteroperation wegen eines Cervixcarzinoms über das bestehende Risiko einer anschließenden **Selbstkatheterisierung** aufgeklärt worden, muss der Hinweis i.d.R. nicht dahin konkretisiert werden, dass die Selbstkatheterisierung möglicherweise auch lebenslang andauern kann (OLG München, Urt. v. 20. 3. 2003 – 1 U 4853/02, OLGR 2004, 126).

Wurde die Patientin über das **Risiko einer Blasen- und Darmverletzung** vor einer vaginalen Hysterektomie aufgeklärt, ist hiervon auch eine spätere Fistelbildung mit Austreten von Kot und Urin aus der Scheide umfasst (OLG Nürnberg VersR 1996, 1372). Ein allgemeiner Hinweis des **Zahnarztes** auf eine mögliche Schwellung ist in Bezug auf postoperativ eintretende, langandauernde **Schwellungen mit „Hamsterwangen und Falten"** in jedem Fall ausreichend, zumal es sich um ein Risiko handelt, das allgemein bekannt ist (OLG Schleswig, Urt. v. 29. 10. 2004 – 4 U 16/04, OLGR 2005, 24, 25).

Auch wenn dem Patienten ein „**allgemeines Bild**" über die mit dem Eingriff verbundenen Risiken zutreffend vermittelt wurde, genügt dies **zur ordnungsgemäßen Aufklärung aber dann nicht**, wenn der Eingriff aufgrund der besonderen Befindlichkeit des Patienten, etwa aufgrund von Voroperationen im Operationsgebiet, besondere Risiken aufweist (OLG Karlsruhe, Urt. v. 28. 11. 2001 – 7 U 114/99, OLGR 2002, 407; auch OLG Naumburg, Beschl. v. 5. 8. 2004 – 1 W 27/03, OLGR 2005, 5: Hinweis auf spezielle Risiken bzw. Reaktionen auf Komplikationen; auch BGH VersR 1988, 493, 494: erhöhtes Risiko verstärkter

Schmerzen). So reicht der Hinweis auf das Risiko von „Nervverletzungen" dann nicht aus, wenn aufgrund vorhandener, von Voroperationen herrührender Vernarbungen ein **erhöhtes Risiko von Nervenverletzungen** im Operationsgebiet besteht. Der Patientin muss dann dargelegt werden, dass sich dieses Risiko in ihrem Fall häufiger als im Normalfall verwirklicht (OLG Karlsruhe, Urt. v. 28. 11. 2001 – 7 U 114/99, OLGR 2002, 407, 408). Bestehen aufgrund erkannter **körperlicher Besonderheiten** des Patienten, etwa aufgrund vorangegangener zahlreicher Voroperationen im Operationsgebiet, Risiken, die im „Normalfall" auszuschließen sind, hat sich die Aufklärung auch hierauf zu erstrecken (OLG Köln, Urt. v. 21. 1. 2001 – 5 U 34/01, OLGR 2002, 74).

So ist der Patient über die **Gefahr von Nervenschädigungen** mit schwerwiegenden Folgen wie etwa Einschränkungen der Gebrauchsfähigkeit von Gliedmaßen oder auch nur nachhaltigen Sensibilitätsstörungen insbesondere dann aufzuklären, wenn unter Beachtung der anatomischen Besonderheiten des Patienten nach zahlreichen Voroperationen im Operationsgebiet die ansonsten zu vernachlässigende Gefahr von Nervenschädigungen besteht (OLG Köln, Urt. v. 21. 1. 2001 – 5 U 34/01, OLGR 2002, 74, 75).

Vor dem Einsetzen einer Hüftkopfendoprothese deckt der Hinweis auf eine mögliche „Nachblutung, Infektion, Gefäß- und Nervenverletzung, Thrombose, Embolie, Sudeck'sche Krankheit, Implantatlockerung, Re-OP, Beinlängendifferenz" nicht das **Risiko einer dauerhaften Lähmung infolge von Nervenverletzungen** vor dem Einsetzen der Hüftkopfendoprothese ab (OLG Nürnberg, Urt. v. 16. 7. 2004 – 5 U 2383/03, NJW-RR 2004, 1543 = OLGR 2004, 373, 374).

Ein – noch dazu nur in einem Informationsblatt enthaltener – Hinweis auf „mögliche Schädigungen von Blutgefäßen oder Nerven sowie Entzündungsreaktionen" erfasst nicht das **Risiko von irreversiblen Nervenschädigungen mit chronischen Schmerzen** ab (BGH, Urt. v. 14. 3. 2006 – VI ZR 279/04, VersR 2006, 838, 839; OLG Zweibrücken, Urt. v. 19. 10. 2004 – 5 U 6/04, NJW 2005, 74, 76 = GesR 2005, 23, 26 als Vorinstanz).

I. d. R. ist es **nicht erforderlich**, dass dem Patienten **genaue Prozentzahlen** über die Möglichkeit der Verwirklichung des Behandlungsrisikos mitgeteilt werden (OLG Frankfurt, Urt. v. 14. 1. 2003 – 8 U 135/01, VersR 2004, 1053, 1054). Die statistische Häufigkeit von Komplikationen muss der Arzt im Regelfall nicht ungefragt angeben (OLG Karlsruhe, Urt. v. 23. 6. 2004 – 7 U 228/02, OLGR 2004, 520, 521; auch OLG Koblenz, Urt. v. 1. 4. 2004 – 5 U 844/03, VersR 2004, 1564; S/Pa, Rz. 332, 394 a. E.).

Dem Patienten muss jedoch eine zumindest **ungefähre allgemeine Vorstellung von der Häufigkeit einer Komplikation** vermittelt werden (BGH NJW 1992, 2351, 2352; OLG Frankfurt, Urt. v. 14. 1. 2003 – 8 U 135/01, VersR 2004, 1053, 1054).

Die Aufklärungspflicht über Risiken einer umfangreichen Operation gebietet im Regelfall keine Angabe der aus ihr resultierenden Sterblichkeitsrate (im entschiedenen Fall 1 – 10 %), wenn der Patient auf erhebliche Risiken des Eingriffs, etwa einer Bauchfellentzündung, der Verletzung der Hauptschlagader und der

Leber vor einer Bauchspeicheldrüsenoperation hingewiesen wurde (OLG Nürnberg MedR 2002, 29, 30). Im Allgemeinen kann als bekannt vorausgesetzt werden, dass bei größeren Operationen immer Gefahren bestehen, die in unglücklichen Fällen zu schweren Gesundheitsschäden, ja sogar zum Tode führen können (OLG Nürnberg MedR 2002, 29, 30).

Stets setzt die Aufklärung „im Großen und Ganzen" als gebotene Grundaufklärung jedoch voraus, dass

▷ dem Patienten ein **zutreffender allgemeiner Eindruck** von der Schwere des Eingriffs und der Art der Belastung vermittelt wird, die für seine körperliche Integrität und seine Lebensführung möglicherweise zu befürchten sind (OLG Nürnberg, Urt. v. 16. 7. 2004 – 5 U 2383/03, NJW-RR 2004, 1543; OLG Brandenburg NJW-RR 2000, 24, 25; OLG Karlsruhe OLGR 2002, 407; BGH NJW 1996, 777, 779; OLG Zweibrücken, Urt. v. 11. 10. 2005 – 5 U 10/05, OLGR 2006, 154, 156; S/Pa, Rz. 330),

▷ der ärztliche **Rat** dem **Stande der Wissenschaft** entsprechend diagnostisch **abgesichert** ist (OLG Frankfurt NJW-RR 1995, 1048; OLG Köln NJW 1987, 2936; s. u. II. 3.) und der Indikationsstellung für den Eingriff eine ausreichende ärztliche Untersuchung vorangegangen ist (OLG Hamburg, Urt. v. 25. 1. 2002 – 1 U 4/01, OLGR 2002, 232: Eingriff am Mittelfinger rechtswidrig, wenn Einwilligung zur Operation des Ringfingers im Rahmen einer kurzen Chefarztvisite erteilt wird),

▷ die tatsächlich bestehenden **Risiken** der Vornahme oder Unterlassung des Eingriffs gegenüber dem Patienten **nicht verharmlost** werden (BGH NJW 1994, 793; NJW 1992, 2351; OLG Stuttgart VersR 1988, 832 und VersR 1998, 1111; s. u. II. 4.),

▷ der Patient auch über den Grad der **Dringlichkeit** der Indikation des Eingriffs **informiert** wird (BGH NJW 1992, 2354; NJW 1990, 2928; OLG Koblenz, Urt. v. 29. 11. 2001 – 5 U 1382/00, VersR 2003, 1313; OLG Hamm VersR 1985, 577; OLG Oldenburg NJW 1997, 1642; s. u. II. 5.),

▷ der Grad der **Dringlichkeit** gegenüber dem Patienten **nicht dramatisiert** wird (BGH NJW 1990, 2928; OLG Stuttgart VersR 1988, 695).

2. Allgemeine Operationsrisiken

Allgemeine, mit einer jedenfalls größeren Operation regelmäßig verbundene Risiken wie Wundinfektionen, Narbenbrüche, die Gefahr von Nachblutungen, nur vorübergehende, anästhesiebedingte Nervschädigungen sowie Thrombosen und Embolien können regelmäßig in das Wissen des Patienten gestellt werden und sind nicht aufklärungspflichtig. Hier kann der Arzt davon ausgehen, dass von einem Patienten mit allgemeinem Wissensstand nachgefragt wird, wenn dieser weitere Erläuterungen wünscht (BGH VersR 2000, 1282: Fortdauernde Schmerzen; NJW 1996, 788: Allgemeines Infektionsrisiko; NJW 1991, 1541: Wundinfektionsrisiko; VersR 1986, 342: Allgemeines Embolierisiko; OLG Dresden, Urt. v. 28. 2. 2002 – 4 U 2811/00, VersR 2003, 1257, 1258 und Bergmann/Müller MedR 2005, 650, 654: Wundinfektion, Verletzungen von Nerven und Gefäßen, Narben-

bruch, Nachblutungsgefahr, Thrombose und Embolie als allgemeine Operationsrisiken; OLG Düsseldorf, Urt. v. 21. 3. 2002 – 8 U 172/01, NJW-RR 2003, 88, 89:
Hämatombildung nach intraoperativer Blutsperre; VersR 1988, 1132: Wundinfek-
tionsrisiko; OLG Frankfurt, Urt. v. 1. 2. 1990 – 1 U 72/87: Wundinfektion, Nar-
benbrüche, Embolien; OLG Hamm VersR 1998, 1548: Spritzenabszess; OLG
Karlsruhe OLGR 2001, 449, 450: Reizungen, Rötungen und Hämatome; OLG
Köln VersR 1995, 543: Infektions- und Thromboserisiko; VersR 1990, 662: Throm-
bose- und Embolierisiko; OLG München, Urt. v. 12. 2. 1998 – 1 U 5001/97 bei
Oehler, S. 254: Infektion mit nachfolgendem Spritzenabszess nach Injektion ins
Gesäß; OLG Oldenburg VersR 1998, 769: Risiko eines Narbenbruchs; OLG
Schleswig, Urt. v. 29. 10. 2004 – 4 U 16/04, OLGR 2005, 24, 25: Wundheilungsstö-
rungen und Schwellungen; OLG Stuttgart VersR 1999, 1500: Anästhesiebedingte
Nervschädigung; OLG Stuttgart, Urt. v. 1. 3. 2005 – 1 U 13/04, S. 15: Thrombose-
und Embolierisiko; LG Bremen VersR 2003, 1581: Abszessrisiko nach Spritze in
den rechten Oberschenkel; LG Freiburg, Urt. v. 20. 7. 2006 – 1 O 290/04, Seite 8:
Risiko einer Kokkeninfektion beim Verlegen eines Katheters; F/N Rz. 184: Wun-
dinfektion, Thromboserisiko, Embolien, nur vorübergehende anästhesiebedingte
Nervschädigungen, Gehrlein, Rz. C 28; S/Pa, Rz. 404; G/G, 5. Aufl., Rz. C 47;
anderer Ansicht, ohne Begründung OLG Naumburg, Beschl. v. 5. 8. 2004 – 1
W 27/03, OLGR 2005, 5: Es ist ärztlicher Standard, auf Risiken wie Thrombosen,
Embolien, Infektionen hinzuweisen).

Auf das Infektionsrisiko muss jedoch z. B. bei einer **Kniepunktion** oder einer
Injektion hingewiesen werden, weil es sich hierbei um ärztliche Routineeingriffe handelt, die der Patient üblicherweise als ungefährlich ansieht (BGH NJW
1994, 2414; Gehrlein, Rz. C 28).

Dass es bei **Einstichen mit einer Spritze** o. a. zu Reizungen, Rötungen und kleinen Hämatomen kommen kann, ist einem Laien ebenfalls bekannt, so dass der
behandelnde Arzt solche Risiken nicht besonders erwähnen muss (OLG Karlsruhe OLGR 2001, 449, 450).

Die Gefahr der **Infektion nach Verabreichung einer Spritze** zählt aber dann zu
den aufklärungsbedürftigen Risiken, wenn sich das **Infektionsrisiko durch das
verabreichte Medikament erhöht** (BGH VersR 1989, 514, 515; OLG Hamburg,
OLGR 2004, 324, 326: deutliche Risikoerhöhung durch wiederholte Verabreichung; OLG Karlsruhe VersR 1994, 860, 861; F/N, Rz. 184 a. E.) oder wenn bei
der Realisierung eines derartigen „allgemeinen Operationsrisikos" wie z. B.
einer Infektion nach einer Spritze das Leben des Patienten bzw. eine **unerlässliche Körperfunktion gefährdet** wäre (LG Bremen VersR 2003, 1581).

Auch beim Verlegen eines Blasenkatheters besteht keine Verpflichtung, den
Patienten auf das damit verbundene Risiko einer Kokkeninfektion hinzuweisen
(LG Freiburg, Urt. v. 20. 7. 2006 – 1 O 290/04, S. 8).

Über das Risiko einer **Spondylodiszitis** (Entzündung des Bandscheibenraumes
und der angrenzenden Wirbelknochen) als Unterfall einer „Infektion" muss im
Grundsatz nicht gesondert aufgeklärt werden; dem Patienten muss jedoch die
Tragweite dieses – seltenen, aber für eine Bandscheibenoperation spezifischen –
Risikos (Lähmungen bis hin zur Querschnittlähmung) erläutert werden. Die Ein-

willigung des Patienten ist nicht wirksam, wenn die ihm erteilte Aufklärung den Eindruck hervorrufen konnte, schlimmstenfalls würde es beim zuvor bestehenden Schmerzzustand verbleiben (OLG Dresden; Urt. v. 28. 2. 2002 – 4 U 2811/00, VersR 2003, 1257; Zustimmend Bergmann/Müller MedR 2005, 650, 654).

Bei postoperativ eintretenden **Schwellungen und Wundheilungsstörungen** handelt es sich um allgemein bekannte, mit der **Extraktion von Weisheitszähnen** verbundene, nicht zwingend erläuterungsbedürftige Risiken (OLG Schleswig, Urt. v. 29. 10. 2004 – 4 U 16/04, OLGR 2005, 24, 25).

Dagegen muss der Patient auf mögliche **Wundheilungsstörungen** insbesondere vor Bauchoperationen (OLG Oldenburg, Urt. v. 11. 7. 2000 – 5 U 38/00), Herzoperationen (BGH VersR 1990, 1010, 1012: Diabetiker) und Bestrahlungen (KG VersR 1995, 338, 339; F/N, Rz. 177: Vorschäden wegen vorangegangener Bestrahlungen) hingewiesen werden.

Entsprechendes gilt auch bei kleineren Eingriffen. So muss der Patient darüber aufgeklärt werden, dass bei der **Infiltration von Cortison** ein Infektionsrisiko besteht (OLG Karlsruhe VersR 1994, 860) oder eine mögliche **Wundheilungsstörung** zu einer bleibenden Entstellung in Form des Verbleibens „kleiner Hautzipfel" führen kann, auch wenn diese durch einen nachfolgenden Korrektureingriff wieder beseitigt werden können (OLG Hamburg, Urt. v. 19. 7. 1991 – 1 U 22/91 bei Oehler S. 219).

3. Diagnostische Absicherung; keine unnötige Belastung des Patienten

Sachlich richtig sind ärztliche Aufklärungshinweise nur dann, wenn der Arzt dem Patienten verdeutlicht hat, wie „sicher" seine Diagnose im Hinblick auf differential-diagnostisch in Erwägung zu ziehende Alternativen (siehe hierzu II. 11.) ist. Spiegelt der Arzt der Patientin eine Eindeutigkeit seiner Diagnose vor, die in Wahrheit nicht gegeben ist, fehlt der Einwilligung der Patientin von vornherein die sachliche Grundlage (OLG Frankfurt NJW-RR 1995, 1048).

Auch im Rahmen eines Behandlungsverhältnisses obliegt dem Arzt die grundsätzliche Pflicht, den Patienten durch die Art und den Inhalt der Diagnosemitteilung **nicht in unnötige Ängste zu versetzen** und ihn nicht unnötig zu belasten (OLG Bamberg, Urt. v. 24. 3. 2003 – 4 U 172/02, VersR 2004, 198; LG Cottbus, Urt. v. 1. 10. 2003 – 3 O 115/03, MedR 2004, 231, 232).

Diese Pflicht ist jedenfalls dann verletzt, wenn zum einen die eröffnete Diagnose objektiv falsch ist, zum zweiten hierfür keine hinreichenden tatsächlichen Gründe bestanden, zum dritten die eröffnete Diagnose den Patienten auf eine schwere, unter Umständen lebensbedrohliche Erkrankung schließen lässt und zum vierten die Art und Weise der Mitteilung unter den gegebenen Umständen auch geeignet ist, den Patienten in psychischer Hinsicht schwer zu belasten, insbesondere bei ihm Überreaktionen auszulösen (OLG Bamberg, Urt. v. 24. 3. 2003 – 4 U 172/02, VersR 2004, 198; OLG Köln VersR 1988, 139; VersR 1988, 385; OLG Braunschweig VersR 1990, 57).

Diese Voraussetzungen liegen etwa vor, wenn der Arzt dem Patienten die objektiv unzutreffende Diagnose „Hodenkrebs" eröffnet, hierfür aufgrund der für den

Arzt erkennbaren Verwechslung im Labor keine tatsächliche Grundlage bestand und der Patient einen Monat lang in Todesangst versetzt wird (OLG Bamberg, Urt. v. 24. 3. 2003 – 4 U 172/02, VersR 2004, 198).

Der Arzt haftet auch dann wegen **unrichtiger Diagnoseaufklärung**, wenn diese zwar nicht schuldhaft falsch ist, er aber dem Patienten nicht deutlich gemacht hat, dass es sich tatsächlich nur um eine ungesicherte **Verdachtsdiagnose** handelt und dadurch dessen Entscheidungsspielraum unzulässig eingeschränkt wird (OLG Stuttgart VersR 1988, 695).

So ist eine Diagnoseaufklärung dann unzureichend, wenn für den mitgeteilten Befund „Verdacht auf Hirntumor" keine hinreichende tatsächliche Grundlage besteht, der Befund für den Patienten auf eine schwere Erkrankung schließen lässt und dieser in psychischer Hinsicht zu Überreaktionen neigt (OLG Köln NJW 1987, 2936 und NJW 1988, 2306).

Die Pflicht zur möglichsten Schonung des Patienten ist jedoch nicht verletzt, wenn die mitgeteilte **Diagnose zwar falsch war, sie jedoch auf gesicherten Befunden beruhte** (OLG Köln NJW 1988, 2306). Eine Haftung des aufklärenden Arztes scheidet auch aus, wenn die objektiv fehlerhafte bzw. nicht auf einer gesicherten Diagnose beruhende Aufklärung auf einem „einfachen" Diagnoseirrtum beruht (OLG Köln VersR 1999, 98; S/Pa, Rz. 391 a). Dies gilt jedoch nicht bei Vorliegen eines „fundamentalen Diagnoseirrtums" (siehe → *Diagnosefehler*, S. 408 ff.).

4. Keine „Verharmlosung"

Die Einwilligung des Patienten ist unwirksam, wenn der aufklärende Arzt das mit der Vornahme oder Unterlassung des Eingriffs bestehende Risiko verharmlost hat. Insbesondere bei zweifelhafter oder nur **relativer Operationsindikation mit hohem Misserfolgsrisiko** (vgl. hierzu unten S. 134) müssen Verschlechterungsmöglichkeiten deutlich angesprochen werden (BGH NJW 1997, 1637; NJW 1994, 793 = VersR 1994, 102: extrem seltenes Erblindungsrisiko verharmlost; NJW 1992, 2351: Nervschädigungsrisiko verharmlost; OLG Bremen, Urt. v. 4. 3. 2003 – 3 U 65/02, OLGR 2003, 335 = VersR 2004, 911, 912; OLG Dresden VersR 2003, 1257 zur Verharmlosung; OLG Düsseldorf, Urt. v. 21. 3. 2002 – 8 U 117/01, VersR 2004, 386 zum Misserfolgsrisiko; OLG Koblenz MDR 2004, 881 = MedR 2004, 501 zum Misserfolgsrisiko und zur Verschlimmerung; Urt. v. 29. 11. 2001 – 5 U 1382/00, VersR 2003, 1313 zur Verharmlosung; OLG Saarbrücken OLGR 2003, 281, 282 zum Verschlechterungsrisiko; OLG Stuttgart VersR 1988, 832: Risiko einer Halbseitenlähmung verharmlost; G/G, 5. Aufl., Rz. C 90, 91; S/Pa, Rz. 398).

Die im Rahmen einer Operation drohende Gefahr einer **dauerhaften Lähmung** (hier: des Nervus peronaeus) wird mit dem Hinweis auf das Risiko „vorübergehender Lähmungen" nur unzureichend beschrieben (BGH NJW 1999, 863; auch OLG Dresden, Urt. v. 28. 2. 2002 – 4 U 2811/00, VersR 2003, 1257, 1258). Die Nennung der beim **Einsetzen einer Hüftkopfendoprothese** bestehenden allgemeinen Risiken „Misserfolg, Rezidiv, Nachblutung, Infektion, Gefäß- und Nervenverletzung, Thrombose, Embolie, Morbus Sudeck, Implantatlockerung, anhaltende Schmerzen" umfasst nicht das **Risiko dauerhafter Lähmungen** infolge von Nervenverletzungen (OLG Nürnberg, Urt. v. 16. 7. 2004 – 5 U 2383/03, NJW-RR 2004, 1543 = OLGR 2004, 373, 374; auch OLG Oldenburg VersR 1997, 1493).

Auch die Auflistung des Risikos „noch seltener sind Schädigungen von Blutgefäßen und Nerven" in einem „Fragebogen für Blutspender" erfasst – abgesehen vom Fehlen einer entsprechenden und erforderlichen mündlichen Aufklärung – nicht das Risiko **irreversibler Nervenschädigungen** mit chronischen Schmerzen (OLG Zweibrücken, Urt. v. 19. 10. 2004 – 5 U 6/04, NJW 2005, 74, 76 = GesR 2005, 23, 26, bestätigt von BGH, Urt. v. 14. 3. 2006 – VI ZR 279/04, VersR 2006, 838, 840).

Der Hinweis auf eine mögliche „Nervschädigung" umfasst ein breites Spektrum möglicher Folgen von einer vorübergehenden Schmerzempfindung, einer kurzfristigen Lähmung, Taubheitsgefühlen bis hin zu chronischen, unbeherrschbaren Schmerzen und andauernden Lähmungen und vermittelt dem Patienten damit keine allgemeine Vorstellung von den mit dem Eingriff verbundenen Risiken (BGH, Urt. v. 14. 3. 2006 – VI ZR 279/04, VersR 2006, 838, 840).

Bei der Vornahme einer Myelographie (Röntgenkontrastdarstellung des Wirbelkanals) muss das Risiko einer **Querschnittslähmung** ausdrücklich angesprochen werden (BGH VersR 1996, 195; OLG Hamm VersR 1988, 1133). Gleiches gilt bei einer Bestrahlung, die zu einer Querschnittslähmung führen kann (BGH NJW 1984, 1397; Gehrlein, Rz. C 439).

Das allgemein bekannte, auch im Aufklärungsgespräch angesprochene Infektionsrisiko umfasst nicht das Risiko umfasst einer Spondylodiszitis mit der Gefahr einer **Lähmung bis zur Querschnittlähmung** (OLG Dresden, Urt. v. 28. 2. 2002 – 4 U 2811/00, VersR 2003, 1257, 1258; zust. Bergmann/Müller MedR 2005, 650, 654).

Bei diagnostischen Eingriffen ohne therapeutischen Eigenwert gelten strengere Maßstäbe für die Aufklärung des Patienten. So ist er über Risiken, die mit der Eigenart eines Eingriffs, etwa einer Angiographie spezifisch verbunden sind, unabhängig von der Komplikationsrate aufzuklären; entscheidend ist weniger die quantitative Verwirklichung des Risikos, sondern vielmehr die qualitative Auswirkung, etwa eine Halbseitenlähmung und/oder eine Aphasie mit vorübergehendem oder dauerhaftem Bestand (OLG Koblenz, Urt. v. 29. 11. 2001 – 5 U 1382/00, VersR 2003, 1313, 1315).

Das bei einer Angiographie bestehende Risiko einer **Halbseitenlähmung** ist auch mit dem Hinweis auf ein „Schlägle, das man medikamentös beherrschen kann" nur unzureichend beschrieben (OLG Stuttgart VersR 1988, 832; S/Pa, Rz. 398).

Dagegen darf die Gefahr einer dauerhaften Lähmung vor der Durchführung einer dringend indizierten Bandscheibenoperation als „denkbar gering" oder „sehr gering" dargestellt werden (BGH NJW 1984, 2629; Gehrlein, Rz. C 43 a. E.; G/G, 5. Aufl., Rz. C 91).

Der bloße Hinweis auf eine mögliche „Hodenschwellung, Durchblutungsstörungen im Hoden" reicht zur Beschreibung des Risikos einer **Hodenatrophie** nach einer Leistenbruchrezidivoperation jedoch nicht aus (OLG Stuttgart VersR 1998, 1111; S/Pa, Rz. 398).

Bei einer Rezidiv-Strumektomie (**Kropfoperation**) wird das gesteigerte Stimmband-Lähmungsrisiko mit „gelegentlich auftretender Heiserkeit, Sprach- und Atemstörungen, die sich meist zurückbilden" nur ungenügend beschrieben (BGH NJW 1992, 2351; S/Pa, Rz. 398; Gehrlein, Rz. C 43; G/G, 5. Aufl., Rz. C 91).

Auch auf ein extrem seltenes Erblindungsrisiko muss vor einer endonasalen Siebbeinoperation deutlich hingewiesen werden (BGH NJW 1994, 793; G/G, 5. Aufl., Rz. C 91).

Bei der Eröffnung eines Hüftgelenks (**Arthrotomie**) ist der deutliche Hinweis auf das Risiko einer Nervenverletzung mit nachfolgender Beinlähmung erforderlich (OLG Oldenburg VersR 1997, 1493).

Wird der Patient vor einer schwierigen Bauchspeicheldrüsenoperation auf schwerwiegende Risiken, insbesondere das Entstehen von Thrombosen, einer Bauchfellentzündung, der Verletzung von Nachbarorganen wie der Hauptschlagader und der Leber hingewiesen, ist keine Aufklärung über die aus der Operation resultierende Sterblichkeitsrate, im entschiedenen Fall zwischen 1 % und 10 %, erforderlich (OLG Nürnberg MedR 2002, 29, 30).

5. Fehlende Dringlichkeit

Vor einer Operation ist der Patient nicht nur über deren Risiken, sondern auch über den **Grad der Dringlichkeit des Eingriffs** aufzuklären (BGH, Urt. v. 18. 3. 2003 – VI ZR 266/02, NJW 2003, 1862, 1863: Operation nur relativ indiziert; VersR 1992, 747 = NJW 1992, 2354: fehlende Dringlichkeit einer Mastektomie; NJW 1990, 2928: Gallengang-OP; OLG Bremen, Urt. v. 4. 3. 2003 – 3 U 65/02, VersR 2004, 911, 912 und OLG Düsseldorf, Urt. v. 21. 3. 2002 – 8 U 117/01, VersR 2004, 386: Laserbehandlung bei Fehlsichtigkeit; Urt. v. 20. 3. 2003 – 8 U 18/02, VersR 2003, 1579: Risiken einer Fettabsaugung; OLG Hamm VersR 1985, 577: Bandscheiben-OP; OLG Koblenz, Urt. v. 29. 11. 2001 5 U 1382/00, VersR 2003, 1313, 1315: Diagnostischer Eingriff; OLG Oldenburg, Urt. v. 30. 5. 2000 – 5 U 218/99, OLGR 2002, 50: Kosmetische Operation; VersR 2001, 1381; OLG Zweibrücken, Urt. v. 19. 10. 2004 – 5 U 6/04, NJW 2005, 74, 75, bestätigt von BGH, Urt. v. 14. 3. 2006 –VI ZR 279/04, VersR 2006, 838, 840: Risiko irreversibler Nervenschädigungen bei Blutspende; F/N, Rz. 181; Gehrlein, Rz. C 44; G/G, 5. Aufl., Rz. C 90, 92; S/Pa, Rz. 398).

Besteht etwa für einen chirurgischen Eingriff keine akute Dringlichkeit, dient dieser vielmehr vor allem **kosmetischen oder ästhetischen Zwecken**, ist der Patient umfassend über die damit verbundenen Risiken und die möglichen Komplikationen aufzuklären. Hierzu gehört z. B. der Hinweis auf eine Thrombose (Bildung von Blutgerinnseln) mit evtl. nachfolgender Embolie (Schlagaderverschluss durch verschleppte Gerinnsel) bei übergewichtiger Patientin (OLG Oldenburg VersR 2001, 1381).

Erklärt der Arzt dem Patienten, ohne den beabsichtigten operativen Eingriff werde sich ein im Bereich des Rückenmarks befindlicher Tumor schon **nach**

ganz kurzer Zeit als Querschnittslähmung verwirklichen, obwohl der Eingriff tatsächlich noch mindestens vier bis fünf Jahre hinausgezögert werden könnte, so liegt hierin trotz erfolgter Aufklärung über das Risiko einer Querschnittslähmung eine Falschinformation, die dem Patienten die Möglichkeit nimmt, sich statt für den Eingriff, bei dem sich das von der Aufklärung umfasste Risiko realisiert, für die Chance eines normalen Weiterlebens für einige Jahre zu entscheiden (OLG Hamm VersR 1985, 577; vgl. auch OLG Oldenburg NJW 1997, 1642).

Die vom Patienten erteilte Einwilligung ist auch unwirksam, wenn ihm vom Arzt mitgeteilt wird, er hätte ohne den Eingriff (hier: Operation einer Gallengangszyste) nur noch drei Wochen zu leben, obwohl tatsächlich **keine akute Lebensgefahr** bestand und bei der dann lege artis durchgeführten Operation schwerwiegende Komplikationen eintreten, die zu erheblichen Beschwerden im Bereich der Gallenwege führen und Folgeoperationen erforderlich machen (BGH NJW 1990, 2928).

Eine Formularaufklärung mit dem beschwichtigenden mündlichen Zusatz, der Arzt sei erfahren und in den zurückliegenden sieben Jahren sei **nichts passiert**, ist bei einem nicht dringlichen diagnostischen Eingriff (hier: Angiographie) unzureichend (OLG Koblenz, Urt. v. 29. 11. 2001 – 5 U 1382/00, VersR 2003, 1313, 1315).

Vor einer **Mastektomie** (operative Entfernung einer weiblichen Brustdrüse) ist jedenfalls bei zweifelhaftem Malignitätsverdacht darauf hinzuweisen, dass der Eingriff nicht dringlich ist (BGH NJW 1992, 2354 = VersR 1992, 747; G/G, 5. Aufl., Rz. C 91).

Besteht die ernsthafte Möglichkeit, eine Operation durch eine – ggf. weitere – **konservative Behandlung** zu vermeiden (BGH, Urt. v. 22. 2. 2000 – VI ZR 100/99, MDR 2000, 700: Bandscheibenoperation) oder kann sie noch ohne weiteres **hinausgeschoben** werden (BGH NJW 1998, 1784; Gehrlein, Rz. C 44), so muss dar Patient auch über diese Möglichkeit unterrichtet werden (vgl. hierzu II. 11., S. 160 ff.).

Vor Durchführung einer Hirnangiographie (hier im Jahr 1982) musste der Patient darauf hingewiesen werden, dass eine erhöhte Verletzungsgefahr für die Gefäße und das Risiko einer Halbseitenlähmung und/oder einer Aphasie besteht (OLG Koblenz, Urt. v. 29. 11. 2001 – 5 U 1382/00, VersR 2003, 1313, 1315) und dass deren Durchführung nur eine beschränkte Chance zur Abklärung eines Tumorverdachts bietet (OLG Düsseldorf VersR 1984, 643). Seit der Einführung bildgebender Verfahren ist die Anfertigung von Kernspin- bzw. computertomographischen Aufnahmen erforderlich.

Besteht **keine Dringlichkeit für den Eingriff**, etwa bei rein diagnostischen Maßnahmen, Impfungen und kosmetischen Operationen, oder handelt es sich um eine zweifelhafte Operationsindikation mit hohem Misserfolgsrisiko, so muss der Patient auch über **fern liegende Gefahren** aufgeklärt werden (OLG Koblenz, Urt. v. 29. 11. 2001 – 5 U 1382/00, VersR 2003, 1313, 1315 zu diagnostischen Eingriffen ohne therapeutischen Eigenwert; F/N, Rz. 181).

Ein Aufklärungsmangel wird auch nicht dadurch beseitigt, wenn sich der – mangels Aufklärung zunächst rechtswidrige – Eingriff etwa aufgrund einer histologischen Untersuchung des beim diagnostischen Eingriff entnommenen Gewebes später als indiziert erweist (BGH, Urt. v. 18. 3. 2003 – VI ZR 266/02, NJW 2003, 1862, 1863; Vornahme einer Hysterektomie). In einem solchen Fall ist aber die „hypothetische Einwilligung" der Patientin bei offensichtlich fehlendem Entscheidungskonflikt zu diskutieren. Im Übrigen fehlt es u. E. jedenfalls bei wertender Betrachtung in einem solchen Fall an einem durch den Aufklärungsmangel verursachten Schaden, wenn keine weiteren Komplikationen eingetreten sind.

6. Operation/Eingriff nur relativ indiziert

Ist eine Operation oder ein diagnostischer Eingriff nur relativ indiziert, weil ihre Erforderlichkeit vom **Sicherheitsbedürfnis** des Patienten abhängt, so muss dies mit diesem besprochen werden. Andernfalls fehlt es an der erforderlichen Aufklärung als Voraussetzung für eine wirksame Einwilligung in die Operation (BGH VersR 1997, 451; MedR 2001, 461; OLG Bremen, Urt. v. 4. 3. 2003 – 3 U 65/02, VersR 2004, 911, 912 und OLG Düsseldorf, Urt. v. 21. 3. 2002 – 8 U 117/01, VersR 2004, 386: Lasertherapie zur Korrektur einer Fehlsichtigkeit; OLG Koblenz, Urt. v. 29. 11. 2001 – 5 U 1382/00, VersR 2003, 1313, 1315: Nur relativ indizierter diagnostischer Eingriff; auch OLG Stuttgart VersR 1997, 1537; Müller, VPräsBGH, MedR 2001, 487, 488).

Bei einer solchen relativen Indikation ist das Selbstbestimmungsrecht des Patienten nur dann gewahrt, wenn er darauf hingewiesen wird, dass und mit welchem Risiko auch ein Aufschieben oder gänzliches Unterlassen der Operation möglich ist (BGH VersR 1997, 451).

Bei diagnostischen Eingriffen **ohne therapeutischen Eigenwert** gelten allgemein strengere Maßstäbe für die Aufklärung des Patienten über die mit der medizinischen Maßnahme verbundenen Gefahren, sofern der invasive Schritt nicht gerade dringend oder vital indiziert erscheint; hier muss der Arzt dem Patienten selbst entfernt liegende Komplikationsmöglichkeiten in angemessener Weise darlegen (OLG Koblenz, Urt. v. 29. 11. 2001 – 5 U 1382/00, VersR 2003, 1313, 1315: Halbseitenlähmung nach Angiographie; OLG Bremen, Urt. v. 4. 3. 2003, 3 U 65/02, OLGR 2003, 335, 336: Rückbildung der Sehschärfe und Narbenbildung nach Laserbehandlung durch Augenarzt; OLG Hamm VersR 1981, 686 und VersR 1989, 807; OLG Stuttgart, VersR 1988, 832; L/U, § 64 Rz. 8). Gleiches gilt bei der vorgesehenen Erweiterung eines Eingriffs (OLG Stuttgart VersR 1997, 1537).

Ist die Entfernung der Rachenmandeln (Tonsillektomie) absolut, die in der Korrektur der Nasenscheidewand mit Septumplastik und einer Kappung der unteren Nasenmuschel (Konchotomie) liegende Erweiterung aufgrund der hierzu erhobenen Befunde nur relativ indiziert, so darf der Arzt die Erweiterung des Eingriffs nicht empfehlen bzw. durchführen; vielmehr muss er dem Patienten den Operationsentschluss auch insoweit in besonderem Maße anheim stellen (OLG Stuttgart VersR 1997, 1537).

Wird der Patient vor einem dreistufigen diagnostischen Eingriff, etwa einer **Angiographie** (Gefäßdarstellung durch Injektion eines Röntgenkontrastmittels), einer Embolisation (kathetergesteuerter Gefäßverschluss mit Mikropartikeln o. a.) und einem Okklusionstest (Verödung des Gefäßes) nur über die Risiken der ersten Stufe aufgeklärt und verwirklicht sich in einer späteren Stufe ein Risiko, das auch auf der ersten Stufe hätte eintreten können, so haftet der Arzt für das Aufklärungsversäumnis, wenn er den Patienten nicht auf die Risikokumulation hingewiesen hatte (OLG Koblenz, Urt. v. 29. 11. 2001 – 5 U 1382/00, VersR 2003, 1313, 1315 = NJW-RR 2002, 816, 818).

Bei einer vorgesehenen **Angiographie** und anderen diagnostischen Maßnahmen mit hohem Risiko ist eine umfassende Unterrichtung des Patienten über deren Notwendigkeit, Zweckmäßigkeit und die Art und Risiken geboten, wenn das Unterlassen des Eingriffs aus ärztlicher Sicht mindestens ebenso in Betracht kommt wie die Durchführung (OLG Hamm VersR 1992, 833; OLG Koblenz, Urt. v. 29. 11. 2001 – 5 U 1382/00, VersR 2003, 1313, 1315: Risiko einer Halbseitenlähmung nach Angiographie).

Die in dieser Weise erhöhte Aufklärungspflicht gilt aber nur bei diagnostischen Eingriffen ohne therapeutischen Eigenwert (BGH VersR 1979, 721; OLG Stuttgart VersR 1988, 832; OLG Koblenz, Urt. v. 29. 11. 2001 – 5 U 1382/00, VersR 2003, 1313, 1315). Richtet sich der Eingriff vorrangig auf die Heilung oder Linderung bzw. handelt es sich um einen Notfall und dient der Eingriff nur zugleich auch diagnostischen Zwecken, so folgt der Grad der erforderlichen Aufklärung den Gegebenheiten des therapeutischen Eingriffs (L/U, § 64 Rz. 10; OLG Stuttgart VersR 1988, 832 bei Notfall).

Besteht die Möglichkeit, eine Operation durch eine **konservative Behandlung** als bestehende ernsthafte Alternative zu vermeiden und ist die Operation deshalb nur relativ indiziert, so muss der Patient auch hierüber informiert werden (BGH, Urt. v. 22. 2. 2000 –VI ZR 100/99, VersR 2000, 766 = MDR 2000, 700: Bandscheibenoperation; OLG Dresden, Urt. v. 28. 2. 2002 – 4 U 2811/00, VersR 2003, 1257, 1259: Fortsetzung einer konservativen Therapie vor Bandscheibenoperation; OLG Saarbrücken OLGR 2000, 401, 403; vgl. hierzu II. 11. *„Behandlungsalternativen"*, S. 160 ff.).

7. Kosmetische Operationen

Auch der Vertrag über die Durchführung einer kosmetischen Operation („Schönheitsoperation") ist ein **Dienstvertrag** (OLG Hamburg, Beschl. v. 29. 12. 2005 – 1 W 85/05, MDR 2006, 873 = OLGR 2006, 120, 121; Urt. v. 22. 12. 2000 – 1 U 41/00, MDR 2001, 799 = OLGR 2001, 179; OLG Köln VersR 1998, 1510; VersR 1988, 1049 = MDR 1988, 317; vgl. hierzu → *Arztvertrag*, S. 66). Vor einer kosmetischen Operation ist der Patient über die Erfolgsaussichten und Risiken des Eingriffs wie bleibende Entstellungen und gesundheitliche Beeinträchtigungen besonders sorgfältig, umfassend und gegebenenfalls schonungslos aufzuklären (BGH MDR 1991, 424; OLG Düsseldorf, Urt. v. 20. 3. 2003 – 8 U 18/02, NJW-RR 2003, 1331, 1332 = VersR 2003, 1579; NJW-RR 2000, 904, 905 m. w. N. der Rspr.; OLG Düsseldorf VersR 1999, 61; OLG Oldenburg, Urt. v. 30. 5. 2000 –

5 U 218/99, OLGR 2002, 50, 51; OLG Stuttgart, Urt. v. 20. 7. 1999 – 14 U 1/99, NJW-RR 2000, 904, 905 m. w. N. der Rspr.; Gehrlein VersR 2004, 1488, 1496 f.).

Eine den gesteigerten Anforderungen an die Aufklärungspflichten nicht genügende Aufklärung, die dazu führt, dass die Einwilligung des Patienten auf einer unzulänglichen Informationsgrundlage basiert, macht diese insgesamt unwirksam (OLG Oldenburg, Urt. v. 30. 5. 2000 – 5 U 218/99, OLGR 2002, 50, 51 = VersR 2001, 1381).

Bei kosmetischen Operationen muss die vom Arzt zu erbringende Aufklärung in besonderem Maß auch dem Umstand Rechnung tragen, dass es sich hier um keinen aus ärztlicher Sicht notwendigen Eingriff handelt, die Operation vielmehr wegen eines besonderen Bedürfnisses des Patienten an einer kosmetischen Verbesserung erfolgen soll (OLG Düsseldorf VersR 1999, 61; OLG Frankfurt, Urt. v. 11. 10. 2005 – 8 U 47/04, OLGR 2006, 489, 490).

So bedarf z. B. die aus kosmetischen Gründen erwünschte Entfernung ausgedehnter Fettpolster wegen der Operationsrisiken wie insbesondere der Entstehung von Fisteln und Fettgewebsnekrosen mit verbleibenden Narben und Wundheilungsstörungen einer **schonungslosen Patientenaufklärung** (OLG Düsseldorf VersR 1999, 61: 5 113 Euro Schmerzensgeld bei unvollständiger Aufklärung; OLG Düsseldorf, Urt. v. 20. 3. 2003 – 8 U 18/02, VersR 2003, 1579: ausführlicher und eindringlicher Hinweis auf Erfolgsaussichten und Risiken erforderlich; OLG Stuttgart, Urt. v. 9. 4. 2002 – 14 U 90/01, VersR 2003, 462 und Gehrlein VersR 2004, 1488, 1496: Risiken eines Misserfolges oder gar bleibender Entstellungen darzustellen).

Vor einer schönheitschirurgischen Operation muss die Patientin bzw. der Patient umfassend und schonungslos über möglicherweise bleibende Entstellungen und gesundheitliche Beeinträchtigungen aufgeklärt werden, etwa die Gefahr einer deutlichen Vergrößerung der bereits vorhandenen Unterbauchnarbe (hier: von 15 auf 45 cm) oder längerfristige Sensibilitätsstörungen bei der Vornahme einer Bauchdeckenstraffung (OLG Frankfurt, Urt. v. 11. 10. 2005 – 8 U 47/04, OLGR 2006, 489, 490).

Vor einer nur teilweise medizinisch indizierten, nicht dringlichen Operation zur dann vorgenommenen Entfernung von 1400 g Fettgewebe muss die Patientin auf das wegen ihres Übergewichtes **erhöhte Thromboserisiko** (Bildung von Blutgerinnseln) mit eventuell nachfolgender Embolie (Schlagaderverschluss durch verschleppte Gerinnsel) hingewiesen werden (OLG Oldenburg, Urt. v. 30. 5. 2000 – 5 U 218/99, OLGR 2002, 50, 51 = VersR 2001, 1381, 1382).

Vor der Durchführung einer geplanten **Liposuktion (Fettabsaugung)** ist die Patientin in besonders eindringlicher Weise darüber zu belehren, dass bei großflächigen Fettabsaugungen mit der Entstehung unregelmäßiger Konturen, die nicht in jedem Fall vollständig beseitigt werden können, zu rechnen ist (OLG Düsseldorf, Urt. v. 20. 3. 2003 – 8 U 18/02, VersR 2003, 1579 = NJW-RR 2003, 1331).

Kann der von der Patientin gewünschte **Erfolg** einer kosmetischen Operation (etwa einer Fettabsaugung) **nur durch weitere operative Maßnahmen** wie einer

Haut- und Bauchdeckenstraffung erreicht werden, so hat der behandelnde Arzt auch hierüber nachdrücklich aufzuklären (OLG Düsseldorf, Urt. v. 20. 3. 2003 – 8 U 18/02, VersR 2003, 1579 = NJW-RR 2003, 1331, 1332).

Eine ordnungsgemäße Aufklärung liegt jedoch vor, wenn die Patientin vor einer Fettabsaugung und der Entfernung einer Narbe über die Gefahr von Wundheilungsstörungen und die nicht auszuschließende Notwendigkeit einer **Narbenkorrektur** informiert wird und sich nach dem Eingriff Nekrosen mit einer verbleibenden, deutlich sichtbaren Narbe einstellen (OLG Stuttgart, Urt. v. 9. 4. 2002 – 14 U 90/01, VersR 2003, 462, 463).

Bei nicht vital indizierten Operationen zur Vergrößerung oder Verkleinerung von Brüsten muss die Patientin eingehend auch darüber eingehend aufgeklärt werden, dass die Erreichung des erstrebten, kosmetischen Erfolges nicht gesichert ist, es zur Bildung von hässlichen Narben, Sensibilitätsstörungen und erforderlichen Nachoperationen kommen kann (OLG München MedR 1988, 187, 188; OLG Oldenburg VersR 1998, 1421).

Auch wenn eine Brustreduktion mit der Entfernung von 1 kg Fettgewebe (Mammareduktionsplastik nach Strömbeck) teilweise medizinisch indiziert, teilweise schönheitschirurgisch bedingt ist, hat eine über die allgemeinen gesundheitlichen Risiken wie Infektionen, Nachblutung und Nekrosebildung, die zum Verlust der Brustwarze führen können, hinausgehende Aufklärung klar und deutlich, wenngleich wegen der zugleich vorliegenden medizinischen Indikation nicht schonungslos, zu erfolgen (OLG Stuttgart, Urt. v. 20. 7. 1999 – 14 U 1/99, NJW-RR 2000, 904).

Hierzu gehört auch der Hinweis auf die Möglichkeit, dass restliches Fettgewebe zu einer Taschenbildung unter der Achsel führen und einen Korrektureingriff erforderlich machen kann, Wundrandnekrosen zu einem **Verlust der Brustwarze** und zu Gefühlsstörungen führen und **Asymmetrien oder Fehlstellungen** auftreten können (OLG Stuttgart, Urt. v. 20. 7. 1999 – 14 U 1/99, NJW-RR 2000, 904, 905).

Der auf den Einwand der Behandlungsseite, die Patientin hätte sich auch bei ordnungsgemäßer Aufklärung zu dem Eingriff entschlossen (s. u. S. 228), von der Patientin behauptete „**Entscheidungskonflikt**" (s. u. S. 230 ff.) ist jedoch nicht plausibel, wenn die Patientin die Ärzte mehrfach auf die Durchführung der Operation gedrängt hat und sich fest entschlossen zeigte, den Eingriff alsbald durchführen zu lassen (OLG Stuttgart, Urt. v. 20. 7. 1999 – 14 U 1/99, NJW-RR 2000, 904).

Wird eine wissenschaftlich nicht anerkannte **Laserbehandlung** zur Beseitigung der Weitsichtigkeit an Patienten angewendet, so sind an die Risikoaufklärung ebenfalls hohe Anforderungen zu stellen. Da es sich um einen kosmetischen Operationen vergleichbaren Eingriff handelt, muss der Patient auf etwaige Risiken und die möglicherweise geringen Erfolgsaussichten deutlich und schonungslos hingewiesen werden (OLG Bremen, Urt. v. 4. 3. 2003 – 3 U 65/02, OLGR 2003, 335 = VersR 2004, 911, 912).

Hinsichtlich der vermeintlichen Auswirkungen von **Silikonimplantaten** auf das **Immunsystem** und das Risiko eines sogenannten „Gel-Bleeding" (Expanter-

Prothese mit Silikon, die mit einer Kochsalzlösung aufzufüllen ist) besteht **keine Aufklärungspflicht** (OLG Köln VersR 1997, 115; OLG Hamm, Urt. v. 4. 12. 2000 – 3 U 97/00, VersR 2003, 599, 600; Gehrlein VersR 2004, 1488, 1497; vgl. auch OLG Frankfurt NJW-RR 2000, 1268 zur verneinten Haftung der inländischen Vertriebsgesellschaft für Silikonimplantate, die mit einer ausführlichen Packungsbeilage an Krankenhäuser und Ärzte verkauft wurden). Derzeit liegen keine medizinisch-wissenschaftlichen Erkenntnisse über körperlich-schädliche Wirkungen von Silikon vor (OLG Hamm, Urt. v. 4. 12. 2000 – 3 U 97/00, VersR 2003, 599).

Anders als bei medizinisch notwendigen Eingriffen (OLG Nürnberg, Urt. v. 16. 7. 2004 – 5 U 2383/03, NJW-RR 2004, 1543, 1544; OLG Stuttgart VersR 2002, 1286: Dienstleistung des Arztes müsste „unbrauchbar" sein; OLG Köln NJW-RR 1999, 674; VersR 2000, 361; OLG München VersR 1996, 233, 234; Rehborn, MDR 2001, 1148, 1154; vgl. hierzu → *Rückerstattung des Honorars*, S. 680 ff.) kann der **Honoraranspruch des Arztes** für eine kosmetische Operation nach einer Ansicht schon dann entfallen, wenn der Patient bei Erteilung der gebotenen Aufklärung in den Eingriff nicht eingewilligt hätte (OLG Düsseldorf, Urt. v. 20. 3. 2003, 8 U 18/02, NJW-RR 2003, 1331, 1333 = VersR 2003, 1579, 1580).

Dies gilt nach anderer, einschränkender Auffassung jedenfalls dann, wenn zur Erzielung eines befriedigenden Ergebnisses ein **neuerlicher Eingriff notwendig** (OLG München NJW-RR 1994, 20; OLG Hamburg MDR 2001, 799 = OLGR 2001, 179) oder das **Interesse des Patienten** an der Durchführung des Eingriffs wegen dessen Fehlschlagens **weggefallen** (OLG Hamburg, Urt. v. 22. 12. 2000 – 1 U 41/00, MDR 2001, 799 = OLGR 2001, 179; Beschl. v. 29. 12. 2005 – 1 W 85/ 05, MDR 2006, 873 = OLGR 2006, 120, 121; Rehborn, MDR 2001, 1148, 1154) bzw. die ärztliche Leistung für den Patienten **von vornherein nutzlos** ist (OLG Hamburg, Beschl. v. 22. 12. 2000 – 1 W 85/05, OLGR 2006, 120, 121: von vornherein aussichtslos; OLG Koblenz NJW-RR 1994, 52; OLG Köln VersR 2000, 361 = NJW-RR 1999, 674: **Leistung unbrauchbar**; OLG Nürnberg, Urt. v. 16. 7. 2004 – 5 U 2383/03, NJW-RR 2004, 1543, 1544; F/N, Rz. 237; weitergehend OLG Düsseldorf, Urt. v. 20. 3. 2003 – 8 U 18/02, NJW-RR 2003, 1331, 1333 und Gehrlein, Rz. A 19 a. E.: Vergütungsanspruch entfällt bei rechtswidrigem Eingriff).

8. Misserfolgsrisiko und herabgesetzte Erfolgsaussicht

Grundsätzlich ist der Arzt **nicht verpflichtet**, den Patienten über Risiken aufzuklären, die ihm durch **vermeidbare Behandlungsfehler** entstehen können (BGH NJW 1992, 1558 = VersR 1992, 358; NJW 1985, 2193 = VersR 1985, 736; Bergmann/Müller MedR 2005, 650, 657).

Eine ordnungsgemäße Aufklärung setzt jedoch voraus, dass der Patient nicht nur über das Risiko der geplanten Operation, sondern bei **herabgesetzter Erfolgsaussicht** des Eingriffs wenigstens in den Grundzügen darüber informiert wird, welche Chancen die geplante Operation für eine Heilung oder Linderung seiner Beschwerden bietet (KG, Urt. v. 15. 12. 2003 – 20 U 105/02, VersR 2005, 1399). So genügt es bei einem unter Epilepsieanfällen leidenden Patienten nicht, die möglichen Nachteile des Eingriffs zu schildern. Vielmehr ist dem Patienten auch darzulegen, welche Chancen eine Operation bringen kann, insbesondere welche wahrscheinlich bleibende Anfallsfreiheit – im entschiedenen Fall nur 65 % – zu erwarten ist (KG, Urt. v. 15. 12. 2003 – 20 U 105/02, VersR 2005, 1399, 1400).

Auch auf die Gefahr des Fehlschlagens eines vorgesehenen Eingriffs hat der Arzt hinzuweisen, wenn bei **zweifelhafter Operationsindikation** ein **hohes Misserfolgsrisiko** besteht (BGH NJW 1992, 108, 109; NJW 1991, 2349: kosmetische Operation; BGH VersR 1988, 493, 494: „eingriffsspezifische Risikoerhöhung" wie die Verstärkung vorhandener Schmerzen; OLG Koblenz, Urt. v. 1. 4. 2004 – 5 U 844/03, VersR 2004, 1564 = OLGR 2004, 511 = GesR 2004, 330 = MedR 2004, 501; OLG Hamburg, Urt. v. 30. 1. 2004 – 1 U 25/03, OLGR 2004, 444, 445; Gehrlein, Rz. C 45; G/G, 5. Aufl., Rz. C 93) oder bei einem Eingriff die zu beseitigenden schmerzhaften Beschwerden im Falle eines Misserfolges **nicht gelindert, sondern möglicherweise noch vergrößert werden** (BGH NJW 1992, 108; NJW 1992, 1558; VersR 1990, 1238: Hinweis auf postoperativ auftretende persistierende Schmerzen; NJW 1989, 1541: Misserfolgsrisiko bei Herzoperation; NJW 1987, 1481: Verschlechterungsrisiko bei Hüftgelenksoperation aufklärungspflichtig; NJW 1985, 676: Verschlechterunsrisiko bei Knieoperation aufklärungspflichtig; VersR 1988, 493: Misserfolgsrisiko bei Fuß-Versteifungsoperation; VersR 1987, 667, 668; NJW 1981, 1319: Verschlechterungsrisiko bei Beinverkürzung; OLG Hamm VersR 1990, 855; OLG Koblenz, Urt. v. 1. 4. 2004 – 5 U 844/03, VersR 2004, 1564 = OLGR 2004, 511 = GesR 2004, 330 = MedR 2004, 501: Hüftgelenk-TEP; OLG Köln VersR 2000, 492; OLG München, Urt. v. 15. 9. 2005 – 1 U 2925/05, OLGR 2006, 297; OLG Oldenburg VersR 1997, 1493 und VersR 1998, 1285; LG Berlin, Urt. v. 20. 8. 2003 – 6 O 343/02, MedR 2004, 449), insbesondere wenn die Operation zwar indiziert, aber **nicht dringlich** ist und anstelle der Zustandsbesserung auch eine **erhebliche Verschlechterung** eintreten kann (BGH VersR 1988, 493 = NJW 1988, 1514, 1515; OLG Oldenburg MDR 1997, 153; OLG Stuttgart OLGR 2000, 132, 134; OLG Koblenz, Urt. v. 1. 4. 2004 – 5 U 844/03, VersR 2004, 1564).

Über das mit einer Operation verbundene Risiko der **Verschlimmerung der Beschwerden**, etwa bei einer Hüftgelenksoperation, ist selbst dann aufzuklären, wenn der konkrete Eingriff in diesem Krankenhaus noch nie misslungen ist (OLG Koblenz, Urt. v. 1. 4. 2004 – 5 U 844/03, VersR 2004, 1564 = GesR 2004, 330 = MedR 2004, 501).

Der Patient ist vor einer **varisierenden Osteotomie** zur Linderung von Beschwerden aufgrund einer Hüftluxation darüber aufzuklären, dass u. U. keine Schmerzfreiheit für längere Zeit erreicht werden kann, es vielmehr subjektiv sogar zu **größeren Schmerzen** kommen kann (BGH VersR 1987, 667; BGH, Urt. v. 27. 6. 2000 – VI ZR 201/99, NJW 2000, 3423, 3424 = VersR 2000, 1282, 1283: Im entschiedenen Fall verneint).

Wird zur Schmerzlinderung eine **Gelenkversteifung** vorgenommen, so muss der Patient darauf hingewiesen werden, dass sich durch die Knochenoperation das Risiko eines Morbus Sudeck (Gewebsschädigung an Extremitätenabschnitten mit schmerzhafter Schwellung und i. d. R. Atrophie der Weichteile) erhöht und er dadurch **größere Schmerzen als vor der Operation** erdulden muss (BGH NJW 1988, 1514 = VersR 1988, 493; Gehrlein, Rz. C 29).

Der Hinweis, die Operation zur Verkürzung eines Oberschenkels könne „schief gehen", reicht nicht aus, wenn tatsächlich die **Gefahr einer Verschlimmerung** besteht (BGH NJW 1981, 1319; Gehrlein, Rz. C 45). Leidet der Patient neben einem **Bandscheibenvorfall** an einer **Osteochondrose**, muss er darüber aufgeklärt werden, dass deren Beschwerden durch eine Bandscheibenoperation nicht beseitigt werden können (OLG München, Urt. v. 15. 9. 2005 – 1 U 2925/05, OLGR 2006, 297). Ist dem Patienten infolge jahrelanger Beschwerden und erfolgloser Heilungsversuche die Notwendigkeit einer **operativen Versteifung des Fußes** bekannt und ärztlich mehrfach bestätigt worden, müssen nähere Einzelheiten wie Ort und Art der Versteifung sowie über den komplizierten Aufbau des Rückfußes nur auf ausdrückliche Fragen des Patienten erklärt werden. Soll der erforderliche Eingriff nur zum Zweck der Besserung eines bestehenden Schmerzzustandes vorgenommen werden und besteht die Gefahr, dass sich der Zustand danach auch deutlich **verschlechtern** kann, muss er hierauf jedoch detailliert hingewiesen werden (BGH VersR 1988, 493 = NJW 1988, 1514).

Bei einer nicht dringlichen operativen **Korrektur eines beidseitigen Ballenhohl- und Spreizfußes** mit Krallenzehenbildung mit bestehenden, vorwiegend belastungsabhängigen Schmerzen im Vorfußbereich mit einer bestehenden Erfolgsaussicht von 80 % muss der Patient unmissverständlich auf das Risiko der **Verschlechterung der Schmerzsituation** von ca. 5 % hingewiesen werden (OLG Stuttgart OLGR 2000, 132, 134 – auch zur aufklärungspflichtigen Alternative der Anpassung orthopädischer Schuhe).

Soll eine Operation mit einer **Nervdurchtrennung** erfolgen, ist dem Patienten deutlich zu machen, dass danach sogar eine **Verschlimmerung der Schmerzsymptomatik** eintreten kann (OLG Köln VersR 2000, 492).

Bei der Eröffnung eines Hüftgelenks (Arthrotomie) muss der Arzt deutlich auf das Risiko einer **Nervenverletzung** mit nachfolgender Beinlähmung hinweisen (OLG Oldenburg VersR 1997, 1493).

Besteht bei einer ordnungsgemäß durchgeführten Operation einer Nierenbeckenplastik stets ein Risiko, dessen Verwirklichung zu einer Nachoperation mit dem erhöhten Risiko eines **Nierenverlustes** für den Patienten führen kann, so ist der Patient auch über dieses Risiko einer etwaigen Nachoperation schon vor dem ersten Eingriff aufzuklären (BGH VersR 1996, 1239).

Auch das Risiko dauerhafter **Dranginkontinenz** nach einer Operation zur Behebung einer Stressinkontinenz ist aufklärungspflichtig (OLG Köln VersR 1992, 1518; S/Pa, Rz. 371).

Vor einer **Operation des Gallenganges** muss dem Patienten erklärt werden, dass auch nach der Operation dieselben Beschwerden auftreten können, die mit der Operation zur Beseitigung einer Zyste bekämpft werden sollen (BGH NJW 1990, 2928; Gehrlein, Rz. C 29).

Ein medizinisch nicht vorgebildeter Patient ist vor einer Operation wegen chronisch-rezidivierender Sinusitiden mit begleitenden Pharyngitiden vom behandelnden HNO-Arzt darüber aufgeklärt werden, dass sich der Zustand durch die Operation verschlechtern kann, sich etwa nach der Operation ein permanentes **Brennen und eine Trockenheit im Hals- und Rachenraum** einstellen kann (LG Berlin, Urt. v. 20. 8. 2003 – 6 O 343/02, MedR 2004, 449). Der Hinweis auf die Möglichkeit des Eintritts eines „funktionell unbefriedigenden Ergebnisses" genügt dabei nicht (LG Berlin a. a. O.).

Ein Zahnarzt hat den Patienten darüber zu unterrichten, dass die erheblichen **Kiefergelenkbeschwerden** auch nach Durchführung einer umfangreichen prothetischen Versorgung und der Überkronung mehrerer Zähne möglicherweise nicht beseitigt werden können (OLG Saarbrücken OLG-Report 1999, 148; Gehrlein, Rz. C 29 a. E.).

Vor der Vornahme **kosmetischer Operationen** muss generell auf das Misserfolgsrisiko hingewiesen werden (BGH NJW 1991, 2349; OLG Saarbrücken, Beschl. v. 4. 6. 2003 – 1 W 110/03 – 17, OLGR 2003, 281, 282; OLG Köln VersR 1988, 1049; OLG Düsseldorf VersR 1999, 61; s. o. S. 134).

Ist der Patient über seine Erkrankung und den Verlauf der geplanten Operation informiert und hat er auch Kenntnis von der ungefähren Größenordnung des Misserfolgsrisikos erhalten, bedarf es für eine selbstbestimmte Entscheidung über die Einwilligung zur Operation jedoch nicht der Erläuterung, aus welchen medizinischen Gründen im Einzelnen der Eingriff möglicherweise nicht zum Erfolg führen könnte (BGH NJW 1990, 2929, 2930).

9. Seltene Risiken

Grundsätzlich hat der Arzt den Patienten auch über seltene, sogar **äußerst seltene Risiken** aufzuklären, wenn deren Realisierung die **Lebensführung des Patienten schwer belasten** würde und die entsprechenden Risiken trotz ihrer Seltenheit für den Eingriff spezifisch, **für den Laien aber überraschend** sind (BGH, Urt. v. 14. 3. 2006 – VI ZR 279/06, VersR 2006, 838, 839; Urt. v. 15. 3. 2005 – VI ZR 289/03, VersR 2005, 834, 835 = NJW 2005, 1716, 1717 zur Aufklärungspflicht über Nebenwirkungen von Medikamenten; Urt. v. 15. 2. 2000 – VI ZR 48/99, VersR 2000, 725, 726; VersR 1993, 228; OLG Brandenburg NJW-RR 2000, 398, 399; OLG Bremen VersR 2001, 340, 341; NJW-RR 2001, 671; OLG Hamm NJW-RR 2001, 666 und VersR 1993, 1399, 1400; OLG Karlsruhe, Urt. v. 28. 11. 2001 – 7 U 114/99, OLGR 2002, 407; OLG Koblenz, Urt. v. 13. 5. 2004 – 5 U 41/03, VersR 2005, 118, 119; NJW 1999, 3419, 3420; OLG Nürnberg, Urt. v. 16. 7. 2004 – 5 U 2383/03, OLGR 2004, 373, 374 = NJW-RR 2004, 1543; OLG Oldenburg VersR 2000, 191, 192 und MDR 1999, 547; OLG Stuttgart NJW-RR 1999, 751, 752; OLG Zweibrücken, Urt. v. 19. 10. 2004 – 5 U 6/04, NJW 2005, 74, 75, bestätigt von BGH, Urt. v. 14. 3. 2006 – VI ZR 279/04; OLG Celle, Urt. v. 24. 9. 2001 – 1 U 70/00, VersR 2003, 859, 860; L/U, § 64 Rz. 3; S/Pa, Rz. 333–369).

Über extrem seltene, aber schwerwiegende Risiken ist der Patient daneben auch dann aufzuklären, wenn in der medizinischen Wissenschaft bereits **ernst-**

hafte Stimmen darauf hinweisen, die nicht als unbeachtliche Außenseitermeinungen abgetan werden können, sondern als **gewichtige Warnungen** angesehen werden müssen (OLG Koblenz NJW 1999, 3419). Die Aufklärungspflicht über Risiken einer umfangreichen Operation, etwa einer schwierigen Bauchoperation, gebietet im Regelfall jedoch keine Angabe der aus ihr resultierenden **Sterblichkeitsrate**, jedenfalls wenn mögliche, lebensbedrohliche Komplikationen genannt werden (OLG Nürnberg MedR 2002, 29).

Auf mögliche und typische Schadensfolgen einer beabsichtigten Behandlung braucht der Patient nur dann nicht hingewiesen zu werden, wenn sie nur in entfernt seltenen Fällen auftreten und anzunehmen ist, dass sie bei einem verständigen Patienten für seinen Entschluss, in die Behandlung einzuwilligen, nicht ernsthaft ins Gewicht fallen (OLG Koblenz NJW 1999, 3419, 3420; OLG Stuttgart NJW-RR 1999, 751, 752 und Urt. v. 26. 2. 2002 – 14 U 47/01, OLGR 2002, 446: in der medizinischen Wissenschaft nicht ernsthaft in Betracht gezogen).

Über die Aufklärungsbedürftigkeit entscheidet dabei **weniger der Grad der Komplikationsdichte** als vielmehr die Frage, welche **Bedeutung** das mit dem Eingriff verbundene **Risiko** für die Entschließung des Patienten im Hinblick auf eine mit seiner Realisierung verbundene schwere **Belastung der Lebensführung** haben kann (OLG Bremen VersR 1991, 425; OLG Karlsruhe, Urt. v. 28. 11. 2001 – 7 U 114/99, OLGR 2002, 407; OLG Koblenz NJW 1999, 3419, 3420; OLG Nürnberg, Urt. v. 16. 7. 2004 – 5 U 2383/03, OLGR 2004, 373, 374 = NJW-RR 2004, 1543; OLG Zweibrücken, Urt. v. 19. 10. 2004 – 5 U 6/04, NJW 2005, 74, 75, bestätigt von BGH, Urt. v. 14. 3. 2006 – VI ZR 279/04, VersR 2006, 838, 839).

Dementsprechend kann **auch unterhalb einer Komplikationsdichte von 1 %** (OLG Brandenburg NJW-RR 2000, 398, 399: **0,7 bis 1,7 %**; OLG Düsseldorf VersR 1989, 290: Unter **1 %**; OLG Koblenz NJW-RR 2002, 816, 818: **um 1 %**; VersR 1989, 629 und NJW 1990, 1540: **Ca. 1 %**; OLG Köln VersR 1992, 1518: unter 1 %), sogar **unterhalb einer Komplikationsdichte von 0,1 %** (BGH VersR 2000, 725, 726: **1 zu 4,4 Millionen** bei Impfung; OLG Bremen VersR 1991, 425 und OLG Stuttgart NJW-RR 1999, 751, 752: Jeweils **1 zu 400 000**; OLG Hamm VersR 1993, 1399: **0,02 %**; OLG Köln NJW-RR 1992, 984: Unter **0,1 %**; OLG Oldenburg, Urt. v. 15. 2. 1992 – 5 U 44/90: **0,02 %**; OLG Saarbrücken VersR 1992, 756: **0,1 %**; OLG Stuttgart VersR 1986, 581, 582: **0,05 %**; OLG Zweibrücken NJW-RR 1995, 1305: **0,01 %**; Urt. v. 19. 10. 2004 – 5 U 6/04, NJW 2005, 74, 75: **1 : 20 000 bis 25 000**, bestätigt von BGH, Urt. v. 14. 3. 2006 – VI ZR 279/06, VersR 2006, 838, 840) von einer Aufklärung über mögliche Risiken und Zwischenfälle regelmäßig nur dann abgesehen werden, wenn diese Möglichkeit bei einem verständigen Patienten für seinen Willensentschluss über die Einwilligung nicht ernsthaft ins Gewicht fallen kann.

(1) Impfschäden

So entfällt etwa die Notwendigkeit zur Aufklärung über die Gefahr, dass der Impfling aufgrund einer staatlich empfohlenen Impfung mit lebenden Polioviren an einer spinalen Kinderlähmung erkrankt, nicht deshalb, weil es sich dabei um eine äußerst seltene Folge mit einer Schadenshäufigkeit von 1:4,4 Millionen handelt

(BGH, Urt. v. 15. 2. 2000 – VI ZR 48/99, MDR 2000, 701 = VersR 2000, 725, 726; BGH MedR 1995, 25: 1 zu 15,5 Millionen; Rehborn, MDR 2000, 1101, 1105; Deutsch VersR 2003, 801, 803 m. w. N.). Allerdings gebietet das Erfordernis eines Aufklärungsgesprächs bei einer Routineimpfung nicht in jedem Fall eine mündliche Erläuterung der Risiken. Es kann vielmehr genügen, wenn dem Patienten nach **schriftlicher Aufklärung Gelegenheit zu weiteren Informationen** durch ein Gespräch mit dem Arzt gegeben wird (BGH, Urt. v. 15. 2. 2000 – VI ZR 48/99, VersR 2000, 725; Müller, VPräsBGH, MedR 2001, 487, 489; Reich, NJW 36/2006, XVI; a. A. Spickhoff, NJW 2001, 1757, 1761 und die Übersicht Deutsch VersR 2003, 801, 803 f. m. w. N.).

In derartigen Fällen muss der Arzt den Patienten daneben auch auf etwa bestehende Möglichkeiten einer anderen Behandlung hinweisen, wenn bereits **ernsthafte Stimmen in der medizinischen Wissenschaft gewichtige Bedenken** gegen eine zum Standard gehörende Behandlung und die damit verbundenen Gefahren geäußert haben (BGH, Urt. v. 15. 2. 2000 – VI ZR 48/99, VersR 2000, 725, 727).

Es besteht keine Verpflichtung, im Rahmen einer Keuchhustenimpfung mit Pertussisganzkeimvakzinen über das Risiko eines cerebralen Krampfanfallsleidens aufzuklären, weil es sich hierbei um eine nicht spezifische und nur äußerst selten auftretende Komplikation handelt (OLG Celle, Urt. v. 24. 9. 2001 – 1 U 70/00, VersR 2003, 859 = OLGR 2002, 29).

(2) Nervverletzungen bei einer Zahnbehandlung

(a) Schädigung des Nervus lingualis

Nach zwischenzeitlich herrschender Ansicht muss ein Zahnarzt seinen Patienten auch über das Verschlechterungsrisiko einer **dauerhaften Schädigung des Nervus lingualis** durch eine Leitungsanästhesie zur Schmerzausschaltung etwa vor der Extraktion eines Weisheitszahns aufklären, weil dem Patienten mit Ausfällen im Bereich der Injektionsstelle und der betroffenen Zungenhälfte sowie persistierenden Beschwerden ein dessen weitere Lebensführung schwer belastendes Risiko droht (so insbesondere OLG Koblenz, Urt. v. 13. 5. 2005 – 5 U 41/03, MedR 2004, 502, 503 = VersR 2005, 118, 119; ebenso OLG Braunschweig, Urt. v. 24. 4. 1997 – 1 U 56/96; OLG Düsseldorf, Urt. v. 20. 10. 1988 – 8 U 261/87; OLG Frankfurt, Urt. v. 14. 4. 1986 – 3 U 39/85; OLG Hamburg, Urt. v. 27. 2. 1998 – 1 U 131/97, OLGR 1998, 157; OLG Hamm, Urt. v. 19. 10. 1987 – 3 U 35/87: Risiko 0,05 %–0,1 %; OLG Karlsruhe, Urt. v. 7. 3. 1990 – 7 U 61/89; Urt. v. 28. 6. 1989 – 7 U 6/88; Urt. v. 25. 5. 2000 – 7 U 193/97: Aufklärung über die Gefahr einer Schädigung des N. mandibularis und des N. alveolaris; OLG Köln, Urt. v. 22. 4. 1998 – 5 U 232/96; OLG München, Urt. v. 23. 6. 1994 – 24 U 961/92, NJW-RR 1994, 308; OLG Oldenburg, Urt. v. 21. 2. 1986 – 6 U 201/85; zusammenfassend Oehler S. 62/63, 66 bis 78, 83/84, 101/102 und Stöhr MedR 2004, 156, 158; aus zahnmedizinischer Sicht Taubenheim/Glockmann MedR 2006, 323 – 330 m.w.N.).

Nach der Gegenauffassung besteht keine Aufklärungspflicht des behandelnden Zahnarztes, da der Eintritt dieses seltenen Risikos außerhalb aller Wahrscheinlichkeit liegt und bei einem verständigen Patienten für seinen Willensentschluss nicht ernsthaft ins Gewicht fallen kann. Gerade bei einer Leitungsanästhesie kann es auch bei der Einhaltung der gebotenen Sorgfalt zu einer Verletzung des Nervus lingualis kommen. Eine **Aufklärung** über das mit einer Komplikationsdichte von 1 : 400.000 extrem seltene Risiko einer solchen Schädigung wird von dieser Ansicht **nicht für erforderlich** gehalten, weil der vor einem ohne Durchführung der Leitungsanästhesie sehr schmerzhaften Eingriff stehende Patient seine Entscheidung vernünftigerweise nicht davon abhängig machen wird, dass der Nervus lingualis unter Umständen dauerhaft geschädigt werden kann (OLG Stuttgart, Urt. v. 17. 11. 1998 – 14 U 69/97, VersR 1999, 1500 = NJW-RR 1999, 751, 752: Leitungsanästhesie vor Ausbohrung und Füllung des Zahns 47; ebenso OLG Bremen, OLGR 2000, 403, 405: Keine Aufklärungspflicht bei ausgesprochener „Rarität"; OLG Frankfurt, Urt. v. 20. 4. 1989 – 1 U 119/88: Risiko einer Verletzung des Nervus lingualis liegt bei 0,1 %, keine Aufklärungspflicht; OLG Schleswig, Urt. v. 12. 2. 1986 – 4 U 324/83: Bei unter 0,2 % liegendem Risiko keine Aufklärungspflicht, bei Schmerzzuständen hypothetische Einwilligung anzunehmen; OLG Zweibrücken, Urt. v. 22. 2. 2000 – 5 U 25/99, VersR 2000, 892 = OLGR 2000, 549, 550; LG Frankenthal, Urt. v. 10. 2. 1997 – 8 O 2102/95, MedR 1998, 569: Keine Aufklärungspflicht; LG Trier, Urt. v. 6. 11. 1986 – 6 O 77/85: Risiko unter 1 %, keine Aufklärungspflicht).

Das OLG Jena (Urt. v. 26. 4. 2006 – 4 U 416/05, OLGR 2006, 710, 712) hat es offengelassen, ob stets eine Aufklärungspflicht über das Risiko einer dauerhaften Schädigung des Nervus lingualis durch eine Leitungsanästhesie zur Schmerzausschaltung besteht. Der Patient sei auf das Risiko einer dauerhaften Schädigung des Nervus lingualis mit der Folge eines Geschmacksverlustes bzw. einer verbleibenden „Pelzigkeit" jedenfalls dann hinzuweisen, wenn die Leitungsanästhesie mit der operativen Entfernung eines Weisheitszahns einhergeht. Denn in diesen Fällen liegt das Risiko einer dauerhaften Nervschädigung erheblich höher (OLG Jena, Urt. v. 26. 4. 2006 – 4 U 416/05, OLGR 2006, 710, 712; ebenso OLG Stuttgart, NJW-RR 1999, 751, 752 a. E.: Risiko bei operativer Extraktion nach Angabe des dort beauftragten Sachverständigen 100-fach höher, jedoch keine Aufklärungspflicht bei bloßer Ausbohrung und Füllung eines Weisheitszahns).

Allerdings ist ein ernsthafter Entscheidungskonflikt des Patienten nicht plausibel dargelegt, wenn er ausführt, bei korrekter und vollständiger Aufklärung über das extrem seltene Risiko hätte er wohl „einen älteren und erfahreneren Arzt aufgesucht"; denn das Risiko hätte sich dort in gleicher Weise verwirklichen können (OLG Jena, Urt. v. 26. 4. 2006 – 4 U 416/05, OLGR 2006, 710, 713; auch OLG Zweibrücken, Urt. v. 22. 2. 2000 – 5 U 25/99, OLGR 2000, 549, 550; zum *Entscheidungskonflikt* vgl. S. 252).

(b) Schädigung des Nervus alveolaris

Bei der **Schädigung des Nervus alveolaris** handelt es sich ebenfalls um eine sehr seltene, hier aber typische Komplikation, die dem Eingriff spezifisch anhaftet und bei ihrer Verwirklichung die Lebensführung des Patienten besonders belastet. Jedenfalls vor der Extraktion eines Weisheitszahns, bei dem nach dem Rönt-

140

genbild ein Verlauf des Nervus alveolaris sehr dicht an der Zahnwurzel zu erwarten ist, hat der Zahnarzt den Patienten daher über das Risiko der Verletzung dieses Nerven mit der Folge einer Taubheit im Bereich der rechten Mund- bzw. Kieferpartie mit einer möglichen **irreversiblen Schädigung aufzuklären** (OLG Düsseldorf, Urt. v. 20. 10. 1988 – 8 U 261/87, VersR 1989, 290; auch OLG Frankfurt, Urt. v. 14. 4. 1986 – 3 U 39/85: Aufklärung über Taubheit im Bereich des Mundwinkels, wenn nach dem Röntgenbild ein Verlauf des N. alveolaris sehr dicht an der Wurzel zu erwarten ist; OLG Hamm, Urt. v. 8. 10. 1997 – 3 U 61/97; OLG Karlsruhe, Urt. v. 25. 5. 2000 – 7 U 193/97: Über die Gefahr einer vorübergehenden Schädigung des N. mandibularis und des N. alveolaris ist vor einer Leitungsanästhesie aufzuklären; OLG Köln VersR 1989, 632; OLG München NJW-RR 1994, 1308; OLG Stuttgart, Urt. v. 17. 11. 1998 – 14 U 69/97, VersR 1999, 1500 = NJW-RR 1999, 751, 752 a. E.; S/Pa Rz. 354; G/G, 5. Aufl., Rz. C 69; Stöhr MedR 2004, 156, 158; anderer Ansicht aber noch OLG München, Urt. v. 20. 11. 1986 – 1 U 5924/85: Keine Aufklärungspflicht; ebenso OLG Hamm VersR 1994, 1304 und OLG Hamburg VersR 1989, 1297 bei untypischer Schädigung).

Eine Aufklärungspflicht wird jedoch **abgelehnt,** wenn nach den Umständen eine Schädigung des N. alveolaris **absolut untypisch** und mit ihm keineswegs zu rechnen ist (OLG Hamburg, Urt. v. 19. 8. 1988 – 1 U 33/88, VersR 1989, 1297, 1298 und Stöhr MedR 2004, 156, 158 zu einer im Zusammenhang mit der Extraktion eines Zahns durchgeführten Entfernung eines Amalgameinschlusses; OLG Hamm VersR 1994, 1304 bei Schädigung des Nervus alveolaris nach Entfernung des Zahns 36).

Realisiert sich das nicht erläuterte Risiko der Schädigung des Nervus alveolaris bei der Extraktion eines Weisheitszahns, wurde im Jahr 1988 ein Schmerzensgeld i. H. v. 10000 DM (5 113 Euro) für angemessen gehalten (OLG Düsseldorf NJW 1989, 2334).

(c) Kieferbruch

Bei beabsichtigter operativer Entfernung von Weisheitszähnen muss der Patient auch auf das **Risiko eines Kieferbruchs** hingewiesen werden (OLG München VersR 1996, 102; OLG Düsseldorf NJW-RR 1996, 1173 und VersR 1997, 620; OLG Braunschweig, Urt. v. 24. 4. 1997 – 1 U 56/96; LG Heidelberg VersR 1991, 822; Stöhr MedR 2004, 156, 157).

(d) Knochenmarksentzündungen

Vor einer Weisheitszahnentfernung hat der Zahnarzt auch über das seltene Risiko einer Osteomyelitis (Kieferknochenmarksentzündung) aufzuklären (OLG Köln, Urt. v. 12. 3. 2003 – 5 U 52/02, NJW-RR 2003, 1606 = MDR 2003, 993).

(3) Nervverletzungen und Querschnittslähmung

Aufzuklären ist auch über die Gefahr einer **Nervschädigung infolge einer besonderen Lagerung** („Häschenstellung") während der Operation (BGH NJW 1985, 2192; S/Pa, Rz. 341; G/G, 5. Aufl., Rz. C 65: Nervus ulnaris-Läsion).

Gleiches gilt bei der Gefahr einer Lähmung des **Nervus accessorius bei einer Lymphknotenexstirpation** (BGH NJW 1984, 655; OLG Zweibrücken, Urt. v. 11. 10. 2005 – 5 U 10/05, OLGR 2006, 154, 155; S/Pa, Rz. 336) oder der Entfernung eines **Lipoms im Halsbereich** (OLG Zweibrücken, Urt. v. 11. 10. 2005 – 5 U 10/05, OLGR 2006, 154, 155), des **Nervus recurrens bei einer Rezidivstrumektomie** (Kropfoperation; BGH NJW 1992, 2351; OLG Stuttgart VersR 1995, 561; OLG Oldenburg VersR 1988, 408; OLG Düsseldorf VersR 1989, 191 und 291; G/G, 5. Aufl., Rz. C 60), des **Nervus peronaeus** (vom Oberschenkel kniekehlenwärts nach unten verlaufender Nerv) **bei einer Hüftgelenks-Umstellungsosteotomie** (OLG Koblenz VersR 1989, 629), des **Nervus femoralis vor dem Einsatz einer Hüftkopfendoprothese** (OLG Nürnberg, Urt. v. 16. 7. 2004 – 5 U 2383/03, NJW-RR 2004, 1543), des **Nervus facialis und des Nervus trigeminus** bei Eingriffen **im Ohr- und Kieferbereich** (BGH VersR 1986, 183; S/Pa, Rz. 335), **Plexus-Lähmungen** und Plexusläsionen bei **Röntgen- oder Kobaltbestrahlungen** (BGH NJW 1990, 1528; OLG Zweibrücken VersR 1987, 108; S/Pa, Rz. 339; G/G, 5. Aufl., Rz. C 63).

Auch auf das seltene Risiko einer **Halbseiten- oder Querschnittslähmung** bei Vornahme einer **Angiographie** (Gefäßdarstellung durch Injektion eines Röntgenkontrastmittels; OLG Koblenz, Urt. v. 29. 11. 2001 – 5 U 1382/00, VersR 2003, 1313, 1315; OLG Stuttgart VersR 1988, 832 und VersR 1983, 278; OLG Hamm VersR 1992, 833 und VersR 1989, 807 sowie VersR 1988, 1133; S/Pa, Rz. 337; G/G, 5. Aufl., Rz. C 62), einer **Myelographie** (Röntgenkontrastdarstellung des Wirbelkanals; BGH NJW 1995, 2410 und NJW 1996, 777; S/Pa, Rz. 338; G/G, 5. Aufl., Rz. C 61), bei bzw. nach einer **Bandscheiben-Operation** (BGH NJW 1991, 2346; OLG Hamm VersR 1992, 1473; VersR 1993, 102; OLG Oldenburg VersR 1997, 978; S/Pa, Rz. 357; OLG Bremen VersR 2001, 340, 341: Inkomplettes Kaudasyndrom), einer **Halswirbeloperation** (OLG Oldenburg VersR 1988, 695; G/G, 5. Aufl., Rz. C 61), einer **Herzoperation** (BGH VersR 1989, 289), der Operation einer **angeborenen Aortenstenose** (BGH NJW 1991, 2344; OLG Schleswig VersR 1996, 634; S/Pa, Rz. 358) ist hinzuweisen.

Hinzuweisen ist auf die Risiken einer **Blasen- und Mastdarmstörung**, einer durch die Operation eintretenden **Instabilität der Wirbelsäule** und einer Verletzung des Bauchraumes durch die eingesetzten Instrumente mit hoher Letalitätsquote bei bestimmten **Bandscheibenoperationen** (OLG Bremen NJW-RR 2001, 671).

Auch wenn dem Patienten ein allgemeines Bild über die mit dem Eingriff verbundenen Risiken zutreffend vermittelt wurde, genügt dies zur ordnungsgemäßen Aufklärung dann nicht, wenn der Eingriff aufgrund der besonderen Befindlichkeit des Patienten, etwa aufgrund von Voroperationen im Operationsgebiet, **besondere Risiken** wie die Erhöhung der Gefahr von Nervenschädigungen im Operationsgebiet aufweist (OLG Karlsruhe, Urt. v. 28. 11. 2001 – 7 U 114/99,

OLGR 2002, 407: im konkreten Fall wegen des bestehenden „Leidensdrucks" aber kein ernsthafter Entscheidungskonflikt des Patienten).

(4) Risiken einer Angiographie

Vor einer Röntgenuntersuchung von Gefäßen nach Einspritzung von Kontrastmitteln muss auf die **Gefahr einer Halbseitenlähmung** (OLG Koblenz, Urt. v. 29. 11. 2001 – 5 U 1382/00, VersR 2003, 1313, 1315; OLG Stuttgart VersR 1983, 278; VersR 1988, 832; OLG Hamm VersR 1981, 686; VersR 1989, 807; VersR 1988, 1133; VersR 1992, 833; OLG München VersR 1983, 930) bzw. einer **Aphasie** mit vorübergehendem oder dauerhaftem Bestand (OLG Koblenz, Urt. v. 29. 11. 2001 – 5 U 1382/00, VersR 2003, 1313, 1315), einer Querschnittslähmung (OLG Stuttgart VersR 1983, 278; G/G, 5. Aufl., Rz. C 61), eines **Schlaganfalls** (OLG Oldenburg VersR 1991, 1242) oder einer verbleibenden **Sprachstörung** (OLG Hamm VersR 1981, 686) hingewiesen werden.

Eine besonders gefährdete Patientin ist dabei deutlich, wenn auch schonend über das Risiko eines Schlaganfalls mit der Folge **bleibender Lähmungen** aufzuklären; der Hinweis auf andere gewichtige Risiken genügt nicht (OLG Hamm VersR 1989, 807; ebenso OLG Oldenburg VersR 1983, 888).

Nach Auffassung des OLG Zweibrücken (NJW-RR 1995, 1305) verletzt der untersuchende Arzt seine Aufklärungspflicht vor Durchführung einer endoskopischen retrograden Cholangiographie jedenfalls dann nicht, wenn die **letale Komplikationsrate im Bereich von 0,1 %** liegt und er über jahrelange umfangreiche eigene Erfahrungen ohne tödlichen Ausgang verfügt.

(5) Risiken einer Myelographie

Ähnliches gilt vor Durchführung einer Myelographie (Röntgenkontrastdarstellung des Wirbelkanals; kann zwischenzeitlich meist durch Kernspintomographie oder Myelo-CT ersetzt werden).

Auch hier muss der Patient über das Risiko einer **Querschnittslähmung** aufgeklärt werden (BGH NJW 1995, 2410; NJW 1996, 777; OLG Stuttgart VersR 1988, 832; S/Pa, Rz. 338), wobei der Ausdruck „Querschnittslähmung" nicht unbedingt benutzt werden muss (BGH MDR 1995, 908). Das Risiko einer sonstigen dauerhaften Lähmung (OLG Hamm VersR 1988, 1133) und das Risiko einer auch nur vorübergehenden Blasenlähmung sind ebenfalls aufklärungspflichtig.

Der Patient muss auch darauf hingewiesen werden, dass es nach Durchführung einer Myelographie zur Abklärung massiver Lumboischialgien zu einer **dauerhaften Blasenlähmung** kommen kann (OLG Brandenburg, Urt. v. 1. 9. 1999 – 1 U 3/99, VersR 2000, 1283 1284 = NJW-RR 2000, 398, 399: Risikorate 0,7– 1,7 %).

(6) Erblindung

Vor **endonasalen Siebbeineingriffen** ist auch über das seltene Risiko operativbedingter Sehstörungen bis hin zur äußerst seltenen Gefahr der **Erblindung** aufzuklären, selbst wenn dieses Risiko nur im Promillebereich liegt (BGH NJW 1994, 793, 794 = VersR 1994, 104, 105).

Auf das seltene Erblindungsrisiko muss auch vor einer so genannten **Katarakt-operation** zur Behandlung der Eintrübung einer Augenlinse (Grauer Star; OLG Oldenburg MDR 1999, 547), vor einer **Injektion gefäßverengender Stoffe** in die Septumschleimhaut vor einer Nasenscheidewandoperation (OLG Nürnberg VersR 1992, 754; G/G, 5. Aufl., Rz. C 51; S/Pa, Rz. 367) und vor einer **Tumor-operation** im Bereich der Hirnanhangsdrüse (BGH NJW 1998, 2734) hingewiesen werden. Vor der Gabe aggressiver Medikamente muss auch auf eine damit möglicherweise verbundene **Sehnervschädigung** hingewiesen werden (OLG Oldenburg VersR 1986, 69; S/Pa, Rz. 359).

(7) Komplikationen bei operativer Entfernung der Gebärmutter (Hysterektomie)

Vor Durchführung einer **Hysterektomie** muss über das Risiko des Entstehens einer **Rektumscheidenfistel** (OLG Köln VersR 1990, 489: Verletzungsfistel, offen gelassen bei Nekrosefistel; a. A. OLG Nürnberg VersR 1996, 1372: nicht bei Verletzungsfistel), einer **Blasen- oder Darmverletzung** (OLG Nürnberg VersR 1996, 1372; OLG Hamm VersR 2001, 461: Blasen- und Nierenbeckenent-zündungen), einer **Harnleiterläsion** (BGH NJW 1991, 2342; NJW 1984, 1807) und der Erforderlichkeit einer **Nachbestrahlung** (OLG Köln VersR 1988, 384) aufgeklärt werden.

Vor der Durchführung einer vaginalen Hysterektomie sind andere Ursachen der klinischen Beschwerden (Rückenschmerzen und Blutungsstörungen) im gebote-nen Umfang abzuklären. Eine sofortige Hysterektomie darf nur dann vorgenom-men werden, wenn die Patientin über deren Risiken und den Verzicht auf die Abklärung durch eine Abrasio (Ausschabung) aufgeklärt worden ist (OLG Hamm VersR 2001, 461).

(8) Nebenwirkungen von Medikamenten

Bei möglichen schwerwiegenden Nebenwirkungen eines Medikaments ist neben dem Hinweis auf der Gebrauchsinformation des Pharmaherstellers auch eine Aufklärung durch den das Medikament verordnenden Arzt erforderlich. So muss der Arzt seine Patientin bei der Verschreibung eines **Antikonzeptionsmit-tels** zur Regulierung von Menstruationsbeschwerden bzw. einer „Pille" darauf hinweisen, dass **bei Raucherinnen ein erhöhtes Herzinfarkt- und Schlaganfallri-siko** besteht, selbst wenn sich ein entsprechender Warnhinweis in der Pa-ckungsbeilage findet (BGH, Urt. v. 15. 3. 2005 – VI ZR 289/03, VersR 2005, 834 = NJW 2005, 1716; vgl. ergänzend Stöhr, RiBGH, GesR 2006, 145 ff.).

Vor der Gabe eines Tokolytikums muss nicht über eine mögliche Schädigung des Kindes durch das wehenhemmende Mittel aufgeklärt werden, wenn in der Medizin die Schädigungsmöglichkeit zwar diskutiert, aber eine nachteilige Wir-kung des Medikaments in der medizinischen Wissenschaft nicht ernsthaft in Betracht gezogen wurde (OLG Stuttgart, Urt. v. 26. 2. 2002 – 14 U 47/01, OLGR 2002, 446 = MedR 2003, 509).

(9) Blutspende

Vor einer Blutspende muss der Spender insbesondere darauf hingewiesen werden, dass es durch die eingeführte Nadel in seltenen Fällen auch zu irreversiblen Nervenschädigungen mit chronischen Schmerzen und dauerhaften Funktionsbeeinträchtigungen kommen kann. Der lediglich in einem „Fragebogen für Blutspender" enthaltene Hinweis, in seltenen Fällen könne es zu Unwohlsein, Kreislaufschwäche, stärkeren Nachblutungen, Schädigungen von Blutgefäßen oder Nerven sowie Entzündungsreaktionen kommen, reicht nicht aus (OLG Zweibrücken, Urt. v. 19. 10. 2004 – 5 U 6/04, NJW 2005, 74, 75 = GesR 2005, 23, 25, bestätigt von BGH, Urt. v. 14. 3. 2006 – VI ZR 279/04, VersR 2006, 838, 840: Risiko 1 : 20000 bzw. 1 : 25000).

Ein Arzt darf dabei nicht als allgemein bekannt voraussetzen, dass die Beschädigung eines Nervs nach einer Blutspende irreversibel sein und dauerhafte Schmerzen und Funktionsbeeinträchtigungen nach sich ziehen kann (OLG Zweibrücken a. a. O.; BGH, Urt. v. 14. 3. 2006 – VI ZR 279/04, VersR 2006, 838, 840 = NJW 2006, 2108, 2109).

(10) Inkontinenz

Vor einer Operation zur Behebung einer Stressinkontinenz (unwillkürlicher Urinverlust beim Husten, Niesen und bei körperlicher Belastung) ist der Patient darauf hinzuweisen, dass in sehr seltenen Fällen nicht nur der angestrebte Erfolg nicht erreicht wird, sondern zusätzlich eine **dauerhafte Dranginkontinenz** (ständiger unwillkürlicher Harnverlust mit gehäuft auftretendem Harndrang) ausgelöst werden kann (OLG Köln VersR 1992, 1518).

Das Risiko einer **bleibenden Harninkontinenz** ist auch vor der Durchführung von Narbenstrukturen in der Harnröhre, bei der es zu Verletzungen des Schließmuskels kommen kann, aufklärungsbedürftig (OLG Köln VersR 1990, 311; G/G, 5. Aufl., Rz. C 53). Gleiches gilt vor Durchführung der Operation einer ischiorektalen Fistel (OLG Hamm VersR 1991, 667; S/Pa, Rz. 343).

(11) Hodenatrophie (Rückbildung des Hodengewebes mit Fertilitätsstörungen)

Vor einer Leistenbruchoperation ist auf das Risiko einer Hodenatrophie hinzuweisen (OLG Stuttgart VersR 1998, 1111; OLG München VersR 1995, 95; S/Pa, Rz. 345).

(12) Nierenverlust, Nachoperation

Besteht bei einer ordnungsgemäß durchgeführten Operation stets ein Risiko, dessen Verwirklichung zu einer Nachoperation mit erhöhtem Risiko und einschneidenden Folgen für den Patienten führen kann, so ist der Patient auch über dieses **Risiko der Nachoperation** vor dem ersten Eingriff aufzuklären (BGH NJW 1996, 3073 = VersR 2006, 1239).

So ist auch bei einer ordnungsgemäß ausgeführten Nierenbeckenplastik stets das Risiko einer **Anastomoseninsuffizienz** (Verbindung zweier Hohlorganlichtungen; hier: ständiger Urinabfluss) gegeben, die eine Nachoperation mit dem erhöhten Risiko des Verlustes einer Niere erforderlich macht. Hierauf muss schon vor dem ersten Eingriff hingewiesen werden (BGH MDR 1996, 1015 = NJW 1996, 3073, 3074; Müller, VPräsBGH, MedR 2001, 487, 488).

Aufklärungspflichtig ist auch das seltene, mit der **Beseitigung** eines **Nierensteins** verbundene Risiko des **Verlusts einer Niere** (OLG Koblenz NJW 1986, 1547; Gehrlein, Rz. C 21).

(13) Verkürzungs- und Verlängerungsosteotomie, Plattenbruch

Bei einer **Verkürzungsosteotomie** (Herausmeißeln von Knochenstücken zur Korrektur eines Knochens) muss der Patient auf das Risiko einer Nervenschädigung hingewiesen werden (OLG Hamm VersR 1986, 897), ebenso auf eine dauerhafte Nervschädigung nach einer Hüftgelenksoperation (OLG Oldenburg VersR 1994, 1493).

Gleiches gilt bei einer **Verlängerungsosteotomie** hinsichtlich des Risikos einer Peroneusparese (Lähmung der auf das Wadenbein bezogenen Nerven; OLG Koblenz VersR 1989, 629).

Der Patient ist auch über die Einzelheiten einer beabsichtigten Beinverlängerung, insbesondere die ggf. erhöhte Gefahr von Nervschädigungen, aufzuklären, wenn mit dem vorgesehenen Beinlängenausgleich um 4,5 cm eine deutliche Risikoerhöhung verbunden und es auch möglich ist, den Beinlängenausgleich auf risikoärmere 3 cm zu begrenzen (OLG Hamburg, Urt. v. 5. 8. 2005 – 1 U 184/04, OLGR 2006, 199).

Ein Hinweis muss auch das Risiko einer Hüftkopfnekrose (Absterben von Gewebe) nach etwaigem Fehlschlagen einer **Adduktions-Osteotomie** enthalten (BGH NJW 1987, 1481; VersR 1985, 969; S/Pa, Rz. 352).

Der vor einer **Hüftoperation** erteilte Hinweis auf mögliche Nachblutungen, Infektionen, Gefäß- und Nervenverletzungen, das Entstehen einer Thrombose, Embolie, eines Morbus Sudeck, eine mögliche Implantatlockerung und deren Bruch mit der Folge einer Revisionsoperation, anhaltende Schmerzen insbesondere im Bereich des Oberschenkels deckt nicht das sich realisierende Risiko von dauerhaften Lähmungen infolge von Nervenverletzungen im Operationsgebiet ab (OLG Nürnberg, Urt. v. 16. 7. 2004 – 5 U 2383/03, OLGR 2004, 373, 374 = NJW-RR 2004, 1543).

Beträgt bei einem mehrfach voroperierten, subluxierten oder hochluxiert stehenden Hüftgelenk die nervale Schädigungsrate das Doppelte oder sogar das Dreifache desjenigen Risikos, das bei der Versorgung anatomisch normal geformter Hüftgelenke gegeben ist, so ist der Patient über dieses gesteigerte Risiko aufzuklären (OLG Hamburg, Urt. v. 5. 8. 2005 – 1 U 184/04, OLGR 2006, 199).

Auf das Risiko eines **Plattenbruchs** infolge einer **Materialermüdung** muss der Patient vor der Versorgung eines **Oberschenkelbruches** jedoch nicht hingewiesen werden (OLG Hamm NJW-RR 2001, 666).

(14) Sudeck-Dystrophie

Die Sudeck-Dystrophie (SD) ist eine auf einer **örtlichen Ernährungsstörung,** einer Mangelversorgung von Weichteilen der Extremitäten und Knochen beruhende schmerzhafte Erkrankung der Gliedmaßen bei lokalen Durchblutungs- und Stoffwechselstörungen der Knochen und Weichteile infolge das Nerven- und Gefäßsystem betreffender Fehlsteuerung nach einem Trauma, insbesondere einer Fraktur (Gaisbauer, VersR 2000, 558). Ob der Patient grundsätzlich vor einem notwendigen chirurgischen Eingriff an der Hand oder am Fuß über das Risiko einer SD aufgeklärt werden muss, ist teilweise umstritten (vgl. Gaisbauer, VersR 2000, 558, 560).

Auf die Gefahr des Eintritts einer SD ist jedenfalls hinzuweisen, wenn die **Knochenoperation gerade zur Behebung von Dauerschmerzen** erfolgt (BGH VersR 1988, 493 = MDR 1988, 485; NJW 1994, 3009: Karpaltunnelsyndrom; S/Pa, Rz. 356), wenn die SD ein **typisches Risiko einer – nicht dringenden – Gelenkversteifungsoperation** am Fuß zur Besserung des bestehenden Zustandes darstellt (BGH MDR 1988, 485; Gaisbauer VersR 2000, 558, 560) und vor einer Operation wegen einer „Dupuytren'schen Kontraktur", also dem Zusammenziehen der Finger in Beugestellung in Folge verhärteter Zusammenschrumpfung einer Sehne der Hohlhand und der gleichzeitigen Ausbildung von harten Knoten und Strängen (OLG Köln VersR 1992, 1233; Gaisbauer VersR 2000, 558, 561; G/G, 5. Aufl., Rz. C 70).

Auch vor einer **Handgelenksoperation** ist der Patient auf die Gefahr von Nervenverletzungen und des Auftretens einer SD hinzuweisen (OLG Frankfurt bei Gaisbauer VersR 2000, 558, 561: Patient war Berufskraftfahrer; a. A. OLG Schleswig VersR 1982, 378).

Eine Aufklärungspflicht hinsichtlich des außerordentlich seltenen Risikos einer SD wurde dagegen verneint vor der Operation eines **Überbeines an der Ferse** (OLG Nürnberg bei Gaisbauer, VersR 2000, 558, 561: Komplikationsrate bei 0,04 %), bei **Ruhigstellung des Oberarmes** des Patienten während der Behandlung einer Sehnenscheidenentzündung durch Anlegen eines Gipsverbandes (OLG Köln bei Gaisbauer VersR 2000, 558, 561) und vor einer **Ringbandspaltung** an Finger und Daumen (OLG Hamm bei Gaisbauer VersR 2000, 558, 561).

(15) Infektionen, Injektionen

Bei Infektionen nach **Gelenkpunktionen** gibt es zwar **keinen Anscheinsbeweis** für einen Verstoß gegen die gebotene Behandlungssorgfalt (vgl. hierzu → *Anscheinsbeweis*, S. 28 ff.); vor intraarteriellen Injektionen ist der Patient jedoch über das Risiko einer Gelenkversteifung aufzuklären (OLG Oldenburg VersR 1995, 786: Kein Anscheinsbeweis, erforderliche Aufklärung nicht erfolgt; OLG Hamm, Urt. v. 20. 5. 1998 – 3 U 139/97, VersR 2000, 323: Kein Anscheinsbeweis, gebotene Aufklärung erteilt).

So ist der Patient vor einer intraartikulären Injektion eines **kortisonhaltigen Mittels** in das Schultergelenk auf die – wenn auch mit einem Risiko von 1 zu

10 000 sehr seltene – Gefahr einer Infektion des Gelenks mit der möglichen Folge einer Schulterversteifung hinzuweisen; über die fern liegende Gefahr der Ausbildung einer tödlich verlaufenden Sepsis braucht er jedoch nicht aufgeklärt zu werden (BGH NJW 1989, 1533). Auch vor einer **Injektion in das Kniegelenk eines Patienten** ist trotz der großen Seltenheit von 1 zu 10 000 über das Infektionsrisiko, auch über bestehende Behandlungsalternativen aufzuklären (OLG Hamm VersR 1992, 610: Patient war unterschenkelamputiert; VersR 2000, 323, 324: Kniegelenkspunktion wegen Arthrose; BGH NJW 1994, 2414: Kniegelenkspunktion; S/Pa, Rz. 361, 362; G/G, 5. Aufl., Rz. C 58).

Ergeben sich nach einer **Punktion des Kniegelenks** Infektionsanzeichen, so müssen zur weiteren Abklärung neben einer Röntgendiagnostik eine Serologie und eine bakteriologische Untersuchung des Punktats erfolgen (OLG Hamm, Urt. v. 20. 5. 1998 – 3 U 139/97, VersR 2000, 323, 324). Das Unterbleiben der weiteren Diagnostik kann einen „groben Behandlungsfehler" (siehe → *Grobe Behandlungsfehler*, S. 537 ff.) darstellen (OLG Hamm VersR 2000, 323, 324). Das Auftreten eines **Spritzenabszesses** nach einer in den rechten Oberschenkel zur Schmerzlinderung verabreichten Infiltrationsspritze lässt nicht den Schluss auf einen Behandlungsfehler zu. Das mit 1 zu 10000 angegebene Abszessrisiko ist in derartigen Fällen nicht aufklärungspflichtig (LG Bremen, Urt. v. 20. 12. 2001 – 6 O 2653/00, VersR 2003, 1581). Die Folgen eines Abszesses sind zwar unangenehm, gefährden aber weder das Leben noch unerlässliche Körper- oder Organfunktionen und beeinträchtigen die Lebensführung des Patienten regelmäßig nicht nachhaltig (LG Bremen, Urt. v. 20. 12. 2001 – 6 O 2653/00, VersR 2003, 1581).

(16) Langer Heilungsverlauf

Grundsätzlich besteht eine Verpflichtung, den Patienten über Prognosen, das tägliche Behandlungs- und Testprogramm und die voraussichtliche Verweildauer im Krankenhaus zu unterrichten, nur auf Anfrage (BGH NJW 1983, 328; S/Pa, Rz. 323, 324).

Bei **erkennbarer Bedeutung der Funktionsfähigkeit eines Organs** für die private Lebensgestaltung muss der Arzt den Patient jedoch im Rahmen der Eingriffsaufklärung auf die seltene Möglichkeit eines sehr langen Heilungsverlaufs hinweisen (OLG Oldenburg VersR 1992, 1005). Dies gilt etwa bei der Vorhautbeschneidung einer **relativen Phimose** (OLG Oldenburg VersR 1992, 1005). Bei ausdrücklicher Nachfrage des Patienten bleibt der operierende Arzt dabei trotz eventueller Voraufklärung vorbehandelnder Ärzte aufklärungspflichtig (OLG Oldenburg VersR 1992, 1005; auch OLG Hamm VersR 1992, 833 und OLG Köln VersR 1992, 1231).

10. Außenseiter- und Neulandmethoden, kontraindizierte Eingriffe

Die Einwilligung des Patienten in einen Eingriff zur Linderung therapieresistenter Beschwerden befreit den Arzt nicht von der Haftung für schädliche Folgen, wenn er nicht darauf hingewiesen hat, dass die Maßnahme von der herrschenden Meinung als medizinisch kontraindiziert qualifiziert wird (OLG Köln VersR 2000, 492).

Dies trifft etwa hinsichtlich der in Aussicht genommenen Operation einer Nervdurchtrennung zu, die, wie in der wissenschaftlichen Literatur beschrieben, sogar zu einer **Verschlimmerung der Schmerzsymptomatik** führen kann (OLG Köln VersR 2000, 492).

Einer gesonderten Aufklärung bedarf auch die vorgesehene Anwendung einer Außenseiter- oder einer noch nicht allgemein eingeführten „**Neulandmethode**" mit möglichen neuen, noch nicht abschließend geklärten Risiken (BGH, Urt. v. 13. 6. 2006 – VI ZR 323/04, VersR 2006, 1073, 1075 = NJW 2006, 2477, 2478 = GesR 2006, 411, 412 unter Bestätigung von OLG Frankfurt, Urt. v. 7. 12. 2004 – 8 U 194/03, NJW-RR 2005, 173, 175 „Robodoc"; OLG Bremen, Urt. v. 12. 3. 2004 – 4 U 3/04, GesR 2004, 238 = OLGR 2004, 320, 321 f.; OLG Celle VersR 1992, 749; OLG Düsseldorf, Urt. v. 21. 3. 2002 – 8 U 117/01, VersR 2004, 386; OLG Oldenburg VersR 1997, 192; VersR 1997, 491; OLG Köln NJW-RR 1992, 986, 987; OLG Zweibrücken OLGR 2001, 79, 81; G/G, 5. Aufl., Rz. C 39; S/Pa, Rz. 387, 391 b; Gehrlein, Rz. C 39).

Dies gilt jedoch nicht, wenn sich die Methode in der Praxis neben anderen Verfahren durchgesetzt hat (OLG Köln VersR 2000, 493), etwa bei der laparoskopischen Versorgung einer Rezidiv-Leistenhernie als selbständigem Operationsverfahren neben der konventionellen Leistenhernieoperation mittels Schnittführung seit dem Jahr 1996 (OLG Köln VersR 2000, 493).

Ist die „Neulandmethode" wie etwa die Anwendung des computerunterstützten Fräsverfahrens („Robodoc") am coxalen Femur (Hüft-Oberschenkelknochen) bei Implantation einer Hüftgelenksendoprothese zum Zeitpunkt des Eingriffs **noch nicht allgemein etabliert**, muss der Patient über diese Tatsache sowie die Vor- und Nachteile dieser und alternativer, herkömmlicher manueller Verfahren aufgeklärt werden (OLG Frankfurt, Urt. v. 7. 12. 2004 – 8 U 194/03, NJW-RR 2005, 173, 175, bestätigt von BGH, Urt. v. 13. 6. 2006 – VI ZR 323/04, VersR 2006, 1073, 1075).

Insbesondere dann, wenn der Arzt keine anerkannte Standardmethode, sondern eine relativ neue und noch nicht allgemein eingeführte Methode mit neuen, noch nicht abschließend geklärten Risiken anwenden will, hat er den Patienten auch darauf hinzuweisen, dass **unbekannte Risiken derzeit nicht auszuschließen sind** (BGH, Urt. v. 13. 6. 2006 – VI ZR 323/04, VersR 2006, 1073, 1075 = NJW 2006, 2477, 2478 = GesR 2006, 411, 413: „Robodoc"; zustimmend Katzenmeier, NJW 2006, 2738, 2741: „Robodoc-Methode" hat sich anschließend nicht durchgesetzt).

Hat sich mit dem Eintritt einer Nervschädigung ein Risiko verwirklicht, über das der Patient vollständig, wenn auch im Zusammenhang mit der erläuterten herkömmlichen Operationsmethode aufgeklärt worden ist, so kann der Patient bei wertender Betrachtungsweise nach dem Schutzweck der Aufklärungspflicht (Pflichtwidrigkeitszusammenhang) aus der Verwirklichung dieses Risikos keine Haftung des Arztes herleiten (BGH, Urt. v. 13. 6. 2006 – VI ZR 323/04,

VersR 2006, 1073, 1075 = GesR 2006, 411, 413; einschränkend Katzenmeier NJW 2006, 2738, 2740: Wenn die neue Methode mit einem signifikant höheren Risiko der Nervschädigung behaftet war als das traditionelle Verfahren, hätte auch hierüber aufgeklärt werden müssen).

Die Anwendung eines solchen „**Neuland**"-**Verfahrens**, das der herkömmlichen Methode bei Abwägung der Vor- und Nachteile jedenfalls nicht unterlegen ist, stellt nach entsprechender Aufklärung des Patienten und erfolgter Zustimmung auch **keinen Behandlungsfehler** dar (OLG Frankfurt, Urt. v. 7. 12. 2004 – 8 U 194/03, NJW-RR 2005, 173, 174).

Eine gesteigerte Aufklärungspflicht besteht auch bei der beabsichtigten Anwendung eines speziellen Prostata-Laserverfahrens in zwei Operationsschritten, das sich zum Zeitpunkt des Eingriffs noch nicht etabliert hat (OLG Bremen, Urt. v. 12. 3. 2004 – 4 U 3/04, GesR 2004, 238).

Weist der Arzt hierauf und die Möglichkeit, ein klassisches Verfahren zu wählen, nicht hin, ist vom Bestehen eines echten Entscheidungskonflikts des Patienten auszugehen, wenn er darlegt, dass er die klassische Methode der „transurethralen Resektion der Prostata" (TURP) bei ordnungsgemäßer Aufklärung in seine Überlegungen einbezogen hätte (OLG Bremen, Urt. v. 12. 3. 2004 – 4 U 3/04, GesR 2004, 238).

Auch die **photoreaktive Keratektomie** mittels eines Excimer-Lasers zur Korrektur einer Weitsichtigkeit war im Jahr 1996 ein experimentelles, wissenschaftlich noch nicht anerkanntes Verfahren, dessen Erfolgsaussicht als zweifelhaft einzustufen war. An eine sachgerechte Risikoaufklärung sind unter diesen Umständen auch hier hohe Anforderungen zu stellen, insbesondere wenn die Laser-Therapie in die Nähe einer kosmetischen Operation rückt, für die eine intensive und schonungslose Aufklärung des Patienten zu fordern ist (OLG Düsseldorf, Urt. v. 21. 3. 2002 – 8 U 117/01, NJW-RR 2003, 89, 90 = VersR 2004, 386).

Bei der Anwendung einer **hergebrachten, bewährten Methode** muss der Patient nicht auf neue diagnostische oder therapeutische Verfahren hingewiesen werden, die erst in wenigen Spezialkliniken erprobt werden (BGH NJW 1984, 1810; Schelling/Erlinger MedR 2003, 331, 334; G/G, 5. Aufl., Rz. C 40; S/Pa, Rz. 388).

Etwas anderes gilt jedoch dann, wenn der Patient den Arzt von sich aus nach neuen Verfahren befragt (Schelling/Erlinger MedR 2003, 331, 334 m. w. N.) oder wenn der Arzt wissen muss, dass der Patient mit seinen speziellen Leiden **zweckmäßiger und besser in einer solchen Spezialklinik** behandelt werden (G/ G, 5. Aufl., Rz. C 40; S/Pa, Rz. 386; Hart MedR 1999, 47, 49; auch LG Köln MedR 1999, 323) und dort eine **deutlich risikoärmere Behandlung** erfolgen kann (F/N, Rz. 186), eine **bessere Heilungschance** besteht (BGH NJW 1989, 2321; Gehrlein, Rz. C 38) oder sich das neue Verfahren **weitgehend durchgesetzt** hat und den Patienten entscheidende Vorteile bietet (BGH NJW 1988, 763 = VersR 1988, 179).

Das Vorgehen nach der traditionellen Operationstechnik stellt dann **auch einen Behandlungsfehler** dar, wenn eine **neue Methode medizinisch erprobt und im**

Wesentlichen unumstritten ist, in der Praxis nicht nur an wenigen Zentren, sondern verbreitet Anwendung findet, für den jeweiligen Patienten risikoärmer oder weniger belastend ist und/oder bessere Heilungschancen bietet (OLG Hamm VersR 2000, 1509).

Erheben ernsthafte Stimmen in der medizinischen Wissenschaft, die nicht lediglich als unbeachtliche Außenseitermeinungen abgetan werden können, gegen neue, noch nicht allgemein eingeführte oder gegen bestimmte, bislang übliche Operations- oder Behandlungsmethoden **gewichtige Bedenken**, muss der Patient auch hierüber aufgeklärt werden (BGH, Urt. v. 13. 6. 2006 – VI ZR 323/04, VersR 2006, 1073, 1075 = GesR 2006, 411, 413: Neulandmethode, BGH NJW 1996, 776: hergebrachte Methode; OLG Oldenburg VersR 2006, 517: gewichtige Warnungen; S/Pa, Rz. 391, 391 b; G/G, 5. Aufl., Rz. C 39; L/U, § 64 Rz. 21).

Dies gilt etwa im Hinblick auf die **Risiken einer Heparin-Thromboseprophylaxe** (BGH NJW 1996, 776; vgl. hierzu Bergmann/Müller MedR 2005, 650, 656 f. m.w.N.).

Eine Aufklärungspflicht entfällt jedoch, wenn der Arzt zum Zeitpunkt der Durchführung der Behandlung das Risiko, etwa die Heparinunverträglichkeit, nicht kennen musste, weil es in der medizinischen Wissenschaft bis dahin **noch nicht ernsthaft diskutiert** worden ist (OLG Düsseldorf VersR 1996, 377 und VersR 1998, 103; OLG Stuttgart, Urt. v. 26. 2. 2002 – 14 U 47/01, OLGR 2002, 446; Urt. v. 22. 2. 2001, OLGR 2002, 251, 254 = MedR 2002, 650, 652: Folgen unterlassener Thrombozytenkontrolle im Jahr 1995 bereits diskutiert, aber kein grober Behandlungsfehler; Aufklärungsrüge war nicht erhoben worden; S/Pa, Rz. 391).

Der Patient muss auch nicht über das Für und Wider einer routinemäßigen **Antibiotika-Prophylaxe** (OLG Hamm, Urt. v. 26. 1. 2004 – 3 U 157/03, GesR 2004, 181) und auch nicht darüber aufgeklärt werden, dass eine medizinisch nicht unbedingt erforderliche präoperative Antibiotika-Prophylaxe ungeachtet dessen vorgenommen werden könnte (OLG Düsseldorf, Urt. v. 21. 3. 2002 – 8 U 172/01, NJW-RR 2003, 88).

11. Behandlungsalternativen

a) Wahl der richtigen Behandlungsmethode

Zur Behandlungsaufklärung gehört unter bestimmten Umständen auch, dass der Arzt dem Patienten Kenntnis über Behandlungsalternativen verschaffen muss. Die Wahl der richtigen Behandlungsmethode ist zwar **grundsätzlich Sache des Arztes**. Diesem steht ein **Ermessensspielraum** zu. Er kann in aller Regel davon ausgehen, der Patient vertraue insoweit seiner ärztlichen Entscheidung und erwarte **keine eingehende fachliche Unterrichtung** über spezielle medizinische Fragen (BGH, Urt. v. 13. 6. 2006 – VI ZR 323/04, VersR 2006, 1073, 1074 = NJW 2006, 2477, 2478 = GesR 2006, 411, 412: manuelle oder computergestützte OP; Urt. v. 15. 3. 2005 – VI ZR 313/03, VersR 2005, 836 = NJW 2005, 1718: Konservative Behandlung statt operativer **Reposition eines Bruchs;**

Urt. v. 14. 9. 2004 – VI ZR 186/03, NJW 2004, 3703, 3704: sectio als ernsthafte Alternative; Urt. v. 22. 2. 2000 – VI ZR 100/99, NJW 2000, 1788, 1789 = MDR 2000, 700 = VersR 2000, 766, 767; NJW 1988, 1516 = VersR 1988, 495; NJW 1988, 763; NJW 1988, 765; 766; OLG Bamberg, Urt. v. 11. 11. 2002 – 4 U 99/02, OLGR 2003, 300: Keine Aufklärungspflicht beim notwendigen **Übergang von der Laparoskopie zur Laparotomie**; OLG Düsseldorf, Urt. v. 13. 2. 2003 – 8 U 41/02, VersR 2005, 230: Operation einer Radiusfraktur mit besseren Wiederherstellungschancen gegenüber der konservativen Therapie; OLG Frankfurt, Urt. v. 7. 12. 2004 – 8 U 194/03, NJW-RR 2005, 173, 174, bestätigt von BGH, Urt. v. 13. 6. 2006 – VI ZR 323/04, VersR 2006, 1073; OLG Frankfurt, Urt. v. 24. 1. 2006 = 8 U 102/05, NJW-RR 2006, 1171, 1172: **Keine Sectio** bei zu erwartendem Geburtsgewicht von 3900 g; OLG Hamm, Urt. v. 11. 10. 2004 – 3 U 93/04, GesR 2006, 30, 31: abwartende Behandlung statt Operation eines voraussichtlich **gutartigen Geschwulstes**; Urt. v. 1. 12. 2003 – 3 U 128/03, OLGR 2004, 131: konservative statt operative Methode; Urt. v. 5. 11. 2003- 3 U 102/03, OLGR 2004, 162, 163 und Urt. v. 25. 10. 2005 – 3 U 46/05: verschiedene Methoden in der Fußchirurgie, insbesondere bei „Hallux-Valgus", nicht aufklärungspflichtig; VersR 1992, 834; OLG Karlsruhe, Urt. v. 22. 12. 2004 – 7 U 4/03, VersR 2006, 515: **sectio** bei Entdeckung einer Makrosomie; Urt. v. 8. 12. 2004 – 7 U 163/03, OLGR 2005, 189, 191: **Punktion** statt operativer Resektion einer **Nierenzyste**; Urt. v. 26. 11. 2003 – 7 U 63/02, OLGR 2004, 323, 325: Aufklärung über Alternativen nur, wenn konkret eine echte Alternative mit gleichwertigen Chancen, aber andersartigen Risiken besteht; OLG Karlsruhe, Urt. v. 26. 6. 2002 – 7 U 4/00, MedR 2003, 229, 230: keine Aufklärungspflicht bei unterschiedlichen Operationsmethoden mit nur unwesentlichen Unterschieden der Belastung des Patienten; Urt. v. 18. 12. 2002 – 7 U 143/01, OLGR 2003, 313: **Nichtdurchführung des Eingriffs** keine aufklärungspflichtige Alternative; OLG Karlsruhe, Urt. v. 4. 12. 2002 – 13 U 10/02, OLGR 2003, 232, 233: keine Aufklärungspflicht bei **gleichwertiger oder vorzuziehender Methode**; Urt. v. 10. 7. 2002 – 7 U 159/01, OLGR 2002, 392, 393: keine Aufklärungspflicht bei **verschiedenen Materialkombinationen für eine Totalendoprothese**; Urt. v. 26. 9. 2001 – 7 U 92/99, OLGR 2002, 20: ernsthafte Alternative ist vom Patienten darzulegen; OLG Koblenz, Urt. v. 18. 5. 2006 – 5 U 330/02, NJW-RR 2006, 1172, 1173: **keine sectio** bei geschätztem Geburtsgewicht unter 4000 g; OLG Köln, Urt. v. 1. 6. 2005 – 5 U 91/03, VersR 2006, 124, 125 = GesR 2006, 128: **radikale Tumorentfernung oder weitere intraoperative Abklärung bei Tumorverdacht** als ernsthafte Alternative; Urt. v. 23. 10. 2002 – 5 U 4/02, VersR 2004, 1181, 1182: Hinweis auf medikamentöse Dauertherapie statt einer Operation; Urt. v. 16. 3. 2005 – 5 U 63/03, VersR 2005, 1147: Fortsetzung der konservativen Therapie statt Bandscheibenoperation; OLG München, Urt. v. 13. 10. 2005 – 1 U 2864/05, OLGR 2006, 296: konservative statt operativer Behandlungsmethode; Urt. v. 29. 11. 2001 – 1 U 2554/01, OLGR 2002, 419, 420: Keine Aufklärungspflicht über **gleichwertige Zugangsmöglichkeiten zum Operationsgebiet**; OLG Naumburg, Urt. v. 23. 8. 2004 – 1 U 18/04, GesR 2004, 494, 495: Keine Aufklärungspflicht, wenn Alternative nicht indiziert ist; Urt. v. 6. 6. 2005 – 1 U 7/05, OLGR 2005, 859 = MDR 2006, 333: **weiter Ermessensspielraum**; keine Aufklärung über mögliche Operation, wenn die konservative Behandlung bei nahezu gleichen Erfolgschancen weitaus üblicher ist; OLG Nürnberg, Urt. v. 27. 5. 2002 – 5 U 4225/00, VersR 2003, 1444, 1445: therapeutische Aufklärung über alternatives Heilungsverfahren; OLG Oldenburg, Urt. v. 30. 3. 2005 – 5 U 66/03, VersR 2006, 517: Arthrodese statt Endoprothese; OLG Saarbrücken, Urt. v. 17. 4. 2002 – 1 U 612/01, OLGR 2002, 223, 224: bei etwa gleichen Risiken keine Aufklärungspflicht über Möglichkeit des Bauchschnitts **(Laparotomie) anstatt einer Laparoskopie**; OLG Stuttgart, Urt. v. 12. 7. 2005 – 1 U 25/05, GesR 2005, 465: implantologische Versorgung mit tierischem statt eigenem Knochenmaterial aufklärungspflichtig; OLG Zweibrücken, Urt. v. 17. 12. 2002 – 5 U 5/02, OLGR 2003, 130, 131: nicht sinnvolle Alternative nicht zu erläutern; Rehborn MDR 2004, 371, 374; Spickhoff NJW 2003, 1701, 1707, F/N Rz. 185, 186; L/U, § 64 Rz. 4; G/G, 5. Aufl., Rz. C 22, 23; S/Pa, Rz. 375–381).

Im Allgemeinen muss ein Arzt dem Patienten **nicht ungefragt** erläutern, welche **Behandlungsmethoden oder Operationstechniken** theoretisch in Betracht kommen und was für und gegen die eine oder die andere dieser Methoden spricht, solange er eine Therapie anwendet, die **dem medizinischen Standard genügt** (BGH NJW 1988, 763 = VersR 1988, 179; OLG Düsseldorf, Urt. v. 13. 2. 2003 – 8 U 41/02, VersR 2005, 230, 231; OLG Frankfurt, Urt. v. 7. 12. 2004 – 8 U 194/03, NJW-RR 2005, 173, 174, bestätigt von BGH, Urt. v. 13. 6. 2006 – VI ZR 323/04, VersR 2006, 1073; OLG Hamm, Urt. v. 5. 11. 2003 – 3 U 102/03, OLGR 2004, 162, 163; Urt. v. 15. 3. 2000 – 3 U 171/99, OLGR 2000, 324, 326; VersR 1992, 834; OLG Hamburg VersR 1989, 147; OLG Karlsruhe, Urt. v . 8. 12. 2004 – 7 U 163/03, OLGR 2005, 189, 191; Urt. v. 26. 6. 2002 – 7 U 4/00, MedR 2003, 229, 230; Urt. v. 4. 12. 2002 – 13 U 10/02, OLGR 2003, 232, 233; Urt. v. 10. 7. 2002 – 7 U 159/01, OLGR 2002, 392, 393; KG VersR 1993, 189; OLG Naumburg, Urt. v. 23. 8. 2004 – 1 U 18/04, GesR 2004, 494, 495 = OLGR 2004, 404; OLG Oldenburg VersR 1998, 1285 und VersR 1997, 978; OLG Stuttgart Urt. v. 17. 4. 2001 – 14 U 74/00, VersR 2002, 1286, 1287).

Über **einzelne Behandlungstechniken** oder **Behandlungsschritte** muss er **nicht aufklären** (OLG Bamberg, Urt. v. 11. 11. 2002 – 4 U 99/02, OLGR 2003, 300: Intraoperativ notwendig werdender **Übergang von der Laparoskopie zur Laparotomie**; OLG Dresden VersR 2002, 440: Behandlungsmethoden nach Infektion eines Fingers; OLG Hamm, Urt. v. 5. 11. 2003 – 3 U 10/02, OLGR 2004, 161, 162 und OLG Karlsruhe, Urt. v. 26. 6. 2002 – 7 U 4700, MedR 2003, 229, 230 sowie KG VersR 1993, 189: Verschiedene Methoden einer Hallux-Valgus-Operation; OLG Karlsruhe, Urt. v. 10. 7. 2002 – 7 U 159/01, OLGR 2002, 392, 393: Möglichkeit der Verwendung **verschiedener Materialkombinationen** bei einer Totalendoprothese; Urt. v. 4. 12. 2002 – 13 U 10/02, OLGR 2003, 232: Möglichkeit der Versorgung kleiner Primärnarbenhernien durch ein Netz statt mit einer Naht; OLG Köln VersR 1998, 243; OLG München, Urt. v. 29. 11. 2001 – 1 U 2554/01, OLGR 2002, 419, 420: Mehrere praktisch gleichwertige **Methoden des Zugangs zum Operationsgebiet**; OLG Naumburg, Beschl. v. 5. 8. 2004 – 1 W 27/03, MDR 2005, 395, 396: Verlegung einer Magensonde über die Nase oder über den Mund; Urt. v. 23. 8. 2004 – 1 U 18/04, GesR 2004, 494: Behandlungsmethoden bei ausgerissenem Fingerendglied; OLG Nürnberg, Urt. v. 29. 5. 2000 – 5 U 87/00, MedR 2002, 29, 30: nicht ausreichend erprobtes risikoärmeres Operationsverfahren; OLG Oldenburg NJW-RR 1997, 978; OLG Saarbrücken, Urt. v. 17. 4. 2002 – 1 U 612/01–139, OLGR 2002, 223, 224: Kein Hinweis auf Möglichkeit eines Bauchschnitts **(Laparotomie) anstatt der weniger belastenden Laparoskopie**; OLG Stuttgart OLGR 2000, 132, 133; Urt. v. 2. 4. 2002 – 1 U 7/02, OLGR 2003, 19: Kein Hinweis erforderlich, dass bei einer Bandscheibenoperation statt eines bestimmten Dübels ein Eigeninterponat verwendet werden kann; anders aber OLG Stuttgart, Urt. v. 12. 7. 2005 – 1 U 25/05, NJW-RR 2005, 1389 = OLGR 2006, 10 = GesR 2005, 465: implantologische Versorgung mit autologem anstatt mit tierischem Knochenmaterial wegen entsprechender Empfehlung der WHO aufklärungspflichtig; einschränkend allerdings G/G, 5. Aufl., Rz. C 24, s.u.).

So hat der Arzt vor einer **Hallux-valgus Operation** (Behebung der Deformität einer Großzehe) über das Risiko von Versteifungen oder Teilversteifungen der Großzehen, nicht aber über die **verschiedenen Operationsverfahren** (OLG Karlsruhe, Urt. v. 26. 6. 2002 – 7 U 4/00, MedR 2003, 229, 230: auf mögliche Versteifung ist hinzuweisen, aber ggf. kein ernsthafter Entscheidungskonflikt; OLG Hamm, Urt. v. 25. 10. 2005 – 3 U 46/05; KG VersR 1993, 189; OLG Oldenburg VersR 1998, 1285;) oder einen hierüber bestehenden **Schulenstreit** (KG VersR 1993, 189) aufzuklären.

Die operative **Behandlung eines Ballenhohl- und Spreizfußes** nach „Helal" oder einer Variante dieser Methode und/oder die zusätzliche Korrektur einer Krallenzehenbildung durch ein- oder zweizeitiges Vorgehen (zeitlich zwei getrennte Phasen) stellt keine aufklärungspflichtige Alternative dar (OLG Stuttgart, Urt. 27. 7. 1999 – 14 U 65/97, OLGR 2000, 132; zustimmend OLG Hamm, Urt. v. 5. 11. 2003 – 3 U 102/03, OLGR 2004, 162, 163).

Ein Arzt hat bei einer **Bandscheibenoperation** zwar unter anderem auf das Risiko einer Querschnittlähmung, **nicht aber über die möglichen Operationstechniken** und dabei verwendeten Materialien, etwa den Einsatz eines „Palacos-Dübel" oder eines Eigenknocheninterponats (OLG Stuttgart, Urt. v. 2. 4. 2004 – 1 U 7/02, OLGR 2003, 19), auch nicht auf den **Zugang dorsal oder transthorakal** hinzuweisen (OLG Oldenburg VersR 1997, 978 – u. E. zu weitgehend).

Über unterschiedliche, hinsichtlich Chancen und Risiken im Wesentlichen gleichwertige **Zugangsmöglichkeiten zum Operationsgebiet**, so etwa auch des Zugangs zur Implantation einer Hüftendoprothese, muss i. d. R. nicht aufgeklärt werden (OLG München, Urt. v. 29. 11. 2001 – 1 U 2554/01, OLGR 2002, 419).

Auch über die Möglichkeit der **Verwendung verschiedener Materialkombinationen** (Kombination Keramik/Polyäthylen gegenüber Metall/Polyäthylen) bei einer Totalendoprothese muss der Arzt nicht von sich aus hinweisen, denn dabei handelt es sich nicht um Behandlungsalternativen mit jeweils wesentlich unterschiedlichen Belastungen des Patienten oder wesentlich unterschiedlichen Risiken und Erfolgschancen (OLG Karlsruhe, Urt. v. 10. 7. 2002 – 7 U 159/01, OLGR 2002, 392, 393: **„Nur wesentlicher Unterschied" begründet Aufklärungspflicht**).

Im Hinblick auf die **beabsichtigte Schnittführung** – mit entsprechender Narbenbildung – obliegt dem Chirurgen auch beim – intraoperativ notwendigen und in die Vorüberlegungen einzubeziehenden – **Übergang von der Laparoskopie zur Laparotomie** (Bauchschnitt, hier als Längsschnitt oder alternativem Rippenbogenschnitt) keine Aufklärung in Form der Eingriffs- oder Risikoaufklärung bzw. der therapeutischen Aufklärung (OLG Bamberg, Urt. v. 11. 11. 2002 – 4 U 99/ 02, OLGR 2003, 300).

Ein Hinweis auf die Behandlungsalternative einer herkömmlichen Operation mit Bauchschnitt ist regelmäßig schon deshalb entbehrlich, weil die offene Operation (Laparotomie) bei etwa gleichen Risiken belastender ist als die **laparoskopische Appendektomie** (OLG Saarbrücken, Urt. v. 17. 4. 2002 – 1 U 612/ 01–139, OLGR 2002, 223, 224: Laparoskopie im Jahr 1993 bereits zu einem Routineverfahren ausgereift).

Nach einem komplizierten **Oberarm- und Schulterbruch** muss der Arzt einen 55-jährigen Patienten auch nicht darauf hinweisen, dass anstatt der durchgeführten kopferhaltenden Operation (hier: offene Reposition, Fixation des Pfannenrandfragmentes, Osteosynthese der Humerusfraktur) eine primäre Humeruskopfprothese in Betracht kommt. Beim (primären) Einsatz einer Prothese besteht bei der erforderlichen ex-ante-Betrachtung nämlich ein höheres Risiko erheblicher Bewegungseinschränkungen (OLG Karlsruhe, Urt. v. 28. 6. 2002 – 13 U 12/01: Altersgrenze i. d. R. bei 65 Jahren anzusetzen).

Über die Möglichkeit der **Versorgung kleiner Primärnarbenhernien** ohne Vorliegen erkennbarer Bindegewebsschwäche durch ein Netz statt dem konventionellen **Verschluss mit einer Naht** war im Jahr 1996 nicht aufzuklären, weil es sich um kein übliches Alternativverfahren handelte (OLG Karlsruhe, Urt. v. 4. 12. 2002 – 13 U 10/02, OLGR 2003, 232).

Die Anforderungen an die gebotene Aufklärung würden auch überspannt werden, wenn der Arzt auch über **alternative Methoden der Befunderhebung** zur Diagnosestellung im Vorfeld eines Eingriffs (OLG Naumburg, Beschl. v. 5. 8. 2004 – 1 W 27/03, MDR 2005, 395, 396: Hypothetische Verläufe bei der Verlegung einer Sonde; OLG Karlsruhe, Urt. v. 4. 12. 2002 – 13 U 10/02, OLGR 2003, 232, 233: Hinsichtlich der Heilungschancen und Risiken gleichwertige oder vorzuziehende Therapie; OLG Karlsruhe OLGR 2002, 396, 397) oder über die verschiedenen **Alternativen**, die sich **im Rahmen einer Therapie** ergeben, aufklären müsste (OLG Naumburg OLGR 2001, 98). Dies gilt erst recht, wenn das jeweilige Risiko in der einen wie in der anderen Variante identisch ist (OLG Naumburg OLGR 2001, 98).

Allerdings hat der Arzt unabhängig von der Häufigkeit der vorliegenden Erkrankung den Patienten über mehrere zur Wahl stehende diagnostische oder therapeutische Verfahren zu informieren, wenn das alternative Verfahren eine **höhere Erfolgschance** bietet und/oder unterschiedliche Belastungen und Risiken auf den Patienten zukommen (OLG Nürnberg, Urt. v. 27. 5. 2002 – 5 U 4225/00, VersR 2003, 1444, 1445; OLG Düsseldorf, Urt. v. 13. 2. 2003 – 8 U 41/02, VersR 2005, 230: Operation mit besseren Erfolgschancen; G/G, 5. Aufl., Rz. C 23: **wesentlich unterschiedliche Belastungen oder wesentlich unterschiedliche Risiken und Erfolgschancen**).

Der operierende Arzt hat aber die Freiheit, die von ihm anzuwendende Operationsmethode danach auszuwählen, wie sie seiner Ausbildung, Erfahrung und Praxis entspricht. Unter mehreren praktisch gleichwertigen Methoden darf er das nach seinem Ermessen am besten geeignete Verfahren bevorzugen, insbesondere ein solches, für das er die **größere Erfahrung** besitzt (OLG München, Urt. v. 29. 11. 2001 – 1 U 2554/01, OLGR 2002, 419, 420; OLG Hamburg VersR 1989, 147; auch BGH NJW 1982, 2121).

Auch die **Nichtdurchführung eines Eingriffs** stellt keine aufklärungspflichtige Behandlungsalternative dar, da das Unterlassen einer Behandlung keine alternative Behandlungsmaßnahme sein kann (OLG Karlsruhe, Urt. v. 18. 12. 2002 – 7 U 143/01, OLGR 2003, 313, 314: aber ggf. Behandlungsfehler).

Über die Möglichkeit der Anwendung eines neuartigen Verfahrens (BGH NJW 1988, 1516; OLG Köln VersR 1999, 847; LG Koblenz VersR 1994, 1349; G/G, 5. Aufl., Rz. C 23; L/U, § 64 Rz. 4) oder auf weniger belastende, risikoärmere Operationsmethoden (OLG Nürnberg MedR 2002, 29; zustimmend Schelling/ Erlinger MedR 2003, 331, 334) muss der Patient nicht hingewiesen werden, wenn die neuen **Verfahren noch nicht hinreichend untersucht** sind oder sich mit noch nicht bewiesenen Dauerfolgen erst in der Erprobung befinden (OLG Nürnberg MedR 2002, 29; LG Koblenz VersR 1994, 1349; Schelling/Erlinger MedR 2003, 331, 333/334; G/G, 5. Aufl., Rz. C 39, 40; S/Pa, Rz. 380, 388) enger zugunsten des Patienten Wussow VersR 2002, 1337, 1344: Aufklärungspflicht, wenn Heilungschance wesentlich erhöht).

Hat sich ein bestimmtes Verfahren jedoch bereits weitgehend durchgesetzt und bietet es für den Patienten **bessere Heilungschancen, ein geringeres Risiko** oder andere, entscheidende Vorteile (BGH NJW 1988, 763 und 765; OLG Stuttgart VersR 2002, 1286, 1287: verschiedene Implantate; Schelling/Erlinger MedR 2003, 331, 334) oder hat der Patient den Arzt von sich aus nach neuen Verfahren befragt (Schelling/Erlinger MedR 2003, 331, 334 m. w. N.), ist der Patient hierauf hinzuweisen.

Dies gilt insbesondere, wenn das Risiko durch die Wahl eines bestehenden oder neuen Verfahrens **signifikant kleiner** gehalten werden kann (OLG Oldenburg VersR 2000, 61; OLG Stuttgart VersR 2002, 1286, 1287; L/U, § 64 Rz. 6, 7). Das Festhalten an der hergebrachten, traditionellen Methode stellt sich in diesen Fällen auch als Behandlungsfehler dar (OLG Hamm VersR 2000, 1509).

Nach Ansicht von Greiner (RiBGH, G/G, 5. Aufl., Rz. C 24; ohne Beschränkung auf „wesentliche" Änderungen aber BGH, Urt. v. 13. 6. 2002 – VI ZR 323/04, VersR 2006, 1073, 1074 = GesR 2006, 411, 412) sollte allein eine **wesentliche Änderung** der Risiken und Chancen für den Patienten darüber entscheiden, ob auf eine Behandlungsalternative hinzuweisen ist, nicht dagegen die Einordnung des Vorgehens als Operationstechnik oder als Operationsmethode.

b) Echte Behandlungsalternativen

Eine Aufklärung – als „**Eingriffs- oder Risikoaufklärung"** (BGH, Urt. v. 15. 3. 2005 – VI ZR 313/03, VersR 2005, 836 = NJW 2005, 1718: Risikoaufklärung; Urt.

v. 15. 3. 2005-VI ZR 289/03, VersR 2005, 834, 835 = NJW 2005, 1716, 1717; Urt. v. 14. 9. 2004 – VI ZR 186/03, NJW 2004, 3703, 3704 = VersR 2005, 227, 228; OLG Naumburg, Urt. v. 23. 8. 2004 – 1 U 18/04, OLGR 2004, 404 = GesR 2004, 494, 495; Rehborn MDR 2004, 371, 374; F/N Rz. 185), im Einzelfall aber auch als therapeutische Aufklärung bzw. **Sicherungsaufklärung** (OLG Nürnberg, Urt. v. 27. 5. 2002 – 5 U 4225/00, VersR 2003, 1444, 1445 = OLGR 2003, 135: Kurative/heilende Knochenmarktransplantation statt palliativer/medikamentöser Behandlung; Rinke VersR 2005, 1150) – ist aber dann geboten, wenn für eine medizinisch sinnvolle und indizierte Therapie mehrere Behandlungsmethoden zur Verfügung stehen, die zu jeweils **unterschiedlichen Belastungen** für den Patienten führen oder **unterschiedliche Risiken und/oder Erfolgschancen** bieten, weil der Patient – nach sachverständiger Beratung des Arztes – selbst prüfen können muss, was er an Belastungen und Gefahren im Hinblick auf möglicherweise unterschiedliche Erfolgschancen auf sich nehmen will (BGH, Urt. v. 13. 6. 2006 – VI ZR 323/04, VersR 2006, 1073, 1074 = GesR 2006, 411, 412; Urt. v. 15. 3. 2005 – VI ZR 313/03, VersR 2005, 836 = NJW 2005, 1718: erneute Reposition statt Fortsetzung der konservativen Behandlung eines Bruchs; Urt. v. 14. 9. 2004 – VI ZR 186/03, NJW 2004, 3703 = VersR 2005, 227, 228; Urt. v. 15. 2. 2000 – VI ZR 48/99, VersR 2000, 725, 726 = MDR 2000, 700, 701; MDR 1998, 654; NJW 1988, 765, 766; OLG Bremen, Urt. v. 12. 3. 2004 – 4 U 3/04, OLGR 2004, 320: Außenseitermethode bei Prostataoperation; OLG Dresden, Urt. v. 23. 10. 2003 – 4 U 980/03, NJW 2004, 298, 299 = GesR 2004, 22, 23: konservative Behandlungsmethode; OLG Düsseldorf, Urt. v. 13. 2. 2003 – 8 U 41/ 02, VersR 2005, 230: unterschiedliche Therapiemöglichkeiten bei dislozierter Radiusfraktur; OLG Frankfurt, Urt. v. 7. 12. 2004 – 8 U 194/03, NJW-RR 2005, 173, 174, bestätigt von BGH, Urt .v. 13. 6. 2006 – VI ZR 323/04: **Neuland-Verfahren**; OLG Hamburg, Beschl. v. 29. 12. 2005 – 1 W 85/05, OLGR 2006, 120: unterschiedliche Methoden bei Bauchstraffung; OLG Hamm, Urt. v. 11. 10. 2004 – 3 U 93/04, GesR 2006, 30: abwartende Behandlung oder operative Entfernung eines Lipoms; Urt. v. 7. 7. 2004 – 3 U 264/03, VersR 2005, 942, 943: konservative Therapie bzw. Schmerztherapie statt Rückenoperation; OLG Hamm, Urt. v. 1. 12. 2003 – 3 U 128/03, OLGR 2004, 131: **konservative statt operative Methode**; Urt. v. 24. 4. 2002 – 3 U 8/01, VersR 2003, 1312, 1313: Aufklärung über sectio bei pathologischem CTG; VersR 1998, 1548, 1549; VersR 1999, 452; OLG Karlsruhe, Urt. v. 22. 12. 2004 – 7 U 4/03, VersR 2006, 515: **sectio statt vaginaler Geburt**; Urt. v. 8. 12. 2004 – 7 U 163/03, NJW-RR 2005, 798, 799 = OLGR 2005, 189, 191 = GesR 2005, 165, 167: **Punktion statt operativer Resektion** einer Niere; Urt. v. 22. 12. 2004 – 7 U 4/03, GesR 2005, 263, 264 = OLGR 2005, 273, 274; OLG Karlsruhe, Urt. v. 26. 11. 2003 – 7 U 63/02, OLGR 2004, 323; Urt. v. 4. 12. 2002 – 13 U 10/02, OLGR 2003, 232, 233: Aufklärungspflicht bei gleichwertiger oder vorzuziehender Alternative; Urt. v. 9. 10. 2002 – 7 U 107/00, OLGR 2003, 233, 234: Echte Wahlmöglichkeit auch bei nur zur Linderung der Beschwerden führender Maßnahme; Urt. v. 26. 6. 2002 – 7 U 4/00, MedR 2003, 229, 230: **Verschiedene OP-Verfahren**; OLG Koblenz, Urt. v. 4. 12. 2003 – 5 U 234/03, NJW-RR 2004, 534, 535 = MedR 2004, 566 und Urt. v. 18. 5. 2006 – 5 U 330/02, NJW-RR 2006, 1172, 1173: **sectio statt vaginaler Geburt**; Urt. v. 17. 4. 2001 – 3 U 1158/96, OLGR 2002, 69: Möglichkeit der sectio bei

Gefahr einer Schulterdystokie; OLG Köln, Urt. v. 1. 6. 2005 – 5 U 91/03, VersR 2006, 124, 125: intraoperative Abklärung eines Tumorverdachts oder radikale Tumorentfernung; Urt. v. 23. 10. 2002 – 5 U 4/02, VersR 2004, 1181, 1182: medikamentöse Behandlung statt Operation; Urt. v. 16. 3. 2005 – 5 U 63/03, VersR 2005, 1147 m. abl. Anm. Rinke: Fortsetzung der **konservativen Behandlung statt Bandscheibenoperation**, Kausalität im konkreten Fall verneint; OLG München, Urt. v. 12. 1. 2006 – 1 U 3633/05, OLGR 2006, 341, 342; OLG Naumburg, Urt. v. 5. 4. 2004 – 1 U 105/03, VersR 2004, 1469: **mehrere Alternativen des Zahnersatzes**; Urt. v. 10. 6. 2003 – 1 U 4/02, OLGR 2003, 525: **Totalentfernung statt** Teilentfernung des **Schilddrüsengewebes**; Urt. v. 23. 8. 2004 – 1 U 18/04, OLGR 2004, 404 = GesR 2004, 494, 495: Behandlung von **Amputationsverletzungen**; OLG Nürnberg, Urt. v. 27. 5. 2002 – 5 U 4225/00, VersR 2003, 1444, 1445: mehrere zur Wahl stehende diagnostische oder therapeutische Verfahren; Urt. v. 6. 11. 2000 – 5 U 2333/00, VersR 2002, 580, 581: konservative Behandlung eines Knochenbruchs; OLG Saarbrücken, Urt. v. 17. 4. 2002 – 1 U 612/01 – 139, OLGR 2002, 223: **Laparotomie**, d.h. offener Bauchschnitt belastender als laparoskopische Appendektomie; OLG Stuttgart, Urt. v. 12. 7. 2005 – 1 U 25/05, NJW-RR 2005, 1389 = OLGR 2006, 10 = GesR 2005, 465: **implantologische Versorgung mit tierischem** anstatt autologem **Knochenmaterial** aufklärungspflichtig; Schelling/Erlinger MedR 2003, 331; Rehborn, MDR 2004, 371, 374; Wussow, VersR 2002, 1337, 1344; G/G, 5. Aufl., Rz. C 23, C 29; S/Pa, Rz. 381; Gehrlein, Rz. C 33).

Greiner (RiBGH, 5.Aufl. 2006, Rz. C 23) und mehrere Instanzgerichte sind der Auffassung, dass die Behandlungsalternative zu jeweils *wesentlich* **unterschiedlichen Belastungen** des Patienten führen oder *wesentlich* unterschiedliche **Risiken** und Erfolgschancen bieten müsste, um von der Aufklärungspflicht des Arztes erfasst zu sein (OLG Karlsruhe, Urt. v. 10. 7. 2002 – 7 U 159/01, OLGR 2002, 392, 393; Urt. v. 26. 6. 2002 – 7 U 4/00, MedR 2003, 229; OLG Naumburg, Urt. v. 23. 8. 2004 – 1 U 18/04, OLGR 2004, 404 = GesR 2004, 494, 495: *„Wesentlich geringere oder keine Heilungschancen"* der Alternative; G/G, 5. Aufl., Rz. C 23: *„wesentlich unterschiedliche Belastungen* oder *wesentlich unterschiedliche Risiken und Erfolgschancen"*; vgl. aber BGH, Urt. v. 13. 6. 2006 – VI ZR 323/04, VersR 2006, 1073, 1074 und Urt. v. 14. 9. 2004 – VI ZR 186/03, VersR 2005, 227, 228: *„Mehrere gleichwertige Behandlungsmöglichkeiten, die zu jeweils unterschiedlichen Belastungen des Patienten führen oder unterschiedliche Risiken und Erfolgschancen bieten"*).

Aufzuklären ist aber nach einhelliger Literaturansicht in jedem Fall dann, wenn eine nicht nur in wenigen Spezialkliniken zur Verfügung stehende alternative Methode bei gleichwertiger Erfolgsaussicht eine **geringere Risikobelastung** aufweist oder bei nach Art und Richtung gleichwertigen Belastungen und Risiken eine **höhere Heilungs- oder Erfolgsaussicht** verspricht (Gehrlein, Rz. C 33, G/G, 5. Aufl., Rz. C 29; F/N Rz. 186; S/Pa, Rz. 381 a. E.).

Die ärztliche Aufklärungspflicht setzt in allen Fällen zur Verfügung stehender Behandlungsalternativen nicht voraus, dass die wissenschaftliche Diskussion über bestimmte Risiken einer Behandlung bereits abgeschlossen ist und zu allgemein akzeptierten Ergebnissen geführt hat. Für das Bestehen der Aufklärungspflicht über eine ernsthafte Alternative genügt es vielmehr, dass **ernsthafte Stimmen** in der medizinischen Wissenschaft auf bestimmte, mit einer Behandlung verbundene Gefahren, etwa des Entstehens einer Thrombose und die Möglichkeiten ihrer Begegnung durch medikamentöse Prophylaxe, hinweisen (BGH NJW 1996, 776 = MDR 1996, 366; auch BGH, Urt. v. 13. 6. 2006 – VI ZR 323/04, VersR 2006, 1073, 1075 = NJW 2006, 2477, 2478 = GesR 2006, 411, 413; VersR 2000, 725, 727; G/G, 5. Aufl., Rz. C 24; Schelling/Erlinger, MedR 2003, 331, 333 f.).

Bei **Nichtbestehen einer Indikation der Thromboseprophylaxe** muss der Patient auch nicht darüber aufgeklärt werden, dass sie ungeachtet dessen vorgenommen werden könnte (OLG Düsseldorf, Urt. v. 21. 3. 2002 – 8 U 172/01, NJW-RR 2003, 88; auch OLG Hamm, Urt. v. 26. 1. 1004 – 3 U 157/03, GesR 2004, 181).

Der Patient, der eine Verletzung der Pflicht zur Aufklärung über Behandlungsalternativen behauptet, hat jedoch darzulegen, über welche alternativen Behandlungsmethoden eine Aufklärung erforderlich gewesen sein soll (OLG Karlsruhe, Urt. v. 26. 9. 2001, 7 U 92/99, OLGR 2002, 20).

Geht es um eine **therapeutische Aufklärung bzw. Sicherheitsaufklärung**, also die ärztliche Beratung über ein therapierichtiges Verhalten zur Sicherstellung des Behandlungserfolges (vgl. BGH, Urt. v. 14. 9. 2004 – VI ZR 186/03, VersR 2005, 227, 228) oder um die dem Arzt obliegende Pflicht, den Patienten über **mehrere zur Wahl stehende diagnostische oder therapeutische Verfahren** zu informieren (OLG Nürnberg, Urt. v. 27. 5. 2002 – 5 U 4225/00, VersR 2003, 1444, 1445), wären ärztliche Versäumnisse in diesem Bereich als **Behandlungsfehler, ggf. als grobe Behandlungsfehler** anzusehen, so dass der Patient zu beweisen hätte, inwieweit die gebotene (Sicherheits-) Aufklärung unterblieben ist oder unzureichend war (BGH, Urt. v. 14. 9. 2004 – VI ZR 186/03, VersR 2005, 227, 228: Aufklärung über sectio als Behandlungsalternative unterfällt jedoch der Eingriffs- oder Risikoaufklärung; OLG Nürnberg, Urt. v. 27. 5. 2002 – 5 U 4225/00, VersR 2003, 1444, 1445: grober Behandlungsfehler bei unterlassenem Hinweis über alternative Heilungsmöglichkeit; OLG Nürnberg, Urt. v. 6. 11. 2000 – 5 U 2333/00, VersR 2002, 580, 581: konservative Behandlungsmethode unterliegt nicht der Eingriffsaufklärung; OLG Karlsruhe, Urt. v. 18. 12. 2002 – 7 U 143/01, OLGR 2003, 313: Nichtdurchführung des Eingriffs keine aufklärungspflichtige Behandlungsalternative, möglicherweise Behandlungsfehler).

So erfordert die Entscheidung des Arztes für eine konservative, d. h. auf eine Selbstheilung des Körpers setzende Behandlungsmethode keine der Beweislast des Arztes unterliegende Eingriffs- oder Risikoaufklärung, sondern lediglich eine der Beweislast des Patienten unterliegende Aufklärung über die bestehende alternative – operative – Behandlungsmöglichkeit, falls beide Methoden einigermaßen gleichwertige Heilungschancen bieten, jedoch unterschiedliche Risiken bestehen (BGH VersR 1986, 342; OLG Nürnberg, Urt. v. 6. 11. 2000 – 5 U 2333/00, VersR 2002, 580, 581).

(1) Konservative oder operative Methode

Kann eine Operation durch eine konservative Behandlung oder deren Fortführung vermieden werden oder ist sie erst nach deren erfolgloser Vorschaltung indiziert und besteht für den Patienten eine echte Wahlmöglichkeit mit **zumindest gleichwertigen Chancen, aber andersartigen Risiken**, ist dieser zur Wahrung seines Selbstbestimmungsrechts hierauf hinzuweisen (BGH, Urt. v. 22. 2. 2000 – VI ZR 100/99, VersR 2000, 766, 767 = NJW 2000, 1788, 1789; OLG Dresden, Urt. v. 23. 10. 2003 – 4 U 980/03, NJW 2004, 298, 299 = GesR 2004, 22, 23; Urt. v. 28. 2. 2002 – 4 U 2811/00, VersR 2003, 1257, 1259; VersR 2002, 440, 441; OLG Düsseldorf, Urt. v. 13. 2. 2003 – 8 U 41/02, VersR 2005, 230, 231: Operation mit besseren Erfolgsaussichten; OLG Hamm, Urt. v. 7. 7. 2004 – 3 U 264/03, VersR 2005, 942, 943; Urt. v. 1. 12. 2003 – 3 U 128/03, OLGR 2004, 131; OLG Karlsruhe, Urt. v. 10. 7. 2002 – 7 U 159/01, OLGR 2002, 392, 393: *„Wesentlich unterschiedliche Belastungen oder wesentlich unterschiedliche Risiken und Erfolgschancen erforderlich"*; OLG Köln, Urt. v. 23. 10. 2002 – 5 U 4/02, VersR 2004, 1181, 1182; Urt. v. 16. 3. 2005 – 5 U 63/03, VersR 2005, 1147 m. abl. Anm. Rinke; OLG Nürnberg, Urt. v. 27. 5. 2002 – 5 U 4225/00, VersR 2003, 1444, 1445: hier als therapeutische Aufklärung; Urt. v. 6. 11. 2000 – 5 U 2333/00, VersR 2002, 580, 581: therapeutische Aufklärung).

Dementsprechend muss der Patient über die bestehende Möglichkeit der Einleitung oder Fortsetzung einer **konservativen Therapie zur Vermeidung einer sofortigen Operation**, umgekehrt aber auch über eine bestehende, alternative operative Behandlungsmöglichkeit, falls beide Methoden einigermaßen gleichwertige Heilungschancen bieten, jedoch unterschiedliche Risiken bestehen (vgl. BGH Urt. v. 15. 3. 2005- VI ZR 313/03, VersR 2005, 836: Reposition statt Fortsetzung der konservativen Behandlung; OLG Dresden, Urt. v. 23. 10. 2003 – 4 U 980/03, NJW 2004, 298, 299; OLG Düsseldorf, Urt. v. 13. 2. 2003 – 8 U 41/02, VersR 2005, 230, 231: Operation mit besseren Wiederherstellungschancen bei dislozierter Radiusbasisfraktur; OLG Hamm, Urt. v. 7. 7. 2004 – 3 U 264/03, VersR 2005, 942, 943: Fortsetzung der konservativen Therapie statt sofortiger Rückenoperation; Urt. v. 1. 12. 2003 – 3 U 128/03, OLGR 2004, 131: konservative statt operative Behandlung einer Achillessehnenruptur; OLG Köln, Urt. v. 16. 3. 2004 – 5 U 63/03, VersR 2005, 1147; OLG Nürnberg, Urt. v. 6. 11. 2000 – 5 U 2333/00, VersR 2002, 580) insbesondere in folgenden Fällen hingewiesen werden:

▷ *Bandscheibenvorfall*

Nach einem Bandscheibenvorfall oder vor einer sonstigen Rückenoperation könnte die Behandlung bei nicht vital indizierter Operation durch krankengymnastische Maßnahmen oder eine Therapie mit Opeoiden (zentral angreifende Analgetika zur Schmerzbehandlung) bzw. andere Schmerzmittel eingeleitet bzw. fortgesetzt werden (BGH MDR 2000, 700; OLG Bremen VersR 2001, 340, 341: Zuwarten nach Bandscheibenvorfall; OLG Dresden, Urt. v. 28. 2. 2002 – 4 U 2811/00, VersR 2003, 1257, 1259: Fortsetzung der konservativen Therapie vor Bandscheibenoperation; OLG Hamm, Urt. v. 7. 7. 2004 – 3 U 264/03, VersR 2005, 942, 943: konservative Therapie bzw. Schmerztherapie nicht ausgeschöpft; VersR 1993, 102; auch OLG Köln, Urt. v. 16. 3. 2005

– 5 U 63/03, VersR 2005, 1147, 1148: weitere konservative Therapie statt Operation).

Der operative Eingriff ist – im Sinne des Vorliegens eines Behandlungsfehlers – auch nicht indiziert, wenn die Erfolgschance im einstelligen Prozentbereich liegt und die konservativen Behandlungsmöglichkeiten (stationäre konservative Therapie bzw. Schmerztherapie) nicht ausgeschöpft sind (OLG Hamm, Urt. v. 7. 7. 2004 – 3 U 264/03, VersR 2005, 942, 943).

Nach Auffassung des OLG Köln (Urt. v. 16. 3. 2005 – 5 U 63/03, VersR 2005, 1147, 1148) scheidet eine Haftung des Arztes trotz unterbliebener Aufklärung über die nach wie vor bestehende ernsthafte Alternative der Fortsetzung einer konservativen Therapie aus, wenn seitens des Patienten **nicht bewiesen** ist, dass die im Rahmen der durchgeführten Bandscheibenoperation eingetretenen gesundheitlichen Schäden auf dem ohne wirksame Einwilligung durchgeführten Eingriff beruhen. Blieben die Erwägungen zum hypothetischen weiteren Verlauf ohne den rechtswidrigen Eingriff auch nach Ansicht des vom Gericht bestellten Sachverständigen spekulativ, ginge dies zu Lasten des Patienten.

Rinke (VersR 2005, 1149 f.) weist völlig zutreffend darauf hin, dass die **Beweislast** für das Eingreifen und die Auswirkung einer Reserveursache – hier dem Eintritt derselben Körper- bzw. Gesundheitsschäden wie insbesondere der Verlust von Bandscheibengewebe, der Eintritt eines weiteren Bandscheibenvorfalls sowie die Schmerzprogression– bei der Behandlungsseite liegt.

So hat auch der BGH zuletzt im Urteil v. 5. 4. 2005 (VI ZR 216/03, VersR 2005, 942 = NJW 2005, 2072 = GesR 2005, 359; vgl. hierzu unten S. 263 ff.) darauf hingewiesen, dass der Arzt zu beweisen hat, der Patient hätte auch bei einem rechtmäßigen und fehlerfreien Handeln den gleichen Schaden erlitten, wenn feststeht, dass er dem Patienten durch rechtswidriges und/ oder fehlerhaftes Handeln einen Körper- oder Gesundheitsschaden zugefügt hat. Zudem muss die Behandlungsseite beweisen, dass es zu dem Eingriff auch bei rechtzeitiger und zutreffender Aufklärung gekommen wäre (BGH a.a.O.).

Der dem Patienten vor einer Bandscheibenoperation erteilte Hinweis, es könne zu „Infektionen, Nerven- und Gefäßläsionen und persistierenden Beschwerden" kommen, reicht zur Abdeckung des Risikos einer Spondylodiszitis (Entzündung des Bandscheibenraums und der angrenzenden Wirbelknochen) als „Unterfall" einer Infektion nicht aus. Erforderlich ist vor einer **Bandscheibenoperation** (hier: Prolaps L5/S1) insbesondere der **Hinweis**, dass es bei dieser Behandlung zur **Invalidität bis zur Querschnittlähmung** kommen kann und alternativ die Fortsetzung einer konservativen Therapie bei relativer Operationsindikation in Betracht kommt (OLG Dresden, Urt. v. 28. 2. 2002 – 4 U 2811/00, VersR 2003, 1257, 1258 f.; zustimmend Bergmann/ Müller MedR 2005, 650, 654; vgl. auch BGH, Urt. v. 14. 3. 2006 – VI ZR 279/ 04, NJW 2006, 2108, 2109: Hinweis auf „Nervschädigung" beim Risiko dauerhafter Schmerzen oder andauernder Lähmungen unzureichend).

Der Entscheidungskonflikt (s.u. S. 243 ff.) ist jedoch nicht plausibel, wenn der Patient weiß, dass er zur Abklärung einer Bandscheibenoperation in die Klinik verlegt wird und zu diesem Zeitpunkt bereits fast eine Woche unter medikamentös nicht beherrschbaren Schmerzen leidet, von denen er erlöst werden wollte (OLG Stuttgart OLGR 2002, 351, 353). Leidet der Patient neben dem Bandscheibenvorfall an einer Osteochondrose, muss der Arzt darüber aufklären, dass deren Beschwerden durch die Bandscheibenoperation nicht beseitigt werden können (OLG München, Urt. v. 15. 9. 2005 – 1 U 2925/05, OLGR 2006, 297).

▷ *Beseitigung einer Trichterbrust*

Vor der Beseitigung einer **Trichterbrust mit Silikon** sind die Vor- und Nachteile der Implantate zu erwähnen (OLG München NJW-RR 1994, 20).

▷ *Chiropraktische Behandlung*

Vor der Durchführung chiropraktischer Behandlungsmaßnahmen im Schulter-/Nackenbereich ist der Patient über das Risiko vaskulärer (die Blutgefäße betreffende) Komplikationen und die (damals praktizierte) Möglichkeit einer Behandlung mittels „Schanz'scher Krawatte" aufzuklären (OLG Düsseldorf VersR 1994, 218).

▷ *Verkürzungsosteotomie*

Vor Durchführung einer Verkürzungsosteotomie des Oberschenkels muss der Patient auf die **Möglichkeit** einer konservativen Ausgleichshilfe, etwa dem Tragen **spezieller Schuhe**, hingewiesen werden (BGH VersR 1981, 532).

▷ *Degenerative Knorpelveränderung*

Vor der operativen Beseitigung einer degenerativen Knorpelveränderung der Kniescheibe muss der Patient darauf hingewiesen werden, dass man vor der Operation versuchen könne, die Beschwerden durch eine **medikamentöse Behandlung**, die Durchführung einer Physiotherapie und/oder die Verordnung spezieller Schuhe mit Negativabsätzen zu lindern oder zu beseitigen (BGH NJW 1988, 765, 766).

▷ *Injektion ins Kniegelenk*

Vor einer Injektion in das Kniegelenk zur Minderung bestehender Schmerzen einer beginnenden Arthrose ist nicht nur über das mit 1 zu 100 000 äußerst seltene Infektionsrisiko, sondern über die Möglichkeit einer **alternativen Behandlung** mit **krankengymnastischen** bzw. physiotherapeutischen **Übungen** aufzuklären (OLG Hamm VersR 1992, 610).

▷ *Unterschenkelschaftfraktur*

Die operative Versorgung von Unterschenkelschaftfrakturen bei Kindern und Jugendlichen ist nur im Fall einer instabilen oder offenen Fraktur indiziert. Die Aufklärung über die theoretische Möglichkeit einer operativen Versorgung ist in solchen Fällen nicht erforderlich. Durch die konservative

Behandlung der Fraktur wird nicht in die körperliche Integrität des Patienten eingegriffen, vielmehr handelt es sich dabei um eine bewahrende und unterstützende Tätigkeit zur natürlichen Verletzungsheilung (OLG Dresden, Urt. v. 23. 10. 2003 – 4 U 980/03, NJW 2004, 298, 299 = GesR 2004, 22, 23; ebenso OLG Nürnberg, Urt. v. 6. 11. 2000 – 5 U 2333/00, VersR 2002, 580, 581; OLG Hamm, Urt. v. 6. 5. 1985 – 3 U 216/84).

▷ *Achillessehnenruptur*

Vor der operativen Behandlung einer Achillessehnenruptur ist der Patient über die Möglichkeit einer konservativen Therapie aufzuklären. Die **konservative Behandlung** kommt erst **nach Ablauf von einer Woche** seit dem auslösenden Ereignis nicht mehr in Betracht (OLG Hamm, Urt. v. 1. 12. 2003 – 3 U 128/03, OLGR 2004, 131: teilweise wird die **Zeitgrenze** aber bei **48 Stunden** gezogen).

▷ *Korrektur des Mittelfußes mit Zehenfehlstellung*

Vor der Operation eines beidseitigen Ballenhohl- und Spreizfußes mit Krallenzehenbildung muss der Patient auf das Risiko einer Verschlechterung der vorbestehenden Schmerzsituation von ca. 5 % hingewiesen werden, daneben auch auf die eine Besserungschance von ca. 50 % bietende Möglichkeit der Fortsetzung oder Intensivierung der konservativen Therapie durch Anpassung oder Zurichtung von orthopädischem Schuhwerk (OLG Stuttgart OLGR 2000, 132, 135).

▷ *Resektion der Großzehengrundgelenke*

Der Patient muss selbst entscheiden, ob er die Beschwerden weiterhin ertragen und demgemäß auf einen operativen Eingriff mit Resektion der Großzehengrundgelenke bei Senkspreizfuß und arthrotischen Veränderungen mit der Aussicht auf Minderung der Beschwerden verzichten und stattdessen eine auf Dauer gesehen voraussichtlich erfolglose konservative Behandlung wählen will (OLG Düsseldorf VersR 1988, 1248).

▷ *Trümmerfraktur des Knöchels*

Bei einer Trümmerfraktur des Knöchels muss der Patient über die Möglichkeit einer konservativen Versorgung belehrt werden. Der Hinweis des Arztes, eine solche Fraktur „**werde besser operiert**", genügt jedoch als Aufklärung auch über die Alternative, wenn der Patient keine weiteren Fragen stellt (BGH NJW 1985, 780).

▷ *Lysebehandlung nach Herzinfarkt*

Besteht nach einem Herzinfarkt zur **Lysebehandlung mit Streptokinase** (Auflösung von Zellen mit aus hämolysierenden Streptokokken gewonnenem Eiweiß) eine gleichwertige, aber weniger aggressive Behandlungsmöglichkeit mit **Aspirin und Heparin**, muss über die unterschiedlichen Risiken einer Gehirnblutung von 1 bis 1,4 % im ersten und ca. 0,5 % im zweiten Fall aufgeklärt werden (OLG Bremen VersR 1998, 1240).

▷ *Mastektomie (operative Entfernung der Brustdrüse)*

Neben der von ihm vorgeschlagenen Mastektomie (operative Entfernung der Brustdrüse) mit anschließender Silikonprotheseninsertion muss der Arzt die Patientin auf andere mögliche Therapien mit geringeren und weniger belastenden körperlichen Auswirkungen hinweisen und der Patientin auch mitteilen, dass ein Wiederaufbau der Brust nur in begrenztem Umfang möglich ist (OLG Düsseldorf VersR 1989, 191).

▷ *Schultereckgelenkssprengung*

Bei einer Schultereckgelenkssprengung hat der Arzt den Patienten sowohl über die Möglichkeit operativer als auch konservativer Behandlungen, etwa durch **Injektionen oder Medikamente**, aufzuklären (OLG München VersR 1992, 834; vgl. auch BGH NJW 1992, 2353). Auch über die Wahl zwischen einer intraartikulären Injektion in das Schultergelenk und der Medikation zur Schmerzbekämpfung muss aufgeklärt werden (BGH NJW 1989, 1533).

▷ *Trigeminus-Neuralgie (i. d. R. einseitige, heftige Schmerzattacken im Kopf/ Gesichtsbereich)*

Vor der Behandlung einer Trigeminus-Neuralgie mittels Thermokoagulation zur operativen Zerstörung umschriebener Gewebsbezirke durch Hochfrequenzstrom hat der Arzt den Patienten auf die Möglichkeit einer **medikamentösen Behandlung** mehrmals täglich auftretender, heftiger Schmerzattacken auch dann hinzuweisen, wenn zwar die Medikation mit dem Wirkstoff erster Wahl erfolglos war, aber der Einsatz eines anderen Medikaments zweiter Wahl als aussichtsreich erscheint (OLG Köln, Urt. v. 3. 12. 1997 – 5 U 231/96).

▷ *Oberarmkopffraktur und andere Frakturen*

Ist die operative Versorgung des Oberarmbruchs oder eines anderen Bruchs nach den Darlegungen des Sachverständigen medizinisch nicht geboten und eine konservative Therapie indiziert, muss der Arzt nicht auf die bestehende Möglichkeit einer operativen Intervention hinweisen. Einem „Eingriff" ist eine konservative Behandlung nur dann gleichzusetzen, wenn dieses „Unterlassen" eines aktiven Eingreifens in den Heilungsvorgang rechtswidrig wäre, und dies wäre nur dann der Fall, wenn eine Rechtspflicht zum Handeln bestünde (OLG Nürnberg, Urt. v. 6. 11. 2000 – 5 U 2333/00, VersR 2002, 580, 581: und die Vornahme der gebotenen Handlung, hier der Operation, den eingetretenen Schaden verhindert hätte).

Die Entscheidung des Arztes für eine konservative Behandlungsmethode erfordert eine der Beweislast des Patienten unterliegende therapeutische bzw. Sicherungsaufklärung, falls beide Methoden einigermaßen gleichwertige Heilungschancen bieten, jedoch unterschiedliche Risiken bestünden (OLG Nürnberg a. a. O.).

▷ *Dislozierte Radiusbasisfraktur, Behandlung von Brüchen des Handgelenks u.a*

Kommen nach den Leitlinien der Deutschen Gesellschaft für Unfallchirurgie zur Korrektur einer dislozierten Radiusbasisfraktur (Handgelenk/Speichenbruch) grundsätzlich sowohl die konservative Behandlung als auch die mit der Gefahr einer Entzündung verbundene, aber **die besseren Wiederherstellungschancen bietende chirurgische Versorgung** in Betracht, sind die unterschiedlichen Therapiemöglichkeiten sowie ihre jeweiligen Chancen und Risiken mit dem Patienten zu erörtern (OLG Düsseldorf, Urt. v. 13. 2. 2003 – 8 U 41/02, VersR 2005, 230, 231).

Gleiches gilt bei der Behandlung eines Bruches im Bereich des Handgelenks. Hier ist der Arzt nicht nur verpflichtet, den Patienten davon in Kenntnis zu setzen, dass der Bruch in Fehlstellung verheilen könnte, sondern auch davon, dass eine bei Fortsetzung der konservativen Behandlung drohende Funktionseinschränkung des Handgelenks möglicherweise durch eine erneute (unblutige) Reposition oder durch eine **primäre operative Neueinrichtung** des Bruchs vermieden werden könnte (BGH, Urt. v. 15. 3. 2005 – VI ZR 313/03, VersR 2005, 836 = NJW 2005, 1718, 1719).

Demgegenüber hat sich das OLG Naumburg (Urt. v. 6. 6. 2005 – 1 U 7/05, OLGR 2005, 859) auf den Standpunkt gestellt, die Möglichkeit der **operativen Versorgung** einer Handgelenksverletzung stelle **keine aufklärungspflichtige Alternative** dar, wenn die konservative Behandlung „weitaus üblicher ist und die gleiche bzw. nahezu gleiche Erfolgschance bietet".

▷ *Tumoroperation; Diagnoseirrtum*

Erkennt der Arzt sorgfaltswidrig nicht, dass ein Tumor auch medikamentös behandelt oder zur Erleichterung der Operation vorbehandelt werden kann, und empfiehlt er deshalb die sofortige Operation, so liegt ein **Aufklärungs- und kein Behandlungsfehler** vor, wenn die sofortige Operation nach Beurteilung des Sachverständigen noch „die Grenze des Machbaren darstellt" (BGH JR 1994, 514).

Die Haftung wegen eines Aufklärungsversäumnisses über Behandlungsalternativen scheidet aus, wenn die **unterlassene oder objektiv fehlerhafte Aufklärung auf einem „einfachen" Diagnoseirrtum** beruht, der sich mangels Vorwerfbarkeit nicht als haftungsbegründender Behandlungsfehler darstellt (OLG Köln VersR 1999, 98; S/Pa, Rz. 391 a; auch OLG Köln, Urt. v. 20. 7. 2005 – 5 U 200/04, NJW 2006, 69, 70 = VersR 2005, 1740, 1741 zu der infolge eines einfachen Diagnoseirrtums unterlassenen Befunderhebung).

▷ *Gewichtsreduktion mit Magenballon*

Vor der Implantation eines Magenballons zur Gewichtsreduktion muss auf konservative Therapiealternativen und das hohe Misserfolgsrisiko hingewiesen werden (OLG Köln VersR 1992, 754).

▷ *Behandlung einer Refluxösophagitis*

Ist anstelle der mit gewissen Risiken behafteten Operation bei einer Entzündung der Speiseröhre im Bereich des Mageneingangs (Refluxösophagitis) eine **Dauertherapie mit Medikamenten** bzw. deren Fortsetzung in Betracht zu ziehen und stellt die medikamentöse Therapie eine echte Behandlungsalternative mit etwa gleichwertigen Chancen, aber unterschiedlichen Risiken dar, ist der Patient hierüber zu belehren (OLG Köln, Urt. v. 23. 10. 2002 – 5 U 4/ 02, VersR 2004, 1181, 1182).

Es handelt sich auch hier um eine therapeutische Aufklärung (vgl. OLG Nürnberg, Urt. v. 6. 11. 2000 – 5 U 2333/00, VersR 2002, 580, 581; OLG Nürnberg, Urt. v. 27. 5. 2002 – 5 U 4222/00, VersR 2003, 1444, 1445; OLG Dresden, Urt. v. 23. 10. 2003 – 4 U 980/03, NJW 2004, 298, 299 jeweils zur therapeutischen Aufklärung über zur Wahl stehende diagnostische oder therapeutische Verfahren).

(2) Zuwarten als ernsthafte Alternative

Ist die Operation nicht dringlich und stellt deren Zurückstellung und ein weiteres Zuwarten eine **echte Behandlungsalternative** dar, muss der Patient auch hierüber aufgeklärt werden (OLG Oldenburg VersR 1997, 1493; OLG Köln VersR 2000, 361 und NJW-RR 1999, 674; OLG Bremen VersR 2001, 340, 341; OLG Koblenz, Urt. v. 7. 8. 2003 – 5 U 1284/02, NJW-RR 2003, 1607, 1608; OLG Hamm, Urt. v. 1. 10. 2004 – 3 U 93/04, GesR 2006, 30, 31; OLG Hamm, Urt. v. 7. 7. 2004 – 3 U 264/03, VersR 2005, 942, 943: Fortsetzung der konservativen Therapie bzw. einer Schmerztherapie vor Rückenoperation; auch BGH NJW 1998, 1784 und NJW 1997, 1637; MüKo-Wagner, 4. Aufl., § 823 Rz. 709).

Dies kommt etwa in Betracht, wenn die vorgesehene, an sich indizierte Hüftgelenksoperation mit Endoprothese nach einigen Wochen in geringerem Maß mit der Gefahr einer Nervenverletzung verbunden gewesen wäre (OLG Oldenburg VersR 1997, 1493).

Ein Zuwarten ist aus medizinischer Sicht nicht völlig unvernünftig und die hierzu bestehende Möglichkeit deshalb aufklärungspflichtig, wenn eine **Bandscheibenoperation** zwar medizinisch indiziert ist, der Patient aber zunächst **keine neurologischen Ausfälle** hat (OLG Bremen VersR 2001, 340, 341; auch OLG Bremen NJW-RR 2001, 671).

Für einen unter **starken Schmerzen** leidenden Patienten, der letztlich auf jeden Fall operiert werden muss, liegt im Operationsaufschub jedoch **keine echte Alternative** (OLG Koblenz, Urt. v. 7. 8. 2003 – 5 U 1284/02, NJW-RR 2003, 1607, 1608).

Das Selbstbestimmungsrecht des Patienten wird auch verkürzt, wenn ihm nicht mitgeteilt wird, dass nach den erhobenen Befunden **kein Verdacht auf Malignität** eines zystischen Knotens im Bereich der Schilddrüse bestand, so dass bezüglich einer operativen Therapie unter Mitnahme eines walnussgroßen Isthmusanteils der Schilddrüse zunächst kurzfristig eine **abwartende Haltung vertretbar** erschien, weil unter Umständen nur eine Entzündung der Schilddrüse vorlag (OLG Köln VersR 2000, 361).

Vor der **operativen Entfernung** eines **mit hoher Wahrscheinlichkeit gutartigen Lipoms** (hier: oberflächliches Geschwulst) muss der Patient auf die Möglichkeit einer abwartenden Behandlung bzw. des „Nichtstuns" hingewiesen werden. Ist dem Patienten aufgrund der Angaben seines Hausarztes klar, dass ihm diese

Option gegenüber der vom Chirurgen angeratenen Operation offen steht, sofern er bereit ist, auf eine sichere Abklärung der Bösartigkeit zu verzichten, genügt der Hinweis des Operateurs, dass der Eingriff nicht zwingend notwendig ist (OLG Hamm, Urt. v. 11. 10. 2004 – 3 U 93/04, GesR 2006, 30, 31).

Vor einer Mastektomie muss generell auf andere Behandlungsmöglichkeiten zur Brusterhaltung (z. B. operative **brusterhaltende Entfernung eines Mammakarzinoms** mit nachfolgender Bestrahlung) hingewiesen werden (OLG Düsseldorf VersR 1989, 191).

Hängt eine nur relativ indizierte Operation wesentlich vom **Sicherheitsbedürfnis der Patientin** ab, so etwa bei der Entfernung der Gebärmutter oder der Brust bei vorliegendem Krebsverdacht, so ist die Möglichkeit eines Aufschiebens oder der Nichtvornahme der Operation mit ihr zu besprechen (BGH NJW 1997, 1637, 1638; Müller, VPräsBGH, MedR 2001, 487, 488; vgl. auch OLG Köln, Urt. v. 1. 6. 2005 – 5 U 91/03, VersR 2006, 124, 125 zur operativen Abklärung eines fraglich bösartigen Tumors statt dessen radikaler Entfernung).

Die **Nichtdurchführung** eines – jedenfalls nicht dringend indizierten – Eingriffs stellt nach Auffassung des OLG Karlsruhe dagegen **keine aufklärungspflichtige Behandlungsalternative**, jedoch möglicherweise einen Behandlungsfehler dar (OLG Karlsruhe, Urt. v. 18. 12. 2002 – 7 U 143/01, OLGR 2003, 313, 314).

(3) Operation statt konservativer Methode

Kommt statt der Fortsetzung der **konservativen Behandlung** eines in Fehlstellung verheilten Bruchs (hier: am Handgelenk) mit der Gefahr einer bleibenden Funktionsbeeinträchtigung eine (unblutige) Reposition oder dessen **operative Neueinrichtung** mit dem Risiko der Entstehung eines Morbus Sudeck in Betracht, ist der Patient auf diese bestehenden Alternativen mit wesentlich unterschiedlichen Risiken und Erfolgschancen hinzuweisen (BGH, Urt. v. 15. 3. 2005 – VI ZR 313/03, VersR 2005, 836, 837 = NJW 2005, 1718, 1719). Obwohl in der Fortsetzung der konservativen Behandlung nach einhelliger Ansicht kein eigentlicher „Eingriff" liegen würde, geht der BGH hier nicht von einer zur Beweislast des Patienten stehenden therapeutischen Aufklärung (**Sicherungsaufklärung**), sondern vom Vorliegen eines Falles der „**Selbstbestimmungsaufklärung** oder Risikoaufklärung" aus (vgl. hierzu S. 93, 103)

(4) Linderung von Beschwerden durch umfangreicheren Eingriff

Eine Aufklärung über die Möglichkeit einer Operation (hier: Entfernung eines Rückenmarktumors anstatt dessen bloßer Punktion) muss auch dann erfolgen, wenn die in Betracht kommende Maßnahme zwar nicht zur Heilung führt, aber bei ungleich geringerem Risiko und geringerer Belastung zumindest für eine **gewisse Zeit zur Linderung der Beschwerden und Beeinträchtigungen** führt (OLG Karlsruhe, Urt. v. 9. 10. 2002 – 7 U 107/00, OLGR 2003, 233, 234).

Saniert ein Handchirurg eine alte Kahnbeinpseudoarthrose mittels einer „**Herbert-Schraube**" und Spongiosaplastik, so ist diese gelenkerhaltende Operation nicht schon deshalb fehlerhaft bzw. die hierzu erteilte Einwilligung rechtswidrig, weil sie nicht zu einem beschwerdefreien Erfolg führt und statistisch eine geringere Erfolgsquote (50 % bis 75 %) als die Operation einer frischen Kahnbeinfraktur (ca. 87 %) hat.

Der Patient ist jedoch darüber aufzuklären, dass zur Linderung von Schmerzen und Beschwerden eine **operative Versteifung** in Betracht kommt (OLG Koblenz, Urt. v. 17. 12. 2001 – 12 U 540/00, MedR 2002, 518).

Dieses Aufklärungsdefizit ist aber dann nicht schadensursächlich, wenn sich der Patient auch bei einer derart erweiterten Aufklärung zunächst für die gelenkerhaltende Operation entschieden hätte (hypothetische Einwilligung, vgl. S. 228); hiervon ist bei entsprechenden vorprozessualen Äußerungen auszugehen. Denn die zur faktischen Unbenutzbarkeit der Hand für Arbeiten mit grober Handkraft führende Totalversteifung kann bei einem Scheitern der gelenkerhaltenden Operation immer noch durchgeführt werden (OLG Koblenz, Urt. v. 17. 12. 2001 – 12 U 540/00, MedR 2002, 518).

(5) Strumaoperation (Schilddrüsenoperation)

Kommt anstatt einer **nicht vital indizierten Strumaoperation** mit dem dieser innewohnenden Risiko einer Verletzung des Nervus recurrens und der möglichen Folge eines bleibenden **Stimmverlustes** auch eine **Radio-Jod-Behandlung** in Betracht, so muss der Arzt hierauf hinweisen (OLG Köln VersR 1998, 1510). Die Radio-Jod-Behandlung stellt jedoch wegen ihres Verkleinerungseffektes von „nur" etwa 30 % dann keine aufklärungspflichtige ernsthafte Alternative dar, wenn der Kropf des Patienten eine erhebliche Ausdehnung aufweist (OLG München, Urt. v. 25. 7. 2002 – 1 U 4499/01: sogar relative Kontraindikation bei großem Struma mit Beeinträchtigung der Trachea).

Geht der behandelnde Arzt davon aus, dass das geringfügig höhere Risiko einer Totalresektion durch das wegfallende Risiko eines zweiten Eingriffs zur Entfernung von Schilddrüsengewebe aufgewogen wird, muss er den Patienten auf beide Möglichkeiten und deren Vor- und Nachteile hinweisen (OLG Naumburg, Urt. v. 10. 6. 2003 – 1 U 4/02, NJW-RR 2004, 315). Hat der Patient mangels vollständiger Aufklärung nur in eine – absolut indizierte (und deshalb bei entsprechendem Vortrag der Behandlungsseite auch von einer hypothetischen Einwilligung getragene) – Teilentfernung von Schilddrüsengewebe wirksam eingewilligt, der Arzt aber das gesamte Schilddrüsengewebe entfernt, so hat der Patient zu beweisen, dass der Schadenseintritt – im entschiedenen Fall eine auch bei lege artis vorgenommenem Eingriff nie sicher vermeidbare beidseitige Stimmbandlähmung – ohne diese Pflichtverletzung zumindest sehr unwahrscheinlich gewesen wäre (OLG Naumburg, Urt. v. 10. 6. 2003 – 1 U 4/02, NJW-RR 2004, 315, 316; vgl. auch OLG Koblenz, Urt. v. 7. 8. 2003 – 5 U 1284/02, MedR 2004, 690 = NJW-RR 2003, 1607 und OLG Karlsruhe, Beschl. v. 17. 2. 2003 – 7 U 156/02, GesR 2003, 239: nicht von der Einwilligung getragene Operationserweiterung verursacht keinen, vom Patienten zu beweisenden abgrenzbaren Nachteil).

Hier ist auf einen Vergleich zwischen dem fiktiven Verlauf der ursprünglich beabsichtigten und von der wirksamen Einwilligung gedeckten, absolut indizierten Teilresektion und dem Verlauf der tatsächlich – ohne Einwilligung erfolgten – Teilresektion abzustellen (OLG Naumburg, Urt. v. 10. 6. 2003 – 1 U 4/02, NJW-RR 2004, 315; auch OLG Koblenz, Urt. v. 7. 8. 2004 – 5 U 1284/02, MedR 2004, 690 = NJW-RR 2003, 1607: abgrenzbarer Nachteil ist festzustellen; vgl. hierzu S. 254 zur → *Kausalität*).

Jedenfalls bis Juli 1998 konnte die beidseitige (gleichzeitige) subtotale Schilddrüsenresektion der „Chirurgischen Schule" noch nicht als fehlerhafte Operationsmethode eingestuft werden. Der Arzt war jedoch verpflichtet, den Patienten über die damals bestehenden unterschiedlichen Operationsmethoden der „Chirurgischen Schule" einerseits und der „HNO-Schule" andererseits wegen des erhöhten Risikos der Beschädigung des Nervus recurrens bei Vornahme der Operation zunächst nur einer Seite, später bei unbeschädigtem Nervus recurrens in weiterer Narkose in einer zweiten Operation auf der anderen Seite aufzuklären (OLG Frankfurt, Urt. v. 14. 1. 2003 – 8 U 135/01, NJW-RR 2003, 745, 746).

(6) Unterschiedliche diagnostische oder therapeutische Verfahren

Der Arzt hat unabhängig von der Häufigkeit einer vorliegenden Erkrankung den Patienten dann über mehrere zur Wahl stehende diagnostische oder therapeutische Verfahren zu informieren und das Für und Wider mit ihm abzuwägen, wenn **jeweils unterschiedliche Risiken** für den Patienten entstehen können und der Patient eine echte Wahlmöglichkeit hat (OLG Nürnberg, Urt. v. 27. 5. 2002 – 5 U 4225/00, VersR 2003, 1444).

So obliegt dem Arzt die Pflicht, den Patienten auf eine alternative Behandlungsmöglichkeit, die zur Heilung führen kann, hinzuweisen, wenn diese Methode (im entschiedenen Fall eine Knochenmarktransplantation) in den medizinischen Lehrbüchern als „einzige Heilungschance" bezeichnet wird und durch die verabreichten Medikamente nur ein vorübergehendes Zurückweichen der Krankheitssymptome erzielt werden kann (OLG Nürnberg, Urt. v. 27. 5. 2002 – 5 U 4225/00, VersR 2003, 1444, 1445).

(7) Prostataoperation

Vor der Anwendung eines speziellen, sogar als Außenseitermethode geltenden Prostata-Laserverfahrens in zwei Operationsschritten ist der Patient auf die Möglichkeit der Anwendung der klassischen Operationsmethode („transurethrale Resektion der Prostata" –TURP) hinzuweisen (OLG Bremen, Urt. v. 12. 3. 2004 – 4 U 3/04, OLGR 2004, 320, 321).

(8) Unterschiedliche Methoden bei kosmetischen Operationen

Kommen bei einer kosmetischen Operation unterschiedliche Methoden in Betracht, etwa der Längs- und / oder Querschnitt über dem Bauchnabel bei einer Bauchstraffung, so muss sich die Aufklärung auf die damit verbundenen **unterschiedlichen Erfolgsaussichten** und auf die Intensität des Eingriffs mit der jeweiligen Methode erstrecken (OLG Hamburg, Beschl. v. 29. 12. 2005 – 1 W 85/ 05, OLGR 2006, 120: bei der Patientin lag eine bereits fortgeschrittene Erschlaffung der Haut vor).

(9) Neuland-Methode (z. B. „Robodoc")

Begibt sich ein Arzt mit der von ihm vorgeschlagenen Behandlungsmethode auf „Neuland" mit noch **nicht vollständig geklärten Risiken,** muss der Patient über diese Tatsache sowie die **Vor- und Nachteile dieser und alternativer Verfahren** aufgeklärt werden (OLG Frankfurt, Urt. v. 7. 12. 2004 – 8 U 194/03, NJW-RR 2005, 173, 175, bestätigt von BGH, Urt. v. 13. 6. 2006 – VI ZR 323/04, VersR 2006, 1073, 1075 = GesR 2006, 411, 413; ebenso: OLG Bremen OLGR 2004, 320, 321 f.; OLG Celle VersR 1002, 749; OLG Düsseldorf VersR 2004, 386; OLG Karlsruhe, MedR 2003, 229; OLG Köln NJW-RR 1992, 986, 987; OLG Oldenburg VersR 1997, 491 und NJW-RR 1997, 533). Die Anwendung des computerunterstützten Fräsverfahrens („Robodoc") am coxalen Femur (Hüft-Oberschenkelknochen) bei der Implantation einer Hüftgelenksendoprothese (das seit 2004 nicht mehr praktiziert wird, vgl. Katzenmeier NJW 2006, 2738 m. w. N.) stellte keinen Behandlungsfehler dar und setzte im Jahr 1995 voraus, dass die Ärzte den Patienten darüber aufgeklärt haben, dass es sich um eine neue Methode handelt, die noch nicht lange praktiziert wird und dass es daneben noch das herkömmliche Verfahren mit ausschließlich manueller Technik gibt. Der Patient musste außerdem auf die **wesentlichen Unterschiede beider Verfahren** hingewiesen werden, insbesondere darauf, dass die Operation mit der neuen Methode und nicht abschließend geklärten Risiken länger dauert und dass eine Voroperation zur Anbringung von Pins (Markierungsstifte) am Oberschenkelknochen erforderlich ist (OLG Frankfurt, Urt. v. 7. 12. 2004 – 8 U 194/03, NJW-RR 2005, 173, 174; bestätigt von BGH, Urt. v. 13. 6. 2006 – VI ZR 323/04, VersR 2006, 1073, 1075).

(10) Punktion statt operativer Resektion einer Zyste

Kommt anstatt der operativen Resektion einer Zyste an der linken Niere grundsätzlich auch die Punktion als Behandlungsmethode mit gleichwertigen Erfolgschancen oder andersartigen Risiken in Betracht, hat der Arzt vor Durchführung der Operation mit dem sich realisierenden **Risiko eines Nierenverlusts** auch hierauf hinzuweisen (OLG Karlsruhe, Urt. v. 8. 12. 2004 – 7 U 163/03, GesR 2005, 165, 167 = OLGR 2005, 189, 191 = NJW-RR 2005, 798, 799: zur weiteren Aufklärung an das LG zurückverwiesen).

(11) Nervenschonende, intraoperative Abklärung statt radikaler Tumorentfernung

Ist präoperativ die Diagnose der Bösartigkeit eines Tumors (hier: Verdacht auf Vorliegen einer Lymphknotenzyste eines Primärtumors) nicht gesichert, sondern nur überwiegend wahrscheinlich, muss dem Patienten nach entsprechender Aufklärung die Entscheidung überlassen bleiben, ob er die **radikale Tumorentfernung unter Inkaufnahme von zu Lähmungserscheinungen führenden Nervverletzungen** oder aber eine **intraoperative Abklärung mit den damit verbundenen Gefahren einer Streuung** von etwa vorhandenen Krebszellen und einer dann bei Feststellung der Malignität erforderlich werdenden Zweitoperation wünscht, wenn der Tumor im Falle der Gutartigkeit nervenschonend (hier:

170

ohne die Erforderlichkeit der Durchtrennung von Nervengewebe) entfernt werden kann (OLG Köln, Urt. v. 1. 6. 2005 – 5 U 91/03, VersR 2006, 124, 125).

(12) Anästhesie

Kommen für die Operation **zwei unterschiedliche Anästhesiemethoden** in Betracht, wobei die eine bei gedämpftem Bewusstsein das Schmerzgefühl, die andere das Bewusstsein ausschaltet, aber ein spezifisches Risiko beinhaltet, so ist der Patient über die bestehende Alternative aufzuklären (BGH NJW 1974, 1422; Gehrlein, Rz. C 34).

(13) Gallensteinoperationen

Eine laparoskopische Cholezystektomie (operative Entfernung der Gallenblase mit Endoskop, vgl. OLG Brandenburg NJW-RR 2000, 24 und Bergmann/Müller, MedR 2005, 650 f.; vgl. hierzu → *Klage*) ist zwar nicht mit größeren oder anders gelagerten Risiken verbunden als ein laparotomisches Vorgehen (Bauchschnitt, s. u. S. 189). Der Arzt muss allerdings darauf hinweisen, dass im Falle ungünstiger anatomischer Verhältnisse ein **Wechsel zur konventionellen Methode** erforderlich werden kann (OLG Düsseldorf VersR 2000, 456; vgl. zu Gallenoperationen mit Durchtrennung des Hauptgallenganges auch OLG Brandenburg NJW-RR 2000, 24; OLG Hamm VersR 2001, 65 und VersR 2003, 374 f.; OLG Karlsruhe VersR 1998, 718; Bergmann/Müller MedR 2005, 650, 651 und → *Klage (Muster)*, → *Klageerwiderung (Muster)*).

Kommt es bei der laparoskopischen Cholezystektomie zur Durchtrennung des Hauptgallenganges (Ductus Choledochus), liegt i.d.R. ein Behandlungsfehler vor. Der Operateur ist deshalb gehalten, die betroffenen bzw. gefährdeten Gallengänge (Ductus choledochus bzw. Ductus cystikus) mittels **Cholangiographie (radiologische Darstellung des Gallengangsystems)** gallenblasennah darzustellen oder – z.B. bei erkennbaren Verwachsungen- auf eine Laparatomie umzusteigen (OLG Hamm VersR 2003, 374; OLG Brandenburg NJW-RR 2000, 24, 26; Bergmann/Müller MedR 2005, 650, 651; vgl. → *Klage (Muster)* S. 625 ff., → *Klageerwiderung (Muster)* S. 641 ff.).

(14) Bildung und Verwendung von Eigenblutkonserven; HIV-Infektion

Der Patient muss über eine mögliche Behandlungsalternative durch Bildung und Verwendung von **Eigenblutkonserven** aufgeklärt werden, um eine Hepatitis B- oder HIV-Infektion zu vermeiden (OLG Köln VersR 1997, 1534; OLG Hamm VersR 1995, 709; auch BGH NJW 1992, 743 und BGH, Urt. v. 14. 6. 2005 – VI ZR 179/04, VersR 2005, 1238, 1240 = MedR 2005, 403, 405).

Eine Aufklärungspflicht entfällt jedoch, wenn aus ex-ante-Sicht eine Bluttransfusion nicht ernsthaft in Betracht kommt (BGH NJW 1992, 743; OLG Zweibrücken NJW-RR 1998, 383), etwa wenn bei dem Patienten infolge zunächst nicht vorhersehbarer Blutungen ein erheblicher Blutverlust eingetreten war (OLG Düsseldorf VersR 1996, 1240) oder die Alternative Eigenbluttransfusion wegen unzureichender Hämoglobinkonzentration des Eigenblutes sogar kontraindiziert ist (OLG Köln VersR 1997, 1534, 1535). In einem solchen Fall ist der behauptete Entscheidungskonflikt des Patienten auch nicht plausibel (OLG Köln VersR 1997, 1534, 1535).

Die behandelnden Ärzte sind auch verpflichtet, den zahlreiche Bluttransfusionen erhaltenden Patienten auf die Möglichkeit einer HIV-Infektion hinzuweisen und ihm jedenfalls im Rahmen der Sicherheitsaufklärung **vorsorglich zu einem HIV-Test zu raten** (BGH, Urt. v. 14. 6. 2005 – VI ZR 179/04, VersR 2005, 1238, 1240 = MedR 2005, 403, 405).

Ist eine präoperative Sicherungsaufklärung (therapeutische Aufklärung) etwa wegen der Unansprechbarkeit des schwer verunfallten Patienten nicht möglich, wandelt sich die Aufklärungsverpflichtung des Arztes jedenfalls bei für den Patienten und dessen Kontaktpersonen lebensgefährlichen Risiken zu einer **Pflicht zur nachträglichen Sicherungsaufklärung.** Auch ein im Behandlungszeitpunkt noch nicht bekannter Ehepartner des Patienten ist in den Schutzbereich der Pflicht zur nachträglichen Sicherungsaufklärung über die Gefahr einer HIV-Infektion einbezogen (BGH, Urt. v. 14. 6. 2005 – VI ZR 179/04, VersR 2005, 1238, 1240 = MedR 2005, 403, 405 f.).

(15) Kaiserschnitt statt vaginaler Entbindung

Die Entscheidung über das ärztliche Vorgehen, eine Geburt vaginal oder mittels Kaiserschnitts (sectio) durchzuführen, ist primär Sache des Arztes. Der geburtsleitende Arzt braucht daher in einer normalen Entbindungssituation **ohne Risikofaktoren oder besondere Veranlassung** nicht von sich aus die Möglichkeit einer sectio zur Sprache zu bringen. Anders liegt es aber, wenn für den Fall, dass die Geburt vaginal erfolgt, für **das Kind ernst zu nehmende Gefahren** drohen, daher im Interesse des Kindes **gewichtige Gründe für eine Schnittentbindung** sprechen und diese unter Berücksichtigung auch der Konstitution und der Befindlichkeit der Mutter in der konkreten Situation eine medizinisch verantwortbare Alternative darstellt (BGH, Urt. v. 14. 9. 2004 – VI ZR 186/03, NJW 2004, 3703, 3704 = VersR 2005, 227, 228 = GesR 2005, 21, 22; Urt. v. 25. 11. 2003 – VI ZR 8/03, VersR 2004, 645, 647 = GesR 2004, 132, 135; VersR 1993, 835, 836 = NJW 1993, 1524, 1525: 4200 g geschätztes Geburtsgewicht, zwei große Kinder vorgeboren; NJW 1993, 2372 = VersR 1993, 703; OLG Hamm, Urt. v. 24. 4. 2002 – 3 U 8/01, VersR 2003, 1312, 1313: auch wenn Stunden zuvor dokumentiert wurde: „will keine sectio"; VersR 2001, 247, 248; VersR 1997, 1403: Geburtsgewicht 5200 g; OLG Karlsruhe, Urt. v. 22. 12. 2004 – 7 U 4/03, VersR 2006, 515; OLG Koblenz, Urt. v. 18. 5. 2006 = 5 U 330/02, NJW-RR 2006, 1172, 1173: geschätztes Geburtsgewicht unter 4000 g; Urt. v. 4. 12. 2003 – 5 U 234/03, MedR 2004, 566 = NJW-RR 2004, 534, 535; Urt. v. 17. 4. 2001 – 3 U 1158/96, OLGR 2002, 69, 70 = NJW-RR 2002, 310, 311; OLG Köln VersR 1996, 586; VersR 1998, 1156: erwartetes Gewicht über 4000 g, Kind mit 4.200 g vorgeboren; OLG München, Urt. v. 23. 7. 1998 – 24 U 741/97; OLG Oldenburg, Urt. v. 18. 9. 2001 – 5 U 81/97, VersR 2002, 1028, 1029; VersR 1993, 362; OLG Stuttgart, Urt. v. 25. 5. 2004 – 1 U 5/04, S. 9; Urt. v. 11. 6. 2002 – 14 U 93/01, OLGR 2003, 37, 40: wenn deutliche Anzeichen für eine echte Entbindungsalternative vorhanden sind; G/G, 5. Aufl., Rz. C 35; Spickhoff NJW 2005, 1694, 1699; S/Pa Rz. 378, 326, 410).

Dies gilt umso mehr, wenn sich die Mutter vor der Entbindung wegen der geringeren Risiken für das Kind und trotz des erörterten höheren Risikos für sich selbst zu einer Schnittentbindung bereit gefunden hatte (BGH MDR 1989, 437 = NJW 1989, 1538; OLG Karlsruhe, Urt. v. 22. 12. 2004 – 7 U 4/03, VersR 2006, 515; OLG Koblenz NJW-RR 2002, 310, 311: Erhöhtes Risiko für das Kind bei Vaginalgeburt).

Die Aufklärung der Mutter muss aber bereits zu einem **Zeitpunkt** vorgenommen werden, zu dem sie sich in einem Zustand befindet, in dem die Problematik noch mit ihr besprochen werden kann, **sobald deutliche Anzeichen für ein bestehendes oder aufgetretenes Risiko einer vaginalen Entbindung aufgetreten sind** (BGH NJW 1993, 2372, 2374 = VersR 1993, 703, 704; OLG Frankfurt, Urt. v. 11. 12. 2002 – 13 U 199/98, OLGR 2003, 55, 60 – vom BGH aus formellen Gründen aufgehoben; OLG Karlsruhe, Urt. v. 22. 12. 2004 – 7 U 4/03, VersR 2006, 515; OLG Köln VersR 1998, 1156; OLG Oldenburg VersR 1993, 362).

So muss die Aufklärung in dem Zeitpunkt erfolgen, in dem man **erkannte bzw. hätte erkennen müssen**, dass das Kind sehr groß (über 4 500 g) und eine vaginale Geburt deshalb riskant ist (OLG Karlsruhe, Urt. v. 22. 12. 2004 – 7 U 4/03, VersR 2006, 515).

Andererseits wird die – ggf. „vorsorgliche" – Aufklärung der werdenden Mutter über die Möglichkeit einer sectio als Alternative zur vaginalen Geburt, bevor etwa nach Durchführung einer Ultraschalluntersuchung ein konkreter Anlass hierzu besteht, für unzureichend gehalten, da das Gespräch zu diesem Zeitpunkt weitgehend theoretisch bleibt (OLG Karlsruhe Urt. v. 22. 12. 2004 – 7 U 4/03, OLGR 2005, 273, 274: Aufklärung muss in dem Zeitpunkt erfolgen, in dem sie konkret veranlasst ist).

Der BGH hat unter Aufhebung eines gegenteiligen Urteils des OLG Bamberg erneut klargestellt, dass es sich bei der Aufklärung der werdenden Mutter nicht um einen Fall der Sicherheits- oder therapeutischen Aufklärung mit der Folge einer Beweisbelastung der Schwangeren für die Nichterteilung des Hinweises handelt, sondern um einen Fall der **Eingriffs- oder Risikoaufklärung**, im Rahmen derer dem Arzt die Beweislast für die Erfüllung dieser Aufklärungspflicht obliegt (BGH, Urt. v. 14. 9. 2004 – VI ZR 186/03, NJW 2004, 3703, 3704 = VersR 2005, 227, 228).

Soll die Geburt in Abweichung von der verabredeten oder bereits indizierten sectio **vaginal** erfolgen, ist der Arzt verpflichtet, die Patientin vorab über die unterschiedlichen Risiken und Erfolgschancen über die zur Wahl stehenden Entbindungsmethoden zu belehren, so über das **Risiko einer Hirnschädigung** bei vaginaler Steißlagengeburt (OLG Stuttgart VersR 1991, 1141), die **Gefahr einer Schulterdystokie**, also einen gestörten Geburtsverlauf, bei dem die vordere Schulter nach Geburt des kindlichen Kopfes am Becken oder Schambein hängen bleibt, was oftmals zu Schädigungen der Nervenwurzeln im Schulter-Arm-Bereich des Kindes führt (OLG Hamm VersR 1997, 1403; OLG Stuttgart

VersR 1989, 519, 520: Im konkreten Fall verneint) oder einer **Armplexus-Parese** (OLG Düsseldorf, VersR 2003, 114, 115: Plexus-Lähmung nach „Kristellern"; OLG Hamm, Urt. v. 24. 4. 2002 – 3 U 8/01, VersR 2003, 1312, 1313: Plexus-Schaden bei Durchführung der vaginalen Entbindung; OLG Karlsruhe, Urt. v. 22. 12. 2004 – 7 U 4/03, VersR 2006, 515: inkomplette Lähmung des rechten Arms; OLG Koblenz, Urt. v. 4. 12. 2003 – 5 U 234/03: Plexus-Schaden, „Kristellern" aber rechtzeitig eingestellt; Urt. v. 17. 4. 2001 – 3 U 1158/96, OLGR 2002, 69, 70: Plexus-Schaden nach vorliegenden Risikofaktoren; OLG München, Urt. v. 23. 7. 1998 – 24 U 741/97).

In folgenden Fällen hat die Rechtsprechung (zu abweichenden Ansichten siehe auch S. 191 ff.) eine **Kaiserschnittentbindung wegen ernst zu nehmender Gefahren für das Kind als eine aufklärungspflichtige, echte Alternative** gegenüber der vaginalen Entbindung angesehen:

▷ *Beckenendlage*

Teilweise wird das Bestehen einer Aufklärungspflicht bereits bei bloßem **Bestehen einer Beckenendlage** angenommen (OLG Braunschweig VersR 1988, 1032; VersR 1988, 382: je Beckenendlage/vaginal; Urt. v. 11. 4. 2002 – 1 U 37/01: Beckenendlage und Sprachschwierigkeiten bei ausländischer Patientin; OLG Celle VersR 1995, 462: Beckenendlage ohne weitere Risikofaktoren; OLG Düsseldorf VersR 1998, 364; OLG Oldenburg MDR 1996, 1133; OLG Stuttgart VersR 1991, 1141; **a. A.** OLG Hamm VersR 1983, 565 bei Beckenendlage ohne weitere Risikofaktoren keine Aufklärungspflicht).

Die Unterrichtung der Patientin über das Risiko des beabsichtigten ärztlichen Vorgehens – Fortsetzung der eingeleiteten vaginalen Entbindung bzw. einer Zangenentbindung – muss der Patientin nach Auffassung des BGH jedenfalls dann erläutert werden, wenn bei einer **Zwillingsschwangerschaft mit Beckenendlage** die Herzfrequenz eines Kindes nicht darstellbar und kaum Fruchtwasser vorhanden ist (BGH, Urt. v. 14. 9. 2004 – VI ZR 186/03, NJW 2004, 3703, 3704 = VersR 2005, 227, 228).

Nach zutreffender, einschränkender Ansicht muss auf die Indikation einer Schnittentbindung jedenfalls bei **Hinzutreten weiterer typischer Risikofaktoren** hingewiesen werden, etwa wenn sich das Kind in **Fußlage** befindet (OLG Köln VersR 1996, 586: Beckenend- und Fußlage; OLG Celle, Urt. v. 5. 7. 1993 – 1 U 50/91), eine **Steiß-Fußlage** vorliegt (OLG Düsseldorf VersR 1998, 364; VersR 1995, 1317; G/G, 5. Aufl., Rz. C 35), Zeichen einer chronischen oder akuten **Plazentainsuffizienz** bestehen bzw. die Tragezeit weniger als 36 Wochen beträgt (OLG Celle Urt. v. 5. 7. 1993 – 1 U 50/91 – Revision vom BGH nicht angenommen) oder das geschätzte Geburtsgewicht mehr als 4 000 g beträgt (OLG Frankfurt, Urt. v. 24. 1. 2006 – 8 U 102/05, NJW-RR 2005, 1171, 1172: Beckenendlage und mehr als 4 000 g; im entschiedenen Fall verneint).

Bei einer Beckenendlage ist eine sectio auch indiziert und damit aufklärungspflichtig, wenn bei dem Kind eine Diskrepanz zwischen Kopf und Rumpf und/oder eine Hyperextension des Kopfes nicht ausgeschlossen werden können (OLG Hamm VersR 1989, 255), die 38-jährige Mutter zuvor bereits eine Fehlgeburt erlitten und sich wegen der gesteigerten Risiken zu einer sectio bereitgefunden hatte (BGH NJW 1989, 1538 = VersR 1989, 253; auch OLG Stuttgart VersR 1991, 1141: Beckenendlage und sectio vereinbart) oder wenn der Kopf des Kindes noch im Beckeneingang steht und Hinweise auf eine Beckenverengung bestehen (OLG Stuttgart VersR 1999, 582: Schwangere erhielt ohnehin eine Vollnarkose).

Befindet sich der Kopf noch im Beckeneingang, so ist der Entschluss zur vaginal-operativen Entbindung durch Vakuumextraktion oder Zangengeburt statt durch Kaiserschnitt wegen einer Komplikationsrate von etwa 15 % **fehlerhaft**, denn das Risiko einer Schulterdystokie ist hierdurch wesentlich erhöht (LG Heidelberg VersR 1989, 200; auch OLG Stuttgart VersR 1999, 582).

Nimmt der geburtsleitende Arzt bei einer Beckenendlage in der Form einer reinen Fußlage die Geburt durch ganze Extraktion an Stelle eines Kaiserschnitts vor, liegt – unabhängig vom Bestehen eines Aufklärungsversäumnisses – ein **Behandlungsfehler** vor, wenn sich der kindliche Steiß noch nicht hinreichend gesenkt hat (BGH MDR 1993, 123).

Bei Verdacht auf eine Beckenendlage ist sogar ein zur Beweislastumkehr hinsichtlich der Kausalität führender → **grober Behandlungsfehler** gegeben, wenn der betreuende Arzt vor der Entscheidung für eine vaginale Entbindung nicht durch Ultrasonographie das Vorliegen eines etwaigen Missverhältnisses zwischen Kopf und Rumpf des Kindes ausschließt. Kann dies nach Vornahme der gebotenen Untersuchung nicht sicher ausgeschlossen werden, ist die sectio bei einer Beckenendlage indiziert (OLG Hamm VersR 1989, 255). Bei einem Geburtsstillstand in Beckenmitte kommt eine Beendigung der Geburt mittels sectio jedoch nicht mehr in Betracht (OLG Hamm VersR 1990, 51 und 201).

Verzichtet der geburtsleitende Arzt im Falle einer Beckenendlage in vertretbarer Weise auf einen Kaiserschnitt, weil er aus Überzeugung und aufgrund seiner persönlichen Fähigkeiten eine vaginale Entbindung bevorzugt oder im Rahmen einer Entbindung ein Kaiserschnitt wegen vorhandener Risikofaktoren nicht als ernsthafte Behandlungsalternative in Betracht kommt, so muss die Patientin an der die Entbindungsmethode betreffenden Entscheidung beteiligt und die **Einwilligung in die vaginale Entbindung** rechtzeitig herbeigeführt werden (OLG Düsseldorf NJW 1997, 2457; VersR 1995, 1317).

▷ *Schulterdystokie*

Nach früherer Auffassung des 13. Zivilsenats des OLG Frankfurt (OLG Frankfurt, Urt. v. 11. 12. 2002 – 13 U 199/98, OLGR 2003, 55, 59 – vom BGH aufgehoben) besteht eine Aufklärungspflicht über die Möglichkeit einer sectio schon dann, wenn das zu erwartende Geburtsgewicht des Kindes 4 000 g oder mehr beträgt.

Nach überwiegender Auffassung in der Rspr. ist ein Kaiserschnitt **nicht bereits deshalb indiziert** und somit aufklärungspflichtig, wenn das geschätzte Geburtsgewicht 4 000 g oder mehr beträgt. Vielmehr besteht die Pflicht zur Aufklärung nur dann, wenn entweder ein „übergroßes Kind" mit

4 500 g oder mehr zu erwarten ist oder neben dem **zu erwartenden Gewicht von 4 000 g oder mehr (Makrosomie) weitere Risikofaktoren hinzutreten** (BGH, Urt. v. 25. 11. 2003 – VI ZR 8/03, GesR 2004, 132, 135 = VersR 2004, 645, 647 unter Aufhebung von OLG Frankfurt OLGR 2003, 55, 59: „großes" Kind allein keine Indikation zur sectio; OLG Frankfurt, Urt. v. 24. 1. 2006 – 8 U 102/05, NJW-RR 2006, 1171, 1172: erwartete 3 900 g und frühere sectio begründen noch keine Aufklärungspflicht; OLG Düsseldorf VersR 2003, 114, 115: weniger als 4 500 g, im entschiedenen Fall 4 200 g, keine Aufklärungspflicht; OLG Hamm, Urt. v. 24. 4. 2002 – 3 U 8/01, VersR 2003, 1312, 1313: sectio aufklärungspflichtig bei geschätztem Geburtsgewicht von 3 325 g, tatsächlichem Gewicht von 5 070 g, aber pathologischen CTG-Werten; OLG Hamm, VersR 1997, 1403: Aufklärungspflicht bei zu erwartendem „Riesenkind", Geburtsgewicht 5 270 g; OLG Hamm, VersR 2001, 247, 248 und VersR 1991, 228: keine Aufklärungspflicht bei geschätztem Geburtsgewicht von 4 000 g oder weniger; VersR 1990, 52: keine Aufklärungspflicht bei zu erwartendem Kind und zwei vorgeborenen Kindern jeweils über 4 000 g; OLG Koblenz, Urt. v. 18. 5. 2006 – 5 U 330/02, NJW-RR 2006, 1172, 1173 und Urt. v. 17. 4. 2001 – 3 U 1158/96, OLGR 2002, 69, 70, s. u.; OLG Oldenburg, Urt. v. 18. 9. 2001 – 5 U 81/97, VersR 2002, 1028, 1029: „deutlich erkennbare Risikokonstellation" erforderlich, relative Indikation macht sectio nicht aufklärungspflichtig; VersR 1993, 362: Aufklärungspflicht erst, wenn ernstzunehmende Gefahren; OLG Schleswig VersR 2000, 1544: geschätztes Gewicht 4 000 g, eher mehr, keine Aufklärungspflicht; OLG Stuttgart, Urt. v. 25. 5. 2004 – 1 U 5/04, S. 9: allein das Schätzgewicht von ca. 4 000 g begründet keine Indikationslage für eine sectio, das tatsächliche Geburtsgewicht von 4 640 g ist nicht entscheidend; VersR 1989, 519: keine Aufklärungspflicht bei zu erwartendem und einem vorgeborenen Kind über 4 000 g; OLG Zweibrücken VersR 1997, 1103: keine Aufklärung bei geschätztem Geburtsgewicht von 4 100 g).

So war bereits im Jahr 1989 nach dem damaligen Stand der medizinischen Wissenschaft bei einem geschätzten Fetalgewicht von **mehr als 4 000 g** und dem Hinzutreten weiterer risikoerhöhender Umstände wie **starke Adipositas** der Schwangeren, **Verdacht auf Diabetes und /oder Auftreten einer schweren Gestose** die sectio als alternative Art der Entbindung ernsthaft in Betracht zu ziehen und die Schwangere entsprechend aufzuklären (OLG Koblenz, Urt. v. 17. 4. 2001 – 3 U 1158/96, OLGR 2002, 69, 70, rechtskräftig: Schätzung des Geburtsgewichts „nicht auf wesentlich mehr als 4 500 g", tatsächliches Geburtsgewicht 5 400 g; ebenso OLG München, Urt. v. 20. 6. 1996 – 1 U 5401/04 – Aufklärungspflicht dort aber im Ergebnis verneint).

Eine Aufklärungspflicht besteht auch dann, wenn Anzeichen für die Geburt eines großen Kindes **über 4 000 g** vorliegen, die Schwangere **schon zuvor ein großes oder übergroßes Kind geboren** hatte und sie aktuell überdurchschnittlich zugenommen hat (OLG München, Urt. v. 20. 6. 1996 – 1 U 5401/94 – im konkreten Fall verneint).

Besondere Gefahren für das Kind, die eine Aufklärungspflicht des Arztes begründen, liegen insbesondere dann vor, wenn die Mutter übergewichtig, die Wehendauer ungewöhnlich lang und mit der Geburt eines „übergroßen Kindes" von **mehr als 4 500 g** zu rechnen ist (BGH VersR 1992, 237: übergroßes Kind, Risikositus und Adipositas der Mutter; OLG Hamm VersR 1997, 1403: über 5 000 g; OLG Koblenz, Urt. v. 17. 4. 2001 – 3 U 1158/96, OLGR 2002, 69, 70 = NJW-RR 2002, 310; OLG Stuttgart, OLGR 2001, 394: Geschätztes Fetalgewicht über 4 500 g).

Erwartet die Mutter die Geburt eines über 4 000 g schweren Kindes, dessen vorangehendes Geschwisterkind bei einem Gewicht von **4 200 g eine Erb'sche Lähmung mit Schulterdystokie** erlitten hatte (OLG Köln VersR 1998, 1156) oder ist bei der Entbindung voraussichtlich mit einem geschätzten Geburtsgewicht von **4 400 bis 4 500 g** zu rechnen, wobei das Geburtsgewicht eines mehrere Jahre zuvor geborenen Kindes bereits 4 750 g betrug (OLG Hamm VersR 1997, 1403: übergroßes bzw. **Riesenkind mit 5 270 g**), muss die Schwangere baldmöglichst auf die dann indizierte sectio hingewiesen werden.

Die Möglichkeit einer sectio muss der Patientin auch erläutert werden, wenn das geschätzte Geburtsgewicht **4 200 g** beträgt, sie zwei Jahre **zuvor ein Kind mit 4 130 g nach Kaiserschnitt** wegen eingetretenen Geburtsstillstandes geboren hatte und erhebliche Anzeichen für ein relatives Kopf-Becken-Missverhältnis bestehen (vom BGH NJW 1993, 1524 an das Berufungsgericht zurückverwiesen).

Eine Aufklärung über die Möglichkeit einer sectio ist schließlich auch erforderlich, wenn das geschätzte Geburtsgewicht zwar **unter 4 000 g** liegt (tatsächliches Geburtsgewicht 5.070 g) und die **CTG-Werte nicht nur kurzfristig pathologisch** sind (OLG Hamm, Urt. v. 24. 4. 2002 – 3 U 8/01, VersR 2003, 1312, 1313: CTG mehr als zwanzig Minuten pathologisch).

Sind die kindlichen Herzfrequenzen wehensynchron und **ohne pathologische Zeichen**, erfordert andererseits allein der Stillstand der Geburt noch keinen sofortigen Kaiserschnitt (OLG Koblenz, Urt. v. 5. 8. 2004 – 5 U 250/04, GesR 2004, 496).

Der verantwortliche Gynäkologe muss die werdende Mutter in einer „normalen Entbindungssituation" aber selbst dann **nicht** auf die Möglichkeit einer Schnittentbindung hinweisen, wenn zwar erkennbare Risikofaktoren wie etwa ein deutliches **Übergewicht der Mutter von 139 kg** vorliegen, nicht jedoch ernst zu nehmende Gefahren für das Kind (OLG Oldenburg VersR 2002, 1028, 1029; auch OLG Frankfurt, Urt. v. 24. 1. 2006 – 8 U 102/05, NJW-RR 2006, 1171, 1172: Gewicht der 1,64 m großen Mutter 123 kg kurz vor der Entbindung im Jahr 1997).

Allein die Möglichkeit einer äußerst seltenen **Schulterdystokie** begründet für sich allein keine **Indikation** für eine Schnittentbindung (OLG Zweibrücken VersR 1997, 1103; OLG Schleswig VersR 2000, 1544, 1545: Risiko bei **0,15** % bis **0,6** %). Bei fehlender Indikation ist über die Möglichkeit einer sectio auch dann nicht aufzuklären, wenn die Schwangere ausdrücklich danach verlangt (OLG Koblenz, Urt. v. 4. 12. 2003 – 5 U 234/03, MedR 2004, 566 = NJW-RR 2004, 534, 535 = GesR 2004, 137, 138; auch BGH NJW 1993, 1524, 1525).

(16) Entbindung mit Geburtszange, Saugglocke oder Kaiserschnitt

Eine Entbindung mit der Geburtszange kann auch nach medikamentöser Einleitung der Geburt sachgerecht und je nach den Umständen des Falles der Entbindung durch eine Vakuumextraktion vorzuziehen sein; in diesem Fall besteht **keine Alternative**, über welche die Mutter aufgeklärt werden müsste (OLG München VersR 1997, 452; mit zustimmender, erklärender Anmerkung Gaisbauer, VersR 1997, 1007).

Bei der Zangenentbindung handelt es sich dabei um die klassische geburtshilfliche Operation zur Geburtsbeendigung, bei der Vakuumextraktion um die typische Methode zur Geburtsbeschleunigung. Letztere wird vorwiegend bei Erschöpfung der Mutter bei zu langer Geburtsdauer, sekundärer Wehenschwäche oder Fieber unter der Geburt, erstere bei gefährdetem Kind und unter günstigen Vorbedingungen ausgeführt (Gaisbauer, VersR 1997, 1008).

Ergibt sich während des Geburtsverlaufs die Indikation zur alsbaldigen operativen Geburtsbeendigung, so sind eine sectio und die Entbindung durch Saugglocke oder Geburtszange nach Auffassung des OLG München (Urt. v. 23. 7. 1998 – 24 U 741/97) nur dann denkbare und aufklärungspflichtige Alternativen, wenn sich der Höhenstand des Kopfes in der Beckenmitte befindet.

Nach – vereinzelt gebliebener und abzulehnender – Ansicht des OLG Düsseldorf (NJW 1986, 2373) muss sogar über die bestehenden drei Möglichkeiten einer operativen Geburtshilfe, nämlich Vakuumextraktion, Zangenextraktion und Kaiserschnitt und deren spezifische Risiken aufgeklärt werden. Geschieht dies nicht und kommt es bei der Geburt durch Vakuumextraktion mittels einer 50 mm-Saugglocke zu einer Fraktur des Scheitelbeines und motorischen Störungen, haftet der Arzt danach wegen der Aufklärungspflichtverletzung.

(17) Zahnbehandlung, Wurzelspitzenresektion

Ein Zahnarzt muss einen Patienten vor einer bestimmten Behandlung über gegebene ernsthafte Behandlungsalternativen aufklären. So hat er vor einem chirurgischen Vorgehen durch Wurzelspitzenresektion (WSR) bzw. Wurzelspitzenkürzung nach der Feststellung einer Wurzelzyste über die **Möglichkeit einer konservativen Behandlung** durch Aufbohren des betroffenen Zahns und anschließende Wurzelkanalbehandlung, die eine konkrete und echte Behandlungsalternative mit gleichwertigen Chancen, aber andersartigen, im entschiedenen Fall geringeren Risiken einer Verletzung von Nerven darstellt, aufzuklären (OLG Koblenz, Urt. v. 4. 4. 2000 – 1 U 1295/98, OLGR 2000, 529).

Eine **Wurzelkanalbehandlung** ist gegenüber einer Zahnextraktion wegen ihrer guten Erfolgschancen bei möglicher Zahnerhaltung **vorrangig indiziert** und stellt gegenüber der Extraktion eine ernsthafte, aufklärungspflichtige Alternative dar (OLG Stuttgart, Urt. v. 12. 9. 1996 – 14 U 1/96; auch OLG Düsseldorf, Urt. v. 10. 3. 1988 – 8 U 45/87 und Urt. v. 30. 6. 1988 – 8 U 213/86 sowie Urt. v. 19. 1. 1989 – 8 U 158/87: Wurzelbehandlung hat einer Extraktion regelmäßig vorzugehen; OLG Jena, Urt. v. 14. 5. 1997 – 4 U 1271/96: Extraktion nur ultima ratio, wenn konservierende Maßnahmen aussichtslos erscheinen; LG Osnabrück, Urt. v. 5. 11. 1996 – 10 O 40/04: Vor Extraktion muss dem Patienten Wurzelfüllung bzw. WSR angeboten werden; Oehler S. 142, 143, 144).

Im umgekehrten Fall stellt eine Zahnextraktion gegenüber einer Wurzelkanalbehandlung keine aufklärungspflichtige Alternative dar. Eine solche Aufklärungspflicht besteht nur dann, wenn die Prognose für den Erfolg der Wurzelkanalbehandlung nach entsprechenden Röntgenbefunden schlechter oder die Zahnerhaltung wegen des Zustandes des Zahns weniger aussichtsreich ist (OLG Stuttgart, Urt. vom 12. 9. 1996 – 14 U 1/96; Oehler S. 240).

(18) Materialwechsel bei der zahnärztlichen Versorgung

Auch über einen beabsichtigten Materialwechsel bei der zahnärztlichen Versorgung, etwa von Gold auf eine Paladiumlegierung, hat der Zahnarzt den Patienten aufzuklären (OLG München, Urt. v. 28. 11. 2002 – 1 U 1973/00, OLGR 2003, 400).

(19) Zahnersatz, Implantate

Kommen zur zahnärztlichen Versorgung von Zahnlücken **mehrere Alternativen des Zahnersatzes (viergliedrige bogenförmige Brücke, implantatgetragene Einzelbrücken oder herausnehmbare Prothese)** in Betracht, die aus ex-ante-Sicht objektiv eine gleichwertige Versorgungschance bieten, aber insbesondere eine deutlich unterschiedliche Beanspruchung des Patienten durch die Behandlung zur Folge haben bzw. haben können, so hat der Zahnarzt seinen Patienten über diese Behandlungsalternativen aufzuklären (OLG Naumburg, Urt. v. 5. 4. 2004 – 1 U 105/03, VersR 2004, 1469).

Der Zahnarzt, der eine ältere, inzwischen weniger gebräuchliche und risikoreichere Methode bei Vornahme eines Zahnersatzes anwendet, etwa wenn er ein subperiostales statt eines enossalen Implantats einbringen will, muss den Patienten über die Vor- und Nachteile beider Methoden unterrichten, wobei insbesondere ein fortgeschrittener Knochenabbau zu berücksichtigen ist (OLG Stuttgart, Urt. v. 17. 4. 2001 – 14 U 74/00, VersR 2002, 1286, 1287).

Vor der Verwendung von aus Rinderknochen gewonnenen Materials für eine präimplantologische Augmentation (hier: Knochenaufbau des Ober- oder Unterkiefers) ist der Patient wegen einer entsprechenden Empfehlung der WHO, im Hinblick auf bestehende Restrisiken, an der Kreutzfeld-Jacob-Krankheit zu erkranken, **keine Rinderstoffe als Ausgangsmaterial** für die Herstellung von Medizinprodukten zu verwenden, über die gleichwertige Behandlungsmethode der Verwendung autologen, d.h. eigenen Knochens einschließlich einer hier erforderlich werdenden Zweitoperation zur Knochenentnahme aus dem Beckenkamm aufzuklären (OLG Stuttgart, Urt. v. 12. 7. 2005 – 1 U 25/05, NJW-RR 2005, 1389 = OLGR 2006, 10 = GesR 2005, 465, 466).

Besteht die Gefahr, dass zukünftig gerade bei dem Zahn eine Wurzelspitzenresektion durchgeführt werden muss, der vom Zahnarzt als Brückenpfeiler für den Aufbau einer Prothese vorgesehen ist, so muss er den Patienten aufgrund der mangelnden Eignung dieses Zahns als „Brückenpfeiler" auf die normalerweise weniger geeignete **Behandlungsalternative, zwei Teilprothesen anzubringen**, hinweisen (OLG Bamberg, Urt. v. 3. 3. 1997 – 4 U 167/96; Stöhr MedR 2004, 156, 159).

Der Zahnarzt kann seinen **Honoraranspruch** wegen des Aufklärungsmangels verlieren, wenn sich die gewählte Art der **Versorgung als unbrauchbar** erweist (OLG Hamburg, Urt. v. 25. 11. 2005 – 1 U 6/05, OLGR 2006, 128, 130 f.; Beschl. v. 29. 12. 2005 – 1 W 85/05, OLGR 2006, 120, 121 und Urt. v. 22. 12. 2000 – 1 U 41/00, MDR 2001, 799 zur kosmetischen Operation; OLG Stuttgart, Urt. v. 17. 4. 2001 – 14 U 74/00, VersR 2002, 1286; vgl. hierzu → *Rückerstattung des Honorars*, S. 680 ff.).

Jedenfalls wenn es für einen Zahnarzt erkennbar zweifelhaft ist, ob eine Behandlung von dessen Krankenkasse als medizinisch notwendig angesehen wird oder nicht, muss er den Patienten darauf hinweisen, dass die in Aussicht genommene Behandlung möglicherweise **vom Krankenversicherer nicht als notwendig anerkannt** werden könnte und der Versicherer dementsprechend auf die Kosten der zahnärztlichen Behandlung keine Leistung erbringen werde (KG, Urt. v. 21. 9. 1999 – 6 U 261/98, VersR 2000, 89; OLG Köln, Urt. v. 23. 3. 2005 – 5 U 144/04, OLGR 2005, 601 = VersR 2005, 1589; Stöhr MedR 2004, 156, 159; vgl. hierzu *Wirtschaftliche Aufklärung*, S. 114 ff.).

Stimmt die gesetzliche Krankenkasse dem Heil- und Kostenplan des Zahnarztes nicht zu, sondern fordert eine andere Lösung, die ein sehr hohes Misserfolgsrisiko hat, ist der Zahnarzt verpflichtet, den Patienten hierüber aufzuklären, damit sich dieser entscheiden kann, ob er die kostenfreie Behandlung mit dem hohen Risiko oder die mit hoher Wahrscheinlichkeit erfolgreiche Behandlung nach dem ursprünglichen Plan mit Übernahme nur eines Teils der Kosten durch die Krankenversicherung wählen will (OLG Karlsruhe, Urt. v. 2. 12. 1992 – 7 U 202/91; Oehler S. 221).

Gegenüber Kassenpatienten genügt der Zahnarzt seinen nebenvertraglichen Verpflichtungen im Übrigen durch **Fertigung eines Heil- und Kostenplans**, den der Patient vor Aufnahme der Behandlung anfordern kann (OLG Düsseldorf, Urt. v. 20. 5. 1999 – 8 U 181/99, NJW-RR 2000, 906; OLG Köln, Urt. v. 23. 3. 2005 – 5 U 144/04, OLGR 2005, 601 = VersR 2005, 1589: 50 % Mitverschulden des Patienten, der den Bescheid des Versicherers vor Durchführung einer Implantatbehandlung nicht abwartet; Stöhr MedR 2004, 156, 159; Oehler S. 259).

c) Nicht echte Behandlungsalternative; keine Aufklärungspflicht

Wenn **keine wesentlichen Unterschiede** der in Betracht kommenden Behandlungsmethode mit **gleichwertigen Chancen** und deren Risiken im konkreten Fall bestehen, die alternative Methode bei etwa gleichwertigen Belastungen **keine höhere Heilungs- bzw. Erfolgsaussicht** verspricht, so bleibt die Behandlungsmethode allein Sache des Arztes, der dann nicht über die Vorteile und Risiken der beiden Behandlungsmethoden im Verhältnis zueinander aufklären muss (BGH, Urt. v. 14. 9. 2004 – VI ZR 186/03, NJW 2004, 3703, 3704; Urt. v. 22. 2. 2000 – VI ZR 100/99, NJW 2000, 1788, 1789 = VersR 2000, 766, 767; OLG Bamberg, Urt. v. 11. 11. 2002 – 4 U 99/02, OLGR 2003, 300: **Schnittführung** bei Übergang von Laparoskopie zur Laparotomie nicht aufklärungspflichtig; OLG Bamberg, Urt. v. 6. 3. 2006 – 4 U 236/05, OLGR 2006, 739, 740: wg. Blutverlust dringend indizierte Hysterektomie; OLG Dresden, Urt. v. 23. 10. 2003 – 4 U 980/03, NJW 2004, 298, 299 = GesR 2004, 22, 23; OLG Frankfurts, Urt. v. 24. 1. 2006 – 8 U 102/05, NJW-RR 2006, 1171, 1172: keine sectio bei Schätzgewicht unter 4 000 g; OLG Frankfurt, Urt. v. 7. 12. 2004 – 8 U 194/03, NJW-RR 2005, 173, 174, bestätigt von BGH, Urt. v. 13. 6. 2006 – VI ZR 323/04, VersR 2006, 1073 = NJW 2006, 2477; OLG Hamm, Urt. v. 5. 11. 2003 – 3 U 102/03, OLGR 2004, 162, 163: **gleichwertige Operationsmethoden** in der **Fußchirurgie**; VersR 1992, 834; OLG Karlsruhe, Urt. v. 8. 12. 2004 – 7 U 163/03, NJW-RR 2005, 798, 799 = OLGR 2005, 189, 191 = GesR 2005, 165, 167; Urt. v. 26. 6. 2002 – 7 U 16/02, OLGR 2002, 363 = VersR 2003, 224, 225; Urt. v. 26. 11. 2003 – 7 U 63/02, OLGR 2004, 323, 325: **Radiochirurgie** bei **Akustikusneuronom keine ernsthafte Alternative** ggü. herkömmlicher OP; OLG Karlsruhe, Urt. v. 4. 12. 2002 – 13 U 10/02, OLGR 2003, 232, 233; Urt. v. 9. 10. 2002 – 7 U 107/00, OLGR 2003, 233, 234; Urt. v. 28. 11. 2001 – 7 U 114/99, OLGR 2002, 407, 408; Urt. v. 18. 12. 2002 – 7 U 143/ 01, OLGR 2003, 313: Nichtdurchführung eines Eingriffs keine Behandlungsalternative; Urt. v. 10. 7. 2002 – 7 U 159/01, OLGR 2002, 392, 393: **Materialeinsatz bei einer Prothese**; Urt. v. 26. 9. 2001 – 7 U 92/99, OLGR 2002, 20, 21: Patient hat die mögliche alternative Behandlungsmethode darzulegen; OLG Koblenz, Urt. v. 7. 8. 2003 – 5 U 1284/02, NJW-RR 2003, 1607, 1608: Operationsaufschub bei leidendem Patienten keine echte Alternative; Urt. v. 18. 5. 2006 – 5 U 330/ 02, NJW-RR 2006, 1172, 1173: keine Aufklärung über sectio bei vertretbar unter 4 000 g geschätztem Geburtsgewicht; OLG München, Urt. v. 13. 10. 2005 – 1 U 2864/05, OLGR 2006, 296: keine konservative Behandlung bei **instabiler Humeruskopffraktur**; Urt. v. 29. 11. 2001 – 1 U 2554/01, OLGR 2002, 419, 420: **gleichwertige Zugangsmöglichkeiten zum OP-Gebiet** nicht aufklärungspflichtig; OLG Naumburg, Urt. v. 6. 6. 2005 – 1 U 7/05, OLGR 2005, 859 = MDR 2006, 333: konservative Methode mit nahezu gleichen Erfolgschancen; Urt. v. 23. 8. 2004 – 1 U 18/04, OLGR 2004, 404 = GesR 2004, 494, 495; OLG Nürnberg, Urt. v. 6. 11. 2000 – 5 U 2333/00, VersR 2002, 580, 581; Urt. v. 27. 5. 2002 – 5 U 4225/ 00, VersR 2003, 1444, 1445; MedR 2001, 577, 578; OLG Oldenburg, Urt. v. 30. 3. 2005 – 5 U 66/03, VersR 2006, 517: **Arthrodese/völlige Einsteifung gegenüber Knieendoprothese** keine ernsthafte Alternative; Urt. v. 18. 9. 2001 – 5 U 81/97, VersR 2002, 1028: keine Aufklärung über **sectio bei fehlenden Risikofaktoren**; OLG Saarbrücken, Urt. v. 17. 4. 2002 – 1 U 612/01 – 139, OLGR 2002, 223, 224; OLG Stuttgart, Urt. v. 2. 4. 2002 – 1 U 7/02, OLGR 2003, 19: Verwendung eines Dübels statt Eigeninterponat nicht aufklärungspflichtig; Urt. v. 17. 12. 2003 – 1 U 711/02–170, OLGR 2004, 358: **überholte, vormalige Standardmethode**; Schelling/Erlinger MedR 2003, 331, 332; S/Pa Rz. 381, 384).

Greiner (5. Aufl., Rz. C 23, s.o.) weist darauf hin, dass eine Aufklärung nur erforderlich wird, wenn die Behandlungsalternativen zu jeweils **wesentlich** unterschiedlichen Belastungen des Patienten führen oder **wesentlich** unterschiedliche Risiken und Erfolgschancen bieten.

Unterliegt der Arzt einem **vertretbaren (einfachen) Diagnosefehler** (vgl. hierzu → *Diagnosefehler*, S. 408 ff.) und klärt er deshalb den Patienten objektiv falsch bzw. unvollständig über die Risiken der gewählten Therapie und der dazu gegebenen alternativen Behandlungsmöglichkeiten auf oder unterlässt er deshalb die Erhebung von Befunden, so stellt sich dies als Folge eines haftungsrechtlich nicht relevanten Irrtums dar. In einem solchen Fall ist die objektiv fehlerhafte Behandlungs– und Risikoaufklärung kein Anknüpfungspunkt für eine Haftung (G/G, 5. Aufl., Rz. C 24; OLG Köln, Urt. v. 20. 7. 2005 – 5 U 200/04, NJW 2006, 69, 70 = VersR 2005, 1740, 1741; NJW 1998, 3422 = VersR 1998, 98; NJW 1998, 243).

Über die Möglichkeit der **Anwendung verschiedener Operationsmethoden** muss der Patient nur aufgeklärt werden, wenn sich die vom Operateur nicht vorgesehene Methode auf der Grundlage der Stellungnahme des vom Gericht beauftragten Sachverständigen bereits vor der Operation als eine echte Behandlungsalternative mit unterschiedlichem Risikospektrum dargestellt hätte (OLG Dresden, Urt. v. 17. 5. 2001 – 4 U 1012/99, VersR 2002, 440; Bergmann/Müller MedR 2005, 650, 654).

Der Arzt schuldet dem Patienten auch keine Aufklärung über eine **früher angewandte Behandlungsmethode**, wenn die zum Zeitpunkt der Durchführung des Eingriffs angewandte Methode seit vielen Jahren bessere Ergebnisse liefert, die hergebrachte, konservative Behandlungsmethode also keine gleichwertige (mehr) Behandlungsalternative darstellt (OLG München VersR 1992, 1134; OLG Saarbrücken, Urt. v. 17. 12. 2003 – 1 U 711/02–170, OLGR 2004, 358).

Solange bewährte und mit vergleichsweise geringem Risiko behaftete Diagnose- und Behandlungsmethoden zur Verfügung stehen, besteht auch über **neuartige Verfahren**, die sich noch in der Erprobung befinden bzw. sich noch nicht durchgesetzt haben, keine Aufklärungspflicht (BGH NJW 1984, 1810; OLG Nürnberg MedR 2002, 29; S/Pa, Rz. 388; G/G, 5. Aufl., Rz. C 40; L/U, § 64 Rz. 7). Anders ist es jedoch, wenn sich ein neues Verfahren weitgehend durchgesetzt hat und dem Patienten entscheidende Vorteile bietet (BGH NJW 1988, 763; L/U, § 64 Rz. 7; s. o. S. 150).

Wählt der Arzt die **risikoärmere Methode**, hat er nicht über die Alternative der risikoreicheren aufzuklären (OLG Köln VersR 1991, 930; OLG Nürnberg MedR 2001, 577, 578), etwa ein mögliches operatives Vorgehen anstatt der empfohlenen konservativen Methode, wenn eine Operation bei ansonsten gleicher Gefahr angesichts des Alters für den Patienten risikoreicher gewesen wäre (OLG Nürnberg MedR 2001, 577, 578). Die Pflicht des Arztes, den Patienten über Behandlungsalternativen aufzuklären, entfällt auch, wenn eine an sich gegebene Behandlungsalternative im konkreten Fall wegen anderer behandlungsbedürftiger Verletzungen des Patienten ausscheidet (BGH MDR 1992, 749) oder wenn ein **klarer Vorrang für die operative Therapie** besteht (BGH MDR 1986, 342, 343; OLG München, Urt. v. 13. 10. 2005 – 1 U 2864/05, OLGR 2006, 296; OLG Stuttgart OLGR 2000, 132, 134; weitergehend OLG Naumburg, Urt. v. 6. 6. 2005 – 1 U 7/05, OLGR 2005, 859 = MDR 2006, 333: keine Aufklärungspflicht bei Anwendung der üblichen operativen Methode mit gleichen oder **nahezu gleichen Erfolgschancen**).

Allerdings muss ein Hinweis über Behandlungsalternativen auch dann erfolgen, wenn die alternativ in Betracht kommende Maßnahme zwar nicht zur Heilung führt, aber bei **ungleich geringerem Risiko** und geringerer Belastung zumindest **für eine gewisse Zeit zur Linderung der Beschwerden** und Beeinträchtigungen führt. So stellt die bloße Punktion einer Zyste gegenüber der operativen Entfernung eines Tumors durchaus eine echte Behandlungsalternative dar, wenn damit zwar keine Heilung wie bei der Entfernung des Tumors verbunden ist, aber eine gewisse Vermutung dafür besteht, dass der Patientin mit der Punktion über einen längeren Zeitraum geholfen werden kann (OLG Karlsruhe, Urt. v. 9. 10. 2002 – 7 U 107/00, OLGR 2003, 233, 234; OLG Karlsruhe, Urt. v. 8. 12. 2004 – 7 U 163/03, NJW-RR 2005, 798, 799 = OLGR 2005, 189, 191: Punktion statt operativer Entfernung einer Zyste).

Die Rechtswidrigkeit eines Eingriffs aufgrund einer unzureichenden Aufklärung über Behandlungsalternativen kann auch nicht allein daraus hergeleitet werden, dass **keine Aufklärung über alternative Methoden der Befunderhebung** zur nachfolgenden Diagnosestellung im Vorfeld des Eingriffs stattgefunden hat (OLG Karlsruhe, Urt. v. 12. 12. 2001 – 7 U 102/00, OLGR 2002, 396).

Behauptet der Patient eine bestehende Pflicht des Arztes zur Aufklärung über etwaige Behandlungsalternativen, hat er darzulegen, über welche alternativen Behandlungsmethoden eine Aufklärung erforderlich gewesen sein soll (OLG Karlsruhe, Urt. v. 26. 9. 2001 – 7 U 92/99, OLGR 2002, 20).

Zudem hat der Patient auch darzulegen, dass er bei richtiger und vollständiger Aufklärung die Zustimmung zu dieser Behandlung nicht erteilt hätte (BGH VersR 1994, 1302 = NJW 1994, 2414; VersR 1998, 766 = NJW 1998, 2734; G/G, 5. Aufl., Rz. C 147) und dass der dann rechtwidrige Behandlungseingriff für den von ihm behaupteten Schaden ursächlich geworden ist (BGH, Urt. v. 15. 3. 2005 – VI ZR 313/03, NJW 2005, 1718, 1719; VersR 1987, 667 = NJW 1987, 1481: nach § 287 ZPO; NJW 1992, 754, 755; NJW 1986, 1541; OLG Oldenburg VersR 1997, 192; OLG Düsseldorf VersR 1988, 967, 968; G/G, 5. Aufl., Rz. C 147, 149).

In folgenden Fällen hat die Rechtsprechung das Bestehen einer aufklärungspflichtigen, echten Alternative mit gleichwertigen Chancen, aber andersartigen Risiken **verneint:**

(1) Konservative und operative Versorgung von Knochenbrüchen

Grundsätzlich erfordert die Entscheidung des Arztes für eine konservative, d. h. auf die Selbstheilung des Körpers setzende Behandlungsmethode keine der Beweislast des Arztes unterliegende Eingriffsaufklärung, sondern lediglich eine der Beweislast des Patienten unterliegende **therapeutische Aufklärung über die bestehende alternative operative Behandlungsmöglichkeit,** falls beide Methoden einigermaßen gleichwertige Heilungschancen bieten, jedoch unterschiedliche Risiken bestehen (BGH, Urt. v. 15. 3. 2005 – VI ZR 313/03, VersR 2005, 836 = NJW 2005, 1718; VersR 1986, 342; OLG Dresden, Urt. v. 23. 10. 2003 – 4 U 980/ 03, NJW 2004, 298, 299 = GesR 2004, 22, 23; OLG Hamm, Urt. v. 6. 5. 1985 – 3 U 216/84; OLG Nürnberg, Urt. v. 6. 11. 2000 – 5 U 2333/00, VersR 2002, 580).

Ist die **operative Versorgung** eines Bruchs **nicht zwingend geboten,** etwa wenn **keine offene oder instabile Fraktur** vorliegt, hat der Arzt über die dennoch bestehende Möglichkeit einer operativen Intervention nicht aufzuklären (OLG Dresden, Urt. v. 23. 10. 2003 – 4 U 980/03, NJW 2004, 298, 299; OLG München, Urt. v. 13. 10. 2005 – 1 U 2864/05, OLGR 2006, 296; OLG Nürnberg, Urt. v. 6. 11. 2000 – 5 U 2333/00, VersR 2002, 580, 581).

So ist bei einer **Knöchelgelenkstrümmerfraktur** die konservative Therapie gegenüber dem gewählten operativen Eingriff i. d. R. nicht aufklärungsbedürftig (BGH NJW 1986, 780; G/G, Rz. C 26; anders aber bei drohender Funktionseinschränkung eines gebrochenen Handgelenks BGH, Urt. v. 15.3. 2005 – VI ZR 313/05, VersR 2005, 836).

Hat der Patient eine **Oberschenkeltrümmerfraktur** erlitten, muss über eine mögliche operative Intervention anstatt einer Marknagelung nach Kirschner o. a. Stabilisierung von Brüchen durch innere Schienung mittels eines formschlüssig eingetriebenen Stahlnagels ohne Kopf nicht aufgeklärt werden (BGH VersR 1982, 771).

Bei einer **dislozierten, instabilen Humeruskopffraktur** muss der Patient nicht über die Möglichkeit einer konservativen Behandlung aufgeklärt werden (OLG München, Urt.v. 13. 10. 2005 – 1 U 2864/05, OLGR 2006, 296).

Bei einer **Radiusfraktur (Speichenbruch)** muss nicht auf die alternative Möglichkeit der Anlegung eines Rundgipses anstatt der dorsalen Schienung hingewiesen werden (OLG Hamm VersR 1992, 834).

Ist die Behandlung einer **Handgelenksverletzung** mit mehreren medizinisch gleichermaßen indizierten Methoden konservativ oder operativ möglich, ist aber die konservative Methode weitaus üblicher und hat letztere die gleiche oder zumindest nahezu gleiche Erfolgschance, so stellt die Möglichkeit der operativen Therapie nach Auffassung des OLG Naumburg (Urt. v. 6. 6. 2005 – 1 U 7/05, MDR 2006, 333 = OLGR 2005, 859, 860) keine dem Patienten zu erläuternde Alternative dar.

Kommen statt der Einleitung oder Fortsetzung einer konservativen Therapie auch eine Reposition oder Operation eines abgekippten **(Handgelenks-)Bruchs** (BGH, Urt. v. 15. 3. 2005 – VI ZR 313/03, VersR 2005, 836 = NJW 2005, 1718, s.o.) oder nach den Leitlinien der Deutschen Gesellschaft für Unfallchirurgie zur Korrektur einer **dislozierten Radiusbasisfraktur** neben der konservativen Behandlung auch die mit der Gefahr einer Entzündung verbundene, aber die **besseren Wiederherstellungschancen** bietende chirurgische Versorgung in Betracht, sind die unterschiedlichen Therapiemöglichkeiten sowie ihre jeweiligen Chancen und Risiken mit dem Patienten jedoch zu erörtern (OLG Düsseldorf, Urt. v. 13. 2. 2003 – 8 U 41/02, VersR 2005, 230, 231; s. o.).

(2) Schultergelenkssprengung

Bei einer Schultergelenkssprengung ist die konservative Therapiealternative gegenüber einem operativen Eingriff grundsätzlich aufklärungspflichtig (BGH MDR 1992, 749; OLG München VersR 1992, 834); die Pflicht des Arztes, den Patienten über die konservative Behandlungsalternative aufzuklären, entfällt jedoch, wenn deren Durchführung im konkreten Fall wegen anderer behandlungsbedürftiger Verletzungen des Patienten ausscheidet (BGH MDR 1992, 749).

(3) Korrektur des Mittelfußes und der Zehenfehlstellung

Die operative Behandlung eines Ballenhohl- und Spreizfußes nach Helal oder in einer Variante dieser Methode und/oder die zusätzliche Korrektur einer Krallenzehenbildung durch ein- oder zweizeitiges Vorgehen (zeitlich zwei getrennte Phasen) stellt für den Patienten keine ernsthafte und damit aufklärungspflichtige Alternative dar (OLG Stuttgart OLGR 2000, 132, 133; zustimmend OLG Hamm, Urt. v. 5. 11. 2003 – 3 U 102/03, OLGR 2004, 162, 163). Gleiches gilt für andere, jeweils **gleichwertige Methoden in der Fußchirurgie** (OLG Hamm, Urt. v. 5.11–2003 – 3 U 102/03, OLGR 2004, 162, 163 m.w.N.: gleichwertige Methoden nach Helal vs. Weil und Hueter/Mayo vs. Keller/Brandes sowie Hueter/Mayo vs. Subkapitale Umstellungsosteotomie).

(4) Hüftgelenkoperationen

Stellt bei Beschwerden im Hüftgelenk das Einsetzen einer Endoprothese die Methode der Wahl dar, so muss der Patient nicht auf die Möglichkeit einer Hüftgelenksversteifung hingewiesen werden (KG VersR 1989, 915).

(5) Implantation einer Knieendoprothese

Bei der Implantation einer Knieendoprothese stellt eine Arthrodese gegenüber der Endoprothese keine ernsthafte Behandlungsalternative dar. Während die Arthrodese mit einer völligen Einsteifung des Knies verbunden ist, kann mit der Endoprothese die Beweglichkeit des Knies sogar verbessert werden. Zudem können vorhandene Schmerzen mit Ersterer nicht sicherer als durch eine Endoprothese beseitigt werden (OLG Oldenburg, Urt. v. 30. 3. 2005 – 5 U 66/03, VersR 2006, 517).

(6) Einzelne Behandlungstechniken bzw. Behandlungsschritte

Über **einzelne Behandlungstechniken** oder **Behandlungsschritte** muss der Arzt **nicht aufklären** (s. o. S. 153 f. und nachfolgend Ziff. (7)–(9); OLG Bamberg, Urt. v. 11. 11. 2002 – 4 U 99/02, OLGR 2003, 300: Intraoperativ notwendig werdender Übergang von der Laparoskopie zur Laparotomie; OLG Dresden VersR 2002, 440: Behandlungsmethoden nach Infektion eines Fingers; OLG Karlsruhe, Urt. v. 10. 7. 2002 – 7 U 159/01, OLGR 2002, 392, 393: Möglichkeit der Verwendung verschiedener Materialkombinationen bei einer Totalendoprothese; Urt. v. 4. 12. 2002 – 13 U 10/02, OLGR 2003, 232; OLG Köln VersR 1998, 243; OLG München, Urt. v. 29. 11. 2001 – 1 U 2554/01, OLGR 2002, 419, 420: Mehrere praktisch gleichwertige Methoden des Zugangs zum Operationsgebiet; OLG Naumburg, Beschl. v. 5. 8. 2004 – 1 W 27/03, MDR 2005, 395, 396: Verlegung einer Magensonde über die Nase oder über den Mund; Urt. v. 23. 8. 2004 – 1 U 18/04, GesR 2004, 494: Behandlungsmethoden bei ausgerissenem Fingerendglied; OLG Oldenburg NJW-RR 1997, 978; OLG Stuttgart OLGR 2000, 132, 133; Urt. v. 2. 4. 2002 – 1 U 7/02, OLGR 2003, 19: Kein Hinweis erforderlich, dass bei einer Bandscheibenoperation statt eines bestimmten Dübels ein Eigeninterponat verwendet werden kann).

(7) Operationsverfahren bei Hallux valgus

Auch über die verschiedenen Verfahren bei einer Hallux-valgus-Operation (Korrektur einer X-Großzehe) muss nicht aufgeklärt werden (OLG Karlsruhe, Urt. v. 26. 6. 2002 – 7 U 4/00, MedR 2003, 229, 230: Methode nach Hueter/Mayo vs. subkapitale Umstellungsosteotomie – aber auf das Risiko der Versteifung des Großzehs ist hinzuweisen; auch OLG Hamm, Urt. v. 5. 11. 2003 – 3 U 102/03, OLGR 2004, 162, 163: Methode nach Helal vs. Methode nach Weil sowie Helal vs. Helal-Varianten; Urt. v. 25. 10. 2005 – 3 U 46/05: Methoden nach Homann, Brandes oder Hueter-Majo vs. Methode nach Stoffella, KG VersR 1993, 189; OLG Oldenburg VersR 1998, 1285 = OLGR 1998, 129; G/G, Rz. C 26).

(8) Oberschenkeltrümmerfraktur

Bei einer Oberschenkeltrümmerfraktur muss über eine mögliche operative Intervention anstatt einer Marknagelung nach Kürschner (Stabilisierung von Brüchen langer Röhrenknochen durch innere Schienung mittels eines formschlüssig eingetriebenen Stahlnagels ohne Kopf) nicht aufgeklärt werden (BGH VersR 1982, 771).

(9) Verwendung verschiedener Materialkombinationen bei einer Totalendoprothese

Über die Möglichkeit der **Verwendung verschiedener Materialkombinationen bei einer Totalendoprothese** muss der Arzt nicht von sich aus aufklären, denn hierbei handelt es sich nicht um Behandlungsalternativen mit jeweils wesentlich unterschiedlichen Belastungen des Patienten oder wesentlich unterschiedlichen Risiken und Erfolgschancen. So bietet die Materialkombination Keramik/Polyäthylen gegenüber der Materialkombination Metall/Polyäthylen keine besonders ins Gewicht fallenden Vorteile hinsichtlich möglicher Komplikationen. Zwar ist der Verschleiß bei der Materialpaarung Metall/Polyäthylen geringfügig höher als bei der Materialpaarung Keramik/Polyäthylen. Dem geringfügig besseren Abriebverhalten steht aber ein höheres Sprengungsrisiko der Materialpaarung Keramik/Polyäthylen gegenüber, so dass der Arzt bei der beabsichtigten Verwendung der Materialkombination Metall/Polyäthylen auf die Möglichkeit der Verwendung dieser anderen Materialien nicht hinweisen muss (OLG Karlsruhe, Urt. v. 10. 2. 2002 – 7 U 159/01, OLGR 2002, 392, 393: „*Wesentlich* unterschiedliche Belastungen des Patienten oder *wesentlich* unterschiedliche Risiken und Erfolgschancen" erforderlich).

(10) Krampfaderoperation

Der Patient muss nicht darauf hingewiesen werden, dass die vorgesehene Krampfaderoperation auch an beiden Beinen gleichzeitig oder in zwei zeitlich getrennten Phasen erfolgen kann (OLG Oldenburg VersR 2000, 61).

(11) Amputationsverletzungen

Grundsätzlich kommt auch bei Amputationsverletzungen eine Aufklärung über Behandlungsalternativen in Betracht, wenn es darum geht, den Vorteil einer – theoretisch möglichen, wenn auch in der Funktion stark eingeschränkten – Erhaltung eines Körperglieds gegen die höheren Risiken eines Replantationsversuchs abzuwägen. Die Replantation eines infolge einer Quetschverletzung ausgerissenen Fingerendglieds stellt jedoch gegenüber der bloßen Stumpfversorgung keine aufklärungspflichtige Alternative dar (OLG Naumburg, Urt. v. 23. 8. 2004 – 1 U 18/04, OLGR 2004, 404 = GesR 2004, 494, 495).

(12) Unterlassen einer prophylaktischen Heparinisierung bzw. einer Antibiotika-Prophylaxe

Es würde die Anforderungen an die gebotene Aufklärung überspannen, wenn der Arzt auch über die verschiedenen Alternativen, die sich im Rahmen einer Therapie ergeben, aufklären müsste. Dies gilt erst recht, wenn das jeweilige **Risiko** in der einen wie in der anderen Variante **identisch** ist. Sind keine Risikofaktoren für eine Thrombose ersichtlich, so ist das **Unterlassen einer prophylaktischen Heparinisierung** eines jungen, sportlichen Patienten im Rahmen einer ambulanten chirurgischen Behandlung nicht behandlungsfehlerhaft; die Nichterteilung des Hinweises auf deren Möglichkeit zur Vermeidung einer Thrombose begründet auch keinen Aufklärungsmangel (OLG Naumburg OLGR 2001, 98; auch OLG Düsseldorf, Urt. v. 21. 3. 2002 – 8 U 172/01, NJW-RR 2003, 88 = OLGR 2003, 390 sowie OLG Hamm, Urt. v. 26. 1. 2004 – 3 U 157/03, GesR 2004, 181).

So ist eine präoperative Antibiotika-Prophylaxe auch bei einer Kniegelenksarthroskopie nicht routinemäßig vorzunehmen. Bei **Nichtbestehen einer Indikation der Prophylaxe** muss der Patient auch nicht darüber aufgeklärt werden, dass sie ungeachtet dessen vorgenommen werden könnte (OLG Düsseldorf, Urt. v. 21. 3. 2002 – 8 U 172/01, NJW-RR 2003, 88 = OLGR 2003, 390).

Gleiches gilt bei der Nichtvornahme einer routinemäßigen Antibiotika-Prophylaxe vor einer neurochirurgischen Angiom-Exstirpation. Im Rahmen der Eingriffsaufklärung ist der Patient zuvor zwar über das Risiko einer Meningitis aufzuklären, nicht aber über das **Für und Wider einer routinemäßigen Antibiotika-Prophylaxe** (OLG Hamm, Urt. v. 26. 1. 2004 – 3 U 157/03, GesR 2004, 181 = OLGR 2004, 107).

(13) Nichterstellung eines Computertomogramms

Ist die Erstellung eines Computertomogramms (CT) nach durchschnittlichem ärztlichem Standard nicht geboten, muss der Patient **nicht befragt werden, ob ein CT angefertigt werden soll**, auch wenn dies von einem überdurchschnittlich sorgfältigen und gewissenhaften Arzt angeordnet worden wäre (OLG Nürnberg, Urt. v. 6. 11. 2000 – 5 U 1116/00, OLGR 2002, 66).

(14) Verzicht auf Gipsverband

Bei **erhöhter Thrombosegefahr** muss nicht auf die mit einem Verzicht auf die Anlegung eines Gipsverbandes verbundenen Gefahren nach operativer Versorgung einer dislozierten Fraktur des Mittelfußknochens hingewiesen werden (OLG Köln VersR 1998, 243; S/Pa, Rz. 384).

(15) Nahtmaterial

Der Chirurg schuldet dem Patienten **keine Aufklärung** über das Risiko einer Fadenfistel (röhrenförmiger Gang von einem Hohlorgan oder Hohlraum des Körpers zur Körperoberfläche) bei der Verwendung nicht resorbierbarer Fäden für eine innere Naht. Über **Vor- und Nachteile des verwendeten Nahtmaterials** muss der Patient nicht unterrichtet werden (OLG Celle, Urt. v. 23. 7. 1984 – 1 U 13/84).

(16) Netzversorgung einer Primärhernie

Über die Möglichkeit der Versorgung kleiner Primärnarbenhernien durch ein Netz anstatt einer üblichen Naht der Operationswunde war im Jahr 1996 ohne Vorliegen erkennbarer Bindegewebsschwächen nicht aufzuklären (OLG Karlsruhe, Urt. v. 4. 12. 2002 – 13 U 10/02, OLGR 2003, 232, 233).

(17) Zugang bei Tumor- und Bandscheibenoperationen

Vor einer Tumoroperation im Bereich der Hirnanhangsdrüse muss nicht über alternative Zugangswege, durch die Nase oder die Schädeldecke, aufgeklärt werden (BGH NJW 1998, 2734). Gleiches gilt bei einer Bandscheibenoperation hinsichtlich der **möglichen Zugangswege** thorakal (durch den Brustabschnitt des Rückenmarks) oder dorsal (vom Rücken her), jedenfalls soweit die Risiken in etwa gleich hoch sind (OLG Oldenburg VersR 1997, 978; u. E. zweifelhaft).

(18) Zugang zur Implantation einer Hüftendoprothese

Unter mehreren praktisch gleichwertigen Methoden, etwa des Zugangs zur Implantation einer Hüftendoprothese darf ein Operateur das nach seinem Ermessen am besten geeignete Verfahren bevorzugen, insbesondere ein solches, für das er selbst die größte Erfahrung besitzt. Über unterschiedliche, hinsichtlich Chancen und Risiken im Wesentlichen **gleichwertige Zugangsmöglichkeiten** zum Operationsgebiet muss i. d. R. nicht aufgeklärt werden (OLG München, Urt. v. 29. 11. 2001 – 1 U 2554/01, OLGR 2002, 419; auch OLG Hamburg VersR 1989, 147).

(19) Gallenoperation/Cholezystektomie

Eine **laparoskopische Cholezystektomie** (Entfernung der Gallenblase im Wege der Bauchspiegelung bei Gallenblasensteinleiden) ist nicht mit größeren oder anders gelagerten Risiken verbunden als ein **laparotomisches Vorgehen** (Entfernung der Gallenblase im Rahmen eines Bauchschnitts; OLG Düsseldorf VersR 2000, 456). Die Laparoskopie weist gegenüber der Laparotomie sogar ein deutlich geringeres Letalitäts- bzw. Morbiditätsrisiko auf und ist in Bezug auf Verletzungen der Gallenwege nicht risikoreicher. Die laparoskopische Methode stellt sich gegenüber der laparotomischen Methode nicht als aufklärungspflichtige Alternative dar (OLG Brandenburg NJW-RR 2000, 24, 27). Dies gilt jedoch nicht stets auch im umgekehrten Fall.

Der Arzt hat den Patienten im Rahmen der präoperativen Aufklärung allerdings darauf hinzuweisen, dass im Falle ungünstiger anatomischer Verhältnisse, etwa bei massiven Verwachsungen, ein **Wechsel zur konventionellen Laparotomie** erforderlich werden kann (OLG Düsseldorf VersR 2000, 456; G/G, 5. Aufl., Rz. C 34; auch Bergmann/Müller MedR 2005, 650, 651 zum chirurgischen Vorgehen; vgl. hierzu S. 557 f. und → *Klage (Muster)*, S. 625 ff.).

Der Patient muss vor Durchführung der Laparoskopie (OLG Düsseldorf VersR 2000, 456) – wie auch vor einer Magenresektion (OLG Karlsruhe VersR 1998, 718) – darüber aufgeklärt werden, dass es dabei zu einer **Durchtrennung des Hauptgallenganges** mit nachfolgender Entzündung der Gallenwege und des gesamten Bauchraumes kommen kann.

(20) Schnittführung beim Übergang von der Laparoskopie zur Laparotomie

Beim intraoperativ notwendigen **Übergang von der Laparoskopie zur Laparotomie** (offener Bauchschnitt) besteht keine vorherige Aufklärungspflicht des Chirurgen im Hinblick auf eine **vertikale oder horizontale Schnittführung**. Zwar wird der Längsschnitt in der medizinischen Praxis häufiger angewandt. Daraus folgt jedoch nicht, dass der Arzt deshalb rechtlich gezwungen wäre, eine mögliche spätere Schnittführung im Rahmen eines Aufklärungsgesprächs zu erläutern und darauf hinzuweisen, dass er den „Rippenbogenrundschnitt" bevorzugt (OLG Bamberg, Urt. v. 11. 11. 2002 – 4 U 99/02, OLGR 2003, 300).

Unter mehreren praktisch gleichwertigen Methoden darf ein Operateur das nach seinem Ermessen am besten geeignete Verfahren bevorzugen, insbesondere ein solches, für das er die größte Erfahrung besitzt (OLG München, Urt. v. 29. 11. 2001 – 1 U 2554/01, OLGR 2002, 419, 420: Zugang zum Operationsgebiet; OLG Bamberg, Urt. v. 11. 11. 2002 – 4 U 99/02, OLGR 2003, 300: in etwa gleichwertige Schnittmethoden).

(21) Blinddarmoperation

Die **laparoskopische Appendektomie** ist vor allem bei der Verdachtsdiagnose einer Appendizitis (Blinddarmentzündung) indiziert, weil sich der letzte Schritt der Diagnostik mit dem ersten Schritt der Therapie vereinigt. Ein Hinweis auf die theoretisch bestehende Behandlungsalternative einer herkömmlichen **Operation mit Bauchschnitt** ist entbehrlich, weil die offene Operation bei in etwa gleichen Risiken belastender ist als die laparoskopische Appendektomie (OLG Saarbrücken, Urt. v. 17. 4. 2002 – 1 U 612/01 – 139, OLGR 2002, 223, 224).

(22) Magenoperation

Vor einer Magenoperation musste im Jahr 1986 auch nicht über die Methode nach Billroth (Billroth I als Magenresektion mit End-zu-End-Vereinigung des Magenstumpfes mit dem Zwölffingerdarm bzw. Billroth II mit Entfernung des

„Magenpförtners" und des davor liegenden Magenanteils unter Blindverschluss des Magen- und Zwölffingerdarmstumpfes, gefolgt von der End-zu-Seit-Vereinigung der Magenvorderwand mit der oberen Schlinge des Dünndarms) anstatt einer Vagotomie, d. h. einer operativen Durchtrennung des unteren Nervus vagus mit kleiner Resektion, die heute wegen konservativer Behandlungsmöglichkeiten kaum noch indiziert sein dürfte, aufgeklärt werden (BGH NJW 1988, 1516). Gleiches galt 1982 bei der Vornahme einer Vagotomie statt einer Magenresektion bei rezidivierenden Magen- und Zwölffingerdarmgeschwüren (OLG Hamm VersR 1984, 1076, 1077).

(23) Helicobacter pylori

Beim Vorliegen von Helicobacter pylori (Stäbchenbakterien mit Hakenform mit Bedeutung für die Entwicklung einer B-Gastritis und eines Magenkarzinoms) mit Durchführung einer Vagotomie war im Jahr 1991 die – später erfolgreich und komplikationslos mögliche – Medikation mit Antibiotika, H-2-Rezeptorenblockern und Säurehemmern (Eradikationstherapie) noch nicht aufklärungspflichtig (OLG Frankfurt VersR 1998, 1378; seit Mitte der 90er-Jahre aber aufzuklären).

(24) Operationsmethode bei Bauchspeicheldrüsenentzündung

Nach dem Wissensstand Anfang der 90er Jahre war es nicht behandlungsfehlerhaft, wenn sich der Operateur nach dem intraoperativ vorgefundenen Zustand einer Pankreatitis (Bauchspeicheldrüsenentzündung) für die in solchen Fällen bislang angewandte Resektion des Pankreasschwanzes an Stelle der im Vordringen befindlichen Pankreaskopfresektion entschied. Über diese unterschiedlichen Operationsarten musste der Patient nicht aufgeklärt werden (OLG Oldenburg MedR 1998, 27). Auf die „duodenumerhaltende Pankreaskopfresektion" als weniger belastende, risikoärmere Operationsmethode musste der Patient im Jahr 1996 nicht hingewiesen werden. Im Jahr 1996 war dieses Verfahren noch nicht so ausreichend untersucht, dass es als Standardverfahren empfohlen wurde (OLG Nürnberg MedR 2002, 29, 31).

(25) ERCP (endoskopische retrograde Cholangio- und Pankreatographie)

Die ERCP stellt eine geeignete Methode zur Abklärung des Verdachts auf Vorliegen von Gallensteinen dar. Demgegenüber sind die Infusions-Cholezystocholangiographie und endoskopische Ultraschalluntersuchung (EUS) keine gleichwertigen Alternativen. Liegt die letale Komplikationsrate der ERCP im Bereich von 0,1 %, verletzt der untersuchende Arzt seine Aufklärungspflicht nicht schon dann, wenn er den Patienten hierauf im Hinblick auf die eigenen langjährigen praktischen Erfahrungen ohne tödlichen Verlauf nicht hinweist (OLG Zweibrücken NJW-RR 1995, 1305).

(26) Leberresektion

Vor einer Leberresektion muss der Patient grundsätzlich weder über die Gefahr einer Schädigung der Gallenwege aufgeklärt noch in die Entscheidung über die

Wahl der Operationsmethode, Resektion (operative Teilentfernung) statt Zystektomie (operative Entfernung der Harnblase) einbezogen werden (OLG Köln VersR 1990, 856).

(27) Sterilisationsverfahren

Die laparoskopische Sterilisation (Bauchspiegelung) mittels Elektrokoagulation und Eileiterdurchtrennung ist hinsichtlich des Versagerrisikos nicht unsicherer als diejenige mittels Laparotomie (Bauchschnitt). Der Arzt muss eine adipöse Patientin nicht über die Möglichkeit einer Sterilisation mittels Laparotomie statt derjenigen mittels Laparoskopie aufklären (OLG Frankfurt VersR 1989, 291).

Gegenüber der Sterilisationsmethode nach Labhardt ist auch die Fimbriektomie (operative Sterilisation durch Entfernung der Fransen des Eileiters und Unterbindung der Eileiter) keine 100 %ig sichere Methode. Die Risikoquote verschiebt sich dabei von ca. 1 zu 1 000 auf 1 zu 2 000, so dass bei erteilter Aufklärung über das bestehende generelle, geringe Restrisiko nicht von einer echten Behandlungsalternative mit andersartigen Risiken gesprochen werden kann (OLG Hamm VersR 1987, 1146; auch OLG Nürnberg VersR 1988, 1137).

Gegenüber einer Resektion nach Pomeroy ist die Alternative Tubenkoagulation nicht aufklärungsbedürftig (OLG Hamburg VersR 1989, 148; auch OLG Saarbrücken VersR 1988, 831; G/G, 5. Aufl., Rz. C 27). Vor Durchführung einer Tubenligatur (Unterbindung der Eileiter bei Sterilisation der Frau) ist über die Alternative einer Adnexektomie (ein- oder beidseitige operative Entfernung der Eileiter und Eierstöcke) nicht aufzuklären (OLG Frankfurt VersR 1983, 879).

(28) Kaiserschnitt oder vaginale Geburt – keine Aufklärungspflicht

Ist ein Kaiserschnitt (sectio) **aus medizinischen Gründen nicht indiziert**, so stellt er auch keine echte Alternative zur vaginalen Geburt dar, über die aufgeklärt werden müsste (OLG Braunschweig NJW-RR 2000, 238; OLG Frankfurt, Urt. v. 24. 1. 2006 – 8 U 102/05, NJW-RR 2006, 1171, 1172; OLG Koblenz, Urt. v. 18. 5. 2006 – 5 U 330/02, NJW-RR 2006, 1172, 1173; OLG Hamm VersR 2001, 247, 248; s. o. S. 172 ff.). Dies gilt auch dann, wenn die Schwangere ausdrücklich danach verlangt (BGH NJW 1993, 1524, 1525; OLG Koblenz, Urt. v. 4. 12. 2003 – 5 U 234/03, MedR 2004, 566 = GesR 2004, 137, 138). Anders ist dies jedoch, wenn gewichtige Gründe für eine sectio sprechen, etwa wenn im Fall der vaginalen Geburt dem Kind ernst zu nehmende Gefahren drohen oder wegen der Besonderheiten des konkreten Falles erhöhte Risiken bestehen (BGH, Urt. v. 14. 9. 2004 – VI ZR 186/03, VersR 2005, 227, 228 = NJW 2004, 3703, 3704; Urt. v. 25.11. 2003 – VI ZR 8/03, GesR 2004, 132, 135 = VersR 2004, 645, 647; OLG Koblenz, Urt. v. 7. 4. 2001 – 3 U 1158/96, OLGR 2002, 69, 70 = NJW-RR 2002, 310, 311; Urt. v. 18. 5. 2006 – 5 U 330/02, NJW-RR 2006, 1172, 1173; OLG Köln VersR 1996, 586; OLG Oldenburg VersR 1993, 362; s. o. S. 172, 174, 177).

Allein der Umstand, dass ein „großes Kind" mit **4 000 g oder mehr** zu erwarten ist, stellt noch keine Indikation für eine sectio dar (BGH, Urt. v. 25. 11. 2003 – VI ZR 8/03, GesR 2004, 132, 135 = VersR 2004, 645, 647; OLG Düsseldorf, Urt. v. 10. 1. 2002 – 8 U 49/01, VersR 2003, 114, 115: Weniger als 4 500 g, im entschiedenen Fall 4 000 g bis 4 200 g; OLG Frankfurt, Urt. v. 24. 1. 2006 – 8 U 102/ 05, NJW-RR 2006, 1171, 1172: geschätzt 3 900 g, tatsächlich 4 900 g; OLG Hamm VersR 2001, 247, 248: Ca. 4 000 g; VersR 1990, 52; OLG Koblenz, Urt. v. 17. 4. 2001 – 3 U 1158/96, OLGR 2002, 69, 70 = NJW-RR 2002, 310, 311; Urt. v. 18. 5. 2006 – 5 U 330/02, NJW-RR 2006, 1172, 1173: errechnet 3 500 g, tatsächlich 4 720 g; OLG Oldenburg VersR 1993, 362; OLG Schleswig VersR 2000, 1544: 4 000 g, eher mehr; OLG Stuttgart, Urt. v. 25. 5. 2004 – 1 U 5/04, S. 9: geschätzte ca. 4 000 g begründen noch keine Indikation für eine sectio; OLGR 2001, 394: unter 4 000 g; VersR 1989, 519: 4 270 g; OLG Zweibrücken VersR 1997, 1103: Geburtsgewicht 4 100 g und nur theoretische Möglichkeit für Schulterdystokie ohne Risikofaktoren).

Bei einem durch Ultraschall ermittelten voraussichtlichen Geburtsgewicht von weniger 4 000 g besteht noch keine Veranlassung, trotz der bestehenden Möglichkeit einer Fehlschätzung bis ca. 20 % und mehr die Alternative einer Sectio mit der Mutter zu erörtern (OLG Frankfurt, Urt. v. 24. 1. 2006 – 8 U 102/05, NJW-RR 2006, 1171, 1172: Schätzgewicht 3 900 g, Geburtsgewicht 4 900 g, Schätzung nicht nachweislich fehlerhaft; OLG Koblenz, Urt. v. 18. 5. 2006 – 5 U 330/02, NJW-RR 2006, 1172, 1173: vom Sachverständigen als „vertretbar" bezeichnete Schätzung des Geburtsgewichts 3 500 g, tatsächliches Gewicht 4 720 g), wenn keine weiteren Risikofaktoren hinzutreten.

So ist eine primäre Sectio bei einem zu erwartenden, in vertretbarer Weise unter 4 000 g geschätzten Geburtsgewicht auch dann nicht indiziert, wenn es bei einer früheren Geburt zu einer Claviculafraktur kam (OLG Stuttgart, OLGR 2001, 394), die vorangegangene Schwangerschaft der Patientin mit einem Kaiserschnitt wegen einer nachfolgend nicht bestätigten Beckenendlage abschloss (OLG Frankfurt, Urt. v. 24. 1. 2006 – 8 U 102/05, NJW-RR 2006, 1171, 1172) oder eine vom Sachverständigen als „nur mäßig" bezeichnete Adipositas der Mutter (hier: 96 kg bei einer Körpergröße von 170 cm) vorliegt (OLG Koblenz, Urt. v. 18. 5. 2006 – 5 U 330/02, NJW-RR 2006, 1172, 1173; auch OLG Frankfurt a. a. O.: dort sogar 123 kg unmittelbar vor der Geburt).

Allein das Gewicht der Mutter bei Schwangerschaftsbeginn legt ohne das Hinzutreten weiterer Risikofaktoren wie Diabetes, Hypertonie nicht den Schluss auf ein makrosomes Kind nahe, jedenfalls wenn es zu einer eher mäßigen weiteren Gewichtszunahme von lediglich 7 kg bis zur Geburt kam (OLG Koblenz, Urt. v. 18. 5. 2006 – 5 U 330/02, NJW-RR 2006, 1172, 1173).

Selbst bei Vorliegen erkennbarer Risikofaktoren wie etwa dem erheblichen Übergewicht der Mutter (139 kg) ist die Entscheidung des geburtsleitenden Arztes, keinen Kaiserschnitt durchzuführen und von einem entsprechenden Hinweis auf diese Möglichkeit abzusehen, medizinisch vertretbar, wenn sich hieraus keine ernst zu nehmenden Gefahren für das Kind ergeben (OLG Oldenburg VersR 2002, 1028, 1029). Teilweise wird jedoch die Übertragung der Geburtsleitung auf den erfahrensten Oberarzt gefordert (OLG Hamm VersR 1991, 228).

Die **Fehlprognose des Geburtsgewichts** und das Nichterkennen der daraus resultierenden Risikolage führen nicht zur Haftung des Arztes (hier: Assistenzarzt bzw. Hebamme) wegen eines Aufklärungsfehlers, wenn er alle maßgeblichen

Befunde sachgemäß erhoben und in vertretbarer Weise gedeutet hat. Fehlen Anhaltspunkte für ein makrosomes Kind, erfordert die Geburtsleitung nicht die unmittelbare Anwesenheit eines Facharztes, wenn der Assistenzarzt über einen genügenden Ausbildungsstandard und hinreichende praktische Fähigkeiten verfügt (OLG Koblenz, Urt. v. 18. 5. 2006 – 5 U 330/02, NJW-RR 2006, 1172, 1174).

Allein die theoretische **Möglichkeit einer Schulterdystokie** begründet für sich allein noch keine Indikation für eine Schnittentbindung, so dass nicht allein deshalb über die alternative Geburtsmethode der sectio aufgeklärt werden muss (OLG Zweibrücken VersR 1997, 1103; OLG Schleswig VersR 2000, 1544, 1545: Risiko **0,15–0,6 %**).

Auch eine **Beckenendlage** des Kindes macht allein keine sectio erforderlich. Erst das Hinzutreten weiterer typischer Risikofaktoren wie eine reine Fußlage, eine Steiß-Fußlage, Zeichen chronischer oder akuter Placentainsuffizienz, ein geschätztes Geburtsgewicht von mehr als 4 500 g und/oder eine Tragezeit von weniger als 36 Wochen machen eine vaginale Entbindung unvertretbar (OLG Celle, Urt. v. 5. 7. 1993 – 1 U 50/91; OLG Düsseldorf VersR 1998, 364: Steiß-Fußlage; OLG Hamm VersR 1983, 565; OLG Köln VersR 1996, 586: Fußlage; **für eine Aufklärungspflicht** (s. o. S. 174) jedoch: BGH VersR 1989, 253: Beckenendlage, besondere Gefahren für 38-jährige Mutter; OLG Braunschweig VersR 1988, 1032 und VersR 1998, 382 sowie Urt. v. 11. 4. 2002 – 1 U 37/01: Beckenendlage; OLG Celle VersR 1995, 462: Beckenendlage; OLG Düsseldorf VersR 1998, 364: Steiß-Fuß-Lage und besondere Gefahren für das Kind; VersR 1995, 1317: Steiß-Fuß-Lage, großes Kind vorgeboren; OLG Oldenburg MDR 1996, 1133: Beckenendlage; OLG Stuttgart VersR 1991, 1141: Beckenendlage, Abweichung von Geburtsplanung mit vereinbarter sectio).

Steht der **Kopf des Kindes** bei vollständigem Muttermund **in der Beckenmitte**, so ist die vaginal-operative Entbindung gegenüber einem Kaiserschnitt in der Regel sogar vorzugswürdig; eine Aufklärung der Mutter über die Möglichkeit einer sectio ist dann nicht erforderlich (OLG Stuttgart OLGR 2001, 394).

Eine Aufklärung über die Möglichkeit einer sectio als Alternative zu einer vaginalen Geburt, bevor hierzu ein konkreter Anlass – etwa der Verdacht auf ein makrosomes Kind – besteht, ist sogar unzureichend, da ein Aufklärungsgespräch zu diesem Zeitpunkt weitgehend theoretisch bleibt (OLG Karlsruhe, Urt. v. 22. 12. 2004 – 7 U 4/03, GesR 2005, 263 = OLGR 2005, 273).

Die Frage, ob die von der Mutter in eine vaginale Entbindung erteilte Einwilligung wegen einer unzulänglichen Aufklärung über die Behandlungsalternativen unwirksam ist, stellt sich von vornherein nicht, da eine vaginale Entbindung ein vom Arzt lediglich unterstützter natürlicher Vorgang ist, der die tatbestandlichen Voraussetzungen einer Körperverletzungshandlung nicht erfüllt (OLG Stuttgart VersR 1989, 519, 521).

Auch über mögliche gesundheitliche Folgen eines Dammschnittes vor einer vaginal-operativen Geburtsentbindung muss die Patientin nicht aufgeklärt werden (OLG Braunschweig NJW-RR 2000, 238).

(29) Hysterektomie (Gebärmutterentfernung)

Leidet die Patientin seit mehreren Tagen unter starken Blutungen und ist deshalb die Entfernung der Gebärmutter (Hysterektomie) indiziert, stellt der Aufschub dieser Operation keine ernsthafte Alternative dar (OLG Bamberg, Urt. v. 6. 3. 2006 – 4 U 236/05, OLGR 2006, 739, 740).

Dem Arzt ist darin, wie er der Patientin das Für und Wider des Eingriffs darstellt, ein breites Ermessen eingeräumt, wobei auch eine drastische und eindringliche Schilderung der Dringlichkeit geboten sein kann, etwa der Hinweis, dass die Patientin „umfallen würde, wenn sie noch zwei Stunden so blutet" (OLG Bamberg, Urt. v. 6. 3. 2006 – 4 U 236/05, OLGR 2006, 739, 740).

Bei einer etwa faustgroßen Gebärmutter und zunehmenden Unterbauchschmerzen mit verstärkten Regelblutungen war jedenfalls im Jahr 2000 die Entfernung des Uterus im Ganzen medizinischer Standard, weil andere Behandlungsalternativen wie z. B. die Entfernung der feststellbaren Myome – im entschiedenen Fall zweier Myome mit einer jeweiligen Größe von 4 cm – nicht den Erfolg dauerhafter Beschwerdefreiheit versprachen. Ist bzw. war bei einer Totalentfernung des Organs demgegenüber ein dauerhafter Behandlungserfolg zu erwarten, muss der behandelnde Arzt dem im Rahmen einer vollständigen Befunderhebung, der Aufklärung über organschonende Behandlungsalternativen und einer entsprechenden Operationsmethode nur dann Rechnung tragen, wenn es der Patientin erkennbar auf die Organerhaltung ankommt. Dies ist etwa der Fall, wenn es für die Behandlungsseite erkennbar ist, dass die Patientin die Gebärmutter trotz zu erwartender weiterer Beschwerden bei fortbestehendem Kinderwunsch behalten will (KG, Urt. v. 8. 4. 2002 – 20 U 58/03, GesR 2004, 409).

Ansonsten bleibt die Wahl der Behandlungsmethode primär Sache des Arztes. Dieser befindet sich jedenfalls auf der therapeutisch sicheren Seite, wenn er die Variante wählt, die gegenüber den anderen Varianten eine absolute Erfolgschance hat (KG, Urt. v. 8. 4. 2004 – 20 U 58/03, bei Jorzig GesR 2004, 409, 410).

Vor einer Hysterektomie ist im Übrigen auf das Risiko einer Blasen- und Darmverletzung, das eine Fistelbildung mit Austreten von Kot und Urin aus der Scheide umfasst (OLG Nürnberg VersR 1996, 1372; S/Pa, Rz. 394), die mögliche Verletzung (anderer) Nachbarorgane (OLG Hamm VersR 1991, 667; G/G, 5. Aufl., Rz. C 53), der Entstehung einer Darmnekrosefistel (OLG Köln VersR 1983, 277) bzw. einer Verletzungsfistel (OLG Köln VersR 1990, 489), jedenfalls soweit – zuvor oder noch rechtzeitig danach – eine mögliche „Blasen- oder Darmverletzung" nicht genannt wurde, hinzuweisen.

d) Signifikant kleineres Risiko

Bei gleichartig schwerwiegenden Eingriffen kann es in eingeschränktem Maß auch darauf ankommen, ob ein signifikanter Unterschied zwischen den mit den verschiedenen Eingriffsarten verbundenen Risiken besteht, der eine besondere und spezielle Aufklärung über die unterschiedlichen Risiken erforderlich macht, etwa dann, wenn das **Risiko durch die Wahl besserer Behandlungsbedin-**

gungen signifikant kleiner gehalten werden kann (OLG Oldenburg VersR 2000, 61 und VersR 1997, 1535; OLG Hamm, Urt. v. 7. 7. 2004 – 3 U 264/03, VersR 2005, 942, 943: Erfolgschance einer Operation gegenüber der Fortsetzung der konservativen Behandlung im einstelligen Prozentbereich nicht signifikant höher).

Dies ist z. B. bei einer gleichzeitigen Krampfaderoperation beider Beine gegenüber der zweizeitigen, d. h. in zwei zeitlich getrennten Phasen erfolgenden operativen Behandlung nicht der Fall. Hier birgt die eine Behandlungsmethode **keine anderen Risiken** in sich, bei beiden Behandlungsarten stellen sich die gemeinsamen **Risiken nur unterschiedlich ausgeprägt** dar (OLG Oldenburg VersR 2000, 61).

e) Krankenhaus mit besserer Ausstattung

Der Patient muss **grundsätzlich nicht** darüber aufgeklärt werden, dass dieselbe Behandlung andernorts mit besseren personellen und apparativen Mitteln und deshalb mit einem etwas geringeren Komplikationsrisiko möglich ist, **solange** der **Ausstattungszustand** noch dem **medizinischen Standard** entspricht (BGH NJW 1988, 763 = VersR 1988, 179; NJW 1988, 2302 = VersR 1988, 914, 915; OLG Düsseldorf VersR 1988, 1298; OLG Oldenburg VersR 1996, 1023; OLG Zweibrücken, Urt. v. 27. 4. 1999 – 5 U 63/99; L/U, § 64 Rz. 7; G/G, 5. Aufl., Rz. C 37; F/N, Rz. 186; S/Pa, Rz. 383; weitergehend Hart, MedR 1999, 47, 49 m. w. N.).

Nach Ansicht des OLG Zweibrücken (Urt. v. 27. 4. 1999 – 5 U 63/99) kann der Arzt das allgemeine Wissen schwangerer Frauen voraussetzen, dass über die apparativen Ausstattungen eines niedergelassenen Gynäkologen hinaus zumindest in großen Krankenhäusern solche vorhanden sind, die weitergehende Diagnosemöglichkeiten eröffnen, so dass er hierauf nicht gesondert hinweisen muss.

Reicht die apparative Ausstattung einer Universitätsklinik nicht aus, allen Patienten die nach den neuesten medizinischen Erkenntnissen optimale Behandlung zuteil werden zu lassen, etwa eine CT-geplante Bestrahlung nach einer Brustkrebsoperation, muss der Patient die sich hieraus ergebenden Nachteile entschädigungslos hinnehmen, wenn die Behandlung im Übrigen gutem ärztlichen Qualitätsstandard entspricht (OLG Köln VersR 1998, 847).

Eine **Aufklärungspflicht besteht jedoch**, sobald sich neue und anderweitig praktizierte **Verfahren weitgehend durchgesetzt** haben, die dem Patienten entscheidende Vorteile bieten (BGH NJW 1988, 763; G/G, 5. Aufl., Rz. C 37, 40; S/Pa, Rz. 381 a. E., 382: signifikant kleineres Risiko), eine **wesentlich risikoärmere Behandlung** in einer anderen Klinik durchgeführt werden kann (F/N, Rz. 186), eine **deutliche Unterausstattung** des behandelnden Krankenhauses bzw. Arztes vorliegt (BGH NJW 1988, 763, 765; S/Pa, Rz. 382), sich die technisch-apparative Ausstattung in der unteren Bandbreite der von Wissenschaft und Praxis akzeptierten Norm befindet und andernorts für ein schweres Leiden deutlich bessere Heilungschancen bestehen (BGH NJW 1989, 2312 = VersR 1989, 851; S/Pa, Rz. 382; F/N, Rz. 186), die baulich-hygienischen Verhältnisse nicht den Richtlinien des BGA entsprechen, sofern die **Infektionsstatistiken** des betreffenden

Krankenhauses von der Norm abweichen und nicht durch besondere innerbetriebliche Prophylaxemaßnahmen ausgeglichen werden (OLG Saarbrücken VersR 1992, 52; G/G, 5. Aufl., Rz. C 37) oder gegen die dort angewandte Methode gewichtige Bedenken in der medizinischen Literatur erhoben worden sind (BGH NJW 1978, 587; Gehrlein, Rz. C 39).

Das OLG Düsseldorf (VersR 1987, 161) hat in einer vereinzelt gebliebenen Entscheidung vom behandelnden Arzt verlangt, bei schwerwiegenden Eingriffen mit erheblichen Risiken über seinen konkreten Erfahrungsstand mit Operationen dieser Art aufzuklären, wenn für den Patienten die konkrete Möglichkeit bestehe, den Eingriff deutlich risikoloser durch einen Arzt in einer anderen Klinik durchführen zu lassen.

In der Literatur wird eine **Aufklärungspflicht** zum einen auch bejaht, wenn der hygienische, technische oder methodische Standard unterschritten wird (Hart MedR 1999, 47, 49 m. w. N.; Damm NJW 1989, 737, 744), zum anderen, wenn Ausstattung und Behandlung zwar im Rahmen der Bandbreite standardgemäß sind, **aber nicht mehr den fortgeschrittenen Anforderungen entsprechen** (Hart MedR 1999, 47, 49 m. w. N.). In diesen Fällen müsse der Krankenhausträger den Patienten über allgemein verfügbare und andernorts vorhandene qualitativ bessere Behandlungsmöglichkeiten und Behandlungsmethoden bzw. dort bestehende günstigere Heilungschancen informieren (Hart MedR 1999, 47, 49; MedR 1996, 60, 69; Rumler-Detzel VersR 1998, 546, 549).

f) Fehlende Aufklärung unschädlich (vgl. auch S. 253 ff.)

Die fehlerhafte oder unterlassene Aufklärung führt nicht zur Haftpflicht des Arztes, wenn der Patient den **Kausalzusammenhang** zwischen dem Körperschaden und der Behandlungsmaßnahme, über die hätte aufgeklärt werden müssen, nicht beweisen kann (OLG Düsseldorf, Urt. v. 19. 1. 1995 – 8 U 53/93; OLG Koblenz, Urt. v. 7. 8. 2003 – 5 U 1284/02, MedR 2004, 690 = NJW-RR 2003, 1607 und OLG Karlsruhe, Beschl. v. 17. 2. 2003 – 7 U 156/02, GesR 2003, 239: nicht von der Einwilligung gedeckter, ggf. überflüssiger Teil des Eingriffs verursacht im weiteren Verlauf keinen abgrenzbaren Nachteil; auch BGH, Urt. v. 5. 4. 2005 – VI ZR 216/03, VersR 2005, 942 = NJW 2005, 2072; F/N, Rz. 169, 209; G/G, 5. Aufl., Rz. C 121, C 147, 149).

Der Patient muss nachweisen, dass der Schaden tatsächlich durch den –mangels wirksamer Einwilligung rechtswidrigen- Eingriff des Arztes und nicht auf andere Umstände zurückgeht (BGH VersR 1992, 240; OLG Köln, Urt. v. 16. 3. 2005 – 5 U 63/03, VersR 2005, 1147, 1148; OLG Karlsruhe, Beschl. v. 17. 2. 2003 – 7 U 156/02, GesR 2003, 239; s. u. S. 253, 261).

Wird der Patient über die Alternative einer operativen Versteifung seines Handgelenks als vertretbare Alternative zu der tatsächlich gewählten gelenkerhaltenden Operation nicht aufgeklärt, so ist dieses Aufklärungsdefizit dann nicht schadensursächlich, wenn sich der Patient nach Überzeugung des Gerichts auch bei der gebotenen Aufklärung, dass die Handgelenksversteifung eine unumkehrbare Lösung sei und nur gewählt werde, wenn man keine andere Möglichkeit mehr habe, zunächst für die gelenkerhaltende Operation mit einer

Erfolgsquote von immerhin 50–75 % entschieden hätte (OLG Koblenz MedR 2002, 518, 520).

III. Rechtzeitigkeit der Aufklärung

1. Grundsatz

Der Schutz des Selbstbestimmungsrechts des Patienten erfordert grundsätzlich, dass ein Arzt, der einem Patienten eine Entscheidung über die Duldung eines operativen Eingriffs abverlangt und für diesen Eingriff bereits einen Termin bestimmt, ihm schon in diesem Zeitpunkt auch die Risiken aufzeigt, die mit diesem Eingriff verbunden sein können. Eine erst später erfolgte Aufklärung ist zwar nicht in jedem Fall verspätet; eine hierauf erfolgte Einwilligung ist jedoch nur wirksam, wenn der **Patient** unter den jeweils gegebenen Umständen noch ausreichend **Gelegenheit** hat, sich **innerlich frei** zu **entscheiden** (BGH, Urt. v. 25. 3. 2003 – VI ZR 131/02, VersR 2003, 1441 = NJW 2003, 2012 = MedR 2003, 576 = GesR 2003, 264, 265; auch BGH VersR 1998, 766, 767 = MDR 1998, 716; VersR 1995, 1055, 1056 = MDR 1995, 908; VersR 1994, 1235, 1236; VersR 1992, 960, 961 = MDR 1992, 748; OLG Koblenz, Urt. v. 15. 12. 2005 – 5 U 676/05, MDR 2006, 992 = OLGR 2006, 193, 194 und Urt. v. 29. 11. 2001 – 5 U 1382/00, VersR 2003, 1315, 1315; Rehborn MDR 1999, 1169, 1171). Dies setzt eine Überlegungsfreiheit ohne vermeidbaren Zeitdruck voraus.

Je nach den Vorkenntnissen des Patienten von dem bevorstehenden Eingriff kann eine Aufklärung **im Verlauf des Vortages** vor dem Eingriff genügen, wenn sie zu einer Zeit erfolgt, zu der sie dem Patienten die Wahrung seines Selbstbestimmungsrechts erlaubt (BGH, Urt. v. 25. 3. 2003 – VI ZR 131/02, VersR 2003, 1441, 1443 = MedR 2003, 576, 577 = NJW 2003, 2012, 2013; VersR 1998, 766, 767 = MDR 1998, 716; OLG Frankfurt, Urt. v. 11. 10. 2005 – 8 U 47/04, OLGR 2006, 489, 491 = MedR 2006, 294, 296: gewöhnliche Eingriffe mit gewisser Dringlichkeit und weniger einschneidenden Risiken; OLG Koblenz, Urt. v. 15. 12. 2005 – 5 U 676/05, MDR 2006, 992, 993; OLG Saarbrücken OLGR 2000, 401, 402; OLG Stuttgart, Urt. v. 8. 1. 2002 – 14 U 70/01, VersR 2002, 1428; Urt. v. 15. 5. 1997 – 14 U 21/96, VersR 1998, 1111; auch OLG Karlsruhe, Urt. v. 18. 12. 2002 – 7 U 143/01, OLGR 2003, 313: Aufklärung am Vorabend der Operation nach vorangegangener Vorbesprechung).

Bei einer Aufklärung am **Vorabend einer Operation** wird der Patient aber regelmäßig mit der Verarbeitung der ihm mitgeteilten Fakten und der von ihm zu treffenden Entscheidung **überfordert** sein, wenn er dabei – für ihn überraschend – erstmals von **gravierenden Risiken** erfährt, die seine künftige Lebensführung entscheidend beeinflussen können (BGH, Urt. v. 25. 3. 2003 – VI ZR 131/02, VersR 2003, 1441, 1443 = MedR 2003, 576, 577 = NJW 2003, 2012, 2013; VersR 1992, 960, 961 = MDR 1992, 748; VersR 1998, 766, 767 = NJW 1998, 2734 = MDR 1998, 716; OLG Frankfurt, Urt. v. 11. 10. 2005 – 8 U 47/04, OLGR 2006, 489, 491; OLG Saarbrücken OLGR 2000, 401, 402; OLG Koblenz, Urt. v. 15. 12. 2005 – 5 U 676/05, OLGR 2006, 193, 194 = MDR 2006, 992, 993: Aufklärung am

Vorabend der OP kann schon bedenklich sein; G/G, 5. Aufl., Rz. C 98; S/Pa, Rz. 407, 409, 413; Müller, VPräsBGH, MedR 2001, 487, 488).

So ist etwa die Information am **Tag der Aufnahme bzw. am Vortag der Operation** nicht mehr rechtzeitig, wenn es sich um eine extrem risikobehaftete Situation handelt, etwa um eine Strumektomie mit dem Risiko von **Stimmbandlähmungen** und Stimmbandverletzungen (BGH NJW 1992, 2351 = VersR 1992, 960 = MDR 1992, 748), eine Bandscheibenoperation mit dem gravierenden Risiko einer durch die Operation eintretenden **dauerhaften Lähmung bzw. Instabilität der Wirbelsäule** oder einer Verletzung des Bauchraums durch die Instrumente mit hohem **Letalitätsrisiko** (OLG Bremen NJW-RR 2001, 671 = VersR 2001, 340: Hinweis auf Nervverletzungen, **Querschnittlähmung**, Sensibilitätsstörungen im Genitalbereich; BGH, Urt. v. 25. 3. 2003 – VI ZR 131/02, VersR 2003, 1441, 1443 = NJW 2003, 2012, 2013: Risiko der **Blasenlähmung** nach Bandscheibenoperation).

Auch die Aufklärung am **Vorabend** (hier gegen 20 Uhr) einer rein **kosmetischen Operation** (hier: Bauchdeckenstraffung) ist verspätet, wenn die Patientin dabei erstmals mit erheblichen ästhetischen Folgen, etwa einer deutlichen Vergrößerung der bereits existierenden Unterbauchnarbe von 15 auf 45 cm oder mit langfristigen Sensibilitätsstörungen konfrontiert wird (OLG Frankfurt, Urt. v. 11. 10. 2005 – 8 U 47/04, OLGR 2006, 489, 491). Diese Risiken werden i.d.R. bei einem medizinisch dringend indizierten Eingriff nicht gravierend sein; für eine medizinisch nicht indizierte Schönheitsoperation gelten jedoch strengere Maßstäbe (OLG Frankfurt a.a.O.).

In jedem Fall unwirksam ist die Aufklärung jedoch, wenn sie erst „**vor der Tür des Operationssaals**" dergestalt erfolgt, dass der Patient schon während der Aufklärung mit der anschließenden Durchführung des Eingriffs rechnen muss und deshalb unter dem Eindruck stehen kann, sich nicht mehr aus einem bereits in Gang gesetzten Geschehensablauf lösen zu können (BGH NJW 1994, 3009, 3011 = VersR 1994, 1235, 1236 = MDR 1995, 159; VersR 1995, 1055, 1057 = NJW 1995, 2410, 2411; NJW 1998, 1784 = VersR 1998, 716; OLG Bremen VersR 1999, 1370; OLG Koblenz, Urt. v. 29. 11. 2001 – 5 U 1382/00, VersR 2003, 1313, 1315 = NJW-RR 2002, 816, 818; S/Pa, Rz. 412 b).

Unterzeichnet der Patient die ihm schon mehrere Tage vor der Operation überlassene Einwilligungserklärung erst auf dem Weg zum Operationssaal nach Verabreichung einer Beruhigungsspritze und dem Hinweis des Arztes, dass man die Operation auch andernfalls unterlassen könne, so ergibt sich hieraus keine wirksame Einwilligung in die Operation (BGH VersR 1998, 716 = MDR 1998, 654; OLG Bremen VersR 1999, 1370).

Die **Aufklärung** einer Patientin über die Risiken einer nicht dringend indizierten beidseitigen, radikalen Mastektomie (Entfernung beider Brüste) **nach Verabreichung einer Beruhigungsspritze** macht deren daraufhin schriftlich erteilte Einwilligung unwirksam (BGH VersR 1998, 716 = MDR 1998, 654).

2. Kleinere und risikoarme Eingriffe

a) Ambulante Eingriffe

Bei normalen ambulanten sowie diagnostischen (hierzu unten b) Eingriffen reicht es grundsätzlich aus, wenn die **Aufklärung am Tag des Eingriffs** erfolgt. Auch in solchen Fällen müssen dem Patienten bei der Aufklärung die Art des Eingriffs und seine Risiken verdeutlicht werden, so dass ihm eine eigenständige Entscheidung darüber, ob er den Eingriff durchführen lassen will, überlassen bleibt (BGH, Urt. v. 25. 3. 2003 – VI ZR 131/02, VersR 2003, 1441, 1443 = MedR 2003, 576, 577 = NJW 2003, 2012, 2013; VersR 1995, 1055, 1056 = MDR 1995, 908; OLG Bremen VersR 1999, 1370; OLG Koblenz, Urt. v. 29. 11. 2001 – 5 U 1382/00, VersR 2003, 1313, 1315; OLG Oldenburg VersR 1998, 769, 770; OLG Stuttgart, Urt. v. 27. 2. 2001 – 14 U 49/00, OLGR 2002, 101, 102; OLG Köln MedR 1996, 270; LG Köln VersR 2001, 1382; Hoppe, NJW 1998, 782, 783; Rehborn, MDR 1999, 1169, 1172; G/G, 5. Aufl., Rz. C 98; S/Pa, Rz. 407, 412; F/N, Rz. 199; Gehrlein, Rz. C 50).

Findet sich eine Patientin zu einem **ambulanten Schwangerschaftsabbruch** nach vorgeschriebener Beratung zum vereinbarten Termin in der Praxis des operierenden Arztes ein, ist die im Rahmen der Anamnese erfolgende und dem Eingriff unmittelbar vorausgehende Aufklärung über die Risiken, auch dasjenige einer Dünndarmperforation, noch rechtzeitig, wenn die Patientin bei dem Aufklärungsgespräch noch keine Medikamente erhalten hatte und die Möglichkeit besteht, den Eingriff noch abzulehnen (OLG Bremen VersR 1999, 1370).

Angesichts des nach Komplikationsraten und -dichte als routinemäßig anzusehenden, gegenüber einem Bauchschnitt weniger belastenden Eingriffs durch eine Laparoskopie (Bauchspiegelung) sieht das OLG Oldenburg (VersR 1998, 796, 770; u. E. sehr fraglich!) in der **Entfernung einer Zyste** am Eierstock einschließlich des Eileiters **keinen „größeren" Eingriff**, dessen Risiken nicht noch am Tage der ambulant durchgeführten Operation mit der Patientin besprochen werden könnten, ohne deren Selbstbestimmungsrecht zu verletzen. Auf das Risiko eines Narbenbruchs, der generell zu den Wundheilungsstörungen eines solchen Eingriffs gehört, muss generell nicht besonders hingewiesen werden (OLG Oldenburg VersR 1998, 769, 770).

Bei **umfangreicheren oder mit erheblichen Risiken** verbundenen ambulanten Eingriffen wird die Erteilung der Aufklärung am Tag des Eingriffs regelmäßig nicht mehr als rechtzeitig angesehen (Gehrlein, Rz. C 50; F/N, Rz. 199), zumal solchen Operationen regelmäßig Untersuchungen vorangehen, in deren Rahmen dem Patienten die erforderlichen Hinweise gegeben werden können (BGH VersR 1994, 1235, 1236 = NJW 1994, 3009, 3011 = MDR 1995, 159).

So wahrt bei einer **nicht dringlichen Routineoperation** (hier: Leistenhernie) die erst am Tag des Eingriffs erfolgte Aufklärung nicht das Selbstbestimmungsrecht des Patienten (OLG Koblenz, Urt. v. 15. 12. 2005 – 5 U 676/05, OLGR 2006, 193 = MDR 2006, 992, 993).

b) Diagnostische Eingriffe

Ebenso wie bei ambulanten Operationen reicht es auch bei risikoarmen diagnostischen Eingriffen aus, den Patienten **am Tag des Eingriffs** aufzuklären (BGH, Urt. v. 25. 3. 2003 – VI ZR 131/02, VersR 2003, 1441, 1443 = MedR 2003, 576, 577 = NJW 2003, 2012, 2013; VersR 1995, 1055, 1056 = MDR 1995, 908; OLG Koblenz, Urt. v. 29. 11. 2001 – 5 U 1382/00, VersR 2003, 1313, 1315; OLG Stuttgart, Urt. v. 27. 2. 2001 – 14 U 49/00, OLGR 2002, 101, 102; F/N Rz. 199). So kann die Aufklärung sogar am Tag der Durchführung einer Myelographie genügen (BGH VersR 1995, 1055, 1056; VersR 1996, 195, 197; Wussow VersR 2002, 1337, 1342).

Erfolgt die Aufklärung aber im Untersuchungsraum oder vor dessen Tür dergestalt, dass dem Patienten erklärt wird, ohne den Eingriff könne die für den nächsten Tag vorgesehene Operation nicht durchgeführt werden, muss er dabei schon während der Aufklärung mit einer sich **nahtlos anschließenden Durchführung des diagnostischen Eingriffs** rechnen und steht er deshalb unter dem Eindruck, sich nicht mehr aus einem bereits in Gang gesetzten Geschehensablauf lösen zu können, ist die Aufklärung nicht rechtzeitig erfolgt (BGH VersR 1995, 1055, 1056 = MDR 1995, 908; vgl. auch OLG Koblenz, Urt. v. 29. 11. 2001 – 5 U 1382/00, VersR 2003, 1313, 1315 = NJW-RR 2002, 816, 818; Gehrlein, Rz. C 51).

Gleiches gilt, wenn die Aufklärung über die **Risiken einer Angiographie** (Halbseitenlähmung und/oder Aphasie mit vorübergehendem oder dauerhaftem Bestand u. a.) im Untersuchungsraum oder vor dessen Tür stattfindet und dieser schon während der Aufklärung mit einer sich nahtlos anschließenden Durchführung des Eingriffs mit nicht unerheblichen Risiken rechnen muss (OLG Koblenz, Urt. v. 29. 11. 2001 – 5 U 1382/00, VersR 2003, 1313, 1315).

Bei stationärer Aufnahme des Patienten zur Durchführung einer diagnostischen Koronarangiographie bzw. Herzkatheteruntersuchung ist jedenfalls bei vorbestehender, leichter Nierenfunktionsstörung die Risikoaufklärung über das kontrastmittelbedingte Risiko eines unter Umständen **dialysepflichtigen Nierenversagens am Tag des Eingriffs verspätet**, wenn der Patient bereits nach der Ankunft vorbereitenden Untersuchungen zugeführt wird und ihm dann keine hinreichende Zeit für eine eigenverantwortliche Entscheidung verbleibt (OLG Hamm, Urt. v. 15. 6. 2005 – 3 U 289/04, GesR 2005, 401, 402).

Auch bei einer diagnostischen Maßnahme bei dringender Verdachtsdiagnose eines Mamma-Karzinoms reicht die Aufklärung der Patientin am Tag des Eingriffs nicht aus, wenn zum Zeitpunkt des Aufklärungsgesprächs bereits die **Prämedikation zur Vorbereitung des Eingriffs vorbereitet** oder gar verabreicht worden ist (OLG Düsseldorf, Urt. v. 10. 10. 2002 – 8 U 13/02, VersR 2004, 912, 913).

Dagegen ist die Aufklärung über deren Risiken (Infektion, Blutung, Wundheilungsstörung, Abszess, Sepsis u. a.) unmittelbar vor dem Legen eines Venenverweilkatheders noch rechtzeitig (OLG Stuttgart, Urt. v. 27. 2. 2001 – 14 U 49/00, OLGR 2002, 101).

c) Stationäre Behandlung

Je nach den Vorkenntnissen des Patienten von dem bevorstehenden Eingriff reicht bei stationärer Behandlung eine Aufklärung **im Verlauf des Vortages** grundsätzlich aus, wenn sie zu einer Zeit erfolgt, zu der sie dem Patienten die Wahrung seines Selbstbestimmungsrechts erlaubt (BGH, Urt. v. 25. 3. 2003 – VI ZR 131/02, VersR 2003, 1441, 1443 = MedR 2003, 576, 577 = NJW 2003, 2012, 2013; Urt. v. 14. 9. 2004 – VI ZR 186/03, GesR 2005, 21, 23; OLG Karlsruhe, Urt. v. 18. 12. 2002 – 7 U 143/01, OLGR 2003, 313; OLG Köln MedR 1996, 270; OLG Stuttgart, Urt. v. 8. 1. 2002 – 14 U 70/01, VersR 2002, 1428 = OLGR 2002, 351, 352; Hoppe, NJW 1998, 782, 783; G/G, Rz. C 98; Gehrlein, Rz. C 49; S/Pa, Rz. 407, 409).

Eine Aufklärung bei stationärer Behandlung, die erst **am Tag des operativen Eingriffs** erfolgt ist –von Notfällen abgesehen – regelmäßig **zu spät** (BGH NJW 1998, 2734 = MDR 1998, 716; NJW 2003, 2012, 2013 = MDR 2003, 931; OLG Koblenz, Urt. v. 15. 2. 2005 – 5 U 676/05, OLGR 2006 193, 194 = MDR 2006, 992, 993).

So ist die Aufklärung über die Risiken einer **Leistenbruchoperation** am Abend vor dem Eingriff rechtzeitig, wenn ihr die Aufnahme zur stationären Behandlung unmittelbar vorausgegangen ist und der Patient dabei den Wunsch geäußert hat, bereits am nächsten Tag operiert zu werden (OLG Düsseldorf NJW-RR 1996, 347).

Die Aufklärung am Vorabend einer Linksherzkathederuntersuchung ist ausreichend, wenn die wesentlichen **Risiken dem Patienten schon bekannt** sind (OLG Köln NJWE-VHR 1997, 238; G/G, 5. Aufl., Rz. C 98).

Der Umstand, dass das Aufklärungsgespräch auch bei einem weitreichenden Eingriff erst **am späten Nachmittag des Tages vor der Operation** durchgeführt wurde, steht der Wirksamkeit der Aufklärung jedenfalls dann nicht entgegen, wenn die Ärzte den Eingriff zuvor schon in mehreren Gesprächen mit der Patientin erörtert hatten und diese nicht darlegt, dass ihre Entscheidungsmöglichkeiten deshalb beeinträchtigt wurden, weil sie aufgrund der Kürze der zur Verfügung stehenden Zeit mit der Entscheidung überfordert gewesen wäre (OLG Karlsruhe, Urt. v. 18. 12. 2002 – 7 U 143/01, OLGR 2003, 313).

Vor einer **Bandscheibenoperation** (OLG Stuttgart, Urt. v. 8. 1. 2002 – 14 U 70/01, VersR 2002, 1428 = OLGR 2002, 351, 352) oder einer **Hysterektomie** (operative Entfernung der Gebärmutter) muss die Risikoaufklärung **spätestens am Vortag** des Eingriffs erfolgen (BGH NJW 1985, 1399 = VersR 1985, 361, 363). Bestehen jedoch schon zuvor deutliche Anzeichen dafür, dass ein operativer Eingriff erforderlich sein kann, muss die Aufklärung – etwa vor einer Bandscheibenoperation – bereits zu diesem Zeitpunkt durchgeführt werden (BGH, Urt. v. 25. 3. 2003 – VI ZR 131/02, VersR 2003, 1441, 1443; OLG Stuttgart a. a. O.). Sie darf nicht deshalb verzögert werden, weil sich der Chefarzt die Entscheidung über die Operation vorbehalten hat und den Patienten erst am Tag der Operation bei der Chefarztvisite sieht (OLG Stuttgart, Urt. v. 8. 1. 2002 – 14 U 70/01, OLGR 2002, 351, 352 = VersR 2002, 1428).

Der Patient wird im Allgemeinen auch am Vortag der Operation normale Narkoserisiken abschätzen und zwischen den unterschiedlichen Risiken ihm alternativ vorgeschlagener Narkoseverfahren abwägen können (BGH NJW 1992, 2351, 2352 = VersR 1992, 960, 961 = MDR 1992, 748).

Aufklärungsgespräche am Vorabend einer Operation sind jedoch **stets verspätet**, wenn der aufklärende Arzt den Patienten dabei erstmals und für diesen überraschend auf **gravierende Risiken** hinweist, die dessen persönliche zukünftige Lebensführung entscheidend beeinträchtigen können (BGH, Urt. v. 25. 3. 2003 – VI ZR 131/02, VersR 2003, 1441, 1443 = MedR 2003, 576, 577 = NJW 2003, 2012, 2013; NJW 1992, 2351, 2352 = VersR 1992, 960, 691; NJW 1998, 2734 = VersR 1998, 766, 767 = MDR 1998, 716).

So reicht die erst **unmittelbar vor einer Tumoroperation nach Verabreichung einer Beruhigungsspritze** (BGH VersR 1998, 716 = MDR 1998, 654; Müller, MedR 2001, 487, 488) bzw. nach bereits erfolgter Verabreichung der Prämedikation zur Vorbereitung des Eingriffs (OLG Düsseldorf, Urt. v. 10. 10. 2002 – 8 U 13/02, VersR 2004, 912, 913) oder die erst **am Vortag** einer Operation zur Entfernung eines Tumors erfolgte Information des Patienten über das dabei bestehende **Erblindungsrisiko** (BGH NJW 1998, 2734; OLG Karlsruhe VersR 2001, 860, 861) nicht aus, um dessen Entscheidungsfreiheit zu gewährleisten.

Gleiches gilt auch beim Hinweis auf das Risiko einer möglichen **Querschnittslähmung** bzw. Instabilität der Wirbelsäule (OLG Bremen NJW-RR 2001, 671), nach Auffassung des OLG Frankfurt (Urt. v. 11. 10. 2005 – 8 U 47/04, GesR 2006, 127 = MedR 2006, 294, 296) auch bei einer am Vorabend einer schönheitschirurgischen Operation (hier: Bauchdeckenstraffung) erfolgten Aufklärung über mögliche, **erhebliche kosmetische Folgen** (hier: Vergrößerung einer bereits existenten Unterbauchnarbe von 15 cm auf 45 cm) mit langfristigen gesundheitlichen Beeinträchtigungen wie z.B. Sensibilitätsstörungen und Spannungsgefühle.

3. Schwierige und risikoreiche Eingriffe

Bei schwierigen und/oder risikoreichen Eingriffen hat das Aufklärungsgespräch unabhängig davon, ob es sich um eine stationäre oder ambulante Behandlung handelt, bereits in derjenigen **Sprechstunde mit dem Patienten** zu erfolgen, in der der spätere Eingriff verabredet und der Termin hierfür festgelegt wird (BGH NJW 1992, 2351, 2352 = MDR 1992, 748 = VersR 1992, 960, 961; NJW 1994, 3009, 3011 = MDR 1995, 159; OLG Stuttgart, Urt. v. 8. 1. 2002 – 14 U 70/01, VersR 2002, 1428: Aufklärung hat so früh wie möglich zu erfolgen, soweit keine „Sonderlage" vorliegt; auch OLG Frankfurt, Urt. v. 11. 10. 2005 – 8 U 47/04, MedR 2006, 294, 296 beim Risiko langfristiger gesundheitlicher Beeinträchtigungen nach einer kosmetischen Operation).

Die Verpflichtung zur Aufklärung bereits bei der Vereinbarung des Operationstermins besteht jedenfalls dann, wenn die für die Operationsindikation entscheidenden Voruntersuchungen bei der Terminsvereinbarung schon vorliegen, die Durchführung der Operation somit nicht mehr von dem Vorliegen wichtiger Untersuchungsbefunde abhängt (BGH, Urt. v. 25. 3. 2003 – VI ZR 131/02, VersR

2003, 1441, 1443 = NJW 2003, 2012, 2013; VersR 1992, 960, 961 = NJW 1992, 2351, 2352; kritisch Hoppe, NJW 1998, 782, 785).

Liegen dem Arzt alle wesentlichen Informationen vor und hat der Patient die restlichen Krankenunterlagen zum verabredeten Gespräch mitgebracht, muss die Aufklärung über die Risiken einer Bandscheibenoperation (Querschnittlähmung, Blasenlähmung u. a.) bereits im Rahmen des desjenigen Gesprächs erfolgen, in dem der Arzt zu dem operativen Eingriff rät und zugleich einen Operationstermin mit dem Patienten vereinbart (BGH, Urt. v. 25. 3. 2003 – VI ZR 131/02, VersR 2003, 1441, 1443 = NJW 2003, 2012, 2013: Auch wenn sich das Risiko sehr selten verwirklicht).

Ist das Aufklärungsgespräch zu diesem Zeitpunkt noch nicht möglich, etwa weil noch bestimmte diagnostische Maßnahmen durchzuführen sind, so muss es erfolgen, sobald diese Untersuchungsergebnisse vorliegen (Hoppe, NJW 1998, 782, 786; auch OLG Stuttgart VersR 2002, 1428).

Da die **Einwilligung** des Patienten **im Zeitpunkt der Operation noch andauern** muss und zwischen der Aufklärung und dem Eingriff ein gewisses Maß an zeitlicher Nähe vorausgesetzt wird, muss in vielen Fällen eine „**Doppelaufklärung**" erfolgen (Hoppe, NJW 1998, 782, 785/787).

So ist eine Aufklärung des Patienten **am Tag der Aufnahme bzw. am Vortag der Operation nicht mehr rechtzeitig**, wenn es sich um eine **extrem risikobehaftete Operation** handelt, etwa um eine Strumektomie (operative Entfernung der vergrößerten Schilddrüse) mit dem Risiko von Stimmbandlähmungen und Stimmbandverletzungen (BGH NJW 1992, 2351, 2353; OLG Köln MedR 1996, 270), eine Bandscheibenoperation mit dem gravierenden Risiko einer durch die Operation eintretenden Instabilität der Wirbelsäule oder einer Verletzung des Bauchraumes durch die Instrumente mit hohem Letalitätsrisiko (OLG Bremen VersR 2001, 340, 341 = NJW-RR 2001, 671; BGH, Urt. v. 25. 3. 2003 – VI ZR 131/02, VersR 2003, 1441, 1443 = NJW 2003, 2012, 2013: Blasenlähmung nach Bandscheibenoperation, s. o.).

Wird dem Patienten erstmals im Aufklärungsgespräch am **Vorabend der Operation** mitgeteilt, dass die Entfernung eines Tumors im Bereich der Hirnanhangsdrüse möglicherweise zu einer **Erblindung eines Auges** führen könne, so ist die Einwilligung in die Operation unwirksam. Denn in Anbetracht dieses Risikos muss dem Patienten zur Wahrung des Selbstbestimmungsrechts eine längere Bedenkzeit eingeräumt werden (BGH VersR 1998, 761 = NJW 1998, 2734; OLG Karlsruhe VersR 2001, 860, das jedoch eine hypothetische Einwilligung annimmt).

Der Aufklärung unmittelbar vor oder **am Vortag der Operation** zur weiträumigen Entfernung eines Melanoms mit Durchführung einer Lymphknoten-Dissektion, einer Narbenexzision, der Entfernung eines Teils der Vena saphena magna und der Eröffnung des Beckenraums sowie der unteren Bauchhöhle ist gleichfalls verspätet (OLG Bamberg VersR 1998, 1025, 1026; vgl. auch OLG Bremen VersR 2001, 340, 341 = NJW-RR 2001, 671: Verletzung des Bauchraumes mit hohem Letalitätsrisiko, s. o.).

Besteht bei einer durchzuführenden Operation wie zum Beispiel einer Nieren-beckenplastik stets ein Risiko, dessen Eintreten zu einer Nachoperation mit erhöhtem Risiko einschneidender Folgen, etwa des Verlusts einer Niere führen kann, ist der Patient schon vor dem ersten Eingriff auch über das Risiko der Nachoperation aufzuklären (BGH MDR 1996, 1015).

Die gebotene Aufklärung über ein mit der Durchführung einer Rezidivstruma-resektion (OLG Hamm VersR 1995, 1440) oder einer Hodenentfernung (OLG Saarbrücken OLGR 2000, 401) verbundenes, erhöhtes Operationsrisiko am Vor-abend der Operation ist jedoch **noch rechtzeitig**, wenn eine umfassende Aufklä-rung über die Operationsrisiken im Übrigen **bereits einige Tage zuvor** stattge-funden hat (OLG Hamm VersR 1995, 1440; OLG Saarbrücken OLGR 2000, 401, 402).

So liegt eine wirksame Aufklärung vor, wenn die Ärzte den Eingriff – etwa eine Mastektomie mit Silikon-Augmentation – schon einige Tage zuvor in Gesprä-chen mit der Patientin besprochen hatten und dieser die maßgebliche Proble-matik dabei unterbreitet wurde. Die Patientin hat dann darzulegen, dass ihre Entscheidungsmöglichkeiten deshalb beeinträchtigt wurden, weil sie aufgrund der Kürze der zur Verfügung stehenden Zeit mit der Entscheidung überfordert war (OLG Karlsruhe, Urt. v. 18. 12. 2002 – 7 U 143/01, OLGR 2003, 313).

4. Notfalloperationen

Bei Notoperationen kann ein Aufklärungsgespräch naturgemäß nicht bzw. nur kurzfristig vor dem Eingriff durchgeführt werden. So genügt bei einem Notfall-patienten mit einem Magendurchbruch die Aufklärung **unmittelbar vor dem Eingriff** (OLG Saarbrücken VersR 1988, 95; auch OLG Koblenz, Urt. v. 15. 12. 2005 – 5 U 676/05, OLGR 2006, 193, 194; G/G, Rz. C 98), im Übrigen ist regel-mäßig von einer mutmaßlichen Einwilligung des Patienten zur Vornahme vital indizierter Notoperationen auszugehen (OLG Celle VersR 1984, 444, 445; S/Pa, Rz. 63, 419; G/G, Rz. C 103; Gehrlein, Rz. C 66, 67).

5. Intraoperative Erweiterungen

Bei Operationserweiterungen muss danach **differenziert** werden, ob diese bereits **vor dem Eingriff vorhersehbar** waren. Ist dieses der Fall, so muss der Patient schon vor dem Eingriff über dessen Risiken und die Erforderlichkeit einer möglichen Erweiterung aufgeklärt werden (BGH NJW 1993, 2372 zur Ent-bindung; NJW 1992, 2354; NJW 1989, 1541; OLG Hamm, Urt. v. 17. 9. 2001 – 3 U 58/01, OLGR 2002, 309, 310 = VersR 2003, 1544 LS; G/G, 5. Aufl., Rz. C 104, 105; F/N, Rz. 193; Gehrlein, Rz. C 52, 67; S/Pa, Rz. 417, 418).

War eine mehr als nur belanglose Erweiterung (vgl. hierzu OLG Hamm, Urt. v. 17. 9. 2001 – 3 U 58/01, OLGR 2002, 309, 310 = VersR 2003, 1544 LS) oder **Ände-rung vorhersehbar** und hatte der Arzt den noch nicht in Narkose versetzten Patienten hierüber nicht aufgeklärt, kann er sich nicht auf die mutmaßliche Einwilligung berufen, sondern haftet grundsätzlich wegen Verletzung der Auf-klärungspflicht (F/N Rz. 193; auch S/Pa Rz. 422; Gehrlein Rz. C 52).

Sind bereits präoperativ hinreichende Anhaltspunkte für eine konkrete intra-operative Eingriffserweiterung vorhanden, besteht eine entsprechende Hinwei-spflicht (OLG Naumburg, Beschl. v. 5. 8. 2004 – 1 W 27/03, OLGR 2006, 5, 6 und Urt. v. 10. 6. 2003 – 1 U 4/02, OLGR 2003, 525).

Der Operateur bzw. Anästhesist darf den Patienten aber ohne ausdrücklich erklärte Einwilligung behandeln, wenn sich das **Aufklärungsbedürfnis erst intraoperativ** herausstellt und er annehmen darf, dass der Patient bei entspre-chender Aufklärung in den Eingriff eingewilligt haben würde. Dabei darf sich der Arzt am Bild des verständigen Patienten orientieren. Je gravierender der Ein-griff ist, desto dringlicher muss er medizinisch geboten sein (BGH NJW 1993, 2372, 2374 = VersR 1993, 703, 705; OLG Hamm, Urt. v. 17. 9. 2001 – 3 U 58/01, OLGR 2002, 309, 310; auch OLG Naumburg, Urt. v. 10. 6. 2003 – 1 U 4/02, NJW-RR 2004, 315).

Von einer mutmaßlichen Einwilligung des Patienten kann der Arzt in solchen Fällen sowohl bei vitaler oder absoluter Indikation, aber auch bei einer nur belanglosen Erweiterung des Eingriffs ausgehen (BGH VersR 1985, 1187; VersR 1989, 289 = MDR 1989, 438; OLG Hamm, Urt. v. 17. 9. 2001 – 3 U 58/01, OLGR 2002, 309, 310: Vitale und absolute Indikation sowie belanglose Erweiterung; S/Pa Rz. 418, 419; G/G, 5. Aufl., Rz. C 102, 103).

So kann etwa bei umfangreichen Bauchoperationen mit erheblichen Risiken eine **stillschweigende Einwilligung** in eine medizinisch gebotene Erweiterung angenommen werden (OLG Frankfurt NJW 1981, 1322; S/Pa, Rz. 420), zum Bei-spiel bei Erweiterung der geplanten Magenresektion zu einer Pankreas-Splenek-tomie (Entfernung von Milz und Zwölffingerdarm) wegen eines dringenden Kar-zinomverdachts (OLG Frankfurt NJW 1981, 1322).

Auch bei der Anlage eines **Zentralvenenkatheders** oder einer anderen nur belanglosen Erweiterung der Operation ohne wesentliche Risiken kann der Arzt grundsätzlich von der Einwilligung des Patienten ausgehen (OLG Hamm, Urt. v. 17. 9. 2001 – 3 U 58/01, VersR 2003, 1544 = OLGR 2002, 309, 311).

In den Fällen, in denen präoperativ **keine hinreichenden Anhaltspunkte für eine konkrete intraoperative Operationserweiterung** vorliegen, reicht der zuvor erteilte pauschale Hinweis auf das Risiko von Operationserweiterungen bzw. Nachoperationen für eine pflichtgemäße Eingriffs- und Risikoaufklärung aus (OLG Naumburg, Urt. v. 10. 6. 2003 – 1 U 4/02, NJW-RR 2004, 315 = OLGR 2003, 525).

Allerdings kann bei einer **Kropfoperation eine intraoperative Operationserweite-rung** – etwa die Entfernung des gesamten Schilddrüsengewebes anstatt einer zunächst vorgesehenen Teilentfernung – ernsthaft in Betracht kommen. Hatte der Patient nur in eine Teilentfernung von Schilddrüsengewebe wirksam einge-willigt, der behandelnde Arzt jedoch während dieser Operation das gesamte Schilddrüsengewebe entfernt, ist der Eingriff nicht von der erteilten Einwilligung gedeckt (OLG Naumburg, Urt. v. 10. 6. 2003 – 1 U 4/02, NJW-RR 2004, 315, 316).

Der Patient hat dann jedoch **nachzuweisen**, dass eine überflüssige bzw. nicht von der Einwilligung gedeckte Operationserweiterung den konkreten Schaden verursacht hat (OLG Naumburg, Urt. v. 10. 6. 2003 – 1 U 4/02, NJW-RR 2004, 315 = OLGR 2003, 525: Rekurrensparese, d. h. Lähmung der Stimmbandnerven nach Entfernung des Schilddrüsengewebes statt einer bloßen Teilentfernung; OLG Koblenz, Urt. v. 7. 8. 2003 – 5 U 1284/02, NJW-RR 2003, 1607 = MedR 2004, 690: Überflüssige Operationserweiterung, Durchtrennung von Magennerven anstatt einer Divertikelentfernung, hat keinen abgrenzbaren Nachteil verursacht; OLG Karlsruhe, Beschl. v. 17. 2. 2003 – 7 U 156/02, GesR 2003, 239: Patient muss beweisen, dass der Schaden durch den nicht von der Einwilligung gedeckten Teil des Eingriffs verursacht worden ist).

Bei nicht vitaler oder zeitlich und sachlich absoluter Indikation kann eine Eingriffserweiterung aus dem Gesichtspunkt der **„mutmaßlichen Einwilligung"** dann gerechtfertigt sein, wenn das Schadensrisiko bei der Eingriffserweiterung geringer wiegt als die Gefahren des vom Patienten gebilligten Eingriffs (Gehrlein, Rz. C 67; G/G, 5. Aufl., Rz. C 103), etwa bei der Mitentfernung eines Krampfaderknäuels im Rahmen der Exstirpation eines Ganglions in der Kniekehle (G/G, Rz. C 103; S/Pa, Rz. 419 je m. w. N.). Anders verhält es sich jedoch, wenn die Gefahren der Erweiterung diejenigen des ursprünglich geplanten Eingriffs übersteigen und der Eingriff nicht im Sinne eines Notfalls absolut indiziert ist (Gehrlein, Rz. C 67; G/G, 5. Aufl., Rz. C 105: „oder gleichwertig balanciert").

In folgenden Fallgruppen ist danach die **Fortsetzung der Operation ohne eine Erweiterung der Aufklärung** zulässig:

▷ bei akuter vitaler Indikation, insbesondere sonst drohenden schweren Gesundheitsschäden und nicht entgegenstehendem Willen bzw. mutmaßlichem Willen des Patienten (OLG Frankfurt NJW 1981, 1322; OLG Celle VersR 1984, 444, 445 und OLG Zweibrücken VersR 1999, 1546: Hysterektomie vital indiziert; G/G, 5. Aufl., Rz. C 103; Uhlenbruck, VersR 1968, 1110; Oehler, S. 200),

▷ wenn die Unterbrechung des Eingriffs zu neuen gefährlichen Komplikationen führen kann (OLG Frankfurt, Urt. v. 10. 2. 1981 – 22 U 213/79; Oehler, S. 200),

▷ wenn das Schadensrisiko der Eingriffserweiterung geringfügig ist und hinter dem Risiko der Eingriffsbegrenzung bzw. Unterlassung der Erweiterung zurückbleibt (OLG Frankfurt a. a. O.; G/G, 5. Aufl., Rz. C 103; Oehler, S. 199).

6. Entbindungsmethoden

Bestehen vor einer Entbindung deutliche Anzeichen dafür, dass im weiteren Verlauf ein **Kaiserschnitt** nötig werden könnte, so muss der geburtsleitende Arzt die Schwangere über das Bestehen dieser Alternative bereits in einem Zeitpunkt aufklären, in dem die werdende Mutter **noch einwilligungsfähig** ist (BGH, Urt. v. 14. 9. 2004 – VI ZR 186/03, NJW 2004, 3703, 3704 = VersR 2005, 227, 228; NJW 1993, 1524, 1525 = VersR 1993, 835, 8366; NJW 1993, 2372, 2374; OLG Frankfurt, Urt. v. 11. 12. 2002 – 13 U 199/98, OLGR 2003, 55, 60; OLG München VersR 1994, 1345; VersR 1996, 63, 64).

War die sectio indiziert, so ist die Aufklärung verspätet, wenn bereits Presswehen eingesetzt haben oder starke Schmerzmittel eine freie Entscheidung der Schwangeren nicht mehr zulassen (BGH NJW 1993, 2372; G/G, 5. Aufl., Rz. C 99; S/Pa, Rz. 410; Gehrlein, Rz. C 53; vgl. zur Aufklärung über die Möglichkeit eines Kaiserschnitts oben S. 178 ff., 191 ff.).

7. Kausalität und hypothetische Einwilligung

Ist die Aufklärung verspätet erfolgt, so ist die hierauf erteilte **Einwilligung** des Patienten **nicht wirksam**. Hat sich anlässlich des Eingriffs eine aufklärungsbedürftige Gefahr verwirklicht, so schuldet der Arzt dem Patienten Schadensersatz (OLG Frankfurt, Urt. v. 11. 10. 2005 – 8 U 47/04, OLGR 2006, 489, 491; Hoppe, NJW 1998, 782, 784; vgl. hierzu unten S. 253, 261).

Hat jedoch bei einem Eingriff eine überflüssige oder erst verspätet erläuterte Operationserweiterung, etwa die Durchtrennung von Magennerven im Rahmen einer ursprünglich vorgesehenen und von der Einwilligung des Patienten erfassten Divertikelentfernung im weiteren Verlauf **keinen abgrenzbaren Nachteil** verursacht, rechtfertigt die überflüssige Maßnahme die Zubilligung materiellen und immateriellen Schadensersatzes nicht (OLG Koblenz, Urt. v. 7. 8. 2003 – 5 U 1284/02, NJW-RR 2003, 1607 = MedR 2004, 690).

Kann der Schaden beim Patienten sowohl durch den von der Einwilligung gedeckten und behandlungsfehlerfrei durchgeführten Teil als auch durch den nicht von der Einwilligung erfassten Teil des Eingriffs verursacht worden sein, hat der Patient zu beweisen, dass der Schaden durch den nicht rechtmäßigen Teil verursacht wurde (OLG Karlsruhe, Beschl. v. 17. 2. 2003 – 7 U 156/02, GesR 2003, 239).

Hat der Patient (nur) in eine Teilentfernung von Schilddrüsengewebe wirksam eingewilligt, der behandelnde Arzt jedoch während dieser Operation das gesamte Schilddrüsengewebe entfernt, so ist für die Kausalitätsbetrachtungen auf einen Vergleich zwischen dem fiktiven Verlauf der ursprünglich beabsichtigten und von der wirksamen Einwilligung des Patienten gedeckten Teilresektion des Schilddrüsengewebes und dem Verlauf der tatsächlich durchgeführten Operation abzustellen. Dies bedeutet, dass der Patient im Prozess schon dann unterliegt, wenn er nicht beweisen kann, dass die Pflichtverletzung bzw. der teilweise ohne Einwilligung durchgeführte Eingriff den Schaden verursacht hat bzw. dass der Schadenseintritt ohne diese Pflichtverletzung zumindest sehr unwahrscheinlich gewesen wäre (OLG Naumburg, Urt. v. 10. 6. 2003 – 1 U 4/02, NJW-RR 2004, 315, 316).

Wendet der Arzt ein, der Patient hätte sich **auch bei rechtzeitiger und zutreffender Aufklärung zu dem vorgenommenen Eingriff entschlossen**, so muss **er** den Nachweis für diese Behauptung führen (BGH, Urt. v. 5. 4. 2005 – VI ZR 216/03, VersR 2005, 942 = NJW 2005, 2072 = GesR 2005, 359; Urt. v. 25. 3. 2003 – VI ZR 131/02, VersR 2003, 1441, 1443 = MDR 2003, 931, 932; G/G, Rz. 137, 141; Hoppe, NJW 1998, 782, 784; s. u. S. 228, 263 f.).

Diesem Einwand kann der Patient entgegenhalten, er hätte sich bei rechtzeitiger korrekter Aufklärung in einem ernsthaften **Entscheidungskonflikt** darüber befunden, ob er den Eingriff so durchführen lassen solle (s. u. S. 230 ff.; BGH, Urt. v. 15. 3. 2005 – VI ZR 313/03, VersR 2005, 836, 837 = NJW 2005, 1718, 1719; G/G, 5. Aufl., Rz. C 138, 141).

Auch in diesem Zusammenhang verlangt der BGH vom Patienten das „**Plausibelmachen**" des Entscheidungskonflikts. Diesen hat der Patient zur Überzeugung des Richters darzutun, wobei an die Substantiierungspflicht zur Darlegung eines solchen Konflikts keine hohen Anforderungen gestellt werden dürfen (BGH Urt. v. 1. 2. 2005 – VI ZR 174/03, VersR 2005, 694; Urt. v. 25. 3. 2003 – VI ZR 131/02, VersR 2003, 1441, 1443 = NJW 2003, 2012, 2014; NJW 1992, 2351, 2353; NJW 1993, 2372, 2374; OLG Karlsruhe VersR 2001, 860; OLG Bamberg VersR 1998, 1025, 1026; OLG Oldenburg, Urt.v. 30. 3. 2005 – 5 U 66/03, VersR 2006, 517; vgl. im Einzelnen unten S. 231).

Bei einem **verspätet erfolgten Aufklärungsgespräch** legt es jedoch bereits die Lebenserfahrung nahe, dass die Entscheidungsfreiheit des Patienten im Hinblick auf den psychischen und organisatorischen Druck eingeschränkt gewesen ist; hier bedarf es regelmäßig keines näheren Vortrages seitens des Patienten dazu, dass er durch die Aufklärung bzw. verspätete Aufklärung in einen Entscheidungskonflikt geraten wäre (BGH NJW 1995, 2410, 2411 = VersR 1995, 1055, 1056 f.; NJW 1994, 1235, 1237 = VersR 1994, 1235, 1236; OLG Koblenz, Urt. v. 29. 11. 2001 – 5 U 1382/00, VersR 2003, 1313, 1315; OLG Stuttgart, Urt. v. 8. 1. 2002 – 14 U 70/01, VersR 2002, 1428, 1429 = OLGR 2002, 351, 353; Hoppe, NJW 1998, 783, 784).

Ein „**ernsthafter** Entscheidungskonflikt" ist nach Auffassung des OLG Koblenz, Urt. v. 29. 11. 2001 – 5 U 1382/00, VersR 2003, 1313, 1315 zur verspäteten Aufklärung über die Risiken einer Angiographie) ohne weiteres anzunehmen, wenn die Patientin **nicht unter gravierenden Beschwerden** leidet und sie weiß, dass die für den nächsten Tag angesetzte Operation **nur relativ indiziert** ist.

Ein Entscheidungskonflikt des nicht oder verspätet aufgeklärten Patienten ist jedoch **nicht plausibel**, wenn er unter medikamentös nicht beherrschbaren Schmerzen leidet, von denen er durch die Operation erlöst werden wollte (OLG Stuttgart, Urt. v. 8. 1. 2002 – 14 U 70/01, OLGR 2002, 351, 353 = NJW-RR 2002, 1601, 1602 = VersR 2002, 1428, 1429).

Die der Patientin erteilte Aufklärung über das seltene Risiko der Erforderlichkeit der Entfernung der Gebärmutter nach einer beabsichtigten Kürettage nach Ausstoßung einer Totgeburt unmittelbar vor der Einleitung der Behandlung und nach Gabe von Prostaglandin ist grundsätzlich verspätet. Wird der Eingriff durch **fachärztliches Personal in einem Kreiskrankenhaus** durchgeführt, ist ein Entscheidungskonflikt der Patientin mit dem Hinweis, bei **rechtzeitiger Aufklärung** hätte sie dieselbe Behandlung in einer **Universitätsklinik** durchführen lassen, **nicht plausibel**, wenn die Patientin sich Jahre zuvor in demselben Kreiskrankenhaus einer mit höheren Risiken verbundenen primären sectio unterzogen und keinen Grund hatte, an der fachlichen Kompetenz der behandelnden Ärzte zu zweifeln. Bei der vorgesehenen Küretage handelt es sich um einen häufigen Routineeingriff, der erkennbar nicht der besonderen Fachkunde und Ausrüstung einer Universitätsklinik bedarf (OLG Stuttgart, Urt. v. 19. 9. 2000 – 14 U 4/00, OLGR 2002, 103, 105).

Auch bezüglich einer **verspäteten anästhesiologischen Aufklärung** vor der Durchführung einer dringend indizierten Blinddarmoperation ist die Behauptung eines „Entscheidungskonflikts" nicht plausibel (OLG Hamm, Urt. v. 17. 9. 2001 – 3 U 58/01, OLGR 2002, 309, 310).

Gleiches gilt, wenn es nur zu einer belanglosen, nicht von der Einwilligung des Patienten gedeckten Erweiterung der Operation wie etwa der **Anlage eines Zentralvenenkatheders** gekommen ist, jedenfalls wenn es zur Anlage eines solchen Zentralvenenkatheders keine ernsthafte Alternative gegeben hätte (OLG Hamm, Urt. v. 17. 9. 2001 – 3 U 58/01, OLGR 2002, 309, 311).

Wurde der Operationstermin erst nach der an einem Freitag abgegebenen Einwilligungserklärung des Patienten auf den folgenden Montag bestimmt, ist i. d. R. eine Beeinträchtigung der Entschließungsfreiheit des Patienten ebenfalls nicht dargetan (OLG Karlsruhe, Urt. v. 23. 6. 2004 – 7 U 228/02, OLGR 2004, 520 = GesR 2004, 469).

Eine Haftung wegen nicht ausreichender oder nicht rechtzeitiger Aufklärung entfällt auch, wenn der Patient über das maßgebliche Risiko bereits **anderweitig aufgeklärt** worden ist (BGH, Urt. v. 25. 3. 2003 – VI ZR 131/02, MDR 2003, 931 = VersR 2003, 1441, 1443 = NJW 2003, 2012, 2014: inhaltlich ausreichende Aufklärung sechs Wochen zuvor erfolgt; auch OLG Celle, Urt. v. 30. 9. 2002 – 1 U 7/02, VersR 2004, 384, 385: Vorkenntnis aus einem Todesfall in der Familie; aber OLG Hamm, Urt. v. 15. 6. 2005 – 3 U 289/04, GesR 2005, 401, 402: fünf Jahre zuvor erfolgte Aufklärung wirkt nicht fort) oder er innerhalb kurzer Zeit wiederholt operiert wird, soweit sich gegenüber dem Ersteingriff keine wesentlich neuen bzw. größere Risiken ergeben (G/G, 5. Aufl., Rz. C 46 m.w.N.).

IV. Aufklärungspflichtiger und Aufklärungsadressat; Entbehrlichkeit der Aufklärung

1. Aufklärungspflichtiger

Sind mehrere Ärzte an der Behandlung eines Patienten beteiligt, so ist grundsätzlich zunächst jeder für diejenigen Eingriffe und Behandlungsmaßnahmen aufklärungspflichtig, **die er selbst durchführt** (OLG Bamberg, Urt. v. 15. 9. 2003 – 4 U 11/03, GesR 2004, 135, 136; OLG Hamm VersR 1994, 815; OLG Karlsruhe, Urt. v. 24. 5. 2006 – 7 U 242/05, OLGR 2006, 617, 619; Katzenmeier MedR 2004, 34, 37; Rehborn MDR 2000, 1106; G/G, 5. Aufl., Rz. C 106, 107). Grundsätzlich kann sich dabei kein an der Behandlung beteiligter Arzt ohne entsprechende Verständigung oder sonstige sichere Anhaltspunkte darauf verlassen, dass ein anderer die Aufklärung besorgt hat oder besorgen werde (OLG Karlsruhe VersR 1998, 718, 719 = NJW-RR 1998, 459, 461; OLG Koblenz, Beschl. v. 14. 5. 2005 – 5 U 1610/04, VersR 2006, 123 = GesR 2005, 407; Katzenmeier MedR 2004, 34, 37).

So hat der Operateur über das Operationsrisiko einschließlich des mit ihm verbundenen Risikos von Lagerungsschäden, der Anästhesist über das Narkoserisiko, der Strahlentherapeut über etwaige Strahlenschäden aufzuklären (OLG Karlsruhe, Urt. v. 8. 10. 2003 – 7 U 6/02, OLGR 2004, 237: Aufklärungs- und Behandlungsfehler des Anästhesisten; OLG Hamm VersR 1994, 815; S/Pa, Rz. 424; Gehrlein Rz. C 57; vgl. hierzu → *Arbeitsteilung*, S. 41 ff.).

Eventuelle Fehler der die Anästhesie betreffenden Aufklärung stellen die Wirksamkeit der ordnungsgemäßen Aufklärung über den vom Operateur durchgeführten Eingriff – und umgekehrt – nicht in Frage, denn beide Eingriffe sind selbständig zu beurteilen (OLG Karlsruhe, Urt. v. 8. 10. 2003 – 7 U 6/02, OLGR 2004, 237; auch G/G, 5. Aufl., Rz. C 107: Anästhesist haftet, wenn er positive Kenntnis von der Rechtswidrigkeit des Eingriffs hat).

Insbesondere im Rahmen der Arbeitsteilung bei einer stationären Krankenhausbehandlung ist die fehlende Personenidentität von Operateur und aufklärendem Arzt regelmäßig nicht zu beanstanden; aufklärender **Arzt und Operateur müssen nicht identisch** sein (OLG Bamberg, Urt. v. 22. 11. 2004 – 4 U 39/03, OLGR 2005, 85, 86: Operateur und Stationsärztin; OLG Dresden, Urt. v. 11. 7. 2002 – 4 U 574/02, GesR 2003, 157, 159: Operateur und Assistenzarzt; OLG Karlsruhe, Urt. v. 8. 12. 2004 – 7 U 163/03, OLGR 2005, 189, 190 und Urt. v. 24. 5. 2006 = 7 U 242/05, OLGR 2006, 617, 619: Operateur und Assistenzarzt; OLGR 2001, 147, 148; OLG Zweibrücken, Urt. v. 27. 7. 2004 – 5 U 15/02, OLGR 2004, 598, 599: Operateur und aufklärender Assistenzarzt; S/Pa, Rz. 425, 428).

Der aufklärende Arzt muss jedoch ausreichend mit den medizinischen Gegebenheiten vertraut sein und jedenfalls für die Aufklärung die **erforderliche Qualifikation besitzen** (OLG Karlsruhe, Urt. v. 24. 5. 2006 – 7 U 242/05, OLGR 2006, 617, 619 und NJW-RR 1998, 459, 460; OLG Dresden, Urt. v. 11. 7. 2002 – 4 U 574/02, GesR 2003, 157, 159) und aufgrund seines Ausbildungsstandes in der Lage sein, die konkret beim Patienten vorliegenden Erkrankung sowie die erforderliche Behandlung zu beurteilen (OLG Dresden, Urt. v. 11. 7. 2002 – 4 U 574/02, GesR 2003, 157, 159). Dies ist etwa bei der Übertragung der Aufklärung auf einen Assistenzarzt oder einen Arzt im Praktikum nach 20-monatiger Tätigkeit und einem diesem vertrauten Eingriff zu bejahen (OLG Dresden a. a. O.).

Der Operateur muss sich jedoch vergewissern, dass der Patient aufgeklärt worden ist. Eine Delegation wirkt nur befreiend, wenn klare stichprobenweise kontrollierte Organisationsanweisungen bestehen und auch kein Anlass zu Zweifeln an der Qualifikation des bestellten Arztes oder an einer ordnungsgemäßen Aufklärung gerade im konkreten Fall vorliegen (OLG Karlsruhe, Urt. v. 24. 5. 2006 – 7 U 242/05, OLGR 2006, 617, 619 und NJW-RR 1998, 459, 460).

Die gleichen Anforderungen sind auch an einen Oberarzt oder sonstigen Facharzt zu stellen, der zwar bei der durchzuführenden Operation nur als Assistent eingeteilt, aber durch seine Stellung gegenüber dem Operateur zumindest gleichwertig für die Operation verantwortlich ist (OLG Karlsruhe, Urt. v. 24. 5. 2006 – 7 U 242/05, OLGR 2006, 617, 619 und Urt. v. 8. 12. 2004 – 7 U 163/03, NJW-RR 2005, 798, 799). Demgegenüber ist der lediglich weisungsgebunden unter Leitung des übergeordneten Arztes (Chefarzt, Oberarzt) assistierende Arzt zu eigenständigen Nachforschungen für das Vorliegen einer wirksamen Einwilligung nicht verpflichtet, sofern er nicht konkrete Anhaltspunkte hat, dass es an einer wirksamen Aufklärung des Patienten fehlt (OLG Karlsruhe, Urt. v. 24. 5. 2006 – 7 U 242/05, OLGR 2006, 617, 619 f.).

Grundsätzlich darf die Aufklärung jedoch **nicht auf nichtärztliches Personal** (OLG Dresden, Urt. v. 11. 7. 2002 – 4 U 574/02, GesR 2003, 157, 159; OLG Karlsruhe 1998, 718: Aufklärung nur durch Pfleger; OLG Celle VersR 1982, 1142; S/Pa, Rz. 429) oder einen Arzt in der Ausbildung, der noch nicht in der Lage ist, die konkret beim Patienten vorliegende Erkrankung und die erforderliche Behandlung zu beurteilen bzw. mit dem Eingriff noch nicht vertraut ist, übertragen werden (OLG Dresden, Urt. v. 11. 7. 2002 – 4 U 574/02, GesR 2003, 157, 159).

Folge einer zulässigen Delegation der Aufklärung ist, dass die Aufklärungspflicht auf den **aufklärenden Arzt** übergeht und diesen die **Haftung für etwaige Aufklärungsmängel** trifft (BGH NJW 1980, 1905, 1906 = MDR 1980, 836 = VersR 1981, 456, 457; VersR 1990, 1010 = NJW 1990, 2929; OLG Bamberg, Urt. v. 22. 11. 2004 – 4 U 39/03, OLGR 2005, 85, 86; OLG Karlsruhe, Urt. v. 8. 12. 2004 – 7 U 163/03, OLGR 2005, 189, 190 = NJW-RR 2005, 798, 799; OLG Nürnberg, VersR 1992, 754; OLG Schleswig NJW-RR 1994, 1052, 1053; Katzenmeier MedR 2004, 34, 37; teilweise abweichend OLG Bamberg, Urt. v. 15. 9. 2003 – 4 U 11/03, GesR 2004, 135, 136: allein die weisungsgemäße Übernahme der Aufklärung durch den Assistenzarzt reicht nicht aus).

a) Vertikale Arbeitsteilung (vgl. hierzu → *Arbeitsteilung*)

Wird danach die Durchführung der Aufklärung etwa aus Gründen der klinischen Organisation einem anderen Facharzt, Stationsarzt oder – im Einzelfall – einem qualifizierten Assistenzarzt bzw. Arzt im Praktikum übertragen, der zumindest in der Lage ist, die konkret beim Patienten vorliegende Erkrankung und die erforderliche Behandlung zu beurteilen, geht die Aufklärungspflicht nach h. M. auf den informierenden Arzt über mit der Folge, dass diesen – ggf. neben dem Behandlungsträger und den operierenden Ärzten- die **Haftung für Aufklärungsversäumnisse** trifft (BGH NJW 1980, 1905, 1906 = VersR 1981, 456, 457; VersR 1990, 1010 = NJW 1990, 2929; OLG Bamberg, Urt. v. 22. 11. 2004 – 4 U 39/03, OLGR 2005, 85, 86; OLG Karlsruhe, Urt. v. 8. 12. 2004 – 7 U 163/03, NJW-RR 2005, 798 = OLGR 2005, 189, 190; OLG Nürnberg VersR 1992, 754; OLG Schleswig NJW-RR 1994, 1052, 1053; G/G, 5. Aufl., Rz. C 106, 108, 110; Katzenmeier MedR 2004, 34, 37; abw. OLG Bamberg a. a. O.).

So kann auch ein Arzt, der nur die Aufklärung des Patienten über die ihm anderweitig angeratene Operation übernommen hat, diesem zum Ersatz des durch die Operation entstandenen Körperschadens verpflichtet sein, wenn er den Patienten im Verlauf des Gesprächs über Art, Umfang und Risiken – unvollständig oder fehlerhaft – aufklärt, weil er damit einen Teil der ärztlichen Behandlung des Patienten und deshalb eine Garantenstellung übernimmt (BGH NJW 1980, 1905, 1906 = MDR 1980, 836; OLG Karlsruhe, Urt. v. 8. 12. 2004 – 7

U 163/03, NJW-RR 2005, 798, 799 = OLGR 2005, 189, 190; OLG Nürnberg VersR 1992, 754; OLG Oldenburg VersR 1996, 1111, 1112; teilw. abweichend OLG Bamberg, Urt. v. 15. 9. 2003 – 4 U 11/03, GesR 2004, 135, 136).

Aufklärungspflichtig ist auch der **aufnehmende Krankenhausarzt**, der den Eingriff und den erst in einigen Wochen anstehenden Operationstermin mit dem Patienten vereinbart, falls keine vollständige und rechtzeitige Aufklärung bei der späteren Krankenhausaufnahme erfolgt (BGH NJW 1992, 2351, 2352; OLG Oldenburg VersR 1996, 1111, 1112; S/Pa, Rz. 427). Es entlastet den Krankenhausarzt nicht, wenn er den mangels erfolgter Risikoaufklärung rechtswidrigen Eingriff auf Drängen des vom Hausarzt nicht oder nur unzureichend aufgeklärten Patienten durchführt (OLG Koblenz, Beschl. v. 14. 4. 2005 – 5 U 1610/04, VersR 2006, 123 = GesR 2005, 407).

Hat der operierende Arzt die Aufklärung des Patienten zulässigerweise dem Stationsarzt überlassen, so haftet er für dessen unvollständige Risikoaufklärung eines ausländischen Patienten daneben selbst, wenn ihm bekannt sein musste, dass die **Aufklärung bei ausländischen**, nicht deutsch sprechenden **Patienten** nicht immer ausreichend erfolgte (OLG Karlsruhe VersR 1998, 718). Diese Verantwortung kann sowohl den Chefarzt als auch den Oberarzt, der bei der vom Stationsarzt durchgeführten Operation assistiert, treffen (OLG Karlsruhe VersR 1998, 718 = NJW-RR 1998, 459, 460; ebenso Urt. v. 24. 5. 2006 – 7 U 242/05, OLGR 2006, 617, 619).

Für die unvollständige, verspätete oder fehlerhafte Aufklärung haften aber auch die Ärzte, die das Aufklärungsgespräch nicht selbst geführt haben, den – mangels Einwilligung des Patienten dann rechtswidrigen – **Eingriff aber tatsächlich durchführen**. Denn ihnen obliegt gleichfalls als Teil der ärztlichen Behandlung die Prüfung und Feststellung, dass der Patient hinreichend aufgeklärt worden ist (BGH VersR 1984, 539; OLG Karlsruhe, Urt. v. 8. 12. 2004 – 7 U 163/03, NJW-RR 2005, 798, 799 = OLGR 2005, 189, 190). Diese Verantwortlichkeit trifft aber nicht nur den selbst operierenden Fach- und Assistenzarzt, sondern auch den Chef- oder Oberarzt, der mit der Fachaufsicht über den Assistenzarzt einen Teil der Behandlungsaufgabe übernommen hat (OLG Karlsruhe, Urt. v. 8. 12. 2004 – 7 U 163/03, OLGR 2005, 189, 190 und Urt. v. 24. 5. 2006 – 7 U 242/05, OLGR 2006, 617, 619).

Der Behandlungsträger, also der **Krankenhausträger**, der selbst liquidierende **Chefarzt oder Belegarzt**, hat für die Erfüllung der Aufklärungspflichten des beauftragten Arztes auch dann – neben diesem – einzustehen, wenn klare und verständliche Anweisungen für die Wahrnehmung der Aufklärungspflichten und deren Kontrolle fehlen bzw. unzureichend sind (Gehrlein Rz. C 57 a. E.; G/G, 5. Aufl., Rz. C 109; Katzenmeier MedR 2004, 34, 37), bestehende Organisationsanweisungen nicht wenigstens stichprobenartig kontrolliert werden (OLG Karlsruhe, Urt. v. 24. 5. 2006 – 7 U 242/05, OLGR 2006, 617, 619 und VersR 1998, 718; LG Berlin, Urt. v. 20. 8. 2003 – 6 O 343/02, MedR 2004, 449, 450: operierender Arzt muss sich vergewissern, dass Assistenzarzt auch umfangreich aufklärt; S/Pa Rz. 426, 429; L/U § 66 Rz. 1, 2; Katzenmeier MedR 2004, 34, 37) oder wenn ein konkreter Anlass zu Zweifeln an der Eignung und

Zuverlässigkeit des mit der Aufklärung bestellten Arztes bestanden hat (OLG Stuttgart VersR 1981, 641; OLG Karsruhe a. a. O. S/Pa Rz. 426; Katzenmeier MedR 2004, 34, 37; Kern MedR 2000, 347, 350).

Für **Aufklärungsversäumnisse eines Belegarztes** haftet der Klinikträger auch dann, wenn ein Geschäftsführer der Klinik an dem Eingriff beteiligt ist oder diesen selbst ausführt (OLG Frankfurt, Urt. v. 11. 10. 2005 – 8 U 47/04, MedR 2006, 294, 296).

Dagegen ist der lediglich weisungsgebunden unter Leitung des übergeordneten Arztes (Chefarzt, Oberarzt) bei einer Operation assistierende Arzt zu eigenständigen Nachforschungen über das Vorliegen einer wirksamen Einwilligung des Patienten nicht verpflichtet, sofern nicht für ihn konkrete Anhaltspunkte vorliegen, dass es an einer wirksamen Aufklärung fehlt (OLG Karlsruhe, Urt. v. 24. 5. 2006 – 7 U 242/05, OLGR 2006, 617, 619).

b) Horizontale Arbeitsteilung (vgl. hierzu → *Arbeitsteilung*)

Bei horizontaler Arbeitsteilung, insbesondere also im Fall einer Überweisung beschränkt sich die Verantwortung des Arztes prinzipiell auf sein eigenes Fachgebiet, hier soll der „Vertrauensgrundsatz" gelten (Katzenmeier MedR 2004, 34, 37; Gehrlein Rz. C 57; L/U § 66 Rz. 3; G/G, 5. Aufl., Rz. C 110).

Im Verhältnis zwischen dem überweisenden (Haus-)Arzt und dem **spezialisierten Facharzt** obliegt die Aufklärung grundsätzlich Letzterem. Denn die Aufklärung des überwiesenen Patienten setzt eine genaue Anamnese und Diagnose voraus, die sich meist erst bei dem Spezialisten mit seinen gesteigerten Erkenntnismöglichkeiten ergibt (BGH NJW 1979, 1933; OLG Hamm VersR 1994, 815; OLG Koblenz, Beschl. v. 14. 4. 2005 – 5 U 1610/04, NJW-RR 2005, 1111 = GesR 2005, 407 = VersR 2006, 123; G/G, 5. Aufl., Rz. C 111; S/Pa, Rz. 428; Katzenmeier MedR 2004, 34, 37; auch Rehborn MDR 2000, 1101, 1106; teilw. weitergehend BGH NJW 1980, 633, 634 und OLG Karlsruhe VersR 2002, 717 sowie OLG Oldenburg VersR 1999, 1422).

Dass der Hausarzt einen bestimmten Eingriff für indiziert hält und den Patienten daher in ein Krankenhaus einweist, enthebt den dort weiterbehandelnden Arzt folgerichtig nicht von der Pflicht zur umfassenden Risikoaufklärung. Es entlastet ihn nicht, wenn er den mangels Risikoaufklärung rechtswidrigen Eingriff auf Drängen des vom Hausarzt unzureichend vorinformierten Patienten durchführt (OLG Koblenz, Beschl. v. 14. 4. 2005 – 5 U 1610/04, VersR 2006, 123 = GesR 2005, 407 = NJW-RR 2005, 1111).

Der BGH (NJW 1980, 633, 634) hielt in einer früheren, **vereinzelt gebliebenen** und auf erhebliche Kritik gestoßenen **Entscheidung auch den Hausarzt**, der den Patienten mit einer nicht weiter begründeten Standarddiagnose in eine Klinik einweist, für verpflichtet, den Patienten aufzuklären (ablehnend etwa Katzenmeier MedR 2004, 34, 37; Giesen, Arzthaftungsrecht, 4. Auf. 1995, Rz. 289; S/Pa Rz. 428).

Auch das OLG Karlsruhe (VersR 2002, 717) ist der Ansicht, dass eine **Radiologin** als Spezialistin aufgrund eines präzisen Überweisungsauftrages des überweisenden Orthopäden keine umfassende, über den **Auftrag** hinausgehende Beratung des Patienten vorzunehmen hat.

Nach h. M. ist der an den Facharzt oder an das Krankenhaus **überweisende** Arzt **grundsätzlich nicht zur Aufklärung** des Patienten über die dort vorzunehmenden Maßnahmen **verpflichtet** (OLG Koblenz a. a. O.; S/Pa Rz. 428; Gehrlein Rz. C 57; Katzenmeier MedR 2004, 34, 37; L/U § 66 Rz. 3).

Der **hinzugezogene Facharzt** kann sich aber regelmäßig darauf verlassen, dass der überweisende Arzt den Patienten im Verantwortungsbereich von dessen Fachrichtung sorgfältig untersucht und behandelt hat (OLG Düsseldorf, Urt. v. 27. 3. 2003 – 8 U 83/02, NJW-RR 2004, 22: **Chirurg/Befund des Pathologen**; NJW 1984, 2636: **Radiologe/Neurologe**; OLG Karlsruhe, Urt. v. 8. 10. 2003 – 7 U 6/02, OLGR 2004, 237, 238: **Operateur/Anästhesist**, keine gegenseitige Überwachungspflicht; OLG Jena, Beschl. v. 15. 1. 2004 – 4 U 836/03, GesR 2004, 180, 181: keine Diagnoseüberprüfung bei Auftragsleistung; OLG Naumburg, Urt. v. 14. 9. 2004 – 1 U 97/03, OLGR 2005, 70: **Chirurg/Anästhesist**, keine gegenseitige Überwachungspflicht; OLG Stuttgart VersR 1991, 1060: **Radiologe/ Internist**; NJW-RR 2001, 960, 961; G/G, 5. Aufl., Rz. B 122, 125, 128 und C 110; Katzenmeier MedR 2004, 34, 37; Spindler/Rieckers JuS 2004, 272, 276; vgl. aber OLG Köln, Urt. v. 16. 12. 2002 – 5 U 166/01, NJW-RR 2003, 1031: Abklärung durch CT sowohl Sache des behandelnden Chirurgen als auch des hinzugezogenen Neurologen; vgl. hierzu → *Arbeitsteilung*, S. 43).

So muss der hinzugezogene Radiologe den Patienten nicht über die Risiken einer beim überweisenden Arzt durchzuführenden Bestrahlung (OLG Nürnberg, Urt. v. 3. 5. 1999 – 5 U 3933/98; G/G Rz. C 110) oder einer Phlebographie (Röntgendarstellung venöser Gefäße; OLG Stuttgart VersR 1991, 1060) aufklären.

Eventuelle Fehler bei der Durchführung der Anästhesie, etwa die Wirkungslosigkeit oder Überdosierung der Narkose, sowie eventuelle sonstige Mängel der die Anästhesie betreffenden Aufklärung fallen allein in den Verantwortungsbereich des Anästhesisten und stellen die Wirksamkeit der ordnungsgemäßen Aufklärung über den vom Operateur durchgeführten Eingriff nicht in Frage (OLG Karlsruhe, Urt. v. 8. 10. 2003 – 7 U 6/02, OLGR 2004, 237; Wirkungslosigkeit, sonstige Mängel der Anästhesie; OLG Naumburg, Urt. v. 14. 9. 2004 – 1 U 97/03, OLGR 2005, 70: Überdosierung, unzureichende postoperative Überwachung der Vitalfunktionen, keine gegenseitige Überwachungspflicht).

Ebenso wenig haftet der für seinen Bereich ordnungsgemäß aufklärende Anästhesist nicht für das Fehlen bzw. Mängel der Eingriffsaufklärung des Chirurgen oder Gynäkologen (G/G, 5. Aufl., Rz. C 107).

Der behandelnde Chirurg oder Gynäkologe darf grundsätzlich auch auf die Richtigkeit der von einem hinzugezogenen Pathologen erhobenen Befunde, die etwa einen sofortigen bzw. umfangreicheren Eingriff indizieren, vertrauen (OLG Düsseldorf, Urt. v. 27. 3. 2003 – 8 U 83/02, NJW-RR 2004, 22: Pathologe hatte zur Entfernung des gesamten Schildrüse und zu einer Radiojodtheraphie aufgefordert).

Dem Arzt, der wegen Verletzung der Aufklärungspflicht in Anspruch genommen wird, kann jedenfalls kein Verschuldensvorwurf gemacht werden, wenn ein vom Patienten unterschriebener Aufklärungsbogen vorliegt, aus dem sich ergibt, dass der **Patient von einem anderen Arzt vollständig und ordnungsgemäß aufgeklärt wurde**, solange keine Umstände bekannt sind oder hätten bekannt sein müssen, die die Vollständigkeit und Richtigkeit der Aufklärung in Frage zu stellen geeignet sind (OLG Karlsruhe OLGR 2001, 147, 148).

Allerdings haftet ein Facharzt (hier: Internist), der bei der Behandlung eines Patienten einen fehlerhaften Ratschlag des konsiliarisch hinzugezogenen Facharztes eines anderen Fachgebiets (hier: Neurologe) befolgt, für die Folgen dieses Fehlers, wenn er ihn nach seinem Ausbildungsstandard **hätte erkennen können** (OLG Düsseldorf, Urt. v. 27. 3. 2003 – 8 U 83/02, NJW-RR 2004, 22: wenn Anhaltspunkte für Zweifel an der Diagnose ersichtlich sind; OLG Jena, Beschl. v. 15. 1. 2004 – 4 U 836/03, GesR 2004, 180, 181 bei konkreten Zweifeln an der Richtigkeit der Diagnose; OLG Koblenz, Urt. v. 26. 8. 2003 – 3 U 1840/00, NJW-RR 2004, 106: Internist/Fehler des Neurologen; OLG Köln, Urt. v. 16. 12. 2002 – 5 U 166/01, NJW-RR 2003, 1031 bei nicht eindeutiger Diagnose; auch OLG Stuttgart, Urt. v. 8. 7. 2003 – 1 U 104/02, OLGR 2004, 239: Assistenzärztin / Fehler der Hebamme).

Nach Auffassung des OLG Oldenburg (VersR 1999, 1422; anders noch in VersR 1996, 1111) ist auch derjenige Arzt zur Erteilung der erforderlichen Aufklärung verpflichtet, der durch eine **bloße Therapieempfehlung** einen Teil der Behandlung mit übernimmt. Er habe mittelbar die rechtswidrige Körperverletzung mitverursacht, wenn der Patient später auch vom Operateur nicht bzw. nicht vollständig aufgeklärt wird.

Die Entscheidung des OLG Oldenburg (VersR 1999, 1422) wird von der h. M. zu Recht abgelehnt (Rehborn MDR 2000, 1101, 1106; Katzenmeier MedR 2004, 34, 37; S/Pa, Rz. 428; auch OLG Koblenz, Beschl. v. 14. 4. 2005 – 5 U 1610/04, VersR 2006, 123 = GesR 2005, 407 = NJW-RR 2005, 1111: einweisender Hausarzt muss nicht über die Risiken des dann im Krankenhaus vorgenommenen Eingriffs aufklären).

Nach dieser zutreffenden Ansicht kann derjenige, der eine bloße Therapieempfehlung ausspricht und damit die letzte Entscheidung auch über die Operationswürdigkeit dem Operateur überlässt, den Patienten häufig gar nicht abschließend über die Risiken einer möglicherweise dann nicht durchgeführten Operation aufklären (Rehborn, MDR 2000, 1106; zustimmend Katzenmeier MedR 2004, 34, 37). Die besonderen Risiken des Eingriffs, die individuellen Risiken beim Patienten, die besonderen Fertigkeiten des Operateurs und andere, für die Entscheidung letztlich erheblichen Umstände, die dem Patienten unter Umständen offenbart werden müssen, sind ihm gar nicht bekannt. Etwas anderes gilt nur dann, wenn der Betreffende in die Operationsabteilung in irgendeiner Weise eingebunden ist (Rehborn, MDR 2000, 1106).

So kann eine deliktische Haftung des vorbehandelnden Arztes wegen unterlassener oder fehlerhafter Aufklärung dann begründet sein, wenn er **dem Patienten zur Operation** rät und ihm bereits eine Entscheidung abverlangt, etwa indem er mit ihm einen festen Operationstermin vereinbart (BGH VersR 1992, 960, 961; OLG Oldenburg VersR 1996, 1111, 1112) oder wenn er dem Patienten die

Durchführung der Operation empfiehlt und ihn im Verlauf eines solchen Gesprächs über Art und Umfang sowie mögliche Risiken eines solchen Eingriffs – unvollständig oder fehlerhaft – aufklärt. Er begründet hierdurch eine Garantenstellung und ist bei unvollständiger Aufklärung mitverantwortlich, wenn andere Ärzte den Patienten ohne wirksame Einwilligung operieren, weil er die rechtswidrige Körperverletzung mitverursacht hat (OLG Oldenburg VersR 1996, 1111, 1112).

Die **uneingeschränkte Operationsempfehlung** eines Konsiliararztes begründet allein aber noch keine Garantenstellung mit der Pflicht zu vollständiger oder teilweiser Aufklärung, wenn die Untersuchung und das sich anschließende Gespräch nicht unmittelbar in eine Operationsentscheidung einmünden soll (OLG Oldenburg VersR 1996, 1111; S/Pa, Rz. 428).

Arbeitet eine **Spezialklinik** mit der Operationsklinik in der Weise zusammen, dass sie den Patienten untersucht, über erforderliche Heilmaßnahmen berät und auf den Eingriff vorbereitet, während die Operation in der anderen Klinik vorgenommen wird, so sind die Ärzte der Spezialklinik zur **Grundaufklärung** über den vorgesehenen Eingriff verpflichtet, die Ärzte der Operationsklinik für die Durchführung der Anästhesie und ggf. für spezielle operationstechnische Risiken (S/Pa, Rz. 428; G/G, 5. Aufl., Rz. C 110, 111; auch BGH VersR 1990, 1010).

2. Aufklärungsadressat

Die Aufklärung muss demjenigen zuteil werden, der die Einwilligung in den Eingriff zu geben hat, also dem Patienten selbst, bei Minderjährigen oder willensunfähigen Kranken dem gesetzlichen Vertreter, also den Eltern, dem Vormund oder Pfleger (F/N, Rz. 191 – 194; G/G, 5. Aufl., Rz. C 113, 114; Gehrlein, Rz. 59, 60; L/U, § 66 Rz. 7, 9; S/Pa, Rz. 431).

Die therapeutische Aufklärung naher Angehöriger, soweit sie überhaupt ohne Einwilligung des Patienten zulässig ist, kann ebenso wenig wie die Übergabe von Formularen und Merkblättern das direkte Gespräch zwischen Arzt und Patienten ersetzen (BGH NJW 1989, 2318, 2319; OLG Köln VersR 1992, 745; L/U, § 66 Rz. 14, 15).

a) Erwachsene

Eine intraoperative Verlaufs- und Risikoaufklärung des Patienten setzt voraus, dass der Patient physisch und psychisch in der Lage ist, einem solchen Gespräch zu folgen und eine eigenständige Entscheidung zu treffen. Dies ist bei einem nach Einnahme von Medikamenten sedierten und in einem sehr schlechten Allgemeinzustand befindlichen Patienten regelmäßig nicht der Fall (BGH, Urt. v. 10. 3. 1987 – VI ZR 88/86, NJW 1987, 2291 = VersR 1987, 770).

Ein **Patient**, der in leicht verständlicher Umgangssprache über die Komplikationsmöglichkeiten eines Eingriffs aufgeklärt worden ist und zusätzliche Fragen zur Operation gestellt hat, kann sich jedoch nicht darauf berufen, dass er wegen seines **geringen Bildungsstandes** die mündlichen und schriftlichen Informatio-

216

nen über den Eingriff nicht habe verstehen und würdigen können (OLG Saarbrücken VersR 1994, 1427).

b) Minderjährige

Bei Minderjährigen genügt regelmäßig die Aufklärung und Einwilligung der Eltern. Grundsätzlich müssen beide Elternteile dem Eingriff zustimmen. Allerdings ist es möglich, dass ein Elternteil den anderen ermächtigt, für ihn mitzuentscheiden; dann bedarf es nur der Aufklärung des so ermächtigten Elternteils (S/Pa, Rz. 432, 433; G/G, 5. Aufl., Rz. C 114; F/N Rz. 191).

Im Allgemeinen kann der Arzt davon ausgehen, dass der **mit dem Kind bei ihm erscheinende Elternteil ermächtigt ist**, die Einwilligung in die ärztliche Behandlung für den abwesenden Elternteil mit zu erteilen, wenn es sich um einen Routineeingriff bei leichteren Erkrankungen bzw. Verletzungen handelt und dem Arzt keine entgegenstehenden Umstände bekannt sind (BGH VersR 2000, 725; NJW 1988, 2946; F/N Rz. 191; Gehrlein, Rz. C 61; L/U, § 66 Rz. 13; S/Pa Rz. 433).

Bei erheblicheren Erkrankungen oder Verletzungen mit nicht unbedeutenden Risiken ist grundsätzlich eine Rückfrage bei dem erschienenen Elternteil erforderlich. Grundsätzlich kann der Arzt dessen Auskunft aber vertrauen (G/G, 5. Aufl., Rz. 114; S/Pa, Rz. 433).

Vor schwierigen und weitreichenden Entscheidungen kann sich der Arzt nicht grundsätzlich darauf verlassen, dass der erschienene Elternteil von dem anderen ermächtigt ist, auch in dessen Namen zuzustimmen. Vor solchen Entschlüssen, etwa zur Einwilligung in die Vornahme einer Herzoperation bei einem 7-jährigen Kind, hat der Arzt den **nicht erschienenen Partner** grundsätzlich **mitzubeteiligen**, sofern dieser ihm gegenüber nicht vorbehaltlos darauf verzichtet hat (BGH, Urt. v. 15. 2. 2000 – VI ZR 48/99, NJW 2000, 1784, 1785; VersR 1989, 145; F/N Rz. 191; G/G, 5. Aufl., Rz. C 114; L/U, § 66 Rz. 13; S/Pa, Rz. 433).

Nach engerer Auffassung des OLG Bamberg (OLG Bamberg, Beschluss vom 26. 8. 2002 – 7 UF 94/02, MedR 2004, 62 – Familiensenat) zählen medizinische Eingriffe und Behandlungen, soweit sie nicht häufig vorkommende Erkrankungen wie Husten, Grippe, gewöhnliche Kinderkrankheiten oder Routineuntersuchungen betreffen, sondern mit der Gefahr von Komplikationen und Nebenwirkungen verbunden sind, regelmäßig zu den Angelegenheiten von erheblicher Bedeutung für das Kind. Können sich die Eltern dabei nicht über die Behandlung ihres Kindes einigen, so darf das Familiengericht keine eigene Sachentscheidung treffen, sondern hat die Entscheidungskompetenz auf einen der beiden Elternteile zu übertragen.

Verweigern die Eltern aus religiösen Gründen (z. B. Zeugen Jehovas, vgl. hierzu OLG München NJW-RR 2002, 811 und Spickhoff NJW 2003, 1701, 1709: Bluttransfusion bei Zeugin Jehovas trotz entgegenstehender Patientenverfügung nicht rechtswidrig bzw. nicht schuldhaft) ihre Einwilligung zu einer medizinisch indizierten **Bluttransfusion** ihres minderjährigen Kindes, so ist grundsätzlich eine **vormundschaftliche Genehmigung** zur Durchführung des Eingriffs einzuholen (§§ 1628, 1666 BGB). Dieses bestellt einen die Belange des Kindes wahrnehmenden Betreuer (Gehrlein, Rz. C 65; L/U, § 64 Rz. 11). Bei besonderer Eilbedürftigkeit kann eine vorläufige Anordnung zur Ersetzung der elterlichen Einwilligung auch ohne vorherige Anhörung und ohne rechtliches Gehör der Eltern ergehen. Die Anhörung ist allerdings unverzüglich nachzuholen (OLG Celle MDR 1994, 487).

Bei **absoluter Operationsindikation** ist eine religiös oder weltanschaulich motivierte Verweigerung unbeachtlich, die dringend erforderliche Behandlung darf dann unter dem Gesichtspunkt der **mutmaßlichen Einwilligung** (bzw. nach §§ 677, 683 BGB analog) ohne vorläufige Anordnung des Vormundschaftsgerichts vorgenommen werden (OLG Stuttgart VersR 1987, 515; S/Pa, Rz. 434; F/ N, Rz. 191).

Soweit Minderjährige die notwendige Einsicht und Willensfähigkeit besitzen, können sie auch selbst eine wirksame Einwilligung abgeben (OLG Schleswig VersR 1989, 810, 811; Wölk, MedR 2001, 80, 84 und 89; L/U § 66 Rz. 9; G/G, 5. Aufl., Rz. C 115; BGH NJW 1959, 811: Einwilligung durch 16-jährigen Patienten in Schilddrüsen-OP, Eltern waren nicht erreichbar).

Die **Einwilligungsfähigkeit des Minderjährigen** bestimmt sich nach Auffassung von Wölk (MedR 2001, 80, 86 und 89) nach dessen Möglichkeit, die durch die Aufklärung erlangten Informationen zu verstehen und von seinem **Wertehorizont** zu bewerten, sowie nach seiner Fähigkeit, sein Verhalten nach der erlangten Überzeugung zu bestimmen.

Teilweise werden **starre Altersgrenzen** von 14 bzw. 16 Jahren vorgeschlagen (Nachweise bei Wölk, MedR 2001, 80, 86), wobei Einigkeit besteht, dass die Einwilligung eines Minderjährigen unter 14 Jahren nie relevant sein dürfte (Tempel NJW 1980, 609, 614; Wölk MedR 2001, 80, 86). Nach Ansicht von Laufs kommt es in der Altersstufe zwischen dem 14. und dem 18. Lebensjahr darauf an, wie der Arzt die Persönlichkeit des Jugendlichen im Hinblick auf den geplanten, konkreten Eingriff beurteilt (L/U, § 66 Rz. 9; Gehrlein, Rz. C 64: Einwilligung von 14- bis 18-Jährigen nützlich, aber nicht geboten).

So ist die – alleinige – **Einwilligung eines 17-jährigen Patienten in eine Behandlung wirksam**, wenn er die Einsichtsfähigkeit und Urteilskraft über Bedeutung und Tragweite der Behandlung besitzt (OLG Schleswig VersR 1989, 810; BGH VersR 1991, 812).

Andererseits ist vor der Durchführung eines **Schwangerschaftsabbruchs** (OLG Hamm NJW 1998, 3424; Gehrlein, Rz. C 64) oder einer Warzenentfernung durch Bestrahlung bzw. einer **Warzenbehandlung** mit **einem aggressiven Medikament** die Zustimmung der Eltern der 15- bzw. 16-jährigen Patienten für erforderlich gehalten worden (BGH NJW 1972, 335; NJW 1970, 511; Wölk, MedR 2001, 80, 81).

Ist der ärztliche Eingriff dringend indiziert und ein gesetzlicher Vertreter nicht erreichbar, besteht ein **Alleinentscheidungsrecht** des einwilligungsfähigen Minderjährigen (Wölk, MedR 2001, 80, 81; BGH NJW 1972, 335, 337; NJW 1959, 811).

Wölk (MedR 2001, 80, 83 m. w. N.) postuliert im Grundsatz das „Prinzip der kumulativen Einwilligung", wonach sowohl die gesetzlichen Vertreter als auch der einwilligungsfähige Minderjährige in den ärztlichen Eingriff einwilligen müssen.

Stehen sich im **Konfliktfall** jedoch die Einwilligung des einwilligungsfähigen Minderjährigen und die Ablehnung des gesetzlichen Vertreters gegenüber, so kann das verfassungsrechtlich geschützte Elternrecht nach Ansicht von Wölk (MedR 2001, 80, 84) nicht dazu führen, die Einwilligung des Minderjährigen zu übergehen und die Behandlung zu verhindern. Insoweit steht den **gesetzlichen Vertretern kein Veto-Recht** zu und auch kein Recht, eine medizinisch erforderliche Behandlung gegen den Willen des einwilligungsfähigen Minderjährigen zu verhindern (Wölk, MedR 2001, 80, 84; zustimmend F/N Rz. 191).

Dieses Selbstbestimmungsrecht des einwilligungsfähigen Minderjährigen zieht eine Zustimmungspflicht seiner gesetzlichen Vertreter zum Abschluss eines Behandlungsvertrages mit dem Arzt nach sich (Wölk, MedR 2001, 80, 85). Die fehlende Zustimmung kann sich als **Missbrauch** der elterlichen **Personensorge** (§ 1666 I BGB) darstellen und vom Familiengericht ersetzt werden (Wölk, MedR 2001, 80, 89).

Umgekehrt steht **Minderjährigen ein Vetorecht gegen** die von den Eltern erteilte Einwilligung zu, wenn es um Eingriffe geht, die nicht absolut indiziert sind und erhebliche Risiken für die weitere Lebensführung mit sich bringen können (OLG Hamburg MedR 1983, 25, 27; G/G, Rz. C 115; F/N, Rz. 191; Gehrlein, Rz. C 64 a. E.).

c) Psychisch Kranke und sonstige Geschäftsunfähige; Abbruch lebenserhaltender Maßnahmen

Hier gelten die vorstehenden Ausführungen entsprechend. Auch der psychisch Kranke ist aufzuklären, soweit er einwilligungsfähig ist (hierzu näher Hennies MedR 1999, 341; Kern MedR 1993, 245; Wigge MedR 1996, 291). Hier ist eine besonders schonende Aufklärung unumgänglich (Gründel, NJW 2002, 2987, 2990). Andernfalls muss die Einwilligung vom gesetzlichen Vertreter bzw. dem bestellten Betreuer oder dem durch eine Vorsorgevollmacht in Gesundheitsangelegenheiten Bevollmächtigten erteilt werden (F/N Rz. 192). Bei vital indizierten Eingriffen ist auf deren mutmaßliche Einwilligung abzustellen (F/N, Rz. 192).

Birgt der Eingriff die Gefahr des Todes des Patienten oder schwerer und länger dauernder gesundheitlicher Schäden in sich, so ist – sofern dies zeitlich noch möglich ist – nach § 1904 auch die Genehmigung des Vormundschaftsgerichts einzuholen (F/N, Rz. 192; Palandt-Diederichsen, § 1904 Rz. 10).

Ein unter Intubationsnarkose durchgeführter zahnärztlich-chirurgischer Eingriff zur Abwehr lebensbedrohlicher Folgen eines Kieferabszesses bedarf aus zeitlichen Gründen regelmäßig nicht der vormundschaftlichen Genehmigung nach § 1904 (OLG Hamm, Beschl. v. 3. 2. 2003 – 15 W 457/02, NJW 2003, 2392).

Mit **Genehmigung des Vormundschaftsgerichts** darf der bestellte Betreuer oder ein durch eine Vorsorgevollmacht in Gesundheitsangelegenheiten wirksam

Bevollmächtigter unter bestimmten Umständen auch **in den Abbruch lebenserhaltender Maßnahmen** einwilligen. Bei einem irreversibel hirngeschädigten Patienten bedarf die Entscheidung des Betreuers über den Abbruch lebenserhaltender Maßnahmen, etwa den Abbruch der Ernährung durch eine Magensonde – nach bisheriger obergerichtlicher Rspr. in **entsprechender Anwendung des § 1904 BGB** – der vormundschaftlichen Genehmigung.

Als Kriterium für diese Entscheidung ist maßgeblich auf eine mutmaßliche Einwilligung des Patienten abzustellen, an deren Feststellung wegen des Lebensschutzes in tatsächlicher Hinsicht jedoch strenge Anforderungen zu stellen sind, wobei die Genehmigung bei deren Nichtaufklärbarkeit zu versagen ist (so die bislang herrschende Ansicht: OLG Frankfurt MDR 1998, 1483, 1484 = NJW 1998, 2747; MDR 2002, 218 = NJW 2002, 689, 690; zustimmend: OLG Karlsruhe NJW 2002, 685; LG Duisburg NJW 1999, 2744; Rehborn MDR 1998, 1464; Knieper NJW 1998, 2720; Spickhoff NJW 2000, 2297; Hufen NJW 2001, 849; ablehnend: LG München I NJW 1999, 1788; LG Augsburg NJW 2000, 2363; Laufs NJW 1998, 3399; Seitz JZ 1998, 1125; Alberts NJW 1999, 835; Schlund JR 2000, 65; offengelassen von OLG Düsseldorf NJW 2001, 2807 = MDR 2001, 940).

Bei der Erforschung des „mutmaßlichen Willens" des Patienten hat der Betreuer bzw. das Vormundschaftsgericht zu prüfen, ob ein **„Patiententestament"** vorliegt, andernfalls soll er die Angehörigen, den Hausarzt, den behandelnden Arzt und andere Personen befragen, um festzustellen, ob es dem **mutmaßlichen Willen des Patienten** entspricht, die künstliche Ernährung bzw. sonstige lebenserhaltende Maßnahmen abzubrechen (OLG Karlsruhe NJW 2002, 685, 687).

Frühere mündliche oder schriftliche Äußerungen des Patienten sind ebenso zu berücksichtigen wie seine etwaige religiöse Überzeugung, seine sonstigen persönlichen Wertvorstellungen, seine altersbedingte Lebenserwartung und das Erleiden von Schmerzen (OLG Karlsruhe NJW 2002, 685, 688).

Das Zurückgreifen auf Kriterien, die allgemeinen Wertvorstellungen entsprechen, wenn sich konkrete Umstände für die Feststellung eines individuellen mutmaßlichen Willens des Patienten nicht finden lassen, ist jedoch unzulässig (OLG Karlsruhe NJW 2002, 685, 689 gegen BGHSt 40, 257, 263).

Auch das OLG Düsseldorf (MDR 2001, 940) stellt darauf ab, ob der Wille des – im dort entschiedenen Fall nicht bewusstlosen – Patienten eindeutig feststellbar ist. Eine solche Feststellung ist allenfalls möglich, wenn der **Wille in jüngerer Zeit geäußert** worden ist, beispielsweise durch eine unmissverständliche Patientenverfügung oder durch ernst zu nehmende wiederholte Äußerungen gegenüber Vertrauenspersonen (zur dort bejahten Frage, ob Ärzte bei akuter Lebensgefahr einer Zeugin Jehovas Bluttransfusionen verabreichen dürfen, obwohl die Patientin zuvor mittels einer Patientenverfügung Bluttransfusionen auch für den Fall der Bewusstlosigkeit abgelehnt hat, vgl. OLG München, Urt. v. 31. 1. 2002 – 1 U 4705/98, MedR 2003, 174 = NJW-RR 2002, 811, 813 m. abl. Anm. Dirksen GesR 2004, 124 – 128 und Uhlenbruck NJW 2003, 1710–1712).

Das OLG Schleswig (Vorlagebeschl. v. 12. 12. 2002 – 2 W 168/02, NJW-RR 2003, 435, 436) hatte die Auffassung des OLG Frankfurt und des OLG Karlsruhe abgelehnt und sich auf den Standpunkt gestellt, die Einwilligung eines bestellten Betreuers in den Abbruch der Ernährung des Betreuten über eine PEG-Sonde sei vormundschaftsgerichtlich nicht überprüfbar, also auch nicht genehmigungsfähig.

Auf den Vorlagebeschluss des OLG Schleswig hat der BGH (BGH, Beschl. v. 17. 3. 2003 – XII ZB 2/03, VersR 2003, 861 = NJW 2003, 1588 = MDR 2003, 691; hierzu Deutsch NJW 2003, 1567; Stackmann NJW 2003, 1568; Spickhoff NJW 2003, 1701, 1709; Uhlenbruck NJW 2003, 1710; vgl. auch Milzer, „Verbindlichkeit von Patientenverfügungen und deren unerwünschte Nebenwirkungen", MDR 2005, 1145 ff. und „Die adressatengerechte Vorsorgevollmacht", NJW 2003, 1836 ff.) zum Themenkomplex **„Patientenverfügung gegen lebenserhaltende Maßnahmen"** Folgendes ausgeführt:

Ist der **Patient einwilligungsunfähig** und hat sein Grundleiden einen irreversiblen tödlichen Verlauf angenommen, so müssen **lebenserhaltende oder lebensverlängernde Maßnahmen unterbleiben,** wenn dies seinem zuvor – etwa in Form einer Patientenverfügung – **geäußerten Willen** entspricht. Kann ein solcher Wille nicht festgestellt werden, beurteilt sich die Zulässigkeit solcher Maßnahmen nach dem **mutmaßlichen Willen des Patienten,** der dann individuell – also aus dessen Lebensentscheidungen, Wertvorstellungen und Überzeugungen – zu ermitteln ist. Ein für den Patienten bestellter Betreuer kann seine Einwilligung in von der Behandlungsseite angebotene lebenserhaltende oder lebensverlängernde Maßnahmen nur mit Zustimmung des Vormundschaftsgerichts verweigern. Für eine Einwilligung des Betreuers und eine Zustimmung des Vormundschaftsgerichts ist jedoch kein Raum, wenn ärztlicherseits eine solche Behandlung oder Weiterbehandlung nicht angeboten wird – sei es, dass sie von Vornherein medizinisch nicht indiziert, nicht mehr sinnvoll oder aus sonstigen Gründen nicht möglich ist. Die Entscheidungszuständigkeit des Vormundschaftsgerichts ergibt sich – entgegen der bislang herrschenden Ansicht – nicht aus einer analogen Anwendung des § 1904 BGB, sondern aus einem unabweisbaren Bedürfnis des Betreuungsrechts.

Auch nach dieser Entscheidung des BGH bleibt im Wesentlichen offen, wie zu verfahren ist, wenn beide Alternativen – Behandlung und Behandlungsabbruch – medizinisch vertretbar sind (vgl. Spickhoff NJW 2003, 1701, 1709).

Im Beschluss v. 8. 6. 2005 (XII ZR 177/03, NJW 2005, 2385 = VersR 2005, 1249 = MDR 2005, 1413; anders noch die Vorinstanz OLG München, Urt. v. 13. 2. 2003 – 3 U 5090/02, NJW 2003, 1743, 1744 = MedR 2003, 174) hat der BGH nochmals festgehalten, eine **gegen den erklärten Willen des Patienten durchgeführte künstliche Ernährung, etwa mittels PEG-Sonde, sei auch dann rechtswidrig und löse Unterlassungsansprüche des Patienten aus §§ 1004 I 2 analog, 823 I** aus, wenn die begehrte Unterlassung zum Tode des Patienten führen würde. Die Anordnung des Betreuers, die weitere, dem Willen des Patienten entgegenstehende Ernährung zu unterlassen, sei auch gegenüber Ärzten und dem Pflegepersonal bindend. Auch die Gewissensfreiheit des Pflegepersonals und der mit einem Pflegeheim geschlossene Heimvertrag rechtfertige die Fortsetzung der künstlichen Ernährung in solchen Fällen nicht.

Eine vormundschaftsgerichtliche Entscheidung sei nur dann erforderlich, wenn der einen **einwilligungsunfähigen Patienten** behandelnde Arzt eine von ihm für geboten oder vertretbar erachtete lebensverlängernde oder lebenserhaltende Maßnahme „anbietet" und der Betreuer sich diesem Angebot verweigert (BGH, Beschl. v. 8. 6. 2005 – XII ZR 177/03, NJW 2005, 2385 = VersR 2003, 1249, 1250).

Kann allerdings bei einer zum Wohl des einwilligungsunfähigen Patienten genehmigten Unterbringung gem. § 1906 I Nr. 2 eine notwendige Behandlung nur unter Einsatz von Zwangsmaßnahmen, z.b. einer kurzfristigen Fixierung, vorgenommen werden, so sind diese genehmigungsbedürftig und unter Beachtung des Verhältnismäßigkeitsgrundsatzes auch nach § 1906 IV genehmigungsfähig (OLG München, Beschl. v. 30. 3. 2005 – 33 Wx 38/05, NJW-RR 2005, 1530, 1531 = MDR 2005, 873, 874).

d) Ausländische bzw. schlecht deutsch sprechende Patienten

Die Rspr. zu den sich häufenden Fällen (behaupteter) unzureichender Aufklärung fremdsprachiger Patienten ist nicht ganz einheitlich:

Bei der Behandlung ausländischer Patienten muss **der Arzt** eine **sprachkundige Person** hinzuziehen, wenn zu befürchten oder nicht ohne weiteres sicher ist, dass der Patient die ärztlichen Erläuterungen nicht bzw. nicht richtig versteht. Dem ausländischen Patienten muss in jedem Fall eine **zutreffende Vorstellung** vermittelt werden, welche Risiken er durch den beabsichtigten Eingriff eingeht (OLG Düsseldorf NJW 1990, 771; OLG München, Urt. v. 14. 2. 2002 – 1 U 3495/01, VersR 2002, 717 = OLGR 2002, 255 = GesR 2003, 239, 240; OLG Nürnberg VersR 1996, 1372; R/S I, S. 19 f.; S/Pa Rz. 405; G/G, 5. Aufl., Rz. C 113; großzügiger KG MedR 1999, 226, s. u.).

Nach Auffassung des OLG Düsseldorf und des OLG München muss **gesichert** sein, dass der fremdsprachige Patient in der Lage ist, die gegebenen Erklärungen zu verstehen und die Gefahr von Missverständnissen ausgeschlossen ist (OLG Düsseldorf NJW 1990, 771; OLG München, Urt. v. 14. 2. 2000 – 1 U 3495/01, VersR 2002, 717 = OLGR 2002, 255: die Gefahr sprachlicher Missverständnisse muss ausgeschlossen sein; zust. Rehborn MDR 2004, 371, 373; ebenso Spickhoff NJW 2005, 1694, 1699: Arzt muss sich vergewissern, dass Aufklärung verstanden worden ist).

Danach muss der **Arzt dann eine sprachkundige Person hinzuziehen**, wenn nicht ohne weiteres sicher ist, dass der Patient die deutsche Sprache genügend beherrscht (OLG München, Urt. v. 14. 2. 2002 – 1 U 3495/01, VersR 2002, 717 = OLGR 2002, 255 = GesR 2003, 239, 240; auch: OLG Frankfurt VersR 1994, 986; OLG Karlsruhe VersR 1997, 241: Putzfrau als Dolmetscherin; OLG München VersR 1993, 1488: Krankenschwester als Dolmetscherin; OLG Nürnberg VersR 1996, 1372: mit Ausländer verheiratete Ärztin als Dolmetscherin; Rehborn MDR 2004, 371, 373).

Klärt der Arzt eine ausländische Patientin ausführlich auf, indem er eine sprachkundige Krankenschwester als Übersetzerin an dem Gespräch teilnehmen lässt, die sich mit der Patientin gut verständigen kann, so ist die Einwilligung der Patientin in die vorgesehene Behandlung wirksam (OLG München VersR 1993, 1488).

Der Arzt ist jedoch **nicht verpflichtet**, zur **Anamnese** bei einem ausländischen Patienten einen **Dolmetscher** hinzuzuziehen (KG MedR 1999, 226).

Je nach den Umständen kann auch das mit einem Ausländer in deutscher Sprache geführte Aufklärungsgespräch als ausreichend angesehen werden (OLG Hamm VersR 2002, 192). Dies ist insbesondere dann der Fall, wenn sich im Aufnahmebogen vom Patienten mitgeteilte, detaillierte Angaben zu Vorerkrankungen, Art und Entwicklung der Beschwerden finden oder der aufklärende Arzt aus anderen Gründen **davon ausgehen** kann, der Patient sei der deutschen Sprache **hinreichend mächtig** (OLG Hamm, Urt. v. 11. 9. 2003 – 3 U 109/99, VersR 2002, 192, 193; OLG Nürnberg, Urt. v. 30. 10. 2000 – 5 U 319/00, MedR 2003, 172, 173 = NJW-RR 2002, 1255: Ausführliche Angaben im Anamnesebogen).

Gibt ein ausländischer Patient, der offenbar der deutschen Sprache ausreichend mächtig ist, während des Aufklärungsgesprächs **nicht zu erkennen**, dass er die Aufklärung nicht verstanden hat, verlangt er auch nicht die Zuziehung eines Dolmetschers oder wenigstens eines deutsch sprechenden Familienangehörigen, so können die Ärzte davon ausgehen, dass die erteilte Einwilligung in den Eingriff wirksam ist (OLG München, Urt. v. 14. 2. 2002 – 1 U 3495/01, OLGR 2002, 255 = VersR 2002, 717, 718 = GesR 2003, 239, 240; Urt. v. 31. 5. 1990 – 24 U 961/98; zustimmend Muschner VersR 2003, 826, 827 m. w. N.).

Auch das Kammergericht meint, der Patient müsse dem Arzt zu verstehen geben, dem Aufklärungsgespräch mangels ausreichender Sprachkenntnisse nicht folgen zu können (KG, Urt. v. 8. 4. 2004 – 20 U 58/03, GesR 2004, 409, 410, vgl. hierzu Spickhoff NJW 2005, 1999: Beweislast insoweit beim Patienten; OLG Karlsruhe, Urt. v. 11. 9. 2002 – 7 U 102/01, MedR 2002, 104, 105 bei in Deutschland aufgewachsenem Ausländer; OLG Saarbrücken VersR 1994, 1427, 1428: Patient muss dem Arzt mitteilen, wenn er etwas nicht verstanden hat; Muschner VersR 2003, 826, 827).

Der Arzt kann jedenfalls dann seinem Eindruck, er sei verstanden worden, vertrauen, wenn der Patient nach mehrjährigem Aufenthalt in Deutschland die **Alltagssprache beherrscht** (OLG Brandenburg MedR 1998, 470; OLG Karlsruhe, Urt. v. 11. 9. 2002 – 7 U 102/01, MedR 2002, 104, 105; Jorzig GesR 2004, 409, 410) oder wenn sich vom Patienten mitgeteilte detaillierte Angaben zu Vorerkrankungen, Art und Entwicklung der Beschwerden finden (OLG Hamm, Urt. v. 11. 9. 2003 – 3 U 109/99, VersR 2002, 193, OLG Nürnberg, Urt. v. 30. 10. 2000 – 5 U 319/00, MedR 2003, 172, 173).

Hat der Patient beim Aufklärungsgespräch den **Eindruck erweckt, der deutschen Sprache hinreichend mächtig** zu sein, ist es nach Auffassung des OLG Hamm sogar treuwidrig, wenn der Patient später behauptet, die Aufklärung mangels ausreichender Deutschkenntnisse nicht verstanden zu haben (OLG Hamm, Urt. v. 11. 9. 2003 – 3 U 109/99, VersR 2002, 193; Jorzig GesR 2004, 410).

Der Annahme einer rechtswirksamen Aufklärung über die Möglichkeit einer Darmverletzung bei der Laparoskopie (Bauchspiegelung mit starrem Endoskop) steht die den Ärzten nicht bekannte Leseunfähigkeit einer ausländischen Patientin, die ohne weitere Nachfrage einen mehrseitigen Aufklärungsbogen unterzeichnet hat, nach Auffassung des OLG Frankfurt (Urt. v. 15. 2. 2000 – 8 U 183/99) auch dann nicht entgegen, wenn ein Aufklärungsgespräch geführt worden ist.

Äußert jedoch eine kurz vor der Entbindung stehende, aus einem fremden Kulturkreis stammende junge Frau mit erkennbar rudimentären Deutschkenntnissen überraschend den Wunsch nach einer gleichzeitig durchzuführenden Sterilisation, so hängt die Wirksamkeit ihrer Einwilligung in diesen Eingriff davon ab, dass ihr in einer für sie verständlichen Weise eingehend die Folgen der **Sterilisation** einschließlich ihrer psychosozialen Folgen dargestellt werden. Daran fehlt es bei einem bloßen kurzen Gespräch über die Endgültigkeit der Maßnahme im Stil von „nix Baby mehr" und einer anschließenden Illustration der Operationstechnik (OLG München, Urt. v. 14. 2. 2002 – 1 U 3495/01, OLGR 2002, 255 = VersR 2002, 717).

Muschner (VersR 2003, 826, 829) meint, der Arzt handle jedenfalls nicht fahrlässig, wenn er den der deutschen Sprache zumindest in Grundzügen mächtigen Patienten sprachlich angepasst aufgeklärt hat und ihm auch nach Durchführung von **Verständniskontrollen** keine Anhaltspunkte dafür vorliegen, dass er von diesem nicht verstanden wurde. Muschner (VersR 2003, 826, 831 und 833; zustimmend F/N Rz. 194 a. E.) ist sogar der Ansicht, dass es einem ausländischen Patienten zugemutet werden könnte, eine sprachkundige Person zur Übersetzung hinzuzuziehen.

In dieser Richtung tendiert auch die bereits o. g. Entscheidung des Kammergerichts, wonach der Arzt nicht verpflichtet ist, zur Anamnese bei einem ausländischen Patienten einen **Dolmetscher** hinzuzuziehen (KG MedR 1999, 226; a. A. OLG Düsseldorf NJW 1990, 771, s. o.).

Erweist sich dessen Hinzuziehung als erforderlich und steht ein Dolmetscher nicht zur Verfügung, kann im Einzelfall eine **Aufklärung durch Zeichensprache** und Zeichnungen genügen (S/Pa, Rz. 406). Muschner (VersR 2003, 826, 830) differenziert hierbei nach der Dringlichkeit des Eingriffs und der Lage der Arztpraxis bzw. des Krankenhauses.

Dem ausländischen Patienten muss aber in jedem Fall eine **zutreffende Vorstellung** vermittelt werden, welche Risiken er durch den beabsichtigten Eingriff eingeht (OLG Nürnberg VersR 1996, 1372, 1373).

Ist der Eingriff dringlich und eine Verständigung auch durch Zeichensprache nicht möglich, kann auch hier auf den **mutmaßlichen Willen** des Patienten abgestellt werden (F/N Rz. 194; Muschner VersR 2003, 826, 831; Deutsch Rz. 245; auch OLG Braunschweig, Urt. v. 11. 4. 2002 – 1 U 37/01, ZfS 2003, 114 zur Aufklärung über die Möglichkeit einer sectio bei bevorstehender Geburt, wobei von Letzterer dann abgesehen wird).

Die Beweislast für die Durchführung einer ordnungsgemäßen Aufklärung bzw. der Zuziehung einer sprachkundigen Person als Dolmetscher liegt beim Arzt (G/G Rz. C 113, 131; S/Pa, Rz. 405).

Das AG Leipzig (MedR 2003, 582) hatte den „umgekehrten Fall" einer Aufklärung durch einen fremdsprachigen Arzt zu entscheiden. Es konnte sich nicht davon überzeugen, dass ein nur gebrochen deutsch sprechender Assistenzarzt dem Patienten das – sich realisierende – seltene Risiko einer Rekurrensparese (Stimmbandlähmung) vor einer subtotalen Strumaresektion („Kropfoperation") verständlich erläutert hatte.

3. Entbehrlichkeit/Entfallen der Aufklärungsbedürftigkeit

Die Pflicht zur Aufklärung **kann entfallen**, wenn

– der Patient selbst aus **eigenem medizinischen Vorwissen** bereits ein hinreichendes Bild von dem Eingriff hat (OLG Hamm VersR 1998, 322: Patient war Chirurg und Allgemeinmediziner; OLG Celle, Urt. v. 30. 9. 2002 – 1 U 7/02, VersR 2004, 384, 385: schlimmstmögliche Folge aus vergleichbarem Fall im weiteren Familienkreis bereits bekannt; Stöhr GesR 2006, 145, 149: Vorwissen eines Arztes oder Krankenpflegers bzw. einer Krankenschwester; G/G, 5. Aufl., Rz. C 112: Krankenschwester bzw. Pfleger; F/N Rz. 173: nicht jedoch bei einem Medizinstudenten im letzten Ausbildungsabschnitt), wobei es keinen allgemeinen Grundsatz gibt, dass ein Arzt oder Krankenpfleger nicht über die Risiken eines außerhalb seines Fachbereichs liegenden Risikos aufgeklärt werden muss,

– der Patient vom **einweisenden Hausarzt** oder dem vorbehandelnden Facharzt über das betreffende Risiko **aufgeklärt** worden ist (BGH, Urt. v. 25. 3. 2003 – VI ZR 131/02, GesR 2003, 264, 267 = MDR 2003, 931, 932; NJW 1994, 2414; VersR 1984, 538, 539 = MDR 1984, 926; VersR 1980, 68, 69 = MDR 1980, 218; OLG Düsseldorf VersR 1984, 643; F/N Rz. 173; S/Pa, Rz. 430; Gehrlein, Rz. C 13, 58: Beweislast beim behandelnden Arzt), oder der Arzt hiervon ohne grobe Fahrlässigkeit ausgehen konnte, weil ein vom Patienten unterschriebener Aufklärungsbogen vorlag, aus dem sich ergab, dass der Patient von einem anderen Arzt vollständig und ordnungsgemäß aufgeklärt worden ist (OLG Karlsruhe OLGR 2001, 147, 148),

– der Patient deshalb nicht mehr aufklärungsbedürftig war, weil er die sich aus dem Eingriff ergebende **schlimmstmögliche Folge**, etwa die Entzündung der Bauchspeicheldrüse mit nachfolgendem Tod des Patienten nach einer Gallengangspiegelung, **bereits kannte**, etwa weil sich nach demselben Eingriff ein Todesfall in der Familie ereignet hatte (OLG Celle, Urt. v. 30. 9. 2002 – 1 U 7/02, VersR 2004, 384, 385),

– es sich um es sich um eine **wiederholte Operation desselben Leidens** ohne geänderte Risiken, über die der Patient in einem nicht zu weit zurückliegenden, früheren Zeitpunkt aufgeklärt worden ist (OLG Köln VersR 1995, 1237 sowie Kern MedR 2004, 568 und F/N Rz. 173: nicht länger als ein Jahr; G/G, 5. Aufl., Rz. C 112) oder um die Durchführung weiterer **gleichartiger ärztlicher Behandlungsmaßnahmen** wie etwa laufender intramuskulärer und intraartikulärer Injektionen bzw. Infiltrationen handelt und der Patient auf deren mögliche Risiken bereits zu einem früheren Zeitpunkt hingewiesen worden ist (OLG Köln, Beschl. v. 21. 7. 2003 – 5 U 75/03, MedR 2004, 567;

OLG Koblenz, Urt. v. 13. 5. 2004 – 5 U 41/03, VersR 2005, 118, 119: frühere, gleichartige Behandlungen nach vorangegangener Risikoaufklärung); eine Fortwirkung der zu einem früheren Zeitpunkt erfolgten Aufklärung kommt nach wohl zu weitgehender Ansicht des OLG Köln (Beschl. v. 21. 7. 2003 – 5 U 75/03, MedR 2004, 567, 568) auch dann noch in Betracht, wenn diese über zehn Jahre zurückliegt und der Patient sich in der Zwischenzeit immer wieder gleichartiger Eingriffe unterzogen hat und sich für ihn die Aufklärung über damit verbundene Risiken immer wieder neu ins Bewusstsein gebracht hat bzw. sich an die frühere Aufklärung zumindest noch in wesentlichen Zügen erinnert; das OLG Hamm (Urt. v. 15. 6. 2005 – 3 U 289/04, GesR 2005, 401, 402) geht zutreffend davon aus, dass sich ein medizinischer Laie jedenfalls nach fünf Jahren nicht mehr an den Inhalt eines Aufklärungsgesprächs erinnert,

– der **Patient deutlich und unmissverständlich** auf eine Aufklärung verzichtet hat (F/N Rz. 172),

– der Patient durch sein **bewusstes Behandlungsbegehren** in eine notwendige ärztliche Standardmaßnahme wie z. B. die Anfertigung einer Röntgenaufnahme und das Eingipsen eines gebrochenen Arms einwilligt (OLG Koblenz VersR 2000, 230; F/N, Rz. 172 a. E.),

– der Arzt ein **anderes** als das besprochene, jedoch **nicht mit höheren Risiken behaftete Operationsverfahren wählt** (OLG Oldenburg VersR 1998, 1285).

Der Operateur bzw. Krankenhausarzt bleibt jedoch zur Aufklärung verpflichtet, wenn nicht gesichert ist, dass der Patient mit dem einweisenden Arzt nicht nur über die Notwendigkeit des Eingriffs, sondern auch über dessen Risiken gesprochen hat (OLG Hamm VersR 1991, 667; OLG Koblenz, Beschl. v. 14. 4. 2005 – 5 U 1610/04, VersR 2006, 123: Krankenhausarzt kann sich nicht auf vollständige Aufklärung durch den Hausarzt verlassen) oder wenn der von dritter Seite voraufgeklärte Patient ausdrücklich nach etwaigen Risiken nachfragt (OLG Oldenburg VersR 1992, 1005).

V. Mutmaßliche und hypothetische Einwilligung; Entscheidungskonflikt des Patienten

1. Mutmaßliche Einwilligung

Kann der Patient nicht oder nicht umfassend aufgeklärt werden, weil es sich um einen **Notfall** handelt, der Patient bewusstlos ist oder sich der aufklärungspflichtige Umstand erst während der Operation herausstellt, so darf der Arzt den Eingriff durchführen bzw. fortsetzen, wenn angenommen werden kann, dass ein verständiger Patient in den Eingriff oder dessen Fortsetzung eingewilligt haben würde (BGH NJW 1991, 2342; NJW 1989, 1547; OLG Koblenz, Urt. v. 13. 7. 2006 – 5 U 290/06, NJW 2006, 2928; OLG Hamm VersR 2003, 1544; Gehrlein, Rz. C 66, 67; G/G, 5. Aufl., Rz. C 102; S/Pa, Rz. 417; vgl. hierzu bereits oben S. 204).

Von einer solchen „mutmaßlichen Einwilligung" kann bei **vitaler oder absoluter Indikation** ohne weiteres ausgegangen werden, wenn die Unterlassung der Behandlung oder deren Nichtfortführung medizinisch unvertretbar wäre (OLG Zweibrücken NJW-RR 2000, 27; G/G, 5. Aufl., Rz. C 103; S/Pa, Rz. 419, 420).

Die Annahme einer mutmaßlichen Einwilligung setzt nicht voraus, dass es von vornherein unmöglich gewesen wäre, die tatsächliche Zustimmung des Patienten einzuholen. Vielmehr kommt eine mutmaßliche Einwilligung auch dort in Betracht, wo primär die Gelegenheit bestanden hätte, den Patienten zu befragen und dies – möglicherweise sogar schuldhaft – versäumt worden ist (OLG Koblenz, Urt. v. 13. 7. 2006 – 5 U 290/06, NJW 2006, 2928).

Um einen medizinischen Eingriff aufgrund einer mutmaßlichen Einwilligung des Patienten legitimieren zu können, bedarf es aber einer Situation, in der der Eingriff objektiv angezeigt ist, um gesundheitliche Gefahren abzuwenden, die in ihrer Schwere deutlich über das hinausgehen, was der Eingriff an Beeinträchtigungen mit sich bringt (BGH, Urt. v. 4. 10. 1999 – V StR 712/98, NJW 2000, 885 = VersR 2000, 603; OLG Koblenz, Urt. v. 13. 7. 2006 – 5 U 290/06, NJW 2006, 2928; Gehrlein VersR 2004, 1488, 1496).

Dabei müssen die Dinge so gestaltet sein, dass der Patient, würde er selbst die gegebenen Chancen und Risiken abwägen, seine Zustimmung ernstlich nicht würde verweigern können und es völlig unverständlich wäre, wenn er anders reagieren würde (OLG Frankfurt, NJW 1981, 1322, 1323; OLG Koblenz, Urt. v. 13. 7.2006 – 5 U 290/06, NJW 2006, 2928).

Bei großen und schweren Bauchoperationen mit erheblichen Risiken kann der Operateur meist die stillschweigende Einwilligung in eine **dringend gebotene Erweiterung** der Operation voraussetzen (so S/Pa, Rz. 420), jedenfalls soweit die Operationserweiterung bei ordnungsgemäß durchgeführter Diagnostik und Operationsplanung nicht vorhersehbar gewesen ist (G/G, 5. Aufl., Rz. C 104; vgl. auch BGH NJW 1989, 1541).

Gleiches gilt bei **Zufallsbefunden**, etwa nach einer geplanten Schnellschnitt-Untersuchung, die eine Erweiterung des Eingriffs **dringend indizieren** (Dettmeyer/Madea MedR 1989, 247).

Stellt sich während einer vermeintlichen Blinddarmoperation heraus, dass die Beschwerden auf einer tomatengroßen eitrigen Darmausstülpung (Colondivertikel) beruhen, so ist die **sofortige Entfernung des Divertikels** indiziert. Die Abwägung zwischen dem Selbstbestimmungsrecht des Patienten einerseits und dessen gesundheitlichen Interessen andererseits sowie sein mutmaßlicher Wille sprechen in diesem Fall gegen einen Behandlungsabbruch (OLG Koblenz VersR 1995, 710). Ergibt sich demgegenüber im Rahmen einer Sectio ein Befund, den der Arzt bei weiteren Schwangerschaften für gefährlich hält (hier: Verwachsungen am Peritoneum, die den Wiederverschluss sehr schwierig gestalten), ist die deswegen ungefragt vorgenommene Sterilisation der Patientin weder von einer mutmaßlichen noch von einer hypothetischen Einwilligung gedeckt.

Es handelt sich hier um einen schwerwiegenden existentiellen Eingriff, der sich auch in einer solchen Situation nicht aufdrängt. In einem solchen Fall muss es der Patientin überlassen bleiben, ob sie weiteren Schwangerschaften mit einer Sterilisation oder durch die Anwendung empfängnisverhütender Mittel, ggf. auch durch Enthaltsamkeit begegnet (OLG Koblenz, Urt. v. 13. 7. 2006 – 5 U 290/06, NJW 2006, 2928).

Ist die Erweiterung des Eingriffs **nicht vital oder absolut indiziert**, kann dann von einer mutmaßlichen Einwilligung zur Erweiterung des Eingriffs ausgegangen werden, wenn es sich nur um eine belanglose Erweiterung handelt, deren Risiken hinter denjenigen der Nichtvornahme des erweiterten Eingriffs zurücktreten (S/Pa, Rz. 419; G/G, 5. Aufl., Rz. C 103; Gehrlein, Rz. C 67). So kann der Arzt etwa bei einer belanglosen Erweiterung der Operation wie der Anlage eines Zentralvenenkatheders grundsätzlich von der Einwilligung des Patienten ausgehen (OLG Hamm VersR 2003, 1544).

2. Hypothetische Einwilligung und hypothetischer Kausalverlauf

a) Hypothetische Einwilligung

Eine unterlassene, unvollständige oder nicht rechtzeitige Aufklärung führt nicht zur Haftung des Arztes, wenn dieser darlegen – und beweisen – kann, dass der Patient auch bei ordnungsgemäßer Aufklärung in den **konkreten, gerade durch den betreffenden Arzt** bzw. in der betreffenden Abteilung des Krankenhauses vorgenommenen Eingriff eingewilligt hätte (BGH VersR 1991, 547, 548; NJW 1996, 3073, 3074; vgl. zuletzt: BGH, Urt. v. 15. 3. 2005 – VI ZR 313/03, VersR 2005, 836, 837; Urt. v. 25. 3. 2003 – VI ZR 131/02, NJW 2003, 2012, 2014 = VersR 2003, 1441, 1443 = MedR 2003, 576, 577: Entscheidungskonflikt bei verspäteter Aufklärung; OLG Bamberg, Urt. v. 15. 9. 2003 – 4 U 11/03, GesR 2004, 135, 136; OLG Koblenz, Urt. v. 29. 11. 2001 – 5 U 1382/00, VersR 2003, 1313, 1315: Entscheidungskonflikt bei verspäteter Aufklärung; Urt. v. 13. 7. 2006 – 5 U 290/06, NJW 2006, 2928, 2929: keine mutmaßliche oder hypothetische Einwilligung in Eileiterdurchtrennung; Urt. v. 1. 4. 2004 – 5 U 1086/03, NJW-RR 2004, 1166; Urt. v. 13. 5. 2004 – 5 U 41/03, MedR 2004, 502, 503 = VersR 2005, 118, 119; OLG Oldenburg, Urt. v. 30. 3. 2005 – 5 U 66/03, VersR 2006, 517: „Behauptung der Behandlungsseite, der Patient hätte keine andere Wahl als die Durchführung der Operation gehabt"; F/N, Rz. 202; G/G, 5. Aufl., Rz. C 137, 138; S/Pa, Rz. 441, 445; Stöhr GesR 2006, 145, 149).

Nach h. M. handelt es sich bei nur diesen Konstellationen um Fälle der **„hypothetischen Einwilligung"** (OLG Bamberg, Urt. v. 15. 9. 2003 – 4 U 11/03, GesR 2004, 135, 136; OLG Düsseldorf, Urt. v. 25. 4. 2002 – 8 U 81/01, OLGR 2003, 387, 389;OLG Koblenz, Urt. v. 1. 4. 2004 – 5 U 1086/03, NJW-RR 2004, 1166 = OLGR 2004, 537, 538; Urt. v. 13. 5. 2005 – 5 U 41/03, MedR 2004, 502, 503 = VersR 2005, 118, 119; OLG Köln, Urt. v. 21. 11. 2001 – 5 U 34/01, OLGR 2002, 74, 75; F/N Rz. 202; S/Pa, Rz. 441, 445).

Nach abweichender Auffassung des Kammergerichts (KG, Urt. v. 27. 1. 2003 – 20 U 285/01, VersR 2004, 1320, 1321; a. A. zuletzt OLG Koblenz, Urt. v. 13. 7. 2006 – 5 U 290/06, NJW 2006, 2928) sind die Grundsätze der „hypothetischen Einwilligung" nur dann anzuwenden, wenn die Einwilligung nicht eingeholt werden kann. Bei unterlassener, unvollständiger oder nicht rechtzeitiger Aufklärung käme jedoch die Rechtsfigur des „rechtmäßigen Alternativverhaltens" zum Zuge. Der BGH hat die Nichtzulassungsbeschwerde der Patientin gegen das Urteil des KG vom 27. 1. 2003 durch Beschluss vom 23. 9. 2003 (VI ZR 82/ 03) zurückgewiesen und ausgeführt, nach den insoweit nicht angegriffenen tatsächlichen Feststellungen des KG sei von einem „nach hypothetischer Einwilligung nicht rechtswidrigen Eingriff auszugehen".

Die Behauptung, der Patient hätte auch ohne vollständige und rechtzeitige Aufklärung in dieselbe Operation **in einer Fachklinik** eingewilligt, genügt *nicht* den Anforderungen an den Einwand einer hypothetischen Einwilligung (BGH NJW 1996, 3073, 3074). Gleiches gilt für den Einwand, der Körper- oder Gesundheitsschaden hätte auch bei der Behandlung durch einen anderen Arzt oder bei einem späteren Eingriff eintreten *können* (BGH VersR 1981, 677; F/N, Rz. 206).

Besteht zum Beispiel bei einer ordnungsgemäß durchgeführten Nierenbeckenplastik stets das Risiko einer Anastomoseninsuffizienz, dessen Verwirklichung zu einer Nachoperation mit erhöhtem Risiko einschneidender Folgen für den Patienten wie den **Verlust einer Niere** führen kann, so ist der Patient vom behandelnden Urologen schon vor dem ersten Eingriff auch über dieses **Risiko der Nachoperation** aufzuklären. Erfolgt die Aufklärung nicht oder nicht vollständig, hat der behandelnde Urologe darzulegen und zu beweisen, dass der Patient den Eingriff auch ohne die Aufklärung nicht nur in entsprechender Art und Weise bei einem anderen Arzt seines Vertrauens, sondern gerade **beim Behandler** hätte durchführen lassen (BGH NJW 1996, 3073, 3074).

Hiervon abweichend ist das OLG Koblenz (VersR 2003, 253) der Ansicht, der Einwand der „hypothetischen Aufklärung" greife auch dann, wenn der andere bzw. nachfolgende Arzt denselben Eingriff vorgenommen hätte.

Die **Anforderungen an den Beweis** der Behauptung, dass sich der Patient auch bei ordnungsgemäßer Aufklärung zu dem vorgenommenen Eingriff entschlossen hätte, sind **besonders** hoch, wenn er den Eingriff zunächst abgelehnt und sich hierzu erst bereitgefunden hat, nachdem der Arzt auf ihn eingewirkt hat (BGH VersR 1994, 1302 = MedR 1994, 488).

b) Hypothetischer Kausalverlauf

Hätte der Patient den Eingriff bei ordnungsgemäßer Aufklärung zwar durchführen lassen, aber zu einem späteren Zeitpunkt, unter günstigeren Bedingungen oder von einem anderen Behandler, hat der Arzt nachzuweisen, dass es dann zu gleichartigen Schäden gekommen wäre (BGH VersR 1981, 677; L/U, § 67 Rz. 4; S/D, Rz. 448, 566, 571).

Dabei handelt es sich jedoch nicht um die Frage einer „**hypothetischen Einwilligung**", sondern um ein Problem des „**hypothetischen Kausalverlaufs**" (G/G, 5. Aufl., Rz. C 123, C 151; S/Pa, Rz. 448, 571; vgl. hierzu → *Kausalität*, S. 614).

Hier hat **der Arzt zu beweisen**, dass

▷ der ohne die erforderliche Aufklärung durchgeführte Eingriff in einer anderen Klinik **denselben Verlauf** genommen (BGH VersR 1989, 289; OLG Celle

VersR 1987, 567) bzw. dort zu demselben Misserfolg geführt hätte (BGH, Urt. v. 15. 3. 2005 – VI ZR 313/03, NJW 2005, 1718, 1720),

▷ eine **echte alternative Behandlungsmöglichkeit**, etwa die operative Reposition eines Bruchs anstatt der konservativen Behandlung, über die nicht aufgeklärt worden ist, **zum selben Schaden** geführt hätte, (BGH, Urt. v. 15. 3. 2005 – VI ZR 313/03, VersR 2005, 836, 837 = NJW 2005, 1718, 1720; BGH VersR 1989, 289, 290),

▷ der Patient sich auch bei ordnungsgemäßer Aufklärung zu der tatsächlich durchgeführten Behandlung entschlossen hätte (BGH, Urt. v. 15. 3. 2005 – VI ZR 313/03, NJW 2005, 1718, 1719 = VersR 2005, 836, 837; Urt. v. 5. 4. 2005 – VI ZR 216/03, NJW 2005, 2072 = VersR 2005, 942 = GesR 2005, 359),

▷ sich der Patient bei Erteilung der Aufklärung nicht „**aufklärungsrichtig**" verhalten hätte (OLG Zweibrücken NJW-RR 2000, 235, 237 m. w. N.),

▷ sich das aufklärungspflichtige **Risiko** auch ohne den Eingriff, etwa aufgrund des behandlungsbedürftigen Grundleidens, **in derselben Weise verwirklicht** bzw. der Patient den Schaden auch bei einem rechtmäßigen und fehlerfreien Eingriff erlitten hätte (BGH, Urt. v. 5. 4. 2005 – VI ZR 216/03, VersR 2005, 942 = GesR 2005, 359; VersR 1985, 60, 62; VersR 1987, 667, 668; OLG Hamm VersR 1985, 1072; OLG Zweibrücken NJW-RR 2000, 235, 237 – s. u. S. 265).

Hat der Arzt substantiiert vorgetragen, dass der Patient bei ordnungsgemäßer Aufklärung den Eingriff in gleicher Weise hätte durchführen lassen, so muss er den ihm obliegenden Beweis allerdings erst führen, wenn der Patient plausible Gründe dafür darlegt, dass er – bzw. im Falle einer Geburt die Mutter – sich in diesem Falle in einem echten „**Entscheidungskonflikt** befunden haben würde" (BGH NJW 1998, 2714; OLG Koblenz NJW-RR 2002, 310, 311 und Urt. v. 1. 4. 2005 – 5 U 1086/03, MedR 2005, 292).

Demgegenüber muss der Patient darlegen und **beweisen**, dass zwischen dem Körperschaden und der Behandlungsmaßnahme, über die hätte aufgeklärt werden müssen, ein **Kausalzusammenhang** besteht (OLG Düsseldorf, Urt. v. 19. 1. 1995 – 8 U 53/93; F/N Rz. 209) bzw. dass sein Gesundheitsschaden gerade auf den Eingriff zurückzuführen ist, der mangels ordnungsgemäßer Aufklärung ohne anzunehmende mutmaßliche oder hypothetische Einwilligung des Patienten rechtswidrig war (S/Pa, Rz. 441, 570; s. u. S. 266).

3. Ernsthafter Entscheidungskonflikt

Beruft sich der Arzt darauf, der Patient hätte auch bei ausreichender Aufklärung die Einwilligung zur Operation erteilt, etwa weil die Ablehnung der Behandlung medizinisch unvernünftig gewesen wäre (hypothetische Einwilligung), so kann der **Patient** diesen **Einwand dadurch entkräften**, dass er dem Gericht plausibel macht, er hätte sich bei ordnungsgemäßer Aufklärung in einem **echten Entscheidungskonflikt** befunden (zuletzt für alle: BGH, Urt. v. 15. 3. 2005 – VI ZR 313/03, VersR 2005, 836, 837 = NJW 2005, 1718, 1719; Urt. v. 1. 2. 2005 – VI ZR 174/03, VersR 2005, 694 = NJW 2005, 1364; OLG Bremen, Urt. v. 12. 3. 2004 – 4 U 3/04, GesR 2004, 238; OLG Karlsruhe, Urt. v. 8. 12. 2004 – 7 U 163/03,

NJW-RR 2005, 798, 799 – GesR 2005, 165, 168; OLG Koblenz, Urt. v. 13. 5. 2004 – 5 U 41/03, VersR 2005, 118, 119; OLG Oldenburg, Urt. v. 30. 3. 2005 – 5 U 66/ 03, VersR 2006, 517; F/N Rz. 202, 203; G/G, 5. Aufl., Rz. C 138 – 146; S/Pa Rz. 442, 442 a, 443).

Auch in der Instanzrechtsprechung wurde oft übersehen, dass der Patient nach der bisherigen obergerichtlichen Rechtsprechung erst dann **plausible Gründe** dafür **darlegen** muss, dass er sich in einem „echten bzw. ernsthaften Entscheidungskonflikt" befunden haben würde, wenn die **Behandlungsseite substantiiert dargelegt hat**, dass der Patient bei ordnungsgemäßer Aufklärung **den Eingriff in der gleichen Weise hätte durchführen lassen** (vgl. etwa BGH NJW 1996, 3073, 3074 = VersR 1996, 1239, 1240: Eingriff wäre gerade durch diesen Arzt bzw. die entsprechende Abteilung des Krankenhauses vorgenommen worden; BGH NJW 1994, 2414 = VersR 1994, 1302; OLG Frankfurt, Urt. v. 14. 10. 2003 – 8 U 135/01, OLGR 2003, 181, 184: Der Arzt muss zunächst darlegen, die Patientin hätte sich auch bei ordnungsgemäßer Information über alle wesentlichen Umstände zu dem Eingriff entschlossen; OLG Koblenz, Urt. v. 29. 11. 2001 – 5 U 1382/00, VersR 2003, 1313, 1315 u. Urt. v. 1. 4. 2004 – 5 U 1086/03, NJW-RR 2004, 1166, 1167: Durchführung des Eingriffs wäre „in gleicher Weise" erfolgt; OLG Oldenburg, Urt. v. 30. 3. 2005 – 5 U 66/03, VersR 2006, 517: Behauptung der Behandlungsseite, der Patient hätte den Eingriff nach ordnungsgemäßer Aufklärung in gleicher Weise durchführen lassen; G/G, 5. Aufl., Rz. C 139; anders OLG Nürnberg, Urt. v. 27. 5. 2002 – 5 U 4225/00, OLGR 2003, 135, 137: *„Patient befindet sich in einem bereits aufgrund der Sachlage plausiblen Entscheidungskonflikt"*).

Der Arzt ist auf dieser Stufe jedoch **erst dann beweisbelastet**, wenn der **Patient** zur Überzeugung des Tatrichters **plausibel macht**, dass er – wären ihm rechtzeitig die Risiken der Behandlung verdeutlicht worden – vor einem **echten Entscheidungskonflikt** gestanden hätte.

Ob der **Patient** für den Fall der vollständigen und richtigen Aufklärung plausibel darlegen kann, dass er wegen seiner Einwilligung in den ärztlichen Eingriff in einen ernsthaften Entscheidungskonflikt geraten wäre, lässt sich regelmäßig nur nach seiner **persönlichen Anhörung** beurteilen (BGH, Urt. v. 1. 2. 2005 – VI ZR 174/03, VersR 2005, 694 = MDR 2005, 865 = GesR 2005, 259; Urt. v. 15. 3. 2005 – VI ZR 313/03, VersR 2005, 836, 837 = NJW 2005, 1718, 1719; VersR 1998, 766, 767; VersR 1995, 1055, 1057; VersR 1994, 1302 = NJW 1994, 2414; OLG Bamberg, Urt. v. 15. 9. 2003 – 4 U 11/03, GesR 2004, 135, 136 = OLGR 2004, 27, 28; Urt. v. 15. 9. 2003 – 4 U 75/03, OLGR 2004, 105, 106; VersR 1998, 1025, 1026; OLG Brandenburg VersR 2000, 1283, 1285; OLG Düsseldorf, Urt. v. 25. 4. 2002 – 8 U 81/01, OLGR 2003, 387, 389; OLG Karlsruhe, Urt. v. 8. 12. 2004 – 7 U 163/03, GesR 2005, 165, 168 = OLGR 2005, 189, 190; OLG Oldenburg VersR 2000, 232; OLG Stuttgart VersR 1998, 1111, 1113; S/Pa, Rz. 442 a, 568, 627; Stöhr GesR 2006, 145, 149).

Von der persönlichen Anhörung kann nur in solchen Fällen abgesehen werden, in denen schon die unstreitigen äußeren Umstände insoweit eine **sichere Beurteilung der hypothetischen Entscheidungssituation** erlauben und die besondere persönlichen Situation des Patienten und seiner Einstellung ohne weiteres erfasst werden können (BGH, Urt. v. 1. 2. 2005 – VI ZR 174/03, NJW 2005, 1364 = VersR 2005, 694; VersR 1998, 766, 767; VersR 1993, 2378, 2379; NJW 1990, 2928, 2929; OLG Bamberg, Urt. v. 15. 9. 2003 – 4 U 11/03, OLGR 2004, 27, 28: im konkreten Fall nach Schlaganfall des Patienten verneint; OLG Karlsruhe, Urt. v. 8. 12. 2004 – 7 U 163/03, OLGR 2005, 189, 190; G/G, 5. Aufl., Rz. C 142).

An diese **Darlegungspflicht des Patienten** dürfen **keine allzu hohen Anforderungen** gestellt werden (BGH, Urt. v. 25. 3. 2003 – VI ZR 131/02, NJW 2003, 2012, 2014 = VersR 2003, 1441, 1443; NJW 1998, 2734 = VersR 1998, 766, 767; OLG Brandenburg VersR 2000, 1283, 1285; OLG Koblenz, Urt. v. 29. 11. 2001 – 5 U 1382/00, VersR 2003, 1313, 1315; Urt. v. 1. 4. 2004 – 5 U 1086/03, NJW-RR 2004, 1166, 1167; OLG Köln, Urt. v. 21. 11. 2001 – 5 U 34/01, OLGR 2002, 74, 75; OLG-Report 1997, 254 = VersR 1997, 1534; OLG Oldenburg, Urt. v. 30. 3. 2005 – 5 U 66/03, VersR 2006, 517; G/G, 5. Aufl., Rz. C 144).

Es **kommt** dabei **nicht darauf an**, dass der Patient eine anderweitige Entscheidung glaubhaft zu machen in der Lage ist (BGH NJW 1991, 1543; OLG Brandenburg VersR 2000, 1283, 1285) oder **wie sich ein „vernünftiger" Patient verhalten haben würde** (BGH, Urt. v. 15. 3. 2005 – VI ZR 313/03, VersR 2005, 836, 837 = NJW 2005, 1718, 1719; NJW 1994, 799; OLG Bamberg, Urt. v. 6. 3. 2006 – 4 U 236/05, OLGR 2006, 739, 741; OLG Koblenz, Urt. v. 29. 11. 2001 – 5 U 1382/00, VersR 2003, 1313, 1315; Urt. v. 1. 4. 2004 – 5 U 1086/03, NJW-RR 2004, 1166, 1167; G/G, 5. Aufl., Rz. C 138, 140; Gehrlein Rz. C 74; S/Pa, Rz. 442 a, 443). Abzustellen ist allein auf die konkrete **persönliche Entscheidungssituation** des Patienten, der „nur" einsichtig machen muss, dass ihn die vollständige Aufklärung über das Für und Wider des beabsichtigten Eingriffs **vor die ernsthafte Frage** gestellt hätte, ob er den Eingriff zu diesem Zeitpunkt nun durchführen lassen soll oder nicht (BGH, Urt. v. 25. 3. 2003 – VI ZR 131/02, NJW 2003, 2012, 2014 bei verspäteter Aufklärung; VersR 1992, 960, 962; MDR 1991, 603; OLG Brandenburg VersR 2000, 1283, 1285; OLG Koblenz, Urt. v. 29. 11. 2001 – 5 U 1382/00, VersR 2003, 1313, 1315 bei verspäteter Aufklärung; Urt. v. 1. 4. 2004 – 5 U 1086/03, NJW-RR 2004, 1166, 1167 = OLGR 2004, 537, 538: kein ernsthafter Entscheidungskonflikt vor Operation „kalter Knoten" im Bereich des Schilddrüsenlappens nach aufgetretenen Atembeschwerden; OLG Koblenz MDR 1999, 871; OLG Oldenburg, Urt. v. 30. 3. 2005 – 5 U 66/03, VersR 2006, 517; VersR 2000, 232; OLG Stuttgart NJW-RR 2004, 904; VersR 1998, 1111, 1113).

Dabei kann unter Umständen auch sein **Verhalten nach dem Eingriff** zu berücksichtigen sein (OLG Stuttgart NJW-RR 2000, 904; G/G, 5. Aufl., Rz. C 140).

Die bloße pauschale Behauptung des Patienten, bei Durchführung einer ordnungsgemäßen Aufklärung habe er sich „in einem ernsthaften Entscheidungskonflikt befunden", genügt jedoch nicht, wenn der Arzt detailliert vorgetragen hat, dass zu der durchgeführten Operation keine ernsthafte Alternative bestanden hat (OLG Koblenz, Beschl. v. 17. 8. 2004 – 5 W 482/04, GesR 2005, 15). Gleiches gilt, wenn sich der Patient bei seiner Anhörung auf die Erklärung beschränkt, nicht sagen zu können, ob er dem Eingriff zugestimmt hätte, wenn er auf deren Risiken hingewiesen worden wäre (OLG Oldenburg, Urt. v. 30. 3. 2005 – 5 U 66/03, VersR 2006, 517, 518: im entschiedenen Fall waren die konservativen Behandlungsmöglichkeiten ausgeschöpft).

Ein Entscheidungskonflikt ist ebenfalls **nicht plausibel,** wenn der Patient von der geltend gemachten Schädigung derart befangen ist, dass er sich in die damalige Entscheidungssituation nicht mehr zurückversetzen kann und deshalb zu einer beliebigen Darstellung des angeblichen Entscheidungskonflikts bereit ist (OLG Karlsruhe, Urt. v. 26. 5. 2000 – 7 U 193/97, OLGR 2001, 171) oder er seinen Vortrag nach Unterliegen in erster Instanz wechselt und der Prozesssituation „anpasst" (OLG Karlsruhe, Urt. v. 13. 6. 2001 – 7 U 123/97, OLGR 2001, 449).

Allein der Umstand, dass ein indizierter Eingriff hätte zeitlich hinausgeschoben werden können, begründet nach Ansicht des OLG Stuttgart (VersR 1998, 1111) keinen Entscheidungskonflikt, wenn der Patient nicht **plausibel darlegt, wozu er die Zeit genutzt hätte.**

Eine nähere Substantiierungslast trifft den Patienten auch dann, wenn die Voraussetzungen einer „mutmaßlichen Einwilligung" (s. o. S. 226ff.) vorgelegen hätten, d. h. die Verweigerung der Einwilligung im medizinischen Sinne offensichtlich unvernünftig gewesen wäre (G/G, 5. Aufl., Rz. C 140).

So hat der Patient **bei vitaler oder absoluter Indikation substantiiert plausible Gründe** für seinen Entscheidungskonflikt vorzutragen und deutlich zu machen, dass er sich bei einer Lebenserwartung von rund zwei Jahren ohne bestehende, echte Behandlungsalternative nach entsprechender Aufklärung gegen eine indizierte Strahlentherapie entschieden hätte (OLG Oldenburg VersR 1991, 820; ebenso OLG Frankfurt VersR 1989, 254).

Gleiches gilt bei behauptetem Verzicht der Patientin auf die ohne Aufklärung durchgeführte Strahlentherapie bei Vorliegen eines Brustkarzinoms (OLG Koblenz VersR 1990, 489).

Ist zum Beispiel die voraussichtliche Überlebenszeit bei einem nicht operierten Rektumkarzinom sehr gering und würde die Lebensqualität des Patienten ohne die Operation alsbald erheblich beeinträchtigt werden, so ist seine Erklärung, er hätte wegen des Risikos des Potenzverlusts, über das er nicht aufgeklärt worden ist, von der Operation Abstand genommen, nicht plausibel (OLG Köln VersR 1990, 663).

Spielen **streitige Äußerungen des Patienten** gegenüber früher behandelnden Ärzten für die Beurteilung eines ernsthaften Entscheidungskonflikts eine Rolle, ist die Forderung nach der **Entbindung dieser Ärzte von der Schweigepflicht** grundsätzlich gerechtfertigt (OLG München, Urt. v. 12. 1. 2006 – 1 U 3633/05, OLGR 2006, 341).

Kann das Gericht die Plausibilität des behaupteten Entscheidungskonflikts nicht abschließend beurteilen, weil der **Patient zwischenzeitlich verstorben** ist oder einen **Schlaganfall erlitten** hat (so etwa OLG Bamberg VersR 1998, 1025, 1026: Patient tot; Urt. v. 15. 9. 2003 – 4 U 11/03, GesR 2004, 135, 136 = OLGR 2004, 27, 28: Schlaganfall; OLG Düsseldorf, Urt. v. 27. 3. 1997 – 8 U 47/96: Patient tot; OLG Hamm, Urt. v. 15. 6. 2005 – 3 U 289/04, GesR 2005, 401, 402:

Patient verstorben; S/Pa, Rz. 443 a, 569 a; *a. A.* aber OLG Oldenburg, Urt. v. 30. 5. 2000 – 5 U 218/99, OLGR 2002, 50, 52 und OLG Frankfurt, Urt. v. 14. 1. 2003 – 8 U 135/01, OLGR 2003, 181, 184; G/G, 5. Aufl., Rz. C 142) oder **unentschuldigt** der Anordnung des persönlichen Erscheinens zum Termin nicht Folge leistet (OLG Dresden, Urt. v. 23. 3. 2000 – 4 U 3144/99; Rehborn, MDR 2000, 1107) und hat der Arzt schlüssig die Behauptung aufgestellt, der Patient hätte auch bei ordnungsgemäßer Aufklärung eingewilligt, so ist die Aufklärungspflichtverletzung für die Realisierung des Risikos, über das nicht aufgeklärt worden ist, nach herrschender Ansicht in der Instanzrechtsprechung **nicht kausal** geworden und die Klage des Patienten insoweit abzuweisen (OLG Bamberg VersR 1998, 1025, 1026 und Urt. v. 15. 9. 2003 – 4 U 11/03, OLGR 2004, 27, 28; OLG Celle, Urt. v. 23. 4. 2001 – 1 U 37/00 mit Nichtannahmebeschluss BGH v. 15. 1. 2002 – VI ZR 207/01; auch OLG Hamm, Urt. v. 15. 6. 2005 – 3 U 289/04, bei Hüwe GesR 2005, 401, 402: Darlegung eines Entscheidungskonflikts wird dann *„kaum gelingen"*; Rehborn, MDR 2000, 1107; S/Pa, Rz. 443 a, 569 a; *a. A.* OLG Oldenburg, Urt. v. 30. 5. 2000 – 5 U 218/99, OLGR 2002, 50, 52 = VersR 2001, 1381, 1382 bei hirngeschädigtem Patienten).

Danach (vgl. OLG Bamberg, Urt. v. 15. 9. 2003 – 4 U 11/03, GesR 2004, 135, 136 = OLGR 2004, 27, 28; auch OLG Bamberg VersR 1998, 1025, 1026) kann jedenfalls die durch den Tod des Patienten unmöglich gewordene Anhörung wegen des betroffenen Selbstbestimmungsrechts **nicht** durch eine **Zeugeneinvernahme etwa der Ehefrau oder sonstiger Angehöriger** ersetzt werden, wenn nicht ausnahmsweise schon die unstreitigen Umstände eine sichere Beurteilung der hypothetischen Entscheidungssituation erlauben. Damit wirkt sich die Unmöglichkeit der plausiblen Darlegung eines ernsthaften Entscheidungskonflikts i.d.R. zu Lasten des Patienten bzw. dessen Angehörigen aus.

Nach u. E. zutreffender Auffassung kann sich das Gericht durch die **Vernehmung angebotener Zeugen** oder anhand des **Verhaltens** des Patienten **nach dem Eingriff** von der Plausibilität des Entscheidungskonflikts überzeugen (OLG Düsseldorf, Urt. v. 25. 4. 2002 – 8 U 81/01, OLGR 2003, 387, 390: Entscheidungskonflikt durch die Witwe und den Sohn des verstorbenen Patienten dargelegt, jedoch nicht plausibel; OLG Frankfurt, Urt. v. 14. 1. 2003 – 8 U 135/01, OLGR 2003, 181, 184: Entscheidungskonflikt nach Darlegungen der Tochter der verstorbenen Patientin bejaht; OLG Karlsruhe, Urt. v. 9. 10. 2002 – 7 U 107/00, OLGR 2003, 233, 234: Entscheidungskonflikt durch Tochter der Klägerin plausibel dargelegt; auch G/G, 5. Aufl., Rz. C 142).

Hat der Patient einen **schweren Hirnschaden** erlitten und ist er deshalb außerstande, sich zu einer hypothetischen Konfliktlage zu äußern, ist die Darlegung eines Entscheidungskonfliktes nach Auffassung des OLG Oldenburg (Urt. v. 30. 5. 2000 – 5 U 218/99, OLGR 2002, 50, 52 = VersR 2001, 1381, 1382; **a. A.** OLG Bamberg, Urt. v. 15. 9. 2003 – 4 U 11/03, OLGR 2004, 27, 28: Patient hat Schlaganfall erlitten) sogar entbehrlich.

Auch der **nicht rechtzeitig** aufgeklärte Patient (vgl. hierzu oben S. 197 ff.) muss substantiiert darlegen, dass ihn die späte Aufklärung in seiner Entscheidungsfreiheit beeinträchtigt hat und plausibel machen, dass er, wenn ihm rechtzeitig die Risiken der Operation verdeutlicht worden wären, vor einem echten Entscheidungskonflikt gestanden hätte, wobei allerdings an die Substantiierungspflicht zur Darlegung eines solchen Konflikts auch hier **keine zu hohen Anforderungen** gestellt werden dürfen (BGH, Urt. v. 25. 3. 2003 – VI ZR 131/02, NJW 2003, 2012, 2014 = VersR 2003, 1441, 1443; NJW 1998, 2734, 2735 = VersR 1998, 766, 767; NJW 1994, 3009, 3011 = VersR 1994, 1235, 1236).

Jedoch legt es bei einem verspätet erfolgten Aufklärungsgespräch bereits die Lebenserfahrung nahe, dass seine Entscheidungsfreiheit im Hinblick auf den psychischen und organisatorischen Druck eingeschränkt gewesen ist (BGH NJW 1995, 2410 = VersR 1995, 1055; NJW 1994, 3009, 3011 = VersR 1994, 1235; OLG Koblenz, Urt. v. 29. 11. 2001 – 5 U 1382/00, VersR 2003, 1313, 1315; F/N, Rz. 203; G/G, 5. Aufl., Rz. C 141; Hoppe, NJW 1998, 782, 784; vgl. aber OLG Stuttgart VersR 2002, 1428 – siehe oben S. 208).

Nach u. E. zu weitgehender Auffassung des OLG Koblenz (Urt. v. 29. 11. 2001 – 5 U 1382/00, VersR 2003, 1313, 1315 = NJW-RR 2002, 816, 818 unter Hinweis auf BGH NJW 1995, 2410, 2411) bedarf es gar keines näheren Vortrages des Patienten, dass er bei vollständiger und rechtzeitiger Aufklärung in einen ernsthaften Entscheidungskonflikt geraten wäre, wenn die erteilte **Aufklärung verspätet** erfolgt ist.

Trotz Annahme eines von der Patientin **plausibel dargelegten Entscheidungskonflikts** hat das OLG Karlsruhe (Urt. v. 7. 6. 2000 – 13 U 78/98, VersR 2001, 860, 861; Revision vom BGH nicht angenommen) die hypothetische Einwilligung der Patientin bei einer am Vorabend einer Hirntumoroperation und damit verspätet erteilten Aufklärung über das Risiko der Erblindung auf einem Auge bejaht. Im entschiedenen Fall bestand zur vorgeschlagenen und in einer anerkannten Fachklinik durchgeführten Operationsmethode **keine ernsthafte Alternative**. Bei Ablehnung der Operation hätte die Patientin innerhalb von zwei Jahren mit der Erblindung des Auges rechnen müssen. Das OLG geht davon aus, dass der Arzt ihres Vertrauens, mit dem sie sich nach ihrem Vortrag zum ernsthaften Entscheidungskonflikt bei rechtzeitiger Aufklärung besprochen hätte, ihr aus den zu diesem Zeitpunkt bekannten, überzeugenden medizinischen Gründen zur Durchführung des Eingriffs geraten hätte.

Behauptet also der Arzt, der Patient hätte sich auch bei ordnungsgemäßer und rechtzeitiger Aufklärung zu dem Eingriff entschlossen und kann der Patient demgegenüber einen ernsthaften Entscheidungskonflikt plausibel darlegen, so greift der **Einwand der hypothetischen Einwilligung des Patienten** nach der vom BGH (NA-Beschluss v. 13. 3. 2001 – VI ZR 262/00) gebilligten Ansicht des OLG Karlsruhe (Urt. v. 7. 6. 2000 – 13 U 78/98, VersR 2001, 860, 861) also **dennoch** durch, wenn die Behandlungsseite nachvollziehbar darlegen und ggf. beweisen kann, dass der vom Patienten hinzugezogene Arzt seines Vertrauens ihn aufgrund objektiver Kriterien davon überzeugt hätte, in die Vornahme der Operation einzuwilligen.

Die Haftung des Arztes wegen eines Aufklärungsfehlers entfällt dann ebenso wie im Fall eines vom Patienten nicht oder nicht plausibel dargelegten, ernsthaften Entscheidungskonfliktes. Spickhoff (NJW 2002, 1758, 1763) stimmt der

Entscheidung des OLG Karlsruhe im Ergebnis, nicht jedoch in der Begründung zu. Spickhoff verneint das Vorliegen der Voraussetzungen einer „hypothetischen Einwilligung". Nach seiner Auffassung **fehlt es am Rechtswidrigkeitszusammenhang** zwischen dem ohne wirksame Einwilligung durchgeführten Eingriff und dem Gesundheitsschaden, der ohnehin zu erwartenden fortschreitenden Teilerblindung.

a) Ernsthafter Entscheidungskonflikt bejaht

In folgenden Fällen wurde die Darlegung des Patients für plausibel gehalten und das Vorliegen eines „ernsthaften Entscheidungskonflikts" bejaht:

(1) Nur relativ indizierte Angiographie

Ist eine Angiographie – als diagnostische Maßnahme – nur relativ indiziert, die nachfolgend erforderliche Operation (hier: gutartiger Tumor) nicht dringend und hat die Patientin keine bzw. keine gravierenden Beschwerden, ist es nachvollziehbar, wenn die Patientin ausführt, bei vollständiger Aufklärung über die Risiken des Eingriffs (Verletzung von Gefäßen, ggf. Halbseitenlähmung oder Aphasie) hätte sie die Operation noch hinausgeschoben (OLG Koblenz, Urt. v. 29. 11. 2001 – 5 U 1382/00, VersR 2003, 1313, 1315).

(2) Koronarangiographie und Herzkatheteruntersuchung

Ein ernsthafter Entscheidungskonflikt des Patients kann anzunehmen sein, wenn er unvollständig und/oder zu spät über die Risiken eines diagnostischen Eingriffs, hier einem akuten Nierenversagen bei einer Koronarangiographie nebst Herzkatheteruntersuchung und vorbestehend leichter Nierenfunktionsstörung, aufgeklärt wird (OLG Hamm, Urt. v. 15. 6. 2005 – 3 U 289/04, GesR 2005, 401).

(3) Myelographie (Röntgenkontrastdarstellung des Wirbelkanals)

Es erscheint plausibel, dass sich eine allein erziehende Mutter zweier minderjähriger Kinder bei ordnungsgemäßer Aufklärung über die Risiken einer Myelographie, wie das seltene Risiko einer kompletten Blasenlähmung jedenfalls zunächst für denkbare **Behandlungsalternativen in Form physiotherapeutischer Maßnahmen** entschieden oder diese in Erwägung gezogen hätte, jedenfalls wenn ein zunächst angenommener Bandscheibenvorfall trotz fortdauernder Beschwerden ausgeschlossen wurde (OLG Brandenburg VersR 2000, 1283, 1285).

(4) Schilddrüsenoperation

Vor einer Schilddrüsenoperation, bei der weder kalte Knoten festgestellt wurden noch der Verdacht besteht, dass sich solche hinter diagnostizierten heißen Knoten verbergen, ist der Patient auf die ernsthafte Alternative einer Radiojodbehandlung hinzuweisen. Es ist plausibel, dass ein beruflich auf die Stimme angewiesener, z. B. ein als Strafverteidiger tätiger Rechtsanwalt die Radiojodbehandlung vorgezogen hätte, um das Risiko einer Stimmbandlähmung zu vermeiden (OLG Köln VersR 1998, 1510).

Gleiches gilt für den Vortrag einer als Verkäuferin tätigen Patientin, sie hätte bei ordnungsgemäßer Aufklärung über das Risiko einer dauerhaften Stimmbandlähmung von der Durchführung einer nicht dringend indizierten Schilddrüsenoperation (subtotale Strumaresektion) zunächst abgesehen (AG Leipzig, Urt. v. 30. 5. 2003 – 17 C 344/03, MedR 2003, 582, 583).

Die beidseitige subtotale Schilddrüsenresektion wurde bis Juli 1998 nicht als fehlerhafte Operationsmethode eingestuft. Der behandelnde Arzt war bzw. ist jedoch verpflichtet, dem Patienten die unterschiedlichen Operationsmethoden der damaligen „chirurgischen Schule", nämlich das gleichzeitige beidseitige Operieren, und die Methode nach der HNO-Schule, die sich zwischenzeitlich durchgesetzt hat, wonach zunächst nur eine Seite und bei intakt gebliebenem Nervus recurrens auch die andere Seite operiert wird, darzulegen. Das Vorbringen des Patienten (im entschiedenen Fall der Tochter der anschließend verstorbenen Patientin), bei richtiger und vollständiger Aufklärung wäre die Einwilligung zur Durchführung nach der chirurgischen Schule nicht erteilt worden, ist als plausibel anzusehen (OLG Frankfurt, Urt. v. 14. 1. 2003 – 8 U 135/01, OLGR 2003, 181, 184).

(5) Entfernung eines zystischen Knotens (hier: Kropfoperation)

Es ist plausibel, dass eine Patientin, welche zum Zeitpunkt der Durchführung einer Kropfoperation mit Entfernung eines haselnussgroßen zystischen Knotens beruflich und familiär stark belastet war, zunächst eine abwartende Haltung eingenommen und eine weitere Abklärung nach Rücksprache mit ihrem Hausarzt oder anderen Fachärzten veranlasst hätte, wenn ihr mitgeteilt worden wäre, dass nach dem szintigraphischen und sonographisch erhobenen Befund kein Verdacht auf Malignität des festgestellten Knotens bestand, so dass bezüglich einer operativen Therapie zunächst kurzfristig eine abwartende Haltung vertretbar gewesen wäre (OLG Köln VersR 2000, 361).

Die **unzureichende Risikoaufklärung lässt** den **Vergütungsanspruch** des Arztes i.d.R. jedoch **unberührt** (OLG Köln NJW-RR 1999, 674; VersR 2000, 361, 362; KG OLGR 1996, 195; OLG München VersR 1996, 233, 234; OLG Nürnberg, Urt. v. 16. 7. 2004 – 5 U 2383/03, GesR 2004, 514, 515 = OLGR 2004, 373, 375 = NJW-RR 2004, 1543, 1544; OLG Stuttgart, Urt. v. 17. 4. 2001 – 14 U 74/00, VersR 2002, 1286 = OLGR 2002, 172; a. A. OLG Düsseldorf, Urt. v. 21. 3. 2002 – 8 U 117/01, VersR 2004, 386 und Urt. v. 20. 3. 2003 – 8 U 18/02, GesR 2003, 236, 238 = VersR 2003, 1331, 1333 Gehrlein, Rz. A 19; vgl. hierzu → *Rückerstattung des Honorars*, S. 680 ff.).

(6) Operation statt konservativer Behandlung eines Bruchs

Der Entscheidung v. 15. 3. 2005 ist zu entnehmen, dass der BGH (VI ZR 313/05, NJW 2005, 1718 = VersR 2005, 836) das Vorliegen eines ernsthaften Entscheidungskonflikts auch bejahen würde, wenn statt der Fortsetzung der konservativen Behandlung eines abkippenden Bruchs (hier: am Handgelenk) eine erneute, unblutige Reposition oder eine Operation des Bruchs in Erwägung zu ziehen wäre.

(7) Erhöhtes Risiko bei Vaginalgeburt

Wäre der Schwangeren offenbart worden, dass wegen der Besonderheiten des konkreten Falles für das Kind bei einer Vaginalgeburt ein erhöhtes Risiko bestand (siehe S. 172 ff.) und der eine Entbindungsmodus für das Kind, der andere für die Schwangere selbst die höheren Gefahren barg, so hätte sie dies ernsthaft vor die Frage gestellt, ob sie der Vaginalentbindung oder der Schnittentbindung zustimmen sollte. Ein solche Situation genügt stets zur Bejahung eines ernsthaften Entscheidungskonflikts (OLG Koblenz NJW-RR 2002, 310, 311; OLG Karlsruhe, Urt. v. 22. 12. 2004 – 7 U 4/03, VersR 2006, 515).

(8) Grauer Star-Operation

Vor einer Katarakt-Operation zur Behandlung der Eintrübung einer Augenlinse (Grauer Star) muss der Patient über das Risiko einer operationsbedingten Erblindung aufgeklärt werden. Der Entscheidungskonflikt ist plausibel dargelegt, wenn der Patient erklärt, die Aufklärung über ein solches, wenn auch seltenes Risiko hätte ihm Anlass gegeben, zunächst darüber nachzudenken, wann und von wem dieser Eingriff durchgeführt werden soll und ob er der Operationsempfehlung dann sofort ohne weiteres zugestimmt hätte (OLG Oldenburg MDR 1999, 547).

(9) Keratektomie zur Behandlung extremer Kurzsichtigkeit

Bei einer nicht bzw. nicht dringend indizierten photoreaktiven Keratektomie (Augenoperation an der Hornhaut) mittels eins Excimer-Lasers sind an die Aufklärung hohe Anforderungen zu stellen. Der hohe Leidensdruck der stark kurzsichtigen Patientin und aufgetretene Probleme mit verordneten Kontaktlinsen vermögen bei Fehlen einer vollständigen Aufklärung, insbesondere über das Risiko einer erhöhten Blendempfindlichkeit sowie eine Minderung des Dämmerungs- und Kontrastsehens, eine hypothetische Einwilligung sowie die Annahme der fehlenden Plausibilität eines Entscheidungskonflikts nicht zu begründen (OLG Bremen, Urt. v. 4. 3. 2003 – 3 U 65/02, VersR 2004, 911, 912).

(10) Hepatitis-Infektion nach Verabreichung eines Medikaments

Erleidet der Patient nach Verabreichung eines Medikaments eine – u. U. zu Leberschäden führende und lebensverkürzende – Hepatitis-Infektion, kann sein Vortrag genügen, er hätte sich bei korrekter Aufklärung über dieses mit der Gabe des Medikaments verbundene Risiko möglicherweise gegen dessen Einsatz und für eine Amputation der verletzten Hand entschieden (BGH NJW 1991, 1543; Gehrlein, Rz. C 76).

(11) Kniepunktion

Plausibel ist auch die Erklärung einer Patientin, im Falle einer **Aufklärung über das Infektionsrisiko** nach Punktion eines Kniegelenks hätte sie auf jeden Fall einige Tage mit konservativer Behandlung zugewartet, ob es dadurch besser werde, insbesondere wenn sie einer Punktion zunächst ohnehin ablehnend gegenüberstand (BGH NJW 1994, 2414).

(12) Punktion statt Operation

Wurde die Patientin nicht darüber aufgeklärt, dass statt der operativen Entfernung eines Tumors mit nicht unerheblichen Risiken auch die bloße Punktion der Zyste in Betracht kommt, mit der zwar keine Heilung wie bei einer operativen Entfernung des Tumors, aber bei ungleich geringerem Risiko und geringerer Belastung zumindest **für eine gewisse Zeit eine Linderung der Beschwerden** und Beeinträchtigungen verbunden ist, ist ein von der Patientin – bzw. im vorliegenden Fall von den klagenden Erben – dargelegter Entscheidungskonflikt, es sei der Patientin auf die Linderung der Schmerzen angekommen und sie hätte bei ordnungsgemäßer Aufklärung die bloße Punktion der Zyste vorgezogen, plausibel (OLG Karlsruhe, Urt. v. 9. 10. 2002 – 7 U 107/00, OLGR 2003, 233, 234).

Stellt sich die Punktion einer Zyste in der Niere gegenüber deren operativer Resektion als Behandlungsmethode mit gleichwertigen Erfolgschancen, aber andersartigen – hier deutlich geringeren – Risiken dar, so ist die Darlegung der Patientin, bei erfolgter Aufklärung über das sich nachfolgend realisierende Risiko einer Durchtrennung des Harnleiters und des Verlustes einer Niere hätte sie sich gegen die Operation entschieden, plausibel (OLG Karlsruhe, Urt. v. 8. 12. 2004 – 7 U 163/03, OLGR 2005, 189, 191 = NJW-RR 2005, 798, 799 – wegen des ungeklärten Sachverhalts an die Vorinstanz zurückverwiesen).

(13) Lysebehandlung

Besteht nach einem Herzinfarkt zur Lysebehandlung (Auflösung von Zellen) mit Streptokinase (aus hämolysierenden Streptokokken isoliertes Eiweiß) eine gleichwertige, aber **weniger aggressive Behandlungsmöglichkeit** mit Aspirin und Heparin, muss über die unterschiedlichen Risiken einer Gehirnblutung und deren Folgen aufgeklärt werden. Liegt das Risiko der aggressiveren Therapie mit 1,0 bis 1,4 % deutlich über dem Risiko der sanfteren Therapie von 0,5 %, ist der Vortrag des Patienten, er hätte sich bei gehöriger Aufklärung für die sanftere Therapie entschieden, plausibel (OLG Bremen VersR 1998, 1240, 1241).

(14) Nervschädigungen bei Bauchoperation

Bestehen aufgrund erkennbarer körperlicher Besonderheiten des Patienten, etwa nach vorangegangenen Operationen im gleichen Gebiet, Risiken, die im „Normalfall" auszuschließen sind, hat sich die Aufklärung auch hierauf zu erstrecken. Ist der Patient über Nervschädigungen mit schwerwiegenden Folgen für die Gebrauchsfähigkeit von Gliedmaßen nicht bzw. nicht ausreichend aufgeklärt worden, ist sein Vortrag, er hätte sich bei korrekter Aufklärung in einem ernsthaften Entscheidungskonflikt befunden, den nicht vital indizierten Eingriff nicht durchführen zu lassen und **tolerable Schmerzen lieber zu ertragen als das Risiko einer erheblichen Gesundheitsverschlechterung** einzugehen, plausibel. Der bloße Leidensdruck, mag er auch erheblich gewesen sein, rechtfertigt in derartigen Fällen die Annahme einer hypothetischen Einwilligung nicht (OLG Köln, Urt. v. 21. 11. 2001 – 5 U 34/01, OLGR 2002, 74, 75).

(15) Strahlentherapie

Auch eine Strahlentherapie darf ohne Einwilligung des Patienten nicht angewendet werden, selbst wenn sie die allein erfolgversprechende Behandlungsmethode ist und der Patient ohne die Bestrahlung nur noch eine verhältnismäßig kurze Lebenserwartung hat. Das Vorbringen eines „ernsthaften Entscheidungskonflikts" ist plausibel, wenn der Patient darlegt, er habe sich bei Aufklärung über das Risiko einer inkompletten Querschnittlähmung möglicherweise zwar nicht gegen die Durchführung einer Strahlenbehandlung entschieden, sich aber durch die Konsultation anderer Fachärzte über die Möglichkeit kundig gemacht, durch **den Einsatz einer geringeren Strahlendosis**, allerdings unter Erhöhung des Rezidivrisikos die Gefahr der Schädigung des Rückenmarks herabzusetzen (OLG Frankfurt VersR 1989, 254).

(16) Prostata-Laserverfahren

Von einem echten Entscheidungskonflikt ist auch auszugehen, wenn der Patient darlegt, dass er die klassische Methode der „transurethralen Resektion der Prostata" (TURP) bei ordnungsgemäßer Aufklärung vor einem urologischen Eingriff in seine Überlegungen einbezogen und sich dann möglicherweise gegen die Anwendung eines speziellen Prostata-Laserverfahrens in zwei Operationsschritten (das noch dazu als Außenseitermethode galt) entschieden hätte (OLG Bremen, Urt. v. 12. 3. 2004 – 4 U 3/04, GesR 2004, 238).

(17) Infektionsrisiko bei Verabreichung kortisonhaltiger Spritzen

Ein Entscheidungskonflikt ist auch zu bejahen, wenn der Patient vor der Verabreichung kortisonhaltiger Spritzen (sechs Injektionen innerhalb eines Monats) nicht über das **deutlich erhöhte, sich dann realisierende Infektionsrisiko** aufgeklärt wurde und die verabreichten Spritzen nur eine kurzfristige Linderung seiner Beschwerden bewirken konnten (OLG Hamburg, Urt. v. 23. 1. 2004 – 1 U 24/00, OLGR 2004, 324, 326 f.).

(18) Heilende Therapie bei seltener Krankheit

Zwischen den Alternativen einer den Tod nur zeitlich hinauszögernden medikamentösen Symptombehandlung einer sonst unheilbaren, i. d. R. tödlich verlaufenden Krankheit, deren Verschlimmerung im Laufe der Symptombehandlung mit Eintreten einer ZNS-Beteiligung wahrscheinlich und deren Umfang unkalkulierbar ist, einerseits und einer auch mit erheblichen Risiken behafteten, allerdings heilenden Behandlung (hier: Knochenmarktransplantation bei vorhandenem Familienspender) befindet sich ein junger Patient bereits aufgrund der Sachlage in einem ernsthaften Entscheidungskonflikt (OLG Nürnberg, Urt. v. 27. 5. 2002 – 5 U 4225/00, OLGR 2003, 135, 137).

(19) Sorge vor Komplikationen aus Vorerkrankungen

Ein Entscheidungskonflikt kann durch den Hinweis auf die Sorge vor Komplikationen wegen einer Vorerkrankung oder einem vorangegangenen Eingriff plausibel dargelegt werden, etwa wenn das Risiko einer Dauerschädigung des benachbarten Nervengeflechts vor einer Sympathicusblockade (Ausschaltung des Nervus sympathicus) besteht (OLG Oldenburg NJW-RR 1999, 390). So ist auch die Erklärung einer Patientin plausibel, sie hätte bei ordnungsgemäßer Aufklärung über die Risiken einer nicht dringenden Galleoperation wegen eines erst kurz zuvor erfolgten gynäkologischen Eingriffs zunächst **mit ihrem Hausarzt Rücksprache gehalten** (BGH NJW 1990, 2928).

(20) Nervschäden bei Zahnextraktion

Eine Nervläsion kann auch bei ordnungsgemäßer Zahnextraktion nicht ausgeschlossen werden. Über solche typischen Risiken ist der Patient grundsätzlich aufzuklären. Der Vortrag des Patienten, er hätte dann die Einwilligung in die Zahnextraktion verweigert oder noch zugewartet, ist plausibel, wenn er **keine Beschwerden** hatte und die **Extraktion nicht vital** indiziert war (OLG Koblenz, Urt. v. 13. 5. 2004 – 5 U 41/03, MedR 2004, 502, 503 = VersR 2005, 118, 119 = NJW-RR 2004, 1026, 1027; Entscheidungskonflikt bejaht; OLG München VersR 1996, 102; LG Bonn VersR 1989, 811; anderer Ansicht: OLG Stuttgart VersR 1999, 1500: Aufklärung über Schädigung des N. alveolaris, N. mandibularis und N. lingualis nur bei operativer Entfernung von Weisheitszähnen; OLG Zweibrücken, Urt. v. 22. 2. 2000 – 5 U 25/99, OLGR 2000, 549 sowie OLG Koblenz, Urt. v. 22. 9. 1987 – 3 U 1632/86 und OLG Schleswig, Urt. v. 12. 2. 1986 – 4 U 324/83: Hypothetische Einwilligung bejaht; OLG Karlsruhe, Urt. v. 6. 5. 1987 – 7 U 88/86 und OLG Jena, Urt. v. 26. 4. 2006 – 4 U 416/05, OLGR 2006, 710, 713: Kein ernsthafter Entscheidungskonflikt; vgl. hierzu oben S. 139 ff.). Bei der Entfernung eines Weisheitszahns ist gerade die Durchtrennung des Nervus lingualis eine sehr seltene, aber typische und nicht immer vermeidbare Komplikation, über die der Zahnarzt nach h. M. (OLG Koblenz, Urt. v. 13. 5. 2004 – 5 U 41/03, VersR 2005, 118, 119 = NJW-RR 2004, 1026, 1027 m. w. N.; OLG Jena, Urt. v. 26. 4. 2006 – 4 U 416/05, OLGR 2006, 710, 712 f.; zur Gegenansicht s. o. S. 140; zu den zahnmedizinischen Aspekten Taubenheim/Glockmann MedR 2006, 323 – 330) aufzuklären hat. Nach Ansicht des OLG München (NJW-RR 1994, 1308) kann ein Entscheidungskonflikt des Patienten, ob er sich durch den behandelnden Zahnarzt operieren lassen oder ob er zunächst eine medikamentöse Behandlung wählen will, dann nachvollziehbar sein, wenn es sich nicht um einen vereiterten oder sonst krankhaft veränderten Weisheitszahn handelt, der nur zeitweise Schmerzen bereitet.

Nach der Gegenauffassung (OLG Karlsruhe VersR 1989, 808; auch Urt. v. 6. 5. 1987 – 7 U 88/86: Kein Entscheidungskonflikt bei erheblicher Schmerzsymptomatik; OLG Schleswig, Urt. v. 12. 2. 1986 – 4 U 324/83: Hypothetische Einwilligung, wenn die Schmerzvermeidung im Vordergrund steht; OLG Zweibrücken, Urt. v. 22. 2. 2000 – 5 U 25/99, OLGR 2000, 549 = VersR 2000, 892, 893) ist das mit der Extraktion der Zähne 36 und 37 unter Leitungsanästhesie verbundene Risiko einer Nervläsion mit Dauerfolgen extrem selten, so dass für den Patienten, der unter erheblichen Schmerzen leidet, regelmäßig kein **echter Entscheidungskonflikt** vorliegt. Das OLG Jena (Urt. v. 26. 4. 2006 – 4 U 416/05, OLGR 2006, 710, 712 f.) hat es offen gelassen, ob stets eine Aufklärungspflicht über das

Risiko einer dauerhaften Schädigung des Nervus lingualis durch eine Leitungs-anästhesie besteht (bejahend etwa OLG Koblenz, Urt. v. 13. 5. 2004 – 5 U 41/03, VersR 2005, 118, 119 = MDR 2004, 1239) oder nur dann, wenn die Leitungsanäs-thesie mit einer operativen Entfernung von Weisheitszähnen einhergeht, weil dann das Risiko einer dauerhaften Nervschädigung erheblich höher liegt (so OLG Stuttgart, NJW-RR 1999, 751, 752). Denn in dem vom OLG Jena entschie-denen Fall ging es um die operative Entfernung eines Weisheitszahns, sodass das Bestehen einer Aufklärungspflicht grundsätzlich bejaht wurde.

Allerdings hatte der Patient mit dem Hinweis, bei ordnungsgemäßer Aufklä-rung hätte er „einen älteren und erfahreneren Arzt aufgesucht", einen Entschei-dungskonflikt nicht plausibel dargelegt, da sich die Gefahr der Nervschädigung auch bei völlig korrekter Vorgehensweise eines älteren und erfahreneren Arztes verwirklichen konnte.

Das OLG Zweibrücken (Urt. v. 22. 2. 2000 – 5 U 25/99, OLGR 2000, 549, 550 = VersR 2000, 892) hält eine **Aufklärung** über das äußerst geringe Risiko einer dauerhaften Schädigung des Nervus lingualis vor einer Leitungsanästhesie aus-nahmsweise für **entbehrlich**, wenn der Arzt angesichts der äußerst geringen Komplikationsdichte annehmen darf, der Patient werde vernünftigerweise seine Einwilligung angesichts der bevorstehenden, ansonsten schmerzhaften Parodontosebehandlung nicht wegen dieses Risikos verweigern. Nach Auffas-sung des OLG Zweibrücken kommt es in diesem Fall auf einen möglichen Ent-scheidungskonflikt im Zusammenhang mit einer hypothetischen Einwilligung nicht mehr an.

(21) Kieferfraktur und Kieferknochenmarkentzündung

Vor einer Extraktion eines Weisheitszahns muss der Patient auch über das Risiko einer Kieferfraktur (OLG Braunschweig, Urt. v. 24. 4. 1997 – 1 U 56/96; OLG Düsseldorf, Urt. v. 21. 3. 1996 – 8 U 153/95) und über das – sich selten ver-wirklichende – Risiko einer Osteomyelitis (Kieferknochenmarkentzündung) aufgeklärt werden (OLG Köln, Urt. v. 12. 3. 2003 – 5 U 52/02, MDR 2003, 993). Dass der Patient bei ordnungsgemäßer Aufklärung in einen ernsthaften Ent-scheidungskonflikt geraten wäre, ist jedenfalls dann anzunehmen, wenn er bis-lang schmerzfrei und die Entfernung des Weisheitszahns nicht dringend erfor-derlich war (OLG Köln, Urt. v. 12. 3. 2003 – 5 U 52/02, MDR 2003, 993).

(22) Prothetische Versorgung

Ein Zahnarzt ist verpflichtet, über medizinisch gleichermaßen indizierte Alter-nativen einer prothetischen Versorgung der Oberkieferbezahnung aufzuklären, so etwa den Einsatz einer bügelfreien Brückenprothese anstatt einer Gaumen-platte. Wird die Versorgung mittels Gaumenplatte nicht toleriert, entfällt der Vergütungsanspruch des Zahnarztes, wenn der Patient plausibel darlegt, dass er in Kenntnis der Behandlungsalternative der getroffenen Maßnahme **nicht zuge-stimmt** hätte (OLG Köln VersR 1999, 1498; vgl. auch OLG Köln, Urt. v. 27. 11. 2002 – 5 U 101/02, GesR 2003, 85: wertlose zahnprothetische Versorgung).

Kommen zur zahnärztlichen Versorgung einer Zahnlücke **mehrere Alternativen des Zahnersatzes** (mehrgliedrige bogenförmige Brücke; implantatgetragene Einzelbrücken oder herausnehmbare Prothese) in Betracht, die aus ex-ante-Sicht eine gleichwertige Versorgungschance bieten, aber insbesondere eine deutlich unterschiedliche Beanspruchung des Patienten durch die Behandlung zur Folge haben bzw. haben können, so hat der Zahnarzt den Patienten über diese Behandlungsalternativen aufzuklären und die Therapiewahl unter Berücksichtigung der subjektiven Gründe des Patienten vorzunehmen (OLG Naumburg, Urt. v. 5. 4. 2004 – 1 U 105/03, VersR 2004, 1460 = GesR 2004, 332).

Die Darlegung des Patienten, er hätte sich bei ordnungsgemäßer Aufklärung eine Bedenkzeit für die Entscheidung über die Art der Weiterbehandlung ausbedungen und sich ggf. auch bei einem anderen Zahnarzt informiert, ist für die Annahme eines ernsthaften Entscheidungskonflikts plausibel (OLG Naumburg, Urt. v. 5. 4. 2004 – 1 U 105/03, VersR 2004, 1460, 1461).

b) Ernsthafter Entscheidungskonflikt verneint

Ein festgestellter ärztlicher Aufklärungsfehler ist für die Einwilligung in die Operation dann unbeachtlich, wenn der **Patient nicht plausibel macht** bzw. machen kann, er hätte sich bei ordnungsgemäßer Aufklärung in einem ernsthaften Entscheidungskonflikt befunden, soweit die Behandlungsseite vorträgt, der Patient hätte sich auch bei ordnungsgemäßer Aufklärung zu dem tatsächlich durchgeführten Eingriff entschlossen (BGH, Urt. v. 15. 3. 2005 – VI ZR 313/03, NJW 2005, 1718, 1719 = VersR 2005, 836, 837; VersR 1996, 1239; OLG Bamberg, Urt. v. 6. 3. 2006 – 4 U 236/05, OLGR 2006, 739, 741; OLG Oldenburg, Urt. v. 30. 3. 2005 – 5 U 66/03, VersR 2006, 517; G/G, 5. Aufl., Rz. C 144, 146).

Zur Feststellung eines „ernsthaften Entscheidungskonflikts" bedarf es einer wertenden Gesamtschau aller Umstände des Einzelfalles. Maßgeblich sind neben dem **Leidensdruck** und der **Risikobereitschaft des Patienten** insbesondere die **Dringlichkeit des Eingriffs** und die **Erwartungen** eines (dann fiktiv) umfassend aufgeklärten Patienten vor dem Eingriff (OLG Koblenz, Urt. v. 1. 4. 2004 – 5 U 1086/03, NJW-RR 2004, 1166 = OLGR 2004, 537, 538; S/Pa, Rz. 442 a).

Insbesondere bei **hohem Leidensdruck des Patienten, vitaler Indikation des Eingriffs, nicht ins Gewicht fallenden Eingriffserweiterungen** u.a. ist ein vom Patienten behaupteter Entscheidungskonflikt regelmäßig nicht plausibel (vgl. OLG Bamberg, Urt. v. 15. 9. 2003 – 4 U 75/03, OLGR 2004, 105, 106: akute Blinddarmentzündung; OLG Hamm, Urt. v. 17. 9. 2001 – 3 U 58/01, OLGR 2002, 309, 310; OLG Karlsruhe, Urt. v. 28. 11. 2001 – 7 U 114/99, OLGR 2002, 407; OLG Koblenz, Urt. v. 17. 12. 2001 – 12 U 540/00, MedR 2002, 518; Urt. v. 1. 4. 2004 – 5 U 1086/03, NJW-RR 2004, 1166 = OLGR 2004, 537, 538; OLG Oldenburg, Urt. v. 30. 3. 2005 – 5 U 66/03, VersR 2006, 517, 518; OLG Schleswig, Urt. v. 16. 5. 2003 – 4 U 139/01, OLGR 2003, 389, 390; OLG Stuttgart, Urt. v. 19. 9. 2000 – 14 U 4/00, OLGR 2002, 103, 105; Urt. v. 8. 1. 2002 – 14 U 70/01, VersR 2002, 1428, 1429).

In folgenden Fällen wurde das **Vorliegen eines ernsthaften Entscheidungskonflikts verneint:**

(1) Drängen des Patienten, starker Leidensdruck; Lähmungserscheinungen

Leidet der Patient unter starken, durch Einleitung oder Fortführung einer konservativen Behandlung **nicht beherrschbaren Schmerzen**, ist sein Vorbringen, bei ordnungsgemäßer Aufklärung über die Risiken eines operativen Eingriffs hätte er sich in einem ernsthaften Entscheidungskonflikt befunden, i.d.R. nicht plausibel (OLG Karlsruhe, Urt. v. 28. 11. 2001 – 7 U 114/99, OLGR 2002, 407, 408: seit Jahren starke Schmerzen im Bereich des Hüftgelenkes; OLG Stuttgart, Urt. v. 8. 1. 2002 – 14 U 70/01, VersR 2002, 1428, 1429 = OLGR 2002, 351, 353: starke Schmerzen im Bereich der LWS; OLG Schleswig, Urt. v 16. 5. 2003 – 4 U 139/01, OLGR 2003, 389, 390: starke Schulterbeschwerden; OLG Oldenburg, Urt. v. 30. 3. 2005 – 5 U 66/03, VersR 2006, 517, 518: „erhebliche Beschwerden, die sich unter konservativer Behandlung nicht gebessert hatten"; OLG München VersR 1991, 1241, 1242).

Dient der Eingriff der Vermeidung erheblicher, über **viele Jahre andauernder Schmerzen** und wurde der Patient allgemein über mögliche Nervschädigungen aufgeklärt, so ist die Darlegung des Patienten nicht plausibel, bei der tatsächlich gebotenen, aber unterlassenen Aufklärung über ein erhöhtes Risiko von Nervenverletzungen hätte er den Eingriff nicht durchführen lassen bzw. noch zugewartet (OLG Karlsruhe, Urt. v. 28. 11. 2001 – 7 U 114/99, OLGR 2002, 407, 408: Operation am Hüftgelenk nach vorangegangenem Eingriff, der zur Erhöhung der Gefahr von Nervenschädigungen geführt hatte).

Wenn der Patient verspätet, etwa erst unmittelbar vor Durchführung des Eingriffs aufgeklärt wird, legt die verspätete Aufklärung nach der Lebenserfahrung in vielen Fällen eine Beeinträchtigung der Entscheidungsfreiheit nahe (vgl. BGH VersR 1995, 1055, 1056; OLG Koblenz, Urt. v. 29. 11. 2001 – 5 U 1382/00, VersR 2003, 1313, 1315; OLG Stuttgart, Urt. v. 8. 1. 2002 – 14 U 70/01, VersR 2002, 1428, 1429).

Leidet der Patient unmittelbar vor dem Eingriff bereits eine Woche lang unter **starken, medikamentös nicht beherrschbaren Schmerzen**, die ihm kaum Schlaf ermöglicht hatten und von denen er erlöst werden wollte und wurde er deshalb zur Durchführung einer medizinisch indizierten Bandscheibenoperation stationär aufgenommen, so ist die Behauptung, bei rechtzeitiger Aufklärung über die Risiken (Lähmungen, Fußheberschwäche u.a.) hätte er sich in einem Entscheidungskonflikt befunden, aber nicht plausibel (OLG Stuttgart, Urt. v. 8. 1. 2002 – 14 U 70/01, VersR 2002, 1428, 1429 = OLGR 2002, 351, 353).

Gleiches gilt, wenn der Patient unter starken, konservativ **nicht therapierbaren Schulterbeschwerden** leidet und ohne die Operation der Verlust des Arbeitsplatzes droht (OLG Schleswig, Urt. v.16. 5. 2003 – 4 U 139/01, OLGR 2003, 389, 390), er vor der (Knie-) Operation „unter erheblichen Beschwerden gelitten hat, die sich unter konservativer Behandlung nicht gebessert hatten" und nach eigenen Angaben insoweit „alles versucht" hatte (OLG Oldenburg, Urt. v. 30. 3. 2005 – 5 U 66/03, VersR 2006, 517, 518) oder der Patient nach den eigenen früheren Bekundungen möglichst frühzeitig operiert werden wollte und durch die organisationsbedingte Verschiebung der Operation sogar in eine schwere psychische Krise geraten ist, wobei zur Durchführung der Operation dabei keine ernsthafte Alternative bestand (OLG Karlsruhe, Urt. v. 12. 1. 1994 – 7 U 79/94).

Auch bei einem unter **starkem Leidensdruck** stehenden und über schwerere Risiken aufgeklärten Patienten kann die unterbliebene Aufklärung über das Risiko einer **Nervenläsion** bei einer Nephropexie (operative Teilentfernung einer Organkapsel in der Niere) unter dem Gesichtspunkt der hypothetischen Einwilligung unbeachtlich sein. Hat der Patient diese Operation gewünscht, weil „es so nicht mehr weitergehe", so ist die Behauptung eines ernsthaften Entscheidungskonflikts, bei vollständiger Aufklärung über das Risiko von Nervläsionen hätte er hiervon Abstand genommen oder sich in einer anderen Klinik – mit grundsätzlich denselben Risiken – operieren lassen, nicht nachvollziehbar (OLG München VersR 1991, 1241, 1242).

Vor der Durchführung einer Mammareduktionsplastik als teilweise medizinisch, teilweise rein kosmetisch bedingtem Eingriff muss die Patientin über allgemeine gesundheitliche Risiken wie Infektion, Nachblutung und Nekrosebildung, die zum Verlust der Brustwarze führen können, daneben aber auch über die Gefahr eines kosmetisch unbefriedigenden Ergebnisses und die Möglichkeit des Erfordernisses eines Korrektureingriffs zur Entfernung von restlichem Fettgewebe klar und deutlich aufgeklärt werden (OLG Stuttgart, Urt. 20. 7. 1999 – 14 U 1/99, NJW-RR 2000, 904). Ein Entscheidungskonflikt der Patientin ist jedoch nicht hinreichend plausibel, wenn die Patientin den Arzt **mehrfach gedrängt** hat, den Eingriff unbedingt durchzuführen und sich hierzu trotz anfänglicher Abweisung fest entschlossen zeigt (OLG Stuttgart, Urt. v. 20. 7. 1999 – 14 U 1/99, NJW-RR 2000, 904, 905).

(2) Aufschieben des Eingriffs bzw. weiteres Zuwarten

Waren die **Möglichkeiten einer konservativen Behandlung erschöpft**, das andere, rechte Hüftgelenk bereits erfolgreich operiert und barg weiteres, untätiges Zuwarten die Gefahr einer Progredienz arthrotischer Beschwerden, ist die Behauptung eines Entscheidungskonflikts des auch vor dem Eingriff am linken Hüftgelenk nicht über das Misserfolgs- und Verschlimmerungsrisiko aufgeklärten Patienten nicht plausibel (OLG Koblenz, Urt. v. 1. 4. 2004 – 5 U 844/03, MedR 2003, 501, 502).

Leidet die Patientin laufend und zunehmend unter starken Blutungen und bieten andere Therapiemöglichkeiten, etwa eine (erneute) Gebärmutterspiegelung, keine Aussicht auf Heilung oder deutliche Besserung, so ist der Vortrag der Patientin, bei vollständiger und zutreffender Aufklärung über die Risiken einer medizinisch indizierten, aber nicht dringlichen Hysterektomie (Gebärmutterentfernung) hätte sie sich „unter keinen Umständen hierfür entschieden", nicht plausibel (OLG Bamberg, Urt. v. 6. 3. 2006 – 4 U 236/05, OLGR 2006, 739, 741).

Allein der Umstand, dass ein indizierter Eingriff zeitlich hinausgeschoben werden kann, begründet keinen Entscheidungskonflikt, wenn der Patient nicht plausibel darlegen kann, wozu er die Zeit genutzt hätte (OLG Stuttgart VersR 1998, 1111). Insbesondere ist das **Begehren einer „Denkpause"** nicht plausibel, solange der Patient nicht darlegt, dass ihm eine zeitlich verschobene Operation ein möglicherweise günstigeres Ergebnis erbracht hätte (OLG Köln NJW 1990, 2940; vgl. auch S. 207 f. zur Rechtzeitigkeit).

Ein Aufschieben des Eingriffs, um weitere Fortschritte in der Medizin abzuwarten, ist bei einem Routineeingriff wie einer Leistenbruchoperation nicht einleuchtend. Auch für ein **bloßes Zuwarten**, etwa um sich von dritter Seite Auskunft über die Höhe des Risikos einer Hodenatrophie, über das nicht aufgeklärt worden ist, einzuholen oder die Entwicklung der Beschwerden abzuwarten, besteht bei einer Leistenbruchoperation regelmäßig kein nachvollziehbarer Anlass (OLG Stuttgart VersR 1998, 1111, 1114).

Dies gilt insbesondere dann, wenn sich der Patient beim Operateur, dem Chefarzt der chirurgischen Abteilung eines großen bzw. mittelgroßen Krankenhauses in „guten Händen fühlen" konnte (OLG Stuttgart VersR 1998, 1111, 1114; auch OLG München VersR 1992, 834).

(3) Aneurysmaoperation, Nervschädigungen

Wird ein Patient vor der Entfernung eines Aneurysmas (krankhafte Wandausbuchtung eines vorgeschädigten arteriellen Blutgefäßes oder der Herzwand) nicht über die Gefahr und die möglichen Folgen der Verletzung des Nervus recurrens mit der Folge einer Stimmbandlähmung aufgeklärt und hätte der Patient nach einer Aufklärung dem Eingriff zwar zugestimmt, diesen aber – nach seiner Behauptung – an einer anderen Klinik durchführen lassen, so ist der Entscheidungskonflikt nicht plausibel, wenn **zwischen den Kliniken kein Rangunterschied** besteht, insbesondere, wenn der Patient keinen Arzt der anderen Klinik benennen kann, dem er sich gerade wegen dessen wissenschaftlichem oder operationspraktischem Rufs anvertraut hätte (OLG Köln NJW 1990, 2940).

Wird vor einer dringenden Aneurysmaoperation eine Angiographie (Gefäßdarstellung durch Injektion eines Röntgenkontrastmittels) durchgeführt, ist grundsätzlich über deren Risiken wie zum Beispiel schwere Durchblutungsstörungen und eine möglich Halbseitenlähmung bei entsprechender Injektionsstelle aufzuklären (OLG Stuttgart VersR 1988, 832; OLG Oldenburg VersR 1983, 888).

Ist der Eingriff jedoch dringlich (OLG Stuttgart VersR 1988, 832), insbesondere bei sich **ständig verschlechterndem Zustand** des Patienten (OLG Koblenz MDR 1999, 871), so ist die Behauptung eines ernsthaften Entscheidungskonflikts nicht plausibel (OLG Stuttgart VersR 1988, 832; OLG Oldenburg VersR 1983, 888 zur Angiographie).

(4) Strahlentherapie, Querschnittlähmung

Vor der Durchführung einer Strahlentherapie bei Morbus Hodgkin (bösartig verlaufende Krankheit der lymphatischen Gewebe mit tumorartigen Wucherungen) muss über das Risiko einer Querschnittlähmung aufgeklärt werden. Da zur Strahlenbehandlung in fortgeschrittenem Stadium keine ernsthafte Alternative besteht, ist ein Entscheidungskonflikt bei fehlender Aufklärung über dieses Risiko jedoch nicht plausibel (BGH VersR 1994, 465; OLG Frankfurt VersR

1988, 57; OLG Koblenz VersR 1990, 489). Dies gilt insbesondere bei sonst geringer Lebenserwartung des Patienten (OLG Frankfurt VersR 1989, 254; OLG Koblenz VersR 1990, 489; S/Pa, Rz. 443; G/G, 5. Aufl., Rz. C 146).

Dieselben Grundsätze gelten bei fehlender oder nicht vollständiger Aufklärung der Patientin über eine mögliche **Plexuslähmung** vor Durchführung einer Bestrahlungstherapie (OLG Koblenz VersR 1990, 489; OLG Zweibrücken VersR 1987, 108; G/G, 5. Aufl., Rz. C 146).

(5) Kropfoperation; Aufklärung über andere schwerwiegende Risiken erfolgt

Wurde die Patientin vor einer Kropfoperation nicht über die Gefahr der Schädigung des nervus recurrens mit der Folge dauerhaft verbleibender Atembeschwerden aufgeklärt, ist die Behauptung eines Entscheidungskonfliktes nicht plausibel, wenn sie auf **zahlreiche gravierende Risiken** wie z.B. Blutungen, die Entstehung einer Thrombose, einer Embolie, Verletzungen von Nerven und Gefäßen, eine Stimmbandlähmung und eine Heiserkeit bis zur Stimmlosigkeit **hingewiesen**, ihr auf Frage auch erläutert wurde, die Heilung von Nervverletzungen könne sehr lange dauern und sie mit dem Eingriff auch bei ihrer Mutter durch einen Kropf bedingt aufgetretene, starke optische und körperliche Beeinträchtigungen vermeiden wollte (OLG Koblenz, Urt. v. 1. 4. 2004 – 5 U 1086/03, NJW-RR 2004, 1166, 1167 = OLGR 2004, 537, 538 f.).

Macht der Patient geltend, er hätte im Falle der Aufklärung über ein bestimmtes Operationsrisiko möglicherweise einer konservativen Therapie, die eine ernsthafte Alternative dargestellt hätte (vgl. hierzu oben S. 160 ff., 168), den Vorzug gegeben, so ist ein Entscheidungskonflikt nicht plausibel, wenn er bewusst ein ungleich **schwerwiegenderes, belastenderes Risiko** in Kauf genommen hat, etwa eine irreparable Recurrensparese (Stimmbandlähmung) gegenüber einem sehr selten auftretenden und regelmäßig durch Medikamentengabe einstellbaren permanenten Hypoparathyreoidismus, also einer Unterfunktion der Nebenschilddrüsen (OLG Köln NJW-RR 1996, 405).

(6) Vorausgegangene, ähnliche Eingriffe; intraartikuläre Injektionen

Ein Entscheidungskonflikt ist bei ausreichender Risikoaufklärung nicht schlüssig dargetan, wenn sich der Patient vor und nach dem Eingriff, im entschiedenen Fall einer intraartikulären Injektion, **vergleichbaren Eingriffen ausgesetzt hat** (OLG Oldenburg VersR 2000, 232; OLG Köln, Urt. v. 21. 7. 2003 – 5 U 75/03, MedR 2004, 567, 568: 131 Injektionsbehandlungen über mehr als zehn Jahre). In den entschiedenen Fällen des OLG Oldenburg und des OLG Köln hatte sich der Patient bereits in den Jahren zuvor mehrfach ähnlichen Eingriffen unterzogen. In dem vom OLG Köln entschiedenen Fall wirkte die vor mehr als zehn Jahren erteile Aufklärung nach Ansicht des Senats noch fort.

(7) Eintritt eines größeren Schadens

Ein Entscheidungskonflikt ist nicht plausibel vorgetragen, wenn der Patient bei ernsthaft in Betracht kommender konservativer Behandlung seinen Beruf sicher hätte aufgeben müssen und mit der Klage auch Verdienstausfallschaden geltend gemacht hat (OLG München VersR 1992, 834) oder bei Ablehnung des medizinisch gebotenen Eingriffs ein ungleich schwerwiegenderes und erheblich belastendes Risiko in Kauf genommen hätte (OLG Bamberg, Urt. v. 15. 9. 2003 – 4 U 75/03, OLGR 2004, 105, 107; OLG Hamm VersR 1988, 601).

(8) Knieendoprothese und Versteifung eines Gelenks als Alternative

Eine Arthrodese stellt gegenüber einer Knieendoprothese keine ernsthafte Behandlungsalternative dar. Während die Arthrodese mit einer **völligen Einsteifung des Gelenks** verbunden ist, kann die Beweglichkeit des Gelenks durch eine Endoprothese sogar verbessert werden. Zudem können durch Erstere vorhandene Schmerzen nicht sicherer als durch die Endoprothese beseitigt werden (OLG Oldenburg, Urt. v. 30. 3. 2005 – 5 U 66/03, VersR 2006, 517).

Wird der Patient über die Alternative einer operativen Versteifung seines Handgelenks nicht aufgeklärt, so ist der Aufklärungsfehler nicht schadensursächlich, wenn sich der Patient nach Überzeugung des Gerichts auch bei Erteilung des Hinweises, dass eine Handgelenksversteifung zwar in Frage komme, aber eine unumkehrbare Lösung darstelle, zunächst für die tatsächlich durchgeführte Gelenk erhaltende Operation mit einer Erfolgsquote von 50–75 % entschieden hätte (OLG Koblenz MedR 2002, 518, 520).

(9) Verschiedene Operationsmethoden bei Hallux-valgus

Bei der Operation einer Hallux-valgus ist über das Risiko einer Versteifung des Großzehen aufzuklären. Auf das gegenüber der gewählten Methode nach Hueter/Mayo bestehende alternative Verfahren einer subkapitalen Umstellungsosteotomie muss jedenfalls bei anhaltender oder zunehmender Schmerzsymtomatik nicht hingewiesen werden. Der Patient befindet sich auch nicht in einem ernsthaften Entscheidungskonflikt, wenn ihm der den Eingriff durchführende Arzt vom behandelnden Orthopäden als Spezialist empfohlen worden ist, dieser ihm (nur) die gewählte Methode plausibel erklärt hat und das Fehlschlagrisiko mit der Notwendigkeit einer weiteren Operation und dem geringen Risiko der Versteifung des Großzehen bei beiden Verfahren in etwa gleich ist (OLG Karlsruhe, Urt. v. 26. 6. 2002 – 7 U 4/00, MedR 2003, 229, 230; auch OLG Hamm, Urt. v. 5. 11. 2003 – 3 U 102/03, OLGR 2004, 162, 163: keine Aufklärungspflicht über verschiedene Operationsmethoden bei Vorfuß-Operation; tatsächlich existieren mehr als 100 Operationsmethoden bei Hallux-valgus!).

(10) Absetzen einer Medikation

Bei möglichen schwerwiegenden Nebenwirkungen eines Medikaments ist neben dem Hinweis in der Gebrauchsinformation des Pharmaherstellers auch die Aufklärung durch den das Medikament verordnenden Arzt erforderlich. Jedenfalls die Medikation mit aggressiven bzw. nicht ungefährlichen Arzneimitteln ist als ärztlicher „Eingriff" im weiteren Sinne zu verstehen, so dass die Einwilligung des Patienten in die Behandlung mit dem Medikament unwirksam ist, wenn er nicht über dessen gefährliche Nebenwirkungen aufgeklärt worden ist (BGH, Urt. v. 15. 3. 2005 – VI ZR 289/03, VersR 2005, 834, 835 = NJW 2005, 1716, 1717: Durchführung der Eingriffsaufklärung vom Arzt zu beweisen).

Das Nichtvorliegen eines „ernsthaften Entscheidungskonflikts" – und damit die Annahme einer hypothetischen Einwilligung- erscheint aber dann nahe liegend, wenn die **Arzneimittelgabe dringend geboten** ist, die Gründe für eine Ablehnung der Behandlung angesichts der Schwere der Erkrankung oder bestehender, starker Schmerzen nicht ohne weiteres zu Tage liegen und eine ernsthafte, weniger invasive Behandlungsalternative nicht zur Verfügung steht (Stöhr, RiBGH, GesR 2006, 145, 149).

So ist etwa das Vorbringen des Patienten, bei ordnungsgemäßer Aufklärung über die mit der Einnahme des Medikaments verbundene Gefahr der Entstehung einer Hämolyse (Zerstörung der roten Blutkörperchen) hätte er es abgesetzt, nicht plausibel, wenn dann konkret die Gefahr eines Rezidivs, ein Wiederaufleben der mit dem Medikament therapierten Krankheit (hier: Vaskulitis, d.h. einer Systemerkrankung mit entzündlichen Veränderungen an Gelenken u.a.) bestanden hätte und demgegenüber die Folgen der Fortsetzung der eingeschlagenen medikamentösen Therapie aus der ex-ante-Sicht als **weit weniger gefährlich** einzuschätzen und dauerhafte oder schwere Nebenwirkungen nicht zu erwarten waren (OLG Düsseldorf, Urt. v. 25. 4. 2002 – 8 U 81/01, OLGR 2003, 387, 390).

(11) Absetzen einer Dialyse

Eine Haftung des Arztes bei unterlassener Aufklärung über das erhöhte Risiko, beim Absetzen einer Dialyse einen Pericarderguss (Erguss im Herzbeutel) zu erleiden, scheidet aus, wenn der Patient nicht plausibel macht, er hätte sich bei pflichtgemäßer Aufklärung gegen das Absetzen der Dialyse entschieden oder wenn nicht bewiesen ist, dass der Pericarderguss bei Fortsetzung der Dialyse ausgeblieben wäre (OLG Stuttgart VersR 1997, 931).

(12) Eigenblutspende

Ist die Bildung von Eigenblutkonserven, etwa wegen unzureichender Hämoglobinkonzentration, kontraindiziert, so ist die vom Patienten behauptete Verweigerung einer Fremdblutübertragung, falls er über die Bildung und Verwendung von Eigenblutkonserven hingewiesen worden wäre, wegen der Gefahr schwerster gesundheitlicher Folgeschäden nicht plausibel (OLG Köln VersR 1997, 1534).

(13) Routineimpfung

Eine Polio-Impfung (Schluckimpfung) stellt, auch wenn sie mit einer Schadenshäufigkeit von 1 zu 4,4 Millionen nicht gänzlich risikolos ist, die Eltern nicht vor schwierige Entscheidungen, die erst einer gründlichen Abwägung und reiflichen Überlegung bedürfen. Bei einer Routineimpfung ist den Eltern der Entscheidungskonflikt aufgrund der von den Gesundheitsbehörden vorgenommenen Abwägung des Für und Wider und der von ihnen ausgesprochenen Impfempfehlung weitestgehend abgenommen (BGH VersR 2000, 725, 727).

Bei derartigen Routinemaßnahmen kann es genügen, wenn dem Patienten nach **schriftlicher Aufklärung** Gelegenheit zu weiteren Informationen durch ein Arztgespräch, jedoch keine mündliche Erläuterung der Risiken gegeben wird (BGH VersR 2000, 725, 728; a. A. Spickhoff, NJW 2006, 2075, 2077 und NJW 2001, 1757, 1761 m. w. N.).

(14) Einbringung eines Venenkatheders

Ob die Wahl des Zugangs für einen Zentralvenenkatheder überhaupt aufklärungspflichtig ist oder ob dies nicht lediglich die operationstechnische Seite eines Eingriffs betrifft, über die ein Arzt nach den eigenen Erfahrungen und Fertigkeiten zu entscheiden hat, ist fraglich (vgl. OLG Oldenburg VersR 2000, 191, 192). Jedenfalls ist ein behaupteter Entscheidungskonflikt, der Patient hätte sich bei erfolgter Aufklärung über mögliche, sich aber zurückbildende Nervenschäden bei einer Halsvenenpunktion für den Zugang über die Ellenbogenvene entschieden, nicht plausibel (OLG Oldenburg VersR 2000, 191, 193).

(15) Coloskopie / Darmperforation

Besteht bei einer Coloskopie (Darmspiegelung) das Risiko einer Darmperforation in 0,25 % der Fälle und ist das Risiko tödlicher Folgen einer solchen Perforation mit etwa 20 %, also insgesamt 0,05 % aller Fälle anzusetzen, so muss der Patient nicht nur über den möglichen Eintritt der Perforation, sondern auch über die damit verbundene **Lebensgefahr** und auch über die Gefahr der Verweigerung dieser Untersuchung aufgeklärt werden (OLG Stuttgart VersR 1986, 581; vgl. auch OLG Frankfurt VersR 1991, 185). Allerdings fehlt es an dem erforderlichen Zurechnungszusammenhang, wenn der Arzt zwar über das Risiko der Magen-Darm-Perforation, nicht jedoch über das Risiko tödlicher Folgen einer Perforation aufgeklärt hat und sich Letztere nicht realisiert (vgl. hierzu S. 253 ff., 261). Es ist auch nicht plausibel, dass die Patientin bei vollständiger Aufklärung die Durchführung dieses zur **Entdeckung bösartiger Darmpolypen** erforderlichen Eingriffs verweigert hätte (OLG Stuttgart VersR 1986, 581; OLG Frankfurt VersR 1991, 185, 186).

(16) Potenzverlust nach Krebsoperation

Auch die Behauptung, bei erfolgter Aufklärung über einen möglichen Potenzverlust auf die Operation eines Rektumkarzinoms verzichtet zu haben, ist nicht plausibel (OLG Köln VersR 1990, 663; S/Pa, Rz. 443).

(17) Verschlechterungsrisiko

Hat der Arzt bei nicht dringlicher Indikation eines operativen Eingriffs mit einer Erfolgsaussicht von ca. 80 % das Risiko der Verschlechterung der vorbestehenden Schmerzsituation von ca. 5 % in allgemeiner Form dargestellt, so ist der behauptete Entscheidungskonflikt vom Patienten nicht plausibel dargelegt, wenn er erklärt, er hätte bei der Angabe eines in 5 % der Fälle schlechteren Ergebnisses schon zugestimmt, nicht aber bei einem Hinweis auf das Risiko eines verschlechterten Lebenszustandes, der sich bei ihm eingestellt habe. Denn es ist nicht geboten, in derartigen Fallgestaltungen speziell über außergewöhnliche und besonders nachteilige Entwicklungen aufzuklären (OLG Stuttgart OLGR 2000, 132, 134).

(18) Unterlassene Risiko- oder Änästhesieaufklärung vor einer Blinddarmoperation

Wird der Patient vor einer dringend indizierten Blinddarmoperation bei akuter Appendizitis nicht oder nicht rechzeitig über die Risiken des chirurgischen Eingriffs (OLG Bamberg, Urt. v. 15. 9. 2003 – 4 U 75/03, OLGR 2004, 105, 106) bzw. der hierzu einzuleitenden Vollnarkose (OLG Hamm, Urt. v. 17. 9. 2001 – 3 U 58/01, OLGR 2002, 309, 310) aufgeklärt, ist ein Entscheidungskonflikt grundsätzlich nicht plausibel.

(19) Sectio statt vaginaler Entbindung; genetische Beratung

Der im Rahmen einer hypothetischen Einwilligung zu prüfende plausible Entscheidungskonflikt ist grundsätzlich **ausschließlich am Kindeswohl zu messen,** soweit nicht etwa bei einer ernsthaft in Betracht zu ziehenden sectio das bestehende, erhöhte Risiko für Leben und Gesundheit der Mutter gegen dasjenige des werdenden Kindes bei Durchführung der vaginalen Entbindung abzuwägen ist oder die Eltern eine genetische Beratung wünschen, um werdendes behindertes Leben zu verhindern. Es erscheint nicht tragbar, ein werdendes Leben lieber sterben zu lassen als die gegenüber der Chance, ein gesundes Kind zu erhalten, deutlich geringere Gefahr zu riskieren, einem behinderten Kind zum Leben zu verhelfen, selbst wenn das geringe Risiko einer schweren Hirnschädigung besteht (OLG Köln VersR 1999, 98, 99).

(20) Ablehnung eines Kaiserschnitts

Nicht plausibel ist die behauptete Ablehnung eines Kaiserschnitts durch die Patientin bei Aufklärung über dessen Risiken, wenn gesichert ist, dass das Kind infolge eines bereits eingetretenen Sauerstoffmangels nur so vor einem Hirndauerschaden bewahrt werden konnte (OLG Köln VersR 1999, 98; nach S/Pa, Rz. 443 a. E. „als Grundsatz zweifelhaft").

(21) Gebärmutterperforation

Bei einer Gebärmutterausräumung nach intrauterinem Kindstod ohne Aufklärung über das Risiko einer Gebärmutterperforation kann sich die Mutter ebenfalls nicht auf einen „ernsthaften Entscheidungskonflikt" berufen (OLG Zweibrücken VersR 1992, 496; G/G, 5. Aufl., Rz. C 146).

(22) Risiko der Gebärmutterentfernung nach Abrasio/Kürettage; Behandlung in Universitätsklinik statt im Kreiskrankenhaus

Vor der Kürettage nach der Ausstoßung eines abgestorbenen Foetus ist über das Risiko einer Entfernung der Gebärmutter aufzuklären. Die Aufklärung unmittelbar vor der Einleitung der Behandlung durch die Gabe von Prostaglandin ist verspätet. Die Behauptung der Patientin, bei rechtzeitiger Aufklärung über das Risiko hätte sie den Eingriff nicht in dem Kreiskrankenhaus (Haus der Grundversorgung), sondern in einer Universitätsklinik (Haus der Maximalversorgung) durchführen lassen, begründet jedoch keinen ernsthaften Entscheidungskonflikt, wenn sie in diesem Krankenhauses zuvor zweimal erfolgreich entbunden worden war und dort sogar eine mit **höheren Risiken** verbundene primäre sectio durchführen ließ und die Patientin **keinen Grund hatte, an der Kompetenz der behandelnden Ärzte zu zweifeln.** Hinzu kommt, dass es sich bei der Kürettage um einen häufigen Routineeingriff handelt, der grundsätzlich nicht der besonderen Fachkunde und Ausrüstung einer Universitätsklinik bedarf (OLG Stuttgart, Urt. v. 19. 9. 2000 – 14 U 4/00, OLGR 2002, 103, 105).

(23) Sterilisation

Kommt es drei Jahre nach einer Tubensterilisation zu einer Schwangerschaft, so spricht schon der Zeitablauf dafür, dass die Koagulation der Eileiter zunächst erfolgreich verlaufen und erst später eine auch bei sorgfältigem Vorgehen nicht immer vermeidbare Rekanalisation eingetreten ist.

Die Behauptung der Patientin, sie hätte bei ordnungsgemäßer (therapeutischer) Aufklärung über die mit einer Tubensterilisation verbundene Versagerquote (unter 1,5 %) gemeinsam mit ihrem Ehemann weiter gehende Verhütungsmaßnahmen ergriffen, erscheint nicht plausibel, wenn sich die (Ehe-) Partner nach einer unerwünschten Schwangerschaft damit begnügen, der Gefahr einer erneuten Gravidität durch eigene „Enthaltsamkeit an den fruchtbaren Tagen" zu begnügen (OLG Düsseldorf, Urt. v. 25. 10. 2001 – 8 U 13/01, OLGR 2002, 352).

(24) Zahnbehandlung; Ablehnung einer Leitungsanästhesie

Nach Auffassung des OLG Stuttgart (VersR 1999, 1500 = NJW-RR 1999, 751, 752; a.A. aber die nunmehr h.M.: OLG Koblenz, Urt. v. 13. 5. 2004 – 5 U 41/03, MedR 2004, 502 = NJW-RR 2004, 1026; VersR 2003, 118, 119 = MedR 2003, 502, 503; OLG Jena, Urt. v. 26. 4. 2006 – 4 U 416/05, OLGR 2006, 710, 712; OLG Hamburg VersR 1999, 316; zur zahnmedizinischen Problematik Taubenheim/ Glockmann MedR 2006, 323 – 330; s. o. S. 241) ist die Ablehnung einer Leitungsanästhesie vor einer Zahnextraktion wegen des extrem seltenen Risikos einer Dauerschädigung des Nervus lingualis nicht plausibel. Allerdings kann bei der operativen Entfernung von Weisheitszähnen wegen des dabei deutlich erhöhten Risikos einer Nervschädigung etwas anderes gelten (OLG Stuttgart a. a. O.). Gleiches gilt nach Auffassung des OLG Zweibrücken (Urt. v. 22. 2. 2000 – 5 U 25/99, VersR 2000, 892: keine Aufklärungspflicht) auch für die Ablehnung der Leitungsanästhesie vor einer schmerzhaften Parodontosebehandlung wegen einer hierbei extrem seltenen Dauerschädigung des Nervus lingualis.

War die Entfernung eines Weisheitszahnes dringend indiziert, ist nach Auffassung des OLG Köln (Urt. v. 22. 4. 1998 – 5 U 232/96 bei Oehler S. 255/256; **a. A.** Oehler S. 256) von der hypothetischen Einwilligung zur Extraktion auszugehen, wenn der Eingriff in einer **kieferchirurgischen Spezialpraxis** ausgeführt wird.

Ein Entscheidungskonflikt ist auch nicht plausibel dargelegt, wenn der Patient von der eingetretenen Schädigung des Nervus mandibularis bzw. des Nervus alveolaris derart befangen ist, dass er sich in die damalige Entscheidungssituation nicht mehr zurückversetzen kann und deshalb, wie sein **wechselnder Vortrag** zeigt, zu einer beliebigen Darstellung des angeblichen Entscheidungskonflikts bereit ist (OLG Karlsruhe OLGR 2001, 171, 172: offengelassen, ob Dauernervschädigung aufklärungspflichtig).

VI. Kausalität für den Schaden, Reserveursache und Zurechnungszusammenhang

1. Schadensursächlichkeit

Steht fest, dass der Arzt den Patienten nicht, nicht vollständig oder nicht rechtzeitig aufgeklärt hat, so hat der **Patient darzulegen und zu beweisen**, dass sein Gesundheitsschaden auf der Behandlung beruht, die mangels ordnungsgemäßer Aufklärung **rechtswidrig** gewesen ist (BGH NJW 1992, 754; OLG Düsseldorf, Urt. v. 19. 1. 1995 – 8 U 53/93; KG, Urt. v. 27. 11. 2000 – 20 U 7753/98, OLGR 2002, 129, 131: Keine Beweislastumkehr zugunsten des Patienten hinsichtlich der Ursächlichkeit einer ohne Aufklärung durchgeführten Impfung für den eingetretenen Schaden; OLG Karlsruhe, Beschl. v. 17. 2. 2003 – 7 U 156/02, GesR 2003, 239 = OLGR 2003, 333 und OLG Koblenz, Urt. v. 7. 8. 2003 – 5 U 1284/02, MedR 2004, 690 = NJW-RR 2003, 1607: von der Einwilligung nicht gedeckter Teil des Eingriffs hat keinen abgrenzbaren Nachteil verursacht; Urt. v. 28. 3. 2002 – 5 U 1070/01, MedR 2002, 408: Patient muss beweisen, dass die Beschwerden auf dem rechtswidrigen Eingriff beruhen; OLG Naumburg, Urt. v. 10. 6. 2003 – 1 U 4/02, NJW-RR 2004, 315, 316 = OLGR 2003, 525, 526: Patient trägt Beweislast für die Kausalität des rechtswidrigen Eingriffs für den Schaden; OLG Oldenburg, Urt. v. 30. 3. 2005 – 5 U 66/03, VersR 2006, 517 und VersR 1997, 192; Gehrlein VersR 2004, 1488, 1492; F/N Rz. 169, 207, 209; G/G, 5. Aufl., Rz. C 147; S/Pa, Rz. 447, 570).

Hat sich **gerade das Risiko verwirklicht, über das aufgeklärt werden musste und tatsächlich aufgeklärt worden** ist, so spielt es nach neuerer Ansicht des BGH (Urt. v. 13. 6. 2006 – VI ZR 323/04, VersR 2006, 1073, 1075; Urt. v. 15. 2. 2000 – VI ZR 48/99, NJW 2000, 1784, 1785 = MDR 2000, 1012 = VersR 2000, 725, 726; Urt. v. 30. 1. 2001 – VI ZR 353/99, NJW 2001, 2798 f. = VersR 2001, 592; ebenso: KG, Urt. v. 27. 1. 2003 – 20 U 285/01, VersR 2004, 1320, 1321; LG Frankfurt, Urt. v. 29. 8. 2003 – 2-21 O 362/98, GesR 2004, 67, 68; Gehrlein, VersR 2001, 593; S/Pa, Rz. 450a; G/G, 5. Aufl., Rz. C 157; a. A. Terbille MDR 2000, 1012) regelmäßig keine Rolle, ob bei der Aufklärung auch **andere Risiken** der Erwähnung bedurft hätten.

Für den Rechtswidrigkeits- bzw. Pflichtwidrigkeitszusammenhang, auf den sich der Schadensersatzanspruch des Patienten stützen soll, reicht es demnach nicht aus, dass die Aufklärung über irgendein Risiko unterblieben ist, bevor der Patient seine Einwilligung in den ärztlichen Eingriff erteilte. Es ist vielmehr grundsätzlich erforderlich, dass die Aufklärung über das Risiko ausblieb, das schließlich zu einem Körper- bzw. Gesundheitsschaden beim Patienten führte (LG Frankfurt, Urt. v. 29. 8. 2003 – 2–21 O 362/98, GesR 2004, 67, 68).

Die Auffassung des OLG Jena (VersR 1998, 586 = MDR 1998, 536), wonach der Arzt auch dann für den ohne Einwilligung durchgeführten Eingriff auf Zahlung eines Schmerzensgeldes haftet, wenn die **Aufklärungspflichtverletzung nicht kausal für die Einwilligung in die Operation** war, wird einhellig abgelehnt (BGH, Beschl. v. 23. 9. 2003 – VI ZR 82/03, bei Müller, VPräsBGH, GesR 2004, 257, 261; BGH, NA-Beschl. v. 31. 1. 2006 – VI ZR 87/05, VersR 2006, 517; OLG Dresden, Urt. v. 23. 10. 2003 – 4 U 980/03, GesR 2004, 22, 23 = NJW 2004, 298, 299; KG, Urt. v. 27. 1. 2003 – 20 U 285/01, VersR 2004, 1320, 1321; OLG Koblenz, Urt. v. 24. 6. 2004 – 5 U 331/04, GesR 2004, 411 = OLGR 2004, 601; Urt. v. 1. 4. 2004 – 5 U 844/03, VersR 2004, 1564 = MedR 2004, 501 = GesR 2004, 330; OLG Naumburg, Urt. v. 23. 8. 2004 – 1 U 18/04, GesR 2004, 494, 495; Kullmann VersR 1999, 1190, 1192; Rehborn MDR 2000, 1169, 1172 und MDR 2000, 1106; Spickhoff NJW 2005, 1694, 1698; Terbille VersR 1999, 235, 236; G/G, 5. Aufl., Rz. C 150; F/N Rz. 202).

Kann der Schaden eines Patienten sowohl durch den durch die Einwilligung gedeckten und behandlungsfehlerfrei durchgeführten Teil des Eingriffs als auch durch den durch die Einwilligung nicht mehr gedeckten und daher nicht rechtmäßigen Teil verursacht worden sein, so haftet der Arzt nur dann, wenn der Patient beweist, dass der **Schaden durch den nicht rechtmäßigen Teil verursacht** worden ist (OLG Karlsruhe, Beschl. v. 17. 2. 2003 – 7 U 156/02, GesR 2003, 239 = OLGR 2003, 333; auch OLG Koblenz, Urt. v. 7. 8. 2003 – 5 U 1284/02, MedR 2004, 690 = NJW-RR 2003, 1607).

Hat der Patient etwa nur in eine Teilentfernung von Schilddrüsengewebe wirksam eingewilligt, der behandelnde Arzt jedoch während dieser Operation das gesamt Schilddrüsengewebe entfernt, so ist für die Kausalitätsbetrachtungen auf einen Vergleich zwischen dem fiktiven Verlauf der ursprünglich beabsichtigten und von der wirksamen Einwilligung des Patienten gedeckten Teilresektion des Schilddrüsengewebes und dem Verlauf der tatsächlich durchgeführten Operation abzustellen. Dies bedeutet, dass der Patient im Prozess schon dann unterliegt, wenn er nicht beweisen kann, dass die Pflichtverletzung den Schaden verursacht bzw. dass der Schadenseintritt ohne die Pflichtverletzung – also den erweiterten, **nicht von der Einwilligung gedeckten Eingriff** – zumindest sehr unwahrscheinlich gewesen wäre (OLG Naumburg, Urt. v. 10. 6. 2003 – 1 U 4/02, NJW-RR 2004, 315, 316 = OLGR 2003, 525). Hat bei einem komplexen Eingriff, etwa einer Divertikelentfernung, eine überflüssige Operationserweiterung – im entschiedenen Fall die Durchtrennung von Magennerven – im weiteren Verlauf **keinen abgrenzbaren Nachteil** verursacht, rechtfertigt auch dies nicht die Zubilligung eines Schmerzensgeldes (OLG Koblenz, Urt. v. 7. 8. 2003 – 5 U 1284/02, NJW-RR 2003, 1607 = GesR 2004, 24 = MedR 2004, 690).

2. Fehlende Grundaufklärung, Zurechnungszusammenhang

a) Fehlende oder mangelhafte Grundaufklärung

Der rechtswidrige, nicht von einer wirksamen Einwilligung gedeckte Eingriff führt **auch bei lege artis durchgeführtem Eingriff** zur **Haftung** des Arztes für den dem Patienten hieraus entstandenen Schaden. Voraussetzung ist allerdings im Grundsatz, dass sich das aufklärungspflichtige Risiko, über das nicht aufgeklärt worden ist (BGH NJW 1986, 1541; LG Frankfurt, Urt. v. 29. 8. 2003 – 2–21 O 362/98, GesR 2004, 67, 68; G/G, 5. Aufl., Rz. C 157; S/Pa, Rz. 450 a, 451) verwirklicht hat. Hat sich ein **ganz anderes, nicht aufklärungspflichtiges Risiko** realisiert, so kann es an einem zurechenbaren Schaden fehlen (BGH, Urt. v. 30. 1. 2001 – VI ZR 353/99, NJW 2001, 2798, 2799 = VersR 2001, 592, 593; Urt. v. 25. 2. 2000 – VI ZR 48/99, NJW 2000, 1784, 1785 = VersR 2000, 725, 726; Gehrlein VersR 2001, 593; G/G, 5. Aufl., Rz. C 157 mit einer Zusammenfassung der Zurechnungsproblematik, s. u. S. 261; Rehborn MDR 2002, 1281, 1284; MDR 2000, 1106; kritisch Terbille MDR 2000, 1012; s. o.).

Ein Haftungswegfall aus dem Gesichtspunkt der fehlenden Zurechenbarkeit setzt dann jedoch voraus, dass der Patient wenigstens eine **Grundaufklärung** über Art und **Schwere des Eingriffs** erhalten hat. Die erforderliche Grundaufklärung ist nur dann erteilt, wenn dem Patienten ein zutreffender Eindruck von der Schwere des Eingriffs und von der Art der Belastungen vermittelt wird, die für seine körperliche Integrität und Lebensführung auf ihn zukommen können, wobei es nicht erforderlich ist, sämtliche denkbaren Risiken medizinisch exakt zu beschreiben und Details hierzu abzugeben (BGH NJW 1996, 777, 778 = MDR 1996, 367, 368; OLG Düsseldorf, Urt. v. 20. 3. 2003 – 8 U 18/02, VersR 2003, 1579: Grundaufklärung muss dem Patienten einen zutreffenden Eindruck von der Schwere des Eingriffs und damit auch für die spätere Lebensführung verbleibenden Belastungen vermitteln; OLG Nürnberg, Urt. v. 16. 7. 2004 – 5 U 2383/ 03, OLGR 2004, 373, 374 = NJW-RR 2004, 1543, 1544: Hinweis auf das schwerste möglicherweise in Betracht kommende Risiko erforderlich; OLG Karlsruhe, Urt. v. 8. 12. 2004 – 7 U 163/03, NJW-RR 2005, 798, 799 = OLGR 2005, 189, 190: Grundaufklärung über das größtmögliche Risiko, hier eines Nierenverlustes).

Erforderlich ist, dass der Arzt den Patienten über alle wesentlichen Punkte informiert, die dem Eingriff spezifisch anhaften und bei ihrer Verwirklichung die Lebensführung des Patienten besonders belasten, etwa **dauerhafte Lähmungen** infolge von Nervenverletzungen bei dem Eingriff (OLG Nürnberg, Urt. v. 16. 7. 2004 – 5 U 2383/03, OLGR 2004, 373, 374; auch BGH, Urt. v. 14. 3. 2006 – VI ZR 279/04, NJW 2006, 2108, 2109 zur Blutspende: Besteht das Risiko dauerhafter Lähmungen oder chronischer, unbeherrschbarer Schmerzen reicht der Hinweis auf die mögliche „Schädigung von Nerven" nicht aus; OLG Bremen VersR 2001, 340).

Bei Operationen, die nicht zur Abwendung einer akuten oder schwerwiegenden Gefahr veranlasst sind, insbesondere bei kosmetischen Operationen, bestehen gesteigerte Anforderungen an die Grundaufklärung (BGH, Urt. v. 14. 3. 2006 – VI ZR 279/04, VersR 2006, 838, 839; OLG Düsseldorf, Urt. v. 20. 3. 2003 – 8

U 18/02, VersR 2003, 1579; OLG Oldenburg VersR 2001, 1381, 1382). Der Mangel der Grundaufklärung kann sich zu Lasten der Behandlungsseite auswirken, wenn dem Patienten nicht einmal ein Hinweis auf das **schwerstmögliche, in Betracht kommende Risiko**, welches dem Eingriff spezifisch anhaftet, erteilt worden ist, so dass er sich von der Schwere und Tragweite des Eingriffs keine Vorstellung machen konnte (BGH, Urt. v. 30. 1. 2001 – VI ZR 353/99, NJW 2001, 2798, 2799 = VersR 2001, 592, 593; NJW 1996, 777, 778; OLG Brandenburg VersR 2000, 1283, 1285; OLG Hamm, Urt. v. 9. 5. 1994 – 3 U 199/87; OLG Nürnberg, Urt. v. 16. 7. 2004 – 5 U 2383/03, OLGR 2004, 373, 374 = NJW-RR 2004, 1543, 1544; OLG Zweibrücken VersR 1998, 1553, 1554; S/Pa, Rz. 451; Gehrlein, Rz. C 83 und VersR 2001, 593).

Danach haftet der Arzt bei Durchführung einer Myelographie bei mangelhafter Grundaufklärung auch dann, wenn sich statt des aufklärungspflichtigen, wenngleich seltenen, schwersten in Betracht kommenden Risikos, einer **Querschnittlähmung**, über das nicht aufgeklärt worden ist, ein nur äußerst seltenes, nicht aufklärungspflichtiges Risiko, nämlich ein **Krampfanfall**, verwirklicht (BGH NJW 1996, 777, 778) oder sich bei einer Bandscheibenoperation anstatt der aufklärungsbedürftigen, somatischen Kaudalähmung eine nicht aufklärungspflichtige psychogene Kaudalähmung verwirklicht (BGH NJW 1991, 2346, 2347; G/G, 5. Aufl., Rz. C 156).

Wurde der Patient vor einer **Bandscheibenoperation** nur über die **Möglichkeit vorübergehender Gefühlsstörungen** sowie Muskel- und Nervenlähmungen hingewiesen, so ist die erforderliche Grundaufklärung nicht erbracht; die Haftung des Arztes erstreckt sich dann auch auf die Folgen einer **psychogenen Querschnittlähmung**, die sich bei dem Patienten im Rahmen einer auf die Operation zurückzuführenden Konversionsneurose entwickelt (OLG Hamm, Urt. v. 9. 5. 1994 – 3 U 199/87; bestätigt von BGH Beschl. v. 24. 1. 1995 – VI ZR 204/94). Es fehlt auch an der erforderlichen Grundaufklärung, wenn der Patient vor der Durchführung einer **Bandscheibenoperation** weder auf eine alternativ mögliche, konservative Therapie oder die nicht völlig unvernünftig erscheinende Möglichkeit des Zuwartens noch auf die mit dem Eingriff spezifisch verbundenen Komplikationen, dem Eintritt eines inkompletten Kaudasyndroms (Lähmung der Beine mit Blasen- und Mastdarmstörungen) mit der Folge von **Blasenentleerungsstörungen und Sensibilitätsstörungen** der unteren Extremitäten, die seine Lebensführung gravierend beeinträchtigen können, hingewiesen wird (OLG Bremen, Urt. v. 21. 12. 1999 – 3 U 42/99, VersR 2001, 340, 341).

Ein Hinweis des Arztes vor der **Injektion eines Lokalanästhetikums in Wirbelsäulennähe** auf die Möglichkeit eines vorübergehenden Taubheitsgefühls, während tatsächlich gravierende Risiken wie Entzündungsgefahr, Kreislauf- und Unverträglichkeitsreaktionen oder Nervenverletzungen drohen, genügt ebenfalls nicht den Erfordernissen einer ausreichenden Grundaufklärung; infolgedessen hat der Arzt auch dann zu haften, wenn sich ein besonders seltenes, an sich nicht aufklärungspflichtiges Risiko verwirklicht, etwa die **Blockade des Nervus sympathicus** oder das Risiko einer **hypoxischen Hirnschädigung** (OLG Hamm, VersR 1996, 197; vgl. auch BGH, Urt. v. 14. 3. 2006 – VI ZR 279/04,

NJW 2006, 2108, 2109: Hinweis auf mögliche Nervverletzung genügt nicht, wenn das Risiko dauerhafter Lähmungen oder chronischer Schmerzen besteht). Kommt es infolge einer lumbalen Myelographie (Röntgenkontrastdarstellung des Rückenmarks) zur Realisierung eines relativ seltenen und möglicherweise nicht aufklärungspflichtigen Risikos, einer bleibenden Blasenlähmung mit Störungen der Mastdarmfunktion, so haftet der Arzt bereits wegen unterbliebener Grundaufklärung über die aufklärungspflichtige Möglichkeit des Eintritts einer **vorübergehenden Blasenlähmung** (OLG Brandenburg, Urt. v. 1. 9. 1998 – 1 U 3/99, VersR 2000, 1283, 1285).

Vor dem Einsetzen einer Hüftkopfendoprothese reicht es für die erforderliche Grundaufklärung nicht aus, wenn der Patient darüber aufgeklärt wurde, dass es zu einer „Nachblutung, Infektion, Gefäß- und **Nervenverletzung**, Thrombose, Embolie, Implantatlockerung, einem Implantatbruch, anhaltenden Schmerzen, einer Beinlängendifferenz" kommen kann, wenn zu den seltenen, aber typischen Folgen der beabsichtigten Operation auch **dauerhafte Lähmungen** infolge von Nervenverletzungen gehören (OLG Nürnberg, Urt. v. 16. 7. 2004 – 5 U 2383/03, OLGR 2004, 373, 374 = NJW-RR 2004, 1543, 1544; auch BGH, Urt. v. 14. 3. 2006 – VI ZR 279/04, NJW 2006, 2108, s.o.). Vor der Durchführung einer geplanten **Liposuktion (Fettabsaugung)** ist die Patientin in besonders eindringlicher Weise darüber zu belehren, dass bei großflächigen Fettabsaugungen mit der Entstehung **unregelmäßiger Konturen** zu rechnen ist, die nicht in jedem Fall vollständig beseitigt werden können. Unterlässt der behandelnde Arzt eine entsprechende Grundaufklärung, ist der Eingriff rechtswidrig (OLG Düsseldorf, Urt. v. 20. 3. 2003 – 8 U 18/02, Vers 2003, 1579 = NJW-RR 2003, 1331).

b) Zurechnungszusammenhang bei fehlender Grundaufklärung

Fehlt es danach an einer ausreichenden Eingriffsaufklärung des Patienten, verwirklicht sich aber nur ein Risiko des Eingriffs, über das nicht hätte aufgeklärt werden müssen, so kann der Zurechnungszusammenhang zwischen dem Körper- und Gesundheitsschaden des Patienten und dem Aufklärungsmangel bei wertender Betrachtung der Umstände des Einzelfalles nur dann entfallen, wenn das nicht aufklärungspflichtige Risiko, auf das auch nicht hingewiesen worden ist, nach Bedeutung und Auswirkung für den Patienten mit den hinweispflichtigen Risiken vergleichbar oder sogar geringer ist und der Patient über den allgemeinen Schweregrad des Eingriffs informiert worden war (BGH NJW 1989, 1533 = VersR 1989, 514 = MDR 1989, 624: „vergleichbar"; BGH NJW 1991, 2346; OLG Brandenburg, Urt. v. 1. 9. 1998 – 1 U 3/99, VersR 2000, 1283, 1284; OLG Nürnberg, Urt. v. 16. 7. 2004 – 5 U 2383/03, OLGR 2004, 373, 374; OLG Köln VersR 1990, 489: „Risiko benachbart"; S/Pa, Rz. 452: „Risiko ähnlich"; G/G, 5. Aufl., Rz. C 156, 157: „mit den mitzuteilenden Risiken vergleichbar"; L/U, § 67, Rz. 8; Gehrlein VersR 2001, 593).

Somit kommen für eine Korrektur der Haftung des Arztes durch den Schutzzweckzusammenhang vorwiegend Fälle in Betracht, in denen das Aufklärungsversäumnis im aufzuklärenden Risikospektrum eher eine nicht so bedeutende Spezialität betroffen hat (S/Pa Rz. 452).

So **entfällt die Haftung des Arztes nicht**, wenn vor einer intraartikulären Injektion in das Schultergelenk mit **kortisonhaltigen Mitteln** die aufklärungspflichtige Gefahr einer infektionsbedingten Schultergelenksversteifung besteht, sich aber nach der Injektion das sehr entfernte, nicht aufklärungspflichtige Risiko einer tödlich verlaufenden Sepsis nach einer durch die Spritze verursachten Ansteckung realisiert (BGH NJW 1989, 1533 = MDR 1989, 624; L/U, § 67 Rz. 8).

Der bloße Hinweis des Arztes darauf, es könne in seltenen Fällen nach der Injektion zu einer Infektion kommen, ist dabei nicht ausreichend. Der Zurechnungszusammenhang wäre nur dann entfallen, wenn der Patient über die – wenn auch sehr seltene – Gefahr einer Infektion des Gelenks mit der möglichen Folge einer Schulterversteifung bzw. zumindest den allgemeinen Schweregrad, die „Stoßrichtung" dieses Risikos informiert worden wäre (BGH NJW 1989, 1533).

Demgegenüber **entfällt der Zurechnungszusammenhang**, wenn vor einer diagnostischen Laparoskopie zur Abklärung des Verdachts einer Zyste am Eierstock der Patientin über die Risiken einer Gefäß,- Darm- und Blasenverletzung aufgeklärt worden ist, sich jedoch das nicht aufklärungspflichtige, extrem seltene Risiko einer Blutung und einer dadurch erforderlich werdender Bluttransfusion mit der Folge einer Infektion der Patientin mit Hepatitis C realisiert hat, wenn eine Transfusion im Zusammenhang mit dem geplanten Eingriff und damit ggf. auch eine Eigenblutspende nicht ernsthaft in Betracht zu ziehen war (OLG Zweibrücken MedR 1999, 224, 225).

Hat sich ein nicht aufklärungspflichtiges Risiko verwirklicht, das mit den mitzuteilenden Risiken hinsichtlich der Richtung, in der sich dieses auswirken kann, und nach der Bedeutung für die künftige Lebensführung des Patienten **nicht vergleichbar** ist und besteht das Aufklärungsversäumnis des Arztes etwa nur im Unterlassen einer genaueren Beschreibung eines Einzelaspekts im Rahmen des gesamten Risikospektrums, der eher fern liegend oder für den Patienten noch tragbar ist, ihm aber besonders hätte dargestellt werden müssen, und wurde er ohne dessen Kenntnis dennoch wenigstens über den allgemeinen Schweregrad des Eingriffs („Stoßrichtung") ins Bild gesetzt, so muss der Arzt in Ermangelung des Zurechnungszusammenhangs nicht für diejenigen Schäden haften, die sich bei Realisierung des fern liegenden oder für den Patienten tragbaren Risikos ergeben (BGH NJW 1989, 1533, 1535).

Andererseits besteht der **Zurechnungszusammenhang** aber **stets** dann, wenn sich gerade das aufklärungspflichtige Risiko, über das nicht aufgeklärt worden ist, verwirklicht, selbst wenn es zu weiteren schweren Folgen geführt hat, mit denen nicht ernsthaft gerechnet werden konnte und die dem Patienten deshalb vorher nicht darzustellen waren (BGH NJW 1989, 1533 = MDR 1989, 624).

Dies ist etwa dann der Fall, wenn die Aufklärung vor der Durchführung einer Bandscheibenoperation nur über die Möglichkeit **vorübergehender Gefühlsstörungen** sowie Muskel- und Nervenlähmungen erteilt worden ist, nicht aber über das Risiko einer **bleibenden Lähmung** als schwerstem, möglicherweise in Betracht kommendem Risiko und sich beim Patienten einen psychogene Querschnittslähmung einstellt, die sich bei ihm im Rahmen einer auf die Operation

258

zurückzuführenden Konversionsneurose entwickelt hat (OLG Hamm, Urt. v. 9. 5. 1994 – 3 U 199/87) oder wenn der Patient vor dem Einsetzen einer Hüftkopfendoprothese zwar über mögliche Gefäß- und **Nervenverletzungen** und anhaltende Schmerzen, nicht jedoch über die Möglichkeit des Eintritts **dauerhafter Lähmungen infolge von Nervenverletzungen** informiert worden ist (OLG Nürnberg, Urt. v. 16. 7. 2004 – 5 U 2383/03, OLGR 2004, 373, 374 = NJW-RR 2004, 1543, 1544).

Wurde der Patient vor einer Diskographie (Röntgenkontrastdarstellung einer Bandscheibe) sowie einer Lasernervenwurzeldekompression zur Behebung von Bandscheibenbeschwerden über das Risiko einer **Peronäusparese (Fußheberschwäche**; ob Belehrung erteilt wurde, hat der BGH offengelassen), nicht jedoch über das Risiko einer **Impotenz** sowie das schwerstmögliche Risiko einer Querschnittslähmung aufgeklärt, und treten nach dem Eingriff sowohl gravierende Potenzstörungen als auch eine Fußheberschwäche auf, so haftet der Arzt dem Patienten für den gesamten Gesundheitsschaden (BGH, Urt. v. 30. 1. 2001 – VI ZR 353/99, NJW 2001, 2798 = VersR 2001, 592).

Die Voraussetzungen einer Haftungsbegrenzung des Arztes kommen in diesem Fall nicht in Betracht, weil sich mit dem Eintritt der Fußheberschwäche einerseits und der Impotenz andererseits kein fern liegendes, sondern jeweils ein eingriffsimmanentes, gesondert aufklärungspflichtiges Risiko verwirklicht hatte. Die – vorliegend nicht einmal erteilte – Grundaufklärung genügt zur Haftungsfreistellung des Arztes wegen eines fehlenden Zurechnungszusammenhanges nicht, wenn sich ein gesondert aufklärungspflichtiges Risiko realisiert (Gehrlein, VersR 2001, 593; unklar aber bei BGH VersR 2001, 592, 593).

Hat sich jedoch das Risiko verwirklicht, über das aufgeklärt werden musste und über das tatsächlich aufgeklärt worden ist, so spielt es regelmäßig keine Rolle, ob bei der Aufklärung auch andere Risiken der Erwähnung bedurft hätten (BGH, Urt. v. 13. 6. 2006 – VI ZR 323/04, VersR 2006, 1073, 1075; Urt. v. 15. 2. 2000 – VI ZR 48/99, NJW 2000, 1784, 1785 = VersR 2000, 725, 726 = MDR 2000, 701 mit ablehnender Anmerkung Terbille, MDR 2000, 1012; Urt. v. 30. 1. 2001 – VI ZR 353/99, NJW 2001, 2798, 2799 = VersR 2001, 592; LG Frankfurt, Urt. v. 29. 8. 2003 – 2–21 O 362/98, GesR 2004, 67, 68).

c) Tragweite und Stoßrichtung des Eingriffs

Selbst wenn dem Patienten ein bestimmtes Risiko genannt worden ist, bedarf es für die wertende Entscheidung über den Zurechnungszusammenhang der Überprüfung, ob dem Patienten zumindest Tragweite und Stoßrichtung des Eingriffs im Wesentlichen bekannt waren; nur dann ist es gerechtfertigt, im Einzelfall den **Zurechnungszusammenhang zu verneinen** (OLG Nürnberg, Urt. v. 16. 7. 2004 – 5 U 2383/03, OLGR 2004, 373, 374: Allgemeines Bild von der Schwere und Stoßrichtung erforderlich, das schwerste möglicherweise in Betracht kommende Risiko muss erwähnt werden; Terbille MDR 2000, 1012, 1013; G/G Rz. C 157; S/Pa, Rz. 453).

Die Folgen, die den Patienten belasten, dürfen mit der Stoßrichtung des aufklärungspflichtigen Risikodetails, über das nicht aufgeklärt worden ist, für die

Lebensführung des Patienten nichts zu tun haben (S/Pa, Rz. 453) bzw. mit diesem in Art und Schwere **nicht vergleichbar** (BGH NJW 1989, 1533; OLG Zweibrücken MedR 1999, 224, 225; OLG Brandenburg VersR 2000, 1283, 1284; s. o.) oder „benachbart" (OLG Köln VersR 1990, 489) sein.

d) Abweichende Ansichten

Nach Ansicht des OLG Jena (MDR 1998, 536 = VersR 1998, 586; ähnlich auch OLG Koblenz, Urt. v. 8. 3. 2002 – 10 U 692/01, OLGR 2002, 267, 268; ablehnend Rehborn MDR 2002, 1281, 1284) kann ein Anspruch des Patienten auf Schmerzensgeld wegen Verletzung der ärztlichen Aufklärungspflicht auch dann bestehen, wenn die Aufklärungspflichtverletzung nicht kausal für die Einwilligung in die Operation war. Das OLG Jena stellt darauf ab, dass der **Anspruch** des Patienten auf Aufklärung dem **Recht auf freie Selbstbestimmung** entspringt. Werde nicht hinreichend aufgeklärt, stelle die auf der fehlerhaften Aufklärung beruhende Reduzierung der Entscheidungsgrundlage des Patienten einen Eingriff in dessen Persönlichkeit und körperliche Integrität dar, auch wenn bei einer notwendigen, lebenserhaltenden Operation ohne Entscheidungsalternative die Aufklärungspflichtverletzung für die Einwilligung des Patienten nicht kausal wurde. Der Patient habe wegen dieser Verletzung der Rechte auf Wahrung der körperlichen Integrität und der Persönlichkeit als solcher einen Anspruch auf Schmerzensgeld (OLG Jena MDR 1998, 536; im Ergebnis auch OLG Koblenz, Urt. v. 8. 3. 2002 – 10 U 692/01, OLGR 2002, 267).

Diese **Entscheidung wird ganz einhellig abgelehnt** (BGH, Beschl. v. 23. 9. 2003 – VI ZR 82/03 bei Müller, VPräsBGH, GesR 2004, 257, 261; BGH, NA-Beschl. v. 31. 1. 2006 – VI ZR 87/05 zu OLG Oldenburg, Urt. v. 30. 3. 2005 – 5 U 66/03, VersR 2006, 517; OLG Dresden, Urt. v. 23. 10. 2003 – 4 U 980/03, NJW 2004, 298, 299; KG, Urt. v. 27. 1. 2003 – 20 U 285/01, VersR 2004, 1320, 1321; OLG Koblenz, Urt. v. 24. 6. 2004 – 5 U 331/04, GesR 2004, 411 = OLGR 2004, 601; Urt. v. 1. 4. 2004 – 5 U 844/03, VersR 2004, 1564 = MedR 2004, 501 = GesR 2004, 330; OLG Naumburg, Urt. v. 23. 8. 2004 – 1 U 18/04, GesR 2004, 494, 495; F/N, Rz. 202; G/G, 5. Aufl., Rz. C 150; Jorzig GesR 2004, 412; Kullmann, VersR 1999, 1190, 1192; Rehborn, MDR 1999, 1169, 1172; MDR 2000, 1106; MDR 2002, 1281, 1284; Spickhoff NJW 2005, 1694, 1698; Terbille, VersR 1999, 235, 236).

Völlig zutreffend wird darauf hingewiesen, dass ein ergänzender deliktischer Rechtsschutz nur bei ganz schwerwiegenden Eingriffen in Betracht gezogen werden kann. Diese Schwere des Eingriffs wird regelmäßig nicht erreicht, wenn der Patient bei ordnungsgemäßer Aufklärung in die Behandlung eingewilligt hätte. Denn auch bei aufgeklärten Patienten ist die Betroffenheit bei der Verwirklichung des Risikos erheblich. Zudem erfordert in diesen Fällen der Sanktionsgedanke keine Geldentschädigung (OLG Dresden, Urt. v. 23. 10. 2003 – 4 U 980/03, NJW 2004, 298, 299 f.; OLG Koblenz, Urt. v. 1. 4. 2005 – 5 U 844/03, MedR 2004, 501, 502 = VersR 2004, 1564, 1565; Jorzig GesR 2004, 412).

Ein Schmerzensgeldanspruch musste der Patientin auch in dem vom OLG Jena entschiedenen Fall versagt werden, weil sie sich, wie das OLG feststellt, auch bei ordnungsgemäßer Aufklärung dem Eingriff unterzogen hätte und damit der vom Arzt erhobene Einwand der „hypothetischen Einwilligung" zum Tragen kam.

e) Zusammenfassung der Zurechnungsproblematik

Greiner (RiBGH, G/G, 5. Aufl. 2006, Rz. C 157) hält den **Streit um die Grundaufklärungsproblematik zutreffend für weitgehend obsolet.** Danach sind zusammenfassend folgende Fallgruppen zu unterscheiden:

▷ Ein aufklärungspflichtiges Risiko, über das nicht aufgeklärt worden ist, hat sich realisiert: Der Eingriff ist grundsätzlich rechtswidrig. Der Arzt haftet.

▷ Ein aufklärungspflichtiges Risiko, über das „im Großen und Ganzen" („Stoßrichtung", „allgemeiner Schweregrad") aufgeklärt worden ist, hat sich realisiert: Der Arzt haftet selbst dann nicht, wenn über andere aufklärungspflichtigen Risiken, die sich nicht realisiert haben, nicht aufgeklärt worden ist (s.o.; BGH, Urt. v. 13. 6. 2006 – VI ZR 323/04, VersR 2006, 1073, 1074; Urt. v. 30. 1. 2001 – VI ZR 353/99, VersR 2001, 592; Urt. v. 15. 2. 2000 – VI ZR 48/99, VersR 2000, 725, 726; G/G, 5. Aufl., Rz. C 157).

▷ Ein nicht aufklärungspflichtiges Risiko hat sich realisiert, wobei hinsichtlich anderer, aufklärungspflichtiger Risiken, die sich nicht verwirklicht haben, ordnungsgemäß aufgeklärt wurde: Keine Haftung des Arztes.

▷ Ein nicht aufklärungspflichtiges Risiko hat sich verwirklicht, die Grundaufklärung über aufklärungspflichtige Risiken ist nicht oder hinsichtlich der „Stoßrichtung" nur unvollständig erfolgt: Der Eingriff ist insgesamt rechtswidrig, der haftungsrechtliche Zurechnungszusammenhang zu bejahen. Der Arzt haftet (s.o.; BGH NJW 1996, 777 = VersR 1996, 195; NJW 1991, 2346; G/G, 5. Aufl., Rz. C 157).

▷ Ein nicht aufklärungspflichtiges Risiko hat sich verwirklicht, die Grundaufklärung hinsichtlich aufklärungspflichtiger Risiken ist erfolgt: Der Zurechnungszusammenhang entfällt, wenn das nicht aufklärungspflichtige, sich realisierende Risiko nach Bedeutung und Auswirkung mit den aufklärungspflichtigen Risiken, auf die („im Großen und Ganzen") hingewiesen worden ist vergleichbar bzw. sogar geringer und der Patient jedenfalls über den allgemeinen Schweregrad („Stoßrichtung") des Eingriffs informiert worden ist (s.o.; BGH NJW 1989, 1533 = VersR 1989, 514; OLG Brandenburg VersR 2000, 1283, 1284; OLG Köln VersR 1990, 489; OLG Zweibrücken MedR 1999, 224, 225; G/G, 5. Aufl., Rz. C 157).

3. Hypothetischer Kausalverlauf, Reserveursache

Steht die Kausalität zwischen dem mangels korrekter Aufklärung rechtswidrigen Eingriff und dem Gesundheitsschaden fest und macht der Patient zur Überzeugung des Gerichts plausibel, dass er – wären ihm die Risiken der gewählten Behandlung rechtzeitig verdeutlicht worden – vor einem echten, **ernsthaften Entscheidungskonflikt** gestanden hätte, so muss der Arzt nachweisen, dass sich der Patient auch bei ordnungsgemäßer Aufklärung zu der tatsächlich durchgeführten Behandlung entschlossen hätte bzw. es auch dann zu gleichartigen Schäden gekommen wäre (BGH, Urt. v. 15. 3. 2005 – VI ZR 313/03, VersR 2005, 836, 837 = NJW 2005, 1718, 1719 = MDR 2005, 988 = GesR 2005, 255, 256; Urt. v. 5. 4. 2005 – VI ZR 216/03, VersR 2005, 942 = NJW 2005, 2072 = GesR 2005, 359: Arzt muss beweisen dass derselbe Schaden auch bei rechtmäßigem, fehlerfreien Eingriff eingetreten wäre; BGH NJW 1989, 1541 = VersR 1989, 289: in der Spezialklinik wäre derselbe Schaden eingetreten; NJW 1989, 1538 = VersR 1989, 253: bei Durchführung einer sectio wäre derselbe Schaden eingetreten; BGH NJW 1987, 1481 = VersR 1987, 667 und OLG Hamm VersR 1985, 1072: Arzt muss beweisen, dass Körper- oder Gesundheitsschaden Folge der Grunderkrankung ist; OLG Hamburg, Urt. v. 5. 8. 2005 – 1 U 184/04, OLGR 2006, 199, 201; OLG Koblenz, Urt. v. 17. 4. 2001 – 3 U 1158/96, OLGR 2002, 69, 72; OLG Schleswig, Urt. v. 18. 6. 2004 – 4 U 117/03, NJW 2005, 439, 441: Beweislast für die „Reserveursache" trägt der Schädiger; VersR 1996, 634, 637: strenge Anforderungen an die Beweisführung; OLG Zweibrücken NJW-RR 2000, 235, 237; S/Pa, Rz. 448, 571; G/G, 5. Aufl., Rz. C 151; Gehrlein, Rz. C 79; auch Rinke VersR 2005, 1149 f.).

An den Nachweis, auch bei umfassender Aufklärung hätte der Patient eingewilligt, sind bei einem **nicht vital indizierten diagnostischen Eingriff** besonders strenge Anforderungen zu stellen (OLG Koblenz, Urt. v. 29. 11. 2001 – 5 U 1382/00, VersR 2003, 1313; auch OLG Schleswig VersR 1996, 634, 637).

Dies gilt aber nur soweit, als es um den auf eine bestimmte Verhaltensweise ausgerichteten Rat oder Hinweis geht. Wird durch die Aufklärung aber lediglich eine Grundlage für die Bewertung von Entscheidungsalternativen gegeben und **schuldet der Arzt daher keinen konkreten Rat**, verbleibt es bei der allgemeinen Regel, dass der Patient bzw. die Patientin die Darlegungs- und Beweislast für die Behauptung hat, sie hätte nach erfolgter Aufklärung zum Beispiel eine Schwangerschaft nicht fortgesetzt (OLG Zweibrücken NJW-RR 2000, 235, 237).

Wird etwa die Patientin nicht auf die gegenüber einer vaginalen Entbindung bestehende ernsthafte Alternative einer sectio bei bestehender Beckenendlage hingewiesen, so muss der geburtsleitende Arzt seine Behauptung beweisen, die Schnittalternative hätte zum gleichen Schaden geführt (BGH VersR 1989, 253).

Dagegen steht dem Patienten kein Anspruch auf Schmerzensgeld nach einer – wegen fehlender Einwilligung rechtswidrigen – Amputation des durch einen Kreissägeunfall beschädigten Endgliedes des linken Mittelfingers zu, wenn die Unterlassung dieser Amputation unter allergrößter Wahrscheinlichkeit den Verlust des gesamten linken Mittelfingers durch eine Nekrose verursacht hätte (OLG München MedR 1989, 40, 41).

Auch ein Zahnarzt im Bereitschaftsdienst, der einem Patienten rechtswidrig einen Zahn extrahiert, haftet nicht, wenn feststeht bzw. vom Arzt bewiesen wird, dass wenig später derselbe Erfolg eingetreten wäre, indem der Hauszahnarzt bzw. nachbehandelnder Zahnarzt denselben Rat erteilte und der durch ihn umfassend informierte Patient den Rat befolgt hätte; der alternative Kausalverlauf ist in einem derartigen Fall nach Ansicht des OLG Koblenz sogar dann zu berücksichtigen, wenn sich der beklagte Arzt nicht hierauf berufen hat (OLG

Koblenz, Urt. v. 21. 6. 2001 – 5 U 1788/00, VersR 2003, 253; u. E. zu weitgehend).

Auch für die Behauptung, ein Körper- oder Gesundheitsschaden des Patienten wäre unabhängig von dem mangels korrekter Einwilligung rechtswidrig erfolgten Eingriff als **Folge des Grundleidens oder einer Vorerkrankung** in gleicher Weise eingetreten, ist der Arzt beweispflichtig (BGH VersR 1987, 667, 668; VersR 1985, 60, 62; auch BGH, Urt. v. 5. 4. 2005 – VI ZR 216/03, VersR 2005, 942 = NJW 2005, 2072 und Rinke VersR 2005, 1149: Beweislast, dass sich die „Reserveursache" ebenso ausgewirkt hätte, liegt beim Arzt; G/G, Rz. C 152; Gehrlein, Rz. C 79).

Bei der Aufklärungspflichtverletzung besteht auch eine Vermutung dafür, dass sich der Patient bei – unterstellter – sachgerechter Aufklärung „aufklärungsrichtig" verhalten hätte. Es liegt dann an der Behandlungsseite, diese Vermutung auszuräumen (BGH VersR 1989, 186 und 702; VersR 1984, 186, 188; OLG Stuttgart VersR 2002, 1286, 1287; OLG Hamm VersR 2001, 895, 897 und OLG Köln VersR 2002, 1285 zur therapeutischen Aufklärung).

VII. Beweislast für die Durchführung der Aufklärung

Zur Beweislast bei Behandlungsfehlern vgl. → *Beweislast* und → *Beweislastumkehr.*

1. Beweislast der Behandlungsseite

Die Behandlungsseite trägt die Beweislast für das Vorliegen der vom Patienten erteilten Einwilligung und der zuvor ordnungsgemäß durchgeführten Aufklärung (F/N, Rz. 207). So muss der Arzt bzw. der Krankenhausträger beweisen, dass er den Patienten aufgeklärt hat

▷ im Rahmen der Grundaufklärung zumindest *„im Großen und Ganzen",* insbesondere über die medizinische Notwendigkeit des Eingriffs, auch über seltene, mit dem Eingriff verbundene und im Falle ihrer Realisierung dessen Lebensführung schwer belastende Risiken (BGH, Urt. v. 14. 3. 2006 – VI ZR 279/04, VersR 2006, 838, 839; Urt. v. 13. 6. 2006 – VI ZR 323/04, VersR 2006, 1073, 1074; G/G, 5. Aufl., Rz. C 86, 90, 156, 157; Müller, VPräsBGH, MedR 2001, 487, 488),

▷ über die **Dringlichkeit** und Notwendigkeit des Eingriffs und bestehende, ernsthafte Behandlungsalternativen (Gehrlein, Rz. C 69; G/G, 5. Aufl., Rz. C 90, 141 ff.; S/Pa, Rz. 381, 563, 564; F/N, Rz. 207),

▷ bei nicht dringender Indikation oder **beschränkten Heilungsaussichten** auch über die Erfolgsaussichten des Eingriffs (G/G, 5. Aufl., Rz. C 93, 94; s. o. S. 128 ff., 134 ff.),

▷ zu einem Zeitpunkt, in dem eine eigenständige Entscheidung des Patienten für oder gegen den Eingriff noch möglich ist, die Aufklärung also **rechtzeitig** erfolgt ist (BGH VersR 1992, 747, 749 = NJW 1992, 2354, 2356; VersR 1992,

960, 961 = NJW 1992, 2351, 2352; F/N Rz. 207; S/Pa Rz. 407, 411, 564; G/G, 5. Aufl., Rz. C 98; Gehrlein, Rz. C 69),

▷ über bestehende, ernsthafte **Behandlungsalternativen** (G/G, 5. Aufl., Rz. C 23 ff., 29 ff., 37; S/Pa, Rz. 563; Müller, VPräsBGH, der 2001, 487, 488).

Die Behandlungsseite trägt **auch die Beweislast für den Vortrag**, dass

▷ überhaupt ein grundsätzlich erforderliches Aufklärungsgespräch mit dem Patienten geführt wurde (OLG Saarbrücken, Beschl. v. 4. 6. 2003 – 1 W 110/03 – 17, OLGR 2003, 281, 282),

▷ gebotene Hinweise anlässlich der Vereinbarung einer Wiedervorstellung des Patienten erteilt worden sind (OLG Hamm, Urt. v. 14. 7. 2003 – 3 U 128/02, VersR 2005, 837: der Patient hat dagegen zu Beweisen, dass er zu einer aus medizinischer Sicht erforderlichen Nachuntersuchung nicht ordnungsgemäß einbestellt worden ist und er nicht darauf aufmerksam gemacht worden ist, dass der Nachuntersuchungstermin erhebliche Bedeutung für seine Gesundheit hat),

▷ eine **Aufklärung unterbleiben** musste, weil sie zu einer ernstlichen **Gefährdung des Lebens** oder der Gesundheit des Patienten geführt hätte (Gehrlein, Rz. C 15, 16, 69; F/N, Rz. 207, 175),

▷ der **Patient nicht aufklärungsbedürftig** oder über die wesentlichen Risiken bereits vorinformiert war, etwa aus eigenem, medizinischem Fachwissen, der Aufklärung aus vorangegangener, gleichartiger Operation oder aufgrund der vorangegangenen Aufklärung eines vorbehandelnden Arztes (G/G, 5. Aufl., Rz. C 46, C 112, C 133; Gehrlein, Rz. C 16, 69; auch BGH, Urt. v. 25. 3. 2003 – VI ZR 131/02, MDR 2003, 931, 932 und VersR 1984, 538, 539: Voraufklärung durch anderen Arzt; OLG Celle, Urt. v. 30. 9. 2002 – 1 U 7/02, VersR 2004, 384, 385: anderweitige Vorkenntnis; OLG Hamm VersR 1998, 322: Patient ist selbst Arzt; OLG Köln MedR 2004, 567, 568: Aufklärung lag zehn Jahre zurück; **anders** OLG Köln VersR 1995, 1237: nach einem Jahr kein „Vorwissen" mehr; Stöhr GesR 2006, 145, 149: Vorwissen bzw. Voraufklärung; Wussow VersR 2001, 1337, 1342: Schon nach mehreren Wochen kein „Vorwissen" mehr),

▷ eine nicht von der erteilten Einwilligung umfasste **Operationserweiterung nicht vorhersehbar** war und der Eingriff im Interesse des Patienten nicht abgebrochen werden konnte, um dessen Einwilligung auch insoweit einzuholen (F/N Rz. 207; Gehrlein, Rz. C 52, 67, 69; G/G, 5. Aufl., Rz. C 20, C 104),

▷ sich der Patient **auch bei ordnungsgemäßer Aufklärung** für die Durchführung des Eingriffs durch den behandelnden Arzt entschieden hätte (BGH, Urt. v. 15. 3. 2005 – VI ZR 313/03, VersR 2005, 836, 837 = NJW 2005, 1718, 1719 = GesR 2005, 255, 256; NJW 1992, 2351; OLG Koblenz, Urt. v. 17. 4. 2001 – 3 U 1158/96, OLGR 2002, 69, 72; OLG Schleswig, Urt. v. 18. 6. 2004 – 4 U 117/03, NJW 2005, 439, 441: Eintritt der Reserveursache vom Schädiger zu beweisen; S/Pa, Rz. 567; Gehrlein Rz. C 69; G/G, 5. Aufl., Rz. C 137) und ein vom Patienten auf diesen Vortrag hin behaupteter Entscheidungskonflikt nicht plausibel ist (G/G, 5. Aufl., Rz. C 138, 144),

▷ sich das aufklärungspflichtige **Risiko** auch ohne den Eingriff, etwa aufgrund des behandlungsbedürftigen Grundleidens, **in derselben oder ähnlichen Weise verwirklicht** bzw. sich eine **Reserveursache ebenso ausgewirkt** hätte (BGH, Urt. v. 5. 4. 2005 – VI ZR 216/03, VersR 2005, 942 = NJW 2005, 2072 = GesR 2005, 359; VersR 1993, 754, 755 f.; VersR 1985, 60, 62; OLG Hamm VersR 1985, 1072; OLG Zweibrücken NJW-RR 2000, 235, 237; G/G, 5. Aufl., Rz. C 123; F/N, Rz. 207 a. E.; S/Pa, Rz. 448, 571),

▷ **derselbe Schaden** auch bei einer rechtmäßigen und fehlerfreien ärztlichen Handeln eingetreten wäre, etwa wenn der Patient einen Eingriff nach erfolgter Aufklärung nicht, von einem **anderen Arzt**, in einem anderen Krankenhaus oder zu einem späteren Zeitpunkt hätte vornehmen lassen (BGH, Urt. v. 5. 4. 2005 – VI ZR 216/03, VersR 2005, 942 = NJW 2005, 2072; VersR 1987, 667, 668 = NJW 1987, 1481, 1482; VersR 1989, 289, 290; OLG Celle VersR 1987, 567; OLG Schleswig NJW-RR 1996, 348, 350; F/N, Rz. 207 a. E.; S/Pa, Rz. 448, 571; G/G, 5. Aufl., Rz. C 151),

▷ eine **echte, ernsthafte Behandlungsalternative**, über die nicht aufgeklärt worden ist, bei ihrer Anwendung zu demselben oder einem **ähnlich schwerwiegenden Schaden** geführt hätte (BGH, Urt. v. 15. 3. 2005 – VI ZR 313/03, VersR 2005, 836, 837= NJW 2005, 1718, 1719; NJW 1989, 1538; NJW 1989, 1541, 1542), etwa eine Operation wegen zu später Vorstellung beim Arzt erfolglos geblieben wäre (OLG Oldenburg VersR 1995, 96),

▷ er den Rat zur Durchführung einer standardgemäßen Operation erteilt und der Patient diesen **Rat nicht befolgt** hat, wenn diese eine ernsthafte Alternative zur tatsächlich durchgeführten konservativen Versorgung (hier: einer Fraktur) darstellte (OLG Hamm NJW-RR 2002, 814, 815),

▷ der Patientin der ärztliche Rat zur standardgemäßen Behandlung bzw. Operation, etwa der Vornahme einer gebotenen sectio, erteilt wurde und sie diesen Rat nicht befolgt hat bzw. sich im Falle der Erteilung des ärztlichen Rates **gegen die empfohlene sectio** bzw. sonstige therapeutische Maßnahme entschieden hätte (OLG Hamm, Urt. v. 23. 4. 2002 – 3 U 8/01, VersR 2003, 1312, 1313; S/Pa, Rz. 564),

▷ der Patient sich in sonstiger Weise **bei Erteilung der Aufklärung nicht „aufklärungsrichtig"** verhalten (BGH NJW 1989, 1536, 1537 = VersR 1989, 186, 187 und NJW 1988, 2318, 2319 = VersR 1989, 702 sowie NJW 1987, 707 = VersR 1986, 1121: Beweislast des Arztes; OLG Hamm VersR 2001, 897: Vermutung für aufklärungsrichtiges Verhalten des Patienten; OLG Köln VersR 1992, 1231, 1232: Arzt muss gegenteiligen Entschluss des Patienten beweisen; OLG Zweibrücken NJW-RR 2000, 235, 237; G/G, 5. Aufl., Rz. B 173, B 225; S/Pa, Rz. 564) oder eine empfohlene Behandlungsalternative entgegen medizinischer Vernunft ausgeschlagen hätte (BGH NJW 1992, 741; OLG Hamm, Urt. v. 24. 4. 2002 – 3 U 8/01, VersR 2003, 1312, 1313; Urt. v. 19. 3. 2001 – 3 U 193/00, NJW-RR 2002, 814, 815; Gehrlein Rz. C 69).

2. Beweislast des Patienten

Der Patient muss insbesondere darlegen und beweisen, dass

▷ sein **Gesundheitsschaden gerade auf der Behandlung** beruht, die mangels ordnungsgemäßer Aufklärung rechtswidrig war (BGH NJW 1986, 1541; KG, Urt. v. 27. 11. 2000 – 20 U 7753/98, OLGR 2002, 129, 131; OLG Hamburg, Urt. v. 27. 11. 1998 – 1 U 182/97, VersR 2000, 190; OLG Oldenburg, Urt. v. 30. 3. 2005 – 5 U 66/03, VersR 2006, 517 und VersR 1997, 192; S/Pa, Rz. 570; G/G 5. Aufl., Rz. C 147, C 149; Gehrlein, Rz. C 6),

▷ der Schaden durch den **nicht rechtmäßigen Teil des Eingriffs** verursacht wurde, wenn dieser sowohl durch den von der Einwilligung gedeckten und behandlungsfehlerfrei durchgeführten Teil eines Eingriffs als auch durch den nicht von der Einwilligung gedeckten und daher nicht rechtmäßigen Teil verursacht worden sein kann (OLG Dresden VersR 2002, 440; OLG Karlsruhe, Beschl. v. 17. 2. 2003 – 7 U 156/02, OLGR 2003, 333 = GesR 2003, 239; OLG Koblenz, Urt. v. 7. 8. 2003 – 5 U 1284/02, NedR 2004, 690 = NJW-RR 2003, 1607; OLG Naumburg, Urt. v. 10. 6. 2003 – 1 U 4/02, NJW-RR 2004, 315, 316 = OLGR 2003, 525),

▷ Der bei richtiger und vollständiger Aufklärung die Behandlungszustimmung nicht erteilt hätte (BGH NJW 1998, 2734 = VersR 1998, 766, 767; G/G, 5. Aufl., Rz. 121),

▷ sein Entscheidungsrecht im Fall einer verspäteten Aufklärung verkürzt worden ist (BGH VersR 1994, 1235; S/Pa, Rz. 564),

▷ eine Aufklärung über bestimmte, vom Patienten darzulegende alternative Behandlungsmethoden erforderlich gewesen wäre (OLG Karlsruhe, Urt. v. 26. 9. 2001 – 7 U 92/99, OLGR 2002, 20),

▷ er sich, falls die Behandlungsseite behauptet, er hätte dem Eingriff auch bei ordnungsgemäßer Aufklärung zugestimmt, in einem **„ernsthaften Entscheidungskonflikt"** befunden hat, wobei die Darlegung lediglich plausibel sein muss (BGH, Urt. v. 15. 3. 2005 – VI ZR 313/03, VersR 2005, 836, 837 = NJW 2005, 1718, 1719; OLG Oldenburg, Urt. v. 30. 3. 2005 – 5 U 66/03, VersR 2006, 517; G/G, 5. Aufl., Rz. C 138, 140, 144; S/Pa, Rz. 442, 444, 568),

▷ er seine **zunächst erteilte Einwilligung nachträglich widerrufen hat** (BGH NJW 1980, 1903, 1904; S/Pa, Rz. 573; Gehrlein, Rz. C 69 a. E.),

▷ eine vom unterzeichneten Formular **abweichende Operationsmethode vereinbart** worden ist (F/N, Rz. 209: wenn die im Formular genannte Methode zur Anwendung kam),

▷ der **handschriftliche Vermerk** des aufklärenden Arztes über die Durchführung der Aufklärung bzw. der Hinweis auf einzelne Risiken nach der von ihm vorgenommenen Unterzeichnung des Aufklärungsbogens **nachträglich angebracht** worden ist (OLG Frankfurt VersR 1994, 986 und VersR 1999, 758; OLG Saarbrücken OLG-Report 1997, 286; auch OLG Koblenz, Urt. v. 7. 8. 2005 – 5 U 1284/02, MedR 2004, 690 = NJW-RR 2003, 1607; Gehrlein, Rz. C 71 a. E.; Müller, VPräsBGH, MedR 2001, 487, 489; S/Pa, Rz. 572),

▷ er zu einer aus medizinischer Sicht erforderlichen Nachuntersuchung vom Arzt nicht ordnungsgemäß einbestellt worden ist (OLG Hamm, Urt. v. 14. 7. 2003 – 3 U 128/02, VersR 2005, 837: der Arzt hat aber etwa erteilte Hinweise anlässlich der Vereinbarung einer Wiedervorstellung vorzutragen),

▷ er im Rahmen der **therapeutischen Aufklärung** (Sicherungsaufklärung) nicht unter Erläuterung des Risikos einer Versäumung des Termins zur Wiedervorstellung darauf aufmerksam gemacht worden sei, der Nachuntersuchungstermin habe erhebliche Bedeutung für seine Gesundheit und müsse deshalb wahrgenommen werden (OLG Hamm, Urt. v. 14. 7. 2003 – 3 U 128/02, VersR 2005, 837).

Eine Beweislastumkehr (siehe dort) wie etwa beim Vorliegen eines → *groben Behandlungsfehlers* (S. 492 ff.), bei → *unterlassener Befunderhebung* (S. 809 ff.), → *voll beherrschbaren Risiken* (S. 892 ff.) oder → *Dokumentationsversäumnissen* (S. 426 ff.) kommt dem Patienten auch bei „**groben**" **Aufklärungsfehlern** nicht zugute (BGH VersR 1992, 238, 240; OLG Hamburg VersR 2000, 190, 191 = OLGR 1999, 105; OLG Stuttgart VersR 1987, 391, 392; F/N, Rz. 209 a. E.; G/G, 5. Aufl. Rz. C 130, 149: „Kategorie überflüssig").

VIII. Aufklärungsgespräch, Dokumentation und „ständige Aufklärungsübung"

1. Keine überzogenen Anforderungen; „im Zweifel ist dem Arzt zu glauben"

An den vom Arzt zu führenden Nachweis der ordnungsgemäßen Aufklärung, welche regelmäßig ein Aufklärungsgespräch verlangt, dürfen im Hinblick auf die „**Waffengleichheit**" im Arzthaftungsprozess keine unbilligen oder übertriebenen Anforderungen gestellt werden (BGH NJW 1985, 1399 = MDR 1985, 923; OLG Brandenburg NJW-RR 2000, 398, 400; OLG Bremen VersR 2000, 1414; OLG Karlsruhe, Urt. v. 23. 6. 2004 – 7 U 228/02, OLGR 2004, 520; NJW 1998, 1800; OLG München, Urt. v. 26. 9. 2002 – 1 U 4148/99, OLGR 2003, 423; Urt. v. 25. 7. 2002 – 1 U 4499/01; OLG Schleswig NJW-RR 1996, 348, 349; Gehrlein, Rz. C 70; G/G, 5. Aufl., Rz. C 134; Rehborn, MDR 1999, 1169, 1172; S/Pa, Rz. 565).

Im Zweifel ist den Angaben des Arztes über eine erfolgte Risikoaufklärung **zu glauben**, wenn seine Darstellung in sich schlüssig und „**einiger Beweis**" **für ein Aufklärungsgespräch** erbracht worden ist (BGH NJW 1985, 1399 = VersR 1985, 361 = MDR 1985, 923; OLG Bremen VersR 2000, 1414; OLG Düsseldorf, Urt. v. 17. 3. 2005 – I-8 U 56/04, OLGR 2006, 12, 14: unterzeichneter Aufklärungsbogen mit handschriftlichem Hinweis auf das sich realisierende Risiko; OLG Hamm, Urt. v. 15. 6. 2005 – 3 U 289/04, GesR 2005, 401: aber nicht, wenn gewichtige Gründe gegen eine regelhafte Eingriffsaufklärung sprechen; OLG Karlsruhe, Urt. v. 23. 6. 2004 – 7 U 228/02, OLGR 2004, 520 f. = GesR 2004, 469; Urt. v. 26. 6. 2002 – 7 U 4/00, MedR 2003, 229; Urt. v. 12. 12. 2001 – 7 U 102/00, OLGR 2002, 396, 397; OLG Köln VersR 1995, 967; VersR 1997, 59: handschriftliche Eintragung im Aufklärungsbogen; OLG München, Urt. v. 23. 9. 2004 –

1 U 5198/03, OLGR 2006, 90, 91: auch bei der therapeutischen Aufklärung; OLG Nürnberg MedR 2002, 29, 31; OLG Oldenburg VersR 1994, 1425: unterzeichneter Aufklärungsbogen; OLG Schleswig MedR 1996, 272; L/U, § 66 Rz. 16; Gehrlein, Rz. C 70; G/G, 5. Aufl., Rz. C 88, C 134).

Dies gilt jedenfalls dann, wenn unstreitig oder bereits nachgewiesen ist, dass zwischen dem Arzt und dem Patienten ein **Gespräch stattgefunden** hat, in dem es um die bevorstehende Operation ging (OLG Karlsruhe, Urt. v. 23. 6. 2004 – 7 U 228/02, OLGR 2004, 520, 521; Urt. v. 26. 2. 2002 – 7 U 4/00, MedR 2003, 229, 230; auch OLG Brandenburg, VersR 2000, 1283, 1285 und OLG Celle, VersR 2004, 384, 385), wenn der Sachvortrag des Arztes durch **entsprechende Eintragungen in der Patientenkartei** (OLG Bremen, VersR 2000, 1414; OLG Düsseldorf, Urt. v. 17. 3. 2005 – 8 U 56/04, GesR 2005, 464; OLG Karlsruhe, Urt. v. 23. 6. 2004 – 7 U 228/02, GesR 2004, 469, 470 = OLGR 2004, 520, 521; OLG Nürnberg MedR 2002, 29, 31; auch OLG München, Urt. v. 23. 9. 2004 – 1 U 5198/03, OLGR 2006, 90, 91: ggf. aus einem Arztbrief, im entschiedenen Fall aber mangels klarer, dortiger Angaben verneint) oder auf **handschriftliche Zusätze** bzw. individuelle Zeichnungen im Aufklärungsbogen gestützt wird (OLG Nürnberg MedR 2002, 29, 30; OLG Köln VersR 1997, 59: handschriftliche Eintragung; OLG Düsseldorf, Urt. v. 17. 3. 2005 – I – 8 U 56/04, OLGR 2006, 12, 14: handschriftlicher Hinweis im Aufklärungsbogen auf das sich realisierende Risiko). Nach Ansicht des OLG Karlsruhe (Urt. v. 12. 12. 2001 – 7 U 102/00, OLGR 2002, 396, 397) genügt es sogar, wenn die Aufklärung dokumentiert und die Aussage des als Zeugen vernommenen Arztes trotz bestehender Erinnerungslücken **stimmig und nachvollziehbar** ist.

Ist jedoch **streitig, ob überhaupt ein Aufklärungsgespräch stattgefunden hat**, und befindet sich auch kein Nachweis hierüber in den Krankenunterlagen, so ist der Nachweis für eine ordnungsgemäße Aufklärung regelmäßig nicht erbracht (OLG Brandenburg, Urt. v. 1. 9. 1999 – 1 U 3/99, NJW-RR 2000, 398, 400 = VersR 2000, 1283, 1285; OLG Hamm VersR 1995, 661; OLG Koblenz, VersR 2003, 1313, 1314; OLG München, Urt. v. 23. 9. 2004 – 1 U 5198/03, OLGR 2006, 90, 91; Urt. v. 30. 9. 2004 – 1 U 3940/03, MedR 2006, 431: Aufklärungsformular nicht ausgefüllt und nicht unterschrieben; G/G, 5. Aufl., Rz. C 134; Hüwe GesR 2004, 470).

Der Grundsatz, es solle **im Zweifel dem Arzt geglaubt** werden, dass die behauptete Aufklärung in der im Einzelfall gebotenen Weise geschehen ist, wenn einiger Beweis dafür erbracht wurde, gilt unbeschadet der in diesem Falle dem Patienten obliegenden Beweislast auch für den Fall einer angeblich unzureichenden **therapeutischen Aufklärung**, etwa den angeblich unterlassenen Hinweis auf die Versagerquote bei einer Tubenligatur (OLG Köln VersR 1995, 967; OLG Karlsruhe OLGR 2002, 394: Beweislast bei der Patientin; OLG München Urt. v. 23. 9. 2004 – 1 U 5198/03, OLGR 2006, 90, 91; vgl. S. 105 ff.).

2. Parteivernehmung und Parteianhörung

Im Anschluss an eine Entscheidung des EGMR (NJW 1993, 1413) hat der BGH (NJW 1999, 363, 364 = MDR 1999, 699; ebenso BGH Urt. v. 27. 9. 2005 – XI ZR

216/04, NJW-RR 2006, 61, 63 = MDR 2006, 285; Beschl. v. 25. 9. 2003 – III ZR 384/02, NJW 2003, 3636 = MDR 2004, 227; Urt. v. 19. 12. 2002 – VII ZR 176/02, NJW-RR 2003, 1002 = MDR 2003, 467; NJW-RR 2001, 1431, 1432 und sowie zustimmend BVerfG, Beschl. v. 21. 2. 2001 – 2 BvR 140/00, NJW 2001, 2531, 2532) in einer Fallkonstellation, in der der einen **Partei ein Mitarbeiter als Zeuge** zur Seite stand, während die andere Partei das fragliche Gespräch, dessen Inhalt streitig war, selbst geführt hatte, entschieden, dass dieser Umstand im Rahmen der Ermessensentscheidung, Letztere zu deren Vortrag gem. § 448 ZPO als Partei zu vernehmen, zu berücksichtigen ist. Dem Grundsatz der „Waffengleichheit" könne durch die Anhörung der Partei gem. § 141 ZPO bzw. deren Vernehmung nach § 448 ZPO über ein **Vier-Augen-Gespräch** Genüge getan werden. Dabei sei das Gericht nicht gehindert, einer solchen Parteierklärung den Vorzug vor den Bekundungen des Zeugen zu geben.

Erfordert der – im gesamten Zivilprozessrecht geltende – Grundsatz der „Waffengleichheit", einer Partei, die für ein Gespräch keinen Zeugen hat, Gelegenheit zu geben, ihre Darstellung des Gesprächs persönlich in den Prozess einzubringen, kann die Vernehmung der Partei gem. **§ 448 ZPO** als auch ihre Anhörung gem. **§ 141 ZPO nicht** von einer überwiegenden Wahrscheinlichkeit („Anfangswahrscheinlichkeit") abhängig gemacht werden (BGH, Urt. v. 27. 9. 2005 – XI ZR 216/04, NJW-RR 2006, 61, 63 = MDR 2006, 285).

Im Interesse der Waffengleichheit zwischen Arzt und Patient darf einer Anhörung des Arztes bei der Beweiswürdigung gegenüber der Aussage des Patienten, der infolge des gesetzlichen Übergangs seiner Ansprüche etwa auf eine Krankenkasse oder der Abtretung als Zeuge vernommen wird, nicht von vornherein jede entscheidungserhebliche Bedeutung abgesprochen werden (OLG München, Urt. v. 26. 9. 2002 – 1 U 4148/99, OLGR 2003, 423).

Diese Linie, die die **Anforderungen an die Zulässigkeit der Parteivernehmung absenkt** und den Beweiswert einer Parteianhörung insbesondere dann erweitert, wenn nur der Gegenseite Zeugen zur Verfügung stehen, setzt sich zunehmend durch (BVerfG NJW 2001, 2531, 2532; BGH, Urt. v. 27. 9. 2005 – XI ZR 216/04, NJW-RR 2006, 61, 63 = MDR 2006, 285; NJW-RR 2001, 1431, 1432; OLG Düsseldorf, Urt. v. 17. 3. 2005 – 8 U 56/04, GesR 2005, 464; OLG Karlsruhe MDR 1998, 494; KG, Urt. v. 15. 12. 2003 – 20 U 105/02, VersR 2005, 1399; OLG Koblenz, Urt. v. 18. 9. 2003 – 5 U 306/03, NJW 2004, 414, 415; OLG München, Urt. v. 26. 9. 2002 – 1 U 4148/99, OLGR 2003, 423; Urt. v. 25. 7. 2002 – 1 U 4499/01, GesR 2003, 274, 275; OLG Saarbrücken OLGR 2000, 296; OLG Zweibrücken NJW 1998, 167, 168; LG Berlin MDR 2000, 882; ablehnend noch OLG Düsseldorf VersR 1999, 205; LAG Köln MDR 1999, 1085; Zöller-Gummer, § 448 ZPO Rz. 2 a).

Nach Ansicht des Sächsischen LAG (MDR 2000, 724; auch OLG München, Urt. v. 25. 7. 2002 – 1 U 4499/01, GesR 2003, 274, 275) steht eine Parteianhörung i. S. d. § 141 ZPO bei entsprechender Würdigung des Wahrheitsgehalts der Bekundung den Beweismitteln der Parteivernehmung nach §§ 447, 448 ZPO gleich.

3. Dokumentation der Aufklärung

Grundsätzlich hat der Arzt in den Krankenunterlagen zu dokumentieren, wann und über welche Risiken aufgeklärt worden ist. Ist durch eine solche **Dokumentation einiger Beweis** für die Durchführung des grundsätzlich erforderlichen Aufklärungsgesprächs erbracht bzw. ist durch die Dokumentation ansatzweise bewiesen, über welche Risiken aufgeklärt worden ist, kann ergänzend eine Parteivernehmung des Arztes gem. § 448 ZPO in Betracht kommen (OLG Schleswig NJW-RR 1996, 348, 349; OLG Düsseldorf, Urt. v. 17. 3. 2005 – 8 U 56/04, GesR 2005, 464 und OLG Düsseldorf, Urt. v. 17. 3. 2005– I- 8 U 56/04, OLGR 2006, 12, 14: Parteivernehmung, wenn das Aufklärungsformular handschriftliche Eintragungen zum Inhalt eines Aufklärungsgesprächs enthält; S/Pa, Rz. 435, 626; G/G, 5. Aufl., Rz. C 88, C 134), sofern man an die Zulässigkeit der Parteivernehmung nach dem eben Ausgeführten nicht ohnehin geringere Anforderungen stellt.

Bei Zweifeln an einer dokumentationsgerechten Aufklärung **muss der Arzt** gem. § 141 ZPO **angehört** bzw. gem. § 448 ZPO **vernommen** werden (OLG Oldenburg VersR 1998, 854 und VersR 1998, 1156; OLG Düsseldorf, Urt. v. 17. 3. 2005 – I – 8 U 56/04, OLGR 2006, 12: Parteivernehmung, wenn das Aufklärungsformular handschriftliche Eintragungen enthält). Der von der Behandlungsseite zu führende Nachweis einer vollständigen zutreffenden Aufklärung kann nicht allein mit Hilfe eines „Aufklärungsbogens", einer Eintragung in der Patientenkartei oder der Aushändigung von Informationsblättern geführt werden. Aushändigung und Unterzeichnung von **Merkblättern ersetzen das grundsätzlich erforderliche Aufklärungsgespräch nicht**.

Die Existenz einer vom Patienten unterzeichneten Einwilligungserklärung kann nur ein **Indiz** dafür sein, dass überhaupt ein Aufklärungsgespräch stattgefunden hat (BGH VersR 1999, 190, 191 = MDR 1999, 37, 38; VersR 1985, 361, 362 = MDR 1985, 923; OLG Düsseldorf, Urt. v. 17. 3. 2005 – I-8 U 56/04, OLGR 2006, 12, 14 = GesR 2005, 464: „gewisse Wahrscheinlichkeit"; OLG Hamm, Urt. v. 30. 9. 1998 – 3 U 205/97; Urt. v. 11. 8. 1999 – 3 U 178/98; OLG Hamburg, OLGR 2004, 324, 326; OLG Saarbrücken, Beschl. v. 4. 6. 2003 – 1 W 110/03–17, OLGR 2003, 281, 282 = GesR 2003, 242; OLG Zweibrücken, Urt. v. 11. 10. 2005 – 5 U 10/05, OLGR 2006, 154, 156: Unterzeichnung des Perimed-Bogens indiziert die Durchführung eines Aufklärungsgesprächs; Urt. v. 19. 10. 2004 – 5 U 6/04, NJW 2005, 74, 75 zu Informationsblättern; LG Berlin, Urt. v. 20. 8. 2003 – 6 O 343/02, MedR 2004, 449, 450; Rehborn MDR 2000, 1106; Spickhoff NJW 2004, 1710, 1717; G/G, 5. Aufl., Rz. C 88, C 134,135).

Einerseits soll die Indizwirkung nach der Auffassung des OLG Zweibrücken (OLGR 2004, 598, 600) „nicht schon dadurch erschüttert werden, dass Anhaltspunkte für eine nachträgliche handschriftliche Ergänzung der Einwilligungserklärung" vorliegen.

Andererseits vertritt das OLG Saarbrücken (Beschl. v. 4. 6. 2003 – 1 W 110/03–17, OLGR 2003, 281, 282 = GesR 2003, 242) die – u. E. ebenfalls zu weitgehende – Auffassung, der Indizwert des vom Patienten unterzeichneten Aufklärungsformulars entfalle bereits dann, wenn der Patient die in der Praxis durchaus nicht selten vorkommende Behauptung aufstellt, die ihm erteilte Aufklärung stimme nicht mit dem allgemein gehaltenen Aufklärungsformular überein.

Den vom Patienten unterzeichneten Formularen und Merkblättern kann jedenfalls nicht entnommen werden, dass der Patient über ein hierin nicht ausdrücklich erwähntes Risiko informiert worden ist (BGH VersR 1985, 361, 362; OLG München, Urt. v. 30. 9. 2004 – 1 U 3940/03, OLGR 2006, 343 = MedR 2006, 431; OLG Schleswig NJW-RR 1996, 348, 349). **Fehlt in der Aufzählung ein aufklärungspflichtiges Risiko**, spricht vielmehr viel dafür, dass die **Aufklärung insoweit unterblieben ist** (zusammenfassend Kern MedR 2005, 292 zum Urteil des OLG Koblenz v. 1. 4. 2004 – 5 U 1086/03). Eine solche Situation schließt nach Auffassung von Kern (MedR 2005, 292) auch die „immer-so"-Argumentation (s. u.) aus.

Ein überhaupt nicht ausgefülltes und nicht unterschriebenes Aufklärungsformular bildet nach neuerer, u. E. zu weitgehender Auffassung des OLG München (Urt. v. 30. 9. 2004 – 1 U 3940/03, MedR 2006, 431 = OLGR 2006, 343; Nichtzulassungsbeschwerde vom BGH zurückgewiesen, Beschl. v. 20. 12. 2005 – VI ZR 285/04; anderer Auffassung noch OLG München VersR 1991, 189: fehlende Dokumentation über die Aufklärung kein Indiz für deren Unterlassung) ein **Indiz nicht für, sondern gegen die Durchführung eines Aufklärungsgesprächs.**

Nach u. E. zutreffender Ansicht des OLG Hamburg (Urt. v. 23. 1. 2004 – 1 U 24/00, OLGR 2004, 324, 326; auch OLG München, Urt. v. 25. 7. 2002 – 1 U 4499/01, GesR 2003, 274, 275, s. o. S. 272 a. E.: weiter gehende Aufklärungsinhalte sind vom Arzt zu beweisen) erhöht das Fehlen einer in der klinischen Praxis an sich zu fordernden schriftlichen Einverständniserklärung die Anforderungen an die Darlegungs- und Beweislast des Arztes zum Zeitpunkt und Inhalt des Aufklärungsgesprächs.

Auch beweist die Unterzeichnung solcher Schriftstücke nicht, dass der Patient sie auch gelesen und verstanden hat (F/N, Rz. 208; G/G, 5. Aufl., Rz. C 135; S/Pa Rz. 437). Die unterzeichnete Einwilligungserklärung erbringt jedoch im Allgemeinen **„einigen Beweis"** dafür, dass ein Aufklärungsgespräch durchgeführt worden ist (BGH NJW 1999, 863; OLG Nürnberg, MedR 2002, 261; auch OLG Schleswig NJW-RR 1996, 348, 349; OLG Düsseldorf Urt. v. 17. 3. 2005 – I-8 U 56/04, OLGR 2006, 12, 14; G/G, 5. Aufl., Rz. C 88; s.o.: Indiz).

Liegt ein vom Patienten unterzeichneter Aufklärungsbogen vor und ist der Inhalt des Aufklärungsgesprächs streitig, sind regelmäßig **beide Parteien hierzu anzuhören** (BGH, Urt. v. 16. 1. 2001 – VI ZR 381/99, NJW 2001, 1431 = MDR 2001, 448; OLG Saarbrücken, Beschl. v. 4. 6. 2003 – 1 W 110/03–17, OLGR 2003, 218, 282 = GesR 2003, 242).

Die danach lediglich bestehende **Indizwirkung** der schriftlichen Einwilligungserklärung reicht nicht aus, den der Arztseite obliegenden Beweis einer ordnungsgemäßen Aufklärung über die Gefahr **dauerhafter Lähmungen** als geführt anzusehen, wenn der hierzu als Partei angehörte Arzt hierzu erklärt, er hätte dem Patienten mitgeteilt, dass es zu einer **„kurzzeitigen Lähmung"** kommen könne (BGH VersR 1999, 190, 191 = MDR 1999, 37, 38; vgl. auch BGH, Urt. v.

14. 3. 2006 – VI ZR 279/04, VersR 2006, 838, 840 = NJW 2006, 2108, 2109: Hinweis auf Schädigung von Nerven deckt nicht irreversible Nervschädigung mit dauerhaften Schmerzen und Funktionsbeeinträchtigungen; OLG Nürnberg, Urt. v. 16. 7. 2004 – 5 U 2383/03, NJW-RR 2004, 1543, 1544: der Hinweis auf mögliche Gefäß- und Nervenverletzungen deckt das Risiko dauerhafter Lähmungen nicht ab).

Wenngleich derartige Merkblätter nicht das erforderliche Arztgespräch ersetzen, in welchem sich der Arzt davon überzeugen muss, ob der Patient die schriftlichen Hinweise gelesen und verstanden hat und welches ihm die Möglichkeit gibt, auf die individuellen Belange des Patienten einzugehen (BGH VersR 2000, 725, 728), gebietet das grundsätzliche Erfordernis eines Aufklärungsgesprächs nicht in jedem Fall eine mündliche Erläuterung der Risiken. So kann es bei **Routinemaßnahmen** wie einer öffentlich empfohlenen **Impfung** genügen, wenn dem Patienten nach **schriftlicher Aufklärung** Gelegenheit zu weiteren Informationen durch ein Gespräch mit dem Arzt gegeben wird (BGH VersR 2000, 725, 728 = MDR 2000, 701, 702 mit insoweit zustimmender Anmerkung Terbille, MDR 2000, 2012; ablehnend Spickhoff NJW 2001, 1757, 1761 und NJW 2006, 2075, 2077).

Nach von der h. M. abweichenden Auffassung des OLG München (VersR 1993, 752) willigt der Patient mit der Unterzeichnung des Aufklärungsbogens sogar auch ohne die Führung eines Aufklärungsgesprächs wirksam in die Operation ein, wenn ihm vor dem operativen Einsatz einer Totalendoprothese ein eingehender Aufklärungsbogen vorgelegt wird und er die bestehende Möglichkeit zu weiteren Fragen nicht nutzt.

Auch wenn **nicht dokumentiert** worden ist, dass ein Aufklärungsgespräch stattgefunden hat, kann die Aufklärung auf andere Weise, etwa durch **Zeugenaussagen** (Schwester, Pfleger, andere Ärzte) nachgewiesen werden (OLG Hamm, VersR 1995, 661; OLG Karlsruhe, Urt. v. 23. 6. 2004 – 7 U 228/02, OLGR 2004, 520, 521 = GesR 2004, 469, 470; Urt. v. 12. 12. 2001 – 7 U 102/00, OLGR 2002, 396; OLG Celle VersR 2004, 384, 385; OLG München, Urt. v. 25. 7. 2002 – 1 U 4499/01, GesR 2003, 274, 275; auch OLG Hamburg, Urt. v. 23. 1. 2004 – 1 U 24/00, OLGR 2004, 324: ggf. erhöhte Anforderungen an die Darlegungs- und Beweislast).

Das Fehlen der Dokumentation ist dann kein Indiz für eine unterlassene Aufklärung, wenn nach der **ständigen Übung** der Klinik insoweit keine Aufzeichnungen gemacht wurden (OLG München VersR 1991, 189; G/G, 5. Aufl., Rz. C 134 a. E.; F/N, Rz. 208; S/Pa Rz. 436, 470; s. u.).

Ebenso wie dem Arzt der Nachweis der Aufklärung nicht verwehrt ist, wenn er sie überhaupt nicht dokumentiert hat, ist es ihm auch nicht verwehrt, über den schriftlich dokumentierten Text mit den genannten Beweismitteln **weiter gehende Aufklärungsinhalte** nachzuweisen. Dies gilt gleichermaßen für den Fall, dass das vom Patienten unterschriebene Einwilligungsformular nur die vorgedruckten Inhalte aufweist, als auch für den Fall, dass darüber hinaus durch handschriftliche Zusatzeinträge ein weiter gehender Gesprächsinhalt dokumentiert ist (OLG München, Urt. v. 25. 7. 2002 – 1 U 4499/01, GesR 2003, 274,

275; Revision vom BGH nicht angenommen, vgl. Beschl. v. 28. 1. 2003 – VI ZR 307/02).

Formularmäßige Einverständniserklärungen etwa mit dem Inhalt „Ich bin über den vorgesehenen Eingriff vom behandelnden Arzt aufgeklärt worden" sind ohnehin gem. § 11 Nr. 15 b AGBG (ab dem 1. 1. 2002: § 309 Nr. 12 bBGB n. F.) **unwirksam** (L/U, § 66 Rz. 17; vgl. → *Allgemeine Geschäftsbedingungen*).

4. Ständige Aufklärungsübung („immer-so")

Grundsätzlich kann es – sofern nicht gewichtige Gründe im Einzelfall dagegen sprechen – ausreichen, dass Aufklärungsgespräche nach Art und Inhalt einer **ständigen und ausnahmslosen Übung** („immer-so") der Klinik bzw. des betroffenen Arztes entsprechen (OLG Celle, Urt. v. 30. 9. 2002 – 1 U 7/02, VersR 2004, 384, 385: Ständig angewandte Vorgehensweise; OLG Hamm, Urt. v. 15. 6. 2005 – 3 U 289/04, GesR 2005, 401 und Urt. v. 22. 3. 1993 – 3 U 182/92, VersR 2005, 1005, 661: „übliches Programm stets eingehalten"; OLG Karlsruhe, Urt. v. 8. 12. 2004 – 7 U 163/03, GesR 2005, 165, 168; Urt. v. 8. 12. 2004 – 7 U 163/03, NJW-RR 2005, 798, 800; Urt. v. 23. 6. 2004 – 7 U 228/02, OLGR 2004, 520, 521 = GesR 2004, 469; Urt. v. 11. 12. 2002 – 7 U 146/01, OLGR 2003, 334, 335; Urt. v. 26. 6. 2002 – 7 U 4/00, MedR 2003, 229; Urt. v. 12. 12. 2001 – 7 U 102/00, OLGR 2002, 396; NJW 1998, 1800; KG, Urt. v. 15. 12. 2003 – 20 U 105/02, VersR 2005, 1399: Aufklärung in derartigen Fällen stets so gestaltet; OLG Köln, Urt. v. 17. 11. 1999 – 5 U 46/97; OLG München VersR 1991, 189; OLG Oldenburg VersR 1995, 1194, 1195; OLG Stuttgart, Urt. v. 8. 1. 2002 – 14 U 70/01, MedR 2003, 413, 415: Schilderung des üblichen Vorgehens; OLG Zweibrücken, Urt. v. 11. 10. 2005 – 5 U 10/05, OLGR 2006, 154, 156: es genügt der Nachweis des üblichen Inhalts eines Aufklärungsgesprächs; LG Heidelberg VersR 1994, 222; F/N, Rz. 208; G/G, 5. Aufl., Rz. C 134; Hüwe GesR 2005, 402; Jorzig MDR 2001, 481, 485 und GesR 2004, 470; Kern MedR 2005, 292; Rehborn MDR 1999, 1169, 1172).

Hat ein als Zeuge oder Partei vernommener Arzt **keine konkrete Erinnerung** mehr an das streitige Aufklärungsgespräch, so genügt es zur Überzeugungsbildung des Gerichts regelmäßig, wenn er in nachvollziehbarer und in sich stimmiger Weise die übliche Vorgehensweise bei einem Aufklärungsgespräch vor dem vorgenommenen Eingriff schildert und zugleich bekräftigt, dass er sich ganz sicher sei, dass dieses Programm immer eingehalten wird (OLG Karlsruhe Urt. v. 26. 6. 2002 – 7 U 4/00, MedR 2003, 229; NJW 1998, 1800 m. w. N.; auch OLG Hamm VersR 1995, 661; einschränkend OLG Hamm, Urt. v. 15. 6. 2005 – 3 U 289/04, GesR 2005, 401: nicht, wenn im Einzelfall gewichtige Umstände gegen eine regelhafte Eingriffsaufklärung sprechen; Jorzig MDR 2001, 481, 485).

Ist die Durchführung des **Aufklärungsgesprächs an sich unstreitig** oder **einiger Beweis**, etwa durch die Vorlage des unterzeichneten Aufklärungsbogens, hiefür erbracht, kann der **Arzt als Partei** vernommen werden; den Beweis gehöriger Aufklärung kann der Arzt bei fehlender Erinnerung durch überzeugende Schilderung seiner ständigen Übung („immer-so") führen (OLG Karlsruhe, Urt. v. 26. 6. 2002 – 7 U 4/00, MedR 2003, 229; OLG Zweibrücken, Urt. v. 11. 10. 2005 – 5 U 10/05, OLGR 2006, 154, 156).

Eine Parteivernehmung des Arztes ist jedenfalls dann gerechtfertigt, wenn das Formular **handschriftliche Eintragungen** zum Inhalt eines Aufklärungsgesprächs enthält (OLG Düsseldorf, Urt. v. 17. 3. 2005 – I-8 U 56/04, OLGR 2006, 12, 14 = GesR 2005, 464) oder die Aufklärung sowohl in der **Patientenkartei** als auch in dem vom Patienten unterzeichneten **perimed-Bogen (ohne handschriftliche Zusätze)** dokumentiert ist (OLG Zweibrücken, Urt. v. 11. 10. 2005 – 5 U 10/05, OLGR 2006, 154, 156).

Der Beweis- bzw. Indizwert der Angaben des aufklärenden Arztes steigt, wenn die Aufklärung dokumentiert ist und individuelle Züge aufweist, etwa **handschriftliche Hinweise** auf besprochene Risiken des vorgesehenen Eingriffs oder **Operationsskizzen** (OLG Köln, Urt. v. 17. 11. 1999 – 5 U 46/97: Einer Handzeichnung kommt wesentliche Indizwirkung zu; OLG Nürnberg MedR 2002, 29, 30: Handschriftliche Zusätze und Einzeichnungen im Aufklärungsbogen; G/G, 5. Aufl., Rz. C 134).

Nach zutreffender Auffassung des Brandenburgischen OLG (NJW-RR 2000, 398, 400) und des OLG Hamm (VersR 1995, 661, 662; zustimmend G/G, 5. Aufl., Rz. C 134; Hüwe GesR 2004, 470 und GesR 2005, 402; großzügiger OLG Karlsruhe OLGR 2002, 396, 397: stimmige Aussage bei vorliegender Dokumentation genügt) kommt es jedoch nur dann nicht darauf an, ob sich der Arzt noch konkret an den Patienten und den Inhalt des Gesprächs erinnern könne, wenn die Tatsache der **Führung eines Aufklärungsgesprächs unstreitig** ist.

Nur dann könne der Hinweis auf eine derartige „**ständige Aufklärungsübung**" genügen. Ist zwischen den Parteien jedoch umstritten, ob überhaupt ein Aufklärungsgespräch stattgefunden hat und befindet sich auch kein entsprechender Aufklärungsbogen bei der Krankenakte, so reicht die Behauptung einer „ständigen Übung" zum Nachweis der Aufklärung nicht aus (OLG Brandenburg (NJW-RR 2000, 398, 400; auch OLG Koblenz, Urt. v. 1. 4. 2004 – 5 U 1086/03, NJW-RR 2004, 1166 = VersR 2005, 695; G/G, 5. Aufl., Rz.. C 134).

So ist auch die Erklärung des Arztes, er weise auf das bei einer Entfernung „kalter Knoten" im Bereich des Schilddrüsenlappens bestehende Risiko operationsbedingt dauerhaft verbleibender Atembeschwerden hin, unzureichend, wenn er an das konkrete Aufklärungsgespräch **keine Erinnerung mehr hat** und sonstige Anhaltspunkte für eine vollständige Aufklärung fehlen (OLG Koblenz, Urt. v. 1. 4. 2004 – 5 U 1086/03, NJW-RR 2004, 1166 = MedR 2005, 292 bei Kern).

Dies gilt erst recht, wenn der Arzt keine konkrete Erinnerung an das Aufklärungsgespräch hat und das sich realisierende, aufklärungspflichtige Risiko **im Aufklärungsbogen nicht beschrieben** ist (OLG Koblenz VersR 2003, 1313, 1314; G/G, 5. Aufl., Rz. C 134; Kern MedR 2005, 292; auch OLG Hamm, Urt. v. 15. 6. 2005 – 3 U 289/04, GesR 2005, 401 und OLG München, Urt. v. 30. 9. 2004 – 1 U 3940/03, MedR 2006, 431). Gewichtige Umstände, die gegen eine regelhafte Eingriffsaufklärung sprechen, liegen auch vor, wenn der Arzt **keine konkrete Erinnerung** an das nicht dokumentierte Aufklärungsgespräch hat und erklärt, „er würde sagen, dass er mit dem Patienten auf jeden Fall über das (aufklärungspflichtige) Risiko eines Nierenversagens (bei vorbestehender Nierenfunktionsstörung vor der Durchführung einer Herzkatheteruntersuchung) gesprochen habe", er sich aber auch nicht mehr dran erinnern kann, ob ihm ein die Risikoaufklärung indizierender auffälliger Laborbefund überhaupt bekannt gewesen und eine bestehende Nierenfunktionsstörung des Patienten in der Dokumentation nicht erwähnt ist (OLG Hamm, Urt. v. 15. 6. 2005 – 3 U 289/04, GesR 2005, 401, 402).

Aus dem **Fehlen einer schriftlichen Dokumentation** kann zwar nicht grundsätzlich gefolgert werden, ein Aufklärungsgespräch sei nicht geführt worden (OLG München VersR 1991, 189: kein Indiz; G/G, 5. Aufl., Rz. C 134 a. E.; F/N, Rz. 208; a. A. jedoch OLG München, Urt. v. 30. 9. 2004 – 1 U 3940/03, MedR 2006, 431: Indiz gegen Durchführung eines Aufklärungsgesprächs). Dies ist aber im Rahmen der Beweiswürdigung bei Zweifeln an der Durchführung einer ordnungsgemäßen Aufklärung bei der Parteianhörung des aufklärenden Arztes zu berücksichtigen (vgl. OLG Oldenburg VersR 1998, 854 und OLG Hamburg, Urt. v. 23. 1. 2004 – 1 U 24/00, OLGR 2004, 324, 326; s. o. S. 271 f.).

IX. Einzelfälle in alphabetischer Reihenfolge

1. Abbruch der Therapie

Will ein Arzt eine dem Patienten bei einem vorangegangenen Klinikaufenthalt angeratene medikamentöse Therapie absetzen, weil er sie wegen aufgetretener anderweitiger gesundheitlicher Beeinträchtigungen für zu risikobelastet erachtet, so hat er den Patienten hierüber aufzuklären und das Für und Wider mit ihm zu erörtern (OLG Hamburg VersR 2000, 190). Der Verstoß des Arztes gegen die ihm obliegende Aufklärungsverpflichtung ändert jedoch nichts daran, dass der Patient die Ursächlichkeit der in Folge mangelhafter Aufklärung unterbliebenen medikamentösen Therapie für den eingetretenen Schaden zu beweisen hat (OLG Hamburg VersR 2000, 190, 191).

2. Aids

Lehnt eine HIV-infizierte Patientin gegen den Rat des sie behandelnden Arztes einen Aidsbluttest ab, so haftet der Arzt nicht einem Lebenspartner der Patientin, der von dieser mit dem Aidsvirus angesteckt wird; er ist auch nicht verpflichtet, die Verweigerung des Aidstests durch die Patientin zu dokumentieren (OLG Düsseldorf VersR 1995, 339).

Vor der Verabreichung zahlreicher Bluttransfusionen besteht (entschieden für das Jahr 1995) eine Verpflichtung der Ärzte, den Patienten auf die Möglichkeit einer HIV-Infektion hinzuweisen und zu einem HIV-Test zu raten. Ist eine entsprechende **präoperative Sicherungsaufklärung** wegen der Notfallaufklärung oder Unansprechbarkeit des verunfallten Patienten nicht möglich, wandelt sich die Aufklärungsverpflichtung jedenfalls bei für den Patienten und dessen Kontaktpersonen lebensgefährlichen Risiken zu einer Pflicht zur alsbaldigen **nachträglichen Sicherheitsaufklärung** (BGH, Urt. v. 14. 6. 2005 – VI ZR 179/04, VersR 2005, 1238, 1240 = GesR 2005, 403, 405; zustimmend Katzenmeier NJW 2005, 3391, 3393 m.w.N.).

Eine Aufklärung der nächsten Angehörigen durch den Arzt über eine schwerwiegende ansteckende Krankheit wie Aids u. a. ist in jedem Fall geboten, wenn der Patient aufgrund seiner geistigen Fähigkeiten nicht (mehr) in der Lage ist, die Tragweite der Erkrankung und deren Bedeutung für das Umfeld richtig einzuschätzen (OLG München, Urt. v. 18. 12. 1997 – 1 U 5625/95) oder wenn der Patient ihm zwar verbietet, eine Aidserkrankung seiner Lebensgefährtin zu offenbaren, diese jedoch ebenfalls Patientin desselben Arztes ist (OLG Frankfurt MDR 1999, 1444 mit zust. Anm. Vogels MDR 1999, 1445 und Rehborn MDR 2000, 1104).

Die vom Arzt vorzunehmende Güterabwägung verpflichtet ihn angesichts der für seine Patientin bestehenden Lebensgefahr, dem Rechtsgut Leben gegenüber dem Geheimhaltungsinteresse des Erkrankten Vorzug zu geben (OLG Frankfurt MDR 1999, 1444).

Der bzw. die Nichtinformierte muss jedoch den Beweis führen, die fehlende Offenbarung der Aids-Infektion des Angehörigen habe zu der eigenen Aids-Infektion geführt, d. h. der/die Dritte sei im Zeitpunkt einer erforderlichen Aufklärung noch nicht infiziert gewesen und habe sich erst anschließend bei seinem Angehörigen angesteckt (Vogels, MDR 1999, 1446).

Zu Gunsten des Patienten kommt ein **Anscheinsbeweis** dahingehend in Betracht, dass ihm in einem Krankenhaus verabreichtes Fremdblut infiziert war, wenn die Kontaminierung eines verwendeten Blutprodukts feststeht und keine weiteren Ursachen außerhalb des Verantwortungsbereichs der Behandlungsseite für die der Kontaminierung entsprechende Erkrankung ersichtlich sind (BGH, Urt. v. 14. 6. 2005 – VI ZR 179/04, VersR 2005, 1238 = GesR 2005, 403, 404; VersR 1991, 816, 817 f.; vgl hierzu → *Anscheinsbeweis*, S. 30).

Bei einer HIV-Infektion nach einer Bluttransfusion setzt die Annahme eines Anscheinsbeweises voraus, dass der Patient, der HIV-kontaminiertes Blut oder kontaminierte Blutprodukte erhalten hat weder zu den HIV-gefährdeten Risikogruppen gehört noch durch die Art seiner Lebensführung einer gesteigerten Infektionsgefahr ausgesetzt ist bzw. war (BGH, Urt. v. 14. 6. 2005 – VI ZR 179/04, VersR 2005, 1238; OLG Düsseldorf NJW 1995, 3060; VersR 1996, 377, 378; VersR 1996, 1240; VersR 1998, 103; OLG Hamm VersR 1995, 709; NJW-RR 1997, 217, 218; OLG Karlsruhe OLGR 2002, 170; auch OLG Brandenburg NJW 2000, 1500 und OLG Celle VersR 1998, 1023 im Zusammenhang mit einer Hepatitisinfektion).

3. Amalgam

Zwar ist auch über extrem seltene, aber schwerwiegende Risiken aufzuklären, wenn sie für die Behandlung wesenstypisch sind oder in der medizinischen Wissenschaft bereits ernsthafte Stimmen darauf hinweisen, die nicht als unbeachtliche Außenseitermeinungen abgetan werden können (vgl. zuletzt BGH, Urt. v. 13. 6. 2006 – VI ZR 323/04, VersR 2006, 1073, 1074 = NJW 2006, 2477, 2478). Das allgemeine Risiko, an amyotropher Lateralsklerose (ALS) zu erkranken, wird aus medizinischer Sicht durch Verwendung von Amalgam bzw. des darin enthaltenen Quecksilbers für Zahnfüllungen nicht erhöht. Es besteht auch kein wissenschaftlich begründeter, gewichtiger und ernsthaft vertretener Verdacht eines Zusammenhangs zwischen Amalgamfüllungen und dem Auftreten von ALS (OLG Koblenz NJW 1999, 3419; auch LG Lübeck NJW 2001, 2811, 2812; zur Verwendung von Amalgam vgl. Pfeffer/Kurz MedR 2001, 235 ff.). Über den vorgesehenen Einsatz von Amalgam muss der Patient nicht aufgeklärt werden (OLG Koblenz NJW 1999, 3419; LG Lübeck a. a. O.).

4. Anästhesie

Vor der Durchführung einer Spinalanästhesie muss auf das Risiko des möglichen Eintritts einer **dauerhaften Lähmung** hingewiesen werden. Der Hinweis auf „Nervschäden" ist nach Ansicht des OLG Oldenburg (VersR 1993, 580) ausreichend.

Demgegenüber hat der BGH (Urt. v. 14. 3. 2006 – VI ZR 279/04, NJW 2006, 2108, 2109) nunmehr darauf hingewiesen, dass eine „Nervschädigung" ein breites Spektrum möglicher Folgen von einen vorübergehenden Schmerzempfindung und kurzfristigen Lähmung bis hin zu chronischen, unbeherrschbaren Schmerzen und dauerhaften, gravierenden Lähmungen erfasst und deshalb dem medizinischen Laien keine allgemeine Vorstellung von den mit dem Eingriff verbundenen Gefahren ermöglicht.

Etwaige Fehler bei der Durchführung der Anästhesie (etwa die Wirkungslosigkeit der Narkose) fallen allein in den Verantwortungsbereich des Anästhesisten und können keine Haftung des Operateurs begründen, solange der Patient nicht beweist, dass der Operateur den Fehler erkannt hat oder hätte erkennen müssen. Eventuelle Mängel der die Anästhesie betreffenden Aufklärung stellen die Wirksamkeit der ordnungsgemäßen Aufklärung über den vom Operateur durchgeführten Eingriff nicht infrage, denn beide Eingriffe sind selbständig zu beurteilen (OLG Karlsruhe, Urt. v. 8. 10. 2003 – 7 U 6/02, OLGR 2004, 237).

5. Analfistel

(Bildung eines röhrenförmigen Ganges, der von einem Hohlorgan oder einem eventuell krankhaft bedingten Hohlraum ausgeht und an der Körperoberfläche ausmündet oder nur im Körperinneren, hier zum After hin, verläuft)

Vor der Entfernung einer Analfistel ist über das Risiko einer Inkontinenz stärkeren Ausmaßes aufzuklären (BGH NJW 1991, 2342).

6. Anastomoseninsuffizienz

(ungenügende Funktion bzw. Leistung eines Organs bzw. Organsystems, hier bei der Verbindung zweier Hohlorganlichtungen)

Besteht bei einer ordnungsgemäß durchgeführten Operation wie zum Beispiel einer Nierenbeckenplastik stets ein Risiko, etwa einer Anastomoseninsuffizienz, dessen Verwirklichung zu einer Nachoperation mit erhöhtem Risiko einschneidender Folgen für den Patienten, etwa den Verlust einer Niere führen kann, so ist der Patient auch über dieses Risiko der Nachoperation schon vor dem ersten Eingriff aufzuklären (BGH MDR 1996, 1015).

7. **Angiographie** (s. o. S. 143, *seltene Risiken*)

(Gefäßdarstellung durch Injektion eines Röntgenkontrastmittels und anschließende Anfertigung schneller, programmierter Aufnahmeserien)

Der Patient muss über die Risiken einer arteriellen Angiographie wie die Gefahr einer Hirnembolie mit Halbseitenlähmung und Sprachstörung, eine mögliche Geschwürbildung oder einen kleinen Gefäßverschluss aufgeklärt werden, auch wenn er zuvor schon durch einen anderen Arzt anlässlich einer venösen Angiographie über deren Risiken und über diejenigen einer später möglicherweise nachfolgenden arteriellen Angiographie informiert worden ist (OLG Hamm VersR 1992, 833).

Vor einer Carotisangiographie (Diagnoseeingriff) ist eine besonders gefährdete Person deutlich, wenn auch schonend über das Risiko eines Schlaganfalls mit der Folge bleibender Lähmungen aufzuklären; der Hinweis auf andere gewichtige Risiken genügt nicht (OLG Hamm VersR 1989, 807).

Die Aufklärung vor einer Carotisangiographie bzw. einer anderen diagnostischen Maßnahme macht eine erneute Aufklärung vor einem schwerwiegenden operativen Eingriff (Gefäßoperation bei eröffnetem Schädel) auch dann nicht entbehrlich, wenn der Diagnoseeingriff und die Operation vergleichbare Risiken in sich bergen (OLG Köln NJW 1987, 2302).

Dabei macht der Hinweis über das Operationsrisiko einer Halbseitenlähmung eine Aufklärung über das zusätzliche Risiko einer Sprachstörung nicht entbehrlich (OLG Köln NJW 1987, 2302).

Vor der Durchführung einer diagnostischen Koronarangiographie nebst Herzkatheteruntersuchung ist der Patient jedenfalls bei vorbestehender, leichter Nierenfunktionsstörung über das kontrastmittelbedingte Risiko des unter Umständen dialysepflichtigen Nierenversagens aufzuklären. Der erst nach Einleitung vorbereitender Untersuchungen am Tage des Eingriffs erteilte Hinweis ist in einem derartigen Fall verspätet (OLG Hamm, Urt. v. 15. 6. 2005 – 3 U 289/04, GesR 2005, 401, 402).

Vor Durchführung einer Angiographie ist auch auf das Risiko einer Querschnittlähmung (OLG Stuttgart VersR 1983, 278), einer Halbseitenlähmung (OLG Hamm VersR 1989, 807; OLG Stuttgart VersR 1988, 832; OLG München VersR 1983, 930), auf das Schlaganfallrisiko durch den Verschluss der Arteria brachialis bzw. axillaris (OLG Oldenburg VersR 1991, 1242), eine mögliche Hirnembolie (OLG Celle VersR 1988, 829) und bleibende Sprachstörungen (OLG Hamm VersR 1981, 686; OLG München VersR 1983, 930) hinzuweisen.

8. Antibiotikaprophylaxe

Eine präoperative Antibiotikaprophylaxe ist bei einer Kniegelenksarthroskopie nicht routinemäßig vorzunehmen. Bei Nichtbestehen einer Indikation der Prophylaxe muss der Patient auch nicht darüber aufgeklärt werden, dass sie ungeachtet dessen zur Sicherheit des Patienten vorgenommen werden könnte. Es handelt sich um eine Therapieentscheidung, die grundsätzlich nicht aufklärungspflichtig ist (OLG Düsseldorf, Urt. v. 21. 3. 2002 – 8 U 172/01, NJW-RR 2003, 88, 89 = OLGR 2003, 390).

Die Nichtvornahme einer routinemäßigen Antibiotikaprophylaxe vor einer neurochirurgischen Angiom-Exstirpation ist nicht behandlungsfehlerhaft. Im Rahmen der Eingriffsaufklärung ist der Patient auch nicht über das Für und Wider einer **routinemäßigen Antibiotikaprophylaxe** aufzuklären (OLG Hamm, Urt. v. 26. 1. 2004 – 3 U 157/03, GesR 2004, 181).

Eine Aufklärung über das Thrombose- und Embolierisiko etwa vor der operativen Ausräumung eines infizierten Hämatoms am Oberschenkel ist entbehrlich, weil dieses nicht spezifische Operationsrisiko im Regelfall als allgemein bekannt vorausgesetzt werden kann (OLG Stuttgart, Urt. v. 1. 3. 2005 – 1 U 13/04).

9. Anus praeter

Ein frühzeitig auf ein schwerwiegendes Risiko hingewiesener Patient, etwa der Erforderlichkeit eines Anus praeter bei der Operation wegen Polyposis des Darms braucht nicht erneut auf dieses Risiko hingewiesen zu werden; eine einmal erhaltene deutliche Risikoaufklärung lässt die Einwilligung wirksam bleiben, selbst wenn der Patient zwischenzeitlich das Krankenhaus verlässt, weil er sich zunächst nicht zu dem Eingriff entschließen kann (OLG Köln VersR 1995, 1237).

10. Appendektomie

(Blinddarmoperation, operative Entfernung des Wurmfortsatzes)

Vor einer Appendektomie muss der Patient auf das Risiko einer Peritonitis (Bauchfellentzündung) und das bei dessen Eintritt bestehende Mortalitätsrisiko hingewiesen werden (OLG Hamm VersR 2000, 101).

Ein allgemeiner Hinweis auf die Sterblichkeitsrate ist jedoch nicht erforderlich (BGH NJW 1980, 633).

Ebenso ist ein Hinweis auf die Behandlungsalternative einer herkömmlichen Operation mit Bauchschnitt entbehrlich, weil die offene Operation belastender ist als die vom Chirurgen gewählte laparoskopische Appendektomie (OLG Saarbrücken, Urt. v. 17. 4. 2002 – 1 U 612/01–139, OLGR 2002, 223).

11. Arterienverletzung

Das Risiko einer Arterienverletzung bei einer Harnröhrenschlitzung ist bei der Aufklärung mit dem Hinweis auf die Gefahr von Blutungen und innerlichen Verletzungen hinreichend beschrieben (OLG Hamm, Urt. v. 15. 12. 1997 – 3 U 50/97).

12. Arthroskopie

(Betrachtung der Gelenkhöhle mittels eines speziellen Endoskops, das nach vorangegangener Punktion und Flüssigkeitsinstillation in die Gelenkhöhle eingeführt wird.)

Vor Durchführung einer Arthroskopie des Kniegelenks muss der Patient in einer Weise, die Verharmlosungen vermeidet und den bei ihm festgestellten Risikofaktoren gerecht wird, über die Gefahr einer Thrombose aufgeklärt werden. Zusätzliche Thromboserisiken ergeben sich insbesondere aus dem Alter, einem Übergewicht, einer früheren Thrombose und vorhandenen Krampfadern (OLG Hamm, Urt. v. 22. 11. 1993 – 3 U 70/97).

13. Bandscheibenoperation/Bandscheibenvorfall

Vor einer Bandscheibenoperation ist der Patient insbesondere über folgende Risiken aufzuklären: Querschnittlähmung (BGH NJW 1984, 2629; OLG Dresden VersR 2003, 1257: Lähmungen bis zur Querschnittlähmung; OLG Hamm VersR 1993, 102 und VersR 1992, 1473), Lähmungen oder Bewegungsstörungen auch bleibender Art (OLG Oldenburg VersR 1990, 742; OLG Köln, Urt. v. 16. 3. 2005 – 5 U 63/03, VersR 2005, 1147, 1148), Risiko somatischer Lähmung (BGH NJW 1991, 2346: Grundaufklärung), Schädigung des Nervus ulnaris bei Lagerung in „Häschenstellung" (BGH NJW 1985, 2192), Plexusparese bei Lagerung in „Häschenstellung" (BGH NJW 1984, 1403), Gefahr von intra- oder postoperativen Blutungen (OLG Oldenburg VersR 1990, 742), Möglichkeit des Auftretens einer Liquorzyste (OLG Oldenburg VersR 1990, 742), Beschwerdeprogredienz (OLG Köln, Urt. v. 16. 3. 2005 – 5 U 63/03, VersR 2005, 1147, 1148 mit krit. Anm. Rinke zur Beweislast) evtl. Wundheilungsstörungen (OLG Oldenburg VersR 1990, 742), die mögliche Impotenz, wobei der Hinweis auf das Risiko von Gefühlsstörungen und Nervenschädigungen mit eintretenden Lähmungen als ausreichend erachtet wurde (OLG Hamm R + S 1995, 338; G/G, 5. Aufl., Rz. C 52).

Bei erfolgter Aufklärung über das Risiko von Lähmungen oder Bewegungsstörungen ist das spezielle Risiko des Eintritts einer schmerzhaften Spondylodiszitis (Bandscheibenwirbelentzündung) jedoch nicht aufklärungsbedürftig (OLG Oldenburg VersR 1990, 742).

Wenngleich über das Risiko einer Spondylodiszitis als Unterfall einer Infektion nicht gesondert aufgeklärt werden muss, ist dem Patienten die Tragweite dieses Risikos zu erläutern und zumindest das größtmögliche Risiko einer solchen Komplikation – nämlich Lähmungen bis zur Querschnittlähmung – zu erwähnen. Wird bei der Patientin der Eindruck vermittelt, schlimmstenfalls könne der zuvor bestehende Zustand (dauerhafte Schmerzen) verbleiben, so stellt dies eine unzulässige Verharmlosung der tatsächlichen Risiken dar. Dem kann nicht entgegengehalten werden, die Spondylodiszitis sei als Unterfall einer Entzündung als allgemeines Operationsrisiko beim Patienten regelmäßig als bekannt vorauszusetzen. Sie stellt vielmehr ein spezifisches Risiko der Bandscheibenoperation dar, welches die Gefahr beinhaltet, dass sich die Beschwerden im Vergleich zum Status Quo noch verschlimmern (OLG Dresden VersR 2003, 1257).

Auch das Risiko eines intraoperativ perforierten Massenprolaps (hier: Bandscheibenvorfall) bei Lagerung in „Häschenstellung" bedarf als extrem selten keines Hinweises (OLG Düsseldorf VersR 1991, 1230 – u. E. fraglich).

Vor einer Bandscheibenoperation (bilaterale Laminektomie) muss nicht auf die möglichen Operationstechniken und ihre Risiken (Zugang dorsal oder transthorakal) eingegangen werden (OLG Oldenburg VersR 1997, 978).

Der durch einen Bandscheibenvorfall vorgeschädigte Patient muss vor einer Chirotherapie darüber aufgeklärt werden, dass dieser Eingriff zu Komplikationen wie einer Verlagerung von Bandscheibengewebe und in der Folge zu einer spinalen Wurzelkompression führen kann, die eine nachfolgende Bandscheibenoperation unvermeidbar machen (OLG Stuttgart VersR 1998, 637).

14. Blutspende/Eigenblut

Die mit einer Blutspende im Allgemeinen verbundenen Risiken, insbesondere aber das Risiko eines direkten Nerventraumas durch die eingeführte Nadel und die Möglichkeit bleibender Körperschäden, hierbei etwa irreversible Nervenschädigungen mit chronischen Schmerzen, bedürfen der Selbstbestimmungsaufklärung des Blutspenders.

Diese Aufklärung muss umfassend und in einer auf die Person des Blutspenders abgestellten verständlichen und individuellen Form durch einen Arzt oder eine entsprechend geschulte Person erfolgen. Diesen Anforderungen genügen schriftliche Hinweise auf der Rückseite eines „Fragebogens für Blutspender" („Informationen zur Blutspende") regelmäßig nicht. Im Regelfall können solche Informationsblätter jedoch das Gespräch, in dem sich der Arzt davon überzeugen muss, ob der Patient die schriftlichen Hinweise gelesen und verstanden hat und das ihm die Möglichkeit gibt, auf seine Belange einzugehen und eventuelle Fragen zu beantworten, nicht ersetzen (OLG Zweibrücken, Urt. v. 19. 10. 2004 – 5 U 6/04, NJW 2005, 74, 75 = GesR 2005, 23, 25, bestätigt von BGH, Urt. v. 14. 3. 2006 – VI ZR 279/04, VersR 2006, 838, 840 = NJW 2006, 2108, 2109 mit zust. Anm. Spickhoff NJW 2006, 2075).

Auch ein mündlich erteilter Hinweis auf das Risiko einer „Nervschädigung" würde nicht ausreichen. Denn eine **„Nervschädigung"** weist ein breites Spektrum möglicher Folgen von einer vorübergehenden Schmerzempfindung, einer kurzfristigen Lähmung, einem Taubheitsgefühl bis hin zu chronischen, unbeherrschbaren Schmerzen und dauerhaften Lähmungen wie einer Querschnittlähmung auf und vermittelt dem Patienten demzufolge **keine allgemeine Vorstellung über die mit dem Eingriff verbundenen Gefahren** (BGH, Urt. v. 14. 3. 2006 – VI ZR 279/04, NJW 2006, 2108, 2109: Patient leidet an chronischen Schmerzen im Unterarm).

Patienten sind immer dann über das Risiko einer Infektion mit Hepatitis und AIDS bei der Transfusion von Fremdblut aufzuklären, wenn es für den Arzt ernsthaft in Betracht kommt, dass bei ihnen intra- oder postoperativ eine Bluttransfusion erforderlich werden kann (BGH MDR 1992, 233; OLG Zweibrücken VersR 1998, 1553, 1554).

Nach den ergänzenden Empfehlungen zu den Richtlinien zur Blutgruppenbestimmung und Bluttransfusion der Bundesärztekammer ist dies bei einem „Richtwert von 5 %" der Fall (OLG Zweibrücken VersR 1998, 1553, 1554 = MedR 1999, 224, 226).

Darüber hinaus sind solche Patienten auf den Weg der Eigenblutspende als ernsthafte Alternative zur Transfusion von fremdem Spenderblut hinzuweisen, sofern für sie diese Möglichkeit besteht (BGH MDR 1992, 233).

So ist die Möglichkeit einer alternativen Eigenbluttransfusion vor der Operation von Verwachsungen des Dünndarms und des Dickdarms aufklärungsbedürftig (OLG Hamm VersR 1995, 709; G/G, 5. Aufl., Rz. C 34).

Ist die Eigenbluttransfusion kontraindiziert, stellt sie keine ernsthafte, aufklärungspflichtige Alternative zur Fremdbluttransfusion dar (OLG Köln VersR 1997, 1534).

Nimmt ein Gynäkologe zur Abklärung einer Unterbauchschmerzsymptomatik, etwa bei Verdacht einer Zyste am Eierstock der Patientin, eine diagnostische Laparoskopie vor, so muss er wegen des extrem seltenen Risikos einer Blutung und dadurch erforderlicher Bluttransfusion nicht über die Möglichkeit der Eigenblutspende aufklären; in diesem Falle ist die Erforderlichkeit einer Fremdbluttransfusion nicht vorhersehbar (OLG Zweibrücken VersR 1998, 1553).

Auch wenn ein Patient vor einer größeren Operation über die Möglichkeit einer ernsthaft in Betracht kommenden Eigenbluttransfusion nicht aufgeklärt wurde, haftet der Arzt nur dann, wenn festgestellt werden kann, dass durch die Bluttransfusion eine Infektion verursacht wurde; den Patienten trifft die Beweislast, dass eine Blutkonserve kontaminiert war (LG Nürnberg-Fürth VersR 1998, 461; vgl. → *Anscheinsbeweis*, S. 28 ff.).

Die Unterlassung der Belehrung über die Risiken einer Bluttransfusion begründet nicht ohne weiteres eine Haftung des Arztes wegen einer nachfolgend aufgetretenen Aidserkrankung, wenn bei dem Patienten infolge gastrointestinaler Blutungen ein erheblicher Blutverlust eingetreten war und keine ernsthaften Behandlungsalternativen bestanden (OLG Düsseldorf VersR 1996, 1240).

15. Brustwirbeloperation

Vor einer Brustwirbeloperation muss auf das Risiko einer Querschnittlähmung hingewiesen werden (BGH NJW 1976, 365; OLG Oldenburg VersR 1997, 978).

16. Chirotherapie

Vor der Durchführung einer Chirotherapie muss der Patient über das Risiko einer Intimaverletzung (Gefäßverletzung) mit Basilaristhrombose (Ischämie, ggf. Schlaganfall bzw. Ausfall von Hirnnerven) (OLG Bremen VersR 1991, 425), auch über eine mögliche Verlagerung von Bandscheibengewebe mit der Folge einer spinalen Wurzelkompression aufgeklärt werden, jedenfalls sofern er durch einen Bandscheibenvorfall vorgeschädigt ist (OLG Stuttgart VersR 1998, 637).

Vor einer chiropraktischen Therapie an den oberen Halswirbeln bei einem Cerebralsyndrom ist das Risiko der Schädigung der Arteria vertebralis jedoch nicht aufklärungsbedürftig (OLG Schleswig VersR 1989, 1301; G/G, 5. Aufl., Rz. C 52).

17. Computertomogramm, Nichterstellung

Ist die Erstellung eines Computertomogramms (CT) nach durchschnittlichem ärztlichem Standard nicht geboten, muss der Patient nicht befragt werden, ob ein CT angefertigt werden soll, auch wenn dies von einem überdurchschnittlich sorgfältig und gewissenhaft arbeitenden Arzt angeordnet worden wäre (OLG Nürnberg, Urt. v. 6. 11. 2000 – 5 U 1116/00, OLGR 2002, 66).

18. Dammschnitt (Episiotomie)

Über mögliche gesundheitliche Folgen eines Dammschnittes (von der Scheide her ausgeführte teilweise Dammdurchtrennung zur Verhütung eines Dammrisses bzw. zur Erleichterung der Geburt) muss nicht aufgeklärt, Details über dessen Versorgung müssen nicht dokumentiert werden (OLG Braunschweig NJW-RR 2000, 238).

19. Diagnosemiteilung, fehlerhafte

Dem Arzt obliegt die grundsätzliche Pflicht, den Patienten durch die Art und den Inhalt der Diagnosemitteilung bzw. Diagnoseaufklärung nicht in unnötige Ängste zu versetzen und ihn nicht unnötig zu belasten (OLG Bamberg, Urt. v. 24. 3. 2003 – 4 U 172/02, VersR 2004, 198; LG Cottbus, Urt. v. 1. 10. 2003 – 3 O 115/03, MedR 2004, 231, 232; OLG Oldenburg VersR 1990, 742).

Diese Pflicht des Arztes ist jedenfalls dann verletzt, wenn *erstens* die eröffnete Diagnose objektiv falsch ist, *zweitens* dafür auch keine hinreichende tatsächliche Grundlage besteht, *drittens* sie den Laien auf eine schwere, unter Umständen lebensbedrohliche Erkrankung schließen lässt und *viertens* die Art und Weise der Mitteilung unter den gegebenen Umständen auch geeignet ist, den Patienten in psychischer Hinsicht schwer zu belasten, insbesondere bei ihm Überreaktionen auszulösen (OLG Bamberg, Urt. v. 24. 3. 2003 – 4 U 172/02, VersR 2004, 198; auch OLG Braunschweig VersR 1990, 57; OLG Celle, VersR 1981, 1184; OLG Köln VersR 1988, 139; 1988, 385).

So rechtfertigt die Eröffnung der unzutreffenden Diagnose „Hodenkrebs", aufgrund derer der Patient einen Monat in Todesangst lebt, ein Schmerzensgeld in Höhe von 2.500,00 Euro (OLG Bamberg, Urt. v. 24. 3. 2003 – 4 U 172/02, VersR 2004, 198).

20. Dickdarmoperation

Vor einer Dickdarmoperation ist u.a. über das Risiko von Nervenverletzungen, nicht jedoch gesondert über die extrem seltene Komplikation eines Kompartementsyndroms an den Unterschenkeln aufzuklären (OLG Hamm, Urt. v. 3. 5. 1005 bei Bergmann/Müller MedR 2006, 650, 651).

21. Diskographie (Röntgenkontrastdarstellung einer Bandscheibe)

Wurde der Patient vor der Durchführung einer Diskographie sowie einer Lasernervenwurzeldekompression zur Behebung von Bandscheibenbeschwerden über das Risiko einer Peronäusparese (Fußheberschwäche), nicht jedoch über das Risiko einer Impotenz sowie das schwerstmögliche Risiko einer Querschnittlähmung aufgeklärt und treten nach dem Eingriff sowohl gravierende Potenzstörungen als auch eine Fußheberschwäche auf, so haftet der Arzt dem Patienten für den gesamten Gesundheitsschaden (BGH, Urt. v. 30. 1. 2001 – VI ZR 353/99, NJW 2001, 2798 = VersR 2001, 592).

22. Epilepsieanfälle

Eine ordnungsgemäße Aufklärung des Patienten setzt voraus, dass dieser nicht nur über das Risiko der geplanten Operation, sondern bei herabgesetzter Erfolgsaussicht des Eingriffs wenigstens in den Grundzügen darüber unterrichtet wird, welche Chancen die geplante Operation für eine Heilung oder Linderung der Beschwerden bietet (KG, Urt. v. 15. 12. 2003 – 20 U 105/02, VersR 2005, 1399). So muss der Patient nicht nur darauf hingewiesen werden, dass der operative Eingriff zur Linderung oder Beseitigung einer Epilepsie die wenn auch geringen Risiken einer halbseitigen Lähmung sowie von Gesichtsfeldeinschränkungen in sich birgt, sondern auch darauf, dass eine wahrscheinlich bleibende Anfallsfreiheit nur in 65 % der operierten Temporallappen-Epilepsien eintritt (KG, Urt. v. 15. 2. 2003 – 20 U 105/02, VersR 2005, 399, 1400).

23. ERCP

(Endoskopische retrograde Cholangio- und Pankreatographie/Spiegelung des Gallengangs und des Pankreasgangsystems)

Vor einer ERCP muss der Patient auf die seltene Möglichkeit einer Bauchspeicheldrüsenentzündung hingewiesen werden (OLG München NJW-RR 1994, 1308). Das Letalitätsrisiko mit ca 0,01 % ist jedoch nicht aufklärungspflichtig (OLG Zweibrücken NJW-RR 1995, 1305; a. A. OLG Celle, Urt. v. 30. 9. 2002 – 1 U 7/02, VersR 2004, 384, 385).

Eine Haftung wegen versäumter Aufklärung über das Letalitätsrisiko kann jedoch entfallen, wenn der Patient nicht mehr aufklärungsbedürftig war, weil er die sich aus dem Eingriff ergebende schlimmstmögliche Folge bereits kannte. Dies ist etwa dann der Fall, wenn sich in der Familie des Patienten bereits ein Todesfall nach einer Gallengangsspiegelung ereignet hatte, in deren Folge es zu einer Entzündung der Bauchspeicheldrüse mit nachfolgendem Tod des Patienten kam (OLG Celle, Urt. v. 30. 9. 2002 – 1 U 7/02, VersR 2004, 384, 385; vgl. auch BGH, Urt. v. 25. 3. 2003 – VI ZR 131/02, GesR 2003, 264, 265: Haftung wegen fehlerhafter Aufklärung entfällt, wenn der Patient über das maßgebliche Risiko bereits anderweitig aufgeklärt worden ist).

24. Gallenoperation/Gallensteinleiden (vgl. auch → *Klage (Muster)*)

Eine laparoskopische Cholezystektomie (Entfernung der Gallenblase im Wege der Bauchspiegelung bei Gallenblasensteinleiden) ist nicht mit größeren oder anders gelagerten Risiken verbunden als ein laparotomisches Vorgehen (Entfernung der Gallenblase nach Öffnung des Bauchraumes durch einen Bauchschnitt; OLG Düsseldorf VersR 2000, 456).

Die Laparoskopie weist gegenüber der Laparotomie sogar ein deutlich geringeres Letalitäts- und Morbiditätsrisiko auf und enthält in Bezug zu Gallenwegsverletzungen kein höheres, sondern ein etwa gleichgroßes Risiko, so dass die **laparoskopische Methode keine ernsthafte, aufklärungspflichtige Alternative gegenüber der laparotomischen Methode** darstellt (OLG Brandenburg NJW-RR 2000, 24, 27).

Der Arzt hat im Rahmen der präoperativen Aufklärung allerdings darauf hinzuweisen, dass im Fall ungünstiger anatomischer Verhältnisse, etwa bei massiven Verwachsungen ein **Wechsel zur konventionellen Laparotomie** erforderlich werden kann (OLG Düsseldorf VersR 2000, 456; vgl. auch Bergmann/Müller MedR 2005, 650, 651: radiologische Darstellung des Gallangangsystems bei unklarer anatomischer Situation zur Vermeidung einer Verletzung des Hauptgallenganges erforderlich).

Der Patient muss vor der Durchführung der Laparoskopie zur Entfernung der Gallenblase (OLG Düsseldorf VersR 2000, 456) wie auch vor einer Magenresektion (OLG Karlsruhe VersR 1998, 718) darüber aufgeklärt werden, dass es dabei zu einer **Durchtrennung des Hauptgallengangs** mit nachfolgender Entzündung der Gallenwege und des gesamten Bauchraums u. a. kommen kann.

Die Beweislast für die Richtigkeit der Erläuterung der Eingriffsdringlichkeit obliegt auch hier der Arztseite (BGH NJW 1990, 2928).

25. Gebärmutter

Vor einem Eingriff, der nur zum Zweck der Empfängnisverhütung indiziert ist, muss die Patientin über das typische Risiko einer Gebärmutterperforation aufgeklärt werden (OLG München MedR 1991, 34).

26. Handgelenksverletzung

Ist die Behandlung einer Handgelenksverletzung mit mehreren medizinisch gleichermaßen indizierten Methoden konservativ und operativ möglich, die konservative Behandlung bei zumindest nahezu gleichwertigen Erfolgsaussichten aber weitaus üblicher, so stellt die Möglichkeit einer operativen Therapie keine aufklärungspflichtige, ernsthafte Alternative dar (OLG Naumburg, Urt. v. 6. 6. 2005 – 1 U 7/05, OLGR 2005, 859 = MDR 2006, 333; vgl. hierzu oben S. 164 f., 183 f.).

Kommen zur Korrektur einer dislozierten Radiusbasisfraktur eine **konservative wie auch eine operative Behandlung** in Betracht, bietet die – mit der Gefahr einer Entzündung verbundene – Operation aber die besseren Wiederherstellungschancen, so sind die unterschiedlichen Therapiemöglichkeiten sowie ihre jeweiligen Chancen und Risiken mit dem Patienten zu erörtern (OLG Düsseldorf, Urt. v. 13. 2. 2003 – 8 U 41/02; VersR 2005, 230).

27. Hallux valgus

Vor einer Operation des Hallux valgus (Deformität der Großzehe) muss über das Misserfolgsrisiko bei beschränkter Erfolgsaussicht (BGH VersR 1989, 189, 190), über das Risiko von (Teil-)Versteifungen (OLG Oldenburg VersR 1998, 1285), das Risiko der Versteifung des Großzehen (OLG Karlsruhe, Urt. v. 26. 6. 2002 – 7 U 4/00, MedR 2003, 229), nicht jedoch über die verschiedenen Operationsverfahren (in der Praxis über 100!) aufgeklärt werden (OLG Oldenburg VersR 1998, 1285; KG VersR 1993, 189; OLG Karlsruhe, Urt. v. 26. 6. 2002 – 7 U 4/00, MedR 2003, 229).

28. Harninkontinenz

Besteht bei der Entfernung einer Narbenstruktur im Bereich des Schließmuskels der Harnröhre die Gefahr, dass bei Durchtrennung des Narbengewebes der Schließmuskel seine Funktionsfähigkeit einbüßt, was eine Harninkontinenz zur Folge hat, so muss der Patient auf dieses Risiko hingewiesen werden (OLG Köln VersR 1990, 311).

29. Hodenatrophie

Vor einer Leistenbruchoperation ist der Patient u. a. auf die Gefahr einer Hodenatrophie (Schwund des Hodengewebes) hinzuweisen (OLG Stuttgart VersR 1998, 1111; OLG München VersR 1995, 95; BGH NJW 1980, 2751).

30. Hornhaut/Hyperopiekorrektur

Ein Augenarzt hat den Patienten nachdrücklich darüber zu informieren, dass die lediglich aus kosmetischen Gründen gewünschte Hyperopiekorrektur (Beseitigung der Weitsichtigkeit) unter Einsatz eines Excimer-Lasers mit der Gefahr einer beträchtlichen Schädigung der intakten Hornhautstruktur, Narbenbildungen, möglichen Wundheilungsstörungen, Lichtempfindlichkeit und einer Überkorrektur u. a. verbunden sein kann (OLG Düsseldorf NJW 2001, 900).

31. Hüftgelenksoperation

Unter mehreren praktisch gleichwertigen Methoden, etwa des Zugangs zur Implantation einer Hüftendoprothese, darf ein Operateur das nach seinem Ermessen am besten geeignete Verfahren bevorzugen, insbesondere ein solches, für das er nachgewiesenermaßen die größte Erfahrung besitzt. Über unterschiedliche, hinsichtlich Chancen und Risiken im Wesentlichen gleichwertige **Zugangsmöglichkeiten zum Operationsgebiet** muss i. d. R. **nicht aufgeklärt** werden (OLG München, Urt. v. 29. 11. 2001 – 1 U 2554/01, OLGR 2002, 419; ebenso OLG Bamberg OLGR 2003, 300).

Vor einer Hüftgelenksoperation muss u. a. auf die Möglichkeit **dauerhafter Nervschädigungen** hingewiesen werden (OLG Oldenburg NJW 1997, 1642; OLG Koblenz VersR 1992, 963), ebenso auf eine mögliche **Hüftkopfnekrose** bzw. einen Schenkelhalsbruch nach einem nicht immer vermeidbaren Fehlschlagen einer Abduktionsosteotomie (BGH VersR 1985, 969).

Bei einer Hüftgelenksprothese liegt die **Wahl des Prothesenmodells** bei gleichwertigen Modellen im Rahmen der ärztlichen Therapiefreiheit; so kann eine nicht zementierte Totalendoprothese statt einer zementierten Prothese eingesetzt (OLG München, Urt. v. 14. 11. 1991 – 1 U 6324/90, für 1986) oder die

Materialkombination Metall/Polyäthylen statt Keramik/Polyäthylen gewählt werden (OLG Karlsruhe, Urt. v. 10. 7. 2002 – 7 U 159/01, OLGR 2002, 392, 393). Nach Auffassung des OLG Oldenburg (VersR 1997, 1535) ist dagegen bereits bei der Operationsplanung der Hinweis auf unterschiedliche Implantatmaterialien, die zur Verwendung kommen können, erforderlich.

Wird der Patient auch auf das Risiko der Lockerung des künstlichen Gelenks und darauf, dass ein Dauererfolg nicht unbedingt erwartet werden kann, hingewiesen, ist es unschädlich, wenn die **Gefahr eines Materialbruchs** nicht ausdrücklich erwähnt wird (OLG München, Urt. v. 14. 11. 1991 – 1 U 6324/90).

Das Risiko einer Schädigung des Nervus femoralis (OLG Koblenz VersR 1992, 953; G/G, 5. Aufl., Rz. C 52) sowie das **Thrombose- bzw. Embolierisiko** ist vor der Durchführung einer Hüftgelenksoperation aufklärungsbedürftig (OLG Köln VersR 1990, 662).

Die Anwendung des **computerunterstützten Fräsverfahrens ("Robodoc")** am coxalen Femur (Hüft-Oberschenkelknochen) bei der Implantation einer Hüftgelenksendoprothese stellt nicht bereits als solche einen Behandlungsfehler dar. Im Jahr 1995 setzte die Anwendung dieses (seit 2004 nicht mehr angewandten) neuen Verfahrens jedoch voraus, dass die Ärzte den Patienten darüber aufgeklärt haben, dass es sich um eine neue Methode mit noch nicht abschließend geklärten Risiken handelt, die noch nicht lange praktiziert wird und dass es daneben noch das herkömmliche Verfahren mit ausschließlich manueller Technik gibt; dem Patienten mussten und müssen außerdem die wesentlichen Unterschiede beider Verfahren erklärt werden, insbesondere, dass die Operation mit der neuen Methode länger dauert und dass eine Voroperation zur Anbringung von Pins (Markierungsstifte) am Oberschenkelknochen erforderlich ist (OLG Frankfurt, Urt. v. 7. 12. 2004 – 8 U 194/03, NJW 2005, 173, 175; bestätigt von BGH, Urt. v. 13. 6. 2006 – VI ZR 323/04, VersR 2006, 1073, 1074 = GesR 2006, 411, 412 f.).

32. Hygiene

Über hygienische Defizite, die sich in einem Operationssaal aus veralteten räumlichen Verhältnissen ergeben, muss dann nicht aufgeklärt werden, wenn sie durch anderweitige hygienische Vorkehrungen kompensiert werden; die Durchführung einer Operation unter solchen Umständen stellt sich dann auch nicht als behandlungsfehlerhaft dar (OLG Saarbrücken VersR 1992, 52).

33. Hysterektomie
(operative Entfernung der Gebärmutter)

Vor der Durchführung einer Hysterektomie muss die Patientin insbesondere über folgende Risiken aufgeklärt werden:

Läsion des Harnleiters (BGH NJW 1985, 1399; NJW 1984, 1807), einer Verletzungsfistel (OLG Köln VersR 1990, 489; a. A. OLG Nürnberg VersR 1996, 1372), einer postoperativen Darmnekrosefistel (OLG Köln VersR 1983, 277; G/G, 5. Aufl., Rz. C 53: offengelassen, ob auch Nekrosefistel aufklärungsbedürftig), einer Blasen- oder Scheidenfistel (OLG Hamm VersR 1991, 667), einer Verletzung von Blase oder Darm (OLG Nürnberg VersR 1996, 1372) bzw. der Nachbarorgane (OLG Hamm VersR 1991, 667), einer bleibenden Harninkontinenz (OLG Köln VersR 1990, 311) sowie der Durchtrennung des Nervus femoralis (Oberschenkelnerv, bei Schädigung ist die Streckung im Kniegelenk unmöglich bzw. eingeschränkt; BGH VersR 1993, 228).

Vor Durchführung einer vaginalen Hysterektomie sind andere in Betracht kommende Ursachen der klinischen Beschwerden im gebotenen Umfang abzuklären. Eine sofortige vaginale Hysterektomie darf nur vorgenommen werden, wenn die Patientin über diese Verfahrensweise und den Verzicht auf eine Abrasio (Ausschabung) zur Abklärung der Ursachen für eine Blutungsstörung aufgeklärt worden ist (OLG Hamm VersR 2001, 461, 462).

34. Impfung

Grundsätzlich muss auch über äußerst seltene Risiken aufgeklärt werden, wenn das betreffende Risiko dem Eingriff spezifisch anhaftet und es bei seiner Verwirklichung die Lebensführung des Patienten besonders belastet (BGH VersR 2000, 725, 726 = MDR 2000, 701). Dies gilt auch für öffentlich empfohlene Impfungen wie eine Impfung mit lebenden Polioviren, die eine Schadenshäufigkeit von 1 zu 4,4 Mio. aufweist.

Bei derartigen Routinemaßnahmen genügt es jedoch, wenn dem Patienten nach **schriftlicher Aufklärung** mit dem Hinweis, „selten treten fieberhafte Reaktionen auf, extrem selten Lähmungen, ein Fall auf 5 Mio. Impfungen" Gelegenheit zu weiteren Informationen durch ein Gespräch mit dem Arzt gegeben wird und dieser andernfalls von einer mündlichen Erläuterung absieht (BGH VersR 2000, 725, 728 = MDR 2000, 701, 702; insoweit zustimmend Terbille MDR 2000, 1012, 1013; a. A. Spickhoff NJW 2001, 1757, 1763 und NJW 2006, 2075, 2077).

Bei einer im Jahr 1989 durchgeführten Polio-Impfung bestand für den Arzt keine Verpflichtung, vor oder nach der Impfung einen Hinweis des Inhalts auszusprechen, dass für Kontaktpersonen eine Ansteckungsgefahr besteht (OLG Hamm NJW-RR 2000, 1266).

Für die späteren Jahre hat der BGH (MDR 1995, 585) eine solche Aufklärungspflicht jedoch bejaht. Im entschiedenen Fall hatte ein mit abgeschwächten Lebendviren gegen Kinderlähmung geimpfter Säugling einen Angehörigen mit Polio angesteckt.

Nach Ansicht des BGH hätte die für den Säugling sorgeberechtigte Person entsprechend den Warnhinweisen der Herstellerin des Impfstoffs über die Ansteckungsgefahr für Kontaktpersonen für sechs bis acht Wochen aufgeklärt werden müssen (BGH VersR 1994, 1228 = MDR 1995, 585; Deutsch VersR 2003, 801, 803).

Selbst bei Bejahung einer solchen Hinweispflicht obliegt der Nachweis, dass die durch die Unterlassung eingetretene Erkrankung auf eine Ansteckung durch die geimpfte Person zurückzuführen ist, dem Geschädigten; der – unterstellte – Behandlungsfehler des mangelnden Hinweises ist nicht als „grob" anzusehen

(OLG Hamm NJW-RR 2000, 1266, 1267; ebenso OLG Stuttgart MedR 2000, 35, 37).

Der Geschädigte trägt sowohl für den Vorwurf der ungenügenden oder fehlerhaften Aufklärung als auch für das Vorliegen eines mit der Impfung zusammenhängenden Behandlungsfehlers und dessen Kausalität für den eingetretenen Primärschaden die Beweislast (OLG Stuttgart MedR 2000, 35, 36; zum fehlenden Kausalzusammenhang: OLG Koblenz VersR 1996, 855; KG VersR 2002, 438; LG Waldshut-Tiengen, bei Deutsch VersR 2003, 801, 804).

Soweit über die Impfrisiken nicht hinreichend aufgeklärt worden ist, kommt eine Beweislastumkehr allein aus diesem Grund nicht in Betracht (KG VersR 2002, 438; OLG Stuttgart MedR 2000, 35, 36; a. A. Deutsch VersR 2003, 801, 805: Anscheinsbeweis dahingehend, dass im Fall einer Impfung die Infektion nicht aufgetreten wäre).

Auch für einen Kinderarzt besteht keine Verpflichtung, im Rahmen einer Keuchhustenimpfung mit Pertussisganzkeimvakzinen über das Risiko eines zerebralen Krampfanfallleidens aufzuklären, weil es sich hierbei um eine nicht spezifische und nur äußerst selten auftretende Komplikation handelt (OLG Celle, Urt. v. 24. 9. 2001 – 1 U 70/00, VersR 2003, 859 = OLGR 2002, 29).

35. Infektionen

Vor einer **Punktion des Kniegelenks** muss der Patient über das damit verbundene, regelmäßig **unter 1 % liegende Infektionsrisiko** aufgeklärt werden (OLG Hamm VersR 2000, 323, 324: 0,4–0,6 %; VersR 1992, 610: Infektion/Empyem; BGH NJW 1994, 2414). Ergeben sich nach einer Punktion des Kniegelenks Infektionsanzeichen, so müssen zur weiteren Abklärung neben einer Röntgendiagnostik eine Serologie und eine bakteriologische Untersuchung des Punktats erfolgen (OLG Hamm VersR 2000, 323).

Auch vor einer Infiltrationsbehandlung mit einem kortisonhaltigen Mittel muss der Patient auf das Infektionsrisiko hingewiesen werden (OLG Karlsruhe VersR 1994, 860).

Gleiches gilt vor einer intraartikulären Injektion in andere Gelenke (OLG Oldenburg VersR 2000, 23), wobei das extrem seltene Risiko einer tödlich verlaufenden Sepsis nach einer Injektion in das Schultergelenk bei erteilter Grundaufklärung nicht aufklärungsbedürftig ist (BGH NJW 1989, 1533).

Nach Ansicht des OLG Schleswig (VersR 1989, 810; a. A. aber G/G, 5. Aufl., Rz. C 58, C 52) muss vor einer intraartikulären Punktion des Kniegelenks bei starkem Erguss zwar auf das Infektionsrisiko, nicht aber auf die Möglichkeit einer Versteifung hingewiesen werden.

Das mit jedem operativen Eingriff verbundene allgemeine Infektionsrisiko, etwa vor einer Hallux valgus-Operation (BGH NJW 1996, 788; G/G, 5. Aufl., Rz. C 47) oder das Wundinfektionsrisiko vor der Operation zur Entfernung eines Meningeoms (OLG Düsseldorf VersR 1988, 1132) ist jedoch nicht aufklärungsbedürftig.

36. Injektionen

Vor einer intrartikulären Injektion eines kortisonhaltigen Mittels in das Schultergelenk ist der Patient auf die seltene Gefahr einer **Infektion des Gelenks** mit der möglichen Folge einer Schulterversteifung hinzuweisen (BGH NJW 1989, 1533).

Vor einer intraarteriellen Injektion muss darüber hinaus generell auf das **Risiko der Versteifung** des jeweiligen Gelenks hingewiesen werden (OLG Oldenburg VersR 1995, 786), bei Injektionen in das Kniegelenk eines unterschenkelamputierten Patienten auch dann, wenn die Wahrscheinlichkeit einer Infektion nur bei 1 zu 100 000 liegt (OLG Hamm VersR 1992, 610).

Sollten vor einer Nasenscheidewandoperation Injektionen mit gefäßverengenden Stoffen in die Septumschleimhaut erfolgen, so ist der Patient auch über das **Erblindungsrisiko** aufzuklären (OLG Nürnberg VersR 1992, 754).

Aufklärungsbedürftig sind vor Injektionen auch mögliche **Nervenverletzungen, Kreislauf- und Unverträglichkeitsreaktionen sowie die Gefahr von Entzündungen** (OLG Hamm VersR 1996, 197).

Über das Risiko eines **Spritzenabszesses** – im entschiedenen Fall mit der Folge eines 7-wöchigen Krankenhausaufenthaltes und notwendiger Hauttransplantation – vor der Verabreichung einer Infiltrationsspritze zur Linderung von Schmerzen muss der Arzt (vorliegend: Orthopäde) nicht aufklären. Denn das allgemeine Abszedierungsrisiko bei einer Infiltration liegt in einer Größenordnung von 1:10 000 und darunter, soweit es um schwere Folgen geht. Angesichts dieses geringen Risikos ist ein Hinweis nur dann angezeigt, wenn es zu einer vitalen Bedrohung oder zu einer gesundheitlichen Beeinträchtigung kommen kann, die grundlegende, unerlässliche geistige, hirnspezifische oder psychische Funktionen betrifft (LG Bremen, Urt. v. 20. 12. 2001 – 6 O 2653/00, VersR 2003, 1581).

Das Auftreten eines Abszesses nach einer in den rechten Oberschenkel zur Schmerzlinderung verabreichten Infiltrationsspritze lässt auch nicht den Schluss auf das Vorliegen eines Behandlungsfehlers zu (LG Bremen a. a. O.).

37. Kardiale Erkrankung

Ergibt das in einer internistischen Gemeinschaftspraxis aufgezeichnete EKG Anzeichen für eine bedeutsame kardiale Erkrankung, so ist nicht nur der Arzt, der das EKG aufgezeichnet hat, sondern auch der die Behandlung fortsetzende Arzt verpflichtet, dem Patienten die erforderliche Aufklärung über die sich aus dem EKG ergebenden Risiken zu erteilen (OLG Köln VersR 1992, 1231). Dies gilt selbst bei erfolgter Voraufklärung von Dritten (OLG Oldenburg VersR 1992, 1005).

Vor einer Herzkathederuntersuchung ist auf das Risiko einer Hirnembolie mit Halbseitenlähmung hinzuweisen (OLG Celle VersR 1988, 829).

38. Knieoperationen

Vgl. hierzu auch *Injektionen* (S. 290), *Infektionen*, (S. 289)

Bei der Implantation einer Knieendoprothese stellt die mit der **völligen Einstei-fung des Gelenks** verbundene Arthrodese gegenüber der Endoprothese keine ernsthafte Behandlungsalternative dar (OLG Oldenburg, Urt. v. 30. 3. 2005 – 5 U 66/03, VersR 2006, 517).

39. Linderung von Beschwerden

Eine Aufklärung über Behandlungsalternativen muss auch dann erfolgen, wenn die alternativ in Betracht kommende Maßnahme zwar nicht zur Heilung führt, aber bei ungleich geringerem Risiko und geringerer Belastung zumindest für eine gewisse Zeit zur Linderung der Beschwerden und Beeinträchtigungen des Patienten führt (OLG Karlsruhe, Urt. v. 9. 10. 2002 – 7 U 107/00, GesR 2003, 86).

40. Lipomentfernung

Vor einer operativen Lipomentfernung muss der Patient u.a. über das Risiko der **Entstehung einer nekrotisierenden Fasziitis** (Absterben des Fasziengewebes, kann bei unterlassener, zügiger antibiotischer Behandlung und ggf. operativer Intervention zum Tod führen) aufgeklärt werden. Bei der Operationsempfeh-lung für eine nur relativ indizierte Lipomentfernung muss nicht auf die bestehende Möglichkeit eines weiteren Abwartens hingewiesen werden, wenn dem Patienten die voraussichtliche Gutartigkeit der Geschwulst und die Alter-native des Zuwartens aufgrund der Angaben seines Hausarztes bekannt sind (OLG Hamm, Urt. v. 11. 10. 2004 – 3 U 93/04, GesR 2006, 30, 31).

41. Lymphknotenexstirpation
(Diagnostische Entfernung von Lymphknoten)

Vor einer Lymphknotenexstirpation muss der Patient auf die Möglichkeit der **Lähmung des Nervus accessorius** (Lähmung des Nerven, führt zur Kopfneigung zur gesunden und Kinndrehung zur kranken Seite) hingewiesen werden (BGH NJW 1986, 2885; VersR 1981, 677).

42. Markierungsmöglichkeit

Über die fehlende Markierungsmöglichkeit eines Operationsfeldes muss eine Patientin nach Ansicht des OLG Oldenburg (NJW-RR 1999, 610) regelmäßig nicht aufgeklärt werden. Nach gegenteiliger Auffassung des OLG Koblenz (Urt. v. 14. 4. 2005 – 5 U 667/03, NJW-RR 2005, 815, 816 = VersR 2005, 1588) ist die Patientin vor einer Brustoperation oder deren Weiterführung ergänzend auf die Gefahr hinzuweisen, dass das verdächtige Gewebe verfehlt und stattdessen gesundes Gewebe entfernt wird bzw. werden kann, wenn die Drahtmarkierung des maßgeblichen Befundes misslingt.

43. Nachträgliche Befunde

Ergeben nachträgliche Befunde einen Indikation für einen medizinischen Eingriff, der ohne wirksame Einwilligung vorgenommen wurde und deshalb rechtswidrig ist, rechtfertigt dieser Umstand den Eingriff regelmäßig nicht (BGH, Urt. v. 18. 3. 2003 – VI ZR 266/02, VersR 2003, 858).

44. Nebenwirkungen eines Medikaments

Der Arzt ist verpflichtet, den Patienten über **Nebenwirkungen** eines diesem verabreichten Medikaments aufzuklären, jedenfalls, wenn diese **erheblich** sind und im Beipackzettel des Herstellers oder in von diesem herausgegebenen Fachinformationen genannt werden (OLG Hamburg VersR 1996, 1537).

Auch die Medikation mit aggressiven bzw. nicht ungefährlichen Arzneimitteln ist als **ärztlicher Eingriff** im weiteren Sinn anzusehen, so dass die Einwilligung des Patienten in die Behandlung mit dem Medikament unwirksam ist, wenn er nicht über dessen gefährliche Nebenwirkung aufklärt (BGH, Urt. v. 15. 3. 2005 – VI ZR 289/03, NJW 2005, 1716, 1717 = VersR 2005, 834, 835 = MDR 2005, 989; vgl. hierzu auch OLG Düsseldorf OLG-Report 2003, 387, 389; OLG Hamburg VersR 1996, 1537; OLG Hamm VersR 1989, 195; OLG Oldenburg VersR 1996, 69; Koyuncu GesR 2005, 289 ff.; Stöhr, RiBGH, GesR 2006, 145 ff.). Zudem kommt (kumulativ) auch eine Verletzung der Pflicht zur Sicherungsaufklärung (therapeutische Aufklärung) in Betracht (Stöhr, RiBGH, GesR 2006, 145, 148).

Kommen schwerwiegende Nebenwirkungen wie etwa ein Hirninfarkt oder Schlaganfall nach der Einnahme eines Antikonzeptionsmittels in Betracht, so ist neben dem Hinweis in der Gebrauchsinformation des Herstellers auch eine **Aufklärung durch den das Medikament verordnenden Arzt** erforderlich (BGH, Urt. v. 15. 3. 2005 – VI ZR 289/03, NJW 2005, 1716, 1717 = VersR 2005, 834, 835: Hirninfarkt/Schlaganfall nach Verabreichung eines östrogen- gestagenhaltigen Medikaments an eine Raucherin; Stöhr, RiBGH, GesR 2006, 145, 148: als Eingriffsaufklärung und/oder Sicherungsaufklärung).

45. Nervschädigungen

a) Bandscheibenoperation (s. o. *Bandscheibenoperation*)

b) Bestrahlung, Plexuslähmung

Auf die Möglichkeit des Eintritts einer **Plexuslähmung** (Funktionsausfall eines Nervengeflechts, i. d. R. des Armgeflechts) muss auch vor einer Bestrahlung bei Morbus Hodgkin (BGH NJW 1984, 1397; OLG Frankfurt VersR 1989, 254), nach einer Mastektomie (operative Entfernung der weiblichen Brustdrüse bei malignen Tumoren; BGH NJW 1990, 1528; OLG Koblenz VersR 1990, 489; OLG Celle VersR 1981, 1184) und nach Durchführung einer Lymphknotenexstirpation (OLG Zweibrücken VersR 1987, 108 für das Jahr 1975) hingewiesen werden.

c) Nervschädigungen bei Hüft- und Knieoperationen

Vor einer Verkürzungsosteotomie (Knochendurchtrennung, meist mit anschließender Vereinigung und Verkürzung der reponierten Knochenfragmente; OLG Hamm VersR 1986, 897) muss der Patient ebenso wie bei einer Verlängerungsosteotomie (OLG Koblenz VersR 1989, 629) auf das Risiko einer Nervschädigung, insbesondere auch der **Schädigung des Nervus peronaeus** (Funktionsausfall des die Fußhebung ermöglichenden Nerven; OLG Koblenz VersR 1989, 629) hingewiesen werden.

d) Querschnittlähmung

Auf das, auch äußerst seltene, im Promillebereich liegende Risiko einer Querschnittlähmung muss insbesondere hingewiesen werden vor einer Bandscheibenoperation (BGH NJW 1984, 2629, NJW 1991, 2346; OLG Hamm VersR 1992, 1473; G/G, 5. Aufl., Rz. C 61; S/Pa, Rz. 357), Brustwirbeloperation (BGH NJW 1976, 365), Halswirbeloperation (OLG Oldenburg VersR 1988, 695; G/G, 5. Aufl., Rz. C 61), Herzoperation (BGH NJW 1989, 1541; OLG Saarbrücken VersR 1992, 756; G/G, 5. Aufl., Rz. C 61), vor der Operation einer angeborenen Aortenstenose (Verengung der Aorta oder Aortenklappe; BGH NJW 1991, 2344; OLG Stuttgart VersR 1987, 515; OLG Schleswig VersR 1996, 634; S/Pa, Rz. 358), vor schmerzchirurgischen Eingriffen am Rückenmark (OLG Celle VersR 1992, 749), Strahlentherapien bei Morbus Hodgkin (OLG Frankfurt VersR 1989, 254; BGH NJW 1984, 1397), vor einer Myelographie (Röntgenkontrastdarstellung des Wirbelkanals, die in vielen Fällen durch CT und Kernspintomographie ersetzt werden kann; BGH NJW 1996, 777; NJW 1995, 2410; VersR 1988, 832), und zwar trotz eines etwaigen Hinweises auf mögliche tödliche Komplikationen bei einer Jod-Unverträglichkeit (OLG Hamm VersR 1988, 1133; G/G, 5. Aufl., Rz. C 61).

e) Sehnervschädigung

Über das bestehende, wenngleich seltene Risiko einer dauerhaften Schädigung des Sehnervs muss der Patient vor der Gabe aggressiver Medikamente (OLG Oldenburg VersR 1986, 69; S/Pa, Rz. 359), der Injektion von Xylocain in die Septumschleimhaut bei einem Eingriff in die Nasenscheidewand (OLG Nürnberg VersR 1992, 754; G/G, 5. Aufl., Rz. C 64), vor endonasalen Siebbeineingriffen (BGH MDR 1994, 557) und vor einer Katarakt-Operation zur Behandlung des „Grauen Stars" (OLG Oldenburg MDR 1999, 547) aufgeklärt werden.

f) Strumaresektion

Die beidseitige subtotale Schilddrüsenresektion konnte bis Juli 1998 noch nicht als fehlerhafte Operationsmethode eingestuft werden. Seinerzeit stand die sogenannte „chirurgische Schule" der „HNO-Schule", die sich seit 1998 durchgesetzt hat, noch gleichwertig gegenüber. Danach war ein gleichzeitiges beidseitiges Operieren bei krankhaften – möglicherweise bösartigen – Veränderungen der Schilddrüse auf beiden Seiten noch üblich und entsprach dem Standard. Der behandelnde Arzt war in dieser Situation jedoch verpflichtet, dem Patienten die unterschiedlichen Operationsmethoden beider Schulen, nämlich das gleichzeitige beidseitige Operieren nach der „chirurgischen Schule" und das zweizeitige Operieren nach der „HNO-Schule" (zunächst nur eine Seite, wenn der Nervus recurrens intakt geblieben ist, auch die andere Seite) darzulegen, um ihn in die Lage zu versetzen, einen eigenverantwortliche Entscheidung zu treffen (OLG Frankfurt, Urt. v. 14. 1. 2003 – 8 U 135/01, VersR 2004, 1053, 1054).

Vor einer ein- oder beidseitigen Strumaresektion muss der Patient auf das mit einer Schadenshäufigkeit von 1–3 % bestehende **Risiko der Verletzung des Nervus recurrens** mit der Folge eines bleibenden, weitgehenden **Verlustes der Stimme** (OLG Düsseldorf VersR 1989, 191; VersR 1989, 703; BGH NJW 1992, 2351) sowie auf die mögliche Verletzung eines Nebenasts des Nervus vagus und über die mit der Verletzung verbundenen Folgen hingewiesen werden (OLG Düsseldorf VersR 1989, 291).

Der Hinweis auf gelegentliche Heiserkeit, Sprach- und Atemstörungen, die sich meist zurückbilden würden, reicht nicht aus (BGH NJW 1992, 2351). Ein Hinweis des Arztes auf die Möglichkeit bleibender Heiserkeit, auf einen völligen Verlust der Stimme und darauf, dass dies mit einer Verletzung von im Hals verlaufenden Nerven zu erklären sei, ist ausreichend, aber auch erforderlich (OLG Düsseldorf, VersR 1989, 191).

Die Aufklärungspflicht entfällt jedoch, wenn der Patient das Risiko kennt, also etwa im Aufklärungsgespräch von sich aus Bedenken hinsichtlich der Möglichkeit einer Stimmbandlähmung äußert (OLG Düsseldorf VersR 1989, 703, 704). Vor der Vornahme einer Schilddrüsenverkleinerung muss der Arzt den Patienten auch über das Risiko einer verringerten Hormonproduktion für den Kalziumhaushalt aufklären. Enthält der Aufklärungsbogen (Perimed 92) insoweit Lücken, können diese im Prozess durch Parteivernehmung des aufklärenden Arztes ausgeglichen werden (OLG Oldenburg bei Röver, MedR 1999, 69).

Vor der Operation einer Schilddrüsenerkrankung, bei der weder so genannte „kalte Knoten" festgestellt wurden, noch der Verdacht besteht, dass sich hinter diagnostizierten „heißen Knoten" solche verbergen, ist der Patient auf die **Möglichkeit einer Radiojodbehandlung** als ernsthafte Alternative hinzuweisen (OLG Köln VersR 1998, 1510; a. A. OLG Dresden OLGR Dresden 1996, 19: Keine Aufklärung über Radiojodbehandlung, solange diese in den Fachkreisen verworfen wurde).

Auch über die Gefahr **dauerhaft verbleibender Atembeschwerden** und einer möglichen Verletzung des Nervus recurrens vor der Entfernung „kalter Knoten" im Bereich des Schilddrüsenlappens muss der Arzt den Patienten aufklären. Die Erklärung des Arztes, auf das Risiko weise er normalerweise hin, ist unzureichend, wenn er an das konkrete Aufklärungsgespräch keine Erinnerung hat („immer-so") und sonstige Anhaltspunkte für eine vollständige Aufklärung, etwa die Eintragung im Aufklärungsbogen, fehlen (OLG Koblenz, Urt. v. 1. 4. 2004 – 5 U 1086/03, MedR 2005, 292).

In einem derartigen Fall kann sich die Behandlerseite jedoch auf eine „hypothetische Einwilligung" berufen, wenn der Patient einen Entscheidungskonflikt nicht plausibel macht.

Dies ist etwa dann der Fall, wenn im Aufklärungsbogen auf zahlreiche gravierendere Risiken wie z. B. „Blutung, Nachblutung, Thrombose, Embolie, Wundinfektion, Verletzung von Nerven und Gefäßen, Stimmbandlähmung, Heiserkeit bis Stimmlosigkeit, Narbenbildung" hingewiesen wird und der Patient um die optische und körperliche Beeinträchtigung eines Familienangehörigen durch einen vergleichbar erheblichen Kropf wusste (OLG Koblenz, Urt. v. 1. 4. 2004 – 5 U 1086/03, MedR 2005, 292, 293).

g) Verletzung des Nervus accessorius

Die Verletzung oder Durchtrennung des Nervus accessorius kann bei Operationen im lateralen Halsdreieck selbst dann, wenn ein verbackenes Paket mehrerer Lymphknoten herausoperiert werden soll, vermieden werden, wenn der Nerv in ausreichendem Umfang freigelegt und abwärts verfolgt wird. Das Risiko der Durchtrennung oder Verletzung dieses Nerven ist mit dem Hinweis auf die mögliche **Verletzung von Nerven im Operationsbereich** ausreichend beschrieben (OLG Zweibrücken, Urt. v. 11. 10. 2005 – 5 U 10/05, OLGR 2006, 154, 155 und 157).

h) Zahnnerven; Kieferbruch

Vor der Extraktion eines Weisheitszahnes ist der Patient darüber aufzuklären, dass es zu einer **Fraktur des Kiefers** (OLG Düsseldorf VersR 1997, 620; OLG München VersR 1996, 102; OLG Braunschweig, Urt. v. 24. 4. 1997 – 1 U 56/96 bei Stöhr MedR 2004, 156, 157), zu einer **Kieferknochenmarksentzündung** (Osteomyelitis, OLG Köln, Urt. v. 12. 3. 2003 – 5 U 52/02, VersR 2005, 795), zu einer Schädigung des **Nervus mandibularis** (BGH NJW 1994, 799; OLG Karlsruhe OLGR 2001, 171), des **Nervus alveolaris** (BGH NJW 1994, 799; OLG Düsseldorf NJW 1989, 2334; OLG Karlsruhe OLGR 2001, 171; OLG Stuttgart NJW-RR 1999, 751, 752: bei operativer Entfernung eines Weisheitszahnes; Stöhr MedR 2004, 156, 158; a. A. OLG Hamm VersR 1994, 1304: Bei Entfernung des Zahns 36) und nach nunmehr herrschender Ansicht zu einer **Verletzung des Nervus lingualis** kommen kann (OLG Braunschweig, Urt. v. 24. 4. 1997 – 1 U 56/96 bei Stöhr MedR 2004, 156, 158; OLG Düsseldorf, Urt. v. 20. 10. 1988 – 8 U 261/87; OLG Frankfurt, Urt. v. 14. 4. 1986 – 3 U 39/85 zum Extraktionsrisiko; OLG Hamburg, OLGR 1998, 157; OLG Hamm, Urt. v. 19. 10. 1987 – 3 U 35/87: Risiko bei 0,05 bis 0,1 %; Urt. v. 7. 5. 1979 – 3 U 78/79: Typische Komplikation; OLG Jena, Urt. v. 26. 4. 2004 – 4 U 416/05, OLGR 2006, 710, 712: bei operativer Entfernung eines Weisheitszahnes; OLG Karlsruhe AHRS 4800/18 und 20; OLG Koblenz, Urt. v. 13. 5. 2004 – 5 U 41/03, VersR 2005, 118, 119 = MedR 2004, 502, 503; OLG Köln VersR 1999, 1284 = NJW 1998, 1324; Urt. v. 22. 4. 1998 – 5 U 232/96 bei Stöhr, MedR 2004, 156, 158; OLG München VersR 1995, 464: **Risiko der Durchtrennung**; OLG Oldenburg, Urt. v. 21. 2. 1986 – 6 U 201/85 zum Extraktionsrisiko; Oehler, S. 62/63, 66, 70/71, 73/74; zur zahnmedizinischen Problematik von **Nervschädigungen** bei **Leitungsanästhesie** Taubenheim/Glockmann MedR 2006, 323–330).

Nach Auffassung von Stöhr (MedR 2004, 156, 158 f.) ist eine Aufklärung über das Risiko derartiger Nervenverletzungen zwar grundsätzlich erforderlich.

Nach dem Grundsatz einer Aufklärung „im Großen und Ganzen" würde jedoch der Hinweis „Nervenverletzung, Lähmung" ausreichen. Die Bezeichnung einer Nervenverletzung der vorliegenden Art als „recht geringes Risiko" erscheine allerdings problematisch, dies könne als „verharmlosende Aufklärung" nicht ausreichen.

Nach Ansicht des OLG Stuttgart kann es bei einer Leitungsanästhesie auch bei Einhaltung der äußersten Sorgfalt zu einer Verletzung des Nervus lingualis kommen. **Eine Aufklärung über das mit 1 zu 400 000 äußerst seltene Risiko ist danach nicht geboten** (OLG Stuttgart NJW-RR 1999, 751, 752; VersR 1999, 1500, 1501 = NJW-RR 1999, 751, 752: soweit keine operative Entfernung des Weisheitszahnes mit dort deutlich höherem Risiko durchgeführt wird; ebenso: OLG Frankfurt, Urt. v. 20. 4. 1989 – 1 U 119/88: Eingriffsrisiko bei 0,1 % zu gering, Verletzung des N. lingualis bei Weisheitsextraktion nicht typisch; OLG Karlsruhe, Urt. v. 16. 10. 1985 – 7 U 97/84: kein typisches Risiko, jedenfalls kein ernsthafter Entscheidungskonflikt; OLG München, Urt. v. 20. 11. 1986 – 1 U 5924/85; OLG Schleswig, Urt. v. 12. 6. 1986 – 4 U 324/83; LG Frankenthal MedR 1998, 569; LG Göttingen, Urt. v. 6. 12. 2000 – 8 O 142/99; anders die o. g. Entscheidungen, z.B. OLG Hamburg MDR 1998, 906; OLG Köln NJW-RR 1998, 1324; OLG München VersR 1995, 464). Jedoch muss auch nach Auffassung des OLG Stuttgart bei der operativen Entfernung von Weisheitszähnen auf das dann bei ca. 1 zu 4000 liegende, erhöhte Risiko einer dauerhaften Schädigung der Nervi alveolaris, mandibularis und auch des Nervus lingualis hingewiesen werden (OLG Stuttgart NJW-RR 1999, 751, 752; ebenso OLG Jena, Urt. v. 26. 4. 2006 – 4 U 416/05, OLGR 2006 710, 712). War die Entfernung des Zahns alternativlos dringend indiziert, ist jedoch von einer hypothetischen Einwilligung des Patienten auszugehen, wenn der Eingriff von einer kieferchirurgischen Spezialpraxis ausgeführt worden ist (OLG Köln NJW-RR 1998, 1324).

Nach Ansicht von Oehler (Zahnmedizinischer Standard in der Rspr., S. 256) ist die Differenzierung zwischen einem „normalen" Zahnarzt und einem Mund-Kiefer-Gesichtschirurg abzulehnen. Es komme nicht auf die Zusatzqualifikation, sondern die Routine des Zahnarztes bei der Entfernung von Weisheitszähnen an. Nach Auffassung des OLG Zweibrücken (VersR 2000, 892 = OLGR 2000, 549, 550) ist eine Aufklärung über das geringe Risiko einer dauerhaften Schädigung des Nervus lingualis vor einer Leitungsanästhesie ausnahmsweise entbehrlich, wenn der Arzt angesichts der äußerst geringen Komplikationsdichte annehmen darf, der Patient werde vernünftigerweise seine Einwilligung angesichts der bevorstehenden, ansonsten schmerzhaften Parodontosebehandlung nicht wegen dieses Risikos verweigern.

Auf die – problematische – Darlegung eines möglichen Entscheidungskonflikts in Zusammenhang mit einer hypothetischen Einwilligung komme es dann nicht an (OLG Zweibrücken VersR 2000, 892, 893).

46. Nierenbeckenplastik, Nierenfunktionsstörung

Besteht bei einer ordnungsgemäß durchgeführten Operation wie einer Nierenbeckenplastik stets ein Risiko, dessen Verwirklichung zu einer Nachoperation mit erhöhtem Risiko einschneidender Folgen für den Patienten, etwa den Verlust einer Niere, führt, so ist der Patient auch über dieses Risiko der Nachoperation schon vor dem ersten Eingriff aufzuklären (BGH MDR 1996, 1015).

Bei der stationären Aufnahme eines Patienten zum Zwecke einer diagnostischen Koronarangiographie nebst Herzkatheteruntersuchung muss jedenfalls bei vorbestehender leichter Nierenfunktionsstörung auf das Risiko eines unter Umständen **dialysepflichtigen Nierenversagens** aufgeklärt werden. Der erst am Tage des diagnostischen Eingriffs nach dem Beginn der vorbereitenden Voruntersuchungen erfolgte Hinweis ist verspätet (OLG Hamm, Urt. v. 15. 6. 2005 – 3 U 289/04, GesR 2005, 401, 402).

47. Plattenbruch

Über seltene Risiken ist aufzuklären, wenn sie die Lebensführung des Patienten bei ihrer Realisierung schwer belasten und trotz ihrer Seltenheit für den Eingriff spezifisch, für den Laien jedoch überraschend sind. Hierzu gehört das Risiko eines **Plattenbruchs infolge einer Materialermüdung** bei der Versorgung eines Oberschenkelbruches jedoch nicht (OLG Hamm NJW-RR 2001, 666).

48. Rektoskopie

(Diagnostischer Eingriff mit röhrenförmigem Endoskop zur direkten Betrachtung des Darms)

Vor einer Rektoskopie muss der Patient auf die hierbei möglicherweise zu erduldenden starken Schmerzen (BGH NJW 1984, 1395) und das Risiko einer Darmperforation hingewiesen werden (OLG Stuttgart, VersR 1986, 581).

49. Rektumkarzinom

Vor einer Operation eines Rektumkarzinoms muss der Patient auf den möglichen Potenzverlust hingewiesen werden (OLG Köln VersR 1990, 663). Jedoch erscheint ein ernsthafter Entscheidungskonflikt des Patienten bei dringend indiziertem Eingriff nicht plausibel (OLG Köln a. a. O.; G/G, 5. Aufl., Rz. C 146).

50. Samenspende

Vor Beginn einer Chemotherapie wegen eines Hodentumors bei einem männlichen Patienten, die dessen Unfruchtbarkeit zur Folge haben kann, muss ärztlicherseits auf die Möglichkeit der Erhaltung der externen Zeugungsfähigkeit durch Abgabe einer Samenspende hingewiesen werden, die eingefroren und konserviert wird (OLG Frankfurt, Urt. v. 26. 4. 2002 – 25 U 120/01, MDR 2002, 1192).

51. Schwellung mit „Hamsterwangen" nach Zahnextraktion

Ein allgemeiner Hinweis auf eine mögliche Schwellung vor der Extraktion von vier Weisheitszähnen ist grundsätzlich ausreichend, wenn es nachfolgend zu einer langanhaltenden Schwellung mit „Hamsterwangen" und zurückbleibenden Falten kommt (OLG Schleswig, Urt. v. 29. 10. 2004 – 4 U 16/04, OLGR 2005, 24, 25).

52. Sectio (vgl. S. 172 ff., 191 ff.)

Ist objektiv keine Veranlassung gegeben, eine sectio (Kaiserschnitt) durchzuführen, kann die Geburt vaginal erfolgen.

Hierzu bedarf es weder einer Aufklärung der Mutter noch deren Einwilligung (BGH NJW 1989, 1538, 1539; OLG Karlsruhe, Urt. v. 22. 12. 2004 – 7 U 4/03. OLGR 2005, 273 = GesR 2005, 263; OLG Koblenz, NJW-RR 2002, 310, 311; Urt. v. 4. 12. 2003 – 5 U 234/03, MedR 2004, 566 = GesR 2004, 137, 138).

Eine Aufklärung über die Möglichkeit einer sectio als Alternative zur vaginalen Geburt, bevor ein konkreter Anlass – etwa der Verdacht auf ein makrosomes Kind – hierzu besteht, ist nach Ansicht des OLG Karlsruhe sogar unzureichend, da ein Aufklärungsgespräch zu diesem Zeitpunkt weitgehend theoretisch bleibt (OLG Karlsruhe, Urt. v. 22. 12. 2004 – 7 U 4/03, OLGR 2005, 273 = GesR 2005, 263 = VersR 2006, 515).

Bestehen **deutliche Anzeichen** dafür, dass im weiteren Verlauf eines Entbindungsvorgangs eine Situation eintreten kann, in der eine normale vaginale Entbindung kaum noch in Betracht kommt, sondern, etwa bei einer Zwillingsschwangerschaft oder bei Beckenendlage des Kindes, eine Schnittentbindung (sectio) notwendig oder zumindest zu einer **echten Alternative** zur vaginalen Entbindung wird, dann muss der geburtsleitende Arzt die Mutter bereits zu einem Zeitpunkt über die unterschiedlichen Risiken der Entbindungsmethoden aufklären und ihre Entscheidung einholen, zu dem sie sich noch in einem Zustand befindet, in dem diese Problematik mit ihr besprochen werden kann (BGH, NJW 1993, 2372: Kindlicher Kopf stand hoch am Beckeneingang; BGH, Urt. v. 14. 9. 2004 – VI ZR 186/03, VersR 2005, 227, 228 = NJW 2004, 3703, 3704: Zwillingsschwangerschaft, Beckenendlage; OLG Frankfurt, Urt. v. 24. 1. 2006 – 8 U 102/05, NJW-RR 2006, 1171, 1172: bei Schätzgewicht über 4 000 g und weiteren Risikofaktoren; OLG Karlsruhe, Urt. v. 22. 12. 2004 – 7 U 4/03, VersR 2006, 515: Aufklärung im Zeitpunkt der Erkennbarkeit eines makrosomen Kindes).

Besteht vor einer Geburt kein außergewöhnlicher Befund, ist ein Arzt und Geburtshelfer jedoch nicht verpflichtet, die Kindesmutter über die Risiken der vaginalen Entbindung und die Möglichkeit eines Kaiserschnitts aufzuklären (OLG Koblenz, Urt. v. 4. 12. 2003 – 5 U 243/03, NJW-RR 2004, 534 = GesR 2004, 137 und Urt. v. 18. 5. 2006 – 5 U 330/02, NJW-RR 2006, 1172, 1173). Ein objektiv nicht indizierter Kaiserschnitt ist in solchen Fällen selbst dann nicht veranlasst, wenn die Mutter ausdrücklich danach verlangt (BGH NJW 1989, 1538, 1539; NJW 1993, 1524, 1525; OLG Koblenz, Urt. v. 4. 12. 2003 – 5 U 234/03, GesR 2004, 137, 138 = NJW-RR 2004, 534, 535).

53. Siebbeineingriffe

Vor endonasalen Siebbeineingriffen muss auch über das seltene Risiko operativ-bedingter Sehstörungen bis hin zur Gefahr der äußerst seltenen **Erblindung** aufgeklärt werden (BGH MDR 1994, 557).

Eine Fraktur des Siebbeindaches und die Verletzung der Dura sind Operationsrisiken einer Siebbeinoperation, die der Arzt nicht mit Sicherheit vermeiden kann; auf diese Risiken ist der Patient deshalb hinzuweisen (OLG Düsseldorf VersR 1987, 161).

54. Sterilisation

Bei einem Sterilisationseingriff trifft den Arzt die vertragliche Nebenpflicht, den Patienten auf das „**Versagerrisiko**" hinzuweisen (OLG Düsseldorf VersR 1992, 317; OLG Karlsruhe, Urt. v. 11. 4. 2002 – 7 U 171/00, OLGR 2002, 394: Beweislast beim Patienten; OLG Hamm VersR 2002, 1562, 1563). Der Arzt wird seiner vertraglich geschuldeten Beratungspflicht (therapeutische Aufklärung) nur gerecht, wenn er dafür sorgt, dass die Information in einer Weise erfolgt, bei der er nach den Umständen sicher sein kann, dass sich die Patientin bzw. der Patient des konkreten Versagerrisikos bewusst geworden ist (OLG Karlsruhe, Urt. v. 11. 4. 2002 – 7 U 171/00, OLGR 2002, 394).

Auf das Risiko einer Eileiterschwangerschaft ist vor der Sterilisation mit einer Koagulationszange hinzuweisen (OLG Düsseldorf VersR 1992, 751). Als Aufklärung über die Sicherheit einer Sterilisationsmethode reicht es aus, wenn der Arzt der Patientin hinreichend deutlich vor Augen führt, dass durch den Eingriff nur eine höchst mögliche, aber keine absolute Sicherheit gegen eine erneute Schwangerschaft erreicht werden kann (OLG Hamburg VersR 1989, 147).

Der Operateur erfüllt die an eine Sicherungsaufklärung (therapeutische Aufklärung) zu stellenden Anforderungen, wenn er den Patienten vor einer Sterilisation unter anderem darauf hinweist, dass es trotz der Sterilisation zu einer Schwangerschaft kommen kann und dass vorsichtshalber „Ejakulatuntersuchungen" durchgeführt werden sollen (OLG Hamm, Urt. v. 21. 2. 2001 – 3 U 125/00, VersR 2002, 1562) bzw. die Anfertigung eines Spermiogramms erforderlich wird (BGH MDR 1995, 1015).

Das Unterbleiben einer ordnungsgemäßen Aufklärung über die Notwendigkeit regelmäßiger Nachuntersuchungen nach einer Sterilisation mittels Durchtrennens der Samenleiter wegen der Möglichkeit einer Spätrekanalisation, d. h. einem späteren Zusammenwachsen der Samenleiter muss jedoch vom Patienten bewiesen werden (OLG Oldenburg bei Röver MedR 1999, 219).

Nicht aufklärungsbedürftig sind die Länge des zu resezierenden Samenleiters (OLG Oldenburg VersR 1984, 1348) und die verschiedenen Möglichkeiten der Sterilisation nach Madlehner (OLG Düsseldorf VersR 1987, 412), mit Klipps (OLG Schleswig VersR 1987, 419) oder nach Labhardt (OLG Hamm VersR 1987, 1146) bzw. eine demgegenüber bestehende alternative Fimbriektomie (OLG Hamm a. a. O.).

55. Strumaoperation (siehe → *Nervschädigungen*), Atembeschwerden

Über die Gefahr dauerhaft verbleibender Atembeschwerden muss der Arzt den Patienten vor der operativen Entfernung „kalter Knoten" im Bereich des Schilddrüsenlappens aufklären. Dieses Risiko ist von den dem Patienten Erläuterten wie z.B. Blutung, Nachblutung, Thrombose, Embolie, Wundinfektion, Wundheilungsstörungen, Verletzung von Nerven und Gefäßen, Stimmbandlähmung, Heiserkeit und Narbenbildung nicht erfasst. Der vom Patienten behauptete Entscheidungskonflikt ist jedoch im Hinblick auf die vorangegangene, erfolglose konservative Behandlung und den ex-ante nicht auszuschließenden Malignitätsverdacht nicht plausibel (OLG Koblenz, Urt. v. 1. 4. 2004 – 5 U 1086/03, MedR 2005, 292, 293 = NJW-RR 2004, 1166).

56. Sudeck-Syndrom

Der Umfang der Aufklärungspflicht über das Risiko des Entstehens eines Sudeck-Syndroms (SD) ist umstritten. Die Aufklärung über die Möglichkeit des Auftretens eines SD ist jedenfalls dann erforderlich, wenn der Erfolg der Operation zweifelhaft ist und die Gefahr besteht, dass sich der Zustand durch den Eingriff verschlechtert (BGH MDR 1988, 485 = VersR 1988, 493). So ist auch das Risiko des Eintritts eines Karpaltunnelsyndroms (genuine Daumenballenatrophie) aufklärungsbedürftig, wobei jedoch der Hinweis ausreicht, dass sich bestehende Schmerzen verstärken können (BGH NJW 1994, 3009; G/G, 5. Aufl., Rz. C 70).

Eine Aufklärungspflicht wird auch vor einer Operation wegen einer Dupuytren'schen Kontraktur (Beugekontraktur der Finger, besonders der Finger 4 und 5) und vor Knochenoperationen bejaht, wenn diese gerade zur Behebung von Dauerschmerzen erfolgen (OLG Köln OLGR 1992, 213; BGH MDR 1988, 485; Gaisbauer VersR 2000, 558, 561).

Dagegen wurde eine Aufklärungspflicht über das äußerst seltene Risiko eines SD vor der Operation eines Überbeines an der Ferse (OLG Nürnberg bei Gaisbauer, VersR 2000, 558, 561), bei Ruhigstellung des Oberarmes des Patienten während der Behandlung einer Sehnenscheidenentzündung durch Anlegen eines Gipsverbandes (OLG Köln bei Gaisbauer a. a. O.) und vor einer Ringbandspaltung an Finger und Daumen (OLG Hamm bei Gaisbauer a. a. O.) verneint.

Wird ein Patient vor der operativen Behandlung einer Kapsel-Band-Ruptur umfassend über Schwere und Richtung des Risikospektrums aufgeklärt, so ist die ausdrückliche Erwähnung des medizinischen Begriffs „Morbus Sudeck" nicht erforderlich (OLG Hamm bei Gaisbauer VersR 2000, 558, 561).

Kommt statt der Fortsetzung der konservativen Therapie eines abkippenden Bruchs auch eine erneute Reposition oder eine operative Neueinrichtung in Betracht, weil einerseits nach dem Abkippen die Gefahr einer **bleibenden Funktionsbeeinträchtigung** des (Hand-) Gelenks, andererseits aber bei erneuter Reposition oder Operation die eines **Morbus Sudeck** besteht, so ist der Patient über diese unterschiedlichen Behandlungsmethoden zu informieren (BGH, Urt. v. 15. 3. 2005 – VI ZR 313/03, NJW 2005, 1718 = VersR 2005, 836, 837 = MDR 2005, 988).

57. Thromboseprophylaxe

Nach einem gefäßchirurgischen Eingriff ist eine Antithromboseprophylaxe unumgänglich; die Anwendung des Mittels Heparin ist dabei üblich und nicht zu beanstanden. Der Patient muss nicht darüber aufgeklärt werden, dass es im Rahmen der zwingend notwendigen Antithromboseprophylaxe wegen einer nicht sicher auszuschließenden Heparinunverträglichkeit zu Komplikationen kommen kann (OLG Düsseldorf VersR 1999, 1371; a. A. Bergmann/Kienzle, VersR 1999, 282, 284 f.).

Vor der operativen Ausräumung eines infizierten Hämatoms am Oberschenkel ist eine ausdrückliche Aufklärung über das Thrombose- und Embolierisiko nicht erforderlich, weil dieses nicht spezifische Operationsrisiko im Regelfall als allgemein bekannt vorausgesetzt werden kann (OLG Stuttgart, Urt. v. 1. 3. 2005 – 1 U 13/04).

58. Tokolyse

Vor der Gabe eines Tokolytikums muss nicht über eine mögliche Schädigung des Kindes durch das wehenhemmende Mittel aufgeklärt werden, wenn in der Medizin die Schädigungsmöglichkeit zwar diskutiert, aber eine nachteilige Wirkung des Medikaments in der medizinischen Wissenschaft nicht ernsthaft in Betracht gezogen wird (OLG Stuttgart, Urt. v. 26. 2. 2002 – 14 U 47/01, OLGR 2002, 444).

59. Weigerung des Patienten (s. o. S. 97)

60. Zahnarzt (vgl. bereits *Nervschädigungen/Zahnnerven*)

a) Allergische Reaktion auf Füllstoff

Kommt es dem Patienten erkennbar darauf an, angesichts des umstrittenen Füllstoffes Amalgam einen gut verträglichen Stoff zu erhalten, so ist der Zahnarzt verpflichtet, mit dem Patienten mögliche Alternativen zu dem von ihm geplanten Füllstoff zu erörtern, ihn insbesondere darauf hinzuweisen, dass es zahlreiche verschiedene Legierungen mit unterschiedlich hohem Goldanteil und verschiedenen Zusatzstoffen gibt. Gerade auf das seltene Risiko einer allergischen Reaktion auf Palladium als Bestandteil von Zahnfüllungen muss dann hingewiesen werden (LG Kiel bei Röver, MedR 1999, 269).

b) Alternativen zur Versorgung mit Zahnersatz

Ein Zahnarzt ist verpflichtet, über medizinisch gleichermaßen indizierte Alternativen einer prothetischen Versorgung aufzuklären, etwa über die Möglichkeit des Einsatzes **teleskopierender Brückenprothesen anstatt einer Gaumenplatte** (OLG Köln VersR 1999, 1498) oder die Möglichkeit der Gestaltung einer Oberkieferprothese mit **Gaumenplatte oder Transversalbügel** (OLG Stuttgart NJWE-VHR 1997, 134; G/G, 5. Aufl., Rz. C 36; zur Aufklärung über alternative Behandlungsmethoden bei Implantaten OLG Stuttgart VersR 2002, 1286). Gegenüber der vorgenommenen zahnprothetischen Oberkieferversorgung mittels einer Gaumenplatte kommt als ernsthafte Alternative auch eine **telesko-**

pierende bügelfreie Brückenprothese (sekundäre Verblockung aller Restzähne) mit einer nur auf dem Kieferkamm ausgedehnten Gerüstauslegung in Betracht, wenn die Voraussetzungen für eine gute parodontale Verankerung der Restzähne und ein ausreichend ausgeprägter Alveolarfortsatz vorliegen (OLG Köln VersR 1999, 1498; Stöhr MedR 2004, 156, 157).

Eine Verpflichtung zur Erteilung eines Hinweises wurde auch dann angenommen, wenn verschiedene Gestaltungsmöglichkeiten für eine Oberkieferprothese wegen der unterschiedlichen Missempfindungen und Gewöhnungsprobleme zu jeweils unterschiedlichen Belastungen für den Patienten führen (OLG Stuttgart, Urt. v. 2. 1. 1997 – 14 U 10/96 bei Stöhr MedR 2004, 156, 157).

In dem vom OLG Stuttgart entschiedenen Fall ging es um eine Gaumenplatte, die auf andere Weise in das Zusammenspiel von Zunge und Gaumen eingreift als ein weiter hinten liegender Transversalbügel, der einen Würgereiz auslösen kann. Hier reichte es nicht aus, dem Patienten verschiedene Ausführungen der Ober- und Unterkieferprothese bildhaft vorzustellen, weil sich die jeweiligen Vor- und Nachteile hieraus nicht ohne weiteres entnehmen ließen (OLG Stuttgart bei Stöhr MedR 2004, 156, 157).

Auch dann, wenn eine inzwischen weniger gebräuchliche und risikoreichere Methode angewendet werden soll, etwa beim Einsatz eines subperiostalen anstatt eines enossalen Implantats, muss über die Behandlungsalternative aufgeklärt werden. So muss der Patient darauf hingewiesen werden, dass bei einem subperiostalen Implantat das Risiko einer chronischen Entzündung besteht, die Misserfolgsquote deutlich höher als bei einem enossalen Implantat ist und bei Ersterem im Fall einer Entzündung das gesamte Implantat entfernt werden muss, während dies bei einem enossalen Implantat nur für das betroffene Implantatteil gilt (OLG Stuttgart, Urt. v. 17. 4. 2001 – 14 U 74/00, VersR 2002, 1286; Stöhr MedR 2004, 156, 157).

Kommen zur zahnärztlichen Versorgung einer Zahnlücke **mehrere Alternativen des Zahnersatzes** in Betracht, etwa eine viergliedrige Brücke, implantatgetragene Einzelbrücken oder eine herausnehmbare Prothese, die aus ex-ante-Sicht des Zahnarztes eine in etwa gleichwertige Versorgungschance bieten, aber insbesondere eine deutlich unterschiedliche Beanspruchung des Patienten durch die Behandlung zur Folge haben, so hat der Zahnarzt den Patienten über diese Behandlungsalternativen aufzuklären und die Therapiewahl unter Berücksichtigung der subjektiven Gründe des Patienten vorzunehmen (OLG Naumburg, Urt. v. 5. 4. 2004 – 1 U 105/03, VersR 2004, 1460 = GesR 2004, 332).

Der Patient hat auch in einem solchen Fall einen „ernsthaften Entscheidungskonflikt" schlüssig dargelegt, wenn er vorbringt, dass er sich bei korrekter und vollständiger Aufklärung eine **Bedenkzeit** für die Entscheidung über die Art der Weiterbehandlung ausbedungen und sich ggf. auch bei einem anderen Zahnarzt informiert und vergewissert hätte (OLG Naumburg, Urt. v. 5. 4. 2004 – 1 U 105/03, GesR 2004, 332, 333).

Besteht vor dem Einsetzen einer Brücke die Gefahr, dass der bereits wurzelgefüllte, als „Brückenpfeiler" vorgesehene Zahn als solcher ungeeignet ist und in

absehbarer Zeit erneut behandelt werden muss, so ist der Patient über die nor-
malerweise weniger geeignete Behandlungsalternative des **Einsatzes von zwei
Teilprothesen** aufzuklären (OLG Bamberg, Urt. v. 3. 3. 1997 – 4 U 167/96 bei
Stöhr MedR 2004, 156, 159).

Vor der Verwendung von aus Rinderknochen gewonnenen Materials für eine
präimplantologische Augmentation ist der Patient u.a. wegen einer entsprechenden Empfehlung der WHO, keine Rinderstoffe als Ausgangsmaterial für die
Herstellung von Medizinprodukten zu verwenden, über die gleichwertige
Behandlungsmethode der Verwendung eigener Knochen einschließlich der dann
erforderlichen Zweitoperation zur Knochenentnahme aus dem Beckenkamm
aufzuklären (OLG Stuttgart, Urt. v. 12. 7. 2005 – 20 O 389/03, GesR 2005, 465).

c) Amalgam (s. o. *Amalgam*, S. 276)

d) Eingliederung/Einzementierung (vgl. S. 801 f.)

e) Infektionen

Der Zahnarzt ist im Rahmen der Risikoaufklärung nicht verpflichtet, vor
Durchführung einer Wurzelkanalbehandlung auf die Gefahr des Ausschwem-
mens von Bakterien in die Blutbahn oder der Verursachung einer Infektion in
Organen und Gelenken hinzuweisen. Es handelt sich hier um kein spezifisch
mit dem Eingriff verbundenes Risiko, das unbehandelt ebenso besteht wie im
Fall einer – vorrangig vor einer Extraktion durchzuführenden – Wurzelkanalbe-
handlung und der subsidiär in Betracht zu ziehenden Zahnextraktion (OLG
Stuttgart, Urt. v. 12. 9. 1996 – 14 U 1/96; Oehler, S. 148/149).

f) Kieferfrakturen

Kieferfrakturen gehören zu den Risiken, über die ein Zahnarzt vor der Extraktion eines Weisheitszahnes aufzuklären hat (OLG Düsseldorf VersR 1997, 620).

g) Materialwechsel

Über einen beabsichtigten Materialwechsel bei der zahnärztlichen Versorgung,
etwa von **Gold auf eine Palladiumlegierung,** hat der Zahnarzt den Patienten aufzuklären (OLG München, Urt. v. 28. 11. 2002 – 1 U 1973/00, OLGR 2003, 400).

h) Medikation

Über eine möglicherweise **fehlende Wirksamkeit umstrittener Medikamente**
muss auch im Bereich der Zahnmedizin aufgeklärt werden (OLG München,
Urt. v. 29. 4. 1993 – 1 U 5466/92; Oehler, S. 160). Die prophylaktische Gabe
eines Antibiotikums ist vor einer Wurzelkanalbehandlung, Hemisektion oder
Extraktion eines Zahns nicht geboten, wenn der Patient klinisch gesund ist und
keiner Gruppen zugehört, bei denen diese Vorsichtsmaßnahme angezeigt ist,
etwa nach einer durchgemachten bakteriellen Endokarditis und sonstigen nicht
unerheblichen Entzündungen im Bereich des Herzens (OLG Stuttgart, Urt. v.
12. 9. 1996 – 14 U 1/96).

i) Parodontitis (siehe S. 801)

k) Sanierung

Vor einer Komplettsanierung des Gebisses mit dem Abschleifen und der Über-kronung sämtlicher Zähne muss der Zahnarzt, der einen insuffizienten alten Zahnersatz, Karies und eine Parondontitis beim Patienten diagnostiziert hat, zunächst auf das Risiko einer Distraktion der Kiefergelenke mit anschließender **Myoarthropathie (Gelenkerkrankung)** hinweisen, auch wenn es sich hierbei um eine Komplikation handelt, die sich nur selten verwirklicht. Denn bei Verwirklichung des Risikos stellt sich hier eine schwerwiegende gesundheitliche Beeinträchtigung ein, die die Lebensführung des Patienten durch langandauernde akute Schmerzen im Bereich des Kiefers und des gesamten Kopfes nachhaltig beeinträchtigt bzw. beeinträchtigen kann (OLG Frankfurt, OLGR 1997, 237; Stöhr MedR 2004, 156, 159).

l) Totalextraktion (siehe auch S. 800)

Eine Reihen- oder Totalextraktion, im entschiedenen Fall sämtlicher achtzehn noch vorhandener Zähne, darf erst nach vorheriger Erhaltungsdiagnostik und Erhaltungstherapieversuchen mit entsprechender Aufklärung vorgenommen werden (OLG Oldenburg MDR 1999, 676).

Vor einem chirurgischen Vorgehen durch Wurzelspitzenresektion und Wurzel-spitzenkürzung hat der Zahnarzt den Patienten über die Möglichkeit einer kon-servativen Behandlung durch Aufbohren des betroffenen Zahns und anschlie-ßende **Wurzelkanalbehandlung** aufzuklären (OLG Koblenz, Urt. v. 4. 4. 2000 – 1 U 1295/98; Oehler, S. 257, 261).

Die Extraktion stellt wegen der guten Erfolgschancen einer Wurzelkanalbe-handlung keine echte Alternative dar, wenn der Zahn grundsätzlich noch erhal-tungswürdig ist (OLG Stuttgart, Urt. v. 12. 9. 1996 – 14 U 1/96: Vorrang der Wurzelkanalbehandlung und Wurzelspitzenresektion vor der Extraktion; vgl. auch OLG Düsseldorf, Urt. v. 10. 3. 1988 – 8 U 45/87 und Urt. v. 30. 6. 1988 – 8 U 213/86 sowie Urt. v. 19. 1. 1989 – 8 U 158/87: Zahnerhaltung/Wurzelbehand-lung grundsätzlich vorrangig; OLG Jena, Urt. v. 14. 5. 1997 – 4 U 1271/96: Extraktion ist erst als letzte Möglichkeit in Betracht zu ziehen; Oehler, S. 93, 143/144, 257, 261). Es ist auch durchaus üblich und vertretbar, operative Weis-heitszahnentfernungen in der Praxis ambulant durchzuführen (OLG München, Urt. v. 16. 11. 1995 – 1 U 4895/93; OLG Karlsruhe, Urt. v. 23. 5. 1990 – 7 U 179/88: Auch die gleichzeitige Entfernung aller vier Weisheitszähne unter Vollnar-kose; Oehler, S. 95, 102).

Ein stationärer Aufenthalt ist jedoch dann zu diskutieren, wenn der Patient die Entfernung aller vier Weisheitszähne in Vollnarkose in einem Termin wünscht oder keine Kooperationsbereitschaft (geistige Behinderung, übermäßige Angst) zeigt (OLG München, Urt. v. 16. 11. 1995 – 1 U 4895/93 bei Oehler, S. 95).

m) Zahnbehandlungskosten (s. o. S. 114 ff.)

n) Zuwarten als Alternative

Vor der Extraktion von Weisheitszähnen in akuter Schmerzsituation muss der Patient darauf hingewiesen werden, dass es sinnvoll sein könnte, den Eingriff erst nach einigen Tagen des Zuwartens unter kurzfristiger Schmerzbekämpfung mit starken Medikamenten durchzuführen (BGH NJW 1994, 799; G/G, 5. Aufl., Rz. C 36).

o) Zurücklassen von Metallteilen

Es ist i. d. R. nicht fehlerhaft, bei der Operation einer Fraktur ein abgebrochenes Metallteil einer Bohrerspitze im Knochen zu belassen. Der Patient ist hierüber jedoch aufzuklären. Denn nach Auftreten von Beschwerden kann eine frühe Diagnose den Schmerzzeitraum des Patienten, dem die Problematik bekannt gemacht worden ist, verkürzen (OLG München, Urt. v. 10. 1. 2002 – 1 U 2373/01, OLGR 2002, 257; siehe → *Therapiefehler*, S. 768 ff.).

Befundsicherungspflicht

Vgl. auch → *Unterlassene Befunderhebung*; → *Dokumentationspflicht*; → *Beweislastumkehr*

I. Sicherstellung der Befunde

Der Arzt hat die Pflicht, die zur Diagnose und Durchführung der Therapie erhobenen Befunde zu dokumentieren (vgl. hierzu → *Dokumentationspflicht*, S. 426 ff.), die erhobenen Befunde zu sichern und i. d. R. **zehn Jahre lang aufzubewahren** (vgl. OLG Düsseldorf, Urt. v. 30. 1. 2003 – 8 U 159/01, VersR 2004, 792, 793: „Aufbewahrungszeit mindestens fünf, besser zehn Jahre"; OLG Hamm, Urt. v. 12. 12. 2001 – 3 U 119/00, NJW-RR 2003, 807, 808 = OLGR 20003, 93, 95 zur Lagerung von Gewebeproben; Muschner VersR 2006, 621, 625: zehn Jahre gem. § 10 III MBO-Ä 97, dreißig Jahre gem. §§ 28 IV Nr. 1 RöVO, 43 V StrahlenschutzVO bei Röntgenbildern, CT und MRT, fünf Jahre bei Geschlechtskrankheiten; OLG Zweibrücken NJW-RR 2001, 667, 669; F/N, Rz. 132; S/Pa, Rz. 462).

So hat ein Krankenhausträger dafür zu sorgen, dass über den Verbleib von Behandlungsunterlagen jederzeit Klarheit besteht. Verletzt er diese Pflicht, ist davon auszugehen, dass er es zu verantworten hat, wenn die Unterlagen nicht verfügbar sind. Gerät der Patient mit seiner Behauptung, dem Arzt sei ein Behandlungsfehler unterlaufen, etwa weil der Rest eines Gallensteins auf einer Röntgenaufnahme zu sehen und deshalb ein Eingriff erforderlich gewesen sei, in Beweisnot, so kann ihm eine Beweiserleichterung hinsichtlich des objektiven Fehlverhaltens und des Verschuldens zugute kommen (BGH NJW 1996, 779; Gehrlein Rz. B 122, 159).

II. Beweiserleichterung und Beweislastumkehr

Hat der Arzt es schuldhaft unterlassen, medizinisch zweifelsfrei gebotene Befunde zu erheben, so greift eine Beweislastumkehr zulasten des Arztes ein, wenn dadurch die Aufklärung eines immerhin wahrscheinlichen Ursachenzusammenhangs zwischen ärztlichem Behandlungsfehler und dem Eintritt des Primärschadens erschwert oder vereitelt wird und die Befundsicherung gerade wegen des erhöhten Risikos des in Frage stehenden Verlaufs geschuldet war (BGH, Urt. v. 16. 11. 2004 – VI ZR 328/03, VersR 2005, 228, 229; Urt. v. 23. 3. 2004 – VI ZR 428/02, NJW 2004, 1871 = VersR 2004, 790 = MDR 2004, 1065; zu den Einzelheiten siehe → *Unterlassene Befunderhebung*, S. 804 ff.).

Dies gilt auch dann, wenn das Versäumnis des Arztes nicht als „grob" zu qualifizieren ist, wenn ein positiver Befund zumindest hinreichend wahrscheinlich ist bzw. war (BGH, Urt. v. 27. 4. 2004 – VI ZR 34/03, VersR 2004, 909, 911; Urt. v. 25. 11. 2003 – VI ZR 8/03, VersR 2004, 645, 647; vgl. die Nachweise auf S. 815 f.).

Können tatsächlich erhobene Befunde oder Befundträger, etwa Gewebeproben, Präparate u. a. innerhalb der üblichen Aufbewahrungszeit von fünf Jahren (so OLG Düsseldorf, Urt. v. 30. 1. 2003 – 8 U 159/01, VersR 2004, 792, 793 bei Metaphasen und anderen Präparaten) bzw. zehn Jahren (so OLG Hamm, Urt. v. 12. 12. 2001 – 3 U 119/00, OLGR 2003, 93, 95 bei Gewebeproben; Muschner VersR 2006, 621, 625) nicht mehr vorgelegt werden, so muss die Behandlungsseite darlegen und bweisen, dass sie diesen Umstand nicht verschuldet hat; ist der Verbleib von Befundträgern – und gleiches gilt für eine Behandlungsdokumentation – ungeklärt, so geht dies grundsätzlich zulasten des Arztes (OLG Hamm, a. a. O.).

Sind die zuletzt beim behandelnden Arzt verbliebenen Röntgen-, Kernspinoder computertomografischen Aufnahmen nicht mehr auffindbar und kann der Arzt keine Auskunft über den Verbleib der Unterlagen geben, so obliegt ihm der Beweis, dass ein immerhin wahrscheinlicher vom Patienten behaupteter Befund auf den Aufnahmen nicht erkennbar gewesen ist (BGH NJW 1996, 779, 780; G/G, 5. Aufl. Rz. B 212).

Kann nach Durchführung einer **Bandscheibenoperation** nicht mehr festgestellt werden, ob eine während der Operation stattgefundene Verletzung des Duralsacks, ein etwaiges, zu langes Zuwarten der Ärzte mit einer weiteren Bandscheibenoperation oder eine andere Ursache zu einer Lähmung der unteren Extremitäten des Patienten mit Blasen- und Darmentleerungsstörungen geführt hat, weil eine Röntgenaufnahme der betreffenden Zonen vor der Operation verschwunden und nur die schriftliche Befundauswertung noch vorhanden war, kommen dem Patienten Beweiserleichterungen zugute (OLG Brandenburg bei Röver MedR 2001, 40).

Lässt sich wegen späterer Unauffindbarkeit von Röntgenaufnahmen, die dem Patienten zuvor nachweislich ausgehändigt worden sind, nicht feststellen, ob eine an ihm durchgeführte Operation indiziert war, so geht dies jedoch zu Lasten des Patienten (OLG Hamm VersR 1993, 102).

Wird bei einer Hüftgelenkerneuerung wegen der besonderen anatomischen Verhältnisse des Patienten der Einsatz einer Sonderprothese erforderlich, müssen Vorkehrungen getroffen werden, um das – seltene – Risiko einer Inkompatibilität der Prothesenelemente aufzufangen. Die zutage getretenen Befunde sind ordnungsgemäß zu dokumentieren und zu sichern, insbesondere muss ein zunächst eingesetztes, dann aber wieder entferntes Prothesenteil aufbewahrt werden. Geschieht dies nicht, liegt ein Verstoß gegen die Pflicht zur Befundsicherung vor, welche zur Beweislastumkehr für die haftungsbegründende Kausalität zwischen dem dann gegebenen Behandlungsfehler und dem Eintritt des Primärschadens führt (OLG Zweibrücken VersR 1999, 719, 720).

Die mangelnde Sorgfalt bei der Verwahrung eines im Geburtsvorgang abgeleiteten CTG-Streifens kann eine Beweislastumkehr für den Eintritt des Primärschadens bei der Patientin begründen, wenn dadurch die Aufklärung eines immerhin wahrscheinlichen Ursachenzusammenhangs zwischen dem ärztlichen Behandlungsfehler und dem Gesundheitsschaden erschwert oder vereitelt wird (OLG Oldenburg VersR 1993, 1021).

Zur unterlassenen Befunderhebung als grober Behandlungsfehler vgl. → *Grobe Behandlungsfehler*, S. 492 ff.; zur Beweislastumkehr bei unterlassener Befunderhebung vgl. → *Unterlassene Befunderhebung*, S. 804 ff.

Behandlungsfehler

I. Vertragliche und deliktische Sorgfaltspflichten; ärztlicher Sorgfaltsmaßstab
  1. Vertragliche und deliktische Sorgfaltspflichten
  2. Übernahmeverschulden
  3. Einholung eines Sachverständigengutachtens
II. Maßgebender Zeitpunkt
III. Leitlinien und Richtlinien
  1. Leitlinien
  2. Richtlinien
IV. Soll-Standard
V. Fallgruppen ärztlicher Behandlungs- und Organisationsfehler

  1. Diagnosefehler
  2. Unterlassene Befunderhebung
  3. Therapiefehler
  4. Therapeutische Aufklärung (Sicherungsaufklärung)
  5. Übernahmeverschulden
  6. Organisationsfehler
    a) Personelle Ausstattung
    b) Apparative Ausstattung
  7. Verkehrssicherungspflichten
  8. Koordinationsfehler; Arbeitsteilung
VI. Kausalität

I. Vertragliche und deliktische Sorgfaltspflichten; ärztlicher Sorgfaltsmaßstab

1. Vertragliche und deliktische Sorgfaltspflichten

Bei dem zwischen dem Patienten und dem Arzt geschlossenen Vertrag handelt es sich um einen **Dienstvertrag**. Der Arzt schuldet dem Patienten regelmäßig nur eine fachgerechte, dem wissenschaftlichen Stand entsprechende Behandlung als Dienstleistung, keinen Behandlungs- oder Heilerfolg (vgl. hierzu → *Arztvertrag*, S. 62 ff.; BGH, NJW 1975, 305; OLG Brandenburg, Urt. v. 5. 4. 2005 – 1 U 34/04, OLGR 2005, 489, 492; Urt. v. 8. 11. 2000 – 1 U 6/99, VersR 2001, 1241, 1242; OLG Frankfurt, Urt. v. 17. 2. 2005 – 26 U 56/04, NJW-RR 2005, 701, 702; Urt. v. 17. 10. 2003 – 2 U 210/00, GesR 2004, 103; OLG Hamburg, Beschl. v. 29. 12. 2005 – 1 W 85/05, MDR 2006, 873 = OLGR 2006, 120, 121; Urt. v. 25. 11. 2005 – 1 U 6/05, OLGR 2006, 128; OLG Koblenz, VersR 1993, 1486; OLG Oldenburg, NJW-RR 1996, 1267, 1268; G/G, 5. Aufl. Rz. A 4).Allein der Misserfolg der eingeleiteten Behandlungsmaßnahme begründet deshalb keinen Behandlungsfehler (F/N Rz. 62; S/Pa, Rz. 130).

Die einem Arzt bei der Behandlung seines Patienten obliegenden (dienst-) vertraglichen **Sorgfaltspflichten** (p. V. v. bzw. für Verträge ab dem 1. 1. 2002 §§ 280 I ff. BGB n. F.) und die deliktischen Sorgfaltspflichten (§§ 823 ff. BGB) sind dabei **grundsätzlich identisch** (BGH, Urt. v. 6. 5. 2003 – VI ZR 259/02, NJW 2003, 2311, 2312 = MDR 2003, 989; MDR 1989, 150; OLG Karlsruhe, Urt. v. 12. 10. 2005 – 7 U 132/04, OLGR 2006, 8; OLG Saarbrücken NJW-RR 1999, 176; zur nunmehr einheitlichen Verjährung vertraglicher und deliktischer Ansprüche vgl. → *Verjährung*, S. 849 ff.).

Für die den Arzt treffende Verantwortung macht es auch keinen Unterschied, ob das Schwergewicht seines Handelns in der Vornahme einer sachwidrigen oder in dem Unterlassen einer sachlich gebotenen Heilmaßnahme liegt (BGH MDR 1989, 150; S/Pa, Rz. 131).

Der Arzt ist verpflichtet, den Patienten nach dem anerkannten und gesicherten Standard der medizinischen Wissenschaft zu behandeln. Als **Behandlungsfehler** ist dabei **jeder Verstoß gegen die Regeln und Standards der ärztlichen Wissenschaft** zu verstehen; ob ein Arzt einen Behandlungsfehler begangen hat, beantwortet sich danach, ob er nach den von ihm zu fordernden medizinischen Kenntnissen und Erfahrungen im konkreten Fall diagnostisch und therapeutisch vertretbar und sorgfältig zu Werke gegangen ist oder nicht (BGH, VersR 1997, 770, 771; OLG Brandenburg, Urt. v. 9. 10. 2002 – 1 U 7/02, VersR 2004, 199, 200; OLG Karlsruhe, Urt. v. 12. 10. 2005 – 7 U 132/04, OLGR 2006, 8; OLG Stuttgart, Urt. v. 4. 6. 2002 – 14 U 86/01, VersR 2003, 253, 254; Gehrlein VersR 2004, 1488, 1489).

Das Absehen von einer medizinisch gebotenen Vorgehensweise, die sich nach dem medizinischen Standard des jeweiligen Fachgebiets bestimmt, begründet einen ärztlichen Behandlungsfehler (BGH, Urt. v. 6. 5. 2003 – VI ZR 259/02, NJW 2003, 2311, 2312 = MDR 2003, 989; OLG Karlsruhe, Urt. v. 12. 10. 2005 – 7 U 132/04, OLGR 2006, 8).

Auf die möglicherweise hinter dem medizinischen Standard des jeweiligen Fachgebiets zurückbleibenden subjektiven Fähigkeiten des jeweils behandelnden Arztes kommt es dabei nicht an (BGH, Urt. v. 6. 5. 2003 – VI ZR 259/02, NJW 2003, 2311, 2312 = MDR 2003, 989; Urt. v. 13. 2. 2001 – VI ZR 34/00, VersR 2001, 646 = MDR 2001, 565; OLG Frankfurt MedR 1995, 75).

Der behandelnde Arzt hat im Hinblick auf den **objektivierten, zivilrechtlichen Fahrlässigkeitsbegriff** grundsätzlich für sein dem medizinischen (Facharzt-)

Standard zuwiderlaufendes Vorgehen auch dann haftungsrechtlich einzustehen, wenn dieses aus seiner persönlichen Lage heraus **subjektiv als entschuldbar** erscheinen mag (BGH, Urt. v. 6. 5. 2003 – VI ZR 259/02, NJW 2003, 2311, 2312 = MDR 2003, 989; Urt. v. 13. 2. 2001 – VI ZR 34/00, VersR 2001, 646 = MDR 2001, 565 f.). In dem vom BGH (VersR 2001, 646 = MDR 2001, 565) entschiedenen Fall hatte der eine Geburt leitende Assistenzarzt versucht, nach einer Verkeilung des Kindes am Beckenausgang in der sich hieraus anbahnenden, akuten Notsituation die Geburt durch Ziehen des Kindes am Kopf voranzubringen, ohne dabei die Möglichkeit einer – mit anderen Mitteln zu lösenden – Schulterdystokie in Betracht zu ziehen. Der BGH hat das – insoweit klageabweisende – Urteil der Vorinstanz aufgehoben und darauf hingewiesen, dass die Haftung des Arztes nicht entfällt, wenn er, etwa infolge **mangelhafter Ausbildung**, der **Geburtssituation nicht gewachsen** ist (BGH MDR 2001, 565, 566 mit zust. Anm. Gehrlein).

Somit kann sich kein Arzt zivilrechtlich damit entlasten, er sei schlecht ausgebildet, ihm fehle es an der notwendigen Erfahrung (L/U, § 99 Rz. 11) oder es sei ihm unzumutbar oder unmöglich, die einschlägigen Fachzeitschriften seines Fachgebiets regelmäßig zu lesen (vgl. OLG Hamm NJW 2000, 1801, 1802; L/U, § 99 Rz. 11).

2. Übernahmeverschulden

Genügen die Kenntnisse oder Fertigkeiten des behandelnden Arztes nicht dem Facharztstandard in diesem Gebiet, so hat er einen entsprechenden **Facharzt, etwa als Konsiliarius, beizuziehen** oder den Patienten zu einem Facharzt bzw. in ein Krankenhaus mit entsprechender fachärztlicher Abteilung zu überweisen. Setzt er die Behandlung auf dem fremden bzw. eigenen, aber von ihm nicht beherrschten Fachgebiet fort, oder unterlässt bzw. verzögert er die Verständigung eines mit den notwendigen Kenntnissen, Fertigkeiten oder medizinischen Gerätschaften ausgestatteten Facharztes, liegt ein Behandlungsfehler in der Form des „**Übernahmeverschuldens**" vor (BGH, Urt. v. 7. 12. 2004 – VI ZR 212/03, VersR 2005, 408, 409 f. und nachfolgend OLG Hamm, Urt. v. 16. 1. 2006 – 3 U 207/02, GesR 2006, 120, 123 f.: Verlegung einer Schwangeren trotz erkennbarer Überforderung unterlassen; OLG Bamberg, VersR 2002, 323 und OLG München, VersR 1991, 471 zur ärztlichen Behandlung durch Heilpraktiker; OLG Stuttgart, VersR 2001, 1560, 1563; L/U, § 99 Rz. 12; G/G, 5. Aufl. Rz. B 11 – 17; Gehrlein Rz. B 31 – 35; zu den Einzelheiten s. u. V. 5.).

3. Einholung eines Sachverständigengutachtens

Ob ein Arzt seine berufsspezifische Sorgfaltspflicht verletzt hat, ist nach medizinischen Maßstäben zu beurteilen; demgemäß darf der Richter den medizinischen Standard nicht ohne **Einholung eines Sachverständigengutachtens** ermitteln (BGH, Urt. v. 27. 4. 2004 – VI ZR 34/03, NJW 2004, 2011 = GesR 2004, 290; Urt. v. 25. 11. 2003 – VI ZR 8/03, NJW 2004, 1452, 1453; Urt. v. 28. 5. 2002 – VI ZR 42/01, NJW 2002, 2944 = MDR 2002, 1120; Urt. v. 19. 6. 2001 – VI ZR 286/00, NJW 2001, 2794, 2795; Urt. v. 3. 7. 2001 – VI ZR 418/99, NJW 2001, 2795,

2796; Urt. v. 27. 3. 2001 – VI ZR 18/00, NJW 2001, 2791, 2792; OLG Bamberg, Urt. v. 25. 4. 2005 – 4 U 61/04, VersR 2005, 1244, 1245; OLG Naumburg, Urt. v. 26. 4. 2004 – 1 U 2/04, GesR 2004, 225; VersR 2001, 3420: Studium von Fachliteratur genügt nicht; OLG Saarbrücken NJW-RR 2001, 671, 672).

Verfügt ein Arzt jedoch über spezielle, den Facharztstandard seines Fachgebiets überschreitende und für die Therapie bedeutsame Spezialkenntnisse, muss er jedoch von diesen Gebrauch machen, um eine Haftung zu vermeiden (BGH, NJW 1997, 3090 = VersR 1997, 1357; OLG Düsseldorf VersR 1992, 494; G/G, 5. Aufl. Rz. B 4; Gehrlein Rz. B 9; S/Pa, Rz. 148).

II. Maßgebender Zeitpunkt

Die ärztliche Sorgfaltspflicht beurteilt sich nach dem Erkenntnisstand der medizinischen Wissenschaft zum **Zeitpunkt der Durchführung der Behandlung** (BGH, Urt. v. 25. 11. 2003 – VI Zr 8/03, NJW 2004, 1452 = GesR 2004, 132, 133 = VersR 2004, 645, 647: Fassung der Mutterschafts-Richtlinien zum Zeitpunkt der Behandlung; Schmidt-Recla GesR 2003, 138, 140: Leitlinien geben den zum Zeitpunkt ihrer Veröffentlichung gültigen Stand des medizinischen Wissens wieder; OLG Hamm, NJW 2000, 1801 und Urt. v. 9. 5. 2001 – 3 U 250/99, VersR 2002, 857, 858; OLG Saarbrücken NJW-RR 1999, 176; G/G, 5. Aufl. Rz. B 9; F/N Rz. 65).

Ein Vorwurf fehlerhaften Verhaltens ist dem Arzt danach nur dann zu machen, wenn er dasjenige versäumt hat, was nach dem Stand der medizinischen Wissenschaft und Praxis im Zeitpunkt der Behandlung geboten war (G/G, 5. Aufl. Rz. B 9). Der Arzt muss, um den erforderlichen Kenntnisstand zu erlangen, die einschlägigen Fachzeitschriften des entsprechenden Fachgebiets, in dem er tätig ist, regelmäßig lesen (BGH NJW 1991, 1535; OLG Hamm NJW 2000, 1801, 1802).

Ein niedergelassener Facharzt ist jedoch auch aus haftungsrechtlichen Gründen **nicht verpflichtet**, **Spezialveröffentlichungen** über Kongresse oder ausländische Fachliteratur **laufend zu studieren** (OLG München, Urt. v. 1. 4. 1999 – 1 U 2676/95, VersR 2000, 890; ebenso S/Pa, Rz. 169 zum Allgemeinmediziner).

Nach Auffassung von Steffen/Dressler (Rz. 169) sollte der Arzt eine in ausländischen Fachkreisen diskutierte, in der Erprobung befindliche Methode jedenfalls dann verfolgen, wenn er sie selbst anwenden will. Der Arzt muss aber nicht jeder Meinung in der medizinischen Wissenschaft nachgehen (OLG Frankfurt VersR 1998, 1378; S/D Rz. 169 a). Nachträgliche Erkenntnisse können sich nur zugunsten des Arztes auswirken, wenn sie den von ihm eingeschlagenen Weg therapeutisch rechtfertigen (F/N Rz. 66; Gehrlein Rz. B 12).

III. Richtlinien und Leitlinien

Richtlinien und Leitlinien erlangen im Rahmen von Gerichtsentscheidungen eine immer größer werdende Bedeutung. Haftungsrechtlich sind die Folgen von

Verstößen gegen Richt- und Leitlinien oder Empfehlungen der Bundesärztekammer bzw. einzelner Berufsverbände noch nicht abschließend geklärt.

1. Leitlinien

Die AWMF (Arbeitsgemeinschaft der wissenschaftlichen und medizinischen Fachgesellschaften) formuliert wie folgt (vgl. Bergmann BADK-Information 2003, S. 125 und Bergmann GesR 2006, 337):

„Leitlinien sind systematisch entwickelte Entscheidungshilfen über die angemessene ärztliche Vorgehensweise bei speziellen gesundheitlichen Problemen (...), wissenschaftlich begründete und praxisorientierte Handlungsempfehlungen (...). Leitlinien sind Orientierungshilfen i. S. v. Handlungs- und Entscheidungskorridoren, von denen in begründeten Fällen abgewichen werden kann oder sogar muss. "

a) Literaturansichten

In der Literatur finden sich folgende Formulierungen:

Greiner (G/G, 5. Aufl. 2006 Rz. B 9 a):

„Leitlinien (vgl. §§ 135 ff. SGB V) und Rahmenvereinbarungen (vgl. § 115 b SGB V) von ärztlichen Fachgremien oder Verbänden, z. B. der AWMF (...) **können den Standard zutreffend beschreiben**, *aber auch – etwa wenn sie veraltet sind – hinter diesem zurückbleiben. Sie sind daher* **nicht unbesehen mit dem zur Beurteilung eines Behandlungsfehlers gebotenen medizinischen Standard gleichzusetzen**. *Sie können kein Sachverständigengutachten ersetzen und nicht unbesehen als Maßstab für den Standard übernommen werden. Sie können allerdings den Standard auch richtig beschreiben. Solches festzustellen ist Aufgabe des Tatrichters (...). "* (G/G, 5. Aufl. 2006, Rz. B 9 a).

Steffen/Pauge (10. Aufl. 2006, Rz. 150 a, 543 a):

„Leitlinien und Empfehlungen der Bundesärztekammer oder der medizinischen Fachgesellschaften haben zwar keine Bindungswirkung, sind aber Wegweiser für den medizinischen Standard, von dem abzuweichen besonderer Rechtfertigung bedarf " (S/Pa, Rz. 150 a).

Danach indiziert ein Verstoß gegen ärztliche Leitlinien nicht von vornherein einen groben Behandlungsfehler. Je nach den Umständen des Einzelfalls kann aber eine grundlose Außerachtlassung des in solchen Leitlinien enthaltenen Standards die Bejahung eines groben Fehlers nahe legen " (S/Pa, Rz. 543 a).

Schmidt-Recla (GesR 2003, 138, 140 m. w. N.):

„Leitlinien sollen Handlungsanweisungen für den sorgfältig handelnden Arzt sein. Sie geben stets den zum Zeitpunkt ihrer Veröffentlichung gültigen Stand des medizinischen Wissens wieder und müssen demnach an den Fortschritt der medizinischen Wissenschaft angepasst werden. Sie **sollen grundsätzlich befolgt werden**, *von ihnen soll aber abgewichen werden dürfen, wenn die Umstände des Einzelfalls dies erfordern. Auch Leitlinien engen die Therapie-*

*freiheit (des Arztes) nicht ein (. . .). Darüber hinaus wird angenommen, dass ein Verstoß des Arztes gegen Vorgaben und Leitlinien, die dem aktuellen Standard entsprechen, eine Pflichtverletzung indiziere und dazu führe, dass die Arztseite im Prozess im Einzelnen darzulegen hätte, warum im konkreten Fall anders vorgegangen worden sei. Wer dem folgt, erhält mit dieser **Indizwirkung eine Beweiserleichterung für die Patientenseite**, auch wenn der Kausalitätsnachweis immer noch beim Patienten verbleibt.*" (Schmidt-Recla GesR 2003, 138, 140).

Jorzig/Feifel (GesR 2004, 310, 311):

„Bei ärztlichen Leitlinien handelt es sich um Festsetzungen von methodischen oder sachlichen Regeln durch eine medizinische Fachgesellschaft, die der Sicherung der Qualität dienen." (Jorzig/Feifel GesR 2004, 310, 311).

*„Bei einem Verstoß gegen Leitlinien, die den aktuellen Stand der medizinischen Wissenschaft wiedergeben und somit Indizwirkung für das Vorliegen eines Behandlungsfehlers haben, wird man vom Arzt zumindest fordern können (. . .), dass er in dem Rechtsstreit darlegt, dass ein untypischer Sachverhalt vorlag, der ein Abweichen von den Vorgaben der entsprechenden Leitlinie rechtfertigt. Eine Abweichung erscheint plausibel, wenn (. . .) kein zwingendes Erfordernis ihrer Einhaltung vorlag. In dem bloßen Abweichen von solchen Regelungen wird man zudem noch **keinen Anscheinsbeweis für das Vorliegen eines Arztfehlers** sehen können."* (Jorzig/Feifel GesR 2004, 310, 312 m. w. N.).

„Eine Beweiserleichterung für den Nachweis eines Behandlungsfehlers bei einem Verstoß gegen Leitlinien kann nur dann angenommen werden, wenn die Leitlinien im Zeitpunkt des Schadensfalles den aktuellen Erkenntnisstand der Wissenschaft wiedergeben. Stellt dieser Verstoß auch einen groben Behandlungsfehler dar, so rechtfertigt dies eine weitere Beweiserleichterung im Bereich der Kausalität." (Jorzig/Feifel GesR 2004, 310, 313).

„Allein aus der Aufnahme einer Behandlungsregel in eine Leitlinie ergibt sich noch nicht, dass eine Behandlungsmaßnahme zu den elementaren medizinischen Standards gehört und ein Unterlassen dieser Maßnahme einen groben Behandlungsfehler darstellt." (Jorzig/Feifel GesR 2004, 301, 313 mit Hinweis auf OLG Stuttgart, Urt. v. 22. 2. 2001 – 14 U 62/2000, MedR 2002, 650, 653 = OLGR 2002, 251, 254).

*„Leitlinien (. . .) können **in bestimmten Situationen durchaus Indizwirkung** für einen bestimmten Behandlungsstandard bzw. für eine Sorgfaltspflichtverletzung entfalten. Besteht für ein bestimmtes diagnostisches oder therapeutisches Vorgehen eine Leitlinie der entsprechenden Fachgesellschaft, so begründet bereits die Leitlinie eine widerlegbare Vermutung, dass sie den medizinischen Standard bei der Behandlung dieser bestimmten Erkrankung zu beschreiben vermag. Aus dieser Indizwirkung wird Leitlinien der **Charakter eines antizipierten Sachverständigengutachtens** eingeräumt."* (Jorzig/Feifel GesR 2004, 310, 313 sowie Rehborn, MDR 2000, 1101, 1102).

„Damit kann die Leitlinie von sich aus keinesfalls den Anspruch erheben, dem Behandler das Maß der medizinischen Sorgfalt, also den guten Facharzt-

standard verbindlich vorzugeben (. . .). **Ein Verstoß gegen die Leitlinien allein lässt den Schluss auf das Vorliegen eines Behandlungsfehlers nicht zu.** *Materiell-rechtlich allein maßgebend ist die Frage, ob der tatsächliche Facharztstandard im individuellen Behandlungsfall gewahrt wurde."* (Jorzig/Feifel GesR 2004, 310, 315 mit Hinweis auf BGH, Urt. v. 16. 1. 2001 – VI ZR 408/99, NJW 2001, 1787 und VersR 1995, 659).

Als Ergebnis halten Jorzig/Feifel (GesR 2004, 310, 316) Folgendes fest:

„Leitlinien können daher nur **im Einzelfall und mit Einschränkungen Indizwirkungen** *entfalten. Selbst die Vorfrage der Validität einer Leitlinie für den konkreten Behandlungsfall ist sachverständiger Prüfung zu unterwerfen. Damit steht fest, dass der gebotene* **medizinische Standard nicht entscheidend von Leitlinien geprägt** *wird, sondern Ausdruck des Erkenntnistandes der Wissenschaft zur Zeit der Behandlung ist."*

Frahm (GesR 2005, 529, 531):

„Ärztliche Leitlinien sind durch ärztliche Fachgremien gesetzte Handlungsempfehlungen zur Steuerung der diagnostischen bzw. therapeutischen Vorgehensweise für bestimmte Standard- Situationen, die auf die qualitative Sicherung ärztlichen Handelns abstellen und damit dem Schutz des Patienten dienen. Die Leitlinien werden nach ihren systematischen Entwicklungsstufen unterschieden, wobei gegenüber S 1- und S 2-Leitlinien die S 3-Leitlinien die höchste Evidentstufe aufweisen." (Frahm GesR 2005, 529, 531).

„Ärztliche Leitlinien und medizinischer Standard sind nicht deckungsgleich. **Ein Abweichen von einer Leitlinie bedeutet also nicht automatisch einen Behandlungsfehler."** (Frahm GesR 2005, 529, 531).

„Die Leitlinien liefern – soweit sie hinsichtlich des Zeit- und Situationsbezuges der konkreten zu überprüfenden ärztlichen Behandlung einschlägig sind – (jedoch) Anhaltspunkte zur Beantwortung der Frage, ob der Korridor medizinischen Standards verlassen worden ist." (Frahm GesR 2005, 529, 531 mit Hinweis auf Walter GesR 2003, 165, 168).

Nach Ansicht von Frahm (GesR 2005, 529, 532) wird man i. d. R. *die Einhaltung der Leitlinien zunächst als Indiz für eine fehlerfreie Behandlung bewerten dürfen.*

Jedoch könne man *im Gegensatz zum baurechtlichen Bereich und der Anwendung von DIN-Normen (. . .) dem Arzt insbesondere in der Hektik des Medizinbetriebs nicht stets abverlangen, das komplizierte und untereinander zum Teil unterschiedliche Regelwerk der Leitlinien im Einzelnen zu kennen oder gar einzuhalten* (Frahm GesR 2005, 529, 532; hiergegen jedoch Ziegler GesR 2006, 109 f.).

Zusammenfassend sei der Arzt zwar gehalten, ein Abweichen von den Leitlinien darzulegen und zu dokumentieren. Grundsätzlich führe der **Verstoß gegen eine Leitlinie jedoch nicht zu einer Beweislastumkehr zugunsten des Patienten hinsichtlich eines Behandlungsfehlers oder des Kausalzusammenhangs** zwischen dem ärztlichen Handeln und dem eingetretenen Gesundheits- bzw. Körperschaden. Allenfalls könne eine solche Abweichung eine (geringe) Indizwirkung entfalten (Frahm GesR 2005, 529, 533).

Allerdings gebe es *dennoch Fälle, in denen das Abweichen von Leitlinien zu einer Beweislastumkehr für das Vorliegen eines Behandlungsfehlers führt. Dies ist dann denkbar, wenn z. B.* **Hygiene- oder Organisationsleitlinien,** *letztere z. B. zur horizontalen Abgrenzung von ärztlichen Tätigkeitsbereichen, etwa zwischen Geburtshelfer und Anästhesist, außer Acht gelassen werden.* Solche Fälle seien wie diejenigen des sogenannten „vollbeherrschbaren Risikobereichs" zu behandeln, wonach der Behandler die ihn treffende Vermutung einer Pflichtverletzung zu widerlegen hat (Frahm GesR 2005, 529, 533).

Nach Ansicht von Spickhoff (NJW 2004, 1710, 1714) kann aus einem Verstoß des Arztes gegen eine vorhandene Richtlinie nur ein **Indiz für eine Standardverletzung** abgeleitet werden. Ein grober Behandlungsfehler werde durch die Abweichung von entsprechenden Leitlinien jedoch nicht indiziert (Spickhoff NJW 2004, 1710, 1714 mit Hinweis auf OLG Stuttgart, Urt. v. 22. 2. 2001 – 14 U 62/2000, MedR 2002, 650, 653 = OLGR 2002, 251, 254).

Müller (VPräsBGH, GesR 2004, 257, 260) meint, sowohl Leitlinien als auch Rahmenvereinbarungen würden den medizinischen Standard meist zutreffend beschreiben, können aber auch hinter diesem zurückbleiben. Sie dürften deshalb **der Beurteilung des medizinischen Sachverhalts nicht ungeprüft zugrundegelegt** werden.

Weitergehend ist Ziegler (VersR 2003, 545, 546 und GesR 2006, 109 f.) der Auffassung, bei den ärztlichen Leitlinien handle es sich *um Festsetzungen von methodischen oder sachlichen Regeln guten ärztlichen Handelns, die in einem geordneten Verfahren zustande gekommen sind* (Ziegler VersR 2003, 545, 546; GesR 2006, 109; auch Hart MedR 1998, 10).

Die Leitlinien würden **Handlungskorridore** festlegen. Werde hiervon abgewichen, der Korridor verlassen, sei dies **zu dokumentieren** (Ziegler VersR 2003, 545, 549; insoweit auch Frahm, GesR 2005, 529, 533: „Dokumentation der Gründe von Vorteil"). Geschehe dies nicht, **kehre sich die Beweislast um;** das Verlassen der vorgeschriebenen Handlungskorridore führe – wie die Missachtung von DIN-Normen – zu einer Beweislastumkehr (Ziegler VersR 2003, 545, 549 und GesR 2006, 109). Der Arzt müsse dann nachweisen, *dass bei Einhaltung der Leitlinie der beim Patienten vorhandene Schaden ebenfalls eingetreten wäre* (Ziegler VersR 2003, 545, 548). Die **Beweislastumkehr** greife zudem zugunsten des Patienten **auch für den Kausalzusammenhang zwischen eingetretenem Schaden und der Verletzung der Leitlinie** ein (Ziegler VersR 2003, 545, 548).

Hart (MedR 2002, 472 f.) unterscheidet zwischen den wenigen bislang existierenden evidenz-basierten Konsensus-Leitlinien und den übrigen Leitlinien. Erstere seien verbindlich, weil die verfahrensmäßige und fachliche Qualität ihrer Erstellung die Übereinstimmung mit dem Standard gewährleisten soll. Derartige Leitlinien würden auch einen Sachverständigen zwingen, sich mit ihnen auseinander zu setzen.

Auch Bergmann (GesR 2006, 337–345) weist darauf hin, dass zur Kennzeichnung ihrer Verfahrensqualität S-1-, S-2- und S-3-Leitlinien unterschieden werden:

S-1-Leitlinien werden von einer Expertengruppe erarbeitet und können sich zu einer Leitlinie der Stufe S-2 weiterentwickeln. Die höchste Stufe ist die S-3-Leitlinie. Hier wird die vorliegende wissenschaftliche Evidenz explizit in die Empfehlungen einbezogen. Man spricht von „evidenzbasierten Konsensus-Leitlinien", die sich durch eine systematischere Vorgehensweise bei ihrer Erstellung (systematische Recherche, formalisierte Konsensusverfahren) und ihren expliziten Charakter auszeichnen (Bergmann GesR 2006, 337, 338).

Derartige **S-3-Leitlinien würden den medizinischen Standard wiedergeben und könnten insoweit auch den Haftungsmaßstab bestimmen** (Bergmann GesR 2006, 337, 342). Ein vom Gericht bestellter Sachverständiger *muss die Inhalte dieser (S-3-)Leitlinie bei seiner Begutachtung berücksichtigen, um seinen Sorgfaltspflichten zu entsprechen (...). Er ist gehalten,* **den medizinischen Standard nicht abweichend von den Empfehlungen der Leitlinie zu bestimmen"** (Bergmann GesR 2006, 337, 342).

Vom Arzt sei zu verlangen, dass er bei einer Abweichung von solchen Leitlinienempfehlungen „*einen Grund für die Abweichung benennt und zur Sicherung des Beweises, dass er die Leitlinienempfehlungen wahrgenommen und beachtet hat, (dies) vernünftigerweise auch in den Behandlungsunterlagen dokumentiert. Der Sachverständige wird anhand dieser Angaben überprüfen, ob der behandelnde Arzt aufgrund von objektiv nachvollziehbaren Gesichtspunkten eine außerhalb des Behandlungskorridores der Leitlinie liegende Maßnahme der Behandlung gewählt hat und auf diese Weise seinem konkreten Patienten eine standardgemäße Therapie zuteil geworden ist"* (Bergmann GesR 2006, 337, 343).

b) Rechtsprechung

Auch die Rechtsprechung ist nicht einheitlich.

Das OLG Stuttgart (Urt. v. 22. 2. 2001 – 14 U 62/2000, MedR 2002, 650, 653 = OLGR 2002, 251, 254; kritisch hierzu Bergmann/Müller MedR 2005, 650, 657) meint, Leitlinien von Fachgesellschaften **prägten auch dann den ärztlichen Standard**, wenn sie zur Zeit ihrer Formulierung und Veröffentlichung noch nicht einmal von 5 % aller in diesem Fachgebiet tätigen Ärzte und Kliniken beachtet werde.

Es kommt nach Ansicht des OLG Stuttgart nicht darauf an, ob eine zur Abwendung eines erheblichen Gesundheitsrisikos medizinisch für erforderlich gehaltene Behandlungsmaßnahme in der Praxis allgemein durchgeführt werde, sondern nur darauf, ob vom behandelnden Arzt verlangt werden könne, die für den Patienten bestehende Gesundheitsgefahr zu erkennen und die unter Berücksichtigung der hierzu ergangenen Leitlinien und gesichertem Wissen möglichen ärztlichen Maßnahmen zu ergreifen. Nach Ansicht von Schmidt-Recla (GesR 2003, 138, 140) bedeutet dies nichts anderes als die juristische Rezeption einer der Praxis von einer Arbeitsgruppe einer Fachgesellschaft aufgezwungenen medizinischen Mindermeinung.

Demgegenüber argumentiert das OLG Naumburg (Urt. v. 25. 3. 2002 – 1 U 111/ 01, GesR 2002, 14, 15 = MedR 2002, 471, 472), dass Leitlinien der AWMF, denen nach Ansicht von Schmidt-Recla (GesR 2003, 138, 140) die Richtlinien des wissenschaftlichen Beirats der Bundesärztekammer etwa zur Pränataldiagnostik von der rechtlichen Struktur her gleichgeachtet werden können, ungeachtet ihrer wissenschaftlichen Fundierung derzeit **lediglich informatorischen bzw. deklaratorischen Charakter** haben könnten (OLG Naumburg, Urt. v. 25. 3. 2002 – 1 U 111/01, MedR 2002, 471, 472 und Urt. v. 19. 12. 2001 – 1 U 46/01, MedR 2002, 1373, 1374: auch kein antizipiertes Sachverständigengutachten; auch OLG Hamm, Urt. v. 11. 1. 1999 – 3 U 131/98, VersR 2000, 1373, 1374 = NJW-RR 2000, 401, 402; LG Neubrandenburg, Urt. v. 11. 1. 2005 – 4 O 165/04, MedR 2005, 283; differenzierend Rehborn MDR 2000, 1101, 1103: nur **unverbindliche Empfehlungen**, aber Charakter antizipierter Sachverständigengutachten).

Auch nach Ansicht des OLG Hamm (Urt. v. 11. 1. 1999 – 3 U 131/98, VersR 2000, 1373, 1374 = NJW-RR 2000, 401, 402; Urt. v. 9. 5. 2001 – 3 U 250/99, OLGR 2002, 176, 177 = VersR 2002, 857, 858 zu den Richtlinien) können die von der Bundesärztekammer (o. a.) herausgegebenen Leitlinien, ebenso die Richtlinien den Erkenntnisstand der medizinischen Wissenschaft nur **deklaratorisch wiedergeben** und ihn ggf. ergänzen, **nicht aber konstitutiv begründen**.

In dem am 11. 1. 1999 entschiedenen Fall (OLG Hamm, VersR 2000, 1373 = NJW-RR 2000, 401) hat das OLG Hamm zwar einen **Verstoß** des dort in einem Notfall tätig gewordenen Internisten **gegen die Leitlinien** für die Wiederbelebung und Notfallversorgung und damit einen **(einfachen) Behandlungsfehler bejaht**, weil er die Reanimation eines Patienten mit einem Herz-Kreislauf-Stillstand in der Annahme der Zwecklosigkeit dieses Unterfangens nicht fortführte, hieraus jedoch nicht den Schluss auf eine Beweislastumkehr gezogen. Das OLG Hamm hat das **Vorliegen eines groben Behandlungsfehlers abgelehnt** und ausgeführt, dass auch bei erfolgreicher Wiederherstellung von Herzfunktion und Kreislauf entsprechend den Leitlinien für Wiederbelebung und Notfallversorgung schwerste Schädigungen des Gehirns mit entsprechenden Funktionseinbußen, wie sie der dortige Kläger nach der Reanimation durch einen neun Minuten später eintreffenden Notarzt erlitten hatte, nach einer gewissen Zeit jedenfalls häufig seien. Der **Verstoß gegen die in Leitlinien** von medizinischen Fachgesellschaften niedergelegte Behandlungsregeln sei jedenfalls **nicht zwingend als grober Behandlungsfehler** zu werten (OLG Hamm, Urt. v. 11. 1. 1999, 3 U 131/98, VersR 2000, 1373, 1374; ebenso OLG München, Urt. v. 5. 4. 2006 – 1 U 4142/06, GesR 2006, 266, 268; OLG Stuttgart, Urt. v. 22. 2. 2001 – 14 U 62/ 2000, MedR 2002, 650, 653).

So hat auch das OLG München (Urt. v. 6. 4. 2006 – 1 U 4142/05, GesR 2006, 266, 268 f.) die Annahme eines groben Behandlungsfehlers bzw. fundamentalen Diagnoseirrtums abgelehnt, wenn der zufällig am Unglücksort anwesende Arzt (im entschiedenen Fall ein Gynäkologe – für einen Notfallmediziner gelten andere Grundsätze) aus den ihm bekannten bzw. mitgeteilten Fakten den – falschen – Rückschluss gezogen hat, ein offensichtlich zehn Minuten lang im acht Grad kalten Wasser liegendes Kind, das sich „wie eine kalte Wachspuppe" anfühlte, könne nicht mehr reanimiert werden.

c) Zusammenfassung

U. E. ist danach von folgenden **Grundsätzen** auszugehen:

▷ Ein Verstoß gegen eine Leitlinie **indiziert nicht das Vorliegen eines Behandlungsfehlers**, jedenfalls **nicht eines groben Behandlungsfehlers** (OLG Hamm, Urt. v. 9. 5. 2001 – 3 U 250/99, OLGR 2002, 176, 177; Urt. v. 27. 1. 1999 – 3 U 26/98, OLGR 2000, 57, 58 = NJW 2000, 1801; Urt. v. 11. 1. 1999 – 3 U 131/98, NJW-RR 2000, 401, 402 = VersR 2000, 1373, 1374; OLG Stuttgart, Urt. v. 22. 2. 2001 – 14 U 62/2000, MedR 2002, 650, 653 = OLGR 2002, 251, 252: kein Indiz eines „groben Behandlungsfehlers"; OLG Naumburg, Urt. v. 25. 3. 2002 – 1 U 111/01, MedR 2002, 471, 472 = GesR 2002, 14, 15; G/G, 5. Aufl. Rz. B 9 a; Jorzig/Feifel GesR 2004, 310, 311/313/315; Frahm GesR 2005, 529 f.; Müller, VPräsBGH, GesR 2004, 257, 260; Rehborn MDR 2000, 1101, 1103 und MDR 2002, 1281, 1283; Spickhoff NJW 2004, 1710, 1714; a. A. Ziegler VersR 2003, 545, 546/549 und GesR 2006, 109 f.; offengelassen von Schmidt-Recla GesR 2003, 138, 140, ob Verstoß gegen Leitlinien eine Pflichtverletzung indiziert; differenzierend Bergmann GesR 2006, 337, 342: S-3-Leitlinien können Haftungsmaßstab bestimmen).

▷ Leitlinien, Empfehlungen und insbesondere Richtlinien **können sich jedoch zum medizinischen Standard des jeweiligen Fachgebiets entwickeln** (BGH, Urt. v. 15. 2. 2000 – VI ZR 48/99, NJW 2000, 1784, 1785 = VersR 2000, 725, 726; OLG Hamm, Urt. v. 11. 1. 1999 – 3 U 131/98, NJW-RR 2000, 401, 402 = VersR 2000, 1373, 1374; G/G, 5. Aufl. Rz. B 9 a; S/Pa Rz. 150 a, 543 a: Abweichung bedarf besonderer Rechtfertigung).

▷ Weicht der Arzt im Einzelfall von einer bestehenden Leitlinie ab, hat er die **Gründe hierfür darzulegen** und zumindest dann **zu dokumentieren**, wenn die Dokumentation aus medizinischen Gründen (vgl. hierzu S. 427 ff.) erforderlich ist (OLG Düsseldorf, Urt. v. 15. 6. 2000 – 8 U 99/99, VersR 2000, 1019, 1020: Abweichung von Leitlinie bedarf besonderer Begründung; Bergmann GesR 2006, 337, 343: Abweichung von S-3-Leitlinie, nicht jedoch von S-1-Leitlinie zu dokumentieren; Frahm GesR 2005, 529, 533: „Dokumentation der Gründe von Vorteil"; Jorzig/Feifel GesR 2004, 310, 312/314 f. Abweichen von den Vorgaben der Leitlinie als „untypischer Sachverhalt" zu rechtfertigen, aber nicht stets zu dokumentieren; S/Pa Rz. 150 a, 543 a: Abweichung bedarf besonderer Rechtfertigung; Ziegler VersR 2003, 545, 549: Abweichen vom vorgegebenen „Handlungskorridor" zu dokumentieren).

▷ Im Einzelfall und **mit Einschränkungen können Leitlinien auch Indizwirkung für das Vorliegen eines Sorgfaltsverstoßes entfalten**, etwa beim Verstoß gegen S-3-Leitlinien (Bergmann GesR 2006, 337, 342/345), Hygiene- oder Organisationsleitlinien (OLG Düsseldorf, Urt. v. 15. 6. 2000 – 8 U 99/99, VersR 2000, 1019, 1020; LG München I, Urt. v. 7. 7. 2004 – 9 O 18834/00, GesR 2004, 512, 513: Verstoß gegen Richtlinie zum Hygienestandard; Frahm GesR 2005, 529, 533: Behandler hat dann die Vermutung einer Pflichtverletzung zu widerlegen; Jorzig/Feifel GesR 2004, 310, 312/316; Ziegler VersR 2003, 545, 546/548).

2. Richtlinien

Richtlinien der Bundesausschüsse für Ärzte bzw. Zahnärzte und Krankenkassen (§§ 91 ff. SGB V) sind Regelungen des Handelns oder Unterlassens, die von einer gesetzlich, berufsrechtlich, standesrechtlich oder satzungsrechtlich legitimierten Institution konsentiert, schriftlich fixiert und veröffentlicht werden, für den Rechtsraum dieser Institution verbindlich sind und deren Nichtbeachtung definierte Sanktionen nach sich ziehen kann (Bergmann GesR 2006, 337).

Richtlinien finden sich ganz wesentlich im Sozialrecht, insbesondere im Vertragsarzt- und Vertragszahnarztrecht (Bergmann, GesR 2006, 337, 338 und erlangen dort eine **sozialrechtliche Verbindlichkeit** (Frahm GesR 2005, 529, 531; Müller, VPräsBGH, GesR 2004, 257, 260; Jorzig/Feifel GesR 2004, 310, 311; G/G, 5. Aufl., Rz. B 9 a).

Richtlinien legen den Standard insoweit fest, als eine **Unterschreitung jedenfalls im sozialrechtlichen Sinn unzulässig** ist; der Standard kann aber mehr verlangen als die Richtlinien festlegen (G/G, 5. Aufl. Rz. B 9 a; Müller, VPräsBGH, GesR 2004, 257, 260). Die gem. § 92 I SGB V aufgestellten Richtlinien wirken aber regelmäßig auf das Entstehen medizinischer Standards ein. Wenn eine Behandlung nach diesen Richtlinien nicht oder nur eingeschränkt abgerechnet werden darf (vgl. § 135 SGB V), wird sie sich regelmäßig nicht zum Standard ausbilden. Umgekehrt wird die Anwendung einer vom Bundesausschuss etwa durch Richtlinien zur Abrechnung zugelassenen Behandlung nicht als generell fehlerhaft gewertet werden können (BGH, Urt. v. 25. 11. 2003 – VI ZR 8/03, NJW 2004, 1452 = VersR 2004, 645; BSG, Urt. v. 20. 3. 1996 – 6 RKA 62/94, MedR 1997, 123; G/G, 5. Aufl. Rz. B 9 a).

Untersuchungs- und Behandlungsmethoden, die nach einer Richtlinie des Bundesausschusses für Ärzte bzw. Zahnärzte nicht die maßgebenden Kriterien der diagnostischen und/oder therapeutischen Nützlichkeit erfüllen, erfordern – wenn sie dennoch angewendet werden – nach Auffassung von Müller (VPräsBGH, GesR 2004, 257, 260; auch S/Pa Rz. 150 a, 543 a) eine **besondere medizinische Rechtfertigung sowie eine besondere Aufklärung des Patienten**.

So verfolgen etwa die vom Bundesausschuss der Ärzte und Krankenkassen erstellten **Mutterschaftsrichtlinien** das Ziel, eine nach den Regeln der ärztlichen Kunst und unter Berücksichtigung des allgemein anerkannten Stands der medizinischen Erkenntnisse ausreichende, zweckmäßige und wirtschaftliche ärztliche Betreuung der Versicherten während der Schwangerschaft und nach der Entbindung sicherzustellen (BGH, Urt. v. 25. 11. 2003 – VI ZR 8/03, GesR 2004, 132, 133 = VersR 2004, 645, 647; Gehrlein VersR 2004, 1488, 1491).

Die **Mutterschaftsrichtlinien geben danach den ärztlichen Standard wieder** und dürfen nicht unterschritten, müssen aber ohne Anlass auch nicht überschritten werden (KG, Urt. v. 2. 10. 2003 – 20 U 402/01, NJW 2004, 691: im entschiedenen Fall keine Unterschreitung festgestellt; Butzer/Kaltenborn MedR 2001, 335: haftungsrechtliche Wirkung; a. A. Schmidt-Recla GesR 2003, 138, 139: nur sozialversicherungsrechtliche Wirkung).

Verstößt der Arzt im Einzelfall gegen diese oder eine andere **Richtlinie der Bundesausschüsse der Ärzte bzw. Zahnärzte** bzw. sonstige **von Fachgesellschaften erlassene Richtlinien** und liegt hierfür keine besondere vom Arzt darzulegende **medizinische Rechtfertigung** vor, wird von der wohl überwiegenden Ansicht ein **haftungsrechtlich relevanter Verstoß gegen den medizinischen Standard bejaht** (so Müller, VPräsBGH, GesR 2004, 257, 260; auch KG, Urt. v. 2. 10. 2003 – 20 U 402/01, NJW 2004, 691: im entschiedenen Fall aber keine Unterschreitung festgestellt; OLG Köln, Urt. v. 13. 2. 2002 – 5 U 95/01, MedR 2002, 458, 459: Verstoß gegen Richtlinien zur Wiederbelebung und Notfallversorgung im Einzelfall grob fehlerhaft; Franke/Regenbogen MedR 2002, 174, 175: haftungsrechtliche Wirkung; Rehborn MDR 2000, 1101, 1103: antizipiertes Sachverständigengutachten; S/Pa Rz. 150 a, 543 a: Abweichung bedarf besonderer Rechtfertigung; Ziegler VersR 2003, 545, 546: haftungsrechtliche Relevanz bereits beim Verstoß gegen Leitlinien).

Nach anderer Auffassung beschränkt sich die Rechtswirkung eines Verstoßes gegen Richtlinien **nur auf den sozialrechtlichen Bereich** (Frahm GesR 2005, 529, 531, Fn 34; Schmidt-Recla GesR 2003, 138, 139) bzw. können zur Bewertung des ärztlichen Standards **nur sehr eingeschränkt herangezogen** werden (Jorzig/Feifel GesR 2004, 310, 312).

Auch das OLG Hamm hat ausgeführt, der gebotene medizinische Standard könne nicht allein durch Empfehlungen oder Richtlinien der zuständigen medizinischen Gesellschaft geprägt werden. Richtlinien könnten den Erkenntnisstand der medizinischen Wissenschaft zum Zeitpunkt der Behandlung grundsätzlich **nur deklaratorisch wiedergeben, aber nicht konstitutiv begründen** (OLG Hamm, Urt. v. 9. 5. 2001 – 3 U 250/99, VersR 2002, 857, 858 = OLGR 2002, 176, 177; Urt. v. 27. 1. 1999 – 3 U 26/98, OLGR 2000, 57 = NJW 2000, 1801, 1802).

Leitlinien der AWMF, denen die Richtlinien des wissenschaftlichen Beirats der Bundesärztekammer zur Pränataldiagnostik von der rechtlichen Struktur her gleich geachtet werden können, haben nach Ansicht des OLG Naumburg **lediglich informatorischen bzw. deklaratorischen Charakter** (OLG Naumburg, Urt. v. 25. 3. 2002 – 1 U 111/01, MedR 2002, 471, 472 = GesR 2002, 14; auch LG Neubrandenburg, Urt. v. 11. 1. 2005 – 4 O 165/04, MedR 2005, 283 und Schmidt-Recla GesR 2003, 138, 140).

U. E. sind die zu den Richtlinien entwickelten Grundsätze wie folgt zusammenzufassen:

Die Nichteinhaltung einer bzw. der Verstoß gegen eine Richtlinie der Bundesausschüsse für Ärzte bzw. Zahnärzte **indiziert nicht per se das Vorliegen eines Behandlungsfehlers** oder gar groben Behandlungsfehlers, bedarf aber einer **besonderen medizinischen Rechtfertigung** (vgl. Müller, VPräsBGH, GesR 2004, 257, 260; anders noch in MedR 2001, 487, 492: Richtlinien nicht verbindlich; auch BGH, Urt. v. 15. 2. 2000 – VI ZR 48/99, VersR 2000, 725, 726: Richtlinien können sich zum Standard entwickeln; KG, Urt. v. 2. 10. 2003 – 20 U 402/01, NJW 2004, 691: Richtlinien dürfen nicht unterschritten werden; Frahm GesR 2005, 529, 533: im Einzelfall Indiz für Behandlungsfehler; G/G, 5. Aufl. Rz. B 9 a: Unterschreitung unzulässig; Jorzig/Feifel GesR 2004, 310, 313/316: im Einzelfall aber Indizwirkung; Rehborn MDR 2000, 1101, 1103 und MDR 2002, 1281, 1283: antizipiertes Sachverständigengutachten; Spickhoff NJW 2004, 1710, 1714: Indiz für eine Standardverletzung; **enger** Ziegler VersR 2003, 545, 546/548: Abweichung indiziert Behandlungsfehler; **weiter** OLG Hamm, Urt. v. 9. 5. 2001 – 3 U 250/99, OLGR 2002, 176, 177 und OLG Naumburg, Urt. v. 25. 3. 2002 – 1 U 111/01, MedR 2002, 471, 472).

IV. Soll-Standard

Der Arzt ist verpflichtet, den Patienten nach dem anerkannten und gesicherten Stand der medizinischen Wissenschaft im Zeitpunkt der Behandlung zu betreuen (OLG Brandenburg, Urt. v. 9. 10. 2002 – 1 U 7/02, VersR 2004, 199; OLG Hamm VersR 1994, 1476; VersR 2002, 857; Gehrlein VersR 2004, 1488, 1489; G/G, 5. Aufl. Rz. 2, 6, 9).

Der Arzt oder Krankenhausträger schuldet nicht stets eine immer dem neuesten Stand entsprechende apparative Ausstattung und die Anwendung des jeweils aktuellsten Therapiekonzepts (G/G, 5. Aufl. Rz. B 6; F/N, Rz. 67; Heyers/Heyers MDR 2001, 918, 922).

Der Patient hat auch unter Berücksichtigung des Wissensstandes eines Chefarztes eines Kreiskrankenhauses, der Hochschullehrer ist, nur einen Anspruch auf eine Behandlungsmethode, die gesicherten Erkenntnissen entspricht und dem medizinischen Standard genügt und kann nicht verlangen, dass der Arzt eine Methode anwendet, die **klinisch und experimentell noch nicht abgesichert** ist (OLG Oldenburg VersR 1989, 402).

Die Anwendung eines **neuen Therapiekonzepts** wird **erst** dann gefordert, wenn die **neue Methode risikoärmer** bzw. für den Patienten **weniger belastend** ist oder die **besseren Heilungschancen** verspricht, in der medizinischen Wissenschaft im Wesentlichen unumstritten ist und deshalb von einem sorgfältigen Arzt nur ihre Anwendung verantwortet werden kann (BGH VersR 1988, 179; NJW 1992, 754; OLG Hamm NJW 2000, 3437; F/N Rz. 67; G/G, 5. Aufl. Rz. B 6; S/Pa, Rz. 147, 172).

Diagnose- und Behandlungsmöglichkeiten, die erst in wenigen **Spezialkliniken** erprobt und durchgeführt werden, bestimmen den allgemeinen Soll-Standard noch nicht (BGH NJW 1984, 1810; G/G, 5. Aufl. Rz. B 9). Sind die dort praktizierten neuen **Methoden risikoärmer und/oder bieten sie dem Patienten wesentlich bessere Heilungschancen,** muss der Patient dorthin überwiesen (S/Pa Rz. 173), zumindest auf die dort bestehenden, deutlich besseren Heilungschancen hingewiesen werden (BGH NJW 1989, 2321; NJW 1984, 1810; G/G, 5. Aufl. Rz. C 37, 40).

Für die Erprobung einer neuen klinischen Methode oder die **Anschaffung neuer Geräte zur Erlangung des medizinischen Soll-Standards** ist dem Arzt bzw. Krankenhausträger einerseits eine **Karenzzeit einzuräumen** (BGH NJW 1992, 754; S/Pa Rz. 147; Gehrlein Rz. B 11). Andererseits ist das in einem Krankenhaus bereits vorhandene, im Zeitpunkt der Durchführung der Behandlung dem erforderlichen medizinischen Standard noch nicht gebotene **medizinische Gerät einzusetzen, wenn dies indiziert ist** (BGH NJW 1988, 2949; Gehrlein Rz. B 11; S/Pa, Rz. 148).

Auch kann sich der Krankenhausträger bei **fehlender Verabreichung eines teuren Medikaments**, das nicht zur Standardbevorratung gehört, nicht auf die Unwirtschaftlichkeit einer Vorratshaltung berufen, wenn das Medikament rechtzeitig von außen beschafft werden konnte (BGH NJW 1991, 1543; S/Pa, Rz. 143; G/G, 5. Aufl., Rz. B 8).

Ein Krankenhaus muss z. B. für Patienten mit möglichen Metallallergien auch keine Hüftgelenke in Keramik-Titan-Ausführung vorhalten. Es ist allerdings verpflichtet, den Patienten rechtzeitig über ein mögliches Allergierisiko aufzuklären, um diesem die Möglichkeit zu geben, sich ggf. an ein anderes Krankenhaus zu wenden (OLG Oldenburg VersR 1997, 1535; S/Pa, Rz. 139 a, 143).

V. Fallgruppen ärztlicher Behandlungsfehler

1. Diagnosefehler

Vgl. hierzu → *Diagnosefehler* S. 408 ff.; → *Grobe Behandlungsfehler* S. 492 ff.

Während bei **unterlassener Befunderhebung regelmäßig ein Behandlungsfehler**, bei Vorliegen weiterer Voraussetzungen gar eine Beweislastumkehr zwischen dem Behandlungsfehler und dem beim Patienten eingetretenen Primärschaden angenommen wird (vgl. → *Unterlassene Befunderhebung* S. 537 ff.), werden Diagnoseirrtümer, die lediglich auf eine **Fehlinterpretation** erhobener Befunde zurückzuführen sind, von der Rechtsprechung **nur mit Zurückhaltung als Behandlungsfehler gewertet** (BGH, Urt. v. 8. 7. 2003 – VI ZR 304/02, VersR 2003, 1256, 1257 = NJW 2003, 2827, 2828; OLG Koblenz, Urt. v. 31. 8. 2006 – 5 U 588/06, VersR 2006, 1547 f.; OLG Hamm, Urt. v. 2. 4. 2001 – 3 U 160/00, OLGR 2002, 217, 218 = VersR 2002, 578, 579; Urt. v. 23. 8. 2000 – 3 U 229/99, VersR 2002, 315, 316; OLG München, Urt. v. 6. 4. 2006 – 1 U 4142/05, GesR 2006, 266, 269; Urt. v. 28. 10. 2004 – 1 U 1841/04, OLGR 2006, 52; OLG Oldenburg VersR 1991, 1141; OLG Stuttgart, Urt. v. 22. 2. 2001 – 14 U 62/00, OLGR 2002, 251, 255; F/N, Rz. 96; G/G, 5. Aufl. Rz. B 55; Müller, VPräsBGH, GesR 2004, 257, 259 f.; Rehborn MDR 1999, 1169, 1171 und MDR 2002, 1281, 1282; S/Pa, Rz. 154).

Irrtümer bei der Diagnosestellung sind nicht zwingend die Folge eines vorwerfbaren Versehens des behandelnden Arztes, weil die Symptome einer Erkrankung nicht immer eindeutig sind, sondern auf verschiedene Ursachen hinweisen können (OLG Stuttgart, Urt. v. 22. 2. 2001 – 14 U 62/2000, OLGR 2002, 251, 255). Erst bei der Abweichung von einer klar zu stellenden Diagnose, der **Verkennung oder Fehldeutung eindeutiger Symptome** (OLG Stuttgart, Urt. v. 16. 6. 1998 – 14 U 67/97 und OLGR 2002, 251, 255; G/G, 5. Aufl. Rz. B 55, B 265), bzw. bei einem **„nicht mehr vertretbaren"** Vorgehen (OLG Hamm, Urt. v. 23. 8. 2000 – 3 U 29/99, VersR 2002, 315, 316: Interpretation unverständlich; Urt. v. 2. 4. 2001 – 3 U 160/00, VersR 2002, 578, 579: Fehlinterpretation eines

Befundes unvertretbar; OLG Koblenz, Urt. v. 31. 8. 2006 – 5 U 588/06, VersR 2006, 1547, 1548: „nicht mehr vertretbar"; OLG München, Urt. v. 3. 6. 2004 – 1 U 5250/03, VersR 2005, 657: „völlig unvertretbar" zur Begründung eines „groben Behandlungsfehlers"; OLG Schleswig, Urt. v. 13. 2. 2004 – 4 U 54/02, GesR 2004, 178: „in völlig unvertretbarer Weise gedeutet"; G/G, 5. Aufl. Rz. B 55; S/Pa Rz. 155 a) ist ein Diagnoseirrtum auch als Behandlungsfehler zu qualifizieren.

2. Unterlassene Befunderhebung

Vgl. → *Unterlassene Befunderhebung* (S. 804 ff.) und → *Beweislastumkehr* (S. 388 ff.)

Während die Rspr Diagnoseirrtümer nur mit großer Zurückhaltung als Behandlungsfehler bewertet, gilt bei der **Nichterhebung** gebotener Diagnose- oder Kontrollbefunde ein **schärferer Maßstab**. In der Fallgruppe der „unterlassenen Befunderhebung" greift in der Kausalitätsfrage zwischen einem Behandlungsfehler in Form des Unterlassens einer gebotenen Befunderhebung und dem Eintritt eines Körper- bzw. Gesundheitsschadens grundsätzlich eine **Beweislastumkehr** ein, wenn sich – ggf. unter Würdigung zusätzlicher medizinischer Anhaltspunkte – bei Durchführung der versäumten Untersuchung bzw. Erhebung des unterlassenen Befundes mit hinreichender Wahrscheinlichkeit ein so deutlicher und gravierender Befund ergeben hätte, dass sich dessen Verkennung als fundamental und die Nichtreaktion auf ihn als grob fehlerhaft darstellen müsste (BGH, Urt. v. 27. 4. 2004 – VI ZR 34/03, NJW 2004, 2011, 2013 = VersR 2004, 909, 911; Urt. v. 23. 3. 2004 – VI ZR 428/02, VersR 2004, 790, 791 f.; Urt. v. 25. 11. 2003 – VI ZR 8/03, VersR 2004, 645, 647 = NJW 2004, 1452, 1453; vgl. die weiteren umfangreichen Nachweise auf S. 815 f.).

Im Einzelfall kann die Beurteilung schwierig sein, ob ein – nicht als Behandlungsfehler vorwerfbarer – Diagnosefehler oder ein einfacher, im Einzelfall sogar grober Behandlungsfehler in Form der Nichterhebung von Diagnose- oder Kontrollbefunden vorliegt (OLG Brandenburg, Urt. v. 14. 11. 2001 – 1 U 12/01, MedR 2002, 149, 150 = VersR 2002, 313, 315: „Schwerpunkt" des Fehlverhaltens entscheidend; OLG Köln, Urt. v. 20. 7. 2005 – 5 U 200/04, VersR 2005, 1740, 1741 = NJW 2006, 69, 70; Feifel GesR 2006, 308 f.; vgl. im Einzelnen hierzu → *Unterlassene Befunderhebung* (S. 809 ff.) und → *Diagnosefehler* (S. 411 ff.)).

3. Therapiefehler

Der Arzt muss die möglichen und zumutbaren Maßnahmen ergreifen, um einen nach dem jeweiligen Stand naturwissenschaftlicher Erkenntnisse und ärztlicher Erfahrung erkennbaren gesundheitlichen Schaden von seinem Patienten abzuwenden (Gehrlein VersR 2004, 1488, 1489; G/G, 5. Aufl. Rz. B 9, 39 ff.; L/U, § 100 Rz. 16; S/Pa, Rz. 157 ff.). Bei der Wahl der Therapie ist **dem Arzt ein weites Ermessen eingeräumt**. Die ärztliche Entscheidung ist nur dahingehend zu überprüfen, ob die gewählte Therapie dem Stand der naturwissenschaftlichen Erkenntnisse und fachärztlichen Erfahrungen entspricht, ob sie zur Erreichung des Behandlungsziels geeignet und erforderlich ist und regelmäßig auch, ob sie sich in der fachärztlichen Praxis bewährt hat (OLG Naumburg, Urt. v. 6. 6. 2005 – 1 U 7/05, VersR 2006, 979; vgl. auch BGH, NJW 1989, 1538).

Dabei ist er nicht stets auf den sichersten Weg oder das neueste Therapiekonzept unter Anwendung der neuesten medizinischen Apparaturen festgelegt (S/Pa, Rz. 157 a, 160, 161; G/G, 5. Aufl. Rz. B 35; aber L/U, § 100 Rz. 19 und OLG Köln VersR 1990, 856: Ein Chirurg hat grundsätzlich den sichersten Weg zu wählen).

Der Arzt begeht jedoch einen Behandlungsfehler, wenn er bei der Diagnostik oder Therapie eine **veraltete Methode** anwendet (L/U, § 100 Rz. 19), jedenfalls wenn diese **durch gesicherte medizinische Erkenntnisse überholt** ist (G/G, 5. Aufl. Rz. B 38; auch BGH VersR 1978, 41), wenn bei Vorliegen verschiedener Möglichkeiten neue Methoden risikoärmer sind oder bessere Heilungschancen versprechen und in der medizinischen Wissenschaft im Wesentlichen unumstritten sind und nicht nur an wenigen Spezialkliniken praktiziert werden (Gehrlein Rz. B 11, B 26; s. o.).

In diesem Zusammenhang ist zu beachten, dass der Patient auch über das Bestehen einer ernsthaften Alternative, etwa der Fortsetzung einer konservativen Behandlung anstatt eines operativen Eingriffs oder der Absicht des Arztes, eine risikoreichere Therapie mit möglicherweise besseren Heilungschancen anzuwenden, aufgeklärt werden muss (Gehrlein Rz. B 28, 29, C 33; G/G, 5. Aufl. Rz. B 36, C 21, 23, 24, 29; vgl. → *Aufklärung*, S. 160 ff., 170).

Zu weiteren Einzelheiten vgl. → *Therapiefehler*, S. 768 ff.)

4. Therapeutische Aufklärung (Sicherungsaufklärung)

Vgl. → *Aufklärung* I. 3. (S. 94 ff.).

Unter „Sicherungsaufklärung" oder „therapeutischer Aufklärung" versteht man – oft missverständlich – die Verpflichtung des Arztes, seinen Patienten nicht nur diagnostisch und therapeutisch zu behandeln und über die Behandlung und deren Risiken korrekt aufzuklären, sondern ihn auch über alle **Umstände** zu informieren, die zur **Sicherung des Heilungserfolges** und zu einem **therapiegerechten Verhalten** erforderlich sind (BGH, Urt. v. 14. 9. 2004 – VI ZR 186/03, NJW 2004, 3703, 3704 = VersR 2005, 227, 228; Urt. v. 15. 3. 2005 – VI ZR 289/03, NJW 2005, 1716 = VersR 2005, 834; Rehborn MDR 2000, 1101, 1103; Stöhr RiBGH, GesR 2006, 145, 146).

Hierzu gehören etwa der Hinweis auf die **Dringlichkeit** der ärztlich indizierten Behandlung oder die von einem Mitpatienten ausgehende **Ansteckungsgefahr**, die Aufklärung über die bestehende **Misserfolgsquote** und die Notwendigkeit regelmäßiger **Nachuntersuchungen** nach einer Sterilisation oder die Erforderlichkeit einer Korrekturoperation, die Information über Dosis, Unverträglichkeiten und Nebenwirkungen eines verordneten Medikaments und der Hinweis auf das Erfordernis einer **vorsichtigen Lebensführung** bei Verdacht auf eine ernsthafte Herzerkrankung des Patienten (vgl. → *Aufklärung* I. 3., S. 94 ff.; Gehrlein Rz. B 46 ff.; G/G, 5. Aufl. Rz. B 95 ff., 221, 222; L/U, § 62 Rz. 3, 7, 10).

Der Arzt ist auch verpflichtet, den Patienten, der die notwendige Behandlung verweigert, auf mögliche, für den Laien nicht ohne weiteres erkennbare Gefahren der Nichtbehandlung hinzuweisen (OLG Bamberg, Urt. v. 4. 7. 2005 – 4 U 126/ 03, VersR 2005, 1292, 1293 = MDR 2006, 206; OLG Schleswig NJW 2002, 227).

Versäumnisse im Bereich der **therapeutischen Aufklärung** sind keine Aufklärungs-, sondern **Behandlungsfehler** mit den für diese geltenden beweisrechtlichen Folgen. Der **Patient hat also grundsätzlich den Beweis zu führen**, dass ein – medizinisch erforderlicher – therapeutischer Hinweis nicht erteilt wurde und es dadurch bei ihm zum Eintritt eines Schadens gekommen ist (BGH, Urt. v. 14. 9. 2004 – VI ZR 186/03, NJW 2004, 3703, 3704 = VersR 2005, 227, 228; Urt. v. 16. 11. 2004 – VI ZR 328/03, VersR 2005, 228, 229; OLG Hamm, Urt. v. 14. 7. 2003 – 3 U 128/02, VersR 2005, 837; OLG Karlsruhe, Urt. v. 25. 1. 2006 – 7 U 36/05, OLGR 2006, 339; OLG Koblenz VersR 2001, 111; OLG Köln NJW-RR 2001, 91 und NJW-RR 2001, 92, 93; OLG Oldenburg NJW-RR 2000, 240, 241; G/ G, 5. Aufl. Rz. B 95, 98, 221, 224; Müller, VPräsBGH, GesR 2004, 257, 262; Rehborn MDR 2000, 1101, 1103; Stöhr, RiBGH, GesR 2006, 145, 146).

Dem Patienten kann allerdings eine **Beweiserleichterung** zugute kommen, wenn der Arzt die Durchführung der Therapieaufklärung nicht dokumentiert hat (OLG Bamberg, Urt. v. 4. 7. 2005 – 4 U 126/03, VersR 2005, 1292, 1293 = MDR 2006, 206; OLG Zweibrücken, Urt. v. 20. 8. 2002 – 5 U 25/01, OLGR 2003, 92: Ablehnung einer dringend erforderlichen Untersuchung) oder den Nachweis in sonstiger Weise zu führen nicht in der Lage ist (vgl. zu den Einzelheiten → *Aufklärung*, S. 95 f.).

5. Übernahmeverschulden

Vgl. auch → *Arbeitsteilung* (S. 41 ff.)

Zahlreiche therapeutische Fehler gehen auch auf ein „Übernahmeverschulden" in Folge unzureichender Fachkenntnisse des behandelnden Arztes oder unzureichender sachlicher und räumlicher Ausstattung der Praxis bzw. des Krankenhauses zurück (G/G, 5. Aufl. Rz. B 11, 17). Jeder Arzt hat bei der Übernahme einer Behandlung oder vor Durchführung einer Operation zu prüfen, ob er die erforderlichen praktischen und theoretischen Kenntnisse besitzt und über die für die konkrete Behandlung erforderliche technisch-apparative Ausstattung verfügt, um die voraussichtlich erforderlich werdende Behandlung oder den Eingriff entsprechend dem Stand der medizinischen Erkenntnisse zum Zeitpunkt des Eingriffs durchzuführen (L/U, § 43 Rz. 2, 8).

Übernimmt der Arzt eine Behandlung, die – für ihn erkennbar – über die Grenzen seines Fachbereichs hinausgeht, so hat er den **für dieses Gebiet geforderten Facharztstandard zu gewährleisten** (BGH NJW 1987, 1482; G/G, 5. Aufl. Rz. B 13). So muss ein Urologe, der die Behandlung eines an Tuberkulose erkrankten Patienten übernimmt, dem Facharzt-Standard eines Lungenfacharztes genügen (BGH NJW 1982, 1049; Gehrlein Rz. B 33).

Ein Behandlungsfehler liegt vor, wenn er vor Durchführung der Behandlung bzw. des Eingriffs hätte erkennen müssen, dass die Behandlung die **Grenzen seines Fachbereichs, seiner persönlichen Fähigkeiten oder der ihm zur Verfügung stehenden technisch-apparativen Ausstattung überschreitet** und/oder er durch die vorgesehene Behandlung möglicherweise überfordert ist (Gehrlein Rz. B 34; L/U, § 43 Rz. 2 und § 99 Rz. 12; vgl. OLG Stuttgart VersR 2001, 1560, 1563).

So ist der behandelnde Arzt **zur Überweisung des Patienten an ein Spezialkrankenhausverpflichtet**, wenn ein erforderlicher Eingriff nur dort ohne bzw. mit erheblich vermindertem Komplikationsrisiko vorgenommen werden kann und eine besondere Dringlichkeit für den Eingriff nicht besteht (OLG Düsseldorf MedR 1985, 85; OLG Hamm, Urt. v. 16. 1. 2006 – 3 U 207/01, GesR 2006, 120, 123 f.: Problemgeburt, Überforderung des Belegarztes).

Die **Nichteinweisung** in ein apparativ besser ausgestattetes Krankenhaus zur Durchführung einer Problemgeburt bzw. nach Abgang von grünem Fruchtwasser (BGH, Urt. v. 7. 12. 2004 – VI ZR 212/03, VersR 2005, 408, 410 und nachfolgend OLG Hamm, Urt. v. 16. 1. 2006 – 3 U 207/02, GesR 2006, 120, 122 f.), zur kontrollierten Durchführung einer Strahlentherapie o. a. stellt einen **Behandlungsfehler** dar, wenn ein sorgfältiger und gewissenhafter Arzt die Behandlung im Kreiskrankenhaus, in das der Patient eingeliefert worden ist, hätte ablehnen müssen (BGH NJW 1989, 2321). In solchen Fällen ist der Patient über die Möglichkeit, ein besser ausgestattetes Krankenhaus aufzusuchen, aufzuklären (BGH NJW 1989, 2321; NJW 1992, 1560; L/U, § 43 Rz. 8; vgl. → *Aufklärung*, S. 195).

Ein hinzugezogener Kinderarzt darf sich, wenn er für eine ausreichende **Intubation** des **Neugeborenen** keine ausreichenden Kenntnisse und Erfahrungen besitzt, nicht mit einer Maskenbeatmung begnügen, sondern muss dafür Sorge tragen, dass ein **kompetenter Krankenhausarzt herbeigerufen** wird. In der unterlassenen oder – im entschiedenen Fall bis zu dessen Erscheinen um 40 Minuten – verzögerten Hinzuziehung eines kompetenten Arztes zur Sicherstellung der vitalen Funktionen ist sogar ein grober Behandlungsfehler zu sehen (OLG Stuttgart VersR 2001, 1560, 1563).

Wird ein 3-jähriges Kind wegen eines erlittenen Brillenhämatoms nach einem Sturz aus einer Höhe von 1,50 m mit Verdacht auf Schädelbasisbruch einem Internisten (oder Allgemeinmediziner o. a.) zur Behandlung zugeführt, liegt ein **Übernahmeverschulden** vor, wenn dieser davon absieht, einen Augenarzt zur Abklärung einer Einblutung in die Netzhaut hinzuzuziehen (OLG Oldenburg VersR 1997, 1405; S/Pa, Rz. 165).

Klagt ein Patient nach einer Gallenoperation gegenüber dem behandelnden Chirurgen über ein Druckgefühl im Ohr, so hat dieser einen HNO-Arzt hinzuzuziehen (OLG Zweibrücken VersR 1998, 590; S/Pa, Rz. 165). Ein HNO-Arzt ist auch zur Abklärung eines Hörsturzes nach einer Unterleibsoperation mit der Behandlung zu beauftragen (OLG Stuttgart VersR 1994, 106; Gehrlein Rz. B 34).

Entwickelt sich bei der Geburt eine Schulterdystokie („Hängenbleiben" der Schultern des Kindes bei der Geburt, vgl. → *Aufklärung*, S. 175 ff.), so hat die Hebamme umgehend einen Facharzt zu deren Lösung hinzuzuziehen (OLG Stuttgart VersR 1994, 1114).

Ein Übernahmeverschulden wird auch dann bejaht, wenn der Chefarzt eines Krankenhauses dem Patienten die persönliche Behandlung bzw. Operation zusagt, obwohl ihm bekannt ist, dass er den Eingriff nicht selbst wird vornehmen können, dieser dann vielmehr von einem **nicht ausreichend qualifizierten Assistenzarzt ohne Aufsicht eines qualifizierten Facharztes** durchgeführt wird (OLG Celle VersR 1982, 46; L/U, § 43 Rz. 7).

Einem „Anfänger" selbst, also einem für die Durchführung einer vorgesehenen Operation noch nicht ausreichend qualifizierten Assistenzarzt (BGH NJW 1984, 655), einem in der Weiterbildung zum Facharzt für Anästhesie stehenden Assistenzarzt (BGH NJW 1993, 2989) oder einem Arzt im Praktikum (OLG Schleswig NJW 1997, 3098), kann aus dem Gesichtspunkt des „Übernahmeverschuldens" nur dann ein Vorwurf gemacht werden, wenn er nach den bei ihm vorauszusetzenden Kenntnissen und Erfahrungen gegen die Durchführung einer Operation ohne Aufsicht eines geübten Facharztes Bedenken haben und eine Gefährdung des Patienten hätte voraussehen müssen (BGH NJW 1984, 655) oder er vor sonstigen Eingriffen erkennen konnte, dass deren Vornahme die Grenzen seiner persönlichen Fähigkeiten überschreitet (L/U, § 43 Rz. 2; Gehrlein Rz. B 34; vgl. → *Anfängereingriffe*, S. 24 f.).

6. Organisationsfehler

Vgl. auch → *Anfängereingriffe, Anfängeroperationen* (S. 17 ff., 22, 27), → *Arbeitsteilung* (S. 41 ff., 53 f.), → *Grobe Behandlungsfehler* (S. 606 ff.)

Ein Krankenhausträger muss organisatorisch gewährleisten, dass er mit dem vorhandenen ärztlichen Personal und funktionstüchtigem medizinischem Gerät seine Aufgaben nach dem jeweiligen Stand der medizinischen Erkenntnisse auch erfüllen kann. Hierzu gehört die Sicherstellung eines operativen Eingriffs durch **ausreichend qualifizierte Operateure** sowie fachlich **einwandfrei arbeitendes nichtärztliches Hilfspersonal**, wobei durch entsprechende Einteilung sicherzustellen ist, dass die behandelnden Ärzte nicht durch einen vorangehenden Nachtdienst übermüdet und deshalb nicht mehr in der Lage sind, mit der im Einzelfall erforderlichen Konzentration und Sorgfalt zu operieren (BGH, Urt. v. 8. 4. 2003 – VI ZR 265/02, NJW 2003, 2309, 2311: Sicherstellung, dass sich ein **sedierter Patient** nach der Behandlung nicht unbemerkt entfernt; Urt. v. 7. 12. 2004 – VI ZR 212/03, VersR 2005, 408, 419 und nachfolgend OLG Hamm, Urt. v. 16. 1. 2006 – 3 U 207/02, GesR 2006, 120, 123 f.: Verweigerung einer **Verlegung in besser ausgestattete Klinik**; BGH, NJW 1991, 1541 = VersR 1991, 467: Keimübertragung im Rahmen einer OP; NJW 1989, 2321 = VersR 1989, 851: defektes Bestrahlungsgerät; NJW 1996, 2429 = VersR 1996, 976: Nachtdienst durch inkompetentes Personal; NJW 1992, 1560 = VersR 1992, 745: **Anfängeroperation ohne Anwesenheit eines Facharztes**; NJW 1986, 776: Operation durch übermüdeten Arzt; OLG Stuttgart, VersR 2000, 1108: **Schlüssel zum OP-Saal nicht auffindbar**; G/G, 5. Aufl. Rz. B 253, 291 zu „groben Organisationsfehlern"; Deutsch NJW 2000, 1745; vgl. S. 606 ff.).

a) Personelle Ausstattung

Werden offensichtlich ungeeignete, insbesondere nicht ausreichend qualifizierte Assistenzärzte oder **übermüdete Ärzte** eingesetzt, so trägt der für den Einsatz dieses Arztes verantwortliche **Krankenhausträger die Beweislast** dafür, dass eine beim Patienten eingetretene Schädigung nicht auf fehlender Erfahrung, Übung oder Qualifikation des Behandlers beruht (BGH NJW 1996, 2429 = VersR 1996, 976: Nachtdienst durch nicht ausreichend ausgebildetes Personal; VersR 1986, 295 = NJW 1986, 776: Operation durch übermüdeten Arzt; NJW 1996, 2429 = VersR 1996, 976: CTG-Überwachung durch unzureichend qualifizierte Krankenschwester; Urt. v. 7. 12. 2004 – VI ZR 212/03, VersR 2005, 408, 410 und nachfolgend OLG Hamm, Urt. v. 16. 1. 2006 – 3 U 207/02, GesR 2006, 120, 123 f.: Entbindung durch erkennbar unfähigen Belegarzt; NJW 1984, 655 = VersR 1984, 60: Anfängeroperation; Deutsch NJW 2000, 1745, 1749; Gehrlein Rz. B 43; G/G, 5. Aufl. Rz. B 23, 24, 291; S/Pa, Rz. 255).

Auch bei sorgfältiger Auswahl des Personals muss der Krankenhausträger durch geeignete Maßnahmen sicherstellen, dass die Organisationsstruktur und die einzelnen Organisationsformen wirksam sind und eine ausreichende Instruktion sowie Überwachung des eingesetzten Personals gewährleistet ist (Deutsch NJW 2000, 1745; S/D, Rz. 193).

Der **Krankenhausträger** hat die eingesetzten **Chefärzte** im Bereich der diesen übertragenen Organisationsaufgaben zu **überwachen** (BGH VersR 1979, 844; G/G, 5. Aufl. Rz. B 30; S/Pa, Rz. 196). Den Chefärzten obliegt ihrerseits die Fachaufsicht über die nachgeordneten ärztlichen und nichtärztlichen Dienste (BGH NJW 1980, 1901; S/Pa, Rz. 196; G/G, 5. Aufl. Rz. B 30).

Der Chefarzt hat den Einsatz und die Arbeit der Assistenzärzte gezielt zu kontrollieren, etwa durch Überprüfung der von diesen erhobenen Befunde, Röntgen-, Kernspin- und CT-Aufnahmen u. a. sowie regelmäßige Besprechungen (BGH NJW 1989, 767; Gehrlein Rz. B 40). Lediglich die Vornahme von täglichen Visiten reicht nicht aus (BGH NJW 1989, 769; G/G, 5. Aufl. Rz. B 30).

Die Überwachung eines qualifizierten Facharztes mit eng begrenztem Fachgebiet, der sich über viele Jahre hin bewährt hat, kann sich jedoch darauf beschränken, ob die Zuverlässigkeit, für deren Fortbestehen zunächst die Lebenserfahrung spricht, durch nachfolgende Entwicklungen in Frage gestellt wird (OLG Köln VersR 1989, 708 für qualifizierten Chirurgen). Auch sonst dürfen die Anforderungen nicht überspannt werden, wenn sich der Assistenzarzt schon bewährt hat (S/Pa, Rz. 197).

Ein Belegkrankenhaus muss sich im Rahmen eines „gespaltenen Krankenhausvertrages" (siehe → *Krankenhausverträge*, S. 662 ff.) durch entsprechende Kontrollen vergewissern, dass das Pflegepersonal nicht zu ärztlichen Entscheidungen berufen wird (BGH NJW 1996, 2429; S/Pa, Rz. 192) und keine **Belegärzte** zum Einsatz kommen, die mehrfach durch die Erteilung systematisch **fehlerhafter Anweisungen** oder sonstiger, gehäufter Fehlleistungen auffällig geworden sind (OLG Koblenz VersR 2001, 897, 898).

Ein Belegkrankenhaus hat für eine unverzügliche Verlegung der Patientin in eine besser geeignete Klinik zu sorgen, wenn die (im entschiedenen Fall auch als Betreiberin der Klinik tätige) Hebamme die vom Belegarzt erteilten Weisungen als grob fehlerhaft erkennt und sich damit einer verantwortlichen Person der Einrichtung begründete Zweifel an einem fachgerechten weiten Ablauf des Geburtsvorgangs aufdrängen müssen (OLG Hamm, Urt. v. 16. 11. 2006 – 3 U 207/02, GesR 2006, 120, 124 im Anschl. an BGH, Urt. v. 7. 12. 2004 – VI ZR 212/03, VersR 2005, 408, 410 f.). Der Krankenhausträger hat auch sicherzustellen, dass in jeder Phase der Behandlung ein Facharzt bereitsteht, der die erforderlichen Anweisungen gibt, ihre Befolgung überwacht und die fehlerfreie Behandlung des Patienten sicherstellt (BGH NJW 1991, 1539; S/Pa, Rz. 198; G/G, 5. Aufl. Rz. B 24, 30).

Bei einer „Anfängeroperation" durch einen nicht ausreichend qualifizierten Assistenzarzt muss dabei die ständige Eingriffsbereitschaft und Eingriffsfähigkeit des Aufsicht führenden Chef- oder Oberarztes (OLG Oldenburg VersR 1998, 1380; MDR 1998, 47; OLG Stuttgart VersR 1990, 858), bei einer „Anfängernarkose" durch einen noch unerfahrenen Anästhesisten zumindest Blick- und Rufkontakt (BGH NJW 1993, 2989, 2990), beim Einsatz einer in Weiterbildung zur Fachärztin für Gynäkologie stehenden Assistenzärztin im Nachtdienst die Rufbereitschaft des Chef- oder Oberarztes gewährleistet sein (BGH MDR 1998, 535; NJW 1994, 3008, 3009; vgl. hierzu → Anfängereingriffe, Anfängeroperationen, S. 17 ff., 22, 27).

In Notfällen sind die dadurch bedingten zwangsläufigen Beschränkungen hinsichtlich der Entschlusszeit und der verfügbaren personellen und apparativen Mittel angemessen zu berücksichtigen, hier ist der Facharztstandard der Notlage anzupassen (G/G, 5. Aufl. Rz. B 27; Gehrlein Rz. B 40). Eine Herabsetzung des Sorgfaltsmaßstabes zur Gewährleistung des Facharztstandards kommt jedoch nicht in Betracht, wenn die konkrete Notlage vorhersehbar war oder die Notfallbeherrschung zu dem an der Notfallversorgung beteiligten Krankenhaus gehört (G/G, 5. Aufl. Rz. B 27; Gehrlein Rz. B 40).

Ein Notfallkrankenhaus muss sicherstellen, dass die Untersuchung einer Schwangeren mit Blutungen und Unterbauchschmerzen innerhalb von 15 Minuten nach der Notfallaufnahme und eine erforderliche sofortige Schnittentbindung von einem einsatzfähigen Operationsteam innerhalb von 20–25 Minuten nach der Indikationsstellung durchgeführt werden kann (OLG Braunschweig VersR 1999, 191 = MDR 1998, 907).

Der Klinikträger muss für einen neonatologischen Notfall innerhalb kürzester Zeit ausreichende organisatorische Vorkehrungen treffen, insbesondere sicherstellen, dass beim Auftreten von Atemnot eines Neugeborenen ein kompetenter Arzt hinzugezogen wird, der die Ursache der gestörten Atmung klären und eine erforderliche Intubation durchführen kann. Der Klinikträger hat zu regeln, wann eine Säuglingsschwester oder Hebamme ein neugeborenes Kind zu kontrollieren und welchen Arzt das nichtärztliche Klinikpersonal beim Auftreten eines Notfalls zu verständigen hat. Organisatorische Versäumnisse dieser Art rechtfertigen in einer „Gesamtbetrachtung" den Schluss auf einen groben Behandlungsfehler (OLG Stuttgart VersR 2001, 1560, 1562 f.).

b) Apparative Ausstattung

Neben der Bereitstellung, Überwachung und Kontrolle des qualifizierten Personals hat der Krankenhausträger auch den **hygienischen und apparativen Standard** entsprechend dem jeweiligen Stand naturwissenschaftlicher Erkenntnisse und ärztlicher Erfahrung, der zur Erreichung des Behandlungszieles erforderlich ist, zu gewährleisten (BGH NJW 1992, 754 = VersR 1992, 238 und OLG Jena, Urt. v. 12. 7. 2006 – 4 U 705/05, OLGR 2006, 799, 801: Bestrahlungsgerät; NJW 1988, 763, 764: Koagulationsgerät; OLG Frankfurt, VersR 1991, 185: Hochfrequenzchirurgiegerät; OLG Koblenz, Urt. v. 22. 6. 2006 – 5 U 1711/05, OLGR 2006, 913 = GesR 2006, 469: gravierende Hygienemängel, u. a. verunreinigter Alkohol; G/G, 5. Aufl. Rz. B 20, 21; Gehrlein Rz. B 36 – 39).

Hierzu gehört, dass zur Desinfektion kein verunreinigter Alkohol (BGH NJW 1978, 1683; OLG Koblenz, Urt. v. 22. 6. 2006 – 5 U 1711/05, OLGR 2006, 913: gravierende Hygienemängel, u. a. verunreinigter Alkohol), bei einer Infusion keine unsterile Infusionsflüssigkeit (BGH NJW 1982, 699) und bei einer Fremdbluttransfusion kein etwa mit Hepatitis C verseuchtes Blut verwendet wird, soweit dies durch entsprechende organisatorische Vorkehrungen vermieden werden kann (BGH NJW 1991, 1948; NJW 1992, 743; vgl. → *Anscheinsbeweis*, S. 28 ff., 32 f., 37 f.).

Die Verursachung einer Wundinfektion durch einen menschlichen Keimträger während einer Operation ist auch bei der Anwendung aller hygienischen Sorgfalt nicht immer zu vermeiden. Die Vorgänge im lebenden Organismus lassen sich nicht so sicher beherrschen, dass ein Misserfolg der Behandlung aufgrund einer Infektion bereits den Schluss auf ein Verschulden des Arztes oder Krankenhausträgers entsprechend § 282 BGB a. F. (§ 280 I 2 BGB n. F.) zuließe (BGH NJW 1991, 1541, 1542). Auch die Entwicklung einer Infektion nach einer Injektion lässt keinen Rückschluss auf eine erhebliche Keimverschleppung und ein möglicherweise fehlerhaftes Verhalten der Behandlungsseite zu (OLG Hamm, Urt. v. 20. 5. 1998 – 3 U 139/97; OLG Hamm VersR 2000, 323: Infektion nach Punktion eines Kniegelenks; Einzelheiten vgl. → *Anscheinsbeweis* (S. 32 ff., 37 f.) und → *Voll beherrschbare Risiken* (S. 905 f.). Kommt es nach einer Injektion zu einem Spritzenabszess und steht fest, dass in der Arztpraxis gravierende Hygienemängel bestanden, so etwa das Fehlen von Hygieneplänen und mündlichen Hygieneanweisungen, die Umfüllung von Desinfektionsmitteln in hierfür nicht vorgesehene Behältnisse und die Verwendung von Flächendesinfektionsmitteln mit einer langen Einwirkungszeit zur Hautdesinfektion mit dort nur kurzer Einwirkung, muss der Arzt beweisen, dass der Schaden auch bei Beachtung der maßgeblichen Hygieneregeln eingetreten wäre (OLG Koblenz, Urt. v. 22. 6. 2006 – 5 U 1711/05, OLGR 2006, 913, 914 = GesR 2006, 469).

Der Krankenhausträger hat die Funktionstüchtigkeit der medizinischen Geräte und Apparate und deren sachgerechte Handhabung durch **Unterweisungen, Fortbildung, Wartung und Kontrolle** durch Fachpersonal zu gewährleisten (Gehrlein Rz. B 39; G/G, 5. Aufl. Rz. B 19 – 24, 30; L/U, § 102 Rz. 16; BGH VersR 1980, 822: Narkosegerät; OLG Hamm VersR 1980, 1030: Röntgeneinrichtung; OLG Jena, Urt. v. 12. 7. 2006 – 4 U 705/05, OLGR 2006, 799, 801: überhöhte Röntgendosis, defektes Gerät; OLG Frankfurt VersR 1991, 185: Hochfrequenzchirurgiegerät).

Die Funktionskontrolle eines komplizierten Narkosegeräts muss vom bedienenden Facharzt (BGH NJW 1978, 584), ein einfacheres medizinisches Gerät wie z. B. ein bei Narkosen verwendeter Tubus vom Pflegepersonal überprüft werden (Gehrlein Rz. B 39). Der Krankenhausträger hat auch dafür Sorge zu tragen, dass die zum medizinischen Standard gehörenden **Medikamente vorrätig** sind oder innerhalb kurzer Zeit zur Durchführung einer geplanten Operation beschafft werden können (BGH NJW 1991, 1543 = MDR 1991, 603; F/N Rz. 90). Ein Organisationsverschulden des Krankenhausträges kann darin liegen, dass ein Medikament mit erheblich niedrigeren Risiken für den Patienten nicht rechtzeitig vor der Operation zur Verfügung steht (BGH NJW 1991, 1543).

Blutkonserven dürfen nur von als **zuverlässig bekannten Herstellern** bezogen werden, bei denen gewährleistet ist, dass die nach den Richtlinien zur Vermeidung verseuchter Blutkonserven erforderlichen Untersuchungen durchgeführt worden sind (BGH NJW 1992, 743; Gehrlein Rz. B 38). Andernfalls müssen die Blutkonserven vor ihrer Verwendung auf etwaige Verseuchungen, insbesondere mit Hepatitis- oder Aids-Erregern untersucht werden (Gehrlein Rz. B 38).

Reicht die apparative Ausstattung einer Universitätsklinik nicht aus, allen Patienten die nach den neuesten medizinischen Erkenntnissen optimale Behandlung zuteil werden zu lassen, etwa eine CT-geplante Bestrahlung nach einer Brustkrebsoperation, so muss die Patientin die sich hieraus ergebenden Nachteile jedoch entschädigungslos hinnehmen, wenn die Behandlung im Übrigen gutem ärztlichem Qualitätsstandard entspricht (OLG Köln VersR 1999, 847).

7. Verkehrssicherungspflichten

Vgl. auch → *Suizidgefährdete Patienten* (S. 765 ff.), → *Sturz im Pflegeheim und im Krankenhaus* (S. 744 ff.)

Der Krankenhausträger ist nicht nur zur Behandlung der aufgenommenen Patienten unter Einsatz qualifizierten Personals und Sicherstellung des hygienischen, apparativen und medikamentösen Standards verpflichtet, sondern auch zum Schutz des Patienten vor einer Schädigung, die diesem durch die Einrichtung oder bauliche Gestaltung des Krankenhauses (BGH VersR 2000, 1240 f.), durch eingesetzte Geräte, Apparate, Möbel, sanitäre Einrichtungen oder auf Zu- und Abgängen droht (BGH, Urt. v. 28. 4. 2005 – III ZR 399/04, NJW 2005, 1937 = VersR 2005, 984; Urt. v. 14. 7. 2005 – III ZR 391/04, NJW 2005, 2613 = GesR 2006, 44; OLG Düsseldorf, Urt. v. 2. 3. 2006 – I-8 U 163/04, GesR 2006, 214, 217; OLG Dresden, Urt. v. 17. 1. 2006 – 2 U 753/04, VersR 2006, 843, 844 = GesR 2006, 114 jeweils zum „Sturz im Pflegeheim"; G/G, 5. Aufl. Rz. A 56; S/Pa, Rz. 208).

So muss der Einsatz von Personal und Material so organisiert werden, dass ein **Sturz des Patienten von einer Untersuchungsliege** (OLG Hamm, Urt. v. 10. 1. 2001 – 3 U 59/00, MedR 2002, 196; OLG Köln VersR 1990, 1240), einem Rollstuhl, in den er zur Vorbereitung der Verbringung in eine andere Klinik verbracht wurde (KG, Urt. v. 20. 1. 2005 – 20 U 401/01, GesR 2005, 305 = OLGR

2005, 903; KG, Urt. v. 20. 1. 2005 – 20 U 401/01, VersR 2006, 1366), einem Krankenstuhl (BGH VersR 1991, 310) oder einem Duschstuhl (BGH VersR 1991, 1058) vermieden wird (zu den Einzelheiten vgl. → *Sturz im Pflegeheim und im Krankenhaus* S. 744 ff.).

Dem Träger eines psychiatrischen Krankenhauses obliegt deliktsrechtlich eine Verkehrssicherungspflicht zum Schutz des Patienten vor einer Schädigung, die diesem wegen der Krankheit durch ihn selbst oder durch die Einrichtung und bauliche Gestaltung des Krankenhauses droht. Diese Pflicht ist allerdings auf das Erforderliche und für das Krankenhauspersonal und deren Patienten Zumutbare beschränkt; das **Sicherheitsgebot** ist hier gegen den Gesichtspunkt der Therapiegefährdung durch allzu strikte Verwahrung abzuwägen (BGH, Urt. v. 20. 6. 2000 – VI ZR 377/99, VersR 2000, 1240, 1241= MDR 2000, 1376; OLG Zweibrücken, Urt. v. 26. 3. 2002 – 5 U 13/00, MedR 2003, 181).

Ohne besondere Umstände kann deshalb nicht verlangt werden, dass in der offenen Station einer psychiatrischen Klinik alle Türen und Fenster verschlossen werden (BGH MDR 2000, 1376). Überwiegend wird in der Rspr. darauf abgestellt, ob eine akute oder latent vorhandene **Selbstmordgefahr** für medizinisches Personal **erkennbar** war; eine verstärkte Sicherungspflicht wird nur bei Anhaltspunkten für eine erhöhte, akute oder konkrete Selbsttötungsgefahr verlangt (BGH, Urt. v. 20. 6. 2000 – VI ZR 377/99, MedR 2001, 201, 202 = VersR 2000, 1240, 1241; OLG Koblenz MedR 2000, 136; OLG Oldenburg VersR 1997, 117; OLG Stuttgart, Urt. v. 4. 4. 2000 – 14 U 63/99, MedR 2002, 198 = NJW-RR 2001, 1250; NJW-RR 1995, 662).

Eine Haftung des behandelnden Arztes kommt selbst dann nicht in Betracht, wenn er die Suizidgefahr als solche erkannt, diese nicht durch Außerachtlassung wesentlicher Umstände unterschätzt hat und ihr auf angemessene Art und Weise begegnet ist (OLG Naumburg NJW-RR 2001, 1251). Verlangt wird dabei **„nur"** eine **methodisch fundierte Befunderhebung** und Diagnosestellung; hinsichtlich der Schlussfolgerung, ob ein „Akutfall" vorliegt, verbleibt dem Therapeuten im Einzelfall ein Entscheidungs- und Ermessensspielraum (OLG Koblenz MedR 2000, 136). Diese Grundsätze gelten erst recht bei einer Behandlung in der inneren (oder einer sonstigen) Abteilung eines Allgemeinkrankenhauses. Ist eine **aktuelle Suizidgefahr** bei einem Patienten für den behandelnden Arzt **nicht erkennbar**, so stellt die Unterlassung konkreter Sicherungsmaßnahmen keinen Behandlungsfehler (Verstoß gegen die Verkehrssicherungspflicht) dar. Unterlässt der behandelnde Arzt jedoch die erforderliche Zuziehung eines Facharztes für Psychiatrie, so haftet er für die Verletzungen durch einen Sturz des Patienten aus dem Fenster nur, wenn der Patient beweisen kann, dass der Sturz **bei rechtzeitiger Zuziehung des Facharztes für Psychiatrie verhindert worden wäre** (OLG Karlsruhe, Urt. v. 10. 11. 1999 – 13 U 107/98). Allerdings kommt dem Patienten hinsichtlich des Kausalitätsnachweises eine **Beweislastumkehr** zugute, wenn ein „grober Organisationsmangel" vorliegt, der das Spektrum der für die Schädigung des Patienten in Frage kommenden Ursachen besonders verbreitert hat (OLG Hamm, Urt. v. 16. 9. 1992 – 3 U 283/91). Dies ist etwa der Fall, wenn die Station einer **Nervenklinik** mit **30–35 Patienten** abends nur mit einer **Pflegekraft** besetzt ist (OLG Hamm a. a. O.).

Zu weiteren Einzelheiten vgl. → *Grobe Behandlungsfehler* (S. 606 ff.), → *Suizidgefährdete Patienten* (S. 765 ff.), → *Voll beherrschbare Risiken* (S. 892 ff.), → *Sturz im Pflegeheim und im Krankenhaus* (S. 744 ff.).

8. Koordinationsfehler; Arbeitsteilung

Vgl. → *Arbeitsteilung* (S. 41 ff.)

Zur Organisationspflicht des niedergelassenen Arztes gehört es, einen Patienten, dessen Behandlung in das Gebiet eines anderen ärztlichen Fachbereichs fällt oder von ihm aufgrund eigener, begrenzter persönlicher Fähigkeiten bzw. unzureichender Ausstattung nicht übernommen werden kann, an einen entsprechenden Facharzt oder in ein Krankenhaus zu überweisen.Der in einem Krankenhaus tätige Arzt hat bei sich andeutender Überschreitung der Grenzen seines Fachwissens im Rahmen der „horizontalen Arbeitsteilung" einen Konsiliararzt (Arzt einer anderen Abteilung des Krankenhauses oder niedergelassener Arzt) hinzuzuziehen oder die Überweisung des Patienten in die entsprechende Fachabteilung des Krankenhauses bzw. einer Spezialklinik zu veranlassen.

Bei dieser **„horizontalen Arbeitsteilung"** zwischen dem behandelnden Arzt einerseits und dem hinzugezogenen Facharzt, Konsiliararzt oder der entsprechenden Fachklinik andererseits geht es in haftungsrechtlicher Sicht um die Entlastung des einen und die Belastung des anderen Arztes, wobei bei Fehlen einer klaren Abgrenzung der Verantwortungsbereiche zwischen dem überweisenden und dem hinzugezogenen Arzt u. U. eine Haftung beider Behandler als Gesamtschuldner in Betracht kommt (vgl. G/G, 5. Aufl. Rz. B 115, 117; S/Pa, Rz. 234 ff.; Gehrlein Rz. B 54 ff.; Deutsch NJW 2000, 1745, 1746).

Demgegenüber geht es bei der **„vertikalen Arbeitsteilung"** um die Fragen, welche Aufgaben vom Chef- oder Oberarzt eines Krankenhauses auf die Assistenzärzte bzw. vom Assistenzarzt auf Pflegekräfte übertragen werden können, in welchem Umfang Kontrollen des nachgeordneten ärztlichen und nichtärztlichen Dienstes erforderlich sind, und inwieweit sich nachgeordnetes ärztliches und nichtärztliches Personal auf die Organisation und die Anordnungen der vorgesetzten Ärzte verlassen können (vgl. G/G, Rz. B 137, 139, 140; S/Pa, Rz. 223 ff.; Gehrlein Rz. B 70 ff.).

VI. Kausalität

Vgl. → *Beweislastumkehr* (S. 388 ff.), → *Grobe Behandlungsfehler* (S. 492 ff.), → *Kausalität* (S. 614 ff.), → *Unterlassene Befunderhebung* (S. 804 ff.)

Im Arzthaftungsprozess muss der Patient nicht nur das Vorliegen eines ärztlichen Behandlungsfehlers durch positives Tun oder Unterlassen, ein zumindest fahrlässiges Versäumnis bei der medizinischen Versorgung des Patienten, sondern grundsätzlich auch dessen für die Gesundheit nachteilige Wirkung, den **Kausalzusammenhang zwischen dem Behandlungsfehler und dem eingetretenen Gesundheitsschaden beweisen** (BGH, Urt. v. 5. 4. 2005 – VI ZR 216/03,

NJW 2005, 2072, 2073 = VersR 2005, 942, 943; OLG Düsseldorf, Urt. v. 24. 7. 2003 – I-8 U 137/02, OLGR 2004, 335, 337; OLG Karlsruhe, Urt. v. 13. 10. 2004 – 7 U 122/03, OLGR 2005, 40: Ursächlichkeit der Verletzung einer Organisationspflicht; OLG Naumburg, Urt. v. 10. 6. 2003 – 1 U 4/02, NJW-RR 2004, 315, 316; OLG Oldenburg, Urt. v. 30. 3. 2005 – 5 U 66/03, VersR 2006, 517; Gehrlein VersR 2004, 1488, 1497; G/G, 5. Aufl. Rz. B 200, 217, 218).

Liegt der Behandlungsfehler des Arztes in einem **positiven Tun**, so hat der Patient für die haftungsbegründende Kausalität, den Eintritt des „Primärschadens" nachzuweisen, dass die nach dem medizinischen Soll-Standard zum Zeitpunkt der Durchführung der Behandlung medizinisch gebotene Maßnahme den Eintritt des Primärschadens verhindert hätte (G/G, 5. Aufl. Rz. B 218 m. w. N.).

Um beim Vorliegen eines Behandlungsfehlers durch ein **Unterlassen** der Behandlungsseite einen Ursachenzusammenhang bejahen zu können, muss die unterbliebene Handlung – etwa die vollständige Untersuchung einer Wunde und die Weiterleitung des Patienten zur operativen Behandlung – hinzugedacht und festgestellt werden, dass der Schaden gewiss oder mit an Sicherheit grenzender Wahrscheinlichkeit ganz oder zumindest teilweise vermieden worden wäre (G/G, 5. Aufl. Rz. B 218). Die bloße Wahrscheinlichkeit des Nichteintritts genügt nicht (OLG Zweibrücken VersR 1998, 590).

Gem. **§ 286 ZPO** genügt für den Nachweis des Ursachenzusammenhangs zwischen dem Behandlungsfehler und dem Eintritt des Primärschadens ein für das **praktische Leben brauchbarer Grad an Gewissheit**, ein für einen vernünftigen, die Lebensverhältnisse klar überschauenden Menschen so hoher Grad von Wahrscheinlichkeit, dass er den Zweifeln Schweigen gebietet, ohne sie völlig auszuschließen (BVerfG NJW 2001, 1640; BGH, Urt. v. 4. 11. 2003 – VI ZR 28/03, NJW 2004, 777, 778 = VersR 2004, 118, 119 = MDR 2004, 509; Urt. v. 21. 1. 2003 – VI ZR 139/02, NJW 2003, 1116, 1117 = VersR 2003, 474, 475; Zöller-Greger, § 286 ZPO Rz. 19).

Kann nicht festgestellt werden, dass ein verspätet und deshalb fehlerhaft durchgeführter Eingriff bei rechtzeitiger Vornahme das Leiden des Patienten hätte vermeiden können, so fehlt es an den Voraussetzungen für die Annahme eines Kausalzusammenhangs zwischen dem Behandlungsfehler und dem eingetretenen Gesundheitsschaden (OLG Hamm, Urt. v. 31. 10. 1994 – 3 U 223/93).

Das **Unterlassen einer gebotenen ärztlichen Maßnahme**, etwa das Röntgen eines geschwollenen Fußes, stellt einen **Behandlungsfehler** dar, führt aber nicht zur Haftung des Arztes, wenn die Durchführung der Maßnahme den eingetretenen Gesundheitsschaden deshalb nicht verhindert hätte, weil die später durchgeführte konservative Behandlung und nicht die Durchführung einer Operation nach Vorlage der Röntgenbilder die Therapie der Wahl war (OLG Köln VersR 1991, 930).

Weitere Einzelheiten vgl. bei → *Anscheinsbeweis* (S. 28 ff.), → *Beweislastumkehr* (S. 388 ff.), → *Dokumentationspflicht* (S. 426 ff.), → *Grobe Behandlungsfehler* (S. 492 ff.), → *Kausalität* (S. 614 ff.), → *Unterlassene Befunderhebung* (S. 804 ff.), → *Voll beherrschbare Risiken* (S. 892 ff.).

Berufung

I. Übersicht
II. Zulässigkeit der Berufung
  1. Statthaftigkeit der Berufung
    a) Berufungsfähige erstinstanzliche Urteile
    b) Wert des Beschwerdegegenstandes
  2. Berufungseinlegung
    a) Berufungsfrist
    b) Inhalt der Berufungsschrift
  3. Berufungsbegründungsfrist
    a) Verlängerung der Berufungsbegründungsfrist
    b) Berufungsbegründungsfrist bei Prozesskostenhilfe
  4. Inhalt der Berufungsbegründung
    a) Berufungsanträge (§ 520 III 2 Nr. 1 ZPO)
    b) Entscheidungsrelevante Rechtsverletzung (§ 520 III 2 Nr. 2 ZPO)
    c) Bezeichnung der Anhaltspunkte für die Unrichtigkeit der Tatsachenfeststellungen (§ 520 III 2 Nr. 3 ZPO)
      aa) Vorliegen „konkreter Anhaltspunkte"
      bb) „Zweifel" an der Richtigkeit und Vollständigkeit der erstinstanzlichen Feststellungen
      cc) Beweiskraft des Urteilstatbestandes
      dd) Unverzichtbare Verfahrensmängel (§ 529 II ZPO)
    d) Bezeichnung der neuen Angriffs- und Verteidigungsmittel (§ 520 III 2 Nr. 4 ZPO)
III. Zulassung neuer Angriffs- und Verteidigungsmittel

  1. Erstinstanzlich übersehene Gesichtspunkte (§§ 531 II 1 Nr. 1, 139 ZPO)
  2. Verfahrensfehler des erstinstanzlichen Gerichts (§§ 531 II 1 Nr. 2, 139 ZPO)
  3. Fehlende Nachlässigkeit (§ 531 II 1 Nr. 3 ZPO)
    a) Einfache Fahrlässigkeit
    b) Einwendungen und Einreden; Verjährung
    c) Gegenbeweise (z. B. Privatgutachten) und Aufklärungsrüge
    d) Neuer Vortrag unstreitiger Tatsachen in der Berufungsinstanz
    e) Sanktion und Entscheidung
IV. Ausschluss zurückgewiesener Angriffs- und Verteidigungsmittel
  1. Verspätet vorgebrachte Angriffs- und Verteidigungsmittel in erster und zweiter Instanz (§§ 531 I, 530, 296 ZPO)
  2. Überprüfung der erstinstanzlichen Zurückweisung bzw. Nichtzulassung; Vorliegen der Voraussetzungen des § 296 I ZPO
  3. Zurückweisung nach § 296 II ZPO
V. Entscheidung des Berufungsgerichts
  1. Verwerfung der unzulässigen Berufung
    a) Verwerfung nach § 522 I ZPO
    b) Verwerfung nach § 522 II ZPO
  2. Zurückweisung der unbegründeten Berufung
  3. Änderung des angefochtenen Urteils

I. Übersicht

Nach Inkrafttreten des Gesetzes zur Reform des Zivilprozesses vom 27. 7. 2001 am 1. 1. 2002 haben die Vorschriften des Berufungsrechts einschneidende Änderungen erfahren.

Die **Berufung** ist nunmehr bereits bei einer **Beschwer über 600 Euro**, andernfalls nach Zulassung der Berufung durch das Gericht des ersten Rechtszuges **zulässig**

(§ 511 II ZPO). Nach neuem Recht beträgt die Einlegungsfrist für die Berufung einen Monat ab Zustellung (§ 517 ZPO) und die Begründungsfrist – unabhängig vom Zeitpunkt der (rechtzeitigen) Einlegung – zwei Monate ab Zustellung der angefochtenen Entscheidung (§ 520 II 1 ZPO; vgl. hierzu Gehrlein MDR 2003, 421, 424 und MDR 2004, 661).

Ohne Einwilligung der Gegenpartei darf sie vom Vorsitzenden nur bis zu einem Monat verlängert werden, wenn nach dessen freier Überzeugung keine Verzögerung des Rechtsstreits eintritt oder wenn der Berufungsführer „erhebliche Gründe" darlegt (§ 520 II 3 ZPO).

§§ 520 III 2 Nr. 1–4, 529 I Nr. 1, 2, II ZPO beinhalten eine Verschärfung der Forderungen an eine einwandfreie Berufungsbegründung und beschränken nach bislang vertretener herrschender Ansicht den Prüfungsumfang des Berufungsgerichts (vgl. Ball ZGS 2002, 146, 148 ff.; Fellner MDR 2006, 552 ff.; Hartmann NJW 2001, 2577, 2590 f.; Rimmelspacher NJW 2002, 1897, 1901 ff.; Schellhammer MDR 2001, 1141, 1142 ff.; Stackmann NJW 2002, 781, 786).

Der BGH versteht insbesondere die Vorschrift des § 520 III 2 Nr. 2 ZPO dahin, dass mit ihr die Begründungsanforderungen zwar präzisiert, keinesfalls aber verschärft, sondern im Gegenteil „etwas herabgesetzt" werden sollen (BGH NJW 2003, 1531, 1532; NJW 2003, 2532, 2533; auch Urt. v. 9. 3. 2005 – VIII ZR 266/ 03, NJW 2005, 1583, 1584 = MDR 2005, 945, 956 mit Anm. Manteuffel NJW 2005, 2963, 2965; Gaier NJW 2004, 2041, 2042).

Neue Angriffs- und Verteidigungsmittel sind nur unter den eingeschränkten Voraussetzungen des § 531 I, II ZPO zugelassen.

Neuer Vortrag ist in der Berufungsinstanz gem. § 531 II Nr. 3 ZPO nur beachtlich, wenn er in erster Instanz ohne Nachlässigkeit unterblieben war. Hier schadet dem Berufungsführer bereits die **„einfache" Fahrlässigkeit** (BGH, Urt. v. 19. 3. 2004 – V ZR 104/03, NJW 2004, 2152, 2153 = MDR 2004, 1077 LS; Urt. v. 8. 6. 2004 – VI ZR 199/03, VersR 2004, 1177, 1179 = NJW 2004, 2825, 2826; Dieti VersR 2005, 442, 445; Gaier NJW 2004, 2041, 2044; Hartmann NJW 2001, 2577, 2591; Zöller-Gummer/Heßler, § 531 Rz. 31).

Allerdings eröffnet ein Fehler des erstinstanzlichen Gerichts, das die Parteien **gem. § 139 I, II ZPO** auf alle rechtlich relevanten Gesichtspunkte **hinzuweisen** und die Hinweise gem. § 139 IV ZPO aktenkundig zu machen hat, dem Berufungsführer den neuen Vortrag in der zweiten Instanz, § 531 II 1 Nr. 1, Nr. 2 ZPO (BGH, Urt. v. 30. 6. 2006 – V ZR 148/05, NJW-RR 2006, 1292, 1293 und Urt. v. 19. 3. 2004 – V ZR 104/03, NJW 2004, 2152, 2153: Gericht hat unzureichenden Vortrag mit zu verantworten oder gebotene Hinweise nicht erteilt; Beschl. v. 10. 5. 2005 – VI ZR 245/04, NZV 2005, 463, 464: Erstgericht hat dem rechtzeitig gestellten Antrag auf mündliche Anhörung des gerichtlichen Sachverständigen nicht entsprochen; Beschl. v. 9. 6. 2005 – V ZR 271/04, NJW 2005, 2624: Hinweis nach § 139 I 2, II ZPO unterlassen; Urt. v. 14. 10. 2004 – VII ZR 180/03, MDR 2005, 161: unvollständiger, missverständlicher Hinweis des Gerichts; Urt. v. 23. 9. 2004 – VII ZR 173/03, NJW-RR 2005, 167: erheblicher Gesichtspunkt vom Gericht für unerheblich gehalten; Urt. v. 20. 6. 2005 – II ZR

366/03, NJW-RR 2005, 1518 und Urt. v. 22. 9. 2005 – VII ZR 34/04, NJW 2006, 60, 62 = MDR 2006, 411 und Rensen MDR 2006, 1201: Hinweis ist im Sitzungsprotokoll, spätestens im Urteil zu dokumentieren; Gaier NJW 2004, 2041, 2045: fehlerhafte Rechtsansicht des Gerichts beeinflusst den Sachvortrag der Partei; Stöber NJW 2005, 3601, 3603 m. w. N.).

Gem. § 160 II ZPO hat das Gericht die wesentlichen Vorgänge der Verhandlung **im Sitzungsprotokoll aufzunehmen.** Hierzu gehört insbesondere sie Erteilung eines Hinweises nach § 139 I, II ZPO (BGH, Urt. v. 22. 9. 2205 – VII ZR 34/04, NJW 2006, 60, 62; Urt. v. 20. 6. 2005 – II ZR 366/03, NJW-RR 2005, 1518). Wurde der Hinweis erteilt, aber seine Dokumentation versehentlich unterlassen, kenn die Erteilung des Hinweises auch noch **im Tatbestand des Urteils** aktenkundig gemacht werden (BGH, Urt. v. 22. 9. 2005 – VII ZR 34/04, NJW 2006, 60, 62: Grund für das Unterlassen des Hinweises in der Sitzung ist daher mitzuteilen).

Nach § 160 IV 1 ZPO kann die Aufnahme bestimmter Vorgänge oder Äußerungen in das Protokoll beantragt werden. Es empfiehlt sich, hiervon vermehrt Gebrauch zu machen. Falls das Gericht die Aufnahme in das Protokoll ablehnt, muss der Anwalt einen förmlichen Beschluss darüber herbeiführen. Ein solcher Beschluss ist auf alle Fälle im Protokoll aufzunehmen, § 160 IV 3 (vgl. Doms NJW 2002, 777, 779).

Klageänderung, Aufrechnung und Widerklage sind gem. **§ 533 ZPO** nur noch zulässig, wenn der Gegner einwilligt oder das Gericht die Sachdienlichkeit bejaht und – kumulativ – die hierzu behaupteten Tatsachen nach § 529 ZPO ohnehin zu berücksichtigen sind, d. h. wenn konkrete Anhaltspunkte für fehler- oder lückenhafte Feststellungen in erster Instanz vorliegen (§ 529 I Nr. 1 ZPO) oder die Berücksichtigung der neuen Tatsachen gem. § 529 I Nr. 2, 531 II 1 Nr. 1–3 ZPO zulässig ist (zur Klageänderung bei Berufungseinlegung vgl. Gaier NJW 2004, 2041, 2045; Fellner MDR 2006, 552, 555).

So ist die mit der Berufung vorgenommene quantitative Erweiterung des Klageantrages gem. § 264 Nr. 2 ZPO, etwa wegen einer weiter gehenden Schlussrechnung keine Klageänderung i. S. d. § 533 ZPO; soweit neuer Vortrag den danach zulässigen erweiterten Klageantrag betrifft, beruht er auch nicht auf Nachlässigkeit i. S. d. § 531 II Nr. 3 ZPO (BGH, Urt. v. 8. 12. 2005 – VII ZR 138/04, MDR 2006, 565).

Die Möglichkeit der Einlegung einer Anschlussberufung wird in § 524 ZPO eingeschränkt. **Sie muss nunmehr** – abweichend von der zunächst zum 1. 1. 2002 eingeführten Regelung, die zurecht auf heftige Kritik gestoßen ist (vgl. OLG Celle NJW 2002, 2651; Gerken NJW 2002, 1095; Piekenbrock MDR 2002, 675 ff.; Musielak-Ball § 524 Rz. 11), **nicht mehr bis zum Ablauf eines Monats** nach Zustellung der Berufungsbegründungsschrift **eingelegt** und begründet wer-**den** (§ 524 II 2, III 1 ZPO).

Nach der durch das Justizmodernisierungsgesetz mit Wirkung zum 1. 9. 2004 geänderten Bestimmung unterliegt die Anschließung vielmehr **denselben zeitlichen Grenzen** wie die **Berufungserwiderung.** Dies gilt auch für die Verlängerung einer zur Berufungserwiderung gesetzten Frist. Solange dem Berufungsbeklagten keine Frist zur Berufungserwiderung gesetzt worden ist, ist danach die Anschließung noch möglich. Der Berufungsbeklagte kann daher zunächst abwarten, ob die (Haupt-)Berufung des Prozessgegners nach § 522 II ZPO zurückgewiesen wird (Musielak-Ball § 524 ZPO Rz. 11). Sie verliert nach § 524 IV ZPO ihre Wirkung, wenn die Hauptberufung – nunmehr bis zur Verkündung des Berufungsurteils (§ 516 I ZPO) auch ohne Zustimmung der Gegenseite – zurückgenommen, vom Gericht verworfen oder durch Beschluss zurückgewiesen wird.

Die **Kosten** einer zulässig eingelegten Anschlussberufung sind – wie der BGH nunmehr entschieden hat – dem **Berufungskläger** aufzuerlegen, wenn dieser die (Haupt-) Berufung nach einem Hinweis gem. § 522 II 2 ZPO **zurücknimmt** und die Anschlussberufung – selbst wenn sie inhaltlich unbegründet gewesen wäre – dadurch ihre Wirkung verliert (BGH, Beschl. v. 7. 2. 2006 – XI ZB 9/05, NJW-RR 2006, 1147 = MDR 2006, 586; ebenso bei Zurückweisung der Berufung: OLG Celle, Beschl. v. 27. 1. 2004 – 16 U 158/03, MDR 2004, 592; OLG Hamburg, Beschl. v. 3. 4. 2003 – 1 U 144/02, MDR 2003, 1251; OLG Köln, Beschl. v. 23. 8. 2004 – 11 U 196/03, OLGR 2004, 397 f.; Hülk/Timme MDR 2004, 14 f.; **a. A.** für Kostenteilung: OLG Brandenburg, Beschl. v. 7. 7. 2003 – 13 U 31/03, MDR 2003, 1261 f.; OLG Celle, Beschl. v. 16. 10. 2002 – 2 U 110/02, NJW 2003, 2755 f.; OLG Dresden, BauR 203, 1431; OLG Düsseldorf, Beschl. v. 28. 10. 2002 – 24 U 81/02, MDR 2003, 288; OLG München, Beschl. v. 27. 7. 2004 – 17 U 2042/04, OLGR 2004, 456).

Eine unzulässige Berufung wird **nach mündlicher Verhandlung** durch Urteil, ohne mündliche Verhandlung durch Beschluss verworfen (§§ 522 I 2, I 3, 128 IV ZPO). Der Beschluss ist nicht mehr mit der sofortigen Beschwerde, sondern nur noch mit der Rechtsbeschwerde anfechtbar (§ 522 I 4 ZPO).

Das Berufungsgericht weist die Berufung **ohne mündliche Verhandlung** durch **einstimmigen Beschluss** zurück, wenn sie keinen Erfolg verspricht, keine grundsätzliche Bedeutung hat und auch die Rechtsfortbildung oder eine ständige Rechtsprechung kein Berufungsurteil erfordert (§ 522 II 1 Nr. 1–3 ZPO). Die einstimmige Zurückweisung ist gem. § 522 III ZPO unanfechtbar (vgl. zum Zurückweisungsbeschluss nach § 522 II ZPO in der gerichtlichen Praxis Schellenberg MDR 2005, 610–615). Die zulässige und nicht von Anfang an aussichtslose, letztlich aber unbegründete Berufung wird nach mündlicher Verhandlung – wie bisher – durch Urteil zurückgewiesen (vgl. Schellhammer MDR 2001, 1141, 1147).

Auf eine zulässige und begründete Berufung hat das Berufungsgericht selbst über Klage- und Berufungsanträge zu entscheiden (§ 538 I, II ZPO). Eine Zurückverweisung an das erstinstanzliche Gericht kommt nur ausnahmsweise unter den Voraussetzungen des § 538 II 1 Nr. 1–7 ZPO in Betracht (vgl. Hartmann NJW 2001, 2577, 2591; Schellhammer MDR 2001, 1141, 1147; zur Änderung des Revisionsverfahrens vgl. Büttner MDR 2001, 1201 ff.).

II. Zulässigkeit der Berufung

Für Berufungen gegen Urteile des AG bleibt das LG zuständig (§ 72 GVG), für Berufungen gegen erstinstanzliche Urteile des LG ist das OLG zuständig (§ 119 I GVG), wobei es § 119 III GVG den einzelnen Bundesländern überlässt, Oberlandesgerichte für alle Berufungen und Beschwerden gegen amtsgerichtliche Entscheidungen für zuständig zu erklären. Hiervon hat bislang jedoch kein Bundesland Gebrauch gemacht.

Gem. § 522 I 1 ZPO ist die Berufung nur zulässig (vgl. LG Stendal NJW 2002, 2886; Zöller-Gummer/Heßler, § 520 Rz. 27 und § 522 ZPO Rz. 2), wenn sie an sich statthaft (§ 511 I, II ZPO) und in der gesetzlichen Form und Frist angelegt und begründet worden ist (§§ 513 I, 517, 518 I, II, IV, 520 ZPO). Im Einzelnen:

1. Statthaftigkeit der Berufung

a) Berufungsfähige erstinstanzliche Urteile

Die Berufung ist – wie bisher – gegen Endurteile der ersten Instanz statthaft und erfasst auch deren Vorentscheidungen, die weder unanfechtbar noch mit sofortiger Beschwerde anfechtbar sind (§§ 511 I, 512 ZPO), also alle Zwischenurteile nach § 303 ZPO, Beweisbeschlüsse, Beschlüsse über Trennung und Verbindung und andere prozessleitende Anordnungen des Gerichts (B/L/A/H, § 512 ZPO Rz. 2; Musielak-Ball § 511 Rz. 2, 3 und § 512 Rz. 2).

Ein Versäumnisurteil kann gem. § 514 II ZPO in der Berufung nur mit der Begründung angefochten werden, dass der Fall einer schuldhaften Versäumung nicht vorgelegen habe. Im Übrigen ist hier der Einspruch der richtige Rechtsbehelf (§§ 514 II, 338, 339, 340 ZPO).

b) Wert des Beschwerdegegenstandes

Gem. § 511 II Nr. 1 ZPO beträgt die Berufungssumme bei Urteilen, die auf eine mündliche Verhandlung nach dem 31. 12. 2001 erfolgen, nunmehr **600 Euro**. Bei geringeren Beschwerdewerten ist eine Zulassung durch das erstinstanzliche Gericht erforderlich (§ 511 II Nr. 2, IV 1 Nr. 1, 2 ZPO).

Für die Zulässigkeit der zulassungsfreien Berufung ist nicht die Beschwer, sondern der **Wert des Beschwerdegegenstandes maßgeblich** (vgl. BGH NJW 2002, 2720, 2721; Althammer NJW 2003, 1079, 1080; Musielak-Ball § 511 Rz. 18, 19; B/L/A/H § 511 ZPO Rz. 13). Er ist zu unterscheiden vom erstinstanzlichen Streitwert und von der Beschwer. Beschwerdegegenstand ist Teil der Beschwer, dessen Beseitigung die Berufung erstrebt. Sein Wert wird bestimmt durch den Umfang, in dem Beschwer und Berufungsantrag sich decken. Er kann daher nicht höher als die Beschwer, wohl aber hinter ihr zurückbleiben (BGH NJW 1994, 735; Musielak-Ball § 511 ZPO Rz. 18).

Beispiel: Der Beklagte wird zur Zahlung eines Betrages in Höhe von 1 500,00 Euro verurteilt. Bei diesem Betrag handelt es sich um die „Beschwer". Der Beklagte legt gegen dieses Urteil Berufung ein, soweit er zur Zahlung eines

Betrages in Höhe von mehr als 900,00 Euro verurteilt worden ist. Der Beschwerdegegenstand beziffert sich somit auf 600,00 Euro. Gem. § 511 II Nr. 1 ZPO wäre eine Berufung aber erst bei einem Beschwerdegegenstand von 600,01 Euro zulässig (zu weiteren Fallkonstellationen vgl. Althammer, NJW 2003, 1079–1083 und Zöller-Gummer/Heßler vor § 511 ZPO Rz. 10, 10 a, § 511 ZPO Rz. 13, 14).

2. Berufungseinlegung

a) Berufungsfrist

Die Berufungsfrist beträgt gem. § 517 ZPO nach wie vor **einen Monat nach Zustellung** des Urteils. Die beim Berufungsgericht – auch durch Fernschreiben (BGH NJW 1987, 2587), Btx (BVerwG NJW 1995, 2121), **Telefax** (BVerfG NJW 1996, 2857; BGH Beschl. v. 25. 4. 2006 – IV ZB 20/05, NJW 2006, 2263, 2264; BGH NJW 2003, 3487; Riesenkampff NJW 2004, 3296 ff.; B/L/A/H § 519 Rz. 9), **elektronische Übertragung einer Textdatei mit eingescannter Unterschrift auf ein Faxgerät des Gerichts** (GemS der Obergerichte NJW 2000, 2341 = VersR 2000, 1166 = MDR 2004, 349 und BGH NJW 2006, 2263, 2265: Computerfax; BGH, Urt. v. 10. 5. 2005 – XI ZR 128/04, VersR 2006, 427, 428) – einzureichende Berufungsschrift muss – wie bisher – den Mindesterfordernissen des § 519 I Nr. 1, Nr. 2 und des § 519 IV i. V. m. § 130, 130 a ZPO genügen.

Das Fehlen der Unterschrift des Prozessbevollmächtigten unter der Berufungs- bzw. Berufungsbegründungsschrift ist ausnahmsweise unschädlich, wenn sich aus anderen, keine Beweisaufnahme erfordernden Umständen eine der Unterschrift vergleichbare Gewähr dafür ergibt, dass der zugelassene Prozessbevollmächtigte des Berufungsführers die Verantwortung für den Inhalt des Schriftsatzes übernommen und diesen willentlich in den Rechtsverkehr gebracht hat. Zu berücksichtigen sind aber nur die bis zum Ablauf der Berufungsbegründungsfrist bekannt gewordenen Umstände. Anerkannt zur Fristwahrung sind etwa die elektronische Übertragung einer Textdatei mit eingescannter Unterschrift des zugelassenen Anwalts oder ein mit der nicht unterzeichneten Berufungsbegründungsschrift fest verbundenes, vom zugelassenen RA unterzeichnetes Begleitschreiben oder von ihm beglaubigtes Schriftsatzdoppel für die Gegenseite (BGH, Urt. v. 10. 5. 2005 – XI ZR 128/04, VersR 2006, 427, 429 m.w.N.). Nicht ausreichend ist jedoch ein nicht mit der Unterschrift bzw. zumindest eingescannten Unterschrift eines zugelassenen Anwalts versehenes Fax bzw. Computerfax (BGH, a. a. O.).

Nach bisheriger Rspr. des BGH und einhelliger Auffassung in der Literatur war ein per Telefax übermittelter Schriftsatz grundsätzlich erst in dem Zeitpunkt bei Gericht als eingegangen anzusehen, in welchem das Telefaxgerät des Gerichts den Schriftsatz vollständig ausgedruckt hat (BGH NJW 1994, 2097, 2098; NJW 1994, 1881, 1882; NJW 1987, 2586; B/L/A/H, 63. Aufl., § 519 ZPO Rz. 4, 10; Musielak-Ball, 4. Aufl., § 519 ZPO Rz. 22).

In Anlehnung an die Vorgabe des BVerfG (NJW 1996, 2857) hat der BGH seine Rspr. im Beschluss v. 25. 4. 2006 (IV ZB 20/05, NJW 2006, 2263 = VersR 2006, 1093) geändert.

Danach ist – nunmehr – allein darauf abzustellen, ob die gesendeten Signale noch vor Ablauf des letzten Tages der Frist vom Telefaxgerät des Gerichts vollständig empfangen (gespeichert) worden sind. Dass der Ausdruck des Empfangenen bei Gericht (teilweise) erst nach Fristablauf erfolgt, etwa wegen technischer Störungen des Empfangsgeräts (z. B. Papierstau), eines Bedienungsfehlers oder der technischen Beschaffenheit des Geräts (Ausdruck erst nach Empfang des letzten Signals), wird nicht (mehr) als erheblich angesehen (BGH, Beschl. v. 25. 4. 2006 – IV ZB 20/05, NJW 2006, 2263, 2264/2265 = VersR 2006, 1093, 1094).

Damit ist auch die Rspr., wonach bei erkennbarem Defekt des Empfangsgeräts jedenfalls Wiedereinsetzung in den vorigen Stand zu gewähren ist, wenn andere mögliche und zumutbare Maßnahmen nicht zum Ziel führen, wobei von einem Rechtsanwalt nicht verlangt werden konnte, dass er innerhalb kürzester Zeit eine andere Zugangsart sicherstellt (BVerfG NJW 2000, 1636 und NJW 1996, 2857; BGH NJW-RR 1997, 250), weitgehend obsolet geworden.

b) Inhalt der Berufungsschrift

Im Interesse der Rechtsklarheit dürfen an den Inhalt der Berufungsschrift keine zu geringen Anforderungen gestellt werden. Es ist anerkannt, dass eine vollständige Bezeichnung die Angabe der Parteien, des Gerichts, das das angefochtene Urteil erlassen hat, des Verkündungsdatums und des Aktenzeichens erfordert (BGH, Beschl. v. 24. 4. 2003 – III ZB 94/02, VersR 2004, 623). Fehlerhafte oder unvollständige Angaben schaden jedoch nicht, wenn aufgrund der sonstigen erkennbaren Umstände für Gericht und Prozessgegner nicht zweifelhaft bleibt, welches Urteil angefochten wird bzw. gegen wen sich die Berufung richtet (BGH, Beschl. v. 24. 4. 2003 – III ZB 94/02, VersR 2004, 623; Urt. v. 11. 1. 2001 – III ZR 113/00, NJW 2001, 1070).

Die Gegenseite kann sich aus der Auslegung der Berufungsschrift und aus dem nach § 519 III ZPO beizufügenden Urteil oder anderen Unterlagen ergeben (BGH MDR 2003, 948; NJW 1993, 1720; NJW 1991, 2081).

Erforderlich ist insbesondere auch die klare Angabe, für und gegen wen Berufung eingelegt wird (BGH NJW 2002, 1430; NJW-RR 2002, 932; NJW 1999, 1554). Jedoch macht das Fehlen der Anschrift des Berufungsbeklagten und seines Prozessbevollmächtigten die Berufung nicht unzulässig (BGH VersR 1985, 571; BAG NJW 1987, 1356; B/L/A/H § 519 ZPO Rz. 25).

Eine fehlende oder falsche Bezeichnung der Parteien schadet nur, wenn die richtige Partei dem Berufungsgericht und dem unbefangenen Leser nicht deutlich erkennbar ist (BGH MDR 2004, 703; BGH NJW 2002, 1430; NJW-RR 2002, 932; NJW-RR 2002, 1074; NJW-RR 2000, 1661, 1662; OLG Braunschweig MDR 2004, 1438), wobei auch hier das der Berufungsschrift beigefügte Urteil herangezogen werden kann (B/L/A/H § 519 ZPO Rz. 27).

3. Berufungsbegründungsfrist

Der Berufungskläger muss die Berufung innerhalb von **zwei Monaten nach Zustellung** des vollständigen, erstinstanzlichen Urteils begründen (§ 520 II 1 ZPO).

a) Verlängerung der Berufungsbegründungsfrist

Eine Verlängerung ist ohne Einwilligung des Prozessgegners bei Darlegung erheblicher Gründe nur um **einen Monat** zulässig (§ 520 II 3 ZPO).

Wird die Frist zur Begründung der Berufung um einen bestimmten Zeitraum verlängert und fällt der letzte Tag der ursprünglichen Frist auf einen Samstag, Sonntag oder einen allgemeinen Feiertag, so beginnt der verlängerte Teil der Frist erst mit dem Ablauf des nächstfolgenden Werktags (BGH, Beschl. v. 14. 12. 2005 – IX ZB 198/04, NJW 2006, 700).

Erhebliche Gründe sind – wie bisher – z. B. **laufende Vergleichsgespräche** (BGH NJW 1999, 430), eine benötigte **Einarbeitungszeit** des neu bestellten Anwalts (BGH NJW-RR 2000, 800), die Notwendigkeit der Einholung eines **Gutachtens** (BGH NJW-RR 1989, 1280; Musielak-Ball § 520 ZPO Rz. 8), das Abwarten einer bevorstehenden Grundsatzentscheidung (B/L/A/H § 520 ZPO Rz. 11; offengelassen von BGH NJW-RR 1989, 574), die Notwendigkeit eines **Informationsgesprächs** mit dem Mandanten (BGH NJW 2001, 3552; B/L/A/H § 520 ZPO Rz. 11; einschränkend Musielak-Ball § 520 ZPO Rz. 8: wenn sich der Anlass hierfür erst aus der Gerichtsakte ergab), **Urlaub und Krankheit** der Partei bzw. des allein sachbearbeitenden Prozessbevollmächtigten (Musielak-Ball § 520 ZPO Rz. 8) oder die Arbeitsüberlastung des Prozessbevollmächtigten (BGH NJW 1991, 2081; NJW-RR 1989, 1280; B/L/A/H, § 520 ZPO Rz. 11; Musielak-Ball, § 520 ZPO Rz. 8). Konkrete Angaben über die Gründe und ihre Auswirkung sind dabei nicht erforderlich (BVerfG NJW 2000, 1634; BAG NJW 1995, 150 und 1446).

Die **über einen Monat hinausgehende Verlängerung der** Berufungs- bzw. Beschwerdefrist ist nach dem seit dem 1. 1. 2002 geltenden Zivilprozessrecht **nur bei Einwilligung** des Gerichts möglich; ein Ermessensspielraum des Gerichts besteht nicht mehr (OLG Zweibrücken, Beschl. v. 6. 6. 2003 – 2 UF 38/03, MDR 2003, 1197; B/L/A/H § 520 ZPO Rz. 12).

Der Berufungsführer kann nach neuem Recht grundsätzlich **nicht darauf vertrauen**, dass ihm ohne Einwilligung des Gegners eine **zweite Verlängerung** der Berufungsbegründungsfrist bewilligt wird (BGH, Beschl. v. 4. 3. 2004 – IX ZB 121/03, NJW 2004, 1742).

Anders als der Verlängerungsantrag gegenüber dem Gericht bedarf die Einwilligung des Berufungsbeklagten in die Verlängerung der Berufungsbegründungsfrist **nicht** der **Schriftform**, sondern kann vom Prozessbevollmächtigten des Berufungsklägers eingeholt und gegenüber dem Berufungsgericht **anwaltlich versichert** werden (BGH, Beschl. v. 9. 11. 2004 – XII ZB 6/04, MDR 2005, 408; Beschl. v. 22. 3. 2005 – XI ZB 36/04, MDR 2005, 1129; Fellner MDR 2006, 552).

Hat der Vorsitzende die Berufungsbegründungsfrist im behaupteten Einverständnis des gegnerischen Prozessbevollmächtigten verlängert, so ist diese Verfügung aber auch dann wirksam, wenn das vom Antragsteller infolge eines Missverständnisses irrtümlich angenommene Einverständnis des Gegners in Wirklichkeit nicht vorgelegen hat (BGH, Beschl. v. 18. 11. 2003 – VIII ZB 37/03, NJW 2004, 1460; Beschl. v. 9. 11. 2004 – XI ZB 6/04, MDR 2005, 408; auch BGH NJW-RR 1999, 286 und NJW 1998, 1155).

Selbst das völlige Fehlen eines Antrags oder die Unzuständigkeit des Richters, der die Verlängerung gewährt hat, steht der Wirksamkeit der Verlängerungsverfügung nicht entgegen (BGH, Beschl. v. 18. 11. 2003 – VIII ZB 37/03, NJW 2004, 1460; Zöller-Gummer/Heßler § 520 Rz. 16, 17a, 20a; B/L/A/H § 520 ZPO Rz. 13; Musielak-Ball § 520 ZPO Rz. 7, 12; zur Verlängerung der Berufungsbegründungsfrist vgl. auch Schneider, MDR 2005, 61/62).

b) Berufungsbegründungsfrist bei Prozesskostenhilfe

Nach Auffassung XII. Zivilsenats des BGH (BGH, Beschl. v. 9. 7. 2003 – XII ZB 147/02, VersR 2004, 1198, 1201 = NJW 2003, 3275, 3277 f.) beginnt die zweimonatige Begründungsfrist in den bis zum 1. 9. 2003 anhängigen Verfahren erst **mit der Zustellung der Prozesskostenhilfebewilligung** zu laufen. Dies ergebe sich aus einer verfassungskonformen Auslegung des § 236 II 2 ZPO.

Der III. Zivilsenat ist dem XII. Zivilsenat in einem Beschluss vom 25. 9. 2003 für die Versäumung der Frist zur Begründung einer Rechtsbeschwerde gefolgt (BGH, Beschl. v. 25. 9. 2003 – III ZB 84/02, VersR 2004, 1201 = NJW 2003, 3782).

Eine verfassungskonforme Auslegung des § 236 II 2 ZPO und des § 575 II 1, II 2 ZPO sei geboten, da die Verpflichtung, auch die Rechtsmittelbegründung innerhalb der Wiedereinsetzungsfrist von zwei Wochen nachzuholen, zu einer nicht hinnehmbaren Benachteiligung der mittellosen Partei führen würde.

Auch der IX a. Zivilsenat hat sich der Rspr. des XII. Senats angeschlossen. In der Verfügung vom 9. 3. 2004 (IX a ZB 38/04 bei Schultz NJW 2004, 2329, 2331) hat er die Ansicht vertreten, dass die einmonatige Frist zur Begründung der Rechtsbeschwerde (§ 575 II ZPO) nicht schon mit der Zustellung der angefochtenen Entscheidung, sondern **frühestens mit Zustellung der PKH-Bewilligung** zu laufen beginnt.

Jedenfalls ist die Berufungsbegründungsfrist bereits nach bisheriger Rechtslage nach allen Auffassungen nicht schuldhaft versäumt, wenn der Berufungskläger zwar nicht deren Verlängerung, innerhalb der Begründungsfrist, aber Prozesskostenhilfe beantragt hatte und die Berufungsbegründung nach Zustellung der Entscheidung über den PKH-Antrag innerhalb der Wiedereinsetzungsfrist nachholt (BGH, Beschl. v. 22. 6. 2005 – XII ZB 34/04, NJW-RR 2005, 1586). Aufgrund der Neuregelung der Wiedereinsetzungsfrist bei Versäumung von Rechtsmittelbegründungsfristen in § 234 I 2 ZPO durch das am 1. 9. 2003 in Kraft getretene 1. Justizmodernisierungsgesetz hat sich eine Änderung der Rechtslage ergeben (BGH, Beschl. v. 29. 6. 2006 – III ZA 7/06, NJW 2006, 2857, 2858).

Im Hinblick auf diese Regelung durch §§ 234 I 2, 236 II 2 ZPO, die auf Fälle zugeschnitten ist, in denen einem Rechtsmittelführer erst nach Ablauf der Rechtsmittelbegründungsfrist Prozesskostenhilfe für die Einlegung des Rechtsmittels gewährt wird, ist für einen von § 520 II 1 ZPO abweichenden Beginn des Laufs der Begründungsfrist kein Raum.

Der Lauf der Berufungsbegründungsfrist beginnt danach für die ab dem 1. 9. 2003 anhängigen Verfahren auch dann nach Maßgabe des § 520 II 1 ZPO zu laufen, wenn der Rechtsmittelführer um Prozesskostenhilfe nachsucht und deshalb an der Einhaltung dieser Frist gehindert ist. Ab dem 1. 9. 2003 steht ihm in diesen Fällen nach Wegfall des Hindernisses – also dem Zugang der Entscheidung über die Prozesskostenhilfe – die Wiedereinsetzungsfrist von einem Monat zur Verfügung, innerhalb derer die versäumte Prozesshandlung – also die Einreichung der Berufungsschrift bzw. Berufungsbegründungsschrift – nachzuholen ist (BGH, Beschl. v. 29. 6. 2006 – III ZA 7/06, NJW 2006, 2857, 2858; kritisch hierzu Zöller-Gummer/Heßler § 234 ZPO Rz. 7 a und § 520 ZPO Rz. 39).

4. Inhalt der Berufungsbegründung

Gem. § 520 III 2 Nr. 1–4 ZPO muss die Berufungsbegründung gegen Urteile, deren zugrunde liegende mündliche Verhandlung nach dem 31. 12. 2001 stattgefunden hat, viererlei enthalten (vgl. Gaier NJW 2004, 2041, 2042 f.; Gehrlein MDR 2004, 661 ff. und MDR 2003, 421, 426; Stackmann NJW 2003, 169, 170 ff.; Schellhammer MDR 2001, 1141, 1143):

a) Berufungsanträge gem. § 520 III 2 Nr. 1 ZPO

Die Berufungsanträge müssen auf eine **sachliche Abänderung** des angefochtenen Urteils zugunsten des Berufungsklägers abzielen. Ein förmlicher Berufungsantrag ist nicht nötig (BGH, Urt. v. 22. 3. 2006 – VII ZR 212/04, NJW 2006, 2705); es muss aber aus der Berufungsschrift oder der Berufungsbegründung zu entnehmen sein, in welchem Umfang und mit welchem Ziel das erstinstanzliche Urteil angegriffen wird und welche Abänderungen erstrebt werden (BGH NJW 2006, 2705; NJW-RR 1999, 211; VersR 1982, 974: aus dem Inhalt der Berufungsbegründung; BGH NJW 1992, 698: aus sonstigen innerhalb der Begründungsfrist eingegangenen Schriftsätzen; Zöller-Gummer/Heßler § 520 ZPO Rz. 32; B/L/A/H § 520 ZPO Rz. 17).

Grundsätzlich reicht auch ein lediglich auf Aufhebung und Zurückverweisung gerichteter Antrag in einem innerhalb der Berufungsbegründungsfrist eingereichten Schriftsatz aus (BGH, Urt. v. 22. 3. 2006 – VIII ZR 212/04, NJW 2006, 2705; die Voraussetzungen des § 520 III 2 Nr. 2 – 4 ZPO müssen aber vorliegen).

Die Berufungsanträge können bis zum Ablauf der Berufungsbegründungsfrist **ohne weiteres erweitert** werden (BGH NJW-RR 2005, 741; Musielak-Ball, § 520 ZPO Rz. 25; Zöller-Gummer/Heßler § 520 ZPO Rz. 31). Die Erweiterung ist auch noch bis zum Schluss der mündlichen Verhandlung zulässig, sofern sich der Umfang und Inhalt im Rahmen der ursprünglichen Berufungsbegründung hält und keine neuen Gründe nachgeschoben werden, die nach § 533 i. V. m. § 529 ZPO nicht mehr eingeführt werden können (BGH NJW-RR 2002, 1435; NJW 2000, 590, 592; NJW 1994, 2896, 2897; NJW 1990, 1173; Zöller-Gummer/ Heßler § 520 Rz. 31; Musielak-Ball § 520 ZPO Rz. 25).

Eine Erweiterung der Berufungsanträge ist daneben auch dann zulässig, wenn nach Ablauf der Berufungsbegründungsfrist Umstände eintreten, die eine Abänderungsklage (§ 323 ZPO; vgl. BGH NJW 1987, 1024, 1025 und Musielak-Ball § 520 ZPO Rz. 25), eine Wiedereinsetzung in den vorigen Stand (BGH NJW-RR 1989, 962, 963) oder eine Wiederaufnahme des Verfahrens (§§ 580 ff. ZPO) rechtfertigen würden (Musielak-Ball § 520 ZPO Rz. 25).

Auch die mit der Berufung vorgenommene Erweiterung des Klageantrages gem. § 264 Nr. 2 ZPO etwa wegen einer weitergenden Schlussrechnungsforderung ist keine Klageänderung i. S. d. § 533 ZPO; insoweit ist auch neuer Vortrag der Parteien zu berücksichtigen (BGH, Urt. v. 8. 12. 2005 – VII ZR 138/04, MDR 2006, 565).

Im Übrigen sind Angriffs- und Verteidigungsmittel, die nicht rechtzeitig in der Berufungsbegründung oder Berufungserwiderung vorgebracht worden sind, nach §§ 530, 296 I ZPO nur dann zuzulassen, wenn sie das Verfahren nicht verzögern und die Partei die Verspätung ausreichend entschuldigt.

b) Entscheidungsrelevante Rechtsverletzung, § 520 III 2 Nr. 2 ZPO

In der Berufungsbegründung müssen gem. § 520 III 2 Nr. 2 ZPO etwaige Umstände für eine Rechtsverletzung, die das Urteil verfälschen, dargelegt werden.

Der BGH versteht die neu gefasste Vorschrift des § 520 III 2 Nr. 2 ZPO mit Blick auf die Materialien (vgl. BT-Drucks. 14/4722, S. 95) dahin, dass mit ihr die Begründungsanforderungen **zwar präzisiert, keinesfalls aber verschärft**, sondern im Gegenteil „etwas herabgesetzt" werden sollten (BGH, Beschl. v. 28. 5. 2003 – XI ZB 165/02, NJW 2003, 2531, 2532 = MDR 2003, 1192: „keine qualitative Erhöhung, sondern lediglich Präzisierung der Anforderungen; BGH NJW 2003, 2522, 2533; NJW-RR 2003, 1580; Gaier NJW 2004, 2041, 2042; Zöller-Gummer/ Heßler § 520 ZPO Rz. 33; Musielak-Ball § 520 ZPO Rz. 31, 34).

In der Praxis haben sich aus der neuen Gesetzesformulierung keine Änderungen oder gar Erleichterungen für den Berufungsführer ergeben (vgl. Zöller-Gummer/ Heßler § 520 ZPO Rz. 33).

Erforderlich ist jedoch – insoweit in Übereinstimmung mit dem bisherigen Recht – die auf den Streitfall zugeschnittene Darlegung, in welchen Punkten und aus welchen materiell-rechtlichen oder verfahrensrechtlichen Gründen der Berufungskläger das Urteil für unrichtig hält und den Vortrag, dass das Urteil ohne den Rechtsfehler für den Berufungskläger **günstiger ausgefallen** wäre (BGH, Urt. v. 8. 6. 2005 – XII ZR 75/04, MDR 2006, 452; Beschl. v. 26. 6. 2003 – III ZB 71/02, NJW 2003, 2532, 2533 = MDR 2003, 1246; Beschl. v. 21. 5. 2003 – VIII ZB 133/02, MDR 2003, 1130; Urt. v. 18. 9. 2001 – X ZR 196/99, NJW-RR 2002, 209, 210; Fellner MDR 2006, 552, 553) Rügt er beispielsweise die Verletzung der richterlichen Aufklärungspflicht nach § 139 I, II, III ZPO, so muss er auch darlegen, wie er **auf den vermissten Hinweis reagiert** und wie seine Reaktion das Urteil beeinflusst hätte (BGH, Urt. v. 30. 6. 2006 – V ZR 148/05, NJW-RR 2006, 1292, 1293: Fehler des Vordergerichts muss den Sachvortrag der Partei beeinflusst haben; BGH, NJW 2004, 2152, 2153; NJW-RR 2004, 927, 928; OLG Saarbrücken OLGR 2003, 399, 400; Musielak-Ball § 520 ZPO Rz. 32 a. E.; Schellhammer, MDR 2001, 1141, 1143; Stöber NJW 2005, 3601, 3604; zum alten Recht bereits BGH MDR 1988, 309 = NJW-RR 1988, 477, 478).

Die Berufungsbegründung erfordert aber weder die ausdrückliche Benennung einer bestimmten Norm **noch die Schlüssigkeit oder jedenfalls Vertretbarkeit der erhobenen Rügen** (BGH, Beschl. v. 26. 6. 2003 – III ZB 71/02, NJW 2003,

2532, 2533 = MDR 2003, 1246, 1247; Beschl. v. 21. 5. 2003 – VIII ZB 133/02, NJW-RR 2003, 1580: Schlüssigkeit oder rechtliche Haltbarkeit der Ausführungen ohne Bedeutung; Zöller-Gummer/Heßler § 520 ZPO Rz. 34; a. A. zum neuen Recht LG Stendal NJW 2002, 2886, 2887; Schellhammer MDR 2001, 1141, 1143; teilweise abweichend auch B/L/A/H § 520 ZPO Rz. 23).

Anders als in der Revisionsbegründung darf für eine Berufungsbegründung auch **nicht** verlangt werden, dass das nicht berücksichtigte Vorbringen unter **Angabe der Fundstelle** in den Schriftsätzen der Vorinstanz genau bezeichnet wird (BGH, Urt. v. 12. 3. 2004 – V ZR 257/03, NJW 2004, 1876, 1878 = MDR 2004, 954, 956; Gaier NJW 2004, 2041, 2043; jetzt auch Musielak-Ball, 5. Aufl. 2007, § 520 ZPO Rz. 32; a. A. noch OLG Saarbrücken OLGR 2003, 399, 400; Ball WuM 2002, 296, 299; Grunsky NJW 2002, 800, 801).

Hat das Erstgericht die Abweisung der Klage hinsichtlich eines prozessualen Anspruchs auf mehrere voneinander unabhängige, selbständig tragende rechtliche Erwägungen gestützt, so muss die Berufungsbegründung das Urteil in allen diesen Punkten angreifen und für **jede einzelne der Erwägungen** darlegen, warum sie die Entscheidung nicht trägt; andernfalls ist das Rechtsmittel unzulässig (BGH, Beschl. v. 18. 10. 2005 – VI ZB 81/04, NJW-RR 2006, 285).

Zu den Umständen für eine Rechtsverletzung, mit denen sich das Berufungsgericht gem. § 529 II 1 ZPO nur nach rechtzeitiger Rüge in der Berufungsbegründung beschäftigen muss, gehören auch **Verfahrensfehler**, selbst wenn sie nicht von Amts wegen zu beachten sind (Schellhammer MDR 2001, 1141, 1146).

Zu den **von Amts wegen zu berücksichtigenden Verfahrensfehlern** zählen etwa die Verletzung des § 308 I ZPO (BGH NJW-RR 1989, 1087; NJW-RR 1999, 381, 383), ein Urteil ohne brauchbaren Tatbestand (Schellhammer a. a. O.; Musielak-Ball § 529 Rz. 21), ein Verstoß gegen die Regeln über die Bestellung des streitentscheidenden Einzelrichters bzw. der in Arzthaftungsprozessen gem. §§ 348 I 2 Nr. 2 e, 348 a I Nr. 1 ZPO zuständigen Kammer (vgl. B/L/A/H, ZPO § 295 Rz. 25 „Einzelrichter"; OLG Karlsruhe, Beschl. v. 24. 6. 2005 – 7 W 28/05, OLGR 2005, 753: In Arzthaftungssachen keine Entscheidung und Beweiserhebung durch Einzelrichter; vgl. → *Einzelrichter*, S. 454), die fehlerhafte Besetzung des Gerichts (B/L/A/H, ZPO § 295 Rz. 29, 30), die Unzulässigkeit eines Teil- oder Grundurteils (Musielak-Ball § 529 Rz. 21), die Rechtskraft einer Entscheidung über den Streitgegenstand (BGH NJW 1993, 3204, 3205, Musielak-Ball § 529 ZPO Rz. 21), die anderweitige Rechtshängigkeit (BGH NJW-RR 1990, 45, 47; Musielak-Ball § 529 ZPO Rz. 21), das fehlende Rechtsschutzinteresse etwa einer Feststellungsklage (Musielak-Ball § 529 ZPO Rz. 21), die Unbestimmtheit des Klageantrages (BGH NJW 1994, 3221; NJW 1997, 3440), die fehlende Partei- oder Prozessfähigkeit (BGH NJW 1995, 196; NJW 1983, 996), die fehlende Prozessführungsbefugnis (Musielak-Ball § 529 ZPO Rz. 21) und das Fehlen weiterer Prozessvoraussetzungen mit Ausnahme der Zuständigkeit des erstinstanzlichen Gerichts (Schellhammer MDR 2001, 1141, 1146; Hartmann, NJW 1999, 3747; Zöller-Gummer/Heßler § 529 ZPO Rz. 13).

Gem. § 513 II ZPO kann die Berufung nicht darauf gestützt werden, dass die erste Instanz ihre **Zuständigkeit zu Unrecht angenommen** hat. Dies gilt für die örtliche, sachliche und auch eine ausschließliche Zuständigkeit (Schellhammer, MDR 2001, 1141, 1146; B/L/A/H, § 513 ZPO Rz. 3), nicht jedoch für die internationale Zuständigkeit (BGH NJW 2003, 426 = MDR 2003, 348; und Zöller-Gummer/Heßler § 513 ZPO Rz. 8; Musielak-Ball, 5. Aufl., § 513 Rz. 7).

Nicht von Amts wegen zu berücksichtigende, verzichtbare Verfahrensfehler, die gem. § 520 III 2 Nr. 2 ZPO zu rügen sind, soweit sie nicht ohnehin bereits in erster Instanz gem. § 295 I ZPO durch rügelose Verhandlung geheilt worden sind und deshalb gem. § 534 ZPO auch in zweiter Instanz nicht mehr beanstandet werden können, sind etwa die Durchführung einer Beweisaufnahme ohne einen nach §§ 358, 358 a ZPO erforderlichen Beweisbeschluss (B/L/A/H, § 295 ZPO Rz. 22), das Fehlen der Klagezustellung, soweit keine Notfrist in Lauf gesetzt werden soll (B/L/A/H, § 295 ZPO Rz. 28), das Fehlen einer wirksamen Unterzeichnung auch fristgebundener Schriftsätze (BGH NJW 1996, 1351 und NJW-RR 1999, 1252), das Verbot, nach Ende der mündlichen Verhandlung noch Schriftsätze nachzureichen (Zöller-Greger, § 295 ZPO Rz. 3) und das Recht, zum Ergebnis der Beweisaufnahme Stellung zu nehmen (§ 285 I ZPO; vgl. Zöller-Greger, § 295 Rz. 3 und § 285 Rz. 1).

Verzichtbare Rügen zur Zulässigkeit der Klage, die nicht ohnehin gem. §§ 534, 295 I ZPO unangreifbar geworden sind und bereits im ersten Rechtszug oder bis zum Ablauf der Berufungsbegründungsfrist hätten vorgebracht werden müssen, können – anders als die sonstigen, § 520 III 2 Nr. 1–4 ZPO unterfallenden Berufungsgründe (vgl. Schellhammer, MDR 2001, 1141, 1143) – gem. § 532 ZPO (nur) dann nachgeschoben werden, wenn die Partei die Verspätung genügend entschuldigt. Zwar prüft das Berufungsgericht einen Mangel des Verfahrens – soweit er nicht von Amts wegen berücksichtigt werden muss – gem. § 529 II 1 ZPO an sich nur dann, wenn er gem. § 520 III 2 Nr. 2 ZPO in der Berufungsbegründung gerügt worden ist.

Hierdurch wird jedoch die durch § 529 I Nr. 1 ZPO geregelte **tatsächliche (weiter gehende) Inhaltskontrolle des Berufungsgerichts** – entgegen der bislang h. L. (vgl. Müko-Rimmelspacher, § 529 ZPO Rz. 14, 38; Rimmelspacher NJW 2002, 1897, 1902; Musielak-Ball, 3. Aufl., § 529 ZPO Rz. 9, 23; a. A. jetzt 5. Aufl. § 520 ZPO Rz. 34 und § 529 ZPO Rz. 9, 23; Gehrlein MDR 2003, 421, 428) – **nicht eingeschränkt** (BGH, Urt. v. 12. 3. 2004 – V ZR 257/03, NJW 2004, 1876, 1878 = MDR 2004, 954, 957; auch BGH, Urt. v. 9. 3. 2005 – VIII ZR 266/03, NJW 2005, 1583, 1584 = MDR 2005, 945; Gaier NJW 2004, 2041, 2043; NJW 2004, 110, 112). Insoweit ist ausschließlich § 529 I ZPO maßgebend, die Regelungen aus § 529 II ZPO zur Rechtsfehlerkontrolle sind dabei nicht anwendbar (BGH a. a. O.; Gaier a. a. O.).

c) Bezeichnung der Anhaltspunkte für die Unrichtigkeit der Tatsachenfeststellungen, § 520 III 2 Nr. 3 ZPO

Gem. § 520 III 2 Nr. 3 ZPO muss der Berufungskläger konkrete Anhaltspunkte, die Zweifel an der Richtigkeit oder Vollständigkeit der Tatsachenfeststellung im angefochtenen Urteil begründen und deshalb eine neue Feststellung gebieten, darlegen.

aa) Vorliegen „konkreter Anhaltspunkte"

Ein „konkreter Anhaltspunkt" i. S. d. § 520 III 2 Nr. 3 ZPO ist jeder objektivierbare rechtliche oder tatsächliche Einwand gegen die erstinstanzlichen Feststellungen.

Bloß subjektive Zweifel, lediglich abstrakte Erwägungen oder Vermutungen der Unrichtigkeit ohne greifbare Anhaltspunkte wollte der Gesetzgeber ausschließen (BGH, Urt. v. 8. 6. 2004 – VI ZR 230/03, NJW 2004, 2828, 2829; Urt. v. 18. 10. 2005 – VI ZR 270/04, NJW 2006, 152, 153 = NZV 2006, 73).

„Konkrete Anhaltspunkte" liegen etwa vor, wenn

▷ ein **tatsächliches Vorbringen** einer Partei **übergangen** oder nicht vorgetragene Tatsachen verwertet werden (BGH, Urt. v. 18. 10. 2005 – VI ZR 270/04, NJW 2006, 152, 153; Urt. v. 19. 3. 2004 – V ZR 104/03, NJW 2004, 2152, 2153; Ball, Richter am BGH, ZGS 2002, 146, 148; Fellner MDR 2006, 552, 554; Musielak-Ball § 529 ZPO Rz. 5, 9),

▷ unstreitige oder **zugestandene Tatsachenbehauptungen als streitig** oder streitiges Vorbringen als unstreitig behandelt werden (Ball, ZGS 2002, 146, 148; Fellner MDR 2006, 552, 554 je m.w.N.),

▷ dem Erstgericht bei der **Feststellung des Sachverhalts** sonstige Fehler unterlaufen sind (BGH, Urt. v. 8. 6. 2004 – VI ZR 230/03, NJW 2004, 2828, 2829; Urt. v. 19. 3. 2004 – V ZR 104/03, NJW 2004, 2152, 2153; NJW 2004, 2825; Urt. v. 12. 3. 2004 – V ZR 257/03, NJW 2004, 1876, 1878 = MDR 2004, 954, 956),

▷ **angebotene Beweise** verfahrensfehlerhaft **nicht** oder unter Verletzung von Verfahrensnormen **erhoben werden** (BGH, Urt. v. 19. 3. 2004 – V ZR 104/03, NJW 2004, 2152, 2153; Urt. v. 12. 3. 2004 – V ZR 257/03, MDR 2004, 954; Ball, ZGS 2002, 146, 148; Fellner MDR 2006, 552, 554; Musielak-Ball § 529 ZPO Rz. 5, 9),

▷ **erhobene Beweise nicht** oder fehlerhaft **gewürdigt** worden sind (BGH, Urt. v. 19. 3. 2004 – V ZR 104/03, NJW 2004, 2152, 2153; Ball, ZGS 2002, 146, 148; Musielak-Ball § 529 ZPO Rz. 5; Fellner MDR 2006, 552, 554 und MDR 2003, 721, 722: Rüge nach § 520 III Nr. 3 ZPO und Wiederholung des Beweisangebots erforderlich),

▷ es das Vordergericht versäumt, **Unvollständigkeiten** oder **Widersprüche im Gutachten** eines bzw. zwischen mehreren Sachverständigen mit Hilfe einer ergänzenden Anhörung des Sachverständigen und dessen gezielter Befragung auszuräumen (BGH, Urt. v. 8. 6. 2004 – VI ZR 230/03, NJW 2004, 2828, 2829; Beschl. v. 10. 5. 2005 – VI ZR 245/04, NZV 2005, 463, 464; Urt. v. 18. 10. 2005 – VI ZR 270/04, NJW 2006, 152, 153 = NZV 2006, 73 = MDR 2006, 531: Unvollständigkeit des Gutachtens; Musielak-Ball § 529 ZPO Rz. 5, 18; Fellner MDR 2006, 552, 554; Zöller-Gummer/Heßler § 529 ZPO Rz. 9),

▷ die **Einholung eines weiteren Gutachtens unterbleibt**, obwohl sich Widersprüche in dem vom Gericht eingeholten Gutachten bzw. den mündlichen Ausführungen des Sachverständigen nicht auflösen lassen (BGH NJW 2001,

1787, 1788; Zöller-Gummer/Heßler § 529 ZPO Rz. 9) oder die Voraussetzungen des § 412 ZPO in erster Instanz vorlagen (OLG Saarbrücken OLGR 2000, 403), also wenn das Gutachten des gerichtlich bestellten Sachverständigen in sich widersprüchlich oder unvollständig ist, der Sachverständige erkennbar nicht sachkundig war, sich die Tatsachengrundlage nach Erstellung des Gutachtens geändert hat oder wenn es neue wissenschaftliche Erkenntnismöglichkeiten zur Beantwortung der dem Sachverständigen gestellten Fragen gibt (Zöller-Gummer/Heßler § 529 ZPO Rz. 9; Gehrlein MDR 2004, 661, 664 und VersR 2004, 1488, 1499).

Der **Berufungsführer muss** die Würdigung und die Wiedergabe von Feststellungen des erstinstanzlichen Urteils **unmittelbar angreifen**, etwa durch Hinweise auf Widersprüche in den Aussagen eines Zeugen, das Übersehen einer Urkunde oder eines erheblichen Beweisangebotes (B/L/A/H, § 520 ZPO Rz. 34; Schmude/Eichele BRAK-Mitt. 2001, 255, 256).

Sind entscheidungserhebliche Tatsachen durch Sachverständigengutachten festgestellt, so ist eine eingehende Auseinandersetzung mit den Einzelheiten des Gutachtens erforderlich (Schmude/Eichele a. a. O., 256).

Die „konkreten Anhaltspunkte" i. S. d. §§ 520 III 2 Nr. 3, 529 I Nr. 1 ZPO müssen geeignet sein, eine **gewisse – nicht notwendig überwiegende – Wahrscheinlichkeit** aufzuzeigen, dass die erstinstanzliche Feststellung einer erneuten Beweisaufnahme keinen Bestand haben wird (BGH, Urt. v. 18. 10. 2005 – VI ZR 270/04, NJW 2006, 152, 153; Urt. v. 8. 6. 2004 – VI ZR 230/03, NJW 2004, 2828, 2829; NJW 2004, 2825; Urt. v. 15. 7. 2003 – V ZR 361/02, NJW 2003, 3480, 3481; Zöller-Gummer/Heßler § 529 ZPO Rz. 3; Musielak-Ball § 520 ZPO Rz. 34; B/L/A/H, § 529 Rz. 4). Nach Ansicht von Alberts (S/H/A/S, Rz. 554) soll sogar ein unter 50 % liegender Grad der Wahrscheinlichkeit ausreichen.

bb) „Zweifel" an der Richtigkeit und Vollständigkeit der erstinstanzlichen Feststellungen

In einem **zweiten Schritt** müssen die konkreten Anhaltspunkte „Zweifel" an der Richtigkeit oder Vollständigkeit der entscheidungserheblichen Feststellungen begründen, wobei das Vorliegen „konkreter Anhaltspunkte" das Bestehen von „Zweifeln" oftmals indiziert.

Zweifel an der Richtigkeit oder Vollständigkeit der entscheidungserheblichen Feststellungen können sich etwa ergeben aus

▷ **Verfahrensfehlern**, die dem erstinstanzlichen Gericht bei der Feststellung des Sachverhalts unterlaufen sind, insbesondere wenn es beweisfehlerhaft erhoben oder gewürdigt (BGH, Urt. v. 19. 3. 2004 – V ZR 104/03, NJW 2004, 2152, 2153; Urt. v. 12. 3. 2004 – V ZR 257/03, NJW 2004, 1876, 1878 = MDR 2004, 954, 956),

▷ Tatsachenfeststellungen, die auf der Grundlage eines Sachverständigengutachtens getroffen worden sind, wobei der Sachverständige trotz rechtzeitigem Antrag des Berufungsführers nicht zur mündlichen Erläuterung seines Gutachtens geladen worden war hatte (BGH, Beschl. v. 10. 5. 2005 – VI ZR

245/04, NZV 2005, 463, 464 und OLG Saarbrücken, Urt. v. 25. 2. 2004 – 1 U 422/03, 108; GesR 2004, 235, 237: Antrag auf Ladung des Sachverständigen bedarf keiner besonderen Begründung; es genügt die allgemeine Angabe, in welcher Richtung die Partei eine weitere Aufklärung herbeizuführen wünscht; Rixecker NJW 2004, 705, 709),

▷ der **Widersprüchlichkeit oder Unvollständigkeit des erstinstanzlich einge- holten Sachverständigengutachtens** bzw. der erkennbar fehlenden Sachkun- digkeit des Sachverständigen (BGH, Urt. v. 15. 7. 2003 – V ZR 361/02, NJW 2003, 3480, 3481 = VersR 2004, 1575, 1576; BGH, Urt. v. 8. 6. 2004 – V ZR 199/03, NJW 2004, 2825, 2826 = VersR 2004, 1177 und Urt. v. 18. 10. 2005 – VI ZR 270/04, NJW 2006, 152, 153 = MDR 2006, 531: Unvollständigkeit des Gutachtens; Gehrlein MDR 2004, 661, 664 und VersR 2004, 1488, 1499; Fell- ner MDR 2006, 552, 554; Zöller-Gummer/Heßler § 529 Rz. 9),

▷ der Änderung von Tatsachengrundlagen durch einen i. S. d. §§ 296, 531 II ZPO zulässigen neuen Sachvortrag oder bei neuen wissenschaftlichen Erkenntnismöglichkeiten zur Beantwortung der an den Sachverständigen gestellten Fragen (BGH, Urt. v. 15. 7. 2003 – V ZR 361/02, NJW 2003, 3480, 3481; NJW 2004, 2825, 2826; Zöller-Gummer/Heßler § 529 ZPO Rz. 9),

▷ neuen Angriffs- und Verteidigungsmitteln, die in der Berufungsinstanz gem. § 529 I Nr. 2 i. V. m. § 531 II zu berücksichtigen sind (vgl. hierzu unten S. 354 ff.), weil ihre Geltendmachung in erster Instanz wegen eines vom Gericht zu vertretenden Umstandes (§ 531 II 1 Nr. 1 und Nr. 2 ZPO) oder sonst ohne Verschulden der Partei (§ 531 II 1 Nr. 3 ZPO) unterblieben ist, soweit eine gewisse Wahrscheinlichkeit dafür besteht, dass die erstinstanzli- chen Feststellungen keinen Bestand haben werden (BGH, Urt. v. 19. 3. 2004 – V ZR 104/03, NJW 2004, 2152, 2153),

▷ unauflösbaren Widersprüchen zwischen dem Protokoll der Vernehmung eines Zeugen bzw. den Angaben eines Sachverständigen und den daraus vom Gericht gezogenen Schlüssen, der Verkennung der Beweislast oder bei Ver- stößen der Beweiswürdigung gegen die Denkgesetze oder allgemein aner- kannte Erfahrungssätze (B/L/A/H § 529 ZPO Rz. 3; Rixecker NJW 2004, 705, 709).

Zweifel an der Richtigkeit und Vollständigkeit der entscheidungserheblichen Feststellungen können sich nach der neueren Rspr. des BVerfG (Beschl. v. 22. 11. 2004 – 1 BvR 1935/03, NJW 2005, 1487; Beschl. v. 12. 6. 2003 – 1 BvR 2285/02, NJW 2003, 2524) und des BGH (BGH, Beschl. v. 2. 11. 2005 – IV ZR 57/ 05, NJW-RR 2006, 283; Urt. v. 9. 3. 2005 – VIII ZR 266/03, NJW 2005, 1583, 1584 = MDR 2005, 945; NJW 2005, 1487; Urt. v. 12. 3. 2004 – V ZR 257/03, MDR 2004, 954, 956= NJW 2004, 1876, 1877) aus der Möglichkeit unterschiedli- cher Wertungen ergeben, insbesondere daraus, dass das Berufungsgericht **das Ergebnis einer erstinstanzlichen Beweisaufnahme anders würdigt** bzw. würdi- gen will als das erstinstanzliche Gericht.

Wenn sich das Berufungsgericht von der Richtigkeit der erstinstanzlichen Beweiswürdigung nicht überzeugt, so ist es an die erstinstanzliche Beweiswürdigung, die es aufgrund der erforderlichen konkreten Anhaltspunkte nicht für richtig hält, nicht gebunden, sondern zu einer **erneuten Tatsachenfeststellung** nach der gesetzlichen Neuregelung nicht nur berechtigt, sondern sogar **verpflichtet** (BVerfG, Beschl. v. 22. 11. 2004 – 1 BvR 1935/03, NJW 2005, 1487; Beschl. v. 12. 6. 2003 – 1 BvR 2285/02, NJW 2003, 2524; BGH, Urt. v. 9. 3. 2005 – VIII ZR 266/03, NJW 2005, 1583, 1584 = MDR 2005, 945; Beschl. v. 2. 11. 2005 – IV ZR 57/05, NJW-RR 2006, 283; zustimmend Manteuffel NJW 2005, 2963, 2965).

Der BGH stellt in den aktuellen Entscheidungen klar, dass eine erneute Tatsachenfeststellung nach § 529 I Nr. 1 ZPO **bei Zweifeln des Berufungsgerichts an der Richtigkeit der erstinstanzlichen Tatsachenfeststellung keine entsprechende Berufungsrüge** nach § 520 III 2 Nr. 2 und Nr. 3 ZPO voraussetzt, und verweist zur Begründung auf § 529 II ZPO, wonach das Berufungsgericht – abgesehen von bestimmten Verfahrensmängeln – an die geltend gemachten Berufungsgründe nicht gebunden ist.

Aus dem Umstand, dass das Berufungsgericht Zweifeln i. S. d. § 529 I Nr. 1 ZPO auch dann nachgehen muss, wenn sich diese unabhängig vom Parteivortrag auf lediglich gerichtsbekannte Tatsachen gründen, folgert der BGH, dass das Berufungsgericht erst recht konkrete Anhaltspunkte berücksichtigen muss, die ihre Grundlage im erstinstanzlichen Parteivorbringen haben, auch wenn diese nicht Gegenstand einer Berufungsrüge sind (BGH, Urt. v. 12. 3. 2004 – V ZR 257/03, MDR 2004, 954, 957 = NJW 2004, 1876, 1878; Urt. v. 9. 3. 2005 – VIII ZR 266/03, NJW 2005, 1583, 1585; Urt. v. 19. 3. 2004 – V ZR 104/03, NJW 2004, 2152, 2156: auch ohne entsprechende Rüge sind Zweifel an der Vollständigkeit der entscheidungserheblichen Feststellungen zu beachten, wenn diese im erstinstanzlichen Urteil trotz entsprechenden Parteivortrages nicht festgestellt worden sind; Gaier NJW 2004, 2041, 2043; Manteuffel NJW 2005, 2963, 2965; jetzt auch Musielak-Ball, 5. Aufl. 2007, § 520 ZPO Rz. 34: **Zweifeln auch ohne Berufungsrüge nachzugehen**; ablehnend Lechner NJW 2004, 3593, 3595 f.).

Danach hat das Berufungsgericht den gesamten erstinstanzlichen Prozessstoff – unter Einbeziehung des Ergebnisses einer Beweisaufnahme – **von Amts wegen auf Zweifel an der Richtigkeit und Vollständigkeit der Tatsachenfeststellung zu überprüfen** (BGH, Urt. v. 9. 3. 2005 – VIII ZR 266/03, NJW 2005, 1583, 1585 = MDR 2005, 945, 946; Fellner MDR 2006, 552, 554; Manteuffel NJW 2005, 2963, 2965).

Im Hinblick auf die im **Arzthaftungsprozess** postulierte „Waffengleichheit" ist es also – wie in der 1. Aufl. (S. 218) vermutet wurde – bei dem nur auch für andere Verfahren geltenden Grundsatz verblieben, dass das **Gericht** auch ohne Rüge der Partei **verpflichtet** ist, entscheidungserhebliche **medizinische Fragen von Amts wegen aufzuklären** (BGH MDR 1984, 660; OLG Koblenz, Urt. v. 15. 1. 2004 – 5 U 1145/03, GesR 2004, 100, 101; Rehborn MDR 2000, 1320 und MDR 2001, 1148, 1155; R/S, II – Greiner, S. 9 ff.; G/G, 5. Aufl., Rz. E 6, 8).

Der BGH weist auch in diesem Zusammenhang darauf hin, dass in einem Revisionsverfahren nicht zu überprüfen wäre, ob das Berufungsgericht bei der Zulassung neuen Tatsachenvortrages des Berufungsführers die Voraussetzungen des

§ 531 II ZPO beachtet und – an sich fehlerhafter Weise – ausgeschlossenen neuen Vortrag zulässt (BGH, Urt. v. 22. 1. 2004 – V ZR 187/03, MDR 2004, 700 = NJW 2004, 1458; Urt. v. 9. 3. 2005 – VIII ZR 266/03, NJW 2005, 1583, 1585 = MDR 2005, 945, 946; zustimmend Fellner MDR 2005, 946 und Manteuffel NJW 2005, 2963, 2965).

cc) Beweiskraft des Urteilstatbestandes

Konkrete Anhaltspunkte für Zweifel können sich – wie dargestellt – daraus ergeben, dass das erstinstanzliche Gericht erhebliches Parteivorbringen übergangen hat (vgl. BGH, Urt. v. 12. 3. 2004 – V ZR 257/03, NJW 2004, 1876, 1877 = MDR 2004, 954, 956; Gaier NJW 2004, 2041, 2044). Hierbei kann – und muss – das Berufungsgericht nach nunmehr herrschender Meinung auch schriftsätzlich vorgebrachte Behauptungen und Beweisangebote heranziehen, die **im Tatbestand des erstinstanzlichen Urteils keine Erwähnung** gefunden haben. Der BGH hat seine frühere Rspr. zur negativen Beweiskraft des Urteilstatbestandes nunmehr aufgegeben (BGH, Urt. v. 12. 3. 2004 – V ZR 257/03, NJW 2004, 1876, 1879 = MDR 2004, 954, 957; Urt. v. 19. 3. 2004 – V ZR 104/03, NJW 2004, 2152, 2156 = MDR 2004, 1077, 1078: wenn entsprechender Parteivortrag übergangen wurde; ebenso: Crückeberg MDR 2003, 199, 200; Gaier NJW 2004, 2041, 2044 und NJW 2004, 110, 111; Jaeger NZV 2005, 22, 26; Musielak-Ball § 529 ZPO Rz. 6, 7; Stöber MDR 2006, 5, 6 m.w.N.; Zöller-Gummer/Heßler § 529 ZPO Rz. 2, 2 b: das Übergehen durch das Vordergericht verletzt materielles Recht; weitergehend OLG Saarbrücken, Urt. v. 19. 2. 2003 – 1 U 653/02 – 155, NJW 2003, 573, 575 = VersR 2004, 624, 625: Berufungsgericht ist nicht an den Tatbestand des Erstgerichts gebunden; **anders noch** BGH NJW 1992, 2148, 2149; NJW-RR 1990, 1269; NJW 1984, 2463; NJW 1983, 885, 886; Grunsky NJW 2002, 800 f.; Müko-Rimmelspacher, Aktualisierungsband, § 529 ZPO Rz. 4; Rimmelspacher NJW 2002, 1897, 1901; **ablehnend** Wach/Kern NJW 2006, 1315, 1319 m.w.N.: dem Tatbestand kommt nach wie vor negative Beweiskraft zu, was sich auch aus dem Wortlaut des § 320 II ZPO („Auslassungen") ergibt).

Die Parteien können daher ihr – nicht i. S. d. § 296 ZPO verspätetes – schriftsätzliches Tatsachenvorbringen aus der ersten Instanz in zweiter Instanz wiederholen, auch wenn es nicht im Tatbestand oder in einem Sitzungsprotokoll festgehalten worden ist; es handelt sich hierbei nicht um neues Vorbringen i. S. d. § 531 I, II ZPO (Crückeberg MDR 2003, 199, 200; Gaier NJW 2004, 110, 111 und NJW 2004, 2041, 2044; Stöber MDR 2006, 5, 6; Musielak-Ball § 529 ZPO Rz. 7 und § 520 ZPO Rz. 34; für eine generelle Abschaffung der Tatbestandsberichtigung Müller NJW 2005, 1750, 1752 ff.). Die einzelnes Parteivorbringen nicht erwähnende Sachverhaltsdarstellung im Tatbestand des erstinstanzlichen Urteils ist lediglich **unvollständig, nicht unrichtig** (BGH, Urt. v. 12. 3. 2004 – V ZR 257/03, MDR 2004, 954, 957 m. Anm. Fellner; Gaier NJW 2004, 110, 111 und NJW 2004, 2041, 2044; Stöber MDR 2006, 5, 6; a.A. Wach/Kern NJW 2006, 1315, 1319).

§§ 314, 320 ZPO werden damit jedoch nicht obsolet. Denn die „positive Beweiskraft" hinsichtlich des Vorbringens, das im Tatbestand Erwähnung gefunden hat, bleibt auch durch die neue Rspr. unangetastet (vgl. Gaier NJW 2004, 2041, 2044 und NJW 2004, 110, 112; Jaeger NZV 2005, 22, 26; Stöber MDR 2006, 5, 6; für die Abschaffung der §§ 314, 320 ZPO dagegen Müller NJW 2005, 1750, 1754).

So sind **Unrichtigkeiten des Tatbestandes**, d. h. wenn die Darstellung im Urteilstatbestand derjenigen aus den Schriftsätzen oder dem mündlichen Vorbringen widerspricht, einer Korrektur über § 529 I ZPO nicht zugänglich; hierfür steht allein der gesetzliche Weg des § 320 ZPO zur Verfügung (OLG Karlsruhe, Urt. v. 20. 2. 2003 – 12 U 210/02, NJW-RR 2003, 778; OLG Rostock OLGR 2004, 61; Gaier NJW 2004, 110, 112 und NJW 2004, 2041, 2044; Stöber MDR 2006, 5, 6 f.; Musielak-Ball § 529 ZPO Rz. 6; Zöller-Gummer/Heßler § 529 ZPO Rz. 2, 2 b; Zöller-Vollkommer § 314 ZPO Rz. 1; weitergehend OLG Saarbrücken, Urt. v. 19. 2. 2003 – 1 U 653/05 – 155, NJW-RR 2003, 573, 574 und Gehrlein, vormals Richter am OLG Saarbrücken, MDR 2003, 421, 427: wird der Tatbestandsberichtigungsantrag versäumt, ist abweichendes Vorbringen im Berufungsrechtszug dennoch beachtlich; a.A. Wach/Kern NJW 2006, 1315, 1318: Unrichtigkeiten **und** Unvollständigkeiten des Tatbestandes sind gem. § 320 I ZPO zu rügen).

Der erstinstanzlich tätige Anwalt muss in diesen Fällen zur Vermeidung von Haftungsrisiken **vor Ablauf von zwei Wochen** (§ 320 I ZPO) **nach Zustellung** des vollständig abgefassten Urteils (§ 320 II 1 ZPO), spätestens binnen dreier Monate nach Verkündung des Urteils (§ 320 II 3 ZPO) dessen Tatbestand auf **Vollständigkeit und Richtigkeit** des widergegebenen Sach- und Streitstandes **überprüfen** und innerhalb dieser Fristen Tatbestandsberichtigung beantragen (Ball ZGS 2002, 146, 150; B/L/A/H § 320 ZPO Rz. 6, 7; Musielak-Musielak § 320 ZPO Rz. 4, 5; Stöber MDR 2006, 5, 7; weiter gehend Wach/Kern NJW 2006, 1315, 1318: wenn der Tatbestand unrichtig oder unvollständig ist).

Der durch den Tatbestand gelieferte Beweis kann nur durch die im Sitzungsprotokoll (vgl. § 160 II, IV ZPO) getroffenen widersprechenden Feststellungen entkräftet werden, nicht jedoch durch die vorher eingereichten Schriftsätze (BGH NJW 1999, 1339; Zöller-Vollkommer § 314 Rz. 3d; Musielak-Musielak § 314 ZPO Rz. 7). Bei einem **Widerspruch** zwischen **Tatbestand und Sitzungsprotokoll geht Letzteres vor** (Ball ZGS 2002, 146, 149). Der erstinstanzlich tätige Anwalt ist deshalb auch gehalten, nach § 160 IV 1 ZPO die Aufnahme bestimmter Vorgänge oder Äußerungen in das Protokoll zu beantragen. Lehnt das Gericht die Aufnahme in das Protokoll ab, muss er einen in jedem Fall aufzunehmenden förmlichen Beschluss hierüber herbeiführen, § 160 IV 3 ZPO (vgl. Doms NJW 2002, 777, 779).

Zielt eine Beschwerde gegen die Ablehnung eines Protokollberichtigungsantrages, der auf die inhaltliche Änderung oder Ergänzung einer protokollierten Zeugenaussage gerichtet ist, so ist das Rechtsmittel unzulässig, wenn für das Beschwerdegericht keinerlei Erkenntnismöglichkeiten bestehen, was der Zeuge tatsächlich erklärt hat (OLG Koblenz, Beschl. v. 11. 10. 2005 – 5 W 610/05, OLGR 2006, 175).

Die Beschwerde gegen die Entscheidung des Gerichts über den Berichtigungsantrag ist aber ausnahmsweise dann statthaft, wenn nicht der zu protokollierende

Sachverhalt, sondern die Frage seiner Protokollierungsbedürftigkeit, etwa die Aufnahme der Tatsache, dass ein Zeuge vernommen bzw. angehört wurde, strittig ist (OLG Düsseldorf, Beschl. v. 29. 10. 2001 – 9 W 85/01, VersR 2002, 254).

dd) Unverzichtbare Verfahrensmängel, § 529 II ZPO

Gem. § 529 II ZPO sind unverzichtbare Verfahrensmängel, d. h. solche, die nicht von Amts wegen zu berücksichtigen sind, im Berufungsrechtszug nur zu prüfen, wenn sie gem. § 520 III 2 Nr. 2 ZPO gerügt worden sind (Musielak-Ball § 529 ZPO Rz. 23; Zöller-Gummer/Heßler § 529 ZPO Rz. 13).

d) Bezeichnung der neuen Angriffs- und Verteidigungsmittel, § 520 III 2 Nr. 4 ZPO

Gem. § 520 III 2 Nr. 4 ZPO müssen neue Angriffs- und Verteidigungsmittel sowie die Tatsachen, aufgrund derer diese nach § 531 II ZPO zuzulassen sind, in der Berufungsbegründung dargestellt werden.

Neu sind Angriffs- und Verteidigungsmittel, also insbesondere Behauptungen, Bestreiten, Einwendungen, Einreden, Beweismittel und Beweiseinreden (vgl. § 282 I ZPO; BGH, Urt. v. 30. 6. 2006 – V ZR 148/05, NJW-RR 2006, 1292: z.B. §§ 134, 138 BGB), nicht jedoch eine Klage oder Widerklage (vgl. B/L/A/H, § 282 ZPO Rz. 6), wenn sie erstmals in der Berufungsinstanz verwendet werden, also **weder im Tatbestand des erstinstanzlichen Protokolls noch im Verhandlungsprotokoll vermerkt** sind oder aber in der ersten Instanz entgegen § 296 I, II ZPO zu spät vorgebracht worden sind (Schellhammer MDR 2001, 1141, 1144; B/L/A/H, § 531 ZPO Rz. 12).

Neu ist auch die **Nachholung der bislang fehlenden Substantiierung** einer vorher erklärten **Aufrechnung**, nicht jedoch die Konkretisierung eines schon in erster Instanz eingeführten Vorbringens (B/L/A/H a. a. O.). Nicht „neu" ist die Aufrechnung, wenn das erstinstanzliche Gericht nur von mangelnder Substantiierung ausgegangen ist (Schneider MDR 2002, 684, 686 a. E.).

Hat der Berufungskläger seinen Sachvortrag in der Berufungsinstanz nicht beschränkt, so sind Angriffs- und Verteidigungsmittel, die in den Tatbestand des angefochtenen Urteils eingegangen sind, nicht neu und durch die auch stillschweigend mögliche Bezugnahme auf das erstinstanzliche Urteil vorgetragen; ihre ausdrückliche Wiederholung ist entbehrlich (BGH, Urt. v. 25. 11. 2003 – X ZR 159/00, MDR 2004, 829).

Nach Auffassung von Alberts (S/H/A/S, Rz. 543, 544) ist der Berufungsführer unabhängig von der Möglichkeit, diese bereits in der ersten Instanz vorzutragen, befugt, in der – fristgerecht eingereichten – Berufungsbegründung neue, auf ein **Privatgutachten** gestützte Tatsachen vorzutragen. Danach ist vom Berufungsgericht auch ein erst nach Erlass des erstinstanzlichen Urteils in Auftrag gegebenes Privatgutachten zu **berücksichtigen**, das gegenüber dem gerichtlich eingeholten Gutachten in entscheidungserheblichen Fragen zu abweichenden Feststellungen kommt (S/H/A/S, Rz. 537).

Die Vorlage eines Privatgutachtens, mit dessen Hilfe die Feststellungen des Erstgerichts in Zweifel gezogen werden, wird **nicht** als **nachlässig** i. S. d. § 531 I

Nr. 3 ZPO bewertet (BGH VersR 1990, 732 zum alten Recht; Zöller-Gummer/ Heßler § 531 ZPO Rz. 31). Allerdings ist dem Berufungsführer dringend zu empfehlen, nach Vorlage des erstinstanzlichen Gutachtens die **Ladung des Sachverständigen** zur Erörterung entscheidungserheblicher Fragen zu **beantragen**, um sich hernach nicht dem Vorwurf auszusetzen, bei gezielter Befragung hätte sich möglicherweise ein anderes Bild ergeben.

III. Zulassung neuer Angriffs- und Verteidigungsmittel

Während nach § 531 I ZPO Angriffs- und Verteidigungsmittel, die in erster Instanz gem. § 296 I, II ZPO bzw. nach § 340 III S. 3 ZPO i. V. m. § 296 I ZPO zurecht zurückgewiesen oder nicht zugelassen worden sind auch für die Berufungsinstanz präkludiert sind und damit für die Entscheidung des Rechtsstreits endgültig unberücksichtigt bleiben (vgl. Musielak-Ball § 531 ZPO Rz. 3, 4; Zöller-Gummer/Heßler § 531 ZPO Rz. 1, 6, 7), differenziert der „**Novenausschluss**" des § 531 II ZPO nicht danach, ob die Geltendmachung von Angriffs- und Verteidigungsmitteln in erster Instanz entgegen einer hierfür gesetzten Frist oder nur unter Verletzung der allgemeinen Prozessförderungspflicht unterblieben ist; im Rahmen des § 531 II ZPO ist auch nicht entscheidend, ob die Zulassung neuen Vorbringens die Erledigung des Rechtsstreits in der zweiten Instanz verzögern würde (Musielak-Ball § 531 ZPO Rz. 16).

§ 531 II ZPO schließt neue Angriffs- und Verteidigungsmittel für die zweite Instanz vielmehr generell aus, soweit nicht einer der Zulassungsgründe des § 531 II S. 1 Nr. 1 – 3 ZPO eingreift (Musielak-Ball § 531 ZPO Rz. 16; Zöller-Gummer/Heßler § 531 ZPO Rz. 21, 22). Gem. § 531 II ZPO sind neue Angriffs- und Verteidigungsmittel in der Berufungsinstanz nur noch in drei Fällen (§ 531 II Nr. 1, Nr. 2 und Nr. 3 ZPO) zugelassen:

1. Erstinstanzlich übersehene Gesichtspunkte (§§ 531 II 1 Nr. 1, 139 ZPO)

§ 531 II 1 Nr. 1 ZPO gestattet neues, d. h. in erster Instanz noch nicht geltend gemachtes Vorbringen zu tatsächlichen oder rechtlichen Gesichtspunkten, die vom Standpunkt des Berufungsgerichts aus betrachtet entscheidungserheblich sind, vom Eingangsgericht jedoch erkennbar übersehen oder für unerheblich gehalten wurden und aus einem vom Vordergericht zumindest mit zu verantwortenden Grund in erster Instanz nicht geltend gemacht worden sind (BGH, Urt. v. 30. 6. 2006 – V ZR 148/05, NJW-RR 2006, 1292, 1293; Urt. v. 19. 3. 2004 – V ZR 104/03, NJW 2004, 2152, 2153 = MDR 2004, 1077, 1078; Fellner MDR 2006, 552, 555; Gaier NJW 2004, 2041, 2045; Musielak-Ball § 529 ZPO Rz. 17). **Ungeschriebenes Tatbestandsmerkmal** des § 531 II 1 Nr. 1 ZPO ist also, dass die – objektiv fehlerhafte – Rechtsansicht des Vordergerichts den erstinstanzlichen Sachvortrag der Partei auch beeinflusst hat und daher **zumindest mitursächlich** dafür geworden ist, dass sich das Parteivorbringen in das Berufungsverfahren verlagert (BGH, Urt. v. 30. 6. 2006 – V ZR 148/05, NJW-RR 2006, 1292, 1293; NJW-RR 2004, 927; OLG Nürnberg, Urt. v. 10. 6. 2005 – 5 U 195/05, NZV 2006, 209, 210; Gaier NJW 2004, 2041, 2045).

Diese Voraussetzung ist insbesondere dann erfüllt, wenn das Vordergericht durch das **Unterlassen von Hinweisen**, zu denen es bei zutreffender Rechtsauffassung nach § 139 I, II ZPO verpflichtet gewesen wäre, oder durch seine Prozessleitung zu einer Verengung des Parteivorbringens beigetragen hat (Urt. v. 30. 6. 2006 – V ZR 148/05, NJW-RR 2006, 1292, 1293; Gaier NJW 2004, 2041, 2045; Stöber NJW 2005, 3601, 3603 f.).

So muss der Berufungsführer ohne einen Hinweis nach § 139 II 1 ZPO nicht damit rechnen, dass die Frage der Formunwirksamkeit eines Vertrages Bedeutung für das erstinstanzliche Urteil erlangen könnte. Gehörte ein bestimmter Gesichtspunkt hingegen, – etwa aufgrund entsprechenden Parteivortrages der Gegenseite, – zum erstinstanzlichen Streitstoff und konnte der spätere Berufungsführer nicht darauf vertrauen, dass das Gericht ihn für unerheblich halten würde, muss er seine Prozessführung auch auf diesen Gesichtspunkt einrichten. Diesbezügliche Angriffs- oder Verteidigungsmittel sind deshalb in der Berufungsinstanz selbst dann ausgeschlossen, wenn der Gesichtspunkt für das erstinstanzliche Urteil nicht erheblich geworden ist; maßgeblich ist auch insoweit die Überlegung, dass die Unzulänglichkeiten im Parteivortrag in dieser Konstellation nicht vom Vordergericht (mit-) zuverantworten sind (BGH, Urt. v. 30. 6. 2006 – V ZR 148/05, NJW-RR 2006, 1292, 1293).

Dagegen ist den Parteien Gelegenheit zu neuem Vorbringen zu geben, wenn das Berufungsgericht statt des erstinstanzlich angenommenen Aufklärungsmangels einen – vom Prozessbevollmächtigten des Patienten erstinstanzlich zumindest schlüssig dargelegten – Behandlungsfehler für möglich hält (BGH VersR 1998, 853; VersR 1998, 716; Dieti VersR 2005, 442, 446).

Sieht das Berufungsgericht bereits die Befunderhebung als mangelhaft an und nicht erst die Durchführung der Therapie (vgl. BGH VersR 1999, 60) oder bewertet es schon die Unterlassung einer sofortigen Verlegung des Patienten in eine andere Klinik als fehlerhaft, während das erstinstanzliche Gericht allein etwaige Behandlungsfehler erörtert hat, handelt es sich ebenfalls um neue Aspekte des Behandlungsgeschehens i. S. d. § 531 Abs. 2 S. 1 Nr. 1 ZPO (Dieti VersR 2005, 442, 446).

In solchen Fällen muss das Berufungsgericht auf seine abweichende Rechtsauffassung hinweisen und den Parteien gem. § 139 II ZPO Gelegenheit zur Stellungnahme geben (BGH, Urt. v. 19. 3. 2004 – V ZR 104/03, NJW 2004, 2152, 2153; Musielak-Ball § 529 ZPO Rz. 17; Stöber NJW 2005, 3601, 3603 f.).

Hat das Vordergericht dem **rechtzeitig gestellten Antrag einer Partei auf erstmalige mündliche Anhörung** des gerichtlich bestellten Sachverständigen nicht entsprochen, so muss das Berufungsgericht dem in zweiter Instanz wiederholten Antrag auf Ladung des Sachverständigen stattgeben (BGH, Beschl. v. 10. 5. 2005 – V ZR 245/04, MDR 2005, 1308, 1309 = NZV 2005, 463, 464).

Auch einem erstmals in zweiter Instanz gestellten Antrag auf Anhörung eines Sachverständigen (§§ 402, 397 ZPO) hat das Berufungsgericht stattzugeben, wenn der Antrag entscheidungserhebliche Gesichtspunkte betrifft, den das Gericht des ersten Rechtszuges aufgrund einer fehlerhaften Beurteilung der

Rechtslage übersehen hat (BGH, Urt. v. 8. 6. 2004 – V ZR 230/03, NJW 2004, 2828, 2830 = NZV 2004, 508, 510 = MDR 2004, 1313, 1314; Urt. v. 18. 10. 2005 – VI ZR 270/04, NJW 2006, 152, 153 = NZV 2006, 73, 74).

Die Partei, die einen Antrag auf Ladung des Sachverständigen stellt, muss dabei die Fragen, die sie an ihn richten will, **nicht konkret im Voraus formulieren**. Ausreichend ist, wenn sie angibt, in welcher Richtung sie durch ihre Fragen eine weitere Aufklärung herbeizuführen wünscht (BGH, Urt. v. 8. 6. 2004 – VI ZR 230/03, NJW 2004, 2828, 2830 = MDR 2004, 1313, 1314; Beschl. v. 10. 5. 2005 – VI ZR 245/04, NZV 2005, 463, 464; Urt. v. 29. 10. 2002 – VI ZR 353/01, NJW-RR 2003, 208, 209 = MDR 2003, 168 = VersR 2003, 926, 927; OLG Saarbrücken, Urt. v. 25. 2. 2004 – 1 U 422/03 – 108, GesR 2004, 235, 237).

Beschränkungen des Antragsrechts ergeben sich nur aus den Gesichtspunkten des **Rechtsmissbrauchs und der Prozessverschleppung** (BGH, Beschl. v. 10. 5. 2005 – VI ZR 245/04, NZV 2005, 463, 464; Urt. v. 29. 10. 2002 – VI ZR 353/01, NJW-RR 2003, 208, 209).

Übersieht das Vordergericht etwa, dass der **Werklohn** aus einem VOB/B-Vertrag auch dann fällig ist, wenn die Rechnung objektiv nicht prüfbar ist bzw. keine prüfbare Schlussrechnung vorliegt, kann das Berufungsgericht die in zweiter Instanz **nachgereichte Schlussrechnung nicht** gem. § 531 II 1 Nr. 1 bzw. Nr. 3 ZPO als **verspätet** zurückweisen. Dem Berufungsführer kann nicht i. S. d. § 531 II 1 Nr. 3 ZPO angelastet werden, er hätte nicht bereits in erster Instanz vorgetragen, was sich aus der bis dahin aufgrund vertraglicher Vereinbarungen nicht zu erstellenden Schlussrechnung ergeben hätte (BGH, Urt. v. 6. 10. 2005 – VII ZR 229/03, NJW-RR 2005, 1687 = MDR 2006, 201; Urt. v. 9. 10. 2003 – VII ZR 335/02, MDR 2004, 148 = NZBau 2004, 98 = NJW-RR 2004, 167; a. A. Schenkel, Vors. Richter am OLG Hamm, MDR 2004, 790, 79, der die Entscheidung des BGH vom 9. 10. 2003 ablehnt).

Die Zulassung neuer Angriffs- und Verteidigungsmittel kann in diesen Fällen nicht mit der Begründung abgelehnt werden, **die Partei hätte den Erstrichter** auf erkennbar übersehene Gesichtspunkte oder eine abweichende Rechtsauffassung **aufmerksam machen** und hierzu gesondert vortragen müssen (Musielak-Ball § 531 ZPO Rz. 17 a. E.).

2. Verfahrensfehler des erstinstanzlichen Gerichts (§§ 531 II 1 Nr. 2, 139 ZPO)

§ 531 II 1 Nr. 2 ZPO betrifft die Fälle, in denen sich die Partei durch fehlerhafte Prozessleitung des Erstgerichts veranlasst sah, von einem bestimmten Vorbringen abzusehen oder in denen sie an weiterem Vortrag durch das Unterlassen von **nach § 139 ZPO gebotenen Hinweisen** gehindert wurde, zu denen das erstinstanzliche Gericht vom objektiv zutreffenden Rechtsstandpunkt aus verpflichtet gewesen wäre (BGH, Urt. v. 19. 3. 2004 – V ZR 104/03, NJW 2004, 2152, 2153 und Beschl. v. 9. 6. 2005 – V ZR 271/04, NJW 2005, 2624 zum unterlassenen Hinweis nach § 139 I ZPO; BGH, Urt. v. 8. 12. 2005 – VII ZR 67/05, NJW-RR 2006, 524: Hinweis auf die Notwendigkeit ergänzenden Vortrages unterlassen; BGH, Urt. v. 30. 6. 2006 – V ZR 148/05, NJW-RR 2006, 1292, 1293: ein Gesichtspunkt wurde von allen Verfahrensbeteiligten übersehen oder das Vordergericht hat zu erkennen gegeben, dass es einen bestimmten Gesichtspunkt für unerheblich erachtet; BGH, Urt. v. 14. 10. 2004 – VII ZR 180/03, MDR 2005, 161 zum unvollständigen gerichtlichen Hinweis nach § 139 II; BGH, Urt. v. 22. 9. 2005 – VII ZR 34/04, NJW 2006, 60, 62 zur Dokumentation des Hinweises; Fellner MDR 2006, 552, 555; Gaier NJW 2004, 2041, 2045; Musielak-Ball § 529 ZPO Rz. 18; Stöber NJW 2005, 3601, 3603 f.).

Das Gericht hat alle Tatsachen zu erörtern, die nach seiner vorläufigen Beurteilung entscheidungserheblich sein können und hat die Parteien erforderlichenfalls gezielt zu befragen (B/L/A/H, § 139 ZPO Rz. 24, 25, 28) sowie darauf hinzuwirken, dass sich die Parteien über alle erheblichen Tatsachen vollständig erklären, insbesondere auch ungenügende Angaben ergänzen, Beweismittel bezeichnen und sachdienliche Anträge stellen können (BGH, Beschl. v. 8. 12. 2005 – VII ZR 67/05, NJW-RR 2006, 524, 525; B/L/A/H, § 139 ZPO Rz. 29, 34).

Auf rechtliche und tatsächliche Gesichtspunkte, die eine Partei erkennbar übersehen oder für unerheblich gehalten hat, hat es – **zielgerichtet, inhaltlich klar und eindeutig** (OLG Schleswig, Urt. v. 16. 12. 2004 – 7 U 26/04, MDR 2005, 889; Fellner MDR 2006, 552, 555; Stöber NJW 2005, 3601, 3603) – hinzuweisen und Gelegenheit zur Äußerung zu geben (§ 139 I, II 1 ZPO).

Solche Gesichtspunkte sind etwa eine weitere, nicht erwähnte Anspruchsgrundlage, ein offenkundiger, von keiner Partei vorgetragener Sachverhalt, etwa die Nichtigkeit eines Vertrages (BGH, Urt. v. 30. 6. 2006 – V ZR 148/05, NJW-RR 2006, 1292, 1293), **Bedenken gegen die Schlüssigkeit des Vorbringens** einer der Parteien (OLG Schleswig, Urt. v. 16. 12. 2004 – 7 U 26/04, MDR 2005, 889: unsubstantierter Vortrag; Dieti VersR 2005, 442, 446; B/L/A/H § 139 ZPO Rz. 83; Fellner MDR 2006, 552, 555: Sachvortrag nicht ausreichend substanziiert; Musielak-Stadler § 139 ZPO Rz. 8, 22) oder die Verkennung der Beweislast durch eine Partei oder ein beabsichtigtes Abweichen von höchst richterlicher Rechtsprechung (B/L/A/H, § 139 ZPO Rz. 41).

So wird auch das Gebot aus Art. 103 I GG, **rechtliches Gehör** zu gewähren, verletzt, wenn das Berufungsgericht neues Vorbringen unter offensichtlich fehlerhafter Anwendung des § 531 II ZPO nicht zur Verhandlung zulässt. Ein solcher Fehler liegt etwa dann vor, wenn im erstinstanzlichen Urteil Vortrag zu einem entscheidungserheblichen Punkt mangels hinreichender Substantiierung zurückgewiesen worden ist, ohne dass der Partei durch einen unmissverständlichen Hinweis Gelegenheit zur Ergänzung gegeben worden war und das Berufungsgericht auch das neue, in der zweiten Instanz substantiierte Vorbringen unter Hinweis auf § 531 II ZPO zurückweist (BGH, Beschl. v. 9. 6. 2005 – V ZR 271/04, MDR 2005, 1365, 1366).

Hat andererseits das erstinstanzliche Gericht den Vortrag des Klägers als schlüssig angesehen, darf er darauf vertrauen, dass das Berufungsgericht ihm seine davon abweichende Auffassung durch einen Hinweis nach § 139 ZPO mitteilt (BGH, Urt. v. 11. 9. 2003 – VII ZR 136/02, MDR 2004, 169; Urt. v. 16. 5. 2002 – VII ZR 197/01, MDR 2002, 1139).

Beruht das Unterbleiben des Beweisantritts auf einer erkennbar falschen Beurteilung der Beweislast oder auf einem offensichtlichen Versehen der Partei, darf das Gericht auch auf die Notwendigkeit der Benennung von Beweismitteln hinweisen (BGH MDR 1991, 223, 224; Stöber NJW 2005, 3601, 3602; Zöller-Greger § 139 ZPO Rz. 16).

Nach der früher überwiegend vertretenen Rspr. entfiel die Hinweispflicht des Gerichts gegenüber einer anwaltlich vertretenen Partei dann, wenn die **Gegenseite den entscheidungserheblichen Hinweis bereits eingebracht** oder schriftsätzlich die Unzulänglichkeit eines bestimmten Vortrages aufgezeigt hatte (BGH NJW 1992, 436, 438; NJW 1987, 1142, 1143; NJW 1984, 310, 311; NJW 1980, 223, 224; OLG Koblenz NJW-RR 1988, 662, 663; OLG Nürnberg NZBau 2000, 518 = MDR 2000, 227; OLG Oldenburg NJW-RR 2000, 949, 950; auch Musielak-Stadler § 139 ZPO Rz. 2, 6, 7, 22).

In neueren Entscheidungen hat der BGH ausgeführt, das Gericht müsse grundsätzlich auch die anwaltlich vertretene Partei selbst auf Bedenken gegen die Schlüssigkeit der Klage, insbesondere auf fehlenden Sachvortrag, den es als entscheidungserheblich ansieht, hinweisen und zwar vor allem dann, wenn der Prozessbevollmächtigte der Partei die **Rechtslage erkennbar falsch beurteilt** oder ersichtlich darauf vertraut, dass sein schriftsätzliches Vorbringen ausreichend sei (BGH, Beschl. v. 8. 12. 2005 – VII ZR 67/05, NJW-RR 2006, 524, 525; NJW 2002, 3317, 3320; NJW 2001, 2548, 2549; NJW 1999, 1867; NJW 1999, 1264; Stöber NJW 2005, 3601, 3603). Ein Hinweis ist danach insbesondere dann geboten, wenn offensichtlich ist, dass der Prozessbevollmächtigte einer Partei die vom Gegner erhobenen Schlüssigkeitsbedenken nicht oder falsch aufgenommen hat oder aufgrund einer erkennbaren Rechtsirrtums nicht auf den von der Gegenpartei angesprochenen Gesichtspunkt eingegangen ist (BGH NJW 2001, 2548, 2549 f.; OLG Hamm NJW-RR 2003, 1651; Musielak-Stadler § 139 ZPO Rz. 7).

Gerichtliche Hinweise nach § 139 ZPO, die in der mündlichen Verhandlung erteilt werden, sind in der Regel **in das Verhandlungsprotokoll aufzunehmen**, §§ 139 IV, 160 II ZPO (BGH, Urt. v. 22. 9. 2005 – VII ZR 34/04, NJW 2006, 60).

Ist der Hinweis erteilt und seine Dokumentation zunächst versehentlich unterlassen worden, kann die Erteilung des Hinweises ausnahmsweise **auch im Tatbestand des Urteils** dokumentiert und damit aktenkundig gemacht werden (BGH, Urt. v. 22. 9. 2005 – VII ZR 34/04, NJW 2006, 60, 62).

Wird der **Hinweis** erst in der **mündlichen Verhandlung** erteilt und kann eine sofortige Reaktion der betreffenden Partei nach den konkreten Umständen und den Anforderungen des § 282 I ZPO nicht erwartet werden, darf die mündliche Verhandlung nicht ohne weiteres geschlossen werden (BGH NJW 1999, 2123, 2124; KG OLGR 2004, 369, 371; Stöber NJW 2005, 3601, 3604). Das Gericht muss die Verhandlung dann vertagen bzw. gem. § 156 II Nr. 1 ZPO wiedereröffnen, ins schriftliche Verfahren übergehen oder der betroffenen Partei auf deren ggf. anzuregenden Antrag gem. § 139 V i. V. m. § 296 a ZPO mit entsprechender Fristsetzung ein **Schriftsatzrecht gewähren** (BGH NJW 1999, 2123, 2124; KG OLGR 2004, 369, 371; Musielak-Stadler § 139 ZPO Rz. 15; Fellner MDR 2004, 728, 729; Stöber NJW 2006, 3601, 3604).

Nach Auffassung des BayVerfGH (Entsch. v. 28. 11. 2005 – Vf. 130-VI-04) kann sich eine Partei aber nicht mit Erfolg darauf berufen, ihr Grundrecht auf rechtliches Gehör sei verletzt, weil der erforderliche rechtliche Hinweis erst in der mündlichen Verhandlung und nicht schon vorher erteilt worden ist, wenn sie bzw. deren Prozessbevollmächtigter auf den Hinweis des Gerichts in der mündlichen Verhandlung keine Schriftsatzfrist gem. § 139 V ZPO beantragt hat.

Im Arzthaftungsrecht wirkt der Quasi-Amtsermittlungsgrundsatz über § 531 II 1 Nr. 2 ZPO insofern in das Berufungsverfahren hinein, als ein **Verstoß gegen § 139 ZPO** vorliegt, wenn **entscheidungserhebliche medizinische Fragen,** zu deren Aufklärung in erster Instanz bereits von Amts wegen Veranlassung bestand, sich aufgrund eines entsprechenden Hinweises des Berufungsführers erst in zweiter Instanz auftun. Damit stellt sich der Tatbestand des § 531 II 1 Nr. 2 ZPO gleichfalls als Einfallstor für die Wirkung des „Waffengleichheitsgebots" im Arzthaftungsprozess dar (Dieti VersR 2005, 442, 446).

Dieser Aspekt klingt auch in der Entscheidung des BGH vom 8. 6. 2004 (BGH, Urt. v. 8. 6. 2004 – VI ZR 199/03, NJW 2004, 2825, 2826 = VersR 2004, 1177, 1179 = GesR 2004, 374, 376 = BGH-Report 2004, 1378, 1380 mit zustimmender Anm. Winkhart-Martis) an, wenn der BGH die Instanzgerichte für verpflichtet ansieht, **den Sachverständigen zu eventuell risikoärmeren Behandlungsalternativen zu befragen** und somit die – nur im Arzthaftungsrecht statthafte – Amtsermittlung einzelner Elemente vorzunehmen (BGH, Urt. v. 8. 6. 2004 – VI ZR 199/03, VersR 2004, 1177, 1179; Dieti VersR 2005, 442, 446 f.; Winkhart-Martis BGH-Report 2004, 1381).

Allerdings gilt die erleichterte Novenzulassung über § 531 II 1 Nr. 2 bzw. Nr. 3 ZPO nicht für Vorbringen, das nicht den eigentlichen medizinischen Sachverhalt betrifft. So bedarf es zur Erhebung der Aufklärungsrüge gewöhnlich nicht des Einblicks in die medizinischen Behandlungsabläufe, sondern lediglich der Darlegung der faktischen Geschehnisse; **die Aufklärungsrüge muss daher grundsätzlich bereits in erster Instanz vorgetragen werden** (vgl. OLG Karlsruhe, Urt. v. 9. 3. 2005 – 7 U 27/04, GesR 2005, 361 = OLGR 2005, 375; OLG Koblenz, Urt. v. 23. 4. 2003 – 1 U 857/02, GesR 2003, 208 mit NA-Beschl. BGH v. 14. 10. 2003 – VI ZR 149/03; Dieti VersR 2005, 442, 447).

Beruft sich der behandelnde Arzt auf die (rechtzeitig erhobene) Aufklärungsrüge des Patienten hin erstmals in der Berufungsinstanz auf den Einwand der hypothetischen Einwilligung, d. h. der Patient hätte auch bei vollständiger und zutreffender Aufklärung in die ärztliche Behandlung eingewilligt, so ist auch dieser neue Vortrag ungeprüft zurückzuweisen (Dieti VersR 2005, 442, 447).

Gleiches gilt, wenn der Patient auf den – erstinstanzlich vom Arzt vorgebrachten – Einwand der hypothetischen Einwilligung erst im Berufungsverfahren näher darlegt, weshalb er auch bei vollständiger Aufklärung vor einem **„echten Entscheidungskonflikt"** gestanden hätte (Dieti VersR 2005, 442, 447; OLG Frankfurt, Urt. v. 30. 3. 2004 – 8 U 192/03 bei Winkhart-Martis BGH-Report 2004, 1380).

3. Fehlende Nachlässigkeit (§§ 531 II 1 Nr. 3 ZPO)

a) Einfache Fahrlässigkeit

Nach § 531 II 1 Nr. 3 ZPO sind neue Angriffs- und Verteidigungsmittel nur zuzulassen, wenn ihre Geltendmachung in erster Instanz nicht aus Nachlässigkeit der Partei unterblieben ist. Dem Berufungsführer **schadet hier bereits einfache Fahrlässigkeit** (BGH, Urt. v. 18. 10. 2005 – VI ZR 270/04, NJW 2006, 152, 153 = NZV 2006, 73, 74; Urt. v. 8. 6. 2004 – VI ZR 199/03, VersR 2004, 1177, 1179 = NJW 2004, 2825, 2826; Urt. v. 19. 3. 2004 – V ZR 104/03, NJW 2004, 2152, 2154; OLG Karlsruhe, Urt. v. 9. 3. 2005 – 7 U 27/04, GesR 2005, 361, 362; Urt. v. 14. 7. 2004 – 7 U 18/03, VersR 2005, 420, 421; Musielak-Ball § 531 ZPO Rz. 19; Zöller-Gummer/Heßler § 531 ZPO Rz. 30, 31).

Ausgeschlossen ist demnach die Berücksichtigung solcher tatsächlicher Umstände, die in erster Instanz nicht vorgebracht wurden, obwohl sie und ihre Bedeutung für den Ausgang des Rechtsstreits der Partei vor Schluss der mündlichen Verhandlung **in erster Instanz bekannt waren oder hätten bekannt sein müssen** (BGH, Urt. v. 19. 3. 2004 – V ZR 104/03, NJW 2004, 2152, 2154 = MDR 2004, 1077, 1078). Zu berücksichtigen sind danach alle Tatsachen, die erst nach Schluss der mündlichen Verhandlung in der ersten Instanz entstanden oder der Partei erst nach diesem Zeitpunkt bekannt geworden sind, ohne dass ihre Unkenntnis auf Nachlässigkeit beruht (KG, Urt. v. 12. 9. 2002 – 8 U 78/02, MDR 2003, 471, 472 = OLGR 2003, 23; OLG Zweibrücken OLGR 2003, 34; OLG Saarbrücken OLGR 2003, 249; LG Schwerin, Urt. v. 2. 5. 2003 – 6 S 362/02, NJW-RR 2003, 1292; Musielak-Ball § 531 ZPO Rz. 19).

Benennt eine anwaltlich vertretene Partei in erster Instanz einen Zeugen, von dem sie hätte erkennen können, dass er ungeeignet ist, die in sein Wissen gestellte Behauptung zu beweisen, und stellt sie erst nach Abschluss des erstinstanzlichen Verfahrens Ermittlungen an, die dann zur Benennung eines geeigneten Zeugen führen, so ist sie mit diesem neuen Beweismittel im Berufungsrechtszug gem. § 531 II 1 Nr. 3 ZPO ausgeschlossen (LG Schwerin, Urt. v. 2. 5. 2003 – 6 S 362/02, NJW-RR 2003, 1292).

Kann der Berufungsführer dagegen glaubhaft (vgl. § 531 II 2 ZPO) darlegen, dass eine erstmals in der Berufungsbegründung benannte Zeugin in erster Instanz nicht erreicht werden bzw. ihre Zeugeneigenschaft erst nach Schluss der mündlichen Verhandlung in erster Instanz in Erfahrung gebracht werden konnte, ist der erstmals in zweiter Instanz erfolgte Beweisantritt zuzulassen (BGH, Beschl. v. 28. 5. 2003 – XII ZB 165/02, MDR 2003, 1192, 1193 = NJW 2003, 2531, 2532).

Stets hat der Berufungsführer zur Vermeidung des Vorwurfs der Nachlässigkeit darzulegen, warum er sich trotz vorliegender Anhaltspunkte nicht früher um entsprechende Kenntnis der im Berufungsverfahren vorgetragenen neuen Tatsachen oder Beweismittel bemüht hat (KG, Urt. v. 12. 9. 2002 – 8 U 78/02, MDR 2003, 471). Dabei sind Hinweise auf eine Prozesstaktik grundsätzlich ungeeignet, eine Verspätung auszuräumen (OLG Karlsruhe, Urt. v. 14. 7. 2004 – 7 U 18/03, VersR 2005, 420; Zöller-Gummer/Heßler § 531 ZPO Rz. 31, 32).

Ein Vortrag, der aus prozesstaktischen Erwägungen zurückgehalten wurde, um zunächst erst einmal abzuwarten, wie sich das Gericht zu dem schon vorgebrachten Prozessstoff stellt, bleibt gem. § 531 I ZPO bei der Entscheidung des Berufungsgerichts grundsätzlich unberücksichtigt zu (OLG Karlsruhe, Urt. v. 14. 7. 2004 – 7 U 18/03, VersR 2005, 420).

b) Einwendungen und Einreden; Verjährung

Insbesondere dürfen Gegenbeweise, Einwendungen und Einreden nicht zurückgehalten werden (OLG Saarbrücken OLGR 2002, 109; Zöller-Gummer/Heßler § 531 ZPO Rz. 31).

Nach bislang h. M. ist auch die erst in zweiter Instanz erhobene Einrede der Verjährung nach § 531 II 1 Nr. 3 ZPO als neues Angriffs- und Verteidigungsmittel zurückzuweisen, wenn die Verjährungsfrist bereits während des erstinstanzlichen Verfahrens abgelaufen war (BGH, Urt. v. 21. 12. 2005 = X ZR 165/04, MDR 2006, 766; OLG Brandenburg, Urt. v. 15. 1. 2003 – 13 U 108/02, BauR 2003, 1256; OLG Frankfurt, Urt. v. 8. 12. 2003 – 1 U 115/03, OLGR 2004, 249 = BauR 2004, 560; KG, Urt. v. 26. 11. 2002 – 5 U 85/02, KGR 2003, 392; OLG Hamm, Urt. v. 15. 11. 2005 – 27 U 88/05, MDR 2006, 695 zu § 780 BGB; OLG München, Urt. v. 31. 3. 2004 – 17 U 1902/04, BauR 2004, 1982; OLG Oldenburg, Urt. v. 29. 7. 2003 – 9 U 65/02, MDR 2004, 292; Roth JZ 2005, 174, 176; Rotz JZ 2006, 9, 15; Schenkel MDR 2005, 726, 727).

Der X. ZS (BGH, Urt. v. 21. 12. 2005 – X ZR 165/04, MDR 2006, 766) begründet die – noch herrschende – Auffassung wie folgt (vgl. Noethen MDR 2006, 1024, 1026):

Die Frage, ob die Tatsachengrundlage der Einrede unstreitig ist, stelle sich erst, wenn das Leistungsverweigerungsrecht vom Beklagten geltend gemacht wird. Der X. ZS verweist daneben auf § 533 ZPO. Weil dieser nur bestimmte, den Prozessstoff erweiternde Handlungen unter engen Voraussetzungen zulasse, im Übrigen aber § 531 II ZPO gelte, müsse auch die Einrede der Verjährung der Regelung des § 531 II ZPO unterfallen. Andernfalls hätte es für den Gesetzgeber nahe gelegen, auch für die Einrede der Verjährung eine § 533 ZPO vergleichbare Sonderregelung zu schaffen. Für die h. M. spricht auch das Argument der Entlastung der Gerichte.

Schenkl (Vorsitzender Richter am OLG Hamm, MDR 2005, 726, 728) weist darauf hin, dass die folgend dargestellte Gegenmeinung im Anschluss an das Urteil des BGH v. 18. 11. 2004 (IX ZR 229/02, NJW 2005, 291, 292 = MDR 2005, 527), „das Interesse an einer richtigen und gerechten Entscheidung gebiete die Zulassung des neuen, unstreitigen Sachvortrages in der Berufungsinstanz", für die erstmalige Erhebung der Einrede der Verjährung nicht greifen würde. Denn das erstinstanzliche Urteil sei und bleibe nämlich materiell richtig und gerecht. Die Forderung des Klägers bleibt auch nach Erhebung der Einrede im Berufungsverfahren bestehen, sie kann „lediglich" nicht mehr durchgesetzt werden.

Nach der – zuletzt auch vom III. ZS des BGH vertretenen – Gegenauffassung steht § 531 II ZPO der erstmaligen Erhebung der Verjährungseinrede in der

Berufungsinstanz nicht entgegen, wenn die tatsächlichen Grundlagen nicht streitig sind und die Zulassung der Verjährungseinrede daher nicht zu einer Verzögerung des Rechtsstreits führt (BGH, Urt. v. 19. 1. 2006 – III ZR 105/05, NJW-RR 2006, 630 = MDR 2006, 822; OLG Celle, Urt. v. 25. 7. 2006 – 16 U 23/06, OLGR 2006, 647, 648/649 und Urt. v. 8. 5. 2003 – 6 U 208/02, OLGR 2003, 303; OLG Koblenz, Urt. v. 20. 11. 2003 – 7 U 599/03, OLGR 2004, 354; Noethen MDR 2006, 1024, 1026 f.; Rixecker NJW 2004, 705, 707).

Diese – im Vordringen befindliche – Gegenmeinung beruft sich zunächst auf die Entscheidung des BGH vom 18. 11. 2004 (IX ZR 229/02, NJW 2005, 291, 292 = MDR 2005, 527), wonach neuer, unstreitiger Sachvortrag in der Berufungsinstanz auch dann zu berücksichtigen ist, wenn dadurch eine Beweisaufnahme erforderlich wird.

Dies müsse letztlich erst recht gelten, wenn der Prozess durch die Zulassung der Einrede der Verjährung ohne Beweisaufnahme beendet wird.

Der Hinweis des X. ZS auf § 533 ZPO sei insofern nicht zwingend, als der Gesetzgeber ausdrücklich bei Widerklage und Aufrechnung eine Zulassung auf unstreitiger Tatsachengrundlage für zulässig erklärt, wenn das Gericht ein derartiges Verfahren für sachdienlich hält (OLG Celle, Urt. v. 25. 7. 2006 – 16 U 23/06, OLGR 2006, 647, 649; auch Noethen MDR 2006, 1024, 1026).

c) Gegenbeweise (z. B. Privatgutachten) und Aufklärungsrüge

Bei einem Parteigutachten, mit welchem in der Berufungsinstanz ein im ersten Rechtszug eingeholtes gerichtliches Gutachten angegriffen wird, handelt es sich um ein neues, gem. § 531 II 1 Nr. 3 ZPO nicht zulassungsfähiges Angriffsmittel, wenn das Gutachten auch bereits im ersten Rechtszug hätte eingeholt werden können, jedenfalls wenn zwischen der Zustellung des vom Gericht in Auftrag gegebenen Gutachtens und dem Hauptverhandlungstermin ein Zeitraum von **elf Wochen** liegt und für den späteren Berufungsführer tatsächlich ein Privatsachverständiger im Hauptverhandlungstermin anwesend ist (OLG Schleswig, Urt. v. 23. 9. 2004 – 7 U 31/04, OLGR 2005, 8, 10).

Andererseits ist eine **Partei grundsätzlich nicht verpflichtet**, bereits in erster Instanz ihre Einwendungen gegen das Gerichtsgutachten auf die **Beifügung eines Privatgutachtens** oder auf sachverständigen Rat zu stützen bzw. selbst oder durch Dritte in medizinischen Bibliotheken Recherchen anzustellen, um Einwendungen gegen ein gerichtliches Sachverständigengutachten zu formulieren (BGH, Urt. v. 8. 6. 2004 – VI ZR 199/03, VersR 2004, 1177, 1179 = NJW 2004, 2825, 2826 im Arzthaftungsrecht; Urt. v. 18. 10. 2005 – VI ZR 270/04, NJW 2006, 152, 154 = NZV 2006, 73, 74 = MDR 2006, 531, 532: auch außerhalb des Arzthaftungsprozesses; Urt. v. 19. 2. 2003 – IV ZR 321/02, VersR 2004, 83, 84; OLG Schleswig, Urt. v. 23. 9. 2004 – 7 U 31/04, OLGR 2005, 8, 9).

Der BGH (Urt. v. 8. 6. 2004 – VI ZR 199/03, VersR 2004, 1177 = NJW 2004, 2825 = GesR 2004, 374) hatte die Frage zu klären, in welchem Umfang neues bzw. konkretisiertes Vorbringen des Patienten im Rahmen des § 531 II 1 Nr. 3 ZPO zuzulassen ist.

In dem vom BGH entschiedenen Fall hatte sich die Patientin einen Trümmerbruch mit hauptsächlich streckseitig gelegener Trümmerzone am Arm zugezogen. In der chirurgischen Abteilung des beklagten Krankenhauses wurde der Trümmerbruch operativ eingerichtet, die Reponierung anschließend mit zwei durch die Haut eingebrachten Kirschner-Drähten und einer Gipsschiene stabilisiert. Nach der Entfernung der Drähte klage die Patientin über Beschwerden im Bereich des rechten Handgelenks und über ein Taubheitsgefühl der Streckseite des rechten Daumens. **In erster Instanz hatte** die Patientin **Behandlungsfehler** bei der operativen Versorgung und der anschließenden Reposition gerügt und vorgetragen, eine unzureichende Stabilisierung des Bruchs habe zu einer Verheilung in Fehlstellung geführt. Auf ihre starken postoperativen Schmerzen sei nicht in angemessener Weise durch die Verordnung von Schmerzmitteln reagiert worden. Dies sei zur Prophylaxe eines Morbus Sudeck (sekundäre Gewebsschädigung i. d. R. am Arm oder an der Hand mit zunächst schmerzhafter Schwellung, dann atrophierter Haut, nachfolgend möglicher vollständiger Gelenksteife) erforderlich gewesen. Bei der **Entfernung der Kirschner-Drähte** sei es behandlungsfehlerhaft zu einer **Durchtrennung** des sensiblen Astes des **Nervus radialis** superficialis gekommen.

In zweiter Instanz brachte die Patientin dann erstmals vor, der tatsächlich aufgetretene **Morbus Sudeck** sei **nicht adäquat bzw. überhaupt nicht behandelt** worden. Zudem sei die vom Arzt durchgeführte Methode der Bruchversorgung (Spickdrahtosteosynthese) nicht die Methode der Wahl gewesen, als ernsthafte Alternativmethode zur Heilung des Handgelenkbruchs sei die Behandlung mit einem „Fixateur externe" in Betracht gekommen.

Das Berufungsgericht (OLG Köln, Urt. v. 11. 6. 2003 – 5 U 216/02, VersR 2004, 517 = GesR 2003, 325) hatte im angefochtenen Urteil dargelegt, der neue Vortrag der Klägerin zu einem medizinischen Sachverhalt sei eine Tatsachenbehauptung, die den Präklusionsvorschriften der §§ 531 II 1 Nr. 3, 296 ZPO unterliege. Ausgehend hiervon würden beide erstmals im Berufungsrechtszug erhobenen Behauptungen „neue Angriffsmittel" i. S. d. § 531 II 1 Nr. 3 ZPO darstellen und seien nicht zuzulassen, weil die Voraussetzungen der § 531 II 1 Nr. 2 und 3 ZPO nicht dargetan seien.

In diesem Sinn hatten sich auch das OLG Koblenz (OLG Koblenz, Urt. v. 23. 4. 2003 – 1 U 857/02, GesR 2003, 208 – Revision vom BGH durch Beschl. v. 14. 10. 2003 – VI ZR 194/03 nicht angenommen) und das OLG Frankfurt (OLG Frankfurt, Urt. v. 30. 3. 2004 – 8 U 192/03, n.v.) geäußert.

Der BGH führt im Urt. v. 8. 6. 2004 zunächst – u. E. völlig zutreffend – aus, die **Behauptung der Patientin**, der behandelnde Arzt hätte den Ausbruch einer Krankheit – hier des Morbus Sudeck – nicht verhindert und die ausgebrochene Krankheit nicht behandelt, würde **zwei unterschiedliche zeitliche Abschnitte** des Behandlungsverlaufs betreffen. Mit dem erst zweitinstanzlich erhobenen Vorwurf werde die Behandlung fehlerhafter Prophylaxe dem gemäß nicht lediglich konkretisiert, verdeutlicht oder erläutert, sondern der Angriff der klagenden Patientin insoweit geändert. Für den entsprechenden Vortrag seien auch keine medizinischen Fachkenntnisse erforderlich gewesen, denn die Patientin wusste aus eigenem Erleben, ob eine Behandlung des Morbus Sudeck erfolgt war und konnte die von ihr erst zweitinstanzlich behauptete Unterlassung der Behandlung deshalb ohne weiteres zum Gegenstand der gerichtlichen und sachverständigen Überprüfung in erster Instanz machen, ohne auf vertiefte medizinische Kenntnisse angewiesen zu sein (BGH, Urt. v. 8. 6. 2004 – VI ZR 199/03, VersR 2004, 1177, 1179 = NJW 2004, 2825, 2826).

Rehborn (GesR 2004, 403, 405 f.) und Dieti (VersR 2005, 442, 445 f.) halten eine derart strenge Aufspaltung des Behandlungsgeschehens für problematisch und plädieren für eine Zulassung des neuen Vorbringens in zweiter Instanz.

Der für den **Streitgegenstand maßgebliche Lebenssachverhalt** ergebe sich danach aus dem gesamten Behandlungsgeschehen, nämlich den zahlreichen einzelnen Behandlungsschritten einer medizinischen Gesamtbehandlung, das Gegenstand des Klageverfahrens ist, und dem verbleibenden Gesundheitsschaden. Eine Aufteilung des einheitlichen Behandlungsgeschehens und Behandlungszeitraums stehe dem entgegen (Dieti VersR 2005, 442, 445; Rehborn GesR 2004, 403, 405/406).

Obwohl im vorliegenden Rechtsstreit, der dem Urt. des BGH vom 8. 6. 2004 zugrunde lag – anders als in dem vom OLG Koblenz (Urt. v. 23. 4. 2003 – 1 U 857/02, GesR 2003, 208 – Revision vom BGH nicht angenommen) entschiedenen Fall – erstinstanzlich nicht vorgebracht worden war, es hätte eine **bessere Behandlungsalternative** durch einen „Fixateur externe" bestanden, über die die Patientin hätte aufgeklärt werden müssen bzw. die unterlassene Wahl dieser ernsthaften Behandlungsalternative begründe einen Behandlungsfehler, vertritt der BGH im Urt. v. 8. 6. 2004 zu diesem zweiten Komplex die Auffassung, der erst zweitinstanzlich erfolgte Vortrag, es habe eine echte Behandlungsalternative bestanden, stelle vorliegend „lediglich eine weitere Verdeutlichung des schlüssigen Vorbringens einer fehlerhaften Behandlung des Bruchs dar, der nicht ausreichend stabilisiert worden sei". Denn die erstinstanzliche Behauptung einer fehlerhaften Behandlung schließe den Vorwurf mit ein, es sei eine weniger geeignete Behandlungsmethode gewählt worden.

Für eine solche Unterstellung finden sich in den veröffentlichten Passagen der Urteile des BGH und des OLG Köln (Vorinstanz) in tatsächlicher Hinsicht jedoch keine Anhaltspunkte. Ein diesbezüglicher **schlüssiger Vortrag** war **in erster Instanz gerade nicht** erfolgt. Insbesondere könnte sich ein Aufklärungsmangel auch nicht als Konkretisierung oder Verdeutlichung der Behauptung eines Behandlungsfehlers darstellen (vgl. die Urteilsanmerkung von Winkhart-Martis in BGH-Report 2004, 1381).

Der BGH hat die Begründung, den erstmals in der zweiten Instanz erfolgten Vortrag der Patientin zu diesem Komplex zuzulassen, wohlweislich auch auf ein zweites und drittes Bein gestellt. Er weist zum einen darauf hin, dass im Arzthaftungsprozess – anders als mindestens ebenso komplex gelagerten Sachverhalten etwa aus dem Bau- oder dem Bank- und Börsenrecht – an die Substantiierungspflicht des klagenden Patienten nur „maßvolle und verständige Anforderungen" zu stellen sind, weil von ihm bzw. dessen Prozessbevollmächtigtem regelmäßig keine genaue Kenntnis der medizinischen Vorgänge erwartet und gefordert werden könne (BGH, Urt. v. 8. 6. 2004 – VI ZR 199/03, VersR 2004, 1177, 1179; Urt. v. 19. 2. 2003 – IV ZR 321/02, VersR 2004, 83, 84; auch OLG Düsseldorf, Urt. v. 8. 4. 2004 – 8 U 96/03, VersR 2005, 1737, 1738; Dieti VersR 2005, 442, 445/446; → *Substantiierung der Klage/Schlüssigkeit*, S. 760 ff.).

Aufgrund dieses – ausschließlich im Arzthaftungsrecht geltenden – Grundsatzes könne es nicht als „Nachlässigkeit" i. S. d. für § 531 II 1 Nr. 3 ZPO erforderlichen einfachen Fahrlässigkeit angesehen werden, wenn die Patientin bzw. deren Prozessbevollmächtigter sich erst- oder zweitinstanzlich keines Privatgutachtens bedienen oder nicht selbst in medizinischen Bibliotheken Recherchen anstellen würde.

Der VI. Zivilsenat weist zudem darauf hin, dass bereits das Landgericht gehalten gewesen wäre, den Sachverständigen nach dem Bestehen einer Behandlungsalternative zu befragen und somit die – wiederum nur im Arzthaftungsrecht statthafte – **Amtsermittlung einzelner Elemente** vorzunehmen (BGH, Urt. v. 8. 6. 2004 – VI ZR 199/03, VersR 2004, 1177, 1180; ebenso BGH VersR 1982, 168; Rehborn MDR 2000, 1319, 1320/1321; MDR 2001, 1148, 1150; GesR 2004, 403, 404 und 406; Dieti VersR 2005, 442, 446 f.; Winkhart-Martis BGH-Report 2004, 1381).

Denn der Sachverständige kann – was im Arzthaftungsprozess oftmals übersehen wird – vom Gericht sogar dahingehend befragt werden, ob die ärztliche Behandlung nicht aus einem anderen als vom Patienten behaupteten Grund fehlerhaft gewesen sein könnte, sofern hierfür Anhaltspunkte vorliegen (BGH VersR 1982, 168; Rehborn MDR 1319, 1321 und GesR 2004, 403, 404 und 405; Dieti VersR 2005, 442, 446).

Vor diesem Hintergrund der dem erstinstanzlichen Gericht obliegenden Pflicht zur **umfassenden Sachverhaltsaufklärung in medizinischer Hinsicht** kann die Zulassung neuen Vorbringens zum medizinischen Sachverhalt nach § 531 II 1 Nr. 2 ZPO eröffnet sein.

Werden von einer Partei nämlich erstmals im Berufungsrechtszug neue Gesichtspunkte vorgebracht, die zur medizinischen Bewertung des Behandlungsgeschehens von Bedeutung sein können, so kann hieraus zu schließen sein, dass das Erstgericht seiner Pflicht zur umfassenden Sachverhaltsaufklärung nicht gerecht geworden ist und **den medizinischen Sachverhalt nicht hinreichend aufgeklärt** hat. In diesem Fall wäre eine Verletzung der Prozessleitungspflicht durch das Erstgericht anzunehmen (Dieti VersR 2005, 442, 446; ähnlich Rehborn MDR 2004, 371, 377 und GesR 2004, 403, 404 und 406).

Lässt das Berufungsgericht dann das Vorbringen des die Berufung führenden Patienten nicht zu, weil es dieses zu unrecht für neu hält oder Nachlässigkeit bejaht (§ 531 II 1 Nr. 3 ZPO), so kann es sich nicht auf die Bindung an die erstinstanzlich festgestellten Tatsachen berufen, wenn die Berücksichtigung dieses den medizinischen Sachverhalt betreffenden Vorbringens zu Zweifeln i. S. d. § 529 I Nr. 1 ZPO hätte führen müssen (BGH, Urt. v. 8. 6. 2004 – VI ZR 199/03, VersR 2004, 1177, 1178; auch BGH, Urt. v. 18. 10. 2005 – VI ZR 270/04, NJW 2006, 152, 153 = MDR 2006, 531 in einer Unfallsache).

Der VI. Zivilsenat hat seine oben dargestellte Rechtsprechung fortgeführt und darauf hingewiesen, dass eine Partei auch außerhalb des Arzthaftungsprozesses grundsätzlich nicht verpflichtet ist, Einwendungen gegen ein Gerichtsgutachten (hier: eines KfZ- Sachverständigen) bereits in erster Instanz auf ein Privatgutachten oder sachverständigen Rat zu stützen, wenn der Vortrag fachspezifische Fragen betrifft und eine besondere Sachkunde erfordert (BGH, Urt. v. 18. 10. 2005 – VI ZR 270/04, NJW 2006, 152, 153 = NZV 2006, 73, 74 = MDR 2006, 531).

Das OLG Koblenz hatte im bereits zitierten Urt. v. 23. 4. 2003 (OLG Koblenz – 1 U 857/02, GesR 2003, 208; Revision vom BGH, Beschl. v. 14. 10. 2003 – VI ZR 149/03 nicht angenommen) entschieden, der klagende Patient sei im Berufungsverfahren mit neuem Vorbringen zur **Substantiierung der Aufklärungsrüge** nach § 531 II 1 Nr. 3 ZPO ausgeschlossen, auch wenn er erstinstanzlich allgemein die Aufklärungsrüge erhoben hätte.

Im dortigen Verfahren hatte der Patient vor dem Landgericht zunächst die allgemeine Aufklärungsrüge erhoben und diese dann konkret mit dem fehlenden Hinweis auf alternative Operationstechniken begründet. Das Landgericht hatte eine Aufklärungspflichtverletzung abgelehnt, da keine aufklärungsbedürftige operative Behandlungsalternative vorgelegen hätte. Erst im Berufungsverfahren hat der klagende Patient seinen Vortrag zur fehlenden bzw. mangelhaften Aufklärung geändert und nunmehr behauptet, zur Vermeidung der Operation hätte er über die **Möglichkeit einer (weiteren) konservativen Behandlung** aufgeklärt werden müssen.

Das OLG Koblenz hat zwar grundsätzlich eine Pflicht zur Aufklärung über die neu vorgetragene konservative Behandlungsalternative bejaht, soweit diese sinnvoll und möglich gewesen wäre. Es wies jedoch die Rüge des Patienten, eine Aufklärung über die Möglichkeit einer (weiteren) konservativen Behandlung sei erforderlich gewesen, als neuen, im Berufungsverfahren gem. § 531 II 1 Nr. 3 ZPO nicht zuzulassenden Vortrag zurück.

Denn „neu" i. S. d. § 531 II 1 Nr. 3 ZPO sei das Vorbringen auch dann, wenn es einen sehr allgemein gehaltenen Vortrag aus der erster Instanz konkretisiert oder erstmals substantiiert – was vorliegend der Fall gewesen sei – nicht aber dann, wenn ein bereits schlüssiges Vorbringen aus der erster Instanz durch weitere Tatsachenbehauptungen nur konkretisiert werde (OLG Koblenz, Urt. v. 23. 4. 2003 – 1 U 857/02, GesR 2003, 208; nach der Diktion des BGH, Urt. v. 8. 6. 2004 – VI ZR 199/03, VersR 2004, 1177, 1179 wäre die Behauptung fehlender oder mangelhafter Aufklärung mit dem zweitinstanzlich erhobenen Vorwurf wohl nicht lediglich konkretisiert, sondern der Angriff des klagenden Patienten geändert worden). Der BGH hat die Revision des Patienten allerdings durch Beschl. v. 14. 10. 2003 (VI ZR 149/03) ohne Begründung nicht angenommen.

Dieti (VersR 2005, 442, 447; zweifelnd auch Rehborn MDR 2004, 371, 377) lehnt die Entscheidung des OLG Koblenz ab. **Behandlungsalternativen** würden zum **Kernbereich des medizinischen Sachverhalts** gehören. Denn die Frage, ob eine gleichwertige ernsthafte Behandlungsalternative mit geringeren oder andersartigen Risiken zur Verfügung steht, setzt medizinisches Wissen voraus.

Insoweit gelte – wie oben ausgeführt – die erleichterte Novenzulassung. über § 531 II 1 Nr. 2 ZPO für den medizinischen Sachverhalt.

Die Entscheidung des OLG Koblenz stehe auch nicht im Einklang mit der Entscheidung des BGH v. 8. 6. 2004, in der eine Pflicht des erstinstanzlichen Gerichts angenommen worden war, den Sachverständigen nach eventuell risikoärmeren Behandlungsalternativen zu befragen (Dieti VersR 2005, 442, 447). Der BGH scheint dies in seinem Nichtzulassungsbeschluss v. 14. 10. 2003 (VI ZR 149/03 – ohne Begründung) entweder gar nicht oder anders gesehen zu haben!

Auf derselben Linie wie das OLG Koblenz liegt auch ein Urt. des OLG Karlsruhe (Urt. v. 9. 3. 2005 – 7 U 27/04, GesR 2005, 361 = OLGR 2005, 375). Danach ist ein Patient, der den im ersten Rechtszug erhobenen Vorwurf unzureichender Aufklärung über eine Behandlungsalternative fallen lässt, mit der in zweiter Instanz erhobenen neuen Behauptung, er habe über eine **andere Behandlungsalternative** aufgeklärt werden müssen, gem. § 531 II 1 Nr. 3 ZPO ausgeschlossen.

In erster Instanz ging der Vorwurf gegen den beklagten Arzt allein dahin, dass er eine Behandlung vorgenommen habe, die nicht geeignet war, die Ursache der Beschwerde des Patienten beim Laufen zu beseitigen. Erstinstanzlich hatte er gerügt, er hätte darauf hingewiesen werden müssen, dass anstatt der vom Arzt vorgenommenen **Abtragung der Hornhautschwiele** eine **Operation des Zehengrundgelenks** in Betracht gekommen wäre. Dem gegenüber hat der Patient erstmals im Berufungsrechtszug geltend gemacht, der Arzt hätte ihn darauf hinweisen müssen, es sei überhaupt keine operative Maßnahme notwendig, weil durch einfache fußpflegerische Maßnahmen bzw. andere **konservative Behandlungsmaßnahmen** eine Heilung möglich gewesen wäre.

Das OLG Karlsruhe setzt sich mit dem Urt. des BGH vom 8. 6. 2004 auseinander und führt aus, es seien keine Gründe ersichtlich, warum der Patient sein Begehren nicht im ersten Rechtszug hätte darlegen können. Es gehe nicht um eine medizinische Frage, sondern darum, einen vollständig neuen Aspekt im Behandlungsverlauf zur Überprüfung des Gerichts zu stellen; es sei auch einer medizinisch nicht gebildeten Partei zuzumuten, dem Gericht im ersten Rechtszug **darzulegen, was sie dem Arzt vorwirft und auf welche Behandlungsalternativen sie hätte hingewiesen werden müssen** (OLG Karlsruhe, Urt. v. 9. 3. 2005 – 7 U 27/04, GesR 2005, 361, 362 = OLGR 2005, 375, 376; in diesem Sinn auch OLG Koblenz, Urt. v. 23. 4. 2003 – 1 U 857/02, GesR 2003, 208).

Im Fall des OLG Karlsruhe war der neu erhobene Vorwurf des Patienten auch nicht innerhalb der Berufungsbegründungsfrist (§ 520 II, III Nr. 4 ZPO) erhoben und die Verspätung nicht genügend entschuldigt worden, so dass der 7. Senat des OLG Karlsruhe die Zurückweisung des Vorbringens in zweiter Instanz auch auf §§ 296 I, 530 ZPO gestützt hat (OLG Karlsruhe, Urt. v. 9. 3. 2005 – 7 U 27/04, GesR 2005, 361, 362 = OLGR 2005, 375, 376).

Macht das durch die Eltern vertretene Kind in erster Instanz ausdrücklich Schadensersatzansprüche aus Anlass der **Geburtsvorbereitung und des Geburtsvorgangs** selbst geltend, so ist es in zweiter Instanz mit dem – pauschal erhobenen – Vorwurf einer **nachgeburtlichen Fehlbehandlung** des für den Geburtszeitpunkt dokumentierten asphyktischen Zustandes ausgeschlossen (OLG Hamm; Beschl. v. 9. 2. 2005 – 3 U 247/04, MedR 2005, 351).

Mit diesem Vortrag wird nämlich nicht lediglich der bisherige Vorwurf konkretisiert, sondern **der gesamte Angriff geändert**. Wie in dem vom BGH entschiedenen Fall (Urt. v. 8. 6. 2004 – VI ZR 199/03, VersR 2004, 1177) hätte dieser weitere zeitliche Abschnitt des Behandlungsverlauf nach Auffassung des OLG Hamm bereits im ersten Rechtszug in den Rechtsstreit einführen können (OLG Hamm, Beschl. v. 9. 2. 2005 – 3 U 247/04, MedR 2005, 351).

Auch unter Berücksichtigung der geringeren Anforderungen an die Substantiierungspflicht des Patienten im Arzthaftungsprozess muss der **Tatsachenvortrag** nach Auffassung des OLG Düsseldorf zumindest **in groben Zügen** erkennen lassen, welches ärztliche Verhalten fehlerhaft gewesen und welcher Schaden hieraus entstanden sein soll (OLG Düsseldorf, Urt. v. 8. 4. 2004 – I-8 U 96/03, VersR 2005, 1737; Urt. v. 17. 3. 2005 – I-8 U 123/04, GesR 2005, 526 = OLGR 2006, 42, 43; F/N Rz. 240). Der Patient muss zumindest vortragen, mit welchen Beschwerden er sich beim beklagten Arzt vorgestellt hat.

Wird dies in erster Instanz unterlassen, so ist dies i. d. R. nachlässig und steht einer Berücksichtigung neuen Vorbringens – sofern von der Behandlungsseite bestritten – im Berufungsverfahren gem. § 531 II 1 Nr. 3 ZPO entgegen (OLG Düsseldorf, Urt. v. 17. 3. 2005 – I-8 U 123/04, GesR 2005, 526 = OLGR 2006, 42, 43).

Beruft sich der klagende Patient zur Begründung eines Antrags auf Sachverständigenbeweis mit verspätetem Vorbringen fachspezifischen Inhalts selbst darauf, dass der betreffende Punkt auch nach allgemein zugänglichen Informationsquellen geradezu „auf der Hand gelegen" hätte, kann er nach Ansicht des OLG Koblenz aber keine spezifischen Erleichterungen der Vortragslast zu medizinischen Fachfragen im Arzthaftungsprozess in Anspruch nehmen (OLG Koblenz, Urt. v. 6. 12. 2002 – 10 U 1790/01, VersR 2004, 1458 = NJW-RR 2003, 970).

Erstmals in der **Berufungsbegründung** gegen ein im selbständigen Beweisverfahren eingeholtes **Sachverständigengutachten** geltend gemachte **Rügen** sind nach einem allerdings ebenfalls vor der Entscheidung des BGH vom 8. 6. 2004 ergangenen Urteil des OLG Saarbrücken wegen **Nachlässigkeit** der Partei (§ 531 II 1 Nr. 3 ZPO) auch dann nicht zuzulassen, wenn die Partei das Gutachten zuvor weder im selbständigen Beweisverfahren noch im erstinstanzlichen streitigen Verfahren beanstandet hat (OLG Saarbrücken, Urt. v. 25. 9. 2002 – 1 U 273/05–65, OLGR 2002, 453).

Jedoch muss der Partei natürlich Gelegenheit gegeben worden sein, Einwendungen gegen das Gutachten vorzubringen und den Sachverständigen zur Erläuterung seines schriftlichen Gutachtens zur mündlichen Verhandlung laden zu lassen (vgl. hierzu → *Sachverständigenbeweis*, S. 691 ff. und → *Beweisverfahren, selbständiges*, S. 401 ff.).

Auch bei einem Parteigutachten, mit welchem in zweiter Instanz ein im ersten Rechtszug eingeholtes gerichtliches Gutachten angegriffen wird, handelt es sich nach Auffassung des OLG Schleswig um ein neues, gem. § 531 II 1 Nr. 3 ZPO nicht zuzulassendes Angriffsmittel, wenn das Gutachten auch bereits im ersten Rechtszug hätte eingeholt werden können (OLG Schleswig, Urt. v. 23. 9. 2004 – 7 U 31/04, OLGR 2005, 8).

Dies gilt jedenfalls dann, wenn zwischen der Zustellung des gerichtlichen Sachverständigengutachtens und dem Hauptverhandlungstermin elf Wochen liegen und der – später berufungsführende – Patient tatsächlich einen Privatgutachter in die Hauptverhandlung stellt, der den gerichtlich bestellten Sachverständigen für den Patienten befragt hat (OLG Schleswig, Urt. v. 23. 9. 2004 – 7 U 31/04, OLGR 2005, 8, 10).

d) Neuer Vortrag unstreitiger Tatsachen in der Berufungsinstanz

Im Rahmen des § 531 II 1 Nr. 3 ZPO war jedenfalls bis zur Entscheidung des BGH vom 18. 11. 2004 (IX ZR 229/03, NJW 2005, 291, 293 = MDR 2005, 527 = NJW 2005, 291, 293) streitig, ob unstreitiger oder unstreitig gewordener neuer Vortrag zu berücksichtigen ist.

Zahlreiche Oberlandesgerichte haben den neuen Sachvortrag, auch wenn er unstreitig geblieben oder geworden ist, **nur unter den Voraussetzungen des § 531 II 1 Nr. 1 – 3 ZPO zugelassen** (OLG Celle, Urt. v. 8. 5. 2003 – 6 U 208/02, OLGR 2003, 303, 307; OLG Koblenz, Urt. v. 20. 11. 2003 – 7 U 599/03, OLGR 2004, 354, 356; OLG Nürnberg, Urt. v. 16. 10. 2002 – 4 U 1404/02, OLGR 2003, 377; OLG Oldenburg, Beschl. v. 4. 9. 2002 – 2 U 149/02, MDR 2003, 48, 49 = NJW 2002, 3556, 3557; zustimmend Würfel MDR 2003, 1212; Rimmelspacher NJW 2002, 1897, 1903; grundsätzlich auch Schenkel MDR 2004, 121, 122).

Nach der vermittelnden Ansicht ist bzw. war neues tatsächliches Vorbringen in der Berufungsinstanz jedenfalls dann zu berücksichtigen, wenn es unstreitig blieb und eine Zurückweisung zu einer **„evident unrichtigen Entscheidung"** führen würde bzw. geführt hätte (OLG Hamm, Urt. v. 10. 2. 2003 – 18 U 93/02, NJW 2003, 2325 = MDR 2003, 650; Urt. v. 19. 9. 2003 – 19 U 56/02, NJW-RR 2003, 1720, 1721; OLG Karlsruhe, Urt. v. 13. 1. 2004 – 17 U 71/03, MDR 2004, 1020 = OLGR 2004, 200; OLG Köln, Urt. v. 22. 12. 2003 – 5 U 127/03, MDR 2004, 833; OLG Oldenburg, Urt. v. 23. 7. 2002 – 5 U 37/02; Crückeberg MDR 2003, 10, 11).

Schenkel (MDR 2004, 121, 124 f.) plädiert dafür, **neues Vorbringen** in der Berufungsinstanz nur **in extremen Ausnahmefällen** zuzulassen, etwa wenn der Prozessgegner unredlich ist oder das neue Vorbringen durch Urkunden bewiesen werden kann.

Nach Ansicht von Würfel (MDR 2003, 1212, 1214) sollte unstreitig gewordenes Vorbringen in der Berufungsinstanz jedenfalls dann berücksichtigt werden, sofern der Richter den Eindruck gewinnt, der Vortrag der Gegenseite sei **offensichtlich unzutreffend**; dies gelte jedenfalls dann, wenn das Berufungsverfahren ohnehin durchgeführt werden muss.

Andere Oberlandesgerichte vertraten die Auffassung, neue Angriffs- und Verteidigungsmittel seien im Berufungsverfahren unabhängig vom Vorliegen der Voraussetzungen des § 531 II ZPO grundsätzlich dann **zuzulassen, wenn der neue Sachvortrag unstreitig ist** bzw. wird und seine Berücksichtigung eine Sachentscheidung **ohne weitere Beweisaufnahme** ermöglicht (OLG Nürnberg, Urt. v.

7. 5. 2003 – 13 U 615/03, MDR 2003, 1133; OLG Karlsruhe, Urt. v. 4. 11. 2004 – 19 U 216/03, MDR 2005, 412 = OLGR 2005, 42 zur Einrede der Verjährung; auch OLG Celle, Urt. v. 25. 7. 2006 – 16 U 23/06, OLGR 2006, 647, 648 und Crückeberg MDR 2003, 10, 11: Zulassung jedenfalls dann, wenn die neu vorgetragenen Tatsachen unstreitig bleiben und keine weiteren Beweiserhebungen erforderlich werden).

Der V. Zivilsenat des BGH hatte sich im Beschl. v. 22. 1. 2004 (V ZR 187/03, NJW 2004, 1458, 1459 = MDR 2004, 700) zur Problematik geäußert, eine klare Aussage aber zunächst vermieden. Auch andere Gerichte (vgl. etwa KG, Urt. v. 5. 7. 2004 – 12 U 146/03, OLGR 2005, 26 = MDR 2004, 1438) hatten die Frage offengelassen.

Im Urt. v. 18. 11. 2004 (IX ZR 229/03, NJW 2005, 291, 292 = MDR 2005, 527, 528; nachfolgend ebenso OLG Düsseldorf, Urt. v. 17. 3. 2005 – I-8 U 123/04, GesR 2005, 526, 527; OLG Karlsruhe, Urt. v. 21. 2. 2006 – 17 U 63/05, OLGR 2006, 526, 528; Jaeger NZV 2005, 22, 27) hat sich der BGH der weiter gehenden Ansicht angeschlossen, wonach **neuer unstreitiger Tatsachenvortrag in der Berufungsinstanz selbst dann zu berücksichtigen ist, wenn dadurch eine Beweisaufnahme erforderlich wird**; eine analoge Anwendung des § 531 II ZPO **wird vom BGH ausdrücklich abgelehnt** (BGH, Urt. v. 18. 11. 2004 – IX ZR 229/ 03, NJW 2005, 291, 292 = MDR 2005, 527, 528 im Anschl. an Müko-Rimmelspacher, 2. Aufl., Aktualisierungsband, § 531 ZPO Rz. 14, 33; Zöller-Gummer/ Heßler, 25. Aufl., § 531 ZPO Rz. 10, 25; B/L/A/H, 63. Aufl., § 531 ZPO Rz. 3; Gehrlein MDR 2003, 421, 428; Schneider NJW 2003, 1434).

Ob dies auch für die erstmalige Erhebung der **Verjährungseinrede im Berufungsrechtszug** gelten soll, ist streitig.

e) Sanktion und Entscheidung

Die Sanktion in allen Fallgruppen des § 531 II ZPO besteht darin, dass das Berufungsgericht die neuen Angriffs- und Verteidigungsmittel nicht zulässt, ohne dass es auf die Verzögerung des Rechtsstreits in der Berufungsinstanz ankäme (Zöller-Gummer/Heßler § 531 ZPO Rz. 36).

Die Entscheidung muss zusammen mit der Hauptsacheentscheidung getroffen und der belasteten Partei zuvor rechtliches Gehör gewährt werden (Zöller-Gummer/Heßler § 531 ZPO Rz. 37). Die Zurückweisung ist zu begründen.

Lässt das Berufungsgericht **erstinstanzlich zu Unrecht präkludiertes Vorbringen unberücksichtigt**, so kann der hierin liegende Verstoß gegen § 531 I ZPO, Art. 103 I GG im Rahmen der **Revision**, beim Vorliegen der sonstigen Voraussetzungen auch einer **Verfassungsbeschwerde** geltend gemacht werden (Musielak-Ball § 531 ZPO Rz. 23).

Für den umgekehrten Fall, dass in erster Instanz **zu Recht präkludiertes Vorbringen** vom Berufungsgericht unter Verstoß gegen § 531 I, II ZPO **zugelassen** wird, hat der BGH entschieden, im Revisionsverfahren sei **nicht zu überprüfen**, ob das Berufungsgericht bei der Zulassung des neuen Tatsachenvortrages die Voraussetzungen des § 531 II 1 Nr. 1 – 3 ZPO beachtet hat (BGH, Beschl. v.

22. 1. 2004 – 5 ZR 187/03, NJW 2004, 1458; zustimmend Zöller-Gummer/Heß-ler, 25. Aufl., § 531 ZPO Rz. 40; **a. A.** Musielak-Ball § 531 ZPO Rz. 24).

Denn die infolge einer gesetzwidrigen Zulassung eingetretene Verzögerung kann in der Revisionsinstanz ohnehin nicht mehr rückgängig gemacht werden (BGH, Beschl. v. 22. 1. 2004 – V ZR 187/03, NJW 2004, 1458, 1459; **ablehnend** Musielak-Ball § 531 ZPO Rz. 24).

IV. Ausschluss zurückgewiesener Angriffs- und Verteidigungsmittel

1. Verspätet vorgebrachte Angriffs- oder Verteidigungsmittel in erster und zweiter Instanz (§§ 531 I, 530 ZPO)

Gem. § 296 I, II ZPO in erster Instanz zu Recht zurückgewiesene Angriffs- und Verteidigungsmittel bleiben auch in der zweiten Instanz ausgeschlossen (§ 531 I ZPO; Musielak-Ball § 531 Rz. 4, 6, 13).

Hiervon zu unterscheiden ist § 530 ZPO, der Angriffs- und Verteidigungsmittel ausschließt, die unentschuldigt erst nach Ablauf der Berufungsbegründungs-bzw. Berufungserwiderungsfrist vorgebracht werden, sofern ihre Zulassung die Erledigung des Rechtsstreits verzögern würde (Musielak-Ball § 530 ZPO Rz. 2; B/L/A/H § 530 ZPO Rz. 4, 5).

§ 530 ZPO ist auch dann anzuwenden, wenn die Voraussetzungen für die Zurückweisung des Vorbringens nach **§ 531 ZPO nicht gegeben** sind (OLG Karlsruhe, Urt. v. 9. 3. 2005 – 7 U 27/04, OLGR 2005, 375, 376).

Werden Angriffs- und Verteidigungsmittel von der jeweiligen Partei unentschuldigt erst nach Ablauf der Berufungsbegründungsfrist (§§ 520 II, 530 ZPO), der Berufungserwiderungsfrist (§§ 521 II, 530 ZPO) oder einer dem Berufungskläger gesetzten Frist zur Stellungnahme auf die Berufungserwiderung (§§ 521 II, 530 ZPO) vorgebracht, so sind sie **bei drohender Verzögerung** nach § 530 i. V. m. § 296 I, IV ZPO (siehe hierzu unten IV. 2.) **präkludiert**. Dasselbe gilt gem. § 525 i. V. m. § 296 I, IV für Angriffs- und Verteidigungsmittel, die unter Missachtung einer vom Berufungsgericht nach § 273 II Nr. 1 ZPO gesetzten Frist vorgebracht werden.

Angriffs- und Verteidigungsmittel, die in Berufungsverfahren unter Verletzung der **allgemeinen Prozessförderungspflicht** (§ 525 ZPO i. V. m. § 282 ZPO) verspätet vorgebracht werden, ohne dass gesetzliche oder richterliche Fristen missachtet worden sind, unterliegen der Zurückweisung nach § 525 ZPO i. V. m. §§ 296 II, 282 ZPO (Musielak-Ball § 530 ZPO Rz. 4–6).

2. Überprüfung der erstinstanzlichen Zurückweisung bzw. Nichtzulassung; Vorliegen der Voraussetzungen des § 296 I ZPO

Nach § 531 I ZPO hat das **Berufungsgericht nur** zu prüfen, ob die erstinstanzliche **Zurückweisung** bzw. **Nichtzulassung rechtmäßig** war. Das ist dann der Fall – und die Zurückweisung rechtmäßig – wenn nach dem Erkenntnisstand des Berufungsgerichts und nach seiner eigenen freien Überzeugung die

Voraussetzungen der vom Erstgericht angewendeten Präklusionsnorm (§ 296 I, II ZPO) im Zeitpunkt der letzten mündlichen Verhandlung in erster Instanz erfüllt waren (Musielak-Ball § 531 ZPO Rz. 6, 8).

In erster Instanz zu Unrecht zurückgewiesene Angriffs- und Verteidigungsmittel sind im Berufungsrechtszug nicht nach § 531 I ZPO ausgeschlossen und daher ohne weiteres zu berücksichtigen, sofern nicht § 530 ZPO entgegensteht (Musielak-Ball § 531 ZPO Rz. 13).

Gleiches gilt für gem. § 296 I, II ZPO verspätetes Vorbringen, das in erster Instanz zu Recht oder aber auch zu Unrecht zugelassen worden ist (BGH NJW 1981, 928; B/L/A/H § 531 ZPO Rz. 2; Musielak-Ball § 531 ZPO Rz. 13).

Das Berufungsgericht darf dabei eine fehlerhafte Begründung der erstinstanzlichen Entscheidung nicht durch eine andere, eigene Begründung ersetzen oder die Zurückweisung auf eine andere als die von der Vorinstanz angewandte Vorschrift stützen (BGH, Urt. v. 22. 2. 2006 – IV ZR 56/05, VersR 2006, 812, 813; Urt. v. 4. 5. 2005 – XII ZR 23/03, NJW-RR 2005, 1007, 1008 = MDR 2005, 1006, 1007; BGH NJW 1990, 1302, 1304 = MDR 1990, 539, 540).

Das **Berufungsgericht** hat bei entsprechendem, schlüssigem Vortrag jedoch zur Frage einer rechtmäßigen Zurückweisung gem. § 296 I ZPO von seinem Standpunkt und Blickwinkel jedoch **die Voraussetzungen dieser Vorschrift nachzuprüfen**:

▷ Vorbringen eines **Angriffs- oder Verteidigungsmittels** durch den Berufungsführer in **erster Instanz** (§ 282 II ZPO), also z. B. Behauptungen, Bestreiten, Einwendungen, Einreden, Benennung von Beweismitteln, Beweiseinreden (BGH, Urt. v. 8. 6. 2004 – VI ZR 230/03, NJW 2004, 2828, 2830; Musielak-Ball § 530 ZPO Rz. 11; Musielak-Foerste § 282 ZPO Rz. 2; Zöller-Gummer/Heßler § 531 ZPO Rz. 22; B/L/A/H, § 282 ZPO Rz. 5).

Keine Angriffs- und Verteidigungsmittel sind z. B. **Sachanträge**, **Klageänderungen**, **Klageerweiterungen**, **Widerklagen** (Zöller-Gummer/Heßler, § 282 Rz. 2 a; B/L/A/H, § 296 ZPO Rz. 29 und Einl. III Rz. 70; Musielak-Foerste § 282 ZPO Rz. 2). Auch die Anschlussberufung ist kein der Zurückweisung nach §§ 296 I, II, 530, 531 I ZPO unterliegendes Angriffs- oder Verteidigungsmittel (Musielak-Ball § 530 ZPO Rz. 11, 13). Sie kann allerdings nur innerhalb eines Monats nach Zustellung der Berufungsbegründung eingelegt (§ 524 II 1 ZPO) und muss binnen gleicher Frist begründet werden (§ 524 III 1 ZPO).

Daneben kommt zur Anschlussberufung eine Präklusion nach § 525 ZPO i. V. m. §§ 296 II, 282 ZPO in Betracht; neues Vorbringen zur Begründung einer Anschlussberufung unterliegt darüber hinaus den Beschränkungen des § 531 II ZPO (Musielak-Ball § 530 ZPO Rz. 13).

Im Einzelfall kann zur Vermeidung einer Zurückweisung wegen Verspätung in erster Instanz eine „**Flucht" in die Säumnis, die Klageänderung, die Klageerweiterung oder die Widerklage** zu empfehlen sein (vgl. Einzelheiten bei Schafft/Schmidt MDR 2001, 436, 441 und Schneider MDR 2002, 684, 685 f.

sowie MDR 2003, 901, 904). Dabei ist jedoch § 533 ZPO zu beachten, wonach eine Klageänderung, Aufrechnungserklärung und Widerklage in erster Instanz nur zulässig sind, wenn der Prozessgegner einwilligt oder das Gericht dies für sachdienlich hält **und** diese auf Tatsachen gestützt werden können, die das Berufungsgericht bei seiner Verhandlung und Entscheidung über die Berufung ohnehin nach § 529 ZPO zugrunde zu legen hat. So ist eine erstmals im Berufungsrechtszug erhobene Widerklage dann zulässig, wenn der Prozessgegner einwilligt und das Begehren auf einem unstreitigen Sachverhalt beruht (BGH, Urt. v. 6. 12. 2004 – II ZR 394/02, NJW-RR 2005, 437 = MDR 2005, 588).

Nach Auffassung des V. Zivilsenats des BGH vom 19. 3. 2004 (V ZR 104/03, NJW 2004, 2152, 2154) darf das Berufungsgericht seiner rechtlichen Beurteilung eines nach § 264 Nr. 2, Nr. 3 ZPO geänderten oder gem. § 263 ZPO sachdienlichen Klagantrags entgegen der missverständlichen Formulierung des § 533 Nr. 2 ZPO nicht nur die von dem erstinstanzlichen Gericht zu dem ursprünglichen Klageantrag festgestellten Tatsachen zugrunde legen, sondern muss auf den gesamten erstinstanzlichen Prozessstoff zurückgreifen.

Die **Einwilligung des Prozessgegners** kann stillschweigend erteilt werden und wird entsprechend **§ 267 ZPO unwiderleglich vermutet**, wenn sich der Gegner rügelos auf die Widerklage einlässt (Musielak-Ball § 533 ZPO Rz. 19).

Die Sachdienlichkeit der Widerklage ist in den Fällen des § 264 Nrn. 1–3 ZPO ohne weiteres gegeben. Im Übrigen entscheidet entsprechend § 263 ZPO vor allem der Gesichtspunkt der Prozessökonomie (BGH NJW-RR 1992, 733, 736; Musielak-Ball § 533 ZPO Rz. 20 und Musielak-Foerste § 263 ZPO Rz. 7). So wird die **Sachdienlichkeit** regelmäßig zu bejahen sein, wenn für die Entscheidung über Klage und Widerklage – zumindest teilweise – **derselbe Streitstoff erheblich** ist (Musielak-Ball § 533 ZPO Rz. 20). Unerheblich ist, ob die Zulassung der Widerklage für die Gegenpartei den Verlust einer Tatsacheninstanz zur Folge hat (BGH NJW 2000, 143, 144; NJW-RR 1992, 733, 736; BGH NJW 1984, 1552, 1555; Musielak-Ball § 533 ZPO Rz. 5, 20) oder ob die Widerklage schon in erster Instanz hätte erhoben werden können (BGH NJW 2000, 143, 144; NJW-RR 1990, 505, 506; Musielak-Ball § 533 ZPO Rz. 20 a. E.; Musielak-Foerste § 263 ZPO Rz. 7 a. E.).

Allerdings ist die frühere Rspr., wonach die Sachdienlichkeit auch dann bejaht werden konnte, wenn die Zulassung der Widerklage eine weitere Beweisaufnahme erforderte und dadurch die Erledigung des Berufungsverfahrens verzögert wurde (BGH NJW 2000, 143, 144; NJW 1977, 49) im Hinblick auf die neue Zulassungsschranke des § 533 Nr. 2 ZPO (Hinweis auf § 529 ZPO) überholt (Musielak-Ball § 533 ZPO Rz. 20). Danach darf das Gericht nicht mit Tatsachenstoff konfrontiert werden, der nach § 529 i. V. m. § 531 II ausgeschlossen ist (B/L/A/H § 533 ZPO Rz. 11).

Diese Einschränkung führt dazu, dass die Zulassung praktisch nur dann erlaubt ist, wenn es sich um **denselben Streitstoff** handelt (BGH NJW-RR 2005, 437; B/L/A/H § 533 ZPO Rz. 11).

Bei einer **Widerklage** in erster Instanz gelten die Einschränkungen des § 533 ZPO nicht. Macht der klagende Patient etwa Schmerzensgeldansprüche, Verdienstausfall o. a. wegen eines Behandlungsfehlers geltend und trägt der beklagte Arzt verspätet, etwa nach Ablauf der ihm gesetzten Klagerwiderungsfrist (§ 275 I 1 ZPO) vor, so könnte er im frühen ersten Termin Widerklage auf Zahlung des (teilweise) offenen Behandlungshonorars erheben, jedenfalls soweit es sich um einen Privatpatienten handelt bzw. mit dem Kassenpatienten zusätzliche Leistungen vereinbart worden sind. Die Widerklage kann bis zum Schluss der mündlichen Verhandlung in erster Instanz erhoben werden; es handelt sich um einen einigermaßen **sicheren „Fluchtweg"**, der sich für die beklagte Partei vor allem anstelle einer (hilfsweisen) Prozessaufrechnung empfiehlt (Musielak-Huber § 296 Rz. 6, 42).

Wird nach dem Scheitern der Güteverhandlung (§§ 278, 279 ZPO) – was in umfangreicheren Verfahren selten ist – erst in dieser oder danach gem. § 279 I 2 ZPO Termin zur mündlichen Verhandlung bestimmt, eröffnet sich von Gesetzes wegen ein sicherer „Fluchtweg" aus der Säumnis. Der Beklagte kann einen in der Klagerwiderung (vgl. § 276 I 2 ZPO) unterlassenen Vortrag dann **nachschieben**. Die hieraus folgende mögliche Verzögerung muss der Richter bei der erst noch vorzunehmenden Bestimmung und Vorbereitung des Haupttermins ausgleichen (Musielak-Huber § 296 ZPO Rz. 28 a. E., 44).

Entsprechendes gilt auch für den Kläger, falls ihm eine vor der Güteverhandlung abgelaufene Frist zur Stellungnahme auf die Klagerwiderung (§ 275 IV ZPO) gesetzt worden war. Üblicherweise bestimmen die Gerichte bereits in der Terminsladung einen sich unmittelbar an die Güteverhandlung anschließenden Termin zur mündlichen Verhandlung, § 279 I 1 ZPO (Musielak-Huber § 296 Rz. 27, 44).

▷ Wirksame **Setzung und Ablauf von Fristen** nach §§ 275 I 1, 276 I 2, 276 III, 277, 340 III, 411 IV 2, 697 III 2, 700 V ZPO (B/L/A/H § 296 ZPO Rz. 31; Zöller § 296 Rz. 8 c).

Wird etwa ein früher erster Termin bestimmt, so sind dies die Frist zur vor diesem Termin einzureichenden Klagerwiderung (§ 275 I 1 ZPO: zuständig ist der Vorsitzende), die im frühen ersten Termin gesetzte Klagerwiderungsfrist (§ 275 III ZPO; zuständig ist das Gericht) und die Frist zur schriftlichen Stellungnahme auf die Klagerwiderung (§ 275 IV ZPO). Letztere kann außerhalb der Verhandlung gem. § 275 IV 2 ZPO auch vom Vorsitzenden gesetzt werden; erfolgt die Fristsetzung zur Replik im Termin, obliegt sie nach § 275 IV 1 ZPO dem Gericht (Musielak-Huber § 296 ZPO Rz. 7). Eine Fristsetzung durch den Berichterstatter oder ein anderes Mitglied der Kammer ist unzulässig (OLG Köln NJW-RR 2000, 1086; Musielak-Huber § 296 ZPO Rz. 11). Üblicherweise werden die Fristen vom Berichterstatter „in Vertretung" des Vorsitzenden gesetzt.

▷ Erteilung einer **Belehrung** über die Folgen der **Fristversäumung** in den Fällen der §§ 275 I 2, 277 I 2, II, IV, 276 II ZPO.

▷ **Angemessenheit** der gesetzten Frist (vgl. § 277 III ZPO: Mindestens zwei Wochen zur Klageerwiderung; BGH NJW 1994, 736: Mehr als vier Wochen bei umfangreichem und verwickeltem Sachverhalt).

Ist für das Gericht erkennbar, dass eine Klageerwiderungsfrist z. B. in einem umfangreichen Arzthaftungs- oder Bauprozess bei der Erforderlichkeit von Rücksprachen mit der Prozesspartei oder Dritten auf Antrag zu verlängern wäre, darf beim Unterbleiben eines solchen Antrages das nachmalige, verspätete Vorbringen nicht gem. § 296 I ZPO zurückgewiesen werden (OLG Karlsruhe NJW-RR 1997, 828).

▷ **Unterzeichnung** der Fristsetzung vom Vorsitzenden bzw. dessen Vertreter („i. V." für den Vorsitzenden; BGH NJW 1991, 2774; OLG Köln OLGR 1999, 322; Musielak-Huber § 296 ZPO Rz. 7, 11). Ein bloßes Handzeichen (Paraphe) genügt nicht (BGH NJW 2001, 1210).

▷ **Verkündung** bzw. ordnungsgemäße Zustellung der Fristsetzung (§ 329 II ZPO).

▷ Vorliegen einer „absoluten" **Verfahrensverzögerung**

Nach h. M. gilt im Rahmen des § 296 ZPO – wie auch der §§ 530, 531 I ZPO – der **„absolute Verzögerungsbegriff"**. Danach kommt es ausschließlich darauf an, ob der Rechtsstreit bei Zulassung des verspäteten Vorbringens länger dauern würde als bei dessen Zurückweisung (BGH NJW 1983, 575; NJW 1979, 1988; NJW 1987, 500; grundsätzlich auch BGH, Urt. v. 9. 6. 2005 – VII ZR 43/04, NJW-RR 2005, 1296, 1297 = MDR 2005, 1366 mit Anm. Fellner MDR 2005, 1367 und OLG Naumburg, Urt. v. 23. 1. 2004 – 7 U 34/03, VersR 2005, 1099, 1100; Musielak-Huber § 296 ZPO Rz. 13; B/L/A/H § 296 ZPO Rz. 40, 41).

Grundsätzlich unerheblich ist, ob der Prozess bei rechtzeitigem Vorbringen früher geendet oder wenigstens genauso lang gedauert hätte als bei Berücksichtigung des verspäteten Vortrages; der auf einen solchen hypothetischen Vergleich abstellende „relative Verzögerungsbegriff" (vgl. hierzu OLG Frankfurt NJW 1979, 1616; Schneider NJW 1979, 2615; Zöller-Greger § 296 ZPO Rz. 19) hat sich in dieser Form nicht durchgesetzt.

Allerdings hat das BVerfG den **absoluten Verzögerungsbegriff deutlich „modifiziert"** (vgl. BVerfG NJW 1995, 1417; NJW 1991, 2275 f.; NJW 1987, 2733; NJW 1985, 1156; zustimmend Zöller-Greger § 296 ZPO Rz. 19, 22; OLG Dresden NJW-RR 1999, 214; OLG Frankfurt NJW-RR 1993, 62: Ausnahme vom „absoluten Verzögerungsbegriff"; OLG Hamm NJW-RR 1995, 126; OLG Naumburg, Urt. v. 23. 1. 2004 – 7 U 34/03, VersR 2005, 1099).

Danach verstößt der absolute Verzögerungsbegriff zwar nicht grundsätzlich gegen den Anspruch auf rechtliches Gehör, so dass es bei dessen Anwendung zwar zu einer schnelleren Beendigung des Rechtsstreits kommen kann als bei korrektem Alternativverhalten der säumigen Partei. Verfassungsrechtlich bedenklich wird die Anwendung des absoluten Verzögerungsbegriffs allerdings dann, wenn sich ohne weitere Erwägungen aufdrängt, dass **die-**

selbe **Verzögerung auch bei rechtzeitigem Vorbringen eingetreten wäre**
(BVerfG NJW 1995, 1417; NJW 1987, 2733; OLG Naumburg, Urt. v. 23. 1.
2004 – 7 U 34/03, VersR 2005, 1099, 1100; OLG Dresden NJW-RR 1999, 214).

Dies ist etwa dann der Fall – und eine Zurückweisung gem. § 296 I ZPO damit
unzulässig –, wenn sich abzeichnet, dass nach der Sach- und Rechtslage eine
Streitbeendigung im frühen ersten Termin bzw. dem vom Gericht angesetzten
Haupttermin von vornherein ausscheidet, etwa weil es sich um einen **offensichtlich schwierigen Prozess** handelt (BGH, Urt. v. 9. 6. 2005 – VII ZR 43/04,
NJW-RR 2005, 1296, 1297 = MDR 2005, 1366 m. Anm. Fellner MDR 2005,
1367; NJW 1987, 500), schon aus der Klagebegründung klar ist, dass der
Beklagte außergerichtlich geltend gemachte Rügen auch im Prozess erheben
und eine **Beweisaufnahme mit Zeugenvernehmung und Sachverständigengutachten erforderlich** sein wird (BGH, Urt. v. 9. 6. 2005 – VII ZR 43/04, NJW-RR
2005, 1296, 1297 = MDR 2005, 1366), es dem Gericht in den verbleibenden 20
bis 26 Tagen bis zum angesetzten Termin ganz offensichtlich nicht gelungen
wäre, ein Sachverständigengutachten einzuholen, wenn der verspätete
Schriftsatz fristgerecht eingegangen wäre (OLG Naumburg, Urt. v. 23. 1. 2004
– 7 U 34/03, VersR 2005, 1099, 1100), es sich erkennbar um einen „**Durchlauftermin**" handelt (BGH, Urt. v. 9. 6. 2005 – VII ZR 43/04, NJW-RR 2005, 1296,
1297 = MDR 2005, 1366; NJW 1983, 575; Fellner MDR 2005, 1367) oder das
Gericht es **versäumt hat, verspätet benannte Zeugen gem. § 273 I, II Nr. 4
ZPO noch zum Termin zu laden** (BGH NJW-RR 2002, 646; NJW 1987, 499,
500; NJW 1999, 3272, 3273; Musielak-Huber § 296 ZPO Rz. 15; Einzelheiten
siehe nachfolgend).

▷ **Abwendung der Verzögerungdurch Maßnahmen des Gericht**

Konnte die Verzögerung durch **vorbereitende Maßnahmen** des Gerichts gem.
§ 273 II, 358 a ZPO abgewendet werden, scheidet eine Zurückweisung aus
(BGH NJW 1987, 499, 500; auch BVerfG WuM 1994, 512: Zeugenvernehmung im Räumungsprozess; Musielak-Huber § 296 ZPO Rz. 15). Dabei liegt
keine nennenswerte Verzögerung des Verfahrens vor, wenn **vier oder gar
sechs erreichbare Zeugen** gem. § 273 II Nr. 4 ZPO geladen und bei Erscheinen vernommen werden müssen (BVerfG NJW-RR 1999, 1079; BGH NJW
1999, 3272, 3273).

Unter Umständen müssen Zeugen auch durch Telefon oder Telefax geladen
bzw. der Prozessbevollmächtigte der säumigen Partei aufgefordert werden,
die nicht mehr ladbaren Zeugen in den Termin zu stellen (BGH NJW 1980,
1848, 1849; Musielak-Huber § 296 ZPO Rz. 15). Nach der Neufassung des
§ 284 ZPO durch das erste Justizmodernisierungsgesetz kommt unter
Umständen – und mit Einverständnis der Parteien – auch eine **telefonische
Befragung der Zeugen**, eine telefonische bzw. schriftliche Nachfrage beim
Sachverständigen o. a. in Betracht (vgl. Musielak-Foerste § 284 ZPO Rz. 26).

Allerdings kann eine Verzögerung vorliegen, soweit das Gericht einen verspätet benannten und lediglich vom Beweisführer gestellten Zeugen im Termin nicht abschließend vernehmen kann (BGH NJW 1986, 2257; OLG
Hamm MDR 1986, 766; B/L/A/H § 296 ZPO Rz. 51) oder das Gericht nach

der Vernehmung eines verspätet benannten, aber im ersten Termin vom Beweisführer gestellten Zeugen einen erst deshalb erforderlichen weiteren Beweis oder Gegenbeweis in einem späteren Termin erheben könnte bzw. müsste (OLG Koblenz NVersZ 2004, 361; LG Frankfurt NJW 1981, 2266; B/L/A/H § 296 ZPO Rz. 51).

▷ **Kein „Durchlauftermin"**

Handelt es sich bei dem angesetzten Termin beim erstinstanzlichen Gericht nicht um einen „**Durchlauftermin**", in dessen Rahmen nach der Sach- und Rechtslage eine Streiterledigung von vornherein ausgeschlossen gewesen wäre, sind §§ 296 I, II ZPO nicht anzuwenden (BGH, Urt. v. 9. 6. 2005 – VII ZR 43/04, NJW-RR 2005, 1296, 1297 = MDR 2005, 1366 mit Anm. Fellner; NJW 1987, 500; OLG Frankfurt NJW 1989, 722 und NJW-RR 1993, 62; OLG Hamm NJW-RR 1989, 895).

Beispiele (nach Musielak-Huber § 296 ZPO Rz. 20):

Anberaumung einer Vielzahl von Sachen auf dieselbe Terminsstunde (**Sammeltermine**), **unzureichende Dauer** der Verhandlung, etwa bei vorgesehenen zehn Minuten in einem umfangreichen Arzthaftungs- oder Bauprozess oder Ablauf der Klagerwiderungsfrist vor dem Termin.

▷ **Erhebliches, streitiges Vorbringen**

Es muss sich um **erhebliches, streitiges Vorbringen** des Berufungsführers in erster Instanz handeln. Ist sein Vortrag von der Gegenseite auch im Rahmen eines dieser nachgelassenen Schriftsatzes nicht bestritten worden, kann keine Zurückweisung nach § 296 I, II ZPO erfolgen (OLG Bamberg NJW-RR 1998, 1607; OLG Brandenburg NJW-RR 1998, 498: vom Gegner kein Schriftsatzrecht beantragt; OLG Düsseldorf NJW 1987, 507; vgl. Zöller-Greger § 296 Rz. 16 m. w. N.).

Kann der Gegner auf ein verspätetes Vorbringen erst in einem nachgelassenen Schriftsatz (§ 283 ZPO) Stellung nehmen, so bewirkt allein dies keine Verzögerung, selbst wenn ein schon vorgesehener Verkündungstermin verlegt werden muss (BGH NJW 1985, 1539; Musielak-Huber § 296 ZPO Rz. 23).

▷ **Hinweis des Gerichts auf die Möglichkeit der Zurückweisung**

Will das **Gericht** den Vortrag als verspätet zurückweisen, so hat es **auf diese Absicht hinzuweisen** (BGH NJW 1989, 717, 718; OLG Bamberg NJW-RR 1998, 1607; **a. A.** OLG Hamm NJW-RR 1995, 958). Dies gilt jedenfalls dann, wenn die Verspätung von der Gegenseite nicht gerügt worden ist (OLG Bamberg NJW-RR 1998, 1607; s. o. III. 2.).

▷ **Fehlende Kausalität des verspäteten Vorbringens**

Mangels Kausalität kann keine Verzögerung angenommen werden, wenn ein **ordnungsgemäß geladener Zeuge nicht erscheint**, selbst wenn der Auslagenvorschuss durch den Beweisführer gem. § 379 ZPO nicht fristgerecht eingezahlt war (BGH NJW 1986, 2319; auch BGH NJW 1987, 1949; NJW 1982,

2259; Musielak-Huber § 296 ZPO Rz. 18; Zöller § 296 Rz. 14; a.A. OLG Köln MDR 1984, 675 und Schneider MDR 1984, 726 sowie MDR 1986, 1019).

Die Voraussetzungen des § 296 I ZPO liegen allerdings vor, wenn der verspätet benannte, ausgebliebene Zeuge nicht mehr rechtzeitig geladen werden konnte, selbst wenn er vorher dem Prozessbevollmächtigten der säumigen Partei sein Erscheinen zugesagt hatte (BGH NJW 1989, 719; Musielak-Huber § 296 ZPO Rz. 18). Der Rechtsstreit wird auch dann nicht verzögert, wenn das an sich **verspätete Vorbringen mit einer Widerklage oder Klageänderung verbunden** wird (OLG Düsseldorf MDR 1980, 943; Zöller § 269 Rz. 14; Schafft/Schmidt MDR 2001, 436, 441 mit Hinweisen zu „Umgehungsstrategien").

An der Ursächlichkeit fehlt es auch, wenn bei fristgerechtem Eingang des Schriftsatzes mit dem verspäteten Vorbringen **ein Beweisbeschluss hätte ergehen müssen** und der Rechtsstreit folglich ohnehin nicht erledigt worden wäre (OLG Naumburg, Urt. v. 23. 1. 2004 – 7 U 34/03, VersR 2005, 1099, 1100; OLG Hamm NJW-RR 1995, 126; OLG Dresden NJW-RR 1999, 214, 215; Musielak-Huber § 296 ZPO Rz. 18).

▷ **Keine genügende Entschuldigung**

An eine Entschuldigung sind **strenge Anforderungen** zu stellen, wobei sich die Partei das Verschulden ihres Prozessbevollmächtigten zurechnen lassen muss (B/L/A/H § 296 Rz. 52, 53). Als Entschuldigung ist es anzusehen, wenn eine vom Gericht zu kurz bemessene Frist oder ein Verfahrensfehler für die Verzögerung ursächlich war, etwa wenn **gebotene Hinweise gem. § 139 I–IV ZPO oder Förderungsmaßnahmen wie die Ladung eines spät benannten Zeugen unterblieben** sind (vgl. B/L/A/H § 296 Rz. 54, 55; Zöller § 296 ZPO Rz. 23, 24) oder sich der mit einer umfangreichen Sache vertraute Anwalt im Urlaub befindet und daher nicht rechtzeitig beauftragt werden kann (OLG Köln NJW 1980, 2421; Musielak-Huber § 296 ZPO Rz. 25).

3. Zurückweisung nach § 296 II ZPO

Bei einer Überprüfung einer rechtmäßigen **Zurückweisung nach § 296 II ZPO** kommt es darauf an, ob die Partei ihre Prozessförderungspflicht in den Erscheinungsformen nach § 282 I, II ZPO verletzt hat. Umfasst werden alle Angriffs- und Verteidigungsmittel (s. o. IV.2), nicht dagegen der Angriff und die Verteidigung selbst, etwa der Klage- bzw. Widerklageantrag, eine Klageänderung und -erweiterung (Zöller § 282 Rz. 2, 2 a; Musielak-Foerste § 282 ZPO Rz. 2).

Hinsichtlich der Verzögerungswirkung und der Kausalität gilt dasselbe wie zu § 296 I ZPO (Zöller § 269 Rz. 26). Die fehlende Rechtzeitigkeit des Vortrages hat im Rahmen des § 296 II keinen automatischen Ausschluss zur Folge. Hier besteht ein pflichtgemäßes Ermessen des Gerichts (B/L/A/H § 269 Rz. 38, 58; Musielak-Huber § 296 ZPO Rz. 29, 32). Als weitere Voraussetzung einer Zurückweisung nach § 296 II ZPO muss die Verspätung auf einer mindestens „**groben Nachlässigkeit**" beruhen. Eine solche ist dann gegeben, wenn die Partei eine Pflicht in besonders schwerwiegender Weise verletzt (B/L/A/H § 269 Rz. 61).

Eine „grobe Nachlässigkeit" liegt etwa vor, wenn die Partei ihren Prozessbevollmächtigten **zu spät beauftragt**, während des Prozesses einen gewillkürten Anwaltswechsel vornimmt, ihr Prozessbevollmächtigter einen Beweisbeschluss nicht alsbald darauf überprüft, ob er einen Antrag auf Berichtigung, Ergänzung o. a. stellen muss (B/L/A/H § 296 Rz. 65, 66). Die grobe Nachlässigkeit wird nicht – wie das Verschulden bei § 296 I ZPO – vermutet. Der Richter muss der säumigen Partei Gelegenheit geben, die gegen sie sprechenden Umständen zu entkräften und dafür unter Umständen eine kurze Frist gewähren (BGH NJW-RR 2002, 646; Musielak-Huber § 296 ZPO Rz. 32).

V. Entscheidung des Berufungsgerichts

1. Verwerfung der unzulässigen Berufung

a) Verwerfung nach § 522 I ZPO

Ist die Berufung nicht statthaft (§ 511 ZPO), nicht in der gesetzlichen Form und Frist eingelegt (§§ 517, 518, 519 ZPO), nicht rechtzeitig (§ 520 II 1 ZPO) oder nicht mit obigen Inhalten (§ 520 III 2 Nr. 1–4 ZPO) begründet, ist sie vom Berufungsgericht als unzulässig zu verwerfen, § 522 I 2 ZPO (vgl. LG Stendal NJW 2002, 2886, 2888; vgl. hierzu Musielak-Ball § 522 ZPO Rz. 10).

Ergeht die Entscheidung nicht auf eine mündliche Verhandlung zur Zulässigkeit, so erfolgt sie durch Beschluss (B/L/A/H § 522 ZPO Rz. 4). Dieser Beschluss ist nicht mit der sofortigen Beschwerde, sondern der Rechtsbeschwerde binnen einer Notfrist von einem Monat nach Zustellung des Beschlusses anfechtbar, §§ 522 I 4, 574 I Nr. 1, II, 575 I ZPO. Die Rechtsbeschwerde ist binnen Monatsfrist zu begründen, § 575 II, III ZPO.

Die Rechtsbeschwerde gegen Verwerfungsbeschlüsse eines Oberlandesgerichts kann nur beim BGH durch einen dort zugelassenen Anwalt eingelegt werden (vgl. BGH MDR 2002, 1448; Zöller-Gummer/Heßler § 522 ZPO Rz. 18).

Anders als für die Nichtzulassungsbeschwerde im Fall der Verwerfung durch Urteil besteht für die Rechtsbeschwerde keine Wertgrenze (vgl. Musielak-Ball § 522 ZPO Rz. 18). Die Rechtsbeschwerde ist nur unter den mit § 543 II ZPO übereinstimmenden Voraussetzungen zulässig, d. h. die Rechtssache muss grundsätzliche Bedeutung haben oder die Fortbildung des Rechts bzw. die Sicherung einer einheitlichen Rspr. muss eine Entscheidung des Rechtsbeschwerdegerichts erfordern, § 574 II ZPO (vgl. BGH NJW 2003, 2172; NJW 2003, 2991; Musielak-Ball § 522 ZPO Rz. 18).

Gegen ein die Berufung verwerfendes Urteil findet gem. §§ 542 I, 543 ZPO die Revision mit der Möglichkeit der Nichtzulassungsbeschwerde (§ 544 ZPO) statt, allerdings nicht in den Fällen des § 542 II ZPO (Musielak-Ball § 522 ZPO Rz. 17; Zöller-Gummer/Heßler § 522 ZPO Rz. 21, 13).

Durch das Justizmodernisierungsgesetz ist die bis zum 31. 12. 2006 bestehende **Wertgrenze von 20 000,00 Euro für Nichtzulassungsbeschwerden gegen Verwerfungsurteile beseitigt** worden. Die Zulässigkeit einer Rechtsbeschwerde vor dem BGH setzt jedoch einen Zulassungsgrund nach § 543 II ZPO voraus (vgl. Musielak-Ball § 522 ZPO Rz. 17).

b) Verwerfung nach § 522 II ZPO

Gem. § 522 II 1 ZPO wird die Berufung durch einstimmigen Beschluss unverzüglich zurückgewiesen, wenn sie keinen Erfolg verspricht, keine grundsätzliche Bedeutung hat und auch Rechtsfortbildung oder ständige Rechtsprechung kein Berufungsurteil erfordern, § 522 II 1 Nr. 1–3 ZPO. Die Erfolgsaussichten der Berufung sollen dabei anhand der Berufungsbegründung, ggf. aber auch mit Hilfe der Berufungserwiderung und einer Replik geprüft werden (OLG Celle OLGR 2003, 359 und Zöller-Gummer/Heßler § 522 ZPO Rz. 31: Anhörung des Gegners aber nicht zwingend).

Zu neuem Vorbringen i. S. d. § 531 I, II ZPO **muss der Gegner jedoch gehört werden**, weil es darauf ankommt, ob neues Vorbringen unstreitig wird oder bleibt (vgl. BGH NJW 2005, 291: unstreitiges Vorbringen; OLG Koblenz, Beschl. v. 21. 4. 2005 – 10 U 2/04, VersR 2006, 135, 136; Zöller-Gummer/Heßler § 522 ZPO Rz. 34 und Würfel MDR 2003, 1212: Gegner zu hören; Musielak-Ball § 522 ZPO Rz. 21 a: Berufungserwiderung erforderlich; a. A. OLG Oldenburg, Beschl. v. 4. 9. 2002 – 2 U 149/02, NJW 2002, 3556: keine Verpflichtung des Gegners, sich zu unentschuldigt verspätetem Berufungsvorbringen zu äußern; ablehnend auch Schenkel MDR 2004, 121).

§ 522 II ZPO räumt dem Berufungsgericht dabei kein Handlungsermessen ein. Vielmehr besteht stets bei Vorliegen der Voraussetzungen des § 522 II ZPO und nicht nur bei „offensichtlich unbegründeten" Berufungen die gesetzliche Verpflichtung, die Berufung durch Beschluss gem. § 522 II ZPO zurückzuweisen (OLG Celle, Urt. v. 6. 6. 2002 – 2 U 31/02, NJW 2002, 2800 = OLGR 2003, 9; KG, Beschl. v. 16. 12. 2005 – 7 U 80/05, OLGR 2006, 268; Beschl. v. 2. 11. 2004 – 7 U 50/04, OLGR 2005, 109; OLG Köln, Beschl. v. 11. 6. 2003 – 2 U 15/03, MDR 2003, 1435; Zöller-Gummer/Heßler § 522 ZPO Rz. 31; auch Musielak-Ball, 4. Aufl., § 522 Rz. 20; **a. A.** OLG Koblenz NJW 2003, 2100, 2101 und B/L/A/H, 63. Aufl., § 522 ZPO Rz. 20).

Vor einer Zurückweisung durch Beschluss muss der Berufungsführer durch das Berufungsgericht oder den Vorsitzenden auf die beabsichtigte Zurückweisung und die hierfür bestehenden Gründe hingewiesen werden, § 522 II 2 ZPO (OLG Koblenz, Beschl. v. 21. 4. 2005 – 10 U 2/04, VersR 2006, 135, 136; Musielak-Ball § 522 ZPO Rz. 26). Der Berufungsführer muss Gelegenheit erhalten, zu dem Hinweis innerhalb einer angemessenen Frist **Stellung zu nehmen,** § 522 II 1 ZPO.

Wird die Vorschrift in diesem Sinn ausgelegt und die Anhörung des Berufungsführers vor der Zurückweisung durchgeführt, verletzt sie weder den Anspruch auf den gesetzlichen Richter (Art. 101 I 2 GG) noch die – aus Art. 2 I GG i. V. m. dem Rechtsstaatprinzip abgeleitete – Gewährleistung eines wirkungsvollen Rechtsschutzes (BVerfG, Urt. v. 5. 8. 2002 – 2 BvR 1108/02, NJW 2003, 281; KG, Beschl. v. 16. 12. 2005 – 7 U 80/05, OLGR 206, 268 zu Art. 103 I, 19 IV GG,

Art. 6 MRK; OLG Köln, Beschl. v. 11. 6. 2003 – 2 U 15/03, MDR 2003, 1435, 1436).

Allerdings hat der Berufungsbeklagte keinen Anspruch auf eine Beschlusszurückweisung anstelle der mündlichen Verhandlung. Eine mit dieser Begründung eingelegte Revision des Berufungsbeklagten gegen eine Entscheidung des Berufungsgerichts durch Urteil nach mündlicher Verhandlung anstatt durch Beschluss gem. § 522 II ZPO wäre unbegründet (Zöller-Gummer/Heßler § 522 ZPO Rz. 31 a. E.).

Der Zurückweisungsbeschluss muss **einstimmig sein und ist zu begründen** (vgl. Zöller-Gummer/Heßler § 522 ZPO Rz. 39: Ergänzung nach § 321 ZPO möglich). Die Begründung muss jedoch nur auf die Gesichtspunkte eingehen, die nicht bereits in dem Hinweis nach § 522 II 2 ZPO enthalten sind (Musielak-Ball § 522 ZPO Rz. 28: dann ist nur auf die neu vorgebrachten Gesichtspunkte einzugehen).

Während das Berufungsgericht die fehlerhafte Begründung einer Verspätung nach § 296 I, I ZPO durch die Vorinstanz nicht durch eine andere ersetzen und die Zurückweisung wegen Verspätung nicht durch eine andere als die von der ersten Instanz angewandte Vorschrift stützen darf (BGH, Urt. v. 4. 5. 2005 – XII ZR 23/03, NJW-RR 2005, 1007, 1008), darf es das Rechtsmittel auch dann gem. § 522 II ZPO zurückweisen, wenn es gegenüber der Vorinstanz zu einer **anderen rechtlichen Beurteilung** kommt, aber anhand der festgestellten Tatsachen **bei eigener rechtlicher Würdigung** die Überzeugung gewinnt, dass der Rechtsstreit **in erster Instanz im Ergebnis zutreffend** entschieden worden ist (OLG Hamburg, Beschl. v. 10. 5. 2005 – 14 U 154/04, NJW 2006, 71).

Während der Verwerfungsbeschluss nach § 522 I 3 ZPO der Rechtsbeschwerde unterliegt (§ 522 I 4 ZPO), ist der Beschluss, durch den die Berufung nach § 522 II zurückgewiesen wird, **unanfechtbar (§ 522 III ZPO).** Das BVerfG (NJW 2003, 281; NJW 2003, 1924, 1929) hat die Verfassungswidrigkeit des § 522 II ZPO verneint.

Zahlreiche Oberlandesgerichte hatten bereits bislang eine **entsprechende Anwendung des § 321 a ZPO** (Abhilfe durch das entscheidende Gericht) bejaht (OLG Celle NJW 2003, 906; MDR 2003, 1311; OLG Frankfurt NJW 2004, 165; KG, KG-Report 2004, 168; ebenso Schmidt MDR 2002, 915; Müller NJW 2002, 2743), andere eine Analogie abgelehnt (OLG Bamberg OLGR 2003, 264; OLG Celle OLGR 2003, 316 und OLGR 2003, 392; OLG Oldenburg NJW 2003, 149; OLG Rostock MDR 2003, 1012).

Der Gesetzgeber hat den Beschluss nach § 522 II ZPO nunmehr dem **Abhilfeverfahren nach § 321 a ZPO** unterworfen (vgl. Zöller-Gummer/Heßler § 522 ZPO Rz. 42; Zöller-Vollkommer § 321 a ZPO Rz. 1, 5). Soweit die Zurückweisungsentscheidung auf die gleichen Gründe gestützt ist, die Gegenstand des vorherigen Hinweises des Berufungsgerichts nach § 522 II 2 ZPO waren, kann eine Gehörsrüge zu solchen Punkten allerdings von vornherein nicht begründet sein, die nicht bereits in der Stellungnahme des Berufungsführers auf den Hinweisbeschluss geltend gemacht worden sind (OLG Koblenz, Urt. v. 21. 4. 2005 – 10 U 2/04, VersR 2006, 135).

Die Gehörsrüge kann aber durchgreifen, soweit die Zurückweisungsentscheidung auf die in der Stellungnahme des Berufungsführers nach § 522 II 2 ZPO geltend gemachten Punkte gar nicht, in offensichtlich sachlich unvertretbarer Weise oder auf Gründe gestützt wird, zu denen im vorangegangenen Beschluß kein Hinweis erteilt wurde (OLG Koblenz, Beschl. v. 21. 4. 2005 – 10 U 2/04, VersR 2006, 135, 136).

2. Zurückweisung der unbegründeten Berufung

Ist die Berufung zulässig und nicht von vornherein aussichtslos, aber letztlich unbegründet, wird sie wie bisher nach mündlicher Verhandlung **durch Urteil zurückgewiesen** (Gehrlein MDR 2004, 661, 666; MDR 2003, 421, 429; Lechner NJW 2004, 3593, 3598; Schellhammer MDR 2001, 1141, 1147). Die Erwartung des Rechtsausschusses, dass viele Berufungsurteile nun sehr kurz abgefasst werden können, hat sich jedoch nicht erfüllt. Der frühere Rechtszustand ist nach mehreren Entscheidungen des BGH im Wesentlichen wieder erreicht (Lechner NJW 2004, 3593, 3598; Gehrlein MDR 2004, 661, 666; Fellner MDR 2004, 241).

Nach § 540 ZPO darf sich das Berufungsurteil anstelle von Tatbestand und Entscheidungsgründen zwar mit einer Bezugnahme auf die tatsächlichen Feststellungen im angefochtenen Urteil sowie einer kurzen Begründung für die Abänderung, Aufhebung oder Bestätigung begnügen (§ 540 I Nr. 1 u. 2 ZPO).

Diese Vereinfachung, die mit Hinblick auf die ab dem 1. 1. 2007 entfallende Beschwer von 20 000,00 Euro (§ 26 Nr. 8 EGZPO) für die Erhebung von Nichtzulassungsbeschwerden (§ 544 ZPO) und die damit verbundene Anfechtbarkeit sämtlicher Berufungsurteile eigentlich eine Entlastung der Berufungsgerichte bezweckt, ist durch die BGH-Rspr. erheblich eingeschränkt worden (vgl. Gehrlein MDR 2004, 661, 666; Musielak-Ball § 540 ZPO Rz. 3–5).

Bezugnahme und abändernde bzw. ergänzende Darstellung des Parteivorbringens müssen in ihrer Zusammenschau den **Sach- und Streitstand vollständig und widerspruchsfrei wiedergeben** (vgl. NJW-RR 2003, 1290, 1291; NJW 2003, 3352, 3353; NJW 2004, 293, 294; Musielak-Ball § 540 ZPO Rz. 3), auch die **Berufungsanträge** sind – wenngleich nicht unbedingt wörtlich – **wiederzugeben** (BGH, Urt. v. 26. 2. 2003 – VIII ZR 262/02, NJW 2003, 1743 = MDR 2003, 765; Urt. v. 13. 1. 2004 – XI ZR 5/03, MDR 2004, 704; Urt. v. 13. 8. 2003 – XII ZR 303/02, NJW 2003, 3352 = MDR 2004, 44; NJW 2004, 293, 294). Das Berufungsurteil unterliegt auch bei einer fehlenden Bezugnahme und Darstellung etwaiger Änderungen und Ergänzungen von Amts wegen der Aufhebung und Zurückverweisung, weil es an der für die revisionsrechtlichen Nachprüfung erforderlichen Beurteilungsgrundlage fehlt (BGH, Urt. v. 6. 6. 2003 – V ZR 392/02, NJW-RR 2003, 1290 = MDR 2003, 1170; Urt. v. 13. 8. 2003 – XII ZR 303/02, NJW 2003, 3352, 3353 = MDR 2004, 44; Urt. v. 22. 12. 2003 – VIII ZR 122/03, MDR 2004, 464; Urt. v. 12. 11. 2003 – VIII ZR 360/02; Urt. v. 1. 10. 2003 – VIII ZR 326/02, MDR 2004, 226; Gehrlein MDR 2004, 661, 666).

Seinen Inhalt nach muss das Berufungsurteil **tatbestandliche Darstellungen** enthalten, welche die tatsächlichen Grundlagen der Entscheidung klar erkennen lassen und eine revisionsrechtliche Nachprüfung ermöglichen (BGH, Urt.

v. 6. 6. 2003 – V ZR 392/02, MDR 2003, 1170 = NJW-RR 2003, 1290; Urt. v. 13. 8. 2003 – XII ZR 303/02, MDR 2004, 44 = NJW 2003, 3352; Urt. v. 1. 10. 2003 – VIII ZR 326/02, MDR 2004, 226; Gehrlein MDR 2004, 661, 666).

Ferner dürfen sich aus der Kombination der Bezugnahme auf die erstinstanzlichen Feststellungen und der im Berufungsrechtszug eingetretenen Änderungen und Ergänzungen zur Vermeidung von Aufhebung und Zurückverweisung der Sache **keine Widersprüche** ergeben (BGH, Urt. v. 7. 11. 2003 – V ZR 141/03, MDR 2004, 391; Gehrlein MDR 2004, 661, 666).

3. Änderung des angefochtenen Urteils

Gem. § 538 II ZPO hat das Berufungsgericht in der Sache selbst zu entscheiden. Eine – von einer der Prozessparteien beantragte – Zurückverweisung an die erster Instanz kommt nur unter den Voraussetzungen des § 538 II 1 Nr. 1–7 ZPO in Betracht.

Beweislast

Vgl. auch → *Anscheinsbeweis*, → *Dokumentationspflicht*, → *Aufklärung*, → *Beweislastumkehr*, → *Grobe Behandlungsfehler*, → *Parteivernehmung*, → *Sachverständigenbeweis*, → *Unterlassene Befunderhebung*, → *Voll beherrschbare Risiken*

I. Beweislast bei Behandlungsfehlern
  1. Beweislast des Patienten
  2. Verschuldensvermutung der §§ 282 BGB a. F., 280 I 2 BGB n. F
  3. Haftungsbegründende und haftungsausfüllende Kausalität

II. Beweislast bei Aufklärungsfehlern
  1. Beweislast der Behandlungsseite
  2. Beweislast des Patienten

I. Beweislast bei Behandlungsfehlern

1. Beweislast des Patienten

Die Darlegungs- und Beweislast für eine Pflichtverletzung des Arztes, das Vorliegen eines Behandlungsfehlers, den Eintritt eines Körper- oder Gesundheitsschadens, die Kausalität zwischen dem Behandlungsfehler und dem Körper- oder Gesundheitsschaden und den Sachverhalt, aus dem sich ein Behandlungsverschulden begründet, trägt grundsätzlich der Patient (BGH NJW 1999, 1778, 1779 = VersR 1999, 716; OLG Düsseldorf, Urt. v. 24. 7. 2003 – I-8 U 137/02, OLGR 2004, 335, 337; OLG Brandenburg VersR 2001, 1241, 1242; OLG Karlsruhe, Urt. v. 13. 10. 2004 – 7 U 122/03, OLGR 2005, 40: Ursächlichkeit eines Organisationsfehlers; F/N Rz. 110, 111, 153; Gehrlein Rz. B 5, B 116; G/G, 5. Aufl. Rz. B 200, 213, 218; Jorzig MDR 2001, 481; Müller MedR 2001, 487, 489 und NJW 1997, 3049 ff.; S/Pa, Rz. 492, 513, 513 a). Dies gilt sowohl für Ansprüche aus Delikt (§§ 823, 831 BGB) als auch für Ansprüche aus Vertrag (p. V. V. bzw. § 280 I 1 BGB n. F.; vgl. BGH MDR 1987, 43 = NJW 1987, 705, 706; F/N Rz. 110).

Die Rspr. hat jedoch einzelne Fallgruppen entwickelt, bei denen es unter bestimmten Umständen zu Beweiserleichterungen bis hin zur Beweislastumkehr kommen kann, vgl. → *Anscheinsbeweis* (S. 28 ff.), → *Beweislastumkehr* (S. 388 ff.), → *Grobe Behandlungsfehler* (S. 492 ff.), → *Unterlassene Befunderhebung* (S. 537 ff.), → *Voll beherrschbare Risiken* (S. 892 ff.).

2. Verschuldensvermutung der §§ 282 BGB a. F., 280 I 2 BGB n. F.

Der **BGH** hatte die Anwendung der **Verschuldensvermutung** des § 282 BGB a. F. (seit 1. 1. 2002 ersetzt durch § 280 I 2 BGB n. F.) auf den Kernbereich des ärztlichen Handelns **bislang abgelehnt** (BGH NJW 1980, 1333; NJW 1991, 1540; F/N Rz. 111; G/G, 5. Aufl. Rz. B 214; Müller, VPräsBGH, NJW 1997, 3049).

Die Gegenmeinung stellte auch schon zur alten Rechtslage darauf ab, dass kein Grund gegeben sei, die in § 282 BGB a. F. formulierte Verschuldensvermutung für den Arztvertrag als Dienstvertrag nicht anzuerkennen (Palandt-Heinrichs, 61. Aufl. 2002, § 282 BGB Rz. 17 und 65. Aufl. 2006, § 280 BGB Rz. 42; Katzenmeier VersR 2002, 1066, 1067 Fn 12 m. w. N.).

Der **Rechtsgedanke des § 282 BGB a. F.** findet jedoch **Anwendung**, wenn es um Risiken aus dem Krankenhausbetrieb geht, die vom Träger der Klinik und dem Personal **voll beherrscht werden können** (OLG Jena, Urt. v. 12. 7. 2006 – 4 U 705/05, OLGR 2006, 799; F/N, Rz. 111, 137; G/G, 5. Aufl. Rz. B 214, 241; Jorzig MDR 2001, 481, 483; Müller NJW 1997, 3049, 3050; S/Pa, Rz. 512, 500 ff.).

Der **seit dem 1. 1. 2002** geltende § 280 I 2 BGB n. F. bürdet dem Schuldner bei festgestellter „Pflichtverletzung" grundsätzlich die Beweislast dafür auf, dass er die Pflichtverletzung nicht zu vertreten hat und beruht auf einer Verallgemeinerung der zuvor für die Fälle der Unmöglichkeit und des Verzuges geltenden Beweislastanordnung der §§ 282, 285 BGB a. F. (Zimmer NJW 2002, 1, 7). Die von der Rechtsprechung zu der jetzt in § 280 I 1 BGB n. F. aufgegangenen Rechtsfigur der p. V. v. entwickelte Beweislastverteilung nach Gefahren- oder Verantwortungsbereichen (vgl. BGH NJW 1978, 2197; NJW 1987, 1938; Palandt, 61. Aufl. 2002, § 282 BGB a. F. Rz. 8, 9 und Palandt-Heinrichs, 65. Aufl. 2006, § 280 BGB Rz. 42) **hat im Wortlaut des § 280 I 2 BGB n. F. keinen Niederschlag** gefunden.

Dies beruht möglicherweise auf einem „Missverständnis". Die Bundesregierung ging in ihrer Gegenäußerung zur Stellungnahme des Bundesrates, ohne die von der Rspr. entwickelten Differenzierungen zu berücksichtigen, davon aus, die Beweislastregelung des § 282 BGB a. F. sei schon bisher auf die Ansprüche aus p. V. v. anzuwenden, woran keine Änderung beabsichtigt war (vgl. Zimmer NJW 2002, 1, 7 Fn 76).

Auch Deutsch (JZ 2002, 588, 592), Frahm/Nixdorf (F/N, 3. Aufl. Rz. 111), Greiner (RiBGH, G/G, 5. Aufl. Rz. B 214), Müller (VPräsBGH, MedR 2001, 487, 494 und NJW 2003, 697, 698), Rehborn (MDR 2002, 1288), Spickhoff (NJW 2002, 1758, 1762 und NJW 2002, 2530, 2532/2537), Spindler/Rickers (JuS 2004, 272,

274) und Weidinger (VersR 2004, 35, 37) gehen davon aus, dass sich mit der Neufassung in § 280 I BGB „kaum etwas Substantielles ändern" wird. Das Arzthaftungsrecht sei im Wesentlichen durch Richterrecht ausgeformt, was sich als beträchtlicher Vorteil im Sinne einer „Garantie des bisherigen Rechtszustandes" erweise (Müller MedR 2001, 487, 494).

Die Gegenmeinung (Katzenmeier VersR 2002, 1066, 1069 m. w. N.; Palandt-Heinrichs, 65. Aufl. 2006, § 280 BGB Rz. 42; zum alten Recht Palandt-Heinrichs, 61. Aufl. 2002, § 282 BGB a. F. Rz. 17) weist darauf hin, dass kein Grund vorliegt, die in § 282 BGB a. F. bzw. § 280 I 2 BGB n. F. formulierte Verschuldensvermutung für den Arztvertrag als Dienstvertrag nicht anzuerkennen.

Bei einer sorgfältigen Differenzierung zwischen vom Patienten darzulegender und zu beweisender Pflichtverletzung und ihrer Kausalität zum Schaden einerseits und dem Verschulden andererseits erscheint nach Ansicht von Katzenmeier (VersR 2002, 1066, 1069) die in § 280 I 2 BGB n. F. nunmehr allgemein vorgesehene Verschuldensvermutung bei festgestelltem ärztlichen Fehlverhalten angezeigt. Besondere Bedeutung erlangt die neue Beweislastverteilung für den Arztvertrag allerdings auch nach dieser Auffassung nicht. Denn eine Anwendung der Verschuldensvermutung des § 280 I 2 BGB n. F. würde die Haftungsergebnisse nur unwesentlich beeinflussen. Dies ergibt sich aus dem **objektivierten Fahrlässigkeitsmaßstab**, bei welchem die Verletzung der äußeren Sorgfalt, d. h. des medizinischen Standards eine **Verletzung der inneren Sorgfalt indiziert** (so etwa Weidinger VersR 2004, 35, 37; Katzenmeier VersR 2002, 1066, 1069; G/G, 5. Aufl. Rz. B 214, 215; zum objektiven Fahrlässigkeitsbegriff bei der Arzthaftung vgl. BGH, Urt. v. 6. 5. 2003 – VI ZR 259/02, NJW 2003, 2311 = MDR 2003, 989 und Urt. v. 13. 2. 2001 – VI ZR 34/00, VersR 2001, 646 = MDR 2001, 565).

Tatsächlich existieren keine veröffentlichten obergerichtlichen Entscheidungen, in denen ein Behandlungsfehler zwar festgestellt, ein Verschulden des Arztes aber als nicht bewiesen angesehen wurde.

3. Haftungsbegründende und haftungsausfüllende Kausalität

Für den Nachweis der **haftungsbegründenden Kausalität**, also des Ursachenzusammenhangs zwischen einem Behandlungsfehler und dem beim Patienten eingetretenen „Primärschaden" gilt die Beweisregel des **§ 286 ZPO**. Hierbei ist eine Beweisführung zur vollen Überzeugung des Gerichts erforderlich, wofür es allerdings keiner unumstößlichen Gewissheit bedarf, sondern ein „**für das praktische Leben brauchbarer Grad**" der Gewissheit ausreicht, der „den Zweifeln Schweigen gebietet, ohne sie gänzlich auszuschließen" (BGH, Urt. v. 4. 11. 2003 – VI ZR 28/03, NJW 2004, 777, 778 = VersR 2004, 118, 119; VersR 1994, 52, 53 = NJW 1994, 801; OLG Karlsruhe, Urt. v. 12. 10. 2005 – 7 U 132/04, NJW-RR 2006, 458; Müller MedR 2001, 487, 489 und NJW 1997, 3049, 3051; S/Pa, Rz. 513, 513 a).

Primärschäden sind die Schäden, die als so genannter „erster Verletzungserfolg" geltend gemacht werden (OLG Hamm VersR 2002, 315, 317), also etwa bei einem hypoxisch-ischämischen Hirnschaden nicht lediglich die von ihren Symptomen abstrahierte Gehirnschädigung als solche, sondern der Hirnschaden in seiner konkreten Ausprägung mit den auftretenden Beeinträchtigungen im gesundheitlichen Befinden des Patienten wie etwa Verhaltensstörungen (S/Pa, Rz. 513 a; zu weiteren Einzelheiten vgl. → *Grobe Behandlungsfehler*, S. 554 ff. und → *Kausalität*, S. 253 ff.).

Auch die Beweisführung für die **haftungsausfüllende Kausalität**, nämlich den Kausalzusammenhang zwischen dem Primärschaden (Körper- oder Gesundheitsschaden) und den weiteren Gesundheits- und Vermögensschäden des Patienten, einschließlich einer etwaigen Verschlimmerung von Vorschäden obliegt dem Patienten. Hier gilt allerdings die Beweisregel des § 287 ZPO, d. h. hier kann zur Überzeugungsbildung des Gerichts eine **deutlich überwiegende, auf gesicherter Grundlage beruhende Wahrscheinlichkeit** ausreichen (BGH, Urt. v. 4. 11. 2003 – VI ZR 28/03, NJW 2004, 777, 778 = VersR 2004, 118, 119; OLG Düsseldorf, Urt. v. 28. 1. 2003 – VI ZR 139/02, NJW 2003, 1116, 1117 = VersR 2003, 474, 475; G/G, 5. Aufl. Rz. B 192, 229, 262; Müller MedR 2001, 487, 489 und NJW 1997, 3049, 3051; S/Pa, Rz. 514, 515).

Zu diesem weiteren, durch die Primärverletzung bedingten Gesundheitsschaden gehört etwa ein durch einen Hinterwandinfarkt ausgelöster Vorderwandinfarkt (BGH NJW 1994, 801; Gehrlein Rz. B 112). Auch der durch den Primärschaden eingetretene Vermögensschaden, etwa der Verdienstausfall des Patienten, ist den nach § 287 ZPO zu beurteilenden Folgeschäden zuzurechnen (BGH NJW 1993, 2383).

II. Beweislast bei Aufklärungsfehlern

1. Beweislast der Behandlungsseite

Während der Patient beim Behandlungsfehler grundsätzlich in vollem Umfang die Voraussetzungen seines Anspruchs beweisen muss, kommt es beim Aufklärungsfehler für die Beweislast darauf an, ob es sich um einen Fall der Eingriffs- bzw. Risikoaufklärung oder um einen Fall der so genannten therapeutischen bzw. Sicherheitsaufklärung handelt (Müller MedR 2001, 487, 488 und NJW 1997, 3049, 3051 m. w. N.).

Versäumnisse im Bereich der **therapeutischen Aufklärung (Sicherungsaufklärung)** sind keine Aufklärungs- sondern Behandlungsfehler mit den für diese geltenden beweisrechtlichen Folgen. Der Patient hat also grundsätzlich den Beweis zu führen, dass ein – medizinisch erforderlicher – therapeutischer Hinweis nicht erteilt wurde und es dadurch bei ihm zum Eintritt eines Schadens gekommen ist (BGH, Urt. v. 14. 9. 2004 – VI ZR 186/03, NJW 2004, 3703, 3704 = VersR 2005, 227, 228; OLG Hamm, Urt. v. 14. 7. 2003 – 3 U 128/02, VersR 2005, 837; Urt. v. 21. 2. 2001 – 3 U 125/00, VersR 2002, 1562, 1563; OLG Karlsruhe, Urt. v. 25. 1. 2006 – 7 U 36/05, OLGR 2006, 339; OLG Köln NJW-RR 2001, 91 und NJW-RR 2001, 92, 93; OLG Nürnberg, Urt. v. 27. 5. 2002 – 5 U 4225/00, VersR 2003, 1444, 1445; OLG Oldenburg NJW-RR 2000, 240, 241; Rehborn MDR 2000, 1101, 1103/1107; Müller MedR 2001, 487, 489 und GesR 2004, 257, 262; Stöhr RiBGH, GesR 2006, 145, 146; S/Pa, Rz. 325, 574).

Auch insoweit können dem Patienten **Beweiserleichterungen** zugute kommen, etwa wenn die Unterlassung der therapeutischen Aufklärung im Einzelfall als → *grober Behandlungsfehler* zu qualifizieren (BGH, Urt. v. 16. 11. 2004 – VI ZR 328/03, NJW 2005, 427, 428; OLG Karlsruhe, Urt. v. 25. 1. 2006 – 7 U 36/05, OLGR 2006, 339, 340; OLG Köln VersR 2002, 1285, 1286; Gehrlein Rz. B 45) oder die Erteilung der Sicherungsaufklärung nicht dokumentiert ist, obwohl die Dokumentation aus medizinischen Gründen geboten gewesen wäre (BGH NJW 1997, 3090 = VersR 1997, 1357; OLG Hamburg, Urt. v. 20. 12. 2002 – 1 U 34/02, OLGR 2003, 336, 337; OLG Koblenz, Urt. v. 15. 1. 2004 – 5 U 1145/03, VersR 2004, 1323, 1324; Gehrlein Rz. B 51, 52; G/G, 5. Aufl. Rz. B 222).

Der Patient muss zwar nachweisen, dass er sich bei vollständiger und richtiger therapeutischer Aufklärung **„aufklärungsrichtig" verhalten** hätte (BGH NJW 1987, 705). Hierfür wird allerdings der Beweis des ersten Anscheins sprechen, zumal dann, wenn mit einem Eingriff ein bestimmter Erfolg bezweckt worden ist (BGH NJW 1989, 1536, 1537 und NJW 1988, 2318: Beweislast für nicht aufklärungsrichtigen Entschluss beim Arzt; OLG Hamm VersR 2001, 895 = NJW 2002, 307: Vermutung für Ablehnung der Behandlung nach zutreffender Aufklärung; OLG Köln VersR 1992, 1231, 1232: Beweislast des Arztes für nicht aufklärungsrichtiges Verhalten des Patienten; Müller NJW 1997, 3049, 3051; G/G, 5. Aufl. Rz. B 225, B 173).

Steht fest, dass der Arzt den Patienten durch ein rechtswidriges und fehlerhaftes ärztliches Handeln einen Schaden zugefügt hat, so muss der Arzt beweisen, dass der Patient den gleichen Schaden auch bei einem rechtmäßigen und fehlerfreien ärztlichen Handeln erlitten hätte. Ist der Eingriff ohne ausreichende vorherige Aufklärung durchgeführt worden, muss die Behandlungsseite auch beweisen, dass sich der Patient bei zutreffender vollständiger Aufklärung für die Durchführung des Eingriffs entschieden hätte (BGH, Urt. v. 5. 4. 2005 – VI ZR 216/03, NJW 2005, 2072, 2073).

Wegen der weiteren Einzelheiten wird auf die umfangreiche Darstellung bei → *Aufklärung*, S. 96 ff. verwiesen.

2. Beweislast des Patienten

In der Fallgruppe der „Sicherungsaufklärung" (therapeutische Aufklärung) obliegt der Nachweis eines „Aufklärungsfehlers" dem Patienten (vgl. hierzu → *Aufklärung*, S. 96 ff.). So ist etwa der Versuch, einen parodontal stark beeinträchtigten, jedoch seit langer Zeit beschwerdefreien Zahn zu erhalten und in eine neue prothetische Versorgung einzubeziehen, zahnmedizinisch vertretbar, wenn der Zahnarzt die Vor- und Nachteile dieses Vorgehens und die Alternativen mit dem Patienten besprochen hat und dieser bereit ist, das Risiko späterer Beschwerden an diesem Zahn einzugehen. Behauptet der Zahnarzt substantiiert, dass er ein solches Gespräch mit dem Patienten geführt hat, so muss der für das Vorliegen eines Behandlungsfehlers – hier in der Form der fehlerhaften bzw. unterlassenen therapeutischen Aufklärung – beweispflichtige Patient diese Behauptung widerlegen (OLG Düsseldorf, Urt. v. 20. 10. 2005 – I-8 U 109/03, OLGR 2006, 427, 428).

Wegen der weiteren Einzelheiten zur Beweislast des Patienten bei Aufklärungsfehlern wird auf die ausführliche Darstellung bei → *Aufklärung*, (S. 263 ff.) verwiesen.

Beweislastumkehr

Vgl. auch → *Anfängereingriffe, Anfängeroperationen,* → *Anscheinsbeweis,* → *Beweislast,* → *Dokumentationspflicht,* → *Grobe Behandlungsfehler,* → *Kausalität,* → *Unterlassene Befunderhebung,* → *Voll beherrschbare Risiken*

I. Grundsatz; haftungsbegründende und haftungsausfüllende Kausalität
II. Beweiserleichterungen und Beweislastumkehr
  1. Vorliegen eines „groben Behandlungsfehlers"
  2. Unterlassene Befunderhebung

3. Anscheinsbeweis
4. Voll beherrschbare Risiken
5. Anfängereingriffe, Anfängeroperationen
6. Dokumentationsmängel
7. Verstoß gegen Richtlinien

I. Grundsatz; haftungsbegründende und haftungsausfüllende Kausalität

Grundsätzlich hat der Patient das Vorliegen eines Behandlungsfehlers, dessen Ursächlichkeit für den Eintritt des Primärschadens und das Verschulden der Behandlungsseite zu beweisen (OLG Düsseldorf, Urt. V. 24. 07. 2003 – I-8 U 137/02, OLGR 2004, 335, 337; OLG Karlsruhe, Urt. V. 13. 10. 2004 – 7 U 122/03, OLGR 2005, 40: Ursächlichkeit eines Organisationsfehlers; OLG Oldenburg, Urt. v. 30. 03. 2005 – 5 U 66/03, VersR 2006, 517; F/N Rz. 110; Gehrlein Rz. B 5, B 116; G/G, 5. Aufl. Rz. B 200, 218; S/Pa, 492, 513, 513a; Jorzig MDR 2001, 481 ff.; Müller VPräsBGH, NJW 1997, 3049, 3050).

Den Beweis für das Vorliegen eines **Behandlungsfehlers** kann der Patient durch den Nachweis einer **Abweichung** der ärztlichen Behandlung **vom Facharztstandard** zum Zeitpunkt der Durchführung der Behandlung führen (BGH NJW 1999, 1778; G/G, Rz. B 200).

Dieser Beweis ist grundsätzlich nach dem **Maßstab des § 286 ZPO** zu führen. Der „Strengbeweis" gilt auch für den Nachweis des Ursachenzusammenhangs, hier jedoch nur für die haftungsbegründete Kausalität, also den Zusammenhang zwischen dem Behandlungsfehler und dem Primärschaden. Der Beweis nach § 286 ZPO ist zur vollen Überzeugung des Gerichts zu führen, wobei ein für das praktische Leben brauchbarer Grad von Gewissheit, der Zweifeln Schweigen gebietet, ohne sie völlig auszuschließen, ausreicht (BGH, Urt. v. 4. 11. 2003 – VI ZR 28/03, NJW 2004, 777, 778; NJW 1994, 801; Müller NJW 1997, 3049, 3051; F/N, Rz. 155).

Bei der Beweisführung für die **haftungsausfüllende Kausalität**, also die weiteren Schäden und Beschwerden einschließlich einer etwa behandlungsfehlerbedingten Verschlimmerung von Vorschäden, reicht es zur Überzeugungsbildung des Gerichts nach § 287 ZPO aus, wenn für die betreffende Behauptung eine **deutlich überwiegende, auf gesicherter Grundlage beruhende Wahrscheinlichkeit** bejaht werden kann (Urt. v. 4. 11. 2003 – VI ZR 28/03, NJW 2004, 777, 778; Müller NJW 1997, 3049, 3051; S/D, Rz. 514; G/G, 5. Aufl., Rz. B 192, 229, 262). Dies gilt etwa für Lähmungserscheinungen als Folgeschäden, die aufgrund eines pflichtwidrig verursachten septischen Schocks als Primärschaden bei einem Infusionszwischenfall entstanden sein sollen (F/N, Rz. 155; BGH NJW 1982, 699).

II. Beweiserleichterungen und Beweislastumkehr

Der **BGH** hatte es jedenfalls unter der Geltung der §§ 282, 285 BGB a. F. für den „**Kernbereich**" des **ärztlichen Handelns abgelehnt**, die für den Vertragsbereich an sich mögliche Beweislastumkehr des **§ 282 BGB a. F.** (ab dem 1. 1. 2002 ersetzt durch § 280 I 2 BGB n. F.) auch auf **Behandlungsverträge** anzuwenden. Denn der Arzt schuldet dem Patienten nicht die erfolgreiche Herstellung seiner Gesundheit, sondern lediglich das sorgfältige Bemühen um seine Heilung (OLG Jena, Urt. v. 12. 7. 2006 – 4 U 705/05, OLGR 2006, 799; F/N, Rz. 111 und Gehrlein Rz. B 117 je m. w. N.).

Ob sich unter der Geltung des **§ 280 I 2 BGB n. F.**, der **für alle Fälle der „Pflichtverletzung"** des § 280 I 1 BGB n. F. gilt und dem **Schuldner generell die Beweislast** für das fehlende Verschulden auferlegt, eine Änderung der Rspr. ergeben wird, ist unwahrscheinlich (Spickhoff NJW 2002, 1758, 1762; Müller, VPräsBGH, MedR 2001, 487, 494; Rehborn MDR 2002, 1281, 1288; für eine Anwendung des § 280 I 2 BGB n. F. Katzenmeier VersR 2002, 1066, 1069). Der Gesetzgeber wollte an der Beweislastverteilung in Rahmen des vertraglichen Arzthaftungsrechts nichts ändern (Spickhoff NJW 2002, 2530, 2532; NJW 2002, 1758, 1762; F/N Rz. 111; G/G, 5. Aufl., Rz. B 214; Spindler/Rickers JuS 2004, 272, 274; Weidinger VersR 2004, 35, 37; a. A. Katzenmeier VersR 2002, 1066, 1069). Der derzeitige Rechtszustand wird durch Richterrecht „garantiert" (Müller, VPräsBGH, MedR 2001, 487, 494).

Die Rspr. hat jedoch insbesondere für die **haftungsbegründende Kausalität Fallgruppen** geschaffen, bei denen dem Patienten **Beweiserleichterungen** regelmäßig sorgar eine Beweislastumkehr zugute kommen können (vgl. G/G, 5. Aufl., Rz. B 200 ff., 231 ff., 238 ff., 247 ff., 251 ff.; S/Pa, Rz. 495 ff., 515 ff., 551 ff.; F/N, Rz. 111 ff.; Gehrlein Rz. B 117 ff.; Jorzig MDR 2001, 481 ff.).

1. Vorliegen eines „groben Behandlungsfehlers"

Ist ein Sachverhalt bewiesen, der die – vom Gericht vorzunehmende – Bewertung eines Behandlungsfehlers als grob rechtfertigt, so greift für den **Kausalzusammenhang** zwischen dem festgestellten Behandlungsfehler und dem beim Patienten eingetretenen Primärschaden **eine Beweislastumkehr** ein, so dass die Kausalität vermutet wird und die Behandlungsseite beweisen muss, dass der

Behandlungsfehler für die Schädigung nicht ursächlich geworden ist (G/G, 5. Aufl., Rz. B 252, 257; S/Pa, Rz. 515, 546:

Ein „grober Behandlungsfehler" liegt vor, wenn ein **medizinisches Fehlverhalten** vorliegt, welches **aus objektiver ärztlicher Sicht nicht mehr verständlich** erscheint, weil ein solcher Fehler dem Arzt schlechterdings nicht unterlaufen darf. Betroffen sind also Verstöße gegen eindeutig gesicherte medizinische Erkenntnisse und bewährte ärztliche Behandlungsregeln und Erfahrungen.

Auch eine **Häufung mehrerer**, jeweils für sich **nicht grober Behandlungsfehler** kann die Behandlung im Rahmen der dann anzustellenden „Gesamtbetrachtung" als grob fehlerhaft erscheinen lassen (S/Pa, Rz. 523; G/G, 5. Aufl., Rz. 253; Müller MedR 2001, 487, 489 f.).

Ist ein „grober Behandlungsfehler" festgestellt, genügt es für die Annahme einer Beweislastumkehr für die Kausalität hinsichtlich des eingetretenen Primärschadens, wenn der Behandlungsfehler generell geeignet ist, diesen eingetretenen Primärschaden zu verursachen (BGH NJW 1997, 794; Müller MedR 2001, 487, 490; S/Pa, Rz. 520; G/G, 5. Aufl., Rz. B 258).

Allerdings ist eine Beweiserleichterung ausgeschlossen, wenn der Kausalzusammenhang gänzlich bzw. äußerst unwahrscheinlich ist (BGH NJW 2000, 2423, 2424; NJW 1998, 1780; S/Pa, Rz. 520; G/G, 5. Aufl., Rz. B 259).

Zu den einzelnen Fallgruppen und Nachweisen der umfangreichen Rechtsprechung vgl. bei → Grobe Behandlungsfehler.

2. Unterlassene Befunderhebung

Hat der Arzt die Erhebung oder Sicherung von Diagnose- oder Kontrollbefunden unterlassen und ist dieses Unterlassen bereits als „grob fehlerhaft" zu qualifizieren, kommt bereits aus diesem Grunde eine **Beweislastumkehr hinsichtlich der haftungsbegründenden Kausalität** in Betracht (BGH NJW 1998, 1780; NJW 1998, 818; S/Pa, Rz. 555; G/G, 5. Aufl., Rz. B 295; Gehrlein Rz. B 154, 157).

Nach der neueren Rechtsprechung des BGH kommt eine Beweiserleichterung bis zur Beweislastumkehr jedoch bereits bei einem „einfachen" Behandlungsfehler in Betracht, wenn der Arzt es unterlassen hat, medizinisch zwingend gebotene Befunde zu erheben bzw. diese Befunde zu sichern und sich aus den erhobenen Befunden mit hinreichender Wahrscheinlichkeit ein so deutlicher und gravierender Befund ergeben hätte, dass sich dessen Verkennung als fundamental oder die Nichtreaktion auf die Befunde als grob fehlerhaft darstellen müssten (BGH, Urt. v. 27. 4. 2004 – VI ZR 34/03, NJW 2004, 2011, 2013 = VersR 2004, 909, 911).

3. Anscheinsbeweis

Der **Beweis des ersten Anscheins** baut auf einem gewissen Tatbestand auf, der nach den Erfahrungen des Lebens auf eine bestimmte Ursache oder Folge hinweist. Dabei kann aus einem bestimmten Behandlungsfehler typischerweise auf die Verursachung des Primärschadens oder aus der festgestellten Primärschädigung auf das Vorliegen eines Behandlungsfehlers geschlossen werden (Gehrlein Rz. B 118; L/U, § 108 Rz. 1; G/G, 5. Aufl., Rz. B 231; F/N, Rz. 148; Jorzig MDR 2001, 481, 483).

Greift der Anscheinsbeweis – was im Arzthaftungsrecht selten ist – ein, so liegt es an der Behandlungsseite, den Anschein durch den Beweis eines Sachverhalts zu erschüttern, der die **ernsthafte Möglichkeit eines atypischen Geschehensablaufs** nahe legt (G/G, 5. Aufl., Rz. B 231 ff.; L/U, § 108 Rz. 1, 4 ff.).

Zu den Einzelheiten vgl. bei → *Anscheinsbeweis*, S. 28 ff.

4. Voll beherrschbare Risiken

Die Behandlungsseite muss sich von einer **Verschuldens- oder Fehlervermutung** entlasten, wenn feststeht, dass der eingetretene Primärschaden aus einem Bereich stammt, dessen Gefahren ärztlicherseits voll beherrscht werden können und müssen (OLG Jena, Urt. v. 12. 7. 2006 – 4 U 705/05, OLGR 2006, 799, 800; OLG Hamm MedR 2002, 196; S/Pa, Rz. 500; L/U, § 109 Rz. 1; G/G, 5. Aufl., Rz. B 239; F/N, Rz. 137 ff.; Gehrlein Rz. B 129).

Es handelt sich etwa um die **Funktionstüchtigkeit eingesetzter medizinischer Geräte, vermeidbare Keimübertragungen** durch ein Mitglied des Operations- oder Pflegeteams, durch eine **falsche Lagerung** entstandene Nervschädigungen und die Verrichtungssicherheit des Pflegepersonals zur Vermeidung von Stürzen des Patienten (OLG Jena, Urt. v. 12. 7. 2006 – 4 U 705/05, OLGR 2006, 799, 800; G/G, 5. Aufl., Rz. B 241 ff.; S/Pa, Rz. 501 ff.; F/N, Rz. 138 ff.; Gehrlein Rz. B 130 ff.).

Auch die Übertragung einer selbständig auszuführenden Operation oder eines selbständig auszuführenden, sonstigen ärztlichen Eingriffs („**Anfängeroperation**") wird teilweise den „voll beherrschbaren Risiken" zugeordnet und dort behandelt (G/G, 5. Aufl., Rz. B 241; Gehrlein Rz. B 134).

Zu den Einzelheiten vgl. bei → *Voll beherrschbare Risiken* sowie → *Sturz im Pflegeheim und im Krankenhaus.*

5. Anfängereingriffe, Anfängeroperationen

Die Übertragung einer selbständig durchzuführenden Operation oder eines vergleichbaren Eingriffs auf einen hierfür noch nicht ausreichend qualifizierten Assistenzarzt ist ein Behandlungsfehler in Form eines Organisationsfehlers. Wird die Gesundheit des Patienten bei dem Eingriff durch einen nicht ausreichend qualifizierten Assistenzarzt oder noch geringer qualifizierten Berufsanfänger geschädigt, so trifft den **Krankenhausträger die Beweislast,** dass dies nicht auf dessen mangelnder Qualifikation beruht (BGH NJW 1984, 655 zur

Anfängeroperation; NJW 1993, 2989 = VersR 1993, 1231 zur Anfängernarkose: Krankenhausträger hat die Vermutung der Kausalität der Unerfahrenheit des „Anfängers" für den Schadenseintritt zu entkräften; OLG Düsseldorf VersR 2001, 460 und OLG Schleswig NJW 1997, 3098 zum Arzt im Praktikum; L/U, § 102 Rz. 4 und § 101 Rz. 15, 17; Gehrlein Rz. B 134; S/Pa, Rz. 246 ff., 260).

Zu den Einzelheiten vgl. bei → *Anfängereingriffe*, S. 17 ff.

6. Dokumentationsmängel

Zugunsten des Patienten kommen **Beweiserleichterungen** in Betracht, wenn eine **aus medizinischen – nicht aus juristischen – Gründen** erforderliche ärztliche Dokumentation der wesentlichen medizinischen Fakten lückenhaft bzw. unzulänglich ist und deshalb für den Patienten im Falle einer Schädigung die Aufklärung des Sachverhalts unzumutbar erschwert wird (Gehrlein Rz. B 125; G/G, 5. Aufl., Rz. B 202, 206, 250; L/U, § 111 Rz. 4, 8).

Die Beweiserleichterung bei Verletzung der ärztlichen Dokumentationspflicht besteht in der darin begründeten Vermutung, dass eine **nicht dokumentierte Maßnahme** vom Arzt auch **nicht getroffen** wurde (BGH NJW 1995, 1611; NJW 1989, 2330; Müller NJW 1997, 3049, 3054 und MedR 2001, 487, 491; S/Pa, Rz. 465, 498, 558) oder sich ein nicht dokumentierter, aber dokumentationspflichtiger, wesentlicher Umstand so ereignet hat, wie er vom Patienten glaubhaft geschildert wird (Jorzig MDR 2001, 481, 482).

Es liegt dann an der Behandlungsseite, diese **indizielle Wirkung** zu entkräften, etwa die fehlenden schriftlichen Angaben zeitnah mit der Behandlungsmaßnahme nachträglich zu ergänzen oder den Beweis durch Zeugen zu erbringen (OLG Zweibrücken VersR 1999, 1546 zum Zeugenbeweis; Gehrlein Rz. B 125 zur nachträglichen Ergänzung; G/G, 5. Aufl., Rz. B 209; F/N, Rz. 130, 131; Schmid NJW 1994, 767, 772).

Die unterlassene oder fehlerhafte Dokumentation stellt jedoch **weder eine eigenständige Anspruchsgrundlage** dar (OLG Stuttgart VersR 1999, 582, 583; Müller MedR 2001, 487, 491) noch führt sie allein zur Beweislastumkehr hinsichtlich des Kausalzusammenhangs zwischen einem behaupteten Behandlungsfehler und dem Eintritt des Primärschadens beim Patienten (G/G, Rz. B 206, 247; Gehrlein Rz. B 124, 126; Müller NJW 1997, 3049, 3054).

In **Ausnahmefällen** kann der **Dokumentationsmangel** jedoch auch für den Nachweis des **Kausalzusammenhangs** Bedeutung gewinnen, wenn der aufgrund der unterlassenen oder fehlerhaften Dokumentation indizierte Behandlungsfehler als „grob" anzusehen wäre oder sich als Verstoß gegen die Verpflichtung zur Befunderhebung bzw. Befundsicherung darstellen würde (BGH NJW 1999, 3408, 3409; NJW 1993, 2375, 2376; Müller MedR 2001, 487, 491; Gehrlein Rz. B 127; S/Pa, Rz. 558; G/G, 5. Aufl., Rz. B 250; vgl. S. 268).

Grundlage für die Beweislastumkehr wird dann der – mittelbar aufgrund des Dokumentationsversäumnisses indizierte – grobe Behandlungsfehler (siehe oben II. 1.) oder der Verstoß gegen die Befunderhebungs- bzw. Befundsicherungspflicht (siehe oben II. 2; Müller, 1997, 3049, 3054; Gehrlein Rz. B 127; S/Pa, Rz. 558).

Zu den Einzelheiten vgl. bei → *Dokumentationspflicht*, S. 270 ff.

7. Verstoß gegen Leitlinien und Richtlinien

Haftungsrechtlich sind die Folgen von Verstößen gegen Richt- und Leitlinien noch nicht abschließend geklärt. In der Rspr. und Literatur besteht aber im Wesentlichen Einigkeit darüber, dass ein Verstoß gegen eine Leitlinie nicht per se das Vorliegen eines groben Behandlungsfehlers indiziert (OLG Hamm, Urt. v. 9. 5. 2001 – 3 U 250/99, OLGR 2002, 176, 177 = VersR 2002, 857, 858; Urt. v. 27. 1. 1999 – 3 U 26/98, OLGR 2000, 57, 58 = NJW 2000, 1801, 1802; Urt. v. 11. 1. 1999 – 3 U 131/98, VersR 2000, 1373, 1374 = NJW-RR 2000, 401, 402; OLG Stuttgart, Urt. v. 22. 2. 2001 – 14 U 62/2000, OLGR 2002, 251, 252: kein Indiz eines „groben Behandlungsfehlers"; OLG Naumburg, Urt. v. 25. 3. 2002 – 1 U 111/01, MedR 2002, 471, 472 = GesR 2002, 14, 15; Urt. v. 19. 12. 2001 – 1 U 46/01, MedR 2002, 1373, 1374; Jorzig/Feifel GesR 2004, 310, 311/313; Frahm GesR 2005, 529 f.; Müller, VPräsBGH, GesR 2004, 257, 260; zusammen-fassend Bergmann GesR 2006, 337, 341/342.

Auch ein Verstoß gegen Richtlinien, die im Wesentlichen nur eine sozialrecht-liche Verbindlichkeit gegenüber Vertragsärzten und Vertragszahnärzten erlan-gen (vgl. Frahm GesR 2005, 529, 531; Müller, VPräsBGH, GesR 2004, 257, 260; Jorzig/Feifel GesR 2004, 310, 311; Bergmann GesR 2006, 337, 338) begründet regelmäßig kein Indiz für das Vorliegen eines „groben Behandlungsfehlers"; zu den Einzelheiten vgl. → *Behandlungsfehler*).

Beweisverfahren, selbständiges

Vgl. auch → *Beweislast*, → *Sachverständigenbeweis*

I. Zulässigkeit des selbständigen Beweis-verfahrens
  1. Bestehen eines rechtlichen Interesses des Antragstellers
  2. Zulässigkeit in Arzthaftungssachen
  3. Nachträgliche Anhängigkeit der Hauptsache
II. Beendigung und Wirkung des selbstän-digen Beweisverfahrens
  1. Hemmung der Verjährung
  2. Beendigung des selbständigen Beweisverfahrens
  3. Verwertung im Hauptsacheprozess
III. Zulässigkeit von Gegenanträgen und der Streitverkündung
  1. Gegenanträge
  2. Streitverkündung
IV. Ladung des Sachverständigen zur Erläuterung des Gutachtens
  1. Einseitiger Parteiantrag
  2. Zurückweisung verspäteter Anträge und Einwendungen
V. Kostenentscheidung
  1. Beschluss nach § 494 a ZPO
  2. Entsprechende Anwendung des § 269 III ZPO
  3. Entsprechende Anwendung des § 91 a ZPO

I. Zulässigkeit des selbständigen Beweisverfahrens

1. Bestehen eines rechtlichen Interesses des Antragstellers

Gem. § 485 I ZPO kann während oder außerhalb eines anhängigen Rechtsstreits auf Antrag einer Partei neben der Einnahme eines Augenscheins und der Vernehmung von Zeugen die Begutachtung durch einen Sachverständigen angeordnet werden, wenn der **Gegner zustimmt** oder zu besorgen ist, dass das Beweismittel verloren geht oder seine Benutzung erschwert wird. Ist der Rechtsstreit noch nicht anhängig, kann eine Partei die schriftliche Begutachtung durch einen Sachverständigen beantragen, wenn sie ein **rechtliches Interesse** daran hat, den Zustand einer Person, den Zustand oder Wert einer Sache, die Ursache eines Personenschadens, Sachschadens oder eines Sachmangels oder den Aufwand für die Beseitigung eines Schadens oder Sachmangels festzustellen (§ 485 II 1 ZPO). Ein rechtliches Interesse ist insbesondere anzunehmen, wenn die Feststellung der **Vermeidung eines Rechtsstreits** dienen kann (§ 485 II 2 ZPO).

Letzteres wird in aller Regel kaum zu verneinen sein. Dem steht nach h. M. grundsätzlich nicht entgegen, dass der Antragsgegner eine gütliche Einigung ablehnt (OLG Hamm MDR 1999, 184; OLG Koblenz, Beschl. v. 4. 4. 2005 – 5 W 159/05, OLGR 2005, 639; OLG Oldenburg MDR 1995, 746; OLG Saarbrücken, Beschl. v. 13. 5. 1999 – 1 W 125/99–16, VersR 2000, 891, 892; OLG Zweibrücken MDR 1992, 1178; LG Köln WuM 1995, 490; Zöller-Herget § 485 ZPO Rz. 7 a; Musielak-Huber § 485 ZPO Rz. 13; **a. A.** LG Hannover und OLG Celle JurBüro 1992, 496).

Der Zulässigkeit steht auch nicht entgegen, dass der Antragsgegner geltend macht, der mögliche Hauptsachenanspruch sei verjährt (OLG Düsseldorf MDR 2001, 50; OLG Celle BauR 2003, 1076) oder sich auf einen Gewährleistungsausschluss bzw. dem Anspruch entgegenstehende AGB beruft (KG OLGR 2000, 219; Zöller-Herget § 485 ZPO Rz. 7 a).

Damit ist der Sachvortrag des Antragstellers im selbständigen Beweisverfahren hinsichtlich des Anspruchs in der Hauptsache **grundsätzlich nicht auf die Schlüssigkeit oder Erheblichkeit zu prüfen** (BGH, Beschl. v. 16. 9. 2004 – III ZB 33/04, MDR 2005, 162 = NJW 2004, 2488).

Ein „rechtliches Interesse" kann nur dann verneint werden, wenn von vornherein ein Rechtsverhältnis, ein **möglicher Prozessgegner oder ein Anspruch nicht erkennbar** (BGH, Beschl. v. 16. 9. 2004 – III ZB 33/04, MDR 2005, 162, 163 = NJW 2004, 3488; ebenso schon OLG Bamberg NJW-RR 1995, 893; OLG Köln NJW-RR 1996, 573; Zöller-Herget § 485 ZPO Rz. 7 a; Bockey NJW 2003, 3453, 3454) bzw. wenn die **Erfolglosigkeit** der Rechtsverfolgung im künftigen Streitverfahren **evident** ist (BGH, Beschl. v. 16. 9. 204 – III ZB 33/04, MDR 2005, 162, 163; OLG Düsseldorf, Beschl. v. 16. 1. 2001 – 22 W 2/01, NJW-RR 2001, 1725, 1726; OLG Köln NJW-RR 1996, 573, 574; OLG Saarbrücken, Beschl. v. 13. 9. 2004 – 4 W 166/04–27, OLGR 2005, 120; auch OLG Zweibrücken, Beschl. v. 13. 10. 2005 – 4 W 60/05 und 62/05, OLGR 2006, 174: nur bei „offensichtlich nutzlosen Beweisanträgen"; zur Gegenauffassung s. u. 2.).

2. Zulässigkeit in Arzthaftungssachen

Teilweise wird bzw. wurde die Ansicht vertreten, die Anordnung eines selbständigen Beweisverfahrens, insbesondere die Beauftragung eines Sachverständigen **vor Anhängigkeit** eines Rechtsstreits zur Beurteilung etwaiger Behandlungsfehler, komme **im Arzthaftungsrecht regelmäßig nicht** in Betracht. Zur Begründung wird ausgeführt, die Komplexität der Materie einer Sachaufklärung stehe einem selbständigen Beweisverfahren im Allgemeinen entgegen. In einem Arzthaftungsprozess sei es erforderlich, den einer Begutachtung zugrunde zu legenden Sachverhalt vorab festzustellen; ohne eine solche Sachaufklärung könne ein Gutachter keine zuverlässige Auskunft über die Ursache eines Personenschadens geben. Eine einseitige Fragestellung durch eine Partei ohne Schlüssigkeitsprüfung sowie die einseitige Auswahl eines Sachverständigen könne die Sachaufklärung erschweren (OLG Hamm, Beschl. v. 26. 11. 2003 – 3 W 36/03, GesR 2004, 379 = OLGR 2004, 279: unzulässig, wenn Gutachterkommission keinen Behandlungsfehler festgestellt hat; OLG Karlsruhe, Beschl. v. 11. 1. 2002, VersR 2003, 375: im Einzelfall unzulässig, wenn von der Vorlage des Gutachtens nicht die Vermeidung eines Hauptsachenprozesses erwartet werden kann; OLG Köln, Beschl. v. 23. 4. 2004 – 5 W 51/04, GesR 2004, 235: unzulässig, wenn Zeugen oder – üblicherweise im Arzthaftungsprozess- Parteien angehört werden müssen; OLG Köln MDR 1998, 224; OLG Nürnberg MDR 1997, 501; Thüringisches OLG, Beschl. v. 19. 12. 2005 – 4 W 503/05 und OLG Sachsen-Anhalt, Beschl. v. 14. 11. 2005, n. v.: **unzulässig**, wenn es allein der **Ausforschung** dient; LG Köln, Beschl. v. 4. 2. 2004 – 25 OH 14/03, GesR 2004, 139: unzulässig, wenn Zeugen vernommen werden müssen; LG München, Beschl. v. 16. 1. 2003 – 1 OH 6781/02, GesR 2003, 87: **unzulässig** bei „**komplexen Sachverhalten**"; Schinnenburg MedR 2000, 185, 187; **ablehnend** auch Rehborn MDR 1998, 16 und MDR 1998, 225; kritisch in MDR 2004, 371, 376 zu BGH, Urt. v. 21. 1. 2003 – VI ZB 51/02, MDR 2003, 590 = NJW 2003, 1741).

Das OLG Naumburg (Beschl. v. 14. 11. 2005 – 1 W 18/05, OLGR 2006, 255, 256) hält einen Antrag im selbständigen Beweisverfahren dann für unzulässig, wenn dieser ausschließlich auf die Feststellung eines Behandlungsfehlers gerichtet ist, die der Sachverständige nicht allein, sondern nur das Gericht mit dessen Hilfe treffen kann. So handle es sich etwa bei der Frage der richtigen Dosierung eines Medikaments um eine Rechtsfrage, die letztlich nur vom Gericht entschieden werden kann (OLG Naumburg a. a. O.; u. E. sehr zweifelhaft!).

Nach Auffassung des Thüringischen OLG (Beschl. v. 19. 12. 2005 – 4 W 503/05) und des OLG Sachsen-Anhalt (Beschl. v. 14. 11. 2005 – 1 W 18/05 – beide bei Bergmann, BADK-Information 2006, 81) ist ein selbständiges Beweisverfahren unzulässig, wenn es allein der Ausforschung dient, die Voraussetzungen für eine Klage zu schaffen und die Grundlagen für einen beweiserheblichen Tatsachenvortrag zu gewinnen. Es sei auch nur zulässig, soweit es um den gegenwärtigen Zustand der Person, die hierfür maßgeblichen Gründe und die Wege der Beseitiging des Schadens geht. Nach Ansicht des OLG Hamm (Beschl. v. 26. 11. 2003 – 3 W 36/03, GesR 2004, 379 = OLGR 2004, 279) kann ein Rechtsschutzinteresse ausnahmsweise auch dann fehlen, wenn bereits die Gutachterkommission keinen Behandlungsfehler festgestellt hat und der Antragsteller hiergegen keine Einwendungen erhebt

U. E. ist in diesen Fällen aber **keinesfalls „evident"**, dass der behauptete Anspruch keinesfalls bestehen kann (vgl. zu diesem Erfordernis: BGH, Beschl. v. 16. 9. 2004 – III ZB 33/04, MDR 2005, 162, 163 = NJW 2004, 3488, s. o.; auch BGH, Beschl. v. 21. 3. 2003 – VI ZB 51/02, NJW 2003, 1741, 1742 = GesR 2003, 171, 172; OLG Saarbrücken a. a. O. und OLG Düsseldorf a. a. O., S. 394 a. E.), zumal die Praxis zeigt, dass vom Gericht bestellte Sachverständige nicht selten eine von der Gutachterkommission abweichende Ansicht vertreten und die rechtliche Bewertung – ggf. nach ergänzender Anhörung des Sachverständigen – im anschließenden Hauptverfahrenerfolgen kann.

Nach **h. M.** ist das **selbständige Beweisverfahren**, insbesondere die Einholung eines schriftlichen Sachverständigengutachtens auf Antrag des Patienten zur Feststellung eines von diesem behaupteten Behandlungsfehlers **zulässig** (OLG Düsseldorf, Beschl. v. 12. 1. 2000 – 8 W 53/99, NJW 2000, 3438, 3439 und MDR 1998, 1241 = OLGR 1998, 434; OLG Karlsruhe, Beschl. v. 11. 1. 2002 – 13 W 178/01, VersR 2003, 374 für Zahnarzthaftungssachen; VersR 1999, 887, 888 = MDR 1999, 496; OLG Koblenz, Beschl. v. 4. 4. 2005 – 5 W 159/05, OLGR 2005, 639; Beschl. v. 14. 12. 2001 – 5 W 822/01, MDR 2002, 352, 353 = MedR 2002, 359: zulässig, aber wenig sinnvoll; OLG Köln, Beschl. v. 7. 8. 2002 – 5 W 98/02, VesR 2003, 375 in Zahnarzthaftungssachen zur Feststellung des Zustandes eines Gebisses; OLG Naumburg OLGR 2001, 321; anders aber im Beschluss v. 14. 11. 2005 – 1 W 18/05, OLGR 2006, 255: unzulässig, wenn eine nur dem Gericht vorbehaltene Wertung erforderlich wird; OLG Saarbrücken, Beschl. v. 13. 5. 1999 – 1 W 125/99–16, VersR 2000, 891, 892; OLG Schleswig, Beschl. v. 19. 12. 2000 – 16 W 292/00, OLGR 2001, 279, 280; OLG Stuttgart MDR 1999, 482 = NJW 1999, 874, 875; B/L/A/H § 485 Rz. 14; Gehrlein Rz. E 7; Mohr MedR 2000, 38, 39; Zöller-Herget § 485 ZPO Rz. 9: „dem sollte gefolgt werden"; kritisch Musielak-Huber § 485 ZPO Rz. 10, 14).

Der **BGH** (Beschl. v. 21. 1. 2003 – VI ZB 51/02, NJW 2003, 1741 = GesR 2003, 171 = MDR 2003, 590 = MedR 2003, 405; zustimmend OLG Koblenz, Beschl. v. 4. 4. 2005 – 5 W 159/05, OLGR 2005, 639; Bockey NJW 2003, 3453, 3454 m. w. N.) hat sich nunmehr der herrschenden Meinung angeschlossen. Er **bejaht die Zulässigkeit des selbständigen Beweisverfahrens im Arzthaftungsrecht** insbesondere auch im Hinblick auf die amtliche Begründung des Rechtspflegevereinfachungsgesetzes (BT-Drucksache 11/3621, S. 23). Sinn und Zweck der vorprozessualen Beweissicherung nach § 485 II ZPO sei es nämlich, die **Gerichte von Prozessen zu entlasten** und die Parteien unter Vermeidung eines Rechtsstreits zu einer raschen und kostensparenden Einigung zu bringen. Hiergegen spreche auch nicht zwingend, dass dem Gutachten unter Umständen ein geringer Beweiswert zukommen kann, weil der Antragsteller ohne Hilfe durch das Gericht die Beweisfrage vorgibt oder wesentliche Unterlagen fehlen. Schließlich komme auch dem außergerichtlichen Schlichtungsverfahren vor den Gutachter- und Schlichtungsstellen der Ärztekammern kein Vorrang vor dem selbständigen Beweisverfahren zu (BGH, Beschl. v. 21. 1. 2003 – VI ZB 51/05, NJW 2003, 1741, 1742 = GesR 2003, 171, 172). Auf Antrag einer Partei könne das

Gericht den Sachverständigen zur Anhörung laden, zur Ergänzung des Gutachtens auffordern oder unter den Voraussetzungen des § 412 ZPO ein weiteres Gutachten einholen bzw. die Parteien zur Erörterung laden (BGH, Beschl. v. 21. 1. 2003 – VI ZB 51/01, NJW 2003, 1741, 1742 a. E. = GesR 2003, 171, 173).

Die Gefahr, dass ein Sachverständiger im selbständigen Beweisverfahren sein Gutachten auf ungesicherter tatsächlicher Grundlage erstellt sowie der Umstand, dass die **Fragen einseitig vom Antragsteller formuliert** sind, stellen danach keine Besonderheiten des Arzthaftpflichtprozesses, die es rechtfertigen würden, gerade in diesen Fällen das rechtliche Interesse des Patienten zu verneinen (so bereits OLG Stuttgart MDR 1999, 482; OLG Düsseldorf MDR 1996, 132 und Beschl. v. 12. 1. 2000 – 8 W 53/99, NJW 2000, 3438).

Stellt sich heraus, dass ein ärztlicher Behandlungsfehler nicht vorliegt, dient dies nicht nur der Beruhigung des Patienten, sondern auch dem Rechtsfrieden, da in diesem Fall eine zunächst beabsichtigte Klage möglicherweise nicht erhoben wird (OLG Stuttgart MDR 1999, 482).

Sollte der Sachverständige überzeugende Feststellungen treffen, die für den Patienten ungünstig sind, wird dieser vernünftigerweise von einer weiteren Inanspruchnahme des Krankenhauses bzw. Arztes absehen. Wird andererseits ein vermeidbares Fehlverhalten festgestellt, besteht die Möglichkeit, dass der Patient vom Haftpflichtversicherer des Arztes außergerichtlich klaglos gestellt wird (OLG Düsseldorf NJW 2000, 3438).

Der Zulässigkeit des selbständigen Beweisverfahrens steht es auch im Arzthaftungsrecht nicht entgegen, dass die Behandlungsseite eine **gütliche Einigung von vornherein ablehnt** (OLG Saarbrücken, Beschl. v. 13. 5. 1999 – 1 W 125/99–16, VersR 2000, 891; ebenso: OLG Hamm, MDR 1999, 184; OLG Koblenz, Beschl. v. 4. 4. 2005 – 5 W 159/05, OLGR 2005, 639; OLG Oldenburg, MDR 1995, 746) oder die **Erfolgsaussichten** einer anschließenden, möglichen Klage **gering** sind (OLG Karlsruhe MDR 1999, 496; ebenso OLG Zweibrücken, Beschl. v. 13. 10. 2005 – 4 W 60/05 und 62/05, OLGR 2006, 174, 175; **a.A.** OLG Hamm, Beschl. v. 26. 11. 2003 – 3 W 36/03, OLGR 2004, 279: kein rechtliches Interesse, wenn Gutachterkommission keinen Behandlungsfehler festgestellt hat).

Das Rechtsschutzinteresse fehlt nur dann, wenn **evident** ist (s.o.), dass der behauptete Anspruch keinesfalls bestehen kann (BGH, Beschl. v. 16. 9. 2004 – III ZR 33/04, MDR 2005, 162, 163; OLG Düsseldorf, Beschl. v. 16. 1. 2001 – 22 W 2/01, NJW-RR 2001, 1725, 1726; OLG Köln NJW-RR 1996, 573, 574).

Der den Antrag stellende Patient soll selbst entscheiden, ob er das Risiko, dass das einzuholende Gutachten auf einer ungesicherten tatsächlichen Grundlage erstattet wird, eingehen will. Zweckmäßig ist es dabei, der Antragsschrift die den umstrittenen Vorfall betreffenden **Unterlagen (medizinische Dokumentation) beizufügen** (OLG Düsseldorf, Beschl. v. 12. 1. 2000 – 8 W 53/99, NJW 2000, 3438; ablehnend hierzu Musielak-Huber, § 485 ZPO Rz. 14; auch OLG Köln, Beschl. v. 23. 4. 2004 – 5 W 51/04, GesR 2004, 235: komplexe Fragestellungen, die die Beiziehung von Behandlungsunterlagen, ggf. die Befragung von Zeugen und der Parteien voraussetzen, führen zur Unzulässigkeit des Antrages).

Der Beschluss des BGH v. 21. 1. 2003 (VI ZB 51/02, NJW 2003, 1741 = GesR 2003, 171 = MedR 2003, 405) nimmt nicht zu der Frage, ob der Antragsgegner im selbständigen Beweisverfahren verpflichtet ist, die den Antragsteller betreffenden Krankenunterlagen an den vom Gericht beauftragten Sachverständigen im Original vorzulegen, Stellung. Eine solche Vorlagepflicht lässt sich aber mit dem Sinn und Zweck des selbständigen Beweisverfahrens oder einer analogen Anwendung der §§ 142 I, 144 I, II, III sowie der §§ 421, 422 und 423 ZPO begründen (Stegers Anm. zum Beschl. des BGH v. 21. 1. 2003, MedR 2003, 405).

Auf Antrag des Patienten kann im selbständigen Beweisverfahren auch die Begutachtung des gegenwärtigen Zustands eines Gebisses (OLG Köln, Beschl. v. 7. 8. 2002 – 5 W 98/02, VersR 2003, 375) oder die Einholung eines Gutachtens darüber angeordnet werden, ob eine bestimmte vom Zahnarzt bei der Anfertigung von Zahnersatz verwendete Legierung zu zahlreichen, näher zu beschreibenden Gesundheitsschäden des Patienten geführt hat (OLG Karlsruhe MDR 1999, 496; OLG Karlsruhe, Beschl. v. 11. 1. 2002 – 13 W 178/01, VersR 2003, 374, 375: Feststellung von Tatsachen in Zahnarzthaftungsstreitigkeiten, die zu einem Personenschaden geführt haben könnten).

3. Nachträgliche Anhängigkeit der Hauptsache

Ein nach § 485 II ZPO (nicht: nach § 485 I ZPO) betriebenes selbständiges Beweisverfahren wird unzulässig, wenn der Antragsteller **vor seiner Beendigung Klage in der Hauptsache erhebt** (OLG Schleswig, Beschl. v. 12. 10. 2004 – 16 W 116/04, OLGR 2005, 39; Zöller-Herget § 486 ZPO Rz. 7).

Die **Zuständigkeit für das Beweisverfahren** geht nach Anhängigkeit der Hauptsachenklage allerdings erst dann auf das Gericht der Hauptsache über, wenn dieses eine Beweisaufnahme für erforderlich hält und deshalb die Akten des selbständigen Beweisverfahrens beizieht (BGH, Beschl. v. 22. 7. 2004 – VII ZB 3/03, MDR 2005, 45; Zöller-Herget § 486 ZPO Rz. 7; abweichend OLG Schleswig, Beschl. v. 12. 10. 2004 – 16 W 116/04, OLGR 2005, 39: bei Erhebung der Hauptsachenklage ist das Beweisverfahren durch Beschluss einzustellen und die Sache an das Prozessgericht abzugeben; ebenso OLG Köln OLGR 1995, 215).

Mit Zustimmung des Gegners oder im Fall der Besorgnis des Verlustes oder der anderweitigen erschwerten Benutzung des Beweismittels bleibt der Antrag jedoch nach § 485 I ZPO zulässig (vgl. Zöller-Herget § 485 ZPO Rz. 5, 7).

II. Beendigung und Wirkung des selbständigen Beweisverfahrens

1. Hemmung der Verjährung

In prozessualer Hinsicht steht die **Verwertbarkeit** der selbständigen Beweiserhebung im Hauptprozess gem. § 493 ZPO im Vordergrund. Die materiell-rechtlichen Wirkungen eines selbständigen Beweisverfahrens betreffen hauptsächlich die Unterbrechung der Verjährung beim Kauf sowie beim Werk- und Werklieferungsvertrag gem. §§ 477 II, 639 I, 651 I BGB a. F. (Musielak-Huber § 485 ZPO Rz. 3, 4).

Zu beachten ist jedoch, dass die Einreichung und Zustellung eines Antrags im selbständigen Beweisverfahren nach dem **bis zum 31. 12. 2001 geltenden Recht keine verjährungsunterbrechende Wirkung** entfalten konnte. Denn der Behandlungsvertrag zwischen dem Arzt und dem Patienten ist ein Dienst- und kein Werkvertrag, so dass §§ 639 I, 477 II BGB a. F. keine Anwendung fanden (F/N Rz. 227, 234 a. E.; Rehborn MDR 2001, 1148, 1153: OLG Hamburg MDR 2001, 799 zur kosmetischen Operation; vgl. → *Arztvertrag*, S. 62 f.).

Nach dem **seit** dem **1. 1. 2002** geltenden § 204 I Nr. 7 BGB n. F. **wird die Verjährung** nunmehr generell durch die Zustellung des Antrages auf Durchführung eines selbständigen Beweisverfahrens **gehemmt.** Voraussetzung für den Beginn der Hemmung ist jedoch die förmliche Zustellung beim Antragsgegner, woran es in der gerichtlichen Praxis oftmals fehlt (F/N Rz. 234 a. E.: formlose Übersendung entgegen § 270 S. 1 ZPO genügt für den Eintritt der Hemmung nicht). Gem. § 204 I 1 BGB n. F. endet die Hemmung sechs Monate nach der rechtskräftigen Entscheidung oder anderweitigen Erledigung des eingeleiteten Verfahrens.

2. Beendigung des selbständigen Beweisverfahrens

Das selbständige Beweisverfahren **endet mit dem Zugang des Sachverständigengutachtens** an die Parteien, sofern weder das Gericht in Ausübung des ihm nach § 411 IV 2 ZPO eingeräumten Ermessens eine Frist zur Stellungnahme gesetzt hat noch die Parteien innerhalb eines angemessenen Zeitraums nach Erhalt des Gutachtens **Einwendungen** dagegen oder das Gutachten betreffende **Anträge oder Ergänzungsfragen** mitgeteilt haben (BGH, Urt. v. 20. 2. 2002 – VIII ZR 228/ 00, VersR 2003, 129; OLG Düsseldorf, Beschl. v. 27. 4. 2004 – I-5 W 7/04, MDR 2004, 1200). Eine vorherige Beendigung tritt mit der Erhebung der Hauptsacheklage ein, wenn die Sache **an das Prozessgericht abgegeben** wird (OLG Schleswig, Beschl. v. 12. 10. 2004 – 16 W 116/04, OLGR 2005, 39, s. o. I. 3.).

Die Beendigung durch Ablauf einer nach § 411 IV 2 ZPO gesetzten Frist setzt eine **formgerechte Fristsetzung und deren Zustellung gem. § 329 II 2 ZPO** voraus (OLG Celle, Beschl. v. 15. 8. 2005 – 4 W 165/05, OLGR 2005, 588, 589: förmliche Zustellung, Fristsetzung muss vom Richter mit vollem Namen unterzeichnet sein; ebenso OLG Schleswig, Beschl. v. 21. 8. 2003 – 16 W 115/ 03, OLGR 2003, 470).

Mit Ablauf der nach § 411 IV 2 ZPO wirksam gesetzten Frist steht dann die Beendigung des Verfahrens fest (OLG Köln NJW-RR 1997, 1220; OLG Karlsruhe MDR 1998, 238; Zöller-Herget § 492 ZPO Rz. 4).

Hat das Gericht eine Frist nach § 411 IV 2 ZPO nicht oder nicht wirksam gesetzt, kommt es darauf an, ob die Parteien innerhalb eines „angemessenen Zeitraums nach Erhalt des Gutachtens" Einwendungen erheben oder weitere Anträge stellen (BGH, Urt. v. 20. 2. 2002 – VIII ZR 228/00, VersR 2003, 129).

Wann ein **Zeitraum angemessen i. S. d. § 411 IV ZPO** ist, richtet sich dabei nach den schutzwürdigen Interessen der Beteiligten (vgl. OLG Düsseldorf, Beschl. v. 27. 4. 2004 – I-5 W 7/04, MDR 2004, 1200; OLG Hamburg, Beschl. v. 18. 6. 2003 – 4 W 45/02). In der Rspr. werden **Fristen bis zu drei Monaten** als angemessen und ausreichend angesehen (LG Dortmund NJW-RR 2001, 714: ein Monat; OLG Düsseldorf, Beschl. v. 27. 4. 2004 – I-5 W 7/04, MDR 2004, 1200: i. d. R. bis zu drei Monaten; OLG Celle MDR 2001, 108: drei Monate). In Ausnahmefällen kann ein Zeitraum von vier Monaten noch angemessen sein (OLG Düsseldorf, Beschl. v. 27. 4. 2004 – I-5 W 7/04, MDR 2004, 1200: fast vier Monate; OLG München, MDR 2001, 531: vier Monate; **weitergehend** OLG Jena, BauR 2003, 581: längstens sechs Monate). Dies soll jedenfalls dann gelten, wenn das Gericht weder eine Ausschlussfrist gesetzt noch einen rechtlichen Hinweis auf den baldigen Ablauf der Stellungnahmefrist erteilt hat (OLG Düsseldorf a. a. O.).

Kommt es noch zu einem Verfahren nach § 494 a ZPO, dann endet das Beweisverfahren **mit der Kostenentscheidung nach § 494 a II 1 ZPO** (Zöller-Herget § 492 Rz. 4 a. E.).

3. Verwertung im Hauptsachenprozess

Die Beweisaufnahme im selbständigen Beweisverfahren hat zur Folge, dass ein neues Gutachten in einem sich anschließenden Rechtsstreit **nur unter den engen Voraussetzungen des § 412 ZPO** eingeholt werden kann (BGH, Beschl. v. 13. 9. 2005 – VI ZB 84/04, GesR 2006, 28, 29; MDR 1999, 675 = VersR 1999, 716, 717). Eine Wiederholung oder Fortsetzung der Beweiserhebung kommt aber ausnahmsweise in Betracht, wenn die selbständige Beweiserhebung i. S. d. § 492 I ZPO fehlerhaft war, etwa das Fragerecht des Antragstellers oder Antragsgegners missachtet wurde, der Gegner zum Erörterungstermin nicht bzw. nicht wirksam (vgl. § 493 II ZPO) geladen worden war (Zöller-Herget § 493 ZPO Rz. 2), eine Vereidigung nachzuholen (§§ 391, 410 ZPO) oder der Sachverständige erfolgreich abgelehnt worden ist (§ 406 ZPO; vgl. hierzu → *Sachverständigenbeweis*, S. 702 ff.), das selbständige Beweisverfahren nicht zwischen den Parteien des Hauptsacheprozesses stattfand (BGH MDR 1991, 236) oder die Voraussetzungen des § 412 ZPO vorliegen (vgl. hierzu KG, Urt. v. 16. 10. 2003 – 12 U 58/01, VersR 2004, 1193, 1195 und Urt. v. 1. 7. 2002 – 12 U 8427/00, VersR 2004, 350, 351; vgl. → *Sachverständigenbeweis*, S. 697 f.).

III. Zulässigkeit von Gegenanträgen und der Streitverkündung

1. Gegenanträge

Im selbständigen Beweisverfahren ist ein Gegenantrag des Antragsgegners, im Arzthaftungsprozess also der Behandlungsseite, jedenfalls dann **zulässig, wenn** das zusätzliche Beweisthema mit dem primären **Beweisthema im sachlichen Zusammenhang** steht, es vom gleichen Sachverständigen beurteilt werden kann, die Einbeziehung in die Beweisaufnahme zu keiner wesentlichen Verzögerung führt und das Beweisverfahren noch nicht beendet ist (OLG Düsseldorf, Beschl. v. 25. 3. 2004 – I-5 W 61/03, OLGR 2004, 378; OLG Jena, Beschl. v. 16. 12. 2005 – 4 W 637/05, OLGR 2006, 147; OLG Nürnberg MDR 2001, 51, 52; LG Konstanz, Beschl. v. 27. 5. 2003 – 12 T 109/03, NJW-RR 2003, 1379; für die grundsätzliche Zulässigkeit von Gegenanträgen auch OLG Düsseldorf, OLGR 1994, 262; OLG Frankfurt OLGR 1998, 34; OLG München NJW-RR 1996, 1277; OLG Hamburg MDR 2001, 1012; KG OLGR 1996, 94; Zöller-Herget § 485 ZPO Rz. 3; **ablehnend** OLG München BauR 1993, 365 und Cuypers NJW 1994, 1992).

Es muss jedoch gewährleistet sein, dass dem Antragsteller das Beweisantragsrecht durch Gegenanträge nicht aus der Hand genommen wird. Diese Gefahr besteht nicht, soweit der Antragsgegner lediglich eigene, ergänzende Anträge stellt (OLG Hamburg MDR 2001, 1012).

2. Streitverkündung

Im selbständigen Beweisverfahren ist die **Streitverkündung** gegenüber einem Dritten grundsätzlich **zulässig** (BGH NJW 1997, 859 = MDR 1997, 390; OLG Düsseldorf, Beschl. v. 25. 3. 2004 – I-5 W 61/03, OLGR 2004, 378; OLG Jena OLGR 1996, 69; OLG Koblenz MDR 1994, 619; OLG München NJW 1993, 2756; **a. A.** OLG Hamm OLGR 1992, 113; OLG Saarbrücken NJW-RR 1989, 1216) und hemmt die Verjährung gem. § 204 I Nr. 6 (Zöller-Herget, § 487 ZPO Rz. 3).

IV. Ladung des Sachverständigen zur Erläuterung des Gutachtens

1. Einseitiger Parteiantrag

Die **mündliche Erläuterung des Gutachtens** durch den Sachverständigen und dessen **Anhörung im Termin** sind auch im selbständigen Beweisverfahren zulässig (BGH, Beschl. v. 13. 9. 2005 – VI ZB 84/04, MDR 2006, 287 = GesR 2006, 28, 29; Beschl. v. 21. 1. 2003 – VI ZB 51/02, NJW 2003, 1741, 1742 a. E. = GesR 2003, 171, 173; OLG Düsseldorf, BauR 1993, 637, 638 und MDR 1994, 939, 940; OLG Hamburg, Beschl. v. 6. 8. 2002 – 2 W 47/02, OLGR 2003, 263, 264; OLG München OLGR 1994, 106; OLG Saarbrücken NJW-RR 1994, 787, 788; **a. A.** LG Köln WuM 1998, 110; Zöller-Herget bis 25. Aufl. 2005, § 485 ZPO Rz. 8).

Die Beweisaufnahme im selbständigen Beweisverfahren hat daher zur Folge, dass ein neues Gutachten in einem sich anschließenden Rechtsstreit nur unter den engen Voraussetzungen des § 412 ZPO eingeholt werden kann (BGH, Beschl. v. 13. 9. 2005 – VI ZB 84/04, MDR 2006, 287 = GesR 2006, 28, 29; MDR 1999, 675 = VersR 1999, 716, 717; zu den Voraussetzungen des § 412 ZPO vgl. KG, Urt. v. 16. 10. 2003 – 12 U 58/01, VersR 2004, 1193, 1195 und KG, Urt. v. 1. 7. 2002 – 12 U 8427/00, VersR 2004, 350, 351 und → *Sachverständigenbeweis*, S. 697 f.).

Dem von einer Partei rechtzeitig gestellten Antrag, den gerichtlichen Sachverständigen nach Erstattung des schriftlichen Gutachtens zu dessen mündlicher Erläuterung zu laden, **muss das Gericht auch dann stattgeben**, wenn die schriftliche Begutachtung aus der Sicht des Gerichts ausreichend und überzeugend ist (BGH, Urt. v. 29. 10. 2002 – VI ZR 353/01, MDR 2003, 168 = NJW-RR 2003, 208;

Beschl. v. 10. 5. 2005 – VI ZR 245/04, MDR 2005, 1308, 1309 = VersR 2005, 1555, 1556; Beschl. v. 8. 11. 2005 – VI ZR 121/05, NJW-RR 2006, 1503, 1504; KG, Urt. v. 6. 6. 2005 – 12 U 55/04, NZV 2005, 521; OLG Zweibrücken NJW-RR 2001, 667, 668).

Die Partei, die den Antrag auf Ladung des Sachverständigen stellt, muss die Fragen, die sie an den Sachverständigen richten will, **nicht im Voraus konkret formulieren**. Ausreichend ist, wenn sie angibt, ein welcher Richtung sie durch ihre Fragen eine weitere Aufklärung herbeizuführen wünscht (BGH, Urt. v. 8. 6. 2004 – VI ZR 230/03, NJW 2004, 2828, 2830 = MDR 2004, 1313, 1314; Beschl. v. 10. 5. 2005 – VI ZR 245/04, VersR 2005, 1555, 1546 = MDR 2005, 1308; Beschl. v. 8. 11. 2005 – VI ZR 121/05, NJW-RR 2006, 1503, 1504; **a. A.** OLG Bremen, Urt. v. 17. 9. 2002 – 3 U 13/02, OLGR 2003, 156: nur, wenn Erläuterungsbedarf besteht).

Ein Beschluss, durch den das LG den Antrag einer Partei, den Sachverständigen zur mündlichen Erläuterung seines schriftlichen Gutachtens zu laden, ablehnt, ist nunmehr mit der **sofortigen Beschwerde** nach § 567 I Nr. 2 ZPO anfechtbar (BGH, Beschl. v. 13. 9. 2005 – VI ZB 84/04, MDR 2006, 287 = GesR 2006, 28, 29; zum alten Recht OLG Düsseldorf NJW-RR 2001, 141; OLG Stuttgart OLGR 1998, 384; OLG Köln OLGR 1997, 116; **a. A.** OLG Düsseldorf OLGR 1992, 344).

Anders als bei der Beweisaufnahme im Erkenntnisverfahren (vgl. § 355 II ZPO) handelt es sich nämlich bei der Zurückweisung des Gesuchs um Anhörung eines Sachverständigen im selbständigen Beweisverfahren um eine Entscheidung, die das Verfahren weitgehend abschließt und die deshalb nicht erst in einen möglicherweise folgenden Rechtsstreit zur Hauptsache geklärt werden kann (BGH, Beschl. v. 13. 9. 2005 – VI ZB 84/04, GesR 2006, 28, 29).

Das Beschwerdegericht darf die Entscheidung des erstinstanzlichen Gerichts, nach Einholung des Haupt- und eines Ergänzungsgutachtens sowie durchgeführter Anhörung des Sachverständigen die von einer Partei beantragte weitere Begutachtung abzulehnen, nur in eingeschränktem Umfang überprüfen. Nur Zweifel an der Richtigkeit und Vollständigkeit des Gutachtens oder Gründe, die zu Zweifeln an der Sachkunde oder Unparteilichkeit des Sachverständigen führen, rechtfertigen eine andere Entscheidung (OLG Jena, Beschl. v. 16. 2. 2005 – 4 W 637/05, OLGR 2006, 147).

2. Zurückweisung verspäteter Anträge und Einwendungen

Unter den Voraussetzungen des § 492 I i. V. m. §§ 411 IV, 296 I, II ZPO kann das Gericht verspätete Anträge und Einwendungen gegen das Sachverständigengutachten zurückweisen (s. o. und → *Sachverständigenbeweis*, S. 695).

Setzt das **Gericht – nicht der Vorsitzende** – den Parteien gem. §§ 411 IV, 296 I ZPO eine **Frist**, innerhalb derer Einwendungen gegen das Gutachten, die Begutachtung betreffende Anträge und Ergänzungsfragen zu erfolgen haben, muss dies klar und eindeutig erfolgen, so dass bei der betroffenen Partei von Anfang an vernünftigerweise keine Fehlvorstellungen über die gravierenden Folgen der mit der Nichtbeachtung der Frist verbundenen Rechtsfolgen aufkommen können (BGH, Urt. v. 22. 5. 2001 – VI ZR 268/00, MDR 2001, 1130). Diesen strengen Voraussetzungen genügt eine Verfügung nicht, in der – noch dazu lediglich vom Kammervorsitzenden – angeordnet wird, dass den Parteien bis zu einem bestimmten Zeitpunkt Gelegenheit gegeben wird, zum Gutachten Stellung zu nehmen (BGH, Urt. v. 22. 5. 2001 – VI ZR 268/00, MDR 2001, 1130; ergänzend OLG Celle, Beschl. v. 15. 8. 2005 – 4 W 165/05, OLGR 2005, 588, 589: Fristsetzungsverfügung muss vom Richter mit vollem Namen unterzeichnet und gem. § 329 II ZPO zugestellt worden sein).

Fehlt es an einer Fristsetzung nach §§ 411, 296 I ZPO, kommt eine Zurückweisung gem. §§ 411 IV, 296 II, 282 II dann in Betracht, wenn die Einwendungen nicht „innerhalb eines angemessenen Zeitraums" eingehen. Als „**angemessen**" wird ein Zeitraum von **einem** (LG Dortmund NJW-RR 2001, 714) bis zu maximal **drei Monaten** angesehen (OLG Celle MDR 2001, 108, 109; OLG Düsseldorf, Beschl. v. 28. 8. 2000 – 21 W 36/00, NJW-RR 2001, 141).

Der **drei Monate** nach Zugang gestellte Antrag auf Erläuterung eines schriftlichen Sachverständigengutachtens im selbständigen Beweisverfahren ist jedenfalls noch innerhalb angemessener Frist gestellt, wenn das Gutachten nach Umfang, Gehalt und Schwierigkeitsgrad einer sorgfältigen und zeitaufwendigen Prüfung bedurfte (OLG Celle MDR 2001, 108) oder wenn der Antragsteller zur Überprüfung zunächst einen Privatgutachter hinzuzieht (OLG Düsseldorf NJW-RR 2001, 141).

Anträge, Fragen und Einwendungen, die erst **mehr als vier Monate** nach Zugang des Gutachtens eingehen, weil sich ein zunächst eingeholtes Privatgutachten verzögert hat, können nur ausnahmsweise noch als rechtzeitig hingenommen werden, wenn zuvor die Absicht, das gerichtliche Beweisverfahren noch fortzusetzen, spätestens zwei Monate nach Zugang des Gutachtens unter Angabe der konkreten Umstände mitgeteilt worden war (OLG München MDR 2001, 531; auch OLG Düsseldorf BauR 2000, 1775) oder das Gericht es in einem umfangreichen Verfahren unterlassen hat, eine Frist nach § 411 IV 2 ZPO zu setzen und trotz bestehender Veranlassung nicht darauf hingewiesen hat, dass ein bestimmter Zeitraum zur Einreichung von Ergänzungsfragen nicht mehr als angemessen angesehen werden würde (OLG Düsseldorf, Beschl. v. 27. 4. 2004 – I-5 W 7/04, MDR 2004, 1200, 1201: Zeitraum von fast vier Monaten dann noch angemessen).

Zur Wahrung der Frist zur Klagerhebung im selbständigen Beweisverfahren ist es erforderlich, dass sich der Streitgegenstand der Klage mit dem des selbständigen Beweisverfahrens zumindest teilweise deckt (OLG Zweibrücken MDR 2002, 476; OLG Köln NJW-RR 2000, 361).

V. Kostenentscheidung

1. Beschluss nach § 494 a ZPO

Gem. § 494 a ZPO hat der Antragsteller die dem Antragsgegner entstandenen Kosten zu tragen, wenn das Gericht auf dessen Antrag nach Beendigung der Beweiserhebung angeordnet hat, dass der Antragsteller **binnen einer bestimmten Frist Klage zu erheben** hat und er dieser Anordnung nicht nachkommt. Einer Klageerhebung i. S. d. § 494 a I ZPO steht dabei die Erhebung einer Widerklage gleich (BGH, Beschl. v. 22. 5. 2003 – VII ZB 30/02, NJW-RR 2003, 1240 = MDR 2003, 1130).

Die Verneinung der prozessualen Kostentragungspflicht durch einen Beschluss nach § 494 a ZPO schließt einen materiell-rechtlichen Kostenerstattungsanspruch des Antragstellers gegen den Antragsgegner, der **nicht Gegenstand der Hauptsacheklage** hätte sein können, allerdings nicht aus (OLG Düsseldorf, Urt. v. 1. 9. 2005 – 5 U 6/05, NJW-RR 2006, 571, 572).

Dagegen stellt eine auf Erstattung der dem Antragsteller im selbständigen Beweisverfahren entstandenen Kosten gerichtete Klage keine Hauptsacheklage i. S. d. § 494 a I ZPO dar (BGH, Beschl. v. 1. 7. 2004 – V ZB 66/03, NJW-RR 2004, 1580 = MDR 2004, 1325: ggf. Feststellungsklage erforderlich).

Auch wenn der Antragsteller das selbständige Beweisverfahren **gegen zwei Antragsgegner** einleitet und nachfolgend nur einen der beiden verklagt, sind die Gerichtskosten des selbständigen Beweisverfahrens insgesamt notwendige Gerichtskosten des Hauptsacheverfahrens. Werden dem – einzigen – Beklagten dann die Kosten im Hauptsacheverfahren auferlegt, so hat er dem Kläger die vollen Gerichtskosten des selbständigen Beweisverfahrens zu erstatten (BGH, Beschl. v. 22. 7. 2004 – VII ZB 9/03, MDR 2005, 87 = NJW-RR 2004, 1651).

Erhebt der Antragsteller eine Klage, deren Streitgegenstand hinter dem Verfahrensgegenstand des selbständigen Beweisverfahrens zurückbleibt, ist eine **Teilkostenentscheidung nach § 494 a II 1 ZPO nach h. M. grundsätzlich unzulässig** (BGH, Beschl. v. 9. 2. 2006 – VII ZB 59/05, MDR 2006, 1075 = NJW 2006, 810; Beschl. v. 24. 6. 2004 – VII ZB 11/03, NJW 2004, 3121 = MDR 2004, 1373; OLG Düsseldorf, Beschl. v. 10. 1. 2006 = I-22 W 36/05, MDR 2006, 1253; OLG Celle, Beschl. v. 28. 9. 2000 – 22 W 80/00, OLGR 2001, 157; OLG Schleswig, Beschl. v. 12. 4. 2001 – 16 W 35/01, MDR 2001, 836 = OLGR 2001, 338; ab 26. Aufl. auch Zöller-Herget § 494 a ZPO Rz. 4 a; **a. A.** für die Zulässigkeit einer Teilkostenentscheidung: OLG Köln, Beschl. v. 12. 4. 2000 – 17 W 480/99, NJW-RR 2001, 1650; OLG Koblenz, NJW-RR 1998, 68; OLG Düsseldorf, 7. ZS, NJW-RR 1998, 210; OLG München, OLGR 1992, 94; LG München I NJW-RR 2001, 1151; LG Osnabrück MDR 1994, 1052).

Gegen eine Teilkostenentscheidung nach § 494 a II 1 ZPO sprechen der Grundsatz der Einheitlichkeit der Kostenentscheidung sowie Sinn und Zweck des § 494 a ZPO. Dieser soll die Lücke schließen, die entsteht, wenn der Antragsteller nach der Beweisaufnahme auf eine Hauptsachenklage verzichtet. Eine Teilkostenentscheidung würde die Gefahr widersprüchlicher Entscheidungen begründen. In welchem Umfang die Klage hinter dem Verfahrensgegenstand des Beweisverfahrens zurückbleibt, steht bis zur letzten mündlichen Verhandlung vor dem Tatrichter des Hauptsacheverahrens nicht fest. Eine Klageänderung oder Klageerweiterung bleibt auch dann möglich. Hierdurch würde die der Teilkostenentscheidung nach § 494 a II 1 ZPO zugrunde gelegte Quote unrichtig (BGH, Beschl. v. 9. 2. 2006 – VII ZB 59/05, MDR 2006, 1075 = NJW 2006, 810; Beschl. v. 24. 6. 2004 – VII ZB 11/03, NJW 2004, 3121 = MDR 2004, 1373).

Bleibt die Hauptsacheklage hinter dem Verfahrensgegenstand des selbständigen Beweisverfahrens zurück, wird der Antragsgegner dadurch ausreichend geschützt, dass dem Antragsteller in **entsprechender Anwendung des § 96 ZPO** die dem Antragsgegner durch den überschießenden Teil des selbständigen Beweisverfahrens entstandenen Kosten auferlegt werden (BGH, Beschl. v. 9. 2. 2006 – VII ZB 59/05, MDR 2006, 1075 = NJW 2006, 810; Beschl. v. 24. 6. 2004 – VII ZB 11/03, NJW 2004, 3121 = MDR 2004, 1373; Beschl. v. 21. 10. 2004 – V ZB 28/04, MDR 2005, 296 = NJW 2005, 294; OLG Stuttgart, Beschl. v. 19. 10. 2004 – 8 W 156/04, MDR 2005, 358 unter Aufgabe von OLG Stuttgart, Die Justiz 1982, 127 und 157). Die Kosten eines im Klageverfahren nicht weiter verfolgten Teils des vorausgegangenen selbständigen Beweisverfahrens können **dem Antragsteller also in analoger Anwendung des § 96 ZPO auch dann auferlegt** werden, wenn er in der Hauptsache – mit dem eingeklagten Teil – vollständig obsiegen sollte (BGH, Beschl. v. 21. 10. 2004 – V ZB 28/04, MDR 2005, 296 = NJW 2005, 294). Hat das Gericht der Hauptsache von der Möglichkeit der entsprechenden Anwendung des § 96 ZPO keinen Gebrauch gemacht, scheidet eine Korrektur der Kostengrundentscheidung im anschließenden Kostenfestsetzungsverfahren aus (BGH, Beschl. v. 9. 2. 2006 – VII ZB 59/05, NJW-RR 2006, 810 = MDR 2006, 1075).

Nach wohl h. M. umfasst der **Kostenausspruch gem. § 269 III ZPO nach Klagerücknahme** (zur Rücknahme des Antrages auf Durchführung des selbständigen Beweisverfahrens s. u.) auch die Kosten eines den Streitgegenstand des Hauptsacheverfahrens betreffenden vorausgegangenen Beweisverfahrens, so dass es einer entsprechenden Anwendung des § 494 a II ZPO bei einer vom Antragsteller zunächst eingereichten, nachfolgend aber wieder zurückgenommenen Hauptsacheklage nicht bedarf (OLG Stuttgart, Beschl. v. 19. 10. 2004 – 8 W 156/04, MDR 2005, 358; OLG Jena, Beschl. v. 22. 6. 2006 – 4 W 173/06, OLGR 2006, 775, 776; OLG Düsseldorf, BauR 1997, 349, 350; OLG Celle, JurBüro 1984, 1581; OLG Koblenz, Beschl. v. 18. 8. 2004 – 5 W 521/04, MDR 2005, 291; im Ergebnis auch OLG München, Beschl. v. 16. 11. 2004 – 1 W 2704/04, OLGR 2005, 735: bei Zurückweisung als unzulässig ist § 91 I ZPO anzuwenden; **a. A.** OLG Koblenz, Beschl. v. 5. 3. 2003 – 14 W 148/03, NJW 2003, 3281: Kosten müssen in einem besonderen Rechtsstreit geltend gemacht werden; **für eine direkte bzw. analoge Anwendung des § 494 a II ZPO**: OLG Frankfurt, Beschl. v. 1. 8. 2003 – 19 W 29/03, NJW-RR 2004, 70, 71; OLG Düsseldorf, Beschl. v. 3. 2. 2006 – 23 W 62/05, NJW-RR 2006, 1028; OLG Köln MDR 2002, 1391; Zöller-Herget § 494 a ZPO Rz. 4a und Musielak-Huber § 494 a ZPO Rz. 4 a, 7: Anwendung des § 494 a II ZPO analog bei Rücknahme der Hauptsacheklage oder deren Abweisung als unzulässig; insoweit offengelassen von BGH, Beschl. v. 22. 5. 2003 – VII ZB 30/02, NJW-RR 2003, 1240 = MDR 2003, 1130).

Für eine Kostenentscheidung nach § 494 a II 1 ZPO ist jedenfalls kein Raum, wenn das Gericht ein im selbständigen Beweisverfahren eingeholtes Gutachten in der Sache aus Rechtsgründen gar nicht verwertet (BGH, Beschl. v. 22. 5. 2003 – VII ZB 30/02, NJW-RR 2003, 1240 = MDR 2003, 1130). Nach Auffassung des OLG Jena (Beschl. v. 22. 6. 2006 – 4 W 173/06, OLGR 2006, 775, 776; **a. A.** OLG Düsseldorf, Beschl. v. 3. 2. 2006 – 23 W 62/05, NJW-RR 2006, 1028) sind die Kosten des selbständigen Beweisverfahrens dem Kläger nach Rücknahme der Klage im Hauptsacheverfahren jedenfalls dann aufzuerlegen, wenn das selbständige Beweisverfahren die Grundlage für das spätere Hauptverfahren geschaffen hat. Dabei soll es nicht auf die Verwertung des im selbständigen Verfahren gewonnenen Beweisergebnisses, sondern nur darauf ankommen, ob eine abgeschlossene Beweiserhebung im selbständigen Beweisverfahren vorlag, die im Hauptsacheverfahren hätte herangezogen werden können.

Das OLG Düsseldorf (Beschl. v. 3. 2. 2006 – 23 W 62/05, NJW-RR 2006, 1028; ebenso OLG Köln BauR 2003, 290 und MDR 2002, 1391 sowie OLG München NJW-RR 1998, 1078 = MDR 1998, 307) hat sich der von ihm als „überwiegend vertreten" bezeichneten Ansicht angeschlossen, wonach die Kosten eines rechtsstreitvorausgegangenen selbständigen Beweisverfahrens nicht von dem Kostenausspruch aus § 269 III 2 ZPO erfasst werden. Der Beklagte wird von dieser Ansicht auf eine Antragstellung nach § 494 a II ZPO verwiesen.

Folgt einem selbständigen Beweisverfahren ein außergerichtlicher Vergleich, der den Gegenstand der Beweissicherung umfassend erledigt, so scheidet eine Kostenbelastung des Antragstellers wegen unterlassener Klagerhebung aus. Es kann dann vielmehr geboten sein, die Kosten der Beweissicherung in entsprechender Anwendung des § 98 ZPO als gegeneinander aufgehoben anzusehen (OLG Koblenz, Beschl. v. 17. 8. 2004 – 5 W 517/04, MDR 2005, 232; auch OLG Dresden NJW-RR 1999, 1516).

Problematisch ist, ob ein Kostenausspruch nach § 494 a II ZPO auch dann noch eröffnet ist, wenn zwar die vom Gericht gesetzte Frist zur Klagerhebung fruchtlos verstrichen ist, der Antragsteller aber in der Zeit **zwischen Fristablauf und Kostenentscheidung Klage erhoben** hat.

Nach **h. M.** darf das Gericht den **Beschluss nach § 494 a II 1 ZPO nicht mehr fassen**, wenn bis zum Zeitpunkt der Beschlussfassung vom Antragsteller doch noch – **verspätet – Klage zur Hauptsache erhoben** wird (OLG Celle OLGR 1996, 23; OLG Düsseldorf NJW-RR 1998, 359 und NJW-RR 2002, 427; B/L/A/H, § 494 a Rz. 13; Zöller-Herget § 494 a ZPO Rz. 4 a; a. A. OLG Frankfurt, NJW-RR 2001, 862). Nach hiervon abweichender Auffassung des OLG Frankfurt (NJW-RR 2001, 862) knüpft die Kostenbelastung des Antragstellers nach § 494 a II 1 ZPO an die Versäumung der Frist zur Klagerhebung an. Der Kostenausspruch könne nicht dadurch verhindert werden, dass der Antragsteller die Klage nach Fristablauf, aber vor Beschlussfassung des Gerichts eingereicht hat.

2. Entsprechende Anwendung des § 269 III ZPO

Wird der **Antrag auf Durchführung eines selbständigen Beweisverfahrens zurückgenommen**, so ist über dessen Kosten **nicht durch selbständigen Kostenbeschluss** unabhängig von der Kostenentscheidung des Hauptsacheverfahrens, sondern im Rahmen des Klageverfahrens **gem. §§ 91 I, 269 III 2 ZPO zu entscheiden** (BGH, Beschl. v. 10. 3. 2005 – VII ZB 1/04, MDR 2005, 944 = NJW-RR 2005, 1015; **a. A.** OLG Zweibrücken, Beschl. v. 27. 10. 2003 – 4 W 94/03, NJW-RR 2004, 821 und OLG München MDR 1998, 307: gesonderte, vom Hauptsacheverfahren unabhängige Kostengrundentscheidung analog § 269 III ZPO; auch Musielak-Huber § 494 a ZPO Rz. 7 und § 269 ZPO Rz. 23: analoge Anwendung des § 269 III ZPO, wenn keine Klage erhoben wird).

Denn die Kosten des selbständigen Beweisverfahrens gehören grundsätzlich zu den Kosten des anschließenden Hauptsacheverfahrens (BGH; Urt. v. 24. 6. 2004 – VII ZB 11/03, MDR 2004, 1373 = NJW 2004, 3121; Beschl. v. 22. 7. 2004 – VII ZB 9/03, MDR 2005, 87 = NJW-RR 2004, 1651; OLG Stuttgart, Beschl. v. 19. 10. 2004 – 8 W 156/04, MDR 2005, 358).

Eine **Kostenentscheidung unter entsprechender Anwendung des § 269 III 2 ZPO** kommt im selbständigen Beweisverfahren aber (nur) in Betracht, wenn der Antragsteller den Antrag zurücknimmt und **kein Hauptsacheverfahren anhängig** ist bzw. anhängig gemacht wird (BGH, Beschl. v. 14. 10. 2004 – VI ZB 23/03, MDR 2005, 227 = BauR 2005, 133; OLG Hamm MDR 2000, 790; OLG Köln, Beschl. v. 23. 5. 2001 – 3 W 27/01, OLGR 2001, 355; OLG München MDR 2001, 1011, 1012; LG Dortmund NJW-RR 2001, 1438; Musielak-Huber § 494 a Rz. 7; **a. A.** LG Mönchengladbach, Beschl. v. 8. 9. 2005 – 5 T 352/05, MDR 2006, 229, 230 und OLG Koblenz, Beschl. v. 5. 3. 2003 – 14 W 148/03, NJW 2003, 3281, 3282: Kosten müssen in einem gesonderten Rechtsstreit geltend gemacht werden).

Darüber hinaus ist eine **isolierte Kostenentscheidung** im selbständigen Beweisverfahren in entsprechender Anwendung des § 269 III 2 ZPO auf Antrag stets **dann möglich**, wenn das Beweisverfahren vom Antragsteller nicht weiterbetrieben wird (OLG Koblenz, Beschl. v. 18. 8. 2004 – 5 W 521/04, MDR 2005, 291; Musielak-Foerste § 269 ZPO Rz. 23: § 269 III 2, 3 analog, bei Rücknahme ohne Beschluss nach § 494 a aber gem. § 494 a ZPO analog) oder die **Beweisaufnahme aus anderen Gründen tatsächlich nicht** oder nicht vollständig durchgeführt wird, die Beweisthemen des selbständigen Beweisverfahrens nicht Gegenstand eines anderweitigen Hauptsacheverfahrens sind und die Beteiligten die Kosten auch **nicht vergleichsweise geregelt** haben. Die Kosten hat dann derjenige zu tragen, dem es zuzurechnen ist, dass es nicht zur Beweiserhebung gekommen ist (OLG München, Beschl. v. 2. 3. 2001 – 28 W 979/01, MDR 2001, 768 = OLGR 2001, 157 = NJW-RR 2001, 1439; NJW-RR 2001, 1580 = MDR 2001, 1011, 1012; OLG Koblenz BauR 1998, 1045; **a. A.** OLG Hamburg MDR 1998, 242, 243: Prüfung der materiellen Rechtslage erforderlich).

Zahlt der ASt. den bei ihm angeforderten Auslagenvorschuss trotz entsprechender, erneuter Aufforderung des Gerichts nicht ein, ist dies nach Ansicht mehrerer Oberlandesgerichte als **Antragsrücknahme** mit der Folge der Anwendung des § 269 III ZPO auszulegen (OLG Düsseldorf OLGR 1993, 345; OLG Frankfurt MDR 1995, 751; OLG Stuttgart OLGR 1999, 419; auch OLG Koblenz, Beschl. v. 18. 8. 2004 – 5 W 521/04, MDR 2005, 291, wenn der ASt das Verfahren nicht weiterbetreibt). Nach anderer Auffassung (OLG Köln NJW-RR 2001, 1650) hat das Gericht auch in diesen Fällen das Verfahren zu Ende zu führen, um dem Antragsgegner eine Kostenentscheidung nach § 494 a II ZPO zu ermöglichen. Zahlt der Ast. den angeforderten Auslagenvorschuss für den gerichtlichen Sachverständigen nicht ein, so kann der Antragsgegner den Fortgang des Verfahrens durch Zahlung des Vorschusses erreichen.

Wenngleich die Lösung des OLG Köln dogmatisch die korrektere ist, so sprechen doch Gründe der **wirtschaftlichen Vernunft** für die erstgenannte Ansicht. Denn das OLG Köln zwingt den Antragsgegner zur Einzahlung teilweise ganz erheblicher, danach möglicherweise beim ASt. nicht mehr realisierbarer Beträge.

3. Entsprechende Anwendung des § 91 a ZPO

Eine **einseitige Erledigungserklärung des Antragstellers** ist im selbständigen Beweisverfahren nach h. M. **nicht zulässig**; eine solche einseitige Erklärung ermöglicht keine Kostenentscheidung gegen den Antragsgegner (BGH, Beschl. v. 14. 10. 2004 – VII ZB 23/03, MDR 2005, 227; Beschl. v. 12. 2. 2004 – V ZB 57/ 03, MDR 2004, 715 = NJW-RR 2004, 1005; ebenso bereits OLG Hamburg, MDR 1998, 242; OLG Dresden NJW-RR 1999, 1516; KG, Beschl. v. 18. 9. 2001 – 4 W 183/03, MDR 2002, 422; LG Mönchengladbach, Beschl. v. 8. 9. 2005 – 5 T 352/05, MDR 2006, 229; **a. A.** OLG Koblenz, BauR 1998, 1045; OLG München, Beschl. v. 25. 4. 2001 – 29 W 1086/01, NJW-RR 2001, 1580, 1582).

Eine einseitige Erledigungserklärung im selbständigen Beweisverfahren ist vielmehr **regelmäßig als Antragsrücknahme auszulegen** (BGH, Beschl. v. 14. 10. 2004 – VII ZB 23/03, MDR 2005, 227; KG, Beschl. v. 18. 9. 2001 – 4 W 183/01, MDR 422 und BauR 2002, 1735: Umdeutung in Antragsrücknahme).

Wird dagegen der Antrag auf Durchführung des selbständigen Beweisverfahrens **übereinstimmend für erledigt erklärt**, so ist über die Kosten in **analoger Anwendung des § 91 a ZPO** zu entscheiden (OLG Hamm, MDR 2000, 790; OLG Koblenz, BauR 1998, 1045; OLG München, NJW-RR 2000, 1455; Musielak-Huber § 494 a Rz. 7 a. E.; **a. A.** OLG Dresden, NJW-RR 1999, 1516; KG, Beschl. v. 18. 9. 2001 – 4 W 183/01, MDR 2001, 422; OLG Hamburg, MDR 1998, 242, 243; offengelassen von BGH, Beschl. v. 12. 2. 2004 – V ZB 57/03, MDR 2004, 715 und Beschl. v. 14. 10. 2004 – VII ZB 23/03, MDR 2005, 227).

Diagnosefehler

Vgl. auch → *Anfängereingriffe, Anfängeroperationen,* → *Grobe Behandlungsfehler,* → *Therapiefehler,* → *Unterlassene Befunderhebung*

I. Grundlagen
  1. Begriff des Diagnoseirrtums
  2. Abgrenzung zur unterlassenen Befunderhebung
  3. Der Patient darf nicht in unnötige Ängste versetzt werden
II. Als grobe Behandlungsfehler gewertete Diagnosefehler
III. Als einfache Behandlungsfehler gewertete Diagnosefehler

1. Verkennung oder Fehldeutung von Symptomen
2. Diagnose beruht auf der Unterlassung von Befunderhebungen
3. Überprüfung einer Arbeitsdiagnose im weiteren Verlauf unterlassen
IV. Nicht als Behandlungsfehler gedeuteter Diagnoseirrtum

I. Grundlagen

1. Begriff des Diagnoseirrtums

Irrtümer bei der Diagnosestellung, die in der Praxis nicht selten vorkommen, sind oft nicht die Folge eines vorwerfbaren Versehens des Arztes. Die Symptome einer Erkrankung sind nämlich nicht immer eindeutig, sondern können auf die verschiedensten Ursachen hinweisen. Auch kann jeder Patient wegen der Unterschiedlichkeiten des menschlichen Organismus die Anzeichen ein und derselben Krankheit in anderer Ausprägung aufweisen. Diagnoseirrtümer, die objektiv auf eine Fehlinterpretation der Befunde zurückzuführen sind, können deshalb **nur mit Zurückhaltung als Behandlungsfehler** gewertet werden (so BGH, Urt. v. 8. 7. 2003 – VI ZR 304/02, VersR 2003, 1256, 1257 = NJW 2003, 2827 = MDR 2003, 1290; ebenso OLG Hamm, Urt. v. 2. 4. 2001 – 3 U 160/00, OLGR 2002, 217, 218 = VersR 2002, 578, 579; Urt. v. 23. 8. 2000 – 3 U 229/99, VersR 2002, 315, 316; Urt. v. 28. 2. 2001 – 3 U 17/00, OLGR 2002, 271, 272; OLG Koblenz, Urt. v. 31. 8. 2006 – 5 U 588/06, VersR 2006, 1547, 1548; OLG Köln VersR 1989, 631; OLG München, Urt. v. 6. 4. 2006 – 1 U 4142/05, NJW 2006, 1883, 1886 = GesR 2006, 266, 269; Urt. v. 28. 10. 2004 – 1 U 1841/04, OLGR 2006, 52; OLG Naumburg, Urt. v. 13. 3. 2001 – 1 U 76/00, OLGR 2002, 39, 40 = NJW-RR 2002, 312, 313; OLG Oldenburg VersR 1991, 1141; OLG Schleswig, Urt. v. 13. 2. 2004 – 4 U 54/02, GesR 2004, 178, 179; OLG Stuttgart, Urt. v. 22. 2. 2001 – 14 U 62/00, OLGR 2002, 251, 255; Urt. v. 12. 3. 2002 – 1 U 18/01, OLGR 2002, 405, 406; Gehrlein Rz. B 16; G/G, 5. Aufl., Rz. B 55; Müller, VPräsBGH GesR 2004, 257, 259 f.; Rehborn MDR 1999, 1169, 1171; S/Pa, Rz. 154).

So ist die objektive Fehlerhaftigkeit einer Diagnose nicht vorwerfbar, wenn es sich um eine in der gegebenen Situation vertretbare Deutung der Befunde handelt (OLG Kobelnz, Urt. v. 29. 6. 2006 – 5 U 1494/05, OLGR 2006, 911; OLG Stuttgart a. a. O.; G/G, 5. Aufl., Rz. B 55).

Schwierigkeiten bereitet die **Abgrenzung, ob ein Diagnoseirrtum überhaupt als Behandlungsfehler**, bejahendenfalls als „einfacher" oder als „grober" Behandlungsfehler zu bewerten ist. Überwiegend finden sich in der Rechtsprechung – alternativ – die folgenden teilweise nicht einheitlichen Formulierungen:

Ein Diagnoseirrtum kann dem Arzt nur dann als haftungsbegründender Behandlungsfehler vorgeworfen werden, wenn (alternativ)

▷ Symptome vorliegen, die **für eine bestimmte Erkrankung kennzeichnend** sind, vom Arzt aber nicht ausreichend berücksichtigt werden (BGH, Urt. v. 8. 7. 2003 – VI ZR 304/02, VersR 2003, 1256, 1257 = MDR 2003, 1290; Müller, VPräsBGH, GesR 2004, 257, 259) oder

▷ sich die Diagnose des Arztes sogar als **unvertretbare Fehlleistung** darstellt (OLG Frankfurt VersR 1997, 1358: „völlig unvertretbare Fehlleistung"; OLG Hamm, Urt. v. 2. 4. 2001 – 3 U 160/00, OLGR 2002, 217, 218 = VersR 2002, 578, 579 und Urt. v. 23. 8. 2000 – 3 U 29/99, VersR 2002, 315, 316: „Fehlinterpretation eines Befundes unvertretbar", wobei jeweils ein grober Behandlungsfehler angenommen wurde; OLG Koblenz, Urt. v. 31. 8. 2006 – 5 U 588/06, VersR 2006, 1547, 1548: nicht mehr vertretbar; OLG München, Urt. v. 3. 6. 2004 – 1 U 5250/03, VersR 2005, 657 und Urt. v. 23. 9. 2004 – 1 U 5198/03, MedR 2006, 174, 175: „völlig unvertretbar" zur Begründung eines „groben Behandlungsfehlers"; Urt. v. 6. 4. 2006 – 1 U 4142/05, GesR 2006, 266, 269 = NJW 2006, 1883, 1886: „Krankheitserscheinung in völlig unvertretbarer Weise gedeutet oder elementare Kontrollbefunde nicht erhoben"; im entschiedenen Fall wurde ein „fundamentaler Diagnosefehler" verneint; OLG Köln VersR 1999, 366; VersR 1991, 1288; VersR 1989, 631; OLG Schleswig, Urt. v. 13. 2. 2004 – 4 U 54/02, GesR 2004, 178: „in völlig unvertretbarer Weise gedeutet") oder

▷ die Fehldiagnose darauf beruht, dass der Arzt eine **notwendige Befunderhebung** entweder vor der Diagnosestellung oder zur erforderlichen Überprüfung der Diagnose **unterlassen** hat (BGH, Urt. v. 8. 7. 2003 – VI ZR 304/02, VersR 2003, 1256, 1257 = MDR 2003, 1290; Müller, VPräsBGH, GesR 2004, 257, 260) bzw. – nach der Formulierung zahlreicher Oberlandesgerichte – die vom Arzt gestellte Diagnose entweder auf der **Unterlassung elementarer Befunderhebungen** beruht oder aber die **Überprüfung einer ersten Arbeitsdiagnose** im weiteren Behandlungsverlauf **fehlerhaft versäumt** wurde (OLG Düsseldorf, VersR 1987, 994; OLG Frankfurt VersR 1997, 1358; OLG Köln VersR 1999, 366; VersR 1991, 1288; VersR 1989, 631; VersR 1988, 1299; OLG Schleswig, Urt. v. 13. 2. 2004 – 4 U 54/02, GesR 2004, 178).

Nach Auffassung von Steffen/Pauge (S/Pa, 10. Aufl., Rz. 155 a) darf die Zurückhaltung in der Bewertung von Diagnosefehlern durch den BGH nicht dahin missverstanden werden, dass nur aus einer ex ante-Sicht **völlig unvertretbare** diagnostische Fehlleistungen zur Haftung führen können; danach genügt es vielmehr, wenn das diagnostische Vorgehen für einen gewissenhaften Arzt nicht mehr vertretbar erscheint, insbesondere, wenn die erhobenen Befunde nur den Schluss auf eine bestimmte (andere) Diagnose rechtfertigen.

Greiner (G/G, 5. Aufl., Rz. 55) nimmt das Vorliegen eines (einfachen) zur Haftung des Arztes führenden Diagnosefehlers an, wenn er eindeutige Symptome nicht erkennt oder falsch deutet bzw. die Deutung angesichts weiterer Befunde nicht mehr vertretbar erscheint.

Das OLG Hamm (Urt. v. 23. 8. 2000 – 3U 229/99, VersR 2002, 315, 316; Urt. v. 2. 4. 2001 – 3 U 160/00, VersR 2002, 578, 579; ebenso OLG München, Urt. v. 6. 4. 2006 – 1 U 4142/05, NJW 2006, 1883, 1886 = GesR 2006, 266, 269) differenziert wie folgt: Dem Arzt steht grundsätzlich bei der Diagnose wie bei der Therapie ein gewisser Beurteilungs- und Entscheidungsspielraum zu. Dies bedeutet jedoch nicht, dass nur völlig unvertretbare diagnostische Fehlleistungen überhaupt zu einer Haftung des Arztes führen können. Auch unter Beachtung des dem Arzt bei der Diagnose zustehenden Beurteilungsspielraums liegt dann ein einfacher Behandlungsfehler vor, wenn das diagnostische Vorgehen und die Bewertung der durch diagnostische Hilfsmittel gewonnenen Ergebnisse für einen gewissenhaften Arzt **nicht mehr vertretbar** erscheinen. Ist die **Interpretation** eines Befundes darüber hinaus als **„unverständlich"** zu werten, rechtfertigt dies die Annahme eines „groben Behandlungsfehlers" (in der Form des „fundamentalen Diagnoseirrtums"), der zur Beweislastumkehr zugunsten des Patienten hinsichtlich der Kausalität zwischen dem Behandlungsfehler und dem hierdurch eingetretenen Primärschaden beim Patienten führt (vgl. hierzu → Grobe Behandlungsfehler, S. 527 ff.).

Das OLG Stuttgart (Urt. v. 2. 2. 2001 – 14 U 62/2000, OLGR 2002, 251, 255 und Urt. v. 16. 6. 1998 – 14 U 67/97) sieht einen Diagnoseirrtum dann als Behandlungsfehler an, wenn eine **Abweichung von einer klar zu stellenden Diagnose** vorliegt oder eindeutige Symptome nicht erkannt oder falsch gedeutet werden.

Das OLG Naumburg (Urt. v. 13. 3. 2001 – 1 U 76/00, OLGR 2002, 39, 40) hat im Fall eines nicht erkannten Nierenfunktionsversagens ausgeführt, dass ein Diagnoseirrtum dann als Behandlungsfehler zu werten wäre, wenn aus Sicht des Arztes zum Zeitpunkt der Diagnosestellung entweder **Anlass zu Zweifeln** an der Richtigkeit der gestellten Diagnose bestand oder der Arzt solche Zweifel gehabt und diese nicht beachtet hat. Sind die vorliegenden Krankheitszeichen aus der Sicht des Arztes mit verschiedenen Verdachtsdiagnosen erklärbar, von denen eine als führend gestellt wurde, liegt danach kein vorwerfbarer Diagnoseirrtum vor. Nach Auffassung des OLG Koblenz (Urt. v. 29. 6. 2006 – 5 U 1494/ 05, OLGR 2006, 911) liegt kein (einfacher) Diagnosefehler vor, wenn der Arzt den Patienten sorgfältig untersucht, ergänzend alle nach den seinerzeit bestehenden Erkenntnismöglichkeiten gebotenen weiteren diagnostischen Maßnahmen veranlasst und deren Ergebnis zeitnah ausgewertet sowie vertretbar gedeutet hat.

Das OLG Schleswig (Urt. v. 13. 2. 2004 – 4 U 54/02, GesR 2004, 178, 179) schließt sich der bislang verwendeten Definition zahlreicher Oberlandesgerichte (s. o.) an. Danach führen Fehldiagnosen eines Arztes nur dann zu einer Haftung, wenn Krankheitserscheinungen in **völlig unvertretbarer,** der Schulmedizin entgegenstehender **Weise gedeutet, elementare Kontrollbefunde nicht erhoben** werden oder eine **Überprüfung der ersten Verdachtsdiagnose** im weiteren Behandlungsverlauf unterbleibt (OLG Schleswig, Urt. v. 13. 2. 2004 – 4 U 54/02, GesR 2004, 178, 179).

2. Abgrenzung zur unterlassenen und verzögerten Befunderhebung

Gelingt dem Patienten zwar der Beweis eines Behandlungsfehlers in der Form eines (einfachen) Diagnosefehlers oder eines (einfachen) Fehlers in der Befunderhebung, nicht aber der Nachweis der Ursächlichkeit dieses Fehlers für den geltend gemachten Gesundheitsschaden, kommen ihm dann Beweiserleichterungen zu Hilfe, wenn der objektive Diagnosefehler entweder als grob zu werten ist („fundamentaler Diagnoseirrtum"), ein grober Fehler in der Befunderhebung vorliegt oder wenn die Voraussetzungen für eine **Beweislastumkehr in der Fallgruppe der „unterlassenen Befunderhebung"** wegen eines (lediglich einfachen) Fehlers bei der Befunderhebung oder Befundsicherung gegeben sind (BGH, Urt. v. 8. 7. 2003 – VI ZR 304/02, VersR 2003, 1256, 1257 = NJW 2003, 2827, 2828 – vgl. zu den Einzelheiten → *Unterlassene Befunderhebung,* S. 807 f.).

Kommt im Einzelfall sowohl das Vorliegen eines „Diagnosefehlers" als auch eines „Behandlungsfehlers", etwa wegen Unterlassung einer erforderlichen ärztlichen Behandlung oder unterlassener differential-diagnostischer Maßnahmen in Betracht, ist auf den **„Schwerpunkt" des ärztlichen Fehlverhaltens** abzustellen (OLG Brandenburg, Urt. v. 14. 11. 2001 – 1 U 12/01, VersR 2002, 313, 315).

Hat bereits ein vorbehandelnder Arzt die **Verdachtsdiagnose „Hodentorsion"** gestellt oder eine solche jedenfalls nicht ausschließen können und liegen eindeutige Symptome vor, die hierauf hindeuten, erweist sich die unterbliebene Freilegung des Hodens nicht als bloßer Diagnoseirrtum, sondern – zumindest im Schwerpunkt – als echter, in diesem Fall grober Behandlungsfehler (OLG Brandenburg VersR 2002, 313, 314).

Bei einer Traumatisierung des Handgelenks nach einem Sturz gehört die Röntgendiagnostik zur Abklärung eines etwaigen Knochenbruchs zum medizinischen Facharztstandard. Hat der Arzt (Chirurg oder Orthopäde) einen tatsächlich vorliegenden **Kahnbeinbruch nicht diagnostiziert**, handelt es sich nicht um einen einfachen Diagnosefehler, sondern um einen Fall der „unterlassenen Befunderhebung". Das Unterlassen der Fertigung einer Röntgenaufnahme stellt in einem solchen Fall sogar ein grobes medizinisches Fehlverhalten dar (KG, Urt. v. 7. 3. 2005 – 20 U 398/01, GesR 2005, 251), so dass es hier auf das Vorliegen der übrigen Voraussetzungen im Rahmen der Fallgruppe der → *Unterlassenen Befunderhebung* (siehe hierzu S. 804 ff.) nicht mehr ankommt.

Eine objektiv gebotene, aber wegen eines vorwerfbaren Diagnoseirrtums **folgerichtig unterlassene Befunderhebung** kann allerdings nicht Anknüpfungspunkt für eine Beweislastumkehr bzw. Beweiserleichterungen in Bezug auf die Kausalität des hierin liegenden Behandlungsfehlers zum Eintritt eines Körperoder Gesundheitsschaden beim Patienten sein, wenn der **Diagnoseirrtum nicht als fundamental** (grober Behandlungsfehler) zu qualifizieren ist (OLG Köln, Urt. v. 20. 7. 2005 – 5 U 200/04, VersR 2005, 1740 = NJW 2006, 69, 70).

Hat ein Gynäkologe etwa einen Abstrich falsch ausgewertet, ohne dass ihm hierbei ein fundamentaler Diagnoseirrtum zur Last gelegt werden könnte, kommt eine Beweislastumkehr aus dem Gesichtspunkt der „unterlassenen Befunderhebung" nicht in Betracht, wenn er in der Folgezeit eine Kontrolluntersuchung unterlässt, die bei richtiger Auswertung des erhobenen Befundes medizinisch objektiv geboten gewesen wäre und mit hinreichender Wahrscheinlichkeit ein reaktionspflichtiges Ergebnis erbracht hätte (OLG Köln, Urt. v. 20. 7. 2005 – 5 U 200/04, VersR 2005, 1740, 1741).

Die Haftung des Arztes wegen **verzögerter Befunderhebung oder Befunddeutung** greift nach Ansicht des OLG Koblenz (Urt. v. 3. 11. 2005 – 5 U 1560/04, GesR 2006, 16, 17 m. zust. Hinweis von Jorzig) nicht ein, wenn der Patient nicht nachweist, dass die von ihm vermissten Maßnahmen alsbald zur richtigen Diagnose sowie zu einem günstigeren Behandlungsergebnis geführt hätten, soweit die Verzögerung nicht als grober Behandlungsfehler bzw. fundamentaler Diagnoseirrtum zu bewerten ist.

Im entschiedenen Fall hatte der Patient, ein neunjähriges Kind über diffuse Magenbeschwerden geklagt und war vom Hausarzt in die ein Krankenhaus eingewiesen worden. Dort wurde statt der vorliegenden Appendizitis (Blinddarmentzündung) zunächst eine Gastroenteritis diagnostiziert und der Patient bei rückläufigen Entzündungszeichen nach vier Tagen entlassen. Bei der fünf Tage später erfolgten Wiederaufnahme des Patienten konnte ein perforierter Appendix entfernt werden. Das OLG Koblenz hat das vorliegen eines groben Behandlungsfehlers verneint und die Klage des Patienten abgewiesen.

3. Der Patient darf nicht in unnötige Ängste versetzt werden

Dem Arzt obliegt auch die Pflicht, den Patienten durch die Art und den Inhalt der Diagnosemitteilung nicht in unnötige Ängste zu versetzen und ihn nicht unnötig zu belasten. Diese Pflicht ist dann verletzt, wenn (kumulativ) die eröffnete Diagnose objektiv falsch ist (einfacher Diagnosefehler), für sie auch keine hinreichende Grundlage besteht (Tendenz zum fundamentalen Diagnoseirrtum), sie den Laien auf eine schwere, unter Umständen lebensbedrohende Erkrankung (z. B. div. Krebsarten wie „Hodentumor") schließen lässt und die Art und Weise der Mitteilung unter den gegebenen Umständen auch objektiv geeignet ist, den Patienten in psychischer Hinsicht schwer zu belasten (OLG Bamberg, Urt. v. 24. 3. 2003 – 4 U 172/02, OLGR 2003, 215: 2.500 Euro Schmerzensgeld bei erlittenem Schock; auch: OLG Braunschweig VersR 1990, 57; OLG Celle VersR 1981, 1184; OLG Köln VersR 1988, 139 und VersR 1988, 385).

II. Als grobe Behandlungsfehler gewertete Diagnosefehler

Ein Diagnoseirrtum im Sinne einer Fehlinterpretation erhobener Befunde gilt nur dann als grober, zur Beweislastumkehr führender Behandlungsfehler, wenn es sich um ein „fundamentales Missverständnis" handelt (L/U, § 110 Rz. 8; S/Pa, Rz. 524; Gehrlein, Rz. B 17, B 21).

Ein **grober Behandlungsfehler** in der Form des „fundamentalen Diagnoseirrtums" liegt etwa vor, wenn der Arzt eindeutig gegen bewährte ärztliche Behandlungsregeln oder gesicherte medizinische Erkenntnisse verstößt und einen Fehler begeht, der aus objektiver Sicht nicht mehr verständlich erscheint, weil er einem Arzt des entsprechenden Fachs schlechterdings nicht unterlaufen darf, etwa wenn ein Neurologe einen akuten Schlaganfall eines Patienten nicht erkennt und auf dünner Tatsachenbasis eine „komplizierte Migräne" diagnostiziert, ohne einem möglichen weiterhin ablaufenden ischämischen Prozess nachzugehen (OLG München, Urt. v. 3. 6. 2004 – 1 U 5250/03, VersR 2005, 657), wenn ein von einem zugezogenen Arzt **ausdrücklich mitgeteilter Befund verkannt bzw. übergangen** wird (G/G, 5. Aufl., Rz. B 265) oder wenn das diagnostische Vorgehen und die Bewertung der durch diagnostische Hilfsmittel gewonnenen Ergebnisse nicht nur als unvertretbar, sondern die vom betroffenen Arzt vorgenommene **Interpretation** darüber hinaus als **unverständlich** zu bewerten ist (OLG Hamm, Urt. v. 23. 8. 2000 – 3 U 229/99, VersR 2002, 315, 316; Urt. v. 2. 4. 2001 – 3 U 160/00, OLGR 2002, 217, 218 = VersR 2002, 578, 579; OLG München, Urt. v. 6. 4. 2006 – 1 U 4142/05, NJW 2006, 1883, 1886: „Schlechthin unverständlich").

Eine solche „Unverständlichkeit" liegt etwa vor, wenn die vom Arzt angenommene Ursache so unwahrscheinlich ist, dass ein massiver Verstoß gegen grundlegende medizinische Erkenntnisse und Erfahrungen, die zum medizinischen Basiswissen derselben Fachrichtung gehören, zu bejahen ist (OLG Zweibrücken OLGR 2000, 459, 462; G/G, 5. Aufl., Rz. B 265).

Danach kommt ein grober Behandlungsfehler in der Form eines **„fundamentalen Diagnosefehlers"** etwa in **folgenden Fällen** in Betracht:

▷ Der auf einem Röntgenbild **eindeutig erkennbare Bruch** wird von den Ärzten der Röntgenabteilung bzw. dem behandelnden Chirurgen oder Orthopäden übersehen (OLG Celle VersR 1998, 54 und VersR 1987, 941; OLG Hamm VersR 1983, 884; LG Bielefeld VersR 1999, 1245; OLG Köln, Urt. v. 5. 6. 2002 – 5 U 226/01, VersR 2004, 794, 795 bei einfachem Diagnoseirrtum, wenn nur der Schluss auf eine bestimmte Diagnose möglich war; Jaeger VersR 2006, 1549).

▷ Eine mögliche Schulterfraktur wird nicht durch eine „**gehaltene" Röntgen-aufnahme**, bei der der Patient die Schultereckgelenke belastet, abgeklärt; dadurch wird eine Schultereckgelenkssprengung nicht erkannt (BGH NJW 1989, 2332; S/Pa, Rz. 155).

▷ Ein Orthopäde erkennt bei einem 14-jährigen Jungen mit Schmerzen in der Hüft- und Leistenregion wegen unzureichender diagnostischer Methoden ein Hüftkopfgleiten („Epiphyseolysis capitis femoris") nicht bzw. nicht rechtzeitig (OLG Schleswig, Urt. v. 11. 4. 2003 – 4 U 160/01, OLGR 2003, 430).

▷ Nach der Reposition eines Bruchs werden eindeutige Anhaltspunkte für das Vorliegen einer **Gefäßverletzung** übersehen (OLG Düsseldorf VersR 1989, 190).

▷ Klagt ein Patient nach einer **Fußverletzung** über **Wadenschmerzen**, so liegt der Verdacht einer **Venenthrombose** nahe. Die unterlassene Abklärung durch die Vornahme einer Phlebographie stellt dann einen groben Behand-lungsfehler als Fall der „unterlassenen Befunderhebung" dar (OLG Köln VersR 1993, 190; OLG Oldenburg MDR 1994, 995; VersR 1999, 318; OLG Stuttgart OLGR 2000, 3; zur **unterlassenen Phlebographie** auch OLG Hamm VersR 1990, 660; VersR 1990, 1120).

▷ Die auf einer Phlebographie ohne weiteres erkennbare Thrombose wird vom behandelnden Radiologen als „ungünstiges Strömungsverhältnis" interpre-tiert (OLG Hamm VersR 2002, 315, 316: Unvertretbar und unverständlich).

▷ Trotz sich aus einer **CT-Aufnahme ergebender deutlicher Verdachts-momente** für das Vorliegen eines Lungenkarzinoms wird eine solche Diag-nose vom beurteilenden Radiologen faktisch ausgeschlossen (OLG Hamm, Urt. v. 2. 4. 2001 – 3 U 160/00, OLGR 2002, 217, 218 = VersR 2002, 578, 579: Soweit die Fehlinterpretation eines Befundes unvertretbar ist, begründet dies den (einfachen) Behandlungsfehler; ist die Interpretation darüber hinaus als unverständlich zu werten, rechtfertigt das die Annahme eines fundamenta-len Diagnosefehlers).

▷ Der alarmierte Notarzt, dem sich das Bild eines schweren Krankheitszustan-des (hier: starke, zunehmende Schmerzen in beiden Nieren, wiederholtes Erbrechen) bietet, unterlässt die sofortige Einweisung des Patienten in eine Klinik zur Erhebung der erforderlichen Befunde (OLG Naumburg, Urt. v. 13. 3. 2001 – 1 U 76/00, OLGR 2002, 39, 41 = MedR 2002, 515, 517: insoweit auch Fall der → *unterlassenen Befunderhebung* [S. 805]). Hat der Arzt Anlass zu Zweifeln an der Richtigkeit der von ihm gestellten Diagnose oder hat es solche Zweifel gehabt, diese aber nicht beachtet, liegt ein – im Ergebnis fundamentaler – Diagnoseirrtum vor (OLG Naumburg a. a. O.).

▷ Trotz **deutlicher Anzeichen** verkennt der behandelnde Facharzt eine **bakterielle Infektion** (OLG Karlsruhe VersR 1989, 195; Gehrlein Rz. B 18) bzw. zieht deren Vorliegen nach einer Unfallverletzung nicht in Betracht (OLG Saarbrücken VersR 1992, 1359).

▷ Bei der auf Überweisung des Hausarztes wegen **starker Schmerzen im Oberschenkel** erfolgen Aufnahme im Krankenhaus (hier: Universitätsklinik) wird ein „Muskelriss" diagnostiziert und es unterlassen, notwendige weitere **differentialdiagnostische Untersuchungen** (Ultraschall, ultraschallgesteuerte Punktion, weitere Blutentnahmen) durchzuführen, um zum sicheren Ausschluss der sich anhand vom Patienten mitgeführter Befunde aufdrängenden, tatsächlich zutreffenden Verdachtsdiagnose „Gelenkinfekt" bzw. „Abszess im Bereich des linken Hüftgelenks" zu gelangen (OLG München, Urt. v. 23. 9. 2004 – 1 U 5198/03, MedR 2006, 174, 175).

▷ Bei **embolischem Gefäßverschluss** wird der Patient vom Orthopäden wegen des Verdachts auf eine **Venenentzündung behandelt** (OLG Hamm VersR 1989, 292).

▷ Bei **wiederholt auftretenden Krampfanfällen** (OLG Köln VersR 1991, 186) oder einer akuten, schweren und fieberhaften Erkrankung ist die Verkennung einer tatsächlich vorliegenden **Hirnhautentzündung** grob fehlerhaft (OLG Stuttgart NJW-RR 1987, 1114; Gehrlein Rz. B 21; zur Verkennung einer Meningitis auch OLG Stuttgart VersR 1994, 313).

▷ Klagt die Patientin über Unterleibsschmerzen und Beschwerden beim Wasserlassen und ergibt eine Urinuntersuchung den Befund von **massenhaftem Erythrozytensediment**, so liegt der vom Arzt geäußerte Verdacht auf eine Nierenbeckenentzündung fern. Das Nichterkennen eines tatsächlich vorliegenden, **eingeklemmten Leistenbruchs** ist grob fehlerhaft, so dass der Arzt zu beweisen hat, dass dieser fundamentale Diagnoseirrtum und das nachfolgende Unterbleiben der sofortigen Einweisung in ein Krankenhaus nicht für den im Zusammenhang mit der verspäteten Operation eingetretenen Tod der Patientin ursächlich geworden ist (OLG Frankfurt, Urt. v. 30. 3. 1999 – 8 U 219/98, VersR 2000, 853, 854).

▷ Nach einer sectio stellen die Ärzte die Verdachtsdiagnose „Lumbago" („**Hexenschuss**") und übersehen die tatsächlich **vorliegende Hüftgelenksentzündung** (BGH NJW 1988, 1513; Gehrlein Rz. B 18).

▷ Der geburtsleitende Arzt unterlässt die Vornahme einer **Ultraschalluntersuchung** vor bzw. während der Geburt und übersieht deshalb eine **Zwillingsschwangerschaft** (BGH NJW 1991, 2350).

▷ Ein **pädiatrischer** Facharzt übersieht sich objektiv aufdrängende, hochcharakteristische und hochverdächtige Symptome für einen **Spannungspneumothorax** bei einem **Neugeborenen** und unterlässt es, zeitnah indizierte diagnostische bzw. therapeutische Maßnahmen – im entschiedenen Fall eine

Probepunktion und anschließend eine beidseitige Pleurapunktion – durchzuführen (OLG Schleswig, Urt. v. 28. 2. 2003 – 4 U 10/01, OLGR 2003, 264).

▷ Trotz **monatelang** bestehender **Heiserkeit** wird die Verdachtsdiagnose „**Kehlkopfkarzinom**" nicht gestellt (OLG München VersR 1996, 379).

▷ Auch das Nichterkennen eines **Herzinfarkts trotz deutlicher Symptome** (BGH NJW 1996, 1589) oder dessen Einstufung als „HWS-Syndrom" bei unterlassener weiterer Abklärung ist grob fehlerhaft (BGH NJW 1994, 801).

▷ Ein **Facharzt für Neurologie** und Psychiatrie geht bei einem ihm vom Hausarzt wegen kurzfristig aufgetretener **Sprachstörungen** und Taubheitsgefühlen vorgestellten Patienten nicht wenigstens der Verdachtsdiagnose einer transitorischen **ischämischen Attacke** nach und diagnostiziert **ohne Anfertigung einer bildgebenden Diagnostik** auf dementsprechend dünner Tatsachenbasis eine „komplizierte Migräne"; der Patient erleidet wenige Stunden danach einen **Schlaganfall** mit der Folge einer schweren Halbseitenlähmung (OLG München, Urt. v. 3. 6. 2004 – 1 U 5250/03, VersR 2005, 657: auch Fall der → *unterlassenen Befunderhebung*).

Liegt ein fundamentaler Diagnoseirrtum vor, so ist die haftungsbegründende Kausalität zwischen dem dann gegebenen (groben) Behandlungsfehler und dem Eintritt des Primärschadens schon in Betracht zu ziehen, wenn das **Arztversäumnis generell geeignet** erscheint, den eingetretenen Gesundheitsschaden herbeizuführen (BGH NJW 1988, 2945; OLG Saarbrücken, Urt. v. 21. 7. 1999 – 1 U 926/98 – 168; G/G, 5. Aufl., Rz. B 258; → *Grobe Behandlungsfehler*, S. 527 ff.).

III. Als einfache Behandlungsfehler gewertete Diagnosefehler

Ein haftungsbegründender (einfacher) Behandlungsfehler liegt nach Auffassung des BGH (BGH, Urt. v. 8. 7. 2003 – VI ZR 304/02, VersR 2003, 1256, 1257 = MDR 2003, 1290, 1291; s.o.) vor, wenn der Arzt eine **objektiv unrichtige Diagnose** stellt und diese darauf beruht, dass er eine **notwendige Befunderhebung** entweder vor der Diagnosestellung oder zu deren Überprüfung **unterlassen** hat. Nach Ansicht der Oberlandesgerichte Frankfurt (VersR 1997, 1358), Köln (VersR 1989, 631; VersR 1991, 1288; VersR 1999, 366) und Schleswig (Urt. v. 13. 2. 2004 – 4 U 54/02, GesR 2004, 178, 179) ist ein als einfacher Behandlungsfehler zu wertender Diagnosefehler gegeben, wenn sich die Diagnose des Arztes entweder als völlig unvertretbare Fehlleistung darstellt oder wenn sie entweder auf der Unterlassung elementarer Befunderhebungen beruht oder die Überprüfung einer ersten Arbeitsdiagnose im weiteren Behandlungsverlauf fehlerhaft versäumt wurde.

Das OLG Hamm stellt für das Vorliegen eines einfachen Behandlungsfehlers darauf ab, ob die Fehlinterpretation eines Befundes von einem gewissenhaften Arzt unvertretbar ist, für das Vorliegen eines groben Behandlungsfehlers in der Form des fundamentalen Diagnosefehlers verlangt es, dass die Interpretation darüber hinaus auch als unverständlich zu werten sei (OLG Hamm, Urt. v. 2. 4. 2001 – 3 U 160/00, OLGR 2002, 217, 218 = VersR 2002, 578, 579 unter Hinweis auf BGH NJW 1996, 1589, 1590; Urt. v. 23. 8. 2000 – 3 U 229/99, VersR 2002, 315, 216; ebenso OLG München, Urt. v. 6. 4. 2006 – 1 U 4142/05, NJW 2006, 1883, 1886 und OLG Koblenz, Urt. v. 31. 8. 2005 – 5 U 588/06, VersR 2006, 1547, 1548).

Auch genügt es für die Bewertung als „einfacher Behandlungsfehler", wenn die Deutung durch den Arzt **nicht mehr vertretbar"** ist (G/G, 5. Aufl., Rz. B 55; S/ Pa, Rz. 155 a; dem zustimmend OLG Hamm, Urt. v. 30. 8. 2000 – 3 U 165/99, OLGR 2002, 236, 238) bzw. der Arzt **eindeutige Symptome nicht erkannt** hat oder **falsch deutet** (G/G, 5. Aufl., Rz. B 55).

Ein solcher haftungsbegründender, jedoch nicht zur Beweislastumkehr führender „einfacher" Behandlungsfehler wurde etwa in folgenden Fällen angenommen:

1. Verkennung oder Fehldeutung von Symptomen

▷ *Anzeichen für Brustkrebs verkannt*

Ein Diagnosefehler des Gynäkologen, der zur Abklärung der von der Patientin geklagten Druckschmerzen Mammografien beider Brüste veranlasst und die abgebildeten Einlagerungen fälschlich als nicht suspekte Makrokalzifikationen beurteilt, ist nicht als fundamental zu werten, wenn die **Einordnung** aus radiologischer Sicht **wegen des dichten Drüsenkörpers als sehr schwierig** anzusehen war. Ende 1992 entsprach es auch nicht dem medizinischen Standard, in den Fällen sehr schwieriger Einordnung von Einlagerungen im Brustgewebe mittels Ultraschallaufnahmen zusätzliche Hinweise zur Abklärung von Veränderungen des Brustdrüsenkörpers zu suchen oder die Einlagerungen stets histologisch abzuklären (OLG München VersR 1998, 588; allerdings hat sich die bildgebende Diagnostik zwischenzeitlich verbessert!).

▷ *Fehlerhafte Auswertung eines Röntgenbildes*

Einem Arzt, der infolge fehlerhafter Auswertung eines Röntgenbildes eine Kantenabsprengung am Kahnbein nicht bemerkt und deshalb die angezeigte Ruhigstellung des Fußgelenks versäumt, hat für ein später eintretendes Sudeck'sches Syndrom nicht aus dem Gesichtspunkt eines groben Behandlungsfehlers einzustehen, wenn wegen bestehender anderweitiger Sudeck-Risiken Zweifel an der Ursächlichkeit dieses (einfachen) Behandlungsfehlers für den Körperschaden nicht ausgeräumt werden können. Die Fehlinterpretation eines Röntgenbildes, **dessen Auswertung den Einsatz einer Lupe nahe legt**, ist nicht als fundamentaler Diagnoseirrtum zu beurteilen (OLG Saarbrücken NJW-RR 1999, 176; auch OLG Koblenz, Urt. v. 31. 8. 2005 – 5 U 588/05, VersR 2006, 1547: m. abl. Anm. Jaeger: Fehlstellung von Fingergelenkflächen verkannt).

Auch einem Orthopäden, der **diskrete Hinweise** auf einen **äußerst seltenen Riesenzelltumor** in den Röntgenbildern eines Kniegelenks nicht erkennt und den Patienten auf eine tatsächlich vorliegende Meniskusoperation behandelt, ist kein fundamentaler Diagnosefehler vorzuwerfen (OLG Düsseldorf VersR 1989, 478).

Allerdings hat das OLG Köln in einer vereinzelt gebliebenen Entscheidung (OLG Köln, Urt. v. 5. 6. 2002 – 5 U 226/01, VersR 2004, 794, 795) ausgeführt, dass Diagnoseirrtümer nicht nur dann haftungsrechtlich relevant seien, wenn sie sich als schwere Verstöße gegen die Regeln der ärztlichen Kunst darstellen würden. Auch jenseits eines groben Behandlungsfehlers bleibe Raum für die Haftung eines Arztes jedenfalls dann, wenn die gefertigten Röntgenbilder bei Anwendung der gebotenen Sorgfalt nur den Schluss auf eine bestimmte Diagnose, im entschiedene Fall einer Fersenbeinfraktur, zulassen würden.

▷ *Röntgen trotz Schwellung unterlassen*

Der starke Schwellungszustand eines Fußes macht ein alsbaldiges Röntgen erforderlich. Die **unterlassene Abklärung mittels einer Röntgenaufnahme** ist als (einfacher) Diagnosefehler und damit als Behandlungsfehler zu bewerten. Das Unterlassen der Erhebung des gebotenen Röntgenbefundes führt jedoch nicht zur Haftung, wenn die konservative Behandlung bei Durchführung der Röntgenaufnahmen möglicherweise auch angewendet worden wäre (OLG Köln VersR 1991, 930).

▷ *Röntgenbefund nach Sturz nicht sorgfältig geprüft*

Bei einer durch einen Sturz aus größerer Höhe entstandenen Fußverletzung hat der behandelnde Arzt i. d. R. gezielt zu prüfen, ob es **an typischer Stelle zu einer knöchernen Verletzung gekommen** ist. Eine Haftung des auf Schadensersatz in Anspruch genommenen Krankenhausträgers wegen unsorgfältiger Prüfung des Röntgenbefundes zur Erkennung eines Trümmerbruchs scheidet aus, wenn sich die durch den (einfachen) Diagnosefehler verursachte zeitliche Verzögerung der gebotenen Behandlung auf den eingetretenen Gesundheitsschaden nicht ausgewirkt hat, etwa weil die dann tatsächlich durchgeführte Therapie der einzuleitenden Bruchtherapie entsprach (OLG Düsseldorf NJW 1986, 2375).

▷ *Nichterkennen eines Gasbrandes*

Das Nichterkennen eines Gasbrandes nach einer Trittverletzung des Oberschenkels mit großer Schwellung, für den alle Symptome mit Ausnahme eines übel riechenden Wundsekrets vorliegen, stellt einen (einfachen) Diagnosefehler dar (OLG Hamm VersR 1998, 104).

▷ *Hodentorsion durch Assistenzarzt übersehen*

Verkennt ein in einem Krankenhaus tätiger und am Anfang seiner Berufsausbildung stehender Assistenzarzt nach einer schweren Hodenprellung des Patienten die Möglichkeit einer Hodentorsion mit der weiteren Folge einer erforderlich werdenden Exzision des Hodens, kann diesem kein fundamentaler Diagnosefehler vorgeworfen werden. Er haftet bei ungeklärtem Kausalverlauf auch nicht unter dem Gesichtspunkt eines Übernahmeverschuldens bei der Diagnosefindung, wenn später festgestellt wird, dass der von ihm hinzugezogene **Chef- oder Oberarzt ebenfalls nicht die richtige Diagnose gestellt** haben würde (OLG Düsseldorf VersR 1986, 659).

▷ *Phlegmone (diffuse Entzündung von Bindegewebe durch Staphylokokken, Streptokokken o. a.) von niedergelassener Ärztin nicht erkannt*

Klagt der Patient nach Schilderung des bisherigen Krankheitsverlaufs über zwei Tage anhaltende Schmerzempfindungen im Bereich der Einstichstelle einer zuvor verabreichten Spritze und wird dort eine oberflächliche Verhärtung der Haut festgestellt, muss auch eine niedergelassene Ärztin die Verdachtsdiagnose einer Phlegmone in Betracht ziehen und den Patienten in ein Krankenhaus einweisen. Die Schwelle, von der ab ein Diagnoseirrtum als mit einer Beweislastumkehr verbundener schwerer Verstoß gegen die Regeln der ärztlichen Kunst zu beurteilen ist, ist jedoch hoch anzusetzen und in einem derartigen Fall noch nicht erreicht (BGH NJW 1981, 2360).

▷ *Thrombose nicht erkannt*

Wird die Symptomatik einer tiefen Beinvenenthrombose in ihrem Frühstadium von derjenigen einer **Ischialgie überlagert**, so liegt kein fundamentaler Diagnoseirrtum vor, wenn die Thrombose deshalb nicht erkannt wird (OLG Saarbrücken VersR 1989, 750). Dagegen kann das Unterlassen einer Phlebographie bei bestehendem Thromboseverdacht in anderen Fallkonstellationen einen groben Behandlungsfehler begründen (OLG Oldenburg VersR 1994, 1241; OLG Hamm VersR 1990, 660; VersR 1990, 1120, vgl. S. 530 f.).

▷ *Ursache einer verzögerten Wundheilung verkannt*

Verbleibt nach einer Operation ein **Instrumententeil in der Wunde**, wird das Schließen der Wunde von den Ärzten unter Verkennung dieses Befundes fehlinterpretiert und deshalb weiter konservativ mittels antibiotischer Behandlung anstatt einer Revisionsoperation therapiert, so liegt kein fundamentaler Diagnoseirrtum vor. Der Patient, der eine Verzögerung der Wundheilung geltend macht, muss dann beweisen, dass bei einer früheren Revisionsoperation keine Verzögerung der Wundheilung eingetreten wäre (OLG Hamm VersR 2000, 352).

2. Diagnose beruht auf der Unterlassung von Befunderhebungen

In diesen Fällen liegt oft ein zu Beweiserleichterungen oder zur Beweislastumkehr führender → *grober Behandlungsfehler* (S. 537 ff.) vor. Bei lediglich „einfachem" Behandlungsfehler kommt es bei Vorliegen der vom BGH aufgestellten weiteren Voraussetzungen zur Beweislastumkehr (vgl. → *Unterlassene Befunderhebung*, S. 807 ff.; G/G, 5. Aufl., Rz. B 265–284, 296; S/Pa, Rz. 526–531, 551, 554, 554 b, 555; Gehrlein Rz. B 20, 23, 157; s. o. II.).

Einzelne, **nicht als fundamental eingestufte Diagnosefehler**:

▷ *Bakteriologische Untersuchung unterlassen*

Das Unterlassen einer bakteriologischen Untersuchung eines aus dem Kniegelenk entnommenen trüben Punktats stellt einen (einfachen) Diagnosefehler dar (OLG Köln VersR 1992, 1003).

419

▷ *Komplettverschluss des Sinus sagittalis superior nicht erkannt und Klinikeinweisung verzögert*

Wird bei einer Patientin mit unklarer Muskelschwäche vom Notarzt neben einer psychovegetativen Ursache auch ein cerebrales Geschehen erwogen, so hat der Arzt auch eine von ihr beklagte Beinschwäche zur Abklärung von Lähmungserscheinungen zu untersuchen. Dies kann etwa durch einen Gehversuch der Patientin geschehen, verbunden mit der Beobachtung, ob sie wegknickt. Wird durch Unterlassen dieser Untersuchung ein Komplettverschluss des Sinus sagittalis superior nicht erkannt und die **Klinikeinweisung um zwei bis drei Stunden verzögert**, liegt ein einfacher, aber kein grober Behandlungsfehler vor (OLG Köln VersR 1999, 366).

▷ *Probeexcision unterlassen bzw. unzureichend*

Wird nach einer Verdachtsdiagnose auf ein Mammakarzinom die Durchführung einer **Probeexcision unterlassen**, so liegt ein Behandlungsfehler vor (OLG Stuttgart VersR 1989, 295). Gleiches gilt, wenn bei der Verdachtsdiagnose „Mammakarzinom" bzw. „Mastopathie" (grobknotige Veränderungen des Brustgewebes, i. d. R. mit erhöhtem Mammakarzinomrisiko) zwar eine Probeexcision wegen „Gruppenkalk" durchgeführt, die Identität von entnommenem und gesuchtem Gewebe jedoch nicht gesichert wird (OLG Düsseldorf VersR 1986, 64).

Dagegen ist das Unterlassen einer Probeexcision nach einer Arbeitsdiagnose „Mastopathie" nicht fehlerhaft, wenn die Patientin über Schmerzen in der Brust klagt, sich aus der durchgeführten Mammographie und einem **Tastbefund** aber **keine Hinweise für ein Mammakarzinom** ergeben (OLG Zweibrücken VersR 1991, 427; ähnlich auch OLG Düsseldorf VersR 1988, 1297)

▷ *Rektumkarzinom verkannt*

Ein einfacher, für sich nicht zur Beweislastumkehr führender Diagnosefehler liegt vor, wenn bei deutlichen Symptomen einer Wirbelsäulenerkrankung **keine weiterführende Darmdiagnostik** durchgeführt und so ein Rektumkarzinom nicht erkannt wird (OLG Nürnberg VersR 1993, 104).

▷ *Röntgenkontrolle unterlassen*

Das Unterlassen einer gezielten Röntgendiagnostik bei einer **Ruptur der Symphyse** (Verwachsungsstelle der beiden Schambeine) ist fehlerhaft (BGH VersR 1981, 752; G/G, 5. Aufl., Rz. B 68: Fraglich grob fehlerhaft). Gleiches gilt bei unterlassener Röntgenkontrolle nach einer Epiphysiolyse (teilweise oder totale Kontinuitätstrennung eines Knochens), weshalb sich eine Perforation wegen zu tief angebrachter Schrauben einstellt (OLG Hamm VersR 1997, 1359).

Kommt es bei einem stark entzündeten Fingerglied aufgrund der zunächst unterlassenen röntgenologischen Abklärung zu einer Verlängerung des Schmerzzustandes und einer Verzögerung der Revisionsoperation, liegt gleichfalls ein Behandlungsfehler vor (OLG Stuttgart VersR 1999, 627; G/G, 5. Aufl., Rz. B 68).

▷ *Unterlassene Wiederbelebungsversuche*

Es ist nicht schlechthin unverständlich im Sinne eines fundamentalen Diagnoseirrtums bzw. eines groben Behandlungsfehlers, wenn der zufällig am Unfallort anwesende Arzt (**hier: Gynäkologe**; für einen **Notfallmediziner gelten andere Grundsätze**) einem scheinbar Ertrunkenen erste Hilfe leistet und von Widerbelebungsversuchen nach den sog. „ABC-Regeln" bis zum Eintreffen des Notarztes (Freimachen der Atemwege, Mund-zu-Mund-Beatmung, Herzdruckmassage) absieht, wenn er aus den ihm mitgeteilten Fakten den – falschen – Rückschluss gezogen hat, das Opfer habe bereits so lange (hier: 10 Minuten im ca. 8 Grad kalten Wasser) im Wasser gelegen, dass es nicht mehr reanimierbar ist (OLG München, Urt. v. 6. 4. 2006 – 1 U 4142/05, NJW 2006, 1883, 1885 f. = GesR 2006, 266, 269; zustimmend Roth NJW 2006, 2814, 2816).

3. Überprüfung einer Arbeitsdiagnose im weiteren Verlauf unterlassen

▷ *Arbeitsdiagnose Mastopathie*

Ein Diagnosefehler liegt vor, wenn die anfängliche Arbeitsdiagnose „Mastopathie" nach auftretenden Beschwerden nicht überprüft und **keine Probeexcision** zur Abklärung des Vorliegens eines Mammakarzinoms vorgenommen wird (OLG Stuttgart VersR 1989, 295).

Das Unterlassen einer Probeexcision nach der Arbeitsdiagnose „Mastopathie" trotz vorhandener Schmerzen in der Brust ist jedoch nicht stets als Diagnosefehler zu werten, jedenfalls wenn sich nach dem Vorliegen einer **Mammographie und eines Tastbefundes** keine Anhaltspunkte für eine Brustkrebserkrankung ergeben (OLG Zweibrücken VersR 1991, 427; auch OLG Düsseldorf VersR 1988, 1297 und OLG München VersR 1998, 588 – Behandlungsfehler jeweils verneint).

▷ *Falsche Prostatakrebsdiagnose*

Ein Diagnoseirrtum, etwa die Diagnose „Prostatakrebs", ist jedenfalls dann als Behandlungsfehler anzusehen, wenn es sich um eine bloße Verdachtsdiagnose handelt, der Arzt hierauf eine radikale Prostatasektomie mit nachfolgender Impotenz und Harninkotinenz des Patienten veranlasst, der Patient aber nicht auf die mit der Diagnose objektiv verbundene Unsicherheit hingewiesen wird (OLG Celle OLGR 2001, 250).

▷ *Streptokokken-Sepsis nicht erkannt*

Ein (fraglich grober) Behandlungsfehler ist gegeben, wenn eine ohnehin fragwürdige Arbeitsdiagnose „Periarthritis" (Gelenkentzündung) nach Tagen nicht überprüft und somit eine Streptokokken-Sepsis nicht erkannt wird (BGH VersR 1985, 886).

▷ *Regelrechte Behandlung bei unrichtiger Arbeitshypothese*

Führt der Arzt die therapeutischen Maßnahmen durch, die nach objektiven Sachlage zu treffen waren, lässt er etwa ein CT zur Feststellung von Hirnblutungen anfertigen, so handelt er nicht behandlungsfehlerhaft, selbst wenn er von einer **unrichtigen Arbeitshypothese** ausgeht. Jedenfalls fehlt es in einem solchen Fall an der erforderlichen Kausalität zwischen einem (einfachen) Diagnosefehler und der Schädigung des Patienten (OLG Hamm, Urt. v. 30. 8. 2000 – 3 U 165/99, OLGR 2002, 236, 238 ff.).

IV. Nicht als Behandlungsfehler gedeuteter Diagnoseirrtum

In den folgenden Fällen wurde das Vorliegen eines Behandlungsfehlers verneint, weil sich die Diagnose jeweils nicht als völlig unvertretbare Fehlleistung darstellte, nicht auf der Unterlassung elementarer Befunderhebungen beruhte (vgl. OLG Frankfurt VersR 1997, 1358; OLG Köln VersR 1999, 366 und OLG 1992, 229, 231; OLG Schleswig, Urt. v. 13. 2. 2004 – 4 U 54/02, GesR 2004, 178) bzw. das diagnostische Vorgehen des Arztes als noch vertretbar und seine Interpretation nicht als unverständlich zu werten war (OLG Hamm, Urt. v. 23. 8. 2000 – 3 U 229/99, VersR 2002, 315, 316; Urt. v. 2. 4. 2001 – VersR 2002, 578, 579; OLG München, Urt. v. 6. 4. 2006 – 1 U 4142/05, GesR 2006, 266, 269):

▷ *Entferntere differentialdiagnostische Möglichkeit übersehen*

Es liegt kein vorwerfbarer Diagnoseirrtum vor, wenn der Arzt über eine nahe liegende, durch eine Reihe flüssig ineinander greifender Umstände **scheinbar abgesicherte Diagnose** eine weit entferntere differentialdiagnostische Möglichkeit übersieht (OLG Frankfurt NJW-RR 1994, 21). Dies gilt insbesondere hinsichtlich einer **sehr seltenen Differentialdiagnose**, wenn andere Symptome im Vordergrund stehen (OLG Celle VersR 1993, 483). Eine unrichtige Diagnose ist auch nicht als Behandlungsfehler anzusehen, wenn die Symptome auch eine andere Diagnose abdecken und die Beschwerden für das tatsächliche Krankheitsbild unspezifisch sind (OLG Naumburg MedR 2002, 515, 516).

Eine objektiv fehlerhafte Diagnose ist nicht im Sinne eines (groben oder einfachen) Behandlungsfehlers vorwerfbar, wenn es sich um eine in der gegebenen Situation **vertretbare Deutung** der Befunde handelt. So ist die Fehldiagnose einer tumorbedingten Thrombozytopenie (tumorbedingte Verminderung der Blutblättchenzahl) kein Behandlungsfehler, wenn die objektiv zutreffende Diagnose „heparininduzierte Thrombozytopenie" (Verminderung der Blutblättchenzahl aufgrund der Verabreichung von Heparin) nicht die naheliegendste Ursache war (OLG Stuttgart, Urt. v. 22. 2. 2001 – 14 U 62/00, OLGR 2002, 251, 255).

Eine einmal vorgenommene Deutung von Befunden wird dann zu einem Behandlungsfehler, wenn Krankheitserscheinungen auftreten, die für die zunächst angenommene Erkrankung untypisch sind oder auch für eine andere Erkrankung sprechen können oder wenn die Überprüfung der gestellten Diagnose ergibt, dass sie fehlerhaft ist und der Arzt weiteren möglichen Differentialdiagnosen nicht nachgeht. Auch wenn die Diagnose einer heparininduzierten Thrombozytopenie (HIT II) objektiv verspätet gestellt wird und bei einer optimalen Medizin hätte früher in Erwägung gezogen werden können, liegt kein dem Arzt (Internist) vorwerfbarer Diagnosefehler vor, wenn die zunächst gestellte Diagnose einer tumorindizierten Thrombozytopenie – wenngleich in anderer Richtung – weiter abgeklärt wird und **die den Regeln der Medizin entsprechenden Untersuchungen vorgenommen** werden (OLG Stuttgart, Urt. v. 22. 2. 2001 – 14 U 62/00, OLGR 2002, 251, 256).

▷ *Encephalitis (Gehirnentzündung) nicht erkannt*

Die objektiv vorliegende Fehldiagnose einer „Schlafsucht" ist nicht im Sinne eines Behandlungsfehlers vorwerfbar, wenn die verwirrt wirkende Patientin keine typischen Symptome wie Fieber, starke Schläfrigkeit, Hinweis auf entzündliche Erkrankungen nach Durchführung einer Blutuntersuchung, neurologische Herdstörungen wie Lähmungen, Sprach- oder Sehstörungen aufweist (OLG Bamberg VersR 1992, 831). Jedenfalls kann das etwaige Verkennen dieser ohnehin seltenen Krankheit bei einem derart untypischen Verlauf keinesfalls als zur Beweislastumkehr führender fundamentaler Diagnosefehler gewertet werden (OLG Bamberg VersR 1992, 831, 832).

▷ *Fälschlicherweise Blinddarmentzündung diagnostiziert*

Die Indikationsstellung zur Operation einer akuten Appendizitis (Blinddarmentzündung) muss, auch wenn es sich objektiv um eine Fehldiagnose handelt, nicht fehlerhaft sein. Ausschlaggebend ist vielmehr der **klinische Gesamteindruck**.

Schon die Feststellung eines auf eine akute Appendizitis hinweisenden Druckschmerzes kann genügen, um alle anderen Kriterien zurücktreten zu lassen und die Appendektomie durchzuführen, selbst wenn sich der Verdacht auf eine akute Appendizitis intraoperativ und histologisch nicht bestätigt (OLG Hamm VersR 2000, 101).

▷ *Blinddarmentzündung nicht diagnostiziert*

Hat der Arzt (hier: Allgemeinmediziner) den Patienten sorgfältig untersucht, ergänzend alle nach den seinerzeit bestehenden Erkenntnismöglichkeiten gebotenen weiteren diagnostischen Maßnahmen veranlasst und deren Ergebnis zeitnah ausgewertet sowie vertretbar gedeutet, scheidet die Haftung wegen eines Diagnoseirrtums aus, etwa wenn eine tatsächlich bestehende Appendizitis (Blinddarmentzündung) nicht erkannt wird.

Dies ist etwa dann der Fall, wenn das Beschwerdebild des Patienten primär an eine Gastroenteritis denken lässt und zunächst weder der klinische Befund eines nicht angespannten, druckschmerzfreien Abdomens noch das Ergebnis der Sonografie auf eine Appendizitis hindeuten (OLG Koblenz, Urt. v. 29. 6. 2006 – 5 U 1494/05, OLGR 2006, 911, 912). Es ist auch nicht unvertretbar, wenn der Arzt (hier: Allgemeinmediziner) anlässlich einer weiteren Vorstellung des Patienten aufgrund der angegebenen Klopfschmerzen im Nierenbereich einen Harnwegsinfekt diagnostiziert, wenn das klinische Bild und eine durchgeführte Ultraschalluntersuchung nicht für das Vorliegen eines Appendizitis sprechen (OLG Koblenz, a. a. O.).

Selbst wenn man in einem solchen Fall das Vorliegen eines (einfachen) Behandlungsfehlers in der Form eines Diagnoseirrtums annehmen würde, scheidet eine Haftung des Arztes aus, wenn nicht mit der erforderlichen Sicherheit (vgl. § 286 ZPO) festgestellt werden kann, dass die Behandlung des Patienten insgesamt anders verlaufen und die nachfolgenden Beschwernisse einschließlich zweier Revisionsoperationen mit entsprechender Narbenbildung vermieden worden wären, wenn die Krankenhauseinweisung nach der zweiten Vorstellung des Patienten drei bis vier Tage früher durchgeführt worden wäre (OLG Koblenz, Urt. v. 29. 6. 2006 – 5 U 1494/05, OLGR 2006, 911, 913).

▷ *Hyperbilirubinämie (Vermehrter Gehalt des Blutes an gelbbraunem Gallenfarbstoff nicht erkannt)*

Ein als Behandlungsfehler vorwerfbarer Diagnoseirrtum liegt nicht vor, wenn eine niedergelassene Kinderärztin im Rahmen der Vorsorgeuntersuchung U 2 des Kleinkindes eine von ihr festgestellte Gelbfärbung des Kindes – objektiv falsch – als nur „physiologisch bedingt" qualifiziert und dabei eine Hyperbilirubinämie infolge der Blutgruppenunverträglichkeit zwischen Mutter und Kind verkennt (BGH NJW 1992, 2942, 2943).

▷ *Knochentuberkulose nicht erkannt*

Es stellt keinen Diagnosefehler dar, wenn ein Orthopäde während einer kurzen Behandlung des verstauchten Sprunggelenks nicht an die Möglichkeit einer Knochentuberkulose denkt (OLG Düsseldorf, Urt. v. 31. 1. 1985 – 8 U 13/84).

▷ *Netzhautablösung nicht erkannt*

Spricht kein erkennbares Beschwerdebild für die Diagnose „Netzhautablösung", so ist eine unterlassene Augenspiegelung nicht als Diagnosefehler des Augenarztes anzusehen (KG MedR 1999, 226, 227).

▷ *Bakterielle Infektion nach Injektion nicht erkannt*

Aus der Zunahme der klinischen Symptome wie Schwellung, Rötung und Schmerzen muss nicht zwingend auf eine bakterielle Infektion nach Verabreichung einer kortisonhaltigen Injektion geschlossen werden, wenn der **Schmerzzustand des Patienten anderweitig erklärbar** ist, etwa durch eine Nervenreizung. Der Arzt darf es dabei jedoch nicht unterlassen, die aufgetretenen Symptome differenzialdiagnostisch abzuklären (OLG Hamm, Urt. v. 28. 2. 2001 – 3 U 17/00, OLGR 2002, 271).

▷ *Röntgenaufnahme unterlassen, Patient nicht wiederbestellt*

Ein Internist begeht keinen Behandlungsfehler, wenn er bei einem langjährig in seiner Behandlung stehenden älteren Patienten mit nach einer Operation wegen einer Lungen-TB eingeschränkten Atemfunktion aufgrund klinischer Untersuchung **Rinobronchitis** diagnostiziert und behandelt und deshalb keine Röntgenaufnahme zum Ausschluss einer Pneumonie (Lungenentzündung) veranlasst und den Patienten auch nicht ausdrücklich zur routinemäßigen Therapieerfolgskontrolle wiederbestellt, sondern sich darauf verlässt, dass sich der Patient bei eintretenden Verschlechterungen wieder meldet (OLG Köln OLGR 1992, 229). Auch ein als grober Behandlungsfehler zu wertender fundamentaler Diagnoseirrtum liegt hier wegen **Fehlens eindeutiger Symptome** einer Lungenentzündung nicht vor.

Das Unterlassen der Anfertigung einer Röntgenaufnahme ist nämlich nicht „elementar", wenn der Rachen des Patienten frei, ein Blutdruckwert von 140/70 gemessen worden war und weiter gehende Befunde wie etwa hohes Fieber und Atemnot bei der Untersuchung nicht festgestellt werden konnten. Eine Kontrolle des erhobenen Befundes und der gestellten Diagnose „Rinobronchitis" wäre nur dann zwingend notwendig gewesen, wenn sich entweder bei der Untersuchung schwerwiegende Symptome im Sinne eines Verdachts auf eine beginnende oder drohende Pneumonie ergeben oder sich eine Verbesserung nicht eingestellt hätte. Der Arzt kann – zumal bei einem ihm bekannten Patienten – davon ausgehen, dass dieser sich beim Ausbleiben einer Besserung aus eigenem Antrieb wieder melden werde (OLG Köln OLGR 1992, 229, 231).

▷ *Durchtrennung eines Nerven nicht erkannt*

Ergibt die sensorische und motorische Prüfung der Hand nach einer Glassplitterverletzung keine Auffälligkeit, kann ein vorwerfbarer Diagnoseirrtum des Unfallchirurgen nicht darin gesehen werden, dass er eine **ungewöhnliche Durchtrennung des Nervus ulnaris nicht erkennt** (OLG Koblenz, Urt. v. 20. 10. 2005 – 5 U 1330/04, NJW-RR 2006, 393 = VersR 2006, 704). Unterlässt er allerdings nach einer Schnittverletzung die Erstellung einer **gebotenen Röntgenaufnahme**, wodurch die Entfernung eines Glassplitters um sieben Wochen verzögert wird, steht dem Patienten ein Schmerzensgeld i. H. v. 1 000 Euro zu, wenn er nicht beweist, dass der Kausalverlauf sich auch im Übrigen günstiger gestaltet hätte (OLG Koblenz, Urt. v. 20. 10. 2005 – 5 U 1330/04, NJW-RR 2006, 393 = VersR 2006, 704).

▷ *Nichterkennen einer Schwangerschaft*

Das Nichterkennen einer Schwangerschaft ist einem Frauenarzt nicht als Behandlungsfehler vorzuwerfen, wenn seine minderjährige Patientin ihn nur wegen anderer Beschwerden aufsucht und dabei weder vom Ausbleiben der Regelblutung noch von der Aufnahme sexueller Aktivitäten berichtet (OLG Düsseldorf NJW 1995, 1620).

▷ *Verdachtsdiagnose eines Parkinson-Syndroms*

Die von einem Facharzt für Allgemeinmedizin gestellte Verdachtsdiagnose auf ein Parkinson-Syndrom ist nicht zu beanstanden, wenn ausweislich der Behandlungsdokumentation und eines im Rahmen der Behandlung überreichten „Webstertests" **zwei von insgesamt vier Kardinalsymptomen** (Hypokinese, Rigor, Tremor und Störung von Körperhaltung und Haltungsreflexen) vorliegen. Ein Facharzt für Allgemeinmedizin ist auch nicht verpflichtet, bei

Verdacht auf eine Parkinson-Erkrankung den Patienten vor dem Medikamenteneinsatz zu diagnostischen Zwecken an einen Neurologen zur klinischen Untersuchung zu überweisen. Die Behandlung von Parkinson-Patienten fällt auch in den Zuständigkeitsbereich von Allgemeinmedizinern und stellt insoweit keinesfalls eine ungewöhnliche Erkrankung dar. Ein Facharzt für Allgemeinmedizin ist berechtigt, in der Frühphase der Erkrankung etwa die Medikamente L-Dopa (Madopar 62,5) bzw. Amantadin einzusetzen (OLG Schleswig, Urt. v. 13. 2. 2004 – 4 U 54/02, GesR 2004, 178, 179).

▷ *Übersehen einer extrem seltenen Chromosomenaberration*

Das Übersehen einer extrem seltenen Chromosomenaberration (hier: Deletion am langen Arm des 5. Chromosoms) ist nicht stets im Sinne eines einfachen Behandlungsfehlers vorwerfbar. Dies gilt insbesondere dann, wenn fünf von sechs der mit dem Vorwurf nicht vertrauten Untersucher im Rahmen der Erstellung eines vom Gericht in Auftrag gegebenen Sachverständigengutachtens sie nicht erkennen, obwohl die Deletion auf dem Karyogramm objektiv sichtbar ist (OLG München, Urt. v. 28. 10. 2004 – 1 U 1841/04, OLGR 2006, 52).

Dokumentationspflicht

Vgl. auch → *Grobe Behandlungsfehler*, → *Unterlassene Befunderhebung*, → *Beweislastumkehr*, → *Einsicht in Krankenunterlagen*

I. Zweck, Inhalt und Umfang der Dokumentationspflicht
II. Einzelne, dokumentationspflichtige Maßnahmen
III. Routinemaßnahmen, negative Befunde und Anfängereingriffe
  1. Routinemaßnahmen
  2. Anfängereingriffe
  3. Negative Befunde
IV. Beweiserleichterungen und Beweislastumkehr
  1. Vermutung des Unterbleibens der nicht dokumentierten Maßnahme

2. Verlust der Krankenunterlagen und Dauer der Aufbewahrung
3. Beweislastumkehr hinsichtlich des Kausalzusammenhangs
4. Zeitpunkt der Dokumentation
V. Dokumentationsmangel als Behandlungsfehler; Dokumentation zum Zweck der Beweisbeschaffung
  1. Dokumentationsmangel als Behandlungsfehler
  2. Beweiserleichterung als Dokumentationszweck
VI. EDV-Dokumentation

I. Zweck, Inhalt und Umfang der Dokumentationspflicht

Art, Inhalt und Umfang der ärztlichen Dokumentationspflicht bestimmen sich nach dem Zweck der Dokumentation. Die Dokumentationspflicht dient primär dem **therapeutischen Interesse des Patienten** (OLG Koblenz, Urt. v. 15. 1. 2004 – 5 U 1145/03, VersR 2004, 1323, 1324 = NJW-RR 2004, 410, 411 = GesR 2004, 100, 101; Hausch VersR 2006, 612, 614 m.w.N.; Muschner VersR 2006, 621, 623 f.) und der **Sicherstellung einer ordnungsgemäßen Behandlung bzw. Behand-**

lungsfortführung hinsichtlich der Diagnose und Therapie (OLG Jena, Urt. v. 18. 5. 2005 – 4 U 641/04, GesR 2005, 556, 558; OLG Oldenburg NJW-RR 2000, 240: „ausschließlich" hierzu; aber abweichend OLG Koblenz, Urt. v. 15. 1. 2004 – 5 U 1145/03, VersR 2004, 1323, 1324 und L/U, 3. Aufl., § 59 Rz. 1, 8: auch zur Beweissicherung und zur Rechenschaftslegung). Sie bezweckt Ärzte und Pflegepersonal über den Verlauf einer Krankheit und die bisherige Behandlung zu informieren (OLG Zweibrücken NJW-RR 2000, 235, 236). Einer ordnungsgemäßen Dokumentation kommt **zugunsten der Behandlungsseite Indizwirkung** zu (OLG Zweibrücken, Urt. v. 27. 7. 2004 – 5 U 15/02, OLGR 2004, 598, 600). Ist die Dokumentation äußerlich ordnungsgemäß und bestehen keine konkreten Anhaltspunkte, die Zweifel an ihrer Zuverlässigkeit begründen können, so ist bei der Beurteilung, ob ein Behandlungsfehler vorliegt, der dokumentierte Behandlungsverlauf zugrunde zu legen (OLG Düsseldorf, Urt. v. 17. 3. 2005 – 8 U 56/04, GesR 2005, 464).

Die Dokumentationspflicht erstreckt sich nur auf Umstände, die für die Diagnose und Therapie nach medizinischem Standard wesentlich sind und deren Aufzeichnung und Aufbewahrung für die weitere Behandlung des Patienten **medizinisch erforderlich** ist. Umstände und Tatsachen, deren Aufzeichnung und Aufbewahrung für die weitere Behandlung des Patienten **medizinisch nicht erforderlich** sind, sind auch **aus Rechtsgründen nicht geboten**, so dass aus dem Unterbleiben derartiger Aufzeichnungen keine beweisrechtlichen Folgen gezogen werden dürfen (BGH NJW 1999, 3408, 3409; NJW 1993, 2375, 2376 = VersR 1993, 836, 837; MDR 1995, 698; OLG Brandenburg, Urt. v. 5. 4. 2005 – 1 U 34/04, OLGR 2005, 489, 491; OLG Celle MDR 2002, 153; OLG Hamburg MDR 2002, 1315; OLG Hamm, Urt. v. 23. 6. 2003 – 3 U 204/02, GesR 2003, 273; OLG Nürnberg VersR 1990, 1121; OLG Oldenburg NJW-RR 2000, 240 = VersR 2000, 59; OLG Stuttgart MedR 2002, 198, 200; OLG Zweibrücken NJW-RR 2000, 235, 236; Gehrlein, Rz. B 122; G/G, 5. Aufl., Rz. B 203; S/Pa, Rz. 457; Hausch VersR 2006, 612, 614 und 621; Müller, VPräsBGH, MedR 2001, 487, 491; Muschner VersR 2006, 621, 624: gleiches gilt für die Pflegedokumentation).

Die **Dokumentation dient** nicht dazu, dem Patienten **Beweise** für Schadensersatzansprüche in einem späteren Arzthaftungsprozess zu **verschaffen** (BGH NJW 1993, 2375, 2376; OLG Koblenz, Urt. v. 15. 1. 2004 – 5 U 1145/03, VersR 2004, 1323, 1324 = NJW-RR 2004, 410, 411 = GesR 2005, 156, 157; OLG Oldenburg NJW-RR 2000, 240; OLG Zweibrücken NJW-RR 2000, 235, 236; Hausch VersR 2006, 612, 614/618; Muschner VersR 2006, 621, 624; S/Pa, Rz. 457).

Der behandelnde Arzt ist im vorprozessualen Stadium außerhalb der Dokumentation grundsätzlich auch nicht verpflichtet, **Auskunftsbegehren des Patienten** zu entsprechen – etwa einen „Fragenkatalog" zu beantworten – die einen Arzthaftungsprozess vorbereiten sollen (OLG Koblenz, Urt. v. 15. 1. 2004 – 5 U 1145/03, VersR 2004, 1323, 1324 = NJW-RR 2004, 410, 411 = OLGR 2004, 513, 514 = GesR 2004, 100, 101). Ein möglicher Schadensersatzanspruch gegen den Anästhesisten gibt dem Patienten auch keinen Auskunftsanspruch gegenüber dem Operateur (hier: Zahnarzt) zu den an der Behandlung beteiligten Hilfspersonen und deren Qualifikation (OLG Koblenz a. a. O.).

Allerdings muss ein Klinikträger auf entsprechende Anforderung Auskunft über die bei ihm beschäftigten bzw. in der Klinik eingesetzten, den Patienten behandelnden Ärzte erteilen (OLG Koblenz, Urt. v. 15. 1. 2004 – 5 U 1145/03, VersR 2004, 1323, 1324 = NJW-RR 2004, 410, 411; OLG Düsseldorf NJW 1984, 670 = VersR 1994, 586).

Die ärztliche Dokumentationspflicht bezieht sich auf die **Anamnese, Diagnose und Therapie** (OLG Brandenburg, Urt. v. 5. 4. 2005 – 1 U 34/04, OLGR 2005, 489, 491) einschließlich erforderlicher Nachsorgemaßnahmen. In die Dokumentation müssen **alle wesentlichen diagnostischen und therapeutischen Bewandtnisse**, Gegebenheiten und Maßnahmen Eingang finden (vgl. L/U, § 59 Rz. 9 und § 111 Rz. 3, 9; G/G, 5. Aufl., Rz. B 205, 206; S/Pa, Rz. 458, 465; Gehrlein, Rz. B 122, 123).

Diese wesentlichen medizinischen Fakten sind in einer für den Fachmann – nicht unbedingt den Patienten – hinreichend klaren Form darzustellen. Dies kann auch durch Kürzel und Symbole erfolgen (BGH MDR 1989, 626 = NJW 1989, 2330 = VersR 1989, 512; MDR 1984, 658 = NJW 1984, 1403; F/N, Rz.126).

Ausreichend ist es auch, dass ein Arzt lediglich einen „Knoten" in der Brust seiner Patientin dokumentiert, wenn er im Rahmen eines nachfolgenden Rechtsstreits glaubwürdig und schlüssig darlegt, dass er einen „kleinen" Knoten dokumentiere, wenn dessen Durchmesser unter 1 cm liege, während ein Knoten mit einem Durchmesser von über 2 cm als „großer" Knoten dokumentiert werde und die Dokumentation eines Knotens ohne Zusatz bedeute, dass der Durchmesser zwischen ein und zwei Zentimeter betragen habe (OLG München, Urt. v. 20. 9. 2001 – 1 U 4502/00, OLGR 2003, 7, 8; Rehborn MDR 2004, 371, 375).

II. Einzelne dokumentationspflichtige Maßnahmen

Die Dokumentationspflicht erstreckt sich auf die **wichtigsten diagnostischen und therapeutischen Maßnahmen** sowie auf die **wesentlichen Verlaufsdaten** (vgl. OLG Düsseldorf MedR 1996, 79; OLG Brandenburg, Urt. v. 5. 4. 2005 – 1 U 34/04, OLGR 2005, 489, 491; G/G, 5. Aufl., Rz. B 205, 206; S/Pa, Rz. 458; L/U, § 59 Rz. 9 und § 111 Rz. 3, 9; Muschner VersR 2006, 621, 622), so insbesondere die Anamnese, die Diagnostik, Funktionsbefunde, Art und Dosierung einer Medikation, ärztliche Anweisungen zur Pflege, Abweichungen von Standardbehandlungen, die wesentlichen Hinweise im Rahmen der therapeutischen Aufklärung sowie der Selbstbestimmungsaufklärung, Ratschläge zum Zweck der Inanspruchnahme eines Spezialisten, Weigerung des Patienten, eine Untersuchung vornehmen zu lassen, Ergebnis der therapeutischen Maßnahmen und einer durchgeführten Sektion, Operations- und Narkoseprotokolle, hierin beschriebener Verlauf einer Operation, unerwartete Zwischenfälle, Wechsel des Operateurs während der Operation, Kontrolle eines den Eingriff unter Aufsicht durchführenden Assistenzarztes, Vermerk über eine spezielle Lagerung auf dem Operationstisch, ärztliche Anordnungen hinsichtlich der Wahl der erforderlichen Pflegemaßnahmen bei Risikopatienten, Verlassen des Krankenhauses gegen ärztlichen Rat.

Die Pflicht, eine getroffene Maßnahme zu dokumentieren, wurde im Einzelnen insbesondere in folgenden Fällen bejaht:

▷ Empfehlung, eine möglicherweise komplizierte Geburt **in einer anderen Klinik** (z. B. Perinatalzentrum, Universitätsklinik) anstatt des aufgesuchten Belegkrankenhauses vornehmen zu lassen (BGH, Urt. v. 7. 12. 2004 – VI ZR 212/03, NJW 2005, 888, 890 f.).

▷ **Lösen** einer **Schulterdystokie** nach vorgenommener Vakuumextraktion (OLG Stuttgart VersR 1999, 582; ablehnend Hausch VersR 2006, 612, 615, s.u.), wobei darzulegen ist, worin die Schwierigkeit der Schulterentwicklung bestand und welche Maßnahmen zur Beseitigung getroffen wurden (OLG Koblenz, Urt. v. 17. 4. 2002 – 7 U 893/98, OLGR 2002, 303, 304; auch: OLG Bremen VersR 1979, 1060; OLG Köln VersR 1994, 1424 = OLGR 1994, 48; OLG München OLGR 2000, 61 sowie OLGR 2000, 94; OLG Zweibrücken VersR 1997, 1103), insbesondere, welcher Art und welchen Grades die nur in einem Vermerk am Schluss des Geburtsprotokolls erwähnte schwierige Entwicklung des rechten Arms war (OLG Bremen VersR 1979, 1060; kritisch Hausch VersR 2006, 612, 615/618).

▷ **Unterlassene Schulterentwicklung** durch den Geburtshelfer mit nachfolgender Armplexusparese (OLG Köln VersR 1994, 1424 und OLG Saarbrücken VersR 1988, 916 sowie OLG Koblenz, Urt. v. 17. 4. 2002 – 7 U 893/98, OLGR 2002, 303: „etwas schwierige Schulterentwicklung", „schwere" oder „sehr schwere Schulterentwicklung" genügt nicht; OLG Stuttgart VersR 1999, 582: Schulterentwicklung mit nachfolgender Armplexusparese u.a. überhaupt nicht dokumentiert).

Erforderlich ist zumindest eine Wiedergabe des zur Behandlung bzw. Lösung der Schulterdystokie tatsächlich angewandten Vorgehens in groben Zügen (OLG Saarbrücken VersR 1988, 916; NA-Beschl. BGH v. 29. 3. 1988 – VI ZR 193/87; auch OLG Düsseldorf, Urt. v. 15. 7. 2004 – I – 8 U 35/03, OLGR 2005, 707, 709; kritisch Hausch VersR 2006, 612, 616/618).

▷ Regelmäßige und sorgfältige **Überwachung** der **Herztöne** des Kindes bei der Geburtsleitung, bei Versagen des CTG die Vornahme akustischer Kontrollen (OLG Koblenz MDR 1993, 324; OLG Düsseldorf, Urt. v. 14. 12. 2000 – 8 U 13/00, OLGR 2002, 291, 292: Wenn die Registrierung der kindlichen Herztöne über das CTG beeinträchtigt wird, kann die fetale Frequenz über eine Kopfschwartenelektrode abgeleitet werden).

▷ **Wehentätigkeit** und **fetale Herztöne** bei Geburt aus Risikositus (OLG Zweibrücken NJWE-VHR 1996, 63; G/G, 5. Aufl., Rz. B 206).

▷ Ohne zusätzliche klinische Symptome selbst bei einer Plazentainsuffizienz der Mutter nach Auffassung des OLG Saarbrücken (OLGR 1999, 460) nur eine CTG-Aufzeichnung der **Herztöne des Kindes täglich**, jedenfalls, wenn sämtliche CTG-Geräte der Klinik im Einsatz sind.

▷ Art und Ablauf einer Reanimation nach Atemstillstand des Kindes kurz nach der Geburt (OLG Köln, Urt. v. 14. 11. 2001 – 5 U 232/99, OLGR 2002,

113: Die unverzügliche Einleitung von Wiederbelebungsmaßnahmen kann aber durch Zeugenaussagen bewiesen werden).

▷ Schriftliche Bestätigung des vom Arzt gegebenen Hinweises auf eine **Versagerquote** bei einer **Sterilisation** aus Gründen der Familienplanung (OLG Braunschweig NJW-RR 2000, 235, 236: Beweisanzeichen für die Nichterfüllung einer Nebenpflicht; OLG Oldenburg NJW-RR 2000, 240, 241: Beweislast für unterlassene Sicherheitsaufklärung liegt jedoch beim Patienten).

▷ Der Patientin erteilter Hinweis, dass wegen des Verdachts einer tumorösen (Brust-) Erkrankung die Durchführung einer Mammografie bzw. Biopsie dringend erforderlich ist (OLG Düsseldorf, Urt. v. 6. 3. 2003 – 8 U 22/02, VersR 2003, 1310, 1311 = NJW-RR 2003, 1333, 1335).

▷ Angabe der in der Wahl des Operateurs stehenden **Operationsmethode** bei einer **Magenresektion** nach Billroth II durch die Angabe „Typ. B II Resektion" (OLG Oldenburg VersR 1999, 319).

▷ Gründe für das **Abweichen** von einer **herkömmlichen Operationsmethode** (BGH NJW 1989, 2330; Gehrlein Rz. B 123).

▷ Anwendung **ungewöhnlicher Behandlungsmaßnahmen** und nachträgliche Korrekturen eingeleiteter Behandlungsmethoden (F/N, Rz. 127).

▷ **Plastisch-chirurgische Maßnahmen** für einen spannungsfreien Verschluss einer pfenniggroßen Wunde am Gelenk eines Fingers (OLG Oldenburg VersR 1990, 1399).

▷ Auffälligkeiten bezüglich der **Marknagelung** bei einer Operation mit nachfolgender Schaftsprengung (OLG Düsseldorf VersR 1991, 1176).

▷ Anlage einer **Blutsperre** vor der Entfernung eines in unmittelbarer Nähe eines Nerven gelegenen Tumors (OLG Düsseldorf VersR 1997, 748).

▷ Durchführung differential-diagnostischer Maßnahmen zur Klärung der Möglichkeit eines **Gefäßverschlusses** mit nachfolgender **Beinamputation** (BGH VersR 1983, 983).

▷ Tatsächliche Durchführung der aus medizinischer Sicht erforderlichen **Ruhigstellung** eines **Beins** (BGH VersR 1999, 190, 191).

▷ Durchführung der **Lagerung** des Patienten in so genannter „Häschenstellung", wobei ein Symbol genügt (BGH NJW 1984, 1403); die Durchführung der Kontrolle, ob bei der Operation ein Abduktionswinkel von weniger als 90 Grad gewählt und die Einstellung dieses Winkels durch den Anästhesisten überprüft worden ist, gehört jedoch zu den nicht dokumentationspflichtigen Routinemaßnahmen (BGH NJW 1995, 1618, 1619).

▷ **Durchgeführte medizinische Kontrollen nach ambulant durchgeführter, nicht ganz unproblematischer Operation** bei Unterbringung in einem Tageszimmer sowie bei Auftreten einer Komplikation, etwa einer Nachblutung, auch die Abschlussuntersuchung (OLG Hamburg, Urt. v. 20. 12. 2002 – 1 U 34/02, OLGR 2003, 336, 337: Anlage eines Shunts bei schwierigem Gefäßstatus beider Unterarme des Patienten).

▷ Symptome eines **Morbus Sudeck** (schmerzhafte Erkrankung der Gliedmaßen bei lokalen Durchblutungs- und Stoffwechselstörungen der Knochen und Weichteile) nach ihrem Auftreten, nicht jedoch Kontrolluntersuchungen auf das Vorliegen entsprechender Symptome (BGH NJW 1993, 2375; Gaisbauer, VersR 2000, 558, 561).

▷ Auftreten einer **Sepsis** nach Durchführung einer **Appendektomie** (Blinddarmoperation; BGH VersR 1982, 1193).

▷ **Laborbefunde** über eine durchgeführte **Urinuntersuchung** (BGH NJW 1988, 2298).

▷ Einzelheiten einer **Laserbehandlung** zur Beseitigung einer vorhandenen **Weitsichtigkeit** (OLG Düsseldorf NJW 2001, 900 = VersR 2001, 1516).

▷ **Therapiehinweise** bei möglicher, schwerer **Herzerkrankung** (OLG Bamberg, Urt. v. 4. 7. 2005 – 4 U 126/03, VersR 2005, 1292; OLG Köln VersR 1992, 1231); verweigert ein Patient trotz entsprechender therapeutischer Aufklärung etwa eine zur Feststellung, ob er sich in der akuten Gefahr eines unmittelbar bevorstehenden Herzinfarkts befindet, dringend erforderliche Untersuchung, so ist dies vom Arzt in den Krankenunterlagen zu dokumentieren (OLG Bamberg, Urt. v. 4. 7. 2005 – 4 U 126/03, VersR 2005, 1292).

▷ **Status** bei **Wechsel des Operateurs** (OLG Düsseldorf VersR 1991, 1138; S/Pa, Rz. 458).

▷ Zur **Druckvermeidung** in **Harnabflusswegen** getroffene Maßnahmen (OLG Köln VersR 1988, 1274; G/G, 5. Aufl., Rz. B 206).

▷ Ärztliche **Diagnose** sowie **ärztliche Anordnungen** hinsichtlich der Wahl der erforderlichen Pflegemaßnahmen zur Vermeidung von **Druckgeschwüren** bei einem Risikopatienten (BGH NJW 1988, 762; NJW 1986, 2365).

▷ **Maßnahmen** der Krankenpflege, die nicht die normale „Grundpflege" betreffen, sondern wegen eines aus dem Krankheitszustand des Patienten folgenden **spezifischen Pflegebedürfnisses** Gegenstand ärztlicher Beurteilung und Anordnung sind, sowie notwendige ärztliche Anordnungen an das Pflegepersonal (Gehrlein, Rz. B 123 m. w. N.).

▷ Medizinisch richtige und übliche **Operationstechniken** bei Durchführung des Eingriffs durch einen Assistenzarzt oder sonstigen **Berufsanfänger** (BGH NJW 1985, 2193; OLG Zweibrücken MedR 2000, 233, 235; S/Pa, Rz. 256, 461).

▷ **Weigerung des Patienten**, eine **Untersuchung vornehmen** zu lassen, die zur Abklärung einer Verdachtdiagnose erforderlich ist, sowie der dem Patienten erteilte Hinweis auf die Notwendigkeit und Dringlichkeit der Untersuchung (BGH MDR 1997, 940; BGH NJW 1987, 1482: Verweigerung einer Röntgenuntersuchung; OLG Bamberg, Urt. v. 4. 7. 2005 – 4 U 126/03, VersR 2005, 1292, 1293 = NJW-RR 2005, 1266 = MDR 2006, 206 = OLGR 2005, 616, 617: Verweigerung einer Herzkathederuntersuchung; OLG Düsseldorf, Urt. v. 6. 3. 2003 – 8 U 22/02, VersR 2003, 1310 = NJW-RR 2003, 1333: Weigerung, eine dringend indizierte Mammografie bzw. Biopsie durchführen zu lassen;

Urt. v. 21. 7. 2005 – I – 8 U 33/05, VersR 2006, 841, 842; OLG Zweibrücken, Urt. v. 20. 8. 2002 – 5 U 25/01, OLGR 2003, 92: Weigerung, Untersuchungen vornehmen zu lassen bzw. einer hierfür erforderlichen Krankenhauseinweisung zu folgen; weitergehend OLG Schleswig VersR 2001, 1516, 1517 und F/ N, Rz. 129: Behandlungsverweigerung als Mitverschuldenseinwand stets vom Arzt zu beweisen; einschränkend Schellenberg VersR 2005, 1620, 1622: nicht jeder Versuch, den Patienten zur Mitwirkung zu bewegen, ist zu dokumentieren).

▷ **Hinweis auf die Notwendigkeit** von **Kontrolluntersuchungen** bei der Behandlung eines Muskelfaserrisses in der Wade, um der Gefahr einer Unterschenkelvenenthrombose zu begegnen, wobei das Unterlassen des Hinweises grob fehlerhaft ist (OLG Oldenburg VersR 1994, 1478; Bergmann/Kienzle VersR 1999, 282, 283).

▷ Wichtige **Hinweise für den nachbehandelnden Arzt in einem Entlassungsbrief**, etwa die Erforderlichkeit der Schonung des operierten Beines unter Benutzung von Unterarmgehstützen für einen bestimmten Zeitraum (OLG Schleswig, Urt. v. 19. 5. 2006 – 4 U 33/05, OLGR 2006, 546 = MedR 2006, 376: Nachbehandler kann sich auf die Richtigkeit und Vollständigkeit des Entlassungsbriefes verlassen).

▷ Die zum Ausschluss eines Bandscheibenvorfalls führenden **neurologischen Untersuchungen vor der Durchführung einer chirotherapeutischen Manipulation** (OLG Hamm, Urt. v. 24. 10. 2001 – 3 U 123/00, VersR 2003, 1132: Durchführung chirotherapeutischer Manipulationen ohne Ausschluss eines Bandscheibenvorfalls ist grob fehlerhaft).

▷ Notwendigkeit einer Röntgenaufnahme zum Ausschluss eines Bruchs und Hinweis auf die möglichen Folgen einer Nichtbehandlung eines Bruchs (KG, Urt. v. 7. 3. 2005 – 20 U 398/01 bei Jorzig GesR 2005, 251, 252).

▷ **Verlassen der Klinik** entgegen dem Patienten erteilten medizinischen Rat (BGH NJW 1987, 2300 = VersR 1987, 1091; OLG Bamberg, Urt. v. 4. 7. 2005 – 4 U 126/03, VersR 2005, 1292, 1293; OLG Düsseldorf VersR 1997, 1402 bei psychisch auffälligem Patienten).

▷ Durchführung von Tests und deren Ergebnisse, die zum **Ausschluss einer Meningitis** (Hirnhautentzündung) durchgeführt worden sind (OLG Stuttgart VersR 1994, 313).

▷ **Akute Entzündung** eines zu extrahierenden Zahnes (BGH NJW 1994, 799; auch OLG Oldenburg NJW-RR 1999, 1329: Totalextraktion sämtlicher Zähne).

▷ **Röntgenologische Kontrolle** des ordnungsgemäßen Sitzes **eingefügter Implantate** in Bezug auf die Achsneigung und die ausreichende Tiefe (OLG Köln NJW-RR 1995, 346).

▷ Intraoperative röntgenologische Abklärung, ob anlässlich einer **Wurzelbehandlung Füllmaterial** in die Kieferhöhle gelangt bzw. dann entfernt worden ist (OLG Brandenburg VersR 2001, 1241, 1243).

▷ **Operationsverlauf** und dabei zutage getretene Befunde sowie Aufbewahrung des zunächst eingesetzten, aber dann wieder **entfernten Prothesenteils** bei einer Hüftgelenkerneuerung mit einer wegen besonderer anatomischer Verhältnisse des Patienten erforderlichen Sonderprothese (OLG Zweibrücken VersR 1999, 719, 720).

▷ Behandlungsverlauf mit Angabe des Operationsberichts, des Narkoseprotokolls, eingetretener Operationszwischenfälle, einem Wechsel in der Person des Operateurs (s. o.), dem Einsatz spezieller medizinischer Geräte (Gehrlein, Rz. B 123) und Durchführung der erforderlichen **postoperativen Kontrollen der Vitalparameter** (OLG München, Urt. v. 24. 2. 2005 – 1 U 4624/03, GesR 2005, 550, 552 f.: im Abstand von 10–20 Minuten bei tachykarder Herzaktion bzw. grenzwertig hohem Blutdruck).

▷ Hinweis auf die Möglichkeit der Erhaltung der externen Zeugungsfähigkeit durch **Abgabe einer Samenspende** vor Beginn einer Chemotherapie bei einem männlichen Patienten wegen eines Hodentumors (OLG Frankfurt, Urt. v. 26. 4. 2002 – 25 U 120/01, OLGR 2002, 183, 188).

▷ Chargennummer eines im Rahmen einer Operation o. a. verabreichten Blutprodukts (BGH, Urt. v. 14. 6. 2005 – VI ZR 179/04, VersR 2005, 1238).

Hausch (VersR 2006, 612, 617 f. „Vom therapierenden zum dokumentierenden Arzt") kritisiert insbesondere die Rechtsprechung der Instanzgerichte und weist darauf hin, es spiele für die Feststellung des Umfanges der Verletzungen und den mit der Dokumentation verfolgten Zweck der Sicherstellung einer ordnungsgemäßen (Weiter-) Behandlung keine Rolle, mit welchen konkreten Maßnahmen oder Manövern der Arzt oder die Hebamme die Schulter des Kindes letztendlich freibekommen, ob der Patient die Klinik gegen ärztlichen Rat verlassen oder die Durchführung der Behandlung verweigert hat oder warum der Operateur von einer herkömmlichen Operationsmethode abgewichen ist.

III. Routinemaßnahmen, negative Befunde und Anfängereingriffe

1. Routinemaßnahmen

Die Dokumentationspflicht erstreckt sich nur auf die wichtigsten diagnostischen und therapeutischen Maßnahmen sowie auf die wesentlichen Verlaufsdaten (OLG Brandenburg, Urt. v. 5. 4. 2005 – 1 U 34/04, OLGR 2005, 489, 491; OLG Düsseldorf MedR 1996, 79). Sie erfordert jedoch **nicht, jeden einzelnen therapeutischen oder diagnostischen Schritt** festzuhalten, insbesondere dann nicht, wenn es sich um einen technisch notwendigen und aus ärztlicher Sicht selbstverständlichen Bestandteil einer bestimmten klinischen Methode handelt (OLG Köln VersR 1988, 1249).

So müssen **Routinemaßnahmen** wie z. B. die vor jeder Injektion durchzuführende **Desinfektion** der Haut (OLG Köln NJW 1999, 1790; OLG Hamburg, Urt. v. 22. 2. 2002 – 1 U 35/00, OLGR 2002, 255 = MDR 2002, 1315; Rehborn MDR 2004, 371, 375), **Routinekontrollen ohne Befund** (BGH NJW 1993, 2375), die

Einhaltung des üblichen Ausstattungsstandards (OLG Zweibrücken VersR 1997, 1281; G/G, 5. Aufl., Rz. B 206), die **Anlegung eines Druckverbandes** (OLG Frankfurt VersR 1987, 1118), die **Art und Weise einer Untersuchung** der Beweglichkeit von Kopf und Halswirbelsäule (OLG Celle MDR 2002, 153), die **Mobilisation der HWS** durch „weiche" Techniken (OLG Jena, Urt. v. 18. 5. 2005 – 4 U 641/04, GesR 2005, 556, 558: durch Physiotherapeuten), **Anzahl und Lage** der bei einer Bauchoperation zur Blutstillung **verwandten Clips** (OLG München, Urt. v. 18. 5. 2004 – 1 U 4128/03, OLGR 2005, 791), **Details** über die Versorgung eines Scheiden-Dammschnittes (OLG Braunschweig NJW-RR 2000, 238) und die standardmäßig in der nachgeburtlichen Phase ohne Auffälligkeiten durchgeführten Untersuchungs- und Therapiemaßnahmen (E/B, Rz.549) nicht dokumentiert werden.

Ist zwischen den Parteien eines Arzthaftungsprozesses streitig, ob der Patient beim Einspritzen des Narkosemittels **Schmerzen gehabt und diese auch geäußert** hat, so kann der Patient keine Beweiserleichterungen wegen eines Dokumentationsmangels für sich in Anspruch nehmen, weil das Nichtvorliegen eines solchen Vorgangs aus medizinischen Gründen nicht dokumentiert werden muss (OLG Hamburg, Urt. v. 18. 7. 2003 – 1 U 155/02, OLGR 2005, 123, 124).

Die tatsächliche Durchführung der Kontrolle, ob während einer Operation zur Vermeidung von Lagerungsschäden ein **Abduktionswinkel des Infusionsarmes von weniger als 90°** gewählt und die Einstellung dieses Winkels durch den Anästhesisten überprüft wurde, bedarf als Routinemaßnahme keiner Dokumentation (BGH NJW 1995, 1618, 1619).

Auch das bloße **Abrutschen einer Saugglocke** indiziert keinen Behandlungsfehler und ist nicht zu dokumentieren (OLG Braunschweig NJW-RR 2000, 238).

Ein Chirurg muss den der Patientin erteilten Rat, ihn beim Auftreten von Entzündungen oder Rötungen des operierten bzw. behandelten Beins bereits vor einem vereinbarten Wiedervorstellungstermin aufzusuchen, ebenso wenig wie eine routinemäßige Wiedereinbestellung dokumentieren (LG Ellwangen, Urt. v. 10. 5. 2002 – 1 S 22/02; auch OLG Köln VersR 1988, 1299 zur routinemäßigen Wiedereinbestellung).

Ein **Telefonat im ärztlichen Notfalldienst** ist jedenfalls dann nicht dokumentationspflichtig, wenn der Patient dem Arzt unbekannt ist. Da der Notdienst habende Arzt nicht über die Daten ihm unbekannter Patienten verfügt, macht es weder aus medizinischen noch aus anderen Gründen Sinn, den Inhalt der Anrufe solcher Patienten schriftlich niederzulegen (OLG Hamm, Urt. v. 23. 6. 2003 – 3 U 204/02, GesR 2003, 273, 274).

Ein Allgemeinmediziner muss bei Hausbesuchen nicht jede einzelne durchgeführte Untersuchung dokumentieren, sondern nur von der Regel abweichende Untersuchungen und festgestellte krankhafte Befunde aufzeichnen (OLG Bamberg VersR 1992, 831).

Auch die Weigerung des Patienten, entgegen dem ärztlichen Rat einen **Aids-Test** vornehmen zu lassen, gehört nicht zu den wichtigsten dokumentationspflichtigen Maßnahmen (OLG Düsseldorf MedR 1996, 79 = VersR 1995, 339). Bei einer Weiterbehandlung der aidsinfizierten Ehefrau durch einen anderen Arzt kann dieser aus der unterbliebenen Dokumentation nämlich nur den – unschädlichen – Schluss auf eine bislang unterlassene HIV-Diagnostik ziehen (F/N, Rz.129 a. E.).

2. Anfängereingriffe

Während Routinemaßnahmen üblicherweise nicht aufzuzeichnen sind, hat ein Assistenzarzt oder sonstiger Berufsanfänger den Gang der von ihm selbständig durchgeführten Operation, etwa einer Lymphknotenexstirpation, aber auch bei Routineeingriffen in den wesentlichen Punkten zu dokumentieren (BGH NJW 1985, 2193; OLG Zweibrücken MedR 2000, 233, 235; S/Pa, Rz. 256, 461).

Wird eine Operation von einem Assistenzarzt in Facharztausbildung begonnen und wegen auftretender Blutungen von dem ständig anwesenden Oberarzt zu Ende geführt, so haften beide Ärzte als Gesamtschuldner, wenn wegen unzureichender Dokumentation nicht feststellbar ist, bei wessen Tätigkeit es zu einem vorwerfbaren Operationsfehler gekommen ist (OLG Düsseldorf VersR 1991, 1138; auch OLG Karlsruhe, Urt. v. 8. 12. 2004 – 7 U 163/03, GesR 2005, 165, 166: gesamtschuldnerische Haftung zwischen Assistenzarzt und bei der Operation assistierender Oberärztin).

Allerdings hat ein Assistenzarzt, der von dem ihn ausbildenden Facharzt angewiesen wird, eine bestimmte Behandlungsmethode durchzuführen, dieser Anweisung i. d. R. Folge zu leisten; er darf sich grundsätzlich auf die **Richtigkeit der von dem Facharzt getroffenen Entscheidung verlassen** (OLG Düsseldorf, Urt. v. 13. 2. 2003 – 8 U 41/02, VersR 2005, 230; auch OLG Frankfurt MedR 1995, 328; OLG Hamm VersR 1998, 104; OLG Köln VersR 1993, 1157; OLG Zweibrücken VersR 1997, 833; Katzenmeier MedR 2004, 34, 39).

Dies gilt nur dann nicht, wenn sich dem Assistenzarzt nach den bei ihm vorauszusetzenden Fähigkeiten und Kenntnissen Bedenken gegen die Sachgemäßheit des von dem Facharzt angeordneten Vorgehen aufdrängen müssen (OLG Düsseldorf, Urt. v. 13. 2. 2003 – 8 U 41/02, VersR 2005, 230; vgl. die Einzelheiten bei → *Anfängereingriffe, Anfängeroperationen*, S. 23 f.).

3. Negative Befunde

Ist es aus medizinischen Gründen unüblich, Untersuchungen zu dokumentieren, wenn sie ohne positiven Befund geblieben sind, so kann grundsätzlich nicht bereits aus dem Schweigen der Dokumentation auf das Unterbleiben entsprechender Untersuchungen geschlossen werden (BGH NJW 1993, 2375: Kontrolle auf Symptome eines Sudeck-Syndroms). Von einem Arzt kann grundsätzlich auch nicht verlangt werden, nicht vorgenommene Maßnahmen zu dokumentieren, etwa die Tatsache, dass zu einem bestimmten Zeitpunkt kein CTG der kindlichen Herztöne aufgezeichnet worden ist (OLG Saarbrücken OLGR 1999, 460, 462).

Ausnahmsweise müssen jedoch auch **negative Befunde** dokumentiert werden, etwa wenn ein konkreter Anlass zur Ausräumung eines bestimmten Verdachts besteht oder es sich um medizinisch besonders wichtige Befunde handelt (G/G, 5. Aufl., Rz. B 207). So kann bei Verdacht auf eine bakterielle Infektion des Kniegelenks nach Durchführung einer Arthroskopie die Pflicht des behandelnden Arztes bestehen, den lokalen Befund auch dann zu dokumentieren, wenn dieser i. S. d. Vorliegens einer Überwärmung, Rötung, Schwellung, Schmerzempfindlichkeit oder erhöhter Blutkörpersenkungsgeschwindigkeit negativ ist (OLG Stuttgart VersR 1998, 1550). Gleiches gilt bei der Eingangsuntersuchung einer Schwangeren unmittelbar vor der Entbindung hinsichtlich des festgestellten Blutdrucks (BGH NJW 1995, 1611; G/G, 5. Aufl., Rz. B 207; Gehrlein Rz. B 123).

IV. Beweiserleichterungen und Beweislastumkehr

1. Vermutung des Unterbleibens der nicht dokumentierten Maßnahme

Das Vorliegen eines Behandlungsfehlers und der Kausalzusammenhang zwischen dem Behandlungsfehler und dem eingetretenen Primärschaden ist grundsätzlich vom Patienten zu beweisen. Eine unterbliebene, unvollständige oder auch nur lückenhafte Dokumentation bildet **keine eigenständige Anspruchsgrundlage** und führt grundsätzlich **nicht unmittelbar zu einer Beweislastumkehr** hinsichtlich des Ursachenzusammenhangs zwischen einem Behandlungsfehler und dem eingetretenen Primärschaden (BGH NJW 1999, 3408, 3409 = VersR 1999, 1282, 1283; NJW 1988, 2948, 2950 = VersR 1989, 80, 81; OLG Hamburg, Urt. v. 18. 7. 2003 – 1 U 155/02, OLGR 2004, 123, 124; OLG Koblenz, Urt. v. 15. 1. 2004 – 5 U 1145/03, VersR 2004, 1323 = NJW-RR 2004, 410, 411 = GesR 2005, 156; OLG München, Urt. v. 20. 9. 2001 – 1 U 4502/00, OLGR 2003, 7, 8; G/G, 5. Aufl., Rz. B 211; Hausch VersR 2006, 612, 614/618).

Jedoch kann der Tatrichter aus der Tatsache einer fehlenden, mangelhaften oder unvollständigen Dokumentation einer aus medizinischen Gründen aufzeichnungspflichtigen Maßnahme bis zum Beweis des Gegenteils durch die Behandlungsseite darauf schließen, dass diese **Maßnahme unterblieben bzw. vom Arzt nicht getroffen worden** ist (BGH VersR 1999, 190, 191; VersR 1997, 362, 364; NJW 1995, 1611, 1612 = VersR 1995, 706, 707; OLG Bamberg, Urt. v. 4. 7. 2005 – 4 U 126/03, VersR 2005, 1292, 1293 = NJW-RR 2005, 1266; OLG Brandenburg VersR 2001, 1241, 1242; OLG Düsseldorf, Urt. v. 15. 7. 2004 – I – 8 U 35/03, OLGR 2005, 707, 709; Urt. v. 6. 3. 2003 – 8 U 22/02, VersR 2003, 1310; OLG Hamburg MDR 2002, 1315; OLG Karlsruhe, Urt. v. 25. 1. 2006 – 7 U 36/05, OLGR 2006, 339, 340 = GesR 2006, 211; OLG Koblenz, Urt. v. 15. 1. 2004 – 5 U 1145/03, VersR 2004, 1323, 1324 = NJW-RR 2004, 410, 411; OLG Schleswig, Urt. v. 19. 5. 2006 – 4 U 33/05, OLGR 2006, 546: unterlassener Hinweis an Nachbehandler im Entlassungsbrief; OLG Stuttgart VersR 1994, 313, 314; VersR 1999, 582 zur Lösung einer Schulterdystokie; OLG Zweibrücken NJW-RR 2001, 667, 669; G/G, 5. Aufl., Rz. B 206; Hausch VersR 2006, 612, 614/620; L/U, § 111 Rz. 4, 5, 8; Müller MedR 2001, 487, 491; S/Pa, Rz. 465; Muschner VersR 2006, 621, 622; Schellenberg VersR 2005, 1620, 1622) und/oder dass sich ein nicht dokumentierter, aus medizinischen Gründen **dokumentationspflichtiger Umstand so ereig-**

net hat, wie es vom Patienten glaubhaft geschildert wird (BGH VersR 1986, 788, 798 = NJW 1986, 2365, 2367; VersR 1983, 983; OLG Köln VersR 1997, 748; Muschner VersR 2006, 621, 622).

Die Rechtsprechung hat hierzu im Einzelnen in uneinheitlicher Diktion ausgeführt, die Nichtdurchführung einer aufzeichnungspflichtigen Maßnahme begründe **„die Vermutung"**, dass der Arzt sie unterlassen habe (BGH VersR 1999, 190, 191; VersR 1995, 706, 707 = NJW 1995, 1611, 1612; OLG Karlsruhe, Urt. v. 25. 1. 2006 – 7 U 36/05, OLGR 2006, 339, 340 = GesR 2006, 211; Hausch VersR 2006, 612, 620), dem Patienten komme eine „**Beweiserleichterung"** (BGH VersR 1995, 706, 707; NJW 1984, 1400 = VersR 1984, 356, 357) bzw eine **„Umkehr der Beweislast für die Hinweiserteilung"** (OLG Schleswig, Urt. v. 19. 5. 2006 – 4 U 33/05, OLGR 2006, 546: kein Hinweis im Entlassungsbrief) zugute, wobei der Tatrichter **„bis zum Beweis des Gegenteils durch die Behandlungsseite"** darauf schließen könne, dass die nicht dokumentierte Maßnahme unterblieben sei (BGH VersR 1995, 706, 707; Hausch VersR 2006, 612, 620) bzw. es der Behandlungsseite „unbenommen sei, **die fehlenden schriftlichen Angaben nachträglich zu ergänzen"** und den Vortrag zu beweisen (BGH VersR 1984, 345, 355; s. u.).

Eine generelle **Beweislastumkehr** – wie sie nach der modifizierten, die Gegebenheiten der Praxis berücksichtigenden Rechtsprechung des BGH (Urt. v. 27. 4. 2004 – VI ZR 34/03, VersR 2004, 909, 911 = NJW 2004, 2011, 2012) beim Vorliegen eines groben Behandlungsfehlers angenommen wird – kommt aber nur beim Vorliegen weiterer Umstände (s. u.) in Betracht (vgl. zuletzt Hausch VersR 2006, 612, 614/620).

Die dogmatisch überzeugendste Begründung stellt eine auf die analoge Anwendung der §§ 427, 444, 446 ZPO zu stützende **Fiktion eines Beweisergebnisses** dar, von der der Richter nach seinem Ermessen Gebrauch machen und die etwa durch Zeugenaussagen auch widerlegt werden kann (Hausch VersR 2006, 612, 620 im Anschluss an Stürner NJW 1979, 1225, 1229 und Matthies JZ 1986, 959, 960). Sind etwa im Operationsbericht **keine Auffälligkeiten** bezüglich der vorgenommenen Marknagelung dokumentiert, ist davon auszugehen, dass eine postoperativ festgestellte Schaftsprengung auf fehlerhaftem ärztlichem Vorgehen beruht und nicht auf unfallbedingten Knochenschädigungen (OLG Düsseldorf VersR 1991, 1176; S/Pa, Rz. 467).

Die **Weigerung des Patienten**, dringend indizierte Diagnosemaßnahmen durchführen zu lassen, ist in der Behandlungsdokumentation zu vermerken (OLG Bamberg, Urt. v. 4. 7. 2005 – 4 U 126/03, VersR 2005, 1292, 1293 = NJW-2005, 1266; OLG Düsseldorf, Urt. v. 6. 3. 2003 – 8 U 22/02, VersR 2003, 1310; Urt. v. 21. 7. 2005 – I- 8 U 33/05, VersR 2006, 841, 842). Das Fehlen eines entsprechenden Vermerks, etwa die Ablehnung einer **der Patientin dringend angeratenen Mammographie bzw. Biopsie** beim Verdacht einer Brustkrebserkrankung (OLG Düsseldorf, Urt. v. 6. 3. 2003 – 8 U 22/02, VersR 2003, 1310) oder die trotz entsprechender therapeutischer Aufklärung erklärte Ablehnung des Patienten, sich einer **Herzkathederuntersuchung** zu unterziehen (OLG Bamberg, Urt. v. 4. 7. 2005 – 4 U 126/03, VersR 2005, 1292, 1293) rechtfertigt die Annahme, eine solche Weigerung der Patientin bzw. des Patienten sei nicht erfolgt. Allerdings muss nicht jeder Versuch, den Patienten zur Mitwirkung zu bewegen, schriftlich niedergelegt werden (Schellenberg VersR 2005, 1620, 1622).

Wird die Vornahme regelmäßiger Blutdruckmessungen bei einer Schwangeren unmittelbar vor der Entbindung nicht dokumentiert, so wird vermutet, dass die Blutdruckmessungen nicht durchgeführt worden sind und dadurch die Gefahr drohender **eklamptischer Anfälle** nicht erkannt werden konnte (BGH NJW 1995, 1611, 1612). Sind in den Krankenunterlagen für einen Geburtsvorgang ab 16.50 Uhr CTG-Aufzeichnungen dokumentiert, so ist zu vermuten, dass keine vorherigen CTG-Kontrollen erfolgten. Behauptet die Patientin dagegen, um 16.30 Uhr sei eine pathologische CTG-Aufzeichnung erhoben worden, kann ihr aber keine Beweiserleichterung zugute kommen. Es obliegt dann ihr, darzulegen und zu beweisen, dass eine tatsächlich nicht dokumentierte CT-Kontrolle stattgefunden hat (OLG Saarbrücken OLGR 1999, 460; Gehrlein Rz. B 125).

Die Angabe im Geburtsbericht „etwas schwierige Schulterentwicklung" oder „schwere Schulterentwicklung" ist für die **Dokumentation der Lösung einer Schulterdystokie** nicht ausreichend. In den Krankenunterlagen muss vielmehr dargelegt werden, worin die Schwierigkeit der Schulterentwicklung bestand und welche Maßnahmen zur Beseitigung der Schulterdystokie getroffen wurden (OLG Koblenz, Urt. v. 17. 4. 2002 – 7 U 893/98, OLGR 2002, 303, 304; auch: OLG Köln OLGR 1994, 48 = VersR 1994, 1424; OLG München OLGR 2000, 61 und OLGR 2000, 94; OLG Saarbrücken VersR 1988, 916: Vorgehen ist zumindest in groben Zügen wiederzugeben; OLG Stuttgart VersR 1999, 582; kritisch hierzu Hausch VersR 2006, 612, 615 ff.).

Allerdings ergibt sich aufgrund der unterbliebenen Dokumentation zur Anwendung einer **Kristellerhilfe** zugunsten des nach einer Schulterdystokie mit einer Plexusparese geborenen Kindes keine Beweiserleichterung dahingehend, dass von der Anwendung dieser Maßnahme in (grob) fehlerhafter Weise bereits vor der Drehung der Schulter auszugehen ist, wenn feststeht, dass nach dem Auftreten der Schulterdystokie die erforderlichen Maßnahmen ergriffen wurden und nur ihre **zeitliche Abfolge** (richtigerweise: Manöver nach McRoberts – Nachholung der Drehung der Schulter – vollständige Entwicklung durch moderaten Zug oder Kristellerhilfe) **streitig ist** (OLG Düsseldorf, Urt. v. 15. 7. 2004 – I-8 U 35/03, OLGR 2005, 707, 709).

Kann das Vorgehen des Geburtshelfers zur Lösung der Schulter – etwa durch Vernehmung der Hebamme, Krankenschwester o. a. – nicht mehr geklärt werden, so wird ein fehlerhaftes Vorgehen des Geburtshelfers vermutet, wenn es bei der Geburt mit eingetretener Schulterdystokie zu einer Zerreißung des Halsmarks des Neugeborenen gekommen ist (OLG Koblenz, Urt. v. 17. 4. 2002 – 7 U 893/98, OLGR 2002, 303; auch OLG Stuttgart VersR 1999, 582).

Der Arzt kann die Vermutung des Unterbleibens der nicht dokumentierten Maßnahme jedoch widerlegen (BGH NJW 1986, 2365; VersR 1984, 354, 355; OLG Karlsruhe, Urt. v. 25. 1. 2006 – 7 U 36/05, OLGR 2006, 339, 340 = GesR 2006, 211; OLG Zweibrücken VersR 1999, 1546, 1547), etwa durch die **Zeugenaussagen** der am Eingriff beteiligten Ärzte und Pfleger (OLG Köln, Urt. v. 14. 11.

2001 – 5 U 232/99, OLGR 2002, 113, 114: Durchführung von Wiederbelebungs-maßnahmen nicht dokumentiert, aber von den anwesenden Hebammen als Zeuginnen bestätigt; OLG München VersR 1991, 190; Bergmann/Kienzle VersR 1999, 282, 283; F/N, Rz.130; Hausch VersR 2006, 612, 620: Zeugen bzw. Partei-vernehmung; S/Pa, Rz. 436, 469, 470).

Dies gilt erst recht für die Interpretation einer verkürzten oder unvollständigen Dokumentation (OLG Karlsruhe, Urt. v. 25. 1. 2006 – 7 U 36/05, OLGR 2006, 339, 340 = GesR 2006, 211).

Es bleibt dem Arzt auch unbenommen, die unterlassenen Angaben auch nach-träglich zu ergänzen (Gehrlein, Rz. B 125). Die Indizwirkung einer ausreichen-den Dokumentation wird nicht grundsätzlich dadurch erschüttert, dass **Anhaltspunkte für eine nachträgliche handschriftliche Ergänzung** vorliegen (OLG Zweibrücken, Urt. v. 27. 7. 2004 – 5 U 15/02, OLGR 2004, 598, 600; Muschner VersR 2006, 621, 627). Der Patient kann sich auch hierbei nicht da-rauf beschränken, die Richtigkeit der Behandlungsdokumentation pauschal bzw. mit Nichtwissen zu bestreiten (OLG Düsseldorf, Urt. v. 17. 3. 2005 – 8 U 56/04, GesR 2005, 464).

Nach Ansicht des BGH (NJW 1978, 542) muss der Arzt aber in zumutbarem Umfang Umstände darlegen und unter Beweis stellen, aus denen sich die **Ver-trauenswürdigkeit der nachträglich ergänzten Aufzeichnung** ergibt. In der Lite-ratur (Stürner, NJW 1979, 1225, 1229; F/N, Rz.131; auch OLG Zweibrücken VersR 1999, 1546 und Urt. v. 27. 7. 2004 – 5 U 15/02, OLGR 2004, 598, 600, s. o.) wird eine solche Darlegung nur bei konkreten, erkennbaren Anhaltspunk-ten verlangt. Erkennbare Manipulationen wie z. B. Radierungen führen aber zu Beweiserleichterungen für den Patienten (OLG Frankfurt VersR 1992, 578; S/Pa, Rz. 561; F/N, Rz. 131).

Vermag der Arzt den entsprechenden Vortrag im Bestreitensfall zu beweisen, stellt ein etwaiger Dokumentationsmangel kein Aufklärungshindernis im Sinne einer Indizwirkung für das Unterbleiben der Maßnahme mehr dar (OLG Zweibrücken, Urt. v. 27. 7. 2004 – 5 U 15/02, OLGR 2004, 598, 600: Zeugen haben behauptete nachträgliche handschriftliche Ergänzung nicht bestätigt; OLG Köln, Urt. v. 14. 11. 2001 – 5 U 232/99, OLGR 2002, 113, 114: nicht doku-mentierte Reanimation von Zeugen bestätigt; F/N Rz.130; Gehrlein Rz. B 125; Hausch VersR 2006, 612, 620).

2. Verlust der Krankenunterlagen und Dauer der Aufbewahrung

Eine Beweiserleichterung bis hin zur Beweislastumkehr kommt auch in Betracht, wenn **Krankenunterlagen verschwunden** sind und die Behandlungs-seite ihr Nichtverschulden hieran nicht beweisen kann (BGH MDR 1996, 261 = VersR 1996, 330; F/N, Rz.125; vgl. hierzu → *Befundsicherungspflicht*, S. 305 f., 845 f.). Denn der Arzt oder Krankenhausträger hat dafür zu sorgen, dass über den Verbleib der Krankenunterlagen jederzeit Klarheit besteht. Verletzt er diese Pflicht, ist davon auszugehen, dass er die Nichtverfügbarkeit der Unterlagen zu verantworten hat (BGH MDR 1996, 261 = VersR 1996, 330). Werden die Unterlagen an ein anderes Krankenhaus oder einen anderen Arzt o. a. herausgegeben, muss die Weiterleitung dokumentiert werden (Gehrlein Rz. B 122).

Die Dauer der Aufbewahrung für Krankenunterlagen ist im Haftungsrecht nicht einheitlich geregelt. Aus dem ärztlichen Berufsrecht (vgl. § 10 III MBO-Ä 97) ergibt sich eine Aufbewahrungsfrist von 10 Jahren. In einzelnen Rechtsvorschriften (§§ 28 IV Nr. 1 RöntgenVO, 43 V StrahlenschutzVO) ist die Aufbewahrung von Aufzeichnungen über Untersuchungen für 30 Jahre vorgeschrieben. Im Übrigen ist von einer **Aufbewahrungsdauer von zehn Jahren** auszugehen (OLG Hamm, Urt. v. 29. 1. 2003 – 3 U 91/02, VersR 2005, 412, 413; F/N, Rz.132; S/Pa, Rz.462; Muschner VersR 2006, 621, 625 mit Hinweis auf weitere Sondervorschriften).

Diese Aufbewahrungszeit gilt etwa für CTG-Aufzeichnungen und das Geburtsprotokoll (OLG Hamm, Urt. v. 29. 1. 2003 – 3 U 91/02, VersR 2005, 412, 413). Muss der Arzt oder Krankenhausträger danach die Krankenunterlagen, das CTG o. a. nicht länger als zehn Jahre aufzubewahren, darf ihm wegen der Vernichtung, wegen des Verlustes oder ihrer Unvollständigkeit nach diesem Zeitpunkt kein Nachteil entstehen (OLG Hamm, Urt. v. 29. 1. 2003 – 3 U 91/02, VersR 2005, 412, 413).

3. Beweislastumkehr hinsichtlich des Kausalzusammenhangs

Dem Patienten können **Beweiserleichterungen** für die von ihm behaupteten Behandlungsfehler zugute kommen, wenn die aus medizinischen Gründen gebotene Dokumentation fehlt, mangelhaft oder unvollständig ist (s.o.; BGH NJW 1995, 1611, 1622 = VersR 1995, 706, 707: „Beweiserleichterungen", „Vermutung, dass der Arzt die Maßnahme unterlassen hat"; OLG Brandenburg VersR 2001, 1241, 1242; OLG Bamberg, Urt. v. 4. 7. 2005 – 4 U 126/03, VersR 2005, 1292, 1293 = NJW-RR 2005, 1266; OLG Hamburg, Urt. v. 18. 7. 2003 – 1 U 155/02, OLGR 2004, 123, 124; OLG Karlsruhe, Urt. v. 25. 1. 2006 – 7 U 36/05, OLGR 2006, 339, 340 = GesR 2006, 211; OLG Koblenz, Urt. v. 17. 4. 2002 – 7 U 893/98, OLGR 2002, 303, 304; Gehrlein Rz. B 126; Hausch VersR 2006, 612, 620: „Fiktion eines Beweisergebnisses").

Der BGH hatte in früheren Urteilen (NJW 1989, 2949, 2950 = VersR 1989, 80, 81; NJW 1989, 2330 = VersR 1989, 512 = MDR 1989, 626; NJW 1987, 1089, 1091 = MDR 1987, 573; auch OLG Brandenburg VersR 2001, 1241, 1243 und zuletzt Urt. v. 5. 4. 2005 – 1 U 34/04, OLGR 2005, 489, 492; vgl. hierzu Hausch VersR 2006, 612, 614/620 und Muschner VersR 2006, 621, 622) ausgeführt, eine über den Nachweis des Behandlungsfehlers hinausgehende Beweiserleichterung bzw. Beweislastumkehr auch für den Beweis des Kausalzusammenhangs zu dem beim Patienten eingetretenen Gesundheitsschaden könne diesem nur dann zugute kommen, wenn entweder in den – durchgeführten oder pflichtwidrig unterlassenen – **ärztlichen Maßnahmen ein grober Behandlungsfehler** (vgl. hierzu → *Grobe Behandlungsfehler*, S. 492 ff.) liegt oder die Behandlungsseite es versäumt habe, **medizinisch zweifelsfrei gebotene Befunde** zu erheben und zu sichern (vgl. hierzu → *unterlassene Befunderhebung*, S. 804 ff.) und daraus die weiteren Konsequenzen für die Behandlung zu ziehen.

Er präzisiert dies nun in seiner neueren Rechtsprechung dahingehend, dass eine unvollständige oder lückenhafte Dokumentation nur dann unmittelbar zu einer Beweislastumkehr auch hinsichtlich des Kausalzusammenhangs zwischen dem Behandlungsfehler, der nachgewiesen oder mangels hinreichender Dokumentation anzunehmen ist, und dem eingetretenen Primärschaden beim Patienten führt, wenn die Dokumentationslücke **einen groben Behandlungsfehler indiziert** (BGH NJW 1999, 3408, 3409 = VersR 1999, 1282, 1283; NJW 1993, 2375, 2376 = VersR 1993, 836, 837; ebenso OLG Koblenz, Urt. v. 15. 1. 2004 – 5 U 1145/03, VersR 2004, 1323, 1324 = NJW-RR 2004, 410, 411 = GesR 2004, 100, 101; OLG Stuttgart VersR 1994, 313, 314; G/G, 5. Aufl., Rz. B 250; Müller, VPräsBGH, MedR 2001, 487, 491), also einen Verstoß gegen eindeutig gesicherte und bewährte Erkenntnisse und/oder Erfahrungen, der aus objektiver Sicht nicht mehr verständlich erscheint und einem Arzt schlechterdings nicht unterlaufen darf (OLG Brandenburg VersR 2001, 1241, 1243; Gehrlein Rz. B 127, 138 m. w. N.; vgl. → *Grobe Behandlungsfehler*, S. 500 f.).

Gleiches gilt, wenn die fehlende, mangelhafte oder unvollständige Dokumentation darauf schließen lässt, dass eine **medizinisch zweifelsfrei gebotene Befunderhebung oder Befundsicherung**, etwa durch Anfertigung eines Röntgenbildes, einer Kernspinaufnahme oder der Durchführung einer Blutdruckmessung unterblieben ist (OLG Düsseldorf, Urt. v. 19. 12. 1991 – 8 U 194/89; OLG Koblenz, Urt. v. 15. 1. 2004 – 5 U 1145/03, VersR 2004, 1323, 1324 = GesR 2004, 100, 101; S/Pa, Rz.558, 559; F/N, Rz.133 a. E.; Gehrlein Rz. B 127 a. E.; vgl. → *Unterlassene Befunderhebung*, S. 815 ff.).

Das OLG Koblenz (Urt. v. 15. 1. 2004 – 5 U 1145/03, VersR 2004, 1323, 1324 = NJW-RR 2004, 410, 411 = GesR 2004, 100, 101 f.) hat dies zuletzt wie folgt zusammengefasst:

Für die Kausalitätsfrage können Dokumentationsversäumnisse nur ausnahmsweise von Bedeutung sein, nämlich wenn der so indizierte Behandlungsfehler als „grob" zu beurteilen ist oder wenn der mangels ordnungsgemäßer Dokumentation anzunehmende Verstoß gegen die Befunderhebungspflicht – bei Vorliegen der weiteren Voraussetzungen einer → *unterlassenen Befunderhebung* (vgl. hierzu S. 804 ff.) – zur Kausalitätsvermutung zu führen vermag.

Unter Bezugnahme auf die Rechtsprechung des BGH (NJW 1989, 2330, 2331 = MDR 1989, 626; NJW 1988, 2949, 2950 = MDR 1988, 1045; MDR 1987, 573) hat das OLG Brandenburg (Urt. v. 5. 4. 2005 – 1 U 34/04, OLGR 2005, 489, 492) ausgeführt, hinsichtlich des Nachweises der Kausalität zwischen einem Behandlungsfehler und dem Körper- bzw. Gesundheitsschaden können Dokumentationsmängel, d.h. die unterlassene Dokumentation einer gebotenen, dokumentationspflichtigen Behandlungsmaßnahme nur dann und insoweit zu **Beweiserleichterungen** führen, als sich aus diesen Mängeln Beweiserschwernisse für den Patienten ergeben und die **Ursächlichkeit zumindest wahrscheinlich** ist.

Das OLG Zweibrücken (VersR 1999, 719, 721) meint, ein Mangel bei der Befundsicherung begründet dann die Beweiserleichterung für die Frage der Kausalität, wenn er die **Aufklärung eines immerhin wahrscheinlichen Ursachenzu-**

sammenhangs zwischen ärztlichem Behandlungsfehler und dem eingetretenen (primären) Gesundheitsschaden **erschwert**.

4. Zeitpunkt der Dokumentation

Die Dokumentation hat **in unmittelbarem zeitlichem Zusammenhang** mit der Behandlung oder dem Eingriff zu erfolgen. Wird sie erst Wochen oder gar Monate später vorgenommen, kann gleichfalls die Vermutung gerechtfertigt sein, dass die Maßnahme unterblieben ist. Bei einfachen Eingriffen oder Behandlungen wird der Arzt jedoch für berechtigt angesehen, nachträglich die ordnungsgemäße Dokumentation aus dem Gedächtnis zu erstellen (L/U, § 59 Rz. 12).

Geht dem nachbehandelnden Arzt oder der Patientin jedoch der Bericht über eine gynäkologische Operation erst ein Jahr nach dem Eingriff zu, so ist dies ein genügender Anhaltspunkt, der die Vermutung der Vollständigkeit und Richtigkeit der Dokumentation erschüttert (OLG Zweibrücken VersR 1999, 1546).

Lässt ein solcher Operationsbericht die vitale Indikation der vorgenommenen Operation nicht mehr vermuten, so hat der Arzt die sich hieraus ergebende Dokumentationslücke, etwa durch Benennung von an dem Eingriff beteiligten **Ärzten oder Pflegekräften als Zeugen** zu beweisen (BGH NJW 1989, 2330 = VersR 1989, 512; OLG Köln VersR 1990, 856, 857; OLG München VersR 1993, 362; VersR 1991, 436; OLG Zweibrücken VersR 1999, 1546, 1547; Hausch VersR 2006, 612, 620; S/Pa, Rz. 470; Schmid NJW 1994, 767, 772).

Kann der Arzt den Beweis führen, bleibt die unterlassene oder unvollständige Dokumentation beweisrechtlich unschädlich (G/G, 5. Aufl., Rz. B 209, Hausch VersR 2006, 612, 620 m.w.N.).

V. Dokumentationsmangel als Behandlungsfehler; Dokumentation zum Zweck der Beweisbeschaffung

1. Dokumentationsmangel als Behandlungsfehler

Grundsätzlich stellt ein Dokumentationsversäumnis **keine eigenständige Anspruchsgrundlage** und keinen eigenständigen Anknüpfungspunkt für das Vorliegen eines Behandlungsfehlers dar (BGH NJW 1995, 1611, 1612; NJW 1999, 3408, 3409; OLG Hamburg, Urt. v. 18. 7. 2003 – 1 U 155/02, OLGR 2004, 123, 124; OLG Koblenz, Urt. v. 15. 1. 2004 – 5 U 1145/03, VersR 2004, 1323, 1324 = NJW-RR 2004, 410, 411; Gehrlein, Rz. B 124; G/G, 5. Aufl.,Rz. B 206, 247; Hausch VersR 2006, 612, 614/620; Müller, VPräsBGH, MedR 2001, 487, 491; S/Pa, Rz. 464).

Die fehlende oder unvollständige Dokumentation wirkt sich aber als Behandlungsfehler aus, wenn sich der nachbehandelnde Arzt auf die Vollständigkeit der von seinem Vorgänger oder überweisenden Kollegen erstellten Dokumentation verlässt und gerade hierdurch einen Gesundheitsschaden aufgrund unnötiger oder falscher Therapierung verursacht (F/N, Rz. 133). Ist eine **zur Sicherung** der **Verlaufsbeobachtung und Weiterbehandlung gebotene Dokumentation** nicht vorhanden, handelt es sich nicht nur um einen Dokumentationsmangel, sondern auch um einen Behandlungsfehler, der – zusammen mit weiteren Versäumnissen – ggf. als grob angesehen werden kann (OLG Stuttgart VersR 1997, 700). So setzt z. B. eine erforderliche, vergleichende Verlaufsbeobachtung bei der Behandlung einer Augenerkrankung (**Morbus coats**) nicht nur eine genaue Befundbeschreibung voraus, sondern darüber hinaus eine verwertbare Fotodokumentation, zumindest aber die Anfertigung von Skizzen zum jeweiligen Befund der Netzhaut (OLG Stuttgart VersR 1997, 700, 701).

2. Beweiserleichterung als Dokumentationszweck

Die Dokumentationspflicht dient (s. o.) dem therapeutischen Interesse des Patienten und soll nicht primär die Grundlagen für eine Beweissicherung zugunsten des Patienten und Schadensersatzansprüche schaffen (OLG Koblenz, Urt. v. 15. 1. 2004 – 5 U 1145/03, VersR 2004, 1323, 1324; OLG München, Urt. v. 20. 9. 2001 – 1 U 4502/00, OLGR 2003, 7, 8).

Bei besonders gefahrenträchtigen, aber beherrschbaren Handlungsweisen auf Arztseite wird teilweise jedoch die Auffassung vertreten, dass die Dokumentation ausnahmsweise auch bezwecken kann, dem Patienten eine Beweiserleichterung zu verschaffen. Dies gilt etwa für den selbständig handelnden Assistenzarzt, der auch ansonsten als Routineeingriffe zu qualifizierende Operationen in den wesentlichen Punkten genau zu dokumentieren hat, um im Interesse des Patienten eine gewisse Kontrolle zu gewährleisten und der beim selbständigen Anfängereingriff zusätzlich unbilliger Weise erschwerten Beweissituation des Patienten zu begegnen (OLG Zweibrücken MedR 2000, 233, 235).

U. E. kann in diesen Fällen bereits eine Beweiserleichterung unter dem Gesichtspunkt des → „Anfängereingriffs" (s. o. III. 2. und S. 19 ff.) eingreifen. Eine Beweislastumkehr kommt nach einhelliger Ansicht im Übrigen nur dann zum Zuge, wenn die unterlassene Dokumentation das Vorliegen eines groben Behandlungsfehlers indiziert (s. o. IV. 3.).

VI. EDV-Dokumentation

Seit 2001 behandelt die ZPO in § 371 I 2 das elektronische Dokument als „Augenscheinsbeweis" (vgl. hierzu Berger NJW 2005, 1016; Muschner VersR 2006, 621, 622). Als solches Beweismittel unterliegt es der freien richterlichen Beweiswürdigung nach § 286 ZPO, wobei das Gericht einer formell und materiell ordnungsgemäßen Dokumentation bis zum Beweis des Gegenteils Glauben schenken soll (Ordner/Geis MedR 1997, 337, 341; Muschner VersR 2006, 621, 622). Eine digitale Dokumentation medizinischer Dokumente ist auch **berufsrechtlich zulässig**, sofern Schutz vor dem Zugriff Unbefugter besteht.

Nach einer Ansicht (Rehborn MDR 2000, 1110; Jorzig MDR 2001, 481, 484; großzügiger aber jetzt in GesR 2005, 350; auch Schmidt-Beck NJW 1991, 2335, 2336 und Ordner/Geis MedR 1997, 337, 341) kann eine EDV-Dokumentation erst dann als zulässig und mit Beweiswert verbunden angesehen werden, wenn die **in der Berufsordnung bereits geforderten Maßnahmen zur Verhinderung von Veränderungen getroffen** worden sind.

Die Softwarekonstruktion müsse gewährleisten, dass nachträgliche Änderungen zumindest erkennbar werden (Schmidt-Beck NJW 1991, 2335, 2337). Unterschreite der Arzt diesen „Standard", komme eine Beweiserleichterung für den Patienten in Betracht (Schmidt-Beck NJW 1991, 2335, 2337; Bergmann/Streitz CR 1994, 77, 82 f.).

Diese Auffassung liegt auf der Ebene der Entscheidung des BGH (NJW 1998, 2736 = MDR 1998, 535; zust. Jorzig, MDR 2001, 484), wonach mechanische Aufzeichnungen, die aufgrund mündlicher Mitteilungen Dritter erstellt werden, nur unter Berücksichtigung der ihnen eigenen Fehlerquellen zu verwerten sind. Danach ist der Beweiswert einer EDV-Dokumentation jedenfalls gemindert, wenn deren nachträgliche Veränderbarkeit nicht ausgeschlossen werden kann, was derzeit faktisch für die Mehrzahl aller EDV-Dokumentationen zutreffen wird.

In diesem Sinn wurde bei einem computermäßig erstellten Datenblatt über den Zeitpunkt der Aufnahme einer entbindenden Patientin jedenfalls bei **Vorliegen besonderer Zweifel an der Richtigkeit** der aufgestempelten Uhrzeit zu Gunsten der Patientin entschieden (Rehborn MDR 2000, 1110; MDR 1999, 1169, 1173).

Erweist sich eine nicht zeitnah erstellte EDV-Dokumentation hinsichtlich der Zeitpunkte und der Anzahl der verabreichten Injektionen als unvollständig, so kann dies nach Auffassung des OLG Hamburg (Urt. v. 23. 1. 2004 – 1 U 24/00, OLRG 2004, 324) zulasten des Arztes gehen, wenn die Art und die Umstände der nicht dokumentierten Injektionen streitig sind.

Das OLG Hamm (Urt. v. 26. 1. 2005 – 3 U 161/04 mit zust. Anm. Jorzig, GesR 2005, 349, 350 = OLGR 2006, 351, 352 = VersR 2006, 842, 843; zust. auch G/G, 5. Aufl., Rz. B 205) hat nunmehr entschieden, einer EDV-Dokumentation, die nicht gegen eine nachträgliche Veränderung gesichert ist, komme dennoch der **volle Beweiswert einer üblichen handschriftlichen Dokumentation** zu, wenn der Arzt plausibel darlegt, dass die Dokumentation nicht nachträglich verändert wurde und die Dokumentation auch aus medizinischen Gesichtspunkten plausibel erscheint.

Im entschiedenen Fall war der Patient wegen einer Kahnbeinfraktur des linken Sprunggelenks operiert worden. Nach Entlassung aus der stationären Behandlung wurde er vom beklagten Hausarzt ambulant betreut. Dieser wechselte mehrfach den Gipsverband am operierten Bein. Nach Auftreten anhaltender Schwellungen wurde der Patient wieder stationär im Krankenhaus aufgenommen, wo ein Morbus-Sudeck-Syndrom festgestellt wurde.

Der beklagte Arzt hatte die in die EDV-Dokumentation aufgenommenen Umstände, dass am operierten Bein ca. vierzehn Tage vor der erneuten stationären Aufnahme „keine lokale Schwellung" und erst unmittelbar zuvor eine „anhaltende Schwellneigung" vorgelegen haben, plausibel erklärt. Der vom

Gericht beigezogene Sachverständige hat die Dokumentation und die Ausführungen des beklagten Arztes als medizinisch plausibel angesehen.

Der den Arzt vertretende Rechtsanwalt sollte (so die Empfehlung von Jorzig GesR 2005, 359) also stets die Problematik bezüglich des Beweiswertes eines EDV-Dokumentation im Auge haben und dementsprechend den Arzt die Eintragungen und deren Umstände erklären lassen, soweit die nachträgliche Veränderbarkeit nicht ausgeschlossen werden kann.

Muschner (VersR 2006, 621, 624/627; ebenso Hausch VersR 2006, 612, 616/618) weist zunächst zutreffend darauf hin, dass die ärztliche Dokumentation in erster Linie **therapeutischen Belangen des Patienten** dient. Denn eine Dokumentation, die medizinisch nicht erforderlich ist, ist auch aus Rechtsgründen nicht geboten (s.o.; BGH NJW 1993, 2375, 2376; Muschner VersR 2006, 621, 623/624). Eine ärztliche EDV-Dokumentation sei allein am therapeutischen Zweck zu messen, die Weiterbehandlung zu ermöglichen und Körper- bzw. Gesundheitsschäden des Patienten zu vermeiden. Auch die in § 10 V S. 1 der Musterberufsordnung der Ärzte normierte Notwendigkeit „besonderer Sicherungs- und Schutzmaßnahmen" beim Einsatz einer EDV-Dokumentation hätte ihren Grund allein in der Erzielung therapeutischer Sicherheit. Es soll ausgeschlossen werden, dass sensible Behandlungsdaten etwa aufgrund von Hard- oder Softwareproblemen verloren gehen oder in den entscheidenden Momenten nicht zur Verfügung stehen (Muschner VersR 2006, 621, 625). Eine darüber hinausgehende Pflicht zur Schaffung und Sicherung von Beweismitteln zugunsten des Patienten besteht nach fast einhelliger Auffassung in der Rechtsprechung und Literatur nicht (Muschner VersR 2006, 621, 623/624; auch Groß VersR 1996, 657, 663 f.; G/G, 5. Aufl., Rz.. B 204: „Rspr. hat bislang keine Bedenken geäußert"; F/N Rz.. 126, 129; Taupitz ZZP 100 (1987), 287, 312; **a. A.** L/U § 59 Rz. 8: vertragliche Nebenpflicht).

Auch im Falle der Verwendung nicht „manipulationssicherer" EDV mit hieraus resultierender Beweisproblematik des Patienten wären hieran also keine beweisrechtlichen Sanktionen zu lasten des Arztes zu knüpfen. Es fehlt dann auch am erforderlichen **Zurechnungszusammenhang zwischen einem Pflichtenverstoß und der Rechtsgutsverletzung, hier der „Beweismittellosigkeit" des Patienten** (Muschner VersR 2006, 621, 624).

Der Umstand, dass nachträgliche Veränderungen bei der Verwendung nicht schreibgeschützter EDV leichter möglich sind, könne dem Arzt nach alledem prozessual nicht zum Nachteil gereichen. Insbesondere muss der Arzt nicht den „Negativbeweis" der Manipulationssicherheit seiner EDV-Dokumentation führen (Muschner VersR 2006, 621, 627). Erst der konkrete, vom Patienten zu beweisende Vorwurf nachträglicher Beweismanipulation kann danach beim Einsatz einer EDV-Dokumentation oder der Verletzung der Aufbewahrungspflicht (gem. § 10 III MBO-Ä 97: 10 Jahre; § 28 IV Nr. 1 RöVO: 30 Jahre bei Röntgenbildern u.a.) zu Beweiserleichterungen für den Patienten führen (Muschner VersR 2006, 621, 625/627; auch Taupitz ZZP 100 (1987) 287, 344 f. und Stürner NJW 1979, 1225, 1229 zu den Folgen der Verletzung der Dokumentationspflicht).

Ist die Dokumentation äußerlich ordnungsgemäß und bestehen keine konkreten Anhaltspunkte, die Zweifel an ihrer Zuverlässigkeit begründen können, ist u. E. auch hier der vom Arzt dokumentierte Behandlungsverlauf zugrunde zu legen (OLG Düsseldorf, Urt. v. 17. 3. 2005 – I – 8 U 56/04, OLGR 2006, 12 zur handschriftlichen Dokumentation)

Ist die medizinisch gebotene Dokumentation zwar durchgeführt, aber nicht mehr lesbar, etwa weil das verwendete Medium (z.B. Papier aus Thermodrucker, „verblasster" CTG-Streifen) nicht ausreichend haltbar ist, kommt eine **Verletzung der Befundsicherungspflicht** in Betracht (OLG Frankfurt, Urt. v. 8. 2. 2005 – 8 U 163/04 mit NA-Beschl. BGH v. 8. 11. 2005 – VI ZR 37/05; G/G, 5. Aufl., Rz. B 205, B 212 a. E.).

Einsicht in Krankenunterlagen

Vgl. auch → *Allgemeine Geschäftsbedingungen*, → *Dokumentationspflicht*, → *Substantiierung der Klage/Schlüssigkeit*

I. Vorprozessuales Einsichtsrecht
II. Einschränkungen
III. Art der Einsichtnahme
IV. Kein allgemeiner Auskunftsanspruch des Patienten
V. Einsichtsrecht nach dem Tod des Patienten
VI. Prozessuales Einsichtsrecht
VII. Befugnis der Krankenkassen zur Einsichtnahme in Patientenunterlagen

I. Vorprozessuales Einsichtsrecht

Der Patient hat gegenüber dem Arzt und dem Krankenhaus grundsätzlich auch außerhalb eines Rechtsstreits Anspruch auf Einsicht in die ihn betreffenden Krankenunterlagen, soweit sie Aufzeichnungen über **objektive physische Befunde und Berichte über Behandlungsmaßnahmen** (Medikation, Operation usw.) betreffen (BGH NJW 1983, 328 = VersR 1983, 264 = MDR 1983, 298; NJW 1983, 330 = VersR 1983, 267 = MDR 1983, 299; OLG Saarbrücken, Urt. v. 30. 4. 2003 – 1 U 682/02–161, MDR 2003, 1250 = OLGR 2003, 252, 253; LG Bonn, Urt. v. 6. 6. 2005 – 9 O 31/05, GesR 2006, 91, bestätigt von OLG Köln, Beschl. v. 23. 9. 2005 – 7 U 101/05, GesR 2006, 93; F/N, Rz. 134, 245; Gehrlein, NJW 2001, 2773; L/U, § 60 Rz. 6, 8; Lux GesR 2004, 6, 9; S/Pa, Rz. 473).

Der BGH bezieht sich zur Begründung dieses Anspruchs zum einen auf eine so genannten **ungeschriebene Nebenpflicht**, zum anderen auf § 242 BGB i. V. m. Art. 1 und 2 I GG.

Das Bundesverfassungsgericht (Beschl. v. 9. 1. 2006 – 2 BvR 443/02, NJW 2006, 1116, 1118) hat erst jüngst darauf hingewiesen, dass der grundsätzliche Anspruch des Patienten auf Einsicht in die ihn betreffenden Krankenunterlagen seine Grundlage unmittelbar im grundrechtlich gewährleisteten **Selbstbestimmungsrecht des Patienten** hat und nur dann zurücktreten muss, wenn dem

Anspruch entsprechend gewichtige Belange entgegenstehen. Es ließ offen, ob die Rspr. des BGH (NJW 1983, 328; NJW 1983, 330; NJW 1989, 764), die den Anspruch des Patienten auf Einsicht in die ihn betreffenden Krankenunterlagen grundsätzlich auf objektive Befunde beschränkt und einen sogenannten therapeutischen Vorbehalt anerkannt hat, noch verfassungsgemäß ist, was in der Literatur gerade in letzter Zeit in Zweifel gezogen wurde (vgl. Hinne NJW 2005, 2270, 2272 f.; Riemer NJW 2005, Heft 39, S. XX, NJW 2006, Heft 22, XVI f. und in „Psychotherapeut" 2001, S. 353).

Nach anderer Ansicht folgt dieser Anspruch aus einer **direkten oder entsprechenden Anwendung des § 810 BGB** (OLG Saarbrücken, Urt. v. 30. 4. 2003 – 1 U 682/02–161, MDR 2003, 1250 = OLGR 2003, 252, 253: § 810 BGB und im Prozess jetzt § 142 ZPO; Hinne, NJW 2005, 2270, 2271: § 810 BGB bzw. §§ 422, 429 ZPO; Bemmann, VersR 2005, 760, 764 f.: §§ 810, 811, 242 BGB). Unabhängig von ihrer dogmatischen Herleitung wird die grundsätzliche Herausgabepflicht des Arztes oder Krankenhauses heute jedoch nicht mehr in Frage gestellt (BVerfG, Beschl. v. 9. 1. 2006 – 2 BvR 443/02, NJW 2006, 1116; OLG Saarbrücken, Urt. v. 30. 4. 2003 – 1 U 682/02–161, MDR 2003, 1250; LG Bonn, Urt. v. 6. 6. 2005 – 9 O 31/05, GesR 2006, 91; LG Karlsruhe, Beschl. v. 7. 12. 1999 – 12 O 53/99, NJW-RR 2001, 236; AG Hagen NJW-RR 1998, 262; Gehrlein NJW 2001, 2773; Lux GesR 2004, 6, 9; Hinne NJW 2005, 2270, 2271 f.; Bemmann VersR 2005, 760, 764 ff.; S/Pa, Rz. 475).

Ein rechtliches Interesse an der Gewährung der Akteneinsicht muss der Patient – anders als der Angehörige eines verstorbenen Patienten – nicht darlegen (BGH, MDR 1989, 432; NJW 1983, 2627 = MDR 1984, 132 in Bezug auf nahe Angehörige oder Erben des Patienten; Lux GesR 2004, 6, 9; F/N, Rz. 134, 136).

II. Einschränkungen

Subjektive Wertungen des Arztes, seine persönlichen Eindrücke bei Gesprächen mit den Patienten, alsbald aufgegebene erste Verdachtsdiagnosen, Bemerkungen zu einem querulatorischen Verhalten des Patienten werden **vom Einsichtsrecht nach bislang überwiegender Ansicht nicht erfasst** (BGH, NJW 1983, 328, 329 = VersR 1983, 264; NJW 1989, 764, 765; LG Duisburg und AG Mühlheim, bei Hinne NJW 2005, 2270, 2272; Gehrlein NJW 2001, 2773; F/N, Rz. 134, 135; etwas zurückhaltender jetzt S/Pa, Rz. 475, 476 im Anschluss an BVerfG, Beschl. v. 9. 12. 2006 – 2 BvR 443/02, NJW 2006, 1116, 1118; weitergehend: Hinne NJW 2005, 2270, 2271 f.; Riemer NJW 2005, Heft 39, S. XX f. und NJW 2006, Heft 22, XVI f.).

Hinsichtlich der Einsichtnahme in die Unterlagen psychiatrisch oder psychotherapeutisch behandelter Patienten hatte der BGH einen „therapeutischen Vorbehalt" anerkannt (BGH, NJW 1983, 328 = VersR 1983, 264; NJW 1983, 330 = VersR 1983, 267; NJW 1989, 764 = VersR 1989, 252; F/N Rz. 135; a. A. Hinne a. a. O. und Riemer a. a. O.; offengelassen von BVerfG, Beschl. v. 9. 1. 2006 – 2 BvR 443/02, NJW 2006, 1116, 1118).

Nach Abschluss einer psychiatrischen oder psychotherapeutischen Behandlung steht dem Patienten danach **kein Recht auf Gewährung von Einsicht in die Krankenunterlagen mit Ausnahme objektiver Befunde** wie der Medikamentation und dem Ergebnis körperlicher Untersuchungen zu (BGH NJW 1983, 330; NJW 1985, 674, 675; NJW 1989, 764). Der Grund für diese Beschränkung liegt in der Natur des psychiatrischen Behandlungsvertrages, der jedenfalls in seiner klassischen Form die Zurückhaltung ärztlicher Aufzeichnungen gegenüber dem Patienten gebietet, und zwar im Interesse des Arztes, des Patienten und dritter Personen, deren Angaben über den Patienten zur Krankheitsgeschichte gehören (BGH NJW 1985, 674, 675).

Hier besteht nach h.M. das Risiko, dass die psychischen Störungen und medizinischen Bewertungen fehlerhaft verarbeitet werden, wenn der Patient ohne ärztlichen Rat Einsicht in seine Krankengeschichte nimmt (L/U, § 60 Rz. 7; F/N Rz. 35; Lux GesR 2004, 6, 9).

Erstrebt der Patient über die Kenntnis objektiver Befunde wie der Medikation und dem Ergebnis körperlicher Untersuchungen hinaus Einsicht in die Krankenunterlagen über seine psychiatrische Behandlung, so sind entgegenstehende therapeutische Gründe vom Arzt nach Art und Richtung näher zu kennzeichnen, allerdings ohne Verpflichtung, dabei ins Detail zu gehen (BGH NJW 1989, 764; auch BVerfG NJW 1999, 1777; Lux GesR 2004, 6, 9; F/N Rz. 135; S/Pa, Rz. 476).

Die Einschränkungen dürfen sich aber nur auf die „heiklen" Passagen (z. B. Anamnese, Gesprächsprotokolle), nicht auf die bewertungsneutralen Aufzeichnungen (z. B. Operationsprotokolle, Medikation) beziehen (S/Pa, Rz. 475; F/N, Rz. 135).

Hinne (NJW 2005, 2270, 2271 f.) und ihm folgend Riemer (NJW 2005, Heft 39, S. XX f., NJW 2006, Heft 22, XVI f. und in „Psychotherapeut" 2001, 353) sind der Auffassung, dass diese Beschränkungen des Einsichtsrechts angesichts der Persönlichkeitsrechte des Patienten und des heutigen Grundrechtsverständnisses nicht weiter haltbar sind. Hinzu komme, dass der Einsichtsanspruch in subjektive medizinische Aufzeichnungen nach der Rspr. des BGH nur außerprozessual Beschränkungen unterliege. Reicht der Patient wegen eines Behandlungs- oder Aufklärungsfehlers Klage ein, muss das Gericht die gesamten Behandlungsunterlagen beiziehen. Sobald dies geschehen ist, werden die kompletten Behandlungsunterlagen, auch mit allen subjektiven Bestandteilen, Teil der Prozessakte, in die der klagende Patient gem. § 299 I ZPO unbeschränkt Einsicht nehmen und sich Kopien fertigen kann (Riemer a. a. O.).

Das BVerfG (Beschl. v. 9. 1. 2006 – 2 BvR 443/02, NJW 2006, 1116, 1118) hat es offengelassen, ob die Rspr. des BGH angesichts neuerer Entwicklungen und zwischenzeitlich veränderter Anschauungen aus verfassungsrechtlicher Sicht nicht einer Weiterentwicklung in dem Sinne bedarf, dass die Persönlichkeitsrechte des Patienten höher gewichtet werden.

Gegenüber einem privatrechtlichen Arzt-Patienten-Verhältnis stünde jedenfalls einem **im Maßregelvollzug Untergebrachten ein besonders starkes, verfassungs-**

rechtlich geschütztes Interesse an der Einsichtnahme in seine – gesamten – Krankenakten zu.

Die hierin enthaltenen subjektiven Beurteilungen des Krankheitsbildes durch die behandelnden Ärzte seien nicht notwendigerweise durchweg von der Art, dass sie Einblick in die Persönlichkeit des Behandelten – im entschiedenen Fall des Untergebrachten – geben und ihre Offenlegung daher dessen Persönlichkeitsrecht berühren könnte. Jedenfalls das Interesse des Untergebrachten, der den Arzt nicht frei wählen kann, kann auch die Persönlichkeitsrechte des Therapeuten überwiegen (BVerfG NJW 2006, 1116, 1119).

III. Art der Einsichtnahme

Das Recht des Patienten, die Krankenunterlagen einzusehen, umfasst auch die Einsichtnahme durch einen beauftragten Rechtsanwalt und die **Überlassung von Fotokopien** (BGH NJW 1983, 328 = MDR 1983, 298; OLG München NJW 2001, 2806; LG Bonn, Urt. v. 6. 6. 2005 – 9 O 31/05, GesR 2006, 91 und LG Karlsruhe, Beschl. v. 7. 12. 1999 – 12 O 53/99, NJW-RR 2001, 236: Pflicht, die Unterlagen zur Einsicht freizugeben oder für den Patienten Ablichtungen zu fertigen; L/U, § 60 Rz. 11; S/Pa, Rz. 473; Lux GesR 2004, 6, 9).

Ein Anspruch auf Zusendung der Original-Krankenunterlagen besteht nach h.M. grundsätzlich nicht (LG Dortmund NJW 2001, 2806: Nur Bereithaltung von Kopien; Gehrlein NJW 2001, 2773; L/U, § 60 Rz. 11; Lux GesR 2004, 6, 10).

Nach Auffassung von Gehrlein (NJW 2001, 2773, 2774) kann der Patient bzw. dessen Rechtsvertreter darauf verwiesen werden, sich selbst Kopien über die Krankenunterlagen zu fertigen. Der Arzt könne sich dem Patienten allenfalls vertraglich zur Herstellung von Kopien der Krankenunterlagen verpflichten und dürfe die Vorlegung verweigern, bis ihm der Patient die Kosten – einschließlich der Portokosten – vorgeschossen habe.

Überwiegend wird eine **Herausgabe- bzw. Bereithaltungspflicht von Kopien** der Krankenunterlagen (OLG München NJW 2001, 2806: Herausgabe von Fotokopien an den Patienten; LG Dortmund NJW 2001, 2806: Bereithaltung von Kopien; LG Bonn, Urt. v. 6. 6. 2005 – 9 O 31/05, GesR 2006, 91 und LG Karlsruhe, Beschl. v. 7. 12. 1999 – 12 O 53/99, NJW-RR 2001, 236: Freigabe der Unterlagen zur Einsicht oder Fertigung von Ablichtungen für den Patienten; Lux GesR 2004, 6, 9 und F/N Rz. 134: Kopien auf Kosten des Patienten) **jedenfalls dann bejaht, wenn die Kostenerstattung zugesagt** worden ist (AG Hagen NJW-RR 1998, 262, 263; auch LG Köln NJW-RR 1994, 1539; L/U, § 60 Rz. 6, 11).

Der Patient hat jedoch **keinen Anspruch** auf **Aufschlüsselung der Kürzel** für medizinische Fachausdrücke (LG Dortmund NJW-RR 1998, 261; L/U, § 60 Rz. 6; a. A. AG Hagen NJW-RR 1998, 262, 263: Anspruch auf Unterlagen in einer für den Patienten verständlichen Form).

Nach Ansicht des OLG München (NJW 2001, 2806, 2807; auch LG München I MedR 2001, 524: Kernspinaufnahmen; LG Aachen, NJW 1986, 1551; AG Hagen,

NJW-RR 1998, 262, 263; Deutsch, Medizinrecht, Rz. 369; ablehnend AG Krefeld, MDR 1986, 586 und Lux GesR 2006, 6, 10) hat der Patient in entsprechender Anwendung des § 811 I2 BGB **auch** das Recht, die **Vorlegung der Original-Röntgenaufnahmen** zur Einsichtnahme bei seinem anwaltschaftlichen Vertreter zu verlangen, der die Aufnahme dann seinerseits einem medizinischen Sachkundigen zur Begutachtung weitergeben kann. Die Behandlerseite kann sich den Empfang der im Einzelnen aufgeführten und konkret bezeichneten Aufnahmen bestätigen lassen und für sich Sicherungskopien anfertigen. Auf die Herausgabe von Kopien kann der Patient danach nicht verwiesen werden.

Lux (GesR 2004, 6, 10) lehnt eine aus dem Grundsatz von Treu und Glauben hergeleitete ungeschriebene vertragliche Nebenpflicht der Behandlungsseite auf Herausgabe von Röntgenaufnahmen ab, da den Interessen des Patienten „anderweitig besser Genüge getan" werde. Auch in § 28 III, VIII der Röntgenverordnung sei nur eine vorübergehende Überlassung der Röntgenbilder an einen weiterbehandelnden Arzt vorgesehen.

IV. Kein allgemeiner Auskunftsanspruch des Patienten

Der **Auskunftsanspruch** des Patienten gegen das Krankenhaus oder den Arzt bezieht sich auch auf die **Person der an der konkreten Behandlung des Patienten beteiligte Ärzte** (OLG Frankfurt, Beschl. v. 23. 9. 2004 – 8 U 67/04, VersR 2006, 81; OLG Düsseldorf, Urt. v. 30. 1. 2003 – 8 U 62/02, GesR 2003, 273 = VersR 2005, 694, 695; NJW 1984, 670; Rehborn MDR 2001, 1148, 1149).

Der Patient hat gegenüber der Klinik aber keinen Anspruch auf Auskunft über Namen und Anschrift sämtlicher Ärzte und Pfleger, die ihn während seines Krankenhausaufenthaltes betreut haben, sofern er nicht darlegt, dass diese als Anspruchsgegner wegen eines Behandlungs- oder Aufklärungsfehlers oder als Zeugen einer Falschbehandlung in Betracht kommen (OLG Frankfurt, Beschl. v. 23. 9. 2004 – 8 U 67/04, VersR 2006, 81).

Sind die aufklärenden und behandelnden Ärzte aus den Krankenunterlagen, insbesondere aus dem Aufklärungsbogen oder aus dem Operationsprotokoll ohne weiteres ersichtlich, ist ein Auskunftsanspruch auf namentliche Nennung der ärztlichen Mitarbeiter jedoch ausgeschlossen (OLG Düsseldorf, Urt. v. 30. 1. 2003 – 8 U 62/02, GesR 2003, 273 = VersR 2005, 694, 695; OLG Hamm NJW-RR 2001, 236).

Der Anspruch, die **Privatadresse** der behandelnden Ärzte oder sonstiger, im Krankenhaus tätiger Hilfspersonen zu erfahren, entfällt auch dann, wenn als ladungsfähige Anschrift der Name des Arztes und die ärztliche Funktion in einer bestimmten medizinischen Abteilung eines bestimmten Krankenhauses angegeben werden, solange der Arzt noch dort tätig ist (OLG Frankfurt, Beschl. v. 23. 9. 2004 – 8 U 67/04, VersR 2006, 81; Rehborn MDR 2001, 1148, 1149).

Ist der behandelnde Arzt, dem nach dem Vortrag des Patienten ein Behandlungs- oder Aufklärungsfehler unterlaufen ist, nicht mehr in der Klinik tätig, besteht auch ein Anspruch auf Bekanntgabe von dessen zuletzt bekannter Privatanschrift (OLG Frankfurt, Beschl. v. 23. 9. 2004 – 8 U 67/04, VersR 2006, 81).

Neben der Dokumentationspflicht, dem Recht zur Einsicht in die Krankenunterlagen und der Benennung der konkret an der Behandlung beteiligten Ärzte besteht **keine allgemeine umfassende Auskunftspflicht** der Behandlungsseite; eine solche ergibt sich auch nicht aus vorliegenden Dokumentationsmängeln (OLG Koblenz, Urt. v. 15. 1. 2004 – 5 U 1145/03, NJW-RR 2004, 410 = VersR 2004, 1323 = GesR 2004, 100, 101: Beantwortung zahlreicher Fragen aus einem „Fragenkatalog").

So hat der Patient gegenüber dem Arzt auch **keinen Anspruch auf Bekanntgabe der Haftpflichtversicherung** sowie der Versicherungsvertragsnummer (AG Dorsten, Urt. v. 2. 10. 2002 – 3 C 70/02, NJW-RR 2004, 25 = MedR 2005, 102).

V. Einsichtsrecht nach dem Tod des Patienten

Inwieweit die Erben bzw. Angehörigen nach dem Tod des Patienten über die ärztliche Schweigepflicht und das Einsichtsrecht disponieren können, wird teilweise unterschiedlich beantwortet. Generell wird im Kontext des postmortalen Persönlichkeitsschutzes vertreten, dass die nächsten Angehörigen des Verstorbenen, zunächst die Ehegatten und Kinder, danach die Eltern, Geschwister und Enkel in Ermangelung einer vom verstorbenen Patienten bestimmten Person auch zur Wahrnehmung dessen ideeller Interessen berufen sind (Müko-Rixecker, 4. Aufl., Anh. zu § 12 BGB Rz. 26 und die Nachweise bei Spickhoff NJW 2005, 1982, 1984).

Soweit die vermögensrechtliche Komponente, also die Geltendmachung von Schadensersatzansprüchen betroffen ist, geht auch das Einsichtsrecht hinsichtlich der Krankenunterlagen nach dem Tod des Patienten auf dessen Erben über (BGH NJW 1983, 2627; F/N Rz. 136; L/U § 60 Rz. 12 f.; S/Pa, Rz. 478).

Der BGH neigt dazu, auch den nächsten Angehörigen des Verstorbenen (§§ 77 II, 194 II 2, 202 II 1 StGB) unabhängig von der Erbenstellung ein Einsichtsrecht zu geben, wenn sie nachweisen, dass es nachwirkenden Persönlichkeitsbelangen des Verstorbenen dient, etwa der Verwirklichung eines Strafanspruchs (BGH NJW 1983, 2627; S/Pa, Rz. 479).

Die Erben bzw. nächsten Angehörigen müssen ihr **besonderes Interesse** an der Einsichtnahme jedoch **darlegen** (F/N, Rz. 136 a. E.; L/U, § 60 Rz. 12, 13).

Nach Auffassung von Spickhoff dürfte es in Abweichung von der zu § 203 StGB herrschenden Meinung zumindest regelmäßig dem mutmaßlichen Willen des Verstorbenen entsprechen, dass die genannten Angehörigen über die postmortalen Persönlichkeitsrechte bis hin zur ärztlichen Schweigepflicht umfassend, also ohne Differenzierung zwischen vermögensrelevanten und rein ideellen Geheimnissen, disponieren können. Wollen sich die Ärzte, die einen Verstorbenen behandelt haben, auf ihre Schweigepflicht berufen, ist es erforderlich, dass sie vom Verstorbenen dahingehend gerichteten, hinreichend deutlich bekundeten Willen darlegen könnten (Spickhoff NJW 2005, 1982, 1984 im Anschl. an OLG Naumburg, Beschl. v. 9. 12. 2004 – 4 W 43/04, NJW 2005, 2017; im Erg. auch Kern MedR 2006, 205, 207 f.).

Kern (MedR 2006, 205, 207) weist darauf hin, dass die Prüfung des mutmaßlichen Willens des Verstorbenen dem behandelnden Arzt als Geheimnisträger obliegt. Er hat gewissenhaft zu prüfen, ob Anhaltspunkte dafür bestehen, dass der Verstorbene die Offenlegung der Krankenunterlagen gegenüber den Angehörigen bzw. Erben mutmaßlich gebilligt hätte. Bei dieser Prüfung spielt das mit der Offenbarung des „Geheimnisses" verfolgte Begehren – Geltendmachung von Ansprüchen, Wahrung nachwirkender Persönlichkeitsbelange- eine entscheidende Rolle. Sachfremde Verweigerungsgründe des Arztes zur Verschleierung eigenen oder fremden Fehlverhaltens sind unbeachtlich. Letztlich tragen nach Auffassung von Kern (MedR 2006, 205, 208) die Erben bzw. Angehörigen, die sich auf eine mutmaßliche Schweigepflichtentbindung berufen, hierfür die Beweislast. Steffen/Pauge (S/Pa, 10. Aufl., Rz. 478) meinen, die Einsichtnahme dürfe nicht dem geäußerten oder mutmaßlichen Willen des Patienten an der Geheimhaltung der Daten widersprechen. Den entgegenstehenden Patientenwillen müsse jedoch der Arzt zumindest in Grundzügen darlegen.

Greiner (G/G, 5. Aufl., Rz. E 31) vertritt im Anschluss an eine unveröffentlichte Entscheidung des OLG Stuttgart (Urt. v. 14. 10. 2003 – 1 U 50/03 mit NZB des BGH v. 21. 12. 2004 – VI ZR 325/03) die Auffassung, nach dem Ableben des Patienten hätten grundsätzlich nicht die Angehörigen über die Befreiung von der Schweigepflicht zu entscheiden, vielmehr hätte der betroffene Arzt selbst gewissenhaft und sorgfältig zu prüfen, ob der mutmaßliche Wille des Verstorbenen die konkrete Offenlegung billige oder nicht.

VI. Prozessuales Einsichtsrecht

Das prozessuale Einsichtsrecht des Patienten ergibt sich im Prozess aus der allgemeinen Pflicht zur Mitwirkung bei der Sachverhaltsaufklärung. Die materiell-rechtliche Pflicht zur Vorlage der Krankenunterlagen resultiert daher aus § 422 ZPO.

Der Grundsatz der **„Waffengleichheit"** und die nunmehr aus § 139 I, II ZPO n. F. herrührende, gesteigerte Aufklärungs- und Hinweispflicht verpflichtet das Gericht sogar, die **Krankenunterlagen von Amts wegen beizuziehen** (§§ 142 I, II, 273 Nr. 1, Nr. 2 ZPO), wenn dies – wie regelmäßig – erforderlich ist, um eine möglichst vollständige Aufklärung des Sachverhalts herbeizuführen und ein Sachverständigengutachten einzuholen (BGH VersR 1980, 533; MedR 1987, 234, 236; OLG Düsseldorf MDR 1984, 1033 = VersR 1985, 458; OLG Saarbrücken, Urt. v. 30. 4. 2003 – 1 U 682/02–161, MDR 2003, 1250 = OLGR 2003, 252, 253; OLG Stuttgart VersR 1991, 229; F/N, Rz. 245; G/G, 5. Aufl., Rz. E 3; L/U, § 60 Rz. 8; Schneider MDR 2004, 1 ff.). Das Gericht kann auch den von ihm bestellten Sachverständigen zur Beiziehung der Krankenunterlagen beauftragen (OLG Köln VersR 1987, 164; F/N, Rz. 245; vgl. hierzu auch → *Sachverständigenbeweis*).

Gem. § 142 I 1 ZPO n. F. kann auch die Vorlage von **Urkunden**, die sich **im Besitz eines Dritten**, etwa eines außerhalb des Rechtsstreits stehenden Arztes oder Krankenhauses, befinden, verlangt werden (OLG Saarbrücken, Urt. v. 30. 4. 2003 – 1 U 682/02–161, MDR 2003, 1250 = OLGR 2003, 252, 253). Voraussetzung einer Anordnung auf Urkundenvorlegung nach § 142 I ZPO ist lediglich, dass sich eine Partei oder ein Streithelfer auf die Urkunde beruft (Greger NJW 2002, 3050 und NJW 2002, 1477; Musielak-Stadler § 142 ZPO Rz. 3, 4; Zöller-Greger § 142 ZPO Rz. 2). Die Anordnung steht im richterlichen Ermessen, bei dessen Ausübung auch berechtigte Belange des Geheimnis- oder Persönlichkeitsschutzes eines Dritten zu berücksichtigen sind (Zöller-Greger § 142 ZPO Rz. 2; auch Musielak-Stadler § 142 ZPO Rz. 7, 8).

Dritte sind zur Vorlage der Urkunde nicht verpflichtet, soweit sie zur Zeugnisverweigerung gem. §§ 383 – 385 ZPO berechtigt sind oder ihnen die Vorlage aus anderen Gründen, etwa dem damit verbundenen erheblichen Aufwand, einer massiven Störung der eigenen Geschäftsabläufe, der Verletzung der Privatsphäre, nicht zugemutet werden kann (Musielak-Stadler § 142 ZPO Rz. 8; Schneider MDR 2004, 1, 2; Zöller-Greger § 142 ZPO Rz. 4 a;).

VII. Befugnis der Krankenkassen zur Einsichtnahme in Patientenunterlagen

In der sozialgerichtlichen Rspr. wird ein Recht der Krankenkassen, die aus übergegangenem Recht Ansprüche geltend machen bzw. gelten machen wollen, zur Einsichtnahme in die Patientenunterlagen **überwiegend bejaht** (SG Dortmund, Urt. v. 15. 3. 2001 – S 41 KR 176/99; SG Gelsenkirchen, Urt. v. 30. 9. 1999 – S 17 KR 47/98; SG Speyer, Urt. v. 10. 4. 2000 – S 3 K 181/98; SG Wiesbaden, Urt. v. 3. 9. 2001 – S 12 KR 1325/00; jeweils bei Meschke/Dahm MedR 2002, 346, 347).

Der Anspruch der Krankenkassen auf Einsichtnahme folge aus dem allgemeinen System der Ausgestaltung der Beziehungen zwischen den Krankenkassen und den Krankenhäusern als Leistungserbringern und werde durch die §§ 275, 276 SGB V bestätigt (SG Speyer a. a. O.; bestätigt von LSG Rheinland-Pfalz, Urt. v. 1. 3. 2001 – L 5 KR 55/00 bei Meschke-Dahm MedR 2002, 346, 348). Danach darf die Krankenkasse unter Wahrung gesetzlicher, insbesondere datenschutzrechtlicher Bestimmungen Einsicht in die Krankenunterlagen nehmen, um über die Weiterleitung an den MDK zu entscheiden.

Nach Ansicht von Meschke und Dahm (MedR 2002, 346, 349 bis 352) sind die Krankenkassen zur Einsichtnahme in die Patientenunterlagen im Rahmen einer Krankenhausbehandlung **nicht befugt**. Es fehle an einer gesetzlichen Ermächtigungsgrundlage für einen solchen faktischen und/oder mittelbaren Grundrechtseingriff (Meschke/Dahm MedR 2002, 346, 349). Die generalklauselartige Regelung der §§ 39 I 2, 12 I 2 SGB V reiche nicht aus (Meschke/Dahm MedR 2002, 346, 350).

Die Heranziehung des § 284 I 1 Nr. 4, Nr. 7 SGB V unterliege Bestimmtheitsbedenken. Für eine analoge Heranziehung des § 276 SGB V fehle es an einer planwidrigen Gesetzeslücke (Meschke/Dahm MedR 2002, 346, 351).

Einzelrichter

Problematisch ist, ob die Übertragung eines vor dem Landgericht anhängigen Arzthaftungsrechtsstreits dem Einzelrichter übertragen werden kann.

I. Rechtslage bis zum 31. 12. 2001

Da Rechtsstreitigkeiten in Arzthaftungssachen sowohl in rechtlicher als auch in tatsächlicher Hinsicht üblicherweise mit besonderen Schwierigkeiten verbunden sind, kam eine Übertragung von der Zivilkammer auf den Einzelrichter im Allgemeinen **gem. § 348 I ZPO a. F. nicht** in Betracht. Regelmäßig war es bereits bisher erforderlich, dass die Zivilkammer – insbesondere auch bei der Beweisaufnahme – in voller Besetzung tätig wurde (BGH NJW 1994, 801 = MDR 1994, 303 = VersR 1994, 52; NJW 1993, 2375, 2376 = MDR 1993, 623 = VersR 1993, 836, 839; NJW 1987, 1482 = MDR 1987, 213 = VersR 1987, 1089, 1091; OLG Brandenburg VersR 2001, 1241, 1242; OLG Celle VersR 1993, 483; OLG Karlsruhe VersR 1989, 810; VersR 1994, 860; OLG Köln VersR 1987, 164; OLG Nürnberg NJW-RR 1993, 573, 574; G/G, 5. Aufl., Rz. E 35; Schneider MDR 2003, 555, 556).

Die fehlerhafte Übertragung des Rechtsstreits auf den Einzelrichter wurde von der h. M. als **Verfahrensfehler** angesehen, der gem. § 539 ZPO a. F. die **Aufhebung und Zurückverweisung** rechtfertigte (OLG Brandenburg, Urt. v. 8. 11. 2000 – 1 U 6/99, VersR 2001, 1241, 1242; MDR 2002, 171; OLG Karlsruhe VersR 1994, 860; OLG Nürnberg NJW-RR 1993, 573, 574; F/N, Rz. 242; a. A. Gehrlein Rz. E 22 und Musielak-Wittschier § 348 ZPO a. F. Rz. 23).

Der Verfahrensfehler des erstinstanzlichen Gerichts konnte jedoch durch rügelose Einlassung gem. § 295 ZPO geheilt werden (OLG Brandenburg VersR 2001, 1241, 1242).

Hat das OLG als Berufungsgericht das Urteil und das Verfahren eines Einzelrichters des LG in einer Arzthaftungssache aufgehoben, weil der Rechtsstreit durch die besetzte Kammer zu entscheiden gewesen wäre, so ist die Kammer nach der Zurückverweisung nicht zur Wiederholung der Beweisaufnahme des Einzelrichters verpflichtet, wenn sie dies für ihre eigene Beweiswürdigung als entbehrlich ansieht (OLG Brandenburg MDR 2002, 171).

II. Rechtslage seit dem 1. 1. 2002

Nach § 348 I 1 ZPO n. F. wird das gem. § 348 I ZPO a. F. bestehende **Kollegialprinzip** grundsätzlich **beseitigt**. Nunmehr entscheidet die Zivilkammer durch eines ihrer Mitglieder als „orginärem" Einzelrichter, soweit keine Ausnahme nach § 348 I 2 Nr. 1, Nr. 2 a– k ZPO n. F. vorliegt (vgl. Gehrlein VersR 2002, 935, 236; Schellhammer MDR 2001, 1081, 1083; Schneider MDR 2003, 555; Hartmann NJW 2001, 2577, 2579). So entzieht § 348 I 2 Nr. 2 ZPO Ansprüche aus Heilbehandlungen der Zuständigkeit des Einzelrichters, falls diese Gebiete geschäftsplanmäßig der Kammer zugewiesen sind, § 348 I 2 Nr. 2 e ZPO (Gehrlein VersR 2002, 935, 936; kritisch Schneider, MDR 2003, 555, 556).

Zu den „Ansprüchen aus Heilbehandlungen" gehören Vergütungsforderungen des Arztes, vertragliche und deliktische Haftungsansprüche gegen Ärzte, Zahnärzte, Heilpraktiker, Psychologen und sonstige Behandler sowie die mit der Heilbehandlung in Zusammenhang stehenden Ansprüche wie etwa der Anspruch auf Herausgabe der Krankenunterlagen (Gehrlein VersR 2002, 935, 936; Zöller-Greger § 348 ZPO n. F. Rz. 13).

Fehlt eine geschäftsplanmäßige Zuweisung und werden die Verfahren etwa turnusmäßig verteilt, übernimmt der orginäre Einzelrichter ohne weiteres auch Arzthaftungsstreitigkeiten (Gehrlein VersR 2002, 935, 936; vgl. zur Kritik Zöller-Greger, vor § 348 ZPO n. F. Rz. 2 und § 348 ZPO n. F. Rz. 7). Nach der bislang zum alten Recht vertretenen Ansicht stehen in Arzthaftungsfällen regelmäßig **besondere Schwierigkeiten tatsächlicher oder rechtlicher Art** einer Übertragung auf den Einzelrichter entgegen (BGH NJW 1993, 2375 = MDR 1993, 623 = VersR 1993, 836, 838; NJW 1987, 1482 = MDR 1987, 213; OLG Brandenburg, Urt. v. 8. 11. 2000 – 1 U 6/99, VersR 2001, 1241, 1242; OLG Nürnberg NJW-RR 1993, 573, 574; F/N Rz. 242).

Gehrlein (VersR 2002, 935, 936 und ZfS 2002, 53) und Greger (Zöller, 25. Aufl. 2005, § 348 ZPO n. F. Rz. 21, nicht mehr in der 26. Aufl. 2007) weisen darauf hin, dass ein erheblicher Umfang, die wirtschaftliche Bedeutung des Falles, ein hoher Streitwert oder der für die Erledigung benötigte Zeitaufwand keine entscheidenden Gesichtspunkte darstellen, die es nach § 348 ZPO n. F. rechtfertigen würden, „besondere Schwierigkeiten tatsächlicher oder rechtlicher Art" anzunehmen. Gehrlein (VersR 2002, 935, 936) meint sogar, dass eine Entscheidung durch die Kammer auch in Arzthaftungsstreitigkeiten „künftig die Ausnahme bleiben" wird. Haften der Sache weder „besondere" rechtliche oder tatsächliche Schwierigkeiten noch eine grundsätzliche Bedeutung an und wurde nicht bereits vor der vollbesetzten Kammer verhandelt, ist die Kammer danach gem. § 348 a I Nr. 1– 3 ZPO verpflichtet, das Verfahren auf den obligatorischen Einzelrichter zu übertragen (Gehrlein VersR 2002, 935, 936).

Schneider (MDR 2003, 555, 556) weist zutreffend darauf hin, dass die vom Gesetzgeber getroffene Regelung zu § 348 I Nr. 2 a–k, 348 a I ZPO unverständlich und nicht durchdacht ist.

Bei geschäftsverteilungsplanmäßiger Zuweisung müsste in Arzthaftungssachen nach § 348 I Nr. 1 e ZPO eine Spezialkammer entscheiden, andernfalls der orginäre, in einer solchen Spezialmaterie möglicherweise völlig unerfahrene Einzelrichter. Es könne nicht angehen, dass die Zuständigkeit des Einzelrichters und damit die Bestimmung des gesetzlichen Richters von dem Zufall abhängt, ob im Geschäftsverteilungsplan eines LG (vgl. § 21 e I 1 GVG) bestimmte Rechtsgebiete einer bestimmten Kammer zugewiesen werden. Die Auffassung von Gehrlein, wonach Arzthaftungssachen keine besonderen Schwierigkeiten tatsächlicher oder rechtlicher Art aufweisen würden, könne nicht zutreffen und hat sich in der Praxis auch nicht durchgesetzt. Wenn Arzthaftungsprozesse vor der ZPO-Novelle nach bis dato einhelliger Rspr. regelmäßig besondere Schwierigkeiten tatsächlicher oder rechtlicher Art aufgewiesen hätten, könne die Neufassung der §§ 348, 348 a ZPO diese nicht ab dem 1. 1. 2002 beseitigt haben.

Da nicht anzunehmen ist, dass die bis Ende 2001 einhellige Rspr. des BGH und der Oberlandesgerichte (s. o.) falsch gewesen wäre, sei die Regelung in § 348 I 2 Nr. 2 e ZPO unhaltbar (Schneider a. a. O.).

Dieser Auffassung haben sich im Ergebnis auch Greiner (OLG, 5. Aufl., Rz. E 35) und das OLG Karlsruhe (Beschl. v. 24. 6. 2005 – 7 W 28/05, NJW-RR 2006, 205, 206 = MDR 2006, 332 = OLGR 2005, 753, 754 = GesR 2005, 555) angeschlossen.

Danach darf die Entscheidung und Beweiserhebung im Arzthaftungsprozess aufgrund der – nach wie vor – besonders schwierigen und verantwortungsvollen Aufgabe der Tatsachenfeststellung, der Beweiswürdigung und der Rechtsanwendung **grundsätzlich nicht durch den Einzelrichter** erfolgen. An der einhelligen Auffassung des BGH und der Oberlandesgerichte vor dem 1. 1. 2002, wonach Arzthaftungsprozesse regelmäßig besondere Schwierigkeiten tatsächlicher oder rechtlicher Art aufweisen, sei festzuhalten (BGH, MDR 1993, 623 = VersR 1993, 836, 838; MDR 1987, 213 = VersR 1986, 1089, 1091; OLG Karlsruhe, VersR 1984, 860; OLG Brandenburg, Urt. v. 8. 11. 2000 – 1 U 6/99, VersR 2001, 1241, 1242; OLG Oldenburg, NJW 1990, 863; ebenso Musielak-Wittschier 5. Aufl. 2007, § 348 a ZPO Rz. 8; G/G, 5. Aufl., Rz. E 35; F/N Rz. 242: Übertragung auf den Einzelrichter in den allermeisten Fällen nicht sachgerecht). Dem ist aus den langjährigen Erfahrungen der Verfasser uneingeschränkt zuzustimmen.

Greiner (RiBGH, G/G, 5. Aufl. 2006, Rz. E 35) hält die Ansicht des OLG Karlsruhe für zutreffend. Danach ist es regelmäßig „**verfehlt, Arzthaftungssachen dem Einzelrichter zu übertragen**, weshalb nach neuem Recht eine geschäftsplanmäßige Zuweisung empfehlenswert ist". Auch in der Berufungsinstanz ist eine Übertragung auf den Einzelrichter „nicht angebracht" (G/G, 5. Aufl., Rz. E 35 mit Hinweis auf OLG Karlsruhe a. a. O.).

Ist eine Übertragung entgegen § 348 a I Nr. 1– 3 ZPO n. F. auf den Einzelrichter erfolgt, ist hiergegen grundsätzlich kein Rechtsmittel zulässig; gem. § 348 a III ZPO n. F. kann ein Rechtsmittel auf eine erfolgte oder unterlassene Übertragung nicht gestützt werden (B/L/A/H, § 348 a ZPO Rz. 22; Zöller-Greger § 348 a ZPO Rz. 12 und § 348 Rz. 23; kritisch Schneider MDR 2003, 555, 556).

Eine objektiv willkürliche oder offensichtliche Verletzung der Garantie des gesetzlichen Richters gem. Art. 101 I 2 GG ist jedoch vom Berufungsgericht, erforderlichenfalls vom Bundesverfassungsgericht zu korrigieren (OLG Brandenburg, Urt. v. 8. 11. 2000 – 1 U 6/99, VersR 2001, 1241, 1243; OLG Nürnberg NJW-RR 1993, 573; B/L/A/H § 295 ZPO Rz. 25; Musielak-Wittschier § 348 a ZPO Rz. 23: nur bei Willkür).

Nach weiter gehender Ansicht (Zöller-Greger, § 348 ZPO Rz. 23) kann gerügt werden, dass ohne Vorliegen eines Kammerbeschlusses nach § 348 II ZPO der Einzelrichter in einer Kammersache nach § 348 I 2 ZPO oder die Kammer anstelle des orginären Einzelrichters nach § 348 I 1 ZPO entschieden hat oder dass das Urt. nach einer unzulässigen Rückübertragung i. S. d. § 348 III 4 ZPO ergangen ist; eine Heilung dieser Mängel gem. § 295 ZPO sei ausgeschlossen.

Auch das OLG Celle (Beschl. v. 27. 9. 2002 – 6 W 118/02, MDR 2003, 523) ist der Auffassung, dass die Übernahme einer orginären Einzelrichtersache durch die Kammer ohne wirksamen Übertragungsbeschluss gem. § 348 III 3 ZPO wegen Verstoßes gegen den Grundsatz des gesetzlichen Richters einen **nicht heilbaren Verfahrensmangel** darstellt; ein späterer wirksamer Übertragungsbeschluss entfaltet hierbei keine Rückwirkung.

Greiner (G/G, 5. Aufl., Rz. E 25 a. E.) bejaht den absoluten Revisionsgrund der nicht vorschriftsmäßigen Besetzung des Berufungsgerichts (§ 547 Nr. 1 ZPO), wenn eine Übertragung auf den dann entscheidenden Einzelrichter ohne die gesetzlichen Voraussetzungen (§ 527 III, IV ZPO) erfolgt.

Auch hier bleibt die weitere Entwicklung der Rspr. abzuwarten.

Feststellungsinteresse

I. Möglichkeit eines Schadenseintritts
II. Vorrang der Leistungsklage
III. Negative Feststellungsklage
IV. Schriftliches Anerkenntnis

I. Möglichkeit eines Schadenseintritts

Eine Klage auf Feststellung des Bestehens oder Nichtbestehens eines Rechtsverhältnisses ist – bei Vorliegen der übrigen Prozessvoraussetzungen – zulässig, wenn es dem Kläger nicht möglich oder nicht zumutbar ist, eine Leistungsklage zu erheben und er ein **rechtliches Interesse an der – alsbaldigen – Feststellung** hat (vgl. B/L/A/H, § 256 Rz. 41, 77 ff.; Musielak-Foerste § 256 ZPO Rz. 8 ff., 14; Zöller-Greger, § 256 ZPO Rz. 7 a, 8 ff.).

Wird die Feststellung der Pflicht zum Ersatz künftigen Schadens aus einer bereits eingetretenen Rechtsgutsverletzung – etwa eines Körper- oder Gesundheitsschadens – beantragt, so reicht für das Feststellungsinteresse die Möglichkeit eines Schadenseintritts aus, die nur verneint werden darf, wenn aus der Sicht des Klägers bei verständiger Würdigung kein Grund besteht, mit dem Eintritt eines Schadens wenigstens zu rechnen (BGH MDR 2001, 448 = NJW 2001, 1431; OLG Düsseldorf, Urt. v. 21. 7. 2005 – I – 8 U 33/05, VersR 2006, 841, 842 = MedR 2006, 537, 540).

Auch wenn es noch nicht zu einer Rechtsgutverletzung gekommen ist, ist das erforderliche Feststellungsinteresse bereits dann gegeben, wenn die Entstehung eines Schadens – sei es auch nur entfernt – möglich, aber noch nicht vollständig gewiss ist und der **Schaden daher noch nicht abschließend beziffert werden kann** (BGH, Urt. v. 8. 7. 2003 – VI ZR 304/02, NJW 2003, 2827 = VersR 2003, 1256, 1257; MDR 1992, 76; NJW 1991, 2707, 2708; NJW 1984, 1552, 1554; OLG Brandenburg, Urt. v. 8. 4. 2003 – 1 U 26/00, VersR 2004, 1050, 1051 = NJW-RR

2003, 1383, 1384 = MedR 2004, 226, 227; VersR 2001, 1241, 1242; VersR 2002, 313, 314; OLG Düsseldorf, Urt. v. 21. 7. 2005 – I–8 U 33/05, VersR 2006, 841, 842 = MedR 2006, 537, 540; OLG Dresden, Urt. v. 28. 2. 2002 – 4 U 2811/00, VersR 2003, 1257, 1258; OLG Koblenz, Urt. v. 2. 3. 2006 – 5 U 1052/04, VersR 2006, 978, 979; OLG Saarbrücken OLGR 2001, 240; OLG Zweibrücken, Urt. v. 23. 11. 2004 – 5 U 11/03, OLGR 2005, 291, 292 = GesR 2005, 121; Zöller-Greger § 256 ZPO Rz. 7 a, 8).

Ist also ein Teil des Schadens bei Klageerhebung schon entstanden, die Entstehung eines weiteren Schadens, etwa des Verdienstausfalls oder des Haushaltführungsschadens, aber mit gewisser, keinesfalls überwiegender Wahrscheinlichkeit noch zu erwarten, ist der Geschädigte nicht gehalten, seine Klage in eine Leistungs- und Feststellungsklage aufzuspalten (BGH, Urt. v. 8. 7. 2003-VI ZR 304/02, NJW 2003, 2827; NJW 2006, 439, 440; OLG Düsseldorf, Urt. v. 21. 7. 2005 – I – 8 U 33/05, VersR 2006, 841, 842).

Die Möglichkeit einer **Klage auf künftige Leistung gem. §§ 257, 258, 259 ZPO** steht dem Feststellungsinteresse und damit der Zulässigkeit einer Feststellungsklage ebenso wenig entgegen wie die Möglichkeit, von einer zulässigen Feststellungsklage zur Leistungsklage überzugehen, wenn dem Anspruchsteller im Verlauf des Prozesses die Bezifferung einzelner Schadenspositionen bzw. teilweise fälliger Ansprüche möglich wäre (BGH NJW-RR 1990, 1532 zu §§ 257, 259 ZPO; NJW 1983, 2197 zu § 258 ZPO; OLG Brandenburg, Urt. v. 8. 4. 2003 – 1 U 26/00, VersR 2004, 1050, 1051 = NJW-RR 2003, 1383, 1384 und VersR 2001, 1241, 1242; OLG Dresden, Urt. v. 28. 2. 2002 – 4 U 2811/00, VersR 2003, 1257, 1258; OLG Köln VersR 1992, 764; OLG Zweibrücken, Urt. v. 23. 11. 2004 – 5 U 11/03, OLGR 2005, 291, 292 = GesR 2005, 121 zu §§ 257, 258 259 ZPO; Zöller-Greger § 256 ZPO Rz. 7 a, 8; jetzt auch Musielak-Foerste, 5. Aufl. 2007, § 256 ZPO Rz. 15 zu §§ 257, 258, 259 ZPO), jedenfalls wenn ein Teil des Schadens schon entstanden ist und mit der Entstehung eines weiteren Schadens jedenfalls nach dem Vortrag des Anspruchstellers noch zu rechnen ist (BGH, Urt. v. 8. 7. 2003 – VI ZR 304/02, NJW 2003, 2827; NJW 1999, 3774, 3775 = VersR 1999, 1555, 1556).

Besteht die Möglichkeit des Eintritts weiterer Verletzungsfolgen, so kann ein rechtliches Interesse an der Feststellung der Ersatzpflicht für immaterielle Zukunftsschäden auch dann gegeben sein, wenn der Schmerzensgeldanspruch dem Grunde nach bereits für gerechtfertigt erklärt worden ist (BGH NJW 2001, 3414; OLG Hamm, Urt. v. 15. 3. 2006 – 3 U 131/05, GesR 2006, 517, 518).

Das Bestehen eines Feststellungsinteresses hinsichtlich gegenwärtiger und zukünftiger Schäden ist auch zu bejahen, wenn nach dem Vortrag des klagenden Patienten aufgrund eines Behandlungs- oder Aufklärungsfehlers weiterhin ärztliche Behandlungen oder mögliche stationäre **Krankenhausaufenthalte mit ungewisser Erfolgsprognose** erforderlich werden könnten (OLG Brandenburg, Urt. v. 8. 4. 2003 – 1 U 26/00, VersR 2004, 1050, 1051).

II. Vorrang der Leistungsklage

Trotz des grundsätzlichen Vorrangs der Leistungsklage ist eine Feststellungsklage zulässig, wenn

▷ **unklar** ist, **ob ein Schaden zu erwarten** ist (BGH NJW 1984, 1554; B/L/A/H,
§ 256 ZPO Rz. 79),

▷ der **Schaden** noch **in der Entwicklung** begriffen ist oder sich zum Zeitpunkt
der Erhebung der Leistungsklage (noch) nicht beziffern lässt (BGH MDR
1983, 1018; OLG Brandenburg, Urt. v. 8. 4. 2003 – 1 U 26/00, VersR 2004,
1050, 1051; OLG Dresden, Urt. v. 28. 2. 2002 – 4 U 2811/00, VersR 2003,
1257, 1258; OLG Düsseldorf VersR 1988, 522),

▷ der **Anspruch nur teilweise bezifferbar** ist (BGH Urt. v. 8. 7. 2003 – VI ZR
304/02, NJW 2003, 2827; NJW 1984, 1552, 1554; OLG Brandenburg, Urt. v.
8. 4. 2003 – 1 U 26/00, VersR 2004, 1050, 1051; OLG Düsseldorf, Urt. v. 21. 7.
2005 – I – 8 U 33/05, VersR 2006, 841, 842; OLG Dresden, Urt. v. 28. 2. 2002
– 4 U 2811/00, VersR 2003, 1257, 1258; OLG Koblenz, Urt. v. 2. 3. 2006 – 5
U 1052/04, VersR 2006, 978: Schäden teilweise eingetreten; OLG Zweibrücken, Urt. v. 23. 11. 2004 – 5 U 11/03, OLGR 2005, 291, 292 = GesR 2005,
121; Zöller-Greger § 256 ZPO Rz. 7 a, 8; Musielak-Foerste § 256 ZPO Rz. 14:
Feststellungsinteresse insgesamt bejaht), jedenfalls bei einem erst teilweise
bezifferbaren Betrag wegen des restlichen Schadens (OLG Naumburg NJW-
RR 2001, 304; B/L/A/H § 256 ZPO Rz. 83),

▷ zu erwarten ist, dass der **Beklagte** das **Feststellungsurteil respektieren** wird,
etwa bei Klagen gegen öffentlich-rechtliche Körperschaften und Anstalten
(BGH NJW 1984, 1118, 1119; Musielak-Foerste § 256 ZPO Rz. 13; Zöller-
Greger, § 256 ZPO Rz. 8), Banken (BGH MDR 1997, 863, 864), Versicherun-
gen (BGH NJW 1999, 3774, 3775; VersR 1983, 125; OLG Braunschweig NJW-
RR 1994, 1447; Musielak a. a. O.; Zöller-Greger § 256 ZPO Rz. 8; enger OLG
Düsseldorf GRUR 1995, 1302),

▷ eine **Feststellungsklage** das Verfahren **vereinfacht**, beschleunigt und verbil-
ligt und annähernd dasselbe erreicht (B/L/A/H, § 256 ZPO Rz. 81) oder wenn
die Klärung der Anspruchshöhe zu aufwendig wäre (Musielak-Foerste § 256
ZPO Rz. 12 a. E.),

▷ **die Verjährung eines Anspruchs droht**, denn die unbezifferte Feststellungsklage hemmt die Verjährung (vgl. § 204 Nr. 1 BGB) wegen des ganzen
Anspruchs (Zöller-Greger § 256 ZPO Rz. 8a m. w. N.); eine wiederholende
Feststellungsklage ist jedoch nur dann zulässig, wenn sie unerlässlich ist,
um den Eintritt der Verjährung zu verhindern, was dann nicht der Fall ist,
wenn der Gläubiger eines bereits rechtkräftig festgestellten Anspruchs die
Möglichkeit hat, die Hemmung der Verjährung durch andere Maßnahmen
i. S. d. §§ 196 ff. zu unterbrechen bzw. zu hemmen (BGH, Urt. v. 7. 5. 2003 –
IV ZR 121/02, MDR 2003, 1067: etwa durch die Vornahme einer weiteren
Vollstreckungshandlung, § 209 II Nr. 5 BGB a. F.).

Inwieweit bei einer **Krankheitskostenversicherung** auf Feststellung der Eintrittspflicht des privaten Krankenversicherers für die Kosten einer Behandlung geklagt werden kann, wird unterschiedlich beurteilt.

Teilweise wird ein Feststellungsinteresse verneint, da der Versicherer nur zum Ersatz bereits entstandener Kosten verpflichtet sei. Ausnahmen werden von dieser Ansicht lediglich in Betracht gezogen, wenn bereits von der Notwendigkeit einer konkreten Behandlungsmaßnahme ausgegangen werden kann, etwa aufgrund eines Heil- und Kostenplans und wenn auf diese sonst verzichtet werden müsste (OLG Stuttgart, OLGR 1998, 23; OLG Köln R+S 1998, 125; LG Gießen R+S 2000, 474; AG Berlin-Schöneberg R+S 1999, 520).

Überwiegend wird eine Feststellungsklage gegen den privaten Krankenversicherer bereits dann für zulässig erachtet, wenn die Behandlung noch nicht abgeschlossen ist (OLG Schleswig, VersR 2002, 428; LG Landshut, NJW 2000, 2752; LG Aachen, R+S 1998, 76; LG Berlin, NVersZ 2000, 230; auch BGH, Urt. v. 8. 2. 2006 – IV ZR 131/05, VersR 2006, 535, 536). So ist eine Feststellungsklage auf Gewährung von Versicherungsschutz nach Ansicht des OLG Köln (Urt. v. 21. 5. 2003 – 5 U 268/01, NJW-RR 2003, 1609) zulässig, wenn die zu behandelnde Erkrankung feststeht, eine Änderung der die Notwendigkeit der Heilbehandlung begründenden medizinischen Umstände nicht zu erwarten und dem Versicherungsnehmer nicht zuzumuten ist, die Behandlung ohne vorherige Kostenzusage vornehmen zu lassen.

Der BGH hat die Zulässigkeit von Feststellungsklagen in diesem Bereich jedenfalls dann bejaht, wenn die Feststellung ein gegenwärtiges Rechtsverhältnis in dem Sinn betrifft, dass die zwischen den Parteien des Rechtsstreits bestehenden Beziehungen schon **zur Zeit der Klageerhebung wenigstens die Grundlage bestimmter Ansprüche** bilden. Das ist dann der Fall, wenn das Begehren des Versicherungsnehmers nicht nur auf künftige, mögliche, sondern auf bereits aktualisierte, ärztlich für notwendig erachtete, **bevorstehende Behandlungen** gerichtet ist und durch ein Feststellungsurteil eine sachgemäße und erschöpfende Lösung des Streits über die Erstattungspflichten zu erwarten ist (BGH, Urt. v. 8. 2. 2006 – IV ZR 131/05, VersR 2006, 535, 536 betreffend die medizinische Notwendigkeit der Heilbehandlung aufgrund eines kieferorthopädischen Heil- und Kostenplans; Urt. v. 16. 6. 2004 – IV ZR 257/03, VersR 2004, 1037 betreffend die Fortsetzung einer psychotherapeutischen Behandlung; BGH, VersR 1992, 950 betreffend zahnprothetische Behandlung; VersR 1987, 1107 betreffend weitere Behandlungszyklen einer In-Vitro-Fertilisation).

So wird die Klage auf Feststellung der Leistungspflicht einer privaten Krankenversicherung dann für zulässig erachtet, wenn der Patient durch Vorlage des Heil- und Kostenplans darlegt bzw. vorgerichtlich bereits dargelegt hat, dass die darin vorgeschlagene **Behandlung aus ärztlicher Sicht erforderlich** ist und die **Behandlung mit der vorangegangenen ausführlichen Voruntersuchung bereits eingeleitet** wurde (BGH, Urt. v. 8. 2. 2006 – IV ZR 131/05, VersR 2006, 535, 536).

III. Negative Feststellungsklage

„Berühmt" sich eine Partei ernsthaft eines Rechts gegen die andere Partei, etwa einer noch **weiter gehenden als der bislang geltend gemachten Forderung**, wird ein Feststellungsinteresse des Anspruchsgegners zur Erhebung einer „negativen Feststellungsklage", auch als negative Feststellungs-Widerklage, bejaht (BGH, Urt. v. 4. 5. 2006 – IX ZR 189//03, NJW 2006, 2780, 2781; NJW 1993, 2609; NJW 1992, 437; B/L/A/H, § 256 ZPO Rz. 31, 35, 47, 84; Zöller-Greger § 256 ZPO Rz. 14 a, 15 a, 18). Ein „Berühmen" liegt schon vor, wenn der Gegner geltend macht, aus einem bestehenden Rechtsverhältnis könne sich unter bestimmten Voraussetzungen, deren Eintritt noch ungewiss ist, ein Ersatzanspruch ergeben; dagegen reicht die Ankündigung, unter bestimmten Voraussetzungen in eine Prüfung einzutreten, ob ein Anspruch gegen den Betroffenen besteht, nicht aus (BGH NJW 1992, 436, 437 = MDR 1992, 297; Zöller-Greger § 256 ZPO Rz. 14 a; Musielak-Foerste § 256 ZPO Rz. 16).

Da die negative Feststellungsklage davon abhängt, in welcher Form der Gegner sich „berühmt" hat, ist die Bezifferung des Antrages (nur) dann erforderlich, wenn auch die „Berühmung" beziffert erfolgt (Zöller-Greger § 256 ZPO Rz. 15 a m. w. N.).

Im Rahmen der negativen Feststellungsklage muss derjenige, der sich eines bestimmten Anspruchs „berühmt" hat, Grund und Höhe etwa einer behaupteten Forderung beweisen; bleibt unklar, ob die streitige Forderung besteht, muss der negativen Feststellungsklage stattgegeben werden (BGH NJW 1993, 1716 = MDR 1993, 1118; Zöller-Greger § 256 ZPO Rz. 18).

Das Feststellungsinteresse muss bis zum Schluss der mündlichen Verhandlung vorliegen. Es entfällt aber nicht schon durch eine einseitige Erklärung des Prozessgegners, er werde „keine weiteren Ansprüche geltend machen, wenn er mit seiner erhobenen Teilklage rechtskräftig unterliege" (BGH, Urt. v. 4. 5. 2006 – IX ZR 189/03, NJW 2006, 2780, 2782).

Erhebt der Prozessgegner nach Einreichung der negativen Feststellungsklage jedoch (auch) eine Leistungsklage, so entfällt das Feststellungsinteresse für die negative Feststellungsklage, wenn eine Entscheidung über die – zulässige – Leistungsklage gesichert ist und diese vom Prozessgegner nach Antragstellung in der mündlichen Verhandlung **nicht mehr einseitig zurückgenommen werden kann** (BGH, Urt. v. 21. 12. 2005 – X ZR 17/03, NJW 2006, 515, 516; NJW 1987, 2680, 2681 = MDR 1987, 558).

Die negative Feststellungsklage bleibt in solchen Fällen nur dann zulässig, wenn der Feststellungsrechtsstreit entscheidungsreif oder im Wesentlichen zur Entscheidungsreife fortgeschritten ist, die einseitig nicht mehr zurücknehmbare Leistungsklage dagegen noch nicht (BGH, Urt. v. 21. 12. 2005 – X ZR 17/03, NJW 2006, 515, 516; NJW 1997, 870; NJW 1987, 2680, 2681).

Auch die auf einen Mindestbetrag gerichtete Klage, etwa auf Zahlung eines Schmerzensgeldes, steht von dem Zeitpunkt an, zu dem sie nicht mehr einseitig zurückgenommen werden kann, grundsätzlich der Zulässigkeit einer negativen Feststellungsklage entgegen, mit der eine über den Mindestbetrag hinausgehende Feststellung dahingehend begehrt wird, dass die Forderung nicht besteht. Denn anders als bei einer Teilklage kann bei der auf einen Mindestbetrag gerichteten Leistungsklage vom Gericht mehr als der Mindestbetrag zuerkannt werden. Mit der Zuerkennung des Mindestbetrages oder eines übersteigenden Betrages steht dann zugleich fest, dass dem Prozessgegner kein weiter gehender Anspruch zusteht (BGH, Urt. v. 21. 12. 2005 – X ZR 17/03, NJW 2006, 515, 517).

Die – rechtshängige – negative Feststellungsklage muss vom Anspruchsgegner dann zur Vermeidung von Kostennachteilen für erledigt erklärt werden (BGH, Urt. v. 21. 12. 2005 – X ZR 17/03, NJW 2006, 515, 516; B/L/A/H, § 256 ZPO Rz. 84).

War die negative Feststellungsklage bei Einreichung bzw. Erweiterung der Leistungsklage des Prozessgegners anhängig (Eingang bei Gericht), jedoch noch nicht rechtshängig (zugestellt), können dem Prozessgegner gem. § 269 III 3 ZPO n. F. die Kosten auch dann auferlegt werden, wenn er zur Einreichung der negativen Feststellungsklage Veranlassung gegeben hat.

IV. Schriftliches Anerkenntnis

Ein vorprozessuales schriftliches Anerkenntnis lässt das Feststellungsinteresse entfallen, wenn es abgegeben wird, um den Geschädigten klaglos zu stellen (BGH NJW 1985, 791; Zöller-Greger, § 256 ZPO Rz. 8 a). Ein deklaratorisches Anerkenntnis oder ein befristeter Verzicht auf die Verjährungseinrede beseitigt das Feststellungsinteresse nicht (OLG Karlsruhe MDR 2000, 1014; VersR 2002, 759; OLG Hamm OLGR 2000, 290; Zöller-Greger § 256 ZPO Rz. 8 a).

Fordert der Prozessbevollmächtigte des Geschädigten den Haftpflichtversicherer des Schädigers auf, sich in einem „selbständigen, vom Haftungsgrund im Übrigen unabhängigen Schuldversprechen gem. § 780 BGB zu verpflichten, dem Geschädigten X seinen etwaigen weiteren materiellen wie auch immateriellen Schaden zu ersetzen", so entfällt das *Feststellungsinteresse nicht durch die Erklärung des Versicherers,*
„Wir werden dem Geschädigten X die anlässlich des Schadensereignisses vom 15. 5. 2006 entstandenen und/oder noch entstehenden Ansprüche auf Ersatz des materiellen und immateriellen Schadens ausgleichen, hinsichtlich der Verjährung wird der Geschädigte so gestellt, als habe er heute ein rechtskräftiges Feststellungsurteil erstritten"
(vgl. OLG Karlsruhe VersR 2002, 729).

Denn der Geschädigte hat (bei Vorliegen der Voraussetzungen) einen Anspruch auf Abgabe folgender Erklärung:

„Mit der Wirkung eines rechtskräftigen Feststellungsurteils anerkennen wir unsere Verpflichtung, dem Geschädigten X alle zukünftigen immateriellen und materiellen Schäden zu ersetzen, die ihm aus dem Schadensereignis vom 15. 5. 2006 zukünftig noch entstehen, soweit seine Ansprüche nicht auf Sozialversicherungsträger oder sonstige Dritte übergegangen sind oder übergehen"
(vgl. OLG Karlsruhe VersR 2002, 729, 730).

Früherkennung, fehlerhafte pränatale Diagnostik

Vgl. → *Schwangerschaftsabbruch, fehlerhafter,* → *Sterilisation, fehlerhafte,* → *Genetische Beratung,* → *Nichterkennen einer Schwangerschaft*

I. Grundlagen
II. Behandlungsfehler
  1. Therapeutische Sicherungs-aufklärung
  2. Therapie- und Organisationsfehler
  3. Genetische Fehlberatung
  4. Nichterkennen einer Schwanger-schaft
III. Beweislast
  1. Beweislast der Patientin

2. Beweislast des Arztes
IV. Kausalität und Zurechnungs-zusammenhang
  1. Kausalität, Zurechnungszusammen-hang
  2. Schutzbereich des Vertrages
V. Umfang des Anspruchs
  1. Unterhalt
  2. Verdienstausfall
  3. Schmerzensgeld

I. Grundlagen

Die unterlassene, falsche oder unvollständige Beratung der Mutter vor und während einer Schwangerschaft über die Möglichkeiten zur Früherkennung von Schädigungen der Leibesfrucht, die den Wunsch der Mutter auf Abbruch der Schwangerschaft gerechtfertigt hätten (vgl. hierzu → *Schwangerschaftsabbruch, fehlerhafter,* S. 715 ff.), kann einen Anspruch der Eltern gegen den Arzt auf Ersatz von Unterhaltsaufwendungen für das mit körperlichen oder geistigen Behinderungen geborene Kind begründen (BGH, Urt. v. 31. 1. 2006 – VI ZR 135/ 04, NJW 2006, 1660, 1661 = VersR 2006, 702, 703; Urt. v. 15. 7. 2003 – VI ZR 203/02, NJW 2003, 3411 = VersR 2003, 1541, 1542; Urt. v. 18. 6. 2002 – VI ZR 136/01, NJW 2002, 2636, 2637 = VersR 2002, 1148, 1149; OLG Düsseldorf, Urt. v. 10. 1. 2002 – 8 U 79/01, VersR 2003, 1542; Urt. v. 7. 6. 2001, 8 U 143/00, OLGR 2002, 290; OLGR 1997, 209 = VersR 1998, 194: **fehlerhafte Chromosomenanalyse**; VersR 1992, 493 zur **Rötelnerkrankung** der Mutter; OLG Celle NJW-RR 2002, 314; OLG Hamm, Urt. v. 5. 9. 2001 – 3 U 229/00, OLGR 2002, 337; Beschl. v. 28. 12. 2005 – 3 U 50/05, GesR 2006, 126; Urt. v. 6. 3. 2002 – 3 U 134/01; OLGR 2001, 143; OLG Karlsruhe, Urt. v. 20. 6. 2001 – 13 U 70/00, VersR 2002, 1426, 1427; VersR 1993, 705: **Wasserkopf** nicht erkannt; KG, VersR 1996, 332; OLG Koblenz VersR 1992, 359: **Rötelnerkrankung der Mutter**; OLG München, Urt. v. 25. 1. 2001 – 1 U 2200/00, OLGR 2002, 212; Urt .v. 28. 10. 2004 – 1 U 1841/04, OLGR 2006, 52: sehr seltene **Chromosomenaberration** übersehen; VersR 1988, 523: Trisomie 21; OLG Nürnberg, VersR 1999, 1545: **widersprüchliche HIV-Tests**; OLG Saarbrücken, Urt. v. 30. 6. 2004 – 1 U 386/ 02–92, OLG 2005, 5, 9: **unterlassene Rücklaufkontrolle** eines **zytogenetischen Untersuchungsbefundes**; NJW-RR 2001, 671 = MedR 2001, 641; OLG Stuttgart, Urt. v. 25. 3. 2003 – 1 U 125/02, OLGR 2003, 380 = NJW-RR 2003, 1256; VersR 1991, 229: **unterlassene Fruchtwasseruntersuchung**; OLG Zweibrücken, Urt. v. 15. 12. 1998 – 5 U 10/96, NJW-RR 2000, 235, 237; G/G, 5. Aufl., Rz. B 170, 171; Gehrlein NJW 2000, 1771, 1772 und NJW 2002, 870).

Allein das Nichterkennen einer Schwangerschaft im Rahmen der alltäglichen, allgemeinen Beschwerden nachgehenden, frauenärztlichen Untersuchung ist dagegen **nicht geeignet**, einen **Schadensersatzanspruch** gegen den Arzt für den durch die planwidrige Geburt eines Kindes ausgelösten Unterhaltsaufwand zu begründen (BGH MDR 1994, 556; OLG Naumburg MDR 1998, 1479).

Nach dem seit dem 1. 10. 1995 geltenden Recht ist ein Schwangerschaftsabbruch im Anschluss an eine Not- und Konfliktberatung innerhalb der ersten 12 Wochen nach der Empfängnis nicht mehr strafbar (§§ 218 a I, 219 StGB n. F.). Die medizinische Indikation (§ 218 a II StGB n. F.) ist unbefristet möglich. Die Notlagenindikation nach altem Recht (§ 218 a II 3 StGB a. F.) ist nur für die vor dem 1. 10. 1995 durchgeführten Schwangerschaftsabbrüche relevant. Ausnahmsweise kann eine Notlage nach altem Recht die Voraussetzungen einer medizinischen Indikation neuen Rechts erfüllen, wenn die folgenden, engen Voraussetzungen vorliegen (vgl. BVerfG NJW 1993, 1751, 1754/1758; BGH NJW 1995, 1609, 1610; zu den Einzelheiten vgl. → *Schwangerschaftsabbruch, fehlerhafter*, S. 715 ff.):

Ein **Schwangerschaftsabbruch aufgrund einer sozialen oder psychisch-personalen Notlage** ist **ausnahmsweise** dann i.S.d. § 218 a II StGB n. F. **rechtmäßig**, wenn eine Belastung der Schwangeren vorliegt, die ein solches Maß an **Aufopferung eigener Lebenswerte** verlangt, dass ihr die Pflicht zum Austragen des Kindes nicht zugemutet werden kann. Diese Voraussetzungen liegen nur dann vor, wenn in ihrer Umschreibung die Schwere des sozialen oder psychisch-personalen Konflikts so deutlich erkennbar wird, dass – unter dem Gesichtspunkt der Unzumutbarkeit betrachtet – die Kongruenz mit der medizinischen oder kriminologischen Indikation nunmehr nach neuem Recht gewahrt bleibt. Das Vorliegen der Voraussetzungen muss dabei durch Gerichte oder durch Dritte, denen der Staat kraft ihrer besonderen Pflichtenstellung vertrauen darf und deren Entscheidung nicht jeder staatlichen Überprüfung entzogen ist, unter Beachtung des Schutzanspruchs des ungeborenen menschlichen Lebens bewertet und festgestellt werden (BGH NJW 1995, 1609, 1610). So hat der BGH (Urt. v. 18. 6. 2002 – VI ZR 136/01, NJW 2002, 2636, 2637 = VersR 2002, 1148, 1150; Müller, VPräsBGH, NJW 2003, 697, 704; im Ergebnis zustimmend Deutsch NJW 2003, 26, 28; **a. A.** KG, Urt. v. 18. 3. 2002 – 20 U 10/01, MedR 2003, 520, 521 – Vorinstanz; Schmidt-Recla/Schumann Med 2002, 643, 646 f.) den **Abbruch der Schwangerschaft bei schweren Missbildungen des Fötus** (beide Oberarme waren im entschiedenen Fall nicht ausgebildet, der rechte Oberschenkel war verkürzt, der linke und beide Wadenbeine fehlten), die bei fehlerfreier Behandlung erkennbar gewesen wären, für gerechtfertigt erachtet, wenn dadurch die Gefahr eines Suizidversuchs oder einer schwerwiegenden Beeinträchtigung des seelischen Gesundheitszustandes der Mutter zu befürchten gewesen wäre.

Im Urt. v. 31. 1. 2006 (VI ZR 135/04, NJW 2006, 1660, 1661 = VersR 2006, 702, 703) hat der BGH nochmals klargestellt, dass die Mutter die Voraussetzungen für einen rechtmäßigen Schwangerschaftsabbruch wegen medizinischer Indikation bei fehlerfreier Diagnose und korrekter pränataler Diagnostik des untersuchenden Arztes darlegen und beweisen muss. Hierzu bedarf es einer nachträgli-

chen, auf den Zeitpunkt des denkbaren Abbruchs der Schwangerschaft bezogenen – von einem Sachverständigen anzustellenden (vgl. BGH, Urt. v. 15. 7. 2003
– VI ZR 203/02, NJW 2003, 3411 = VersR 2003, 1541) – bezogenen Prognose, ob
die Voraussetzungen für einen rechtmäßigen Schwangerschaftsabbruch vorgelegen hätten. Bei dieser Prognose ist darauf abzustellen, ob von einer Gefahr für
das Leben oder der Gefahr einer **schwerwiegenden Beeinträchtigung des körperlichen oder seelischen Gesundheitszustandes der Mutter** auszugehen war, aber
auch darauf, ob aus damaliger Sicht diese Gefahr nicht auf andere, für die Mutter zumutbare Weise hätte abgewendet werden können. An diese Prognose dürfen keine überzogenen Anforderungen gestellt werden (BGH, Urt. v. 31. 1. 2006
– VI ZR 135/04, NJW 2006, 1660, 1661; Urt. v. 15. 7. 2003 – VI ZR 203/02, NJW
2003, 3411; OLG Koblenz, Beschl. v. 20. 3. 2006 – 5 U 255/06, NJW-RR 2006,
967, 968 = GesR 2006, 312: schwerwiegende seelische Gefahren bis hin zu Suizidversuchen erforderlich). Bei dieser Prognose können die Art und der Grad der
zu erwartenden Behinderungen indiziell eine Rolle spielen; eine Abwägung, die
an den Grad der zu erwartenden Behinderung des Kindes und dessen Entwicklung nach der Geburt anknüpft, ist im Übrigen jedoch nicht veranlasst (BGH,
Urt. v. 31. 6. 2006 – VI ZR 135/04, NJW 2006, 1660, 1662 = VersR 2006, 702,
704).

Mit **der Geburt eines behinderten Kindes** verbundene **Depressionen** mit
wochenlangen Weinkrämpfen, Kopfschmerzen und Schlaflosigkeit (OLG Stuttgart, Urt. v. 25. 3. 2003 – 1 U 125/02, OLGR 2003, 380 = GesR 2003, 327 = NJW-
RR 2003, 1256), **erhebliche seelische Belastungen** mit Depressionen von Krankheitswert aufgrund pränatal festgestellter bzw. zu erwartender Missbildungen
(OLG Hamm, Beschl. v. 28. 12. 2005 – 3 W 50/05, GesR 2006, 126), körperliche
und psychische Belastungen im Zusammenhang mit der Geburt und Betreuung
eines behinderten Kindes mit der einmaligen Äußerung suizidaler Gedanken
gegenüber einem behandelnden Psychologen (LG Stuttgart, Urt. v. 19. 7. 2005 –
20 O 669/04; OLG Koblenz, Beschl. v. 20. 3. 2006 – 5 U 255/06, NJW-RR 2006,
967, 968: *„prognostisch schwerwiegende seelische Gefahren bis hin zu Suizidversuchen"* erforderlich), zu erwartende Missbildungen wie das Fehlen der
Hand und des Unterarms (OLG Hamm, Urt. v. 5. 9. 2001 – 3 U 229/00, OLGR
2002, 337, 340) sind noch **nicht als so schwerwiegend** anzusehen, dass sie unter
Berücksichtigung des Lebensrechts des Kindes der Schwangeren nicht mehr
zugemutet werden könnten.

II. Behandlungsfehler

1. Therapeutische Sicherungsaufklärung

Wenn bestimmte **Risikofaktoren (Alter und/oder Gesundheitszustand** der
Schwangeren) vorliegen, so muss ein Gynäkologe die Schwangere auf deren
Bitte (BGH NJW 1987, 2923; OLG Düsseldorf, Urt. v. 7. 6. 2001 – 8 U 143/00,
OLGR 2002, 290, 291), aber auch bereits ohne ausdrückliche Nachfrage
umfassend über die **Risiken der Schwangerschaft** oder die **Möglichkeit einer**

Fruchtwasseruntersuchung hinweisen, um ihr zu ermöglichen, bei vorhandenen pränatalen Vorschäden den Abbruch der Schwangerschaft vornehmen zu lassen (BGH, NJW 1997, 1638 = VersR 1997, 698: Chromosomenanomalie nicht abgeklärt; NJW 1987, 2923 = VersR 1988, 155 und NJW 1984, 658 = VersR 1984, 186: kein Hinweis auf möglichen Mongolismus; OLG Celle, NJW-RR 2002, 314: unterlassener Hinweis auf **fehlende Aussagekraft einer negativen Chromosomenanalyse**; OLG Düsseldorf, Urt. v. 7. 6. 2001 – 8 U 143/00, OLGR 2002, 290; VersR 1998, 194: Amniozentese bzw. Chromosomenanalyse fehlerhaft durchgeführt; OLG München VersR 1988, 523: kein Hinweis auf Möglichkeit einer **Trisomie 21**; OLG Stuttgart, OLG Stuttgart, Urt. v. 25. 3. 2003 – 1 U 125/02, OLGR 2003, 380 = GesR 2003, 327: unterlassene Auf- bzw. Abklärung einer Trisomie 21; VersR 1991, 229: Amniozentese bei Verdacht auf Mongolismus unterlassen; OLG Zweibrücken, Urt. v. 15. 12. 1998 – 5 U 10/96, NJW-RR 2000, 235, 237: unterlassene Beratung über mögliche Trisomie 21/Mongolismus; Gehrlein NJW 2000, 1771, 1772 und Rz. B 93, B 96; G/G, 5. Aufl., Rz. B 170, 171; S/Pa, Rz. 293; vgl. auch → *Aufklärung*, S. 106, 107).

Der aufklärende Arzt muss die Frau über die erhöhten schwerwiegenden Risiken der Schwangerschaft sachbezogen unterrichten. Es genügt nicht, wenn er lediglich schlagwortartig die Begriffe „Mongolismus" oder „mongoloides Kind" mitteilt. Er muss ihr vielmehr – ohne Dramatisierung des genetischen Risikos – unmissverständlich klarmachen, dass das **Risiko auch die Entwicklung eines schwerstgeschädigten Kindes beinhaltet** und dass die Geburt eines solchen Kindes zu unerträglichen Belastungen führen kann, vielfach verbunden mit der Notwendigkeit lebenslanger Pflege und Betreuung (OLG Düsseldorf NJW 1989, 1548; auch OLG Hamm OLGR 2001, 143).

Bei der Beratung dürfen aber auch die Risiken der **zur Abklärung eines vorliegenden Mongolismus erforderlichen Fruchtwasseruntersuchung** nicht verschwiegen werden, hierbei muss der Arzt die Akzente richtig setzen (OLG Düsseldorf NJW 1989, 1548; auch OLG Köln VersR 1989, 631 und LG Dortmund MedR 1985, 95). Steht bei der Patientin und ihrem Ehepartner das Sicherheitsbedürfnis im Vordergrund, so können sie sich zu einer risikobehafteten Amniozentese (Fruchtwasseruntersuchung – Punktion der Haut um die Leibesfrucht) auch dann entschließen, wenn eine solche Maßnahme aus objektiver Sicht unvernünftig erscheint; der Arzt hat die Patientin in einem solchen Fall auf Nachfrage über die Möglichkeit und Risiken einer Amniozentese einerseits und die Gefahr einer kindlichen Trisomie 21 aufzuklären und darf den bestehenden Spielraum dann nicht durch eine Überbetonung seiner eigenen, die Amniozentese ablehnenden Auffassung einschränken (OLG Düsseldorf, Urt. v. 7. 6. 2001 – 8 U 143/00, OLGR 2002, 290, 291).

Bewertet der Arzt das **Risiko eines Mongolismus** und das einer **Fehlgeburt** durch eine Amniozentese (Fruchtwasseruntersuchung – Punktion der Haut um die Leibesfrucht) mit etwa 1 % gleich hoch, so ist dies im Kern richtig, auch wenn ein im Rechtsstreit eingeholtes Sachverständigengutachten das Risiko einer Fehlgeburt mit „nur" 0,5 % angibt (OLG Köln VersR 1989, 631).

Ob die Schwangere die erforderliche Amniozentese nach Erteilung der Hinweise über deren Risiken einerseits und das Risiko der Trisomie 21 (Mongoloismus) andererseits vornehmen lässt und sich bei bestehender Indikation zu einem Schwangerschaftsabbruch entscheidet, obliegt ihrer eigenen Entscheidungsfreiheit. Es ist dann nicht Aufgabe des Arztes, auf einen – rechtlich möglichen – Schwangerschaftsabbruch hinzuwirken (OLG Hamm OLGR 2001, 143 = NJW 2001, 3417; Rehborn MDR 2001, 1148, 1151).

Hinzuweisen ist jedoch nicht nur auf das **Risiko eines möglichen Mongolismus,** sondern bei Vorliegen entsprechender Anhaltspunkte auch auf **mögliche, pränatale Vorschäden des Kindes aufgrund einer Rötelinfektion der Mutter** (BGH, Urt. v. 21. 12. 2004 – VI ZR 196/03, NJW 2005, 891, 892 = MDR 2005, 687 = GesR 2005, 159, 160: Rötelnerkrankung in der Schwangerschaft; BGH NJW 1983, 1371; OLG Düsseldorf VersR 1992, 493 und VersR 1987, 414; OLG Karlsruhe, Urt. v. 20. 6. 2001 – 13 U 70/00, VersR 2002, 1426, 1427; OLG Koblenz VersR 1992, 359), das **Bestehen eines „Wasserkopfes"** (BGH NJW 1997, 1638; OLG Karlsruhe VersR 1993, 705), einer **Toxoplasmose (Infektionskrankheit;** OLG Düsseldorf VersR 1992, 494), einer erheblichen **Extremitätenfehlbildung** (BGH, Urt. v. 18. 6. 2002 – VI ZR 136/01, NJW 2002, 2636 = VersR 2002, 1148; KG VersR 1996, 332) oder einer **HIV-Infektion** nach Durchführung nicht eindeutiger HIV-Tests (OLG Nürnberg VersR 1999, 1545).

Zur Abklärung etwaiger Vorschäden und Missbildungen der Leibesfrucht ist der Arzt aber nur verpflichtet, wenn hierfür in den „Mutterschafts-Richtlinien" genannte **Anhaltspunkte** vorliegen, etwa das Alter oder bestimmte Vorerkrankungen der Mutter (G/G, 5. Aufl., Rz. B 171 m. w. N.).

2. Therapie- und Organisationsfehler

Verbleibt nach der Durchführung eines medizinischen Tests, etwa eines Schwangerschaftstests, eine Ungewissheit, weil dieser für einen bestimmten, noch nicht in den Test einbeziehbaren Zeitraum kein Ergebnis zeigen kann („Toter Winkel"), so gehört es auch zur Sorgfaltspflicht des Arztes, dieser Unsicherheit durch geeignete Maßnahmen nachzugehen (OLG Zweibrücken, Urt. v. 15. 12. 1998 – 5 U 10/96, NJW-RR 2000, 235).

Das medizinisch **nicht gebotene Hinausschieben einer Fruchtwasserpunktion** mit der Folge, dass wegen Ablaufs der Frist des § 218 a III StGB a. F. (bis zum Ablauf der 22. Schwangerschaftswoche) bzw. des § 218 a I Nr. 3 StGB n. F. (zwölf Wochen) ein Schwangerschaftsabbruch nicht mehr durchgeführt werden kann, stellt sich als Behandlungsfehler dar (BGH NJW 1989, 1536 zur Rechtslage bis 1995; OLG Düsseldorf, Urt. v. 10. 1. 2002 – 8 U 79/01, VersR 2003, 1542: Fruchtwasseruntersuchung ergab Trisomie 21 in der 23. SSW, schwerwiegende Belastung der Mutter nach § 218 a II StGB n. F. konnten nicht festgestellt werden).

Das OLG Koblenz (Beschl. v. 20. 3. 2006 – 5 U 255/06, NJW-RR 2006, 967, 968 = GesR 2006, 312; im Erg. zustimmend Mörsdorf-Schulte NJW 2006, 3105, 3107) weist im Anschluss an die Entscheidungen des BVerfG (Urt. v. 28. 5. 1993 – 2 BvF 2/90, 2 BvF 4/92, 2 BvF 5/92, NJW 1993, 1751, 1758) und des BGH (Urt. v.

19. 2. 2002 – VI ZR 190/01, NJW 2002, 1489, 1490 = MDR 2002, 637) allerdings zutreffend darauf hin, dass der Arzt nach erforderlicher, aber fehlerhaft unterlassener Diagnostik (Fruchtwasseruntersuchung, Triple-Test) für die vermögensrechtlichen Folgen eines unterbliebenen Schwangerschaftsabbruchs unter Geltung des § 218 a StGB n. F.nur dann haftet, wenn die **Abtreibung gem. § 218 a II StGB oder § 218 a III StGB n. F. rechtmäßig** gewesen wäre. Danach reicht eine bloße Straflosigkeit nach § 218 a I StGB nicht aus.

Der Arzt ist jedoch nicht verpflichtet, während der Schwangerschaft gezielt nach etwaigen Missbildungen des Kindes zu suchen, wenn hierfür keine Anhaltspunkte vorliegen (KG VersR 1996, 332; G/G, 5. Aufl., Rz. B 171).

Eine unterlassene Befunderhebung eines Gynäkologen beim Verdacht einer Rötelninfektion während einer Schwangerschaft stellt sogar einen groben Behandlungsfehler dar, wenn die Befundung aus medizinischen Gründen zweifelsfrei geboten und bereits in Auftrag gegeben worden war, es dann aber zu einer Namensverwechslung auf dem Befundbericht kommt (OLG Karlsruhe, Urt. v. 20. 6. 2001 – 13 U 70/00, VersR 2002, 1426, 1427).

Der behandelnde Gynäkolge verletzt auch dann seine vertraglichen Pflichten aus dem Behandlungsvertrag, wenn er es unterlässt, bei einem indizierten Schwagerschaftsabbruch einzuhaltende Fristen zu überwachen und keine ausreichenden Maßnahmen ergreift, um einen **rechtzeitigen Rücklauf des erwarteten, zytogenetischen Untersuchungsbefundes zu kontrollieren.**

Liegt der maßgebliche Befund, der eine erhebliche Fehlbildung des Kindes befürchten lässt, im Labor schon vor (im entschiedenen Fall am 18.11.) und unterlässt es der Gynäkologe, innerhalb kurzer Zeit nachzufragen, so dass die werdende Mutter erst nach dem Verstreichen der Frist des § 218 a I StGB (hier: 17.12.) hiervon Kenntnis erlangt, liegt ein grober Behandlungsfehler vor (OLG Saarbrücken, Urt. v. 30. 6. 2004 – 1 U 386/02–92, OLGR 2005, 5, 9; vgl. auch OLG Koblenz VersR 1994, 353, 354 und OLG Frankfurt VersR 1996, 101, 102: schnellstmögliche Information über Laborergebnisse erforderlich).

3. Genetische Fehlberatung

Vgl. → *Genetische Beratung*, S. 484 ff.

4. Nichterkennen einer Schwangerschaft

Vgl. → *Nichterkennen einer Schwangerschaft*, S. 675 ff.

III. Beweislast

1. Beweislast der Patientin

Die Patientin hat zu beweisen, dass der Arzt sie nicht, falsch oder unvollständig über Möglichkeiten zur Früherkennung von Schädigungen der Leibesfrucht, die ihren Wunsch auf Abbruch der Schwangerschaft gerechtfertigt hätten, beraten hat (BGH NJW 1987, 2923; Gehrlein, Rz. B 94), dass ein ordnungsgemäßer Test positiv verlaufen wäre und dann zu einem zulässigen Schwangerschaftsabbruch geführt hätte (BGH NJW 1987, 2923; S/Pa, Rz. 299, 300).

Ist dem Arzt keine verspätete Aufklärung, sondern ein sonstiger Behandlungsfehler unterlaufen, so hat die Patientin auf den entsprechenden Einwand des Arztes zu beweisen, dass eine Fruchtwasseruntersuchung und ein nachfolgender Schwangerschaftsabbruch rechtzeitig und in rechtmäßiger Weise hätten stattfinden können (Gehrlein Rz. B 94).

2. Beweislast des Arztes

Liegt die Sicherung der – therapeutischen – Aufklärungsmaßnahme für den Arzt als Vorsichtsmaßnahme sehr nahe, etwa wenn die ordnungsgemäße Beratung Voraussetzung dafür ist, dass der Patient bzw. die Patientin die aus einer bestehenden Unwägbarkeit erwachsenden Folgen überblicken und mögliche Konsequenzen daraus zu ziehen in der Lage ist, kann die unzureichende Dokumentation der Aufklärung oder Beratung indizieren, dass sie nicht erteilt worden ist (OLG Zweibrücken, Urt. v. 15. 12. 1998 – 5 U 10/96, NJW-RR 2000, 235, 236).

So kann es als **Beweisanzeichen für die Nichterfüllung** einer Nebenpflicht dienen, wenn sich der Arzt einen Hinweis auf eine **Versagerquote** bei einer Sterilisation **nicht schriftlich bestätigen** lässt (BGH NJW 1981, 2001, 2004) oder der gebotene Hinweis, dass wegen des Schwangerschaftsalters eine Diagnostik nicht gewünscht wird bzw. ein Hinweis auf die Gefahr eines Mongolismus (OLG Zweibrücken NJW-RR 2000, 235, 236 f.) **nicht dokumentiert** ist (vgl. zu den Einzelheiten S. 428 ff.).

Ist eine – therapeutische – Aufklärung nicht in der gebotenen Weise durchgeführt worden, trifft den Arzt auch die Beweislast, dass der Schaden auch bei pflichtgemäßem Verhalten eingetreten wäre, die **Patientin sich also nicht „aufklärungsrichtig" verhalten** hätte (BGH NJW 1984, 658 = VersR 1984, 186; OLG Hamm NJW 2002, 307 = VersR 2001, 895; OLG Nürnberg, VersR 1999, 1545; OLG Saarbrücken, Urt. v. 30. 6. 2004 – 1 U 386/02–92, OLGR 2005, 5, 9; OLG Zweibrücken, Urt. v. 15. 12. 1998 – 5 U 10/96, NJW-RR 2000, 235, 237 = OLGR 2000, 8 ff.).

Er hat dann also nachzuweisen, dass sich die Mutter nicht für den Test, bei ungünstigem Testergebnis bzw. rechzeitigem Rücklauf eines erwarteten Laborbefundes nicht für den – gem. § 218 a II, III StGB zulässigen – Abbruch der Schwangerschaft entschieden hätte (OLG Saarbrücken, Urt. v. 30. 6. 2004 – 1 U 386/02–92, OLGR 2005, 5, 9; S/Pa, Rz. 301).

IV. Kausalität und Zurechnungszusammenhang

1. Kausalität, Zurechnungszusammenhang

Greiner (G/G, 5. Aufl., Rz. B 174) weist zutreffend darauf hin, dass die praktische Bedeutung der Behandlungsfehler und den für sie geltenden Beweislasten im Hinblick auf § 218 a I, II StGB n. F. gering ist. Denn die pränatale Diagnostik – insbesondere durch Fruchtwasseruntersuchung – ist i. d. R. erst nach Ablauf der Frist von zwölf Wochen (§ 218 a I StGB n. F.) möglich bzw. aussagekräftig. Die – strengen – **Voraussetzungen des § 218 a II StGB n. F.** liegen aber in den meisten Fällen nicht vor (s. o. S. 465, 719 f.; **ablehnend** etwa OLG Düsseldorf, Urt. v. 10. 1. 2002 – 8 U 79/01, VersR 2003, 1542 bei verzögert durchgeführter Fruchtwasseruntersuchung; OLG Hamm, Urt. v. 5. 9. 2001 – 3 U 229/00, OLGR 2002, 337, 339 f. bei verspäteter Feststellung des **Fehlens von Gliedmaßen**; Beschl. v. 28. 12. 2005 – 3 W 50/05, GesR 2006, 126 bei **verspäteter, gebotener Diagnostik**; OLG Koblenz, Beschl. v. 20. 3. 2006 – 5 U 255/06, NJW-RR 2006, 967, 968: „prognostisch schwerwiegende seelische Gefahren bis hin zu Suizidversuchen" erforderlich; OLG Stuttgart, Urt. v. 25. 3. 2003 – 1 U 125/02, OLGR 2003, 380 = NJW-RR 2003, 1256 bei **fehlerhafter Aufklärung über die Möglichkeiten pränataler Diagnostik** bei V. a. Trisomie 21; LG Stuttgart, Urt. v. 19. 7. 2005 – 20 O 669/04 bei verspäteter Diagnostik; bejahend BGH, Urt. v. 18. 6. 2002 – VI ZR 136/01, NJW 2002, 2636 = VersR 2002, 1148 = MedR 2002, 640, 641 bei Depressionen mit Krankheitswert und latenter Selbstmordgefahr in Zusammenhang mit der Geburt eines schwerbehinderten Kindes, im Ergebnis zustimmend Deutsch, NJW 2003, 26, 28; a. A. Schmidt-Recla/Schumann Med 2002, 643, 645 f.).

Die mit der Geburt eines durch eine Erkrankung der Mutter an Röteln schwer geschädigten Kindes verbundenen wirtschaftlichen Belastungen sind allerdings nicht allein deshalb Gegenstand des jeweiligen Behandlungsvertrages mit dem Hausarzt oder dessen niedergelassenem Urlaubsvertreter, weil die Mutter diese Ärzte zur Abklärung und Behandlung eines Hautausschlages aufgesucht und im Laufe der Behandlung ihre Schwangerschaft lediglich erwähnt hatte. Denn anders als ein die Schwangerschaft begleitender Frauenarzt wird der Hausarzt in einem solchen Fall nicht im Hinblick auf die Schwangerschaft und zu deren medizinischer Begleitung eingeschaltet (BGH, Urt. v. 21. 12. 2004 – VI ZR 196/ 03, NJW 2005, 891, 892 = GesR 2005, 159, 160; auch OLG Düsseldorf NJW 1995, 1620).

Der konkrete Zweck und Anlass des Arztbesuchs bestimmt auch die deliktischen Behandlungspflichten des hinzugezogenen Gynäkologen. Wurde die Patientin einer Klinik zum Zweck der Behandlung von Zyklusstörungen und zur Abklärung der Verdachtsdiagnose eines Klimateriums zugewiesen und erwähnt sie dabei die Möglichkeit einer Schwangerschaft, kommt allenfalls eine Haftung der Ärzte des Klinikums wegen einer hierauf erteilten falschen Auskunft in Betracht (OLG Karlsruhe, Urt. v. 24. 4. 2002 – 7 U 53/01, GesR 2003, 122).

2. Schutzbereich des Vertrages

Der **Verdienstausfall**, der den Eltern eines Kindes im Zusammenhang mit dessen Betreuung entsteht, kann dem Arzt, der die Geburt eines wegen fehlerhafter vorgeburtlicher Untersuchung schwerstbehindert zur Welt gekommenen Kindes zu verantworten hat, haftungsrechtlich nicht zur Last gelegt werden (BGH VersR 1997, 698, 700 = NJW 1997, 1638, 1639).

Gleiches gilt für die **Beerdigungskosten** des tot zur Welt kommenden oder unmittelbar danach verstorbenen Kindes (OLG Düsseldorf VersR 1996, 711).

(Zum Schutzzweck eines Sterilisationsvertrages vgl. → *Sterilisation, fehlerhafte* (S. 739 ff.); zum Schutzzweck des auf einen Schwangerschaftsabbruch gerichteten Vertrages vgl. → *Schwangerschaftsabbruch, fehlerhafter* (S. 724 ff.); zum Schutzzweck eines Beratungsvertrages, durch den die Zeugung eines erbgeschädigten Kindes verhindert werden soll, vgl. → *Genetische Beratung* (S. 487 ff.).

V. Umfang des Anspruchs

1. Unterhalt

Ansprüche auf Freistellung von den Unterhaltsbelastungen stehen der Mutter sowie dem in den Schutzzweck des Vertrages insoweit einbezogenen **Vater des Kindes** zu, nicht jedoch dem Kind selbst (BGH, Urt. v. 15. 7. 2003 – VI ZR 203/02, NJW 2003, 3411 = VersR 2003, 1541; NJW 1985, 671 = MDR 1985, 659; VersR 2002, 192; OLG Düsseldorf VersR 1995, 1498; Gehrlein, Rz. B 84, 89, 95 und NJW 2002, 870; G/G, 5. Aufl., Rz. B 176; S/Pa, Rz. 298; a. A. Reinhart, VersR 2001, 1081, 1085 ff. m. w. N.).

Nach h.M. ist auch der gegenwärtige **Partner einer nichtehelichen Lebensgemeinschaft** in den Schutzbereich eines auf die Schwangerschaftsverhütung gerichteten Vertrages zwischen dem Arzt und der Patientin einbezogen (OLG Karlsruhe, Urt. v. 1. 2. 2006 – 13 U 134/04, VersR 2006, 936, 938; ebenso: OLG Frankfurt VersR 1994, 942; Gehrlein MDR 2002, 638; jetzt auch BGH, Urt. v. 14. 11. 2006 – VI ZR 48/06; noch offengelassen von BGH, Urt. v. 19. 2. 2002 – VI ZR 190/01, NJW 2002, 1489, 1490 und Urt. v. 26. 6. 2001 – X ZR 231/99, NJW 2001, 3115, 3116 = VersR 2001, 1390, 1391)

Der Anspruch der Eltern erstreckt sich auf den **gesamten Unterhaltsaufwand** für das Kind sowie auf die Belastung mit einem etwaigen, behinderungsbedingten Mehraufwand (BGH NJW 1999, 2731 = VersR 1999, 1241; Urt. v. 4. 12. 2001 – VI ZR 213/00, VersR 2002, 233, 234 = MDR 2002, 336; OLG Saarbrücken NJW-RR 2000, 235, 237; G/G, 5. Aufl., Rz. B 175).

Dies gilt etwa für den Unterhaltsschaden des mit einem „Wasserkopf" (BGH VersR 1997, 698, 700) oder mongoloid geborenen Kindes (BGH NJW 1999, 2731; OLG München VersR 1988, 523).

(Zur Höhe des Unterhalts nach der Regelbetrags-Verordnung vom 6. 4. 1998 vgl. OLG Karlsruhe, Urt. v. 1. 2. 2006 – 13 U 134/04, VersR 2006, 936, 938 und F/N Rz. 162: 135 % der Beträge aus der Regelbetrags-Verordnung, pauschale Verdoppelung des Baraufwandes beim Betreuungsunterhalt; Müller, VPräsBGH, NJW 2003, 697, 706; Rehborn MDR 2001, 1148, 1151 und unten S. 729 f.).

2. Verdienstausfall

Der Verdienstausfall, der den Eltern eines Kindes im Zusammenhang mit dessen Betreuung entsteht, kann dem Arzt daneben haftungsrechtlich nicht zusätzlich zur Last gelegt werden (BGH VersR 1997, 698, 700; G/G, 5. Aufl., Rz. B 186; Müller BGH, NJW 2003, 697, 705; ebenso OLG Düsseldorf VersR 1996, 711 für Beerdigungskosten).

3. Schmerzensgeld

Während der Mutter bei **fehlgeschlagener Sterilisation** (BGH NJW 1995, 4407, 408 = VersR 1995, 1099; NJW 1984, 2625 = VersR 1984, 864; OLG Düsseldorf VersR 1993, 883; OLG Hamm NJW 1999, 1787, 1788; Gehrlein Rz. B 82; G/G, 5. Aufl., Rz. B 182) ein Schmerzensgeld auch dann zusteht, wenn die Schwangerschaft ohne pathologische Begleitumstände verläuft, kann ihr in den Fällen der fehlerhaften pränatalen Diagnostik und der schuldhaften Nichterkennung einer Schwangerschaft mit der Folge, dass die Frist des § 218 a I StGB n. F. abläuft und ein bis dahin möglicher und zulässiger Abbruch nicht mehr nachgeholt werden darf, ein Schmerzensgeld nur dann zugesprochen werden, wenn und soweit die physische und psychische **Belastung diejenigen einer natürlichen, komplikationslosen Geburt übersteigt und einen Krankheitswert erreicht** (BGH, Urt. v. 4. 12. 2001 – VI ZR 213/00, VersR 2002, 233, 234 = NJW 2002, 886, 887; NJW 1983, 1371, 1373 = MDR 1983, 478; OLG Celle VersR 1988, 964, 966; OLG Saarbrücken, Urt. v. 30. 6. 2004 – 1 U 386/02–92, OLGR 2005, 5, 11; OLG Zweibrücken, Urt. v. 15. 12. 1998 – 5 U 10/96, NJW-RR 2000, 235, 238; G/G, 5. Aufl. Rz. B 176, 182; Gehrlein Rz. B 95; S/Pa, Rz. 306).

Von der Mutter konkret nachzuweisende Schlafstörungen und Depressionen können grundsätzlich solche schwerwiegenden Belastungen mit Krankheitswert darstellen (OLG Zweibrücken, Urt. v. 15. 12. 1998 – 5 U 10/96, NJW-RR 2000, 235, 238).

In der Rspr. wurden bei entsprechendem Nachweis von schwerwiegenden Belastungen mit Krankheitswert Schmerzensgelder in der Größenordnung zwischen 1 500 Euro und 5 000 Euro zugesprochen (vgl. zu den Einzelheiten S. 733).

Gemeinschaftspraxis

Vgl. auch → *Krankenhausverträge;* → *Arztvertrag;* → *Arbeitsteilung;* → *Ambulanz*

I. Begriff
  1. Gemeinschaftspraxis
  2. Praxisgemeinschaft
II. Rechtsform
  1. Gemeinschaftspraxis
  2. Partnerschaftsgesellschaft
  3. Praxisgemeinschaft
III. Haftung
  1. Gemeinschaftspraxis
    a) Gesamtschuldnerische
      Haftung

b) Entsprechende Anwendung des
  § 31 BGB
c) Entsprechende Anwendung der
  §§ 128, 130 HGB
d) Entsprechende Anwendung des
  § 28 HGB
e) Urlaubsvertreter und
  Mitarbeiter des Arztes
  2. Partnerschaftsgesellschaft
  3. Praxisgemeinschaft

I. Begriff

1. Gemeinschaftspraxis

Die Gemeinschaftspraxis ist die gemeinsame Ausübung ärztlicher Tätigkeit durch mehrere Ärzte des gleichen oder ähnlichen Fachgebietes in gemeinsamen Räumen mit gemeinsamer Praxiseinrichtung, einer gemeinsamen Büroorganisation mit Abrechnung und Karteiführung und gemeinsamem Personal, wobei die einzelnen ärztlichen Leistungen für den jeweiligen Patienten während der Behandlung von dem einen wie auch von dem anderen Partner erbracht werden können (BGH, Urt. v. 8. 11. 2005 – VI ZR 319/04, NJW 2006, 437, 438 = VersR 2006, 361, 362 = GesR 2006, 117, 118 = MedR 2006, 290, 291; Urt. v. 16. 5. 2000 – VI ZR 321/98, NJW 2000, 2737, 2738 = MDR 2000, 1130 = VersR 2000, 1146, 1149; G/G, 5. Aufl. Rz. A 15; L/U, § 18 Rz. 12; § 40 Rz. 5; § 98 Rz. 3; § 115 Rz. 7; Quaas/Zuck § 14 Rz. 4 m. w. N.; Walter MedR 2002, 169, 170 und GesR 2005, 396 f.).

Das Vorliegen einer Gemeinschaftspraxis ist anzunehmen, wenn sich der Wille der Ärzte zu gemeinschaftlicher Verpflichtung und austauschbarer Leistungserbringung gegenüber dem Patienten nach außen hin manifestiert, etwa durch ein **gemeinsames Praxisschild, gemeinsame Briefbögen, Rezeptblöcke, Überweisungsscheine und eine gemeinsame Abrechnung** (G/G, 5. Aufl., Rz. A 15; S/Pa, Rz. 45 b, 45 c, 45 d; Langenkamp/Jaeger NJW 2005, 3238, 3239 zur Verwendung von Briefpapier, Praxisschildern und Stempeln). Ein nur angestellter oder in freier Mitarbeit tätiger Arzt, mit dem kein Sozietäts- bzw. Gemeinschaftspraxisvertrag besteht, haftet im Außenverhältnis als „**Scheinpartner**" in gleicher Weise, wenn das Anstellungsverhältnis bei der **Verwendung von Briefpapier, Praxisschildern oder Stempeln** nicht kenntlich gemacht wird (BGH NJW 1999, 3040, 3041; NJW 1991, 1225 zur Anwaltshaftung; OLG Köln NJW-RR 2004, 279, 280; OLG Saarbrücken, Urt. v. 22. 12. 2005 – 8 U 92/05, MDR 2006, 1019, 1020 = NJW-RR 2006, 707 zur Anwaltshaftung: Verwendung von Kanzleibögen ohne Hinweis auf ein Anstellungsverhältnis; Möller MedR 2004, 69, 70 m. w. N.; Baldringer/Jordans AnwBl 2005, 676, 677 zur Anwaltshaftung; a. A. Langenkamp/Jaeger NJW 2005, 3238, 3239 m. w. N.: Scheinpartner kann nur sein, wer das Mandat selbst bearbeitet bzw. den Patienten selbst behandelt hat).

Gleiches gilt im Fall des Ausscheidens eines echten Sozius aus einer Kanzlei bzw. eines Arztes aus der Gemeinschaftspraxis, wenn sein **Name nicht vom Briefkopf bzw. dem Praxisschild beseitigt** wird (BGH NJW 1994, 2288; Baldringer/Jordan AnwBl 2005, 676, 677; Möller MedR 2004, 69, 70 f. je m. w. N.).

2. Praxisgemeinschaft

Bei einer Praxisgemeinschaft schließen sich zwei oder mehrere Ärzte gleicher und/oder verschiedener Fachrichtung zur gemeinsamen Nutzung von Praxisräumen und/oder Praxiseinrichtungen und/oder zur gemeinsamen Inanspruchnahme von Praxispersonal bei sonst selbständiger Praxisführung zusammen. Im Gegensatz zur Gemeinschaftspraxis hat hier **jeder Arzt seinen eigenen Patientenstamm und seine eigene Karteiführung**. Die an der Praxisgemeinschaft beteiligten Ärzte handeln jeweils selbständig. Verträge kommen jeweils nur zwischen ihnen und dem Privatpatienten bzw. der kassenärztlichen Vereinigung zustande (L/U, § 18 Rz. 9; § 40 Rz. 4; § 115 Rz. 11; Gehrlein Rz. A 14, 15; Walter MedR 2002, 169 und GesR 2005, 396, 397; vgl. hierzu → *Krankenhausverträge*, S. 650 ff.). Bei gemeinsamem Auftreten nach außen, etwa auf dem **Praxisschild oder den Briefbögen**, kommt auch hier eine Haftung des Praxisgemeinschafters als **„Scheinsozius"** in Betracht (Walter GesR 2005, 396, 397 Fn 5; Baldringer/Jordans AnwBl 2005, 676, 677 f. zur Anwaltshaftung; OLG Köln NJW-RR 2004, 279, 280 zur Bürogemeinschaft; OLG Saarbrücken, Urt. v. 22. 12. 2005 – 8 U 92/ 05, MDR 2006, 1019, 1020 = NJW-RR 2006, 707 zur Rechtsscheinhaftung angestellter Anwälte

II. Rechtsform

1. Gemeinschaftspraxis

Bei den in einer Gemeinschaftspraxis zusammengeschlossenen Ärzten handelt es sich regelmäßig um eine als solche nach außen auftretende **BGB-Gesellschaft** (§§ 705 ff. BGB). Eine Gemeinschaftspraxis liegt vor, wenn mehrere Ärzte sich zu einer auch nach außen gemeinsam geführten Praxis zur Erbringung gleichartiger Leistungen auf einem oder zumindest ähnlichem Fachgebiet verbunden haben (BGH, Urt. v. 8. 11. 2005 – VI ZR 319/04, NJW 2006, 437, 438 = VersR 2006, 361, 362 = GesR 2006, 117, 118; MedR 1999, 561, 565; Walter MedR 2002, 169, 170 und GesR 2005, 396, 397; s. o. I.1). Der Arztvertrag kommt **zwischen dem Patienten und sämtlichen Ärzten der Gemeinschaftspraxis** zustande, die entsprechende Leistung soll von jedem Arzt der Gemeinschaftspraxis erbracht werden können (BGH, Urt. v. 8. 11. 2005 – VI ZR 319/04, VersR 2006, 361, 363 = GesR 2006, 117, 119; OLG Zweibrücken, Urt. v. 23. 11. 2004 – 5 U 11/03, OLGR 2005, 291, 292 als Vorinstanz; Walter MedR 2002, 169, 170; Schinnenburg MedR 2000, 311, 312). Wenn die Ärzte einer Praxis bzw. Belegärzte eines Krankenhauses gegenüber Patienten bei deren stationärer Behandlung gemeinschaftlich – als Belegärztegemeinschaft – auftreten, so ist der Interessenlage und der Verkehrsauffassung zu entnehmen, dass der Patient regelmäßig auch zu allen Belegärzten in vertragliche Beziehungen treten will. Dies gilt auch dann, wenn der Patient vor seiner stationären Aufnahme im Rahmen der ambulanten Behandlung nur von einem der Belegärzte bzw. einem Mitglied der Arztpraxis allein in vertraglichen Beziehungen stand (OLG Zweibrücken, Urt. v. 23. 11. 2004 – 5 U 11/03, OLGR 2005, 291; bestätigt von BGH, Urt. v. 8. 11. 2005 – VI ZR 319/04, NJW 2006, 437, 438 = VersR 2006, 361, 362 f.).

Nach Ansicht des BSG (MedR 1984, 30; auch Walter MedR 2002, 169, 170) können auch **Ärzte verwandter Fachgebiete** so genannte fachübergreifende Gemeinschaftspraxen bilden, wobei eine Genehmigung zur gemeinschaftlichen Praxisführung nur unter der Einschränkung erteilt wird, dass jeder Arzt seine Fachgebietsgrenzen einhält und den Patienten das Recht auf freie Arztwahl gewährleistet bleibt.

Auch in einer fachübergreifenden Gemeinschaftspraxis haftet jeder Partner bzw. „Scheinsozius" für die Verbindlichkeit der BGB-Gesellschaft und damit auch für Behandlungsfehler des kooperierenden „fachfremden" Arztes (Walter GesR 2005, 396, 398 im Anschl. an OLG Koblenz, Urt. v. 17. 2. 2005 – 5 U 349/04, GesR 2005, 260, 262 = MedR 2005, 294, 295 = MDR 2005, 1302, 1303 = VersR 2005, 655, 656 f.).

2. Partnerschaftsgesellschaft

Eine Gemeinschaftspraxis kann auch als Partnerschaftsgesellschaft nach dem PartGG betrieben werden. Die Partnerschaftsgesellschaft kommt durch einen Partnerschaftsvertrag zustande, für den Schriftform vorgesehen ist (§ 3 I PartGG). Behandlungsverträge werden nur mit der Partnerschaft als Berufsausübungsgesellschaft geschlossen (L/U, § 18 Rz. 13). Über § 7 II PartGG findet § 124 HGB auf die im Partnerschaftsregister anzumeldende Partnerschaftsgesellschaft Anwendung, d.h. die Partnerschaft kann unter ihrem Namen Rechte erwerben und Verbindlichkeiten eingehen sowie vor Gericht klagen und verklagt werden (Walter MedR 2002, 169, 170). Durch Gesetzesänderung vom 22. 7. 1998 wurde die Haftung der Partnerschaft aus fehlerhafter Berufsausübung auf den einzelnen Partner beschränkt, der mit der Bearbeitung des Auftrages befasst wurde (vgl. F/N Rz. 13; Langenkamp/Jaeger NJW 2005, 3238, 3239).

Nach h. M. greifen die Grundsätze der **„Rechtsscheinhaftung"** beim Tätigwerden eines „Scheinpartners" auch hier ein, d. h. auch der angestellte oder freiberuflich tätige Arzt bzw. Rechtsanwalt, der den Patienten ohne Hinweis auf das Anstellungsverhältnis behandelt bzw. den Mandanten betreut, haftet diesem gegenüber im Außenverhältnis (OLG München DB 2001, 809, 811; Langenkamp/Jaeger NJW 2005, 3238, 3239 f.; Müko-Ulmer 4. Aufl., § 8 PartGG Rz. 10, 21; Grams AnwBl 2001, 292, 294 f.; a. A. Jawansky DB 2001, 2281, 2283).

3. Praxisgemeinschaft

Bei der Praxisgemeinschaft wird nur der einzelne Arzt Vertragspartner des Patienten. Zwischen den an der Praxisgemeinschaft beteiligten Ärzten besteht eine BGB-Gesellschaft als reine Innengesellschaft. Diese tritt nach außen nur hinsichtlich der Anmietung der Praxisräume, der Beschaffung, Einrichtung und Unterhaltung der Gemeinschaftseinrichtungen und/oder hinsichtlich der Einstellung und Entlassung gemeinschaftlichen Personals u. a. hervor (L/U, § 18 Rz. 10; § 40 Rz. 4; § 115 Rz. 12; Gehrlein Rz. A 14). Hier wird die ärztliche Tätigkeit wie in einer Einzelpraxis von jedem Arzt selbständig ausgeübt (Walter MedR 2002, 169 und GesR 2005, 396, 397).

III. Haftung

1. Gemeinschaftspraxis

a) Gesamtschuldnerische Haftung

Grundsätzlich haften alle Ärzte der als BGB-Gesellschaft betriebenen Gemeinschaftspraxis dem Patienten aus dem Arztvertrag **gesamtschuldnerisch** für dessen Erfüllung. Gleiches gilt für einen Scheingesellschafter, (Scheingesellschafter [s. o.]). Unterläuft einem der Ärzte ein Behandlungsfehler, trifft die vertragliche Haftung aus p. V. V. bzw. (ab dem 1. 1. 2002) § 280 I BGB n. F. sämtliche Partner der Gemeinschaft nach bislang einhelliger Ansicht jedenfalls dann, wenn es sich um austauschbare Leistungen handelt und der Patient die Praxis auch als solche aufgesucht hat oder wenn die Ärzte den Patienten ohne deutliche Trennung der Zuständigkeiten gemeinsam betreuen (S/Pa, Rz. 45 b, 45 c). Dass die Person des Arztes für den Patienten gleichgültig ist, wird vom BGH (VersR 1999, 1241; S/Pa, a. a. O.) für die „Austauschbarkeit" der Leistung nicht mehr vorausgesetzt. Die gesamtschuldnerische Haftung greift auch dann ein, wenn nur einer der Ärzte zusätzlich eine Belegstation unterhält und der Patient dort im Rahmen der Behandlung durch den Belegarzt oder dessen Partner bzw. dessen Urlaubsvertreter geschädigt wird (BGH, Urt. v. 8. 11. 2005 – VI ZR 319/04, NJW 2006, 437, 438 = VersR 2006, 361, 363 = GesR 2006, 117, 119; Gehrlein Rz. A 15; Rehborn MDR 2001, 1148, 1149).

Wenn **Belegärzte eines Krankenhauses** gegenüber ihren Patienten etwa auf einem gemeinsamen Briefkopf gemeinschaftlich auftreten, ist es der Interessenlage und der Verkehrsauffassung zu entnehmen, dass eine Patientin regelmäßig zu allen Belegärzten in vertragliche Beziehungen treten will. Erleidet die Patientin aufgrund eines Behandlungsfehlers einer der Ärzte einen Gesundheitsschaden, so haften hierfür auch die anderen, gemeinsam nach außen in Erscheinung tretenden Ärzte und zwar selbst dann, wenn die Patientin vor ihrer stationären Aufnahme im Rahmen der ambulanten Behandlung nur von einem der Belegärzte behandelt worden ist (OLG Zweibrücken, Urt. v. 23. 11. 2004 – 5 U 11/03, OLGR 2005, 291, 292; bestätigt von BGH, Urt. v. 8. 11. 2005 – VI ZR 319/04, VersR 2006, 361, 363 = GesR 2006, 117, 118).

Die haftungsrechtlichen Folgen einer bestehenden Gemeinschaftspraxis erfahren durch die Aufnahme der Patientin in das Belegkrankenhaus keine Veränderung (BGH, Urt. v. 16. 5. 2000 – VI ZR 321/98, NJW 2000, 2737, 2738 = MDR 2000, 1130 = NJW 2000, 2737, 2741; auch OLG Hamm, Urt. v. 24. 2. 2002 – 3 U 8/01, VersR 2003, 1312, 1313; OLG Celle VersR 1993, 360 = OLGR 1994, 319).

b) Entsprechende Anwendung des § 31 BGB

Bis zur Entscheidung des BGH zur **Rechtsfähigkeit und aktiven sowie passiven Parteifähigkeit einer BGB-Gesellschaft** (BGH, Urt. v. 29. 1. 2001 – II ZR 331/00, NJW 2001, 1056 = MDR 2001, 459; nachfolgend Urt. v. 24. 2. 2003 – II ZR 385/99, NJW 2003, 1445, 1446 = MDR 2003, 639 = MedR 2003, 632, 633; Urt. v. 23. 10. 2003 – IX ZR 324/01, MDR 2004, 330) wurde angenommen, dass deliktsrechtlich jeder Partner nur für seine eigenen Behandlungs- und Aufklärungsfehler passiv legitimiert ist, da eine Haftungszurechnung aus §§ 831, 31 BGB mangels Weisungsgebundenheit ausscheiden würde (OLG Celle VersR 2002, 1558, 1560; Gehrlein Rz. A 15, S/Pa, Rz. 45 b, 45 c, 107 d; G/G, 4. Aufl., Rz. A 15; L/U, § 115 Rz. 8, 10).

Da der BGB-Gesellschafter für die Verbindlichkeiten der BGB-Gesellschaft nach Ansicht des BGH (Urt. v. 29. 1. 2001 – II ZR 331/00, MDR 2001, 459 = NJW 2001, 1056; zustimmend Altmeppen, NJW 2004, 1563; Lux MDR 2003, 757 f.; Römermann DB 2001, 428; Schmidt NJW 2001, 993, 1003; Karsten Schmidt NJW 2005, 2801, 2806 ff.; Steffen MedR 2006, 75, 77 f.; Ulmer ZIP 2001, 585; Walter MedR 2002, 169, 171 und GesR 2005, 396; Weller MedR 2004, 69) entsprechend den Regelungen für die OHG gem. §§ 128, 129 HGB analog persönlich und akzessorisch haftet, hatte die h. L. **§ 31 BGB analog auch auf die BGB-Gesellschaft** angewandt und erwartet, dass der BGH auch diesen weiteren Schritt in absehbarer Zukunft vollziehen wird (Habersack BB 2001, 477, 479; Schmidt NJW 2001, 993, 1003; Ulmer ZIP 2001, 585, 597; Walter MedR 2002, 169, 172; Vorauflage S. 291). Nach § 31 BGB haftet ein Verein für Schäden, die ein verfassungsmäßig berufener Vertreter einem Dritten zufügt. Diese Vorschrift wurde für die OHG, KG, GmbH, AG nach einhelliger Meinung bereits entsprechend angewandt.

Im Urt. v. 24. 2. 2003 (II ZR 385/99, NJW 2003, 1445, 1446 f. = MDR 2003, 639 = MedR 2003, 632, 633) hat der BGH dann – wie zu erwarten war – entschieden, es gebe keinen überzeugenden Grund, diese **Haftung entsprechend § 31 BGB** – anders als bei der OHG, bei der die Haftung der Gesellschaft auch für ein zum Schadensersatz verpflichtendes Verhalten ihrer Gesellschafter gem. § 31 BGB allgemein anerkannt ist – auf rechtsgeschäftlich begründete Verbindlichkeiten zu beschränken. Für die Ausdehnung auf gesetzliche Verbindlichkeiten spricht insbesondere der Gedanke des Gläubigerschutzes. Denn anders als bei rechtsgeschäftlicher Haftungsbegründung können sich die Gläubiger einer gesetzlichen Verbindlichkeit (etwa aus § 823 I BGB) ihren Schuldner nicht aussuchen; dann aber muss erst recht wie bei vertraglichen Verbindlichkeiten das Privatvermögen der Gesellschafter als Haftungsmasse zur Verfügung stehen.

Danach haften die Gesellschafter einer BGB-Gesellschaft, also auch einer **Gemeinschaftspraxis einschließlich des „Scheinpartners"**, grundsätzlich auch für gesetzlich begründete Verbindlichkeiten ihrer Gesellschaft persönlich und gesamtschuldnerisch (BGH a. a. O., zustimmend OLG Koblenz, Urt. v. 17. 2. 2005 – 5 U 349/04, MDR 2005, 1302, 1303 = MedR 2005, 294, 295 = GesR 2005, 260, 262 = OLGR 2005, 572, 574 = VersR 2005, 655, 656 f.; Altmeppen NJW 2004, 1563; Hirte NJW 2005, 718, 720; Lux MDR 2003, 757 f.; Möller MedR 2004, 69, 70 f.; Karsten Schmidt NJW 2005, 2801, 2806 f.; Steffen MedR 2006, 75, 77 f.; Thole AnwBl 2006, 209 f.; Walter GesR 2005, 396, 397; S/Pa, Rz. 45 b, 107 d: auch der erst später eintretenden Gesellschafter).

Das OLG Koblenz (Urt. v. 17. 2. 2005 – 5 U 349/04, MDR 2005, 1302, 1303 = GesR 2005, 260, 262 = VersR 2005, 655, 656 f.; zustimmend Walter GesR 2005, 396 ff.) hat die zur Haftung einer Grundstücksgesellschaft (BGB-Gesellschaft) ergangene Rspr. des BGH konkret auf ärztliche Gemeinschaftspraxen übertragen und im Anschluss an die Entscheidung des BGH vom 24. 2. 2003 (II ZR 385/99, NJW 2003, 1445, 1446) eine Haftung der Gesellschafter für deliktisch begründete Gesellschaftsschulden – im entschiedenen Falls einer aus zwei Ärzten bestehenden Gemeinschaftspraxis – bejaht.

Soweit es sich – wie im entschiedenen Fall – um eine Schadenszufügung handelt, die typischerweise in Ausübung der dem Gesellschafter zustehenden organschaftlichen Verrichtungen begangen wurde, hielt auch das OLG Koblenz die Einstandspflicht des Mitgesellschafters für die vom anderen Gesellschafter begründete Haftung der BGB-Gesellschaft für unproblematisch gegeben. Im entschiedenen Fall war einem der beiden Ärzte ein Behandlungsfehler unterlaufen, der zum Verlust einer Niere des Patienten führte.

Danach steht fest, dass jeder **Partner einer Gemeinschaftspraxis, auch ein „Scheinpartner"** unabhängig von Rechtsgrund, also dem Bestehen einer vertraglichen oder deliktischen Haftung, summenmäßig unbegrenzt und persönlich haftet (OLG Koblenz a. a. O.; Baldringer/Jordans AnwBl 2006, 676 f.; Hirte NJW 2005, 718, 720 im Anschl. an NJW 2003, 1090 ff., 1154 ff., 1285 ff.; Knöfel AnwBl 2006, 373, 377 zur Anwendung der §§ 28, 128 HGB; Langenkamp/Jaeger NJW 2005, 3238 zum Scheinpartner; Lux MDR 2003, 757 f.; Möller MedR 2004, 69 und 71; Karsten Schmidt NJW 2005, 2801, 2806 f.; Steffen MedR 2006, 75, 77 f.; Thole AnwBl 2006, 209 f.; Walter GesR 2005, 396, 397).

c) Entsprechende Anwendung der §§ 128, 130 HGB

Darüber hinaus wurde von der h. L. bereits bislang eine **analoge Anwendung des § 130 BGB auf alle BGB-Gesellschafter** bejaht, so dass der in eine Gemeinschaftspraxis neu eintretende Arzt auch für die zum Beitrittszeitpunkt bereits begründeten Schadensersatz- und Schmerzensgeldansprüche eines Patienten gegen ein anderes Mitglied der Gemeinschaftspraxis wegen fehlerhafter Behandlung haften würde (Walter MedR 2002, 169, 173; Schmidt NJW 2001, 993, 999; Habersack BB 2001, 477, 482; Vorauflage S. 291; ablehnend Wiedemann JZ 2001, 661, 664).

Der in eine freiberufliche BGB-Gesellschaft eintretende Neugesellschafter haftete nach fast einhelliger Ansicht grundsätzlich jedenfalls für **Verbindlichkeiten aus beruflichen Haftungsfällen** (LG Frankenthal, Urt. v. 21. 7. 2004 – 2 S 75/04, NJW 2004, 3190; LG Hamburg, Urt. v. 11. 5. 2004 – 321 O 433/03, NJW 2004, 3492, 3493; Habersack/Schürnbrand JuS 2003, 739, 742; Knöfel AnwBl 2006, 373, 377; Lux NJW 2003, 2806, 2807 f. und MDR 2003, 758; Möller MedR 2004, 69, 71; Reiff VersR 2003, 773, 774; Römermann BB 2003, 1084, 1086; Karsten Schmidt NJW 2005, 2801, 2807 f. und NJW 2003, 1897, 1902; Ulmer ZIP 2003, 1113, 1119; Walter MedR 2003, 635, 636 und GesR 2005, 396, 398; **a. A.** Zacharias AnwBl 2003, 679, 680; Grams BRAK-Mitteilung 2002, 60, 61 und 2003, 217, 218 f.).

Mit Urt. v. 7. 4. 2003 (II ZR 56/02, NJW 2003, 1803, 1804 = MDR 2003, 756 = VersR 2003, 771; zustimmend: Köper VersR 2003, 1182 f.; Lux MDR 2003, 757 f.; Möller MedR 2004, 69; Segna NJW 2006, 1566, 1568 f. zu §§ 128, 130

HGB) hat der BGH dann entschieden, dass der in eine BGB-Gesellschaft eintretende Gesellschafter auch für die vor seinem Eintritt begründeten Verbindlichkeiten der Gesellschaft **entsprechend § 130 HGB grundsätzlich persönlich und gesamtschuldnerisch neben den Altgesellschaftern** einzustehen hat. Dies gelte auch für Gesellschaften bürgerlichen Rechts, in denen sich Angehörige freier Berufe zu gemeinsamer Berufsausübung zusammengeschlossen haben. Allerdings würden Erwägungen des Vertrauensschutzes es gebieten, den Grundsatz der persönlichen Haftung (§§ 128, 130 HGB analog) des in eine BGB-Gesellschaft Eintretenden für Altverbindlichkeiten der Gesellschaft erst auf künftige Beitrittsfälle anzuwenden.

Im Hinblick auf die Sonderbehandlung der Berufshaftung in § 8 II PartGG und § 51 a II BRAO ließ der BGH die Frage offen, ob es eine gesetzliche Altschuldenhaftung des Neugesellschafters auch für Verbindlichkeiten aus beruflichen Haftungsfällen geben soll (BGH, Urt. v. 7. 4. 2003 – II ZR 56/02, MDR 2003, 756, 757 = NJW 2003, 1803, 1804; Karsten Schmidt NJW 2005, 2801, 2806).

In seinem Urt. v. 12. 12. 2005 (II ZR 283/03, NJW 2006, 756, 757 = VersR 2006, 550, 551; im Ergebnis zustimmend Segna NJW 2006, 1566, 1569; weitergehend Knöfel AnwBl 2006, 373, 377 für generelle Eintrittshaftung aus der Praxis) stellte der II. ZS des BGH klar, dass der von ihm postulierte **Schutz des Vertrauens des Neugesellschafters** auf den Fortbestand der vor dem Urt. v. 7. 4. 2003 bestehenden Rechtslage **nicht von einer Einzelfallprüfung dispensiere**, sondern jeweils eine Abwägung zwischen den Interessen des Neugesellschafters einerseits und des Gläubigers der Gesellschaft andererseits unter Berücksichtigung des Gebots materieller Gerechtigkeit erfordere (vgl. Thole AnwBl 2006, 209 f.).

Es komme darauf an, ob der Neugesellschafter die bestehende **Altverbindlichkeit** der Gesellschaft im Beitrittszeitpunkt **kennt** oder bei auch nur geringer Aufmerksamkeit **hätte erkennen können** (BGH, Urt. v. 12. 12. 2005 – II ZR 283/03, VersR 2006, 550, 552).

So muss jeder Neugesellschafter etwa mit dem Vorhandensein von Lieferverträgen über Versorgungsleistungen, etwa Gas-, Strom-, Wasser- und Öllieferungen rechnen. In dem am 12. 12. 2005 (II ZR 283/03, VersR 2006, 550, 552 = NJW 2006, 765, 767) entschiedenen Fall verurteilte der BGH den Neugesellschafter dementsprechend zur Zahlung aufgelaufener Altverbindlichkeiten für Gaslieferungen.

Im dem Urt. v. 7. 4. 2003 (II ZR 56/02, MDR 2003, 756 = VersR 2003, 771 = NJW 2003, 1803) zugrunde liegenden Fall des Eintritts eines Junganwalts in eine Anwaltssozietät, die einen dem eintretenden Anwalt nicht bekannten Anspruch auf Rückzahlung eines ohne Rechtsgrund geleisteten Honorarvorschusses ausgesetzt war, hatte der BGH den Interessen des Neugesellschafters gegenüber denjenigen des Mandanten der Sozietät Vorrang eingeräumt und die Haftung des neu eintretenden Anwalts aus § 130 HGB für die Altverbindlichkeit, deren Bestehen für den Eintretenden nicht erkennbar war, verneint.

Ist der eintretende Neugesellschafter also vor dem 7. 4. 2003 in die Gesellschaft eingetreten, hat er dabei schutzwürdiges Vertrauen in die Fortführung der früheren Rspr. entfaltet und konnte er das Bestehen von Altverbindlichkeiten nicht erkennen, so trifft ihn keine akzessorische Haftung für die Altverbindlichkeiten gem. § 130 HGB, sondern allein für die nach dem Beitrittszeitpunkt begründenden Verbindlichkeiten entsprechend § 128 HGB.

Für alle Beitrittsfälle ab dem 7. 4. 2003 bzw. dem Bekanntwerden dieser Entscheidung gilt dagegen die uneingeschränkte Haftung für Altschulden. Gleiches gilt, wenn der neu eintretende Gesellschafter bei einem Beitritt vor diesem Zeitpunkt das Bestehen der Verbindlichkeiten gekannt hat oder mühelos hätte erkennen können; im Übrigen bleibt es bei der Haftung für Neuschulden analog § 128 HGB (Thole AnwBl 2006, 209 f.).

Mit der vom BGH (Urt. v. 12. 12. 2005 – II ZR 283/03, VersR 2006, 550, 551 f. = NJW 2006, 765, 766) vorgenommenen Differenzierung kann auch die zuvor im Schrifttum aufgeworfene und dort zugunsten des eintretenden Neugesellschafters beantwortete Frage gelöst werden, ob dieser beim Eintritt in eine BGB-Gesellschaft (Gemeinschaftspraxis, auch als „Scheingesellschafter") für **Honorarrückforderungsansprüche privat krankenversicherter Patienten oder der kassenärztlichen Vereinigung bzw. für Arzneimittel- und sonstige Regresse der Krankenkassen** haftet.

Die **analoge Anwendung des § 130 HGB** wurde von der h. M. insoweit abgelehnt, da die von der Rspr. entwickelten „neuen Haftungsgrundsätze" auf die sozialrechtlich geprägte Rechtsbeziehung zwischen Vertragsärzten und öffentlich-rechtlichen Körperschaften nicht übertragen werden könnten (Möller MedR 2004, 69, 71 f.; ebenso Walter GesR 2005, 396, 398 m. w. N.; tendenziell auch Quaas/Zuck § 14 Rz. 11).

Diese Literaturauffassung erweist sich im Licht der BGH-Entscheidungen vom 12. 12. 2005 und vom 7. 4. 2003 als zutreffend. Auch bei der von ihm geforderten „nicht nur geringen Aufmerksamkeit" (Urt. v. 12. 12. 2005 – II ZR 283/03, VersR 2006, 550, 552) kann ein neu in die Praxisgemeinschaft eintretender Arzt regelmäßig nicht erkennen, ob und in welchem Umfang derartige Honorarrückforderungsansprüche und Regresse drohen bzw. drohen könnten.

Das OLG Saarbrücken (Urt. v. 22. 12. 2005 – 8 U 91/05, NJW 2006, 2862, 2863; auch Urt. v. 23. 12. 2005 – 8 U 92/05, MDR 2006, 1019, 1020) stimmt dem BGH (hier: Urt. v. 7. 4. 2003 – II ZR 56/02, NJW 2003, 1803 = MDR 2003, 756) grundsätzlich zu.

Es ist allerdings der Auffassung, ein „Scheingesellschafter" hafte nicht in analoger Anwendung des § 130 HGB für solche Altverbindlichkeiten der BGB-Gesellschaft, die vor der Setzung des Rechtsscheins einer Gesellschafterstellung entstanden sind.

Denn der (Neu-)„Scheingesellschafter" habe keine aus dem Eintritt in die Gesellschaft und der Teilhabe auch an dem Gesellschaftsvermögen folgenden Vorteile, die dann auch eine persönliche Mithaftung für Altverbindlichkeiten gerechtfertigt erscheinen ließen, die vor seinem „Schein-Beitritt" entstanden sind (OLG Saarbrücken, Urt. v. 22. 12. 2005 – 8 U 91/05, NJW 2006, 2862, 2864).

d) Entsprechende Anwendung des § 28 HGB

Unverändert bleibt auch die **Haftungssituation bei der Sachgründung einer Sozietät unter Einbringung einer Einzelkanzlei**, wobei Entsprechendes auch für eine Arztpraxis gelten müsste. Für diese Situation hat der IX. Zivilsenat des BGH eine analoge Anwendung des § 28 HGB und damit eine persönliche Haftung des Sozius, der in eine Einzelkanzlei eintritt, verneint (BGH, Urt. v. 22. 1. 2004 – IX ZR 65/01, NJW 2004, 836, 837 = MDR 2004, 570; Thole AnwBl 2006, 210; zuvor bereits OLG Düsseldorf, Urt. v. 20. 12. 2001 – 23 U 49/01, ZIP 2002, 616 = OLGR 2002, 78, 79; **a. A. und für die entsprechende Anwendung der §§ 28, 128 HGB:** OLG Naumburg, Urt. v. 17. 1. 2006 – 9 U 86/05, MDR 2006, 1320: Mietzins; Grunewald JZ 2004, 683 f.; Knöfel AnwBl 2006, 373, 377; Möller MedR 2004, 69 und 74; Müko-Ulmer 4. Aufl., § 784 BGB Rz. 75; Karsten Schmidt BB 2004, 785 ff. und NJW 2005, 2801, 2807 f.; Ulmer ZIP 2003, 1113, 1116).

Bei § 28 HGB handle es sich um eine rein handelsrechtliche Bestimmung, die das Vorhandensein einer fortführungsfähigen Firma und die Eintragungsfähigkeit der Firma im Handelsregister voraussetze. Zudem sei das Rechtsverhältnis zwischen einem Rechtsanwalt und seinem Mandanten in erster Linie durch die persönliche und eigenverantwortliche anwaltliche Dienstleistung geprägt. Der Mandant, der gerade keine Sozietät beauftragt, dürfe davon ausgehen, dass der beauftragte Anwalt die ihm aufgrund besonderen Vertrauens übertragene Dienstleistung persönlich und allein erbringe. Es sei auch nicht zwingend, dass die vom II. ZS befürwortete analoge Anwendung des § 130 I HGB die entsprechende Anwendbarkeit des § 28 I 1 HGB zur Folge haben müsse (BGH, Urt. v. 22. 1. 2004 – IX ZR 65/01, NJW 2004, 836, 837 f.; in diesem Sinn auch Koller/Roth/Morck 5. Aufl. 2005, § 28 HGB Rz. 5; Baumbach/Hopt 31. Aufl., § 28 HGB Rz. 2, 5). Die Argumentation des IX. ZS ist dabei durchaus auf den Entritt in eine ärztliche Einzelpraxis übertragbar (Walter GesR 2005, 396, 399).

Das OLG Naumburg (Urt. v. 17. 1. 2006 – 9 U 86/05, MDR 2006, 1320 = AnwBl 2006, 416, 417; zustimmend Knöfel AnwBl 2006, 373 ff.) hat zwei zu einer bisherigen Einzelkanzlei – gleiches würde auch für eine Arztpraxis gelten – „hinzutretende" Rechtsanwälte in analoger Anwendung der §§ 28, 128 HGB zur Zahlung von Altschulden (rückständigen Mieten) des ehemaligen Einzelanwalts verurteilt. Es hebt dabei darauf ab, dass eine besondere Behandlung der Sozietäts- Sachgründung aus der Eigenart des Anwaltsberufs nicht gerechtfertigt werden kann, soweit es um nicht berufsspezifische Verbindlichkeiten geht.

Der wohl überwiegende Teil der Literatur lehnt die Auffassung des IX. Zivilsenats des BGH ab und bejaht – im Einklang mit den Ausführungen des II. ZS zu §§ 130, 128 HGB – eine **entsprechende Anwendung des § 28 HGB** für den Eintritt eines Sozius in die Kanzlei eines Einzelanwalts (Grunewald JZ 2004, 683 f.; Knöfel AnwBl 2006, 373, 377; Müko-Ulmer 4. Aufl., § 784 BGB Rz. 75; Müko-Lieb 2. Aufl. 2005, § 28 HGB Rz. 10; Karsten Schmidt NJW 2005, 2801, 2807 f. und NJW 2003, 1903 sowie BB 2004, 785 ff.; Thole AnwBl 2006, 210).

Die Höchstpersönlichkeit der Anwaltsleistung besage nichts gegen die Zuweisung des Vertragsverhältnisses zur Kanzlei, also zu der entstehenden Gesellschaft. Die Gesellschaft könne auch mit einem dem § 28 II HGB genügenden Haftungsbeschränkungsvermerk in das Partnerschaftsregister eingetragen werden, wobei der Beschränkungsvermerk wegen § 8 II PartGG nicht einmal erforderlich wird. Zudem könne sich der eintretende Gesellschafter durch die Vereinbarung einer „Rückwärtsdeckung" bei der Haftpflichtversicherung schützen (Karsten Schmidt NJW 2005, 2801, 2807 f.).

Das Abheben des BGH auf berufsspezifische Momente versagt auch nach Ansicht von Knöfel (AnwBl 2006, 373, 374 mit zust. Hinweis auf OLG Naumburg AnwBl 2006, 416) völlig, soweit die Einstandspflicht hinzutretender Sozien für „nichtanwaltlich" getätigte Hilfsgeschäfte der ehemaligen Einzelkanzlei (z.B. Geschäftsraummiete, Erwerb von Anlagegegenständen u.a.) in Rede steht. Hier spreche gegen die Haftungskontinuität nichts Anwaltsspezifisches. Insgesamt würden die besseren Gründe dafür sprechen, eine „Eintrittshaftung" für Altschulden aus dem Betrieb eine eingebrachten Kanzlei entsprechend §§ 128, 28 HGB anzuerkennen (Knöfel AnwBl 2006, 373, 377).

Mag die Nachhaltigkeit der Rspr. des IX. Senats aufgrund vorgegebener Widersprüchlichkeit zur Judikatur des II. ZS danach bezweifelt werden, bleiben zwei Konsequenzen: Sollte die Rechtsprechung – wovon u. E. auszugehen ist – künftig eine analoge Anwendung des § 28 HGB befürworten, wäre den in eine Einzelkanzlei bzw. Einzelpraxis eintretenden Partnern oder Scheinsozien – entsprechend den Ausführungen des II. ZS (Urt. v. 7. 4. 2003 – II ZR 56/02, VersR 2003, 771 = MDR 2003, 756) – Vertrauensschutz bis zum Zeitpunkt der Publizierung einer solchen Rechtsprechungsänderung zuzubilligen. Den Partnern einer Anwaltskanzlei oder Arztpraxis wäre spätestens ab diesem Zeitpunkt dringend **zu empfehlen, eine Partnerschaftsgesellschaft zu gründen** und vorsorglich auf die **Eintragung eines haftungsbegrenzenden Vermerks analog § 28 II HGB im Partnerschaftsregister** zu drängen (Walter GesR 2005, 396, 399; auch Knöfel AnwBl 2006, 373, 375; Müko-Ulmer § 8 PartGG Rz. 10; Karsten Schmidt NJW 2005, 2801, 2807 sowie BB 2004, 785, 791; dagegen aber Thole AnwBl 2006, 210) bzw. interne **Haftungsausschlussvereinbarungen durch individuelle Mitteilungen an Altgläubiger** analog § 28 II letzter Hs., 2. Var. HGB zu publizieren (Knöfel AnwBl 2006, 373, 375/377).

Soweit sich die Sozien nicht zur Gründung einer Partnerschaftsgesellschaft entschließen sollten, wäre die entsprechende Anwendung der Haftungsbeschränkung des § 8 II PartGG in Ermangelung einer Regelungslücke u. E. abzulehnen.

e) Urlaubsvertreter und Mitarbeiter des Arztes

Nach In-Kraft-Treten des neuen § 253 II BGB zum 1. 8. 2002 (vgl. hierzu Karczewski VersR 2001, 1070, 1071; von Mayenburg VersR 2002, 278, 280; Wagner NJW 2002, 2049, 2055) kann Schmerzensgeld auch aufgrund vertraglicher Haftung verlangt werden, so dass die Frage der deliktsrechtlichen Haftung eines BGB-Gesellschafters ohnehin in den Hintergrund tritt.

Hat ein **Mitarbeiter oder ein Urlaubsvertreter** beim Patienten einen Schaden verursacht, haften alle Partner der Gemeinschaftspraxis vertraglich aus p. V. V. bzw. (ab dem 1. 1. 2002) § 280 I BGB n. F. i. V. m. § 278 BGB und deliktisch aus

§ 831 BGB mit der – nach Einführung des § 253 II BGB n. F. unbedeutend gewordenen – Entlastungsmöglichkeit des § 831 I 2 BGB (G/G, 5. Aufl., Rz. A 16; L/U, § 115 Rz. 9; S/Pa, Rz. 45 b, 45 c, 73 a).

Fehler eines Urlaubsvertreters sind im vertraglichen Bereich gem. § 278 BGB dem vertretenen Arzt und damit der Gemeinschaftspraxis zuzurechnen. Deliktisch trifft die Haftungszurechnung aus § 831 BGB nach bislang überwiegender Ansicht nur das vertretene Mitglied der Gemeinschaftspraxis (Gehrlein Rz. A 16; G/G, 4. Aufl, Rz. A 15, 16). Bejaht man eine analoge Anwendung des § 31 BGB (siehe oben; vgl. BGH, Urt. v. 24. 2. 2003 – II ZR 385/99, MedR 2003, 632 = MDR 2003, 639 = NJW 2003, 1445; OLG Koblenz, Urt. v. 17. 2. 2005 – 5 U 349/04, MedR 2005, 294, 295 = MDR 2005, 1302, 1303 = GesR 2005, 260, 262 = VersR 2005, 655, 656), trifft die Mitgesellschafter auch die deliktische Haftung.

Ein Belegarzt, der während seines Urlaubs die Fortsetzung der Behandlung im Krankenhaus seinem Urlaubsvertreter überlässt, wird regelmäßig nur dann von seinen Behandlungspflichten und der Haftung hieraus frei, wenn er dies ausdrücklich mit dem Patienten vereinbart und dieser einen **selbständigen Behandlungsvertrag mit dem Urlaubsvertreter** abschließt (BGH, Urt. v. 16. 5. 2000 – VI ZR 321/98, NJW 2000, 2737, 2741 = VersR 2000, 1146, 1148).

I. d. R. kann sich auch der Arzt nur dann auf eine Haftungsbeschränkung berufen, wenn diese durch eine individuelle Absprache in den jeweils einschlägigen Vertrag einbezogen wird (BGH, Urt. v. 24. 11. 2004 – XI ZR 113/01, MDR 2005, 460; NJW 1999, 3483, 3485).

Erfolgt die Vertretung jedoch nicht in der Praxis des abwesenden Praxisinhabers, sondern durch einen im Umkreis ansässigen Praxisvertreter, so haftet dieser dem Patienten selbst § 280 I BGB, wenn er die erbrachten Leistungen gegenüber dem Patienten oder dessen Krankenkasse selbst abrechnet oder in zurechenbarer Weise den Rechtsschein erweckt, Vertragspartner zu sein (Rehborn MDR 2001, 1148, 1149).

2. Partnerschaftsgesellschaft

Für Verbindlichkeiten einer Partnerschaftsgesellschaft (siehe oben II.2) haften den Gläubigern gegenüber neben dem Partnerschaftsvermögen die einzelnen Partner als Gesamtschuldner (§ 8 I 1 PartGG).

Der seit dem 1. 8. 1998 geltende § 8 II PartGG n. F. sieht eine **Beschränkung der Haftung auf den jeweils handelnden Partner** – jeweils neben der Partnerschaft – vor, soweit es um dessen fehlerhafte Berufsausübung geht und nur dieser beauftragt worden ist bzw. an der Untersuchung/Behandlung beteiligt war (vgl. Rehborn MDR 2000, 1101; Walter MedR 2002, 169, 171 und GesR 2005, 396, 398 zu der von der h. M. abgelehnten analogen Anwendung des § 8 II PartGG auch BGB-Gesellschaften; Möller MedR 2004, 69, 73; F/N, Rz. 13 a. E.; S/Pa, Rz. 46: Delegation an einen ärztlichen Mitarbeiter soll für die Haftungsbeschränkung ausreichen).

Da sich die Haftungsbeschränkung des § 8 II PartGG nur auf die Haftung aus fehlerhafter Berufsausübung bezieht, haften auch bei einer Partnerschaftsgesellschaft alle Gesellschafter für Honorarrückforderungen wegen fehlerhafter Abrechnungen, Ansprüchen der Krankenkassen wegen unzulässiger Verordnung und sonstige Regresse der Krankenkassen.

Für beitretende Ärzte besteht insofern kein Unterschied zum Recht der BGB-Gesellschaft (Möller MedR 2004, 69, 73). Auch der für die Partnerschaftsgesellschaft etwa auf gemeinsamen Briefbögen, Praxisschildern, Rechnungen auftretende Nichtpartner kann aus dem Gesichtspunkt der „Rechtsscheinhaftung" in Anspruch genommen werden.

Die h. M. spricht sich für die **Anwendbarkeit des § 8 II PartGG auch auf den Nichtpartner („Scheinpartner")** aus (OLG München DB 2001, 809, 811; Langenkamp/Jaeger NJW 2005, 3238, 3239; Müko-Ulmer 4. Aufl. 2004, § 8 PartGG Rz. 10, 21; Grams AnwBl 2001, 292, 294 f.; **a. A.** Jawansky DB 2001, 2281, 2283: gesamtschuldnerische Haftung aller echten Partner nach § 8 I 1 PartGG).

Dem geschädigten Patienten bzw. Mandanten steht sogar ein Wahlrecht zu, ob er sich auf den Rechtsschein beruft oder nicht. Er kann daher wählen, ob er den handelnden Nichtpartner als „Scheinpartner" in Anspruch nehmen möchte oder aber die echten Partner als Gesamtschuldner nach § 8 I 1 PartGG (Langenkamp/Jaeger NJW 2005, 3238, 3240).

3. Praxisgemeinschaft

Bei der Praxisgemeinschaft richtet sich die vertragliche Haftung allein gegen den Arzt, der den Behandlungs- oder Aufklärungsfehler verschuldet hat (Gehrlein Rz. A 14; L/U, § 18 Rz. 10). Deliktisch haftet ohnehin nur der jeweils tätig werdende Arzt (L/U, § 115 Rz. 10, 12).

Eine **Rechtsscheinhaftung** kann sich jedoch ergeben, wenn mehrere Ärzte einer Praxisgemeinschaft Patienten ohne deutliche Trennung der Zuständigkeiten gemeinsam betreuen oder im Rechtsverkehr mit einem gemeinsamen Praxisschild, gemeinsamen Briefbögen, gemeinsamen Rezeptblöcken auftreten (Baldringer/Jordans, AnwBl 2005, 676, 677; G/G, 5. Aufl., Rz. A 15; Langenkamp/Jaeger NJW 2005, 3238, 3239 zur Partnerschaftsgesellschaft; Möller MedR 2004, 69, 70, 73; S/Pa, Rz. 45 e).

Fehler eines Urlaubsvertreters sind dem jeweiligen Praxisinhaber über §§ 278, 831 BGB zuzurechnen (Gehrlein Rz. A 16; G/G, 5. Aufl., Rz. A 16; S/Pa, Rz. 73 a).

Genetische Beratung

Vgl. auch → *Schwangerschaftsabbruch, fehlerhafter;* → *Sterilisation, fehlerhafte;* → *Früherkennung, fehlerhafte pränatale Diagnostik;* → *Nichterkennen einer Schwangerschaft*

I. Grundlagen
II. Behandlungsfehler
III. Beweislast
   1. Beweislast der Eltern

2. Beweislast des Arztes
IV. Kausalität und Zurechnungszusammenhang

1. Schutzzweck des Behandlungsvertrages
2. Eigene genetische Fehlanlagen des
   Kindes
3. Mehrlingsgeburt nach Hormonbehandlung

V. Umfang des Anspruchs
1. Unterhalt
2. Verdienstausfall
3. Schmerzensgeld

I. Grundlagen

Nach ständiger Rechtsprechung des BGH können die Eltern bei fehlerhafter genetischer Beratung, die zur Geburt eines behinderten Kindes geführt hat, von dem beratenden Arzt im Wege des Schadensersatzes den **vollen Unterhaltsbedarf** des Kindes verlangen, wenn sie bei richtiger und vollständiger Beratung von der Zeugung des Kindes abgesehen hätten (BGH, Urt. v. 21. 12. 2004 – VI ZR 196/03, NJW 2005, 891, 892 = MDR 2005, 687, 688; BGH, Urt. v. 15. 2. 2000 – VI ZR 135/ 99, NJW 2000, 1782, 1783 = VersR 2000, 634, 635; NJW 1994, 788; VersR 1997, 698, 699; zuletzt Urt. v. 14. 11. 2006 – VI ZR 48/06; OLG Düsseldorf, Urt. v. 7. 6. 2001 – 8 U 143/00, OLGR 2002, 290, 291; OLG Hamm, Urt. v. 5. 9. 2001 – 3 U 229/00, OLGR 2002, 337, 338; OLG Stuttgart, Urt. v. 25. 3. 2003 – 1 U 125/02, GesR 2003, 327 = NJW-RR 2003, 1256; vgl. auch Gehrlein NJW 2002, 870 und NJW 2000, 1771, 1772).

Das BVerfG hat diese Rechtsprechung zur Arzthaftung bei fehlgeschlagener Sterilisation und fehlerhafter genetischer Beratung vor Zeugung eines Kindes gebilligt und dabei offengelassen, ob seine Auffassung auch für **Verträge über Schwangerschaftsabbrüche** Geltung haben soll (BVerfG NJW 1998, 519, 522 = MDR 1998, 216, 220 mit Anmerkung Rehborn MDR 1998, 221; NJW 1999, 841; OLG Hamm, Urt. v. 5. 9. 2001 – 3 U 229/00, OLGR 2002, 337, 339; G/G, 5. Aufl. Rz. B 177; vgl. zu den Einzelheiten → *Schwangerschaftsabbruch, fehlerhafter* [S. 715 ff.] und → *Sterilisation, fehlerhafte* [S. 734 ff.]).

II. Behandlungsfehler

Haben die Eltern mit einem Arzt einen entsprechenden Behandlungs- oder Beratungsvertrag abgeschlossen, so ist der Arzt verpflichtet, die Eltern bzw. die Mutter vollständig und richtig darüber zu unterrichten, ob eine genetische Schädigung eines noch nicht gezeugten Kindes zu befürchten ist (Gehrlein Rz. B 96; vgl. hierzu bereits → *Früherkennung, fehlerhafte pränatale Diagnostik*, S. 463).

Der Arzt übernimmt im Rahmen eines solchen **Beratungsvertrages** die Pflicht, die Auskunft entsprechend dem herrschenden Facharzt-Standard klar und unmissverständlich zu erteilen (G/G, 5. Aufl., Rz. B 177). So hat der um Rat ersuchte Gynäkologe die Schwangere bei Hinweisen auf eine mögliche Missbildung des Kindes in geeigneter Form, insbesondere über das Risiko der **Trisomie 21 (Mongolismus)** und die Möglichkeit einer **Fruchtwasseruntersuchung** mit deren Risiken für den Fötus zu informieren, nicht jedoch von sich aus auf einen

Schwangerschaftsabbruch hinzuwirken (OLG Hamm OLGR 2001, 143; auch BGH NJW 1984, 658 = VersR 2004, 186 und NJW 1987, 2923 = VersR 1988, 155: Hinweis auf Mögliche Trisomie 21; OLG Düsseldorf, Urt. v. 10. 1. 2002 – 8 U 79/01, VersR 2003, 1542: frühzeitige Unterrichtung über die Gefahr einer Chromosomenstörung; Urt. v. 7. 6. 2001 – 8 U 143/00, OLGR 2002, 290: Fruchtwasseruntersuchung nach Fehlgeburt; OLG München, Urt. v. 25. 1. 2001 – 1 U 2200/00, OLGR 2002, 212, 213: Hinweis auf nicht eindeutigen Chromosomenbefund; OLG Saarbrücken, Urt. v. 30. 6. 2004 – 1 U 386/02–92, OLGR 2005, 5, 8 ff. und Spickhoff NJW 2005, 1694, 1700: verzögerte bzw. unterlassene Bekanntgabe des Untersuchungsergebnisses; OLG Zweibrücken NJW-RR 2000, 235, 237 f.: unterlassene Beratung über die Möglichkeit einer Trisomie 21).

Der Arzt ist aber nur dann verpflichtet, während einer Schwangerschaft gezielt nach etwaigen Missbildungen des Kindes zu suchen, wenn hierfür **Anhaltspunkte** vorliegen (KG VersR 1996, 332; G/G, 5. Aufl., Rz. B 171).

Ein Behandlungsfehler im Rahmen der Schwangerschaftsbetreuung und Pränataldiagnostik bzw. der genetischen Beratung liegt etwa vor, wenn der Arzt trotz des Alters der Mutter (i. d. R. über 40 Jahre) und/oder einer vorangegangenen Fehlgeburt und/oder des Gesundheitszustandes der Schwangeren diese nicht auf spezielle Untersuchungsmöglichkeiten, wie z. B. eine **Fruchtwasseruntersuchung** (Amniozentese; vgl. OLG Düsseldorf, Urt. v. 10. 1. 2002 – 8 U 79/01, VersR 2003, 1542, 1543; auch OLG Düsseldorf VersR 1998, 194 und OLG Stuttgart VersR 1991, 229 sowie OLG München VersR 1988, 523), die üblicherweise zwischen der 14. und 16. SSW durchgeführt wird, ggf. einer Chorionzottenaspiration (CVS), üblicherweise zwischen der 8. und 12. SSW, oder eine Cordozentese (Punktion, üblicherweise nach der 20. SSW) hinweist.

Ein Down-Syndrom (Trisomie 21) kann bei einer Leibesfrucht pränatal (Stand 2001) nur durch eine Fruchtwasseruntersuchung zuverlässig ausgeschlossen werden. Dabei haben die Patientin und ihr Ehepartner das Recht, den Umfang der genetischen Diagnostik selbst zu bestimmen. Steht bei ihnen das Sicherheitsbedürfnis im Vordergrund, können sie sich zu einer **risikobehafteten Amniozentese** auch dann entschließen, wenn eine solche Maßnahme aus objektiver Sicht unvernünftig erscheint. Allerdings hat der behandelnde Frauenarzt bei einer 29-jährigen werdenden Mutter ohne weitere Risikosituationen keinen Anlass, eine Fruchtwasseruntersuchung von sich aus zu empfehlen (OLG Düsseldorf, Urt. v. 7. 6. 2001 – 8 U 143/00, OLGR 2002, 290, 291).

Liegen entsprechende Verdachtsmomente vor und werden vom Arzt pränatale Untersuchungen durchgeführt, kommt eine Haftung in Betracht, wenn der genetische Befund in seiner Praxis bzw. seinem Labor falsch ausgewertet wird (OLG Düsseldorf VersR 1998, 194).

Sofern es Gegenstand des Behandlungsvertrages ist, durch genetische Untersuchung und Beratung die Geburt eines erbgeschädigten Kindes zu verhindern, darf der den Eltern übermittelte Befund, dessen Aussagekraft begrenzt ist, nicht den Eindruck erwecken, dass die Untersuchung zweifelsfrei ergeben hat, die Eltern würden einen normalen Chromosomensatz aufweisen. Dies gilt auch dann, wenn Durchführung und Auswertung der Untersuchung dem fachärztlichen Standard entsprechen (OLG München, Urt. v. 25. 1. 2001 – 1 U 2200/00, OLGR 2002, 212, 213).

Verzögert sich die Bekanntgabe des Untersuchungsergebnisses der Fruchtwasseruntersuchung, so dass das – negative – Ergebnis erst nach der Geburt mitgeteilt wird, so ist der Arzt, wenn ein behindertes Kind geboren wird, verpflichtet, der Kindesmutter den ihr daraus entstehenden materiellen und immateriellen Schaden zu ersetzen, insbesondere den Eltern den gesamten Kindesunterhalt zu erstatten (OLG Saarbrücken, bei Spickhoff NJW 2005, 1694, 1700).

Der Arzt hat auch auf mögliche pränatale Schäden des Kindes aufgrund einer festgestellten Erkrankung der Mutter hinzuweisen (vgl. zu den Einzelheiten → *Früherkennung, fehlerhafte pränatale Diagnostik*, S. 463).

III. Beweislast

1. Beweislast der Eltern

Die Eltern haben nachzuweisen, dass es zum **Abschluss eines Beratungsvertrages** mit dem entsprechenden Arzt kam, diesem ein Beratungsfehler unterlaufen ist und dass sie das später mit einem von dem Arzt nach Durchführung entsprechender Diagnostik erkennbaren Gen-Defekt zur Welt gekommene Kind bei vollständiger und zutreffender Beratung nicht gezeugt hätten (Gehrlein Rz. B 96). Dabei obliegt es den Eltern darzulegen, wie sie sich bei vollständigem und zutreffendem Rat verhalten und verhütet hätten (G/G, 5. Aufl. Rz. B 173, 178, 225).

2. Beweislast des Arztes

Ist die Beratung nicht in der gebotenen Weise geschehen, trifft den Arzt die Beweislast, dass der **Schaden auch bei pflichtgemäßem Verhalten** eingetreten wäre, also die Eltern sich nicht „aufklärungsrichtig" verhalten (OLG Hamm NJW 2002, 307 = VersR 2001, 895; OLG Nürnberg VersR 1999, 1545; OLG Saarbrücken, Urt. v. 30. 6. 2004 – 1 U 386/02–92, OLGR 2005, 5, 9; OLG Zweibrücken NJW-RR 2000, 235, 237; G/G, 5. Aufl. Rz. B 173, 225) bzw. gegen den Schwangerschaftsabbruch entschieden hätten (S/Pa, Rz. 301).

IV. Kausalität und Zurechnungszusammenhang

1. Schutzzweck des Behandlungsvertrages

Die mit der Geburt eines nicht gewollten bzw. behinderten Kindes für die Eltern verbundenen wirtschaftlichen Belastungen, insbesondere die Aufwendungen für dessen Unterhalt, sind nur dann als ersatzpflichtiger Schaden auszugleichen, wenn der Schutz vor solchen Belastungen Gegenstand des jeweiligen Behandlungs- oder Beratungsvertrages war. Diese am Vertragszweck ausgerichtete Haftung des Arztes oder Krankenhausträgers hat der BGH insbesondere für die Fälle einer fehlgeschlagenen Sterilisation aus Gründen der Fami-

lienplanung, bei fehlerhafter Beratung über die Sicherheit der empfängnisverhütenden Wirkungen eines vom Arzt verordneten Hormonpräparats sowie für die
Fälle fehlerhafter genetischer Beratung vor Zeugung eines genetisch behinderten Kindes bejaht (BGH, Urt. v. 15. 2. 2000 – VI ZR 135/99, NJW 2000, 1782,
1783 = VersR 2000, 634, 635 = MDR 2000, 640, 641; Gehrlein NJW 2000, 1771,
1772 und NJW 2002, 870).

Auch bei der genetischen Beratung ist der Vertrag mit dem Arzt darauf gerichtet, eine Unterhaltsbelastung der Eltern zu vermeiden. Diese Belastung ist –
wenn sie sich gerade wegen der fehlerhaften Vertragserfüllung einstellt – vom
Schutzzweck des Behandlungsvertrages her als Vermögensschaden anzusehen
(BGH NJW 1994, 788, 792 = VersR 1994, 425, 427; auch BGH VersR 1997, 698,
699; OLG Düsseldorf, Urt. v. 7. 6. 2001 – 8 U 143/00, OLGR 2002, 290, 291:
Freistellung von den Unterhaltsbelastungen bei unterlassener Fruchtwasseruntersuchung; OLG Hamm, Urt. v. 5. 9. 2001 – 3 U 229/00, OLGR 2002, 337, 339
zur pränatalen Diagnostik; G/G, 5. Aufl. Rz. B 179).

Der **Schutzzweck des Beratungsvertrages** erstreckt sich entsprechend dem Par-
teiwillen durchweg auch auf die Belastung mit dem **finanziellen Aufwand** für
ein schwer behindertes Kind, welches die Eltern dem Kind und sich selbst
durch ihre Vorsorge ersparen wollten. Dabei lässt sich der Unterhaltsaufwand
nicht aufteilen in einen solchen, der für ein hypothetisch gesundes Kind von
den Eltern familienrechtlich geschuldet wird, und einen solchen, der durch den
Gesundheitsschaden des Kindes zusätzlich bedingt ist (BGH NJW 1994, 788,
793 = VersR 1994, 425, 427; VersR 2002, 1148 = MedR 2002, 640 = MDR 2002,
336).

Allerdings sind die mit der Geburt eines durch eine **Erkrankung der Mutter an
Röteln bzw. eines genetischen Defekts** schwer geschädigten Kindes verbundenen wirtschaftlichen Belastungen nicht allein deshalb Gegenstand des jeweiligen Behandlungsvertrages mit dem Hausarzt oder dessen Urlaubsvertreter, weil
die Mutter diese Ärzte zur Abklärung und Behandlung eines Hautausschlags
o. a. aufgesucht und im Laufe der Behandlung ihre Schwangerschaft lediglich
erwähnt hatte (BGH, Urt. v. 21. 12. 2004 – VI ZR 196/03, NJW 2005, 891, 893 =
MDR 2005, 687, 688 = VersR 2005, 411, 412).

Auch bei der Behandlung durch einen Gynäkologen erweitern Fragen der
Patientin zu **außerhalb der Behandlungsaufgabe liegenden Problemen** den
Schutzbereich der deliktischen Behandlungspflichten nicht. Wird die Patientin
etwa aufgrund einer Überweisung zum Zweck der Behandlung von Zyklusstö-
rungen und zur Abklärung der Verdachtsdiagnose eines Klimateriums in der
„Hormonsprechstunde" einer Klinikambulanz eines Krankenhauses vorstellig,
kommt eine deliktische Haftung des Arztes bzw. Krankenhausträgers nur in
Betracht, wenn auf eine konkrete Frage im Zusammenhang mit der Schwangerschaft eine falsche Auskunft erteilt wird (OLG Karlsruhe, Urt. v. 24. 4. 2002 – 7
U 53/01, GesR 2003, 122, 123 = OLGR 2003, 62, 64).

2. Rechtmäßigkeit eines Schwangerschaftsabbruchs

Eine Pflichtverletzung des beratenden bzw. behandelnden Arztes kann nur dann zu einer vertraglichen Haftung des Arztes auf Schadensersatz führen, wenn der Schwangerschaftsabbruch rechtlich zulässig gewesen wäre, also der Rechtsordnung entsprochen hätte (BGH, Urt. v. 31. 1. 2006 – VI ZR 135/04, NJW 2006, 1660, 1661 = VersR 2006, 702, 703; OLG Koblenz, Beschl. v. 20. 3. 2006 – 5 U 255/06, NJW-RR 2006, 967, 968 = GesR 2006, 312; OLG Stuttgart, Urt. v. 25. 3. 2003 – 1 U 125/02, GesR 2003, 327 = NJW-RR 2003, 1256).

Das OLG Koblenz, Beschl. v. 20. 3. 2006 – 5 U 255/06, NJW-RR 2006, 967, 968 = GesR 2006, 312; im Erg. zust. Mörsdorf-Schulte NJW 2006, 3105, 3107) vertritt im Anschluss an die Entscheidungen des BVerfG vom 28. 5. 1993 (NJW 1993, 1751, 1758) und des BGH vom 19. 2. 2002 (NJW 2002, 1489, 1490) die Auffassung, dass der Arzt für die vermögensrechtlichen Folgen eines indizierten, aber fehlerhaft unterbliebenen Schwangerschaftsabbruchs nur haftet, wenn die Abtreibung **gem. § 218 a II StGB n. F. oder gem. § 218 III StGB n. F. rechtmäßig** gewesen wäre. Eine bloße Straflosigkeit nach § 218 a I StGB n. F. reicht danach nicht aus.

Greiner (G/G, 5. Aufl., Rz. B 155) weist darauf hin, dass diese Frage vom BGH noch nicht abschließend entschieden worden ist. Es sei derzeit als offen anzusehen, ob eine Haftung des Arztes bei bloßer Straflosigkeit nach § 218 a I StGB eingreift.

Eine Fruchtwasseruntersuchung wird üblicherweise zwischen der 14. und 16. SSW, eine Chorionzottenaspiration (CVS) üblicherweise zwischen der 8. und 12. SSW durchgeführt, so dass ein legaler Schwangerschaftsabbruch innerhalb von zwölf Wochen (§ 218 a I StGB) oftmals ohnehin nicht in Betracht kommt (G/G, 5. Aufl., Rz. B 155, B 174).

Für die **Annahme eines Rechtfertigungsgrundes** nach § 218 a II StGB n. F. werden Depressionen mit Weinkrämpfen, Schlaflosigkeit und Kopfschmerzen in den ersten Wochen nach der Geburt (OLG Stuttgart, Urt. v. 25. 3. 2003 – 1 U 125/02, NJW-RR 2003, 1256 = GesR 2003, 327 = OLGR 2003, 380, 381), Depressionen mit Krankheitswert (OLG Hamm, Beschl. v. 28. 12. 2005 – 3 W 50/05, GesR 2006, 126), zu erwartende körperliche und psychische Belastungen durch die Geburt eines mongoloiden oder sonst schwerbehinderten Kindes (OLG Düsseldorf, Urt. v. 10. 1. 2002 – 8 U 79/01, VersR 2003, 1542, 1543: Trisomie 21; LG Stuttgart, Urt. v. 19. 7. 2005 – 20 O 669/04: „Di-George-Syndrom") oder das zu erwartende Fehlen der Hand oder des Unterarms des Kindes (OLG Hamm, Urt. v. 5. 9. 2001 – 3 U 229/00, OLGR 2002, 337, 340) noch nicht als so schwerwiegend angesehen, dass sie unter Berücksichtigung des Lebensrechts des Kindes der Schwangeren nicht mehr zugemutet werden können.

Vielmehr werden **prognostisch schwerwiegende Gefahren bis hin zu Suizidversuchen** zur Rechtfertigung nach § 218 a II StGB für erforderlich gehalten (OLG Koblenz, Beschl. v. 20. 3. 2006 – 5 U 255/06, NJW-RR 2006, 967, 968 = GesR 2006, 312).

Als ausreichend wurde die zu erwartende sehr schwere Behinderung des Kindes mit der Gefahr eines Suizidversuchs sowie einer schwerwiegenden Beeinträchtigung des seelischen Gesundheitszustandes der Mutter angesehen, wobei nach der Geburt tatsächlich Depressionen mit Krankheitswert sowie eine latente Selbstmordgefahr auftraten (BGH, Urt. v. 18. 6. 2002 – VI ZR 136/01, NJW 2002, 2636, 2637 = MedR 2002, 640, 641 mit ablehnender Anm. Schmidt-Recla/Schumann, Med 2002, 643, 645).

3. Eigene genetische Fehlanlagen des Kindes

Ein Kind, welches auf Grund eigener genetischer Anlagen mit einer schweren körperlichen Behinderung geboren wird, hat wegen der aus dieser Behinderung entstehenden Aufwendungen weder einen deliktischen noch einen vertraglichen Schadensersatzanspruch gegen den Arzt oder Klinikträger im Hinblick auf die medizinische Versorgung im Zusammenhang mit seiner Geburt (OLG Naumburg OLG-NL 2001, 29).

4. Mehrlingsgeburt nach Hormonbehandlung

Kommt es nach eine Hormonbehandlung zu einer Geburt von Vierlingen, so können die Eltern vom behandelnden Gynäkologen dann keine Unterhaltsaufwendungen für drei Kinder verlangen, wenn im Zeitpunkt der Behandlung die Familienplanung der Eltern nicht abgeschlossen war und die Mutter vom Arzt auf die Gefahr einer Mehrlingsschwangerschaft als Folge einer Hormonbehandlung hingewiesen worden ist (OLG Hamm VersR 1993, 1273 – auch zur → *Früherkennung, fehlerhafte pränatale Diagnostik* [S. 463 ff.]).

V. Umfang des Anspruchs

1. Unterhalt

Ansprüche auf Freistellung von den Unterhaltsbelastungen stehen der Mutter sowie dem in den Schutzbereich des Behandlungsvertrages einbezogenen Vater des Kindes, **nicht jedoch dem Kind** selbst zu (BGH, Urt. v. 18. 6. 2002 – VI ZR 136/01, NJW 2002, 2636, 2638 = MedR 2002, 640, 641; Urt. v. 4. 12. 2001 – VI ZR 213/00, NJW 2002, 886, 887 = MedR 2002, 356, 357 mit Anm. Wolf; MDR 1985, 659; NJW 1983, 1371, 1373; OLG Düsseldorf VersR 1995, 1498; Rehborn, MDR 2002, 1281, 1285; S/Pa, Rz. 123, 276, 298; zustimmend Grub, S. 182 ff., 186 m. w. N.; a. A. Deutsch JZ 1983, 451; NJW 2003, 26; Erman-Schiemann § 823 BGB Rz. 22; Reinhart VersR 2001, 1081, 1085 ff. m. w. N.: eigener Anspruch des Kindes; Müko-Wagner 4. Aufl., § 823 BGB Rz. 90; Spickhoff NJW 2002, 1758, 1764; Stürner VersR 1984, 304, 305; JZ 1998, 317, 318).

In den Schutzbereich eines auf Schwangerschaftsverhütung gerichteten Vertrages zwischen dem Arzt und der Patientin ist nach h.M. zumindest auch der gegenwärtige Partner einer nichtehelichen Lebensgemeinschaft einbezogen (OLG Karlsruhe, Urt. v. 1. 2. 2006 – 13 U 134/04, VersR 2006, 936, 938; ebenso: OLG Frankfurt VersR 1994, 942; jetzt auch BGH, Urt. v. 14. 11. 2006 – VI ZR

48/06; noch offengelassen von BGH, Urt. v. 26. 6. 2002 – X ZR 231/99,m NJW 2001, 3115, 3116 und Urt. v. 19. 2. 2002 – VI ZR 190/01, NJW 2002, 1489, 1490).

Der vertragliche Schadensersatzanspruch umfasst den **gesamten Unterhaltsbedarf**, nicht etwa nur den durch die Schädigung des Kindes bedingten Mehrbedarf (BGH, Urt. v. 18. 6. 2002 – VI ZR 136/01, NJW 2002, 2636 = MedR 2002, 640; Urt. v. 15. 2. 2000 – VI ZR 135/99, NJW 2000, 1782, 1783 = VersR 2000, 634, 635; NJW 1994, 788, 792; OLG Zweibrücken NJW-RR 2000, 235, 237; Gehrlein NJW 2002, 870; G/G, 5. Aufl. Rz. B 179).

Die Höhe richtet sich nach § 1612 a BGB n. F. i. V. m. der Regelbetrags-Verordnung vom 6. 4. 1998 (G/G, 5. Aufl. Rz. B 185, 179; Müller, VPräsBGH, NJW 2003, 697, 706; S/Pa, Rz. 273 a; Rehborn MDR 2001, 1148, 1151). Zum einfachen Regelunterhalt nach § 1612 a BGB n. F. – bis zum 1. 7. 1998 nach § 1615 f BGB a. F. – kann den Eltern ein Zuschlag in gleicher Höhe für den Wert der pflegerischen Dienstleistungen zuerkannt werden (BGH VersR 1997, 698, 699; vgl. auch OLG Stuttgart VersR 1998, 366 zum behinderungsbedingten Mehrbedarf an Wohnraum und Ausstattung).

Das OLG Karlsruhe (Urt. v. 1. 2. 2006 – 13 U 134/04, VersR 2006, 936, 938) setzt auch in den Fällen der Geburt eines „unerwünschten" Kindes nach fehlerhafter oder unterlassenen Applikation eines Verhütungsmittels für den Barunterhalt 135 % der Regelbetrags-Verordnung an. Wegen des Betreuungsunterhalts ist danach – auch ohne Vorliegen einer Behinderung – eine Verdoppelung des Barunterhalts geboten.

Auch der BGH (Urt. v. 14. 11. 2006 – VI ZR 48/06) hält 270 % des Regelbetrages abzüglich des Kindergeldes **bis zur Volljährigkeit** nach fehlerhaftem Einsetzen eines Verhütungsimplantats für angemessen.

2. Verdienstausfall

Der Verdienstausfall, der den Eltern eines Kindes im Zusammenhang mit dessen **Betreuung** entsteht, **kann dem Arzt dagegen haftungsrechtlich nicht zur Last gelegt werden** (BGH VersR 1997, 698, 700). Gleiches gilt hinsichtlich der **Beerdigungskosten**, die entstanden sind, weil der Arzt eine nach der Geburt notwendig zum Tod des Kindes führenden Missbildung nicht erkannt hat (OLG Düsseldorf VersR 1996, 711).

3. Schmerzensgeld

Nach herrschender Ansicht (Greiner RiBGH, 5. Aufl. Rz. B 179; Gehrlein Rz. B 96) ist der Mutter des Kindes wegen der durch die Schwangerschaft und Geburt des genetisch behinderten Kindes erfolgten Belastung ein **Schmerzensgeld zuzubilligen**, wenn das Kind bei vollständiger und richtiger Beratung nicht gezeugt worden wäre.

U. E. ist eine **Gleichbehandlung** mit den Fällen **fehlerhafter pränataler Diagnostik** (vgl. → *Früherkennung, fehlerhafte pränatale Diagnostik, S. 472*) **geboten**.

Anders als bei fehlgeschlagener Sterilisation und misslungenem Schwangerschaftsabbruch greift der Arzt sowohl in den Fällen fehlerhafter pränataler Diagnostik als auch einer genetischen Fehlberatung nicht durch die Zuführung einer ungewollten Entbindung in die körperliche Befindlichkeit der Mutter ein (vgl. Gehrlein Rz. B95 zur fehlerhaften pränatalen Diagnostik). Der Mutter eines schwer geschädigten Kindes steht dann – wie in den Fällen fehlerhafter pränataler Diagnostik – ein Schmerzensgeldanspruch nur dann zu, wenn ihre seelische und körperliche Belastung aufgrund des „Habens eines schwergeschädigten Kindes" ausnahmsweise Krankheitswert erreicht (OLG Celle VersR 1988, 965; vgl. auch OLG Köln VersR 1987, 187: 2 000 Euro bei psychischem Schock) oder die Belastung mit der Schwangerschaft sowie der Geburt die mit einer natürlichen, komplikationslosen Geburt verbundenen Beschwerden übersteigt und ausnahmsweise **Krankheitswert erreicht** (BGH NJW 1983, 1371 = MDR 1983, 478; OLG Celle VersR 1988, 964; OLG Saarbrücken, Urt. v. 30. 6. 2006 – 1 U 386/02–92, OLGR 2005, 5, 11; OLG Zweibrücken, Urt. v. 15. 12. 1998 – 5 U 10/96, NJW-RR 2000, 235, 238; Gehrlein Rz. B95; S/Pa, Rz. 306; zur Höhe des Schmerzensgeldes vgl. S. 733).

Während es den Eltern in den Fällen der „fehlerhaften Sterilisation" darum geht, die Zeugung und Geburt eines Kindes auf jeden Fall zu vermeiden, ist der Kindeswunsch in den Fällen der „fehlerhaften pränatalen Diagnostik" ebenso wie in den vorliegenden Fällen der „genetischen Fehlberatung" vorhanden, die Mutter hat sich in beiden Fällen auf die Geburt eines – allerdings gesunden – Kindes eingestellt.

Grobe Behandlungsfehler

Vgl. auch → *Anscheinsbeweis;* → *Beweislast;* → *Beweislastumkehr;* → *Diagnosefehler;* → *Dokumentationspflicht;* → *Kausalität;* → *Therapiefehler;* → *Unterlassene Befunderhebung*

I. Grundlagen und Bedeutung
  1. Beweislast des Patienten;
     haftungsbegründende und
     haftungsausfüllende Kausalität
     a) Haftungsbegründende
        Kausalität
     b) Haftungsausfüllende Kausalität
  2. Generelle Beweislastumkehr bei
     Vorliegen eines groben Behand-
     lungsfehlers
II. Vorliegen eines groben Behandlungs-
    fehlers
  1. Definition
  2. Beurteilung eines Behandlungsfeh-
     lers als „grob"
  3. Gesamtbetrachtung bzw. „Gesamt-
     schau"

III. Generelle Eignung, Mitursächlichkeit,
     Teilkausalität
  1. Generelle Eignung zur Herbei-
     führung des Primärschadens
  2. Mitursächlichkeit; Teilkausalität
     a) Mitursächlichkeit
     b) Teilkausalität
     c) Mitursächlichkeit zusammen
        mit anderen Ursachen nicht
        äußerst unwahrscheinlich
IV. Ausschluss der Beweislastumkehr
  1. Kausalzusammenhang „äußerst
     unwahrscheinlich"
  2. Behandlungsvereitelung durch den
     Patienten
  3. Überwiegende Mitverursachung
     durch den Patienten

4. Risikospektrum für den Patienten nicht verändert
5. Fehlender Schutzzweck- oder Rechtswidrigkeitszusammenhang; persönliche Reichweite der Beweislastumkehr
6. Schwerwiegendes Versäumnis ist entschuldigt
V. Fallgruppen des „groben Behandlungsfehlers"
1. Fundamentaler Diagnosefehler
2. Nichterhebung von Diagnose- und Kontrollbefunden
3. Grobe Therapiefehler
4. Grobe Organisationsfehler
5. Unterlassene oder fehlerhafte Sicherungsaufklärung (therapeutische Aufklärung)
VI. Fundamentale Diagnosefehler
1. Grundlagen
2. Fundamentaler Diagnosefehler bejaht
3. Fundamentaler Diagnosefehler verneint
VII. Nichterhebung von Diagnose- und Kontrollbefunden
1. Chirurgie und Orthopädie
   a) Grober Behandlungsfehler bejaht
   b) Grober Behandlungsfehler verneint
2. Gynäkologie und Neonatologie
   a) Grober Behandlungsfehler bejaht
   b) Grober Behandlungsfehler verneint
3. Innere Medizin und Urologie
   a) Grober Behandlungsfehler bejaht
   b) Grober Behandlungsfehler verneint
4. Augenheilkunde
5. HNO
6. Allgemeinmedizin
   a) Grober Behandlungsfehler bejaht
   b) Grober Behandlungsfehler verneint
7. Radiologie
8. Neurologie
9. Zahnmedizin

VIII. Grobe Therapiefehler
1. Chirurgie und Orthopädie
   a) Grober Behandlungsfehler bejaht
   b) Grober Behandlungsfehler verneint
2. Gynäkologie und Neonatologie
   a) Grober Behandlungsfehler bejaht
   b) Grober Behandlungsfehler verneint
3. Innere Medizin und Urologie
   a) Grober Behandlungsfehler bejaht
   b) Grober Behandlungsfehler verneint
4. HNO und Augenheilkunde
   a) Grober Behandlungsfehler bejaht
   b) Grober Behandlungsfehler verneint
5. Allgemein- und Kinderarzt
   a) Grober Behandlungsfehler bejaht
   b) Grober Behandlungsfehler verneint
6. Notarzt
   a) Grober Behandlungsfehler bejaht
   b) Grober Behandlungsfehler verneint
7. Radiologie
8. Anästhesie
   a) Grober Behandlungsfehler bejaht
   b) Grober Behandlungsfehler verneint
9. Zahnmedizin
   a) Grober Behandlungsfehler bejaht
   b) Grober Behandlungsfehler verneint
10. Fehlende und mangelhafte Desinfektion
   a) Grober Behandlungsfehler bejaht
   b) Grober Behandlungsfehler verneint
IX. Grobe Organisationsfehler
X. Unterlassene therapeutische Aufklärung (Sicherungsaufklärung)

I. Grundlagen und Bedeutung

1. Beweislast des Patienten; haftungsbegründende und haftungsausfüllende Kausalität

Grundsätzlich trägt der Patient die Beweislast für das Vorliegen eines Behandlungsfehlers und die Kausalität, die ursächliche Verknüpfung zwischen dem Behandlungsfehler und dem eingetretenen Körper- oder Gesundheitsschaden (F/ N Rz. 110, 155; Gehrlein Rz. B 5, 116; G/G, 5. Aufl., Rz. B 200, B 216, B 218; S/ Pa, Rz. 492, 513; vgl. → *Beweislast*, S. 383 ff., und → *Kausalität*, S. 614 ff.).

Dabei ist zwischen der haftungsbegründenden und der haftungsausführenden Kausalität zu unterscheiden.

a) Haftungsbegründende Kausalität

Die haftungsbegründende Kausalität betrifft die Ursächlichkeit des Behandlungsfehlers für die Rechtsgutsverletzung (Körper, Gesundheit) als solche, den so genannten **„Primärschaden"** (BGH, Urt. v. 15. 3. 2005 – VI ZR 313/03, NJW 2005, 1718, 1719 = VersR 2005, 836, 837; Urt. v. 16. 11. 2004 – VI ZR 328/03, VersR 2005, 228, 230 = NJW 2005, 427, 429; OLG Jena, Urt. v. 26. 4. 2006 – 4 U 416/05, OLGR 2006, 710, 711; OLG Stuttgart, Urt. v. 4. 6. 2002 – 14 U 86/01, OLGR 2003, 40, 42 = VersR 2003, 253; F/N Rz. 117, 155; Gehrlein VersR 2004, 1488, 1493; S/Pa, Rz. 513, 513 a; G/G, 5. Aufl., Rz. B 190, 200, 217).

Primärschäden sind immer die Schäden, die als so genannter erster Verletzungserfolg geltend gemacht werden (OLG Hamm, Urt. v. 23. 8. 2000 – 3 U 229/99, VersR 2002, 315, 317). Das sind etwa in einem Falle, in welchem wegen eines Unterlassens der gebotenen Thromboseprophylaxe bei erkennbar geschwollenem Bein des Patienten eine Therapie erst mit Verzögerung eingeleitet werden kann, diejenigen Schäden, die durch Verzögerung und die hierdurch verursachten veränderten Umstände bedingt sind. Hierzu zählen nicht nur die im Bein selbst entstandenen Schäden, sondern auch eine durch die Thrombose verursachte Lungenembolie und der in diesem Zusammenhang nach einem Hirninfarkt eingetretene Hirnschaden (OLG Hamm, Urt. v. 23. 8. 2000 – 3 U 229/99, VersR 2002, 315, 317).

Kommt es bei der Durchführung einer Laparoskopie (hier: zur Überprüfung der Durchgängigkeit der Eileiter) zu einer Perforation des Dünndarms, stellt die in der Folge eingetretene Peritonitis (Bauchfellentzündung) den „Primärschaden" dar. Bei den durch eine verlängerte Entzündungszeit entstandenen Verwachsungen und deren von den Patienten behaupteten Folgen, insbesondere der Infertilität (Unvermögen, eine Frucht bis zur Lebensfähigkeit auszutragen) durch Verschluss auch des linken, im Zeitpunkt der Operation noch durchlässigen Eileiters, handelt es sich um den nach § 287 ZPO zu bewertenden, nicht der Beweislastumkehr unterfallenden „Sekundärschaden" (OLG Karlsruhe, Urt. v. 24. 5. 2006 – 7 U 242/05, OLGR 2006, 617, 618).

Um einen „Primärschaden" handelt es sich auch bei dem Abkippen eines Bruchs und dessen Verheilung in Fehlstellung nach unterlassener Aufklärung (der BGH nimmt im entschiedenen Fall eine Risikoaufklärung, keine therapeutische Aufklärung an) über die bestehende ernsthafte Alternative einer unblutigen Reposition oder operativen Neueinrichtung des Bruchs statt der Fortführung der konservativen Behandlung. Die Fortsetzung der konservativen Behandlung ohne den Hinweis auf bestehende Alternativen stellt nicht den „ersten Verletzungserfolg" („Primärschaden") dar, der es gestatten würde, die Funktionsbeeinträchtigung am Gelenk als bloße Folgeschäden („Sekundärschäden") anzusehen. Die Beeinträchtigungen am Gelenk sind vielmehr als Schaden in seiner konkreten Ausprägung und damit als „Primärschaden" anzusehen (BGH, Urt. v. 15. 3. 2005 – VI ZR 313/03, NJW 2005, 1718, 1719 = VersR 2005, 836, 837; auch BGH NJW 1998, 3417, 3418 = VersR 1998, 1153, 1154).

Ist eine Kreuzbandersatzplastik fehlerhaft positioniert worden und durch das hieraus folgende Transplantatversagen ein Knorpelschaden aufgetreten, besteht die Primärschädigung in der Beschädigung des Transplantats, während die aufgetretenen Knorpelschäden aufgrund Knieinstabilität sekundäre Gesundheitsschäden darstellen (OLG Stuttgart, Urt. v. 4. 6. 2002 – 14 U 86/01, OLGR 2003, 40, 42 = VersR 2003, 253).

Unterlässt es der behandelnde Gynäkologe fehlerhaft, den erhobenen und dokumentierten Tastbefund auf die Verdachtsdiagnose eines Mammakarzinoms abzuklären und wird dieses deshalb vier bis fünf Monate zu spät entdeckt, ist der haftungsbegründende materielle Primärschaden nach Auffassung des OLG Hamm (OLG Hamm, Urt. v. 28. 11. 2001 – 3 U 59/01, VersR 2003, 1259, 1260) in dem frühen Tod der Patientin zu sehen.

Auch der nach einem verspätet eingeleiteten Kaiserschnitt eingetretene Hirnschaden und dessen Ausprägung in konkreten Verhaltensstörungen des Kindes werden zum „Primärschaden" gerechnet (BGH NJW 1998, 3417; Gehrlein Rz. B 112).

Demgegenüber ist im Rahmen eines Schadensersatzanspruchs aus § 844 I BGB die Frage des Ursachenzusammenhangs zwischen der dem Schädiger zuzurechnenden Verletzung und dem eingetretenen Tod als Sekundärschaden nach dem Maßstab des § 287 ZPO zu beurteilen (OLG Hamburg, Urt. v. 26. 11. 2004 – 1 U 67/04, OLGR 2005, 101, 102).

Zum Nachweis des durch den behaupteten (einfachen) Behandlungsfehler entstandenen Primärschaden gilt das Beweismaß des § 286 ZPO. Im Rahmen des § 286 ZPO genügt **ein für das praktische Leben brauchbarer Grad von Gewissheit,** d. h. ein für einen vernünftigen, den zur Entscheidung stehenden Lebenssachverhalt klar überblickenden Menschen ein so hoher Grad an Wahrscheinlichkeit, dass er den Zweifeln Schweigen gebietet, ohne sie völlig auszuschließen (BGH, Urt. v. 4. 11. 2003 – VI ZR 28/03, NJW 2004, 777, 778; NJW 2003, 1116, 1117 = VersR 2003, 474, 475; NJW 1994, 801 = VersR 1994, 52; KG, Urt. v. 28. 8. 2003 – 12 U 88/02, NZV 2004, 252; F/N Rz. 155; Musielak-Foerste § 286 ZPO Rz. 18, 19; Zöller-Greger § 286 ZPO Rz. 19).

Steht das Vorliegen eines Behandlungsfehlers durch eine **aktive Handlung** des Arztes fest, so hat der Patient zu beweisen, dass eine nach dem Facharztstandard, dem gesicherten Stand der ärztlichen Wissenschaft im Zeitpunkt der Behandlung lege artis durchgeführte Behandlung den Eintritt des Primärschadens vermieden hätte (G/G, 5. Aufl., Rz. B 200, 218; L/U, § 99 Rz. 5, 7).

Um bei einem **Unterlassen** einen Ursachenzusammenhang zu bejahen, muss die unterbliebene Behandlung hinzugedacht und im Rahmen des Beweismaßes des § 286 ZPO festgestellt werden, dass der Schaden gewiss oder mit an Sicherheit grenzender Wahrscheinlichkeit dann nicht eingetreten wäre, wobei die bloße Wahrscheinlichkeit des Nichteintritts nicht ausreicht (OLG Zweibrücken, Urt. v. 22. 6. 1999 – 5 U 32/98, VersR 2000, 605; VersR 1998, 590). Der Patient hat nachzuweisen, dass bei richtiger Diagnose bzw. lege artis erfolgtem Tätigwerden des Arztes nach dem medizinischen Facharztstandard kein Primärschaden eingetreten wäre (G/G, 5. Aufl., Rz. B 218; BGH NJW 1988, 2949).

Beim **groben Behandlungsfehler** umfasst die in Betracht stehende Umkehr der Beweislast den Beweis der Ursächlichkeit des Behandlungsfehlers für den **haftungsbegründenden Primärschaden**, der ohne die Beweislastumkehr dem Patienten nach § 286 ZPO obläge. Auf die **haftungsausfüllende Kausalität**, d. h. den Kausalzusammenhang zwischen körperlicher oder gesundheitlicher Primärschädigung und weiteren Gesundheitsschäden des Patienten wird die Beweislastumkehr nicht ausgedehnt, es sei denn, der sekundäre Gesundheitsschaden wäre typisch mit dem Primärschaden verbunden und die als grob zu bewertende Missachtung der ärztlichen Verhaltensregeln sollte gerade auch solcher Art von Schädigungen vorbeugen (BGH, Urt. v. 16. 11. 2004 – VI ZR 328/03, VersR 2005, 228, 230 = NJW 2005, 427, 429 = MDR 2005, 572, 573; OLG Karlsruhe, Urt. v. 25. 4. 2006 – 7 U 242/05, OLGR 2006, 617, 618; auch OLG Stuttgart, Urt. v. 4. 6. 2002 – 14 U 86/01, OLGR 2003, 40, 42 = VersR 2003, 253; Gehrlein VersR 2004, 1488, 1493).

b) Haftungsausfüllende Kausalität

Die haftungsausfüllende Kausalität betrifft den Kausalzusammenhang zwischen dem **Primärschaden** (Körper- oder Gesundheitsschaden) und den weiteren Gesundheits- und Vermögensschäden des Patienten („Sekundärschaden"), die ihm hieraus entstehen (BGH, Urt. v. 16. 11. 2004 – VI ZR 328/03, VersR 2005, 228, 230 = MDR 2005, 572, 573; OLG Karlsruhe, Urt. v. 25. 4. 2006 – 7 U 242/05, OLGR 2006, 617, 618; OLG Stuttgart, Urt. v. 4. 6. 2002 – 14 U 86/01, VersR 2003, 253; F/N, Rz. 118, 155; Gehrlein Rz. B 112, 115, 146; G/G, 5. Aufl., Rz. B 192, 229, 262; S/Pa, Rz. 514; L/U, § 110 Rz. 13; vgl. → *Kausalität*, S. 618 ff.).

Zu den **Primärschäden** gehört z. B. eine **Fistelbildung** nach einer beim Patienten fehlerhaft durchgeführten Operation zum Einsatz einer Hüftendoprothese, zum **Sekundärschaden** der ihm aufgrund der erforderlichen Nachbehandlung entstehende **Verdienstausfall** (BGH VersR 1981, 462).

Erleidet der Patient nach Anwendung verunreinigten Alkohols eine Hautinfektion, stellt die dabei entstandene Hautschädigung den Primärschaden, ein durch die Einwirkung des Alkohols entstandener Nieren- oder Gehörschaden den Sekundärschaden dar (BGH NJW 1978, 1683).

Wird von den behandelnden Ärzten aufgrund einer **unterlassenen EKG-Befunderhebung** ein **Herzinfarkt** nicht erkannt, stellt das bei Erhebung des Befundes erkennbare Herzwandaneurysma den Primärschaden, ein dadurch verursachter Folgeinfarkt den Sekundärschaden dar (OLG Oldenburg VersR 1999, 317).

Wird vom behandelnden Arzt eine **Luxation des Radiusköpfchens** (im Ellenbogen) übersehen, so handelt es sich bei der entstehenden Fehlstellung des Gelenks um den Primärschaden, bei der nachfolgenden Bewegungseinschränkung des Gelenks um den Sekundärschaden (OLG Oldenburg VersR 1999, 63). Bei fehlerhafter Positionierung einer **Kreuzbandersatzplastik** nach vorgefallener Ruptur des vorderen Kreuzbandes besteht der Primärschaden in der Beschädigung des Transplantats, während aufgetretene Knorpelschäden aufgrund der Knieinstabilität sekundäre Gesundheitsschäden darstellen. Eine ausnahmsweise mögliche Erstreckung der Beweislastumkehr auch auf die Sekundärschäden scheidet in einem solchen Fall aus, da ein Knorpelschaden nicht typischerweise mit einem Transplantatversagen verbunden ist (OLG Stuttgart, Urt. v. 4. 6. 2002 – 14 U 86/01, VersR 2003, 253).

Dem gegenüber liegt in der **Schädigung des Sehvermögens** aufgrund der **Netzhautablösung**, die vom konsultierten Arzt nicht erkannt worden ist bzw. die aufgrund einer schuldhaft unterlassenen Sicherungsaufklärung (therapeutische Aufklärung) nicht behandelt werden konnte, der **Primärschaden** (BGH, Urt. v. 16. 11. 2004 – VI ZR 328/03, VersR 2005, 228, 230 = NJW 2005, 427, 429).

Gleiches gilt hinsichtlich eines **in Fehlstellung verheilten Bruchs** und der hiermit zusammenhängenden Funktionsbeeinträchtigungen des Handgelenks nach fehlerhaft unterlassener Aufklärung über die ernsthaft in Betracht zu ziehende Möglichkeit der Weiterbehandlung mittels einer unblutigen Reposition bzw. einer operativen Neueinrichtung des Bruchs anstatt der Fortsetzung der konservativen Behandlung (BGH, Urt. v. 15. 3. 2005 – VI ZR 313/03, NJW 2005, 1718, 1719 = VersR 2005, 836, 837: Risikoaufklärung; u. E. richtigerweise therapeutische Aufklärung).

Wird eine **Lungentuberkulose** grob fehlerhaft verspätet erkannt, so ist auch eine durch **TB-Befall des Nebenhodens** verursachte Hodenverkrümmung als typische **Folge des Primärschadens und nicht als Sekundärschaden** anzusehen (BGH NJW 1988, 2948; Gehrlein Rz. B 146).

Bei verspätetem Erkennen einer Nierenfunktionsstörung ist die deshalb früher erforderliche Dialysebehandlung ebenfalls dem Primärschaden zuzurechnen (BGH NJW 1988, 2303; Gehrlein Rz. B 146).

Andererseits ist im Rahmen eines Schadensersatzanspruchs aus § 844 I die Frage des Ursachenzusammenhangs zwischen der dem Schädiger zuzurechnenden Verletzung und dem eingetretenen Tod des Geschädigten nach dem Maßstab des § 287 ZPO zu beurteilen (OLG Hamburg, Urt. v. 26. 11. 2004 – 1 U 67/04, OLGR 2005, 101, 102).

Zur Feststellung der **haftungsausfüllenden Kausalität**, des durch den Behandlungsfehler verursachten Sekundärschadens kann gem. § 287 ZPO zur Überzeugungsbildung des Gerichts eine **überwiegende Wahrscheinlichkeit** ausreichen

(BGH, Urt. v. 4. 11. 2003 – VI ZR 28/03, NJW 2004, 777, 778; NJW 2003, 1116, 1117 = VersR 2003, 474, 476; NJW 2005, 3275, 3277; OLG Hamburg, Urt. v. 26. 11. 2004 – 1 U 67/04, OLGR 2005, 101, 103: „weit überwiegende Wahrscheinlichkeit"; OLG Karlsruhe, Urt. v. 24. 5. 2006 – 7 U 242/05, OLGR 2006, 617, 619: „überwiegende Wahrscheinlichkeit"; KG, Urt. v. 28. 8. 2003 – 12 U 88/02, NZV 2004, 252; OLG Oldenburg VersR 1999, 63; VersR 1999, 317; VersR 1999, 1235; S/Pa, Rz. 514; F/N, Rz. 118, 155; Gehrlein Rz. B 146 a. E.; Musielak-Foerste § 287 ZPO Rz. 7: überwiegende, i. d. R. sogar deutlich überwiegende Wahrscheinlichkeit). Dementsprechend obliegt der Patientin der Beweis der „überwiegenden Wahrscheinlichkeit" aus § 287 ZPO dafür, dass eine (einfach oder grob fehlerhafte) Perforation des Dünndarms im Rahmen einer Laparoskopie zur Überprüfung der Durchgängigkeit der Eileiter nicht nur zu einer Peritonitis (Primärschaden), sondern durch eine verlängerte Entzündungszeit auch zu Verwachsungen und dem Verschluss des linken, im Zeitpunkt der Operation noch durchlässigen Eileiters mit der weiteren Folge der Infertilität (Unvermögen, eine Frucht bis zur Lebensfähigkeit auszutragen) als „Sekundärschaden" geführt hat (OLG Karlsruhe, Urt. v. 24. 5. 2006 – 7 U 242/05, OLGR 2006, 617, 619).

Bei den durch den Primärschaden verursachten Vermögensschäden (Sekundärschäden) des Patienten kommt auch **bei Vorliegen eines groben Behandlungsfehlers eine Beweiserleichterung außerhalb des § 287 ZPO grundsätzlich nicht in Betracht** kommt (BGH, Urt. v. 16. 11. 2004 – VI ZR 328/03, VersR 2005, 228, 230 = NJW 2005, 427, 429; Urt. v. 15. 3. 2005 – VI ZR 313/03, NJW 2005, 1718, 1719 = VersR 2005, 836, 837; OLG Stuttgart, Urt. v. 4. 6. 2002 – 14 U 86/01, VersR 2003, 253, 254; Gehrlein VersR 2004, 1488, 1493; F/N Rz. 118, 155; L/U, § 110 Rz. 13; G/G, 5. Aufl., Rz. B 262; S/Pa, Rz. 546, 547; zu den Ausnahmen s. u.).

2. Generelle Beweislastumkehr bei Vorliegen eines „groben Behandlungsfehlers"

Für die haftungsbegründende, nicht jedoch die haftungsausfüllende Kausalität greift **grundsätzlich eine Beweislastumkehr für den Kausalzusammenhang** ein, wenn ein grober Behandlungsfehler des behandelnden Arztes festgestellt werden kann (BGH, Urt. v. 27. 4. 2004 – VI ZR 34/03, NJW 2004, 2011 = MDR 2004, 1055 = VersR 2004, 909, 911 = GesR 2004, 290 = MedR 2004, 561, 562; KG, Urt. v. 7. 3. 2005 – 20 U 398/01, OLGR 2006, 12; Gehrlein VersR 2004, 1488, 1493).

Zwar hatte der BGH vor der Entscheidung vom 27. 4. 2004 (VI ZR 34/03, VersR 2004, 909, 911 = NJW 2004, 2011, 2013) und ihm folgend die Instanzrechtsprechung (vgl. etwa OLG Brandenburg NJW-RR 2000, 24, 26; OLG Saarbrücken VersR 2000, 1241, 1243), die Formulierung verwendet, dass ein grober Behandlungsfehler, der generell geeignet sei, einen Schaden der tatsächlich eingetretenen Art herbeizuführen, für den Patienten „zu Beweiserleichterungen bis hin zur Umkehr der Beweislast" führen könne.

Wenngleich die bis dato verwendete Formel von „Beweiserleichterungen bis hin zur Beweislastumkehr" sprach, wurde der Arztseite von der Rechtsprechung bei Feststellung eines groben Behandlungsfehlers in der Praxis regelmäßig in vollem Umfang der Nachweis auferlegt, dass der grobe Behandlungsfehler nicht zum Eintritt des tatsächlich festgestellten Primärschadens geführt hat (vgl. etwa BGH NJW 1997, 798, 799).

Der BGH hat nun jedoch klargestellt, dass dem Begriff „Beweiserleichterungen" gegenüber der „Beweislastumkehr" keine eigenständige Bedeutung zukomme. Vielmehr führe ein → grober Behandlungsfehler (S. 499) und Entsprechendes gilt auch für die Fälle der → unterlassenen Befunderhebung (S. 815 f.) – der geeignet ist, einen Schaden der tatsächlich eingetretenen Art herbeizuführen, **grundsätzlich zu einer Umkehr der objektiven Beweislast** für den ursächlichen Zusammenhang zwischen dem Behandlungsfehler und dem Gesundheitsschaden (Primärschaden); nahe legen oder wahrscheinlich machen muss der grobe Behandlungsfehler den Schaden dabei nicht (BGH, Urt. v. 27. 4. 2004 – VI ZR 34/03, VersR 2004, 909, 911 = NJW 2004, 2011, 2013 = MedR 2004, 561, 563; Urt. v. 16. 11. 2004 – VI ZR 328/03, NJW 2005, 427, 428 = VersR 2005, 228, 229 = MDR 2005, 572, 573; KG, Urt. v. 7. 3. 2005 – 20 U 398/01, OLGR 2006, 12).

Ein grober Behandlungsfehler kann aber nur insoweit zur Umkehr der Beweislast führen, als sich gerade dasjenige Risiko verwirklicht hat, dessen Nichtbeachtung den Fehler als grob erscheinen lässt (G/G, 5. Aufl., Rz. 257 a. E.). Dies gilt etwa aufgrund verfrühter Entlassung des Patienten nach einer Herzkatheter-Untersuchung für den Eintritt von Komplikationen des Herz-Kreislaufsystems, nicht jedoch, wenn sich der Patient nach der Entlassung eine Infektion zuzieht (BGH NJW 1981, 2513).

Auch bei einem groben Behandlungsfehler greift eine **Beweislastumkehr nicht** ein, soweit es sich um den Eintritt von **Sekundärschäden** im Rahmen der haftungsausfüllenden Kausalität handelt (BGH, Urt. v. 16. 11. 2004 – VI ZR 328/03, VersR 2005, 228, 230 = NJW 2005, 427, 429 = MDR 2005, 572, 573; Urt. v. 15. 3. 2005 – VI ZR 313/03, NJW 2005, 1718, 1719 = VersR 2005, 836, 837; OLG Karlsruhe, Urt. v. 24. 5. 2006 – 7 U 242/05, OLGR 2006, 617, 619; OLG Stuttgart, Urt. v. 4. 6. 2002 – 14 U 86/01, VersR 2003, 253, 254; F/N, Rz. 118, 155; Gehrlein VersR 2004, 1488, 1493 und Rz. B 146; G/G, 5. Aufl., Rz. B 262; L/U, § 110 Rz. 13; S/Pa, Rz. 546, 547).

Dies gilt – als Gegenausnahme – nicht, wenn sich der **Sekundärschaden als typische Folge der Primärverletzung** darstellt (BGH, Urt. v. 16. 11. 2004 – VI ZR 328/03, VersR 2005, 228, 230 = MDR 2005, 572, 573; OLG Stuttgart, Urt. v. 4. 6. 2002 – 14 U 86/01, VersR 2003, 253, 254; Gehrlein VersR 2004, 1488, 1493; F/N Rz. 118, 155; L/U, § 110 Rz. 13; G/G, 5. Aufl., Rz. B 263; s. o.).

Die von der Rechtsprechung entwickelte Beweislastumkehr zu Lasten der Behandlungsseite bei Vorliegen eines groben Behandlungsfehlers soll einen Ausgleich dafür darstellen, dass das Spektrum der für die Schädigung des Patienten in Betracht kommenden Ursachen regelmäßig durch den groben Fehler besonders verbreitet bzw. verschoben worden ist und so eine Sachlage herbeigeführt wurde, die nicht mehr erkennen lässt, ob das ärztliche Versagen oder eine andere Ursache den schädigenden Erfolg (Primärschaden) herbeigeführt hat (vgl. etwa OLG Celle, Urt. v. 18. 2. 2002 – 1 U 44/01, OLGR 2002, 97, 98; Urt. v. 7. 5. 2001 – 1 U 15/00, VersR 2002, 1558, 1561; OLG Karlsruhe, Urt. v. 23. 4. 2004 – 7

U 1/03, VersR 2005, 1246; Hausch VersR 2005, 600, 603; S/Pa, Rz. 515 m. w. N.; F/N Rz. 114).

Allerdings geht der BGH in den letzten Jahren nicht mehr auf die Frage einer „Spektrumsverschiebung" ein und stellt regelmäßig nur noch auf das Vorliegen eines groben Behandlungsfehlers ab (vgl. F/N Rz. 114 m. w. N.).

II. Vorliegen eines groben Behandlungsfehlers

1. Definition

Ein Behandlungsfehler ist nach der teilweise als „nur bedingt tauglich" (S/Pa, Rz. 519) bezeichneten Definition der Rechtsprechung als „grob" zu beurteilen, wenn der Arzt **eindeutig gegen bewährte ärztliche Behandlungsregeln oder gesicherte medizinische Erkenntnisse verstoßen und einen Fehler begangen hat, der aus objektiver Sicht nicht mehr verständlich erscheint, weil er einem Arzt des entsprechenden Fachs schlechterdings nicht unterlaufen darf** (für die gesamte Rspr.: BGH, Urt. v. 27. 4. 2004 – VI ZR 34/03, NJW 2004, 2011, 2013 = VersR 2004, 909, 911 = GesR 2004, 290, 292 = MDR 2004, 1055, 1056 = MedR 2004, 561, 563; Urt. v. 28. 5. 2002 – VI ZR 42/01, VersR 2002, 1026, 1027 = NJW 2002, 2944, 2945 = MedR 2003, 169, 170; BGH, Urt. v. 3. 7. 2001 – VI ZR 418/99, NJW 2001, 2795, 2796 = VersR 2001, 1116, 1117; Urt. v. 19. 6. 2001 – VI ZR 286/00, NJW 2001, 2794 = VersR 2001, 1115; Urt. v. 29. 5. 2001 – VI ZR 120/00, NJW 2001, 2792 = VersR 2001, 1030; OLG Bamberg, Urt. v. 4. 7. 2005 – 4 U 126/03, NJW-RR 2005, 1266, 1267 = OLGR 2005, 616, 618; OLG Brandenburg, Urt. v. 5. 4. 2005 – 1 U 34/04, OLGR 2005, 489, 493; OLG Düsseldorf, Urt. v. 30. 1. 2003 – 8 U 49/02, VersR 2005, 654, 655; OLG Hamm, Urt. v. 11. 10. 2004 – 3 U 93/04, GesR 2006, 30, 31; Urt. v. 30. 5. 2005 – 3 U 297/04, GesR 2005, 462, 463; OLG Jena, Urt. v. 26. 4. 2006 – 4 U 416/05, OLGR 2006, 710, 711; OLG Karlsruhe, Urt. v. 23. 4. 2004 – 7 U 1/03, VersR 2005, 1246; KG, Urt. v. 7. 3. 2005 – 20 U 398/01, OLGR 2006, 12; OLG Koblenz, Urt. v. 5. 8. 2004 – 5 U 250/04, OLGR 2005, 44, 46; OLG München, Urt. v. 6. 4. 2006 – 1 U 4142/05, NJW 2006, 1883, 1885; OLG Nürnberg, Urt. v. 24. 6. 2005 – 5 U 1046/04, MedR 2006, 178, 179; OLG Stuttgart, Urt. v. 4. 2. 2003 – 1 U 85/02, OLGR 2003, 510, 512; F/N Rz. 113; Gehrlein VersR 2004, 1488, 1492 und Gehrlein Rz. B 137, 138; G/G, 5. Aufl., Rz. B 252; Hausch VersR 2002, 671, 674; Jorzig/Feifel GesR 2004, 310, 315 zu den Leitlinien; Müller, VPräsBGH, GesR 2004, 257, 258; S/Pa, Rz. 522; Spickhoff NJW 2004, 1710, 1718; ca. 40 vorliegende Fundstellen aus den Jahren 1990–2001 werden nicht mehr zitiert).

Dies kann etwa der Fall sein, wenn

▷ eindeutig **gebotene Befunde nicht erhoben** werden (BGH, Urt. v. 8. 7. 2003 – VI ZR 304/02, VersR 2003, 1256, 1257 = MDR 2003, 1290 = GesR 2003, 352; OLG Bamberg, Urt. v. 4. 7. 2005 – 4 U 126/03, VersR 2005, 1292, 1293: Klinikeinweisung zur **Herzkatheteruntersuchung** bei Verdacht auf unmittelbar bevorstehenden Herzinfarkt unterlassen; OLG Brandenburg MDR 2002, 171: Diagnostische Abklärung bei V. a. **Hodentorsion** unterlassen; OLG Düsseldorf, Urt. v. 10. 4. 2003 – 8 U 38/02, VersR 2005, 117: CT/MRT unterlassen; OLG Hamm, Urt. v. 17. 11. 2004 – 3 U 277/03, GesR 2005, 70: CRP-Wert nach **Gelenkinfektion** nicht bestimmt; Urt. v. 6. 11. 2002 – 3 U 50/02, VersR 2004, 1321, 1322: Dringend indizierte **Leberpunktion** unterlassen; OLG Karlsruhe, Beschl. v. 24. 6. 2005 – 7 W 28/05, NJW-R 2006, 205, 206 = GesR 2005, 555, 556: Untersuchung der Bauchdecke bei Verdacht auf **Anastomoseninsuffizienz** unterlassen; Urt. v. 20. 6. 2001 – 13 U 70/00, VersR 2002, 1426, 1427: Verdacht einer **Rötelninfektion** einer Schwangeren nicht nachgegangen; Urt. v. 24. 4. 2004 – 7 U 1/03, VersR 2005, 1246: Ultraschalluntersuchung zur **Abklärung** eines **Tumors** unterlassen; KG, Urt. v. 7. 3. 2005 – 20 mU 398/01, OLGR 2006, 12: unterlasene Röntgendiagnostik bei Kahnbeinfraktur; OLG Koblenz, Urt. v. 5. 7. 2004 – 12 U 572/97, NJW 2005, 1200, 1202: **unterlassene Blutzuckerkontrolle** bei Neugeborenem; OLG Köln, Urt. v. 13. 2. 2002 – 5 U 95/01, NJW-RR 2003, 458: Anlegen eines **EKG** und nachfolgend **Defibrillation** unterlassen; OLG München OLGR 1999, 331; vgl. hierzu unten S. 537 ff.),

▷ **auf eindeutige Befunde nicht** nach gefestigten und bekannten Regeln der ärztlichen Kunst **reagiert** wird oder sonst eindeutig gebotene Maßnahmen zur Bekämpfung möglicher, bekannter Risiken unterlassen werden und besondere Umstände fehlen, die den Vorwurf des groben Behandlungsfehlers mildern können (BGH MDR 1983, 1012; OLG Celle, Urt. v. 7. 5. 2001 – 1 U 15/00, VersR 2002, 1558, 1560; OLG Saarbrücken OLGR 2000, 139, 141),

▷ erhobene Befunde nicht oder trotz gegebener Eilbedürftigkeit **verzögert ausgewertet** werden (OLG Hamburg, Urt. v. 13. 8. 2004 – 1 U 5/04, OLGR2004, 543, 545),

▷ objektiv gebotene, sich aufdrängende weiter gehende **differentialdiagnostische Maßnahmen unterlassen** werden (OLG München, Urt. v. 3. 6. 2004 – 1 U 5250/03, OLGR 2005, 790, 791; OLG Oldenburg NJW-RR 2000, 403, 404; OLG Saarbrücken, VersR 2000, 1241, 1243), etwa wenn bei Verdacht auf eine Subarachnoidalblutung (SAB) oder bei Verdacht auf eine komplizierte Gehirnerschütterung mit möglicher Schädelbasisfraktur keine CT-Untersuchung veranlasst wird (BGH VersR 1999, 231 zur SAB; OLG Oldenburg VersR 1997, 1405 zur möglichen Schädelbasisfraktur),

▷ dem Arzt ein „**fundamentaler Diagnoseirrtum**" unterläuft, d. h. Krankheitserscheinungen in völlig unvertretbarer, der Schulmedizin entgegenstehender Weise gedeutet, elementare Kontrollbefunde nicht erhoben oder eine Überprüfung der ersten Verdachtsdiagnose trotz bestehender Veranlassung im weiteren Behandlungsverlauf unterbleibt (BGH, Urt. v. 8. 7. 2003 – VI ZR 304/02, VersR 2003, 1256, 1257; OLG Schleswig, Urt. v. 13. 2. 2004 – 4 U 54/02, GesR 2004, 178, 179; OLG München, Urt. v. 6. 4. 2006 – 1 U 4142/05, NJW 2006, 1883, 1886 = GesR 2006, 266, 269, im entschiedenen Fall verneint; Urt. v. 3. 6. 2004 – 1 U 5250/03, OLGR 2005, 790, 791: **cerebrale Zirkulationsstörung** ohne weiter gehende Befunderhebung als „**komplizierte Migräne**" diagnostiziert; Müller GesR 2004, 257, 259; s. u. S. 527 ff.),

▷ der Arzt sich ohne vorherige Aufklärung mit dem Patienten über Methoden der Schulmedizin hinwegsetzt und eine **Außenseitermethode** zur Anwendung bringt (OLG Koblenz NJW 1996, 1600),

▷ ein Arzt durch eine **unzutreffende Darstellung des Untersuchungsergebnisses** verhindert, den Ursachenzusammenhang der Erkrankung durch eine Operation zu klären (OLG Oldenburg VersR 1999, 1284).

Beruft sich der **Chirurg**, der in grob fehlerhafter Weise die Fertigung einer **Röntgenaufnahme unterlassen** und dadurch einen **Bruch übersehen** hat, darauf, bei richtiger und rechtzeitiger Diagnose hätte in gleicher Weise mit den im Wesentlichen gleichen nachteiligen Folgen für den Patienten vorgegangen werden können, ist er hierfür **beweispflichtig;** insbesondere gehen Zweifel hinsichtlich des vormals bestehenden Ausmaßes der übersehenen Fraktur zu seinen Lasten (OLG München, Urt. v. 25. 4. 2002 – 1 U 5866/99, OLGR 2004, 108).

Bei der Prüfung, ob ein grober Behandlungsfehler vorliegt, hat eine etwaige **Verletzung** der ärztlichen **Aufklärungspflicht außer Betracht** zu bleiben. Selbst im Sprachgebrauch der Rspr. unbekannte „grobe Aufklärungsfehler" führen nicht zu Beweiserleichterungen (BGH NJW 1987, 2291; OLG Hamburg VersR 2000, 190, 191; F/N, Rz. 116 a. E., 209; G/G, 5. Aufl., Rz. C 130, C 149).

2. Beurteilung eines Behandlungsfehlers als „grob"

Bei der Beurteilung eines Behandlungsfehlers als „grob" handelt es sich um eine juristische Wertung, die dem Tatrichter, beim Landgericht i. d. R. in Kammerbesetzung obliegt (vgl. § 348 I Nr. 2 e ZPO n. F.; vgl. OLG Karlsruhe, Beschl. v. 24. 6. 2005 – 7 W 28/05, NJW-RR 2006, 205, 206 = GesR 2005, 555 = OLGR 2005, 753: grundsätzlich nicht durch den Einzelrichter). Die **wertende Entscheidung** muss aber auf ausreichenden tatsächlichen Feststellungen beruhen, die sich auf die medizinische Bewertung des Behandlungsgeschehens durch einen vom Gericht beauftragten, medizinischen Sachverständigen stützen und auf dieser Grundlage die juristische Gewichtung des ärztlichen Vorgehens als grob behandlungsfehlerhaft zu tragen vermögen. Es ist dem Tatrichter nicht gestattet, ohne entsprechende medizinische **Darlegungen des Sachverständigen** einen groben Behandlungsfehler aus eigener Wertung zu bejahen (zuletzt für alle: BGH, Urt. v. 27. 4. 2004 – VI ZR 34/03, NJW 2004, 2011 = GesR 2004, 290; Urt. v. 25. 11. 2003 – VI ZR 8/03, NJW 2004, 1452, 1453; Urt. v. 19. 6. 2001 – VI ZR 286/00, MDR 2001, 1113 = NJW 2001, 2794, 2795 = VersR 2001, 1115, 1116; OLG Jena, Urt. v. 26. 4. 2006 – 4 U 416/05, OLGR 2006, 710, 711; zusammenfassend und bewertend Hausch VersR 2002, 671 ff.; G/G, 5. Aufl., Rz. B 255; S/Pa, Rz. 518 a, 603).

Erst recht darf der Tatrichter das Vorliegen eines groben Behandlungsfehlers nicht entgegen den fachlichen Ausführungen des medizinischen Sachverständigen bejahen (BGH, Urt. v. 29. 5. 2001 – VI ZR 120/00, NJW 2001, 2792, 2793 = MDR 2001, 1115 = VersR 2001, 1030, 1031). Der Tatrichter sollte aber im Urteil zum Ausdruck bringen, dass er selbst und nicht der beauftragte Sachverständige die Wertung eines Behandlungsfehlers aufgrund der vorliegenden Fakten als „grob" getroffen hat (F/N, Rz. 116).

Unterbleibt die **gebotene Hinzuziehung eines Sachverständigen** – ggf. in Form der mündlichen Erläuterung eines bereits schriftlich erstatteten Gutachtens –, so liegt hierin ein erheblicher Verfahrensfehler, der jedenfalls nach § 539 ZPO a. F. zur Aufhebung und Zurückverweisung in die erste Instanz führen konnte (OLG Zweibrücken MedR 1999, 272; OLG Karlsruhe OLGR 2002, 403; vgl. auch BGH, Beschl. v. 10. 5. 2005 – VI ZR 245/04, VersR 2005. 1555, 1556: auf Antrag einer Partei, der keiner besonderen Begründung bedarf, ist der Sachverständige zur Erläuterung seines schriftlichen Gutachtens zu laden; BGH, Urt. v. 29. 10. 2002 – VI ZR 353/01, MDR 2003, 168: auch wenn das Gericht selbst keinen Erläuterungsbedarf sieht; KG, Urt. v. 26. 4. 2004 – 20 U 57/03, OLGR 2004, 463: auf Antrag einer Partei ist das Gericht zur Vorladung des Sachverständigen verpflichtet; vgl. hierzu unten → *Sachverständigenbeweis*, S. 692 ff.).

Ein **grober Behandlungsfehler scheidet aus**, wenn der Sachverständige **Zweifel** an einem Fehlverhalten des Arztes äußert (G/G, 5. Aufl., Rz. B 255), er dessen Entscheidung, den Patienten nach eingetretener Infektion eines arthroskopierten Kniegelenks nicht sofort zu operieren, als „zwar nicht ideal und nach seiner persönlichen Auffassung nicht zu rechtfertigen" bezeichnet, gleichzeitig aber darlegt, dass dies eine „verbreitete Haltung" und die getroffene **Entscheidung „nicht grob fahrlässig"** sei (BGH, Urt. v. 29. 5. 2001 – VI ZR 120/00, NJW 2001, 2792, 2793 = VersR 2001, 1030, 1031), der Sachverständige die ungezielte Gabe von Antibiotika vor der Feststellung der Erreger einer Infektion für falsch, aber „nicht grob fahrlässig" erachtet (BGH, Urt. v. 29. 5. 2001 – VI ZR 120/00, NJW 2001, 2792, 2793 = VersR 2001, 1030, 1031), er dem Arzt eine „Grenzsituation" bzw. „**keine krasse Fehlentscheidung"** attestiert oder das Versäumnis, eine CT-Untersuchung durchzuführen, **knapp unter der Schwelle von „unverzeihlich"** und „schlechterdings nicht nachvollziehbar" einordnet (BGH NJW 1999, 862; Gehrlein, Rz. B 139).

Ebenso wenig reicht die Formulierung des Sachverständigen „**dies müsste jeder behandelnde Arzt wissen"** (BGH, Urt. v. 27. 3. 2001 – VI ZR 18/00, NJW 2001, 2791 = VersR 2001, 859; Hausch VersR 2002, 671, 675; Jorzig GesR 2004, 225), das negative Ergebnis sei „**vermeidbar fehlerhaft"** (BGH VersR 1996, 1148), es läge ein Behandlungsfehler vor, der „**eigentlich nicht passieren darf"** (OLG Naumburg, Urt. v. 26. 4. 2004 – 1 U 2/04, GesR 2004, 225), die unterlassene Untersuchung sei „**klar und selbstverständlich notwendig"** gewesen (BGH VersR 1995, 46; Hausch VersR 2002, 671, 675), die bloße Weiterführung einer konservativen Behandlung sei trotz immer wieder auftretender Rötungen und einiger eitriger Sekretionen „**nicht angängig"** gewesen (BGH, Urt. v. 28. 5. 2002 – VI ZR 42/01, NJW 2002, 2944, 2945 = VersR 2002, 1026, 1027 = MDR 2002, 1120; Jorzig GesR 2004, 225), es läge „**zweifellos eine Abweichung vom Standard"** vor, wobei der Sachverständige die Frage nach der „Unverständlichkeit" des ärztlichen Verhaltens nicht beantworten könne (BGH, Urt. v. 28. 5. 2002 – VI ZR 42/01, NJW 2002, 2944, 2945 = VersR 2002, 1026, 1027), die durchgeführte Behandlung sei „**undurchdacht und falsch"** (BGH, Urt. v. 28. 5. 2002 – VI ZR 42/01, VersR 2002, 1026, 1028) für eine Beweislastumkehr aus.

3. Gesamtbetrachtung bzw. „Gesamtschau"

Die unter Würdigung der Ausführungen des medizinischen Sachverständigen vorzunehmende Beurteilung, ob ein ärztlicher Behandlungsfehler grob ist, erfordert grundsätzlich eine Gesamtbetrachtung des Behandlungsgeschehens (BGH MDR 1998, 655).

Auch eine „Gesamtbetrachtung" mehrerer „einfacher" Behandlungsfehler kann dazu führen, dass das ärztliche Vorgehen zusammen gesehen als grob fehlerhaft zu bewerten ist (BGH, Urt. v. 29.05. 2001 – VI ZR 120/00, NJW 2001, 2792, 2793 = VersR 2001, 1030, 1031; Urt. v. 16. 5. 2000 – VI ZR 321/98, NJW 2000, 2741 = VersR 2000, 1146, 1147; VersR 1998, 585, 586; VersR 1988, 495; OLG Celle, Urt. v. 7. 5. 2001 – 1 U 15/00, VersR 2002, 1558, 1562; OLG Hamm, Urt. v. 11. 10. 2004 – 3 U 93/04, GesR 2006, 30, 31; OLG Koblenz, Urt. v. 5. 8. 2004 – 5 U 250/04, OLGR 2005, 44, 46; OLG Köln, Urt. v. 30. 1. 2002 – 5 U 106/01, VersR 2003, 1444; OLG Oldenburg, Urt. v. 3. 12. 2002 – 5 U 100/00, OLGR 2003, 82, 84 = VersR 2003, 1544, 1545; OLG Stuttgart, Urt. v. 25. 5. 2004 – 1 U 5/04: Fünf einfache Behandlungsfehler bei einer Geburt als ein insgesamt „grober Fehler"; OLG Stuttgart VersR 2001, 1560, 1562; VersR 1999, 582, 583; VersR 1997, 700; Gehrlein VersR 2004, 1488, 1493; Müller MedR 2001, 487, 490; S/Pa, Rz. 523).

Es ist dann Sache der Behandlungsseite, darzulegen und zu beweisen, dass die festgestellten, „einfachen" Behandlungsfehler einzeln oder insgesamt den Primärschaden nicht herbeigeführt haben (OLG Köln NJW-RR 1991, 800; OLG Oldenburg, Urt. v. 8. 6. 1993 – 5 U 117/92; OLG Stuttgart VersR 1990, 858; VersR 1997, 700; VersR 1999, 582, 583).

So wurde eine über mehrere Stunden dauernde Geburtsleitung im Rahmen der angestellten Gesamtwürdigung als insgesamt grob fehlerhaft angesehen, wenn die Hebamme nach vorzeitigem Einsetzen der Wehentätigkeit den behandelnden Arzt 30 Minuten zu spät herbeiruft, der Arzt das CTG keiner Prüfung unterzieht, die Schnittentbindung weitere 25 Min. verspätet beginnt und sich hernach nicht mehr aufklären lässt, ob die bei dem entbundenen Kind eingetretenen Dauerschäden (hier: spastische Tetraplegie, Hypotonie und Optikusatrophie) auf die insgesamt eingetretene Zeitverzögerung von knapp einer Stunde zurückzuführen sind (BGH, Urt. v. 16. 5. 2000 – VI ZR 321/98, VersR 2000, 1146, 1147 = NJW 2000, 2737, 2739).

Eine Beweislastumkehr kommt dabei nicht nur für ärztliche Behandlungsfehler, sondern auch für Fehler der eingesetzten Hebamme (BGH NJW 2000, 2737, 2739: Verkennt pathologisches CTG; BGH NJW 1995, 1611, 1612) und sonstiges Pflegepersonal in Betracht (OLG Oldenburg VersR 1997, 749; NJW-RR 2000, 762; OLG München VersR 1997, 977; OLGR 2000, 34; offengelassen bei BGH NJW 1998, 2737, 2739).

Es darf in einer Geburtsklinik auch nicht vorkommen, dass ein zwar nach dem äußeren Erscheinungsbild gesund zur Welt gekommenes, aber durch den Ablauf der Geburt gefährdetes Kind mit Zeichen dieser Gefährdung, etwa stöhnender oder in sonstiger Weise gestörter Atmung, über einen Zeitraum von mehr als einer Stunde ohne ärztliche Betreuung bleibt, etwa weil der Klinikträger keine oder nur mangelhafte Vorkehrungen für neonatologische Notfälle getroffen und nicht geregelt hat, wann eine Säuglingsschwester das Kind zu kontrollieren und welchen Arzt sie erforderlichenfalls zu verständigen hat (OLG Stuttgart VersR 2001, 1560, 1562 f.). Fehlt eine zur **Sicherung der Verlaufsbeobachtung** und Weiterbehandlung gebotene Dokumentation, so handelt es sich nicht nur um einen Dokumentationsmangel, der dazu führen kann, dass dem Patienten der hierdurch erschwerte Beweis eines einfachen Behandlungsfehlers erleichtert wird, sondern **auch** um einen **Behandlungsfehler**, der zusammen mit weiteren Versäumnissen, etwa dem Fehlen einer weiteren diagnostischen Abklärung oder einer an sich gebotenen Entscheidung für einen operativen Eingriff, als grob angesehen werden kann (OLG Stuttgart VersR 1997, 700).

Wird anstatt einer indizierten Schnittentbindung bei **Beckenendlage** oder bestehenden Hinweisen auf eine Beckenverengung eine Vakuumextraktion durchgeführt, bei der es zu einer **Schulterdystokie** (Ausfall der Spinalnervenwurzeln im Halsbereich) kommt, liegt zunächst ein einfacher Behandlungsfehler vor (OLG Stuttgart VersR 1999, 582; auch BGH MDR 1989, 437; OLG Düsseldorf NJW 1997, 2457; OLG Hamm VersR 1997, 1403). Kann infolge unterbliebener Dokumentation nicht mehr festgestellt werden, wie die Schulterdystokie gelöst worden ist, lässt dies zugunsten des klagenden Kindes die **Vermutung** zu, dass dabei **nicht lege artis** vorgegangen worden ist (OLG Stuttgart VersR 1999, 582, 583; auch BGH VersR 1995, 706; S/Pa, Rz. 467).

Wurde bei der Vakuumextraktion daneben noch der bei Eintritt einer **Schulterdystokie** gebotene **Scheidendammschnitt unterlassen**, so ist eine Umkehr der Beweislast hinsichtlich der Schadensursächlichkeit aus dem Gesichtspunkt der Gesamtbetrachtung der beschriebenen, einzelnen Fehler gerechtfertigt (OLG Stuttgart VersR 1999, 582, 583; OLG Oldenburg VersR 1993, 1235: Unterlassung des Scheidendammschnitts bereits grob fehlerhaft).

Zutreffend hat das OLG Stuttgart (Urt. v. 25. 5. 2004 – 1 U 5/04) auch die nachfolgenden jeweils „nur" einfachen Behandlungsfehler in der **Gesamtschau als grob** beurteilt: Die Schwangere wurde nach der Aufnahme im Kreiskrankenhaus lediglich von einer Hebamme, jedoch **nicht zeitnah durch einen Arzt untersucht**. Im Anschluss an die Aufnahme ist die Durchführung einer **Fetometrie (intrauterine Messung, meist durch Ultraschall) unterblieben**, obwohl das voraussichtliche Geburtsgewicht nicht eindeutig bestimmt werden konnte. Das äußere Überdrehen des kindlichen Kopfes zur Lösung einer eingetretenen Schulterdystokie wurde wiederum von einer Hebamme und nicht der anwesenden Ärztin vorgenommen. Der weitere Versuch, diese zu lösen, wurde **von der Ärztin nicht vollständig korrekt** durchgeführt. Nach dem Eintritt der Schulterdystokie wurde weder für eine Analgesie noch für eine Notfalltokolyse Sorge getragen, wodurch ein effizientes Manöver zur Lösung der Schulterdystokie erschwert worden ist.

Versäumnisse bei einer Geburt rechtfertigen aber weder einzeln noch in der Gesamtschau eine Beweislastumkehr in der Kausalitätsfrage, wenn es nach Lage der Dinge völlig bzw. **äußerst unwahrscheinlich** ist, dass sie schadensursächlich waren (OLG Koblenz, Urt. v. 5. 8. 2004 – 5 U 250/04, OLGR 2005, 44, 46: „Mehr als zweifelhaft" bzw. „Unsicherheit, ob der Schaden auf einen groben Behandlungsfehler zurückgeht"; auch OLG Karlsruhe, Urt. v. 23. 4. 2004 – 7 U 1/03, VersR 2005, 1246: wenn es äußerst unwahrscheinlich ist, das sich bei rechtzeitiger Diagnostik ein für den Patienten günstigeres Ergebnis eingestellt hätte; s. u. S. 513 ff.).

Aus der **Kumulation von Behandlungsfehlern eines HNO-Facharztes** im Rahmen einer Mandeloperation kann sich ebenfalls ein grober Behandlungsfehler ergeben. Dies ist etwa der Fall, wenn elementare laborchemische Befunde nicht erhoben werden, eine Standardmaßnahme wie das Legen eines zentralvenösen Zugangs nicht veranlasst wird und nach Durchführung der Mandeloperation auch keine HNO-fachärztliche Kontrolluntersuchung durchgeführt wird (OLG Celle, Urt. v. 7. 5. 2001 – 1 U 15/00, VersR 2002, 1558, 1562).

Dem HNO-Facharzt obliegt dann die Beweislast, dass der beim Patienten eingetretene Herzstillstand (Primärschaden) nach der Aspiration arteriellen Blutes nach dem Auftreten einer starken Nachblutung im Bereich der operierten Stelle nicht durch die festgestellten einfachen Behandlungsfehler einzeln oder insgesamt verursacht worden ist (OLG Celle, Urt. v. 7. 5. 2001 – 1 U 15/00, VersR 2002, 1558, 1559/1562).

Legt der niedergelassene Urologe in kurzer Folge bei einem Patienten wiederholt suprapubische Katheder, deren Verwendbarkeit wegen **mehrjähriger Überschreitung des Verfallsdatums** (zwei bzw. drei Jahre) unzulässig war, handelt es sich in der Gesamtschau um einen „groben Behandlungsfehler" (OLG Köln, Urt. v. 30. 1. 2002 – 5 U 106/01, VersR 2003, 1444).

Tritt in einer Klinik eine **Streptokokkeninfektion** auf, ist die Klinikleitung verpflichtet, dies den Chefärzten mitzuteilen, um ggf. einen **OP-Stopp für alle elektiven Eingriffe** und die unverzügliche Behandlung betroffener Patienten nach Kenntnis des Erregers zu veranlassen. Versäumt die Klinikleitung die Mitteilung auch nach erneutem Auftreten von Streptokokken, so stellt jedenfalls dieser wiederholte Pflichtenverstoß einen „groben Behandlungsfehler" dar (OLG Oldenburg, Urt. v. 3. 12. 2002 – 5 U 100/00, OLGR 2003, 82, 84 f. = VersR 2003, 1544, 1545).

Der Gesamtbeurteilung eines ärztlichen Vorgehens als grober Behandlungsfehler kann es jedoch entgegenstehen, wenn der medizinische Sachverständige zwar die ärztliche Versorgung in einzelnen Punkten nicht für optimal hält, seine Ausführungen aber erkennen lassen, dass die getroffenen **Maßnahmen „im Großen und Ganzen" sachgerecht** waren und nur mit geringfügiger Verzögerung durchgeführt worden sind (OLG Düsseldorf VersR 1997, 490).

Dies gilt etwa bei der Behandlung einer Knieinfektion, wenn zwar nicht unmittelbar nach der stationären Aufnahme ein wirksames Breitbandantibiotikum verordnet und eine am nächsten Tag gebotene Arthroskopie durchgeführt wird, aber auch eine zeit- und sachgerechte Behandlung ein schwer geschädigtes, schmerzhaftes und auf Dauer zunehmend funktionell unbrauchbares Gelenk hinterlassen hätte, wobei es bei sofortiger Anwendung des Breitbandantibiotikums voraussichtlich zur Entwicklung resistenter Keime oder zu allergischen Reaktionen gekommen wäre und die Operation sowie die Gabe eines gegen den bestimmten Keim wirksamen Medikaments mit einer Verzögerung von („nur") einem bzw. zwei Tagen erfolgt sind (OLG Düsseldorf VersR 1997, 490, 491).

Die Annahme eines **groben Behandlungsfehlers** bei der operativen Versorgung eines Oberschenkels nach schweren Frakturen und Gefäßzerreißungen im Anschluss an einen Verkehrsunfall **scheidet** bei einer Gesamtbetrachtung des Behandlungsgeschehens trotz mehrerer, einfacher Behandlungsfehler **aus**, wenn es um eine **schwierige Versorgung eines sehr schwer verletzten Patienten** im Rahmen eines Notfalls geht und die schließlich erforderliche Amputation des schwer verletzten Oberschenkels auch unter optimalen Bedingungen kaum verhindert werden konnte (BGH NJW 1988, 1511, 1512).

III. Generelle Eignung, Mitursächlichkeit, Teilkausalität

1. Generelle Eignung zur Herbeiführung des Primärschadens

Liegt ein grober Behandlungsfehler vor, so ist es für die Annahme einer Beweislastumkehr zwischen dem Behandlungsfehler und dem Eintritt des Primärschadens (Körper- oder Gesundheitsschaden) ausreichend, wenn der grobe Behandlungsfehler **generell geeignet** ist, diesen konkreten Gesundheitsschaden hervorzurufen. Nahelegen oder Wahrscheinlichmachen muss der Fehler den Schaden hingegen nicht (zuletzt für alle BGH, Urt. v. 16. 11. 2004 – VI ZR 328/ 03, NJW 2005, 427, 428 = VersR 2005, 228, 229; Urt. v. 27. 4. 2004 – VI ZR 34/ 03, NJW 2004, 2011 = VersR 2004, 909 = GesR 2004, 290 = MDR 2004, 1055; OLG Jena, Urt. v. 26. 4. 2006 – 4 U 416/05, OLGR 2006, 710, 711; OLG Karlsruhe, Urt. v. 15. 1. 2006 – 7 U 36/05, OLGR 2006, 339, 340; Urt. v. 24. 5. 2006 – 7 U 242/05, OLGR 2006, 617, 618; F/N, Rz. 116, 120; Gehrlein VersR 2004, 1488, 1493; G/G, 5. Aufl., Rz. B 258; Müller MedR 2001, 487, 490).

Die generelle Eignung wird nicht durch solche Ursächlichkeitszweifel in Frage gestellt, die sich aus dem konkreten Geschehensablauf herleiten lassen; vielmehr genügt es, dass **nicht von vornherein ausgeschlossen** werden kann, dass der Arztfehler als – nicht unbedingt nahe liegende oder gar typische – Ursache für den Gesundheitsschaden in Frage kommt (OLG Saarbrücken VersR 2000, 1241, 1243 a. E.; auch BGH NJW 1983, 333). Ein **bloß theoretisch denkbarer Zusammenhang**, der ohnehin fast nie ausgeschlossen werden kann, reicht jedoch nicht aus (BGH VersR 1982, 1193 = MDR 1983, 219; OLG Karlsruhe, Urt. v. 25. 1. 2006 – 7 U 36/05, OLGR 2006, 339, 340; Urt. v. 12. 5. 2004 – 7 U 204/98, OLGR 2004, 320, 321; F/N, Rz. 116).

So ist das **Unterlassen des – zu dokumentierenden – Hinweises** auf eine innerhalb von 48 Stunden erforderliche **Netzhautuntersuchung** durch einen Allgemeinarzt zur Abklärung des Verdachts auf eine hintere Glaskörperabhebung grob fehlerhaft (OLG Karlsruhe, Urt. v. 25. 1. 2006 – 7 U 36/05, OLGR 2006, 339, 340 im Anschluss an BGH, Urt. v. 16. 11. 2004 – VI ZR 328/03, VersR 2005, 228, 229). Eine Beweislastumkehr scheidet aber aus, wenn der vom Gericht bestellte Sachverständige ausführt, die durch den falschen oder unterbliebenen Rat des Arztes eingetretene Verzögerung von zwei bis drei Tagen sei für die beim Patienten eingetretene Netzhautablösung „**ohne Bedeutung**", der grobe Behandlungsfehler damit im konkreten Fall **nicht geeignet**, den eingetretenen Primärschaden zu verursachen (OLG Karlsruhe, Urt. v. 25. 1. 2006 – 7 U 36/05, OLGR 2006, 339, 341; u. E. auf der Stufe „äußerst unwahrscheinlich" zu lösen, da eine Mitursächlichkeit im entschiedenen Fall wohl nicht auszuschließen war).

Andererseits ist die Eignung für den Primärschaden zu bejahen, wenn das Kind bei Durchführung der gebotenen, schuldhaft unterlassenen sectio mit einer **Wahrscheinlichkeit von 50 %** gesund zur Welt gekommen wäre (BGH NJW 1997, 794; Gehrlein Rz. B 141) oder sich das Ausmaß der Körper- oder Gesundheitsschäden bei rechtzeitiger Geburtseinleitung deutlich verringert hätte (BGH, Urt. v. 16. 5. 2000 – VI ZR 321/98, VersR 2000, 1146, 1147 = NJW 2000, 2737, 2738; Gehrlein Rz. B 141).

Nur wenn ein kausaler Zusammenhang zwischen dem groben Behandlungsfehler und dem Eintritt des Primärschadens „**gänzlich unwahrscheinlich**" ist, insbesondere, wenn dieser mit Sicherheit auf andere Umstände zurückgeführt werden kann, kommen Erleichterungen für den Kausalitätsnachweis zugunsten des Patienten nicht (mehr) in Betracht (BGH, Urt. v. 27. 4. 2004 – VI ZR 34/03, VersR 2004, 909, 911 = NJW 2004, 2011, 2012 = MedR 2004, 561, 563: „gänzlich bzw. äußerst unwahrscheinlich"; VersR 1995, 706, 708 und VersR 1996, 1535, 1536: gänzlich unwahrscheinlich; VersR 1995, 46, 47: in hohem Maß unwahrscheinlich; BGH VersR 1998, 585, 586 und VersR 1997, 362, 364: äußerst unwahrscheinlich; OLG Brandenburg, Urt. v. 5. 4. 2005 – 1 U 34/04, OLGR 2005, 489, 492: Kausalzusammenhang nicht ganz unwahrscheinlich; Urt. v. 8. 4. 2003 – 1 U 26/00, MedR 2004, 226, 230: eine Erfolgschance von 10 % ist nicht ganz unwahrscheinlich; OLG Celle, Urt. v. 7. 5. 2001 – 1 U 15/00, VersR 2002, 1558, 1562 = MDR 2002, 881, 882: nur wenn jeglicher Kausalzusammenhang äußerst unwahrscheinlich ist; OLG Düsseldorf, Urt. v. 30. 1. 2003 – 8 U 49/02, VersR 2005, 654, 655: gänzlich unwahrscheinlich; Urt. v. 6. 3. 2003 – 8 U 22/02, NJW-RR 2003, 1333, 1335: in hohem Maß unwahrscheinlich; OLG Hamm, Urt. v. 6. 11. 2002 – 3 U 50/02, VersR 2004, 1321, 1322: 10-%-Chance nicht gänzlich oder äußerst unwahrscheinlich; Urt. v. 29. 1. 2003 – 3 U 186/01: jeglicher Ursachenzusammenhang muss äußerst unwahrscheinlich sein; Urt. v. 2. 4. 2001 – 3 U 160/00, OLGR 2002, 217, 219; Urt. v. 24. 10. 2001 – 3 U 123/00, OLGR 2002, 286, 287: gänzlich bzw. äußerst unwahrscheinlich; VersR 1999, 488; VersR 1996, 197; OLG Karlsruhe, Urt. v. 23. 4. 2004 – 7 U 1/03, VersR 2005, 1246: „gänzlich" bzw. „äußerst unwahrscheinlich"; Urt. v. 26. 11. 2003 – 7 U 63/02, OLGR 2004, 323, 325; Urt. v. 24. 5. 2006 – 7 U 242/05, OLGR 2006, 617, 618 und Urt. v. 12. 5. 2004 – 7 U 204/98, OLGR 2004, 320, 321: „in hohem Maß unwahrscheinlich"; OLG Koblenz, Urt. v. 5. 8. 2004 – 5 U 250/04, MedR 2005, 258, 360 = OLGR 2005, 44, 46: gänzlich unwahrscheinlich; OLG Oldenburg, Urt. v. 12. 6. 2001 – 5 U 185/00, OLGR 2002, 16, 19: außerordentlich unwahrscheinlich; OLG Schleswig, Urt. v. 10. 9. 2004 – 4 U 31/97, OLGR 2005, 273, 275: äußerst unwahrscheinlich; OLG Saarbrücken VersR 2000, 1241, 1244;

OLG Stuttgart, Urt. v. 11. 6. 2002 – 14 U 83/01, OLGR 2002, 443, 445 = VersR 2003, 376, 377: gänzlich unwahrscheinlich; Urt. v. 20. 3. 2001 – 14 U 41/99, OLGR 2002, 142, 145; OLGR 2002, 116, 119: kausale Zuordnung darf nicht ganz unwahrscheinlich sein; Gehrlein VersR 2004, 1488, 1493; G/G, 5. Aufl., Rz. B 259; S/Pa, Rz. 520).

Dabei unterbricht auch ein **Fehlverhalten Dritter**, etwa eines nachfolgenden Arztes, den Zurechnungszusammenhang regelmäßig nicht. Selbst **grobe Fehler des Nachbehandlers** sind dem Erstbehandler regelmäßig zuzurechnen. Die Grenze, bis zu welcher der Erstschädiger, sei es ein Unfallverursacher, sei es der fehlerhaft behandelnde Arzt, dem Patienten für die Folge einer späteren fehlerhaften ärztlichen Behandlung einzustehen hat, wird in aller Regel erst dann überschritten, wenn es um die Behandlung einer Krankheit geht, die mit dem Anlass für die Erstbehandlung **in keinem inneren Zusammenhang** steht (BGH, Urt. v. 6. 5. 2003 – VI ZR 259/02, VersR 2003, 1128, 1130 = NJW 2003, 2311, 2314 = GesR 2003, 267, 269 = MedR 2004, 51, 53; OLG München, Urt. v. 27. 3. 2003 – 1 U 4449/02, VersR 2005, 89: nur äußerlicher, gleichsam zufälliger Zusammenhang; OLG Saarbrücken OLGR 2000, 139, 143), wenn der die Zweitschädigung herbeiführende Arzt **in außergewöhnlich hohem Maß** die an ein gewissenhaftes ärztliches Verhalten zu stellenden Anforderungen außer Acht gelassen hat (BGH, Urt. v. 6. 5. 2003 – VI ZR 259/02, VersR 2003, 1128, 1130 = NJW 2003, 2311, 2314; NJW 1989, 767, 768; OLG Köln, Urt. v. 12. 1. 2005 – 5 U 96/03, OLGR 2005, 159, 160; Urt. v. 23. 1. 2002 – 5 U 85/01, VersR 2003, 860, 861; VersR 1994, 987; OLG Oldenburg VersR 1998, 1110, 1111; OLG Saarbrücken VersR 2000, 1241, 1244), das **Verhalten** des nachbehandelnden Arztes nur als **völlig ungewöhnlich und unsachgemäß** bewertet werden (OLG Brandenburg, Urt. v. 8. 4. 2003 – 1 U 26/00, VersR 2004, 1050, 1053; OLG München, Urt. v. 27. 3. 2003 – 1 U 4449/02, VersR 2005, 89: völlig ungewöhnlich oder in außerordentlichem Umfang pflichtwidrig) bzw. der Arzt derart gegen alle ärztlichen Regeln und Erfahrungen verstoßen hat, dass der eingetretene Schaden seinem Handeln haftungsrechtlich-wertend allein zugeordnet werden muss (BGH, Urt. v. 6. 5. 2003 – VI ZR 259/02, VersR 2003, 1128, 1130 = NJW 2003, 2311, 2314; NJW 1989, 767; OLG Köln, Urt. v. 12. 1. 2005 – 5 U 96/03, OLGR 2005, 159, 160; Urt. v. 23. 1. 2002 – 5 U 85/01, VersR 2003, 860, 861).

Zur Unterbrechung des Zurechnungszusammenhangs wird also ein Versagen des nachbehandelnden Arztes „im oberen Bereich des groben Behandlungsfehlers" vorausgesetzt (Gehrlein Rz. B 77, 108; vgl. hierzu → *Arbeitsteilung*, S. 55 ff.).

2. Mitursächlichkeit; Teilkausalität

a) Mitursächlichkeit

Ist der **grobe Behandlungsfehler** als solcher geeignet, den eingetretenen Primärschaden **zumindest mitursächlich** herbeizuführen, bleibt es Sache der Arztseite zu beweisen, dass es an der Kausalität zwischen der Pflichtverletzung und dem Eintritt des Primärschadens fehlt (BGH, Urt. v. 16. 11. 2004 – VI ZR 328/03, NJW 2005, 427, 428 = VersR 2005, 228, 229; Urt. v. 27. 4. 2004 – VI ZR 34/03,

VersR 2004, 909, 911 = MedR 2004, 561, 563; NJW 2000, 2741, 2742; OLG Brandenburg, Urt. v. 8. 11. 2000 – 1 U 6/99, VersR 2001, 1241, 1243; OLG Celle, Urt. v. 18. 2. 2002 – 1 U 44/01, NJW-RR 2002, 1603 = MDR 2002, 881, 882; OLG Naumburg NJW-RR 2002, 312, 314; Gehrlein VersR 2004, 1488, 1493).

Auch eine Mitursächlichkeit, sei es auch nur als „Auslöser" neben erheblichen anderen Umständen bzw. weiteren Faktoren wie einer fortschreitenden Arthrose, der nicht vom Arzt zu vertretenden Verzögerung krankengymnastischer Maßnahmen und einer möglichen fehlerhaften Einstellung der Antetorsion bei einer Hüftgelenksoperation steht der Alleinursächlichkeit haftungsrechtlich in vollem Umfang gleich (BGH, Urt. v. 19. 4. 2005 – VI ZR 175/04, NJW-RR 2005, 897, 898; NJW 2002, 504 = VersR 2002, 200; VersR 2000, 1282, 1283 = NJW 2000, 3423, 3425: zur fehlerhaften Einstellung der Antetorsion; OLG Celle, Urt. v. 18. 2. 2002 – 1 U 44/01, OLGR 2002, 97, 98 = NJW-RR 2002, 1603: Mitursächlichkeit genügt; OLG Hamburg, Urt. v. 26. 11. 2004 – 1 U 67/ 04, OLGR 2005, 101, 102; OLG Schleswig, Urt. v. 10. 9. 2004 – 4 U 31/97, OLGR 2005, 273, 275: Mitursächlichkeit des Behandlungsfehlers genügt, um dem Arzt den gesamten Schaden zuzurechnen; OLG Stuttgart, Urt. v. 11. 6. 2002 – 14 U 83/01, VersR 2003, 376: Überbeatmung eines Säuglings nach Sauerstoffmangel während der Geburt).

So genügt etwa die Mitursächlichkeit einer **fehlerhaft verzögerten Geburtseinleitung** für die hierauf beruhende **zeitweise Sauerstoffunterversorgung**, die zu einem hypoxischen Hirnschaden des Kindes führt, wenn dieser Behandlungsfehler feststeht, aber auch eine schicksalhaft bedingte Frühgeburt als Mitursache in Betracht kommt (OLG Schleswig, Urt. v. 10. 9. 2004 – 4 U 31/97, OLGR 2005, 273, 275).

Auch die neben ein **schicksalhaft bedingtes Tumorrezidiv** tretende Mitursächlichkeit einer behandlungsfehlerhaften Strahlenbehandlung begründet die haftungsrechtliche Einstandspflicht der Behandlungsseite für den Primärschaden – im entschiedenen Fall dem Tod – des Patienten (OLG Hamburg, Urt. v. 26. 11. 2004 – 1 U 67/04, OLGR 2005, 101, 102).

Die volle Haftung der Behandlungsseite ist auch dann zu bejahen, wenn der Schaden auf einem Zusammenwirken körperlicher Vorschäden und dem durch die fehlerhafte Behandlung ausgelösten Primärschaden beruht, ohne dass die Vorschäden „richtunggebend verstärkt" – einem Begriff aus dem Sozialrecht – werden (BGH, Urt. v. 19. 4. 2005 – VI ZR 175/04, NJW-RR 2005, 897, 898).

b) Teilkausalität

Eine Beweislastumkehr bei grobem Behandlungsfehler kommt nur dann für eine bloße Mitursächlichkeit nicht mehr in Betracht, wenn ein Fall **abgrenzbarer Teilkausalität** vorliegt, also das ärztliche Versagen und ein weiterer, der Behandlungsseite nicht zuzurechnender Umstand abgrenzbar zu einem Schaden geführt haben (BGH NJW 2000, 2741, 2742 – im entschiedenen Fall verneint; OLG Celle, Urt. v. 18. 2. 2002 – 1 U 44/01, NJW-RR 2002, 1603 = MDR 2002, 881, 882: Auch hier verneint; OLG Hamm VersR 1996, 1371; OLG Karlsruhe, Urt. v. 11. 9. 2002 – 7 U 102/01, VersR 2004, 244, 245; G/G, 5. Aufl., Rz. B 260; Müller MedR 2001, 487, 490).

Ein solcher Fall abgrenzbarer Ursachenzusammenhänge liegt vor, wenn es mit an Sicherheit grenzender Wahrscheinlichkeit feststeht, dass ein Teil des eingetretenen Primärschadens nicht auf den groben Behandlungsfehler zurückzuführen ist (OLG Hamm VersR 1996, 1371, 1372) oder wenn **jeglicher Ursachenzusammenhang** zwischen dem Behandlungsfehler des Arztes und der eingetretenen Primärschädigung **äußerst unwahrscheinlich** ist (OLG Celle, Urt. v. 18. 2. 2002 – 1 U 44/01, NJW-RR 2002, 1603 = OLGR 2002, 97, 98; OLG Düsseldorf, Urt. v.10. 4. 2003- 8 U 38/02, VersR 2005, 117, 118; OLG Schleswig, Urt. v. 10. 9. 2004 – 4 U 31/97, OLGR 2005, 273, 275).

So scheidet eine Zurechnung aus, wenn sich bei einem nach einer Herzkatheter-Untersuchung verfrüht aus dem Krankenhaus entlassenen Patienten nicht das damit verbundene Risiko von Komplikationen im Herz-Kreislaufsystem verwirklicht, sondern sich eine Infektion eingestellt hat (BGH NJW 1981, 2513).

Ist ein grober Behandlungsfehler zur Herbeiführung eines Gesundheitsschadens geeignet, so kommt eine Einschränkung der sich hieraus ergebenden Beweislastumkehr unter dem Gesichtspunkt einer **Vorschädigung des Patienten** nur dann in Betracht, wenn – was zur Beweislast der Arztseite steht – eine solche Vorschädigung festgestellt ist und gegenüber einer durch den groben Fehler bewirkten Mehrschädigung abgegrenzt werden kann (BGH NJW 2000, 2737; OLG Celle; Urt. v. 18. 2. 2002 – 1 U 44/01, NJW-RR 2002, 1603 = MDR 2002, 881, 882; OLG Karlsruhe, Urt. v. 11. 9. 2002 – 7 U 102/01, VersR 2004, 244, 245).

Kann also der Arzt beweisen, dass ein von ihm zu verantwortender grober Behandlungsfehler den Primärschaden nur zu allenfalls 10– 30 % beeinflusst haben kann, so beschränkt sich seine auf dem groben Behandlungsfehler gründende Haftung auf 30 % des Gesamtschadens, sofern der Patient dann nicht beweist, dass die geltend gemachten Aufwendungen ohne den groben Behandlungsfehler in einem Umfang von weniger als 70 % eingetreten wären (OLG Hamm VersR 1996, 1371; F/N, Rz. 120 a. E.). Ist eine solche Abgrenzung nicht möglich (OLG Hamm VersR 1996, 1371; BGH VersR 2000, 1107, 1108), verbleibt es beim Vorliegen eines groben Behandlungsfehlers bei der Beweislastumkehr für den Primärschaden.

c) Mitursächlichkeit zusammen mit anderen Ursachen nicht äußerst unwahrscheinlich

Ein grober Behandlungsfehler führt auch dann zu einer Beweislastumkehr zu Lasten der Behandlungsseite, wenn zwar eine alleinige Ursächlichkeit des Behandlungsfehlers „äußerst unwahrscheinlich" ist, dieser aber zusammen mit anderen Ursachen den Gesundheitsschaden (Primärschaden) herbeigeführt haben kann und eine solche **Mitursächlichkeit nicht „äußerst unwahrscheinlich"** ist (s. u.). Jeglicher haftungsbegründender Ursachenzusammenhang des festgestellten (einfachen oder groben) Behandlungsfehlers muss dabei „äußerst unwahrscheinlich" sein (BGH, Urt. v. 27. 4. 2004 – VI ZR 34/03, GesR 2004, 290, 293 = MDR 2004, 1055; NJW 2000, 3423; OLG Celle VersR 1999, 486, 488 und Urt. v. 18. 2. 2002 – 1 U 44/01, NJW-RR 2002, 1603 = MDR 2002, 881, 882; OLG Oldenburg NJW-RR 2000, 403, 404; OLG Saarbrücken OLGR 2001, 240; OLG Schleswig, Urt. v. 10. 9. 2004 – 4 U 31/97, OLGR 2005, 273, 275).

So liegt ein grober Behandlungsfehler vor, wenn trotz eines pathologischen CTG der über 40-jährigen Kindsmutter und dem vorangehenden Teil des Kindes im Beckeneingang keine intrauterine Reanimation mit nachfolgender Schnittentbindung erfolgt. Selbst wenn es äußerst unwahrscheinlich ist, dass allein die Unterlassung der Schnittentbindung den eingetretenen Gesundheitsschaden des entbundenen Kindes, das schwer asphyktisch (mit Pulsschwäche und Atemdepression, Sauerstoffunterversorgung des Gehirns) zur Welt kommt, herbeigeführt hat, beschränkt sich die Schadensersatzpflicht des geburtsleitenden Arztes nicht auf die durch die Zangenentbindung anstatt der gebotenen Schnittenbindung eingetretenen Entwicklungsstörungen, wenn es nicht äußerst unwahrscheinlich ist, dass die nicht rechtzeitige Durchführung der Sectio für den Primärschaden des Kindes, dem infolge ungenügender Sauerstoffzufuhr entstandenen Hirnschaden, mitursächlich geworden ist (BGH NJW 1997, 796, 798 = VersR 1997, 362, 364).

Ein solcher Fall eines nicht abgrenzbaren Kausalzusammenhangs liegt auch vor, wenn der bei einem Kleinkind festgestellte irreversible Hirnschaden entweder auf eine primäre Anlagestörung des Gehirns zurückzuführen oder Folge einer unterlassenen bzw. verspäteten Einleitung diagnostischer Schritte des behandelnden Kinder- oder Hausarztes ist, der bei den Vorsorgeuntersuchungen U 6 und U 7 des Kindes einen auffallend großen, von der Norm deutlich abweichenden Kopfumfang festgestellt hat, wenn ein Zusammenhang zwischen der Unterlassung weiterer diagnostischer Schritte allein oder zusammen mit dem bereits bestehenden Anlageschaden nicht äußerst unwahrscheinlich ist (OLG Oldenburg VersR 2000, 403, 404).

Hält es der vom Gericht hinzugezogene medizinische Sachverständige nicht nur für eine bloß entferntere Möglichkeit, dass auch die zeitweilige behandlungsfehlerhafte Sauerstoffversorgungsstörung des Kindes unter der Geburt mitursächlich für den später festgestellten schweren Hirnschaden gewesen ist bzw. sein kann, und stellt sich dieser Fehler aufgrund einer einstündigen Nichtreaktion der behandelnden Ärzte auf ein länger andauerndes hochpathologisches CTG als grob dar, kann sich die Behandlungsseite zu ihrer Entlastung nicht mit Erfolg darauf berufen, dass die schicksalhaft bedingte Frühgeburt als wesentliche Hauptursache des Hirnschadens anzusehen ist und es daneben noch weitere denkbare zusätzliche prä- und postnatale Ursachen für den eingetretenen Hirnschaden geben könnte (OLG Schleswig, Urt. v. 10. 9. 2004 – 4 U 31/97, OLGR 2005, 273, 275).

IV. Ausschluss der Beweislastumkehr

1. Kausalzusammenhang „äußerst unwahrscheinlich"

Unterläuft dem Arzt ein grober Behandlungsfehler, so kommt es hinsichtlich der haftungsbegründenden Kausalität trotz genereller Eignung des Fehlers, den eingetretenen Schaden herbeizuführen, nicht zu einer Beweislastumkehr, wenn der Eintritt des Primärschadens gerade aufgrund des konkreten, groben Behandlungsfehlers **„äußerst unwahrscheinlich" bzw. „gänzlich unwahrscheinlich"** ist (BGH, Urt. v. 16. 11. 2004 – VI ZR 328/03, NJW 2005, 427, 428 = VersR 2005, 228, 229; Urt. v. 27. 4. 2004 – VI ZR 34/03, VersR 2004, 909, 911 = MedR 2004, 561, 563 = MDR 2004, 1055, 1056 = NJW 2004, 2011, 2012: „gänzlich bzw. äußerst unwahrscheinlich"; NJW 2000, 3423, 3424; VersR 1998, 585, 586 = NJW 1998, 1782, 1784 und VersR 1997, 362, 364 = NJW 1997, 796: „äußerst unwahrscheinlich"; VersR 1996, 1535, 1536 und VersR 1995, 706, 708: „gänzlich unwahrscheinlich"; OLG Brandenburg, Urt. v. 5. 4. 2005 – 1 U 34/04, OLGR 2005, 489, 492: „nicht ganz unwahrscheinlich"; Urt. v. 8. 4. 2003 – 1 U 26/00, MedR 2004, 226, 229: „10 % Erfolgschance nicht ganz unwahrscheinlich"; Urt. v. 21. 1. 1999 – 1 W 42/98, OLGR 1999, 96 = NJW-RR 2000, 24, 26; Urt. v. 14. 11. 2001 – 1 U 12/01, VersR 2002, 313, 315 = MedR 2002, 149, 152; OLG Celle, Urt. v. 7. 5. 2001 – 1 U 15/00, VersR 2002, 1558, 1562: „gänzlich unwahrscheinlich"; Urt. v. 18. 2. 2002 – 1 U 44/01, NJW-RR 2002, 1603: „jeglicher Ursachenzusammenhang zwischen dem Behandlungsfehler und dem Primärschaden muss äußerst unwahrscheinlich sein"; OLG Düsseldorf, Urt. v. 10. 4. 2003 – 8 U 38/02, VersR 2005, 117, 118: „völlig unwahrscheinlich"; Urt. v. 30. 1. 2003 – 8 U 49/02, VersR 2005, 654, 655: „gänzlich unwahrscheinlich"; Urt. v. 6. 3. 2003 – 8 U 22/02, NJW-RR 2003, 1333 = VersR 2003, 1310, 1312: Chance von ca. 20 % nicht „in hohem Maß unwahrscheinlich"; OLG Düsseldorf, VersR 2001, 835; VersR 1997, 575, 577; OLG Hamm, Urt. v. 6. 11. 2002 – 3 U 50/02, VersR 2004, 1321, 1322: 10 % Erfolgswahrscheinlichkeit einer fehlerfreien Behandlung nicht „äußerst unwahrscheinlich"; Urt. v. 24. 10. 2001 – 3 U 123/00, VersR 2003, 1132, 1133 = OLGR 2002, 286, 287: „gänzlich oder äußerst unwahrscheinlich"; OLG Hamm, Urt. v. 2. 4. 2001 – 3 U 160/00, OLGR 2002, 217, 219: „gänzlich oder äußerst unwahrscheinlich"; Urt. v. 29. 1. 2003 – 3 U 186/01: Gänzlich unwahrscheinlich; VersR 2001, 593, 594; VersR 1999, 622; VersR 1999, 488, 489 mit Anmerkung Stegers; OLG Jena, Urt. v. 26. 4. 2006 – 4 U 416/05, OLGR 2006, 710, 712: äußerst unwahrscheinlich; OLG Karlsruhe, Urt. v. 23. 4. 2004 – 7 U 1/03, VersR 2005, 1246: „gänzlich" bzw. „äußerst unwahrscheinlich"; Urt. v. 26. 11. 2003 – 7 U 63/02, OLGR 2004, 323, 325: „äußerst unwahrscheinlich", wobei der Sachverständige nur von „sehr unwahrscheinlich" gesprochen hatte; Urt. v. 12. 5. 2004 – 7 U 204/98, OLGR 2004, 320, 321: „in hohem Maß unwahrscheinlich"; OLG Karlsruhe, Urt. v. 24. 5. 2006 – 7 U 242/05, OLGR 2006, 617, 618: „10 % oder weniger" nicht äußerst unwahrscheinlich; OLG Koblenz, Urt. v. 5. 8. 2004 – 5 U 250/04, MedR 2005, 358 = OLGR 2005, 44, 46: „gänzlich unwahrscheinlich"; OLG Oldenburg, Urt. v. 12. 6. 2001 – 5 U 185/00, OLGR 2002, 16, 19: „ganz unwahrscheinlich"; OLG Saarbrücken, OLGR 2000, 426, 427; OLG Schleswig, Urt. v. 10. 9. 2004 – 4

U 31/97, OLGR 2005, 273, 275: „äußerst unwahrscheinlich"; OLG Stuttgart, Urt. v. 20. 3. 2001 – 14 U 41/99, OLGR 2002, 142, 145: „äußerst unwahrscheinlich"; Urt. v. 11. 6. 2002 – 14 U 83/01, VersR 2003, 376, 377 = OLGR 2002, 443, 445: „gänzlich unwahrscheinlich"; MedR 2000, 35, 37; F/N Rz. 119; Gehrlein VersR 2004, 1488, 1493; G/G, 5. Aufl., Rz. B 259; S/Pa, Rz. 520; Spickhoff NJW 2003, 1701, 1706).

So scheidet eine Beweislastumkehr hinsichtlich der Ursächlichkeit von Unterlassungen für das Auftreten eines Schlaganfalls aus, wenn ein zwischen der ersten Vorstellung eines Patienten beim Arzt und dem Auftreten des Schlaganfalls liegender, **ganz kurzer zeitlicher Abstand von ca. 40 Minuten** es als äußerst unwahrscheinlich erscheinen lässt, dass der Schlaganfall durch den Arzt hätte verhindert werden können (OLG Düsseldorf VersR 1997, 575).

Die Verzögerung der Einweisung eines fünf Wochen alten Säuglings **um einen Tag** kann als grober Behandlungsfehler des Kinderarztes zu werten sein, wenn das Kind einen Kopfumfang von 46 cm und einen Augentiefstand („Sonnenuntergangsphänomen") aufweist, womit Umstände vorliegen, die regelmäßig die unverzügliche Einweisung zur stationären Beobachtung und Behandlung wegen eines Hydrocephalus erforderlich machen. Die Kausalität dieser Verzögerung für eine Schädigung des kindlichen Gehirns kann aber aufgrund weiter Umstände äußerst unwahrscheinlich sein (OLG Düsseldorf, Urt. v. 6. 5. 1999 – 8 U 185/97, VersR 2000, 853).

Dies ist auch dann der Fall, wenn der vom Gericht beauftragte Sachverständige feststellt, dass die Erkrankung des Säuglings nicht auf einer perinatalen hypoxisch/ischämischen Hirnschädigung beruht, es „praktisch ausgeschlossen" bzw. „völlig unwahrscheinlich" ist, dass die fehlerhafte ärztliche Behandlung diesen Schaden verursacht hat, sondern es sich mit an Sicherheit grenzender Wahrscheinlichkeit um eine angeborene progrediente Atrophie handelt (OLG Düsseldorf, Urt. v. 20. 3. 1997 – 8 U 114/96).

Versäumnisse bei einer Geburt rechtfertigen weder einzeln noch in der Gesamtschau eine Beweislastumkehr in der Kausalitätsfrage, wenn es nach Lage der Dinge äußerst unwahrscheinlich ist, dass sie – etwa für einen **zwei Tage nach der Geburt festgestellten Hirninfarkt** bei einem Neugeborenen mit normalen Apgar-, Blutgas- und Blutsäurewerten nach der Entbindung – schadensursächlich geworden sind (OLG Koblenz, Urt. v. 5. 8. 2004 – 5 U 250/04, MedR 2005, 358 = OLGR 2005, 44). Ein Kausalzusammenhang zwischen einer **Wiederholungsimpfung** und dem **Gesundheitsschaden**, einer eingetretenen psychomotorischen Retardierung, motorisch und sprachlich-kognitiven Entwicklungsstörung wurde vom OLG Stuttgart (MedR 2000, 35, 37) als „gänzlich unwahrscheinlich" angesehen, wenn keinerlei belegbare Hinweise für eine bestehende Ursächlichkeit gefunden werden konnten, die erhobenen Befunde sowie die Art und der Ablauf der Krankheitssymptomatik dabei ganz überwiegend für eine genetisch determinierte Behinderung sprechen.

Ein grober Behandlungsfehler wie die Unterlassung eines Computertomogramms und der Hinzuziehung eines Augenarztes nach dem Sturz eines 3-jährigen Kindes auf den Kopf aus 1,5 m Höhe führt dann nicht zur Beweislastumkehr, wenn es nach den Feststellungen des hinzugezogenen Sachverständigen **„in hohem Maße unwahrscheinlich"** ist, dass durch eine frühere Erkenntnis des Sehnervenabrisses und dessen Behandlung der **Verlust der Sehkraft** vermieden worden wäre (OLG Oldenburg VersR 1997, 1405).

Gleiches gilt, wenn es „äußerst unwahrscheinlich" ist, dass die **Sehkraft** auf einem Auge des Patienten bei rechtzeitiger, vom Augenarzt grob fehlerhaft unterlassener Diagnostik zur Entdeckung eines Tumors (hier: Ultraschall bei Vorliegen einer Leukokorie / eines „Katzenauges" mit sich aufdrängendem V.a. Retinoblastom) noch hätte erhalten werden können (OLG Karlsruhe, Urt. v. 23. 4. 2005 – 7 U 1/03, VersR 2005, 1246).

Eine Beweislastumkehr scheidet auch aus, wenn **praktisch ausgeschlossen** werden kann, dass ein **Tumor im Bereich einer weiblichen Brust** im maßgeblichen Zeitpunkt vom behandelnden Gynäkologen mit Hilfe einer Palpation (Tastuntersuchung) zu diagnostizieren war und bei Vorliegen eines unauffälligen Befundes keine Veranlassung bestand, eine Mammographie (Röntgenuntersuchung als Kontrastdarstellung) durchzuführen (OLG Saarbrücken OLGR 2000, 426, 427).

Der von der Arztseite zu führende Beweis ist jedoch nicht schon dann geführt, wenn der Kausalzusammenhang aus wissenschaftlicher Sicht **„eher unwahrscheinlich" oder „äußerst gering"** ist, sondern erst dann, wenn er ausgeschlossen oder als „ganz unwahrscheinlich" bzw. „äußerst unwahrscheinlich" anzusehen ist (OLG Hamm VersR 1999, 488, 489: „eher unwahrscheinlich" genügt nicht; OLG Brandenburg, Urt. v. 8. 4. 2003 – 1 U 26/00, MedR 2004, 226, 230: „äußerst geringe Wahrscheinlichkeit des Behandlungserfolges" entlastet den Arzt bei grobem Behandlungsfehler nicht; F/N, Rz. 119; a. A. Hausch VersR 2002, 671, 677).

Eine bei Hinwegdenken des groben Behandlungsfehlers bestehende **Heilungs- bzw. Erfolgschance von 25 %** (OLG Stuttgart VersR 1991, 821: 25 %), **20 %** (OLG Düsseldorf, Urt. v. 6. 3. 2003 – 8 U 22/02, NJW-RR 2003, 1333, 1335 = VersR 2003, 1310, 1312: etwa 20 %) oder gar von „nur" **10 %** (OLG Hamm, Urt. v.6. 11. 2002 – 3 U 50/02, VersR 2004, 1321, 1322: 10 %; OLG Hamm VersR 1999, 622: 10 % – 20 %; OLG Brandenburg, Urt. v. 8. 4. 2003 – 1 U 26/00, MedR 2004, 226, 230 = VersR 2004, 1050, 1052: Etwa 10 %) rechtfertigt aber **nicht** die Annahme, dass der Kausalzusammenhang zwischen dem Behandlungsfehler und dem Eintritt des Primärschadens im Rechtssinn „gänzlich" oder „äußerst" unwahrscheinlich ist.

So bleibt es bei der Beweislastumkehr wegen eines „groben Behandlungsfehlers", wenn der Sachverständige es zwar als „sehr unwahrscheinlich" bezeichnet, dass die Metastasierung zum Zeitpunkt des Übersehens eines Magenkarzinoms durch den behandelnden Arzt noch nicht erfolgt war, bei rechtzeitigem Eingreifen aber eine **Überlebenschance von mindestens 10 %** oder mehr bestanden hätte (OLG Hamm, Urt. v. 24. 2. 1999 – 3 U 73/38, zitiert bei OLG Hamm, Urt. v. 6. 11. 2002 – 3 U 50/02, VersR 2004, 1321, 1322). Hat es der Arzt grob fahrlässig unterlassen, pathologische Leberwerte des dann verstorbenen Patienten auf das Vorliegen einer Hepatitis-B-Infektion näher abzuklären, scheidet eine Beweislastumkehr nicht deshalb aus, weil sich eine Leberzirrhose mit einer Wahrscheinlichkeit von 90 % auch bei rechtzeitiger Abklärung eingestellt hätte. Denn der Patient hätte nach Ansicht des OLG Hamm „genauso gut zu den 10 % der Patienten gehören können", die zum Zeitpunkt des rechtzeitigen Eingreifens noch nicht im Stadium einer Zirrhose waren und bei denen noch eine kausale Therapie möglich gewesen wäre.

Eine Erfolgschance von 10 % ist danach nicht bereits „äußerst unwahrscheinlich" (OLG Hamm, Urt. v. 6. 11. 2002 – 3 U 50/02, VersR 2004, 1321, 1322; **a. A.** OLG Karlsruhe, Urt. v. 24. 5. 2006 – 7 U 242/05, OLGR 2006, 617, 618: **„10 % oder weniger"** sind „äußerst unwahrscheinlich").

Steht angesichts der Fehlstellung einer „sehr straffen" Hüfte nach der Geburt eines Kindes aus Beckenendlage der Verdacht einer Hüftfehlbildung im Raum und versäumt es das Krankenhaus, für eine umgehende sonografische Hüftuntersuchung Sorge zu tragen oder die Kindeseltern auf das dringende Erfordernis einer alsbaldigen Vorstellung des Kindes bei einem Orthopäden sowie einer sonografischen Hüftkontrolle nachdrücklich hinzuweisen, liegt hierin ein grober Behandlungsfehler. Eine **Erfolgschance von etwa 10 %** bei rechtzeitigem Hinweis bzw. alsbaldiger Vorstellung des Kindes bei einem Orthopäden rechtfertigt noch nicht die Annahme, dass die Schadenskausalität im Rechtssinn „gänzlich unwahrscheinlich" ist (OLG Brandenburg, Urt. v. 8. 4. 2003 – 1 U 26/00, MedR 2004, 226, 230 = VersR 2004, 1050, 1052).

Es ist auch als grobes Versäumnis anzusehen, wenn eine Frauenärztin ihre Patientin über den konkreten Verdacht einer Brustkrebserkrankung und die dringende Notwendigkeit einer entsprechenden diagnostischen Abklärung (Mammographie, Biopsie) nicht aufklärt. Stellt der vom Gericht beauftragte Sachverständige fest, die **Erfolgswahrscheinlichkeit einer brusterhaltenden Operation** bei rechtzeitiger therapeutischer Aufklärung (Sicherungsaufklärung) sei mit **etwa 20 %** anzusetzen, verbleibt es auch hier bei der mit der Feststellung eines groben Behandlungsfehlers verbundenen Beweislastumkehr zugunsten der Patientin (OLG Düsseldorf, Urt. v. 6. 3. 2003 – 8 U 22/02, NJW-RR 2003, 1333, 1335 = VersR 2003, 1310, 1312).

Hätte der dann verstorbene Patient bei zeitlich adäquater Einleitung einer geeigneten Chemo-Strahlentherapie die Chance gehabt, mit einer **Überlebensrate von 10 % bis 20 %** im ersten Jahr eine Lebensverlängerung als auch eine Verbesserung seiner Situation zu erreichen, verbleibt es bei festgestelltem fundamentalem Diagnoseirrtum im Sinne einer völlig unvertretbaren diagnostischen Fehlleistung des Radiologen, der die auf der Hand liegende Arbeitshypothese eines Bronchialkarzinoms nicht gestellt hat, bei der Beweislastumkehr zu dessen Lasten (OLG Hamm, Urt. v. 2. 4. 2001 – 3 U 160/00, OLGR 2002, 217, 219 = VersR 2002, 578, 579).

Ein grober Behandlungsfehler liegt auch vor, wenn bei einer Heparin-Infusion die Gerinnungsparameter nicht regelmäßig kontrolliert und eintretende Sehfunktionsstörungen des Patienten nicht unverzüglich abgeklärt werden. Eine **Chance von 10– 20 %**, dass sich der Sehnerv bei frühestmöglicher Operation zumindest geringgradig wieder erholt hätte, ist nicht als so gering anzusehen, dass der Ursachenzusammenhang zwischen dem groben Behandlungsfehler und dem eingetretenen Schaden als äußerst bzw. gänzlich unwahrscheinlich anzusehen wäre (OLG Hamm VersR 1999, 622, 623; OLG Düsseldorf, Urt. v. 6. 3. 2003–8 U 22/02, NJW-RR 2003, 1333 = VersR 2003, 1310, 1312: „Chance von ca. 20 % nicht in hohem Maße unwahrscheinlich").

Besteht im Bereich der Schläfe länger als vier Wochen eine Weichteilschwellung, so muss deren Ursache durch eine Kernspintomographie abgeklärt werden. Wäre durch eine solche Kontrolle ein Fibrosarkom (bösartiger Tumor) ca. zweieinhalb Monate früher entdeckt worden und wäre der Heilungsverlauf dann möglicherweise günstiger gewesen, kehrt sich die Beweislast, dass der im Unterlassen der Erhebung gebotener Befunde liegende Behandlungsfehler zum Eintritt des im Verlust eines Auges liegenden Gesundheitszustandes geführt hat, zugunsten des Patienten um. Die Feststellung des gerichtlich bestellten Sachverständigen, wonach es **„eher wahrscheinlich"** sei, dass das vom Tumor betroffene Auge auch bei sofortiger Operation nicht mehr hätte gerettet werden können, führt nicht zu einer Ausnahme von der Kausalitätsvermutung zugunsten des Patienten (OLG Stuttgart VersR 2000, 1545, 1546). Hierfür wäre die Feststellung erforderlich gewesen, dass ein möglicherweise günstigerer Verlauf „äußerst unwahrscheinlich" gewesen wäre (OLG Stuttgart, Urt. v. 27. 7. 1999 = 14 U 3/99, VersR 2000, 1545, 1546).

Greiner (Richter am BGH, bei R/S II S. 47; aber keine Angabe bei G/G, 5. Aufl., Rz. B 259) hat die **Grenze** im Rahmen eines Vortrages **bei ca. 5 %** gezogen. Hausch (VersR 2002, 671, 677) befürwortet eine Entlastung der Behandlungsseite bereits mit dem Nachweis, dass eine Kausalität **eher unwahrscheinlich als wahrscheinlich** ist. Das OLG Karlsruhe (Urt. v. 24. 5. 2006 – 7 U 242/05, OLGR 2006, 617, 618) hat im Fall einer Laparoskopie, in deren Rahmen es aufgrund eines groben Behandlungsfehlers des Operateurs (hier: Gynäkologe) zur Perforation des Dünndarms und nachfolgend zu einer ausgedehnten Peritonitis (Bauchfellentzündung) kam, ausgeführt, die Wahrscheinlichkeit für eine Ursächlichkeit der Peritonitis für die Undurchlässigkeit eines (verbliebenen) Eileiters und damit die Infertilität der Patientin „mit 10 % oder weniger sei als äußerst oder in hohem Maß unwahrscheinlich" zu werten.

Allerdings stellt im entschiedenen Fall nur die Peritonitis den „Primärschaden" nach der Perforation des Dünndarms, die Infertilität der Patientin den „Sekundärschaden" dar. Den Beweis, dass ein Behandlungsfehler zu einem solchen, weiter gehenden Schaden geführt hat, hat die Patientin aber auch bei Vorliegen eines „groben Behandlungsfehlers" stets nach § 287 ZPO zu führen (so auch OLG Karlsruhe, Urt. v. 24. 5. 2006 – 7 U 242/05, OLGR 2006, 617, 619 und oben S. 469 f.; die Ausführungen zur Frage eines „äußerst unwahrscheinlichen" Kausalzusammenhangs waren somit eigentlich überflüssig).

Will das Berufungsgericht bei Vorliegen eines groben Behandlungsfehlers Beweiserleichterungen verneinen, weil der Ursachenzusammenhang zwischen dem Behandlungsfehler und dem eingetretenen Gesundheitsschaden „äußerst unwahrscheinlich" sei, so darf es sich hierfür nicht allein auf das Gutachten des zweitinstanzlich hinzugezogenen Sachverständigen stützen, sondern muss sich auch mit dem zuvor erstatteten Gutachten aus erster Instanz auseinander setzen und auf die Aufklärung von Widersprüchen – auch innerhalb des zweitinstanzlichen Gutachtens – hinwirken (BGH VersR 1996, 1535; vgl. hierzu → *Sachverständigenbeweis*, S. 695 ff.).

2. Behandlungsvereitelung durch den Patienten

Ist durch das **Verhalten des Patienten** eine selbständige Komponente für den **Heilungserfolg vereitelt** worden und hat der Patient dadurch in gleicher Weise wie ein grober Behandlungsfehler des Arztes dazu beigetragen, dass der Verlauf des Behandlungsgeschehens und insbesondere die Ursache der Schädigung nicht mehr aufgeklärt werden können, so kann die gesetzliche Beweislastregelung ohne Beweiserleichterungen für den Patienten zur Anwendung kommen (BGH, Urt. v. 16. 11. 2004 – VI ZR 328/03, VersR 2005, 228, 229 = NJW 2005, 427, 428 = MDR 2005, 572, 573; Urt. v. 27. 4. 2004 – VI ZR 34/03, VersR 2004, 909, 911 = MDR 2004, 1055, 1056 = NJW 2004, 2011, 2012; OLG Braunschweig VersR 1998, 459 = OLGR 1998, 80; OLG Jena, Urt. v. 26. 4. 2006 – 4 U 416/05, OLGR 2006, 710, 712; KG, Urt. v. 7. 3. 2005 – 20 U 398/01, GesR 2005, 251 = OLGR 2006, 12, 13; Urt. v. 27. 11. 2000 – 20 U 7753/98, OLGR 2002, 129, 131: Weigerung, die Behandlung oder Untersuchung durchführen zu lassen; VersR 1991, 928 mit NA-Beschluss des BGH; OLG München, Urt. v. 23. 9. 2004 – 1 U 5198/03, OLGR 2006, 90 = MedR 2006, 174, 175; Schellenberg VersR 2005, 1620, 1623).

So scheidet eine Beweislastumkehr zu Lasten der Behandlungsseite aus, wenn die sachgerechte Behandlung einer Erkrankung die Beachtung mehrerer grundsätzlich etwa gleichrangiger Komponenten (Grundpfeiler) erfordert, die rein chirurgische Versorgung, die antibiotische Therapie und die Ruhigstellung, etwa durch eine Unterarmschiene unter Einschluss der versorgten Hand, und der Patient den ärztlichen Behandlungsbemühungen selbst durch schuldhafte Vereitelung einer dieser Komponenten, etwa **der ihm dringend angeratenen Ruhigstellung zuwiderhandelt** (KG VersR 1991, 928, 929), er den **eindringlichen Rat des Arztes nicht befolgt**, sich bzw. das vorgestellte Kind einer dringend indizierten Impfung zu unterziehen (KG, Urt. v. 27. 11. 2000 – 20 U 7753/98, OLGR 2002, 129, 131: Weigerung ist jedoch zu dokumentieren; ebenso OLG Düsseldorf, Urt. v. 21. 7. 2005 – I – 8 U 33/05, GesR 2006, 70, 71 und OLG München, Urt. v. 23. 9. 2004 – 1 U 5198/03, OLGR 2006, 90 = MedR 2006, 174, 175), **sofort ein Krankenhaus aufzusuchen** (OLG Braunschweig VersR 1998, 459, 461 = OLGR 1998, 80; KG, Urt. v. 7. 3. 2005 – 20 U 398/01, GesR 2005, 251 = OLGR 2006, 12, 13) bzw. dieses **entgegen dem ärztlichen Rat verlässt** (BGH NJW 1981, 2513; KG; Urt. v. 7. 3. 2005 – 20 U 398/01, OLGR 2006, 12, 13 = GesR 2005, 251) oder wenn die dringend gebotene sectio durch die über die Risiken (nachweislich) informierte Schwangere verzögert wird (BGH NJW 1997, 798).

Bestellt der Arzt den Patienten aber nicht von sich aus für einige Tage nach der Erstbehandlung wieder ein, sondern überlässt er dem Patienten ohne Hinweis auf diagnostische Notwendigkeiten die Entscheidung, ob er bei anhaltenden Beschwerden wieder erscheint, so kann dem Patienten nicht entgegengehalten werden, er habe die Heilungschancen verschlechtert, die Aufklärung des Behandlungsgeschehens vereitelt oder eine eigenübliche Sorgfalt im Rahmen eines Mitverschuldens bzw. überwiegenden Mitverschuldens verletzt (KG, Urt. v.7. 3. 2005 – 20 U 398/01, OLGR 2006, 90 = GesR 2005, 251: Entsprechende Hinweise sind zu dokumentieren).

Sofern bei einem noch unklaren Verdacht (hier: V.a. Gelenkinfektion) weiterer Klärungsbedarf besteht und eine engmaschige Kontrolle des Patienten erforderlich ist, muss ihm dies **klar und unmissverständlich mitgeteilt** werden. Übliche Floskeln dahingehend, der Patient solle ggf. wiederkommen oder einen anderen Arzt aufsuchen, wenn sich der Zustand verschlechtern sollte, reichen hierfür nicht aus (OLG München, Urt. v. 23. 9. 2004 – 1 U 5198/03, OLGR 2006, 90 = MedR 2006, 174, 175).

3. Überwiegende Mitverursachung durch den Patienten

Beweiserleichterungen bei einem groben Behandlungsfehler, insbesondere bei grob fehlerhaftem Unterlassen einer Befunderhebung kommen gleichfalls nicht in Betracht, wenn die Erschwernisse bei der Aufklärung des Ursachenzusammenhangs durch von dem Patienten selbst geschaffene Umstände und Unklarheiten **wesentlich mit verursacht** wurden, weil es dann an der die Beweiserleichterungen zugunsten des Patienten rechtfertigenden Voraussetzung fehlt, dass der ärztliche Fehler die Aufklärung des Ursachenzusammenhangs besonders erschwert hat (OLG Karlsruhe OLGR 2001, 412; auch OLG München, Urt. v. 23. 9. 2004 – 1 U 5198/03, OLGR 2006, 90). Eine solche wesentliche Mitverursachung liegt etwa vor, wenn der Patient dem Arzt die ihm bekannten, für die Behandlung relevanten Untersuchungsergebnisse eines vorbehandelnden Arztes und die durch diesen erfolgte Überweisung sowie die Verordnung von Krankenhauspflege verschweigt und bereits angefertigte, ihm überlassene Röntgenaufnahmen nicht vorlegt (OLG Karlsruhe OLGR 2001, 412, 415).

Unterlässt es der Arzt, die nach den geschilderten Beschwerden des Patienten dringend gebotenen Röntgenaufnahmen fertigen zu lassen oder sich nach etwa vorliegenden Aufnahmen zu erkundigen, liegt hierin zwar ein grober Behandlungsfehler, der unter den gegebenen Umständen jedoch keine Beweiserleichterung zugunsten des Patienten rechtfertigt (OLG Karlsruhe a.a.O.).

4. Risikospektrum für den Patienten nicht verändert

Eine Beweislastumkehr für eine kausale Verknüpfung eines groben Behandlungsfehlers mit dem Primärschaden des Patienten kommt auch dann nicht in Betracht, wenn sich das **Risiko**, das der Beurteilung des Behandlungsfehlers als grob zugrunde liegt, **nicht verwirklicht** hat (BGH, Urt. v. 16. 11. 2004 – VI ZR 328/03, NJW 2005, 427, 428 = VersR 2005, 228, 229 = MDR 2005, 572, 573; Urt. v. 27. 4. 2004 – VI ZR 34/03, VersR 2004, 909, 911 = MedR 2004, 561, 562 = MDR 2004, 1055, 1056 = NJW 2004, 2011; OLG Karlsruhe, Urt. v. 12. 5. 2004 – 7 U 204/98, OLGR 2004, 320; im Erg. auch OLG Zweibrücken, Urt. v. 21. 8. 2001 – 5 U 9/01, OLGR 2002, 470, 473; NA-Beschl. BGH v. 28. 5. 2002 – VI ZR 327/01, s. u.: fehlender Rechtswidrigkeitszusammenhang zwischen dem groben

Behandlungsfehler bzw. der unterlassenen Befunderhebung und dem Schaden; G/G, 5. Aufl., Rz. B 257) bzw. wenn es feststeht, dass sich durch den groben Behandlungsfehler des Arztes das **Risikospektrum für den Patienten nicht verändert** hat (OLG Hamm, Urt. v. 2. 4. 2001 – 3 U 160/00, VersR 2002, 578, 579).

Allerdings darf in diesen Fällen auch das Risiko, das sich dann tatsächlich verwirklicht hat, nicht den Vorwurf eines groben Behandlungsfehlers rechtfertigen (OLG Karlsruhe, Urt. v. 12. 5. 2004 – 7 U 204/98, OLGR 2004, 320).

Es bleibt auch trotz eines groben ärztlichen Versäumnisses vollumfänglich bei der Beweislast des Patienten, wenn zum Zeitpunkt der Erstbehandlung ein inoperabler Tumor und eine Lebermetastasierung vorliegen und durch den zeitlichen, dem Arzt anzulastenden Verzug bis zur richtigen Diagnosestellung **keinerlei Heilungschancen** und keine Chance auf eine Verbesserung der konkreten Situation **vergeben** wurden (OLG Hamm, Urt. v. 2. 4. 2001 – 3 U 160/00, VersR 2002, 578, 579). U. E. lässt sich dieser Fall bereits unter die Ausnahme des „äußerst unwahrscheinlichen" Kausalzusammenhangs subsumieren.

Haben es die behandelnden Ärzte über einen Zeitraum von ca. sechzig Minuten pflichtwidrig unterlassen, eine das Kind gefährdende Sauerstoffmangelsituation durch die beschleunigte Beendigung der Geburt mittels eines **Kaiserschnitts** (sectio) abzuwenden, liegt hierin ein grober Behandlungsfehler. Kann jedoch nicht festgestellt werden, dass eine mehrere Stunden später festgestellte Zerebralparese bei normalen Apgar-Werten von 8/9/10 unmittelbar nach der Geburt auf eine hypoxische Schädigung durch die gefährdende Sauerstoffmangelsituation herbeigeführt worden ist, hat sich nicht das Risiko verwirklicht, das der Beurteilung des Behandlungsfehlers als grob zugrunde zu legen wäre (OLG Karlsruhe, Urt. v. 12. 5. 2004 – 7 U 204/98, OLGR 2004, 320, 322).

5. Fehlender Schutzzweck- oder Rechtswidrigkeitszusammenhang; persönliche Reichweite der Beweislastumkehr

a) Die Beweislastumkehr für eine kausale Verknüpfung eines groben Behandlungsfehlers mit einem Schaden kommt auch dann nicht in Betracht, wenn sich das Risiko, das der Beurteilung des Behandlungsfehlers als „grob" zugrunde liegt, nicht realisiert und dasjenige Risiko, das sich verwirklicht hat, den Vorwurf eines groben Behandlungsfehlers nicht rechtfertigt (OLG Karlsruhe, Urt. v. 12. 5. 2004 – 7 U 204/98, OLGR 2004, 320; auch OLG Celle VersR 1984, 444 und OLG Stuttgart VersR 1991, 821 sowie G/G, 5. Aufl., Rz. B 257).

Die Beweislastumkehr aus dem Gesichtspunkt der unterlassenen Befunderhebung – und gleiches hat auch für einer groben Behandlungsfehler zu gelten – entfällt nach Ansicht des OLG Zweibrücken (Urt. v. 21. 8. 2001 – 5 U 9/01, OLGR 2002, 470, 473; NA-Beschl. BGH v. 28. 5. 2002 – VI ZR 327/01) auch dann wenn der **Rechtswidrigkeits- oder Schutzzweckzusammenhang** zwischen dem (groben) Behandlungsfehler und dem eingetretenen Körper- oder Gesundheitsschaden fehlt.

Dies ist etwa dann der Fall, wenn sich das Auffinden eines Aneurysmas nach unterstellter, vom behandelnden Arzt (grob) fehlerhaft unterlassener, weiter gehender, ggf. mehrstufiger Diagnostik mittels eines einfachen CT bzw. eines Nativ-Schädel-CT als reiner Zufallsbefund dargestellt hätte (OLG Zweibrücken a.a.O.).

b) Hausch (VersR 2005, 600, 605 f.) befürwortet im Anschluss an eine vereinzelt gebliebene, in diese Richtung tendierende Entscheidung des OLG Köln vom 14. 7. 1988 (VersR 1989, 294) eine Einschränkung der personellen Reichweite der zugunsten des in Beweisnot befindlichen Patienten entwickelten Beweisregeln im Arzthaftungsprozess. Danach können sich nur der geschädigte Patient bzw. dessen Erben auf die Beweislastumkehr wegen eines festgestellten groben Behandlungsfehlers berufen, – gleiches würde auch in der Fallgruppe der „unterlassenen Befunderhebung gelten, – nicht jedoch dessen Krankenversicherer oder ein sonstiger Sozialversicherungsträger, auf den die Ansprüche des Patienten (z. B. gem. § 116 SGB X) übergegangen sind.

Denn Sinn und Zweck der Beweislastregeln sei es, (nur) dem Patienten die Durchsetzung seiner Schadensersatzansprüche gegen die behandelnden Ärzte zu erleichtern. Dagegen sollen Ärzte und Krankenhausträger durch diese Beweisregeln gegenüber anderen potentiellen Schädigern nicht schlechter gestellt werden.

Anhand eines zwischenzeitlich vom OLG Stuttgart (Urt. v. 18. 4. 2006 – 1 U 127/04) entschiedenen, im Aufsatz modifizierten Falles zeigt Hausch (VersR 2005, 600, 605; auch Hausch VersR 2003, 1489, 1493 ff. zur unterlassenen Befunderhebung) die mangelnde dogmatische Abstimmung der Fallgruppen einer Beweislastumkehr im Arzthaftungsrecht mit anderen Rechtsinstituten auf. Erleidet der Patient im Straßenverkehr durch grob fahrlässiges Verhalten eines anderen Verkehrsteilnehmers schwere Verletzungen, u.a. einen Schädelbasisbruch, der als feiner Haarriss auf dem Röntgenbild vom behandelnden Unfallchirungen im Krankenhaus nicht erkannt wird, verzögert das Krankenhaus anschließend die weitere Abklärung durch ein CT bzw. MRT um einen Tag und verstirbt der Patient, haftet auch der Krankenhausträger neben dem Unfallverursacher für den materiellen und immateriellen Schaden der Angehörigen. Das OLG Stuttgart (Urt. v. 18. 4. 2006 – 1 U 127/04; auch Urt. v. 19. 10. 2004 – 1 U 87/03 mit NA-Beschl. BGH v. 31. 5. 2005 – VI ZR 300/04) hat im konkreten Fall eine Beweislastumkehr wegen unterlassener Befunderhebung (vgl. → unterlassene Befunderhebung, S. 825) zugunsten der regressierenden Haftpflichtversicherung des Unfallverursachers, die von den Erben des Patienten und dessen Krankenversicherung in Anspruch genommen wurde, und im Ergebnis eine Haftungsverteilung von 25 % (Krankenhausträger) zu 75 % (Unfallverursacher) bejaht.

Greiner (G/G, 5. Aufl., Rz. B 256; auch OLG Hamm GesR 2005, 70) hält daran fest, dass die Beweiserleichterung im Zivilprozess auch dem Zessionar des Anspruches, etwa der Krankenkasse (§ 116 I SGB X) oder einem auch außerhalb des Behandlungsverhältnisses stehenden Gesamtschuldner, der einen Anspruch aus übergegangenem Recht geltend macht (vgl. § 426 II 1 BGB), zugute kommt.

6. Schwerwiegendes Versäumnis ist entschuldigt

Ergibt eine CT-Untersuchung den Verdacht auf einen Substanzdefekt oder ein arteriovenöses Angiom, ist die weitere **Abklärung mittels eines Angio-MRT** geboten. Unterlässt der Behandler diese Untersuchung, liegt regelmäßig ein „grober Behandlungsfehler" vor. Zweifel, ob der später tatsächlich festgestellte Befund eines arteriovenösen Angioms gesichert worden wäre, gehen dann zu seinen Lasten (OLG Köln, Urt. v. 20. 12. 2000 – 5 U 234/98, OLGR 2002, 42, 44).

Darf der Arzt nach den Umständen des Falls jedoch berechtigterweise davon ausgehen, dass der Patient über die unsichere Befundlage und die Notwendigkeit weiterer Diagnostik **durch den vor- oder nachbehandelnden Arzt kompetent informiert** worden ist, etwa weil er nachweislich zweimal nachgefragt hat, ob der Patient über die radiologischen Untersuchungen und die weitere Abklärungsbedürftigkeit der Befunde unterrichtet worden ist, stellt sich das ihm soweit anzulastende, nach den Umständen noch verständlich erscheinende bzw. „entschuldigte", an sich grobe Versäumnis nur als „einfacher Behandlungsfehler" dar (OLG Köln, Urt. v. 20. 12. 2000 – 5 U 234/98, OLGR 2002, 42, 45).

U. E. handelt es sich hier nicht um einen Fehler, der „aus objektiver Sicht nicht mehr verständlich erscheint", so dass es bereits an den rechtlichen Voraussetzungen eines „groben Behandlungsfehlers" fehlt. Der vom OLG Köln entschiedene Fall würde sich im Übrigen auch der Fallgruppe „Behandlungsvereitelung durch den Patienten" zuordnen lassen. Denn auch hier hat der Patient „durch sein Verhalten eine selbständige Komponente für den Heilungserfolg vereitelt" (vgl. BGH, Urt. v. 16. 11. 2004 – VI ZR 328/03, VersR 2005, 228, 229 = NJW 2005, 427, 428; Urt. v. 27. 4. 2004 – VI ZR 34/03, VersR 2004, 909, 911 = NJW 2004, 2011, 2013; KG, Urt. v. 7. 3. 2005 – 20 U 398/01, OLGR 2006, 12, 13; OLG München, Urt. v. 23. 9. 2004 – 1 U 5198/03, OLGR 2006, 90).

V. Fallgruppen des „groben Behandlungsfehlers"

Folgende, unter VI. bis X. im Einzelnen zu erläuternde Fallgruppen, in denen ein „grober Behandlungsfehler" angenommen wird, haben sich herausgebildet:

1. Fundamentaler Diagnosefehler

Irrtümer bei der Diagnosestellung, die in der Praxis nicht selten vorkommen, sind oft nicht Folge eines vorwerfbaren Versehens des Arztes. Die Symptome einer Erkrankung sind nämlich nicht immer eindeutig, sondern können auf die verschiedensten Ursachen hinweisen. Auch kann jeder Patient wegen der Unterschiedlichkeiten des menschlichen Organismus die Anzeichen ein und derselben Krankheit in anderer Ausprägung aufweisen. **Diagnoseirrtümer**, die objektiv auf eine Fehlinterpretation der Befunde zurückzuführen sind, können deshalb **nur mit Zurückhaltung als Behandlungsfehler gewertet** werden (BGH, Urt. v. 8. 7. 2003 – VI ZR 304/02, VersR 2003, 1256, 1257 = MDR 2003, 1290; OLG Hamm, Urt. v. 30. 8. 2000 – 3 U 165/99, OLGR 2002, 236, 238; Urt. v. 28. 2.

2001 – 3 U 17/00, OLGR 2002, 271, 272; Urt. v. 2. 4. 2001 – 3 U 160/00, VersR 2002, 578, 579 = OLGR 2002, 217, 218; Urt. v. 23. 8. 2000 – 3 U 229/99, VersR 2002, 316; OLG Koblenz, Urt. v. 3. 11. 2005 – 5 U 1560/04, bei Jorzig GesR 2006, 16, 17; Urt. v. 31. 8. 2006 – 5 U 588/06, VersR 2006, 1547 f.; OLG Köln, Urt. v. 20. 7. 2005 – 5 U 200/04, VersR 2005, 1740, 1742 = NJW 2006, 70; Urt. v. 29. 6. 2006 – 5 U 1494/05, OLGR 2006, 911; OLG München, Urt. v. 28. 10. 2004 – 1 U 1841/04, OLGR 2006, 52; OLG Oldenburg VersR 1991, 1141; OLG Stuttgart, Urt. v. 22. 2. 2001 – 14 U 62/00, OLGR 2002, 251, 255; G/G, 5. Aufl., Rz. B 265; Müller, VPräsBGH, GesR 2004, 257, 259; weitere Nachweise s. u. S. 527).

Grundsätzlich kann ein Diagnoseirrtum dem Arzt nur dann als haftungsbegründender Behandlungsfehler vorgeworfen werden, wenn sich seine **Diagnose als völlig unvertretbare Fehlleistung** darstellt (OLG Frankfurt, VersR 1997, 1358; OLG Hamm, Urt. v. 2. 4. 2001 – 3 U 160/00, OLGR 2002, 217, 218 = VersR 2002, 857, 858: im entschiedenen Fall wurde ein grober Behandlungsfehler angenommen; OLG Köln VersR 1991, 1288; VersR 1989, 631; VersR 1988, 1299; OLG München, Urt. v. 6. 4. 2006 – 1 U 4142/05, NJW 2006, 1883, 1886 und Urt. v. 3. 6. 2004 – 1 U 5250/03, VersR 2005, 657: völlig unvertretbares diagnostisches Vorgehen; OLG Schleswig, Urt. v. 13. 2. 2004 – 4 U 54/02, GesR 2004, 178, 179: Krankheitserscheinung in völlig unvertretbarer, der Schulmedizin entgegenstehender Weise gedeutet) oder wenn der Diagnoseirrtum auf der **Unterlassung elementarer Befunderhebungen** beruht (BGH, Urt. v. 8. 7. 2003 – VI ZR 304/02, VersR 2003, 1256, 1257: grober Fehler in der Befunderhebung; OLG Frankfurt VersR 1997, 1358; OLG Hamm, Urt. v. 30. 8. 2000 – 3 U 165/99, OLGR 2002, 236, 238: elementare Kontrollbefunde nicht erhoben; OLG Köln VersR 1991, 1288; VersR 1989, 631; VersR 1988, 1299; OLG München Urt. v. 6. 4. 2006 – 1 U 4142/05, NJW 2006, 1883, 1886; OLG Naumburg, Urt. v. 13. 3. 2001 – 1 U 76/00, OLGR 2002, 39, 40 = MedR 2002, 515, 516: Diagnoseirrtum neben unterlassener Befunderhebung; OLG Schleswig, Urt. v. 13. 2. 2004 – 4 U 54/02, GesR 2004, 178, 179: elementare Kontrollbefunde nicht erhoben) oder wenn die **Überprüfung einer ersten Arbeitsdiagnose im weiteren Behandlungsverlauf fehlerhaft versäumt** wurde (OLG Frankfurt VersR 1997, 1358; OLG Hamm, Urt. v. 30. 8. 2000 – 3 U 165/99, OLGR 2002, 236, 238; VersR 2000, 325 a. E.; OLG Köln VersR 1991, 1288; VersR 1989, 631; VersR 1988, 1299; OLG Schleswig, Urt. v. 13. 2. 2004 – 4 U 54/02, GesR 2004, 178, 179) bzw. der Arzt aus seiner Sicht zum Zeitpunkt der Diagnosestellung entweder **Anlass zu Zweifeln an der Richtigkeit der gestellten Diagnose** hatte oder aber solche Zweifel gehabt und diese nicht beachtet hat (OLG Naumburg, Urt. v. 13. 3. 2001 – 1 U 76/00, OLGR 2002, 39, 40 = MedR 2002, 515, 516).

Der BGH nimmt auch dann das Vorliegen eines (einfachen) Behandlungsfehlers an, wenn **Symptome vorliegen, die für eine bestimmte Erkrankung kennzeichnend** sind, vom Arzt aber nicht ausreichend berücksichtigt werden (BGH, Urt. vom 8. 7. 2003 – VI ZR 304/02, VersR 2003 – 1256, 1257 = NJW 2003, 2827, 2828; ebenso OLG Saarbrücken MedR 1999, 181, 182; Müller, VPräsBGH, GesR 2004, 257, 259/260).

Nach vereinzelt gebliebener Auffassung des OLG Köln liegt ein die Haftung des Arztes begründender (einfacher) Diagnosefehler auch dann vor, wenn der Orthopäde bei der Auswertung eines Röntgenbilds eine Fersenbeinfraktur übersieht, die bei sorgfältiger Betrachtung ohne weiteres erkennbar ist (OLG Köln, Urt. v. 5. 6. 2002 – 5 U 226/01, VersR 2004, 794, 795: aber kein „fundamentaler Diagnoseirrtum"; a. A. etwa OLG Koblenz, Urt. v. 31. 8. 2006 – 5 U 588/06, VersR 2006, 1547 f.).

Das OLG Hamm geht vom Vorliegen eines (einfachen) Behandlungsfehlers aus, wenn das diagnostische Vorgehen und die Bewertung der durch diagnostische Hilfsmittel gewonnenen Ergebnisse für einen gewissenhaften Arzt „**nicht mehr vertretbar**" sind. Ist die Interpretation darüber hinaus als „**unverständlich**" zu werten, rechtfertige dies die Annahme eines groben Behandlungsfehlers (OLG Hamm, Urt. v. 23. 8. 2000 – 3 U 229/99, VersR 2002, 315, 316; Urt. v. 2. 4. 2001 – 3 U 160/00, OLGR 2002, 217, 218 = VersR 2002, 578, 579 unter Hinweis auf BGH NJW 1996, 1589). Diese Differenzierung erscheint u. E. nicht überzeugend, da ein „nicht mehr vertretbares" Behandlungsmanagement in aller Regel auch „unverständlich" sein wird.

Das OLG Koblenz (Urt. v. 3. 11. 2005 – 5 U 1560/04, bei Jorzig GesR 2006, 16, 17) weist darauf hin, dass der Arzt bei (einfach-) fehlerhafter, unvollständiger oder verzögerter Befunderhebung und Diagnosestellung nur dann haftet, wenn der Patient nachweist, dass die unterlassene, fehlerhaft oder verzögert ausgeführte Maßnahme alsbald zur richtigen Diagnose und anschließend zu einem günszigeren Behandlungsergebnis geführt hätte.

Gelingt dem Patienten zwar der Beweis eines (einfachen) Behandlungsfehlers in der Form eines Diagnosefehlers oder aber eines (einfachen) Fehlers in der Befunderhebung, nicht aber der Nachweis der Ursächlichkeit dieses Fehlers für den geltend gemachten Gesundheitsschaden, greift eine Beweislastumkehr nur dann ein, wenn der Diagnosefehler entweder als grob zu werten ist („**fundamentaler Diagnosefehler**"), ein **grober Fehler in der Befunderhebung** vorliegt (hierzu unten S. 537 ff.) oder wenn bei einem einfachen Fehler bei der Befunderhebung- oder Befundsicherung die weiteren Voraussetzungen der Fallgruppe einer **unterlassenen Befunderhebung** gegeben sind (BGH, Urt. v. 8. 7. 2003 – VI ZR 304/02, VersR 2003, 1256, 1257 = NJW 2003, 2827, 2828; vgl. hierzu unten → *Unterlassene Befunderhebung*, S. 804 ff.).

2. Nichterhebung von Diagnose- und Kontrollbefunden

Die unterlassene Erhebung von Befunden kann sich bei „**zweifelsfrei gebotener**" **Befunderhebung** als **grober Behandlungsfehler** darstellen (BGH NJW 1995, 778; OLG Bamberg, Urt. v. 25. 4. 2005 – 4 U 61/04, VersR 2005, 1244, 1245: unterlassene Befundübertragung, im entschiedenen Fall kein grober Behandlungsfehler; Urt. v. 4. 7. 2005 – 4 U 126/03, VersR 2005, 1292, 1293: **Herzkatheteruntersuchung unterlassen**; OLG Brandenburg, Urt. v. 8. 4. 2003 – 1 U 26/00, VersR 2004, 1050, 1052: **unterlassene sonografische Hüftkontrolle** eines Neugeborenen; OLG Hamm, Urt. v. 31. 8. 2005–3 U 277/04, MedR 2006, 111, 113 = GesR 2006, 31, 33: unterlassene **Mammographie**, reaktionspflichtiger Befund jedoch nicht hinreichend wahrscheinlich; Urt. v. 6. 11. 2002 – 3 U 50/02, VersR 2004, 1321, 1322: unterlassene Überweisung zur Leberpunktion; Urt. v. 17. 11. 2004 – 3 U 277/03, GesR 2005, 70, 71: unterlassene Erhebung von **CRP-Werten bei Ent-**

zündung im Gelenk; OLG Karlsruhe, Beschl. v. 24. 6. 2005 – 7 W 28/05, NJW-RR 2006, 205, 206 = GesR 2005, 555, 556 = OLGR 2005, 753, 754: Untersuchung der Bauchdecke bei V.a.. **Anastomoseninsuffizienz** unterlassen; Urt. v. 20. 6. 2001 – 13 U 70/00, VersR 2002, 1426, 1427: unterlassene Befunderhebung infolge eines groben Organisationsfehlers; Urt. v. 23. 4. 2004 – 7 U 1/03, VersR 2005, 1246: unterlassene **Ultraschalluntersuchung** des Auges zur Feststellung eines **Retinoblastoms**; OLG Koblenz, Urt. v. 3. 11. 2005 – 5 U 1560/04 bei Jorzig GesR 2006, 16, 17; Urt. v. 5. 7. 2004 – 12 U 572/97, NJW 2005, 1200, 1202: unterlassene **Blutzuckerkontrolle bei mangelgeborenem Kind**; Urt. v. 26. 8. 2003 – 3 U 1840/00, NJW-RR 2004, 106, 107: unterlassene **Überweisung** zur **Myelografie** bzw. zum MRT zur Feststellung eines Rückenmarkangioms; OLG Köln, Urt. v. 13. 2. 2002 – 5 U 95/01, NJW-RR 2003, 458: unterlassenes Anlegen eines EKG und einer nachfolgend erforderlichen Defibrillation; OLG München, Urt. v. 24. 2. 2005 – 1 U 4624/03, OLGR 2006, 51 f.: Überwachung einer **frisch operierten Patientin in Intervallen von 10–20 Minuten** unterlassen; Urt. v. 23. 9. 2004 – 1 U 5198/03, MedR 2006, 174, 176: sofortige Punktion bei Gelenkinfektion unterlassen; OLGR 1999, 331; OLG Saarbrücken MedR 1999, 181, 183; OLG Stuttgart, Urt. v. 27. 6. 2000 – 14 U 8/00, OLGR 2002, 116, 119: **unterlassene Angiografie** und der notwendigen antiepileptischen Therapie; G/G, 5. Aufl., Rz. B 266 -272 b; Einzelheiten vgl. S. 537 ff., 805 ff.).

Die Nichterhebung von Befunden und die dadurch bedingte Unterlassung oder Einleitung einer ungezielten Therapie stellen einen **„groben" Behandlungsfehler** dar, wenn ganz offensichtlich gebotene und der Art nach auf der Hand liegende Kontrollerhebungen unterlassen und darüber die nach einhelliger medizinischer Auffassung gebotene Therapie versäumt werden (BGH NJW 1989, 2332; NJW 1995, 778, 779; OLG Saarbrücken MedR 1999, 181, 183; S/Pa, Rz. 525 ff.; G/G, Rz. B 266 ff.; Gehrlein Rz. B 18, 21).

Nach der **neueren Rspr.** des BGH kann eine Beweislastumkehr dem Patienten im Fall der Nichterhebung von Befunden **auch bei Vorliegen eines nur „einfachen" Behandlungsfehlers** zugute kommen (BGH, Urt. v. 27. 4. 2004 – VI ZR 34/03, VersR 2004, 909, 911 und Urt. v. 23. 3. 2004 – VI ZR 428/02, NJW 2004, 1871, 1872 = VersR 2004, 790, 791 = MDR 2004, 1056: in den Fallgruppen des „groben Behandlungsfehlers" und der „unterlassenen Befunderhebung" grundsätzlich Umkehr der Beweislast; OLG Koblenz, Urt. v. 28. 7. 1999 – 4 U 1194/96).

Der BGH – und ihm folgend die Instanzgerichte – hat folgenden Grundsatz formuliert:

„Ein Verstoß des Arztes gegen die Pflicht zur Erhebung und Sicherung medizinischer Befunde lässt im Wege der Beweiserleichterung zugunsten des Patienten zunächst nur auf ein reaktionspflichtiges positives Befundergebnis schließen, wenn ein solches **hinreichend wahrscheinlich** war. Ein solcher Verstoß kann aber darüber hinaus auch für die Kausalitätsfrage im Sinne einer Beweiserleichterung oder – nach neuester Rechtsprechung des BGH (BGH, Urt. v. 27. 4. 2004 – VI ZR 34/03, NJW 2004, 2011, 2012 = VersR 2004, 909, 911; Urt. v. 16. 11. 2004 – VI ZR 328/03, NJW 2005, 427, 429 = VersR 2005, 228, 229; Urt. v. 23. 3. 2004 – VI

ZR 428/02, VersR 2004, 790, 791 = MDR 2004, 1056, 1057 = GesR 2004, 293, 294; Urt. v. 25. 11. 2003 – VI ZR 8/03, NJW 2004, 1452, 1453 f.) stets – einer Beweislastumkehr Bedeutung gewinnen, nämlich dann, wenn im Einzelfall zugleich **auf einen groben Behandlungsfehler zu schließen** ist, weil sich bei der unterlassenen Abklärung mit hinreichender Wahrscheinlichkeit ein so deutlicher und gravierender Befund ergeben hätte, dass sich **dessen Verkennung als fundamental fehlerhaft darstellen** müsste" (BGH, Urt. v. 23. 3. 2004 – VI ZR 428/02, NJW 2004, 1871, 1872 = VersR 2004, 790, 791 = MedR 2004, 559 = GesR 2004, 293, 294; BGH VersR 2001, 1030, 1031; VersR 1999, 1241, 1243; VersR 1999, 1282, 1283; VersR 1999, 231, 232; VersR 1999, 60, 60; OLG Bamberg, Urt. v. 25. 4. 2005 – 4 U 61/04, VersR 2005, 1244, 1245 = OLGR 2005, 457, 459; OLG Hamm, Urt. v. 31. 8. 2005 – 3 U 277/04, GesR 2006, 31, 33 = MedR 2006, 111, 113; OLG Karlsruhe, Beschl. v. 24. 6. 2005 – 7 W 28/05, NJW-RR 2006, 205, 206 = GesR 2005, 555, 556 = OLGR 2005, 753, 754; OLG Koblenz, Urt. v. 5. 7. 2004 – 12 U 572/97, NJW 2005, 1200, 1202; OLG München, Urt. v. 24. 2. 2005 – 1 U 4624/03, NJW-RR 2006, 33, 35; OLGR 2006, 51, 52; OLG Nürnberg, Urt. v. 24. 6. 2005 – 5 U 1046/04, OLGR 2006, 10, 11; OLG Stuttgart, Urt. v. 20. 3. 2001 – 14 U 41/99, OLGR 2002, 142, 145; Urt. v. 27. 6. 2000 – 14 U 8/00, OLGR 2002, 116, 119; G/G, 5. Aufl., Rz. B 296, 297; Gehrlein VersR 2004, 1488, 1494 und die weiteren Nachweise auf S. 815 ff.).

Insoweit handelt es sich um keine spezifische Fallgruppe des „groben Behandlungsfehlers", sondern eine an sich eigenständige Fallgruppe der Beweislastumkehr zur Frage des Kausalzusammenhangs zwischen einem festgestellten, „einfachen" Behandlungsfehler und dem Eintritt des Primärschadens (vgl. hierzu → *Unterlassene Befunderhebung*, S. 804 ff.).

3. Grobe Therapiefehler

Im Therapiebereich kommen vor allem solche Behandlungsfehler als „grob" in Betracht, in denen der Arzt auf **eindeutige, zweifelsfreie Befunde nicht reagiert** hat, grundlos eine **Standardmethode zur Bekämpfung bekannter Risiken nicht angewendet** oder eindeutig und gravierend **gegen anerkannte und gesicherte medizinische Soll-Standards** verstoßen hat (S/Pa, Rz. 532 ff.; G/G, 5. Aufl., Rz. B 273–284; Einzelheiten vgl. S. 557 ff.).

4. Grobe Organisationsfehler

Auch grobe Organisationsmängel und grob fehlerhaftes Verhalten des nichtärztlichen Personals können einen groben Behandlungsfehler darstellen (OLG Stuttgart VersR 2000, 1108, 1109; OLG Karlsruhe VersR 2002, 1426, 1427; G/G, 5. Aufl., Rz. B 253, 291; S/Pa, Rz. 543; Einzelheiten vgl. S. 606 ff.).

5. Unterlassene oder fehlerhafte Sicherungsaufklärung (therapeutische Aufklärung)

Ebenso kann die Verletzung der Pflicht des behandelnden Arztes zur therapeutischen Aufklärung (Sicherungsaufklärung) als grober Behandlungsfehler zu werten sein und führt auch dann regelmäßig zur Umkehr der objektiven Beweislast für den ursächlichen Zusammenhang zwischen dem (dann groben) Behandlungsfehler und dem Gesundheitsschaden des Patienten, wenn der Behandlungsfehler geeignet ist, den eingetretenen Schaden zu verursachen (BGH, Urt. v. 16. 11. 2004 – VI ZR 328/03, VersR 2005, 228, 229 = NJW 2005, 427, 428 = MDR 2005, 572, 573; auch OLG Düsseldorf, Urt. v. 6. 3. 2003 – 8 U 22/02, VersR 2003, 1310, 1311 f.; OLG Karlsruhe, Urt. v. 25. 1. 2006 – 7 U 36/05, OLGR 2006, 339 f.; G/G, 5. Aufl., Rz. B 95, B 285 – 290; Einzelheiten vgl. S. 611 ff.).

VI. Fundamentale Diagnosefehler

1. Grundlagen

Ein Diagnosefehler wird nur dann als grober Behandlungsfehler bewertet, wenn es sich um einen fundamentalen Irrtum handelt (BGH, Urt. v. 8. 7. 2003 – VI ZR 304/02, VersR 2003, 1256, 1257 = NJW 2003, 2827, 2828; OLG Hamm, Urt. v. 2. 4. 2001 – 3 U 160/00, OLGR 2002, 217, 218 = VersR 2002, 578, 579; Urt. v. 30. 8. 2000 – 3 U 165/99, OLGR 2002, 236, 238; OLG Köln, Urt. v. 20. 7. 2005 – 5 U 200/04, VersR 2005, 1740, 1741 = NJW 2006, 69, 70; Urt. v. 5. 6. 2002 – 5 U 226/01, VersR 2004, 794, 795; OLG München, Urt. v. 6. 4. 2006 – 1 U 4142/06, NJW 2006, 1883, 1886 = GesR 2006, 266, 269; Urt. v. 28. 10. 2004 – 1 U 1841/04, OLGR 2006, 52; Urt. v 23. 9. 2004 – 1 U 5198/03, MedR 2006, 174, 175; G/G, 5. Aufl., Rz. B 265 – 272 b; Müller, VPräsBGH, GesR 2004, 257, 259; S/Pa, Rz. 524). Die Schwelle, von der ab ein Diagnoseirrtum als schwerer Verstoß gegen die Regeln der ärztlichen Kunst zu beurteilen ist, ist dabei **hoch** anzusetzen (BGH NJW 1981, 2360; OLG Bamberg VersR 1992, 831; OLG Koblenz, Urt. v. 31. 8. 2006 – 5 U 588/06, VersR 2006, 1547, 1548 m. abl. Anm. Jaeger). Ein fundamentaler Diagnosefehler bzw. Diagnoseirrtum liegt regelmäßig vor, wenn

▷ das diagnostische Vorgehen des Arztes vom gerichtlich bestellten Sachverständigen als **nicht mehr vertretbar** und die Fehlinterpretation eines Befundes darüber hinaus als **unverständlich** bewertet wird (OLG Hamm, Urt. v. 2. 4. 2001 – 3 U 160/00, OLGR 2002, 217, 218 = VersR 2002, 857, 858; VersR 2002, 315, 316; OLG München, Urt. v. 6. 4. 2006 – 1 U 4142/05, NJW 2006, 1883, 1886 = GesR 2006, 266, 268 f.) oder

▷ in **erheblichem Ausmaß** Diagnose- und Kontrollbefunde zum Behandlungsgeschehen nicht erhoben worden sind (OLG Saarbrücken VersR 2000, 1241, 1243; BGH VersR 1982, 1193; OLG Frankfurt VersR 1997, 1358; OLG Köln VersR 1999, 366) oder

▷ der Verdacht der vorliegenden Erkrankung **sich hätte aufdrängen müssen** (OLG Stuttgart VersR 1994, 313), etwa weil dies zum medizinischen Basiswissen eines Arztes der entsprechenden Fachrichtung gehört und schon von einem Examenskandidaten erwartet werden könnte (OLG Zweibrücken OLGR 2000, 459, 462; G/G, 5. Aufl., Rz. B 265) oder

▷ wenn die **angenommene Ursache so unwahrscheinlich** ist, dass ein massiver Verstoß gegen medizinische Erkenntnisse und Erfahrungen zu bejahen ist (G/G, 5. Aufl., Rz. B 265).

2. Fundamentaler Diagnosefehler bejaht

▷ *Kinderarzt bzw. Krankenhaus verkennt Encephalitis*

Kann der Verdacht auf eine Enzephalitis (Entzündung von Hirngewebe) nicht ausgeräumt werden, sondern bieten die Ergebnisse der Anfangsuntersuchungen insoweit Veranlassung zu weiteren diagnostischen Maßnahmen, so ist entweder der Verdachtdiagnose unverzüglich nachzugehen oder aufgrund der Verdachtsdiagnose entsprechend zu therapieren.Bei den von einer Enzephalitis bekanntermaßen ausgehenden schweren Gefahren für Leben und Gesundheit des Erkrankten müssen unverzüglich alle Versuche unternommen werden, ein Höchstmaß an Klarheit zu gewinnen, um eine wirksame Therapie einleiten zu können. Dabei kommen eine Lumbalpunktion, die Erstellung eines EEG und/oder eines Computertomogramms in Betracht.

Werden solche **wesentlichen diagnostischen Maßnahmen nicht unverzüglich ergriffen** und kommt es deshalb zur verspäteten Medikamentation, ist ein grober Behandlungsfehler zu bejahen (OLG Köln VersR 1991, 186, 188). Ein grober Behandlungsfehler liegt jedoch nicht vor, wenn vom Arzt keinerlei typische Symptome einer Enzephalitis festgestellt werden können, etwa starkes Fieber, Schläfrigkeit, Meningismus oder neurologische Herdstörungen wie zum Beispiel Lähmungen (OLG Bamberg VersR 1992, 831, 832).

▷ *Kinderarzt übersieht Spannungspneumothorax bei Neugeborenem*

Ein fundamentaler Diagnosefehler liegt auch vor, wenn ein pädiatrischer Facharzt sich objektiv aufdrängende **hochcharakteristische und hochverdächtige Symptome** für einen Spannungspneumothorax bei einem Neugeborenen übersieht und es unterlässt, zeitnah diagnostische bzw. therapeutische Maßnahmen – etwa eine Probepunktion und anschließend eine beidseitige Pleurapunktion – durchzuführen (OLG Schleswig, Urt. v. 28. 2. 2003 – 4 U 10/01, OLGR 2003, 264).

▷ *Chirurgie/Orthopädie: Fraktur auf Röntgenbild übersehen*

Wird auf einem Röntgenbild eine **eindeutig nachweisbare Schenkelhalsfraktur** (LG Bielefeld VersR 1999, 1245) oder eine **Fehlstellung nach einer Luxationsfraktur** des oberen Sprunggelenks übersehen (OLG Celle VersR 1998, 54; ebenso Jaeger VersR 2006, 1549: Verschiebung der Gelenkflächen eines Fingers) und deshalb keine adäquate Therapie eingeleitet, so stellt die Fehldiagnose jeweils einen groben Behandlungsfehler dar. Übersieht ein Orthopäde bei der Auswertung des Röntgenbildes eine **Fersenbeinfraktur**, die bei sorgfältiger Betrachtung erkennbar ist, liegt nach Auffassung des OLG Köln nicht unbedingt ein fundamentaler Diagnoseirrtum vor. Jenseits eines solchen groben Behandlungsfehlers soll nach Auffassung des OLG Köln aber dennoch Raum für eine Haftung des Arztes wegen eines „einfachen Diagnosefehlers" bleiben, wenn die von ihm erhobenen Befunde nicht zweifelhaft sind, sondern bei Anwendung der gebotenen Sorgfalt nur den Schluss auf eine bestimmte Diagnose zulassen würden (OLG Köln, Urt. v. 5. 6. 2002 – 5 U 226/01, VersR 2004, 794). Im entschiedenen Fall hatte der Sachverständige ausgeführt, dass der Schaden des Patienten „im Wesentlichen auf dem vom Arzt nicht erkannten Fersenbeinbruch zurückzuführen" sei.

▷ *Orthopäde verkennt „Hüftkopfgleiten"*

Es stellt einen groben Behandlungsfehler dar, wenn ein Orthopäde bei einem 14-jährigen Jungen mit Schmerzen in der Hüft- und Leistenregion die richtige Diagnose „Epephysiolysis capitis femoris" (Hüftkopfgleiten) wegen unzureichender diagnostischer Methoden nicht bzw. nicht rechtzeitig stellt (OLG Schleswig, Urt. v. 11. 4. 2003 – 4 U 160/01, OLGR 2003, 430).

▷ *Coxitis (Hüftgelenkentzündung) verkannt*

Ein fundamentaler Diagnosefehler liegt vor, wenn ein Chirurg oder Orthopäde trotz beklagter Beschwerden im Hüftgelenk einen „Muskelriss" diagnostiziert, die Verdachtsdiagnose „Abszess in Bereich des Hüftgelenks" nicht stellt bzw. sogar verwirft und die Patientin ohne weiterführende diagnostische oder therapeutische Maßnahmen entlässt (OLG München, Urt. v. 23. 9. 2004 – 1 U 5198/03, MedR 2006, 174, 175).

▷ *Allgemeinarzt verkennt Leistenbruch*

Die Kombination von anhaltendem Erbrechen mit einer spontan auftretenden Weichteilschwellung im Bereich der typischen Bruchpforte für Eingeweidebrüche muss zur Diagnose einer Brucheinklemmung führen oder zumindest einen starken dahingehenden Verdacht aufkommen lassen. Wird infolge der unterlassenen oder grob fehlerhaften Diagnose der eingeklemmte Leistenbruch nicht erkannt und unterbleibt deshalb eine sofortige Einweisung in ein Krankennhaus, so hat der Arzt zu beweisen, dass dieser grobe Behandlungsfehler nicht ursächlich geworden ist für den im Zusammenhang mit dem dann nach verspätet erfolgter Operation eingetretenen Tod der Patientin; dies gilt auch dann, wenn weitere Behandlungsfehler der nachfolgenden Ärzte hinzukommen (OLG Frankfurt VersR 2000, 853, 855).

▷ *Verkennung des mitgeteilten Befundes durch Allgemeinmediziner, nicht erkannte Endokarditis*

Von einem Arzt für Allgemeinmedizin muss erwartet werden, dass er die Ergebnisse einer von ihm angeordneten Laboruntersuchung, so zum Ausschluss des Verdachts auf eine Mononukleose (akute fieberhafte Systemerkrankung des lymphatischen Gewebes durch das Epstein-Barr-Virus) zutreffend beurteilen kann. Verkennt er den **ausdrücklich mitgeteilten**, diese vermutete Erkrankung ausschließenden **Befund**, liegt ein fundamentaler Diagnoseirrtum vor mit der Folge, dass ihm der Beweis obliegt, eine infolge des Diagnosefehlers nicht erkannte Endokarditis (Entzündung der Herzinnenhaut, meist der Herzklappen) hätte auch nach der gebotenen Diagnostik, etwa durch Anlegung von Blutkulturen, Röntgenaufnahmen und der Anfertigung eines Echokardiogramms, mit keinem besseren Heilungserfolg therapiert werden können (OLG Saarbrücken VersR 2000, 1241, 1242).

▷ *Allgemeinarzt bzw. Notarzt verkennt Meningitis*

Unterlässt es ein Notarzt, trotz der auf Meningitis (Hirnhautentzündung) hindeutenden Symptome eine diagnostische Abklärung zweifelsfrei gebotener Befunde zu erheben, etwa das Hochheben des Kopfes bis zum Brustbein bei gleichzeitigem Hochziehen der Beine, eine Untersuchung von Hautblutungen und/oder die Überprüfung der Nackensteifigkeit, und geht er deshalb als Arbeitsdiagnose von einer Mandelentzündung aus, so ist sowohl wegen der unterlassenen Befunderhebung (s. u. S. 815 ff.) als auch wegen des groben Diagnoseirrtums eine Beweislastumkehr für die Kausalität gerechtfertigt (OLG Stuttgart VersR 1994, 313).

Jede akute, fieberhafte und schwere Erkrankung eines Kindes ist solange als Meningitis anzusehen, bis das Gegenteil bewiesen ist. Dieses Wissen ist auch von einem Allgemeinarzt im Sonntagsdienst zu erwarten. Das Nichterkennen der für eine Meningitis sprechenden Symptome bei einem Kleinkind stellt einen groben Behandlungsfehler dar (OLG Stuttgart NJW-RR 1997, 1114, 1115; ebenso OLG Oldenburg NJW-RR 1997, 1117).

▷ *Allgemeinarzt/Unfallchirurg verkennt Venenthrombose*

Klagt ein Patient einige Tage nach einer Fußverletzung über Spannungsschmerzen in der Wade, so liegt der Verdacht einer Venenthrombose nahe und muss durch eine Phlebographie abgeklärt werden. Bei diesem Beschwerdebild ist die Diagnose „Muskelkater" schlechthin unvertretbar, so dass der Diagnoseirrtum einen groben Behandlungsfehler darstellt (OLG Köln VersR 1993, 190). Bei einem Thromboseverdacht gehört es nach bislang vertretener Ansicht zu den elementaren Behandlungsregeln, eine Phlebographie durchzuführen (OLG Oldenburg MDR 1994, 995).

▷ *Neurologe übersieht eindeutige Zeichen eines Schlaganfalls*

Erleidet ein Patient einen **Schlaganfall**, so handelt ein Facharzt für Neurologie und Psychiatrie, der eine **komplizierte Migräne** („klassische Migräne") befundet, grob fehlerhaft, wenn er nicht wenigstens der Verdachtsdiagnose einer transitorischen ischämischen Attacke nachgeht. Dabei ist es völlig unvertretbar, trotz der Angaben des Patienten, dass er vor einigen Stunden erstmals unter Sprachstörungen und einem Taubheitsgefühl in der rechten Hand gelitten hätte, an der Diagnose „Migräne" und der nach Alter und Aussehen des Patienten gezogenen Schlussfolgerung, es liege ein unterdurchschnittliches Gefäßrisiko vor, festzuhalten (OLG München, Urt. v. 3. 6. 2004 – 1 U 5250/03, VersR 2005, 657).

▷ *Radiologe verkennt Venenthrombose*

Klagt der Patient nach längerem Liegen über ein ständig geschwollenes, rechtes Bein, stellt es einen Verstoß gegen den fachradiologischen Standard dar, wenn der hinzugezogene Radiologe die Darstellung des Beckenvenenbereichs als ungünstige Strömungsverhältnisse interpretiert und ein thrombotisches Geschehen in diesem Bereich verkennt. Ist die Fehlinterpretation eines an sich eindeutigen Befundes einer Venenthrombose nicht nur unvertretbar, sondern darüber hinaus als unverständlich zu werten, rechtfertigt dies die Annahme eines groben Behandlungsfehlers (OLG Hamm, Urt. v. 23. 8. 2000 – 3 U 229/99, VersR 2002, 315, 316).

Ist sich der befundende Radiologe in der Diagnose unsicher, so hat er eine weitere Befunderhebung in Form einer erneuten Phlebographie oder CT durchzuführen. Hätte diese weitere Befunderhebung mit mehr als hinreichender Wahrscheinlichkeit das Vorliegen des thrombotischen Geschehens gezeigt, so ist auch eine Beweislastumkehr aus dem Gesichtspunkt der „unterlassenen Befunderhebung" zu bejahen (OLG Hamm, Urt. v. 23. 8. 2000 – 3 U 229/99, VersR 2002, 315, 317).

▷ *Radiologe übersieht Bronchialkarzinom*

Für einen gewissenhaften Radiologen ist es nicht mehr vertretbar, trotz deutlichem Befund ein Bronchialkarzinom faktisch auszuschließen. Die Fehlinterpretation eines für einen Radiologen eindeutigen Befundes ist nicht nur unvertretbar, sondern darüber hinaus als unverständlich und damit als grober Behandlungsfehler zu werten (OLG Hamm, Urt. v. 2. 4. 2001 – 3 U 160/00, VersR 2002, 578, 579).

▷ *Mitteilung einer unzutreffenden Diagnose*

Dem Arzt obliegt die Pflicht, den Patienten durch die Art und den Inhalt der Diagnosemitteilung **nicht „in Angst und Schrecken"** zu versetzen und ihn nicht unnötig zu belasten. Diese Pflicht ist dann verletzt, wenn (kumulativ) die eröffnete Diagnose objektiv falsch ist, hierfür keine hinreichende Grundlage besteht, sie den Laien auf eine schwere, u.U. lebensbedrohliche Krankheit schließen lässt und die Art und Weise der Mitteilung unter den gegebenen Umständen geeignet ist, den Patienten in psychischer Hinsicht schwer zu belasten, insbesondere bei ihm Überreaktionen auszulösen (OLG Bamberg, Urt. v. 24. 3. 2003 – 4 U 172/02, VersR 2004, 198 = OLGR 2003, 215, 216; auch OLG Braunschweig VersR 1990, 57; OLG Celle VersR 1981, 1184; OLG Köln VersR 1998, 139; VersR 1988, 385; LG Cottbus, Urt. v. 1. 10. 2003 – 3 O 115/03, MedR 2004, 231, 232).

So rechtfertigt die objektiv falsche, ohne hinreichende Grundlage mitgeteilte Diagnose „Hodenkrebs", aufgrund derer der Patient einen Monat in Todesangst lebt, ein Schmerzensgeld i.H.v. 2.500 Euro (OLG Bamberg, Urt. v. 24. 3. 2003 – 4 U 172/02, VersR 2004, 198).

3. Fundamentaler Diagnosefehler verneint

▷ *Blinddarmentzündung (Appendizitis) nicht oder unzutreffend diagnostiziert*

Die Indikationsstellung zur Operation einer akuten Appendizitis muss, auch wenn es sich objektiv um eine Fehldiagnose handelt, nicht fehlerhaft sein. Ausschlaggebend ist vielmehr der klinische Gesamteindruck. Schon die Feststellung eines **auf eine akute Blinddarmentzündung hinweisenden Druckschmerzes** kann einerseits genügen, um alle anderen Kriterien zurücktreten zu lassen und entsprechend operativ einzugreifen (OLG Hamm VersR 2000, 101).

Klagt andererseits ein 9-jähriges Kind über **diffuse Magenbeschwerden**, die sich innerhalb von zwei Tagen verschlimmert hatten, und legt die Gesamtsituation primär den Verdacht auf eine dann behandelte Gastroenteritis nahe, liegt in der Verkennung bzw. der verzögerten Diagnose einer Appendizitis kein grober Befunderhebungs- oder Diagnosefehler. Verbleibt im nachfolgenden Rechtsstreit eine erhebliche Ungewissheit, ob eine weiter gehende diagnostische Vorgehensweise zu weiteren Erkenntnissen geführt hätte, kommt auch eine Beweislastumkehr aus dem Gesichtspunkt der *unterlassenen Befunderhebung* (vgl. S. 815 ff.) nicht in Betracht. Bei (einfach-) fehlerhafter, unterlassener oder verzögerter Befunderhebung bzw. Diagnosestellung haftet der behandelnde Arzt nur dann, wenn der Patient nachweist, dass die zunächst unterlassenen Maßnahmen alsbald zur richtigen Diagnose und einem günstigeren Behandlungsverlauf geführt hätten (OLG Koblenz, Urt. v. 3. 11. 2005 – 5 U 1560/04, bei Jorzig GesR 2006, 16, 17). Hat der Arzt (hier: FA für Allgemeinmedizin) den Patienten sorgfältig untersucht, ergänzend alle nach den seinerzeit bestehenden Erkenntnismöglichkeiten gebotenen weiteren diagnostischen Maßnahmen (hier: Sonographie, Blutuntersuchung) veranlasst und deren Ergebnis zeitnah ausgewertet sowie vertretbar gedeutet, etwa als Gastroenteritis (Magenschleimhautentzündung), ggf. unter Einbeziehung des Dünndarms und nachfolgend aufgrund angegebener Klopfschmerzen im Nierenbereich als Harnwegsinfekt, scheidet eine Haftung wegen eines Diagnoseirrtums aus, wenn die tatsächlich bestehende Appendizitis nicht erkannt wird (OLG Koblenz, Urt. v. 29. 6. 2006 – 5 U 1494/05, OLGR 2006, 911, 912).

Dies gilt selbst dann, wenn sich die im Rahmen der ersten Vorstellung der Patientin gestellte Diagnose einer „Gastroenteritis" im Rahmen einer weiteren, drei Tage später erfolgten Vorstellung nicht aufrechterhalten lässt und sich nunmehr Hinweise auf ein entzündliches Geschehen ergeben, aufgrund bestehender Klopfschmerzen im Nierenbereich aber ein „Harnwegsinfekt" diagnostiziert und entsprechend therapiert wird (OLG Koblenz, Urt. v. 29. 6. 2006 – 5 U 1494/05, OLGR 2006, 911, 913: jedenfalls kein fundamentaler Diagnosefehler).

▷ *Brustkrebs bei dichtem Drüsenkörper nicht erkannt*

Der Diagnosefehler eines Gynäkologen, der zur Abklärung der von der Patientin beklagten Druckschmerzen Mammographien beider Brüste veranlasst und die abgebildeten Einlagerungen fälschlich als nicht suspekte Makrokalzifikationen (mit bloßem Auge erkennbare Kalkablagerungen im Brustgewebe) beurteilt, ist nicht als fundamental zu werten, wenn die Einordnung aus radiologischer Sicht **wegen des dichten Drüsenkörpers sehr schwierig** war (OLG München VersR 1998, 588).

▷ *Falsche Auswertung eines Abstrichs bei Krebsverdacht*

Hat der behandelnde Gynäkologe die in der konkreten Situation erforderlichen Befunde erhoben und einen **Abstrich genommen, diesen aber (einfach-)**

fehlerhaft ausgewertet (hier: PAP II statt PAP III), liegt (nur) ein **einfacher Diagnosefehler und kein Befunderhebungsmangel** vor. Wird deshalb – aus der Sicht des Gynäkologen folgerichtig – eine objektiv nach drei Monaten erforderliche Kontrolluntersuchung nicht bzw. verspätet durchgeführt, kann hierin kein Anknüpfungspunkt für eine Beweislastumkehr aus dem Gesichtspunkt der – *unterlassenen Befunderhebung* liegen, wenn der Diagnoseirrtum nicht seinerseits als grober Behandlungsfehler (fundamentaler Diagnoseirrtum) zu qualifizieren ist (OLG Köln, Urt. v. 20. 7. 2005 – 5 U 200/04, VersR 2005, 1740, 1741 = NJW 2006, 69, 70).

▷ *Sehr seltene Differentialdiagnose bzw. sehr seltenes Krankheitsbild*

Bezieht ein Arzt eine sehr seltene Differentialdiagnose nicht in seine Überlegungen ein, weil es sich um eine **äußerst selten vorkommende Erkrankung** handelt (OLG Stuttgart, Urt. v. 12. 3. 2002 – 14 U 18/01, OLGR 2002, 405: Allgemeinarzt übersieht nekrotiisierende Fasciitis nach Streptokokkeninfektion; OLG München, Urt. v. 28. 10. 2004 – 1 U 1841/04, OLGR 2006, 52: Arzt übersieht sehr eltene Chromosomenaberration), es andere im Vordergrund stehende Symptome gibt (OLG Celle VersR 1993, 483; OLG Zweibrücken, Urt. v. 22. 6. 1999 – 5 U 32/98), die Symptome seine (objektiv falsche) Diagnose abdecken und **für das (tatsächliche) Krankheitsbild des Patienten unspezifisch** sind (OLG Naumburg MedR 2002, 515) oder übersieht er über einer nahe liegenden, durch eine Reihe flüssig ineinander greifender Umstände scheinbar abgesicherte Diagnose eine weit entferntere differentialdiagnostische Möglichkeit (OLG Frankfurt NJW-RR 1994, 21), so ist der Diagnoseirrtum nicht fundamental.

So ist das Übersehen einer extrem seltenen Chromosomenaberration (hier: Deletion am langen Arm des 5. Chromosoms) bei der Auswertung von Karyogrammen nicht als (einfacher oder grober) Diagnosefehler vorwerfbar (OLG München, Urt. v. 28. 10. 2004 – 1 U 1841/04, OLGR 2006, 52).

▷ *Krankhafter Befund oft übersehen*

Der Umstand, dass ein Arzt einen krankhaften Befund, der oft übersehen wird, nicht feststellt, stellt ein Indiz dafür dar, dass kein grober Behandlungsfehler vorliegt (OLG Hamm VersR 1990, 975; OLG Stuttgart, Urt. v. 12. 3. 2002 – 14 U 18/01, OLGR 2002, 405, 406 zu einer sehr selten vorkommenden Erkrankung).

▷ *Ungewöhnliche Nervverletzung nicht erkannt*

Ergibt die sensorische und motorische Prüfung der Hand nach einer Glassplitterverletzung keine Auffälligkeit, kann ein vorwerfbarer Diagnoseirrtum des Unfallchirurgen nicht darin gesehen werden, dass er eine in dieser Form ungewöhnliche Durchtrennung des nervus ulnaris nicht erkennt (OLG Koblenz, Urt. v. 20. 10. 2005 – 5 U 1330/04, NJW-RR 2006, 393).

▷ *Eileiterschwangerschaft übersehen*

Auch das Nichterkennen einer Eileiterschwangerschaft muss keinen groben Behandlungsfehler darstellen (OLG Frankfurt NJW-RR 1994, 21).

▷ *Encephalitis nicht diagnostiziert*

Das Nichterkennen einer Encephalitis (Entzündung von Hirngewebe) stellt keinen fundamentalen Diagnoseirrtum dar, wenn das dem Allgemeinarzt erkennbare Krankheitsbild **keine typischen Symptome** einer Encephalitis aufweist; die Schwelle, von der ab ein Diagnoseirrtum als schwerer Verstoß gegen die ärztliche Kunst zu gelten hat, liegt hoch (OLG Bamberg VersR 1992, 831).

▷ *Orthopäde verkennt Infektion*

Aus der Zunahme der klinischen Symptome wie Schwellung, Rötung und Schmerzen muss nicht zwingend auf eine bakterielle Infektion geschlossen werden, wenn der Schmerzzustand des Patienten **anderweitig erklärbar** ist, etwa durch eine Nervenreizung. Dabei darf es der Arzt (Chirurg bzw. Orthopäde) jedoch nicht unterlassen, diese Symptome differenzialdiagnostisch abzuklären (OLG Hamm, Urt. v. 28. 2. 2001 – 3 U 17/00, OLGR 2002, 271, 272).

▷ *Verabreichung von Parkinson-Medikamenten durch Allgemeinarzt*

Ein Facharzt für Allgemeinmedizin ist nicht verpflichtet, bei Verdacht auf eine Parkinson-Erkrankung den Patienten vor dem Medikamenteneinsatz zu diagnostischen Zwecken an einen Neurologen zur klinischen Untersuchung zu überweisen. Die Behandlung von Parkinson-Patienten fällt auch in den Zuständigkeitsbereich von Allgemeinmedizinern und stellt insoweit keinesfalls eine ungewöhnliche Erkrankung dar. Er ist auch berechtigt, in der Frühphase der Erkrankung die verabreichten Parkinson-Medikamente einzusetzen (OLG Schleswig, Urt. v. 13. 2. 2004 – 4 U 54/02, GesR 2004, 178, 179).

Die vom Allgemeinmediziner gestellte Verdachtsdiagnose auf eine Parkinson-Erkrankung ist nicht zu beanstanden, wenn zumindest zwei von insgesamt vier Kardinalsymptomen (Hypokinese, Rigor, Tremor und Störung von Körperhaltung und Haltungsreflexe) vorliegen, die eine solche Verdachtsdiagnose rechtfertigen. Es liegt dann keine völlig unvertretbare Fehlleistung des Facharztes für allgemeine Medizin vor, welche die Annahme eines (einfachen oder groben) Behandlungsfehlers rechtfertigen würde (OLG Schleswig, Urt. v. 13. 2. 2004 – 4 U 54/02, GesR 2004, 178, 179).

▷ *Allgemeinmediziner verkennt Herzinfarkt wegen überlagernder Symptome*

Verkennt ein Allgemeinmediziner als Notarzt einen drohenden Herzinfarkt, weil der Patient daneben an einer akuten Gastroenterkolitis (Entzündung des Dünn- und Dickdarms) leidet und deren Symptome im Vordergrund stehen, ist seine den drohenden Herzinfarkt nicht erfassende Diagnose nicht fehlerhaft (OLG Zweibrücken VersR 2000, 605).

▷ *Gynäkologe bzw. Nicht-Notfallmediziner hält Patienten für tot*

Ein seit über 20 Jahren als Gynäkologe tätiger Arzt ohne besondere Erfahrungen und Kenntnisse im Bereich der Notfallmedizin, der zufällig an der Rettung eines bewusstlosen, stark unterkühlten Kindes beteiligt ist, das offensichtlich

534

mehr als zehn Minuten im Wasser lag, lichtstarre Pupillen, aber keine Atmung und keinen tastbaren Puls mehr aufweist und sich wie eine „Wachspuppe" anfühlt, handelt nicht grob fehlerhaft, wenn er das Kind für tot hält und von Widerbelebungsmaßnahmen (ABC-Regel: Freimachen der Atemwege, Mund-zu-Mund Beatmung, Herzdruckmassage) absieht (OLG München, Urt. v. 6. 4. 2006 – 1 U 4142/05, NJW 2006, 1883, 1886 = GesR 2006, 266, 268 f.; nicht rechtskräftig).

▷ *Notarzt übersieht Pankreatitis (Entzündung der Bauchspeicheldrüse)*

Ein fundamentaler Diagnoseirrtum des zweimal herbeigerufenen Notarztes liegt nicht vor, wenn er eine Entzündung der Bauchspeicheldrüse trotz der vom Patienten beklagten Schmerzen in beiden Nierenlagern nicht erkannt hat und auch nicht differenzialdiagnostisch in Betracht zieht, wenn die auf eine Pankreatitis bezogenen Beschwerden unspezifisch und aus Sicht des Arztes mit verschiedenen anderen Verdachtsdiagnosen erklärbar sind. Hier wäre ein Verschulden des Arztes nur zu bejahen, wenn er aus seiner Sicht zum Zeitpunkt der Diagnosestellung entweder Anlass zu Zweifeln an der Richtigkeit der gestellten Diagnose hatte oder aber solche Zweifel gehabt und diese nicht beachtet hat (OLG Naumburg, Urt. v. 13. 3. 2001 – 1 U 76/00, OLGR 2002, 39, 40 = MedR 2002, 515, 517).

Die Beweislastumkehr aus dem Gesichtspunkt des Vorliegens eines „groben Behandlungsfehlers" oder der „unterlassenen Befunderhebung" kann aber in der Unterlassung der zwingend gebotenen unverzüglichen Einweisung des Patienten in ein Krankenhaus zur Erhebung der erforderlichen Befunde für eine weitere Diagnostik, etwa eine Ultraschalluntersuchung, liegen, wenn die starken Schmerzen in beiden Nierenlagern beim zweiten Besuch des Notarztes bzw. Allgemeinarztes noch zugenommen und sich auf den Bereich des Oberbauchs ausgedehnt hatten (OLG Naumburg, Urt. v. 13. 3. 2001 – 1 U 76/00, OLGR 2002, 39, 42 = MedR 2002, 515, 517 f.).

▷ *Probeexcision zur Abklärung eines Karzinoms vom Allgemeinmediziner nicht angeordnet*

Klagt die Patientin über Schmerzen in der Brust, stellt die unterlassene Überweisung der Patientin zur Vornahme einer Probeexcision auf der Grundlage einer Arbeitsdiagnose „Mastopathie" (gutartige Gewebswucherungen in der weiblichen Brust, die häufig Zysten bilden) keinen Behandlungsfehler dar, wenn sich weder aufgrund des Tastbefundes noch nach Durchführung einer Mammographie noch aufgrund sonstiger Umstände Hinweise auf ein Mammakarzinom (Brustkrebs) ergeben (OLG Zweibrücken VersR 1991, 427; ebenso OLG Düsseldorf VersR 1988, 1297: Behandlungsfehler verneint; vgl. auch OLG Stuttgart VersR 1989, 295: Behandlungsfehler im dortigen Fall bejaht). Direkte Untersuchungsverfahren, also etwa eine Punktion oder Probeexcision, sollten grundsätzlich dann angewandt werden, wenn vorausgegangene palpatorische Untersuchungen und/oder Mammographien verdächtige, nicht sicher zu interpretierende Befunde ergeben haben (OLG Düsseldorf VersR 1988, 1297).

Die **unterlassene Nachbefundung** durch Entnahme und Untersuchung einer Gewebeprobe in der weiblichen Brust und die Beschränkung auf die Auswertung darin gruppierter Mikrokalzifikationen stellt einen Behandlungsfehler, aber keinen groben Behandlungsfehler dar (OLG Brandenburg NJW-RR 1999, 967). In solchen Fällen scheidet auch eine Beweislastumkehr aufgrund unterlassener Befunderhebung (siehe → *Unterlassene Befunderhebung*, S. 815 ff.) aus, wenn nach dem Ergebnis der Mammographie und einer MRT-Untersuchung weder eine Kontroll-Befunderhebung durch eine Probeexcision „zweifelsfrei" geboten ist und es auch nicht als wahrscheinlich angesehen werden kann, dass eine Gewebeuntersuchung einen Tumor ergeben hätte (OLG Brandenburg NJW-RR 1999, 967).

▷ *Kleines Metallstück nicht erkannt*

Tritt nach einer Hüftgelenkendoprothese eine Wundheilungsstörung auf, weil ein kleines Metallstück aus der Zange in der Operationswunde verblieben ist, stellt die Verkennung dieser Ursache keinen fundamentalen Diagnosefehler dar (OLG Hamm VersR 2000, 325).

▷ *Röntgendarstellung undeutlich oder unterlassen*

Gleiches gilt bei Fehlinterpretation eines Röntgenbildes, dessen Auswertung den Einsatz einer Lupe nahe legt (OLG Saarbrücken MedR 1999, 181).

Auch einem Orthopäden, der diskrete Hinweise auf einen äußerst seltenen Riesenzelltumor in den Röntgenbildern eines Kniegelenks nicht entdeckt und den Patienten auf eine tatsächlich vorliegende Meniskusoperation behandelt, ist kein grober Behandlungsfehler vorzuwerfen (OLG Düsseldorf VersR 1989, 478).

Einem Internisten unterläuft nicht einmal ein einfacher Behandlungsfehler, wenn er bei einem langjährig in seiner Behandlung stehenden älteren Patienten mit nach einer Operation wegen einer Lungen-TB eingeschränkter Atemfunktion aufgrund klinischer Untersuchung eine Rhinobronchitis diagnostiziert und behandelt, er deshalb keine Röntgenaufnahme zum Ausschluss einer Pneumonie (Lungenentzündung) veranlasst und den Patienten nicht ausdrücklich zur routinemäßigen Therapieerfolgskontrolle wiederbestellt (OLG Köln OLGR 1992, 229).

▷ *Kinderärztin übersieht mögliche Hirnblutung*

Eine Fehldiagnose ist dem Arzt bzw. der Ärztin etwa bei unterbliebener Überprüfung einer Diagnose nicht anzulasten, wenn **bei einem zu Krämpfen neigenden Kind**, das **bewusstlos war**, sich erbrochen und „die Augen verdreht" hatte, eine vom Radiologen des Krankenhauses nach Anfertigung eines CT gestellte Diagnose „Schütteltrauma, kein Nachweis einer sicheren Hirnblutung" nicht weiter hinterfragt wird und in der Abteilung Kinderheilkunde alle erforderlichen Maßnahmen ergriffen werden, die auf dieser Grundlage zu ergreifen waren. Hier handelt der Arzt bzw. die Ärztin nicht behandlungsfehlerhaft, selbst wenn er/sie von einer unrichtigen Arbeitshypothese ausgeht. Jedenfalls fehlt es in einem solchen Fall an der erforderlichen Kausalität zwischen dem Diagnosefehler und der Schädigung (OLG Hamm, Urt. v. 30. 8. 2000 – 3 U 165/99, OLGR 2002, 236, 238).

VII. Nichterhebung von Diagnose- und Kontrollbefunden

Eine **Beweislastumkehr** für den Kausalitätsnachweis zwischen dem Behandlungsfehler und dem beim Patienten eingetretenen Primärschaden kommt auch dann in Betracht, wenn der Arzt dadurch eindeutig gegen bewährte ärztliche Behandlungsregeln oder gesicherte medizinische Erkenntnisse verstößt und einen aus objektiver Sicht nicht mehr verständlichen Fehler begeht, in dem er **„in erheblichem Ausmaß"** Diagnose- und Kontrollbefunde zum Behandlungsgeschehen nicht erhoben hat bzw. er es schuldhaft unterlässt, **medizinisch zweifelsfrei gebotene Befunde** zu erheben und zu sichern (BGH, Urt. v. 23. 2. 2004 – VI ZR 428/02, NJW 2004, 1878 = VersR 2004, 790 = MDR 2004, 1056: „fehlerhafte Unterlassung der medizinisch gebotenen Befunderhebung" bei verspätetem Austausch eines Herzschrittmachers; Urt. v. 27. 4. 2004 – VI ZR 34/03, NJW 2004, 2011, 2013 = VersR 2004, 909, 911: „unterlassene Fertigung einer Röntgenaufnahme schlechthin unverständlich"; BGH NJW 1999, 860: „zweifelsfrei geboten"; VersR 1999, 1282, 1283 und VersR 1999, 1241, 1243: „medizinisch geboten"; OLG Brandenburg NJW-RR 1999, 967: „zweifelsfrei geboten"; OLG Celle VersR 2002, 1558, 1562: „elementar geboten"; OLG Düsseldorf, Urt. v. 21. 7. 2005 – I – 8 U 33/05, VersR 2006, 841: FA für Neurologie unterlässt Diagnostik zum Ausschluss einer spinalen Schädigung; Urt. v. 10. 4. 2003 – 8 U 38/02, VersR 2005, 117: grob fehlerhaft unterlassene diagnostische Abklärung einer entzündlichen Erkrankung der Brustwirbelkörper; OLG Hamm, Urt. v. 6. 11. 2002 – 3 U 50/02, VersR 2004 – 1321, 1322: „zweifelsfrei geboten"; Urt. v. 6. 2. 2002 – 3 U 238/00, VersR 2003, 116: „zwingend gebotene Kontrollsonographie"; OLG Karlsruhe, Beschl. v. 24. 6. 2005 – 7 W 28/05, NJW-RR 2006, 205, 206 = GesR 2005, 555, 556 = OLGR 2005, 753, 754: „zwingend notwendige Befunderhebung"; KG, Urt. v. 7. 3. 2005 – 20 U 398/01, OLGR 2006, 12: unterlassene Röntgendiagnostik bei möglichem Bruch des Handgelenks grob fehlerhaft; OLG Koblenz, Urt. v. 5. 7. 2004 – 12 U 572/97, NJW 2005, 1200, 1202 = VersR 2005, 1738, 1739: „Unterlassung der medizinisch gebotenen Befunderhebung eindeutig fehlerhaft"; Urt. v. 26. 8. 2003 – 3 U 1840/00, NJW-RR 2004, 106, 108: „unterlassene Befunderhebung als äußerst schwerer Verstoß gegen gesicherte und bewährte medizinische Erkenntnisse und Erfahrungen"; OLG Köln, Urt. v. 20. 7. 2005 – 5 U 200/04, VersR 2005, 1740, 1741 = GesR 2006, 128: Abgrenzung zum einfachen Diagnosefehler; Urt. v. 13. 2. 2002 – 5 U 95/01, VersR 2004, 1459: „Unterlassen der Befunderhebung schlechthin unverständlich"; VersR 1999, 491, 492: „elementar geboten"; OLG München, Urt. v. 23. 9. 2004 – 1 U 5198/03, MedR 2006, 174, 176 = OLGR 2006, 90, 91: grob fehlerhaft sofortige Punktion bei Gelenkinfektion unterlassen; Urt. v. 24. 2. 2005 – 1 U 4624/03, NJW-RR 2006, 33, 35 = OLGR 2006, 51: „Verstoß gegen die Pflicht zur Befunderhebung"; OLG Naumburg MedR 2002, 515: „zwingend geboten"; OLG Nürnberg, Urt. v. 24. 6. 2005 – 5 U 1046/04, OLGR 2006, 10, 11: „Pflicht zur Erhebung medizinischer Befunde"; OLG Oldenburg, Urt. v. 12. 6. 2001 –

5 U 185/00, OLGR 2002, 16, 18: „zunächst unterlassene, vier Stunden verspätete CT-Diagnostik nicht grob fehlerhaft"; OLG Stuttgart, Urt. v. 18. 4. 2006 – 1 U 127/04, Seite 17 f., 21 f.; Urt. v. 12. 8. 2003 – 1 U 45/03, n.v.: „unterlassene Röntgenaufnahme zur Abklärung einer Lungenentzündung schlechthin unverständlich"; Urt. v. 20. 3. 2001 – 14 U 41/99, OLGR 2002, 142, 145: grober Behandlungsfehler bei unterlassener Anfertigung eines MRT und eines Röntgenbildes; VersR 1998, 1550, 1552: „medizinisch zweifelsfrei geboten"; OLGR 2002, 116, 119: „zwingend geboten"; OLGR 2002, 156, 157: „nach dem medizinischen Standard geboten"; Feifel GesR 2006, 308, 309; F/N Rz. 211, 122: „medizinisch zweifelsfrei geboten"; G/G, 5. Aufl., Rz. B 266 – 272 b.; Gehrlein Rz. B 20, 157, 158 und VersR 2004, 1488, 1494; S/Pa, Rz. 525–531, 551).

Zwischen der schuldhaft unterlassenen Erhebung zweifelsfrei gebotener Befunde, dem dadurch meist verursachten Nichteingreifen in den Krankheitsverlauf und dem späteren Gesundheitsschaden muss ein **zumindest nicht unwahrscheinlicher Kausalzusammenhang** bestehen (BGH VersR 1994, 480). Die schuldhaft unterlassene Befunderhebung muss **generell geeignet** (s. o. S. 507; OLG Brandenburg, Urt. v. 8. 4. 2003 – 1 U 26/00, VersR 2004, 1050, 1052) sein, den eingetretenen Primärschaden zu verursachen. Hierfür genügt es, dass **nicht von vornherein ausgeschlossen** werden kann, dass der Arztfehler als nicht unbedingt nahe liegende oder gar typische Ursache für den Gesundheitsschaden in Frage kommt (OLG Saarbrücken VersR 2000, 1241, 1243; G/G, 5. Aufl., Rz. B 258, 267 ff.).

Ein grober Behandlungsfehler liegt in diesem Bereich vor, wenn es in erheblichem Ausmaß an der Erhebung einfacher, grundlegender Diagnose- oder Kontrollbefunde fehlt (OLG Saarbrücken MDR 1998, 469; G/G, 5. Aufl., Rz. B 266) oder die Erhebung eines Befundes unterlassen worden ist, der nicht nur indiziert, sondern **medizinisch zweifelsfrei bzw. zwingend geboten** war (s. o.; OLG Brandenburg NJW-RR 1999, 967; OLG Celle VersR 2002, 1558, 1562; OLG Düsseldorf, Urt. v. 16. 9. 1993 – 8 U 304/91; OLG Köln VersR 1999, 491, 492; OLG Zweibrücken MedR 1999, 272, 274).

1. Chirurgie und Orthopädie

a) Grober Behandlungsfehler bejaht

▷ *Unterlassen einer schnellen bakteriologischen Untersuchung oder einer antibiotischen Therapie*

Das **Unterlassen einer schnellen bakteriologischen Untersuchung** eines **trüben**, aus dem Kniegelenk gewonnenen **Punktats** stellt einen groben Behandlungsfehler dar. In diesem Falle haftet der Arzt für eine spätere Gelenkversteifung des Patienten auch dann, wenn dieser nicht beweisen kann, dass die Gelenkversteifung bei regelrechter Soforterkennung nicht sicher vermieden worden wäre (OLG Köln VersR 1992, 1003; ähnlich OLG Celle VersR 1985, 1047). Grob fehlerhaft ist auch das Unterlassen der bakteriologischen Untersuchung einer trüben Gelenkflüssigkeit trotz Schmerzen im Kniegelenk und erhöhter Blutkörpersenkungsgeschwindigkeit (OLG Celle VersR 1985, 1047).

Treten nach einer **Schnittverletzung** Schmerzen auf und zeigt das Wundbild einen **Entzündungsprozess** an, so muss möglichst früh eine antibiotische Therapie mit einem Medikament einsetzen, das gegen Staphylokokken wirksam ist. Das Unterbleiben dieser Behandlung stellt einen groben Behandlungsfehler dar (KG VersR 1991, 928).

Auch das Unterlassen der Gabe eines Breitbandantibiotikums bei der Behandlung einer **postoperativen Infektion** am großen Zeh (u.a.) ist grob fehlerhaft, während sich die unterlassene oder verzögerte Erregerbestimmung nur als einfacher Behandlungsfehler darstellt (OLG München, Urt. v. 30. 12. 2004 – 1 U 2357/04, OLGR 2005, 880).

Dagegen ist eine Antibiotikaprophylaxe bei der mikrochirurgischen **Entfernung eines Bandscheibensequesters** nicht erforderlich (OLG München, Urt. v. 25. 3. 2004 – 1 U 3703/03, OLGR 2006, 13, 14).

▷ *Unterlassene Erhebung von CRP-Werten*

Vor einer intraartikulären Injektion in ein Sprunggelenk hat ein Orthopäde den Patienten nicht nur über das Risiko einer **Gelenkinfektion**, sondern auch über eine hieraus möglicherweise resultierende Gelenkversteifung aufzuklären. Meldet sich der Patient nach einer solchen Injektion mit Beschwerden, die auf eine Entzündung des Gelenks hindeuten könnten, ist eine zeitnahe **Erhebung von CRP-Werten** erforderlich. Die Unterlassung einer solchen zeitnahen Diagnostik stellt einen groben Behandlungsfehler dar (OLG Hamm, Urt. v. 17. 11. 2004 – 3 U 277/03, GesR 2005, 70). Ein dann – verspätet – erhobener CRP-Wert von 262 mg/l (Normalwert: bis 5 mg/l) indiziert die Erhebung weiterer Befunde, nämlich sonografischer und MRT-Untersuchungen, unter Umständen auch eines Ganzkörper-CTs, um zu ermitteln, ob sich im Gelenk Flüssigkeit befindet. Wird dies bejaht, ist eine Gelenkpunktion geboten. Hätte sich bei der Gelenkpunktion mit hinreichender Wahrscheinlichkeit ein auf eine Infektion hindeutendes Punktat ergeben, so würde sich die Nichtreaktion auf diesen Befund – die operative Intervention zur Vermeidung einer Gelenkversteifung – als grob fehlerhaft darstellen (OLG Hamm, Urt. v. 17. 11. 2004 – 3 U 277/03, GesR 2005, 70, 71 f.).

▷ *Unterlassene Wundkontrolle und Wundrevision*

Bei verspäteter und deshalb **erhöht infektionsgefährdeter operativer Einrichtung eines luxierten Mittelfingers** ist die tägliche Wundkontrolle beim Verbandwechsel von einem Arzt vorzunehmen. Treten nach der Operation in der Hand Schmerzen auf, ist vor der Gabe von Analgetika zu kontrollieren, ob die Wunde infiziert ist und deshalb stärker schmerzt. Vor der Entlassung aus dem Krankenhaus ist das Operationsgebiet unter Abnahme des Verbandes nochmals zu kontrollieren. Verstöße gegen diese elementaren Gebote stellen einen groben Behandlungsfehler dar. Der Behandlungsseite obliegt dann der Beweis, dass eine nachfolgend erforderlich werdende Amputation des Fingers wegen nicht beherrschbarer **Infektion** vermeidbar bzw. auch bei Beachtung der genannten Gebote unabwendbar gewesen wäre (OLG Köln VersR 1997, 366).

Ein grober Behandlungsfehler liegt auch vor, wenn trotz **zunehmender Schwellung** und erheblicher Schmerzklagen des Patienten eine operativ versorgte Unterarmfraktur mit Durchspießungswunde nicht rundum inspiziert und **keine Wundrevision durchgeführt** wird, sondern die Wunde nur durch den Längsspalt des Wundgipses besichtigt und später der Gips etwas aufgeweitet wird. Geboten ist hier vielmehr die stündliche Kontrolle des Patienten und eine Faszienspaltung beim Auftreten der Anzeichen eines Kompartment-Syndroms, auch um die Entstehung eines Gasbrandes zu vermeiden (OLG Stuttgart VersR 1989, 199).

▷ *Computer- oder kernspintomographische Untersuchung unterlassen*

Bei vorhandenen, **starken Lähmungserscheinungen**, die den Verdacht auf eine Rückenmarkerkrankung nahe legen, ist das Unterlassen einer kernspintomographischen Untersuchung grob fehlerhaft. Lässt sich nicht sicher feststellen, dass die eingetretenen Lähmungen und ihre Folgen ausgeblieben oder vermindert worden wären, wenn es nach Durchführung einer Kernspin-Untersuchung ca. vier Monate früher zu einer Operation gekommen wäre, so trägt die Behandlungsseite die Beweislast für den Einwand der hypothetischen Kausalität (BGH MDR 1998, 655 = NJW 1998, 1782, 1783).

Wird ein Patient mit **starken Rückenbeschwerden** an einen Facharzt für Neurologie und Psychatrie überwiesen, darf dieser bei eindeutigen Anzeichen einer spinalen Schädigung ohne ausreichende, weitere Diagnostik wie z. B. der **Messung der somato-sensorisch evozierten Potenziale (SEP)** und/ oder des motorisch (magnetisch) evozierten Potenzials sowie der Durchführung einer **Kernspintomographie (MRT)** zum Ausschluss einer neurologischen Erkrankung (hier: AV-Fistel in Höhe TH 7) nicht lediglich eine Psychotherapie beginnen und trotz Fortbestehen der Beschwerden über einen Zeitraum von mehreren Monaten fortführen (OLG Düsseldorf, Urt. v. 21. 7. 2005 – I – 8 U 33/05, VersR 2006, 841, 842: offengelassen, ob ein „grober Behandlungsfehler" vorliegt, da die Voraussetzungen einer Beweislastumkehr wegen „unterlassener Befunderhebung" vorlagen).

Bei den von einer **Enzephalitis (Hirngewebsentzündung)** ausgehenden schweren Gefahren für Leben und Gesundheit des Erkrankten müssen unverzüglich alle Versuche unternommen werden, ein Höchstmaß an Klarheit zu gewinnen, um eine wirksame Therapie einleiten zu können. Eine beginnende oder bereits vorhandene Veränderung im Gehirn des Erkrankten als Folge einer Enzephalitis ist durch eine computertomographische Untersuchung (CT) oder (damals) die Anfertigung eines EEG zu überprüfen (OLG Köln VersR 1991, 186, 188).

Auch die Unterlassung einer weiteren diagnostischen Abklärung mittels **Lumbalpunktion oder Schädel-CT** bei Anhaltspunkten für den **Verdacht auf Meningitis (Hirnhautentzündung)** stellt einen groben Behandlungsfehler dar (LG Stuttgart VersR 1996, 1414).

Klagt der Patient nach einer Hydrocephalus („Wasserkopf")-Operation über „Gespenstersehen", so hat der Arzt unverzüglich ein CT anfertigen zu lassen (BGH MDR 1999, 675 = VersR 1999, 716).

Auch bei Verdacht auf eine **komplizierte Gehirnerschütterung** mit möglicher Schädelbasisfraktur aufgrund von Gesichtsverletzungen einschließlich eines Brillenhämatoms begründet das Unterlassen der Anfertigung eines CT und die unterbliebene Hinzuziehung eines Augenarztes den Vorwurf eines groben Behandlungsfehlers (OLG Oldenburg VersR 1997, 1405).

Bei einer **Lymphadenitis (entzündliche Lymphknotenschwellung)** ist beim Ausbleiben einer Befundverbesserung wegen der Gefahr der Weiterentwicklung zu einer Mediastinitis (Entzündung des Bindegewebes im Brustkorbraum zwischen beiden Brustfellhöhlen) eine engmaschige klinische Verlaufskontrolle erforderlich. Bei einer weiterhin ausbleibenden Besserung – im entschiedenen Fall nach vier Tagen – muss ein CT verlanlasst werden, das in der Lage ist, einen etwa in der Tiefe bestehenden Abszess aufzuzeigen (OLG Stuttgart, Urt. v. 30. 5. 2000 – 14 U 71/99, VersR 2001, 766, 768).

▷ *Unterlassene Röntgendiagnostik*

Klagt ein Patient, der bei einem Verkehrsunfall schwere Verletzungen erlitten hat, auch über starke Schmerzen im Schultergelenk, so muss sich dem behandelnden Klinikarzt zumindest der Verdacht aufdrängen, dass eine **Eckgelenkssprengung** vorliegen könnte. Halten die Schmerzzustände im Schultergelenk noch nach Tagen an, so hat der Arzt dem durch eine **„gehaltene Röntgenaufnahme"** nachzugehen. Das Unterlassen einer solchen Kontrolle stellt einen groben Behandlungsfehler dar (BGH NJW 1989, 2332 – Behandlung im Jahr 1982).

Gleiches gilt, wenn die Röntgendiagnostik zur Abklärung eines **etwaigen Kahnbeinknochenbruchs** nach einer Handverletzung unterbleibt. Der Patient ist einige Tage nach der Erstversorgung auch wieder einzubestellen, um dann ggf. erneut zu prüfen, ob jedenfalls dann eine Röntgenaufnahme gefertigt werden soll (KG, Urt. v. 7. 3. 2005 – 20 U 398/01, OLGR 2006, 12, 13).

Unterlässt ein Unfallchirurg nach einer **Schnittverletzung an der Hand die Anfertigung eines Röntgenbildes** und verzögert sich so die Entfernung eines Glassplitters um acht Tage, so rechtfertigen die hierauf zurückzuführenden, sieben Wochen anhaltenden Schmerzen und Beschwerden ein Schmerzensgeld von 1 000 Euro, wenn der Patient nicht beweist, dass der Kausalverlauf auch im Übrigen günstiger gewesen wäre (OLG Koblenz, Urt. v. 20. 10. 2005 – 5 U 1330/04, NJW-RR 2006, 393, 394).

▷ *Unterlassene Phlebographie (Röntgendarstellung venöser Gefäße)*

Bei einem **Thromboseverdacht** gehört es zu den elementaren Behandlungsregeln, eine Phlebographie (Röntgendarstellung venöser Gefäße) oder eine Sonographie (Ultraschalldiagnostik, bildgebendes Verfahren) durchzuführen (OLG Hamm VersR 1990, 190; VersR 1990, 660; OLG Köln NJW-RR 1992, 728; OLG Oldenburg MDR 1994, 994; VersR 1999, 318; OLG Stuttgart OLGR 2000, 3). Bei anhaltenden Wadenschmerzen bei einer Fußverletzung liegt der **Verdacht einer Venenthrombose** nahe und muss durch eine Phlebographie abgeklärt werden. Bei diesem Beschwerdebild ist die Diagnose „Muskelkater" schlechthin unvertretbar (OLG Köln NJW-RR 1992, 728).

Bei klinischen Anzeichen, die beim behandelnden Arzt nach einem Muskelfaserriss im Unterschenkel den **Verdacht auf ein Kompartmentsyndrom** (Störungen der Blutzufuhr z. B. nach Knochenbrüchen) lenken, ist eine Thrombose in Erwägung zu ziehen und durch eine Sonographie oder Phlebographie diagnostisch abzuklären. Die Unterlassung begründet einen groben Behandlungsfehler (OLG Stuttgart OLGR 2000, 3, Urt. v. 24. 8. 1999 – 14 U 11/99, VersR 2001, 190).

Gleiches gilt, wenn später ein Facharzt für Orthopädie die seit mindestens **zwei Wochen andauernden Schmerzen in der Wade** und im Oberschenkel auf eine Druckschmerzverhärtung der Abduktoren zurückführt und eine kurzfristige Einbestellung mit dann zwingend gebotener Abklärung der gegebenen Anzeichen für eine Thrombose versäumt (OLG Stuttgart OLGR 2000, 3).

▷ *Unterlassene Cholangiographie (Röntgenkontrastdarstellung der Gallengänge)*

Zeigt sich bei operativer Entfernung einer **Gallenblase** nach Eröffnung des Bauchraumes eine offensichtlich unklare anatomische Situation, etwa erhebliche Verwachsungen und anatomische Anomalien, so liegt ein grober Behandlungsfehler vor, wenn vor der Entfernung der Gallenblase der Versuch einer intraoperativen röntgendiagnostischen Abklärung der Gallenwege durch eine Cholangiographie unterbleibt und es bei Fortsetzung der Operation zu einer Durchtrennung des Hauptgallengangs kommt (OLG Brandenburg, Urt. v. 10. 3. 1999 = 1 U 54/98, VersR 2000, 489, 490 = NJW-RR 2000, 24, 26; teilweise abweichend OLG Oldenburg, Urt. v. 21. 6. 2006 – 5 U 86/04, bei Jorzig GesR 2006, 408, 409; vgl. hierzu auch S. 557, 567).

▷ *Sonographie oder Angiographie unterlassen; Blinddarmentzündung verkannt*

Ein grober Behandlungsfehler liegt auch in dem Unterlassen der Ärzte einer psychiatrischen Klinik, bei einem Patienten trotz deutlicher **Anzeichen für einen Gefäßverschluss** unverzüglich eine diagnostische Abklärung durch einen Gefäßchirurgen oder jedenfalls eine Sonographie (Ultraschalldiagnostik, s. o.) bzw. Angiographie (Gefäßdarstellung durch Injektion eines Röntgenkontrastmittels) zu veranlassen (OLG Celle VersR 1994, 1237).

Wird bei einer (jugendlichen) Patientin neben Symptomen wie **Erbrechen und Leukozytose** ein rechtsbetonter, in der Region des **Blinddarms** lokalisierter Prozess mit deutlicher Abwehrspannung festgestellt, so muss die Indikation zur sofortigen Appendektomie (operative Blinddarmentfernung) auch nach undeutlichen Untersuchungsbefunden gestellt, mindestens aber eine zusätzliche Sonographie veranlasst werden; weiteres Abwarten stellt einen groben Behandlungsfehler dar (OLG Hamm, Urt. v. 14. 1. 1987 – 3 U 90/86).

Wird der seit über **zwei Tagen unter Schmerzen im Unterbauch,** Fieber und wiederholtem Erbrechen leidende Patient mit der vom Notarzt gestellten Verdachtsdiagnose „Blinddarmentzündung" in ein Krankenhaus eingeliefert, so ist es grob fehlerhaft, wenn die dortigen Ärzte diese Anfangsdiagnose nach Feststellung einer Wandverdickung des Sigmas (Teil des Dickdarms, S-förmige Schleife) nicht wenigstens als Differentialdiagnose aufrechterhalten, den Patienten auf eine Gastroenteritis (Darmgrippe) mit Reizung des Blinddarms behandeln und weder eine Ultraschalluntersuchung noch eine Laparotomie (Eröffnung der Bauchhöhle) noch eine Dickdarmspiegelung durchführen. Kommt es danach zu einem **Blinddarmdurchbruch,** so hat die Behandlungsseite zu beweisen, dass die eingetretenen Primärschäden wie die Notwendigkeit der Verkürzung des Darms, der Eintritt eines Darmverschlusses, Infektionen, mehrere Folgeoperationen u. a. nicht auf den Behandlungsfehler zurückzuführen sind (OLG Zweibrücken OLGR 2000, 459, 461 ff. mit der Tendenz, daneben auch einen fundamentalen Diagnosefehler anzunehmen).

Klagt andererseits ein 9-jähriges Kind über **diffuse Magenbeschwerden,** die sich innerhalb von zwei Tagen verschlimmert hatten, und legt die Gesamtsituation primär den Verdacht auf eine dann behandelte Gestroenteritis nahe, liegt in der Verkennung bzw. verzögerten Diagnose einer Appendizitis durch einen Allgemeinmediziner oder Kinderarzt kein grober Befunderhebungs- oder Diagnosefehler (OLG Koblenz, Urt. v. 3. 11. 2005 – 5 U 1560/04, bei Jorzig GesR 2006, 16, 17 und Urt. v. 29. 6. 2006 – 5 U 1494/05, OLGR 2006, 911, 912: nach sorgfältiger Untersuchung Gastroenteritis bzw. Harnwegsinfekt diagnostiziert). Verbleibt eine erhebliche Ungewissheit, ob eine weitergehende diagnostische Vorgehensweise zu weiteren Erkenntnissen geführt hätte, kommt auch eine Beweislastumkehr aus dem Gesichtspunkt der – *unterlassenen Befunderhebung* (vgl. S. 804 ff.) nicht in Betracht.

Bei (einfach-)fehlerhafter, unterlassener oder verzögerter Befunderhebung bzw. Diagnosestellung haftet der behandelnde Arzt nur dann, wenn der Patient nachweist, dass die zunächst unterlassenen Maßnahmen alsbald zur richtigen Diagnose und einen günstigeren Behandlungsverlauf geführt hätten (OLG Koblenz, Urt. v. 3. 11. 2005 – 5 U 1560/04, bei Jorzig GesR 2006, 16, 17).

Liegen klinische Anzeichen vor, die an ein **Kompartmentsyndrom** denken lassen, ist zwingend zumindest eine weitere Abklärung durch Sonographie oder Phlebographie (s. o.) geboten (OLG Stuttgart OLGR 2000, 3; s. o.).

▷ *Unterlassene Untersuchung der Bauchdecke bei starken Schmerzen nach Darmoperation*

Klagt der Patient nach einer Darmoperation über stärkste **Schmerzen im Magen-Darmbereich,** so ist das Unterlassen der dann zwingend gebotenen **Untersuchung der Bauchdecke** des Patienten und ggf. der **weiter gehenden bildgebenden Diagnostik** zur Feststellung einer Anastomoseninsuffizienz als grob fehlerhaft zu bewerten. Wäre diese bei Durchführung der gebotenen

Untersuchung – wie regelmäßig – mit hinreichender Wahrscheinlichkeit entdeckt worden, kommt dem Patienten auch eine Beweislastumkehr wegen *„unterlassener Befunderhebung"* zugute (OLG Karlsruhe, Beschl. v. 24. 6. 2005 – 7 W 28/05, NJW-RR 2006, 205, 206 = GesR 2005, 555, 556 = OLGR 2005, 753).

▷ *Unterlassene Kontrolle der Hodenlage*

Die Strangulation eines zum Hoden führenden Samenstranges im Zusammenhang mit der operativen Beseitigung eines Leistenbruchs stellt ein nicht seltenes Operationsrisiko dar. Die unterlassene Kontrolle der Hodenlage nach dem chirurgischen Eingriff ist daher als grober Behandlungsfehler zu werten (BGH VersR 1982, 1141).

▷ *Keine Kontrolle auf Nervverletzungen*

Bei einer vier cm langen **Schnittwunde an der Beugeseite des Handgelenks** mit Durchtrennung des ligamentum carpi radiale bzw. ulnare (Band im Bereich des Handgelenks) stellt es einen groben Behandlungsfehler dar, wenn keine Kontrolle auf Verletzung des Nervus ulnaris und des Nervus medianus durchgeführt wird (OLG Frankfurt VersR 1999, 659; S/Pa, Rz. 527).

b) Grober Behandlungsfehler verneint

▷ *Unterlassene computertomographische Untersuchung (CT) bei Subarachnoidalblutung (SAB)*

Leidet der Patient unter **Geschwüren** im Bereich der **Speiseröhre** und des Zwölffingerdarms sowie anhaltenden, vom Nacken in den Kopf ausstrahlenden Schmerzen nach einem Sturz, ist neben einer EEG-Untersuchung die Anfertigung eines CT zwingend geboten, das Unterlassen einer solchen Untersuchung aber weder unverzeihlich noch schlechterdings nicht nachvollziehbar, sondern knapp unter dieser Schwelle einzuordnen (BGH VersR 1999, 231, 232 – Behandlung im Jahr 1992!).

Es gilt jedoch der weitere Grundsatz, dass auch für die Frage der Kausalität zwischen der unterlassenen Befunderhebung und dem Eintritt des Primärschadens, hier einer SAB, Krampfanfällen und nachfolgenden, schwergradigen Orientierungsstörungen eine Beweislastumkehr einsetzt, wenn sich bei Durchführung der versäumten Untersuchung, hier der Anfertigung des CT, mit hinreichender Wahrscheinlichkeit ein so deutlicher und gravierender Befund ergeben hätte, dass sich die Verkennung dieses Befundes als fundamental oder die Nichtreaktion hierauf als grob fehlerhaft darstellen musste (BGH VersR 1999, 231, 232; s. u. → *Unterlassene Befunderhebung*, S. 828 f.).

▷ *Keine weiteren Röntgenaufnahmen bei Schultereckgelenkverletzung*

Werden nach dem **Einrenken der HWS** nach unzutreffendem Verdacht auf Verspannungen keine weiteren Röntgenaufnahmen gefertigt und wird so die

Ruptur der Supraspinatussehne bzw. eine Schultereckgelenkverletzung nicht erkannt, liegt ein einfacher, jedoch kein grober Behandlungsfehler vor (OLG Frankfurt VersR 1997, 1358).

▷ *Mangelhafte postoperative Überwachung*

Nach Durchführung einer mit Komplikationen verbundenen Kropfoperation muss eine Patientin postoperativ überwacht werden. Liegt (noch) kein Stridor (pfeifendes Atemgeräusch) vor und ist der Anschluss an einen Überwachungsmonitor erfolgt, stellt die Nachschau im Abstand von 30 Minuten bei sinkenden Blutdruckwerten keinen groben, jedoch einen einfachen Behandlungsfehler dar. Zugunsten der Patientin bzw. deren Erben greift jedoch eine Beweislastumkehr aus dem Gesichtspunkt der unterlassenen Befunderhebung ein, wenn sich bei der gebotenen, dauernden Überwachung im Abstand von zehn bzw. längstens zwanzig Minuten mit hinreichender Wahrscheinlichkeit vor dem Eintritt eines Herzkammerflimmerns ein reaktionspflichtiger positiver Befund im Sinne der Feststellung einer Sauerstoffmangelversorgung ergeben hätte. Dies liegt etwa beim Auftreten eines Stridors oder bei einem sonst sichtbaren Ringen nach Luft oder einer Blauverfärbung der Patientin auf der Hand. Bei Erkennen einer bedrohlichen Einschränkung der Atmung wäre es grob fehlerhaft, wenn nicht sofort intubiert werden würde (OLG München, Urt. v. 24. 2. 2005 – 1 U 4624/03, NJW-RR 2006, 33, 35 = OLGR 2006, 51 f.; vgl. auch S. 52 f., 107, 326).

2. Gynäkologie und Neonatologie

a) Grober Behandlungsfehler bejaht

▷ *CTG unterlassen (Cardiotokographie – gleichzeitige Registrierung der Herztöne des Feten und der Wehentätigkeit zur Beurteilung des Kreislaufs der Leibesfrucht)*

Das Unterlassen der Erstellung eines CTG ist grob fehlerhaft, wenn sich bei der Mutter ein **vorzeitiger Blasensprung** (OLG Frankfurt VersR 1991, 929) oder ein **protrahierter Geburtsverlauf** einstellt (OLG Oldenburg VersR 1988, 64) oder es nach längerer Liegezeit zu einem **vorzeitigen Fruchtwasserabgang** kommt (OLG Oldenburg VersR 1991, 1177). Bei hochpathologischem CTG ist die Vornahme einer **Schnittentbindung dringend indiziert**, deren Unterlassen stellt einen (weiteren) groben Behandlungsfehler dar (BGH NJW 1997 794 und 796; OLG Frankfurt VersR 1996, 584; OLG Schleswig VersR 1994, 311; s. u.).

▷ *Abklärung durch Laparoskopie (Bauchspiegelung mit Endoskop) unterlassen*

Besteht bei einer Patientin aufgrund des histologischen Befundes, aufgetretener Blutungen und schmerzhafter Unterbauchbeschwerden ein hochgradiger **Verdacht auf das Bestehen einer Eileiterschwangerschaft**, so muss diese Verdachtsdiagnose durch eine Laparoskopie abgeklärt werden. Unterbleibt eine mögliche frühzeitige Diagnose, so haftet die Behandlungsseite auf Schadensersatz, wenn sie nicht beweist, dass es auch bei unverzüglicher operativer Behandlung zu einer Teilresektion des Eileiters gekommen wäre (LG Aachen VersR 1992, 877).

▷ *Unterlassene Messung des Sauerstoffpartialdrucks*

Ein grober Behandlungsfehler liegt vor, wenn die Ärzte der Neugeborenen-Intensivstation einer Kinderklinik in den ersten Tagen nach der Geburt die Erhebung von Kontrollbefunden eines in der 26. Schwangerschaftswoche Geborenen (hier: Messung des arteriellen Sauerstoffpartialdrucks und Regelung der Sauerstoffzufuhr) unterlassen. Die Beweislast hinsichtlich des Ursachenzusammenhangs zwischen der fehlerhaften Behandlung und dem verwirklichten Risiko in Form einer Frühgeborenenretinopathie (nichtentzündliche Netzhauterkrankung) mit Erblindung kehrt sich deshalb auch dann zu Lasten der Behandlungsseite um, wenn die Möglichkeit besteht, dass es auch ohne das ärztliche Fehlverhalten zu der Schädigung hätte kommen können (OLG Karlsruhe, Urt. v. 11. 3. 1998 – 7 U 214/96, VersR 2000, 229).

▷ *Spekulumuntersuchung und Lackmustest unterlassen*

Nimmt der Frauenarzt trotz der auf einen **vorzeitigen Blasensprung** hindeutenden Angaben der Schwangeren keine ausreichenden Untersuchungen (Lackmustest zur pH-Wertbestimmung von Scheideninhalt und Vorlage, Spekulumuntersuchung von Sportio und Vagina) vor, weist er die Schwangere auch nicht sogleich in ein Krankenhaus ein und fordert er sie nicht einmal zu einer kurzfristigen Kontrolluntersuchung auf, so kommen dem geburtsgeschädigten Kind hinsichtlich der Kausalität dieses Fehlverhaltens für den bei ihm eingetretenen Gesundheitsschaden Beweiserleichterungen (jetzt: eine Beweislastumkehr) sowohl wegen unterlassener Befunderhebung und Befundsicherung als auch aus dem Gesichtspunkt eines groben Behandlungsfehlers zu (OLG Stuttgart, Urt. v. 2. 2. 1999 – 14 U 4/98, VersR 2000, 362, 364).

▷ *Unterlassene Ultraschalldiagnostik (vgl. auch S. 832 f.)*

Das Unterlassen einer Ultraschalldiagnostik nach der 31. SSW (OLG Braunschweig, Urt. v. 1. 3. 2001 – 1 U 24/00) und/oder bei Aufnahme der Mutter zur Entbindung ist grob fehlerhaft (BGH NJW 1991, 2350; OLG Hamm VersR 1989, 255). Eine Ultraschalluntersuchung ist insbesondere zum Ausschluss eines Missverhältnisses zwischen Kopf und Rumpf zwingend geboten (OLG Hamm VersR 1989, 255).

▷ *Unterlassene Blutuntersuchung bei Verdacht einer Rötelninfektion*

Eine unterlassene Befunderhebung durch einen Gynäkologen beim Verdacht einer Rötelninfektion während einer Schwangerschaft kann einen groben Behandlungsfehler darstellen. Hiervon ist insbesondere auszugehen, wenn zur Abklärung des Rötelninfektionsrisikos einer Schwangeren insgesamt vier Blutproben entnommen und labordiagnostisch untersucht werden, bei der vierten, für sich gesehen unauffälligen Blutprobe aber nicht auf die unklaren Ergebnisse der vorangegangenen Laborbefunde Bezug genommen wird, etwa weil der Name der Patientin auf dem begleitenden Anforderungsschreiben ungenau angegeben wurde (OLG Karlsruhe, Urt. v. 20. 6. 2001 – 13 U 70/00, VersR 2002, 1426, 1427).

▷ *Unterlassener Hinweis auf erforderliche Hüftuntersuchung*

Steht angesichts der Feststellung „sehr straffe Hüften" nach der Geburt des Kindes aus Beckenendlage der Verdacht auf eine Hüftfehlbildung im Raum und versäumt es das Krankenhaus, für eine umgehende sonografische Hüftuntersuchung Sorge zu tragen oder die Kindeseltern auf das dringende Erfordernis einer alsbaldigen Vorstellung des Kindes bei einem Orthopäden sowie einer **sonografischen Hüftkontrolle nachdrücklich hinzuweisen**, so kann hierin ein grober Behandlungsfehler liegen. Hätte die bei rechtzeitiger Vorstellung eingeleitete Behandlung eine Erfolgschance von etwa 10 % gehabt, rechtfertigt dies noch nicht die Annahme, dass die Schadenskausalität zwischen dem (hier groben) Behandlungsfehler und dem Eintritt des Primärschadens im Rechtssinn „ganz unwahrscheinlich" bzw. „äußerst unwahrscheinlich" ist (OLG Brandenburg, Urt. v. 8. 4. 2003 – 1 U 26/00, VersR 2004, 1050, 1052 f.).

▷ *Unterlassene Blutzuckerkontrolle bei mangelgeborenem Kind*

Bei mangelgeborenen Kindern, insbesondere bei Zwillingen und erst recht bei einem erheblichen Minderwachstum des diskordanten dystrophen Zwillings, ist das Risiko einer kritischen Unterzuckerung (Hypoglykämie) erhöht und letzterenfalls mit etwa 50 % anzusetzen. Neugeborene dieser Gefährdungsstufe müssen grundsätzlich umgehend nach der Geburt in fachgerechte neonatologische Betreuung übergeben werden.

Wird solch ein mangelgeborenes Kind in der geburtshilflichen Abteilung belassen, so muss dessen ordnungsgemäße Behandlung dort organisatorisch und fachlich sichergestellt sein. Insbesondere muss gewährleistet sein, dass die erforderlichen Blutzuckerkontrollen erfolgen und Glukosegaben bereitstehen, um eine Blutunterzuckerung rechtzeitig erkennen und umgehend behandeln zu können. Fehlt es hieran, dann begründet schon dies einen groben Behandlungsfehler (OLG Koblenz, Urt. v. 5. 7. 2004 – 12 U 572/97, NJW 2005, 1200, 1202 = VersR 2005, 1738, 1739).

Daneben greift auch eine Beweislastumkehr aus dem Gesichtspunkt der „unterlassenen Befunderhebung" ein, wenn die bei einem mangelgeborenen Kind gebotene Blutzuckerkontrolle mit großer oder jedenfalls hinreichender Wahrscheinlichkeit ein reaktionspflichtiges positives Ergebnis gezeigt hätte, nämlich die sofortige Glukosegabe, ggf. eine Intubierung und Beatmung des Kindes.

Eine „hinreichende Wahrscheinlichkeit" liegt vor, wenn ein positiver Befund nach den Umständen mit einer Wahrscheinlichkeit von mindestens 50 % zu erwarten gewesen wäre (OLG Koblenz, Urt. v. 5. 7. 2004 – 12 U 572/

97, NJW 2005, 1200, 1202 = VersR 2005, 1738, 1739; auch OLG Dresden, Urt. v. 6. 6. 2002 – 4 U 3112/01, VersR 2004, 648 = MedR 2003 628 und OLG Köln VersR 2004, 274: „hinreichende Wahrscheinlichkeit" bei mehr als 50 %). Die Verkennung einer deutlichen Unterzuckerung würde sich als fundamental, die Nichtreaktion hierauf als grob fehlerhaft darstellen (OLG Koblenz, Urt. v. 5. 7. 2004 – 12 U 572/97, NJW 2005, 1200).

b) Grober Behandlungsfehler verneint

▷ *Mammographie unterlassen*

Eine **Mammographie** zur Krebsvorsorgeuntersuchung war jedenfalls nach dem Erkenntnisstand in den Jahren 1999/2000 (OLG Hamm, Urt. v. 31. 8. 2005 – 3 U 277/04, GesR 2006, 31, 32 = MedR 2006, 111, 112 für 2002; OLG Hamburg, Urt. v. 14. 11. 2003 – 1 U 71/03, OLGR 2004, 328, 329 für 1999; OLG Saarbrücken, Urt. v. 12. 7. 2000 – 1 U 1013/99–247, OLGR 2001, 426 für 1995) bei einer Patientin im Alter von unter 50 Jahren ohne eindeutige Symtome nur veranlasst, wenn **einschlägige Risikofaktoren** bestanden. Das Vorliegen eines Magen- und eines Uteruskarzinoms in der Familienanamnese stellte – anders als ein Mamma- oder Ovarialkarzinom – keinen signifikanten Risikofaktor dar. Die Nichtverordnung bzw. das Nichtanraten einer Mammographie stellt sich nach zutreffender Auffassung des OLG Hamburg jedenfalls **nicht als grober Behandlungsfehler** dar, wenn derartige oder andere Risikofaktoren, etwa eine deutliche zystische bzw. fibröse Mastopathie, nicht vorliegen (OLG Hamburg, Urt. v. 14. 11. 2003 – 1 U 71/03, OLGR 2004, 328, 329: im Jahr 1999 43-jährige Patientin).

Nach Ansicht des OLG Hamm (Urt. v. 31. 8. 2005 – 3 U 277/04, GesR 2006, 31, 32 = MedR 2006, 111, 112) handelt ein niedergelassener Gynäkologe, der bei einer 57-jährigen **Frau ohne besondere Risikofaktoren im Jahr 2000** keine Mammographie zur Krebsvorsorgeuntersuchung im zweijährigen Intervall veranlasst hat, **(noch) nicht fehlerhaft.** Allein das Vorliegen neuerer wissenschaftlicher Erkenntnisse (im Jahr 2000) führte danach noch nicht zwangsläufig dazu, eine bestimmte Behandlungsmethode als überholt und im Sinne eines groben oder einfachen Behandlungsfehlers nicht mehr vertretbar anzusehen (OLG Hamm, Urt. v. 31. 8. 2005 – 3 U 277/04, GesR 2006, 31, 32, das sich über die gegenteilige Ansicht des dortigen Sachverständigen hinwegsetzt).

Ist eine **Mammographie eindeutig indiziert**, so ist die Nichterhebung dieses medizinisch gebotenen Befundes **nicht ohne weiteres als grober Behandlungsfehler** anzusehen. Die Unterlassung stellt keinen Verstoß gegen ein elementares Gebot oder gegen elementare Erkenntnisse und Erfahrungen der Medizin dar. Bleibt ein Karzinom aufgrund eines (dann nur einfachen) Behandlungsfehlers acht Monate therapeutisch unbehandelt, steht dem Patienten ein Schadensersatzanspruch auch nur dann zu, wenn festgestellt werden kann, dass infolge des verzögerten Eingriffs **ein zusätzlicher Gesundheitsschaden** eingetreten ist (OLG Stuttgart VersR 1994, 1306; auch LG Stuttgart, Urt. v. 15. 6. 2004 – 20 O 506/00, rechtskräftig).

Empfiehlt der Radiologe eine weitere Mammographie in etwa neun Monaten, so ist der behandelnde Gynäkologe bei negativer Mammographie, zuvor unverdächtigem Tastbefund und Fehlen sonstiger Anzeichen eines vorhandenen Knotens für Malignität nicht verpflichtet, die Patientin zu einem früheren Termin, etwa nach zwei bis drei Monaten, zu einer Kontrolluntersuchung einzubestellen (OLG München, Urt. v. 20. 9. 2001 – 1 U 4502/00, OLGR 2003, 7, 8).

Anders ist es jedoch, wenn der Radiologe bei einer sogenannten „**high-risk**" **Patientin** mit fibrozystischer Mastopathie (vorhandene 1 – 2 cm große Zysten und bislang festgestelltem gutartigem Befund) eine engmaschige Untersuchung empfohlen hat und sich die Patientin vor dem eigentlichen Untersuchungstermin mit dem Hinweis auf einen schmerzhaften Knoten in der Brust beim Gynäkologen vorstellt. Kann der Gynäkologe – im entschiedenen Fall ein Allgemeinarzt mit gynäkologischer Zusatzausbildung – palpatorisch keine Veränderung feststellen, so hat er die Patientin zur **weiteren Abklärung innerhalb von vier bis sechs Wochen kurzfristig wieder einzubestellen** und spätestens dann – sollten sich die Beschwerden nicht gebessert haben – einer **Probeexcision** zuzuführen. Das **Unterlassen einer solchen weiteren Abklärung** stellt jedoch nur einen **einfachen Behandlungsfehler** dar (LG Stuttgart, Urt. v. 15. 6. 2004 – 20 O 506/00, S. 15/16; vgl. auch OLG Hamm, Urt. v. 31. 8. 2005 – 3 U 277/04, GesR 2006, 31, 33, s. o.).

Lassen sich angesichts der erheblichen Variationsbreite des Tumorwachstums keine bzw. **keine verlässlichen Angaben** dazu machen, wann ein bösartiger Tumor in der Brust radiologisch zu entdecken und ein **positiver Befund damit zumindest hinreichend wahrscheinlich** (vgl. hierzu → *Unterlassene Befunderhebung*, S. 837 f.) gewesen wäre, so fehlt es an dem Nachweis der Kausalität zwischen dem Unterlassen der Mammographie und dem unerkannt gebliebenen Fortschreiten der Erkrankung, so dass auch bei Vorliegen eines einfachen Behandlungsfehlers (Befunderhebungsfehler) keine Beweislastumkehr aus dem Gesichtspunkt der „unterlassenen Befunderhebung" eingreift (OLG Hamburg, Urt. v. 14. 11. 2003 – 1 U 71/03, OLGR 2004, 328, 329; OLG Hamm, Urt. v. 31. 8. 2005 – 3 U 277/04, GesR 2006, 31, 33: selbst wenn man entgegen der h.M. weniger als 50 % für die Annahme einer „hinreichenden Wahrscheinlichkeit" ausreichen lassen würde; in diesem Sinne auch OLG München, Urt. v. 20. 9. 2001 – 1 U 4502/00, OLGR 2003, 7, 8; OLG Düsseldorf, Urt. v. 16. 12. 1999 – 8 U 60/99, OLGR 2000, 670, 671; LG Stuttgart, Urt. v. 15. 6. 2004 – 20 O 506/00, S. 10, 15/16).

So scheidet eine Beweislastumkehr aus dem Gesichtspunkt der „**unterlassenen Befunderhebung**" dann aus, wenn **völlig offen** ist, ob sich bei Durchführung der Punktion oder Biopsie mit hinreichender Wahrscheinlichkeit eine **signifikante Vergrößerung vorbestehender Zysten** bzw. der Verdacht auf das Vorliegen eines bösartigen Knotens ergeben hätte (LG Stuttgart, Urt. v. 15. 6. 2004 – 20 O 506/00, S. 15/16; auch OLG Hamm, Urt. v. 31. 8. 2005 – 3 U 277/04, GesR 2005, 31, 33 und OLG München, Urt. v. 20. 9. 2001 – 1 U 4502/00, OLGR 2003, 7, 8: signifikante Vergrößerung eines Tumors bzw. Knotens nicht hinreichend wahrscheinlich).

▷ *Unterlassene Probeexcision*

Die **unterlassene Nachbefunderhebung** durch Entnahme sowie Untersuchung einer Gewebeprobe gruppierter Mikrokalzifikationen aus der weiblichen Brust und die Beschränkung auf die bloße Auswertung stellt jedenfalls keinen groben Behandlungsfehler dar. Eine Beweislastumkehr aus dem Gesichtspunkt der „unterlassenen Befunderhebung" scheidet ebenfalls aus, wenn nach dem Ergebnis der Mammographie und der MRT-Untersuchung weder eine Kontroll-Befunderhebung durch eine Probeexcision „zweifelsfrei" geboten gewesen wäre noch es als hinreichend wahrscheinlich angesehen werden kann, dass eine Gewebeuntersuchung einen Tumor ergeben hätte (OLG Brandenburg NJW-RR 1999, 967; auch OLG Hamburg, Urt. v. 14. 11. 2003 – 1 U 71/03, OLGR 2004, 328, 329: positiver Befund einer Mammographie bzw. einer palpatorischen Untersuchung nicht „hinreichend wahrscheinlich"; OLG Hamm, Urt. v. 31. 8. 2005 – 3 U 277/04, GesR 2006, 31, 33: Unklarheit über das Tumorwachstum, positives Befundergebnis nur „vorstellbar"; OLG München, Urt. v. 20. 9. 2001 – 1 U 4502/00, OLGR 2003, 7, 8: „einschlägiger signifikanter Tastbefund nach zwei bis drei anstatt (fehlerhaft) vereinbarter neun Monate nicht hinreichend wahrscheinlich"; LG Stuttgart, Urt. v. 15. 6. 2004 – 20 O 506/00, S. 14/15: es ist „nicht hinreichend wahrscheinlich, dass bei einer offenen Biopsie das Karzinom erkannt worden oder es verfehlt und lediglich benignes Gewebe entnommen worden wäre").

Eine **Probeexcision** ist nur dann angezeigt, wenn sich aufgrund des mit einer Mammographie erhobenen Befundes und der Tastuntersuchung oder sonstiger Umstände ein **Verdacht auf ein Karzinom** ergibt (OLG Zweibrücken VersR 1991, 427). Eine Punktion oder Probeexcision sollte (auch) dann angewandt werden, wenn vorausgegangene palpatorische Untersuchungen und/oder Mammographien verdächtige, nicht sicher zu interpretierende Befunde ergeben haben (OLG Düsseldorf VersR 1988, 1297; LG Stuttgart, Urt. v. 15. 6. 2004 – 20 O 506/00).

Unterlässt es der Gynäkologe, bei einem pathologischen Befund der Vulva mit ödematös geröteten Stellen und eingetretenen Hautveränderungen unverzüglich eine **Probeexzision** durchführen zu lassen, liegt hierin noch kein grober Behandlungsfehler. Ist völlig offen und die **Wahrscheinlichkeit mit 50 % oder weniger** anzusetzen, dass bei unverzüglich angeordneter Probeexzision eine Paget-Erkrankung mit Entwicklung eines Adenokarzinoms erkannt worden wäre, kommt der Patientin auch keine Beweislastumkehr aus dem Gesichtspunkt der „unterlassenen Befunderhebung" zugute (OLG Dresden, Urt. v. 6. 6. 2002 – 4 U 3112/01, VersR 2004, 648; auch OLG Köln, Urt. v. 28. 5. 2003 – 5 U 77/01, VersR 2004, 31, 33: hinreichende Wahrscheinlichkeit bei mehr als 50 %, siehe S. 837 f.).

▷ *Unterlassener Scheidenabstrich*

Vor dem Einlegen eines Cerclagepessars (Einbringen eines Metall-, Gummioder Kunststoffringes in die Scheide oder Uterushöhle) muss ein **Scheidenab-**

strich vorgenommen und auf vorhandene Keime untersucht werden. In dem Unterlassen der gebotenen mikroskopischen Untersuchung des Scheidenabstrichs liegt aber nur ein einfacher Behandlungsfehler. Hielt der Arzt die mikroskopische Untersuchung nur bei klinischen Anzeichen einer Infektion für geboten, so wiegt der Behandlungsfehler nicht deshalb schwerer, weil auch bei einer späteren Kontrolluntersuchung kein Abstrich genommen und untersucht worden ist (OLG Braunschweig VersR 2000, 454).

3. Innere Medizin und Urologie

a) Grober Behandlungsfehler bejaht

▷ *Unterlassene Bronchoskopie*

Wird bei einem krebsverdächtigen Patienten trotz verschatteter Restlunge nach einer Lungenteilresektion und sich einstellender Temparaturen keine Bronchoskopie (instrumentelle Betrachtung der Lichtung der Luftröhre und des Bronchialraumes mit dem Bronchoskop) veranlasst, liegt ein grober Behandlungsfehler vor (OLG Hamm VersR 1996, 892).

▷ *Unterlassene Koloskopie*

Auch das Unterlassen einer Koloskopie (Dickdarmspiegelung mit durch den After eingeführtem Endoskop) bei Verdacht auf ein Rektumkarzinom ist grob fehlerhaft (OLG Karlsruhe, Urt. v. 7. 8. 1996 – 7 U 251/93; S/Pa, Rz. 526).

▷ *Unterlassene Defibrillation (Beseitigung von Kammerflimmern durch Elektroschock oder Verabreichung entsprechender Antiarrhytmika)*

Unterlässt es der Behandler – im entschiedenen Fall ein Internist im Rahmen der Durchführung einer Koloskopie – den Patienten **im Zuge einer Reanimation zu defibrillieren**, weil er im Zweifel ist, ob **Kammerflimmern** oder eine Asystolie des Herzens vorliegt, handelt er grob fehlerhaft. Zudem kommt dem Patienten in einem solchen Fall auch eine Beweislastumkehr aus dem Gesichtspunkt der „unterlassenen Befunderhebung" zugute. Denn die Unklarheit, ob ein Kammerflimmern oder eine Asystolie des Herzens vorliegt, kann i. d. R. durch Anlegen und Schreiben eines EKG ausgeräumt werden, bei entsprechender Erhebung des EKG-Befundes ist ein positives Befundergebnis i. S. eines Kammerflimmerns hinreichend wahrscheinlich. Zugunsten des Patienten ist darüber hinaus zu vermuten, dass die unterlassene Defibrilation erfolgreich gewesen wäre, weil das Unterlassen einer Defibrilation bei Kammerflimmern als grober Behandlungsfehler zu bewerten ist (OLG Köln, Urt. v. 13. 2. 2002 – 5 U 95/01, NJW-RR 2003, 458, 459 = OLGR 2003, 82, 83).

▷ *Unterlassene Überweisung zur Durchführung einer Myelographie bzw. einer MRT*

Unterlässt es ein Internist – Entsprechendes würde in dieser Fallkonstellation auch für einen Urologen, Allgemeinmediziner o. a. gelten – den über **starke Rückenschmerzen** klagenden und unter Unruhe- und Verwirrtheitszuständen leidenden Patienten zur Durchführung einer Myelographie oder eine Magnetresonanzaufnahme an einen Radiologen zu überweisen, wobei ein vorhandenes **Rückenmarksangiom** erkannt worden wäre, liegt ein „äußerst schwerer Verstoß gegen gesicherte und bewährte medizinische Erkenntnisse und Erfahrungen" vor (OLG Koblenz, Urt. v. 26. 8. 2003 – 3 U 1840/00, NJW-RR 2004, 106, 108).

Daneben greift auch eine Beweislastumkehr aus dem Gesichtspunkt der unterlassenen Befunderhebung ein. Denn bei Anfertigung eines MRT oder einer Myelographie wäre es – im entschiedenen Fall – sehr wahrscheinlich gewesen, dass im Rückenmarkbereich ein Angiom nachgewiesen worden wäre. Es wäre auch grob fehlerhaft gewesen, wenn dann nicht unverzüglich therapeutische Maßnahmen zur Entfernung dieser Missbildung eingeleitet worden wären (OLG Koblenz, Urt. v. 26. 8. 2003 – 3 U 1840/00, NJW-RR 2004, 106, 107).

▷ *Unterlassung weiterführender Diagnostik bei Verdacht auf Nierenkolik*

Verschlechtert sich der klinische Zustand einer mit **Verdacht auf Harnabflussstörung** eingelieferten Patientin erheblich, etwa weil massive Schwellungen an Händen, Armen und im Gesicht auftreten, die Patientin blass und fahl wirkt, so ist das Unterlassen weiterführender labortechnischer und röntgenologischer bzw. sonographischer Diagnostik auch dann grob fehlerhaft, wenn sich die Patientin nach medikamentöser Behandlung im Übrigen kreislaufstabil und im Wesentlichen schmerz- und fieberfrei zeigt. Die Beweislast, dass es auch bei sofort eingeleiteter Diagnostik zum Verlust einer Niere gekommen wäre, trägt dann die Behandlungsseite (OLG Köln VersR 1999, 491).

▷ *Unterlassene Rektoskopie*

Es ist grob fehlerhaft, den Patienten monatelang auf Hämorrhoiden zu behandeln, ohne eine **Rektoskopie zur Erkennung eines Rektumkarzinoms** zu veranlassen (OLG Düsseldorf VersR 1979, 723; S/Pa, Rz. 526).

b) Grober Behandlungsfehler verneint

▷ *Unterlassene Sonographie*

Das Unterlassen einer Sonographie nach negativer Prostata-Biopsie unter Wiederbestellung des Patienten nach drei Monaten ist nicht grob fehlerhaft (OLG Köln VersR 1999, 96).

▷ *Unterlassene Herzkatheter-Untersuchung*

Wurden weder eine Belastungsdyspnoe noch Angina-Pectoris-Beschwerden seitens des Patienten geäußert, bestand jedenfalls nach den für den vorliegenden Behandlungszeitraum bis 2004 maßgeblichen Leitlinien keine Indikation zur Durchführung einer invasiven Koronarangiografie oder einer Herzinfarkt-Prophylaxe-Therapie (OLG Hamm, Beschl. v. 17. 7. 2006 – 3 U 199/05, GesR 2006, 495).

4. Augenheilkunde

Grober Behandlungsfehler bejaht

▷ *Unterlassene Augeninnendruckmessung*

Bei einem älteren Patienten ist das Unterlassen einer Augenhintergrunduntersuchung zur Früherkennung eines Glaukoms grob fehlerhaft (OLG Hamm VersR 1979, 826; S/Pa, Rz. 531).

▷ *Unterlassene Untersuchung auf Netzhautablösung*

Bei einem in der 27. Schwangerschaftswoche geborenen Säugling stellt das Unterlassen einer rechtzeitigen Augenhintergrunduntersuchung auf Netzhautablösung einen groben Behandlungsfehler dar (OLG Hamm VersR 1996, 756; G/G, 5. Aufl., Rz. B 268).

▷ *Überwachung eines Frühgeborenen*

Ein Augenarzt, der es übernommen hat, ein frühgeborenes Kind im Hinblick auf die Gefahr einer Frühgeborenen-Retinopathie (Netzhauterkrankung) zu überwachen, hat entsprechende Kontrolluntersuchungen durchzuführen und dabei jeweils dafür zu sorgen, dass er den Augenhintergrund immer ausreichend einsehen kann. Andernfalls muss er zumindest für eine zeitnahe anderweitige fachärztliche Untersuchung Sorge tragen (OLG Nürnberg, Urt. v. 24. 6. 2005 – 5 U 1046/04, MedR 2006, 178 f.).

▷ *Unterlassene Diagnostik zur Abklärung eines Tumorverdachts*

Die Unterlassung weiterführender Diagnostik zur **Abklärung eines Tumors bzw. eines Retinoblastoms** ist als grober ärztlicher Fehler zu beurteilen, wenn die Mutter eines Kleinkindes bei diesem mehrfach ein „weißliches Aufleuchten der Pupille", eine sogenannte „Leukokorie" bzw. „Katzenauge" bemerkt und dies dem Augenarzt berichtet hat. Der Arzt kann sich dann nicht auf die bloße Untersuchung des Augenhintergrundes beschränken. Es kann allerdings „äußerst unwahrscheinlich" sein, dass das Auge bei rechtzeitiger Diagnostik (Ultraschall o. a.) noch hätte gerettet werden können (OLG Karlsruhe, Urt. v. 23. 4. 2004 – 7 U 1/03, VersR 2005, 1246).

5. HNO

Grober Behandlungsfehler bejaht

▷ *Unterlassene Computertomographie*

Wird ein Patient mit **starken Halsschmerzen und ausgeprägter Lymphadenitis** (entzündliche Lymphknotenschwellung) an einen HNO-Facharzt überwiesen, so hat dieser wegen der Gefahr der Weiterentwicklung zu einer Mediastinitis (Entzündung des Bindegewebes im Brustkorbraum zwischen beiden Brustfellhöhlen) bei ausbleibender Besserung – im entschiedenen Fall nach vier Tagen – die Anfertigung einer Computertomographie zur Abklärung eines u. U. in die Tiefe gehenden Abszesses zu veranlassen (OLG Stuttgart, Urt. v. 30. 5. 2000 – 14 U 71/99, VersR 2001, 766, 768).

▷ Zur postoperativen Überwachung nach Kropfoperation s. o. S. 545

6. Allgemeinmedizin

a) Grober Behandlungsfehler bejaht

▷ Unterlassene Phlebographie

Das Unterlassen einer **Sonographie oder Phlebographie bei Schwellungen bzw. Schmerzen in der Wade** (Thromboseverdacht) ist grob fehlerhaft (OLG Hamm VersR 1990, 660; VersR 1990, 1120; OLG Köln VersR 1993, 190; OLG Oldenburg MDR 1994, 995; VersR 1999, 318; OLG Stuttgart OLGR 2000, 3). Kann der Allgemeinmediziner die gebotenen Untersuchungen nicht selbst durchführen, muss er den Patienten an einen Facharzt bzw. ein Krankenhaus überweisen.

▷ Unterlassene Überweisung an einen Facharzt oder ein Krankenhaus

Weisen **Veränderungen im EKG** sowie die vom Patienten geschilderte Beschwerdesymtomatik auf die Gefahr eines **unmittelbar bevorstehenden Herzinfarktes** hin, so ist es grob fehlerhaft, wenn der Arzt den Patienten nicht unverzüglich in eine Klinik zur Durchführung einer Herzkatheteruntersuchung einweist (OLG Bamberg, Urt. v. 4. 7. 2005 – 4 U 126/03, VersR 2005, 1292; auch LG München I VersR 2004, 649 = NJW-RR 2003, 1179). Verweigert der Patient trotz entsprechender therapeutischer Aufklärung die Durchführung einer aus ärztlicher Sicht dringend erforderlichen Untersuchung, so ist dies in den Behandlungsunterlagen zu dokumentieren (OLG Bamberg, Urt. v. 4. 7. 2005 – 4 U 126/03, VersR 2005, 1292, 1293; auch BGH NJW 1987, 2300 = VersR 1987, 1091).

Werden bei einem **Bluthusten des Patienten** keine Röntgenaufnahmen oder die **Überweisung an einen Lungenfacharzt** veranlasst, liegt ein grober Behandlungsfehler vor. Die Beweislast, dass der Primärschaden des Patienten auch bei rechtzeitiger Überweisung und Feststellung eines Bronchialkarzinoms eingetreten wäre, trägt dann der behandelnde Arzt (OLG München VersR 1994, 1240). Grob fehlerhaft ist auch die unterlassene Krankenhauseinweisung zur **Vornahme einer Lumbalpunktion** bzw. anderer diagnostischer Maßnahmen zur Abklärung einer etwa vorliegenden **Meningitis (Hirnhautentzündung)** bei einem unter starkem Fieber und Gleichgewichtsstörungen leidenden Kleinkind (OLG Oldenburg NJW-RR 1997, 1117).

Gleiches gilt, wenn trotz in der Praxis vorhandener Möglichkeiten keine zureichende **Differentialdiagnostik zum Ausschluss einer Meningitis** durchgeführt wird und keine Krankenhauseinweisung erfolgt (OLG Stuttgart NJW-RR 1997, 1114; auch VersR 1994, 313).

Hat ein Allgemeinmediziner – und dies gilt erst recht für einen Internisten – bereits zu Beginn der Behandlung des Patienten **pathologische Leberwerte** festgestellt, so hat er eine weitere Abklärung durch Veranlassung einer Leberpunktion oder aber – als Vorstufe – durch **serologische Untersuchungen** vorzunehmen. Unterlässt er es, diese bei einem Patienten, der aus einem Land stammt, in dem die Hepatitis-B verbreitet ist, medizinisch zweifelsfrei gebotenen Befunde zu erheben und überweist er den Patienten auch nicht alternativ zur näheren differenzial-diagnostischen Abklärung an einen Spezialisten, so liegt ein „grober Behandlungsfehler" vor. Legt der vom Gericht bestellte Sachverständige dar, dass der Monate später verstorbene Patient bei rechtzeitiger Abklärung und Überweisung an einen Spezialisten eine **Überlebenschance von 10 %** gehabt hätte, ist der Kausalzusammenhang zwischen dem Behandlungsfehler und dem Eintritt des Primärschadens – hier dem Tod des Patienten nach einer Leberzirrhose – nicht gänzlich bzw. äußerst unwahrscheinlich (OLG Hamm, Urt. v. 6. 11. 2002 – 3 U 50/05, VersR 2004, 1321, 1322).

b) Grober Behandlungsfehler verneint

▷ *Keine sofortige EKG-Auswertung*

Wird ein ohne akuten Befund angefertigtes Routine-EKG nicht sofort ausgewertet und verstirbt der Patient Stunden später an einem Herzinfarkt, liegt jedenfalls kein grober Behandlungsfehler vor (OLG München VersR 1995, 417; G/G, 5. Aufl., Rz. B 267).

▷ *Einschaltung von Fachärzten*

Der gegenüber einer Ärztin für Allgemeinmedizin erhobene Vorwurf einer unzureichenden Diagnostik und Befunderhebung ist unbegründet, wenn sie die dafür gebotene Einschaltung von Fachärzten durch entsprechende Überweisungen veranlasst hat (OLG Oldenburg MDR 1998, 1351).

▷ *Keine Probeexcision veranlasst*

Die unterlassene Überweisung zur Vornahme einer Probeexcision ist nicht, jedenfalls nicht grob fehlerhaft, wenn die Patientin über **Schmerzen in der Brust** klagt, aber weder der Tastbefund noch eine vom Radiologen durchgeführte Mammographie Anhaltspunkte auf ein Mammakarzinom zu Tage fördern (OLG Zweibrücken VersR 1991, 427; auch OLG Düsseldorf VersR 1988, 1297).

▷ *Unterlassener Hinweis auf die Notwendigkeit weiterer diagnostischer Maßnahmen*

Ergibt das craniale CT den **Verdacht auf einen Substanzdefekt oder ein arteriovenöses Angiom**, ist die weitere Abklärung mittels eines Angio-MRT geboten. Unterlässt der Behandler die Zuweisung des Patienten zu dieser Untersuchung, gehen Zweifel, ob der – später tatsächlich festgestellte – Befund eines arteriovenösen Angioms gesichert worden wäre, zu seinen Lasten. Denn es stellt einen groben ärztlichen Behandlungsfehler dar, wenn der Patient über einen bedrohlichen Befund, der Anlass zu umgehenden und umfassenden ärztlichen Maßnahmen gibt, nicht informiert bzw. nicht **zu**

den entsprechenden Fachärzten weitergeleitet wird (OLG Köln, Urt. v. 20. 12. 2000 – 5 U 234/98, OLGR 2002, 42, 43).

Darf der Behandler – ein Internist oder Allgemeinarzt – nach den Umständen des Falles aber berechtigterweise davon ausgehen, dass der Patient bzw. dessen gesetzlicher Vertreter über die **unsichere Befundlage und die Notwendigkeit weiterer Diagnostik anderweitig kompetent informiert** worden ist, hat sich der Arzt zweimal beim Patienten bzw. dessen gesetzlichem Vertreter erkundigt und nachgefragt, ob er bzw. der verantwortliche Vertreter über die radiologischen Untersuchungen und die weitere Abklärungsbedürftigkeit der Befunde unterrichtet worden seien, stellt sich das ihn insoweit anzulastende Versäumnis jedoch nur als einfacher Behandlungsfehler dar (OLG Köln, Urt. v. 20. 12. 2000 – 5 U 234/98, OLGR 2002, 42, 44 f.).

7. Radiologie

Klagt die Patientin nach einer Selbstuntersuchung ihrer Brüste über eine **schmerzhafte Veränderung in einer Brust** und nimmt der von ihr konsultierte Facharzt für Radiologie eine **Sonographie** der linken Brust, eine **Mammographie** und zusätzlich eine **Magnetresonanztomographie (MRT)** beider Brüste vor, wobei sich in der rechten Brust gruppierte Mikrokalzifikationen zeigen, so ist eine Nachbefunderhebung durch eine Probegewebeuntersuchung (Punktion) jedenfalls **nicht „zweifelsfrei" geboten** (OLG Brandenburg NJW-RR 1999, 967). Bei einer derartigen Befundlage kann es auch nicht als wahrscheinlich angesehen werden, dass eine Gewebeuntersuchung einen Tumor ergeben hätte. Die fehlende Nachbefunderhebung durch Entnahme und Untersuchung einer Gewebeprobe stellt sich deshalb selbst dann **nicht als grob fehlerhaft** dar, wenn sie „zweifelsfrei" geboten gewesen wäre (OLG Brandenburg NJW-RR 1999, 967).

8. Neurologie

Zum **Ausschluss einer Sinusvenenthrombose** (Thrombose eines venösen Hirnblutleiters) ist bei einer unauffälligen Kernspintomographie auch eine **Angiographie** (Gefäßdarstellung durch Injektion eines Röntgenkontrastmittels) notwendig. Auch ein nur konsiliarisch zugezogener Neurologe muss sicherstellen, dass ihm in einem solchen Fall das Ergebnis der Kernspintomographie mitgeteilt wird. Die Unterlassung einer radiologischen Abklärung durch eine Angiographie nach Durchführung einer Kernspintomographie, die im Wesentlichen ohne Befund bleibt, ist bei Vorliegen entsprechender Beschwerden wie Kopfschmerzen und Zuckungen im linken Arm und Bein mit Herabsetzung der groben Kraft im linken Arm und im Bein **grob fehlerhaft** (OLG Stuttgart, Urt. v. 27. 6. 2000 – 14 U 8/00, OLGR 2002, 116, 119).

9. Zahnmedizin

Grober Behandlungsfehler bejaht

▷ *Unterlassene Röntgenkontrolle der Passgenauigkeit*

Zu Lasten des Zahnarztes greift eine Beweislastumkehr ein, wenn er es in erheblichem Umfang unterlässt, Diagnose- und Kontrollbefunde zum

Behandlungsgeschehen zu erheben. Dies gilt etwa dann, wenn er sich nach dem Einsatz von Implantaten nicht durch eine Röntgenkontrolle über deren Passgenauigkeit vergewissert (OLG Saarbrücken MDR 1998, 469).

VIII. Grobe Therapiefehler

Im Therapiebereich kommen als „grober Behandlungsfehler" vor allem Fälle in Betracht, in denen auf erhobene, eindeutige Befunde nicht oder verspätet reagiert, eine Standardmethode zur Bekämpfung bekannter oder erkennbarer Risiken nicht angewendet oder die therapeutische Wirkung auf die Krankheit ohne Kontrolle gelassen wird (OLG Saarbrücken OLGR 2000, 139, 141; G/G, 5. Aufl., Rz. B 273–283; S/Pa, Rz. 532–542 a).

1. Chirurgie und Orthopädie

a) Grober Behandlungsfehler bejaht

▷ *Missachtung der Anweisungen des Operateurs*

Missachtet der für die Nachbehandlung eines an der Wirbelsäule operierten Patienten zuständige Arzt eine **eindeutige Anweisung des Operateurs**, etwa die Anordnung der Fixation mit einem Becken-Bein-Gips wegen der Instabilität der Wirbelsäule, so stellt dies einen groben Behandlungsfehler dar, weil in diesem Fall allein der Operateur die postoperative Situation beurteilen kann (OLG München VersR 1991, 1288).

▷ *Bauchoperationen (Magen, Darm, Galle)*

Zeigt sich bei einer minimal-invasiven Laparoskopie nach der Eröffnung des Bauchraumes eine **offensichtlich unklare anatomische Situation**, etwa das Vorhandensein **erheblicher Verwachsungen** oder anatomischer Anomalien, so liegt ein grober Behandlungsfehler vor, wenn vor der Entfernung der Gallenblase der Versuch einer **intraoperativen röntgendiagnostischen Abklärung der Gallenwege durch eine Cholangiographie** (Röntgenkontrastdarstellung der Gallengänge) unterbleibt und es bei Fortführung des Eingriffs zu einer Läsion des Hauptgallenganges kommt (OLG Brandenburg, Urt. v. 10. 3. 1999 – 1 U 54/98, VersR 2000, 489, 490 = NJW-RR 2000, 24, 26; auch OLG Düsseldorf, Urt. v. 17. 12. 1998 – 8 K 139/97, VersR 2000, 456 und OLG Hamm VersR 2001, 65 sowie LG Nürnberg-Fürth, VersR 2000, 456 und VersR 2002, 100; Bergmann/Müller MedR 2005, 650, 651: Darstellung des Ductus cysticus, bei verbleibenden Zweifeln Cholangiagraphie erforderlich; abweichend OLG Hamburg, Urt. v. 19. 11. 2004 – 1 U 84/03, OLGR 2005, 195, 196 und OLG Oldenburg, Urt. v. 21. 6. 2006 = 5 U 86/04, bei Jorzig GesR 2006, 408; vgl. hierzu → *Klage*, S. 625 ff.).

Sind bei einer endoskopischen Gallenblasenentfernung (Entfernung der Gallenblase im Wege der Bauchspiegelung) die vorhandenen organischen **Strukturen infolge von Verwachsungen nicht sicher voneinander zu unterscheiden**, so muss der Operateur auch nach Auffassung des OLG Düsseldorf **zur**

laparotomischen Methode (offener Bauchschnitt) übergehen, um den Gallengang mit der notwendigen Zuverlässigkeit identifizieren zu können (OLG Düsseldorf, Urt. v. 17. 12. 1998 – 8 U 139/97, VersR 2000, 456; zur Aufklärung vgl. S. 171 ff., 188 ff.).

Nach Ansicht des OLG Hamm (OLG Hamm, Urt. v. 6. 2. 2002 – 3 U 64/01, OLGR 2002, 305, 307) stellt die **Durchtrennung des Ductus choledochus** (Hauptgallengang) bei einer endoskopischen Cholezystektomie (Gallenblasenentfernung im Wege des minimal-invasiven Verfahrens) grundsätzlich zumindest einen einfachen Behandlungsfehler dar. Um dies zu vermeiden, muss auch nach dessen Ansicht entweder der **Hauptgallengang gallenblasennah und klar präpariert** oder aber – sofern dies nicht möglich ist – **auf eine Laparotomie umgestiegen** werden (OLG Hamm, Urt. v. 6. 2. 2002 – 3 U 64/01, OLGR 2002, 305, 307: Feststellung eines „groben Behandlungsfehlers" war nicht erforderlich, da der Sachverständige den Kausalzusammenhang bejaht hat; OLG Hamm, Urt. v. 15. 3. 2000 – 3 U 9/99, VersR 2001, 65: Durchtrennung des Hauptgallengangs kann bei genügender Präparation vermieden werden; Bergmann/Müller MedR 2005, 650, 651: exakte Präparation des Ductus cysticus, ggf. durch Cholangiographie, andernfalls Umsteigen auf Laparatomie erforderlich).

Nach Auffassung des OLG Hamburg (Urt. v. 19. 11. 2004 – 1 U 84/03, OLGR 2005, 195, 196) entspricht es nicht dem ärztlichen Standard, bei der Durchführung einer laparoskopischen Cholezystektomie **routinemäßig eine intraoperative Cholangiographie** vorzunehmen. Danach ist auch die Darstellung der Einmündung des Cystikus in den Choledochus vor der Durchführung des Eingriffs nicht zu fordern. Allerdings muss auch nach Auffassung des OLG Hamburg der Raum zwischen dem Ductus cysticus und dem Unterrand der Leber (sogenanntes „Calot'sches Dreieck") soweit **frei präpariert** werden, **dass der Ductus cysticus und die Arteria cystica hinreichend deutlich sichtbar bleiben**. Dabei lassen sich auch durch die Freipräparierung Gallenwegsverletzungen nicht vollständig vermeiden. Der Schluss auf einen „groben Behandlungsfehler" könne bei erfolgter völliger Freipräparation jedoch nicht gezogen werden (OLG Hamburg, Urt. v. 19. 11. 2004 – 1 U 84/03, OLGR 2005, 195, 196). In diesem Sinn hat auch das OLG Oldenburg (Urt. v. 21. 6. 2006 – 5 U 86/04, bei Jorzig GesR 2006, 408, 409) entschieden.

Danach ist es bei einer laparoskopischen Cholezystektomie zur Entfernung eines Gallenblasensteins erforderlich, entweder die Einmündungsstelle des Ductus zysticus in den Ductus choledochus durch genügende Freipräparation darzustellen oder aber eine intraoperative röntgenologische Darstellung der Gallenwege (Cholangiographie) vorzunehmen. Kommt es trotz ausreichender Freipräparation zur Einengung eines Gallenhauptganges durch die Fehlplatzierung eines Clips, stellt dies keinen Behandlungsfehler dar, sondern ist als schicksalhaft zu qualifizieren (OLG Oldenburg, a. a. O.; tendenziell anders OLG Hamm, Urt. v. 15. 03. 2000 – 3 U 1/99, VersR 2001, 65, 66).

Es ist aber grob fehlerhaft, bei einem **erheblich verwachsenen Unterbauchsitus** anstelle einer gebotenen und später auch durchgeführten Laparatomie zur Beseitigung oder Linderung therapieresistenter Unterbauchschmerzen eine **nicht indizierte Laparoskopie (Bauchspiegelung mit Endoskop)** durchzuführen. Die Beweislast, dass es auch bei sofortiger Durchführung der Laparatomie zu einer Darmperforation mit der Folge des Verlustes eines Teils des Dickdarms gekommen bzw. dies nicht auszuschließen gewesen wäre, trägt dann die Behandlungsseite (OLG Köln VersR 1997, 59, 60; ebenso LG Nürnberg-Fürth VersR 2002, 100, 101). Die Wahl der **laparoskopischen Behandlungsmethode** ist nach Auffassung des LG Nürnberg-Fürth (VersR 2002, 100 für das Jahr 1992) sogar **kontraindiziert**, wenn im Bauchraum mit einer eitrigen Komplikation mit nahezu völliger Sicherheit ein **ausgedehnter „Verwachsungsbauch"** zu erwarten war.

▷ *Zurücklassen von Fremdkörpern im Operationsgebiet*

Ob den Ärzten beim Zurücklassen eines Fremdkörpers im Operationsgebiet der Vorwurf eines groben Behandlungsfehlers gemacht werden kann, hängt von den Besonderheiten des Einzelfalls ab (vgl. OLG Koblenz VersR 1999, 1420; LG Braunschweig, Urt. v. 3. 3. 2004 – 4 O 2339/02, NJW-RR 2005, 28). Das **Zurücklassen eines etwa 13 cm langen Tuchbandes** ist zwar kein Fehler, der schlechterdings nicht vorkommen darf und deshalb als „grob" zu bewerten ist. Stellt der vom Gericht beigezogene Sachverständige jedoch fest, dass ein solches bei einer Operation vergessenes Tuchband viele Jahre lang ursächlich für die Bauch- und Unterleibsschmerzen des Patienten ist, rechtfertigt dies auch ohne Feststellung eines „groben Behandlungsfehlers" die Zubilligung eines Schmerzensgeldes in Höhe von 8 000 Euro (LG Braunschweig, Urt. v. 3. 3. 2004 – 4 O 2339/02, NJW-RR 2005, 28; für die Annahme eines groben Behandlungsfehlers dagegen OLG Koblenz VersR 1999, 1420).

▷ *Bei einer Operation in der Wunde verbleibende Mullreste*

Wenn bei einer Operation 2 – 3 cm lange **Faserreste (Mullreste) in die Wunde eindringen**, weil Mullbinden vor dem Tupfen zerrissen oder aufgebröselt wurden oder mit den Kanten der Mullbinden getupft wurde, liegt ein grober Behandlungsfehler vor. Es ist nicht „äußerst unwahrscheinlich", dass das Verbleiben der Mullreste in der Wunde zu einer Infektion und letztlich zu einer chronisch-rezidivierenden Knochenentzündung mit daraus resultierenden weiteren zahlreichen Revisionseingriffen und der Amputation von Zehen geführt hat (OLG Hamm, Urt. v. 29. 1. 2003 – 3 U 186/01; NA-Beschluss BGH v. 23. 3. 2003 – VI ZR 80/03).

▷ *Fortsetzung einer Cortisontherapie*

Die Fortsetzung einer Cortisontherapie ist nach Feststellung erhöhter Blutsenkungsgeschwindigkeit kontraindiziert und ist als grob fehlerhaft zu bezeichnen (OLG Düsseldorf VersR 1992, 1096).

▷ *Entlassung ohne Abschlussuntersuchung*

Die von einem Arzt im Praktikum vorgenommene Entlassung eines Anus-Praeter-Patienten mit zweitägiger Stuhlverhaltung aus stationärer Behandlung ohne ausführliche Abschlussuntersuchung ist grob fehlerhaft. Dies führt zu Beweiserleichterungen für den Patienten hinsichtlich der Ursächlichkeit der Entlassung für den Umfang einer wegen der Entlassung verspätet ausgeführten Darmverschlussoperation (OLG Schleswig NJW 1997, 3098).

▷ *Eingriff trotz Entzündung oder Reizung*

Ein Arzt verstößt gegen elementare medizinische Behandlungsregeln und unterlässt zugleich die Erhebung medizinisch zweifelsfrei gebotener Befunde, wenn er trotz eindeutiger Hinweise in einem Gebiet **operiert**, ohne vorher abzuklären, dass dort kein **bakterieller Entzündungsprozess** abläuft (OLG Oldenburg VersR 1992, 184).

Der trotz eines bestehenden Ödems durchgeführte chirurgische Eingriff ist dann medizinisch **vertretbar**, wenn der Patient unter **schweren Schmerzen** leidet und deshalb, etwa bei einem Oberschenkelbruch, nicht zufriedenstellend gelagert werden kann (OLG Düsseldorf VersR 1998, 55).

Wegen der mit einer Arthrographie (Röntgenkontrastdarstellung einer Gelenkhöhle – durch CT und Kernspin weitgehend abgelöst) verbundenen chemischen Reizung stellt es einen groben Behandlungsfehler dar, **am selben Tag auch eine Meniskusoperation** durchzuführen (OLG Hamm VersR 1989, 293).

▷ *Falsche Seite operiert*

Eröffnet ein Chirurg zur Entfernung eines Blutschwamms zunächst **versehentlich die linke anstatt die rechte Kopfseite**, so kommen dem Patienten wegen des hierin liegenden groben Behandlungsfehlers Beweiserleichterungen zugute, wenn sich nicht mehr klären lässt, ob der beim Patienten eingetretene Primärschaden auf dem falschen oder auf dem anschließend an der rechten Kopfseite durchgeführten richtigen Eingriff beruht. Eine erst längere Zeit nach der Operation aufgetretene Thrombose ist i. d. R. jedoch keine Primärverletzung, sondern allenfalls ein Folgeschaden, auf die sich die Beweislastumkehr nicht erstreckt (OLG München OLGR 1993, 36).

Bei der Frage, ob wegen eines typischen Folgeschadens eine Beweiserleichterung in Betracht kommt, ist zu prüfen, ob der konkrete Primärschaden, vorliegend die Verletzung des Schädels und des Hirngewebes auf der linken Kopfseite, typischerweise den eingetretenen Folgeschaden, vorliegend eine tiefe Beinvenenthrombose bewirkt (OLG München OLGR 1993, 36).

▷ *Übersehene Frakturen*

Wird auf einem Röntgenbild eine **eindeutig nachweisbare Schenkelhalsfraktur** übersehen und deshalb keine adäquate Therapie durchgeführt, stellt die Fehldiagnose einen groben Behandlungsfehler dar (LG Bielefeld VersR 1999, 1245).

Erkennt der Arzt bei der Nachschau nach der operativen Behandlung einer Luxationsfraktur des oberen Sprunggelenks auf der Röntgenaufnahme eine **nicht tolerable Fehlstellung** in der Sprunggelenkgabel und unterlässt er eine gebotene operative Reposition, so ist dies grob fehlerhaft (OLG Celle VersR 1998, 54).

Wird der Patient mit Brüchen mehrerer Rippen, einem Lendenwirbelkörper und des Schulterblatts in der unfallchirurgischen Abteilung eines Krankenhauses aufgenommen, dort wegen dieser Verletzungen behandelt und mobilisiert, so ist es schlechthin unverständlich und grob fehlerhaft, eine Abklärung der vom Patienten nach Beginn der Mobilisierung geklagten Schmerzen im bis dato nicht betroffenen Beckenbereich durch eine Röntgenaufnahme durchzuführen, wodurch eine zunächst übersehene **Beckenringfraktur nicht erkannt** wird (BGH, Urt. v. 27. 4. 2004 – VI ZR 34/03, NJW 2004, 2011, 2012 = VersR 2004, 909, 911).

▷ *Nichterkennen eines Hüftkopfgleitens*

Es stellt einen groben Behandlungsfehler dar, wenn eine Orthopäde bei einem 14-jährigen Jungen mit Schmerzen in der Hüft- und Leistenregion die richtige Diagnose „Epiphyseolysis capitis femoris" (Hüftkopfgleiten) wegen unzureichender diagnostischer Methoden nicht rechtzeitig erkennt (OLG Schleswig, Urt. v. 11. 4. 2003 – 4 U 160/01, OLGR 2003, 430).

▷ *Verspätete Operation bei Schenkelhalsfraktur*

Eine **dislozierte mediale Schenkelhalsfraktur** stellt i. d. R. einen chirurgischen Notfall dar, der ein umgehendes **operatives Einschreiten zumindest in den sechs Stunden** nach dem Frakturgeschehen erfordert. Wird die Operation grundlos um mehr als zwölf Stunden verzögert, ist dies grob fehlerhaft (OLG München, Urt. v. 31. 5. 2001 – 1 U 5146/00, OLGR 2003, 31).

▷ *Gefäßverschluss nicht erkannt*

Es ist grob fehlerhaft, wenn ein Facharzt für Orthopädie einen akuten embolischen Gefäßverschluss im Unterschenkel nicht erkennt und den Patienten auf eine Venenentzündung behandelt (OLG Hamm VersR 1989, 292).

Ein grober Behandlungsfehler liegt auch vor, wenn bei einem **Arterienverschluss** – im entschiedenen Fall aufgrund einer Heparinunverträglichkeit (HIT II) – nicht umgehend ein **Gefäßspezialist hinzugezogen** wird. Dies hat zur Folge, dass der Behandlungsseite der Nachweis obliegt, dass auch bei früherem Hinzuziehen von Gefäßspezialisten – bei einem Arterienverschluss führt eine Zeitverzögerung von maximal 48 Stunden zu einem Extremitätenverlust – derselbe Primärschaden eingetreten wäre bzw. der Kausalzusammenhang „äußerst unwahrscheinlich ist" (OLG Celle, Urt. v. 28. 5. 2001 – 1 U 22/00, VersR 2002, 854; Bergmann/Müller MedR 2005, 650, 656; vgl. auch OLG Stuttgart OLGR 2002, 251, 254 = MedR 2002,650, 652, s. u. S. 564).

▷ *Kompressionsschäden, Anlegen eines Gipsverbandes, Ruhigstellung in Streckstellung*

Klagt der Patient nach einer Operation über starke, offensichtlich **druckbedingte Schmerzen** und wird dennoch **24 Stunden lang zugewartet, bevor ein neuer entlastender Gipsverband angelegt** wird, so ist dies grob fehlerhaft.

Gleiches gilt, wenn die Wunde trotz beklagter Druckschmerzen beim Anlegen des neuen Gipses am dritten postoperativen Tag nicht vorsorglich erneut freigelegt und inspiziert wird, selbst wenn sie beim Verbandswechsel am zweiten postoperativen Tag reizlos war (OLG Koblenz MedR 1990, 40).

Grob behandlungsfehlerhaft ist es auch, den **eingegipsten, nach unten hängenden, blau verfärbten und geschwollenen Fuß** des über starke Schmerzen klagenden Patienten nicht **unverzüglich auf Kompressionsschäden zu untersuchen**, und es im Zusammenhang damit zu einer „Sudeck'schen Dystrophie" (als Primärschaden) kommt (OLG Frankfurt, Urt. v. 8. 2. 1994 – 8 U 18/93).

Eine **Bohrloch-Osteomyelitis (Entzündung des Knochenmarks)** nach Entfernung eines Fixateur-Externe als Folge des Eindringens von auf der Hautoberfläche siedelnden Keimen in die offen stehenden Bohrkanäle ist eine nicht seltene Komplikation. Das die Revision der Wundkanäle und das Abschließen von Wundsekret verhindernde **Anlegen eines geschlossenen Gipsverbandes** stellt deshalb einen groben Behandlungsfehler dar (OLG Düsseldorf VersR 1985, 291).

Die Ruhigstellung der Finger in Streckstellung nach einer Fraktur des fünften Mittelhandknochens ist behandlungsfehlerhaft. Es stellt einen groben Behandlungsfehler dar, wenn der Chefarzt die **fehlerhafte Ruhigstellung** nach der postoperativen Visite **nicht sogleich korrigieren** lässt (OLG Oldenburg MDR 1995, 160).

▷ *Chirotherapeutische Behandlung bei fehlendem vorherigem Ausschluss eines Bandscheibenvorfalls*

Die Durchführung einer chirotherapeutischen Manipulation ist als grober Behandlungsfehler zu werten, wenn zuvor ein in Betracht zu ziehender **Bandscheibenvorfall nicht ausgeschlossen** worden ist. Dass die zum Ausschluss führenden Untersuchungen erfolgt sind, ist – aus medizinischen Gründen – zu dokumentieren (OLG Hamm, Urt. v. 24. 10. 2001 – 3 U 123/00, VersR 2003, 1132 = OLGR 2002, 286, 287).

▷ *Leistenbruchoperation, Hodentorsion, Freilegung des Hodens*

Die Strangulation eines zum Hoden führenden Samenstranges im Zusammenhang mit der operativen Beseitigung einer Leistenhernie stellt ein nicht seltenes Operationsrisiko dar. Die unterlassene **Kontrolle der Hodenlage** nach dem chirurgischen Eingriff ist daher als grober Behandlungsfehler zu werten, zumal dann, wenn der Patient Beschwerden äußert (BGH NJW 1983, 2307).

Wird bei der Leistenbruchoperation eines Säuglings ohne triftige Gründe davon abgesehen, einen gleichzeitig bestehenden **Hodenhochstand ebenfalls operativ zu korrigieren**, stellt auch dies einen groben Behandlungsfehler dar (OLG München NJW-RR 1997, 600).

Ein grob fehlerhaftes ärztliches Verhalten kann auch vorliegen, wenn beim Verdacht auf eine Hodentorsion die **Freilegung des Hodens unterlassen** wird (OLG Oldenburg VersR 1999, 1284).

Insbesondere dann, wenn mehrere vorbehandelnde Ärzte die Verdachtsdiagnose „Hodentorsion" stellen oder eine Hodentorsion nicht ausschließen können und eindeutige Symptome vorliegen, die auf eine frische Hodentorsion hindeuten, liegt ein grober Behandlungsfehler vor, wenn der behandelnde Arzt (Chirurg) von einer **umgehenden operativen Freilegung** absieht (OLG Brandenburg, Urt. v. 14. 11. 2001 – 1 U 12/01, VersR 2002, 313 = MDR 2002, 171).

Der Fehler ist jedoch dann nicht als schwerwiegend einzustufen, wenn der Arzt einen **untypischen Befund** vorfindet und eine eindeutige Diagnose nicht möglich ist (OLG Oldenburg VersR 1999, 1284, 1285).

Ein bis zwei Stunden nach der Entlassung aus dem Krankenhaus erkennbar gewordene Symptome einer Hodentorsion erlauben allein nicht den Schluss auf vorangegangene Behandlungsversäumnisse (OLG Oldenburg NJW-RR 2000, 241).

▷ *Verzögerte Entfernung eines Knochenstücks aus der Lunge*

Ein grober Behandlungsfehler ist typischerweise anzunehmen, wenn auf eindeutige Befunde nicht oder so verzögerlich reagiert wird, dass hierdurch die Risiken für den Patienten erhöht werden. Wird eine Patientin mit einem verschluckten, **in die Atemwege eingezogenen Knochenstück** in ein Krankenhaus eingeliefert und scheitern dort die am selben und am darauf folgenden Tag unternommenen Versuche, den Fremdkörper mit einem flexiblen Bronchoskop zu entfernen, so sind die Ärzte nach offensichtlicher Erschöpfung ihrer eigenen therapeutischen Möglichkeiten gehalten, die Patientin **als Notfall umgehend in eine Spezialklinik transportieren** zu lassen. Eine Verlegung erst am dritten Tag nach der Einlieferung ist auf jeden Fall verspätet (OLG Saarbrücken OLGR 2000, 139, 141). Ein Arzt, der wegen eigener begrenzter Fähigkeiten keine ordnungsgemäße Behandlung durchführen kann, muss den Patienten **an einen Facharzt überweisen** (OLG Oldenburg, Urt. v. 8. 8. 2000 – 5 U 26/97).

▷ *Insterile Handschuhe, Verstoß gegen Hygienebestimmungen*

Kommt es im Verlauf einer Kniepunktion (o. a.) bei liegender Kanüle zu einem Spritzenwechsel, so hat der Arzt hierbei **sterile Handschuhe** zu tragen; ein Verstoß gegen die Hygienebestimmung ist regelmäßig als grobes Versäumnis zu werten (OLG Düsseldorf NJW-RR 2001, 389). Werden keine sterilen Handschuhe getragen, so reicht eine nur hygienische Handdesinfektion (OLG Schleswig VersR 1990, 1121) oder eine Handreinigung mit „Satinasept" (OLG Düsseldorf VersR 1991, 1136) nicht aus.

Demgegenüber liegt – auch in der „Gesamtschau" – nur ein einfacher Behandlungsfehler vor, wenn der Chirurg bei der operativen Entfernung eines Lipoms zwar Handschuhe, aber **keinen sterilen Kittel** und die assistierende Krankenschwester bzw. Arzthelferin **weder eine Kopfbedeckung noch einen Mundschutz** tragen (OLG Hamm, Urt. v. 11. 10. 2004 – 3 U 93/04, GesR 2006, 30).

▷ *Thrombosen, unterlassene Phlebographie, Heparinunverträglichkeit* (siehe auch oben S. 561)

Die unterbliebene **diagnostische Abklärung einer nicht auszuschließenden tief liegenden Beinvenenthrombose** begründet regelmäßig den Vorwurf eines groben Behandlungsfehlers (OLG Oldenburg VersR 1999, 318; MDR 1994, 995; NJW-RR 1994, 1053; OLG Stuttgart OLGR 2000, 3; OLG Hamm VersR 1990, 1120).

Liegen klinische Anzeichen vor, die an ein **Kompartmentsyndrom** (Störungen der örtlichen Blutzufuhr nach Knochenbrüchen, Sehnenscheidenentzündungen o. a.) denken lassen, ist zwingend zumindest eine weitere **Abklärung durch eine Sonographie** (Ultraschalldiagnostik) **oder Phlebographie** (Röntgendarstellung venöser Gefäße) geboten, auch weil die Anzeichen auf eine mögliche (Bein-)Venenthrombose hindeuten können (OLG Stuttgart, Urt. v. 24. 8. 1999 – 14 U 11/99, VersR 2001, 190 = OLGR 2000, 3).

Bei bestehenden Anzeichen für einen **Gefäßverschluss**, noch einige Tage nach einer Fußverletzung vorhandene Wadenschmerzen gehört es zu den elementaren Behandlungsregeln, eine **Phlebographie** durchzuführen (OLG Oldenburg MDR 1994, 995; OLG Köln NJW-RR 1992, 728; OLG Celle VersR 1994, 1237 zum Gefäßverschluss).

Als grob fehlerhaft ist es auch zu werten, wenn bei **Heparininfusionen** zur Behandlung oder Vermeidung von Thrombosen die **Gerinnungsparameter nicht regelmäßig kontrolliert** und eintretende Sehfunktionsstörungen oder starke Kopfschmerzen des Patienten nicht unverzüglich abgeklärt werden. Nach Auftreten geklagter Sehfunktionsstörungen muss die Heparinzufuhr unverzüglich abgesetzt werden (OLG Hamm VersR 1999, 622, 623).

Beim Verschluss einer (Bein-)Arterie ist unverzüglich ein Gefäßspezialist oder ein Neurologe hinzuzuziehen. Wird der Patientin Heparin verabreicht und die bei ihr bestehende **Heparinunverträglichkeit**, die zu einem Verschluss einer Beinarterie geführt hat, trotz sich steigernder Beinbeschwerden nicht erkannt und ein **Gefäßspezialist** bzw. ein erfahrener Neurologe erst sieben Tage nach dem Zeitpunkt, in dem sich die sich steigernden Beinbeschwerden erstmals diagnostiziert und dokumentiert worden sind, hinzugezogen, so hat die Behandlerseite zu beweisen, dass die Amputation des Unterschenkels bei einem früheren Hinzuziehen von Spezialisten und einem früheren Erkennen der Thrombose vermieden worden wäre (OLG Celle, Urt. v. 28. 5. 2001 – 1 U 22/00, VersR 2002, 854, 855; zustimmend Bergmann/Müller MedR 2005, 650, 656 zum medizinischen Hintergrund).

Auch die vollkommen **unterlassene Thromboseprophylaxe** – unter Kontrolle der Gerinnungsparameter – in der Extremitätenchirurgie stellt einen groben Behandlungsfehler dar (OLG Düsseldorf VersR 1995, 785; G/G, 5. Aufl., Rz. B 277). Es ist auch äußerst unverständlich und damit grob fehlerhaft, bei einer offenen Unterschenkelfraktur mit Weichteilschaden von der üblichen **Mindestgabe von 3 x 5000 Einheiten Heparin** abzusehen. Noch weniger nachvollziehbar ist es, nicht spätestens nach den Repositionsversuchen und der damit einhergehenden weiteren Traumatisierung bei einer offenen Unterschenkelfraktur diese gebotenen Heparineinheiten zu verabreichen (OLG Hamm, Urt. v. 6. 5. 2002 – 3 U 31/01, OLGR 2003, 222, 224 = VersR 2004, 516, 517).

Bei durchgeführter medikamentöser Prophylaxe ist die **unzureichende physikalische Thromboseprophylaxe jedoch nicht grob fehlerhaft** (OLG Stuttgart OLGR 2001, 302). Wird dem Patienten bei Vorliegen eines infizierten Hämatoms mit eindrückbaren großflächigen Ödemen am linken Oberschenkel nach fünf Tagen – und drei Tage nach der operativen Ausräumung des infizierten Hämatoms – lediglich ein Antithrombosestrumpf (physikalische Thromboseprophylaxe) für das gesunde nicht operierte Bein verabreicht, so stellt sich die Unterlassung einer medikamentösen Thromboseprophylaxe als einfacher bzw. „mittlerer" Behandlungsfehler, nicht jedoch als „grober Behandlungsfehler" dar. Dies gilt jedenfalls dann, wenn postoperativ am operierten Bein mit der Wickelung faktisch eine **physikalische Thromboseprophylaxe durchgeführt** wird und der Patient die Möglichkeit hat, das gesunde Bein zu bewegen, er daher nicht gänzlich immobilisiert ist (OLG Stuttgart, Urt. v. 1. 3. 2005 – 1 U 13/04, S. 9/10).

▷ *Antibiose, Wundrevision oder Punktion unterlassen bzw. verspätet durchgeführt*

Eine um ca. drei Monate verzögerte Heilung eines komplizierten Oberschenkelbruchs infolge einer **Verzögerung der dringend gebotenen antibiotischen Medikation** und der operativen Wundrevision **um ca. zwei Wochen** stellt einen groben Behandlungsfehler dar (OLG Düsseldorf VersR 1998, 55, 56). Gleiches gilt, wenn die nach dem Auftreten einer Infektion erforderliche Antibiose nur für **fünf anstatt zehn bis vierzehn Tagen** verabreicht wird (OLG Koblenz, Urt. v. 25. 7. 2003 – 8 U 1275/02, OLGR 2003, 447).

Treten nach einer Schnittverletzung nicht abklingende Schmerzen auf und zeigt das Wundbild einen **Entzündungsprozess** an, so muss möglichst **frühzeitig eine antibiotische Therapie** mit einem Medikament erfolgen, das gegen Staphylokokken wirksam ist. Das Unterbleiben dieser Behandlung stellt einen groben Behandlungsfehler dar (KG VersR 1991, 928).

Grob fehlerhaft ist es, bei der Behandlung einer postoperativen **Infektion am großen Zeh** nach Emmert-Plastik **kein Breitbandantibiotikum** zu verabreichen, solange der konkrete Erreger nicht bestimmt ist. Das Unterlassen der Erregerbestimmung stellt dabei zumindest einen weiteren, insoweit einfachen Behandlungsfehler dar (OLG München, Urt. v. 30. 12. 2004 – 1 U 2357/04, OLGR 2005, 880).

Andererseits ist eine Antibiotikaprophylaxe bei der mikrochirurgischen **Entfernung eines Bandscheibensequesters** nicht erforderlich (OLG München, Urt. v. 25. 3. 2004 – 1 U 3703/03, OLGR 2006, 13, 14).

Ein trübes Punktat, das mittels einer **Kniegelenkspunktion** gewonnen wurde, muss zügig **bakteriologisch untersucht** werden. Geschieht dies nicht, so haftet der Arzt für eine spätere Gelenkversteifung, wenn er nicht bewei-

sen kann, dass diese bei regelrechter Soforterkennung und unverzüglich eingeleiteter Therapie nicht sicher vermieden worden wäre (OLG Köln VersR
1992, 1003).

Bei **Verdacht auf eine Gelenkinfektion** ist es in der Regel grob fehlerhaft,
keine **sofortige Punktion** und eine mikrobiologische sowie histologische
Untersuchung des Punktats vorzunehmen (OLG München, Urt. v. 23. 9.
2004 – 1 U 5198/03, OLGR 2006, 90).

Ein grober Behandlungsfehler liegt auch vor, wenn eine operativ versorgte
Fraktur mit Durchspießungswunde **nicht rundum inspiziert** und wenn **keine
Wundrevision** durchgeführt wird, sondern die Wunde nur durch den Längs-
spalt des Rundgipses besichtigt und später der Gips etwas aufgeweitet wird
(OLG Stuttgart VersR 1989, 199). Im Hinblick auf die Gefahr der Entstehung
eines Gasbrandes ist in solchen Fällen die stündliche Kontrolle des Patienten
und eine Faszien-Spaltung bei Auftreten der **Anzeichen eines Kompartment-
Syndroms** angezeigt (OLG Stuttgart VersR 1989, 199).

Bei verspäteter und deshalb **erhöht infektionsgefährdeter operativer Einrichtung eines luxierten Mittelfingers** ist die **tägliche Wundkontrolle** beim Verbandwechsel von einem Arzt vorzunehmen. Treten nach der Operation an
der Hand Schmerzen auf, ist vor der Gabe von Analgetika zu kontrollieren,
ob die Wunde infiziert ist und deshalb stärker schmerzt. Vor der Entlassung
aus dem Krankenhaus ist der Operationsbereich unter Abnahme des Ver-
bands nochmals zu kontrollieren. Verstöße gegen diese Gebote stellen sich
insgesamt als grob behandlungsfehlerhaft dar. Wird nachfolgend die Amputation des Fingers wegen einer nicht beherrschbaren Staphylokokkeninfektion
erforderlich, so trägt die Behandlungsseite die Beweislast für die Behauptung,
auch ohne diese Verstöße wäre die Amputation nicht vermeidbar gewesen
(OLG Köln VersR 1997, 366).

Liegen nach Entnahme eines übel riechenden Wundsekrets alle **Symptome
eines Gasbrandes** vor, so ist es grob fehlerhaft, ohne weitere stichhaltige
Gründe für die Annahme einer Gefäßverletzung anstatt der sofortigen operativen Intervention nach Auftreten von sichtbaren Zeichen eines Kreislauf-
verfalls zunächst eine **Angiographie** der betroffenen Region durchzuführen
(OLG Hamm VersR 1998, 104).

▷ *Verschluss einer pfenniggroßen Wunde*

Das Unterbleiben einer ausreichenden plastisch-chirurgischen Maßnahme
für einen **spannungsfreien Verschluss** einer pfenniggroßen Wunde am Finger
mit der Folge der Versteifung eines Fingers ist als grober Behandlungsfehler
zu bewerten. Eine spannungsfreie Deckung kann in einem solchen Fall nicht
mehr durch Zusammenziehen und Vernähen der Hautränder hergestellt werden (OLG Oldenburg VersR 1990, 1399).

b) Grober Behandlungsfehler verneint

▷ *Myomoperation bei Anämie*

Es ist nicht als grob zu werten, bei einer Patientin, die an Anämie (Blutarmut) leidet, eine **Myomoperation (Entfernung eines gutartigen Tumors)** durchzuführen, ohne zunächst zu versuchen, die Anämie medikamentös zu behandeln, und der Patientin nach bereits während der Operation erfolgter Infundierung von 500 ml Blut postoperativ nach Feststellung eines HB-Wertes von 8,9 g % eine weitere Blutkonserve mit 500 ml zu verabreichen (KG VersR 1992, 316).

▷ *Zurücklassen von Fremdkörpern im Operationsgebiet*

Ob den operierenden Ärzten der Vorwurf eines groben Behandlungsfehlers daraus gemacht werden kann, dass sie im Operationsgebiet einen Fremdkörper zurückgelassen haben, hängt von den Umständen des Einzelfalls ab.

Der versehentliche **Verlust eines Tupfers** und dessen Zurücklassen im Operationsgebiet bei einer vaginalen Gebärmutterentfernung (OLG Koblenz VersR 1999, 1420, 1421) oder im Bauchraum (Gehrlein Rz. B 148 und OLG Saarbrücken OLGR 1998, 345: Jedenfalls wenn Sicherungsvorkehrungen durch röntgenologische Kennzeichnung zur Erleichterung des späteren Auffindens getroffen werden) oder das keine gesundheitlichen Schäden befürchten lassende **Verbleiben eines Metallclips** (LG Heidelberg MedR 1998, 175) oder eines **Nadelrestes im Bauchraum** (OLG Oldenburg VersR 1995, 1353) rechtfertigen die Einstufung als „grob" regelmäßig nicht (vgl. hierzu auch BGH VersR 1981, 462, 463; OLG Köln VersR 2000, 1150 zur Wurzelkanalbehandlung).

Nach Ansicht des LG Braunschweig (Urt. v. 3. 3. 2004 – 4 O 2339/02, NJW-RR 2005, 28) stellt das **Zurücklassen eines immerhin 13 cm langen Tuchbandes** keinen Fehler dar, der schlechterdings nicht vorkommen darf und der ganz gravierend ist. Denn Fremdkörper wie Bänder oder Tücher können durch Sekrete und das Blut im Bauchraum so in ihrem Äußeren verändert werden, dass sie nicht ohne weiteres zu identifizieren sind und leicht übersehen werden können. Im entschiedenen Fall wurde die Kausalität des festgestellten, einfachen Behandlungsfehlers für den Eintritt des Primärschadens bejaht.

▷ *Durchtrennung des Hauptgallengangs bei laparoskopischer Gallenblasenentfernung*

Bei der Durchführung einer laparoskopischen Cholezystektomie entspricht es nach Auffassung des OLG Hamburg (Urt. v. 19. 11. 2004 – 1 U 84/03, OLGR 2005, 195; ebenso OLG Oldenburg, Urt. v. 21. 6. 2006 – 5 U 86/04, bei Jorzig GesR 2006, 408: entweder genügende Freipräparation oder (holangiographie) nicht dem ärztlichen Standard, routinemäßig eine **intraoperative Cholangiographie** (Röntgendarstellung der Gallenwege) vorzunehmen. Auch die **Darstellung der Einmündung des Cystikus in den Choledochus** ist vor der Durchführung des Eingriffs nicht zu fordern. Allerdings ist der Raum zwischen dem Ductus cysticus und dem Unterrand der Leber (sogenanntes „Calot'sches Dreieck") so weit **frei zu präparieren**, dass der Ductus cysticus und die Arteria cystica hinreichend deutlich sichtbar bleibt. Auch durch diese erforderliche Freipräparierung lassen sich Gallenwegsverletzungen nicht vollständig vermeiden.

Nach anderer Auffassung (s. o. S. 557 f.) liegt zumindest ein einfacher, im entschiedenen Fall für den Gesundheitsschaden des Patienten kausal gewordener Behandlungsfehler (OLG Hamm, Urt. v. 6. 2. 2002 – 3 U 64/01, OLGR 2002, 305, 307; zust. Bergmann/Müller MedR 2005, 650, 651) oder sogar ein grober Behandlungsfehler (OLG Brandenburg VersR 2000, 489, 490 = NJW-RR 2000, 24, 26; LG Nürnberg-Fürth VersR 2002, 100) vor, wenn der Operateur beim Auftreten von Verwachsungen oder anatomischen Anomalien eine intraoperative röntgendiagnostische Abklärung der Gallenwege durch eine **Cholangiographie unterlässt** (OLG Brandenburg NJW-RR 2000, 24, 26) oder **nicht auf eine Laparotomie (offener Bauchschnitt) umsteigt**, um den Gallengang mit der notwendigen Zuverlässigkeit identifizieren zu können (OLG Düsseldorf, Urt. v. 17. 12. 1998 – 8 U 139/97, VersR 2000, 456; OLG Hamm, Urt. v. 6. 2. 2002 – 3 U 64/01, OLGR 2002, 305, 307: einfacher Behandlungsfehler bei nachgewiesener Kausalität; LG Nürnberg-Fürth VersR 2002, 100: laparoskopische Operationsmethode bei ausgedehntem Verwachsungsbauch kontraindiziert; Bergmann/Müller MedR 2005, 650, 651: bei Durchtrennung des Ductus choledochus liegt der Fehler entweder in der unzulänglichen Präparation und ggf. radiologischen Darstellung des Gallengangsystems oder im unterbliebenen Umsteigen auf die Lapartomie; vgl. hierzu S. 557 f., 625 ff.).

▷ *Thrombosen, Heparinbehandlung*

Ergibt sich eine erschwerte Erkennbarkeit einer tiefen Beinvenenthrombose in ihrem Frühstadium dadurch, dass ihre Symptomatik von derjenigen einer Ischialgie (Wurzelreizsyndrom mit Spontan- und Dehnungsschmerzen, meist angekündigt durch „Hexenschuss") überlagert wird, so liegt kein grober Behandlungsfehler vor, wenn die Thrombose nicht frühzeitig diagnostiziert wird (OLG Saarbrücken VersR 1989, 751).

Eine thrombolytische Behandlung einer **beginnenden Beinvenenthrombose** ist nicht in jedem Fall geboten; auch eine **Heparinbehandlung ist vertretbar**. Eine zu niedrige Dosierung von Heparin stellt noch keinen groben Behandlungsfehler dar. Auch eine ausreichende Heparinisierung vermindert die Thrombosegefahr nur auf 33–50 % (OLG München VersR 1993, 362).

Nach anderer Ansicht (OLG Hamm, Urt. v. 6. 5. 2002 – 3 U 31/01, OLGR 2003, 222, 223 = VersR 2004, 516; s. o. S. 558) ist es äußerst unverständlich und damit grob fehlerhaft, bei einer offenen Unterschenkelfraktur mit Weichteilschaden nicht die Mindestgabe von 3 x 5000 Einheiten Heparin täglich zu verabreichen.

Lediglich ein „einfacher" oder „mittlerer" Behandlungsfehler liegt vor, wenn dem Patienten mit einem **infizierten Hämatom und großflächigen ein-**

drückbaren Ödemen am Oberschenkel keine medikamentöse Thromboseprophylaxe verabreicht und ihm erst nach sieben Tagen – drei Tage nach der operativen Ausräumung des infizierten Hämatoms – ein Antithrombosestrumpf für das nicht operierte Bein verabreicht und postoperativ am operierten Bein mit der Wickelung eine faktische physikalische Thromboseprophylaxe durchgeführt wird (OLG Stuttgart, Urt. v. 1. 3. 2005 – 1 U 13/04, S. 9/10).

▷ *Thrombozytenkontrolle nach Heparingabe unterlassen*

Für das Vorliegen eines (einfachen) Behandlungsfehlers kommt es nicht darauf an, ob eine medizinisch zur Abwendung eines erheblichen Gesundheitsrisikos für erforderlich gehaltene Behandlungsmaßnahme in der Praxis allgemein durchgeführt wird, sondern nur darauf, ob von dem behandelnden Arzt die Kenntnis der gesundheitlichen Gefahren und der dagegen nach gesichertem Wissen möglichen ärztlichen Maßnahmen verlangt werden kann und die Möglichkeit besteht, mit vorhandenen technischen Mitteln diese Behandlung durchzuführen (BGH NJW 1983, 2080; OLG Stuttgart OLGR 2002, 235 und Urt. v. 22. 2. 2001 = 14 U 62/00, OLGR 2002, 251, 254).

Ein Indiz dafür, dass eine unterlassene Maßnahme, etwa das **Unterlassen der Thrombozytenkontrolle zur Vermeidung einer HIT II** (heparininduzierte Thrombozytopenie – Verminderung der Blutblättchenzahl, etwa durch die Gabe von Heparin) keinen Behandlungsfehler darstellt, der einem Arzt schlechterdings nicht unterlaufen darf, ist es, wenn in den meisten Kliniken diese Maßnahme nicht durchgeführt wird (BGH NJW 1983, 2080; OLG Stuttgart, Urt. v. 22. 2. 2001 – 14 U 62/00, OLGR 2002, 251, 252).

So gehörte die Thrombozytenkontrolle im Jahr 1995 (bis 1998) noch nicht zu den elementaren Standards. Dass sie auch in den Leitlinien der Deutschen Gesellschaft für Chirurgie empfohlen war, führt nicht dazu, dass ihr Unterlassen als schwerer, nicht mehr verständlicher Behandlungsfehler zu werten ist (OLG Stuttgart a. a. O.). Klagt die Patientin nach laufender Verabreichung von Heparin zur Thromboseprophylaxe über sich steigernde Beinbeschwerden, so stellt die **Nichterkennung einer Heparinunverträglichkeit jedoch** einen groben Behandlungsfehler dar, wenn die Hinzuziehung eines erfahrenen Neurologen oder eines Gefäßspezialisten erst nach mehreren Tagen erfolgt. Die Beweislast, dass bei einem früheren Hinzuziehen von Spezialisten die Amputation des Unterschenkels gleichfalls nicht hätte vermieden werden können, trägt dann die Behandlerseite (OLG Celle, Urt. v. 28. 5. 2001 – 1 U 22/00, VersR 2002, 854, 855).

▷ *Infektion, antibiotische Behandlung*

Eine **zeitliche Verzögerung der Keimbestimmung** und einer antibiotischen Behandlung um etwa **drei Wochen** stellt i. d. R. einen Behandlungsfehler dar. Dieser ist jedoch nicht als grob zu bewerten, wenn eine beim Patienten diagnostizierte chronische Diszitis (Entzündung von Zwischenwirbel oder Bandscheiben) keine sonderliche Eile und keine akute Abklärung erfordert, wenn nicht festgestellt werden kann, dass die Beschwerden beim Patienten bei einer früher einsetzenden Antibiotikabehandlung schneller nachgelassen hätten (OLG Hamm, Urt. v. 27. 4. 1998 – 3 U 164/97).

Wird es nach einer Operation **unterlassen, spezifische Laborwerte zu erheben**, so die Bestimmung der Blutsenkungsgeschwindigkeit, die Erhebung eines Blutbildes o. a., stellt dies jedenfalls dann keinen groben Behandlungsfehler dar, wenn die behandelnden Ärzte den nach der Operation ständig über Schmerzen klagenden Patienten untersucht haben, um die Ursachen für die Schmerzen aufzuspüren und dabei keine Anhaltspunkte für eine Entzündung entdecken konnten. Auch für einen Anscheinsbeweis ist dann mangels eines typischen Geschehensablaufs kein Raum (OLG Oldenburg, Urt. v. 12. 3. 1996 – 5 U 155/95).

Haben die behandelnden Ärzte das Schließen einer Wunde zwar fehlinterpretiert und deshalb weiter **konservativ mittels antibiotischer Behandlung therapiert, anstatt eine Revisionsoperation durchzuführen**, liegt kein grober Behandlungsfehler vor. Bei der Bewertung des Behandlungsfehlers als „grob" ist dabei auch zu berücksichtigen, dass die behandelnden Ärzte sich auch deshalb für die Fortsetzung der konservativen Therapie in Form der antibiotischen Behandlung entschieden haben, um einem über 60-jährigen Patienten eine weitere Operation zu ersparen (OLG Düsseldorf, Urt. v. 19. 11. 1998 – 8 U 66/98). Eine lokale Wunde ohne systemische Entzündungszeichen muss überhaupt **nicht antibiotisch behandelt** werden (OLG Stuttgart, Urt. v. 14. 8. 2001 – 14 U 3/01, OLGR 2002, 207).

Auch bei der mikrochirurgischen **Entfernung eines Bandscheibensequesters** ist eine Antibiotikaprophylaxe nicht erforderlich (OLG München, Urt. v. 25. 3. 2004 – 1 U 3703/03, OLGR 2006, 13, 14).

▷ *Leistenbruchoperation*

Wird bei einer Leistenbruchoperation auf die Anlage einer Saugdrainage zur Vermeidung der Gefahr von Wundheilungsstörungen verzichtet, so stellt dies jedenfalls keinen groben Behandlungsfehler dar (KG VersR 1995, 966).

▷ *Materialermüdung, Plattenbruch*

Die **Verwendung des falschen Schraubentyps** (Kortikalis- statt Spongiosaschraube) und das Nichterkennen eines Haarrisses der am Oberschenkel eingebrachten Platte stellen keine groben Behandlungsfehler dar. Über das äußerst seltene Risiko (2:10 000) der Materialermüdung muss jedenfalls bei der notfallmäßigen Erstversorgung nicht aufgeklärt werden (OLG Hamm NJW-RR 2001, 666).

▷ *Transplantatversagen nach Fehlpositionierung der Kreuzbandplastik*

Die **fehlerhafte Positionierung einer Kreuzbandplastik** nach Ruptur des vorderen Kreuzbandes, die für ein Transplantatversagen mitursächlich ist, ist i. d. R. nicht als grober Behandlungsfehler zu bewerten. Auch bei Bejahung eines groben Behandlungsfehlers würde sich die Beweiserleichterung nur auf die Ursächlichkeit der Fehlpositionierung für den haftungsbegründenden Primärschaden, nämlich das Transplantatversagen, nicht jedoch auf den weiteren Gesundheitsschaden (Sekundärschaden), einen eingetretenen Knorpelschaden, erstrecken (OLG Stuttgart, VersR 2003, 253).

▷ *Prostatastanzbiopsie; unterlassene Sonographie*

Wird bei einem 54-jährigen Patienten bei einem PSA-Wert von 19,2 ng/ml eine Prostatastanzbiopsie (Entnahme von Prostatagewebe) mit negativem Befund durchgeführt, so stellt die **Unterlassung einer Sonographie** und die Wiederbestellung des Patienten erst nach drei Monaten jedenfalls keinen groben Behandlungsfehler dar (OLG Köln VersR 1999, 96). Anders ist es jedoch, wenn die weitere Abklärung durch eine Sonographie unterlassen wird, obwohl **klinische Anzeichen etwa für eine Beinvenenthrombose** (OLG Stuttgart, Urt. v. 24. 8. 1999 – 14 U 11/99, VersR 2001, 190; OLG Köln NJW-RR 1992, 728) oder für einen **Gefäßverschluss** (OLG Celle VersR 1994, 1237) vorliegen.

▷ *Fehlinterpretation eines Röntgenbildes*

Die Fehlinterpretation eines Röntgenbildes, dessen Auswertung den **Einsatz einer Lupe** erfordert, ist nicht als grober Behandlungsfehler zu beurteilen (OLG Saarbrücken NJW-RR 1999, 176). Gleiches gilt, wenn ein Orthopäde **diskrete Hinweise** auf einen äußerst seltenen Riesenzelltumor in den Röntgenbildern eines Kniegelenks nicht erkennt und den Patienten auf eine tatsächlich vorliegende Meniskusoperation behandelt (OLG Düsseldorf VersR 1989, 478).

Hat ein Chirurg technisch mangelhafte Röntgenbilder eines bei einem Verkehrsunfall schwer schädelverletzten Patienten **falsch gedeutet** und weder den Austritt von Nervenwasser durch die Nase als wichtigstes und sicherstes Zeichen für eine Schädelbasisverletzung geprüft noch Hirnnervenstörungen abgeklärt, liegt nicht ohne weiteres ein grober Behandlungsfehler vor (OLG München NJW 1992, 2369).

Es stellt auch keinen groben Behandlungsfehler dar, wenn eine niedergelassene Orthopädin auf einer zur Überprüfung der Lendenwirbelsäule und der Gelenkspalte der Hüften angefertigten Röntgenaufnahme des gesamten Beckens eine **strahlentransparente Zone** an der rechten Hüfte und im rechten lateralen Schambeinast **nicht erkennt** und deswegen keine weiteren Diagnosen zur Abklärung einer eventuellen Erkrankung, etwa eines später manifestierten Plasmozytoms (Systemerkrankung mit neoplastischer Vermehrung der Plasmazellen) veranlasst, wenn die Aufnahme aufgrund einer anderen Diagnose gefertigt wurde und die dabei erkennbaren Erkrankungen erfolgreich therapiert wurden (LG Augsburg MedR 1998, 471).

▷ *Verfrühte Teilbelastung*

Die **Teilbelastung eines Beins** durch vorsichtiges Gehen mit Unterarmstützen bereits vier Wochen nach der operativen Versorgung einer Unterschenkelfraktur ist auch bei gutem Sitz des Osteosynthesematerials und guter

Stellung der Frakturfragmente riskant, aber noch kein grober Behandlungsfehler (OLG Nürnberg VersR 1989, 256).

▷ *Falsche Lage des Bohrkanals bei Kreuzbandersatzplastik*

Bei der **Insertion eines Kreuzbandersatzes** stellt nicht schon jede Abweichung des Bohrkanals von der Ideallage einen (einfachen) Behandlungsfehler dar. Auf einen (einfachen) Fehler ist aber zu schließen wenn sich der Bohrkanal außerhalb eines Bereiches befindet, in dem Abweichungen von der Ideallage auch erfahrenen Operateuren widerfahren. Ideal ist ein Bohrloch im 4. Quadranten. In 15 % aller Fälle liegen die Bohrkanäle nach statistischen Untersuchungen im 3. Quadranten nach der Einteilung von Harner. Die Grenze zum (einfachen) Behandlungsfehler ist überschritten, wenn der **Bohrkanal ventral des 3. Quadranten** nach der Einteilung von Harner liegt (OLG Stuttgart, Urt. v. 4. 6. 2002 – 14 U 86/01, OLGR 2003, 40, 41). Hierdurch kann ein **Transplantatversagen als Primärschaden** zumindest mitverursacht werden. Ein grober Behandlungsfehler liegt hierin jedoch nicht. Auf weiter eingetretene **Knorpelschäden als Sekundärschaden** würde sich eine Beweislastumkehr auch nicht erstrecken.

2. Gynäkologie und Neonatologie

a) Grober Behandlungsfehler bejaht

▷ *Fehlposition eines Nabelvenenkatheters*

Im Unterlassen der zwingend gebotenen **Lagekontrolle einer Nabelvenenkatheterspitze** liegt ein schweres ärztliches Versäumnis, das aus objektiver ärztlicher Sicht nicht mehr verständlich erscheint. Kommt es wegen einer möglicherweise undichten Stelle am Katheter nach zwei Tagen zu einer schweren Hypertension mit Ösophagusbildung (blutende Varizen in der Speiseröhre) als Primärschaden, erstreckt sich die Beweiserleichterung auch auf eine mehrere Jahre später auftretende Pfortaderthrombose (Blutpfropfen im venösen Blutkreislauf von Magen, Darm, Milz und Pankreas) als Sekundärschaden (OLG Hamm, Urt. v. 6. 12. 1999 – 3 U 86/99, VersR 2001, 593, 594).

▷ *Strahlenschäden*

Spätestens seit dem Jahr 1992, als es zum strahlenbiologischen Grundwissen geworden war, dass die Einzeldosis einer kurativen Bestrahlung ohne Gefährdung des therapeutischen Nutzens auf 2,0 Gy reduziert werden konnte und sich die Erkenntnis durchgesetzt hatte, dass Körperbereiche mit einem im Hinblick auf Spätfolgeschäden besonders empfindlichen Gewebe wie etwa die Supraklavikularregion nur mit Einzeldosen bis zu einer **Obergrenze von 2,0 Gy** zu bestrahlen sind, ist es als eine grob fehlerhafte ärztliche Vorgehensweise zu werten, wenn von einer – insbesondere spezialisierten – Klinik im Supraklavikularbereich standardisiert mit Einzeldosen von 3,0 Gy bestrahlt worden ist. Dem gemäß hat die auf Schadensersatz in Anspruch genommene Klinik den Nachweis zu führen, dass ein bei der Patientin aufgetretenes Armlymphödem trotz der Schadensgeneigtheit der zu hoch dosierten Strahlenbehandlung nicht auf die Strahlentherapie zurückzuführen ist (OLG Hamburg, Urt. v. 26. 3. 2004 – 1 U 19/02, OLGR 2004, 487).

▷ *Unterlassene Absicherung hinsichtlich der Identität von mammografisch festgestelltem Mikrokalk*

Dem Arzt, der eine intraoperative Absicherung hinsichtlich der Identität von mammografisch festgestelltem gruppiertem Mikrokalk und probeexzidiertem Gewebematerial unterlässt, ist grundsätzlich der Vorwurf eines groben Behandlungsfehlers zu machen (OLG Düsseldorf VersR 1986, 64).

▷ *Unterlassene Kontrolluntersuchung bzw. Abklärung mittels Biopsie bei auffälligem klinischem Befund der Brust*

Besteht bei einer Patientin ein **auffälliger klinischer Befund, etwa eine gerötete blutende Mamille** in der rechten Brust, bei dem der Verdacht einer tumorösen nicht ausgeschlossen werden kann, ist es fehlerhaft, wenn der behandelnde Frauenarzt eine Wiedervorstellung der Patientin zur Kontrolluntersuchung nur für den Fall vorsieht, dass es zu keiner Befundverbesserung kommt. Im Fall des begründeten **Verdachts einer Brustkrebserkrankung** bedarf es in jedem Fall einer **Biopsie** mit einer sich anschließenden Gewebeuntersuchung. Die Durchführung einer Mammographie genügt in einem solchen Fall nicht. Es ist als grobes Versäumnis anzusehen, wenn ein Frauenarzt seine Patientin über den konkreten Verdacht einer Brustkrebserkrankung und die dringende Notwendigkeit einer entsprechenden diagnostischen Abklärung – durch Mammographie und erforderlichenfalls einer Biopsie – nicht aufklärt (therapeutische Aufklärung; OLG Düsseldorf, Urt. v. 6. 3. 2003 – 8 U 22/02, NJW-RR 2003, 1333 = VersR 2003, 1310).

Ertastet die untersuchende Gynäkologin bei der Patientin einen Knoten in der rechten Brust und einen weiteren Knoten in der rechten Achselhöhle und ergibt eine nachfolgende Ultraschalluntersuchung vorhandene **Knoten und Zysten**, ist es grob fehlerhaft, den erhobenen Befund nicht auf die Verdachtsdiagnose eines Mamma-Karzinoms abzuklären und die Patientin nicht innerhalb von ein bis zwei Monaten zu einer **Kontrolluntersuchung – ggf. mit nachfolgender Biopsie** – einzubestellen, sondern der Patientin lediglich mitzuteilen, dass es sich bei den Knoten „um gutartige und nicht besorgniserregende Verkapselungen handelt" (OLG Hamm, Urt. v. 28. 11. 2001 – 3 U 59/01, OLGR 2003, 74, 75).

Daneben kommt eine Beweislastumkehr aus dem Gesichtspunkt der „**unterlassenen Befunderhebung**" in Betracht, wenn festgestellt wird, dass eine Biopsie mit hinreichender Wahrscheinlichkeit das Vorliegen eines Tumors ergeben hätte. Kann ein vom Gericht hinzugezogener Sachverständiger allerdings gerade **bei rasch wachsenden Tumoren** keine präzisen Aussagen dazu machen, ob und wann ein solcher Tumor radiologisch bzw. im Rahmen einer Biopsie zu entdecken gewesen wäre, ist ein positives Befundergebnis **nicht „hinreichend wahrscheinlich"** und eine Beweislastumkehr scheidet dann aus (OLG Hamburg, Urt. v. 14. 11. 2003 – 1 U 71/03, OLGR 2004, 328,

329 zur Mammographie; OLG München, Urt. v. 20. 9. 2001 – 1 U 4502/00; OLGR 2003, 7, 8 zur Erhebung eines weiteren Tastbefundes nach etwa zwei bis drei Monaten; auch OLG Düsseldorf, Urt. v. 16. 12. 1999 – 8 U 60/99, OLGR 2000, 470 und OLG Stuttgart VersR 1994, 1306 sowie LG Stuttgart, Urt. v. 15. 6. 2004 – 20 O 506/00; vgl. hierzu S. 532, 548 ff.).

▷ *Nichterkennung der Mangelernährung*

Die Verkennung der Gefahr einer **Mangelernährung eines Feten aufgrund unrichtiger Messungen** stellt einen groben Behandlungsfehler dar. Denn bei Einsatz eines beim behandelnden Arzt vorhandenen Ultraschallgeräts darf ein derartiges Versäumnis nicht unterlaufen (OLG Düsseldorf, Urt. v. 31. 3. 1999 – 8 U 124/97).

▷ *Unterlassene Überwachung der Fristen bei einem Schwangerschaftsab-bruch; Rücklaufkontrolle eines auffälligen Laborbefundes*

Einem behandelnden Gynäkologen fällt ein grober Behandlungsfehler zur Last, wenn er es unterlässt, die bei einem indizierten Schwangerschaftsab-bruch einzuhaltenden Fristen nach § 218 a II Nr. 1 StGB a.F. bzw. § 218 a I StGB n. F. (jetzt 12 Wochen) zu überwachen und er keine ausreichenden Maßnahmen ergreift, um den rechtzeitigen Rücklauf eines erwarteten, eilbe-dürftigen Laborbefundes, der für die weitere Lebensplanung der Patientin von ausschlaggebender Bedeutung ist, etwa einer Fruchtwasseruntersu-chung, die einen auffälligen Chromosomensatz ergeben hat, zu kontrollie-ren. Im Einzelfall muss der Gynäkologe die Patientin zur Wahrung der Fris-ten telefonisch informieren bzw. einen den entscheidenden Hinweis enthaltenden Arztbrief per Einschreiben versenden (OLG Saarbrücken, Urt. v. 30. 6. 2004 – 1 U 386/02–92, OLGR 2005, 5, 8 f.: Information wurde erst nach der Geburt des behinderten Kindes weitergeleitet).

▷ *Unterlassene oder verspätete Lungenreifebehandlung*

Eine Kortikosteroidgabe entsprach bereits im Jahr 1984 dem ärztlichen Stan-dard bei der Behandlung von Schwangeren mit vorzeitiger Wehentätigkeit zur Lungenreifebeschleunigung bei drohender Frühgeburt ab der vollendeten 28. SSW. Das Unterlassen einer dahingehenden **Lungenreifebehandlung** stellt sich als grober Behandlungsfehler dar mit der Folge einer Beweislastumkehr hinsichtlich des Nachweises der hierdurch bedingten Primärschäden.

Die Beweislastumkehr gilt sowohl für die fehlende Lungenreife des Kindes und das darauf beruhende Atemnotsyndrom als Primärschaden wie auch für die Hirnblutung und den Hydrocephalus als typische Folge dieses Primär-schadens (OLG Zweibrücken, Urt. v. 2. 12. 2003 – 5 U 30/01, OLGR 2004, 123 = MedR 2004, 262).

▷ *Unterlassene Klinikeinweisung, falsche Medikamentation*

Bestellt der in einer Gemeinschaftspraxis tätige Arzt, der selbst keine gynä-kologischen Untersuchungen vornimmt, eine schwangere Patientin, die ihm telefonisch Symptome einer **drohenden Frühgeburt** geschildert hat, in die

Praxis ein, anstatt sie in ein Krankenhaus zu schicken, und verordnet er ihr sodann dort ein Abführmittel (!), so stellt das einen groben Behandlungsfehler dar, der die Beweislastumkehr für die Ursächlichkeit der Frühgeburt für einen bei dem Kind eingetretenen Hirnschaden rechtfertigt (OLG Karlsruhe VersR 1996, 463).

▷ *Medikation*

Die Verabreichung einer **überhöhten Dosis von Natriumcarbonat** zur Bekämpfung eines kindlichen Herztonabfalls und einer Sauerstoffunterversorgung kann einen groben Behandlungsfehler darstellen. Dies ist dann der Fall, wenn die Injektion von 20 ml des üblicherweise verdünnt und langsam zu verabreichenden Mittels innerhalb eines Zeitraums von nur 5 oder 15 Minuten erfolgt (OLG Düsseldorf, Urt. v. 16. 2. 1995 – 8 U 46/93).

▷ *Unterlassen eines Scheiden-Damm-Schnittes*

Das Unterlassen eines Scheiden-Damm-Schnittes bei einer **schwierigen Entwicklung des Rumpfes** aufgrund eines übergroßen Schultergürtels stellt einen schweren Behandlungsfehler dar, wenn ein nachvollziehbarer Grund für dieses Unterlassen nicht ersichtlich ist. Es obliegt dann der Behandlungsseite, darzulegen und zu beweisen, dass auch bei regelgerechter Geburtshilfe eine eingetretene Armlähmung unterblieben wäre (OLG Oldenburg NJW-RR 1993, 155; auch OLG Bremen VersR 1979, 1061: Anscheinsbeweis).

▷ *Vorzeitiger Blasensprung, unterlassene Befunderhebung*

Nimmt der Gynäkologe trotz der auf einen **vorzeitigen Blasensprung** hindeutenden Angaben der Schwangeren und des **nicht sicher ausgeschlossenen Fruchtwasserabgangs keine ausreichenden Untersuchungen** (Lackmustest, Spekulumuntersuchung) zur Abklärung eines möglichen Blasensprungs vor, weist er die Schwangere auch nicht sogleich in ein Krankenhaus ein und fordert er sie auch nicht zu einer kurzfristigen Kontrolluntersuchung auf, so kommen dem aufgrund der schlechten Durchblutungssituation mit schweren Hirnschäden zur Welt gekommenen Kind hinsichtlich der Kausalität dieses Fehlverhaltens für den bei ihm eingetretenen Gesundheitsschaden Beweiserleichterungen sowohl wegen mangelhafter Befunderhebung und Befundsicherung als auch aus dem Gesichtspunkt eines groben Behandlungsfehlers zugute (OLG Stuttgart, Urt. v. 2. 2. 1999 – 14 U 4/98, VersR 2000, 362, 364 f.). Spätestens bei einem spontan eingetretenen Blasensprung mit abgehendem **grün gefärbten Fruchtwasser**, einem jeder Hebamme bekannten Alarmsignal für einen möglichen Sauerstoffmangel des Feten, muss die Hebamme **unverzüglich den Facharzt rufen**. Hier stellt ein Zuwarten von zehn Minuten und mehr bereits einen groben Behandlungsfehler der Hebamme dar (OLG Stuttgart, Urt. v. 19. 9. 2000 – 14 U 65/99, VersR 2002, 235, 237).

▷ *Vorzeitige Sprengung der Fruchtblase und verzögerte Reaktion auf pathologisches CTG*

Sowohl die **frühzeitige Sprengung der Fruchtblase** bei einer Frühgeburt (hier: 29. SSW) nach unklarem Tastbefund als auch die **einstündige Nichtreaktion**

der behandelnden Ärzte auf ein ca. dreißig Minuten andauerndes hochpathologisches CTG stellen jeweils grobe Behandlungsfehler dar (OLG Schleswig, Urt. v. 10. 9. 2004 – 4 U 31/97, OLGR 2005, 273). Bereits eine **Verzögerung von mehr als zwanzig Minuten** reicht für die Einordnung als „grober Behandlungsfehler" aus (OLG Schleswig VersR 1994, 310 sowie OLG Hamm, Urt. v. 17. 8. 1998- 3 U 199/97; s. o.).

Eine länger andauernde Sauerstoffunterversorgung während der Geburt ist generell geeignet, einen Hirnschaden des Neugeborenen zu verursachen. Auch wenn die schicksalhaft bedingte Frühgeburt als wesentliche Hauptursache des Hirnschadens angesehen werden kann, muss sich die Behandlungsseite wegen der fehlenden Abgrenzbarkeit verschiedener, für den Hirnschaden in Betracht kommender Ursachen wegen der bei einem groben Behandlungsfehler eingreifenden Beweislastumkehr den Gesamtschaden zurechnen lassen (OLG Schleswig, Urt. v. 10. 9. 2004 – 4 U 31/97, OLGR 2005, 273, 275).

Die Verlagerung der Beweislast auf die Behandlerseite ist bei mehreren in Betracht kommenden Ursachen nur dann ausgeschlossen, wenn jeglicher Ursachenzusammenhang zwischen dem festgestellten einfachen Behandlungsfehler und dem Primärschaden (hier: dem Hirnschaden) äußerst unwahrscheinlich ist (OLG Schleswig, Urt. v. 10. 9. 2004 – 4 U 31/97, OLGR 2005, 273, 275; OLG Celle, Urt. v. 18. 2. 2002 – 1 U 44/01, OLGR 2002, 97, 98 = NJW-RR 2002, 1603, 1604).

▷ *Pathologisches CTG und unterlassene CTG-Überwachung*

Ist der für die Geburt eines Kindes errechnete **Termin deutlich überschritten** (im entschiedenen Fall elf Tage), so stellt es einen groben Behandlungsfehler des für die Geburtshilfe verantwortlichen Arztes dar, wenn er nicht für eine **andauernde und lückenlose CTG-Überwachung bei Einleitung und während der Geburt** sorgt. Die Unterlassung der Kontrollen führt deshalb hinsichtlich der Kausalität zu einer Hirnschädigung, die das Kind bei der Geburt infolge einer Sauerstoffunterversorgung erleidet, zur Beweislastumkehr (OLG Frankfurt OLGR 1992, 138).

Nach Feststellung eines **anfänglich pathologischen CTG müssen weitere Befunde erhoben werden**, um sich in angemessenen zeitlichen Abständen von 30 Minuten, maximal aber einer Stunde über den Zustand des Kindes Gewissheit zu verschaffen, um bei Weiterbestehen der pathologischen CTG-Befunde die Geburt unverzüglich durch Kaiserschnitt zu beenden (OLG Oldenburg VersR 1997, 1236, 1237; OLG Schleswig, Urt. v. 10. 9. 2004 – 4 U 31/97, OLGR 2005, 273, 274: einstündige Nichtreaktion auf pathologisches CTG grob fehlerhaft). In der Regel ist bei **nicht nur ganz kurzfristig pathologischem CTG**, insbesondere bei einem Risikositus, unverzüglich eine **Schnittentbindung einzuleiten** (OLG Frankfurt VersR 1996, 584: Risikositus; OLG München VersR 1996, 63: suspektes CTG und Risikositus; BGH NJW 1997, 794 und OLG Schleswig VersR 1994, 311: verspätete sectio; OLG Oldenburg VersR 1992, 453: sectio nach längerem, pathologischem CTG verspätet; OLG München VersR 1991, 586: verspätete sectio bei Normalsitus; G/G, 5. Aufl., Rz. B 278 m. w. N.).

War bei stark pathologischem CTG statt des Einsatzes wehenfördernder Mittel die **Gabe wehenhemmender Medikamente** und nachfolgend eine sectio anstatt einer Zangenentbindung vom Beckenboden angezeigt, liegt ein elementarer Behandlungsfehler vor (BGH NJW 1997, 796; Gehrlein Rz. B 148).

Gleiches gilt, wenn der Gynäkologe bei einer Vorderhauptlage des Kindes die **Überwachung der Risikogeburt allein der Hebamme** mit der Folge überlässt, dass es zu einer sogar um mehrere Stunden verspäteten Geburtseinleitung kommt (OLG Oldenburg VersR 1992, 453). Die Entscheidung darüber, was angesichts eines pathologischen CTG zu veranlassen ist, gehört nicht in den Aufgabenbereich einer Hebamme. **Bei pathologischem CTG ist sofort der Arzt hinzuzuziehen** (OLG Oldenburg VersR 1997, 1236, 1237).

Auch **grobe Fehler einer Hebamme** können eine Beweislastumkehr rechtfertigen (OLG Celle VersR 1999, 486; OLG Stuttgart MedR 2001, 311, 313). Verstößt eine Beleghebamme gegen elementare Grundsätze in der Geburtshilfe, etwa durch Verkennung eines hochpathologischen CTG (OLG Celle VersR 1999, 486), Unterlassen der sofortigen Hinzuziehung eines Facharztes bei spontan eingetretenem Blasensprung (OLG Stuttgart, Urt. v. 19. 9. 2000 – 14 U 65/99, VersR 2002, 235, 237; s. o.) oder versäumt sie es, die Registrierung kindlicher Herztöne mindestens während und insbesondere nach jeder Wehe mittels Schallkopf des CTG-Geräts sorgfältig auszukultieren, um aus der Herztonfrequenz Aufschlüsse über eine mögliche Asphyxie (Pulslosigkeit, Pulsschwäche) des Kindes mit der Gefahr hieraus folgender, schwerwiegender, unbehebbarer Schäden zu erhalten, so liegt ein grober Behandlungsfehler vor (OLG Düsseldorf, Urt. v. 11. 9. 1995 – 8 U 30/94).

Ein grober Behandlungsfehler liegt auch vor, wenn der Arzt die Hebamme oder die Krankenschwester nur telefonisch anweist, dass wehenfördernde Mittel eingesetzt werden sollen, ohne dass die Überwachung durch ein CTG-Gerät möglich ist (OLG Frankfurt NJW-RR 1991, 1973).

Begründet ein „verdächtiges CTG" den **Verdacht einer EPH-Gestose** (schwangerschaftsbedingte hypertensive Erkrankung nach der 20. Schwangerschaftswoche mit Bluthochdruck mit fließendem Übergang zu tonischchronischen Krämpfen, gefolgt von Bewusslosigkeit) und liegt daneben eine **Wachstumsretardierung des Kindes** und eine massive Proteinurie (Ausscheidung vorwiegend niedermolekularer Proteine im Urin) der Mutter vor, ist es grob fehlerhaft, wenn der die Schwangerschaft betreuende Gynäkologe kurz vor dem errechneten Geburtstermin **nicht einmal Blutdruckkontrollen** vornimmt (OLG Köln VersR 1993, 1529). Versäumt der die Geburt leitende Arzt bei einem schwerstasphyktischen (pulslos) geborenen Kind im Rahmen der Reanimation die zwingend gebotene **Behandlung mittels erhöhter Sauerstoffzufuhr,** liegt ein grober Behandlungsfehler vor (OLG Düsseldorf, Urt. v. 11. 9. 1995 – 8 U 30/94).

▷ *Unterlassene oder verspätete Schnittentbindung (sectio); Auftreten einer Schulterdystokie* (zur Aufklärung vgl. S. 172 ff., 191 ff.)

In der **verzögerten Einleitung einer Schnittentbindung** wird im Regelfall ein grober Behandlungsfehler gesehen, da während der Geburt eine Sauerstoffmangelversorgung schnellstmöglichst bekämpft werden muss, um Hirnschädigungen zu vermeiden (OLG Frankfurt VersR 1996, 584; OLG Hamm, Urt. v. 17. 8. 1998 – 3 U 199/97; OLG München VersR 1991, 586; OLG Oldenburg VersR 1992, 453; OLG Schleswig, Urt. v. 10. 9. 2004 – 4 U 31/97, OLGR 2005, 273, 274; VersR 1994, 310; OLG Stuttgart, Urt. v. 13. 4. 1999 – 14 U 17/98, VersR 2000, 1108, 1110).

So wird die Verzögerung der ärztlichen Entscheidung für die Vornahme einer sectio als grober Behandlungsfehler gewertet, wenn aus objektiver Sicht nicht mehr nachvollziehbar ist, weshalb trotz bereits **feststellbarer Sauerstoffminderversorgung und des eingetretenen Geburtsstillstands** eine Schnittentbindung nicht eingeleitet wird. Bei der Gesamtbetrachtung eines Behandlungsverlaufs ist auch die Summierung vermeidbarer Zeitverluste bis zum Beginn der erforderlichen Operation zu berücksichtigen, wobei auch geringfügige Verzögerungen von Bedeutung sein können (OLG Schleswig VersR 1994, 310).

Allerdings erfordert allein der Stillstand der Geburt noch keinen sofortigen Kaiserschnitt, wenn die kindlichen Herzfrequenzen ehensynchron und ohne pathologische Zeichen sind (OLG Koblenz, Urt. v. 5. 8. 2004 – 5 U 250/04, MedR 2005, 358).

Ein grober Behandlungsfehler wurde aber angenommen bei einer – schuldhaften – **Verzögerung von 20–25 Minuten** (OLG Schleswig VersR 1994, 310), **20 Minuten** (OLG Hamm, Urt. v. 17. 8. 1998 – 3 U 199/97), **7–8 Minuten** (OLG Stuttgart, Urt. v. 13. 4. 1999 – 14 U 17/98, VersR 2000, 1108, 1110; OLG München VersR 1991, 586), erst recht bei einer Verzögerung von **mehr als 40 Minuten** (OLG Köln NJW-RR 1992, 474) oder gar **einer Stunde** (BGH VersR 2000, 1146, 1147; OLG Schleswig, Urt. v. 10. 9. 2004 – 4 U 31/97, OLGR 2005, 273, 274: Einstündige Nichtreaktion auf ein länger andauerndes, über dreißig Minuten hochpathologisches CTG).

Hiervon zu unterscheiden ist die „EE-Zeit". Hier genügt ein Zeitraum von 25 Minuten (für 1986) bzw. von **20 Minuten** (seit 1996) zwischen der Entscheidung über die Durchführung und der Vollendung einer Notsectio („EE-Zeit") dem medizinischen Behandlungsstandard einer Entbindungsklinik (OLG Saarbrücken OLGR 1999, 460, 463).

Eine sectio ist insbesondere dann indiziert, wenn der **Kopf des Kindes noch im Beckeneingang** steht, Hinweise auf eine Beckenverengung bestehen und die Mutter ohnehin eine Vollnarkose erhält. Eine stattdessen vorgenommene Vakuumextraktion, bei der es zu einer Schulterdystokie (Ausfallerscheinungen der Spinalnervenwurzeln des Halsbereichs) kommt, ist ein Behandlungsfehler. Kann infolge **unterbliebener Dokumentation** nicht mehr festgestellt werden, wie die **Schulterdystokie** gelöst worden ist, so lässt dies zugunsten des klagenden Kindes die Vermutung zu, dass dabei nicht lege artis vorgegangen worden ist (OLG Stuttgart VersR 1999, 382; auch OLG Oldenburg VersR 1993, 1235: Grober Behandlungsfehler). Allerdings ergibt sich aufgrund einer unterbliebenen Dokumentation zur Anwendung der Kristellerhilfe keine Beweiserleichterung dahingehend, dass von der Anwendung dieser Maßnahme bereits vor der Drehung der Schulter des Kindes im Mutterleib und damit von einem groben Behandlungsfehler auszugehen ist, wenn die Einlassung der Behandlungsseite nicht zu widerlegen ist, dass die bei einer Schulterdystokie erforderlichen Maßnahmen ergriffen wurden und nur ihre zeitliche Abfolge umstritten bleibt (OLG Düsseldorf, Urt. v. 15. 7. 2004 – I – 8 U 35/03, OLGR 2005, 707, 709).

Der Krankenhausträger haftet auch, wenn der die Mutter behandelnde Arzt nicht die Notwendigkeit einer sectio in Erwägung gezogen hat, etwa weil die **angegebenen Beckenmaße Anlass zu einer eingehenden Untersuchung der Mutter** hätten geben müssen, wenn eine Beckenendlage vorliegt oder ein übergroßes Kind zu erwarten ist und es infolge mangelnder Vorsorge zu einer Notsituation kommt, in der ein zufällig die Geburt übernehmender Arzt mangels ausreichender Information eine Vakuumextraktion anstatt eines Kaiserschnitts vornimmt (OLG Hamm, Urt. v. 19. 1. 2000 – 3 U 14/99, VersR 2001, 189).

Den die Entbindung durchführenden, uninformierten Arzt trifft dabei jedenfalls kein grobes Verschulden. Waren die eine sectio indizierenden Umstände für ihn nicht erkennbar, scheidet seine Haftung – nicht jedoch diejenige des Krankenhausträgers wegen eines **Organisationsverschuldens** – aus (OLG Hamm, Urt. v. 19. 1. 2000 – 3 U 14/99, VersR 2001, 189, 190). Bereits im Jahr 1994 war durch zahlreiche Veröffentlichungen in den maßgebenden Fachzeitschriften bekannt, dass bei einer plötzlichen **Schulterdystokie** zunächst die Wehentätigkeit medikamentös zu unterbinden und eine großzügige Episiotomie anzulegen ist; anschließend muss der Versuch unternommen werden, die im Becken verkeilte kindliche Schulter durch mehrfaches Beugen und Strecken der mütterlichen Beine, durch Druck oberhalb der Symphyse oder durch eine intravaginale Rotation zu lösen (OLG Düsseldorf, Urt. v. 10. 1. 2002 – 8 U 49/01, VersR 2003, 114; auch OLG Düsseldorf, Urt. v. 25. 11. 1999 – 8 U – 8 U 126/98, VersR 2001, 460 = OLGR 2000, 449, 450).

Begnügt sich der ärztliche Geburtshelfer bei einer **Schulterdystokie** damit, ein wehenförderndes Medikament zu verabreichen und die Entbindung durch einen massiven Einsatz des **Kristeller-Handgriffs** zu beschleunigen, ist sein Vorgehen auch unter Berücksichtigung der Bedrohlichkeit der Situation und der fehlenden Kooperation der Schwangeren als **grob fehlerhaft** einzustufen (OLG Düsseldorf, Urt. v. 10. 1. 2002 – 8 U 49/01, VersR 2003, 114).

Die Beschleunigung des Geburtsvorgangs durch den **Kristeller-Handgriff** vor dem Lösen der verkeilten Schulter und der dadurch erzeugte Druck auf den Oberbauch ist **bei Auftreten einer Schulterdystokie sogar kontraindiziert** und grob fehlerhaft, da er zu einer weiteren Verkeilung der kindlichen Schultern führt (OLG Düsseldorf, Urt. v. 30. 1. 2003 – 8 U 49/02, VersR 2005, 654;

auch Urt. v. 15. 7. 2004 – I – 8 – U 35/03, OLGR 2005, 707, 708 f.; Urt. v. 10. 1. 2002 – 8 U 49/01, VersR 2003, 114; Urt. v. 25. 11. 1999 – 8 U 126/98, VersR 2001, 460 = OLGR 2000, 449, 450; vgl. zur → *Aufklärung* S. 172 ff., 191 ff.).

Denn regelmäßig kommt bei einer Schulterdystokie zunächst das Manöver nach McRoberts in Betracht, bei dem die Beine der Mutter maximal im Hüftgelenk gebeugt werden, um auf diese Weise durch ein Kippen der Symphse eine Lösung der kindlichen Schulter herbeizuführen; dabei wird als weitere Maßnahme die gleichzeitige äußere Überdrehung des Kopfes empfohlen. Als alternative Möglichkeit wird ein mit der Hand in der Vagina ausgeübter Druck auf die suprasymphsär verkeilte Schulter beschrieben, um damit die Drehung nachzuholen. In jedem Fall ist es aber erforderlich, zunächst die Drehung der Schulter durchzuführen und erst dann die vollständige Entwicklung durch einen moderaten Zug oder die Kristellerhilfe zu bewirken. **Grob fehlerhaft** ist es, vor der erforderlichen Drehung der Schulter zu kristellern oder forciert am Kopf zu ziehen (OLG Düsseldorf, Urt. v. 15. 7. 2004 – I – 8 U 35/03, OLGR 2005, 707, 708; auch Urt. v. 30. 1. 2003 – 8 U 49/02, VersR 2005, 654 f.).

Insbesondere, wenn sich der kindliche **Kopf bereits in der Beckenmitte** befindet, stellt die Anwendung des **Kristeller-Handgriffs** einen groben Behandlungsfehler dar (OLG Hamm, Urt. v. 21. 5. 2003 – 3 U 122/02, VersR 2004, 386, 387).

▷ *Mehrere einfache Behandlungsfehler im Rahmen einer Geburt*

Auch mehrere, jeweils für sich genommen nicht grobe Einzelfehler können in der **erforderlichen Gesamtwürdigung** einen groben Behandlungsfehler begründen. Dies ist etwa dann der Fall, wenn die Kindsmutter im Rahmen der Aufnahme im Krankenhaus nicht von einem Arzt, sondern lediglich durch eine Hebamme untersucht wird, die in den Krankenunterlagen vermerkt, dass mit der Geburt eines „großen Kindes" zu rechnen ist, im Anschluss an die Aufnahme eine Fetometrie bei fehlenden orientierenden Gewichtsangaben unterbleibt, das äußere Überdrehen des kindlichen Kopfes zur Lösung einer spontan eingetretenen **Schulterdystokie** durch eine Hebamme mit lediglich zwei Monaten Berufserfahrung vorgenommen und nachfolgend der innere Lösungsversuch der Schulterdystokie nach Wood durch die Ärztin nicht vollständig bzw. nicht korrekt durchgeführt und nach dem Eintritt der Schulterdystokie weder für eine Analgesie noch für eine Notfalltokolyse Sorge getragen wird (OLG Stuttgart, Urt. v. 25. 5. 2004 – 1 U 5/04, S. 10–13).

▷ *Überbeatmung eines asphyktischen Neugeborenen*

Die extreme – über eine Stunde andauernde – **Überbeatmung eines asphyktischen Neugeborenen** ist generell geeignet, eine hypoxisch-ischämische Enzephalopathie hervorzurufen und stellt einen groben Behandlungsfehler dar. Der Kausalzusammenhang zwischen der Überbeatmung und dem Primärschaden ist nicht ausgeschlossen – und erst recht nicht „äußerst unwahrscheinlich" –, wenn der Sauerstoffmangel unter der Geburt den Schaden mitverursacht hat (OLG Stuttgart, Urt. v. 11. 6. 2002 – 14 U 83/01, OLGR 2002, 443, 445 = GesR 2003, 123, 124).

▷ *Verzögerte Vakuumextraktion*

Dasselbe gilt grundsätzlich auch bei einer verzögerten Vakuumextraktion, sofern nicht eine sectio dringend indiziert ist. Die Verzögerung einer indizierten Vakuumextraktion um eine Stunde ist in jedem Falle grob fehlerhaft (OLG Oldenburg VersR 1993, 753).

▷ *Unzureichende Überwachung des Geburtsfortschritts*

Eine vollständige Beweislastumkehr zu Lasten der Behandlungsseite ist angezeigt, wenn bei einer **Zwillingsgeburt aus einer Beckenend-Querlage** in der 31. Schwangerschaftswoche eine unzureichende Überwachung des Geburtsfortschritts und eine Vielzahl zum Teil schwerwiegender Dokumentations- und Befunderhebungsversäumnisse bei der sich anschließenden Versorgung und mehrwöchigen Behandlung in der Kinderklinik festzustellen sind. Dies gilt insbesondere, wenn **keine Gewichts-, Blutdruck- und transkutanen Sauerstoffmessungen** bei wiederholt auftretenden Zyanosen und Bradykardieanfällen vorgenommen wurden (OLG Köln VersR 1998, 244).

▷ *Überwachung des Kindes nach der Geburt*

Es stellt einen groben Behandlungsfehler dar, wenn die **Temperatur eines frühgeborenen Kindes nicht ausreichend überwacht** wird und es deshalb zu einer andauernden Unterkühlung kommt, die möglicherweise zu einer Hirnblutung geführt hat und hierfür generell geeignet war (OLG Hamm VersR 1995, 341). Ein grobes Fehlverhalten liegt auch vor, wenn das Pflegepersonal eines Belegkrankenhauses bei einer mehrere Stunden nach der Geburt eintretenden **bläulichen Verfärbung von Gesicht und Händen** eines Neugeborenen nicht unverzüglich einen Arzt hinzuzieht. Für Fehler des Klinikpersonals im Rahmen der allgemeinen Pflege des Kindes haftet der Krankenhausträger, nicht der Beleggynäkologe (OLG München VersR 1997, 977).

▷ *Überwachung des Wachstums des Kindes*

Lässt sich etwa **ab der 33. Schwangerschaftswoche kein wesentliches Wachstum** des Kindes im Mutterleib der Mutter feststellen, erfordert die Schwangerschaftsbetreuung durch den Frauenarzt ein verstärktes Risiko-Management, insbesondere **zusätzliche Untersuchungen**, so z. B. Messungen des Schädel- und des Thoraxdurchmessers, Kardiotokogramme unter Wehenbelastung und häufigere Ultraschallmessungen. Vor allem bei Nikotin- und Alkoholmissbrauch der Schwangeren muss der Frauenarzt das Wachstum des Kindes ständig im Auge behalten. Bei erkennbaren Entwicklungsstörungen muss er ggf. **Spezialisten hinzuziehen oder die Schwangere in ein Perinatalzentrum einweisen**. Das Unterlassen derartiger Maßnahmen stellt in solchen Fällen regelmäßig einen groben Behandlungsfehler dar, bei dem ein später festgestellter kindlicher Hirnschaden hinsichtlich des Kausalzusammenhangs eine Beweislastumkehr zum Nachteil des Gynäkologen zur Folge hat (OLG München OLGR 2001, 109).

▷ *Unterlassene sonographische Hüftuntersuchung*

Steht angesichts der Feststellung einer „sehr straffen" Hüfte bereits im Zusammenhang mit der U-2-Untersuchung nach der Geburt des Kindes aus Beckenendlage der **Verdacht einer Hüftfehlbildung** im Raum und versäumt es das Krankenhaus bzw. der betreuende Neonatologe, für eine umgehende **sonographische Hüftuntersuchung** Sorge zu tragen oder die Kindeseltern auf das dringende Erfordernis einer alsbaldigen Vorstellung des Kindes bei einem Orthopäden sowie einer sonographischen Hüftkontrolle nachdrücklich hinzuweisen, liegt hierin ein grober Behandlungsfehler (OLG Brandenburg, Urt. v. 8. 4. 2003 – 1 U 26/00, MedR 2004, 226, 229 = VersR 2004, 1050, 1053).

b) Grober Behandlungsfehler verneint

▷ *Verlegung statt Herzmassage während einer Operation*

Die Verlegung einer Patientin, bei der es während der Operation zu einem **plötzlichen Herzstillstand** gekommen ist, zur Vornahme der Reanimation auf die nahe gelegene Intensivstation anstatt der Fortsetzung der Herzmassage auf dem Operationstisch, stellt jedenfalls keinen groben Behandlungsfehler dar. Die Patientin hat in diesem Fall zu beweisen, dass sich eine ausreichende Sauerstoffversorgung des Gehirns rechtzeitig, d. h. vor dem Eintritt einer ischämischen Schädigung hätte wiederherstellen lassen, wenn die Reanimation mit den hierzu benötigten Geräten im Operationssaal fortgesetzt worden wäre (OLG Düsseldorf, Urt. v. 10. 1. 1994 – 8 U 61/91).

▷ *Unterlassener Scheidenabstrich*

Das **zweimalige Unterlassen eines gebotenen Scheidenabstrichs** mit mikroskopischer Untersuchung stellt zwar einen einfachen, jedoch keinen groben Behandlungsfehler dar. Hielt der Arzt eine mikroskopische Untersuchung nur bei klinischen Anzeichen einer Infektion für geboten, so wiegt der Behandlungsfehler nicht deswegen schwerer, weil auch bei einer späteren Kontrolluntersuchung kein Abstrich genommen und mikroskopisch untersucht worden ist (OLG Braunschweig, Urt. v. 25. 3. 1999 – 1 U 61/98, VersR 2000, 454, 455).

Beweiserleichterungen ergeben sich in diesem Fall auch nicht aus dem Gesichtspunkt der „unterlassenen Befunderhebung" bei Vorliegen eines einfachen Behandlungsfehlers.

Ist die Erhebung gebotener Befunde versäumt worden, ergibt sich eine Vermutung für die Kausalität von unterlassener Befunderhebung und dem Eintritt eines Gesundheitsschadens nämlich nur dann, wenn es hinreichend wahrscheinlich wäre, dass die unterlassene Untersuchung zu einem reaktionspflichtigen positiven Befundergebnis geführt hätte. Dies ist nicht der Fall, wenn **völlig offen** ist, ob die mikroskopische Untersuchung eines Scheidenabstrichs die **Entwicklung und Vermehrung pathologischer Keime** hätte erkennen lassen oder ob die Untersuchung kein erkennbares Ergebnis erbracht hätte (OLG Braunschweig, Urt. v. 25. 3. 1999 – 1 U 61/98, VersR 2000, 454, 456).

▷ *Mammographie bzw. Probebiopsie unterlassen (vgl. bereits oben S. 573 f.)*

Eine Mammographie zur Krebsvorsorgeuntersuchung war nach dem Erkenntnisstand im Jahr 1999 bei einer Patientin im **Alter von 43 Jahren** nur veranlasst, wenn **einschlägige Risikofaktoren**, etwa ein Mamma- oder Ovarialkarzinom in der Verwandtschaft vorgelegen habe. Das Vorliegen eines Magen- und eines Uteruskarzinoms in der Familienanamnese stellt keinen solchen signifikanten Risikofaktor dar (OLG Hamburg, Urt. v. 14. 11. 2003 – 1 U 71/03, OLGR 2004, 328).

Auch bei einer Risikopatientin ist bei **negativer Mammographie, unverdächtigem Tastbefund** und Fehlen sonstiger Anzeichen für Malignität **keine weitere Diagnostik** erforderlich (OLG München, Urt. v. 20. 9. 2001 – 1 U 4502/00, OLGR 2003, 7, 8 für das Jahr 1992).

Ob die Beurteilbarkeit der Mammographie ausreicht oder durch zusätzliche Maßnahmen – etwa eine **Probebiopsie** – verbessert werden muss, ist nicht vom behandelnden Gynäkologen bzw. Hausarzt, sondern vom Radiologen als zuständigem Facharzt zu entscheiden (OLG München, Urt. v. 20. 9. 2001 – 1 U 4502/00, OLGR 2003, 7).

Besteht bei einer Patientin jedoch ein **auffälliger klinischer Befund** (im entschiedenen Fall eine gerötete blutende Mamille der rechten Brust), bei dem der Verdacht einer tumorösen Erkrankung nicht ausgeschlossen werden kann, ist es fehlerhaft, wenn der behandelnde Gynäkologe eine Wiedervorstellung der Patientin zur Kontrolluntersuchung nur für den Fall vorsieht, dass es zu keiner Befundbesserung kommt. Im Fall des begründeten Verdachts einer Brustkrebserkrankung bedarf es in jedem Fall einer **Biopsie mit einer sich anschließenden Gewebeuntersuchung**. Die Durchführung einer Mammographie genügt in solchen Fällen nicht. Ein grober Behandlungsfehler liegt vor, wenn der Frauenarzt seine Patientin nicht über den konkreten Verdacht einer Brustkrebserkrankung und die dringende Notwendigkeit einer entsprechenden diagnostischen Abklärung aufklärt (OLG Düsseldorf, Urt. v. 6. 3. 2003 – 8 U 22/02, NJW-RR 2003, 1333 = VersR 2003, 1310).

Bei einer **„High risk"-Patientin**, bei deren Mutter zwischen dem 40. und 50. Lebensjahr Mammakarzinome rechts und links aufgetreten sind und die ständig unter einer fibrozystischen Mastopathie mit bis zu 1 cm großen Zysten leidet, ist es zwar fehlerhaft, jedoch nicht grob fehlerhaft, wenn der behandelnde Gynäkologe bzw. gynäkologisch tätige Hausarzt beim Auftreten eines **schmerzhaften groben Knotens** in der rechten Brust zwar die Überweisung an einen Radiologen zur Durchführung einer Mammographie veranlasst, die Patientin nach **negativer Mammographie** bei fortbestehenden Schmerzen aber nicht zur weiteren Abklärung kurzfristig, spätestens **innerhalb von vier bis acht Wochen wieder einbestellt**. Es ist nicht völlig unverständlich, wenn der Gynäkologe bzw. Hausarzt die erneuten Schmerzen der Patientin in der Brust nach der Abklärung durch bildgebende Verfahren und Abtasten beider Brüste wie bereits in früheren Fällen auf Zysten zurückführt (LG Stuttgart, Urt. v. 15. 6. 2004 – 20 O 506/00, S. 15/16, rechtskräftig).

Zudem können insbesondere bei rasch wachsenden Tumoren keine präzisen Aussagen dazu gemacht werden, wenn ein solcher Tumor radiologisch zu entdecken gewesen wäre (OLG Hamburg, Urt. v. 14. 11. 2003 – 1 U 71/03, OLGR 2004, 328, 329; OLG Düsseldorf, OLG-Report 2000, 470; OLG Stuttgart VersR 1994, 1306, 1307). Bei rasch wachsenden Tumoren kann es auch **äußerst unwahrscheinlich** sein, dass sich bei rechtzeitiger Entdeckung – etwa durch eine zwei bis vier Monate früher durchgeführte Biopsie – ein für die Patientin günstiger Verlauf ergeben hätte (LG Stuttgart, Urt. v. 15. 6. 2004 – 20 O 506/00, S. 17).

▷ *Fehlender Hinweis einer Hebamme auf frühere Schulterdystokie*

Unterlässt eine Hebamme die erforderliche **Übernahme einer Eintragung, etwa einer Schulterdystokie** bei einer vorangegangenen Geburt der Mutter, vom Mutterpass in das Geburtsjournal, so ist ihre Behauptung, die behandelnden Ärzte hätten die Mutter trotz dieser Eintragung nicht **über die Alternative einer sectio aufgeklärt**, als Bestreiten der Kausalität ihres Fehlers für die bei der Vaginalgeburt aufgetretenen Komplikationen zu würdigen. Die Beweislast dafür, dass die Ärzte die Eintragung im Geburtsjournal zum Anlass für ein Aufklärungsgespräch über die Alternative einer sectio genommen hätten, trägt deshalb nicht die Hebamme, sondern das – durch die Eltern vertretene – Kind.

Ein solcher Fehler der Hebamme ist nicht als grob einzustufen, da es durchaus vorkommen kann, dass die Hebamme es in der Routine des Tages durch (einfache) Unachtsamkeit vergessen hat, den Übertrag aus dem Mutterpass in das Krankenblatt vorzunehmen. Es handelt sich um einen Verstoß gegen die gebotene Sorgfalt, der im Tagesablauf einer Klinik immer wieder einmal vorkommen kann und deshalb nur als einfacher Fehler zu qualifizieren ist. Auch eine Beweislastumkehr aus dem Gesichtspunkt der „unterlassenen Befunderhebung", dem eine „unterlassene Befundübertragung" wertungsmäßig gleichzustellen ist, kommt nicht in Betracht, wenn es bei rechtzeitiger Übertragung des Vermerks in das Geburtsjournal nicht „hinreichend wahrscheinlich" gewesen wäre, dass sich am weiteren Verlauf etwas geändert hätte oder es nicht als grob fehlerhaft zu bewerten gewesen wäre, wenn die die Geburt begleitenden Ärzte die **Eintragung der Schulterdystokie** auf dem Aufnahmebogen aus objektiver Sicht nicht zum Anlass für ein erneutes **Aufklärungsgespräch über die Möglichkeit einer sectio** genommen hätten (OLG Bamberg, Urt. v. 25. 4. 2005 – 4 U 61/04, OLGR 2005, 457, 459 = VersR 2005, 1244, 1245; a. A. Baxhenrich VersR 2006, 80: Unterlassen der Hebamme verletzt das Selbstbestimmungsrecht der Patientin; bei einer Verletzung der Aufklärungspflicht trägt aber die Behandlungsseite die Beweislast, dass der Schaden auch bei erteilter Aufklärung eingetreten wäre).

▷ *Sectio unterlassen bzw. verspätet*

Ein grober Behandlungsfehler liegt nicht bereits deshalb vor, wenn sich der geburtsleitende Arzt bei einer Erstgebärenden in der 33. Schwangerschaftswoche bei **Beckenendlage** des Kindes entschließt, zunächst den **Versuch**

einer vaginalen Geburt zu unternehmen und nicht sofort eine Kaiserschnitt-entbindung einleitet (BGH VersR 1996, 1148). Dies gilt jedenfalls dann, wenn der Zeitgewinn, zu dem eine sogleich durchgeführte sectio geführt hätte, bei etwa 30 Minuten liegt (BGH VersR 1996, 1148).

Auch wenn die sectio nach Auftreten unregelmäßiger Wehen in der 28. Schwangerschaftswoche zu früh eingeleitet wird, liegt kein grober Behandlungsfehler vor, wenn der Kaiserschnitt mit großer Wahrscheinlichkeit nur um eine Woche hätte hinausgezögert werden können (BGH NJW 1997, 798; MedR 1998, 554).

Eine Beweiserleichterung für eine kausale Verknüpfung eines groben Behandlungsfehlers mit dem Primärschaden kommt auch dann nicht in Betracht, wenn sich das Risiko, das der Beurteilung des Behandlungsfehlers als grob zugrunde liegt, nicht verwirklicht hat und das Risiko, das sich verwirklicht hat, den Vorwurf eines groben Behandlungsfehlers nicht rechtfertigt (OLG Karlsruhe, Urt. v. 12. 5. 2004 – 7 U 204/98, OLGR 2004, 320).

Stellt der vom Gericht hinzugezogene Sachverständige fest, dass Ursache der **Atemschwierigkeiten** des neugeborenen Kindes eine primäre Lungenerkrankung, das Atemnotsyndrom demnach **Folge der Lungenentzündung des Kindes** ist, und lässt sich die bei dem Kind vorhandene Schädigung vollständig als Folge dieser Lungenerkrankung erklären, ohne dass zusätzliche Anzeichen eines – auch nur mitwirkenden – hypoxischen Schädigungsmusters erkennbar oder zur vollständigen Erklärung ergänzend hinzuzunehmen sind, so hat sich das Risiko einer das Kind gefährdenden Sauerstoffmangelsituation vor der Geburt nicht realisiert. Zwar stellt es einen „groben Behandlungsfehler" dar, wenn die Behandlungsseite auf ein – pathologisches – CTG, das eine das Kind gefährdende Sauerstoffmangelsituation erkennen lässt, nicht reagiert und **erst eine Stunde nach dem gehäuften Auftreten wehensynchroner Herztonverlangsamungen im CTG eine Zangengeburt einleitet**; allerdings verwirklicht sich das durch unverzügliche sectio abzuwendende Risiko einer das Kind gefährdenden Sauerstoffmangelsituation nicht, wenn es unmittelbar nach der Geburt normal atmet, „rosig" ist, der Apgar-Wert 8/9/10 beträgt, eine Blutentnahme aus der Nabelschnur völlig unauffällige Werte ergibt und andere Anhaltspunkte für eine schädigende Sauerstoffmangelsituation unter der Geburt fehlen (OLG Karlsruhe, Urt. v. 12. 5. 2004 – 7 U 204/98, OLGR 2004, 320, 322). In einem solchen Fall ist es **„in hohem Maß unwahrscheinlich"**, dass der in der Unterlassung einer sofortigen sectio bestehende grobe Behandlungsfehler für den Eintritt des Primärschadens bei dem neugeborenen Kind (hier: Krampfanfälle, Cerebralparese und spastische Hemiparese links) kausal geworden ist (OLG Karlsruhe, Urt. v. 12. 5. 2004 – 7 U 204/98, OLGR 2004, 320, 321).

Schadensersatzansprüche der Mutter nach einer Totgeburt bestehen wegen angeblich fehlerhafter Geburtsleitung jedenfalls dann nicht, wenn eine **Schnittentbindung nicht nachweislich indiziert** war, das Kardiotokogramm keine Auffälligkeiten ergeben hatte und eine seit längerem bestehende intrauterine Minderversorgung in Betracht kommt. In einer Verzögerung der

Schnittentbindung um ca. 10 Minuten liegt jedenfalls kein grober Behandlungsfehler (OLG Braunschweig, Urt. v. 30. 11. 2000 – 1 U 22/00; vgl. aber S. 578 f.). Sind die kindlichen Herzfrequenzen wehensynchron und ohne pathologische Zeichen, erfordert allein der Stillstand der Geburt noch keinen sofortigen Kaiserschnitt (OLG Koblenz, Urt. v. 5. 8. 2004 – 5 U 250/04, OLGR 2005, 44, 45 = MedR 2005, 358).

▷ *Versäumnisse im Rahmen des Geburtsvorgangs*

Allein das äußere **Überdrehen des kindlichen Kopfes zur Lösung einer Schulterdystokie** durch eine Hebamme mit lediglich zwei Monaten Berufserfahrung und die inkomplette Durchführung des inneren Lösungsversuchs der Schulterdystokie nach Wood durch die herbeigerufene Ärztin stellen noch keinen groben Behandlungsfehler dar (OLG Stuttgart, Urt. v. 25. 5. 2004 – 1 U 5/04, S. 10/11; das OLG Stuttgart hat allerdings in der „Gesamtschau" einen groben Behandlungsfehler bejaht; vgl. oben S. 580).

Versäumnisse bei einer Geburt, etwa die verzögerte Hinzuziehung eines Facharztes in einer Krisensituation, rechtfertigen weder einzeln noch in der Gesamtschau eine Beweislastumkehr in der Kausalitätsfrage, wenn es nach Lage der Dinge völlig unwahrscheinlich ist, dass sie schadensursächlich waren. So ist es **„äußerst unwahrscheinlich"**, dass ein zwei Tage nach der Geburt festgestellter Hirninfarkt bei einem Neugeborenen mit normalen Apgar-, Blutgas- und Blutsäurewerten nach der Entbindung auf die pflichtwidrige Verabreichung eines Schmerzmittels und die verspätete Hinzuziehung eines Facharztes unmittelbar vor der Geburt zurückzuführen sind (OLG Koblenz, Urt. v. 5. 8. 2004 – 5 U 250/04, OLGR 2005, 44, 46 = MedR 2005, 358, 359).

▷ *Fehlerhafte Verabreichung wehenfördernder Mittel*

Das **Verabreichen wehenfördernder Mittel** statt der Einleitung von Maßnahmen einer intrauterinen Reanimation sowie der Durchführung einer Notsectio bei anhaltender Dezeleration erweist sich jedenfalls dann nicht als behandlungsfehlerhaft, wenn es tatsächlich innerhalb kurzer Zeit zu einer Spontangeburt des Kindes kommt (OLG Zweibrücken, Urt. v. 8. 4. 2003 – 5 U 26/01, OLGR 2003, 337).

▷ *Überwachung durch Hebamme*

Die Überwachung und **Leitung einer Geburt durch eine erfahrene Hebamme** ist jedenfalls dann kein schwerer Fehler, wenn es sich um keine Risikogeburt handelt (OLG Stuttgart VersR 1987, 1252; a. A. OLG Oldenburg VersR 1992, 453 bei Risikogeburt und OLG Oldenburg VersR 1997, 1236 bei pathologischem CTG).

3. Innere Medizin und Urologie

a) Grober Behandlungsfehler bejaht

▷ *Auftreten von Druckgeschwüren*

Das Auftreten eines erheblichen Druckgeschwürs, etwa eines **Dekubitus vierten Grades** lässt regelmäßig auch bei einem Schwerstkranken auf grobe Pflege- und/oder Lagerungsmängel schließen (OLG Köln VersR 2000, 767 = MDR 2000, 643: 12 600 Euro Schmerzensgeld; ebenso OLG Oldenburg NJW-RR 2000, 762: keine Prophylaxe, Dekubitus dritten Grades).

▷ *Hodentorsion*

Ein grob fehlerhaftes ärztliches Verhalten kann vorliegen, wenn beim Verdacht auf eine Hodentorsion (meist mehrfache Stildrehung eines Hodens einschließlich des Samenstrangs um seine Längsachse) die **unverzügliche Freilegung des Hodens unterlassen** wird. (OLG Oldenburg VersR 1995, 96; VersR 1999, 1284, 1286; OLG Brandenburg, Urt. v. 14. 11. 2001 – 1 U 12/01, VersR 2002, 313: umgehende operative Freilegung beim Vorliegen eindeutiger Symptome erforderlich). Dies gilt jedoch nicht, wenn der Arzt einen untypischen Befund vorfindet, etwa eine seit Tagen andauernde Hodenschwellung (OLG Oldenburg VersR 1999, 1284).

▷ *Verwendung von Kathedern mit abgelaufenem Verfallsdatum*

Legt der niedergelassene Urologe in kurzer Folge bei einem Patienten wiederholt suprapubische Katheder, deren Verwendbarkeit wegen **Überschreitung des Verfallsdatums um zwei bzw. drei Jahre** unzulässig war, liegt zumindest in der Gesamtschau ein grober Behandlungsfehler vor (OLG Köln, Urt. v. 30. 1. 2002 – 5 U 106/01, VersR 2003, 1444).

▷ *Unterlassene Zwangsernährung bei Bulimie*

Für die Erhaltung der vitalen Lebensfunktionen einer in der internistischen Abteilung untergebrachten, an **Bulimie (Magersucht)** leidenden Patientin liegt die Verantwortung bei den behandelnden Internisten und nicht bei dem konsiliarisch hinzugezogenen Arzt einer anderen Fachrichtung, der eine Zwangsernährung nicht befürwortet. Liegt bei einer solchen Patientin ein **lebensbedrohlicher Zustand** vor, muss – sofern die Eltern nicht zustimmen – ärztlicherseits versucht werden, eine vormundschaftsgerichtliche Genehmigung für eine parenterale (unter Umgehung des Verdauungstraktes) Ernährung zu erhalten und für eine optimale Überwachung der Patientin auf der Intensivstation zu sorgen. Das Unterlassen stellt einen groben Behandlungsfehler dar. Die Behandlungsseite hat daher zu beweisen, dass das Vormundschaftsgericht eine entsprechende Genehmigung versagt hätte oder das nachfolgend aufgetretene apallische Syndrom auch bei rechtzeitiger Antragstellung zum Erhalt der Genehmigung eingetreten wäre (OLG München, Urt. v. 8. 7. 2004 – 1 U 3882/03, OLGR 2006, 184, 185; ebenso bereits die Vorinstanz LG München I, Urt. v. 18. 6. 2003 – 9 O 5933/94, GesR 2003, 355).

▷ *Mindesteinwirkungszeit bei Injektionen, Verstoß gegen Hygienebestimmungen*

Die Nichteinhaltung aseptischer Vorkehrungen stellt ein leichtfertiges Verhalten des Arztes dar, das regelmäßig als grober Behandlungsfehler zu werten ist (OLG Karlsruhe VersR 1989, 195; OLG Düsseldorf NJW 1988, 2307). Eine wirksame Desinfektion vor einer Injektion setzt die Einhaltung einer **Mindesteinwirkzeit des Desinfektionsmittels von 30 Sekunden** voraus.

Ein Verstoß gegen diese elementare Regel ist ein grober Behandlungsfehler, der zur Folge hat, dass sich die Beweislast für die Nichtursächlichkeit des Behandlungsfehlers umkehrt, wenn bei einem Patienten, dessen Abwehr geschwächt ist, von der Einstichstelle eine Infektion ausgeht (OLG Stuttgart VersR 1990, 385). Kommt es im Verlauf einer Kniepunktion bei liegender Kanüle zu einem Spritzenwechsel, so hat der Arzt dabei **sterile Handschuhe zu tragen**; ein Verstoß gegen diese Hygienebestimmung ist regelmäßig als grobes Versäumnis zu werten (OLG Düsseldorf NJW-RR 2001, 389).

▷ *Lysetherapie bei Wadenschmerzen*

Bestätigt die Dopplersonographie sowie eine Phlebographie (Röntgendarstellung von Venen) bei einem Patienten, der mit starken Schmerzen in einer Wade in ein Krankenhaus eingeliefert worden ist, den **Verdacht auf eine Beinvenenthrombose** nicht, so ist eine Lysetherapie (Auflösung von Zellen) als Streptokinase (Aktivator mit Eiweiß aus Streptokokken) oder Urokinase (Aktivator, isoliert aus dem Urin) kontraindiziert (OLG München VersR 1992, 1266).

▷ *Meningitis nach Schädelbruch*

Ein grober Behandlungsfehler eines Internisten, der nach einem Schädelbruch eine später aufgetretene Pneumokokkenmeningitis (eitrige Hirnhautentzündung) zunächst erfolgreich antibiotisch behandelt, liegt vor, wenn er deren in einer **offenen Schädel-Hirn-Verletzung** liegende Ursache, die sich der Patient bei einem dem Arzt bekannten schweren Verkehrsunfall zugezogen hatte, nicht abgeklärt hat. Der Arzt kann für spätere Komplikationen, etwa der Bildung von Abszessen in der Stirnhöhle, einem Hirnprolaps u. a., und die notwendig gewordenen neurochirurgischen Eingriffe auch dann haftungsrechtlich zur Verantwortung gezogen werden, wenn sich nicht klären lässt, ob die wegen mangelhafter Befunderhebung ggf. unterbliebenen ihrerseits sehr risikoreichen medizinischen Maßnahmen der zuvor tätigen chirurgischen Abteilung, nämlich der operativen Schließung des Schädeldefekts, erfolgreich gewesen wären (OLG München NJW 1992, 2369).

▷ *Neurolues nicht erkannt*

Als grober Behandlungsfehler ist es zu werten, dass während einer mehr als 2 ½-jährigen stationären Krankenhausbehandlung auf der Inneren Abteilung eine Neurolues bzw. die Entzündung von Rückenmarkswurzeln als Krankheitsursache von schwersten Krankheitssymptomen, u. a. Lähmungen,

Reflexverluste, ständiges Erbrechen und Darmbeschwerden, nicht erkannt wird (OLG Köln VersR 1994, 1238).

▷ *Nierenschaden nach erkennbar erhöhtem Creatininwert*

Bei einem ausgewiesenen Creatininwert von 4 mg/% (bzw. mehr als 2,4 mg/%, Normwert bis 1,3 mg/%) und der nahe liegenden Progredienz einer Nierenerkrankung des Patienten muss der behandelnde Urologe oder der Internist der drohenden **Gefahr eines Nierenversagens** mit geeigneten Maßnahmen begegnen. Hat er den Patienten bereits weiter überwiesen, muss er den nachbehandelnden Arzt unverzüglich über den erhaltenen Wert informieren. Eine Zuleitung der Werte erst nach einigen Tagen auf dem Postweg genügt nicht. Die Beweislast, dass es auch bei rechtzeitiger Reaktion, hierauf durchgeführter Nierenbiopsie und sich anschließender aggressiver immunsuppressiven Therapie zu einem irreparablen Nierenschaden des Patienten gekommen wäre, trägt die Behandlungsseite (OLG Frankfurt VersR 1995, 785).

▷ *Unterlassene Weiterleitung der Untersuchungsbefunde an ein Transplantationszentrum*

Es stellt einen groben Behandlungsfehler dar, wenn der Arzt es über einen längeren Zeitraum hinweg versäumt, die für die Vornahme einer Nierentransplantation erforderlichen **Untersuchungsbefunde an das zuständige Transplantationszentrum weiterzuleiten** und sein auf eine Nierenspende wartender dialyseabhängiger Patient dort deshalb irrtümlich in einer Dringlichkeitsstufe minderen Grades geführt wird (OLG Stuttgart MedR 1992, 221).

▷ *Bestrahlung mit weit überhöhten Einzeldosen*

Spätestens seit 1992, als es zum strahlenbiologischen Grundwissen geworden war, dass die Einzeldosis einer kurativen Bestrahlung ohne Gefährdung des therapeutischen Nutzens auf 2,0 Gy reduziert werden konnte und sich die Erkenntnis durchgesetzt hatte, dass Körperbereiche mit einem im Hinblick auf Spätfolgeschäden besonders empfindlichen Gewebe wie etwa die Supraklavikularregion nur mit Einzeldosen bis zu einer **Obergrenze von 2,0 Gy zu bestrahlen** sind, ist es als eine grob fehlerhafte ärztliche Vorgehensweise zu werten, wenn – zumal von einer spezialisierten Universitätsklinik – im Supraklavikularbereich standardisiert mit Einzeldosen von 3,0 Gy bestrahlt worden ist. Demgemäß hat die auf Schadensersatz in Anspruch genommene Klinik den Nachweis zu führen, dass ein bei der bestrahlten Patientin aufgetretenes Armlymphödem trotz der Schadensgeneigtheit der zu hoch dosierten Strahlenbehandlung nicht auf die Strahlentherapie zurückzuführen ist (OLG Hamburg, Urt. v. 26. 3. 2004 – 1 U 19/02, OLGR 2004, 487).

▷ *Unterlassene Klinikeinweisung zu einer Herzkathederuntersuchung*

Weisen **Veränderungen im EKG** sowie die vom Patienten geschilderte **Beschwerdesymptomatik** („enormer Druck in der Brust", „kann kaum eine

Treppe hochsteigen") auf die Gefahr eines unmittelbar bevorstehenden Herzinfarkts hin, so stellt es einen groben Behandlungsfehler dar, wenn es der Arzt (Internist bzw. Facharzt für Allgemeinmedizin) unterlässt, den Patienten unverzüglich zu einer **Herzkathederuntersuchung** in eine Klinik einzuweisen (OLG Bamberg, Urt. v. 4. 7. 2005 – 4 U 126/03, VersR 2005, 1292, 1293). Verweigert der Patient trotz entsprechender therapeutischer Aufklärung eine zur Feststellung, ob er sich in der akuten Gefahr eines unmittelbar bevorstehenden Herzinfarktes befindet, dringend erforderliche Untersuchung, so ist dies vom Behandler in den Krankenunterlagen zu dokumentieren (OLG Bamberg, Urt. v. 4. 7. 2005 – 4 U 126/03, VersR 2005, 1292).

b) Grober Behandlungsfehler verneint

▷ *Keine sofortige EKG-Auswertung*

Unterlässt es ein Internist, das bei einem Patienten mit Brustbeschwerden **vorsorglich und routinemäßig erstellte EKG** sofort auszuwerten, so liegt jedenfalls kein grober Behandlungsfehler vor. Es ist (im entschiedenen Fall) nicht wahrscheinlich, dass der Patient einen bei sofortiger Auswertung erkennbaren Herzinfarkt bei sogleich veranlasster klinischer Behandlung überlebt hätte (OLG München VersR 1995, 417).

▷ *Keine Erkundigungspflicht nach Abschluss der Behandlung*

Es stellt jedenfalls keinen groben Behandlungsfehler dar, wenn sich der Urologe nicht von sich aus beim Hausarzt **nach dem Fortgang der Untersuchungen erkundigt**, wenn er mit dem Arztbrief an den Kollegen seine Behandlung erkennbar abgeschlossen hat. Er muss den Patienten nicht von sich aus nach dem Fortgang der Untersuchung einer von ihm festgestellten Nierenfunktionseinschränkung unklarer Genese befragen (OLG Celle VersR 1998, 1419, 1420).

▷ *Unterlassene Wiederbestellung bei erhöhtem PSA-Wert*

Wird bei einem 54-jährigen Patienten bei einem PSA-Wert (prostata-spezifisches Antigen, Tumormarker für die Diagnostik und Verlaufskontrolle des Prostatakarzinoms) von 19,2 ng/ml eine transperinale Prostatastanzbiopsie (Entnahme von Prostatagewebe) mit negativem Befund durchgeführt, so ist die **Unterlassung einer Sonographie und die Wiederbestellung des Patienten erst nach drei Monaten** jedenfalls nicht als grober Behandlungsfehler zu werten. Die Ursächlichkeit eventueller Fehler für den drei Jahre später eingetretenen Tod des Patienten lässt sich nicht feststellen, wenn die Operation sechs Monate nach der Erstbehandlung einen sehr aggressiven und rasch metastasierenden Krebs ergibt (OLG Köln VersR 1996, 98).

▷ *Falsche Medikation bei Borreliose-Verdacht*

Bei der Feststellung eines handtellergroßen Erythems an einer Zeckenbissstelle ist (im Jahr 2003) das Antibiotikum **„Doxycyclin" das Medikament der ersten Wahl**. Verordnet der Internist (oder Allgemeinmediziner) stattdessen Tarivid, liegt hierin zwar ein Fehler, aber kein grober Behandlungsfehler, insbesondere dann, wenn die Patientin eine Empfindlichkeit gegen Penizillin angegeben hat (OLG Stuttgart, Urt. v. 4. 2. 2003 – 1 U 85/02, OLGR 2003, 510, 512).

▷ *Unterlassene ERCP-Untersuchung zur Abklärung des Verdachts auf einen Gallenstein*

Bei einer akuten Pankreatitis (Entzündung der Bauchspeicheldrüse) stellt es im Regelfall wegen der Gefahr der Exazerpation (Verschlimmerung) keinen Behandlungsfehler dar, auf eine endoskopische retrograde Cholangio-Pankreatographie (ECRP) zur Abklärung des Verdachts auf einen Gallenstein zu verzichten (OLG Koblenz, Urt. v. 6. 12. 2002 – 10 U 1790/01, OLGR 2003, 259).

4. HNO und Augenheilkunde

a) Grober Behandlungsfehler bejaht

▷ *Unkontrollierte Verordnung von Augentropfen*

Die unkontrollierte Verordnung kortikoider Augentropfen stellt einen groben Behandlungsfehler dar (OLG Hamm VersR 1991, 585).

▷ *Vorenthalten von Informationen über bedrohlichen Befund*

Es stellt einen groben Behandlungsfehler dar, wenn der Patient über einen **bedrohlichen Befund,** der Anlass zu umgehenden und umfassenden ärztlichen Maßnahmen gibt, etwa das Vorliegen eines **Retikulum-Zellsarkoms,** nicht informiert und ihm die erforderliche ärztliche Beratung versagt wird. Die therapeutische Aufklärung naher Angehöriger, soweit sie überhaupt ohne Einwilligung des Patienten zulässig ist, kann in aller Regel nicht das direkte Gespräch zwischen dem Arzt und dem Patienten ersetzen (BGH NJW 1989, 2318). Muss dem Patienten nach dem zutreffenden, ihm nicht mitgeteilten Befund ein **Auge entfernt** werden, so trifft den Arzt die Beweislast, dass das Auge auch bei den in 6–8-wöchigem Turnus gebotenen Kontrollen nicht zu retten gewesen wäre (BGH NJW 1989, 2318, 2319).

▷ *Unterlassung weiterführender Diagnostik bei Verdacht auf Retinoblastom*

Schildert der Patient bzw. die Mutter des minderjährigen Patienten eine mehrfach aufgetretene „Leukokorie", ein **sogenanntes „Katzenauge",** so ist es grob fehlerhaft, lediglich eine Untersuchung des Augenhintergrundes durchzuführen und eine **weiter gehende Ultraschall-Diagnostik des Auges zu unterlassen.** Stellt der vom Gericht beauftragte Sachverständige jedoch fest, es sei „äußerst unwahrscheinlich" bzw. „gänzlich unwahrscheinlich", dass die Sehkraft des Auges bei rechtzeitiger Diagnostik durch Ultraschall o. a. noch hätte gerettet werden können, so scheidet ein Schadensersatzanspruch des Patienten aus (OLG Karlsruhe, Urt. v. 23. 4. 2004 – 7 U 1/03, VersR 2005, 1246).

▷ *Unzureichende Netzhautkontrolle*

Grob behandlungsfehlerhaft ist auch die unzureichende Kontrolle der Netzhaut eines frühgeborenen Kindes (OLG Hamm VersR 1996, 756; OLG Nürnberg, Urt. v. 24.06. 2005 – 5 U 1046/04, MedR 2006, 178: Augenhintergrund muss immer ausreichend eingesehen werden) oder die unterlassene Augeninnendruckmessung bei älteren Patienten zur Früherkennung eines Glaukoms (OLG Hamm VersR 1979, 826).

▷ *Wiederholter Einsatz einer experimentellen Methode*

Es ist grob fehlerhaft, wenn der Augenarzt bei der Behandlung einer starken Weitsichtigkeit erneut und sogleich an beiden Augen ein Verfahren anwendet, das sich im experimentellen Stadium befindet und die Weitsichtigkeit des Patienten bei einem vorangegangenen Versuch nur vorübergehend gebessert hat. Eine **kontraindizierte Behandlung** darf auch nicht auf ausdrücklichen Wunsch des Patienten vorgenommen werden (OLG Karlsruhe, Urt. v. 11. 9. 2002 – 7 U 102/01, MedR 2002, 104, 105).

▷ *LASIK-Operation kontraindiziert*

Bei einer Hornhautschwäche in Form eines Keratokonus ist eine **LASIK-Operation** zur Beseitigung der daneben bestehenden Kurzsichtigkeit **kontraindiziert**. Nach Auffassung des OLG Koblenz (Urt. v. 2. 3. 2006 – 5 U 1052/04, VersR 2006, 978), das insoweit eine weitere Fallgruppe der Beweislastumkehr zugunsten des Patienten kreiert, wirkt sich die Ungewissheit des Kausalverlaufs zulasten des Arztes aus, wenn es keine überwiegende Wahrscheinlichkeit dafür gibt, dass die Sehtüchtigkeit des Patienten bei Unterlassung der LASIK-Operation ebenso herabgesetzt wäre. U. E. liegt bei einer Kontraindikation regelmäßig auch ein grober Behandlungsfehler vor (s. o., OLG Karlsruhe a.a.O.).

▷ *Nachblutung nach einer Mandeloperation*

Beim Eintritt ernsthafter Komplikationen wie **Nachblutungen nach einer Mandeloperation** ist das Unterlassen der Unterrichtung des zuständigen Arztes durch das nichtärztliche Personal, etwa einer Krankenschwester oder Arzthelferin, als grober Behandlungsfehler zu werten (OLG Oldenburg VersR 1997, 749). Die Kumulation der nachfolgenden, jeweils für sich betrachtet einfachen Behandlungsfehler nach Durchführung einer Tonsillektomie (Entfernung der Mandeln) ist **in der Gesamtschau als grober Behandlungsfehler** zu werten: Entlassung des Patienten trotz aufgetretener Nachblutungen, die zunächst eine Umstechungsligatur erforderlich gemacht hatten, unterlassene Kontrolle des Hämoglobinwertes, der Gerinnungsparameter und des Legens eines zentralvenösen Zugangs bei der erneuten stationären Aufnahme nach dem Eintritt von Nachblutungen und keine HNO-fachärztliche Untersuchung des Patienten bei der Wiederaufnahme im (Beleg-)Krankenhaus (OLG Celle, Urt. v. 7. 5. 2001 – 1 U 15/00, VersR 2002, 1558, 1560).

b) Grober Behandlungsfehler verneint

▷ *Verfrühte Entlassung nach Tonsillektomie*

Die **vorzeitige Entlassung nach Durchführung einer Tonsillektomie** am 5. anstatt dem 7. postoperativen Tag verstößt nicht eindeutig und fundamental gegen bewährte Behandlungsregeln oder gesicherte medizinische Erkenntnisse. Der Arzt kann von der empfohlenen Verweildauer im Rahmen des ihm obliegenden pflichtgemäßen Ermessens abweichen. Erleidet der Patient zwei Tage nach seiner Entlassung – also am 7. postoperativen Tag – erhebliche Nachblutungen mit einem Blutverlust von ca. zwei Litern im Bereich der OP-Wunde und verschiedene Folgeschäden, kommt ihm eine Beweislastumkehr damit nicht zugute (LG Zwickau, Urt. v. 16. 3. 2005 – 1 O 827/03, MedR 2005, 410).

▷ *Vitrektomie und intraokulare Gabe von Antibiotika unterlassen*

Nach Feststellung einer Augeninfektion bei einer Patientin, die sich zuvor einer beidseitigen Kataraktoperation unterzogen hatte, ist die Vornahme einer **Vitrektomie (Teilentfernung des Glaskörpers) und/oder eine intraokulare Antibiotikagabe** nach entsprechender Keimbestimmung erforderlich, um die Erblindung auf einem bzw. beiden Augen zu vermeiden. Der Behandlungsfehler ist jedoch nicht als grob zu bewerten, wenn der Augenarzt einen weiteren Eingriff am mehrfach voroperierten Auge vermeiden wollte, die von ihm eingeleitete, unzureichende konservative Behandlung mit oral verabreichten Antibiotika **nicht als schlechterdings unvertretbar** angesehen werden kann und es in der Augenvorderkammer – bei allerdings fehlender Einsehbarkeit des hinteren Augenabschnitts – zu einer Besserung des Reizzustandes gekommen war (OLG Zweibrücken, Urt. v. 30. 9. 2003 – 5 U 18/02, OLGR 2004, 56, 57).

5. Allgemein- und Kinderarzt

a) Grober Behandlungsfehler bejaht

▷ *Anamneseerhebung unterlassen*

Für den in der Primärversorgung tätigen Hausarzt gehört die Anamneseerhebung zu den elementaren und unverzichtbaren Grundregeln der Medizin. Klagt ein Patient über **Blähungen**, so ist der Arzt gehalten, sich nach deren Dauer und deren möglichen Ursachen sowie nach den Stuhlgewohnheiten des Patienten zu erkundigen. Unterlässt der Hausarzt dies, trägt der Arzt die Beweislast dafür, dass es auch bei rechtzeitiger Anamneseerhebung zu einer nicht mehr aufzuhaltenden **Krebserkrankung bzw. Verkürzung der Lebenszeit** des Patienten gekommen wäre. Kann dem Arzt nach den Feststellungen des Sachverständigen weder die Krebserkrankung selbst noch die dadurch bedingte Verkürzung der Lebenszeit des Patienten angelastet werden, kann dennoch ein Schmerzensgeld (vorliegend: 5.113 Euro) gerechtfertigt sein, wenn durch die Verzögerung der Behandlung eines Dickdarmkarzinoms der Tumor nicht vollständig entfernt werden kann und dies im Endstadium zu schmerzhaften Beschwerden des Patienten führt (OLG Düsseldorf VersR 1998, 1155).

▷ *Verzögerte Krankenhauseinweisung bei Augentiefstand*

Die **Verzögerung der Krankenhauseinweisung** eines fünf Wochen alten Säuglings **um einen Tag** kann als grober Behandlungsfehler des Kinderarztes zu werten sein, wenn das Kind einen **Kopfumfang von 46 cm und einen Augen-tiefstand** (Sonnenuntergangsphänomen) aufweist, die i. d. R. die unverzügliche Einweisung zur stationären Beobachtung und Behandlung wegen eines Hydrozephalus dringend erforderlich machen (OLG Oldenburg VersR 2000, 853: Kausalität aber im konkreten Fall verneint).

▷ *Nicht rechtzeitige Krankenhauseinweisung bei Komplikationen*

Das Unterlassen einer rechtzeitigen **Einweisung in das Krankenhaus nach Auftreten bedrohlicher Komplikationen**, deren Genese der Allgemeinarzt nicht kennt, ist als schwerer Behandlungsfehler anzusehen (OLG Celle VersR 1981, 684; OLG München, Urt. v. 3. 6. 2004 – 1 U 5250/03, OLGR 2005, 790, 791; auch OLG Naumburg MedR 2002, 515).

So ist der Hausarzt verpflichtet, den Patienten unverzüglich zur stationären Behandlung in ein Krankenhaus einzuweisen, wenn der Patient **zwei Tage lang über zuletzt kolikartige Schmerzen** zunächst am Rücken, dann auch in beiden Nierenlagern und im Unterbauch klagt (OLG Naumburg MedR 2002, 515, 517).

Klagt der Patient über **seit langer Zeit anhaltende Kopfschmerzen, Schwindel u. a.**, ist es völlig unvertretbar, auf einer derart dünnen Tatsachenbasis eine komplizierte Migräne zu diagnostizieren und einem möglichen ablaufenden ischämischen Prozess nicht nachzugehen. Hat der Arzt aufgrund der Schilderung erheblicher und längerer Beschwerden des Patienten sogar an eine akute cerebrale Zirkulationsstörung gedacht, ist die **sofortige Einweisung in eine Fachklinik** erforderlich (OLG München, Urt. v. 3. 6. 2004 – 1 U 5250/ 03, OLGR 2005, 790, 791).

▷ *Verzögerte Einweisung zu einer Herzkathederuntersuchung*

Schildert der seit vielen Jahren **an einer koronaren Herzerkrankung leidende Patient** seinem ihm behandelnden Hausarzt einen **„enormen Druck in der Brust"**, daneben erhebliche Probleme beim Treppensteigen mit dem Hinweis, dass er wegen derselben Problematik sieben Jahre zuvor in eine Universitätsklinik eingewiesen worden wäre, so ist es grob fehlerhaft, wenn der Allgemeinmediziner dem Patienten zwar zu einer Herzkathederuntersuchung rät, ihn jedoch nicht **sofort**, spätestens aber vier Tage später nach einer Kontrolluntersuchung, bei der der Patient trotz zwischenzeitlich erfolgter Einnahme von blutdrucksenkenden und gefäßerweiternden Medikamenten über dieselben, nicht gebesserten Beschwerden klagt, **notfallmäßig in eine hierfür geeignete Klinik zur Durchführung einer Herzkathederuntersuchung überweist** und dort erst einen Termin nach vierzehn bis sechzehn Tagen vereinbart (OLG Bamberg, Urt. v. 4. 7. 2005 – 4 U 126/03, VersR 2005, 1292, 1293).

Verweigert der Patient trotz entsprechender therapeutischer Aufklärung eine zur Feststellung, ob er sich in der akuten Gefahr eines unmittelbar bevorstehenden Herzinfarkts befindet, dringend erforderliche (Herzkatheder-)Untersuchung, so hat der Arzt dies in den Krankenunterlagen zu dokumentieren. Ansonsten greift zugunsten des Patienten die Vermutung, dass diese nicht dokumentierte Maßnahme vom Arzt auch nicht getroffen worden ist (OLG Bamberg, Urt. v. 4. 7. 2005 – 4 U 126/03, VersR 2005, 1292).

▷ *Maßnahmen bei Meningitis- und Enzephalitisverdacht*

Bei einschlägigen **Symptomen einer Meningitis** (Hirnhautentzündung) wie fehlendem Gleichgewicht im Sitzen und Stehen, Ataxie, „Torkeligkeit", Erbrechen ist eine **umgehende Krankenhauseinweisung** geboten. Das Unterlassen einer Krankenhauseinweisung lässt auf einen fundamentalen Diagnoseirrtum und groben Behandlungsfehler schließen (OLG Oldenburg NJW-RR 1997, 1117). Eine akute, fieberhafte und schwere Erkrankung eines Kindes mit hohem Fieber über mehr als 30 Stunden, Erbrechen und Schlappheit legt stets den Verdacht einer Meningitis nahe, der zur **sofortigen Einweisung in eine Klinik** zwingt (OLG Stuttgart, NJW-RR 1997, 1114).

Kann ein **Enzephalitisverdacht** (Gehirnentzündung) nicht ausgeräumt werden, sondern bieten die Ergebnisse der Anfangsuntersuchung insoweit Veranlassung zu weiteren diagnostischen Maßnahmen, so ist entweder der Verdachtsdiagnose unverzüglich nachzugehen oder aufgrund der Verdachtsdiagnose entsprechend zu therapieren. Werden wesentliche diagnostische Maßnahmen nicht unverzüglich ergriffen, liegt ein grober Behandlungsfehler vor (OLG Köln VersR 1991, 186).

▷ *Außenseitermethode*

Der schulmedizinisch ausgebildete Arzt ist verpflichtet, den Patienten darüber aufzuklären, dass die von ihm vorgeschlagene und zur Behandlung angewendete **Außenseitermethode von der Schulmedizin abgelehnt** wird. Dies gilt etwa für die so genannte „Bioelektronische Funktions-Diagnostik", wenn beim Patienten die klassischen Symptome eines Uterus-Karzinoms auftreten. Die Nichtaufklärung und das Hinwegsetzen über die Diagnosemethoden der Schulmedizin stellen einen groben Behandlungsfehler dar (OLG Koblenz NJW 1996, 1600).

▷ *Nichtaufklärung über bedrohlichen Befund*

Ein grober Behandlungsfehler liegt auch vor, wenn der Patient über einen **bedrohlichen Befund**, der Anlass zu umgehenden und umfassenden ärztlichen Maßnahmen geben würde, nicht informiert und ihm die erforderliche ärztliche Beratung nicht erteilt wird (BGH MDR 1989, 805; s. u. S. 611 ff.).

▷ *Unterlassene Beobachtung nach Injektion*

Äußert der Patient während einer **intravenösen Reparil-Injektion** in die Ellenbeuge **starke Schmerzempfindungen**, so stellt es einen groben Behandlungsfehler dar, wenn der Arzt nach Abbruch der Injektion eine nachfolgende Beobachtung des Patienten unterlässt und auch nicht sicherstellt, dass eine Beobachtung durch andere Ärzte erfolgt. Er hat dann nachzuweisen, dass die nachfolgende Schädigung des Nervus ulnaris, des Nervus medianus sowie Kopfbeschwerden nach einer Hirnblutung und Beugekontrakturen der

Finger des entsprechenden Arms auch bei ordnungsgemäßer ärztlicher Beobachtung eingetreten wären (KG, Urt. v. 31. 1. 1985 – 20 U 6205/82).

▷ *Phlebographie unterlassen*

Bei einem Thromboseverdacht gehört es zu den elementaren Behandlungsregeln, eine Phlebographie durchzuführen (OLG Oldenburg MDR 1994, 995; VersR 1999, 318; OLG Köln NJW-RR 1992, 728; OLG Hamm VersR 1990, 1120; OLG Stuttgart OLGR 2000, 3).

▷ *Verspätete Therapieeinleitung*

Ist wegen eines groben Behandlungsfehlers des Allgemeinarztes eine medizinisch **gebotene Therapie bei einer Nierenfunktionsstörung verspätet eingeleitet** worden mit der Folge, dass der Patient sich möglicherweise früher als sonst erforderlich einer Dialysebehandlung unterziehen muss, so kommen dem Patienten Beweiserleichterungen hinsichtlich des Kausalverlaufs zugute, auch wenn die genaue Diagnose der Nierenfunktionsstörung selbst bei richtigem Vorgehen nicht gestellt worden wäre. Dies rechtfertigt sich deshalb, weil der Arzt eine sofortige Therapie verhindert und die Aufklärung des hypothetischen weiteren Kausalverlaufs, der für den Patienten erheblich günstiger hätte sein können, dadurch erschwert (BGH NJW 1988, 2303).

Gleiches gilt, wenn der Arzt durch eine **unzutreffende Darstellung des Untersuchungsergebnisses** verhindert, den Ursachenzusammenhang einer Erkrankung durch eine Operation zu klären (OLG Oldenburg VersR 1999, 1284).

▷ *Intubation eines Kleinstkindes*

Ein nach der Geburt hinzugezogener Kinderarzt darf sich, wenn er für eine ausreichende **Intubation des Neugeborenen** keine ausreichenden Kenntnisse und Erfahrungen besitzt, nicht mit einer Maskenbeatmung begnügen, sondern muss dafür Sorge tragen, dass ein **kompetenter Krankenhausarzt herbeigerufen** wird. In der unterlassenen oder – im entschiedenen Fall bis zu dessen Erscheinen um 40 Minuten – verzögerten Hinzuziehung eines kompetenten Arztes zur Sicherstellung der vitalen Funktionen ist ein grober Behandlungsfehler zu erblicken (OLG Stuttgart VersR 2001, 1560, 1563).

▷ *Unterlassene Diagnostik bei „Wasserkopf"*

Ein Allgemeinarzt handelt grob fehlerhaft, wenn er bei den Vorsorgeuntersuchungen U 6 und U 7 eines Kleinkindes einen **auffallend großen Kopfumfang** feststellt und es unterlässt, weitere diagnostische Schritte einzuleiten. Ihm obliegt dann der Beweis, dass diese fehlerhafte Behandlung den Gesundheitsschaden des Kindes, den chronischen Hydrozephalus („Wasserkopf") und den irreversiblen Hirnschaden nicht herbeigeführt hat (OLG Oldenburg VersR 1999, 1423).

Die Beweiserleichterung ergibt sich in diesem Fall auch aus dem Verstoß des Arztes gegen seine Pflicht zur Erhebung medizinisch zweifelsfrei gebotener Befunde, hier zur Veranlassung weiterer diagnostischer Schritte. Da die unterlassene Abklärung der Ursachen des großen Kopfumfangs des Kindes mit hoher Wahrscheinlichkeit einen gravierenden Befund ergeben hätte und es fundamental fehlerhaft gewesen wäre, diesen Befund zu verkennen oder darauf nicht zu reagieren, muss sich der Arzt auch aus diesem Grund hinsichtlich der Kausalität entlasten (OLG Oldenburg VersR 1999, 1423, 1424; vgl. → *unterlassene Befunderhebung*, S. 834).

▷ *Spannungspneumothorax übersehen*

Es stellt einen groben Behandlungsfehler dar, wenn ein pädiatrischer Facharzt einer Kinderklinik sich objektiv aufdrängende, hochcharakteristische und **verdächtige Symptome für einen Spannungspneumothorax bei einem Neugeborenen übersieht** und es unterlässt, zeitnah indizierte diagnostische bzw. therapeutische Maßnahmen (hier: Probepunktion und anschließende beidseitige Pleurapunktion) durchzuführen (OLG Schleswig, Urt. v. 28. 2. 2003 – 4 U 10/01, OLGR 2003, 264).

▷ *Sonografische Hüftkontrolle unterlassen*

Steht angesichts der Feststellung einer „sehr straffen Hüfte" im Zusammenhang mit der U-2-Untersuchung nach der Geburt des Kindes aus Beckenendlage der **Verdacht auf eine Hüftfehlbildung** im Raum und versäumt es der Arzt (im entschiedenen Fall: Gynäkologe bzw. Neonatologe), für eine umgehende sonografische Hüftuntersuchung Sorge zu tragen oder die Kindeseltern auf das dringende Erfordernis einer alsbaldigen Vorstellung des Kindes bei einem Orthopäden sowie einer sonografischen Hüftkontrolle nachdrücklich hinzuweisen, liegt hierin ein grober Behandlungsfehler (OLG Brandenburg, Urt. v. 8. 4. 2003 – 1 U 26/00, MedR 2004, 226, 229 = VersR 2004, 1050, 1053).

b) Grober Behandlungsfehler verneint

▷ *Bandscheibenvorfall*

Einem Allgemeinarzt fällt kein grober Behandlungsfehler zur Last, wenn er beim Patienten nach **Verdacht auf einen Bandscheibenvorfall** eine Untersuchung nach Lasegue, also eine passive Beugung des gestreckten Beins im Hüftgelenk sowie eine Kontrolle der Fußheber- und Fußsenkerfunktion durchgeführt hat und mit „Lasegue 45° rechts, 75° links, Fußheber o. B." dokumentiert (OLG Frankfurt, Urt. v. 25. 7. 1996 – 15 U 183/95).

▷ *Einschaltung von Fachärzten erfolgt*

Der gegenüber einer Ärztin für Allgemeinmedizin erhobene Vorwurf einer unzureichenden Diagnostik und Befunderhebung und damit eines groben Behandlungsfehlers ist unbegründet, wenn sie die dafür gebotene **Einschaltung von Fachärzten durch entsprechende Überweisung veranlasst** hat (OLG Oldenburg VersR 1999, 101).

▷ *Frühere Krankenhauseinweisung*

Einem Arzt für Allgemeinmedizin fällt kein grober Behandlungsfehler zur Last, wenn das von ihm untersuchte **Bein des Patienten blass und kalt, aber nicht livid verfärbt** ist, er deshalb noch nicht auf einen totalen Verschluss der Blutzufuhr schließen muss und eine **Krankenhauseinweisung deshalb erst drei Tage später** erfolgt.

Eine Beweislastumkehr dergestalt, dass der Arzt nachweisen muss, eine Amputation des Beins hätte bei entsprechend früherer Einweisung verhindert werden können, greift in diesem Fall nicht ein (OLG Hamburg, Urt. v. 8. 9. 1989 – 1 U 171/88).

▷ *Herzinfarkt verkannt*

Verkennt ein Allgemeinarzt als Notarzt einen **drohenden Herzinfarkt**, weil der Patient daneben an einer **akuten Gastroenterokolitis** (Entzündung des Dünn- und Dickdarms) leidet und deren Symptome im Vordergrund stehen, so muss seine die Verdachtsmomente für den Herzinfarkt nicht umfassende Diagnose nicht grob fehlerhaft sein. Eine Beweislastumkehr dergestalt, dass der Arzt zu beweisen hätte, der Patient sei auch bei sofortiger Diagnose des Herzinfarkts und unverzüglicher Einweisung in ein Krankenhaus verstorben, findet im Hinblick auf die tatsächlich neben der Herzerkrankung bestehende Symptomatik des Verdauungstraktes des ihm unbekannten Patienten nicht statt (OLG Zweibrücken, Urt. v. 22. 6. 1999 – 5 U 32/98, VersR 2000, 605, 606).

▷ *Unterlassene Sicherheitsaufklärung* (vgl. hierzu S. 94 ff.)

Kein Aufklärungsmangel, sondern ein grober Behandlungsfehler liegt vor, wenn dem Patienten aus der Unterlassung eindeutig erforderlicher therapeutischer Beratung erhebliche gesundheitliche Nachteile drohen (OLG Köln VersR 2002, 1285; G/G, 5. Aufl., Rz. B 285, 286, B 95, 99).

Stellt ein Arzt bei einem Patienten eine **AIDS-Erkrankung** fest und verbietet der Patient ihm, seine Lebensgefährtin zu informieren, so steht die ärztliche Schweigepflicht der Information der Lebensgefährtin dann nicht entgegen, wenn diese gleichfalls Patientin des Arztes ist. Der Lebensgefährtin als Patientin obliegt jedoch die Verpflichtung, die **Kausalität des ärztlichen Fehlverhaltens**, also der fehlenden Aufklärung über die AIDS-Erkrankung, für die von ihr dargelegten primären Gesundheitsschäden zu beweisen. Wenn der Arzt seine ärztliche Schweigepflicht besonders ernst genommen hat und nur aufgrund einer unzureichenden Abwägung der von ihm zu wahrenden Interessen beider Parteien zu einer Fehlentscheidung gelangt ist, kann nicht von einem „groben Behandlungsfehler" in Sinne der Unterlassung einer eindeutig erforderlichen therapeutischen Beratung (Sicherungsaufklärung) gesprochen werden (OLG Frankfurt, Urt. v. 8. 7. 1999 – 8 U 67/99, VersR 2000, 320, 321).

6. Notarzt

a) Grober Behandlungsfehler bejaht

▷ *Unterlassung der zwingend gebotenen Einweisung in ein Krankenhaus*

Wird ein Notarzt zu einem Patienten gerufen, der an **starken, klopfartigen Schmerzen in beiden Nierenlagern** leidet, die seit dem Vortag trotz medikamentöser Behandlung erheblich zugenommen und sich auf den Bereich des Oberbauchs ausgedehnt haben und gibt der Patient an, er hätte wiederholt erbrochen, ist es grob fehlerhaft, den Patienten nicht unverzüglich in ein Krankenhaus zur Erhebung der erforderlichen Befunde, insbesondere einer **Ultraschalluntersuchung**, für eine weiter gehende Diagnostik einzuweisen bzw. zu verbringen (OLG Naumburg, Urt. v. 13. 3. 2001 – 1 U 76/00, OLGR 2002, 39, 42).

▷ *Herzinfarkt verkannt*

Lässt ein Arzt – vorliegend ein Arzt im Bereitschaftsdienst – die elementare Regel außer Acht, dass jede erstmalige Herzsymptomatik mit entsprechender Herz-Kreislauf-Reaktion wie z. B. Schmerzen im Brustbereich, Schweißausbrüche und Atemnot bis zum Beweis des Gegenteils ein Herzinfarkt sein kann und veranlasst er nicht zur weiteren Abklärung die **unverzügliche Einweisung in ein Krankenhaus**, so begeht er einen groben Behandlungsfehler (LG München I, Urt. v. 28. 5. 2003 – 9 O 14993/99, NJW-RR 2003, 1179, 1180 = VersR 2004, 649).

b) Grober Behandlungsfehler verneint

▷ *Verzögerte Klinikeinweisung nach unklarer Muskelschwäche*

Wird bei einer Patientin mit **unklarer Muskelschwäche** vom Notarzt neben psychovegetativer Ursache auch ein cerebrales Geschehen erwogen, so hat der Arzt sie auf einseitig betonte Beinschwäche (Lähmungen) zu untersuchen. Dies kann durch einen Gehversuch der Patientin geschehen, verbunden mit der Beobachtung, ob sie wegknickt. Wird durch Unterlassen dieser Untersuchung ein Komplettverschluss einer Beinvene nicht erkannt und die **Klinikeinweisung um 2–3 Stunden verzögert**, so liegt zwar ein einfacher, aber kein grober Behandlungsfehler vor (OLG Köln VersR 1999, 366).

▷ *Wiederbelebungsmaßnahmen unterlassen*

Ein zu einem Notfallpatienten gerufener Arzt verstößt gegen die **Leitlinien** für Wiederbelebung und Notfallversorgung, wenn er nach einem Vorderwandinfekt oder einem **Herz-Kreislauf-Stillstand** des Patienten nicht für eine von Helfern begonnene **Wiederaufnahme der Reanimation bis zum Eintreffen des Notarztes** sorgt, weil er den Patienten irrtümlich für tot hält. Ein grober Behandlungsfehler liegt jedoch nicht vor, wenn der Patient tatsächlich bereits klinisch tot war und gewisse, wenn auch nicht hinlänglich sichere Anhaltspunkte dafür vorhanden waren, dass dieser Zustand über etwa $1/4$ Stunde angehalten hatte und durch eine Basisreanimation nicht günstiger beeinflusst werden konnte (OLG Hamm, Urt. v. 11. 1. 1999 – 3 U 131/98, VersR 2000, 1373, 1374 = NJW-RR 2000, 401, 402).

Gleiches gilt, wenn ein Nicht-Notfallmediziner (hier: Gynäkologe) ein bewusstlos aus dem Wasser gezogenes stark unterkühltes Kind mit weiten, lichtstarren Pupillen ohne tastbaren Puls und ohne Atmung für tot hält und keine Widerbelebungsversuche einleitet. In derartigen Fällen scheidet die Annahme eines groben Behandlungsfehlers bzw. eines fundamentalen Diagnoseirrtums aus (OLG München, Urt. v. 6. 4. 2006 – 1 U 4142/05, NJW 2006, 1883, 1886 = GesR 2006, 266, 268 f.).

7. Radiologie

Grober Behandlungsfehler bejaht

▷ *Unterlassene computertomographische Untersuchung bei Subarachnoidalblutung (SAB)*

Wäre durch eine gebotene computertomographische Untersuchung (CT) ein **Aneurysma** (dauerhafte krankhafte Wandausbuchtung eines vorgeschädigten arteriellen Blutgefäßes oder der Herzwand) entdeckt worden und wäre dieser Befund mit hinreichender Wahrscheinlichkeit deutlich und gravierend gewesen, so hat der untersuchende Radiologe die fehlende Ursächlichkeit der unterlassenen Befunderhebung für den eingetretenen Schaden zu beweisen (BGH VersR 1999, 231, 232).

▷ *Unvertretbare Fehlinterpretation eines Phlebographiebefundes*

Interpretiert der Radiologe die Darstellung des Beckenvenenbereichs als „ungünstige Strömungsverhältnisse" und **verkennt ein thrombotisches Geschehen** in diesem Bereich, obwohl dies für einen Radiologen ohne weiteres erkennbar gewesen wäre, so liegt in einer solchen unvertretbaren und unverständlichen Fehlinterpretation ein grober Behandlungsfehler (OLG Hamm, Urt. v. 23. 8. 2000 – 3 U 229/99, VersR 2002, 315, 316).

8. Anästhesie

a) Grober Behandlungsfehler bejaht

▷ *Patient vor Behebung einer Atemstörung verlassen*

Tritt bei einem Patienten nach der Operation eine Atemstörung auf, so liegt ein grober Behandlungsfehler vor, wenn der zuständige Anästhesist den Patienten verlässt, **bevor die Atemstörung behoben** oder die Verantwortung von einem ebenso kompetenten Arzt übernommen worden ist (OLG Düsseldorf NJW 1986, 1548).

▷ *Inhalationsnarkose unter Assistenz einer Schwester*

Die Durchführung einer laparoskopischen Tubensterilisation in Inhalationsnarkose unter Assistenz einer Schwester anstatt eines Anästhesisten ist grob fehlerhaft (OLG Hamm, Urt. v. 6. 2. 1995 – 3 U 133/94).

▷ *Erfolgloser Intubationsversuch*

Eine Anästhesistin, die unmittelbar vor Ablegung ihrer Facharztprüfung steht, begeht einen groben Behandlungsfehler, wenn sie nach zwei eigenen **fehlgeschlagenen Intubationsversuchen** statt der Dienst habenden Oberärztin einen weiteren Assistenzarzt in der Hoffnung herbeiruft, diesem werde die Intubation gelingen (OLG Köln VersR 1989, 372).

▷ *Verabreichung großer Mengen von Schmerz- und Beruhigungsmitteln; Über-*
dosierung bei Reanimationsmaßnahmen

Die Nichterhebung von Kontrollbefunden bei einem Patienten auf der Intensivstation durch den Anästhesisten und die Verabreichung größerer Mengen
von Schmerz- und Beruhigungsmitteln ohne Abklärung der Beschwerdeursa-
chen ist grob fehlerhaft (OLG Oldenburg, Urt. v. 18. 12. 1990 – 5 U 146/89).

▷ *Erneute Sedierung nach der Operation*

Die erneute Sedierung in der postoperativen Phase ohne vorherige Abklärung
der Ursachen für aufgetretene Komplikationen mit der – möglichen – Folge
der Erblindung und Halbseitenlähmung des Patienten ist grob fehlerhaft (LG
Osnabrück, Urt. v. 19. 4. 1988, 3 O 31/87).

b) Grober Behandlungsfehler verneint

▷ *Arbeitsteilung*

Ein für die Intensivstation verantwortlicher Anästhesist kann sich im Allgemeinen darauf verlassen, dass die Röntgenaufnahmen von den Ärzten der
Röntgenabteilung hinsichtlich des Vorliegens von Knochenbrüchen **zutreffend ausgewertet** worden sind (OLG Hamm VersR 1983, 884; vgl. → *Arbeitsteilung*, S. 52 ff.).

▷ *Bekannte Blutungsneigung des Patienten*

Der Hinweis eines Patienten vor einer Operation auf eine **frühere Blutungsneigung** muss sowohl dem Operateur als auch dem Anästhesisten Anlass
zu eingehender Anamnese mit hämorrhagischer Diathese (Erforschung der
Blutungsneigung) sowie zu weiteren Vorsichtsmaßnahmen geben. Die normale präoperative Routinediagnostik, bestehend aus der Bestimmung der
Thrombozytenzahl und Vornahme der globalen Gerinnungstests wie Quick-
wert, PTT und Fibrinogen genügt in diesem Fall nicht. Bei klinischem Verdacht auf eine Blutungsneigung ist zusätzlich die **Bestimmung der Blutun-
gszeit** anzuzeigen. Wurden diese Maßnahmen ergriffen, so scheidet eine
Umkehr der Beweislast für die beim Patienten nach dem Eintreten lebensbedrohlicher Blutungen aufgetretenen Gesundheitsschäden (Taubheit, Lähmungserscheinungen, Blasen- und Darmstörungen) aus (OLG München,
Urt. v. 27. 6. 1996 – 1 U 6442/94).

9. Zahnmedizin

a) Grober Behandlungsfehler bejaht

▷ *Fehlerhaftes Abschleifen der Vorderzähne*

Die **Höhe der unteren Frontzähne** gilt in der zahnärztlichen Funktionslehre
grundsätzlich als **unantastbar**. Sie dürfen allenfalls in begründeten Ausnahmefällen eingeschliffen werden. Ein solcher Ausnahmefall ist im Übrigen zu
dokumentieren; das Unterlassen der Dokumentation dieses aufzeichnungs-

pflichtigen Tatbestands indiziert, dass die Voraussetzungen eines Ausnahmefalls nicht vorlagen (OLG Oldenburg NJW-RR 1999, 1328).

Nimmt ein Zahnarzt Einschleifmaßnahmen zur Einpassung von Zahnersatz vor, die zur Folge haben, dass eine **korrekte Okklusion nicht erreicht** und die Kosmetik durch das Beschleifen bis auf die Keramikgrundmasse beeinträchtigt wird und es dabei zugleich zu Beschädigungen von Keramikverblendungen kommt, liegt zumindest ein **einfacher, für die genannten Schäden kausal werdender Behandlungsfehler** vor, der (im Jahr 2001) ein Schmerzensgeld in Höhe von 3 000,00 DM rechtfertigt (OLG Oldenburg, Urt. v. 14. 8. 2001 – 5 U 36/01, OLGR 2002, 31).

▷ *Verankerung von Kunststofffüllungen mit parapulpären Stiften*

Das Einbringen von **parapulpären Stiften** zur Verankerung von Kunststofffüllungen war auch im Jahr 1998 schon als grob behandlungsfehlerhaft zu qualifizieren. Gleiches gilt auch für die Verwendung von **Toxavit** im Zuge der Devitalisierung der Pulpa (OLG Köln, Urt. v. 12. 1. 2005 – 5 U 96/03, OLGR 2005, 159).

▷ *Eingliederung einer Brücke bei Schmerzpatientin*

Es ist grob fehlerhaft, bei einer **Schmerzpatientin**, der einige Tage zuvor eine **Zahnbrücke herausgefallen** war und die ihren Urlaub wegen andauernder, mit Medikamenten nicht zu beherrschender Schmerzen im Bereich der provisorisch versorgten Zähne vorzeitig abbrechen musste, bereits am ersten Behandlungstag eine Brücke einzuzementieren (OLG Stuttgart, Urt. v. 9. 1. 1998 – 14 U 15/97, bei Oehler S. 138).

▷ *Eingliedern einer Prothese*

Das Eingliedern einer Prothese ist grob fehlerhaft, wenn die zu deren Verankerung eingebrachten Implantate wegen fortgeschrittenen Knochenabbaus des Kiefers **keinen genügenden Halt** bieten (OLG Köln NJW-RR 1999, 388).

▷ *Abdruck für bleibenden Zahnersatz unmittelbar nach parodontalchirurgischer Behandlung*

Es wird als grob fehlerhaft angesehen, wenn im Anschluss an eine ausgedehnte parodontalchirurgische Behandlung der **Abdruck für den bleibenden Zahnersatz** genommen wird. Denn es können sich im Zuge der Abheilung Veränderungen einstellen, die den zuvor hergestellten Abdruck und demzufolge auch den danach gefertigten Zahnersatz unbrauchbar machen (OLG Düsseldorf, Urt. v. 8. 2. 1996 – 8 U 82/95, bei Oehler S. 112).

▷ *Einbringen von Zahnersatz ohne Parodontosebehandlung*

Es ist auch **fehlerhaft, festsitzenden Zahnersatz einzubringen, ohne vorher eine Parodontose des Patienten umfassend zu behandeln** (OLG Düsseldorf, Urt. v. 18. 10. 1993 – 8 U 202/91, bei Oehler S. 111 und Urt. v. 4. 12. 1997 – 8 U 175/96, bei Oehler S. 113 sowie Urt. v. 26. 11. 1992 – 8 U 92/90, bei Oehler S. 124: jew. einfacher Behandlungsfehler; OLG Hamm, Urt. v. 12. 10. 1994 –

3 U 26/94 und Urt. v. 26. 6. 1991 – 3 U 279/90, bei Oehler S. 111: jew. einfacher Behandlungsfehler; OLG Köln, Urt. v. 11. 12. 1991 – 27 U 84/91, bei Oehler S. 124: festes Eingliedern eines Zahnersatzes bei noch nicht abgeklungener Parodontose nicht vertretbar und damit grob fehlerhaft).

▷ *Freilegen beschliffener Zahnsubstanz*

Bei der Überkronung von Zähnen muss die **beschliffene Zahnsubstanz von der künstlichen Krone wieder abgedeckt** werden. Das Freiliegen beschliffener Zahnsubstanz muss vermieden werden, weil sonst pulpitische Beschwerden auftreten können und die Gefahr besteht, dass sich in der Lücke Karies bildet. Die Nichtbeachtung dieser Grundsätze stellt einen groben Behandlungsfehler dar (OLG Stuttgart VersR 1999, 1017).

▷ *Unterlassene oder unzureichende Röntgendiagnostik*

Das Unterlassen einer begleitenden **Röntgendiagnostik bei einer Wurzelkanalbehandlung** ist grob behandlungsfehlerhaft. Denn es entspricht zahnärztlichem Standard, eine Röntgenmessaufnahme und eine Kontrollaufnahme anzufertigen (OLG Hamm, Urt. v. 29. 5. 1995 – 3 U 254/94, bei Oehler S. 153).

Es liegt ein grober Behandlungsfehler vor, wenn der Zahnarzt aufgrund einer völlig **unzureichenden Röntgendiagnostik** die Lage eines zu extrahierenden Eckzahns nicht richtig einschätzt und ihm deshalb nur eine partielle Entfernung des Zahns gelingt und zudem eine arterielle Blutung des Patienten von ihm nicht gestillt wird (OLG Hamm, Urt. v. 16. 12. 1996 – 3 U 108/96, bei Oehler S. 98).

▷ *Unterlassene Nachschau*

Ein grober Behandlungsfehler ist gegeben, wenn der Zahnarzt nach der **Extraktion verschiedener Zähne** im Bereich des Oberkiefers **keine Nachschau** mehr vornimmt und diese seinen Helferinnen überlässt. Er trägt dann die Beweislast dafür, dass eine entstandene sequestrierende Osteomyelitis auch durch genaue und zeitgerechte Kontrolle der durch die Zahnziehung entstandenen Wunden nicht hätte verhindert werden können (OLG Karlsruhe, Urt. v. 21. 2. 1968 – 1 U 128/66, bei Oehler S. 99).

▷ *Unterlassene Röntgenkontrolle nach Weisheitszahnextraktion*

Bei persistierenden Schmerzen nach der Extraktion eines Weisheitszahns darf der Zahnarzt zunächst davon absehen, **Kontrollröntgenaufnahmen** anzufertigen. Halten die Schmerzen jedoch über mehr als drei Wochen an, so stellt das Unterlassen einer Röntgenaufnahme einen groben Behandlungsfehler dar (OLG Braunschweig, Urt. v. 24. 4. 1997 – 1 U 56/96, bei Oehler S. 104).

▷ *Fehlerhafte Medikation*

Die **Behandlung mit Kortison** ohne vorherige Abklärung, ob eine mögliche Infektion vorliegt, ist grob fehlerhaft. Eine Kortisonbehandlung setzt daher zwingend voraus, dass vorher eine **Infektion ausgeschlossen** wurde (OLG Hamm, Urt. v. 30. 10. 1996 – 3 U 11/96, bei Oehler S. 160).

603

Auch die Verschreibung eines zum konkreten therapeutischen Zweck **gänzlich ungeeigneten Medikaments**, dazu noch ohne die gebotene anamnestische und therapeutische Beratung, stellt einen groben Behandlungsfehler dar (OLG Köln, Urt. v. 17. 6. 1998 – 5 U 25/98, bei Oehler S. 161). Gleiches gilt, wenn der Arzt oder Zahnarzt die Behandlung mit einem Medikament fortsetzt, obwohl vom Hersteller genannte mögliche **Nebenwirkungen** beim Patienten bereits in nicht unerheblichem Umfang **aufgetreten** sind (OLG Zweibrücken, Urt. v. 28. 4. 1982 – 7 U 25/78, bei Oehler S. 159/160).

b) Grober Behandlungsfehler verneint

▷ *Verblockung von Kronen und Brücken*

Die Verblockung von Kronen und Brücken im Front- und Seitenzahnbereich erschwert die Mundhygiene; sie stellt einen **(nur) einfachen Behandlungsfehler** des Zahnarztes dar, den der Patient nicht hinzunehmen braucht, wenn diese Gestaltung nicht erforderlich gewesen ist (OLG Köln VersR 1993, 1400).

▷ *Kieferbruch nach Zahnextraktion*

Bei einer **Weisheitszahnextraktion** kann sich das **Risiko eines Kieferbruchs** sowohl schon bei der Extraktion des Zahns als auch erst danach verwirklichen, **ohne** dass hierauf auf einen Behandlungsfehler bzw. sogar groben Behandlungsfehler geschlossen werden kann (OLG Braunschweig, Urt. v. 24. 4. 1997 – 1 U 56/96, bei Oehler S. 104; a. A. OLG Frankfurt, Urt. v. 5. 10. 1989 – 1 U 211/88, bei Oehler S. 103: Kieferbruch indiziert groben Behandlungsfehler).

10. Fehlende und mangelhafte Desinfektion

a) Grober Behandlungsfehler bejaht

▷ *Desinfektion der Hände*

Führt der Arzt beim Patienten eine Injektion durch, ohne sich zuvor ausreichend **die Hände zu desinfizieren**, so stellt dies einen groben Behandlungsfehler dar (OLG Düsseldorf NJW 1988, 2307; a. A. OLG Hamm, Urt. v. 25. 10. 1989 – 3 U 327/89 für das Jahr 1982 und OLG Bamberg, Urt. v. 8. 9. 1997 – 4 U 253/96 zur Frage des Händewaschens vor der Verabreichung einer Spritze). Eine **Kniegelenkpunktion ist hochsteril durchzuführen.** Hierzu ist nicht nur die Durchführung einer hygienischen, sondern die Durchführung einer chirurgischen Handdesinfektion erforderlich, die generell etwa 5 Minuten dauert, wenn keine völlig sterilen Handschuhe zur Anwendung kommen (OLG Schleswig VersR 1990, 1121).

Kommt es im Verlauf einer Kniepunktion bei liegender Kanüle zu einem **Spritzenwechsel**, so hat der Arzt stets **sterile Handschuhe** zu tragen. Ein Verstoß gegen diese Hygienebestimmung der Deutschen Gesellschaft für Orthopädie und Traumatologie stellt nach Ansicht des OLG Düsseldorf (NJW-RR 2001, 389) regelmäßig ein grobes Versäumnis dar.

▷ *Unverzügliche Sanierung des Infektionsherdes*

Deuten die klinischen Symptome eindeutig darauf hin, dass ein Patient unter einem **Kniegelenkempyem (Eiteransammlung im Kniegelenk)** leidet, so ist eine unverzügliche chirurgische Sanierung des Infektionsherdes erforderlich. Eine Verzögerung dieser Maßnahme – im entschiedenen Fall von zwei Tagen – kann wegen des raschen Keimwachstums zu erheblichen gesundheitlichen Beeinträchtigungen führen und stellt einen groben Behandlungsfehler dar (OLG Düsseldorf VersR 2000, 1019, 1020). Dabei reicht es aus, wenn durch die Missachtung dieser Bestimmungen das Risiko einer bakteriellen Infektion signifikant erhöht wird; verbleibende Zweifel gehen zu Lasten der Arztseite (OLG Düsseldorf, Urt. v. 15. 6. 2000 – 8 U 99/99, VersR 2000, 1019, 1021).

▷ *Injektionen*

Die Nichteinhaltung aseptischer Vorkehrungen stellt ein leichtfertiges Verhalten des Arztes dar, das als grober Behandlungsfehler zu werten ist (OLG Karlsruhe VersR 1989, 195). Eine wirksame Desinfektion vor einer Injektion setzt die Einhaltung einer **Mindesteinwirkzeit des Desinfektionsmittels von mindestens 30 Sekunden** voraus. Ein Verstoß gegen die elementaren und eindeutigen Regeln der Injektionstechnik führt zur Umkehr der Beweislast für die Nichtursächlichkeit dieses Behandlungsfehlers für einen eingetretenen Gesundheitsschaden, wenn die Infektion bei dem Patienten, dessen Abwehr geschwächt ist, von der Einstichstelle ausgeht (OLG Stuttgart VersR 1990, 385; a. A. OLG Hamm NJW-RR 1992, 1504 bei einem Notfall, s. u.).

Auch das Ausführen von **intramuskulären und subkutanen Injektionen unter Verwendung derselben Spritze** bei Auswechslung nur der Nadel, wodurch der Patient einem erheblichen Infektionsrisiko ausgesetzt wird, ist grob fehlerhaft. Dabei ist es bereits als schmerzensgeldauslösend zu betrachten, dass die psychische Verfassung des Patienten durch das Wissen um die eingetretene Infektion eingetreten ist, auch wenn die Erkrankung, eine Hepatitis-C-Infektion, bisher noch nicht zum Ausbruch kam (OLG Frankfurt NJW-RR 2001, 90).

b) Grober Behandlungsfehler verneint

▷ *Unterlassene Hautdesinfektion*

Unterlässt es der Arzt, vor einer Injektion die **Haut im Bereich der Einstichstelle zu desinfizieren**, so begeht er einen Behandlungsfehler. Dieser Fehler ist allerdings dann nicht als grob zu bewerten, wenn es sich bei dem Patienten um einen **eiligen Notfall** handelt, der vom Arzt schnelle Entscheidungen und unverzügliches Eingreifen unter erschwerten Verhältnissen verlangt (OLG Hamm NJW-RR 1992, 1504).

▷ *Unterlassener Mundschutz*

Ist einer Hebamme die mit dem Herpes labialis eines Angehörigen zusammenhängende akute Bedrohung eines Neugeborenen nicht bekannt und sieht sie deshalb von der Verordnung eines **Mundschutzes** ab, so liegt kein grober Behandlungsfehler der Hebamme vor (OLG Düsseldorf VersR 1998, 1377).

▷ *Fehlende Sterilität des Operationskittels und fehlende Kopfbedeckung*

Ein Chirurg, der bei der operativen Entfernung eines Lipoms o.a. **keinen sterilen Kittel** und dessen im Operationsraum anwesende Helferin **weder Kopfbedeckung noch Mundschutz** trägt, handelt fehlerhaft. Trotz der Verletzung des Hygienestandards liegt in diesem Fall nur ein einfacher Behandlungsfehler vor. Die Beweislast für die Kausalität der Verletzung der Hygienevorschriften für eine durch Streptokokken hervorgerufene Infektion trägt daher der Patient (OLG Hamm, Urt. v. 11. 10. 2004 – 3 U 93/04, GesR 2006, 30).

IX. Grobe Organisationsfehler

(vgl. auch → *Suizidgefährdete Patienten*, S. 765 ff., → *Sturz im Pflegeheim und im Krankenhaus*, S. 744 ff.)

Auch Organisationsfehler können als grobe Behandlungsfehler zu werten sein (vgl. BGH, Urt. v. 7. 12. 2004 – VI ZR 212/03, NJW 2005, 888, 891; NJW 1996, 2429 = VersR 1996, 976: CTG-Überwachung durch nicht bzw. mangelhaft ausgebildeten Pfleger; OLG Brandenburg VersR 1999, 191: kein einsatzfähiges Operationsteam vorgehalten; OLG Frankfurt, Urt. v. 11. 12. 2002 – 13 U 199/98, GesR 2003, 159; OLG Hamm, Urt. v. 16. 1. 2006 – 3 U 207/02, OLGR 2006, 236, 238 = GesR 2006, 236, 238; Urt. v. 30. 5. 2005 – 3 U 297/04, GesR 2005, 462; VersR 1997, 1403: Geburtsleitung durch unerfahrenen Assistenzarzt; OLG Karlsruhe, Urt. v. 20. 6. 2001 – 13 U 70/00, VersR 2002, 1426, 1427; OLG Köln VersR 1997, 1404: ungeeignetes bzw. nicht ausgebildetes Pflegepersonal; OLG Oldenburg, Urt. v. 3. 12. 2002 – 5 U 100/00, VersR 2003, 1544, 1545 = OLGR 2003, 82, 84; OLG Stuttgart VersR 2002, 1560, 1562; VersR 2000, 1108, 1109 m. w. N.; G/G, 5. Aufl., Rz. 253, 291; abw. Gehrlein, Rz. B 36, 37: → *Voll beherrschbare Risiken*, S. 892 ff.):

▷ *Überprüfung des Kenntnisstandes eines Assistenzarztes; Gewährleistung des Facharzt-Standards*

Vor dem Einsatz eines in der Weiterbildung zum Facharzt für Chirurgie befindlichen Assistenzarztes hat sich der diesem assistierende Chef- oder Oberarzt zu vergewissern, dass der Operateur über die **notwendige Kenntnis der Operationstechnik, die Risiken des Eingriffs** und der zur Vermeidung von Komplikationen, etwa einer Nervverletzung zu beachtenden Regeln verfügt (OLG Düsseldorf VersR 1994, 352; auch BGH VersR 1993, 1231 und VersR 1985, 1043: Krankenhaus muss FA-Standard gewährleisten; vgl. hierzu → *Arbeitsteilung*).

▷ *Unterlassener Hinweis auf mangelnde Not-sectio-Fähigkeit*

Erweckt ein Arzt fälschlicherweise den Eindruck, in seiner Praxis im Rahmen einer Geburt auch eine Not-sectio vornehmen zu können, so haftet er für Behinderungen des Kindes, die darauf zurückzuführen sein können, dass eine solche sectio trotz medizinischer Gebotenheit nicht möglich war, weil kein Anästhesist zur Verfügung stand. Denn das Unterlassen eines Hinweises an die Eltern, dass eine solche **Not-sectio in der Praxis nicht möglich** ist, stellt einen groben Organisationsfehler mit der Folge einer Beweislastumkehr zugunsten des Kindes dar (OLG Hamm, Urt. v. 30. 5. 2005 – 3 U 297/04, GesR 2005, 462).

▷ *Haftung des Belegkrankenhauses bei völlig unsachgemäßem Verhalten des Belegarztes; Remonstrationspflicht der Hebamme*

Auch wenn eine geburtshilflich tätige Hebamme ab der Übernahme der Behandlung durch den Belegarzt dessen Weisungen unterworfen und insoweit grundsätzlich von einer eigenen Verantwortung befreit ist (BGH, Urt. v. 7. 12. 2004 – VI ZR 212/03, VersR 2005, 408, 410 = NJW 2005, 888, 890; vgl. auch BGH NJW 2000, 2737 = VersR 2000, 1146, 1147; OLG Koblenz, Urt. v. 26. 7. 2000 – 1 U 1606/98, VersR 2001, 897, 898; vgl. hierzu „Arbeitsteilung", S. 58 ff.), kann die **Hebamme eine „Remonstrationspflicht"** treffen, wenn der gynäkologische Belegarzt nach der Übernahme eines Geburtsvorgangs derart unsachgemäß vorgeht, dass sein Verhalten später vom gerichtlich bestellten Sachverständigen als „Reißen eines Verrückten über 65 Minuten" bezeichnet wird.

Das **Belegkrankenhaus, Betreiber eines Geburtshauses**, muss organisatorisch für einen fachgerechten Ablauf der Geburtshilfe und insbesondere dafür sorgen, dass erkennbar problematische Geburten, die die Kompetenz des Facharztes oder die Ausstattung des Krankenhauses übersteigen, **rechtzeitig verlegt** werden und angestellte Hebammen bei der **Klinikleitung remonstrieren**, wenn die beabsichtigte Behandlung durch den Belegarzt grob fehlerhaft und die damit einhergehenden Gefahren vermeidbar und gravierend sind (BGH, Urt. v. 7. 12. 2004 – VI ZR 212/03, NJW 2005, 888, 891 und nachfolgend OLG Hamm, Urt. v. 16. 1. 2006 – 3 U 207/02, OLGR 2006, 236, 238 = VersR 2006, 512, 514).

Im Rahmen eines Behandlungsvertrages zwischen der Kindesmutter und einer Belegklinik, die in ihrem Werbeprospekt mit einer umfassenden Betreuung durch schnell verfügbare Gynäkologen und Kinderärzte wirbt, muss sich Letztere das völlig unsachgemäße, erkennbar grob fehlerhafte Verhalten eines Belegarztes zurechnen lassen (OLG Hamm, Urt. v. 16. 1. 2006 – 3 U 207/02, OLGR 2006, 236, 238 im Anschluss an BGH, Urt. v. 7. 12. 2004 – VI ZR 212/03, NJW 2005, 888, 891).

▷ *Verkennung eines pathologischen CTG; unterlassene Zuziehung eines Arztes*

Ein Belegkrankenhaus muss für die Fehler des von ihm gestellten Personals, etwa die Unterlassung der sofortigen Herbeirufung des Arztes, einstehen, solange die Fehler des Personals nicht wegen einer besonderen ärztlichen Weisungskompetenz oder der tatsächlichen Übernahme der Geburtsleitung ausschließlich dem Belegarzt zugerechnet werden können (BGH, Urt. v. 16. 5. 2000 – VI ZR 321/98, NJW 2000, 2737, 2738 = VersR 2000, 1146, 1147; zuletzt BGH, Urt. v. 7. 12. 2004 – VI ZR 212/03, NJW 2005, 888, 890; vgl. hierzu → *Arbeitsteilung*, S. 58 ff.).

Der Träger des Belegkrankenhauses muss organisatorische Vorsorge dafür treffen, dass stets eine **zeitnahe fachärztliche Eingangsuntersuchung** eines frisch aufgenommenen Patienten bzw. einer unmittelbar vor der Geburt stehenden werdenden Mutter erfolgt. Unterbleibt dies, liegt regelmäßig ein grober Behandlungsfehler in Form des groben Organisationsfehlers vor (OLG Frankfurt, Urt. v. 11. 12. 2002 – 13 U 199/98, GesR 2003, 159).

Auch die **Verkennung eines eindeutig pathologischen CTG** und die Unterlassung der sofortigen Herbeirufung des Arztes stellt einen **groben Behandlungsfehler der Hebamme** bzw. der Krankenschwester dar, den sich die Belegklinik als groben Organisationsfehler zurechnen lassen muss (BGH, Urt. v. 16. 5. 2000 – VI ZR 321/98, NJW 2000, 2737, 2738 = VersR 2000, 1146, 1147; OLG Celle VersR 1999, 486: Pathologisches CTG von Hebamme verkannt; BGH NJW 1995, 1611: Blutdruckmessung durch Hebamme unterlassen; OLG Oldenburg VersR 1997, 749 und OLG München OLGR 2000, 34: Krankenschwester verständigt den Arzt nicht; OLG München VersR 1997, 977: Notfallverlegung durch Krankenschwester ohne Hinzuziehung des Arztes).

▷ *Überwachung des CTG durch Pflegedienst*

Wird das CTG durch den hierfür nicht ausgebildeten und nicht exakt unterwiesenen Pflegedienst und nicht durch einen **Arzt oder eine qualifizierte Hebamme** überwacht, liegt gleichfalls ein grober Organisationsfehler vor (BGH NJW 1996, 2429; VersR 2000, 1146, 1147).

▷ *Verzögerte Einleitung einer Schnittentbindung*

Versäumt es eine geburtshilfliche Belegklinik, den ärztlichen Mitgliedern eines Operationsteams zuverlässig mitzuteilen, wo für den Bedarfsfall ein **Schlüssel für den OP-Saal aufbewahrt** wird und kommt es deshalb zu einer Verzögerung einer dringend indizierten sectio von mindestens 6–7 Minuten, so liegt ein grober Organisationsfehler vor (OLG Stuttgart, Urt. v. 13. 4. 1999 – 14 U 17/98, VersR 2000, 1108). Dieser Bewertung entspricht, dass in der verzögerten Einleitung einer Schnittentbindung regelmäßig ein grober Behandlungsfehler gesehen wird, da während der Geburt eine Sauerstoffmangelversorgung schnellstmöglich bekämpft werden muss, um Hirnschädigungen zu vermeiden (OLG Stuttgart VersR 2000, 1108, 1110; OLG Frankfurt VersR 1996, 584; OLG Hamm VersR 1994, 730; OLG München VersR 1991, 586: Zeitverlust von acht Minuten).

▷ *Kein Hinweis auf notwendige Kontrolluntersuchung*

Ein grober Organisationsfehler des Krankenhausträgers liegt auch vor, wenn in seiner Frühgeborenenabteilung nicht dafür Sorge getragen wird, dass Eltern von zu entlassenden frühgeborenen Zwillingen **schriftlich darauf hingewiesen** werden, dass bei einem der Kinder **unverzüglich eine augenärztliche Kontrolle** stattfinden muss (OLG Köln VersR 1996, 856). Einer erst wenige Monate auf der Station tätigen Ärztin in der Weiterbildung kann diese Unterlassung jedoch nicht als schwerer Behandlungsfehler angelastet werden (OLG Köln VersR 1996, 856).

▷ *Vorkehrungen für Notfälle; Hinzuziehung eines kompetenten Arztes*

Der Klinikträger muss für einen **neonatologischen Notfall** innerhalb kürzester Zeit ausreichende organisatorische Vorkehrungen treffen, insbesondere sicherstellen, dass beim Auftreten von **Atemnot eines Neugeborenen** ein kompetenter Arzt hinzugezogen wird, der die Ursache der gestörten Atmung klären und die erforderliche Intubation durchführen kann. Er hat auch zu regeln, wann eine Säuglingsschwester oder eine Hebamme ein neugeborenes Kind zu kontrollieren und welchen Arzt das nichtärztliche Personal beim Auftreten eines Notfalls zu verständigen hat. Organisatorische Versäumnisse in diesen Bereichen rechtfertigen in einer „Gesamtbetrachtung" den Schluss auf einen groben Behandlungsfehler (OLG Stuttgart VersR 2001, 1560, 1562 f.).

Auch ein vom Klinikträger herbeigerufener, niedergelassener Kinderarzt darf sich, wenn er für eine **ausreichende Intubation des Neugeborenen** keine ausreichenden Kenntnisse und Erfahrungen besitzt, nicht mit einer Maskenbeatmung begnügen, sondern muss – ebenfalls – dafür Sorge tragen, dass ein kompetenter Krankenhausarzt herbeigerufen wird (OLG Stuttgart VersR 2001, 1560, 1563).

▷ *Unterlassene Information der Chefärzte über das wiederholte Auftreten von Streptokokkeninfektionen*

Tritt in einer Klinik eine **Streptokokkeninfektion** auf, ist die Klinikleitung verpflichtet, dies den Chefärzten der Klinik mitzuteilen. Versäumt die Klinikleitung dies auch nach erneutem Auftreten von Streptokokken, so stellt jedenfalls dieser **wiederholte Pflichtenverstoß** in der Gesamtbetrachtung einen groben Behandlungsfehler in Form des groben Organisationsfehlers dar. Es ist davon auszugehen, dass bei rechtzeitiger Mitteilung und Einleitung einer intensiven Ursachenforschung ein OP-Stopp für alle elektiven Eingriffe verfügt und gewährleistet worden wäre, dass schon geringsten Anzeichen einer Streptokokkeninfektion mit einer Antibiotikatherapie begegnet worden wäre (OLG Oldenburg, Urt. v. 3. 12. 2002 – 5 U 100/00, VersR 2003, 1544, 1545 = OLGR 2003, 82, 84 f.).

▷ *Sicherungspflicht bei Suizidgefahr*

Der Klinikträger haftet aus dem Gesichtspunkt des groben Organisationsverschuldens auch dafür, dass die Station einer nervenärztlichen Klinik mit 30–35 Patienten abends nur mit einer Pflegekraft und damit völlig unzureichend besetzt ist und es zu einem **Suizidversuch eines Patienten** durch einen Sprung aus dem Fenster kommt (OLG Hamm, Urt. v. 16. 9. 1992 – 3 U 283/91; vgl. hierzu → *Suizidgefährdete Patienten*, S. 765 ff. und → *Sturz im Pflegeheim und im Krankenhaus*, S. 744 ff.).

Konkrete Maßnahmen zum Schutz des Patienten durch Überwachung und Sicherung sind auch in einer psychatrischen Klinik (nur) bei vorhandenen Anhaltspunkten für eine erhöhte, akute oder konkrete Selbstmordgefahr erforderlich. Eine ständige Überwachung der Patienten, bei denen wegen einer depressiven Erkrankung das Risiko einer suizidalen Erkrankung besteht, ist weder möglich noch geschuldet (OLG Stuttgart, Urt. v. 4. 4. 2000 – 14 U 63/99, MedR 2002, 198, 199; ebenso OLG Stuttgart NJW-RR 1995, 662; VersR 1994, 731; OLG Oldenburg VersR 1997, 117; OLG Köln VersR 1993, 1156; vgl. hierzu – *Suizidgefährdete Patienten*, S. 765 ff.).

Auch konkrete Maßnahmen zur Vermeidung eines **Sturzes im Pflegeheim** (vgl. hierzu → *Sturz im Pflegeheim und im Krankenhaus*, S. 744 ff.) sind nur geboten, wenn aufgrund der Unfähigkeit des Patienten bzw. Bewohners zur freien Willensbildung eine **ernstliche Gefahr der Selbstschädigung** besteht, die sich entweder nach allgemeinen medizinischen Erkenntnissen unmittelbar aus dem Krankheitsbild ergibt oder sich bereits in greifbarer Weise manifestiert hat (OLG Naumburg, Urt. v. 26. 4. 2005 – 12 U 170/04, OLGR 2005, 860, 862: im konkreten Fall trotz zweier früher vorausgegangener Stürze verneint; grundsätzlich zu den Obhuts- und Verkehrssicherungspflichten eines Pflegeheimträgers: BGH, Urt. v. 28. 4. 2005 – III ZR 399/04, NJW 2005, 1938 = VersR 2005, 984 = GesR 2005, 282 und BGH, Urt. v. 14. 7. 2005 – III ZR 391/04, NJW 2005, 2613 und nachfolgend OLG Dresden, Urt. v. 17. 1. 2006 – 2 U 753/04, GesR 2006, 114; KG, Urt. v. 2. 9. 2004 – 12 U 107/03, GesR 2005, 66, 67; LG Frankfurt a.M., Urt. v. 12. 11. 2004 – 2/1 S 178/03, NJW 2005, 1952, 1953 f.; vgl. auch Feifel, GesR 2005, 196, 200 ff. zur Vorhersehbarkeit bei Parkinson-Patienten).

▷ *Postoperative Überwachung*

Auch das Unterlassen des Krankenhausträgers, für die Übernahme und postoperative Überwachung frisch operierter Patienten nur qualifiziertes Pflegepersonal einzuteilen, wodurch die rechtzeitige Beatmung nach einem Atemstillstand versäumt wird, ist aus objektiver ärztlicher Sicht nicht mehr verständlich und als „grob" zu werten (OLG Köln VersR 1997, 1404).

Dagegen stellt es kein grobes Versäumnis dar, in einer Intensivstation den Patienten, dessen Zustand (wieder) unauffällig ist und dessen Vitalparameter (Blutdruck, Herzfrequenz, Sauerstoffsättigung des Blutes) über Sensoren und Monitore überwacht werden, über einen gewissen Zeitraum (hier: **15–20 Minuten) unbeobachtet** zu lassen (OLG Düsseldorf, Urt. v. 11. 9. 2003 – I-8 U 17/03, OLGR 2004, 362: Patient stürzte aus dem Bett und erlitt dabei eine Schädelfraktur).

Wird ein Patient bei einer ambulanten Behandlung, etwa einer Magen- oder Darmspiegelung, so **stark sediert**, dass seine Tauglichkeit für den Straßenverkehr für einen längeren Zeitraum erheblich eingeschränkt ist, kann dies für den behandelnden Arzt die organisatorische Verpflichtung begründen, durch geeignete Maßnahmen wie etwa die Beobachtung in einem Überwachungsraum sicherzustellen, dass sich der Patient nach der durchgeführten Behandlung nicht unbemerkt entfernt (BGH, Urt. v. 8. 4. 2003 – I ZR 265/02, NJW 2003, 2309 = GesR 2003, 233 unter Aufhebung von OLG Frankfurt, Urt. v. 12. 6. 2002 – 13 U 132/97, OLGR 2002, 237 ff.; vgl. bereits oben S. 108).

X. Unterlassene therapeutische Aufklärung (Sicherungsaufklärung)

Versäumnisse im Bereich der therapeutischen Aufklärung (Sicherungsaufklärung) sind keine Aufklärungs-, sondern **Behandlungsfehler** mit den für diese geltenden beweisrechtlichen Folgen, also der grundsätzlich bestehenden Beweislast des Patienten (BGH, Urt. v. 16. 11. 2004 – VI ZR 328/03, NJW 2005, 427, 428 = VersR 2005, 228, 229 = MDR 2005, 572, 573; Urt. v. 15. 3. 2005 – VI ZR 289/03, NJW 2005, 1716 = VersR 2005, 834; Urt. v. 15. 3. 2005 – VI ZR 313/03, NJW 2005, 1718 = VersR 2005, 836; NJW 1987, 705 = VersR 1986, 1121: unterlassener Hinweis auf Dringlichkeit einer OP; OLG Braunschweig VersR 1998, 459: kein Hinweis auf die Notwendigkeit einer stationären Behandlung; OLG Düsseldorf VersR 2003, 1310; OLG Frankfurt VersR 1990, 659: unterlassener Hinweis auf die Erforderlichkeit der neurologischen Abklärung; OLG Köln VersR 2002, 1285: unterlassener Hinweis auf erforderliche MRT-Untersuchung, im entschiedenen Fall aber nicht grob fehlerhaft; NJW-RR 2001, 92 = VersR 2001, 66: kein Hinweis auf die Notwendigkeit einer histologischen Abklärung; OLG Oldenburg VersR 1994, 1478: unterlassener Hinweis auf die Notwendigkeit von Kontrolluntersuchungen; G/G, 5. Aufl., Rz. B 95, B 285 – 290; S/Pa, Rz. 325, 574; Einzelheiten bei → *Aufklärung*, S. 92 ff.).

Die Warnung vor Gefahren, die durch unterbliebene ärztliche Behandlungen oder diagnostische Maßnahmen entstehen, gehört ebenso zur therapeutischen Beratung wie der **Hinweis auf schädliche Folgen ärztlicher Eingriffe oder Neben- bzw. Wechselwirkungen von Medikamenten** (BGH NJW 1987, 705; BGH, Urt. v. 15. 3. 2005 – VI ZR 289/03, NJW 2005, 1716 = VersR 2005, 834: Aufklärungspflicht über die Nebenwirkungen von Medikamenten, hier als Eingriffs- oder Risikoaufklärung).

Im Einzelfall kann sich die unterlassene oder fehlerhafte therapeutische Aufklärung (Sicherheitsaufklärung) als **grober Behandlungsfehler** darstellen (vgl. etwa BGH, Urt. v. 16. 11. 2004 – VI ZR 328/03, NJW 2005, 427, 428 = VersR 2005, 228, 229 = MDR 2005, 572, 573; OLG Düsseldorf, Urt. v. 6. 3. 2003 – 8 U 22/02, VersR 2003, 1310, 1311 = NJW-RR 2003, 1333, 1335; OLG Nürnberg, Urt. v. 27. 5. 2002 – 5 U 4225/00, VersR 2003, 1444, 1445).

▷ *Unterlassener Hinweis auf erforderliche Kontrolluntersuchungen*

Im Rahmen der therapeutischen Aufklärungspflicht ist der Patient vom Augenarzt darauf hinzuweisen, er müsse bei fortschreitenden Symptomen einer **beginnenden Glaskörperabhebung als Vorstufe einer Netzhautablösung** sofort einen Augenarzt einschalten und im Übrigen auch ohne Zunahme der Symptome den **Befund überprüfen lassen**, um bestehende mögliche Heilungschancen noch wahrnehmen zu können. Nimmt der wegen aufgetretener „Lichtblitze" im Auge aufgesuchte Augenarzt – im Bereitschaftsdienst – lediglich Gesichtsfeldmessungen und Messungen des Augeninnendrucks vor, ohne dem Patienten eine baldige Kontrolluntersuchung anzuraten, liegt ein grober Behandlungsfehler vor (BGH, Urt. v. 16. 11. 2004 – VI ZR 328/03, VersR 2005, 228, 229 = NJW 2005, 427, 428 = MDR 2005, 572, 573).

Zur ordnungsgemäßen Behandlung eines **Muskelfaserrisses** in der Wade gehört neben der Ausgabe von Verhaltensmaßregeln unbedingt auch der Hinweis auf die **Notwendigkeit von Kontrolluntersuchungen**. Die Erteilung dieses Hinweises ist zu dokumentieren, die Unterlassung grob fehlerhaft (OLG Oldenburg NJW-RR 1994, 1054 = VersR 1994, 1478; vgl. auch OLG Braunschweig VersR 1998, 459: kein Hinweis auf die Erforderlichkeit einer stationären Aufnahme; OLG Köln VersR 2002, 1285, 1286 zum unterlassenen Hinweis auf eine erforderliche Kernspin-Untersuchung; VersR 2001, 66: unterlassener Hinweis auf notwendige histologische Abklärung; VersR 1996, 856: kein Hinweis auf erforderliche Nachsorge bei Frühgeborenen).

Eine 4 cm lange **Schnittwunde an der Beugeseite des Handgelenks** mit Durchtrennung des Ligamentum carpi palmare (stabilisierendes Band im Bereich des Handgelenks) legt die Möglichkeit einer Verletzung des Neruvs ulnaris oder des Nervus medianus nahe. Hieraus ergibt sich für den erstbehandelnden Arzt die dringende **Notwendigkeit einer Kontrolluntersuchung**, wenn er bei der Erstuntersuchung Nervenverletzungen nicht feststellen kann. Er muss die Kontrolluntersuchungen entweder selbst veranlassen oder den Patienten über deren Notwendigkeit belehren. Unterlässt er dies, liegt ein grober Behandlungsfehler vor (OLG Frankfurt VersR 1990, 659).

▷ *Unterlassener Hinweis auf dringende Notwendigkeit weiterer Diagnosemaßnahmen*

Als völlig unverständlich und grob fehlerhaft ist es zu bewerten, wenn ein Gynäkologe bzw. gynäkologisch tätiger Hausarzt seine Patientin nicht über die dringliche **Notwendigkeit weiterer Diagnosemaßnahmen** nach festgestelltem auffälligen Befund aufklärt. Besteht ein solcher auffälliger Befund, etwa eine **gerötete blutende Mamille** in einer der Brüste, bei dem der Verdacht einer tumorösen Erkrankung nicht ausgeschlossen werden kann, reicht es nicht aus, wenn der Frauenarzt eine Wiedervorstellung der Patientin zur Kontrolluntersuchung nur für den Fall vorsieht, dass es zu keiner Befundbesserung kommt. Auch die bloße Durchführung einer Mammographie genügt nicht, vielmehr bedarf es in einem solchen Fall einer **Biopsie** mit einer sich anschließenden Gewebeuntersuchung. Die – vom Arzt später behauptete – Weigerung der Patientin, eine dringend indizierte Diagnosemaßnahme wie etwa eine Biopsie durchführen zu lassen, ist in den Behandlungsunterlagen zu dokumentieren; das Fehlen eines entsprechenden Vermerks kann die Annahme rechtfertigen, eine solche Weigerung der Patientin sei nicht erfolgt (OLG Düsseldorf, Urt. v. 6. 3. 2003 – 8 U 22/02, VersR 2003, 1310, 1311 = NJW-RR 2003, 1333, 1335).

Der Arzt verletzt seine therapeutische Aufklärungspflicht auch, wenn er seinen wegen **Bandscheibenbeschwerden** behandelten Patienten nach einer Injektion nicht sofort zu einer **neurologischen Abklärung** der danach neu auftretenden Beschwerden, plötzlichen Druckschmerzen und einem anschließenden Taubheitsgefühl im Bereich der Injektionsstelle rät und stattdessen die eigene Behandlung fortsetzt. Die Beweislast, dass das beim Patienten eingetretene Taubheitsgefühl im Gesäß- und Skrotumbereich sowie Potenzstörungen auch bei sofortiger neurologischer Abklärung aufgetreten wären, obliegt wegen des groben Verstoßes dann dem Arzt (OLG Stuttgart MedR 1999, 417).

▷ *Unterlassener Hinweis auf ernsthafte Behandlungsalternativen*

Die für die Eingriffs- und Risikoaufklärung entwickelten Grundsätze zur Aufklärungspflicht beim Bestehen einer ernsthaften Behandlungsalternative (vgl. hierzu S. 151 ff.) gelten sinngemäß auch im Rahmen der therapeutischen Aufklärung (Sicherungsaufklärung).

Unterlässt es der Arzt, den Patienten über in der einschlägigen Literatur veröffentlichte **Heilungsmöglichkeiten aufzuklären** und kommt es deshalb nicht zur gebotenen Heilbehandlung, sondern zur Fortdauer oder Verschlimmerung der Gesundheitsschäden, macht sich der Arzt gegenüber dem Patienten schadensersatzpflichtig. Bei einem groben Verstoß gegen die therapeutische Aufklärungspflicht trifft die Beweislast, dass der Körper- bzw. Gesundheitsschaden auch bei rechtzeitiger therapeutischer Aufklärung eingetreten wäre bzw. sich verschlimmert hätte, den Arzt.

Ein solcher grober Behandlungsfehler in der Form der **unterlassenen therapeutischen Aufklärung** liegt vor, wenn der den an der seltenen Krankheit „FHL" (familiäre hämophagozytische Lymphozytose) erkrankten Patienten nicht darauf hinweist, dass statt einer palliativen medikamentösen Therapie auch eine, wenngleich risikoreiche Knochenmarktransplantation (KMT) als **kurative Heilungschance** in Betracht kommt (OLG Nürnberg, Urt. v. 27. 5. 2002 – 5 U 4225/00, VersR 2003, 1444, 1445).

▷ *Aufklärung über verbliebenen Fremdkörper*

Regelmäßig liegt zwar kein Behandlungsfehler vor, wenn bei der Operation einer Fraktur ein abgebrochenes Metallstück einer Bohrerspitze im Knochen (hier: Tibia) verbleibt. Der Patient ist jedoch zwingend **über den Verbleib des Fremdkörpers aufzuklären** (OLG München, Urt. v. 10. 1. 2002 – 1 U 2372/01, VersR 2002, 985; OLG Stuttgart VersR 1989, 632: unterlassene Aufklärung stellt einen groben Behandlungsfehler dar; Gehrlein, Rz. B 148).

▷ *Hinweis auf erforderliche Folgeoperation*

Die behandelnden Ärzte sind verpflichtet, den Patienten beim Verlassen der Klinik therapeutisch dahingehend zu beraten, dass eine etwa **erforderlich werdende Operation bzw. Folgeoperation**, um Erfolg haben zu können, innerhalb einer **Frist von zehn bis zwölf Wochen** erfolgen muss und dem Patienten deshalb gesundheitliche Gefahren bei der Unterlassung der fristgebundenen Operation drohen können. Der unterlassene Hinweis begründet keinen Aufklärungsmangel, sondern einen groben Behandlungsfehler (BGH NJW 1987, 705, 706; G/G, 5. Aufl., Rz. B 288, 290).

▷ *Sicherungsaufklärung über HIV-Infektion nach Bluttransfusion*

Ist eine präoperative Aufklärung des Patienten über die Gefahren der Verabreichung von Blutprodukten und eine mögliche HIV-Infektion wegen der

Notfallbehandlung oder der Unansprechbarkeit nicht möglich, so wandelt sich die Aufklärungsverpflichtung des Arztes zur alsbaldigen **nachträglichen Sicherungsaufklärung**. Besteht das Risiko einer HIV-Infektion mit verabreichten Blutprodukten, so ist dem Patienten auch unverzüglich zu einem HIV-Test zu raten (BGH, Urt. v. 14. 6. 2005 – VI ZR 179/04, VersR 2005, 1238 = GesR 2005, 403).

Ob auch insoweit ein „grober Behandlungsfehler" in Betracht kommt, hat der BGH offengelassen.

Im entschiedenen Fall ließ er den Beweis des ersten Anscheins eingreifen, da die Kontaminierung des verwendeten Blutprodukts feststand und keine weiteren Ursachen außerhalb des Verantwortungsbereichs der Behandlungsseite für die der Kontaminierung entsprechende Erkrankung ersichtlich waren und der Patient nicht zu einer HIV-gefährdeten Risikogruppe gehörte bzw. einer gesteigerten Infektionsgefahr ausgesetzt war (BGH, Urt. v. 14. 6. 2005 – VI ZR 179/04, GesR 2005, 403, 404).

Kausalität

Vgl. auch → *Arbeitsteilung*, → *Beweislastumkehr*, → *Grobe Behandlungsfehler*, → *Therapiefehler*, → *Voll beherrschbare Risiken*

I. Grundsatz; Beweislast
II. Haftungsbegründende und haftungsausfüllende Kausalität
   1. Haftungsbegründende Kausalität
   2. Haftungsausfüllende Kausalität
III. Zurechnungszusammenhang
   1. Mitursächlichkeit

2. Verursachungsvermutung (§ 830 I 2 BGB)
3. Vorschäden; Reserveursache
4. Rechtmäßiges Alternativverhalten
5. Fehler des vor- und nachbehandelnden Arztes
6. Herausforderungs-Fälle

I. Grundsatz; Beweislast

Im Arzthaftungsprozess muss der Patient nicht nur das Vorliegen eines ärztlichen Behandlungsfehlers durch positives Tun oder Unterlassen, sondern grundsätzlich auch dessen für die Gesundheit nachteilige Wirkung, den **Kausalzusammenhang zwischen dem Behandlungsfehler und dem eingetretenen Gesundheitsschaden nachweisen** (BGH, Urt. v. 5. 4. 2005 – VI ZR 216/03, NJW 2005, 2072, 2073 = VersR 2005, 942; OLG Celle MDR 2002, 881, 882; OLG Düsseldorf, Urt. v. 24. 7. 2003 – I – 8 U 137/02, OLGR 2004, 335, 337; OLG Karlsruhe, Urt. v. 13. 10. 2004 – 7 U 122/03, OLGR 2005, 40: Ursächlichkeit eines Organisationsfehlers; OLG Naumburg, Urt. v. 10. 6. 2003 – 1 U 4/02, NJW-RR 2004, 315, 316; OLG Oldenburg, Urt. v. 30. 3. 2005 – 5 U 66/03, VersR 2006, 517; OLG Zweibrücken VersR 1998, 590; Gehrlein VersR 2004, 1488, 1497; G/G, 5. Aufl., Rz. B 200, 217, 218; Jorzig MDR 2001, 481).

Liegt ein Behandlungsfehler durch **positives Tun** vor, so hat der Patient nachzuweisen, dass die nach dem Facharzt-Standard gebotene, richtige Behandlung den Eintritt des Primärschadens verhindert hätte. Liegt ein Behandlungsfehler durch **Unterlassen** vor, muss der Patient nachweisen, dass der Eintritt des Primärschadens bei rechtzeitiger Behandlung, etwa bei richtiger Diagnosestellung oder rechtzeitiger Erhebung unterlassener Befunde, **mit an Sicherheit grenzender Wahrscheinlichkeit vermieden** worden wäre (G/G, 5. Aufl., Rz. B 218 m.w.N.).

Kann der Patient den Kausalitätsnachweis führen oder ist er des Nachweises etwa in den Fallgruppen eines „Groben Behandlungsfehlers" (vgl. S. 492 ff.) bzw. einer „unterlassenen Befunderhebung" (vgl. S. 804 ff.; vgl. auch → *Beweislastumkehr*, S. 388 ff.) enthoben, so kann sich der Arzt seiner Haftung nur entziehen, wenn er beweist, dass bei dem Patienten ohne den Behandlungsfehler dieselben Schäden oder Beschwerden eingetreten wären bzw. sich der Behandlungsfehler mit an Sicherheit grenzender Wahrscheinlichkeit nicht auf den Primärschaden ausgewirkt hat (BGH NJW 1987, 1481, 1482; VersR 1989, 701; BGH, Urt. v. 7. 5. 2004 – V ZR 77/03, NJW 2004, 2526: Schaden wäre ohnehin eingetreten; VersR 1986, 295: Übermüdung des Arztes ohne Auswirkung; OLG Köln VersR 1998, 106: Erhebung des unterlassenen Befundes hätte am weiteren Verlauf nichts geändert; G/G, 5. Aufl., Rz. B 190, 228, 230).

II. Haftungsbegründende und haftungsausfüllende Kausalität

1. Haftungsbegründende Kausalität

Die haftungsbegründende Kausalität, d. h. der Zusammenhang zwischen dem Behandlungsfehler durch positives Tun oder Unterlassen des Arztes und dem ersten Verletzungserfolg, dem Eintritt des „Primärschadens", hat der Patient sowohl für den vertraglichen als auch den deliktischen Schadensersatzanspruch nach § 286 ZPO zu beweisen (BGH, Urt. v. 4. 11. 2003 – VI ZR 28/03, NJW 2004, 777, 778 = NZV 2004, 27, 28 = VersR 2004, 118, 119; NJW 1994, 801, 802 = VersR 1994, 52, 53; OLG Düsseldorf, VersR 2004, 120; OLG Karlsruhe, Urt. v. 12. 10. 2005 – 7 U 132/04, NJW-RR 2006, 458; B/L/A/H, Anh. § 286 ZPO Rz. 200). Beweiserleichterungen gem. § 287 ZPO kommen ihm dabei nicht zu Hilfe (OLG Karlsruhe, Urt. v. 12. 10. 2005 – 7 U 132/04, NJW-RR 2006, 458: auch keine Beweislastumkehr nach § 282 BGB a. F. bzw. § 280 I 2 BGB n. F.; OLG Karlsruhe, Urt. v. 24. 5. 2006 – 7 U 242/05, OLGR 2006, 617, 618/619).

Im Rahmen des § 286 ZPO genügt ein für das praktische Leben brauchbarer Grad an Gewissheit, d. h. ein für einen vernünftigen, die Lebensverhältnisse klar überschauenden Menschen so **hoher Grad von Wahrscheinlichkeit, dass er den Zweifeln Schweigen gebietet, ohne sie völlig auszuschließen** (BGH, Urt. v. 4. 11. 2003 – VI ZR 28/03, NJW 2004, 777, 778 = NZV 2004, 27, 28 = VersR 2004, 118, 119 = MDR 2004, 509; Urt. v. 28. 1. 2003 – VI ZR 139/02, NJW 2003, 1116, 1117 = VersR 2003, 474, 475; OLG Düsseldorf, VersR 2004, 120; KG, Urt. v. 28. 8. 2003 – 12 U 88/02, NZV 2004, 252; Musielak-Foerste § 286 ZPO Rz. 19; Zöller-Greger § 286 ZPO Rz. 19).

Dem entspricht eine an Sicherheit grenzende Wahrscheinlichkeit, falls sie dem Richter persönliche Gewissheit verschafft; so ist die Kausalität auch dann beweisbar, wenn die Wirkungsweise der schädigenden Handlung naturwissenschaftlich nicht zu klären ist (BGH, NJW 1995, 2930, 2932; Musielak-Foerste § 286 ZPO Rz. 19).

Es bedarf jedoch nur für den haftungsbegründenden Primärschaden dieses strengen Nachweises nach § 286 ZPO; die **haftungsausfüllende Kausalität** zwischen dem Primärschaden und den weiteren Gesundheits- und Vermögensschäden des Patienten unterliegt den geringeren Beweisanforderungen des § 287 ZPO (OLG München, Urt. v. 8. 2. 2002 – 10 U 3448/99, VersR 2004, 124, 125 und OLG Karlsruhe, Urt. v. 24. 5. 2006 – 7 U 242/05, OLGR 2006, 617, 619: § 287 ZPO findet Anwendung, wenn die Primärverletzung feststeht und es nur noch um die Frage der Kausalität geltend gemachter Folgeschäden geht; KG, Urt. v. 1. 7. 2002 – 12 U 8427/00, VersR 2004, 350: Ursachenzusammenhang zwischen einer feststehenden Verletzung des Körpers oder der Gesundheit und der Weiterentwicklung oder dem Umfang der Schädigung ist nach § 287 ZPO zu beurteilen; S/Pa, Rz. 513, 514; G/G, 5. Aufl., Rz. B 192, B 229, B 262).

Primärschäden sind die Schäden, die als so genannter erster Verletzungserfolg geltend gemacht werden (OLG Hamm, Urt. v. 23. 8. 2000 – 3 U 229/99, VersR 2002, 315, 317; Gehrlein Rz. B 99). Das sind in dem Fall, in dem wegen eines Unterlassens der gebotenen Maßnahmen etwa eine Therapie erst mit Verzögerung eingeleitet werden kann, die Schäden, die durch die Verzögerung und die hierdurch verursachten veränderten Umstände bedingt sind (OLG Hamm, Urt. v. 23. 8. 2000 – 3 U 229/99, VersR 2002, 315, 317). Wird ein thrombotisches Geschehen im Venenbereich verkannt, so zählt zum Primärschaden eine deshalb eingetretene schwere Lungenembolie und der bei der Patientin eingetretene Hirninfarkt (OLG Hamm VersR 2002, 315, 317).

Um einen „**Primärschaden**" handelt es sich auch bei dem Abkippen eines Bruchs und dessen Verheilung in Fehlstellung nach unterlassener Aufklärung (der BGH ist im entschiedenen Fall von einer Risikoaufklärung ausgegangen) über die bestehende ernsthafte Alternative einer unblutigen Reposition oder operativen Neueinrichtung des Bruchs statt der Fortführung der konservativen Behandlung. Die Fortsetzung der konservativen Behandlung ohne den Hinweis auf bestehende Alternativen stellt nicht den „ersten Verletzungserfolg" (Primärschaden) dar, der es gestatten würde, die Funktionsbeeinträchtigung am Gelenk als bloße Folgeschäden („Sekundärschäden") anzusehen. Vielmehr sind die Primärschäden nach Ansicht des BGH in den Beeinträchtigungen am Gelenk zu erblicken (BGH, Urt. v. 15. 3. 2005 – VI ZR 313/03, NJW 2005, 1718, 1719 = VersR 2005, 836, 837).

Unterlässt es der behandelnde Gynäkologe fehlerhaft, den erhobenen und dokumentierten Tastbefund auf die Verdachtsdiagnose eines Mammakarzinoms abzuklären und wird dieses deshalb vier bis fünf Monate zu spät entdeckt, ist der haftungsbegründende materielle Primärschaden nach Auffassung des OLG Hamm (Urt. v. 28. 11. 2001 – 3 U 59/01, VersR 2003, 1259, 1260) in dem früheren Tod der Patientin zu sehen.

Zum „Primärschaden" gehört nach einer verspäteten Schnittentbindung nicht nur der eingetretene Hirnschaden des Kindes, sondern auch dessen Ausprägung in bestimmten Verhaltensstörungen (BGH NJW 1998, 3417 = VersR 1998, 1153; G/G, 5. Aufl., Rz. B 229; S/Pa, Rz. 513 a).

Liegt ein Behandlungsfehler durch eine aktive Handlung des Arztes fest, so muss mit einem für das praktische Leben brauchbaren Grad an Gewissheit feststehen, dass eine nach dem Facharztstandard lege artis durchgeführte Behandlung den Eintritt des Primärschadens vermieden hätte (OLG Karlsruhe, Beschl. v. 17. 2. 2003 – 7 U 156/02, GesR 2003, 239: Patient muss beweisen, dass der Primärschaden durch einen nicht rechtmäßigen Teil des Eingriffs verursacht wurde; OLG Naumburg, Urt. v. 10. 6. 2003 – 1 U 4/02, NJW-RR 2004, 315, 316: Patient muss beweisen, dass der fehlerhafte bzw. rechtswidrige Eingriff den Schaden verursacht hat; G/G, 5. Aufl., Rz. B 218; Gehrlein Rz. B 100 und VersR 2004, 1488, 1497).

Um bei einem Unterlassen einen Ursachenzusammenhang zu bejahen, muss die verspätete bzw. unterbliebene Behandlung hinzugedacht und im Rahmen des Beweismaßes des § 286 ZPO festgestellt werden, dass der Schaden gewiss oder mit an Sicherheit grenzender Wahrscheinlichkeit dann nicht eingetreten wäre, wobei die bloße Wahrscheinlichkeit des Nichteintritts nicht ausreicht (OLG Zweibrücken, Urt. v. 22. 6. 1999 – 5 U 32/98, VersR 2000, 605; VersR 1998, 590).

Ist der Eintritt eines Primärschadens nach dem Stand der wissenschaftlichen Erkenntnisse lediglich möglich oder in hohem Maße wahrscheinlich, schließen die verbleibenden Zweifel eine Haftung des Arztes aus (Gehrlein, Rz. B 100; L/ U, § 103 Rz. 10). Werden etwa medizinisch gebotene Laboruntersuchungen unterlassen, hätten diese nach entsprechender Erhebung jedoch die von einem Anästhesisten gewählte Anästhesiemethode nicht in Zweifel gezogen, so ist der Fehler des Arztes für den Eintritt eines bei Durchführung dieser Methode eingetretenen Gesundheitsschadens nicht kausal geworden (BGH NJW 1987, 2293).

Besteht der Verdacht auf Durchtrennung einer Beugesehne eines Fingers, so muss der erstbehandelnde Arzt umgehend eine primäre, spätestens bis zum Ende der zweiten Woche nach der Verletzung eine verspätete primäre („sekundäre") Beugesehnennaht veranlassen. Lässt sich jedoch nicht feststellen, dass diese Beugesehnennaht mit an Sicherheit grenzender Wahrscheinlichkeit die Bewegungsbeeinträchtigung am Finger verhindert oder wenigstens gemildert hätte, so wurde das Unterlassen des Arztes für den Eintritt des Primärschadens nicht kausal (OLG Zweibrücken VersR 1998, 590).

Kann nicht festgestellt werden, dass eine verspätet und deshalb fehlerhaft durchgeführte Untersuchung, etwa eine **Kernspintomographie**, bei rechtzeitiger Vornahme das Leiden des Patienten hätte vermeiden können, fehlt es an den Voraussetzungen für die Annahme eines Kausalzusammenhangs zwischen dem Behandlungsfehler und dem eingetretenen Primärschaden (OLG Hamm, Urt. v. 31. 10. 1994 – 3 U 223/93: Beweislastumkehr unter dem Gesichtspunkt der unterlassenen Befunderhebung abgelehnt).

Die Nichtvornahme einer Röntgenuntersuchung des geschwollenen Fußes eines schwer verletzten Patienten stellt einen Behandlungsfehler dar; sie führt aber dann nicht zur Haftung des Arztes, wenn die Durchführung der Maßnahme den eingetretenen Gesundheitsschaden deshalb nicht verhindert hätte, weil die später erfolgte konservative Behandlung die Therapie der Wahl war (OLG Köln VersR 1991, 930).

Die Ursächlichkeit eines eventuellen Behandlungsfehlers durch Unterlassen einer Sonographie und der Wiedereinbestellung des Patienten erst nach drei Monaten für den ca. drei Jahre später eingetretenen Tod des Patienten lässt sich nicht feststellen, wenn die sechs Monate nach der Erstbehandlung erfolgte Operation einen sehr aggressiven und rasch metastasierenden Krebs ergibt (OLG Köln VersR 1999, 96; zu weiteren Fällen unterlassener Mammographien, Sonographien und Punktionen vgl. → *Grobe Behandlungsfehler*, S. 548 ff.).

Kann der Schaden des Patienten sowohl durch den von der Einwilligung gedeckten und behandlungsfehlerfrei durchgeführten Teil des Eingriffs als auch durch den von der Einwilligung nicht mehr gedeckten und daher nicht rechtmäßigen Teil verursacht worden sein, haftet der Arzt nur dann, wenn der Patient beweist, dass der **Schaden durch den nicht rechtmäßigen Teil des Eingriffs verursacht** worden ist (OLG Karlsruhe, Beschl. v. 17. 2. 2003 – 7 U 156/02, GesR 2003, 239; auch OLG Dresden, VersR 2002, 440; OLG Koblenz, Urt. v. 7. 8. 2003 – 5 U 1284/02, MedR 2004, 690 = NJW-RR 2003, 1607; OLG Naumburg, Urt. v. 10. 6. 2003 – 1 U 4/02, NJW-RR 2004, 315, 316).

Im Rahmen der Erweiterung einer indizierten Operation ist also für die Kausalitätsbeurteilung auf einen Vergleich zwischen dem fiktiven Verlauf des beabsichtigten Eingriffs und dem Verlauf der tatsächlich durchgeführten Operation abzustellen (OLG Naumburg, Urt. v. 10. 6. 2003 – 1 U 4/02, NJW-RR 2004, 315, 316; Gehrlein VersR 2004, 1488, 1497).

2. Haftungsausfüllende Kausalität

Für die Feststellung der haftungsausfüllenden Kausalität, d. h. den **Kausalzusammenhang zwischen dem eingetretenen Primärschaden und den weiteren Gesundheits- und Vermögensschäden** des Patienten, die ihm hieraus entstehen, gilt das Beweismaß des § 287 ZPO (BGH, Urt. v. 4. 11. 2003 – VI ZR 28/03, NJW 2004, 777, 778 = NZV 2004, 27, 28 = VersR 2004, 118, 119 = MDR 2004, 509; OLG Düsseldorf, VersR 2004, 120; Urt. v. 28. 1. 2003 – VI ZR 139/02, NJW 2003, 1116, 1117 = VersR 2003, 474, 475; OLG Karlsruhe, Urt. v. 24. 5. 2006 – 7 U 242/05, OLGR 2006, 617, 619; KG, Urt. v. 1. 7. 2002 – 12 U 8427/00, VersR 2004, 350 = OLGR 2003, 157 und Urt. v. 28. 8. 2003 – 12 U 88/02, NZV 2004, 252 zur HWS-Verletzung; OLG München, Urt. v. 8. 2. 2002 – 10 U 3448/99, VersR 2004, 124, 125 zu psychischen Folgeschäden; Musielak-Foerste § 287 ZPO Rz. 5, 7; G/G, 5. Aufl., Rz. B 192, 229, 262; L/U, § 110 Rz. 13; S/D Rz. 514; Gehrlein Rz. B 112, 115, 146).

§ 287 ZPO gilt grundsätzlich nicht – auch nicht entsprechend – für die Feststellung des Haftungsgrundes, also weder für das tatbestandliche Verhalten noch für die haftungsbegründende Kausalität (BGH, Urt. v. 4. 11. 2003 – VI ZR 28/03,

NJW 2004, 777, 778 = VersR 2004, 118, 119 = MDR 2004, 509; OLG Karlsruhe, Urt. v. 12. 10. 2005 – 7 U 132/04, NJW-RR 2006, 458; KG, Urt. v. 1. 7. 2002 – 12 U 8427/00, VersR 2004, 350; Musielak-Foerste § 287 ZPO Rz. 4).

Bei der Feststellung von Kausalbziehungen ist das Gericht nach § 287 ZPO insofern freier gestellt, als es in einem der jeweiligen Sachlage angemessenen Umfang andere, weniger wahrscheinliche Verlaufsmöglichkeiten nicht mit der sonst erforderlichen, an Sicherheit grenzenden Wahrscheinlichkeit ausschließen muss (BGH, Urt. v. 4. 11. 2003 – VI ZR 28/03, NJW 2004, 777, 778 = VersR 2004, 118, 119; Urt. v. 28. 1. 2003 – VI ZR 139/02, NJW 2003, 1116, 1117 = VersR 2003, 474, 476).

Die Annahme eines Ursachenzusammenhangs erfordert im Rahmen des § 287 ZPO auch nicht die Feststellung einer „richtunggebenden Veränderung", vielmehr reicht schon eine bloße Mitverursachung aus, um einen Ursachenzusammenhang zu bejahen (BGH, Urt. v. 19. 4. 2005 – VI ZR 175/04, VersR 2005, 945 = NJW-RR 2005, 897, 898).

Zur Feststellung der haftungsausfüllenden Kausalität, des durch den Behandlungsfehler verursachten „Sekundärschadens" kann gem. § 287 ZPO zur Überzeugungsbildung des Gerichts vielmehr eine **überwiegende Wahrscheinlichkeit** ausreichen (BGH, NJW 2005, 3275, 3277; NJW 1996, 775, 776; OLG Oldenburg VersR 1999, 63; VersR 1999, 317; VersR 1999, 1235; Gehrlein Rz. B 146 a. E.; Musielak-Foerste § 287 ZPO, Rz. 7: „überwiegende bzw. deutlich überwiegende Wahrscheinlichkeit"; S/Pa, Rz. 514). Auch der Schadensbewertung soll eine wenigstens überwiegende Wahrscheinlichkeit zugrunde liegen (OLG Hamm, NZV 1995, 151; DAR 1995, 74, 75; Musielak-Foerste § 287 ZPO Rz. 7; a. A. BGH, NJW 1991, 1412, 1413: „erhebliche Wahrscheinlichkeit").

Während etwa eine Fistelbildung nach einer beim Patienten fehlerhaft durchgeführten Operation zum Einsatz einer Hüftendoprothese zum Primärschaden gehört, zählt der ihm aufgrund der erforderlichen Nachbehandlung entstehende Verdienstausfall zum Sekundärschaden (BGH VersR 1981, 462).

Wird von den behandelnden Ärzten aufgrund einer unterlassenen EKG-Befunderhebung ein Herzinfarkt nicht erkannt, stellt das bei der Erhebung des Befundes erkennbare Herzwandaneurysma den Primärschaden, ein dadurch verursachter Folgeinfarkt den Sekundärschaden dar (OLG Oldenburg VersR 1999, 317).

Wird vom behandelnden Arzt eine Luxation des Radiusköpfchens (im Ellenbogen) übersehen, so handelt es sich bei der entstehenden Fehlstellung des Gelenks um den Primärschaden, bei der nachfolgenden Bewegungseinschränkung des Gelenks um den Sekundärschaden (OLG Oldenburg VersR 1999, 63). Bei fehlerhafter Positionierung einer Kreuzbandersatzplastik nach vorgefallener Ruptur des vorderen Kreuzbandes besteht der Primärschaden in der Beschädigung des Transplantats, während aufgetretene Knorpelschäden aufgrund der Knieinstabilität sekundäre Gesundheitsschäden darstellen. Eine ausnahmsweise mögliche Erstreckung der Beweislastumkehr, etwa in den Fallgruppen des „groben Behandlungsfehlers" oder der „unterlassenen Befunderhebung" auch auf die Sekundärschäden scheidet in einem solchen Fall aus, da ein Knorpelschaden nicht typischerweise mit einem Transplantatversagen verbunden ist (OLG Stuttgart, Urt. v. 4. 6. 2002 – 14 U 86/01, VersR 2003, 253).

Nach der sehr weitgehenden Ansicht des OLG Saarbrücken (Urt. v. 25. 1. 2005 – 4 U 72/04–15/05, OLGR 2005, 489, 490 f.) kann der Geschädigte trotz vorgeschädigter beschwerdefreier Bandscheibe im Rahmen des § 287 ZPO den Kausalitätsbeweis von unmittelbar nach dem Unfall aufgetretenen Beschwerden (Taubheitsgefühl in der rechten Hand) führen, wenn das Unfallereignis geeignet war, dem Geschädigten in seiner konkreten körperlichen Befindlichkeit zu schädigen, der Unfallmechanismus als Auslöser der Beschwerden in Betracht kommt und die Möglichkeit, dass die Beschwerden durch ein Zweitereignis ausgelöst wurden, realistischerweise nach der Lebenserfahrung auszuschließen ist.

Hat der Geschädigte weder unmittelbar nach einem Unfall noch während seiner nachfolgenden viertägigen stationären Behandlung, sondern erst fünf Tage nach dem Unfall über auf HWS-Probleme hindeutende Schmerzen geklagt und sind die zwischenzeitlich abgeklungenen Schmerzen ca. zwei Monate später massiv wieder aufgetreten, so ist unter Berücksichtigung der früheren Beschwerdefreiheit des Patienten aufgrund einer Gesamtschau mit überwiegender Wahrscheinlichkeit gem. § 287 ZPO davon auszugehen, dass die weitere zwei Monate später festgestellten Bandscheibenvorfälle im Bereich der HWS trotz starker degenerativer Vorschädigung durch den Unfall jedenfalls mitausgelöst worden sind; denn es ist wenig plausibel, dass Beschwerden infolge leichtgradiger unfallbedingter Verletzungen abgeheilt und zufällig gerade dann durch verstärkte Beschwerden infolge degenerativer Veränderungen ersetzt worden sein sollen (OLG Düsseldorf, Urt. v. 17. 12. 2002 – 4 U 79/02, VersR 2004, 461, das den Mitwirkungsanteil der Vorerkrankung auf 50 % geschätzt hat).

Nur bei der haftungsbegründenden Kausalität (§ 286 ZPO), nicht bei der haftungsausfüllenden Kausalität (§ 287 ZPO) greift ausnahmsweise zugunsten des Patienten eine **Beweislastumkehr** ein, wenn ein „Grober Behandlungsfehler" festgestellt ist (BGH, Urt. v. 16. 11. 2004 – VZ ZR 328/03, NJW 2005, 427, 429 = VersR 2005, 228, 230; Urt. v. 15. 3. 2005 – VI ZR 313/03, NJW 2005, 1718, 1719 = VersR 2005, 836, 837; OLG Stuttgart, Urt. v. 4. 6. 2002 – 14 U 86/01, VersR 2003, 253, 254; Gehrlein, VersR 2004, 1488, 1493; G/G, 5. Aufl., Rz. B 257, 262; vgl. → Grobe Behandlungsfehler, S. 494 ff.).

Ausnahmsweise erstreckt sich die Beweislastumkehr bei Vorliegen eines „groben Behandlungsfehlers" bzw. einer „unterlassenen Befunderhebung" auch auf die „haftungsausfüllende Kausalität" bzw. den „Sekundärschaden", wenn sich Letzterer als typische Folge der Primärverletzung darstellt (BGH, Urt. v. 16. 11. 2004 – VI ZR 328/03, VersR 2005, 228, 230 = MDR 2005, 572, 573; OLG Stuttgart, Urt. v. 4. 6. 2002 – 14 U 86/01, VersR 2003, 253, 254; Gehrlein VersR 2004, 1488, 1493; zu den Einzelheiten vgl. S. 499).

III. Zurechnungszusammenhang

1. Mitursächlichkeit

Es kommt nicht darauf an, ob ein Behandlungsfehler die „ausschließliche" oder „alleinige" Ursache einer gesundheitlichen Beeinträchtigung ist. Auch eine Mitursächlichkeit, sei es auch nur als „Auslöser" neben erheblichen anderen Umständen, steht der Alleinursächlichkeit haftungsrechtlich in vollem Umfang gleich (BGH, Urt. v. 19. 4. 2005 – VI ZR 175/04, VersR 2005, 945, 946 = NJW-RR 2005, 897, 898; Urt. v. 5. 4. 2005 – VI ZR 216/03, VersR 2005, 942, 943 = NJW 2005, 2072, 2073; Urt. v. 20. 11. 2001 – VI ZR 77/00, VersR 2002, 200, 201; Urt. v. 27. 6. 2000 – VI ZR 201/99, VersR 2000, 1282, 1283 = NJW 2000, 3423, 3424; VersR 1999, 862 = NJW-RR 1999, 819; OLG Celle NJW-RR 2002, 1603; OLG Hamburg, Urt. v. 16. 11. 2004 – 1 U 67/04, OLGR 2005, 101, 102; OLG Karlsruhe, Urt. v. 11. 9. 2002 – 7 U 102/01, VersR 2004, 244, 245).

Die Mitursächlichkeit eines schuldhaften Behandlungsfehlers führt zur Zurechnung des gesamten Schadens, wenn nicht feststeht, dass er nur einen **abgrenzbaren Teil des Schadens** verursacht hat (BGH, Urt. v. 5. 4. 2005 – VI ZR 216/03, NJW 2005, 2072, 2073 = VersR 2005, 942, 943; NJW 1997, 796 = VersR 1997, 362, 363; OLG Celle, Urt. v. 18. 2. 2002 – 1 U 44/01, NJW-RR 2002, 1603 = MDR 2002, 881, 882: jeglicher Ursachenzusammenhang zwischen dem Behandlungsfehler des Arztes und der eingetretenen Primärschädigung „äußerst unwahrscheinlich"; Müller, VPräsBGH, MedR 2001, 487, 490; vgl. zu weiteren Einzelheiten → *Grobe Behandlungsfehler*, S. 509 f.).

Für die haftungsrechtliche Bedeutung eines ärztlichen Behandlungsfehlers ist es ausreichend, wenn er Mitursache neben anderen krankheitsbedingten Faktoren gewesen ist. Insofern begründet die neben ein vorhandenes Tumorrezidiv tretende Mitursächlichkeit einer behandlungsfehlerhaften Strahlenbehandlung die haftungsrechtliche Einstandspflicht für den Tod eines Patienten (OLG Hamburg, Urt. v. 26. 11. 2004 – 1 U 67/04, OLGR 2005, 101, 102).

Eine „Teilkausalität" im Sinne eines abgrenzbaren Schadens (vgl. BGH, Urt. v. 5. 4. 2005 – VI ZR 216/03, NJW 2005, 2072, 2073) ist dabei nicht schon dann zu bejahen, wenn eine höhere Wahrscheinlichkeit für die alleinige Ursache des Tumorrezidivs spricht (OLG Hamburg a. a. O.).

2. Verursachungsvermutung (§ 830 I 2 BGB)

Die Regelung des § 830 I 2 BGB ermöglicht es dem Geschädigten auch im Arzthaftungsrecht, Beweisschwierigkeiten zwischen den verletzungstauglichen rechtswidrigen Gefährdungshandlungen mehrerer potentieller Schädiger und seinem Schaden zu überwinden, wenn nicht zu ermitteln ist, wer von ihnen der Urheber des Schadens war. Der Schädiger kann die Verursachungsvermutung widerlegen (OLG Bremen, Beschl. v. 27. 5. 2005 – 1 W 18/05, MDR 2006, 92; OLG Koblenz, Beschl. v. 14. 4. 2005 – 5 U 1610/04, OLGR 2005, 710, 711 = NJW-RR 2005, 1111, 1112 = GesR 2005, 407, 408; Müko-Wagner, § 830 BGB Rz. 30, 47; Bamberger/Roth-Spindler § 830 BGB Rz. 24, 25).

So kommt bei mehreren, zeitlich aufeinanderfolgenden Gefährdungshandlungen mehrerer Ärzte, die untereinander und mit der alternativ verursachten Schädigung einen tatsächlich zusammenhängenden einheitlichen Vorgang bilden, eine Haftung aller beteiligten Ärzte in Betracht, wenn jede Handlung den Schaden verursacht haben kann. Dies gilt etwa dann, wenn unklar bleibt, welcher von zwei den Patienten behandelnden Ärzten beim Legen bzw. fünf Tage später erfolgten Wechseln eines suprapubischen Blasenkatheders behandlungsfehlerhaft den Darm perforiert hat (OLG Koblenz, Beschl. v. 14. 4. 2005 – 5 U 1610/04, OLGR 2005, 710, 711 = NJW-RR 2006, 1111, 1112 f.).

3. Vorschäden; Reserveursache

Verletzt der Arzt durch positives Tun oder Unterlassen einen schon **geschwächten Patienten**, kann er nicht verlangen, so gestellt zu werden, als wenn der Betroffene zum Zeitpunkt der Realisierung des Behandlungsfehlers im Körper- oder Gesundheitsschaden des Patienten gesund gewesen wäre. Er haftet auch dann, wenn der Schaden auf einem Zusammenwirken körperlicher Vorschäden und der durch den Behandlungsfehler bedingten Schädigung beruht (BGH NJW 1996, 2425 = MDR 1996, 886; MDR 1998, 157; OLG Saarbrücken, Urt. v. 25. 1. 2005 – 4 U 72/04–15/05, OLGR 2005, 489, 490; KG, Urt. v. 22. 4. 2002 – 12 U 7385/00, VersR 2004, 257; G/G, 5. Aufl., Rz. B 190, B 217; Müko-Oetker, 4. Aufl., § 249 BGB Rz. 134, 135).

Einigkeit besteht darüber, dass im Rahmen der „hypothetischen Kausalität" solche Reserveursachen beachtlich sind, die als Schadensanlage schon bei Eintritt der Körper- bzw. Gesundheitsverletzung vorgelegen haben. Der Kausalzusammenhang zwischen einem Behandlungsfehler und dem beim Patienten eingetretenen Primärschaden scheidet aber nur dann aus, wenn **mit an Sicherheit grenzender Wahrscheinlichkeit feststeht, dass die Reserveursache bzw. die Anlage zu demselben Schaden** geführt hätte (OLG Schleswig, Urt. v. 18. 6. 2004 – 4 U 117/03, NJW 2005, 439, 441; auch OLG Köln VersR 1992, 1231, 1232; G/G, 5. Aufl., Rz. B 217, B 230; Müko-Oetker, § 249 BGB Rz. 206, 217), also der Körper- oder Gesundheitsschaden des Patienten auf einer anderen Ursache, etwa dessen Grundleiden beruht (OLG Schleswig, Urt. v. 18. 6. 2004 – 4 U 117/03, NJW 2005, 439, 441; G/G, 5. Aufl., Rz. B 195).

Der Arzt kann sich der Haftung in derartigen „Anlagefällen" jedoch nur entziehen, wenn er beweist, dass dieselben Körper- oder Gesundheitsschäden auch ohne den Behandlungsfehler eingetreten wären (BGH, Urt. v. 5. 4. 2005 – VI ZR 216/03, NJW 2005, 2072, 2073 = VersR 2005, 942, 943; OLG Köln VersR 1998, 106; OLG Schleswig, Urt. v. 18. 6. 2004 – 4 U 117/03, NJW 2005, 439, 441; Müko-Oetker, § 249 BGB Rz. 217).

4. Rechtmäßiges Alternativverhalten

Der Einwand des rechtmäßigen Alternativverhaltens kommt auch im Bereich der Arzthaftung in Betracht. Er setzt die Tatsachenfeststellung voraus, dass derselbe Schaden auch bei behandlungsfehlerfreiem Vorgehen eingetreten wäre. Die bloße Möglichkeit, dass es auch ohne den festgestellten Behandlungs- oder

Aufklärungsfehler zur Schadensverursachung gekommen wäre, genügt nicht (LG Nürnberg-Fürth VersR 2002, 100, 101; auch OLG Koblenz, Urt. v. 21. 6. 2001 – 5 U 1788/00, VersR 2003, 253; G/G, 5. Aufl., Rz. B 230, C 137; vgl. → *Aufklärung*, S. 261). So haftet etwa ein Zahnarzt, der einem Patienten rechtswidrig einen Zahn extrahiert, nicht, wenn feststeht, dass wenig später derselbe Erfolg eingetreten wäre, indem der Hauszahnarzt denselben Rat zur Extraktion des Zahns erteilt und der von ihm umfassend informierte Patient ihn befolgt hätte.

Der alternative Kausalverlauf ist in einem derartigen Fall nach Auffassung des OLG Koblenz (Urt. v. 21. 6. 2001 – 5 U 1788/00, VersR 2003, 253; u. E. nicht zutreffend) zu berücksichtigen, ohne dass der beklagte Arzt sich hierauf berufen muss.

5. Fehler des vor- und nachbehandelnden Arztes

Der erstbehandelnde Arzt hat grundsätzlich für alle Schadensfolgen aufzukommen, die mit dem von ihm aufgrund eines Behandlungsfehlers zu verantwortenden schlechten Zustand des Patienten in adäquatem Kausalzusammenhang stehen (BGH, Urt. v. 6. 5. 2003 – VI ZR 259/02, NJW 2003, 2311, 2314 = VersR 2003, 1128, 1130 = MDR 2003, 989, 990; NJW 1999, 2731; OLG Brandenburg, Urt. v. 8. 4. 2003 – 1 U 26/00, VersR 2004, 1050, 1053; OLG Köln, Urt. v. 12. 1. 2005 – 5 U 96/03, OLGR 2005, 159, 160; OLG München, Urt. v. 27. 3. 2003 – 1 U 4449/02, VersR 2005, 89; OLG Oldenburg, VersR 1998, 1110, 1111). Hierzu zählt insbesondere auch eine von ihm veranlasste Belastung des Patienten mit einer Nachbehandlung und die mit dieser verbundene Gefahr von Fehlern des nachbehandelnden Arztes (OLG Oldenburg VersR 1998, 1110, 1111).

Der Zurechnungszusammenhang entfällt nur dann, wenn die Nachbehandlung einer Krankheit oder Komplikation **in keinem inneren Zusammenhang** mit therapeutischen oder diagnostischen Maßnahmen des Erstbehandlers steht oder wenn der die Zweitschädigung herbeiführende Arzt **in außergewöhnlich hohem Maß die an ein gewissenhaftes ärztliches Verhalten zu stellenden Anforderungen außer Acht gelassen** und derart gegen alle ärztlichen Regeln und Erfahrungen verstoßen hat, dass der eingetretene **Schaden seinem Handeln haftungrechtlich-wertend allein zugerechnet** werden muss (BGH, Urt. v. 6. 5. 2003 – VI ZR 259/02, NJW 2003, 2311, 2314 = VersR 2003, 1128, 1130; OLG Brandenburg, Urt. v. 8. 4. 2003 – 1 U 26/00, VersR 2004, 1050, 1053 und OLG Hamm VersR 1992, 610, 611: völlig ungewöhnliches, unsachgemäßes Verhalten; OLG Köln, Urt. v. 12. 1. 2005 – 5 U 96/03, OLGR 2005, 159, 160; Urt. v. 23. 1. 2002 – 5 U 85/01, VersR 2003, 860, 861; OLG Oldenburg VersR 1998, 1110, 1111: keinerlei innerer Zusammenhang; OLG Saarbrücken OLGR 2000, 139, 143 = VersR 2000, 1241, 1244; MedR 2002, 326; G/G, 5. Aufl., Rz. B 191; Gehrlein Rz. B 77, 108: Versagen des Nachbehandlers im oberen Bereich des groben Behandlungsfehlers; S/Pa, Rz. 245, 311).

Danach können dem Erstbehandler auch unter dieser Schwelle liegende grobe Behandlungsfehler des Zweitbehandlers zugerechnet werden (OLG Hamm VersR 1992, 610, 612; OLG Köln VersR 1994, 987, 989; OLG Oldenburg VersR 1998, 1110, 1111; OLG Saarbrücken VersR 2000, 1241; MedR 2002, 326, 327;

G/G, 5. Aufl., Rz. B 191; S/Pa, Rz. 245, 311; weitere Einzelheiten bei → *Arbeits-teilung*, S. 55 ff.).

So stellt es keine den Zurechnungszusammenhang unterbrechende Fehlleistung des zweitbehandelnden Arztes dar, wenn dieser eine Niere des Patienten ohne Erhebung der erforderlichen Kontrolluntersuchungen entfernt und es der Erstbehandler nach der Diagnostizierung eines Harnleitersteins und einer dadurch bedingten „stummen Niere" unterlässt, den Patienten auf dessen lebensbedrohlichen Gesundheitszustand hinzuweisen und mit dem gebotenen Nachdruck dafür zu sorgen, dass er sich unverzüglich in eine urologische Klinik begibt, um die dringend erforderliche Entlastung der Niere durchzuführen (OLG Oldenburg VersR 1998, 1110). Selbst wenn die ohne Erhebung erforderlicher Kontrollbefunde durchgeführte Entfernung der Niere durch den Zweitbehandler sich als fehlerhaft bzw. grob fehlerhaft darstellen würde, wäre der hierdurch verursachte Schaden dem Erstbehandler noch zuzurechnen (OLG Oldenburg VersR 1998, 1110, 1111).

Überlässt ein **Durchgangsarzt** die Behandlung der Fraktur zweier Finger des Patienten in wesentlichen Teilen einem Assistenzarzt und wird die Fraktur dabei nicht genügend stabilisiert und keine korrekte Achsenstellung erreicht, umfasst die Einstandspflicht des D-Arztes auch die Schadensfolgen, die dadurch entstehen, dass der Patient anschließend eine Korrekturoperation durchführen lassen muss, in deren Rahmen es zur versehentlichen Durchtrennung der Beugesehnen kommt (BGH NJW 1989, 767 = VersR 1988, 1273).

Wird aufgrund des Behandlungsfehlers des erstbehandelnden Gynäkologen ein weiterer Eingriff erforderlich, bei dem der Patientin (auch) der Uterus entfernt wird, so hat der Erstbehandler hierfür auch dann einzustehen, wenn die Uterusentfernung der Patientin vom Nachbehandler fehlerhaft angeraten worden ist oder ihm im Rahmen der Folgeoperation ein Behandlungsfehler unterläuft (BGH, Urt. v. 6. 5. 2003 – VI ZR 259/02, VersR 2003, 1128, 1130 = NJW 2003 – 2311, 2313).

Besteht allerdings bei zwei voneinander unabhängigen Verletzungen der Beitrag des Erstschädigers zum endgültigen Schadensbild nur darin, dass eine anlagebedingte Neigung des Geschädigten zu psychischer Fehlverarbeitung geringfügig verstärkt wird, so reicht dies nicht aus, um eine Haftung des Erstschädigers für die Folgen der Zweitverletzung zu begründen (BGH, Urt. v. 16. 3. 2004 – VI ZR 138/03, VersR 2004, 874 = NJW 2004, 1945, 1946: psychische Fehlverarbeitung einer HWS-Verletzung).

6. Herausforderungs-Fälle

Eine Ersatzpflicht kommt auch dann in Betracht, wenn der Schaden durch eine Handlung verursacht wird, die auf einem Willensentschluss des Verletzten beruht (so genannte psychische vermittelnde Kausalität). Voraussetzung ist, dass der Schaden nach Art und Entstehung nicht außerhalb der Wahrscheinlichkeit liegt und in den Schutzbereich der jeweiligen Norm fällt. Diese Voraussetzungen werden bejaht, wenn die Handlungen des Verletzten durch das haftungsbegründende Ereignis „herausgefordert" worden sind und eine nicht ungewöhnliche

Reaktion hierauf darstellt (vgl. Palandt-Heinrichs, vor § 249 Rz. 77, 79, 80; BGH NJW 1990, 2885; NJW 2001, 512; NJW 1995, 451: „Verfolgerfälle").

Ein Arzt, der schuldhaft die **einzige Niere eines Kindes entfernt**, haftet danach für den Schaden, den die Mutter infolge einer Nierenspende erleidet (BGH NJW 1987, 2925; L/U, § 103 Rz. 22). Der Kausalzusammenhang wird hier nicht dadurch unterbrochen, dass die Nierenspende auf dem freiwilligen Entschluss der Mutter beruht. Denn die Mutter durfte sich zu der Nierenspende „herausgefordert" fühlen, ihre Selbstgefährdung steht in einem angemessenen Verhältnis zu dem möglichen Rettungserfolg (BGH NJW 1987, 2927; Gehrlein, Rz. B 102).

Zur Kausalität und zum Zurechnungszusammenhang vgl. auch → *Früherkennung, fehlerhafte pränatale Diagnostik* (S. 463 ff.), → *Sterilisation, fehlerhafte* (S. 734 ff.), → *Genetische Beratung* (S. 484 ff.), → *Nichterkennen einer Schwangerschaft* (S. 675 ff.), → *Schwangerschaftsabbruch, fehlerhafter* (S. 715 ff.).

Klage (Muster)

Landgericht Stuttgart
Urbanstraße 20
70182 Stuttgart   Stuttgart, 15. 5. 2007

KLAGE

der Frau P.   – Klägerin –

Prozessbevollmächtigter: Rechtsanwalt R.

gegen

1. Herrn Oberarzt Dr. A., Universitätsklinikum U.,

– Beklagter Ziff. 1 –

2. Herrn Chefarzt Prof. Dr. B., Universitätsklinikum U.,

– Beklagter Ziff. 2 –

3. Universitätsklinikum U., Anstalt des öffentlichen Rechts, vertreten durch den Vorstand Prof. Dr. Y

– Beklagte Ziff. 3 –

(zur Passivlegitimation vgl. → *Krankenhausverträge* (S. 650 ff.), → *Arbeitsteilung* (S. 41 ff.), → *Gemeinschaftspraxis* (S. 472 ff.))

wegen: Arzthaftung

Streitwert:	Klageantrag Ziff. 1:	20 000,00 €
	Klageantrag Ziff. 2:	43 704,38 €
	Klageantrag Ziff. 3:	5 000,00 €
	Insgesamt	68 704,38 €

Namens und in Vollmacht der Klägerin erhebe ich Klage und kündige die Stellung folgender

ANTRÄGE

an:

1. Die Beklagten werden als Gesamtschuldner verurteilt, an die Klägerin ein angemessenes Schmerzensgeld zu zahlen, welches in das Ermessen des Gerichts gestellt wird, mindestens jedoch in Höhe von 20 000,00 Euro, nebst Zinsen in Höhe von 5 Prozentpunkten über dem Basiszinssatz seit dem 1. 5. 2006.

   (Nach BGH, Urt. v. 20. 1. 2004 – VI ZR 70/03, NJW 2004, 1243, 1244 = VersR 2004, 1334, 1335 und OLG Hamm, Urt. v. 29. 3. 2006 – 3 U 263/05, VersR 2006, 1511 ebenfalls mögliche Anträge auf Zahlung eines Teil-Schmerzensgeldes:

   a) „Die Beklagten werden als Gesamtschuldner verurteilt, an die Klägerin 20 000,00 Euro nebst Zinsen in Höhe von 5 Prozentpunkten hieraus über dem Basiszinssatz seit dem 1. 5. 2006 als Teilbetrag eines Schmerzensgeldes unter Berücksichtigung der Körper- und Gesundheitsschäden, die bis zum Zeitpunkt der letzten mündlichen Verhandlung eingetreten sind, zu zahlen"

   oder

   b) „Die Beklagten werden als Gesamtschuldner verurteilt, an die Klägerin ein angemessenes Schmerzensgeld zu zahlen, welches in das Ermessen des Gerichts gestellt wird und diejenigen Körper- und Gesundheitsschäden berücksichtigt, die im Zeitpunkt der letzten mündlichen Verhandlung eingetreten sind, mindestens jedoch 20 000,00 Euro nebst Zinsen in Höhe von 5 Prozentpunkten hieraus über dem Basiszinssatz seit dem 1. 5. 2006").

2. Die Beklagten werden als Gesamtschuldner verurteilt, an die Klägerin 43 704,38 Euro nebst Zinsen in Höhe von fünf Prozentpunkten über dem Basiszinssatz seit dem 1. 5. 2006 zu bezahlen.

   (zum Basiszinssatz vgl. §§ 288 I, 291, 247 BGB und www.bundesbank.de/ Statistik/Statistik_Zeitreihen.php; ab 1. 1. 2002 2,57 % p. a., ab 1. 7. 2002 2,47 % p. a., ab. 1. 1. 2003 1,97 % p. a., ab 1. 7. 2003 1,22 % p. a., ab 1. 1. 2004 1,14 % p. a., ab 1. 7. 2004 1,13 % p. a., ab 1. 1. 2005 1,21 % p. a., ab 1. 7. 2005 1,17 % p. a., ab 1. 1. 2006 1,37 % p. a., ab 1. 7. 2006 1,95 % p. a.; Zinsrechner für Verzugszinsen: www.basiszinssatz.info/zinsrechner/index.php).

3. Es wird festgestellt, dass die Beklagten als Gesamtschuldner verpflichtet sind, der Klägerin sämtliche weiteren zukünftigen materiellen und *(ggf.: im Zeitpunkt der letzten mündlichen Verhandlung nicht vorhersehbaren)* immateriellen Schäden zu ersetzen, welche dieser aus der fehlerhaften *(ggf.: und/oder rechtswidrigen)* Behandlung in der Zeit vom 27. 6. 2000 bis 10. 7. 2000 im Universitätsklinikum U. entstanden sind und noch entstehen werden, soweit die Ansprüche nicht auf Sozialversicherungsträger oder sonstige Dritte übergegangen sind oder übergehen werden.

4. Ferner **beantrage** ich ein schriftliches Vorverfahren (§ 276 I ZPO) anzuordnen.

Zeigen die Beklagten nicht rechtzeitig an, sich gegen die Klage verteidigen zu wollen, **beantrage** ich den Erlass eines Versäumnisurteils gem. § 331 III ZPO.

Von der Anberaumung eines Gütetermins bitte ich abzusehen. Eine Güteverhandlung erscheint erkennbar aussichtslos (§ 278 II 1 ZPO n. F.).

Es wird **gebeten** gem. § 279 I ZPO n. F. Termin zur mündlichen Verhandlung, ggf. im unmittelbaren Anschluss an eine vom Gericht für notwendig erachtete Güteverhandlung zu bestimmen.

BEGRÜNDUNG

Die Klägerin nimmt die Beklagten als Gesamtschuldner auf Zahlung von Schadensersatz aus einer ohne ordnungsgemäße Aufklärung und darüber hinaus nicht lege artis durchgeführten medizinischen Behandlung in Anspruch.

I. Sachverhalt

(vgl. hierzu: OLG Brandenburg, Urt. v. 10. 3. 1999 – 1 U 54/98, NJW-RR 2000, 24 ff. = VersR 2000, 489 ff.; OLG Düsseldorf, Urt. v. 17. 12. 1998 – 8 U 139/97, VersR 2000, 456; OLG Hamburg, Urt. v. 19. 11. 2004 – 1 U 84/03, OLGR 2005, 195; OLG Hamm, Urt. v. 6. 2. 2002 – 3 U 64/01, OLGR 2002, 305; OLG Hamm, Urt. v. 15. 3. 2000 – 3 U 1/99, VersR 2001, 65; OLG Oldenburg, Urt. v. 21. 6. 2006 – 5 U 86/04, GesR 2006, 408).

1. Diagnose, Aufnahme und Aufklärung der Klägerin

Die am 7. 2. 1965 geborene Klägerin litt etwa seit Anfang 2000 unter Beschwerden im rechten Oberbauch, insbesondere nach der Einnahme von Mahlzeiten. Bei einer am 7. 4. 2000 durchgeführten Oberbauchsonografie wurde eine Cholecystolethiasis (Gallenblasensteinleiden) festgestellt. Die Klägerin wurde daraufhin im Juni zum Zwecke der operativen Entfernung der Gallenblase in das Haus der Beklagten Ziff. 3 überwiesen. Dort wurde sie am 27. 6. 2000 stationär aufgenommen.

Bei einer Voruntersuchung der Klägerin im Klinikum der Beklagten Ziff. 3 wurden außer einer minimalen Amylasämie keine Besonderheiten festgestellt. Die Beklagten Ziff. 1 und 2 im Haus der Beklagten Ziff. 3 rieten der Klägerin zur Durchführung einer laparoskopischen Cholecystektomie (Entfernung der Gallenblase im Wege der Bauchspiegelung).

Am 27. 6. 2000 unterzeichnete die Klägerin einen Aufklärungsbogen, in welchem Folgendes festgehalten war:

„Mögliche Komplikationen:
Ähnlich wie bei der Operation durch Bauchschnitt ist die Verletzung benachbarter Organe, wie z. B. der großen Gallengänge, von Dünn- und Dickdarm, Leber oder Magen sowie von großen Blutgefäßen durch die Instrumente, durch elektronischen Strom oder Hitze nicht mit absoluter Sicherheit auszuschließen. In sehr seltenen Fällen, in denen der Verschluss von Gallengängen oder Blutgefäßen nicht dicht

bleibt, kann es zu Nachblutungen sowie zum Austritt von Galle in den Bauchraum und im weiteren Verlauf zu einer Fistel (Verbindung von Gallenwegen zur Darm- oder Bauchwand) oder auch zu einer Peritonitis (Infektion des Bauchraums) kommen".

Die Klägerin unterzeichnete am Ende des Aufklärungsbogens eine Einwilligungserklärung folgenden Inhalts:

„Ich willige hiermit in den vorgeschlagenen Eingriff einschließlich der Schmerzbetäubung sowie der erforderlichen Untersuchungen und Nebeneingriffe ein. Ich bin mit Änderungen und Erweiterungen des Eingriffs einverstanden, die sich während der Operation als erforderlich erweisen."

2. Operativer Eingriff vom 28. 6. 2000

Am 28. 6. 2000 wurde die Klägerin zwischen 12.00 Uhr und 14.55 Uhr von den Beklagten Ziff. 1 und 2 operiert. Dabei wurde zunächst die laparoskopische Methode (Bauchspiegelung mit Endoskop bzw. Laparoskop) angewandt. Bei der endoskopischen Inspektion des Bauchraums zeigten sich massive spinnwebenartige Verwachsungen im Bereich der Oberbauchmitte und eine embryonale Fehlbildung der Leber, die vergrößert und vielfach verlappt war und bis in den rechten Unterbauch reichte. Zudem war der Magen weit nach rechts gezogen.

Wegen dieser anatomischen Anomalien im Bauchraum und atypisch verlaufender Gefäße konnte endoskopisch die exakte Lage der Gallenblase nicht eindeutig bestimmt werden. Deshalb entschlossen sich die Operateure gegen 13.00 Uhr zu einer Umstellung der Operationsmethode auf die Laparotomie (Eröffnung der Bauchhöhle, hier durch Bauchdeckenschnitt) im Wege eines rechtsseitigen Rippenbogenrandschnittes. Die Exstirpation der Gallenblase war gem. Operationsbericht vom 28. 6. 2000 ausweislich

Anlage K 1

wegen nicht eindeutig identifizierter anatomischer Verhältnisse, Anomalien und Verwachsungen mit erheblichen Schwierigkeiten verbunden. Bei der anschließenden Inspektion des Bauchraumes wurden kleinere Blutungen im Bereich des Leberbettes durch Klemmchen und Einzelligaturen gestillt und eine Zieldrainage gelegt. Nachdem weitere Kontrollen des Bauchraumes auf Blutungen oder Gallesekretion negativ verlaufen waren, schlossen die Operateure die Bauchdecke wieder. Postoperativ wurde die Klägerin in der intensivmedizinischen Abteilung mit Infusionen und Analgetika versorgt. Zunächst ergaben sich keine Komplikationen.

3. Zustand nach der Operation

Am Tag ihrer vorgesehenen Entlassung, dem 7. 7. 2000, verschlechterte sich der Zustand der Klägerin. Diese klagte über Beschwerden und erhebliche Schmerzen. Sie litt unter Fieber und Ikterus (Gelbsucht bzw. gelbliche Verfärbung der Haut), konnte nichts essen und kaum etwas trinken. Anlässlich der daraufhin durchgeführten Untersuchung stellte sich eine deutliche Verschlechterung der Leberwerte sowie der Bilirubinwerte (Blutfarbstoff) heraus.

Nach Auftreten erheblicher Gallenabsonderung vermuteten die Beklagten Ziff. 1 und 2 eine Läsion des Gallenganges. Eine hierauf am Montag, den 10. 7. 2000, durchgeführte ERCP-Untersuchung (Röntgenkontrastdarstellung der Gallenblase bzw. der Gallengänge) ergab die Feststellung einer Durchtrennung des Ductus choledochus (Hauptgallengang) anlässlich des Eingriffs vom 28. 6. 2000.

Die Klägerin wurde daraufhin am 10. 7. 2000 unter Einsatz eines Hubschraubers in die Universitätsklinik X. verlegt und dort am 11. 7. 2000 erneut operiert. Wie dem Operationsbericht vom selben Tag zu entnehmen ist, wurden erhebliche Mengen von Gallenflüssigkeit im Bauchraum, Verwachsungen im Bereich des rechten Oberbauches und eine persistierende Gallenfistel festgestellt. Die Operateure entdeckten zahlreiche Ligaturen (Unterbindung von Gefäßen, u. a. nach Durchtrennung) im Bereich des Leberhilus (Leberpforte) und die vollständige Durchtrennung des Hepatocholedochus (galleableitender Kanal) im Bereich des Leberhilus. Der in der Leberpforte eintretende Hepatocholedochus zeigte sich weit offen, so dass sich permanent Galle in den Bauchraum entleerte.

Der Hepatocholedochus wurde operativ an den Leberhilus angebunden, Verwachsungen im Bereich des Mittelbauches wurden entfernt, die Bauchhöhle wurde ausgiebig gespült und es wurden mehrere Drainagen gelegt. Der stationäre Aufenthalt der Klägerin endete am 22. 8. 2000. Die Klägerin war seitdem bis Januar 2001 arbeitsunfähig krank. Mitte Oktober des Jahres 2000 stellten sich, wiederum bedingt durch die fehlerhafte Behandlung bei der Beklagten Ziff. 3, starke Gelbverfärbungen der Haut und der Augen ein. Im Universitätsklinikum X wurde eine Gelbsucht (Ikterus) diagnostiziert, die einen dortigen stationären Aufenthalt vom 13.11. bis 22. 11. 2000 notwendig machten.

In der Zeit vom 22. 10. – 2. 11. 2001 befand sich die Klägerin erneut im Universitätsklinikum X in stationärer Behandlung, anlässlich derer eine Endoprothese in den Hauptgallengang gelegt wurde; gleichwohl verschlechterte sich der Zustand der Klägerin im Folgenden weiter. Es kam zu einem mehrmaligen Wechsel der Endoprothese. Schließlich wurde auch eine auf die fehlerhafte Behandlung durch die Beklagten zurückzuführende bakterielle Infektion festgestellt, die die Klägerin zu einem erneuten stationären Aufenthalt im Kreiskrankenhaus Y in der Zeit vom 20.02. bis 28. 2. 2002 und zur laufenden Einnahme von Antibiotika über fünf Monate zwangen.

Beweis für den gesamten vorstehenden Vortrag:

1. Beiziehung der Krankenunterlagen der Bekl. Ziff. 3 sowie der Krankenakten des Universitätsklinikums X., des Kreiskrankenhauses Y. und der nachbehandelnden Ärzte Dr. Z. und Dr. W.

2. Einholung eines Sachverständigengutachtens

4. Entbindung von der Schweigepflicht

Die Beklagten wurden bereits vorprozessual von ihrer ärztlichen Schweigepflicht entbunden. Die Entbindung wird mit beigefügter Erklärung der Klägerin ausdrücklich auch auf das Gericht, die sonstigen Prozessbeteiligten, die Ärzte des Universitätsklinikums X, des Kreiskrankenhauses Y, ihres Hausarztes Dr. Z., des Facharztes Dr. W. und alle weiteren, behandelnden Ärzte erstreckt.

II. Rechtliche Würdigung

1. Behandlungsfehler

a) Die Beklagten Ziff. 1 und 2 haben am 28. 6. 2000 anlässlich der Durchführung der Laparoskopie in behandlungsfehlerhafter Weise den Ductus choledochus (Hauptgallengang) infolge der Verwechslung mit dem Ductus cysticus (Gallenblasengang) geclipt und durchtrennt.

Sie hatten es versäumt, zuvor eine genügend sorgfältige Präparation vorzunehmen. Darin liegt ein Verstoß gegen die chirurgische Regel, dass erst dann durchtrennt werden darf, wenn der Organsitus genau analysiert und Organe differenziert werden können. Bei sorgfältiger Präparation hätte diese Durchtrennung vermieden werden können (vgl. OLG Hamm VersR 2001, 65f; Bergmann/Müller, MedR 2005, 650, 651).

Beweis: Einholung eines Sachverständigengutachtens

Bereits der Wechsel von der laparoskopischen Methode zur Laparotomie war bedenklich. Jedenfalls war es behandlungsfehlerhaft, die Operation weiterzuführen, ohne nach Eröffnung des Bauchraumes und Entdeckung der Verwachsungen und anatomischen Anomalien den Versuch einer intraoperativen röntgendiagnostischen Abklärung der Gallenwege durch eine Cholangiographie (Röntgenkontrastdarstellung der Gallengänge) zu unternehmen.

Die intraoperative Cholangiographie wäre hier geboten gewesen, um Aufschluss über Lage und Verlauf der Gallenwege zu gewinnen, als nach Eröffnung des Bauchraumes offenbar wurde, dass in erheblichem Umfang Verwachsungen und anatomische Anomalien vorhanden waren. Aufgrund dieser Verwachsungen und Anomalien bestand ein deutlich erhöhtes Risiko dafür, dass bei der operativen Entfernung der Gallenblase wichtige Organe und Gefäße nicht oder nicht sicher erkannt und infolgedessen verletzt werden könnten. Daher hätten die Beklagten Ziff. 1 und 2 über eine intraoperative Cholangiographie den Versuch unternehmen müssen, sich einen Überblick über die anatomischen Verhältnisse zu verschaffen (vgl. OLG Brandenburg NJW-RR 2000, 24, 26; OLG Hamm VersR 2001, 65 und VersR 2003, 374; Bergmann/Müller, MedR 2005, 650, 651).

Beweis: Einholung eines Sachverständigengutachtens

Bei dieser röntgendiagnostischen Abklärung handelt es sich unter anatomischen Verhältnissen, wie sie hier vorlagen, um medizinischen Standard. Danach sind die Beklagten durch Unterlassen dieser dringend gebotenen Untersuchung bei der Entfernung der Gallenblase „sehenden Auges", eine sich aufdrängende Möglichkeit der Sichtbarmachung der Gefäßverläufe nicht nutzend, ein unnötiges, vermeidbares Risiko einer erheblichen Schädigung der Patientin eingegangen.

b) Hierin liegt ein grober Behandlungsfehler der Bekl. Ziff. 1 und 2. Ein Behandlungsfehler ist immer dann als grob zu bewerten, wenn ein medizinisches Fehlverhalten vorliegt, das aus objektiver ärztlicher Sicht nicht mehr verständlich erscheint, weil ein solcher Fehler dem Arzt „schlechterdings nicht unterlaufen darf" (BGH, NJW 2004, 2011, 2013 = VersR 2004, 909, 911; NJW 2002, 2944, 2945 = VersR 2002, 1026, 1027; MDR 2001, 1113, 1114; MDR 2001, 1115; MDR 1999, 229; NJW 1999, 860; NJW 1999, 862; OLG Hamm VersR 2001, 593, 594; OLG Stuttgart, VersR 2003, 376, 377 = OLG-Report 2002, 443, 445; OLG-Report 2003, 510, 512; OLG-Report 2003, 40, 42; VersR 2001, 1560, 1562; VersR 2000, 1108, 1110; OLG Frankfurt VersR 2000, 853, 854).

(vgl. hierzu → Grobe Behandlungsfehler, S. 492 ff., 557 f., 567 f.)

Ein solcher, grober Behandlungsfehler ist den Beklagten Ziff. 1 und 2 im vorliegenden Fall unterlaufen (vgl. OLG Brandenburg NJW-RR 2000, 24, 26; auch OLG Düsseldorf VersR 2000, 456).

Gerade dann, wenn sich bei einer Laparoskopie nach der Eröffnung des Bauchraumes eine offensichtlich unklare anatomische Situation ergibt, etwa beim Vorhandensein erheblicher Verwachsungen oder anatomischer Anomalien, liegt ein grober Behandlungsfehler vor, wenn vor der Entfernung der Gallenblase der Versuch einer intraoperativen röntgendiagnostischen Abklärung der Gallenwege durch eine Cholangiographie (Röntgenkontrastdarstellung der Gallengänge) unterbleibt und es bei Fortführung des Eingriffs zu einer Läsion des Hauptgallenganges kommt (OLG Brandenburg, NJW-RR 2000, 24, 26; auch OLG Düsseldorf, VersR 2000, 456 und OLG Hamm, VersR 2001, 65 sowie Bergmann/Müller, MedR 2005, 650, 651).

2. Aufklärungsfehler

a) Der Patient muss nach der Rspr. des BGH zum Zweck der Wahrung seines Selbstbestimmungsrechts über die mit der ordnungsgemäßen Operation verbundenen spezifischen Risiken im Großen und Ganzen aufgeklärt werden. Die gebotene „Grundaufklärung" hat dem Patienten einen zutreffenden allgemeinen Eindruck von der Schwere des Eingriffs und der Art der Belastungen zu vermitteln, die für seine körperliche Integrität und seine Lebensweise zu befürchten sind (BGH NJW 1984, 2629, 2630; NJW 1991, 2346, 2347; NJW 1996, 777, 779; OLG Brandenburg NJW-RR 2000, 24, 25).

(vgl. hierzu → Aufklärung, S. 118 ff.).

Eine Aufklärung ist insbesondere dann erforderlich, wenn bestehende Behandlungsalternativen zu jeweils wesentlich unterschiedlichen Belastungen des Patienten führen oder wesentlich unterschiedliche Risiken und Erfolgschancen bieten. Im vorliegenden Falle wäre eine Aufklärung der Klägerin über die unterschiedlichen Vorgehensweisen (Laparoskopie und Laparotomie) erforderlich gewesen. Insbesondere aber hätte die Klägerin darüber aufgeklärt werden müssen, dass unter Umständen, insbesondere im Fall ungünstiger anatomischer Verhältnisse, während der Operation ein Wechsel der Operationsmethode von der Laparoskopie zur Laparotomie erforderlich werden könnte (OLG Brandenburg NJW-RR 2000, 24; OLG Düsseldorf VersR 2000, 456).

(vgl. hierzu → Aufklärung, S. 151 ff., 171, 188).

So muss der Patient vor der Durchführung der Laparoskopie zur Entfernung der Gallenblase (OLG Düsseldorf, VersR 2000, 456) wie auch vor einer Magenresektion (OLG Karlsruhe, VersR 1998, 718) darüber aufgeklärt werden, dass es dabei zu einer Durchtrennung des Hauptgallenganges mit nachfolgender Entzündung der Gallenwege und des gesamten Bauchraumes u. a. kommen kann. Der danach erforderliche Hinweis ist nicht erfolgt. Wäre die Klägerin über die Behandlungsalternativen korrekt aufgeklärt worden, hätte sie sich primär für eine Laparotomie entschieden, zumindest hätte sie vorher noch eine zweite Meinung bei einer anderen Universitätsklinik eingeholt und sich damit in einem ernsthaften Entscheidungskonflikt darüber befunden, sich für eine der beiden Methoden zu entscheiden.

Beweis: 1. Parteivernehmung der Klägerin
2. Einholung eines Sachverständigengutachtens

(zum ernsthaften Entscheidungskonflikt vgl. → Aufklärung, S. 230 ff.).

b) Darüber hinaus ist die Klägerin nicht rechtzeitig aufgeklärt worden. Die Bedeutung des Selbstbestimmungsrechts des Patienten verlangt jedoch eine Rechtzeitigkeit der Einwilligung zur Klärung und damit auch eine Aufklärung, die eine Überlegungsfreiheit ohne vermeidbaren Zeitdruck gewährleistet (BGH, NJW 2003, 2102 = VersR 2003, 1441; NJW 1998, 2734 = MDR 1998, 716; OLG Koblenz, OLG-Report 2006, 193, 194). Bei zeitlich und sachlich nicht dringlichen Wahleingriffen, die mit erheblichen Belastungen und Risiken verbunden sind, hat die Aufklärung so rechtzeitig zu erfolgen, dass das Selbstbestimmungsrecht des Patienten gewährleistet ist, am besten schon bei der Vereinbarung eines Termins für die stationäre Aufnahme zur Operation, um die Entscheidungs- und Dispositionsfreiheit des Patienten zu gewährleisten. Eine Aufklärung erst am Vorabend der Operation ist bei derartigen Eingriffen wie auch dem vorliegenden zu spät (vgl. BGH, VersR 2003, 1441, 1443; NJW 1998, 2734; NJW 1992, 2351, 2353; OLG Bamberg, VersR 1998, 1025, 1026; OLG Bremen VersR 2001, 340, 341; OLG Frankfurt, GesR 2006, 127; OLG Köln MedR 1996, 270).

(vgl. hierzu → Aufklärung, S. 197 ff.).

Zu beachten ist, dass die eigenständige Entscheidung des Patienten für oder gegen die Operation in Ruhe und ohne psychischen Druck möglich bleibt. Dies ist immer dann nicht mehr gewährleistet, wenn dieser während der Aufklärung mit einer nahtlos anschließenden Durchführung des Eingriffs rechnen muss und deshalb unter dem Eindruck steht, sich nicht mehr aus dem Geschehen lösen zu können (BGH MDR 1998, 654; NJW 1994, 3009, 3011). Im vorliegenden Fall erfolgte die Aufklärung der Klägerin erst am Tag vor dem schweren, risikoreichen Eingriff und damit nicht „rechtzeitig".

3. Kausalität

Sowohl die oben dargestellten Behandlungsfehler als auch der mangels wirksamer Einwilligung (Aufklärungsfehler) rechtswidrige operative Eingriff bei der Klägerin wurden für den Eintritt eines Körper- und Gesundheitsschadens bei der Klägerin kausal.

632

a) Die Darlegungs- und Beweislast für eine Pflichtverletzung des Arztes und deren Auffälligkeit für den eingetretenen Körper- bzw. Gesundheitsschaden trägt zwar grundsätzlich der Geschädigte. Liegt – wie im vorliegenden Fall – ein „grober Behandlungsfehler" vor, der generell geeignet ist, einen Schaden der tatsächlich eingetretenen Art herbeizuführen, tritt grundsätzlich eine Umkehr der objektiven Beweislast für den ursächlichen Zusammenhang zwischen dem Behandlungsfehler und dem Gesundheitsschaden der Patientin ein; nahe legen oder wahrscheinlich machen muss der grobe Behandlungsfehler den Schaden dabei nicht (BGH, NJW 2004, 2011, 2013 = VersR 2004, 909, 911; NJW 2005, 427, 428 = VersR 2005, 228, 229). Es ist dann Sache des Arztes oder Krankenhausträgers nachzuweisen, dass es an der Kausalität zwischen der Pflichtverletzung und dem Eintritt des Primärschadens fehlt.

(vgl. hierzu → Grobe Behandlungsfehler, S. 498 ff.).

Den Beklagten obliegt es danach, zu beweisen, dass es auch bei ausreichender Präparation bzw. auch bei Durchführung der intraoperativen Cholangiographie zur Durchtrennung des Hauptgallenganges gekommen wäre. Diesen Beweis können die Beklagten nicht führen.

b) Auch der Aufklärungsfehler wurde für den Eintritt des unten im Einzelnen dargestellten Schadens der Klägerin ursächlich. Bei rechtzeitiger Aufklärung hätte die Klägerin zunächst eine „zweite Meinung" eingeholt und dem Eingriff zu diesem Zeitpunkt durch die Beklagten nicht zugestimmt (s. o.).

4. Haftung der Beklagten

Im vorliegenden Falle liegt ein so genannter „totaler Krankenhausvertrag" vor. Vertragspartner ist hier allein der Krankenhausträger, und zwar einheitlich für sämtliche Leistungen der stationären Krankenhausbetreuung im ärztlichen wie pflegerischen Bereich (BGH, VersR 2006, 409, 410; VersR 2006, 791, 792; OLG Brandenburg NJW-RR 2000, 24, 25). Die behandelnden Ärzte sind nicht selbst Vertragspartner, sondern Erfüllungsgehilfen und Verrichtungsgehilfen bzw. Organe des Krankenhausträgers.

Die Beklagte Ziff. 3 haftet deliktisch für die Behandlungs- und Aufklärungsfehler des Bekl. Ziff. 2 gem. §§ 847 a.F. *(seit 1. 8. 2002: § 253 II BGB n. F.)*, 31, 89 BGB (BGHZ 95, 63; OLG Brandenburg VersR 2000, 1283, 1284 und VersR 2000, 489, 491 für Chefärzte), für diejenigen des Bekl. Ziff. 1 gem. §§ 831 I, 847 BGB a. F. *(seit 1. 8. 2002: § 253 II BGB n. F.)* (BGH NJW 1988, 2298; OLG Brandenburg VersR 2000, 489, 491; VersR 2000, 1283, 1284) und vertraglich aus p. V. V. *(für nach dem 1. 1. 2002 geschlossene Verträge: § 280 I BGB n. F.)* i. V. m. § 278 BGB (BGH, VersR 2006, 409, 410; OLG Brandenburg VersR 2000, 489, 491).

(vgl. hierzu → Krankenhausverträge, S. 650 ff., 658 ff.).

Die – nicht beamteten – Beklagten Ziff. 1 und 2 haften selbst gem. §§ 823 I, 823 II BGB i. V. m. §§ 223 bzw. 229 StGB. Die Beklagten Ziff. 1–3 haften der Klägerin gem. §§ 840 I, 421 BGB als Gesamtschuldner.

5. Feststellungsantrag

Der Feststellungsantrag ist zulässig. Das Feststellungsinteresse ist gem. § 256 I ZPO bereits dann zu bejahen, wenn die Entstehung des Schadens – sei es auch nur entfernt – „möglich", aber noch nicht vollständig gewiss ist und der Schaden daher noch nicht abschließend beziffert werden kann, weil er sich noch in der Entwicklung befindet (BGH NJW 1991, 2707, 2708; NJW 2003, 2827; OLG Düsseldorf VersR 2006, 978, 979; Zöller-Greger 26. Aufl., § 256 ZPO Rz. 7 a).

(vgl. hierzu → Feststellungsinteresse, S. 457 ff.).

Dies ist hier sowohl hinsichtlich des materiellen als auch des immateriellen Schadens der Fall.

Die Klägerin befindet sich, bedingt durch die fehlerhafte Behandlung der Beklagten Ziff. 1 – 3, nach wie vor in medizinischer Behandlung. Sie kann ihrer beruflichen Tätigkeit nur mit starken Einschränkungen und höchstens vier bis fünf Stunden täglich nachgehen.

Beweis für den gesamten vorstehenden Vortrag:

1. Beiziehung der Krankenunterlagen der Beklagten Ziff. 3, des Universitätsklinikums X, des Kreiskrankenhauses Y. sowie der Ärzte Dr. Z. und Dr. W.;

2. Einholung eines Sachverständigengutachtens

3. Parteivernehmung der Klägerin

III. Schadenshöhe

1. Schmerzensgeld

Bedingt durch die Behandlungs- und Aufklärungsfehler der Beklagten Ziff. 1–3 musste sich die Klägerin als Folge der Durchtrennung des Hauptgallenganges an bislang insgesamt 65 Tagen mehreren zusätzlichen, stationären Behandlungen vom 10. 7. – 22. 8. 2000, 13.11. – 22. 11. 2000, 22.10. – 2. 11. 2001 sowie vom 20. 2.–28. 2. 2002 unterziehen.

Während des stationären Krankenhausaufenthaltes im Universitätsklinikum X vom 22.10 – 2. 11. 2001 wurde ihr eine Endoprothese (Ersatzstück aus Fremdmaterial) in den Hauptgallengang gelegt, gleichwohl verschlechterte sich ihr Zustand weiter. Die Endoprothese muss seit Februar 2002 alle drei Monate gewechselt werden. Im November 2001 wurde eine bakterielle Infektion im Bereich des Dickdarms festgestellt; die Klägerin war seitdem gezwungen, über einen Zeitraum von fünf Monaten täglich Antibiotika einzunehmen.

Beweis: wie vorstehend

Daneben befindet sie sich seit dem 23. 8. 2000 in ambulanter Behandlung bei den Ärzten Dr. Z. und Dr. W. Angefallen sind dort bislang mehr als 80 Behandlungstermine.

Beweis: Beiziehung der Krankenakten Dr. Z. und Dr. W.

Sie leidet seit August 2000 unter erheblichen Schlafstörungen, depressiven Verstimmungen, einer Gewichtsabnahme von ursprünglich 62 auf zwischenzeitlich nur 45 kg, laufenden Entzündungen der Gallenwege, Hautjucken und dauernder Mattigkeit und laborierte insgesamt über zwölf Wochen an einer Gelbsucht. Augen und Haut der Klägerin wiesen während dieser Zeit starke Gelbverfärbungen auf. Die Leberwerte waren über Wochen teilweise pathologisch.

Beweis:

1. Beiziehung der Krankenunterlagen der Universitätsklinik X., des Krankenhauses Y. und der Ärzte Dr. Z. und Dr. W.;

2. Arztbericht Dr. W., Anlage K 2

3. Einholung eines Sachverständigengutachtens

Die Klägerin war vom 29. 6. 2000 bis zunächst 15. 1. 2001 zu 100 % arbeitsunfähig. Seit dem 16. 1. 2001 konnte sie ihrer Arbeit als Kindergärtnerin in eingeschränktem Umfang, durchschnittlich maximal fünf anstatt acht Stunden täglich, unterbrochen durch die o. g. weiteren stationären Klinikaufenthalte und die Zeiten der erneuten Krankschreibung von weiteren 64 Tagen, nachkommen.

Beweis:

1. Bescheinigung des Arbeitgebers, Anlage K 3;
2. Mitteilung der Krankenversicherung, Anlage K 4

Ihren Hobbys wie Joggen, Wandern und Tanzen kann die Klägerin physisch und psychisch bedingt nicht mehr oder nur noch in sehr eingeschränktem Umfang nachgehen. Anstatt acht bis zehn Stunden wöchentlich kann sie sportliche Aktivitäten maximal vier Stunden wöchentlich ausüben.

Beweis:

1. Arztbericht Dr. Z., Anlage K 5;
2. Zeugnis des Herrn P., zu laden über die Klägerin

Sämtliche oben dargestellten, immateriellen und materiellen Schäden (primäre und sekundäre Schäden) sind auf die fehlerhafte Behandlung und/oder die zur Rechtswidrigkeit des Eingriffs führende unzureichende Aufklärung durch die Beklagten Ziff. 1 – 3 zurückzuführen.

Beweis (unter Verwahrung gegen die Beweislast):

1. Beiziehung der Krankenunterlagen der Beklagten Ziff. 3, des Universitätsklinikums X., des Kreiskrankenhauses Y. sowie der behandelnden Ärzte Dr. Z. und Dr. W.;

2. Einholung eines Sachverständigengutachtens

Die genannten Umstände rechtfertigen die Zubilligung eines Schmerzensgeldes von mindestens 20 000 Euro. Ich verweise auf die ADAC-Schmerzensgeldtabelle von Hacks/Ring/Böhm, 24. Aufl. 2006, Nr. 2079. In dem dort abgedruckten, im Jahr 1996 vom OLG Köln entschiedenen Fall geht es ebenfalls um die Durchtrennung des Hauptgallenganges. Die dortige Klägerin musste mehrere stationäre

Behandlungen zur Behandlung einer Stenose über sich ergehen lassen und erhielt ein Schmerzensgeld in Höhe von 30 000 DM zugesprochen.

Vorliegend geht es um noch schwerwiegendere Beeinträchtigungen der Klägerin als derjenigen im Fall des OLG Köln. Der im Jahr 1996 ausgeurteilte, entsprechend den gravierenderen Beschwerden der hiesigen Klägerin zu erhöhende Betrag ist entsprechend zu indexieren, so dass mindestens ein Betrag von 20 000,00 Euro (39 117 DM) angemessen ist.

(Das OLG Brandenburg NJW-RR 2000, 24, 27 hat der Klägerin im entschiedenen Fall unter Bezugnahme auf die Entscheidung des OLG Köln 30 000,00 DM zugesprochen. Soweit der Kläger auf das Schmerzensgeld gem. Ziff. 1 a./b. nur einen Teilbetrag auf das Schmerzensgeld geltend macht, empfiehlt sich folgender Hinweis:

Der BGH hat im Urt. v. 20. 1. 2004 (VI ZR 70/03, NJW 2004, 1243, 1244 = VersR 2004, 1334, 1335; zustimmend Diederichsen, VersR 2005, 433, 440; Jaeger, BGH-Report 2004, 683, 686) entschieden, dass es einem Geschädigten freisteht, nur einen so gekennzeichneten Teilbetrag des Schmerzensgeldes geltend zu machen und bei der Bemessung der Anspruchshöhe nur die Berücksichtigung der Verletzungsfolgen zu verlangen, die bis zum Zeitpunkt der letzten mündlichen Verhandlung eingetreten sind. Gegen die Zulässigkeit einer solchen Klage bestehen also keine Bedenken. Hinsichtlich des überschießenden immateriellen Schadens besteht ein Feststellungsinteresse für den Klagantrag Ziff. 3 (vgl. BGH, NJW 2004, 1243, 1244; Diederichsen VersR 2005, 433, 440).

2. Verdienstausfall

Ohne den Aufklärungs- und Behandlungsfehler wäre die Klägerin am 5. 7. 2000 aus dem Universitätsklinikum entlassen worden. Nach einer Krankschreibung von allenfalls vier Wochen hätte sie spätestens ab dem 1. 8. 2000 zu 100 % weiter ganztägig als Kindergärtnerin bei der Stadt S. tätig sein können.

> Beweis:
>
> 1. Zeugnis des Ehemannes der Klägerin;
> 2. Einholung eines Sachverständigengutachtens

Bedingt durch den Behandlungs- und/oder den Aufklärungsfehler im Hause der Bekl. Ziff. 3 konnte die Klägerin ihre Tätigkeit erst am 16. 1. 2001 wieder aufnehmen. Aufgrund der oben beschriebenen Folgen des behandlungsfehlerhaften Eingriffs war es ihr jedoch nur möglich, in eingeschränktem Umfang, durchschnittlich maximal fünf anstatt acht Stunden täglich, zu arbeiten.

> Beweis:
>
> 1. Bescheinigung des Arbeitgebers, Anlage K 3;
> 2. Arztbericht Dr. W., Anlage K 2;
> 3. Arztbericht Dr. Z., Anlage K 5

Bis zum heutigen Tag ist es ihr nicht möglich, mehr als durchschnittlich fünf Stunden täglich zu arbeiten. Der Verdienstausfall-Schaden beziffert sich somit wie folgt:

a) Nettolohn der Klägerin ohne den Eintritt des Schadensereignisses:

Nettolohn der Klägerin vom 1. 8. 2000 – 31. 12. 2001,
900,00 € × 17 Monate 15.300,00 €

Ab dem 1. 1. 2002 hätte der Nettolohn nach durch den
Arbeitgeber gewährter Lohnerhöhung bei gleich bleibenden
Bedingungen 920,00 Euro monatlich betragen.

Beweis: Bescheinigung des Arbeitgebers, Anlage K 3

Nettolohn der Klägerin vom 1. 1. 2002 – 31. 12. 2003
920,00 € × 24 Monate 22.080,00 €

Ab 1. 1. 2004 hätte der Nettolohn monatlich
940,00 Euro betragen.

Beweis: Bescheinigung des Arbeitgebers, Anlage K 3

Nettolohn der Klägerin vom 1. 1. 2004 – (zunächst) 30. 4. 2006,
940,00 € × 28 Monate 26.320,00 €

Beweis: Bescheinigung des Arbeitgebers, Anlage K 3

Summe vom 1. 8. 2000 – (zunächst) 30. 4. 2006 **63.700,00 €**

b) Anrechenbare Einkünfte der Klägerin in der fraglichen Zeit:

In der Zeit vom 1. 8. 2000 – 30. 4. 2006 hat die Klägerin
an Krankengeld erhalten 3.400,00 €

Beweis: Bescheinigung der Krankenkasse, Anlage K 6

*(Es empfiehlt sich vorsorglich, die Zahlungen für die
einzelnen Zeiträume anzugeben und im Bestreitensfalle
zu belegen)*

Vom Arbeitgeber in der Zeit vom 1. 8. 2000 – 30. 4. 2006
geleistete Zahlungen (Nettolohn einschließlich Lohnfortzahlung) 35.600,00 €

Beweis: Bescheinigung des Arbeitgebers, Anlage K 7

Summe der tatsächlichen Einkünfte vom 1. 8. 2000 – 30. 4. 2006 **39 000,00 €**

c) Somit ergibt sich bis zum 30. 4. 2002
ein Verdienstausfall in Höhe von 63.700,00 €
abzgl. erhaltener 39 000,00 €

Summe zu 2.: **24.700,00 €**

3. Haushaltsführungsschaden

Die Klägerin hat einen Zwei-Personen-Haushalt zu bewirtschaften. Der Ehemann
ist berufstätig. Die Eheleute P. bewohnen eine Mietwohnung mit 120 qm Wohnflä-
che nebst Gartenanteil von 12 qm.

*(Hier wären u. U. noch weitere Ausführungen erforderlich, vgl. Schulz-Borck/
Hofmann, 6. Auflage 2001, S. 18 ff., 27 ff., 54 ff.; zum Haushaltsführungsschaden auch Küppersbusch, 8. Aufl. 2004 Rz. 180–213).*

Der Arbeitszeitbedarf eines reduzierten Zwei-Personen-Haushalts der Anspruchstufe 3 beträgt nach der Tabelle von Schulz-Borck/Hofmann, 6. Auflage 2001, 31,6 Stunden. Bedingt durch den Behandlungsfehler bestand und besteht eine konkrete Behinderung der Klägerin in den Tätigkeitsbereichen der Hausarbeit von durchschnittlich mindestens 25 %.

Beweis

1. Einholung eines Sachverständigengutachtens;
2. Arztbericht Dr. W., Anlage K 2

Die Stundenvergütung beträgt nach dem anzuwendenden BAT VIII 10.20 Euro. Der Haushaltsführungsschaden beziffert sich danach wie folgt:

– Krankenhausaufenthalt (noch) vom 1. 8. – 22. 8. 2000, an 3 Wochen x 31,6 Stunden × 10,20 € × 100 %	966,96 €
– Vom 23.08. – 13. 11. 2000, 12 Wochen x 31,6 Stunden × 10,20 € × 25 %	966,96 €
– Krankenhausaufenthalt vom 13.11. – 22.11. 2000, 9 Tage × 4,51 Stunden × 10,20 € × 100 %	414,02 €
– Vom 23. 11. 2000 – 22. 10. 2001, 331 Tage/47,28 Wochen × 31,6 Stunden x 10,20 € × 25 %	3 809,82 €
– Krankenhausaufenthalt vom 22.10. – 2. 11. 2001, 11 Tage × 4,51 Stunden x 10,20 € × 100 %	506,02 €
– Vom 3. 11. 2001 – 20. 2. 2002, 108 Tage × 4,51 Stunden × 10,20 € × 25 %	1 242,05 €
– Krankenhausaufenthalt vom 20.02. – 28. 2. 2002, 8 Tage × 4,51 Stunden x 10,20 € × 100 %	368,01 €
– Vom 1. 3. 2002 – (zunächst) 30. 4. 2006, 113 Wochen × 31,6 Stunden × 10,20 € × 25 %	9 105,54 €

Somit Summe Haushaltsführungsschaden bis 30. 6. 2002

Summe zu 3.   **17 379,38 €**

4. Arztkosten (Eigenanteile), Fahrtkosten und Auslagen

Bedingt durch den Aufklärungs- und Behandlungsfehler im Hause der Beklagten Ziff. 3 musste die Klägerin Eigenanteile an Arztkosten tragen in Höhe von	1 200,00 €

Beweis: Anlage K 8

An Fahrtkosten zu den Ärzten Dr. W., Dr. Z., in die Universitätsklinik X. und das Kreiskrankenhaus Y. fielen in der Zeit vom 22. 8. 2000 bis (zunächst) 30. 4. 2006 bei 0,25 € pro Kilometer an	400,00 €

Beweis: Aufstellung der Klägerin, Anlage K 9

Die Klägerin macht sich den Inhalt der in zweifacher
Ausfertigung beigefügten Anlagen K 1 bis K 10 als
Vortrag in der Klageschrift zu eigen. Hierauf wird verwiesen.
Sollte das Gericht einen gesonderten schriftsätzlichen Vortrag
(Zitate aus den Anlagen) für erforderlich halten, wird um einen
Hinweis gebeten (§ 139 I, II ZPO)

Die pauschalen Auslagen der Klägerin beziffern sich auf	25,00 €
Summe zu 4	**1 625,00 €**
Summe zu Ziff. III. 2 – 4 damit	**43 704,38 €**

5. Zinsen

Die Beklagten befinden sich mit der Zahlung und der Anerkennung des Feststellungsanspruchs nach Zugang des Ablehnungsschreibens ihres Haftpflichtversicherers seit dem 1. 5. 2006 in Verzug. Der Zinsanspruch ergibt sich aus § 288 I 2 BGB n. F., nach dem Eintritt der Rechtshängigkeit jedenfalls aus § 291 S. 2 i. V. m. § 288 I 2 BGB.

IV. Vorgerichtliche Korrespondenz

Die Klägerin hat im Vorfeld bereits mit der Haftpflichtversicherung der Beklagten Ziff. 1 – 3 korrespondiert. Diese wurde unter Fristsetzung auf 30. 4. 2006 (eingehend) zur Regulierung der mit vorliegender Klage geltend gemachten Schadensersatzansprüche aufgefordert.

Beweis: Anlage K 9

Die Haftpflichtversicherung hat das Vorliegen von Behandlungsfehlern verneint, die erfolgte Aufklärung für ausreichend erachtet und die geltend gemachten Ansprüche mit Schreiben vom 4. 5. 2006 zurückgewiesen.

Beweis: Anlage K 10

Es ist daher Klage geboten. Die Klägerin entbindet sämtliche mit ihrer Behandlung einschließlich der Vor- und Nachbehandlung betrauten Ärzte von der ärztlichen Schweigepflicht. Vorsorglich fügen wir die entsprechende Erklärung der Klägerin als

Anlage K 11

bei.

In der Anlage überreiche ich aus dem Gegenstandswert von 68 704,38 Euro einen Verrechnungsscheck für die Gerichtskosten.

Rechtsanwalt R.

Anlagen: K 1 – K 11

Ergänzende Hinweise zu häufig verkannten schadensrechtlichen Problemen:

1. Zur Brutto- und Nettolohnmethode: *BGH NJW 1995, 389 f., NJW 1999, 3711 und Küppersbusch; 8. Aufl. 2004 Rz. 51, 95 – 103, 121 – 135; OLG München, Urt. v. 6. 8. 2004 – 10 U 2004/04, VersR 2005, 1150 mit NA-Beschluss BGH vom 12. 7. 2005 – VI ZR 228/04: Wird der Erwerbsschaden auf der Grundlage der modifizierten Nettolohnmethode berechnet, so sind die hierauf anfallenden Steuern und Sozialversicherungsbeiträge ohne entsprechenden Vorbehalt, etwa im Wege des Feststellungsklage, nicht mehr gesondert zu erstatten.*

2. Zum Abzug ersparter und berufsbedingter Aufwendungen i.H.v. 10 % *vgl. OLG Stuttgart NJW 1985, 310 und Küppersbusch Rz. 78, 79, 80.*

3. Zum entgangenen Urlaubsentgelt *und der entgangenen Weihnachtsgratifikation vgl. BGH NJW 1972, 1703 und Küppersbusch, 8. Aufl. 2004 Rz. 113.*

4. Zur Begrenzung der Verdienstausfallrente *aller nicht selbständig Tätigen auf den Zeitpunkt der Vollendung des 65. Lebensjahres: BGH, Urt. v. 5. 11. 2002 – VI ZR 256/01, GesR 2003, 84, 85.*

5. Zur Berechnung des Unterhaltsschadens *nach dem Tod einer unterhaltsverpflichteten Person (Ehepartner, Vater, Mutter): Schmitz-Herscheidt VersR 2003, 33 ff.*

6. Zum Abfindungsvergleich und zur Abzinsung *mit nach wie vor 5 %: Lang VersR 2005, 894 ff.*

7. Zur Übernahme der Kosten der privatärztlichen Behandlung eines Kassenpatienten *BGH, Urt. v. 6. 7. 2004 – VI ZR 266/03, VersR 2004, 1180 = NJW 2004, 3324: Der Schädiger bzw. dessen Haftpflichtversicherung hat auch die Kosten der privatärztlichen Behandlung des geschädigten Kassenpatienten zu übernehmen, wenn nach den Umständen des Einzelfalls feststeht, dass das Leistungssystem der gesetzlichen Krankenversicherung nur unzureichende Möglichkeiten der Schadensbeseitigung bietet oder die Inanspruchnahme der vertragsärztlichen Leistung dem Geschädigten aufgrund besonderer Umstände ausnahmsweise nicht zumutbar ist. Dies ist etwa dann der Fall, wenn der Patient nach einer fehlerhaften zahnmedizinischen Behandlung unter erheblichen Schmerzen leidet und sich zunächst kein Zahnarzt bereit findet, die notwendige, umfangreiche und schwierige Nachbehandlung zu den Kassensätzen durchzuführen. Von diesem Ausnahmefall abgesehen, besteht aber grundsätzlich kein Anspruch des Kassenpatienten auf Erstattung wesentlich höherer Kosten einer privatärztlichen Versorgung (OLG Düsseldorf, Urt. v. 1. 8. 2002 – 8 U 195/01, OLGR 2003, 251, 252 und NJW-RR 1991, 1308 = VersR 1991, 884: völlig anders konzipierte und wesentlich teurere implantatgetragene Prothetik statt Neuanfertigung einer Vollprothese).*

8. Zum Ersatz fiktiver Heilbehandlungskosten: *Die Kosten einer wegen eines Behandlungsfehlers erforderlichen Nachbehandlung sind regelmäßig nur dann zu ersetzen, wenn der Patient diese Behandlung bereits durchführen ließ (OLG Düsseldorf, Urt. v. 1. 8. 2002 – 8 U 195/01, OLGR 2003, 251; OLG Köln, Urt. v. 12. 1. 2005 – 5 U 96/03, GesR 2005, 266 und Urt. v. 19. 5. 1999 – 5 U 247/98,*

OLGR 2000, 169, 171 = VersR 2000, 1021, 1022; OLG München, Beschl. v. 1. 2. 2006 – 1 U 4756/05, OLGR 2006, 431, 432).

Danach kann der Patient den Anspruch auf Ersatz noch nicht konkret angefallener Nachbehandlungskosten nur im Wege der Feststellungs- oder Freistellungsklage geltend machen (OLG München a.a.O.). Ausnahmsweise kann dann bereits auch auf Leistung geklagt werden, wenn die Nachbehandlungskosten für eine geplante, konkrete Operation o.a. bereits feststehen und der Patient die Behandlungsabsicht nachweisen kann (BGH NJW 1986, 1538 = MDR 1986, 486; OLG München, Beschl. v. 1. 2. 2006 – 1 U 4756/05, OLGR 2006, 431, 432 – im entschiedenen Fall verneint).

Klageerwiderung (Muster)

Landgericht Stuttgart
Urbanstraße 20
70182 Stuttgart   Schwäbisch Gmünd, 18. 6. 2006

In Sachen

der Frau P.   gegen   1. Herrn Dr. A.
                                                  2. Herrn Prof. Dr. B.
                                                  3. Universitäts-
                                                     klinikum U.

15 O 999/06

zeigen wir die Vertretung der Beklagten Ziff. 1–Ziff. 3 an. Wir werden **beantragen,**

die Klage abzuweisen.

Von der Anberaumung eines Gütetermins bitten wir abzusehen. Eine Güteverhandlung erscheint aussichtslos (§ 278 II 1 ZPO n. F.)

BEGRÜNDUNG

I. Sachverhalt

1. Aufnahme und Aufklärung der Klägerin

Es trifft zu, dass die Klägerin am 27. 6. 2000 von der Beklagten Ziff. 3 stationär aufgenommen worden ist. Nach eingehender Untersuchung empfahl der Beklagte Ziff. 2 der Klägerin die operative Entfernung der Gallenblase im Wege der Bauchspiegelung.

Dabei wurde die Klägerin vom Beklagten Ziff. 1 um 14.00 Uhr des Aufnahmetages ausdrücklich darüber aufgeklärt, dass es bei diesem Eingriff zu einer Verletzung benachbarter Organe, insbesondere des Hauptgallengangs, des Dünn- und Dickdarms, der Leber, des Magens sowie von großen Blutgefäßen, weiterhin, dass es in seltenen Fällen zum Austritt von Galle in den Bauchraum und im weiteren Verlauf zu einer Fistel (Verbindung von Gallenwegen zur Darm- oder Bauchwand) oder einer Peritonitis (Infektion des Bauchraumes) kommen kann.

Beweis:

1. Parteivernehmung des Beklagten Ziff. 1;
2. Aufklärungsbogen v. 27. 6. 2000 in der Krankenakte

Der Beklagte Ziff. 1 wies die Klägerin auch darauf hin, dass als Behandlungsalternative eine Laparotomie in Frage kommen könnte. Er führte jedoch auch aus, dass die Laparoskopie gegenüber der Laparotomie ein deutlich geringeres Letalitäts- und Morbiditätsrisiko aufweist und in Bezug auf mögliche Gallenwegsverletzungen kein höheres, sondern ein allenfalls gleich großes Risiko enthält.

Beweis:

1. Parteivernehmung des Beklagten Ziff. 1;
2. Zeugnis des Krankenpflegers K. P.

Gerade im Hinblick auf das deutlich geringere Letalitäts- und Morbiditätsrisiko empfahl der Beklagte Ziff. 1 die Durchführung der Laparoskopie, womit die Klägerin ausdrücklich einverstanden war.

Beweis: Wie vor

2. Durchführung des Eingriffs

Der Eingriff wurde dann von den Beklagten Ziff. 1 und Ziff. 2 am 28. 6. 2000 vorgenommen. Nachdem sich überraschend Verwachsungen und Anomalien herausgestellt hatten, entschlossen sich die Beklagten Ziff. 1 und Ziff. 2 zum Wechsel der Operationsmethode von der Laparoskopie zur Laparotomie.

Bei der Klägerin kam es zu Kreislaufinstabilitäten, weshalb die Laparotomie nach Entdeckung der Verwachsungen ohne Aufschub durchgeführt wurde und durchgeführt werden musste. Die unterlassene Abklärung der Gallenwege durch eine Cholangiographie war unter diesen Umständen nicht behandlungsfehlerhaft.

Gegenbeweislich:

1. Einholung eines Sachverständigengutachtens;
2. Beiziehung der Krankenunterlagen

Unglücklicherweise wurde im weiteren Verlauf der Hauptgallengang durchtrennt. Auf dieses dem Eingriff immanente Risiko war die Klägerin jedoch zuvor hingewiesen worden. Die Gallenblase konnte dann planmäßig entfernt, der Bauchraum nach negativ verlaufender Kontrolle auf Blutungen oder Gallensekretionen wieder lege artis verschlossen werden.

3. Folgen und weiterer Verlauf

Auch ohne Durchtrennung des Hauptgallengangs wäre die Klägerin aufgrund des behandelten Grundleidens mindestens bis Ende August 2000 arbeitsunfähig gewesen.

Beweis: Einholung eines Sachverständigengutachtens

Die Behandlung vom 13.11. – 22. 11. 2000 im Universitätsklinikum X wäre unabhängig von der Durchtrennung des Hauptgallengangs erforderlich geworden, jedenfalls ist dies nicht auszuschließen.

Beweis: Einholung eines Sachverständigengutachtens

II. Rechtslage

1. Behandlungsfehler

Der intraoperative Wechsel von der laparoskopischen Methode zur Laparotomie ist nicht zu beanstanden. Die Laparoskopie weist gegenüber der Laparotomie ein deutlich geringeres Letalitäts- und Morbiditätsrisiko auf und enthält in Bezug auf die Gallenwegsverletzungen kein höheres Risiko (vgl. OLG Brandenburg, NJW-RR 2000, 24, 26; OLG Düsseldorf, VersR 2000, 456).

Gegenbeweislich: Einholung eines Sachverständigengutachtens

(Anmerkung: Das OLG Brandenburg hat im entschiedenen Fall an anderer Stelle das Vorliegen eines groben Behandlungsfehlers bejaht. Es sollte daher stets geprüft werde, ob eine Entscheidung mit einer vermeintlich günstigen Aussage zitiert werden soll!)

Da sich Verwachsungen und Anomalien herausgestellt hatten, war sowohl der Wechsel der Operationsmethode an sich als auch der zeitliche Ablauf ordnungsgemäß. Die Durchtrennung des Hauptgallenganges stellt sich unter Berücksichtigung der anatomischen Anomalien und erheblichen Verwachsungen als nicht sicher vermeidbares typisches Operationsrisiko, über das die Klägerin aufgeklärt worden ist, und nicht als haftungsbegründender Behandlungsfehler dar (vgl. etwa OLG Oldenburg Urt. v. 21. 6. 2006 – 5 U 86/04, GesR 2006, 408).

Nachdem erhebliche Kreislaufinstabilitäten auftraten, liegt in der Unterlassung einer intraoperativen röntgendiagnostischen Abklärung der Gallenwege vor bzw. nach Eröffnung des Bauchraumes und Entdeckung der Verwachsungen und Anomalien kein Verstoß gegen die ärztliche Sorgfaltspflicht, jedenfalls aber kein grober Behandlungsfehler. So hat auch das OLG Hamburg (OLG-Report 2005, 195, 196) darauf hingewiesen, es entspreche nicht dem ärztlichen Soll-Standard, bei der Durchführung einer laparoskopischen Cholezystektomie routinemäßig eine intraoperative Cholangiographie vorzunehmen. Danach ist auch die Darstellung der Einmündung des Cysicus in den Choledochus vor der Durchführung des Eingriffs nicht zu fordern (so das OLG Hamburg in OLG-Report 2005, 195, 196; ebenso OLG Oldenburg, Urt. v. 21. 6. 2005 – 5 U 86/04, GesR 2006, 408, 409).

(Anmerkung: Allerdings muss auch nach Auffassung des OLG Hamburg der Raum zwischen dem Ducuts cysticus und dem Unterrand der Leber, sogenanntes „Calot'sches Dreieck", so weit frei präpariert werden, dass der Ductus cysticus und die Arteria cystica hinreichend deutlich sichtbar bleiben. Dabei lassen sich auch durch die Freipräparierung Gallenwegsverletzungen nicht vollständig vermeiden. Der Schluss auf einen „groben Behandlungsfehler"

könne bei erfolgter völliger Freipräparation jedoch nicht gezogen werden. Das OLG Oldenburg hat in der Entscheidung vom 21. 6. 2006 gleichfalls ausgeführt, bei schwierigen und unübersichtlichen intraoperativen Bedingungen sei es entweder erforderlich, die Einmündungsstelle des Ductus zysticus in den Ductus choledochus darzustellen oder aber eine intraoperative röntgenologische Darstellung der Gallenwege vorzunehmen. Die Einengung eines Gallenhauptganges durch Fehlplatzierung eines Clips bei der Entfernung der Gallenblase stellt danach ebenfalls keinen Behandlungsfehler dar. Jorzig (GesR 2006, 409) empfiehlt der Beklagtenseite den Hinweis, dass keine schwierigen und übersichtlichen intraoperativen Bedingungen vorlagen bzw. eine genügende Freipräparation stattgefunden hat und eine Verletzung des Gallengangs intraoperativ nicht stets vermeidbar ist.)

2. Aufklärungsfehler

a) Der Beklagte Ziff. 1 hat die Klägerin über sämtlich in Betracht kommenden Risiken des Eingriffs und eine theoretisch denkbare Behandlungsalternative aufgeklärt. Er hat der Klägerin insbesondere dargelegt, dass es bei einem Eingriff der vorliegenden Art zu einer Verletzung der großen Gallengänge, zu Nachblutungen, Austritt von Galle in den Bauchraum und zu einer Infektion des Bauchraumes kommen kann.

Er hat die Klägerin auch über eine mögliche Behandlungsalternative, die sofortige Laparotomie ausreichend informiert und sie auf die Möglichkeit des Wechsels der Operationsmethode während der Operation hingewiesen. Bei diesem Gespräch war der Krankenpfleger K. P. zeitweise anwesend. Er kann daher den wesentlichen Inhalt des Gesprächs bestätigen.

Beweis:

1. Parteivernehmung des Beklagten Ziff. 1;
2. Zeugnis des Krankenpflegers K. P.

Bekanntlich sind an den vom Arzt zu führenden Nachweis einer ordnungsgemäßen Aufklärung im Hinblick auf die „Waffengleichheit" im Arzthaftungsprozess keine unbilligen oder übertriebenen Anforderungen zu stellen (BGH, MDR 1985, 923 = NJW 1985, 1399; OLG Brandenburg NJW-RR 2000, 398, 400; OLG Bremen, VersR 2000, 1414; OLG Karlsruhe NJW 1998, 1800 und OLG-Report 2002, 396, 397 sowie OLG-Report 2004, 520; OLG Schleswig NJW-RR 1996, 348, 349). Regelmäßig ist den Angaben des Arztes über eine erfolgte Risikoaufklärung Glauben zu schenken, wenn seine Darstellung in sich schlüssig und zumindest ansatzweise dokumentiert ist (OLG Bremen VersR 2000, 1414; OLG Düsseldorf OLGR 2006, 12, 14; OLG Karlsruhe OLG-Report 2004, 520 f. und OLG-Report 2002, 396, 397).

b) Lediglich vorsorglich ist für den – unwahrscheinlichen – Fall, dass das Gericht die Aufklärung nicht oder nicht in besagtem Umfang für nachgewiesen erachten sollte, auf Folgendes hinzuweisen:

Die Aufklärungspflicht des Arztes erstreckt sich grundsätzlich nur auf die spezifischen Risiken der Operation. Auf mögliche Behandlungsalternativen muss nur dann hingewiesen werden, wenn im konkreten Fall mehrere gleichermaßen medizinisch indizierte und übliche Behandlungsmethoden in Betracht kommen, die über einigermaßen gleiche Erfolgschancen verfügen und unterschiedliche Vorteile und Risiken aufweisen, so dass für den Patienten eine echte Wahlmöglichkeit besteht. Im Übrigen bleibt die Wahl der Behandlungsmethode, ohne dass hierüber aufgeklärt werden müsste, allein Sache des Arztes (BGH NJW 1988, 763, 764; NJW 1992, 2352, 2354; OLG Bamberg, OLG-Report 2003, 300; OLG Karlsruhe, MedR 2003, 229, 230 und OLG-Report 2003, 232; OLG München, OLG-Report 2002, 419, 420; OLG Brandenburg NJW-RR 2000, 24, 25).

Im vorliegenden Fall stellte sich eine sofortige Laparotomie nicht als echte, ernsthafte Behandlungsalternative dar. Denn sie wies gegenüber der Laparoskopie ein deutlich höheres Letalitäts- und Morbiditätsrisiko auf. Die Laparoskopie ist eindeutig als risikoärmere Methode anerkannt (vgl. OLG Düsseldorf VersR 2000, 456).

Gegenbeweislich: Einholung eines Sachverständigengutachtens

(Anm.: Das OLG Düsseldorf hat allerdings weiter ausgeführt, der Arzt habe den Patienten im Rahmen der präoperativen Aufklärung darauf hinzuweisen, dass im Fall ungünstiger anatomischer Verhältnisse, etwa bei massiven Verwachsungen, ein Wechsel zur konventionellen Laparotomie erforderlich werden kann, vgl. OLG Düsseldorf, Urt. v. 17. 12. 1998 – 8 U 139/97, VersR 2000, 456 und Bergmann/Müller, MedR 2005, 650, 651 zum chirurgischen Vorgehen.)

Selbst wenn die Klägerin – wie jedoch tatsächlich geschehen – nicht über eine solche „Behandlungsalternative" informiert worden wäre, wäre ein Entscheidungskonflikt im Hinblick auf das ungleich höhere Risiko einer sofortigen Laparotomie nicht plausibel. Deshalb wäre selbst bei – tatsächlich nicht – fehlender oder unvollständiger Aufklärung von einer hypothetischen Einwilligung der Klägerin in den Eingriff vom 28. 6. 2000 auszugehen.

c) Die Aufklärung am 27. 6. 2000 gegen 14.00 Uhr, einen Tag vor dem Eingriff, ist auch rechtzeitig erfolgt.

Bei stationär durchgeführten, aus der maßgeblichen ex-ante Sicht einfachen Eingriffen bleibt einem Patienten im Allgemeinen am Tag vor der Operation genügend Zeit, um Nutzen und Risiken des Eingriffs abzuwägen, so dass die Aufklärung in solchen Fällen am Vortag der Operation ausreichend ist (vgl. BGH, VersR 2003, 1441, 1443 = NJW 2003, 2012, 2013; VersR 1998, 766, 767; NJW 1985, 1399; OLG Saarbrücken, OLG-Report 2000, 401, 402; OLG Stuttgart, VersR 2002, 1428).

Dies gilt insbesondere im vorliegenden Fall, in dem die Klägerin dem Beklagten Ziff. 1 gegenüber nach Durchführung des ausführlichen Aufklärungsgesprächs den Wunsch geäußert hat, bereits am nächsten Tag operiert zu werden (vgl. hierzu OLG Düsseldorf NJW-RR 1996, 347).

Beweis: Parteivernehmung des Beklagten Ziff. 1

(Im entschiedenen Fall ist das OLG Brandenburg, Urt. v. 13. 9. 1999 = 1 U 54/ 98, VersR 2000, 489, 490 = NJW-RR 2000, 24, 25 ohne weiteres von der Rechtzeitigkeit der Aufklärung am Tag vor der Operation ausgegangen, obwohl es sich um einen schwierigen und keinesfalls risikolosen Eingriff handelte. Bei einer Aufklärung am Vorabend der Operation wird der Patient regelmäßig mit der Verarbeitung der ihm mitgeteilten Fakten und der von ihm zu treffenden

Entscheidungen überfordert, wenn dabei – für ihn überraschend – erstmals von gravierenden Risiken erfährt, die seine künftige Lebensführung entscheidend beeinflussen können, so etwa BGH, VersR 2003, 1441, 1443 und VersR 1998, 766, 767 und OLG Koblenz, OLGR 2006, 193, 194; vgl. → Aufklärung, S. 202 f.).

3. Kausalität

Die klägerseits vorgebrachten und in den Arztberichten beschriebenen Gesundheitsschäden, insbesondere die bakterielle Infektion im Bereich des Dickdarms, die Schlafstörungen, depressiven Verstimmungen, die Gewichtsabnahme, die dauernde Mattigkeit, das Hautjucken und die zwischendurch vorhandene Gelbsucht-Erkrankung mit Gelbverfärbungen der Haut sind größtenteils nicht auf einen – behaupteten – Behandlungsfehler der Beklagten Ziff. 1 – Ziff. 3 zurückzuführen. Es besteht auch kein Zurechnungszusammenhang mit dem – angeblichen – Aufklärungsversäumnis.

Die Klägerin wäre auch ohne den – behaupteten – Behandlungsfehler nach erfolgreich durchgeführter Operation zunächst bis Ende August 2000 arbeitsunfähig gewesen.

Die bis zum 15. 1. 2001 eingetretene vollständige Arbeitsunfähigkeit und die hernach bestehende eingeschränkte Arbeitsfähigkeit der Klägerin ist als schicksalhaft anzusehen, jedenfalls keine Folge eines Behandlungs- oder Aufklärungsfehlers vom 27./28. 6. 2000.

Gegenbeweislich: Einholung eines Sachverständigengutachtens

Ein „grober Behandlungsfehler" liegt – wie ausgeführt – nicht vor, so dass der Kausalitätsnachweis vollumfänglich durch die Klägerin zu führen wäre.

4. Haftung der Beklagten

Der Beklagte Ziff. 2 ist als beamteter Chefarzt bei der Beklagten Ziff. 3 tätig.

Beweis: Ernennungsurkunde, Anlage B 1

Er kann sich deshalb auf die – klägerseits behauptete – vorrangige Haftung der Beklagten Ziff. 3 berufen (§ 839 I 2 BGB).

(vgl. hierzu → Krankenhausverträge, S. 654, 661).

5. Feststellungsantrag

Der Schmerzensgeldanspruch kann abschließend beziffert werden. Der Feststellungsantrag hinsichtlich zukünftiger, immaterieller Schäden ist deshalb unzulässig (OLG Hamm, NJW-RR 2000, 1623 = VersR 2001, 1386; OLG Düsseldorf, NJW-RR 2001, 890, 892; OLG Stuttgart, OLG-Report 2003, 311, 312; OLG Oldenburg, NJW-RR 1988, 615).

(vgl. hierzu → Feststellungsinteresse, S. 457 ff.)

6. Verjährung

Etwaige Schadensersatzansprüche der Klägerin aus §§ 823 I, II, 847 BGB a. F. bzw. § 253 BGB n. F. wären auch verjährt. Die Einrede der Verjährung wird hiermit ausdrücklich erhoben.

(vgl. hierzu → Verjährung, S. 849 ff.)

Der Prozessbevollmächtigte der Klägerin hatte die Behandlungsunterlagen des Beklagten Ziff. 3 bereits mit Anwaltschreiben vom 4. 9. 2001 angefordert und die am 9. 9. 2001 zusammengestellten, am Folgetag zum Versand gebrachten entsprechenden Kopien sämtlicher Klinikaufenthalte spätestens am 12. 9. 2001 erhalten.

a) Aus den Behandlungsunterlagen konnte ohne weiteres entnommen werden, dass die Operation vom 28. 6. 2000 umgestellt und weitergeführt worden war, ohne dass zuvor nach Eröffnung des Bauchraumes und Entdeckung der Verwachsungen sowie der anatomischen Anomalien der klägerseits postulierte Versuch einer intraoperativen röntgendiagnostischen Abklärung der Gallenwege durch eine Cholangiographie unternommen worden und die Durchtrennung des Gallenganges auf diesen Umstand zurückzuführen war.

Beweis: Beiziehung der Krankenunterlagen

Die für den Beginn der Verjährung des bis zum 31. 12. 2001 geltenden § 852 BGB a. F. erforderliche positive Kenntnis vom Vorliegen eines Behandlungsfehlers ist zu bejahen, wenn aus dem negativen Ausgang der ärztlichen Behandlung auch auf einen ärztlichen Behandlungsfehler als Ursache dieses Misserfolges geschlossen werden kann, der Schluss auf einen bestimmten Kausalzusammenhang zumindest nahe liegend erscheint (OLG Frankfurt VersR 2001, 1572, 1573; OLG Zweibrücken NJW-RR 2001, 667, 670).

Der Patient muss sich nach den Rechtsgedanken der §§ 162, 242 BGB (vgl. hierzu Geiß/Greiner, Arzthaftpflichtrecht, 5. Aufl. 2006, Rz. D 8) so behandeln lassen, als habe er die erforderliche positive Kenntnis vom Vorliegen eines Behandlungsfehlers gehabt, wenn er bzw. der beauftragte Rechtsanwalt die angeforderten Behandlungsunterlagen nicht durchsieht, bzw. hieraus ohne weiteres mögliche Sachverhaltsfeststellungen, die den Schluss auf ein ärztliches Fehlverhalten nahe legen, nicht trifft (BGH NJW 1989, 2323 = MDR 1989, 901; OLG Düsseldorf VersR 1999, 833; Gehrlein, Arzthaftungsrecht, 2001, Rz. D 6; Geiß/Greiner, Arzthaftpflichtrecht, 5. Aufl. 2006, Rz. D 8 m. w. N.).

b) In jedem Fall aber lag die unter Geltung der §§ 195, 199 I Nr. 2 BGB n. F. ab dem 1. 1. 2002, 0.00 Uhr erforderliche „grob fahrlässige Unkenntnis" zu diesem Zeitpunkt bei der Klägerin bzw. – was ausreicht – bei deren Prozessbevollmächtigtem vor. Für den Beginn der regelmäßigen Verjährungsfrist des § 195 BGB reicht es gem. § 199 I Nr. 2 BGB n. F., Art. 229 § 6 IV EGBGB in jedem Fall aus, wenn die grob fahrlässige Unkenntnis hinsichtlich der Person des Schuldners und/oder der Schadensverursachung durch den Schuldner zu diesem Zeitpunkt vorliegt (vgl. OLG Bamberg, NJW 2006, 304; OLG Braunschweig, OLG-Report 2006, 157; Palandt-Heinrichs, 65. Aufl. 2006, § 199 BGB Rz. 2, 37, 38; Rohlfing, MDR 2006, 721, 722; Schulte-Nölke/Hawxwell, NJW 2005, 2117, 2119).

Mit Erhalt sämtlicher Behandlungsunterlagen hat die Klägerin bzw. deren Prozessbevollmächtigter auch von den Tatsachen Kenntnis erlangt, aus denen sich die Notwendigkeit einer Aufklärung sowie die Kenntnis der – angeblich – unvollständigen Erteilung der erforderlichen Hinweise ergibt.

c) Zudem besteht bei einem – angeblichen – Aufklärungsfehler die Pflicht des Patienten, sein Wissen um die Rechtsfolgen des tatsächlichen Geschehens durch einfache, zumutbare Maßnahmen zu vervollständigen (vgl. OLG München GesR 2006, 119, 120; OLG Düsseldorf NJW 1986, 2377 und NJW-RR 1999, 823; Gehrlein Rz. D 9; Geiß/Greiner, Arzthaftpflichtrecht, 5. Aufl. 2006, Rz. D 14, 15).

Anders als bei Behandlungsfehlern nach der Rechtslage bis zum 31. 12. 2001 traf den Patienten also auch vor dem 1. 1. 2002 eine Erkundigungspflicht zum Umfang der Aufklärungsbedürftigkeit (OLG München GesR 2006, 119, 120; OLG Düsseldorf NJW-RR 1999, 823).

d) Dass die Klägerin – angeblich – nicht über einen Wechsel der Operationsmethode von der Laparoskopie zur Laparotomie aufgeklärt worden ist und die Aufklärung am Vortag der Operation erfolgte, war der Klägerin – würde der Vorwurf zutreffen – bereits nach dem Eingriff, jedenfalls spätestens nach Erhalt sämtlicher Behandlungsunterlagen im September 2001 bekannt. Ihre auf §§ 823, 847 BGB a. F. gestützten Ansprüche waren danach bereits bei Anwendung des bis zum 31. 12. 2001 geltenden Rechts am 12. 9. 2003 verjährt.

Spätestens am 1. 1. 2002, 0.00 Uhr begann aufgrund der zu diesem Zeitpunkt vorliegenden grob fahrlässigen Unkenntnis hinsichtlich der Umstände des von ihr behaupteten Behandlungs- und Aufklärungsfehlers die 3-jährige Verjährungsfrist der §§ 195, 199 I Nr. 2 BGB zu laufen, so dass sowohl die auf einen Behandlungs- als auch auf einen Aufklärungsfehler gestützten Ansprüche spätestens mit Ablauf des 31. 12. 2004 verjährt sind.

(Anmerkung: In der Replik wäre seitens der Klägerin darzulegen, dass die Voraussetzungen einer „grob fahrlässigen Unkenntnis" nicht vorlagen bzw. durch Einreichung eines Anwaltsschreibens beim Krankenhausträger oder dessen Haftpflichtversicherer vor dem 31. 12. 2004 eine Verjährungshemmung nach § 203 BGB n. F. eingetreten ist, wobei die Haftpflichtversicherung einen Abbruch der Verhandlungen nicht durch ein klares und eindeutiges Verhalten vor Zugang des Ablehnungsschreibens in unverjährter Zeit zum Ausdruck gebracht hat, vgl. etwa BGH, NJW-RR 2005, 1044, 1046 f.).

III. Zur Schadenshöhe

Lediglich vorsorglich ist zum Umfang des geltend gemachten Schadens wie folgt Stellung zu nehmen:

1. Schmerzensgeld

Es wird bestritten, dass insbesondere die stationären Behandlungen nach dem 22. 8. 2000, die Schlafstörungen, die depressiven Verstimmungen, die Gewichtsabnahme, das Hautjucken und die Gelbsuchterkrankung auf eine fehlerhafte Behandlung oder einen Aufklärungsfehler der Beklagten Ziff. 1 – Ziff. 3 zurückzuführen sind. Ein Schmerzensgeld in Höhe von 20 000 Euro wäre auch weit übersetzt

(Anmerkung: Hier wäre es grundsätzlich sinnvoll, vergleichbare Entscheidungen aus der ADAC-Schmerzensgeldtabelle von Hacks/Ring/Böhm, derzeit 25. Aufl. 2007 oder der Beck'schen Schmerzensgeldtabelle von Slizyk, derzeit 5. Aufl. 2006 oder der Schmerzensgeldtabelle von Jaeger/Luckey, derzeit 3. Aufl. 2005 zu zitieren).

2. Verdienstausfall

Es wird bestritten, dass die Klägerin adäquat-kausal bedingt durch eine rechtswidrige oder fehlerhafte Behandlung durch die Beklagten Ziff. 1 – Ziff. 3 vom 1. 8. 2000 – 15. 1. 2001 zu 100 % arbeitsunfähig gewesen wäre und sie deshalb nach dem 15. 1. 2001 ihrer Arbeit als Kindergärtnerin nur noch in eingeschränktem Umfang nachgehen konnte und kann.

Es handelt sich vielmehr um einen schicksalhaften Verlauf, der sich auch bei einem „Hinwegdenken" der behaupteten Behandlungs- und Aufklärungsfehler so eingestellt hätte; jedenfalls ist dies nicht auszuschließen.

Gegenbeweislich: Einholung eines Sachverständigengutachtens

Vorsorglich wird auch die Höhe des geltend gemachten Verdienstausfallschadens bestritten, insbesondere die angeblichen Lohnerhöhungen auf 920,00 Euro netto monatlich ab dem 1. 1. 2002 und auf 940,00 Euro netto monatlich ab dem 1. 1. 2004.

Im Übrigen wäre wegen der Ersparnis berufsbedingter Aufwendungen ein Abzug in Höhe von 10 % vorzunehmen (vgl. OLG Stuttgart NJW 1985, 310; OLG Stuttgart, Urt. v. 17. 8. 1988 – 4 U 246/87 und Urt. v. 14. 8. 1985, 13 U 168/84; OLG Naumburg, Schaden-Praxis 1999, 90; Wussow/Küppersbusch, 7. Aufl. 2000 Rz. 50).

3. Haushaltsführungsschaden

Zunächst wird der behauptete Arbeitszeitbedarf der Klägerin von 31,6 Stunden zur Haushaltsführung neben ihrer Vollzeitbeschäftigung als Kindergärtnerin, wofür ein Verdienstausfallschaden geltend gemacht wird, bestritten.

Wenn und soweit sie durch den Eingriff vom 28. 6. 2000 bedingt überhaupt in ihrer Haushaltsführung beschränkt gewesen wäre, was bestritten wird, könnte der Arbeitszeitbedarf eines reduzierten Zwei-Personen-Haushalts allenfalls aus Anspruchstufe 1 der Tabelle von Schulz-Borck/Hofmann mit 18,8 Wochenstunden entnommen werden.

Bestritten wird auch, dass in der Zeit vom 23. 8. 2000 bis (zunächst) 30. 4. 2006 ein konkreter Behinderungsgrad von 25 % vorgelegen hätte bzw. vorliegen würde. Anhand der vorliegenden Arztberichte und Atteste kann allenfalls von einer Minderung der Erwerbsfähigkeit (MdE) von 10 – 20 % ausgegangen werden.

Gegenbeweislich: Einholung eines Sachverständigengutachtens

Eine MdE von bis zu 20 % kann ein Geschädigter aber grundsätzlich durch eigenes Verhalten kompensieren, so dass insoweit kein Ersatzanspruch besteht (KG, VersR 2006, 661 = NZV 2006, 305: bis zu 20 %; KG, OLG-Report 2005, 495 = VersR 2005, 237: 20 %; OLG Hamm, Schaden-Praxis 2001, 376: bis 20 %; OLG München, ZfS 1994, 48: bis 20 %; LG Aachen, NZV 2003, 173:20 %).

Auch der Stundensatz ist übersetzt. Überwiegend wird der Haushaltsführungsschaden mit 8,00 Euro pro Stunde beziffert (OLG Celle NJW-RR 2004, 1673).

4. Arztkosten und Fahrtkosten

Es wird bestritten, dass der Anfall der geltend gemachten Arztkosten eine adäquat-kausale Folge eines Behandlungs- oder Aufklärungsfehlers der Beklagten Ziff. 1 – Ziff. 3 ist. Die Zuzahlungen hätten auch ohne die – behaupteten – Behandlungs- und Aufklärungsfehler erfolgen müssen, jedenfalls ist dies nicht auszuschließen.

Gegenbeweislich: Einholung eines Sachverständigengutachtens

Insbesondere wird der Anfall folgender Kosten bestritten *(Hinweis: substantiiertes Bestreiten von Einzelpositionen erforderlich!)*.

Rechtsanwalt/Rechtsanwältin

Krankenhausverträge

Vgl. auch → *Allgemeine Geschäftsberechnungen,* → *Arztvertrag,* → *Ambulanz,* → *Gemeinschaftspraxis/Praxisgemeinschaft,* → *Arbeitsteilung*

I. Totaler (einheitlicher) Krankenhausvertrag
  1. Begriff; vertragliche Beziehungen
  2. Haftung
    a) Haftung des Krankenhausträgers
    b) Haftung des behandelnden Arztes
    c) Haftung des beamteten Arztes
II. Totaler Krankenhausvertrag mit Arztzusatzvertrag
  1. Begriff; vertragliche Beziehungen
    a) Krankenhausvertrag mit Arzt-
zusatzvertrag
    b) Chefarztambulanz
  2. Haftung
    a) Haftung des Krankenhausträgers
    b) Haftung des liquidations-
berechtigten Arztes

    c) Haftung des beamteten Arztes
III. Gespaltener Krankenhausvertrag;
Belegarztvertrag
  1. Begriff; vertragliche Beziehungen
    a) Belegarztvertrag
    b) Liquidationsberechtigter
Krankenhausarzt
  2. Haftung
    a) Haftung des Krankenhausträgers
    b) Haftung des Belegarztes
    c) Gesamtschuldnerische
Haftung
    d) Haftung der Beleghebamme
    e) Haftung des beamteten Arztes

Bei den **stationären Behandlungsverhältnissen** finden sich gegenüber der ambulanten Krankenversorgung in der Chefarztambulanz, der Institutsambulanz (vgl.

BGH, Urt. v. 31. 1. 2006 – VI ZR 66/05, NJW-RR 2006, 811, 812 = VersR 2006, 791, 792 = GesR 2006, 269, 270; Urt. v. 20. 12. 2005 – VI ZR 180/04, NJW 2006, 767 – 769 = VersR 2006, 409 – 411 = GesR 2006, 178 – 181; Gehrlein Rz. A 11, 12, 51, 58; Rehborn MDR 2000, 1101, 1102 und → *Ambulanz*, S. 14 ff.), den Einzelpraxen, Praxisgemeinschaften und Gemeinschaftspraxen (vgl. L/U, § 40 Rz. 4, 5, § 98 Rz. 3, § 115 Rz. 2 ff., 7, 11; s. o. S. 472 ff.) wesentliche komplexere Vertragsgestaltungen. Zu unterscheiden sind drei typische Gestaltungsformen, nämlich der einheitliche (sog. totale) Krankenhausvertrag, der einheitliche (totale) Krankenhausvertrag mit Arztzusatzvertrag und der „gespaltene" Krankenhausvertrag.

I. Totaler (einheitlicher) Krankenhausvertrag

1. Begriff; vertragliche Beziehungen

Beim totalen Krankenhausvertrag verpflichtet sich der Krankenhausträger, **alle** für die stationäre Behandlung **erforderlichen Leistungen** einschließlich der gesamten ärztlichen Versorgung **zu erbringen** (OLG Brandenburg, Urt. v. 8. 4. 2003 – 1 U 26/00, NJW-RR 2003, 1383, 1384 = VersR 2004, 1050, 1051; NJW-RR 2000, 24, 25 = MedR 2000, 85, 86; OLG Koblenz, Urt. v. 29. 11. 2001 – 5 U 1382/00, VersR 2003, 1313, 1314; Gehrlein VersR 2004, 1488, 1490; Gehrlein Rz. A 20, 21; L/U, § 93 Rz. 3, § 115 Rz. 31; G/G, 5. Aufl., Rz. A 26, 27, 66; F/N, Rz. 20, 51; S/Pa, Rz. 47 ff., 52, 59).

Hier tritt der **Patient allein** zum **Krankenhausträger**, nicht zum Chefarzt, den behandelnden Ärzten oder dem vom Krankenhaus hinzugezogenen Konsiliararzt **in vertragliche Beziehungen**. Der Krankenhausträger, für kommunale Einrichtungen die Stadt oder der Landkreis, für Landeskrankenhäuser das Bundesland, für Universitätskliniken regelmäßig die Universität (Gehrlein Rz. A 22; aber L/U, § 115 Rz. 64 – 69: In Bayern haftet das Land für die Universitätskliniken) schuldet dem Patienten sämtliche Leistungen der stationären Krankenbetreuung sowohl im ärztlichen als auch im pflegerischen Bereich. Der Chefarzt erwirbt dementsprechend auch keinen eigenen Honoraranspruch gegen den Patienten.

Die stationäre Behandlung von Kassenpatienten basiert insoweit auf einer Dreierbeziehung: Kassenpatient und Krankenkasse stehen in einem öffentlichrechtlichen Versicherungsverhältnis (§§ 2, 5 ff., 107 ff. SGB V), die Krankenkassen sind mit den zugelassenen Krankenhäusern durch öffentlich-rechtliche Versorgungsverträge verbunden (§§ 82 ff., 108, 109, 111 SGB V), zwischen dem Krankenhausträger und dem Patienten werden privatrechtliche Beziehungen im Rahmen eines Dienstvertrages mit Elementen eines Beherbergungs-, Miet-, Kauf- und Werkvertrages begründet (Gehrlein Rz. A 21, 22; G/G, 5. Aufl., Rz. A 11, A 23: Dreier-Beziehung bei stationärer Aufnahme, Vierer-Beziehung bei ambulanter Versorgung; S/Pa, Rz. 52: auch bei stationärer Behandlung „auf dem Weg zur rechtlichen Vierer-Beziehung"; L/U, § 93 Rz. 3, § 86 Rz. 159 ff.; vgl. hierzu → *Arztvertrag*, S. 62 ff.). Die Gewährleistungsvorschriften der §§ 633 ff. BGB n. F. finden grundsätzlich keine Anwendung (F/N, Rz. 3; Gehrlein Rz. A 4; BGH NJW 1975, 347: Anders bei der technischen Ausführung einer Zahnprothese; vgl. → *Arztvertrag*, S. 62 ff., 66).

Die **Honorarforderung** des Krankenhausträgers richtet sich bei bestehender Mitgliedschaft des Patienten in einer gesetzlichen Krankenkasse gegen diese und ist vor den Sozialgerichten zu verfolgen (BGH NJW 2000, 3429; NJW 1999, 858; Gehrlein Rz. 21, 21 a; G/G, 5. Aufl., Rz. A 24).

Deren Leistungspflicht setzt neben dem Bestehen der Mitgliedschaft eine behandlungsbedürftige und behandlungsfähige Krankheit voraus (BGH VersR 2000, 999) sowie die Anwendung einer vom Bundesausschuss der Ärzte und Krankenkassen anerkannten oder nachweisbar wirksamen Untersuchungs- oder Behandlungsmethode (BSG NJW 1999, 1805; G/G, 5. Aufl., Rz. A 24).

Verbleibt der Patient im Krankenhaus, obwohl er über das Ende der Kostenübernahme seitens der Krankenkasse unterrichtet oder auf den Wegfall der Behandlungsbedürftigkeit hingewiesen wurde, so schließt er durch sein Verbleiben einen konkludenten Vertrag über die weitere stationäre Aufnahme und Betreuung zum üblichen Pflegesatz ab (BGH VersR 2000, 999; G/G, 5. Aufl., Rz. A 24).

2. Haftung

a) Haftung des Krankenhausträgers

Beim „totalen Krankenhausvertrag" sind die behandelnden **Ärzte** nicht selbst Vertragspartner, sondern hinsichtlich der vertraglichen Ansprüche **Erfüllungsgehilfen** gem. § 278 BGB und hinsichtlich der deliktischen Ansprüche Organe (Chefärzte) bzw. Verrichtungsgehilfen (sonstige Ärzte, Pflegepersonal) gem. §§ 31, 89, 831 BGB (OLG Brandenburg, Urt. v. 8. 4. 2003 – 1 U 26/00, NJW-RR 2003, 1383, 1384 = VersR 2004, 1050, 1051; NJW-RR 2000, 24, 25 = MedR 2000, 85, 86; NJW-RR 2000, 398, 399; OLG Koblenz, Urt. v. 29. 11. 2001 – 5 U 1382/ 00, VersR 2003, 1313, 1314; F/N, Rz. 51, 59; Gehrlein Rz. A 22, 46 und VersR 2004, 1488, 1490; L/U, § 115 Rz. 19 ff., § 104 Rz. 12 ff.; § 98, §§ 17, 18, § 115 Rz. 31 ff.).

Chefärzte, die eigenverantwortlich und weitgehend weisungsfrei die ihnen unterstellte Abteilung in einem Krankenhaus leiten, sind dabei als verfassungsmäßig berufene Organe anzusehen mit der Folge, dass der öffentlich-rechtlich organisierte Krankenhausträger für diese deliktsrechtlich nach § 89 BGB, der privatrechtlich Organisierte nach § 31 BGB ohne Möglichkeit der Exkulpation gem. § 831 BGB für deren Verschulden einzustehen hat (OLG Brandenburg, Urt. v. 8. 4. 2003 – 1 U 26/00, NJW-RR 2003, 1383, 1384; VersR 2002, 313, 314; VersR 2000, 1283, 1284; VersR 2000, 489, 491).

Gleiches gilt für den **Vertreter des Chefarztes** (BGH NJW 1987, 2925) und für alle anderen, im medizinischen Bereich weisungsfrei tätig werdenden leitenden Krankenhausärzte (F/N, Rz. 45; BGH VersR 1985, 1043). Auch die Leiter der einzelnen Fachbereiche werden als Organe i. S. d. §§ 31, 89 BGB angesehen.

Es obliegt dann dem Krankenhausträger, darzulegen und zu beweisen, dass diese nicht eigenverantwortlich und im medizinischen Bereich weitgehend weisungsfrei bzw. nicht in Ausführung des ihnen zugewiesenen Funktionsbereichs tätig geworden sind (F/N, Rz. 45, 46).

Für die übrigen angestellten Ärzte und das sonstige Pflegepersonal haftet der Krankenhausträger deliktsrechtlich nur nach § 831 BGB, so dass dem Krankenhausträger hier der Entlastungsbeweis zusteht (OLG Brandenburg, Urt. v. 8. 4. 2003 – 1 U 26/00, NJW-RR 2003, 1383, 1384 = VersR 2004, 1050, 1051; VersR 2002, 313, 314; VersR 2000, 489, 491; VersR 2000, 1283, 1284; Gehrlein VersR 2004, 1488, 1490). Nachdem gem. § 253 II BGB n. F. bei Schädigungen ab dem 1. 8. 2002 künftig auch außerhalb des Deliktsrechts ein Ersatz immaterieller Schäden, etwa aus §§ 280 I 1, 278 BGB, möglich ist (vgl. hierzu Karczewski VersR 2001, 1070, 1072; von Mayenburg VersR 2002, 278, 282; Wagner NJW 2002, 2049, 2055 f.), ist eine **Unterscheidung zwischen § 278 BGB einerseits und § 831 BGB andererseits weithin obsolet** geworden.

Schaltet der Krankenhausträger frei praktizierende, niedergelassene Ärzte – die mit der Krankenkasse des Patienten selbst abrechnen – ein, so werden zwischen diesen und dem Patienten selbständige Arztverträge begründet, ohne dass eine Haftungszurechnung zum Nachteil des Klinikträgers gem. § 278 BGB erfolgt (BGH NJW 1992, 2962; Gehrlein Rz. A 22).

Begeht jedoch ein niedergelassener Arzt, den das Krankenhaus als Konsiliararzt zur Erfüllung eigener Behandlungspflichten beizieht, einen Behandlungsfehler, der zu einem Körperschaden des Patienten führt, so haftet der Krankenhausträger dem Patienten aus schuldhafter Verletzung des totalen Krankenhausaufnahmevertrages i. V. m. § 278 BGB auf Ersatz des materiellen (OLG Stuttgart VersR 1992, 55) und gem. §§ 253 II, 278 BGB im Rahmen der nach dem 1. 8. 2002 abgeschlossenen Behandlungsverträge auch auf Ersatz des immateriellen Schadens. Hingegen besteht grundsätzlich keine Verpflichtung des Krankenhausträgers, den immateriellen Schaden auch gem. §§ 831, 253 II BGB (vormals § 847 BGB) zu ersetzen, weil der selbständige niedergelassene Arzt auch als Konsiliararzt zur Erfüllung eigener vertraglicher Behandlungspflichten des Krankenhauses nicht weisungsabhängig ist, also nicht als Verrichtungsgehilfe i. S. d. § 831 BGB tätig wird (OLG Stuttgart VersR 1992, 55; zust. S/Pa, Rz. 93).

Wenngleich die Problematik seit der Einführung des § 253 II BGB n. F. praktisch nicht mehr relevant wird, hat der Klinikträger nach Auffassung des OLG Brandenburg (Urt. v. 8. 4. 2003 – 1 U 26/00, NJW-RR 2003, 1383, 1385 = VersR 2004, 1050, 1051; zustimmend Gehrlein VersR 2004, 1488, 1490) für den – in seiner Berufsausübung nicht weisungsgebundenen – Konsiliararzt dann **nach § 831 BGB** auch deliktisch einzustehen, wenn dieser „anstelle eines sonst hauptberuflich anzustellenden eigenen Krankenhausarztes (. . .) fortlaufend **mit festen Aufgaben in den Dienstbetrieb des Krankenhauses integriert"** ist.

Denn andernfalls „hätte das Krankenhaus die Möglichkeit, sich durch die fortlaufende regelmäßige Übertragung wesentlicher Behandlungsaufgaben auf hinzugezogene, selbständige niedergelassene Ärzte der deliktsrechtlichen Haftung nach § 831 BGB zu entziehen, was nicht gebilligt werden könnte" (OLG Brandenburg, Urt. v. 8. 4. 2003 – 1 U 26/00, NJW-RR 2003, 1383, 1385). Im entschiedenen Fall wurde eine niedergelassene, frei praktizierende Kinderärztin regelmäßig mit den Abschlussuntersuchungen neugeborener Kinder betraut.

Nach Ansicht von Gehrlein (VersR 2004, 1488, 1490) ist der Einschätzung des OLG Brandenburg zu folgen, ohne dass es auf das **Erfordernis** einer **dauernden Zusammenarbeit** ankommt. Denn bei der Einschaltung eines Arztes als Verrichtungsgehilfen könne im Rahmen der §§ 831, 253 II BGB auf das Merkmal der „Weisungsgebundenheit" verzichtet werden (Gehrlein VersR 2004, 1488, 1490 mit Hinweis auf BGH, VersR 1998, 457, 459 = NJW 1998, 1780, 1782 und OLG Saarbrücken, Urt. v. 21. 3. 2001 – 1 U 653/98–119, OLGR 2001, 241; hiergegen jedoch OLG Hamm, Urt. v. 16. 1. 2006 – 3 U 207/02, GesR 2006, 120, 125: kein Verzicht auf das Merkmal der „Weisungsgebundenheit").

Soweit Krankenhausärzte oder hinzugezogene Konsiliarärzte vom selbstliquidierenden Chefarzt zur Erfüllung der von ihm übernommenen ärztlichen Wahlleistungen eingesetzt werden, sind diese als dessen Erfüllungs- und Verrichtungsgehilfen i. S. d. §§ 278, 831 BGB anzusehen (OLG Koblenz, Urt. v. 29. 11. 2001 – 5 U 1382/00, VersR 2003, 1313, 1314; Gehrlein VersR 2004, 1488, 1490).

b) Haftung des behandelnden Arztes

Die **bloße Stellung als Chefarzt** einer Abteilung **begründet** allein **keine Haftungsverantwortung** (OLG Oldenburg VersR 1998, 1285). Für die in Ausnahmefällen bestehen bleibende deliktische Resthaftung des leitenden Klinikarztes im Rahmen eines totalen Krankenhausvertrages hat der Anspruchsteller zumindest die Möglichkeit von Leitungsmängeln vorzutragen (OLG Oldenburg MedR 1991, 205).

Aufgrund seiner **Garantenstellung** haftet der jeweils tätig werdende Oberarzt, Assistenzarzt oder Stationsarzt im Übrigen nur für die eigenen Fehler deliktisch. Bei der so genannten vertikalen Arbeitsteilung (vgl. → *Arbeitsteilung*, S. 57 ff.) ist der nachgeordnete Arzt an die Anweisungen des leitenden Arztes gebunden. Er haftet daher nur bei einem allein von ihm zu verantwortenden Verhalten selbst aus § 823 I BGB, etwa, weil ihm eine Behandlung zur selbständigen Ausführung überlassen wird, wenn er durch voreiliges Handeln einer ihm erteilten Anweisung der ärztlichen Leitung zuwider handelt oder er pflichtwidrig eine gebotene Remonstration unterlässt (BGH, Urt. v. 7. 12. 2004 – VI ZR 212/03, VersR 2005, 408, 410/411 = GesR 2005, 161, 163 und nachfolgend OLG Hamm, Urt. v. 16. 1. 2006 – 3 U 207/02, GesR 2006, 120, 124 zur „Remonstrationspflicht" einer Hebamme; OLG Zweibrücken NJW-RR 1999, 611, 612). Danach haftet eine Stationsärztin, weil sie ihren gynäkologischen Chefarzt bei der Leitung einer Geburt lediglich begleitend assistiert, nicht für eine bei der Geburt eingetretene Schädigung des Kindes (OLG Zweibrücken NJW-RR 1999, 611; zu weiteren Einzelheiten vgl. → *Arbeitsteilung*, S. 57/58).

c) Haftung des beamteten Arztes

Ein beamteter, leitender Krankenhausarzt kann den Patienten aufgrund des **Verweisungsprivilegs in § 839 I 2 BGB** bei eigenem Verschulden, auch einem Überwachungsverschulden hinsichtlich der gegen ihn erhobenen deliktischen

Ansprüche auf die vorrangige Haftung des Klinikträgers verweisen (OLG Köln, Urt. v. 23. 10. 2002 – 5 U 4/02, VersR 2004, 1181, 1182 = OLGR 2003, 20, 22 mit Anm. Baxhenrich, VersR 2004, 1565; G/G, 5. Aufl., Rz. A 75, 76; Gehrlein Rz. A 52, 53; L/U, § 105 Rz. 5 ff.; S/Pa, Rz. 108–112).

Auch ein dem **Klinikträger** vorzuwerfender **Organisationsmangel** beseitigt als anderweitige Ersatzmöglichkeit die Haftung des leitenden Arztes (Gehrlein Rz. A 53). Der beamtete, leitende Krankenhausarzt kann sich nach § 839 I 2 BGB auch auf eine danach vorrangige, deliktische Haftung des nachgeordneten, nicht beamteten Personals wegen dessen Eigenverschulden aus § 823 BGB berufen (G/G, 5. Aufl., Rz. A 76; Gehrlein Rz. A 53).

Nach Auffassung des OLG Köln (Urt. v. 23. 10. 2002 – 5 U 4/02, VersR 2004, 1181, 1182 = OLGR 2003, 20, 22; zust. S/Pa, Rz. 111) verbleibt es auch dann bei dem Verweisungsprivileg zugunsten des Chefarztes, wenn dieser den Patienten im Rahmen der Eingangsuntersuchung zur Abklärung der Operationsindikation in seinen Ambulanzräumen (vgl. hierzu → *Ambulanz*, S. 14 ff.) nicht oder nur unzureichend über die Risiken des vorgeschlagenen Eingriffs aufklärt und es im Rahmen der lege artis durchgeführten Operation bzw. stationären Behandlung zum Eintritt eines Körper- bzw. Gesundheitsschadens beim Patienten kommt, wobei sich ggf. ein aufklärungspflichtiges Risiko verwirklicht.

Das **OLG Köln** differenziert wie folgt:

Wenn eine **zeitlich gestreckte Behandlung teilweise ambulant** und **teilweise stationär** durchgeführt wird, hängt die Frage, ob die beamtenrechtliche Dienststellung des Behandlers mit dem Verweisungsprivileg des beamteten Arztes nach § 839 I 2 BGB betroffen oder die Behandlung dem nicht – hoheitlichen Tätigkeitsbereich des Behandlers zuzuordnen ist, davon ab, ob die Behandlung als Einheit anzusehen ist und – falls dies zu bejahen wäre – wo der sachliche Schwerpunkt der Behandlung liegt. Ist die Behandlung bei natürlicher Betrachtung dagegen ohne weiteres in selbständige Abschnitte aufzuspalten, richtet sich die haftungsrechtliche Zuordnung danach, in Wahrnehmung welcher Tätigkeit der Behandler fehlerhaft gehandelt hat.

In dem entschiedenen Fall hat das OLG Köln die Behandlung des (Privat-) Patienten, einerseits die Eingangsuntersuchung im Rahmen der Chefarztambulanz mit der Indikationsstellung für die Operation bei unzureichender Risikoaufklärung, andererseits den nachfolgend lege artis durchgeführten Eingriff und den stationären Krankenhausaufenthalt als einheitlich im Sinne einer stationären Behandlung angesehen. Hier hätte das Schwergewicht in zeitlicher, medizinischer und wirtschaftlicher Hinsicht auf dem stationären Teil der Behandlung gelegen. Der Eingangsuntersuchung würde demgegenüber keine eigenständige Bedeutung zukommen. Demnach kann der beamtete Chefarzt im Hinblick auf das festgestellte Aufklärungsversäumnis gem. § 839 I 2 BGB auf die Inanspruchnahme des Krankenhausträges verweisen (OLG Köln, Urt. v. 23. 10. 2002 – 5 U 4/02, VersR 2004, 1181, 1182 = OLG 2003, 20, 22).

Baxhenrich (VersR 2004, 1565, 1566) lehnt die Entscheidung des OLG Köln mit der u. E. zutreffenden Argumentation ab:

Nach einhelliger Ansicht wird der **Chefarzt bei der Betreuung von Privatpatienten** in seinen Ambulanzräumen **nicht als Beamter** tätig (BGH VersR 1993, 357; S/Pa, Rz. 110). Die dort erfolgte ambulante Tätigkeit sei vom operativ-stationären Bereich gegenständlich – und im entschiedenen Fall auch zeitlich (19 Tage) – getrennt. Die Haftung müsse dort anknüpfen, wo das Fehlverhalten begangen wurde, also bei der unterlassenen bzw. fehlerhaften Aufklärung, die zur nachfolgenden Rechtswidrigkeit des durchgeführten Eingriffs führte.

Das **OLG Köln privilegiere unzulässigerweise denjenigen Chefarzt, der die Operation** nach dem Aufklärungsversäumnis **selbst durchführt**, gegenüber demjenigen Chefarzt, der im Rahmen der ambulanten Untersuchung einen ärztlichen Fehler begeht, ohne anschließend selbst den Eingriff bzw. die stationäre Behandlung durchzuführen; sofern beim Patienten ein kausaler Schaden eingetreten ist, haftet Letzterer selbst, ohne sich auf § 839 I 2 BGB berufen zu können. Gleiches gilt, wenn der ambulant tätige Chefarzt fälschlicherweise eine Operationsindikation bejaht und die Operation dann in einem anderen Krankenhaus durchgeführt wird. Wäre die Auffassung des OLG Köln richtig, müsste jedem beamteten Arzt empfohlen werden, im Anschluss an eine fehlerhafte Eingriffs- oder therapeutische Aufklärung die Operation zur Vermeidung einer eigenen Haftung selbst durchzuführen. Bei jedem Aufklärungsversäumnis wäre nicht das diesbezügliche Fehlverhalten, sondern ausschließlich der anschließende Eingriff schadensersatzbegründend, auch wenn in dieser Phase kein Fehler begangen wurde (Baxhenrich VersR 2004, 1565, 1566).

Soweit dem Krankenhausträger gem. §§ 115 a, 115 b SGB V die Behandlungsaufgabe zuwächst (Krankenhaus-Ambulanz, ambulantes Operieren, vor- und nachstationäre Pflege), wird der Chefarzt im Rahmen seiner Dienstaufgabe als Beamter tätig und kann sich auf das Verweisungsprivileg des § 839 I 2 BGB berufen (F/N Rz. 40; G/G, 5. Aufl., Rz. A 18, 20, 35, 84; S/Pa, Rz. 57, 59, 60, 111).

Bei über diesen Bereich hinausgehenden ambulanten Maßnahmen, insbesondere im Rahmen der „Chefarzt-Ambulanz" (vgl. hierzu S. 14 f.) wird der Chefarzt dagegen nicht als Beamter im haftungsrechtlichen Sinn tätig. Hier haftet er – bzw. sein Vertreter – deliktisch selbst aus § 823 BGB, ohne sich auf § 839 I 2 BGB berufen zu können (BGH VersR 1993, 357 = NJW 1993, 784; F/N, Rz. 40; G/G, 5. Aufl., Rz. 83; S/Pa, Rz. 110).

Darf allerdings der gesetzlich versicherte Patient aufgrund der §§ 115 b, 116 SGB V davon ausgehen, dass es einen sozialrechtlich befugten Behandler für die Durchführung einer ambulanten Operation gibt, nämlich entweder das Krankenhaus („Krankenhausambulanz/Institutsambulanz") oder einen ermächtigten Krankenhausarzt („Chefarztambulanz"), so darf eine Unklarheit darüber, ob er vertragsärztliche Leistungen oder Krankenhausleistungen in Anspruch genommen hat, haftungsrechtlich nicht zu seinen Lasten gehen. Kann nicht festgestellt werden, dass ausschließlich ein ermächtigter Krankenhausarzt („Chefarztambulanz" o. a.) tätig geworden ist, haftet der Krankenhausträger gem. § 823 I BGB jedenfalls wegen eines Organisationsverschuldens (BGH, Urt. v. 20. 12. 2005 – VI ZR 180/04, NJW 2006, 767, 768 = VersR 2006, 409, 410 = GesR 2006, 178, 180).

Der Einstandpflicht nachgeordneter, beamteter Ärzte geht das eigene Verschulden des Klinikträgers, etwa für Organisationsmängel, für fremdes Verschulden des leitenden Krankenhausarztes aus §§ 278, 31, 89 BGB, dessen Verschulden für Fehler des anderen, ärztlichen und nichtärztlichen Personals aus §§ 278, 831 BGB und das Verschulden des nachgeordneten, nicht beamteten Personals vor (Gehrlein Rz. A 54; G/G, 5. Aufl., Rz. A 76, 77). Keine Verweisungsmöglichkeit besteht dagegen im Verhältnis zwischen dem leitenden, beamteten und den nachgeordneten, beamteten Ärzten in vertikaler und horizontaler Ebene untereinander (G/G, 5. Aufl., Rz. A 76, 77).

II. Totaler Krankenhausvertrag mit Arztzusatzvertrag

1. Begriff; vertragliche Beziehungen

a) Krankenhausvertrag mit Arztzusatzvertrag

Auch beim totalen Krankenhausvertrag mit Arztzusatzvertrag verpflichtet sich das Krankenhaus zur Erbringung der ärztlichen Behandlung wie auch der übrigen Krankenhausversorgung. Insoweit gelten die vorstehenden Ausführungen zum totalen Krankenhausvertrag entsprechend. Daneben schließt der Patient i.d.R. mit dem Chefarzt oder einem sonstigen liquidationsberechtigten Arzt des Krankenhauses **einen zusätzlichen Arztvertrag ab, der den Arzt zur persönlichen Behandlung des Patienten verpflichtet und zur Eigenliquidation nach der GOÄ berechtigt**, wodurch sich der Patient für dessen ärztliche Leistungen **einen zusätzlichen Schuldner verschafft** (BGH, Urt. v. 31. 1. 2006 – VI ZR 66/05, NJW-RR 2006, 811, 812 = VersR 2006, 791, 792 = GesR 2006, 269, 270; auch OLG Brandenburg, Urt. v. 8. 4. 2003 – 1 U 26/00, NJW-RR 2003, 1383, 1384; G/G, 5. Aufl., Rz. A 49, 53, 71; Gehrlein Rz. A 20, 31, 50; L/U, § 93 Rz. 6).

Der Vertrag mit dem liquidationsberechtigten Arzt über Wahlleistungen ist jedoch nur wirksam, wenn der Patient vor Vertragsabschluss über die Entgelte der Wahlleistungen unterrichtet wurde und diese **schriftlich vereinbart** werden, § 22 BPflV (BGH, Urt. v. 27. 11. 2003 – III ZR 37/03, NJW 2004, 684, 686 = VersR 2004, 1005, 1007; Urt. v. 8. 1. 2004 – III ZR 375/02, NJW 2004, 686, 687 = VersR 2004, 1007, 1008; Urt. v. 22. 7. 2004 – III ZR 355/03, VersR 2005, 120 = NJW-RR 2004, 1428; Urt. v. 4. 11. 2004 – III ZR 201/04, NJW-RR 2005, 419, 420 = VersR 2005, 121, 122; vgl. hierzu → *Allgemeine Geschäftsbedingungen*, S. 1 ff., 5).

Nach h. M. handelt es sich beim totalen Krankenhausvertrag mit Arztzusatzvertrag um den **Regelfall** (BGH NJW 1985, 2189 = VersR 1985, 1043; NJW 1998, 1778 = VersR 1998, 726; OLG Brandenburg, Urt. v. 8. 4. 2003 – 1 U 26/00, NJW-RR 2003, 1383, 1384; OLG Köln, Urt. v. 23. 10. 2002 – 5 U 4/02, VersR 2004, 1181, 1182; F/N, Rz. 26 a. E., 56; G/G, 5. Aufl., Rz. A 50; L/U, § 94 Rz. 2 und § 98 Rz. 9; S/Pa, Rz. 28).

Der Arztzusatzvertrag enthält sowohl die Verpflichtung des Krankenhausträgers als auch des liquidationsberechtigten Arztes, ihm die ärztlichen Leistungen zu gewähren (L/U, § 93 Rz. 7; G/G, 5. Aufl., Rz. A 49; Gehrlein Rz. A 31 a. E.). Wählt dem gemäß ein Patient die private persönliche Behandlung und

Beratung durch den Chefarzt einer Klinik, wird dadurch der **Krankenhausträger im Regelfall nicht aus der Haftung entlassen, sondern lediglich ein Arztzusatzvertrag abgeschlossen und dem Patienten damit ein zusätzlicher Schuldner für diese Leistungen verschafft** (BGH, Urt. v. 31. 1. 2006 – VI ZR 66/05, VersR 2006, 791, 792 = NJW-RR 2006, 811, 812; OLG Düsseldorf VersR 1999, 232). Wenn zwischen den Vertragsparteien etwas anderes verabredet werden soll, muss dies im Krankenhausaufnahmevertrag klar zum Ausdruck kommen (BGH NJW 1985, 2189 = VersR 1985, 1043).

b) Chefarztambulanz

Demgegenüber tritt der Kassen- oder Privatpatient bei einer **ambulanten Behandlung durch einen liquidationsberechtigten (Chef-)Arzt nur mit diesem in vertragliche Beziehungen.** Dies gilt selbst dann, wenn die Überweisung des Hausarztes des Kassenpatienten auf das Krankenhaus lautet und die Behandlung in der Krankenhausambulanz von einem nachgeordneten Krankenhausarzt durchgeführt wird (BGH, Urt. v. 20. 12. 2005 – VI ZR 180/04, NJW 2006, 767 = VersR 2006, 409, 410; NJW 1987, 2289, 2290 = VersR 1987, 990, 991; G/G, 5. Aufl., Rz. A 18, 19, 72; Gehrlein, Rz. A 11; vgl. hierzu → *Ambulanz*). Auch der Umstand, dass der Krankenhausträger eine unzulässige Praxis der Behandlung von überwiesenen Kassenpatienten durch nachgeordnete Ärzte des Krankenhauses organisatorisch ermöglicht und geduldet hat, führt nicht zu seiner vertraglichen Mithaftung aus dem Behandlungsvertrag zwischen dem beteiligten Chefarzt und dem in seine Ambulanz überwiesenen Kassenpatienten (BGH, Urt. v. 20. 12. 2005 – VI ZR 180/04, NJW 2006, 767 = VersR 2006, 409, 410).

Etwas anderes gilt allerdings, wenn der Kassenpatient in eine vom Krankenhaus getragene **„Institutsambulanz"** überwiesen worden ist oder wenn das Krankenhaus den Anschein erweckt hat, von Gesetzes wegen (§§ 115 b, 116 SGB V) grundsätzlich zur Durchführung ambulanter Operationen zugelassener Leistungsträger berechtigt zu sein und keine anderen sozialrechtlich als befugt anzusehenden Ärzte zu ermitteln sind. Im letzten Fall haftet der Krankenhausträger wegen eines Organisationsverschuldens nach § 823 I BGB insbesondere dann, wenn er es zulässt, dass ambulante Operationen durch nicht oder nicht mehr nach § 116 SGB V ermächtigte Krankenhausärzte durchgeführt werden (BGH, Urt. v. 20. 12. 2005 – VI ZR 180/04, NJW 2006, 767, 768 = VersR 2006, 409, 410 f.).

2. Haftung

a) Haftung des Krankenhausträgers

Beim totalen Krankenhausvertrag mit Arztzusatzvertrag haftet der Krankenhausträger für die nachgeordneten Ärzte als Verrichtungs- bzw. Erfüllungsgehilfen (§§ 278, 831) und neben dem liquidationsberechtigten, leitenden Krankenhausarzt für diesen vertraglich nach § 278 und deliktisch aus §§ 30, 31, 89 (BGH NJW 1983, 1374; auch Urt. v. 31. 1. 2006 – VI ZR 66/05, VersR 2006, 791, 792: zusätzlicher Schuldner; OLG Brandenburg, Urt. v. 8. 4. 2003 – 1 U 26/00, NJW-RR 2003, 1383, 1384 = VersR 2004, 1050, 1051; OLG Koblenz, Urt. v. 29. 11. 2001 – 5 U 1382/00, VersR 2003, 1313, 1314 zu § 831 BGB; OLG Köln, Urt. v.

23. 10. 2002 – 5 U 4/02, VersR 2004, 1181, 1182 f.; F/N Rz. 43, 51; G/G, 5. Aufl., Rz. A 52, 53, 71; Gehrlein Rz. A 33; L/U, § 93 Rz. 7, § 98 Rz. 9, § 115 Rz. 51, 52; S/Pa, Rz. 28, 39, 61, 62, 97).

Die **Doppelhaftung** kann vom Krankenhausträger **in AGB wirksam ausgeschlossen** werden. Soll der selbst liquidierende Arzt allein verpflichtet werden, so muss der Patient hierauf bei Vertragsabschluss klar und nachdrücklich hingewiesen werden (BGH NJW 1993, 779; L/U, § 98 Rz. 10; S/Pa, Rz. 30; Gehrlein Rz. A 34). Der Krankenhausträger kann den Patienten jedoch nicht wirksam auf die alleinige Inanspruchnahme des beamteten Arztes verweisen, da dessen Privilegierung aus § 839 I 2 BGB sonst ausgehöhlt werden würde. Ergibt sich aus dem Vertragstext nicht deutlich, dass der Krankenhausträger bei Fehlern des liquidationsberechtigten Arztes nicht haften will, so ist die Klausel gem. §§ 3, 9 I AGBG unwirksam (L/U, § 98 Rz. 10; Gehrlein Rz. A 34; vgl. → *Allgemeine Geschäftsbedingungen*, S. 11). Gleiches gilt, wenn die Haftungsfreistellung des Krankenhausträgers auch für die vom selbst liliquidierenden Arzt veranlassten Leistungen nachgeordneter Ärzte des Krankenhauses eingreifen soll (OLG Bamberg VersR 1994, 813; S/Pa, Rz. 22, 31).

b) Haftung des liquidationsberechtigten Arztes

Der liquidationsberechtigte Arzt haftet dem Patienten für eigene Fehler und Fehler der nachgeordneten Ärzte sowie des nichtärztlichen Behandlungspersonals, die auf seine Anweisungen bzw. Anweisungsversäumnisse zurückgehen, selbst (BGH NJW 1984, 1400; auch Urt. v. 31. 1. 2006 – VI ZR 66/05, VersR 2006, 791, 792: zusätzlicher Schuldner; S/Pa, Rz. 28, 107 a). Er hat in der stationären Krankenhausbehandlung auch für die nachgeordneten Ärzte einzustehen, die ihm bei der Operation assistieren oder auf die er seine Aufgaben delegiert (BGH NJW 1983, 1347; G/G, 5. Aufl., Rz. A 38, 39).

Soweit sich keine **Anweisungs- oder Kontrollversäumnisse** ausgewirkt haben, haftet jedoch ausschließlich der Krankenhausträger für Fehler der Grund- und Funktionspflege des nichtärztlichen Dienstes (S/Pa, Rz. 32; F/N, Rz. 57).

So hat der Krankenhausträger für Fehler einer bei ihm angestellten Hebamme einzustehen, solange diese nicht wegen einer besonderen ärztlichen Weisungskompetenz oder der Übernahme der Geburtsleitung durch den selbst liquidierenden Arzt diesem zugerechnet werden kann (BGH, Urt. v. 16. 5. 2000 – VI ZR 321/98, NJW 2000, 2737; OLG Koblenz VersR 2001, 897, 898 a. E. zur Übernahme der Geburt; zu weiteren Einzelheiten vgl. → *Arbeitsteilung*, S. 58 ff. und → *Grobe Behandlungsfehler*, S. 607 f.).

Anders als bei der **stationären Behandlung** im Rahmen des totalen Krankenhausvertrages mit Arztzusatzvertrag tritt ein Privatpatient, der sich vom Chefarzt, dessen Vertreter oder einem anderen, selbst liquidationsberechtigten Arzt in der (Chefarzt-)Ambulanz behandeln lässt, nur **mit dem selbst liquidationsberechtigten Arzt in vertragliche Beziehungen** (BGH, Urt. v. 20. 12. 2005 – VI ZR 180/04, NJW 2006, 767 = VersR 2006, 409, 410; Urt. v. 31. 1. 2006 – VI ZR 66/05, NJW-RR 2006, 811, 812; VersR 2006, 791, 792; Gehrlein Rz. A 11, 51; G/G,

5. Aufl., Rz. A 18, 20, 72; L/U, § 98 Rz. 12, § 98 Rz. 21; Rehborn MDR 2002, 1281; S/Pa, Rz. 57, 102, 107 a, 107 b).

Der Kassenpatient, der zur ambulanten Behandlung in ein Krankenhaus überwiesen wird, tritt auch dann ausschließlich in vertragliche Beziehungen zu dem die Ambulanz betreibenden, hierzu ermächtigten Chefarzt, wenn die Überweisung des Hausarztes auf das Krankenhaus lautet und die Behandlung in der Krankenhausambulanz dann von einem nachgeordneten Krankenhausarzt durchgeführt wird (BGH, Urt. v. 20. 12. 2005 – VI ZR 180/04, NJW 2006, 767 = VersR 2006, 409, 410; Urt. v. 31. 1. 2006 – VI ZR 66/05, NJW-RR 2006, 811, 812 = VersR 2006, 791, 792).

Für Behandlungsfehler des Chefarztes oder dessen nachgeordnete Ärzte haftet ausschließlich der die Ambulanz leitende Arzt (BGH NJW 1989, 769; G/G, Rz. A 19, 72; L/U, § 98 Rz. 21; S/Pa, Rz. 57, 79, 107 b; Rehborn MDR 2000, 1101, 1102).

Vom Grundsatz der **alleinigen Haftung des Chefarztes** bei ambulanter Behandlung von Selbstzahlern (Privatpatienten) bzw. in die Ambulanz überwiesener Kassenpatienten ist nach Auffassung des OLG Stuttgart (OLGR 2000, 132, 135; ebenso OLG Köln, Urt. v. 23. 10. 2002 – 5 U 4/02, VersR 2004, 1181, 1182, wenn die Behandlung als Einheit anzusehen ist; zust. Rehborn MDR 2000, 1101, 1102 und MDR 2002, 1281) eine **Ausnahme** für den Fall zu machen, dass die ambulante Behandlung der **Vorbereitung** einer **stationären Aufnahme** dient und dabei eine Entscheidung zugunsten einer stationären Aufnahme fällt, zu der es später auch kommt. In einem solchen Fall stellt sich auch die Aufklärung sachlich als Teil der stationären Behandlung dar und ist haftungsrechtlich wie diese zu beurteilen (OLG Stuttgart OLGR 2000, 132, 135 und VersR 1994, 1476; auch OLG Köln, Urt. v. 23. 10. 2002 – 5 U 4/02, VersR 2004, 1181, 1182: wenn die Behandlung als Einheit anzusehen ist; Rehborn MDR 2000, 1101, 1102; abl. Zu OLG Köln Baxhenrich VersR 2004, 1566).

Den Krankenhausträger trifft bei etwaigen Aufklärungs- oder Behandlungsfehlern auch dann eine eigene Haftung, wenn der Patient zur Weiterbehandlung in die dortige „**Institutsambulanz**" (Krankenhausambulanz) überwiesen worden ist oder der Krankenhausträger es zulässt, dass ambulante Operationen durch nicht oder nicht mehr nach § 116 SGB V ermächtigte Krankenhausärzte durchgeführt werden (BGH, Urt. v. 20. 12. 2005 – VI ZR 180/04, NJW 2006, 767, 768 = VersR 2006, 409, 411 = GesR 2006, 178, 180).

Denn der gesetzlich versicherte Patient kann aufgrund der §§ 115 b, 116 SGB V davon ausgehen, dass es einen sozialrechtlich befugten Behandler für die Durchführung der ambulanten Operationen gibt, nämlich entweder das Krankenhaus oder einen sozialrechtlich ermächtigten Krankenhausarzt. Können keine anderen sozialrechtlich als befugt anzusehende Ärzte ermittelt werden, haftet der Krankenhausträger jedenfalls wegen eines Organisationsverschuldens selbst aus § 823 I BGB (BGH, a. a. O.).

c) Haftung des beamteten Arztes

Der beamtete, selbst liquidierende Arzt kann auch im Rahmen des totalen Krankenhausvertrages mit Arztzusatzvertrag seine **deliktische** – nicht die vertragliche – **Haftung** auf den Klinikträger (§§ 839, 31, 89 BGB) **abwälzen** (Gehrlein Rz. A 57; G/G, 5. Aufl., Rz. A 82; L/U, § 105 Rz. 8). Er kann sich auch dann auf § 839 I 2 BGB berufen, wenn sein Patient die Schädigung, für die es einzustehen gilt, nach Verlegung aus der Abteilung des Arztes in einer anderen Abteilung des Krankenhauses erleidet (BGH NJW 1984, 1400 = VersR 1984, 355; L/U, § 105 Rz. 8; s. o. S. 655).

Nach Auffassung des OLG Köln (Urt. v. 23. 10. 2002 – 5 U 4/02, VersR 2004, 1181, 1182 mit ablehnender Anm. Baxhenrich VersR 2004, 1565) scheidet eine Aufspaltung der Behandlung in einen ambulanten Teil mit der Folge der alleinigen Haftung des die Ambulanz betreibenden Chefarztes und einen stationären Teil mit der Konsequenz einer Verweisungsbefugnis des operierenden beamteten Chefarztes auf den Klinikträger als alleinigem Haftungsschuldner aus, wenn das gesamte Behandlungsgeschehen unter medizinischen Gesichtspunkten als Einheit anzusehen ist (s. o. S. 655 f.).

Auch die nachgeordneten, beamteten Ärzte können hinsichtlich ihrer Eigenhaftung auf die vorrangige Inanspruchnahme des Klinikträgers verweisen (G/G, 5. Aufl., Rz. A 82; Gehrlein Rz. A 57).

Die Ausführungen zum einheitlichen Krankenhausaufnahmevertrag (oben I) gelten im Übrigen für den einheitlichen Krankenhausaufnahmevertrag mit Arztzusatzvertrag entsprechend (vgl. G/G, 5. Aufl., Rz. A 76,77, 82 und die dortige Übersicht S. 654).

Ein **beamteter, leitender Krankenhausarzt** oder der für diesen tätig werdende Vertreter haftet für Schäden aus Versäumnissen anlässlich einer **ambulanten Behandlung seiner Privatpatienten und der in die Chefarztambulanz** (s. o.) überwiesenen Kassenpatienten nicht aus § 839 BGB, sondern nach § 823 BGB ohne die Möglichkeit des Verweisungsprivilegs gem. § 839 I 2 (BGH, Urt. v. 8. 4. 2003 – VI ZR 265/02, NJW 2003, 2309, 2310 = VersR 2003, 1126, 1127; NJW 1993, 784, 785 = VersR 1993, 357; Baxhenrich VersR 2004, 1565; G/G, 5. Aufl., Rz. A 83; S/Pa, Rz. 110). Die weiteren, nachgeordneten beamteten Ärzte können sich dagegen auf § 839 I 2 berufen (BGH NJW 1993, 784, 785; G/G, 5. Aufl., Rz. A 83).

Handelt es sich dagegen um eine nicht vom Chefarzt, sondern der Klinik selbst eingerichtete Ambulanz, bleibt dem selbst liquidationsberechtigten Cherarzt und den nachgeordneten Ärzten das Verweisungsprivileg aus § 839 I 2 BGB erhalten (BGH NJW 1993, 784 = VersR 1993, 357; G/G, 5. Aufl., Rz. A 84; Gehrlein Rz. A 58; F/N, Rz. 40; S/Pa, Rz. 111).

Gleiches gilt, wenn der Krankenhausträger wegen eines Organisationsverschuldens aus § 823 I BGB haftet, weil er es zulässt, dass ambulante Operationen durch nicht oder nicht mehr nach § 116 SGB V ermächtigte angestellte Krankenhausärzte durchgeführt werden (BGH, Urt. v. 20. 12. 2005 – V ZR 180/04, NJW 2006, 767, 768 = VersR 2006, 409, 411).

III. Gespaltener Krankenhausvertrag; Belegarztvertrag

1. Begriff; vertragliche Beziehungen

Beim gespaltenen Krankenhausvertrag schuldet der Krankenhausträger dem Patienten die Krankenhausversorgung, also die Unterbringung, Verpflegung, die Bereitstellung der erforderlichen technisch-apparativen Einrichtungen und die Organisation, deren Benutzung, den Einsatz des nichtärztlichen Hilfspersonals, die organisatorische Sicherstellung ausreichender Anweisungen an den Pflegedienst und des Einsatzes nachgeordneter Ärzte im Krankenhaus sowie die Weiterbehandlung des Patienten durch Ärzte außerhalb des Fachbereichs des Belegarztes bzw. selbst liquidierenden Arztes (F/N Rz. 21, 22, 52, 53; G/G, 5. Aufl., Rz. A 31, 35, 41, 68; Gehrlein Rz. A 20, 24; L/U, § 93 Rz. 4; S/Pa, Rz. 24, 37, 38, 80, 103).

Zu den vom Krankenhausträger geschuldeten Leistungen gehört hier also auch die ärztliche Versorgung, die nicht persönlich vom Belegarzt bzw. selbst liquidierenden Arzt in dessen Fachbereich erbracht werden kann, etwa durch die Stellung des Anästhesisten bei der Durchführung der Operation durch den Belegchirurgen oder die konsiliarische Betreuung durch einen nicht im Fachgebiet des Belegarztes tätig werdenden, beim Krankenhausträger angestellten HNO-Arztes (L/U, § 93 Rz. 4; G/G, 5. Aufl., Rz. A 41; Gehrlein Rz. A 26, 27).

Die Organisationspflicht des Belegkrankenhauses umfasst auch die Planung und Kontrolle, generell keine Eingriffe durchzuführen bzw. durch den Belegarzt durchführen zu lassen, für den die personelle oder apparative Ausstattung nicht vorhanden ist (BGH, Urt. v. 7. 12. 2004 – VI ZR 212/03, NJW 2005, 888, 890 = VersR 2005, 408, 410 und nach Zurückverweisung OLG Hamm, Urt. v. 16. 1. 2006 – 3 U 207/02, GesR 2006, 120, 124; G/G, 5. Aufl., Rz. A 35).

So trifft die Hebamme etwa bei gravierenden Fehlern im Rahmen einer Geburt eine Remonstrationspflicht zur Weiterverlegung der Patientin in eine besser geeignete Klinik (BGH a.a.O.; OLG Hamm a.a.O.: fehlerhafte und als völlig unsinnig erkannte Anordnungen des Belagarztes).

Demgegenüber werden die eigentlichen, ärztlichen Hauptleistungen beim gespaltenen Krankenhausaufnahmevertrag vom selbst liquidierenden Arzt, regelmäßig einem Belegarzt, im Einzelfall aber auch dem selbst liquidationsberechtigten Chefarzt der Abteilung erbracht (vgl. F/N Rz. 58). Ob die **Ausstattung eines Belegkrankenhauses** ausreicht, um die nach der Eingangsdiagnose zu erwartende ärztliche Behandlungsaufgabe bewältigen zu können, ist eine dem **Aufgabenkreis des Belegarztes** zuzurechnende Entscheidung, für die der Träger des Belegkrankenhauses in der Regel nicht haftet (OLG Karlsruhe, Urt. v. 13. 10. 2004 – 7 U 122/03, OLGR 2005, 40, 41 = VersR 2005, 1587, 1588).

a) Belegarztvertrag

Hauptanwendungsfall des „gespaltenen Krankenhausvertrages" ist der Vertrag mit einem Belegarzt. Dieser wird – ohne dort angestellt zu sein – aus dem mit dem Krankenhausträger geschlossenen Belegarztvertrag berechtigt, Patienten im Krankenhaus des Trägers unter Inanspruchnahme der von diesem bereitgestellten Dienste, Einrichtungen und Mittel stationär oder teilstationär zu behandeln, ohne hierfür vom Klinikträger eine Vergütung zu erhalten (BGH, Urt. v. 8. 11. 2005 – VI ZR 319/04, GesR 2006, 117; G/G Rz. A 31; F/N Rz. 21; Gehrlein Rz. A 24). Regelmäßig setzt der Belegarzt die in seiner Praxis ambulant begonnene Behandlung stationär im Krankenhaus fort (F/N, Rz. 21).

Aufgrund eines eigenen Behandlungsvertrages ist der Belegarzt gegenüber dem Kassen- oder Privatpatienten verpflichtet, diesem die in seinen ärztlichen Fachbereich fallenden Leistungen zu erbringen (BGH NJW 1996, 2429; Gehrlein Rz. A 25). Er kann sich dabei eigener, nachgeordneter ärztlicher Mitarbeiter bedienen; die von ihm selbst angestellten Mitarbeiter sowie die nachgeordneten Ärzte des Krankenhauses aus derselben Fachrichtung, etwa ein beim Krankenhausträger angestellter, vom gynäkologischen Belegarzt bei der Operation hinzugezogener Assistent sind dabei Erfüllungs- bzw. Verrichtungsgehilfen allein des Belegarztes (BGH NJW 1984, 1400; S/Pa, Rz. 37, 83, 107; Gehrlein Rz. A 26).

Schließt eine Patientin mit dem ihre Schwangerschaft betreuenden Gynäkologen als Kassen- oder Privatpatientin einen Behandlungsvertrag, so wird hieraus auch der mit dem Arzt in einer **Gemeinschaftspraxis verbundene Partner** zur Erbringung der ärztlichen Leistung als Gynäkologe verpflichtet. Der mit beiden Ärzten bestehende Behandlungsvertrag besteht fort, wenn sich die Patientin in das Belegkrankenhaus begibt, in dem der Gynäkologe Belegarzt ist und dieser oder dessen Partner dort die Behandlung fortsetzt (BGH, Urt. v. 16. 5. 2000 – VI ZR 321/98, VersR 2000, 1146, 1148 = NJW 2000, 2737, 2741; auch BGH, Urt. v. 8. 11. 2005 – VI ZR 319/04, GesR 2006, 117, 118).

Wenn Belegärzte eines Krankenhauses gegenüber Patienten bei bzw. vor deren stationärer Behandlung gemeinschaftlich als **Belegärztegemeinschaft** auftreten, ist regelmäßig davon auszugehen, dass der Patient zu allen Belegärzten in vertragliche Beziehungen treten will, und zwar auch dann, wenn der Patient vor seiner stationären Aufnahme im Rahmen der ambulanten Behandlung nur zu einem der Belegärzte in vertraglichen Beziehungen stand (OLG Zweibrücken, Urt. v. 23. 11. 2004 – 5 U 11/03, OLGR 2005, 291, bestätigt von BGH, Urt. v. 8. 11. 2005 – VI ZR 319/04, GesR 2006, 117, 118).

Besteht zwischen dem Beauftragten und dem auf dessen Weisung im Belegkrankenhaus tätig werdenden Fachkollegen kein Gemeinschaftspraxisverhältnis, so kommt eine **Haftungszurechnung** aus **§§ 278, 831 BGB** in Betracht (BGH, Urt. v. 16. 5. 2000 – VI ZR 321/98, NJW 2000, 2737, 2741; Rehborn MDR 2001, 1148, 1149; zur Entbehrlichkeit der Unterscheidung unter Geltung der §§ 280 I BGB n. F., 278, 831 BGB ab Einführung des § 253 II BGB n. F. s. o. S. 653).

Ein Gynäkologe ist als Belegarzt zur Erbringung der ärztlichen Leistungen im Fachgebiet der Geburtshilfe verpflichtet. Hierzu gehören z. B. die Überwachung, ob der errechnete Geburtstermin erreicht oder bereits überschritten ist und die Eingangsuntersuchung der werdenden Mutter mit den Anweisungen zur Anlegung eines CTG und des Einsatzes wehenfördernder Mittel (OLG Koblenz VersR 2001, 897, 898 a. E.).

Auch die Einschätzung, ob die Ausstattung des Belegkrankenhauses ausreicht, um eine werdende Mutter und das zu erwartende Kind sachgerecht behandeln zu können, oder ob die Patientin in eine andere, besser ausgestattete Klinik verwiesen werden muss, obliegt dem Belegarzt (OLG Karlsruhe, Urt. v. 13. 10. 2004 – 7 U 122/03, OLGR 2005, 40, 41).

Mit der **Übernahme der Behandlung**, spätestens der **Einleitung der Geburt** wird das hierfür eingesetzte Krankenhauspersonal für den Belegarzt als Erfüllungsgehilfe tätig (BGH, Urt. v. 7. 12. 2004 – VI ZR 212/03, VersR 2005, 408, 409 f.; Urt. v. 16. 5. 2000 – VI ZR 321/98, NJW 2000, 2737, 2738 = VersR 2000, 1146, 1147; VersR 1995, 706, 708; OLG Hamm, Urt. v. 16. 1. 2006 – 3 U 207/02, GesR 2006, 120, 123; OLG Karlsruhe, Urt. v. 13. 10. 2004 – 7 U 122/03, OLGR 2005, 40, 42; Urt. v. 16. 5. 2001 – 7 U 46/99, OLGR 2002, 99, 100; OLG Koblenz VersR 2001, 897, 898; F/N Rz. 55; Rehborn MDR 2001, 1148).

b) Liquidationsberechtigter Krankenhausarzt

Ähnlich dem Modell der Chefarztambulanz bei ambulanten Behandlungen (s. o. II. 1. b)) kann es für die stationäre Behandlung in Einzelfällen grundsätzlich auch zum Abschluss eines „gespaltenen Krankenhausvertrages" zwischen dem Patienten einerseits und dem liquidationsberechtigten (Chef-)Arzt hinsichtlich der ärztlichen Leistungen aus dessen Fachbereich sowie dem Krankenhausträger andererseits kommen. Hier gelten die oben für das Belegarztmodell dargelegten genannten Grundsätze entsprechend (vgl. G/G, 5. Aufl., Rz. A 31 ff., 68, 78 ff.; Gehrlein Rz. A 24 ff. jeweils ohne Differenzierung). Im Zweifel ist jedoch vom Abschluss eines totalen Krankenhausvertrages mit Arztzusatzvertrag auszugehen, bei dem der Krankenhausträger selbst die ärztlichen Leistungen zu erbringen hat (F/N, Rz. 26 a. E., 56 a. E.; S/Pa, Rz. 28, 30; L/U, § 98 Rz. 9 und § 94 Rz. 2; s. o. II. 1.).

Allerdings ist zu beachten, dass die **Wahlleistungsabrede** beim „gespaltenen Krankenhausvertrag" anders als beim Belegarztvertrag vom Patienten nicht mit dem selbst liquidationsberechtigten Arzt, sondern dem Krankenhausträger als dessen Vertreter bzw. als Vertrag zugunsten Dritter vereinbart wird. Der liquidationsberechtigte (Chef-)Arzt schuldet dem Patienten bei dieser Vertragsgestaltung keine über das medizinisch Notwendige hinaus gehende Behandlung (F/N, Rz. 58).

2. Haftung

a) Haftung des Krankenhausträgers

Den Krankenhausträger trifft für Fehler des Belegarztes bzw. des selbst liquidierenden Arztes **weder eine vertragliche** (p. V. V. bzw. § 280 I BGB n. F. i. V. m. § 278 BGB) **noch eine deliktische** (§§ 823 I, 831 BGB) **Einstandspflicht** (vgl. OLG Karlsruhe, Urt. v. 13. 10. 2004 – 7 U 122/03, OLGR 2005, 40, 41 f.; OLG Koblenz VersR 2001, 897, 898 m. w. N.).

Er haftet **jedoch** vertraglich aus § 278 BGB bzw. deliktisch aus § 831 BGB

▷ für **Fehler des Klinikpersonals** im Rahmen der allgemeinen Pflege der Patienten und eines dort neugeborenen Kindes (G/G, 5. Aufl., Rz. A 41, 42; F/N,

Rz. 54, 55, 58 a. E.; S/Pa, Rz. 39, 85), etwa für das Versäumnis, bei einer nach der Geburt eintretenden bläulichen Verfärbung von Gesicht und Händen des Neugeborenen unverzüglich einen Arzt hinzuzuziehen (OLG München VersR 1997, 977),

▷ für die Fehler einer bei ihm **angestellten Hebamme** bis zur Übernahme der Geburtsleitung durch den Belegarzt mit der Eingangsuntersuchung, etwa für eine Fehldeutung des CTG und das unterbliebene Herbeirufen des Arztes im Rahmen der medizinischen Betreuung durch das Belegkrankenhaus (BGH, Urt. v. 16. 5. 2000 – VI ZR 321/98, MDR 2000, 1130, 1131 = NJW 2000, 2737, 2738: Fehler vor Übernahme der Geburtsleitung; BGH NJW 1995, 1611: Fehler nach der Übernahme während einer zeitweiligen Abwesenheit des Belegarztes; BGH, Urt. v. 7. 12. 2004 – VI ZR 212/03, VersR 2005, 408, 410 f. und im Anschl. hieran OLG Hamm, Urt. v. 16. 1. 2006 – 3 U 207/02, GesR 2006, 120, 124: unterlassene Remonstration der Hebamme bei erkannten, gröbsten Fehlern des Belegarztes nach Übernahme der Geburt, s. u.; OLG Düsseldorf VersR 1990, 489: **nicht** für frei praktizierende Hebamme; OLG Koblenz, Urt. v. 26. 7. 2000 – 1 U 1606/98, VersR 2001, 897: **nicht** bei Nichterkennen der Überschreitung des Geburtstermins und eines pathologischen CTG durch die Hebamme; OLG Stuttgart MedR 2001, 311, 314: **nicht** nach Übernahme der Geburt durch den Belegarzt; vgl. hierzu auch OLG Celle VersR 1999, 486, 487 und VersR 1993, 360; OLG Köln VersR 1997, 1404),

▷ bei **erneuten Behandlungsfehlern** des Belegarztes nach bereits vorangegangenen, massiven und gehäuften Fehlleistungen des Belegarztes bzw. **lang andauernder, mangelhafter Organisation** (OLG Koblenz VersR 2001, 897, 898 m. w. N. – im entschiedenen Fall verneint),

▷ für **nachgeordnete Ärzte**, die nicht im Fachgebiet des Belegarztes tätig werden, etwa den bei der Operation durch den Belegchirurgen hinzugezogenen Anästhesisten oder einen konsiliarisch hinzugezogenen, beim Klinikträger beschäftigten oder von diesem beauftragten HNO-Arzt (OLG Düsseldorf NJW-RR 1993, 483; VersR 1986, 1245; OLG Koblenz VersR 1990, 309, 310; G/G, 5. Aufl., Rz. A 41; Gehrlein Rz. A 27),

▷ für die **nachgeordneten**, beim Klinikträger angestellten **Krankenschwestern** und Krankenpfleger für Versäumnisse bei der pflegerischen Versorgung, Bedienung der vom Klinikträger zu stellenden Geräte und Einrichtungen, der richtigen Lagerung des Patienten zur Vermeidung von Dekubiti u. dgl. (OLG Koblenz VersR 2001, 897, 900: Organisationsverantwortlichkeit für Personal und Material; G/G, 5. Aufl., Rz. A 35, 41, 42, 68; Gehrlein Rz. A 27; S/Pa, Rz. 39, 85),

▷ für die **organisatorische Sicherstellung ausreichender Anweisung** und Unterweisung des Pflegepersonals sowie die Bereitstellung der vom Belegarzt benötigten Geräte (BGH NJW 1984, 1400; OLG Koblenz VersR 2001, 897, 900 und OLG Celle VersR 1999, 486, 488: Schlecht ausgebildetes Personal),

▷ für **Organisations- und Koordinationsfehler**, etwa wenn für ärztliche Aufgaben Pflegekräfte (OLG München VersR 1997, 977; G/G, 5. Aufl., Rz. A 42,

43) bzw. zur Überwachung eines CTG keine Hebamme, sondern eine Krankenschwester eingesetzt (BGH NJW 1996, 2429) oder die Überwachung der
Patientin bzw. des Neugeborenen nach Beendigung des Geburtsvorgangs
nicht sichergestellt wird (OLG München VersR 1997, 977; VersR 1994, 1113;
OLG Köln VersR 1997, 1404; S/Pa, Rz. 73, 81: Lücken in der Überwachung
des Geburtsvorganges) oder wenn die werdende Mutter aufgrund der Angaben des Belegkrankenhauses im Werbeprospekt, wonach „ein Team von
erfahrenen Hebammen" vorgehalten und ergänzt wird „durch ortsansässige
und schnell verfügbare Gynäkologen, Anästhesisten und Kinderärzte",
wobei „unmittelbare Notfälle wie ein Kaiserschnitt, Dammrisse etc. in
hauseigenen OP-Räumen behandelt werden" davon ausgehen kann, der
Betreiber des Geburtshauses bzw. der Belegklinik treffe alle im Rahmen
einer Geburt erforderlichen organisatorischen Maßnahmen einschließlich
der Bereitstellung von Ärzten (BGH, Urt. v. 7. 12. 2004 – VI ZR 212/03,
VersR 2005, 408, 409 und nachfolgend OLG Hamm, Urt. v. 16. 1. 2006 – 3
U 207/02, GesR 2006, 120, 122 f.).

Wirbt das Belegkrankenhaus in solcher oder ähnlicher Weise auch mit ärztli-
chen Leistungen, muss es sich gem. § 278 BGB (im entschiedenen Fall grobe)
Behandlungsfehler des Belegarztes zurechnen lassen. Daneben haftet das Belegkrankenhaus in einer derartigen Konstellation auch selbst aus § 823 I BGB
(Organisationsverschulden), wenn den verantwortlichen Personen (Betreiber,
Mitgesellschafter, Geschäftsleitung, Krankenhausdirektor o. a.) die **mangelnde
Qualifikation des Belegarztes bekannt ist oder während eines Geburtsvorganges
bekannt wird** und die Verantwortlichen hierauf nicht unverzüglich reagieren,
die Fortsetzung der Geburt beenden und für eine Verlegung der Mutter Sorge
tragen (BGH, Urt. v. 7. 12. 2004 – VI ZR 212/03, VersR 2005, 408, 410 f. und
nachfolgend OLG Hamm, Urt. v. 16. 1. 2006 – 3 U 207/02, GesR 2006, 120, 123/
124: der gerichtliche Sachverständige hatte die Maßnahmen des Belegarztes als
„Reißen eines Verrückten über 65 Minuten" bezeichnet, Hebamme war gleichzeitig Mitbetreiberin der Klinik).

Mangels Weisungsgebundenheit des Belegarztes greift die (zusätzliche) deliktische Haftung des Belegkrankenhauses aus § 831 BGB allerdings nicht ein (OLG
Hamm, Urt. v. 16. 1. 2006 – 3 U 207/02, GesR 2006, 120, 125; S/Pa, Rz. 93, 99;
a. A. Gehrlein VersR 2004, 1488, 1490).

b) Haftung des Belegarztes

Der Belegarzt bzw. selbst liquidierende Arzt haftet beim gespaltenen Krankenhausvertrag

▷ für **eigene Fehlleistungen** innerhalb seines Fachbereichs,

▷ für die von ihm **selbst angestellten** ärztlichen und nichtärztlichen **Hilfspersonen**, den ärztlichen Partner einer Gemeinschaftspraxis (zur Haftung aus
§ 128 HGB analog BGH, Urt. v. 8. 11. 2005 – VI ZR 319/04, VersR 2006, 361,
363 = GesR 2006, 117, 118; Möller MedR 2004, 69, 73; Walter GesR 2005,
396 f.; zur Haftung aus **§ 130 HGB analog** BGH, Urt. v. 7. 4. 2003 – II ZR 56/

02, MedR 2003, 634; Möller, MedR 2004, 69, 70/74; Walter GesR 2005, 396, 397/398; zur **Haftung entsprechend § 31 BGB** BGH, Urt. v. 24. 2. 2003 – II ZR 385/99, MedR 2003, 632, 633 = MDR 2003, 639; OLG Koblenz, Urt. v. 17. 2. 2005 – 5 U 349/04, VersR 2005, 655, 656 = MDR 2005, 1302, 1303 = GesR 2005, 260, 262; Möller MedR 2004, 69; Walter GesR 2005, 396; zu den Einzelheiten s. o. → *Gemeinschaftspraxis*, S. 476 ff.) und den eingesetzten Urlaubsvertreter (BGH, Urt. v. 16. 5. 2000 – VI ZR 321/98, MDR 2000, 1130 = NJW 2000, 2737, 2741; OLG Oldenburg, Urt. v. 14. 8. 2001 – 5 U 36/01, VersR 2003, 375: bei angestelltem Praxisvertreter § 831 BGB anzuwenden; F/N Rz. 22, 53; Rehborn MDR 2001, 1148, 1149; G/G, 5. Aufl., Rz. A 38, 39, 68),

▷ für Fehler der **von ihm hinzugezogenen Ärzte** des Bereitschaftsdienstes und niedergelassener Ärzte, sofern Letztere nicht in eigene vertragliche Beziehungen mit dem Patienten treten (BGH NJW 1992, 2962: Gynäkologe zieht Kinderärztin hinzu; BGH NJW 1989, 2943; G/G, 5. Aufl., Rz. A 40, 69),

▷ für Fehler **nachgeordneter Ärzte des Krankenhauses desselben Fachgebietes**, deren er sich bei der Durchführung der ihm obliegenden Behandlung bedient, etwa einem Assistenten bei der Durchführung einer Operation (S/Pa, Rz. 83, 107; F/N, RN 22, 53; Gehrlein Rz. A 26; G/G, 5. Aufl., Rz. A 39, 40),

▷ für Fehler **nachgeordneter Ärzte des Klinikträgers eines anderen Fachgebiets**, wenn diese durch eigene Fehler in der Koordination, Kommunikation oder Information gesetzt worden sind, für die der Belegarzt mitverantwortlich ist (S/Pa, Rz. 73, 82, 86),

▷ für Fehler des vom Krankenhausträger gestellten **nichtärztlichen Personals** bei einer Operation des Belegchirurgen, Beleggynäkologen o. a. (G/G, 5. Aufl., Rz. A 47; S/Pa, Rz. 39, 107; a. A. Gehrlein Rz. A 26: Keine Haftung).

▷ für Fehler in der Behandlung und Pflege des Patienten, soweit diese auf **Anweisungs- oder Organisationsversäumnisse des selbst liquidierenden Arztes** zurückgehen (L/U, § 104 Rz. 11; S/Pa, Rz. 85, 86), etwa wenn die Überwachung eines CTG einer Krankenschwester überlassen wird (BGH NJW 1996, 2429), die Anleitung des Pflegepersonals im Umgang mit Frischoperierten unterbleibt oder die Überwachung durch den Belegarzt operierter Patienten nicht organisiert wird (OLG Köln VersR 1997, 1404; Gehrlein, Rz. A 26, 27) oder wenn der Belegarzt erkennen kann, dass die Ausstattung eines Belegkrankenhauses nicht ausreicht, um die nach der Eingangsdiagnose zu erwartende ärztliche Behandlungsaufgabe bewältigen zu können und die Patientin, etwa bei einer zu erwartenden, schwierigen Geburt, dann nicht an eine andere, beser ausgestattete Klinik verwiesen wird (OLG Karlsruhe Urt. v. 13. 10. 2004 – 7 U 122/03, OLGR 2005, 40, 41),

▷ für Fehler einer beim Krankenhausträger angestellten oder einer freiberuflichen Hebamme ab dem Zeitpunkt der **Übernahme der Geburtsleitung** mit der Eingangsuntersuchung bzw. der Feststellung der Geburtsbereitschaft der Schwangeren (BGH, Urt. v. 16. 5. 2000 – VI ZR 321/98, NJW 2000, 2737, 2738 = MDR 2000, 1130; NJW 1995, 1611, 1612 = VersR 1995, 706, 708; auch BGH, Urt. v. 7. 12. 2004 – VI ZR 212/03, VersR 2005, 408, 409 f.; OLG Celle

VersR 1993, 360 und VersR 1999, 486, 487; OLG Hamm, Urt. v. 16. 1. 2006 – 3 U 207/02, GesR 2006, 120, 123/125; OLG Karlsruhe, Urt. v. 13. 10. 2004 – 7 U 122/03, OLGR 2005, 40, 42; OLG Koblenz VersR 2001, 897, 898; OLG Stuttgart MedR 2001, 311, 314; F/N Rz. 55; G/G, 5. Aufl., Rz. A 41, 43, 47; Gehrlein Rz. A 29, 30, 49; S/Pa, Rz. 39, 85).

Für ein Fehlverhalten der **im Belegkrankenhaus angestellten Hebamme** haftet der Klinikträger dann nicht, wenn der gynäkologische Belegarzt die Geburtsleitung übernommen hat und die Hebamme im Rahmen der Erfüllung der Pflichten des Belegarztes und damit in dessen Verantwortungsbereich tätig wird (OLG Koblenz, Urt. v. 26. 7. 2000 – 1 U 1606/98, VersR 2001, 897; OLG Karlsruhe, Urt. v. 13. 10. 2004 – 7 U 122/03, OLGR 2005, 40, 41 f.) bzw. nach Übernahme der Behandlung durch den Belegarzt dessen Weisungs- und Direktionsrecht untersteht (OLG Stuttgart MedR 2001, 311, 314; OLG Karlsruhe a.a.O.). Allein in den Aufgaben- und Verantwortungsbereich des Belegarztes fallen nach Ansicht des OLG Koblenz (VersR 2001, 897, 898) das Nichterkennen eines pathologischen CTG nach Übernahme der Geburt, die Verabreichung von wehenfördernden Mitteln nach der Geburtseinleitung und – insoweit u. E. problematisch, da vor der Übernahme des Geburtsvorganges liegend – die Überwachung einer etwaigen Überschreitung des errechneten Geburtstermins.

c) Gesamtschuldnerische Haftung

Eine gesamtschuldnerische Haftung des Belegarztes und des Krankenhausträgers wird insbesondere bejaht, wenn

▷ der Fehler des Belegarztes ein **Organisations- oder Kontrollversäumnis des Klinikträgers** aufdeckt (BGH, Urt. v. 7. 12. 2004 – VI ZR 212/03, VersR 2005, 408, 410 und nachfolgend OLG Hamm, Urt. v. 16. 1. 2006 – 3 U 207/02, GesR 2006, 120, 124; F/N Rz. 55; S/Pa, Rz. 73, 81; Gehrlein Rz. A 27, 28), etwa wenn der Belegarzt die Übung des Klinikträgers, ein CTG durch das Pflegepersonal überwachen oder bewerten zu lassen, duldet (BGH NJW 1996, 2429; S/Pa, Rz. 81), er das Fehlen eines Aufwachraums zur **Überwachung** des frischoperierten Patienten **nicht beanstandet** (OLG Köln VersR 1997, 1404; Gehrlein Rz. A 27, 28) oder wenn der Betreiber eines Geburtshauses nach Kenntnis gravierender Fehlleistungen eines Belegarztes im Rahmen eines langwierigen Geburtsvorgangs nicht unverzüglich reagiert, die Fortsetzung der Geburt beendet und für die Verlegung der werdenden Mutter Sorge trägt (OLG Hamm, Urt. v. 16. 1. 2006 – 3 U 207/02, GesR 2006, 120, 124 im Anschl. an BGH, Urt. v. 7. 12. 2004 – VI ZR 212/03, VersR 2005, 408, 410: Hebamme betrieb gleichzeitig das Geburtshaus),

▷ sowohl der Belegarzt als auch der Klinikträger die Überwachung der dem Pflegepersonal erteilten Anweisungen versäumen (BGH NJW 1986, 2365; Gehrlein, Rz. A 28),

▷ massive, **gehäufte Fehlleistungen** des Belegarztes bereits vor dem erneuten Behandlungsfehler aufgetreten sind und der Krankenhausträger nicht entsprechend eingeschritten ist (OLG Koblenz VersR 2001, 897, 898 – im entschiedenen Fall verneint; auch BGH, Urt. v. 7. 12. 2004 – VI ZR 212/03,

VersR 2005, 408, 410 f.: „Remonstrationspflicht" der beim Belegkrankenhaus angestellten Hebamme),

▷ es zu Fehlern des Pflegepersonals bei der Behandlung und Versorgung des
Patienten im Rahmen einer **konkreten Anweisung** des Belegarztes gekommen ist (OLG Celle VersR 1999, 486; G/G, Rz. A 48, 70),

▷ es im Rahmen einer vom Belegarzt durchgeführten Operation zu Fehlern
einer OP-Schwester bzw. eines OP-Pflegers kommt (G/G, 5. Aufl., Rz. A 47;
a. A. aber Gehrlein Rz. A 26)

d) Haftung der Beleghebamme

Wird die schwangere Patientin von einer **frei praktizierenden Hebamme**
betreut, so haftet Letztere **bis zur Übernahme der Geburtsleitung** durch den
Arzt (Belegarzt oder vom Krankenhausträger angestellter Arzt) mit der Ein-
gangsuntersuchung bzw. der Feststellung der Geburtsbereitschaft durch den
Arzt alleine (BGH, Urt. v. 16. 5. 2000 – VI ZR 321/98, NJW 2000, 2737, 2738 =
VersR 2000, 1146, 1147; S/Pa, Rz. 39, 84, 86; G/G, 5. Aufl., Rz. A 43; Gehrlein
Rz. A 29), sofern dem ärztlichen oder nichtärztlichen Personal des Krankenhausträgers kein Fehlverhalten in der Vorbereitungsphase, etwa aufgrund einer
verspäteten Hinzuziehung eines Arztes oder einer verspäteten Verlegung in den
Kreissaal zur Last fällt. Wird die selbständige Beleghebamme **nach der Über-
nahme der Geburt** duch diesen als Gehilfin (§§ 278, 831) des Belegarztes tätig,
kommt eine gesamtschuldnerische Haftung von Belegartr und Hebamme in
Betracht (G/G, 5. Aufl., Rz. A 44).

e) Haftung des beamteten Arztes

Bei Fehlern des beamteten Belegarztes bzw. selbst liquidierenden Arztes, dem
bei ihm selbst beschäftigten ärztlichen und nichtärztlichen Personal, den von
ihm selbst hinzugezogenen Konsiliarärzten scheidet eine Verweisung gem.
§ 839 I 2 BGB auf den Klinikträger aus, da dessen Aufgaben- und Verantwortungsbereich insoweit nicht tangiert wird. Eine Verweisungsmöglichkeit auf die – vorrangige – Haftung des Klinikträgers besteht jedoch bei einem nur oder zumindest
auch vom Klinikträger zu vertretenden Organisations- oder Koordinationsver-
schulden, bei einem diesem zurechenbaren Verschulden der beim Klinikträger
angestellten Ärzte einer anderen Fachrichtung (G/G, 5. Aufl., Rz. A 78, 79; Gehrlein Rz. A 55; vgl. hierzu BGH NJW 1993, 784 und NJW-RR 1991, 779), beim Einsatz ärztlichen oder nichtärztlichen Personals im pflegerischen und im Wahllei-
stungsbereich des selbst liquidierenden (Chef-)Arztes (F/N, Rz. 58 a. E.) und in
sämtlichen Fällen, in denen ein nichtbeamteter, selbstliquidierender Arzt neben
dem Krankenhausträger gesamtschuldnerisch haften würde (s. o. S. 666 ff.).

Dem beamteten, nachgeordneten Arzt ist die Verweisung auf die vorrangige,
vertragliche und deliktische Haftung (§§ 839, 831, 278 BGB) des selbstliquidierenden Arztes desselben Fachbereichs und die vorrangige vertragliche sowie
deliktische Haftung des Klinikträgers (§§ 839, 831, 278 BGB) sowohl im eigenen
Leistungsbereich des Krankenhausträgers als auch für dessen Organisationsverschulden möglich (G/G, 5. Aufl., Rz. A 80, 81; Gehrlein Rz. A 56).

Mitverschulden des Patienten

I. Mitverschulden bei mangelhafter
   therapeutischer Beratung
   1. Nichtbefolgung von Therapie- und
      Kontrollanweisungen
   2. Nichtbeachtung der Hinweise des
      Herstellers im Beipackzettel
   3. Unterlassene oder unzureichende
      Nachfrage

   4. Wunschgemäße Anwendung einer
      kontraindizierten Therapie
II. Kein grober Behandlungsfehler
III. Mitverschulden bei ärztlicher
   Aufklärung
IV. Verstoß gegen die Schadensminde-
   rungspflicht

I. Mitverschulden bei mangelhafter therapeutischer Beratung

Grundsätzlich kann sich der Arzt gegenüber dem Patienten, der ihn wegen fehlerhafter Behandlung und fehlerhafter therapeutischer Beratung auf Schadensersatz in Anspruch nimmt, darauf berufen, dass dieser den Schaden durch sein eigenes schuldhaftes Verhalten mitverursacht hat (BGH, NJW 1997, 1635 = MDR 1997, 353; NJW 1992, 2961; KG, Urt. v. 7. 3. 2005 – 20 U 398/01, OLGR 2006, 12, 13 = GesR 2005, 251, 252; OLG München, Urt. v. 23. 9. 2004 – 1 U 5198/03, OLGR 2006, 90).

1. Nichtbefolgung von Therapie- und Kontrollanweisungen

Ein solches Mitverschulden liegt vor, wenn der Patient diejenige Sorgfalt außer Acht gelassen hat, die ein ordentlicher und verständiger Mensch zur Vermeidung eines eigenen Schadens anzuwenden pflegt. So muss von dem Patienten, der an den Heilungsbemühungen des Arztes mitzuwirken hat, etwa erwartet werden, dass er dessen **Therapie- und Kontrollanweisungen befolgt** (BGH, NJW 1997, 1635 = MDR 1997, 353; NJW 1992, 2961; KG, Urt. v. 7. 3. 2005 – 20 U 398/01, OLGR 2006, 12, 13 = GesR 2005, 251; OLG München, Urt. v. 23. 9. 2004 – 1 U 5198/03, OLGR 2006, 90).

Mit Rücksicht auf den **Wissens- und Informationsvorsprung** des Arztes gegenüber dem medizinischen Laien ist jedoch bei der Bejahung mitverschuldensbegründender Obliegenheitsverletzungen des Patienten grundsätzlich Zurückhaltung geboten. Insbesondere bei mangelhafter therapeutischer Beratung können an die Mitwirkungspflichten des Patienten keine übertriebenen Anforderungen gestellt werden, hier kann der Einwand des Mitverschuldens nur ausnahmsweise durchgreifen (BGH VersR 1997, 449 = MDR 1997, 353; KG, Urt. v. 7. 3. 2005 – 20 U 398/01, OLGR 2006, 12, 13; OLG Karlsruhe, Urt. v. 26. 2. 2003 – 7 U 173/01, MDR 2003, 1233; OLG München, Urt. v. 23. 9. 2004 – 1 U 5198/03, OLGR 2006, 90; OLG Stuttgart, Urt. v. 9. 4. 2002 – 14 U 84/01, VersR 2002, 1563, 1564 = OLGR 2002, 395; VersR 1996, 979; VersR 1995, 1353; VersR 1987, 515, 518).

So kommt ein Mitverschulden wegen **Nichtbefolgung ärztlicher Anweisungen** oder Empfehlungen nur dann in Betracht, wenn der Patient über den Inhalt der ärztlichen Anweisung, etwa in einem Arztbrief vollständig unterrichtet worden ist und die darin enthaltenen Empfehlungen auch verstanden hat (BGH NJW 1997, 1635, 1636; KG, Urt. v. 7. 3. 2005 – 20 U 398/01, OLGR 2006, 12, 13). Sofern bei einem noch unklaren Verdacht, etwa auf eine Gelenkinfektion u. a., weiterer Klärungsbedarf besteht und eine engmaschige Kontrolle des Patienten erforderlich ist, muss ihm der Arzt dies **klar und unmissverständlich** mitteilen. Übliche Gemeinsätze dahingehend, ggf. wiederzukommen oder einen anderen Arzt aufzusuchen, wenn sich der Zustand verschlechtern sollte, reichen hierfür nicht aus (OLG München, Urt. v. 23. 9. 2004 – 1 U 5198/03, OLGR 2006, 90).

Nach einer **Handverletzung** durch einen **schweren Sturz** ist zur Abklärung eines etwaigen **Kahnbeinknochenbruchs** die Anfertigung einer Röntgenaufnahme erforderlich. Wird hiervon abgesehen, muss der Patient über die Notwendigkeit einer baldigen Röntgenaufnahme bei entsprechender Beschwerderesistenz informiert und vor den Gefahren bei Unterlassen der ärztlichen Behandlung gewarnt werden. Geschieht dies nicht, fällt dem Patienten kein Mitverschulden zur Last (KG, Urt. v. 7. 3. 2005 – 20 U 398/01, OLGR 2006, 12, 13). Die Beweislast dafür, dass dem Patienten der ärztliche Rat zur standardgemäßen Operation, Behandlung bzw. Nachbehandlung erteilt worden ist, trägt der Arzt (OLG Hamm, Urt. v. 24. 4. 2002 – 3 U 8/01, OLGR 2003, 72; OLG Schleswig NJW 2002, 227; OLG Düsseldorf VersR 2002, 611, 612: Mitverschulden bzw. Behandlungsverweigerung).

Wird ein Patient bei einer ambulanten Behandlung, etwa einer Magen- oder Darmspiegelung, so **stark sediert**, dass seine Tauglichkeit für den Straßenverkehr für einen längeren Zeitraum erheblich eingeschränkt ist, kann dies für den behandelnden Arzt die Verpflichtung begründen, durch geeignete Maßnahmen sicherzustellen, dass sich der Patient nach der durchgeführten Behandlung nicht unbemerkt entfernen und damit im Straßenverkehr zu Schaden kommen kann (BGH, Urt. v. 8. 4. 2003 – VI ZR 265/02, NJW 2003, 2309 = VersR 2003, 1126). In derartigen Fällen muss der Patient in einem Raum untergebracht werden, in dem er unter ständiger Überwachung steht und ggf. daran erinnert werden, dass er das **Krankenhaus nicht eigenmächtig verlassen** soll. Die Unterbringung auf dem Flur der Klinik ohne die Möglichkeit einer ständigen Beobachtung reicht nicht aus, um den Patienten daran zu hindern, sich ggf. unbemerkt zu entfernen (BGH, Urt. v . 8. 4. 2003 – VI ZR 265/02, NJW 2003, 2309, 2311; kritisch Laufs NJW 2003, 2289: wer soll den beträchtlichen Aufwand tragen?). Nach Auffassung des BGH trifft den Patienten selbst dann kein Mitverschulden, wenn ihm vor Durchführung der Behandlung mitgeteilt würde, er möge sich **nach der Behandlung abholen lassen und wegen der sedierenden Wirkung der verabreichten Medikamente nicht am Straßenverkehr teilnehmen.** Denn die Verhütung des Schadens obliege in derartigen Fällen allein dem Arzt, der sicherstellen muss, dass der Patient das Krankenhaus nicht unbemerkt verlassen kann (kritisch Laufs, NJW 2003, 2289).

Über allgemein bekannte Krankheitsverläufe, die im Falle der Nichtdurchführung gebotener ärztlicher Behandlung zu erwarten sein könnten, braucht der Patient aber nicht („therapeutisch") aufgeklärt zu werden. So drängt sich etwa auch einem medizinischen Laien bei einer sich auf der Hand ausbreitenden Entzündung des Fingers auch ohne ärztlichen Hinweis auf, dass die weitere Ausbreitung des Entzündungsherdes bei **Nichtdurchführung des angeratenen operativen Eingriffs** zu einer Ausbreitung des Entzündungsherds und zu dauerhaften Schädigungen des angegriffenen Körperteils und insgesamt der Gesundheit des Patienten führen kann (OLG Schleswig NJW 2002, 227).

2. Nichtbeachtung der Hinweise des Arzneimittelherstellers im Beipackzettel

Bei möglichen **schwerwiegenden Nebenwirkungen eines Medikaments**, etwa eines Antikonzeptionsmittels („Pille"), ist neben dem Hinweis in der Gebrauchsinformation des Pharmaherstellers auch die mündliche Aufklärung durch den das Medikament verordnenden Arzt erforderlich. Der Arzt muss darauf hinweisen, dass insbesondere für Raucherinnen ein erhöhtes Herzinfarkt- oder Schlaganfallrisiko besteht (BGH, Urt. v. 15. 3. 2005 – VI ZR 289/03, VersR 2005, 834, 835 = GesR 2005, 257, 258: Eingriffs- oder Risikoaufklärung).

Im Schrifttum wird darauf hingewiesen, dass sich in solchen Fällen, in denen zwar der Arzt über Nebenwirkungen und Risiken eines Medikaments nicht aufgeklärt hat, sich die entsprechenden Informationen aber aus der Packungsbeilage ergebe, die Frage eines Mitverschuldens des Patienten bzw. der Patientin stellt. Der Patient sei verpflichtet, **Hinweise des Arzneimittelherstellers in der Packungsbeilage** (Beipackzettel) eines Medikaments zu beachten und im eigenen Interesse **zu befolgen** (L/U, § 78 Rz. 11; Kern NJW 2005, 1716; Koyuncu GesR 2005, 289, 295).

Mit Rücksicht auf den Wissens- und **Informationsvorsprung des Arztes** ist die Rspr. bei der Bejahung eines Mitverschuldens des Patienten eher zurückhaltend (vgl. BGH, Urt. v. 8. 4. 2003 – VI ZR 265/02, NJW 2003, 2309, 2310; F/N Rz. 154; G/G, 5. Aufl., Rz. 98, 99; Stöhr, RiBGH, GesR 2006, 145, 148 f.).

Bei der Information aus Packungsbeilagen sei überdies zu berücksichtigen, dass diese wegen ihrer Aufmachung (Unübersichtlichkeit, kleine Schrift, Überfrachtung) und der zahlreichen in ihr enthaltenen Hinweise für viele Patienten nur schwer verständlich sind und wegen der in ihr enthaltenen allgemeinen, nicht patientenbezogenen Aussagen über das Arzneimittel das im Einzelfall bestehende Risiko möglicherweise nicht hinreichend deutlich machen (Stöhr, GesR 2006, 145, 149).

Der BGH hatte im entschiedenen Fall in Ermangelung entsprechenden Vortrages keine Veranlassung, ein etwaiges Mitverschulden anzusprechen (so Stöhr, RiBGH, GesR 2006, 145, 149 zu BGH, Urt. v. 15. 3. 2005 – VI ZR 289/03, VersR 2005, 834, 835).

3. Unterlassene oder unzureichende Nachfrage

Ein Mitverschulden wegen **unterlassener oder unzureichender Nachfrage** liegt nur vor, wenn sich die Unvollständigkeit der ärztlichen Information jedem Laien geradezu aufdrängen musste oder dem Patienten aufgrund seines besonderen persönlichen Wissens die Unvollständigkeit der Unterrichtung klar sein musste (BGH NJW 1997, 1635, 1636 = VersR 1997, 449, 450; OLG Stuttgart, Urt. v. 9. 4. 2002 – 14 U 84/01, VersR 2002, 1563, 1564 = OLGR 2002, 395; auch OLG Köln VersR 2000, 102: Umfassende Aufklärung über die Nachteile eines unterlassenen Eingriffs). Von einem solchen persönlichen Wissensvorsprung kann etwa bei einer Tierärztin, die eine Schnittverletzung mit Verdacht auf eine eventuelle Sehnenverletzung erlitten hat, gegenüber einem Facharzt für Chirurgie nicht ausgegangen werden (OLG Stuttgart, Urt. v. 9. 4. 2002 – 14 U 84/01, OLGR 2002, 395 = VersR 2002, 1563).

Einen Patienten, der bei einer Kontrolluntersuchung an Beschwerden, etwa nach einer Schnittverletzung am Grundgelenk des Mittelfingers der linken Hand leidet, diese dem Arzt schildert und von diesem nach oberflächlicher Überprüfung des verletzten Mittelfingers mit dem – falschen – Ergebnis entlassen wird, dass die Funktion der Sehnen intakt sei, trifft kein Mitverschulden, wenn der Arzt den Patienten nicht wenigstens zu einer Kontrolluntersuchung kurzfristig wieder einbestellt bzw. dem Patienten eine zeitnahe Kontrolle nahe legt und sich der Patient bei fortdauernden Beschwerden dann nicht sogleich erneut an den Arzt wendet (OLG Stuttgart, Urt. v. 9. 4. 2002 – 14 U 84/01, OLGR 2002, 395, 396 = VersR 2002, 1563).

Ein Mitverschulden des Patienten wegen einer durch eine zu lange Bestrahlungsdauer verursachten Schädigung wegen unterlassener Nachfrage o.a. kommt ebenfalls nur ausnahmsweise in Betracht, denn es ist Teil der Behandlungsaufgabe des Arztes, den Patienten vor einer solchen Schädigung zu bewahren und eine übermäßig lange Bestrahlungsdauer zu vermeiden (OLG Karlsruhe, Urt. v. 26. 2. 2003 – 7 U 173/01, MDR 2003, 1233).

Einer an Bulimie erkrankten Patientin, deren Einsichtsfähigkeit in die Behandlungsbedürftigkeit deutlich reduziert ist, kann kein Mitverschulden am Eintritt eines hierauf zurückzuführenden apallischen Syndroms entgegengehalten werden (LG München I, Urt. v. 18. 6. 2003 – 9 O 5933/94, GesR 2003, 355).

4. Wunschgemäße Anwendung einer kontraindizierten Therapie

Wendet der Arzt **auf ausdrücklichen Wunsch des Patienten eine kontraindizierte Therapie** an, so kann dies bei Eintritt eines dadurch bedingten Gesundheitsschadens kein Mitverschulden des Patienten begründen, wenn der Arzt nicht nachweist, dass er den Patienten darauf hingewiesen hat, bereits kleinste Verletzungen durch die auf dessen Wunsch zu verabreichende Spritze könnten zu gefährlichen Blutungen und einem lebensbedrohlichen Zustand führen (OLG Düsseldorf, Urt. v. 16. 11. 2000 – 8 U 101/99, VersR 2002, 611, 612).

II. Kein grober Behandlungsfehler

Verlässt der Patient **gegen ärztlichen Rat**, der mit dem Hinweis auf die Notwendigkeit und Dringlichkeit des Eingriffs bzw. der Untersuchung verbunden ist, das Krankenhaus (BGH NJW 1981, 2513; MDR 1997, 940; KG, Urt. v. 7. 3. 2005 – 20 U 398/01, OLGR 2006, 12, 13) bzw. begibt er sich trotz ausdrücklicher Belehrung über die Notwendigkeit und Dringlichkeit nicht dorthin (OLG Braunschweig VersR 1998, 459; KG, Urt. v. 7. 3. 2005 – 20 U 398/01, OLG 2006, 12, 13; Gehrlein, Rz. B 145), **missachtet er eindeutige Pflegeanweisungen** (KG, Urt. v. 7. 3. 2005 – 20 U 398/01, OLGR 2006, 12, 13; VersR 1991, 928) oder wird etwa eine Schnittentbindung wegen einer Angstreaktion der Mutter hinausgezögert (BGH NJW 1997, 798; Gehrlein, Rz. B 145), kann ein „grober Behandlungsfehler" trotz Vorliegens der übrigen Voraussetzungen ausscheiden (vgl. Gehrlein, Rz. B 145, 137 und → *Grobe Behandlungsfehler*, S. 518 ff.). In derartigen Fällen wird durch das Verhalten des Patienten eine selbständige Komponente für den Heilungserfolg vereitelt (vgl. BGH, Urt. v. 16. 11. 2004 – VI ZR 328/03, VersR 2005, 228, 229 = NJW 2005, 427, 428; OLG München, Urt. v. 23. 9. 2004 – 1 U 5198/03, OLGR 2006, 90; KG, Urt. v. 7. 3. 2005 – 20 U 398/01, OLGR 2006, 12, 13).

III. Mitverschulden bei ärztlicher Aufklärung

Im Rahmen der dem Arzt obliegenden Eingriffs- und Risikoaufklärung kommt ein Mitverschulden des Patienten dann in Betracht, wenn er den unzutreffenden Eindruck erweckt, dass ihm die Risiken der Behandlung bekannt oder gleichgültig sind (G/G, 5. Aufl., Rz. A 100). In derartigen Fällen ist regelmäßig bereits das Vorliegen eines Aufklärungsfehlers zu verneinen.

IV. Verstoß gegen die Schadensminderungspflicht

Der geschädigte Patient verstößt gegen seine Schadensminderungspflicht aus § 254 II 1 BGB und muss sich deshalb ggf. eine Kürzung seines Schadensersatzanspruchs gefallen lassen, wenn er es unterlässt, sich einer **zumutbaren Operation** zur Beseitigung oder Verminderung seiner körperlichen Beeinträchtigung zu unterziehen. Zumutbar in diesem Sinne ist eine solche Operation, wenn sie einfach und gefahrlos und nicht mit besonderen Schmerzen verbunden ist sowie die sichere Aussicht auf Heilung oder wesentliche Besserung bietet (BGH NJW 1989, 2332; OLG München VersR 1993, 1529, 1530; Schellenberg, VersR 2005, 1620, 1622).

Es reicht nicht aus, dass die Operation medizinisch indiziert und dem Verletzten unter Abwägung ihrer Chancen und Risiken von mehreren Ärzten empfohlen worden ist (BGH NJW 1994, 1592 = MDR 1994, 667). Praktisch relevanter sind in diesem Bereich „Nachbesserungsfragen" aus dem zahnärztlichen Bereich. Zahnprothetische Versorgungen „sitzen" oft nicht ohne Nacharbeiten. Wurden die Vorarbeiten unter Beachtung der erforderlichen zahnmedizinischen und zahntechnischen Sorgfalt durchgeführt, so entfällt eine Haftung des Zahnarztes ohne weiteres, wenn der Patient die Nacharbeiten nicht zulässt (Schellenberg, Richter am OLG Frankfurt, VersR 2005, 1620, 1622). Sind dem Zahnarzt Fehler unterlaufen, die im Rahmen von Nacharbeiten korrigiert werden können, so ist der Patient aufgrund der Schadensminderungspflicht (§ 254 II BGB) gehalten, diese Nacharbeiten in den Grenzen der Zumutbarkeit zuzulassen (Schellenberg VersR 2005, 1620, 1622; für ein „Nachbesserungsrecht" des

Zahnarztes auch OLG Düsseldorf, Urt. v. 12. 6. 1986 – 8 U 279/84, MDR 1986, 933).

Erklärt der Zahnarzt dem Patienten ohne nähere Kenntnis der Umstände, der (Privat-) Versicherer werde die Kosten einer beabsichtigten umfangreicheren Implantatbehandlung vollständig erstatten und beginnt er die Behandlung vor dem Vorliegen einer Kostenübernahmezusage, obwohl er weiß, dass der Heil- und Kostenplan erst zur Prüfung eingereicht worden ist, hat er für den Schaden einzustehen, wenn die Kosten nach Art der Versicherung nicht gedeckt sind. Der Patient muss sich aber ein hälftiges Mitverschulden anrechnen lassen, weil es ihm regelmäßig zuzumuten ist, den Bescheid seines Versicherers abzuwarten (OLG Köln, Urt. v. 23. 3. 2005 – 5 U 144/04, VersR 2005, 1589).

Dem Geschädigten kann auch die fehlende Durchführung einer Psychotherapie nicht nach § 254 I 2 BGB als Mitverschulden vorgeworfen werden, wenn er gerade wegen seiner psychischen und intellektuellen Anlage die Notwendigkeit einer Therapie nicht erkennen kann (OLG Hamm NJW 1997, 804).

Nichterkennen einer Schwangerschaft

Vgl. → *Schwangerschaftsabbruch, fehlerhafter,* → *Sterilisation, fehlerhafte,* → *Früherkennung, fehlerhafte pränatale Diagnostik,* → *Genetische Beratung*

I. Fehlerhafte Verkennung der Schwangerschaft

Während der Mutter in den Fällen eines fehlerhaften Schwangerschaftsabbruchs, einer fehlerhaften Sterilisation und bei fehlerhafter pränataler Diagnostik grundsätzlich Unterhalts- und Schmerzensgeldansprüche zustehen können, löst allein das Nichterkennen einer Schwangerschaft im Rahmen der alltäglichen Beschwerden nachgehenden frauenärztlichen Untersuchung keine Schadensersatzansprüche gegen den betreffenden Arzt aus (BGH, Urt. v. 21. 12. 2004 – VI ZR 196/03, VersR 2005, 411, 412 = NJW 2005, 891, 892 = GesR 2005, 159, 160; NJW 1994, 788, 791; OLG Karlsruhe, Urt. v. 24. 4. 2002 – 7 U 53/01, GesR 2003, 122, 123 = OLGR 2003, 62, 64; OLG Naumburg, MDR 1998, 1479).

II. Schutzzweck des Behandlungsvertrages

Der durch die Geburt des nichtgewollten Kindes hervorgerufene Vermögensschaden fällt dann **nicht in den Schutzzweck des Behandlungsvertrages**, wenn diese lediglich eine routinemäßige Schwangerschaftsuntersuchung (OLG Düsseldorf, NJW 1995, 1620), eine allgemeinen Beschwerden nachgehende frauenärztliche Untersuchung (OLG Karlsruhe, Urt. v. 24. 4. 2002 – 7 U 53/01, GesR 2003, 122, 123; OLG Naumburg, MDR 1998, 1479), eine auf Überweisung des Hausarztes bzw. niedergelassenen Gynäkologen durchgeführte Untersuchung zum Zweck der Behandlung von Zyklusstörungen und zur Abklärung der Verdachtsdiagnose eines Klimakterium praecox in der sogenannten „Hormonsprechstunde" der Klinikambulanz einer Universitätsklinik (OLG Karlsruhe, Urt. v. 24. 4. 2002 – 7 U 53/01, GesR 2003, 122, 123 = OLGR 2003, 62, 64), eine gynäkologische Untersuchung zur Vorbereitung einer orthopädischen Operation (BGH, Urt. v. 15. 2. 2000 – VI ZR 135/99, NJW 2000, 1782, 1784 = MDR 2000, 640, 641 = VersR 2000, 634, 636) oder die Beratung und Untersuchung zur Abklärung eines Hautauschlages beinhaltet, wobei die Patientin im Lauf der Behandlung eine mögliche Schwangerschaft erwähnt (BGH, Urt. v. 21. 12. 2004 – VI ZR 196/03, VersR 2005, 411, 412 = NJW 2005, 891, 892 = GesR 2005, 159, 160).

Ein vertraglicher Anspruch der Eltern bzw. der Mutter auf Ersatz des Unterhaltsaufwandes für das nichtgewollte Kind besteht beim Nichterkennen einer Schwangerschaft nur dann, wenn der mit dem Arzt ausdrücklich oder konkludent abgeschlossene Vertrag – **zumindest auch – die Verhinderung einer Geburt und die Bewahrung der Eltern vor den damit verbundenen Unterhaltsaufwendungen** beinhaltet (BGH, Urt. v. 15. 2. 2000 – VI ZR 135/99, NJW 2000, 1782, 1784 = MDR 2000, 640, 641; ebenso: Urt. v. 21. 12. 2004 – VI ZR 196/03, VersR 2005, 411 = NJW 2005, 891; OLG Karlsruhe, Urt. v. 24. 4. 2002 – 7 U 53/01, OLGR 2003, 62, 64; Gehrlein, NJW 2000, 1771, 1772; vgl. zuletzt Mörsdorf-Schulte NJW 2006, 3105, 3106).

Bezweckt die gynäkologische Untersuchung lediglich den Ausschluss der Gefährdung für das ungeborene Kind oder eine Gefahr für Leib und Leben der Mutter und kommt das Kind anschließend ohne besondere Beeinträchtigungen der Mutter gesund zur Welt, so sind weder der Unterhaltsaufwand für das Kind noch die Schmerzen der Mutter, die über diejenigen einer natürlichen komplikationslosen Geburt nicht hinausgehen, vom Schutzzweck des Behandlungsvertrages umfasst (Gehrlein NJW 2000, 1771, 1772; auch G/G, 5. Aufl. Rz. B 169).

Parteivernehmung

Vgl. → *Beweislast*, → *Beweislastumkehr*, → *Aufklärung*

I. Parteivernehmung auf Antrag einer Partei
II. Parteivernehmung von Amts wegen
  1. Gewisse Wahrscheinlichkeit der Richtigkeit der Parteibehauptung
2. Erweiternde Auslegung des § 448 ZPO
3. Parteivernehmung des Arztes

I. Parteivernehmung auf Antrag einer Partei

Bei der Parteivernehmung auf Antrag einer Partei knüpft das Gesetz bei der Beweislast an (Musielak-Huber, § 445 ZPO Rz. 4: „wenig glücklich"). Nach § 445 ZPO kann eine Partei, die den ihr obliegenden Beweis mit anderen

Beweismitteln nicht vollständig geführt oder andere Beweismittel nicht vorgebracht hat, den Beweis durch den Antrag, den Prozessgegner über die zu beweisenden Tatsachen zu vernehmen, antreten.

Lehnt der Prozessgegner es ab, sich vernehmen zu lassen oder gibt er auf Verlangen des Gerichts keine Erklärung ab, hat das Gericht diese **Weigerung** im Rahmen des § 286 ZPO **frei zu würdigen** (§ 446 ZPO). Sofern der Prozessgegner für die Ablehnung keine vernünftigen Gründe vorbringen kann, etwa die Aufdeckung von Betriebsgeheimnissen, eines strafbaren Verhaltens, wird es regelmäßig davon ausgehen können, dass die Parteivernehmung den entsprechenden Tatsachenvortrag des Antrag stellenden Prozessgegners bestätigt hätte (vgl. Musielak-Huber, § 446 ZPO Rz. 1; Zöller-Greger, § 446 ZPO Rz. 1). Gem. § 447 ZPO kann das Gericht über eine streitige Tatsache auch die beweispflichtige Partei vernehmen, wenn eine Partei es beantragt und die andere damit einverstanden ist.

II. Parteivernehmung von Amts wegen

1. Gewisse Wahrscheinlichkeit der Richtigkeit einer Parteibehauptung

Gem. § 448 ZPO kann das Gericht auch ohne Antrag einer Partei und ohne Rücksicht auf die Beweislast die Vernehmung einer oder beider Parteien anordnen, wenn das Ergebnis der Verhandlungen und einer etwaigen Beweisaufnahme nicht ausreicht, um seine Überzeugung von der Wahrheit oder Unwahrheit einer zu erweisenden Tatsache zu begründen. Grundsätzlich ist es erforderlich, dass bereits eine **gewisse Wahrscheinlichkeit** für die Richtigkeit der von einer Partei behaupteten und von der anderen Partei bestrittenen Tatsache spricht (BGH NJW 2005, 2453: „Anfangswahrscheinlichkeit"; NJW-RR 1994, 636: „gewichtige Umstände"; NJW-RR 1989, 3222: „hinreichende Wahrscheinlichkeit"; OLG Jena VersR 2001, 856 und OLG Koblenz MDR 1998, 712: Gewisse Wahrscheinlichkeit; B/L/A/H-Hartmann, § 448 ZPO Rz. 4: „gewisse Wahrscheinlichkeit" bzw. „Anfangswahrscheinlichkeit"; Musielak-Huber, § 448 ZPO Rz. 3: „gewisse Wahrscheinlichkeit" bzw. „Anfangswahrscheinlichkeit"; Zöller-Greger, § 448 ZPO Rz. 4: gewisse, nicht notwendig hohe Wahrscheinlichkeit für die Richtigkeit der streitigen Behauptung, d. h. es muss mehr für als gegen sie sprechen).

Auch eine gewisse Wahrscheinlichkeit aufgrund der Lebenserfahrung (BGH, NJW-RR 1994, 636: „durchaus möglich"; BGH, NJW-RR 1991, 983, 984; Musielak-Huber, § 448 ZPO Rz. 3) bzw. aufgrund der Auswertung einer Urkunde, einer früheren Parteiaussage oder einer formlosen Parteianhörung (BGH, NJW-RR 1991, 934; B/L/A/H-Hartmann, § 448 ZPO Rz. 4) kann genügen.

Allerdings muss das Gericht der beabsichtigten Parteivernehmung einen bestimmten Beweiswert zumessen; schließt es dies von vornherein aus, z. B. weil beide Parteien als unglaubwürdig erscheinen, darf eine Parteivernehmung nach § 448 ZPO nicht angeordnet werden (Musielak-Huber, § 448 ZPO Rz. 3).

2. Erweiternde Auslegung des § 448 ZPO

Im Anschluss an eine Entscheidung des EGMR (NJW 1995, 1413) und im Lichte der Art. 20 III, 103 I GG legen der BGH (Urt. v. 27. 9. 2005 – XI ZR 216/04, NJW-RR 2006, 61, 63 = MDR 2006, 285; Beschl. v. 25. 9. 2003 – III ZR 384/02, NJW 2003, 3636 = MDR 2004, 227; Beschl. v. 11. 2. 2003 – XI ZR 153/02, NJW-RR 2003, 1003; Urt. v. 19. 12. 2002 – VII ZR 176/02, NJW-RR 2003, 1002 = MDR 2003, 467; NJW-RR 2001, 1431, 1432; NJW 1999, 363; VersR 1999, 995; zustimmend BVerfG, Beschl. v. 21. 2. 2001 – 2 BvR 140/00, NJW 2001, 2531, 2532) und die überwiegende Anzahl der Instanzgerichte (OLG Düsseldorf, Urt. v. 17. 3. 2005 – I – 8 U 56/04, OLGR 2006, 12, 13 = GesR 2005, 464; OLG Karlsruhe MDR 1998, 494; KG, Urt. v. 15. 12. 2003 – 20 U 105/02, VersR 2005, 1399; OLG Koblenz, Urt. v. 18. 9. 2003 – 5 U 306/03, NJW-RR 2004, 414, 415 und NJW-RR 2002, 630, 631; OLG München, Urt. v. 26. 9. 2002 – 1 U 4148/99, OLGR 2003, 423; Urt. v. 25. 7. 2002 – 1 U 4499/01, GesR 2003, 274, 275; OLG Saarbrücken OLGR 2000, 296; OLG Zweibrücken NJW-RR 2001, 1431, 1432; NJW 1998, 167, 168; LG Berlin MDR 2000, 882; zustimmend Kluth/Böckmann MDR 2002, 616, 621; Kocher NZA 2003, 1317: Neuinterpretation des § 448 ZPO erforderlich) die Vorschrift des § 448 ZPO unter dem Gesichtspunkt der **„Waffengleichheit"** erweiternd aus.

Der BGH entschied bei einer Konstellation, in der der einen Partei ein Mitarbeiter als Zeuge zur Seite stand, während die Gegenpartei selbst die Verhandlungen führte und sich auf keinen Zeugen stützen konnte, dass das Gericht – auch das Berufungsgericht – nicht nur den Zeugen der Gegenpartei, sondern nach dem „Grundsatz der Waffengleichheit" auch die andere Partei selbst gem. § 141 oder § 448 ZPO zum umstrittenen Inhalt eines Vier-Augen-Gesprächs im Rahmen pflichtgemäßer Ermessensausübung persönlich anzuhören bzw. zu vernehmen hat. Dabei ist das Gericht nicht gehindert, einer solchen **Parteierklärung den Vorzug vor den Bekundungen des Zeugen der Gegenseite** zu geben (BGH, Beschl. v. 25. 9. 2003 – III ZR 384/02, NJW 2003, 3636 = MDR 2004, 227; NJW-RR 2001, 1431, 1432; NJW 1999, 363, 364 = MDR 1999, 699; dem BGH zustimmend BVerfG, Urt. v. 21. 2. 2001 – 2 BvR 140/00, NJW 2001, 2531, 2532; OLG München, Urt. v. 25. 7. 2002 – 1 U 4499/01, GesR 2003, 274, 275).

Danach kann das Gericht der Erklärung einer Partei im Rahmen der Anhörung einen höheren Beweiswert zumessen als derjenigen des Prozessgegners oder eines vernommenen Zeugen (OLG Koblenz NJW-RR 2002, 630; OLG München, Urt. v. 25. 7. 2002 – 1 U 4499/01, GesR 2003, 274, 275; kritisch B/L/A/H-Hartmann, § 448 ZPO Rz. 1 a. E.). Eine Parteianhörung i. S. d. § 141 ZPO würde bei entsprechender Würdigung des Wahrheitsgehalts der Bekundung den Beweismitteln der Parteivernehmung nach §§ 447, 448 ZPO grundsätzlich gleich stehen (Sächsisches LAG, MDR 2000, 724; OLG München, Urt. v. 25. 7. 2002 – 1 U 4499/01, GesR 2003, 274, 275 und OLGR 2004, 139 und Musielak-Huber, § 448 ZPO Rz. 7; krit. B/L/A/H a.a.O.)

In einem Arzthaftpflichtprozess hat der BGH darauf hingewiesen, dass die Einseitigkeit der Beweismöglichkeit des Patienten, der für seine – gegenbeweislich – aufgestellte Behauptung hinsichtlich des Inhalts eines Aufklärungsgesprächs den Ehepartner als Zeugen benannt hat, im Rahmen des Ermessensgebrauchs nach § 448 ZPO zu berücksichtigen ist (BGH NJW-RR 2001, 1431, 1432; zustimmend Musielak-Huber, § 448 Rz. 7).

Teilweise wird eine derartige „Neuinterpretation" des § 448 ZPO **abgelehnt** (vgl. OLG Düsseldorf OLGR 1996, 274; VersR 1999, 205; LAG Köln MDR 1999, 1085; OLG München NJW-RR 1996, 958; Lange NJW 2002, 482 f.; Zöller-Greger, § 448 ZPO Rz. 2 a).

Nach vermittelnder Ansicht von Huber (Musielak-Huber, § 448 ZPO Rz. 7) kann dem Standpunkt des EGMR (NJW 1995, 1413) dadurch Rechnung getragen werden, dass die durch ihre prozessuale Stellung bei der Aufklärung des Vier-Augen-Gesprächs benachteiligte Partei gem. § 141 ZPO persönlich angehört wird (ebenso BGH, NJW 1999, 363, 364; NJW 2003, 3636; Sächsisches LAG, MDR 2000, 724; OLG München, OLGR 2004, 139).

3. Parteivernehmung des Arztes

Im Hinblick auf die „Waffengleichheit" im Arzthaftungsprozess dürfen auch an den vom Arzt zu führenden Nachweis einer ordnungsgemäßen Aufklärung, die regelmäßig ein Aufklärungsgespräch verlangt, **keine unbilligen oder übertriebenen Anforderungen** gestellt werden (BGH MDR 1985, 923 = NJW 1985, 1399; OLG Brandenburg NJW-RR 2000, 398, 400; OLG Düsseldorf, Urt. v. 17. 3. 2005 – I – 8 U 56/04, OLGR 2006, 12; OLG Karlsruhe, Urt. v. 23. 6. 2004 – 7 U 228/ 02, OLGR 2004, 520; OLGR 2002, 396, 397; NJW 1998, 1800; OLG München, Urt. v. 26. 9. 2002 – 1 U 4148/99, OLGR 2003, 423; OLG Schleswig NJW-RR 1996, 348, 349; Gehrlein Rz. C 70; G/G, 5. Aufl., Rz. C 134, 135; Rehborn MDR 1999, 1169, 1172; S/Pa, Rz. 565).

Selbst wenn der Arzt **nach Jahren keine konkrete Erinnerung** mehr an das Aufklärungsgespräch hat, kann es ausreichen, wenn seine Aussage im Zusammenhang mit der Dokumentation in sich stimmig und nachvollziehbar ist (OLG Karlsruhe OLGR 2002, 396, 397) oder er bzw. der betroffene Krankenhausträger die **ständige Praxis einer ordnungsgemäßen Aufklärung durch die Anhörung von Klinik- oder Praxispersonal** als Zeugen oder eine Parteivernehmung des Arztes gem. § 448 ZPO nachweist (OLG Celle, Urt. v. 30. 9. 2002 – 1 U 7/02, VersR 2004, 384, 385: ständig angewandte Vorgehensweise; OLG Hamm, Urt. v. 15. 6. 2005 – 3 U 289/04, GesR 2005, 401 und Urt. v. 22. 3. 1993 – 3 U 182/92, VersR 1995, 661: „übliches Programm stets eingehalten"; OLG Karlsruhe, Urt. v. 8. 12. 2004 – 7 U 163/03, GesR 2005, 165, 168 = NJW-RR 2005, 798, 800; Urt. v. 23. 6. 2004 – 7 U 28/02, OLGR 2004, 520, 521; Urt. v. 11. 12. 2002 – 7 U 146/ 01, OLGR 2003, 334, 335; KG, Urt. v. 15. 12. 2003 – 20 U 105/02, VersR 2005, 1399: Aufklärung in derartigen Fällen stets so gestaltet; OLG Stuttgart, Urt. v. 8. 1. 2002 – 14 U 70/01, MedR 2003, 413, 415: Schilderung des üblichen Vorgehens; OLG Zweibrücken, Urt. v. 11. 10. 2005 – 5 U 10/05, OLG 2006, 154, 156: es genügt der Nachweis des üblichen Inhalts eines Aufklärungsgesprächs; F/N Rz. 208; Gehrlein Rz. E 70; G/G, 5. Aufl., Rz. C 134; Hüwe GesR 2005, 402; Jorzig MDR 2001, 481, 485 und GesR 2004, 470).

Erforderlich ist allerdings auch hier, dass der Arzt **in nachvollziehbarer und in sich stimmiger Art und Weise die übliche Vorgehensweise bei einem Aufklärungsgespräch** vor dem vorgenommenen Eingriff schildert und zugleich bekräftigt, dass er sich ganz sicher sei, dieses Programm auch im fraglichen Fall eingehalten zu haben (OLG Karlsruhe NJW 1998, 1800 m. w. N.; OLG Hamm VersR 1995, 661) und Anhaltspunkte für eine hinreichende Aufklärung des Patienten vorliegen (BGH NJW-RR 2001, 1431, 1432). Solche Anhaltspunkte sind gegeben, wenn der Patient ein **Merkblatt zum Aufklärungsgespräch unterzeichnet** hat (BGH NJW-RR 2001, 1431, 1432; OLG Karlsruhe OLGR 2002, 396, 397), insbesondere wenn das Formular handschriftliche Eintragungen enthält (OLG Düsseldorf, Urt. v. 17. 3. 2005 – I – 8 U 56/04, OLGR 2006, 12) oder wenn die Tatsache der **Führung eines Aufklärungsgesprächs als solchem zwischen den Parteien unstreitig** ist (OLG Brandenburg, Urt. v. 1. 9. 1999 – 1 U 3/99, VersR 2000, 1283, 1285 = NJW-RR 2000, 398, 400; OLG Hamm VersR 1995, 661, 662; OLG Karlsruhe, Urt. v. 26. 6. 2002 – 7 U 4/00, MedR 2003, 229; OLG Zweibrücken, Urt. v. 11. 10. 2002 – 5 U 10/05, OLGR 2006, 154, 156; – zur Erteilung der Aufklärung vgl. → *Aufklärung*, S. 268 ff., 273).

Ist jedoch streitig, ob überhaupt ein Aufklärungsgespräch stattgefunden hat, und befindet sich auch kein Nachweis hierüber in den Krankenunterlagen, so ist der Nachweis für eine ordnungsgemäße Aufklärung regelmäßig nicht erbracht (OLG Brandenburg, Urt. v. 1. 9. 1999 – 1 U 3/99, NJW-RR 2000, 398, 400 = VersR 2000, 1283, 1285; OLG Hamm VersR 1995, 661; OLG Koblenz VersR 2003, 1313, 1314; Hüwe, GesR 2004, 470; zu weiteren Einzelheiten vgl. → *Aufklärung*, S. 268, 274).

Rückerstattung des Honorars

Vgl. auch → *Wirtschaftliche Aufklärung*

I. Honoraranspruch bei Behandlungsfehlern

Der Vertrag zwischen Arzt und Patient ist ein **Dienstvertrag** (BGH MDR 1975, 310; OLG Brandenburg, Urt. v. 5. 4. 2005 – 1 U 34/04, OLGR 2005, 489, 492: zahnprothetische Behandlung; OLG Frankfurt, Urt. v. 17. 2. 2005 – 26 U 56/04, NJW-RR 2005, 701, 702 = MedR 2005, 604, 605: Eingliederung von Zahnersatz in Erfüllung des Dienstvertrages gegenüber dem Patienten; Urt. v. 17. 10. 2003 2 U 210/00, GesR 2004, 103: zahnprothetische Behandlung; OLG Hamburg, Beschl. v. 29. 12. 2005 – 1 W 85/05, MDR 2006, 873 = OLGR 2006, 120, 121; Urt. v. 22. 12. 2000 – 1 U 41/00, MDR 2001, 799 = OLGR 2001, 179; OLG Zweibrücken, Urt. v. 20. 11. 2001 – 5 U 20/01, OLGR 2002, 170: zahnprothetische Behandlung; LG Karlsruhe, Urt. v. 28. 4. 2005 – 8 O 362/04, NJW-RR 2005, 1507; auch OLG Düsseldorf VersR 1985, 456, 457; OLG Koblenz NJW-RR 1994, 52, 53; OLG Köln OLGR 1994, 67; OLG Oldenburg NJW-RR 1996,

1267, 1268; Rehborn MDR 2001, 1148, 1153; Schinnenburg MedR 2000, 185; von Ziegner, MDR 2001, 1088; vgl. → *Arztvertrag*, S. 62 ff.).

Grundsätzlich wird deshalb der Vergütungsanspruch des Arztes nicht berührt, wenn die Behandlung keine Besserung des Patienten bewirkt (Gehrlein, 1. Aufl., Rz. A 19; F/N, Rz. 237). Unterläuft dem Arzt jedoch ein Behandlungsfehler, ist **umstritten**, ob der Honoraranspruch des Arztes entfällt.

Nach einer Ansicht **entfällt** der Honoraranspruch **nur bei besonders groben Pflichtverletzungen** (OLG Köln, Urt. v. 27. 11. 2002 – 5 U 101/02, GesR 2003, 85: bei besonders groben Pflichtverletzungen oder im Fall einer wertlosen zahnprothetischen Versorgung, die ersetzt werden muss; OLG München VersR 1996, 233, 234; F/N, 2. Aufl., Rz. 235 und 3. Aufl. Rz. 237: bei besonders groben Pflichtverletzungen oder bei Unbrauchbarkeit der ärztlichen Dienstleistung).

Das OLG München (OLGR 1998, 247; a. A. LG Karlsruhe, Urt. v. 28. 4. 2005 – 8 O 362/04, NJW-RR 2005, 1507) hat die Ansicht vertreten, dass beim Arztvertrag die Schlechterfüllung der Nichterfüllung nicht gleichgestellt werden kann; eine Rückforderung des bereits geleisteten Honorars könne bei einer Schlechterfüllung im Rahmen des Dienstvertrages deshalb nicht verlangt werden.

Zutreffend bejaht die h.M. (OLG Hamburg, Beschl. v. 29. 12. 2005 – 1 W 85/05, MDR 2006, 873 = OLGR 2006, 120, 121: § 280 I 2 oder § 628 I 2 BGB analog; OLG Köln, Urt. v. 27. 11. 2002 – 5 U 101/02, GesR 2003, 85: Schadensersatzanspruch bei wertloser zahnprothetischer Versorgung; OLG Nürnberg, Urt. v. 16. 7. 2004 – 5 U 2383/03, NJW-RR 2004, 1543, 1545 = OLGR 2004, 373, 375: p.V.v. bei Unbrauchbarkeit; OLG Oldenburg VersR 1997, 60; OLG Saarbrücken OLGR 2000, 401; OLG Zweibrücken, Urt. v. 20. 11. 2001 – 5 U 20/01, OLGR 2002, 170, 171 = MedR 2002, 201, 202: offengelassen, ob p.V.v., § 242 oder § 320 BGB; auch OLG Frankfurt VersR 1996, 1150; OLG München VersR 1994, 862 und VersR 1993, 1529; LG Karlsruhe, Urt. v. 28. 4. 2005 – 8 O 362/04, NJW-RR 2005, 1507, 1508; Gehrlein, 1. Aufl., Rz. A 19 = 2. Aufl. 2006, Rz. A 38 a: Schon bei Rechtswidrigkeit der Behandlung) bei pflichtwidrig unterlassener oder fehlerhafter Behandlung einen (Gegen-) Anspruch des Patienten aus **p. V. v. bzw. § 280 I BGB n. F.**, der **auf Befreiung** von der Verbindlichkeit gerichtet ist.

Nach Auffassung des OLG Hamburg (Beschl. v. 29. 12. 2005 – 1 W 85/05, MDR 2006, 873 = OLGR 2006, 120, 121 bei kosmetischer Operation: § 628 I 2 analog oder § 280 I BGB; Urt. v. 25. 11. 2005 – 1 U 6/05, OLGR 2006, 128, 130 bei unbrauchbarer zahnprothetischer Leistung: § 628 I 2 analog; Urt. v. 22. 12. 2000 – 1 U 41/00, OLGR 2001, 179 = MDR 2001, 799 zur kosmetischen Operation: § 628 I 2 analog; ebenso Kramer, MDR 1998, 324, 327 ff.) verliert der Arzt seinen Vergütungsanspruch in **entsprechender Anwendung des § 628 I 2 BGB**, soweit das **Interesse** des Patienten an der Durchführung des Eingriffs wegen eines vom operierenden Arztes zu vertretenden Behandlungsfehlers **im Nachhinein weggefallen** ist, insbesondere, wenn es sich wegen des Behandlungsfehlers für den Patienten als unmöglich oder unzumutbar erweist, das bei ordnungsgemäßer Durchführung des Eingriffs zu erwartende Ergebnis durch neuerliche operative Maßnahmen herbeizuführen.

Liegen die Voraussetzungen des § 280 I BGB (vormals p.V.V.) bzw. des § 628 I 2 BGB vor, ist der Patient berechtigt, die Zahlung der Vergütung zu verweigern oder eine bezahlte Vergütung zurückzuverlangen.

Eine „**Pflichtverletzung**" des Arztes i.S.d. § **280 I BGB** (vgl. hierzu Palandt-Heinrichs § 280 BGB Rz.. 12–17) bzw. ein „**vertragswidriges Verhalten**" i.S.d. § **628 I 2 BGB** liegt nach h.M. dabei aber nur vor, wenn die Erfüllung des Dienstvertrages durch den Arzt, etwa eines Zahnarztes bei prothetischen Leistungen, für den Patienten **kein Interesse (mehr) hat** (so LG Karlsruhe, Urt. v. 28. 4. 2005 – 8 O 362/04, NJW-RR 2005, 1507, 1508: das fehlende Interesse ist kongruent mit einem Schadensersatzanspruch, den der Patient dem Arzt aus § 280 I BGB entgegenhalten kann, einer Aufrechnungserklärung bedarf es nicht; OLG Hamburg, Beschl. v. 29. 12. 2005 – 1 W 85/05, OLGR 2006, 120, 121: Interesse wegen ungeeigneter Behandlungsmethode von vornherein nicht gegeben; OLG Köln VersR 1987, 620 und MedR 1994, 198; OLG Düsseldorf VersR 1985, 456, 457) bzw. wenn **die Dienstleistung des Arztes aufgrund des Behandlungsfehlers wertlos bzw. für den Patienten unbrauchbar ist** (OLG Frankfurt VersR 1996, 1150 = OLGR 1995, 134 und OLG Koblenz VersR 1993, 1486: ärztliche Leistung erweist sich als von vornherein nutzlos bzw. hat für den Patienten kein Interesse; KG, KGR 1996, 195; OLG Köln, Urt. v. 27. 11. 2002 – 5 U 101/02, GesR 2003, 85: „wertlose zahnprothetische Versorgung, die ersetzt werden muss"; Urt. v. 9. 12. 1998 – 5 U 147/97, OLGR 1999, 175 = VersR 2000, 361: Behandlung unbrauchbar; OLG Nürnberg, Urt. v. 16. 7. 2004 – 5 U 2383/03, OLGR 2004, 373, 375 = NJW-RR 2004, 1543, 1544 zur Aufklärung: Dienstleistung wegen unzureichender Bemühung um den Heilerfolg unbrauchbar; OLG Stuttgart, Urt. v. 17. 4. 2001 – 14 U 74/00, OLGR 2002, 172: gewählte Art der Versorgung des Zahnarztes erweist sich als unbrauchbar; OLG Zweibrücken, Urt. v. 20. 11. 2001 – 5 U 20/01, OLGR 2002, 170, 171 = MedR 2002, 201, 202: nicht von Interesse bzw. wertlos oder unbrauchbar; F/N, 3. Aufl. Rz. 237: grobe Pflichtverletzung der Behandlungsseite oder Unbrauchbarkeit der Dienstleistung; Rehborn MDR 2001, 1148, 1154).

Das OLG Zweibrücken (Urt. v. 20. 11. 2001 – 5 U 20/01, OLGR 2002, 170, 171 = MedR 2002, 201, 202) lässt es dabei offen, ob dieses Ergebnis aus § 242, der Einrede des nichterfüllten Vertrages nach § 320 oder als inhaltlich auf Freistellung gerichteter Schadensersatzanspruch aus § 280 I herzuleiten ist.

Eine Aufrechnung gegenüber dem Vergütungsanspruch des Arztes sei jedenfalls entbehrlich (OLG Zweibrücken, Urt. v. 20. 11. 2001 – 5 U 20/01, OLGR 2002, 170, 171 = MedR 2002, 201, 202; ebenso zur Aufrechnung OLG Frankfurt, OLGR 1995, 134; OLG Köln VersR 1987, 620; LG Karlsruhe, Urt. v. 28. 4. 2005 – 8 O 362/04, NJW-RR 2005, 1507, 1508).

War die **Behandlung teilweise erfolgreich**, so hat der Patient nach Auffassung von Uhlenbruck (L/U, § 82 Rz. 15; auch LG Karlsruhe, Urt. v. 28. 4. 2005 – 8 O 362/04, NJW-RR 2005, 1507, 1508: Wegfall des Vergütungsanspruchs im Umfang des fehlenden Interesses) auch nur einen Teil des Honorars zu zahlen. Führt der schuldhafte Behandlungsfehler zu Begleit- oder Folgeschäden, kann der Patient danach auch insoweit mit Schadensersatzansprüchen aufrechnen.

II. Honoraranspruch bei Aufklärungsfehlern

Verletzt der Arzt seine ärztliche Aufklärungspflicht, bleibt sein Vergütungsanspruch nach zutreffender, herrschender Ansicht jedenfalls dann bestehen, wenn der **Eingriff erfolgreich** verläuft (OLG Frankfurt MedR 1995, 364; OLG Köln, Urt. v. 9. 12. 1998 – 5 U 147/97, OLGR 1999, 175 = VersR 2000, 361; auch Urt. v. 27. 11. 2002 – 5 U 101/02, GesR 2003, 85: kein Rückzahlungsanspruch; OLG München VersR 1996, 233, 234; OLG Nürnberg, Urt. v. 16. 7. 2004 – 5 U 2383/ 03, OLGR 2004, 373, 375 = NJW-RR 2004, 1543, 1544 = GesR 2004, 514: Operation hat tatsächlich zum Erfolg geführt; L/U, § 82 Rz. 16).

Nach Ansicht des OLG Köln (Urt. v. 27. 11. 2002 – 5 U 101/02, GesR 2003, 85; auch OLG Köln, Urt. v. 9. 12. 1998 – 5 U 147/99, OLGR 1999, 175 = VersR 2000, 361) begründet eine Behandlung ohne wirksame Einwilligung grundsätzlich **keinen Anspruch des Patienten auf Rückzahlung des ärztlichen Honorars.**

Nach Auffassung des OLG München (VersR 1996, 233, 234; ebenso noch F/N, 2. Aufl. Rz. 235 und L/U, § 82 Rz. 15) entfällt der Honoraranspruch nur bei einem **besonders groben Fehler im Bereich der Eingriffs- und Risikoaufklärung.** Eine sich im normalen Bereich der Fahrlässigkeit bewegende Verkennung des Umfanges der ärztlichen Aufklärungspflicht führt danach nicht zum Wegfall des Vergütungsanspruchs (OLG München a. a. O.).

Das OLG Saarbrücken (Urt. v. 21. 4. 1999 – 1 U 615/98–112, OLGR 2000, 401; ebenso Gehrlein, 1. Aufl. Rz. A 19 = 2. Aufl. 2006, Rz. A 38 a) lässt den **Vergütungsanspruch von vornherein entfallen,** wenn der Arzt es versäumt hat, den Patienten aufzuklären. Denn eine als eigenmächtig zu wertende und dem gemäß rechtswidrige Therapie stelle nicht die geschuldete Behandlungsleistung dar und sei deshalb **nicht honorarpflichtig.**

Das OLG Düsseldorf (Urt. v. 20. 3. 2003 – 8 U 18/02, VersR 2003, 1579 = NJW-RR 2003, 1331 = GesR 2003, 236; ebenso Urt. v. 21. 3. 2002 – 8 U 117/01, VersR 2004, 386) geht davon aus, der behandelnde Arzt **zur Rückerstattung des bezahlten Behandlungshonorars verpflichtet** ist, wenn der **Eingriff** mangels hinreichender Aufklärung des Patienten/der Patientin **rechtswidrig** ist. Im Urt. v. 20. 3. 2003 (8 U 18/02, VersR 2003, 1579 = NJW-RR 2003, 1331) ging es um eine kosmetische Operation (Fettabsaugung), vor deren Durchführung die Patientin nicht hinreichend darüber aufgeklärt wurde, dass bei großflächigen Fettabsaugungen mit der Entstehung unregelmäßiger Konturen, die nicht in jedem Fall vollständig beseitigt werden können, zu rechnen ist. Im dortigen Fall hatte die Patientin plausibel vorgetragen, dass sie bei Kenntnis der Tatsache, wonach allein eine Liposuktion (Fettabsaugung) bei ihr nicht geeignet war, eine kosmetische Verbesserung zu erreichen, den Eingriff nicht hätte durchführen lassen.

Gegenstand des Urteils v. 21. 3. 2002 (OLG Düsseldorf, 8 U 117/01, VersR 2004, 386) war eine photorefraktive Keratektomie mittels eines Excimer-Lasers zur Korrektur der Weitsichtigkeit eines Patienten im Jahr 1996. Der Patient war nicht darüber aufgeklärt worden, dass es zum damaligen Zeitpunkt um ein experimentelles, wissenschaftlich noch nicht anerkanntes Verfahren handelte, dessen Erfolgsaussicht als zweifelhaft einzustufen war. Nach der Operation ging die

Sehschärfe des Patienten zurück, so dass der Eingriff – worauf das OLG Düsseldorf jedoch nicht explizit abstellt – für dem Patienten **letztlich wertlos bzw. unbrauchbar** war. Letzteres entspricht im Ergebnis auch der herrschenden Meinung zum Honoraranspruch des Arztes bei Vorliegen eines Behandlungsfehlers.

Danach (s. o.) entfällt der Honoraranspruch des Arztes auch bei einer Verletzung der Aufklärungspflicht nur dann, wenn die Dienstleistung wegen unzureichender Bemühung um den Heilerfolg **unbrauchbar bzw. für den Patienten wertlos** ist (OLG Hamburg, Urt. v. 25. 11. 2005 – 1 U 6/05, MDR 2006, 873 = OLGR 2006, 128, 130; Urt. v. 22. 12. 2000 – 1 U 41/00, MDR 2001, 799 = OLGR 2001, 179 zum Behandlungsfehler bei kosmetischer Operation; KG, OLGR 1996, 195; OLG Nürnberg, Urt. v. 16. 7. 2004 – 5 U 2383/03, OLGR 2004, 373, 375 = NJW-RR 2004, 1543, 1544 zum Aufklärungsfehler; OLG Stuttgart, Urt. v. 17. 4. 2001 – 14 U 74/00, OLGR 2002, 172 = VersR 2002, 1286; F/N, 3. Aufl. Rz. 237; Rehborn MDR 2001, 1148, 1154).

Dies gilt etwa dann, wenn eine wegen fehlender oder mangelhafter Aufklärung rechtswidrige **Schönheitsoperation nicht den erstrebten Erfolg** oder sogar **eine Verschlechterung** erbringt (OLG Düsseldorf, Urt. v. 20. 3. 2003 – 8 U 18/02, VersR 2003, 1579 = NJW-RR 2003, 1331 = GesR 2003, 236; OLG Stuttgart, Urt. v. 17. 4. 2001 – 14 U 74/00, OLGR 2002, 172 = VersR 2002, 1286) oder wenn eine mangels ausreichender Eingriffsaufklärung oder wirtschaftlicher Aufklärung sich **für den Patienten als nutzlos** erweist (OLG Zweibrücken, Urt. v. 20. 11. 2001 – 5 U 20/01, OLGR 2002, 170, 171).

Weiß der Arzt, dass eine bestimmte ärztliche Behandlung von der gesetzlichen Krankenkasse nicht oder nur unter bestimmten, fraglich vorliegenden Voraussetzungen bezahlt wird, hat er den Patienten vor Durchführung der Maßnahme im Rahmen der **wirtschaftlichen Aufklärung** auch hierauf **hinzuweisen** (vgl. OLG Stuttgart, Urt. v. 9. 4. 2002 – 14 U 90/01, VersR 2003, 462, 463 = OLGR 2002, 350, 351 und Urt. v. 16. 4. 2002 – 14 U 71/01, OLGR 2003, 91, 94 zur „wirtschaftlichen Aufklärung").

In diesen Fällen und bei fehlender („wirtschaftlicher") Aufklärung über alternative kostengünstigere Behandlungsmethoden kann der Patient den sich ergebenden Differenzbetrag als Gegenanspruch zur Aufrechnung stellen bzw. die Zahlung des Honorars insoweit verweigern (Gehrlein, 1. Aufl., Rz. A 19 = 2. Aufl., Rz. A 38 a; L/U, § 82 Rz. 16; vgl. zu den Einzelheiten → *Aufklärung*, S. 110 ff.).

Sachverständigenbeweis

Vgl. auch → *Beweislast*, → *Beweislastumkehr*, → *Berufung*, → *Beweisverfahren, selbständiges*, → *Sustantiierung der Klage/Schlüssigkeit*

I. Einholung eines Sachverständigengutachtens
  1. Ermittlung des Sorgfaltsmaßstabes
  2. Auswahl des Sachverständigen aus dem einschlägigen Fachgebiet
  3. Körperliche Untersuchung des Patienten
II. Verwertung bereits vorliegender Gutachten

1. Gutachten aus vorangegangenen
Verfahren
2. Privatgutachten einer Partei
3. Gutachterliche Äußerungen sachverständiger Zeugen
III. Stellungnahme der Parteien und
mündliche Anhörung des Sachverständigen
1. Antrag auf mündliche Anhörung
2. Anhörung von Amts wegen
3. Stellungnahme der Parteien
IV. Aufklärung von Widersprüchen
1. Aufklärungspflicht des Gerichts
2. Beauftragung eines weiteren Sachverständigen
3. Auseinandersetzung mit einem
Privatgutachten
4. Prüfungsumfang des Berufungsgerichts
5. Vervollständigung des Gutachtens
in der Berufungsinstanz
V. Äußerungen des Sachverständigen
zu nicht vorgetragenen Behandlungsfehlern
VI. Ablehnung des Sachverständigen
wegen Befangenheit

1. Grundsatz
2. Ablehnung wegen Befangenheit
bejaht
3. Ablehnung wegen Befangenheit
verneint
4. Rechtzeitige Stellung des Ablehnungsantrages
5. Folgen der Ablehnung
VII. Haftung des gerichtlichen Sachverständigen
1. Gesetzliche Neuregelung
2. Bisherige Rechtslage
a) Vertragliche Ansprüche
b) Anspruch aus § 839 I BGB
c) Anspruch aus § 823 I BGB
d) Anspruch aus § 823 II BGB
3. Inhalt der Vorschrift
a) Vorsätzliche oder grob fahrlässige Erstattung eines unrichtigen Gutachtens
b) Kausalzusammenhang zwischen
dem falschen Gutachten und der
Entscheidung des Gerichts
c) Nichtgebrauch eines Rechts-
mttels, §§ 839 a II, 839 III BGB

I. Einholung eines Sachverständigengutachtens

1. Ermittlung des Sorgfaltsmaßstabes

Der Arzt muss diejenigen Maßnahmen ergreifen, die von einem gewissenhaften und aufmerksamen Arzt aus berufsfachlicher Sicht seines Fachbereichs vorausgesetzt und erwartet werden. Ob ein Arzt seine berufsspezifische Sorgfaltspflicht verletzt hat, ist deshalb in erster Linie eine Frage, die sich nach medizinischen Maßstäben richtet. Dem gemäß hat das Gericht den **berufsfachlichen Sorgfaltsmaßstab** mit Hilfe eines medizinischen Sachverständigen zu ermitteln. Es kann den Sorgfaltsmaßstab regelmäßig nicht allein aufgrund eigener Kenntnis oder aus eigener rechtlicher Beurteilung heraus festlegen (OLG Saarbrücken NJW-RR 2001, 671, 672; OLG Koblenz, Urt. v. 19. 5. 2005 – 5 U 1470/04, GesR 2005, 329 = MedR 2005, 473; Gehrlein Rz. E 11).

Das Gericht darf sich i. d. R. nicht darauf beschränken, statt eines Sachverständigen sachverständige Zeugen zu hören (OLG Koblenz, Urt. v. 19. 5. 2005 – 5 U 1470/04, GesR 2005, 329 = MedR 2005, 473).

Auch aus dem Studium **medizinischer Fachliteratur** oder einer Internetrecherche ergibt sich nicht ohne weiteres eine eigene, hinreichende **Sachkunde des Gerichts** (BGH NJW-RR 1993, 792; OLG Naumburg NJW 2001, 3420 und Beschl. v. 18. 12. 2003 – 1 W 7/03, NJW-RR 2004, 964 = OLGR 2004, 162: Internetrecherche genügt regelmäßig nicht). Ohne die Hinzuziehung eines medizinischen Sachverständigen darf das Gericht medizinische (Vor-) Fragen nur entscheiden, wenn es über eine eigene Sachkunde verfügt und im Urteil darlegt, worauf diese beruht (BGH NJW 1993, 2378; Müller MedR 2001, 487, 492). Eine Bezugnahme auf die persönlichen Erfahrungen eines Kammermitglieds etwa aus der Schwangerschaft seiner Ehefrau reicht zur Darlegung der Grundlagen eigener Sachkunde nicht aus (OLG Naumburg NJW 2001, 3420; OLG Naumburg, Beschl. v. 18. 12. 2003 – 1 W 7/03, NJW-RR 2004, 964, 965: Literaturrecherche kann das Sachverständigengutachten nicht ersetzen).

Im Arzthaftungsprozess ist der notwendige **Sachverständigenbeweis auch ohne Antrag** einer Partei von Amts wegen zu erheben (§ 144 ZPO; vgl. Gehrlein Rz. E 11; G/G, 5. Aufl., Rz. E 8; F/N, Rz. 250).

Denn das Gericht hat **von Amts wegen** auf eine umfassende und genaue Aufklärung des medizinischen Sachverhalts hinzuwirken sowie durch Prozessleitung und Rechtshinweise die beweiserheblichen medizinischen Fragestellungen herauszuarbeiten, auch soweit sie von den Parteien nicht dargelegt worden sind (BGH VersR 1982, 168; G/G, 5. Aufl., Rz. E 6; F/N, Rz. 251).

Es muss durch Formulierungshilfen, insbesondere durch möglichst präzise Fassung der Beweisfragen, darauf hinwirken, dass die Beweisaufnahme auf die medizinisch wesentlichen Umstände ausgerichtet wird. Die dem Gutachten zugrunde zu legenden Anknüpfungstatsachen hat das Gericht dabei selbst zu ermitteln (S/Pa, Rz. 585, 597; Gehrlein, Rz. E 13). Die Aufklärung des Sachverhalts und die Auswahl der an ihn zu stellenden Fachfragen darf das Gericht nicht dem Sachverständigen überlassen (OLG Bremen VersR 2001, 785 zur Fragestellung; Müller, VPräsBGH, MedR 2001, 487, 492; R/S II – Greiner, S. 17; S/Pa, Rz. 597).

2. Auswahl des Sachverständigen aus dem einschlägigen Fachgebiet

Grundsätzlich hat das Gericht einen Sachverständigen aus dem betreffenden **medizinischen Fachgebiet des beklagten Arztes** auszuwählen. Dieser hat dann erforderlichenfalls auch die Frage zu beantworten, ob die Hinzuziehung eines Gutachters aus einem anderen medizinischen Fachgebiet erforderlich ist (OLG Hamm, Urt. v. 26. 1. 2000 = 3 U 100/99, VersR 2001, 249 = OLGR 2000, 373; Urt. v. 28. 2. 2001 – 3 U 17/00, OLGR 2002, 271, 272 = VersR 2002, 613; VersR 1995, 967; OLG München, Urt. v. 30. 6. 2005 – 1 U 1597/05, OLGR 2006, 94; OLG Naumburg, Urt. v. 25. 5. 2005 – 1 U 59/03, OLGR 2005, 900, 901; Beschl. v. 18. 12. 2003 – 1 W 7/03, NJW-RR 2004, 964; Urt. v. 13. 3. 2003 – 1 U 34/02, OLGR 2003, 348; OLG Stuttgart, Urt. v. 1. 3. 2005 – 1 U 13/04, S. 9; Müller, VPräsBGH, MedR 2001, 487, 491; Rath/Küppersbusch VersR 2005, 890, 891; G/G, 5. Aufl., Rz. E 9).

So unterliegt die Frage, ob einem **Orthopäden** ein Behandlungsfehler unterlaufen ist, uneingeschränkt der Bewertung durch den orthopädischen Sachverständigen (OLG München, Urt. v. 30. 6. 2005 – 1 U 1597/05, OLGR 2006, 94; OLG Hamm, Urt. v. 28. 2. 2001 – 3 U 17/00, OLGR 2002, 271, 272 und VersR 1995, 967).

Behauptet der Patient, der ihn behandelnde **Orthopäde** habe eine Schultereckgelenkssprengung (o. dgl.) übersehen und ihn deshalb fehlerhaft behandelt, kann die sachverständige Beurteilung von MRT- und Röntgenaufnahmen sowie der Behandlung auch durch einen Unfallchirurgen erfolgen (OLG Düsseldorf, Urt. v. 17. 3. 2005 – I – 8 U 76/04, OLGR 2006, 112, 113: derartige Verletzungen fallen auch in dessen Fachgebiet).

Zur Beurteilung des Ursachenzusammenhangs zwischen einem Behandlungsfehler eines **Orthopäden** und einem neurologischen Gesundheitsschaden des Patienten ist i. d. R. die Einholung eines **neurologischen Sachverständigengutachtens** bzw. neurologischen Zusatzgutachtens erforderlich (OLG München, Urt. v. 30. 6. 2005 – 1 U 1597/05, OLGR 2006, 94).

Über die Frage, welche Kenntnisse ein **Facharzt für Neurologie** in einem bestimmten Zeitraum über schädliche Nebenwirkungen eines von ihm therapeutisch eingesetzten Medikaments hätte haben müssen, ist ein neurologisch-fachärztliches Sachverständigengutachten einzuholen; eine lediglich auf eine Literaturrecherche des Gerichts gestützte Feststellung reicht nicht aus (OLG Naumburg, Beschl. v. 18. 12. 2003 – 1 W 7/03, NJW-RR 2004, 964, 965).

Ist eine **gynäkologische Behandlung**, etwa die Entfernung eines Ovarialkarzinoms, Gegenstand eines Arzthaftungsprozesses, fällt der Behandlungsfehlervorwurf jedoch in eine andere medizinische Fachrichtung, etwa wegen Nichterkennens eines weiteren, kolorektalen Karzinoms in das Gebiet der Gastroenterologie, so kann die Auswahl des gerichtlichen Sachverständigen aus einer interdisziplinären medizinischen Fachrichtung, im entschiedenen Fall der Viszeralchirurgie oder der Onkologie, geboten sein, jedenfalls ist eine solche Auswahl dann nicht zu beanstanden (OLG Naumburg, Urt. v. 25. 5. 2005 – 1 U 59/03, OLGR 2005, 900, 901: Auswahl eines Viszeralchirurgen zur Prüfung der Diagnose und Behandlung eines vom Gynäkologen übersehenen Tumors im Bauchraum).

Die Anforderungen an die berufsspezifischen Sorgfaltspflichten des Arztes richten sich dabei stets nach dem Fachgebiet, etwa die Gynäkologie, in das die vorgenommene Behandlung fällt und nicht nach dem Fachgebiet des behandelnden Arztes (OLG Naumburg, Urt. v. 13. 3. 2003 – 1 U 34/02, OLGR 2003, 348), so etwa, wenn ein Facharzt für Allgemeinmedizin ohne Weiterüberweisung auf dem Fachgebiet der Gynäkologie tätig wird.

Der klagende Patient hat jedoch keinen Anspruch auf die Bestellung eines Sachverständigen, der der vom beklagten Arzt favorisierten **wissenschaftlichen Schule** ablehnend gegenüber steht; ebenso wenig hat Letzterer einen Anspruch auf die Beurteilung durch einen Facharzt gerade aus seiner Schule (OLG München, Beschl. v. 19. 8. 2005 – 1 W 2072/05, OLGR 2006, 135).

Wird das Gutachten von **einem anderen als dem im Beweisbeschluss benannten Sachverständigen** erstattet, so hat das Gericht die Möglichkeit, den tatsächlich tätig gewordenen Facharzt, etwa den vom beauftragten Chefarzt des entsprechenden Fachgebiets eingeschalteten Oberarzt, zum (Mit-)Sachverständigen zu ernennen und das Gutachten nach entsprechender Änderung des Beweisbeschlusses zu verwerten (§ 360 Satz 2 ZPO). Die Parteien müssen dabei jedoch die Gelegenheit zur Stellungnahme erhalten (BGH, NJW 1985, 1399 = VersR 1985, 361 = MDR 1985, 923; OLG Jena, Beschl. v. 14. 12. 2005 – 4 W 399/05, MDR 2006, 1011; OLG Karlsruhe, Urt. v. 8. 8. 2001 – 13 U 173/99; Zöller-Greger, § 404 ZPO Rz. 1 a; Musielak-Huber, § 404 ZPO Rz. 3 a. E.; S/Pa, Rz. 586 b; F/N, Rz. 251; Gehrlein, Rz. E 15).

Der Sachverständige ist grundsätzlich nicht befugt, den ihm erteilten Auftrag auf einen anderen zu übertragen. Selbst wenn er sich der Mitarbeit einer **anderen Person** bedient, hat er diese **namhaft zu machen** und den Umfang ihrer Tätigkeit anzugeben, falls es sich nicht nur um Hilfsdienste von untergeordneter Bedeutung handelt (OLG Zweibrücken NJW-RR 1999, 1368; S/Pa, Rz. 586 c). Nach der vom BGH gebilligten Ansicht des OLG Zweibrücken (Urt. v. 22. 6. 1999 = 5 U 32/98, VersR 2000, 605; Rehborn MDR 2000, 1109) ist auch ein Gutachten, das zunächst von einem nicht beauftragten Arzt erstellt wurde, verwertbar, wenn der vom Gericht bestellte Sachverständige sich die Ausführungen – wenngleich auf Aufforderung des Gerichts – **zu Eigen macht.** Das OLG weist jedoch darauf hin, dass es im entschiedenen Fall sinnvoller gewesen wäre, den beauftragten Sachverständigen zu entlassen und den „Gehilfen" mit der Erstellung des Gutachtens zu beauftragen.

Das OLG Frankfurt (Urt. v. 16. 12. 1992 – 13 U 223/89 mit NA-Beschl. BGH VersR 1994, 610 f.) hat auch eine arbeitsteilige Mitwirkung zwischen dem bestellten Sachverständigen und einem Oberarzt akzeptiert (kritisch S/H/A/S, Rz. 136). Es muss jedoch festgestellt werden können, dass der vom Gericht bestellte Sachverständige die Ausführungen des tatsächlich ganz oder zum Teil tätig gewordenen Arztes **nachvollzogen und sich zu Eigen gemacht** hat (OLG Zweibrücken, VersR 2000, 605 = NJW-RR 2001, 667, 668; Rehborn, MDR 2001, 1148, 1150) und an der wissenschaftlichen Qualifikation des SV keine Zweifel bestehen (S/H/A/S, Rz. 134). Deckt die Eigenverantwortlichkeit des bestellten Sachverständigen nicht das ganze Gutachten, hat das Gericht auch nach Ansicht des OLG Jena (Beschl. v. 14. 12. 2005 – 4 W 399/05, MDR 2006, 1011) zu erwägen, den Mitarbeiter zum (ggf. weiteren) Sachverständigen zu ernennen, sodass dieser nun auch nach außen hin die Verantwortung übernimmt. Fehlt das eigenverantwortliche Tätigwerden des ernannten Sachverständigen völlig oder im Wesentlichen, wird das Gericht ihn regelmäßig entlassen müssen und erwägen, allein den tatsächlichen Ersteller des Gutachtens zum Sachverständigen zu ernennen (OLG Jena, Beschl. v. 14. 12. 2005 – 4 W 399/05, MDR 2006, 1011; auch OLG Zweibrücken NJW-RR 1999, 1368, 1369).

Der Sachverständige, der vom Gericht ausgewählt und persönlich beauftragt worden ist, hat auf Vorladung des Gerichts auch die mündliche Erläuterung vorzunehmen. Die **Übertragung der mündlichen Erläuterung des Gutachtens auf einen Mitarbeiter,** der nicht seinerseits zum (ggf. weiteren) Sachverständigen bestellt wurde, ist danach **unzulässig.** Dessen Ausführungen im Verhandlungstermin dürfen daher bei der Entscheidung des Gerichts nicht verwertet werden (KG, Urt. v. 26. 4. 2004 – 20 U 57/03, OLGR 2004, 463). Das von einem anderen als dem vom Gericht beauftragten Sachverständigen erstattete Gutachten ist aber dann als Beweismittel verwertbar, wenn das Gericht den **Beweisbeschluss** und nach Anhörung der Parteien **entsprechend abgeändert** hat (s. o.; BGH NJW 1985, 1399 = MDR 1985, 923; G/G, 5. Aufl., Rz. E 24; Zöller-Greger, § 404 ZPO Rz. 1 a; Musielak-Huber, § 404 ZPO Rz. 3 a. E.) oder die Parteivertreter nach Vorlage des Gutachtes im darauf folgenden Termin **rügelos zur Sache verhandeln.** Der Verfahrensfehler ist dann gem. § 295 I ZPO geheilt (OLG Zweibrücken NJW-RR 1999, 1368; OLG Frankfurt ZfS 2002, 133; F/N Rz. 251; G/G, 5. Aufl., Rz. E 24).

3. Körperliche Untersuchung des Patienten

Der klagende Patient muss **einfache körperliche Untersuchungen** zum Nachweis eines Behandlungsfehlers dulden. Verweigert er ihm zumutbare körperliche Untersuchungen durch den Sachverständigen, bleibt er für die entsprechende Behauptung beweisfällig (Gehrlein, Rz. E 9, F/N, Rz. 253). Das Gericht muss der Partei jedoch **gem. § 356 ZPO eine Frist bestimmen,** nach deren fruchtlosem Ablauf das angebotene Beweismittel nicht mehr benutzt, d.h. die körperliche Untersuchung nicht mehr durchgeführt werden kann (BGH MDR 1981, 836 = NJW 1981, 1319; OLG Hamm, Urt. v. 5. 6. 2003 – 27 U 7/03, NZV 2004, 41 = MDR 2003, 1373, 1374).

Der gerichtlich beauftragte medizinische Sachverständige ist berechtigt, die körperliche Untersuchung des Patienten von der Unterzeichnung einer **schriftlichen Bestätigung über eine erfolgte Risikoaufklärung abhängig** zu machen. Verweigert der Patient die Abgabe einer solchen Erklärung, so hat das Gericht ihm zur Beseitigung dieses Hindernisses ebenfalls eine Frist nach § 356 ZPO zu setzen (OLG Hamm, Urt. v. 5. 6. 2003 – 27 U 7/03, NZV 2004, 41 = MDR 2003, 1373, 1374).

Im Fall des fruchtlosen Fristablaufs nach § 356 ZPO kommt auch die Einholung eines **Gutachtens ohne körperliche Untersuchung des Patienten** nur aufgrund der in der Akte befindlichen Arztberichte und medizinischen Unterlagen in Betracht. Das Fehlen zusätzlicher Erkenntnisse aus einer Untersuchung geht dann im Zweifel zulasten der sich weigernden beweispflichtigen Partei (OLG Hamm, Urt. v. 5. 6. 2003 – 27 U 7/03, MDR 2003, 1373, 1374).

Der medizinische Sachverständige kann jedoch **keinen körperlichen Eingriff,** insbesondere nicht die Vornahme einer Operation, zum Nachweis eines Behandlungsfehlers anordnen, durchführen oder dies dem Patienten aufgeben (OLG Düsseldorf, Urt. v. 14. 12. 2000 – 8 U 5/00, VersR 2001, 1117 = NJW-RR 2001, 1117 = NJW-RR 2001, 959; VersR 1985, 457; OLG Stuttgart MedR 1995, 498; Gehrlein Rz. E 9; F/N, Rz. 253; G/G, 5. Aufl., Rz. E 5; S/Pa, Rz. 628 a; S/H/ A/S, Rz. 968; Stegers VersR 2000, 419, 421). Dies gilt auch dann, wenn die Patientin bzw. der Patient sich freiwillig anbietet, den operativen Eingriff durchzuführen, etwa um eine – behauptete – fehlerhafte Sterilisation klären zu lassen (OLG Düsseldorf, Urt. v. 14. 12. 2000 – 8 U 5/00, VersR 2001, 1117 = NJW-RR 2001, 959; S/Pa, Rz. 628 a; G/G, 5. Aufl., Rz. E 5; Rehborn MDR 2002, 1281, 1285). Allerdings kann der Patient den Eingriff auf eigene Initiative durchführen lassen und hernach dem Gericht das (Beweis-)Ergebnis mitteilen (OLG Hamm NJW 1999, 1787; Rehborn MDR 2002, 1281, 1285).

II. Verwertung bereits vorliegender Gutachten

1. Gutachten aus vorangegangenen Verfahren

Grundsätzlich kann auch das in einem **strafrechtlichen Ermittlungsverfahren** (OLG Oldenburg VersR 1997, 318; BGH MDR 1995, 994) und das von der bei der Ärztekammer eingerichteten **Gutachterkommission** (OLG Köln NJW-RR 1999, 675; auch BGH MDR 1987, 1018) eingeholte bzw. erstattete Sachverständigengutachten in einem Arzthaftungsprozess mit oder **ohne Zustimmung der Parteien** verwertet werden. Es handelt sich dann um einen **Urkundenbeweis** (BGH NJW 1983, 121, 122; KG, Urt. v. 20. 10. 2005 – 12 U 31/03, VersR 2006, 794: Zustimmung des Prozessgegners zur Verwertung des Urkundsbeweises nicht erforderlich; Zöller-Greger, § 402 ZPO Rz. 6 d), der nur bezeugt, dass der Sachverständigen ein solches Gutachten erstattet hat (Zöller-Greger, § 402 ZPO Rz. 6d und § 411 a ZPO Rz. 1; Musielak-Huber, § 402 ZPO Rz. 5 und § 411 a ZPO Rz. 5; Rath/Küppersbusch VersR 2005, 890, 891).

Allerdings kann das Gericht nach dem am 1. 9. 2004 in Kraft getretenen **§ 411 a ZPO** nunmehr auch die Verwertung von gerichtlichen Sachverständigengutachten aus anderen Verfahren, etwa der **Verwaltungs-, Sozial- oder Strafgerichtsbarkeit** zulassen (vgl. hierzu Rath/Küppersbusch VersR 2005, 890 ff.; Zöller-Greger § 402 ZPO Rz. 6d und § 411 a Rz. 1, 2). Bei einer Verwertung gem. § 411 a ZPO handelt es sich um einen **Sachverständigenbeweis**, während es bei dem Antrag einer Partei, ein verfahrensfremdes gerichtliches Gutachten beizuziehen, grundsätzlich um das Anbieten eines **Urkundenbeweises** geht (Musielak-Huber, § 411 a ZPO Rz. 5). Allerdings wird ein solcher Beweisantritt i. d. R. als Anregung an das Gericht auszulegen sein, nach § 411 a ZPO zu verfahren (Musielak-Huber, § 411 a ZPO Rz. 5).

Nach Auffassung von Greger (Zöller-Greger, § 411 a ZPO Rz. 1) ist eine daraufhin erfolgende Anordnung des Gerichts nach § 411 a ZPO als Ernennung eines Sachverständigen zu verstehen mit der Maßgabe, dass er kein neues schriftliches Gutachten zu erstatten hat. Nur hierdurch würden sich auch urheberrechtliche Komplikationen betreffend das im anderen Verfahren erstattete Gutachten vermeiden lassen (Zöller-Greger, § 411 a ZPO Rz. 1, 5).

Bei einem von der Staatsanwaltschaft im Ermittlungsverfahren gegen den Arzt eingeholten Sachverständigengutachten handelt es sich nach u. E. zutreffender Ansicht aber nicht um ein gleichwertiges Verfahren i. S. d. § 411 a ZPO, da die Vorschrift nur **gerichtlich eingeholte Sachverständigengutachten** aus einem anderen Verfahren erfasst (Rath/Küppersbusch VersR 2005, 890, 891; Zöller-Greger, § 411 a Rz. 2; auch KG, Urt. v. 23. 9. 2004 – 20 U 108/03, OLGR 2006, 129, 130: i.d.R. ungeeignet, alle entscheidungserheblichen Fragen zu klären).

Auch die Verwertung eines **vom Strafrichter eingeholten Gutachtens** im nachfolgenden Arzthaftungsprozess begegnet etwa wegen der unterschiedlichen Anforderungen für die Kausalität eines Behandlungsfehlers für den Gesundheitsschaden des Patienten Bedenken (Rath/Küppersbusch VersR 2005, 890, 891 f.). Die Ausführungen in einem solchen Gutachten reichen i.d.R. nicht aus, alle im Zivilverfahren aufgeworfenen, entscheidungserheblichen Fragen zu klären (KG, Urt. v. 23. 9. 2004 – 20 U 108/03, OLGR 2006, 129, 130; G/G, 5. Aufl., Rz. E 10; auch Zöller-Greger, § 411 a ZPO Rz. 2: häufig sind auch die Fragestellungen nicht identisch).

Reicht das – ggf. urkundenbeweislich verwertete – Gutachten aus einem anderen Verfahren nicht aus, um die von einer Partei zum Beweisthema angestellten Überlegungen und die in ihrem Vortrag angesprochenen aufklärungsbedürftigen Fragen zu beantworten, so muss der Tatrichter auf Antrag der Partei einen Sachverständigen hinzuziehen und eine schriftliche oder mündliche Begutachtung anordnen (BGH, Urt. v. 6. 6. 2000 – VI ZR 98/99, NJW 2000, 3072 = MDR 2000, 1148 = VersR 2001, 121; KG, Urt. v. 24. 11. 2005 – 12 U 188/04, NJW 2006, 1677, 1678; Urt. v. 23. 9. 2004 – 20 U 108/03, OLGR 2006, 129, 130).

Gleiches gilt, wenn die Feststellungen und Erkenntnisse in dem früheren Gutachten **nicht erschöpfend oder lückenhaft** sind, sie auf **unrichtigen oder unvollständigen tatsächlichen Grundlagen** beruhen oder wenn **Zweifel an der Sachkunde** des Verfassers des früheren Gutachtens bestehen (BGH MDR 1987, 1018 und VersR 1997, 1158 bei Rüge mangelnder Sachkunde; KG, Urt. v. 16. 10. 2003 – 12 U 58/01, VersR 2004, 1193, 1195 und Urt. v. 1. 7. 2002 – 12 U 8427/00, VersR 2004, 350, 351: wenn besonders schwierige Fragen zu lösen, grobe Mängel des vorhandenen Gutachtens nicht zu beseitigen sind oder die Sachkunde des früheren Gutachters zweifelhaft ist; OLG Köln NJW-RR 1999, 675; Gehrlein, Rz. E 12; S/H/A/S, Rz. 528; G/G, 5. Aufl., Rz. E 10). Zweifel an der Sachkunde können sich etwa daraus ergeben, dass der Sachverständige auf einem anderen Fachgebiet tätig ist oder sich bereits im Ruhestand befindet (Gehrlein Rz. E 12).

Lehnt der Patient die Begutachtung durch den dann vom Gericht bestellten Sachverständigen ab oder **erscheint er nicht zur dortigen Untersuchung**, so kann das Gericht auf das in einem anderen Verfahren erstattete Gutachten zurückgreifen (OLG Koblenz VersR 1996, 908; S/Pa, Rz. 608) oder nach fruchtlosem Ablauf einer gem. § 356 ZPO gesetzten Frist die Einholung des Gutachtens nur aufgrund der in der Akte befindlichen Arztberichte und medizinischen Unterlagen anordnen bzw. durchführen lassen (s. o.; OLG Hamm, Urt. v. 5. 6. 2003 – 27 U 7/03, NZV 2004, 41 = MDR 2003, 1373, 1374).

2. Privatgutachten einer Partei

Bei einem von einer Partei vorgelegten, schriftlichen Sachverständigengutachten handelt es sich um **qualifizierten, urkundlich belegten Parteivortrag** (BGH, Urt. v. 20. 10. 2000 – VI ZR 10/00, VersR 2001, 525, 526 = NJW 2001, 77, 78; *KG*, Urt. v. 20. 10. 2005 – 12 U 31/03, VersR 2006, 794: Privaturkude i.S.d. § 416 ZPO; OLG Naumburg OLGR 2001, 249; OLG Zweibrücken NJW-RR 1999, 1156; Musielak-Huber, § 402 ZPO Rz. 5).

Die Verwertung der von einer Partei eingereichten Privaturkunde im Wege des Urkundenbeweises hängt nicht von der Zustimmung des Prozessgegners ab (KG, Urt. v. 20. 10. 2005 – 12 U 31/03, VersR 2006, 794).

Die **Regeln des Sachverständigenbeweises gelten hier nicht**; der Beweisführer kann also z. B. nicht verlangen, dass „sein" Gutachter zur Erläuterung des Privatgutachtens oder zur Stellungnahme zum Gutachten des gerichtlich bestellten Sachverständigen zum Termin geladen wird (Musielak-Huber, § 402 ZPO Rz. 5; F/N Rz. 257). Denn ein Privatgutachter ist kein Beweismittel, also weder Gerichtssachverständiger noch sachverständiger Zeuge. Bringt die Partei den Privatgutachter zur mündlichen Verhandlung mit, so kann das Gericht ihm gestatten, sich fachlich zu äußern oder dem Gerichtssachverständigen – im Auftrag der Partei – Fragen zu stellen; eine Verpflichtung des Gerichts besteht hierzu jedoch nicht (BGH NJW 1993, 2989, 2990; F/N Rz. 257 a. E.).

Mit **Zustimmung beider Parteien** kann ein Privatgutachten jedoch wie ein gerichtlich angefordertes Sachverständigengutachten verwertet werden (BGH NJW 1993, 2382; VersR 1987, 1007, 1008; OLG Naumburg, OLGR 2001, 249).

Auch wenn die Gegenpartei nicht mit der Verwertung des Privatgutachtens zu Beweiszwecken einverstanden ist, ist das Gericht verpflichtet, das **Gutachten des gerichtlich bestellten Sachverständigen sorgfältig und kritisch zu würdigen** und sich mit einem vorgelegten Privatgutachten auseinander zu setzen, wenn es vom Gutachten des gerichtlich bestellten Sachverständigen abweicht (s. u. IV. 3.; BGH, Urt. v. 27. 1. 2004 – VI ZR 150/02, VersR 2004, 1579 = MDR 2004, 699; Urt. v. 23. 3. 2004 – VI ZR 428/02, NJW 2004, 1871 = VersR 2004, 790: Auseinandersetzung mit Privatgutachten erforderlich; NJW 1996, 1597; NJW 1993, 2989; OLG Celle VersR 2002, 1560; Gehrlein VersR 2004, 1488, 1498; S/H/A/S Rz. 775, 884, 863).

Dem Privatgutachten ist dabei grundsätzlich dieselbe Aufmerksamkeit zu schenken wie den Ausführungen des gerichtlich bestellten Sachverständigen (BGH, Urt. v. 10. 10. 2000 – VI ZR 10/00, NJW 2000, 77, 78 = VersR 2000, 525, 526; NJW 1996, 1597; NJW 1993, 2989; VersR 1986, 467, 468; auch BGH, Urt. v. 22. 9. 2004 – IV ZR 200/03, NJW-RR 2004, 1679; OLG Zweibrücken VersR 1998, 1114; Müller, VPräsBGH, MedR 2001, 487, 493; S/Pa, Rz. 619 m. w. N.; s. u. IV.3.).

3. Gutachterliche Äußerungen sachverständiger Zeugen

Gutachterliche Äußerungen eines Arztes im Prozess können dann als Sachverständigenbeweis gewürdigt werden, wenn der Arzt als sachverständiger Zeuge geladen war, jedoch als Sachverständiger belehrt worden ist (OLG Celle VersR 2000, 58).

III. Stellungnahme der Parteien und mündliche Anhörung des Sachverständigen

1. Antrag auf mündliche Anhörung

Unabhängig von der nach § 411 III ZPO im pflichtgemäßen Ermessen des Gerichts stehenden Möglichkeit, das Erscheinen des Sachverständigen zum Termin von Amts wegen anzuordnen, steht jeder Prozesspartei gem. §§ 397, 402 ZPO das Recht zu, den Sachverständigen zu seinem den Parteien zugestellten schriftlichen Gutachten **mündlich befragen** zu können (BGH, Beschl. v. 10. 5. 2005 – VI ZR 245/04, NZV 2005, 463, 464 = VersR 2005, 1555, 1556; Urt.

v. 27. 1. 2004 – VI ZR 150/02, MDR 2004, 699 = VersR 2004, 1579; Urt. v. 29. 10. 2002 – VI ZR 353/01, NJW-RR 2003, 208, 209 = MDR 2003, 168, 169 = VersR 2003, 926, 927; OLG Brandenburg, Beschl. v. 8. 4. 2005 – 1 W 3/05, MDR 2005, 1131; KG, Urt. v. 6. 6. 2005 – 12 U 55/04, NZV 2005, 521; OLG Saarbrücken, Urt. v. 25. 2. 2004 – 1 U 422/03–108, GesR 2004, 235, 237; OLG Zweibrücken NJW-RR 2001, 667, 668; Gehrlein, Rz. E 16; R/S II – Greiner, S. 25/26).

Dementsprechend muss dem von einer Partei rechtzeitig gestellten Antrag, den gerichtlichen Sachverständigen nach Erstattung des schriftlichen Gutachtens zu dessen **mündlicher Erläuterung zu laden**, auch dann stattgegeben werden, wenn die schriftliche Begutachtung aus der Sicht des Gerichts ausreichend und überzeugend ist und es selbst keinen weiteren Erklärungsbedarf sieht (BGH, Urt. v. 29. 10. 2002 – VI ZR 353/01, NJW-RR 2003, 208, 209 = MDR 2003, 168, 169; OLG Brandenburg, Beschl. v. 8. 4. 2005 – 1 W 3/05, MDR 2005, 1131: auch dann, wenn das Gericht dies für unzweckmäßig und entbehrlich hält; KG, Urt. v. 6. 6. 2005 – 12 U 55/04, NZV 2005, 521, 522; OLG Koblenz, Urt. v. 12. 2. 2004 – 5 U 235/03, GesR 2004, 102; OLG Zweibrücken NJW-RR 2001, 667, 668; Müller, VPräsBGH, MedR 2001, 487, 493; G/G, 5. Aufl., Rz. E 18; S/Pa, Rz. 589).

Der Antrag der Partei auf Ladung des Sachverständigen bedarf auch dann **keiner besonderen Begründung**, wenn der Sachverständige nicht nur ein Erstgutachten, sondern auch ein Ergänzungsgutachten erstattet hat (BGH, Beschl. v. 10. 5. 2005 – VI ZR 245/04, NZV 2005, 463, 464 = VersR 2005, 1555, 1556 = MDR 2005, 1308, 1309; a. A. noch OLG Bremen, Urt. v. 17. 9. 2002 – 3 U 13/02, GesR 2003, 86 = OLGR 2003, 156: objektiver Erklärungsbedarf erforderlich). Es genügt jedenfalls, wenn die den Antrag stellende Partei allgemein angibt, **in welcher Richtung** sie durch ihre Fragen eine weitere Aufklärung herbeizuführen wünscht (BGH, Urt. v. 29. 10. 2002 – VI ZR 353/01, NJW-RR 2003, 208, 209 = MDR 2003, 168, 169; Beschl. v. 10. 5. 2005 – VI ZR 245/04, NZV 2005, 463, 464 = MDR 2005, 1308, 1309; OLG Saarbrücken, Urt. v. 25. 2. 2004 – 1 U 422/03–108, GesR 2004, 235, 237).

Beschränkungen des Antragsrechts ergeben sich in den Fällen der Verspätung (zur Fristsetzung siehe unten III. 3. und → *Beweisverfahren, selbständiges*, S. 402), der Prozessverschleppung und des Rechtsmissbrauchs (BGH, Beschl. v. 10. 5. 2005 – VI ZR 245/04, VersR 2005, 1555, 1556 = NZV 2005, 463, 464 = MDR 2005, 1308, 1309 und Urt. v. 29. 10. 2002 – VI ZR 353/01, NJW-RR 2003, 208, 209 = MDR 2003, 168, 169: Rechtsmissbrauch und Prozessverschleppung; BGH NJW-RR 2001, 1431; VersR 1998, 342 = NJW 1998, 162; VersR 1997, 509 = NJW 1997, 802; OLG Brandenburg, Beschl. v. 8. 4. 2005 – 1 W 3/05, MDR 2005, 1131 und OLG Hamm MDR 1985, 593: bei bereits eindeutig geklärten oder beweisunerheblichen Fragen; OLG Oldenburg VersR 1998, 636 = OLGR 1998, 17, 18: bei bereits beantworteten Fragen; OLG Saarbrücken, Urt. v. 25. 2. 2004 – 1 U 422/03–108, GesR 2004, 235, 237: bei Verspätung, Prozessverschleppung sowie Rechtsmissbrauch; OLG Zweibrücken NJW-RR 2001, 667, 668: bei Verspätung oder Rechtsmissbrauch; G/G, 5. Aufl., Rz. E 18; S/Pa, Rz. 589 a, 590).

Ein solcher „**Rechtsmissbrauch**" kann nach bisheriger Rechtsprechung angenommen werden, wenn der Antrag in seiner Begründung die Ankündigung

abwegiger, bereits eindeutig beantworteter oder beweisunerheblicher Fragen enthält (BGH, Beschl. v. 10. 5. 2005 – VI ZR 245/04, VersR 2005, 1555, 1556; OLG Saarbrücken, Urt. v. 25. 2. 2004 – 1 U 422/03–108, GesR 2004, 235, 237; auch OLG Brandenburg, Beschl. v. 8. 4. 2005 – 1 W 3/05, MDR 2005, 1131; OLG Hamm MDR 1985, 593; OLG Oldenburg OLGR 1998, 17, 18 = VersR 1998, 636 bei bereits beantworteten Fragen; OLG Zweibrücken NJW-RR 2001, 667, 668; Zöller-Greger, 26. Aufl. 2007, § 411 ZPO Rz. 5 a; F/N Rz. 256).

Von einem Rechtsmissbrauch kann jedoch nicht ausgegangen werden, wenn die Partei – wie in § 411 IV ZPO vorgesehen – sogar konkret vorträgt, worin sie Unklarheiten und einen Erläuterungsbedarf im Hinblick auf das schriftliche Sachverständigengutachten sieht (BGH MDR 1998, 58 = NJW 1998, 162; OLG Zweibrücken NJW-RR 2001, 667, 668), sie jedenfalls allgemein angegeben hat, **in welcher Richtung** sie durch ihre Fragen eine weitere Aufklärung herbeizuführen wünscht (BGH, Urt. v. 29. 10. 2002 – VI ZR 353/01, MDR 2003, 168, 169 = NJW-RR 2003, 208, 209; Beschl. v. 10. 5. 2005 – VI ZR 245/04, NZV 2005, 463, 464 = MDR 2005, 1308, 1309 = VersR 2005, 1555, 1556; ebenso OLG Zweibrücken, Urt. v. 25. 2. 2004 – 1 U 422/03–108, GesR 2004, 235, 237) oder wenn das Gericht das schriftliche Gutachten für umfassend und überzeugend, die mündliche Anhörung des Sachverständigen damit für überflüssig hält (BGH, Urt. v. 29. 10. 2002 – VI ZR 353/01, NJW-RR 2003, 208, 209 = MDR 2003, 168, 169; OLG Koblenz, Urt. v. 12. 2. 2004 – 5 U 235/03, GesR 2004, 102).

Eine „**Verspätung**" kommt nach der Rechtsprechung des BGH (Urt. v. 22. 5. 2001 – VI ZR 268/00, NJW-RR 2001, 1431 = MDR 2001, 1130; MDR 2001, 567) **nur in Ausnahmefällen** in Betracht (vgl. hierzu unten III. 3. und – *Beweisverfahren*, S. 402).

2. Anhörung von Amts wegen

Bei **Unklarheiten oder Unvollständigkeiten** im Gutachten ist eine ergänzende Anhörung des Sachverständigen auch **von Amts** wegen anzuordnen (BGH, Urt. v. 27. 3. 2001 – VI ZR 18/00, NJW 2001, 2791; VersR 1989, 378, 379; OLG Brandenburg, Beschl. vom 8. 4. 2005 – 1 W 3/05, MDR 2005, 1131; OLG Karlsruhe, Urt. v. 12. 12. 2001 – 7 U 90/00, OLGR 2002, 403).

Eine **ergänzende Anhörung** des Sachverständigen zur Erläuterung seines Gutachtens ist etwa dann von Amts wegen durchzuführen, wenn das schriftliche Gutachten unklar oder unvollständig ist (BGH NJW-RR 1989, 1275 = VersR 1989, 378, 379; OLG Brandenburg, Beschl. v. 8. 4. 2005 – 1 W 3/05, MDR 2005, 1131; Zöller-Greger, § 411 ZPO Rz. 5; S/Pa, Rz. 592, 593), bei Widersprüchen zwischen dem schriftlichen Gutachten und mündlichen Aussagen des Sachverständigen (BGH NJW 1995, 779; NJW 1993, 269 = MDR 1993, 174; NJW 1992, 2291 = MDR 1992, 941; Musielak-Huber, § 411 ZPO Rz. 9; F/N Rz. 255), Widersprüchen zu anderen Gutachten (BGH NJW 1989, 1784, 1786; NJW 1997, 794 = MDR 1997, 148; F/N Rz. 255), insbesondere einem vorgelegten Privatgutachten (BGH NJW 2004, 1871 = VersR 2004, 790; NJW 2001, 77 = VersR 2001, 525; F/N Rz. 255; G/G, 5. Aufl., Rz. E 17, 18; Musielak-Huber, § 411 ZPO Rz. 9; Zöller-Greger, § 411 ZPO Rz. 5) oder bei einem Missverständnis des Sachverständigen bezüglich der ihm vorgegebenen Anschlusstatsachen (BGH NJW 1981, 2009; Zöller-Greger, § 411 ZPO Rz. 5 und § 402 ZPO Rz. 5).

3. Stellungnahme der Parteien

Gem. § 411 IV 2 ZPO kann das Gericht den Parteien eine **Frist setzen**, innerhalb derer Einwendungen gegen das Gutachten, die Begutachtung betreffende Anträge und Ergänzungsfragen mitzuteilen sind. Dabei muss es den Inhalt seiner Verfügung, mit der es die Frist nach §§ 411 IV 2, 296 I ZPO setzt, **klar und eindeutig abfassen**, so dass bei der betroffenen Partei von Anfang an vernünftigerweise keine Fehlvorstellungen über die gravierenden Folgen der mit der Nichtbeachtung der Frist verbundenen Rechtsfolgen aufkommen können. Diesen Voraussetzungen genügt eine – ohnehin nicht von der Kammer, sondern nur vom Vorsitzenden – erlassene Verfügung, in der angeordnet wird, dass den Parteien bis zu einem bestimmten Zeitpunkt Gelegenheit gegeben wird, zum Gutachten Stellung zu nehmen, nicht (BGH, Urt. v. 22. 5. 2001 – VI ZR 268/00, MDR 2001, 1130 = NJW-RR 2001, 1431).

Gibt der Sachverständige dann in seinem mündlich erstatteten Gutachten **neue und ausführlichere Beurteilungen** gegenüber den schriftlichen Ausführungen ab, so muss beiden Parteien Gelegenheit zur **Stellungnahme** gegeben werden. Dabei sind auch die hierauf bezogenen Ausführungen in einem nicht nachgelassenen Schriftsatz zur Kenntnis zu nehmen. Geben diese Anlass zu weiterer tatsächlicher Aufklärung, ist die mündliche Verhandlung wieder zu eröffnen (BGH, Urt. v. 13. 2. 2001 – VI ZR 272/99, NJW 2001, 2796 = VersR 2001, 722 = MDR 2001, 567; NJW 1988, 2302 = MDR 1988, 953; Gehrlein VersR 2004, 1488, 1498). Dies gilt sowohl zugunsten der Patienten- als auch der Behandlungsseite (BGH, Urt. v. 13. 2. 2001 – VI ZR 272/99, NJW 2001, 2796 = VersR 2001, 722; S/ Pa, Rz. 596, 596a).

Nach Auffassung des OLG Hamm (Urt. v. 21. 5. 2003 – 3 U 122/02, VersR 2004, 386) sollen diese Grundsätze jedoch nicht gelten, wenn der Privatgutachter der Partei bei der Anhörung des gerichtlich bestellten Sachverständigen anwesend ist und diesem Vorhalte machen kann bzw. könnte.

Das Gericht ist auch befugt, bei Säumnis einer Partei im Termin zur mündlichen Verhandlung den hierzu geladenen Sachverständigen mündlich anzuhören und das Ergebnis dieser Beweisaufnahme bei einer Entscheidung nach Lage der Akten (§ 251 a I, II ZPO) zu verwerten (BGH MDR 2002, 288).

IV. Aufklärung von Widersprüchen

1. Aufklärungspflicht des Gerichts

Das Gericht hat **von Amts wegen** auf die **Aufklärung von Widersprüchen** hinzuwirken, die sich zu früheren Äußerungen desselben Sachverständigen, zu den Angaben eines anderen, gerichtlich bestellten Sachverständigen oder einem von der Patienten- oder Behandlungsseite vorgelegten Privatgutachten ergeben (BGH, Urt. v. 27. 1. 2004 – VI ZR 150/02, VersR 2004, 1579 = MDR 2004, 699:

Auseinandersetzung mit vorgelegtem Privatgutachten; Urt. v. 27. 3. 2001 – VI ZR 18/00, VersR 2001, 859 = NJW 2001, 2791: Zweifel und Unklarheiten durch gezielte Befragung des Gutachters zu klären; Urt. v. 6. 5. 2003 – VI ZR 259/02, NJW 2003, 2311, 2312 = VersR 2003, 1128, 1129: Widersprüche sind durch gezielte Nachfrage zu klären, **abweichende Aussagen des Sachverständigen sind zu protokollieren**; Urt. v. 23. 3. 2004 – VI ZR 428/02, NJW 2004, 1871 = VersR 2004, 790: Auseinandersetzung mit Privatgutachten erforderlich; Urt. v. 13. 2. 2001 – VI ZR 272/99, NJW 2001, 2796 = VersR 2001, 722: Auseinandersetzung mit Privatgutachten und Hinwirkung auf die weitere Aufklärung des Sachverhalts, wenn sich Widersprüche ergeben; NJW-RR 2000, 44 = MDR 2000, 349: Widersprüche sind aufzuklären; NJW 1998, 1784; NJW 1998, 2735 = VersR 1998, 853; NJW 1997, 794 = VersR 1996, 1535; OLG Bremen, Urt. v. 17. 9. 2002 – 3 U 13/02, OLGR 2003, 156: Anhörung des Sachverständigen bei Unklarheiten und Widersprüchen im Gutachten; OLG Celle VersR 2002, 1558, 1560; OLG Karlsruhe, Urt. v. 12. 12. 20001 – 7 U 90/00, OLGR 2002, 403: Unklarheiten, Unvollständigkeiten oder Zweifel sind von Amts wegen auszuräumen; OLG Saarbrücken MedR 1999, 222, 223; Gehrlein VersR 2004, 1488, 1498; Gehrlein Rz. E 17; G/G, 5. Aufl., Rz. E 17; S/Pa, Rz. 620; F/N, Rz. 255).

Es hat Zweifel und Unklarheiten aufgrund unterschiedlicher Begründungen des gerichtlichen Sachverständigen im Laufe eines Arzthaftungsprozesses durch eine **gezielte Befragung des Gutachters** zu klären. Dabei darf es sich nicht mit einer eigenen Interpretation der Ausführungen über Widersprüche hinwegsetzen (BGH, Urt. v. 23. 3. 2004 – VI ZR 428/02, NJW 2004, 1871 = VersR 2004, 790; Urt. v. 28. 5. 2002 – VI ZR 42/01, NJW 2002, 2944, 2945 = VersR 2002, 1026, 1028; BGH, Urt. v. 27. 3. 2001 – VI ZR 18/00, VersR 2001, 859 = NJW 2001, 2791: Gezielte Befragung des Gutachters; Urt. v. 6. 5. 2003 – VI ZR 259/02, NJW 2003, 2311, 2312: Widersprüche sind durch gezielte Nachfrage beim Sachverständigen abzuklären, inhaltlich von früheren Aussagen abweichende Erklärungen zu protokollieren; Gehrlein, VersR 2004, 1488, 1498). So ist es dem Gericht nicht gestattet, ohne entsprechende medizinische Darlegungen des Sachverständigen einen groben Behandlungsfehler aus eigener Wertung zu bejahen (BGH NJW 2002, 2944 = VersR 2002, 1026, 1028; NJW 2001, 2795, 2796 = VersR 2001, 1116, 1117; NJW 2001, 2794 = MDR 2001, 1113; NJW 2001, 2792, 2793 = MDR 2001, 1115; vgl. hierzu → *grobe Behandlungsfehler*, S. 503). Äußert sich der Sachverständige auf die Frage des Gerichts nach dem Vorliegen eines groben Behandlungsfehlers nicht eindeutig, so ist das Gericht gehalten, durch eine gezielte Befragung des Gutachters auf die Beseitigung verbleibender Zweifel und Unklarheiten hinzuwirken (BGH, Urt. v. 28. 5. 2002 – VI ZR 42/01, VersR 2002, 1026, 1028).

Können **Unklarheiten und Widersprüche** nach entsprechender Befragung des Sachverständigen **nicht ausgeräumt** werden oder kann sich der Sachverständige letztlich nicht festlegen, so hat das Gericht im Rahmen seiner Verpflichtung zur Sachaufklärung erforderlichenfalls ein weiteres Gutachten einzuholen (BGH, Urt. v. 23. 3. 2004 – VI ZR 428/02, NJW 2004, 1871 = VersR 2004, 790 = MDR 2004, 1056; Urt. v. 16. 1. 2001 – VI ZR 408/99, NJW 2001, 2796, 2797 = VersR 2001, 722, 723: ggf. Wiedereröffnung der mündlichen Verhandlung; Urt.

v. 10. 10. 2000 – VI ZR 10/00, NJW 2001, 77 = VersR 2001, 525, 526 = MDR 2001, 750; MDR 2001, 888, Urt. v. 28. 5. 2002 – VI ZR 42/01, NJW 2002, 2944, 2946 = VersR 2002, 1026, 1028).

2. Beauftragung eines weiteren Sachverständigen

Das Gericht darf und muss eine neue Begutachtung anordnen, wenn die nachfolgenden, § 412 ZPO entnommenen Voraussetzungen (a) – g)) – alternativ – vorliegen:

(a) Das Gericht kann aus einem Gutachten trotz Ergänzung und/oder Anhörung des Sachverständigen keine sichere Überzeugung gewinnen, (b) es sind besonders schwierige Fragen zu lösen (c) oder grobe Mängel des vorhandenen Gutachtens nicht zu beseitigen, (d) die Sachkunde des früheren Gutachters ist zweifelhaft, (e) das Gutachten enthält in anderer Weise nicht weiter aufklärbare Widersprüche (s. o.), (f) ein neuer Gutachter verfügt über überlegene Forschungsmittel oder (g) eine Partei hat Einwendungen, ggf. unter Mithilfe eines Privatgutachters, erhoben, die, etwa durch ergänzende Befragung des ersten Gutachters, (zunächst) nicht widerlegt bzw. aufgeklärt werden können (BGH NJW 1999, 1778 = VersR 1999, 716, KG, Urt. v. 16. 10. 2003 – 12 U 58/01, VersR 2004, 1193, 1194; Urt. v. 1. 7. 2002 – 12 U 8427/00, VersR 2004, 350, 351 = OLGR 2003, 157, 158; OLG Saarbrücken OLGR 2000, 403, 405 und OLGR 2000, 426, 427; auch Zöller-Greger, § 412 ZPO Rz. 1 und G/G, 5. Aufl., Rz. E 25). Ein weiteres Gutachten muss jedoch nicht allein deshalb eingeholt werden, weil anzunehmen ist, dass ein weiterer Sachverständiger einer anderen Ansicht zuneigt (KG, Urt. v. 27. 11. 2000 – 20 U 7753/98, VersR 2002, 438).

3. Auseinandersetzung mit einem Privatgutachten

Auch wenn es sich bei einem Privatgutachten nicht um ein Beweismittel i. S. d. §§ 355 ff. ZPO, sondern „nur" um qualifizierten, urkundlich belegten Parteivortrag handelt (s. o.; BGH, Urt. v. 10. 10. 2000 – VII ZR 10/00, VersR 2001, 525 = NJW 2001, 77, 78; OLG Zweibrücken NJW-RR 1999, 1156), hat sich das Gericht mit diesem Gutachten **ebenso sorgfältig auseinander zu setzen und diesem grundsätzlich dieselbe Aufmerksamkeit zu schenken**, wie wenn es sich um eine (abweichende) Stellungnahme eines gerichtlich bestellten Gutachters handeln würde (BGH, Urt. v. 7. 12. 2004 – VI ZR 212/03, NJW 2005, 888, 891 = VersR 2005, 408, 410; Urt. v. 27. 1. 2004 – VI ZR 150/02, VersR 2004, 1579 = MDR 2004, 699, 700; Urt. v. 13. 2. 2001 – VI ZR 272/99, NJW 2001, 2796, 2797 = VersR 2001, 722, 723; OLG Koblenz, Urt. v. 4. 12. 2003 – 5 U 234/03, NJW-RR 2004, 534, 535 = GesR 2004, 137, 138: die vom Privatgutachter herausgestellten Kritikpunkte sind aufzugreifen; Müller, VPräsBGH, MedR 2001, 487, 493; F/N, Rz. 255; S/Pa, Rz. 619).

Einem sich etwa ergebenden **Widerspruch** zwischen dem gerichtlichen Sachverständigen und dem Privatgutachter muss das Gericht in der oben beschriebenen Weise nachgehen und sie dem gerichtlich bestellten Sachverständigen unter sorgfältiger und kritischer Würdigung seiner Ausführungen vorhalten (BGH, Urt. v. 23. 3. 2004 – VI ZR 428/02, NJW 2004, 1871 = VersR 2004, 790, 791; Urt.

v. 27. 1. 2004 – VI ZR 150/02, VersR 2004, 1579 = MDR 2004, 699; Urt. v. 13. 2. 2001 – VI ZR 272/99, NJW 2001, 2796, 2797 = VersR 2001, 722; Urt. v. 10. 10. 2000 – VI ZR 10/00, NJW 2001, 77, 78; NJW 1996, 1597; NJW 1993, 2989; OLG Celle, VersR 2002, 1560; Gehrlein VersR 2004, 1488, 1498; Müller, VPräsBGH, MedR 2001, 487, 493; S/Pa, Rz. 619, 620; G/G, 5. Aufl., Rz. E 17; S/H/A/S Rz. 775, 884, 863).

Legt eine Partei ein Privatgutachten vor, das im Gegensatz zu den Ausführungen des gerichtlich bestellten Sachverständigen steht, muss das Gericht bei seiner Entscheidung darlegen, aus welchen einleuchtenden und logisch nachvollziehbaren Gründen es einem der Gutachten den Vorzug gibt (BGH, Urt. v. 22. 9. 2004 – IV ZR 200/03, NJW-RR 2004, 1679).

Die **Anhörung** des Privatsachverständigen ist **vom Gesetz nicht vorgesehen** (vgl. BGH VersR 1993, 1231; OLG Karlsruhe VersR 2003, 977 = OLGR 208: es fehlt hierfür an einer Ermächtigungsgrundlage). Die durch den Privatsachverständigen in der mündlichen Verhandlung beratene Partei kann jedoch entsprechende Fragen an den gerichtlich bestellten Sachverständigen stellen. Zur unmittelbaren Befragung oder Anhörung des Privatsachverständigen, der nicht zum gerichtlichen Sachverständigen bestellt worden ist, ist das Gericht nicht verpflichtet, aber befugt (BGH VersR 1993, 1231, 1232 = NJW 1993, 2989, 2990; F/N Rz. 257; R/S II – Greiner, S. 26). Die Praxis ist hier jedoch großzügig.

Eine **Pflicht** zur – in der Praxis regelmäßig durchgeführten – **Anhörung des Privatgutachters besteht insbesondere dann nicht**, wenn sich der gerichtliche Sachverständige mit dessen Ausführungen hinreichend gründlich auseinander gesetzt hat (OLG Karlsruhe VersR 1990, 53; Müller, VPräsBGH, MedR 2001, 487, 493; S/Pa, Rz. 622; F/N Rz. 257). Dabei bedarf es nicht unbedingt einer namentlichen Erwähnung des Privatgutachters; es kann ausreichen, wenn sich der gerichtlich bestellte Sachverständige mit dessen Ausführungen befasst und dargelegt hat, weshalb er sich ihnen nicht anschließt (Müller, VPräsBGH, MedR 2001, 487, 493).

Wenngleich die Gegenüberstellung im Rahmen einer mündlichen Anhörung vorzuziehen ist, kann den Einwendungen einer Partei auch durch schriftliche Ergänzungsgutachten nachgegangen werden, wenn jedes der Gutachten in sich widerspruchsfrei ist (BGH VersR 1980, 533; S/Pa, Rz. 621).

Unzulässig ist es jedoch, die entsprechende Einwendungen enthaltenden Schriftsätze der Parteien dem Sachverständigen lediglich mit der pauschalen Bitte um ein Ergänzungsgutachten zuzuleiten (OLG Bremen VersR 2001, 785).

4. Prüfungsumfang des Berufungsgerichts

Die fehlerhafte Ermessensausübung des Gerichts, das von einer Partei vorgelegte Privatsachverständigengutachten nicht zu beachten und sich mit dessen Ausführungen auseinander zu setzen (BGH, Urt. v. 23. 3. 2004 – VI ZR 428/02, NJW 2004, 1871 = VersR 2004, 790 m. w. N.; Urt. v. 27. 1. 2004 – VI ZR 150/02, VersR 2004, 1579 = MDR 2004, 699, 700; OLG Zweibrücken NJW-RR 1999, 1156; OLG Saarbrücken NJW-RR 1999, 719; s. o.) oder sich bei hierzu bestehender Veranlassung das Sachverständigengutachten nicht wenigstens bezüglich einzelner Zusammenhänge mündlich erläutern zu lassen (OLG Zweibrücken NJW-RR 2001, 667, 668), kann als **Verfahrensverstoß nicht durch rügelose Einlassung (§§ 411 III, 295 ZPO) geheilt** werden und konnte gem. § 539 ZPO a. F. zur Aufhebung eines hierauf beruhenden Urteils und zur Zurückverweisung der Sache in die erste Instanz führen (OLG Zweibrücken NJW-RR 2001, 667, 668 und NJW-RR 1999, 1156; G/G, 5. Aufl., Rz. E 17).

Unter der Geltung des § 538 I ZPO n. F. hat das Berufungsgericht grundsätzlich in der Sache selbst zu entscheiden. Eine Zurückverweisung kommt nur noch in den von § 538 II Nr. 1–7 ZPO n. F. genannten Fällen in Betracht. Hierzu gehört gem. § 538 II Nr. 1 ZPO n. F. ein wesentlicher Verfahrensmangel, der zusätzlich eine umfangreiche und aufwendige, dann in erster Instanz durchzuführende Beweisaufnahme erforderlich machen würde.

Als **wesentliche Verfahrensmängel** werden z. B. die Nichtgewährung rechtlichen Gehörs, das Übergehen eines wesentlichen Teils des Streitstoffes, die gebotene, aber unterlassene Parteianhörung oder Parteivernehmung und die fehlerhafte Ermessensausübung, den Sachverständigen zur Erläuterung seines Gutachtens zu laden (§ 411 III ZPO), genannt (B/L/A/H, § 538 ZPO n. F. Rz. 5–7; Zöller-Gummer/Heßler, § 538 ZPO Rz. 17, 20, 25: auch fehlerhafte Behandlung von Parteivorbringen, unterlassener Hinweis nach § 139 ZPO und mangelhafte Tatsachenfeststellung).

Auf die Berufung einer Partei musste das Berufungsgericht nach dem bis zum 31. 12. 2001 geltenden Recht einem in erster Instanz übergangenem Antrag auf Anhörung des gerichtlich bestellten Sachverständigen zur mündlichen Erläuterung des schriftlichen Gutachtens nachkommen, wenn der Antrag beim Berufungsgericht wiederholt wurde (BGH VersR 1996, 211; R/S II – Greiner, S. 27). Das Berufungsgericht musste einen Sachverständigen unter Geltung des alten Rechts selbst anhören, wenn es der Beurteilung medizinischer Vorgänge eine vom Sachverständigen abweichende Auffassung zugrunde legen und seine Ausführungen möglicherweise **anders als das Vordergericht würdigen** wollte (BGH NJW 1993, 2380; NJW 1994, 803; Müller, VPräsBGH, MedR 2001, 487, 493; S/ Pa, Rz. 623) oder die mündliche Erörterung mit dem Sachverständigen zur Klärung von Zweifeln oder zur Beseitigung von Unklarheiten unumgänglich erschien, etwa, um im Protokoll der erstinstanzlichen Verhandlung nicht festgehaltene Erläuterungen des Sachverständigen nachvollziehen zu können (BGH MDR 2001, 1311).

Gleiches galt – und gilt im Hinblick auf Art. 103 I GG und § 529 I Nr. 1 ZPO n. F. nach wie vor – wenn das Berufungsgericht die **Aussage eines Zeugen bzw. einer vernommenen Partei anders verstehen oder werten** will als die Vorinstanz (BVerfG, Beschl. v. 22. 11. 2004 – 1 BvR 1935/03, NJW 2005, 1487; BGH NJW-RR 2001, 1430; NJW 1999, 2972; Zöller-Gummer, § 529 Rz. 7, 8; Musielak-Ball, § 529 Rz. 14, 15; S/Pa, Rz. 623, 624) oder wenn es die persönliche **Glaubwürdigkeit, die Urteilsfähigkeit, das Erinnerungsvermögen oder die Wahrheitsliebe des Zeugen anders beurteilen** will (BGH NJW 1998, 2222; BGH NJW 2004, 1876, 1877; Zöller-Gummer/Heßler, § 529 ZPO Rz. 8: Glaubwürdigkeitsbeurteilung,

Beimessung eines stärkeren Gewichts der Zeugenaussage, abweichende Wertung; Musielak-Ball, § 529 ZPO Rz. 14, 15: abweichende Beurteilung der Glaubwürdigkeit, anderes Gewicht; vgl. hierzu → *Berufung*, S. 334 ff.).

Das Beschwerde- bzw. Berufungsgericht darf die Entscheidung des erstinstanzlichen Gerichts, nach Einholung eines Erst- und Ergänzungsgutachtens und nachfolgender Anhörung des Sachverständigen **eine weitere Begutachtung, ggf. durch einen neuen Sachverständigen abzulehnen**, nur in eingeschränktem Umfang überprüfen. Nur Zweifel an der Richtigkeit und Vollständigkeit des Gutachtens oder Gründe, die zu Zweifeln an der Sachkunde oder Unparteilichkeit des Sachverständigen führen, rechtfertigen eine andere Entscheidung (OLG Jena, Beschl. v. 16. 2. 2005 – 4 W 637/05, OLGR 2006, 147).

Im Übrigen hat das Berufungsgericht nach § 529 ZPO n. F. seiner Entscheidung die in erster Instanz festgestellten Tatsachen zugrunde zu legen, soweit nicht konkrete, vom Berufungsführer darzulegende Anhaltspunkte Zweifel an der Richtigkeit oder Vollständigkeit der entscheidungserheblichen Feststellungen begründen (§§ 529 I Nr. 1, 520 III Nr. 3 ZPO n. F.) oder die Berücksichtigung neuer Tatsachen ausnahmsweise gem. §§ 529 I Nr. 2, 531 II Nr. 1–3 ZPO zulässig ist, etwa, weil ein nach § 139 I–III ZPO n. F. erforderlicher Hinweis des Gerichts unterblieben ist (B/L/A/H, § 529 ZPO n. F. Rz. 6 und § 531 ZPO n. F. Rz. 15; Zöller-Gummer/Heßler, § 531 ZPO Rz. 8, 27, 29; Musielak-Ball, § 529 ZPO Rz. 21 und § 521 ZPO Rz. 17, 18; vgl. → *Berufung*, S. 354 ff.).

5. Vervollständigung des Gutachtens in der Berufungsinstanz

Befasst sich ein vom erstinstanzlichen Gericht eingeholtes Sachverständigengutachten nicht mit allen entscheidungserheblichen Punkten, so hat das Berufungsgericht auch nach neuem Recht von Amts wegen auf eine Vervollständigung bzw. Ergänzung des Gutachtens hinzuwirken (BGH, Urt. v. 8. 6. 2004 – VI ZR 230/03, NJW 2004, 2828 = NZV 2004, 508 = MDR 2004, 1313; Beschl. v. 10. 5. 2005 – VI ZR 245/04, NZV 2005, 463, 464 = VersR 2005, 1555, 1556 = MDR 2005, 1308, 1309).

Wurden Tatsachenfeststellungen auf der Grundlage eines Sachverständigengutachtens getroffen, kann auch die **Unzulänglichkeit oder Widersprüchlichkeit des Gutachtens Zweifel an der Richtigkeit und Vollständigkeit der Feststellungen des Erstgerichts i. S. d. § 529 I Nr. 1 ZPO** wecken (BGH, Urt. v. 8. 6. 2004 – VI ZR 230/03, NJW 2004, 2828, 2829; Beschl. v. 10. 5. 2005 – VI ZR 245/04, NZV 2005, 463, 464 = MDR 2005, 1308, 1309 = VersR 2005, 1555, 1556; NJW 2003, 3480, 3481; Zöller-Gummer/Heßler, § 529 ZPO Rz. 9; Musielak-Ball § 529 ZPO Rz. 18).

Solche Zweifel an der Vollständigkeit der Feststellungen des erstinstanzlichen Gerichts bestehen dann, wenn es den **Sachverständigen nicht zur mündlichen Erläuterung seines Gutachtens geladen** hat, obwohl eine Partei dies beantragt hatte. Dabei bedarf der Antrag auf Ladung des Sachverständigen **keiner besonderen Begründung**; es genügt jedenfalls, wenn die Partei allgemein angibt, in welcher Richtung sie durch ihre Fragen eine weitere Aufklärung herbeizuführen wünscht (BGH, Beschl. v. 10. 5. 2005 – VI ZR 245/04, NZV 2005, 463, 464 =

VersR 2005, 1555, 1556 = MDR 2005, 1308, 1309; auch OLG Saarbrücken, Urt. v. 25. 2. 2004 – 1 U 422/03–108, GesR 2004, 235, 237 m. w. N.; vgl. hierzu → *Berufung*, S. 356).

Bestehen Widersprüche zwischen einzelnen Erklärungen desselben Sachverständigen, den Äußerungen mehrerer Sachverständiger oder liegen sonstige Unklarheiten und Widersprüche vor, die vom erstinstanzlichen Gericht im Rahmen der Verpflichtung zur Sachaufklärung nicht geklärt bzw. ausgeräumt werden konnten (vgl. BGH, Urt. v. 23. 3. 2004 – VI ZR 428/02, NJW 2004, 1871 = VersR 2004, 790 = MDR 2004, 1056 m. w. N.), so kann ein widersprüchliches oder unvollständiges Gutachten keine Entscheidungsgrundlage sein.

Da das Gericht dann von Amts wegen weitere Sachaufklärung betreiben muss, ist in einem solchen Fall ein Antrag der Partei in erster Instanz, den Sachverständigen zur Anhörung bzw. mündlichen Erläuterung seines Gutachtens zu laden, sogar entbehrlich (BGH, Urt. v. 8. 6. 2004 – VI ZR 230/03, NJW 2004, 2828, 2830 = NZV 2004, 508, 510 = MDR 2004, 1313, 1314; Gehrlein VersR 2004, 1488, 1498, 1499; s. o. S. 695 f.).

Der erst in zweiter Instanz gestellte Antrag der Partei auf Anhörung des Sachverständigen zur Erläuterung bzw. der Vervollständigung des Gutachtens muss insbesondere dann gem. § 531 II Nr. 3 ZPO zugelassen werden, wenn aus den genannten Gründen bereits in erster Instanz Veranlassung bestanden hätte, den Sachverständigen **von Amts wegen zur Erläuterung bzw. Ergänzung seines Gutachtens zu laden** oder die Partei die Ladung beantragt und dabei (nur) angegeben hatte, in welcher Richtung sie durch ihre Fragen eine weitere Aufklärung herbeizuführen wünscht (BGH, Urt. v. 8. 6. 2004 – VI ZR 230/03, NZV 2004, 508, 510 = NJW 2004, 2828, 2830; NJW-RR 2003, 208, 209 = VersR 2003, 926, 927; zu den Einzelheiten vgl. → *Berufung*, S. 355 f.).

V. Äußerungen des Sachverständigen zu nicht vorgetragenen Behandlungsfehlern

Kommt der Sachverständige zu dem Ergebnis, dass zwar kein vom Patienten geltend gemachter und im Beweisbeschluss enthaltener, aber **ein anderer Behandlungsfehler vorliegt**, muss das Gericht dem – anders als etwa in Bauprozessen o. a. – wegen der im Arzthaftungsprozess gesteigerten Pflicht zur Sachverhaltsaufklärung nachgehen (F/N, Rz. 262). Es entspricht einem allgemeinen Grundsatz, dass sich eine Partei die bei einer Beweisaufnahme zutage tretenden Umstände jedenfalls hilfsweise zu Eigen macht, soweit sie ihre Rechtsposition zu stützen geeignet sind. Das Gericht hat auch diesen Vortrag ohne ausdrückliche Bezugnahme der Partei bei der Beweiswürdigung zu berücksichtigen (BGH VersR 2001, 1174 = MDR 2001, 887; VersR 1991, 467, 468 = NJW 1991, 1541, 1542; OLG Saarbrücken MDR 2000, 1317, 1319).

Der Sachverständige kann sogar dahingehend befragt werden, ob die **ärztliche Handlung nicht aus einem anderen Grund fehlerhaft gewesen** sein könnte, sofern hierfür Anhaltspunkte vorliegen (BGH VersR 1982, 168; Rehborn, MDR

2000, 1319, 1321; F/N, Rz. 262). Damit korrespondiert die Pflicht des gerichtlich bestellten Sachverständigen, das Gericht darauf hinzuweisen, dass eine inkriminierte ärztliche Handlung schon an sich verfehlt oder bedenklich war (S/H/A/S, Rz. 961).

VI. Ablehnung des Sachverständigen wegen Befangenheit

1. Grundsatz

Nach § 406 I ZPO kann ein Sachverständiger aus denselben Gründen, die zur Ablehnung eines Richters berechtigen (vgl. § 41 Nr. 1–4 ZPO), abgelehnt werden (vgl. S/H/A/S, Rz. 81 ff.). Ein **als Zeuge** vernommener Sachverständiger kann jedoch nicht deshalb abgelehnt werden; die Sonderregelung des § 406 I 2 ZPO verdrängt insoweit § 41 Nr. 5 ZPO (vgl. Musielak-Huber, § 406 ZPO Rz. 3).

Nach h. M. liegt ein Ablehnungsgrund i. S. d. §§ 41 Nr. 6, 42 II ZPO nicht deshalb vor, wenn der Sachverständige in der früheren Instanz oder in einem schiedsrichterlichen Verfahren als solcher tätig geworden ist (Musielak-Huber, § 406 Rz. 3; Zöller-Greger, § 406 ZPO Rz. 9; B/L/A/H, § 406 ZPO n. F. Rz. 4; **a. A.** Müko-Damrau, § 406 ZPO Rz. 2 und Kahlke, ZZP 94 (1981) 50, 68).

2. Ablehnung wegen Befangenheit bejaht

In folgenden Fällen wurde ein Ablehnungsgrund wegen Befangenheit des Sachverständigen (SV) bejaht:

▷ Der SV hat in derselben Angelegenheit bereits **zuvor ein Privatgutachten für eine der Parteien erstellt** (OLG Frankfurt, Beschl. v. 21. 2. 2005 – 2 W 8/05, OLGR 2005, 551: Privatgutachten in unmittelbarer zeitlicher Nähe; ebenso: OLG Düsseldorf NJW-RR 1997, 1428; OLG Hamm MDR 2000, 49; OLG Koblenz, Beschl. v. 24. 6. 2002 – 14 W 363/02, VersR 2004, 130: private Vortätigkeit für eine Partei; OLG Köln VersR 1992, 517; OLG München, Beschl. v. 23. 1. 2006 – 1 W 2990/05, MDR 2006, 1309 = OLGR 2006, 315: regelmäßige Geschäftsbeziehung mit Partei bzw. Anwalt; OLGR 1998, 397; LG Köln, Beschl. v. 15. 1. 2004 – 23 T 1/04: beauftragtes Institut ist ganz überwiegend im Auftrag von Versicherungsgesellschaften tätig; Musielak-Huber, § 406 ZPO Rz. 7, 10; Zöller-Greger, § 406 Rz. 8).

▷ Zwischen dem SV und der Anwaltskanzlei einer Partei besteht eine **regelmäßige Geschäftsbeziehung** und/oder die Privatgutachtertätigkeit des SV für die Anwaltskanzlei ist für diesen ein **bedeutsamer wirtschaftlicher Faktor** (OLG München, Beschl. v. 23. 1. 2006 – 1 W 2990/05, OLGR 2006, 315: Erstellung von Privatgutachten nur in Einzelfällen genügt dagegen nicht).

▷ Eine Ablehnung kann nach teilweise vertretener Auffassung auch begründet sein, wenn der **SV für den Haftpflichtversicherer einer Partei** tätig ist oder war (vgl. OLG Celle NJW-RR 1996, 1086 und LSG Bremen NJW 1972, 72: ständige Geschäftsbeziehung mit Versicherung; OLG München, Beschl. v.

23. 1. 2006 – 1 W 2990/05, OLGR 2006, 315: bei ständiger Geschäftsbeziehung; LG Köln, Beschl. v. 15. 1. 2004 – 23 T 1/04: Institut für medizinische Begutachtung ist ganz überwiegend im Auftrag von Versicherungsgesellschaften tätig; auch Musielak-Huber, § 406 ZPO Rz. 10: bei häufigeren Gutachtenaufträgen). Nach **h. M.** ist die Tätigkeit eines Sachverständigen als Privatgutachter für die Versicherungswirtschaft nicht geeignet, die Besorgnis der Befangenheit zu begründen. Denn es ist nicht außergewöhnlich, sondern die Regel, dass gerade qualifizierte Sachverständige für Versicherungsunternehmen Privatgutachten erstatten (OLG Celle, Beschl. v. 18. 1. 2002 – 14 W 45/01, VersR 2003, 1593, 1594 = NJW-RR 2003, 135; ebenso OLG Braunschweig MDR 1990, 730; OLG Koblenz NJW-RR 1992, 1470; OLG München MDR 1998, 858; Zöller-Greger, § 406 ZPO Rz. 9 a. E.; **a. A.** Musielak-Huber, § 406 ZPO Rz. 10 a. E. bei häufigeren Gutachtenaufträgen).

Dies gilt jedenfalls dann, solange der Sachverständige **wirtschaftlich unabhängig** bleibt (OLG München MDR 1998, 858; Beschl. v. 23. 1. 2006 – 1 W 2990/05, OLGR 2006, 315: Gutachtertätigkeit kein bedeutsamer wirtschaftlicher Faktor für den SV; OLG Köln OLGZ 1993, 341: Chefarzt einer größeren Klinik; S/H/A/S, Rz. 95, 98). So besteht kein Ablehnungsgrund, wenn es sich um eine ständige Tätigkeit des SV für fast sämtliche Versicherungsträger (B/L/A/H, § 406 Rz. 10) oder um einen vom Versicherer **wirtschaftlich unabhängigen Chefarzt** handelt (OLG Frankfurt NJW-RR 1992, 1470; OLG Köln VersR 1992, 850; B/L/A/H, § 406 Rz. 10; Zöller-Greger, § 406 ZPO Rz. 9 a. E.: Selbst bei wiederholter Tätigkeit für die Versicherung; ablehnend Musielak-Huber, § 406 ZPO Rz. 10 a. E.).

▷ Der SV wurde für eine Partei vor oder nach seiner Gutachtenerstattung **im selbständigen Beweisverfahren tätig** (Musielak-Huber, § 406 Rz. 7).

▷ Der SV lässt sich von einer Partei mit weiteren,vom Inhalt des Beweisbeschlusses nicht umfassten Maßnahmen der Beweissicherung **entgeltlich beauftragen**, auch wenn es sich dabei überwiegend um eine Fotodokumentation handelt, die fast keine gutachterlichen Bewertungen enthält (OLG Düsseldorf, Beschl. v. 8. 9. 2004 – I-5 W 36/04, MDR 2005, 474 = OLGR 2005, 64).

▷ Sowohl der SV als auch der beklagte Arzt sind **Beamte desselben Dienstherrn**, etwa eines Bundeslandes (OLG München, Urt. v. 21. 6. 2001 – 1 W 1161/01, MDR 2002, 291; OLG Nürnberg, Beschl. v. 29. 9. 2005 – 5 W 1834/05, MDR 2006, 469 = OLGR 2006, 76; zustimmend Zöller-Greger, § 406 ZPO Rz. 2, 8; **a. A.** Musielak-Huber, 5. Aufl., § 406 ZPO Rz. 11). So ist die Besorgnis der Befangenheit eines Sachverständigen bereits dann gerechtfertigt, wenn das beklagte Land wegen einer fehlerhaften medizinischen Behandlung in einer von ihm getragenen Universitätsklinik in Anspruch genommen wird und der Gutachter dem medizinischen Fachbereich einer anderen **Universität desselben Landes** als wissenschaftlicher Mitarbeiter angehört (OLG Nürnberg, Beschl. v. 29. 9. 2005 – 5 W 1834/05, MDR 2006, 469 = OLGR 2006, 76 im Anschl. an OLG München; Urt. v. 21. 6. 2001 – 1 W 1161/01, MDR 2002, 291; **a. A.** Musielak-Huber, § 406 ZPO Rz. 11: keine Befangenheit, wenn der Sachverständige nicht an Weisungen des Landes gebunden ist).

▷ Der SV ist mit identischen Parteivertretern **selbst in einen Parallelrechts-streit als Parteigutachter verwickelt** (OLG Naumburg MedR 1999, 183; S/H/A/S, Rz. 95). Der Ablehnungsantrag ist jedoch unbegründet, wenn der Sachverständige entscheidungserhebliche Fragen in einem parallel gelagerten Rechtsstreit oder in der Vorinstanz ungünstig beurteilt hat (OLG Köln MDR 1990, 1121; OLG München VersR 1994, 704; B/L/A/H, § 406 Rz. 9; Zöller-Greger, § 406 Rz. 9).

▷ **Frühere wissenschaftliche Veröffentlichungen** des SV begründen die Befangenheit nur, wenn sie einseitig sind (Musielak-Huber, § 406 ZPO Rz. 11) oder zu befürchten ist, er werde anderen, vertretbaren Auffassungen gegenüber nicht mehr aufgeschlossen sein und „starr an seiner Ansicht festhalten" (B/L/A/H, § 406 Rz. 16 und § 42 Rz. 23).

▷ Zwischen dem SV und dem beklagten Arzt bestand bzw. besteht eine **engere wissenschaftliche und insbesondere persönliche Zusammenarbeit** (OLG Düsseldorf, Beschl. v. 24. 2. 2004 – I-8 U 102/02, MedR 2005, 42; auch OLG Köln VersR 1993, 72: langjährige wissenschaftliche Zusammenarbeit; aber OLG München, Beschl. v. 17. 11. 2004 – 1 W 2593/04, OLGR 2006, 164: allein die Mitarbeit an einer größeren wissenschaftlichen Publikation zusammen mit dem beklagten Arzt genügt nicht; LG Berlin, Beschl. v. 28. 11. 2005 – 6 O 58/03, GesR 2006, 115: Zusammenarbeit in medizinischer Fachgesellschaft und Abstimmung eines dort gehaltenen Vortrages genügt nicht).

▷ Der SV läst **substantiierten Parteivortrag unberücksichtigt** (OLG Bamberg MedR 1993, 351, 352; Zöller-Greger, § 406 ZPO Rz. 8; Musielak-Huber, § 406 ZPO Rz. 9; S/H/A/S, Rz. 86; a. A. OLG Celle, Beschl. v. 18. 1. 2002 – 14 W 45/01, NJW-RR 2003, 135 = VersR 2003, 1593, 1594: keine Befangenheit, nur Unzulänglichkeit des Gutachtens, wenn im Gutachten ausschließlich die Beschreibung des Unfallhergangs einer Partei zugrundegelegt wird) oder würdigt eine **streitige Behauptung als bewiesen** (OLG München NJW 1992, 1569; B/L/A/H, § 406 ZPO Rz. 7; Musielak-Huber, § 406 ZPO Rz. 9; Zöller-Greger, § 406 ZPO Rz. 8). Legt ein Sachverständiger im Arzthaftungsprozess eine **streitige Aufklärung** – weil dokumentiert – als erfolgt zugrunde und rechtfertigt er dies mit der Begründung, alles andere sei „völlig abwegig", ist die Besorgnis der Befangenheit gerechtfertigt (OLG Celle, Beschl. v. 5. 5. 2003 – 1 W 9/03, GesR 2003, 353).

Dass der Sachverständige bestrittene Behauptungen einer Klägerin teilweise nicht unter dem Gliederungspunkt „Klagen/Vorbringen der Patienten", sondern unter „Vorgeschichte" wiedergibt, ist jedoch unbedenklich, soweit klar zu erkennen ist, dass es sich um einseitiges Vorbringen handelt (OLG München, Beschl. v. 4. 7. 2005 – 1 W 1010/05, OLGR 2006, 120, 121). Allerdings können **mehrere Tatsachen**, die für sich betrachtet die Besorgnis der Befangenheit eines Sachverständigen (noch) nicht rechtfertigen, bei der **Gesamtschau** Anlass geben, an seiner Unvoreingenommenheit zu zweifeln (OLG München, Beschl. v. 4. 7. 2005 – 1 W 1010/05, OLGR 2006, 120). Dies ist etwa dann der Fall, wenn der Sachverständige in seinem Gutachten entgegen den Angaben der Patientin in der „Anamneseerhebung" feststellt, sie sei vor dem Behandlungsbeginn durch den beklagten Arzt glaubhaft völlig schmerzfrei gewesen, daneben drei vom beklagten Arzt bestrittene Behauptungen der Patientin als unstreitig darstellt und ausführt, der „Leidensweg der Patientin" habe mit der Behandlung durch den Beklagten begonnen, er habe die Patientin laufend „vertröstet", seine Dokumentationsweise sei „verwunderlich" und er habe „gegen die ärztliche Ethik" verstoßen (OLG München, Beschl. v. 4. 7. 2005 – 1 W 1010/05, OLGR 2006, 120, 121).

▷ Der SV nimmt eine **Prüfung der Schlüssigkeit bzw. Erheblichkeit** des Parteivortrages vor (OLG Köln NJW-RR 1987, 1199; Musielak-Huber, § 406 ZPO Rz. 9; B/L/A/H, § 406 ZPO Rz. 13). Allerdings ist die Besorgnis der Befangenheit nicht schon dann begründet, wenn sich der SV in seinem Gutachten aufgrund seiner medizinischen Erfahrung zur **Plausibilität einer Parteibehauptung** über den Behandlungsablauf äußert (OLG München, Beschl. v. 30. 12. 2005 – 1 W 3015/05, OLGR 2006, 315, 316).

▷ Der SV **formuliert das Beweisthema um** oder **missachtet Weisungen des Gerichts** zur Behandlung des Tatsachenstoffs (Musielak-Huber, § 406 ZPO Rz. 9).

▷ Der SV geht mit seinen Feststellungen **über den ihm erteilten Gutachtenauftrag hinaus**, ohne zuvor auf eine Ergänzung der Beweisfragen hingewirkt zu haben (OLG Celle, Beschl. v. 18. 1. 2002 – 14 W 45/01, NJW-RR 2003, 135 = VersR 2003, 1593, 1594; ebenso: OLG Frankfurt, Beschl. v. 2. 2. 2006 – 8 W 104/05, GesR 2006, 217, 218; OLG Köln NJW-RR 1987, 1198; Musielak-Huber, § 406 ZPO Rz. 9; Zöller-Greger, § 406 ZPO Rz. 8 a. E.).

Die Ermittlung von Tatsachen durch den Sachverständigen führt jedoch dann nicht zur Ablehnung, wenn die Ermittlung noch **durch den Beweisbeschluss des Gerichts gedeckt** ist (OLG Hamm, Beschl. v. 16. 7. 2003 – 1 W 13/03, MedR 2004, 60; a. A. OLG München NJW 1992, 1560, wenn der Sachverständige „Tatsachen" ermittelt und in seinem Gutachten als unstreitig bewertet; anders auch OLG München OLGR 1997, 10 und Zöller-Greger, § 406 ZPO Rz. 8 a. E.: Befangenheit bejaht, wenn der Sachverständige den seines Erachtens gebotenen Weg zur Entscheidung weist).

Ist der Sachverständige im Beweisbeschluss hierzu nicht ausdrücklich ermächtigt und **beschafft er sich erforderliche Unterlagen**, etwa die Krankenakte und/oder bildgebende Diagnostik bei einer Partei, **ohne die andere hiervon zu verständigen**, so kann hieraus noch kein Misstrauen gegen seine Neutralität abgeleitet werden, wenn der Sachverständige sein Verfahren spätestens in seinem Gutachten offen legt (OLG Saarbrücken, Beschl. v. 28. 7. 2004 – 5 W 88/04–32, MDR 2005, 233; ebenso OLG Frankfurt OLGR 1997, 306; OLG Zweibrücken, OLGR 2001, 119: Beiziehung der Krankenunterlagen; auch Zöller-Greger, § 406 ZPO Rz. 9 und § 402 ZPO Rz. 5; differenzierend B/L/A/H § 406 ZPO Rz. 17, 18; a. A. Müller, VPräsBGH, MedR 2001, 487, 492: Befangenheitsantrag begründet, wenn der SV ohne Ermächtigung und Verständigung der Gegenseite Kontakt mit einer Prozesspartei aufnimmt, um sich Unterlagen zu beschaffen). Verschweigt der Sachverständige jedoch der einen Partei, dass er sich für seine Begutachtung **wichtige Elemente von der anderen Partei besorgt** hat und legt er dies auch im Gutachten nicht offen, ist der Befangenheitsantrag begründet (OLG Saarbrücken, Beschl. v. 28. 7. 2004 – 5 W 88/04–32, MDR 2005, 233; auch Müller a. a. O.).

▷ Der SV stellt die **Vermutung** an, das von der Behandlungsseite vorgelegte Privatgutachten werde „wegen Befangenheit aufgrund wirtschaftlicher Verflechtung (...) abgelehnt werden können" und weist auf ein von der Patientenseite **nicht vorgetragenes, zu klärendes Organisationsverschulden** der Klinik hin, wenn man „die Patientin nicht operationsbereit auf dem Operationstisch" verbringe (OLG Frankfurt, Beschl. v. 2. 2. 2006 – 8 W 104/05, GesR 2006, 217, 218).

▷ Der SV bedient sich **zahlreicher inadäquater Kommentierungen** der von einer Partei aufgeworfenen Fragen wie „Schutzbehauptungen", „befremdet", „etwas grotesk", „Scheinargument", „fragwürdige Fragestellungen", „fragwürdige Antworten", „unsinnige Frage", „Pseudofragen", „absolut irrelevant", „keine Diskussion wert" und „Fülle von irrelevanten oder wiederholten Fragen" (LG Nürnberg-Fürth, Beschl. v. 21. 3. 2006 – 4 O 5612/02, GesR 2006, 252).

▷ Der SV **beleidigt** eine Prozesspartei (BGH NJW 1981, 2009, 2010; OLG Saarbrücken, Beschl. v. 26. 11. 2004 – 5 W 282/04–86, OLGR 2005, 461) oder einen von dieser hinzugezogenen Privatgutachter (OLG Oldenburg NJW-RR 2000, 1167; OLG Saarbrücken, Beschl. v. 26. 11. 2004 – 5 W 282/04–86, OLGR 2005, 461), etwa mit der Frage, ob die Partei ihm intellektuell zu folgen in der Lage sei (OLG Saarbrücken a. a. O.) oder der pauschalen Bezeichnung des von einer Partei angekündigten oder vorgelegten Privatgutachten als „Gefälligkeitsgutachten" (OLG Zweibrücken NJW 1998, 912; Musielak-Huber, § 406 ZPO Rz. 9) bzw. der völlig überzogenen Kritisierung eines Parteigutachtens im Prozess (OLG Oldenburg NJW-RR 2000, 1166).

Soll der Sachverständige in einem Ergänzungsgutachten zu einem sein Hauptgutachten heftig und unsachlich kritisierenden Schriftsatz einer Partei Stellung nehmen und bezeichnet er einzelne kritische Äußerungen in diesem Schriftsatz bei einer Besprechung mit den Parteien als „rüpelhaft" oder „flegelhaft", so begründet er hierdurch das berechtigte Misstrauen der Partei, dass er den Schriftsatz nicht mehr unvoreingenommen in seine erneute Begutachtung einbezieht (OLG Köln MDR 2002, 53).

Allerdings rechtfertigt eine auch überzogene Stellungnahme auf massive Angriffe einer Partei die Besorgnis der Befangenheit nicht, wenn der Sachverständige hierzu **provoziert** wurde (OLG Stuttgart, Beschl. v. 6. 4. 2006 – 1 W 19/06, Seite 5 f.; OLG Nürnberg OLGR 2003, 21; OLG Düsseldorf NJW-RR 1997, 1428; Musielak-Huber, § 406 ZPO Rz. 11 a. E.; Zöller-Greger, § 406 ZPO Rz. 9).

So ist ein Sachverständiger **nicht wegen Befangenheit abzulehnen**, wenn er ausführt, „kein seriöser Wirbelsäulenchirurg" vertrete eine bestimmte, etwa vom Privatsachverständigen dargelegte Auffassung (OLG Saarbrücken,

Beschl. v. 16. 9. 2004 – 5 W 196/04–67, MDR 2005, 648 = OLGR 2005, 92, 93), wenn er nach schriftsätzlich erhobenen ehrenrührigen Angriffen gegen ihn gegenüber dem Prozessbevollmächtigten der Partei eine Strafanzeige wegen Beleidigung ankündigt (LG Traunstein, Beschl. v. 3. 6. 2002 – 4 T 271/ 02, NZV 2003, 241) oder den Privatgutachter desselben Fachgebietes, einen seit mehr als 10 Jahren emeritierten Universitätsprofessor, als völlig inkompetent bezeichnet und ausführt, der Prozessbevollmächtigte der Klägerin hätte sein Gutachten weder gelesen noch verstanden, nachdem er vom Privatsachverständigen in dessen Stellungnahme beleidigt worden ist ("typisches Entlastungsgutachten, einäugig und unobjektiv", "bedingungslose Entlastung der Kollegen" "seltene Arroganz"; OLG Stuttgart, Beschl. v. 6. 4. 2006 – 1 W 19/06, n.v.).

3. Ablehnung wegen Befangenheit verneint

In folgenden Fällen wurde der Ablehnungsantrag einer Partei jedoch für **unbegründet** erachtet:

▷ Der **SV ist seinerseits Mandant eines Prozessbevollmächtigten** der Parteien (OLG Hamm bei Rehborn, MDR 2000, 1109; a. A. Musielak-Huber, § 406 Rz. 8 mit Hinweis auf BGH NJW-RR 1987, 893: wenn es sich um eine ähnliche oder gleichgelagerte Sache handelt).

▷ Der SV war bereits in erster Instanz, einem vorangegangenen Strafverfahren oder in einem Parallelprozess **gegen dieselbe Partei als Gutachter tätig** (OLG München VersR 1994, 704; Musielak-Huber, § 406 Rz. 11; B/L/A/H, § 406 ZPO Rz. 9).

▷ Der SV hat die Untersuchung des klagenden Patienten **ohne Benachrichtigung bzw. in Abwesenheit des beklagten Arztes** durchgeführt (OLG Hamm, Beschl. v. 16. 7. 2003 – 1 W 13/03, MedR 2004, 60; OLG München, Beschl. v. 4. 7. 2005 – 1 W 1010/05, OLGR 2006, 120 f.: unterlassene Verständigung des Beklagten bzw. Beklagtenvertreters stellt keinen Ablehnungsgrund dar; NJW-RR 1991, 896; OLG Stuttgart, Beschl. v. 19. 12. 2005 – 3U 28/05, MDR 2006, 889 = OLGR 2006, 162 zur Begutachtung eines Tieres; VersR 1991, 1305; B/L/A/H, § 406 ZPO Rz. 18; Zöller-Greger, § 406 ZPO Rz. 9; a. A. bei fehlender Beteiligung einer Partei OLG Oldenburg BauR 2004, 1817).

▷ Der SV hat in Abwesenheit einer Partei **Besprechungen mit dem Richter über Vergleichsmöglichkeiten** geführt (OLG Stuttgart NJW-RR 1996, 1469; Musielak-Huber § 406 ZPO Rz. 11) oder in sein Gutachten ohne Auftrag des Gerichts **Rechtsausführungen eingefügt** (OLG Karlsruhe MDR 1994, 725; OLG Nürnberg MDR 2002, 291; Zöller a. a. O.).

▷ Der SV spricht in seinem Gutachten **im Beweisbeschluss nicht genannte Probleme** an (OLG Frankfurt, Beschl. v. 2. 2. 2006 – 8 W 104/05, GesR 2006, 217, 218) bzw. verwertet die im Rahmen der Begutachtung erlangte Kenntnis von weiteren, entscheidungsrelevanten und im Beweisbeschluss nicht genannten Umständen (OLG Naumburg, Beschl. v. 21. 12. 2005 – 10 W 71/ 05, OLGR 2006, 591 zu mangelhaften Bauleistungen; siehe hierzu oben V.).

▷ Der SV hat an einer **größeren wissenschaftlichen Publikation** (OLG München, Beschl. v. 17. 11. 2004 – 1 W 2593/04, OLGR 2006, 164; OLG Düsseldorf, Beschl. v. 24. 2. 2004 – I – 8 U 102/02, MedR 2005, 42) oder an einer **klinischen Studie mitgewirkt hat, an der auch der beklagte Arzt beteiligt war** (OLG Düsseldorf, Beschl. v. 24. 2. 2004 – I-8 U 102/02, MedR 2005, 42), ist bzw. war Präsident einer Vereinigung (BGH, Beschl. v. 3. 8. 2000 – X ZR 33/ 97; Zöller-Greger § 406 ZPO Rz. 9) oder **Mitglied einer Fachgesellschaft** (OLG Düsseldorf, Beschl. v. 24. 2. 2004 – I – 8 U 102/02, MedR 2005, 42; LG Berlin, Beschl. v. 28. 11. 2005 – 6 O 58/03, GesR 2006, 115), der auch der beklagte Arzt angehört, ist bzw. war als Referent auf einer vom beklagten Arzt geleiteten Jahrestagung einer Fachgesellschaft (oder umgekehrt) tätig (OLG Düsseldorf, Beschl. v. 24. 2. 2004 – I-8 U 102/02, MedR 2005, 42) oder stimmt den Vortrag vor einer medizinischen Fachgesellschaft mit dem beklagten Arzt ab (LG Berlin a.a.O.). Eine bloße gesellschaftliche Verbindung mit einer Partei reicht grundsätzlich nicht aus (Musielak-Huber § 406 ZPO Rz. 11).

▷ Der SV ist des öfteren **als Privatgutachter für die Versicherungswirtschaft tätig** (OLG Celle, Beschl. v. 18. 1. 2002 – 14 W 45/01, NJW-RR 2003, 135 = VersR 2003, 1593, 1594; Zöller-Greger § 406 ZPO Rz. 9 a. E.; differenzierend Musielak-Huber, § 406 ZPO Rz. 10 a. E.; Einzelheiten s. o.).

▷ Die Ablehnung des SV wird auf einen **(angeblichen) Mangel seiner Sachkunde** gestützt (B/L/A/H, § 406 Rz. 14; Zöller-Greger § 406 ZPO Rz. 9 und Musielak-Huber, § 406 ZPO Rz. 11: Fall der §§ 404, 412 ZPO).

▷ Der SV lässt sich durch massive Angriffe einer Partei **zu einer überzogenen Stellungnahme provozieren** (OLG Düsseldorf NJW-RR 1997, 1428; OLG Nürnberg OLGR 2003, 21; OLG Saarbrücken, Beschl. v. 16. 9. 2004 – 5 W 196/04–67, OLGR 2005, 92 = MDR 2005, 468: „kein seriöser Wirbelsäulenchirurg vertritt diese Auffassung"; OLG Stuttgart, Beschl. v. 6. 6. 2006 – 1 W 19/06, n.v.: vorangegangene, gravierende Beleidigungen des Privatgutachters einer Partei; Musielak a. a. O.; anders bei Beleidigungen durch den SV, Einzelheiten s. o. S. 706).

▷ Der SV hat den Gutachtenauftrag **entgegen § 407 a II ZPO auf einen anderen übertragen** oder bedient sich der Mithilfe einer anderen Person, ohne diese namhaft zu machen (OLG Jena, Beschl. v. 14. 12. 2005 – 4 W 399/05, OLGR 2006, 190, 191 = MDR 2006, 1011; Schikora MDR 2002, 1033, 1034). Anders aber dann, wenn in der Person des hinzugezogenen Mitarbeiters ein Befangenheitsgrund vorliegt (OLG Jena a.a.O.). Fehlt das eigenverantwortliche Tätigwerden des ernannten Sachverständigen völlig oder im Wesentlichen, hat das Gericht zu erwägen, ggf. den tatsächlichen Ersteller des Gutachtens zum Sachverständigen zu ernennen (OLG Jena, Beschl. v. 14. 12. 2005 – 4 W 399/05, OLGR 2006, 190, 191 = MDR 2006, 1011 m.w.N.).

▷ Der SV tritt dem Rechtsstreit bei, nachdem ihm von einer Partei der Streit verkündet worden ist (BGH, Urt. v. 12. 1. 2006 – VII ZR 207/04, NJW-RR 2006, 1221, 1222 = MDR 2006, 887; Beschl. v. 28. 7. 2006 – III ZB 146/06, NJW-RR 2006, 1454; Bockholdt NJW 2006, 122, 124; Böckermann MDR 2002, 1348, 1350).

Der BGH hat nunmehr entschieden, dass die Streitverkündung gegenüber einem gerichtlichen Sachverständigen zur Vorbereitung von Haftungsansprüchen gegen diesen aus § 839 a ZPO aus angeblich fehlerhafter, im selben Rechtsstreit erbrachter Gutachterleistungen unzulässig ist (BGH, Beschl. v. 27. 7. 2006 – VII ZB 16/06, NJW 2006, 3214; Beschl. v. 28. 7. 2006 – III ZB 14/06, NJW-RR 2006, 1454 f.; ebenso: Spitzer MDR 2006, 908, 912; Böckermann MDR 2002, 1348; Rickert/König NJW 2005, 1829; a. A. Bockholdt NJW 2006, 122, 124).

Selbst die Zustellung einer Streitverkündungsschrift, die eine generell unzulässige Streitverkündung an den Sachverständigen bewirken soll, ist vom Gericht zu verweigern. Denn eine Zustellung der Streitverkündungsschrift würde Gefahren für einen ordnungsgemäßen Fortgang des Rechtsstreits heraufbeschwören (BGH, Beschl. v. 27. 7. 2006 – VII ZB 16/06, NJW 2006, 3214, 3215; ebenso BGH, Beschl. v. 28. 7. 2006 – III ZB 14/06, NJW-RR 2006, 1454 f.; OLG Koblenz, Beschl. v. 28. 9. 2005 – 12 W 251/05, bei Spitzer MDR 2006, 908, 912; a. A. OLG Celle, Beschl. v. 14. 11. 2005 – 7 W 117/05, OLGR 2006, 103, 104 und Beschl. v. 24. 8. 2005 – 7 W 86/05, BauR 2006, 140 sowie Spitzer MDR 2006, 911: Streitverkündung unzulässig, Streitverkündungsschrift ist aber zuzustellen).

4. Rechtzeitige Stellung des Ablehnungsantrages

Gem. § 406 II ZPO ist der Ablehnungsantrag spätestens **innerhalb von zwei Wochen** nach Verkündung oder Zustellung des Beschlusses über die Ernennung des Sachverständigen zu stellen, soweit die Partei hieran nicht ohne ihr Verschulden gehindert war (§ 406 II 2 ZPO). § 406 II 1 ZPO gilt im Grundsatz sowohl für die Erstattung eines schriftlichen als auch eines mündlichen Gutachtens (Musielak-Huber, § 406 ZPO Rz. 13, 14; Zöller-Greger, § 406 ZPO Rz. 11).

Umstritten war, ob die Zwei-Wochen-Frist des § 406 II 1 ZPO ab dem Zeitpunkt der Zustellung des Gutachtens auch dann läuft, wenn sich die Besorgnis der Befangenheit aus dem Inhalt des schriftlichen Gutachtens ergibt und den Parteien keine oder eine längere Frist zur Stellungnahme nach § 411 IV ZPO gesetzt wurde. Die h. M. vertrat hierzu die Auffassung, die **Zwei-Wochen-Frist nach § 406 II 1 ZPO sei auch für eine Ablehnung nach § 406 II 2 ZPO maßgeblich**. Diese Frist bilde im Interesse des Prozessgegners die Obergrenze und gelte auch dann, wenn eine längere Frist zur Stellungnahme zu einem Gutachten gesetzt worden sei (OLG Brandenburg, Beschl. v. 14. 11. 2000 – 9 UF 267/00, NJW-RR 2001, 1433: Eingang nach vier bis fünf Wochen verspätet; OLG Koblenz, Beschl. v. 13. 7. 1998 – 4 W 407/98, OLGR 1998, 470; OLG Köln, Beschl. v. 16. 11. 2000 – 19 W 44/00, OLGR 2001, 261; OLGR 1995, 147; OLG München, Beschl. v. 2. 9. 2003 – 13 W 2082/03 MDR 2004, 228 = OLGR 2004, 117; Beschl. v. 14. 3. 2002 – 1 W 831/02, VersR 2003, 1594 = OLGR 2003, 58; Beschl. v. 7. 11. 2000 – 1 W 2532/00, OLGR 2001, 90; OLG Naumburg, Beschl. v. 29. 8. 2001 – 10 W 23/01, NJOZ 2002, 27; Musielak-Huber, 4. Aufl., § 406 ZPO Rz. 14).

Demgegenüber vertritt bzw. vertrat ein Teil der Rspr. und Literatur eine differenzierte Ansicht. Eine allgemeine Fristbindung sei in diesem Fall nicht sachgerecht; den Parteien sei vielmehr eine von den Umständen des Einzelfalls abhängige Frist einzuräumen und jeweils zu prüfen, welche Zeit konkret erforderlich sei, um den Ablehnungsgrund erkennen und unverzüglich geltend machen zu können. Für die Geltendmachung des Ablehnungsgrundes sei eine sachliche Auseinandersetzung mit dem Inhalt des Gutachtens aber grundsätzlich nicht erforderlich. Danach wurden überwiegend **Fristen zwischen zwei Wochen und einem Monat** für angemessen und ausreichend angesehen (OLG Brandenburg, Beschl. v. 9. 3. 2000 – 12 W 8/00, OLGR 2000, 275; OLG Celle, Beschl. v. 25. 2. 2004 – 16 W 16/04, MDR 2004, 709: i.d.R. über zwei Wochen, Eingang sieben Wochen nach Zugang des Gutachtens aber verspätet; OLG Düsseldorf, NJW-RR 1998, 933: Eingang nach vier bis fünf Wochen verspätet; OLG Frankfurt OLGR 1995, 139; OLG Jena, Beschl. v. 22. 11. 1999 – 4 W 694/99, OLGR 2000, 113, 115; OLG Karlsruhe, Beschl. v. 19. 10. 2004 – 13 W 63/04, OLGR 2005, 21, 22: Frist bis zu einem Monat; KG, Beschl. v. 10. 2. 2000 – 8 W 4866/00, OLGR 2001, 183; OLG Koblenz, NJW-RR 1999, 72: fünf Wochen zu spät; OLG Köln, VersR 1998, 1989: Ablehnung innerhalb eines Monats noch rechtzeitig; OLG München, Beschl. v. 14. 3. 2002 – 1 W 831/02, VersR 2003, 1594, 1595: zwei Wochen im Einzelfall ausreichend; OLGR 2000, 211; OLG Nürnberg, Beschl. v. 11. 5. 1999 – 5 W 1347/99, VersR 2001, 391: Ablehnungsgesuch nach zwanzig Tagen noch rechtzeitig).

Der BGH (BGH, Beschl. v. 15. 3. 2005 – VI ZB 74/04, NJW 2005, 1869 = GesR 2005, 327 = MDR 2005, 1007) hat sich nunmehr der Auffassung des OLG Düsseldorf (OLG Düsseldorf, 12. ZS, Beschl. v. 24. 8. 2000 – 12 W 39/00, OLGR 2001, 469; dem BGH zustimmend Christopoulos/Weimann MDR 2005, 1201, 1202 f.; a. A. Zöller-Greger, 26. Aufl., § 406 ZPO Rz. 11) angeschlossen: Ergibt sich der Grund zur Ablehnung des Sachverständigen wegen Besorgnis der Befangenheit aus dem Inhalt des schriftlichen Gutachtens, läuft danach die **Frist** zur Ablehnung des Sachverständigen **gleichzeitig mit der vom Gericht gesetzten Frist zur Stellungnahme nach § 411 IV ZPO ab**, wenn sich die Partei zur Begründung des Antrages mit dem Inhalt des Gutachtens auseinandersetzen muss. Das OLG Düsseldorf (a. a. O.; zustimmend Christopoulos/Weimann MDR 2005, 1201, 1203) hatte darauf hingewiesen, eine Partei könne nicht gezwungen werden, vor Ablauf einer vom Gericht gesetzten Stellungnahmefrist eine Vorprüfung des Gutachtens auf Befangenheitsgründe vorzunehmen.

Der BGH (Beschl. v. 15. 3. 2005 – VI ZB 74/04, NJW 2005, 1869, 1870) hat sich aber nicht ausdrücklich dafür ausgesprochen, dass grundsätzlich ein Gleichlauf der Fristen der §§ 406 und 407 ZPO bestehe, so dass einer Partei nach wie vor anzuraten ist, das Gutachten nach Erhalt **auf mögliche Befangenheitsgründe durchzusehen** (so die Empfehlung von Christopoulos/Weimann MDR 2005, 1201, 1203). Eine Partei verliert bzw. verwirkt ihr Ablehnungsrecht jedoch, wenn sie nach Erhalt des Gutachtens bzw. Kenntnisnahme der mündlichen Ausführung des Sachverständigen **rügelos zum Beweisergebnis verhandelt** (OLG Düsseldorf MDR 1994, 620; B/L/A/H, § 406 ZPO Rz. 23; Zöller-Greger § 406 ZPO Rz. 12, **a. A.** Müko-Damrau § 406 ZPO Rz. 7; differenzierend Musielak-Huber, § 406 ZPO Rz. 16 a. E.: nur, wenn die Partei zwei Wochen Zeit zur Prüfung der Sachlage hatte) oder sie sich mit der Gegenseite auf den SV geeinigt hatte und ihr die ein **Ablehnungsrecht aus 406 I ZPO** begründenden Umstände, etwa die frühere Tätigkeit als Privatgutachter des Gegners, **bekannt** waren (Musielak-Huber, § 406 ZPO Rz. 16; Zöller-Greger, § 406 ZPO Rz. 12).

5. Folgen der Ablehnung

Das Gutachten des erfolgreich abgelehnten Sachverständigen darf **nicht mehr** – auch nicht zugunsten der ablehnenden Partei – **verwertet** werden. Das Gericht hat, sofern die Beweisfrage noch erheblich ist, einen neuen Sachverständigen beauftragen. Der abgelehnte Sachverständige darf jedoch als sachverständiger Zeuge über sachkundig festgestellte Tatsachen vernommen werden (Zöller-Greger, § 406 ZPO Rz. 15).

Für den **Vergütungsanspruch** des erfolgreich abgelehnten Sachverständigen gilt Folgendes:

Ein Sachverständiger ist aufgrund der Vorprüfung nach § 407 a ZPO verpflichtet, ihm bekannte Umstände zu offenbaren, die Zweifel an seiner Unbefangenheit wecken können, etwa die private Vortätigkeit für einen Beteiligten. Versäumt er diesen Hinweis und wird er deshalb später mit Erfolg wegen Besorgnis der Befangenheit abgelehnt, **verwirkt er seinen Entschädigungsanspruch** selbst dann, wenn ihm nur **einfache Fahrlässigkeit** vorzuwerfen ist (OLG Koblenz, Beschl. v. 24. 6. 2002 – 14 W 363/02, VersR 2004, 130; auch OLG Koblenz MDR 2002, 1152 und Zöller-Greger, § 413 ZPO Rz. 7).

Führt dagegen ein Fehler des Sachverständigen bei der Erstattung seines Gutachtens bzw. nach der Übernahme des Gutachtenauftrages zur erfolgreichen Ablehnung wegen Besorgnis der Befangenheit, so verwirkt er den Entschädigungsanspruch nur, wenn ihn der Vorwurf vorsätzlichen oder **grob fahrlässigen Fehlverhaltens** trifft (OLG Koblenz, Beschl. v. 17. 2. 2004 – 14 W 119/04, MDR 2004, 831; auch OLG Hamburg MDR 1987, 333 und Zöller-Greger § 413 ZPO Rz. 7; zu weiteren Gründen, die zum Verlust des Vergütungsanspruchs führen, Musielak-Huber, § 413 ZPO Rz. 2). Eine solche „grobe Fahrlässigkeit" wurde etwa bejaht, wenn der Sachverständige einen Ortstermin unter Information nur einer Partei durchführt (OLG München, NJW-RR 1998, 1687; u. E. zu Recht anderer Ansicht OLG Koblenz, Beschl. v. 17. 2. 2004 – 14 W 119/04, MDR 2004, 831, 832) oder er sich weigert, sein schriftliches Gutachten mündlich zu erläutern (OLG Brandenburg, Beschl. v. 8. 4. 2005 – 1 W 3/05, VersR 2006, 1238 = MDR 2005, 1131).

VII. Haftung des gerichtlichen Sachverständigen

1. Gesetzliche Neuregelung

Am 1. 8. 2002 ist das 2. Gesetz zur Änderung schadensersatzrechtlicher Vorschriften in Kraft treten. Es sieht neben der Zubilligung eines Schmerzensgeldes auch im Bereich der vertraglichen und deliktischen Haftung in § 253 BGB n. F. (vgl. hierzu Karczewski VersR 2001, 1070, 1072; Hentschel NJW 2002, 433, 437; von Mayenburg VersR 2002, 278, 283), der Änderung der §§ 828 II, 825 BGB, 84 III AMG, 7 I, II, 12 I Nr. 1 StVG, 8 HpflG und anderer schadensersatzrechtlicher

Vorschriften (vgl. den Überblick bei Karczewski, VersR 2001, 1070 ff. und Hentschel, NJW 2002, 433 ff.) sowie der Einführung eines neuen § 249 II 2 BGB n. F. zur Erstattungsfähigkeit der Umsatzsteuer in § 839 a BGB eine Regelung über die Haftung eines vom Gericht bestellten Sachverständigen vor.

Nach § 839 a I BGB trifft den vom Gericht ernannten Sachverständigen gegenüber dem hierdurch benachteiligten Verfahrensbeteiligten eine Schadensersatzverpflichtung, wenn sein Gutachten unrichtig ist und dies auf Vorsatz oder grober Fahrlässigkeit beruht (vgl. hierzu die Darstellungen bei Brückner/Lorenz, Die Haftung des Sachverständigen nach neuem Delikts- und Werkvertragsrecht, MDR 2003, 906 – 912; Kilian, Die Haftung des gerichtlichen Sachverständigen nach § 839 a BGB, VersR 2003, 683 – 688; Kilian, Zweifelsfragen der deliktsrechtlichen Sachverständigenhaftung nach § 839 a BGB, ZGS 2004, 220 – 226; Thole, Die zivilrechtliche Haftung des medizinischen Sachverständigen, GesR 2006, 154 – 160; auch Wagner NJW 2002, 2049, 2062; zur Kritik vgl. Jacobs NJW 2001, 489, 491 f.; Brückner/Neumann MDR 2003, 906, 909 f.).

2. Bisherige Rechtslage

Nach der vormaligen Rechtslage kam eine **Haftung** des vom Gericht bestellten Sachverständigen (SV) **faktisch nicht in Betracht**.

a) Vertragliche Ansprüche

Vertragliche Ansprüche scheiden aus. Der SV wird aufgrund einer **öffentlich-rechtlichen Sonderbeziehung** zum Gericht tätig. Diese entfaltet nach ganz überwiegender Ansicht keine Schutzwirkung (§ 328 BGB analog) zugunsten der Prozessparteien (OLG Düsseldorf NJW 1986, 2891; OLG Brandenburg WM 2001, 1920, 1921; Jacobs NJW 2001, 489; Karczewski VersR 2001, 1070, 1076; a. A. Wasner NJW 1986, 119).

b) Anspruch aus § 839 I BGB

Ansprüche aus Amtspflichtverletzung kommen mangels Ausübung hoheitlicher Gewalt nicht in Betracht, der **SV ist kein „beliehener Unternehmer"** (OLG Düsseldorf NJW 1986, 2891; Kilian VersR 2003, 683, 684 und ZGS 2004, 220, 221; Brückner/Lorenz MDR 2003, 906, 907 je m. w. N.).

c) Anspruch aus § 823 I BGB

Durch die Erstattung eines falschen Gutachtens bei einer Prozesspartei durch den Verlust des Rechtsstreits entstehende Vermögensschäden werden nicht von § 823 I BGB erfasst (vgl. Jacobs, NJW 2001, 489, 490; D-L/H/L/R, § 839 a BGB Rz. 18 ff., 30 ff.). **Allenfalls** bei der Verursachung eines **Freiheitsentzuges** konnte eine Haftung erwogen werden (vgl. BVerfG NJW 1979, 305 ff.; BGH NJW 1974, 312 ff.: Anspruch verneint; OLG Nürnberg NJW-RR 1988, 791: Im konkreten Fall bejaht; krit. zur Entscheidung des BGH: Hellmer NJW 1974, 556; Speckmann MDR 1975, 461).

d) Anspruch aus § 823 II BGB

Eine Haftung des Sachverständigen konnte sich lediglich nach dessen **Beeidigung aus § 823 II BGB i. V. m. §§ 154, 163 StGB** ergeben. Dabei schadete dem SV bereits leichte Fahrlässigkeit (vgl. Brückner/Neumann MDR 2003, 906, 907 je m. w. N.; Jacobs, NJW 2001, 489, 490; Karczewski VersR 2001, 1070, 1076; Kilian VersR 2003, 683, 684 und ZGS 2004, 220, 221; Wagner NJW 2002, 2049, 2062).

Eine Haftung des – wie regelmäßig – unbeeidigt gebliebenen Sachverständigen schied dagegen aus; bei § 410 I, II ZPO (Sachverständigenbeeidigung) handelt es sich nicht um ein Schutzgesetz zugunsten der Prozessparteien (OLG Düsseldorf NJW 1986, 2891). Die Differenzierung der Haftung danach, ob der SV beeidigt worden ist oder i. S. d. §§ 154, 163 StGB unbeeidigt geblieben ist, wurde allgemein als nicht überzeugend angesehen (BVerfGE 49, 304, 322; Jacobs NJW 2001, 489, 490; Karczewski VersR 2001, 1070, 1076).

Nach der bereits im Jahr 1978 geäußerten Auffassung des **BVerfG** (BVerfGE 49, 304, 319) ist die Grenze zulässiger, vom BGH (NJW 1974, 312 ff.) betriebener Rechtsfortbildung überschritten, wenn es zu einem Haftungsausschluss des gerichtlich bestellten Sachverständigen auch bei grober Fahrlässigkeit kommt.

3. Inhalt der Vorschrift

a) Vorsätzliche oder grob fahrlässige Erstattung eines unrichtigen Gutachtens

Gem. § 839 a I BGB n. F. kann die durch das **zumindest grob fahrlässig falsche Gutachten** (vgl. OLG Rostock, Beschl. v. 21. 3. 2006 – 8 U 113/04, OLGR 2006, 803: grob falsch oder offenkundig unrichtig) beschwerte Prozesspartei den ihr hierdurch entstehenden Vermögensschaden vom SV ersetzt verlangen. Ein grob fahrlässiges Verhalten liegt generell etwa vor, wenn der Sachverständige (vgl. Thole GesR 2006, 154, 157)

▷ einen **Gutachtenauftrag** übernimmt, für den ihm die **erforderliche Fachkompetenz fehlt**,

▷ das **Basiswissen missachtet**, welches bei jedem Examenskandidaten vorausgesetzt wird,

▷ auf eine **sorgfältige Anamnese verzichtet** und/oder sich auf eine Begutachtung nach Aktenlage beschränkt,

▷ **kritische Argumente** der Parteien bzw. eines Privatgutachters **ignoriert**,

▷ nicht kenntlich macht, dass er **maßgebliche Schlussfolgerungen** aus lediglich **vermuteten Vorgängen** zieht,

▷ die **Behandlungsdokumentation** einschließlich der maßgeblichen CT,- MRT,- und Röntgenbilder, Sonographien u.a., vorhandene Vorgutachten etc. **nicht selbst würdigt** (Thole GesR 2006, 154, 158).

▷ von einem **unzutreffenden** Sachverhalt ausgeht oder aus den Befundtatsachen unvertretbar falsche Schlüsse zieht (OLG Rostock a. a. O.).

An einem groben Fehlverhalten des SV kann es fehlen, wenn etwa das Gericht den Beweisbeschluss unklar abgefasst bzw. die Tätigkeit des SV unzureichend angeleitet hat oder die von ihm gestellte Diagnose nicht fundamental falsch ist (Thole GesR 2006, 154, 157).

b) Kausalzusammenhang zwischen dem falschen Gutachten und der Entscheidung des Gerichts

Vorausgesetzt wird weiter, dass der Prozess durch ein **Urteil**, u. U. auch durch einen Kostenbeschluss nach § 91 a ZPO, abgeschlossen wird, wobei die Entscheidung maßgeblich auf dem – falschen – Gutachten beruhen muss.

Wird das Verfahren etwa durch Klagerücknahme oder Vergleich beendet, so findet § 839 a BGB mangels abschließender gerichtlicher Entscheidung keine Anwendung. Dies gilt selbst dann, wenn die Vergleichsbereitschaft oder die Entscheidung zur Klagerücknahme erst durch das fehlerhafte Gutachten geschaffen wurde (Brückner/Lorenz MDR 2003, 906, 908; Kilian VersR 2003, 683, 686; Kilian ZGS 2004, 220, 224: Urteile und auch ein Beschluss nach § 91 a ZPO; Karczewski VersR 2001, 1070, 1076; Thole GesR 2006, 154, 158 f.; kritisch Wagner NJW 2003, 2049, 2062).

Hält ein Prozessvertreter das Gutachten für falsch, wird man ihm deshalb aus dieser, für die vertretene Prozesspartei im Ergebnis möglicherweise ungünstigeren Warte, empfehlen müssen, **auf dem Erlass eines Urteils zu bestehen** und hiergegen schon wegen § 839 a II i. V. m. § 839 III BGB – unter den seit dem 1. 1. 2002 verschärften Anforderungen der §§ 520 II, III, 531 II ZPO n. F. – Berufung einzulegen (Brückner/Neumann MDR 2003, 906, 908: Wahl des „sichersten Weges"; Kilian VersR 2003, 683, 686 f.; vgl. hierzu → *Berufung*, S. 344 ff.).

c) Nichtgebrauch eines Rechtsmittels, §§ 839 a II, 839 III BGB

Gem. § 839 a II i. V. m. § 839 III BGB tritt die Ersatzpflicht nicht ein, wenn die Prozesspartei es zumindest fahrlässig unterlassen hat, den **Schaden durch den Gebrauch eines „Rechtsmittels" abzuwenden**. Hierzu gehören nicht nur die Ausschöpfung des Instanzenzuges, sondern vor allem auch **Einwendungen** sowie Hinweise, die darauf gerichtet sind, die Richtigkeit des Gutachtens zu überprüfen und die **Stellung eines Antrages auf Ladung des Sachverständigen** zur Erläuterung seines Gutachtens bzw. problematischer Passagen (Brückner/ Neumann MDR 2003, 906, 908 m. w. N.; Thole GesR 2006, 154, 159 f.).

Drängen sich Anhaltspunkte für das Vorliegen eines Befangenheitsgrundes auf, muss die beschwerte Partei bzw. der Parteivertreter nach allerdings umstrittener Ansicht rechtzeitig einen Befangenheitsantrag stellen (Kilian VersR 2003, 683, 687 f.; Däubler JuS 2002, 625, 629; **a. A.** Thole GesR 2006, 154, 160 und Zöller-Greger, § 402 ZPO Rz. 10).

Schwangerschaftsabbruch, fehlerhafter

Vgl. auch → *Sterilisation, fehlerhafte,* → *Früherkennung, fehlerhafte pränatale Diagnostik,* → *Genetische Beratung,* → *Nichterkennen einer Schwangerschaft*

I. Grundlagen: „Kind als Schaden"
II. Fehlerhafter Schwangerschaftsabbruch nach medizinischer Indikation und sog. „Notlagenindikation"
III. Schutzzweck des Behandlungsvertrages
  1. Notlagenindikation nach § 218 a II Nr. 3 StGB a. F.
  2. Embryopathische Indikation nach § 218 a II Nr. 1 StGB a. F.
  3. Medizinische Indikation nach § 218 a I Nr. 2 StGB a. F. (= § 218 a II StGB n. F.)
  4. Kriminologische Indikation nach § 218 a II Nr. 2 StGB a. F. (= § 218 a III StGB n. F.)
  5. Exkurs: Fehlerhafte Sterilisation
  6. Exkurs: Fehlerhafte genetische Beratung

IV. Anspruchsinhaber
V. Umfang des Unterhaltsanspruchs
  1. Medizinische Indikation nach § 218 a I Nr. 2 StGB a. F.
  2. Notlagenindikation nach § 218 a II Nr. 3 StGB a. F.
  3. Embryopathische Indikation nach § 218 a II Nr. 1 StGB a. F.
  4. Kriminologische Indikation nach § 218 a II Nr. 2 StGB a. F.
VI. Entfallen bzw. Nichtbestehen eines Anspruchs
  1. Notlage weggefallen
  2. Erneuter Eingriff
  3. Adoptionsfreigabe
  4. Tod der Eltern
VII. Schmerzensgeldanspruch der Mutter

I. Grundlagen: „Kind als Schaden"

Eine Schadensersatzpflicht des behandelnden Arztes kann bei fehlerhafter genetischer Beratung (vgl. hierzu → *Genetische Beratung,* S. 484 ff.), misslungener Sterilisation (vgl. hierzu → *Sterilisation, fehlerhafte,* S. 734 ff.), Versagen des ärztlicherseits empfohlenen Verhütungsmittels und bei verhindertem oder fehlerhaftem, indiziertem Schwangerschaftsabbruch zu bejahen sein (vgl. BGH, Urt. v. 31. 1. 2006 – VI ZR 135/04, NJW 2006, 1660, 1661 = VersR 2006, 702, 704: Voraussetzungen eines medizinisch indizierten Schwangerschaftsabbruchs; Urt. v. 14. 11. 2006 – VI ZR 48/06: Fehlerhafter Einsatz eines Verhütungsimplantats; Urt. v. 21. 12. 2004 – VI ZR 196/03, NJW 2005, 891 = GesR 2005, 159, 160: Übersehen einer Rötelnerkrankung der Mutter in der Schwangerschaft; Urt. v. 15. 7. 2003 – VI ZR 203/02, NJW 2003, 3411 = VersR 2003, 1541: medizinische Indikation für einen Schwangerschaftsabbruch bei schwerwiegender Behinderung des ungeborenen Kindes; Urt. v. 18. 6. 2002 – VI ZR 136/01, NJW 2002, 2636, 2637 = VersR 2002, 1148, 1149: Ersatz des Unterhaltsaufwandes bei Nichterkennen von schweren Behinderungen des ungeborenen Kindes; Urt. v. 15. 2. 2000 – VI ZR 135/99, MDR 2000, 640, 641 = VersR 2000, 634, 635; OLG Koblenz, Beschl. v. 20. 3. 2006 – 5 U 255/06, NJW-RR 2006, 967, 968 = GesR 2006, 312 zur Rechtfertigung des Abbruchs nach § 218 II StGB; OLG Naumburg MDR 1998, 1479; OLG Saarbrücken, Urt. v. 30. 6. 2004 – 1 U 386/02–92, OLGR 2005, 5, 11 zum Schmerzensgeldanspruch der Mutter; F/N,

Rz. 157; Gehrlein NJW 2000, 1771 und Rz. B 78 ff., 86 ff., 93 ff.; G/G, 5. Aufl., Rz. B 150 ff., 161 ff., 165 ff., 170 ff., 177 ff.; Grub, S. 8 ff., 37 ff., 46 ff.; Müller, VPräsBGH, NJW 2003, 697, 701 ff. und GesR 2004, 257, 265 ff.; Ratzel GesR 2005, 49, 51 ff.)

Der **BGH** geht bereits seit 1980 von der **Ersatzfähigkeit** des Schadens aus, der in dem Unterhaltsbedarf eines aufgrund der Schlechterfüllung eines ärztlichen Behandlungsvertrages „unerwünscht" geborenen Kindes gesehen wurde (BGH NJW 1980, 1450, 1451; vgl. zuletzt Büsken, VersR 1999, 1076; Rehborn, MDR 2002, 1281, 1285 f.; Reinhart VersR 2001, 1081, 1083 ff.; Müller, VPräsBGH, NJW 2003, 697, 698 f. und GesR 2004, 257, 265; Mörsdorf-Schulte NJW 2006, 3105, 3107).

Kam es infolge eines Behandlungsfehlers oder versäumter **Aufklärung** über das **Versagerrisiko** der Sterilisation, infolge fehlerhafter genetischer Beratung der Eltern sowie bei indiziertem, aber misslungenem Schwangerschaftsabbruch zur Geburt eines Kindes, hatte der BGH die Belastung der Eltern mit dem dabei entstehenden Unterhaltsaufwand weitgehend bejaht (vgl. BGHZ 86, 240, 244 ff.; BGHZ 89, 95, 102 ff.; BGH NJW 1987, 2923; Müller, VPräsBGH, NJW 2003, 697, 698 m. w. N.).

Diese Rechtsprechung hat das **BVerfG** (NJW 1993, 1751, 1763 f.) in den – keine formelle Bindungswirkung nach § 31 I BVerfGG entfaltenden – Entscheidungsgründen seines Urteils zur Regelung des Rechts des Schwangerschaftsabbruchs vom 28. 5. 1993 für überprüfungsbedürftig erklärt und dabei ausgeführt, eine **rechtliche Qualifikation** des Daseins **eines Kindes als Schaden** komme von Verfassungs wegen (Art. 1 I GG) **nicht** in Betracht. Die Verpflichtung aller staatlichen Gewalt, jeden Menschen in seinem Dasein um seiner selbst willen zu achten, verbiete es, die Unterhaltspflicht für ein Kind als Schaden zu begreifen.

Der **BGH unterscheidet** in Abweichung von der früheren Praxis bis 1993 **zwei Fallgestaltungen**:

Während der BGH bis zur Entscheidung des BVerfG vom 28. 5. 1993 davon ausgegangen ist, dass der Abbruch einer Schwangerschaft zur Abwendung der Gefahr einer Notlage von der Schwangeren nicht nur straffrei, sondern rechtmäßig gewesen ist, wenn er die materiellen Voraussetzungen des § 218 II Nr. 3, III StGB a. F. erfüllte, sich die Schwangere nach § 218 d StGB a. F. hatte beraten lassen und die Notlage sowohl von einem zweiten Arzt nach Maßgabe des § 219 I StGB a. F. als auch von dem mit dem Schwangerschaftsabbruch selbst betrauten Arzt festgestellt worden war (vgl. BGH NJW 1995, 1609, 1610), unterscheidet er nunmehr nach den vom BVerfG entwickelten Grundsätzen danach, ob der etwaige **Schwangerschaftsabbruch rechtmäßig oder rechtswidrig** war.

Rechtmäßig war ein Schwangerschaftsabbruch aus embryopathischer oder kriminologischer Indikation nach dem früheren Indikationenmodell des § 218 a II Nr. 1, Nr. 2 StGB a. F., nicht hingegen im Regelfall ein Abbruch aus personaler oder sozialer Notlage gem. § 218 a II Nr. 3 a. F. (BGH NJW 1995, 1609, 1610; vgl. zuletzt BGH, Urt. v. 15. 7. 2003 – VI ZR 203/02, NJW 2003, 3411, 3412 = VersR 2003, 1541, 1542; Urt. v. 4. 12. 2001 – VI ZR 213/00, VersR 2002, 233, 234; Urt.

v. 19. 2. 2002 – VI ZR 190/01, NJW 2002, 1489, 1490; G/G, 5. Aufl., Rz. 155, 164, 165; Müller, VPräsBGH, NJW 2003, 697, 698, 701). Nur in den **Fällen eines rechtmäßigen Schwangerschaftsabbruchs**, nicht dagegen im Regelfall einer bloßen Notlagenindikation nach § 218 a II Nr. 3 StGB a. F. hält der BGH seitdem eine Qualifikation des Unterhaltsaufwandes als Schaden weiterhin für vertretbar (BGH a. a. O.; Emmerich JuS 1996, 71).

In seinem Urt. v. 16. 11. 1993 (NJW 1994, 788; zustimmend OLG Düsseldorf NJW 1995, 788; OLG Oldenburg MDR 1996, 1132; insoweit auch LG Köln VersR 1999, 968, 970; Deutsch NJW 1993, 2361 und NJW 1994, 776; **ablehnend** Roth, NJW 1994, 2402 und NJW 1995, 2399) hat der BGH an seiner Auffassung festgehalten, dass in den Fällen einer aus ärztlichem Verschulden **misslungenen Sterilisation** sowie eines **verhinderten oder fehlgeschlagenen Schwangerschaftsabbruchs** aus **embryopathischer oder kriminologischer** Indikation der ärztliche Vertragspartner auf **Schadensersatz** wegen der Unterhaltsbelastung der Eltern durch das Kind in Anspruch genommen werden kann.

Er weist u. E. zutreffend darauf hin, dass weder die rechtlichen Ordnungen des Schadensrechts oder des Familienrechts noch eine **ungezwungene Gesamtbetrachtung des Lebenssachverhalts** dazu nötigen, bereits das Dasein des Kindes als Schadensfall anzusehen, um zur Bejahung eines Anspruchs gegen den Arzt zu gelangen. Vielmehr stellt **erst die Belastung der Eltern mit dem finanziellen Aufwand** für den Unterhalt den Schaden dar (BGH NJW 1994, 788, 791; ebenso: BGH, Urt. v. 31. 1. 2006 – VI ZR 135/04, NJW 2006, 1660, 1661 = VersR 2006, 702, 703; NJW 1995, 2407, 2410; zuletzt Urt. v. 14. 11. 2006 – VI ZR 48/06; OLG Düsseldorf NJW 1995, 788, 789; OLG Oldenburg NJW 1996, 2432).

War der **Vertrag** mit dem Arzt **zumindest auch darauf gerichtet**, eine **Unterhaltsbelastung** der Eltern **zu vermeiden**, so ist diese Belastung – wenn sie sich gerade wegen der fehlerhaften Vertragserfüllung einstellt – sowohl vom Schutzzweck des Vertrages wie auch vom Ausgleichszweck des Schadensersatzes her als Vermögensschaden anzusehen (BGH NJW 1994, 788, 792).

So erstreckt sich der **Schutzzweck des Beratungsvertrages** insbesondere auf die Belastung mit dem finanziellen Aufwand für ein schwer behindertes Kind, den die Eltern dem Kind und sich durch ihre Vorsorge ersparen wollten. Dieser Unterhaltsaufwand lasse sich nicht aufteilen in einen solchen, der für ein hypothetisch gesundes Kind von den Eltern familienrechtlich geschuldet wird, und einen solchen, der durch den Gesundheitsschaden des Kindes zusätzlich bedingt ist (BGH NJW 1994, 788, 791; ebenso: Urt. v. 18. 6. 2002 – VI ZR 136/01, NJW 2002, 2636, 2639 = VersR 2002, 1148, 1149; kritisch: Stürner JZ 2003, 155, 156; Schmidt/Recla/Schumann MedR 2002, 640, 643; Grub S. 130 ff., 133).

Auch im Fall eines – grundsätzlich nicht gem. §§ 134, 138 BGB nichtigen – Behandlungsvertrages über die **genetische Beratung** zur Vermeidung der Zeugung schwerstgeschädigter Kinder hat der BGH (NJW 1995, 2407) die bisherige Rechtsprechung bestätigt.

Hat der Arzt danach bei der Sterilisation eines Mannes **nicht ausreichend über die Notwendigkeit eines Spermiogramms aufgeklärt**, so kann – wenn es trotz des Eingriffs zur Geburt eines Kindes kommt – dessen Unterhaltsbedarf im Wege des Schadensersatzes und daneben in diesem Fall auch ein Schmerzensgeld für die Mutter verlangt werden. Der Zurechnungszusammenhang zwischen der Pflichtwidrigkeit des Arztes und dem Eintritt der Körperverletzung wird dabei nicht deshalb unterbrochen, weil der Verletzungserfolg beim Verletzten erst durch eine zusätzliche Ursache, nämlich den Geschlechtsverkehr mit dem fehlerhaft behandelten Patienten, eintritt (BGH NJW 1995, 2407, 2408).

Im Urt. v. 28. 3. 1995 (BGH NJW 1995, 1609; auch OLG Koblenz, Beschl. v. 20. 3. 2006 – 5 U 255/06, NJW-RR 2006, 967, 968 = GesR 2006, 312: bloße Straflosigkeit nach § 218 a I StGB n. F. reicht nicht aus; zustimmend Mörsdorf-Schulte NJW 2006, 3105, 3107) ist der BGH anhand der vom BVerfG vorgegebenen Kriterien jedoch zu dem Ergebnis gelangt, dass der Unterhaltsaufwand für ein nach einem fehlgeschlagenen Schwangerschaftsabbruch geborenes Kind dann nicht mehr vom Schutzzweck des Arztvertrages umfasst wird, wenn sich der Schwangerschaftsabbruch nach den vom BVerfG entwickelten Kriterien **nicht als rechtmäßig, sondern lediglich als straffrei** darstellt.

Die sich aus der Durchführung des damals gesetzlich vorgeschriebenen Beratungsverfahrens ergebende Vermutung, dass eine Notlagenindikation gegeben gewesen sei, reicht für die Feststellung der Rechtmäßigkeit von Schwangerschaftsabbrüchen danach nicht aus (BGH NJW 1995, 1609 unter Aufgabe von BGH NJW 1985, 2752). Vielmehr obliegt es den Eltern, **das Vorliegen eines rechtfertigenden Indikationstatbestandes, etwa eines schweren sozialen oder psychisch-personalen Konflikts, substantiiert vorzutragen** (BGH, Urt. v. 31. 1. 2006 – VI ZR 135/04, NJW 2006, 1660, 1661 = VersR 2006, 702, 703; Urt. v. 15. 7. 2003 – VI ZR 203/02, NJW 2003, 3411 = VersR 2003, 1541: Gefahr einer schwerwiegenden Beeinträchtigung des Gesundheitszustandes von der Mutter zu beweisen; OLG Koblenz, Beschl. v. 20. 3. 2006 – 5 U 255/06, NJW-RR 2006, 967, 968 = GesR 2006, 312; OLG Saarbrücken, Urt. v. 30. 6. 2004 – 1 U 386/02-92, OLGR 2005, 5, 11; OLG Schleswig NJW-RR 2001, 1391).

Allerdings kann ein Schwangerschaftsabbruch auch aufgrund einer sozialen oder psychisch-personalen Notlage der Schwangeren ausnahmsweise nicht nur straffrei, sondern auch **rechtmäßig** sein. Voraussetzung hierfür ist jedoch eine Belastung der Schwangeren, die ein solches Maß an Aufopferung eigener Lebenswerte verlangt, dass ihr die Pflicht zum Austragen des Kindes nicht zugemutet werden kann. Dies gilt für Notlagen nur dann, wenn in ihrer Umschreibung die Schwere des sozialen oder psychisch-personalen Konflikts so deutlich erkennbar wird, dass – unter dem Gesichtspunkt der Unzumutbarkeit betrachtet – die Kongruenz mit den anderen Indikationsfällen nach § 218 a StGB a. F. gewahrt bleibt. Einem solchen Ausnahmetatbestand kann zudem eine rechtfertigende Wirkung nur dann zukommen, wenn das Vorliegen seiner Voraussetzungen durch die Gerichte oder durch Dritte, denen der Staat kraft ihrer besonderen Pflichtenstellung vertrauen darf und deren Entscheidung nicht jeglicher staatlichen Überprüfung entzogen ist, unter Beachtung des Schutzanspruchs des ungeborenen menschlichen Lebens bewertet und festgestellt worden ist (BGH NJW 1995, 1609, 1610 im Anschluss an BVerfG NJW 1993, 1758).

Daher ist bei den Fallgestaltungen, die nach der bisherigen rechtlichen Regelung der „embryopathischen Indikation" des § 218 a II, III StGB unterfielen, nunmehr im Rahmen des § 218 a II StGB n. F. zu prüfen, ob sich für die Mutter aus der Geburt eines schwerbehinderten Kindes und der hieraus resultierenden besonderen Lebenssituation Belastungen ergeben, die sie in ihrer Konstitution überfordern und die Gefahr einer schwerwiegenden Beeinträchtigung ihres insbesondere auch seelischen Gesundheitszustandes als so bedrohend erscheinen lassen, dass bei der gebotenen **Güterabwägung das Lebensrecht des Ungeborenen dahinter zurückzutreten** hat (BGH, Urt. v. 31. 1. 2006 – VI ZR 135/04, NJW 2006, 1660, 1661 = VersR 2006, 702, 703; Urt. v. 15. 7. 2003 – VI ZR 203/02, NJW 2003, 3411 = VersR 2003, 1541, 1542 = GesR 2003, 387, 388; Urt. v. 18. 6. 2002 – VI ZR 136/01, NJW 2002, 2636, 2638 = VersR 2002, 1148, 1149; OLG Düsseldorf, Urt. v. 10. 1. 2002 – 8 U 79/01, VersR 2003, 1542 = MedR 2002, 580; OLG Hamm, Beschl. v. 28. 12. 2005 – 3 W 50/05, GesR 2006, 126; VersR 2002, 1153, 1154; OLG Koblenz, Beschl. v. 20. 3. 2006 – 5 U 255/06, NJW-RR 2006, 967, 968 = GesR 2006, 312; OLG Stuttgart, Urt. v. 25. 3. 2003 – 1 U 125/02, OLGR 2003, 380, 381 = GesR 2003, 327, 328 = NJW-RR 2003, 1256, 1257; LG Stuttgart, Urt. v. 19. 7. 2005 – 20 O 669/04).

Im Schadensersatzprozess hat die Mutter darzulegen und zu beweisen, dass die **Voraussetzungen für einen rechtmäßigen Schwangerschaftsabbruch** nach § 218 a II bzw. § 218 a III StGB n. F. vorliegen, im Rahmen des § 218 a II StGB n. F., also, dass eine **Gefahr für ihr Leben oder eine schwerwiegende Beeinträchtigung ihres körperlichen oder seelischen Gesundheitszustandes** vorlag, die **nicht auf andere, für sie zumutbare Weise als den Schwangerschaftsabbruch abgewendet** werden konnte. Hierzu bedarf es einer nachträglichen, auf den Zeitpunkt des denkbaren Abbruchs der Schwangerschaft bezogenen **Prognose**, wobei regelmäßig die Einholung eines Sachverständigengutachtens erforderlich ist (BGH, Urt. v. 31. 1. 2006 – VI ZR 135/04, NJW 2006, 1660, 1661 = VersR 2006, 702, 704; Urt. v. 15. 7. 2003 – VI ZR 203/02, NJW 2003, 3411 = VersR 2003, 1541, 1542; OLG Koblenz, Beschl. v. 20. 3. 2006 – 5 U 255/06, NJW-RR 2006, 967, 968 = GesR 2006, 312).

Das OLG Koblenz (Beschl. v. 20. 3. 2006 – 5 U 255/06, NJW-RR 2006, 967, 968 = GesR 2006, 312; zustimmend Mörsdorf-Schulte NJW 2006, 3105, 3107 f.; **a. A.** Gehrlein, 1. Aufl., Rz. B 86; s. u.) vertritt unter Bezugnahme auf die Entscheidung des BVerfG (Urt. v. 28. 5. 1993 – 2 BvF 2/90, NJW 1993, 1751, 1758) nachdrücklich die Ansicht, dass eine **bloße Straflosigkeit der Schwangeren nach § 218 a I StGB nicht ausreicht.** Nur wenn der Abbruch gem. § 218 a II oder III StGB gerechtfertigt gewesen wäre, hafte der Arzt für den Unterhaltsschaden.

Bei der im Rahmen des § 218 a II StGB anzustellenden **Prognose** können die **Art und der Grad der zu erwartenden Behinderung indiziell durchaus eine Rolle** spielen; nur dahin ist es zu verstehen, wenn der BGH ausgeführt hat (Urt. v. 15. 7. 2003 – VI ZR 203/02, NJW 2003, 3411 = VersR 2003, 1541; Urt. v. 18. 6. 2002 – VI ZR 136/01, NJW 2002, 2636, 2638 = VersR 2002, 1148, 1149), die Gefahr einer schwerwiegenden Beeinträchtigung des Gesundheitszustandes müsse als so drohend erscheinen, dass bei der gebotenen Güterabwägung das Lebensrecht des Ungeborenen dahinter zurückzutreten habe (so wörtlich BGH,

Urt. v. 31. 1. 2006 – VI ZR 135/04, NJW 2006, 1660, 1662 = VersR 2006, 702, 704).

Dabei sind ein durch die Geburt des behinderten Kindes ausgelöster **Schock, eine sich hieraus entwickelnde Depression**, wochenlange Weinkrämpfe, Kopfschmerzen und Schlaflosigkeit (OLG Stuttgart, Urt. v. 25. 3. 2003 – 1 U 125/02, OLGR 2003, 380, 381 = GesR 2003, 327 = NJW-RR 2003, 1256, 1257), eine starke körperliche und psychische Belastung und die **einmalige Äußerung suizidaler Gedanken** gegenüber einem Psychologen (LG Stuttgart, Urt. v. 19. 7. 2005 – 20 O 669/04), **Erschöpfungs- und Angstzustände**, die die Leistungsfähigkeit und Lebensfreude der Mutter erheblich beeinträchtigen (Müller, VPräsBGH, NJW 2003, 697, 701), eine **Depression mit Krankheitswert** bei (früherer) Erkenntnis von Fehlbildungen (OLG Hamm, Beschl. v. 28. 12. 2005 – 3 W 50/05, GesR 2006, 126), das vor der Geburt festgestellte **Fehlen von Teilen von Gliedmaßen wie etwa einer Hand und des Unterarms** (OLG Hamm, Urt. v. 5. 9. 2001 – 3 U 229/00, OLGR 2002, 337, 340) noch nicht als so schwerwiegend anzusehen, dass sie unter Berücksichtigung des Lebensrechts des Kindes der Schwangeren nicht mehr zugemutet werden können.

Das Vorliegen des Rechtfertigungsgrundes nach § 218 a II StGB n. F. wurde vom BGH jedoch dann bejaht, wenn nach dem Gutachten eines medizinischen Sachverständigen die voraussichtlichen schweren Behinderungen des Kindes sowohl die ernsthafte **Gefahr eines Suizidversuchs** als auch einer **schwerwiegenden Beeinträchtigung des seelischen Gesundheitszustandes** der Mutter erwarten ließen, wobei die Prognose dadurch gestützt wurde, dass bei der Mutter nach der Geburt tatsächlich Depressionen mit deutlichem Krankheitswert auftraten und eine latente Selbstmordgefahr vorhanden war (BGH, Urt. v. 18. 6. 2002 – VI ZR 136/01, NJW 2002, 2636, 2639 = VersR 2002, 1148, 1149 = MedR 2002, 640, 641; OLG Düsseldorf, Urt. v. 10. 1. 2002 – 8 U 79/01, VersR 2003, 1542, 1543 und OLG Koblenz, Beschl. v. 20. 3. 2006 – 5 U 255/06, NJW-RR 2006, 967, 968: wenn schwerwiegende seelische Gefahren bis hin zu Suizidversuchen zu befürchten gewesen wären; Müller, VPräsBGH, NJW 2003, 697, 703; im Ergebnis auch Deutsch, NJW 2003, 26, 28; ablehnend Stürner, JZ 2003, 155, 156; Schmidt-Recla/Schumann, Med 2002, 643, 645 f.; differenzierend Grub, S. 84/ 85, 90, 99 f).

Der 1. Senat des **BVerfG** (NJW 1998, 519 = MDR 1998, 216, 220) hat die Rechtsauffassung des BGH jedenfalls für **Verträge über Sterilisationen und genetische Beratungen für verfassungsgemäß erklärt** und dabei jedoch offengelassen, ob seine Auffassung auch für Verträge über Schwangerschaftsabbrüche gelten soll.

Das BVerfG weist ausdrücklich darauf hin, dass seine Ausführungen für Verträge über **Schwangerschaftsabbrüche** einerseits und Verträge über **Sterilisationen** und genetische Beratungen andererseits im Hinblick auf die unterschiedliche rechtliche Bewertung der Vertragsgegenstände „**nicht notwendig einheitlich gelten**" müssen (BVerfG MDR 1998, 216, 220 mit Anmerkung Rehborn, MDR 1998, 221; auch OLG Hamm VersR 2002, 1153, 1154: Rechtslage verfassungsrechtlich noch nicht abschließend geklärt). Deshalb hat sich der 1. Senat auch nicht von der ablehnenden Haltung des 2. Senats (Beschl. v. 22. 10. 1997, NJW

1998, 523; vgl. hierzu Lamprecht, NJW 1998, 1039 ff.) hinsichtlich der Haftung des Arztes auf Unterhalt bei missglückten Abtreibungen distanziert (vgl. hierzu Schmidt-Recla/Schumann, Med 2002, 643, 647; Grub, S. 44/45).

Nach Ansicht des 2. Senats des BVerfG handelt es sich bei seiner Aussage zum Kind als Schaden in der Entscheidung v. 28. 5. 1993 (NJW 1993, 1751, 1763 f.) um eine tragende Rechtsansicht; damit hätte das **Plenum** des BVerfG den Fall des 1. Senats (NJW 1998, 519) entscheiden müssen. Der **Dissens zwischen dem 1. und 2. Senat des BVerfG** ist bei näherem Hinsehen aber gar nicht so gravierend:

Der 1. Senat hat damit der Aussage des 2. Senats insoweit nur die Bindungswirkung abgesprochen für die Arzthaftung, die nicht unmittelbar im Zusammenhang mit einem Schwangerschaftsabbruch steht (Grub, S. 44). Der auf einen Schwangerschaftsabbruch gerichtete Vertrag mit einem Arzt soll nach Ansicht beider Senate danach zwar wirksam sein, aber im Interesse des staatlichen Lebensschutzkonzepts bei Misslingen nicht dazu führen, dass der abtreibende Arzt den Unterhalt für das Kind als Schadensersatz zu zahlen hat (Wagner, NJW 2002, 3379, 3380; Grub, S. 44).

Allerdings ist anzunehmen, dass der 2. Senat auch in der **Fallgruppe der „fehlerhaften Pränataldiagnostik"** davon ausgehen würde, dass das Kind selbst als Schadensquelle nicht in Betracht kommt und das Kind deshalb nicht durch Ersatzansprüche – insbesondere Ersatz des Unterhaltsaufwandes – kompensiert werden kann (Grub, S. 45).

Demgegenüber würde nach den bisherigen Ausführungen des 1. Senats des BVerfG der direkte Bezug der fehlerhaften Verträge über Pränataldiagnostik zum Schwangerschaftsabbruch fehlen. Anders als beim Abbruch der Schwangerschaft erfolgt die **Pränataldiagnostik im Interesse der Gesundheit von Mutter und Kind**. Würde der Arzt dabei feststellen, dass das Kind wahrscheinlich eine Behinderung haben wird, und unterlässt er die rechtzeitige Aufklärung der Schwangeren, wäre nach den bisherigen Ausführungen des 1. Senats die Statuierung einer Haftung des Arztes für den Unterhaltsschaden nicht verfassungswidrig (vgl. Grub, S. 44/45; auch Wagner, NJW 2002, 3379, 3380).

Seit dem 1. 10. 1995 ist ein Schwangerschaftsabbruch aus medizinischer Indikation unbefristet möglich (§ 218 a II StGB n. F.), eine im Anschluss an eine Not- und Konfliktberatung (§ 219 StGB n. F.) von einem Arzt **innerhalb der ersten zwölf Wochen** nach der Empfängnis vorgenommener Abbruch **nicht mehr strafbar (§ 218 a I StGB n. F.)**. Ein fehlerhafter oder unterlassener Schwangerschaftsabbruch innerhalb dieses Zeitraums macht den Arzt nach Auffassung von Gehrlein (Rz. B 86; auch OLG Zweibrücken OLGR 2000, 307, 308).

Unter – allerdings z. T. unzutreffender (vgl. Mörsdorf-Schulte, NJW 2006, 3105, 3106) – Berufung auf die Entscheidungen des BVerfG vom 28. 5. 2003 (2 BvF 2/90, NJW 1993, 1751, 1758 = MDR 1993, 789) und des BGH vom 19. 2. 2002 (VI ZR 190/01, NJW 2002, 1489, 1490 = MDR 2002, 637) judizierte das OLG Koblenz (Beschl. v. 20. 3. 2006 – 5 U 255/06, NJW-RR 2006, 967, 968 = GesR 2006, 312), der Arzt hafte für die vermögensrechtlichen Folgen eines unterbliebenen Schwangerschaftsabbruchs nur, wenn die Abtreibung gem. § 218 a II StGB oder § 218 a III StGB **rechtmäßig** gewesen wäre. Bloße **Straflosigkeit nach § 218 a I StGB reiche grundsätzlich nicht aus.**

Greiner (RiBGH, G/G, 5. Aufl., Rz. B 155, Stand März 2006) weist darauf hin, es sei offen und vom BGH noch nicht entschieden, ob Schadensersatzansprüche, insbesondere auf Kindesunterhalt, an einen fehlgeschlagenen Abbruch **innerhalb der ersten zwölf Wochen ab Empfängnis** anzubinden sind und ob auch in solchen Fällen der Anspruch der Mutter auf Schmerzensgeld für die physischen und psychischen Belastungen mit Krankheitswert durch die aufgrund des ärztlichen Verschuldens fortbestehende Schwangerschaft unberührt bleibt.

II. Fehlerhafter Schwangerschaftsabbruch nach medizinischer Indikation und sog. „Notlagenindikation"

Ein Schwangerschaftsabbruch aus medizinischer Indikation ist gem. § 218 a II StGB n. F. nunmehr unbefristet möglich. Entsprechende Behandlungsverträge verstoßen nicht gegen §§ 134, 138 BGB und sind deshalb wirksam (vgl. BGH, Urt. v. 31. 1. 2006 – VI ZR 135/04, NJW 2006, 1660, 1661 = VersR 2006, 702, 703; Urt. v. 15. 7. 2003 – VI ZR 203, 02, NJW 2003, 3411 = VersR 2003, 1541, 1542; Urt. v. 18. 6. 2002 – VI ZR 136/01, NJW 2002, 2636, 2638 = VersR 2002, 1148, 1149; Deutsch NJW 2003, 26, 28; Müller, VPräsBGH, NJW 2003, 697, 701, 703; G/G, 5. Aufl., Rz. 165, 166).

In der Neufassung der §§ 218 a, 219 StGB wurden die selbständigen Rechtfertigungsgründe der Notlagenindikation (§ 218 a II Nr. 3 StGB a. F.) und der embryopathischen Indikation (§ 218 a II Nr. 1 StGB a. F.) gestrichen.

Eine Notlage i. S. d. § 218 a II Nr. 3 StGB a. F. kann jedoch die Gefahr einer schwerwiegenden Beeinträchtigung des seelischen Gesundheitszustandes der Schwangeren auslösen und damit die Voraussetzungen einer medizinischen Indikation gem. § 218 a II StGB n. F. erfüllen (Gehrlein, 1. Aufl., Rz. B 87, 91 = 2. Aufl. Rz. B 88, 90).

Dabei müssen jedoch die vom BVerfG aufgestellten, oben genannten strengen Voraussetzungen vorliegen (BVerfG NJW 1993, 1751, 1754 ff.; BGH NJW 1995, 1609; S/Pa, Rz. 284 a).

Im Schadensersatzprozess hat die Mutter bzw. Schwangere danach darzulegen und zu beweisen, dass bei fehlerfreier Diagnose des untersuchenden Arztes die **Voraussetzungen für einen rechtmäßigen Schwangerschaftsabbruch** vorgelegen hätten. Hierzu bedarf es einer – auf das Gutachten eines medizinischen Sachverständigen gestützten (BGH, Urt. v. 15. 7. 2003 – VI ZR 203/02, NJW 2003, 3411 = VersR 2003, 1541) – nachträglichen, auf den Zeitpunkt des denkbaren Abbruchs der Schwangerschaft bezogenen Prognose.

Einerseits dürfen an die die Prognose betreffenden Darlegungen keine überzogenen Anforderungen gestellt werden. Die **Art und der Grad der zu erwartenden Behinderung** des zu erwartenden Kindes können **indiziell** durchaus eine Rolle spielen (BGH, Urt. v. 31. 1. 2006 – VI ZR 135/04, NJW 2006, 1660, 1662 = VersR 2006, 702, 704).

Andererseits sind **Depressionen mit wochenlangen Weinkrämpfen, Kopfschmerzen und Schlaflosigkeit** (OLG Stuttgart, Urt. v. 25. 3. 2003 – 1 U 125/02, OLGR 2003, 380, 381 = GesR 2003, 327 = NJW-RR 2003, 1256, 1257), **erhebliche seelische Belastungen und eine Depression mit Krankheitswert** (OLG Hamm, Beschl. v. 28. 12. 2005 – 3 W 50/05, GesR 2006, 126), **schwere körperliche und psychische Belastungen und gegenüber einem betreuenden Psychologen einmal geäußerte suizidale Gedanken** (LG Stuttgart, Urt. v. 19. 7. 2005 – 20 O 669/04), das vorgeburtlich festgestellte **Fehlen der Hand und des Unterarms** des Kindes (OLG Hamm, Urt. v. 5. 9. 2001 – 3 U 229/00, OLGR 2002, 337, 340), vorhandene **„Missbildungsängste" ohne Darlegung schwerwiegender seelischer Gefahren**, ggf. bis hin zu Suizidversuchen (OLG Koblenz, Beschl. v. 20. 3. 2006 – 5 U 255/06, NJW-RR 2006, 967, 968 = GesR 2006, 312), **Erschöpfungs- und Angstzustände**, die die Leistungsfähigkeit und Lebensfreude der Mutter erheblich beeinträchtigen (Müller, VPräsBGH, NJW 2003, 697, 701), ein vorliegendes **„Überlastungssyndrom"** (BGH, NJW 1995, 1609, 1610; OLG Schleswig, NJW-RR 2001, 1391; großzügiger OLG Hamm, VersR 2002, 1153, 1154) **noch nicht als so schwerwiegend anzusehen**, dass sie unter Berücksichtigung des Lebensrechts des Kindes der Schwangeren nicht mehr zugemutet werden können.

Der BGH hat eine den Schwangerschaftsabbruch rechtfertigende Gefahr einer schwerwiegenden Beeinträchtigung insbesondere des seelischen Gesundheitszustandes der werdenden Mutter bei der zu erwartenden Geburt eines Kindes mit schweren körperlichen Fehlbildungen angenommen (BGH, Urt. v. 18. 6. 2002 – VI ZR 136/01, NJW 2002, 2636, 2638 = MedR 2002, 640, 641 = VersR 2002, 1148, 1149; Müller, VPräsBGH, NJW 2003, 697, 703; im Ergebnis zustimmend Deutsch, NJW 2003, 26, 28; kritisch Stürner, JZ 2003, 155, 156; Schmidt-Recla/Schumann, MedR 2002, 643, 645 f.; Grub, S. 84, 85). Im entschiedenen Fall hatte der behandelnde Gynäkologe pflichtwidrig nicht erkannt, dass beide Oberarme nicht ausgebildet, der rechte Oberschenkel verkürzt war und der linke Oberschenkel sowie beide Wadenbeine des Fötus fehlten.

Nach Auffassung des BGH waren im konkreten Fall die Voraussetzungen einer medizinischen Indikation zu bejahen, weil nach dem Gutachten des medizinischen Sachverständigen die festgestellte schwere Behinderung des Kindes sowohl die Gefahr eines Suizidversuchs als auch einer schwerwiegenden Beeinträchtigung der seelischen Gesundheit der Mutter erwarten ließ. Die Prognose des Sachverständigen wurde dadurch gestützt, dass bei der Mutter nach der Geburt tatsächlich Depressionen mit deutlichem Krankheitswert und eine latente Selbstmordgefahr auftraten (BGH, Urt. v. 18. 6. 2002 – VI ZR 136/01, MedR 2002, 640, 641; Müller, VPräsBGH, NJW 2003, 697, 703).

III. Schutzweck des Behandlungsvertrages

1. Notlagenindikation nach § 218 a II Nr. 3 StGB a. F.

Nach ständiger Rspr. des BGH sind die mit der Geburt eines nicht gewollten Kindes für die Eltern verbundenen wirtschaftlichen Belastungen, insbesondere die Aufwendungen für dessen Unterhalt, nur dann als ersatzpflichtiger Schaden auszugleichen, wenn der **Schutz vor solchen Belastungen Gegenstand des jeweiligen Behandlungs- oder Beratungsvertrages** war (BGH, Urt. v. 15. 7. 2003 – VI ZR 203/02, NJW 2003, 3411 = VersR 2003, 1541: bei fehlerhafter vorgeburtlicher Diagnostik erfasst der Schutzzweck des Behandlungsvertrages nicht nur die Gesundheit der Mutter, sondern auch den Unterhaltsbedarf des Kindes; Urt. v. 4. 12. 2001 – VI ZR 213/00, MedR 2002, 356, 357 = NJW 2002, 886, 887: Unterhaltsaufwendungen für das Kind vom Schutzzweck des Behandlungsvertrages zum Schwangerschaftsabbruch aus medizinischer Indikation nicht erfasst; Urt. v. 15. 2. 2000 – VI ZR 135/99, NJW 2000, 1782, 1783 = VersR 2000, 634, 635: Behandlungsvertrag muss zumindest auch auf die Vermeidung der Geburt eines behinderten Kindes gerichtet sein; NJW 1994, 788, 791 = VersR 1994, 425, 428: Schutzzweck des Sterilisationsvertrages erfasst den gesamten Unterhaltsschaden; Gehrlein, NJW 2000, 1771 und NJW 2002, 870; Mörsdorf-Schulte NJW 2006, 3105, 3106 f.; Müller, VPräsBGH, NJW 2003, 697, 704; Wolf MedR 2002, 464, 466: bei der Sterilisation ist die wirtschaftliche Familienplanung in den Schutzbereich einbezogen).

Liegt dem Abbruch eine **Notlagenindikation nach altem Recht** zugrunde, die anhand der Kriterien des BVerfG (NJW 1993, 1751, 1758; BGH NJW 1995, 1609, 1610; s. o.) aufgrund der Unzumutbarkeit der Aufopferung eigener Lebenswerte die Voraussetzungen einer medizinischen Indikation nach neuem Recht erfüllt, so hat der Arzt den durch seinen Fehler verursachten Unterhaltsaufwand zu tragen. In diesen Fällen geht der Schutzzweck des Vertrages dahin, durch den Abbruch der Schwangerschaft Vorsorge gegen eine Unterhaltsbelastung der Mutter zu treffen (BGH, Urt. v. 15. 2. 2000 – VI ZR 135/99, NJW 2000, 1782, 1783 = VersR 2000, 634, 635 = MDR 2000, 640, 641; Gehrlein NJW 2000, 1771 und 1. Aufl., Rz. B 89, 92; G/G, 5. Aufl., Rz. B 153, 160).

Im Falle einer Notlagenindikation ist die Unterhaltsbelastung der Eltern durch das Kind dem Arzt jedoch nicht zuzurechnen, wenn und sobald sich die **sozialen und wirtschaftlichen Verhältnisse der Mutter so günstig entwickeln**, dass aus nachträglicher Sicht die Annahme einer schwerwiegenden Notlage nicht gerechtfertigt erscheint (BGH NJW 1985, 2752, 2755; OLG Schleswig NJW-RR 2001, 1391 = OLGR 2001, 343).

Wird zur **Vorbereitung einer orthopädischen Zwecken dienenden Operation** von den behandelnden Krankenhausärzten ein niedergelassener Gynäkologe als Konsiliararzt hinzugezogen, um das Bestehen einer Schwangerschaft bei der Patientin abzuklären, so erfasst bei dessen Fehldiagnose eine etwaige Haftung des Krankenhausträgers den Unterhaltsaufwand und den sonstigen, durch die spätere Geburt eines Kindes veranlassten materiellen Schaden der Eltern auch dann nicht, wenn sich diese aufgrund ihrer eigenen körperlichen Behinderungen bei Feststellung einer Schwangerschaft zu deren – nach altem Recht auf der Grundlage einer Notlagenindikation – rechtmäßigen Unterbrechung entschlossen hätten (BGH, Urt. v. 15. 2. 2000 – VI ZR 135/99, NJW 2000, 1782, 1783 = MDR 2000, 640). Gleiches gilt, wenn die werdende Mutter ihren Hausarzt oder dessen niedergelassenen Urlaubsvertreter zur **Abklärung und Behandlung eines Hautausschlags** aufsucht und im Laufe der Behandlung ihre bestehende Schwangerschaft erwähnt. Geht es bei der Behandlung nicht um die Abwendung einer Belastung der Patientin durch ein Kind, so darf auch nicht angenommen werden, dass die Bewahrung vor den Unterhaltsaufwendungen infolge der Geburt des Kindes zum Schutzumfang des Behandlungsvertrages gehört. Anders als ein die Schwangerschaft begleitender Frauenarzt wurde der Hausarzt bzw. die Urlaubsvertreterin **nicht im Hinblick auf die Schwangerschaft und nicht zu deren medizinischer Begleitung eingeschaltet** (BGH, Urt. v. 21. 12. 2004 – VI ZR 196/03, NJW 2005, 891, 892 = VersR 2005, 411 = MDR 2005, 687, 688 = GesR 2005, 159, 160).

Aber auch die deliktischen **Behandlungspflichten eines Gynäkologen** werden **durch Zweck und Anlass des Arztbesuchs bestimmt**. Fragen der Patientin zu außerhalb der Behandlungsaufgabe liegenden Problemen, im entschiedenen Fall der Behandlung von Zyklusstörungen und der Abklärung der Verdachtsdiagnose eines Klimakteriums praecox in der sogenannten „Hormonsprechstunde" der Klinikambulanz einer Universitätsfrauenklinik erweitern den Schutzbereich der deliktischen Behandlungspflichten nicht. Insoweit kommt allenfalls eine Haftung wegen falscher Auskunft in Betracht (OLG Karlsruhe, Urt. v. 24. 4. 2002 – 7 U 53/01, GesR 2003, 122 = OLGR 2003, 62, 63).

In solchen Fällen kann es offen bleiben, ob ein rechtmäßiger Schwangerschaftsabbruch wegen einer Notlagenindikation bei Anwendung des neuen Rechts ab 1. 10. 1995 für die Schwangere mit einer der medizinischen Indikation vergleichbaren, zur Unzumutbarkeit der Austragung der Schwangerschaft führenden Konfliktlage festgestellt werden kann (BGH, Urt. v. 15. 2. 2000 – VI ZR 135/99, NJW 2000, 1782, 1783 = MDR 2000, 640, 641; Urt. v. 21. 12. 2004 – VI ZR 196/03, NJW 2005, 891, 893 = MDR 2005, 687, 688 = VersR 2005, 411, 412).

2. Embryopathische Indikation nach § 218 a II Nr. 1 StGB a. F.

Gleiches wie zur Notlagenindikation gilt bei Vorliegen einer embryopathischen oder kindlichen Indikation nach altem Recht, soweit der Schwangerschaftsabbruch wegen pränataler Vorschäden des Kindes gem. § 218 a II StGB n. F. rechtmäßig gewesen wäre (BGH, Urt. v. 15. 2. 2000 – VI ZR 135/99, NJW 2000, 1782, 1783 = MDR 2000, 640, 641; NJW 1994, 788, 792; Gehrlein NJW 2000, 1771 und Rz. B 92; S/D, Rz. 285 a, 291; F/N, Rz. 160).

Eine Freistellung von den gesamten Unterhaltsbelastungen **über das 18. Lebensjahr des Kindes hinaus** und nicht nur für den behinderungsbedingten Mehrbedarf konnte bei der früheren embryopathischen Indikation, soweit sie nunmehr die Voraussetzungen des § 218 a II StGB n. F. erfüllen würde, nur für Behinderungen oder Schädigungen des Kindes verlangt werden, die einen Abbruch der Schwangerschaft gestattet hätten (G/G, 5. Aufl., Rz. B 165). Ein Anspruch scheidet in solchen Fällen jedoch aus, wenn bei fehlerfreiem ärztlichem Vorgehen eine Schädigung des Kindes im Mutterleib verhindert worden wäre (BGH, NJW 1984, 658 = VersR 1984, 186: Mongolismus; G/G, 5. Aufl., Rz. B 162).

3. Medizinische Indikation nach § 218 a I Nr. 2 StGB a. F. (= § 218 a II StGB n. F.)

Handelt es sich dagegen um eine medizinische Indikation zum Schutz von Leben und Gesundheit der Mutter (§ 218 a II StGB n. F.), so ist der Arzt, der den Schwangerschaftsabbruch trotz Indikation und entsprechender vertraglicher Verpflichtung unterlässt oder fehlerhaft durchführt, nicht für die Unterhaltsbelastung haftbar. Der **Schutzzweck** des Behandlungsvertrages bezieht sich in diesem Fall nur auf die **Abwendung schwerer Gefahren für die Gesundheit der Schwangeren**, nicht jedoch auf die Vermeidung wirtschaftlicher Nachteile, die mit der Geburt des Kindes verbunden sind (BGH, Urt. v. 15. 7. 2003 – VI ZR 203/02, NJW 2003, 3411 = VersR 2003, 1541, 1542 = GesR 2003, 387, 388; Urt. v. 4. 12. 2001 – VI ZR 213/00, VersR 2002, 233, 234 = NJW 2002, 886, 887; Urt. v. 15. 2. 2000 – VI ZR 135/99, NJW 2000, 1782, 1783 = MDR 2000, 640, 641; OLG Düsseldorf NJW 1995, 1620; KG OLGR 2002, 214; OLG Koblenz, Beschl. v. 20. 3. 2006 – 5 U 255/06, NJW-RR 2006, 967, 968 = GesR 2006, 312; OLG Zweibrücken MedR 1997, 360, 361; G/G, 5. Aufl., Rz. B 166; S/Pa, Rz. 291; Mörsdorf-Schulte NJW 2006, 3105, 3106 f.).

Mit Urt. v. 18. 6. 2002 hat der BGH (VI ZR 136/01, NJW 2002, 2636, 2637 = VersR 2002, 1148, 1151; s. o. S. 720, 723) entschieden, dass die **Schadensersatzpflicht** des dem Grunde nach haftenden Arztes **ausnahmsweise auch den Unterhaltsbedarf** des Kindes erfassen kann.

Dies sei dann der Fall, wenn die Gefahr einer schwerwiegenden Beeinträchtigung insbesondere auch des seelischen Gesundheitszustandes der Mutter, die bei der gebotenen Güterabwägung das Lebensrecht des Ungeborenen zurücktreten lassen und zur Rechtfertigung des Eingriffs nach § 218 a II StGB führen, gerade auch für die Zeit nach der Geburt drohen. Denn eine latente Suizidgefahr und eine erhebliche Depression von deutlichem Krankheitswert sei für die Mutter gerade für diesen Zeitraum zu befürchten – und hatte sich hinsichtlich der Beeinträchtigung ihrer seelischen Gesundheit im entschiedenen Fall auch verwirklicht. Sei dem gemäß der vertragliche Schutzzweck auch auf Vermeidung dieser Gefahren durch das „Haben" des (erheblich behinderten) Kindes gerichtet, so erstrecke sich die aus der Vertragsverletzung resultierende Ersatzpflicht auch auf den Ausgleich der durch die Unterhaltsbelastung verursachten vermögensrechtlichen Schadenspositionen (BGH, Urt. v. 18. 6. 2002 – VI ZR 136/01, NJW 2002, 2636, 2637 = VersR 2002, 1148, 1151; anders die Vorinstanz, KG, Urt. v. 18. 3. 2002 – 20 U 10/01, MedR 2003, 520, 521 = OLGR 2002, 214).

Im Urt. v. 15. 7. 2003 hat der BGH (VI ZR 203/02, NJW 2003, 3411 = VersR 2003, 1541, 1542) diese Rspr. bestätigt. Im dortigen Fall hatte der behandelnde Gynäkologe in den ab der 19. SSW durchgeführten Sonografien pflichtwidrig die Fehlbildung des Kindes (Spina bifida – offene Wirbelsäule) nicht erkannt, weshalb eine Abtreibung unterblieb. In einem solchen Fall ist der vertragliche Schutzzweck zumindest auch auf die Vermeidung der Gefahren gerichtet, die durch das

„Haben" des behinderten Kindes entstehen. Zur Prüfung der Voraussetzungen einer medizinischen Indikation nach § 218 a II StGB n. F. mit Einholung eines Sachverständigengutachtens wurde der Rechtsstreit an das Kammergericht zurückverwiesen.

4. Kriminologische Indikation nach § 218 a II Nr. 2 StGB a. F. (= § 218 a III StGB n. F.)

Hier gelten die Grundsätze zur **medizinischen („mütterlichen") Indikation entsprechend** (G/G, 5. Aufl., Rz. B 168). Darüber hinaus wird die Bewahrung von Unterhaltsaufwendungen vom Schutzzweck des auf den Abbruch gerichteten Vertrages nicht ausgeschlossen sein; andererseits dürfte der Abbruch dem Erzeuger in diesem Fall nicht zugute kommen (G/G Rz. 168).

5. Exkurs: Fehlerhafte Sterilisation

Im Fall einer misslungenen Sterilisation des Mannes bzw. der Frau wurde die Haftung des Arztes oder Krankenhausträgers zu dem infolge der Geburt des Kindes entstandenen Unterhaltsschaden wiederum bejaht. Hier ist die **vertragliche Verpflichtung auch** auf den **Vermögensschutz** der Eltern ausgerichtet, so dass ein durch die Unterhaltslast bedingter Vermögensschaden nach der Geburt eines ungewollten Kindes vom Schutzbereich des Behandlungsvertrages erfasst wird (BGH NJW 1995, 2407, 2409 = VersR 1995, 1099, 1100; Urt. v. 15. 2. 2000 – VI ZR 135/99, NJW 2000, 1782, 1783 = MDR 2000, 640, 641; zuletzt Urt. v. 14. 11. 2006 – VI ZR 48/06; OLG Düsseldorf VersR 1993, 883; VersR 1992, 317, 318; OLG Schleswig VersR 2001, 1559; OLG Zweibrücken MDR 1997, 549, 550; Gehrlein NJW 2000, 1771, 1772 und Rz. B 83; G/G, 5. Aufl., Rz. B 183; Einzelheiten vgl. → *Sterilisation, fehlerhafte*, S. 739 ff.).

6. Exkurs: Fehlerhafte genetische Beratung

Der Behandlungsvertrag mit einem Gynäkologen erstreckt sich auch auf die Beratung der Schwangeren über die Gefahr einer genetischen Schädigung der Leibesfrucht. Er haftet grundsätzlich für unterlassene, falsche oder unvollständige Auskünfte über die zur Früherkennung von Schädigungen des Kindes im Mutterleib durch angeborene oder pränatal erworbene Beeinträchtigungen gebotenen Maßnahmen, sofern hierdurch ein gem. § 218 a I Nr. 3 StGB a. F. bzw. § 218 a I, II StGB n. F. zulässiger Schwangerschaftsabbruch vereitelt wird. Damit ist der durch die Geburt eines geschädigten Kindes entstehende Aufwand, der **Unterhalt und der Mehrbedarf für ein behindertes Kind, vom Schutzzweck des auf eine genetische Beratung gerichteten Vertrages erfasst** (BGH, Urt. v. 15. 2. 2000 – VI ZR 135/99, NJW 2000, 1782, 1783 = VersR 2000, 634, 635; NJW 1994, 788, 791 = VersR 1994, 425, 428; OLG Düsseldorf, Urt. v. 7. 6. 2001 – 8 U 143/00, OLGR 2002, 290, 291; OLG Saarbrücken, Urt. v. 30. 6. 2004 – 1 U 386/02–92, OLGR 2005, 5, 7: Laborbefund zu spät mitgeteilt; G/G, 5. Aufl., Rz. B 179; Gehrlein NJW 2000, 1771, 1772; Einzelheiten vgl. → *Genetische Beratung*, S. 484 ff. und → *Früherkennung, fehlerhafte pränatale Diagnostik*, S. 463 ff.).

IV. Anspruchsinhaber

Ansprüche auf Freistellung von den Unterhaltsbelastungen stehen sowohl der **Mutter** wie auch dem insoweit in den Schutzbereich des Behandlungsvertrages einbezogenen **Vater des Kindes, nicht jedoch dem Kind selbst** zu (BGH, Urt. v. 18. 6. 2002 – VI ZR 136/01, NJW 2002, 2636, 2637 = VersR 2002, 1148, 1149 = MedR 2002, 640, 642; VersR 2002, 192; NJW 1985, 671; NJW 1983, 1371, 1374; OLG Düsseldorf VersR 1999, 232, 234; OLG Karlsruhe, Urt. v. 1. 2. 2006 – 13 U 134/04, VersR 2006, 936, 937; OLG Naumburg VersR 2001, 341, 342; OLG Saarbrücken, Urt. v. 30. 6. 2004 – 1 U 386/02–92, OLGR 2005, 5, 7: beide Ehegatten; Gehrlein Rz. B 85, 89; G/G, 5. Aufl., Rz. B 160, 176; Müller, VPräsBGH, NJW 2003, 697, 706; S/Pa, Rz. 268, 276, 298; **a. A.** Reinhart VersR 2001, 1081, 1086 f. m. w. N. und Deutsch NJW 2003, 26 sowie Spickhoff NJW 2002, 1758, 1764: eigener Anspruch des Kindes; im Erg. auch OLG Düsseldorf VersR 1998, 194).

Die **Eltern** sind jeweils **zu gleichen Teilen** berechtigt, jedoch **keine Gesamtgläubiger** (Gehrlein, Rz. B 85; G/G, 5. Aufl., Rz. B 160, B 185).

Auch der **nichteheliche Vater** ist nach zwischenzeitlich herrschender Ansicht in den Schutzbereich des Vertrages einbezogen (BGH, Urt. v. 14. 11. 2006 – VI ZR 48/06; OLG Frankfurt VersR 1994, 942; OLG Karlsruhe, Urt. v. 1. 2. 2006 – 13 U 134/04, VersR 2006, 936, 937; F/N, Rz. 162; Gehrlein MDR 2002, 638; Palandt-Heinrichs, vor § 249 BGB Rz. 48 c; Staudinger-Jagmann, 2004, § 328 BGB Rz. 132; **a. A.** OLG Celle, Urt. v. 23. 4. 2001 – 1 U 41/00 bei fehlerhafter gynäkologischer Beratung; in einem Sonderfall wegen des dortigen, zeitlichen Aspekts verneint: BGH, Urt. v. 19. 2. 2002 – VI ZR 190/01, NJW 2002, 1489, 1491).

Der Ersatz des Unterhaltsanspruchs der Eltern ist jedoch auf den Unterhalt des Kindes **bis zur Vollendung des 18. Lebensjahres** begrenzt (BGH NJW 1980, 1452; G/G, 5. Aufl., Rz. B 160, 176; F/N Rz. 162). Für die nachfolgende Zeit kann vor der Vollendung des 18. Lebensjahres nur ein Freistellungsanspruch im Rahmen eines Feststellungsantrages geltend gemacht werden (BGH NJW 1980, 1452, 1456; G/G, 5. Aufl., Rz. B 165, 176; F/N Rz. 162).

V. Umfang des Unterhaltsanspruchs

1. Medizinische Indikation nach § 218 a I Nr. 2 StGB a. F.

Bei unterlassener oder fehlgeschlagener Abtreibung aus medizinischer Indikation zum Schutz von Leben und Gesundheit der Mutter (§ 218 a I Nr. 2 StGB a. F.) fällt bzw. fiel die Freistellung von den Unterhaltsbelastungen regelmäßig nicht in den Schutzbereich des Behandlungsvertrages (BGH, Urt. v. 15. 2. 2000 – VI ZR 135/99, NJW 2000, 1782, 1783 = VersR 2000, 634, 635 = MDR 2000, 640, 641; NJW 1985, 2749 = MDR 1986, 41, 42; Mörsdorf-Schulte NJW 2006, 3105, 3106; G/G, 5. Aufl., Rz. B 166; s. o.).

Der BGH (Urt. v. 18. 6. 2002 – VI ZR 136/01, NJW 2002, 2636, 2638 = VersR 2002, 1148, 1151; Urt. v. 15. 7. 2003 – VI ZR 203/02, NJW 2003, 3411 = VersR

2003, 1541, 1542; a. A. KG, Urt. v. 18. 3. 2002 – 20 U 10/01, MedR 2003, 520, 521 – Vorinstanz; OLG Düsseldorf, Urt. v. 10. 2. 2002 – 8 U 79/02, VersR 2003, 1542; Stürner, JZ 2003, 155, 156; Schmidt-Recla/Schumann, Med 2002, 640, 643 f.) hat neuerdings eine Ausnahme zugelassen in einem Fall, in dem die Gefahr einer schwerwiegenden Beeinträchtigung insbesondere des seelischen Gesundheitszustandes der Mutter bestand (siehe oben S. 720, 723).

2. Notlagenindikation nach § 218 a II Nr. 3 StGB a. F.

Bei einer Notlagenindikation nach altem Recht, die beim Vorliegen der vom BVerfG (NJW 1993, 1758; BGH NJW 1995, 1609, 1610) statuierten, oben genannten Voraussetzungen nunmehr vom Schutzbereich der medizinischen Indikation nach § 218 a II StGB n. F. erfasst wird, bemisst sich der den Eltern je zur Hälfte zustehende Unterhalt nunmehr nach der Regelbetrags-Verordnung (BGBl. I 666) vom 6. 4. 1998 (G/G, 5. Aufl., Rz. B 185; Gehrlein Rz. B 84, 89; F/N Rz. 162; S/D Rz. 273 a; Rehborn, MDR 2001, 1148, 1151).

Überwiegend wird angenommen, dass für den **Barunterhalt 135 % des Regelbetrages nach der Regelbetragsverordnung** anzusetzen sind (OLG Karlsruhe, Urt. v. 1. 2. 2006 – 13 U 134/04, VersR 2006, 936, 938 a. E.; OLG München FamRZ 2002, 52; F/N Rz. 162; Graba, NJW 2001, 249, 252; Gerhardt, FamRZ 2001, 73). Nach Ansicht von Frahm und Nixdorf (Rz. 162) erscheint in solchen Fällen sachgerecht, den betreuungsbedingten Mehrbedarf nach den Pflegeversicherungsrichtlinien (§ 15 SGB XI) zu bemessen. Müller (VPräsBGH, VersR 2005, 1461, 1469 und NJW 2003, 697, 705 f.) hat dargelegt, der Anspruch sei grundsätzlich auf den Ersatz des Regelunterhalts beschränkt, wobei ein Zuschlag für den Wert der pflegerischen Dienstleistungen der Eltern, also den konkreten Betreuungsaufwand zuerkannt werden kann; bei einem behinderten Kind ist auch der Mehrbedarf ersatzfähig.

Der Anspruch auf Freistellung von den Unterhaltsbelastungen steht den Eltern zu gleichen Teilen – nicht als Gesamtgläubiger – zu; der Zahlungs- bzw. Befreiungsanspruch ist auf die Zeit bis zur Vollendung des 18. Lebensjahres des Kindes begrenzt. Für die Zeit danach müsste ein Feststellungsantrag gestellt werden (G/G, 5. Aufl., Rz. B 185; F/N Rz. 162).

Für pflegerische Dienstleistungen an kann der Betrag aufgestockt werden, bis der **doppelte Satz des Regelbetrages** erreicht ist. Ein bestehender Sonderbedarf für behindert geborene, aber auch für später geschädigte Kinder kann den Anspruch weiter erhöhen (so G/G, 5. Aufl., Rz. 185 und Müller VPräsBGH, NJW 2003, 697, 706; OLG Karlsruhe, Urt. v. 1. 2. 2006 – 13 U 134/04, VersR 2006, 936, 938: „Wegen des Betreuungsunterhalts ist eine pauschale Verdoppelung des Baraufwandes geboten").

Für die Betreuung eines schwerstbehindert zur Welt gekommenen Kindes erkannte der BGH den Eltern zum einfachen Regelunterhalt einen Zuschlag in gleicher Höhe für den Wert der pflegerischen Dienstleistungen zu (BGH VersR 1997, 698, 699 und VersR 1994, 425, 429 sowie OLG Düsseldorf OLGR 1997, 207 je zu § 1615 f BGB a. F. i. V. m. der Regelunterhalts-Verordnung). Das OLG Karlsruhe (Urt. v. 1. 2. 2006 – 13 U 134/04, VersR 2006, 936, 938; zustimmend:

BGH, Urt. v. 14. 11. 2006 – VI ZR 48/06) befürwortet eine pauschale Verdoppelung des Baraufwandes, also auf 270 % des Satzes des Regelbetragsverordnung, auch bei Fehlern bei der Empfängnisverhütung. Im entschiedenen Fall hatte der behandelnde Gynäkologe das von der Patientin gewünschte Kontrazeptivum fehlerhaft bzw. überhaupt nicht appliziert.

Kindergeld ist aus dem Gedanken der Vorteilsausgleichung abzuziehen (BGH NJW 1980, 1452, 1456; F/N Rz. 162; G/G, 5. Aufl., Rz. B 185).

Ein **Verdienstausfall**, der den Eltern eines Kindes in Zusammenhang mit dessen Betreuung entsteht, kann dem Arzt dagegen haftungsrechtlich nicht zur Last gelegt werden, zumal dieser Vermögensnachteil von ihm allenfalls mittelbar verursacht worden ist (BGH VersR 1997, 698, 700; OLG Düsseldorf, VersR 1993, 883; G/G, 5. Aufl., Rz. B 175, 186).

Nach Ansicht von Grub (S. 173/174) muss bei konsequenter Berücksichtigung des Schutzzwecks des § 218 a II StGB n. F. die Ersatzfähigkeit des Verdienstausfallschadens der Mutter neu überdacht werden. So sollte in den Fällen, in denen die Mutter ihre frühere Erwerbstätigkeit aufgrund einer eigenen, durch die Geburt eines schwerbehinderten Kindes hervorgerufenen Erkrankung aufgibt, **auch der adäquat-kausal durch den Behandlungs- oder Aufklärungsfehler verursachte Verdienstausfallschaden** (vgl. § 287 ZPO) ersatzfähig sein (so u. E. zutreffend Grub, S.173/174; a. A. allerdings BGH, VersR 1997, 698, 699 = NJW 1997, 1638 zu § 218 a StGB a. F.).

3. Embryopathische Indikation nach § 218 a II Nr. 1 StGB a. F.

Die vorstehenden Ausführungen geltend entsprechend für die embryopathische bzw. kindliche Indikation nach altem Recht. Soweit durch mögliche vorgeburtliche Schäden auch **Leben oder Gesundheit der Mutter i.S.d. § 218 a II StGB n. F. gefährdet** werden und die 12-wöchige Frist des § 218 a I StGB n. F. abgelaufen ist, wird auch die embryopathische Indikation vom Schutzzweck der medizinischen Indikation neuen Rechts erfasst. Bei Fehlschlagen oder Versäumung eines indizierten Schwangerschaftsabbruchs steht den Eltern auch hier der gesamte Unterhaltsbedarf, nicht nur der behinderungsbedingte Mehrbedarf zu (Gehrlein Rz. B 92).

Unter Geltung des § 218 a StGB n. F. haftet der Arzt für die vermögensrechtlichen Folgen eines unterbliebenen Schwangerschaftsabbruchs nur, wenn die Abtreibung gem. § 218 a II bzw. § 218 a III StGB **rechtmäßig** gewesen wäre, nicht dagegen bei bloßer Straflosigkeit gem. § 218 a I StGB für die Schwangere (OLG Koblenz, Beschl. v. 20. 3. 2006 – 5 U 255/06, NJW-RR 2006, 967, 968 = GesR 2006, 312; s. o.).

4. Kriminologische Indikation nach § 218 a II Nr. 2 StGB a. F.

Auch insoweit gelten die Ausführungen zur „Notlagenindikation" entsprechend. Soweit der Schwangerschaftsabbruch auch nach neuem Recht gem. 218 a III StGB n. F. rechtmäßig ist, kommt es auf die weiteren, strengeren Kriterien des BVerfG (NJW 1993, 1758; BGH NJW 1995, 1609, 1610) nicht an.

VI. Entfallen bzw. Nichtbestehen eines Anspruchs

1. Notlage weggefallen

Der Schutzumfang des Behandlungsvertrages wird bei der Notlagenindikation nach altem Recht durch seinen Zweck, im Rahmen des gesetzlich Erlaubten von der Mutter eine schwerwiegende Notlage abzuwenden, gleichzeitig begrenzt. Bewahrheitet sich nach der Geburt des Kindes die ungünstige Prognose nicht, die Grundlage für die Indikationsstellung war, so hat der Arzt für die Unterhaltsaufwendungen nicht einzustehen (BGH NJW 1992, 1556, 1557). Gleiches gilt, wenn die die Indikation begründende, untragbare **Belastung später wieder entfällt** (OLG Schleswig NJW-RR 2001, 1391; OLG Braunschweig VersR 1992, 91; G/G, 5. Aufl., Rz. B 159; Gehrlein, NJW 2002, 870 a. E.). Dabei genügt jedoch nicht bereits **jede günstigere Einkommensentwicklung** (BGH NJW 1992, 1556, 1558; G/G, 5. Aufl., Rz. B 159 a. E.).

Der Zurechnungszusammenhang zwischen dem Fehlverhalten des Arztes und der Geburt des Kindes mit den belastenden Unterhaltsaufwendungen soll nach Ansicht des BGH (NJW 1985, 671) weiter dann entfallen, wenn die Mutter nach einem misslungenen Schwangerschaftsabbruch nicht mehr nur von einem solchen Abstand nimmt, sondern das Kind aufgrund eines geänderten Entschlusses während der Schwangerschaft **positiv wünscht**, d. h. das **Kind zu einem „Wunschkind"** wird, etwa weil die Mutter zwischenzeitlich erfahren hat, dass sie aus medizinischen Gründen nach dieser Schwangerschaft keine Kinder mehr bekommen könnte. In dieser Konstellation meint der BGH, dass die Eltern den von Arzt vertraglich geschuldeten Schutzzweck nicht mehr wollten, sondern den gegenteiligen Erfolg (BGH, NJW 1985, 671; im Ergebnis zustimmend Giesen JZ 1985, 334, 336).

Die h. L. hat diese zu § 218a StGB a. F. geäußerte Ansicht des BGH aus u. E. zutreffenden Gründen abgelehnt (vgl. Adomeit Jura 1981, 196, 198; Backhaus MedR 1996, 201, 203; Grub, S. 194, 197; Stürner FamRZ 1985, 753, 759).

Die Auffassung des **BGH** führt zu fast unüberwindlichen Schwierigkeiten, die **subjektive Einstellung der Mutter** zum Kind im Rahmen des nachfolgenden Rechtsstreits objektiv festzustellen. Die Frage der Erwünschtheit oder Unerwünschtheit ist auch im Ansatz bereits mit den Grundsätzen des Schadensrechts unvereinbar. Darüber hinaus ist es auch nicht einsichtig, warum der Zurechnungszusammenhang und damit die Haftung des Arztes entfallen sollte, wenn die Mutter von einem späteren Schwangerschaftsabbruch aus humanitären Gründen Abstand und die Geburt des behinderten Kindes lediglich in Kauf nimmt, den hierfür anfallenden Unterhaltsschaden jedoch liquidieren will (Grub, S. 197).

Aufgrund der strengeren Voraussetzungen, die das BVerfG (NJW 1993, 1751, 1758; BGH NJW 1995, 1609, 1610) an eine vom Schutzbereich der medizinischen Indikation erfasste „Notlagenindikation" nach neuem Recht stellt, dürfte diese Fallgruppe nur in **Ausnahmefällen** zum Tragen kommen.

2. Erneuter Eingriff

Der aufgrund einer fehlerhaften embryopathischen Indikation alten Rechts entstandene Anspruch geht unter, wenn die Schädigung des Kindes – nicht nur kosmetisch – geheilt werden kann (S/Pa, Rz. 288; Gehrlein Rz. B 92).

Dem Unterhaltsanspruch kann die Einrede aus § 242 BGB entgegenstehen, wenn die Schwangere nach Misslingen des Schwangerschaftsabbruchs bei fortbestehender Indikation die tatsächlich bestehende Möglichkeit eines erneuten, rechtmäßigen Abbruchversuchs nicht wahrnimmt (BGH NJW 1985, 671; OLG Braunschweig, VersR 1992, 91; F/N, Rz. 161; Gehrlein Rz. B 89; G/G, 5. Aufl., Rz. B 159; S/Pa, Rz. 307).

3. Adoptionsfreigabe

Der Anspruch wird jedoch nicht wegen Mitverschuldens (§ 254 BGB) beschränkt, wenn die Eltern sich weigern, das „unerwünschte" Kind zur Adoption freizugeben (BGH NJW 1984, 2526).

4. Tod der Eltern

Da der Unterhaltsanspruch bis zur Vollendung des 18. Lebensjahres nur den Eltern zusteht, erlischt der Anspruch bei deren Tod (Müller, VPräsBGH, NJW 2003, 697, 706; F/N Rz. 162; S/Pa, Rz. 276).

VII. Schmerzensgeldanspruch der Mutter

Bei **fehlerhaftem Schwangerschaftsabbruch**, der auf einer medizinischen Indikation, embryopatischen Indikation oder einer Notlagenindikation alten Rechts beruhte bzw. nach § 218 a II StGB n. F. medizinisch indiziert ist, steht der Mutter ein Schmerzensgeld nur dann zu, wenn und soweit ihre **Beschwerden diejenigen einer natürlichen, komplikationslosen Geburt**, etwa wegen einer Vorschädigung der Mutter oder des Kindes oder wegen ihrer über das Normalmaß hinausgehenden, psychischen Belastung, **übersteigen und die seelische oder körperliche Belastung Krankheitswert erreicht hat** (BGH NJW 1985, 2749, 2751; NJW 1985, 671, 673 = VersR 1985, 240, 243; MDR 1983, 478; OLG Saarbrücken, Urt. v. 30. 6. 2004 – 1 U 386/02–92, OLGR 2005, 5, 11; OLG Oldenburg MDR 1996, 1132; OLG Zweibrücken, Urt. v. 15. 12. 1998 – 5 U 10/96, NJW-RR 2000, 235, 238 = OLGR 2000, 8, 13 = MedR 2000, 233, 237; F/N Rz. 163; Gehrlein Rz. B 89, 95; S/Pa, Rz. 306)

Dies gilt auch, wenn es aufgrund **fehlerhafter pränataler Diagnostik**, etwa dem schuldhaft unterlassenen Hinweis auf die Möglichkeit einer Fruchtwasseruntersuchung oder der fehlenden Abklärung eines Rötelinfekts zur Geburt eines behinderten Kindes kommt (BGH NJW 1983, 1371, 1373 = VersR 1983, 396, 397; OLG Celle VersR 1988, 965; OLG Zweibrücken NJW-RR 2000, 235, 238; OLG Saarbrücken, Urt. v. 30. 6. 2004 – 1 U 386/02–92, OLGR 2005, 5, 11 bei unterlassener Rücklaufkontrolle eines zytogenetischen Laborbefundes;

Gehrlein Rz. B 95; vgl. hierzu → *Früherkennung, fehlerhafte pränatale Diagnostik*, S. 465 ff.).

Demgegenüber kann die Mutter bei **fehlerhafter Sterilisation** sowie bei **fehlerhafter genetischer Beratung** ein Schmerzensgeld zum Ausgleich der in der ungewollten Schwangerschaft liegenden Körperverletzung sowie der mit der anschließenden Entbindung verbundenen Unzuträglichkeiten auch dann verlangen, wenn die Schwangerschaft komplikationslos und ohne zusätzliche psychische Belastungen verläuft. Denn bei vollständiger und richtiger Beratung bzw. lege artis durchgeführter Sterilisation wäre das Kind nicht gezeugt worden (BGH NJW 1995, 2407, 2408 = VersR 1995, 1099, 1100 = MDR 1995, 1015; OLG Hamm VersR 1999, 1111 = NJW 1999, 1787; OLG Düsseldorf, VersR 1993, 883; F/N Rz. 163; Gehrlein Rz. B 82, 96; G/G, 5. Aufl., Rz. B 179, 182; Jaeger, MDR 2004, 1280, 1281 f.).

Nach **fehlerhafter Sterilisation** der Frau bzw. wenn bei richtiger genetischer Beratung bereits die **Zeugung des Kindes verhindert** worden wäre (vgl. F/N Rz. 163), wurden Schmerzensgelder in der Größenordnung von 1 000,00 Euro bis 5 000,00 Euro zuerkannt (vgl. BGH VersR 1992, 829 = MDR 1992, 1131: 1 000,00 Euro; VersR 1985, 1068 = MDR 1986, 41:1 500,00 Euro; OLG Köln VersR 1987, 187: 1 534,00 Euro nach komplikationsloser, ungewollter Schwangerschaft aufgrund fehlgeschlagener Sterilisation; OLG Köln ZfS 1986, 197: 2 045,00 Euro nach ungewollter, komplikationsloser Schwangerschaft aufgrund fehlgeschlagener Sterilisation; OLG Düsseldorf VersR 1993, 883: 2 045,00 Euro nach fehlgeschlagener Sterilisation; OLG München VersR 1993, 1413 = OLGR 1992, 68, 69: 3 068,00 Euro als „obere Grenze des Angemessenen" nach ungewollter, komplizierter Schwangerschaft mit erheblichen Erschwernissen aufgrund fehlgeschlagener Sterilisation des Ehemanns; OLG Frankfurt VersR 1988, 637: 3 579,00 Euro nach ungewollter Schwangerschaft mit Geburt eines schwerstbehinderten Kindes nach unterlassenem bzw. fehlgeschlagenem Schwangerschaftsabbruch; OLG Oldenburg OLGR 1996, 160: 4 090,00 Euro nach ungewollter Schwangerschaft bei Hinzutreten offenkundiger psychischer Belastungen; OLG Hamm VersR 1999, 1111: 5 113,00 Euro nach ungewollter, komplikationslos verlaufender Zwillingsschwangerschaft aufgrund fehlgeschlagener Sterilisation; BGH VersR 1994, 425 = NJW 1994, 788: 5 113,00 Euro nach fehlerhafter genetischer Beratung, in deren Folge es zur Geburt eines geistig und körperlich behinderten Kindes kam; OLG Oldenburg VersR 1993, 1357: 5 113,00 Euro als „Obergrenze" nach fehlgeschlagenem Abbruch einer im Wesentlichen komplikationslos verlaufenden Zwillingsschwangerschaft mit nachfolgender Geburt eines gesundes Sohns).

Das OLG Saarbrücken (Urt. v. 30. 6. 2004 – 1 U 386/02–92, OLGR 2005, 5, 11; ebenso OLG Celle VersR 1988, 964: 20 000,00 DM/10 226,00 Euro) hat den beklagten Gynäkologen, der den Rücklauf des erwarteten, problematischen Laborbefundes über Wochen nicht kontrollierte, sodass ein indizierter Schwangerschaftsabbruch nicht mehr möglich war, zur Zahlung eines Betrages in Höhe von 20 000,00 DM verurteilt. Die Mutter des mit einem Wirbelsäulendefekt behindert zur Welt gekommenen Kindes erlitt dadurch Depressionen mit deutlichem Krankheitswert („subdepressive Persönlichkeitsänderung mit intermitierenden Phasen stärkergradiger Depressivität"), die sich nachfolgend nicht wesentlich verbesserten.

Jaeger (MDR 2006, 1280, 1283) hält bei unerwünschten Schwangerschaft mindestens 12 500,00 Euro für angemessen.

Sterilisation, fehlerhafte

Vgl. → *Schwangerschaftsabbruch, fehlerhafter,* → *Früherkennung, fehlerhafte pränatale Diagnostik,* → *Genetische Beratung,* → *Nichterkennen einer Schwangerschaft*

I. Grundlagen
II. Behandlungsfehler
  1. Therapeutische Sicherungsaufklärung
  2. Therapie- und sonstige Behandlungsfehler
III. Beweislast
  1. Beweislast des Arztes
  2. Beweislast des Patienten

IV. Zurechnungszusammenhang
V. Schutzbereich des Behandlungsvertrages
VI. Umfang des Anspruchs
  1. Unterhalt
  2. Verdienstausfall
  3. Beerdigungskosten
  4. Schmerzensgeld
  5. Mitverschulden

I. Grundlagen

Nach ständiger Rechtsprechung des BGH und der Instanzgerichte ist der ärztliche Vertragspartner in den Fällen einer aus ärztlichem Verschulden **misslungenen Sterilisation** sowie eines verhinderten oder **fehlgeschlagenen Schwangerschaftsabbruchs** aus einer embryopathischen oder kriminologischen Indikation nach bis zum 1. 10. 1995 geltendem Recht (§ 218 a II Nr. 1, II Nr. 2 StGB a. F.) bzw. aus medizinischer oder kriminologischer Indikation nach seit dem 1. 10. 1995 geltenden Recht (§ 218 a II, III StGB n. F.) den Eltern zum Schadensersatz wegen der Unterhaltsbelastung für das „unerwünschte" Kind verpflichtet (BGH, Urt. v. 31. 1. 2006 – Urt. v. 15. 7. 2003 – NJW 1995, 2407, 2409; NJW 1994, 788, 791 = VersR 1994, 425, 427; zuletzt BGH, Urt. v. 14. 11. 2006 – VI ZR 48/06 und OLG Karlsruhe, Urt. v. 1. 2. 2006 –134/04, VersR 2006, 936: fehlerhafte bzw. fehlende Applikation eines Verhütungsmittels; OLG Koblenz, Beschl. v. 20. 3. 2006 –255/06, NJW-RR 2006, 967, 968: Fruchtwasseruntersuchung und „Triple-Test" unterlassen; OLG München, Urt. v. 28. 10. 2004 – 1841/04, OLGR 2006, 52: Übersehen einer seltenen Chromosomenaberration; Urt. v. 25. 1. 2001 –2200/00, OLGR 2002, 212, 213: genetische Untersuchung und Beratung; OLG Saarbrücken, Urt. v. 30. 6. 2004 –386/02–92, OLGR 2006, 5, 7: unzureichende Rücklaufkontrolle eines zytogenetischen Untersuchungsbefundes; OLG Stuttgart, Urt. v. 25. 3. 2003 –125/02, OLGR 2003, 380 = NJW-RR 2003, 1256: fehlerhafte pränatale Diagnostik; Gehrlein Rz. B 78; G/G, 5. Aufl., Rz. B 154, 180 ff.; Müller, VPräsBGH, NJW 2003, 697, 702 ff. und VersR 2005, 1461, 1469; Rehborn MDR 2002, 1281, 1285; S/Pa, Rz. 270, 271; Spickhoff NJW

2005, 1694, 1700: verspätete Bekanntgabe des Ergebnisses einer Fruchtwasseruntersuchung; zur Entwicklung der Rechtsprechung vgl. → *Schwangerschaftsabbruch, fehlerhafter*, S. 715 ff.).

Der 2. Senat des BVerfG (MDR 1998, 216, 220 = NJW 1998, 519 ff.) hat diese Rechtsprechung des BGH für die Verträge über rechtmäßige Sterilisationen und genetische Beratungen gebilligt. Sowohl der 1. Senat (NJW 1998, 519 ff. = VersR 1998, 190 ff.) als auch der 2. Senat des BVerfG (NJW 1993, 1751, 1764; NJW 1998, 523 ff.) haben sich zur Frage der Haftung des Arztes im Rahmen der Pränataldiagnostik, insbesondere beim Schwangerschaftsbetreuungsvertrag sowie zu einem aus ärztlichem Verschulden fehlgeschlagenen Schwangerschaftsabbruch nicht ausdrücklich geäußert (vgl. hierzu oben S. 717, 720 f. und Schmidt-Recla/ Schumann Med 2002, 643, 647).

Die **fehlerhafte Beratung der Patientin**, sie könne nicht schwanger werden (OLG Karlsruhe, GesR 2003, 122), eine Fruchtwasseruntersuchung sei nicht erforderlich bzw. habe keinen Verdacht auf das Vorliegen einer Trisomie 21 ergeben (OLG Düsseldorf, Urt. v. 7. 6. 2001 –143/00, OLGR 2002, 290), eine weiter gehende Untersuchung wie z. B. eine Amniozentese (Fruchtwasseruntersuchung), ein „großer Ultraschall" (Degum-Stufe III) oder ein „Triple-Test" müsse nicht durchgeführt werden (OLG Koblenz, Beschl. v. 20. 3. 2006 –255/06, NJW-RR 2006, 967, 968 = GesR 2006, 312: Klage im entschiedenen Fall abgewiesen) bzw. die Eltern würden einen normalen Chromosomensatz aufweisen (OLG München, Urt. v. 25. 1. 2001 – 2200/00, OLGR 2002, 212), kann den Arzt wegen Verletzung des Behandlungsvertrages zum Ersatz des gesamten Unterhaltsschadens verpflichten.

Sterilisationsverträge bedürfen nicht der Einwilligung des Ehepartners (BGH NJW 1980, 1452) und sind auf die Erreichung eines rechtmäßigen Erfolges gerichtet (Gehrlein Rz. B 78; G/G, 5. Aufl., Rz. B 180).

II. Behandlungsfehler

1. Therapeutische Sicherungsaufklärung (vgl. hierzu → *Aufklärung*, S. 92 ff.)

Als „Sicherungsaufklärung" oder „therapeutische Aufklärung" wird – oft missverständlich – der Umstand umschrieben, dass der Arzt verpflichtet ist, seinen Patienten bzw. seine Patientin nicht nur zu behandeln, sondern auch über alle Umstände zu informieren, die zur Sicherung des Behandlungserfolges und zu einem therapiegerechten Verhalten erforderlich sind (BGH, Urt. v. 15. 3. 2005 – VI ZR 289/03, NJW 2005, 1716 = VersR 2005, 834, 835; Urt. v. 14. 9. 2004 – VI ZR 186/03, NJW 2004, 3703, 3704 = VersR 2005, 227, 228; Gehrlein Rz. B 45; Rehborn MDR 2000, 1101, 1103; Wussow VersR 2002, 1337).

Versäumnisse im Bereich der **„therapeutischen Aufklärung" sind keine Aufklärungsfehler**, bei denen die Beweislast für die Erteilung der Aufklärung beim Arzt liegt, sondern Behandlungsfehler mit den für diese geltenden beweisrechtlichen Folgen. Der Patient hat also grundsätzlich den Beweis zu führen, dass ein – medizinisch erforderlicher – therapeutischer Hinweis nicht erteilt wurde und es dadurch bei ihm zum Eintritt eines Schadens gekommen ist (BGH, Urt. v. 14. 9. 2004 – VI ZR 186/03, NJW 2004, 3703, 3704 = VersR 2005, 227, 228; OLG Hamm, Urt. v. 14. 7. 2003 – 3 U 128/02, VersR 2005, 837 und Urt. v. 21. 2. 2001 – 3 U 152/00, VersR 2002, 1562, 1563; OLG Karlsruhe, Urt. v. 11. 4. 2002 – 7 U 171/00, OLGR 2002, 394; OLG Koblenz VersR 2001, 111; OLG Köln NJW-RR 2001, 91 und NJW-RR 2001, 92, 93; OLG Nürnberg, Urt. v. 27. 5. 2002 – 5 U 4225/00, VersR 2003, 1444, 1445; OLG Oldenburg NJW-RR 2000, 240, 241; G/G, 5. Aufl., Rz. B 95, 97, 285; Rehborn MDR 2000, 1101, 1103 und 1107; vgl. S. 94 f.).

Allerdings kommt eine **Umkehr der Beweislast** in Betracht, wenn die Unterlassung der therapeutischen Aufklärung im Einzelfall als „**grober Behandlungsfehler**" zu qualifizieren ist (BGH, Urt. v. 16. 11. 2004 – VI ZR 328/03, VersR 2005, 228, 229 = NJW 2005, 427, 428: unterlassener Hinweis auf erforderliche Kontrolluntersuchungen; OLG Düsseldorf, Urt. v. 6. 3. 2002 – 8 U 22/02, VersR 2003, 1310, 1311 = NJW-RR 2003, 1333, 1335: unterlassener Hinweis auf erforderliche Biopsie; OLG Karlsruhe, Urt. v. 20. 6. 2001 – 13 U 70/00, VersR 2002, 1426, 1427: unterlassene Befunderhebung eines Gynäkologen bei V. a. Rötelninfektion OLG Köln VersR 2002, 1285; Gehrlein Rz. B 45; G/G, 5. Aufl., Rz. B 285–290) oder die **Erteilung der Sicherungsaufklärung nicht dokumentiert** bzw. vom Arzt nicht in sonstiger Weise belegt werden kann (OLG Hamburg, Urt. v. 20. 12. 2002 – 1 U 34/02, OLGR 2003, 336, 337; OLG Koblenz, Urt. v. 15. 1. 2004 – 5 U 1145/03, VersR 2004, 1323, 1324; OLG Zweibrücken, Urt. v. 20. 8. 2002 – 5 U 25/01, OLGR 2003, 92: Ablehnung einer dringend erforderlichen Untersuchung; MDR 1997, 549, 550: Fehlende Dokumentation ist Beweisanzeichen dafür, dass Hinweis versäumt wurde; Gehrlein Rz. B 51, 52; G/G, 5. Aufl., Rz. B 222).

Der Arzt hat über die verbleibende **Möglichkeit einer Schwangerschaft trotz Sterilisation** zu informieren, weil die Patientin nur dadurch in die Lage versetzt wird zu beurteilen, ob sie und ihr Partner sich mit der hohen Sicherheitsquote begnügen oder aus besonderer Vorsicht zusätzliche Verhütungsmaßnahmen anwenden wollen. Dieser vertraglich geschuldeten Beratungspflicht wird er nur dann gerecht, wenn er dafür sorgt, dass die Information in einer Weise erfolgt, bei der er nach den Umständen sicher sein kann, dass sich die Patientin des konkreten Versagerrisikos bewusst geworden ist (OLG Karlsruhe, Urt. v. 11. 4. 2002 – 7 U 171/00, OLGR 2002, 394: Beweislast für diese therapeutische Aufklärung bei der Patientin).

Auch nach einer Sterilisation mittels Durchtrennung der Samenleiter muss der Patient über die bestehende **Misserfolgsquote und die Notwendigkeit regelmäßiger Nachuntersuchungen** (Anfertigung von Spermiogrammen) aufgeklärt werden, wobei das Unterbleiben einer ordnungsgemäßen Aufklärung bei Fehlschlagen der Sterilisation vom Patienten zu beweisen ist (OLG Oldenburg NJW-RR 2000, 240, 241 und MedR 1999, 219; vgl. S. 105 f.).

So schulden die behandelnen Ärzte im Krankenhaus und der Nachbehandelnde Gynäkologe nach einem bereits erfolgten Eingriff zum Abbruch einer Zwillingsschwangerschaft der Patientin den deutlichen Hinweis, dass wegen des Risikos des Fortbestandes der Schwangerschaft dringend eine **Nachkontrolle erforderlich** ist (OLG Oldenburg MDR 1996, 1132).

Nach einer Vasoresektion muss über das Risiko einer **Spätrekanalisation und über das Versagerrisiko** informiert werden (OLG Hamm VersR 1993, 484 und OLG Oldenburg VersR 2000, 59 sowie VersR 1994, 1384 zur Spätrekanalisation; OLG Düsseldorf VersR 1992, 317 und OLG Hamm VersR 2002, 1563: Versagerrisiko; OLG Karlsruhe, Urt. v. 11. 4. 2002 – 7 U 171/00, OLGR 2002, 394, OLGR 2002, 394: Versagerrisiko 3 % bzw. 13.5 %; G/G, 5. Aufl., Rz. B 104, 181; S/Pa, Rz. 325, 280).

Auch bei Durchführung einer **Tubenkoagulation** einer Patientin ist das bestehende Versagerrisiko aufklärungsbedürftig (OLG Koblenz VersR 1994, 371; OLG Düsseldorf VersR 1992, 751; OLG Saarbrücken VersR 1988, 831).

Eine Kontrolle der Tubenligatur mit Kontrastmitteln ist aber medizinisch nicht erforderlich und folglich auch nicht dokumentationspflichtig (OLG Hamm VersR 1989, 1298).

Hat der Operateur auf einer Seite wegen dort vorhandener starker Verwachsungen auf die vorgesehene **Tubenresektion verzichtet**, so hat er die Patientin auf das verbliebene Risiko einer unerwünschten Schwangerschaft hinzuweisen (OLG Düsseldorf MedR 1994, 404).

Es ist auch fehlerhaft, nach einer Sterilisation des Mannes aus familienplanerischen Gründen dem Patienten schon nach einmaliger Aspermie (Fehlen zellulärer Elemente im Samen) mitzuteilen, der Eingriff sei erfolgreich verlaufen (OLG München OLGR 1992, 68).

Als Aufklärung über die Sicherheit einer Sterilisationsmethode reicht es nach überwiegender Ansicht (OLG Hamburg VersR 1989, 147; auch OLG Köln, NJW 1994, 3016 = VersR 1995, 967 und OLG Saarbrücken, VersR 1988, 831) aus, wenn der Arzt der Patientin hinreichend deutlich vor Augen führt, dass durch den Eingriff nur eine höchstmögliche, aber **keine absolute Sicherheit** gegen eine erneute Schwangerschaft erreicht wird.

2. Therapie- und sonstige Behandlungsfehler

Ein Behandlungsfehler des Arztes liegt vor, wenn er beim Sterilisionseingriff das **Mutterband** mit dem **Eileiter verwechselt** (OLG Hamm NJW 1999, 1787; Gehrlein Rz. B 79) oder er ein Verhütungsimplantat fehlerhaft einsetzt (BGH, Urt. v. 14. 11. 2006 – VI ZR 48/06).

Wegen der Bedeutung des Erfolgs einer Tubensterilisation für die Patientin muss der Arzt den Erfolg der Operation kontrollieren, sich vom Eintritt der Tubensterilisation durch Anschauung überzeugen und gegenüber der Patientin für die Koagulation und Durchtrennung beider Eileiter die Garantie übernehmen (OLG Düsseldorf VersR 1993, 883 – u. E. wohl zu weitgehend, da der Arzt grundsätzlich keinen Behandlungserfolg schuldet).

Für eine **Histologie des resezierten Samenleiterstücks** neben einem Spermiogramm besteht zwar nur in besonderen Fällen Anlass (OLG Düsseldorf VersR

1992, 317). Ein solcher besteht jedoch bei einem vom Arzt selbst als besonders schwierig eingestuften vaginalen Eingriff (BGH NJW 1980, 1450 und 1452; Gehrlein, Rz. B 79).

Schlägt die Samenleiterdurchtrennung fehl und erlangt der Arzt hiervon Kenntnis, so ist er verpflichtet, den Patienten hierüber zu informieren und ihn wieder einzubestellen (BGH NJW 1992, 2961; Gehrlein Rz. B 79).

III. Beweislast

1. Beweislast des Arztes

Der Arzt hat zunächst nachzuweisen, dass er **überhaupt** einen **Sterilisationseingriff** vorgenommen hat (OLG Saarbrücken VersR 1988, 831; S/D, Rz. 281).

Der – angeblich erteilte – **Hinweis auf die Versagerquote** bei einer Sterilisation ist vom Arzt zu dokumentieren. Das Fehlen einer **schriftlichen Bestätigung** stellt nach einer Ansicht ein Beweisanzeichen dafür dar, dass die Erfüllung der aus dem Behandlungsvertrag folgenden Nebenpflicht versäumt worden ist (OLG Zweibrücken MDR 1997, 549, 550 und NJW-RR 2000, 235, 236 = OLGR 2000, 8, 13 = MedR 2000, 233, 237). Nach anderer Auffassung genügt es, bei einer komplikationslos verlaufenden Vasektomie den bloßen Umstand der Resektion und des **Verschlusses der Samenleiterenden zu dokumentieren** (OLG Oldenburg NJW-RR 2000, 240).

2. Beweislast des Patienten

Der Patient hat zu beweisen, dass der **Eingriff fehlerhaft** war bzw., dass der Arzt **nicht** über das **Versagerrisiko aufgeklärt** hat (OLG Düsseldorf, Urt. v. 14. 2. 2000 – 8 U 5/00, VersR 2001, 1117 = NJW-RR 2001, 959, 960; OLG Hamm, Urt. v. 21. 2. 2001 – 3 U 125/00, VersR 2002, 1562, 1563; OLG Karlsruhe, Urt. v. 11. 4. 2002 – 7 U 171/00, OLGR 2002, 394; OLG Oldenburg NJW-RR 2000, 240, 241; OLG Saarbrücken VersR 1988, 831; S/Pa, Rz. 281).

Ist ein fehlerhafter Eingriff nicht erwiesen, fehlt es aber an der (therapeutischen) Sicherungsaufklärung über das Versagerrisiko, so haben die Eltern des „unerwünscht" zur Welt gekommenen Kindes nachzuweisen, dass sie bei erfolgtem Hinweis zusätzlich **empfängnisverhütende Mittel angewendet** oder sich sonst in einer Weise verhalten hätten, die die erneute Zeugung verhindert hätte (BGH NJW 1981, 2002; NJW 1981, 630; S/Pa, Rz. 282; Gehrlein Rz. B 81, B 45). Hierfür kann auch der Ehegatte als Zeuge oder der Anspruchsteller als Partei zu vernehmen sein (G/G, 5. Aufl., Rz. B 181 mit Hinweis auf BGH, Urt. v. 25. 1. 2000 – VI ZR 68/99; auch Gehrlein Rz. B 81).

Die Eltern müssen auch beweisen, dass die Schwangerschaft nicht bereits im Zeitpunkt des Sterilisationseingriffs vorgelegen hat (OLG Koblenz VersR 1984, 371; 372; S/Pa, Rz. 282).

IV. Zurechnungszusammenhang

Der Zurechnungszusammenhang zwischen der Pflichtwidrigkeit des Arztes und der Herbeiführung der Schwangerschaft gegen den Willen der betroffenen Frau als tatbestandsmäßiger Körperverletzung wird nicht deshalb unterbrochen, weil der Verletzungserfolg erst durch eine zusätzliche Ursache, nämlich den Geschlechtsverkehr zwischen den Partnern, eintritt. Regelmäßig verzichten Eheleute im Vertrauen auf den Erfolg des Sterilisationseingriffs auf anderweitige Maßnahmen zur Empfängnisverhütung (BGH NJW 1995, 2407, 2408 = VersR 1995, 1099, 1100 = MDR 1995, 1015).

Dies gilt nach h. M. auch für **unverheiratete Paare** (OLG Frankfurt VersR 1994, 942 zum Schwangerschaftsabbruch; BGH, Urt. v. 14. 11. 2006 – VI ZR 48/06 und OLG Karlsruhe, Urt. v. 1. 2. 2006 – 13 U 134/04, VersR 2006, 936, 937; Gehrlein MDR 2002, 638; Staudinger-Jagmann, 2004, § 328 BGB Rz. 132; vom BGH in NJW 2002, 1489, 1491 noch offengelassen). Jedenfalls der gegenwärtige Partner einer nichtehelichen Lebensgemeinschaft bzw. ungefestigten Partnerschaft ist in den Schutzbereich des auf eine Schwangerschaftsverhütung gerichteten Behandlungsvertrages zwischen Arzt und der Partnerin einbezogen (OLG Karlsruhe, Urt. v. 1. 2. 2006 – 13 U 134/04, VersR 2006, 936, 938; F/N Rz. 163; Spickhoff NJW 2006, 1630, 1633). Ein Schmerzensgeld steht in jedem Fall aber nur der Frau zu (F/N Rz. 163).

V. Schutzbereich des Behandlungsvertrages

Nach ständiger Rechtsprechung des BGH sind die mit der Geburt eines „unerwünschten" Kindes für die Eltern verbundenen wirtschaftlichen Belastungen, insbesondere die Aufwendungen für dessen Unterhalt nur dann als ersatzpflichtiger Schaden auszugleichen, wenn der Schutz vor solchen Belastungen Gegenstand des jeweiligen Behandlungs- oder Beratungsvertrages war. Diese – am Vertragszweck ausgerichtete – Haftung des Arztes oder Krankenhausträgers hat der BGH insbesondere in den Fällen einer **misslungenen Sterilisation, bei fehlerhafter Beratung über die Sicherheit von empfängnisverhütenden Wirkungen eines vom Arzt verordneten Präparates sowie in den Fällen fehlerhafter genetischer Beratung vor Zeugung eines genetisch behinderten Kindes bejaht** (BGH, Urt. v. 15. 2. 2000 – VI ZR 135/99, NJW 2000, 1782, 1783 = VersR 2000, 634, 635 = MDR 2000, 640, 641; Urt. v. 4. 12. 2001 – VI ZR 213/00, VersR 2002, 233, 234 = NJW 2002, 886: fehlerhafte pränatale Untersuchung; Urt. v. 21. 12. 2004 – VI ZR 196/03, VersR 2005, 411 zum Schutzzweck eines Behandlungsvertrages mit dem Hausarzt; BGH, Urt. v. 14. 11. 2006 – VI ZR 48/06 und OLG Karlsruhe, Urt. v. 1. 2. 2006 – 13 U 134/04, VersR 2006, 936, 937: fehlerhafte bzw. unterlassene Applikation eines Verhütungsmittels; Gehrlein, NJW 2000, 1771, 1772). Das Bundesverfassungsgericht (MDR 1998, 216, 220) hatte die Rechtsprechung gebilligt.

Denn im Regelfall ist anzunehmen, dass durch den Behandlungsvertrag zur Sterilisation des Mannes oder der Frau gerade die wirtschaftlichen Belastungen, die mit der Geburt des Kindes einhergehen, vermieden werden sollen (BGH NJW

1995, 2407, 2409 = VersR 1995, 1099, 1100; G/G, Rz. B 183). Der Behandlungsvertrag ist dabei zumindest auch auf den Vermögensschutz der Eltern ausgerichtet (OLG Schleswig VersR 2001, 1559; BGH, Urt. v. 14. 11. 2006 – VI ZR 48/06
und OLG Karlsruhe, Urt. v. 1. 2. 2006 – 13 U 134/04, VersR 2006, 936, 937: auch
des nichtehelichen Erzeugers).

Geht es bei einer Sterilisation – dementsprechend auch bei einem Schwangerschaftsabbruch – jedoch nicht um die Abwendung einer wirtschaftlichen Notlage, sondern einer **Gefahr für das Leben oder die Gesundheit der Mutter** (medizinische Indikation nach § 218 a II StGB n. F.), unterfällt die Bewahrung der
Eltern vor den belastenden Unterhaltsaufwendungen, die freilich nach einem
erfolgreichen ärztlichen Eingriff aus medizinischer Indikation zwangsläufig
ebenfalls entfallen wären, nicht dem Schutzumfang des Arztvertrages (BGH,
Urt. v. 19. 2. 2002 – VI ZR 190/01, VersR 2002, 767, 768 = NJW 2002, 1489,
1491; NJW 2002, 886 = MDR 2002, 336; OLG Hamm VersR 2002, 1153; OLG
Zweibrücken MDR 1997, 549, 551; zu den Einzelheiten vgl. S. 724 ff.).

Voraussetzung einer Haftung wegen einer fehlerhaften Sterilisation zur Vermeidung der mit einer Geburt verbundenen Kosten ist das Vorliegen objektiver
Umstände, aus denen er schließen kann, dass **Nebenzweck der auf einer medizinischen Indikation beruhenden Sterilisation auch die Vermeidung des Unterhaltsaufwandes** im Rahmen der weiteren Familienplanung ist (BGH, VersR
1984, 864 = NJW 1984, 2625; vgl. Mörsdorf-Schulte NJW 2006, 3105, 3106).

Für das Vorliegen solcher Umstände reicht es schon aus, dass die Betroffenen
im Glauben an die vermeintliche Sterilisation ihren **Lebenszuschnitt** erkennbar
hierauf abstellen (BGH MDR 1980, 744 = VersR 1980, 555; OLG Karlsruhe, Urt.
v. 1. 2. 2006 – 13 U 134/04, VersR 2006, 936; OLG Zweibrücken MDR 1997,
549, 551).

So liegt eine fehlgeschlagene Familienplanung nach Ansicht des OLG Karlsruhe
(Urt. v. 1. 2. 2006 – 13 U 134/04, VersR 2006, 936; zust. BGH, Urt. v. 14. 11.
2006 – VI ZR 48/06) nicht nur dann vor, wenn diese bereits – im Sinne
gewünschter endgültiger Kinderlosigkeit – abgeschlossen ist, sondern ist auch
dann denkbar, wenn die gegenwärtige Planung etwa durch die fehlerhafte oder
unterlassene Applikation eines Verhütungsmittels durchkreuzt wird und die
zukünftige Planung noch gar nicht absehbar ist.

Allein der Umstand, dass Eheleute bereits zwei Kinder haben, genügt für die
Annahme solcher Umstände und einen hieraus zu Lasten des Arztes folgenden
Anscheinsbeweis nicht. Die Zeugung jedenfalls eines dritten Kindes liegt innerhalb einer zahlenmäßig stabilen Population im üblichen Bereich. Treten keine
weiteren Umstände hinzu, liegt es an der Patientin, den Arzt mit ihrer Familienplanung vertraut zu machen (OLG Zweibrücken MDR 1997, 549, 551 bei
drei Kindern; vgl. BGH MDR 1980, 745 zur Situation bei sechs Kindern).

Es gibt auch keine grundsätzliche Pflicht des Arztes, bei einem medizinisch
indizierten Eingriff von sich aus ohne Aufforderung und ohne erkennbare Hinweise, dass dies von ihm gewünscht wird, familienplanerische Fragen und Risiken anzusprechen (OLG Zweibrücken a. a. O.). Sind Ansprüche von Unterhalts-

belastungen entstanden, stehen diese der Mutter sowie dem in den Schutzbereich des Vertrages insoweit **einbezogenen Vater des Kindes, nicht dem Kind selbst** zu (BGH Beschl. v. 6. 11. 2001 – VI ZR 38/01, VersR 2002, 192; Urt. v. 4. 12. 2001 – VI ZR 213/00, NJW 2002, 886, 887 = VersR 2002, 233, 234; MDR 1985, 659; S/Pa, Rz. 298).

Ein etwaiger Unterhaltsanspruch kann sich jedoch nur aus dem Behandlungsvertrag ergeben (§ 280 I BGB n. F.), nicht aus §§ 823 I, 831 BGB. Denn die Vermögensinteressen der Eltern fallen nicht unter den Schutzzweck der deliktischen Norm (G/G, 5. Aufl., Rz. B 183; Gehrlein, Rz. B 89).

Einen **Verdienstausfall** können die Eltern neben dem Unterhalt nicht ersetzt verlangen, weil dieser Anspruch nicht vom Schutzbereich des Behandlungsvertrages erfasst ist (BGH NJW 1997, 1638; Gehrlein Rz. B 84; G/G, Rz. B 186).

VI. Umfang des Anspruchs

1. Unterhalt

Den Eltern – nicht dem Kind – steht ein Anspruch auf Freistellung von den Unterhaltsleistungen einschließlich eines etwaigen Mehrbedarfs für ein behindert zur Welt gekommenes Kind zu (BGH Urt. v. 4. 12. 2001 – VI ZR 213/00, VersR 2002, 233, 234 = NJW 2002, 886, 887 = MDR 2002, 336; Urt. v. 18. 6. 2002 – VI ZR 136/01, NJW 2002, 2636, 2637 = VersR 2002, 1148, 1149 = MedR 2002, 640, 641: gesamter Unterhaltsbedarf; NJW 1995, 2407, 2409 f.; NJW 1994, 788, 791 f.; OLG Naumburg VersR 2001, 341, 342; G/G, 5. Aufl., Rz. B 185; Rehborn, MDR 2002, 1281, 1286; S/Pa, Rz. 268, 276, 298; **a. A.** Büsken, VersR 1999, 1076, 1078; Deutsch, JZ 1984, 889, 890 und JZ 1983, 451, 452; Reinhart, VersR 2001, 1081, 1085 ff. m. w. N.: Eigener Anspruch des Kindes). Die Eltern sind jeweils zu gleichen Teilen berechtigt, jedoch keine Gesamtgläubiger (G/G, 5. Aufl., Rz. B 185; Gehrlein, Rz. B 85).

Dies gilt nach h. M. auch für den nichtehelichen Vater (BGH, Urt. v. 14. 11. 2006 – VI ZR 48/06; OLG Frankfurt VersR 1994, 942; OLG Karlsruhe, Urt. v. 1. 2. 2006 – 13 U 134/04, VersR 2006, 936, 938; F/N, Rz. 162; Gehrlein MDR 2002, 638; Spickhoff NJW 2006, 1630, 1633; Staudinger-Jagmann, 2004, § 328 BGB Rz. 132; **a. A.** OLG Celle, Urt. v. 23. 4. 2001 – 1 U 41/00; vom BGH noch offen gelassen im Urt. v. 19. 2. 2002 – VI ZR 190/01, VersR 2002, 767, 768 = NJW 2002, 1489, 1491).

Bei einem erst 15-jährigen Vater und in erster Linie nur auf die Verhütung einer künftigen Schwangerschaft gerichteten Behandlungsvertrag hatte der BGH dessen Einbeziehung in den Schutzzweck des Behandlungsvertrages verneint (BGH, Urt. v. 19. 2. 2002 – VI ZR 190/01, NJW 2002, 1489 = VersR 2002, 767; F/N Rz. 162, 163). Bei einer fehlgeschlagenen Sterilisation des Mannes sind jedenfalls nicht alle seine späteren Geschlechtspartnerinnen in den Schutzbereich des Behandlungsvertrages einbezogen (F/N Rz. 163), während dies beim gegenwärtigen Partner einer nichtehelichen Lebensgemeinschaft ansonsten regelmäßig zu bejahen sein wird (so Spickhoff NJW 2006, 1630, 1633 und nunmehr auch BGH, Urt. v. 14. 11. 2006 – VI ZR 48/06).

Der Anspruch ist auf den **Zeitpunkt der Vollendung des 18. Lebensjahres des Kindes begrenzt**; für die nachfolgende Zeit muss Feststellungsklage erhoben werden (BGH NJW 1980, 1452, 1456 = VersR 1980, 558, 562; F/N Rz. 162; G/G, 5. Aufl., Rz. B 185).

Hierfür gilt nicht die Frist des § 852 I BGB a. F., da es sich um einen vertraglichen Anspruch aus p. V. V. bzw. (ab 1. 1. 2002) § 280 I BGB n. F. handelt (G/G, 5. Aufl.. Rz. B 183; Gehrlein, Rz. B 89). Die nunmehr geltende dreijährige Regelverjährung des § 195 BGB n. F. (vgl. hierzu *„Verjährung"*) erfasst jedoch auch Ansprüche aus §§ 280 I, III, 281 ff. BGB n. F, die gem. Art. 229, § 6 IV 1 EGBGB bei Vorliegen der Voraussetzungen aus § 199 I BGB n. F. (spätestens) zum Ablauf des 31. 12. 2004 verjährt sind.

Die **Höhe des Unterhaltsanspruchs** richtete sich bis zum 30. 6. 1998 nach § 1615 f BGB. Seit dem 1. 7. 1998 ist § 1612 a I i. V. m. der Regelbetrags-Verordnung vom 6. 4. 1998 (BGBl. I, 668) einschlägig (Gehrlein, Rz. B 84; G/G, 5. Aufl., Rz. 185; Rehborn, MDR 2001, 1148, 1151; S/Pa, Rz. 273 a).

Grundsätzlich ist der Anspruch auf den Ersatz des Regelunterhalts beschränkt. Für pflegerische Dienstleistungen, die dem Kind zusätzlich zugute kommen und einen Sonderbedarf des behindert geborenen bzw. geschädigten Kindes kann sich der Betrag im Einzelfall bis zum **doppelten Satz des Regelbetrages** erhöhen (G/G, 5. Aufl., Rz. B 185; Gehrlein Rz. B 84; Müller, VPräsBGH, NJW 2003, 697, 706 und VersR 2005, 1461, 1469; abw. OLG Karlsruhe, Urt. v. 1. 2. 2006 – 13 U 134/04, VersR 2006, 936, 938: Verdoppelung des Baraufwandes).

Frahm/Nixdorf (F/N, Rz. 162; vgl. auch die Nachweise bei: BGH NJW 2002, 1269, 1273) halten es für sachgerecht, den **betreuungsbedingten Mehraufwand** eines behinderten Kindes nach den Pflegeversicherungsrichtlinien (§ 15 SGB XI) zu bemessen und ansonsten auf des Barexistenzminimum von 135 % des Regelsatzes abzustellen.

Das OLG Karlsruhe (Urt. v. 1. 2. 2006 – 13 U 134/04, VersR 2006, 936, 938; zustimmend BGH, Urt. v. 14. 11. 2006 – VI ZR 48/06) hat den – unverheirateten – Eltern nach fehlerhafter bzw. unterlassener Applikation eines Verhütungsmittels den Barunterhalt i.H.v. 135 % der Regelbetragsverordnung und wegen des Betreuungsaufwandes für das **nicht behinderte Kind den doppelten Baraufwand** zugebilligt.

Bei guten Einkommensverhältnissen der Eltern ist allerdings eine Begrenzung des Unterhaltsanspruchs möglich (BGH NJW 1981, 2002). Das Kindergeld ist auf den geschuldeten Unterhaltsbetrag anzurechnen (BGH NJW 1980, 1452, 1456; S/Pa, Rz. 274).

2. Verdienstausfall

Einen Verdienstausfall für die Zeit der Betreuung des „unerwünscht" zur Welt gekommenen Kindes können die Eltern daneben nicht verlangen, dieser ist als nur mittelbare Folge nicht vom Schutzzweck des Behandlungsvertrages (siehe oben) umfasst (BGH NJW 1997, 1638, 1640 = MDR 1997, 644; OLG Saarbrücken OLGR 2000, 438; G/G, Rz. B 186).

3. Beerdigungskosten

Gleiches gilt hinsichtlich der Beerdigungskosten, die infolge fehlender Lebensfähigkeit des nach fehlgeschlagener Sterilisation ausgetragenen Kindes entstanden sind (OLG Düsseldorf VersR 1996, 711; Gehrlein Rz. B 84).

4. Schmerzensgeld

Während der Mutter ein Schmerzensgeld bei **unterlassenem bzw. misslungenem Schwangerschaftsabbruch** aus medizinischer Indikation, Notlagenindikation sowie embryopathischer Indikation nach altem Recht sowie in den Fällen einer **verspäteten Diagnose und der Nichterkennung einer Schwangerschaft** nur dann zusteht, soweit die physischen und psychischen Belastungen über diejenigen hinausgehen, die bei einer komplikationslosen Geburt und Schwangerschaft ohnehin entstehen (BGH VersR 1995, 1060 = MDR 1995, 1015; NJW 1983, 1371, 1373 = MDR 1983, 478; MDR 1985, 659; MDR 1986, 41, 42; OLG Celle VersR 1988, 964, 966; OLG Saarbrücken, Urt. v. 30. 6. 2004 – 1 U 386/02–; 92, OLGR 2005, 5, 8 f. bei unterlassener Rücklaufkontrolle des eine Fehlbildung beweisenden Laborbefundes; OLG Zweibrücken, Urt. v. 15. 12. 1998 – 5 U 10/96, NJW-RR 2000, 235, 237 = OLGR 2000, 8, 11; Jaeger MDR 2004, 1280, 1282), rechtfertigt die Belastung mit einer Schwangerschaft, die infolge einer **missglückten Sterilisation** entstanden ist, auch **ohne pathologische Begleitumstände die Zubilligung eines Schmerzensgeldes** (BGH NJW 1984, 2625 = VersR 1984, 864; VersR 1980, 558 = NJW 1980, 1452; vgl. zur Höhe des Schmerzensgeldes S. 733).

Das OLG München (OLGR 1992, 68) stellt dabei auf eine „Zeugung aus ehelichem Verkehr" ab, das OLG Frankfurt (VersR 1994, 942; ebenso BGH, Urt. v. 14. 11. 2006 – VI ZR 48/06; OLG Karlsruhe, Urt. v. 1. 2. 2006 – 13 U 134/04, VersR 2006, 936, 938; Spickhoff, NJW 2006, 1630, 1633) tendiert mit Recht zu einer Gleichbehandlung nichtehelicher Partnerschaften. Denn die mit der Geburt des „unerwünschten" Kindes für die Mutter verbundenen Schmerzen und Belastungen entstehen völlig unabhängig vom Personenstand!

Es spielt auch keine Rolle, ob der Sterilisationseingriff an der Mutter selbst oder an ihrem Ehemann bzw. – nach h. M. – an ihrem Lebenspartner vorgenommen worden ist (OLG München OLGR 1992, 68, 70: 3.068 Euro Schmerzensgeld).

5. Mitverschulden

Der Unterhaltsanspruch kann gem. § 254 BGB beschränkt werden, wenn der Ehemann oder Lebenspartner einer **Einbestellung zur Kontrolluntersuchung** (Spermiogramm) sechs Wochen nach dem an ihm vorgenommenen Eingriff keine Folge leistet (BGH NJW 1992, 2961; OLG Düsseldorf NJW 1995, 788).

Ein solcher Umstand müsste auch bei der Bemessung des Schmerzensgeldes für die Mutter Berücksichtigung finden. Ersatzansprüche der Mutter für die Belastung mit der Geburt und dem Unterhalt des Kindes können auch nach § 242 BGB versagt werden, wenn die Mutter sich einer alsbald möglichen, medizinisch zumutbaren und rechtlich erlaubten **Wiederholung des Eingriffs verweigert** (OLG Braunschweig VersR 1992, 91 und S/Pa, Rz. 307 zum Schwangerschaftsabbruch).

Den Eltern ist jedoch nicht zuzumuten, das „unerwünschte" Kind zur Adoption freizugeben, um dadurch einen Unterhaltsschaden zu vermeiden (BGH NJW 1984, 2526; Gehrlein Rz. B 85). Ebenso wie im Fall des misslungenen Schwangerschaftsabbruchs entfällt der Anspruch auch bei fehlerhafter Sterilisation, wenn sich bei den Betroffenen **nachträglich ein Kinderwunsch einstellt** (BGH, NJW 1985, 671 = MDR 1985, 659; Gehrlein Rz. B 85; zu den Einzelheiten vgl. → *Schwangerschaftsabbruch, fehlerhafter*, S. 715).

Sturz im Pflegeheim und im Krankenhaus

Vgl. auch → *Voll beherrschbare Risiken*, → *Suizidgefährdete Patienten*, → *Therapiefehler*

<table>
<tr><td>

I. Grundlagen
  1. Abwägung aller Umstände des Einzelfalles
  2. Genehmigung des Vormundschaftsgerichts
  3. Beweislastumkehr gem. § 282 BGB a. F. (= § 280 I 2 BGB n. F.)
  4. Entscheidungen des BGH vom 28. 4. 2005 (NJW 2005, 1937) und vom 14. 7. 2005 (NJW 2005, 2613)

</td><td>

II. Einzelfälle
  1. Verletzung der Verkehrssicherungspflicht verneint
    a) Alten- und Pflegeheim
    b) Krankenhaus
  2. Verletzung der Verkehrssicherungspflicht bejaht
    a) Alten- und Pflegeheim
    b) Krankenhaus

</td></tr>
</table>

I. Grundlagen

1. Abwägung aller Umstände des Einzelfalles

Die grundsätzliche Verpflichtung eines Heimbetreibers gegenüber dem Bewohner bzw. Patienten, geeignete Vorkehrungen zu treffen, die ihn vor Verletzungen insbesondere durch Stürze bewahren, kann nach zwischenzeitlich einhelliger Meinung nicht dazu führen, alle nur erdenklichen Sicherheitsvorkehrungen zu ergreifen. Der Schutz des Bewohners bzw. Patienten vor eigengefährdenden Situationen, wie sie auch außerhalb eines Pflegeheims bzw. bei ambulanter Pflege entstehen können, erfährt eine Einschränkung durch das zum 1. 1. 2002 in Kraft getretene Heimgesetz in der Fassung vom 5. 11. 2001, dort insbesondere durch das in § 2 I Nr. 1 HeimG statuierte und auf die verfassungsmäßig garantierten Grundrechte aus Art. 1 I und Art. 2 I, II 1, II 2 GG zurückzuführende Gebot, auch bei einer stationären Heimunterbringung die Würde sowie die Interessen und Bedürfnisse der Bewohnerinnen und Bewohner vor Beeinträchtigungen zu schützen. Ihnen soll ungeachtet ihrer gesundheitlichen Einschränkungen ein so **würdevolles und eigenständiges Leben** wie möglich verbleiben.

So kann nur aufgrund einer sorgfältigen Abwägung sämtlicher Umstände des jeweiligen Einzelfalls entschieden werden, welchen konkreten Inhalt die Verpflichtung hat, **einerseits die Menschenwürde und das Recht auf Fortbewegungsfreiheit** sowie auf freie Entfaltung der Persönlichkeit eines alten und/oder kranken Menschen zu achten und **andererseits sein Leben und seine körperliche Unversehrtheit** insbesondere vor Selbstgefährdungen durch Stürze u. a. zu schützen (BGH, Urt. v. 28. 4. 2005 – III ZR 399/05, NJW 2005, 1937, 1938 = VersR 2005, 984, 985 = GesR 2005, 282: Anspruch nach Sturz im Pflegeheim abgelehnt; OLG Düsseldorf, Urt. v. 2. 3. 2006 – I - 8 U 163/04, GesR 2006, 214, 216: Anspruch abgelehnt; OLG Hamm, Urt. v. 18. 10. 2005 – 24 U 13/05, OLGR 2006, 569, 570: Anspruch nach Sturz im Pflegeheim zuerkannt; KG, Urt. v. 20. 1. 2005 – 20 U 401/01, VersR 2006, 1366, 1367 = MedR 2006, 182, 183= GesR 2005, 205, 206 m. Anm. Jorzig: Anspruch nach Sturz im Krankenhaus zuerkannt; OLG Koblenz, Urt. v. 21. 3. 2002 – 5 U 1648/01, MedR 2002, 472, 473 = NJW-RR 2002, 867, 868: Anspruch abgelehnt; OLG Naumburg, Urt. v. 26. 4. 2005 – 12 U 170/04, OLGR 2005, 860, 861: Anspruch abgelehnt; OLG Zweibrücken, Urt. v. 1. 6. 2006 – 4 U 68/05, NJW-RR 2006, 1254, 1255 = OLGR 2006, 677, 679: Anspruch bei Bewohnerin mit maximalem Sturzrisiko zuerkannt; Lang, NZV 2005, 124, 125). In diesem Spannungsfeld zwischen Maßnahmen zur Vermeidung von Stürzen und den Grundrechten eines Heimbewohners sind freiheitsberaubende bzw. freiheitsentziehende Vorkehrungen nur ausnahmsweise und bei konkreten Anhaltspunkten für eine Selbst- oder Fremdgefährdung, nicht also stets und jederzeit zulässig (Lang, NZV 2005, 124, 125).

So ist etwa die obligatorische **Anbringung eines Bettgitters** ohne konkrete Hinweise auf eine bestehende Sturzgefahr grundsätzlich weder angebracht noch zulässig (BGH, Urt. v. 14. 7. 2005 – III ZR 391/04, NJW 2005, 2613, 2614; OLG Dresden, Urt. v. 17. 1. 2006 – 2 U 753/04, VersR 2006, 843, 844 = GesR 2006, 114, 115 = OLGR 2006, 301, 303 f.; OLG Düsseldorf, Urt. v. 7. 6. 2001 – 8 U 153/00, OLGR 2002, 372; OLG München, Beschl. v. 29. 7. 2005 – 33 WX 115/05, GesR 2005, 498; OLG Stuttgart, Urt. v. 2. 11. 1999 – 14 U 43/98, MedR 2002, 153, 154).

Zudem sind die Obhutspflichten eines Heimträgers zum Schutz der körperlichen Unersehrtheit der ihm anvertrauten Heimbewohner begrenzt auf die **in Pflegeheimen üblichen Maßnahmen**, die mit einem **vernünftigen finanziellen und personellen Aufwand** realisierbar sind; Maßstab müssen das erforderliche und das für die Heimbewohner und das Pflegepersonal Zumutbare sein, wobei insbesondere auch die Würde und die Selbständigkeit der Bewohner zu wahren sind (BGH, Urt. v. 28. 4. 2005 – III ZR 399/04, NJW 2005, 1937).

2. Genehmigung des Vormundschaftsgerichts

Der Sensibilität und der Bedeutung dieser Thematik trägt der Gesetzgeber auch durch die Regelung in § 1906 IV BGB Rechnung, wonach eine **Genehmigung des Vormundschaftsgerichts** erforderlich ist, wenn der Betroffene nicht in die konkrete Maßnahme einwilligt (Lang NZV 2005, 124, 125).

Ohne **konkreten Anhalt für eine Gefährdung** ist ein Alten- oder Pflegeheim aber nicht verpflichtet, beim Vormundschaftsgericht die Fixierung oder sonstige freiheitsbeschränkende Maßnahmen eines geistig verwirrten und/oder gehbehinderten Heimbewohners zu beantragen. Maßgeblich sind insoweit die Erkenntnisse, die vor dem tatsächlich eingetretenen Schadensereignis gewonnen werden konnten (OLG Koblenz, Urt. v. 21. 3. 2002 – 5 U 1648/01, MedR 2002, 472 = NJW-RR 2002, 867; ebenso BGH, Urt. v. 28. 4. 2005 – III ZR 399/04, NJW 2005, 1937, 1938 = GesR 2005, 282, 283; KG, Urt. v. 2. 9. 2004 – 12 U 107/ 03, GesR 2005, 66, 67 = OLGR 2005, 43, 44; Urt. v. 25. 5. 2004 – 14 U 37/03, OLGR 2005, 45; LG Frankfurt a.M., Urt. v. 12. 11. 2004 – 2/1 S 178/03, NJW 2005, 1952, 1954).

So besteht ohne Genehmigung des Vormundschaftsgerichts, die nicht ohne hinreichenden Anlass eingeholt und erteilt werden muss, keine Pflicht zur **Fixierung eines Heimbewohners** während der Mittagsruhe oder zum Hochfahren von Bettgittern. Selbst **drei Stürze** des Heimbewohners innerhalb der letzten sieben Jahre vor dem Unfall begründen keine Veranlassung, eine solche Genehmigung einzuholen, wenn der Bewohner vor dem streitgegenständlichen Unfall **über drei Jahre sturzfrei** gewesen ist und der mit der Erstellung eines Pflegegutachtens beauftragte medizinische Sachverständige des MdK weder eine Fixierung für erforderlich hielt noch das Hochfahren der Bettgitter empfahl (KG, Urt. v. 2. 9. 2004 – 12 U 107/03, OLGR 2005, 43, 44 = GesR 2005, 66, 67).

Anders als bei einer Betreuung, die gem. § 1896 I BGB auch bei einer bloßen körperlichen Behinderung eingerichtet werden kann, rechtfertigt allein die Hinfälligkeit und Gebrechlichkeit des Bewohners Unterbringungs- oder unterbringungsähnliche Maßnahmen mit freiheitseinschränkendem Charakter wie etwa **Fixierungen oder das Hochfahren von Bettgittern** sowie die Statuierung einer Verpflichtung des Pflegeheimträgers, eine entsprechende vormundschaftliche Genehmigung zur Durchführung dieser Maßnahmen zu beantragen, nach ganz herrschender Auffassung nicht (OLG Naumburg, Urt. v. 26. 4. 2005 – 12 U 170/ 04, OLGR 2005, 860, 861; auch KG, Urt. v. 2. 9. 2004 – 12 U 107/03, GesR 2005, 66, 67 = OLGR 2005, 43, 44).

Die gegenteilige zugunsten der dort aus übergegangenem Recht klagenden Krankenkasse ergangene Entscheidung des 7. Zivilsenats des OLG Dresden vom 23. 9. 2004 (7 U 753/04, OLGR 2004, 438, 440 = MDR 2005, 449), in der das OLG Dresden den Träger des Pflegeheims für verpflichtet gehalten hatte, nach **drei früheren Stürzen** einer zeitweise verwirrten, hochbetagten Heimbewohnerin beim Vormundschaftsgericht einen Antrag auf Genehmigung des Hochziehens eines Bettgitters zu stellen, hat der BGH (Urt. v. 14. 7. 2005 – III ZR 391/ 04, NJW 2005, 2613 = GesR 2006, 44) aufgehoben und die Sache zur neuen Verhandlung und Entscheidung an das OLG Dresden zurückverwiesen. Der 2. Zivilsenat des OLG Dresden (Urt. v. 17. 1. 2006 – 2 U 753/04, VersR 2006, 843, 844 = GesR 2006, 114 = OLGR 2006, 301) hat die Klage der Krankenkasse zwischenzeitlich rechtskräftig abgewiesen.

3. Beweislastumkehr gem. § 282 BGB a. F. (§ 280 I 2 BGB n. F.)

Während der 7. Zivilsenat des OLG Dresden (Urt. v. 23. 9. 2004 – 7 U 753/04, OLGR 2004, 438, 440 = MDR 2005, 449, 450; in diesem Sinn auch Schultze-Zeu, VersR 2005, 1352, 1355) angenommen hatte, entsprechend § 282 BGB a. F. (jetzt § 280 I 2 BGB n. F.) greife auch bei Stürzen von Bewohnern im Pflegeheim eine **Beweislastumkehr unter dem Gesichtspunkt des „voll beherrschbaren Risikos"** ein (vgl. hierzu → *voll beherrschbare Risiken*, S. 892 ff.), hat der BGH darauf hingewiesen, allein der Umstand, dass ein Heimbewohner im Bereich des Pflegeheims gestürzt ist und sich dabei verletzt hat, indiziere nicht den Schluss auf eine schuldhafte Pflichtverletzung des Pflegepersonals.

Anders als in den Fällen des **Sturzes von einer defekten Untersuchungsliege** (vgl. OLG Hamm, Urt. v. 10. 1. 2001 – MedR 2002, 196, 197), bei der **Lagerung oder Umlagerung eines Patienten auf einem Operationstisch oder einer Untersuchungsliege in Anwesenheit von Ärzten oder Pflegekräften** (BGH NJW 1984, 1403, 1404: Lagerung des Patienten auf einem Operationstisch; OLG Düsseldorf, Urt. v. 23. 5. 2005 – I – 8 U 82/04, OLGR 2006, 390, 391: Überwachung von Gehübungen eines gehbehinderten Patienten; OLG Schleswig, Urt. v. 16. 5. 2003 – 4 U 139/01, OLGR 2003, 389; OLG Köln, VersR 1990, 1240) oder **unzureichenden Bewegungs- oder Transportmaßnahmen** durch **unmittelbar anwesende Pflegekräfte** (BGH, NJW 1991, 1540 f. = MedR 1991, 139: unzureichende Bewegungs- und Transportmaßnahme der betreuenden Krankenschwester; NJW 1991, 2960 f. = MedR 1992, 103: Duschstuhl mit Kippgefahr; OLG Hamm, Urt. v. 18. 10. 2005 – 24 U 13/05, OLGR 2006, 569, 571 und OLG Zweibrücken, Urt. v. 1. 6. 2006 – 4 U 68/05, NJW-RR 2006, 1254 = OLGR 2006, 677: Sturz in Gegenwart der Pflegerin), so etwa beim **Einsatz eines nicht umsturzsicheren Rollstuhls** (KG, Urt. v. 20. 1. 2005 – 20 U 401/01, OLGR 2005, 903, 904 f. = MedR 2006, 182, 183 f.) ist es für einen Pflege- oder Altenheimträger bzw. dessen Personal gerade **nicht „voll beherrschbar"**, wenn sich der Patient bzw. Bewohner in seinem Zimmer oder in Gemeinschaftsräumen frei bewegt und dabei zu Fall kommt.

Sofern sich der Bewohner bzw. Patient im Einzelfall nicht in einer konkreten „gefahrgeneigten" Situation befindet, die gesteigerte Obhutspflichten auslöst und deren Beherrschung einer speziell hierfür eingesetzten Pflegekraft anvertraut worden war (so OLG Düsseldorf, Urt. v. 2. 3. 2006 – I – 8 U 163/04, GesR 2006, 214, 217), etwa bei einem Gang des Bewohners zur Toilette u. a. unter Aufsicht einer Mitarbeiterin des Pflegeheims (OLG Düsseldorf a. a. O.; OLG Hamm, Urt. v. 18. 10. 2005 – 24 U 13/05, OLGR 2006, 569, 571: Sturz im Bad/WC), beim Transport mit einem technisch ungeeigneten bzw. nicht umsturzsicheren Rollstuhl (KG, Urt. v. 20. 1. 2005 – 20 U 401/01, MedR 2006, 182) oder beim Sturz der Patientin am Ende einer Mobilisierungsmaßnahme in Gegenwart der Pflegerin (OLG Zweibrücken, Urt. v. 1. 6. 2006 – 4 U 68/05, OLGR 2006, 677, 679) bleibt es bei den Fällen des „Sturzes im Pflegeheim" bei der Darlegungs- und Beweislast des geschädigten Bewohners bzw. dessen Krankenkasse (BGH, Urt. v. 28. 4. 2005 – III ZR 399/04, NJW 2005, 1937, 1938 = VersR 2005, 984, 985 = GesR 2005, 282, 283; Urt. v. 14. 7. 2005 – III ZR 391/04, NJW 2005,

2613, 2614; OLG Düsseldorf, Urt. v. 2. 3. 2006 – I – 8 U 163/04, GesR 2006, 214, 217; OLG Hamm, Urt. v. 30. 4. 2002 – 24 U 87/01, VersR 2003, 73, 74; OLG Köln, Urt. v. 15. 1. 2004 – 12 U 66/03, VersR 2004, 1607; OLG München, Urt. v. 25. 7. 2003 – 27 U 237/03, VersR 2004, 618, 619; OLG Schleswig, Urt. v. 6. 6. 2003 – 4 U 70/02, OLGR 2004, 3, 4 = NJW-RR 2004, 237, 238; Lang, NZV 2005, 124, 128 f.: die vom Heim **geschuldete Leistung** muss im konkreten Fall aufgrund der besonderen Gebrechlichkeit des Heimbewohners **gerade den Schutz vor einem solchen Sturz** beinhalten; abw. Feifel, GesR 2005, 196, 201, der bei einem ausgeprägten **Parkinson-Syndrom** grundsätzlich ein solches vorhersehbares und beherrschbares Risiko und die hieraus folgende Pflicht des Heimträgers, den Patienten gerade auch vor unerwarteten Stürzen zu bewahren, annimmt).

4. Entscheidungen des BGH vom 28. 4. 2005 (NJW 2005, 1937) und vom 14. 7. 2005 (NJW 2005, 2613)

In seinem Urt. v. 28. 4. 2005 (III ZR 399/04, NJW 2005, 1937 = VersR 2005, 984 = GesR 2005, 282) geht der BGH im Anschluss an die Ausführungen des OLG Koblenz (Urt. v. 21. 3. 2002 – 5 U 1648/01, MedR 2002, 472, 474 = NJW-RR 2002, 867, 868) davon aus, dass aus der Sicht des Pflegepersonals selbst bei einer hochgradig sehbehinderten, gangunsicheren, zeitweise desorientierten und verwirrten Heimbewohnerin der **Pflegestufe III nach zwei vorangegangenen Stürzen** keine besonderen weiter gehenden Maßnahmen ergriffen werden müssen, wenn die Bewohnerin über einen Zeitraum von mehr als drei Jahren sturzfrei geblieben war und der von der Krankenkasse beauftragte MdK-Gutachter nach dem letzten vorangegangenen Sturz der Bewohnerin zwar schwere Einschränkungen des Stütz- und Bewegungsapparates diagnostiziert, aber gleichwohl besondere Sicherungsmaßnahmen beim Liegen im Bett nicht in Erwägung gezogen hatte.

Zudem seien die Obhutspflichten des Heimträgers zum Schutz der körperlichen Unversehrtheit der ihm anvertrauten Heimbewohner begrenzt auf die in Pflegeheimen üblichen Maßnahmen, die mit einem **vernünftigen finanziellen und personellen Aufwand** realisierbar sind; Maßstab müssen dabei das Erforderliche und das für die Heimbewohner und das Pflegepersonal Zumutbare sein (BGH, Urt. v. 28. 4. 2005 – III ZR 399/04, NJW 2005, 1937, 1938 = VersR 2005, 984, 985; zustimmend OLG Düsseldorf, Urt. v. 2. 3. 2006 – I – 8 U 163/04, GesR 2006, 214, 217; OLG Koblenz, Urt. v. 21. 3. 2002 – 5 U 1648/01, NJW-RR 2002, 867, 868; auch OLG München VersR 2004, 618, 619).

Der Verpflichtung, dafür Sorge zu tragen, dass der Bewohnerin beim Aufstehen aus dem – nicht mit einem hochgezogenen Bettgitter versehenen Bett – Hilfe zuteil werde, um einen Sturz beim oder im Zusammenhang mit dem Verlassen des Betts zu vermeiden, sei der Heimträger im entschiedenen Fall dadurch nachgekommen, dass er in Reichweite der Bewohnerin eine **Klingel bereitgestellt** hätte, mit der die Heimbewohnerin im Bedarfsfall Hilfe hätte herbeirufen können (BGH, Urt. v. 28. 4. 2005 – III ZR 399/04, NJW 2005, 1937, 1939 = VersR 2005, 984, 986; ablehnend zur Entscheidung des BGH vom 28. 4. 2005 etwa Grikschat, VersR 2005, 986, 987 f.; Schultze-Zeu/Riehn VersR 2005, 1352, 1353 ff.; Jäger GesR 2005, 346, 348 f.).

In seiner weiteren Entscheidung v. 14. 7. 2005 (III ZR 391/04, NJW 2005, 2613 = GesR 2006, 44) bekräftigt der BGH diese Grundsätze. Zwar obliege dem Heimträger aus §§ 11 I, 28 III SGB XI, § 4 e HeimG i. V. m. dem abgeschlossenen Heimvertrag die Pflicht, bei der stationären Pflege einer Bewohnerin den Stand der medizinisch-pflegerischen Erkenntnisse einzuhalten und damit auch im zumutbaren Umfang wirkungsvolle Maßnahmen zur Sturzprophylaxe zu ergreifen, wenn eine akute Sturzgefahr besteht. Von einem besonderen Sturzrisiko müsse bei einer (damals) 85-jährigen Patientin der Pflegestufe II nach **drei, wenn auch drei Jahre zurückliegenden Stürzen** ausgegangen werden (BGH, Urt. v. 14. 7. 2005 – III ZR 391/04, NJW 2005, 2613 und im Anschluss hieran OLG Dresden, Urt. v. 17. 1. 2006 – 2 U 753/04, GesR 2006, 114 = OLGR 2006, 301 = VersR 2006, 843, 844).

Hat die Bewohnerin von der ihr angebotenen Möglichkeit, bei Bedarf eine Klingel zu betätigen und einen an ihr Bett gestellten Toilettenstuhl zur Vermeidung längerer Wege ins Bad/WC häufig Gebrauch gemacht, das vom Pflegepersonal unterbreitete Angebot, zu ihrer Sicherheit während der Nacht ein **Bettgitter hochzuziehen, jedoch abgelehnt**, so ist das **Selbstbestimmungsrecht** der nicht offensichtlich geschäftsunfähigen Bewohnerin gegenüber freiheitsentziehenden bzw. freiheitsbeschränkenden Maßnahmen selbst dann **vorrangig**, wenn es ein bis zwei Monate zuvor zunächst zu drei weiteren unspektakulären Stürzen kommt und die Bewohnerin beim nächtlichen Aufstehen aus dem Bett zu Fall gekommen ist und sich dabei schwere Verletzungen zuzieht (BGH, Urt. v. 14. 7. 2005 – III ZR 391/04, NJW 2005, 2613, 2614 = GesR 2006, 44, 45). Dies gilt jedenfalls dann, wenn die Mitarbeiterinnen bzw. Mitarbeiter des Pflegeheims entsprechende **Maßnahmen zur Prophylaxe** wie das Hochziehen eines Bettgitters o. a. mit der Heimbewohnerin **erörtert und dieser angeboten** hatten (OLG Dresden, Urt. v. 17. 1. 2006 – 2 U 753/04, VersR 2006, 843, 844 = GesR 2006, 114 = OLGR 2006, 301 nach Zurückverweisung durch den BGH).

Schultze-Zeu/Riehn (VersR 2005, 1352 ff.), Grikschat (VersR 2005, 986 ff.) und Jäger (GesR 2005, 346 ff.) lehnen die Entscheidung des BGH vom 28. 4. 2005 ab. Der BGH habe die gesetzlichen Vorgaben in §§ 3 I HeimG, 28 III SGB XI nicht zur Kenntnis genommen und beantworte insbesondere nicht die Frage, was denn die „üblichen Maßnahmen" seien, die mit einem vernünftigen finanziellen und personellen Aufwand realisierbar und auf die die Obhuts- und Verkehrssicherungspflichten des Heimbetreibers begrenzt sind (Grikschat VersR 2005, 987; Schultze-Zeu/Riehn VersR 2005, 1352, 1354 und 1356).

Entgegen den dortigen Ausführungen hätten die Voraussetzungen für das Eingreifen von Beweiserleichterungen aus dem Gesichtspunkt des „**voll beherrschbaren Risikos**" im entschiedenen Fall (Urt. v. 28. 4. 2005) vorgelegen. Die Bewohnerin stürzte unstreitig im Herrschafts- und Organisationsbereich des Pflegeheims. Die vertraglichen Pflichten des Pflegeheims hätten vor allem zum Inhalt gehabt, die damals 89-jährige, völlig hinfällige Bewohnerin vor Stürzen zu schützen (Schultze-Zeu/Riehn, VersR 2005, 1352, 1355 unter Hinweis auf §§ 2 I Nr. 1, 2 I Nr. 3 und § 3 HeimG; Grikschat VersR 2005, 987 f.; auch Feifel GesR 2005, 196, 201: beim ausgeprägten Parkinson-Syndrom beinhaltet der Heimvertrag auch die Pflicht, den Bewohner vor unerwarteten Stürzen zu bewahren).

In dem vom BGH entschiedenen Fall (Urt. v. 28. 4. 2005) sei die Gefahr eines Sturzes wegen der schwerwiegenden Einschränkungen voraussehbar gewesen. Aus dem Gesichtspunkt des „voll beherrschbaren Risikos" hätte sich zugunsten der Patientin bzw. der Krankenkasse aus übergegangenem Recht die Vermutung ergeben, dass der Sturz auf einem Pflegefehler beruhte; diese Vermutung hätte das Pflegeheim widerlegen müssen (Schultze-Zeu/Riehn VersR 2005, 1352, 1356; Grikschat VersR 2005, 987 f.; Feifel GesR 2005, 196, 201 beim Parkinson-Patienten; auch OLG Dresden, Urt. v. 24. 9. 2004 – 7 U 753/04, OLGR 2004, 438, 440 – vom BGH mit Urt. v. 14. 7. 2005 aufgehoben; LG Mönchengladbach, Urt. v. 24. 10. 2003 – 2 S 81/03, VersR 2004, 1608, 1609). Auch die Berufung des BGH auf das drei Jahre vor dem Sturz erstellte MdK-Gutachten, das keine besonderen Sicherungsmaßnahmen beim Liegen im Bett in Erwägung gezogen hatte, gehe fehl. Es sei Aufgabe des Pflegeheims, im Rahmen einer umfassenden Pflegeanamnese die zahlreichen Sturzrisikofaktoren der Bewohnerin und damit den Grad ihrer Sturzrisikogefährdung zu ermitteln und anschließend sturzprophylaktische Maßnahmen zu ergreifen. Das MdK-Gutachten sei nur dann geeignet, den Rechtsträger eines Pflegeheims von seinen Obhutspflichten zu dispensieren, wenn der Erstellungsauftrag ausdrücklich darauf gerichtet wäre festzustellen, welche Hilfsmittel einzusetzen sind, um Stürzen vorzubeugen. Ein solcher Auftrag hätte dem MdK-Gutachten gerade nicht zugrunde gelegen, vielmehr hätten sich die **Vorschläge ausschließlich an die Pflegekasse** gerichtet (Schultze-Zeu/Riehn VersR 2005, 1352, 1357; auch Grikschat VersR 2005, 988).

Eine in Reichweite des Bettes vorhandene Klingel sei nicht als ausreichende Sturzprophylaxe anzusehen (Schultze-Zeu/Riehn VersR 2005, 1352, 1358; Grikschat VersR 2005, 988). Zur Abwehr der – aufgrund des Sturzes eingetretenen – gravierenden Gesundheitsgefahren hätte das **Hochfahren der Bettgitter sicherlich das geringere Übel** dargestellt. Freiheit und Persönlichkeit der Bewohnerin wären hierbei nur unwesentlich beeinträchtigt worden, zumal diese Sicherung auch durch Möglichkeit der Betätigung der Klingel rasch hätte aufgehoben werden können (Jäger GesR 2005, 346, 349).

II. Einzelfälle

1. Verletzung der Verkehrssicherungspflicht verneint

a) Alten- und Pflegeheim

In folgenden Fällen wurde die Verletzung der Verkehrssicherungspflicht des **Alten- oder Pflegeheims** verneint:

▷ Die Obhutspflichten des Heimträgers zum Schutz der körperlichen Unversehrtheit der ihm anvertrauten Heimbewohner sind begrenzt auf die in Pflegeheimen üblichen Maßnahmen, die mit einem **vernünftigen finanziellen und personellen Aufwand realisierbar** sind; Maßstab muss das Erforderliche und das für die Heimbewohner und das Pflegepersonal Zumutbare sein, wobei insbesondere auch die Würde sowie die Interessen und Bedürfnisse der

Bewohner vor Beeinträchtigungen zu schützen und die Selbständigkeit, die Selbstbestimmung sowie die Selbstverantwortung der Bewohner zu wahren sind (BGH, Urt. v. 28. 4. 2005 – III ZR 399/04, NJW 2005, 1937, 1938 = VersR 2005, 984, 985 = GesR 2005, 282, 283 mit ablehnender Anm. Jäger GesR 2005, 346 ff. sowie Schultze-Zeu/Riehn VersR 2005, 1352 ff. und Grikschat VersR 2005, 986 ff.; s. o.).

Danach haftet das Pflegeheim nicht für den Sturz einer **89-jährigen, hochgradig sehbehinderten, gangunsicheren, zeitweise desorientierten und verwirrten Patientin** aus dem Bett bzw. im Zusammenhang mit dem Verlassen des Betts, wenn in Rechweite des Betts **eine Klingel angebracht** ist und ein MdK-Gutachter nach dem **drei Jahre vorausgegangenen letzten Sturz** zwar schwere Einschränkungen des Stütz- und Bewegungsapparats diagnostiziert, aber gleichwohl besondere Sicherungsmaßnahmen beim Liegen im Bett nicht in Erwägung gezogen hatte.

Eine Verletzung der Verkehrssicherungspflicht des Pflegeheims kann im **unterlassenen Aufziehen eines Bettgitters** und in der fehlenden Anordnung des Tragens von Hüftschutzhosen (Protektorhosen) nicht gesehen werden (BGH, Urt. v. 28. 4. 2005 – III ZR 399/04, NJW 2005, 1937, 1938 f. = VersR 2005, 984, 985 = GesR 2005, 282, 283). Die Verwendung von Protektorhosen war im Jahr 2000 unüblich und hätte zudem die **Gefahr des Wundliegens erhöht** (KG, Urt. v. 2. 9. 2004 – 12 U 107/03, GesR 2005, 66, 67 = OLGR 2005, 43, 44; auch OLG Schleswig, Urt. v. 17. 12. 2003 – 9 U 120/02, OLGR 2004, 85, 86 und nunmehr auch BGH, Urt. v. 28. 4. 2005 – III ZR 399/04, NJW 2005, 1937, 1938 = GesR 2005, 282, 283 = VersR 2005, 984, 985).

▷ Ist der Heimbewohner in einer der drei Pflegestufen nach § 15 SGB XI eingestuft, hat der Träger des Pflegeheims nach dem Heimvertrag die Pflege auf der Grundlage des Pflegeplans des MdK zu erbringen. Beim **Aufenthalt im eigenen Zimmer** muss eine Heimbewohnerin bei bestehender Altersdemenz, die örtlich nicht immer und zeitlich überhaupt nicht orientiert ist, aber als „gehfähig mit Hilfe" in **Pflegestufe II** eingestuft wurde, nicht ständig beaufsichtigt werden. Hier genügt es, ihr eine **Klingel zur Verfügung zu stellen**, um Hilfe anzufordern. Auch wenn es gelegentlich schon einmal zu Stürzen gekommen war, ist der Heimträger nicht gehalten, eine Verständigung der Bewohnerin über eine freiwillige Fixierung herbeizuführen oder notfalls eine **vormundschaftsgerichtliche Genehmigung nach § 1904 IV (s. o.)** hiefür zu beantragen, die in einem solchen Fall voraussichtlich auch nicht erteilt worden wäre. Ebenso wenig kann die Heimbewohnerin gezwungen werden, sich tagsüber ständig in einem überwachten Tagesraum aufzuhalten (OLG Schleswig, Urt. v. 27. 9. 2001 – 11 U 142/00, OLGR 2004, 85, 86).

▷ Gegen die Ausschöpfung eines Höchstmaßes an Sicherheit spricht auch nach Auffassung des LG Bielefeld (Urt. v. 7. 2. 2002 – 2 U 589/00, bei Lang NZV 2005, 124, 125), dass einem alten Menschen, im entschiedenen Fall einer 82-jährigen Dame ohne Anhaltspunkte für eine konkrete Gefährdung nicht Maßnahmen auferlegt werden dürfen, die ein restliches Maß an Lebensfreude über Gebühr einschränken. So ist es vertretbar und geboten, dass ihr die Möglichkeit gelassen wird, abends aufzubleiben und länger fern zu sehen. Wenn das Bett aufgemacht war, ist es mit der Menschenwürde und der Gewährung von Lebensfreude nicht vereinbar, stets ein **Bettgitter** anzuhängen.

▷ Je nach den Umständen des konkreten Einzelfalls können freiheitsentziehende Maßnahmen, die zur Vermeidung von Sturzgefahren für den Betroffenen während der Nacht vorgesehen sind, etwa ein **Bettgurt oder das Hochziehen eines Bettgitters, unverhältnismäßig** und damit nicht genehmigungsfähig sein, wenn der Betroffene auch in einem sogenannten Bettnest (Matratze am Boden, umgeben von zusätzlichen Polstern) schlafen kann (OLG München, Beschl. v. 29. 7. 2005 – 33 WX 115/05, GesR 2005, 498).

▷ Der Sturz einer altersverwirrten und in ihrer Mobilität stark eingeschränkten Heimbewohnerin im Zimmer (hier: **Abrutschen von der Bettkante**) beruht nicht auf einer Pflichtverletzung des Heimträgers, wenn eine ständige Beaufsichtigung nach den maßgeblichen **Einstufungsgutachten nicht geschuldet** war (LG Berlin, Urt. v. 3. 7. 2003 – 10 O 151/03).

▷ Werden **Maßnahmen zur Sturzprophylaxe (Fixierung, Hochziehen des Bettgitters etc.) seitens des Heimträgers angeboten**, von der Bewohnerin jedoch abgelehnt, so ist deren Selbstbestimmungsrecht zu schützen, so dass der Heimbetreiber bei dennoch erfolgtem Sturz nicht haftbar gemacht werden kann (OLG Dresden, Urt. v. 17. 1. 2006 – 2 U 753/04, VersR 2006, 843, 844 = GesR 2006, 114 im Anschluss an BGH, Urt. v. 14. 7. 2005 – III ZR 391/04, GesR 2006, 44, 45 = NJW 2005, 2613, 2614; s. o.).

▷ Allein aus dem Umstand, dass eine **Heimbewohnerin im Bereich des Pflegeheims gestürzt** ist und sich dabei verletzt hat, kann auch nach Auffassung des KG (Urt. v. 2. 9. 2004 – 12 U 107/03, GesR 2005, 66 = OLGR 2005, 43, 44) nicht auf eine schuldhafte Pflichtverletzung des Heimbetreibers oder dessen Mitarbeiter geschlossen werden (ebenso BGH, Urt. v. 28. 4. 2005 – III ZR 399/04, NJW 2005, 1937, 1938 = GesR 2005, 282, 283 = VersR 2005, 984, 985; Urt. v. 14. 7. 2005 – III ZR 391/04, NJW 2005, 2613, 2614; OLG Hamm, Urt. v. 25. 6. 2002 – 9 U 36/02, OLGR 2002, 373 = MDR 2002, 1370; Urt. v. 30. 4. 2002 – 24 U 87/01, VersR 2003, 73; OLG München, VersR 2004, 618; OLG Naumburg, Urt. v. 26. 4. 2005 – 12 U 170/04, OLGR 2005, 860, 861; OLG Schleswig, Urt. v. 6. 6. 2003 – 4 U 70/02, OLGR 2004, 3, 4 = NJW-RR 2004, 237; differenzierend Feifel, GesR 2005, 196, 201 bei Parkinson-Patienten; **a. A.** OLG Dresden, Urt. v. 21. 7. 1999 – 6 U 882/99, VersR 2001, 520 = OLGR 1999, 420 = NJW-RR 2000, 761; OLG Dresden, Urt. v. 23. 9. 2004 – 7 U 753/04, OLGR 2004, 438, 440 – vom BGH im Urt. v. 14. 7. 2005 aufgehoben).

▷ Der Sturz einer dementen, aber noch mobilen und nicht erkennbar besonders sturzgefährdeten Heimbewohnerin bei einem **Spaziergang in dem ihr vertrauten Garten** des Heims, der keine besonderen Gefahrenquellen aufweist, beruht gleichfalls nicht auf einer Pflichtverletzung des Heimträgers (LG Wuppertal, Urt. v. 20. 4. 1999 – 5 U 331/98).

▷ Eine laufende Überwachung durch eine Pflegeperson kann vom Heimträger schon unter finanziellen Gesichtspunkten nicht gefordert werden. So besteht in einem Alten- oder Pflegeheim ohne geschlossene Abteilung im Interesse anderer Heimbewohner und der Besucher **keine Verpflichtung, sämtliche Ein- und Ausgänge bereits nach 19.30 Uhr zu verschließen** und einen Heimbewohner somit am Verlassen des Heim zur Vermeidung eines Sturzes zu hindern. Die Beweislast eines objektiven Pflichtenverstoßes des Heimträgers im Zusammenhang mit dem eigenmächtigen Verlassen des Heims durch einen Heimbewohner liegt grundsätzlich bei diesem bzw. dem Sozialversicherungsträger, der aus übergegangenem Recht Ansprüche geltend macht (OLG München, Urt. v. 25. 7. 2003 – 27 U 237/03, VersR 2004, 618).

▷ Vor dem Hintergrund, dass Pflegeheime auch gehalten sind, auf die Rechte und Wünsche der Heimbewohner größtmögliche Rücksicht zu nehmen und insbesondere freiheitsentziehende Maßnahmen nur dann vorzunehmen, wenn diese unbedingt erforderlich sind, kann eine Verletzung der Fürsorge- und Betreuungspflicht nicht angenommen werden, wenn ein in Pflegestufe III geführter, desorientierter, gelegentlich verwirrter Heimbewohner, der sich mit Hilfe eines Rollators selbständig und aus eigenem Antrieb fortbewegen konnte, zu Fall kommt, als er sich **unbemerkt aus dem Pflegeheim entfernt** hatte (OLG Oldenburg, Urt. v. 7. 11. 2003 – 6 U 111/03, bei Lang NZV 2005, 124, 128).

▷ Ein objektiver Pflichtenverstoß des Pflegeheims wird auch bei einem 83-jährigen **gehbehinderten Heimbewohner** verneint, der immer wieder unter plötzlichen Schwindelanfällen, Beeinträchtigungen des Seh- und Hörvermögens sowie an **fortgeschrittener Demenz** leidet und zu Fall kommt, nachdem er das **Heim in Begleitung einer Besucherin verlassen** hatte. Der Heimträger ist unter Berücksichtigung des Selbstbestimmungsrechts und der Würde des Heimbewohners (vgl. § 2 SGB XI) nicht zur ständigen Überwachung und zu Verhinderung von Spaziergängen verpflichtet (LG Paderborn, Urt. v. 21. 6. 2001 – 3 O 38/01, ZfS 2002, 61; Lang NZV 2005, 124, 128).

▷ Die Betreuungs- und Sorgfaltspflicht der Heimleitung gegenüber den Heimbewohnern, diese vor Schäden zu bewahren, ist begrenzt auf die in Pflegeheimen üblichen Maßnahmen, die mit einem vernünftigen finanziellen und personellen Aufwand realisierbar sind, wobei in jedem Einzelfall unter Berücksichtigung des körperlichen und geistigen Zustandes sowie der Würde des einzelnen Heimbewohners abzuwägen ist, welche seiner Sicherheit dienende Maßnahme als verhältnismäßig angesehen werden kann. Eine Pflichtverletzung ist bei mittelschwerer seniler Demenz vom Alzheimer-Typ beim **Sturz im Zimmer auf dem nächtlichen Weg zur Toilette** zu verneinen (LG Essen, Urt. v. 21. 8. 1998, 3 O 266/98, VersR 2000, 893 und Lang NZV 2005, 124, 127; auch OLG Hamm VersR 2003, 73, 74).

▷ Es würde eine erhebliche Überdehnung der Pflichten des Pflegepersonals bedeuten, bei jedem Patienten ständig zugriffsbereit sein zu müssen. Das Maß der Beaufsichtigung beim Toilettengang ist daher immer vom konkreten Hilfsbedürfnis des Bewohners abhängig. Eine Veranlassung zur ständigen Beaufsichtigung eines **gehbehinderten Heimbewohners**, der jedoch weitgehend selbständig und ohne Hilfe Treppen steigen konnte, **bei einem Toilettengang** besteht grundsätzlich nicht (OLG Hamm, Urt. v. 30. 4. 2002 – 24 U 87/01, VersR 2003, 73, 74; Lang NZV 2005, 124, 127).

▷ Ein Heimbetreiber ist auch nach Auffassung des OLG Schleswig (Urt. v. 18. 6. 2004 – 1 U 8/04, GesR 2004, 415, 416; auch OLG Düsseldorf, Urt. v. 2. 3. 2006 – I–8–U 163/04, GesR 2006, 214, 215 f.) nicht ohne weiteres verpflichtet, die **Fixierung einer sturzgefährdeten Heimbewohnerin** zu veranlassen, wenn es im Übrigen in deren wohlverstandenem Interesse lag, ihren Alltag möglichst dem üblichen Heimablauf anzugleichen, um ihr einen festen Orientierungsrahmen zu bieten und ihr soziale Kontakte zu ermöglichen. Der Heimbetreiber muss jedenfalls dann nicht auf die Fixierung einer sturzgefährdeten Heimbewohnerin hinwirken, wenn im Rahmen einer vorangegangenen Begutachtung des MdK zwar die Sturzneigung festgestellt, aber eine **Fixierung nicht angeregt** worden ist und auch der für den Aufgabenkreis Gesundheitssorge bestellte **Betreuer in Kenntnis aller Umstände keine Fixierung befürwortet** (OLG Schleswig, Urt. v. 17. 12. 2003 – 9 U 120/02, OLGR 2004, 85; auch Urt. v. 18. 6. 2004 – 1 U 8/04, GesR 2004, 415, 416 = OLGR 2004, 426, 428; OLG Koblenz, Urt. v. 21. 3. 2002 – 5 U 1648/01, MedR 2002, 472, 473 = NJW-RR 2002, 867, 868).

▷ Ohne **Genehmigung des Vormundschaftsgerichts** (§ 1906 IV) besteht auch keine Pflicht zur **Fixierung eines Heimbewohners während der Mittagsruhe** oder zum Hochfahren der Bettgitter. Ohne hinreichenden Anlass muss die Genehmigung seitens des Heimbetreibers auch nicht eingeholt werden; **drei Stürze vor der Aufnahme in das Pflegeheim** innerhalb der letzten sieben Jahre vor dem Unfall reichen hierfür nicht aus (KG, Urt. v. 2. 9. 2004 – 12 U 107/03, GesR 2005, 66, 67 = OLGR 2005, 43, 44: die Bewohnerin war vor dem Unfall ca. 3,5 Jahre sturzfrei geblieben). Steht nicht fest, ob ein Betreuer tatsächlich eine Fixierung befürwortet und die erforderliche **vormundschaftsgerichtliche Genehmigung (§ 1906 IV) erhalten** kann bzw. diese erteilt worden wäre, steht dies einer Haftung des Heimbetreibers wegen der möglichen Verletzung einer Verkehrssicherungspflicht durch Unterlassen der Fixierung grundsätzlich entgegen (OLG Schleswig, Urt. v. 18. 6. 2004 – 1 U 8/04, GesR 2004, 415, 416 = OLGR 2004, 426, 428).

▷ Konkrete freiheitsentziehende bzw. freiheitsbeschränkende Maßnahmen sind auch nach Auffassung des OLG Naumburg (Urt. v. 26. 4. 2005 – 12 U 170/04, OLGR 2005, 860, 862) nur dann geboten, wenn aufgrund der Unfähigkeit des Bewohners zur freien Willensbildung eine **ernstliche Gefahr für eine Selbstschädigung** besteht, die sich entweder nach allgemeinen medizinischen Erkenntnissen unmittelbar aus dem Krankheitsbild ergibt oder aber sich bereits in greifbarer Weise manifestiert hat. Dies ist bei einem altersdementen Heimbewohner nicht allein deshalb der Fall, weil es mehrere Monate vor dem schwerwiegenden Sturz bereits zu **zwei weniger gravierenden Stürzen** gekommen ist (OLG Naumburg, Urt. v. 26. 4. 2005 – 12 U 170/ 04, OLGR 2005, 860, 862: offengelassen ob dies auch dann gilt, wenn der

Heimbewohner zuvor dreimal versucht hat, ein hochgezogenes Bettgitter zu übersteigen).

Allein die Hinfälligkeit und Gebrechlichkeit des weitgehend erblindeten und tauben Heimbewohners rechtfertigt Unterbringungs- oder unterbringungsähnliche Maßnahmen mit freiheitseinschränkendem Charakter nicht. In derartigen Fällen besteht deshalb keine Verpflichtung des Pflegeheims, beim Vormundschaftsgericht bzw. dem Betreuer des Bewohners die **Einholung einer vormundschaftsgerichtlichen Genehmigung** unterbringungsähnlicher Maßnahmen gem. § 1906 IV BGB anzuregen (OLG Naumburg, Urt. v. 26. 4. 2005 – 12 U 170/04, OLGR 2005, 860, 861; auch OLG Frankfurt, Urt. v. 29. 4. 1993 – 20 W 156/93, OLGR 1993, 185).

▷ Der Träger eines Alten- und Pflegeheims ist nicht berechtigt, die Bewegungsfreiheit eines Heimbewohners im **Heim und dem zugehörigen Freigelände** nach eigenem Gutdünken durch technische oder administrative Vorkehrungen (Einschließen im Zimmer oder im Wohnbereich, elektronische Sicherungsmaßnahmen, kontrolliertes Verbot, das Haus zu verlassen) zu beschränken. Er kann aber verpflichtet sein, den Betreuer des Bewohners zu veranlassen, einer die Freiheit des Heimbewohners einschränkenden Maßnahme zuzustimmen und die hierzu erforderliche **Genehmigung des Vormundschaftsgerichts einzuholen.** Solange ein halbseitig gelähmter Heimbewohner, der einen Schlaganfall erlitten hatte und bei dem eine Weglauftendenz besteht, die ihm verbliebene Mobilität nutzen möchte, um sich mit seinem **Rollstuhl im Haus und auch im Freigelände des Heims frei zu bewegen**, und er sich mit solchen Aktivitäten nicht aufgrund einer psychischen Krankheit oder geistigen bzw. seelischen Behinderung der Gefahr der Zuführung eines erheblichen gesundheitlichen Schadens aussetzt, besteht im Licht des Art. 2 II 3 GG nach dem Maßstab des § 1906 I Nr. 1 BGB kein Grund, eine freiheitsentziehende bzw. freiheitsbeschränkende Maßnahme anzuordnen (LG Frankfurt, Urt. v. 12. 11. 2004 – 2/1 S 178/03, NJW 2005, 1952, 1954).

▷ Der Sturz eines altersverwirrten und überwiegend **auf einen Rollstuhl angewiesenen Heimbewohners** bei einer Ausfahrt mit dem Rollstuhl beruht nicht auf einer Pflichtverletzung des Heimträgers, wenn **keine konkreten Anhaltspunkte für eine Selbstgefährdung** beim Verlassen der Pflegeeinrichtung vorhanden waren (OLG Oldenburg, Urt. v. 7. 11. 2003 – 6 U 111/03).

▷ Ein Heimbetreiber ist auch nicht zu einer ständigen Beaufsichtigung eines **im Rollstuhl sitzenden Heimbewohners** verpflichtet, selbst wenn es innerhalb von fünf Wochen vor dem streitgegenständlichen Unfall bereits zu **drei Stürzen beim Versuch des Bewohners, allein aus dem Rollstuhl aufzustehen,** gekommen ist. Allein hieraus ist nicht auf eine Pflichtverletzung des Heimbetreibers bzw. dessen Angestellten zu schließen (KG, Urt. v. 25. 5. 2004 – 14 U 37/03, OLGR 2005, 45).

Der Heimbetreiber ist auch nicht von sich aus verpflichtet, eine **Fixierung eines Heimbewohners im Rollstuhl** vorzunehmen, sondern kann sich zunächst mit einer Benachrichtigung des Betreuers begnügen und erwarten, dass der Betreuer das Notwendige veranlassen werde. Für die Genehmigungspflicht einer Fixierung durch das Vormundschaftsgericht ist es grundsätzlich ausreichend, dass nicht ausgeschlossen werden kann, der Bewohner sei noch zu einer willkürlichen Fortbewegung in der Lage (KG, Urt. v. 25. 5. 2004 – 14 U 37/03, OLGR 2005, 45, 46).

▷ Auch ein **demenzkranker Patient der Pflegestufe III** muss im Krankenhaus oder im Pflegeheim nicht ständig fixiert oder beaufsichtigt werden, selbst wenn er nicht mehr zum eigenständigen Gehen in der Lage und deshalb von einem **erhöhten Sturzrisiko** auszugehen ist (OLG Düsseldorf, Urt. v. 2. 3. 2006 – I – 8 U 163/04, GesR 2006, 214, 215). Der Heim- oder Krankenhausträger verletzt weder seine Obhuts- noch seine Verkehrssicherungspflicht, wenn ein solcher keine Anzeichen psychomotorischer Unruhe zeigender Patient zum Kaffeetrinken **ohne besondere Fixierung in einem Rollstuhl** mit angezogenen Bremsen zwischen zwei Stühlen an einen Tisch gesetzt und im Abstand von **15 bis 30 Minuten vom Pflegepersonal kontrolliert** wird. Allenfalls eine außergewöhnliche Unruhe würde in der konkreten Situation die Notwendigkeit weiter gehender Sicherungsmaßnahmen begründen (OLG Düsseldorf, Urt. v. 2. 3. 2006 – I – 8 U 163/04, GesR 2006, 214, 216 mit Hinweis auf OLG Düsseldorf, Urt. v. 19. 11. 2003 – 15 U 31/03).

▷ Ein objektiver Pflichtenverstoß des Pflegeheims ist auch zu verneinen, wenn eine **82-jährige Bewohnerin**, die zeitlich und örtlich **nur sehr begrenzt orientiert**, aber in der Lage ist, mit Hilfe eines Rollators zu gehen, beim **Aufstehen aus einem Stuhl in ihrem Zimmer zu Fall** kommt. Im entschiedenen Fall fehlten konkrete Anhaltspunkte für eine Selbstgefährdung. Im MdK-Gutachten war wenige Monate zuvor ausgeführt worden, dass nur Hilfsdienste beim Aufstehen/Zubettgehen, beim An- und Auskleiden sowie beim Verlassen bzw. Wiederaufsuchen der Wohnung mit einem zeitlichen Umfang von 45 Minuten pro Tag geschuldet seien (OLG Schleswig, Urt. v. 27. 9. 2001 – 11 U 142/00).

▷ Eine Haftung des Heimträgers besteht nicht, wenn ein 72 Jahre alter, in Pflegestufe II eingestufter, an **Demenz sowie einer gesundheitlichen Einschränkung des Bewegungsapparates leidender Heimbewohner** von seinem altersgerechten **Stuhl in seinem Zimmer aufsteht und stürzt**, selbst wenn es zuvor zu zwei weiteren leichten Stürzen gekommen war. Der Vorsorgeauftrag von Pflegeheimen verlangt grundsätzlich nicht die Rund-um-die-Uhr-Betreuung jedes bewegungsfreudigen Bewohners.

Ein Sturz kann allein durch Beobachtung ohnehin nicht verhindert werden (LG Kiel, Urt. v. 11. 8. 2003 – 8 S 49/03, VersR 2004, 619; Lang NZV 2005, 124, 127).

▷ Die Haftung des Heimträgers wird auch beim Sturz einer 93-jährigen, schwer pflegebedürftigen Bewohnerin, die in Pflegestufe II eingestuft war, sich aber mit Hilfe eines Rollstuhls fortbewegen konnte und aus ungeklärter Ursache zu Boden fiel, als sie **auf dem Flur des Heims in einem dort befindlichen Sessel** saß, verneint, wenn **keine Anhaltspunkte für eine akute Sturzgefahr** bestanden haben. Allein der Umstand, dass eine hoch betagte Heimbewohnerin nicht mehr in der Lage ist, selbständig zu stehen und zu gehen, bedeutet nicht, dass diese – in einem Sessel sitzend – dauernd in einer solchen Weise betreut werden muss, dass jederzeit sofort eine Pflegeperson zugreifen kann, wenn die Bewohnerin versucht, aus dem Sessel aufzustehen (LG Bonn, Urt. v. 15. 4. 1999 – 13 O 521/98, VersR 2001, 521; Lang, NZV 2005, 124, 127).

b) Krankenhaus

Auch in der medizinischen **Praxis eines Krankenhauses** sind entsprechende Sicherungsmaßnahmen gegen das **Herausfallen des Patienten aus dem Bett** grundsätzlich nur dann erforderlich, wenn sich der Patient uneinsichtig zeigt und **Anhaltspunkte für eine „Bettflüchtigkeit"** bzw. der Gefahr einer Selbstverletzung bestehen (OLG Schleswig, Urt. v. 6. 6. 2003 – 4 U 70/02, OLGR 2004, 3, 4).

Das OLG Schleswig ist der Auffassung, wenn ein – im entschiedenen Fall 82-jähriger – Patient mit kriegsbedingten schweren Kopf- und Hirnverletzungen, die zu gelegentlichen Krampfanfällen geführt hatten, auf einer normalen Station aus dem Krankenbett fällt, handle es sich **nicht um einen Fall des „voll beherrschbaren Risikos"** mit der Folge einer Beweislastumkehr bzw. Beweiserleichterung zu Lasten der Behandlungsseite. In einem solchen Fall kämen nämlich Risikofaktoren in Betracht, die dem unmittelbaren Einwirkungsbereich des ärztlichen und pflegerischen Personals entzogen sind. Ist nicht sicher, dass die Schadensursache aus dem Gefahrenkreis des verantwortlichen Schuldners, etwa dem **unmittelbaren Einwirkungsbereich des Pflegepersonals bei der unmittelbaren Betreuung des Patienten**, hervorgegangen ist und kommt auch eine Ursache aus dem Verantwortungsbereich des Gläubigers in Betracht, greift die Entlastungspflicht aus dem Gesichtspunkt des „voll beherrschbaren Risikos" nicht ein (OLG Schleswig, Urt. v. 6. 6. 2003 – 4 U 70/02, OLGR 2004, 3, 4 im Anschl. an OLG Schleswig, Urt. v. 27. 9. 2001 – 11 U 142/00; ebenso OLG Düsseldorf, Urt. v. 2. 3. 2006 – I – 8 U 163/04, GesR 2006, 214, 217).

Ohne die entsprechende Einwilligung des Patienten und ohne **konkrete Anhaltspunkte für eine Eigen- oder Fremdgefährdung** verbietet sich auch die präventive Anordnung von Sicherungsmaßnahmen wie das **Hochziehen eines Bettgitters, die Fixierung des Patienten oder die Verabreichung von sedierenden Medikamenten** (OLG Schleswig, Urt. v. 6. 6. 2003 – 4 U 20/02, OLGR 2004, 3, 4; OLG Düsseldorf, Urt. v. 7. 6. 2001 – 8 U 153/00, OLGR 2002, 372 zum Hochziehen eines Bettgitters im Krankenhaus).

2. Verletzung der Verkehrssicherungspflicht bejaht

a) Alten- und Pflegeheim

In folgenden Fällen wurde eine Verletzung der Fürsorge- oder Verkehrssicherungspflicht des Heimträgers bejaht und dem Bewohner bzw. dessen Krankenkasse aus übergegangenem Recht ein Anspruch zugebilligt:

▷ Der Betreiber eines Pflegeheims hat nach Ansicht des LG Mönchengladbach (Urt. v. 24. 10. 2003 – 2 S 81/03, VersR 2004, 1608) bei **bekannter Neigung**

757

des Patienten, nachts unter Sturzgefahr allein aus dem Bett aufzustehen und den Toilettenstuhl aufzusuchen, wobei es bereits zu **drei bis vier Stürzen** gekommen war, besondere Vorsorgemaßnahmen dagegen zu treffen, dass der Bewohner das Bett nachts unbeaufsichtigt verlässt. Zwei bis vier nächtliche Kontrollgänge genügen dabei nicht, vielmehr ist dann eine **dauerhafte Überwachung durch das Pflegepersonal, die Überwachung per Videokamera, die Fixierung mittels Bauchgurt oder Schlafdecke, die Anbringung eines Bettgitters o. a. erforderlich.**

Das LG Mönchengladbach nimmt hier – entgegen der h. M. und u. E. zu Unrecht – ein „voll beherrschbares Risiko" an (LG Mönchengladbach, Urt. v. 24. 10. 2003 – 2 S 81/03, VersR 2004, 1608, 1609 a. E.).

▷ Kommt eine übergewichtige, körperlich und geistig behinderte und **unter Fallsucht leidende Heimbewohnerin** bei einem **von einer Pflegefachkraft begleiteten Toilettengang** zu Fall, hat der Heimträger den Nachweis zu führen, dass der Unfall nicht auf einem Fehlverhalten der begleitenden Pflegefachkraft beruht. Denn hier geht es um Risiken, die vom Heimträger **voll beherrscht** werden können. Ggf. ist in solchen Fällen die Begleitung durch mehrere Personen, ein Transport mit dem Rollstuhl o. a. erforderlich (OLG Dresden, Urt. v. 21. 7. 1999 – 6 U 882/99, VersR 2001, 520 = NJW-RR 2000, 761; auch OLG Zweibrücken, Urt. v. 1. 6. 2006 – 4 U 68/05, NJW-RR 2006, 1254, 1255 = OLGR 2006, 677,679; Lang NZV 2005, 124, 125).

▷ Der Sturz einer Heimbewohnerin bei einem Ausflug mit einem Arbeitstherapeuten beim **Gang zur Toilette**, wobei eine Stufe übersehen wird, ist vom Heimträger zu vertreten, wenn er sich **in dessen Obhutsbereich** („voll beherrschbares Risiko") ereignet und der Heimträger den Entlastungsbeweis nicht oder nur in unzureichender Weise angetreten hat (LG Berlin, Urt. v. 20. 1. 2003 – 10 O 412/02).

▷ Der Heimträger verletzt nach Ansicht des LG Neubrandenburg (Urt. v. 27. 9. 2001 – 1 S 128/02, bei Lang, NZV 2005, 124, 127) seine Verkehrssicherungs- bzw. Fürsorgepflicht auch dann, wenn er es unterlässt, über die bloßen Kontrollen in dreistündigem Abstand weiter gehende Maßnahmen zum Schutz einer **93-jährigen, völlig kraftlosen Bewohnerin** zu treffen, die bereits zurückliegend die Tendenz hatte, trotz der gegen ihre Inkotinenz getroffenen Vorkehrungen immer wieder **selbst auf die Toilette zu gehen und dabei bereits des Öfteren gestürzt war.**

▷ Kommt die Bewohnerin eines Alten- und Pflegeheims, die aufgrund verschiedener Erkrankungen (hier: Morbus Alzheimer, Muskelschwäche, schlechte Balance, Gangstörungen, Multimedikation) ein fast „maximales Sturzrisiko" aufweist, am Ende einer Mobilisierungsmaßnahme in ihrem Zimmer (hier: nach der Aufforderung, sich selbst am Waschbecken festzuhalten) in Gegenwart einer Pflegerin zu Fall, hat die Pflegerin den Sturz auch dann fahrlässig verursacht, wenn sie die Bewohnerin nur kurz aus den Augen gelassen hat (OLG Zweibrücken, Urt. v. 1. 6. 2006 – 4 U 68/05, NJW-RR 2006, 1254, 1255 = OLGR 2006, 677, 678 f.; a. A. OLG Düsseldorf, Urt. v. 23. 5. 2005 – I – 8 U 82/04, OLGR 2006, 390, 391 beim Sturz eines gehbehinderten Patienten in Anwesenheit der Physiotherapeutin im Rahmen einer zuvor mehrfach problemlos durchgeführten Mobilisationsübung am Gehbarren). In einem solchen Fall kann es offen bleiben, ob gem. §§ 282 BGB a. F., 280 I 2 BGB n. F. hinsichtlich des Verschuldens eine Beweislastumkehr nach den Grundsätzen des „voll beherrschbaren Risikos" eingreift (OLG Zweibrücken a. a. O.: tendenziell aber bejahend; OLG Düsseldorf a. a. O.: bei physiotherapeutischen Rehabilitationsmaßnahmen tendenziell ablehnend).

▷ Auch nach Auffassung des OLG Hamm (Urt. v. 18. 10. 2005 – 24 U 13/05, OLGR 2006, 569) greifen zugunsten einer Bewohnerin des Alten- oder Pflegeheims bzw. deren Krankenversicherer Beweiserleichterungen bis hin zu einer Beweislastumkehr aus dem Gesichtspunkt des „voll-beherrschbaren Risikos" ein, wenn sich der Unfall bei einer konkreten Pflege- oder Betreuungsmaßnahme ereignet hat, bei der die Bewohnerin die Maßnahme ohne eigenverantwortliche Mitwirkungsmöglichkeit lediglich passiv erdulden muss.

In dem vom OLG Hamm entschiedenen Fall kam die demente Bewohnerin eines Alten- und Pflegeheims, die nicht in der Lage war, allein aufzustehen und aufgrund ihres Körpergewichts zum Aufstehen und für den Transfer zum Rollstuhl regelmäßig die Hilfe von zwei Personen benötigte, während eines Pflegevorgangs, bei dem sie vor dem Waschbecken stand, zu Fall, als sich die ohne Begleitung einer zweiten Person anwesende Altenpflegehelferin umdrehte, um einen Rollator herbeizuholen und dabei den für erforderlich gehaltenen Blick- und Körperkontakt zu der Bewohnerin nicht halten konnte.

Das OLG Hamm (Urt. v. 18. 10. 2005 – 24 U 13/05, OLGR 2006, 569, 570; ebenso Urt. v. 25. 6. 2002 – 9 U 36/02, NJW-RR 2003, 30 = MDR 2002, 1370; auch OLG Zweibrücken, Urt. v. 1. 6. 2006 – 4 U 68/05, NJW-RR 2006, 1254, 1255) weist erneut darauf hin, entscheidend sei nicht, dass sich der Unfall im Gefahrenbereich des Pflegeheimträgers ereignet hat, sondern vielmehr, dass diesen in einer konkreten Gefahrensituation eine gesteigerte, erfolgsbezogene Obhutpflicht trifft.

▷ Wird die betagte Heimbewohnerin in einem MdK-Gutachten als „motorisch sehr unruhig", **„umtriebig mit Weglauftendenz"** und „umtriebig trotz Nachtmedikation" beschrieben, ist der Heimträger verpflichtet, in **Abstimmung mit dem Vormundschaftsgericht** die erforderlichen Sicherungsmaßnahmen, etwa das **Hochziehen eines Bettgitters**, anzuordnen bzw. genehmigen zu lassen (OLG Frankfurt, Urt. v. 24. 1. 2002 – 22 U 98/99).

▷ Neigt eine annähernd **100-jährige verwirrte, unruhige und desorientierte Heimbewohnerin** zu nächtlicher Unruhe und ziellosem Umherwandern im Heim, bei dem sie versucht, in die **Zimmer anderer Heimbewohner einzudringen**, erhöht sich dadurch – insbesondere auch wegen möglicher Reaktionen der „besuchten" Heimbewohner – für sie die Verletzungsgefahr. Das Pflegeheim muss dann Vorkehrungen treffen, um das Verlassen des eigenen Zimmers durch den Heimbewohner zu verhindern. Als für den Heimbewohner am wenigsten belastende Maßnahme kommt dabei die **Installation eines Türsensors** in Betracht (LG Kiel, Urt. v. 11. 10. 2001 – 10 S 8/01).

b) Krankenhaus

Nach Ansicht des KG (Urt. v. 20. 1. 2005 – 20 U 401/01, VersR 2006, 1366, 1367 = GesR 2005, 305 = OLGR 2005, 903 = MedR 2006, 182) muss ein Krankenhausträger verhindern, dass eine Patientin aus einem **Rollstuhl**, in den sie zur Vorbereitung der Verbringung in eine andere Klinik verbracht wurde, stürzt. Solche Stürze gehören zu den **voll beherrschbaren Risiken**. Der verwendete Rollstuhl muss zur Sicherung einer unruhigen Patientin **technisch geeignet** sein, der Krankenhausträger hat dafür zu sorgen, dass der Patient bei bestehender Unruhe aus der sitzenden Position nicht herausfallen kann. Kommt es in diesem Zusammenhang zu einem **Sturz des Patienten aus dem Rollstuhl**, ist es Sache des Krankenhausträgers, darzulegen und zu beweisen, dass der Sturz nicht auf einem pflichtwidrigen Verhalten der Pflegekräfte bzw. der mangelnden technischen Eignung des Rollstuhls beruht (KG, Urt. v. 20. 1. 2005 – 20 U 401/01, bei Jorzig GesR 2005, 305, 306 = MedR 2006, 182, 183). Stößt ein auf einer Liege befindlicher Patient beim Einschieben in ein Krankentransportfahrzeug zum Zweck des Liegendtransports mit dem Kopf an die Oberkante des Fahrzeugs an, so spricht auch nach Auffassung des OLG Hamm (Urt. v. 1. 2. 2006 – 3 U 182/05, GesR 2006, 448) eine tatsächliche Vermutung für ein Verschulden des Begleitpersonals. Den Anstoß eines Patienten beim Einschiebevorgang in das Transportfahrzeug zu verhindern, stellt demnach ein „vollbeherrschbares Risiko" dar.

Das Eingreifen einer Beweislastumkehr bzw. einer Beweiserleichterung aus dem Gesichtspunkt des „**voll beherrschbaren Risikos**" kommt auch nach h. M. in Betracht, wenn feststeht, dass der Schaden im Zusammenhang mit den konkret geschuldeten Hilfeleistungen entstanden ist, sich also ein Risiko im Herrschaftsbereich des Krankenhaus- oder Heimträgers **im Rahmen der unmittelbaren Betreuung des Patienten bzw. Bewohners** verwirklicht hat (Schmid, VersR 2005, 1540; ebenso OLG Düsseldorf, Urt. v. 2. 3. 2006 – I – 8 – U 163/04, GesR 2006, 214, 217: im dortigen Fall verneint, s. o.; OLG Hamm, Urt. v. 4. 2. 2003 – 34 U 56/02; OLG Dresden, Urt. v. 21. 7. 1999 – 6 U 882/99, VersR 2001, 520: Sturz einer übergewichtigen, körperlich und geistig behinderten und unter Fallsucht leidender Heimbewohnerin beim Toilettengang, obwohl Pflegepersonal anwesend war; OLG Hamm, Urt. v. 1. 2. 2006 – 3 U 182/05, GesR 2006, 448: auf einer Liege befindlicher Patient beim Krankentransport; OLG Hamm, Urt. v. 18. 10. 2005 – 24 U 13/05, OLGR 2006, 569 und OLG Zweibrücken, Urt. v. 1. 6. 2006 – 4 U 68/05, NJW-RR 2006, 1254: Sturz in unmittelbarer Anwesenheit der Pflegekraft).

Substantiierung der Klage/Schlüssigkeit

Vgl. auch → *Behandlungsfehler*, → *Sachverständigenbeweis*, → *Beweislast*, → *Einsicht in Krankenunterlagen*

I. Substantiierungsanforderungen
  1. „Maßvolle und verständige Anforderungen" an den Vortrag der Patientenseite

2. Auskunftsanspruch des Patienten
II. Amtsermittlung einzelner Elemente
III. Vorlage der Behandlungsunterlagen
IV. Rechtskraft eines Vorprozesses

I. Substantiierungsanforderungen

Während im übrigen Zivilrecht der – vermeintlich – Geschädigte im Allgemeinen detailliert darzulegen hat, wann, wie und durch wen die Schädigung erfolgte, ferner, dass diese ursächlich für seine Schäden ist, werden ihm im Arzthaftungsprozess Zugeständnisse gemacht: Die unmittelbar aus der Verfassung (Art. 2 I, 3 I, 20 I, III GG) hergeleiteten Grundsätze der **Waffengleichheit im Prozess** bzw. des Anspruchs auf ein faires, der Rechtsanwendungsgleichheit Rechnung tragendes Verfahren stellen besondere Anforderungen an die Substantiierungspflicht und die Beweislastverteilung (Rehborn, MDR 2000, 1320; S/Pa, Rz. 578, 579; G/G, 5. Aufl., Rz. E 2; Gehrlein Rz. E 3).

1. „Maßvolle und verständige Anforderungen" an den Vortrag der Patientenseite

Im Arzthaftungsprozess sind an die Substantiierungspflicht des klagenden Patienten nur **„maßvolle und verständige Anforderungen"** zu stellen, weil von ihm bzw. dessen Prozessbevollmächtigten regelmäßig keine genaue Kenntnis der medizinischen Vorgänge erwartet und gefordert werden können (BGH, Urt. v. 8. 6. 2004 – VI ZR 199/03, VersR 2004, 1177, 1179 = NJW 2004, 2825, 2826 = GesR 2004, 374, 376; NJW 1987, 500; OLG Brandenburg, Urt. v. 5. 4. 2005 – 1 U 34/04, OLGR 2005, 489; Urt. v. 17. 11. 2001 – 1 U 4/01, OLGR 2002, 17, 19; NJW-RR 2001, 1608; OLG Düsseldorf, Urt. v. 8. 4. 2004 – I-8 U 96/03, VersR 2005, 1737, 1738; OLG Koblenz, Beschl. v. 17. 8. 2004 – 5 W 482/04, GesR 2005, 15, 16; OLG Köln, Urt. v. 27. 5. 2002 – 5 U 272/01, OLGR 2003, 8; OLG Oldenburg NJW-RR 1999, 1153, 1154; Gehrlein, VersR 2002, 935, 938; G/G, 5. Aufl., Rz. E 2; S/Pa, Rz. 580; Spickhoff, NJW 2002, 1758, 1765).

Der Patientenseite darf **keine nähere Kenntnis der maßgeblichen medizinischen Vorgänge** abverlangt werden (BGH, Urt. v. 8. 6. 2004 – VI ZR 199/03, VersR 2004, 1177, 1179 = NJW 2004, 2825, 2826; OLG Koblenz, Beschl. v. 17. 8. 2004 – 5 W 482/04, GesR 2005, 15, 16).

Lücken im Vortrag des medizinischen Sachverhalts dürfen dem Patienten nicht angelastet werden; sie dürfen insbesondere nicht ohne weiteres im Sinne eines Zugeständnisses i. S. d. § 138 III ZPO gewertet werden (BGH NJW 1981, 630; OLG Stuttgart, VersR 1991, 229; F/N, Rz. 240; R/S II – Greiner, S. 15).

Es genügt, wenn der Patient bzw. dessen Prozessbevollmächtigter den Ablauf der Behandlung **in groben Zügen** darstellt und angibt, dass sie misslungen ist, worin das Misslingen besteht, und die Verdachtsgründe mitteilt, die eine vorwerfbare Fehlbehandlung wenigstens plausibel erscheinen lassen (BGH NJW 1981, 630, 631 = VersR 1981, 752; OLG Düsseldorf, Urt. v. 8. 4. 2004 – I-8 U 96/03, VersR 2005, 1737: Vortrag muss zumindest in groben Zügen erkennen lassen, welches ärztliche Verhalten fehlerhaft gewesen und welcher Schaden hieraus entstanden sein soll; OLG Köln, Urt. v. 27. 5. 2002 – 5 U 272/01, OLGR 2003, 8). Die Klärung der Problematik ist anschließend **einem Sachverständigengutachten zu überlassen** (BGH MDR 1987, 225; OLG Koblenz, Beschl. v. 17. 8. 2004 – 5 W 482/04, GesR 2005, 15, 16). Dabei entspricht es einem allgemeinen Grundsatz, dass sich eine Partei die bei einer Beweisaufnahme zu Tage tretenden Umstände **jedenfalls hilfsweise zu Eigen macht**, soweit sie ihre Rechtsposition zu stützen geeignet sind; das Gericht hat auch diesen Vortrag der Partei bei der Beweiswürdigung zu berücksichtigen (BGH, Urt. v. 3. 4. 2001 – VI ZR 203/00, VersR 2001, 1174, 1175 = MDR 2001, 887; OLG Saarbrücken MDR 2000, 1317, 1319; G/G, 5. Aufl., Rz. E 13).

Es reicht etwa aus, wenn die Patientin in ihrem Klagevortrag erkennen lässt, aus ihrer Sicht bestünden ernstliche Anhaltspunkte dafür, dass ein bestimmtes, im Krankenhaus X anlässlich einer ambulanten Behandlung angewandtes Verfahren zur Tubendiagnostik mittels eines Kontrastmittels und Ultraschall zum Eintritt einer Eileiter- und Bauchfellentzündung, einem hierdurch bedingten Krankenhausaufenthalt und einem bestimmten Dauerschaden geführt hat (OLG Brandenburg NJW-RR 2001, 1608).

Es genügt jedoch nicht, allein aus dem Misslingen einer Heilbehandlung einen Verstoß gegen die Regeln der ärztlichen Kunst abzuleiten, vielmehr muss der Patient, wenn er schon einen Fehler lediglich vermutet und nicht begründet darstellen kann, doch **wenigstens seine Verdachtsgründe darlegen**, damit sich die Behandlungsseite oder ein Gutachter damit sachlich befassen kann (OLG Düsseldorf, Urt. v. 8. 4. 2004 – I-8 U 96/03, VersR 2005, 1737, 1738; Schmid NJW 1994, 767, 768).

Eine haftungsrechtlich relevante Einbindung in die Versorgung unter Übernahme einer entsprechenden vertrags- oder deliktsrechtlich abgesicherten Garantenstellung ist mit dem bloßen Hinweis, bei dem (Mit-)Beklagten handle es sich um den Chefarzt bzw. leitenden Oberarzt der Klinik bzw. der Abteilung, nicht dargetan (OLG Oldenburg, VersR 1999, 848, 849). Mit der bloßen Behauptung, die eingetretene Gefäßverletzung beruhe auf unsachgemäßem operativem Vorgehen, ist ein Behandlungsfehler nicht schlüssig dargelegt, wenn sich nach einem vorprozessual eingeholten Sachverständigengutachten in dem eingetretenen Körper- bzw. Gesundheitsschaden ein dem Eingriff typischerweise immanentes Risiko realisiert hat (OLG Köln, Urt. v. 27. 5. 2002 – 5 U 272/01, OLGR 2003, 8).

Beruft sich der klagende Patient zur Begründung seines Antrags auf Einholung eines Sachverständigengutachtens im Rahmen eines gem. § 296 I, II bzw. § 531 II ZPO verspäteten Vorbringens fachspezifischen Inhalts selbst darauf, dass der betreffende Punkt auch nach allgemein zugänglichen Informationsquellen geradezu „auf der Hand gelegen" hätte, kann er **keine spezifischen Erleichterungen der Vortragslast** zu medizinischen Fachfragen im Arzthaftungsprozess in Anspruch nehmen (OLG Koblenz, Urt. v. 6. 12. 2002 – 10 U 1790/01, VersR 2004, 1458 = OLGR 2004, 259).

Nach Ansicht des OLG Oldenburg (NJW-RR 1999, 1153) gelten die geringeren Substantiierungsanforderungen im Arzthaftungsprozess jedoch nur solange, wie das typische **Sachkundedefizit auf Patientenseite** besteht. Nach dieser Auffassung muss der Patient Erkenntnisse aus der Nachbehandlung durch einen anderen Arzt in seinen Vortrag aufnehmen. Nach der Gegenansicht (R/S II – RiBGH Greiner, S. 11/12 und G/G, 5. Aufl., Rz. E 2) ist dies nicht praktikabel, da partielle Informationen des Patienten von unterschiedlicher Qualität sein können und im Rechtsstreit nur durch Zufall bekannt werden. Selbst bei einem Patienten, der selbst Arzt ist, erscheine es wenig sinnvoll, das Maß der für den Rechtsstreit erforderlichen Substantiierung des Klagevortrages von seinen medizinischen Kenntnissen im Einzelfall abhängig zu machen.

2. Auskunftsanspruch des Patienten

Insoweit stehen dem Patienten **Auskunftsansprüche** zu der Frage zu, **welche Ärzte in welcher Weise an seiner Behandlung beteiligt waren** (vgl. OLG Frankfurt, Beschl. v. 23. 9. 2004 – 8 U 67/04, VersR 2006, 81; OLG München NJW 2001, 2806; Gehrlein, NJW 2001, 2773; → *Einsicht in Krankenunterlagen*, S. 450). So hat der Patient Anspruch auf Erteilung der Auskunft über die vollständigen Namen und die zuletzt bekannte Anschrift der ihn operierenden Ärzte (OLG Frankfurt, Beschl. v. 23. 9. 2004 – 8 U 67/04, VersR 2006, 81; OLG Düsseldorf, Urt. v. 30. 1. 2003 – 8 U 62/02, VersR 2005, 694, 695 = NJW-RR 2003, 1604). Allerdings ist ein solcher Anspruch zu verneinen, wenn dem Patienten die umfassende Behandlungsdokumentation vorliegt und sein Auskunftsbegehren allein der Beschaffung weiterer Beweismittel gegen den in Anspruch genommenen Krankenhausträger dienen soll (OLG Düsseldorf, Urt. v. 30. 1. 2003 – 8 U 62/02, VersR 2005, 694, 695) oder wenn nicht substantiiert vorgetragen wird, dass ein Behandlungs- oder Aufklärungsfehler gerade desjenigen Arztes vorliegt, dessen Namen und Anschrift im Rahmen des Auskunftsverlangens begehrt wird (OLG Frankfurt, Beschl. v. 23. 9. 2004 – 8 U 67/04, VersR 2006, 81).

Dem Patienten steht auch kein Anspruch auf Erteilung der Auskunft über die Identität eines Mitpatienten zu, den er als Zeugen für eine bestimmte vom Arzt bestrittene Behauptung benennen will.

Denn die Verpflichtung des Arztes zur Wahrung des Geheimbereichs seiner Patienten hat gegenüber seiner vertraglichen Nebenpflicht, dem Patienten Auskünfte zu erteilen, die für die Durchsetzung von dessen Rechten von Bedeutung sind, Vorrang (OLG Karlsruhe, Urt. v. 11. 8. 2006 – 14 U 45/04, GesR 2006, 471, 472).

II. Amtsermittlung einzelner Elemente

Um die „Waffengleichheit" zu gewährleisten, ist das Gericht verpflichtet, im Arzthaftungsprozess einzelne Elemente von Amts wegen zu ermitteln (BGH, Urt. v. 8. 6. 2004 – VI ZR 199/03, VersR 2004, 1177, 1179 = NJW 2004, 2825, 2826 = GesR 2004, 374, 376; VersR 1980, 940, 941; VersR 1982, 168; OLG Brandenburg, Urt. v. 5. 4. 2005 – 1 U 34/04, OLGR 2005, 489; Urt. v. 11. 7. 2001 – 1 U 4/01, OLGR 2002, 17, 19; Rehborn MDR 2000, 1320 und MDR 2001, 1148, 1155; Spickhoff NJW 2002, 1758, 1765: ob de facto vom „Amtsermittlungsgrundsatz" gesprochen werden kann und sollte, ist in dieser Pauschalität eher zweifelhaft).

In der Praxis bedeutet dies, dass bei Vorliegen eines **Mindestmaßes an nachvollziehbarem Vorbringen** auch unsubstantiiert erhobenen Vorwürfen eines Behandlungsfehlers nachgegangen werden muss (BGH, Urt. v. 8. 6. 2004 – VI ZR 199/03, VersR 2004, 1177, 1179 = NJW 2004, 2825, 2826 mit zustimmender Anm. Winkhart-Martis, BGH-Report 2004, 1380: Vortrag, der die Vermutung eines fehlerhaften Verhaltens des Arztes gestattet; OLG Brandenburg, Urt. v. 5. 4. 2005 – 1 U 34/ 04, OLGR 2005, 489, 490: „Amtsermittlung"; einschränkend OLG Düsseldorf, Urt. v. 8. 4. 2004 – I-8 U 96/03, VersR 2005, 1737: zumindest die Verdachtsgründe müssen dargelegt werden, damit sich ein Gutachter damit sachlich befassen kann; OLG Hamm OLGR 1991, 14; Rehborn, MDR 2001, 1148, 1155), die Parteien zu offenkundig fehlenden oder unklaren Tatsachen befragt bzw. **zur Klarstellung aufgefordert** werden müssen (Rehborn, MDR 2000, 1320; G/G, Rz. E 6) und der Behandlungsseite aufgegeben werden muss (s. u.), **die Behandlungsunterlagen zur Ermittlung des Sachverhalts zur Akte zu reichen** (OLG Oldenburg OLGR 1997, 43 = NJW-RR 1997, 535; OLG Saarbrücken MDR 2003, 1250 = GesR 2003, 243; OLG Stuttgart VersR 1991, 229; F/N Rz. 245; Rehborn MDR 2000, 1320; G/G, 5. Aufl., Rz. E 3, E 4 m. w. N.).

III. Vorlage der Behandlungsunterlagen

Während den Prozessgegner im übrigen Zivilrecht regelmäßig nur dann eine „sekundäre Behauptungslast" trifft, wenn ein Sachverhalt substantiiert vorgetragen wurde (vgl. OLG München MDR 2001, 987 zum Mietrecht; Zöller-Greger, § 138 ZPO Rz. 8b und vor § 284 ZPO Rz. 34, 34 a, 34 c), erfordert es der **Grundsatz der „Waffengleichheit" im Arzthaftungsprozess**, dass der Arzt dem klagenden Patienten durch Vorlage einer ordnungsgemäßen Dokumentation im Operationsbericht, Krankenblatt und/oder der Patientenkarte Aufschluss über sein Vorgehen gibt (BGH NJW 1978, 1687; G/G, Rz. E 4; F/N, Rz. 134, 245). Auch außerhalb des Rechtsstreits hat der Patient gegen Arzt und Krankenhaus **Anspruch auf Einsicht in die ihn betreffenden Krankenunterlagen**, soweit sie Aufzeichnungen über objektive physische Befunde und Berichte über Behandlungsmaßnahmen wie Medikation und Operationen betreffen (BVerfG, Beschl. v. 9. 1. 2006 – 2 BvR 443/02, NJW 2006, 1116, 1118; BGH NJW 1983, 328 = VersR 1983, 264 = MDR 1983, 298; NJW 1983, 330 = VersR 1983, 267 = MDR 1983, 299; NJW 1989, 764; OLG Saarbrücken, Urt. v. 30. 4. 2003 – 1 U 682/02– 161, OLGR 2003, 252, 253 = MDR 2003, 1250; Gehrlein, NJW 2000, 2773; G/G, 5. Aufl., Rz. E 4; Lux GesR 2004, 6, 8 f.; vgl. → *Einsicht in Krankenunterlagen*, S. 452 ff.).

Der Patient muss die Krankenunterlagen jedoch nicht vorprozessual zur Substantiierung seiner Klage beiziehen oder dem Gericht zur Verfügung stellen (OLG Düsseldorf MDR 1984, 1033; G/G, 5. Aufl., Rz. E 3). Vielmehr hat das Gericht, um seiner Aufklärungs- und Prozessförderungspflicht nach § 139 I ZPO n. F. zu genügen, die **Krankenunterlagen im Original von Amts wegen beizuziehen** (BGH, VersR 1980, 940, 941 VersR 1980, 533; MedR 1987, 234, 236; OLG Brandenburg, Urt. v. 11. 7. 2001 – 1 U 4/01, OLGR 2002, 17, 19 sowie Urt. v. 5. 4. 2005 – 1 U 34/04, OLGR 2005, 489: „Amtsermittlung" im Arzthaftungsprozess; OLG Düsseldorf VersR 1985, 458; OLG Oldenburg OLGR 1997, 43 =

NJW-RR 1997, 535; OLG Saarbrücken, Urt. v. 30. 4. 2003 – 1 U 682/02–161, OLGR 2003, 252, 253 = MDR 2003, 1250; OLG Stuttgart VersR 1991, 229; Rehborn, MDR 1999, 1169, 1175 und MDR 2000, 1320; G/G, 5. Aufl., Rz. E 4).

IV. Rechtskraft eines Vorprozesses

Die maßvollen Substantiierungspflichten und die hieraus resultierende Pflicht der Gerichte zur Amtsermittlung in Arzthaftungsverfahren beinhalten im Umkehrschluss, dass die Rechtskraft eines Vorprozesses **sämtliche dem Behandlungsgeschehen möglicherweise anhaftende Behandlungsfehler** ergreift, und zwar unabhängig davon, ob sie vom Patienten im Einzelnen vorgetragen worden sind oder nicht (OLG Saarbrücken VersR 2002, 193, 195 = MDR 2000, 1317 mit zustimmender Anmerkung Rehborn, MDR 2000, 1320 und MDR 2001, 1148, 1155; vgl. hierzu Rehborn, GesR 2004, 403, 404 ff. zur Rechtskraft bei Behandlungs- und Aufklärungsfehlern; BGH, Urt. v. 14. 2. 2006 – VI ZR 322/04, NZV 2006, 408, 409 = MDR 2006, 987 zur Rechtskraft von Schmerzensgeldurteilen; → Verjährung, S. 867 f.).

Der von der Rechtskraft nach § 322 ZPO erfasste Streitgegenstand wird durch den Klageantrag und den Lebenssachverhalt bestimmt. In Arzthaftungsprozessen erschließt sich der zugrunde liegende Lebenssachverhalt aus dem in Betracht kommenden Behandlungszeitraum (OLG Hamm NJW-RR 1999, 1589; Rehborn, GesR 2004, 403 ff., 406).

Suizidgefährdete Patienten

Vgl. auch → *Sturz im Pflegeheim,* → *Vollbeherrschbare Risiken,* → *Therapiefehler*

I. Sicherungspflicht bei akuter Suizidgefahr

Wird ein Patient in eine **psychiatrische bzw. psychotherapeutische Klinik** eingewiesen, sind dort konkrete Maßnahmen zum Schutz des Patienten durch Überwachung und/oder Sicherung erforderlich bei **erkennbar erhöhter, akuter oder konkreter Selbstmordgefahr** (OLG Hamburg, Urt. v. 14. 2. 2003 – 1 U 186/00, OLGR 2003, 267; OLG Oldenburg VersR 1997, 117; OLG Stuttgart Urt. v. 4. 4. 2000 – 14 U 63/99, MedR 2002, 198, 199; NJW-RR 2001, 1250; NJW-RR 1995, 662; OLG Zweibrücken, Urt. v. 26. 3. 2002 – 5 U 13/00, MedR 2003, 181 im Anschluss an BGH, Urt. v. 20. 6. 2000 – VI ZR 377/99, MDR 2000, 1376, 1377 = MedR 2001, 201, 202 = VersR 2000, 1240), wenn der Patient einer bestimmten **Risikogruppe** angehört, etwa solchen, die bereits einen **Suizidversuch unternommen** haben (OLG Stuttgart, Urt. v. 4. 4. 2000 – 14 U 63/99, MedR 2002, 198, 200), die an einer **Psychose aus dem schizophrenen Formenkreis** mit starker Suizidgefahr (OLG Köln R+S 1995, 414) oder unter **Verfolgungswahn** mit dabei geäußerten Fluchtgedanken leiden (OLG Braunschweig VersR 1985, 576) bzw. in deren **näherer Verwandtschaft** es zu einem Selbstmordversuch kam (OLG Stuttgart, Urt. v. 4. 4. 2000 – 14 U 63/99, MedR 2002, 198, 200) oder bei denen **Hinweise auf eine akute Gefährdung** vorliegen, etwa bei der Suche nach schädigenden Gegenständen, der Verweigerung der Einnahme von Medikamenten oder einer Essensverweigerung (OLG Stuttgart, Urt. v. 4. 4. 2000 – 14 U 63/99, MedR 2002, 198, 200).

So ist etwa auch die Frage, ob eine **Zugangstür zu einem Balkon** einer offenen psychiatrischen Station unverschlossen gehalten werden kann, davon abhängig zu machen, ob **besonders gefährdete Patienten auf der Station** behandelt werden. Eine Balkontür muss daher verschlossen sein, wenn sich auf der Station Patienten befinden, die stark erregt sind und bei denen jeden Moment mit Impulsdurchbrüchen zu rechnen ist, bei verwirrten und desorientierten Patienten, solchen mit starker Sehbehinderung und Patienten mit Wahrnehmungsstörungen wie z. B. optischen Halluzinationen. Liegt dagegen bei einem Patienten eine akute suizidale Gefährdung vor, reicht es nicht aus, die Balkontür nur zu verschließen. In einem solchen Fall ist eine besondere Überwachung des Patienten, etwa in einem besonders geschützten Bereich, erforderlich. Dies gilt sowohl für die Tages- als auch die Nachtzeit (OLG Zweibrücken, Urt. v. 26. 3. 2002 – 5 U 13/00, MedR 2003, 181 im Anschl. an BGH, Urt. v. 20. 6. 2000 – VI ZR 377/99, MDR 2000, 1376, 1377 = MedR 2001, 201).

In jedem Fall muss im Rahmen der Betreuung eines akut suizidgefährdeten Patienten dafür gesorgt werden, dass die **Stationstüren verschließbar** sind und die **Fenster** auch unter Einsatz von Körperkraft nicht so geöffnet werden können, dass der Patient hinausspringen kann (OLG Hamburg, Urt. v. 14. 2. 2003 – 1 U 186/00, OLGR 2003, 267).

Ein Behandlungsfehler liegt auch vor, wenn ein latent selbstmordgefährdeter Patient **nicht auf gefahrdrohende Gegenstände durchsucht** wird (OLG Stuttgart MedR 1999, 374), etwa nach einem Feuerzeug (BGH NJW 1994, 794), nicht jedoch bei Mitführung eines Plastikbeutels (OLG Frankfurt VersR 1993, 1271).

Eine **akute Selbstmordgefahr** ergibt sich aber nicht schon daraus, dass der Patient vorsorglich auf eine geschlossene Station aufgenommen worden ist oder bei ihm eine „depressive Störung" festgestellt wird (OLG Stuttgart, Urt. v. 4. 4. 2000 – 14 U 63/99, MedR 2002, 198 = NJW-RR 2001, 1250), er lediglich latent Suizidgedanken äußert (OLG Braunschweig OLGR 1994, 67; OLG Naumburg NJW-RR 2001, 1251) oder bei ihm eine latente Selbsttötungsabsicht besteht (OLG Düsseldorf NJW-RR 1995, 1050; OLG Stuttgart NJW-RR 1995, 662: Ausgang mit Angehörigen; a. A. OLG Köln VersR 1993, 1156: geschlossene Abteilung).

Der **Sicherungspflicht** sind aber auch bei erkannter und richtig eingeschätzter Suizidneigung in mehrfacher Hinsicht **Grenzen** gesetzt: Zum einen sind die **Menschenwürde**, die allgemeine Handlungsfreiheit und das Übermaßverbot zu beachten. Zum anderen ist zu berücksichtigen, dass die Sicherung in eine Behandlung eingebettet ist, wobei auch abzuwägen ist, ob und inwieweit erforderliche Sicherungsmaßnahmen sich **negativ auf den Gesamtzustand des**

Patienten auswirken können (OLG Koblenz MedR 2000, 136; auch OLG Zwei-brücken, Urt. v. 26. 3. 2002 – 5 U 13/00, MedR 2003, 181 im Anschluss an BGH, Urt. v. 20. 6. 2000 – VI ZR 377/99, MDR 2000, 1376, 1377 = MedR 2001, 201, 202 = VersR 2000, 1240).

Die moderne Psychiatrie sieht ihre Hauptaufgabe bei Geisteskranken darin, diese nicht nur sicher zu verwahren, sondern zu behandeln bzw. zu heilen. Dabei gehört es auch zur Therapie suizidgefährdeter Patienten, die **Eigenverant-wortlichkeit zu stärken** und die Patienten nicht durch übertrieben sichernde Maßnahmen in ihrem Selbstbewusstsein einzuengen (OLG Naumburg NJW-RR 2001, 1211; OLG Stuttgart VersR 1994, 731, 732; OLG Zweibrücken, Urt. v. 26. 3. 2002 – 5 U 13/00, MedR 2003, 181 im Anschluss an BGH, MedR 2001, 201: „Konzept der stationären psychiatrischen Therapie mit offenen Türen"). Im Einzelfall kann eine allzu strikte, insbesondere für den Kranken deutlich fühlbare Überwachung den Therapieerfolg in Frage stellen (BGH, Urt. v. 20. 6. 2000 – VI ZR 377/99, MDR 2000, 1376, 1377 = MedR 2001, 201, 202 = VersR 2000, 1240; MDR 1994, 38; F/N, Rz. 89).

II. Entscheidungs- und Ermessensspielraum

Vom **Facharzt** ist eine methodisch **fundierte Befunderhebung** und Diagnosestel-lung zu verlangen. Nur dieses methodische Vorgehen ist rechtlich überprüfbar. Hinsichtlich der Schlussfolgerung (akute Suizidneigung) verbleibt dem Thera-peuten im Einzelfall ein **Entscheidungs- und Ermessensspielraum** (OLG Koblenz MedR 2000, 136).

Eine Haftung des behandelnden Arztes bzw. des Krankenhausträgers kommt nicht in Betracht, wenn die **akute Suizidgefahr als solche erkannt**, nicht durch Außerachtlassung wesentlicher Umstände unterschätzt und dieser Gefahr im Rahmen der Therapie auf angemessene Art und Weise begegnet wurde (OLG Naumburg NJW-RR 2001, 1251).

Dabei verlangt die auch bei Patienten einer offenen Station möglicherweise **latent vorhandene Selbstmordgefahr** nicht, jede Gelegenheit zu einer Selbst-schädigung auszuschließen (BGH, Urt. v. 20. 6. 2000 – VI ZR 377/99, MedR 2001, 201, 202 = MDR 2000, 1376; im Anschl. hieran OLG Zweibrücken, Urt. v. 26. 3. 2002 – 5 U 13/00, MedR 2003, 181; Rehborn MDR 2001, 1148, 1152). Ein Suizid kann während des Aufenthalts in einem psychiatrischen Krankenhaus nie mit absoluter Sicherheit vermieden werden, gleich, ob die Behandlung auf einer offenen oder auf einer geschlossenen Station unter Beachtung aller reali-sierbaren Überwachungsmöglichkeiten durchgeführt worden ist (BGH MDR 1994, 38; Rehborn MDR 2001, 1148, 1152).

Ein Suizidversuch kann per se nicht als Indiz für eine Pflichtwidrigkeit des Arz-tes bzw. Krankenhauses gewertet werden (OLG Koblenz MedR 2000, 136). So haftet der behandelnde Arzt bzw. der Klinikträger nicht für die dabei eingetrete-nen Körper- und Gesundheitsschäden des Patienten, wenn er nach einigen Tagen auf der geschlossenen Abteilung nach vertretbarer Schlussfolgerung des

Arztes, es läge keine akute Suizidneigung mehr vor, auf eine **offene Abteilung verlegt** wird und er sich dort aus einem Fenster stürzt (OLG Koblenz MedR 2000, 136). Gleiches gilt, wenn dem latent selbstmordgefährdeten Patienten einer offenen Station der **Ausgang mit Angehörigen genehmigt** wird und er dabei einen Suizidversuch unternimmt (OLG Stuttgart NJW-RR 1995, 662).

Ist eine **akute Suizidgefahr nicht erkennbar**, muss die Klinik auch nicht unverzüglich nach einem Patienten fahnden, der nicht wie vereinbart nach einem unbegleiteten Ausgang auf das Klinikgelände zurückkommt (OLG Stuttgart NJW-RR 2001, 1250; auch OLG Stuttgart, Urt. v. 4. 4. 2000 – 14 U 63/99, MedR 2002, 198, 199).

Therapiefehler

Vgl. auch → *Grobe Behandlungsfehler,* → *Diagnosefehler,* → *Kausalität,* → *Sturz im Pflegeheim und im Krankenhaus,* → *Suizidgefährdete Patienten*

I. Wahl und Durchführung einer konkreten Therapie
II. Fallgruppen einfacher Behandlungsfehler
  1. Einfache Behandlungsfehler im Bereich Chirurgie/Orthopädie
  2. Einfache Behandlungsfehler im Bereich Gynäkologie, Vor- und nachgeburtliche Betreuung
  3. Einfache Behandlungsfehler im Bereich Innere Medizin/Urologie
4. Einfache Behandlungsfehler im Bereich HNO/Augenheilkunde
5. Einfache Behandlungsfehler im Bereich Allgemeinmedizin
6. Einfache Behandlungsfehler im Bereich Radiologie
7. Einfache Behandlungsfehler im Bereich Anästhesie
8. Einfache Behandlungsfehler im Bereich Zahnmedizin

I. Wahl und Durchführung einer konkreten Therapie

Zu den Behandlungsfehlern gehören neben den Diagnosefehlern, Organisationsfehlern, Fehlern der therapeutischen Aufklärung (Sicherungsaufklärung), der unterlassenen Befunderhebung und dem Übernahmeverschulden die Fälle, in denen die gewählte ärztliche Diagnostik- oder Therapiemethode schon in ihrer Wahl fehlerhaft ist oder in denen getroffene Behandlungsmaßnahmen oder deren Unterlassung gegen anerkannte und gesicherte medizinische Soll-Standards verstoßen (G/G, 5. Aufl. Rz. B34, B75).

Bei der Wahl der Therapie oder der Diagnostik ist dem Arzt ein **weites Beurteilungsermessen** anhand der jeweils vorliegenden Gegebenheiten des konkreten Behandlungsfalles und seiner eigenen Erfahrungen und Geschicklichkeit bei der Anwendung der gewählten Methode eingeräumt (OLG Naumburg, Urt. v. 6. 6. 2005 – 1 U 7/05, VersR 2006, 979; S/Pa, Rz. 157). Die ärztliche Entscheidung ist nur dahin zu überprüfen, ob die gewählte Therapie den Stand der naturwissenschaftlichen Erkenntnisse und fachärztlichen Erfahrungen entspricht, ob sie zur Erreichung des Behandlungsziels geeignet und erforderlich ist und regelmäßig auch, ob sie sich in der fachärztlichen Praxis bewährt (OLG Naumburg, Urt. v. 6. 6. 2005 – 1 U 7/05, VersR 2006, 979; auch Rehborn MDR 2000, 1101, 1102).

Geschuldet wird aber **nicht stets das jeweils neueste Therapiekonzept** mittels einer auf den jeweils neuesten Stand gebrachten apparativen Ausstattung (BGH NJW 1988, 763 = VersR 1988, 179; G/G, 5. Aufl. Rz. B 6, 9; S/Pa, Rz. 157 a, 161; Heyers/Heyers MDR 2001, 918, 922). So ist etwa der Einsatz eines älteren Chirurgiegerätes bei der Entfernung eines Polypen an der Darmwand zulässig, wenn es technisch einem moderneren Gerät gleichwertig ist (OLG Frankfurt VersR 1991, 185).

Die Diagnostik- oder Therapiemethode entspricht erst dann nicht mehr dem zu fordernden Qualitätsstandard (Facharztstandard), wenn es neue Methoden gibt, die risikoärmer oder für den Patienten weniger belastend sind und/oder bessere Heilungschancen versprechen, in der medizinischen Wissenschaft im Wesentlichen unumstritten sind und in der Praxis, nicht nur an wenigen Universitätskliniken verbreitet Anwendung finden (BGH NJW 1988, 763; Gehrlein Rz. B 11 a. E.; G/G, 5. Aufl. Rz. B 6).

Dabei ist der Arzt nicht stets auf den jeweils sichersten therapeutischen Weg festgelegt (BGH NJW 1987, 2927 = VersR 1988, 1378; S/Pa, Rz. 157 a, 160; **a. A.** OLG Köln VersR 1990, 856). Unter verschiedenen Therapiemethoden, die hinsichtlich der Belastungen für den Patienten und der Erfolgsaussichten im Wesentlichen gleichwertig sind, kann der Arzt frei wählen (OLG Naumburg, Urt. v. 6. 6. 2005 – 1 U 7/05, VersR 2006, 979; G/G, 5. Aufl. Rz. B 6, B 34 zum Behandlungsfehler und Rz. C 22, C 23 zur Aufklärung; S/Pa, Rz. 157 a).

Ein höheres Risiko muss aber in den besonderen Sachzwängen des konkreten Falles oder in einer günstigeren Heilungsprognose eine sachliche Berechtigung finden (BGH NJW 1987, 2927; OLG Frankfurt VersR 1998, 1378; G/G, 5. Aufl. Rz. B 35; S/Pa, Rz. 157 a). Dies gilt etwa für die Bündelnagelung eines Torsionsbruchs statt einer Plattenosteosynthese (BGH NJW 1987, 2927).

Auch die Wahl einer neuen, gefährlicheren Methode ist jedenfalls dann zulässig, wenn sie indiziert ist und die besten Erfolgsaussichten bietet (OLG Celle VersR 1992, 749). Eine **Außenseitermethode** wie z. B. eine Kürschner-Marknagelung bei einem Oberarmschaftbruch im Jahr 1988 bzw. die Anwendung einer noch nicht allgemein eingeführten und bewährten Methode ist jedoch nur zulässig, wenn der Operateur über besondere Erfahrungen mit dieser Methode verfügt und die technische Ausstattung eine solche Vorgehensweise erlaubt (OLG Düsseldorf NJW-RR 1991, 987; G/G, Rz. B 36).

II. Fallgruppen einfacher Behandlungsfehler

Vgl. hierzu → *Grobe Behandlungsfehler*, S. 557 ff.

1. Einfache Behandlungsfehler im Bereich Chirurgie/Orthopädie

Das Vorliegen eines einfachen Behandlungsfehlers wurde in den folgenden Fällen bejaht:

▷ *Appendizitis (Blinddarmoperationen)*

Kann der Verdacht auf eine akute, kompliziert verlaufende Appendizitis nicht mit Sicherheit ausgeschlossen werden, begründet das Hinauszögern einer operativen Intervention einen **Behandlungsfehler** (OLG Oldenburg VersR 1996, 894).

Ergibt sich der **Verdacht auf eine Blinddarmentzündung** vor dem Eingriff und stellt sich dann bei der Operation heraus, dass die Beschwerden durch eine tomatengroße, eitrige Darmausstülpung verursacht worden waren, so ist die sofortige Entfernung dieser Darmausstülpung indiziert. Die Abwägung zwischen dem Selbstbestimmungsinteresse des Patienten einerseits und dessen Gesundheit und mutmaßlichem Willen andererseits spricht dabei gegen einen Abbruch des Eingriffs (OLG Koblenz NJW-RR 1994, 1370).

Besteht dagegen nur ein „vager Verdacht" auf eine Appendizitis, so ist es **nicht behandlungsfehlerhaft**, einen verständigen Patienten mit dem ausdrücklichen Hinweis, den Hausarzt zu konsultieren, zu entlassen (OLG Stuttgart VersR 1994, 180; ebenso OLG Schleswig VersR 1992, 1097).

Der Krankenhausarzt kann sich dabei regelmäßig mit dem **Abtasten** des Bauchs begnügen, wenn er dabei keine Anhaltspunkte für eine Appendizitis findet und den Patienten anschließend an den Hausarzt zurück überweist (OLG Schleswig VersR 1992, 1097; teilweise abweichend OLG Oldenburg VersR 1996, 894).

Es wurde auch **nicht als Behandlungsfehler** angesehen, wenn im Jahr 1993 bzw. später eine laparoskopische Appendektomie (Blinddarmoperation) vorgenommen wurde, weil die Methode damals schon zu einem Routineverfahren ausgereift war (OLG Saarbrücken, Urt. v. 17. 4. 2002 – 1 U 612/01–139, OLGR 2002, 223; OLG München, Urt. v. 11. 4. 2002 – 24 U 442/99, OLGR 2003, 5).

▷ *Bauchoperationen*

Die **Durchtrennung des Ductus choledochus** (Hauptgallengang) bei einer endoskopischen Cholezystektomie (Gallenblasenentfernung im Wege des sogenannten minimal-invasiven Verfahrens) stellt nach Auffassung des OLG Hamm (Urt. v. 6. 2. 2002 – 3 U 64/01, VersR 2003, 374; auch OLG Hamm, Urt. v. 15. 3. 2000 – 3 U 9/99, VersR 2001, 65, VersR 1991, 65: Verwechslung mit dem Ductus cysticus bei **ungenügender Präparation**; OLG Düsseldorf VersR 2000, 456: Verwachsungen; differenzierend OLG Hamburg, Urt. v. 19. 11. 2004 – 1 U 84/03, OLGR 2005, 195).

Sind bei einer endoskopischen Gallenblasenentfernung (Entfernung der Gallenblase im Wege der Bauchspiegelung) die vorhandenen organischen Strukturen infolge von **Verwachsungen** nicht sicher voneinander zu unterscheiden, so muss der Operateur zur laparoskopischen Methode (offener

Bauchschnitt) übergehen, um den Gallengang mit der notwendigen Zuverlässigkeit identifizieren zu können (OLG Düsseldorf, Urt. v. 17. 12. 1998 – 8 U 139/97, VersR 2000, 456).

Die Fortsetzung der Laparotomie ist sogar **grob fehlerhaft**, sobald sich die Unübersichtlichkeit infolge von Verwachsungen bzw. anatomischen Besonderheiten herausstellt (OLG Düsseldorf VersR 2000, 456; ebenso OLG Brandenburg, Urt. v. 10. 3. 1999 – 1 U 54/98, VersR 2000, 489, 490 = NJW-RR 2000, 24, 25, vgl. → *Grobe Behandlungsfehler*, S. 557 f. und → *Klage (Muster)*, S. 625 ff.).

Nach Auffassung des OLG Hamburg (Urt. v. 19. 11. 2004 – 1 U 84/03, OLGR 2005, 195) entspricht es bei der Durchführung einer laparoskopischen Cholezystektomie nicht dem ärztlichen Standard, routinemäßig eine intraoperative Cholangiographie vorzunehmen. Auch die Darstellung der Einmündung des Cysticus in den Choledochus ist vor Durchführung des Eingriffs nicht zwingend zu fordern. Allerdings ist der Raum zwischen dem Ductus cysticus und dem Unterrand der Leber, das sogenannte „Calot'sche Dreieck" so weit **frei zu präparieren**, dass der Ductus cysticus und die Arteria cystica hinreichend deutlich sichtbar verbleiben (OLG Hamburg a. a. O.; ebenso OLG Oldenburg, Urt. v. 21. 6. 2000 = 5 U 86/04, bei Jorzig GesR 2006, 408, 409).

Wird durch die konkret gewählte Art der Lagerung des Patienten, die grundlos vom ärztlichen Standard abweicht, das Risiko der Verletzung eines großen Bauchgefäßes erhöht, so haftet der operierende Arzt wegen eines schuldhaft begangenen Fehlers, wenn es während der Operation (Durchführung der Laparoskopie) zu einer Verletzung der Arteria iliaca communis (gemeinsame Hüftarterie) kommt (OLG Stuttgart VersR 1990, 1279).

Zu weiteren Behandlungsfehlern bei Eingriffen an Magen, Darm und Galle vgl. → *Grobe Behandlungsfehler* sowie OLG Oldenburg VersR 1994, 54 (Darmperforation), OLG Düsseldorf VersR 1988, 967 (Laparoskopie), OLG Nürnberg VersR 1988, 1050 (Dünndarmnekrose).

▷ *Versorgung von Brüchen*

Eine Achsabweichung bei der Nagelung eines Bruchs ist zwar nicht immer vermeidbar, jedoch muss während des Eingriffs oder sofort danach die achsengerechte Nagelung durch Röntgenkontrolle überprüft und ggf. bei einer Nachoperation eine sofortige Umnagelung vorgenommen werden (OLG Stuttgart VersR 1990, 1014).

Wird eine Unterschenkelfraktur im Rahmen einer Osteosynthese (Vereinigung reponierter Knochenfragmente durch Verschrauben, Nageln, Plattenanlagerung etc.) operativ behandelt, so stellt sich die Anordnung einer **Teilbelastung des Beins bereits vier Wochen nach dem Eingriff** als (einfacher) Behandlungsfehler dar (OLG Nürnberg VersR 1989, 256; zweifelnd G/G, 5. Aufl., Rz. B 80).

Werden im Rahmen einer Notfallversorgung primär nur die eingetretenen Oberschenkelfrakturen versorgt, erst sekundär eingetretene Zerreißungen der Beingefäße, ist ein Behandlungsfehler zu bejahen (BGH VersR 1988, 495).

Nach der operativen Versorgung einer komplizierten Sprunggelenkfraktur müssen die verantwortlichen Ärzte durch einen Zugverband oder durch eine mechanische Korrektur unter Narkose sicherstellen, dass der betroffene Fuß eine funktionell günstige rechtwinklige Stellung einnehmen kann. Kommt es infolge eines ärztlichen Fehlverhaltens dabei zur dauerhaften Einsteifung eines Sprunggelenks in einer Spitzfußstellung von 130°, so ist ein Schmerzensgeld von 18 000 Euro angemessen (OLG Düsseldorf VersR 1999, 450 für 1998).

▷ *Hodentorsion*

Bei der Verdachtsdiagnose „Hodentorsion" ist eine unverzügliche **operative Freilegung des Hodens medizinisch zwingend geboten**. Der Behandlungsseite obliegt die Beweislast für die Behauptung, dass sich ein Patient nach umfassender Beratung nicht der allein indizierten, mit keinen besonderen Risiken verbundenen Operation zur Erhaltung des Hodens unterzogen hätte und dass die Operation wegen zu später Vorstellung beim Arzt erfolglos geblieben wäre (OLG Oldenburg VersR 1995, 96).

▷ *Einsatz eines künstlichen Kniegelenks; Spongiosaplastik*

Wählt der operierende Arzt beim Einsatz einer Keramik-Hüftgelenkstotalplastik einen **zu großen Endoprothesenschaft**, so dass es beim Einschlagen des Schafts zu einer Sprengung des Femurschafts kommt, liegt hierin ein Behandlungsfehler. Der Arzt, der die Größenverhältnisse des Femurschaftinneren und des einzubringenden Implantats unrichtig einschätzt, ohne rechtzeitig anhand des Röntgenbildes zu überlegen und zu planen, ob die vorhandene und gewählte Endoprothese in den Femurschaft passt, handelt fehlerhaft (KG VersR 1989, 915). Ein Behandlungsfehler liegt auch vor, wenn der Arzt ohne nachvollziehbaren Grund eine größere Prothese beim Einsatz eines Hüftgelenkersatzes verwendet und damit dem Grundsatz zuwiderhandelt, **möglichst viel an Knochensubstanz zu erhalten** (OLG Köln VersR 1996, 712). Allerdings gibt es ein Ermessen des Operateurs, bei der Wahl der Größe des Implantats zwischen einer größeren Stabilität durch Wahl eines größeren Implantats und der eventuellen schlechteren Durchblutung abzuwägen (OLG Hamm VersR 1989, 965 zur Spongiosaplastik zur Beseitigung einer Pseudoarthrose im Unterarm bzw. der Gefahr der Lockerung und des Herausspringens der Prothese).

Werden intraoperativ **Spongiosaschrauben zu tief eingebracht**, dann ist dem Arzt ein Behandlungsfehler vorzuwerfen, wenn er die Schrauben in dieser Position im Hüftkopf belässt; denn der Operateur hat durch sorgfältige Kontrolle der Lage der Schrauben dafür Sorge zu tragen, dass diese nicht in das Gelenk hineinragen (OLG Hamm VersR 1997, 1359).

Ereignet sich nach dem Einsatz eines künstlichen Kniegelenks eine Luxation, so liegt ein Behandlungsfehler vor, wenn der Arzt, der präoperativ sämtliche Ursachen bedenken und die Operation entsprechend planen muss, im Rahmen einer Revisionsoperation den wirklichen Schaden an dem Kniegelenk nicht erkennt (OLG Saarbrücken NJW-RR 1999, 749).

▷ *Knieoperationen*

Ein einfacher Behandlungsfehler liegt vor, wenn eine nicht dringende Knieoperation trotz hoher Blutsenkung durchgeführt wird (OLG München VersR 1995, 1193). Wird bei der arthroskopischen Entfernung einer Bride (Zügel, Verwachsungsstrang) ausweislich des Operationsberichts ein intaktes vorderes Kreuzband festgestellt, verzeichnet aber der Operationsbericht eines vier Jahre später durchgeführten arthroskopischen Eingriffs das völlige Fehlen des Kreuzbandes, so lässt dies nicht den Schluss zu, dass anlässlich der ersten Operation aufgrund einer Verwechslung anstatt der Bride das Kreuzband entnommen worden ist (OLG Düsseldorf VersR 2001, 1157).

▷ *Muskelfaserriss*

Treten im Anschluss an einen Muskelfaserriss in der Wade Schwellungen und anhaltende Schmerzen auf, so muss der Arzt in Betracht ziehen, dass sich eine **Venenthrombose entwickelt** haben kann. In einem solchen Fall muss eine nahe liegende zielgerichtete Diagnostik (Phlebographie), die allein Sicherheit geben kann, ob eine Thrombose vorliegt, in der Praxis des Arztes, andernfalls nach umgehender Überweisung dorthin in einem Krankenhaus durchgeführt werden (OLG Hamm VersR 1990, 660).

Zur Frage des Vorliegens eines groben Behandlungsfehlers beim Übersehen von Thrombosen vgl. S. 530, 541, 561, 564.

▷ *Schnittwunden und Sehnenverletzungen*

Besteht der Verdacht auf Durchtrennung einer Sehne (im entschiedenen Fall der Beugesehne des kleinen Fingers bei einem zehn Jahre alten Kind), muss der erstbehandelnde Arzt umgehend eine primäre oder spätestens bis zum Ende der zweiten Woche nach der Verletzung eine verspätet primäre Beugesehnennaht veranlassen (OLG Zweibrücken NJW-RR 1998, 1325 auch zur Frage der in diesem Fall nicht nachgewiesenen Kausalität).

Eine vier Zentimeter lange Schnittwunde an der Beugeseite des Handgelenks mit Durchtrennung des Ligamentum carpi palmare (Band im Bereich des Handgelenks) legt die Möglichkeit einer Verletzung des Nervus ulnaris oder des Nervus medianus nahe. Hieraus ergibt sich für den erstbehandelnden Arzt in einem Krankenhaus die dringende Notwendigkeit einer Kontrolluntersuchung, wenn er bei der Erstuntersuchung **Nervenverletzungen** nicht feststellen kann. Er muss die Kontrolluntersuchungen entweder selbst veranlassen oder den Patienten über deren Notwendigkeit belehren (OLG Frankfurt VersR 1990, 659). Ein Behandlungsfehler liegt jedoch nicht vor, wenn der behandelnde Arzt in einem Kreiskrankenhaus, das nicht über eine Neurochirurgie verfügt, den nicht als durchtrennt beurteilten Nervus ulnaris nicht unter Anlegung einer Blutsperre darstellt und nicht sofort eine End-zu-End-Naht der Nervenenden vornimmt (OLG Karlsruhe VersR 1990, 53).

Bei länger bestehender Fingerverletzung und äußerlich stark entzündetem Fingerglied ist auch an eine **Infektion des Gelenks** zu denken, die röntgenologisch abzuklären ist (OLG Stuttgart VersR 1999, 627).

▷ *Richtige Operationsmethode bei einem CTS (Karpaltunnelsyndrom)*

Liegt bei einem Karpaltunnelsyndrom bereits eine erhebliche Läsion des Nervus medianus vor, ist als Operationsmethode eine **offene Karpalband-spaltung indiziert**; ein endoskopisches Vorgehen ermöglicht nicht die erforderliche Dekompression des Nerven und würde sich in einem solchen Fall als fehlerhaft erweisen (OLG Düsseldorf, Urt. v. 24. 7. 2003 – I-8 U 137/02, OLGR 2004, 335, 337: Klage abgewiesen, Operateur hatte von einem endoskopischen Vorgehen abgesehen).

▷ *Hygienestandards bei ambulanter Operation*

Ein Chirurg, der bei einer operativen Entfernung eines Lipoms keinen sterilen Kittel und dessen im Operationsraum anwesende Helferin weder Kopfbedeckung noch Mundschutz trägt, handelt fehlerhaft. Trotz der Verletzung des Hygienestandards liegt in einem solchen Fall aber nur ein einfacher Behandlungsfehler vor. Die Beweislast für die Kausalität der Verletzung der Hygienevorschriften für eine durch Streptokokken der Serumgruppe A hervorgerufene Infektion trägt daher der Patient (OLG Hamm, Urt. v. 11. 10. 2004 – 3 U 93/04, GesR 2006, 30).

▷ *Antibiose oder Wundrevision verspätet durchgeführt*

Wird eine Antibiose oder Wundrevision verspätet durchgeführt, liegt regelmäßig sogar ein grober Behandlungsfehler vor (vgl. → *Grobe Behandlungsfehler*, S. 565).

Kommt es nach einer Marknagelung zu einer eitrigen Infektion, so muss unverzüglich die Erregerbestimmung mit Resistenznachweis veranlasst werden, um antibiotisch sachgerecht behandeln zu können (LG Hannover VersR 1995, 787). Treten nach einer Schnittverletzung nicht abklingende Schmerzen auf und zeigt das Wundbild einen Entzündungsprozess an, so muss möglichst frühzeitig eine antibiotische Therapie mit einem Medikament erfolgen, das gegen Staphylokokken wirksam ist (KG VersR 1991, 928). Eine systematische Behandlung des Patienten mit Antibiotika ist jedoch nicht geboten, wenn eine Wunde während der gesamten Behandlungsdauer lokal begrenzt bleibt und allgemeine Infektionsanzeichen nicht vorliegen (OLG Stuttgart OLGR 2002, 207, 208).

Bei länger bestehender Fingerverletzung und äußerlich stark entzündetem Fingerglied muss zumindest die Verdachtsdiagnose einer Infektion des Gelenks gestellt werden. Verzögert sich die Revision des Endgelenks um zehn bis zwölf Tage, so ist ein Schmerzensgeld von jedenfalls 1 540 Euro angemessen (OLG Stuttgart VersR 1999, 627). Es ist auch fehlerhaft, wenn nach einer Meniskusoperation bei länger als zehn bis vierzehn Tage anhaltenden Schmerzen das Knie lediglich punktiert wird, ohne den Ursachen der fortdauernden Schmerzen nachzugehen (OLG Hamm VersR 1989, 293).

▷ *Verwechslung von Mittel- und Ringfinger bei einer Ringbandspaltung; Indikationsstellung im Rahmen einer Chefarztvisite*

Wird neben einer Karpaltunneloperation die Ringbandspaltung eines Fingers vorgenommen und wird dieser Eingriff nicht, wie zunächst in Aussicht genommen, am Ringfinger, sondern am Mittelfinger durchgeführt, ohne dass hierfür eine Indikationsstellung dokumentiert ist, so ist von einer schuldhaften Verwechslung der Finger auszugehen, wenn sich kurze Zeit später der nicht operierte Ringfinger als operationsbedürftig erweist (OLG Hamburg, Urt. v. 25. 1. 2002 – 1 U 4/01, OLGR 2002, 232).

Im Rahmen einer Chefarztvisite kann ohne ärztliche Untersuchung allein aufgrund des optischen Eindrucks keine Indikation für die Operation an einem Finger (hier: Ringbandspaltung) gestellt werden. Eine hierauf vom Patienten erteilte **Einwilligungserklärung ist nicht wirksam** (OLG Hamburg, Urt. v. 25. 1. 2002 – 1 U 4/01, OLGR 2002, 232).

Das Vorliegen eines einfachen Behandlungsfehlers wurde in folgenden Fällen verneint:

▷ *Bandscheibenoperation*

Die Entstehung einer **Diszitis (Entzündung eines Wirbels)** im Zusammenhang mit einer Bandscheibenoperation weist nicht auf einen ärztlichen Behandlungs- oder Hygienefehler hin (OLG Hamm VersR 1999, 845). Gleiches gilt, wenn es nach einer Bandscheibenoperation zum Eintritt einer Querschnitt- oder Darmlähmung (OLG Hamm VersR 1993, 102), einem intraoperativen Prolaps (Vorfall) im HWS-Bereich bei Lagerung in „Häschenstellung" kommt (OLG Düsseldorf VersR 1992, 1230).

Die perkutane Lasertherapie der Bandscheibe (PLLD) stellte 1998 keine Neulandmethode mehr dar (OLG München, Urt. v. 8. 9. 2005 – 1 U 1812/05, OLGR 2006, 134).

▷ *Verwendung einer Druckscheibenprothese*

Der Einsatz einer **Druckscheibenprothese**, etwa anstatt der konventionellen Schaftprothese, stellte in Deutschland im Jahr 1999 kein „Neuland" mehr dar. Ihre Verwendung verstößt auch bei älteren Patienten (im entschiedenen Fall: 70 Jahre) nicht gegen den medizinischen Standard (OLG München, Urt. v. 23. 9. 2004 – 1 U 5234/02, OLGR 2005, 839).

▷ *Blinddarmentzündung*

Wird der Patient von seinem Hausarzt mit dem Verdacht einer Appendizitis zur weiteren Untersuchung in ein Krankenhaus überwiesen, so kann sich der Krankenhausarzt regelmäßig mit dem **Abtasten des Bauchs begnügen**, wenn er dabei keine Anhaltspunkte oder nur einen vagen Verdacht für eine Appendizitis findet und den Patienten zur weiteren Beobachtung an den Hausarzt zurück überweist (OLG Schleswig VersR 1992, 1097; ebenso OLG Stuttgart VersR 1994, 180). Hat der Arzt (hier: Allgemeinmediziner) den Patienten sorgfältig untersucht, ergänzend alle nach den seinerzeit bestehenden Erkenntnismöglichkeit gebotenen weiteren diagnostischen Maßnahmen veranlasst, etwa eine Sonographie und eine Urinanalyse durchgeführt sowie ein Blutbild erhoben, und deren Ergebnis zeitnah ausgewertet und vertretbar gedeutet, scheidet die Haftung wegen eines Diagnoseirrtums aus, wenn die tatsächlich bestehende Appendizitis nicht erkannt wird (OLG Koblenz, Urt. v. 29. 6. 2006 – 5 U 1494/05, OLGR 2006, 911, 912).

Auch bei laparoskopisch (mit Geräten durch die Baudecke) durchgeführter Blinddarmoperation kann es zu einer Stumpfinsuffizienz (Durchlässigkeit des betreffenden Darmabschnitts) und anschließender Abszessbildung oder zu Durchblutungsstörungen im Bereich des Darms kommen (OLG München, Urt. v. 11. 4. 2002 – 24 U 442/99, OLGR 2003, 5).

Es kann bzw. konnte im Jahr 1993/1994 nicht als Behandlungsfehler gewertet werden, wenn eine laparoskopische Appendektomie vorgenommen wurde, weil diese Methode schon damals zu einem Routineverfahren ausgereift war (OLG Saarbrücken, Urt. v. 17. 4. 2002 – 1 U 612/01, 139, OLGR 2002, 223; ebenso OLG München, Urt. v. 11. 4. 2002 – 24 U 442/99, OLGR 2003, 5). Diese Methode ist vor allem bei der Verdachtsdiagnose einer Appendizitis indiziert, weil sich der letzte Schritt der Diagnostik mit dem ersten Schritt der Therapie vereinigt (OLG Saarbrücken a. a. O.).

Ein Hinweis auf die **Behandlungsalternative einer herkömmlichen Operation mit Bauchschnitt ist entbehrlich,** weil die offene Operation belastender ist als die laparoskopische Appendektomie und die Belastungen und Erfolgsaussichten im Übrigen vergleich sind (OLG Saarbrücken, Urt. v. 17. 4. 2002 – 1 U 612/01–139, OLGR 2002, 223; auch OLG München, Urt. v. 11. 4. 2002 – 24 U 442/99, OLGR 2003, 5: Methoden gleichwertig, Klage des Patienten ebenfalls abgewiesen).

▷ *Darmspiegelung/Darmperforation*

Der Eintritt einer **Darmperforation** anlässlich einer Darmspiegelung gehört zu den seltenen, eingriffsimmanenten und nicht stets vermeidbaren Risiken, aus deren Verwirklichung allein der Vorwurf eines ärztlichen Behandlungsfehlers nicht abgeleitet werden kann (OLG Oldenburg VersR 1994, 54). Der Patient ist jedoch hierüber sowie über ein daraus resultierendes – wenngleich sehr seltenes – tödliches Risiko vor Durchführung des Eingriffs **aufzuklären** (OLG Oldenburg VersR 1994, 54; OLG Stuttgart VersR 1986, 581, 582; vgl. → *Aufklärung,* S. 250).

Der Einsatz eines älteren Chirurgiegerätes bei der Entfernung eines Polypen an der Darmwand ist zulässig, wenn es technisch einem moderneren Gerät gleichwertig ist bzw. beide in Frage kommenden Geräte sich für den vorgenommenen Eingriff nicht signifikant unterscheiden (OLG Frankfurt VersR 1991, 185).

▷ *Zurücklassen von Fremdkörpern im Operationsgebiet*

Ob den operierenden Ärzten der Vorwurf eines groben Behandlungsfehlers daraus gemacht werden kann, dass sie im Operationsgebiet einen Fremdkörper zurückgelassen haben, hängt von den Umständen des Einzelfalls ab. Der versehentliche **Verlust eines Tupfers** und dessen **Verbleiben im Operationsgebiet** bei einer vaginalen Gebärmutterentfernung rechtfertigt nach Ansicht des OLG Koblenz die Einstufung als „einfacher", nicht jedoch als „grober Behandlungsfehler" (OLG Koblenz VersR 1999, 1420, 1421: einfacher Behandlungsfehler; auch OLG Köln VersR 2000, 1150 zur Wurzelkanalbehandlung).

Auch das **Zurücklassen einer Drainage** nach einem Scheidendammschnitt in der Operationswunde der Patientin wurde jedenfalls dann als **(einfacher) Behandlungsfehler** bewertet, wenn nicht festgestellt werden kann, dass die Sicherung des Drainagestreifens vor dem Absinken in die Operationswunde veranlasst worden ist (OLG Köln VersR 1990, 1244).

Einer Patientin, bei der ein bei einer Operation vergessenes **Tuchband erst siebzehn Jahre später entdeckt** wurde und die über viele Jahre an Bauch- und Unterleibsschmerzen litt, ist vom LG Braunschweig (Urt. v. 3. 3. 2004 – 4 O 2339/02, NJW-RR 2005, 28) ein Schmerzensgeld in Höhe von 8 000,00 Euro zugesprochen worden. Im dortigen Fall wurde das Zurücklassen des Tuchbandes nicht als grober, aber als **einfacher Behandlungsfehler** angesehen, der für die Beschwerden der Patientin **kausal** wurde. Der vom Landgericht hinzugezogene Sachverständige hatte durchaus nachvollziehbar ausgeführt, dass Fremdkörper wie Bänder oder Tücher durch Sekrete und das Blut im Bauchraum so in ihrem Äußeren verändert werden können, dass sie nicht ohne weiteres zu identifizieren sind und leicht übersenden werden können. Andererseits muss der Operateur dafür Sorge tragen, dass die zum Einsatz gebrachten Operationsinstrumente, Tücher etc. exakt nachgezählt werden, so dass der Verlust eines Tuchbandes o. a. festgestellt werden kann.

Nicht als einfacher oder gar als grober Behandlungsfehler angesehen wurden das **Belassen eines Fremdkörpers** am Ende einer Operation in einem Weichteil, in dem der Fremdkörper keine Komplikationen verursachen kann (OLG Oldenburg MDR 1995, 268), eines **Metallclips im Bauchraum** anlässlich einer Gallenblasenoperation (LG Heidelberg MedR 1998, 175), eines ca. 8–10 cm langen Stücks eines **Venenkatheders in der Lungenarterie** des Patienten nach einer schwierigen Herzoperation (OLG Celle VersR 1990, 50), **einer abgerissenen Nadel im Bohrkanal** bei einer Kreuzbandersatzplastik (OLG Oldenburg NJW-RR 1997, 1384; auch OLG München, Urt. v. 10. 1. 2002 – 1 U 2373/01, OLGR 2002, 257) und eines **abgebrochenen Metallteils einer Bohrerspitze** im Knochen (hier: Tibia) im Rahmen der Operation einer Fraktur (OLG München, Urt. v. 10. 1. 2002 – 1 U 2373/01, OLGR 2002, 257).

Der Patient ist jedoch darüber **aufzuklären** (therapeutische Aufklärung bzw. Sicherungsaufklärung), dass ein Metallteil im Knochen o.a. verblieben ist, um den Zeitraum, innerhalb dessen beim Patienten Beschwerden eintreten können, zu verkürzen (OLG München, Urt. v. 10. 1. 2002 – 1 U 2373/01, OLGR 2002, 257, 258; auch OLG Stuttgart, Urt. v. 2. 2. 1989, AHRS I, 3110/ 33).

Klärt der Arzt den Patienten nicht darüber auf, dass ein **Fremdkörper im Körper zurückgelassen** wurde, so stellt dies nach Auffassung des OLG Oldenburg (MDR 1995, 268) eine Körperverletzung durch Unterlassen dar, die bei Schmerzen oder psychischen Beeinträchtigungen ein Schmerzensgeld rechtfertigen kann.

▷ *Gallenoperation*

Es liegt kein schuldhafter Behandlungsfehler vor, wenn der Operateur bei der Entfernung einer entzündlich verwachsenen Gallenblase den ductus hepaticus (aus der Vereinigung des rechten und linken Lebergallenganges hervorgehender Gallenweg zwischen der Leber und dem Gallenblaseneingang) verletzt, er die Verletzung jedoch ordnungsgemäß abgeclipt hat (OLG Brandenburg OLG-NL 1998, 32).

Bei der Durchführung einer laparoskopischen Cholezystektomie entspricht es nach Ansicht des sachverständig beratenden OLG Hamburg (Urt. v. 19. 11. 2004 – 1 U 84/03, OLGR 2005, 195) nicht dem ärztlichen Standard, routinemäßig eine **intraoperative Cholangiographie** vorzunehmen. Auch die Darstellung der Einmündung des Cysticus in den Choledochus ist vor Durchführung des Eingriffs nicht zu verlangen. Allerdings ist der Raum zwischen dem Ductus cysticus und dem Unterrand der Leber, das sogenannte „Calot'sche Dreieck" soweit frei zu präpaieren, dass der Ductus cysticus und die Arteria cystica deutlich sichtbar verbleiben. Aus dem Ausmaß der Verletzung, etwa der Zerstörung des Ductus choledochus in einem hohen Schweregrad IV a nach Sievert kann nicht auf einen Sorgfaltsverstoß des operierenden Arztes geschlossen werden. Vielmehr kann auch in der Hand eines erfahrenen Operateurs eine solch erhebliche Verletzung schicksalhaft auftreten wie auch bei einer offenen Cholezystektomie (OLG Hamburg, Urt. v. 19. 11. 2004 – 1 U 84/03, OLGR 2005, 195; auch OLG Oldenburg, Urt. v. 21. 6. 2006 – 5 U 86/04, bei Jorzig GesR 2006, 408, 409).

Zum Vorliegen eines „groben Behandlungsfehlers" bei Bauchoperationen vgl. → *Grobe Behandlungsfehler*, S. 557 f. und → *Klage (Muster)*, S. 625 ff. sowie → *Klageerwiderung (Muster)*, S. 641 ff.

▷ *Eingriffe am Herzen*

Wird bei der Durchführung einer Ballonvalvuloplastie (Sprengung verengter Herzklappen durch einen transvenös oder transarteriell vorgeschobenen Herzkatheter) bzw. einer Angioplastie (Dehnung von Stenosen der Herzkranzgefäße durch wiederholtes Einbringen von Kathetern mit zunehmendem Durchmesser oder unter Verwendung von Ballonkathetern) der **Herzmuskel durchstoßen mit der Folge eines Kreislaufstillstandes**, so liegt hierin wegen der nicht vollständigen Beherrschbarkeit des Risikos nicht unbedingt ein Behandlungsfehler (OLG Karlsruhe VersR 1997, 241).

Wird ein eingesetzter Bypass an der großen Diagonalarterie anstatt am Hauptast der Herzkranzarterie angeschlossen, so ist dies allein nicht behandlungsfehlerhaft (OLG München VersR 1997, 1281). Das Vorliegen eines

Behandlungsfehlers wurde auch bei der Durchführung einer Herzkathederuntersuchung bei einem Kleinkind, das dabei eine Hirnembolie erlitt, verneint (OLG Celle VersR 1988, 829).

Bleibt nach einer schwierigen Herzoperation von einem ca. 75 cm langen Venenkatheder infolge eines Materialfehlers oder einer Beschädigung bei der Operation ein **8–10 cm langes Stück in der Lungenarterie** des Patienten zurück, so kann hieraus noch nicht auf einen ärztlichen Behandlungsfehler geschlossen werden. Den Ärzten kann es dabei auch nicht zum Vorwurf gemacht werden, dass sie die Fragmentierung des Katheders nicht sogleich nach der Operation festgestellt haben. Ein längerer Zeit an derselben Stelle verbliebenes Kathederfragment begründet für den Patienten keine Emboliegefahr (OLG Celle VersR 1990, 50).

▷ *Versorgung von Knochenbrüchen*

Ist für einen Durchgangsarzt auf den von ihm gefertigten Röntgenbildern eine – tatsächlich vorliegende – **Kahnbeinfraktur nicht zu erkennen** und trägt er deshalb im Durchgangsarztbericht die Worte „keine knöcherne Verletzung" ein, so liegt hierin kein Behandlungsfehler. Ist für ihn auch auf einer fünfzehn Tage später gefertigten Röntgenaufnahme keine Kahnbeinfraktur erkennbar, so kann er die Diagnose „Kahnbeinfraktur" fallen lassen (OLG Stuttgart VersR 1989, 198).

Auch nach völliger Reposition eines Handgelenkbruchs mit regelgerechter Unterarmgipsversorgung kann nach ein bis zwei Wochen ein Korrekturverlust auftreten. Operative Korrekturen sind wegen der Gefahr des Eintritts von Frakturkrankheiten (z. B. Morbus sudeck) nicht angezeigt, so dass Fehlstellungen mit einem dorsalen Abkippen des distalen Radiusfragments bis ca. 20° toleriert werden können (LG Heidelberg VersR 1996, 1113).

Im Anschluss an eine ambulante Notfallbehandlung im Krankenhaus, etwa eines handgelenksnahen Speichenbruchs, muss sich der Patient zur Weiterbehandlung an seinen Hausarzt wenden, denn die ambulante Behandlung von Kassenpatienten ist grundsätzlich nicht Aufgabe eines Krankenhauses, sondern in erster Linie den frei praktizierenden Ärzten vorbehalten. Wendet sich der Patient dennoch – jeweils am Wochenende – als „Notfall" an das Krankenhaus, darf dieses die Behandlung auf medizinisch unaufschiebbare Maßnahmen beschränken und ist nicht verpflichtet, Kontrolluntersuchungen, etwa die Fertigung von Röntgenaufnahmen zur Überprüfung des Frakturstandes, vorzunehmen (OLG Düsseldorf VersR 1989, 807).

Ein chirurgischer **Eingriff trotz eines bestehenden Ödems** ist dann medizinisch vertretbar und stellt keinen Behandlungsfehler dar, wenn der Patient unter schweren Schmerzen leidet und deshalb mit einem Oberschenkelbruch nicht zufriedenstellend gelagert werden kann (OLG Düsseldorf VersR 1998, 55). Die Operation bei vorliegender Weichteilschwellung ist nicht in jedem Falle fehlerhaft (BGH VersR 1999, 1282: Unterschenkeltrümmerbruch, kein Behandlungsfehler; OLG Hamm VersR 1988, 807: Sprunggelenksfraktur, Eingriff trotz vorhandener Schwellung als Behandlungsfehler).

Der **Verzicht auf eine völlige Ruhigstellung des Beines** eines Patienten, bei dem nach einer unfallbedingten Operation am Mittelfußknochen eine Weichteilinfektion aufgetreten ist, stellt keinen Behandlungsfehler dar, wenn dadurch einer erhöhten Thrombosegefahr entgegengewirkt werden soll (OLG Köln VersR 1998, 243).

▷ *Leistenbruchoperation*

Die aufgrund einer klinischen Befunderhebung gestellte Verdachtsdiagnose auf einen einschnürenden Leistenbruch rechtfertigt die dringende Empfehlung zu einer sofortigen Operation. Eine vorherige Sonographie ist nicht unbedingt erforderlich. Ein verharmlosender Hinweis, dass sich auch etwas weniger schwerwiegendes herausstellen kann, ist zwar sinnvoll, aus medizinischer Sicht jedoch nicht zwingend geboten (OLG Oldenburg VersR 1998, 57).

Zur unterlassenen Kontrolle der Hodenlage nach einer Leistenbruchoperation vgl. → *Grobe Behandlungsfehler*, S. 562

▷ *Beseitigung einer Pseudoarthrose/Durchführung einer Spongiosaplastik im Unterarm*

Das Misslingen einer Operation zur Beseitigung einer Pseudoarthrose im Unterarm durch Spongiosaplastik mit Einsatz eines Spans vom Beckenkamm, bei der eine 9-Loch-Platte verwendet wird, lässt nicht den Schluss zu, es sei von vornherein eine zu kleine Platte und ein zu kleiner Knochenspan verwendet worden. Hier besteht ein Ermessen des Operateurs, der zwischen dem Erreichen einer größeren Stabilität durch Wahl eines größeren Implantats und der eventuellen schlechteren Durchblutung abzuwägen hat. Auch Schädigungen des Nervus cuteanus femoris lateralis infolge der Entnahme eines Knochenspans vom Beckenkamm und Schädigungen des Nervus ulnaris infolge der Spongiosaplastik sind auch bei sorgfältigem Operieren nicht immer zu vermeiden (OLG Hamm VersR 1989, 965). Die Schädigung des Nervus ilioinguinalis (versorgt die Leiste und die Oberschenkelinnenseite) als Folge einer narbigen Einschnürung ist ein typisches und nicht immer vermeidbares Risiko einer Spongiosaplastik, bei der aus dem Beckenkamm Knochenmaterial entnommen wird (OLG Saarbrücken VersR 1990, 666).

▷ *Versorgung einer Schnittwunde*

Der erforderliche ärztliche Standard ist nicht verletzt, wenn bei der Notfallversorgung einer Schnittwunde im Ellenbogenbereich in einem nicht über einen Neurochirurgen verfügenden Krankenhaus der Nervus ulnaris, der vom behandelnden Arzt als nicht durchtrennt beurteilt wird, nicht unter Anlegung einer Blutsperre dargestellt wird (OLG Karlsruhe VersR 1990, 53).

Auch bei völliger **Durchtrennung des Nervus ulnaris** ist kein Behandlungsfehler anzunehmen, wenn der Arzt nach einer bereits andernorts durchgeführten Erstversorgung der Wunde nicht sofort eine End-zu-End-Naht der Nervenenden vornimmt (OLG Karlsruhe VersR 1990, 53).

Die **Gabe von Antibiotika** ist bei einer ordnungsgemäß durchgeführten Wundrevision einer glatten Schnittwunde nicht erforderlich (OLG Oldenburg VersR 1991, 229).

▷ *Behandlung eines Tennisarms*

Eine Epicondylitis („Tennisarm") wird durch Injektionen mit kortisonhaltigen Medikamenten in den Ellenbogenbereich sachgerecht behandelt. Die mehrfache Verabreichung von Injektionen mit 10 mg des kortisonhaltigen Medikaments, einer Kristallsuspension, ist jedenfalls in Abständen von sechs Wochen medizinisch korrekt, nicht jedoch eine Dosierung von 40 mg im Rahmen einer einzigen Injektion (OLG Düsseldorf VersR 2001, 1515).

▷ *„Altschaden" vor Operation an der Hand nicht erkannt*

Es stellt keinen Behandlungsfehler dar, wenn bei einer frischen unfallbedingten Verletzung an der Hand vor der Operation ein „Altschaden" (hier: Hypermobilität im Daumengrundgelenk wegen alter Fraktur und der Versteifung des linken Daumensattelgelenks) mangels Information durch den Patienten nicht erkannt wird (OLG Schleswig, Urt. v. 23. 1. 2004 – 4 U 97/02, OLGR 2005, 272).

▷ *Tumoroperationen*

Kann der Verdacht auf einen bösartigen Tumor weder präoperativ noch intraoperativ ausgeräumt werden, so ist die operative Entfernung des Tumors nebst anhängendem Nervenfasergewebe indiziert (OLG Hamm VersR 2001, 723).

Die Indikation zur Thorakotomie (Öffnung der Brusthöhle) zur Sicherung einer computertomographisch und röntgenologisch gestützten Diagnose eines krebsverdächtigen Rundherds setzt keine weiteren präoperativen Kontrollbefunde voraus. Allerdings ist vor der Entfernung eines Lungenlappens bei noch nicht vorliegender histologischer Sicherung eines krebsartigen Prozesses eine Schnellschnittuntersuchung geboten (OLG Oldenburg VersR 1997, 317).

Besteht nach lege artis durchgeführter präoperativer Diagnostik der Verdacht auf das Vorliegen eines Schilddrüsenkarzinoms, so ist die **vollständige Entfernung des verdächtigen Gewebes indiziert**. Einer intraoperativen Schnellschnittdiagnostik bedarf es dabei nicht (OLG Köln NJW-RR 1999, 675).

Kommt es bei operativer Entfernung eines zystisch veränderten und knotigen Teils eines Schilddrüsenlappens zu einer Schädigung des Nervus vagus, die eine Stimmbandlähmung zur Folge hat, so liegt hierin die Verwirklichung eines außergewöhnlichen Risikos, die allein keinen Behandlungsfehler des Chirurgen indiziert (OLG Düsseldorf VersR 1989, 291).

▷ *Behandlung von Notfallpatienten; Anfrage bei anderen Krankenhäusern*

Zwar ist ein **Notfallpatient unverzüglich zu verlegen**, wenn das zunächst angegangene Krankenhaus zur standardgerechten Versorgung nicht in der Lage ist. Allerdings entspricht es geübter und rechtlich nicht zu beanstandender Praxis, dass das zuweisende Krankenhaus sich bei dem nächstgelegenen geeigneten Krankenhaus nach dessen Aufnahmebereitschaft erkundigt, dessen Entscheidung abwartet, um im Ablehnungsfall das nächste Krankenhaus zu kontaktieren. Eine gleichzeitige Anfrage bei mehreren Krankenhäusern ist aus organisatorischen Gründen nicht angezeigt. Aus dieser Praxis resultierende Nachteile muss der Patient hinnehmen (OLG Köln, Urt. v. 4. 12. 2002 – 5 U 84/01, NJW-RR 2003, 1032).

2. Einfache Behandlungsfehler im Bereich Gynäkologie, vor- und nachgeburtliche Betreuung

Das Vorliegen eines einfachen Behandlungsfehlers wurde in folgenden Fällen bejaht:

▷ *Pathologisches CTG und unterlassene CTG-Überwachung*

I. d. R. ist bei nicht nur ganz kurzfristig pathologischem CTG, insbesondere bei einem Risikositus (Beckenendlage o. a.) **unverzüglich eine Schnittentbindung (sectio) einzuleiten** (OLG Frankfurt VersR 1996, 584: Risikositus; OLG München VersR 1996, 63: Suspektes CTG; OLG Schleswig VersR 1994, 311: Verspätete sectio; OLG Oldenburg VersR 1992, 453 und VersR 1997, 1236: Verspätete sectio nach pathologischem CTG, s. o. → *Grobe Behandlungsfehler*, S. 572 ff.).

Nach einem Eingriff zum Abbruch einer Zwillingsschwangerschaft schulden sowohl der Krankenhausträger als auch der nachbehandelnde Gynäkologe der Patientin den deutlichen Hinweis, dass wegen des Risikos des Fortbestands der Schwangerschaft eine Nachkontrolle dringend erforderlich ist (OLG Oldenburg VersR 1997, 193). Behandlungsfehlerhaft ist es, ein tatsächlich vorhandenes CTG-Gerät bei einer Geburt nicht einzusetzen (BGH NJW 1988, 2949).

▷ *Eileiterschwangerschaft*

Besteht bei einer Patientin aufgrund eines histologischen Befundes, aufgetretener Blutungen und schmerzhafter Unterbauchbeschwerden ein hochgradiger Verdacht auf Bestehen einer Eileiterschwangerschaft, so muss diese Verdachtsdiagnose durch eine Laparoskopie (Bauchspiegelung mit einem Laparoskop) abgeklärt werden. Unterbleibt eine mögliche frühzeitige Diagnose, so haftet der verantwortliche Arzt auf Schadensersatz und Schmerzensgeld, wenn er nicht beweist, dass es auch bei unverzüglicher operativer Behandlung zu einer Teilresektion des Eileiters gekommen wäre (LG Aachen VersR 1992, 877; zur Beweislastumkehr wegen → *unterlassener Befunderhebung* siehe dort).

Unterlassene Fruchtwasseruntersuchung, Hinausschieben der Fruchtwasserpunktion (vgl. → Genetische Beratung (S. 484 ff.), → Früherkennung, fehlerhafte pränatale Diagnostik (S. 463 ff.)).

Die falsche oder unvollständige Beratung der Mutter während der Frühschwangerschaft über Möglichkeiten zur Früherkennung von Schädigungen der Leibesfrucht, die den Wunsch der Mutter auf Abbruch der Schwangerschaft gerechtfertigt hätten, kann einen Anspruch der Eltern gegen den Arzt auf Ersatz von Unterhaltsaufwendungen für das mit körperlichen oder geistigen Behinderungen geborene Kind begründen (BGH NJW 1984, 658; NJW 1987, 2923; OLG Stuttgart VersR 1991, 229; OLG Zweibrücken NJW-RR 2000, 235, 237).

Eine schwangere Frau, die den Arzt um Rat fragt, ob eine **Fruchtwasseruntersuchung** auf etwaige körperliche Missbildungen des werdenden Kindes angezeigt ist, ist auch über die Gefahr einer Trisomie 21 (Mongolismus) zu informieren (BGH NJW 1987, 2923 = VersR 1988, 155; vgl. hierzu auch OLG Hamm NJW 2001, 3417; OLG München VersR 2000, 890; OLG Zweibrücken NJW-RR 2000, 235, 237 f.).

Der aufklärende Arzt muss über die erhöhten schwerwiegenden Risiken der Schwangerschaft sachbezogen unterrichten. Es genügt nicht, wenn er lediglich schlagwortartig die Begriffe „Mongolismus" oder „mongoloides Kind" mitteilt; er muss vielmehr – ohne Dramatisierung des genetischen Risikos – unmissverständlich klarmachen, dass das Risiko auch die Entwicklung eines schwerstgeschädigten Kindes beinhaltet und dass die Geburt eines solchen Kindes zu unerträglichen Belastungen führen kann, vielfach verbunden mit der Notwendigkeit lebenslanger Pflege und Betreuung (OLG Düsseldorf NJW 1989, 1548).

Das medizinisch nicht geforderte Hinausschieben der Fruchtwasserpunktion mit der Folge, dass wegen Ablaufs der Frist des § 218 a III StGB a. F. ein Schwangerschaftsabbruch nicht mehr durchgeführt werden kann, stellt sich als Behandlungsfehler dar. Die Mutter des geschädigten Kindes kann den gesamten Unterhaltsbedarf des Kindes als Schaden geltend machen (BGH NJW 1989, 1536; OLG Saarbrücken NJW-RR 2001, 671, vgl. zu weiteren Einzelheiten S. 465 ff., 485 ff.)

▷ *Vaginale Hysterektomie (operative Entfernung der Gebärmutter)*

Vor Durchführung einer vaginalen Hysterektomie ist die Ursache vorliegender Blutungsstörungen im gebotenen Umfang, etwa durch eine Hysteroskopie (Inspektion der Gebärmutterhöhle mit einem Hysteroskop) oder durch eine Abrasio (Ausschabung) abzuklären. Eine sofortige vaginale Hysterektomie kann allenfalls dann vorgenommen werden, wenn die Patientin eingehend über diese Verfahrensweise und den Verzicht auf eine Abrasio aufgeklärt worden ist (OLG Hamm VersR 2001, 461).

Bei der vaginalen Hysterektomie sind Verletzungen des Harnleiters bei Anwendung der gebotenen Sorgfalt grundsätzlich vermeidbar. Entschuldbar ist das Miterfassen des Harnleiters in einer Ligatur allenfalls dann, wenn es intraoperativ zu unvorhergesehenen, die Übersicht erschwerenden Zwischenfällen kommt oder wenn anatomische Abweichungen oder Verwachsungen bzw. entzündliche Veränderungen vorliegen (OLG Düsseldorf, Urt. v. 19. 9. 1985 – 8 U 125/83).

Der gynäkologische Befund einer Gebärmuttersenkung und einer Zystozele (Einstülpung der Harnblase in die vordere Scheidenwand) rechtfertigt nur dann einen operativen Eingriff (Hysterektomie), wenn zugleich eine Beschwerdesymptomatik vorliegt, die auf diesen Befund zurückzuführen ist. Bestehen bei der Patientin urologische Probleme, etwa Schmerzen und Brennen beim Wasserlassen und eine Nierenbeckenentzündung, ist es zwingend notwendig, vor der gynäkologischen Operation eine urologische Diagnostik vorzunehmen, um das Krankheitsbild, die Indikation für den Eingriff sowie dessen spezielle Art abzuklären (OLG Düsseldorf VersR 2002, 856).

Unterbleiben diese urologischen Untersuchungen, obliegt es der Behandlerseite zu beweisen, dass die unterlassene Diagnostik dasselbe operationspflichtige Ergebnis erbracht hätte (OLG Düsseldorf VersR 2002, 856).

▷ *Überwachung Neugeborener bei Vorliegen eines erhöhten Infektionsrisikos*

Ein zwar nach dem äußeren Erscheinungsbild gesund zur Welt gekommenes, aber durch den Ablauf der Geburt, etwa wegen eines erhöhten Infektionsrisikos erkennbar gefährdetes Kind darf nicht für einen Zeitraum von **einer Stunde ohne ärztliche Betreuung** bleiben. Die unterlassene Hinzuziehung eines kompetenten Arztes nach Hinweisen auf die gestörte Atmung eines Neugeborenen und/oder der verspätete Transport des Kindes in eine Kinderklinik ohne ärztliche Betreuung und Beatmung sind sogar grob fehlerhaft (OLG Stuttgart VersR 2001, 1560, 1562; OLG München VersR 1997, 977).

▷ *Unterlassene oder verspätete Schnittenbindung*

In der **verzögerten Einleitung einer Schnittenbindung (sectio)** wird im Regelfall sogar ein **grober Behandlungsfehler** gesehen, da während der Geburt eine Sauerstoffmangelversorgung schnellstmöglichst bekämpft werden muss, um Hirnschädigungen zu vermeiden (OLG Frankfurt VersR 1996, 584; OLG Köln NJW-RR 1992, 474; OLG Oldenburg VersR 1992, 453; OLG Schleswig VersR 1994, 310; OLG Stuttgart VersR 2000, 1108, 1110; vgl. → *Grobe Behandlungsfehler*, S. 576 ff.).

So wurde ein grober Fehler bei einer Verzögerung von einer Stunde (BGH VersR 2000, 1146, 1147), mehr als vierzig Minuten (OLG Köln NJW-RR 1992, 474), 20–25 Minuten (OLG Schleswig VersR 1994, 310; OLG Hamm, Urt. v. 17. 8. 1998 – 3 U 199/97) und 7–8 Minuten (OLG Stuttgart VersR 2000, 1108, 1110; OLG Köln VersR 1991, 586) angenommen. Nach Auffassung des OLG Saarbrücken (OLGR 1999, 461: EE-Zeit) lagen 22 Minuten im Jahr 1986 noch im zeitlichen Rahmen.

Andererseits darf ein Gynäkologe bei der Geburt nicht vorschnell einen Kaiserschnitt einleiten. Eine sectio ist nach Auffassung des OLG Saarbrücken (bei Röver MedR 2001, 90) erst dann angezeigt, wenn die Herzfrequenz des Kindes mindestens zwei Minuten lang unter 100 Schläge pro Minute gesunken ist. Nach Feststellung eines anfänglich pathologischen CTG müssen weitere Befunde erhoben werden, um sich in angemessenen zeitlichen Abständen von dreißig Minuten, maximal aber einer Stunde über den

Zustand des Kindes Gewissheit zu verschaffen, um bei Weiterbestehen der pathologischen CTG-Befunde die Geburt unverzüglich durch sectio zu beenden (OLG Oldenburg VersR 1997, 1236, 1237).

▷ *Schulterdystokie („Hängenbleiben" der Schulter des Kindes über der Schambeinfuge mit der häufigen Folge von Schädigungen der Nerven des Hals- und/oder Armbereichs); vgl. → Grobe Behandlungsfehler, S. 578 ff., → Aufklärung, S. 172 ff., 191 ff.*

Eine sectio ist insbesondere dann indiziert, wenn der Kopf des Kindes noch im Beckeneingang steht, Hinweise auf eine Beckenverengung bestehen und die Mutter ohnehin eine Vollnarkose erhält. Eine stattdessen vorgenommene Vakuumextraktion, bei der es zu einer Schulterdystokie kommt, ist ein Behandlungsfehler (OLG Stuttgart VersR 1999, 382; auch OLG Oldenburg VersR 1993, 1235: grober Behandlungsfehler).

Kommt es im Rahmen einer Entbindung unvermutet zu einer Schulterdystokie, so ist es fehlerhaft, den Geburtsvorgang durch den „Kristeller-Handgriff" (ein- oder beidhändiger Druck auf die kindlichen Schultern im mütterlichen Becken) zu beschleunigen. Vielmehr ist es angebracht, den Versuch einer Stellungsänderung der Symphyse zu unternehmen; dies geschieht durch eine Streckung und anschließende Beugung der Beine der Patientin (OLG Düsseldorf VersR 2001, 460). Das Ziehen am Kopf des Kindes, um die Geburt voranzubringen, widerspricht solange dem maßgeblichen ärztlichen Standard, als keine Klärung über die Ursache des Stockens des Geburtsvorgangs erreicht worden ist (BGH, Urt. v. 13. 2. 2001 – VI ZR 34/00, NJW 2001, 1786 = VersR 2001, 646). Der behandelnde Arzt hat für sein dem medizinischen Standard zuwiderlaufendes Vorgehen dabei auch dann haftungsrechtlich einzustehen, wenn dieses aus seiner persönlichen Lage heraus subjektiv als entschuldbar erscheinen mag (BGH VersR 2001, 646).

▷ *Umfang einer Brustoperation bei Verdacht auf ein Mammakarzinom*

Bei einer diagnostischen Maßnahme unter dem Verdacht der Bösartigkeit eines Tumors muss nach Möglichkeit die Komplettexzirpation angestrebt werden; eine Inzision in den Tumor wäre bei einer dringenden Verdachtsdiagnose eines Mammakarzinoms kontraindiziert. Dabei darf die Tumoroperation nicht unnötig weit ausgedehnt werden. Es reicht aus, dass der Operateur nach dem Tastbefund im gesunden Gewebe operiert (OLG Düsseldorf, Urt. v. 10. 10. 2002 – 8 U 13/02, VersR 2004, 912).

Das Vorliegen eines einfachen Behandlungsfehlers wurde in folgenden Fällen verneint:

▷ *Mammographie unterlassen*

Bei einer 41- bis 42-jährigen Frau, bei der keine Risikofaktoren vorliegen, ist im Rahmen der Früherkennung die **Mammographie nicht indiziert**. Ihr Unterlassen ist nicht als Behandlungsfehler anzusehen (OLG Hamm MedR 1994, 281 und Urt. v. 31. 8. 2005 – 3 U 277/04, OLGR 2006, 386). Ein Gynäkologe, der bei unter 50-jährigen, im entschiedenen Fall selbst bei einer 57-

jährigen Patientin ohne besondere Risikofaktoren im Jahr 2000 keine Mammographie zur Krebsvorsorge im zweijährigen Intervall veranlasst hat, handelte nicht fehlerhaft (OLG Hamm, Urt. v. 31. 8. 2005 – 3 U 277/04, OLGR 2006, 386; ebenso: OLG Hamburg, Urt. v. 14. 11. 2003 – 1 U 71/03, OLGR 2004, 328 für 1999; OLG Koblenz, OLGR 2000, 426 für 1995; OLG Saarbrücken, Urt. v. 12. 7. 2000 – 1 U 1013/99 – 247, OLGR 2000, 426 für 1995; OLG Stuttgart, VersR 1994, 1306 jeweils bei Frauen unter 50 Jahren).

Ist eine **Mammographie eindeutig indiziert**, etwa weil der Gynäkologe einen Knoten in der Brust ertastet hat (OLG Jena VersR 2000, 637) oder die Patientin über Schmerzen in der Brust geklagt hat (OLG Zweibrücken VersR 1991, 427), so ist das Unterlassen einer Mammographie als einfacher, nicht jedoch ohne weiteres als grober Behandlungsfehler anzusehen. Bleibt ein Karzinom aufgrund eines Behandlungsfehlers acht Monate therapeutisch unbehandelt, so steht der Patientin ein Schadensersatzanspruch nur dann zu, wenn festgestellt werden kann, dass **infolge des verzögerten Eingriffs ein zusätzlicher Gesundheitsschaden eingetreten** ist (OLG Stuttgart VersR 1994, 1306).

▷ *Unterlassene Gewebeuntersuchung; unterlassene Sonographie*

Schmerzen in der weiblichen Brust sind ein typisches Zeichen für eine Mastopathie (knotige Veränderungen in der Brust), dagegen ganz untypisch für ein Karzinom. Weisen alle angewendeten Diagnosemethoden einschließlich einer Mammographie auf eine gutartige Mastopathie hin und ergeben sie keinen Verdacht auf ein Karzinom, dann ist es **nicht erforderlich, eine Gewebeuntersuchung vorzunehmen oder zu veranlassen** (OLG Zweibrücken VersR 1991, 427).

Es stellt auch keine Verletzung der ärztlichen Sorgfaltspflicht dar, wenn der Gynäkologe bei Tastung eines Knotens in der Brust zunächst nur die **Durchführung einer Mammographie empfiehlt** und weiter gehende Maßnahmen mit histologischer Untersuchung oder einer zusätzlichen Sonographie durch einen Radiologen zurückstellt und die Patientin auffordert, sich nach Abschluss einer ersten diagnostischen Maßnahme wieder bei ihm zu melden, um sodann die weiteren Schritte zu besprechen (OLG Jena, Urt. v. 24. 2. 1999 – 4 U 1245/99, VersR 2000, 637).

Eine **Punktion oder Probeexcision** sollte aber dann angewandt werden, wenn vorausgegangene palpatorische Untersuchungen und/oder Mammographien verdächtige, nicht sicher zu interpretierende Befunde ergeben haben (OLG Düsseldorf VersR 1988, 1297).

Sprechen klinische Verdachtsanzeichen für die Diagnose „Krebs", während die Mammographie diesen Verdacht nicht bestätigt, so hat der Arzt die Patientin auf die **Möglichkeit einer Biopsie** (Entnahme einer Gewebeprobe zur feingeweblichen Untersuchung) **hinzuweisen** (OLG München VersR 1995, 1499).

▷ *Subkutane Mastektomie (Operative Entfernung des Brustdrüsenkörpers)*

Ergibt die histologische Untersuchung einer entnommenen Gewebeprobe Anteile eines Mammakarzinoms mit einem ungünstigen Malignitätsgrad und besteht zudem die Gefahr eines multizentrischen Wachstums, so kommt eine brusterhaltende Resektion des Tumors grundsätzlich nicht in Betracht, vielmehr ist dann aus medizinischer Sicht eine subkutane Mastektomie unumgänglich und stellt keinen Behandlungsfehler dar (OLG Düsseldorf VersR 1999, 1152).

▷ *Geburtsbedingte Hirnschäden*

Allein ein pathologisches CTG und eine intrapartale Hypoxie (herabgesetzter Sauerstoffpartialdruck im arteriellen Blut) erlauben noch nicht den Schluss auf einen geburtsbedingten Hirnschaden. Nach neueren wissenschaftlichen Erkenntnissen sind für die Annahme einer intrapartalen Hirnschädigung drei Voraussetzungen zu fordern, nämlich Hinweise auf eine vitale Mangelversorgung, wie z. B. Anomalien im fetalen CTG oder mekoniumhaltiges Fruchtwasser, eine Depression der vitalen Parameter unmittelbar nach der Geburt, d. h. niedrige Apgarwerte (Schema mit je zwei Punkten für Atmung, Puls, Grundtonus, Aussehen, Reflexe; kritisch unter 7,0) sowie ein offenkundiges neurologisches Durchgangssyndrom in der Neugeborenenperiode während der ersten Lebensstunden und Lebenstage (OLG Köln VersR 1998, 767; von Harder/Ratzel, Frauenarzt 1999, 51, 52).

▷ *Überwachung eines Neugeborenen*

Während nach Auffassung des OLG Koblenz (VersR 1992, 612) ein neugeborenes Kind in den ersten zwanzig Minuten nach der Geburt überwacht werden muss, insbesondere wenn das Kind nach der Geburt mit Mekonium („Kindspech") verschmiert ist, muss ein „lebensfrisch" geborenes Kind in der zweiten Stunde nach der Geburt nicht ständig, sondern nur in Zeitabständen von 10–15 Minuten überprüft werden (OLG Köln VersR 1997, 748).

Bei stabilem Zustand des Neugeborenen ist es auch nach Auffassung des OLG München (NJW 1995, 1622) nicht ohne weiteres geboten, das Kind ununterbrochen zu überwachen oder in eine Kinderklinik zu verbringen.

Eine Verpflichtung zur routinemäßigen dauernden apparativen Kontrolle von gesunden oder nur geringfügig erkrankten Neugeborenen besteht grundsätzlich nicht. Auch ein gelegentliches Spucken und Schleimen des Neugeborenen erfordert grundsätzlich keine intensive Überwachung. Entfernt sich eine Kinderkrankenschwester in einer solchen Situation für 15 bis 20 Minuten aus dem Neugeborenenzimmer, um Säuglinge zu ihren Müttern zu bringen und sie zu versorgen, so ist dies nicht behandlungsfehlerhaft (OLG München, Urt. v. 11. 10. 2001 – 1 U 5651/00, OLGR 2003, 300).

▷ *Zuwarten trotz fehlenden Geburtsfortschritts*

Besteht kein Anlass, am Wohlbefinden des Kindes zu zweifeln, so ist ein Zuwarten während zweier Stunden ohne deutlichen Geburtsfortschritt trotz Verabreichung wehenfördernder Mittel nicht als Behandlungsfehler zu werten. Eine Schädigung des Kindes in der Geburt, etwa eine Armfraktur, ein Hornersyndrom und eine Armplexuslähmung, gestattet ohne Hinzukommen weiterer Umstände nicht den Schluss auf einen Behandlungsfehler bei der Auswahl oder der Durchführung der geburtshilflichen Methode (OLG Schleswig VersR 1997, 831). Eine Sectio ist nicht bereits bei einem momentanen, sondern erst bei einem dauernden Abfall der Herztonfrequenz des Kindes unter 1000 Schläge angezeigt (OLG Saarbrücken OLGR 2000, 403; Gehrlein, Rz. B 15).

▷ *Vertretbar nicht sofort eingeleitete Schnittentbindung*

Ein Behandlungsfehler wegen angeblich fehlerhafter Geburtsleitung liegt jedenfalls dann nicht vor, wenn eine sectio nicht nachweislich indiziert war, das CTG keine Auffälligkeiten ergeben hatte und eine seit längerem bestehende intrauterine Minderversorgung in Betracht kommt. Ein zeitlicher Abstand von 21 Minuten zwischen dem Abschnallen des CTG und dem Eintreffen des Arztes ist zwar nicht besonders schnell, aber noch vertretbar (OLG Braunschweig VersR 2002, 982, 983).

▷ *Verabreichen wehenfördernder Mittel und Durchführung einer Notsectio*

Das Verabreichen wehenfördernder Mittel anstatt der Veranlassung einer intrauterienen Reanimation sowie die Durchführung einer Notsectio bei anhaltender Dezelleration erweist sich jedenfalls dann nicht als behandlungsfehlerhaft, wenn es tatsächlich innerhalb kurzer Zeit zu einer Spontangeburt des Kindes kommt (OLG Zweibrücken, Urt. v. 8. 4. 2003 – 5 U 26/01, OLGR 2003, 337).

3. Einfache Behandlungsfehler im Bereich Innere Medizin/Urologie

(zum Vorliegen eines groben Behandlungsfehlers vgl. → *Grobe Behandlungsfehler*, S. 587 ff.)

Das Vorliegen eines einfachen Behandlungsfehlers wurde in folgenden Fällen verneint:

▷ *Unterlassung audiometrischer Kontrollen*

Das Unterlassen audiometrischer Kontrollen während einer Behandlung mit einem Antibiotikum (gentamicinhaltiges Amnioglykosid) bei normaler Nierenfunktion des Patienten ist noch nicht als Behandlungsfehler einzustufen; bei der dahingehenden Empfehlung auf dem Beipackzettel des Medikaments handelt es sich um eine aus der Rechtspraxis der vergangenen Jahre abgeleitete Schutzmaßnahme des Arzneimittelherstellers (OLG Hamm VersR 1989, 594).

▷ *Harnleiterverschluss*

Der unvollständige Verschluss des Harnleiters nach einer operativen Steinentfernung, die dabei entstandene Perforation des Bauchfellblattes und das Verstopfen einer Zieldrainage stellen nicht notwendig Behandlungsfehler dar. Der Eintritt von Urin in die Bauchhöhle nach einer Harnleitersteinentfernung kann auf einem schicksalhaften Verlauf beruhen, der außerhalb des Verantwortungsbereichs der Behandlungsseite liegt. Nach einer Harnleitersteinoperation ist es grundsätzlich auch nicht geboten, einen Blasenkatheder zu legen (OLG Oldenburg VersR 1991, 1027).

▷ *Vorsorgliche Hodenfixierung*

Wird im Anschluss an eine Operation wegen einer Hodentorsion rechts auch der linke Hoden vorsorglich fixiert, so ist dieser Eingriff nicht ohne weiteres fehlerhaft, wenn einerseits ein höheres Infektionsrisiko als bei einem um Wochen verschobenen Zweiteingriff besteht, andererseits aber einer Torquierung (Achsendrehung, meist um die Längsachse) auch des linken Hodens vorgebeugt werden kann und es sich um ein neugeborenes Kind mit erhöhtem Narkoserisiko handelt. Dies gilt auch dann, wenn das operative Vorgehen in einem solchen Fall nicht einheitlich gehandhabt wird. Tritt nach dem vorsorglich vorgenommenen Eingriff eine Hodenatropie (Rückbildung, Schwund des Hodens) ein, so lässt sich nach dem medizinischen Kenntnisstand im Jahr 1996 nicht beurteilen, ob diese Komplikation Folge der Fixierung eines regelrechten oder eines so genannten Pendelhodens (Wanderhoden, der sich jederzeit in seine normale Lage zurückbringen lässt) gewesen sein kann (OLG München VersR 1997, 831).

▷ *Injektion in die Arteria radialis*

Injiziert ein Arzt Valium anstatt in die Vene in die atypisch verlaufende Arteria radialis (Speichenader), so trifft ihn kein Verschulden, wenn die Schmerzäußerung des Patienten nicht deutlich und ungewöhnlich ist, sondern nur dem entspricht, was bei ordnungsgemäßer intravenöser Valiumgabe ohnehin zu erwarten ist (OLG München VersR 1990, 312).

▷ *Einsatz einer Lysetherapie in der Schlaganfallbehandlung*

Im Rahmen der nach einer transurethalen Prostataresektion erforderlich werdenden Schlaganfallbehandlung ist die Vornahme einer rekanalisierenden Lysetherapie wegen der nach der Prostataoperation stark erhöhten Blutungsgefahr im Bereich der Wundhöhle kontraindiziert, weshalb ihr Unterbleiben den behandelnden Ärzten nicht als Behandlungsfehler vorgeworfen werden kann (OLG Düsseldorf, Urt. v. 12. 1. 2006 – I-8 U 25/05, OLGR 2006, 469).

Die **gerinnselauflösende Lysebehandlung** mit dem Wirkstoff rt-PA zur Schlaganfallbehandlung entsprach im Jahr 1998 (noch) nicht dem zu beachtenden medizinischen Standard, obwohl diese Therapie bereits in Schlaganfallzentren von Großkliniken angewendet wurde. Es ist daher nicht als fehlerhaft zu bewerten, wenn zum damaligen Zeitpunkt die Behandlung nach einem akuten Schlaganfall allein durch eine effektive Heparinisierung erfolgte (OLG Düsseldorf, Urt. v. 9. 10. 2003 – I-8 U 120/02, OLGR 2004, 387).

4. Einfache Behandlungsfehler im Bereich HNO/Augenheilkunde

Das Vorliegen eines einfachen Behandlungsfehlers wurde in folgenden Fällen bejaht:

▷ *Unterlassene antibiotische Therapie*

Nach einer Tonsillektomie (Ausschälen der Gaumenmandeln) muss der operierende HNO-Arzt immer mit einer latenten Besiedlung des Wundgebiets mit pathogenen Erregern rechnen, so dass sich ihm bei steigenden Fiebertemperaturen und erhöhter Herzfrequenz der Verdacht eines septischen Geschehens aufdrängen muss. Unterlässt er die gebotene Einleitung einer antibiotischen Therapie, so entlastet es ihn nicht, wenn er – anstatt selbst zu therapieren – einen Internisten hinzuzieht (OLG Köln VersR 1990, 1242).

▷ *Unterlassener Hinweis, das Reiben des Augapfels zu vermeiden*

Ein Patient, dem nach einer Augenoperation Fäden gezogen werden, ist darauf hinzuweisen, dass er jede Beeinträchtigung des Auges, etwa auch durch Reiben des Augapfels, vermeiden muss (OLG Stuttgart VersR 1996, 979).

▷ *Unterlassene Augenhintergrundspiegelung*

Klagt ein stark kurzsichtiger Patient beim Augenarzt über Sehstörungen, so hat dieser zum Ausschluss einer Netzhautablösung unter Weitstellung der Pupillen eine Augenhintergrundspiegelung durchzuführen. Dies gilt auch dann, wenn der Patient Beschwerden schildert, die nicht auf eine Netzhautablösung hinweisen (OLG Oldenburg MDR 1990, 1011).

▷ *Erforderliche Diagnose- und Therapiemaßnahmen bei länger andauernden Ohrenschmerzen*

Der Befund einer Vorwölbung des linken druckschmerzhaften Trommelfells verbunden mit einer äußeren Ohrenentzündung erfordert auch dann, wenn sich keine eindeutigen Hinweise auf eine Mittelohrbeteiligung ergeben, eine engmaschige HNO-ärztliche Überwachung. Der Arzt kann sich dabei nicht darauf verlassen, dass ein erwachsener Patient sich ohne ärztliche Anweisung bei Fortbestehen der Beschwerden von allein wieder vorstellt. Bei einem längeren Andauern der Beschwerdesymptomatik bedarf es weiter gehender diagnostischer Maßnahmen zur Überprüfung einer Beteiligung des Mittelohrs. Eine Folgeuntersuchung muss etwa zwei Tage nach der Erstuntersuchung durchgeführt werden, beim Ausbleiben einer nachhaltigen Befundbesserung in einem Zeitraum von bis zu zehn Tagen sind weiter gehende Maßnahmen zur Beurteilung des Mittelohrs (Fertigung eines Audiogramms) erforderlich (OLG Düsseldorf, Urt. v. 2. 11. 2000 – 8 U 125/99, VersR 2001, 647).

5. Einfache Behandlungsfehler im Bereich Allgemeinmedizin

Das Vorliegen eines einfachen Behandlungsfehlers wurde in folgenden Fällen bejaht:

▷ *Beratung über die Notwendigkeit der sofortigen Abklärung einer schwerwiegenden Verdachtsdiagnose*

Ergibt sich für den Hausarzt eine schwerwiegende Verdachtsdiagnose, so hat er den Patienten über die Notwendigkeit einer sofortigen Abklärung und Untersuchung zu beraten (BGH NJW 1997, 3090).

▷ *Maßnahmen bei Enzephalitisverdacht (Gehirnentzündung)*

Kann ein Enzephalitisverdacht nicht ausgeräumt werden, sondern bieten die Ergebnisse der Anfangsuntersuchungen insoweit Anlass zu weiteren diagnostischen Maßnahmen, so ist entweder der Verdachtsdiagnose unverzüglich nachzugehen oder aufgrund der Verdachtsdiagnose entsprechend zu therapieren. Werden dennoch wesentliche diagnostische Maßnahmen nicht unverzüglich ergriffen, liegt sogar ein grober Behandlungsfehler vor (OLG Köln VersR 1991, 186).

▷ *Verdacht auf kompletten Gefäßverschluss*

Es ist behandlungsfehlerhaft, wenn ein Hausarzt die Durchführung eines Hausbesuchs ablehnt, obwohl die vom Patienten geschilderten Symptome im Zusammenhang mit der dem Arzt bekannten Vorgeschichte den Verdacht auf einen kompletten Gefäßverschluss dringend nahe legen (BGH NJW 1986, 2367; Gehrlein Rz. B 13). Zu den Sorgfaltspflichten eines Arztes für Allgemeinmedizin bei der Diagnose und Behandlung eines länger andauernden Gefäßleidens gehört auch die **rechtzeitige Einweisung in ein Krankenhaus** bei Anzeichen eines inkompletten Verschlusses (OLG Hamburg VersR 1990, 1119).

▷ *Abklärung eines Herzinfarkts*

Ein Behandlungsfehler liegt vor, wenn der Allgemeinarzt trotz geklagter Schmerzen im HWS-Schulterbereich keine Abklärung auf einen vorliegenden Herzinfarkt veranlasst (BGH NJW 1994, 801).

Verkennt der Allgemeinarzt den drohenden Herzinfarkt, weil der Patient daneben an einer akuten Gastroenterkolitis (Entzündung des Dünn- und Dickdarms) leidet und deren Symptome im Vordergrund stehen, liegt jedenfalls kein grober Behandlungsfehler vor (OLG Zweibrücken, Urt. v. 22. 6. 1999 – 5 U 32/98, VersR 2000, 605, 606).

▷ *Hinweispflicht des Arztes auf Dringlichkeit und Notwendigkeit einer Untersuchung*

Die Weigerung des Patienten, eine Untersuchung vornehmen zu lassen, die zur Abklärung einer Verdachtsdiagnose erforderlich ist, ist rechtlich nur dann beachtlich, wenn der Arzt den Patienten auf die Notwendigkeit und

Dringlichkeit der Untersuchung hingewiesen hat. Sollte diese Frage streitig werden, so kann dem Patienten eine mangelnde Dokumentation des Arztes – soweit sie aus medizinischer Sicht erforderlich war – beweiserleichternd zu Hilfe kommen (BGH NJW 1997, 3090).

Ist zur Abwendung einer lebensbedrohenden gesundheitlichen Gefährdung des Patienten eine stationäre Krankenhausbehandlung medizinisch geboten, so muss der Hausarzt, wenn der Patient diesem Rat nicht folgen will, in dringender Weise auf die existenzielle Gefahr hinweisen und versuchen, den Patienten von der Notwendigkeit, das Krankenhaus aufzusuchen, zu überzeugen (OLG Nürnberg VersR 1995, 1057).

▷ *Ischiadicuslähmung nach intramuskulärer Injektion*

Jeder Fall einer Lähmung des Nervus ischiadicus als Folge einer intramuskulären Injektion stellt einen schuldhaft verursachten Behandlungsfehler dar, wobei der vorzuwerfende Sorgfaltsmangel in der fehlerhaften Wahl des Injektionsortes und/oder der fehlerhaft vorgenommenen Einstichrichtung zu sehen ist. Diese Beurteilung gilt auch dann, wenn die Injektion in Rückenlage des Patienten mit seitlichem Einstich durchgeführt wird (OLG Bremen VersR 1990, 385; auch OLG Düsseldorf VersR 1984, 241 und VersR 1988, 38).

▷ *Kehlkopfkarzinom verkannt*

Es gehört zum medizinischen Allgemeinwissen, dass bei jeder Heiserkeit, die trotz eingeleiteter Therapie länger als drei bis vier Wochen andauert, an ein Kehlkopfkarzinom gedacht werden muss. Ein Hausarzt handelt jedoch nicht ohne weiteres fehlerhaft, wenn er auch bei mehrwöchiger therapieresistenter Heiserkeit des Patienten diesem gegenüber noch keinen Verdacht auf eine bösartige Erkrankung ausspricht oder wenn er ihn nicht auf die Gefahr einer bösartigen Erkrankung hinweist, ihn aber auffordert, einen HNO-Arzt aufzusuchen. Bei weiterhin andauernder mehrmonatiger Heiserkeit kann es jedoch geboten sein, den Patienten mit allem Nachdruck auf den nunmehr ernsthaften Verdacht einer Tumorerkrankung hinzuweisen und auf die unverzügliche Abklärung durch einen Spezialisten zu drängen (OLG München VersR 1996, 379).

▷ *Knieinjektion*

Die intraartikuläre Injektion in das Knie des Patienten mit der Folge der Entstehung einer Infektion ist nicht in jedem Fall fehlerhaft (OLG Düsseldorf NJW-RR 1998, 170).

Unterlässt es der Arzt, vor einer Injektion die Haut im Bereich der Einstichstelle zu desinfizieren, so begeht er einen Behandlungsfehler. Dieser Fehler ist allerdings dann nicht als grob zu bewerten, wenn es sich bei dem Patienten um einen eiligen Notfall handelt, der vom Arzt schnelle Entscheidungen und unverzügliches Eingreifen unter erschwerten Verhältnissen verlangt (OLG Hamm NJW-RR 1992, 1504).

Zum Vorliegen eines „groben Behandlungsfehlers" bei Injektionen vgl.
→ *Grobe Behandlungsfehler*, S. 566, 588, 595, 605.

Das Vorliegen eines einfachen Behandlungsfehlers wurde in folgenden Fällen verneint:

▷ *Überweisung an Fachärzte*

Ein Allgemeinmediziner genügt seinen Sorgfaltspflichten, wenn er einen Patienten mit starken Rückenschmerzen, deren Ursache für ihn nicht festzustellen ist, Fachärzten (Radiologen bzw. Orthopäden) vorstellt, die zur Abklärung des Beschwerdebildes in der Lage sind (OLG Düsseldorf NJW-RR 1996, 669).

Der gegenüber einem Arzt für Allgemeinmedizin erhobene Vorwurf einer unzureichenden Diagnostik und Befunderhebung ist deshalb unbegründet, wenn er die hierfür gebotene Einschaltung von Fachärzten durch entsprechende Überweisungen veranlasst hat (OLG Oldenburg MDR 1998, 1351).

Hat der Allgemeinmediziner seinen über Oberbauchschmerzen klagenden Patienten an mehrere Fachärzte einschlägiger Fachrichtungen (Internist, Radiologe, Krankenhaus) überwiesen, deren Untersuchungen für eine chronische Pyelonephritis (bakterielle Entzündung des Nierenbeckens) sprechen, so muss er nicht noch eine weitere Diagnostik zum Ausschluss einer Nierenarterienstenose (Einengung bzw. Abknickung einer Nierenhauptarterie) veranlassen (OLG Hamm VersR 1998, 323).

▷ *Unterlassene Probeexcision bei Verdacht auf Mammakarzinom* (vgl. oben S. 550; OLG Zweibrücken VersR 1991, 427; OLG Düsseldorf VersR 1988, 1297; OLG Jena VersR 2000, 637).

Es stellt keine Verletzung der ärztlichen Sorgfaltspflicht dar, wenn der Arzt bei Tastung eines Knotens in der Brust zunächst nur die Durchführung einer Mammographie empfiehlt (OLG Jena, Urt. v. 24. 2. 1999 – 4 U 1245/98; VersR 2000, 637; OLG Zweibrücken VersR 1991, 427).

6. Einfache Behandlungsfehler im Bereich Radiologie

Das Vorliegen eines einfachen Behandlungsfehlers wurde in folgendem Fall bejaht:

▷ *Untersuchung durch Arzthelferin*

Es stellt einen Behandlungsfehler dar, wenn ein Radiologe bei der Röntgenkontrastuntersuchung das Darmrohr des verwendeten Ballonkatheders ohne Beaufsichtigung von einer Arzthelferin einführen lässt und anschließend eine beträchtliche Menge des Kontrastmittels zuführt, ohne den Austritt einer größeren Menge in die Umgebung des Dickdarms zu bemerken (OLG Köln VersR 1991, 311).

Das Vorliegen eines einfachen Behandlungsfehlers wurde in folgendem Fall verneint:

▷ *Beschränkung auf die Durchführung der erbetenen Untersuchung*

Grundsätzlich darf der übernehmende Arzt darauf vertrauen, dass der überweisende Arzt die Indikation für die Durchführung der erbetenen Untersuchung geprüft hat (OLG Stuttgart VersR 1991, 1060; NJW-RR 2001, 960, 961; OLG Düsseldorf VersR 1984, 643). Dies gilt auch für die Frage, welcher Stellenwert der erbetenen Untersuchung, der Anfertigung eines CT im Kopfbereich, im Rahmen der ärztlichen Überlegungen zukommt. Zwar muss der übernehmende Facharzt prüfen, ob der Auftrag richtig gestellt ist und dem angegebenen Krankheitsbild entspricht. Etwaigen Zweifeln an der Richtigkeit der ihm übermittelten Diagnose hat er ebenso nachzugehen wie etwaigen Bedenken zum Stellenwert der von ihm erbetenen Untersuchung.

Ein Radiologe, dem ein Patient vom Hausarzt zur Anfertigung eines CT des Kopfes mit der Angabe „z. B. Intracranieller Prozess" überwiesen wird, ist nicht verpflichtet, statt eines nativen CT ein Kontrastmittel-CT zu fertigen, wenn das gefertigte native CT keinen ungewöhnlichen Befund ergibt (OLG Stuttgart NJW-RR 2001, 960).

Allein aufgrund der Angaben des Patienten „Schwindel und Ohrgeräusche" ist der Radiologe nicht gehalten, eine Kontrastmitteluntersuchung vorzunehmen oder anzuregen. Stellt sich später heraus, dass der Patient an einem Acusticus-Neurinom (Kleinhirnbrückenwinkeltumor) litt, kann der Radiologe für den hierdurch verursachten kompletten Hörverlust nicht verantwortlich gemacht werden (OLG Stuttgart NJW-RR 2001, 960, 961).

7. Einfache Behandlungsfehler im Bereich Anästhesie

Das Vorliegen eines einfachen Behandlungsfehlers wurde in folgenden Fällen bejaht:

▷ *Angstreaktionen des Patienten*

Der Arzt muss zumindest vor schmerzhaften und nicht ungefährlichen Eingriffen wie einer Periduralanästhesie mit Angst- oder ähnlichen Reaktionen des Patienten wie z. B. Schwindel, Übelkeit etc. rechnen. Sind ihm aus der Krankengeschichte derartige Ausfallerscheinungen bekannt oder weist der Patient ihn sogar noch besonders darauf hin, sind angemessene Vorsorgemaßnahmen, etwa eine entsprechende Lagerung, die Hilfestellung durch eine weitere Person, ein Blick- oder Sprechkontakt in ständiger Hilfsbereitschaft medizinisch geboten (OLG München NJW 1997, 1642).

▷ *Zuständigkeit bei horizontaler Arbeitsteilung* (vgl. → *Arbeitsteilung*, S. 52 ff.)

Die Beurteilung der Narkosefähigkeit eines Patienten vor einer OP ist **Aufgabe des Anästhesisten** (OLG Köln VersR 1990, 1242; OLG Düsseldorf, Urt. v. 1. 4. 1993 – 8 U 260/91; LG Saarbrücken MedR 1988, 193). Liegen z. B. Anhaltspunkte für einen entgleisten Zuckerstoffwechsel vor, so muss dies von ihm vor der Freigabe zur Operation geklärt werden (LG Saarbrücken

MedR 1988, 193). Der operierende Arzt (hier: HNO-Arzt) muss allerdings auch Befunde beachten, die aus seiner Sicht zu einer Verneinung der Narkosefähigkeit führen (OLG Düsseldorf a. a. O.). Prä- und intraoperativ gehört es allein zur Aufgabe des Anästhesisten, die vitalen Funktionen des Patienten aufrecht zu erhalten und zu überwachen. Hierzu gehört auch die Medikation. In der postoperativen Phase kommt es auf die konkrete Aufgabenverteilung an (BGH NJW 1991, 1539, 1540; L/U, § 155 Rz. 10; vgl. hierzu S. 52 ff.).

Der Operateur (Chirurg bzw. HNO-Facharzt) haftet nicht für die unterlassene Gabe von Medikamenten, die der Patient etwa aufgrund einer Vorerkrankung benötigt, um den Eingriff unbeschadet überstehen zu können. Für den Ausgleich eines aus den Behandlungsunterlagen ersichtlichen Corticoidmangels des Patienten mit einem Cortisol-Präparat (hier: Ultracorten) ist prä- und intraoperativ der Anästhesist verantwortlich. Dieser ordnet i. d. R. auch an, welche Medikamente der Patient im Anschluss an die Operation erhalten soll (BGH, VersR 1991, 694, 695 = NJW 1991, 1539, 1540).

Selbst wenn der Patient nach einer Operation in der Behandlung des Operateurs (hier: des Urologen) bleibt, ist der Anästhesist in der postpostoperativenoperativen Phase für die von ihm gesetzten Infusionsschläuche bis zur Wiedererlangung der Schutzreflexe des Patienten und dessen Verlegung auf die „Normalstation" verantwortlich. Löst sich der von ihm gesetzte Infusionsschlauch aus der Verweilkanüle mit der Folge eines Herzstillstands nach einem Entblutungsschock und nachfolgender schwerer Gehirnschädigung des Patienten, liegt ein Behandlungsfehler des Anästhesisten vor (BGH NJW 1984, 1400).

Er ist grundsätzlich nicht für die diagnostischen und therapeutischen Maßnahmen verantwortlich, die über seinen eigenen Aufgabenbereich hinausgehen, etwa die unterlassene Abklärung der Ursachen einer erhöhten Blutsenkungsgeschwindigkeit, eine unterlassene Antibiotikaprophylaxe und die Unterlassung einer Befunderhebung durch den operierenden Arzt (OLG Karlsruhe, Urt. v. 1. 2. 1995 – 13 U 4/94).

Zur Verantwortlichkeit bei der Lagerung des Patienten in Knie-Ellenbogen-Lage („Häschenstellung") vgl. BGH NJW 1984, 1403 und oben → *Arbeitsteilung*, S. 52 ff.

▷ *Gewährleistung des Facharztstandards*

Es stellt ein haftungsbegründendes Organisationsverschulden des Krankenhausträgers dar, wenn der zu fordernde Facharztstandard der anästhesiologischen Leistungen auch bei ärztlicher Unterversorgung der Anästhesie nicht durch klare Anweisungen an die Ärzte gewährleistet ist. So muss klargestellt werden, dass und welche Operationen zurückzustellen sind, vor allem aber, welche noch in der Ausbildung befindlichen Ärzte oder welches Pflegepersonal bei der Anästhesie eingesetzt werden darf und in welcher Weise es dann wirksam angeleitet und überwacht werden kann (BGH, VersR 1985, 1043, 1045). Die Übertragung einer selbständig durchzuführenden Narkose auf einen hierfür nicht ausreichend qualifizierten Arzt stellt einen Behandlungsfehler i. S. eines Organisationsfehlers dar (BGH, VersR 1993, 1231, 1232; VersR 1988, 723, 724).

Der Krankenhausträger hat in solchen Fällen die Vermutung der Kausalität der Unerfahrenheit des eingesetzten Arztes für den Eintritt des Körper- bzw. Gesundheitsschadens beim Patienten zu entkräften (BGH VersR 1993, 1231, 1233).

▷ *Fortsetzung der Infusion in die Arterie*

Dem Anästhesisten, der in einer Notsituation, etwa bei Eintritt eines hämorrhagischen Schocks statt der vena subclavia die arteria vertrebralis trifft, kann kein ärztliches Fehlverhalten vorgeworfen werden. Ein Behandlungsfehler liegt jedoch in der Fortsetzung der Infusion, nachdem der Anästhesist erkennt, dass möglicherweise die Arterie getroffen sein könnte (BGH NJW 1985, 227).

▷ *Parallelnarkose mehrerer Patienten*

Soll eine Parallelnarkose durchgeführt werden, erfordert dies grundsätzlich Blick- oder zumindest Rufkontakt zu dem Fachanästhesisten am benachbarten Operationstisch, damit dieser bei einem Zwischenfall jederzeit intervenieren kann. Ein Rufkontakt reicht jedoch dann nicht aus, wenn die Narkosedurchführung nicht ungefährlich ist (BGH NJW 1983, 1374).

Verfügt ein in der Weiterbildung zum Facharzt für Anästhesie stehender Assistenzarzt noch nicht über ausreichende Erfahrungen über etwaige Risiken, die sich für eine Intubationsnarkose aus der intraoperativ notwendigen Umlagerung des Patienten von der sitzenden Position in die Rückenlage ergeben können, so darf er während dieser Operationsphase die Narkose nicht ohne unmittelbare Aufsicht eines Facharztes führen; das Bestehen eines bloßen Rufkontakts sowie eines eingeschränkten Sichtkontakts genügt auch in einem solchen Fall nicht (BGH NJW 1993, 2989 = VersR 1993, 1231, 1233).

Vgl. hierzu auch → *Anfängereingriffe/Anfängeroperationen* (S. 17 ff.).

▷ *Überprüfung der Lage des Tubus*

Beim Auftreten unerwarteter Probleme, etwa eines Herz-Kreislauf-Stillstandes, im Zusammenhang mit einer Intubationsnarkose gehört die unverzügliche Überprüfung der Lage des Tubus zu den unverzichtbaren Maßnahmen eines Anästhesisten. Wird dies unterlassen und/oder bei den anschließenden Reanimationsmaßnahmen ein Medikament deutlich überdosiert eingesetzt, so liegt ein Behandlungsfehler vor (OLG Oldenburg VersR 1991, 1139).

Das Vorliegen eines einfachen Behandlungsfehlers wurde in folgenden Fällen verneint:

▷ *Blutdruckabfall während der Narkose*

Ein Blutdruckabfall während der Narkose ist kein Indiz für einen Behandlungsfehler des Anästhesisten. Er kommt relativ häufig und bedingt durch die gefäßerweiternde Wirkung der verabreichten Narkosemittel vor. Bleibt der Blutdruckabfall in einem gewissen Rahmen, ergeben sich auch keinerlei negative Auswirkungen auf die Durchblutung, insbesondere des Gehirns (OLG Karlsruhe VersR 1988, 93).

▷ *Spinalanästhesie bei Kniespiegelung*

Bei einer Spiegelung des Kniegelenks ist eine Spinalanästhesie grundsätzlich indiziert. Ein dauernder Verlust von Rückenmarksflüssigkeit als Folge einer Spinalanästhesie kann in aller Regel ausgeschlossen werden (OLG Oldenburg, Urt. v. 11. 2. 1997 – 5 U 58/96: Aber Aufklärung über Möglichkeit der Intubationsnarkose als ernsthafte Alternative).

▷ *Unruhezustand bei Periduralanästhesie*

Wird ein Patient während einer Periduralanästhesie unruhig, dann kann der Operateur nach seinem Ermessen – in Kooperation mit dem Anästhesisten – entscheiden, ob er die Operation abbricht. Es ist vertretbar, wenn der Operateur davon ausgeht, dass er diese aufgetretene Schwierigkeit beherrscht (OLG Hamm, Urt. v. 28. 11. 1994 – 3 U 80/94).

▷ *Unbeaufsichtigter Gang in die Toilette*

Es stellt kein pflegerisches Versäumnis dar, eine Patientin nach vollständigem Abklingen einer leichten, ca. 20 Minuten andauernden Vollnarkose bei regelrechtem Blutdruck und sonst unauffälligem Verhalten alleine auf der Toilette zu belassen, wenn sie in der Lage war, die Toilette in Begleitung selbst aufzusuchen (OLG Düsseldorf NJW-RR 2001, 667).

8. Einfache Behandlungsfehler im Bereich Zahnmedizin

Das Vorliegen eines einfachen Behandlungsfehlers wurde in folgenden Fällen bejaht:

▷ *Verblockung von Kronen und Brücken*

Die Verblockung von Kronen und Brücken im Front- und Seitenzahnbereich erhöht das Risiko des Auftretens einer Parodontose (OLG Frankfurt, Urt. v. 26. 5. 1995 – 24 U 371/93, bei Oehler, S. 118: bei Vollverblockung), erschwert die Mundhygiene und stellt einen Behandlungsfehler dar. Liegt kein Dauerschaden vor, ist für die damit einhergehenden Beeinträchtigungen, Behinderungen und Schmerzen ein Schmerzensgeld in Höhe von 1 788,00 Euro angemessen (OLG Köln VersR 1993, 1400).

Die Verblockung aller „Pfeilerzähne" zu einer 14-gliedrigen Brücke im Ober- und Unterkiefer beim Fehlen von nur zwei bzw. drei Zähnen entsprach bereits 1992 nicht dem Stand der Wissenschaft. Es sollten – wenn überhaupt notwendig – kleine Einheiten von zwei bis drei Zähnen verblockt werden. Der Nachteil ist eine totale Inaktivierung der Zähne. Wünscht der Patient eine solche oder umfangreichere Gesamtverblockung, so hat ihn der Zahnarzt eindringlich auf die damit verbundenen Gefahren hinzuweisen (OLG Köln, Urt. v. 17. 6. 1992 – 27 U 161/91, bei Oehler, S. 117).

Nach Ansicht des OLG Düsseldorf (Urt. v. 27. 6. 1996 – 8 U 103/95, bei Oehler, S. 118) ist die primäre Verblockung oberer Frontzähne (hier Zähne 12 –

23) für die Befestigung herausnehmbaren Zahnersatzes jedoch sachgerecht. Der Weg der primären Verblockung darf aber nur gewählt werden, wenn die Reinigung der Interdentalräume gewährleistet ist; andernfalls ist eine Schädigung und Lockerung der Frontzähne abzusehen.

Grundsätzlich dürfen Interdentalräume nicht so eng gestaltet werden, dass Reinigungsmaßnahmen unmöglich sind (OLG Hamm, Urt. v. 26. 6. 1991 – 3 U 279/90, bei Oehler, S. 115).

▷ *Überkronung von Zähnen*

Bei der Überkronung von Zähnen gilt allgemein der Grundsatz, dass die beschliffene Zahnsubstanz von der künstlichen Krone wieder abgedeckt werden muss, die Krone muss an allen Stellen die Präparationsgrenze erreichen. Das Freilegen beschliffener Zahnsubstanz muss vermieden werden, weil andernfalls pulpitische Beschwerden auftreten können und die Gefahr besteht, dass sich in der Lücke Karies bildet. Die Nichtbeachtung dieses Grundsatzes stellt sogar einen groben Behandlungsfehler dar (OLG Stuttgart VersR 1999, 1017).

▷ *Wahl einer riskanten Brückenkonstruktion*

Im Zuge prothetischer zahnärztlicher Behandlungsplanung ist die Wahl einer nach der gegebenen Lage unnötig riskanten Brückenkonstruktion ein Behandlungsfehler. Als Schadensersatz kann der betroffene Patient dann – zumindest – das beglichene Zahnarzthonorar zurückverlangen (OLG Frankfurt VersR 1996, 1150; vgl. → *Rückerstattung des Honorars*, S. 680 ff.).

▷ *Vorrang der Wurzelbehandlung bzw. Wurzelspitzenresektion (WSR)*

Grundsätzlich ist eine **Zahnextraktion nur als letzte Behandlungsmöglichkeit indiziert**, wenn konservative Behandlungsalternativen zu keiner Besserung geführt haben (OLG Düsseldorf, Urt. v. 10. 3. 1988 – 8 U 45/87, bei Oehler, S. 93, 142; Urt. v. 30. 6. 1988 – 8 U 213/86, bei Oehler, S. 93, 142/143; Urt. v. 19. 1. 1989 – 8 U 158/87, bei Oehler, S. 93, 142; LG Dortmund, Urt. v. 11. 5. 1987 – 17 O 39/86, bei Oehler, S. 93, 142). So kommt eine Extraktion erst dann in Betracht, wenn konservierende Maßnahmen wie z. B. eine Wurzelbehandlung aussichtslos erscheinen oder bereits gescheitert sind (OLG Jena, Urt. v. 14. 5. 1997 – 4 U 1271/96, bei Oehler, S. 93, 144; OLG Stuttgart, Urt. v. 12. 9. 1996 – 14 U 1/96, bei Oehler, S. 93, 143). Daran ändert auch die Gefahr einer Ausschwemmung von Bakterien in den Blutkreislauf nichts, da hiervon die Entscheidung zwischen Extraktion und Wurzelkanalbehandlung nicht abhängt. Denn die Gefahr einer Ausschwemmung besteht in beiden Fällen in gleichem Maß (OLG Stuttgart a. a. O.).

▷ *Abbruch der Spitze eines Wurzelkanalaufbereitungsinstruments (vgl. auch S. 777)*

Ein Zahnarzt ist verpflichtet, die Vollständigkeit und Unversehrtheit seiner Instrumente nach der Behandlung seines Patienten zu kontrollieren, um sicherzustellen, dass keine Teile im Körper des Patienten zurückgeblieben

sind. Dies gilt insbesondere bei einer Behandlung mit einem Wurzelkanal-
aufbereitungsinstrument, denn ein Bruch dieses Instruments im Wurzelkanal, der auch bei sachgemäßer Handhabung nicht auszuschließen ist und
deshalb für sich betrachtet keinen Behandlungsfehler darstellt, bedarf
zumindest der Beobachtung und macht ggf. sogar die Extraktion des Zahnes
erforderlich (OLG Köln, Urt. v. 16. 6. 1999 – 5 U 160/97, NJW-RR 2001, 91,
92).

Bei **ordnungsgemäßer Überprüfung** der Vollständigkeit und Unversehrtheit
der Instrumente wird eine abgebrochene, **5–7 mm lange Spitze** eines Wurzel-
kanalaufbereitungsinstrumentes **regelmäßig bemerkt**, so dass die Extraktion
des Zahnes dann regelmäßig vermieden werden kann (OLG Köln NJW-RR
2001, 91, 92: 767 Euro Schmerzensgeld).

Dass bei einer Wurzelbehandlung ein 3 – 4 mm großes Stück der Instrumen-
tenspitze abbricht und im Zahn verbleibt, stellt für sich keinen Behandlungsfehler dar. Gleiches gilt nach Auffassung des KG (Urt. v. 17. 12. 1992 –
20 U 713/92, bei Oehler, S. 147) für einen sich hieraus entwickelnden krankhaften Prozess an der Wurzelspitze und für eine parallel laufende kariöse
Entwicklung zwischen Krone und Zahnstumpf. Der Verbleib des Instruments hat zur Folge, dass in dem Wurzelkanal i. d. R. nur eine unvollständige
Wurzelfüllung eingebracht werden kann, so dass sich hieraus ein krankhafter Prozess an der Wurzelspitze entwickelt. Hierauf muss der Patient jedoch
hingewiesen werden (KG, Urt. v. 17. 12. 1992 – 20 U 713/92).

▷ *Röntgen bei Extraktionen*

Nicht einheitlich wird die Frage beantwortet, ob im Rahmen von Zahnextraktionen **Röntgenkontrollen erforderlich** sind. Nach Ansicht mehrerer
Instanzgerichte ist es behandlungsfehlerhaft, nach einer Zahnextraktion
keine Röntgenkontrolle durchzuführen (OLG Oldenburg, Urt. v. 9. 12. 1983
– 6 U 2/83, bei Oehler, S. 176; LG Heidelberg, Urt. v. 15. 8. 1990 – 3 O 323/
88, bei Oehler, S. 177: bei Verdacht auf eine Kieferfraktur; LG Offenburg,
Urt. v. 2. 7. 1985 – 2 O 255/84, bei Oehler, S. 176: Kontrolle auf Vollständigkeit).

Teilweise wird sogar ein **grober Behandlungsfehler** bejaht, etwa wenn der
Zahnarzt aufgrund einer völlig unzureichenden Röntgendiagnostik die Lage
des zu extrahierenden Eckzahns nicht richtig einschätzt und ihm deshalb
nur eine partielle Entfernung des Zahns gelingt (OLG Hamm, Urt. v. 16. 12.
1996 – 3 U 108/96, bei Oehler, S. 177) oder wenn die Schmerzen nach der
Extraktion eines Weisheitszahns mehr als drei Wochen anhalten (OLG
Braunschweig, Urt. v. 24. 4. 1997 – 1 U 56/96, bei Oehler, S. 177: unmittelbar
nach der Extraktion kann zunächst jedoch davon abgesehen werden).

Nach anderer Ansicht ist eine Röntgenkontrolle vor der Zahnextraktion
etwa nach einer Zentralluxation nicht erforderlich (LG Berlin, Urt. v. 4. 12.
1975 – 7 O 169/74, bei Oehler, S. 176; LG Hamburg, Urt. v. 28. 1. 1976 – 14
O 4/73, bei Oehler, S. 176).

Eine postoperative Röntgenkontrolle muss jedoch stets dann erfolgen, wenn der Operateur **konkrete Anhaltspunkte für ein Zurückbleiben von Zahnresten** o. a. in der Wunde hat (OLG Hamm, Urt. v. 19. 9. 1994 – 3 U 285/93, bei Oehler, S. 177; auch OLG Braunschweig, Urt. v. 24. 4. 1997 – 1 U 56/96). Bei einer Notfallbehandlung ist die Anfertigung einer Röntgenaufnahme nur dann erforderlich, wenn die Diagnostik nicht eindeutig ist (OLG Köln, Urt. v. 16. 6. 1999 – 5 U 160/97, bei Oehler, S. 154).

▷ *Zahnextraktionen*

Bei der Indikation von Zahnextraktionen ist zwischen der Erhaltungsfähigkeit und der Erhaltungswürdigkeit zu differenzieren. Eine Zahnextraktion ist dann indiziert, wenn der **Zahn nicht erhaltungsfähig bzw. erhaltungswürdig** ist. Wird die Erhaltungswürdigkeit von tatsächlich erhaltungsfähigen Zähnen schon bei der ersten Behandlung eines jugendlichen Patienten ausgeschlossen, so entspricht dies nicht gutem zahnärztlichem Standard. Für die nicht indizierte Entfernung von sechs Zähnen im Oberkiefer und zwei Zähnen im Unterkiefer ist unter besonderer Berücksichtigung des jugendlichen Alters des Patienten ein Schmerzensgeld in Höhe von 15 340 Euro angemessen (OLG Hamm MDR 2001, 871).

Eine Reihen- oder Totalextraktion, im entschiedenen Fall sämtlicher vierzehn noch vorhandenen Zähne des Oberkiefers und vier Zähnen des Unterkiefers einer 17-jährigen Patientin, darf erst nach vorheriger Erhaltungsdiagnostik und Erhaltungstherapieversuchen mit entsprechender Aufklärung vorgenommen werden (OLG Oldenburg MDR 1999, 676).

Wird der Nervus lingualis bei der Extraktion eines Weisheitszahns primär durch ein rotierendes Instrument (Rosenbohrer bzw. Lindemann-Fräse) geschädigt, so spricht ein Anscheinsbeweis für ein Verschulden des Zahnarztes (OLG Stuttgart VersR 1999, 1018).

Zerstört der Zahnarzt beim wiederholten Versuch der Extraktion mittels eines Hebelinstruments, bei dem ein erheblicher knöcherner Widerstand zu erwarten war, den Nachbarzahn, so spricht dies **prima facie für eine zu große und damit fehlerhafte Kraftentfaltung** des Zahnarztes. Unter Berücksichtigung der anatomischen Verhältnisse am unteren Weisheitszahn ist bei der Anwendung des Hebelinstruments nur ein vorsichtiger Versuch zu unternehmen. Führt der Extraktionsversuch entgegen der Erwartung des Zahnarztes in kurzer Zeit nicht zum Ziel, müssen weitere Bemühungen zur Vermeidung schädlicher Folgewirkungen unterlassen und der Weg der operativen Zahnentfernung eingeschlagen werden (OLG Köln, Urt. v. 9. 3. 1992 – 27 U 144/91, bei Oehler, S. 103/104).

Nach Auffassung des OLG Karlsruhe (Urt. v. 26. 8. 1986 – 14 U 180/85, bei Oehler, S. 97) ist es behandlungsfehlerhaft, einen – **übersehenen** – **Wurzelrest** nach Extraktion ohne Röntgenkontrolle zu belassen. Dies entspricht grundsätzlich nicht den anerkannten Regeln der Zahnmedizin (ebenso OLG Düsseldorf, Urt. v. 10. 3. 1988 – 8 U 45/87, bei Oehler, S. 97; OLG Hamm, Urt. v. 19. 9. 1994 – 3 U 285/93, bei Oehler, S. 97). Andererseits ist es nicht als fehlerhaft angesehen worden, den nach der Extraktion eines Zahns im Kiefer verbliebenen Wurzelrest dort zu belassen, wenn er keine Beschwerden verursacht (OLG Düsseldorf, Urt. v. 4. 2. 1993 – 8 U 289/91, bei Oehler, S. 97).

U. E muss der Patient aber darauf hingewiesen werden, dass ein Wurzelrest im Kiefer verblieben ist und er bei etwaigen Beschwerden den Zahnarzt aufsuchen soll.

▷ *Kieferbruch bei Zahnextraktion*

Der Bruch des Kiefers bei der Extraktion eines tief liegenden, nach vertikal verlagerten Weisheitszahns beruht auf einem Behandlungsfehler, wenn der Zahn ohne vorherige Separierung oder Ausfräsung des Kieferknochens nur mit einem Hebel gelockert und dann mit einer Zange herausgelöst wurde (OLG Oldenburg VersR 1998, 1381). Wird bei einer Zahnextraktion ein Kiefer gebrochen, liegt nach Ansicht des OLG Frankfurt (Urt. v. 5. 10. 1989 – 1 U 211/88) sogar ein grober Behandlungsfehler vor.

Nach Auffassung des OLG Braunschweig (Urt. v. 24. 4. 1997 – 1 U 56/96, bei Oehler, S. 104) kann aber nicht bereits deshalb auf einen Behandlungsfehler geschlossen werden, wenn sich bei einer Weisheitszahnextraktion das Risiko des Kieferbruchs realisiert.

Zur Aufklärung über die Gefahr des Kieferbruchs und der Nervverletzung vgl. → *Aufklärung*, S. 303.

▷ *Parodontosebehandlung; Eingliederung einer Zahnprothese*

Fehler bei der Passform einer Zahnprothese, der Abstandshaltung des Unterkiefers zum Oberkiefer und der Form des okklusalen Kontakts sind nach Dienstvertragsrecht zu beurteilen. Wird eine **Ober- und Unterkieferteleskopprothese fehlerhaft hergestellt** und wird anschließend eine völlig neue prothetische Versorgung erforderlich, ist ein Schmerzensgeld in Höhe von 2.045 Euro angemessen (OLG Oldenburg VersR 1997, 60 – für September 1995). Die **endgültige Eingliederung** einer Zahnprothese in den zahnlosen Oberkiefer einer Patientin ist **grob fehlerhaft**, wenn die zur Verankerung eingebrachten Implantate in dem etwa **durch Knochenabbau o. a. geschädigten Kiefer keinen genügenden Halt** finden (OLG Köln, Urt. v. 25. 2. 1998 – 5 U 157/97, NJW-RR 1999, 388). Für den durch diesen Behandlungsfehler verursachten Schwund des Kieferknochens und einer hierauf beruhenden irreversiblen Protheseninstabilität mit dadurch ausgelösten körperlichen und psychischen Beeinträchtigungen ist ein Schmerzensgeld in Höhe von 12 800 Euro angemessen (OLG Köln NJW-RR 1999, 388).

Vor der endgültigen Eingliederung des Zahnersatzes hat der Zahnarzt eine beim Patienten bestehende **Parodontose zu behandeln und vorhandenen Karies an (mit-)betroffenen Zähnen zu entfernen.** Hiervon ist er auch nicht durch die Weigerung des Patienten gegen eine weiter gehende Behandlung befreit, wenn er nicht nachweist, dass er den Patienten eindringlich auf die Notwendigkeit der Parodontosebehandlung hingewiesen hat (OLG Köln VersR 1993, 361; ebenso: OLG Düsseldorf, Urt. v. 15. 1. 1998 – 8 U 57/97, bei

Oehler, S. 113: erst bei **gesunden parodontalen Verhältnissen**, ggf. nach systematischer Parodontalbehandlung, Vorbehandlung und Nachsorge darf mit einer prothetischen Rehabilitation begonnen werden; Urt. v. 4. 12. 1997 – 8 U 175/96, bei Oehler, S. 113: vor der prothetischen Versorgung hat eine systematische Parodontaltherapie über einen längeren Zeitraum von ca. sechs Monaten zu erfolgen; Urt. v. 18. 10. 1993 – 8 U 202/91, bei Oehler, S. 111: vor der Eingliederung von Zahnersatz ist eine **Parodontosebehandlung** durchzuführen, die nicht mehr erhaltungswürdigen Zähne sind zu entfernen; Urt. v. 24. 10. 1996, 8 U 179/95, bei Oehler, S. 112: vor Eingliederung des Zahnersatzes hat die Prüfung des Ausmaßes der **kariösen Defekte** und die Feststellung der nicht erhaltungswürdigen Zähne zu erfolgen; OLG Hamm, Urt. v. 12. 10. 1994 – 3 U 26/94 und Urt. v. 26. 6. 1991 – 3 U 279/90, bei Oehler, S. 111: festsitzender Zahnersatz darf erst nach **Parodontosebehandlung** eingesetzt werden; Urt. v. 27. 10. 1997 – 3 U 7/97, bei Oehler, S. 120: bei parodontaler Vorschädigung ist ggf. eine kombinierte festsitzende und herausnehmbare Prothetik geboten, der Einbau festsitzenden Zahnersatzes ist dann fehlerhaft; Urt. v. 26. 6. 1996 – 3 U 171/95, bei Oehler, S. 125: **Kariesbehandlung** vor dem endgültigen Eingliedern einer Zahnprothese erforderlich; OLG Karlsruhe, Urt. v. 14. 12. 1988 – 7 U 29/88: Prothesenversorgung ohne Behandlung des parodontalen Zustandes ist fehlerhaft; OLG Köln, Urt. v. 11. 12. 1991 – 27 U 84/91: festes Eingliedern des Zahnersatzes nicht vertretbar, wenn Parodontose nicht vollständig abgeklungen ist; OLG Oldenburg, Urt. v. 20. 4. 1993 – 5 U 140/92: prothetische Maßnahmen dürfen erst erfolgen, wenn zuvor eine erfolgreiche **Kariesbehandlung** sichergestellt ist).

Die erforderliche **Erhebung des parodontalen Zustandes** der Zähne vor einer zahnprothetischen Behandlung und dem Einsetzen des Zahnersatzes ist **zu dokumentieren** (OLG Karlsruhe, Urt. v. 14. 12. 1988 – 7 U 29/88, bei Oehler, S. 110).

Nach einer **Karies- oder Parodontalbehandlung** darf die Brücke **zunächst nur provisorisch eingesetzt** werden. Ergeben sich über einen längeren Zeitraum hin keine Schwierigkeiten im dentalen Bereich – sondern nur eine gesondert behandelbare und behandelte Parodontalentzündung – darf die Brücke auch eingefügt werden (OLG Hamm, Urt. v. 26. 6. 1996 – 3 U 171/95, bei Oehler, S. 125).

Generell ist das Vorliegen eines Behandlungsfehlers regelmäßig zu bejahen, wenn ein Zahnarzt im Rahmen einer umfangreichen Gebisssanierung den aus Kronen und Brücken bestehenden Zahnersatz bereits beim Einpassen unter Narkose **endgültig einzementiert**, ohne sich die Möglichkeit einer **nachträglichen Korrektur** offen zu halten (LG Mönchengladbach MedR 1995, 79; ebenso: LG Osnabrück, Urt. v. 18. 12. 1995 – 2 O 88/94, bei Oehler, S. 145: auch nach einer Wurzelfüllung darf eine Brücke erst provisorisch befestigt werden; OLG Stuttgart, Urt. v. 9. 1. 1998 – 14 U 15/97, bei Oehler, S. 138: einer Schmerzpatientin darf nicht bereits am ersten Behandlungstag eine Brücke einzementiert werden). So muss etwa eine neu angefertigte UK- oder OK-Brücke zunächst **für eine gewisse Zeit provisorisch eingegliedert** werden, um bestehende Okklusionsstörungen auf einfache und schonende Weise beseitigen zu können. Eine solche Übergangsphase ist jedenfalls **bei größeren Restaurationen** dringend geboten (OLG Düsseldorf, Urt. v. 17. 6. 1993 – 8 U 316/91, bei Oehler, S. 124).

Auch ein schmerzender **wurzelgefüllter Zahn als „Brückenpfeiler"** stellt ein erhebliches Risiko dar. Hier besteht die Gefahr, dass zukünftig bei diesem Zahn eine Wurzelspitzenresektion durchgeführt werden muss und der Zahn dann als Brückenpfeiler ungeeignet ist (OLG Bamberg, Urt. v. 3. 3. 1997 – 4 U 167/96, bei Oehler, S. 113).

Das Vorliegen eines einfachen Behandlungsfehlers wurde in folgenden Fällen verneint:

▷ *Notfallbehandlung einer akuten Pulpitits*

Bei einer Notfallbehandlung einer akuten Pulpitis ist es **nicht indiziert, eine sofortige Abfüllung aller Wurzelkanäle durchzuführen.** Denn die Notfallbehandlung verfolgt lediglich das Ziel, eine Schmerzfreiheit des Patienten herbeizuführen. Sie umfasst deshalb grundsätzlich nur die Trepanation des schmerzhaften Zahns, die Entfernung des entzündeten oder gangränösen Pulpengewebes, die Spülung der Wurzelkanäle mit einem geeigneten Desinfektionsmittel und die Installation eines geeigneten Medikaments auf einem Wattepellet o. a. Erst bei den nachfolgenden Behandlungsterminen ist es angezeigt, die Wurzelkanäle gründlich aufzubereiten und anschließend abzufüllen. Das Nichtabfüllen der Wurzelkanäle im Rahmen einer Notfallbehandlung stellt sich aber nur dann nicht als fehlerhaft dar, wenn der Notfallzahnarzt den Patienten darauf aufmerksam macht, dass eine **Nachbehandlung** – sei es durch ihn, sei es durch den Hauszahnarzt – **erforderlich** ist (OLG Köln, Urt. v. 16. 6. 1999 – 5 U 160/97, bei Oehler, S. 154).

▷ *Keine Bioverträglichkeitsprüfung*

Ein Zahnarzt muss dem Patienten in Ermangelung jeglichen wissenschaftlich begründeten Verdachts toxischer Wirkungen von Kupfer-Palladium-Legierungen nicht von sich aus auf eine **Bioverträglichkeitsprüfung** hinweisen bzw. diese durchführen (OLG Hamm NJW 1999, 3421). Als Füllmaterial kann auch Amalgam eingesetzt werden (OLG Koblenz VersR 1999, 759).

▷ *Herausfallen einer Füllung*

Das Herausfallen einer Füllung aus einem Schneidezahn kurz nach deren Einsetzen lässt noch keinen sicheren Schluss auf einen Behandlungsfehler zu (OLG Köln MedR 1997, 171).

▷ *Verwendung von Amalgam*

Eine Beweiserleichterung für den vom Patienten zu erbringenden Beweis der Ursächlichkeit von eingebrachtem Amalgam für multiple Sklerose, Unfruchtbarkeit o. a. kommt nicht in Betracht, da nicht nachgewiesen ist, dass die Verwendung von Amalgam im menschlichen Körper nach dem

Stand der Wissenschaft generell mit erheblicher Wahrscheinlichkeit zur Entstehung von multipler Sklerose, Unfruchtbarkeit o. a. führt (OLG Frankfurt, Urt. v. 10. 4. 2003 – 3 U 30/00, VersR 2004, 209 = GesR 2003, 392).

▷ *Misslungene prothetische Zahnversorgung*

Gelingt eine prothetische Zahnversorgung nicht auf Anhieb, so ist nicht bereits deshalb ein Behandlungsfehler anzunehmen. Der Patient ist grundsätzlich verpflichtet, dem Zahnarzt **Gelegenheit zur Nachbesserung** zu geben und bei den weiteren Eingliederungsmaßnahmen der Zahnprothetik mitzuwirken (OLG Oldenburg MedR 1997, 359; OLG Düsseldorf, Urt. v. 12. 6. 1986 – 8 U 279/84, MDR 1986, 933; von Ziegner, MDR 2001, 1088, 1090; Schinnenburg, MedR 2000, 185, 186; auch Schellenberg VersR 2005, 1620, 1622: Schadensminderungspflicht des Patienten, § 254 II).

Die erforderlichen Korrekturmaßnahmen dürfen jedoch das Maß des Üblichen nicht übersteigen. Dabei ist streitig, wann die Zumutbarkeitsgrenze für den Patienten erreicht ist (vgl. von Ziegner, MDR 2001, 1088, 1090). Nach einer Ansicht umfasst das Recht des Zahnarztes zur Vornahme von „Nacharbeiten" auch die vollständige, unentgeltliche Erneuerung des Zahnersatzes (LSG Bayern bei von Ziegner, MDR 2001, 1090). Nach anderer Auffassung ist der Patient bereits dann zur Kündigung berechtigt, wenn das **Arbeitsergebnis unbrauchbar** und eine **Nachbesserung nicht möglich** oder dem Patienten **nicht zumutbar** ist oder **mehrere Nachbesserungsversuche fehlgeschlagen** und an der Prothese neue Schäden aufgetreten sind (OLG Düsseldorf und OLG München bei von Ziegner, MDR 2001, 1090; vgl. → *Arztvertrag*, S. 64 → *Mitverschulden des Patienten*, S. 674 f. und → *Rückerstattung des Honorars*, S. 682).

▷ *Nervenverletzungen bei Leitungsanästhesie*

Die Extraktion eines Weisheitszahns ist mit dem Risiko verbunden, dass die in der Nähe verlaufenden Nerven (Nervus lingualis, Nervus mandibularis, Nervus alveolaris) durch den Eingriff selbst oder durch das Injizieren des Betäubungsmittels in Mitleidenschaft gezogen werden können. **Die Schädigung eines Nervs kann auch bei größtmöglicher Sorgfalt nicht stets vermieden werden** (OLG Düsseldorf, Urt. v. 23. 2. 1990 – 8 U 169/88, bei Oehler, S.83; OLG Hamburg, Urt. v. 27. 2. 1998 – 1 U 131/97, bei Oehler, S. 63, 84; OLG Hamm, Urt. v. 12. 2. 1996 – 3 U 110/95, bei Oehler, S. 84; zu der nach **h. M.** bestehenden Aufklärungspflicht vgl. → *Aufklärung*, S. 139 ff., 295).

Unterlassene Befunderhebung

Vgl. auch → *Befundsicherungspflicht*, → *Beweislast*, → *Dokumentationspflicht*, → *Grobe Behandlungsfehler*

I. Nichterhebung von Diagnose- und Kontrollbefunden als grober Behandlungsfehler

II. Nichterhebung von Diagnose- und Kontrollbefunden als einfacher Behandlungsfehler

III. Abgrenzung zum Diagnoseirrtum
IV. Voraussetzungen der Beweislastum-
    kehr in der Fallgruppe Der „unter-
    lassenen Befunderhebung"
V. Fallbeispiele

1. Beweislastumkehr bejaht
2. Beweislastumkehr verneint
VI. Unterlassene Befundsicherung
VII. Unterlassene Befundumsetzung

I. Nichterhebung von Diagnose- und Kontrollbefunden als grober Behandlungsfehler

Bei der haftungsbegründenden Kausalität greift für den Patienten eine **Beweislastumkehr für den Kausalzusammenhang** zwischen dem Behandlungsfehler und dem eingetretenen Primärschaden immer dann ein, wenn der **Behandlungsfehler als „grob" zu bewerten** ist (vgl. → *Grobe Behandlungsfehler*, S. 500 ff.; BGH, Urt. v. 23. 3. 2004 – VI ZR 428/02, NJW 2004, 1871, 1872 = GesR 2004, 293, 295 = VersR 2004, 790, 791 = MedR 2004, 559, 560; Urt. v. 16. 11. 2004 – VI ZR 328/03, VersR 2005, 228, 229: Verletzung der Pflicht zur **therapeutischen Aufklärung** als grober Behandlungsfehler; OLG Bamberg, Urt. v. 4. 7. 2005 – 4 U 126/03, VersR 2005, 1292, 1293: unterlassene Krankenhauseinweisung zur **Herzkatheteruntersuchung** bei Verdacht auf Herzinfarkt als grober Behandlungsfehler; OLG Brandenburg, Urt. v. 8. 4. 2003 – 1 U 26/00, VersR 2004, 1050, 1052: Unterlassene **Kontrollsonographie** als „grober Behandlungsfehler"; OLG Hamm, Urt. v. 17. 11. 2004 – 3 U 277/03, GesR 2005, 70, 71: Unterlassene **Erhebung von CRP-Werten** als grober Behandlungsfehler; Urt. v. 6. 11. 2002 – 3 U 50/02, VersR 2004, 1321, 1322: unterlassene **Leberpunktion** bei pathologischen Leberwerten als grober Behandlungsfehler; OLG Karlsruhe, Urt. v. 23. 4. 2004 – 7 U 1/03, VersR 2005, 1246: Unterlassene **Ultraschalluntersuchung** eines Auges als grober Behandlungsfehler; Urt. v. 20. 6. 2001 – 13 U 70/00, VersR 2002, 1426, 1427: **Unterlassene Befunderhebung** bzw. Namensverwechslung auf dem Befundbericht beim Verdacht einer **Rötelninfektion** als grober Behandlungsfehler; Beschl. v. 24. 6. 2005 – 7 W 28/05, GesR 2005, 555, 556: Unterlassung zwingend gebotener Befunderhebung; **Anastomoseninsuffizienz** nach **Darmresektion**; KG, Urt. v. 7. 3. 2005 – 20 U 398/01, GesR 2005, 251 = OLGR 2006, 12: unterlassene Röntgendiagnostik bei Verdacht auf Knochenbruch als grober Fehler; OLG Koblenz, Urt. v. 5. 7. 2004 – 12 U 572/97, NJW 2005, 1200, 1202: **Unterlassene Blutzuckerkontrollen** bei **Neugeborenem** als grober Behandlungsfehler; Urt. v. 26. 8. 2003 – 3 U 1840/00, NJW-RR 2004, 106, 107 f. = OLGR 2004, 79, 82: Unterlassene Überweisung zum MRT oder einer Myelographie als grober Behandlungsfehler; OLG Köln, Urt. v. 13. 2. 2002 – 5 U 95/01, VersR 2004, 1459, 1460: Unterlassenes Anlegen eines EKG bei Herzbeschwerden als grober Behandlungsfehler; OLG München, Urt. v. 3. 6. 2004 – 1 U 5250/03, OLGR 2005, 790, 791: unterlassene **Krankenhauseinweisung** bei cerebraler Zirkulationsstörung bzw. **Verdacht auf Schlaganfall**; Urt. v. 24. 2. 2005 – 1 U 4624/03, NJW-RR 2006, 33, 35 f. = OLGR 2006, 51 f.: keine ausreichende postoperative Überwachung der Vitalparameter; OLG Stuttgart, Urt. v. 27. 6. 2000 – 14 U 8/00, OLGR 2002, 116, 119: Unterlassene Fertigung eines MRT oder einer Angiographie als grober Behandlungsfehler; LG München I, Urt. v. 28. 5. 2003 –

9 O 14993/99, VersR 2004, 649: unterlassene **Krankenhauseinweisung bei V.a. Herzinfarkt**; Gehrlein, Rz. B 137, 140; G/G, 5. Aufl., Rz. B 252, 266–272 b; S/Pa, Rz. 525–531, 551–555).

Das **Nichterheben von Diagnose- und/oder Kontrollbefunden** wurde dann als **grob fehlerhaft** gewertet, wenn der Arzt „**medizinisch zweifelsfrei**" (OLG Brandenburg NJW-RR 1999, 967; OLG Karlsruhe OLGR 2001, 412, 414; OLG Zweibrücken MedR 1999, 272, 274;), „**eindeutig**" (OLG München OLGR 1999, 331, 332) bzw. „**elementar gebotene**" (OLG Köln VersR 1999, 491, 492) oder „zwingende, im Sachverständigengutachten als **unablässig**" (OLG Karlsruhe OLGR 2001, 412, 414), „**zwingend notwendige**" (OLG Karlsruhe, Beschl. v. 24. 6. 2005 – 7 W 28/05, GesR 2005, 555, 556) bzw. als „**unbedingt erforderlich**" bezeichnete (OLG Karlsruhe, Urt. v. 23. 4. 2004 – 7 U 1/03, VersR 2005, 1246) Befunde nicht erhoben hat.

Als „grober Fehler" wurde es etwa angesehen, wenn der vom Gericht beauftragte Sachverständige das Unterbleiben einer näheren Abklärung oder Überprüfung als „**schlicht nicht nachvollziehbar**" (OLG Hamm, Urt. v. 6. 11. 2002 – 3 U 50/02, VersR 2004, 1321, 1322: „nicht nachvollziehbar"; OLG Karlsruhe, Urt. v. 20. 6. 2001 – 13 U 70/00, VersR 2002, 1426, 1427: „schlicht nicht nachvollziehbar"; OLG Köln, Urt. v. 13. 2. 2002 – 5 U 95/01, NJW-RR 2003, 458: „schlechterdings nicht nachvollziehbar"; OLG München, Urt. v. 3. 6. 2004 – 1 U 5250/03, OLGR 2005, 790, 791: „völlig unvertretbar", bei V.a. akute cerebrale Zirkulationsstörung von einer sofortigen Krankenhauseinweisung abzusehen) bzw. die unterlassene Durchführung einer „grundlegenden diagnostischen Maßnahme als **eindeutig fehlerhaft**" (OLG Koblenz, Urt. v. 5. 7. 2004 – 12 U 572/97, NJW 2005, 1200, 1202) bezeichnet hat oder es unterlassen wird, stärksten Schmerzen und einer drastischen Verschlechterung des Gesundheitszustandes des Patienten nach einer Darmresektion zur Abklärung einer Anastomoseninsuffizienz (hier: Undichtigkeit der Naht der zusammengefügten Darmenden) nachzugehen (OLG Karlsruhe, Beschl. v. 24. 6. 2005 – 7 W 28/05, GesR 2005, 555, 556).

Stellt sich die Verletzung der Befunderhebungspflicht bereits aus diesen Gründen als grob fehlerhaftes Vorgehen dar, so kommen die Grundsätze zur **Beweislastumkehr in der Kausalitätsfrage** (siehe → *Grobe Behandlungsfehler*, S. 537 ff.) zum Tragen (s. o.; vgl. etwa BGH NJW 1998, 818; OLG Hamm, Urt. v. 6. 11. 2002 – 3 U 50/02, VersR 2004, 1321, 1322; OLG Karlsruhe, Urt. v. 23. 4. 2004 – 7 U 1/03, VersR 2005, 1246; zum „groben Organisationsfehler" auch Urt. v. 20. 6. 2001 – 13 U 70/00, VersR 2002, 1426, 1427; OLG Koblenz, Urt. v. 5. 7. 2004 – 12 U 572/97, NJW 2005, 1200, 1202; Urt. v. 26. 8. 2003 – 3 U 1840/00, OLGR 2004, 79, 82 f.; OLG Köln, Urt. v. 13. 2. 2002 – 5 U 95/01, NJW-RR 2003, 458; OLG München, Urt. v. 3. 6. 2004 – 1 U 5250/03, OLGR 2005, 790, 791).

II. Nichterhebung von Diagnose- und Kontrollbefunden als einfacher Behandlungsfehler

Nach der bisherigen Rechtsprechung des BGH und der Oberlandesgerichte können dem Patienten „Beweiserleichterungen bis zur Beweislastumkehr" im Fall der Nichterhebung von Befunden auch bei Vorliegen eines nur „einfachen" **Behandlungsfehlers** zugute kommen, wobei in der Praxis bereits vor Erlass der Entscheidungen des BGH vom 27. 4. 2004 und 16. 11. 2004 (BGH, Urt. v. 27. 4. 2004 – VI ZR 34/03; NJW 2004, 2011 = VersR 2004, 909 = MedR 2004, 561 = MDR 2004, 1055; BGH, Urt. v. 16. 11. 2004 – VI ZR 328/03, NJW 2005, 427 = VersR 2005, 228 = MDR 2005, 572) ebenso wie beim Vorliegen eines „groben Behandlungsfehlers" regelmäßig eine Beweislastumkehr angenommen wurde.

In der Entscheidung vom 23. 3. 2004 (BGH, Urt. v. 23. 3. 2004 – VI ZR 428/02, NJW 2004, 1871 = VersR 2004, 790 = MDR 2004, 1056 = GesR 2004, 1056 = MedR 2004, 559) hat der BGH nochmals ausdrücklich klargestellt, dass eine, auch **einfach-fehlerhafte Unterlassung der medizinisch gebotenen Befunderhebung** grundsätzlich zur **Umkehr der Beweislast** hinsichtlich der Kausalität des Behandlungsfehlers für den eingetretenen Schaden führt, wenn die weiteren Voraussetzungen der Rechtsfigur der „unterlassenen Befunderhebung" vorliegen.

Auch in der Instanzrechtsprechung wird seit vielen Jahren darauf hingewiesen, dass die Frage nach der Beweislastverteilung bei der Kausalität in den Fällen der unterlassenen oder unzureichenden Befunderhebung nicht schon dann zu Lasten des Patienten negativ zu beantworten ist, wenn das Versäumnis einer aus medizinischer Sicht gebotenen Befunderhebung nicht als grober, sondern nur als einfacher, ärztlicher Fehler zu qualifizieren ist (OLG Dresden, Urt. v. 6. 6. 2002 – 4 U 3112/01, VersR 2004, 648; OLG Hamburg, Urt. v. 14. 11. 2003 – 1 U 71/03, OLGR 2004, 328, 329; OLG Koblenz, Urt. v. 28. 7. 1999 – 4 U 1194/ 96; OLG München, Urt. v. 20. 9. 2001 – 1 U 4502/00, OLGR 2003, 7, 8).

Danach gilt der Grundsatz, dass ein Verstoß gegen die Pflicht zur Erhebung und Sicherung medizinischer Befunde und zur ordnungsgemäßen Aufbewahrung der Befundträger im Wege der Beweislastumkehr (vormals: „Beweiserleichterung bis zur Beweislastumkehr") für den Patienten einen Schluss auf ein reaktionspflichtiges positives Befundergebnis erlaubt, wenn ein solches Ergebnis hinreichend wahrscheinlich ist. Der Patient soll durch die Beweislastumkehr nur so gestellt werden, wie er stünde, wenn der Befund – wie geboten – erhoben bzw. ordnungsgemäß gesichert worden wäre; auf den Nachweis, wie auf den Befund reagiert worden wäre, erstreckt sich die Beweislastumkehr grundsätzlich nicht (OLG Koblenz, Urt. v. 28. 7. 1999 – 4 U 1194/96).

Das ist aber dann anders, wenn eine Fehlreaktion des Arztes auf den Befund, dessen Erhebung medizinisch geboten war, als grober Behandlungsfehler einzustufen wäre. Hier greift auch **in der Kausalitätsfrage eine Beweislastumkehr** (so jetzt BGH, Urt. v. 27. 4. 2004 – VI ZR 34/03, NJW 2004, 2011, 2013 = VersR 2004, 909, 910; Urt. v. 23. 3. 2004 – VI ZR 428/02, VersR 2004, 790 = MedR 2004, 559 = MDR 2004, 1056, 1057 = GesR 2004, 293; BGH, Urt. v. 16. 11. 2004

– VI ZR 328/03, VersR 2005, 228, 229 = NJW 2005, 427, 428) zugunsten des Patienten ein, wenn sich – ggf. unter Würdigung zusätzlicher medizinischer Anhaltspunkte – bei Durchführung der versäumten Untersuchung mit **hinreichender Wahrscheinlichkeit** ein so deutlicher und gravierender Befund ergeben hätte, dass sich die **Verkennung dieses Befundes als fundamental und die Nichtreaktion auf ihn als grob fehlerhaft darstellen müsste** (für alle: BGH, Urt. v. 27. 4. 2004 – VI ZR 34/03, NJW 2004, 2011, 2013 = VersR 2004, 909, 911 = MDR 2004, 1055 = MedR 2004, 561; Urt. v. 23. 3. 2004 – VI ZR 428/02, VersR 2004, 790, 791 f. = MedR 2004, 559, 560 = MDR 2004, 1056, 1057 = GesR 2004, 293, 294; Urt. v. 25. 11. 2003 – VI ZR 8/03, VersR 2004, 645, 647 = NJW 2004, 1452, 1453; Feifel GesR 2006, 308 f.; Gehrlein VersR 2004, 1488, 1494; Gehrlein Rz. B 157, 158; G/G, 5. Aufl., Rz. B 296; Hausch VersR 2003, 1489, 1491 f.; Laufs NJW 2000, 1757, 1762; Rehborn MDR 1999, 1169, 1171; S/Pa, Rz. 553, 554, 554 b; Spickhoff NJW 2004, 2345, 2346).

Das BVerfG (BVerfG, Beschl. v. 15. 3. 2004 – 1 BvR 1591/03, NJW 2004, 2079; **a. A.** Hausch VersR 2003, 1489, 1495 f. mit weiteren Argumenten) billigt diese neuere Rspr. des BGH und der Instanzgerichte. Eine das Gebot der **Waffengleichheit verletzende Verteilung** der **Beweislast** ergibt sich danach nicht aus der Annahme, dass nicht nur grobe Behandlungsfehler, sondern auch eine fehlerhaft unterlassene Befunderhebung zu Beweiserleichterungen führen kann.

Eine Beweislastumkehr kommt daneben auch in den Fallgruppen der *„unterlassenen Befunderhebung"* (S. 845, 305), der **verspäteten Umsetzung erhobener Befunde** (s. u. S. 847) und der **unterlassenen bzw. fehlerhaften Übertragung von Befunden** (s. u. S. 847) in Betracht (vgl. hierzu OLG Düsseldorf, Urt. v. 30. 1. 2003 – 8 U 159/01, VersR 2004, 792, 794 und OLG Hamm, Urt. v. 12. 12. 2001 – 3 U 119/00, NJW-RR 2003, 807, 808 zur unterlassenen Befundsicherung; OLG Hamburg, Urt. v. 13. 8. 2004 – 1 U 5/04, OLGR 2004, 543 zur verspäteten Umsetzung erhobener Befunde; OLG Bamberg, Urt. v. 25. 4. 2005 – 4 U 61/04, VersR 2005, 1244 mit abl. Anm. Baxhenrich VersR 2006, 80 zur unterlassenen bzw. fehlerhaften Befundübertragung).

Ebenso wie beim Vorliegen eines → *„groben Behandlungsfehlers"* (vgl. hierzu S. 513 ff.) ist eine **Umkehr der Beweislast** auf die Behandlungsseite ausnahmsweise dann **ausgeschlossen**, wenn ein haftungsbegründender Ursachenzusammenhang zwischen dem (hier einfachen) Behandlungsfehler in der Form der „unterlassenen Befunderhebung" und dem Eintritt des Körper- bzw. Gesundheitsschadens beim Patienten **„äußerst unwahrscheinlich"** ist (BGH, Urt. v. 16. 11. 2004 – VI ZR 328/03, VersR 2005, 228, 229 = NJW 2005, 427, 428; Urt. v. 27. 4. 2004 – VI ZR 34/03, VersR 2004, 909, 911 = NJW 2004, 2011, 2012; Urt. v. 25. 11. 2003 – VI ZR 8/03, NJW 2004, 1452, 1454 = VersR 2004, 645, 646; OLG Brandenburg, Urt. v. 8. 4. 2003 – 1 U 26/00, VersR 2004, 1050, 1052: „ganz unwahrscheinlich"; OLG Düsseldorf, Urt. v. 10. 4. 2003 – 8 U 38/02, VersR 2005, 117, 118: „völlig unwahrscheinlich"; OLG Hamm, Urt. v. 6. 11. 2002 – 3 U 50/05, VersR 2004, 1321, 1322: „Kausalzusammenhang gänzlich oder äußerst unwahrscheinlich"; Urt. v. 12. 12. 2001 – 3 U 119/00, NJW-RR 2003, 807, 809: „jeglicher Ursachenzusammenhang gänzlich bzw. äußerst unwahrscheinlich"; OLG Karlsruhe, Beschl. v. 24. 6. 2005 – 7 W 28/05, GesR 2005, 555, 556: „gänzlich oder äußerst unwahrscheinlich"; Urt. v. 23. 4. 2004 – 7 U 1/03, VersR 2005, 1246, 1247: Erfolg einer unterlassenen Therapie äußerst unwahrscheinlich; Urt. v. 20. 6. 2001 – 13 U 70/00, VersR 2002, 1426, 1427: „kausale Verknüpfung mit dem Schaden in hohem Maß unwahrscheinlich"; OLG Koblenz, Urt. v. 5. 8. 2004 – 5 U 250/05, GesR 2004, 496: „nach Lage der Dinge völlig unwahrscheinlich, dass Versäumnisse bei einer Geburt schadensursächlich waren"; OLG Oldenburg, Urt. v. 12. 6. 2001 – 5 U 185/00, OLGR 2002, 16, 19: Kausalzusammenhang zwischen verspäteter CT-Diagnostik und Operation einerseits und dem Gesundheitsschaden andererseits ganz unwahrscheinlich; OLG Stuttgart, Urt. v. 20. 3. 2001 – 14 U 41/99, OLGR 2002, 142, 145: „äußerst unwahrscheinlich"; Urt. v. 12. 8. 2003 – 1 U 45/03, S. 5: „äußerst unwahrscheinlich, dass der um Stunden verzögerte Einsatz von Antibiotika für das Fehlschlagen der Behandlung von Einfluss gewesen ist"; Spickhoff NJW 2004, 2345, 2346).

Eine **Erfolgschance von etwa 10 %** rechtfertigt aber noch nicht die Annahme, dass die Schadenskausalität im Rechtssinn „ganz" oder „äußerst unwahrscheinlich" ist. Liegen die obigen Voraussetzungen der „unterlassenen Befunderhebung" vor, – Entsprechendes gilt auch bei Feststellung eines „groben Behandlungsfehlers", – verbleibt es selbst in solchen Fällen, in denen der Gesundheitsschaden (Primärschaden) auch bei Erhebung der erforderlichen Befunde mit einer Wahrscheinlichkeit von 90 % eingetreten wäre, bei der Beweislastumkehr zugunsten des Patienten (OLG Brandenburg, Urt. v. 8. 4. 2003 – 1 U 26/00, VersR 2004, 1050, 1052: 10 % beim „groben Behandlungsfehler"; OLG Düsseldorf, Urt. v. 6. 3. 2003 – 8 U 22/02, NJW-RR 2003, 1333, 1335 = VersR 2003, 1310, 1312: 10 % beim „groben Behandlungsfehler"; OLG Hamm, Urt. v. 6. 11. 2002 – 3 U 50/02, VersR 2004, 1321, 1322: 10 % beim „groben Behandlungsfehler" und der „unterlassene Befunderhebung"; OLG Hamm VersR 1999, 622: 10 % bis 20 % beim „groben Behandlungsfehler"). Die Behandlungsseite hat darzulegen und zu beweisen, dass eine solche „äußerste Unwahrscheinlichkeit" des Kausalzusammenhangs zwischen dem Behandlungsfehler und dem Primärschaden gegeben ist (vgl. Spickhoff NJW 2004, 2345, 2346).

III. Abgrenzung zum Diagnoseirrtum

Die Mitte der 90er Jahre vom BGH kreierte Rechtsfigur der „unterlassenen Befunderhebung" unterläuft oftmals den weniger strengen Haftungsmaßstab des BGH bei Diagnoseirrtümern (vgl. hierzu zuletzt OLG Köln, Urt. v. 20. 7. 2005 – 5 U 200/04, VersR 2005, 1740, 1741 = NJW 2006, 69, 70 mit zust. Anm Feifel GesR 2006, 308 f.).

Von der Rspr. wird ein Irrtum des Arztes bei der Stellung einer Diagnose nur mit Zurückhaltung als Behandlungsfehler gewertet (vgl. etwa BGH, Urt. v. 8. 7. 2003 – VI ZR 304/02, NJW 2003, 2827, 2828 = VersR 2003, 1256 = GesR 2003, 352; OLG Köln, Urt. v. 20. 7. 2005 – 5 U 200/04, VersR 2005, 1740, 1741 = NJW 2006, 69, 70).

Eine Beweislastumkehr hinsichtlich der Kausalität des ärztlichen Fehlers für den Schaden des Patienten kommt hier nur bei einem krassen, **fundamentalen**

Diagnosefehler in Betracht (vgl. BGH VersR 1996, 633 = NJW 1996, 1589; VersR 1995, 46 = NJW 1995, 778; VersR 1993, 836 = NJW 1993, 2375; Hausch VersR 2003, 1489, 1493 und oben S. 527 ff.).

Liegt der Fehler des Arztes jedoch darin, dass er es unterlassen hat, die erforderlichen Untersuchungen vorzunehmen und die notwendigen Befunde zu erheben, handelt es sich nicht um einen Diagnose-, sondern um einen – zumindest einfachen – Behandlungsfehler (vgl. BGH NJW 1999, 3408 = VersR 1999, 1282; VersR 1999, 231; KG, Urt. v. 13. 11. 2003 – 20 U 111/02, GesR 2004, 136, 137; OLG Brandenburg, Urt. v. 14. 11. 2001 – 1 U 12/01, MedR 2002, 149, 150).

Die Abgrenzungsproblematik stellt sich insbesondere dann, wenn das Unterlassen des Erhebens von (weiteren) Befunden darauf beruht, dass der Arzt eine (noch) **vertretbare Diagnose stellt** oder ihm ein **nicht als grober Behandlungsfehler** zu qualifizierender, damit nicht „fundamentaler" Diagnoseirrtum unterläuft und er sich der von ihm gestellten Diagnose so sicher war, dass er eine weitere Befunderhebung unterlässt (vgl. hierzu OLG Brandenburg, Urt. v. 14. 11. 2001 – 1 U 12/01, MedR 2002, 149, 150; KG, Urt. v. 13. 11. 2003 – 20 U 111/02, GesR 2004, 136, 137; OLG Köln, Urt. v. 20. 7. 2005 – 5 U 200/04, VersR 2005, 1740, 1741 = NJW 2006, 69, 70; Hausch VersR 2003, 1489, 1493).

Überwiegend wird – ausdrücklich oder stillschweigend – darauf abgestellt, ob der „**Schwerpunkt**" beim bloßen Diagnoseirrtum oder aber bei der unterlassenen Befunderhebung bzw. Befundsicherung liegt (OLG Brandenburg, Urt. v. 14. 11. 2001- 1 U 12/01, MedR 2002, 149, 150: „Schwerpunkt"; KG, Urt. v. 13. 11. 2003 – 20 U 111/02, GesR 2004, 136, 137: konkludent Schwerpunkt beim Nichterheben von Kontrollbefunden angenommen; OLG München, Urt. v. 3. 6. 2004 – 1 U 5250/03, OLGR 2006, 790, 791: dem Arzt fällt „weniger ein Diagnosefehler als das Unterlassen einer sofortigen Einweisung in eine Fachklinik" zur Last, wenn er bei akuten cerebralen Durchblutungsstörungen keine weiter gehende Diagnostik bzw. Überweisung veranlasst).

So sah das OLG Brandenburg (Urt. v. 14. 11. 2001 – 1 U 12/01, MedR 2002, 149, 150 = VersR 2002, 313, 314) bei der unterbliebenen Freilegung des Hodens bei Verdacht auf Hodentorsion den **Schwerpunkt** nicht auf einen bloßen, einfachen – und keinen Behandlungsfehler darstellenden – Diagnoseirrtum, sondern als „echten Behandlungsfehler" in Form der unterlassenen Befunderhebung an. Im entschiedenen Fall konnten bereits die vorbehandelnden Ärzte die Verdachtsdiagnose „Hodentorsion" jedenfalls nicht ausschließen, es lagen auch eindeutige Symptome vor, die auf eine frische Hodentorsion hindeuteten.

Geradezu typisch tritt das Abgrenzungsproblem bei den Fällen **nicht erkannter – und deshalb nicht behandelter – Frakturen** auf. So kommt es in der Praxis nicht selten vor, dass klinische Symptome (z. B. Schmerzen oder Bewegungseinschränkungen) von den Ärzten nicht als Anzeichen für eine vorhandene Fraktur erkannt oder auf angefertigten Röntgenaufnahmen Hinweise auf das Vorliegen einer Fraktur übersehen werden. Es handelt sich hierbei regelmäßig nicht um grobe Behandlungsfehler („fundamentale Diagnoseirrtümer"), so dass der Patient grundsätzlich den Nachweis führen muss, bei erkannter und behandelter Fraktur wären die ihm verbliebenen Gesundheitsbeeinträchtigungen nicht aufgetreten (vgl. Hausch VersR 2003, 1489, 1494).

Jedoch wird bei Frakturen ebenso regelmäßig die Möglichkeit bestehen, weitere Befunde, z. B. Röntgen-Schichtaufnahmen oder Funktionsaufnahmen bzw. ein CT zu erheben, um das Vorliegen einer Fraktur zu überprüfen (KG, Urt. v. 13. 11. 2003 – 20 U 111/02, GesR 2004, 136, 137; Hausch VersR 2003, 1489, 1494).

Liegt der **Schwerpunkt des vorwerfbaren Verhaltens** nach dem Ergebnis der Beweisaufnahme – insbesondere den Ausführungen des vom Gericht hinzugezogenen medizinischen Sachverständigen – nicht allein in dem Nichterkennen einer zarten Bruchlinie auf den angefertigten Röntgenbildern, sondern auf der Nichterhebung weiterer Kontrollbefunde, nämlich die Anfertigung von Röntgen-Schichtaufnahmen und Funktionsaufnahmen, weil für den behandelnden Chirurgen „bei genauer Prüfung der zwei angefertigten Röntgenbilder" Veranlassung bestanden hätte, weitere Untersuchungen einzuleiten, liegt nach Auffassung des KG (Urt. v. 13. 11. 2003 – 20 U 111/02, GesR 2004, 136, 137) ein **Fall der „unterlassenen Befunderhebung"** und nicht nur – wie von der Vorinstanz angenommen – ein nicht vorwerfbarer Diagnoseirrtum vor.

Andererseits hat das OLG Karlsruhe, Zivilsenat in Freiburg (Urt. v. 18. 6. 2003 – 13 U 51/01) in einer unveröffentlichten Entscheidung bei ähnlicher Konstellation einen **nicht vorwerfbaren Diagnoseirrtum** und keinen Fall der unterlassenen Befunderhebung angenommen.

Im entschiedenen Fall hatte sich der Kläger bei einem Handballspiel eine Verletzung im Bereich des linken Kniegelenks zugezogen. Im Aufnahmebefund des beklagten Krankenhauses wurde eine „Schwellung im Bereich des proximalen Unterschenkels und Kniegelenks mit Deformierung ohne Gelenkserguss" beschrieben. Röntgenologisch hatte der ebenfalls beklagte Chirurg (Oberarzt) eine einfache dislozierte laterale Tibiakopffraktur links im Bereich der Tibiagelenkfläche festgestellt. Eine **Arthroskopie** oder eine **Kernspintomographie** wurden nicht durchgeführt. Der Chirurg reponierte die Fraktur in einem **minimal-invasiven Eingriff** und nahm eine Verschraubung vor. Intraoperativ waren jedenfalls unter Bildwandlerkontrolle nach Fertigstellung der Osteosynthese weder ein verbliebener Frakturspalt noch eine Stufe im Gelenk erkennbar. Der zum Zeitpunkt der Notfalloperation nicht anwesende Radiologe des Krankenhauses stellte nach Auswertung der präoperativ gefertigten Röntgenbilder jedoch eine deutliche Stufenbildung im Bereich der lateralen Tibiagelenkfläche fest. Tatsächlich war auch der **Außenmeniskus gerissen** und **in den Frakturspalt** im Tibiakopf **eingeklemmt** worden.

Der vom Gericht hinzugezogene Sachverständige und ihm folgend das OLG Karlsruhe, Zivilsenat in Freiburg, vertrat die Auffassung, die Auswertung des gefertigten Röntgenbildes durch den operierenden Chirurgen, wonach sich der Bruch lediglich als Spalt und nicht als Stufenbildung dargestellt hätte, sei noch vertretbar gewesen und stelle keinen – als Behandlungsfehler – vorwerfbaren Diagnoseirrtum, insbesondere keinen „fundamentalen Diagnoseirrtum" dar.

Ein vorwerfbarer Diagnoseirrtum sei nach Auffassung des OLG Karlsruhe in diesem Fall nur dann anzunehmen, wenn die auf dem Röntgenbild sichtbaren Krankheitserscheinungen in völlig unvertretbarer, der Schulmedizin entgegenstehender Weise gedeutet worden wären, was nach den Ausführungen des Sachverständigen jedoch nicht der Fall war.

Auch die hieraus folgende – aus ex-post-Sicht fehlerhafte – Therapiewahl und die – objektiv ebenfalls fehlerhafte – unterlassene weiter gehende präoperative Befunderhebung sei dann nicht vorwerfbar, sondern die **konsequente Folge des haftungsrechtlich irrelevanten Diagnoseirrtums**.

Der Ansicht des vom Kläger hinzugezogenen Privatsachverständigen, wonach sich die Erfassung des Frakturtyps in den Röntgenbildern als äußerst schwierig und nicht eindeutig dargestellt hätte, weshalb aus seiner Sicht – wie im Fall des KG (Urt. v. 13. 11. 2003 – 20 U 111/02, GesR 2004, 136, 137) – weiter gehende Diagnostik (Röntgen-Schichtaufnahmen, CT, MRT) hätte betrieben werden müssen, folgte das Gericht nicht.

In diesem Sinne einer **folgerichtigen Konsequenz** aus der jedenfalls nicht als fundamental fehlerhaft vorwerfbaren Fehlinterpretation eines Befundes argumentiert auch das OLG Köln in seinem Urteil vom 20. 7. 2005 (OLG Köln, 5 U 200/04, VersR 2005, 1740, 1741 = NJW 2006, 69, 70 mit zust Anm. Feifel GesR 2006, 308 f.).

Der dort beklagte Gynäkologe hatte bei der Patientin am 12. 5. 1998 eine Krebsvorsorgeuntersuchung durchgeführt und einen Abstrich vorgenommen, den er – objektiv falsch – mit der niedrigeren Tumorindikation „PAP II" anstatt „PAP III" befundet hat. Bei richtiger Befundung und Diagnose mit „PAP III" hätte eine **Kontrolluntersuchung** der Patientin **nach drei Monaten**, also am 12. 8. 1998, erfolgen müssen, die aufgrund des später vom Sachverständigen so bewerteten „einfachen Diagnosefehlers" unterblieb.

Der gerichtlich bestellte Sachverständige hielt es für durchaus möglich, dass eine tatsächlich am 12. 8. durchgeführte Untersuchung wiederum den Befund „PAP III" mit der Notwendigkeit einer Kontrolluntersuchung nach weiteren drei Monaten, also Mitte November, erbracht hätte. Im November wurde bei der Patientin andernorts ein Plattenepithelkarzinom mit metastatischem Tumorbefall eines Lymphknotens diagnostiziert. Die Patientin musste sich einer Operation (Hysterektomie) und einer Chemotherapie mit sechs Therapiezyklen unterziehen.

Sie hat vorgetragen, bei richtiger Diagnose wären weitere Befunde erhoben und das Karzinom mindestens drei Monate früher erkannt worden. Ein entsprechend früher durchgeführter Eingriff hätte weniger gravierende Folgen gehabt, es wäre dann auch nicht zu einer Matastasierung gekommen. Zweifel gingen zu Lasten des Arztes, da ein Fall der „unterlassenen Befunderhebung" vorliege.

Das OLG Köln hat die klageabweisende Entscheidung des LG Aachen bestätigt. Die falsche Auswertung des – erhobenen – Befundes stelle sich nur als einfacher Behandlungsfehler (Diagnosefehler) dar. Die Unterlassung weiterer Befunderhebungen, insbesondere die Mitte August nicht erfolgte Statussicherung bzw. Statutüberprüfung sei nur die **folgerichtige Konsequenz aus der Fehlinterpretation des Befundes** vom 12. 5.

Für die Frage, ob einem Arzt ausnahmsweise die Beweislast für die Nichtursächlichkeit zwischen einem Behandlungsfehler und einem vom Patienten erlittenen Gesundheitsschaden auferlegt werden kann, muss Anknüpfungspunkt stets der dem Arzt zur Last gelegte Behandlungsfehler sein. Ist dieser nicht als „grob" zu bewerten und hat der Arzt die medizinisch gebotenen Befunde erhoben, könne eine objektiv gebotene, aber wegen eines „einfachen Behandlungsfehlers" in der Form eines Diagnoseirrtums folgerichtig unterlassene Befunderhebung nicht Anknüpfungspunkt für eine Beweislastumkehr oder Beweiserleichterung sein. Andernfalls würden sich **Wertungswidersprüche mit der Rechtsfigur des „Diagnoseirrtums"** ergeben, die nach der Rechtsprechung nur mit Zurückhaltung als (einfache) Behandlungsfehler zu bewerten seien (OLG Köln, Urt. v. 20. 7. 2005 – 5 U 200/04, VersR 2005, 1740, 1741 = NJW 2006, 69, 70).

U. E. hätte die Klage der Patientin auch bei – fiktiver – Annahme der ersten Stufe (s. u. S. 815.) einer „unterlassenen Befunderhebung" abgewiesen werden müssen. Denn nach den Ausführungen des Sachverständigen wäre bei entsprechender Erhebung des Befundes, nämlich der Durchführung der dann gebotenen Kontrolluntersuchung am 12. 8., ein positives Befundergebnis im Sinne einer Indikation für eine Hysterektomie und die anschließende Chemotherapie keinesfalls „hinreichend wahrscheinlich" gewesen (zweite Stufe, s. u. S. 816). Der Befund wäre wohl auch nicht so gravierend gewesen, dass sich dessen Verkennung als fundamental oder die Nichtreaktion hierauf als grob fehlerhaft dargestellt hätte (dritte Stufe, s. u. S. 820), da die – fiktive – Untersuchung vom 12.8. möglicherweise wieder nur den Status „PAP III" ergeben hätte.

Die letztgenannten Fallgestaltungen zeigen Folgendes überdeutlich:

Wenngleich für verfassungsrechtlich unbedenklich gehalten (vgl. BVerfG, Beschl. v. 15. 3. 2004 – 1 BVR 1591/03, NJW 2004, 2079), sprechen gegen die vom BGH entwickelte Beweislastregel der „unterlassenen Befunderhebung" grundsätzliche dogmatische Bedenken. Die Subsumierung des jeweiligen Sachverhalts unter einen noch vertretbaren „Diagnoseirrtum" oder die Fallgruppe der „unterlassenen Befunderhebung" ist – je nach der persönlichen Einstellung des vom Gericht hinzugezogenen Sachverständigen und der subjektiven Einschätzung des Gerichts – oftmals willkürlich.

Die – in anderer personeller Zusammensetzung begründete – Rspr. des BGH zu den Diagnoseirrtümern, die nur mit Zurückhaltung als Behandlungsfehler gewertet werden darf (vgl. etwa BGH, Urt. v. 8. 7. 2003, VI ZR 304/02, NJW 2003, 2827, 2828; NJW 1981, 2360; OLG Köln, Urt. v. 20. 7. 2005 – 5 U 200/04, VersR 2005, 1740, 1741; Feifel GesR 2006, 308, 310; vgl. hierzu → *Diagnosefehler"*, S. 408 ff.) wird konterkariert.

Für das Vorliegen eines fiktiven positiven Befunds muss in der „zweiten Stufe" der „unterlassenen Befunderhebung" nicht der Vollbeweis nach § 286 ZPO erbracht werden, sondern es genügt eine „hinreichende Wahrscheinlichkeit" in der Größenordnung von mindestens 50 % (vgl. Hausch VersR 2003, 1489, 1496; vgl. auch OLG Koblenz, Urt. v. 5. 7. 2004 – 12 U 572/97, NJW 2005, 1200, 1202: 50 %, OLG Dresden, Urt. v. 6. 6. 2002 – 4 U 3112/01, VersR 2004, 648: 50 %).

Derjenige Arzt, der i. S. eines „einfachen Diagnoseirrtums" eine fehlerhafte Diagnose stellt und deshalb keine weiter gehenden Befunde erhebt, wird haftungsrechtlich besser gestellt als derjenige, der zwar – trotz vorliegender Schwierigkeit – die richtige Diagnose stellt, annimmt, über das richtige Behandlungskonzept zu verfügen und es unterlässt, weiter gehende Befunde zu erheben.

Eine logisch zwingende bzw. dogmatisch saubere durchstrukturierte Lösung kann allerdings auch von den Verfassern nicht angeboten werden. Zuzustimmen ist jedenfalls den Ausführungen der Oberlandesgerichte Köln und Karlsruhe, wonach, auch um Wertungswidersprüche zu vermeiden, **keine Beweislastumkehr anzunehmen ist, wenn sich das Unterlassen weiterer Befunderhebungen nur als logische Konsequenz eines (nicht fundamentalen) Diagnoseirrtums darstellt.**

Hausch (VersR 2003, 1489, 1496) schlägt vor, bei der Nichterhebung von medizinisch gebotenen Befunden sollte eine beweisrechtliche Sanktion davon abhängig gemacht werden, aus welchen Gründen diese Befunderhebung unterblieben ist. Um Wertungswidersprüche (s. o.) zu vermeiden, sollten dem Patienten Beweiserleichterungen nur dann zugute kommen, wenn ein „fundamentaler Diagnoseirrtum" des Arztes vorliege oder die Nichterhebung der Befunde „grob fehlerhaft" sei. Dann aber wäre die Rechtsfigur der „unterlassenen Befunderhebung" u. E. obsolet. Denn die Beweislastumkehr würde dann ja bereits wegen des „groben Behandlungsfehlers" eingreifen.

IV. Voraussetzungen der Beweislastumkehr in der Fallgruppe der „unterlassenen Befunderhebung"

Bis zu seinem Urt. v. 27. 4. 2004 (BGH, Urt. v. 27. 4. 2004 – VI ZR 34/03, NJW 2004, 2011 = VersR 2004, 909 = MDR 2004, 1055 = MedR 2004, 561; nachfolgend etwa BGH, Urt. v. 16. 11. 2004 – VI ZR 328/03, NJW 2005, 427 = VersR 2005, 228 = MDR 2005, 572) hat der BGH die Formulierung verwendet, dass ein grober Behandlungsfehler – und gleiches gilt auch für die Fallgruppe der „unterlassenen Befunderhebung" –, der geeignet sei, einen Schaden der tatsächlich eingetretenen Art herbeizuführen, für den Patienten „zu Beweiserleichterungen bis hin zur Beweislastumkehr" führen könne (vgl. etwa BGH VersR 1989, 701, 702; VersR 1997, 362, 363 und die Nachweise in der Vorauflage, S. 301/302).

Der BGH und die Instanzgerichte gingen in der Praxis aber regelmäßig von einer „Beweislastumkehr" aus. Der BGH hat in der Entscheidung vom 27. 4. 2004 – und den hieran anknüpfenden Folgeentscheidungen – nunmehr klargestellt, dass ein grober Behandlungsfehler, der geeignet ist, einen Schaden der tatsächlich eingetretenen Art herbeizuführen, grundsätzlich zu einer Umkehr der objektiven Beweislast für den ursächlichen Zusammenhang zwischen dem Behandlungsfehler und dem Gesundheitsschaden (Primärschaden) führt. Hierfür reicht es aus, dass der „grobe Behandlungsfehler" **generell geeignet** ist, den eingetretenen Schaden zu verursachen; nahe legen oder wahrscheinlich machen muss der Fehler den Schaden nicht (BGH, Urt. v. 27. 4. 2004 – VI ZR 34/03, VersR 2004, 909 = NJW 2004, 2100 = MedR 2004, 561; Urt. v. 16. 11. 2004 – VI ZR 328/03, VersR 2005, 228, 229 = NJW 2005, 427 = MDR 2005, 572).

Diese Grundsätze gelten entsprechend für den Nachweis des Kausalzusammenhangs bei einem einfachen Befunderhebungsfehler, wenn zugleich auf einen groben Behandlungsfehler zu schließen ist, weil sich bei Erhebung der Befunde mit hinreichender Wahrscheinlichkeit ein so deutlicher und gravierender Befund ergeben hätte, dass sich dessen Verkennung als fundamental oder die Nichtreaktion auf ihn als grob fehlerhaft darstellen würde (BGH, Urt. v. 27. 4. 2004 – VI ZR 34/03, VersR 2004, 909, 911 = NJW 2004, 2011, 2013).

Danach setzt das Eingreifen einer Beweislastumkehr in der Fallgruppe der „unterlassene Befunderhebung" Folgendes voraus:

1. Unterlassung der Erhebung oder der Sicherung medizinisch zweifelsfrei gebotener Diagnose- oder Kontrollbefunde

(BGH, Urt. v. 27. 4. 2004 – VI ZR 34/03, NJW 2004, 2011, 2013 = VersR 2004, 909, 911: **„gebotene Reaktion unterlassen"**; Urt. v. 23. 3. 2004 – VI ZR 428/02, GesR 2004, 293, 295 = MDR 2004, 1056, 1057 = VersR 2004, 790, 791 = MedR 2004, 559, 561: **Beweislastumkehr** bei „unterlassener, medizinisch gebotener Befunderhebung"; Urt. v. 25. 11. 2003 – VI ZR 8/03, VersR 2004, 645, 647 = GesR 2004, 132, 135: „aus medizinischer Sicht gebotene Befunderhebung"; BGH VersR 1999, 1282, 1283 und VersR 1999, 1241, 1243: „medizinisch geboten"; NJW 1999, 860: „zweifelsfrei geboten"; OLG Brandenburg NJW-RR 1999, 967: „zweifelsfrei geboten"; OLG Bremen, Urt. v. 16. 7. 2002 – 3 U 86/01, OLGR 2003, 224, 225: „medizinisch gebotener Befund"; OLG Hamm, Urt. v. 31. 8. 2005 – 3 U 277/ 04, OLGR 2006, 386, 388 = MedR 2006, 111, 113 = GesR 2006, 31, 33: „Symptomen nicht in der gebotenen Weise nachgegangen"; Urt. v. 19. 5. 2003 – 3 U 177/ 02, OLGR 2003, 266, 267: „medizinisch zweifelsfrei gebotene Erhebung von Befunden"; Urt. v. 6. 11. 2002 – 3 U 50/02, VersR 2004, 1321, 1322: **„Nichterheben zweifelsfrei gebotener Befunde"**; Urt. v. 6. 2. 2002 – 3 U 238/00, VersR 2003, 116: „zwingend gebotene" Befunde; OLG Hamburg, Urt. v. 14. 11. 2003 – 1 U 71/ 03, OLGR 2004, 328, 329: „medizinisch zweifelsfrei gebotene Befunde"; OLG Karlsruhe, Beschl. v. 24. 6. 2005 – 7 W 28/05, GesR 2005, 555, 556: „Unterlassung zwingend notwendiger Befunderhebung" als grober Behandlungsfehler; KG, Urt. v. 13. 11. 2003 – 20 U 111/02, GesR 2004, 136, 137: „Gebotene weitere Untersuchungen nicht eingeleitet"; Urt. v. 7. 3. 2005 – 20 U 398/01, GesR 2005, 251: unterlassene **Röntgendiagnostik** bei **Handverletzung**; OLG Koblenz, Urt. v. 5. 7. 2004 – 12 U 572/97, NJW 2005, 1200, 1202: „Fehlerhafte Unterlassung medizinisch gebotener Befunderhebung"; Urt. v. 26. 8. 2003 – 3 U 1840/00, NJW-RR 2004, 106, 107: „Medizinisch gebotene Befunderhebung"; OLG Köln, Urt. v. 20. 7. 2005 – 5 U 200/04, VersR 2005, 1740, 1741 = NJW 2006, 69, 70: unterlassene Kontrolluntersuchung war objektiv erforderlich; Urt. v. 31. 1. 2005 – 5 U 130/01: unterlassene, zwingend erforderliche CTG-Untersuchung; Urt. v.

16. 12. 2002 – 5 U 166/01, OLGR 2003, 334, 335: „Erhebung oder Sicherung medizinisch notwendiger Befunde"; OLG München, Urt. v. 23. 9. 2004 – 1 U 5198/03, MedR 2006, 174, 176: gebotene Befunderhebung unterlassen; Urt. v. 24. 2. 2005 – 1 U 4624/03, NJW-RR 2006, 33, 35 = GesR 2005, 550, 554 = OLGR 2006, 51: „Vitalparameter hätten in regelmäßigen Abständen festgehalten werden müssen"; OLGR 1999, 331: „eindeutig geboten"; OLG Nürnberg, Urt. v. 24. 6. 2005 – 5 U 1046/04, OLGR 2006, 10, 11 = MedR 2006, 178, 180: „notwendige Kontrolle" unterlassen; OLG Oldenburg, Urt. v. 12. 6. 2001 – 5 U 185/00, OLGR 2002, 16, 19: „medizinisch zweifelsfrei gebotene Befunde" nicht erhoben bzw. nicht gesichert; OLG Stuttgart, Urt. v. 18. 3. 2003 – 1 U 81/02, OLGR 2003, 420, 421: „gebotene Befunde"; OLGR 2002, 156, 157: „nach dem medizinischen Standard geboten"; Urt. v. 27. 6. 2000 – 14 U 8/00, OLGR 2002, 116, 119: „zwingend geboten"; OLGR 2001, 324, 326 und Urt. v. 22. 2. 2001 – 14 U 62/2000, OLGR 2002, 251, 254: „medizinisch geboten"; VersR 1998, 1550, 1552: „medizinisch zweifelsfrei geboten"; G/G, 5. Aufl., Rz. B 296; F/N, Rz. 121, 122; Gehrlein Rz. B 23, 156, 157).

2. Bei entsprechender Erhebung wäre ein positives Befundergebnis hinreichend wahrscheinlich gewesen

(BGH, Urt. v. 27. 4. 2004 – VI ZR 34/03, VersR 2004, 909, 911 = NJW 2004, 2011, 2013; Urt. v. 25. 11. 2003 – VI ZR 8/03, VersR 2004, 645, 647 = NJW-RR 2004, 1452, 1453; Urt. v. 23. 3. 2004 – VI ZR 428/02, NJW 2004, 1871, 1872 = GesR 2004, 293, 295 = MDR 2004, 1056, 1057 = VersR 2004, 790, 791 f.; VersR 1999, 1282, 1283; VersR 1999, 231, 232; OLG Bremen, Urt. v. 16. 7. 2002 – 3 U 86/01, OLGR 2003, 224, 225; OLG Dresden, Urt. v. 6. 6. 2002 – 4 U 3112/01, VersR 2004, 648; OLG Düsseldorf, Urt. v. 21. 7. 2005 – I–8 U 33/05, VersR 2006, 841, 842 = MedR 2006, 537, 540: „große Wahrscheinlichkeit"; OLG Hamburg, Urt. v. 14. 11. 2003 – 1 U 71/03, OLGR 2004, 328, 329; OLG Hamm, Urt. v. 31. 8. 2005 – 3 U 277/04, OLGR 2006, 386, 388 = MedR 2006, 111, 113 = GesR 2006, 31, 33; Urt. v. 6. 2. 2002 – 3 U 238/00, VersR 2003, 116, 117; Urt. v. 23. 8. 2000 – 3 U 229/99, VersR 2002, 315, 317; OLG Karlsruhe, Beschl. v. 24. 6. 2005 – 7 W 28/05, NJW-RR 2006, 205, 206 = GesR 2005, 555, 556; KG, Urt. v. 13. 11. 2003 – 20 U 111/02, GesR 2004, 136, 137 = OLGR 2004, 261, 262; OLG Koblenz, Urt. v. 5. 7. 2004 – 12 U 572/97, NJW 2005, 1200, 1202; OLG Köln, Urt. v. 31. 1. 2005 – 5 U 130/01: pathologischer Befund mit **mindestens 50 %** zu erwarten; Urt. v. 28. 5. 2003 – 5 U 77/01, VersR 2004, 247; Urt. v. 13. 2. 2002 – 5 U 95/01, NJW-RR 2003, 458; OLG München, Urt. v. 24. 2. 2005 – 1 U 4624/03, NJW-RR 2006, 33, 34 = OLGR 2006, 51 = GesR 2005, 550, 554; Urt. v. 20. 9. 2001 – 1 U 4502/00, OLGR 2003, 7, 8; Urt. v. 23. 9. 2004 – 1 U 5198/03, MedR 2006, 174, 176: Erhebung der gebotenen Befunde hätte „mit **hinreichender Sicherheit** ein reaktionspflichtiges Ergebnis erbracht"; OLG Nürnberg, Urt. v. 24. 6. 2005 – 5 U 1064/04, OLGR 2006, 10, 11 = MedR 2006, 178, 180; OLG Oldenburg, Urt. v. 12. 6. 2001 – 5 U 185/00, OLGR 2002, 16, 19; OLG Stuttgart, Urt. v. 18. 4. 2006 – 1 U 127/04, S. 18/22: „**mit Wahrscheinlichkeit erkannt**"; OLGR 2002, 251, 254; Urt. v. 27. 11. 2001 – 14 U 62/01, OLGR 2002, 156, 157; Urt. v. 20. 3. 2001 – 14 U 41/99, OLGR 2002, 142, 145; OLGR 2002, 116, 119; VersR 2001, 766, 768;

OLGR 2001, 324, 326; OLG Zweibrücken, Urt. v. 21. 8. 2001 – 5 U 9/01, OLGR 2002, 470, 473; Feifel GesR 2006, 308; Gehrlein VersR 2004, 1488, 1494).

a) Hinreichende Wahrscheinlichkeit

Das Merkmal der **„hinreichenden Wahrscheinlichkeit"** wurde in der neueren Rspr. dahingehend konkretisiert, dass ein positiver Befund nur dann zu vermuten ist, wenn er im Fall der Erhebung mit einer **Wahrscheinlichkeit von mehr als 50 %** zu erwarten gewesen wäre (OLG Dresden, Urt. v. 6. 6. 2002 – 4 U 3112/01, VersR 2004, 648; OLG Hamm, Urt. v. 31. 8. 2005 – 3 U 277/04, MedR 2006, 111, 113 = GesR 2006, 31, 33; OLG Koblenz, Urt. v. 5. 7. 2004 – 12 U 572/97, NJW 2005, 1200, 1202; OLG Köln, Urt. v. 28. 5. 2003 – 5 U 77/01, VersR 2004, 247; Urt. v. 31. 1. 2005 – 5 U 130/01, bei Bergmann BADK-Information 2006, 78; Gehrlein VersR 2004, 1488, 1494). Besteht eine Unsicherheit, ob eine weiter gehende diagnostische Vorgehensweise zu anderen Erkenntnissen geführt hätte, verbleibt es dabei, dass der Patient den Kausalzusammenhang zwischen einem (einfachen) Behandlungsfehler und dem Eintritt des Primärschadens führen muss (OLG Koblenz, Urt. v. 3. 11. 2005 – 5 U 1560/04 bei Jorzig, GesR 2006, 16, 17).

Versäumt es der Arzt bei einem bestehenden **Amnioninfektionssyndrom** (Entzündung der Eihäute), das auf einem bakteriellen Befall der Scheide (Vaginose) beruht, einen Schadenabstrich zu nehmen, dessen Ergebnis vom Sachverständigen später als „ungewiss" bezeichnet wird, scheidet eine Beweislastumkehr aus dem Gesichtspunkt der „unterlassenen Befunderhebung" somit aus (OLG Köln, Urt. v. 28. 5. 2003 – 5 U 77/01, VersR 2004, 247). Hat der behandelnde Frauenarzt es – einfach fehlerhaft – unterlassen, bei geäußerten erheblichen vulvären Beschwerden der Patientin und vorhandenen Hautveränderungen eine Biopsie zu veranlassen, kann von einer „hinreichenden Wahrscheinlichkeit" eines positiven Befundergebnisses der Biopsie nicht gesprochen werden, wenn das mutmaßliche Ergebnis des erhobenen Befundes völlig offen und die Wahrscheinlichkeit nicht höher als mit 50 % anzusetzen ist (OLG Dresden, Urt. v. 6. 6. 2002 – 4 U 3112/01, VersR 2004, 648).

Ist ein positives Befundergebnis einer (einfach-) fehlerhaft unterlassenen Mammographie zur Feststellung einer Brustkrebserkrankung nach Auffassung des Sachverständigen **„durchaus vorstellbar"**, kann die **„hinreichende Wahrscheinlichkeit"** angesichts bestehender Unklarheiten über das Tumorwachstum **gerade nicht festgestellt** werden (OLG Hamm, Urt. v. 31. 8. 2005 – 3 U 277/04, GesR 2006, 31, 33 = OLGR 2006, 386, 388 = MedR 2006, 111, 113).

Gehört es zum Mindeststandard bei mangelgeborenen Kindern, namentlich bei Neugeborenen mit erheblichem Minderwachstum, zur Vermeidung des erheblichen Risikos der Blutunterzuckerung (Hypoglykämie) mit seinen negativen Folgen wie etwa einer Mangelentwicklung, Austrocknung und Krampfanfällen Blutzuckerkontrollen anzuordnen, und hätte sich bei entsprechender Erhebung ein Blutzuckerwert von 46 mg% herausgestellt, reicht dies für die Feststellung einer hinreichenden Wahrscheinlichkeit von mindestens 50 % in jedem Fall aus. Es handelt sich hier auch um einen so deutlichen und gravierenden Befund, dass die Nichtreaktion hierauf einen groben Behandlungsfehler indizieren würde (OLG Koblenz, Urt. v. 5. 7. 2004 – 12 U 572/97, NJW 2005, 1200, 1202 = VersR 2005, 1738, 1740).

b) Hinreichende Wahrscheinlichkeit unabhängig von der Kausalitätsfrage zu beurteilen

Die hinreichende Wahrscheinlichkeit eines reaktionspflichtigen Befundergebnisses ist unabhängig von der Kausalitätsfrage zu beurteilen. Sie darf insbesondere nicht mit der Begründung verneint werden, der Gesundheitsschaden könne im Ergebnis auch infolge eines völlig anderen Kausalverlaufs eingetreten sein (BGH, Urt. v. 23. 3. 2004 – VI ZR 428/02, NJW 2004, 1871, 1872 = GesR 2004, 293, 295 = MDR 2004, 1056, 1057 = VersR 2004, 790, 792 = MedR 2004, 559, 561; OLG München, Urt. v. 24. 2. 2005 – 1 U 4624/03, NJW-RR 2006, 33, 35 = OLGR 2006, 51 = GesR 2005, 550, 554).

In den Fällen, in denen der Arzt gegen seine Pflicht zur Befunderhebung verstoßen hat, kommen nämlich wegen des Fehlens der sonst als Beweismittel zur Verfügung stehenden Untersuchungsergebnisse typischerweise verschiedene Schadensursachen in Betracht. Von welcher dieser möglichen Ursachen auszugehen ist, ist Gegenstand des Kausalitätsbeweises, der bei Vorliegen der Voraussetzungen bei der Fallgruppe der „unterlassenen Befunderhebung" der Behandlungsseite auferlegt wird.

c) Unzuverlässigkeit eines Herzschrittmachers

Unterlässt es der behandelnde Arzt eines kardiologischen Zentrums, dem Patienten zu einem sofortigen Austauschtermin eines Herzschrittmachers zu raten oder jedenfalls eine Schrittmacherkontrolle vorzunehmen, um den Zustand des Aggregats festzustellen, muss das Gericht prüfen, ob der Umstand, dass die Indikation zum Austausch des Herzschrittmachers seit unbekannter Zeit gegeben war, bei sofortiger Kontrolle **mit hinreichender Wahrscheinlichkeit eine Unzuverlässigkeit des Schrittmachers** ergeben hätte, deshalb ein sofortiger Austausch dringend angezeigt gewesen wäre und sich eine unterbliebene Reaktion auf diesen Umstand nach dem Stand der medizinischen Wissenschaft als grob fehlerhaft dargestellt hätte (BGH, Urt. v. 23. 3. 2004 – VI ZR 428/02, NJW 2004, 1871, 1872 = VersR 2004, 790, 792).

d) Rasch wachsender Tumor

Lassen sich angesichts einer erheblichen Variationsbreite bei rasch wachsenden Tumoren keine präzisen Aussagen dazu machen, wann ein solcher Tumor radiologisch zu entdecken gewesen wäre, kommt eine Beweislastumkehr wegen Unterlassung einer Mammographie bzw. Probebiopsie – selbst wenn deren Erhebung zweifelsfrei geboten gewesen wäre – nicht in Betracht (OLG Hamburg, Urt. v. 14. 11. 2003 – 1 U 71/03, OLGR 2004, 328, 329 f.; OLG Hamm, Urt. v. 31. 8. 2005 – 3 U 277/04, GesR 2006, 31, 33 = MedR 2006, 111, 113; auch OLG Stuttgart VersR 1994, 1306 f. und LG Stuttgart, Urt. v. 15. 6. 2004 – 20 O 506/00).

Kann der behandelnde Gynäkologe aufgrund der erhobenen Befunde – negative Mammographie und keine sonstigen Anzeichen für Malignität – davon ausgehen, dass ein in der Brust der Patientin fixierter Knoten nicht bösartig ist und hat der Radiologe eine weitere Mammographie in etwa neun Monaten vorgeschlagen, stellt es keinen Behandlungsfehler in der Form der unterlassenen Befunderhebung dar, die Patientin nicht zu einem früheren Termin, etwa nach zwei bis drei Monaten, wieder einzubestellen.

Selbst wenn man den Gynäkologen in einem solchen Fall für verpflichtet halten würde, die Kontrolluntersuchung zu einem früheren Zeitpunkt durchzuführen, kommt eine Beweislastumkehr aus dem Gesichtspunkt der „unterlassenen Befunderhebung" nicht zum Tragen, wenn der im Rechtsstreit beauftragte Sachverständige keine zuverlässigen Angaben über die individuelle Wachstumsgeschwindigkeit des Tumors machen kann und es deshalb spekulativ, jedenfalls nicht hinreichend wahrscheinlich ist, dass bei einer früheren Kontrolluntersuchung eine signifikante Vergrößerung des Tumors feststellbar gewesen wäre (OLG München, Urt. v. 20. 9. 2001 – 1 U 4502/00, OLGR 2003, 7, 8; ebenso LG Stuttgart, Urt. v. 15. 6. 2004 – 20 O 506/00: frühere Kontrolluntersuchung nach zwei bis drei anstatt nach sechs Monaten hätte möglicherweise keinen reaktionspflichtigen Befund erbracht).

In einem derartigen Fall kommt auch **kein „grober Befunderhebungsfehler"** in Betracht, wenn der vom Gericht hinzugezogene Sachverständige ausführt, dass bei negativer Mammographie, unverdächtigem Tastbefund und Fehlen sonstiger Anzeichen für eine Malignität innerhalb der nächsten sechs bis neun Monate keine weitere Diagnostik – etwa eine Punktion oder Biopsie – erforderlich war (OLG München, Urt. v. 20. 9. 2001 – 1 U 4502/00, OLGR 2003, 7, 8; auch OLG Hamm, Urt. v. 31. 8. 2005 – 3 U 277/04, MedR 2006, 111, 113 = GesR 2006, 31, 33 bei unterlassener Mammographie im Jahr 2000; vgl. S. 548, 550).

e) Makrosomie (großes Kind) möglicherweise auch bei Erhebung der gebotenen Befunde nicht diagnostiziert

Bleibt etwa mangels der gebotenen Vornahme einer Sonographie die Makrosomie (Übergewichtigkeit) eines Kindes unentdeckt, kommt eine Umkehr der Beweislast in Betracht, wenn in Kenntnis der Makrosomie das Versäumnis einer Schnittentbindung als grob fehlerhaft zu bewerten wäre (Gehrlein VersR 2004, 1488, 1494). Dagegen scheidet eine Beweislastumkehr aus, wenn mit Hilfe einer Sonographie die Makrosomie angesichts der eingeschränkten Erkenntnismöglichkeiten zum Behandlungszeitpunkt (hier: im Jahr 1990) möglicherweise nicht diagnostiziert worden wäre. In dieser Konstellation hätte der erhobene Befund nämlich nicht mit „hinreichender Wahrscheinlichkeit" ein reaktionspflichtiges Ergebnis erbracht (BGH, Urt. v. 25. 11. 2003 – VI ZR 8/03, VersR 2004, 645, 647 = NJW 2004, 1452, 1453; Gehrlein VersR 2004, 1488, 1494).

f) Entdeckung eines Aneurysmas bei Erhebung der gebotenen Befunde unsicher

Würde sich das Auffinden eines Aneurysmas nach vom Patienten beklagten Schwindelsymptomen, Kreislaufstörungen, Beschwerden an der Halswirbelsäule und wegen Kopfschmerzen nach unterstellter, weiter gehender Diagnostik als reiner **Zufallsbefund** darstellen, **fehlt** es nach Auffassung des OLG Zweibrücken (Urt. v. 21. 8. 2001 – 5 U 9/01, OLGR 2002, 470, 473) an einem **inneren Zusammenhang** zwischen unterstellter Pflichtverletzung wegen unterlassener Befunderhebung und eingetretenem Schaden.

Für den erforderlichen **Rechtswidrigkeitszusammenhang** zwischen der unterlassenen Befunderhebung und dem eingetretenen Primärschaden genüge es nämlich nicht, dass zwischen dem Schaden und der durch den Schädiger geschaffenen Gefahrenlage eine bloß zufällige äußere Verbindung bestehe; auch im Bereich der „unterlassenen Befunderhebung" müsse ein innerer Zusammenhang gegeben sein.

U. E. ist auch dieser Fall auf **der ersten bzw. zweiten Stufe der** → „*unterlassenen Befunderhebung*" (vgl. S. 815 f.) zu lösen.

So waren im Fall des OLG Zweibrücken weiter gehende MRT- bzw. CT-Untersuchungen, insbesondere die Anfertigung einer MRT-Angiographie sowie eine Computertomographie unter Verwendung eines Kontrastmittels (Nativ-CT) oder eine Subtraktionsangiographie (Gefäßdarstellung der Hirngefäße, DAS) bei fehlendem Hinweis auf ein Aneurysma „normalerweise nicht indiziert". Bei Durchführung einer einfachen Computertomographie ohne Kontrastmittel bestand nur eine sehr geringe Wahrscheinlichkeit, damit ein Hirngefäßaneurysma nachzuweisen. Ist danach unsicher, ob zur weiteren Abklärung einer möglichen Tumorerkrankung eine bildgebende Diagnostik in Form eines CT oder MRT überhaupt veranlasst war und weiterhin unsicher, ob das Aneurysma bei entsprechender Erhebung dieser Befunde aus einer ex-ante-Betrachtung überhaupt entdeckt worden wäre, scheidet eine Beweislastumkehr bereits unabhängig von den vom OLG Zweibrücken angestellten „Schutzzweckerwägungen" aus.

3. Es hätte sich ein so deutlicher und gravierender Befund ergeben, dass sich dessen Verkennung als fundamental oder die Nichtreaktion auf den Befund als grob fehlerhaft darstellen müsste

(für alle: BGH, Urt. v. 27. 4. 2004 – VI ZR 34/03, VersR 2004, 909, 911 = NJW 2004, 2011, 2012; Urt. v. 23. 3. 2004 – VI ZR 428/02, NJW 2004, 1871, 1872 = GesR 2004, 293, 294 = VersR 2004, 790, 791 f. = MDR 2004, 1056, 1057 = MedR 2004, 559, 560; Urt. v. 25. 11. 2003 – VI ZR 8/03, NJW 2004, 1452, 1453 f. = VersR 2004, 645, 647; BGH VersR 1999, 1282, 1283; Feifel GesR 2006, 308 f.; Gehrlein VersR 2004, 1488, 1494 und die Nachweise auf S. 815 f.).

a) Nichtbehandlung eines Tumors

Wird eine CT-Diagnostik schuldhaft versäumt, bei deren Einsatz sehr wahrscheinlich ein Tumor entdeckt worden wäre, kommt dem Patienten eine Beweislastumkehr zustatten, weil die Nichtbehandlung des Tumors als grob fehlerhaft einzustufen wäre (OLG Köln, Urt. v. 16. 12. 2002 – 5 U 166/01, NJW-RR 2003, 1031; Gehrlein VersR 2004, 1488, 1494).

b) Unterlassene Sonographie

Ebenso verhält es sich bei der Versäumung einer Kontroll-Sonographie, die mit hoher Wahrscheinlichkeit eine sich anbahnende Subluxation gezeigt hätte, deren Nichtbehandlung als grob fehlerhaft zu erachten ist (OLG Hamm, Urt. v. 6. 2. 2002 – 3 U 238/00, VersR 2003, 116; Gehrlein VersR 2004, 1488, 1494).

c) Gleichstellung der grob fehlerhaften Nichtreaktion

Der fundamentalen Verkennung des – fiktiven – Befundes steht die grob fehlerhafte Nichtreaktion auf den Befund grundsätzlich gleich (BGH NJW 1999, 860 = MDR 1999, 36; KG, Urt. v.13. 11. 2003 – 20 U 111/02, GesR 2004, 136, 137; OLG Koblenz, Urt. v. 26. 8. 2003 – 3 U 1840/00, NJW-RR 2004, 106, 107 = OLGR 2004, 79, 81).

4. Kausalzusammenhang nicht „äußerst unwahrscheinlich"

Liegen die obigen Voraussetzungen (Ziff. 1 bis 3) vor, ist die Annahme einer **Beweislastumkehr** aber dennoch **ausgeschlossen, wenn der Kausalzusammenhang** zwischen einem Behandlungsfehler in der Form der Unterlassung der Erhebung oder Sicherung medizinisch gebotener Diagnose- oder Kontrollbefunde und dem beim Patienten eingetretenen Körper- oder Gesundheitsschaden (Primärschaden) **„äußerst unwahrscheinlich"** ist (BGH, Urt. v. 16. 11. 2004 – VI ZR 328/03, VersR 2005, 228, 229 zum groben Behandlungsfehler; Urt. v. 27. 4. 2004 – VI ZR 34/03, NJW 2004, 2011, 2013 = VersR 2004, 909, 911; Urt. v. 25. 11. 2003 – VI ZR 08/03, NJW 2004, 1452, 1453 f. = VersR 2004, 645, 647; OLG Brandenburg, Urt. v. 8. 4. 2003 – 1 U 26/00, VersR 2004, 1050, 1052: „ganz unwahrscheinlich" bzw. **„äußerst geringe** Wahrscheinlichkeit"; OLG Düsseldorf, Urt. v. 10. 4. 2003 – 8 U 38/02, VersR 2005, 117, 118: **„völlig** unwahrscheinlich"; OLG Hamm, Urt. v. 6. 11. 2002 – 3 U 50/02, VersR 2004, 1321, 1322: „Kausalzusammenhang **gänzlich oder äußerst unwahrscheinlich"**; OLG Karlsruhe, Urt. v. 23. 4. 2004 – 7 U 1/03, VersR 2005, 1246, 1247: „Erfolg der Therapie äußerst unwahrscheinlich"; Beschl. v. 24. 6. 2005 – 7 W 28/05, GesR 2005, 555, 556: „gänzlich oder äußerst unwahrscheinlich"; Urt. v. 20. 6. 2001 – 13 U 70/00, VersR 2002, 1426, 1427: „in hohem Maß unwahrscheinlich"; OLG Koblenz, Urt. v. 5. 8. 2004 – 5 U 250/04, GesR 2004, 496 = MedR 2005, 358: „nach Lage der Dinge völlig unwahrscheinlich"; Urt. v. 26. 8. 2003 – 3 U 1840/ 00; NJW-RR 2004, 106, 107: „ganz unwahrscheinlich" bzw. „völlig unwahrscheinlich"; OLG München, Urt. v. 24. 2. 2005 – 1 U 4624/03, NJW-RR 2006, 33, 35 = OLGR 2006, 51, 52: allein die „Möglichkeit, dass bei einem früheren Eingreifen" der Primärschaden nicht verhindert worden wäre, genügt nicht; OLG Oldenburg, Urt. v. 12. 6. 2001 – 5 U 185/00, OLGR 2002, 16, 19: „ganz unwahrscheinlich"; OLG Stuttgart, Urt. v. 18. 4. 2006 – 1 U 127/04, S. 20/22: „äußerst" bzw. „gänzlich unwahrscheinlich"; Urt. v. 12. 8. 2003 – 1 U 45/03, S. 5: *„äußerst unwahrscheinlich, dass der um Stunden verzögerte Einsatz von Antibiotika für das Fehlschlagen der Behandlung von Einfluss gewesen ist"*; Gehrlein VersR 2004, 1488, 1494; Spickhoff NJW 2004, 2345, 2346).

a) Chance von 10 % aber nicht „äußerst unwahrscheinlich"; unterlassene Röntgenaufnahme

Haben die behandelnden Ärzte in der chirurgischen Abteilung eines Krankenhauses keine Röntgenaufnahme des Beckens angefertigt bzw. anfertigen lassen, obwohl der Patient im Anschluss an die Mobilisierung über Schmerzen geklagt hat, und wäre die Beckenringfraktur bei der Röntgenuntersuchung mit hoher Wahrscheinlichkeit erkannt worden, hätte sich die Fehlreaktion der behandelnden Ärzte auf diesen Befund – insbesondere eine Fortsetzung der Mobilisierung ohne gleichzeitige Entlastung durch Unterarmgehstützen – als schlechthin unverständlich und grob fehlerhaft dargestellt. Hat der vom Gericht beauftragte Sachverständige einen Wahrscheinlichkeitsgrad von bis zu 90 % dafür genannt, dass sich am Heilungsverlauf auch bei rechtzeitiger Anfertigung der Röntgenaufnahmen nichts verändert habe, ist der Ursachenzusammenhang zwischen dem Behandlungsfehler in Form der unterlassenen Befunderhebung und dem eingetretenen Körperschaden (noch) nicht „äußerst unwahrscheinlich" (BGH, Urt. v. 27. 4. 2004 – VI ZR 34/03, NJW 2004, 2011, 2013 = VersR 2004, 909, 911; auch OLG Brandenburg, Urt. v. 8. 4. 2003 – 1 U 26/00, VersR 2004, 1050, 1052: Erfolgschance von ca. 10 % noch nicht „äußerst" oder „ganz" unwahrscheinlich"; OLG Hamm, Urt. v. 6. 11. 2002 – 3 U 50/02, VersR 2004, 1321, 1322: 10 % nicht „äußerst unwahrscheinlich").

b) Geringer Behandlungserfolg von 10 % nicht „äußerst unwahrscheinlich"; Sonographie unterlassen

Steht angesichts der Feststellung „sehr straffer" Hüften nach Geburt eines Kindes aus Beckenendlage der Verdacht auf eine Hüftfehlbildung im Raum und versäumt es das Krankenhaus bzw. der Kinderarzt, für eine umgehende sonographische Hüftuntersuchung Sorge zu tragen oder die Kindeseltern auf das dringende Erfordernis einer alsbaldigen Vorstellung des Kindes bei einem Orthopäden sowie einer sonographischen Hüftkontrolle nachdrücklich hinzuweisen, liegt hierin ein „grober Behandlungsfehler" in Form der „unterlassenen Befunderhebung". Die geringe Wahrscheinlichkeit eines Behandlungserfolgs der konservativen Therapie nach rechtzeitiger Entdeckung der Hüftfehlbildung von etwa 10 % rechtfertigt nicht die Annahme, dass die Kausalität im Rechtssinn „ganz" oder „äußerst unwahrscheinlich" ist (OLG Brandenburg, Urt. v. 8. 4. 2003 – 1 U 26/00, VersR 2004, 1050, 1052 f.).

c) Erfolgschance von 10 % nicht „äußerst unwahrscheinlich"; Leberpunktion unterlassen

Ist infolge des – im entschiedenen Fall groben – Versäumnisses nicht mehr zu klären, ob im Zeitpunkt der Fehlbehandlung, der unterlassenen Abklärung des Verdachts auf eine Hepatitis-B-Infektion bei vorhandenen pathologischen Leberwerten durch eine Leberpunktoin o. a. eine Leberzirrhose vorlag und die kausale Behandlung etwa mit Alpha-Interferon nach den späteren Feststellungen des Sachverständigen eine Erfolgschance in der Größenordnung von 10 % gehabt hätte, so ist der Kausalzusammenhang zwischen dem Nichterheben zweifelsfrei gebotener Befunde und dem Tod des Patienten aufgrund einer Leberzirrhose nicht als „gänzlich oder äußerst unwahrscheinlich" anzusehen (OLG Hamm, Urt. v. 6. 11. 2002 – 3 U 50/02, VersR 2004, 1321, 1322).

d) Ultraschalluntersuchung des Auges unterlassen

Unterlässt es der behandelnde Augenarzt trotz des festgestellten „weißlichen Aufleuchtens der Pupille" (Leukokorie oder Katzenauge), eine Ultraschalluntersuchung des Auges bzw. eine Untersuchung der Netzhaut in Narkose durchzuführen, hätte diese Diagnose bei entsprechender Erhebung der Befunde ohne weiteres gestellt werden können, scheidet eine Beweislastumkehr dennoch aus, wenn der Tumor (Retinoblastom) zum Zeitpunkt der – dann fiktiven – Durchführung der Diagnostik bereits eine Größe erreicht hatte, bei der ein Erfolg einer Therapie vom Sachverständigen als „äußerst unwahrscheinlich" bezeichnet wird (OLG Karlsruhe, Urt. v. 23. 4. 2004 – 7 U 1/03, VersR 2005, 1246, 1247).

e) Versäumnisse bei der Geburt

Versäumnisse bei einer Geburt rechtfertigen weder einzeln noch in der Gesamtschau eine Beweislastumkehr in der Kausalitätsfrage, wenn es nach Lage der Dinge „völlig unwahrscheinlich" ist, dass sie schadensursächlich waren, so etwa bei einem zwei Tage nach der Geburt festgestellten Hirninfarkt bei einem Neugeborenen mit völlig normalen Apgar-, Blutgas- und Blutsäurewerten nach der Entbindung (OLG Koblenz, Urt. v. 5. 8. 2004 – 5 U 250/04, GesR 2004, 496).

f) Frühere Operation bei rechtzeitiger CT- bzw. MRT-Diagnostik

Unterlässt es ein Krankenhaus, trotz deutlicher Anzeichen einer Hirnblutung bzw. eines Schlaganfalls, etwa unkontrolliertem Gang, Schwindelgefühlen, lallender Sprache, Erbrechen und Kopfschmerzen, rechtzeitig ein CT bzw. MRT zu fertigen und wäre die erforderliche Operation bei rechtzeitiger CT-Diagnostik drei bis vier Stunden früher durchgeführt worden, kommt nach Auffassung des OLG Oldenburg (Urt. v. 12. 1. 2001 – 5 U 185/00, OLGR 2002, 16, 19) eine Beweislastumkehr hinsichtlich des Kausalzusammenhang dennoch nicht zum Zuge, wenn „ein Großteil der Gesundheitsschäden der Patientin, wenn nicht sogar alle, bereits mit dem Auftreten der Blutung, also bereits vor der Einlieferung der Patientin in das Krankenhaus, entstanden sind" und der vom Gericht beauftragte Sachverständige den Ursachenzusammenhang insoweit als „außerordentlich unwahrscheinlich" bezeichnet, selbst wenn er einen Kausalzusammenhang hinsichtlich eines geringen, nicht mehr näher abgrenzbaren Teils der Schäden für möglich hält.

Die Entscheidung des OLG Oldenburg ist u. E. abzulehnen. Denn eine Beweislastumkehr kommt – wie bei „groben Behandlungsfehlern" – nur dann nicht mehr in Betracht, wenn ein Fall **„abgrenzbarer Teilkausalität"** vorliegt, also das ärztliche Versagen und ein weiterer, der Behandlungsseite nicht zuzurechnender Umstand abgrenzbar zu einem Schaden geführt haben (BGH NJW 2000, 2741, 2742; OLG Celle, MDR 2002, 881, 882; OLG Hamm VersR 1996, 1371; s. o. S. 509 f.).

g) Früher verabreichte Antibiose bei rechtzeitiger Röntgendiagnostik

Wird es im Krankenhaus versäumt, eine Röntgen-Thorax-Aufnahme zu veranlassen, um die auffallende Atmung des Patienten und die erhöhten Entzündungsparameter sowie die im Verlauf des Tages ansteigende Körpertemperatur abzuklären und wäre die tatsächlich vorhandene Lungenentzündung mit diesen diagnostischen Maßnahmen aller Wahrscheinlichkeit nach erkannt worden, greift eine Beweislastumkehr nicht ein, wenn die Behandlungsseite – durch entsprechende Befragung des Sachverständigen – den Beweis führen kann, dass es als äußerst unwahrscheinlich anzusehen ist, dass der aufgrund des Behandlungsfehlers um Stunden verzögerte Einsatz von Antibiotika für das Fehlschlagen der Behandlung des Patienten und dessen Tod von Einfluss gewesen ist (OLG Stuttgart, Urt. v. 12. 8. 2003 – 1 U 45/03, S. 5).

V. Fallbeispiele

1. Beweislastumkehr bejaht

▷ *Unterlassene Röntgenaufnahme zur Abklärung von Knochenbrüchen*

Klagt der nach einem Verkehrsunfall mit dort erkannten Rippenbrüchen und dem Bruch eines Lendenwirbelkörpers in die chirurgische Abteilung eines Krankenhauses eingelieferte Patient zwei Tage später nach dem Beginn der Mobilisierung über erhebliche Schmerzen beim Gehen, so ist die Anfertigung einer (weiteren) Röntgenaufnahme geboten. Wäre bei dieser Untersuchung ein weiterer Bruch, nämlich eine Beckenringfraktur erkannt worden, so wäre eine Fortsetzung der Mobilisierung des Patienten ohne gleichzeitige (Teil-) Entlastung durch Unterarmgehstützen schlechthin unverständlich und grob fehlerhaft. Es obliegt dann der Behandlungsseite darzulegen und zu beweisen, dass eine beim Patienten aufgetretene Pseudoarthrose sowie ständige Schmerzen in der rechten Leiste, der rechten Gesäßhälfte u. a. bei rechtzeitiger Fertigung des Röntgenbildes ebenfalls aufgetreten wären (BGH, Urt. v. 27. 4. 2004 – VI ZR 34/03, NJW 2004, 2011, 2012 f. = VersR 2004, 909, 911: Röntgenaufnahme drei Wochen zu spät erfolgt).

▷ *Unterlassene Überprüfung der Röntgenbilder durch nachbehandelnden Arzt*

Bei bloßer zeitlicher Nachfolge von Ärzten des gleichen Fachs hat der Nachbehandler die Diagnose und Therapiewahl des Vorbehandlers eigenverantwortlich zu überprüfen. Hat der erstbehandelnde Unfallchirurg oder Orthopäde nach einem Reitunfall die – objektiv unzutreffende – Diagnose „**HWS-Stauchung**" gestellt und leidet der Patient auch nach mehr als sechs Wochen unter erheblichen Rückenbeschwerden, hat der nachbehandelnde Arzt desselben Fachgebietes die gestellte Diagnose anhand der bereits vorliegenden Röntgenbilder zu überprüfen und ggf. weitere Untersuchungen einzuleiten. **Die Feststellung eines Wirbel- oder sonstigen Knochenbruchs ist (spätestens) dann hinreichend wahrscheinlich.** Die (weitere) Unterlassung der richtigen

Behandlung, hier der Ruhigstellung von Hals und Kopf mittels eines Fixateurs bzw. operativ durch Verschraubung des Bruches, wäre in einer solchen Situation grob fehlerhaft (KG, Urt. v. 13. 11. 2003 – 20 U 111/02, OLGR 2004, 261, 262).

▷ *Unterlassene Vorlage eines Röntgenbildes zur Beurteilung durch den Chef- oder Oberarzt*

Nach Auffassung des OLG Stuttgart (Urt. v. 18. 4. 2006 – 1 U 127/04, S. 18/ 19) muss ein in Facharztausbildung befindlicher Assistenzarzt, der einen verunfallten Patienten mit äußerlichen Kopfverletzungen und einem „Monokelhämatom" in der chirurgischen Abteilung eines kleineren Krankenhauses ohne radiologische Abteilung aufnimmt, das angefertigte und zunächst von ihm als unauffällig bewertete **Röntgenbild des Schädels umgehend dem in der Röntgendiagnostik weitergebildeten und erfahrenen Chef- oder Oberarzt vorlegen.** Die Nichtvorlage des Röntgenbildes stehe einer unterlassenen Befunderhebung gleich; das Erkennen einer feinen Linie bei vorhandenem Monokelhämatom, die mit einer Schädelfraktur vereinbar sein könnte, sei noch der Befunderhebung zuzurechnen. Das Erkennen einer Schädelbasisfraktur, die sich auf einem der Bilder als feiner Haarriss abzeichnet, sei auch dann als „**hinreichend wahrscheinlich**" anzusehen, wenn der später vom Gericht hinzugezogene Sachverständige ausführt, auch ein unfallchirurgischer Facharzt seiner Universitätsklinik hätte die Fraktur möglicherweise übersehen. Wäre die Fraktur erkannt worden, wäre das Unterlassen einer unverzüglich einzuleitenden Antibiose grob fehlerhaft gewesen. Es ist **nicht** „**äußerst unwahrscheinlich**", dass das Leben des zwei bzw. drei Tage später verstorbenen Patienten bei frühzeitiger Antibiotikagabe gerettet worden wäre.

▷ *Unterlassene Hinzuziehung eines Neurologen bzw. unterlassene CT- oder NMR-Untersuchung (nukleare Magnetresonanzaufnahme)*

Zeigt ein nach einem Verkehrsunfall u.a. mit Kopfverletzungen und einem Monokelhämatom in der chirurgischen Abteilung eines kleineren Krankenhauses aufgenommener Patient – bei tatsächlich vorhandener Schädelbasisfraktur – nach zunächst scheinbar unauffälliger Röntgendiagnostik zwei Tage später **neurologische Symtome** wie z. B. ständiges Kopfwackeln und ein Zittern am linken Arm, ist es geboten, ein **CT oder NMR des Schädels zu veranlassen**, sei es direkt über die Hinzuziehung eines (ggf. niedergelassenen) Neurologen oder durch Überweisung in eine Spezialklinik. Wäre auf dem anzufertigenden CT oder NMR die sich als Haarriss zeigende Schädelbasisfraktur mit **hinreichender Wahrscheinlichkeit** erkannt worden bzw. hätte man die voll gelaufenen Nebenhöhlen gesehen, so wäre das Unterlassen der unverzüglichen Einleitung einer Antibiose grob fehlerhaft gewesen. Das Überleben des dann zwei Tage später verstorbenen Patienten ist **nicht als** „**gänzlich unwahrscheinlich**" einzuschätzen (OLG Stuttgart, Urt. v. 18. 4. 2006 -1 U 127/04, Seite 21/22).

▷ *MRT-Untersuchung und Gelenkpunktion zur Abklärung einer Infektion am Sprunggelenk unterlassen*

Bei einer sich ausbreitenden Entzündung im Fußgelenk und festgestelltem CRP-Wert von 262 mg/l (Normwert: bis 5 mg/l) muss der Gefahr einer irreversiblen Zerstörung des Sprunggelenks aktiv begegnet werden. In einem derartigen Fall sind sonographische und MRT-Untersuchungen, unter Umständen auch ein Ganzkörper-CT erforderlich, um zu ermitteln, ob Flüssigkeit im Gelenk ist. Bei entsprechender Feststellung ist anschließend eine Gelenkpunktion geboten.

Hätte sich im Anschluss an diese Untersuchungen – spätestens aus dem **Punktat** – ergeben, dass das **Gelenk** in die **Infektion einbezogen** war, muss der erforderliche chirurgische Eingriff (Debridement) unverzüglich durchgeführt werden (OLG Hamm, Urt. v. 17. 11. 2004 – 3 U 277/03, GesR 2005, 70, 71). Die Unterlassung der zeitnahen Diagnostik einer Gelenkversteifung durch regelmäßige Erhebung von CRP-Werten und nachfolgend den genannten Untersuchungen stellt im Übrigen auch einen groben Behandlungsfehler dar (OLG Hamm, Urt. v. 17. 11. 2004 – 3 U 277/03, GesR 2005, 70).

▷ *Unterlassene CT- oder Kernspinuntersuchung (MRT) bei lang anhaltender Weichteilschwellung* (vgl. auch S. 541, 827)

Besteht im Bereich der **Schläfe** länger als vier Wochen eine **Weichteilschwellung**, so muss deren Ursache durch eine **Kernspin- oder Computertomographie** abgeklärt werden. Das Unterlassen einer solchen Befunderhebung stellt – zumindest – einen einfachen Behandlungsfehler dar. Wäre durch eine solche Kontrolle ein Fibrosarkom (bösartiger Tumor) zweieinhalb Monate früher entdeckt worden und wäre der Heilungsverlauf dann möglicherweise günstiger gewesen, so liegt es an der Behandlungsseite, zu beweisen, dass dieser Behandlungsfehler für den Eintritt des Primärschadens, dem Weiterwachsen des Tumors durch die Orbitawand (Augenhöhle) und dem Verlust eines Auges, nicht kausal geworden ist. Denn das Unterlassen der in der Vornahme einer Probeexcision und ihr folgend einer früheren Operation bestehenden Reaktion wäre bei dem dabei zu erwartenden Befund grob fehlerhaft gewesen (OLG Stuttgart, Urt. v. 27. 7. 1999 – 14 U 3/99, VersR 2000, 1545, 1547: offengelassen, ob „grob" fehlerhaft). Ein solchermaßen günstigerer Verlauf wäre im entschiedenen Fall auch nicht äußerst unwahrscheinlich gewesen (OLG Stuttgart a. a. O.).

▷ *Unterlassene CT-Untersuchung nach aufgetretenen Krampfanfällen zur Abklärung eines Hirntumors*

Der mit der **Arbeitsdiagnose commotio cerebri** (Gehirnerschütterung) zur Abklärung eines unklaren Beschwerdebildes konsiliarisch hinzugezogene Neurologe hat kraft eigener Fachkompetenz sämtliche nötigen Befunderhebungen zu veranlassen, mindestens aber die Anfertigung eines CT vorzuschlagen, wenn nach den bisher erhobenen Befunden, im entschiedenen Fall eines EEG, die Ursache der beim Patienten nach kurzer Bewusstlosigkeit aufgetretenen Krampfanfälle nicht geklärt ist.

Neben dem Konsiliarius haftet auch der **behandelnde Unfallchirurg** für die Folgen dieser unterlassenen Befunderhebung, da die Abklärung der Ursachen durch CT sowohl Sache des behandelnden Chirurgen als auch des Neurologen ist.

Der „Vertrauensgrundsatz" (vgl. hierzu → *Arbeitsteilung*, S. 41 ff.) kann den behandelnden Chirurgen nicht entlasten, wenn der hinzugezogene Konsiliararzt keine eindeutige Diagnose treffen kann (OLG Köln, Urt. v. 16. 12. 2002 – 5 U 166/01, OLGR 2003, 334, 335).

Im entschiedenen Fall wäre bei Anfertigung des CT mit hinreichender Wahrscheinlichkeit ein gutartiger Gehirntumor festgestellt worden, der dann ca. zwei Jahre früher operativ entfernt worden wäre.

▷ *Unterlassen einer erneuten Phlebographie oder einer CT-Untersuchung bei Beinschwellung (vgl. auch S. 826)*

Entwickelt sich bei einem Patienten im Rahmen eines Krankenhausaufenthalts eine dauernde Schwellung am Bein, liegt zumindest ein Diagnosefehler in der Form des „einfachen Behandlungsfehlers" vor, wenn die Darstellung des Beckenvenenbereichs nach Durchführung einer ersten Phlebographie vom Radiologen als „ungünstige Strömungsverhältnisse" interpretiert und ein **thrombotisches Geschehen** in diesem Bereich **verkannt** wird. Ist sich der befundende Radiologe in der Diagnose unsicher, hat er eine weitere Befunderhebung in Form einer erneuten Phlebographie oder ein CT durchzuführen. Hätte eine solche erneute Phlebographie oder ein CT mit hinreichender Wahrscheinlichkeit das Vorliegen eines thrombotischen Geschehens gezeigt, wäre die Nichtreaktion des Radiologen hierauf als grobes Versäumnis zu werten (OLG Hamm, Urt. v. 23. 8. 2000 – 3 U 229/99, VersR 2002, 315, 317).

▷ *Unterlassene CT-Untersuchung bei nicht zurückgehender Lymphhadenitis (vgl. auch S. 541)*

Bei einer Lymphhadenitis (entzündliche Lymphknotenschwellung) ist beim **Ausbleiben** einer **Befundverbesserung** wegen der Gefahr einer Weiterentwicklung zu einer Mediastinitis (Entzündung des Bindegewebes im Brustkorbraum zwischen beiden Brustfellhöhlen) eine engmaschige klinische **Verlaufskontrolle** erforderlich. Bei einer weiterhin ausbleibenden Besserung – im entschiedenen Fall nach vier Tagen – muss ein CT veranlasst werden. Ein CT hätte im entschiedenen Fall einen in die Tiefe gehenden Abszess gezeigt. Eine unterlassene Reaktion hierauf wäre schlechterdings unverständlich und ihrerseits grob fehlerhaft gewesen (OLG Stuttgart, Urt. v. 30. 5. 2000 – 14 U 71/99, VersR 2001, 766, 768),

▷ *Unterlassene CT-Untersuchung bei BWS-Beschwerden*

Das Unterlassen medizinisch erforderlicher diagnostischer Untersuchungsmaßnahmen, die Aufschluss über die Art der Krankheit geben und dann Grundlage für die weiter einzuschlagende Therapie sind, etwa die Anfertigung eines CT bei anhaltend starken Schmerzen im Bereich der Brustwirbelsäule (BWS) zur Abklärung einer entzündlichen Erkrankung, stellt zumindest einen einfachen Behandlungsfehler dar. Der Arzt darf sich nicht mit einer möglicherweise nahe liegenden Erklärung für bestimmte Beschwerden des Patienten – etwa einer differenzial-diagnostisch möglichen chronischen Bronchitis oder einer Pneumonie – begnügen; können Symptome auf mehrere verschiedene Krankheiten hindeuten, so ist, wenn die Therapierung eine sichere Festlegung erfordert, durch weitere differenzial-diagnostische Untersuchungsmaßnahmen Aufschluss über die konkret vorliegende Erkrankung zu suchen. Auch wenn der Arzt dann in vertretbarer Weise eine bestimmte Diagnose getroffen hat, muss er sie im weiteren Behandlungsverlauf überprüfen, wenn die etwa begonnene Therapie keine Wirkung zeigt (OLG Düsseldorf, Urt. v. 10. 4. 2003 – 8 U 38/02, VersR 2005, 117, 118: offengelassen, ob die Voraussetzungen einer „unterlassenen Befunderhebung" oder eines „fundamentalen Diagnosefehlers" vorliegen).

▷ *Unterlassene CT-Untersuchung bei Subarachnoidalblutung (SAB)*

Leidet der nach einem Sturz auf das Gesäß ins Krankenhaus eingelieferte Patient unter starken Kopfschmerzen und teilweise blutuntermischtem Erbrechen, so stellt das Unterlassen einer computertomographischen Untersuchung (CT) zur Abklärung einer möglichen SAB bzw. Entdeckung eines Aneurysmas (krankhafte Wandausbuchtung eines vorgeschädigten arteriellen Blutgefäßes) einen zumindest einfachen Behandlungsfehler dar, wenn eine röntgenologische sowie eine EEG-Untersuchung zuvor keinen Hinweis auf eine Schädelverletzung ergeben hatten (BGH NJW 1999, 862, 863). Bei Abklärung durch ein CT hätte sich mit hinreichender Wahrscheinlichkeit ein so deutlicher Hinweis auf ein bereits entwickeltes Aneurysma ergeben, dass sich die Verkennung dieses CT-Befundes als fundamental und/oder die Nichtreaktion auf diesen Befund durch Veranlassung einer neurochirurgischen Intervention als grob fehlerhaft dargestellt hätten (BGH NJW 1999, 862, 863 = VersR 1999, 231, 232; vgl. auch S. 544).

▷ *Unterlassene Anfertigung einer Angiographie* (vgl. auch S. 542)

Beklagte die Patientin immer wieder Kopfschmerzen und Zuckungen im linken Arm und Bein, ist zum Ausschluss einer **Sinusvenenthrombose** (Thrombose eines venösen Hirnblutleiters) bei einer zuvor durchgeführten, unauffälligen Kernspintomographie die Anfertigung einer Angiographie (Gefäßdarstellung durch Injektion eines Röntgenkontrastmittels) notwendig. Der konsiliarisch zugezogene Neurologe muss sicherstellen, dass ihm in einem solchen Fall das Ergebnis der Kernspintomographie mitgeteilt wird; seine Behandlung ist nicht mit der Anordnung der Kernspintomographie beendet. Bei Feststellung einer Sinusvenenthrombose ist die Vollheparinisierung der Patientin dann zwingend geboten. Die Unterlassung dieser Therapie würde sich als grober Behandlungsfehler darstellen, hier in der Form, dass grundlos eine Standardmethode zur Bekämpfung bekannter Risiken nicht angewendet wird (OLG Stuttgart, Urt. v. 27. 6. 2000 – 14 U 8/00, OLGR 2002, 116, 119).

▷ *Unterlassene Abklärung eines arteriovenösen Angioms durch Angio-MRT*

Ergibt das kraniale CT den Verdacht auf einen **Substanzdefekt** oder ein **arteriovenöses Angiom**, ist die weitere Abklärung mittels Angio-MRT (Angio-Magnet-Resonanz-Tomographie) geboten. Unterlässt der Behandler diese Untersuchung, gehen Zweifel, ob der später tatsächlich festgestellte Befund eines arteriovenösen Angioms gesichert worden wäre, zu seinen Lasten (OLG Köln, Urt. v. 20. 12. 2000 – 5 U 234/98, VersR 2002, 1285 = OLGR 2002, 42, 44).

▷ *Unterlassene Kernspinuntersuchung zur Abklärung des Vorliegens eines Tumors und der Tumorart*

Schon im Jahr 1990 entsprach die Durchführung einer Kernspinuntersuchung wie auch einer Angiographie zur Erlangung diffenzial-diagnostischer Erkenntnisse zur Tumorart (hier: Glioblastom oder Meningiom) dem Standard der Neurochirurgie an Universitätskliniken und anderen Häusern der Maximalversorgung. Ohne sichere Artdifferenzierung darf eine Schädel- bzw. Hirnoperation nicht erfolgen.

Wäre bei Durchführung einer Kernspinuntersuchung oder einer Angiographie erkannt worden, dass sich der Tumor beim Patienten nicht auf der linken, sondern auf der rechten Seite befindet, so hätte sich die Verkennung dieses Befundes und die Nichtreaktion hierauf – nämlich ein Verzicht auf die linksseitige Öffnung auf der vergeblichen Suche nach einem linkshirnigen Tumor des Patienten – als grob fehlerhaft dargestellt (OLG Stuttgart, Urt. v. 18. 3. 2003 – 1 U 81/02, OLGR 2003, 420, 421).

Dabei kann sich die Behandlungsseite nicht darauf berufen, dass der Einsatz eines MRT- oder eines bestimmten Sonographiegeräts noch nicht zum Standard gehört hat. Denn ein **Arzt** – vorliegend ein **Klinikum** der **Maximalversorgung** – der eine bessere und modernere Ausstattung zur Behandlung des Patienten vorhält, ist ebenso wie derjenige, der über Spezialkenntnisse verfügt, **verpflichtet**, die **Geräte und Fähigkeiten einzusetzen**, wenn dadurch die Heilungschancen verbessert und unerwünschte Nebenwirkungen erkannt und abgewendet werden können (BGH NJW 1988, 2949 = MDR 1988, 1045; NJW 1989, 851 = MDR 1989, 983).

▷ *Unterlassene Kernspinuntersuchung bzw. Myelographie zur Abklärung eines Tumors im Rückenmarkbereich*

Sucht der Patient, bei dem wegen vorhandener Rückenschmerzen ca. zehn Tage zuvor von anderen Ärzten eine Ischialgie diagnostiziert worden ist, wegen aufgetretener **Unruhe- und Verwirrtheitszuständen** einen Internisten auf, dem er auch von den bestehenden Rückenschmerzen und der ihm gestellten Diagnose berichtet, so hat dieser nach Feststellung der Rückenschmerzen, einer Gangunsicherheit und der eingetretenen Nackensteife des Patienten dem Verdacht auf eine neurogene Erkrankung unverzüglich nachzugehen und den Patienten zur Durchführung einer Kernspinuntersuchung oder der Anfertigung einer Myelographie an einen anderen Facharzt zu überweisen. Hätte die Untersuchung durch den Facharzt des anderen Fachgebiets mit hinreichender Wahrscheinlichkeit zur Entdeckung eines schwerwiegenden Rückenleidens, etwa eines Rückmarkangioms geführt, so wäre es grob fehlerhaft, wenn dem Patienten daraufhin nicht unverzüglich therapeutische Maßnahmen zur Entfernung dieser Missbildung angeboten worden wären. Es kann nicht davon ausgegangen werden, dass der Erfolg der dann rechtzeitig eingeleiteten operativen Maßnahmen äußerst unwahrscheinlich gewesen wäre (OLG Koblenz, Urt. v. 26. 8. 2003 – 3 U 1840/00, NJW-RR 2004, 106, 107 = OLGR 2004, 79, 81).

▷ *Unterlassene neurologische Abklärung starker Rückenschmerzen*

Wird ein unter starken Rückenschmerzen leidender Patient vom Orthopäden zu einem Facharzt für Neurologie und Psychiatrie überwiesen, darf dieser bei vorliegenden **Anzeichen einer spinalen Schädigung** nicht lediglich eine Psychotherapie beginnen und über einen längeren Zeitraum fortführen. Vielmehr muss dann, wenn der Patient eine progrediente Gangstörung, eine Sensibilitätsstörung der Beine sowie eine Blasen-Mastdarm-Störung geschildert hat, schon im Zeitpunkt der Erstuntersuchung eine weiter gehende neurologische Diagnostik veranlasst werden, etwa eine spinale Leitungsdiagnostik (SEP bzw. MEP) sowie eine Kernspintomographie (MRT). Hätte danach mit hoher Wahrscheinlichkeit die Diagnose einer thorakalen oder lumbalen Rückenmarksschädigung gestellt werden können, wäre es völlig unverständlich und damit grob fehlerhaft gewesen, den Patienten allein psychotherapeutisch und nicht operativ, ggf. medikamentös zu behandeln (OLG Düsseldorf, Urt. v. 21. 7. 2005 – I – 8 U 33/05, VersR 2006, 841, 842 = MedR 2006, 537, 539).

▷ *Fehlerhafte Auswertung bzw. Verlust eines Original-EKG*

Ein Verstoß gegen die Pflicht zur Erhebung und ordnungsgemäßen Aufbewahrung eines Original-EKG lässt im Wege der Beweiserleichterung für den Patienten zwar auf einen reaktionspflichtigen Befund auf einen Herzinfarkt schließen, wenn ein solches Befundergebnis hinreichend wahrscheinlich ist, regelmäßig jedoch nicht auch auf eine Ursächlichkeit der unterlassenen Befundauswertung für einen vom Patienten erlittenen Gesundheitsschaden (BGH NJW 1996, 1589 = VersR 1996, 633).

Für die Kausalitätsfrage ist der Verstoß gegen die Pflicht zur Erhebung und Sicherung des Befundes aber dann beweiserleichternd, wenn sich bei Vorlage und fehlerfreier Auswertung des EKG ein so deutlicher, auf einen bevorstehenden Herzinfarkt hinweisender Befund ergeben hätte, dass sich dessen Verkennung als fundamental fehlerhaft hätte darstellen müssen (BGH NJW 1996, 1589, 1590). Zweifel daran, ob der Patient bei Vorlage und fehlerfreier Auswertung des EKG die danach veranlasste sofortige Einweisung in eine Klinik überlebt hätte, gehen dann zu Lasten des behandelnden Arztes, im entschiedenen Fall eines Internisten (BGH NJW 1996, 1589).

▷ *Unterlassene Kontrolle eines Herzschrittmachers*

Ist die **nominelle Laufzeit eines Herzschrittmachers** von ca. sechs Jahren deutlich – im vorliegenden Fall knapp ein Jahr – **überschritten**, stellt die unterlassene Kontrolle bzw. der unterlassene Austausch einen Behandlungsfehler dar. Hätte sich bei sofortiger Kontrolle mit hinreichender Wahrscheinlichkeit eine Unzuverlässigkeit des Schrittmachers (etwa fehlende Batteriekapazität) ergeben, so hätte sich ein dann unterbliebener sofortiger Austausch als grob fehlerhaft dargestellt. In einem solchen Fall ist von der Behandlungsseite zu beweisen, dass der zwei Tage nach dem Behandlungstermin beim Internisten bzw. beim Hausarzt erfolgte Zusammenbruch des Patienten auf ein unabhängig von Zustand des Herzschrittmachers entstandenes Kammerflimmern zurückzuführen ist (BGH, Urt. v. 23. 3. 2004 – VI ZR 428/02, NJW 2004, 1871, 1872 = GesR 2004, 293, 294 = MDR 2004, 1056, 1057 = VersR 2004, 790, 791 = MedR 2004, 559, 560: vom BGH zur ergänzenden Sachaufklärung an das OLG Bamberg zurückverwiesen).

▷ *Unterlassene Defibrillation*

Unterlässt es der Behandler – im entschiedenen Fall ein Internist bei Durchführung einer Koloskopie – die Patientin im Zug einer Reanimation zu defibrillieren, weil er im Zweifel ist, ob Kammerflimmern oder eine Asystolie des Herzens vorliegt, ist ein reaktionspflichtiges Verhalten – nämlich die Durchführung der Defibrillation – zu vermuten, wenn die **Unklarheit durch** Anlegen und Schreiben eines **EKG zu beheben** gewesen wäre. Zugunsten der Patientin ist auch zu vermuten, dass die Defibrillation erfolgreich gewesen wäre, weil das Unterlassen einer Defibrillation bei Kammerflimmern als grober Fehler zu bewerten ist (OLG Köln, Urt. v. 13. 2. 2002 – 5 U 95/01, VersR 2004, 1459 = OLGR 2003, 82, 83).

Versäumen es die vom zunächst behandelnden Internisten eines Krankenhauses hinzugezogenen Intensivmediziner, das in der internistischen Abteilung zur Verfügung stehende EKG wie auch den Defibrillator unverzüglich einzusetzen und entsteht durch die Verlegung der Patientin in die im Haus befindliche Intensivstation eine Zeitverzögerung von ca. fünf Minuten, liegt ein bereits per se zur Beweislastumkehr führender grober Behandlungsfehler vor (OLG Köln, Urt. v. 13. 2. 2002 – 5 U 95/01, VersR 2004, 1459, 1460).

▷ *Unterlassene Fruchtwasseruntersuchung;* (vgl. hierzu → *Früherkennung, fehlerhafte pränatale Diagnostik*, S. 463 ff.)

Unterlässt es der behandelnde Gynäkologe, bei einer schwangeren, bisher kinderlosen 46-jährigen Patientin eine Fruchtwasseruntersuchung durchzuführen bzw. durchführen zu lassen, liegt (zumindest) ein einfacher Behandlungsfehler vor. Bei Durchführung der **Fruchtwasseruntersuchung in der 24. Schwangerschaftswoche** hätte sich mit hinreichender Wahrscheinlichkeit ein deutlicher Hinweis auf eine „Trisomie 21" (Vorhandensein überzähliger Chromosomen – Zeichen eines vorliegenden Mongolismus) ergeben, so dass sich dessen Verkennung als fundamental und/oder die Nichtreaktion durch Empfehlung einer zulässigen Abtreibung als grob fehlerhaft dargestellt hätte

(BGH VersR 1999, 1241, 1244 = NJW 1999, 2731, 2733). Kann der Arzt nicht beweisen, dass es auch bei Durchführung der Fruchtwasseruntersuchung zur Geburt eines mongoloiden Kindes gekommen wäre, so hat er den hierdurch veranlassten, vollen Unterhaltsschaden zu tragen (BGH VersR 1984, 186; G/ G, 5. Aufl., Rz. B 169, 175).

▷ *Unterlassene Blutuntersuchung beim Verdacht einer Rötelninfektion während der Schwangerschaft*

Versäumt es der Gynäkologe, zur Abklärung eines Rötelninfektionsrisikos einer Schwangeren die erforderlichen (im vorliegenden Fall vier) Blutproben zu entnehmen und labordiagnostisch auf **Röteln-Antikörper** untersuchen zu lassen oder kommt es aufgrund eines Organisationsfehlers in der Praxis des Gynäkologen zur Verwechslung einer abgegebenen (im entschiedenen Fall dritten) Blutprobe, liegt hierin bereits ein grober Behandlungsfehler (OLG Karlsruhe, Urt. v. 20. 6. 2001 – 13 U 70/00, VersR 2002, 1426, 1427).

Wäre bei rechtzeitig entnommener Blutprobe die vorliegende Rötelninfektion mit hinreichender Wahrscheinlichkeit erkannt worden, so hätte sich die Nichtreaktion – Verabreichung einer Antibiose bzw. Abbruch der Schwangerschaft – als grob fehlerhaft dargestellt.

Allerdings ist in derartigen Fällen zu beachten, dass der Rechtswidrigkeitszusammenhang entfällt, wenn ein Schwangerschaftsabbruch nach § 218 a I, II StGB nach Ablauf der 12-Wochen-Frist bzw. bei fehlender Unzumutbarkeit für die Mutter nicht rechtmäßig wäre (vgl. hierzu → *Früherkennung, fehlerhafte pränatale Diagnostik, S. 463 ff.*).

▷ *Unterlassene Sonographie in der Schwangerschaft*

Bei einer **Risikoschwangerschaft** liegen die Voraussetzungen einer Beweislastumkehr aus dem Gesichtspunkt der unterlassenen Befunderhebung vor, wenn der behandelnde Gynäkologe nach der in der 31. Schwangerschaftswoche erfolgten Ultraschalluntersuchung in den folgenden acht Wochen keine sonographischen Untersuchungen vornimmt und auch keine weiteren diagnostischen Maßnahmen veranlasst; eine nach Feststellung eines niedrigen BIP-Wertes und eines Entwicklungsrückstandes gebotene Sonographie nach zwei Wochen, spätestens aber nach vier Wochen mit Wahrscheinlichkeit deutliche Hinweise auf eine Unterversorgung und Entwicklungsstörung des Foeten gegeben hätte und man bei einer Klinikeinweisung die drohende Schädigung erkannt hätte (OLG Braunschweig, Urt. v. 1. 3. 2001 – 2 U 24/ 00).

▷ *Lackmustest und Spekulumuntersuchung unterlassen*

Nimmt ein Gynäkologe trotz der auf einen **vorzeitigen Blasensprung** hindeutenden Angaben der Schwangeren keine ausreichenden Untersuchungen, etwa einen Lackmustest und/oder eine Spekulumuntersuchung vor, fordert er die Schwangere nicht einmal zu einer kurzfristigen Kontrolluntersuchung auf, so kommen dem mit cerebralen Krampfanfällen und geistigen Behinderungen zur Welt gekommenen Kind hinsichtlich der Kausalität dieses Fehlverhaltens für den bei ihm eingetretenen Gesundheitsschaden Beweiserleichterungen sowohl wegen mangelhafter Befunderhebung und Befundsicherung als auch aus dem Gesichtspunkt eines groben Behandlungsfehlers zugute (OLG Stuttgart, Urt. v. 2. 2. 1999 – 14 U 4/98, VersR 2000, 362). Daneben liegt in der unterlassenen Krankenhauseinweisung trotz nicht sicher ausgeschlossenen Fruchtwasserabgangs ein grober Behandlungsfehler (OLG Stuttgart VersR 2000, 362, 365).

▷ *Unterlassene Blutzuckerkontrollen bei mangelgeborenem Kind*

Bei mangelgeborenen Kindern, namentlich bei **Zwillingen** und erst recht bei einem erheblichen Minderwachstum des diskordanten dystrophen Zwillings, ist das Risiko einer **kritischen Unterzuckerung** (Hypoglykämie) erhöht und letzterenfalls mit etwa 50 % anzusetzen. Wird ein solches Kind nach der Geburt nicht in fachgerechte neonatologische Betreuung übergeben und in der geburtshilflichen Abteilung belassen, so muss dessen ordnungsgemäße Behandlung dort organisatorisch und fachlich sichergestellt sein. Insbesondere muss gewährleistet werden, dass die erforderlichen Blutzuckerkontrollen erfolgen und Glukosegaben bereitstehen, um eine Blutunterzuckerung rechtzeitig erkennen und umgehend behandeln zu können. Fehlt es hieran, begründet schon dies einen groben Behandlungsfehler (OLG Koblenz, Urt. v. 5. 7. 2004 – 12 U 572/97, NJW 2005, 1200 = VersR 2005, 1738, 1739).

In einem derartigen Fall kommt es daneben zu einer **Umkehr der Beweislast** zugunsten des Kindes aus dem Gesichtspunkt der „unterlassenen Befunderhebung", wenn die in solchen Fällen gebotene Blutzuckerkontrolle mit mehr als 50 %iger Wahrscheinlichkeit ein reaktionspflichtiges positives Ergebnis – vorliegend einen Blutzuckerwert von weniger als 50 mg% – gezeigt hätte und wenn sich die Verkennung des Bundes – was für den vorliegenden Fall bejaht wurde – als fundamental oder die Nichtreaktion hierauf als grob fehlerhaft darstellen würde (OLG Koblenz, Urt. v. 5. 7. 2004 – 12 U 572/97, NJW 2005, 1200, 1202 = VersR 2005, 1738, 1740).

Im entschiedenen Fall hat das OLG Koblenz sowohl wegen des „groben Behandlungsfehlers" als auch der „unterlassenen Befunderhebung" eine Beweislastumkehr für die Frage des Kausalzusammenhangs zwischen dem festgestellten (sogar groben) Behandlungsfehler und dem Eintritt des Gesundheitsschadens bei dem Kind in Form einer Dystrophie (Mangelentwicklung, einer Exsikkose (Austrocknung) und neurologischen Auffälligkeiten mit nachfolgender schwerer Hirnschädigung und einer Halbseitenblindheit bejaht.

▷ *Unterlassene Kontrollsonographie der Hüfte eines Kleinkindes*

Wird die **linke Hüfte** eines Kleinkindes nach der Geburt als „**grenzwertig**" eingestuft und ergeben die nachfolgenden Messungen des Winkels Alpha problematische Werte, ist die Durchführung von Kontrollsonographien zwingend geboten. In der Hüftsonographie bei einem Kleinkind müssen dabei alle drei Punkte, die sogenannten Landmarken des Labrum acetabulare dargestellt werden.

Hätte sich bei korrekter Durchführung einer solchen Hüftsonographie die sich anbahnende Subluxation mit an Sicherheit grenzender Wahrscheinlichkeit gezeigt und hätte sich durch ein sogenanntes verstärktes Breitwickeln mit einer festen Schaumstoffeinlage voraussichtlich sogar eine Restitutio ad integrum erreichen lassen, wobei sich das Unterlassen eines solchen „Breitwickelns" als grob fehlerhaft dargestellt hätte, kommt dem Kind eine Beweislastumkehr hinsichtlich des Kausalzusammenhangs zwischen dem Unterlassen einer korrekten Sonographie und dem Gesundheitsschaden zugute (OLG Hamm, Urt. v. 6. 2. 2002 – 3 U 238/00, VersR 2003, 116).

▷ *Unterlassene Diagnostik bei „Wasserkopf"*

Ein Kinderarzt begeht einen – sogar groben – Behandlungsfehler, wenn er bei den Vorsorgeuntersuchungen **U 6 und U 7** eines Kleinkindes einen **auffallend großen Kopfumfang** feststellt und es unterlässt, weitere diagnostische Schritte einzuleiten. Hätte die von ihm unterlassene Abklärung der Ursachen des großen Kopfumfanges des Kindes mit hoher Wahrscheinlichkeit einen gravierenden Befund – das Vorliegen eines Hydrocephalus („Wasserkopf") – ergeben und wäre es daraufhin fundamental fehlerhaft gewesen, diesen Befund zu verkennen oder nicht hierauf zu reagieren, so muss sich der Arzt hinsichtlich der Kausalität seines Behandlungsfehlers für den Eintritt eines irreversiblen Hirnschadens entlasten (OLG Oldenburg VersR 1999, 1423, 1424).

▷ *Unterlassene Knie- bzw. Hüftgelenkspunktion nach Infektion*

Bei Verdacht auf eine Gelenkinfektion ist es in der Regel sogar **grob fehlerhaft**, nicht die gebotene Diagnostik in Form einer **sofortigen Punktion** und der nachfolgenden mikrobiologischen sowie histologischen Untersuchung des Punktats vorzunehmen. Auch bei Annahme eines (nur) einfachen Behandlungsfehlers wäre ein positives Befundergebnis bei vorliegender Gelenkinfektion (etwa im Bereich der Hüfte oder des Knies) hinreichend wahrscheinlich und die Nichtreaktion in Form einer unverzüglichen Operation grob fehlerhaft (OLG München, Urt. v. 23. 9. 2004 – 1 U 5198/03, MedR 2006, 174, 176).

War insbesondere nach einer Arthroskopie des Kniegelenks eine **Punktion des Knies zweifelsfrei geboten** und hätte diese nach den klinischen Befunden, der Überwärmung, Rötung, Schwellung und Schmerzempfindlichkeit des Knies sowie einer stark erhöhten Blutkörpersenkungsgeschwindigkeit, mit hinreichender Wahrscheinlichkeit zu einem reaktionspflichtigen positiven Befund geführt, hier dem Vorliegen einer Staphylokokkeninfektion, so kommt zu Lasten der Behandlungsseite eine Beweislastumkehr für den Ursachenzusammenhang zwischen der unterlassenen Befunderhebung durch die Punktion und dem Gesundheitsschaden in Form einer erheblichen Bewegungseinschränkung des Gelenks in Betracht, wenn ein Untätigbleiben auf den Keimbefund grob fehlerhaft gewesen wäre (OLG Stuttgart VersR 1998, 1550, 1552).

Dies ist bei einem **Untätigbleiben** auf einen bei Durchführung der Punktion erhaltenen positiven Keimbefund der Fall. Die auf den positiven Keimbefund gebotene Reaktion besteht in der unverzüglichen Revisionsoperation des Knies, insbesondere der Spülung und Entfernung des entzündlich veränderten und abgestorbenen Gewebes. Eine Behandlungsverzögerung von 2–3 Tagen kann für den Ausgang der Infektion von ausschlaggebender Bedeutung sein (OLG Stuttgart VersR 1998, 1550, 1553; a. A. OLG Düsseldorf VersR 1997, 490, wenn kein erheblicher Zeitgewinn erzielt werden kann; vgl. auch → *Grobe Behandlungsfehler*, S. 537 ff.).

Die Behandlungsseite hat dann zu beweisen, dass es auch nach Durchführung der Punktion und hierauf veranlasstem unverzüglichem Revisionseingriff zum Eintritt des Primärschadens beim Patienten, einem deutlichen Bewegungsdefizit am Knie, gekommen wäre. Gelingt dieser Beweis nicht, ist ein Schmerzensgeld von 30 000 DM gerechtfertigt (OLG Stuttgart VersR 1998, 1550, 1553).

▷ *Unterlassener Wundabstrich bei Entzündungen*

Wird nach Durchführung einer Operation bei einer Patientin eine ausgeprägte Ostitis (Entzündung von Knochengewebe) am linken Unterschenkel festgestellt, so stellt die unterlassene Vornahme eines Wundabstrichs zumindest einen einfachen Behandlungsfehler dar (BGH NJW 1999, 3408 = MDR 1999, 1265). Hätte sich bei Durchführung des Wundabstrichs mit hinreichender Wahrscheinlichkeit ein so deutlicher, auf eine Infektion hindeutender Befund ergeben, so dass sich dessen Verkennung als fundamental oder die Nichtreaktion in Form einer unverzüglichen Wundrevision als grob fehlerhaft darstellt (vom BGH zur Vornahme weiterer Feststellungen zurückverwiesen), so hat die Behandlungsseite zu beweisen, dass es auch bei rechtzeitiger Vornahme des Wundabstrichs zu denselben Primärschäden, nämlich erheblichen Schmerzen und einer Beinverkürzung der Patientin, gekommen wäre (BGH NJW 1999, 3408, 3409 = MDR 1999, 1265, 1266 = VersR 1999, 1282, 1284).

▷ *Unterlassene Überprüfung der Urin- und Blutwerte bei Nierenprellung*

Bei Schmerzen im Nieren- und Thoraxbereich und der Diagnose eines **stumpfen Bauchtraumas** nebst Nierenprellung muss eine engmaschige Überprüfung der Urin- und Blutwerte im Abstand von einer Woche erfolgen und insbesondere der Kreatininwert beobachtet werden, um einer Niereninsuffizienz vorzubeugen (BGH NJW 1999, 860 = VersR 1999, 60 = MDR 1999, 36).

Hätte eine Überprüfung des Kreatininwertes mit hinreichender Wahrscheinlichkeit einen deutlich höheren als den zuvor festgestellten Wert von 1,2 mg/dl ergeben, so hätte sich dessen Verkennung als fundamental und/oder die Nichtreaktion hierauf durch Veranlassung einer umgehenden Biopsie (Entnahme einer Gewebeprobe zur feingeweblichen Untersuchung), wodurch sich die Heilungschancen des Patienten nach Einleitung einer entsprechenden Therapie wesentlich erhöht hätten, als grob fehlerhaft dargestellt (BGH VersR 1999, 60, 61: Zur Beurteilung an das Berufungsgericht zurückverwiesen).

▷ *Unterlassene Leberpunktion*

Hat der behandelnde Arzt (Internist oder Allgemeinmediziner) bei der Behandlung des Patienten **pathologische Leberwerte** festgestellt, müssen diese jedenfalls vor dem Hintergrund, dass der Patient aus einem Land stammt, in dem die Hepatitis-B-Infektion verbreitet ist (hier: Türkei), durch eine Leberpunktion näher abgeklärt werden. Unterlässt der Arzt die Erhebung eines solchen, dann medizinisch zweifelsfrei gebotenen Befundes und überweist er den Patienten auch nicht zur näheren differenzial-diagnostischen Abklärung an einen Spezialisten, kommt eine Beweislastumkehr zur Frage der Kausalität zwischen diesem Behandlungsfehler und dem beim Patienten eingetretenen Leberversagen nach einer Leberzirrhose bzw. einem Leberzellkarzinom zum Tragen, wenn die Hepatits-B-Infektion bei zeitnaher Durchführung der Leberpunktion mit hoher, zumindest hinreichender Wahrscheinlichkeit erkannt worden wäre und die Nichtreaktion auf einen derartigen Befund – etwa durch Einleitung einer kausalen Behandlung mit Alpha-Interferon o. a. – grob fehlerhaft gewesen wäre.

Es entlastet die Behandlungsseite nicht, wenn der vom Gericht beauftragte Sachverständige die Wahrscheinlichkeit des Vorliegens einer Leberzirrhose zum Zeitpunkt des nach Durchführung der Leberpunktion frühestmöglichen Beginns der Behandlung mit etwa 90 % bewertet hat.

Denn der Kausalzusammenhang zwischen dem Behandlungsfehler in Form der „unterlassenen Befunderhebung" und dem Eintritt des Körper- oder Gesundheitsschadens (Primärschadens) beim Patienten ist nicht als gänzlich oder äußerst unwahrscheinlich anzusehen, wenn die kausale Behandlung bei Erhebung der gebotenen Befunde mit einer verbleibenden Wahrscheinlichkeit von 10 % erfolgreich hätte durchgeführt werden können (OLG Hamm, Urt. v. 6. 11. 2002 – 3 U 50/02, VersR 2004, 1321, 1322: Der Patient war im entschiedenen Fall an einer Leberzirrhose verstorben; der BGH hat die Nichtzulassungsbeschwerde des Arztes nicht zur Entscheidung angenommen).

▷ *Unterlassene Kontrolle einer frisch operierten Patientin*

Nach einer **Strumaresektion** (Kropfoperation) mit beidseitiger Rekurrensparese (Eintritt einer Stimmbandlähmung) – bzw. einem anderen Eingriff mit entsprechenden Komplikationen – und anhaltend trachykarder Herzaktion (hier: Puls zwischen 118 und 121) nebst grenzwertig hohem Blutdruck (hier: zuletzt 170/80) ist eine postoperative intensivmedizinische Überwachung der Patientin in engem zeitlichen Abstand von **10 bis 20 Minuten dringend geboten** (OLG München, Urt. v. 24. 2. 2005 – 1 U 4624/03, NJW-RR 2006, 33, 35 = OLGR 2006, 51 f. = GesR 2005, 550, 553).

Die Nichtdokumentation der aus medizinischen Gründen in den Behandlungsunterlagen festzuhaltenden Vitalparameter indiziert dabei deren Unterlassen.

Bei der gebotenen, dauernden Überwachung der Patientin im Abstand von **10 bis 20 Minuten** und Erhebung der **Vitalparameter** (Puls, Blutdruck) hätte sich mit hinreichender Wahrscheinlichkeit vor dem – dann erfolgten – Eintritt eines Herzkammerflimmerns ein positiver Befund (hoher Puls, hoher Blutdruck) ergeben; eine Sauerstoffmangelversorgung bzw. kritische Verschlechterung des Zustandes der Patientin kann bei intensivmedizinischer Überwachung mit überwiegender Wahrscheinlichkeit auch aufgrund der verminderten Atmung und/oder einer Blauverfärbung erkannt werden. Bei Erkennen der bedrohlichen Einschränkung der Atmung würde sich das Unterlassen einer dann zwingend gebotenen Intubierung als grob fehlerhaft darstellen. Dass der bei der Patientin eingetretene Hirnschaden möglicherweise auch dann nicht vermieden worden wäre, schließt eine Beweislastumkehr zu Lasten der Behandlungsseite nicht aus (OLG München, Urt. v. 24. 2. 2005 – 1 U 4624/03, NJW-RR 2006, 33, 35 = OLGR 2006, 51 f.).

▷ *Unterlassene Untersuchung des Augenhintergrundes bei Neugeborenem (zur unterlassenen Erhebung augenärztlicher Befunde siehe auch unten S. 840, 841)*

Ein hinzugezogener Augenarzt hat bei jeder Kontrolluntersuchung eines Neugeborenen im Hinblick auf die Gefahr einer Frühgeborenen-Retinopathie dafür zu sorgen, dass er den Augenhintergrund immer ausreichend einsehen kann. Ist ihm dies nicht möglich, hat er dafür zu sogen, dass innerhalb von 14 Tagen andernorts eine detaillierte Beurteilung der äußeren Netzhaut durchgeführt wird. Bei pflichtgemäßer Abklärung hätte sich im entschiedenen Fall mit hinreichender Wahrscheinlichkeit ein reaktionspflichtiger Befund in der Form einer behandlungsbedürftigen Retinopathie gezeigt. Die Unterlassung einer solchen Behandlung wäre grob fehlerhaft (OLG Nürnberg, Urt. v. 24. 6. 2005 – 5 U 1046/04, OLGR 2006, 10, 11 = MedR 2006, 178, 180 f.).

▷ *Zur unterlassenen Ultraschalluntersuchung durch einen Augenarzt bei Vorliegen einer Leukokorie („Katzenauge") s. u. S. 840*

2. Beweislastumkehr verneint

▷ *Mammographie oder Probeexcision zur Krebsvorsorgeuntersuchung unterlassen*

Eine **Mammographie** zur Krebsvorsorgeuntersuchung war – nach dem Erkenntnisstand im Jahr 1999 – für Patientinnen zwischen dem 40. und 49. Lebensjahr – nur veranlasst, wenn **einschlägige Risikofaktoren** wie z. B. ein Mamma- oder Ovarialkarzinom der Mutter oder Großmutter vorgelegen haben. Das Vorliegen eines Magen- und eines Uteruskarzinoms in der Familienanamnese, eine Adipositas, ein Nikotinabusus und/oder ein besonders großer Brustdrüsenkörper der Patientin stellen keinen signifikanten Risikofaktor dar (OLG Hamburg, Urt. v. 14. 11. 2003 – 1 U 71/03, OLGR 2004, 328, 329; in diesem Sinn auch OLG Saarbrücken, Urt. v. 12. 7. 2000 – 1 U 1013/99–247, OLG-Report 2000, 426, 427; OLG Hamm, Urt. v. 31. 8. 2005 – 3 U 277/04, GesR 2006, 31, 33 = MedR 2006, 111, 113 für das Jahr 2000 und MedR 1994, 231).

Ist die Fertigung einer **Mammographie – bzw. nachfolgend eine Probeexcision** – bei Vorliegen einschlägiger Risikofaktoren, einem auffälligen Tastbefund o. a. medizinisch geboten, greift eine Beweislastumkehr für die Frage des Kausalzusammenhangs zwischen der unterlassenen Befunderhebung und dem Auftreten einer Krebserkrankung jedoch nicht ein, wenn sich angesichts der **erheblichen Variationsbreite des Tumorwachstums** keine konkreten Angaben dazu machen lassen, wann ein später bei der Patientin festgestellter Tumor (Brustkrebs) radiologisch zu entdecken gewesen wäre (OLG Hamburg, Urt. v. 14. 11. 2003 – 1 U 71/03, OLGR 2004, 328, 329; auch OLG Düsseldorf OLGR 2000, 470, 471; OLG Hamm MedR 1994, 281 und Urt. v. 31. 8. 2005 – 3 U 277/04, GesR 2006, 31, 33 = MedR 2006, 111, 113; OLG Stuttgart VersR 1994, 1306). Zur Ausfüllung des Merkmals der „hinreichenden Wahrscheinlichkeit" reicht es insbesondere nicht aus, wenn der vom Gericht beauftragte Sachverständige ausführt, es sei **„durchaus vorstellbar"**, dass eine – nicht durchgeführte – Mammographie zur Feststellung einer Brustkrebserkrankung geführt hätte (OLG Hamm, Urt. v. 31. 8. 2005 – 3 U 277/04, GesR 2006, 31, 33 = MedR 2006, 111, 113).

Bleibt offen, ob ein bei späterer Entdeckung ca. 6 cm messender Tumor zum Zeitpunkt der Untersuchung durch den Gynäkologen ca. 16 Monate zuvor palpatorisch oder radiologisch hätte festgestellt werden können, greift eine Beweislastumkehr aus dem Gesichtspunkt der „unterlassenen Befunderhebung" nicht ein. Liegen keine Anhaltspunkte im obigen Sinn vor, kann das Verhalten des untersuchenden Gynäkologen und der unterlassene Hinweis auf die Möglichkeit der Vornahme einer Mammographie – ggf. auf eigene Kosten der Patientin – auch nicht als „grob fehlerhaft" bewertet werden (OLG Hamburg, Urt. v. 14. 11. 2003 – 1 U 71/03, OLGR 2004, 328, 329).

Wird nach dem Vorliegen entsprechender Anhaltspunkte eine **Mammographie durchgeführt** und schlägt der Radiologe eine Weitere in etwa neun Monaten vor, darf der behandelnde Gynäkologe aufgrund der erhobenen Befunde, einer negativen Mammographie und dem Fehlen sonstiger Anzeichen für Malignität, davon ausgehen, dass ein festgestellter Knoten nicht bösartig ist, sondern schlüssig als mastopathisch interpretiert werden konnte (OLG München, Urt. v. 20. 9. 2001 – 1 U 4502/00, OLGR 2003, 7, 8).

In einem derartigen Fall kann dem Gynäkologen bereits nicht vorgeworfen werden, medizinisch gebotene bzw. dringend gebotene Befunde nicht erhoben zu haben. Eine Beweislastumkehr aus dem Gesichtspunkt der „unterlassenen Befunderhebung" würde auch bei der Annahme eines Behandlungsfehlers in Form der „unterlassenen Befunderhebung" ausscheiden, da es **nicht hinreichend wahrscheinlich** ist, dass bei einer Kontrolluntersuchung nach zwei bis drei Monaten eine signifikante Vergrößerung des Tumors feststellbar gewesen wäre (OLG München, Urt. v. 20. 9. 2001 – 1 U 4502/00, OLGR 2003, 7, 8).

▷ *Unterlassene Probeexcision bei Mikrokalzifikationen in der Brust*

Die **unterlassene Nachbefunderhebung** durch Entnahme nebst Befundung einer Gewebeprobe und die bloße Beschränkung auf die Auswertung der

Mikrokalzifikate aus der weiblichen Brust ist nicht grob fehlerhaft. Auch eine Beweislastumkehr nach den Grundsätzen der unterlassenen Befunderhebung kommt nicht in Betracht, wenn nach dem Ergebnis der Mammographie und der MRT-Untersuchung weder eine Kontroll-Befunderhebung durch eine Probeexcision als „zweifelsfrei" geboten noch es als wahrscheinlich angesehen werden kann, dass eine Gewebeuntersuchung einen Tumor ergeben hätte (OLG Brandenburg NJW-RR 1999, 967).

▷ *Scheidenabstrich unterlassen*

Es gehörte bereits im Jahr 1994 zum ärztlichen Standard des eine Schwangere behandelnden Gynäkologen, vor dem Einlegen eines **Cerclagepesars** einen **Scheidenabstrich** vorzunehmen und ihn mikroskopisch auf vorhandene Keime zu untersuchen (OLG Braunschweig VersR 2000, 454).

In dem Unterlassen der gebotenen mikroskopischen Untersuchung liegt ein einfacher, aber kein grober Behandlungsfehler.

Hielt der Arzt eine mikroskopische Untersuchung nur bei klinischen Anzeichen einer Infektion für geboten, so wiegt der Behandlungsfehler nicht deshalb schwerer, weil auch bei einer späteren Kontrolluntersuchung kein Abstrich genommen und mikroskopisch untersucht worden ist.

Eine Vermutung für die Kausalität dieses einfachen Behandlungsfehlers und dem eingetretenen Primärschaden würde sich nur dann ergeben, wenn es **hinreichend wahrscheinlich** wäre, dass das Unterlassen der Vornahme eines Scheidenabstrichs zu einem reaktionspflichtigen positiven Befundergebnis geführt hätte. Dies ist dann nicht der Fall, wenn der Sachverständige es als offen bezeichnet, ob die mikroskopische Untersuchung eines Scheidenabstrichs die Entwicklung und Vermehrung pathologischer Keime hätte erkennen lassen oder ob die Untersuchung kein derartiges Ergebnis erbracht hätte (OLG Braunschweig, Urt. v. 25. 3. 1999 – 1 U 61/98, VersR 2000, 454, 456; auch OLG Köln, Urt. v. 28. 5. 2003 – 5 U 77/01, VersR 2004, 247).

Wird die Durchführung eines Scheidenabstrichs und dessen mikroskopische Untersuchung (Nativ-Untersuchung) behandlungsfehlerhaft unterlassen, greift eine Beweislastumkehr zugunsten der Patientin nicht ein, wenn der vom Gericht beauftragte Sachverständige die **Wahrscheinlichkeit**, dass ein Amnioninfektionssyndrom (Entzündung der Eihäute) vorliegt, das auf einem bakteriellen Befall der Scheide (Vaginose) beruht, mit **„jedenfalls weniger als 50 %"** bezeichnet, da sich eine akute Infektion auch später innerhalb von zwei Tagen hätte entwickeln können (OLG Köln, Urt. v. 28. 5. 2003 – 5 U 77/01, VersR 2004, 247).

▷ *Unterlassene weitere Ultraschalluntersuchung zur Vermeidung eines Geburtsschadens*

Ist dem Arzt (Gynäkologen) aus sachverständiger Sicht vor Einleitung weiterer Behandlungsmaßnahmen der in der 30. SSW mit Unterleibsschmerzen aufgenommenen Patientin eine Wartefrist wegen eines möglichen Erfolgs bereits vorgenommener Behandlungsmaßnahmen, hier einer vier Stunden vor der Geburt durchgeführten Ultraschalluntersuchung im Rahmen der Aufnahmeuntersuchung, zuzubilligen, kann ihm wegen der unterlassenen weiteren Maßnahmen – einer **unterlassenen weiteren Ultraschalluntersuchung** zur Abklärung einer eventuellen Plazentaablösung – kein Behandlungsfehler in Form der „unterlassenen Befunderhebung" angelastet werden (OLG Bremen, Urt. v. 28. 11. 2000 – 3 U 118/99, OLGR 2002, 293).

▷ *Unterlassene Durchführung einer Eingangsuntersuchung im Belegkrankenhaus*

Die Durchführung einer Eingangsuntersuchung gehört grundsätzlich auch zu den Organisationspflichten eines Belegkrankenhauses. Deren Unterlassung stellt einen Behandlungsfehler in Form eines Organisationsfehlers dar.

Eine Beweislastumkehr aus dem Gesichtspunkt der „unterlassenen Befunderhebung" greift jedoch in einem solchen Fall nicht ein, wenn eine Makrosomie (großes Kind, i. d. R. über 4 000 g) auch bei ordnungsgemäßer Durchführung der Eingangsuntersuchung einschließlich einer Sonographie **möglicherweise nicht entdeckt** worden wäre (BGH, Urt. v. 25. 11. 2003 – VI ZR 8/03, NJW 2004, 1452, 1453 = VersR 2004, 645, 647).

Ein Aufklärungsfehler wegen des unterlassenen Hinweises auf die Möglichkeit einer Schnittentbindung scheidet ebenfalls aus, wenn die sectio aus medizinischer Sicht nicht indiziert war, weil ernst zu nehmende Gefahren für das Kind zunächst nicht ersichtlich waren (BGH, Urt. v. 25. 11. 2003 – VI ZR 8/03, NJW 2004, 1452, 1454 = VersR 2004, 645, 647; auch OLG Frankfurt, Urt. v. 24. 1. 2006 – 8 U 102/05, NJW-RR 2006, 1171, 1172 und OLG Koblenz, Urt. v. 18. 5. 2006 – 5 U 330/02, NJW-RR 2006, 1172, 1173: geschätztes Geburtsgewicht unter 4.000 g).

▷ *Unterlassene Sehkraftprüfung*

Die Unterlassung einer aus medizinischer Sicht gebotenen Sehkraftprüfung nach einer diagnostizierten Bindehautentzündung stellt einen einfachen Behandlungsfehler dar und führt nicht zur Umkehr der Beweislast, wenn es nicht hinreichend wahrscheinlich ist, dass sich bei Durchführung der Sehkraftprüfung ein so deutlicher, für eine Netzhautablösung sprechender Befund ergeben hätte, dass sich dessen Verkennung als fundamental oder die Nichtreaktion hierauf als grob fehlerhaft darstellen müsste (BGH NJW 1998, 1780, 1781 = VersR 1998, 457, 458: Zur Feststellung eines möglichen groben Behandlungsfehlers und der Frage, ob ein Ursachenzusammenhang zwischen einem groben Behandlungsfehler und dem Primärschaden „gänzlich unwahrscheinlich" ist, zurückverwiesen).

▷ *Unterlassene Ultraschalluntersuchung eines Auges; Kausalität „äußerst unwahrscheinlich"*

Beobachtet die Mutter bei ihrem 2-jährigen Kind mehrfach ein „Aufleuchten der Pupille", ein sogenanntes **„Katzenauge" (Leukokorie)** und teilt sie dies dem behandelnden Augenarzt mit, hat dieser nach einer ohne Befund gebliebenen Augenhintergrunduntersuchung eine Ultraschalluntersuchung durchzuführen bzw. anzuraten. Bleibt auch diese ohne Befund, also ohne Feststellung eines Tumors, ist eine Untersuchung der Netzhaut (bei einem Kind in Narkose) zwingend geboten. Bei Erhebung dieser Befunde ist die Entdeckung eines **Retinoblastoms (Tumor im Auge) hinreichend wahrscheinlich.** Die Nichtreaktion auf einen solchen Befund – durch operative, bulbuserhaltende Therapie – wäre auch grob fehlerhaft (OLG Karlsruhe, Urt. v. 23. 4. 2004 – 7 U 1/03, VersR 2005, 1246; zur unterlassenen augenärztlichen Befunderhebung vgl. auch OLG Nürnberg, Urt. v. 24. 6. 2005 – 5 U 1046/04, OLGR 2006, 10, 11, s. o.).

Hatte der Tumor zum Zeitpunkt der Untersuchung und Unterlassung weiter gehender Befunde jedoch eine bestimmte Größe erreicht (hier 25 mm x 17 mm x 14 mm), so ist es „gänzlich" bzw. „**äußerst unwahrscheinlich**", dass das Auge bei rechtzeitiger Diagnostik (bulbuserhaltende Therapie) noch hätte gerettet werden können (so OLG Karlsruhe, Urt. v. 23. 4. 2004 – 7 U 1/03, VersR 2005, 1246, 1247).

▷ *Unterlassene Kernspintomographie, die keinen weiteren Befund erbracht hätte*

Ein Behandlungsfehler liegt vor, wenn der behandelnde Chefarzt der chirurgischen Abteilung eines Krankenhauses nicht durch eine **Röntgenaufnahme oder eine Kernspintomographie** abklären lässt, ob es über eine Weichteilinfektion des Patienten durch Streptokokken und Staphylokokken hinaus zu einer **Beteiligung des Knochens** gekommen ist. Eine Beweislastumkehr für die Frage der Kausalität zwischen diesem einfachen Behandlungsfehler und dem Eintritt des Primärschadens beim Patienten in der Form einer später ausgebildeten Osteomyelitis (durch Keimeinschleppung entstandene Entzündung des Knochenmarks) scheidet jedoch aus, wenn sich eine solche reaktionspflichtige Osteomyelitis nach Durchführung einer Röntgen- oder Kernspintomographie **nicht als wahrscheinliches Ergebnis** herausgestellt hätte, sondern – im Gegenteil – die Histologie nach einer knapp ein Jahr später erforderlich gewordenen Amputation des betroffenen Unterschenkels keinen Nachweis für eine Osteomyelitis ergibt (OLG Stuttgart, Urt. v. 20. 3. 2001 – 14 U 41/99, OLGR 2002, 142, 145).

▷ *Unterlassene Probeexcision zur Entdeckung eines Adenokarzinoms*

Unterlässt es der behandelnde Gynäkologe, die Patientin mit pathologischem Befund der Vulva (hier: ödematös gerötete Stellen mit weißlichen Belägen) zu einer Probeexcision zu überweisen und wird eine Pageterkrankung mit Entwicklung eines Adenokarzinoms dann erst ca. drei bis vier Monate später erkannt, kommt eine Beweislastumkehr zugunsten der Patientin nicht in Betracht, wenn das mutmaßliche Ergebnis des bei unverzüglicher Überweisung erhobenen Befundes völlig offen und die **Wahrscheinlichkeit nicht höher als mit 50 %** anzusetzen ist (OLG Dresden, Urt. v. 6. 6. 2002 – 4 U 3112/01, VersR 2004, 648).

▷ *Unterlassene Probebiopsie, die keinen zwingenden Tumornachweis erbracht hätte*

Der Patient kann sich nicht auf eine Beweiserleichterung wegen unterlassener Befunderhebung berufen, wenn das Ergebnis der unterlassenen Befunderhebung wahrscheinlich der vom Arzt ohne die Befunderhebung gestellten Diagnose entsprochen hätte und **zur gleichen Behandlung** hätte führen müssen. Dies ist etwa dann der Fall, wenn der betroffene Arzt es zwar unterlässt, eine **Probebiopsie** (Entnahme einer Gewebeprobe zur feingeweblichen Untersuchung) zur Abklärung des Verdachts auf einen Hauttumor vorzunehmen, der gerichtlich bestellte Sachverständige es später jedoch als eher wahrscheinlich ansieht, dass bei durchgeführter Entnahme kein Hauttumor, sondern eine aktinische Kertose (Verhornungsstörungen auf Altershaut) befundet worden wäre (OLG Stuttgart, Urt. v. 27. 11. 2001 – 14 U 62/01, OLGR 2002, 156, 157).

▷ *Unterlassene Thrombozytenkontrolle zum Ausschluss einer heparininduzierten Thrombozytopenie (HIT II)*

Nach dem anerkannten und gesicherten Stand der ärztlichen Wissenschaft war jedenfalls seit 1995 die **Thrombozytenzahl nach Beginn einer Heparingabe zu kontrollieren** (so OLG Stuttgart, Urt. v. 22. 2. 2001 – 14 U 62/00, OLGR 2002, 251, 254 f.; a. A. OLG Hamm, Urt. v. 19. 5. 2003 – 3 U 177/02, OLGR 2003, 266, 267: bis 1999 kein verbindlicher Standard). Zu diesem Zeitpunkt war bekannt, dass die Gabe von Heparin zu einer Thrombozytopenie (Verminderung der Blutplättchenzahl) und in der Folge zu Thrombosen mit schwerwiegenden Folgen (Sinusvenenthrombose, Verschluss der Arteria carotis, Subarachnoidalblutung) führen konnte. Dabei kommt es nicht darauf an, ob diese medizinisch zur Abwendung eines erheblichen Gesundheitsrisikos in der Wissenschaft für erforderlich gehaltene Untersuchung in der Praxis nur von 5 % der behandelnden Ärzte durchgeführt wird, sondern nur darauf, ob ihre Durchführung bei Kenntnis der Gefahren für den Patienten verlangt werden kann und die Möglichkeit besteht, diese Behandlung mit vorhandenen technischen Mitteln durchzuführen (OLG Stuttgart, Urt. v. 22. 2. 2001 – 14 U 62/00, OLGR 2002, 251, 254 f.).

Nach Auffassung des – ebenfalls sachverständig beratenen – OLG Hamm (Urt. v. 19. 5. 2003 – 3 U 177/02, OLGR 2003, 266, 267) wurden engmaschige Kontrollen der Thrombozytenzahlen nach der Gabe von Heparin selbst im Jahr 1999 nur als „sinnvoll" bezeichnet; sie wären aber selbst in dieser Zeit noch kein verbindlicher Standard gewesen.

Eine Beweislastumkehr greift jedoch nicht ein, wenn es nach Auffassung der Sachverständigen **offen** ist, ob sich bei Durchführung der Thrombozytenkontrolle mit **hinreichender Wahrscheinlichkeit** ein gravierender Befund in Form eines deutlichen Abfalls der Thrombozytenzahl ergeben hätte mit der Folge, dass hierauf mit dem sofortigen Absetzen des Heparins hätte reagiert werden müssen (OLG Stuttgart, Urt. v. 22. 2. 2001 – 14 U 62/00, OLGR 2002, 251, 254; im Ergebnis auch OLG Hamm, Urt. v. 19. 5. 2003 – 3 U 177/02, OLGR 2003, 266, 267, s. o.).

Im Übrigen ist es medizinisch auch nicht geboten, einen Patienten über die unterschiedlichen Risiken von unfraktioniertem Heparin einerseits und niedermolekularem Heparin andererseits aufzuklären (OLG Hamm, Urt. v. 19. 5. 2003 – 3 U 177/02, OLGR 2003, 266, 267).

▷ *Unterlassene diagnostische und therapeutische Maßnahmen bei Vorliegen einer Endokarditis (Entzündung der Herz-Innenwand)*

Für einen Arzt besteht kein Anlass für weitere diagnostische Maßnahmen (Anfertigung eines EKG, eines CT, eines MRT o. a.), wenn die vom Patienten angegebenen bzw. in den Krankenunterlagen festgehaltenen Beschwerden (Gastroenteritis, LWS-Syndrom, Mitralklappeninsuffizienz, Sarkoidose mit Gelenkbeteiligung) sowie die Laborbefunde (Leukozytose) **nicht richtungsweisend für eine Endokarditis** sind.

Denn die Abgrenzung der infektiösen Endokarditis gegenüber Differenzialdiagnosen zahlreicher anderer Krankheiten ist schwierig. Deshalb sind für einen derartigen Fall Diagnosekriterien, hier die sogenannten „Duke-Kriterien" entwickelt worden. Diese setzen sich aus zwei Hauptkriterien, nämlich positiven Blutkulturen und einem typischen echokardiographischen Befund sowie Nebenkriterien wie bestehender Herzerkrankung, Fieber über 38°C, Gefäßveränderungen wie etwa arterielle Embolien, zusammen. Die Diagnose „Endokarditis" gilt bei der Erfüllung beider Hauptkriterien oder einem Haupt- und dreier Nebenkriterien als sicher bzw. hochwahrscheinlich.

Bestehen **keine Anhaltspunkte für die Erfüllung der Hauptkriterien** und kann als Nebenkriterium nur der früher diagnostizierte Herzfehler (Mitralklappeninsuffizienz) als gesichert gelten, bietet allein letzterer keine Veranlassung, Untersuchungen im Hinblick auf die beiden Hauptkriterien einzuleiten bzw. der Verdachtsdiagnose einer „Endokarditis" nachzugehen (OLG Bremen, Urt. v. 16. 7. 2002 – 3 U 86/01, OLGR 2003, 224, 225 f.).

Litt der Patient nach den späteren Feststellungen des vom Gericht beigezogenen Sachverständigen unter einer fulminant verlaufenden Endokarditis, die sich rasch ereignet und in kürzester Zeit zu Auflagerungen auf den Herzklappen führt, kann im Übrigen auch nicht davon ausgegangen werden, dass bei entsprechender Erhebung weitere Befunde (CT, MRT, Sonographie) ein positives Befundergebnis i. S. d. Vorliegens einer Endokarditis **hinreichend wahrscheinlich** gewesen wäre (OLG Bremen, Urt. v. 16. 7. 2002 – 3 U 86/01, OLGR 2003, 224, 226).

▷ *Unterlassene Anfertigung eines CT oder MRT zum Nachweis eines Hirngefäßaneurysmas*

Leidet der Patient über mehrere Monate an Kopfschmerzen und Schwindelanfällen, kann die Anfertigung eines CT oder MRT grundsätzlich geboten sein.

In Betracht kommen zum Nachweis nicht gebluteter Aneurysmen insbesondere die Anfertigung einer **MRT-Angiographie** sowie eine **Computertomographie** unter Verwendung eines Kontrastmittels (Nativ-CT). Solche Untersuchungen sind jedoch bei fehlendem Hinweis auf ein Aneurysma normalerweise nicht indiziert. Gleiches gilt für eine **digitale Subtraktionsangiographie** (Gefäßdarstellung der Hirngefäße, DAS). Auch eine einfache Computertomographie ohne Kontrastmittel, die etwa zur Abklärung einer Tumorerkrankung indiziert ist, ist zum Auffinden eines Hirngefäßaneurysmas grundsätzlich ungeeignet.

Besteht nur eine geringe Wahrscheinlichkeit oder ist es nach den Ausführungen des Sachverständigen **völlig unsicher**, dass ein später gezeigtes Gebilde bei Durchführung dieser Untersuchungen als Hirngefäßaneurysma identifiziert und diagnostiziert wäre, greift zugunsten des Patienten keine Beweislastumkehr ein (OLG Zweibrücken, Urt. v. 21. 8. 2001 – 5 U 9/01, OLGR 2002, 470, 472 f.).

Nach Auffassung des OLG Zweibrücken entfällt in derartigen Fällen eine Haftung wegen unterbliebener Befunderhebung auch dann, wenn ein Schutzzweckzusammenhang bzw. **Rechtswidrigkeitszusammenhang** zwischen der unterlassenen Befunderhebung und dem eingetretenen Schaden **fehlt**. Dies ist etwa dann der Fall, wenn sich das Auffinden eines Aneurysmas nach unterstellter weiter gehender Diagnostik als **reiner Zufallsbefund** dargestellt hätte (OLG Zweibrücken, Urt. v. 21. 8. 2001 – 5 U 9/01, OLGR 2002, 470, 473).

▷ *Unterlassene bzw. verspätete CT-Untersuchung zur Abklärung einer Hirnblutung; Kausalität „äußerst unwahrscheinlich"*

Bei einer Patientin, die bei notfallmäßiger Aufnahme in einem Krankenhaus über den plötzlichen **Verlust der Beweglichkeit, Schwindelgefühle, Erbrechen und Kopfschmerzen** klagt, nur unkontrolliert gehen kann und lallend spricht, ist zur Abklärung eines cerebralen Geschehens, insbesondere auch einer Hirnblutung die Anfertigung eines **CT dringend geboten**. Wäre bei rechtzeitiger Anfertigung eines CT ein gravierender Befund in Form einer Hirnblutung bzw. eines Schlaganfalls hinreichend wahrscheinlich gewesen, würde sich die Nichtreaktion auf diesen Befund – die Durchführung einer Operation, ggf. einer Lysebehandlung – als grob fehlerhaft darstellen (OLG Oldenburg, Urt. v. 12. 6. 2001 – 5 U 185/00, OLGR 2002, 16, 19).

Stellt der vom Gericht hinzugezogene Sachverständige fest, dass ein Großteil der Gesundheitsschäden, möglicherweise sogar sämtliche Beeinträchtigungen bereits mit dem Auftreten der Blutung und vor der Einlieferung in das Krankenhaus entstanden sind und die gebotene CT-Diagnostik „nur" um ca. drei bis vier Stunden verspätet durchgeführt wurde, so ist ein Kausalzusammenhang zwischen der unterlassenen bzw. verspäteten Befunderhebung einerseits und den erlittenen Gesundheitsschäden der Patientin **äußerst unwahrscheinlich** (OLG Oldenburg, Urt. v. 12. 6. 2001 – 5 U 185/00, OLGR 2002, 16, 19).

▷ *Unterlassene bzw. verzögerte Röntgen-Thorax-Aufnahme zur Feststellung einer Lungenentzündung; Kausalität „äußerst unwahrscheinlich"*

Wird ein geistig behinderter Patient mit schweren Symptomen, insbesondere einer **auffallenden Atmung, Verschleimung und erhöhten Entzündungsparametern in ein Krankenhaus eingeliefert, ist es geboten, umgehend eine **Röntgen-Thorax-Aufnahme** zu veranlassen. Eine tatsächlich vorhandene Lungenentzündung ist mit dieser diagnostischen Maßnahmen aller Wahrscheinlichkeit nach zu erkennen. Hierauf muss mit einer Antibiotikabehandlung, etwa mit der Gabe von Augmentan reagiert werden. Das **Unterlassen einer solchen Antibiotikatherapie** wäre grob fehlerhaft.

Stellt der vom Gericht beauftragte Sachverständige fest, dass die Antibiotikagabe um drei bis vier Stunden verspätet erfolgt ist, aber es bei rechtzeitiger Gabe dennoch zu einer Verschlechterung der Erkrankung gekommen wäre, obwohl die Wirkung des Antibiotikums dann hätte einsetzen müssen, ist der Kausalzusammenhang zwischen der verzögerten bzw. unterlassenen Befunderhebung und dem wenige Stunden später einsetzenden Tod des Patienten „**äußerst unwahrscheinlich**" (OLG Stuttgart, Urt. v. 12. 8. 2003 – 1 U 45/03 unveröffentlicht).

▷ *Verzögerte Befunderhebung bzw. Befunddeutung*

Klagt ein neunjähriger Patient über **diffuse Magenbeschwerden**, führt eine unvollständige oder um vier bis sechs Tage **verzögerte Befunderhebung** zur Feststellung einer Appendizitis (Blinddarmentzündung) nur dann zur Haftung des Arztes wenn der Patient nachweist, dass die von ihm vermissten bzw. verspätet ergriffenen Maßnahmen alsbald zur richtigen Diagnose und einem günstigeren Behandlungsverlauf geführt hätten. Eine Beweislastumkehr wegen unterlassener Befunderhebung scheidet in einem solchen Fall auch deshalb aus, wenn ungewiss ist, ob eine zügigere oder weiter gehende diagnostische Vorgehensweise zu anderen Erkenntnissen, hier der Diagnose „Appendizitis" anstatt einer „Gastroenteritis", geführt hätte (OLG Koblenz, Urt. v. 3. 11. 2005 – 5 U 1560/04 bei Jorzig GesR 2006, 16, 17).

VI. Unterlassene Befundsicherung

Eine Beweislastumkehr greift nicht nur bei Vorliegen der Voraussetzungen der „unterlassenen Befunderhebung", sondern auch dann ein, wenn einzelne, aus medizinischer Sicht gebotene und tatsächlich auch erhobene **Befunde nicht gesichert bzw. nicht gegen Verlust geschützt** worden sind. Denn sowohl die Sicherung als auch die Aufbewahrung der Befunde i. d. R. für mindestens fünf bzw. zehn Jahre ist Aufgabe des Arztes (OLG Zweibrücken, NJW-RR 2001, 667, 669; OLG Düsseldorf, Urt. v. 30. 1. 2003 – 8 U 159/01, VersR 2004, 792, 793: „Aufbewahrungszeit mindestens fünf, besser zehn Jahre"; OLG Hamm, Urt. v. 12. 12. 2001 – 3 U 119/00, NJW-RR 2003, 807, 808 = OLGR 2003, 93, 95 zur Lagerung von Gewebeproben; Muschner VersR 2006, 621, 625: zehn Jahre gem. § 10 III MBO-Ä 97, 30 Jahre gem. §§ 28 IV Nr. 1 RöVO, 43 V StrahlenschutzVO bei Röntgenbildern, CT und MRT, fünf Jahre bei Geschlechtskrankheiten).

Die insoweit eingreifende Beweislastumkehr aus der Verletzung der Pflicht zur Aufbewahrung ärztlicher Unterlagen, etwa erstellter Röntgen- oder Kernspinaufnahmen oder eines gefertigten EKG, sollen der Beweisnot des Patienten abhelfen, die ihm aus einem nicht von ihm zu vertretenden Grund in einem vom Klinikträger voll beherrschbaren Bereich durch den **Verlust oder die Vorenthaltung** der Beweismittel entsteht (OLG Hamm, Urt. v. 12. 12. 2001 – 3 U 119/00, OLGR 2003, 93, 96 = NJW-RR 2003, 807, 808: Lagerung von Gewebeproben „voll beherrschbar"; Gehrlein, Rz. B 159; F/N, Rz. 124).

Können tatsächlich erhobene Befunde oder Befundträger, etwa Gewebeproben, Präparate u. a. innerhalb der üblichen **Aufbewahrungszeit von fünf Jahren** (so das OLG Düsseldorf, Urt. v. 30. 1. 2003 – 8 U 159/01, VersR 2004, 792, 793 bei Metaphasen und anderen Präparaten) bzw. **zehn Jahren** (so das OLG Hamm, Urt. v. 12. 12. 2001 – 3 U 119/00, OLGR 2003, 93, 95 bei Gewebeproben; Muschner VersR 2006, 621, 625, s. o.) nicht mehr vorgelegt werden, so muss die Behandlungsseite darlegen und beweisen, dass sie diesen Umstand nicht verschuldet hat; ist der Verbleib von Befundträgern – und Gleiches hat für eine Behandlungsdokumentation zu gelten – ungeklärt, so geht dies grundsätzlich zu Lasten des Arztes (OLG Hamm, Urt. v. 12. 12. 2001 – 3 U 119/00, OLGR 2003, 93 = NJW-RR 2003, 807, 808).

Die Beweislast dafür, dass die Gut- oder Bösartigkeit von Gewebeproben nicht mehr geklärt werden kann, trägt der verantwortliche Arzt darüber hinaus auch deshalb, weil ein Verstoß gegen die Befundsicherungspflicht jedenfalls dann **„grob fehlerhaft"** ist, wenn die Gewebeproben etwa in Plastiksäcken gelagert wurden (OLG Hamm, Urt. v. 12. 12. 2001 – 3 U 119/00, OLGR 2003, 93, 97 = NJW-RR 2003, 807, 809).

Auch bei korrekter Lagerung hat ein Arzt über die ihm obliegende Pflicht zur Sicherung von Befunden hinaus Präparate, die zur Beurteilung der Kausalität eines Behandlungsfehlers erforderlich sein können, etwa bei einem Umzug seiner Praxis in geeigneter Weise **gegen Verlust zu schützen**. Verstößt er gegen diese Verpflichtung, kann nach Verlust des Präparats eine Umkehr der Beweislast für den Ursachenzusammenhang zwischen dem Befunderhebungs- bzw. Befundsicherungsfehler und dem Schaden des Patienten zulasten des Arztes wegen fahrlässiger Beweisvereitelung in Betracht kommen (OLG Düsseldorf, Urt. v. 30. 1. 2003 – 8 U 159/01, VersR 2004, 792, 794: „voll beherrschbares Risiko").

Im Übrigen begründet ein Verstoß gegen die Befundsicherungspflicht nach bisheriger Rspr. eine Beweiserleichterung (vgl. BGH NJW 1996, 779; NJW 1996, 1589; NJW 1987, 1482; OLG Hamm, Urt. v. 12. 12. 2001 – 3 U 119/00, NJW-RR 2003, 807, 808 = OLGR 2003, 93, 96), nach der geänderten Rspr. des BGH zu den Fallgruppen des „groben Behandlungsfehlers" und der „unterlassenen Befunderhebung" grundsätzlich eine **Beweislastumkehr** (BGH, Urt. v. 16. 11. 2004 – VI ZR 328/03, VersR 2005, 228, 229 zum „groben Behandlungsfehler"; Urt. v. 27. 4. 2004 – VI ZR 34/03, VersR 2004, 909 = NJW 2004, 2011 zum „groben Behandlungsfehler"; Urt. v. 23. 3. 2004 – VI ZR 428/02, NJW 2004, 1871 = VersR 2004, 790 = MDR 2004, 1065 zur „unterlassenen Befunderhebung") für die Frage der Kausalität, wenn er die Aufklärung eines immerhin wahrscheinlichen Ursachenzusammenhanges zwischen einem – nachgewiesenen – ärztlichen Behandlungsfehler und dem Eintritt des Gesundheitsschadens beim Patienten erschwert (BGH NJW 1994, 1596, 1597; OLG Zweibrücken VersR 1999, 719, 721; OLG Düsseldorf, Urt. v. 30. 1. 2003 – 8 U 159/01, VersR 2004, 792, 793).

Ist z. B. eine Röntgenaufnahme oder eine EKG-Aufzeichnung nicht mehr auffindbar und kann die Behandlungsseite nicht beweisen, dass sie hieran kein Verschulden trifft (vgl. F/N, Rz. 124; G/G, 5. Aufl., Rz. B 212), so kann hieraus die Schlussfolgerung gezogen werden, dass der **Befundträger mit hinreichender Sicherheit ein reaktionspflichtiges Ergebnis** aufwies, wenn ein solches Ergebnis hinreichend wahrscheinlich war. Würde sich bei einem solchen – unterstellten – Ergebnis dessen Verkennung als fundamental und die Nichtreaktion hierauf in bestimmter Weise als grob fehlerhaft darstellen, kommt eine Beweislastumkehr für den Kausalzusammenhang eines festgestellten (einfachen) Behandlungsfehlers und dem eingetretenen Primärschaden in Betracht (BGH NJW 1996, 1589 = VersR 1996, 633; Gehrlein, Rz. B 159, 146).

Dies ist etwa der Fall, wenn der Patient nach einem vermeintlichen Schwächeanfall von seinem Hausarzt nicht sofort notfallmäßig in ein Krankenhaus überstellt worden ist und das in seinem Verantwortungsbereich **verloren gegangene EKG mit hinreichender Wahrscheinlichkeit einen früheren Herzinfarkt** des Patienten gezeigt hätte (vgl. Gehrlein, Rz. B 159 a. E.). Voraussetzung einer Beweislastumkehr wegen unterlassener Befundsicherung bzw. unterlassener Aufbewahrung eines Befundes ist jedoch stets, dass für denjenigen, der einen Gegenstand – vorsätzlich oder fahrlässig – vernichtet oder vernichten lässt, der später als Beweismittel in Betracht kommt, bereits vor der Vernichtung erkennbar ist, dass dieser einmal eine Beweisfunktion haben könnte. Dem Patienten kommen deshalb keine Beweiserleichterungen unter dem Gesichtspunkt einer unterlassenen Befundsicherung zugute, wenn bei der Reoperation das resezierte Darmstück nicht aufbewahrt wird (OLG Stuttgart OLGR 2001, 324, 327).

Eine Beweislastumkehr kommt auch in Bereichen, in denen sich das Erheben und Sichern von Befunden lediglich auf medizinisches Gerät und selbst dort nur auf das Festhalten von dessen Alter und Gebrauchsdauer bezieht, nicht in Betracht (BGH MDR 1994, 451; F/N, Rz. 124 a. E.).

VII. Unterlassene Befundumsetzung

Wird eine gebotene Befunderhebung zwar angeordnet und in die Wege geleitet, deren reaktionspflichtiges Ergebnis aber vom behandelnden Arzt erst nach mehreren Tagen – im entschiedenen Fall erst nach drei Tagen – ausgewertet und damit für die Behandlung des Patienten **verspätet umgesetzt**, so liegt eine der „unterlassenen Befunderhebung" vergleichbare und gleich zu behandelnde Fallgruppe vor, bei der dem Patienten im Licht der neueren Rspr. des BGH eine Beweislastumkehr zugute kommt, wenn das Unterbleiben einer umgehenden Reaktion auf den zeitnah ausgewerteten Befund als grober Behandlungsfehler einzustufen wäre (so OLG Hamburg, Urt. v. 13. 8. 2004 – 1 U 5/04, OLGR 2004, 543, 545; dort ist noch von „Beweiserleichterungen" die Rede).

Ist etwa bei der Gabe eines Medikaments (hier: Leponex) nach den Herstellerrichtlinien beim Abfall der Leukozytenzahl wegen der hohen Gefahr einer Agra-

847

nulozytose eine engmaschige Blutbildkontrolle erforderlich, so gehört es zu einer ordnungsgemäßen Befunderhebung und Befundauswertung, dass sie dem Arzt eine umgehende Reaktion auf den Befund ermöglicht (OLG Hamburg, Urt. v. 13. 8. 2004 – 1 U 5/04, OLGR 2004, 543).

Eine der Fallgruppe der „unterlassenen Befunderhebung" oder „unterlassenen Befundsicherung" vergleichbare Beweiserleichterung – nach der neueren Rspr. des BGH wohl auch in dieser Fallgruppe der **Beweislastumkehr** – hinsichtlich der Kausalität greift auch dann ein, wenn tatsächlich erhobene **Befunde falsch übertragen** werden (vgl. OLG Hamm, Urt. v. 25. 4. 2005 – 4 U 61/04, VersR 2005, 1244; auch OLG Karlsruhe, Urt. v. 20. 6. 2001 – 13 U 70/00, VersR 2002, 1426, 1427 zur Namensverwechslung auf einem Befundbericht).

Unterlässt etwa eine Hebamme die erforderliche Übernahme einer Eintragung, im entschiedenen Fall einer Schulterdystokie bei einer vorangegangenen Geburt vom Mutterpass in das Geburtsjournal, so ist ihre Behauptung, die behandelnden Ärzte hätten die Mutter trotz dieser Eintragung nicht über die Alternative einer Schnittentbindung aufgeklärt, nicht als Berufung auf ein rechtmäßiges Alternativverhalten, sondern als Bestreiten der Kausalität ihres Fehlers für die bei der Vaginalgeburt aufgetretenen Komplikationen zu würdigen. Die Beweislast dafür, dass die Ärzte die Eintragung im Geburtsjournal zum Anlass für ein Aufklärungsgespräch über die Alternative einer Sectio genommen hätten, trägt allerdings das von den Eltern vertretene Kind. Ist der Fehler der Hebamme in diesem Fall nicht als grob einzustufen, kommt dem Kind eine der Fallgruppe der unterlassenen Befunderhebung bzw. Befundsicherung vergleichbare Beweiserleichterung hinsichtlich der Kausalität für diesen Fall der unterlassenen Befundübertragung nur zugute, wenn sich die Verkennung dieses Befundes als fundamental und die Nichtreaktion hierauf als grob fehlerhaft darstellen würde (OLG Bamberg, Urt. v. 25. 4. 2005 – 4 U 61/04, VersR 2005, 1244, 1245).

Baxhenrich (VersR 2006, 80, 81) lehnt die Entscheidung des OLG Bamberg mit folgenden, u. E. zutreffenden Erwägungen ab:

Das Unterlassen des Hinweises auf die ernsthaft in Betracht kommende Alternative einer Schnittentbindung (vgl. hierzu S. 172 ff.) stellt ein Aufklärungsversäumnis dar, für das sich die **Behandlungsseite zu entlasten** hat. Beruft sich die Hebamme bzw. der Krankenhausträger darauf, dass auch bei entsprechender Eintragung im Geburtsjournal seitens der Ärzte kein Hinweis auf die bestehende, ernsthafte Alternative erteilt worden wäre, bestreitet sich die Behandlungsseite die Ursächlichkeit der unterlassenen Aufklärung für den eingetretenen Schaden und ist natürlich auch hierfür beweisbelastet.

Die Rechtsfigur der „unterlassenen Befunderhebung" sei im Übrigen im entschiedenen Fall gar nicht einschlägig, da die Nichtübertragung eines aus der vorausgegangenen Geburt resultierenden Befundes (hier: Schulterdystokie) mit dem Unterlassen einer gebotenen Untersuchungsmaßnahme **nicht gleichgestellt** werden könnte. Näher liegend sei vielmehr eine Paralelle zum Dokumentationsversäumnis.

Verjährung

A. Altfälle: Bis zum 31. 12. 2001 geltendes, teilweise fortwirkendes Recht
I. Übersicht über die wesentlichen Änderungen
  1. Regelverjährung drei Jahre
  2. Beginn der Verjährung
  3. Höchstfrist 30 Jahre
  4. Neubeginn und Hemmung
  5. Anwendbarkeit des alten und des neuen Rechts
II. Verjährungsfristen nach altem Recht
  1. Dreißigjährige Verjährungsfrist
  2. Dreijährige Verjährungsfrist
  3. Vierjährige Verjährungsfrist
III. Beginn der Verjährung
  1. Behandlungsfehler
    a) Kenntnis der Abweichung vom ärztlichen Standard
    b) Kenntnis von der Person des Schädigers
    c) Keine Informationspflicht; grob fahrlässige Unkenntnis
    d) Zutreffende rechtliche oder medizinische Würdigung unerheblich
    e) Wissensvertreter
  2. Aufklärungsfehler
    a) Kenntnis von der Notwendigkeit der Aufklärung
    b) Erkundigungspflicht zum Umfang der Aufklärungsbedürftigkeit
  3. Wissenszurechnung bei Behörden, Krankenkassen u. a.
IV. Kenntnis des Schadens; Schadenseinheit
  1. Schadenseinheit
  2. Spätfolgen
V. Verzicht auf die Einrede der Verjährung
  1. Zulässigkeit des Verzichts
  2. Stillschweigender Verjährungsverzicht
VI. Hemmung der Verjährung
  1. Führung von Verhandlungen
  2. Wirkung der Hemmung
  3. Ende der Hemmung

    a) Verweigerung der Fortsetzung der Verhandlung
    b) „Einschlafen" der Verhandlungen
  4. Einreichung eines Prozesskostenhilfeantrages
VII. Unterbrechung der Verjährung
  1. Wirkung der Unterbrechung
  2. Einreichung einer Klage
  3. Anerkenntnishandlungen
B. Ab dem 1. 1. 2002 geltendes Recht
I. Verjährungsfristen
  1. Regelverjährung
  2. Sonderregelungen
II. Beginn der Verjährung
  1. Kenntnis bzw. grob fahrlässige Unkenntnis (§ 199 I BGB n. F.)
    a) Jahresschluss
    b) Positive Kenntnis
    c) Grob fahrlässige Unkenntnis
      aa) Behandlungsfehler
      bb) Aufklärungsfehler
  2. Höchstfristen (§ 199 II, III BGB n. F.)
    a) § 199 II BGB n. F.
    b) § 199 III BGB n. F.
  3. Beginn der Verjährung von festgestellten Ansprüchen (§ 201 BGB n. F.)
  4. Beginn anderer Verjährungsfristen (§ 200 BGB n. F.)
III. Neubeginn der Verjährung
  1. Unterbrechung und Neubeginn
  2. Überleitungsrecht
IV. Hemmung der Verjährung
  1. Hemmung durch Rechtsverfolgung (§ 204 BGB n. F.)
    a) Hemmungstatbestände (§ 204 I BGB n. F.)
    b) Ende der Hemmung (§ 204 II BGB n. F.)
  2. Hemmung durch Verhandlungen (§ 203 BGB n. F.)
  3. Weitere Hemmungstatbestände
V. Verlängerung und Verkürzung der Verjährung
VI. Rechtsfolgen der Verjährung
VII. Anwendbarkeit des neuen Verjährungsrechts; Überleitungsvorschriften

A. Bis zum 31. 12. 2001 geltendes, teilweise fortwirkendes Recht

I. Übersicht über die wesentlichen Änderungen

1. Regelverjährung drei Jahre

Das am 1. 1. 2002 in Kraft getretene Gesetz zur Modernisierung des Schuldrechts (SMG) verändert auch das Verjährungsrecht grundlegend. Die bislang insbesondere für vertragliche Ansprüche des Patienten aus p. V. V. geltende 30-jährige Regelverjährung des § 195 BGB a. F. wird grundsätzlich auf drei Jahre gekürzt. Der für deliktische Ansprüche geltende § 852 BGB a. F. wurde aufgehoben. Die neue Regelverjährung des **§ 195 BGB n. F. gilt nunmehr sowohl für vertragliche Ansprüche aus „Pflichtverletzung" (§ 280 I BGB n. F.) als auch für deliktische Ansprüche aus unerlaubter Handlung (§§ 823 ff. BGB;** vgl. einführend Heinrich, ZGS 2003, 459 ff.: Übersicht zum Verjährungsbeginn; Mankowski/Höpker MDR 2004, 721 ff. zur Hemmung der Verjährung bei Verhandlungen gem. § 203 BGB n. F.; Mansel NJW 2002, 89 ff. und Ott MDR 2002, 1 ff.; Schulte-Nölke/Hawxwell NJW 2005, 2117 zum Verjährungsbeginn; Schulte-Nölke/Börger ZGS 2005, 21 ff.: Übersicht zu den Verjährungsfristen aus dem HGB, AktG, GmbHG, BRAO, StBerG, InsO, GenG, AMG; Stenzel ZGS 2006, 130 ff. zum Verjährungsbeginn nach der „Einheitslösung" bzw. dem „Stichtagsprinzips"; Stöber ZGS 2005, 290 ff. zur Verjährung von Ansprüchen aus § 280, 281, 283, 311 a BGB).

2. Beginn der Verjährung

Die **Verjährung beginnt** gem. § 199 I BGB n. F. anders als § 198 BGB a. F. nicht mehr mit der Entstehung des Erfüllungsanspruchs, sondern mit dem **Schluss des Jahres**, in dem der **Anspruch entstanden** ist und der Gläubiger von dem den Anspruch begründenden Umstand und der Person des Schuldners Kenntnis erlangt hat oder bis zum 31.12., 24.00 Uhr des jeweiligen Jahres ohne grobe Fahrlässigkeit hätte erlangen müssen. Anders als nach bisherigem Recht schadet dem Patienten also ab dem 1. 1. 2002 grobe Fahrlässigkeit, etwa wenn er es unterlässt, die Behandlungsunterlagen, aus denen sich ein Behandlungsfehler auch für einen Laien erschließen lässt, einzusehen bzw. durch einen von ihm beauftragten Rechtsanwalt gegen Erstattung der Kopiekosten zusenden zu lassen.

Lag die **Kenntnis am 31. 12. 2001, 24.00 Uhr** bereits vor oder hätte sich der Patient (Gläubiger) die Kenntnis von Schaden und Schädiger bis dahin ohne weiteres verschaffen können, so trat die Verjährung seiner vertraglichen und deliktischen Ansprüche mit Ablauf des 31. 12. 2004 ein (OLG Braunschweig, Urt. v. 30. 11. 2005 – 3 U 21/03, ZGS 2006, 79, 80 – Revision zugelassen; OLG Bamberg, Beschl. v. 6. 10. 2005 – 4 U 148/05, NJW 2006, 304; OLG Düsseldorf, Beschl. v. 27. 4. 2006 – I-24 U 171/05, ZGS 2006, 435, 436; AG Göttingen, Urt. v. 24. 8. 2005 – 21 C 225/04, ZGS 2005, 480; Bamberger/Roth-Heinrich, vor § 194 BGB Rz. 5, 6; Erman/Schmidt-Räntsch, vor § 194 BGB, Art. 229 EGBGB § 6, Rz. 9; Gsell NJW 2002, 1297, 1298/1230; Heinrich ZGS 2003, 459, 461; Heß NJW 2002, 253, 257 f.; Palandt-Heinrichs, Art. 229, § 6 EGBGB Rz. 1, 6; Rohlfing MDR 2006, 721, 722; Schulte-Nölke/Hawxwell NJW 2005, 2117, 2118/ 2120; Stenzel ZGS 2006, 130, 134/135; Stöber ZGS 2005, 290, 294; a. A. LG Berlin, Urt. v. 17. 8. 2005 – 22 O 127/05, ZGS 2006, 160; Assmann/Wagner NJW 2005, 3169, 3171; Kandelhard NJW 2005, 630, 633; Staudinger-Peters, 11. Aufl., Art. 229, § 6 EGBGB Rz. 11, 15).

3. Höchstfrist 30 Jahre

Ohne Rücksicht auf ihre Entstehung und die Kenntnis oder grob fahrlässige Unkenntnis verjähren Schadensersatzansprüche aus Vertrag (§ 280 I BGB n. F.), Delikt (§§ 823 I, 830 I, 839 BGB) und Gefährdungshaftung wegen der Verletzung des Lebens, des Körpers, der Gesundheit oder der Freiheit gem. § 199 II BGB n. F. in der **Höchstfrist von 30 Jahren** seit der Begehung der Verletzungshandlung, auch durch Unterlassen. Der Eintritt eines Schadens ist nicht erforderlich, abzustellen ist auf die Vornahme der pflichtwidrigen oder das Unterlassen der gebotenen Handlung. So verjährt etwa der Anspruch aus einer im Jahr 2002 nicht lege artis vorgenommenen Röntgenbestrahlung auch dann am 31. 12. 2032, wenn der Gesundheitsschaden erst im Jahr 2033 entsteht (Palandt-Heinrichs, 66. Aufl. 2007, § 199 BGB Rz. 42, 44).

4. Neubeginn und Hemmung

Eine Verjährungsunterbrechung (§§ 208–217 BGB a. F.) kennt das neue Recht nicht. Der Terminus wird durch den des „Neubeginns" der Verjährung (§ 212 BGB n. F.) ersetzt. Zu einem Neubeginn führen gem. § 212 I Nr. 1 und 2 BGB n. F. nur noch das Anerkenntnis des Schuldners und die Vornahme oder Beantragung einer gerichtlichen oder behördlichen Vollstreckungshandlung. Die anderen bisherigen Unterbrechungstatbestände bewirken gem. §§ 203–209 BGB n. F. nur noch eine Hemmung der Verjährung. So wird die Verjährung durch Einreichung einer **Klage** (§ 204 I Nr. 1 BGB n. F.), die **Zustellung eines Mahnbescheids** (§ 204 I Nr. 3 BGB n. F.), anders als bisher durch die **Zustellung** eines **Antrages im selbständigen Beweisverfahren** (§ 204 I Nr. 7 BGB n. F.) oder die Veranlassung der Bekanntgabe eines **PKH-Antrages** (§ 204 I Nr. 14 BGB n. F.) gehemmt.

Gem. § 204 II BGB n. F. endet die Hemmung sechs Monate nach Erlass der rechtskräftigen Entscheidung, der anderweitigen Beendigung des eingeleiteten Verfahrens oder, falls die Parteien das Verfahren nicht mehr betreiben, mit der letzten Verfahrenshandlung.

5. Anwendbarkeit des alten und des neuen Rechts

Gem. Art. 229 § 6 I EGBGB findet die neue Verjährung grundsätzlich auf alle Ansprüche Anwendung, die am 1. 1. 2002 bestehen und nach altem Recht noch nicht verjährt sind.

Nach der Überleitungsvorschrift des Art 229 § 6 I 2 EGBGB richten sich Beginn, Neubeginn und Hemmung der Verjährung der vor dem 1. 1. 2002 bestehenden, aber noch nicht verjährten Ansprüche nach altem Recht. Auf die ab dem 1. 1.

2002 entstandenen Ansprüche (§ 199 I Nr. 1 BGB n. F.) ist das neue Recht anzuwenden.

Danach sind alle bis zum 31. 12. 2001, 24.00 Uhr entstandenen Ansprüche des Gläubigers aus p. V. v. und §§ 823 ff. BGB mit dem Ablauf des 31. 12. 2004 verjährt, wenn die subjektiven Voraussetzungen des Verjährungsbeginns, also die **Kenntnis oder grob fahrlässige Unkenntnis** der Anspruchsvoraussetzungen bis zum 31. 12. 2001, 24.00 Uhr vorgelegen haben (OLG Braunschweig, Urt. v. 30. 11. 2005 – 3 U 21/03, ZGS 2006, 79, 80 = ZIP 2006, 180, 184 – Revision zugelassen; OLG Bamberg, Beschl. v. 6. 10. 2005 – 4 U 148/05, NJW 2006, 304; LG Köln, Urt. v. 28. 10. 2005 – 20 O 410/05, ZGS 2006, 38, 39/40 und die Nachweise auf S. 850 f.).

II. Verjährungsfristen nach altem Recht

1. 30-jährige Verjährungsfrist

Ein vertraglicher Anspruch des Patienten gegen den Arzt bzw. Krankenhausträger wegen eines Behandlungs- oder Aufklärungsfehlers aus p. V. v. (ab 1. 1. 2002: § 280 I BGB n. F.) verjährte nach dem bis zum 31. 12. 2001 geltenden Recht gem. § 195 BGB a. F. in 30 Jahren (BGH NJW 1988, 1516; Gehrlein Rz. D 1). Der Lauf dieser Verjährungsfrist begann gem. § 198 BGB a. F. nicht bereits mit der Fälligkeit und Entstehung des Erfüllungsanspruchs, sondern erst mit der Entstehung des Schadensersatzanspruchs (Gehrlein Rz. D 1; F/N, Rz. 210).

Entstanden ist der Schadensersatzanspruch nach altem – und insoweit nach neuem – Recht, wenn der Gläubiger aufgrund der ihm bekannten Tatsachen gegen eine bestimmte Person eine Schadensersatzklage, sei es auch nur eine **Feststellungsklage**, erheben kann, die bei verständiger Würdigung so viel Erfolgsaussicht hat, dass sie ihm zuzumuten ist (BGH, Urt. v. 3. 3. 2005 – III ZR, 353/04, VersR 2006, 373, 374; Urt. v. 22. 1. 2004 – III ZR 99/03, NJW-RR 2004, 1069, 1070 = VersR 2005, 1695, 1696; Urt. v. 6. 2. 2003 – III ZR 223/02, VersR 2003, 873, 874 = NJW 2003, 2610).

Nach altem Recht musste dieser Zeitpunkt oftmals konkret ermittelt werden, das „Stichtagsprinzip" des § 199 I 1 BGB n. F. gilt erst ab dem 1. 1. 2002.

Die Verjährung beginnt einheitlich auch für den erst in der Zukunft entstehenden Schaden, soweit er **vorhersehbar** ist (BGH Urt. v. 14. 2. 2006 – VI ZR 322/04; NJW 2000, 861, 862 = VersR 2000, 331, 332 = MDR 2000, 270, 271; NJW 1998, 1488; NJW 1997, 2448 = VersR 1997, 1111; Gerlach VersR 2000, 525, 529). Für die Vorhersehbarkeit ist die Sicht der medizinischen Fachkreise entscheidend (BGH, Urt. v. 14. 2. 2006 – VI ZR 322/04 NZV 2006, 408, 409 = MDR 2006, 987; MDR 2000, 270, 271 = NJW 2000, 861; NJW 1997, 2448, 2449; OLG Hamm NJW-RR 1999, 252; vgl. S. 866 ff.).

Ist eine Schadensfolge auch für Fachleute im Zeitpunkt der allgemeinen Kenntnis vom Schaden nicht vorhersehbar, wächst die Kenntnis dieser Schadensfolge jedoch in den beteiligten Fachkreisen heran, dann kam und kommt es für den

Beginn der Verjährung nicht darauf an, in welchem Zeitpunkt sich diese Kenntnis in den beteiligten Fachkreisen durchgesetzt hat, vielmehr ist dann der Zeitpunkt entscheidend, in dem der Verletzte selbst von der Schadensfolge Kenntnis erlangt (BGH NJW 1997, 2448 zu § 852 BGB a. F.).

2. Dreijährige Verjährungsfrist

Die dreijährige, insbesondere für die Ansprüche aus §§ 823 I, II, 830, 831, 839, 847 BGB geltende Verjährungsfrist begann gem. § 852 I BGB a. F. grundsätzlich mit der Kenntnis des Betroffenen vom Eintritt eines Schadens zumindest dem Grunde nach, von seiner eigenen Schadensbetroffenheit und von der Person des Ersatzpflichtigen zu laufen (BGH, Urt. v. 3. 3. 2005 – III ZR 353/04, VersR 2006, 373, 374; Urt. v. 22. 1. 2004 – III ZR 99/03, NJW-RR 2004, 1069, 1070 = VersR 2005, 1695, 1696; Urt. v. 8. 10. 2002 – VI ZR 182/01, NJW 2003, 288, 289; NJW 2001, 1721, 1722; VersR 1998, 1019, 1020; NJW 1993, 648; NJW 1996, 117; KG, Urt. v.29. 11. 2004 – 8 U 110/04, OLGR 2005, 122; OLG Naumburg, Urt. v. 14. 8. 2001 – 1 U 106/00, OLGR 2002, 16; G/G Rz. D 4; L/U, § 106 Rz. 13, 14; S/ D Rz. 480 ff.; Gehrlein, Rz. D 2; zur Kenntnis s. u. S. 855 ff.).

3. Vierjährige Verjährungsfrist

Oft wurde übersehen, dass für Schadensersatzansprüche auf **rückständige Rententeile**, die den Mehrbedarf des Verletzten oder den Verdienstausfallschaden betreffen, ohne Rücksicht auf den Rechtsgrund nicht die dreijährige Frist des § 852 I BGB a. F. bzw. die dreißigjährige Verjährungsfrist des § 195 BGB a. F., sondern die vierjährige Verjährungsfrist des § 197 BGB a. F. galt (BGH, Urt. v. 28. 1. 2003 – VI ZR 263/02, VersR 2003, 452, 453 = NJW 2003, 1524, 1525 und NJW 2002, 1791: Verdienstausfallschaden; Beschl. v. 18. 10. 2005 – VI ZR 312/ 04, MDR 2006, 502 = GesR 2006, 87, 88: Renten wegen Vermehrung der Bedürfnisse; BGH, MDR 2000, 1192: rückständige Renten). Ansprüche auf Rückstände von regelmäßig wiederkehrenden Leistungen sind von dem Stammanspruch des Verletzten aus p. V. V. (ab 1. 1. 2002: § 280 I BGB n. F.) bzw. 823 I BGB insoweit zu unterscheiden (BGH, Urt. v. 28. 1. 2003 – VI ZR 263/02, NJW 2003, 1524, 1526 = VersR 2003, 452, 453; Urt. v. 30. 5. 2000 – VI ZR 300/99, MDR 2000, 1192 = VersR 2000, 1116, 1117; NJW 2002, 1791, 1792).

Zu den **wiederkehrenden Leistungen** i. S. d. § 197 BGB a. F. gehören die ständig wiederkehrenden vermögenswerten objektivierbaren Aufwendungen, die den Zweck haben, diejenigen Nachteile auszugleichen, die dem Verletzten infolge dauernder Störung des körperlichen Wohlbefindens entstehen, insbesondere

▷ die **Rückstände** auf monatliche **Rentenleistungen** (BGH, Urt. v. 30. 5. 2000 – VI ZR 300/99, VersR 2000, 1116, 1117 = MDR 2000, 1192),

▷ der **Aufwand** für das erforderliche **Pflegepersonal** bzw. eine notwendige Haushaltshilfe,

▷ die Kosten für die **Unterbringung** eines **hilfsbedürftigen Verletzten** im Tagespflegeheim,

▷ der Mehraufwand der Eltern für den **behinderungsbedingten Mehrbedarf** des geschädigten Kindes (BGH, Beschl. v. 18. 10. 2005 – VI ZR 312/04, MDR 2006, 502),

▷ die Kosten der **Erneuerung künstlicher Gliedmaßen,**

▷ die **Mehrkosten,** um bisher selbst vorgenommene **Arbeiten durch Dritte** ausführen zu lassen,

▷ der dem Verletzten Monat für Monat entstehende Verdienstausfallschaden aus unselbständiger Tätigkeit (BGH, Urt. v. 28. 1. 2003 – VI ZR 263/02, NJW 2003, 1524, 1526 = VersR 2003, 452, 453; NJW 2002, 1791, 1792).

Allerdings konnten die Ansprüche durch laufende Zahlungen der Haftpflichtversicherung des Schädigers vor dem jeweiligen Ablauf der Verjährungsfrist anerkannt werden (BGH, Urt. v. 28. 1. 2003 – VI ZR 263/02, NJW 2003, 1524, 1526).

III. Beginn der Verjährung

Für den **Beginn der Verjährungsfrist des § 852 I BGB a. F. wie auch der §§ 195, 199 I BGB n. F.** ist es nicht erforderlich, dass der Geschädigte alle Einzelumstände des Schadensverlaufs kennt und sich ein genaues Schadensbild macht; grundsätzlich genügt die **Kenntnis des haftungsbegründenden Geschehens und die Beteiligung des Schädigers hieran,** um die Verjährung für alle Schadensfolgen, soweit sie auch nur als möglich vorauszusehen sind, beginnen zu lassen (BGH VersR 1997, 1111; OLG Zweibrücken VersR 1998, 1286, 1287).

Entscheidend ist danach, ob der Verletzte aufgrund der ihm bekannten Tatsachen gegen eine bestimmte Person eine Schadenersatzklage, sei es auch nur eine **Feststellungsklage, erheben kann, die bei ständiger Würdigung so viel Erfolgsaussicht hat, dass sie ihm zuzumuten ist** (BGH, Urt. v. 3. 3. 2005 – III ZR 353/04, VersR 2006, 373; Urt. v. 22. 1. 2004 – III ZR 99/03, NJW-RR 2004, 1069, 1070 = VersR 2005, 1695, 1696; Urt. v. 6. 2. 2003 – III ZR 223/02, VersR 2003, 873, 874; NJW 2001, 885 = VersR 2001, 108, 109; OLG Köln VersR 1996, 1289; OLG Zweibrücken VersR 1998, 1286, 1287; LG Duisburg, Urt. v. 25. 1. 2006 – 3 O 167/05, MedR 2006, 433).

Erforderlich und genügend ist im Allgemeinen die **Kenntnis der tatsächlichen Umstände;** nicht vorausgesetzt wird die zutreffende rechtliche Würdigung des bekannten Sachverhalts. Daher kommt es grundsätzlich nicht darauf an, ob der Geschädigte die Rechtswidrigkeit des Geschehens, das Verschulden des Schädigers und den in Betracht kommenden Kausalverlauf richtig einschätzt (BGH, Urt. v. 3. 3. 2005 – III ZR 353/04, VersR 2006, 373, 374; VersR 2002, 848, 851; VersR 1999, 981, 982 = NJW 1999, 2041, 2042; LG Duisburg, Urt. v. 25. 1. 2006 – 3 O 167/05, MedR 2006, 433).

1. Behandlungsfehler

Die für den Beginn der Verjährung des **§ 852 BGB a. F.** wie auch der **§§ 195, 199 I BGB n. F.** erforderliche positive Kenntnis vom Vorliegen eines Behandlungsfehlers kann nicht schon dann bejaht werden, wenn dem Patienten lediglich der negative Ausgang der ärztlichen Behandlung bekannt ist. Er muss vielmehr auch auf einen ärztlichen Behandlungsfehler als Ursache dieses Misserfolges schließen können (BGH, Urt. v. 31. 10. 2000 – VI ZR 198/99, NJW 2001, 885 = VersR 2001, 108; OLG Frankfurt VersR 2001, 1572, 1573: „Schluss auf bestimmten Kausalzusammenhang muss nahe liegend erscheinen"; OLG Naumburg, Urt. v. 14. 8. 2001 – 1 U 106/00, OLGR 2002, 16: Kenntnis der Abweichung vom medizinischen Standard; OLG Zweibrücken NJW-RR 2001, 667, 670: Muss „nahe liegen").

Hierzu muss der Patient nicht nur **die wesentlichen Umstände des Behandlungsverlaufs**, insbesondere die gewählte Therapie kennen, sondern auch Kenntnis von solchen Tatsachen erlangen, aus denen sich für ihn als medizinischen Laien ergibt, dass der behandelnde **Arzt von dem üblichen medizinischen Vorgehen abgewichen** ist oder **Maßnahmen nicht getroffen hat, die nach dem ärztlichen Standard zur Vermeidung oder Beherrschung von Komplikationen erforderlich waren** (BGH, Urt. v. 30. 10. 2000 – VI ZR 198/99, NJW 2001, 885, 886 = VersR 2001, 108, 109; NJW 1999, 2734, 2735; NJW 1995, 776 = VersR 1995, 659; NJW 1991, 2350 = MDR 1991, 1042 = VersR 1991, 815; OLG Düsseldorf VersR 1986, 1193: Kenntnis der behandlungsimmanenten Komplikation und eingetretener Dauerfolgen bei Strahlenschäden ausreichend; OLG Frankfurt VersR 1993, 579: Kenntnis der versehentlichen Durchtrennung des Gallenganges durch konkreten Arzt ausreichend; OLG Hamburg VersR 1992, 1405: Kenntnis des durch den Arzt verursachten Körperschadens und seiner Nichtbehandlung ausreichend; OLG München VersR 1996, 63: Kenntnis fehlerhafter Geburtsleitung ausreichend; VersR 1992, 1407: Kenntnis der Nichtbehandlung einer Trümmerfraktur ausreichend; OLG Naumburg, Urt. v. 14. 8. 2001 – 1 U 106/00, OLGR 2002, 16; OLG Oldenburg, NJW-RR 1998, 1245; VersR 1992, 453: Verdacht, dass Hirnschädigung auf Behandlungsfehler bei der Geburt zurückzuführen ist, nicht ausreichend; OLG Zweibrücken NJW-RR 2001, 667, 670 und VersR 1998, 1286, 1287; LG Duisburg, Urt. v. 25. 1. 2006 – 3 O 167/05, MedR 2006, 433, 434: Kenntnis vom Nichterkennen eines vorzeitigen Blasensprungs, wodurch es zur Frühgeburt eines behinderten Kindes kam, ausreichend, zutreffende medizinische Bewertung nicht erforderlich; vgl. G/G, 5. Aufl., Rz. D 4, 6, 13).

Er muss also Kenntnis von solchen Tatsachen erlangen, aus denen sich für ihn als Laien ergibt, dass der Arzt die üblichen Maßnahmen nicht getroffen hat, die standardgemäß zur Vermeidung von Schädigungen erforderlich waren (BGH NJW-RR 2001, 1168, 1169).

Als Zeitpunkt der Kenntnis vom Behandlungsverlauf und vom darin liegenden Abweichen vom medizinischen Standard ist nicht bereits der Zeitpunkt anzunehmen, in dem der Patientin gegenüber im Rahmen der Aufklärung über die Notwendigkeit intensiv-medizinischer Folgebehandlungen Äußerungen bzw. Andeutungen über die Ursache der Komplikationen gemacht werden (OLG Naumburg, Urt. v. 14. 8. 2001 – 1 U 106/00, OLGR 2002, 16).

a) Kenntnis der Abweichung vom ärztlichen Standard

Die Kenntnis des Patienten ergibt sich somit **nicht bereits daraus**, dass aus eingetretenen **Komplikationen auf einen Behandlungsfehler hätte geschlossen werden können bzw. müssen** (BGH NJW 1995, 776 = VersR 1995, 659, 660; OLG Naumburg, Urt. v. 14. 8. 2001 – 1 U 106/00, OLGR 2002, 16; OLG Zweibrücken VersR 1998, 1286, 1297 und NJW-RR 2001, 667, 670). Von einem Patienten kann zur Bejahung der „positiven Kenntnis" (zur „grob fahrlässigen Unkenntnis" s. u.) daher grundsätzlich nicht erwartet werden, dass er die Krankenunterlagen auf ärztliche Behandlungsfehler hin überprüft (OLG Zweibrücken NJW-RR 2001, 667, 670 zum alten Recht) oder eine polizeiliche Ermittlungsakte nicht umgehend zur Einsichtnahme anfordert bzw. anfordern lässt (OLG Jena, Urt. v. 29. 11. 2000 – 4 U 1677/99, OLGR 2002, 381).

Wird zum Beispiel bei der Aufnahme einer Schwangeren eine Ultraschalluntersuchung unterlassen, so wird die Verjährungsfrist erst in Gang gesetzt, wenn der Patientin, im Falle der Minderjährigkeit ihren Eltern als gesetzlichen Vertretern bekannt wird, dass die Ärzte mit diesem Versäumnis von dem üblichen ärztlichen Vorgehen abgewichen sind (BGH NJW 1991, 2350; Gehrlein, Rz. D 4).

Auch des für die Erhebung zumindest einer Feststellungsklage bedeutsamen Zusammenhangs zwischen der aufgetretenen Schädigung in Form einer Funktionsstörung an der linken Hand und der ärztlichen Fehlleistung, der Späterkennung der Fraktur des zweiten Mittelhandknochens, kann sich der Patient erst dann bewusst werden, wenn er durch ärztliche Begutachtung **zuverlässig von der Schädigung erfährt** (LG Koblenz, Urt. v. 18. 12. 1986 – 1 O 112/86; bestätigt von OLG Koblenz, Urt. v. 20. 4. 1988 – 1 U 139/87). An der notwendigen Kenntnis des Patienten fehlt es auch, wenn ihm nicht verdeutlicht wird, dass ein **Abweichen vom medizinischen Standard Ursache einer erforderlich werdenden Folgeoperation** ist (BGH NJW 1988, 1516 = VersR 1988, 495; OLG Naumburg, Urt. v. 14. 8. 2001 – 1 U 106/00, OLGR 2002, 16; Gehrlein Rz. D 4).

Dagegen reicht das für die Patientin erkennbare Vorliegen einer Uterusperforation auch nach altem Recht aus, um in deren Laiensphäre auf das Vorliegen eines Behandlungsfehlers schließen zu können; die Erhebung zumindest einer Feststellungsklage ist dann bereits mit Kenntnis der Perforation zumutbar (OLG Celle, Urt. v. 11. 1. 1999 – 1 U 10/98 bei G/G, 5. Aufl., Rz. D 7 a. E., 13). Die Patientin hat die erforderliche positive Kenntnis vom Vorliegen eines Behandlungsfehlers, wenn sie gegenüber der Gutachterkommission für Fragen ärztlicher Haftpflicht vortragen lässt, der behandelnde Arzt hätte einen vorzeitigen Blasensprung nicht erkannt, wodurch es zur Frühgeburt eines behinderten Kindes gekommen wäre. Dass die Gutachterkommission anschließend das Vorliegen eines Behandlungsfehlers verneint hat, steht der Kenntnis (und seit dem 1. 1. 2002 der grobfahrlässigen Unkenntnis) nicht entgegen. Denn die Kenntnis (bzw. grob fahrlässige Unkenntnis) der zutreffenden medizinischen oder rechtlichen Einordnung ist grundsätzlich unerheblich (LG Duisburg, Urt. v. 25. 1. 2006 – 3 O 167/05, MedR 2006, 433, 435).

Die erforderliche Kenntnis von der Person des Ersatzpflichtigen und des Schadens liegt auch vor, wenn der Patient einige Monate nach dem Eingriff von einem die Folgeoperation durchführenden Arzt erfährt, dass bei der ersten, der Einsetzung einer Totalendoprothese dienenden Operation der **Nervus femoralis durchtrennt und dadurch die Gebrauchsfähigkeit des rechten Beins erheblich beeinträchtigt** worden war und ihm **die Person des Operateurs dabei genannt** wird. Die zusätzliche Erklärung des nachfolgenden Operateurs, die Erstoperation sei seiner Ansicht nach nicht fehlerhaft durchgeführt worden, vielmehr habe sich bei ihr ein schicksalhaftes Operationsrisiko verwirklicht, führt dabei zu keiner anderen, dem Patienten günstigeren rechtlichen Beurteilung (BGH NJW 1984, 661).

Kennt der Patient die wesentlichen Umstände des Behandlungsverlaufs, etwa dass eine **Untersuchung des Rückens trotz beklagter Rückenschmerzen nicht durchgeführt** worden war und weiß bzw. **erfährt er, welche Behandlungsmaßnahmen richtigerweise hätten ergriffen werden müssen** oder welche zusätzlichen Untersuchungen notwendig gewesen wären, so verfügt er über die Kenntnis der Umstände, aus denen sich die Abweichung vom ärztlichen Standard ergibt, auch wenn er die exakte medizinische Bezeichnung dieser Maßnahmen nicht kennt (OLG Karlsruhe OLGR 2002, 169).

Ergibt sich aus einem **Antrag des Patienten an die Schlichtungsstelle** für Arzthaftpflichtfragen, dass ihm bzw. seinem Rechtsanwalt als Wissensvertreter der Verlauf der ärztlichen Behandlung und die sich hieraus ergebende Abweichung vom ärztlichen Standard im Wesentlichen bekannt war, so beginnt die Verjährungsfrist des § 852 BGB a. F. bzw. des § 195 BGB n. F. (zum Jahresende) mit dem Zeitpunkt dieses Antrags (OLG Oldenburg VersR 1994, 179; LG Duisburg, Urt. v. 25. 1. 2006 – 3 O 167/05, MedR 2006, 433, 435).

Entsprechendes gilt für den Zeitpunkt der Abfassung eines Schriftsatzes des für den Patienten tätigen Rechtsanwalts an den Klinikträger, in dem dieser darauf hinweist, als Ursache für die bei seinem Mandanten festgestellte Infektion und die dadurch ausgelöste Verschlimmerung komme vor allem die ERCP mit der Untersuchung insbesondere des Gallengangs in Betracht, wenn diese endoskopische Untersuchung tatsächlich für die Infektion oder deren Verschlimmerung ursächlich gewesen ist (BGH, Urt. v. 31. 10. 2000 – VI ZR 198/99, VersR 2001, 108, 109 = NJW 2001, 885, 886).

b) Kenntnis von der Person des Schädigers

Kenntnis von der Person des Ersatzpflichtigen hat der Verletzte, wenn ihm dessen **Name und dessen ladungsfähige Anschrift** bekannt sind (BGH, Urt. v. 23. 9. 2004 – IX ZR 421/00, MDR 2005, 211: aus einer Anklageschrift oder den Ermittlungsakten; Urt. v. 8. 10. 2002 – VI ZR 182/01, NJW 2003, 288, 289; Urt. v. 8. 10. 2002 – VI ZR 182/01, VersR 2003, 75, 76 = NJW 2003, 288, 289; Urt. v. 6. 3. 2001 – VI ZR 30/00, NJW 2001, 1721 = VersR 2001, 866, 867 = MDR 2001, 810, 811; Urt. v. 31. 10. 2000 – VI ZR 198/99, NJW 2001, 885, 886 = MDR 2001, 164 = VersR 2001, 108, 109; NJW 1998, 988; KG, Urt. v. 29. 11. 2004 – 8 U 110/04, OLGR 2005, 122 aus den Behandlungsunterlagen; OLG Schleswig, Urt. v. 10. 10. 2002 – 7 U 82/01, OLGR 2003, 108: Kenntnis von strafrechtlicher Verurteilung), wobei die **Angabe der betreffenden Klinik für eine Ladung ausreicht**

857

(BGH, Urt. v. 31. 10. 2000 – VI ZR 198/99, NJW 2001, 885 = MDR 2001, 164: Name und ärztliche Funktion) und er **Kenntnis von Tatsachen hat, die auf ein schuldhaftes Verhalten des Schädigers hinweisen**, das den Schaden verursacht haben kann, wobei jedoch die Kenntnis von Einzelheiten des schädigenden Verhaltens nicht erforderlich ist (Palandt-Heinrichs, § 199 Rz. 26, 32, 33). Die Kenntnis muss jedoch soweit gehen, dass der Geschädigte in der Lage ist, eine Schadensersatzklage, zumindest als Feststellungsklage Erfolg versprechend, wenn auch nicht risikolos zu begründen (BGH, Urt. v. 3. 3. 2005 – III ZR 353/ 04, VersR 2006, 373, 374; Urt. v. 22. 1. 2004 – III ZR 99/03, NJW-RR 2004, 1069, 1070 = VersR 2005, 1695, 1696; Urt. v. 6. 2. 2003 – III ZR 223/02, VersR 2003, 873, 874; NJW 1999, 2734; NJW 2001, 885 = VersR 2001, 108).

Ein Patient hat beispielsweise dann Kenntnis von der Person des operierenden Arztes, wenn sich am Morgen vor der Operation zwei Ärzte bei der Visite mit Namen vorstellen und erklären „Wir sehen uns ja nachher". Diese Kenntnis wird dann auch nicht dadurch gehindert, dass die Operation in Vollnarkose durchgeführt wird (OLG Koblenz NJW 1996, 1603).

Die Kenntnis von der Person des Erfüllungs- bzw. Verrichtungsgehilfen, etwa des angestellten Assistenz- oder Oberarztes, dessen Verschulden gem. § 278 bzw. § 831 I BGB dem Krankenhausträger zugerechnet wird, ist weder i. S. d. § 852 BGB a. F. noch des § 199 I Nr. 2 BGB n. F. erforderlich. Bei **Inanspruchnahme des Krankenhausträgers** reicht es aus, wenn der Gläubiger, hier der Patient, von den Tatsachen, die auf ein Vertretenmüssen des Angestellten o. a. hinweisen und davon Kenntnis hat, dass sich der Schuldner eines anderen zur Erfüllung seiner Verbindlichkeit bedient (Palandt-Heinrichs, § 199 BGB Rz. 33; D-L/H/L/R, § 199 BGB n. F. Rz. 34, 41, 42).

Kommen für die Folgen eines Behandlungsfehlers **mehrere Ersatzpflichtige** in Betracht, so beginnt die Verjährung erst mit dem Zeitpunkt, in dem begründete Zweifel über die Person des Ersatzpflichtigen nicht mehr bestehen, so dass die Verjährung bei mehreren Schuldnern nicht einheitlich beginnen muss (BGH, Urt. v. 8. 5. 2001 – VI ZR 208/00, NJW-RR 2001, 1168, 1169 = VersR 2001, 1255, 1256; Urt. v. 12. 12. 2000 – VI ZR 345/99, NJW 2001, 964 = VersR 2001, 381, 382; MDR 1999, 1198).

Die Kenntnis von der Person eines bestimmten anderen Beteiligten tritt auch dann ein, wenn der Geschädigte irrtümlich einen dritten Beteiligten für den eigentlichen Verantwortlichen hält (BGH NJW-RR 1990, 222).

c) Keine Informationspflicht; grob fahrlässige Unkenntnis

Im Rahmen des § 852 I BGB a. F. trifft bzw. traf den Patienten keine Informationspflicht. Von ihm konnte daher grundsätzlich nicht erwartet werden, dass er Krankenhausunterlagen auf ärztliche Behandlungsfehler hin überprüft (BGH NJW 1994, 3092; OLG Zweibrücken NJW-RR 2001, 667, 670 und VersR 1998, 1286, 1287), Wissenslücken durch lange und zeitraubende Telefonate schließt (BGH NJW 1996, 2933, 2934 = VersR 1996, 1258, 1259), umfangreiche Erkundigungen einzieht, um den Namen des Schädigers in Erfahrung zu bringen (BGH MDR 2000, 582 = VersR 2000, 503) oder er einen Rechtsanwalt zur weiteren

Aufklärung, insbesondere zur Überprüfung von Krankenunterlagen auf ärztliche Behandlungsfehler einschaltet (BGH MDR 1995, 482 = VersR 1995, 659).

Ein **bloßes Kennenmüssen schadete** dem Geschädigten – von den Fällen des Rechtsmissbrauchs abgesehen – auch dann **nicht**, wenn es auf grober Fahrlässigkeit beruhte (BGH MDR 1999, 1198 = VersR 1999, 585; Urt. v. 18. 1. 2000 – VI ZR 375/98, VersR 2000, 503, 504 = NJW 2000, 953, 954 = MDR 2000, 582; MDR 2001, 810, 811 = VersR 2000, 503; NJW 1996, 2933, 2934).

Erforderlich ist nach dem bis zum 31. 12. 2001 geltenden Recht grundsätzlich die positive Kenntnis. Der für den Beginn der Verjährung erforderlichen positiven Kenntnis des Geschädigten vom Schaden einschließlich des Schadenshergangs und des Schädigers bedurfte es auch nach § 852 BGB a. F. nur dann nicht, wenn der Geschädigte es versäumt hatte, eine **gleichsam auf der Hand liegende Erkenntnismöglichkeit wahrzunehmen** und deshalb letztlich das Sich-Berufen auf Unkenntnis als reine Förmelei erscheint, weil jeder andere in der Lage des Geschädigten unter denselben konkreten Umständen die Kenntnis gehabt hätte (BGH, Urt. v. 8. 10. 2002 – VI ZR 182/01, NJW 2003, 288, 289 = VersR 2003, 75, 76; Urt. v. 5. 3. 2002 – VI ZR 442/00, VersR 2002, 869, 870 = NJW 2002, 1877, 1878; Urt. v. 18. 1. 2000 – VI ZR 375/98, VersR 2000, 503, 504 = NJW 2000, 953, 954 = MDR 2000, 582; OLG Frankfurt VersR 2001, 1572, 1573).

Der Patient muss sich etwa nach den Rechtsgedanken der §§ 162, 242 BGB so behandeln lassen, als habe er die daraus zu gewinnende Kenntnis gehabt, wenn z. B. nur eine einfache Anfrage oder ein Telefonat erforderlich gewesen wäre, um das Wissen um ein bestimmtes Detail, etwa Namen oder Anschrift des Schädigers, zu erfahren (BGH, Urt. v. 18. 1. 2000 – VI ZR 375/98, VersR 2000, 503, 504 = MDR 2000, 582, 583; OLG Frankfurt VersR 2001, 1572) oder sich der Name des Operateurs, soweit dieser selbst in Anspruch genommen werden soll, ohne weiteres und ohne umfangreiche Erkundigungen feststellen lässt (BGH NJW 1989, 2323; S/Pa, Rz. 483; Gehrlein, Rz. D 5 bereits zum alten Recht).

Erhält der Geschädigte Kenntnis davon, dass der Schädiger in einem Strafverfahren – wenngleich nicht rechtskräftig – verurteilt (BGH NJW 2004, 510; OLG Schleswig, Urt. v. 10. 10. 2002 – 7 U 82/01, OLGR 2003, 108) oder gegen den Schädiger wegen der Straftat zum Nachteil des Geschädigten Anklage erhoben worden ist (BGH, Urt. v. 23. 9. 2004 – IX ZR 421/00, MDR 2005, 211: jedoch nicht bei außergewöhnlichen Schwierigkeiten der Sachverhaltsfeststellung), besteht hinreichender Tatverdacht in einem Umfang, dass der Geschädigte in der Lage ist, eine erfolgversprechende, wenn auch nicht risikolose Schadensersatzklage einzureichen.

Der Kenntnis einzelner für die Geltendmachung eines Anspruchs notwendiger Tatsachen i. S. d. § 852 BGB a. F. stand es auch gleich, wenn der Geschädigte die notwendige Information ohne weiteres aus den angeforderten Ermittlungsakten ziehen konnte (OLG Celle, Urt. v. 1. 10. 2003 – 9 U 95/03, MDR 2004, 632 im Anschl. an BGH NJW 1996, 2932, 2934).

Die Gleichstellung der grob fahrlässigen Unkenntnis mit der für § 852 BGB a. F. erforderlichen Kenntnis wurde schließlich auch bejaht, wenn der Geschädigte darauf verzichtet hatte, das gegen den Schädiger anhängige Strafverfahren und dessen Ausgang zu verfolgen (BGH, WM 1990, 642; WM 1991, 2135; Palandt-Heinrichs, § 199 BGB Rz. 37; a. A. OLG Jena, Urt. v. 29. 11. 2000 – 4 U 1677/99, OLGR 2002, 381: nicht schon dann, wenn der Geschädigte nicht umgehend Einsicht in die Ermittlungsakten nimmt). Allerdings war der Geschädigte nicht gehalten, sich durch Nachfrage bei der Polizei oder bei der Staatsanwaltschaft um nähere Informationen zum Schadenshergang zu bemühen (BGH, Urt. v. 8. 10. 2002 – VI ZR 182/01, VersR 2003, 75, 76 = NJW 2003, 288, 289).

Fehlt eine aus medizinischen Gründen erforderliche ärztliche Dokumentation (vgl. hierzu → *Dokumentationspflicht*, S. 428 ff.) oder ist diese lückenhaft, beginnt die Verjährung u. U. selbst dann noch nicht zu laufen, wenn dem Patienten oder dem von ihm beauftragten Rechtsanwalt die Krankenunterlagen vorliegen (F/N, Rz. 218). Diese Grundsätze sind auch auf den **„Wissensvertreter"** des Patienten anzuwenden (s. u.).

d) Zutreffende rechtliche oder medizinische Würdigung unerheblich

Erforderlich für den Verjährungsbeginn ist die Kenntnis von den Umständen des Behandlungsverlaufs und die Kenntnis des Abweichens von dem medizinischen Standard (BGH, NJW 1991, 2350 = MDR 1991, 1042; NJW 1999, 2734 = MDR 1999, 1198; OLG Naumburg, Urt. v. 14. 8. 2001 – 1 U 106/00, OLGR 2002, 16; LG Duisburg, Urt. v. 25. 1. 2006 – 3 O 167/05, MedR 2006, 433, 434; S/ Pa, Rz. 481; G/G, 5. Aufl., Rz. D 4, D 6). Es kommt dabei nicht darauf an, ob der Patient selbst zu einer solchen Beurteilung der ihm bekannten Tatsachen in der Lage ist, auch nicht, dass er subjektiv zu der Erkenntnis, Überzeugung oder auch nur dem Verdacht gekommen ist, der Arzt habe fehlerhaft gehandelt.

§ 852 BGB a. F. und § 199 I BGB n. F. stellen für den Beginn der Verjährungsfrist nur auf die Kenntnis des tatsächlichen Verlaufs und der anspruchsbegründenden Tatsachen, nicht auf deren zutreffende rechtliche Würdigung und erst recht nicht darauf ab, ob der Geschädigte aus den ihm bekannten Tatsachen zutreffende Schlüsse auf den in Betracht kommenden naturwissenschaftlich zu erkennenden Kausalverlauf zieht; fehlen ihm die dazu erforderlichen Kenntnisse, **muss er sich sachkundig machen** (OLG Frankfurt VersR 2001, 1572, 1573 und OLGR 1992, 138, 139/140; OLG München VersR 1992, 1407 = OLGR 1992, 5; auch BGH, Urt. v. 3. 3. 2005 – III ZR 353/04, VersR 2006, 373, 374: zutreffende rechtliche Würdigung, richtige Einschätzung der Kausalität, der Rechtswidrigkeit und des Verschuldens unerheblich; LG Duisburg, Urt. v. 25. 1. 2006 – 3 O 167/05, MedR 2006, 433, 435).

Ist die Rechtslage dagegen unübersichtlich oder zweifelhaft, so dass sie selbst ein rechtskundiger Dritter nicht zuverlässig einzuschätzen vermag, kann der Verjährungsbeginn ausnahmsweise auch wegen Rechtsunkenntnis hinausgeschoben sein (BGH, Urt. v. 3. 3. 2005 – III ZR 353/04, VersR 2006, 373, 374 zur Notarhaftung; BGH, Urt. v. 23. 9. 2004 – IX ZR 421/00, MDR 2005, 211 bei außergewöhnlichen Schwierigkeiten der Sachverhaltsfeststellung; Urt. v. 16. 9. 2004 – III ZR 346/03, NJW 2005, 429, 433).

Es ist aber zu verlangen, dass der Patient aus seiner **Sicht als medizinischer Laie** erkennt – bzw. bei Anwendung der §§ 195, 199 I BGB n. F. grob fahrlässig nicht erkennt –, dass der aufgetretene Schaden auf einem fehlerhaften Verhalten auf der Behandlungsseite beruht (OLG München OLGR 1992, 5, 6 = VersR 1992, 1407; F/N Rz. 218, 230).

So haben die Eltern – ausnahmsweise – bereits mit der Einsicht in die Krankenunterlagen ausreichende Kenntnis i. S. d. § 852 I BGB a. F. erlangt, wenn sich aus diesen Krankenunterlagen ergibt, dass der für die Geburt ihres Kindes errechnete Termin mit elf Tagen deutlich überschritten ist und ihnen mit den Krankenunterlagen das entscheidende CTG zur Kenntnis gebracht worden ist, aus dem sich insbesondere der Abfall der Herztöne und der Zustandsbericht des Kindes unmittelbar nach der Geburt ergibt, soweit den Eltern bewusst ist, dass die schweren Dauerschäden des Kindes bleiben würden und auf den Geburtsvorgang zurückzuführen sind (OLG Frankfurt OLGR 1992, 138, 140).

Allein die Übersendung der CTGs reicht jedoch zur Erlangung der positiven Kenntnis nicht aus, wenn nur aus den Krankenunterlagen Hinweise darauf ersichtlich sind, dass eine sichere Übertragung des Kindes – hier um elf Tage – vorlag (OLG Frankfurt a. a. O.).

Die Frist des § 852 I BGB a. F. beginnt auch zu laufen, sobald den Eltern des bei der Geburt schwer geschädigten Kindes bekannt ist, dass trotz einer Beckenendlage des Kindes eine natürliche Geburt durchgeführt wurde, dabei eine schwerwiegende Komplikation auftrat, weswegen der kindliche Kopf mit einer Zange entwickelt werden musste und am darauf folgenden Tag eine Gehirnblutung des Kindes festgestellt wurde. Dass die Folge dieser Gehirnblutung, eine Sprach- und Gehörstörung, erst später bekannt wurde, ist dabei unerheblich, da eine solche Folge aufgrund der eingetretenen Gehirnblutung nicht ungewöhnlich und durchaus vorhersehbar ist (OLG Koblenz OLGR 1998, 81, 85). Gleiches gilt, wenn der Mutter bekannt ist, dass der behandelnde Gynäkologe einen vorzeitigen Blasensprung nicht erkannt hat, wodurch es in der 32. SSW zur Frühgeburt eines behinderten Kindes gekommen ist. Es ist unerheblich, ob die Mutter, deren Prozessbevollmächtigter oder die Gutachterkommission für Fragen ärztlicher Haftpflicht die richtige medizinische oder rechtliche Wertung des bekannten Sachverhalts vorgenommen haben (LG Duisburg, Urt. v. 25. 1. 2006 – 3 O 167/05, MedR 2006, 433, 435).

Dagegen reicht es für die erforderliche Kenntnis vom Vorliegen eines Behandlungsfehlers nicht aus, wenn der Arzt gegenüber der aufgrund eines Behandlungsfehlers in Lebensgefahr schwebenden Patientin Andeutungen über die Ursache der Komplikationen macht (OLG Naumburg, Urt. v. 14. 8. 2001 – 1 U 106/00, OLGR 2002, 16).

e) Wissensvertreter

Ist der **Geschädigte geschäftsunfähig** oder beschränkt geschäftsfähig, kommt es für den maßgeblichen Wissensstand auf die **Kenntnis des gesetzlichen Vertreters** an (BGH, Urt. v. 23. 9. 2004 – IX ZR 421/00, MDR 2005, 211; NJW-RR 2001, 1168, 1169; NJW 1998, 2819; NJW 1995, 776, 777 = MDR 1995, 482 = VersR

1995, 659, 660; OLG Zweibrücken VersR 1998, 1286, 1287; OLG Koblenz OLGR 1998, 81, 85; OLG Stuttgart MedR 1997, 275; Gehrlein Rz. D 6; G/G, 5. Aufl., Rz. D 9; F/N Rz. 222). Die Kenntnis nur eines Elternteils genügt (BGH NJW 1989, 2323 = VersR 1989, 914; OLG Frankfurt VersR 2001, 1572, 1573).

Hat der Patient einen Rechtsanwalt mit der Wahrnehmung seiner Interessen beauftragt, so muss er sich auch dessen im Rahmen der Durchführung des Auftrags erlangtes Wissen gem. § 166 I BGB zurechnen lassen (BGH NJW 1989, 2323, 2324 = VersR 1989, 914, 915; Gehrlein Rz. D 6; G/G, 5. Aufl., Rz. D 9).

Auf den eingeschalteten Rechtsanwalt sind auch die obigen Grundsätze (S. 859 f.) der vorwerfbaren Unkenntnis anzuwenden, d. h. der Patient wird als „wissend" behandelt, wenn der Rechtsanwalt die angeforderten Behandlungsunterlagen nicht durchsieht und hieraus ohne weiteres mögliche Sachverhaltsfeststellungen, die den Schluss auf eine ärztliches Fehlverhalten nahe legen, nicht trifft (Gehrlein Rz. D 6; BGH NJW 1989, 2323, 2324 = MDR 1989, 901).

So beginnt die Verjährungsfrist zu laufen, wenn dem vom Patienten beauftragten Rechtsanwalt die staatsanwaltlichen **Ermittlungsakten oder die Behandlungsunterlagen**, aus denen **alle erforderlichen Einzelheiten ersichtlich** sind, zur Einsichtnahme zur Verfügung gestellt worden sind; ob der Rechtsanwalt die Akten tatsächlich einsieht, ist dann unerheblich, denn der Patient ist dann so zu behandeln, als hätte er tatsächlich Kenntnis genommen (OLG Düsseldorf VersR 1999, 833).

Der Kenntnis einzelner für die Geltendmachung eines Anspruchs notwendiger Tatsachen i. S. d. §§ 852 BGB a. F., 199 I n. F. steht es bereits nach bisherigem Recht gleich, wenn der Geschädigte bzw. dessen Wissensvertreter die notwendige Information ohne weiteres aus den vorliegenden Ermittlungsakten oder den Krankenunterlagen entnehmen kann (OLG Celle, Urt. v. 1. 10. 2003 – 9 U 95/03, MDR 2004, 632: Ermittlungsakten; KG, Urt. v. 29. 11. 2004 – 8 U 110/04, OLGR 2005, 122, 123: Krankenunterlagen).

Es muss sich dabei jedoch um Feststellungen handeln, die sich ohne weiteres treffen lassen; das bloße Unterlassen, die Behandlungsunterlagen beim Klinikträger einzusehen bzw. anzufordern, reicht für die Fiktion der positiven Kenntnis i. S. d. §§ 852 I BGB a. F., 199 I BGB n. F. nicht aus (BGH NJW 1989, 2323, 2324 = MDR 1989, 901; OLG Jena, Urt. v. 29. 11. 2000 – 4 U 1677/99, OLGR 2002, 381: unterlassene Anforderung der Ermittlungsunterlagen genügt nicht). Dies dürfte jedoch grob fahrlässig i. S. d. § 199 I Nr. 2 BGB n. F. und damit ab dem 1. 1. 2002 für den Beginn der Verjährung nach §§ 195, 199 I BGB n. F., Art 229 § 6 IV 1 EGBGB relevant sein (BGH, Urt. v. 8. 10. 2002 – VI ZR 182/01, NJW 2003, 288, 289: auf der Hand liegende Erkenntnismöglichkeit ist wahrzunehmen; Palandt-Heinrichs, § 199 BGB Rz. 37 und Bäune/Dahm MedR 2004, 645, 653: Einsicht in die Behandlungsunterlagen hätte die notwendige Klarheit erbracht; zurückhaltend dagegen G/G, 5. Aufl., Rz. D 8 a. E.: Geschädigter muss nur vorhandene Informationen auswerten).

2. Aufklärungsfehler

a) Kenntnis von der Notwendigkeit der Aufklärung

Bei der Haftung wegen Verletzung ärztlicher Aufklärungspflichten ist für den Verjährungsbeginn erforderlich, dass der Patient von den **Tatsachen** Kenntnis erlangt, aus denen sich die **Notwendigkeit einer Aufklärung** ergibt. Hierzu gehört wiederum das Wissen, dass die eingetretene Komplikation ein dem Eingriff eigentümliches Risiko und nicht nur ein unvorhersehbarer unglücklicher Zufall war (OLG Oldenburg MDR 1998, 565; VersR 1999, 367; OLG Köln VersR 1998, 744; Rehborn MDR 2000, 1101, 1107).

Grundsätzlich genügt nicht bereits die **Kenntnis von der Aufklärungsunterlassung** als solcher. Hinzutreten muss die **Kenntnis des Patienten hinsichtlich derjenigen Tatsachen, aus denen sich der Fehler der Aufklärung begründet**, z. B. dass das verwirklichte Risiko der Behandlungsseite als behandlungsfehlerunabhängige Komplikation bekannt gewesen ist bzw. bekannt sein musste und deshalb hätte aufgeklärt werden müssen (G/G, 5. Aufl., Rz. D 14; zustimmend F/N Rz. 217: erforderlich ist die Kenntnis bzw. grob fahrlässige Unkenntnis, dass der Arzt ein bestimmtes Eingriffsrisiko, über welches hätte aufgeklärt werden müssen, verschwiegen oder verharmlost hat). Die Aufklärungspflicht des Arztes kann sich dabei aber nur auf diejenigen Risiken erstrecken, die den beteiligten Fachkreisen im Zeitpunkt des Eingriffs bekannt waren (F/N Rz. 217).

Steht jedoch fest, dass ein – im entschiedenen Fall chirurgischer – Eingriff zu gesundheitlichen Beeinträchtigungen geführt hat, und ist dem Patienten darüber hinaus bewusst, dass vor der Operation nicht über mögliche Komplikationen gesprochen wurde, so beginnt die Verjährungsfrist für eine auf das Aufklärungsversäumnis gestützte Forderung nach altem wie nach neuem Recht nicht erst in dem Zeitpunkt, in dem das Vorliegen eines zunächst vermuteten ärztlichen Behandlungsfehlers widerlegt ist, sondern bereits mit der Kenntnis vom Eintritt des Schadens zumindest dem Grunde nach und der Kenntnis (bzw. grob fahrlässiger Unkenntnis nach neuem Recht) derjenigen Tatsachen, aus denen sich die Aufklärungspflicht über die Risiken, die sich realisiert haben, ergibt (OLG Düsseldorf NJW-RR 1999, 823 zur Durchführung einer operativen Rhinoplastik; auch OLG Hamm VersR 1987, 106 und OLG Köln 1987, 188 zur Durchführung einer Myelographie).

b) Erkundigungspflicht zum Umfang der Aufklärungsbedürftigkeit

Grundsätzlich muss der Patient auch beim Aufklärungsfehler die wesentlichen Umstände des Behandlungsverlaufs kennen und Kenntnis von solchen Tatsachen erlangen, aus denen sich für ihn als medizinischen Laien ergibt, dass hinsichtlich bestimmter Risiken eine Aufklärungspflicht bestand und ihm die Aufklärung nicht zuteil geworden ist (OLG Düsseldorf NJW 1986, 2377; OLG Köln VersR 1988, 744; F/N Rz. 217; G/G, 5. Aufl., Rz. D 14).

Anders als beim Behandlungsfehler wurde beim Aufklärungsfehler bereits im Rahmen des § 852 BGB a. F. eine **Pflicht des Patienten bejaht, sein Wissen um die Rechtsfolgen des tatsächlichen Geschehens durch einfache, zumutbare**

Maßnahmen zu vervollständigen (OLG München, Urt. v. 30. 9. 2004 – 1 U 3940/03, VersR 2006, 705 = OLGR 2006, 343 = GesR 2006, 119, 120; G/G, 5. Aufl., Rz. D 14; Gehrlein Rz. D 9). Bei Aufklärungsmängeln besteht sowohl nach § 852 BGB a. F. als auch nach § 199 I BGB n. F. also eine **Erkundigungspflicht zum Umfang der Aufklärungsbedürftigkeit** (OLG München, Urt. v. 30. 9. 2004 – 1 U 3940/03, VersR 2006, 705 = OLGR 2006, 343; OLG Düsseldorf NJW 1986, 2377 = VersR 1986, 1193; NJW-RR 1999, 823; OLG Hamm VersR 1987, 106 und OLG Köln VersR 1987, 188: Beginn der Verjährung mit Kenntnis der Eingetretenen Lähmungen, der bestehenden Aufklärungspflicht und des Aufklärungsmangels nach einer Myelographie).

Wird der Patient z. B. vor der Durchführung einer Röntgenbestrahlung nicht oder nur unzureichend aufgeklärt und treten bei ihm in unmittelbarem Zusammenhang mit der Behandlungsmaßnahme dauerhafte Hautschäden im Gesicht auf, so wird ihm zugemutet, sich bei einem Facharzt nach der Aufklärungsbedürftigkeit derartiger Risiken zu erkundigen. Versäumt er dies, so beginnt die Verjährungsfrist nach dem Auftreten des Dauerschadens zu laufen (OLG Düsseldorf NJW 1986, 2377; Gehrlein Rz. D 9).

Ist der Patientin bekannt, dass im Rahmen eines operativen Eingriffs lebensgefährliche Komplikationen aufgetreten sind, über die sie nicht aufgeklärt worden ist, beginnt die Verjährungsfrist zu laufen, ohne dass es auf die Unterlassung einer möglichen, zumutbaren Erkundigung der Patientin ankommt (OLG München, Urt. v. 30. 9. 2004 – 1 U 3940/03, VersR 2006, 705, 706 = OLGR 2006, 343, 344).

Hinsichtlich der Person des Schädigers, der Frage der zutreffenden rechtlichen Würdigung und der Zurechnung der Kenntnis von Wissensvertretern gelten die obigen Ausführungen entsprechend.

3. Wissenszurechnung bei Behörden, Krankenkassen u. a.

Juristische Personen und Behörden, insbesondere Krankenkassen, Besoldungs- und Versorgungsämter, private Krankenversicherungen u. a. können aus übergegangenem Recht (§§ 1542 RVO, jetzt 116, 119 SGB X, 67 VVG, 87 a BBG) berechtigt sein, Ansprüche wegen Behandlungs- oder Aufklärungsfehlern geltend zu machen, wenn sie ihrerseits Leistungen an den Patienten erbracht haben (F/N Rz. 224, 225).

Die **Ansprüche gehen kraft Gesetzes bereits zum Zeitpunkt des Schadens stiftenden Ereignisses** auf den Versorgungs- oder Versicherungsträger **über**, wenn bereits zu dieser Zeit eine auch nur entfernte Möglichkeit von dessen Inanspruchnahme durch den Patienten besteht (F/N Rz. 224).

Bei sozialversicherten Verletzten, die Leistungen des Sozialversicherungsträgers zur häuslichen Pflege nach den vom 1. 1. 1989 bis zum 31. 3. 1995 geltenden §§ 53 ff. SGB V a. F. erhielten, die sachlich kongruent waren, kam es auf die Verhältnisse des Geschädigten selbst an, soweit das Schadensereignis vor dem 1. 1. 1989 lag (BGH, Urt. v. 13. 4. 1999 – VI ZR 88/98).

864

Demgegenüber ist in allen anderen Fällen des Anspruchsüberganges kraft Gesetzes nicht die Kenntnis des Patienten, sondern diejenige der entsprechenden Behörde bzw. juristischen Person maßgeblich (F/N Rz. 224, 225).

Sind innerhalb einer regressbefugten Körperschaft des öffentlichen Rechts (KöR), Behörde oder juristischen Person mehrere Stellen für die Bearbeitung eines Schadensfalles zuständig, etwa die Leistungsabteilung hinsichtlich der Einstandspflicht gegenüber dem geschädigten Mitglied bzw. Patienten und die Regressabteilung bezüglich der Geltendmachung von Schadensersatz- oder Regressansprüchen gegenüber Dritten, so kam es unter der Geltung des § 852 BGB a. F. für den Beginn der Verjährung von Regressansprüchen grundsätzlich auf den **Kenntnisstand der Bediensteten der Regressabteilung** an (BGH, Urt. v. 9. 3. 2000 – III ZR 198/99, NJW 2000, 1411= VersR 2000, 1277 für KöR; BGH, NJW 1997, 1584 = VersR 1997, 635; NJW 1996, 2508 = VersR 1996, 1126; OLG Brandenburg NZV 1998, 506 für Sozialhilfeträger; LG Hamburg VersR 1999, 69 für Behörde; Marburger, VersR 2003, 1232, 1233 m. w. N.).

Das **Wissen der Bediensteten der Leistungsabteilung** ist bzw. war nach dem bis zum 31. 12. 2001 geltenden Recht demgegenüber unmaßgeblich, und zwar auch dann, wenn die Mitarbeiter dieser Abteilung aufgrund einer behördeninternen Anordnung gehalten sind, die Unfallakte an die Regressabteilung weiterzuleiten, wenn sich im Zuge der Bearbeitung Anhaltspunkte für eine Verantwortlichkeit Dritter an der Entstehung des Schadens ergeben (BGH, Urt. v. 9. 3. 2000 – III ZR 198/99, NJW 2000, 1411, 1412 = VersR 2000, 1277, 1278; Marburger VersR 2003, 1232, 1233 f.; **a. A.** noch OLG Jena OLG-NL 1999, 155 und LG Hamburg VersR 1999, 69).

Das Unterlassen eines Mindestmaßes an aktenmäßiger Erfassung und des geregelten Informationsaustausches über verjährungsrelevante Tatsachen innerhalb arbeitsteiliger Unternehmen und Behörden wird jedoch regelmäßig als – für § 852 BGB a. F. noch unschädliche – **grob fahrlässige Unkenntnis i. S. d. § 199 I Nr. 2 BGB n. F.** anzusehen sein (D-L/H/L/R, § 199 BGB Rz. 61; Krämer ZGS 2003, 379, 381; Palandt-Heinrichs, § 199 BGB Rz. 24, 37; Schmid ZGS 2002, 180, 181; a. A. Marburger, Ltd. Mitarbeiter einer AOK, VersR 2003, 1232, 1235: nach wie vor ist auf den Bediensteten der Regressabteilung abzustellen; unklar G/G, 5. Aufl., Rz. D 9 a. E.: „im allgemeinen nur Mitarbeiter der Regressabteilung").

IV. Kenntnis des Schadens; Schadenseinheit

1. Schadenseinheit

Die Kenntnis vom eingetretenen Schaden ist nicht gleichbedeutend mit der Kenntnis vom Umfang und der Höhe des Schadens (Palandt-Heinrichs, § 199 BGB Rz. 31 und § 253 BGB Rz. 31).

Bei der für den Verjährungsbeginn gem. § 852 I BGB a. F. maßgeblichen Kenntnis – Entsprechendes gilt auch für die nach § 199 I BGB n. F. erforderliche Kenntnis oder grob fahrlässige Unkenntnis – des Verletzten von dem Schaden ist Letzterer als „Schadenseinheit" zu verstehen. Bereits die **allgemeine Kenntnis des Patienten vom Eintritt eines Primärschadens genügt**, um die Verjährungsfrist in Lauf zu setzen; wird sie erlangt, so gelten auch solche Folgezustände als bekannt, die im Zeitpunkt der Erlangung jener Kenntnis überhaupt nur als möglich voraussehbar waren (OLG Hamm NJW-RR 1999, 252; Gerlach VersR 2000, 525, 529 m. w. N.).

Eine weiter gehende Kenntnis vom Umfang und den Einzelheiten der Schadensverwirklichung sowie von der Entwicklung des weiteren Schadensverlaufs ist bei Kenntnis des Eintritts eines Primärschadens nicht erforderlich (G/G, 5. Aufl., Rz. D 10; Gehrlein Rz. D 7).

Die Hoffnung auf bzw. eine beginnende Heilung steht der Kenntnis des Schadens nicht entgegen (OLG Köln VersR 1993, 580; G/G, 5. Aufl., Rz. D 10).

2. Spätfolgen

Hinsichtlich der **Vorhersehbarkeit** von Spätfolgen ist auf die Sicht der **medizinischen Fachkreise** abzustellen (BGH, Urt. v. 14. 2. 2006 – VI ZR 322/04, NZV 2006, 408 = MDR 2006, 987; Urt. v. 16. 11. 1999 – VI ZR 37/99, NJW 2000, 861 = MDR 2000, 270 = VersR 2000, 331; NJW 1997, 2448 = MDR 1997, 837 = VersR 1997, 1111; NJW 1988, 2300, 2301 = VersR 1988, 929, 930; OLG Celle VersR 1988, 829; OLG Hamm NJW-RR 1999, 252; OLG Oldenburg, Urt. v. 28. 2. 2003 – 6 U 231/01, VersR 2004, 64, 65).

Der Verjährungseintritt nach § 852 BGB a. F. – wie auch nach §§ 195, 199 BGB n. F. – erstreckt sich danach auch auf Spätfolgen, die aus medizinischer Sicht aufgrund des Heilungsverlaufs zwar unwahrscheinlich, aber aus objektiver Sicht durchaus als möglich in Betracht zu ziehen waren (BGH, Urt. v. 14. 2. 2006 – VI ZR 322/04, NZV 2006, 408 = MDR 2006, 987; OLG Hamm NJW-RR 1999, 252). Darauf, ob der erstbehandelnde Arzt den Eintritt möglicher Spätfolgen fehlerhaft nicht erkannt (G/G, 5. Aufl., Rz. D 10) oder die Parteien bzw. das Gericht die Verletzungsfolgen etwa bei Abschluss eines Vergleichs unzutreffend gewürdigt haben, kommt es nicht an (BGH NJW 1988, 2300, 2301; OLG Oldenburg, Urt. v. 28. 2. 2003 – 6 U 231/01, VersR 2004, 64, 65).

Ist eine Schadensfolge auch **für Fachleute, bei Körperschäden also für Fachärzte**, im Zeitpunkt der allgemeinen Kenntnis des Patienten vom Eintritt des Primärschadens **nicht vorhersehbar**, wächst die Kenntnis dieser Schadensfolge jedoch in den beteiligten Fachkreisen in der Folgezeit heran, dann kommt es für den Beginn der Verjährung nicht darauf an, in welchem Zeitpunkt sich diese Kenntnis in den beteiligten Fachkreisen durchgesetzt hat, vielmehr ist dann der Zeitpunkt entscheidend, in dem der Verletzte selbst von der Schadensfolge Kenntnis erlangt (BGH, NJW 1997, 2448 = MDR 1997, 837; auch BGH, Urt. v. 14. 2. 2006 – VI ZR 322/04, NZV 2006, 408, 409 = MDR 2006, 987, 988).

Bei mehreren, zeitlich auseinander fallenden Spätfolgen kommt es auch hinsichtlich der zuletzt eingetretenen Spätfolge selbst dann auf die positive Kenntnis (bzw. grob fahrlässige Unkenntnis unter Geltung des § 199 I BGB n. F.) des Geschädigten von der Möglichkeit des konkreten Schadenseintritts und des

Ursachenzusammenhangs mit der primären Ausgangsschädigung an, wenn die zuletzt eingetretene Spätfolge für Fachkreise aufgrund eines vorausgegangenen Spätschadens voraussehbar gewesen wäre und insoweit **außerhalb der „Schadenseinheit"** liegen würde (BGH, Urt. v. 16. 11. 1999 – VI ZR 37/99, NJW 2000, 861 = MDR 2000, 270 = VersR 2000, 331).

In dem vom BGH entschiedenen Fall hatte der Geschädigte im Jahr 1984 einen Unterschenkeltrümmerbruch und einen Oberschenkelschaftbruch erlitten. Im Jahr 1990 trat bei dem Geschädigten eine Gonarthrose im rechten Kniegelenk auf. Diese erste Spätfolge war nach Feststellung eines nachbehandelnden Arztes als mögliche Folge des Unfallereignisses in Betracht zu ziehen. Eine im Jahr 1997 durchgeführte Arthroskopie ergab das Vorliegen einer sekundären Arthrose im rechten oberen Sprunggelenk. Der behandelnde Facharzt bejahte aus der Sicht des Jahres 1997 auch insoweit einen Zusammenhang mit dem Unfallereignis aus dem Jahr 1984. Aus der maßgeblichen ex-ante-Betrachtung des Jahres 1984 war der sekundäre Folgeschaden, die Arthrose im rechten oberen Sprunggelenk, für Fachärzte jedoch noch nicht vorhersehbar. Nach Auffassung des BGH ist bei einer solchen Konstellation auch hinsichtlich des sekundären Folgeschadens (1997) auf die positive Kenntnis des Geschädigten von der Möglichkeit dieses konkreten Schadenseintritts und des Ursachenzusammenhangs nicht nur mit dem primären Folgeschaden (1990), sondern auch mit der Ausgangsschädigung (1984) abzustellen (BGH, NJW 2000, 861, 862 = MDR 2000, 270, 271).

Dass der eingetretene, sekundäre Folgeschaden in Form der Arthrose am Sprunggelenk im Zeitpunkt des Eintritts des primären Folgeschadens, der Arthrose am Knie im Jahr 1990, aus medizinischer Sicht durchaus als möglich in Betracht zu ziehen war, ist dabei unschädlich. Eine „sekundäre Schadenseinheit" mit der Verlagerung des Beginns der Verjährungsfrist auf den Zeitpunkt des Eintritts des primären Folgeschadens im Jahr 1990 wird vom BGH abgelehnt (BGH, NJW 2000, 861, 862 = MDR 2000, 270, 271).

Auch bei von medizinischen Fachkreisen vorhersehbaren Spätfolgen kann die Berufung des Schädigers auf den Eintritt der Verjährung ausnahmsweise dann gegen Treu und Glauben verstoßen, wenn zunächst alle Beteiligten einschließlich der Ärzte nur von vorübergehenden Verletzungsfolgen ausgegangen sind und sich zunächst hierauf einstellen durften und eingestellt haben, die später eingetretene Gesundheitsschädigung demgegenüber **außergewöhnlich und existenzbedrohend** ist, etwa bei einer Querschnittslähmung (OLG Hamm MDR 1999, 38 = NJW-RR 1999, 252; auch: OLG Nürnberg VersR 2001, 982 und OLG Oldenburg, Urt. v. 28. 2. 2003 – 6 U 231/01, VersR 2004, 64, 65: außergewöhnliche und unzumutbare Härte; OLG Schleswig VersR 2001, 983).

In solchen Fällen steht auch die Rechtskraft eines Urteils, das für ein unfallbedingtes Leiden Schmerzensgeld zugesprochen hat, einer Schmerzensgeldnachforderung wegen einer Verschlechterung des Leidens nicht entgegen, wenn zur Zeit des für die Entscheidung im Vorprozess maßgebenden Zeitpunkts die Wahrscheinlichkeit eine Verschlechterung des Leides zumindest genauso groß gewesen ist wie die einer Besserung (OLG Stuttgart NJW-RR 1999, 1590).

Der Einwand der Rechtskraft hindert eine Schmerzensgeldnachforderung für zunächst nicht berücksichtigte Folgen jedoch grundsätzlich dann, wenn die Verletzungsfolgen bei der früheren Bemessung entweder **bereits eingetreten oder objektiv erkennbar** waren oder ihr Eintritt vorhergesehen und bei der Entscheidung berücksichtigt werden konnte (BGH NJW 1988, 2300, 2301; NJW 1995, 1614; OLG Stuttgart NJW-RR 1999, 1590, 1591). Andererseits umfasst eine Verurteilung zur Zahlung eines Schmerzensgeldes unter Abweisung des weiter gehenden Antrages auf Feststellung der Verpflichtung zum Ersatz weiterer immaterieller Schäden nicht später geltend gemachte, im Zeitpunkt der Entscheidung des Vorprozesses auch von medizinischen Fachkreisen nicht vorhersehbare Folgeschäden (BGH, Urt. v. 14. 2. 2006 – VI ZR 322/04, NZV 2006, 408, 409 = MDR 2006, 987, 988).

Auch nach Vorlage eines rechtskräftigen Urteils kann geltend gemacht werden, der in dem Vorprozess als nach dem damaligen Sachstand nicht begründet abgewiesene Anspruch sei inzwischen begründet geworden, der maßgebliche Umstand sei zum damaligen Zeitpunkt von Fachkreisen nicht vorhersehbar gewesen (BGH, a. a. O.).

Ein Abfindungsvergleich kann dem Einwand der unzulässigen Rechtsausübung § 242 BGB) ausgesetzt sein, wenn sich nach dem Auftreten unvorhergesehener Spätfolgen, die auch für **Fachleute nicht voraussehbar** waren, **ein krasses Missverhältnis** zwischen der Vergleichssumme und dem Schaden ergibt (OLG Hamm VersR 1998, 631; OLG Köln NJW-RR 1988, 424; OLG Nürnberg VersR 2001, 982; OLG Oldenburg VersR 2004, 64, 65 zum Abfindungsvergleich; OLG Schleswig VersR 2001, 983; Jaeger ZGS 2003, 329, 331/332). Ein solches krasses Missverhältnis liegt etwa vor, wenn die Körper- und Gesundheitsschäden unter Einbeziehung der Spätfolgen ein Schmerzensgeld in der Größenordnung von rund 255 000 Euro rechtfertigen würden, der Verletzte aufgrund des Abfindungsvergleichs aber (indexiert) lediglich ca. 50 000 Euro erhalten hat (OLG Schleswig VersR 2001, 983, 984), wenn der Zukunftsschaden bei der Festlegung der Abfindungssumme nur eine untergeordnete Rolle, etwa in der üblichen Größenordnungen von 500,00 Euro bis 2 000,00 Euro bei HWS- und ähnlichen Verletzungen, gespielt hat (OLG Köln NJW–RR 1988, 924; Jaeger ZGS 2003, 329, 331), nicht jedoch bei einer **Diskrepanz von 150 000,00 Euro zu (indexierten) 50 000,00 Euro** (OLG Nürnberg VersR 2001, 982; vgl. auch OLG Hamm VersR 1998, 631 und Müller, VPräsBGH, VersR 1998, 129, 138).

Der Einwand der unzulässigen Rechtsausübung kann nach Ansicht des OLG Oldenburg (Urt. v. 28. 2. 2003 – 6 U 231/01, VersR 2004, 64, 65) aber auch gegenüber einem Abfindungsvergleich erhoben werden, wenn sich der Geschädigte die Geltendmachung eines Anspruchs auf „Ersatz des künftigen immateriellen Schadens unter Zugrundelegung der Rechtsprechung des BGH" vorbehalten hatte, mögliche Spätfolgen zum Zeitpunkt des Abschlusses des Abfindungsvergleichs **objektiv vorhersehbar und nicht nur nicht erkannt worden** waren, aber sich aufgrund der von den Parteien nicht vorhergesehenen Spätfolgen zwischen Schaden und der vereinbarten Vergleichssumme ein so krasses Missverhältnis ergibt, dass es für den Geschädigten eine außergewöhnliche und unzumutbare Härte bedeuten würde, wenn ihm Nachforderungsansprüche versagt bleiben würden.

In dem vom OLG Oldenburg (Urt. v. 28. 2. 2003 – 6 U 231/01, VersR 2004, 64, 65) entschiedenen Fall hatte der Geschädigte zunächst einen Oberschenkelhalsbruch rechts, einen Nasenbruch sowie ein Schädel-Hirn-Trauma 1.Grades erlitten. Es kam im Juli 1999 zum Abschluss eines außergerichtlichen Vergleichs, wobei ein Abfindungsbetrag i.H.v. 20.690 DM / 10.578,63 Euro und ein immaterieller Vorbehalt „unter Zugrundelegung der Rechtsprechung des BGH (VersR 1980, 975)" vereinbart wurde. Nach den Feststellungen eines zwei Jahre später im Nachforderungsprozess beauftragten medizinischen Sachverständigen waren die Entstehung einer Hüftkopfnekrose (Absterben des Knochens des Hüftkopfes) und die damit verbundenen Folgen, nämlich die Implantation eines künstlichen Hüftgelenks und eine dauernde enorme Schmerzsymptomatik zum Zeitpunkt des Abschlusses des Abfindungsvergleichs **für einen Fachmann (hier: FA für Orthopädie oder Unfallchirurgie) objektiv voraussehbar.** Hierfür ist unerheblich, ob der damals behandelnde Arzt dies nicht oder nicht vollständig erkannt hat oder ob die Verletzungsfolgen von den Parteien zutreffend gewürdigt wurden.

Das OLG Oldenburg sprach dem Geschädigten wegen des bestehenden krassen Missverhältnisses zwischen dem Vergleichsbetrag und den gravierenden Spätfolgen (§ 242 BGB) ein weiteres Schmerzensgeld in Höhe von 25 000 Euro zu.

V. Verzicht auf die Einrede der Verjährung

1. Zulässigkeit des Verzichts

Gem. § 225 BGB a. F. konnte die Verjährung durch Rechtsgeschäft weder ausgeschlossen noch erschwert werden. Individualvereinbarungen, die den Lauf der Verjährung mittelbar erschweren, wie z. B. das Hinausschieben der Fälligkeit (BGH NJW 1984, 290), die Stundung (BGH NJW 1986, 1608) oder die Vereinbarung einer aufschiebenden Bedingung (BGH NJW 1995, 2283) sind jedoch möglich (vgl. Palandt-Heinrichs, 61. Aufl. 2002, § 225 Rz. 3).

Auf die Verjährungseinrede konnte – anders als nunmehr nach § 202 BGB n. F. – auch nicht von vornherein verzichtet werden. Wirksam ist der Verzicht wegen § 225 BGB a. F. grundsätzlich erst nach Eintritt der Verjährung (OVG Münster NZV 1996, 47; Palandt-Heinrichs, 61. Aufl. 2002, § 225 Rz. 2 und § 222 Rz. 5).

Der Schuldner verstieß aber mit der Berufung auf die Verjährungseinrede gegen **Treu und Glauben** (§ 242 BGB), solange er aufgrund der „Verzichtserklärung" beim Gläubiger den Eindruck erweckte, die Ansprüche würden befriedigt oder nur mit sachlichen Einwendungen bekämpft und er ihn dadurch von einer rechtzeitigen Klageerhebung abhält (BGH WM 1982, 403; NJW 1991, 974; NJW 1998, 902 zu § 852 BGB a. F.; OLG Stuttgart, Urt. v. 29. 11. 2004 – 5 U 112/04, OLGR 2005, 191, 192: solange der Schuldner das Vertrauen auf den Verzicht zumindest konkludent aufrecht erhält).

Gleiches galt, wenn der Gläubiger nach sonstigen objektiven Maßstäben darauf vertrauen durfte, sein Anspruch werde erfüllt oder nur mit sachlichen Einwendungen bekämpft werden (Palandt-Heinrichs, 61. Aufl. 2002, Überbl. vor § 194 Rz. 10, 11 und § 225 Rz. 2).

Verursacht der Gläubiger nach Ablauf einer Verjährungsfrist oder einer Frist zum Verzicht auf die Einrede der Verjährung eine Verfahrensverzögerung von mehr als einem Monat, darf er nicht mehr damit rechnen, dass der Schuldner (weiterhin) auf die Verjährungseinrede verzichtet (BGH, NJW 1991, 974, 975 und OLG Karlsruhe, Urt. v. 9. 6. 2004 – 10 U 236/03, VersR 2006, 251, 254: maximal ein Monat; OLG Köln, VersR 1991, 197: jedenfalls bei einer Verfahrensverzögerung von mehr als zwei Monaten).

Ergibt sich aus einer Erklärung oder aus dem Verhalten des Schuldners, dass er den Verzicht nicht länger beachten will, so muss der Gläubiger innerhalb einer Frist von drei bis maximal sechs Wochen Klage erheben bzw. eine andere verjährungshemmende oder verjährungsunterbrechende Maßnahme ergreifen (BGH NJW 1998, 902; NJW 1991, 974, 975: Klageeinreichung innerhalb eines Monats erforderlich; OLG Karlsruhe, Urt. v. 9. 6. 2004 – 10 U 236/03, VersR 2006, 251, 254: ein Monat; OLG Düsseldorf, NJW 2001, 2265: 5 1/2 Wochen; G/G Rz. D 10 a. E.: 3 – 6 Wochen).

2. Stillschweigender Verjährungsverzicht

Ein stillschweigender Verjährungsverzicht kann dann angenommen werden, wenn der Schuldner vom Verjährungseintritt weiß oder hiermit rechnet und dem Gläubiger gegenüber erklärt, er werde für den Fall des Vorliegens der Anspruchsvoraussetzungen leisten (OLG Hamm, VersR 1996, 243).

Allein aus den nach Ablauf der Verjährungsfrist mit dem Haftpflichtversicherer des Schädigers geführten **Regulierungsverhandlungen** kann **kein Verzicht** auf die Verjährungseinrede hergeleitet werden; der hierzu erforderliche Verzichtswille setzt voraus, dass der Haftpflichtversicherer sich bewusst ist oder jedenfalls damit rechnet, dass bereits Verjährung eingetreten ist (OLG Düsseldorf, NJW-RR 2000, 836).

Wird in einem Abfindungsvergleich ein zukünftiger, unfall- bzw. schadensbedingter Verdienstausfallschaden vorbehalten, so liegt hierin nicht ohne weiteres ein Verzicht auf die Einrede der Verjährung. Um den Eintritt der Verjährung zu verhindern, muss der **Berechtigte deshalb insoweit eine Feststellungsklage** erheben (KG VersR 2000, 1145; Jaeger ZGS 2003, 329, 331) oder eine entsprechende Anerkenntniserklärung (§ 208 BGB a. F., § 212 I Nr. 1 BGB n. F.) herbeiführen. In dem Anerkenntnis muss dabei zum Ausdruck kommen, dass es die **Wirkung eines rechtskräftigen Feststellungsurteils** haben soll (OLG Karlsruhe, VersR 2002, 729, 730; Jaeger, ZGS 2003, 329, 331; vgl. hierzu → *Feststellungsinteresse*, S. 462).

Fehlt ein solcher Zusatz, handelt es sich nur um ein **einfaches Anerkenntnis**, mit dem die Verjährungsfrist des § 195 BGB nur neu beginnt, während ein Feststellungsanspruch gem. §§ 201, 197 I Nr. 3 BGB n. F., § 218 BGB a. F. oder ein diesem gleichstehendes außergerichtliches Anerkenntnis mit der Wirkung eines rechtskräftigen Feststellungsurteils erst in dreißig Jahren verjährt (vgl. Jaeger ZGS 2003, 329, 331).

VI. Hemmung der Verjährung

1. Führung von Verhandlungen

Gem. § 852 II BGB a. F. ist bzw. war die Verjährung von Ansprüchen aus unerlaubter Handlung, wenn zwischen dem Ersatzberechtigten und dem Ersatzverpflichteten Verhandlungen über den zu leistenden Schadensersatz schweben, solange gehemmt, bis der eine oder andere Teil die Fortsetzung der Verhandlungen verweigert; **es genügt insoweit jeder Meinungsaustausch über den Schadensfall, sofern nicht sofort eindeutig jeder Ersatz abgelehnt wird** (BGH, Urt. v. 17. 2. 2004 – VI ZR 429/02, NJW 2004, 1654 = VersR 2004, 656, 657; Urt. v. 12. 5. 2004 – XII ZR 223/01, MDR 2004, 1050; Urt. v. 8. 5. 2001 – VI ZR 208/00, VersR 2001, 1255, 1256 = NJW-RR 2001, 1168, 1169; Urt. v. 20. 2. 2001 – VI ZR 179/00, VersR 2001, 1167 = NJW 2001, 1723; Urt. v. 31. 10. 2000 – VI ZR 198/99, VersR 2001, 108, 110 = NJW 2001, 885, 886 = MDR 2001, 164, 165).

Verhandlungen schweben schon dann, wenn der in Anspruch genommene Erklärungen abgibt, die dem Geschädigten die Annahme gestatten, der Verpflichtete lasse sich jedenfalls auf Erörterungen über die Berechtigung von Schadensersatzansprüchen ein (BGH, Urt. v. 20. 2. 2001 – VI ZR 179/00, NJW 2001, 1723 = VersR 2001, 1167 = MDR 2001, 688, 689; Urt. v. 8. 5. 2001 – VI ZR 208/ 00, NJW-RR 2001, 1168, 1169 = VersR 2001, 1255, 1256 = MDR 2001, 936, 937; MDR 1988, 570).

Nicht erforderlich ist, dass der Schädiger bzw. dessen Haftpflichtversicherung eine Vergleichsbereitschaft oder eine sonstige Bereitschaft zum Entgegenkommen signalisiert (BGH, Urt. v. 17. 2. 2004 – VI ZR 429/02, NJW 2004, 1654 = VersR 2004, 656, 657; Urt. v. 20. 2. 2001 – VI ZR 179/00, NJW 2001, 1723 = MDR 2001, 688; OLG Düsseldorf, Urt. v. 14. 10. 2003 – 23 U 222/02, ZGS 2004, 118).

Die angezeigte Bereitschaft, die Angelegenheit, verbunden mit der Ablehnung von Schadensersatzansprüchen, nochmals zu prüfen, unterfällt dem Begriff der „Verhandlung" und lässt keinen Abbruch der Verhandlungen erkennen (BGH NJW 1998, 2819; OLG Hamm NJW-RR 1998, 101; Gehrlein Rz. D 10).

Die Rechtsprechung hat auch in der bloßen **Anfrage des Schuldners, „ob Ansprüche geltend gemacht" werden** (BGH, Urt. v. 20. 2. 2001 – VI ZR 179/00, NJW 2001, 1723 = MDR 2001, 688), einer **Erklärung des Haftpflichtversicherers** des Schuldners, bei Substantiierung der Ansprüche durch den Gläubiger **zur Aufklärung beizutragen** (BGH, Urt. v. 8. 5. 2001 – VI ZR 208/00, NJW-RR 2001, 1168 = MDR 2001, 936), auf die Angelegenheit nach Abschluss eines Strafverfahrens nochmals zurückzukommen (BGH VersR 1975, 440; VersR 1997, 440; Mankowski/Höpker MDR 2004, 721, 723), die **Ansprüche „zumindest bisher" nicht anzuerkennen** und pauschale Vorwürfe zurückzuweisen (BGH, Urt. v. 8. 5. 2001 – VI ZR 208/00, NJW 2001, 1168, 1169 = MDR 2001, 936) oder in der Mitteilung, die Rechtsauffassung, wonach der Anspruch verjährt ist, **könne in einer Sammelbesprechung erläutert werden** (BGH NJW 1997, 3447, 3449 = MDR 1997, 829) den Beginn bzw. die Fortsetzung von „Verhandlungen" gesehen.

Allerdings begründet die **bloße Anmeldung von Ansprüchen** durch den Gläubiger auch dann keinen Verhandlungsbeginn i. S. d. §§ 852 II BGB a. F., 203 BGB n. F., wenn der Schuldner bzw. dessen Haftpflichtversicherung hierauf entsprechend einem Wunsch des Gläubigers mit einem Verjährungsverzicht (im entschiedenen Fall von wenigen Wochen) reagiert, weil allein hieraus noch keine berechtigte Erwartung des Gläubigers folgt, der Schuldner bzw. dessen Haftpflichtversicherung lasse sich auf Erörterungen über die Berechtigung von Schadensersatzansprüchen ein (OLG Düsseldorf, Urt. v. 14. 10. 2003 – 23 U 222/02, ZGS 2004, 118; Mankowski/Höpker MDR 2004, 721, 722).

Ebenso wenig bewirkt die bloße außergerichtliche Aufforderung des Gläubigers zur Nacherfüllung oder das Schweigen des Schuldners auf ein Aufforderungsschreiben den Eintritt einer Hemmung i. S. d. §§ 852 BGB a. F., 203 BGB n. F. (Mankowski/Höpker MDR 2004, 721, 722; Palandt-Heinrichs, § 203 BGB Rz. 2).

Eine Sonderregelung findet sich allerdings in § 3 Nr. 3 S. 3 PflVersG. Nimmt der Geschädigte bei Kfz-Unfällen die Haftpflichtversicherung des Unfallverursachers direkt in Anspruch, so gilt danach die Verjährung vom Zeitpunkt der Anmeldung bis zum Eingang der schriftlichen Entscheidung des Haftpflichtversicherers, d. h. bis zur endgültigen Ablehnung des Anspruchs als gehemmt (BGH, NJW 1977, 532; Palandt-Heinrichs, § 203 BGB Rz. 6).

Die Rspr. sieht auch die Durchführung eines **vom Patienten eingeleiteten Verfahrens vor einer Schieds- oder Gutachterstelle** der Ärztekammern mit dem Ziel der Feststellung eines Behandlungsfehlers als Verhandlung i. S. d. § 852 II BGB a. F. (vgl. hierzu jetzt § 203 und § 204 I Nr. 4 BGB n. F.) an, wenn der als ersatzpflichtig in Frage kommende Arzt oder dessen Versicherer hieran beteiligt ist (BGH NJW 1983, 2075 = VersR 1983, 690 = MDR 1983, 1013; OLG Oldenburg, VersR 1993, 1357 und VersR 1994, 179; OLG Zweibrücken, NJW-RR 2001, 667, 670; F/N Rz. 227; G/G, 5. Aufl., Rz. D 11; S/Pa, Rz. 488, 488 b).

Die Hemmung dauert dann bis zum Abschluss des Schlichtungsverfahrens, also i. d. R. bis zum Zugang des Bescheids der Gutachterkommission bzw. der Schlichtungsstelle (OLG Zweibrücken NJW-RR 2001, 667, 670).

Unmittelbare Verhandlungen zwischen dem Patienten und der Haftpflichtversicherung der als Schädiger in Betracht kommenden Ärzte über die Ersatzpflicht hemmen die Verjährung auch gegenüber den mitversicherten Ärzten (OLG Düsseldorf VersR 2000, 457; OLG Frankfurt VersR 1998, 1282; OLG Köln VersR 1996, 253; vgl. aber BGH NJW-RR 1999, 1470 = VersR 1999, 1228 und NJW-RR 1991, 472 = VersR 1991, 1033 und G/G, 5. Aufl., Rz. D 11).

Verhandelt der Patient mit dem Haftpflichtversicherer des Praxisinhabers, so wird auch die Verjährung von Ansprüchen gegen dessen angestellte Ärztin, die den Patienten behandelte, gehemmt (OLG Frankfurt VersR 1998, 1282; S/D, Rz. 488 c).

Greiner (RiBGH, G/G, 5. Aufl., Rz. D 11) empfiehlt jedoch dringend, **Verhandlungen mit dem Haftpflichtversicherer stets ausdrücklich (auch) im Hinblick auf einen mitversicherten, i.d.R. angestellten Arzt zu führen.**

2. Wirkung der Hemmung

Die Hemmung wirkt auf den **Zeitpunkt der ersten Geltendmachung** der Ansprüche durch den Berechtigten (vgl. Rabe NZW 2006, 3089, 3091) zurück (BGH NJW-RR 2005, 1044, 1046; OLG Hamm NJW-RR 1998, 101; Mankowski/ Höpker MDR 2004, 721, 724).

Die Verjährung kommt mit Eintritt des Hemmungsgrundes zum Stillstand und läuft erst nach dessen Wegfall weiter (§§ 202 I, 205 BGB a. F.), d. h. die Zeit der Hemmung wird aus der Frist der §§ 852 I BGB a. F., 195 BGB n. F. „**herausgerechnet**", diese Frist wird für die Zeit der eingetretenen Hemmung praktisch verlängert (vgl. nunmehr § 209 BGB n. F.).

Die Hemmung wegen etwaiger Spätfolgen wird durch den Abschluss einer Abfindungsvereinbarung und die Annahme des Abfindungsbetrages beendet (OLG Karlsruhe NJW-RR 1997, 1318; OLG Hamm MDR 1999, 38; zum Einwand unzulässiger Rechtsausübung s. o.).

Beschränkt sich die Erhebung von Ansprüchen gegen den Versicherer allein auf den Haushaltsführungsschaden, so wirkt eine Hemmung der Verjährung nur für diesen Bereich (OLG Frankfurt VersR 2000, 853). Gleiches gilt natürlich auch bei der Anmeldung lediglich eines Schmerzensgeldanspruchs hinsichtlich des materiellen Schadens.

Bei Anmeldung des Schadensersatzanspruchs sind dabei inhaltlich jedoch nur geringe Anforderungen zu stellen (BGH NJW-RR 1987, 916).

3. Ende der Hemmung

a) Verweigerung der Fortsetzung der Verhandlung

Die Hemmung der Verjährungsfrist endet durch **Verweigerung der Fortsetzung der Verhandlungen**. Dies muss jedoch durch ein **klares und eindeutiges Verhalten** einer der Parteien zum Ausdruck kommen (BGH, Urt. v. 17. 2. 2004 – VI ZR 429/02, NJW 2004, 1654, 1655 = VersR 2004, 656, 657; NJW-RR 2005, 1044; Urt. v. 12. 5. 2004 – XII ZR 223/01, MDR 2004, 1050; NJW 1998, 2189 = MDR 1998, 1101).

Für die Beendigung von Verhandlungen **reicht es nicht aus**, dass **der Schuldner** bzw. dessen Haftpflichtversicherer (derzeit) seine **Einstandspflicht verneint**, wenn er nicht zugleich klar und eindeutig den Abbruch der Verhandlungen zum Ausdruck bringt (BGH, Urt. v. 17. 2. 2004 – VI ZR 429/02, NJW 2004, 1654, 1655 = VersR 2004, 656, 657; NJW 1998, 2819, 2820).

Haben die Parteien eine **Verhandlungspause** vereinbart, um die Schadensentwicklung abzuwarten, ist es grundsätzlich Sache des Schuldners, die Initiative zur Wiederaufnahme der Verhandlungen zu ergreifen, wenn er ein Ende der Hemmung erreichen will (BGH, NJW 1986, 1337; Palandt-Heinrichs, § 203 BGB Rz. 4).

Die Hemmung endet auch, wenn der Haftpflichtversicherer die Regulierungssumme festsetzt und der Geschädigte konkludent zu erkennen gibt, dass er diese Regulierung für ausreichend hält (OLG Köln NJW 1997, 1157) oder wenn der Verletzte die Verhandlungen einschlafen lässt, etwa durch **Schweigen auf das Anerbieten**, die **Verhandlungen abzuschließen** (OLG Düsseldorf VersR 1999, 68; BGH FamRZ 1990, 599).

Die durch die Einreichung eines **Antrages** bei der **Gutachterkommission** bzw. der Schlichtungsstelle der **Ärztekammern** bewirkte Hemmung der Verjährung endet mit der Bekanntmachung des Bescheids der Kommission (OLG Zweibrücken NJW-RR 2001, 667, 670).

b) „Einschlafen" der Verhandlungen

Probleme bereitet beim Merkmal des „Verweigerns" von weiteren Verhandlungen vor allem das schlichte **„Einschlafen" der Verhandlung**, wenn also keine eindeutige Erklärung eines Beteiligten über das Ende seiner Verhandlungsbereitschaft vorliegt. Bei der Festlegung des Endes von Verhandlungen bei einem „Einschlafen" der Gespräche ohne eindeutige Erklärung der Beteiligten kommen **auch nach neuem Verjährungsrecht** (§§ 195, 199 I Nr. 2, 204 I Nr. 1 BGB n. F.) die Grundsätze des § 852 a. F. zur Anwendung (vgl. etwa Bamberger/Roth-Spindler, § 203 BGB Rz. 7; Mansel/Budzikiewicz, Das neue Verjährungsrecht, 2002, § 8 Rz. 31; Mankowski/Höpker MDR 2004, 721, 726 jeweils mit Hinweis auf BT-Drucksache 14/6040, S. 112, dort wiederum unter Hinweis auf BGH, NJW 1986, 1337, 1338). Es besteht Einigkeit, dass § 203 BGB n. F. an der bisherigen Rspr. zum „Einschlafen" der Verhandlungsgespräche nichts ändern soll. Die Hemmung endet danach in dem Zeitpunkt, in welchem der nächsten Verhandlungsschritt nach Treu und Glauben zu erwarten gewesen wäre (BGH NJW 1986, 1337, 1338; OLG Düsseldorf NJW 2001, 2265; VersR 1999, 68; OLG Hamm VersR 1999, 739).

Teilt der in Anspruch genommene Schädiger mit, er habe seinen Haftpflichtversicherer mit der Prüfung des Sachverhalts beauftragt, er werde in Kürze auf die Sache zurückkommen, und fragt der Verletzte einen Monat später dringend nach, wie weit die Angelegenheit gediehen ist, so ist dessen nächster Schritt zur Verfolgung der vermeintlichen Ansprüche nach Ansicht des OLG Düsseldorf (VersR 1999, 68) spätestens **bis zum Ende des nächsten Monats** zu erwarten, so dass danach ein „Einschlafen" der Verhandlungen anzunehmen ist. In einer weiteren Entscheidung geht das OLG Düsseldorf (NJW 2001, 2265) von einem **„Einschlafen" nach 5¹/₂ Wochen** aus.

Das OLG Hamm (VersR 1999, 739) nimmt ein **„Einschlafen lassen" spätestens nach zwei Monaten** an. Im dort entschiedenen Fall hatte der für den Patienten tätige Anwalt gegenüber dem Haftpflichtversicherer des in Anspruch genommenen Arztes erklärt, er werde auf die Sache nach Einsichtnahme in die Ermittlungsakten zurückkommen.

Der BGH (VersR 1990, 755, 756) hat offengelassen, ob ein „Einschlafen lassen" nach zwei oder spätestens nach drei Monaten anzunehmen ist. Er hat ausgeführt, die Verhandlungen seien jedenfalls dann „eingeschlafen", wenn der Geschädigte über einen Zeitraum von **drei Monaten und zehn Tagen** auf das letzte Schreiben des Haftpflichtversicherers des Geschädigten nicht mehr reagiert.

Das LG Freiburg (Urt. v. 20. 2. 2003 – 14 O 405/02, rechtskräftig) geht davon aus, dass ein „Einschlafen lassen" vorliegt und die Verjährungsfrist dann zu laufen bzw. weiter zu laufen beginnt, wenn der Geschädigte innerhalb von **zwölf Wochen** nicht mehr auf das letzte Anschreiben des Haftpflichtversicherers reagiert.

Nach Ansicht des OLG Koblenz (Urt. v. 16. 2. 2006 – 5 U 271/05, NJW 2006, 3150, 3152 zum alten Recht) dauert die Hemmung der Verjährung bis zu einer eindeutigen Verweigerung des Schuldners fort, jedenfalls wenn der Schuldner die Verhandlungen „einschlafen" lässt.

Im **neuen Verjährungsrecht** dürfte die **zusätzliche Ablaufhemmung von drei Monaten nach Ende der Verhandlungen** (§ 203 S. 2 BGB n. F.) zur Entschärfung des Problems beitragen (Mankowski/Höpker MDR 2004, 721, 726).

Dies führt – anders als nach § 852 II BGB a. F. – u. E. dazu, dass der Gläubiger nach dem Ende der Verhandlungen, beim „Einschlafen lassen" der Verhandlungen also nach spätestens zwei bis drei Monaten noch (weitere) drei Monate Zeit hat, andere Maßnahmen zur Verhinderung des Verjährungseintritts zu ergreifen (vgl. auch Mankowski/Höpker MDR 2004, 721, 726).

4. Einreichung eines Prozesskostenhilfeantrages

Nach der Rspr. wird die Verjährung gem. § 203 II BGB a. F. (vgl. jetzt § 204 I Nr. 14 BGB n. F.) gehemmt, wenn der Antragsteller (ASt.) vor Eintritt der Verjährung, selbst noch am letzten Tag der Verjährungsfrist (BGHZ 70, 235) ein ordnungsgemäß begründetes, vollständiges Prozesskostenhilfe-Gesuch einreicht (BGH NJW 1989, 3149; OLG Brandenburg NJW-RR 1999, 1296; OLG Hamm NJW-RR 1999, 1678; KG VersR 2000, 1117; zum neuen Recht s. u. S. 887).

Ein solches ordnungsgemäßes Gesuch liegt nur vor, wenn auch die nach § 117 **ZPO erforderlichen Unterlagen** dem Gericht vorgelegt werden (OLG Brandenburg NJW-RR 1999, 1296; OLG Hamm NJW-RR 1999, 1678; differenzierend Palandt-Heinrichs, § 204 BGB Rz. 30 und Müko-Grothe, § 204 BGB Rz. 49: die Erklärung nach § 117 II ZPO kann nachgereicht werden).

Nach Auffassung des OLG Hamm (FamRZ 1998, 1605) ist der Antrag vollständig, wenn er **auf vollständige Unterlagen in einem Parallelverfahren Bezug nimmt**. Das OLG Brandenburg (NZV 1998, 70) lässt – wohl zu großzügig – sogar einen **konkludent gestellten PKH-Antrag** ausreichen.

Jede Verzögerung, die darauf beruht, dass der Ast. den Auflagen des Gerichts nicht binnen angemessener Frist von zwei Wochen (entsprechend § 234 I ZPO) nachkommt, beruht nicht mehr auf der für § 203 II BGB a. F. erforderlichen „höheren Gewalt" (KG VersR 2000, 1117).

Konnte der Antragsteller bei vernünftiger Betrachtungsweise nicht von seiner Bedürftigkeit ausgehen, so kommt der Einreichung des PKH-Gesuchs jedoch keine Hemmungswirkung zu (OLG Hamm FamRZ 1996, 864; OLG Bamberg FamRZ 1990, 763).

Die **Hemmung endet** gem. § 204 II 1 BGB n. F. nunmehr **einheitlich sechs Monate nach der rechtskräftigen Entscheidung** oder anderweitigen Beendigung des eingeleiteten Verfahrens abweichend vom früheren Recht auch dann, wenn der Klage- oder Prozesskostenhilfeantrag zurückgenommen wird (BGH, NJW 2004, 3772; Müko-Grothe, § 204 BGB Rz. 62; Palandt-Heinrichs, § 204 BGB Rz. 33). Die Gegenvorstellung oder Beschwerde gegen die Verweigerung von Prozesskostenhilfe kann den Fristablauf unter denselben Voraussetzungen wie das ursprüngliche Gesuch hemmen (BGH NJW 2001, 2545).

Nach Ablehnung eines PKH-Antrages für die erste Instanz kann **Wiedereinsetzung** gegen die Versäumung der Berufungs- oder Revisionsfrist nur gewährt werden, wenn innerhalb der Frist ein ordnungsgemäßer PKH-Antrag für die zweite Instanz gestellt worden ist (BGH MDR 2001, 1312). Für die Rechtsmittelinstanz darf die nach § 117 IV ZPO erforderliche Vorlage eines ordnungsgemäß ausgefüllten Vordruckes nur dann durch die Bezugnahme auf einen in der Vorinstanz vorgelegten Vordruck ersetzt werden, wenn zugleich unmissverständlich mitgeteilt wird, dass seitdem keine Änderungen eingetreten sind (BGH MDR 2001, 1312).

VII. Unterbrechung der Verjährung

1. Wirkung der Unterbrechung

Während bei der Hemmung der Zeitraum, währenddessen die Hemmung eintritt, aus der Verjährungsfrist herausgerechnet wird (§ 205 BGB a. F.), beginnt die Frist des § 852 I BGB a. F. bei einer Verjährungsunterbrechung nach altem Recht, etwa durch Zustellung einer Klage (§ 209 I BGB a. F.), eines Mahnbescheides (§ 209 II Nr. 1 BGB a. F.) oder einer Streitverkündungsschrift (§§ 209 II Nr. 4, 215 BGB a. F.) nach mit dem sich aus §§ 210–216 BGB a. F. ergebenden Ende der Unterbrechung **neu zu laufen** (§§ 211 I, 213, 215 I, 217 BGB a. F.; vgl. BAG NJW 1990, 2578).

Das seit dem 1. 1. 2002 geltende Recht (vgl. § 212 BGB n. F., Art. 229 § 6 I, II EGBGB) kennt den Begriff der Verjährungsunterbrechung nicht. Er wurde durch den „Neubeginn der Verjährung" in § 212 BGB n. F. ersetzt. Ein Neubeginn ist nur noch bei einem Anerkenntnis des Schuldners und der Vornahme bzw. der Beantragung einer Vollstreckungshandlung vorgesehen.

2. Einreichung einer Klage

Die Unterbrechungswirkung einer Leistungs- oder Feststellungsklage als wichtigstem Fall einer verjährungsunterbrechenden Maßnahme nach altem Recht (vgl. §§ 209 I, 211 I, 212 I, 217 BGB a. F.) beschränkt sich auch bei vorliegender „Schadenseinheit" auf deren Streitgegenstand und erstreckt sich **nicht auf andere, nicht eingeklagte Schadensfolgen** (BGH NJW 1998, 1303; OLG Köln MDR 2000, 1151; OLG Oldenburg VersR 2000, 976 = NJW-RR 2000, 903; vgl. auch Jaeger ZGS 2003, 329, 332; Palandt-Heinrichs, § 204 BGB Rz. 13, 16).

So bewirkt eine Leistungsklage auf Schadensersatz nicht die Unterbrechung der Verjährung eines Anspruchs auf Feststellung der Ersatzpflicht von Zukunftsschäden (OLG Oldenburg VersR 2000, 976; OLG Köln MDR 2000, 1151). Bereits eingetretene Schäden, die im Wege der Leistungsklage hätten geltend gemacht werden können, aber in der zugestellten Leistungsklage nicht enthalten waren, sind keine „künftig" eintretenden Schäden i. S. d. daneben erhobenen Feststellungsklage und werden von der Verjährungsunterbrechung gem. § 209 I, II BGB a. F. nicht erfasst (OLG Köln MDR 2000, 1151).

Um die Verjährung von Schadensersatzansprüchen, die bei Zustellung der Klage bereits entstanden sind, aber noch nicht beziffert werden bzw. werden können, zu vermeiden, empfiehlt sich insoweit – auch unter Geltung des neuen Rechts – die Einreichung einer umfassenden Feststellungsklage für weiter entstandene und künftig noch entstehende materielle und immaterielle Schäden (BGH MDR 1983, 1018; OLG Köln MDR 2000, 1151; vgl. hierzu → *Klage (Muster)*, S. 625 ff.).

Beantragt der Geschädigte jedoch die Feststellung der Verpflichtung des Schädigers, ihm den in Zukunft aus dem Schadenereignis entstehenden Schaden zu ersetzen, so folgt aus den Grundsätzen der Antragsauslegung, dass damit die ab Klageeinreichung und nicht erst die ab dem Zeitpunkt der letzten mündlichen Verhandlung entstehenden Schadensersatzansprüche erfasst werden sollen (BGH NJW 2000, 2387).

Die **Feststellungsklage bleibt zulässig, auch wenn im Laufe des Prozesses eine Leistungsklage zulässig bzw. dem Geschädigten möglich wird** (BGH, Urt. v. 8. 7. 2003 – VI ZR 304/02, NJW 2003, 2827 = VersR 2003, 1256; MDR 1989, 59 = WM 1988, 1352, 1354; OLG Brandenburg, Urt. v. 8. 4. 2003 – 1 U 26/00, VersR 2004, 1050, 1051 = NJW-RR 2003, 1383, 1384; OLG Dresden, Urt. v. 28. 2. 2002 – 4 U 2811/00, VersR 2003, 1257, 1258; OLG Hamm NZV 2000, 414; OLG Köln MDR 2000, 1151, 1152; OLG Zweibrücken, Urt. v. 23. 11. 2004 – 5 U 11/03, OLGR 2005, 291, 292; vgl. → *Feststellungsinteresse*, S. 459 f.).

Ebenso wenig, wie der Geschädigte gehalten ist, von einer zulässigen Feststellungsklage zur Leistungsklage überzugehen, wenn **im Verlauf des Prozesses** die **Bezifferung** des Schadens **möglich** wäre, ist er gezwungen, den vor der Klageerhebung liegenden Schaden zu beziffern, wenn die künftige Schadensentwicklung noch nicht abzusehen ist und die Schadenshöhe ohnehin notfalls in einem weiteren Prozess geklärt werden müsste (BGH, Urt. v. 8. 7. 2003 – VI ZR 304/ 02, NJW 2003, 2827, 2828 = VersR 2003, 1256, 1257; OLG Dresden, Urt. v. 28. 2. 2002 – 4 U 2811/00, VersR 2003, 1257, 1258; OLG Köln, VersR 1992, 764).

Gem. § 209 I BGB a. F. unterbricht nur eine **wirksame**, den wesentlichen Erfordernissen des § 253 ZPO genügende **Klage** die Verjährung. Auch die unsubstantiierte oder unschlüssige, insbesondere eine vor dem unzuständigen Gericht eingereichte Klage hat verjährungsunterbrechende Wirkung (Palandt-Heinrichs, § 204 BGB Rz. 5; BGH NJW-RR 1996, 1409).

Grundsätzlich muss die Klage dem in Anspruch genommenen Schädiger spätestens am letzten Tag der Verjährungsfrist zugestellt werden. Die Zustellung wirkt jedoch auf den Zeitpunkt der Klageeinreichung zurück, sofern sie „demnächst" (§ 270 III ZPO; ab 1. 7. 2002: § 167 ZPO) bzw. bei Zustellung eines Mahnbescheides „alsbald" (§ 693 III ZPO; ab 1. 7. 2002: § 167 ZPO) erfolgt.

Die Zustellung ist nach h. M. jedenfalls dann noch „demnächst" bzw. „alsbald" erfolgt, wenn die durch den Kläger zu vertretende Verzögerung, etwa die verspätete Einzahlung des Gerichtskostenvorschusses, den **Zeitraum von vierzehn Tagen nicht überschreitet** (BGH, NJW 2005, 291, 292; NJW 2000, 2282 = MDR 2000, 897; NJW 1999, 3125 = MDR 1999, 1016; MDR 1996, 737). Für die Zustellung eines Mahnbescheids hat der BGH (Urt. v. 27. 4. 2006 – I ZR 237/03, NJW-RR 2006, 1436, 1437; auch Urt. v. 21. 3. 2002 – VII ZR 230/01, MDR 2002, 1085 = NJW 2002, 2794; ebenso OLG Frankfurt, MDR 2001, 892) entschieden, dessen Zustellung sei dann nicht mehr „demnächst" i. S. d. § 167 ZPO erfolgt, wenn der Antragsteller es unterlassen hat, beim Mahngericht nach Ablauf einer je nach den Umständen des Einzelfalls zu bemessenden Frist nachzufragen, ob die Zustellung bereits veranlasst worden ist, und dieses Unterlassen nachweislich zu einer Verzögerung der Zustellung **um mehr als einen Monat** geführt hat.

Andererseits hat der IV. ZS des BGH (Urt. v. 12. 7. 2006 – IV ZR 23/05, NJW 2006, 3206) ausgeführt, bei der Frage, ob eine Klagezustellung „demnächst" i. S. d. § 167 ZPO erfolgt ist, seien Verzögerungen im Zustellungsverfahren, die durch eine fehlerhafte Sachbehandlung des Gerichts verursacht sind, dem Kläger grundsätzlich nicht zuzurechnen.

Hat der Kläger danach alle von ihm geforderten Mitwirkungshandlungen für eine ordnungsgemäße Klagezustellung erbracht, insbesondere die richtige Anschrift der beklagten Partei mitgeteilt und den angeforderten Gerichtskostenvorschuss eingezahlt, so sind er und sein Prozessbevollmächtigter im Weiteren nicht mehr gehalten, das gerichtliche Vorgehen zu kontrollieren und durch Nachfragen auf die beschleunigte Zustellung hinzuwirken.

Dies gilt auch dann, wenn es zu mehrmonatigen, nicht vom Kläger oder dessen Prozessbevollmächtigtem zu vertretenden Verzögerungen kommt (BGH NJW 2006, 3206, 3207; NJW 2003, 2830; NJW-RR 2003, 599; a. A. OLG Hamm NJW-RR 1998, 1104: Nachfrageobliegenheit nach drei bis vier Wochen).

Für die Einzahlung der Gerichtskosten steht dem Kläger nach Eingang der Aufforderung eine Frist von zwei Wochen zu (BGH NJW-RR 1992, 471; OLG Brandenburg OLG-NL 2003, 166 und Palandt-Heinrichs, § 204 BGB, Rz. 7: drei Wochen nicht mehr „demnächst"; der BGH, Urt. v. 12. 7. 2006 – IV ZR 23/05, NJW 2006, 3206: hat die Einzahlung innerhalb von zwanzig Tagen konkludent als „demnächst" angesehen).

Die Zustellung ist jedoch nicht mehr „demnächst" erfolgt, wenn der Kläger **zunächst den Namen** (BGH, NJW 1992, 1821; Palandt-Heinrichs, § 204 BGB Rz. 7) oder die Adresse des Beklagten **falsch bezeichnet** und zwischen der fehlgeschlagenen und der später erfolgreichen Zustellung mehr als achtzehn Tage liegen (BGH FamRZ 1988, 1154) oder wenn der Prozessbevollmächtigte des Klägers dem Gericht die korrekte Anschrift des Beklagten erst drei Wochen nach deren Bekanntwerden aufgrund einer Anfrage beim Einwohnermeldeamt mitteilt (BGH NJW 1996, 1060, 1061; **a. A.** BGH NJW-RR 2006, 1437 und OLG Frankfurt MDR 2001, 892: Ein Monat noch „demnächst" i. S. d. § 693 II ZPO a. F.).

Als **ladungsfähige Anschrift** des Beklagten in der Klageschrift kann auch die **Angabe seiner Arbeitsstelle** genügen, wenn diese sowie der Zustellungsempfänger und dessen dortige Funktion so konkret und genau bezeichnet werden, dass von einer ernsthaften Möglichkeit ausgegangen werden kann, die Zustellung durch Übergabe werde gelingen (BGH MDR 2001, 164 = NJW 2001, 885). So reicht die Bezeichnung der beklagten Krankenhausärzte mit Namen und ärztlicher Funktion in einer bestimmten medizinischen Abteilung des Krankenhauses für Angabe der ladungsfähigen Anschrift aus (BGH NJW 2001, 885, 886 = MDR 2001, 164, 165: *„Chefarzt X, Abt. Innere Medizin II, Klinikum Y"*). Die bloße Benennung eines mehrere Abteilungen umfassenden Großstadtklinikums als Zustellungsanschrift des namentlich benannten Arztes genügt dagegen nicht (BGH NJW 2001, 885, 887 als „obiter dictum").

3. Anerkenntnishandlungen

Gem. § 208 BGB a. F. wird die Verjährung unterbrochen, wenn der Anspruchsgegner den geltend gemachten Anspruch anerkennt. Entsprechendes gilt gem. § 212 I Nr. 1 BGB n. F. seit dem 1. 1. 2002 nunmehr für den Neubeginn der Verjährung.

Ein Anerkenntnis liegt aber nur vor, wenn sich aus dem tatsächlichen Verhalten des Schuldners gegenüber dem Gläubiger unzweideutig ergibt, dass dem Schuldner das Bestehen der Schuld bewusst ist und der Gläubiger deshalb auf die Nichterhebung der Verjährungseinrede vertrauen darf (BGH NJW-RR 1988, 684; NJW 1997, 517; NJW-RR 2002, 1433, 1434).

Als Anerkennungshandlungen kommen die Vornahme einer **Abschlagszahlung** (§§ 208 BGB a. F., 212 I Nr. 1 BGB n. F.), die vorbehaltlose Ersatzleistung auf einzelne Schadensgruppen bzw. Schadenspositionen (BGH NJW-RR 1986, 234; OLG Köln VersR 1985, 249) und die Aufrechnung mit einer Gegenforderung, etwa dem Arzthonorar (Beater, MDR 1991, 928; Palandt-Heinrichs, § 212 BGB n. F. Rz. 4; BGH NJW 1989, 2469 stellt auf die Umstände des Einzelfalles ab) in Betracht. Die **Zahlung des Haftpflichtversicherers** stellt grundsätzlich ein die Verjährung unterbrechendes Anerkenntnis zulasten des Versicherungsnehmers auch für den Teil der Ansprüche dar, für den der Versicherer nicht einzustehen hat, weil er die Deckungssumme übersteigt (BGH, Urt. v. 22. 7. 2004 – IX ZR 482/00, VersR 2004, 12781278 = MDR 2005, 90). Anders liegt es aber dann, wenn der Versicherer erkennbar zum Ausdruck bringt, dass er die über die Deckungssumme hinausgehenden Ansprüche aus unerlaubter Handlung nicht anerkennen wolle (BGH, Urt. v. 22. 7. 2004 – IX 482/00, VersR 2004, 1278 = MDR 2005, 90).

Keine Anerkennungshandlung liegt dagegen in der Erklärung, man werde sich um die Sache kümmern (OLG Koblenz NJW-RR 1990, 61) oder im Angebot einer vergleichsweisen Erledigung (OLG Hamm VersR 1990, 899).

Denn regelmäßig ist davon auszugehen, dass Vergleichsverhandlungen unter Aufrechterhaltung der beiderseitigen Rechtsstandpunkte geführt werden; die dabei abgegebenen Erklärungen haben nach dem Scheitern der Verhandlungen keine Wirkung mehr (BGH NJW-RR 2002, 1433, 1434; OLG Hamm NJW-RR 1999, 1678).

Grundsätzlich genügt es, wenn der Schuldner den Anspruch dem Grunde nach anerkennt. Leistet er entsprechend den Anforderungen des Gläubigers nur **auf bestimmte Schadensgruppen**, so erstreckt sich die **Unterbrechung im Zweifel auf die Gesamtforderung** (OLG Koblenz NJW-RR 1994, 1049; Palandt-Heinrichs, § 212 BGB Rz. 5).

Demgegenüber unterbricht das auf einen Teil des Anspruchs, etwa eine bestimmte Haftungsquote beschränkte Anerkenntnis nur hinsichtlich dieses Teils (OLG Oldenburg, NJW-RR 1998, 1283; Palandt a. a. O.).

B. Ab dem 1. 1. 2002 geltendes Recht

I. Verjährungsfristen

1. Regelverjährung

Die regelmäßige Verjährungsfrist beträgt ab dem 1. 1. 2002 gem. § 195 BGB n. F. drei Jahre. Erfasst werden von § 195 BGB a. F. die vertraglichen Primäransprüche, z. B. aus §§ 611, 631, 433 BGB, die Sekundäransprüche, also die Ansprüche auf Schadensersatz z. B. aus §§ 280 I (bislang p. V. V.), 281 I, 282, 283, 286 I BGB n. F. und aus Rücktritt gem. §§ 323 I, 346 I BGB n. F., die gesetzlichen Ansprüche z. B. aus §§ 823 I, II, 831 I, 839 I BGB, 839 a BGB n. F., 812 I, 813 I BGB, 677, 683, 670 BGB (G. o. A.). Die **zwei-, drei- und vierjährigen Fristen der §§ 196, 197, 852 BGB a. F. entfallen** und gehen in § 195 BGB n. F. auf (vgl. Mansel, NJW 2002, 89, 90). Bei Rechnungen von Werk- und Dienstleistern ist der Anspruch grundsätzlich fällig und entstanden, wenn der Gläubiger die Rechnung hätte erteilen können (BGHZ 102, 171; Palandt-Heinrichs, § 199 BGB Rz. 6).

In einigen **Sonderregelungen** ist bestimmt, dass die Fälligkeit erst mit Zugang einer Rechnung eintritt, so nach § 16 Nr. 3 VOB/B bei Werkleistungen und Vereinbarung der VOB/B, § 8 HOAI beim Architektenhonorar und gem. § 12 II GOÄ beim Arzthonorar (LG München I, Urt. v. 18. 11. 2002 – 9 S 12869/01, VersR 2004, 1009, 1010; Palandt-Heinrichs, § 199 BGB Rz. 6).

Wird keine Rechnung erteilt, wären die unter die Sonderregelungen fallenden Forderungen praktisch unverjährbar (Palandt a. a. O.). So tritt die Fälligkeit des Arzthonorars auch dann erst mit der Erteilung der Honorarrechnung ein, wenn die Behandlung zum Zeitpunkt des Zugangs der Rechnung schon zwei Jahre zurückliegt (LG München I, Urt. v. 18. 11. 2002 – 9 S 12869/01, VersR 2004, 1009).

Nach Ansicht des LG München I kann der Patient einen **früheren Beginn** der Verjährung dadurch erreichen, indem er dem Arzt eine angemessene **Frist zur Rechnungsstellung** setzt. Wird die Honorarrechnung bis zum Ablauf der Frist nicht erteilt, muss er sich so behandeln lassen, als sei die Rechnung innerhalb der gesetzten angemessenen Frist erteilt worden (BGH, NJW-RR 1986, 1279 für § 8 HOAI; LG München I, Urt. v. 18. 11. 2002 – 9 S 12869/01, VersR 2004, 1001, 1010).

Nach Ansicht von Heinrichs (Palandt-Heinrichs, § 199 BGB Rz. 6; auch Erman/ Schmidt-Räntsch, § 199 BGB Rz. 6 und § 242 BGB Rz. 87 ff.) kommt auch Verwirkung in Betracht, wenn seit dem Zeitpunkt, in dem die Rechnung hätte erteilt werden können, drei Jahre (gerechnet ab dem Jahresende) vergangen sind.

2. Sonderregelungen

Sonderregelungen bei Vorliegen von Sach- und Rechtsmängeln finden sich beim Kaufrecht in § 438 BGB n. F. (2, 5 und 30 Jahre; vgl. hierzu Mansel, NJW 2002, 89, 94 f.), beim Werkvertragsrecht in § 634 a BGB n. F. (2, 3 und 5 Jahre; vgl. hierzu Mansel, NJW 2002, 89, 96) und beim Reiserecht in § 651 g II BGB n. F. (2 Jahre).

Bei Rechten an einem Grundstück gilt gem. § 196 BGB n. F. eine zehnjährige, für Herausgabeansprüche aus Eigentum, anderen dinglichen Rechten, rechtskräftig festgestellten Ansprüchen, sowie Ansprüchen aus vollstreckbaren Vergleichen oder vollstreckbaren Urkunden gem. § 197 I Nr. 1, 3 und 5 BGB n. F. eine dreißigjährige Verjährungsfrist. Zu den rechtskräftig festgestellten Ansprüchen zählen auch der Schiedsspruch nach § 1055 ZPO und der Schiedsvergleich gem. § 1053 ZPO, zu den Ansprüchen aus vollstreckbaren Vergleichen die gem. § 794 I Nr. 1 ZPO, vor einer Gütestelle gem. § 797 a ZPO, im PKH-Verfahren gem. § 118 I 3 ZPO oder im selbständigen Beweisverfahren abgeschlossenen Vergleiche (D-L/H/L/R, § 197 BGB Rz. 57, 58, 67).

Allerdings ist – auch gerade in Arzthaftungssachen – zu beachten, dass rechtskräftig festgestellte oder in vollstreckbaren Vergleichen geregelte Ansprüche, die künftig fällig werdende, regelmäßig wiederkehrende Leistungen, etwa Rentenzahlungen gem. § 843 I, 844 II BGB zum Inhalt haben, gem. § 197 II BGB n. F. innerhalb von drei Jahren ab ihrer Entstehung verjähren. Es empfiehlt sich also, eine außergerichtliche Abfindungs- bzw. Feststellungserklärung mit dem Zusatz zu versehen **„mit der Wirkung eines rechtskräftigen Feststellungsurteils"** oder zumindest „alle in dieser Vereinbarung geregelten Ansprüche unterliegen einem 30-jährigen Verjährungsverzicht".

II. Beginn der Verjährung

1. Kenntnis bzw. grob fahrlässige Unkenntnis (§ 199 I BGB n. F.)

Gem. § 199 I BGB n. F. beginnt die Verjährung für alle keiner Sonderregelung unterworfenen Ansprüche nunmehr mit dem Schluss des Jahres zu laufen, in dem der Anspruch entstanden, also fällig ist und der Gläubiger von dem den Anspruch begründenden Umstand und der Person des Schuldners Kenntnis erlangt hat oder ohne grobe Fahrlässigkeit hätte Kenntnis erlangen müssen.

a) Jahresschluss

Maßgebend ist der **Schluss des Jahres**, in dem der **Anspruch entstanden** ist. Sind dem Gläubiger die Voraussetzungen des Ersatzanspruchs grundsätzlich bekannt oder grob fahrlässigerweise unbekannt, beginnt die Verjährung auch für die erst in der Zukunft entstehenden Schäden mit dem Schluss des Jahres zu laufen, in dem zumindest der erste Teilbetrag des Schadens fällig geworden ist bzw. wäre (Palandt-Heinrichs, § 199 BGB Rz. 2, 38; auch OLG Hamm NJW-RR 1999, 252 zum alten Recht) bzw. sich der erste von mehreren Schadensposten verwirklicht hat (Mansel, NJW 2002, 89, 91).

Dies gilt jedoch nicht für solche Schadensfolgen insbesondere bei Körperschäden, die auch aus der Sicht (medizinischer) Fachkreise zum Zeitpunkt der allgemeinen Kenntnis des Patienten **nicht vorhersehbar** gewesen sind (BGH, Urt. v. 14. 2. 2006 – VI ZR 322/04, NZV 2006, 408, 409 = MDR 2006, 987; MDR 1997, 837; MDR 2000, 270; zur Verjährung von Spätfolgen auch Jaeger ZGS 2003, 329, 331). Die Rechtsprechung zur Schadenseinheit und etwaiger Spätfolgen (s. o. S. 866 ff.) ist weiterhin einschlägig, wobei nunmehr die grob fahrlässige Unkenntnis des Patienten hinsichtlich möglicher Spätfolgen den Verjährungsbeginn zum Jahresende auslöst.

Wird die Verjährung gem. §§ 203 ff. BGB n. F. gehemmt oder beginnt sie gem. § 212 BGB n. F. von Neuem, läuft sie nach Beendigung der Hemmung (vgl. §§ 203 S. 2, 204 II) sofort und nicht erst mit dem Jahresschluss weiter (Palandt-Heinrichs, § 199 BGB Rz. 38; auch BGH, NJW-RR 1990, 665).

b) Positive Kenntnis

Zur Kenntnis i. S. d. § 199 I Nr. 2 BGB n. F. wird auf die Ausführungen zu § 852 BGB a. F. verwiesen (s. o. S. 854 ff.).

Die Kenntnis (bzw. nunmehr auch die grob fahrlässige Unkenntnis) muss nach wie vor alle Merkmale der Anspruchsgrundlage einschließlich der eigenen Anspruchsberechtigung und – bei der Verschuldenshaftung – das Vertretenmüssen des Schuldners umfassen (Mansel NJW 2002, 89, 91), wobei nach der Fassung des § 280 I 2 BGB n. F. eine Vermutung für Letzteres wohl genügt.

c) Grob fahrlässige Unkenntnis

Grob fahrlässig handelt der Gläubiger, der die im Verkehr erforderliche Sorgfalt nach den gesamten Umständen in ungewöhnlich hohem Maße verletzt und unbeachtet lässt, was jedem Angehörigen der jeweiligen Verkehrskreise in der jeweiligen Situation hätte einleuchten müssen (BGH, Urt. v. 15. 11. 2001 – I ZR 158/99, NJW 2002, 3106, 3107 = MDR 2002, 956; Mansel NJW 2002, 89, 91; Palandt-Heinrichs, § 199 BGB Rz. 36, 37 und § 277 Rz. 5; Rohlfing MDR 2006, 721, 723).

Nach bislang h. M. muss dem Gläubiger dabei **auch subjektiv** ein **schwerer Pflichtenverstoß** zur Last fallen (BGH NJW 1988, 1265, 1266; Mansel NJW 2002, 89, 91; Rohlfing MDR 2006, 721, 723).

aa) Behandlungsfehler

Ein grob fahrlässiges Verhalten wird man anzunehmen haben, wenn der Patient es unterlässt, **vorhandene Behandlungsunterlagen**, aus denen das Vorliegen eines Behandlungsfehlers (zum Aufklärungsfehler s. o. S. 863 ff.) ergibt, **einzuse-**

hen bzw. sich gegen Kostenerstattung Kopien zusenden zu lassen (siehe hierzu → *Einsicht in Krankenunterlagen*, S. 446 ff.) bzw. einen Rechtsanwalt oder sonstigen sachkundigen Vertreter mit der Einsichtnahme zu beauftragen (Vorsatz von BGH NJW 1989, 2323 abgelehnt), soweit die Einsichtnahme die notwendige Klarheit erbracht hätte (Bäune/Dahm, MedR 2004, 645, 653; Palandt-Heinrichs, § 199 BGB Rz. 37; zurückhaltender G/G, 5. Aufl., Rz. D 8 a. E.: Patient muss keine Informationen suchen, aber die Vorhandenen auswerten).

Dies gilt erst recht, wenn der Patient einen Rechtsanwalt mit seiner Vertretung beauftragt hat, dieser es aber unterlässt, die ihm in Kopie übersandten Behandlungsunterlagen, aus denen sich der Behandlungsfehler erkennen lassen würde, auszuwerten. Die **Einholung eines anwaltlichen Rates** im Rahmen einer Erstberatung (Kosten: derzeit 190,00 Euro zzgl. Mwst.) ist dem Geschädigten zumutbar (Rohlfing MDR 2006, 721, 723; aber Bäune/Dahm MedR 2004, 645, 653: nicht die generelle Beauftragung eines Rechtsanwalts).

Auch **einfache Nachfragen** nach dem Namen des behandelnden Krankenhausarztes (Mansel, NJW 2002, 89, 92), der Bedeutung medizinischer Begriffe und die Nebenwirkungen eines verabreichten, „verdächtigen" Medikaments bei seinem Hausarzt bzw. einer Apotheke sind dem Patienten wohl zuzumuten. Der BGH (Urt. v. 8. 10. 2002 – VI ZR 182/01, VersR 2003, 75, 76 = NJW 2003, 288, 289; Urt. v. 5. 3. 2002 – VI ZR 442/00, VersR 2002, 869, 870 = NJW 2002, 1877, 1878; auch OLG Frankfurt VersR 2001, 1572) hatte zu § 852 BGB a. F. mehrfach darauf hingewiesen, dass die für § 852 BGB a. F. erforderliche „positive Kenntnis" dann angenommen werden kann, wenn der Geschädigte es versäumt, eine gleichsam auf der Hand liegende Erkenntnismöglichkeit wahrzunehmen. Die Hinzuziehung eines medizinischen Sachverständigen oder die generelle Beauftragung eines Rechtsanwalts wird man aber nach wie vor nicht verlangen können (Bäune/Dahm MedR 2004, 645, 653):

Das Unterlassen eines Mindestmaßes an aktenmäßiger Erfassung und des geregelten Informationsaustausches über verjährungshemmende Tatsachen innerhalb arbeitsteiliger Unternehmen, Behörden und Körperschaften, etwa zwischen der **Leistungs- und der Regressabteilung einer Krankenkasse**, wird jedoch als Fall grob fahrlässiger Unkenntnis dieser Tatsachen angesehen (Heß NZV 2002, 65, 66; Krämer ZGS 2003, 379, 381; Mansel NJW 2002, 89, 92; Mansel in D-L/H/L/R, § 199 BGB Rz. 61; Schmid ZGS 2002, 180, 181, a. A. Marburger, Ltd. Mitarbeiter der AOK Baden-Württemberg, VersR 2003, 1232, 1235; unklar G/G, 5. Aufl., Rz. D 9 mit Rspr. Nachweisen zur alten Rechtslage).

Unterlässt es also ein an sich unzuständiger Sachbearbeiter einer Krankenkasse, einer öffentlich-rechtlichen Körperschaft, einer Versicherung o. a., sein verjährungsrechtlich relevantes Wissen der zuständigen Regressabteilung mitzuteilen, beginnt die Verjährung zu diesem Zeitpunkt – gem. § 199 I 1 BGB zum Jahresschluss – zu laufen (Krämer, ZGS 2003, 379, 381; Mansel, NJW 2002, 89, 92; Schmid, ZGS 2002, 180, 181; a. A. Marburger, Ltd. Mitarbeiter der AOK Baden-Württemberg, VersR 2003, 1232, 1235).

Geht der Anspruch im Wege des gesetzlichen Forderungsübergangs, z. B. nach § 116 SGB X, § 81 a BVG sofort mit der Entstehung auf den Versicherungs- bzw.

Leistungsträger über, kommt es nur auf dessen Kenntnis bzw. grob fahrlässige Unkenntnis an (OLG Koblenz, NJW 1999, 224; OLG Köln, NJW-RR 2002, 1392; Palandt-Heinrichs, § 199 BGB Rz. 25).

So erfolgt der **Forderungsübergang bereits zum Unfallzeitpunkt bzw. dem sonstigen Zeitpunkt des schädigenden Ereignisses** etwa auf Rentenversicherer, die Bundesagentur für Arbeit, den Dienstherrn bei der Verletzung eines Beamten, die gesetzliche Krankenversicherung sowie eine gesetzliche oder beamtenrechtliche Unfallversicherung (vgl. die Übersicht bei Jahnke, MDR 2004, 380, 384). Geht der Anspruch erst später über, muss sich der Sozialversicherungsträger, private Kranken- oder Pflegeversicherer bzw. eine sonstige, regressierende Versicherung (vgl. § 67 VVG) die bis zum Forderungsübergang erworbene Kenntnis bzw. grob fahrlässige Unkenntnis des Rechtsvorgängers anrechnen lassen (BGH, NJW 1983, 1912; NJW 1965, 909; Palandt-Heinrichs, § 199 BGB Rz. 25; Übersicht zum kongruenten Leistungsspektrum und zum Forderungsübergang bei Jahnke, MDR 2004, 380, 384).

bb) Aufklärungsfehler

Bei einem etwaigen **Aufklärungsversäumnis** wurde bereits unter der Geltung des § 852 BGB a. F. das Bestehen einer **Erkundigungspflicht des Patienten**, sein Wissen um die Rechtsfolgen des tatsächlichen Geschehens durch einfache, zumutbare Maßnahmen zu vervollständigen, bejaht (G/G, 5. Aufl., Rz. D 14; Gehrlein, Rz. D 9; s. o. S. S. 863 ff.).

Hat sich nach dem Eingriff eine bestimmte, für die Gesundheit des Patienten nachteilige Folge eingestellt und wurde er hierüber nicht aufgeklärt, so wird man ihm zumuten können, sich dahin gehend zu erkundigen, ob es sich bei der Komplikation um ein dem Eingriff eigentümliches Risiko handelte, das einem Facharzt des jeweiligen Gebietes im Zeitpunkt des Eingriffs bekannt war oder bekannt sein musste (vgl. OLG Düsseldorf NJW-RR 1999, 823 und OLG München, Urt. v. 30. 9. 2004 – 1 U 3940/03, VersR 2006, 705 zum alten Recht).

Erleidet ein Patient also im Rahmen einer Operation einen Körper- bzw. Gesundheitsschaden und erfährt er in den Tagen danach, dass es bei dem Eingriff zu lebensgefährlichen Komplikationen mit dem hernach bestehenden Risiko des „Platzens" eines Blutergusses gekommen ist, hat er jedenfalls dann entsprechende Nachfragen über die Aufklärungsbedürftigkeit der eingetretenen Risiken bzw. Schäden zu halten, wenn er hierüber vor dem Eingriff nicht oder nur unzureichend aufgeklärt worden ist (OLG München, Urt. v. 30. 9. 2004 – 1 U 3940/03, VersR 2006, 705, 706 – Revision vom BGH zurückgewiesen).

2. Höchstfristen (§ 199 II, III BGB n. F.)

a) § 199 II BGB n. F.

§ 199 II BGB n. F. bestimmt, dass Schadensersatzansprüche, z. B. aus § 280 I BGB n. F. (vormals p. V. V.), §§ 823 I, II, 831 I, 839 I BGB sowie aus Gefährdungshaftung, die auf der Verletzung des Lebens, des Körpers, der Gesundheit oder Freiheit beruhen, ohne Rücksicht auf die Entstehung eines Schadens und ohne

Rücksicht auf die Kenntnis bzw. grob fahrlässige Unkenntnis i. S. d. § 199 I Nr. 2 BGB n. F. in **spätestens 30 Jahren** seit der Begehung der tatbestandlichen Handlung i. S. d. § 823 I BGB, der Vornahme der Pflichtverletzung i. S. d. § 280 I BGB n. F. und bei einer Unterlassung ab dem Zeitpunkt, in dem die Handlung geboten gewesen wäre, verjähren (vgl. Palandt-Heinrichs, § 199 BGB Rz. 40 – 44; D-L/H/L/R, § 199 BGB Rz. 85, 86, 89). So kann ein Anspruch aus einer behandlungsfehlerhaft durchgeführten Röntgenreihenuntersuchung 30 Jahre nach deren Durchführung verjähren, selbst wenn eine Krebserkrankung als dadurch verursachter Gesundheitsschaden und damit der Anspruch i. S. d. §§ 823 I, 280 I, 199 I BGB n. F. noch gar nicht entstanden ist (Palandt-Heinrichs, § 199 BGB Rz. 42; D-L/H/L/R, § 199 BGB Rz. 84).

Der Gesetzgeber hat die Einbeziehung von vorsätzlich oder grob fahrlässig verursachten Vermögensschäden in § 199 II BGB n. F. ausdrücklich abgelehnt und dessen **Katalog** als **abschließend** bezeichnet (D-L/H/L/R, § 199 BGB Rz. 81 m. w. N.). Die Höchstfristen des § 199 II, III BGB n. F. gelten aber nur, solange die Voraussetzungen des § 199 I BGB n. F. nicht vorliegen. Mit der Entstehung des Anspruchs und der Kenntnis bzw. grob fahrlässigen Unkenntnis von den Umständen (vgl. S. 854 ff., 882 ff.) beginnt die kürzere Frist des § 195 BGB n. F. zu laufen. Ist dies jedoch erst vor Ablauf der Frist des § 199 II, des § 199 III bzw. des § 199 IV BGB n. F. der Fall, so ist der – frühere – Verjährungseintritt nach § 199 II, III oder IV BGB n. F. maßgebend (Palandt-Heinrichs, § 199 BGB Rz. 43, 44 mit Beispielen; D-L/H/L/R, § 199 BGB Rz. 71).

b) § 199 III BGB n. F.

Schadensersatzansprüche wegen Verletzung sonstiger Rechtsgüter (Eigentum, Vermögen u. a.) verjähren gem. § 199 III 1 Nr. 1 BGB n. F. entweder in zehn Jahren ab ihrer Entstehung oder – wie die in § 199 II BGB n. F. genannten Ansprüche – gem. § 199 III 1 Nr. 2 BGB n. F. in 30 Jahren ab der Begehung der Handlung, der Pflichtverletzung oder dem sonstigen schadensbegründenden Ereignis. Maßgebend ist hier nach § 199 III 2 BGB n. F. die früher endende Frist. Sobald die Voraussetzungen des § 199 I BGB n. F. vorliegen (Anspruch entstanden, sowie Kenntnis bzw. grob fahrlässige Unkenntnis), beginnt zum Jahresschluss jedoch die Frist des § 195 BGB n. F. zu laufen.

3. Beginn der Verjährung von festgestellten Ansprüchen (§ 201 BGB n. F.)

Die dreißigjährige Verjährung von rechtskräftig festgestellten Ansprüchen beginnt mit der **formellen Rechtskraft** der Entscheidung (§§ 201, 197 I Nr. 3 BGB n. F.), die dreißigjährige Verjährung der Ansprüche aus vollstreckbaren Vergleichen oder vollstreckbaren Unkunden mit der Errichtung des vollstreckbaren Titels (§§ 201, 197 I Nr. 4 BGB n. F.). Die Verjährung kann gem. § 201 S. 1 letzter Hs. BGB n. F. jedoch nicht vor der Entstehung des Anspruchs, etwa bei Verurteilung zur Erbringung künftig fällig werdender Leistungen (§§ 257, 259 ZPO) beginnen (D-L/H/L/R, § 201 BGB Rz. 3).

Droht bei einer titulierten Forderung der Ablauf der Verjährungsfrist, ist zur Sicherung des Anspruchs eine (erneute) Feststellungsklage zulässig, wobei in

Feststellungsinteresse nur gegeben ist, wenn andere Möglichkeiten zur Hemmung der Verjährung fehlen (BGH, NJW-RR 2003, 1076; Palandt-Heinrichs, § 201 BGB Rz. 2).

4. Beginn anderer Verjährungsfristen (§ 200 BGB n. F.)

Soweit der Verjährungsbeginn nicht in §§ 199, 201 BGB n. F. geregelt ist, beginnt die Verjährung von Ansprüchen gem. § 200 BGB n. F. mit deren Entstehung zu laufen. So findet § 200 BGB n. F. für die Verjährungsfristen der §§ 196, 197 I Nr. 1, 197 I Nr. 2 BGB n. F. Anwendung (D-L/H/L/R, § 200 BGB Rz. 3).

III. Neubeginn der Verjährung

1. Unterbrechung und Neubeginn

Eine Verjährungsunterbrechung (§§ 208–217 BGB a. F.) kennt das neue Verjährungsrecht nicht. Die alten Unterbrechungstatbestände sind überwiegend in Hemmungstatbestände (§§ 203 ff. BGB n. F.) umgewandelt. Zu einem der früheren Unterbrechung entsprechenden Neubeginn der Verjährung, wonach die entsprechende Verjährungsfrist z. B. aus §§ 195, 199 I, II BGB n. F. in voller Länge erneut zu laufen beginnt, führen gem. § 212 I Nr. 1 u. 2 BGB n. F. nur noch das Anerkenntnis des Schuldners (vgl. hierzu oben S. 879) und die Beantragung oder Vornahme einer gerichtlichen bzw. behördlichen Vollstreckungshandlung.

2. Überleitungsrecht

Nach der Überleitungsvorschrift des Art. 229 § 6 I 2 EGBGB richten sich Beginn, Hemmung und Neubeginn der Verjährung für Ansprüche, die bis zum 31. 12. 2001 entstanden sind, nach dem alten Recht. Verjährungsunterbrechungen nach altem Recht entfallen gem. Art 229 § 6 I 3 EGBGB, wenn sie bei Fortgeltung des alten Rechts entfallen wären, z. B. bei Rücknahme der Klage gem. § 212 I BGB a. F.

Eine **nach altem Recht begonnene Verjährungsunterbrechung wandelt sich** gem. Art. 229 § 6 II EGBGB in eine Hemmung um, sofern der bisherige Unterbrechungstatbestand ab dem 1. 1. 2002 nur noch eine Hemmung vorsieht. Dies gilt etwa für die Klageerhebung (§§ 209 I BGB a. F., 204 I Nr. 1 BGB n. F.), die Zustellung eines Mahnbescheids (§§ 209 II Nr. 1, 213 BGB a. F., 204 I Nr. 3 BGB n. F.), die Aufrechnung im Prozess (§§ 209 II Nr. 3 BGB a. F., 204 I Nr. 5 BGB n. F.) und die Streitverkündung (§§ 209 II Nr. 4 BGB a. F., 204 I Nr. 6 BGB n. F.).

IV. Hemmung der Verjährung

1. Hemmung durch Rechtsverfolgung (§ 204 BGB n. F.)

Wie beim bisherigen Recht wird der Zeitraum, während dessen die Verjährung gehemmt ist, nicht in die Verjährungsfrist eingerechnet (§ 209 BGB n. F.). Die Verjährungsfrist wird faktisch um den Zeitraum der Hemmung verlängert.

a) Hemmungstatbestände (§ 204 I BGB)

Die wichtigsten Hemmungstatbestände sind die Erhebung einer **Klage** des Berechtigten (§ 204 I Nr. 1 BGB n. F.) und die **Zustellung eines Mahnbescheids** (§ 204 I Nr. 3 BGB n. F.), wobei die Wirkung der Hemmung gem. §§ 270 III, § 691 II ZPO (ab 1. 7. 2002: § 167 ZPO) bereits mit Einreichung der Klage eintritt, wenn sie „demnächst" zugestellt wird (s. o.), die Aufrechnung im Prozess (§ 204 I Nr. 5 BGB n. F.), die Zustellung einer Streitverkündungsschrift (§ 204 I Nr. 6 BGB n. F.), die bislang im Arzthaftungsprozess keine Hemmung herbeiführende Zustellung eines Antrags auf Durchführung eines selbständigen Beweisverfahrens (§ 204 I Nr. 7 BGB n. F.) und die Veranlassung der Bekanntgabe eines PKH-Antrages (§ 204 I Nr. 14 BGB n. F.), wobei auch hier die Hemmungswirkung mit der Einreichung des Antrages beginnt, wenn die Bekanntgabe dann „demnächst" veranlasst wird.

Anders als nach dem bisherigen Richterrecht (s. o. S. 875) ist eine ordnungsgemäße Begründung des PKH-Antrages und die Beifügung sämtlicher erforderlicher Belege für den Eintritt der Hemmung nicht erforderlich. Als „**Mindestanforderungen**" werden die **individualisierbare Benennung der Parteien** und die ausreichende **Darstellung des Streitverhältnisses** zur Identifizierbarkeit der von der Verjährungshemmung erfassten Ansprüche genannt (Palandt-Heinrichs, § 204 BGB Rz. 30, 31; D-L/H/L/R, § 204 BGB Rz. 42).

Ein Antrag des Werkunternehmers auf Durchführung des selbständigen Beweisverfahrens mit dem Ziel der Feststellung der Abwesenheit von Mängeln bewirkt keine Hemmung der Verjährung des Werklohnanspruchs nach § 204 I Nr. 7 BGB (OLG Saarbrücken, Urt. v. 17. 8. 2005 – 1 U 621/04, NJW-RR 2006, 163). Entsprechendes gilt für den Honoraranspruch des Arztes.

b) Ende der Hemmung (§ 204 II BGB)

Gem. § 204 II 1 BGB n. F. endet die Hemmung nach § 204 I Nr. 1–14 BGB n. F. sechs Monate nach der rechtskräftigen Entscheidung oder anderweitigen Beendigung des eingeleiteten Verfahrens, so beim selbständigen Beweisverfahren die Vorlage des Sachverständigengutachtens, andernfalls dessen Erläuterung durch den Sachverständigen (D-L/H/L/R, § 204 BGB Rz. 49).Um eine Hemmung der Verjährung gem. § 204 I Nr. 7 BGB zu erreichen, muss der Antrag des Anspruchsberechtigten beim (später) in Anspruch genommenen Schuldner eingereicht und i. S. d. § 167 ZPO n. F. „demnächst" zugestellt werden (Palandt-Heinrichs, § 204 BGB Rz. 22). Die Hemmung tritt aber nur ein, wenn die zum Gegenstand des Verfahrens gemachte Tatsachenbehauptung, unter Umständen nur als Indiz, für die Entscheidung über den Anspruch von Bedeutung sein kann. Die Hemmung tritt in diesen Fällen aber auch dann ein, wenn das Beweismittel den Vortrag des Gläubigers im Ergebnis nicht bestätigt (BGH, NJW-RR 1998, 1475; Palandt a. a. O.).

Die **Nichteinzahlung** des vom Gericht angeforderten **Kostenvorschusses** steht einer „Beendigung" des selbständigen Beweisverfahrens – nämlich der Übersendung des Gutachtens an die Parteien, Fristsetzung gem. § 411 IV 2 ZPO durch das Gericht, Mitteilung von Einwänden, Anträgen, Ergänzungsfragen innerhalb angemessener Frist bzw. Anhörung des Sachverständigen im Termin – nicht gleich (OLG Frankfurt, Beschl. v. 23. 7. 2004 – 1 W 48/04, ZGS 2004, 398; Einzelheiten vgl. → *Beweisverfahren, selbständiges*, S. 399). Jedenfalls dann, wenn in zeitlich überschaubarem Zusammenhang nach Ablauf der Fristsetzung für den Eingang des Vorschusses die Zahlung noch erfolgt, steht es dem Zweck des selbständigen Beweisverfahrens nicht entgegen, diesem – verjährungshemmend – Fortgang zu geben (OLG Frankfurt, Beschl. v. 23. 7. 2004 – 1 W 48/04, ZGS 2004, 398: Fristüberschreitung von einem Monat unschädlich).

Wichtig ist die Beendigung der Hemmung z. B. für die Rücknahme bzw. die Abweisung der Klage oder für die nach Abschluss des Vorprozesses gegen den Streitverkündenden einzureichende Klage. Im Falle des Obsiegens oder des Vergleichsabschlusses gilt für die titulierten Ansprüche die 30-jährige Frist des § 197 I Nr. 3, Nr. 4 BGB n. F.

Bei einem **Verfahrensstillstand wird die Sechsmonatsfrist des § 204 II 1 BGB n. F. ab dem Ende der letzten Verfahrenshandlung** berechnet. Ein Ende der Hemmung wegen eines Verfahrensstillstandes gem. § 204 II 2 BGB n. F., etwa nach Anordnung des Ruhens des Verfahrens gem. §§ 251 I, 251 a ZPO, unterlassener Einreichung der Anspruchsbegründung nach vorangegangenem Mahnverfahren und entsprechender Aufforderung des Gerichts (OLG Düsseldorf, NJW-RR 1988, 703), Nichteinzahlung des vom Gericht angeforderten Kostenvorschusses (OLG Frankfurt, Beschl. v. 23. 7. 2004 – 1 W 48/04, ZGS 2004, 398), unterlassener Mitteilung der Anschrift des Gegners (BGH, NJW 2004, 3418) oder bei sonstigem faktischem Stillstand, setzt jedoch eine Verfahrensuntätigkeit beider Parteien, die ursächlich für den Verfahrensstillstand sein muss, voraus (Palandt-Heinrichs, § 204 BGB Rz. 47).

Der eingetretene **Verfahrensstillstand** darf also **nicht** auf die **Untätigkeit des Gerichts** zurückzuführen sein, sofern es von Amts wegen tätig sein müsste (BGH, Urt. v. 12. 7. 2006 – IV ZR 23/05, NJW 2006, 3206, 3207), z. B. eine Partei zur Erfüllung gerichtlicher Auflagen anzuhalten (BGH, NJW-RR 1994, 889; OLG Hamm, NJW-RR 1999, 575), etwa die Anschrift eines Zeugen mitzuteilen (Palandt-Heinrichs, § 204 BGB Rz. 47; D-L/H/L/R, § 204 BGB Rz. 56).

Die Hemmung endet auch nicht, wenn die Partei einen **triftigen Grund** für ihre Untätigkeit hat (BGH, NJW 2000, 132: Partei wartet Ausgang eines Strafverfahrens ab; OLG Karlsruhe, VersR 2005, 213: im Deckungsprozess wird der Ausgang des Haftungsprozesses abgewartet; BGH, NJW 2004, 3418: das Gericht ermöglicht einer Partei die Ermittlung einer Anschrift).

Auch bei einem Stillstand des Verfahrens endet die Hemmung erst sechs Monate nach der letzten Verfahrenshandlung (Erman/Schmidt-Räntsch, § 204 BGB Rz. 56; Köper, ZGS 2005, 60, 61; differenzierend Staudinger-Peters, 2004, § 204 BGB Rz. 124, 128).

Das **Weiterbetreiben** des Verfahrens innerhalb der 6-Monats-Frist begründet nach § 204 II 3 BGB erneut die Hemmung der Verjährung. Es **genügt jede Prozesshandlung** einer Partei, die bestimmt und dazu geeignet ist, den Prozess wieder in Gang zu setzen, auch wenn die Handlung im Ergebnis erfolglos bleibt

(Palandt-Heinrichs, § 204 BGB Rz. 50), etwa ein PKH-Antrag, ein Antrag auf Terminierung bzw. Fortführung des ruhenden Verfahrens (BGH, NJW-RR 1988, 279; Palandt a. a. O.), nicht dagegen die Mitteilung, der Rechtsstreit solle fortgeführt werden (OLG Nürnberg, NJW-RR 1995, 1091; Palandt a. a. O.).

2. Hemmung durch Verhandlungen (§ 203 BGB)

Schweben zwischen dem Gläubiger und dem Schuldner – bzw. dessen Haftpflichtversicherung (OLG Düsseldorf VersR 2000, 457; OLG Köln VersR 1996, 253) – Verhandlungen über den geltend gemachten Anspruch oder die den Anspruch begründenden Umstände, so ist die Verjährung gem. § 203 S. 1 BGB n. F. gehemmt, bis eine der Parteien die Fortsetzung der Verhandlungen verweigert. er Begriff des „Verhandelns" ist weit zu verstehen (BGH MDR 2001, 936; zu den Einzelheiten vgl. Fischinger, VersR 2005, 1641 ff.; Mankowski/Höpker, MDR 2004, MDR 2004, 721 ff. und o. S. 871 ff.). Die zu § 852 II BGB a. F. aufgestellten Grundsätze finden auch im Rahmen des § 203 BGB n. F. Anwendung, so dass auf die obigen Ausführungen (S. 871 ff.) verwiesen werden kann.

3. Weitere Hemmungstatbestände

Weitere Hemmungstatbestände sind in §§ 205–208, 210, 211 BGB n. F. geregelt.

V. Verlängerung und Verkürzung der Verjährung

Aus § 202 II BGB n. F. folgt, dass nunmehr rechtsgeschäftliche Verlängerungen der **Verjährung bis zu 30 Jahren generell zulässig** sind (vgl. Mansel, NJW 2002, 89, 96; Heß, NZV 2002, 65, 68; Palandt-Heinrichs § 202 BGB Rz. 9). Ein Rückgriff auf § 242 BGB – wie unter der Geltung des § 225 S. 1 BGB a. F. – ist nicht mehr erforderlich. Einschränkungen ergeben sich bei einer Haftung wegen Vorsatzes für die Verlängerung aus § 202 I BGB n. F., für die Verkürzung der Verjährung beim Verbrauchsgüterkauf aus §§ 475 II, 13, 14 BGB n. F. und bei der Verkürzung der Verjährungsfristen durch AGB wegen Sachmängeln aus §§ 309 Nr. 8 b ee, 8 b ff., 307 II BGB n. F.

VI. Rechtsfolgen der Verjährung

Gem. § 214 I BGB n. F. ist der Schuldner nach Eintritt der Verjährung, die nicht von Amts wegen zu beachten ist, berechtigt, die Leistung zu verweigern. Eine Rückforderung des trotz Verjährungseintritts Geleisteten ist gem. § 214 II BGB n. F. ausgeschlossen. § 215 BGB n. F. stellt im Anschluss an die Rspr. zu § 390 S. 2 BGB a. F. klar, dass die Verjährung die Aufrechnung und die Geltendmachung eines Zurückbehaltungsrechts, etwa aus §§ 273, 320 BGB, nicht ausschließt, wenn der Anspruch in dem Zeitpunkt noch nicht verjährt war, in dem erstmals aufgerechnet oder die Leistung verweigert werden konnte (Palandt-Heinrichs, § 215 BGB Rz. 1, 2; Mansel NJW 2002, 89, 99).

VII. Anwendbarkeit des neuen Verjährungsrechts; Überleitungsvorschriften

Gem. Art. 229 § 6 I 1 EGBGB finden §§ 199 BGB ff. n. F. auf alle am 1. 1. 2002 bestehenden und bis dahin nicht verjährten Forderungen Anwendung, wobei sich gem. Art. 229 § 6 III EGBGB insbesondere die zweijährigen Fristen des § 196 I Nr. 1–17 BGB a. F. sowie die Jahres- und Halbjahresfristen der §§ 477, 638 BGB a. F. für kauf- und werkvertragliche Ansprüche aus §§ 459, 463 S. 1, 634 I, 635 BGB a. F., deren Verjährungslauf vor dem 1. 1. 2002 begann, durch die Einführung des § 199 I BGB n. F. nicht verlängern, sondern im Jahr 2002 (§§ 477, 638 BGB n. F.) bzw. spätestens im Jahr 2003 (§ 196 BGB a. F.) ablaufen (vgl. Bereska, ZAP 2001, 1513, 1522; AnwBl. 2001, 404, 408; Palandt-Heinrichs, Art. 229, § 6 EGBGB Rz. 1, 2, 6).

Soweit die Verjährungsfrist der §§ 195, 199 BGB n. F. kürzer ist als diejenige aus §§ 195, 852 BGB a. F., etwa für vor dem 1. 1. 2002 entstandene Ansprüche des Patienten gegen einen Arzt auf Ersatz seines materiellen Schadens aus p. V. V. (ab 1. 1. 2002: § 280 I BGB n. F.) wegen eines Behandlungs- oder Aufklärungsfehlers, beginnt gem. Art. 229 § 6 IV 1 EGBGB die kürzere Frist der §§ 195, 199 I BGB n. F. am **1. 1. 2002, 0.00 Uhr** zu laufen, wenn die gem. § 199 I Nr. 1 und Nr. 2 BGB erforderliche Kenntnis bzw. grob fahrlässige Unkenntnis zu diesem Zeitpunkt beim Gläubiger vorliegt (OLG Braunschweig, Urt. v. 30. 11. 2005 – 3 U 21/03, ZGS 2006, 79, 80 = ZIP 2006, 180, 184 – Revision zugelassen; OLG Bamberg, Beschl. v. 6. 10. 2005 – 4 U 148/05, NJW 2006, 304; OLG Düsseldorf, Beschl. v. 27. 4. 2006 – I-24 U 171/05, ZGS 2006, 435; LG Köln, Urt. v. 28. 10. 2005 – 20 O 410/05, ZGS 2006, 38, 39/40; Bamberger/Roth-Heinrich, vor § 194 BGB Rz. 5, 6; Erman/Schmidt-Räntsch, vor § 194 BGB, Art. 229 EGBGB § 6, Rz. 9; Gsell NJW 2002, 1297, 1298/1230; Heinrich ZGS 2003, 459, 461; Heß NJW 2002, 253, 257 f.; Palandt-Heinrichs, Art. 229, § 6 EGBGB Rz. 1, 6; Rohlfing MDR 2006, 721, 722; Schulte-Nölke/Hawxwell NJW 2005, 2117, 2118/2120; Stenzel ZGS 2006, 130, 134/135; Stöber ZGS 2005, 290, 294; **a. A.** LG Berlin, Urt. v. 17. 8. 2005 – 22 O 127/05, ZGS 2006, 160: Verjährungsbeginn am 1. 1. 2002 unabhängig von der Kenntnis; Assmann/Wagner NJW 2005, 3169: Beginn der 3-jährigen Verjährungsfrist stets auch ohne Kenntnis bzw. grob fahrlässige Unkenntnis zum 1. 1. 2002; Kandelhard NJW 2005, 630, 633: Verjährungsbeginn am 2. 1. 2006 mit Ablauf zum 31. 12. 2005; Staudinger-Peters, 11. Aufl., Art. 229, § 6 EGBGB Rz. 11, 15).

Die Höchstfristen des § 199 II, III, IV BGB n. F. begannen in jedem Fall am 1. 1. 2002 zu laufen und enden – wegen § 193 BGB – am 2. 1. 2012 (der 31. 12. 2011 ist ein Samstag) bzw. am 31. 12. 2031. Die „Ultimoregel" des § 199 I 1 BGB n. F. gilt hier nicht (Stenzel ZGS 2006, 130, 135; Palandt-Heinrichs, Art. 229, § 6 EGBGB Rz. 6 und § 199 BGB Rz. 43, 44).

Hat also ein Patient aufgrund eines ärztlichen **Behandlungsfehlers** vom **29. 10. 2001**, der sich auch einem Laien bei genauer Durchsicht der Behandlungsunterlagen bzw. nach Einsicht in Ermittlungsakten, ein medizinisches Gutachten o. a. erschließen würde, einen unmittelbar nach der Behandlung offenbar werdenden und ab dem 15. 11. 2001 zu einem Verdienstausfall führenden Gesundheitsschaden erlitten, **beginnt die dreijährige Verjährung** seines deliktischen Anspruchs auf Schmerzensgeld (§§ 823 I, 847, 852 BGB a. F.) **mangels positiver Kenntnis** des haftungsbegründenden Geschehens **vor dem 1. 1. 2002 nicht zu laufen**. Die 30-jährige Verjährung seines vertraglichen Anspruchs auf Ersatz des Verdienstausfalls (p. V. V., § 195 BGB a. F.) setzt ab dem 15. 11. 2001 für die jeweils entstandenen materiellen Schäden einschließlich vorhersehbarer Spätfolgen ein, würde also erst am 15. 11. 2031 enden, sofern nicht bereits § 197 BGB a. F. eingreift.

Gem. Art. 229 § 6 IV 1 EGBGB beginnt jedoch sowohl für die vertraglichen (jetzt § 280 I BGB n. F.) als auch die deliktischen Ansprüche am 1. 1. 2002 die dreijährige Verjährung des § 195 i. V. m. § 199 I BGB n. F. zu laufen, da der Anspruch bis zu diesem Zeitpunkt entstanden ist und dem Patienten das den nicht angeforderten Behandlungsunterlagen zu entnehmende Vorliegen eines Behandlungsfehlers infolge grober Fahrlässigkeit unbekannt geblieben ist. Nach § 187 II BGB ist der 1. 1. 2002 bei der Fristberechnung einzubeziehen, so dass die Ansprüche des Patienten mit Ablauf des 31. 12. 2004 verjähren.

Liegen die Voraussetzungen des § 199 I Nr. 2 BGB n. F., also die Kenntnis des Patienten von den anspruchsbegründenden Umständen und der Person des Schuldners bzw. die grob fahrlässige Unkenntnis hiervon z. B. erst am 9. 9. 2006 vor, endet die relative Frist gem. § 199 I 1, I Nr. 2 BGB mit Ablauf des 31. 12. 2009. Unabhängig von der Kenntnis bzw. grob fahrlässigen Unkenntnis des Gläubigers tritt die Verjährung spätestens mit Ablauf der absoluten Frist des § 199 III Nr. 1 BGB zum Ablauf des 31. 12. 2011 ein, wenn der Schaden bis zum 31. 12. 2001, 24.00 Uhr – zumindest im Ansatz – entstanden ist (Müko-Grothe, vor § 194 BGB Rz. 43; Palandt-Heinrichs, Art. 229, § 6 EGBGB Rz. 6; Schulte-Nölke/Hawxwell, NJW 2005, 2117, 2119: Verjährung zum 2. 1. 2012, da der 31. 12. 2011 ein Samstag ist; Stenzel ZGS 2006, 130, 135).

Entsteht der Schaden aus der fehlerhaften Behandlung vom 29. 10. 2001 – etwa bei einer nicht lege artis vorgenommenen Röntgenbestrahlung – erst im Jahr 2032, ist die Verjährung mit Ablauf der Höchstfrist des § 199 II BGB n. F. zum Ablauf des 31. 12. 2003 eingetreten (Stenzel, ZGS 2006, 130, 135; Palandt-Heinrichs, § 199 BGB Rz. 42, 44 und Art. 229, § 6 EGBGB Rz. 6; Müko-Grothe, vor § 194 BGB Rz. 43).

Die Verjährungsfrist des alten Rechts, hier der §§ 195, 852 BGB a. F. bleibt gem. Art. 229 § 6 IV 2 EGBGB aber maßgebend, falls sie vor der kürzeren Frist des neuen Rechts endet (vgl. Bereska AnwBl. 2001, 404, 408; Heß NJW 2002, 253, 257; Ott MDR 2002, 1, 2; Palandt-Heinrichs, Art. 229, § 6 EGBGB Rz. 6).

Ist der Behandlungsfehler dem Arzt bereits am 29. 10. 1972 unterlaufen und der Anspruch des Patienten auf Zahlung des Verdienstausfalls am 15. 11. 1972 entstanden, so verjährt dieser mit Ablauf des 15. 11. 2002. Hat er nach Auswertung der Krankenunterlagen oder nach Einholung eines Sachverständigengutachtens am 15. 5. 1999 vom Vorliegen eines Behandlungsfehlers, der dem betreffenden Arzt unterlaufen ist, erfahren, so verjährt sein Anspruch auf Ersatz der immateriellen Schäden aus §§ 823 I, 847 BGB gem. § 852 I BGB a. F., Art. 229 § 6 IV 2 EGBGB mit Ablauf des 15. 5. 2002.

Voll beherrschbare Risiken

Vgl. auch → *Beweislastumkehr*, → *Anscheinsbeweis*, → *Kausalität*, → *Sturz im Pflegeheim und im Krankenhaus*, → *Anfängereingriffe, Anfängeroperationen*, → *Suizid gefährdete Patienten*

I. Begriff, Beweislastumkehr
  1. Voll beherrschbarer Gefahren-
    bereich
  2. Beweislastverteilung; §§ 282 BGB
    a. F., 280 I 2 BGB n. F.
II. Fallgruppen

1. Medizinische Geräte und
   Materialien
2. Lagerungsschäden
3. Pflegedienste; Sturz des Patienten
4. Infektionen

I. Begriff, Beweislastumkehr

Grundsätzlich hat der Patient das Vorliegen eines Behandlungsfehlers, das Verschulden der Behandlungsseite und den Kausalzusammenhang zwischen dem Behandlungsfehler und dem bei ihm eingetretenen Primärschaden zu beweisen (vgl. S/Pa, Rz. 513; G/G, 5. Aufl., Rz. B 200, 217; Gehrlein Rz. B 5, B 116 – vgl. → *Beweislast*, S. 383 ff.; → *Kausalität*, S. 614 ff.).

1. Voll beherrschbarer Gefahrenbereich

Ausnahmsweise hat jedoch die Behandlungsseite die Vermutung der objektiven Pflichtwidrigkeit bzw. des Verschuldens zu widerlegen, wenn feststeht, dass die **Primärschädigung aus einem Bereich stammt, dessen Gefahren von deren Seite voll beherrscht bzw. ausgeschlossen werden können und müssen** (BGH NJW 1999, 1779, 1780; NJW 1995, 1618, 1619; OLG Dresden, Urt. v. 23. 9. 2004 – 7 U 753/04, OLGR 2004, 438, 440; OLG Hamm, Urt. v. 13. 12. 2004 – 3 U 135/04, GesR 2005, 164, 165: **Infektion aus hygienisch beherrschbarem Bereich**; Urt. v. 12. 12. 2001 – 3 U 119/00, NJW-RR 2003, 802, 808 = OLGR 2003, 93, 96: **Lagerung von Gewebeproben**; OLG Hamm, Urt. v. 10. 1. 2001 – 3 U 59/00, MedR 2002, 196: **Sturz von der Untersuchungsliege**; OLG Hamm, Urt. v. 18. 10. 2005 – 24 U 13/05, OLGR 2006, 569, 571: Sturz im Pflegeheim bei konkreter Pflege- oder Betreuungsmaßnahme; OLG Hamm, Urt. v. 1. 2. 2006 – 3 U 182/05, GesR 2006, 448: Anstoß eines Patienten beim Einschiebevorgang in ein Krankentransportfahrzeug; OLG Jena, Urt. v. 12. 7. 2006 – 4 U 705/05, OLGR 2006, 799, 801: Bestrahlung mit einer überhöhten Röntgendosis; OLG Koblenz, Urt. v. 22. 6. 2006 – 5 U 1711/05, OLGR 2006, 913, 914: Infektion nach gravierenden Hygienemängeln in einer Arztpraxis); OLG Karlsruhe, Urt. v. 26. 2. 2003 – 7 U 173/01, GesR 2003, 238 = OLGR 2003, 310, 311: Durchführung einer Infrarot-Bestrahlung; KG, Urt. v. 20. 1. 2005 – 20 U 401/01, OLGR 2005, 903 = GesR 2005, 305 = MedR 2006, 182: **Sturz aus** dem zur Sicherung der Patientin **nicht geeigneten Rollstuhl**; Urt. v. 25. 5. 2004 – 14 U 37/03, OLGR 2005, 45: keine Haftung des Heimträgers bei Sturz des nicht fixierten Patienten aus dem Rollstuhl; OLG Schleswig, Urt. v. 16. 5. 2003 – 4 U 139/01, OLGR 2003, 389, 390:

Lagerungsschäden, im konkreten Fall verneint; OLG Zweibrücken, Urt. v. 1. 6. 2006 – 4 U 68/05, OLGR 2006, 677, 679: Sturz einer Pflegeheimbewohnerin in Gegenwart der Pflegerin; Urt. v. 27. 7. 2004 – 5 U 15/02, NJW-RR 2004, 1607 = GesR 2004, 468: Infektion in hygienisch beherrschbarem Bereich; Feifel GesR 2005, 196, 200 f.; F/N, Rz. 137; Gehrlein Rz. B 129, 135; Lang NZV 2005, 124, 128 f.; S/Pa, Rz. 500; Schmid VersR 2005, 1540).

Wenngleich die Beweisregel des § 282 BGB a. F. (ab 1. 1. 2002 ersetzt durch § 280 I 2 BGB n. F.) im Bereich des ärztlichen Handelns keine generelle Anwendung fand, muss sich der Arzt bzw. der Krankenhausträger in **Umkehr der Beweislast analog § 282 BGB a. F.** (jetzt: § 280 I 2 BGB n. F.) entlasten, wenn sich der Gesundheitsschaden des Patienten in einem Bereich ereignet hat, dessen Gefahren von seinem Personal **voll beherrscht** werden konnten (BGH NJW 1995, 1618, 1619; VersR 1984, 386, 387; OLG Dresden, Urt. v. 23. 9. 2004 – 7 U 753/04, OLGR 2004, 438, 440 – vom BGH mit Urt. v. 14. 7. 2005 – III ZR 391/ 04, NJW 2005, 2613, 2614 aufgehoben; OLG Hamm, Urt. v. 12. 12. 2001 – 3 U 119/00, NJW-RR 2003, 807, 808 = OLGR 2003, 93, 98; OLG Karlsruhe, Urt. v. 26. 2. 2003 – 7 U 173/01, GesR 2003, 283 = OLGR 2003, 310; KG, Urt. v. 20. 1. 2005 – 20 U 401/01, bei Jorzig GesR 2005, 305, 306; OLG Stuttgart OLGR 2002, 324, 326; OLG Zweibrücken, Urt. v. 27. 7. 2004 – 5 U 15/02, bei Jorzig GesR 2004, 468, 469; Urt. v. 1. 6. 2006 – 4 U 68/05, OLGR 2006, 677, 678 zu § 280 I 2 BGB; F/N, Rz. 111, 137; Gehrlein Rz. B 129; zu § 280 I 2 auch Katzenmeier VersR 2002, 1066, 1069; Spindler/Rieckers JuS 2004, 272, 273 f.; Weidinger VersR 2004, 35, 36 f.). Die Beweiserleichterungen für die Patientenseite betreffen in den Bereichen, die vom Träger einer Klinik, dem Träger eines Altenheims, dem Arzt und dem Pflegepersonal „voll beherrscht" werden können, die Ebene des Beweises der objektiven Fehlerverrichtung und des Verschuldens; die Behandlungsseite hat dann die Vermutung der objektiven Pflichtverletzung und/oder des Verschuldens zu widerlegen (OLG Jena, Urt. v. 12. 7. 2006 – 4 U 705/05, OLGR 2006, 799, 800; auch OLG Hamm, Urt. v. 18. 10. 2005 – 24 U 13/05, OLGR 2006, 569, 570: Nichtvorliegen einer Obhutspflichtverletzung; S/Pa, Rz. 500, 501: Verschuldens- bzw. Fehlervermutung vom Arzt zu entkräften).

2. Beweislastverteilung; §§ 282 BGB a. F., 280 I 2 BGB n. F.

Die seit dem 1. 1. 2002 einheitlich geltende Regelung des **§ 280 I 2 BGB n. F.** – Beweislast des Schuldners dafür, dass er die Pflichtverletzung (vormals p. V. V.) nicht zu vertreten hat – beruht auf einer Verallgemeinerung der zuvor in **§§ 282, 285 BGB a. F.** für die Fälle der Unmöglichkeit der Leistung und des Verzugs geltenden Beweislastanordnung (Zimmer NJW 2002, 1, 7; auch Spindler/Rieckers JuS 2004, 272, 274). Es bestand – und besteht – im Wesentlichen Einigkeit darüber, dass die Beweisregel des § 282 BGB a. F. (jetzt: § 280 I 2 BGB n. F.) im Bereich der Arzthaftung nur ausnahmsweise Anwendung findet, da der Arzt keinen Heilerfolg schuldet, sondern lediglich das sorgfältige Bemühen um Hilfe und Heilung (OLG Jena, Urt. v. 12. 7. 2006 – 4 U 705/05, OLGR 2006, 799). Die Schuldrechtskommission wollte an der überkommenen Verteilung der Darlegungs- und Beweislast grundsätzlich auch nichts ändern (Spindler/Rieckers JuS

893

2004, 272, 274; auch Müller, VPräsBGH, MedR 2001, 487, 494: „Richterrecht als Garantie des derzeitigen Rechtszustandes" vor dem 1. 1. 2002; zu weiteren Einzelheiten s. o. S. 384 f.).

Danach haftet der Arzt (erst), wenn das Unterschreiten des Qualitätsstandards und dessen Ursächlichkeit für den beim Patienten eingetretenen Gesundheitsschaden feststehen, wobei die Verletzung der äußeren Sorgfalt, der Verstoß gegen den objektivierten Fahrlässigkeitsmaßstab – wie bisher – die Verletzung der inneren Sorgfalt und damit das Verschulden indiziert (Weidinger VersR 2004, 35, 37; auch Deutsch JZ 2002, 588, 592; Katzenmeier VersR 2002, 1066, 1069; Spindler/Rieckers JuS 2004, 272, 274; Spickhoff NJW 2003, 1701, 1705 und NJW 2002, 2530, 2533).

Der **Arzt muss sich also exkulpieren**, wenn er sich auf einen Rechtsirrtum oder die schuldlose Verkennung des medizinischen Standards beruft (Spickhoff NJW 2003, 1701, 1705). Für eine teleologische Reduktion des § 280 I 2 BGB besteht somit kein Anlass (Spindler/Rickers JuS 2004, 272, 274; vgl. auch Katzenmeier, S. 493 und VersR 2002, 1066, 1068).

Im Ergebnis bestehen bei der Beweislastumkehr für die vertragliche und die deliktische Arzthaftung **weder für das alte noch das seit dem 1. 1. 2002 geltende, neue Recht Unterschiede** (OLG Jena, Urt. v. 12. 7. 2006 – 4 U 705/05, OLGR 2006, 799, 800; F/N, Rz. 137; Spindler/Rieckers JuS 2004, 272, 274; vgl. zum neuen Recht auch Däubler, NJW 2001, 3729, 3731). Schmerzensgeld kann seit dem 1. 8. 2002 gem. § 253 I, II BGB auch bei Verletzung einer vertraglichen Pflicht verlangt werden (vgl. hierzu Palandt-Heinrichs, 65. Aufl. 2006, § 253 Rz. 6 – 10), die aus dem Behandlungsvertrag folgenden Sorgfaltsanforderungen und die dem Arzt deliktisch obliegenden Sorgfaltspflichten sind völlig identisch (vgl. zuletzt OLG Karlsruhe, Urt. v. 12. 10. 2005 – 7 U 132/04, NJW-RR 2006, 458).

Sowohl die Rspr. als auch die überwiegende Literaturansicht hält auch nach dem 1. 1. 2002 an den speziell für das Arzthaftungsrecht ausgearbeiteten Beweislastgrundsätzen, insbesondere auch an der **Fallgruppe der „voll beherrschbaren Risiken"** fest (grundsätzlich BGH, Urt. v. 28. 4. 2005 – III ZR 399/04, NJW 2005, 1937, 1938 = VersR 2005, 984, 985 = GesR 2005, 282 – verneinend beim Sturz im Pflegeheim; OLG Hamm, Urt. v. 13. 12. 2004 – 3 U 135/04, GesR 2005, 164, 165: Infektion; OLG Hamm, Urt. v. 18. 10. 2005 – 24 U 13/05, OLGR 2006, 569, 570: Sturz bei Pflegemaßnahme in Anwesenheit der Pflegerin; OLG Hamm, Urt. v. 1. 2. 2006 – 3 U 182/05, GesR 2006, 448, 449: Verletzung des Patienten bei Transportmaßnahme; OLG Jena, Urt. v. 12. 7. 2006 – 4 U 705/05, OLGR 2006, 799, 800: überhöhte Röntgendosis; OLG Karlsruhe, Urt. v. 26. 2. 2003 – 7 U 173/01, GesR 2003, 238 = OLGR 2003, 310, 311 zur Infrarot-Bestrahlung; KG, Urt. v. 20. 1. 2005 – 20 U 401/01, OLGR 2005, 903, 904: Sturz aus dem Rollstuhl; OLG Zweibrücken, Urt. v. 27. 7. 2004 – 5 U 15/02, NJW-RR 2004, 1607: Infektion; Urt. v. 1. 6. 2006 – 4 U 68/05, OLGR 2006, 677, 678: Sturz einer Pflegeheimbewohnerin in Anwesenheit der Pflegerin; Feifel GesR 2005, 196, 200 f.; Lang NZV 2005, 124, 128 f.; Müller, VPräsBGH, MedR 2001, 487, 494: „Richterrecht als Garantie des derzeitigen Rechtszustandes", Spickhoff

NJW 2002, 1758, 1762 und NJW 2002, 2530, 2532; Spindler/Rieckers JuS 2004, 272, 274; Weidinger VersR 2004, 35, 36 f.; a. A. aber Palandt-Heinrichs, 65. Aufl. 2006, § 280 Rz. 42), zumal der Gesetzgeber an der Beweislastverteilung im Rahmen des vertraglichen Arzthaftungsrechts nichts ändern wollte und die „Sphärentheorie" jedenfalls bei der Verletzung von Schutzpflichten i. S. d. §§ 282, 241 II BGB n. F. weiterhin Anwendung finden soll (D-L/H/L/R, § 280 BGB Rz. 60 unter Hinweis auf BT-Drucksache 14/6040, S. 136; Spickhoff NJW 2002, 2530, 2532; Spindler/Rieckers JuS 2004, 272, 274; differenzierend Katzenmeier VersR 2002, 1066, 1069 m. w. N.).

Der Patient muss somit – nach wie vor – dartun und erforderlichenfalls beweisen, dass es sich bei der Durchführung der Operation bzw. der Behandlungsmaßnahme um einen **„voll beherrschbaren Risikobereich" der Tätigkeit des Arztes bzw. dessen Hilfspersonen** gehandelt hat (OLG Hamm, Urt. v. 13. 12. 2004 – 3 U 135/04, GesR 2005, 164, 165; Urt. v. 18. 10. 2005 – 24 U 13/05, OLGR 2006, 569, 570; OLG Karlsruhe, Urt. v. 12. 10. 2005 – 7 U 132/04, NJW-RR 2006, 458, 459; KG, Urt. v. 2. 9. 2004 – 12 U 107/03, OLGR 2005, 43, 44 = GesR 2005, 66, 67 zum Sturz im Pflegeheim; OLG Köln VersR 2000, 103, 104; OLG Naumburg, Urt. v. 26. 4. 2005 – 12 U 170/04, OLGR 2005, 860, 861 zum Sturz im Pflegeheim; OLG Schleswig, Urt. v. 6. 6. 2003 – 4 U 70/02, NJW-RR 2004, 237 = OLGR 2004, 3, 4; Lang NZV 2005, 124, 128 f.).

Ist nicht sicher, dass die Schadensursache aus dem Gefahrenkreis des verantwortlichen Krankenhausträgers oder Arztes hervorgegangen ist und kommt auch der **Verantwortungsbereich des Patienten oder eines Dritten** in Betracht, greift die Entlastungspflicht aus dem Gesichtspunkt des „voll beherrschbaren Risikos" nicht ein (OLG Schleswig, Urt. v. 6. 6. 2003 – 4 U 70/02, OLGR 2004, 3, 4 = NJW-RR 2004, 237).

Ist unstreitig oder vom Patienten bewiesen, dass die **Schädigung aus dem Gefahrenkreis des Arztes oder Krankenhausträgers** stammt, obliegt es der **Behandlungsseite, den Beweis zu führen,** dass nicht in ihrem Risikobereich liegende, bei der Operations- oder Behandlungsplanung nicht erkennbare Umstände vorlagen, die mit einer gewissen Wahrscheinlichkeit gleichfalls zum Eintritt des Primärschadens geführt haben könnten, etwa eine extrem seltene körperliche Anomalie, die den Patienten für den eingetretenen Schaden anfällig gemacht hat (BGH NJW 1995, 1618). Dem Arzt oder Krankenhausträger bleibt es daneben unbenommen, darzulegen und zu beweisen, dass ein nach den Maßstäben des § 282 BGB a. F. (analog) bzw. des § 280 I 2 BGB n. F. verschuldeter Behandlungsfehler nicht vorliegt.

Auch beim Vorliegen eines „voll beherrschbaren Risikobereichs" erstreckt sich die Beweiserleichterung **nicht auf den Nachweis der Kausalität zwischen dem schuldhaft verursachten Behandlungsfehler und dem Eintritt des Primärschadens** (BGH NJW 1994, 1594; F/N, Rz. 137; Gehrlein, Rz. B 135). Insoweit kann jedoch eine Beweislastumkehr bei groben Behandlungs- und Organisationsfehlern (Gehrlein Rz. B 135, 140, 146; G/G, 5. Aufl., Rz. B 251, 257 ff., 291; siehe → *Grobe Behandlungsfehler,* S. 492 ff., 606 ff.) und bei Nichterhebung gebotener

Befunde (G/G, 5. Aufl., Rz. 296, 297; Gehrlein Rz. B 156, 157; siehe → *Unterlassene Befunderhebung*, S. 804 ff.) eingreifen.

So können bei einem Verstoß gegen Befundsicherungs- und Befunderhebungspflichten dem Patienten Beweiserleichterungen, regelmäßig aber eine Beweislastumkehr zugute kommen. Können tatsächlich erhobene Befunde oder Befundträger, etwa Gewebeproben innerhalb der Aufbewahrungsfrist von zehn Jahren, nicht mehr vorgelegt werden, so muss die Behandlungsseite darlegen und beweisen, dass sie diesen aus ihrem voll beherrschbaren Bereich stammenden Umstand **nicht verschuldet** hat (OLG Hamm, Urt. v. 12. 12. 2001 – 3 U 119/00, NJW-RR 2003, 807, 808 = OLGR 2003, 93, 96).

Ein Krankenhausträger hat darzulegen und zu beweisen, dass der Sturz eines Patienten von der Untersuchungsliege oder aus einem Rollstuhl, in den er zum Transport in eine andere Klinik verbracht wurde, nicht auf einem pflichtwidrigen Verhalten der Pflegekräfte bzw. auf der mangelnden Eignung des Rollstuhls beruht (KG, Urt. v. 20. 1. 2005 – 20 U 401/01, bei Jorzig, GesR 2005, 305, 306 = OLGR 2005, 903, 904 f. = MedR 2006, 182, 183 f. zum Rollstuhl; OLG Hamm, Urt. v. 10. 1. 2001 – 3 U 59/00, MedR 2002, 196 zum Sturz von der Untersuchungsliege).

II. Fallgruppen

1. Medizinische Geräte und Materialien

▷ *Infrarot-Bestrahlung*

Immer dann, wenn es allein um den Einsatz eines medizinischen Geräts, das von der Behandlungsseite **uneingeschränkt gesteuert und damit voll beherrscht** werden kann, zur Erreichung eines bestimmten Behandlungserfolges geht, ist es gerechtfertigt, der Behandlungsseite den Entlastungsbeweis dafür aufzubürden, dass eine Schädigung des Patienten beim Einsatz und im Zusammenhang des medizinischen Geräts nicht auf einem eigenen organisatorischen Fehlverhalten oder einem Fehlverhalten des Personals beruht (OLG Karlsruhe, Urt. v. 26. 2. 2003 – 7 U 173/01, OLGR 2003, 310 = GesR 2003, 238 mit Hinweis auf BGH, MDR 1984, 389 und BGH, VersR 1991, 310; OLG Jena, Urt. v. 12. 7. 2006 – 4 U 705/05, OLGR 2006, 799, 800: Infusionssystem, Narkosegerät, Röntgengerät).

So stellt sich auch die **Durchführung einer Infrarot-Bestrahlung** als vom Arzt voll beherrschbar dar. Kommt es bei einer übermäßig langen Verweildauer der Patientin zwischen vier und zehn Minuten zu Verbrennungen oder Hautschäden, ist davon auszugehen, dass dies auf einer **unzureichenden Belehrung des Patienten** über die Funktionsweise des Geräts oder ein **Fehlverhalten des eingesetzten Personals** zurückzuführen ist. Der Umstand, dass der Arzt den Bestrahlungsvorgang so organisiert, dass sich der Patient nach einer Einweisung in die Bedienung des Geräts unbeaufsichtigt in den Behandlungsraum einschließt, ändert hieran nichts. Ein Mitverschulden des Patienten kommt in einem solchen Fall nicht in Betracht, da es gerade Bestandteil der Behandlungsaufgabe ist, den Patienten auch vor Schädigungen durch übermäßige Bestrahlung zu schützen (OLG Karlsruhe, Urt. v. 26. 2. 2003 – 7 U 173/01, OLGR 2003, 310, 311).

▷ *Durchführung einer Ballonvalvuloplastie*

Wird bei der Durchführung einer Ballonvalvuloplastie der Herzmuskel durchstoßen mit der Folge eines Kreislaufstillstands, so liegt hierin wegen der **nicht vollständigen Beherrschbarkeit** des Risikos nicht unbedingt ein Behandlungsfehler (OLG Karlsruhe VersR 1997, 241).

▷ *Defekt eines Elektrokauters*

Das ordnungsgemäße Funktionieren eines Elektrokauters gehört zu dem Bereich, dessen Gefahren ärztlicherseits **voll ausgeschlossen werden können** und müssen (OLG Hamm VersR 1999, 1111, 1112).

▷ *Defekte Filtrationsanlage*

Kommt es im Rahmen der Blutwäsche bei einer Niereninsuffizienz aus ungeklärten Gründen zu einer Trennung der Schraubverbindung zwischen dem arteriell liegenden Katheder und der Infiltrationspatrone und als deren Folge zu einem letztlich zum Tod des Patienten führenden Entblutungsschock, streitet die Verschuldensvermutung zu Gunsten des Patienten. Diese **Verschuldenvermutung ist dann von der Behandlungsseite zu entkräften** (OLG Köln, Urt. v. 28. 4. 1999 – 5 U 15/99, VersR 2000, 974).

▷ *Unverträglichkeit der angesetzten Instrumente bei der horizontalen Arbeitsteilung*

Beim Zusammenwirken mehrerer Ärzte im Rahmen der horizontalen Arbeitsteilung, etwa eines Anästhesisten und eines Augenarztes bei der Vornahme einer Schieloperation, bedarf es zum Schutz des Patienten einer Koordination der beabsichtigten Maßnahmen, um Risiken auszuschließen, die sich aus der Unverträglichkeit der von beiden Fachrichtungen vorgesehenen Methoden oder Instrumente ergeben könnten (BGH NJW 1999, 1779). Die Gefahr einer Brandentstehung beim Zusammentreffen einer Ketaneast-Narkose, wobei dem Patienten über einen am Kinn befestigten Schlauch reiner Sauerstoff in hoher Konzentration zugeführt wird, und einem Thermokauter, mit dem verletzte Gefäße durch Erhitzung verschlossen werden, gehört zum **voll beherrschbaren Risikobereich** des Krankenhausträgers (BGH NJW 1999, 1779, 1780).

▷ *Funktionierendes Narkosegerät*

Der Arzt kann regelmäßig nur kunstgerechtes Bemühen, nicht aber den Heilerfolg zusagen. Dieser Grundsatz kann jedoch auf die Erfüllung voll beherrschbarer Nebenpflichten, insbesondere die Gewährleistung technischer Voraussetzungen für eine sachgemäße und gefahrlose Behandlung, keine Anwendung finden (BGH NJW 1978, 584). Demzufolge hat der Krankenhausträger zu beweisen, dass ihn bzw. dessen Erfüllungsgehilfen an der **Funktionsuntüchtigkeit eines zum Einsatz kommenden Narkosegerätes**

kein Verschulden trifft (BGH NJW 1978, 584; OLG Jena, Urt. v. 12. 7. 2006 –
4 U 705/05, OLGR 2006, 799, 800; OLG Düsseldorf VersR 1985, 744, 745; L/
U, § 109 Rz. 6; S/Pa, Rz. 501; Gehrlein Rz. B 132).

▷ *Lage eines Tubus*

Kommt es nach einer Operation unter Intubationsnarkose zu einem Herz-
Kreislauf-Stillstand beim Patienten, so gehört es zu den wichtigsten Maßnahmen des Anästhesisten, die richtige **Lage des Tubus zu kontrollieren**.
Unterbleibt diese Kontrolle, so ist der Anästhesist für den Tod des Patienten
verantwortlich, wenn er die ordnungsgemäße Lage des Tubus nicht beweisen
kann (OLG Oldenburg NJW-RR 1990, 1362). Der Klinikträger hat für die einwandfreie Beschaffenheit des eingesetzten Tubus einzustehen (BGH NJW
1991, 1540; Gehrlein Rz. B 132).

▷ *Röntgengerät, Infusionssystem u. a.*

Dasselbe gilt für die unbemerkt gebliebene Entkoppelung eines Infusions-
systems (BGH, NJW 1984, 1400 = VersR 1984, 356; OLG Jena, Urt. v. 12. 7.
2006 – 4 U 705/05, OLGR 2006, 799, 800) oder hinsichtlich der Funktionsfähigkeit eines eingesetzten Röntgengeräts (OLG Hamm VersR 1980, 585;
OLG Jena a. a. O.). So darf es nicht vorkommen, dass einem Patienten aus
nicht zu klärenden Gründen eine überhöhte Röntgendosis verabreicht wird.
Die Behandlungsseite hat zu gewährleisten, dass die Bestrahlung mit einer
überhöhten Röntgendosis ausgeschlossen ist (OLG Jena, Urt. v. 12. 7. 2006 –
4 U 705/05, OLGR 2006, 799, 800/801).

▷ *Schädigung nicht im Zusammenhang mit dem technisch-operativen
Bereich entstanden*

Eine Verschuldensvermutung nach den Grundsätzen der durch die Behandlungsseite voll zu beherrschenden Risiken kommt jedoch nicht in Betracht,
wenn nicht feststellbar ist, dass die Schädigung gerade im **Zusammenhang
mit dem technisch-operativen Bereich** steht oder stehen kann (OLG Oldenburg NJW-RR 2000, 903).

Der Krankenhausträger haftet zwar für die Funktionsfähigkeit eingesetzter
Geräte wie etwa eines Klammernahtapparates. Beweiserleichterungen kommen dem Patienten jedoch nicht zugute, wenn für den Eintritt des Primärschadens **andere Ursachen als eine Fehlfunktion** des eingesetzten Gerätes in
Betracht kommen (OLG Stuttgart OLGR 2001, 324, 326).

▷ *Sorgfaltspflichten bei Aushändigung von Gehhilfen*

Ist der Patient nach einer Unfallverletzung auf Unterarmgehhilfen angewiesen, muss das Krankenhaus sich vergewissern, dass er mit deren Benutzung
vertraut ist bzw. wird. Bei erstmaliger Ausstattung des Patienten mit Unterarmgehhilfen ist das Pflegepersonal eines Krankenhauses verpflichtet, sich
zu **vergewissern, ob der Patient die Hilfsmittel ohne weiteres beherrscht**
oder ob er einer Unterweisung bedarf (OLG Koblenz, Urt. v. 12. 2. 2004 – 5
U 235/03, NJW-RR 2004, 828, 829 = VersR 2005, 943, 944; a. A. aber OLG

München NJW 1994, 1599 = OLGR 1994, 2: Ein 33-jähriger Patient muss nicht darin unterwiesen werden, wie man mit Unterarmgehhilfen Treppen steigt).

Eine Haftung des Krankenhauses wegen eines Versäumnisses in diesem Bereich kommt aber nur in Betracht, wenn es bei pflichtgemäßem Handeln nicht zum Schaden, dem Abrutschen des Patienten mit einer Krücke beim Laufen mit den Unterarmgehhilfen mit der Folge einer Retraumatisierung der Frakturstelle gekommen wäre (OLG Koblenz, Urt. v. 12. 2. 2004 – 5 U 235/03, VersR 2005, 943, 944).

▷ *Zurückgelassener Tupfer*

Grundsätzlich liegt eine Pflichtverletzung im voll beherrschbaren Operationsbereich des Arztes vor, wenn er im Operationsgebiet einen Fremdkörper, etwa einen Tupfer o. a., zurücklässt, ohne alle möglichen und zumutbaren Sicherheitsvorkehrungen gegen eine solche zu treffen, wozu bei textilen Hilfsmitteln eine Kennzeichnung, eine Markierung bzw. das Zählen der verwendeten Tupfer gehört (BGH NJW 1991, 983; L/U, § 109 Rz. 10: Anscheinsbeweis bei zurückgelassenem Bauchtuch, einer Arterienklemme, Tamponresten oder einer Mullkompresse). Etwas anderes gilt jedoch beim Zurückbleiben eines Stücks eines Venenkatheders in der Lungenarterie nach einer schwierigen Herzoperation (OLG Celle VersR 1990, 50; S/Pa, Rz. 504).

▷ *Sicherung von Gewebeproben in Plastiksäcken*

Können tatsächlich erhobene Befunde oder Befundträger nicht mehr vorgelegt werden, so muss die Behandlungsseite darlegen und beweisen, dass sie diesen Umstand nicht verschuldet hat. Bei der Lagerung von Gewebeproben innerhalb der **Aufbewahrungsfrist von zehn Jahren** handelt es sich um ein voll beherrschbares Risiko. Zudem stellt eine solche Sicherung von Befunden einen groben Behandlungsfehler dar (OLG Hamm, Urt. v. 12. 12. 2001 – 3 U 119/00, OLGR 2003, 93, 96 f. = NJW-RR 2003, 807, 808 f.).

▷ *Sturz des Patienten aus dem Krankenbett*

Wenn nicht sicher ist, dass die **Schadensursache aus dem Gefahrenkreis des Arztes bzw. Krankenhauses** hervorgegangen ist und wenn auch der Verantwortungsbereich des Patienten bzw. Bewohners in Betracht kommt, kommt eine Beweislastumkehr bzw. Beweiserleichterung aus dem Gesichtspunkt des „voll beherrschbaren Risikos" nicht ein (OLG Schleswig, Urt. v. 6. 6. 2003 – 4 U 70/02, NJW-RR 2004, 237 = OLGR 2004, 3, 4). Stürzt ein 82-jähriger Patient nachts auf einer normalen Station aus dem Krankenbett und lagen zuvor keine Anhaltspunkte für eine „Bettflüchtigkeit", Uneinsichtigkeit oder eine sonstige Gefahr der Selbstverletzung vor, handelt es sich nicht um den Fall eines „voll-beherrschbaren Risikos", sondern um die Realisierung eines allgemeinen Lebensrisikos. Ohne entsprechende Einwilligung des Patienten und ohne konkrete Anhaltspunkte für eine Eigen- bzw. Fremdgefährdung verbietet sich grundsätzlich auch die präventive Anordnung von Sicherungsmaßnahmen (OLG Schleswig, Urt. v. 6. 6. 2003 – 4 U 70/02, NJW-

RR 2004, 237 = OLGR 2004, 3, 5; in diesem Sinn auch BGH, Urt. v. 28. 4. 2005 – III ZR 399/04, NJW 2005, 1937, 1938 = VersR 2005, 984, 985 zum → *Sturz im Pflegeheim und im Krankenhaus*, vgl. S. 744 ff.).

▷ *Sturz eines Patienten bzw. Heimbewohners im Krankenzimmer oder im Wohnbereich*

Eine Beweislastumkehr bzw. Beweiserleichterung greift nicht ein, wenn sich der Sturz eines Patienten oder Heimbewohners nicht während einer Bewegungs-, Transport- oder sonstigen pflegerischen Maßnahme, an denen das Pflegepersonal unmittelbar beteiligt ist, sondern im Korridor, im privaten Wohnbereich eines Pflegeheims oder in einem Krankenzimmer ereignet (OLG Düsseldorf, Urt. v. 2. 3. 2006 – I – 8 U 163/04, GesR 2006, 214, 216 f.: Sturz einer dementen, nicht gehfähigen Patientin aus dem Rollstuhl beim Kaffeetrinken im Zimmer; OLG Naumburg, Urt. v. 26. 4. 2005 – 12 U 170/04, OLGR 2005, 860, 861 zum Pflegeheim; OLG Schleswig, Urt. v. 6. 6. 2003 – 4 U 70/02, OLGR 2004, 3, 4 zum Sturz aus dem Krankenbett einer „Normalstation"; Jorzig, GesR 2005, 306 bei Nichtvorliegen einer konkreten Gefahrensituation; Schmid, VersR 2005, 1540: Schaden muss im Zusammenhang mit den konkret geschuldeten Hilfeleistungen entstanden sein).

2. Lagerungsschäden

Der Krankenhausträger und die behandelnden Ärzte tragen grundsätzlich die Beweislast dafür, dass der Patient zur Vermeidung von Lagerungsschäden sorgfältig und richtig **auf dem Operationstisch gelagert** wurde und dass die Operateure dies auch kontrolliert haben (BGH NJW 1984, 1408; NJW 1995, 1618; OLG Hamm VersR 1998, 1243; OLG Köln VersR 1991, 695; OLG Schleswig, Urt. v. 16. 5. 2003 – 4 U 139/01, OLGR 2003, 389, 390; G/G, 5. Aufl., Rz. B 244; F/N, Rz. 142). Dies gilt auch für die Beibehaltung einer für den Patienten schadlosen Lagerung während der Operation, wobei gem. der Aufgabenteilung zwischen dem Chirurgen und dem Anästhesisten Letzterer zuständig ist (OLG Köln VersR 1991, 695, 696; vgl. → *Arbeitsteilung*, S. 52 ff.).

Grund der Beweislastumkehr bei Vorliegen eines Lagerungsschadens ist, dass die technisch richtige Lagerung des Patienten auf dem Operationstisch, die Beachtung der dabei zum Schutz des Patienten einzuhaltenden Regeln und die Kontrolle der Lagerung durch die operierenden Ärzte Maßnahmen sind, die von den Ärzten bzw. vom Pflegepersonal „voll beherrschbar" sind (OLG Schleswig, Urt. v. 16. 5. 2003 – 4 U 139/01, OLGR 2003, 389, 390; auch OLG Köln VersR 1991, 695, 696).

Die technisch richtige Lagerung des Patienten auf dem Operationstisch und die Beachtung der dabei zum Schutze des Patienten vor etwaigen Lagerungsschäden, insbesondere einer **Schädigung des „Nervus ulnaris"** (OLG Köln VersR 1991, 695) bzw. einer **Plexusschädigung** (OLG Hamm VersR 1998, 1243) einzuhaltenden ärztlichen Regeln sind danach Maßnahmen, die dem Gefahrenbereich des Krankenhauses und der Behandlungsseite zuzuordnen sind. Sie sind vom Pflegepersonal und den behandelnden Ärzten **im Regelfall „voll beherrsch-**

bar". Diese sind, anders als der Patient, in der Lage, den Sachverhalt in dieser Hinsicht aufzuklären (OLG Köln VersR 1991, 695, 696; L/U, § 109 Rz. 10).

Dabei macht es keinen Unterschied, ob es sich um eine Operation in einer außergewöhnlichen Operationshaltung wie der so genannten „Häschenstellung" (BGH NJW 1984, 1403; NJW 1985, 2192) oder in der unter anderem für abdominelle Eingriffe üblichen Rückenlage unter Auslagerung der Arme handelt (OLG Köln VersR 1991, 695, 696). Wird ein grundsätzlich geeignetes Lagerungsverfahren gewählt, so muss der Arm sachgerecht und in einem Abduktionswinkel weniger als 90° ausgelagert werden (OLG Hamm VersR 1998, 1243: Plexusschädigung; OLG Köln VersR 1991, 695, 696: Schädigung des Nervus ulnaris; auch BGH NJW 1995, 1618, 1619). Der Grundsatz, dass sich der Krankenhausträger bei einem Lagerungsschaden, etwa einer Armplexusparese, von einer Fehlervermutung entlasten muss, gilt jedoch nicht, wenn bei dem Patienten eine ärztlicherseits nicht im Voraus erkennbare, extrem seltene körperliche Anomalie wie ein „thoracic-outlet-Syndrom" (Engpass-Syndrom, Kompression im Bereich des oberen Thorax) vorliegt, die den Patienten für eine **Plexusparese** als eingetretenen Schaden auch bei einer fehlerfreien Ablagerung des Arms anfällig gemacht hat (BGH NJW 1995, 1618, 1619).

Auch das plötzliche Auftreten eines Massenprolaps (Vorfall) im Bereich der Halswirbelsäule während einer Operation an der Lendenwirbelsäule in der so genannten „Häschenstellung" lässt jedenfalls dann nicht zwingend auf eine fehlerhafte Lagerung des Patienten während der Operation schließen, wenn eine den Massenprolaps begünstigende **Vorschädigung der HWS vorhanden** war (OLG Düsseldorf VersR 1992, 1230; OLG Schleswig, Urt. v. 16. 5. 2003 – 4 U 139/01, OLGR 2003, 389).

Vorschädigungen im Halswirbelsäulenbereich schließen bei einem möglichen Lagerungsschaden, der auch bei geringerer Neigung bzw. anderem korrektem Winkel möglich gewesen wäre, in diesem Bereich eine Beweislastumkehr zugunsten des Patienten aus. Die Kontrolle der Lagerung durch die operierenden Ärzte bzw. den Anästhesisten ist in derartigen Fällen nicht mehr „voll beherrschbar" (OLG Schleswig, Urt. v. 16. 5. 2003 – 4 U 139/01, OLGR 2003, 389, 390).

Schließlich rechtfertigt ein Lagerungsschaden (Drucknekrose) eine Umkehr der Beweislast dann nicht, wenn es sich **nicht um eine vollständig beherrschbare Komplikation** handelt, deren Entstehung zwingend auf einen Behandlungsfehler hinweist (OLG Oldenburg VersR 1995, 1194). Diese Fallgestaltung liegt z. B. vor, wenn die Lagerung des Patienten auf dem Operationstisch bei der Durchführung einer Leistenbruchoperation dem medizinischen Standard entspricht und sich im Zusammenhang mit der Operation eine Drucknekrose an der Ferse einstellt. Der Nachweis der korrekten Lagerung ist dabei als erbracht anzusehen, wenn die als Zeugin vernommene Anästhesistin erklärt, sie könne sich zwar an die Operation nicht mehr erinnern und zu den konkreten Umständen keine Aussage machen, sei sich jedoch sicher, dass die üblichen Routinemaßnahmen bei der Lagerung einschließlich der notwendigen Kontrollen der richtigen Lagerung zu Beginn und während der Operation vorgenommen worden sind und etwaige Besonderheiten oder Auffälligkeiten während der Operation in die routinemäßig geführten Protokolle aufgenommen worden seien (OLG Oldenburg VersR 1995, 1194, 1195; auch OLG Karlsruhe NJW 1998, 1800 und BGH VersR 1984, 386, 387).

Derartige **Routinemaßnahmen**, zu denen auch die Wahl eines Abduktionswinkels unter 90° gehört, bedürfen **keiner Dokumentation** (BGH NJW 1995, 1618, 1619; VersR 1984, 386, 387).

3. Pflegedienste, Sturz des Patienten

Zur Vermeidung von Stürzen des Patienten bzw. Heimbewohners während der Durchführung von **Bewegungs- und Transport- sowie sonstigen pflegerischen Maßnahmen**, an denen das **Pflegepersonal unmittelbar beteiligt** ist, bestehen **gesteigerte Obhutspflichten**, die dem Bereich des „voll beherrschbaren Risikos" zuzuweisen sind (OLG Düsseldorf, Urt. v. 2. 3. 2006 – I – 8 U 163/04, GesR 2006, 214, 217; OLG Hamm, Urt. v. 18. 10. 2005 – 24 U 13/05, OLGR 2006, 569, 570; KG, Urt. v. 20. 1. 2005 – 20 U 401/01, VersR 2006, 1366, 1367 = GesR 2005, 305; OLG Zweibrücken, Urt. v. 1. 6. 2006 – 4 U 68/05, NJW-RR 2006, 1254, 1255; OLG Naumburg, Urt. v. 26. 4. 2005 – 12 U 170/04, OLGR 2005, 860, 861; Jorzig, GesR 2005, 306; Schmid, VersR 2005, 1540)

Bekommt ein Patient im Krankenhaus bei einer **Bewegungs- oder Transportmaßnahme der ihn betreuenden Krankenschwester oder sonstigen Pflegeperson** aus ungeklärten Gründen das Übergewicht und stürzt, so ist es Sache des Krankenhausträgers, darzulegen und nachzuweisen, dass der Vorfall nicht auf einem pflichtwidrigen Verhalten der Pflegekraft beruht (BGH NJW 1991, 1540 = MDR 1991, 846; grundsätzlich auch BGH, Urt. v. 28. 4. 2005 – III ZR 399/04, NJW 2005, 1937, 1938 = VersR 2005, 984, 985 = GesR 2005, 282; OLG Dresden, Urt. v. 21. 7. 1999 – 6 U 882/99, NJW-RR 2000, 761 zum Sturz im Pflegeheim; OLG Düsseldorf, Urt. v. 2. 3. 2006 – I – 8 U 163/04, GesR 2006, 214, 217: Sturz einer dementen Patientin aus dem Rollstuhl beim Kaffeetrinken im Krankenzimmer; OLG Hamm, Urt. v. 18. 10. 2005 – 24 U 13/05, OLGR 2006, 569, 570: Sturz während einer konkreten Pflege- oder Betreuungsmaßnahme durch Altenpflegerin; KG, Urt. v. 20. 1. 2005 – 20 U 401/01, OLGR 2005, 903, 904 = GesR 2005, 305 bei Jorzig; OLG Zweibrücken, Urt. v. 1. 6. 2006 – 4 U 68/05, OLGR 2006, 677, 678: Sturz einer dementen Pflegeheimbewohnerin mit fast maximalen Sturzrisiken am Ende einer Mobilisierungsmaßnahme in Anwesenheit der Pflegerin).

So muss ein Krankenhausträger verhindern, dass eine Patientin aus einem Rollstuhl, in den sie zur Vorbereitung der Verbringung in eine andere Klinik verbracht wurde, stürzt. Bei der Frage der **Geeignetheit eines Rollstuhls für die Unterbindung von selbständigen Gehversuchen** eines nicht selbständig gehfähigen Patienten geht es um Risiken aus dem Krankenhausbetrieb, die von dem Träger der Klinik und dem Personal voll beherrscht werden können (KG, Urt. v. 20. 1. 2005 – 20 U 401/01, OLGR 2005, 903, 904 = MedR 2006, 182, 183 = VersR 2006, 1366 = GesR 2005, 305 bei Jorzig mit Hinweis auf BGH, NJW 1991, 1540 f. und BGH, NJW 1991, 2960 f.).

Andererseits ist ein Heimbetreiber **nicht zu einer ständigen Beaufsichtigung eines im Rollstuhl sitzenden Heimbewohners** verpflichtet, soweit es sich nicht um eine unmittelbare Bewegungs-, Transport- oder sonstige pflegerische Maßnahme in Anwesenheit von Pflegekräften handelt, so dass ein Sturz aus dem Rollstuhl nicht automatisch eine Pflichtverletzung des Heimbetreibers begründet (KG, Urt. v. 25. 5. 2004 – 14 U 37/03, OLGR 2005, 45; ebenso: OLG Düsseldorf, Urt. v. 2. 3. 2006 – I – 8 U 163/04, GesR 2006, 214, 216: aber Kontrolle im Abstand von 15 – 30 Minuten bei deutlich erhöhtem Sturzrisiko; OLG Naumburg, Urt. v. 26. 4. 2005 – 12 U 170/04, OLGR 2005, 860, 861). Ein Heimbetreiber ist auch nicht von sich aus verpflichtet, eine Fixierung eines Heimbewohners im Rollstuhl vorzunehmen (KG, Urt. v. 25. 5. 2004 – 14 U 37/03, OLGR 2005, 45; zum → *Sturz im Pflegeheim und im Krankenhaus*, vgl. S. 744 ff.).

Beweiserleichterungen unter dem Gesichtspunkt des „voll beherrschbaren Risikos" greifen auch ein, wenn der auf einer Liege befindliche Patient beim Einschieben in ein Krankentransportfahrzeug zum Zweck des Liegendtransports mit dem Kopf an die Oberkante des Fahrzeugs anstößt (OLG Hamm, Urt. v. 1. 2. 2006 – 3 U 182/05, GesR 2006, 448, 449), die Patientin nach Beginn der Vorbereitungsmaßnahmen für einen vorgesehenen Eingriff **von der Krankenliege stürzt**, während sich der Arzt mit Hilfe einer Krankenschwester ankleidet (OLG München VersR 1997, 1491) oder der Patient im Rahmen einer ambulanten ärztlichen Behandlung in der Praxis eines niedergelassenen Arztes **von einer Untersuchungsliege fällt** (OLG Köln VersR 1990, 1240; OLG Hamm, Urt. v. 10. 1. 2001 – 3 U 59/00, MedR 2002, 196, 197; **a. A.** OLG Celle, Urt. v. 19. 11. 2001 – 1 U 30/01, OLGR 2002, 49 beim Sturz des Patienten auf einer Untersuchungsliege).

Das OLG Celle (Urt. v. 19. 11. 2001 – 1 U 30/01, OLGR 2002, 49) hat jedoch eine schuldhafte Verletzung der Obhuts- und Verkehrssicherungspflicht eines niedergelassenen Arztes verneint, wenn nichts darauf hindeutet, dass der für einen kürzeren Zeitraum auf einer Untersuchungsliege liegende Patient zu Fall kommt und zuvor **keine Umstände vorlagen, die eine besondere Vorsicht oder Aufsicht beim Umgang mit dem Patienten begründet hätten.**

Nach Auffassung des OLG Schleswig (Urt. v. 6. 6. 2003 – 4 U 70/02, NJW-RR 2004, 237 = OLGR 2004, 3, 4) liegt auch dann kein Fall des „voll beherrschbaren Risikos" vor, wenn ein 82-jähriger Patient nachts auf einer normalen Station **aus dem Krankenbett fällt**, wenn zuvor keine konkreten Anhaltspunkte für eine Eigen- oder Fremdgefährdung, etwa eine „Bettflüchtigkeit" oder Uneinsichtigkeit des Patienten, bestanden.

Zusammenfassend kommt eine Beweislastumkehr bzw. eine Beweiserleichterung aus dem Gesichtspunkt des **„voll beherrschbaren Risikos"** also nur dann in Betracht, wenn aufgrund des unstreitigen oder erwiesenen Tatsachenvorbringens des Patienten bzw. dessen Krankenkasse feststeht, dass sich der Sturz **während einer konkreten Bewegungs-, Transport- oder sonstigen ärztlichen oder pflegerischen Maßnahme ereignet** hat, an denen Behandlungs- oder Pflegepersonal **unmittelbar beteiligt** ist, nicht jedoch bereits dann, wenn der Bewohner eines Pflegeheims in seinem privaten Wohnbereich innerhalb des Heims unter letztlich im Einzelnen nicht aufklärbaren Umständen zu Fall kommt (vgl. hierzu → *Sturz im Pflegeheim und im Krankenhaus* (S. 744 ff.); BGH, Urt. v. 28. 4. 2005 – III ZR 399/04, NJW 2005, 1937, 1938 = VersR 2005, 984, 985: Sturz im Zimmer des Pflegeheims, Anspruch verneint; Urt. v. 14. 7. 2005 – III ZR 391/04, NJW 2005, 2613, 2614 unter Aufhebung von OLG Dresden, Urt. v. 23. 9. 2004 – 7 U 753/04, OLGR 2004, 438, 440: Sturz im Zimmer des Pflegeheims; NJW 1991, 2960 = VersR 1991, 310: Sturz von der Verbringung der Patientin zum **Nachtstuhl** auf die Bettkante, Anspruch bejaht; NJW 1991, 1540 = MDR 1991, 846: Sturz bei einer Bewegungs- oder Transportmaßnahme, Anspruch bejaht; OLG Düsseldorf, Urt. v. 2. 3. 2006 – I – 8 U 163/04, GesR 2006, 214, 217: Sturz aus dem Rollstuhl beim Kaffeetrinken, Anspruch verneint; Urt. v. 23. 5. 2005 – I – 8 U 82/04, OLGR 2006, 390, 391 = VersR 2006, 977 f.: Sturz einer gehbehinderten Patientin bei einer zuvor mehrmals problemlos durchgeführten **Mobilisationsübung** am „**Gehbarren**" in Anwesenheit der Physiotherapeutin, Anspruch verneint; OLG Hamm, Urt. v. 30. 4. 2002 – 24 U 87/01, VersR 2003, 73; Urt. v. 25. 2. 2002 – 9 U 36/02, OLGR 2002, 373 = NJW-RR 2003, 30, 31; OLG Hamm, Urt. v. 18. 10. 2005 – 24 U 13/05, OLGR 2006, 569, 570: Sturz der Patientin während einer konkreten Pflege- oder Betreuungsmaßnahme im Bad in Anwesenheit der abgelenkten Pflegerin; KG, Urt. v. 20. 1. 2005 – 20 U 401/01, OLGR 2005, 903, 904 = MedR 2006, 182, 183 f. = GesR 2005, 305, 306 bei Jorzig: Sturz eines unruhigen Patient in einer konkreten Gefahrensituation aus dem Rollstuhl, Anspruch bejaht; Urt. v. 2. 9. 2004 – 12 U 107/03, GesR 2005, 66, 67 = OLGR 2005, 43, 44: Sturz während einer konkreten Pflegemaßnahme, Anspruch bejaht; Urt. v. 25. 5. 2004 – 14 U 37/03, OLGR 2005, 45: Sturz aus dem Rollstuhl, Anspruch verneint; OLG Köln, Urt. v. 15. 1. 2004 – 12 U 66/03, VersR 2004, 1607; OLG München, Urt. v. 25. 7. 2003 – 27 U 237/03, VersR 2004, 618; OLG Naumburg, Urt. v. 26. 4. 2005 – 12 U 170/ 04, OLGR 2005, 860, 861 zum Sturz eines betagten und/oder fast blinden Patienten in seinem Zimmer, Anspruch verneint; OLG Schleswig, Urt. v. 6. 6. 2003 – 4 U 70/02, OLGR 2004, 3, 4 = NJW-RR 2004, 237: Sturz aus dem Krankenbett, Anspruch verneint; OLG Zweibrücken, Urt. v. 1. 6. 2006 – 4 U 68/05, NJW-RR 2006, 1254, 1255 = OLGR 2006, 677, 678 f.: Sturz einer dementen Pflegeheimbewohnerin mit fast „**maximalem Sturzrisiko**" am Ende einer Mobilisationsmaßnahme in Anwesenheit der Pflegerin, Anspruch bejaht; Schmid, VersR 2005, 1540: konkreter Zusammenhang mit geschuldeten Hilfeleistungen; abweichend etwa Feifel, GesR 2005, 196, 201: schon dann, wenn konkrete Risiken vorhersehbar sind).

Soweit weiter gehend teilweise vertreten wurde, beim Sturz im Krankenzimmer oder im Pflegeheim habe der krankenhaus- bzw. Pflegeheimträger in entsprechender Anwendung des § 282 BGB a. F. (jetzt § 280 I 2 BGB n. F.) stets den Beweis dafür zu erbringen, dass ihn bzw. die eingesetzten Pflegekräfte kein Verschulden treffe (OLG Dresden, Urt. v. 23. 9. 2004 – 7 U 753/04, OLGR 2004, 438, 440; aufgehoben von BGH, Urt. v. 14. 7. 2005 – III ZR 391/04, NJW 2005, 2613, 2614; LG Mönchengladbach, Urt. v. 24. 10. 2003 – 2 S 81/03, VersR 2004, 1608, 1609 a. E.), dürfte diese Rspr. durch die oben zitierten Urteile des BGH vom 28. 4. 2005 und 14. 7. 2005 überholt sein.

4. Infektionen

Die allgemeine und spezifische Hygiene gehört zum pflegerischen Bereich, für dessen Einhaltung, Überwachung und Kontrolle nicht der ärztliche Dienst, sondern der Krankenhausträger bzw. dessen pflegerische Leitung zuständig und für Fehler haftbar ist. Insoweit findet der Rechtsgedanke des § 282 BGB a. F. (jetzt § 280 I 2 n. F.) Anwendung, als es um den Bereich des „voll beherrschbaren Risikos" der **allgemeinen Gewährung hygienischer Verhältnisse** geht (BGH, VersR 1999, 60 = NJW 1999, 860 = MDR 1999, 36; OLG Zweibrücken, Urt. v. 27. 7. 2004 – 5 U 15/02, NJW-RR 2004, 1607 = GesR 2004, 468 = OLGR 2004, 598, 600).

Die absolute Keimfreiheit des ärztlichen Personals und weiterer Operationsbeteiligter kann allerdings nicht erreicht werden, so dass Keimübertragungen, die sich trotz Einhaltung der gebotenen hygienischen Vorkehrungen ereignen, zum entschädigungslos bleibenden Krankheitsrisiko des Patienten gehören. Eine Haftung des Krankenhausträgers kommt daher nur in Betracht, wenn die Keimübertragung durch die gebotene hygienische Sorgfalt hätte verhindert werden können. Nur wenn feststeht, dass die **Infektion aus einem hygienisch beherrschbaren Bereich hervorgegangen** sein muss, hat der Krankenhausträger bzw. Behandler für die Folgen der Infektion einzustehen, sofern er sich nicht entsprechend § 282 BGB a. F. (jetzt 280 I 2 n. F.) entlasten kann (BGH, NJW 1991, 1541, 1542 = VersR 1991, 467; OLG Hamm, Urt. v. 13. 12. 2004 – 3 U 135/04, GesR 2005, 164, 165; OLG Zweibrücken, Urt. v. 27. 7. 2004 – 5 U 15/02, NJW-RR 2004, 1607 = OLGR 2004, 598, 600; G/G, 5. Aufl., Rz. B 214, 245; Gehrlein Rz. B 130). Der Krankenhausträger bzw. Behandler muss dann beweisen, dass er alle organisatorischen und **technischen Vorkehrungen** gegen vermeidbare Keimübertragungen getroffen hatte (Jorzig GesR 2004, 469 zum Urteil des OLG Zweibrücken v. 27. 7. 2004 – 5 U 15/02).

▷ *Infektion nach Operation oder Krankenhausaufenthalt*

Die Verursachung einer **Wundinfektion** durch einen menschlichen Keimträger während einer Operation oder eines Klinikaufenthalts kann auch bei der Anwendung aller hygienischen Sorgfalt nicht immer vermeiden werden. Die Vorgänge im lebenden Organismus lassen sich nicht so sicher beherrschen, dass ein Misserfolg der Behandlung bereits den Schluss auf das Vorliegen eines Behandlungsfehlers und ein Verschulden der Behandlungsseite entsprechend § 282 BGB a. F. (§ 280 I 2 BGB n. F.) zulassen würde (BGH NJW 1991, 1541, 1542; OLG Hamburg, Urt. v. 22. 2. 2002 – 1 U 35/00, MDR 2002, 1315: Besiedelung der Operationswunde durch **Raumkeime** nie sicher vermeidbar; OLG Hamm, Urt. v. 13. 12. 2004 – 3 U 135/04, GesR 2005, 164, 165; OLG Zweibrücken, Urt. v. 27. 7. 2004 – 5 U 15/02, NJW-RR 2004, 1607 = OLGR 2004, 598, 600; kritisch hierzu Gehrlein, Rz. B 130).

Selbst **Keimübertragungen durch ein Mitglied des Operationsteams** sind **nicht stets vermeidbar und beherrschbar** (BGH, NJW 1991, 1541, 1542; OLG Hamm, Urt. v. 13. 12. 2004 – 3 U 135/04, GesR 2005, 164, 165).

Hat der Klinikträger die gebotene hygienische Vorsorge beachtet und kommt für die Infektion einer Patientin nach den späteren Feststellungen des gerichtlich beauftragten Sachverständigen auch eine **vorbestehende Kolonisation** des Gebärmutterhalses bzw. ein **Infekt** infrage, kommt eine Beweiserleichterung aus dem Gesichtspunkt des „voll-beherrschbaren Risikos" oder des „Anscheinsbeweises" nicht in Betracht (OLG Hamm, Urt. v. 13. 12. 2004 – 3 U 135/04, GesR 2005, 164, 165).

Dies gilt auch dann, wenn mehr als einen Monat nach dem Auftreten der Infektion bei der Patienten bei einem **Krankenpfleger eine Streptokokken-A-Infektion** festgestellt und zuvor noch vier weitere Fälle von Streptokokken-A-Infektionen bei Patientinnen und Patienten diagnostiziert worden sind (OLG Hamm, Urt. v. 13. 12. 2004 – 3 U 135/04, GesR 2005, 164, 165).

Etwas anderes kann jedoch gelten, wenn eine **Infektionswelle in der Klinik** vorausgegangen ist (OLG Oldenburg, Urt. v. 3. 12. 2002 – 5 U 100/00, VersR 2003, 1544 = OLGR 2003, 82). Tritt etwa in einer Klinik eine Streptokokkeninfektion auf, ist die Klinikleitung verpflichtet, dies den Chefärzten der Klinik mitzuteilen.

Es stellt einen **groben Behandlungsfehler** dar, wenn selbst nach erneutem Auftreten von Streptokokkeninfektionen eine Krisensitzung unter **Hinzuziehung eines Krankenhaushygienikers** und der verantwortlichen Ärzte unterbleibt und es nachfolgend zu einer Streptokokkeninfektion einer schwangeren Patientin kommt, auf die zudem noch um einen Tag verspätet reagiert wird (OLG Oldenburg, Urt. v. 3. 12. 2002 – 5 U 100/00, VersR 2003, 1544, 1546).

Grundsätzlich besteht für den Klinikträger Veranlassung zu besonderen organisatorischen Maßnahmen, wenn eine **auffallend hohe Infektionsrate mit Staphylokokken** festgestellt wird (OLG Zweibrücken, Urt. v. 27. 7. 2004 – 5 U 15/02, NJW-RR 2004, 1607, 1608 = OLGR 2004, 598, 600).

Allerdings bestanden im Jahr 1996 in Deutschland keine einheitlichen oder verbindlichen Kriterien für ein Überwachungssystem betreffend nosocomiale Infektionen. Eine Datenerfassung nach KISS-Kriterien (Krankenhaus-Infektions-Surveillance-System) oder NNIS-Kriterien (National-Nosocominal-Infektions-Surveillance) wurde erstmals 1997 in Deutschland begonnen und ist auch ohne noch kein verpflichtender Standard (OLG Zweibrücken, Urt. v. 27. 7. 2004 – 5 U 15/02, NJW-RR 2004, 1607, 1608 = GesR 2004, 468, 469). Aus der Nichtbeachtung der KISS- bzw. NNIS-Kriterien kann somit nach wie vor nicht auf einen Verstoß gegen die Hygienestandards geschlossen werden (Jorzig, GesR 2004, 469 zu OLG Zweibrücken, Urt. v. 27. 7. 2004 – 5 U 15/02). Insgesamt ist es auf Seiten des Krankenhausträgers ausreichend, wenn eine sogenannte **Infektstatistik** geführt wird, um ggf. den **Entlastungsbeweis** antreten zu können (Jorzig a. a. O.).

Das OLG Zweibrücken (Urt. v. 27. 7. 2004 – 5 U 15/02, NJW 2004, 1607, 1608) hat die Klage des Patienten abgewiesen, da nicht festgestellt werden konnte – was zur Beweislast des Patienten stand –, dass der Krankenhausträger bzw. die tätig werdenden Ärzte und Pflegekräfte pflichtwidrig Maßnahmen unterlassen hätten, die geeignet gewesen wären, eine beim Patienten aufgetretene Infektion zu vermeiden.

Die Beweisregel des § 282 BGB a. F. (analog) – seit dem 1. 1. 2002 ersetzt durch § 280 I 2 BGB n. F. – findet nach Ansicht von Gehrlein (Rz. B 130) jedoch Anwendung, wenn eine Patientin in einem Krankenhaus eine Infektion erleidet, dessen hygienische Bedingungen nachweislich oder unstreitig an der Untergrenze des Tragbaren liegen.

▷ *Punktionen und intraartikuläre Injektionen*

Auch bei **Punktionen und intraartikulären Injektionen** besteht **keine „volle Beherrschbarkeit" des Infektionsrisikos** (OLG Hamm, Urt. v. 20. 5. 1998 – 3 U 139/97; OLG München NJW-RR 1994, 1309). Ebenso wenig lässt die Entwicklung einer Infektion einen Rückschluss auf eine erhebliche Keimverschleppung und ein mögliches fehlerhaftes Vorgehen der Behandlungsseite zu (OLG Hamm a. a. O.). Insbesondere dann, wenn die Infektionsrate bei Operationen der vorgenommenen Art in Verbindung mit Weichteilverletzungen 1,5–2 % beträgt, kann nicht davon ausgegangen werden, dass eine dann eingetretene Infektion aus einem „voll beherrschbaren" Bereich hervorgegangen ist (BGH NJW 1999, 3408, 3410). In derartigen Fällen kommt auch ein **Anscheinsbeweis nicht in Betracht** (vgl. hierzu → *Anscheinsbeweis* (S. 28 ff.); OLG Hamm, Urt. v. 13. 12. 2004 – 3 U 135/04, GesR 2005, 164, 165; G/G, 5. Aufl., Rz. B 236).

▷ *Insterile Infusion, verunreinigtes Desinfektionsmittel*

Der Krankenhausträger hat entsprechend § 282 BGB a. F. (jetzt § 280 I 2 BGB n. F.) das mangelnde Verschulden der angesetzten Ärzte und Pflegekräfte zu beweisen, wenn die dem Patienten verabreichte **Infusionsflüssigkeit** bei oder nach ihrer Zubereitung im Krankenhaus **unsteril** wurde (BGH NJW 1982, 699; L/U, § 109 Rz. 8; S/D, Rz. 505; G/G, Rz. B 245). Gleiches gilt, wenn nachweislich verunreinigtes Desinfektionsmittel zum Einsatz gekommen ist (BGH NJW 1978, 1683; G/G, 5. Aufl., Rz. B 245).

▷ *Spritzenabszess in einer Arztpraxis mit schweren Hygienemängeln*

Kommt es nach einer Injektion zu einem Spritzenabszess und steht fest, dass es in der Arztpraxis gravierende Hygienemängel gab (hier: klare Hygienepläne fehlten, Desinfektionsmittel wurden aus den Originalbehältnissen umgefüllt, von vier überprüften Alkoholen waren zwei verkeimt, Flächendesinfektionsmittel mit einer langen Einwirkungszeit wurden zur Handdesinfektion mit erforderlicher kurzer Einwirkung eingesetzt), muss der Arzt beweisen, dass der Schaden der Patientin nach der aufgetretenen Staphylokokken-Infektion auch bei Beachtung der maßgeblichen Hygieneregeln eingetreten wäre (OLG Koblenz, Urt. v. 22. 6. 2006 – 5 U 1711/05, OLGR 2006, 913, 914 = GesR 2006, 469, 470 = NJW-RR 2006, 1401, 1402).

Stichwortverzeichnis

Abbruch lebenserhaltender Maßnahmen 220 ff.

Achillessehnenruptur 163

Allgemeine Geschäftsbedingungen 1 ff.
- Anmeldefristen für Haftungs-
  ansprüche 10
- Aufklärungsklauseln 12
- Bestätigungsklauseln 2
- Einbeziehung 2
- Einsicht in Krankenunterlagen 13
- Einverständnis- und Einbeziehungs-
  klauseln 1
- Gebührensatz 7
- Haftungsausschluss und Haftungs-
  beschränkungen 9
- Honorarvereinbarungen 5
- Kenntnisnahmeklausel 1 f.
- Stellvertreterklausel 8
- Unterrichtung des Patienten über die
  Kosten ärztlicher Wahlleistungen 6
- Wahlleistungs- und Selbstzahler-
  klauseln 3

Allgemeine Operationsrisiken 123

Allgemeinmedizin 49, 74, 414,
  529 f., 532, 534 f., 554 ff., 593 ff.,
  598 f., 791 f.
- Diagnosefehler 414 f., 423, 529 ff., 534
- Grobe Behandlungsfehler 529, 554 ff.,
  593 f.
- Therapiefehler 593 f., 791 f.

Amalgam 276, 803

Ambulante vertragsärztliche Versorgung
  199

Ambulanz 14
- Chefarzt-Ambulanz 14, 658
- Krankenhaus-Ambulanz 16

Amtsermittlung 365, 763 f.

Anästhesie 21, 25, 52, 53, 171, 251, 277,
  600, 794 ff.
- Anfängernarkose 17, 21 f., 25
- Arbeitsteilung 52 f.
- Grobe Behandlungsfehler 600 f.
- Therapiefehler 600 f., 794 ff.

Anastomoseninsuffizienz 145, 277, 544

Aneurysma 246, 843

Anfängereingriffe 17 ff.
- Anfängereingriff als Behandlungsfehler 17

Anfängernarkosen 17, 21 f., 25
- (Keine) Aufklärungspflicht über Anfän-
  gereinsatz 23
- Beweiserleichterungen 19
- Dokumentationspflicht 23, 435
- Eigenhaftung des Berufsanfängers 24
- Einzelfälle 25 ff.
- Fachaufsicht durch den Facharzt 21
- Sicherstellung des Facharztstandards
  18

Angiographie 131, 142 f., 200, 236, 278,
  542, 566, 828 f., 843

Anhörung der Parteien 231, 268 ff.

Anscheinsbeweis 28 ff.
- Begriff und Funktionen 28
- Fallgruppen 30 ff.

Ansteckungsgefahr 104

Antibiose vgl. Infektion

Antibiotika-Prophylaxe 104, 187, 278,
  539, 564 f., 570, 593, 774, 790

Appendizitis 25, 155, 189, 251, 279, 423,
  431, 531, 542 f., 770, 779

Arbeitsteilung 41 ff.
- Aufklärung 210 ff., 213 ff.
- Horizontale Arbeitsteilung 41
- Pflichten: hinzugezogener Arzt 44
- Pflichten: überweisender Arzt 49
- Übertragung auf Assistenzärzte
  25 ff., 57
- Übertragung auf Hebammen 58
- Übertragung auf Krankenpflege-
  personal 61
- Verantwortungsbereiche im Rahmen
  einer Operation 52
- Vertikale Arbeitsteilung 57
- Zeitliche Nachfolge 54
- Zurechnungszusammenhang 55

Arthrose 120, 279

Arztvertrag 62 ff.
- Dienstvertrag 62
- Kassenpatienten 71
- Kosmetische Operationen 66
- Mitverpflichtung des Ehepartners 68
- Notfälle und Behandlung Geschäfts-
  unfähiger 69
- Öffentlich-rechtliche Behandlungs-
  verhältnisse 74
- Privatpatienten 67

– Rechtsnatur des Arztvertrages 62
– Sterilisationsvertrag 67
– Tätigkeit des Notarztes 74
– Truppen-, Amts- und Anstaltsärzte 75
– Vertrag zugunsten Dritter 69
– Zahnarztvertrag 63
Assistenzarzt 24 ff., 57
Aufbewahrung von Krankenunter-
  lagen 305 f., 439 f., 845 f.
Aufklärung 76 ff., 275 ff.
– Allgemeine Operationsrisiken 123 ff.
– Ambulante Eingriffe 199
– Anfängereingriff 86, 213 ff.
– Aufklärungsadressat 216 ff.
– Aufklärungsgespräch 267 f.
– Aufklärungspflichtiger 209 ff.
– „Aufklärungsrichtiges Verhalten" des
  Patienten 96
– Ausstattung des KKH 195
– Außenseitermethoden 148
– Behandlungsalternativen 151 ff.
– Behandlungsaufklärung 87
– Behandlungsfehler, Hinweis 117
– Behandlungstechniken 88
– Bestimmter Arzt 88
– Beweislast 229, 263 ff.
– Delegation 210 ff., 213 ff.
– Diagnoseaufklärung 91
– Diagnostische Absicherung 125
– Diagnostische Eingriffe 200 ff.
– Dokumentation der Aufklärung
  267 ff.
– Einzelfälle, alphabetisch 275 ff.
– Echte Behandlungsalternative 151 ff.
– Entbehrlichkeit der Aufklärung 225
– Entscheidungskonflikt 230 ff.
– Fehlende Dringlichkeit 128
– „Grober" Aufklärungsfehler 86, 267,
  502
– Grundaufklärung 255 ff.
– Hypothetische Einwilligung 228 ff.
– Hypothetischer Verlauf 229 ff., 261 f.
– Im Großen und Ganzen 83, 118 ff.
– Impfschäden 138
– Intraoperative Erweiterungen 204
– Kausalität 253 ff.
– Kieferbruch 141
– Klinikeinweisung, Hinweis an
  Patienten 98
– Konservative Behandlungsmethode
  93, 160 ff., 183 f.
– Kontrolluntersuchungen 99
– Kosmetische Operationen 116, 131 ff.,
  169
– Langer Heilungsverlauf 148
– Materialkombinationen bei TEP 186
– Medikation, Hinweispflichten 93,
  108 f., 144
– Misserfolgsrisiko 134 ff.
– Mutmaßliche Einwilligung 226 ff.
– Nachoperation 102
– Nebenwirkungen von Medikamenten
  93, 108 f., 144
– Neulandmethoden 148 f., 170
– Parteivernehmung 268 ff.
– Prothesenwechsel 102
– Rechtzeitige Aufklärung 197 ff.
– Reserveursache 261 ff.
– Risikoaufklärung 87, 89
– Samenspende 110
– Sectio 172 ff., 191 ff.
– Seltene Risiken 137 ff.
– Selbstbestimmungsaufklärung 86 ff.
– Sicherungsaufklärung 92 ff.
– Signifikant kleineres Risiko 194
– Sudeck-Dystrophie 120, 147
– Ständige Aufklärungsübung 273 ff.
– Statistische Häufigkeit von Kompli-
  kationen 89, 138
– Sterilisation und Misserfolgsquote
  105, 106
– „Stoßrichtung" der möglichen Risiken
  83, 118 ff., 259
– Therapeutische Aufklärung 86 ff.,
  92 ff.
– Überschneidung Sicherungsaufklärung/
  Risikoaufklärung 93, 103, 109
– Umfang 118 ff.
– Verharmlosung 126
– Verlaufsaufklärung 90
– Versagerrisiko 105 f.
– Voraufklärung, Vorkenntnis 209,
  225 f., 264
– Wirtschaftliche Aufklärung 110 ff.
– Zahnarzt, Notwendigkeit einer Nach-
  behandlung 101
– Zahnnerven 139 ff., 295
– Zurechnungszusammenhang 255 ff.,
  261
– Zuwarten als Alternative 166
Aufklärungsadressat 216 ff.
– Ausländische Patienten 222 ff.
– Minderjährige 217 ff.
– Psychisch Kranke 219 ff.

Aufklärungspflichtiger 209 ff.
Aufschieben des Eingriffs 166, 245
Augenheilkunde 99 f., 150, 238, 286, 293,
    424, 514 f., 516 f., 553, 591 ff., 611, 790,
    823, 837, 840 f.
– Grobe Behandlungsfehler 99 f., 553,
    591 ff.
– Unterlassene Befunderhebung 553,
    823, 837, 840 f.
Auskunftsanspruch des Patienten 446 ff.,
    450, 763
Außenseitermethode 148 ff., 595
Äußerst unwahrscheinlich 513 ff.,
    821 ff.

Bandscheibenoperation 119, 136,
    160, 166, 188, 201, 244, 256, 280,
    565, 775
Beamtete Ärzte 15, 74 f., 654 ff., 661 ff.,
    669
Beckenendlage 174, 192, 193
Befangenheit des Sachverständigen
    702 ff.
Befunderhebung vgl. Unterlassene
    Befunderhebung
Befundsicherungspflicht 305 ff., 845 ff.
Behandlungsalternativen 151 ff.
Behandlungsfehler 307 ff.
– Ärztlicher Sorgfaltsmaßstab; medizini-
    scher Standard 307
– Fallgruppen ärztlicher Behandlungs-
    und Organisationsfehler 321 ff.
– Kausalität 332 ff., 614 ff.
– Leitlinien 310 ff.
– Maßgebender Zeitpunkt 310
– Organisationsfehler 326 f., 606 ff.
– Richtlinien 318 f.
– Soll-Standard 320
– Übernahmeverschulden 324
Behandlungsvereitelung durch den
    Patienten 518 f., 670 f.
Behandlungsverweigerung
    vgl. Weigerung des Patienten
Beiziehung der Behandlungsunter-
    lagen 452 ff., 764
Belegarzt 659, 662 ff., 666 ff.
Berufung 334 ff.
– Abweichende Wertung durch das
    Berufungsgericht 699 f.
– Entscheidung des Gerichts 379
– Hinweispflicht des Gerichts 335 f.
– Inhalt der Begründung 343 ff.

– Nachlässigkeit i.S.d. § 531 II 1 Nr. 3
    ZPO 360 ff.
– Verspätetes Vorbringen 354, 371 ff.
– Verwerfung nach § 522 ZPO 379 ff.
– Zulässigkeit der Berufung 338 ff.
– Zulassung neuer Angriffs- und Vertei-
    digungsmittel 354 ff.
– Zurückweisung verspäteten
    Vorbringens 371 ff.
Berufungsbegründungsfrist 340 ff.
Berufungsfrist 339
Beschwerde gegen Ablehnung des Antrags
    auf Ladung des Sachverständigen 402
Beweiskraft des Urteilstatbestandes
    351 ff.
Beweislast 229, 263 ff., 383 ff., 388 ff.,
    468 f.
– Anscheinsbeweis 28 ff.
– Aufklärungsfehler 229, 263 ff.
– Behandlungsfehler 383 ff.
– Früherkennung, fehlerhafte Diag-
    nostik 468
– Genetische Beratung 487
– Kausalität 229 f., 253 f., 264 ff., 614 ff.,
    618 f.
– Sterilisation, fehlerhafte 738
– Verschuldensvermutung gem. § 282
    BGB a.F. 384 f.
Beweislastumkehr 28 ff., 388 ff., 436 ff.,
    492 ff., 498 ff., 804 ff., 892 ff.
Beweisverfahren, selbständiges 393 ff.
– Beendigung 399 f.
– Gegenanträge 400 f.
– Kostenentscheidung 403 ff.
– Ladung des Sachverständigen zur
    Erläuterung des Gutachtens 401
– Streitverkündung 401
– Wirkung 398 ff.
– Zulässigkeit des selbständigen Beweis-
    verfahrens 394 ff.
– Zurückweisung verspäteter Anträge und
    Einwendungen 402
Biopsie 46, 516, 549, 571, 573, 583, 590,
    612, 786, 817 ff., 837 f., 842
Blinddarmentzündung
    vgl. Appendizitis
Blutspender 127, 145, 249, 281
Borreliose 590
Bulimie 587

Chefarzt-Ambulanz 14, 658
Chirotherapie 282, 432, 562

Chirurgie 528, 538 ff., 557 ff., 770 ff.
- Diagnosefehler 412, 414 f., 417 f., 420, 423, 425, 528
- Grobe Behandlungsfehler 528, 536, 538 ff., 544 ff., 557 ff., 567 ff.
- Therapiefehler 557 ff., 567 ff., 769 ff.
- Verantwortungsbereich im Rahmen einer Operation 53
Chromosomenanalyse 466
CTG-Aufzeichnung 429, 446, 531, 539 f., 544 f., 553, 555, 575 ff., 607 f., 665, 667 f., 782

Darmperforation 35, 250, 776
Dekubitusschäden 35
Diagnosefehler 408 ff., 809 ff.
- als einfache Behandlungsfehler 416 ff.
- als grobe Behandlungsfehler 413 ff., 527 ff.
- keine Behandlungsfehler 422 ff.
Diagnosemitteilung, fehlerhafte 283, 413
Diagnostische Eingriffe 128, 130 f., 200
Dokumentationspflicht 270 ff., 426 ff.
- Anfängereingriffe 23, 435
- Aufklärung 270 ff.
- Auskunftsbegehren des Patienten 427
- Behandlungsfehler 442
- Behandlungsverweigerung 431 f.
- Beweiserleichterungen und Beweislastumkehr 436 ff.
- Beweislastumkehr hinsichtlich des Kausalzusammenhangs 440 ff.
- Einzelne, dokumentationspflichtige Maßnahmen 428 ff.
- EDV-Dokumentation 443 ff.
- Negative Befunde 436 ff.
- Routinemaßnahmen 433 ff.
- Zeitpunkt der Dokumentation 442
Down-Syndrom vgl. Mongoloismus
Durchgangsarzt 75

Echte (ernsthafte) Behandlungsalternative 156 ff.
EDV-Dokumentation 443 ff.
Einsicht in Unterlagen 446 ff.
- Allgemeine Geschäftsbedingungen 13
- Art der Einsichtnahme 449
- Befugnis der Krankenkassen 453
- Einschränkungen 447 ff.
- Einsichtsrecht nach dem Tod 451

- Kein allgemeiner Auskunftsanspruch 450
- Prozessuales Einsichtsrecht 452
- Vorprozessuales Einsichtsrecht 446
Einzelrichter 454 ff.
Entscheidungskonflikt 230 ff.
Enzephalitis 423, 528, 534, 540, 595, 791
Erblindung 143, 203
ERCP 190, 284, 591

Falsche Seite operiert 560
Feststellungsinteresse 457 ff.
Fiktive Behandlungskosten 640 f.
Frakturen 120, 141, 146, 155, 162 ff., 184, 186, 414, 417 f., 495, 497, 524, 528, 541, 560 f., 566, 771, 779
Fruchtwasseruntersuchung 107, 463, 466 f., 485 f., 574, 735, 783, 831
Früherkennung, fehlerhafte pränatale Diagnostik 463 ff.
- Behandlungsfehler 465 ff.
- Beweislast 468 f.
- Kausalität und Zurechnungszusammenhang 469 f.
Fundamentaler Diagnosefehler 413 ff., 522, 527 ff.
Fußchirurgie 185 f., 248, vgl. auch Chirurgie, Hallux-Valgus und Frakturen

Gallenoperation 136, 171, 188, 284, 542, 557 f., 567 f., 770, 778
Gebärmutterentfernung vgl. Hysterektomie
Geburtsleitung 19, 27, 58 ff., 429, 504, 514, 576 ff., 581, 586, 607, 664, 667 f., 787
Gemeinschaftspraxis 472 ff.
- Haftung 476 ff.
- Praxisgemeinschaft 475, 484
- Rechtsform 474 ff.
- Urlaubsvertreter 482
Genetische Beratung 484 ff.
- Behandlungsfehler 485 ff.
- Beweislast 487
- Kausalität und Zurechnungszusammenhang 487 f.
- Rechtmäßigkeit eines Schwangerschaftsabbruchs 489
- Umfang des Anspruchs 490 f.
Geschäftsführung ohne Auftrag 70, 204 f.

Grobe Behandlungsfehler 492 ff.
- Allgemeinmedizin 529, 554 ff., 593 ff.
- Anästhesie 600
- Augenheilkunde 99 f., 553, 591
- Äußerst unwahrscheinlicher Kausalzusammenhang 510, 513 ff.
- Behandlungsvereitelung durch Patient 518 f.
- Beurteilung durch das Gericht 502 ff.
- Beweislastumkehr 498 f.
- Chirurgie 528, 536, 538 ff., 544, 557 ff., 567 ff.
- Desinfektion 604
- Fallgruppen, Übersicht 522 ff.
- Fundamentale Diagnosefehler 419 f., 527 ff.
- Generelle Eignung 507 f.
- Gesamtbetrachtung 504 ff.
- „Grobe Aufklärungsfehler" 267, 502
- Grobe Organisationsfehler 606 ff.
- Grobe Therapiefehler 557 ff.
- Grundlagen 494 ff.
- Gynäkologie 505, 532 ff., 545 ff., 548 ff., 572 ff.
- HNO 506, 553, 591 f.
- Innere Medizin 551, 587 ff., 590 f.
- Kausalität 494 ff.
- Mitursächlichkeit 509 f.
- Mitverursachung durch den Patienten 519
- Neurologie 556
- Nichterhebung von Diagnose- und Kontrollbefunden 537 ff.
- Notarzt 598
- Orthopädie 528 f., 534, 536, 538 ff., 544 ff., 557 ff.
- Primärschaden 494 ff., 615 ff.
- Radiologie 556, 600
- Teilkausalität 510
- Übersicht 492
- Urologie 551, 587
- Zahnmedizin 556, 601 ff., 604
Grobe Therapiefehler 557 ff.
Gynäkologie 50 f., 545 ff., 572 ff., 782 ff.
- Anfängereingriffe 18 f., 22, 27 f.
- Arbeitsteilung 50 f.
- Diagnosefehler 415, 417, 420 f., 425, 532 ff.
- Grobe Behandlungsfehler 505, 532 ff., 545 ff., 548 ff., 572 ff., 582 ff.

- Nichterhebung von Befunden 100, 545 ff., 548 ff.
- Therapiefehler 782 ff.

Haftungsausschlussklauseln 9 ff.
Hallux-Valgus-Operation 154, 185 f., 285
Harnleiterverletzungen, Harnleiterverschluss 788
Hebamme 19, 58 ff., 576 ff., 584, 586, 607, 659, 665, 667 f.
Herzinfarkt *vgl. Kardiale Erkrankung*
Herzoperation 437, 778
Hinweise für den nachbehandelnden Arzt 432
Hinweispflicht des Gerichts 335 f.
Hirnhautentzündung 415, 554, 588, 595
Hirnschädigung 256, 536, 576 f., 588, 787
HIV-Infektion 30, 36, 171, 434, 467, 598, 613 f.
- Anscheinsbeweis 30, 36
HNO 137, 553 f., 591 ff.
- Grobe Behandlungsfehler 506, 553, 592 f.
- Therapiefehler 592 f., 790
Hodentorsion, Hodenatrophie 37, 145, 286, 418, 562, 587, 772, 789
Honoraranspruch nach Behandlungs- oder Aufklärungsfehlern 680 ff.
Honorarvereinbarungen 5 ff.
Horner-Syndrom 37
Hüftgelenksoperation 26, 126, 146, 185, 188, 257, 286
Hypothetische Einwilligung 228 ff.
Hysterektomie 130, 144, 194, 201, 252, 287, 783

Impfungen 138, 249, 272, 288
Infektion 32, 37, 123 f., 147, 238, 240, 289, 303, 415, 424, 506, 534, 538 f., 560, 563, 569 f., 582, 588, 604 ff., 609, 774, 784, 792, 834 f., 905 ff.
- Anscheinsbeweis 32, 37
- Antibiotische Behandlung durch Berufsanfänger 25
Injektion 32, 37, 61, 121, 147, 162, 247, 290, 563, 565 f., 569 f., 588, 595, 605, 789, 792, 834, 907
- Anscheinsbeweis 32, 37
- Grobe Behandlungsfehler 566, 588, 595, 605
- Injektion durch Pflegepersonal 61

Inkontinenz 145
Innere Medizin 551 f., 587 ff., 788 f.
– Grobe Behandlungsfehler 551 f., 587 ff.,
590 f.
– Therapiefehler 587 ff., 590 f., 788 f.
– Unterlassene Befunderhebung 551 f.,
830 f., 835 f., 843

Kaiserschnitt 107, 172 ff., 191 ff., 206,
251, 512, 520, 578 ff., 784 f., 788
Kardiale Erkrankung 97 f., 290, 416, 431,
497, 529, 534, 552, 554, 589, 594, 598 f.,
778, 791, 818, 830 f., 843
Kassenpatienten 71 ff.
Kausalität 253 ff., 332 f., 614 ff.
– Beweislast 263 ff., 440 f., 614 ff.
– Fehler des vor- und nachbehandelnden
Arztes 55 f.
– Haftungsbegründende und haftungsaus-
füllende Kausalität 494 ff., 615 ff.
– Hypothetischer Kausalverlauf bei Auf-
klärungsfehler 261 f.
– Mitursächlichkeit 509 ff., 621
– Rechtmäßiges Alternativverhalten
261, 622
– Reserveursachen 229, 261, 622
– Teilkausalität 510 f., 621
– Vorbehandelnder Arzt 55 ff., 623 f.
– Vorschäden 622
– Zurechnungszusammenhang 55 f.,
254 ff., 621 ff.
Kieferbruch 141, 242, 303, 604
Kieferknochenmarksentzündung 141,
242
Kinderarzt 45, 528, 545 ff., 553, 593 f.
Klage (Musterklage) 625 ff.
Klageerwiderung (Muster) 641 ff.
Knie, Knieendoprothese 185, 248, 291,
772
Knochenmarktransplantation bei
FHL 103
Koloskopie 108, 250, 551, 776
Kontrolluntersuchungen 99, 415, 419 f.,
424, 429 ff., 437, 466 f., 486, 538 ff.,
544 ff., 550 ff., 553 ff., 556, 608, 611 f.,
824 ff., vgl. auch Unterlassene Befund-
erhebung
Koordinationsfehler 42, 48, 52 ff., 332,
607, 609 f.
Kosmetische Operation 116, 131 ff., 169
Kostenerstattung durch Kranken-
kasse 72, 111 ff.

Krankenhaus-Ambulanz 14, 16
Krampfaderoperation 186
Krankenhausverträge 650 ff.
– Arztzusatzvertrag 657 ff.
– Beamtete Ärzte 74 f., 654 ff., 661 ff.,
669
– Belegarztvertrag 662 ff.
– Chefarztambulanz 14 ff., 658
– Gespaltener Krankenhausvertrag
662 ff.
– Haftung 652 ff., 658 ff., 664 ff.
– Totaler Krankenhausvertrag
651 ff.
– Totaler Krankenhausvertrag mit Arzt-
zusatzvertrag 657 ff.
Krankenunterlagen 446
– Beiziehung durch das Gericht 452 f.
– Dokumentationspflicht 428 ff.
– Einsicht 446 ff.
Krankheitskostenversicherung 460
Kreuzbandersatzplastik 495, 497, 570,
572
Kropfoperation vgl. Strumektomie

Lähmungen 119, 122, 127, 170, 244, 247,
255, 259, 271 f., 540, 599
Lagerungsschäden 33, 38, 430, 900 f.
Laparoskopie 171, 188 f., 199, 285, 546,
567 f., 771, 776, 782
Laparotomie 285, 558 f.
Laserbehandlung 133, 150, 431
Leberresektion, Leberschaden 171, 190,
238, 515 f., 554 f., 822, 836
Leistenbruch 415, 529, 562, 570, 780
Leitlinien 310 ff.
Linderung von Beschwerden 167
Liposuktion 132 f., 257
Lungenembolie, Lungenerkrankung 494,
828
Lymphdrüsenexstirpation 27, 291
Lysebehandlung 163, 239, 588, 789

Magenoperation 189, 430, 557 f.
Mammographie 46, 417, 420 f., 437,
515 f., 532, 535, 548 f., 556, 573, 583 f.,
785, 817 ff., 837 f.
Mastektomie 129, 164, 167
Medikation vgl. Nebenwirkungen
Medizinische Geräte 896 ff.
Meningitis vgl. Hirnhautentzündung
Minderjährige 217 ff.
Mitverpflichtung des Ehegatten 68

Mitverschulden des Patienten 519,
  670 ff., 743 ff.
– bei Aufklärung 674
– kein grober Behandlungsfehler 518 ff.,
  673
– bei mangelhafter therapeutischer
  Beratung 670 ff.
– Schadensminderungspflicht 674 f.
Mongolismus 45, 51, 466 f., 485 f.
Myelographie 143, 236, 257, 552, 829

Nachlässigkeit i.S.d. § 531 II 1 Nr. 3
  ZPO 360 ff.
Nebenwirkungen von Medikamenten
  93, 108 f., 144, 248, 303
Negative Feststellungsklage 461
Neonatologie 545 ff., 574 ff.
Nervverletzungen, Nervschädigun-
  gen 120, 122, 126 f., 136, 139 ff., 142,
  292 ff., 239, 241, 245 f., 259, 292 ff., 533,
  544, 773
Neulandmethoden 149
Neurologie 47 f., 530, 556
Nichterhebung von Diagnose- und/oder
  Kontrollbefunden 537 ff., 804 ff.
Nichterkennen einer Schwanger-
  schaft 675 f.
Nierenverletzung, Nierenverlust 136,
  145, 170, 200, 204, 229, 239, 296, 552,
  589, 835
Notarzt *vgl. Allgemeinmedizin*
Notfälle 204, 226 f., 328, 434, 781

Oberarm- und Schulterbruch 155
Organisationsfehler 60, 326 ff., 606 ff.
– Einsatz eines Berufsanfängers 22, 25 f.
– Grobe Behandlungsfehler 606 ff.
– Suizidgefährdete Patienten 765 ff.
Orthopädie 529, 534, 538 ff., 544 ff.,
  557 ff., 567 ff., 686 f.
– Diagnosefehler 414 f., 528 f., 534, 536
– Grobe Behandlungsfehler 528 f., 534,
  536, 538 ff., 544 ff., 557 ff., 567 ff.
– Therapiefehler 557 ff., 567 ff.
Osteotomie 135, 146, 162

Parkinson-Syndrom 425, 534
Parodontose 602 f., 801 f.
Parteivernehmung 268 ff., 676 ff.
– auf Antrag einer Partei 676
– des Arztes 268 f., 679
– von Amts wegen 677 ff.

Pathologie 50 f.
Physiotherapeut 46
Plattenbruch 146, 297, 570
Postoperative Überwachung 52 f., 107,
  326, 545, 581
Praxisgemeinschaft 473, 475, 484
Primärschaden 494 ff., 615 ff.
Privatpatienten 67
Probebiopsie *vgl. Biopsie*
Probeexzision bei Krebsverdacht 100,
  535, 549 f., 555, 786, 817 ff., 837, 838,
  841
Prostataoperation 169
Punktion 162, 170, 238 f., 535, 556, 563,
  565 f., 583, 834, 907

Querschnittslähmung 127, 129, 142, 161,
  198, 202, 246, 293

Radiologie 46 f., 54, 530 f., 556, 600,
  793
– Arbeitsteilung 43, 46
– Grobe Behandlungsfehler 556, 600
– Therapiefehler 600, 793
Rechtskraft eines Vorprozesses 765
Rechtzeitigkeit der Aufklärung 197 ff.
Richtlinien 310 ff., 318
Röntgenaufnahmen 43, 414, 417, 420,
  424 f., 432, 524, 528, 536, 541 f., 545,
  548, 554, 556, 564, 571, 603, 778, 799,
  822, 824 f., 844 f.
Rötelninfektion 463, 467, 470, 488, 547,
  832
Rückerstattung des Honorars 680 ff.
– bei Aufklärungsfehlern 683
– bei Behandlungsfehlern 680 ff.

Sachverständigenbeweis 684 ff.
– Ablehnung des Sachverständigen wegen
  Befangenheit 702 ff.
– Aufklärung von Widersprüchen 695 ff.
– Äußerungen zu nicht vorgetragenen
  Behandlungsfehlern 701
– Auswahl des Sachverständigen 686
– Beurteilung des Behandlungsfehlers als
  „grob" 502, 503
– Einholung des Gutachtens 690 ff.
– Haftung des Sachverständigen 711 ff.
– Ladung des Sachverständigen 401, 693,
  700 f.
– Mündliche Anhörung 692 ff.
– Privatgutachten 691, 697

- Prüfungsumfang des Berufungsgerichts 698
- Streitverkündung gegenüber dem Sachverständigen 709
- Stellungnahme der Parteien 692 ff.
- Vergütungsanspruch des abgelehnten Sachverständigen 711
- Verwertung bereits vorliegender Gutachten 690 ff.
- Weiterer Sachverständiger 608
Samenspende 110, 297, 433
Schadensminderungspflicht 674 f.
Schilddrüsenoperation vgl. Strumektomie
Schlaganfall 119, 416, 514, 530, 789
Schlüssigkeit der Klage 760 ff.
Schmerzensgeldanspruch der Mutter 472, 491, 732, 743
- Genetische Beratung 491
- pränatale Diagnostik 472
- Schwangerschaftsabbruch, fehlerhafter 732
- Sterilisation, fehlerhafte 743
Schnittentbindung vgl. Kaiserschnitt
Schulterdystokie 175 ff., 192 f., 429, 438, 505, 584 ff., 785
Schultereckgelenksprengung 164, 184, 541, 545
Schutzzweck des Behandlungsvertrages 469, 487, 520, 675, 724 ff., 739
Schwangerschaftsabbruch, fehlerhafter 715 ff.
- Anspruchsinhaber 728
- Aufklärung 106
- Embryopathische Indikation 725
- Entfallen bzw. Nichtbestehen eines Anspruchs 731
- Kriminologische Indikation 727
- Medizinische Indikation 726
- Notlagenindikation 722, 724
- Rechtmäßigkeit 489
- Schmerzensgeldanspruch der Mutter 732 f.
- Schutzzweck des Behandlungsvertrages 469, 487, 675, 717, 724 ff., 739
- Umfang des Anspruchs 728 ff.
Sectio vgl. Kaiserschnitt
Sedierter Patient 108, 610, 671
Sicherungsaufklärung 323, 611 ff.
Sonographie 532, 541 ff., 546 f., 552, 554, 564, 571, 590, 786, 822, 832 f., 840
Spondylodiszitis 124, 280

Sterilisation, fehlerhafte 40, 105, 224, 252, 299, 430, 734 ff.
- (Kein) Anscheinsbeweis 40
- Aufklärung 105, 299, 736 f.
- Behandlungsfehler 105 ff., 191, 735 ff., 737 ff.
- Beweislast 738
- Schutzbereich des Behandlungsvertrages 739
- Umfang des Anspruchs 741 ff.
- Zurechnungszusammenhang 739
Strahlentherapie 240, 246
Streitverkündung gegenüber dem Sachverständigen 709
Strumektomie 39, 128, 168, 198, 205 f., 236 f., 247, 293, 300, 836
Sturz im Pflegeheim und im Krankenhaus 744 ff.
- Alten- und Pflegeheim 750 ff., 758 ff.
- Beweislastumkehr 747
- Genehmigung des Vormundschaftsgerichts 745 f.
- Krankenhaus 757, 760
Substantiierung der Klage 760 ff.
- Amtsermittlung einzelner Elemente 763
- Rechtskraft eines Vorprozesses 765
- Vorlage der Behandlungsunterlagen 452 ff., 764
Sudeck-Syndrom 39, 120, 147, 300, 431
Suizidgefährdete Patienten 609 f., 765 ff.

Therapeutische Aufklärung vgl. Sicherungsaufklärung
Therapiefehler 322, 768 ff.
- Allgemeinmedizin 593 ff., 791 ff.
- Anästhesie 600, 794 ff.
- Chirurgie/Orthopädie 557 ff., 770 ff.
- Fallgruppen einfacher Behandlungsfehler 770 ff.
- Grobe Therapiefehler 557 ff.
- Gynäkologie, Neonatologie 572 ff., 782 ff.
- HNO und Augenheilkunde 591, 690
- Innere Medizin/Urologie 587 ff., 788 ff.
- Radiologie 600, 793 f.
- Zahnmedizin 601 ff., 797 ff.
Thrombosen 51, 124, 128, 188, 414, 419, 494, 530, 541, 554, 561, 564, 565, 568 f., 773
Thromboseprophylaxe 159, 301, 564 f.

Totalendoprothese 186
Trisomie 21 *vgl. Mongolismus*

Übernahmeverschulden 309, 324
Überwachung 52 f., 107, 326, 545, 581, 610, 787
Unterhalt 471, 490, 741
– Genetische Beratung 490
– pränatale Diagnostik 471
– Schwangerschaftsabbruch, fehlerhafter 728 ff.
– Sterilisation, fehlerhafte 741
Unterlassene Befunderhebung 537 ff., 804 ff.
– Abgrenzung zum Diagnoseirrtum 809 ff.
– als grober Behandlungsfehler 537 ff., 805 ff.
– als einfacher Behandlungsfehler 807 ff., 824 ff.
– Beweislastumkehr 814 f.
– Fallbeispiele 824 ff.
– Hinreichende Wahrscheinlichkeit 816 ff.
– Kausalzusammenhang „äußerst unwahrscheinlich" 821 ff.
– Unterlassene Befundsicherung 305 f., 439 f., 845 ff.
– Unterlassene Befundumsetzung 847 ff.
Urkundenvorlage 452, 453
Urologie 240, 551 f., 587 ff., 589 f.

Vergütungsanspruch des abgelehnten Sachverständigen 711
Verjährung 849 ff.
– Aufklärungsfehler, altes Recht 863 ff.
– Aufklärungsfehler, neues Recht 863 ff., 881 ff.
– Beginn der Verjährung, altes Recht 854 ff.
– Beginn der Verjährung, neues Recht 881 ff.
– Behandlungsfehler, altes Recht 854 ff.
– Behandlungsfehler, neues Recht 854 ff., 881 ff.
– Einredeverzicht, altes Recht 869 f.
– „Einschlafen" der Verhandlungen 874, 889
– Erhebung der Einrede in der Berufungsinstanz 361 f.
– Grobfahrlässige Unkenntnis 882 f.
– Hemmung, altes Recht 871 ff.

– Hemmung, neues Recht 886 ff.
– Höchstfristen, neues Recht 884 f.
– Kenntnis von Schaden und Schädiger 865 ff. 881
– Klageeinreichung 876 ff., 886
– Neubeginn 851, 886
– neues Verjährungsrecht 880 ff.
– Prozesskostenhilfeantrag 875 f., 887
– Rechtsfolgen 889 f.
– Schadenseinheit 865 ff.
– Spätfolgen 866 ff.
– Überleitungsvorschriften 890
– Übersicht über die wesentlichen Änderungen 850 ff.
– Unterbrechung, altes Recht 876 ff.
– Verjährungsfristen, altes Recht 852 f.
– Verjährungsfristen, neues Recht 880 f.
– Verlängerung und Verkürzung der Verjährung, neues Recht 889
– Verzicht auf die Einrede der Verjährung 889, 896 ff.
– Wissenszurechnung bei Behörden, Krankenkassen u.a. 864, 883 f.
– Zurückweisung der Einrede in zweiter Instanz 361 f.
Verkehrssicherungspflichten 330 f., 744 ff., 765 ff.
Verlassen der Klinik auf eigenen Wunsch 94, 98, 108, 432, 610, 671
Verschlimmerung 135, 250
Vertrag zugunsten Dritter (§ 328 BGB) 69
Vertrauensgrundsatz 42
Vollbeherrschbare Risiken 892 ff.
– Begriff, Beweislastumkehr 892 ff.
– Fallgruppen 896 ff.
– Infektionen und Injektionen 32 ff.
– Lagerungsschäden 900 f.
– Medizinische Geräte und Materialien 896 ff.
– Pflegedienste, Sturz 744 ff., 902 ff.
Vorkenntnis, Vorwissen 209, 225 f., 264

Waffengleichheit 269, 365, 452, 678, 761, 763
Weigerung des Patienten 97 f., 431, 437
Wirtschaftliche Aufklärung 110 ff.
Wundinfektionen 123 f., 539
Wundheilungsstörungen 124 f.
Wurzelspitzenresektion, Wurzelkanalbehandlung 178, 798

Zahnarztvertrag 63 ff.
Zahnmedizin 295, 301 ff., 556, 601 ff., 797 ff.
- Aufklärung 101, 109 f., 114 f., 178 f., 301
- Grobe Behandlungsfehler 556 f., 601 ff., 604
- Implantate 179, 302, 432, 602 f., 801 f.
- „Nachbesserungsrecht" des Zahnarztes 64, 674 f., 804
- Prothetische Versorgung 242, 798, 801 f., 804

- Rückerstattung des Honorars 680 ff.
- Therapiefehler 302, 304, 601 ff., 604, 797 ff.
- Verbliebenes Bohrerstück 109, 798 f.
Zahnnerven 139 ff., 241, 252, 295, 800 f., 804
Zeitliche Nachfolge von Ärzten bei der Behandlung 54
Zurechnungszusammenhang 55 f.
Zurücklassen von Fremdkörpern 34, 109, 305, 536, 559, 567, 613, 777, 799

Notizen

Notizen

Notizen

Martis/Winkhart, **Arzthaftungsrecht**, 2. Auflage

• Hinweise und Anregungen: _____

_____

_____

_____

• Auf Seite _____ Zeile _____ von oben/unten muss es statt _____

_____

_____

richtig heißen _____

• Auf Seite _____ Zeile _____ von oben/unten muss es statt _____

_____

_____

richtig heißen _____

Martis/Winkhart, **Arzthaftungsrecht**, 2. Auflage

Sehr geehrte Leserin,
sehr geehrter Leser,

der Verlag Dr. Otto Schmidt bedankt sich bei Ihnen sehr für das Interesse an diesem Werk. Ihre Meinung ist uns wichtig: Bitte beantworten Sie folgende Fragen.

Wozu nutzen Sie dieses Werk?

☐ Schnelles Nachschlagen
☐ Vertieftes Recherchieren
☐ Einarbeitung in ein spezielles Thema

Wie beurteilen Sie dieses Werk?

	1	2	3	4	5
	(1=sehr gut, 5=schlecht)				
Praktischen Nutzen	☐	☐	☐	☐	☐
Aktualität	☐	☐	☐	☐	☐
Verständlichkeit	☐	☐	☐	☐	☐
Preis/Leistungsverhältnis	☐	☐	☐	☐	☐

Ihre Anregungen zu diesem Werk:

_____

_____

_____

Welche Einzelthemen sind im Zusammenhang mit diesem Werk für Sie relevant?

_____

_____

_____

Bitte senden Sie uns diese Postkarte zu.
Vielen Dank! So können Sie uns auch erreichen:
lektorat@otto-schmidt.de

Absender

_____

_____

_____

_____

Informationen unter **www.otto-schmidt.de**

So können Sie uns auch erreichen:
lektorat@otto-schmidt.de

Wichtig: Bitte immer den Titel des Werkes
angeben!

Antwortkarte

Verlag Dr. Otto Schmidt KG
Lektorat
Gustav-Heinemann-Ufer 58
50968 Köln

Absender

_____

_____

_____

_____

**Gerne senden wir Ihnen die kostenlosen
Newsletter des Verlages Dr. Otto Schmidt zu:**
☐ StR ☐ WirtschaftsR ☐ ArbR ☐ ZivilR
☐ Seminarveranstaltungen

Meine E-Mail-Adresse:

_____

Informationen unter **www.otto-schmidt.de**

Antwortkarte

Verlag Dr. Otto Schmidt KG
Marktforschung
Gustav-Heinemann-Ufer 58
50968 Köln